DERECHO TRIBUTARIO CONTEMPORÁNEO

LIBRO HOMENAJE A LOS 50 AÑOS DE LA ASOCIACIÓN VENEZOLANA DE DERECHO TRIBUTARIO

DERECHO TRIBUTARIO CONTEMPORÁNEO

LIBRO HOMENAJE A LOS 50 AÑOS DE LA ASOCIACIÓN VENEZOLANA DE DERECHO TRIBUTARIO

Coordinadores

LEONARDO PALACIOS MÁRQUEZ, SERVILIANO ABACHE CARVAJAL

Autores

SERVILIANO ABACHE CARVAJAL	INGRID GARCÍA PACHECO
JUAN MANUEL ALBACETE	JUAN PABLO GODOY
LUIS R. AGUILERA	MANUEL ITURBE ALARCÓN
LUIS MANUEL ALONSO GONZÁLEZ	JORGE A. JRAIGE R.
RUBÉN ASOREY	JUAN ESTEBAN KORODY TAGLIAFERRO
GILBERTO ATENCIO VALLADARES	JUVENAL LOBATO DÍAZ
JOSÉ P. BARNOLA (H)	MANUEL A. LÓPEZ OLIVA
ANDRES E. BAZÓ PISANI	ANDREINA LUSINCHI MARTÍNEZ
JOSÉ RAFAEL BELISARIO RINCÓN	PATRICIO MASBERNAT
JOSÉ RAFAEL BERMÚDEZ	JACQUES MALHERBE
DANIEL BETANCOURT RAMÍREZ	HUMBERTO MEDRANO CORNEJO
ALBERTO BENSHIMOL BELLO	EDUARDO MEIER GARCÍA
CRISTIÁN BILLARDI	JOSÉ AMANDO MEJÍA BETANCOURT
ALBERTO BLANCO-URIBE QUINTERO	FREDDY J. ORLANDO S.
ALLAN R. BREWER-CARÍAS	LEONARDO PALACIOS MÁRQUEZ
ROSA CABALLERO	MIGUEL PEZZUTTI
MARÍA CAROLINA CANO GONZÁLEZ	ARTURO PUEBLITA FERNÁNDEZ
TAORMINA CAPPELLO PAREDES	GLORIA RAMOS
JUAN CRISTÓBAL CARMONA BORJAS	AURORA RIBES RIBES
JUAN C. CASTILLO CARVAJAL	SORAYA RODRÍGUEZ LOSADA
THOMY CÉFALO	NATHALIE RODRIGUEZ PARIS
OSCAR CUNTO ANDRÉ	ERWIN IVÁN ROMERO MORALES
VALMY J. DÍAZ IBARRA	HUMBERTO ROMERO-MUCI
GALIT DÍAZ NAVON	ALBERTO J. ROSALES R.
ANTONIO DUGARTE LOBO	GABRIEL RUAN SANTOS
ELVIRA DUPOUY MENDOZA	DOMINGO RUIZ LÓPEZ
XABIER ESCALANTE ELGUEZABAL	JOSÉ LUIS SHAW
LUIS FRAGA-PITTALUGA	JESÚS SOL GIL
JUAN CARLOS FERMÍN FERNÁNDEZ	ALBERTO TARSITANO
YSABEL NATIVIDAD FIGUEIRA GOITIA	RAFAEL VERGARA SANDÓVAL
CÉSAR GARCÍA NOVOA	ADRIANA VIGILANZA GARCÍA

ASOCIACIÓN VENEZOLANA DE DERECHO TRIBUTARIO

EDITORIAL JURÍDICA VENEZOLANA

CARACAS, 2019

©   2019, Asociación Venezolana de Derecho Tributario
       Email: administración@avdt.org.ve
       Hecho el depósito de Ley
       Depósito Legal: DC2019001144
       ISBN: 978-980-365-473-3

Editorial Jurídica Venezolana
Avda. Francisco Solano López, Torre Oasis, P.B., Local 4, Sabana Grande,
Apartado 17.598 – Caracas, 1015, Venezuela
Teléfono 762.25.53, 762.38.42. Fax. 763.5239
Email fejv@cantv.net
http://www.editorialjuridicavenezolana.com.ve

Impreso por: Lightning Source, an INGRAM Content company
para Editorial Jurídica Venezolana International Inc.
Panamá, República de Panamá.
Email: editorialjuridicainternational@gmail.com

Diagramación, composición y montaje
por: Francis Gil, en letra Time New Roman 10
Interlineado Exacto 11, Mancha 19,5 x 13

SÉPTIMA PARTE
TRIBUTACIÓN Y FINANZAS PÚBLICAS

PRESENTACIÓN

50 AÑOS DE COMPROMETIDA DIVULGACIÓN DEL DERECHO TRIBUTARIO Y DEFENSA DEL ESTADO DE DERECHO

Leonardo Palacios Márquez, Presidente de la AVDT 2015-2019.
Serviliano Abache Carvajal, Miembro del Consejo Directivo
Coordinadores de la obra

La celebración de las efemérides comportan importancia significativa para las sociedades; constituyen acicate para orientar y guiar a los ciudadanos para el logro de objetivos superiores que se definen y a los cuales se les atribuye, para un momento específico, el carácter de trascendentales para el reforzamiento o la recuperación de su institucionalidad; sirven de aliento para continuar en el desarrollo de las actividades que justifican su existencia; guía para retomar la marcha, cuando se pierde como colectivo la debida orientación o se extravía el rumbo en los derroteros trazados en su documento constitutivo, que con carácter preeminente y supremacía legitimadora condicionan la actuación de los órganos del Poder Público constituido; o sencillamente, permiten resaltar los valores que representan los personajes e instituciones que han hecho posible su evolución y desarrollo.

En esta oportunidad, con el emprendimiento de una obra colectiva, queremos convertir en epicentro de nuestra atención, celebración y regocijo a nuestra querida Asociación Venezolana de Derecho Tributario (AVDT), al celebrar su quincuagésimo aniversario.

Es una ocasión para el reconociendo a su labor y trayectoria institucional, que ha permitido convertirla en el eje y motor de la divulgación del Derecho tributario en Venezuela a través de la Revista de Derecho Tributario, su máximo órgano de divulgación, que con sus 161 números, siendo una referencia modélica de continuidad y calidad académica; sus publicaciones, individuales o colectivas; así como la intensa actividad desarrollada (Jornadas Nacionales de Derecho Tributario; Jornadas de Derecho Procesal Tributario; conversatorios; foros; talleres; programas de fiscalidad internacional e impuesto sobre la renta, entre muchas otras).

Es una oportunidad propicia para resaltar su carácter proactivo y crítico en la defensa del Estado de Derecho, advirtiendo aquellos dislates, desmanes y acciones lesivas a los derechos fundamentales del ciudadano o que desconocen la institucionalidad democrática, posiciones asumidas siempre bajo la rigurosa óptica académica y científica.

Es una fecha para recordar a sus fundadores y su visión; su empeño en reunir a los abogados especialistas, para aquel entonces un grupo muy reducido, en una época en la cual se verificaba un desarrollo incipiente en los estudios y divulgación de nuestra disciplina, sin el empuje que la tributación adquirió a finales de la década de los 80.

Su impronta condujo a la conversión de la AVDT en un semillero de grandes valores de diferentes generaciones con reconocimiento internacional; de una institución admirada que ha estado en la vanguardia de posiciones críticas y propositivas en materia de políticas fiscal, tributaria y de administración tributaria; propulsora de espacios abiertos e inclusivos para su discusión; artífice y colaboradora, directa e indirectamente de proyectos de envergadura, entra muchos otros, como la creación y organización de figuras subjetivas organizativas de administración tributaria; aportante en la configuración de una doctrina jurídica latinoamericana y conductores de debates públicos en procura de la racionalización del sistema tributario.

Es una circunstancia especial para recordar a los ex presidentes de los distintos Consejos Directivos, que condujeron exitosamente la institución durante estas cinco décadas, facilitando el flujo natural no traumático, la convergencia fraterna e integradora de varias generaciones de tributaristas, con asertividad en el desempeño institucional.

Nos viene a la memoria, con acentuado afecto todos ellos; unos que lamentablemente no están entre nosotros, que recordamos con añoranza, agradecimiento y respeto; otros que celebran, con legítima emoción, esta magna fecha, más allá de un simple hecho cronológico aislado sino con la firme convicción de tratarse de un hito, que adopta mayor realce por los logros y realizaciones alcanzadas, en medio de una crisis integral del Estado y la sociedad venezolana. Ellos son, tanto los ausentes como aquéllos que tenemos la fortuna de seguir contando con su aporte y sabio consejo, en rígida temporalidad de su desempeño como presidentes de nuestra institución: Miguel RODRÍGUEZ MOLINA, Marco RAMÍREZ MURZI (fundador de nuestra Revista de Derecho Tributario); José Luis ALBORNOZ; José Andrés OCTAVIO (Presidente fundador del Instituto Venezolano de Derecho Fiscal que se fusionó con la AVDT; y también ex Presidente del ILADT); Jaime PARRA PÉREZ; Luis José MARCANO; Freddy ORLANDO; César HERNÁNDEZ B.; Aurora MORENO DE RIVAS; Ilse VAN DER VELDE; Armando MONTILLA V.; Gabriel RUAN SANTOS; Juan Cristóbal CARMONA BORJAS; Elvira DUPOUY MENDOZA y Jesús SOL GIL (también ex Presidente del ILADT).

También remembramos con afecto y agradecimiento, dentro de una pléyade de tributaristas internacionales, que han estado muy cercanos a la AVDT, aupando sus actividades, fungiendo como guías de los Consejos Directivos, compartiendo sus experiencias de manera humilde y sin aspavientos; respondiendo al llamado, a veces con anterioridad y otros de emergencia, para ayudarnos a salir adelante en los compromisos académicos asumidos, sin importar el tema económico o financiero que implicó, en algunos casos, el traslado y permanencia en nuestro país. Colegas que han hecho de las extremas dificultades que vive el país, en un nivel de deslave institucional, pérdida de las libertades y, en general, de un desconocimiento integral a los corolarios del Estado de Derecho, su centro de preocupación expresado en sus estudios, propuestas en escenarios académicos internacionales y con la simple solidaridad pertinentemente expresada.

Así, por ejemplo, nuestro querido Dr. José Luis SHAW, Presidente Honorario del Instituto Latinoamericano de Derecho Tributario (ILADT) en emotivo mensaje expresó:

> Felicitaciones por el quincuagésimo aniversario de la respetada y estimada AVDT que, como institución y sus directivos e integrantes personalmente, tanto han hecho y luchado para el perfeccionamiento del Derecho tributario y el respeto del Estado de Derecho, sobre todo en momentos como los actuales tan difíciles y decisivos para el futuro del querido pueblo hermano de Venezuela. Su lucha es la lucha de todos los latinoamericanos de buena voluntad y defensores de la libertad.

Junto a él, traemos a colación varios tributaristas, con quienes crecimos en nuestra institución con la referencia afectuosa y gratitud de nuestros fundadores y primeros miembros del Consejo Directivo; otros que hemos tenido la oportunidad de tratar en nuestra actividad institucional, miembros de diferentes generaciones pero todos bajo el denominador común de la admiración y el afecto: Ramón VALDÉS COSTA, Rubens GOMES DE SOUSA, Geraldo ATALIBA, Enrique VIDAL CÁRDENAS, Enrique VIDAL HENDERSON, Eusebio GONZÁLEZ, Osvaldo CASÁS, Víctor UCKMAR, Héctor VILLEGAS, Rubén ASOREY, Alberto TARSITANO, Pablo VARELA, Humberto MEDRANO, Juan Manuel ALBACETE, José Juan FERREIRO LAPATZA, César GARCÍA NOVOA, Mauricio PLAZAS VEGA, Juan Pablo GODOY, Catalina HOYOS JIMÉNEZ, Fernando ZUZUNAGA, Jaime ARAUJO, Rafael VERGARA, Arturo PUEBLITA y Juvenal LOBATO.

La celebración de este nuevo año e inicio de una nueva década de existencia, lo hacemos con la humildad de haber puesto nuestro afán y esperanza en la consolidación institucional y cumplimiento de sus objetos existenciales; conscientes de las muchas cosas que nos hace falta emprender; la asunción de la responsabilidad de enfrentar los asedios internos y externos que pueden demoler las bases de sustentación u obstaculizar el campo de nuestra acción. Confirmamos la fe en el país; reafirmamos la confianza en las reservas morales y compromiso cívico de los venezolanos y, especialmente, de nuestros miembros; renovamos los votos que nos unen a la vigilancia por la eficacia y vigencia del Estado de Derecho, por la lucha que desplegamos, como juristas y desde el nicho de la academia, por su rescate.

La historia de una institución no puede consignarse con prescindencia del marco referencial del país en el cual nace y se desarrolla. Su acto fundacional es el reflejo de la visión de sus fundadores y expresión de los objetivos que se pretenden propugnar.

A los efectos de la compresión de las razones que condujeron a la creación o constitución y consolidación de una institución, la valoración de sus aportes e impacto favorable en la sociedad y, por consiguiente, la determinación de los niveles de satisfacción en cuanto al cumplimiento de sus objetivos, exigen tener en cuenta ciertos hechos históricos que enmarcaron ese acto y aquellos que lo condicionaron.

No pretendemos con estas palabras de presentación iniciar un estudio con rigor histórico, con una metodología adecuada o calificada como correcta, basados en el análisis y documentación existente, para el tratamiento crítico adecuados de productos historiográficos para acometer con criterios ese estudio propio de los historiadores. Lo contrario, nos conduciría inevitablemente a engrosar al «grupo de historiadores improvisados», a los cuales CARRERA DAMAS afirma no poder atribuirles responsabilidad alguna por las deficiencias de los materiales historiográficos empleados

> pero si puede reprochárseles, con toda razón, tanto su cómoda credulidad nacida, sobre todo, del desdén que disimulan por la Historia (que no es nuestro caso), como el hecho de llevar ese desdén hasta el extremo de ignorar que esta es una disciplina dotada de una metodología específica, cuyo ejercicio exige adecuada formación y que por lo tanto no puede ser abordada improvisamente[1].

Con esta aclaratoria inicial, queremos partir del 4 de julio de 1969, fecha de creación de la AVDT y su inserción en el momento histórico que enmarcó su creación, para resaltar sus grandes aportes en la configuración de una doctrina científica venezolana, reconocida internacionalmente y que ha sido afluente constitutivo de una latinoamericana; su contribución al desarrollo de los estudios en materia de Derecho tributario, Derecho financiero y Gerencia tributaria, así como su trasformación evolutiva hacia una institución de sustrato académico y no gubernamental esencial en la defensa del Estado de Derecho.

Categóricamente afirmamos, que sí es nuestro deseo poner de relieve, para la historia que habrá de escribirse, dejar constancia documentada de los rasgos relevantes de la AVDT que la han moldeado como una verdadera institución, con presencia reconocida y con un rol matriz en lo que al conocimiento y divulgación del Derecho tributario se refiere, pero sobre todo en su afán colectivo de elevarse en vigilante de la preservación del Estado Constitucional, diseñado en las dos Cartas Magnas que han acompañado su existencia: la de 1961, real y efectivamente democrática y la de 1999, controversial desde su origen, en cuyo proceso constituyente participó activamente nuestra institución con propuestas y se hizo presente en debates y planteamientos concretos con asidero en su doctrina por intermedio de algunos de sus miembros que aspiraron integrar la Asamblea Nacional Constituyente de aquel entonces.

---

1   CARRERA DAMAS, German, en *Sobre Historia y Programación en Temas de Historia Social y de las ideas: Estudios y conferencias*, Colección Historia 15, UCAB, Caracas, 2013, p. 169.

En definitiva, queremos destacar como a través de sus actividades académicas de índole diversa, las conclusiones y recomendaciones de sus jornadas, sus pronunciamientos y las "Notas del Presidente", se ha abogado por el Estado de Derecho y la eficacia de sus corolarios, concretamente, en la defensa de los de los derechos fundamentales del ciudadano, especificados, en su rol de contribuyentes[2].

En fin, queremos relevar la configuración de la AVDT en una institución del sector no gubernamental que pretende recortar la distancia artificiosa y antidemocrática entre el ciudadano y sus organizaciones, que en la normalidad se traba con el Estado en ejercicio de su libertad.

Queremos destacar ese desempeño fundamental que ha permitido que nuestra institución, se haya convertido tesoneramente, sin pretensión de erigirse en actor político, en un instrumento de mediación entre los sectores académicos, empresariales y, en general, puente en el cada vez más obstruido acceso a la participación en las decisiones del Estado en lo concerniente a las finanzas públicas, a la tributación y a la definición de políticas para la reducción de los márgenes de evasión fiscal.

Un papel cada vez más importante, en lo que toca a la tributación, propia de un «Estado fallido» en términos de desatención e inobservancia premeditada de los derechos fundamentales a la democracia a los fines de la instauración forzada de un proyecto político contrario al «Estado Constitucional».

El 4 de julio de 1969 estaba rigiendo los destinos del país el Dr. Rafael CALDERA Presidente de la República, que provenía de un partido de oposición, que enfrentó en contienda cívica y dentro de un marco electoral abierto, a pesar de una crisis corta pero intensa, de aproximadamente una semana de tensión, que se reflejó en la renuencia al reconocimiento de los resultados electorales, por la reducida diferencia de votos con que ganó el dirigente opositor, después de dos períodos en el gobierno del principal partido nacional; la dificultades en la integración de las directivas del Senado y la Cámara de Diputados, la cual fue superada en virtud de la posición institucional y democrática de la dirigencia histórica de Acción Democrática.

Se iniciaba un gobierno liderado por uno de los firmantes del conocido Pacto de Puntofijo, formalizado el 31 de octubre de 1958 por la principales fuerzas democráticas del país, que libraron la oposición clandestina a la dictadura militar (Acción Democrática, Unión Republicana Democrática y COPEI), "que con todas las críticas que se puedan formular, le aseguró a Venezuela (....) cuarenta años de libertad, de participación popular en la elección de los poderes públicos y de incorporación con dignidad a la comunidad de pueblos del hemisferio occidental"[3].

Los primeros pasos institucionales de la AVDT se dieron en una democracia representativa plena, profundamente cívica y en un proceso de consolidación de una "modernidad consensuada" que contrariaba la "modernidad autocrática militarista", del régimen dictatorial

---

2   La "Carta de los derechos del contribuyente de los países miembros del Instituto Latinoamericano de Derecho Tributario (ILADT)", que desde su aprobación unánime en fecha 9 de noviembre de 2018 por la Asamblea realizada en Montevideo en el marco de las XXX Jornadas Latinoamericanas de las asociaciones e institutos que lo integran han contado con el apoyo militante de la AVDT en su promoción en foros, jornadas, medios en las redes y presentaciones, incluso, a los magistrados del controversial Tribunal Supremo de Justicia y los tribunales de la jurisdicción contenciosa tributaria, entiende por derechos de los contribuyentes: "los ámbitos de protección con un contenido sustancial, que pueden adoptar las fórmulas de derecho fundamental, derecho subjetivo público o garantía institucional. Se corresponde con un deber de tolerancia o un deber activo de la Administración o del Estado que ha de ser reclamable a través de recursos, acciones o vías de impugnación.// Para garantizar la efectividad de la Carta, y dado que muchos de los derechos incluidos en la misma tiene fundamento en Tratados Internacionales de Protección de Derechos Humanos, se incluirá la posibilidad de innovar tales Tratados".

3   CALDERA, Rafael, *De Carabobo a Puntofijo. Los causahabientes*, Cyngular, Caracas, 2016, p. 131.

anterior. Un período que permitió la participación ciudadana, en una primera instancia, a través de los partidos políticos con una vida intensa desarrollada en su estructura entre sus cuadros dirigentes y su militancia, y luego, en ejercicio del principio de representación, en el Congreso de la República, con su bicameralismo que servía de control cruzado entre el Senado y la Cámara de Diputados.

La AVDT inicia su vida institucional en una etapa crucial de nuestra vida republicana que revertía los efectos demoledores de sus bases políticas y jurídicas, por cuanto a comienzos del proyecto político de «modernidad consensuada», predeterminado en sus bases políticas esenciales, tuvo que enfrentar las convulsiones internas alentadas y financiadas por factores del extremismo de la derecha (Rafael Leónidas Trujillo y el propio derrocado dictador Marcos Pérez Jiménez) que propugnaban por la instauración de un régimen similar a la década militar (1948-1958), apalancados en sectores antidemocráticos opuestos a los avances que significó el «Pacto de Puntofijo» y su instrumentación, a la cual nos referiremos infra someramente. Hechos como la invasión desde Colombia (abril de 1960) emprendida por el General Castro León; el intento de magnicidio contra el Presidente Rómulo Betancourt el 24 de junio, con el concurso del dictador dominicano Trujillo; el intento de Golpe de Estado ejecutado por el General Edito Ramírez en febrero de 1961 y la fracasada toma del cuartel de Barcelona por un grupo de oficiales inspirados en las motivaciones del General Ramírez.

También la reciente estrenada democracia, tuvo que enfrentar coetáneamente la envestida del extremismo de izquierda, esta vez con el concurso de los jóvenes disidentes de Acción Democrática, que imbuidos en la doctrina marxista leninista gracias a su cercanía con sus compañeros de generación del Partido Comunista de Venezuela, abrazaron la doctrina y la vía insurreccional, sin preparación militar y desorganizada pero violenta, adelantada desde Cuba con presencia en varios estados del país.

Además, se producen, entre otros, varios hechos de violencia inusitada, como fueron las insurrecciones cívicas militares del «Carupanazo» (4 de mayo de 1962); El «Porteñazo» (2 de junio de 1962) y los sucesos de El Tren del Encanto (conocido también como Operación Olga Luzardo).

Así, el nacimiento de nuestra institución coincide con un gobierno que enfrentaba el desafío de un líder con formación socialcristiana, el cual puede resumirse, conforme a lo expresado por CARTAY RAMÍREZ, en tres objetivos fundamentales:

> La paz política y social ("para superar la angustia y la zozobra y para encontrar convergencia fecunda a la pluralidad democrática"), la promoción del hombre ("a través de la libertad, para realizar la justicia") y el desarrollo económico y social ("para impulsar la marcha vigorosa del país y vencer la marginalidad").

> "Poner todos mis esfuerzos en la superación de ese reto está envuelto en la promesa rendida ante el Soberano Congreso, Cumplir y hacer cumplir la Constitución y las Leyes de la República supone entregar todas mis energías a la faena de realizar los altos fines expresados en el Preámbulo de nuestra Carta Fundamental y en las afirmaciones del articulado[4].

Durante las tres primeras décadas de su institucionalización paulatina, la AVDT pudo proyectarse en democracia plena representativa, con las deficiencias propias de un sistema regido por el ser humano, que impregnan las instituciones de sus fortalezas y debilidades, falencias y virtudes pero con la posibilidad cierta de que las correcciones a las desviaciones podrían realizarse en un marco de debate abierto y respetuoso de los derechos fundamentales.

---

4   CARTAY RAMÍREZ, *Caldera y Betancourt, constructores de la democracia*, Editorial Dahbar, Caracas, 2017, p. 265.

En esa etapa de recuadro democrático institucional, se realizaron las VII Jornadas Latinoamericanas de Derecho Tributario en el año de 1975[5] con discurso de instalación del ciudadano Presidente de la República y de representantes del gobierno, especialmente, de la Administración tributaria, una presencia institucional que fue una constante en muchas de las actividades desarrolladas por nuestra AVDT, donde no era extraño ver las intervenciones de los Ministros de Hacienda, sus representantes, la alta gerencia de la Administración tributaria nacional y municipales; parlamentarios integrantes de la Comisiones Permanentes de Finanzas del Senado y la Cámara de Diputados del Congreso de la República; la participación activa e incluso gerencial como integrantes de su Consejo Directivo de jueces de la jurisdicción contenciosa tributaria de primera instancia y magistrados de la otrora Corte Suprema de Justicia; miembros de la Contraloría General de la República, contralorías estadales y locales; participación del sector universitario, que no habían recibido el influjo acelerador de las propuestas de reformas tributarias producidas entre 1989-1993 y 1994, que demandó actualización y formación en la aplicación de la legislación, mediante la cual se procedió a la creación de nuevas especies impositivas, especialmente el Impuesto al Valor Agregado y el Impuesto a los Activos Empresariales; la incorporación del sistema de ajuste regular por inflación en la imposición a la renta; las reformas sucesivas del Código Orgánico Tributario en los años 1992 y 1994, la creación del Servicio Integrado de Administración Aduanera y Tributaria (SENIAT), el inicio del proceso de descentralización, abruptamente truncado, y la denominada *«Apertura Petrolera»,* que originó la necesidades para el conocimiento del marco normativo que recibió su impacto no sólo a nivel del funcionariado fiscal sino por parte de los asesores y empresas privadas, estimulando la apertura de cursos de postgrado en Derecho tributario, Derecho financiero y Gerencia tributaria; cursos de actualización y capacitación de diversos formatos dictados por gremios empresariales y colegios profesionales.

Sin desconocer los riesgos de proceder apriorísticamente a la «periodización», encontramos cuatro etapas claramente identificadas[6] en la trayectoria de la AVDT, de las cuales las tres primeras se verificaron en la etapa de la democracia liberal representativa, en la funcionalidad de la institucionalidad regida por la separación de poderes, la sujeción de la actuación de los órganos del Poder Público al «Bloque de la Legalidad», orientada a hacia los derechos fundamentales del contribuyente y niveles aceptables de su tutela judicial efectiva, en medio de un respeto acentuado de las autoridades hacia nuestra institución, que era consultada en los procesos constitutivos de ley, definición de políticas públicas y en la integración de comisiones de variada naturaleza y finalidad:

1. *«Etapa inicial post fundacional»* ubicada entre 1969 y 1983.

2. «Etapa de la evolución institucional» que abarca entre 1983 y 1989.

3. *«Etapa de paralización sostenida de la reforma sistemática de la tributación»* incardinada 1989 y 1994.

El quincuagésimo aniversario de nuestra institución, se celebra en una cuarta etapa que denominamos *«Severo vaciamiento del carácter democrático de la política tributaria»,* que

---

5   No obstante, haber sido un éxito desde el punto de vista académico y organizativo las XXIV Jornadas Latinoamericanas de Derecho Tributario, celebradas en la Isla de Margarita en el 2008 bajo la égida del Dr. Jesús SOL GIL Presidente del ILADT, no la incluimos en esta etapa democrática que enmarca la existencia de la AVDT en razón que para el 2007 se había acentuado el desmontaje del Estado de Derecho y la funcionalidad democrática; obviamente, lo cual no le resta mérito alguno al resultado acusado de esa edición de las Jornadas.

6   Estas etapas a la que hemos hecho referencia pueden verse más detalladamente en el «Prólogo de la AVDT» por PALACIOS MÁRQUEZ, Leonardo en la obra de ABACHE CARVAJAL, Serviliano y ATENCIO VALLADARES, Gilberto, *Los nuevos retos de la fiscalidad internacional,* Asociación Venezolana de Derecho Tributario y Academia Mexicana de Derecho Fiscal, México, 2018, pp. 13-33.

ha sido la más difícil y, contradictoriamente, la más intensa en la actividad desplegada por la institución, extendida a casi todo territorio nacional, mayor interacción con las Corporaciones Académicas, universidades, gremios profesionales y empresariales; instituciones de similar naturaleza y su definitiva internacionalización en términos participación masiva y calificada de sus miembros en foros internacionales, especialmente, en el ILADT y en eventos de varios de las académicas, asociaciones e institutos que lo conforman.

En efecto, han sido signos inequívocos de esta etapa: la centralización del poder, el empeño de configurar una organización estatal paralela al «Estado Constitucional democrático de Derecho», como es el «Estado Comunal Socialista», que ha transformado la tributación en una herramienta de instrumentación de la planificación centralizada, que cercena las libertades económicas y la propiedad, y haciendo mutar la legislación democrática tributaria, gestada en el seno del Poder Legislativo Nacional (Asamblea Nacional), fuera del alcance del poder legítimo de representación popular y, reñida por inobservancia, con el subsecuente «principio de autoimposición», que ha llevado a la legislación, en general, y a la tributaria, en particular, de ser una «legislación como orden para la acción» caracterizada por su adecuada técnica y la propensión a adaptarse a los cambios que se operan en la sociedad a convertirse en una «legislación como instrumento de intervención»[7], producto de un concentración de facultades legislativas del Poder Ejecutivo mediante el manido y abusivo expediente de las leyes habilitantes y de la declaratoria de estado de excepción y, dentro de éstos, el de la emergencia económica, que persigue y ha logrado el vaciamiento de las competencias de la Asamblea Nacional, apuntalado por un Tribunal Supremo de Justica, que ha servido de intérprete máximo y tergiversador de la Constitución en suerte de una justicia constitucional revolucionaria y de una extensión política del partido único oficialista como es la Asamblea Nacional Constituyente, de dudosa legitimidad de origen y de ejercicio.

Lo anteriormente expuesto, buscando insertar el nacimiento y desempeño institucional de la AVDT entre el 4 de junio de 1969 y el 4 de junio de 2019, nos permite indicar con propiedad y absoluta responsabilidad, que la institución ha estado en una etapa caracterizada por el choque de posturas entre los modelos de «modernidad consensuada», democrática y adoptante del Estado de Derecho y otro concepción de tendencia autoritaria, que lo vacía de contenido, que en el mejor de los casos, aprovecha y abusa de sus formalidades para instaurar un sistema de dominación política e instauración de un régimen violatorio de la libertad y la propiedad, bases conceptuales y ontológicas de los demás derechos fundamentales.

Dos delimitaciones temporales que marcan un antes, la historia reciente pasada, y la historia contemporánea («la historia del presente») que nos impone como ejercicio del trazado de los que será la historia prospectiva o del futuro[8] de nuestra institución.

Esta nueva década que inicia la AVDT en su recorrido institucional existencial, comporta ensimisma el gran reto de vencer la tendencia del régimen que arropa la institucionalidad democrática, que cercena los espacios para la participación y, por consiguiente, obstaculiza el ejercicio pleno de la representación y el principio de autolimitación, de solera tradición en el constitucionalismo tributario.

La AVDT ha abierto y ensanchado los derroteros de la participación académica, a pesar del valladar construido que aleja la participación activa, crítica y propositiva directa de los

---

7   Si bien esta cita de GARCÍA PELAYO sobre la regulación de la sociedad por el Estado no está específicamente referida al autoritarismo que a traviesa Venezuela, permite dar una visión clara sobre la pretensión de abolir la separación de poderes, reducir el ámbito de eficacia de los derechos fundamentales y obstaculizar su tutela judicial efectiva, como es harto conocido. *Vid.* GARCÍA PELAYO, Manuel, *Obras completas*, Tomo II, Centro de Estudios Constitucionales, Madrid, 1991, pp. 1684-1685.

8   *Cf.* CARRERA DAMAS, Germán, *Historia prospectiva. Sobre la prospectiva histórica para auxilio de planificadores, economistas, politólogos, internacionalistas... e historiadores*, Biblioteca Germán Carrera Damas 6, Editorial Alfa, Caracas, 2018.

procesos de definición de las políticas públicas anejas a nuestra disciplina y de los procesos constitutivos de ley, más cuando se materializan, como hemos indicado, una tenencia al apoderamiento de las fuentes normativas creadoras de tributos y deformantes de la relación jurídica tributaria, su obligación nuclear y de los mecanismos de colaboración, que definen en nuestro medio la sujeción pasiva distinta a la del contribuyente bajo los esquemas de retención y percepción.

En esta nueva etapa, nuestra institución debe agrandar el faro para seguir alumbrando la crítica a los desmanes contra los derechos del contribuyente[9], procurando que en un proceso constituyente, verdaderamente democrático e inclusivo, que propugne por la refundación del Estado de Derecho se asienten las bases dogmáticas y operativas que permitan incorporar la "Carta de los derechos del contribuyente para los países miembros del ILADT" y luego susceptibles de ser desarrollados en el Código Orgánico Tributario, retomando el sendero original del Modelo de Código Tributario para América Latina (MCTAL/OEA/BID), por supuesto con las reformas y adopciones de los nuevos retos que imponen modernas formas de imposición y la globalización económica. Ello por el ser el "instrumento que garantice su supremacía respecto de otras fuentes o con especial resistencia a la derogación por leyes ordinarias"[10].

Por todo lo expuesto, quienes suscribimos esta presentación en nuestra condición de coordinadores de esta obra colectiva, Presidente y miembro del Consejo Directivo, giramos abierta invitación a un importante grupo de tributaristas nacionales e internacionales, que por sus inclinaciones académicas, su constancia en la investigación y cercanía con nuestra institución, pudieran efectuar aportes que nos permitan tener orientaciones y parámetros de guiatura para acometer la ciclópea tarea indicada, que resume la perentoria necesidad de configurar un sistema tributario democrático, a partir del respeto de los derechos fundamentales de la democracia, la libertad y la propiedad, abandonando así la esencia de «Estado Fallido», adquirida por el Estado venezolano en los últimos años.

En la sección de *Historia del Derecho tributario*, Gabriel RUAN SANTOS nos presenta su colaboración intitulada «Génesis y Desarrollo Histórico del Derecho Tributario». Por su parte, Humberto ROMERO-MUCI nos brinda su trabajo «(In)moralidad tributaria en Venezuela». Por otro lado, Juan Cristóbal CARMONA BORJAS presenta su aporte bajo el título «La tributación a la luz de las ideas republicanas de Francisco Javier Yanes y del Estado Social de Derecho y de justicia implementado en la Venezuela del siglo XXI».

En la sección de *Derecho constitucional tributario*, José Luis SHAW emprende la tarea de analizar «El avance del estado sobre los derechos de los contribuyentes y la Carta de los Derechos del Contribuyente del ILADT». Cristián BILLARDI realza esta obra con su trabajo «Derechos Humanos y Restricciones Presupuestarias». Por su parte, Humberto MEDRANO CORNEJO presenta su estudio sobre la «Cláusula antielusiva general y preocupación por el principio de legalidad». Por otro lado, Erwin Iván ROMERO MORALES colabora con su investigación sobre «El principio de legalidad en materia tributaria frente a la jurisprudencia constitucional (doctrina legal), posible distorsión». Asimismo, Rafael VERGARA SANDÓVAL preparó para este libro el estudio intitulado «Los principios y las garantías constitucionales tributarias en Bolivia». En un esfuerzo importante Miguel PEZZUTTI participa con su trabajo «Apuntes para la separación del interés general y el interés recaudatorio». Andrés BAZÓ

---

9   La "Carta de los derechos del contribuyente para los países miembros del ILADT" establece que el concepto "no se referirá solo al obligado tributario principal, por haber realizado el hecho imponible sino a todos los obligados tributarios, a partir del momento en que realicen el presupuesto de su obligación. Entre los obligados tributarios se incluirán los terceros responsables. En la medida en que resulten aplicables, los derechos y garantías propuestos serán también referibles a aquellos sujetos cuyos deberes fiscales se inserten en obligaciones entre particulares (retenedores o agentes de retención y de percepción o sujetos autorizados u obligados a repercutir).

10   *Ibíd.*

presentó un análisis comparativo bajo el título «Derechos de los contribuyentes. Análisis comparativo de la Carta ILAD y de los Estados Unidos de América». Por su parte, José Rafael BERMÚDEZ atienda al llamado de colaborar en esta obra con el trabajo denominado «Santi Romano en la reinstitucionalización de Venezuela». A su vez, Leonardo PALACIOS MÁRQUEZ presenta su disertación intitulada «Democracia, libertad, propiedad y tributación». Eduardo MEIER GARCÍA brinda para esta obra su colaboración intitulada «Tributación y libertad: A propósito del decreto constituyente de anticipo de impuestos». Por su parte Adriana VIGILANZA GARCÍA, preparó un trabajo sobre la «Forma de Estado y autonomía financiera de las entidades territoriales: Los casos de Francia y España, contrastados con el de Venezuela». Asimismo, José Rafael BELISARIO RINCÓN nos participa con su trabajo «La industria petrolera venezolana y la tributación local. Un análisis sobre el alcance de la tributación municipal a las empresas del sector hidrocarburos, con especial referencia a la Patente de Industria y Comercio hoy en día impuesto a las actividades económicas comerciales e industriales». Por otro lado, Valmy DÍAZ IBARRA nos presenta su colaboración intitulada «Las garantías y principios constitucionales de la tributación en ciertas decisiones judiciales. Dos décadas de muchos yerros y algunos aciertos». Taormina CAPPELLO nos brinda su estudio denominado «Consideraciones respecto a la interpretación del principio de capacidad contributiva previsto en la constitución venezolana». A su vez, Freddy J. ORLANDO S. nos presenta su aporte «Cargas Fiscales y Conflictividad Social». Asimismo, José Amando MEJÍA BETANCOURT participa con su trabajo sobre «El sistema tributario venezolano ante un Estado fallido» y, en igual sentido, José Ignacio HERNÁNDEZ nos presenta su estudio «Estado fallido y recaudación tributaria en Venezuela».

En la sección sobre *Derecho tributario sustantivo*, Rubén ASOREY enaltece esta obra con su estudio sobre «La analogía en el Derecho tributario latinoamericano». Asimismo, Alberto TARSITANO nos honra con sus reflexiones sobre el Derecho ambiental con el trabajo «La tributación medioambiental». Desde Colombia, Juan Pablo GODOY FAJARDO nos engalana con su trabajo titulado «La tributación de los proyectos de infraestructura a partir de la reforma tributaria colombiana de 2016 (ley 1819)». Y desde México, contamos con los trabajos de Arturo PUEBLITA, bajo el título «Efectos tributarios de la expropiación. Caso mexicano», y de Juvenal LOBATO, enfocado en la «Interpretación jurídica. Una reflexión sobre su aplicación en materia tributaria en México». Por otro lado, desde Venezuela contribuyen los autores Nathalie RODRÍGUEZ PARÍS, quien enfocó su estudio sobre «Las perversiones de la inflación en la tributación a la renta en Venezuela»; Serviliano ABACHE CARVAJAL reflexiona sobre «Capacidad contributiva y corrección monetaria. A propósito de la exclusión de los "sujetos pasivos especiales" del ajuste por inflación fiscal»; Jorge A. JRAIGE R. con la colaboración intitulada «Involución de la figura del Contribuyente Especial en Venezuela: Diagnóstico y recomendaciones para recuperar su verdadera esencia y sentido en el sistema tributario venezolano»; en conjunto, Luis R. AGUILERA y Juan C. CASTILLO CARVAJAL, presentan «El necesario reconocimiento de la inflación en la determinación del enriquecimiento neto gravable del ISLR. Propuesta de reforma de la LISLR para la reincorporación de los contribuyentes inconstitucionalmente excluidos del sistema de ajuste por inflación fiscal»; Burt HEVIA con «La juridificación (irrupción) de la contabilidad en el Derecho tributario sustantivo. Una propuesta de interpretación evolutiva del artículo 88 de la Ley de impuesto sobre la renta»; Antonio DUGARTE LOBO con «Canibalización de principios contables venezolanos, vis a vis algunos aspectos reformados de nuestra Ley de Impuesto sobre la Renta (caso: ajuste por inflación y otros cuentos de la cripta)»; Thomy CÉFALO con su trabajo denominado «Tratamiento de las diferencias cambiarias en el impuesto sobre la renta»; Galit DÍAZ NAVON con su ensayo «Gravabilidad de las indemnizaciones a efectos del Impuesto sobre la Renta (ISLR)»; Daniel BETANCOURT RAMÍREZ con una disquisición sobre la «Tributación a la renta familiar en Venezuela»; Óscar CUNTO escribe sobre «El incentivo fiscal de rebajas por inversión como herramienta para el desarrollo económico y social en nuestro país»; Juan Esteban KORODY con su análisis sobre «La interpretación y aplicación de las normas tributarias en el contexto de crisis económica: la paradoja de perseguir una renta ilusoria»; asimismo José P. BARNOLA (h) aporta sus reflexiones en torno a «El sistema venezolano de retención del Impuesto al Valor Agregado, otro caso para la teratología tributaria», y finalmente, Ingrid GARCÍA PACHECO participa con su trabajo en el que aborda «Las retenciones en materia del impuesto a las actividades económicas y del impuesto al valor agregado».

En la sección correspondiente al *Derecho procesal tributario*, desde Guatemala tenemos el privilegio de contar con Manuel LÓPEZ OLIVA, quien engalana esta obra con su trabajo denominado «Límites constitucionales a la determinación de oficio de la obligación tributaria sobre base presunta». Y nuevamente contamos con otra colaboración mexicana, esta vez de Domingo RUIZ LÓPEZ, quien nos brinda su colaboración titulada «Control difuso de convencionalidad por la jurisdicción tributaria. Una mirada desde México a partir del caso López Mendoza Vs. Venezuela». Por su parte, tenemos el honor de que el académico Allan BREWER-CARIAS nos presenta su reflexión «Sobre la no exigibilidad de tributos que se encuentran en proceso de impugnación administrativa o judicial». De otro lado, Alberto BLANCO-URIBE QUINTERO con su análisis de «La Tutela Judicial del Contribuyente»; Rosa CABALLERO con su trabajo «La tutela administrativa y jurisdiccional efectiva en la carta de derechos del contribuyente del ILADT. Análisis en el contexto jurídico venezolano»; y Manuel ITURBE ALARCÓN con «El cambio de los criterios jurisprudenciales y sus efectos frente a los contribuyentes» cierran esta sección.

En la sección de *Derecho penal tributario*, nos honra la participación de Jacques MALHERBE y Aurora RIBES RIBES, quienes enaltecen esta obra con su trabajo intitulado «La defraudación tributaria como precedente del lavado de activos a la luz de la reciente jurisprudencia española y belga». Asimismo, Juan Manuel ALBACETE con su trabajo «La defraudación tributaria como delito precedente del lavado de activos (en Uruguay)», y por último, desde España, Luis Manuel ALONSO GONZÁLEZ contribuye a esta obra colectiva con su trabajo intitulado «La pretendida simulación en la obtención del certificado de residencia fiscal».

En la sección sobre *Derecho tributario internacional*, el catedrático César GARCÍA NOVOA nos presenta su trabajo intitulado «Un nuevo paradigma en la aplicación de los tributos. Compliance y cumplimiento cooperativo». También de España, Soraya RODRÍGUEZ LOSADA se hace presente con en esta obra colectiva con «La lucha global por una fiscalidad más justa de la economía digital: propuestas en el ámbito de la fiscalidad directa». Desde Chile Patricio MASBERNAT presenta su colaboración titulada «Tributación de los servicios digitales: Chile; Unión Europea; Organización para la Cooperación y el Desarrollo Económico (OCDE)». Por otro lado, Elvira DUPOUY MENDOZA participa en esta obra colectiva con su colaboración intitulada «Aplicación de la convención multilateral BEPS: El caso venezolano»; Luis FRAGA PITTALUGA con su reflexión titulada «Medidas anti-beps y colonialismo fiscal»; Juan Carlos FERMÍN FERNÁNDEZ con su trabajo «El principio de soberanía fiscal y la denominada competencia fiscal internacional perjudicial»; Jesús SOL GIL contribuye con su colaboración denominada «La transparencia fiscal e intercambio de información en Venezuela»; Alberto BENSHIMOL BELLO con su trabajo «Los paraísos fiscales y sus usos en la experiencia del derecho tributario internacional»; Gilberto *ATENCIO VALLADARES* se hace presente con sus consideraciones atinentes a «Los paraísos fiscales e intercambio de información tributaria»; Ysabel FIGUEIRA GOITIA con su colaboración «Emprendimiento, Tributación y Economía Digital. Retos de los nuevos negocios ante las nuevas Políticas Tributarias»; María Carolina CANO presenta sus «Reflexiones sobre los criterios de tributación efectiva para negocios de economía digitalizada en Venezuela»; y finalmente en este bloque temático encontramos el análisis de Andreina LUSINCHI MARTÍNEZ en torno a la «Fiscalidad del arrendamiento inmobiliario e incógnitas del arrendamiento vacacional. Caso AIRBNB».

Por último, en la sección sobre *Tributación y finanzas públicas* Alberto J. ROSALES R. y Xabier ESCALANTE ELGUEZABAL nos presentan una «Breve reseña del régimen de Conversión de Deuda en Inversión, sus mecanismos y tributación. ¿Una experiencia factible a Futuro?».

No hay duda que esta obra colectiva evidencia una institucionalidad sólida, reconocida por su sostenida labor de divulgación del Derecho tributario en Venezuela, máxime en estos últimos años de vesania y «deslave institucional», socavamiento de la bases del Estado de Derecho y lesión sistemática de los derechos fundamentales del contribuyente; sus aportes a la conformación de una doctrina latinoamericana de la tributación, un manifiesto afecto hacia nuestra querida Asociación y la renovación del compromiso con sus objeticos existenciales.

En nombre del Consejo Directivo de la AVDT 2017-2019, integrado por Juan Carlos CASTILLO, Manuel ITURBE, Ingrid GARCÍA, Salvador SÁNCHEZ, Serviliano ABACHE, Juan KORODY, Gilberto ATENCIO y Elina POU, y en nuestra condición de Coordinadores de este LIBRO HOMENAJE A LOS 50 AÑOS DE LA ASOCIACIÓN VENEZOLANA DE DERECHO TRIBUTARIO, queremos reiterar a todos los aportantes nuestro testimonio de afecto y profundo agradecimiento por haber atendido de inmediato nuestra invitación a colaborar en esta obra, que representa un sentimiento global de reconocimiento y compromiso con nuestra institución, y que se enaltece con la participación de una representación importante y de lo más granado del pensamiento jurídico latinoamericano y europeo. Sus aportes serán guía y orientación en la reconstrucción del sistema tributario democrático venezolano dentro de los corolarios que constituyen los pilares del Estado de Derecho.

Finalmente, queremos expresar nuestra profunda gratitud al Dr. Allan BREWER CARÍAS por su entusiasta asesoría y apoyo desinteresado para la edición de esta obra colectiva; su concurso fue determinante para que este esfuerzo académico pueda llegar a todos los países, miembros o no del *ILADT*, a través de las librerías globales con el sello y respaldo de la Editorial Jurídica Venezolana.

Caracas, Venezuela, julio de 2019

PRIMERA PARTE
HISTORIA DEL DERECHO TRIBUTARIO

§ 1. GÉNESIS Y DESARROLLO HISTÓRICO DEL DERECHO TRIBUTARIO

Gabriel Ruan Santos *

El Cincuentenario de la Asociación Venezolana de Derecho Tributario (AVDT) entidad a la que he pertenecido con sumo orgullo desde el año 1984, me brinda la ocasión de preparar estas sencillas líneas para resaltar lo que ha sido la evolución de nuestra ciencia y dentro de ella el inmenso aporte que ha dado nuestra Asociación en su desarrollo, hasta colocar la materia de su objeto entre las más estudiadas en nuestro país. Ello se ha debido no sólo a la acción de sus fundadores y más antiguos miembros, a quienes manifestamos agradecimiento, sino sobre todo a lo que hemos llamado la "Generación AVDT", integrada por un nutrido grupo de jóvenes tributaristas que se han formado intelectualmente dentro del marco de la organización y que han contribuido poderosamente a su vitalidad y larga existencia, convirtiéndose muchos de ellos en brillantes escritores de derecho y figuras de renombre internacional. Podríamos decir, sin exageración, que el derecho tributario en Venezuela y la obra de la AVDT constituyen parte significativa del patrimonio cultural de la nación. Por ello, me uno con entusiasmo a esta significativa celebración.

GÉNESIS DEL DERECHO TRIBUTARIO

El derecho tributario surge del derecho financiero, tronco del cual forma parte, como una rama jurídica que adquiere autonomía científica y de derecho positivo; a su vez el derecho financiero o derecho de la hacienda pública es un desprendimiento del derecho administrativo, con el cual ambas disciplinas –financiera y tributaria- conservan nexos estrechos; y por último, como es bien sabido, el derecho administrativo procede del derecho público y es una rama del mismo. Ello explica que el concepto de derecho tributario se construye a partir del desarrollo histórico del derecho financiero, dentro del cual llega a adquirir la madurez de

---

*   Gabriel Ruan Santos, Expresidente de la Asociación Venezolana de Derecho Tributario e Individuo de Número de la Academia de Ciencias Políticas y Sociales de Venezuela.

nociones, principios y métodos que le dan "orgánica impostación a la materia" y las columnas propias de su construcción intelectual y positiva. Mientras que el derecho financiero es la ciencia y disciplina jurídica de todo el ciclo financiero del Estado, que comprende: fines-ingresos-presupuestos-gastos-controles, el cual abraza múltiples aspectos y fenómenos diferentes relacionados con los recursos y gastos públicos, el derecho tributario contrasta por la uniformidad, consistencia y unidad que puede ser observada tanto en el conjunto de las categorías y especies tributarias (impuestos, tasas, contribuciones especiales, exacciones parafiscales diversas) las cuales giran alrededor de los conceptos nucleares de tributo y de obligación tributaria, como en las potestades, derechos, deberes, formas y procedimientos de naturaleza administrativa de la gestión o función tributaria.[1]

I.1. Derecho Financiero y Derecho Tributario.

De acuerdo con los fines que justifican y dan legitimidad a su existencia y poder, el Estado y la multiplicidad de entidades que lo integran debe satisfacer las necesidades colectivas asumidas como públicas por el ordenamiento jurídico; para ello requiere efectuar numerosos gastos para atenderlas y obtener una voluminosa masa de recursos que lo pongan en capacidad de cubrirlos. Por consiguiente, el conjunto de operaciones instrumentales o mediales de los entes públicos, encaminadas a obtener los ingresos y bienes, así como contraer o causar las deudas, con el objeto de realizar los gastos públicos necesarios para desarrollar posteriormente las funciones y los servicios públicos, y adicionalmente propender a la redistribución de la riqueza social, se denomina actividad financiera o –genéricamente- finanzas del Estado, y conforma la hacienda pública; actividad que da lugar al amplio objeto y a los múltiples fines de las ciencias financieras técnicas y al derecho financiero o de la hacienda pública.

El autor venezolano Florencio Contreras Quintero –pionero de nuestra materia- se refería al "fenómeno financiero" más que a la sola actividad financiera, al cual calificaba como de inmensa complejidad. Decía que es un "fenómeno político" porque surge contemporáneamente con la decisión de atender necesidades colectivas y la multiplicidad de los fines del Estado, y al mismo tiempo es un "fenómeno económico", porque se trata de allegar recursos económicos limitados, para transformarlos en servicios públicos, a través de los canales del gasto público, y así satisfacer las ilimitadas necesidades colectivas. Fenómeno que es principalmente objeto de la ciencia de las finanzas o economía financiera, pero que en el Estado de Derecho debe ser objeto también del ordenamiento jurídico y del estudio científico de las ciencias jurídicas, como es el derecho financiero. De allí la complejidad también del derecho financiero, "porque pretende disciplinar y estudiar ese proceso -aunque sea parcialmente- que une esas dos vertientes: los ingresos públicos y los gastos públicos, a través de ese vínculo que se llama presupuesto"[2].

---

1   Según Francesco Tesauro: "La noción de tributo y la de derecho tributario son co-extensivas; el derecho tributario es, por definición, aquel sector del ordenamiento que disciplina los tributos. Según las tradicionales ramas, el derecho tributario es parte del derecho financiero que, a su vez, es parte del derecho administrativo. *Cfr*: Tesauro, Francesco; *istituzioni di diritto tributario*; UTET, Vol. 1, Torino, 1994, p. 12.

2   CONTRERAS QUINTERO, Florencio. *Disquisiciones Tributarias*. Colección Justitia et Jus. Mérida, Venezuela, Universidad de Los Andes, Facultad de Derecho, 1969, p. 10 y ss.. CASADO HIDALGO, Luis. *Temas de Hacienda Pública*. Caracas, Ediciones de la Contraloría, 1978, p. 9 y ss.. Casado Hidalgo explica con claridad los conceptos de hacienda pública, recursos financieros públicos, actividad financiera del Estado, derecho financiero y derecho tributario con referencia a Venezuela. También en LAYA BAQUERO, Juan Bautista. *Lecciones de Finanzas Públicas y Derecho Fiscal*. Caracas, Venezuela, Paredes Editores, 1989. Tomo I. PLAZAS VEGA, Mauricio A. *Derecho de la Hacienda Pública y Derecho Tributario*. Tomo II, Segunda Edición, Santa Fe de Bogotá, Colombia, Editorial Temis, 2005. Derecho Tributario, p. 6 y ss. GIULIANI FONROUGE, Carlos. *Derecho Financiero*. Tomo I, Décima Edición. Obra actualizada por Navarrine, Susana y Asorey, Rubén. Buenos Aires, Argentina,

La Constitución de la República Bolivariana de Venezuela establece el marco normativo de la hacienda pública y de la actividad financiera del Estado. En especial, cuando establece el deber de toda persona de coadyuvar a los gastos públicos, de conformidad con la ley (artículo 133); las competencias de la Asamblea Nacional, a la cual corresponde legislar sobre la materia, en particular sobre la creación de los tributos y el ejercicio del control parlamentario sobre la Administración Pública Nacional (artículos 317, 156, ordinales 12 y 13, 187, ordinales 1 y 3); la competencia del Presidente de la República para administrar la hacienda pública nacional (artículo 236, ordinal 11); las disposiciones del Título VI, Capítulo II, que rigen el régimen fiscal y monetario (régimen presupuestario, sistema tributario, sistema monetario); las competencias de la Contraloría General de la República, en materia de control de ingresos, gastos y bienes públicos y las operaciones relativas a los mismos (artículo 287 y siguientes); y las disposiciones relativas a los estados y municipios que regulan la actividad financiera de estas entidades y sus organismos competentes. Normas constitucionales que son desarrolladas principalmente por la antigua Ley Orgánica de la Hacienda Pública Nacional, la Ley Orgánica de la Administración Financiera del Sector Público, la Ley Orgánica del Poder Público Municipal, la Ley Orgánica de la Contraloría General de la República, la Ley Orgánica de Aduanas, el Código Orgánico Tributario y las leyes especiales de carácter tributario.

Por consiguiente, el derecho financiero o derecho de la hacienda pública, concebido como ciencia y como disciplina jurídica, es decir, como sistema de conocimientos y como conjunto ordenado de normas y de principios rectores de la conducta, comprende una amplia gama de materias inherentes al derecho público: los tributos, el patrimonio del Estado o hacienda pública, la contabilidad de los entes públicos, el presupuesto y las reglas del gasto de los entes mencionados, el crédito o la deuda de naturaleza pública, la emisión y flujo de moneda oficial, la regulación cambiaria y el control de la gestión o administración de los recursos públicos. Así mismo, comprende el estudio de las relaciones internacionales surgidas de los convenios bilaterales y multilaterales celebrados por Venezuela, como son los relativos al Fondo Monetario Internacional y a la Organización Mundial del Comercio, entre otros. Esta amplia gama de materias ha hecho dudar a algunos autores acerca de la unidad sistemática del derecho financiero, porque lo conciben como un aglomerado de materias diversas cuyo objeto son las finanzas del Estado, pero sin la suficiente coherencia de fines, principios y reglas para integrar una rama autónoma del derecho, al mismo tiempo que reconocen que el derecho tributario si reúne los requerimientos para conformar una rama autónoma del derecho público. Sin embargo, la generalidad de los autores admite la posibilidad de concebir como objeto del derecho financiero el conjunto de nociones, principios y normas que rigen todos los fenómenos de las finanzas estatales, del cual hace parte el derecho tributario [3].

De frente a la escasa homogeneidad de nociones, principios y normas que rigen a la diversidad de figuras mencionadas que proporcionan recursos al Estado, lo que da lugar a la vasta conceptuación del derecho financiero o de la hacienda pública, el cual abraza múltiples aspectos y fenómenos diferentes relacionados con los recursos y gastos públicos, contrasta la uniformidad, consistencia y unidad que puede ser observada en el conjunto de las categorías y especies tributarias (impuestos, tasas, contribuciones especiales, exacciones parafiscales

Editorial La Ley, 2011. p. 25 y ss. VILLEGAS, Héctor Belisario. *Curso de Finanzas, Derecho Financiero y Tributario*. Octava Edición Revisada. Buenos Aires, Editorial Astrea-Depalma, 2002, p. 79 y ss. *Manual Venezolano de Derecho Tributario;* obra colectiva de la AVDT, coordinada por Jesús Sol, Leonardo Palacios, Elvira Dupouy y Juan Carlos Fermín. Caracas 2013.

3   Para una amplia exposición sobre el tema de la unidad sistemática del derecho financiero o derecho de la hacienda pública, ver a PLAZAS VEGA, Mauricio A. *obra citada supra*, p. 22 y ss. También en la *obra citada supra* de GIULIANI FONROUGE, p. 25 y ss.. GIANNINI, Achille Donato. *Istituzioni di Diritto Tributario*. Dott. A Giuffré Editore. Milano, Italia, 1974. pp. 1 y ss..

diversas) las cuales giran alrededor de los conceptos nucleares de tributo y de relación tributaria. Pero esto no ha impedido que la doctrina haya defendido con asertividad la existencia de una rama jurídica global de la hacienda pública, debido a razones políticas, prácticas y científicas, materia que involucra al derecho tributario y lo hace parte importante de una rama jurídica mayor. Esto explica la orientación de autores franceses, alemanes, italianos y españoles y de muchos latinoamericanos, que visualiza esta rama jurídica como ciencia y disciplina de todo el ciclo financiero del Estado: fines-ingresos-presupuestos-gastos-controles. Así, en modo sintético, el autor español Fernando Sainz de Bujanda define el derecho financiero o derecho de la hacienda pública como "rama del derecho público interno que organiza los recursos del Estado y de las otras entidades públicas, territoriales e institucionales, y regula los procedimientos de recaudación de los ingresos y de erogación de los gastos y de los pagos necesarios para el cumplimiento de sus fines"[4]. Definición que es complementada con expresión tajante de Ferreiro Lapatza: "... la actividad financiera resulta incomprensible si se prescinde de alguna de sus partes esenciales. La organización de los medios de que dispone el Estado para satisfacer sus necesidades debe ser considerada de manera unitaria"[5]. Todo lo cual lleva a concluir que el derecho tributario es una parte del derecho financiero, aunque fundamental y relativamente autónoma, inserta en un marco más amplio que es el ordenamiento financiero del Estado[6].

I.2 Derecho Tributario. Noción y Contenido.

Llegados a este punto, se hace necesario entonces precisar el concepto de derecho tributario, también llamado derecho fiscal, a partir de su objeto -que es el tributo- como ciencia y como disciplina jurídica.

De manera muy simple e incontrovertible, Jarach define la disciplina tributaria como "el conjunto de las normas y principios jurídicos que se refieren a los tributos", y a la ciencia del derecho tributario como aquella que "tiene como objeto el conocimiento de esas normas". El autor colombiano Mauricio Plazas Vega parece seguir este concepto simple al expresar: "El derecho tributario es el conjunto de normas jurídicas que regulan los tributos". En nuestro país, Florencio Contreras coincide al afirmar: "El derecho tributario tiene como objeto concreto, específico y determinado, erigido en una categoría jurídica que es el tributo. De manera que quien comprenda y conozca la entidad de esta categoría jurídica que es el tributo, está en capacidad de resolver toda la problemática que, desde el punto de vista estrictamente jurídico, planteen la interpretación y aplicación del derecho tributario"[7]. También en nuestro país, José Andrés Octavio adopta un concepto similar, pero con mayor alcance: "El derecho tributario es el conjunto de normas que regulan la creación y aplicación de los tributos y las relaciones jurídicas que de ellos derivan. Los tributos son las prestaciones de dinero, exigidas por el Estado en el ejercicio de su poder de imperio, mediante una ley, para atender los gastos destinados al cumplimiento de sus fines". Noción de tributo que adopta la definición del Modelo de Código Tributario para América Latina, en su artículo

---

4   SAINZ DE BUJANDA, Fernando. *Sistema de Derecho Financiero*. Madrid, Universidad Complutense, Facultad de Derecho ,1977, p. 476. Citado por Plazas Vega, *obra citada supra*, p. 29.

5   FERREIRO LAPATZA, José Juan. *Curso de Derecho Financiero Español*. Madrid, España, Editorial Marcial Pons, 1992, p. 32. Citado por Plazas Vega, *obra citada supra*, p. 29.

6   PLAZAS VEGA, Mauricio A. *Obra citada supra*, p. 30. A esta conclusión llegan un conjunto de autores españoles y latinoamericanos cuyas opiniones analiza Plazas Vega. Así, por ejemplo, los españoles Queralt, Lozano, Casado y Tejerizo expresan: "El Derecho Tributario es una parte del Derecho Financiero, como el ordenamiento tributario no constituye más que una parte, así sea fundamental, en un ordenamiento más amplio constituido por el derecho financiero".

7   JARACH, Dino. *Obra citada supra*, p. 6. Plazas Vega, Mauricio. *Obra citada*, p. 46. Contreras Quintero, Florencio. *Obra citada supra*, p. 11.

13. A lo cual agrega Octavio que "el derecho tributario está considerado por la doctrina más aceptada como una rama del derecho financiero, con normas y principios propios que le confieren carácter autónomo, especialmente en lo que se refiere al derecho material"[8].

Se observa claramente que dicho concepto de derecho tributario gira principalmente alrededor de la noción de tributo y de la relación jurídica tributaria, pero se extiende al poder tributario, a las fuentes jurídicas de los tributos, a sus procedimientos especiales de determinación y recaudación, y a las sanciones para asegurar su cumplimiento. Extensión que ha hecho pensar a la doctrina no sólo en segmentos sino en subdivisiones del derecho tributario, tales como el derecho tributario constitucional; el derecho tributario sustantivo o material u obligacional; el derecho tributario formal o administrativo; el derecho procesal tributario; el derecho tributario internacional; y el derecho tributario penal. De las cuales interesa tratar en este escrito las vertientes tributarias del derecho material y del derecho formal, como partes de un mismo cuerpo antes que como ramas o divisiones de la disciplina.

Como indicó José Andrés Octavio, el concepto de derecho tributario comprende tanto la creación como la aplicación de los tributos. Este doble enfoque ha dado lugar en la teoría y en la práctica tributarias a una tensión entre el poder legislativo y la Administración del Estado; entre la creación legislativa de los tributos inherente al Estado de Derecho y la potestad y competencia ejecutivas para exigir su cumplimiento y recaudarlos; entre la reserva o exclusividad de la ley para decidir cuál será la riqueza gravada, en cuáles circunstancias, en cuál proporción, en cuál momento y cuáles sujetos quedarían obligados a pagar, vale decir, el diseño de los tributos y de todos sus elementos esenciales, por un lado, y la determinación en el hecho concreto del tributo a pagar por cada contribuyente y la exigencia de su cumplimiento, de acuerdo con la ley. Tensión que se proyecta necesariamente en la relación entre el contribuyente, que busca encontrar en la ley certeza y seguridad para su obligación de contribuir y la Administración, cuya pretensión o exigencia al contribuyente persigue obtener el mayor y más eficiente resultado de recaudación, con el objeto de aportar los recursos necesarios para que todos los entes públicos puedan lograr sus fines y objetivos.

Habida consideración que la creación y la aplicación de los tributos son pasos o fases de una secuencia natural en el derecho, algunos autores de la ciencia tributaria han tomado posición en favor de la prevalencia de la creación de los tributos y por ende, del derecho material que rige la obligación tributaria, frente a la aplicación de la norma tributaria, a la que consideran como estricta ejecución de la ley. Desde otra perspectiva, pero sin negar que la Administración debe cumplir la ley tributaria, otros autores, inspirados en el fin primordial de los tributos, que es la recaudación suficiente de dinero para cumplir con las metas políticas y operativas del Estado y de sus órganos, se afincan en la necesidad de interpretar la ley tributaria y apreciar los hechos sometidos a ella del modo que más favorezca a una mayor recaudación o a la detección de la verdadera capacidad contributiva individual. En esta perspectiva, la función administrativa y por tanto el llamado derecho formal o administrativo, que rige las facultades y los procedimientos de los órganos de la Administración, tiene un peso preponderante y tiende a prevalecer. En términos muy simples, esta sería la contraposición tradicional entre la tendencia legalista o clásica y la tendencia funcionalista o administrativista del derecho tributario.

---

8   OCTAVIO BASTIDAS, José Andrés. *Comentarios Analíticos al Código Orgánico Tributario*. Colección Textos Legislativos N° 17, Editorial Jurídica Venezolana, Caracas, 1998, p. 15 y ss.. Artículo 13: "Tributos son las prestaciones en dinero que el Estado, en ejercicio de su poder de imperio, exige con el objeto de obtener recursos para el cumplimiento de sus fines". *Cfr: Modelo de Código Tributario*. Reforma Tributaria para América Latina, preparada por el Programa Conjunto de Tributación OEA-BID. Unión Panamericana, Secretaría General, Organización de Estados Americanos, Washington, D.C. 1968. Segunda Edición. p. 19. Octavio, al igual que Jarach, da prevalencia al derecho material sobre el derecho formal en su concepto de derecho tributario.

Sin perder de vista la tensión antes descrita, desde la posición legalista, Jarach define al derecho tributario material o sustantivo como "el derecho de las obligaciones tributarias, entendiendo por obligaciones tanto la relación jurídica cuyo objeto es la prestación del tributo, como las demás relaciones cuyo contenido consiste en prestaciones accesorias, como asimismo la relación contraria a la obligación tributaria, que surge del pago indebido en la cual el Estado es el sujeto pasivo y el particular el sujeto activo". Jarach añade que "para que los fines del derecho tributario sustantivo se cumplan no es necesaria siempre la intervención de la Administración", ya que en todos los ordenamientos jurídicos surgen obligaciones tributarias que se cumplen (se autoliquidan o ejecutan espontáneamente) "por la simple observancia de los preceptos legales por parte de sus destinatarios", lo que demuestra que la actividad de los contribuyentes no siempre "está supeditada jurídicamente a la actividad administrativa en general, ni a algún acto administrativo en particular".

Lo anterior hace afirmar a Jarach que su posición tiene dos corolarios: "el primero consiste en que el poder coercitivo del Estado, que caracteriza al tributo, se agota en el momento de la creación de la ley, o sea, de la creación de las normas de derecho sustantivo. La Administración no es la portadora del poder estatal para hallar los recursos para las finanzas públicas, sino solamente para cumplir la ley. En el derecho tributario material son las normas objetivas las que crean la obligación y las pretensiones fiscales y en su ámbito no hay preeminencia de una parte sobre la otra –fisco y contribuyente- ni sujeción". "… El segundo corolario, es que debe distinguirse el derecho tributario sustantivo o material del derecho tributario formal o administrativo y que las relaciones jurídicas disciplinadas por una y otra materia, son distintas y pueden no acoplarse en la vida real"[9]. Esto le lleva a concluir, a nuestro entender, que el derecho tributario material, como esencia de la ciencia y de la disciplina, no se integra ni es absorbido por la actividad de la Administración ni por el derecho administrativo, porque son reglas con distinta función y naturaleza, aunque tampoco se les pueda considerar como compartimientos estancos. Mientras al primero corresponde la estructura de la obligación, al segundo corresponde la recaudación, en sus aspectos de cobro, percepción, búsqueda y reconocimiento de las pretensiones concretas del fisco. Por ejemplo y tal vez con cierta exageración, sería inadmisible que la Administración pudiera ejercer facultades discrecionales - propias de su operación- en el ámbito de la fijación del contenido y alcance de las obligaciones tributarias, cuya determinación sólo admitiría comportamientos estrictamente debidos y reglados. En cambio, cuando se trata de una relación de contenido administrativo, existe la posibilidad de que la Administración ejerza sus facultades de acuerdo con un criterio de oportunidad y conveniencia[10].

Sin desmerecer el valor de la posición de Jarach, con inclinación a la preminencia absoluta del derecho material sobre el derecho formal en el ámbito de los tributos, es conveniente ir al origen de la teoría, en busca del equilibrio entre las dos vertientes mencionadas. Se atribuye al autor alemán Albert Hensel la expresión teórica original de las dos vertientes y de su complementación sinérgica. Según este autor, quien destacó en los años que siguieron a la primera guerra europea y falleció prematuramente en el año 1933, "la característica de una

---

9	JARACH, Dino. *Obra citada supra*, p. 11 y 12.

10	_____. Curso Superior de Derecho Tributario. Editorial Liceo Cima, Buenos Aires, Argentina, 1969, Tomo I, p. 161. Expresa Jarach: "En materia de derecho tributario sustantivo, es decir, cuando se trata de la relación cuyo objeto es la prestación del tributo, el acreedor puede cobrar o no el impuesto que nace de la ley (sic), únicamente debe adaptar su voluntad a lo que establece la ley y tiene una suerte de derecho-deber, en el sentido de que lo que es su derecho creditorio es también su obligación de hacerlo valer a favor del Estado, que el organismo administrativo representa. En cambio, cuando se trata de una relación de carácter administrativo, existe la posibilidad de que la Administración ejerza o no su facultad, de acuerdo con un criterio de oportunidad; y cuando hablamos de oportunidad administrativa usamos un término que es característico para indicar el contenido de las facultades discrecionales, que se rigen no por derechos-deberes, sino por el criterio de apreciación, de oportunidad, que el mismo organismo puede ejercer".

imposición conforme a los principios del Estado de Derecho está en la disciplina de la obligación tributaria mediante una norma jurídica. ... el medio técnico jurídico para alcanzar tal vínculo legal es la determinación de los *hechos generadores del impuesto*. El hecho generador del impuesto contiene normativamente los presupuestos abstractos e hipotéticos de cuya concreta existencia (*realización del hecho generador*) resultan determinadas consecuencias jurídicas. La teoría del hecho generador del impuesto y de sus consecuencias jurídicas crea entre el Estado y el súbdito una relación jurídica que llamaremos *relación obligatoria de derecho público* y está recogida bajo el concepto de *derecho tributario material*. La parte general del derecho tributario material tiene la tarea de exponer los elementos comunes de todas las distintas leyes de impuesto, en cuanto disciplinan estos hechos generadores." Pero seguidamente, Hensel puntualizaba lo siguiente: "La determinación del hecho generador no basta al Estado para llevar a ejecución las pretensiones que se derivan de la realización del hecho generador mismo. Esta ejecución de la pretensión en sentido lato es tarea de la *administración tributaria del Estado*. El derecho administrativo está de este modo subordinado teleológicamente al derecho material, pero presenta, prescindiendo de aquél características jurídicas propias. Traer a la luz estas características es tarea de la teoría del *derecho tributario administrativo*. La relación obligatoria de impuesto es ciertamente la base, pero no la relación jurídica típica de esta parte del derecho tributario, la cual debe ocuparse de las relaciones entre *autoridad* tributaria y *obligados* tributarios". [11]

Hensel, de acuerdo con la legislación alemana de su tiempo, asumía que la *relación de derecho administrativo* requería de la emisión del acto administrativo llamado "aviso de impuesto", o sea, "el requerimiento de una determinada suma pecuniaria debida en base a la realización del hecho generador", como requisito para el inicio de una nueva relación; dentro de esta relación y con invocación del Estado de Derecho, hacía énfasis en la necesaria existencia del *procedimiento* para la ejecución financiera coactiva de la pretensión del Estado y como contrapeso, de un *procedimiento de remedios jurídicos disciplinado por el Estado* puesto a disposición del obligado para su *tutela jurídica suficiente* frente a los requerimientos injustificados de pago[12]. Con mucho acierto, Hensel precisaba: "Si bien se pudo afirmar supra que el débito de impuesto surge con la realización del hecho generador y que, por lo tanto, para el nacimiento de la pretensión del Estado no es necesario ningún acto administrativo especial, esto no excluye que el Estado desarrolle una actividad administrativa en el campo de la imposición, para contribuir por su parte también a satisfacer las pretensiones de impuesto de aquél surgidas de conformidad con el hecho generador"[13].

---

11 HENSEL, Albert. *Derecho Tributario*. Traducción al español de Leandro Stock y Francisco Cejas. Editorial Jurídica Nova Tesis. Buenos Aires, Argentina, 2004. p. 66.

12 *Obra citada supra*. p. 67. En relación con el contencioso tributario, en la doctrina nacional ya se reflejaban algunos elementos de la obra de Hensel, así: "...la especificidad de la rama tributaria se contrae esencialmente a los aspectos sustantivos de ella, es decir, a la concepción y regulación de la *obligación tributaria,* que engloba aspectos tales como el principio de realidad económica, el carácter patrimonial del vínculo obligacional, la configuración de los sujetos pasivos de la obligación, el hecho generador, la base imponible, los modos de extinción, los privilegios y garantías, etcétera. Empero, por lo que se refiere a la determinación y recaudación de los tributos, esta rama jurídica se alimenta de los conceptos del derecho administrativo, porque se trata precisamente del ejercicio de potestades administrativas. Por este motivo el conocido tributarista alemán Albert Hensel se refiere a la existencia de un *derecho tributario obligacional* frente a un *derecho tributario administrativo*". Ver: RUAN SANTOS, Gabriel. *El Contencioso Tributario*. En *Revista de Derecho Público* N° 21. Editorial Jurídica Venezolana, Caracas, Venezuela, enero-marzo 1985, pp. 16 y 17.

13 HENSEL, Albert. *Ibid*, pp. 67, 241, 243 y 244. Dentro de su original concepción de dos relaciones tributarias coexistentes, la substancial y la administrativa, Hensel indicaba lo siguiente: "Nosotros recogemos estas actividades administrativas del Estado (indagación y determinación del débito de impuesto, participación al deudor con orden de pago, recaudación de la prestación debida, gestiones de ejecución) dedicadas a la realización inmediata de sus pretensiones, bajo el concepto común de *procedimiento tributario*. En esto tenemos una especie de *imagen especular de derecho administrativo* del derecho tributario material: el procedimiento es la transformación admi-

De manera que Hensel postulaba con claridad las dos vertientes del derecho tributario: obligacional y administrativa; indicaba la función indispensable que cada una de ellas debía cumplir en el ejercicio del poder de imposición del Estado; advertía las dos relaciones jurídicas que surgían de cada una de esas funciones, debido a la intervención de órganos de ramas distintas del Poder Público; así como también, estimaba la complementación entre ambas disciplinas para llevar a ejecución con justicia la pretensión del fisco.

La doctrina moderna del derecho tributario ha puesto de relieve además, la interacción entre las dos vertientes mencionadas, material y formal, a tal punto que, analizadas las cosas con detenimiento, la creación e interpretación y la aplicación concreta de la ley tributaria -mediante los procedimientos administrativos- se amalgaman finalmente en una sola realidad dinámica, si se tiene en cuenta que dicha ley frecuentemente contiene conceptos indeterminados o de apreciación, cuya aplicación requiere del contribuyente y de la Administración una actividad valorativa acerca de los hechos y de los preceptos, que dista de ser un proceso de automatismo lógico o de simple subsunción normativa, el cual debe ser auxiliado por criterios suministrados por las ciencias económica y financiera y por otras disciplinas no tributarias. Tan importante es esta interacción que mientras la Administración no ha desplegado su intervención no puede saberse con certeza los términos del cumplimiento ni considerarse al contribuyente liberado de su obligación tributaria. Este enfoque ha hecho resurgir la tendencia dinámica, procedimentalista o neo-administrativista del derecho tributario que, a través de la llamada "potestad de imposición" o "función tributaria" de la Administración o "procedimiento de imposición", persigue la determinación de la capacidad contributiva individual y concreta, más allá o con superación de la contraposición comentada entre lo material y lo formal[14].

Por lo anterior, la existencia de estas dos vertientes del derecho tributario, material y formal, obligacional y administrativa, lleva a reunir en una sola rama jurídica el conjunto de materias sustantivas y adjetivas comprendidas en el Código Orgánico Tributario y en las leyes especiales creadoras de los tributos. En el Código como instrumento general que regula las instituciones tributarias, en particular la obligación tributaria, y en las leyes especiales como instrumentos especiales reguladores de cada una de las especies tributarias. Pero tam-

---

nistrativa de la pretensión de impuesto, originada sobre la base del derecho material…". Por su parte, Valdés Costa señalaba con respecto a la doctrina de Hensel lo siguiente: "Frente a la nueva corriente doctrinaria que asigna a la actividad administrativa de determinación características propias del poder de imposición, reafirmamos nuestro convencimiento acerca de la diferencia jurídica substancial entre el nacimiento de la obligación por la ocurrencia del hecho imponible y la actividad administrativa que comprueba su existencia y fija la cuantía de la prestación. El concepto proviene de Hensel, quien puso de manifiesto de manera indiscutible la diferente naturaleza del acto legislativo que crea el tributo, respecto del acto administrativo que, en función exclusiva de aplicar la ley, efectúa la determinación". Ver: Valdés Costa, Ramón. *Curso de Derecho Tributario*. Editoriales Marcial Pons, Temis y Depalma, Segunda Edición, Madrid, Santa Fe de Bogotá y Buenos Aires, respectivamente, 1996. p. 356.

14 PEREZ DE AYALA, José Luis y GONZÁLEZ, Eusebio. *Curso de Derecho Tributario*. Tomo I, Madrid, España, Editorial de Derecho Financiero, Editoriales de Derecho Reunidas, pp. 21, 22, 23 y 24. Estos autores plantean la *"desmitificación"* de la preminencia del derecho tributario material sobre el derecho tributario administrativo, mediante una integración del esquema central de la relación tributaria obligacional con las tendencias que potencian la actividad administrativa en el ámbito tributario, llámese potestad de imposición, función tributaria, o procedimiento de imposición. Plazas Vega resume la confrontación de las tendencias en la doctrina moderna del derecho tributario, al señalar que frente a la *magnificación del hecho imponible* en torno a la obligación tributaria y al derecho material, corriente dominante entre los autores latinoamericanos, se coloca la *magnificación del procedimiento*, cuya preocupación fundamental es la aplicación práctica de los tributos y el ejercicio de las potestades administrativas, mediante actos sucesivos de la Administración que permitan el reconocimiento efectivo de la capacidad económica concreta del contribuyente y el derecho al cobro del tributo, corriente ampliamente seguida entre los autores italianos y españoles contemporáneos. Sin embargo, Plazas Vega rechaza los extremismos y aboga por una armonización de ambas vertientes del derecho tributario: material y formal. Ver: PLAZAS VEGA, Mauricio A. *Obra citada supra*, pp. 489 a 492. Ver también en esta materia a GIULIANI FONROUGE, Carlos. *Obra citada supra*, p. 39 y ss..

bién comprende el derecho tributario el conjunto de normas adjetivas que prevén y regulan la organización y facultades de la Administración Tributaria, así como también los procedimientos tributarios destinados a la determinación y recaudación de las obligaciones tributarias.

DESARROLLO HISTÓRICO DEL DERECHO TRIBUTARIO.

Los estudiosos de la evolución del derecho tributario o derecho fiscal, coinciden en afirmar que la existencia autónoma del derecho tributario se hace realidad en Alemania, en los años precedentes y posteriores a la promulgación de la conocida como Ordenanza Tributaria Alemana de 1919. Pero antes de este alumbramiento, los estudios tributarios estuvieron sometidos a la ciencia económica y a la doctrina de los civilistas. Con el auge del derecho administrativo a fines del siglo XIX, la disciplina tributaria fue considerada como parte de la hacienda pública regida por el derecho administrativo, sometida a la supremacía del Estado, para luego ser absorbida por el derecho financiero y por la ciencia de las finanzas públicas. A lo largo del siglo XX, la evolución de los estudios tributarios se desenvuelve en la contraposición dialéctica entre las tendencias legalistas, substancialistas u obligacionistas y las tendencias funcionalistas, integralistas, o administrativistas, hasta llegar a una etapa actual en la cual se busca la armonía entre ambas tendencias, con asunción de la capacidad económica como criterio primordial de la disciplina, pero dentro del cauce del principio de legalidad tributaria. Lo anterior se describe a continuación:

No obstante que la existencia del tributo como institución jurídica se remonta a la antigüedad, los autores coinciden al señalar que el derecho tributario, como ciencia y como disciplina autónoma, es relativamente reciente; y sus inicios se ubican en los años finales de la segunda década del siglo XX, sin por ello ignorar los intentos precedentes de elaboración doctrinal del concepto de impuesto, como figura central de la materia.

Como se ha dicho antes, el derecho tributario surge del derecho financiero, tronco del cual forma parte, como una rama jurídica que adquiere autonomía científica y de derecho positivo; a su vez el derecho financiero o derecho de la hacienda pública es un desprendimiento del derecho administrativo, con el cual ambas disciplinas –financiera y tributaria- conservan nexos estrechos; y por último, como es bien sabido, el derecho administrativo procede del derecho público y es una rama del mismo. Derivación que explica el origen del poder tributario de "iure imperii", pero sujeto a los límites constitucionales; los fines fiscales o recaudatorios de los tributos junto a los fines extrafiscales o de política económica y social presentes en su configuración; las prerrogativas de la Administración, que actúa mediante actos administrativos; así como también la sinergia entre el derecho tributario material y el derecho tributario administrativo en su desarrollo. Sin embargo, esta matriz de derecho público no debe hacer olvidar la enorme influencia que ha ejercido en la materia el derecho civil y la doctrina de los civilistas, lo cual ha contribuido decisivamente a la formación del perfil de la obligación tributaria, como relación jurídica "ex lege" de contenido patrimonial entre el fisco y el contribuyente, garantizadora de la libertad individual y de la seguridad jurídica.

Los estudiosos de la evolución del derecho tributario o derecho fiscal, denominación esta última preferida por la doctrina francesa debido a razones históricas, coinciden en afirmar que la existencia autónoma del derecho tributario se hace realidad en Alemania, en los años precedentes y posteriores a la promulgación de la conocida como Ordenanza Tributaria Alemana de 1919. Es en este momento histórico que surge "la orgánica impostación de toda la materia", con la afortunada frase de Rastello[15].

---

15 RASTELLO, Luigi. *Diritto Tributario. Principi Generali.* cuarta edición, Padova, Italia, Casa Editrice Dott. Antonio Milani CEDAM, 1994. p. 5 y 6. Dice Rastello: "Los estudios de teoría general del derecho tributario, como sector del ordenamiento jurídico susceptible de un tratamiento autónomo para finalidades científicas y didác-

Pero antes de este momento de alumbramiento, los estudios tributarios estuvieron domi-nados por la ciencia económica, y en particular por los economistas ingleses (Smith, Ricar-do, Mill) desde el punto de vista político, y por la doctrina civilista europea desde el punto de vista jurídico. En este último aspecto, con remarcado predominio de la filosofía liberal y del análisis jusprivadista de los fenómenos jurídicos, según los concebía el derecho civil, en la interpretación de las leyes tributarias. Con posterioridad, y con el auge del derecho admi-nistrativo a fines del siglo XIX, el derecho tributario fue considerado conjuntamente con el derecho de la hacienda pública como parte del derecho de la Administración Pública, con énfasis en la soberanía y en la supremacía del Estado. Destaca en esta etapa administrativis-ta, la escuela alemana del derecho público surgida bajo la monarquía, personificada en auto-res como Laband, Jellinek, Mayer, Fleiner, Gneist, quienes concebían la relación entre el fisco y el contribuyente como una relación de poder-sujeción, y según algunos como "rela-ción de fuerza", al igual que en los demás campos de la relación entre el Estado y los súbdi-tos, y defendían las prerrogativas de policía de la Administración en la interpretación y apli-cación de las leyes tributarias. No era de extrañar en este contexto que quienes confrontaban esta posición autoritarista se afincaran en la posición legalista a ultranza contraria, y se afe-rraran a la conceptuación civilística de la obligación tributaria, como relación de derecho "inter pares", frente al ejercicio de las prerrogativas administrativas unilaterales en materia de tributos.

De cara a la confrontación mencionada y a modo de síntesis dialéctica, autores españoles como José Luis Pérez de Ayala y Eusebio González García explican el hito histórico de la Ordenanza Tributaria Alemana (A.O. Reichsabgabenordnung), obra primordial del tributa-rista Enno Becker, con las palabras siguientes: "Únicamente en este ambiente puede com-prenderse una reacción como la que vino a representar la aparición en 1919 de la Ordenanza Tributaria Alemana. En esta ocasión, bajo el pretexto de anclarse sobre la realidad económi-ca, el movimiento pendular, que tan a menudo preside la epistemología de las ciencias so-ciales, llevó el legítimo deseo de sustraer las normas fiscales de la tutela que sobre ellas ejercía el derecho civil a un peligroso maridaje con la ciencia económica. En la interpreta-ción de las normas fiscales – dice el artículo 9 de la Ordenanza- se deberá tener en cuenta su fin, su significado económico y desenvolvimiento de las circunstancias que las acompañan". A lo cual añaden esos conocidos autores que dicho precepto ha sido considerado como "la expresión antitética más lograda del formalismo jurídico", destinada a "huir de las rigideces del derecho civil… …al resaltar la importancia del elemento económico real, ligaban al intérprete a los valores económicos subyacentes y dificultaban considerablemente la exten-sión del fraude fiscal"[16].

Esta Ordenanza, pionera y modelo de la codificación tributaria, realizó un verdadero cam-bio cualitativo en la evolución del derecho tributario y puso los elementos esenciales de su autonomía científica y de derecho positivo. Su texto contenía los principios sustantivos del derecho tributario, las normas de procedimiento y la disciplina de las infracciones y sancio-nes. Fue dictada bajo el influjo de la Constitución de la República Democrática de Weimar, obra dicha Ordenanza de Enno Becker, jurista de indudable filiación democrática. Su texto fue reformado por la Ley de Adaptación Impositiva Alemana en el año 1934, para incluir en ella concepciones del nacionalsocialismo, las cuales fueron suprimidas después y no estu-

---

ticas, son muy recientes, según la opinión unánime de la doctrina. Se considera, en efecto, que se han desarrollado en el período inmediatamente sucesivo a la primera guerra mundial, después que en el ordenamiento alemán los principios reguladores de la imposición tributaria fueron recogidos en la Ordenanza Tributaria de 1919 (Reichsab-gabenordnung)".

16   PEREZ DE AYALA y GONZALEZ, *obra citada supra*, p. 9.

vieron en el texto vigente hasta 1977, año en el cual se dictó un nuevo Código que sigue básicamente la misma orientación[17].

La promulgación de la Ordenanza Tributaria Alemana en 1919 dio empuje al surgimiento de una vigorosa doctrina alemana inspirada en sus disposiciones, elaborada por un conjunto de juristas de esa nacionalidad, como fueron Hensel, Ball, Waldecker, Merk, Friedrichs, Lion, Nawiaski, Bühler, Gerloff, Schmolders, Wagner, Neumark, y otros, así como el suizo Blumenstein. Se atribuye a esta doctrina germánica el haber instituido la capacidad contributiva como inspiración y causa de la norma fiscal y "ratio legis suprema" de todo el ordenamiento tributario[18].

Mientras que en Italia, tiempo después del inicio marcado por la noción del impuesto aportada por el precursor de la Escuela Napolitana Oreste Ranelletti, en el contexto del derecho financiero o de la hacienda pública, sobresale la llamada Escuela de Pavía encabezada por el jurista Benvenuto Griziotti, tendencia que habiendo tomado orientación del realismo económico de los tributaristas alemanes, intensificó el factor económico-financiero en el estudio de los tributos y otorgó predominio a las ciencias de las finanzas en la creación y aplicación del derecho financiero, con sentido antiformalista, dando lugar al método funcional o integral como instrumento para la elaboración e interpretación de las leyes financieras, incluidas dentro de éstas las impositivas. Con similar orientación que los tributaristas alemanes, Griziotti desarrolló el principio de la capacidad contributiva como eje de la tributación, la cual debía ser investigada en la relación concreta instaurada entre el fisco y el contribuyente. Con espíritu solidario, Horacio García Belsunce, citado por Plazas Vega, dijo respecto de Griziotti: "tenemos posición tomada, desde hace años, a favor de Griziotti, en el sentido de que –desde el punto de vista científico- no se puede encarar la tributación desde el único ángulo de su elemento jurídico, dado que la norma en que este se concreta tiene que presuponer un conocimiento y análisis de las finalidades y objetivos políticos y económicos que ella ha de producir".[19]

Esa tendencia, atenuante o reductora de la misión defensiva de la forma jurídica y del principio de legalidad, fue eficazmente enfrentada por muchos autores italianos en el siglo XX, a la cabeza de los cuales destacó con brillo científico el jurista Achille Donato Giannini, líder de la Escuela de Milán, a quienes se debe una eficiente defensa del principio constitucional de legalidad tributaria, más allá del individualismo jurídico inherente al derecho civil, pero sin alejamiento de la búsqueda de la capacidad económica. En general, se reconoce a la doctrina italiana un enorme aporte en la consolidación del derecho tributario, bien como parte del derecho financiero, del derecho administrativo o como disciplina autónoma, materializado este aporte no sólo en las obras de Griziotti y Giannini, sino en las de Vanoni, Romanelli-Grimaldi, Ingrosso, Berliri, Cocivera, Pugliese, Micheli, Tesoro, Fedele, D´Amelio, D´Alessio, Tesauro, Amatucci, Rastello, Maffezzoni, Uckmar, y tantos otros renombrados juristas[20].

En Francia, el derecho fiscal fue concebido durante el siglo XIX y buena parte del XX como un capítulo más del derecho administrativo, dentro de la disciplina de la hacienda pública, con especial inserción en la evolución desde una hacienda liberal a la hacienda de la redistribución social de la riqueza. De manera que no ha habido una verdadera separación entre el derecho financiero público y el derecho tributario en ese país, el cual ha sido instrumento del primero, sobre todo por su estrecha relación con el régimen presupuestario del Estado. Sin embargo, Duverger reconoció que "el derecho fiscal pertenece al derecho admi-

---

17 GIULIANI FONROUGE, *obra citada supra*, p. 46.

18 PEREZ DE AYALA y GONZALEZ, *obra citada supra*, pp. 10 y 15.

19 PLAZAS VEGA, *obra citada supra*, p. 35.

20 PLAZAS VEGA, *ob. cit., supra*, p. 486 y ss. PÉREZ DE AYALA y GONZÁLEZ. *Ob. cit., supra*, p. 12.

nistrativo, pero se estudia aparte porque presenta una acusada originalidad en su contenido y en los procesos que origina su aplicación"; a lo cual añadió que su pretendida autonomía se limitaba a la interpretación de la norma fiscal, como una técnica para combatir la evasión. Es posible que las palabras de Duverger se quedaran cortas con respecto al significado expansivo que encerraban[21]. Otros autores como Geny y Trotabas, desde enfoques distintos dieron impulso a su relativa autonomía científica. Geny, con enfoque legalista de índole civilista, reconocía los "particularismos del derecho fiscal", pero a cambio de esto invocaba la racionalidad del derecho privado que se inspiraba en la naturaleza de las cosas, por ello la ley fiscal debía ser neutral, aunque respondiera a una necesidad indiscutible de la comunidad, no debía destruir, entorpecer ni modificar la organización social, económica y política, que es anterior y superior a dicha ley, "sino simplemente adaptarse a la misma". Agregaba Geny: "Lejos, pues, de colocarse como rival del derecho común, conviene que el derecho fiscal se acomode a él lo mejor posible, que se limite a gravar los fenómenos jurídicos tal cual como son... "[22]. Trotabas, desde una perspectiva diferente, dentro del derecho financiero público, fue cultor del principio de la capacidad contributiva como orientación primordial del derecho fiscal y pilar de su relativa autonomía, a la vez que reconocía la interacción entre la ciencia económica y la ciencia jurídica en la disciplina de los tributos[23].

En las décadas finales del siglo XX e inicios del XXI, llegamos al apogeo del derecho tributario, como ciencia y como rama jurídica, por obra de una pléyade de juristas de muchas nacionalidades, quienes han realizado una extraordinaria labor de síntesis entre las tendencias académicas antagónicas mencionadas y de intenso desarrollo a partir de sus elaboraciones centrales, entre los cuales destacan los autores españoles, los italianos y los latinoamericanos, integrados en su mayoría en el Instituto Latinoamericano de Derecho Tributario (ILADT). En esta etapa contemporánea, se debe señalar a los españoles Sainz de Bujanda, Amorós Rica, Albiñana, Pérez de Ayala, González García, Calvo Ortega, Cazorla Prieto, Ferreiro Lapatza, García Añoveros, Acosta, Ramallo, Rodríguez Bereijo, Queralt, Casado, Pérez Royo, Cortés, Lejeune; a los italianos Uckmar, Abbamonte, Amatucci, Adonnino, Falsitta, Moschetti, Fantozzi, Sacchetto; y a los latinoamericanos Jarach, Valdés Costa, Gomes de Sousa, Araújo Falcao, Ataliva, Baleeiro, Giuliani Fonrouge, Flores Zabala, Octavio, Villegas, Luqui, De Juano, Casás, García Belsunce, Shaw, Navarrine, Asorey, Plazas Vega, Vidal Cárdenas, Trueba, Bravo Arteaga, De Barros, De la Garza, y tantos otros más jóvenes de diversas nacionalidades, que merecerían estar en esta larga lista, como son para nosotros Pasquale Pistone, Alberto Tarsitano, César García Novoa, Alejandro Altamirano, Lucy Cruz, Catalina Hoyos y tantos más.

En conclusión, en una dimensión espacial mayor, y con seguimiento del respetable criterio de Pérez de Ayala y de González García, la evolución del pensamiento tributario europeo y latinoamericano –incluyente del venezolano- decanta en tres principios esenciales, que hacen de pilares fundamentales de la disciplina: el principio fiscal o recaudatorio, el principio de legalidad y el principio de capacidad contributiva. A lo cual añaden esos autores un matiz caracterizante en favor del tercer principio, así: "De estos tres principios, el fiscal o recaudatorio tiene un claro carácter medial, y el de legalidad es común a todo el ordenamiento jurídico público. De suerte que no puede sorprender que el principio de capacidad contributiva, en toda su variada gama de elaboraciones, desde el principio de justicia fiscal a la teoría de la causa, haya venido a ser el principio definidor por excelencia de esta materia

---

21 DUVERGER, Maurice. *Hacienda Pública*. Traducción de José Luis Ruíz Travesí. Barcelona, Casa Editorial Bosch, 1968. p. 7 y ss.; 351 y ss.. También: MEHL, Lucien. *Elementos de Ciencia Fiscal*. Traducción de J. Ross y M. Bricall. Casa Editorial Bosch, 1964. La doctrina francesa es muy amplia en el estudio de la técnica fiscal o de elaboración de los tributos.

22 PEREZ DE AYALA y GONZALEZ. *Obra citada supra*, p. 14.

23 *Ibid*. p. 14.

y núcleo de elaboración sistemática del derecho tributario"[24]. En otras palabras, según este criterio, el principio fiscal es inherente a la hacienda pública y está asociado al carácter instrumental de la actividad financiera del Estado; el principio de legalidad es consustancial con el Estado de Derecho y en especial con el ejercicio del poder público, no obstante el rigor mayor que asume en ciertas disciplinas del derecho público, como el derecho penal, el derecho administrativo de las libertades públicas y el derecho tributario, por lo que respecta al hecho imponible y a la obligación tributaria. Pero la capacidad económica de contribuir a los gastos del Estado y de la colectividad es de la esencia de la rama jurídica tributaria. Sin embargo, "la acción coordinadora de los tres principios fundamentales -fiscal, de legalidad y de capacidad tributaria- confluyen y se coordinan en la consecución de un sistema armónico"[25][26].

En Venezuela, los primeros vestigios de análisis de los tributos -directos e indirectos- se remontan a los hacendistas de la primera parte del siglo XX: Abel Santos, Román Cárdenas, Gumersindo Torres y Alberto Adriani. Pero los estudios sistemáticos de derecho tributario se inician con la promulgación de la Ley de Impuesto Sobre la Renta en el año 1942, debiendo señalarse las obras de Manuel Alvarado, Manuel Márquez y Pedro R. Tinoco, las cuales tenían un método predominantemente exegético o de comentarios legales, sin embargo demostraban un amplio conocimiento científico de la institución del tributo. Cabe recordar también en estos años iniciales, la valiosa tarea de divulgación de la disciplina tributaria cumplida por la jurisprudencia de los tribunales tributarios, como la Junta y los Tribunales de Apelaciones del Impuesto Sobre la Renta, la Corte Federal y la Sala Político Administrativa de la Corte Suprema de Justicia. Hacia los años sesenta del siglo XX comienza a desarrollarse la enseñanza universitaria del derecho tributario, enmarcada dentro de las lecciones de finanzas públicas y derecho financiero, siendo destacable en esta época la labor de profesores como Contreras Quintero, Casado Hidalgo, Parra Pérez, Octavio Bastidas, Ramírez Murci, Misrachi Cohén, Padrón Amaré, Orlando Arreaza, Hernández Barradas, Moreno, Van Der Belde, Anzola, Montilla y otros más jóvenes que fueron incorporándose en las décadas posteriores, a quienes nos referiremos más adelante. Hoy en día, el derecho tributario ocupa un espacio profesional y académico de importancia en el país, el cual se refleja en una abundante doctrina y jurisprudencia nacional, que ha sido divulgada principalmente por la Asociación Venezolana de Derecho Tributario[27], de la cual haremos mención especial más adelante.

---

24 *Ibid*. p. 7.

25 *Ibid*. p. 15.

26 Mejía Betancourt, le asigna un papel protagónico al principio de legalidad en el derecho tributario, así: "El derecho tributario es, por así decirlo, un derecho fundamentalmente *positivo*; mientras que el derecho administrativo es, todos lo sabemos, un derecho de fuerte raigambre jurisprudencial. Por ello, en el derecho tributario las grandes etapas de su evolución histórica se corresponden con la aprobación de códigos y de grandes leyes creadoras de importantes y trascendentales impuestos". En especial, "Con la Ley de Impuesto Sobre la Renta el principio de legalidad adquiere dinámica propia". MEJÍA BETANCOURT, José Amando. *La Configuración Histórica del Derecho Tributario en Venezuela*. En Temas de Actualidad Tributaria, Homenaje a Jaime Parra Pérez. p. 433 y ss.. Comparto esta opinión de Mejía Betancourt, ya que la promulgación de la Ley de Impuesto Sobre la Renta, el Código Orgánico Tributario y la Ley que establece el Impuesto al Valor Agregado, determinaron cambios cualitativos trascendentes en el desarrollo del derecho tributario venezolano.

27 MEJÍA BETANCOURT, José Amando. *La Configuración Histórica del Derecho Tributario en Venezuela*. En Temas de Actualidad Tributaria, Homenaje a Jaime Parra Pérez. p. 433 y ss.. TINOCO (hijo), Pedro R. *Comentarios a la Ley de Impuesto Sobre la Renta*. Madrid, 1955. ALVARADO, Manuel A. *El Impuesto Sobre la Renta en Venezuela*. Bogotá-Caracas, 1944. MARQUEZ, Manuel M. *El Impuesto Sobre la Renta en Venezuela*. Caracas, Editorial Élite, 1945. ALVAREZ FEO, Federico. *Curso de Finanzas y Leyes de Hacienda*, Caracas, Tipografía Americana, 1974. LEPERVANCHE PARPARCÉN, René. *Ley Orgánica de Hacienda Nacional*. *Revista del Colegio de Abogados del Distrito Federal*, N° 16, enero-febrero, 1940. Ministerio de Hacienda. Administración General del Impuesto Sobre la Renta. Jurisprudencia de Impuesto Sobre la Renta 1943-1965 (Compilación). Tomos I a IV.

A guisa de ejemplo de la consistencia conceptual alcanzada por el derecho tributario en Venezuela, como producto de la reflexión de sus especialistas y de la asimilación de muchos de los temas desarrollados por la legislación y la doctrina extranjera, ya en el año 1959, la Corte Federal se expresaba en términos que denotaban con claridad la autonomía relativa de la disciplina en el país, del modo siguiente: "De ahí que frente al sistema normativo general o común del ordenamiento jurídico privado, el fiscal presente el particularismo normativo propio de un derecho especial que dados los fines de interés público eminente que persigue el legislador con sus preceptos, se informa con criterios distintos y a veces contrarios de aquellos que inspiran el derecho común. Esta técnica permite al legislador tomar en cuenta para la legislación momentos o datos reales del fenómeno económico distintos de aquellos acogidos por el derecho común, por considerar que tales datos así admitidos y construidos por la técnica se consideran más adecuados para el logro de los fines pragmáticos persegui- dos por la política fiscal, sustituyendo elementos cualitativos por cuantitativos, o aquellos en los cuales predomina el arbitrio y la apreciación subjetiva, por aquellos de fácil y precisa determinación en virtud de su naturaleza objetiva"[28].

Puede decirse con seguridad que en nuestro país, como en Europa y Latinoamérica, la evolución del derecho tributario ha logrado también no sólo identificar el objeto de la mate- ria, sino también separar claramente las normas tributarias del resto de la legislación, deter- minar los principios fundamentales que le dan consistencia a las relaciones del fisco con los contribuyentes e integrar un cuerpo sistemático y armónico de sus instituciones, como es el Código Orgánico Tributario existente desde 1982, todo lo cual permite afirmar que desde hace más de tres décadas llegó al sitial de ciencia jurídica perteneciente al derecho financie- ro, dentro del vasto campo del derecho público.[29]

Aportes de la Asociación Venezolana de Derecho Tributario al desarrollo de nuestra ciencia.

Desde su constitución en el año 1969 y luego de su fusión con el Instituto Venezolano de Estudios Fiscales en 1974, la Asociación ha tenido un creciente desarrollo y una obra tras- cendental que ha cristalizado en sus jornadas, en su participación en las jornadas latinoame- ricanas, publicaciones monográficas y en la Revista de Derecho Tributario, a lo cual se su- ma hoy día la excelente página web de la AVDT.

En el capítulo de las Jornadas Venezolanas de Derecho Tributario, se han acumulado ya 17 importantes jornadas desde el año 1985, año en el cual se iniciaron bajo la presidencia de César Hernández Barradas y la coordinación de Luis José Marcano, cuyos trabajos están comprendidos en 29 libros. Dichas jornadas han sido el evento estrella de la Asociación en estos cincuenta años, y en ella se han abordado los temas más importantes del derecho tribu- tario nacional, como la codificación tributaria, el sistema tributario, la propuesta de título constitucional tributario, la jurisdicción contencioso tributaria, el procedimiento administra- tivo tributario, las garantías constitucionales, el amparo tributario, la Administración Tribu-

---

Caracas, 1966. ASOCIACIÓN VENEZOLANA DE DERECHO TRIBUTARIO. *Sesenta Años de Imposición a la Renta en Venezuela. Evolución Histórica y Estudios de Legislación Fiscal.* AVDT, Caracas, Editorial Torino, 2003.

28 Sentencia de la Corte Federal del 22 de octubre de 1959. Ver: Jurisprudencia de Impuesto Sobre la Renta, compilación citada supra, Tomo II, pp. 241 y 242.

29 Mejía Betancourt nos dice lo siguiente: "Otro aspecto de la historia del impuesto fue la gran discusión académica sobre la *autonomía* del derecho tributario. Hoy definitivamente aceptada, casi sin objeciones, en sus aspectos sustantivos y materiales, pero que en su momento apasionó a los padres de esta disciplina jurídica. Ahora, con el tiempo transcurrido, podemos entender que esa discusión se refería no sólo a su autonomía, sino que lo que estaba en juego era su reconocimiento como disciplina científica, y que el debate era la expresión del nacimiento de una nueva disciplina jurídica". *Cfr:* Mejía Betancourt, José Amando; *obra citada*, p. 424.

taria, los ilícitos tributarios y el derecho penal tributario, el derecho tributario internacional y los tratados para evitar la doble imposición, el impuesto sobre la renta, el impuesto al valor agregado, los tributos municipales, los tributos estadales y la descentralización, los tributos aduaneros, los tributos y la contratación privada, los tributos de hidrocarburos, las contribuciones parafiscales, la tributación de las telecomunicaciones, la tributación y la regulación, la tributación digital, y numerosos temas de actualidad general y sectorial, los cuales han dado origen a ponencias, deliberaciones, conclusiones y recomendaciones, que han sido publicadas por la Asociación y han significado valiosos aportes al desarrollo, modernización y mejoramiento del ordenamiento de los tributos en Venezuela.

En relación con las Jornadas Latinoamericanas de Derecho Tributario, de las treinta ediciones que han tenido desde el año 1956, se debe señalar que tres se han realizado en Venezuela, en los años 1975, 1990 y 2008, sobre diversos temas como los incentivos fiscales, los principios constitucionales, las tasas fiscales y contribuciones especiales, la nueva imposición a la renta, la elusión fiscal y las exacciones parafiscales. La organización de estos magnos eventos ha sido responsabilidad de la AVDT, conjuntamente con el Instituto Latinoamericano de Derecho Tributario, según las reglas de este último, habiéndose obtenido en todos un rotundo éxito de asistencia de delegados, de presentación de ponencias nacionales y comunicaciones técnicas y de recomendaciones presentadas a los gobiernos de la región. Destaca esta participación venezolana, además, por el cúmulo de trabajos académicos referidos a todos los temas tributarios, presentados en cada una de las jornadas efectuadas en los diversos países de América Latina, España, Portugal e Italia, cuya mención particular en este ensayo resultaría prolija.

En el capítulo de las publicaciones monográficas, se han acumulado 28 publicaciones, entre las cuales destacamos las colectivas: los Temas Tributarios con ocasión de los 30 años de la AVDT, los Estudios Sobre el Código Orgánico Tributario de 2001, los Temas sobre Tributación Municipal en Venezuela, el Libro Homenaje a José Andrés Octavio Bastidas, los Sesenta Años de la Imposición de la Renta en Venezuela, Setenta Años del Impuesto Sobre la Renta, el Impuesto al Valor Agregado en Venezuela, los Cincuenta Años de la Revista de Derecho Tributario, los Comentarios al Código Orgánico Tributario de 1983 y de 1994, el Contencioso Tributario Hoy, los Temas de Actualidad Tributaria en Homenaje a Jaime Parra Pérez, el Indice General de la Revista de Derecho Tributario, el Libro Homenaje a la Memoria de Ilse Van Der Belde, el Liber Amicorum en Homenaje a la obra de Gabriel Ruan Santos, la Tributación en la Constitución de 1999, y sobre todo el Manual Venezolano de Derecho Tributario, obra colectiva cumbre de la Asociación en el año 2013.

En el capítulo de la Revista de Derecho Tributario, destacan los 159 números publicados hasta el presente, de los cuales 156 fueron impresos, y los últimos han sido publicados digitalmente en la página web de la Asociación. Es justo señalar que la fundación de la Revista se debió a la iniciativa personal del doctor Marcos Ramírez Murci, en el año 1964, quien también fue el fundador principal de la Asociación en 1969, y generosamente cedió a la AVDT los derechos sobre su publicación. Años más tarde, la Revista se comenzó a publicar conjuntamente con la empresa Legislación Económica C.A (LEGIS) lo cual le dio proyección nacional y mejoró notablemente su distribución. No tenemos temor a equivocarnos si afirmamos que no existe tema relativo a los tributos, ya sea jurisprudencial, de legislación o de doctrina, que no haya sido tratado con eficiencia en la Revista, la cual ha contado además con la colaboración de muchos tributaristas europeos y latinoamericanos. Cabe resaltar que la larga trayectoria que ha tenido la Revista la coloca entre las primeras publicaciones periódicas que ha tenido el país y tal vez ha llegado a ser la revista jurídica venezolana de mayor consistencia y reconocimiento general, tanto en Venezuela como en el ámbito latinoamericano.

Debemos destacar la participación que tuvo la Asociación en dos momentos de enorme significación histórica: la Asamblea Nacional Constituyente de 1999 y el nuevo Código

Orgánico Tributario de 2001. Con respecto a la primera, se presentó la Exposición de Motivos y Articulado del Anteproyecto de Título Constitucional del Sistema Tributario Propuesto por la Asociación Venezolana de Derecho Tributario a la Asamblea Nacional Constituyente, coordinada por el Comité Constitucional de la AVDT, presidido en aquel tiempo por quien esto escribe. Con respecto al segundo, la presentación de sus incisivas observaciones al proyecto de nuevo Código Orgánico Tributario salido de la cantera normativa del Servicio Nacional Integrado de Administración Aduanera y Tributaria (SENIAT) tarea en la cual jugaron papel importante muchos integrantes de la Asociación, bajo el liderazgo de José Andrés Octavio Bastidas, Tomás Enrique Carrillo Batalla y Armando Montilla, conjuntamente con las Academias de Ciencias Políticas y Sociales y de Ciencias Económicas.

En relación con el Anteproyecto de Título Constitucional, decía su Exposición de Motivos, en documento aprobado en dos sesiones extraordinarias de la Asamblea de la AVDT, de fechas 7 y 21 de julio de 1999, lo siguiente: "Se presenta este anteproyecto intitulado el *sistema tributario*, como aporte de la Asociación Venezolana de Derecho Tributario a la tarea de la Asamblea Nacional Constituyente en el ámbito especial del financiamiento de los gastos públicos, materia que involucra con similar intensidad tanto la libertad del ciudadano como la distribución del poder financiero del Estado, que se manifiesta a través de la tributación. De allí que el anteproyecto de título se divida en dos capítulos, uno contentivo de las *disposiciones generales* que regirán las relaciones de poder entre las entidades político-territoriales, como titulares de potestades tributarias, por una parte y por la otra, el establecimiento de las *garantías constitucionales* del ciudadano contribuyente frente al Estado. El otro capítulo sentará las bases para la distribución de las potestades tributarias entre la República y sus entes menores, los Estados y Municipios, como expresiones de los tres niveles de gobierno en nuestro país". Cabe señalar que el Anteproyecto de Título Constitucional enfrentó la arremetida ideológica de la representación del partido de gobierno en el seno de la Asamblea Constituyente, que fue reflejada en los ordinales de la Disposición Transitoria Quinta de la Constitución de 1999, incluida sorpresivamente, cuyo contenido hubiese sido más autoritario y persecutorio de los contribuyentes de no haber existido el valiente contrapeso del Anteproyecto citado, defendido en el seno de la Asamblea por el diputado doctor Allan R. Brewer Carías, gran amigo de nuestra Asociación.

En relación con el Código de 2001, la Asociación había presentado previamente su propio anteproyecto al Ministerio de Finanzas y posteriormente, tocaría a la AVDT enfrentar las agresivas recomendaciones del Modelo CIAT (Centro Interamericano de Administradores Tributarios) seguidas por el gobierno, y defender las bondades del Modelo de Código Tributario para América Latina del Instituto Latinoamericano de Derecho Tributario, duramente atacado por ciertos funcionarios del SENIAT. Como fruto de esta labor persistente, se obtuvo que el Ministerio de Finanzas y el SENIAT aceptaran numerosas modificaciones al Proyecto presentado por el Ejecutivo Nacional a la Asamblea Nacional, destinadas dichas modificaciones a reestablecer el equilibrio entre la Administración Tributaria y el ciudadano contribuyente.[30] Lamentablemente, esta ingente tarea defensiva cumplida por la AVDT fue gravemente impactada por el Código Orgánico Tributario aprobado por decreto ley en 2014, lo cual significó un indudable retroceso en el tema de las garantías jurídicas del contribuyente y la revancha de los auspiciadores de las recomendaciones del CIAT.[31]

---

30 *Ver*: Montilla Varela, Armando; *anotaciones sobre los antecedentes del nuevo código orgánico tributario*; en Estudios sobre el Código Orgánico Tributario de 2001, AVDT-Livrosca, Caracas, 2002, p. 25 y ss..

31 Según el conocido tributarista colombiano Mauricio Plazas Vega, este retroceso había comenzado con la aprobación del Código de 2001, "con una marcada tendencia a incrementar las facultades de la Administración y reducir, sensiblemente, los derechos y garantías de los contribuyentes". Derecho de la Hacienda Pública y Derecho Tributario; Editorial Temis, Bogotá 2006, Tomo II, p. 110.

En la producción de esta obra monumental, antes reseñada, ha sido determinante la colaboración de la "Generación AVDT", integrada por la pléyade de tributaristas –jóvenes y ya no tan jóvenes- que se han formado dentro del marco de la organización y han participado en forma persistente y entusiasta en sus actividades, desde los años finales de la década de los ochenta, quienes ha deslumbrado por sus trabajos académicos o su aporte a la organización o su proyección docente. Lejos estamos -gracias a esta Generación- de la queja del Maestro Contreras Quintero, cuando decía: "Es lamentable que Venezuela, que tiene tantos motivos para su grandeza y que tiene una gran potencialidad de valores humanos y científicos y naturales, constituya, por lo menos en mi criterio, uno de los países más atrasados, de habla española, en la materia de la tributación."[32] Nos referimos especialmente a la contribución de Juan Cristóbal Carmona, Jesús Sol, Leonardo Palacios, Federico Araujo, Otmaro Silva, Humberto Romero Muci, Elvira Dupouy, José Rafael Bermúdez, Juan Carlos Fermín, Juan Carlos Castillo, José Rafael Belisario, Carlos Luis Pimentel, Alberto Blanco Uribe, Carlos Weffe, Betty Andrade, Serviliano Abache, Juan Esteban Korody, Salvador Sánchez, Luis Fraga, Alberto Benshimol, Adriana Vigilanza, Gilberto Atencio, Xabier Escalante, Manuel Iturbe, Raúl Márquez, Ronald Evans, Valmy Díaz, Eduardo Meier, José Andrés Octavio Leal, Moisés Vallenilla, Mary Elba Díaz Colina, Elina Pou, Nathalie Rodríguez, Rosa Caballero, Karla de Vivo, Ramón Burgos, Andrés Halvorssen, Carolina Cano, Mery Bóveda, Ingrid García, Amalia Octavio, Marcos Osorio, Pedro Mujica, y una larga lista de competentes abogados tributaristas de diversas promociones –ante quienes nos disculpamos- cuya enumeración desbordaría esta breve reseña. A todos ellos nuestro sincero reconocimiento en este Cincuentenario de la AVDT.

La Carta de derechos del contribuyente latinoamericano.

La Carta de Derechos del Contribuyente para los Países Miembros del Instituto Latinoamericano de Derecho Tributario, presentada recientemente en las últimas Jornadas de ese Instituto (XXX) y en las XVII Jornadas Venezolanas de Derecho Tributario, ambas celebradas en el mes de noviembre de 2018, marca un hito de culminación del desarrollo histórico de la materia y su expresión doctrinal más acabada. En su formación han contribuido los tributaristas europeos y latinoamericanos, incluidos los especialistas venezolanos, que durante más de cincuenta años de labor incesante han edificado los principios de la disciplina de los tributos. Por ello, afirmamos que se trata de un hecho que resume un desarrollo y no del inicio de una nueva etapa.

La presentación de esta Carta nos evoca el peso que han tenido los tributos en la formación del Estado de Derecho y en la historia de las constituciones políticas del mundo occidental, los cuales dieron origen a las más antiguas declaraciones de derechos de los súbditos frente a las monarquías absolutas. La historiografía ha sido abundante acerca de la evolución de la representación política y del principio de legalidad, como pauta prioritaria de las relaciones del Estado y los particulares. La emblemática frase "no tax without representation" es la evidencia histórica más palpable de comunidad de origen entre la democracia representativa moderna, los derechos de los contribuyentes y la idea de constitución política. Por ello, al hablar del derecho tributario nos referimos a una de las partes más sensibles del Estado de Derecho.

Aunque el tema de un estatuto del contribuyente ha tenido muchos y claros antecedentes y pudiéramos decir que de larga data, nos permitimos citar las palabras del relator general del tema *Derechos Humanos y Tributación* de las Vigésimas Jornadas del ILADT, celebradas en Salvador de Bahía, Brasil, en el año 2000, Ricardo Lobo Torres, quien recordó que se debía al jurista Louis Trotabas "fijar la idea de un estatuto del contribuyente para abarcar las

---

32 *Cfr:* Contreras Quintero Florencio, *obra citada*, p. 13.

relaciones entre el contribuyente y el fisco, sean de tipo general e impersonal, como indivi-dualizadas por los actos administrativos" con la anotación de que esta propuesta "despertó reacciones por incluir en el estatuto el momento de aplicación de la ley". Lobo Torres indi-caba además, en reconocimiento a varios países, entre los cuales incluía a Venezuela, que en ellos "no existe un instrumento único que regule los derechos y garantías de los contribu-yentes, pero el estatuto del contribuyente, desde un punto de vista substancial, puede ser sacado directamente de las declaraciones de derechos constantes en las constituciones na-cionales", y en Venezuela –resaltaba– son "explícitos en el Código Orgánico Tributario". En estas frases, el jurista brasileño citado hacía un verdadero homenaje a la labor de los tributa-ristas y congresistas venezolanos que desde 1982 habían conseguido la aprobación de ese instrumento pionero, el cual recogía con suficiencia normas de protección de los contribu-yentes, al atribuirles derechos y garantías a lo largo de sus disposiciones. Nos permitimos entonces precisar el significado de la Carta y su relación con la obra de los años.

Entre los antecedentes más próximos de la Carta se encuentra la Ley de Derechos y Garant-ías de los Contribuyentes, promulgada en España en el año 1998, comentada por Lobo Torres, la cual regula los derechos y garantías básicos de los contribuyentes en su relación con la Ad-ministración Tributaria, sin hacer referencia a las obligaciones tributarias, que son materia de las leyes especiales tributarias. Por este carácter de antecedente cercano de dicha Ley, creemos que las críticas positivas y negativas hechas por la doctrina a la misma, bien podrían ser teni-das en cuenta en el análisis de las proposiciones normativas contenidas en la Carta.

Citamos algunas de las críticas más relevantes al texto español mencionado. Rafael Calvo Ortega afirmó: "...la ley de derechos de los contribuyentes no es un nuevo edificio tributa-rio, ni un salto cualitativo esencial, en relación con la actividad, responsabilidad y garantías de los sujetos pasivos. No podía serlo. El avance de un mejor derecho tributario más ajusta-do a la justicia como valor global y sintético y a los grandes principios constitucionales es una marcha lenta, llena de buenos deseos, mejoras parciales, debates, rectificaciones, y al-guna marcha atrás. Tampoco la ley en este campo lo es todo. Una Administración convenci-da del predominio del interés general sobre cualquier otra consideración, es una herramienta de la mayor eficacia". Por su parte Palao Taboada y Martín Queralt, abogaban por la inte-gración de las normas de la Ley de Derechos y Garantías del Contribuyente en la Ley Gene-ral Tributaria, "aprovechando la posición preeminente que ésta posee como código de la parte general del derecho tributario". Afirmaciones que recogían el sentir general de la doc-trina española. En el año 2003, fue dictada una nueva Ley General Tributaria en España, la cual incorporó muchas de las normas de la Ley de Derechos y Garantías de los Contribu-yentes, hecho que dio satisfacción a los planteamientos de la doctrina de ese país.[33]

En relación con Latinoamérica y Venezuela, es oportuno este momento para recordar con justicia la labor de quienes laboraron en el Modelo de Código Tributario para América Lati-na del año 1967, con el patrocinio de la OEA y del BID, baluarte esencial de la evolución de la doctrina tributaria en nuestro continente, redactado por tres juristas de talla continental como Carlos Giuliani Fonrouge, Ramón Valdés Costa y Rubén Gomes de Sousa, con la asesoría de muchos otros juristas; así como también el aporte de la comisión integrada por juristas y diputados venezolanos a quienes correspondió adaptar dicho Modelo al derecho positivo venezolano y redactar el proyecto presentado al Congreso de la República en el año 1977, entre los cuales mencionamos a los doctores José Andrés Octavio Bastidas, Tomás Enrique Carrillo Batalla, Jimmy Mathison Bártoli y José Luis Aguilar Gorrondona.

---

33 Calvo Ortega, Rafael; *derechos y garantías del contribuyente. Estudio de la nueva ley*. Editorial Lex Nova, Valladolid, España, 1998; Prólogo. En la misma obra colectiva: Alvarez Arroyo, Francisco; Información General y Asistencia al Contribuyente; p. 122.

Si bien es verdad que la casi totalidad de los principios, normas y criterios contenidos en la Carta de Derechos del Contribuyente para los países de América Latina, están recogidos en Venezuela -de alguna manera- en el texto de la Constitución, en el Código Orgánico Tributario, en las leyes especiales tributarias, en la Ley Orgánica de Procedimientos Administrativos, en la Ley de Simplificación de Trámites Administrativos, en la doctrina nacional y extranjera y en la jurisprudencia de los tribunales administrativos y tributarios, el mérito principal de la Carta reside en que los reúne sistemáticamente, con adecuada formulación técnica y con amplio sentido pedagógico. Abraza desde la definición de los conceptos básicos, la jerarquía de las fuentes, la enumeración exhaustiva de todos los derechos y garantías, agrupados ordenadamente, y la exhortación a los Estados de dar rango normativo reforzado a las disposiciones de la Carta. Por ello, felicitamos a todos los que trabajaron en su redacción, entre los cuales destacamos al finado profesor argentino Osvaldo Casás y al profesor español César García Novoa, excelentes mentores y entrañables amigos de los tributaristas venezolanos.

Con respecto al valor jurídico de la Carta, el artículo I.4 trata de afrontar el tema de la obligatoriedad del instrumento acudiendo al concepto de "derecho blando" (soft law), desarrollado en el derecho tributario internacional y difundido principalmente por la OCDE (Organización Europea para la Cooperación y el Desarrollo) mientras la Carta no sea ley en los países de América Latina. Aunque valoramos el esfuerzo de precisar este valor, preferimos hablar en nuestro idioma de fuente jurídica indirecta, destinada a contribuir a la interpretación e integración de la ley, al igual que la práctica, la jurisprudencia y la doctrina, y sobre todo a realzar el carácter global que hoy en día tienen las categorías jurídicas tributarias, las cuales incluyen el derecho supranacional. Auguramos mucho éxito al estudio de esta Carta por todos los operadores tributarios del continente.

Mucho deseamos que en el futuro se den las condiciones políticas propicias e indispensables para que se pueda realizar una reforma del Código Orgánico Tributario de 2014, la cual debería incorporar los avances técnicos y axiológicos de la Carta de Derechos del Contribuyente.

Caracas, abril de 2019.

§ 2. (IN)MORALIDAD TRIBUTARIA EN VENEZUELA. ENTRE LA DISTOPÍA Y LA ANOMIA SOCIAL

Humberto Romero-Muci *

INTRODUCCIÓN

En la Venezuela de hoy, vivimos una radical ruptura del orden constitucional que ha destruido el Estado de Derecho y acabado con la institucionalidad democrática[1]. *La desinstitucionalización también alcanza a la tributación y a las finanzas públicas en general.* Definitivamente son tiempos de regresión y primitivismo y de hemiplejia moral.

El déficit institucional y la deriva autoritaria se expresan en la práctica, en la inexistencia de la separación y autonomía efectiva de los Poderes Públicos, y por lo tanto no hay garantía efectiva de las libertades básicas para los ciudadanos, condición esencial de la pervivencia del Estado y de la democracia constitucional. Se practica una indeterminación radical del derecho y su disolución en la política, con la nociva patrimonialización del poder, que se convierte en un instrumento de dominación impúdico y delirante. Privan las falacias jurídicas, el decisionismo y la arbitrariedad. **"Verdad"** y **"justicia"** han perdido todo contenido y se han convertido en simples mascaradas ideológicas de la **"voluntad del poder"**. La racionalidad del derecho se ha reducido a la simple **"voluntad del más fuerte"**.

La desinstitucionalización tributaria se ha hecho especialmente evidente con la degradación de la reserva legal tributaria, garantía esencial a la creación y modificación de los tributos. El principio fundacional según el cual **"no hay tributación, sin representación"**, ha sido ilegítimamente desaplicado mediante los Decretos Ley, por las constantes delegaciones legislativas en el Ejecutivo Nacional, a través del expediente de Leyes habilitantes y más recientemente con la declaratoria de "emergencia económica" cohonestada por la Sala Constitucional de Tribunal Supremo de Justicia.

Los tributos son creaciones caprichosas, inconsultas, arbitrarias, incoherentes. Esto lo comprueban los aproximadamente 375 Decretos ley aprobados mediante Leyes habilitantes en los últimos 19 años, la distópica aparición de 24 tipos parafiscales, la artera eliminación del ajuste por inflación en la Ley de impuesto sobre la renta (LISR), la subestimación radical y la postergación del ajuste de la Unidad Tributaria (UT). Y lo más perverso: La hiperinflación del 1.689.488% solo al cierre del año 2018 y el Fondo Monetario Internacional (FMI) ha estimado para el año 2019 una inflación del 10.000.000%. El impuesto más regre-

---

* Abogado *summa cum laude* por la Universidad Católica Andrés Bello (1985), Magister en Leyes Harvard Law School (1986), Doctor en Derecho por la Universidad Central de Venezuela (2003), Profesor Titular y Jefe de la Cátedra de Derecho Financiero en la Universidad Católica Andrés Bello, Profesor de Derecho de la Contabilidad en el Postgrado de Derecho Financiero de la Universidad Católica Andrés Bello y en los cursos del Doctorado en Derecho de la Universidad Central de Venezuela, Individuo de Número y Presidente de la Academia de Ciencias Políticas y Sociales de Venezuela (Sillón N° 14).

1 ROMERO-MUCI, Humberto "Desinstitucionalización y desigualdad *desde* el Estado: el caso venezolano" en Comunicación para el Primer Encuentro Iberoamericano de Academias de Ciencias Morales y Políticas, y de Ciencias Económicas, Madrid, 16 al 18 de octubre de 2017, *en Boletín de la Academia de Ciencias Políticas y Sociales* N° 156 – enero-diciembre 2017, p. 461-480 ISSN: 0798-145, consultado en web: http://www.acienpol.org.ve/.

sivo e inconsulto: "...**el termómetro de la pérdida de los derechos individuales y del aumento del poder estatal**"[2].

Todo esto configura un cuadro de degradación y relativización de los derechos constitucionales a *(i)* contribuir conforme a la capacidad económica efectiva, *(ii)* la prohibición de discriminación, *(iii)* la prohibición de confiscación, *(iv)* la legalidad y tipicidad tributaria y la seguridad jurídica y la calculabilidad de los actos en la aplicación de los tributos que demandan un ámbito de certeza imperturbable. Se trata del núcleo duro de la justicia tributaria.

La desinstitucionalización tributaria se ha radicalizado con la disminución de las posibilidades de defensa frente a unas Administraciones Tributarias robustecidas de competencias exorbitantes para la determinación de los tributos y de privilegios procesales que empalidecen las garantías del debido proceso y la tutela judicial efectiva. Las mismas Leyes habilitantes han servido para crear privilegios procesales injustificados, incluida la desjudicialización de las medidas cautelares y la ejecución de créditos fiscales directamente por la Administración Tributaria. Incluso luego de la reforma económica de agosto de 2018, las Administraciones Tributarias han comenzado a determinar y fijar el pago de tributos en moneda extranjera. Más allá, han comenzado a utilizar una nueva medida de cuenta el *(PETRO)*, olvidándose de la unidad tributaria, que es la medida fijada por el propio Código Orgánico Tributario para tal determinación. Tal degradación se resume frente a cualquier fiscalización en la emboscada del **"tener que pagar primero y solo poder reclamar después"**. Campo fecundo para la arbitrariedad y la corrupción.

Quizás la razón fundamental de la descomposición institucional es la infectividad de la garantía judicial. Se ha desmontado el control jurisdiccional del poder con repercusiones nefastas sobre la seguridad jurídica, la legalidad, el Estado de Derecho y la democracia. Desde los Magistrados del Tribunal Supremo de Justicia hasta el último tribunal de municipio han dejado de funcionar de forma independiente, objetiva y eficazmente frente a los otros poderes[3]. La cooptación político partidista de todos los cargos públicos, en especial de los jueces de máxima instancia, es lo que más ha resentido esta paulatina deriva autoritaria, que ya no deja dudas de haberse convertido en una **"dictadura totalitaria"**[4].

Seguidamente presentamos un catálogo de los derechos y garantías fundamentales en la Constitución de 1999 que definen los principios de la moralidad fiscal, como consagración constitucionalizada de esa ética pública que, en términos de Tipke, son tan convincentes y razonables que inspiran la actuación de los poderes públicos y de los ciudadanos para que la tributación pueda considerarse justa[5]. Pero también daremos cuenta de algunas paradojas irreconciliables consecuencia directa de la desinstitucionalización de esa ética juridificada, que se ha vaciado de contenido con la deriva autoritaria del Estado fiscal, impidiendo el desarrollo equilibrado del modelo de ética pública propio de la modernidad y el cumplimiento de sus objetivos en favor de la dignidad humana[6].

---

2   *Cfr.* FRAGA LO CURTO, Luis, "4 décadas de políticas inflacionarias", Presentación del libro <Control e inflación. La inviabilidad del sistema venezolano de planificación centralizada de precios>, Universidad Metropolitana, Caracas 2015, p. 8.

3   En complemento se ha desmontado el control externo, objetivo y neutral sobre el ejercicio del poder en Venezuela, en respeto y garantía de los derechos humanos, como consecuencia de la ilegítima denuncia por parte del Ejecutivo Nacional de la Convención Americana de Derechos Humanos y más recientemente, con el retiro de Venezuela de la organización hemisférica, mediante la denuncia de la Carta de la Organización de Estados Americanos (OEA), así como el sistemático desconocimiento y desaplicación de las decisiones de los órganos del Sistema Interamericano de Protección de los Derechos Humanos de la OEA.

4   *Cfr.* SARTORI, Giovanni. *¿Qué es la democracia?,* Editorial Taurus, Madrid 2007, p. 157.

5   *Cfr.* TIPKE, Klause, *Op. cit.*, p. 22.

6   *Cfr.* PECES-BARBA, Gregorio, *Ética, poder y derecho. Reflexiones ante el fin de siglo*, Primera reimpresión, Distribuciones Fontamara, S. A. México D.F, 2004, p. 151.

Somos de la convicción de que, el tributo solo se justifica éticamente cuando se destina efectivamente al crecimiento económico y a la elevación del nivel de vida de la población. Eso solo lo garantiza el consenso democrático, que se construye en un Estado de Derecho, con una efectiva separación de poderes públicos y con un control judicial efectivo de constitucionalidad y legalidad. De lo contrario el tributo no pasará de ser otra forma más de dominación y control social.

Ojalá la explicación y la crítica de la tragedia venezolana sirva para aprender una lección sobre moral institucional y sobre la moral tributaria en particular. Porque como bien se ha dicho **"la indiferencia ante la injusticia es la puerta del infierno"**[7].

I. MORAL DEL LEGISLADOR TRIBUTARIO.

En Venezuela el ejercicio anómalo del Poder Público se produce en abierta contradicción a un ordenamiento constitucional que promueve **la ética como razón de Estado**[8]. Así lo confirman sus normas de apertura (artículos 2 y 3), cuando enuncian: *(i)* **"Venezuela se constituye como un Estado democrático y social de Derecho y de Justicia, que propugna como valores superiores de su ordenamiento jurídico y de su actuación, la vida, la libertad, la justicia, la igualdad, la solidaridad, la democracia, la responsabilidad social y en general, la preeminencia de los derechos humanos, la ética y el pluralismo político"**[9], un *(ii)* **"...Estado [que] tiene como fines esenciales la defensa y el desarrollo de la persona y el respeto a su dignidad, el ejercicio democrático de la voluntad popular, la construcción de una sociedad justa y amante de la paz, la promoción de la prosperidad y bienestar del pueblo y la garantía del cumplimiento de los principios, derechos y deberes consagrados en [la] Constitución"**[10].

Definitivamente la Constitución vigente identifica la *ética* como un valor superior del ordenamiento jurídico y condición de validez del poder político. Su objeto la protección de la dignidad humana y del bien común.

Es más, el diseño del texto constitucional sobre el "sistema tributario" corresponde al paradigma del "estado impositivo"[11], esto es, el que procura la tributación *(i)* conforme a la ley previa, estricta y cierta, *(ii)* según la capacidad contributiva efectiva, en condiciones de igualdad y progresividad, *(iii)* preservando las fuentes impositivas y promoviendo el desarrollo económico, *(iv)* elevando el nivel de vida de la población, *(v)* para contribuir al financiamiento de los gastos públicos con fundamento en deberes solidaridad social, en consistencia con la forma política del Estado social democrático y de derecho.

Sin embargo, "la Constitución de 1999 no nació con auténtica vocación emancipadora y tuitiva de los derechos, sino como una de esas *Constituciones fachada* abigarrada de los valores del constitucionalismo, que terminan convirtiéndolo todo en declaraciones de buenas intenciones, pero que sacrifican lo que es verdaderamente importante, esto es, la protección individual de los derechos fundamentales"[12]. A esto se suma que el gobierno y los jue-

---

7   *Cfr.* BREWER CARIAS, Allan, *La patología de la justicia constitucional*, Tercera Edición ampliada, Fundación de Derecho Público, Editorial Jurídica Venezolana, Carracas, 2014, p. 11.

8   *Cfr.* SOSA G., Cecilia, *La ética como fundamento de la justicia*, Discurso y trabajo de incorporación a la Academia de Ciencias Politicas y Sociales, Caracas 2017, p. 54.

9   Artículo 2 de la CRBV.

10   Artículo 3 de la CRBV.

11   Ver, WEFFE, Carlos, "Tributación y regulación: notas introductorias al debate sobre la función del tributo en el Estado social y democrático de Derecho", en *Tributación y Regulación*, Memorias de las XIV Jornadas Venezolanas de Derecho Tributario, Asociación Venezolana de Derecho Tributario, Caracas 2015, p. 131.

12   MEIER G., Eduardo. *La eficacia de las sentencias de la Corte Interamericana de Derechos Humanos frente a las prácticas ilegítimas de la Sala Constitucional*, Serie Estudios N° 105, Academia de Ciencias Políticas y So-

ces, en especial los del Tribunal Supremo de Justicia, han sido los primeros en preterir el carácter inderogable e inviolable de los derechos humanos, convirtiendo el texto constitucional en una auténtica fachada[13].

1.   Reserva legal y legalidad tributaria.

A.   Consagración de la garantía.

La creación de los tributos es materia de reserva legal. Así lo preceptúa el artículo 317 Constitucional[14]. Solo por Ley como acto emanado de los órganos legislativos del Estado se podrán crear tributos. La reserva legal es una garantía de protección del derecho de propiedad de forma que ninguna exacción podrá establecerse válidamente sin que para ello cuente con la previa cobertura normativa de rango legal.

El ejercicio del Poder tributario originario corresponde a los órganos legislativos de los entes político-territoriales en que se encuentra distribuido el Poder Público a nivel territorial. Dichas facultades legislativas se concretan desde el texto constitucional mediante la atribución de ramos tributarios específicos que constituyen ingresos propios: la República a nivel nacional (artículo 156 (12))[15], las Entidades Federales a nivel estadal (artículo 167[16]) y los

---

ciales, Caracas, 2013, p. 112. También en MEIER G., Eduardo, "Constitución fachada: a propósito de la tributación selectiva en el ISR", en *El Impuesto sobre la renta. Aspectos de una necesaria reforma,* XVI Jornadas Venezolanas de Derecho Tributario, organizadas por la Asociación Venezolana de Derecho Tributario, Caracas, 2017, p. 175. Según la clasificación de BARBERIS, Mauro. *Ética para juristas*, Editorial Trotta, Madrid, 2008, p. 39. También sobre este particular CASAL, siguiendo a SARTORI, señala que la Pseudoconstitución o Constitución fachada, se distinguen de la denominada constitución semántica de (Loewenstein), "porque en verdad son 'constituciones-trampa'. Su condición de letra muerta, de Constituciones que no son observadas, al menos, precisa el autor, "en lo que respecta a sus características garantistas fundamentales", termina convirtiéndolas en engañosas..." CASAL, Jesús M., "*¿De la Constitución nominal a la constitución fachada? Reflexiones a partir de la evolución constitucional venezolana*", *Anuario de Derecho Constitucional Latinoamericano*, año XVII, Montevideo, 2011, p. 361-386, consultado el 30 de abril de 2018, <disponible en web: https://revistas-colaboracion.juridicas.unam.mx/index.php/anuario-derecho-constitucional/article/view/3972/3488>.

13   *Ídem.* También vid., BREWER-CARIAS, Allan, *La consolidación de la tiranía judicial <el juez constitucional controlado por el Poder Ejecutivo asumiendo el Poder Absoluto>*, Colección Estudios Jurídicos N° 15, Editorial Jurídica Venezolana Internacional, Caracas/New York, 2017, p. 25.

14   Artículo 317 de la CRBV: No podrá cobrarse impuesto, tasa, ni contribución alguna que no estén establecidos en la ley, ni concederse exenciones y rebajas, ni otras formas de incentivos fiscales, sino en los casos previstos por la ley que cree el tributo correspondiente. Ningún tributo puede tener efecto confiscatorio.

15   Artículo 156 de la CRBV: Es de la competencia del Poder Público Nacional: (...) 12. La creación, organización, recaudación, administración y control de los impuestos sobre la renta, sobre sucesiones, donaciones y demás ramos conexos, el capital, la producción, el valor agregado, los hidrocarburos y minas, de los gravámenes a la importación y exportación de bienes y servicios, los impuestos que recaigan sobre el consumo de licores, alcoholes y demás especies alcohólicas, cigarrillos y demás manufacturas del tabaco, y los demás impuestos, tasas y rentas no atribuidas a los Estados y Municipios por esta Constitución y la ley.

16   Artículo 167 de la CRBV: Son ingresos de los Estados:

1. Los procedentes de su patrimonio y de la administración de sus bienes.

2. Las tasas por el uso de sus bienes y servicios, multas y sanciones, y las que les sean atribuidas. 3. El producto de lo recaudado por concepto de venta de especies fiscales. 4. Los recursos que les correspondan por concepto de situado constitucional. El situado es una partida equivalente a un máximo del veinte por ciento del total de los ingresos ordinarios estimados anualmente por el Fisco Nacional, la cual se distribuirá entre los Estados y el Distrito Capital en la forma siguiente: un treinta por ciento de dicho porcentaje por partes iguales, y el setenta por ciento restantes en proporción a la población de cada una de dichas entidades. En cada ejercicio fiscal, los Estados destinarán a la inversión un mínimo del cincuenta por ciento del monto que les corresponda por concepto de situado. A los Municipios de cada Estado les corresponderá, en cada ejercicio fiscal, una participación no menor del veinte por ciento del situado y de los demás ingresos ordinarios del respectivo Estado. En caso de variaciones de los ingresos del Fisco Nacional que impongan una modificación del Presupuesto Nacional, se efectuará un reajuste proporcional

Municipios a nivel local (artículo 179[17]). La Constitución prevé también la facultad de delegación legislativa del poder tributario originario desde el Poder Nacional a favor de los Estados o Municipios para promover la descentralización (artículo 157[18]), así como la potestad normativa para garantizar la coordinación y armonización de las distintas potestades tributarias (artículo 156 (13))[19] y la legislación sobre ciertos tributos de administración local[20].

Los entes político-territoriales estadales y locales pueden ejercer un poder derivado en los dominios de la función legislativa propia, previa delegación del Poder Nacional. Incluso los tributos nacionales podrán ser cedidos a los Estados o Municipios en lo que respecta a la facultad de administrar y percibir el recurso tributario[21].

Excepcionalmente, el Poder Ejecutivo Nacional puede crear y modificar tributos mediante delegación expresa del poder legislativo nacional por ley habilitante mediante la forma de los Decretos con fuerza y rango de Ley[22].

En todo caso, el ejercicio de este poder tributario está ceñido a la garantía de la reserva legal. Esto supone que la validez formal de los tributos está condicionada a su aprobación por medio de una ley formal y materialmente sancionada por el Poder Legislativo, por intermedio del procedimiento predeterminado en la Constitución (garantía procedimental), que

---

del situado. La ley establecerá los principios, normas y procedimientos que propendan a garantizar el uso correcto y eficiente de los recursos provenientes del situado constitucional y de la participación municipal en el mismo. 5. Los demás impuestos, tasas y contribuciones especiales que se les asigne por ley nacional, con el fin de promover el desarrollo de las haciendas públicas estadales. Las leyes que creen o transfieran ramos tributarios a favor de los Estados podrán compensar dichas asignaciones con modificaciones de los ramos de ingresos señalados en este artículo, a fin de preservar la equidad interterritorial. El porcentaje del ingreso nacional ordinario estimado que se destine al situado constitucional, no será menor al quince por ciento del ingreso ordinario estimado, para lo cual se tendrá en cuenta la situación y sostenibilidad financiera de la Hacienda Pública Nacional, sin menoscabo de la capacidad de las administraciones estadales para atender adecuadamente los servicios de su competencia. 6. Los recursos provenientes del Fondo de Compensación Interterritorial y de cualquier otra transferencia, subvención o asignación especial, así como de aquellos que se les asigne como participación en los tributos nacionales, de conformidad con la respectiva ley.

17   Artículo 179 de la CRBV: Los Municipios tendrán los siguientes ingresos: (…)2. Las tasas por el uso de sus bienes o servicios; las tasas administrativas por licencias o autorizaciones; los impuestos sobre actividades económicas de industria, comercio, servicios, o de índole similar, con las limitaciones establecidas en esta Constitución; los impuestos sobre inmuebles urbanos, vehículos, espectáculos públicos, juegos y apuestas lícitas, propaganda y publicidad comercial; y la contribución especial sobre plusvalías de las propiedades generadas por cambios de uso o de intensidad de aprovechamiento con que se vean favorecidas por los planes de ordenación urbanística. 3. El impuesto territorial rural o sobre predios rurales, la participación en la contribución por mejoras y otros ramos tributarios nacionales o estadales, conforme a las leyes de creación de dichos tributos.

18   Artículo 157 de la CRBV: La Asamblea Nacional, por mayoría de sus integrantes, podrá atribuir a los Municipios o a los Estados determinadas materias de la competencia nacional, a fin de promover la descentralización.

19   Artículo 156 de la CRBV: Es de la competencia del Poder Público Nacional: (…) 13. La legislación para garantizar la coordinación y armonización de las distintas potestades tributarias, definir principios, parámetros y limitaciones, especialmente para la determinación de los tipos impositivos o alícuotas de los tributos estadales y municipales, así como para crear fondos específicos que aseguren la solidaridad interterritorial.

20   Artículo 156 de la CRBV: Es de la competencia del Poder Público Nacional: (...).14. La creación y organización de impuestos territoriales o sobre predios rurales y sobre transacciones inmobiliarias, cuya recaudación y control corresponda a los Municipios, de conformidad con esta Constitución.

21   Artículo 167 de la CRBV: Son ingresos de los Estados:(…) 5. Los demás impuestos, tasas y contribuciones especiales que se les asigne por ley nacional, con el fin de promover el desarrollo de las haciendas públicas estadales.

22   Artículo 236 de la CRBV: Son atribuciones y obligaciones del Presidente o Presidenta de la República. (…) 8. Dictar, previa autorización por una ley habilitante, decretos con fuerza de ley.

permite el más amplio consenso y la participación de las minorías, perfeccionando el principio de representatividad, la publicidad y la transparencia *(lex certa)*[23].

Esto implica un rechazo a la deslegalización o a la degradación del rango de ley, esto es, rige una prohibición de delegación *por* vía reglamentaria para la fijación de los elementos esenciales, cualitativos y cuantitativos, del tributo reservados a la ley. Ello apareja la reivindicación de la prohibición de cláusulas legales indeterminadas, inciertas, genéricas, exigiendo que la ley tipifique los elementos esenciales del tributo, (hecho imponible, alícuota, base de cálculo y sujetos pasivos) y demás materias reservadas a la ley.

Por su parte, el Código Orgánico Tributario (COT) dispone en su artículo 3[24] la prohibición de normas indeterminadas e incompletas, como una forma de reducir la discrecionalidad del Poder Ejecutivo en ejercicio de la potestad reglamentaria, así como de la Administración Tributaria, con la finalidad de sustraer determinadas materias a la potestad reglamentaria o por lo menos su formación primaria supeditándola al solo desarrollo complementario **"según el espíritu, propósito y razón"**[25] de la Ley.

La forma de ley será el medio en que resulta aceptable y legítimo para la afectación de bienes como la propiedad, la libertad económica, la libre iniciativa privada, entre otros derechos fundamentales vinculados con la tributación[26], pues con ello se evita la primacía de intereses sesgados o corporativos, pero también atiende a la protección de la seguridad jurídica, a la calculabilidad, la predictibilidad y la estabilidad del derecho tributario.

---

23 MEIER G., Eduardo. "Reflexiones sobre el sistema tributario y el principio de Legalidad Tributaria en la Constitución de 1999", en *Revista de Derecho Corporativo*, Vol. 2, N° 1, Universidad Metropolitana, Caracas, 2002, p. 85-86.

24 Artículo 3 del COT: Sólo a las leyes corresponde regular con sujeción a las normas generales de este Código las siguientes materias: 1. Crear, modificar o suprimir tributos; definir el hecho imponible; fijar la alícuota del tributo, la base de su cálculo e indicar los sujetos pasivos del mismo.

2.   Otorgar exenciones y rebajas de impuesto.

3.   Autorizar al Poder Ejecutivo para conceder exoneraciones y otros beneficios o incentivos fiscales.

4.   Las demás materias que les sean remitidas por este Código.

Parágrafo Primero. Los órganos legislativos nacional, estadales y municipales, al sancionar las leyes que establezcan exenciones, beneficios, rebajas y demás incentivos fiscales o autoricen al Poder Ejecutivo para conceder exoneraciones, requerirán la previa opinión de la Administración Tributaria respectiva, la cual evaluará el impacto económico y señalará las medidas necesarias para su efectivo control fiscal. Asimismo, los órganos legislativos correspondientes requerirán las opiniones de las oficinas de asesoría con las que cuenten.

Parágrafo Segundo. En ningún caso se podrá delegar la definición y fijación de los elementos integradores del tributo, así como las demás materias señaladas como de reserva legal por este artículo, sin perjuicio de las disposiciones contenidas en el Parágrafo Tercero de este artículo. No obstante, la ley creadora del tributo correspondiente podrá autorizar al Ejecutivo Nacional para que proceda a modificar la alícuota del impuesto, en los límites que ella establezca.

Parágrafo Tercero. Por su carácter de determinación objetiva y de simple aplicación aritmética, la Administración Tributarla Nacional reajustará el valor de la Unidad Tributarla de acuerdo con lo dispuesto en este Código. En los casos de tributos que se liquiden por períodos anuales, la unidad tributaria aplicable será la que esté vigente durante por lo menos ciento ochenta y tres (183) días continuos del período respectivo. Para los tributos que se liquiden por períodos distintos al anual, la unidad tributaria aplicable será la que esté vigente para el inicio del período.

25 Artículo 236 de la CRBV: Son atribuciones y obligaciones del Presidente o Presidenta de la República: … 10. Reglamentar total o parcialmente las leyes, sin alterar su espíritu, propósito y razón.

26 Se pretende reservar ciertas materias a la forma de ley, en el entendido de que la intervención de los representantes de los ciudadanos en un proceso legislativo, caracterizado por los principios de contradicción, transparencia y publicidad produce una norma con mayor legitimidad que las demás. La ley aparece como la expresión de la voluntad popular, evitando así que el Poder Ejecutivo entre a regular ciertos temas sin el debate público, la negociación y el consenso que exige la formación de la ley, para un mayor grado de aceptación y eficacia normativa, *Cfr.* MEIER G., Eduardo. *Ob. cit.*, Caracas, 2002, p. 87.

Sin embargo, la legalidad es de las primeras garantías que se resienten en toda deriva autoritaria[27]. La ley deja de ser la expresión de la voluntad popular, mostrando las verdaderas intenciones de uso desviado tal como con la figura del decreto-ley, para sortear las exigencias del procedimiento legislativo, como veremos seguidamente[28].

B.   Inmoralidades contra la reserva legal y la legalidad tributaria.

a.   *El abuso del expediente de leyes delegatorias o habilitantes.*

En Venezuela la delegación legislativa mediante Ley Habilitante[29] pervirtió el proceso legislativo. La Ley ordinaria se convirtió en excepción a favor del Decreto-Ley que se convirtió en regla. La usurpación del rango legal también se ha efectuado con el reciente uso de decretos de emergencia económica por el Presidente de la República, incluso por decisiones normativas de la inconstitucional Asamblea Nacional Constituyente (ANC)[30].

Entre los años 1999 y 2018 se dictaron aproximadamente 375 Decretos-ley aprobados mediante 7 Leyes habilitantes, incompatibles con los principios y valores de la propia Constitución de 1999. Este fenómeno produjo una autocastración del legislador ordinario y dio paso subrepticio a la figura del "colegislador absoluto". Un protagonismo legislativo que además no está sometido a controles constitucionales previos como sí lo está el legislador ordinario (control de constitucionalidad[31], carácter orgánico[32], veto presidencial[33]).

En efecto, "el artículo 203 de la Constitución no somete a los Decretos-ley **a ningún límite material** (solo señala que la ley que los habiliten establecerá las directrices, propósitos y

---

27   De allí, *verbi gratia*, el relajamiento del principio de reserva legal del Parágrafo Segundo del artículo 3 del COT reformado en 2014, que contempla "No obstante, la ley creadora del tributo correspondiente podrá autorizar al Ejecutivo Nacional para que proceda a modificar la alícuota del impuesto, en los límites que ella establezca".

28   *Cfr.* MEIER G., Eduardo, "Constitución fachada: a propósito de la tributación selectiva en el ISR", en *El Impuesto sobre la renta. Aspectos de una necesaria reforma*, XVI Jornadas Venezolanas de Derecho Tributario, organizadas por la Asociación Venezolana de Derecho Tributario, Caracas, 2017, p. 182.

29   Artículo 203 de la CRBV: (…) Son leyes habilitantes las sancionadas por la Asamblea Nacional por las tres quintas partes de sus integrantes, a fin de establecer las directrices, propósitos y el marco de las materias que se delegan al Presidente o Presidenta de la República, con rango y valor de ley. Las leyes de base deben fijar el plazo de su ejercicio. Artículo 236 de la CRBV: Son atribuciones y obligaciones del Presidente o Presidenta de la República. (…) 8. Dictar, previa autorización por una ley habilitante, decretos con fuerza de ley.

30   Academias Nacionales de Venezuela, *"Pronunciamiento de las Academias Nacionales ante la ilegítima Asamblea Nacional Constituyente*, Caracas, agosto, 2017, consultado el 5 de mayo de 2018, disponible en web: <http://www.acienpol.org.ve/cmacienpol/Resources/Pronunciamientos/2017-08-15%20Pronunciamiento%20Academias%20ante%20ilegitima%20ANC.pdf>.

31   Artículo 215 de la CRBV (…) Cuando el Presidente o Presidenta de la República considere que la ley o alguno de sus artículos es inconstitucional solicitarán el pronunciamiento de la Sala Constitucional del Tribunal Supremo de Justicia, en el lapso de diez días que tiene para promulgar la misma. El Tribunal Supremo de Justicia decidirá en el término de quince días contados desde el recibo de la comunicación del Presidente o Presidenta de la República. Si el Tribunal negare la inconstitucionalidad invocada o no decidiere en el lapso anterior, el Presidente o Presidenta de la República promulgará la ley dentro de los cinco días siguientes a la decisión del Tribunal o al vencimiento de dicho lapso.

32   Artículo 203 de la CRBV: (…) Las leyes que la Asamblea Nacional haya calificado de orgánicas serán remitidas, antes de su promulgación a la Sala Constitucional del Tribunal Supremo de Justicia, para que se pronuncie acerca de la constitucionalidad de su carácter orgánico. La Sala Constitucional decidirá en el término de diez días contados a partir de la fecha de recibo de la comunicación. Si la Sala Constitucional declara que no es orgánica la ley perderá este carácter.

33   Artículo 214 de la CRBV: El Presidente o Presidenta de la República promulgará la ley dentro de los diez días siguientes a aquél en que la haya recibido. Dentro de ese lapso podrá, con acuerdo del Consejo de Ministros, solicitar a la Asamblea Nacional, mediante exposición razonada, que modifique alguna de las disposiciones de la ley o levante la sanción a toda la ley o parte de ella.

el marco de las materias que se delegan) **ni a controles previos** (control de constitucionalidad del carácter orgánico, veto presidencial, control de constitucionalidad antes de su promulgación) a los que sí se someten las leyes ordinarias y orgánicas. Además, para convertirse en ley todo proyecto recibirá dos discusiones (artículo 207) y deberá consultarse a los órganos del Estado, a los ciudadanos y a la sociedad organizada para oír su opinión (artículos 206 y 211). La regulación del Decreto-ley demuestra una descompensación de la parte orgánica de la Constitución con los principios democráticos y derechos fundamentales (representatividad y participación ciudadana, entre otros), dejando ver una vocación presidencialista y autoritaria, apenas solapada por la presentación sobredimensionada y grandilocuente de los derechos"[34].

El Presidente de la República como colegislador absoluto reformó la legislación orgánica COT[35] y ordinaria en materia tributaria. Además, lo hizo sin que mediara circunstancia extraordinaria e imprevista en la vida del país, con la única pretensión de obviar los controles propios del proceso parlamentario, la discusión y la consulta[36] que procura la deliberación, el consenso y el respeto a las minorías, quebrantando la garantía democrática del pluralismo político[37].

---

34   MEIER G., Eduardo, *Ob. cit.*, N° 24, p. 176. En este sentido, no es difícil percibir que "los eventuales controles judiciales (de constitucionalidad) o políticos (referendo abrogatorio o ley parlamentaria), serán una respuesta *a posteriori*, por ende, tardía e ineficaz, frente a la inconveniente y apresurada regulación de materias cuya sensibilidad, exigía previa deliberación y contradictorio por medio del procedimiento legislativo". Ver "Pronunciamiento de la Academia de Ciencias Políticas y Sociales, en razón de los recientes Decretos-Ley dictados por el Presidente de la República" (referido al uso de la última Ley habilitante), de fecha 2 de diciembre de 2014, "....el proceder inconstitucional seguido por el Presidente de la República, al recientemente dictar Decretos-Ley, anunciados en números ordinarios de la *Gaceta Oficial* los días 18 y 19 de noviembre de 2014 y publicados, efectivamente, a través de diversos números extraordinarios de la mencionada Gaceta, pero tan solo disponibles al público, a partir del día 24 de noviembre, fecha en la que ya había expirado el lapso de la delegación legislativa otorgada al Presidente de la República por la Asamblea Nacional. Advierte esta corporación a la comunidad que, independientemente de su contenido, esos Decretos-Ley son dudosa constitucionalidad, por cuanto han excedido el límite de la facultad temporal que, de conformidad con el artículo 203 de la Constitución, le concedió la Asamblea Nacional al Presidente de la República" (...) "...expresa su rechazo la Academia de Ciencias Políticas y Sociales al uso que se ha dado a la facultad excepcional de legislar, a través de Decretos-Ley, previa habilitación de la Asamblea Nacional, con exceso de poder, pues ella de ninguna forma permite al Ejecutivo sustituirse en la labor parlamentaria de elaboración del ordenamiento jurídico conforme al Estado de Derecho que consagra la Constitución. A través de los mencionados Decretos-Ley han sido regulados, modificados, derogados y suprimidos importantes y sensibles sectores del ordenamiento jurídico nacional como son los relativos a la organización del Poder Público, al régimen tributario y al sistema económico, sin previa difusión y sin ningún tipo de consulta pública, deliberación o discusión, obviando la participación de los sectores interesados o afectados por los decretos y con íntegra sustitución de leyes preexistentes mediante la producción de nuevas leyes, en lugar de reformas parciales o **puntuales**". Academia de Ciencias Políticas y Sociales, *"Pronunciamiento en razón de los recientes Decretos-Ley dictados por el presidente de la República"*, Caracas, noviembre de 2014, consultado el 19 de mayo de 2018, disponible en web: < http://www.acienpol.org.ve/cmacienpol/Resources/Pronunciamientos/v4PronunciamientoACPSLeyhabilitante0121 214.doc.pdf>.

35   Decreto N° 1.434 del 17 de noviembre de 2014, con Rango, Valor y Fuerza de Ley del Código Orgánico Tributario publicado en *Gaceta Oficial* N° 6.152 *Extraordinaria* el 18 de noviembre de 2014.

36   Artículo 207 de la CRBV: Para convertirse en ley todo proyecto recibirá dos discusiones, en días diferentes, siguiendo las reglas establecidas en esta Constitución y en los reglamentos respectivos. Aprobado el proyecto, el Presidente o Presidenta de la Asamblea Nacional declarará sancionada la ley.

Artículo 206 de la CRBV: Los Estados serán consultados por la Asamblea Nacional, a través del Consejo Legislativo, cuando se legisle en materias relativas a los mismos. La ley establecerá los mecanismos de consulta a la sociedad civil y demás instituciones de los Estados, por parte del Consejo en dichas materias.

37   Artículo 2 de la CRBV: Venezuela se constituye en un Estado democrático y social de Derecho y de Justicia, que propugna como valores superiores de su ordenamiento jurídico y de su actuación, la vida, la libertad, la justicia, la igualdad, la solidaridad, la democracia, la responsabilidad social y en general, la preeminencia de los derechos humanos, la ética y el pluralismo político.

Podemos mencionar como parte de las antinomias producidas por el legislador absoluto, la parte *in fine* del parágrafo segundo del artículo 3 del COT, así como los artículos 84, 197, el segundo párrafo del artículo 171, el artículo 193 y el Parágrafo Primero del artículo 51 de la LISR de 2015[38], que respectivamente permiten *(i)* modificación de alícuotas impositivas, en los límites legales pero en cualquier momento, *(ii)* la designación sublegal de agentes de retención o percepción, *(iii)* la fijación de porcentajes de retención y percepción, *(iv)* el establecimiento selectivo de alícuotas distintas para determinados sujetos pasivos o sectores económicos, *(v)* así como la exclusión subjetiva del ajuste por inflación, sobre sujetos calificados así por actos reglamentarios del tributo.

El expediente de los Decretos de Emergencia es la última forma de deslegalización utilizada por del Poder Ejecutivo. De esta forma el Presidente de la República ha pretendido sortear la legalidad y la representatividad democrática. Es el caso del Decreto N° 3.393 del 30 de abril[39] a través del cual, facultó a la Administración Tributaria Nacional, el Servicio Nacional Integrado de Administración Tributaria y Aduanera (SENIAT) para reajustar la UT, con base a los análisis técnicos distintos de la información producida por el BCV. De esta forma se contrarió el artículo 131 (15) del COT que ordena a la Administración Tributaria reajustar la UT previa opinión favorable de la Comisión Permanente de Finanzas de la Asamblea Nacional, sobre la base de la variación producida en el Índice Nacional de Precios al Consumidor (INPC) fijado por el BCV, del año inmediatamente anterior. De esta forma se deslegalizó ilegalmente en la Administración Tributaria la fijación del valor de la UT al margen del control de la Asamblea Nacional y de la información técnica idónea.

El abuso se consumó cuando el SENIAT realizó el ajuste de la UT en un 194% cuando la inflación anual acumulada fue de 1.698.488% al cierre de 2018 subestimándola un 875.409%.

En consecuencia, la deslegalización de la norma orgánica y codificadora (COT) se produce por la supresión del control preceptivo del Poder Legislativo Nacional, que se patentiza en la previa opinión favorable de la Comisión Permanente de Finanzas de la Asamblea Nacional, que a su vez se articula sobre la base de la variación producida en el INPC, del año inmediatamente anterior, fijado por el BCV. De esta forma se vulneraron una serie de principios constitucionales y garantías institucionales que son inviolables e inderogables, relativas a eficacia, especialización, transparencia, responsabilidad y rendición de cuentas en el ejercicio de la función pública (artículo 141 de la Constitución [40]), así como la necesaria coordinación y coherencia en la fijación de dicha unidad de medida homogénea, que exige la colaboración de una serie de órganos a los que incumbe su ejercicio (artículo 136 de la Constitución [41]).

Además de la deslegalización, con la reforma del COT se produjo el agravamiento de las sanciones, con la tipificación de nuevos ilícitos tributarios, incluyendo un tipo que parece más un delito de opinión, como es el de instigación pública al incumplimiento de la norma-

---

38   Decreto N° 2.163 del 29 de diciembre de 2015, con Rango, Valor y Fuerza de Ley de Reforma de la Ley de Impuesto sobre la Renta publicado en *Gaceta Oficial* N° 6.210 *Extraordinaria* el 30 de diciembre de 2015.

39   Decreto N° 3.393 del 30 de abril de 2018, mediante el cual se faculta al Servicio Nacional Integrado de Administración Aduanera y Tributaria para reajustar la Unidad Tributaria publicado en *Gaceta Oficial* N° 41.387 el 30 de abril de 2018.

40   Artículo 141 de la CRBV: La Administración Pública está al servicio de los ciudadanos y ciudadanas y se fundamenta en los principios de honestidad, participación, celeridad, eficacia, eficiencia, transparencia, rendición de cuentas y responsabilidad en el ejercicio de la función pública, con sometimiento pleno a la ley y al derecho.

41   Artículo 136 de la CRBV: El Poder Público se distribuye entre el Poder Municipal, el Poder Estadal y el Poder Nacional. El Poder Público Nacional se divide en Legislativo, Ejecutivo, Judicial, Ciudadano y Electoral.

Cada una de las ramas del Poder Público tiene sus funciones propias, pero los órganos a los que incumbe su ejercicio colaborarán entre sí en la realización de los fines del Estado.

tiva tributaria, que se sanciona con pena restrictiva de la libertad de uno (1) a cinco (5) años.[42] Así mismo, se introduce la descodificación en materia penal tributaria,[43] contraria a la seguridad jurídica y legalidad penal como propósito de la codificación tributaria que se inició con el COT de 1982.

Ahora se recurre a la ANC para deslegalizar y desinstitucionalizar la tributación al margen de la Asamblea Nacional. Mencionemos el acto denominado **"Ley Constitucional sobre la creación de la Unidad Tributaria Sancionatoria"**[44]. La ANC solo tiene el propósito espurio de anular y suprimir a la Asamblea Nacional, único órgano del Poder Público legitimado por el pueblo venezolano mediante elecciones libres, universales, directas y secretas, para legislar en las materias de competencia Nacional, refuerza su ilegitimidad de origen[4546] y la desviación.

La "Ley Constitucional sobre la creación de la Unidad Tributaria Sancionatoria" prevé que las multas y sanciones previstas en el ordenamiento jurídico cuyo monto sea establecido en UT deberán calcularse con base en la Unidad Tributaria Sancionatoria "UTS", que es competencia del Ejecutivo Nacional la determinación del valor de la UTS y que, debe reajustarlo los primeros días del mes de febrero de cada año, con base en la variación producida en el Índice de Precios al Consumidor (IPC) del Área Metropolitana de Caracas, en el año inmediatamente anterior.

No obstante, pretender tipos diferenciados de corrección monetaria para los umbrales de tributación y para la expresión cuantitativa de las sanciones pecuniarias, constituye *(i)* una regulación discriminatoria y desviada de la finalidad técnica de la UT como unidad de medida homogénea que, como tal, sólo debe ser universal y unívoca, *(ii)* un vaciamiento y tergiversación del carácter retributivo y no recaudatorio de las sanciones tributarias y *(iii)* un retroceso al derecho penal del infractor, que desdice de los principios de afectación del bien jurídico tutelado, de la sanción como *ultima ratio* y demás principios garantistas previstos en la Constitución.

b.   *El impuesto inflación.*

Paradójicamente el principal tributo en Venezuela es la hiperinflación. Una exacción absolutamente al margen de la legalidad, sin límites ni control institucional.

El privilegio monopolístico en la creación de dinero ha sido pervertido por el Gobierno con la complicidad del BCV como un instrumento recaudatorio para financiar sus déficits fiscales. Aparte de su carácter clandestino (no consentido por sus destinatarios), incierto e impredecible, la inflación es la práctica monetaria más inmoral por su carácter destructivo del poder de compra, regresivo y distorsionante. Respeta las apariencias de los valores nominales, pero destruye la realidad del poder adquisitivo.

---

42   Artículo 123 del COT.

43   Artículo 81 del COT: Las leyes especiales tributarias podrán establecer ilícitos y sanciones adicionales a los establecidos en este Código.

44   Ley Constitucional sobre la Creación de la Unidad Tributaria Sancionatoria, publicada en *Gaceta Oficial* N° 41.305 del 21 de diciembre de 2017.

45   *Ob. Cit.* N° 28. Disponible en web: <http://www.acienpol.org.ve/cmacienpol/Resources/Pronunciamientos/2017-08-15%20Pronunciamiento%20Academias%20ante%20ilegitima%20ANC.pdf >.

46   Academia de Ciencias Políticas y Sociales, *"Pronunciamiento de la Academia de Ciencias Políticas y Sociales ante la "Ley Constitucional contra el odio, por la convivencia pacífica y la tolerancia", dictada por la Asamblea Nacional Constituyente"*, Caracas, diciembre, 2017, consultado el 8 de mayo de 2018, disponible en web: <http://www.acienpol.org.ve/cmacienpol/Resources/Pronunciamientos/Pronunciamiento%20Ley%20Contra%20el%20Odio.%20Acienpol.pdf>.

Al cierre de 2017 los déficits del Gobierno Central superaron el 9% del Producto Interno Bruto (PIB) durante los últimos ocho años. El BCV aumentó en más de 20 veces esta emisión monetaria en 2017, en la forma de *créditos a las empresas públicas no financieras*, la cual pasó de Bs. 5,6 billones el 30 de diciembre de 2016 a más de Bs. 120 billones un año más tarde. Tal incremento explica la hiperinflación de 1.698.488% registrada por la *Comisión Permanente de Finanzas y Desarrollo Económico* de la Asamblea Nacional en 2018[47].

La destrucción de la economía nacional por la hiperinflación tiene consecuencia directa en la caída de la recaudación real, constituye un estímulo perverso que induce al retraso o incluso al incumplimiento de los contribuyentes de sus obligaciones fiscales formales y materiales.

En hiperinflación la tributación y la eficacia recaudatoria pierden sentido económico. Su funcionalidad queda reducida a la de otro mecanismo de control social, apalancada en la intimidación y en la amenaza de los medios administrativos y penales de coacción de la recaudación tributaria

2. Capacidad contributiva, no discriminación, razonabilidad de los tributos y prohibición de confiscación.

A. Consagración del derecho.

El derecho a contribuir con arreglo a la capacidad económica encuentra concreción expresa en el enunciado del artículo 316[48] del Texto Fundamental de 1999. Lo complementan la prohibición de discriminación 21(1)[49] y la prohibición de confiscación del artículo 317[50] Constitucionales.

Se trata de un derecho con un contenido esencial que vincula al legislador y es susceptible de tutela judicial. Su virtualidad aparece conectada a nociones elocuentes como las de "sistema tributario", "justa distribución de las cargas públicas", "capacidad económica", "progresividad del sistema", "protección de la economía nacional y elevación del nivel de vida de la población" y "recaudación eficiente", que denotan la extensión del derecho en cuestión y prefiguran su contenido esencial. Su objetivo es servir de criterio para el reparto de las cargas públicas y otorgar al contribuyente un derecho a contribuir a los gastos generales de acuerdo con su respectiva capacidad económica[51].

De un lado, las nociones de *(i)* "sistema tributario", "capacidad económica", "protección de la economía nacional y elevación del nivel de vida de la población" y "sistema de recau-

---

47   Academias Nacionales de Venezuela, *"Las Academias Nacionales se dirigen al presidente de la República, al ministro del Poder Popular de Economía y Finanzas y al presidente del Banco Central de Venezuela, ante los anuncios en materia monetaria del Gobierno Nacional"*, Caracas, abril, 2018, consultado el 30 de abril de 2018. Disponible en web: < http://www.acienpol.org.ve/cmacienpol/Resources/Pronunciamientos/Comunicado%20conjunto%20-%20Nuevo%20cono%20monetario%20%20y%20Petro%20Final-1.pdf>.

48   Artículo 316 de la CRBV: El sistema tributario procurará la justa distribución de las cargas publicas según la capacidad económica del o la contribuyente, atendiendo al principio de progresividad, así como la protección de la economía nacional y la elevación del nivel de vida de la población; para ello se sustentará en un sistema eficiente para la recaudación de los tributos.

49   Artículo 21 de la CRBV: Todas las personas son iguales ante la ley; en consecuencia: 1. No se permitirán discriminaciones fundadas en la raza, el sexo, el credo, la condición social o aquellas que, en general, tengan por objeto o por resultado anular o menoscabar el reconocimiento, goce o ejercicio en condiciones de igualdad, de los derechos y libertades de toda persona.

50   Artículo 317 de la CRBV: No podrá cobrarse impuestos, tasas, ni contribuciones que no estén establecidos en la ley, ni concederse exenciones y rebajas, ni otras formas de incentivos fiscales, sino en los casos previstos por las leyes. Ningún tributo puede tener efecto confiscatorio.

51   HERRERA M., Pedro M., *Capacidad económica y sistema fiscal <análisis del ordenamiento español a la luz del Derecho Alemán>*, Marcial Pons, Madrid 1998, p. 134.

dación eficiente", enfatizan las exigencias instrumentales de coherencia interna del tributo, del orden del conjunto tributario, así como su eficiencia. Por su parte las nociones de *(ii)* **"justa distribución de las cargas públicas"**, **"progresividad del sistema"** y **"no confiscación"**, enfatizan las exigencias de racionalidad axiológica, esto es, promueven el valor de la justicia del tributo, las cuales complementan la racionalidad técnica implicada en la exigencia de coherencia en el diseño de la exacción y en el conjunto que el sistema implica.

a.   *Sustrato técnico o instrumental.*

Hay un *sólo* sistema tributario, en una *sola* economía, pero también una *sola* capacidad contributiva que es incidida por los distintos tributos y por los distintos poderes tributarios. Se opone a toda contradicción o antinomias y hasta las lagunas axiológicas, así como la contradicción tributaria sistémica cuya expresión más patológica es la múltiple imposición interna. Por eso, la coherencia del sistema exige la de los tributos individualmente y la del conjunto con el propósito de promover la **"protección de la economía nacional y la elevación del nivel de vida de la población"**[52]. Así mismo, la condición de **"sistema"** se enlaza con las exigencias de coordinación y cooperación entre los poderes y competencias tributarios, cuya connotación más saliente es el **"principio de armonización tributario"** que ejerce el centro sobre la periferia. De lo contrario no se estaría frente a un sistema, sino en presencia de un régimen tributario[53] o peor aún, en una "distopía[54]" como grado superlativo y perverso de anarquía.

Como quiera que el sistema tributario tiene como finalidad la **"protección de la economía nacional y la elevación del nivel de vida de la población"**, los fines extrafiscales de la tributación encontrarían justificación en la medida que otros bienes constitucionales promuevan tal desviación, sean para acentuar la imposición o para producir el desgravamen, desestimulando o estimulando económica, social o culturalmente la actividad de que se trate o sencillamente atendiendo a algún propósito de solidaridad social que justifique el sacrificio contributivo de la propiedad particular.

A su vez la noción de **"capacidad económica"**, resalta la sustancia económica del tributo. Siendo el tributo ante todo una categoría jurídica, pero con sustancia económica, siempre se expresará como una magnitud económica que deberá ser representada y cuantificada de alguna forma idónea, lo que responderá a una racionalidad técnica específica según la naturaleza del hecho concreto revelador de dicha expresión de riqueza. *El material económico es el punto de conexión entre las situaciones reales y la normatividad tributaria adecuada a una situación dada*.

Como las normas tienen un contenido cognitivo que puede analizarse críticamente con ayuda de informaciones científicas y técnicas, las distintas ciencias sociales aportan materia-

---

[52]   La coordinación tributaria supone la coherencia entre las distintas formas de imposición sobre la capacidad contributiva, con el propósito de evitar superposiciones y lagunas que quebranten la homogeneidad en la imposición.

[53]   *Cfr.* PLAZAS V., Mauricio, *Derecho de la hacienda pública y derecho tributario*, Tomo II, Derecho Tributario, Segunda edición, Temis, Santa Fe de Bogotá 2005, p. 397.

[54]   La voz distopía (dystopia) designa un "mal lugar". Una distopía, también denominada antiutopía, es una utopía *perversa* donde la realidad transcurre en términos opuestos a los de una sociedad ideal. El término fue acuñado como antónimo de *utopía* y se usa principalmente para hacer referencia a una sociedad ficticia donde las consecuencias de la manipulación y el adoctrinamiento masivo - generalmente a cargo de un Estado autoritario o totalitario - llevan al control absoluto, condicionamiento o exterminio de sus miembros bajo una fachada de benevolencia. El concepto se asocia con regímenes dictatoriales. Por su parte, la *distopía* económica implica dominación, engaño e ineficiencia bajo un pretexto de benevolencia. CUSIMANO, Javier, *"El término de distopía funciona como antónimo de utopía. En la siguiente nota de análisis de las distopías representadas en el cine y la literatura"*, consultada el 25 de mayo de 2018, disponible en web: <https://ecotropia.noblogs.org/2011/02/637/>.

les que son relevantes para el derecho, son los contenidos legales que permiten conocer el alcance de los intereses involucrados. El derecho debe ser coherente con esta realidad y elaborar una concepción racional práctica y crítica.

Pero hay más. La capacidad contributiva como índice económico de riqueza y causa del gravamen, tiene que ser una riqueza *efectiva*: el impuesto no debe gravar la capacidad "productiva", sino la riqueza obtenida "efectivamente"; no debe establecer presunciones *iuris et de iure* que imputen una riqueza meramente probable al contribuyente, ni ficciones que fabulen una realidad artificial, así como tampoco cabe gravar rendimientos puramente nominales en situaciones de inflación. En todo caso, la concreción del principio en cada situación demandará el acercamiento o el alejamiento del mismo, debido a la ponderación de otros bienes constitucionales[55]. Los fines extrafiscales o aquellos que primen la practicabilidad administrativa, deberán justificar una restricción del principio de capacidad económica, mediante el control de razonabilidad.

La promoción de la racionalidad del sistema se traduce en la eficiencia del mismo, esto es, a la realización de los fines que la predeterminan. La eficiencia del sistema tributario no debe ser confundida con la eficiencia de la administración tributaria. La primera implica y comprende la segunda. La eficiencia del sistema se refiere más ampliamente a la *(i)* la incidencia neutral del tributo sobre la economía, esto es, evitar distorsiones en la asignación de recursos, *(ii)* la suficiencia del producto en relación con el costo de la recaudación, *(iii)* la minimización del costo de cumplimiento para el sujeto pasivo y los terceros y *(iv)* la recaudación eficaz por la administración tributaria, recordando el principio instrumental de la gestión administrativa al servicio del ciudadano y su sometimiento pleno a la ley y al derecho *ex* artículo 141 Constitucional. Sobre este último particular volveremos más adelante, solo anticipando desde ya nuestra convicción de que la recaudación tributaria no es un fin en sí misma, la recaudación ni la practicabilidad administrativa justifican una tributación inconstitucional ya que como ordena el mandato constitucional, ésta solo tiene fines instrumentales, esto es, está al servicio de la tributación con arreglo a la capacidad económica.

b.   *Sustrato axiológico.*

La capacidad económica como soporte axiológico del tributo se mueve en una doble dimensión de tipo horizontal y vertical.

Horizontalmente, implica que sujetos con la misma capacidad económica tributen por el mismo concepto en igualdad de circunstancias, esto es, se proscriben las discriminaciones impositivas. Esta prohibición se subsume en la prohibición constitucional más general regulada por el articulo 21(1) Constitucional[56].

Verticalmente, la igualdad no implica que todo contribuyente deba ser tratado en idéntica situación (bases imponibles) cuando tienen capacidades económicas distintas a los fines del

---

55 El caso clínico lo representa la decisión de la Sala Constitucional que declaró la inaplicación del IVA sobre los servicios médicos privados, bajo el argumento de la precedencia de la salud pública respecto del derecho a contribuir con arreglo a la capacidad contributiva, para en definitiva declarar exento el servicio de salud del impuesto en cuestión. Señaló la Sala que: "...no puede el Estado, [...] promover la desigualdad en cuanto a la garantía de acceso a los servicios de salud, mediante la aplicación de un impuesto al valor agregado a los contribuyentes que requieran de atención médico asistencial, odontológica, de cirugía y hospitalización prestados por instituciones privadas". Sentencia de fecha 5 de junio de 2003, caso *Fernando Bianco y otros en acción de nulidad y amparo contra Ley de impuesto al valor agregado*, consultada en URSO C., Giuseppe y DIAZ, I., Valmy, *El IVA <una década de jurisprudencia en Venezuela>*, Editorial Paredes, Caracas 2004, 137 p.

56 Artículo 21 de la CRBV: Todas las personas son iguales ante la ley; en consecuencia: 1. No se permitirán discriminaciones fundadas en la raza, sexo, el credo, la condición social o aquellas que, en general, tengan por objeto o por resultado anular o menoscabar el reconocimiento, goce o ejercicio en condiciones de igualdad, de los derechos y libertades de toda persona.

tributo de que se trate. Tales diferencias de tratamiento pueden existir **"...siempre que esas diferencias no violen los límites de la racionalidad"**. De igual forma implica que la presión del gravamen debe aplicarse progresivamente, esto es, la carga contributiva individual debe aumentar en una proporción mayor al incrementar la riqueza disponible, típicamente vinculada a aumentos de la alícuota o del tipo de gravamen. La progresividad es una técnica que se asocia con la redistribución de la renta[57].

Como quiera que el principio de capacidad económica se fundamenta en los principios de la *función social de la propiedad* y *solidaridad*, quien más tiene más puede contribuir al gasto común, razón por la cual, en este sentido parece coherente concebirlo como **"capacidad económica progresiva"**[58]. La progresividad tiene su ejemplificación y realización más saliente en el impuesto sobre la renta y los impuestos personales como el que grava en forma directa el patrimonio. Sin embargo, en el caso de los impuestos indirectos, la virtualidad de la progresividad se dificulta técnicamente, pero puede promoverse o, su contrario, la regresividad, puede morigerarse mediante otras técnicas tributarias tales como las dispensas tributarias (p.e. exención bienes de consumo esencial en el IVA) y los créditos impositivos (p.e. rebajas o bonificaciones a la cuota a pagar por nuevas inversiones, inversiones ambientales, sociales, cargas de familia).

De esta forma se pueden controlar la razonabilidad de los impuestos extraordinarios (de guerra, temporales en emergencia económica) y los fines extrafiscales de la tributación, los cuales deben justificarse para proteger la economía nacional y que por su intensidad nunca pueden tener efecto confiscatorio según expresa prohibición constitucional en refuerzo del derecho de propiedad y de la libertad económica. En íntima relación con los fines extrafiscales se conectan los tributos parafiscales y otras formas de tributación atípicas en promoción de fines de solidaridad y defensa de bienes constitucionales como el medio ambiente, seguridad social, la prevención antidrogas, la promoción del conocimiento de las nuevas tecnologías y otros.

Aunque la interdicción de la confiscación se refiere a los tributos en particular *ex* artículo 317, es obvio que, la prohibición alcanza el conjunto tributario, cuando la combinación de estos sobre el patrimonio individual lo menoscaba en su sustancia, esto es, en la capacidad de mantenerse.

La constante perplejidad en la aplicación del principio ha estado en la indeterminación del supuesto de hecho de la prohibición y el criterio para determinar el *quantum* a partir del cual un tributo tiene el tal efecto expoliatorio. Nuestra Jurisprudencia solo ofrece una casuística inconcluyente que no permite establecer una línea de principio sobre las condiciones de aplicación del mandato, pues se hace obvia de la argumentación judicial, la dificultad de comprometerse con formulaciones abstractas que bien son o rígidas o inoperantes.

Sin embargo, no es posible afirmar consistentemente que la imposición sea justa o favorezca la asignación de recursos disponibles, cuando se conculcan diariamente las exigencias fundamentales de racionalidad del tributo. Esa falta de respeto a la consistencia lógica y a la razón, tantas veces registrada en la política tributaria actual, es causa fundamental de la crisis de los impuestos[59]. Como afirma Fuentes Quintana, la falta de coherencia entre valores y conductas fiscales produce un efecto inmediato: minar de contradicciones la elaboración y aplicación del tejido legislativo del sistema tributario, frustrar el crecimiento económico, la eficacia recaudatoria y como consecuencia la aversión social del impuesto. La desconfianza

---

57 CARVALHO, Cristiano, *Teoría de la decisión tributaria*, Biblioteca de Derecho Financiero y Tributario LEX, Ediciones Olejnik, Santiago de Chile 2017, p. 212.

58 *Ob. Cit.* N° 53, p. 129.

59 FUENTES Q., Enrique, "Introducción", en NEUMARK, Fritz, *Principios de la imposición*, Instituto de Estudios Fiscales, Madrid 1974, p. XL.

y el recelo rodean la elaboración y aplicación de los tributos y como consecuencia, las obligaciones que los impuestos establecen no se aceptan por la sociedad. La desviación del sistema tributario real del ideal racional, ocasionan el desprestigio social de la imposición.[60]

Este es el caso venezolano de hoy: Los tributos son creaciones caprichosas, inconsultas, arbitrarias, incoherentes y regresivas. No puede predicarse la existencia de un sistema tributario, sino de un auténtico "régimen distópico", como veremos de seguidas.

B.   Inmoralidades contra la capacidad contributiva.

a.   *La eliminación del ajuste integral por inflación (API) de la base imponible del ISR solo para los contribuyentes especiales.*

Desde hace varios años está en marcha un proceso irracional e ideologizado de eliminación de la **corrección monetaria fiscal**. Este aserto lo ejemplifica la *(i)* artera exclusión del API en LISR en las reformas mediante Decretos-ley de 2014 y 2015, primero para las entidades financieras y de seguros[61], y al año siguiente[62], para los denominados sujetos pasivos especiales[63]. Adicionalmente, *(ii)* la Administración tributaria, ha retrasado y minimizado el

---

60   *Ibídem* p. XLI.

61   Artículo 173 LISR derogada: "A los solos efectos tributarios, los contribuyentes a que se refiere el artículo 7 de esta Ley, que iniciaron sus operaciones a partir del 1° de enero del año 1993, y realicen actividades comerciales, industriales, bancarias, financieras, de seguros, reaseguros, explotación minas e hidrocarburos y actividades conexas, que estén obligados a llevar libros de contabilidad, deberán al cierre de su primer ejercicio gravable, realizar una actualización inicial de sus activos y pasivos no monetarios, según las normas previstas en esta Ley, la cual traerá como consecuencia una variación en el monto del patrimonio neto para esa fecha".

Artículo 173 LISR nueva: "(…) Los contribuyentes que realicen actividades bancarias, financieras, de seguros y reaseguros quedarán excluidos del sistema de ajustes por inflación previsto en el presente Decreto con Rango, Valor y Fuerza de Ley (…)".

La Administración Tributaria, dictó la Providencia Administrativa N° SNAT/2015/0021 de fecha 11 de septiembre de 2015 (la "Providencia"), en ejecución del artículo 195 de la LISR que rige únicamente para las instituciones bancarias, de seguros y reaseguros. El artículo 3 de la Providencia contempló, *ad litteram* que: "A partir del ejercicio fiscal 2015, los contribuyentes indicados en el artículo 1 de esta Providencia no podrán utilizar el sistema de ajustes por inflación a efectos de determinación del impuesto sobre la renta, ni traspasar la pérdida neta por inflación no compensada originada en ejercicios anteriores" Venezuela, Providencia N° SNAT/2015/0021, mediante la cual establecen las Normas para el ajuste contable de los contribuyentes que realicen actividades Bancarias, Financieras, de Seguros y Reaseguros excluidos del sistema de ajustes por inflación, publicada en la *Gaceta Oficial* N° 40.744, del 11 de septiembre de 2015.

62   Venezuela, Decreto N° 2.163 del 29 de diciembre de 2015, con Rango, Valor y Fuerza de Ley de Reforma de la Ley de Impuesto sobre la Renta, el cual reforma parcialmente la ley de 2014, publicada en la *Gaceta Oficial* N° 6.210 *Extraordinaria*, del 30 de diciembre de 2015, en la cual se extendió la exclusión del sistema de ajuste integral por inflación a los sujetos pasivos calificados como especiales por la Administración Tributaria, y reiterando la mencionada exclusión para las entidades que realicen actividades bancarias, financieras, de seguros y reaseguros.

63   Paradójicamente, de forma ostensiblemente discriminatoria, se mantiene la corrección monetaria integral (Título IX) para los contribuyentes que no califiquen como sujetos pasivos especiales pero que lleven contabilidad, así como la corrección monetaria incidental de activos no monetarios transferidos por contribuyentes personas naturales que no lleven contabilidad.

Con estas reformas legislativas no existen fundamentación, ni corrección, sino pretextos retóricos y manipulación eficaz. A partir de un criterio improvisado e irresponsable y una visión ideológica alucinada que no toma en cuenta ni la realidad de la inflación, ni sus consecuencias sobre la medida de capacidad económica efectiva, se afirma que la inflación es una ilusión del lenguaje, un invento ideológico de dominación política y económica, y no un fenómeno económico que envilece el poder adquisitivo y una exacción oculta que empobrece a la población. En ese contexto la corrección monetaria es asimilada a un subterfugio que permite escapar a la tributación y no un mecanismo técnico que limitadamente pretende neutralizar sus efectos distorsionantes sobre la estructura normativa de los tributos. (ver SALAS R., Luis, "Adiós al ajuste por inflación o la eliminación de un impuesto de las élites económicas contra la ciudadanía", publicado el 31 Diciembre de 2015, consultado el 15 de abril de 2018, disponi-

ajuste de la unidad tributaria (UT)[64]. Incluso, *(iii)* el BCV ha adoptado una política deliberada de opacidad, demorando la publicación de los índices de inflación durante 2015, 2016 y todavía después del cierre de 2017[65].

La sola exclusión del API en la LISR a los contribuyentes denominados especiales[66], crea un inmenso vacío jurídico, una radical incoherencia, en la que el derecho (el cálculo de la base imponible en el ISR) se distancia de la realidad, resultando ineficaz y distorsionante.

_____

ble en web: <http://questiondigital.com/?p=31606>. También ver SALAS R., Luis, *"22 Claves para entender y combatir la guerra económica"*. <La inflación no existe en la vida real>, esto es, cuando una persona va a un local y se encuentra con que los precios han aumentado, no está en presencia de una "inflación". En realidad, lo que tiene al frente es justamente eso, un aumento de los precios, problema del cual la inflación en cuanto teoría y sentido común dominante se presenta como la única explicación posible, cuando en verdad es tan solo una y no la mejor. Se presenta como la única posible porque es la explicación del sector dominante de la economía, en razón de la cual se la impone al resto. En tal sentido, debemos ver cómo se forma y cómo funciona esta idea, pero sobre todo qué cosa no nos muestra, qué cuestiones claves no nos deja ver ni nos explica tras todo lo que dice mostrarnos y explicarnos como obvio". Consultado el 15 de abril de 2018, disponible en web en: http://www.psuv.org.ve/wp-content/uploads/2016/01/22-claves-para-entender-y-combatir-la-Guerra-Econ%C3%B3mica.pdf, p. 8-9.).

En la exposición de motivos de la reforma de la LISR se justifica la eliminación del ajuste por inflación, pero sin explicación racional alguna, solo con el pretexto simplista de que "…el ajuste por inflación se ha constituido en un mecanismo de disminución injustificada del pago de impuesto". Nada más. Ver nuestros trabajos críticos: "Aspectos *protervos* en la eliminación del ajuste integral por inflación fiscal a las entidades financieras y de seguros", en *XIV Jornadas Venezolanas de Derecho Tributario*, Asociación Venezolana de Derecho Tributario, Caracas 2015, y "El <*Impuesto a la Inflación*> sobre el Patrimonio Bancario: Inconstitucionalidad de la eliminación del ajuste integral por inflación fiscal a las entidades financieras y de seguros", en el libro de Alfredo Morles Hernández, *La Banca <en el Marco de la Transición de Sistemas Económicos en Venezuela>*, Segunda Edición, Universidad Católica Andrés Bello, Caracas, 2016, 315 p. Ver ROMERO-MUCI, Humberto, *Uso, abuso y perversión de la Unidad Tributaria (una reflexión sobre tributación indigna)*, Serie Estudios N° 111, Academia de Ciencias Políticas y Sociales, Caracas, 2016, 120 p.

64   Con el propósito de subestimar la corrección de los umbrales de tributación y otras expresiones monetarias fijas utilizadas como créditos a la base imponible o a la cuota a pagar, fundamentalmente en el ISR.

65   De esta forma se impidió el derecho a la corrección monetaria durante los cierres financieros y fiscales que tuvieron lugar durante dichos períodos. En efecto, el BCV retrasó la publicación de la información sobre el INPC desde enero de 2016 hasta diciembre de 2017. Esta situación impide conocer con certeza oficial la variación de la inflación acumulada durante dicho periodo y utilizar dicho índice deflactor para fines del uso de una medida monetaria homogénea en la medición de la información financiera y fiscal a reportar en relación con dichos periodos.

Los resultados de la variación del INPC correspondientes al tercer trimestre de 2015 y los correspondientes al cuarto trimestre - cierre del año 2015 fueron publicados por el BCV el 15 de enero de 2016 y el 18 de febrero de 2016, respectivamente. Se evidencia que la variación acumulada del INPC durante los primeros nueve meses del año 2015 fue de 108,7% mientras que la variación anualizada al cierre del tercer trimestre de 2015 se ubicó en 141,5%. Los precios acumularon una variación de 34,6% en el cuarto trimestre de 2015, inferior a la observada en el trimestre previo (38,9%). La variación acumulada del INPC durante el año 2015 fue de 180,9%. Para 2016 fue 550% y para 2017 fue 2.616%.

Consultado en:

http://www.bcv.org.ve/Upload/Comunicados/aviso150116.pdf
http://www.bcv.org.ve/Upload/Comunicados/aviso180216.pdf
http://runrun.es/la-economia/economia/298675/asamblea-nacional-calculo-inflacion-de-2016-en-550.html
https://prodavinci.com/asamblea-nacional-inflacion-anual-fue-2-616-en-2017-1/

66   La definición y regulación de los *sujetos pasivos* calificados como *especiales* por la Administración Aduanera y Tributaria, corresponde a una técnica de máxima discrecionalidad, que riñe con la legalidad estricta que exige la *base enunciativa* derivada de los artículos 3 del COT y 317 de la CRBVV. En este caso, de la propia literalidad del artículo 171 de la LISR se deduce tal vulneración, cuando se indica que los *sujetos pasivos,* serán los *calificados como especiales por la Administración Aduanera y Tributaria* y no por una ley formal y materialmente sancionada, serán sujetos de la exclusión del derecho al ajuste integral por inflación del ISR, o lo que es lo mismo, excluidos del derecho a contribuir según la capacidad contributiva real y efectiva. Así lo confirma Eduardo Meier: "…la inclusión de los sujetos pasivos, calificados como especiales por la Administración Aduanera y Tributaria, en los artículos 171 y 193 de la última reforma del ISR, no es más que una extensión del ámbito subjetivo infringido

Esa decisión normativa es ostensiblemente lesiva del derecho a contribuir conforme a la capacidad económica del contribuyente, pues lejos de recaer sobre una medida real de capacidad económica, termina incidiendo sobre una medición falseada y sobreestimada por la inflación, es decir, el impuesto no incide sobre la renta efectiva, sino sobre una renta fantasma o ficticia, esto es, en definitiva, incide sobre sustancia de patrimonio.

Esa decisión normativa es también lesiva del derecho a la igualdad, pues crea una situación *discriminatoria* al impedir sin razón objetiva la corrección monetaria de la base imponible correspondiente, que por el contrario se mantiene incólume para todos los demás contribuyentes del ISR que realicen actividades mercantiles o que lleven contabilidad, y que no califiquen como sujetos pasivos especiales.

Este (mal) manejo doloso de la legalidad abre un espacio indeterminado, un abismo normativo donde sólo anida la perplejidad, la injusticia y el daño económico para los contribuyentes que se perjudican con la inflación, gravando ganancias ficticias e impidiendo desgravar pérdidas reales por inflación. Antinómicamente, beneficia al que gana con la inflación, porque quedan excluidos de la tributación los ingresos ocultos por causa de la depreciación monetaria.

Particularmente, *la banca y las empresas de seguros son sectores altamente vulnerables a la inflación.* La exclusión del API es deletérea del patrimonio de este tipo de empresas, porque estos contribuyentes poseen estructuras patrimoniales fundamentalmente integradas por *cuentas monetarias*, esto es, aquellas que no se protegen de la inflación y que se liquidan por valores faciales o fijos. El patrimonio de estas empresas termina mermándose injustamente por el pago de un impuesto sobre ganancias ficticias, comprometiendo su solvencia y su capacidad económica para cumplir sus fines de interés general.

Si aún por encima de la Constitución, no se considera la distorsión de la inflación sobre la potencialidad para contribuir a los gastos públicos, estamos trágicamente presenciando lo que agudamente alertara el célebre Juez Estadounidense John Marshall[67], cuando señaló que **"el poder de gravar implica el poder de destruir (*the power to tax involves the power to destroy)*"**[68]. Lo más patético en nuestro caso, es que la inflación y el poder de destrucción impositivo, son propiciados por el propio Estado para la ruina del sector financiero, la economía nacional y del bienestar de la población.

b.   *La fijación del régimen de anticipos de IVA e ISR, a través de la inconstitucional Asamblea Nacional Constituyente (ANC).*

El Decreto constituyente mediante el cual la Asamblea Nacional Constituyente (ANC) establece el régimen temporal de pago de anticipos del Impuesto sobre la Renta ("el Decre-

---

(antes exclusivamente sobre bancos, seguros y reaseguros), una nueva e inconstitucional deslegalización que usurpa el rango de ley, quebrantando la prohibición de innovar sobre las materias reservadas al legislador y la congelación del rango, en violación del artículo 3 del COT. La identificación normativa de las subjetividades típicas o sujetos pasivos del tributo constituye un elemento de técnica tributaria absolutamente reservado a la ley, que se corresponde con el principio constitucional de legalidad tributaria y el derecho fundamental a la reserva de ley y tipicidad exhaustiva, derivados del artículo 317 de la Constitución, según el cual no podrán cobrarse impuestos, tasas, ni contribuciones que no estén establecidos en ley previa, escrita, estricta y cierta". *Cfr.* MEIER G., Eduardo, "Constitución fachada: a propósito de la tributación selectiva en las reformas del ISR", en *El impuesto sobre la renta. Aspectos de una necesaria reforma*, Memorias de las XVI Jornadas Venezolanas de Derecho Tributario, Caracas 2017, p. 180.

67   *Cfr.* en su connotada sentencia en el caso *Mc. Culloch vs. Maryland*, 17 U.S. 316, 4 Wheat 316, 4 L. Ed. 579 (1819), consultado el 5 de mayo de 2018, disponible en web: < https://supreme.justia.com/cases/federal/us/-17/316/case.html>.

68   Citado por GIULIANI F., Carlos, *Derecho Financiero*, 5ta. Edición, Depalma, Buenos Aires 1993, p. 322

to")[69] es inconstitucional e ilegal, por violar los principios de justicia tributaria y quebrantar del derecho a contribuir conforme a la capacidad real y efectiva, previsto en el artículo 133[70] y 316[71] constitucionales, además de usurpar las competencias del Poder Legislativo y extra-limitarse en las funciones del ilegítimo Poder Constituyente[72], al que en su caso se le enco-mendó redactar una nueva Constitución y no establecer un régimen de anticipos por concep-to de Impuesto al Valor Agregado (IVA) y de Impuesto sobre la Renta (ISLR), en unas con-diciones de hiperinflación y contracción económica, en las que ni siquiera puede considerar-se con seguridad que llegue a causarse el tributo.

El Decreto establece un régimen de anticipos por concepto ISR que sustituye la regulación del Reglamento de la Ley de ISR. Señala que tendrá carácter temporal, pero lo supedita a una eventual derogatoria total o parcial, e indefinida por el Ejecutivo Nacional.

El anticipo del pago de ISR será calculado sobre la base de los ingresos brutos[73] obtenidos del período de imposición anterior en materia de IVA, multiplicado por el porcentaje de dos por ciento (2%) para las instituciones financieras, sector bancario, seguros y reaseguros, y, uno por ciento (1%) para el resto de los contribuyentes especiales. Quedan exentas de su pago las personas naturales bajo relación de dependencia, calificadas como sujetos pasivos especiales y no sujetos los contribuyentes que se dediquen a la explotación de minas, hidro-carburos y de actividades conexas, y no sean perceptores de regalías derivadas de dichas explotaciones.

El Decreto señala que este anticipo podrá ser acreditado contra el impuesto sobre la renta que le corresponda pagar en el ejercicio fiscal, de ser el caso. Es allí donde se patentiza la violación al derecho a contribuir conforme a la capacidad contributiva, cuando se obliga a anticipar un crédito a cuenta de la obligación definitiva y final que se verificará al cierre del ejercicio respectivo, sin que aún pueda determinarse si al final del ejercicio el contribuyente tendrá la obligación de pagar el impuesto, es decir, en violación al derecho a determinar y pagar el tributo conforme a la capacidad económica contributiva real y efectiva.

Para que el ISR sea conforme al derecho a la capacidad contributiva real y efectiva, debe gravar los enriquecimientos anuales, netos y disponibles obtenidos en dinero o en especie, únicamente sobre los incrementos de patrimonio reales y verificables que resulten después de restar de los ingresos brutos, los costos y deducciones,[74] todo lo cual se ve gravemente quebrantado por el Decreto que, con pretensiones limitadamente recaudatorias, establece el

---

69   "Decreto Constituyente que Establece el Régimen Temporal de Pago de Anticipos del Impuesto al Valor Agregado e Impuesto sobre la Renta para los Sujetos Pasivos Calificados como Especiales que se dediquen a reali-zar actividades económicas distintas de la explotación de Minas, Hidrocarburos y de Actividades Conexas, y no sean perceptores de regalías derivadas de dichas explotaciones" Publicado en *Gaceta Oficial* N° 6.396 *Extraordina-rio* del 21 de agosto de 2018. Entró en vigencia el 1 de septiembre de 2018.

70   "Artículo 133. Toda persona tiene el deber de coadyuvar a los gastos públicos mediante el pago de impues-tos, tasas y contribuciones que establezca la ley".

71   Artículo 316. El sistema tributario procurará la justa distribución de las cargas públicas según la capacidad económica del o la contribuyente, atendiendo al principio de progresividad, así como la protección de la economía nacional y la elevación del nivel de vida de la población; para ello se sustentará en un sistema eficiente para la recaudación de los tributos.

72   Artículo 347. El pueblo de Venezuela es el depositario del poder constituyente originario. En ejercicio de dicho poder, puede convocar una Asamblea Nacional Constituyente con el objeto de transformar el Estado, crear un nuevo ordenamiento jurídico y redactar una nueva Constitución.

73   El artículo 3 contempla que "A los efectos de este Decreto Constituyente, se entiende por Ingresos Brutos, el producto de las ventas gravables de los bienes, prestaciones de servicios, arrendamientos y cualesquiera otros pro-ventos regulares o accidentales".

74   Artículos 1, 4 y 5 de la LISR. *Gaceta Oficial* N°6.210 *Extraordinario* de 30 de diciembre de 2015.

pago mensual[75] de determinada porción de ingresos brutos para ser ingresada al Fisco, como anticipo por la eventual causación de un tributo que por su naturaleza se causa sobre ingresos anuales, netos y disponibles.

El Decreto contraría los precedentes de la Sala Constitucional del Tribunal Supremo de Justicia, que ha enfatizado la limitada condición **instrumental** del principio de recaudación en el contexto del sistema tributario constitucional: **"La recaudación está al servicio de la capacidad contributiva"**. La recaudación no es fin en sí mismo, sino un medio para asegurar la captación de la realidad contributiva y nada más. La recaudación por si sola nunca justifica una tributación inconstitucional, al margen del derecho a contribuir conforme a la capacidad económica. En la Sentencia No. 301/2007 del 27 de febrero de 2007, esta Sala Constitucional señaló: **"El principio de eficiencia se ordena a un fin superior, que no puede deslastrarse del respeto a la justa distribución de las cargas públicas y con ello obviar la capacidad contributiva"**[76].

Incluso, constituye una inconstitucional deslegalización de la materia que debe ser regulada mediante acto de rango legal, violando el artículo 3 del COT, según el cual sólo a las leyes corresponden regular con sujeción a las normas generales del Código las materias reservadas, entre las cuales está los elementos esenciales del tributo, la base de su cálculo y la determinación de la base imponible, que en el ISLR reviste especial interés, en tiempos de radical envilecimiento monetario, y constituye un elemento de técnica tributaria absolutamente reservado a la ley, que se corresponde con el principio constitucional de legalidad tributaria y el derecho fundamental derivado en el artículo 317 de la Constitución, según el cual no podrán cobrarse impuestos, tasas, ni contribuciones que no estén establecidos en ley previa, escrita, estricta y cierta.

c.   *El pago de obligaciones tributarias en divisas o criptoactivos.*

El Decreto N° 3.719 sobre determinación y pago de impuestos en moneda extranjera y criptodivisas que entró en vigor el 28 de diciembre de 2018[77], constituye un *ilegal e inconstitucional exceso reglamentario.*

Contraviene el artículo 146 del COT[78] norma orgánica y codificadora del ámbito tributario, que condiciona la validez del Decreto, "los montos de base imponible y de los créditos y débitos de carácter tributario que determinen los sujetos pasivos o la Administración Tributaria, en las declaraciones y planillas de pago de cualquier naturaleza, así como las cantidades que se determinen por concepto de tributos, accesorios o sanciones en actos administrativos o judiciales, se expresarán en bolívares". El COT sólo permite a "la Ley creadora

---

75 Artículo 7 del Decreto: Los anticipos en materia de Impuesto sobre la Renta (ISLR) e Impuesto al Valor Agregado (IVA) deberán ser declarados por los Sujetos Pasivos Especiales conforme a las siguientes reglas: a. Cada día, los anticipos recaen sobre los ingresos brutos obtenidos por los contribuyentes. b. La declaración y pago de los anticipos deberá efectuarse en el lugar, forma y condiciones que establezca la Administración Tributaria mediante Providencia Administrativa de carácter general. Visto que el anticipo del ISLR depende de la declaración del IVA de la semana anterior, resulta consistente que el anticipo del ISLR se entere luego de hacer la declaración del IVA con el que está vinculado.

76 Sentencia N° 301/2007 de 27 de febrero, de la Sala Constitucional Tribunal Supremo de Justicia, caso *Adriana Vigilanza y Carlos Vecchio en acción de nulidad por inconstitucionalidad contra la norma de os artículos 67, 68, 69, 72, 74 y 79 del Decreto N° 307 con Rango y Fuerza de Ley de Reforma de la Ley de Impuesto sobre la Renta,* publicado en la *Gaceta Oficial* N° 5.390 *Extraordinario* del 22 de octubre de 1999, en http://www.tsj.gov.ve/decisiones/scon/Febrero/301-270207-01-2862.htm.

77 "Decreto N° 35 en el marco del estado de excepción y de emergencia económica, mediante el cual los sujetos pasivos que realicen operaciones en el territorio nacional en moneda extranjera o criptodivisas, autorizadas por la ley, deben determinar y pagar las obligaciones en moneda extranjera o criptodivisas", publicado en la *Gaceta Oficial* N° 6.420 *Extraordinario* del 28 de diciembre de 2018.

78 *Gaceta Oficial* N° 6.152 *Extraordinaria* del 18 de noviembre de 2014.

del tributo, o, en su defecto, al Ejecutivo Nacional,... establecer supuestos en los que se *admita* el pago de los referidos conceptos, en moneda extranjera".

Está claro que se refiere a una excepción en la que el legislador faculta limitadamente al Ejecutivo (por defecto de la Ley) para establecer supuestos en que se admite que el contribuyente extinga la obligación tributaria mediante el pago en moneda extranjera. De modo tal que conforme al COT la determinación y pago, como regla general, se expresará y realizará en bolívares.

En refuerzo de lo antedicho, si el COT o la ley creadora del tributo no prevé expresamente la obligatoria determinación y pago en moneda extranjera, no puede imponerlo así el Decreto. De lo que resulta que el pago en moneda extranjera es admisible sólo alternativamente. En este sentido, el SENIAT, que debe someterse las normas COT jerárquicamente superiores al Decreto, no puede negarse a la autodeterminación y pago en moneda de curso legal en los supuestos del Decreto siempre que se establezca la equivalencia en moneda nacional, al tipo de cambio corriente en el mercado del día en que ocurra el hecho imponible.

d. *La anarquización del sistema tributario mediante la exacerbación de la para fiscalidad.*

Abusando nuevamente del expediente de los decretos ley, el Presidente de la República empezó a crear desde 2002 una pluralidad de contribuciones parafiscales destinadas a financiar entes autónomos encargados de fines públicos sectoriales. Los nuevos tributos alcanzaron un número de 26. La anarquía parafiscal se presentó inicialmente como pura manipulación del *nomen jurídico* utilizado por ciertos textos normativos para tipificar prestaciones legales que encubrían el despropósito de evadir la institucionalidad tributaria. Una dejación de los principios de legalidad, capacidad contributiva y seguridad jurídica. Creció un aluvión de obligaciones pecuniarias desordenadas que entorpecieron el sistema socio económico y que aumentaron la presión fiscal. Una vorágine que no responde a un propósito coherente, que perturbó, no solo la actividad económica particular, sino la actividad financiera del Estado y la total actividad administrativa, creando diferentes intereses "privados" entre los distintos organismos y cuerpos de funcionarios públicos.

Esa actitud **"deconstructiva"** pudo explicarse en su momento como ignorancia y despropósito. Hoy tenemos la convicción de que responde a una estrategia perversa de dominación política[79].

Este gran desorden *(i)* anarquiza las finalidades publicas parafiscales y otras políticas públicas, *(ii)* anarquiza el gasto público por afectación prematura de recursos sin adecuada planificación y coordinación *(iii)* erosiona los márgenes financieros de las empresas *(iv)* erosiona la base imponible del impuesto sobre la renta *(v)* anarquiza el diseño de los hechos imponibles y las bases de cálculo. *(vi)* degenera en máxima opacidad sobre los conceptos usados *(vii)* promueve la deslegalización de conceptos esenciales a las definiciones de las obligaciones legales. *(viii)* genera contradicciones entre los reglamentos y las leyes respectivas. *(ix)* genera incerteza sobre la entrada en vigor de las obligaciones contributivas *(x)*

---

79 Tal como lo confirman las sentencias de la Sala Constitucional del Tribunal Supremo de Justicia que en el caso *Banco Nacional de Vivienda y Hábitat (BANAVIH)*, niegan el carácter de contribuciones parafiscales a los aportes debidos al Fondo de Ahorro Obligatorio de Vivienda y los considera imprescriptibles. Inmediato eco de lo anterior se añade las *genuflexas* sentencia del Tribunal Quinto de lo Contencioso Tributario, del 23 de febrero de 2012, en el caso de la "contribución de comunas" prevista en el artículo 48 la Ley de instituciones del sector bancario, que negó el carácter tributario de la referida norma, por cuanto "...el aporte está destinado al financiamiento de proyectos de los consejos comunales u otras formas de organización social, en virtud de que no constituye un imperio del Estado al que los ciudadanos estén obligados a coadyuvar en las cargas públicas, sino que va dirigido particularmente a las instituciones bancarias, las cuales deberán destinar el cinco por ciento (5%) de su resultado bruto, al financiamiento de tales proyectos".

anarquiza las formas de cumplimiento de las obligaciones: modo, lugar y tiempo de cumplimiento, tales como el régimen de anticipos. *(xi)* anarquiza las formas y procedimientos sancionatorios *(xii)* dispersa los procedimientos de control de legalidad administrativo y judicial de los actos de determinación de las dichas obligaciones parafiscales.

e.   *Atentados al principio de solidaridad y responsabilidad social.*

Nuevamente abusando del Decreto Ley se eliminó la exención de ISR[80] a los enriquecimientos obtenidos por fundaciones y asociaciones sin fines de lucro, con destinos artísticos, culturales, deportivos y ambientales. Incluso las universidades y colegios privados son susceptibles del gravamen, incluidos demás entidades docentes como universidades, colegios y academias educativas de cualquier propósito lícito. La nueva formulación normativa se limita a las entidades benéficas[81]

Se trata de una antinomia inaceptable que pretende el gravamen de entidades sin fines de lucro, esto es, que no representan capacidad contributiva efectiva, porque no distribuyen beneficios a sus fundadores, sino que los reinvierten en el giro de sus actividades culturales, científicas y artísticas.

Semejante exclusión frustra la iniciativa privada en la tributación y la posibilidad para desarrollar la responsabilidad social del sector intermedio de la sociedad civil, en consonancia con el deber constitucional de solidaridad[82].

Sin dudas es otro intento de desincentivar la participación ciudadana a través de formas asociativas guiadas por los valores de la mutua cooperación y la solidaridad[83] y estatalizar todos los espacios de la vida humana en sociedad.

---

80   Artículo 14 LISR de 2007: "Están exentos de impuesto:.(…) 10 "Las instituciones dedicadas exclusivamente a actividades religiosas, artísticas, científicas, de conservación, defensa y mejoramiento del ambiente, tecnológicas, culturales, deportivas y las asociaciones profesionales o gremiales, siempre que no persigan fines de lucro, por los enriquecimientos obtenidos como medios para lograr sus fines, que en ningún caso distribuyan ganancias, beneficios de cualquier índole o parte alguna de su patrimonio a sus fundadores, asociados o miembros de cualquier naturaleza y que sólo realicen pagos normales y necesarios para el desarrollo de las actividades que les son propias. Igualmente, y bajo las mismas condiciones, las instituciones universitarias y las educacionales, por los enriquecimientos obtenidos cuando presten sus servicios dentro de las condiciones generales fijadas por el Ejecutivo Nacional.

81   Artículo 14 LISR de 2014: "Están exentos de impuesto: (…) 3: Las instituciones benéficas y de asistencia social, siempre que sus enriquecimientos se hayan obtenido como medio para lograr los fines antes señalados; que, en ningún caso, distribuyan ganancias, beneficios de cualquier naturaleza o parte alguna de su patrimonio a sus fundadores, asociados o miembros y que no realicen pagos a título de reparto de utilidades o de su patrimonio.

82   Artículo 135 de la CRBV: Las obligaciones que correspondan al Estado, conforme a esta Constitución y a la ley, en cumplimiento de los fines del bienestar social general, no excluyen las que, en virtud de la solidaridad y responsabilidad social y asistencia humanitaria, correspondan a los particulares según su capacidad. La ley proveerá lo conducente para imponer el cumplimiento de estas obligaciones en los casos en que fuere necesario. Quienes aspiren al ejercicio de cualquier profesión, tienen el deber de prestar servicio a la comunidad durante el tiempo, lugar y condiciones que determine la ley.

83   Artículo 70 de la CRBV: Son medios de participación y protagonismo del pueblo en ejercicio de su soberanía, en lo político la elección de cargos públicos, el referendo, la consulta popular, la revocatoria del mandato, la iniciativa legislativa, constitucional y constituyente, el cabildo abierto y la asamblea de ciudadanos y ciudadanas cuyas decisiones serán de carácter vinculante, entre otros; y en lo social y económico, las instancias de atención ciudadana, la autogestión, la cogestión, las cooperativas en todas sus formas incluyendo las de carácter financiero, las cajas de ahorro, la empresa comunitaria y demás formas asociativas guiadas por los valores de la mutua cooperación y la solidaridad. La ley establecerá las condiciones para el efectivo funcionamiento de los medios de participación previstos en este artículo.

II.   MORAL DE LA ADMINISTRACIÓN TRIBUTARIA Y LOS CONFLICTOS DE PRACTICABILIDAD ADMINISTRATIVA.

La eficiencia administrativa constituye una condición necesaria, pero no suficiente de un sistema tributario justo.

Ya desde la Sala Constitucional se justificó la limitada condición *instrumental* del principio de recaudación en el contexto del sistema tributario constitucional: **"La recaudación está al servicio de la capacidad contributiva"**. La recaudación no es fin en sí misma, sino un medio para asegurar la captación de la realidad contributiva y nada más. La recaudación por si sola nunca justifica una tributación inconstitucional, al margen del derecho a contribuir conforme a la capacidad económica[84].

De otro lado, la *eficiencia* en la recaudación tributaria no es un valor constitucionalmente tutelado, a pesar de su referencia en artículo 316 de la Constitución vigente. Se trata de un conjunto de técnicas jurídicas dirigidas a asegurar el deber de contribuir a los gastos públicos, con carácter limitadamente instrumental y al servicio del ingreso tributario. Ese carácter instrumental lo confirma el propio texto constitucional, cuando establece las pautas de actuación de la gestión administrativa, en la que se inscribe, por su naturaleza, la gestión tributaria.

El dispositivo rector de la actividad administrativa contenido en el artículo 141 Constitucional, señala que la gestión de especie debe ser conducida conforme a los principios de **"...honestidad, participación, celeridad, eficacia, eficiencia, transparencia, rendición de cuentas, y responsabilidad en el ejercicio de la función pública, como sometimiento pleno a la ley y al derecho"**, haciendo énfasis en el carácter instrumental de tal actividad cuando indica de comienzo que **"[l]a Administración Pública está al servicio de los ciudadanos ..."**[85].

En un Estado de Derecho y de Justicia que proclama como valores superiores la libertad, la justicia, la igualdad y la preeminencia de los derechos humanos, la *eficacia* tiene que procurase con estricto respeto a esos valores superiores, de modo que cualquier actuación administrativa, incluida la de gestión tributaria, debe subordinarse a esos valores superiores entre los cuales se incluye la *tutela judicial efectiva*.

Sin embargo, se ha introducido en el ordenamiento jurídico tributario toda suerte de modificaciones legislativas en desmedro de la igualdad posicional y de la relación tributaria como relación de derecho y no de poder. Ello ha significado el irrespeto más desafiante de los derechos (humanos y constitucionales) de nuestra historia contemporánea. Su conducto ha sido la anómala delegación legislativa en el Presidente de la República y los abusos del decreto ley.

---

84   Así lo decidió en la Sentencia de la Sala Constitucional Tribunal Supremo de Justicia N° 301/2007 del 27 de febrero de 2007: "El principio de eficiencia se ordena a un fin superior, que no puede deslastrarse del respeto a la justa distribución de las cargas públicas y con ello obviar la capacidad contributiva". Sentencia, caso *Adriana Vigilanza y Carlos Vecchio en acción de nulidad por inconstitucionalidad contra la norma de los artículos 67, 68, 69, 72, 74 y 79 del Decreto N° 307 con Rango y Fuerza de Ley de Reforma de la Ley de Impuesto sobre la Renta*, publicado en la *Gaceta Oficial* N° 5.390 *Extraordinario* del 22 de octubre de 1999, disponible en web <http://www.tsj.gov.ve/decisiones/scon/Febrero/301-270207-01-2862.htm>.

85   Así lo señala hoy la reciente Ley Orgánica de Administración Pública, en su artículo 10, en particular haciendo referencia a los principios rectores de la Administración Pública, en particular los de economía, celeridad, simplicidad, eficacia, objetividad, imparcialidad, honestidad, transparencia, buena fe y confianza. Decreto N° 1.424 del 17 de noviembre de 2014, con Rango, Valor y Fuerza de Ley Orgánica de la Administración Pública, publicado en la *Gaceta Oficial* N° 6.147 *Extraordinaria* del 17 de noviembre de 2014.

A.   Inmoralidades en la gestión administrativa.

a.   *La desjudicialización del juicio ejecutivo y de las medidas cautelares.*

Ha sido tan perturbadora la marcha atrás de los derechos fundamentales de la tributación en el país, que incluso se ha clamado por la reivindicación del estatuto de los derechos del contribuyente[86].

Se ha acometido el otorgamiento de mayores potestades a la Administración tributaria, algunas exorbitantes, incluyendo intensas facultades recaudatorias como la *(i)* facultad de embargar y rematar bienes del contribuyente sin que medie instancia judicial, esto es, sin derecho a ser oído por un juez competente, independiente, imparcial y objetivo conforme a todas los derechos y garantías judiciales consustanciales al debido proceso, o lo que es lo mismo, en ejecución directa de una muy riesgosa y excesiva autotutela administrativa, *(ii)* la '*desjudicialización*' del juicio ejecutivo, reemplazado por un procedimiento coactivo de cobro por parte de la Administración de todas las deudas tributarias pendientes y la adopción de medidas cautelares, sin intervención del Poder Judicial, así como *(iii)* la eliminación del efecto suspensivo inmediato del recurso jerárquico.

En efecto, como señala el profesor BLANCO-URIBE, con la reforma del Código Orgánico Tributario de 2014 se propició una usurpación de poder, por cuanto el Administrador de la Hacienda Pública Nacional y jefe supremo de la Administración Tributaria Nacional, actuando como legislador de excepción (delegado), confisca (usurpa) la función jurisdiccional confiada constitucionalmente al Poder Judicial en el artículo 253[87] que ha resultado "desacatado, desobedecido, ignorado, burlado". Se "desjudicializa el poder cautelar general y la fase de ejecución de sentencias, y también lo desjurisdiccionaliza, pues esas instituciones se pasan a la misma Administración Tributaria Activa y contraparte, con la que se encuentre trabado el litigio, o incluso antes del juicio, al margen del juicio o luego del mismo".[88]:

Como consecuencia de esta agazapada e inconsistente reforma, la Administración Tributaria es competente para iniciar, impulsar y resolver todas las incidencias del ahora denominado cobro ejecutivo,[89] puede también en vía administrativa embargar bienes y derechos del deudor[90] sin estar obligada a notificar las actas respectivas[91], pudiendo constituirse en depo

---

86   *Vid.* BLANCO-URIBE Q., Alberto, *"La Necesidad de un Estatuto del Contribuyente o Declaración de los Derechos del Contribuyente frente al Ejercicio de la Potestad Tributaria"*, en *Estudios sobre Derecho Procesal Tributario vivo,* Colección Estudios Jurídicos Nº 115, Editorial Jurídica Venezolana, Caracas, 2016, p. 327.

87   Artículo 253 de la CRBV "Corresponde a los órganos del Poder Judicial conocer de las causas y asuntos de su competencia mediante los procedimientos que determinen las leyes, y ejecutar o hacer ejecutar sus sentencias".

88   BLANCO-URIBE Q., Alberto, "El Recurso Contencioso Tributario, en las líneas del Prof. Gabriel Ruan Santos", en *Estudios sobre Derecho Procesal Tributario vivo,* Colección Estudios Jurídicos Nº 115, Editorial Jurídica Venezolana, Caracas, 2016, p.p. 688-689.

89   Artículo 290 COT: El cobro ejecutivo de las cantidades líquidas y exigibles, así como la ejecución de las garantías constituidas a favor del sujeto activo, se efectuará conforme al procedimiento establecido en este Capítulo.

La Competencia para iniciar e impulsar el mismo y resolver todas sus incidencias, corresponde a la Administración Tributaria.

El procedimiento de cobro ejecutivo no será acumulable a las causas judiciales ni a otros procedimientos de ejecución. Su iniciación o tramitación se suspenderá únicamente en los casos previstos en este Código.

El inicio del procedimiento de cobro ejecutivo previsto en este Código genera de pleno derecho, el pago de un recargo equivalente al diez por ciento (10%) de las cantidades adeudadas por concepto de tributos, multas e intereses, con inclusión de los intereses moratorios que se generen durante el procedimiento de cobro ejecutivo.

90   Artículo 291 COT: Al día siguiente del vencimiento del plazo legal o judicial para el cumplimiento voluntario, se intimará al deudor a pagar las cantidades debidas y el recargo previsto en el artículo anterior, dentro de los cinco (5) días continuos siguientes contados a partir de su notificación.

De no realizarse el pago en el referido plazo, la Administración Tributaria dará inicio a las actuaciones dirigidas al embargo de los bienes y derechos del deudor.

sitaria de los bienes[92] y ordenar el remate de los bienes embargados que, de no cubrir el monto adeudado, podrá ordenar embargos complementarios hasta cubrir la totalidad de la deuda[93] Esta actuación jurídica y material unilateral de la Administración Tributaria ocurre por mandato legal, como "una auténtica vía de hecho" que transforma a la Administración Tributaria en juez y (contra) parte, para practicar embargos sin notificación y rematar bienes del contribuyente, sin que medie sentencia definitivamente firme que condene al pago de cantidad alguna por parte del juez natural; sin que se haya podido ejercer el derecho de acceso a la justicia.

La Administración Tributaria podrá acordar medidas cautelares de embargo preventivo de bienes muebles y derechos, retención de bienes muebles, prohibición de enajenar y gravar bienes inmuebles, suspensión de devoluciones tributarias o de otros pagos que deban realizar los entes públicos a favor de los obligados tributarios, suspensión de incentivos fiscales, entre otras[94]. Esta actuación jurídica y material unilateral de la Administración Tributaria ocurre por mandato legal, como "una auténtica via de hecho" pero legalizada, en la que los funcionarios públicos designados por la Administración estan facultados para practicar embargos sin notificación y rematar bienes del contribuyente, sin que medie sentencia definitivamente firme que condene al pago de cantidad alguna por parte del juez natural; sin que se haya podido ejercer el derecho de acceso a la justicia, porque como se constatará, el sujeto pasivo está ilegítima e inconstitucionalmente imposibilitado de hacerlo.

De modo que el contribuyente se verá despojado de sus bienes y de su patromonio, impedido de seguir realizando el giro normal de su actividad económica al sufrir embargos y

---

La intimación efectuada constituye título ejecutivo para proceder contra los bienes y derecho del deudor o de los responsables solidarios y no estará sujeta a impugnación.

91   Artículo 293 del COT: La Administración Tributaria designará a los funcionarios o funcionarias que practicarán el embargo, los cuales se entenderán autorizados o autorizadas a efectuar todas las diligencias necesarias a tal fin y levantarán las actas en las que se especifiquen los bienes y derechos embargados y el valor que se les asigne el cual no podrá ser inferior al precio de mercado.

En ningún caso se requerirá la notificación de las correspondientes actas, pero el deudor o la persona que se encuentra en el lugar, podrán solicitar se le entregue copia simple de las mismas.

92   Artículo 296 del COT: Ordenado el embargo, la Administración Tributaria se constituirá en depositaria de los bienes o designará como tal al mismo deudor o a personas legalmente autorizadas para tal fin.

De no haber personas legalmente autorizadas en el lugar en que estén situados los bienes o si estas no pudieran concurrir al sitio del embargo, la Administración Tributaria podrá confiar temporalmente el depósito a personas distintas de las mencionadas en el encabezamiento de este artículo.

El embargo sobre bienes inmuebles o derechos que recaigan sobre éstos será notificado por la Administración Tributaria al Registrador o Registradora del lugar donde esté situado el inmueble, indicando sus linderos y demás circunstancias que lo identifiquen.

93   Artículos 299 del COT: Efectuado el embargo, la Administración Tributaria ordenará el remate de los bienes embargados. A tal efecto, procederá a designar a un funcionario o funcionaria experto, a los fines de que éste efectúe el avalúo de los bienes embargados dentro de un plazo no mayor de quince (15) días hábiles, contados a partir de la fecha de su designación. El deudor o deudora podrá solicitar un nuevo avalúo, en cuyo caso, éste procederá a seleccionar un nuevo experto. Los costos del nuevo avalúo serán soportados por el deudor o deudora. De existir diferencias entre los avalúos efectuados, deberá utilizarse el que refleje el mayor valor.

Artículo 300 del COT: La inactividad en la ejecución de los bienes embargados por parte de la Administración Tributaria, no conlleva su liberación, ni culminación del procedimiento de ejecución.

94   Artículo 291 del COT: Al día siguiente del vencimiento del plazo legal o judicial para el cumplimiento voluntario, se intimará al deudor a pagar las cantidades debidas y el recargo previsto en el artículo anterior, dentro de los cinco (5) días continuos siguientes contados a partir de su notificación.

De no realizarse el pago en el referido plazo, la Administración Tributaria dará inicio a las actuaciones dirigidas al embargo de los bienes y derechos del deudor.

La intimación efectuada constituye título ejecutivo para proceder contra los bienes y derecho del deudor o de los responsables solidarios y no estará sujeta a impugnación.

remates sobre sus bienes, muebles, equipos o maquinarias sin que contra estas medidas de ostensible afectación jurídica y patrimonial, se haya articulado la posibilidad de ejercer el derecho al debido proceso, con todos sus corolarios, como son el derecho a la defensa, el derecho al juez natural, el derecho a la revisión judicial de las actuaciones administrativas, el derecho a producir y controlar las pruebas, en fin sin que se haya producido ni cosa juzgada material ni formal. Esto en violación del derecho de acceso a la justicia y el derecho a la tutela judicial efectiva[95], el derecho al debido proceso[96], el derecho a la presunción de inocencia[97], el derecho a la igualdad de las partes en el proceso[98] y el derecho a la integridad del patrimonio[99].

Todo lo anterior transcurre, en sacrificio injustificado de derechos fundamentales y patrimoniales, sin que medie la actuación de un juez competente, y más grave aún, sin que pueda impugnarse ni controlarse la intimación efectuada que hace las veces de título ejecutivo para proceder contra los bienes y derechos del deudor o de los responsables solidarios[100].

b. *Indignidad de la tributación sobre las personas naturales por subestimación y retraso en el ajuste de la UT.*

El objetivo técnico de la UT consiste limitadamente en fijar una unidad de medida homogénea o módulo monetario, para la reexpresión automática de los valores nominales fijos utilizados por las normas tributarias para expresar referencias cuantitativas. Su uso fundamental estaba referido a la estructura de tramos y otros valores monetarios fijos en la integración de los umbrales de tributación. Incluso se utilizó en la denominación de los tipos monetarios que dimensionan sanciones pecuniarias. Así fue regulado desde que se introdujo dicho expediente en el COT reformado en 1994.

---

95 Artículo 26 de la CRBV: "Toda persona tiene derecho de acceso a los órganos de administración de justicia para hacer valer sus derechos e intereses, incluso los colectivos o difusos, a la tutela efectiva de los mismos y a obtener con prontitud la decisión correspondiente".

96   Artículo 49 de la CRBV: "El debido proceso se aplicará a todas las actuaciones judiciales y administrativas…".

97   Artículo 49, numeral 2 de la CRBV: "Toda persona se presume inocente mientras no se pruebe lo contrario".

98   Consecuencia del derecho general a la igualdad. Artículo 21, numeral 1 de la Constitución: "Todas las personas son iguales ante la ley, y, en consecuencia: *1. No se permitirán discriminaciones fundadas en la raza, el sexo, el credo, la condición social o aquellas que, en general, tengan por objeto o por resultado anular o menoscabar el reconocimiento, goce o ejercicio en condiciones de igualdad, de los derechos y libertades de toda persona*".

99   Artículo 115 de la CRBV: "Se garantiza el derecho de propiedad. Toda persona tiene derecho al uso, goce, disfrute y disposición de sus bienes. La propiedad estará sometida a las contribuciones, restricciones y obligaciones que establezca la ley con fines de utilidad pública o de interés general. Sólo por causa de utilidad pública o interés social, mediante sentencia firme y pago oportuno de justa indemnización, podrá ser declarada la expropiación de cualquier clase de bienes". Artículo 116 de la CRBV: "No se decretarán ni ejecutarán confiscaciones de bienes sino en los casos permitidos por esta Constitución. Por vía de excepción podrán ser objeto de confiscación, mediante sentencia firme, los bienes de personas naturales o jurídicas, nacionales o extranjeras, responsables de delitos cometidos contra el patrimonio público, los bienes de quienes se hayan enriquecido ilícitamente al amparo del Poder Público y los bienes provenientes de las actividades comerciales, financieras o cualesquiera otras vinculadas al tráfico ilícito de sustancias psicotrópicas y estupefacientes" y Artículo 317 de la CRBV: "…Ningún tributo puede tener efecto confiscatorio".

100   Artículo 291 del COT: Al día siguiente del vencimiento del plazo legal o judicial para el cumplimiento voluntario, se intimará al deudor a pagar las cantidades debidas y el recargo previsto en el artículo anterior, dentro de los cinco (5) días continuos siguientes contados a partir de su notificación.

De no realizarse el pago en el referido plazo, la Administración Tributaria dará inicio a las actuaciones dirigidas al embargo de los bienes y derechos del deudor.

La intimación efectuada constituye título ejecutivo para proceder contra los bienes y derecho del deudor o de los responsables solidarios y no estará sujeta a impugnación.

La corrección monetaria de la UT[101] ha sido *(i)* subestimada a conveniencia por la Administración Tributaria, mediante el retraso y minimización de su ajuste, con el propósito de *(ii)* subestimar la corrección de los umbrales de tributación y otras expresiones monetarias fijas utilizadas como créditos a la base imponible o a la cuota a pagar, fundamentalmente en el ISR. Incluso, *(iii)* el BCV durante 2015 demoró la publicación de los índices de inflación[102] hasta mediados de febrero de 2016, impidiendo el derecho a la corrección monetaria durante los cierres financieros y fiscales que tuvieron lugar durante dicho periodo.

El objetivo final de esta *praxis* manipulativa consiste en un obsceno (ilegítimo) aumento de la presión fiscal a las personas naturales, que no se corresponde con su capacidad contributiva efectiva. Esta subestimación del ajuste empuja a dichos contribuyentes a tramos superiores de imposición (*bracket creep*), incluso gravando a algunos que están por debajo de la base de un mínimo impositivo en términos reales, esto es, de un *mínimo vital*[103]. Esto se traduce en un ostensible daño al contribuyente y en una dejación de fines esenciales del Estado, que la obligan a la defensa y desarrollo de la persona y el respeto a su dignidad, según prescribe con rotundidad la base enunciativa que integran los textos de los artículos 3, 299 y 316 Constitucionales[104]. No menos importante, compromete la responsabilidad patrimonial

---

101   Artículo 131 del COT. La Administración Tributaria tendrá las facultades, atribuciones y funciones que establezcan la Ley de la Administración Tributaria y demás leyes y reglamentos; y en especial:

15. Reajustar la Unidad Tributaria (U.T.) dentro de los quince (15) primeros días del mes de febrero de cada año, previa opinión favorable de la Comisión Permanente de Finanzas de la Asamblea Nacional, sobre la base de la variación producida en el Índice Nacional de Precios al Consumidor fijado por la autoridad competente, del año inmediatamente anterior. La opinión de la Comisión Permanente de Finanzas de la Asamblea Nacional deberá ser emitida dentro de los quince (15) días continuos siguientes de solicitada.

102   El BCV retrasó la publicación de la información sobre el INPC desde enero de 2015 hasta enero de 2016. Esta situación impidió conocer con certeza oficial la variación de la inflación acumulada durante dicho periodo y utilizar dicho índice deflactor para fines del uso de una medida monetaria homogénea en la medición de la información financiera y fiscal a reportar en relación con dichos periodos.

Los resultados de la variación del INPC correspondientes al tercer trimestre de 2015 y los correspondientes al cuarto trimestre - cierre del año 2015 fueron publicados por el BCV el 15 de enero de 2016 y el 18 de febrero de 2016 respectivamente. Se evidencia que la variación acumulada del INPC durante los primeros nueve meses del año 2015 fue de 108,7% mientras que la variación anualizada al cierre del tercer trimestre de 2015 se ubicó en 141,5%. Los precios acumularon una variación de 34,6% en el cuarto trimestre de 2015, inferior a la observada en el trimestre previo (38,9%). La variación acumulada del INPC durante el año 2015 fue de 180,9%. Para 2016 fue 550% y para 2017 fue 2.616%.

Consultado en:

http://www.bcv.org.ve/Upload/Comunicados/aviso150116.pdf   http://www.bcv.org.ve/Upload/Comunicados/-aviso180216.pdf.

http://runrun.es/la-economia/economia/298675/asamblea-nacional-calculo-inflacion-de-2016-en-550.html.

https://prodavinci.com/asamblea-nacional-inflacion-anual-fue-2-616-en-2017-1/.

103   Por "mínimo imponible" nos referimos al nivel de renta mínima excluida de la tributación. Las técnicas normativas, la extensión e intensidad de la mínima imposición, pueden variar mucho dependiendo de la decisión del legislador. Puede ser implementada como un mínimo exento, un mínimo no sujeto, como un mínimo gravado con tarifa 0, o como una minoración a la base imponible. *En todos los casos, el efecto práctico (económico) es la no imposición de un mínimo identificado como necesario para atender necesidades de subsistencia.* En el derecho internacional de los derechos humanos hay un consenso en que esa zona de no imposición constituye una medida económica representativa de ausencia de capacidad contributiva a los gastos generales como expresión de derecho al respeto de la dignidad humana en el Estado Social y de Derecho. Ese derecho humano suele identificarse bajo el concepto de "mínimo vital". Lo importante es que esa zona de no imposición sea efectiva y cumpla su propósito de permitir la retención económica de los recursos necesarios para la atención de las necesidades vitales y familiares del contribuyente frente a la tributación.

104   Artículo 3 de la CRBV: "El Estado tiene como fines esenciales la defensa y el desarrollo de la persona y el respeto a su dignidad, el ejercicio democrático de la voluntad popular, la construcción de una sociedad justa y amante de la paz, la promoción de la prosperidad y bienestar del pueblo y la garantía del cumplimiento de los principios, derechos y deberes consagrados en esta Constitución.

de la República y de los funcionarios directamente involucrados en la infracción del orden legal, que ha degenerado en el cobro indebido de tributos, susceptibles de repetición, tal como garantizan los artículos 26, 30, 49, 137, 139, 140 y 259 de la Constitución, en concordancia con el artículo 327 del COT.

Es tan indignante la situación de subestimación del ajuste de la UT que los perceptores de salario mínimo se convirtieron en contribuyentes del ISR. Una situación francamente lesiva del derecho humano a un "mínimo vital tributario".

Adicionalmente, la UT es utilizada espuriamente en contextos de corrección donde técnicamente, no debe ni puede funcionar. En expresión de un derecho sancionatorio máximo, cargado de incertidumbre e imprevisibilidad, la UT vigente a la fecha del pago es utilizada para dimensionar las multas expresadas normativamente en términos de dicha unidad de valor y no según la vigente a la fecha de la comisión del ilícito[105], en infracción de los principios de taxatividad penal, de la prohibición de retroactividad normativa y de razonabilidad de la Ley. Lo propio ocurre para las sanciones pecuniarias expresadas en términos porcentuales, las cuales deberán convertirse al equivalente de UT que corresponda al momento de la comisión del ilícito y deberán ser cumplidas utilizando el valor de la misma que estuviere vigente para la fecha del pago[106].

En suma, insólitamente, la perversión normativa es llevada al paroxismo de la desproporción: hay *defecto de corrección* allí donde la inflación sobrestima las capacidades contributivas y hay *exceso de corrección* allí donde la incidencia de la inflación no justifica su corrección. Estos desafueros anarquizan el sistema tributario, generando un *déficit* de coherencia regulativa, con la consecuente degradación de la debida y necesaria justicia y seguridad jurídica en la imposición. Este es un fenómeno que tiende a generalizarse y a pervertirse en nuestro medio.

c.   *La utilización del **PETRO** como medio de pago y determinación de tributos y multas y su ilegítima suplantación como unidad de medida municipal*

En un intento desesperado **para estimular**[107] **la adopción del *PETRO* y otras criptomonedas,** el gobierno nacional contempló la determinación y pago de impuestos en moneda extranjera y criptodivisas, para las operaciones en moneda extranjera o criptodivisas que

---

La educación y el trabajo son los procesos fundamentales para alcanzar dichos fines".

Artículo 299 de la CRBV: "El régimen socioeconómico de la República Bolivariana de Venezuela se fundamenta en los principios de justicia social, democracia, eficiencia, libre competencia, protección del ambiente, productividad y solidaridad, a los fines de asegurar el desarrollo humano integral y una existencia digna y provechosa para la colectividad".

Artículo 316 de la CRBV: "El sistema tributario procurará la justa distribución de las cargas públicas según la capacidad económica del o la contribuyente, atendiendo al principio de progresividad, así como la protección de la economía nacional y la elevación del nivel de vida de la población; para ello se sustentará en un sistema eficiente para la recaudación de los tributos".

105   Artículo 91 del COT: "Cuando las multas establecidas en esta Código estén expresadas en unidades tributarias (UT), se utilizará el valor de la unidad tributaria que estuviere vigente para el momento del pago".

106   Artículo 92 del COT: "Las multas establecidas en este Código, expresadas en términos porcentuales, se convertirán, se convertirán al equivalente de unidades tributarias (UT) que correspondan al momento de la comisión del ilícito y se cancelarán utilizando el valor de la misma que estuviere vigente para el momento del pago". *Vid.* WEFFE, Carlos. "Inflación y derecho penal tributario <las sanciones tributarias como obligaciones <*de valor*>, Trabajo inédito de investigación para su incorporación a la Academia Mexicana de Derecho Fiscal, México D.F. 2015, consultado el 28 de mayo de 2018, disponible en web: < http://www.academia.edu/35487471/INFLACI%C3%93N_Y_DERECHO_PENAL_TRIBUTARIO._Las_sanciones_tributarias_como_obligaciones_de_valor>

107   Otras medidas han sido la orden a PDVSA y otras empresas del Estado a vender en PETROS o la venta de gasolina a los aviones y a automóviles en la frontera con Colombia en la misma criptomoneda.

realicen los sujetos pasivos en el territorio nacional, que constituyan hechos imponibles de tributos nacionales.

Sin embargo, el Decreto N° 3.719[108] es una regulación (i) inconstitucional e (ii) ilegal, además de (iii) limitada y (iv) de imposible ejecución.

La (i) inconstitucionalidad e (ii) ilegalidad viene dada por la violación a la legalidad y tipicidad tributarias. Hay una evidente deslegalización del COT y de las leyes creadoras de los tributos que no prevén expresamente la obligatoria determinación y pago en moneda extranjera, por tanto, no puede imponerlo así el Decreto. También hay un exceso reglamentario, cuando el Decreto faculta a la Administración Tributaria a dictar las normas formales para declaración y pago de obligaciones tributarias en moneda extranjera y criptodivisas, conculcándose los artículos 3 del COT y 317 de la Constitución, porque en ningún caso se puede delegar la definición y fijación de los elementos integradores del tributo, como es en este caso la determinación de la base imponible o base de cálculo únicamente modificable *ex lege*. Pretender que la base imponible sea determinada en moneda extranjera es una modificación de un elemento esencial del tributo reservado a la ley.

El Decreto N° 3.719 contiene una regulación (iii)limitada o parcial, al señalar que solo serían gravables por tributos nacionales, con exclusión de las operaciones de títulos valores negociados en la bolsa de valores y las exportaciones de bienes y servicios realizadas por órganos y entes públicos, todas las demás operaciones en moneda extranjera o criptodivisas realizadas en el territorio nacional exclusivamente por intermedio de los mercados creados y organizados por CC No. 1, esto es, las operaciones cambiarias al menudeo a través de los operadores cambiarios autorizados[109], las operaciones en divisas efectuadas por prestadores de servicios turísticos, así como los pagos por concepto de venta de mercancías a pasajeros[110], las operaciones que provienen del sector exportador (parcialmente centralizadas en el Banco Central de Venezuela)[111], las operaciones del trasporte aeronáutico[112] y las del turismo internacional[113]. Además, sería (iv) de imposible ejecución, porque el *PETRO* es inexistente como medio de pago o de cambio o como depósito de valor y como unidad de cuenta o de cambio, goza de una existencia forzosa y parcial.

Paralelamente, y como consecuencia de la supresión del carácter universal y objetivo de la unidad tributaria como unidad de medida para las sanciones y ajuste de valor de todos tributos de raigambre nacional, estadal y municipal[114], los entes locales han improvisado la utilización del *PETRO* como nueva unidad de medida para determinar y pagar tributos. Otros Municipios utilizan el salario mínimo y algunos han creado su propia unidad de medida infringiendo la legalidad tributaria.

En efecto, la unidad de medida es inmanente a la base imponible, materia de reserva de ley. De allí que la **unidad de medida** debe formar parte de esa reserva, al ser uno de los elementos para la determinación de la cuantía de la deuda tributaria. Por esa razón, cuando

---

108   *Gaceta Oficial N° 6.420, Extraordinaria* del 28 de diciembre de 2018.

109   Artículo 12 CC N° 1

110   Artículos 67, 68, 69, 70, 71 y 72 CC N° 1

111   Artículo 57 CC N° 1

112   Artículo 75 CC N° 1

113   Artículo 76 CC N° 1

114   Providencia N° 2019/46, publicada en la *Gaceta Oficial N° 41.597* del 7 de marzo de 2019. "Artículo 2°. El valor de la Unidad Tributaria establecido en esta Providencia Administrativa sólo podrá ser utilizado como Unidad de Medida para la determinación de los Tributos Nacionales cuya recaudación y control sean de la competencia del Servicio Nacional Integrado de Administración Aduanera y Tributaria, así como de las sanciones impuestas por este Servicio, no pudiendo ser utilizada por otros órganos y entes del poder público para la determinación de beneficios laborales o de tasas y contribuciones especiales derivados de los servicios que prestan".

los Municipios utilizan una unidad de medida distinta a la fijada por el Código Orgánico Tributario para la determinación, pago de tributos y multas de carácter Municipal, se viola el principio de legalidad y el principio de reserva legal.

En el caso de las sanciones la violación a la legalidad es más patente, ya la propia Ley Orgánica del Poder Público Municipal[115] le otorga una competencia a los Municipios para la fijación de las multas que en ningún caso podrán exceder en cuantía a aquéllas que contemple el Código Orgánico Tributario. De modo que la unidad de medida sancionatoria de los entes locales no puede ser otra que la Unidad Tributaria.

III. MORAL DEL JUEZ TRIBUTARIO.

En desarrollo de la justicia como valor superior, la Constitución consagra el derecho de toda persona al acceso a los órganos de administración de justicia para hacer valer sus derechos e intereses y lograr su tutela efectiva y obtener con prontitud la decisión correspondiente[116]. Se define el proceso como instrumento fundamental para la realización de la justicia, conminando al legislador a la simplificación, uniformidad y eficacia de los trámites y a la adopción de un procedimiento breve, oral y público, en el que no se sacrificará la justicia por la omisión de formalidades no esenciales[117]. En forma complementaria el artículo 334 consagra la obligación constitucional a todos los jueces en el ámbito de su competencia de asegurar la integridad de la Constitución, especialmente el derecho a la tutela judicial efectiva y el derecho al debido proceso. Así mismo, contempla que el debido proceso se aplicará todas las actuaciones judiciales y administrativas por lo que la defensa inviolable en todo estado y grado de la investigación y el proceso teniendo la persona interesada derecho ser notificado de los cargos por los cuales investiga acceder a las pruebas a disponer del tiempo necesario y los medios de cuando para ejercer su defensa[118].

La Constitución también incorpora la garantía de imparcialidad y de independencia[119] en el ejercicio de sus funciones de los jueces y magistrados que, **"...desde la fecha de su nombramiento y hasta su egreso del cargo respectivo, no podrán, salvo el ejercicio del voto, llevar a cabo activismo político partidista, gremial, sindical o de índole semejante, ni realizar actividades privadas lucrativas incompatibles con su función, ni por si ni por interpósita persona, ni ejercer ninguna otra función pública a excepción de actividades educativas"**[120].

---

115   Artículo 163: "Las ordenanzas que regulen los tributos municipales deberán contener: (...)

4.   El régimen de infracciones y sanciones. Las multas por infracciones tributarias no podrán exceder en cuantía a aquéllas que contemple el Código Orgánico Tributario".

116   Artículo 26 de la CRBV: "Toda persona tiene derecho de acceso a los órganos de administración de justicia para hacer valer sus derechos e intereses, incluso los colectivos o difusos; a la tutela efectiva de los mismos y a obtener con prontitud la decisión correspondiente.

El Estado garantizará una justicia gratuita, accesible, imparcial, idónea, transparente, autónoma, independiente, responsable, equitativa y expedita, sin dilaciones indebidas, sin formalismos o reposiciones inútiles".

117   Artículo 257 de la CRBV: El proceso constituye un instrumento fundamental para la realización de la justicia. Las leyes procesales establecerán la simplificación, uniformidad y eficacia de los trámites y adoptarán un procedimiento breve, oral y público. No se sacrificará la justicia por la omisión de formalidades no esenciales.

118   Artículo 49 de la CRBV: "El debido proceso se aplicará a todas las actuaciones judiciales y administrativas; en consecuencia: 1. La defensa y la asistencia jurídica son derechos inviolables en todo estado y grado de la investigación y del proceso (...).".

119   Artículo 254 de la CRBV: "El Poder Judicial es independiente..."

120   Artículo 256 de la CRBV: Con la finalidad de garantizar la imparcialidad y la independencia en el ejercicio de sus funciones, los magistrados o las magistradas, los jueces o las juezas; los fiscales o las fiscales del Ministerio Público; y los defensores públicos o las defensoras públicas, desde la fecha de su nombramiento y hasta su egreso del cargo respectivo, no podrán, salvo el ejercicio del voto, llevar a cabo activismo político partidista, gre-

La Constitución también contempla la jurisdicción contencioso administrativa, inclusiva del ámbito contencioso tributario, que "...**corresponde al Tribunal Supremo de Justicia y a los demás tribunales que determine la ley, que son competentes para anular los actos administrativos generales o individuales contrarios a derecho, incluso por desviación de poder; condenar al pago de sumas de dinero y a la reparación de daños y perjuicios originados en responsabilidad de la Administración; conocer de reclamos por la prestación de servicios públicos y disponer lo necesario para el restablecimiento de las situaciones jurídicas subjetivas lesionadas por la actividad administrativa**"[121].

La moral juridificada en la Constitución venezolana es impecable e indefectible desde el punto de vista deóntico. Pero en la realidad esa fuerza normativa de la Constitución no representa un límite a la política y son insuficientes los controles de los poderes constituidos. No funcionan en la práctica los pesos y contrapesos democráticos (***checks and balances***) por la falta de independencia y autonomía de los Podres Públicos, especialmente del Poder Judicial.

La Comisión Interamericana de Derechos Humanos ha señalado en sus informes sobre Venezuela, la necesidad de que los tribunales sean autónomos de otras ramas del gobierno, esto es, que estén libres de influencias, amenazas o interferencias de cualquier origen, manifestando su preocupación por aspectos que afectan la independencia e imparcialidad del poder judicial, en particular por los altos porcentajes de jueces y fiscales en situación de provisionalidad y el incumplimiento de algunos de los procedimientos legales y constitucionales en el proceso para su designación y destitución, así como por las injerencias del poder ejecutivo en las decisiones judiciales[122].

En este sentido, en Venezuela los jueces están cooptados por el poder político. Ese control se ejerce inicialmente por el Tribunal Supremo de Justicia que controla "...**el nombramiento y juramento de los jueces**"[123], y por supuesto su remoción, mediante la coacción ilegí-

---

mial, sindical o de índole semejante, ni realizar actividades privadas lucrativas incompatibles con su función, ni por sí ni por interpósita persona, ni ejercer ninguna otra función pública a excepción de actividades educativas.

Los jueces o las juezas no podrán asociarse entre sí.

121   Artículo 259 de la CRBV: La jurisdicción contencioso-administrativa corresponde al Tribunal Supremo de Justicia y a los demás tribunales que determine la ley. Los órganos de la jurisdicción contencioso-administrativa son competentes para anular los actos administrativos generales o individuales contrarios a derecho, incluso por desviación de poder; condenar al pago de sumas de dinero y a la reparación de daños y perjuicios originados en responsabilidad de la Administración; conocer de reclamos por la prestación de servicios públicos y disponer lo necesario para el restablecimiento de las situaciones jurídicas subjetivas lesionadas por la actividad administrativa.

122   Informe de la Comisión Interamericana de Derechos Humanos, "*Democracia y Derechos Humanos en Venezuela*", Washington, D.C., 2009, párrafo 184, consultado el 2 abril de 2018, disponible en web: < http://www.cidh.org/countryrep/venezuela2009sp/VE09CAPIIISP.htm#III.A> Esta situación se había advertido con anterioridad., ver Informe de la Comisión Interamericana de Derechos Humano, "*Sobre la Situación de los Derechos Humanos en Venezuela*". Washington, D.C., 2003, párrafo 150, consultado el 2 abril de 2018, disponible en web: < http://www.cidh.org/countryrep/Venezuela2003sp/cap.1.htm#B.>.

123   Artículo 255 de la CRBV: El ingreso a la carrera judicial y el ascenso de los jueces o juezas se hará por concursos de oposición públicos que aseguren la idoneidad y excelencia de los o las participantes y serán seleccionados o seleccionadas por los jurados de los circuitos judiciales, en la forma y condiciones que establezca la ley. El nombramiento y juramento de los jueces o juezas corresponde al Tribunal Supremo de Justicia. La ley garantizará la participación ciudadana en el procedimiento de selección y designación de los jueces o juezas. Los jueces o juezas sólo podrán ser removidos o removidas o suspendidos o suspendidas de sus cargos mediante los procedimientos expresamente previstos en la ley.

La ley propenderá a la profesionalización de los jueces o juezas y las universidades colaborarán en este propósito, organizando en los estudios universitarios de Derecho la especialización judicial correspondiente.

Los jueces o juezas son personalmente responsables, en los términos que determine la ley, por error, retardo u omisiones injustificados, por la inobservancia sustancial de las normas procesales, por denegación, parcialidad y por los delitos de cohecho y prevaricación en que incurran en el desempeño de sus funciones.

tima que se aplica con la amenaza latente de suspensión y retiro, dado carácter provisorio y temporal de muchos cargos.

La obsecuencia de los jueces de lo contencioso tributarios con el Poder Ejecutivo y más concretamente con el partido de gobierno se observa en la **"...reticencia generalizada para ejercer la desaplicación de la ley al caso concreto como garantía de la supremacía de la Constitución, es deber del ciudadano, como justiciable, seguir luchando, creyendo en la justicia, para hacer realidad el** *desideratum* **Constitucional, de un Estado de Derecho y de Justicia"**[124].

La condescendencia de los jueces tributarios con una distorsionada preferencia recaudatoria, llega ha introducir la muy inconveniente denegación de justicia en innumerables sentencias de los Juzgados Superiores de lo Contencioso Tributario, que terminan por decir que "no hay materia sobre la cual decidir"[125], el abuso de la declaratoria de abandono del trámite por inactividad procesal, cuando son los propios jueces quienes paralizan las causas, o la convalidación de **"...la circunstancia permitida en el Código Orgánico Tributario de 2001, de que la Administración Tributaria pueda demandar en juicio ejecutivo el cumplimiento compulsivo de un acto administrativo que es objeto de un recurso contencioso tributario"**[126].

Una muestra más reciente de decisiones inconsecuentes con la moralidad tributaria de los jueces tributarios es la renuncia a la jurisdicción, esto es, la competencia constitucional y convencional irreductible a favor de los jueces. El caso clínico lo representa la decisión de la Sala Político Administrativa del Tribunal Supremo de Justicia caso *Carbones del Guasare, S.A.*, del 17 de octubre de 2017[127], al señalar que del otorgamiento a la Administración Tributaria de **"...la competencia para iniciar e impulsar el <<Cobro Ejecutivo>> y todas sus incidencias, deriva consecuencialmente la imposibilidad de los Jueces Contenciosos Tributarios de conocer y resolver las demandas de ejecución de créditos fiscales, en virtud de haber perdido sobrevenidamente la jurisdicción para tal fin, dada la derogatoria de las normas que les permitían decretar embargos ejecutivos y resolver las incidencias en dichos procedimientos"**; además, el Texto Orgánico Tributario de 2014 estableció en su artículo 346 que los **"(...) juicios ejecutivos que estuvieren pendientes para la fecha de [su] entrada en vigencia (...), en los Tribunales Superiores Contencioso**

---

124   *Cfr.* BLANCO-URIBE Q., Alberto, "Los jueces tributarios y el control de constitucionalidad", en *Estudios sobre Derecho Procesal Tributario vivo*, Colección Estudios Jurídicos N° 115, Editorial Jurídica Venezolana, Caracas, 2016, 241 p.

125   *Cfr.* BLANCO-URIBE Q., Alberto, "Análisis crítico de jurisprudencia tributaria", en *Estudios sobre Derecho Procesal Tributario vivo*, Colección Estudios Jurídicos N° 115, Editorial Jurídica Venezolana, Caracas, 2016, 455 p.

126   *Cfr.* BLANCO-URIBE Q., Alberto, "Juicio ejecutivo o enrevesamiento jurídico. Violación Sistemática de Derechos Humanos", en *Estudios sobre Derecho Procesal Tributario vivo*, Colección Estudios Jurídicos N° 115, Editorial Jurídica Venezolana, Caracas, 2016, 597 p. Este autor cita el caso de la sentencia N° 01782 de la Sala Político-Administrativa del Tribunal Supremo de Justicia del 15 de diciembre de 2011, (caso *Globovisión Tele, C.A. contra Servicio Nacional Integrado de Administración Aduanera y Tributaria –SENIAT-*, con ponencia de la Magistrada Trina Omaira Zurita), en la que, olvidando que si hay un recurso contencioso tributario no puede haber exigibilidad de la obligación demandada, se precisó que: "...en el contencioso tributario, la Administración Tributaria tiene la cualidad de acreedora del contribuyente, teniendo su título carácter de ejecutivo (Artículo 289 del COT de 2001), lo que la habilita a acudir a la vía ejecutiva o juicio ejecutivo regulado en los artículos 289 y siguientes del vigente Código Orgánico Tributario, pudiendo en todo caso el contribuyente levantar la medida que hubiere sido decretada, conforme a lo preceptuado en el artículo 299 *eiusdem*, según el cual: "(...) *Las medidas decretadas podrán ser sustituidas a solicitud del interesado, por garantías que a juicio del Tribunal sean suficientes, y siempre que cumplan las formalidades previstas en el artículo 72 de este Código*".

127   Sentencia N° 1092 de la Sala Político Administrativa del Tribunal Supremo de Justicia del 17 de octubre de 2017, caso: *Carbones del Guasare, S.A.*, consultado el 19 de mayo de 2018, disponible en web: < http://historico.tsj.gob.ve/decisiones/spa/octubre/203827-01092-171017-2017-2013-0983.HTML>.

Tributarios, serán remitidos a la Administración Tributaria, para su conclusión definitiva" (agregado de este fallo). (*Vid.*, sentencias de esta Sala Político-Administrativa Nos. 00253 de fechas 14 de mayo de 2015, caso: *Aeropostal Alas de Venezuela, C.A.*, y 00675 del 10 de junio de 2015, caso: *Sucesión de María Concepción Gulias Barreiro*)"[128].

Sin lugar a duda la mayor inmoralidad institucional asociada a la (in) justicia consiste en el monopolio de la validez jurídica que ejerce la Sala Constitucional del Tribunal Supremo de Justicia. Este tribunal tal como está diseñado en la Constitución es incompatible con el Estado de Derecho, la separación de poderes y la democracia[129]. El conjunto de potestades que se le han atribuido y las que se ha auto atribuido, implica una instancia estatal que reúne al mismo tiempo el poder legislativo, ejecutivo, judicial e incluso constituyente[130].

La Sala Constitucional se ha caracterizado desde su nacimiento, primero por la manipulación del texto de la Constitución al interpretarlo aprovechándose del hecho de que la interpretación que hace no es impugnable y, segundo, la utilización en provecho propio del carácter vinculante de sus decisiones. Así se ha dedicado al despojo de atribuciones de los demás órganos del Poder Público, particularmente de la Asamblea Nacional (creando un cerco político institucional[131]), al servicio del Ejecutivo Nacional. Ha ejercitando funciones constituyentes, de revisión de cualquier sentencia incluso definitivamente firmes, decidido conflictos entre distintos poderes, ha designado autoridades, aprobado presupuestos, incluso decido recursos de inconstitucionalidad por omisión del poder legislativo, dictando normas como sé si tratara de un legislador **"...llamando esta potestad con el nombre de <jurisdicción normativa>, lo cual es contradictorio en sí mismo"**[132].

El autoritarismo judicial también ha tenido repercusiones en materia tributaria. Particularmente patética resultó la sentencia de la Sala Constitucional que reformó el artículo 31 de la LISR[133], sin que mediara impugnación de dicha regla, de forma totalmente subrepticia, bajo el acomodaticio pretexto de que en su parecer la tributación de las personas naturales bajo relación de dependencia era excesiva e injusta. Bajo una argumentación acomodaticia

---

128 Sentencia N° 675 de la Sala Político Administrativa del Tribunal Supremo de Justicia del 10 de junio de 2015, caso: *Sucesión de María Concepción Gulias Barreiro,* consultado el 5 de mayo de 2018, disponible en web: http://historico.tsj.gob.ve/decisiones/spa/octubre/203827-01092-171017-2017-2013-0983.HTML.

129 *Cfr.* DELGADO, Francisco J, *Chavismo y derecho*, Editorial Galipán, Caracas, 2017, p. 138.

130 BREWER-CARÍAS, Allan R. *El golpe a la democracia dado por la Sala Constitucional (De cómo la Sala Constitucional del Tribunal Supremo de Justicia de Venezuela impuso un gobierno sin legitimidad democrática, revocó mandatos populares de diputada y alcaldes, impidió el derecho a ser electo, restringió el derecho a manifestar, y eliminó el derecho a la participación política, todo en contra de la Constitución)*, Colección Estudios Políticos N° 8, segunda edición, (Con prólogo de Francisco Fernández Segado), Editorial Jurídica venezolana, Caracas 2015 p. 138; más recientemente *La consolidación de la tiranía judicial<el juez constitucional controlado por el poder ejecutivo asumiendo el poder absoluto>*, Editorial Jurídica Venezolana Internacional, Caracas New York 2017, p.

131 *Cfr.* CASAL H., Jesús M., *Asamblea nacional conquista democrática vs. Demolición autoritaria. <elementos de la argumentación y practica judicial autoritaria de la Sala Constitucional del Tribunal Supremo de Justicia>*, Colección Visión Venezuela, Universidad Católica Andrés Bello, Caracas 2017, p. 213.

132 *Ob. Cit.* N° 112, p. 136.

133 <caso *Adriana Vigilanza y Carlos Vecchio en acción de nulidad por inconstitucionalidad contra la norma del artículo 67, 68, 69, 72, 74 y 79 del Decreto N° 307 con Rango y Fuerza de Ley de Reforma de la Ley de Impuesto sobre la Renta, publicado en la Gaceta Oficial N° 5.390 Extraordinario, de 22 de octubre de 1999>* en http://www.tsj.gov.ve/decisiones/scon/Febrero/301-270207-01-2862.htm. Ver nuestros comentarios y análisis de la sentencia N° 301/2007 de la Sala Constitucional, en "El *activismo judicial* en la imposición de las personas naturales: Razones y emociones en la sentencia interpretativa de la Sala Constitucional del Tribunal Supremo de Justicia sobre el artículo 31 de la Ley de impuesto sobre la renta", en *Conferencia dictada en la sesión ordinaria de la Academia de Ciencias Políticas y Sociales*, del 5 de junio de 2007.

(falaz[134]), sin ningún tipo de prueba y sin razonamientos técnicos decidió reeditar la norma en cuestión con carácter vinculante. Una decisión muy criticada no solo por la usurpación del rango legal, sino por la sospechosa intención de los magistrados que la dictaron de beneficiarse estableciendo un criterio de conveniencia sobre el tratamiento tributario para sus remuneraciones como empleados[135].

IV. MORAL DEL CONTRIBUYENTE.

Es innegable que **"las libertades privadas tienen costos públicos"** y que ese costo tiene que cubrirlos la sociedad mediante los impuestos y otras contribuciones[136]. El costo de los derechos no solo plantea cuestiones de transparencia y responsabilidad democrática, sino también **"…nos lleva al corazón de la teoría moral, a problemas de ética distributiva y de justicia distributiva"**[137].

En Venezuela toda persona tiene el deber de coadyuvar a los gastos públicos mediante el pago de impuestos, tasas y contribuciones que establezca la ley[138]. Obviamente, ese deber solo puede ser cumplido a cambio del respeto de los derechos constitucionales a contribuir conforme a Ley formal previa y cierta, sobre una capacidad económica efectiva, libre de discriminaciones, en forma razonable y proporcionada, bajo las garantías del debido proceso (*due process of law*).

Pero hay más. La tributación no es fin en sí misma. La tributación tiene como finalidad insoslayable el crecimiento económico y la elevación del nivel de vida de la población. Así lo ordena la propia Constitución en el citado artículo 316.

Ello supone que la tributación *(i)* lejos de asfixiar la iniciativa privada, debe protegerla, permitiendo el normal desarrollo de la actividad económica, *(ii)* convirtiéndose en un instrumento de distribución de la riqueza para compensar desigualdades a través del gasto social[139]. El tributo como ingreso se legitima a través de la eficiencia del gasto público.

El tributo no puede cumplir su finalidad en una sociedad en la que el derecho de propiedad y la libertad económica han sido desmontados en desmedro de la producción interna, la capacidad industrial instalada, los servicios públicos[140] eficientes y los empleos estables.

Esto ha ocurrido en Venezuela durante los últimos 18 años. La deriva autoritaria ha desmantelado el Estado democrático y social de derecho y de justicia. Producto de su

---

134 ABACHE C., Serviliano, *Sobre falacias, justicia constitucional y derecho tributario, del gobierno de las leyes al gobierno de los hombres: <más allá de la pesadilla y el noble sueño>*, Librería Álvaro y Nora, Caracas 2015, p. 22.

135 ROMERO-MUCI, Humberto, Prologo en Libro de ABACHE C., Serviliano, *Sobre falacias, justicia constitucional y derecho tributario, del gobierno de las leyes al gobierno de los hombres: <más allá de la pesadilla y el noble sueño>*, Librería Álvaro y Nora, Caracas 2015, p. 22.

136 *Vid.*, HOLMES, Stephen y SUNSTEIN, Cass, *El costo de los derechos <porque la libertad depende de los impuestos>*, Colección derecho y política, Siglo XXI Editores, Buenos Aires 2011, p.

137 *Ob. Cit.* N° 119, p. 246.

138 Artículo 133 de la CRBV: Toda persona tiene el deber de coadyuvar a los gastos públicos mediante el pago de impuestos, tasas y contribuciones que establezca la ley.

139 *Cfr.* FRAGA P., Luis J., *Principios Constitucionales de la tributación*, Colección Estudios Jurídicos N° 95, Editorial Jurídica Venezolana, Caracas 2012, p. 142.

140 Academia Nacional de la Ingeniería y el Hábitat se ha pronunciado reiteradamente sobre "…el incumplimiento e inconsistencia de la planificación a mediano y largo plazo, la falta de opciones adecuadas frente a contingencia, el retraso en la construcción de obras de infraestructura y el equipamiento correspondiente, el mantenimiento insuficiente". *Vid.* Academia Nacional de la Ingeniería y el Hábitat, *"Pronunciamiento sobre la crisis del Servicio Eléctrico"*, consultado el 20 de mayo de 2018, disponible en web: <http://www.acading.org.ve/info/comunicacion/pubdocs/DECLARACIONES/pronunciamiento46_SOBRE_CRISIS_DEL_SERVICIO_ELECTRICO.pdf>.

"...progresiva desconstitucionalización, desjuridificación, desjudicialización y desde-mocratización..."[141], en su lugar y bajos sus despojos, se ha ensamblado un Estado totalitario, una dictadura totalitaria, que ha pasado a controlar todos los aspectos de la vida política, social y económica del país[142].

Se han instalado todo tipo de controles sobre la economía (control de cambio, control de precios, tasas de interés, importaciones, exportaciones, etc.), que solo han servido para crear más distorsiones, asfixiar la economía, generar inseguridad jurídica y una red clientelar y de corrupción entretejida por el *régimen* y *partido de gobierno*[143]. En definitiva, se ha puesto en pie todo tipo de leyes para imponer el modelo económico de un estado corporativo excluyente, con el fin de sustituir el sistema democrático de equilibrio económico.

Se han masificado las expropiaciones de bienes singulares para penalizar a sectores productivos e industriales o de servicios, o su utilización como un instrumento normal para la estatización de actividades económicas que no han sido constitucionalmente reservadas al Estado por carecer de interés público y estratégico, así como la práctica de ocupaciones anticipadas a los procedimientos expropiatorios mediante la utilización de fuerzas militares, que fomentan la inseguridad jurídica y ahuyentan las inversiones que supone un desarrollo armónico de la economía nacional[144].

Paradójicamente, la destrucción de la economía y el colapso institucional del país ha sido financiada por el dispendio, el saqueo impune de los dineros públicos, potenciada por la hiper abundancia de recursos petroleros.

Para mayor distorsión se ha desmontado el sistema de control presupuestario y monetario y el control fiscal es usado como instrumento de persecución.

El BCV ha perdido su autonomía en desmedro del equilibrio socioeconómico del país. Ha perdido su facultad para administrar las reservas internacionales, obligándosele a financiar o convalidar políticas fiscales deficitarias o a otorgar créditos directos al Gobierno Nacional y de la Estatal Petrolera (PDVSA)[145]. Esto ha degenerado en monstruosos déficits fiscales, endeudamiento externo e interno desproporcionado, emisión descontrolada de dinero inorgánico, pérdida del valor externo del bolívar y una inflación galopante que raya en 4 dígitos.

Se han creado presupuesto paralelos a la unidad del tesoro y los presupuestos del Estado han sido inconstitucionalmente aprobados por órganos distintos al Poder Legislativo[146], li-

---

141 *Cfr.* BREWER-CARIAS, Allan, *Estado totalitario y desprecio a la Ley <la desconstitucionalización, desjuridificación, desjudicialización y desdemocratización de Venezuela>*, Editorial Jurídica Venezolana, Caracas 2014, p. 19.

142 *Ibid..*, p. 20.

143 La Academia Nacional de Ciencias Económicas, "La Academia Nacional de Ciencias Económicas se dirige a la Nación", consultado el 30 de abril de 2018, disponible en web: <http://www.anhvenezuela.org.ve/novedades/noticias/la-academia-nacional-de-ciencias-economicas-se-dirige-a-la-nacion>.

144 Academia de Ciencias Políticas y Sociales, "La reconstrucción institucional del país. Propuestas a la Nación de las Academias Nacionales", consultado el 18 de mayo de 2018, disponible en web: <http://www.acienpol.org.ve/cmacienpol/Resources/Pronunciamientos/A-102.pdf>.

145 Academia de Ciencias Políticas y Sociales, "Opinión sobre el pedimento del Poder Ejecutivo Nacional al Banco Central de Venezuela para disponer, con propósitos de financiamiento del sistema agropecuario nacional, de 1000 millones de $ de las reservas monetarias internacionales y otras formas de financiamiento, sin la contraprestación correspondiente en bolívares", consultado el 15 de mayo de 2018, disponible en web: <http://www.acienpol.org.ve/cmacienpol/Resources/Pronunciamientos/Opi-nión%20de%20la%20Academia%20sobre%20el%20Pedimento%20del%20Ejecutivo%20al%20BCV%20de%201000%20millones%20de%20dólares%20de%20las%20-reservas%20monetarias%20internacionales.pdf>.

146 Artículo 313 de la Constitución: "La administración económica y financiera del Estado se regirá por un presupuesto aprobado anualmente por ley. El Ejecutivo Nacional presentará a la Asamblea Nacional, en la oportunidad que señale la ley orgánica, el proyecto de Ley de Presupuesto. Si el Poder Ejecutivo, por cualquier causa, no

mitándose las funciones constitucionalmente asignadas a la Asamblea Nacional mediante actos judiciales del Tribunal Supremo de Justicia, en negación de la Democracia, con graves consecuencias a la economía nacional por ser la Ley de Presupuesto un elemento central de la política pública para la planificación y el desarrollo económico de cualquier país[147].

Finalmente, la Contraloría General de la República ha dejado de controlar la legalidad y regularidad de los gastos, ingresos y bienes públicos, dedicándose a perseguir a funcionarios disidentes mediante la imposición de inhabilitaciones administrativas con atípicos efectos definitivos, sin la intermediación de juez alguno[148].

En definitiva, en Venezuela se ejerce el poder *como no debe ser* para domeñar en tierra arrasada. Este es el objetivo declarado por el *régimen y partido de gobierno* para perpetuarse en el poder mientras a sus anchas se multiplican a los pobres, para sembrar la desconfianza y el miedo al otro, para multiplicar la ignorancia y movilizar el patrioterismo frente a un enemigo externo irreal, explotando el instinto tribal y de supervivencia de los seres humanos[149]. Se trata de un régimen distópico que tiene al país y al mundo entero perplejo ante tan grotesca tragedia de destrucción y por su inexplicable grado de indolencia moral para malograr a la población. Esta profunda crisis, en palabras del Secretario General de la Organización de Estados Americanos, ha sido **"...incitada y sostenida por un Régimen que ha destruido sistemáticamente la democracia, el Estado de Derecho y el respeto por los derechos humanos, así como el aparato productivo económico"**.[150] De modo que todo lo que pretenda decirse sobre moralidad tributaria, debe partir irremediablemente de la incontestable carencia de legitimidad moral del *régimen y partido de gobierno*.

Como ha podido comprobarse a lo largo de esta exposición, el régimen ha sometido al derecho a tensiones extremas[151] subestimando la necesidad que éste tiene de coherencia, de armonía interna, de generalidad, de estabilidad y de predictibilidad. El derecho se ha sometido a la conveniencia política, como un mero instrumento de dominación, violándolo, ignorándolo o interpretándolo falsamente. Así se ha disminuido su aptitud y eficacia como técnica de ordenación de conductas, de reducción y de solución del conflicto social. Esto se ha convertido en una práctica tan habitual que se traduce en una sustancial pérdida de reco-

---

hubiese presentado a la Asamblea Nacional el proyecto de ley de presupuesto dentro del plazo establecido legalmente, o el mismo fuera rechazado por éste, seguirá vigente el presupuesto del ejercicio fiscal en curso".

147   Academias de Ciencias Políticas y Sociales, "Pronunciamiento acerca de la aprobación del presupuesto nacional para el año 2017, sin la intervención, por ley formal, de la asamblea nacional", consultado el 17 de mayo de 2018, disponible en web: <http://www.acienpol.org.ve/cmacienpol/Resources/Pronunciamientos/Pronunciamiento%20Presupuesto%202017%20ACIENPOL.pdf>.

148   Además, la Contraloría ha negado el acceso a información de relevancia pública, como es la remuneración de los funcionarios públicos, y la Sala Constitucional del TSJ ha cohonestado esta decisión amparando un irracional derecho a la intimidad de los funcionarios y desatendiendo el derecho a la participación ciudadana en los asuntos públicos y el principio de transparencia en el ejercicio de la función pública. Sentencia Nº 745 de la Sala Constitucional del Tribunal Supremo de Justicia del 15 de julio de 2010 (Caso: *Asociación Civil Espacio Público*), consultada el 14 de mayo de 2018, disponible en web: <http://historico.tsj.gob.ve/decisiones/scon/julio/745-15710-2010-09-1003.HTML>.

149   Academia Nacional de Ciencias Económicas, *"Pronunciamiento de la Academia Nacional de Ciencias Económicas en La responsabilidad del gobierno en el deterioro de las condiciones de vida del venezolano"*, del 9 de mayo de 2018, consultado el 20 de mayo de 2018, disponible en web: < http://ancevenezuela.org.ve/ance/pronunciamientos/la-responsabilidad-del-gobierno-en-el-deterioro-de-las-condiciones-de-vida-del-venezolano>.

"...Continuar con políticas que avivan el alza desmedida de precios y destruyen las capacidades productivas de la nación condena a la población a niveles aún mayores de miseria, hambre y carencia de medicamentos, con muertes que pudieran evitarse de introducir los correctivos necesaria".

150   ALMAGRO, Luis., *"Crisis humanitaria en Venezuela - Palabras del Secretario General Luis Almagro en la Sesión Extraordinaria del Consejo Permanente"*, 30 de abril de 2018, consultada el 26 de mayo de 2018, disponible en web: http://www.oas.org/es/acerca/discurso_secretario_general.asp?sCodigo=18-0046.

151   *Cfr.* DELGADO, Francisco J, *Chavismo y derecho*, Editorial Galipán, Caracas, 2017, p. 48.

nocimiento espontáneo y de obediencia del derecho en vista de que no es posible ocultar ni justificar razonablemente semejante uso (o abuso) de lo jurídico[152].

En este contexto de regresión institucional el tributo no cumple ni puede cumplir su función ética. Su destino no es consistente con el bien común. Se ha desprestigiado y degenerado en otro instrumento más de control social, apalancado en la imperatividad de su forma jurídica y en la amenaza coactiva de la recaudación fiscal. Se ha utilizado como mecanismo de terror y persecución de la disidencia política y económica. Peor aún, lo recaudado es despilfarrado en burocracia bajo un marco de opacidad y no rendición de cuentas. Hay que recordar que la legitimidad de la contribución pasa por el modo en el que se emplea. **"[S]in equidad en el gasto no se puede hablar de justicia en el ingreso"**[153]. Por lo tanto, la aversión social a los impuestos es inocultable.

A la luz de cuanto hemos expuesto sobre la moralidad institucional, el Estado Fiscal se encuentra absolutamente deslegitimado. En el Estado Total la institucionalidad tributaria se encuentra vaciada de contenido. El "impuesto es nada"[154]. Sencillamente el derecho y el tributario en particular no generan confianza.

¿Cómo justificar la imposición cuando se destruye la economía del país, cuando se genera hiperinflación, cuando se atropella al ciudadano para dominarlo, empobreciéndolo y envileciéndolo?

Incluso somos de la opinión que, en Venezuela se ha instalado un fenómeno extendido de anomia, descrito como aquella situación anómala que se presenta cuando ocurre un conflicto social que lleva a un sector a desconocer la legitimidad de la autoridad que dicta las normas en cuestión[155]. En nuestro caso la causa de esta anomia deriva de la falta de legitimidad de origen y de ejercicio (funciones) del poder[156]. El comportamiento anómico comienza por las élites políticas, ese *establishment* enquistado en el poder durante 18 años, que ha hecho su principal obsesión el desprecio superlativo al Derecho, a los principios democráticos y a las instituciones que los encarnan con el único propósito de mantenerse en el poder. Esa anomia ha permeado aguas abajo, convirtiéndose en un fenómeno generalizado. El poder no está investido de legitimidad democrática. Si el poder es ilegítimo el Derecho es injusto y el único elemento que preserva es la coacción, que tampoco es legítima. Se limita a la fuerza bruta, tal como la violencia de un grupo irregular armado o de la mafia. En todo caso, **"...conforme nos alejamos de la legitimidad democrática se debilitan o se pierden las razones de obediencia"**[157] al derecho.

---

152   *Ob. Cit.*, Nº 135, p. 45.

153   *Cfr.* ROZAS V., José A., nota preliminar en GALLO, Franco, *Las razones del fisco <ética y justicia en los tributos>*, Marcial Pons, Madrid 2011, p. 17.

154   Como bien se ha dicho "<...cuando el Estado no es nada el impuesto no es nada", y "cuando el Estado lo es todo, el impuesto también es nada>", Original de LUCIEN MEHL citado por PLAZAS VEGA, Mauricio, "El Sistema Tributario de la Democracia Liberal", conferencia dictada en las *XVI Jornadas Venezolanas de Derecho Tributario*, Caracas 30 de noviembre de 2017.

155   NINO, Carlos S., *Un país al margen de la ley*, Udeba, Buenos Aires, 2005, p. 138, citado por Benbenaste, Narciso; Etchezahar, Edgardo; Del Río, Marta, "Psicología de la Anomia", *Anuario de Investigaciones*, Volumen XV, Facultad de Psicología, Universidad de Buenos, p. 187-193.

156   FERRAJOLI, Luigi, *Principia iuris. Teoría del derecho y de la democracia. 2. Teoría de la democracia*, traducción de Perfecto Andrés Ibáñez, Carlos Bayón, Marina Gascón, Luis Prieto Sanchís y Alonso Ruiz Miguel, Editorial Trotta, Madrid, 2011, p. 175-176.

157   PECES-BARBA M., Gregorio; FERNÁNDEZ G., Eusebio; y DE ASÍS R., Agustín. *Curso de Teoría del Derecho*, Marcial Pons, Ediciones Jurídicas y Sociales, 2ª Edición, Madrid, 2000, p. 360.

En este contexto de deslegitimación del Estado fiscal los contribuyentes venezolanos tienen el derecho[158] a resistir para afirmar y restablecer el orden constitucional legítimo y los derechos humanos, al amparo del derecho consagrado en los artículos 333 y 350[159] de la Constitución.

CONCLUSIONES

1. La tributación solo se justifica éticamente cuando es efectivamente destinada al crecimiento económico y a la elevación del nivel de vida de la población.

2. La legitimidad del tributo se obtiene de la autoimposición, deriva del consenso democrático, se construye en un Estado de Derecho, con una efectiva separación y control recíproco de los órganos del Poder Público, en condiciones de transparencia, corresponsabilidad democrática y con un control judicial efectivo, independiente y objetivo de constitucionalidad y legalidad.

3. En Venezuela la Constitución de 1999 consagra un amplio catálogo de derechos para potenciar la ética tributaria, una muy completa ética juridificada. Sin embargo, esa declaración de valores no pasa de ser una positivación aparente, parte de una *fachada* sin eficacia, porque se sacrifican lo que es verdaderamente importante, esto es, la protección individual de los derechos fundamentales.

4. En este contexto de regresión institucional y poder ilegítimo, el tributo no cumple ni puede cumplir su función ética. Su destino no es consistente con el bien común. La casi totalidad de las formas de concreción del Derecho son injustas, no despiertan adhesión ni cooperación ciudadana, sino anomia y desconfianza.

El tributo y el Derecho se han desprestigiado y degenerado en instrumentos de control social, apalancados en la imperatividad de su forma jurídica y en la amenaza coactiva de la recaudación fiscal, la misma fuerza bruta con la que se mantiene un impuesto hiperinflacionario que desdice del más elemental sistema fiscal.

---

158   *Cfr.* VITALE, Ermanno, *Defenderse del poder <por una resistencia constitucional>*, Editorial Trotta, Madrid 2012, p. 122.

159   Artículo 350 de la CRBV: El pueblo de Venezuela, fiel a su tradición republicana, a su lucha por la independencia, la paz y la libertad, desconocerá cualquier régimen, legislación o autoridad que contraríe los valores, principios y garantías democráticos o menoscabe los derechos humanos.

rio (México 1958, Lima 1993 y Salvador de Bahía 2000), en las VII Jornadas Luso-Hispano-Americanas de Estudios Tributarios (Pamplona 1976) y ya antes de las I Jornadas Latinoamericanas de Derecho Procesal (Montevideo 1957).

Sin embargo, esta solución lamentablemente no está unánimemente admitida por la legislación latinoamericana, lo cual ha generado la crítica de la más autorizada doctrina de los países en que la regla del *"solve et repete"* rige total o parcialmente.

De todas formas, cabe coincidir con VALDÉS COSTA quien entendió que, como todos los países han ratificado el Pacto de San José de Costa Rica, la situación ha variado porque dicha regla, como presupuesto procesal, es incompatible con el principio fundamental del libre acceso a la Justicia "con las debidas garantías" consagrado en el art. 8, que incluye expresamente al derecho fiscal, como también con el principio fundamental establecido en el art. 24 de que "todas las personas son iguales ante la ley" [8]. Una posición similar han sustentado en la doctrina argentina VILLEGAS [9] y CORTI. [10]

VALDÉS, que fundó la inconstitucionalidad del *"solve et repete"* en la circunstancia de que "atenta contra la igualdad de las partes y ante la ley", manifiestó su sorpresa porque el rechazo de este injustificado privilegio de la Administración no haya tenido hasta el presente mayor aceptación en los derechos positivos, citando especialmente, además del caso de los países latinoamericanos, los casos de Alemania, Francia y España, así como la tibia posición de VOGEL con respecto al régimen alemán [11] y, como contracara, las fundadas dudas de FERREIRO LAPATZA [12] sobre la constitucionalidad del régimen español y la firme posición en cuanto a su inconveniencia e inconstitucionalidad de GONZÁLEZ PÉREZ. [13]

La doctrina y jurisprudencia uruguayas tienen el honor de haber sido pioneras en la supresión del *"solve et repete"*. Así los autores del proyecto de Código Tributario uruguayo de 1957, VALDÉS COSTA, PERANO FACIO y GIAMPIETRO BORRÁS, ya preveían en el mismo su supresión, y la doctrina uruguaya tuvo especial incidencia en los pronunciamientos contrarios a este privilegio de la Administración de varios congresos internacionales de la época, entre los cuales las ya citadas I Jornadas Latinoamericanas de Derecho Procesal de 1957 y II Jornadas Latinoamericanas de Derecho Tributario de 1958.

No es de extrañar, en consecuencia, que a la Suprema Corte de Justicia de Uruguay le haya cabido el honor de ser, en el mundo, el primer tribunal en pronunciarse, en sentencia No. 75 del 20 de mayo de 1959 [14], por la inconstitucionalidad de la exigencia del pago previo de una multa del Consejo Nacional de Subsistencias y Contralor de Precios [15] para poder interponer los recursos administrativos, por el fundamento de que la misma no estaba prevista en la Constitución como condición para interponer o franquear los recursos.

El 14 de abril de 1961 la Suprema Corte declaró nuevamente la inconstitucionalidad de la exigencia del pago previo establecida por el art. 35 de la ley No. 12.276 de 10 de febrero de 1956, esta vez para que prosperase la acción de nulidad ante Tribunal de lo Contencioso

---

8   Valdés Costa, Ramón, "La garantía jurisdiccional", en *"Instituciones ... "*, *cit.*, p. 318 y ss.

9   Villegas, Héctor B., "La regla del *'solve et repete'* y su vigencia en el derecho tributario argentino", Derecho Fiscal, Buenos Aires, Tomo XLIII, año 1987, p. 289 y ss.

10   Corti, A.H.M., "Jurisprudencia Fiscal Anotada", Impuestos, Buenos Aires, Tomo XLIV – A, p. 433 y ss.

11   Vogel, Klaus, "La protección legal ante los tribunales fiscales en la República Federal Alemana", Memorias de las X Jornadas Luso-Hispano-Americanas de Estudios Tributarios, Vol. II, Montevideo, 1984, p. 407.

12   Ferreiro Lapatza, José Juan, *"Curso de Derecho Financiero Español"*, 14ª edic., Marcial Pons, Madrid, 1992, p. 529.

13   González Pérez, J., *"La justicia administrativa en España"*, Civitas, Madrid, 1974, p. 109 a 112; p. 35 y 36.

14   Su texto se encuentra en el Decretero de Sentencias de la Corte a fs. 268/270.

15   Establecida por los arts. 29 y 30 de la ley N° 10.940.

Administrativo (TCA) [16] contra un acto de determinación impositiva, fundándola en que la Constitución establece el derecho de impugnar de nulidad los actos administrativos sin establecer otro requisito que el agotamiento de la vía administrativa. [17]

Esta corriente jurisprudencial fue luego aplicada a otros casos no tributarios [18], lo que ha hecho concluir a VALDÉS COSTA que el rechazo del pago previo adquirió, por obra de la jurisprudencia, el carácter de una garantía jurisdiccional de carácter general fundamentada en la Constitución. [19]

En el campo internacional, la Corte Constitucional italiana entendió en sentencia del 31 de marzo de 1961 (dos años después de la primera sentencia de la Suprema Corte de Justicia uruguaya y 14 días antes de su primera sentencia específicamente referida a la materia tributaria) que el "solve et repete" era inconstitucional, por violar el principio de igualdad entre los contribuyentes que pueden pagar el tributo pretendido por la Administración y los que no tienen medios para hacerlo, así como la igualdad de derecho y de hecho de todos los ciudadanos de obtener la tutela jurisdiccional. [20]

Pero esta sentencia, sin embargo, expresa en sus considerandos que la Dirección de Rentas puede de todos modos *"proceder por la vía ejecutiva contra el contribuyente moroso, no obstante cualquier oposición de su parte, dado que el juez ordinario jamás está autorizado a suspender la ejecución de providencias de la Autoridad administrativa"*. Lo cual implica una muy seria limitación práctica al reconocimiento de la inconstitucionalidad del *"solve et repete"*.

Esta sentencia de 1961 fue la fuente de una constante jurisprudencia posterior concordante de la Corte Constitucional italiana. [21]

El Modelo de Código Tributario para América Latina también suprime el requisito del pago previo de los tributos o las sanciones en las dos versiones alternativas de su art. 177, y la Exposición de Motivos expresa que *"la Comisión estima de gran trascendencia la no exigencia del pago previo o 'solve et repete' como requisito o presupuesto de la acción"*, agregando que el *"odioso 'solve et repete', según calificación de autorizada doctrina, constituía un medio utilizado frecuentemente para encubrir la arbitrariedad administrativa y hacer ilusoria la defensa del contribuyente"*. Y finalmente expresa algo que nos parece sumamente importante: *"Los peligros que ofrecería tal supresión desaparecen con la organización de un sistema coordinado de medidas cautelares y de ejecución, independientes de la prosecución de la acción ordinaria (léase proceso de conocimiento) sobre la procedencia del crédito fiscal"*. [22]

En lo personal entendemos que, sin perjuicio de la validez de los fundamentos de la inconstitucionalidad del *"solve et repete"* que ha dado la doctrina y la jurisprudencia, en últi-

---

16   El TCA es un tribunal jurisdiccional, ajeno al Poder Ejecutivo y también ajeno al Poder Judicial ordinario, pero que goza de las mismas garantías de independencia que este último, cuya función es el control de la juridicidad de los actos de la Administración, ya sean actos regla o actos individuales, a través de un contencioso de anulación.

17   Publicada en la Justicia Uruguaya, Montevideo, Tomo XLV, N° 5681.

18   Sentencia N° 273 del 1/10/65, que declaró la inconstitucionalidad del art. 81 de la ley N° 13.892 al no admitir el recurso de apelación sin previa consignación de los alquileres devengados, por violar el derecho de petición y la garantía del debido proceso consagrada constitucionalmente.

19   Valdés Costa, Ramón, "La Garantía Jurisdiccional", en *"Instituciones ... ", cit.*, p. 335.

20   Publicada en *Rivista di Diritto Finanziario e Scienza delle Finanze*, Año XX, N° 11, p. 101 y ss., con nota de L. Napolitano.

21   Ver al respecto Uckmar, Victor, "Los criterios de la Corte Constitucional italiana en materia tributaria" (en *Revista Tributaria del Instituto Uruguayo de Estudios Tributarios*, T. XIV, N° 76, Montevideo, ene./febb. 1987, pp. 48 y ss.) sobre la jurisprudencia hasta 1986.

22   Modelo de Código Tributario para América Latina, Unión Panamericana, 2a. edición, Washington D.C. 1968, pp. 124 y 125.

ma instancia y de modo más general, dicho fundamento está en la protección de los derechos fundamentales o derechos humanos inherentes al Estado de Derecho Constitucional liberal con separación de poderes, en tanto fundamento de la garantía de la tutela jurisdiccional contra la cual atenta directamente este privilegio indebido que las leyes otorgaban, y en muchos países continúan otorgando, a la Administración.

C)   La suspensión preceptiva del proceso ejecutivo de cobro mientras está en trámite el proceso conocimiento en la esfera jurisdiccional es -como decíamos *supra* en el literal A- un requisito esencial de la garantía de la tutela jurisdiccional. Lo cual no obsta, obviamente, a que se concedan a la Administración garantías suficientes para asegurarse del riesgo de no poder hacer efectivo el cobro de su eventual crédito en caso de confirmarse el mismo en el proceso jurisdiccional de conocimiento.

Como lo hemos dicho anteriormente [23], la solución de principio sustentada por la doctrina administrativa y vigente en el Derecho Administrativo es que la Administración pueda proceder a ejecutar sus actos mientras esté pendiente de resolución la juridicidad de los mismos en el proceso jurisdiccional de conocimiento, admitiéndose únicamente por vía de excepción la suspensión del acto por parte de la Administración o de los órganos jurisdiccionales, en forma discrecional, cuando, a pedido de parte, se concluya que la ejecución puede producir perjuicios graves o irreparables al administrado.

Esta solución, que consagra el llamado principio de la ejecutividad de los actos administrativos, encuentra su razón de ser en la naturaleza de la actividad administrativa, que en general implica el ejercicio de funciones donde la Administración actúa como poder del Estado haciendo uso de su autoridad.

Sin embargo, la diferente naturaleza de la actividad de la Administración cuando actúa como sujeto activo de una obligación tributaria de fuente legal (principio de legalidad o de reserva de ley mediante), donde dicha actividad es totalmente reglada y carente de discrecionalidad y, por ende, está sometida con mayor rigor o intensidad a la tutela jurisdiccional, hace que no se justifique la vigencia de aquella solución para los actos administrativos de determinación tributaria.

La solución de la devolución de la suma cobrada por la Administración en el caso de que el órgano jurisdiccional en que se tramita el proceso de conocimiento en definitiva acoja la impugnación del acto, aun debidamente actualizada, no es jurídicamente satisfactoria. [24]

Como lo señaló VALDÉS COSTA, en el Derecho Tributario latinoamericano surgió la innovación de la suspensión marcando rumbos en el derecho comparado en materia de garantías jurisdiccionales. [25] Esta solución reconoce como origen el proyecto de Código Tributario uruguayo de 1957 y ha logrado importantes adhesiones en la doctrina y en los derechos positivos del continente. Así es que se concretó en las resoluciones de las II Jornadas Latinoamericanas de Derecho Tributario de México de 1958, en el Modelo de Código Tributario para América Latina, en las recomendaciones de las VII Jornadas Luso-Hispano-Americanas de Estudios Tributarios de Pamplona de 1976 y en las recomendaciones de las XVI Jornadas Latinoamericanas de Derecho Tributario de Lima de 1993.

La solución del Modelo de Código Tributario para América Latina, consagrada en sus arts. 185 y 188 inciso 1°, prevé que, una vez firme el acto de determinación en la vía administrativa, la Administración tendrá título ejecutivo y podrá iniciar ante la justicia un proceso monitorio de ejecución con traba de embargo y citación de excepciones pero, si el ejecu-

---

23   Shaw, José Luis, "Tutela jurisdiccional efectiva en materia tributaria", en *Estudios en Memoria de Ramón Valdés Costa*", F.C.U., Montevideo, 1999, pp. 1216 y ss.

24   Conf. Valdés Costa, Ramón, "La garantía jurisdiccional", en *"Instituciones ... ", cit.*, p. 253.

25   Valdés Costa, Ramón, "La garantía jurisdiccional", en *"Instituciones ... ", cit.*, pp. 325 y 326.

tado al ser citado acredita que se encuentra en trámite la acción jurisdiccional ordinaria contra dicho acto, la ejecución se suspenderá hasta que quede ejecutoriada la sentencia pertinente, en cuyo caso se citará nuevamente de excepciones para continuar la ejecución o clausurarla y levantar el embargo, según a quien sea favorable la sentencia.

Esta solución, sin embargo, no es mayoritaria en el derecho positivo latinoamericano y, menos aún, en el europeo. Y ello tiene mayor gravedad aún porque varios países latinoamericanos, siguiendo la tradición de España, tienen un sistema de cobro en vía puramente administrativa, que también se aplica en Estados Unidos. [26]

D) Sin perjuicio de que la solución del Modelo es bastante equilibrada al contemplar los intereses de la Administración y las garantías del contribuyente, a nuestro juicio puede decirse aún que la acción ejecutiva preceptiva cuando se ha agotado la vía administrativa es un privilegio excesivo que la ley otorga a la Administración, por cuanto el embargo que se le traba al sujeto pasivo al comienzo del proceso ejecutivo monitorio y se mantiene durante todo el trámite del proceso de conocimiento puede causarle serios perjuicios al embargado, en tanto dicho embargo no tiene justificación alguna cuando se trata de un sujeto pasivo solvente que ha impugnado un acto de determinación tributaria cuyo importe para nada pone en riesgo la posibilidad de cobro del eventual crédito de la Administración.

La preceptividad del embargo ejecutivo puede implicar -y de hecho muchas veces implica- una forma de coacción al sujeto pasivo a pagar el importe del tributo impugnado para después solicitar su devolución, lo cual constituye, a nuestro juicio, un *solve et repete* indirecto o de hecho.

Un buen sistema de embargo cautelar, que imponga la demostración de la existencia de riesgo para la percepción del tributo determinado, con la característica diferencial de que cuando se haya agotado la vía de los recursos administrativos la duración del embargo se pueda prorrogar por el juez, cuando las circunstancias del caso lo ameriten, hasta la finalización del proceso de conocimiento, parecería una solución más equilibrada que contemplaría adecuadamente los intereses de la Administración y los derechos de los particulares.

E) En definitiva, a nuestro juicio la suspensión preceptiva de la ejecución de la pretensión tributaria de la Administración mientras está en trámite el proceso conocimiento en la esfera jurisdiccional, y la no vigencia del "*solve et repete*", son las dos caras de una misma moneda: aquella que asegura el libre acceso a la jurisdicción, pues de nada serviría poder acceder a ella sin necesidad del pago previo del tributo pretendido por la Administración si, cuando está en trámite el proceso jurisdiccional de conocimiento, ésta puede lograr el cobro coactivamente.

F) Adicionalmente, como lo hemos dicho anteriormente [27], a nuestro juicio es importante precisar que la garantía de la tutela jurisdiccional, para ser realmente efectiva en materia tributaria, debe estar consagrada en los siguientes ámbitos de aplicación:

    a. En el proceso de conocimiento;

    b. En el proceso de ejecución de los créditos de la Administración;

    c. Con la importantísima característica de que ambos procesos deben estar perfectamente coordinados a fin de que el proceso de ejecución no prime sobre el de conocimiento a través de la posibilidad lamentablemente bastante extendida en el derecho comparado de que la Administración pueda cobrar su pretendido crédito estando aún pendiente de resolución el proceso de conocimiento en el cual se dilucida la juridicidad del mismo;

    A su vez, en sede del proceso de conocimiento, la tutela jurisdiccional debe regir en dos ámbitos:

---

26   Conf. Valdés Costa, Ramón, "La garantía.....", *cit.*, p. 349.

27   Shaw, José Luis, *"Tutela jurisdiccional efectiva ... ."*, *cit.*, pp. 1195 y ss., específicamente p. 1197.

a. como garantía frente a los eventuales desbordes del Parlamento en el ejercicio de su potestad tributaria, sancionando leyes inconstitucionales por violar derechos fundamentales consagrados por la Constitución, o por no respetar los límites impuestos por una distribución constitucional de la potestad tributaria entre entes estatales con diferentes ámbitos de competencia territorial, o por no respetar otras disposiciones de la Constitución como, por ejemplo, inmunidades tributarias consagradas en la misma; y

b. como garantía ante la no sujeción de la Administración a la ley o a la Constitución, ya sea mediante el ejercicio excesivo de la potestad reglamentaria por el Poder Ejecutivo o de sus facultades de crear deberes formales, o mediante el dictado de actos administrativos generales o individuales en su calidad de sujeto activo de la obligación tributaria (donde su actividad es totalmente reglada), o en su calidad de sujeto activo o pasivo de las otras relaciones jurídicas (también regladas) que se crean entre la Administración y los administrados con motivo de la aplicación de la ley tributaria (por anticipos, intereses, sanciones, repetición de lo pagado o deberes formales creados por ley).

G) Finalmente es importante resaltar que, a raíz de la evolución de las concepciones doctrinarias y de la consiguiente evolución ocurrida a nivel del derecho comparado en materia de protección de los derechos y garantías de los contribuyentes por la vía jurisdiccional, se ha generado también una evolución en el derecho comparado en el sentido del desarrollo de normas de procedimiento administrativo que otorgan garantías del debido proceso en el accionar de la Administración en materia tributaria y en materia de Derecho Administrativo en general.

Esa evolución ha trascendido, por cierto, del tema de la derogación de las disposiciones legales (ocurridas en algunos países) del *"solve et repete"* y de la suspensión del proceso ejecutivo que hemos desarrollado *supra*.

4. LA DOCTRINA DESARROLLADA EN LAS JORNADAS LATINOAMERICANAS DE DERECHO TRIBUTARIO, LAS JORNADAS LUSO-HISPANO-AMERICANAS DE ESTUDIOS TRIBUTARIOS Y EL MODELO DE CÓDIGO TRIBUTARIO PARA AMÉRICA LATINA

A) La protección de los derechos y garantías de los contribuyentes ha sido objeto de especial consideración por parte de la doctrina desarrollada en el ámbito de las Jornadas Latinoamericanas de Derecho Tributario celebradas a partir de las primeras que tuvieron lugar en Montevideo en el año 1956, pasando por las II Jornadas de México en 1958 (donde se fundó el Instituto Latinoamericano de Derecho Tributario – ILADT) hasta las XXX Jornadas celebradas en Montevideo en el mes de noviembre de 2018.

Lo mismo cabe decir de las diez Jornadas Luso-Hispano-Americanas de Estudios Tributarios celebradas entre las instituciones nacionales miembros del ILADT e instituciones académicas de España y Portugal entre los años 1966 y 1984 (cuando éstas se incorporaron como miembros del ILADT).

Tanto los trabajos presentados y discutidos en esas Jornadas, como las Resoluciones y Recomendaciones adoptadas fueron creando una muy importante doctrina garantista de los derechos humanos de los contribuyentes.

Dentro de esa corriente doctrinaria garantista tuvo también gran importancia el Modelo de Código Tributario para América Latina, redactado por una comisión integrada por los prestigiosos juristas Carlos María GIULIANI FONROUGE (de Argentina), Rubens GOMES DE SOUSA (de Brasil) y Ramón VALDÉS COSTA (de Uruguay) en el año 1967, que si bien fue elaborada para en Programa Conjunto de Tributación de OEA/BID, es parte integrante de esa corriente doctrinaria, no sólo porque sus autores fueron pioneros de las Jornadas Latinoamericanas que participaron en las primeras de Montevideo en 1956 y piezas fundamentales en las siguientes aportando sus reconocidos conocimientos, sino también porque el Modelo incorporó recomendaciones de anteriores Jornadas Latinoamericanas y muchas de sus soluciones fueron ratificadas por Resoluciones y Recomendaciones de Jornadas posteriores.

Más aun, el Modelo de Código fue objeto de estudio y ratificación específica en uno de los temas centrales de las VI Jornadas de Punta del Este en 1970, donde se declaró:

> *"B) Las soluciones contenidas en el Modelo recogen la doctrina latinoamericana de Derecho Tributario elaborada a lo largo de las Jornadas de nuestro Instituto y que pueden resumirse en una amplia consagración de los principios de legalidad, tutela jurisdiccional e igualdad de las partes de la relación tributaria".*

> *"C) El Modelo afirma los principios jurídicos fundamentales que son esenciales para el fortalecimiento de los sistemas tributarios de los países de América Latina con miras a su desarrollo económico-social, los cuales no deben sacrificarse so pretexto de que constituyen una traba a los principios de la política fiscal o a la eficiencia de la administración tributaria".*

También fue objeto de ratificación específica nuevamente en las XX Jornadas de Salvador de Bahía en el 2000 y en un Seminario en las XXX Jornadas de Montevideo en 2018.

B) El Modelo de Código Tributario para América Latina ha sido la fuente de inspiración de numerosos Códigos Tributarios que se han ido sancionando por distintos países de América Latina.

En otros casos de países del ámbito del ILADT, tanto de América Latina como de Europa, si bien no se sancionaron Códigos Tributarios, existen leyes especiales que, bajo distintas denominaciones como Carta, Estatuto, Ley de Defensa de los Derechos del Contribuyente, etc., recogen los derechos y garantías del contribuyente propios de los Estados de Derecho liberales con separación de poderes.

En todos ellos las Constituciones consagran el principio de legalidad o de reserva de ley, de conformidad con el cual la potestad tributaria, esto es el poder del Estado para crear tributos en forma coactiva, es función del Poder Legislativo (si bien en algunos países con cierta laxitud en casos especiales) en una relación típica de poder sólo sujeta a los límites que imponen las disposiciones y principios constitucionales. Otro tanto ocurre en materia del establecimiento de infracciones y delitos tributarios y aplicación de las correspondientes sanciones y penas.

A su vez, la actividad de la Administración –acreedora de los tributos creados por la ley– tendiente a la investigación, fiscalización, determinación de la cuantía de las obligaciones tributarias concretas de cada sujeto pasivo nacidas con el acaecimiento fáctico del presupuesto de hecho o hecho generador establecido por la ley, y la recaudación de las mismas, es una actividad reglada que está acotada a las facultades que al respecto le otorgue la ley, a la cual la Administración está sujeta igual que los particulares.

De modo tal que existe entre ambos una relación jurídica tributaria de carácter obligacional donde desaparece la situación de sometimiento propia de una relación de poder, la cual se agota con la sanción de las leyes tributarias por el Parlamento. Esta situación jurídica se resume en el llamado *"principio de igualdad de las partes de la relación jurídica tributaria".*

No obstante, los Códigos y las citadas leyes tributarias especiales otorgan a la Administración tributaria facultades extraordinarias, lo cual como principio es lógico porque el crédito tributario del Estado es digno de tutela jurídica. Así pueden citarse, entre otras, amplísimas facultades de investigación y fiscalización; regímenes privilegiados para solicitar medidas cautelares de créditos aún no determinados –"en vías de determinación"– con una simple liquidación provisoria de la mera "apariencia de buen derecho" (*fumus bonis iure*) cuando exista riesgo de frustración de sus eventuales créditos (*periculum in mora*); facultades para la determinación unilateral de las obligaciones o deudas tributarias; la posibilidad de aplicar ella misma sanciones cuando considera que se han cometido infracciones tributarias; y la posibilidad de crear su propio título ejecutivo para el cobro de los créditos por tributos y por sanciones (sin perjuicio en todos estos casos, naturalmente, del control jurisdiccional posterior).

Sin perjuicio de estas facultades extraordinarias otorgadas a la Administración Tributaria, los Códigos y las mencionadas leyes especiales suelen contener muy acertadas normas que protegen los derechos humanos de los particulares de raigambre constitucional, inherentes al Estado de Derecho, contra posibles pretensiones o actitudes arbitrarias de la Administración.

En definitiva, se consagra un adecuado equilibrio entre los legítimos intereses y facultades del Estado y los legítimos derechos constitucionales de los particulares contra posibles abusos de la Administración, y también del Poder Legislativo cuando sanciona leyes que violan normas y principios o reglas constitucionales.

5.   LA CRECIENTE ACTIVIDAD DEL ESTADO, EL AVANCE SOBRE LOS DERECHOS DE LOS CONTRIBUYENTES Y LA RUPTURA DEL EQUILIBRO

A) Lamentablemente este equilibrio ha ido sufriendo, en numerosas ocasiones desde hace ya bastante tiempo y en la mayoría de los países del ámbito del ILADT, serios embates por parte de las autoridades tributarias y de los propios Poderes Ejecutivos, que han adoptado por la vía de resoluciones de los organismos recaudadores y decretos reglamentarios, o propiciado iniciativas legislativas -muchas de las cuales han prosperado-, que rompen el mencionado equilibrio y de hecho inclinan la balanza hacia una situación de sujeción de los particulares a la Administración tributaria más propia de una relación de poder que de una relación jurídica de carácter obligacional.

En el afán por combatir la evasión y apremiadas por crecientes déficits fiscales, muchas veces las autoridades han querido –y logrado– dotarse de instrumentos legales por cierto más eficaces para recaudar, sin tener en cuenta que vulneran los derechos humanos de los contribuyentes de raigambre u origen constitucional y, también, el principio de seguridad jurídica.

Peor aún, como fue descarnadamente expuesto en las VI Jornadas Rioplatenses de Tributación celebradas en Montevideo en junio del año 2007 al tratarse el Tema I: "El debido equilibrio entre las facultades del Fisco y los derechos de los sujetos pasivos" [28], a ello se agrega que las disposiciones legales que otorgan facultades a la Administración Tributaria, tanto las incluidas en los Códigos Tributarios o en las leyes especiales, como las modificatorias posteriores, y también las otorgadas indebidamente por decretos de los Poderes Ejecutivos o por meras resoluciones de los organismos recaudadores, que supuestamente se establecen para situaciones extraordinarias, son crecientemente utilizadas en forma sistemática y generalizada de un modo que excede el limitado ámbito de discrecionalidad de que goza la Administración (la denominada "discrecionalidad técnica") para ingresar en la arbitrariedad, con el fin de presionar a los particulares a aceptar las pretensiones recaudatorias del Fisco sin permitirles ejercer su legítimo derecho de defensa tanto en vía administrativa como jurisdiccional. Con lo cual el principio de legalidad y la garantía de la tutela jurisdiccional pasan a ser, muchas veces, letra muerta. Es lo que la doctrina brasileña y la jurisprudencia del Supremo Tribunal Federal de Brasil han denominado *"sanciones políticas"*, a las que

---

28   Ver en *Revista Tributaria del Inst. Uruguayo de Estudios Tributarios*, N° 201, Montevideo, nov./dic. de 2007, pp. 737 y ss.

han considerado inconstitucionales [29], que entran en la categoría de las *"sanciones anóma-las"* (tanto *"impropias"* como *"atípicas"*).

Para poner sólo algunos ejemplos, se pueden mencionar: (i) la aplicación sistemática de medidas cautelares sobre aparentes créditos estimados provisoriamente ("apariencia de buen derecho" – *"fumus bonis iuris"*) propia de las medidas cautelares en general, al comienzo de las actuaciones, alegando la existencia de riesgo para el cobro de ese aparente derecho (*"periculum in mora"*) en virtud del monto estimado de ese crédito al cual se agregan sanciones desproporcionadas; (ii) la suspensión arbitraria de certificados de estar al día con obligaciones formales u obligaciones tributarias pretendidas que no están firmes en vía administrativa o aún no determinadas, sin cuyos certificados las empresas contribuyentes no pueden trabajar; (iii) la clausura temporal de empresas por incumplimiento de deberes formales o pretendidas deudas tributarias aún no determinadas que, aparte de las pérdidas que les ocasionan, las expone al escarnio público (la cual no es una medida cautelar como se pretende porque después del plazo de clausura la empresa puede continuar sus actividades normalmente); (iv) la formulación de denuncia a la Justicia Penal de la existencia del delito penal de defraudación tributaria cuando aún no se ha determinado ni siquiera el tributo que se pretende defraudado [30]; (v) o la simple amenaza de hacer la denuncia si no se paga la obligación tributaria pretendida; (vi) la publicación de los contribuyentes que el organismo recaudador considera, aunque estén en trámite los recursos administrativos o las acciones jurisdiccionales contra la resolución de dicho organismo, que han incurrido en la infracción de defraudación por encima de determinado monto o cuando afecten el *"interés general"*.

Se configura así, a nuestro juicio, un *"abuso de los procesos"* extraordinarios que las normas ponen a disposición de la Administración Tributaria, que es una forma del *"abuso de derecho"* que regula el Derecho Civil, y constituyen manifestaciones claras de las figuras del *"exceso de poder"* o del *"abuso de poder"* o bien de la *"desviación de poder"* que regula el Derecho Administrativo.

B) Causa fundamental de este avance del Estado sobre los derechos de los contribuyentes es, a nuestro juicio, la creciente intervención del Estado en todos los aspectos de la vida de los individuos y la sociedad en su conjunto, tanto por parte del Poder Legislativo como -y sobre todo- por el Poder Ejecutivo en materia administrativa y económica, asumiendo un rol cada vez más preponderante.

---

29 Conf. Massaru Takoi, Sérgio, "Sancoes políticas e inconstitucionalidade do art. 47, I, da Lei 8.212/1991", en *Revista Tributaria e de Financas Públicas*, Academia Brasileira de Direito Tributário, Editora Revista dos Tribunais, San Pablo, Año 17 – 89 – noviembre-diciembre 2009, p. 305 y ss. (con citas de Rui Barbosa Nogueira y de Ives Gandra da Silva Martins).

Ver también Damazio de Noronha, Gustavo, "Responsabilidad tributaria y las funciones del Estado. Análisis de métodos coercitivos adoptados por la Administración Fiscal en la cobranza de tributos", Memorias de las XXV Jornadas Latinoamericanas de Derecho Tributario, Tomo II, Cartagena de Indias, Colombia, 2010, pp. 371 y ss., específicamente pp. 379 y ss. donde cita jurisprudencia de la Suprema Corte de Justicia brasileña que data de la década de 1960, de cuya *"actualísima posición"* es representativa una sentencia de 1967 según la cual *"no es permitido a la Administración impedir o cercenar la actividad profesional del contribuyente para obligarlo a satisfacer un débito fiscal, negándole indirectamente el acceso a las vías judiciales para la apreciación de una eventual lesión de derecho"*. También cita otro fallo de la Suprema Corte de la misma época redactada por el Ministro Aliomar Baleeiro, cuyo sumario expresa: *"Solve et repete. La jurisprudencia del Supremo Tribunal Federal ya se pacificó en el sentido de que no sobreviven, en el derecho actual, las medidas restrictivas de las actividades profesionales lícitas de los contribuyentes"*, y un más reciente fallo de la SCJ del 17/3/2005 que revitalizó todos los fallos anteriores, *"prestigiando su antigua jurisprudencia"*.

30 Ver Recomendación N° 8 de la XIX Jornadas Latinoamericanas de Derecho Tributario cebradas en Lisboa, 1998, sobre el tema "Criminalización de las Infracciones tributarias", donde se expresa: *"La determinación administrativa del tributo deberá tener carácter previo a cualquier iniciativa de la Administración dirigida a abrir el proceso penal. La inactividad de la Administración en ningún caso permitirá prescindir de este requisito"*.

Ello responde muchas veces a concepciones ideológicas autoritarias, estatistas o fuertemente dirigistas e intervencionistas, y también ocurre en regímenes de gobierno donde se reconoce un importante papel a la actividad privada y al mercado en la actividad económica de producción de bienes y servicios, pero donde las regulaciones son en general fuertemente crecientes.

Además, cuanto mayor es la intervención del Estado, generalmente aumenta la tendencia al despilfarro del gasto público en áreas totalmente superfluas, sin un adecuado control de su eficiencia, utilidad y eficacia.

Esta realidad también ocurre -en nuestra opinión- por el desarrollo de Estados de Bienestar que, a pesar de su loable finalidad, muchas veces se implementan sin medir adecuadamente el costo de su financiación, lo que provoca apremiantes déficits fiscales que requieren aumento de ingresos de todo tipo, ya sean tributarios o de otra índole (deuda, emisión de moneda por encima del crecimiento del PIB, resultados de empresas estatales monopólicas muy por encima de sus costos de producción, etc.), que a la larga se pagan con la única fuente de ingresos genuina y sustentable del Estado que son los tributos.

Ejemplo de estas políticas, de creciente actualidad, que es noticia diaria y objeto de continuos comentarios en los medios de comunicación, es la aplicación por parte de los Estados Unidos de Norteamérica y de los países integrantes de la Unión Europea, a partir de la crisis bancaria del año 2008, de políticas de emisión desenfrenada de dinero para evitar la quiebra de bancos y la recesión que, por ejemplo en Estados Unidos, ha llevado a que la cantidad de dinero se multiplicara por cuatro.

El mundo desarrollado ha entrado en una vorágine keynesiana de abundancia de dinero, tasas de interés bajas y hasta negativas, con un crecimiento del PIB muy bajo, estancado o en caída y el constante pánico de una deflación, con la consecuencia adicional de que, dadas las bajísimas tasas de interés, muchos países se han endeudado más allá de lo aconsejable para cubrir sus crecientes déficits fiscales.

Estos déficits provocan una desesperada tendencia de creación de nuevos impuestos y aumento de los existentes, así como también un fuerte impulso recaudador, muchas veces sin respetar las normas y principios constitucionales y las normas legales, violado los derechos humanos de los contribuyentes.

Ya en el año 1993, mucho antes de esta crisis, VALDÉS COSTA hablaba de la necesidad de perfeccionar la protección de los derechos humanos frente a la creciente actividad del Estado, diciendo: *"La solución que ha prevalecido es la de someter dicha actividad a los órganos jurisdiccionales a efectos de evitar o corregir las frecuentes inconstitucionalidades o ilegalidades que la experiencia contemporánea ha puesto de manifiesto, incluso en los países democráticos".* [31]

Es obvio que las frecuentes inconstitucionalidades e ilegalidades se dan en mayor medida en países de gobiernos dictatoriales y, también, en países no democráticos aunque aleguen serlo porque sus gobiernos provienen de elecciones, fraudulentas o no, pero donde no rige el Estado de Derecho con poderes independientes y el respeto de los derechos humanos de los contribuyentes. Pero también ocurre -como ya lo decía VALDÉS COSTA en 1993- en los países democráticos.

6. LA INVOCACIÓN DEL "INTERÉS GENERAL"

A) Lo más preocupante es que estas actitudes de la Administración tributaria cuentan muchas veces con la pasividad y aún la permisividad de los órganos judiciales encargados de

---

31 Valdés Costa, Ramón, "La Garantía Jurisdiccional", en *"Instituciones de Derecho Tributario",* Depalma, Buenos Aires, 1992, p. 271.

intervenir, porque no se realiza un mayor análisis de la pertinencia de las solicitudes de la Administración confiando en que ésta actúa correctamente y de buena fe.

Más grave aún, ante el constante y reiterado discurso de las autoridades tributarias, se ha instalado en un sector de la jurisprudencia el equivocado concepto del valor supremo de la recaudación como el bien jurídico tutelado por el Derecho Tributario, representativa del "interés general" que se identifica con el "interés fiscal" o "interés recaudatorio".

B) El concepto de "interés general" es objeto de importantes desarrollos a nivel doctrinario.

Como punto de referencia, digamos que la Constitución uruguaya dispone en su art. 7 que todos los habitantes de la República tienen derecho a ser protegidos en el goce de su vida, honor, libertad, seguridad, trabajo y propiedad y nadie puede ser privado de estos derechos sino conforme à las leyes que se establecieren por razones de "interés general" (algunos de ellos desarrollados en los arts. 32 y 36). En forma similar en el art. 28 dispone que los papeles de los particulares y su correspondencia de cualquier especie son inviolables y nunca podrá hacerse su registro, examen o interceptación sino conforme a las leyes que se establecieren por razones de "interés general". Y en el art. 38 dispone que queda garantido el derecho de reunión pacífico y sin armas que no podrá ser desconocido por ninguna autoridad de la República sino en virtud de una ley, y solamente en cuanto se oponga a la salud, la seguridad y el "orden público".

A su respecto expresa con claridad CASINELLI MUÑOZ [32], en posición que es compartida en general por la doctrina constitucionalista, que el Estado, a través del ejercicio de la función legislativa -y no mediante cualquier otro acto del Estado- tiene potestad para definir los límites concretos de los derechos fundamentales y, por consiguiente, frente al legislador no hay una delimitación precisa del alcance de los derechos fundamentales que permita decir que la ley ordinaria no tiene potestad para recortar o privar del goce de un derecho fundamental en determinados casos.

Lo cual lleva a la necesidad de distinguir el derecho fundamental o derecho humano, por un lado, frente al Estado legislador y, por otro lado, frente al Estado administrador.

Frente al Estado administrador el derecho fundamental es siempre un derecho subjetivo y, por consiguiente, cuando hay un titular de un derecho, el Estado aparece como obligado a la prestación positiva o negativa correlativa a esa situación jurídica de derecho subjetivo.

En cambio, cuando se trata del ejercicio de la potestad legislativa limitadora o reguladora del ejercicio de los derechos fundamentales, la posición en la que se encuentra el titular del derecho fundamental de que se trate es una situación de interés legítimo, en cuanto tiene como correlativo, al otro lado de la relación jurídica, no una obligación sino una potestad limitadora o reguladora.

Frente a una ley limitadora o reguladora del ejercicio de los derechos fundamentales –continúa diciendo el autor- el posible vicio de violación de la Constitución que tenga esa ley se califica jurídicamente como una violación de interés legítimo y no como una violación de derecho subjetivo, que dará lugar a la utilización de las vías que la Constitución prevé para

---

32 Casinelli Muñoz, Horacio, "Los límites de los derechos humanos en la Constitución nacional", Cuadernos de la Facultad de Derecho y Ciencias Sociales de la Universidad de la República O. del Uruguay, Segunda Serie, N° 13, Montevideo, 1990, pp. 186 y ss.

También dice Casinelli que en la Constitución uruguaya existen los denominados "derechos subjetivos perfectos" que son derechos humanos fundamentales que resultan ilimitables por la ley, como por ejemplo el art. 8 sobre el principio de igualdad, el 26 cuando dice que a nadie se le aplicará la pena de muerte, el 17 sobre *habeas corpus*, el 309 sobre acción de nulidad, el 258 que establece el derecho a solicitar la declaración de inconstitucionalidad, etc., contenidos en la Constitución, sin condicionarlos a la ley ni supeditarlos a limitación legal alguna, que son oponibles al Estado inclusive como legislador.

esta hipótesis, que son en el caso uruguayo la declaración de inconstitucionalidad por la Suprema Corte de Justicia.

En similar sentido ya había dicho JIMENEZ DE ARECHAGA [33] que cuando el legislador dicta una ley fundándose en razones de interés general o de necesidad o utilidad públicas, cumple una doble operación: por un lado, interpreta un texto constitucional y, por el otro, comprueba un estado de hecho. El legislador debe determinar qué quiere decir la Constitución cuando ella se refiere a necesidad o a utilidad públicas, o al interés general; tiene que explicitar el contenido de estas expresiones de la Constitución; tiene que saber qué alcance corresponde atribuir a esas palabras utilizadas por el constituyente.

Y una vez que ha realizado esta tarea, el legislador tiene que analizar las circunstancias de hecho que se pretenden disciplinar por la ley, para establecer si ellas configuran el caso de necesidad o utilidad públicas o de interés general que lo habilitan para regular el ejercicio o el alcance de un derecho fundamental.

Agrega el prestigioso constitucionalista que, en cuanto a esas circunstancias de hecho, es el legislador y sólo él quien debe apreciarlas, pero que en cuanto a la determinación del significado de esas expresiones "interés general", "necesidad pública" o "utilidad pública", la que sea hecha por el legislador es susceptible de ser revisada por la Suprema Corte de Justicia.

RISSO FERRAND[34], examinando jurisprudencia de la Suprema Corte relativa a la misión de la misma, señala que la Corte juzga la razonabilidad del motivo indicado por el legislador al limitar los derechos individuales en función del interés general, y no en cambio la razonabilidad u oportunidad de la legislación misma. [35]

Ya vimos como JIMÉNEZ DE ARÉCHAGA se refería indistintamente a los conceptos de "interés general", "necesidad pública" o "utilidad pública". Más aún, en otra parte de su obra, al referirse al art. 7° de la Constitución que establece que nadie puede ser privado del derecho a ser protegido por el Estado al goce de los derechos fundamentales en él enumerados sino conforme a las leyes que se establecieren por razones de interés general, expresa ARÉCHAGA [36] que – como antes ya lo expuso – el ánimo del constituyente ha sido restringir los poderes de regulación conferidos al Parlamento, y que se ha admitido, además, la posibilidad de que la Suprema Corte, en los procedimientos de contralor de constitucionalidad, revise la razonabilidad de ese juicio formulado por el legislador acerca de las conveniencias del interés general.

Y a continuación se pregunta ¿qué es este "interés general"? No hay en la Constitución una definición del concepto [37]. Es un término más amplio que el de "orden público", sin que este otro tampoco haya sido objeto de una definición constitucional. Y agrega ARÉCHAGA que el interés general deberá ser apreciado según un juicio de razonabilidad, y que de todas maneras conviene establecer que el juego de otras disposiciones constitucionales en cierta medida contiene o limita la noción del interés general y pone una valla a las normas que el legislador dicte en función de este concepto, poniendo como un claro ejemplo el principio de igualdad.

C)   En la doctrina extranjera son bien elocuentes las opiniones de los profesores de Derecho Administrativo MUÑOZ de Argentina y RODRIGUEZ-ARANA de España. [38]

---

33   Jiménez de Aréchaga, Justino, "La Constitución Nacional", T. VIII, Ed. Medina, Montevideo, pp. 215 /216.

34   Risso Ferrand, Martín, "Derecho Constitucional", T.1, F.C.U., Montevideo, 2ª. ed. 2006, pp. 494 y ss.

35   LJU caso 13.033 y sentencias 42/93 y 234/95.

36   Jiménez de Aréchaga, Justino, "La Constitución Nacional", T. II, Ed. Medina, Montevideo, pp. 17 y 22-23.

37   Conf. asimismo Casinelli Muñoz, Horacio, "Derecho Público", FCU, Montevideo, edic. 1999, p. 119.

38   Conferencias en homenaje a Guillermo Andrés Muñoz, publicadas en la *Revista de la Asociación Argentina de Derecho Administrativo* N° 8, Buenos Aires, 2010.

Expresa MUÑOZ [39] que el ordenamiento jurídico utiliza en forma totalmente promiscua y muchas veces indiferenciada, a veces sí, a veces no, una serie de términos similares: interés público, interés general, utilidad pública, bien común, interés general del Estado, interés general de la sociedad. Y se pregunta ¿esos términos, tienen un sentido preciso y diferenciado o son todos más o menos sinónimos?, ¿se puede dar una respuesta universal a esto o es según cada caso?, respondiendo que sin perjuicio de que hay quienes piensan que cada uno de estos conceptos se puede identificar y separar uno del otro, hay otro sector, que es predominante, que tiende a decir que son conceptos más bien sinónimos, o que por lo menos se utilizan en forma más bien indiscriminada por el constituyente o por el legislador, sin pretender referirse a realidades claras y perfectamente diferenciadas.

Agrega MUÑOZ que esto, por ejemplo, es clarísimo en lo que pasó con el artículo 113, inc. 1, de la Constitución española. Cuando se estaba debatiendo el texto, primero se habló de intereses colectivos, después de otro tipo de intereses y se llegó a la conclusión de que los verdaderos intereses colectivos eran los intereses generales o los intereses públicos, usándolos como sinónimos. Pero como quedaba feo reproducir una cierta cacofonía, administración pública e intereses públicos, entonces iban a elegir intereses generales. Por una coquetería gramatical, cambiaron interés público por interés general. Eso demuestra –concluye- que su uso es absolutamente, o en casi todos los casos, bastante indiscriminado.

Expresa asimismo el citado autor que la Corte Suprema de Argentina también lo ha usado muchas veces en forma totalmente indistinta. Y que el Tribunal Europeo de los Derechos Humanos en un caso "James y otros c/Reino Unido" del año 1986, en donde tuvo que analizar un mismo texto donde estaban las palabras utilidad pública e interés público, sostuvo que el hecho de que estuviera enunciado de dos formas distintas en un mismo texto, no quería decir de ninguna manera que se tratara de cosas diferentes y que no advertía diferencia alguna en ese caso entre interés público y utilidad pública. O sea que también renunció a cualquier diferenciación, no solamente a toda definición sino a cualquier diferenciación entre el interés público y el bien común, el interés general o la utilidad pública.

También refiere MUÑOZ a que en la década de 1960 hubo dos hechos culturales de suma importancia. En Estados Unidos se celebró un gran congreso en que se debatió el tema del interés público donde estuvieron días discutiendo, haciendo ponencias, tratando de fijar cuál era la historia, la situación y la función actual del interés público. Pocos años después se celebró en Alemania el XXVI Congreso de Ciencias del Estado donde el tema central fue también el interés público. Y la conclusión a la que llegaron, con pocos años de diferencia, estos dos congresos desarrollados en áreas culturales tan distintas, tan diversas, es realmente desoladora, pues en ambos casos dijeron más o menos así: en estos momentos, ni la ciencia ni la práctica política están en condiciones de definir cuál es el contenido del interés público y cuál es la función que cumple dentro del rol del Estado.

En forma muy gráfica -y explicativa del título de su conferencia- dice MUÑOZ que un poco con el interés público pasa como con el amor: ¿quién no se anima a decir que ha sentido, que conoce lo que es el amor, que sus venas han latido a través del amor, que el ritmo de su pulso se ha movido a través de esa cosa ancestral que es el amor? Sin embargo, cuando al amor se lo quiere definir, es como si desapareciera, como si perdiera fuerzas, como si perdiera todo. Entonces es mejor no definirlo.

---

39 Muñoz, Guillermo Andrés, "El interés público es como el amor", conferencia inaugural del IV Congreso de la Asociación de Derecho Público del MERCOSUR, realizado en Buenos Aires el 28/05/2003 (publicada en la *Revista de la Asociación Argentina de Derecho Administrativo* N° 8, Buenos Aires, 2010, con motivo del V Congreso de la Asociación de Derecho Público del MERCOSUR y el X Congreso del Instituto Paranaense en Foz de Iguazú, realizado en Buenos Aires en el año 2009) pp. 8 y ss.

Por su parte, RODRIGUEZ-ARANA[40] expresa, en primer lugar, que el interés general es más amplio que el de interés público, pues se refiere directamente al interés social, al interés de todos y cada uno de los ciudadanos, de donde concluye que cuando hoy utilizamos el concepto de interés público en el marco del Derecho Administrativo nos referimos sin duda al interés general.

También expresa que cuando se piensa en lo que es realmente interés público, resulta que nos topamos ante un conjunto de términos análogos, como interés general, interés común, interés colectivo, interés comunitario, que refieren a la existencia de necesidades supraindividuales que afectan a las condiciones de vida de los habitantes, estamos en presencia de una pluralidad de denominaciones que tienen un punto en común: plantean la existencia de realidades supraindividuales que afectan a la población en su condición de pueblo, de sociedad que demanda asuntos comunes que permitan el desarrollo libre y solidario de las personas. Y también que en el Estado social y democrático de Derecho el interés público tiene un compromiso activo con la promoción y efectividad de todos y cada uno de los derechos ciudadanos, especialmente de los derechos fundamentales.

D) Pasando de lo conceptual a la aplicación por parte de la Administración del concepto de interés público o interés general (que es el motivo central del tratamiento del tema en este trabajo), dice MUÑOZ que el mismo también se usa para mentir y hace referencia a lo que últimamente ha estado pasando en su país desde hace varios años; se ha invocado el interés público para justificar la implementación obligatoria de los pagos por medios electrónicos, para justificar esa poco feliz secuencia de normas, que parecen más bien extraídas de un romancero gaucho, el corralito, el corralón, las goteras (que agujerean el techo de la tapera argentina), la antigotera…, para justificar reiteradamente el incumplimiento de sentencias, para legitimar un reglamento de urgencia que se dictó sólo para no cumplir medidas cautelares que suspendían una decisión administrativa, etc.

Finaliza MUÑOZ diciendo que cuando la palabra interés público pierde toda significación en una sociedad, es peligroso: es riesgoso cuando las palabras se utilizan para justificar cualquier cosa.

Por su parte, dice bien RODRÍGUEZ-ARANA que en realidad los parámetros y postulados constitucionales constituyen el marco para la definición en cada caso del interés público. Y recalca que esta tarea se hace a través de la legislación, *"más el complemento de la normación y actuación administrativa en los casos concretos".*

En forma similar y coincidiendo con MUÑOZ, dice RODRÍGUEZ-ARANA que la propia Administración debe razonar el interés público presente para beneficiarse de los privilegios y prerrogativas que forman parte de su régimen jurídico, porque de lo contrario se estaría presumiendo, sin justificación, la existencia de un interés público general cada vez que la Administración pública se dispone a actuar.

Y continúa diciendo que la exigencia legal de motivación de los actos de la Administración, prácticamente unánime en todos los Ordenamientos administrativos, explica hasta qué punto el manejo del interés público debe hacerse siempre en un contexto de racionalidad. De lo contrario cuando el interés público se utiliza en abstracto, sin motivación, estamos en el reino del autoritarismo. Una Administración que apela al interés público como si fuera un concepto en blanco -concluye- es una Administración que elude el control, que actúa consciente de su omnipotencia, que busca la impunidad.

---

40 Rodríguez-Arana, Jaime, "El interés general como categoría central de la actuación de las administraciones públicas", conferencia pronunciada en el V Congreso de la Asociación de Derecho Público del MERCOSUR y X Congreso del Instituto Paranaense en Foz de Iguazú el 31/10/2009 (publicada en la *Revista de la Asociación Argentina de Derecho Administrativo* N° 8, Buenos Aires, 2010, pp. 16 y ss.).

7.   LA TUTELA EN EL ÁMBITO DEL ILÍCITO TRIBUTARIO

A)   La garantía de la tutela jurisdiccional adquiere, por razones obvias, especial trascendencia en el ámbito del ilícito tributario.

El Modelo CTAL establece en su art. 88 que "las penas deberán ser aplicadas *en definitiva* por los órganos jurisdiccionales con sujeción a lo dispuesto por los Títulos IV y V" del mismo Código, los cuales refieren a "Los procedimientos ante la Administración tributaria" y al "Contencioso Tributario" respectivamente. De diversos artículos de estos títulos surge que determinadas penas son aplicables "*en primera instancia*" por la Administración tributaria, sin perjuicio del control jurisdiccional posterior. Así el art. 155 inc. 2° referido al trámite del acto de determinación de la obligación tributaria, establece que "*si del procedimiento (administrativo) resultara comprobada alguna infracción, la sanción deberá ser aplicada en la misma resolución que determine la obligación*". Y agrega que "*de no hacerlo, se entenderá que no hay mérito para ello con la consiguiente liberación de responsabilidad del contribuyente*".

Pero el Modelo contiene otras dos disposiciones muy adecuadas. El art. 185 establece que, a diferencia de la acción ejecutiva para el cobro de los tributos en que basta la existencia de resolución administrativa firme, "*para el cobro de las multas se requerirá sentencia ejecutoriada*". Y el art. 181 relativo a las medidas cautelares establece que, a diferencia del caso de los créditos por tributos, en el caso de infracciones sólo procederán "*cuando mediare resolución definitiva en los recursos administrativos o sentencia del Tribunal confirmatoria de la resolución impugnada*".

A su vez, en materia de penas privativas de la libertad, el Modelo dispone en el inc. 2° de su art. 88 que "*la pena de prisión sólo podrá ser aplicada por los órganos judiciales competentes*".

El Modelo ha aceptado una solución transaccional entre la posición de quienes admiten la aplicación de sanciones tributarias por órganos administrativos y la de quienes consideran que su imposición debe quedar librada exclusivamente al arbitrio jurisdiccional. A nuestro juicio esta discusión está motivada por el enfrentamiento antagónico de quienes hacen un enfoque teórico o conceptual del problema y aquellos que sólo dirigen su punto de mira hacia una evaluación práctica del mismo.

B)   Entendemos, como lo hemos dicho con anterioridad [41], que es indiscutible que la determinación de la existencia de un ilícito tributario y la aplicación de la correlativa sanción –en un plano estrictamente conceptual o teórico– no debería quedar librada a la discrecionalidad del propio órgano administrador.

En rigor, no existen razones conceptuales que justifiquen que las violaciones a las obligaciones impuestas por las normas tributarias deban ser penadas por órganos de la propia Administración y no por órganos jurisdiccionales, como ocurre con las ilicitudes sancionadas por el Derecho Penal común o criminal regulado por los Códigos Penales. La atribución de la facultad sancionatoria a uno u otro tipo de órgano es, en el fondo, un problema de evolución.

En el derecho comparado existen ejemplos de atribución de competencia exclusiva a órganos jurisdiccionales para la aplicación de sanciones tributarias pecuniarias. Al respecto puede verse la evolución que se ha ido registrando en el derecho de algunos países europeos,

---

41 Shaw, José Luis, "La tutela jurisdiccional efectiva en materia tributaria" en "*Estudios en Memoria de Ramón Valdés Costa*", F.C.U, Montevideo, 1999, pp. 1234 y ss.; y antes Shaw, José Luis y Ossi Garibaldi, Adolfo, "Los principios jurídicos generales aplicables a las infracciones y sanciones tributarias", en *Memorias de las VI Jornadas Latinoamericanas de Derecho Tributario*, Punta del Este, 1970, pp. 195 y ss.

que comenta VALDÉS COSTA. [42] También pueden citarse los casos del ex impuesto a las herencias y de los tributos aduaneros en el derecho uruguayo.

No obstante, la aplicación de dicha solución con carácter general traería aparejada la necesidad de crear toda una estructura orgánica de tribunales especializados a los que habría que atribuir competencia exclusiva en la materia, solución que, aunque ideal desde el punto de vista teórico, parece poco practicable en el momento actual atribuir competencia exclusiva a órganos jurisdiccionales para la aplicación de las penas correspondientes a algunas infracciones tributarias que han de consistir únicamente en sanciones pecuniarias.

Las razones expuestas son las que justifican la adopción de fórmulas intermedias por las cuales se preceptúa la aplicación de sanciones tributarias por órganos administrativos, siempre que sea un órgano jurisdiccional quien tenga la decisión definitiva sobre su aplicación, tal como lo hace el Modelo CTAL.

Nuestra opinión en este sentido difiere en parte de la solución del Modelo, en cuanto a otorgar competencia *exclusiva* a órganos judiciales únicamente para el caso de aplicación de *penas privativas de libertad*. Entendemos que, aún en el momento actual, es imprescindible el reconocimiento de la competencia exclusiva de órganos jurisdiccionales en el juzgamiento de infracciones de las cuales puedan derivar penas privativas de libertad o restrictivas de otros derechos individuales que pueden causar un daño irreparable (como la inhabilitación para el ejercicio de profesiones u oficios, la clausura de establecimientos y otros similares), por cuanto la protección cabal de tan importantes derechos comprometidos no permite hacer ningún tipo de concesiones. Esta es la solución de la resolución N° 9 de las III Jornadas Latinoamericanas de San Pablo, 1962, y la recomendación N° 5 de las X Jornadas de Quito, 1981. [43]

C) En materia de ilícitos tributarios se ha planteado el tema de la naturaleza de las infracciones y sanciones tributarias.

La determinación de la naturaleza de las infracciones y sanciones tributarias y su ubicación entre las diversas ramas del derecho ha sido objeto de discusión a nivel doctrinario.

Un primer problema consistió en determinar si las sanciones aplicables a las infracciones tributarias tienen naturaleza resarcitoria o indemnizatoria o por el contrario punitiva o represiva.

La gran mayoría de la doctrina universal contemporánea se ha pronunciado decididamente par la naturaleza punitiva de las mismas y, por ende, de todo el ordenamiento jurídico referido al ilícito tributario. Está ya superada la posición que negaba naturaleza punitiva a ciertos tipos de sanciones tributarias otorgándoles naturaleza civil o administrativa (indemnizatoria) por contraposición a los delitos y sanciones penales propiamente dichos[44]. La doctrina contemporánea entiende, en forma ampliamente mayoritaria, que las sanciones tributarias no se imponen en concepto de reparación de daños y perjuicios patrimoniales sufridos por la Administración, sino para castigar al infractor con una finalidad represiva e intimidatoria dirigida a la prevención de la infracción, lo que constituye la esencia de las sanciones punitivas.

Cabe, sin embargo, hacer mención a la posición muy personal que sostiene VILLEGAS, quien distingue entre delitos y contravenciones y llega a la conclusión de que las infracciones tributarias tienen carácter "contravencional" y no delictual (aun las de tipo fraudulento),

---

42   Valdés Costa, Ramón, "La garantía jurisdiccional", en *"Instituciones de Derecho Tributario"*, Capítulo V, Depalma, Bs. As., 1992, pp. 294 y ss.

43   Ver en "Instituto Latinoamericano de Derecho Tributario – Estatutos y Resoluciones de las Jornadas", FCU, Montevideo, 2004, pp. 39 y 83 respectivamente.

44   Conf. Sainz de Bujanda, Fernando, *"Hacienda y Derecho"*, Tomo V, Instituto de Estudios Políticos, Madrid, 1967, pp. 544 y ss.

pero enfocando el tema desde el punto de vista de las sanciones y no de las infracciones entiende que existen algunas sanciones que se aplican a las "contravenciones" que son verdaderas penas, lo que trae aparejado que el Derecho Penal Tributario quede necesariamente encuadrado dentro de los preceptos contenidos en los arts. 18 y 19 de la Constitución argentina, que establecen amplias garantías jurisdiccionales. [45]

VALDES COSTA dice [46] que esta posición, según GURFINKEL DE WENDY y E.A. RUSSO, tiene el fin de otorgar a las provincias la posibilidad teórica de reprimir la violación de sus leyes impositivas. [47]

El Modelo de Código Tributario para América Latina adhiere, como es lógico, a la concepción de la naturaleza punitiva de las sanciones tributarias de igual modo que las Resoluciones de las III Jornadas Latinoamericanas de Derecho Tributario de San Pablo, 1962, relativas al Terna III: "Principios jurídicos aplicables a la represión y prevención de las infracciones tributarias". También se acogió esta concepción en las Resoluciones de las I Jornadas Luso-Hispano-Americanas de Estudios Tributarios de Portugal, 1966, relativas al Terna I: "La infracción fiscal: concepto y naturaleza jurídica".

Ahora bien, nada impide que algún hecho, como el no pago en tiempo de la obligación tributaria, genere simultáneamente una sanción de naturaleza punitiva y una obligación indemnizatoria tendiente a la reparación patrimonial de los perjuicios que aquella circunstancia ocasiona al Estado, prestación esta última que naturalmente quede fuera del campo del ilícito tributario.

En este sentido, cabe hacer mención a la acertada solución del Modelo CTAL que, en art. 116 tipifica la infracción de mora como aquella en que incurre el que paga la deuda tributaria después de la fecha establecida al efecto sin haber obtenido antes prórroga para el pago, sancionándola con una determinada multa en el art. 117 y, por otro lado, en un título completamente aparte al de las infracciones y sanciones (Titulo II referido a la "Obligación Tributaria", art. 61), establece la obligación del pago de intereses de naturaleza indemnizatoria a cargo de quienes no paguen la obligación tributaria en término, cualquiera fuera la causa de la demora (obtención de prórroga, mora o interposición de recursos o acciones). El Modelo distingue y delimita claramente ambos tipos de obligaciones, la punitiva y la resarcitoria, evitando los problemas de determinación de la naturaleza jurídica de la sanción por no pago en plaza que se suscitan en derechos positivos que, como el uruguayo, confunden ambas prestaciones como sanciones a la infracción de mora (art. 94 del Código Tributario).

La misma solución del Modelo fue adoptada conceptualmente por una Recomendación de las X Jornadas Latinoamericanas de Derecho Tributario de Quito, 1981, sobre el Tema II: "Infracciones tributarias y sus sanciones".

D) Determinada la naturaleza punitiva de las sanciones tributarias, queda aún por resolver el tema de la ubicación que corresponde dentro del amplio mundo del derecho al conjunto de normas que regulan el ilícito fiscal. El tema ha sido y es objeto de controversia en el campo doctrinario, centrándose la discusión fundamentalmente en la determinación de su mayor o menor vinculación con el derecho tributario o con el derecho penal, lo que a su vez puede reflejarse -aunque el aspecto terminológico carece de mayor importancia- en la denominación de este conjunto de normas y principios: Derecho Tributario Penal o Derecho Penal Tributario.

---

45   Villegas, Héctor B., *"Curso de Finanzas, Derecho Financiero y Tributario"*, 5ta. edic., Depalma, Buenos Aires, 1992, pp.373 y ss.

46   Valdés Costa, Ramón, "La garantía jurisdiccional", en *"Instituciones ..."*, *cit.*, p. 289.

47   Gurfinkel de Wendy y Russo, E.A., *"Ilícitos tributarios"*, Depalma, Buenos Aires, 1990, pp. 20 a 22.

Algunos autores entienden que la aceptación de la última concepción implicaría que aquel conjunto de normas carecería de principios propios, constituyendo un derecho meramente excepcional respecto del derecho penal común o criminal legislado en el Código Penal, al cual debiera recurrirse directa y automáticamente en los casos de silencio u oscuridad de las normas referidas expresamente al ilícito tributario.

Por nuestra parte, entendemos que el reconocimiento de una muy estrecha vinculación del ilícito tributario con el derecho penal no conduce a las consecuencias anotadas. Creemos que se parte del error de confundir el derecho penal con una parte del mismo, que es el derecho criminal.

Pensamos con SAINZ DE BUJANDA [48] que el derecho penal, entendido en un sentido científico y no meramente positivista, está constituido por el conjunto de normas y principios que regulan las transgresiones del orden jurídico tipificadas en la ley y sancionadas con penas, esto es, con sanciones no meramente indemnizatorias, sino intimidatorias y represivas (en suma, un derecho que contempla todas las infracciones "penadas"), y que el derecho que regula las infracciones tributarias y las penas que a ellas se aplican es un sector del derecho penal que no ha emigrado del campo de la legislación tributaria, pero que por ello no deja de ser constitutivamente derecho penal. También creemos con JARACH [49] que se trata de una parcela del derecho penal que aún no se ha emancipado del cuerpo del derecho positivo tributario, que sigue viviendo en el marco de los textos positivos tributarios y que la denominación de Derecho Tributario Penal podría admitirse únicamente en cuanto puede ser orientadora para el profesional del derecho y permita en el plano didáctico seguir comprendiéndolo dentro de un Curso de explicaciones del Derecho Tributario.

Como dice JARACH[50], el derecho penal tributario nace con el Derecho Tributario mismo y por razones de evolución histórico-social no se ha separado del Derecho Tributario para incorporarse al Derecho Penal común. En esencia, el Derecho Tributario Penal es Derecho Penal que no se ha separado del Derecho Tributario. Y también creemos con SAINZ DE BUJANDA [51] que la ubicación del Derecho Penal Tributario en los textos fiscales es meramente transitoria.

Esto no implica desconocer que esta rama del Derecho Penal debe tener algunas soluciones especiales y propias, derivadas de las particulares características del Derecho Tributario, no obstante lo cual, en su esencia, debe participar de todos los principios fundamentales del Derecho Penal concebido en un sentido amplio.

Ahora bien, la mayoría de quienes atribuían a la consideración del ilícito fiscal como parte del Derecho Penal aquellas consecuencias vinculatorias con el derecho criminal, sostienen, para evitar las mismas, que constituye simplemente una rama del Derecho Tributario aunque informada por los principios generales del "derecho punitivo".

Esta concepción se manifestó claramente en las III Jornadas Latinoamericanas de San Pablo, 1962. La resolución N° 1 es suficientemente explícita al expresar que *"el ilícito tributario y sus sanciones integran el derecho tributario"*. A su vez la resolución N° 7 recomienda que *"para la aplicación e interpretación de las normas tributarias en lo que se refiere al ilícito tributario y sus sanciones respectivas, deberá estarse a los institutos, principios y conceptos propios el derecho tributario y, en su defecto, a los principios generales del derecho en materia punitiva"*.

---

48 Sainz de Bujanda, Fernando, *"Hacienda y Derecho"*, Tomo V, *cit.*, pp. 572 y ss.
49 Jarach, Dino, citado por Sainz de Bujanda, *ob. cit.,* p. 573.
50 Jarach, Dino, *"Curso Superior de Derecho Tributario"*, Tomo I, Buenos Aires, 1969, p. 328.
51 Sainz de Bujanda, Fernando, *"Hacienda y Derecho"*, *cit.*, p. 574.

Los autores del Modelo CTAL adhirieron a esta concepción, con expresa referencia a las recomendaciones de las III Jornadas. Así se dice en la Exposición de Motivos que *"el Proyecto toma en esta materia una orientación doctrinaria definida, coincidente con las ideas dominantes en América Latina manifestadas en forma orgánica en las III Jornadas Latinoamericanas de Derecho Tributario celebradas en San Pablo.*

"Como surge ya de la estructura del Proyecto, se considera que la tipificación de las infracciones y su sanción constituye un conjunto de normas vinculadas al derecho tributario y no al derecho penal común legislado en el Código Penal. El concepto de violación del derecho y el de su sanción correlativa es un concepto inherente al de norma jurídica y por lo tanto aplicable a todas sus ramas en particular.

"El derecho tributario, por sus características propias, ha dado lugar a un gran desarrollo de las disposiciones punitivas, las que a juicio de los autores del Proyecto deben permanecer en el ámbito de aquél, sin perjuicio de que, en virtud de su naturaleza punitiva, recoja las soluciones clásicas del derecho penal, que derivan de un conjunto de principios jurídicos comunes a todos los actos ilícitos y a todas las penas, estén legisladas en el Código Penal, en otros cuerpos de leyes o en leyes especiales".

Esta manera de pensar se resumió en el escueto art. 70 del Proyecto que, en su inciso 2°, establece que *"a falta de normas tributarias expresas se aplicarán supletoriamente los principios generales del derecho en materia punitiva".* Y en la Exposición de Motivos, comentando dicho inciso, se expresa: *"El párrafo 2° dispone la aplicación supletoria de los principios generales del derecho en materia punitiva, norma que debe vincularse con la del art. 7° en el sentido de que el intérprete deberá apreciar la adaptación de esa solución a la naturaleza y fines del derecho tributario. En consecuencia, frente a un vacío u oscuridad de la ley tributaria penal no es preceptivamente aplicable el Código Penal, sino solamente cuando éste ofrezca una solución compatible con las características del derecho tributario"*

E) El Modelo CTAL consagra ampliamente el principio de la culpabilidad o subjetividad en materia de infracciones tributarias, al requerir la existencia de dolo o culpa como elemento indispensable para la configuración de las mismas (art. 73, inciso 1°).

Comentando ese texto los autores del Modelo sostienen en la Exposición de Motivos que *"en todos los deberá existir dolo o culpa",* agregando que *"en este último concepto deben considerarse comprendidos los distintos tipos de culpa reconocidos en el derecho común, o sea la negligencia, la impericia, la imprudencia y también la simple violación de las leyes o reglamentos".*

El Modelo se ha inclinado pues en favor de la amplia admisión del principio de la culpabilidad en materia de infracciones tributarias, tomando así posición en uno de los temas en los cuales existen diferencias no sólo en el campo doctrinario sino también en el del derecho positivo comparado. A vía de ejemplo pueden citarse valiosas opiniones doctrinarias que han sostienen posiciones encontradas al respecto.

Por una parte, GIULIANI FONROUGE [52] (uno de los autores del Modelo), se había inclinado por el principio de la objetividad de las sanciones tributarias, como lo pusiera de manifiesto claramente en la redacción dada a los arts. 75 y 77 del anteproyecto de Código Tributario Nacional argentino del que fuera autor, que disponían: art. 75: *"Para configurar las infracciones no es requisito esencial la existencia de dolo o culpa, salvo cuando este Código lo disponga expresamente";* art. 77: *"En las infracciones que no se configuren objetivamente, incumbe al acusado probar plenamente su inocencia por todos los medias admitidos en derecho".*

---

52   Giuliani Fonrouge, Carlos María, *"Derecho Financiero",* Depalma, Tomo II, Buenos Aires, 1965, p. 567.

Por el contrario JARACH [53] se inclinó abiertamente por el principio de la culpabilidad y, criticando la posición sostenida por GIULIANI, dijo lo siguiente: *"En mi opinión, la tesis debe ser invertida. El principio general también en materia tributaria penal, es el del requisito subjetivo de la culpa, en sentido amplio, pudiendo existir casos especiales en que se prescinda de ese requisito".*

Similar posición sostuvieron desde siempre VALDÉS COSTA [54] y el Profesor de Derecho Penal BAYARDO BENGOA. [55]

Esta controversia se apreció también entre especialistas latinos del continente europeo. Así, por ejemplo, AMOROS RICA aceptó el principio de la objetividad y CORTÉS ROSA y SAINZ DE BUJANDA se inclinaron decididamente por el de la culpabilidad. [56] Esta última fue también la posición adoptada en las Conclusiones de las I Jornadas Luso-Hispano-Americanas de Estudios Tributarios de Curia, Portugal, 1966. [57]

En nuestra opinión, coincidiendo con la solución del Modelo, el elemento "culpa" (entendido en sentido amplio) debe ser exigido necesariamente para la configuración de las infracciones tributarias, única solución compatible con la naturaleza punitiva de las sanciones que se aplican por la comisión de aquéllas. Si el Estado, ante la comisión de un ilícito tributario, aplica penas (represivas o punitivas) es porque presupone una actitud culpable del sujeto que cometió el hecho ilícito, pues castigar o sancionar a quien no es culpable es contrario a las principias propios de derecho punitivo.

F) Aceptado el principio de la "culpabilidad", uno de los problemas fundamentales que se plantea es el de delimitar su extensión. En concreto, si la simple *"violación de leyes o reglamentos"* puede constituir una forma de culpa. Toda la discusión deriva de la posición clásica del Derecho Penal que sostiene que los delitos deberán ser considerados culpables cuando en su comisión medie imprudencia, impericia, negligencia o "violación de leyes y reglamentos" por parte del infractor.

En nuestra opinión, esta concepción del Derecho Penal ha sido erróneamente interpretada por la generalidad de los tributaristas, quienes al parecer sostienen que por "violación de leyes o reglamentos" debe entenderse la violación de aquella norma que regula el tipo objetivo o material cuyo incumplimiento constituye el hecho ilícito, cuando según nuestra opinión, la referencia en el Derecho Penal está hecha, por el contrario, a la violación de leyes y decretos que no refieren o regulan el tipo mismo del delito. [58]

---

53 Jarach, Dino, "Curso Superior de Derecho Tributario", Liceo Profesional Cima, Tomo I, Buenos Aires, 1969, p. 341.

54 Valdés Costa, Ramón, "Defraudación", *Revista del Colegio de Abogados*, Montevideo, N° 1.

55 Bayardo Bengoa, Fernando, en *Boletín del Instituto Uruguayo de Derecho Tributario* N° 15, Montevideo, 1963, p. 161.

56 Ver en Memorias de las I Jornadas Luso-Hispano-Americanas de Estudios Tributarios de Curia, Portugal, 1966, pp. 28 y 43 respectivamente; y Sainz de Bujanda, Fernando, "Hacienda y Derecho", Tomo V, *cit.*, pp. 562 y ss.

57 Ver en "Instituto Latinoamericano de Derecho Tributario. Estatutos y resoluciones de las Jornadas", Montevideo, 2004, pp. 175 y ss.

58 Ver Giménez de Asúa, Luis, ("La ley y el delito. Principios de Derecho Penal", Ed. Hermes, México – Buenos Aires, 2ª. Edición, 1954, p. 410), quien refiere al caso de quien viola los reglamentos de tránsito (por ejemplo un chofer que entra contramano por una calle) y dice que su mera infracción no puede originar incriminaciones culposas, porque la culpa requiere siempre negligencia, imprudencia o impericia, incluso cuando se trata de inobservancia de una instrucción. Y opina que aunque el sujeto del ejemplo que incumple el reglamento tome toda clase de precauciones (ojo avisor, precavido al volante y velocidad mínima), es imprudente porque con su actuar puede provocar la falta de precaución de otras personas a las que pueda dañar al cruzar la calle sin mirar para el lado en que venía el vehículo.

Pero admite que cuando la infracción del reglamento es radicalmente ajena a la conducta (típica del delito en cuyo tipo objetivo incurre el infractor del reglamento), no constituirá de por sí título culposo.

Téngase presente que las normas penales -como toda norma jurídica- no establecen ninguna obligación sino que se limitan a tipificar un determinado hecho hipotético o abstracto como delito y a establecer una sanción para el caso de que el mismo sea realizado por alguien en la realidad fáctica.

Compartir la posición contraria supondría, a nuestro juicio, aplicar el principio de la "objetividad" bajo la apariencia del de "culpabilidad", pues bastaría con la sola configuración fáctica del tipo objetivo o material de la infracción para sostener que se habría actuado en forma culpable.

8.   LA CARTA DE DERECHOS DEL CONTRIBUYENTE DEL ILADT

A) Tal como se explica en la Presentación de la Carta al inicio de la misma, en ocasión de las XVI Jornadas Latinoamericanas de Derecho Tributario celebradas en Santiago de Compostela, España, en septiembre de 2012, el ILADT designó una Comisión Especial para que elaborara un proyecto de Carta de los Derechos del Contribuyente en el ámbito del ILADT, tomando en consideración, fundamentalmente, la doctrina latinoamericana elaborada en las Jornadas Latinoamericanas de Derecho Tributario desarrolladas hasta la fecha desde la primera de Montevideo en 1956, así como en las 10 Jornadas Luso-Hispano-Americanas de Estudios Tributarios y el Modelo de Código Tributario para América Latina, con los agregados que ameritaren las nuevas realidades, tanto internas de los distintos países que abarca el ILADT como a nivel internacional, dentro de la misma filosofía garantista desarrollada por la mencionada doctrina.

Después de varias vicisitudes hubo cambios en la integración de la Comisión Especial, que quedó finalmente integrada por los Profesores César García Novoa (de España) como Presidente coordinador, José Osvaldo Casás (de Argentina), Fernando Serrano Antón (de España) y el suscrito José Luis Shaw (de Uruguay).

Los miembros de la Comisión elaboraron distintos anteproyectos, intercambiaron opiniones y, finalmente, se llegó a un texto consensuado, sometido a la opinión y sugerencias de cada una de las instituciones nacionales miembros del ILADT y, finalmente, aprobado por unanimidad por el Consejo Directivo y luego por la Asamblea del ILADT celebrada el 9 de noviembre de 2018 en ocasión de las XXX Jornadas Latinoamericanas de Derecho Tributario de Montevideo, Uruguay.

B) La razón por la cual el ILADT resolvió elaborar la Carta fue sistematizar la doctrina garantista de los derechos de los contribuyentes desarrollada en las Jornadas Latinoamericanas y Luso-Hispano-Americanas y las soluciones también garantistas del Modelo de Código Tributario para América Latina, así como otros documentos y fuentes que consagraron a nivel internacional los Derechos Humanos o Derechos Fundamentales, tomando especialmente en consideración el proceso de avance del Estado sobre los derechos de los contribuyentes a que nos referimos *supra* en el capítulo 5.

Ese proceso de avance sobre los derechos de los contribuyentes se verifica no solamente en el ámbito interno de los Estados, sino también a nivel de la tributación internacional, que ha adquirido últimamente un gran incremento fruto de la globalización económica y el desarrollo de la tecnología informática, e impulsado -a nuestro juicio personal- por las soluciones o criterios que imponen políticamente diversas organizaciones internacionales (en particular la OCDE conforme a los intereses de los países centrales que la integran), entre otros instrumentos, con lo que se denominan disposiciones de derecho blando (*soft law*), soluciones y conceptos que muchas veces implican serias vulneraciones a los derechos y garantías de los contribuyentes.

C) Las fuentes en que se basaron, en definitiva, los miembros de la Comisión Especial redactora de la Carta están expresadas en el capítulo I – Introducción de la misma: (i) los textos constitucionales de los países del ámbito del ILADT; (ii) el Modelo CTAL; (iii) las resoluciones de las Jornadas Latinoamericanas y Luso-Hispano-Americanas; (iv) las Cartas de Derechos Humanos y Derechos Fundamentales como la Declaración Universal de Derechos Humanos de Naciones Unidas, la Convención Americana sobre Derechos Humanos (Pacto de San José) y el Convenio Europeo para la Protección de los Derechos y de las Libertades Fundamentales, así como proyectos de Cartas de Derechos del Contribuyente como el *European Taxpayer's Code* de 2012; (v) la jurisprudencia sobre los derechos y libertades contenidas en los citados documentos procedentes de la Corte Interamericana de Derechos Humanos y el Tribunal Europeo de Derechos Humanos; (vi) las experiencias de Derecho Supranacional de la Unión Europea (singularmente la Carta de Derechos Fundamentales de la Unión Europea) y de la Comunidad Andina, el Derecho Comunitario Centroamericano, los acuerdos del Mercosur y otras áreas de cooperación internacional en Latinoamérica; (vii) las normas de derecho doméstico que, bajo diversas denominaciones (Carta, Estatuto, Código, Ley de Defensa de los Derechos del Contribuyente, etc.), recogen en los distintos países los derechos y garantías del contribuyente, aun cuando tales países no sean miembros del ILADT; (viii) el Informe del Consejo de la OCDE de 1990 (*Taxpayers, Rights and Obligations*), el Convenio Conjunto del Consejo de Europa y de la OCDE y los documentos emitidos por los Foros de la OCDE; (ix) los trabajos de organismos internacionales como la *International Fiscal Association -IFA* (singularmente las conclusiones del seminario *The Practical Protection of Taxpayers Fundamental Rights* y el General Report *The practical protection of taxpayers fundamental rights* elaborado por Baker y Pistone, en el Congreso de 2015 de Basilea); (x) la información del *Centre for Tax Policy and Administration* (especialmente la Nota Práctica *Taxpayers' Rights and Obligations* del *Committee of Fiscal Affairs Forum on Tax Administration* de la OCDE); (xi) el *OECD Tax Intermediaries Study Working Paper 6 – The Enhanced Relationship* y las conclusiones del *Forum Tax Administration* de la OCDE, de Estambul 2010.

D) Los derechos o garantías del contribuyente incluidos en la Carta derivan de los derechos fundamentales inherentes al Estado de Derecho Constitucional liberal contemporáneo con separación de poderes, incorporados a las constituciones en forma expresa, o derivados de otros expresamente incorporados.

Estos derechos son, fundamentalmente, el principio de legalidad o de reserva de ley, el de tutela jurisdiccional, el de seguridad y el de igualdad de las partes de la relación jurídica tributaria.

Como vimos *supra* en el capítulo 2, VALDÉS COSTA dice, citando a KELSEN, que esos principios fundamentales se desarrollaron en la doctrina, que los especificó en subprincipios, reglas y conceptos generales.

En materia tributaria ellos son, a título de ejemplo y entre otros: la capacidad contributiva y la igualdad ante las cargas públicas; la prohibición de la confiscatoriedad; la determinación de los elementos que integran el principio de legalidad; la especialidad e independencia de los tribunales; la aplicabilidad a los ilícitos tributarios de los principios básicos del derecho penal; el derecho a la no autoincriminación y el secreto profesional; la irretroactividad de las normas tributarias materiales y punitivas; y la retroactividad de las normas punitivas más benignas.

Estos principios y subprincipios, reglas y conceptos, y los correspondientes derechos y garantías de los contribuyentes, están incorporados en la Carta en un amplio espectro que comprende desde la creación de los tributos, otros ingresos similares y los delitos e infracciones tributarias y sus sanciones mediante ley, la limitación de las facultades reglamentarias del Poder Ejecutivo y de las facultades del Poder Legislativo, la aplicación y recaudación de los tributos y de las infracciones y sanciones por la Administración, la relación entre la Administración y los contribuyentes, el procedimiento administrativo tributario y los actos administrativos, la extinción de las obligaciones tributarias, la devolución de lo pagado indebidamente, las medidas cautelares, las funciones y facultades del Poder Judicial y otros órganos jurisdiccionales independientes, hasta aspectos de la tributación en el ámbito internacional y en el ámbito aduanero, y la relación cooperativa de los contribuyentes y la Administración tributaria.

E) los derechos y garantías de los contribuyentes están contenidos en la Carta en una enumeración de 142 derechos, distribuidos en títulos y subtítulos. [59]

En esta amplia lista de derechos y garantías están contemplados, expresa o implícitamente, todos los temas que hemos considerado de interés desarrollar -o mencionar- en este trabajo y, obviamente, muchos otros.

---

59 II) DERECHOS INCLUIDOS EN LA CARTA DE DERECHOS DEL CONTRIBUYENTE DEL ILADT. II.1) Derechos relacionados con la estructura de la relación del contribuyente con la Administración Tributaria. II.2) Derechos derivados de derechos fundamentales de origen constitucional. *II.2.1) Derivados del derecho a la igualdad y a la capacidad contributiva. II.2.2) Derivados del derecho a la tutela administrativa y jurisdiccional efectiva. II.2.3) Derivados del derecho a la intimidad. II.2.4) Derivados de la inviolabilidad del domicilio.* II.3) Derechos derivados del principio de seguridad jurídica. II.4) Derechos relacionados con las sanciones y el derecho punitivo tributario. III). DERECHOS Y GARANTÍAS EN EL ÁMBITO INTERNACIONAL. III.1) Derechos relacionados con el procedimiento amistoso y el arbitraje. *III.1.1) Derechos relacionados con la asistencia mutua en materia de recaudación. III.1.2) Derechos relacionados con el intercambio de información.* III.2) Derechos a la no discriminación en Derecho Tributario. IV) DERECHOS Y GARANTÍAS EN EL ÁMBITO ADUANERO. V). DERECHOS Y GARANTÍAS DERIVADOS DE LA RELACIÓN COOPERATIVA CON LA ADMINISTRACIÓN.

§ 5. DERECHOS HUMANOS Y RESTRICCIONES PRESUPUESTARIAS.

Cristián Billardi [*]

1. INTRODUCCIÓN. LA CONSTITUCIONALIZACIÓN DEL "EQUILIBRIO FISCAL"

Advertía Norberto Bobbio[1] que "el problema de fondo relativo a los derechos del hombre es hoy no tanto el de justificarlos sino el de protegerlos. No es un problema filosófico sino jurídico y, en un sentido más amplio político".

En este proyecto contenido en cada Constitución nacional, una de las cuestiones que la realización de los derechos humanos debe afrontar es la restricción presupuestaria de medios económicos para hacerlos efectivos. Allí cuando los recursos son escasos, es inevitable el conflicto de prioridad en su realización.

Ciertamente necesidades crecientes y recursos escasos hacen al objeto de las ciencias económicas. Sin embargo, la misma imposibilidad de satisfacer a todos los derechos en un mismo momento implica la necesidad de contar con principios jurídicos que ordenen la jerarquización y forma de satisfacción de los derechos humanos.

En este marco se advierte la dificultad del derecho para atender a los efectos económicos de las normas y la recíproca dificultad de la ciencia económica para razonar en términos de derechos.

Personalmente comparto la postura que sostiene que "todos los derechos cuestan" (Holmes – Sunstein[2]). En otras palabras, los recursos públicos -y *en primis* los ingresos fiscales- no sirven para financiar solamente los derechos sociales. En efecto, los ingresos recaudados a través de la imposición fiscal y el sistema tributario permiten el financiamiento, y por ende la protección de todos los derechos reconocidos y garantizados en los ordenamientos. Y agrego, los recursos públicos sirven para financiar además todos los deberes correlativos a cargo del Estado. Así entonces, el quantum de los recursos condiciona el quantum de los derechos efectivamente garantizados. En este sentido, la existencia de recursos económicos es una condición necesaria, aunque no suficiente, para la efectividad de los derechos.

En mejores palabras de Plazas Vega "cualquier visión que no tenga en cuenta el destino y los efectos de los recursos tributarios corre el riego de crear un doble estándar de juicio entre ingresos públicos regulados constitucionalmente y gastos públicos realizados arbitrariamente".

Frente a este fenómeno, desde la teoría jurídica se han dado distintas respuestas que van desde la restricción del núcleo duro de los derechos humanos (tendientes a asegurar efectivamente al menos estos), hasta aquellas otras que dejan la cuestión a la praxis de su realiza-

---

[*] Profesor adj. interino de Derecho Tributario U.B.A. (Argentina) y de Posgrado en diversos Países de América Latina e Italia. Doctor en Derecho por la UNIPA-Italia. Miembro activo de la AAEF y de la Associazione Italiana per il Diritto Tributario Latinoamericano. Responsable de la redacción de la Revista Diritto e Pratica Tributaria Internazionale (www.dpti.it). Representante del Studio Uckmar Assoc. Prof.- Buenos Aires (c.billardi@uckmar.com).

[1] Bobbio, Norberto; *L'eta dei diritti.* Ed. Einaudi 1990- 2 ed, p. 16-17.

[2] Stephen Holmes – Cass R. Sunstein. *El costo de los derechos. Por qué la libertad depende de los impuestos.* Ed. siglo veintiuno. Bs.As, 2011.

ción efectiva, subordinado a los derechos a la existencia de los recursos disponibles y los reclamos urgentes que se van dando.

Desde el primer perfil, entiendo que limitar el núcleo de los derechos humanos a un elenco restringido de derechos (Rawls, Ignatieff) contrasta con la declarada interdependencia de los mismo, a la vez que no garantiza su realización puesto que, en general, si no se aseguran ciertos derechos económicos y sociales difícilmente pueda garantizarse la efectividad del más elemental derecho individual.

El "minimalismo" de los derechos tampoco pareciera dar solución a los problemas que, como la ambigüedad o la instrumentalización de los derechos, le ha sido achacado al pluralismo[3].

Tampoco parecieran ser de utilidad aquellas otras posturas que, desde un pragmatismo radical, definen los derechos humanos según puedan ser efectivamente protegidos en un determinado contexto económico-social. Más allá de poner en jaque el carácter universal e indivisible de los derechos y confundir la definición jurídica en base al singular contexto fáctico, dicha postura termina haciendo depender la existencia de los derechos humanos de la acción y las decisiones del Estado (quien puede ser precisamente aquel sujeto que los está violando). Aún mas, ni siquiera depende de su reconocimiento formal, sino de la efectiva destinación de recursos para hacerlos efectivos. En tal caso, los derechos humanos serán contingentes y se limitarán a aquellos a los cuales el Estado destine recursos a tal fin (y solo en tal grado).

En el medio de estos extremos se perfila una postura que, sin pretensión de generar una ordenación jerárquica de los derechos, establecen algunos criterios de base. Así por ejemplo señala Corti[4]: "a) la subordinación de los derechos de los propietarios a los restantes derechos fundamentales; b) la existencia de derecho no restringibles en época de emergencia; c) el privilegio de los derechos de categorías de personas que merecen un trato preferencial".

Las respuestas legislativas han venido desde la juridización del denominado "principio de equilibrio fiscal" que si bien cuenta con antecedentes a inicios del siglo pasado[5], durante la última década obtuvo recepción constitucional en numerosos ordenamientos (Italia, España, Alemania, Colombia, entre otros). Sin contar con una reglamentación específica como en su par colombiana, la Constitución venezolana designa al equilibrio fiscal como uno de los principios regentes de la gestión fiscal (equilibrio plurianual ordinario sg. art. 311[6]).

Aún cuando difieran en su formulación y naturaleza jurídica[7], la finalidad declarada de esta previsión legislativa ha sido la de establecer límites específicos al déficit público y una mayor coordinación entre los balances de los distintos órdenes de gobierno.

Una variante de esta visión es la explicitación constitucional de ciertos derechos garantizados. Esto ocurre cuando la misma constitución establece un nivel (mas o menos explícito) de recursos presupuestarios para garantizar un determinado derecho. Ejemplos de estos "derechos garantizados presupuestariamente" pueden encontrarse en la Constitución ecuatoria-

---

3   Schiavello. *La fine dell'età dei diritti. Etica & Politica / Ethics & Politics*, XV, 2013, 1, p. 132.

4   Corti, Horacio. *Derecho Constitucional Presupuestario*. LexisNexis- T. Reuters, 2007; p. 818.

5   El gobierno Sueco de 1933 preveía un anexo presupuestario que contenía este criterio.

6   Art. 311 "La gestión fiscal estará regida y será ejecutada en base en principios de eficiencia, solvencia, transparencia, responsabilidad y equilibrio fiscal. Esta se equilibrará en el marco pluriannual del presupuesto, de manera que los ingresos ordinaries deben ser suficientes para cubrir los gastos ordinaries". El principio vuelve a repetirse en el art. 313 in fine.

7   Para una visión comparativa entre el "criterio de sostenibilidad fiscal" colombiano y el "principio de equilibrio fiscal" italiano; véase Billardi, C. "Los derechos del hombre y su tutela jurídica en el derecho tributario y financiero", Ed. Ad-Hoc. Bs.As. 2018.

na respecto al derecho a la educación[8] o en el art. 85 de la Const. Venezolana respecto del derecho a la salud[9].

Desde el ámbito jurisprudencial, como veremos a continuación, las respuestas han sido heterogéneas.

En esta problemática, un rol fundamental toca al órgano jurisdiccional que tiene la obligación constitucional de resolver la cuestión[10], de manera tal que resulta de sumo interés verificar algunos de los distintitos esquemas conceptuales que estos han utilizado para abordar la problemática en cuestión.

No me consta que la jurisprudencia constitucional venezolana haya abordado esta problemática de manera directa, por lo que las siguientes referencias pueden servir para la reflexión y el análisis comparado de la situación.

2. RESPUESTAS JURISPRUDENCIALES

2.1. Supremacía de los derechos humanos:

En el ámbito de la jurisprudencia norteamericana del denominado "contencioso estructural", los tribunales han sentado en numerosas oportunidades que "los recursos insuficientes nunca pueden ser una justificación adecuada por parte del Estado para privar a una persona de sus derechos constitucionales" (Hamilton v. Love) [11].

En este sentido, "la carencia de fondos no es una justificación para continuar negándoles a los ciudadanos sus derechos constitucionales (Gates v. Collier)[12].

Como puede observarse, en este tipo de argumentación no parece haber lugar para un balance entre derechos fundamentales y restricciones presupuestarias.

Esta postura aparece coincidente con aquella visión política que sostiene que "no se puede decir que no hay recursos; no hay gobernancia política"[13].

Desde un ángulo crítico a esta postura, se ha sostenido que reafirmar la supremacía valorativa de los derechos fundamentales sin abordar expresamente la cuestión de la falta de recursos es desentenderse de los efectos económicos de las decisiones, efectos estos que ciertamente incidirán en el presupuesto destinado a satisfacer otros derechos humanos.

2.2 Prioridad de la restricción presupuestaria

A menudo el estándar del "equilibrio de balance" (o, en mejor expresión, "equilibrio presupuestario") que en algunos sistemas, como el italiano han obtenido reconocimiento consti-

---

8   La Const. ecuatoriana (1998) Secc. 8, Cap. 4, Tit. III prevé que el Estado debe asignar no menos del 30% de los ingresos corrientes del Gobierno central para la educación y la erradicación del analfabetismo.

9   Art. 85 "...El Estado garantizará un presupuesto para la salud que permita cumplir con los objetivos de política sanitaria".

10   Si bien en principio los órganos jurisdiccionales deben resolver el "caso concreto", algunos sistemas prevén la resolución de cuestiones abstracta e incluso de manera previa a la sanción misma de la norma (Consulta previa).

11   358 F.Supp. 338 (1973). *George HAMILTON et al., Plaintiffs, v. Monroe LOVE, Sheriff of Pulaski County, et al., Defendants.*. United States District Court, E. D. Arkansas, W. D.April 25, 1973.

12   Gates v. Collier, 501 F.2d 1291 (5th Cir. 1974).

13   José Mujica. Entrevista film *Human*, 2015.

tucional (art. 81 Const.[14]), ha sido invocado para fundamentar la restricción del ejercicio de ciertos derechos fundamentales.

Este es, por ejemplo, el caso de la Ordenanza del Consiglio di Stato italiano[15] que frente a una decisión del Tribunal administrativo que había acogido una pretensión en materia de derecho a los niveles esenciales de asistencia sanitaria, sostuvo que el principio del equilibrio del balance "constituye un principio constitucional inderogable" para todas las autoridades de gobierno.

Invocando jurisprudencia de la misma Corte Constitucional el Tribunal concluyó que en el caso de especie que no es derogable ni siquiera frente a niveles esenciales de asistencia sanitaria por cuanto "la satisfacción de dichos niveles no depende solo de la existencia de recursos sino también de su distribución y utilización". En tal sentido, el estándar de "nivel esencial" debe ser entendido como "un vinculo de prioridad del gasto en el marco de los recursos disponibles y en tal sentido no resulta en conflicto (al menos en principio e inmediatamente) con el principio general y amplio del equilibrio del balance".

Obsérvese como en ese caso aún el "nivel esencial" se hace depender de la existencia de los recursos disponibles.

La respuesta ha sido objeto de crítica por cuanto, como bien afirmaba Victor Uckmar, el argumento de falta de recursos es además altamente objetable por cuanto siendo el mismo Estado quien puede disponer de un aumento de los mismos (recurriendo a sus diversas fuentes de financiamiento), pues entonces no puede esconderse en una decisión sobre escases como si le fuera ajena.

En tal sentido deberíamos entonces admitir que estamos frente a derechos programáticos que se vuelven operativos solo cuando el gobierno decide destinar fondos a tal fin. En última instancia, derechos efectivos serán aquellos que solo pueden ser cumplidos gracias a su ejecución presupuestaria[16].

2.2.1. La reserva de lo posible y el equilibrio presupuestario

Una vertiente de esta postura es aquella que incorpora el estándar de la "reserva de lo posible".

En tal sentido, el Tribunal Constitucional Alemán[17] sostuvo que "Mientras los derechos de participación no vengan limitados antes de aquel ya existente, lo son de todos modos bajo la reserva de lo posible en el sentido de aquello que el individuo puede razonablemente pedir a la sociedad. Esto ha sido evaluado, en primer lugar, por el legislador como la responsabili-

---

14 El principio de "equilibrio de balance" ha sido receptado en el art. 81 Const. conforme la reforma del 20 de abril 2012, n.1: Art. 81 Const. "Lo Stato assicura l'equilibrio tra le entrate e le spese del proprio bilancio, tenendo conto delle fasi avverse e delle fasi favorevoli del ciclo economico (...) Il contenuto della legge di bilancio, le norme fondamentali e i criteri volti ad assicurare l'equilibrio tra le entrate e le spese dei bilanci e la sostenibilità del debito del complesso delle pubbliche amministrazioni sono stabiliti con legge approvata a maggioranza assoluta dei componenti di ciascuna Camera, nel rispetto dei principi definiti con legge costituzionale."

Cabe recordar que la sustitución del "pareggio" de balance por la de "equilibrio" representa la intención del legislador constitucional de permitir una flexibilidad en la gestión de la finanza pública que, de otra manera, sería imposible".

15 El Consejo de Estado, reporta en su argumentación la jurisprudencia de la Corte Constitucional (C. Const. sent. 36, 2013). El caso reportado por Violante Violante, Luciano "il dovere di avere doveri". Ed. Giulio Einaudi editori, Torino, 2014; p. 30. da cuenta de la decisión del Consiglio di Stato, 3 Sezione (8-05-2014) RG 3092/2014 en apelación a la decisión del Tribunal administrativo (TAR Piemonte) que había acogido pretensión de las asociaciones de tutela de los derechos del enfermo que reclamaban por la reducción de los servicios de salud.

16 Si luego la realización de los derechos se hace depender del estado de crisis (crónica) del Estado la cuestión aparece aún más problemática.

17 BverfGE 33, 303, 1972 numerus clausus universitario.

dad propia, que viene demandada cuando, al momento de preparar el balance, debe afrontar también otros intereses sociales y, cuando según la (…) ley fundamental debe tener en cuenta las exigencias de equilibrio económico"

Desde una visión restrictiva, esta postura ratifica la visión clásica que reconoce a la decisión presupuestaria como exclusiva y discrecional del ámbito parlamentario, quedando su decisión fuera del ámbito del control judicial.

La decisión agrega un esfuerzo adicional para darle una razón jurídica de peso que justifique la restricción, esto es "la reserva de lo posible" al sostener que cuando hay derechos que implican prestaciones públicas por parte del Estado, estos están sujetos a la cláusula de lo posible (esto es, dependiendo de la capacidad financiera)[18].

En un sentido similar se ubican aquellas decisiones que ratifican una de las posturas clásicas en materia de los derechos sociales: el carácter programático de los mismos y el rol limitado que a los jueces les cabe en su implementación[19].

2.2.2. El límite a la reserva de lo posible: el mínimo existencial

Sin embargo, otros pronunciamientos han propuesto una relectura mas tuitiva del estándar de la reserva de lo posible en función de un núcleo esencial de derechos no sujetos a la condicionalidad de las restricciones presupuestarias. En tal sentido, el criterio en análisis encuentra un límite en virtud del cual "no puede ser articulado para justificar la violación de las obligaciones constitucionales relativas a los derechos fundamentales que tutelan las condiciones materiales mínimas para una existencia digna".

Como se observa, esta postura del Tribunal Federal Brasilero[20] que es recogida también por otros tribunales latinoamericanos[21], parece acoger la doctrina de la existencia de un contenido mínimo no disponible de derechos, aunque estos generalmente no son explicitados en el caso concreto.

Esta doctrina parece coincidir con la postura teórica de Alexy[22] del límite del límite; esto es, un núcleo esencial del principio que sirve a su vez de límite a la aplicación del equilibrio de balance.

En esta misma línea parece orientarse también la Corte Constitucional italiana cuando parece haber pasado de una interpretación restrictiva de los derechos en la aplicación del "principio di equilibrio di bilancio" a una visión mas tuitiva como lo ha sostenido en una reciente sentencia cuando descartó que la aplicación de este principio implique un condicionamiento *sine qua non* de las restricciones económicas sobre los DESC puesto que, al contrario, su aplicación implica la identificación de un núcleo de garantías mínimas para hacerlo efectivo[23].

---

18 Adviértase aquí que aquí también parte de la visión clásica de que existen derechos que exigen prestación publica y, por ende, otros que no; distinción esta que generalmente se traduce en la diferencia entre derechos sociales, económicos y culturales con los derechos civiles y políticos y que habíamos controvertido anteriormente al recordar que "todos los derechos cuestan".

19 "Quisberth Castro, Sonia Yolanda c/ Gobierno de la Ciudad de Buenos Aires s/ amparo".

20 Tribunal Federal APDF 45 MC/DF 2004.

21 Corresponde al legislador obtener un equilibrio entre los diversos derechos y los recursos disponibles. No obstante, existe un contenido mínimo no disponible". Argentina [Q.C. c/ Gobierno de la Ciudad de Buenos Aires], 2012.

22 Alexy, R. *Teoria dei diritti fondamentali* (1993) p. 81.

23 Esta reciente postura (2016) ya había sido sostenida por la Corte Constitucional en su sent. 260/1990 cuando afirmó que "el valor constitucional del equilibrio financiero previsto en el art. 81 de la Constitución, no es un presupuesto de inadmisibilidad del juicio de constitucionalidad, sino que representa mas bien, un elemento de la pon-

También parece estar en línea con esta postura la reciente del ILADT cuando expresamente sostiene que "la juridificación de los criterios de equilibrio y sostenibilidad fiscal tendientes a contener el gasto público, no deben implicar una restricción irrazonable o permanente de los derechos humanos"[24].

2.3. Intentos de equilibrar los derechos fundamentales con las restricciones presupuestarias. El análisis judicial del presupuesto.

Otro modelo conceptual intenta abordar la restricción presupuestaria trascendiendo los clásicos límites de la imposibilidad de juzgar las decisiones presupuestarias y la insignificancia jurídica de los efectos económicos de las decisiones jurisprudenciales.

En tal entendimiento me permito señalar dos sentencias que recogen con diferencias ambos aspectos.

2.2.1. La irretroactividad de los efectos de la inconstitucionalidad de la norma tributaria por razones de equilibrio de balance

La Corte Constitucional italiana al declarar la inconstitucionalidad de la denominada "Robin Tax"[25] que recaía sobre los operadores del sector de la energía e hidrocarburos modificó en el tiempo los efectos de la sentencia excluyendo su ordinaria retroactividad -efecto *ex tunc*- por razones de equilibrio de balance. El tributo declarado inconstitucional había regido por 4 años antes de la declaración de su ilegitimidad.

En tal sentido, dispuso que los efectos serían efectivos luego de la publicación de la sentencia "a fines de evitar que el impacto macroeconómico de las restituciones ... determine un desequilibrio del balance del Estado de tal entidad que implica la necesidad de medidas financieras adjuntas, incluso para no incumplir el respeto a los parámetros a los cuales Italia se ha obligada en sede de la Unión Europea e internacional y, en particular, a las previsiones anuales y plurianuales indicadas en las leyes de estabilidad en las cuales este ingreso ha sido ya computado"

En crítica a esta sentencia buena parte de la doctrina ha destacado puntos de interés que hacen a nuestro análisis por cuanto contiene buena parte de los argumentos que generalmente aparecen en este tipo de controversias. Así:

a) La sentencia no realiza un verdadero "balance" entre dos normas constitucionales (arts. 53 y 81) sino que comporta el sacrificio de uno de estos.

En realidad la sentencia no basa su decisión exclusivamente en la jerarquía constitucional del art. 81, sino que, consciente de la debilidad de tal argumento, llama en causa la necesidad de salvaguardar los "estratos mas débiles" de un irremediable perjuicio de las exigencias de solidaridad social con grave violación de los arts. 2 y 3 Const".

Mientras para parte de la doctrina este reclamo a las exigencias de solidaridad social es demagógico[26] y termina consagrado al "equilibrio de balance" en una super-norma, para otros en cambio, implica un balance razonable y coherente[27].

---

deración integral de los valores constitucionales, incluso de aquellos referidos al reparto de competencias entre Estado y Regiones, lo que constituye la sustancia del juicio de legitimidad constitucional" (trad. del autor).

24 XXX Jornadas Iladt; Recomendación n. 14, del Tema 1 "Potestades en materia de ingresos y gastos públicos a distintos niveles de gobierno", publicada en www.iladt.org.

25 Corte Cost. Sent. 10, 11 febbraio 2015.

26 "Es arbitrario postular una ley de balance en ausencia de balances determinados y caer en la demagogia aludiendo a las exigencias de solidaridad social con la violación de los arts. 2 y 3 de la Const"; De Mita. E. "Sulla

b) En ningún momento jerarquiza a los derechos humanos por sobre el equilibrio de balance. El balance, en todo caso, se realiza entre normas de igual jerarquía constitucional.

c) La decisión vanifica la tutela de los contribuyentes a la vez que crea un instrumento de doble estándar de efectos de la sentencia según la entidad económica de los intereses en juego. En tal sentido, un derecho fundamental podría ser sacrificado allí cuando implique para el Estado un efecto financiero "excesivo"[28].

d) El juicio sobre el equilibrio del balance ha sido limitado a una voz particular cuando, a decir de la doctrina, dicho test en realidad exige un juicio integral sobre los gastos del Estado.

e) No existió prueba autónoma ni se requirió al Gobierno la demostración cuantitativa del mencionado desequilibrio del balance[29], dando por supuesto la necesidad de una reforma presupuestaria.

En estos dos últimos sentidos, a su vez, la Corte Constitucional ha suplido al legislador a quien, conforme buena parte de la doctrina, le corresponde evaluar la mejor forma de afrontar los efectos económicos de su resolución[30].

2.2.2. La exigencia de la prueba de la falta de recursos disponibles

Frente a la revocación de un subsidio transitorio para las personas en "situación de calle", la Corte Suprema de Justicia Argentina[31] ordenó al gobierno de la ciudad garantizar un alojamiento adecuado para una mujer con un hijo discapacitado[32].

Frente a la postura del Gobierno que sostenía, entre otras justificaciones que se hallaba frente a una demanda habitacional creciente y un presupuesto inelástico[33], la Corte objetó

Robin Tax una bocciatura assai discutibile", en DPT, 3/2015, p. 442. En similar sentido, Tesauro, F "Gli effeti nel tempo della dichiarazione di illegittimità di norme tributarie e il diritto al rimborso dell'imposta dichiarata incostituzionale", en Rassegna tributaria, 5/2015-1093.

27 Asi Campodonico para quien para quien "No obstante, lejos de querer reconocerle al art. 81 algún tipo de carácter absoluto o superioridad constitucional respecto a otros parámetros, declara de deber operar un balance entre valores de igual grado: por una parte, la tutela del equilibrio del balance y los valores de solidaridad social y, por el otro, il vulnus al principio de igualdad y capacidad contributiva". Capodonico, F. "Robin Hood Tax": la Corte costituzionale fa chiarezza sui criteri di determinazione della ragionevolezza del tributo", en DPT n.2/2015, p. 480.

28 Mistrangelo, R. "La sentenza della Corte costituzionale sulla "Robin Hood Tax": un vulnus inaccettabile al diritto di difesa e le conseguenze pro futuro"; en DPT n5/2015, p. 905 ss..

Es interesante además la señalación de la autora quien recuerda como en pasado la misma Corte –con igual presidente- se ha cuidado de sostener que el Tribunal "no puede frenarse si nuestra decisión provoca gastos … nosotros no realizamos valoraciones de carácter económico".

29 En efecto, la sentencia no establece la entidad del gasto y da por supuesto la necesidad de una maniobra presupuestaria anexa. Así, De Mita. E. "Sulla Robin Tax una bocciatura assai discutibile", en DPT, 3/2015, p. 442; Tesauro, F "Gli effeti nel tempo della dichiarazione di illegittimità di norme tributarie e il diritto al rimborso dell'imposta dichiarata incostituzionale", en Rassegna tributaria, 5/2015-1093.

30 En tal sentido había advertido Zagrebelsky que "no corresponde a la decisión de la Corte disponer sobre las consecuencias de la declarativa de inconstitucionalidad.. no puede "manejar" los efectos que le siguen". Zagrebelsky – Marcenò, Giustizia costituzionale, il Mulino, Bologna, 2012, 346.

31 "Q. C. S. Y c/Gobierno de la Ciudad de Buenos Aires s/amparo. (Q. 64. XLVI; RHE; 24-04-2012; T. 335 P. 452)".

32 Acogiendo un recurso extraordinario patrocinado por el Defensor General, la Corte Suprema revocó la sentencia del Superior Tribunal, ordenando que el Gobierno de la Ciudad "Garantice a la actora, aun en forma no definitiva, un alojamiento con condiciones edilicias adecuadas a la patología que presenta el niño, sin perjuicio de contemplar su inclusión en algún programa de vivienda en curso o futuro para la solución permanente de la situación de excepcional necesidad planteada" a la vez que mantiene la cautelar hasta tanto se cumpla con dicha orden.

33 (Mientras hay mayor población que migra a la Ciudad, esta recibe solamente un 1,3% del Programa Nacional de Vivienda (según ley 24464)).

que el Gobierno "debería haber acreditado, por lo menos, que los recursos con que cuenta el Gobierno local han sido utilizados y ejecutados al máximo nivel posible; y que la organización y distribución del presupuesto ha tenido en cuenta la prioridad que la Constitución asigna a la satisfacción de los derechos fundamentales".

Como puede observarse, a diferencia de la sentencia del Tribunal Constitucional italiano, la respuesta del tribunal argentino pone en cabeza del Gobierno la prueba de haber agotado los recursos destinados a tal fin (partida presupuestaria), pero incluso va más allá exigiendo que concretamente la organización y distribución del presupuesto se ordene en función del cumplimiento de los derechos fundamentales.

Ciertamente las críticas a este tipo de sentencias vienen por el lado del activismo judicial y el gobierno de los jueces[34], especialmente cuando entran a ordenar soluciones de balance presupuestario que son propias del órgano político parlamentario. No faltan tampoco las situaciones de instrumentalización política de la justicia y del presupuesto como cuando se restringen derechos civiles y políticos invocando una "malversación del presupuesto"[35].

Sin embargo, estas decisiones -sobre todos en cabeza de los Tribunales constitucionales que ejercen un rol político de Poder del Estado- marcan una tendencia proactiva de la justicia respecto de la organización y ejecución presupuestaria en función de los derechos fundamentales.

3.   COROLARIOS:

La visión de la actividad financiera del Estado como un fenómeno unitario e instrumental a la realización efectiva de los derechos humanos implica la revisión de postulados propios del derecho financiero y del derecho tributario. *In primis* la íntima relación entre realización de los derechos humanos y el sistema de recursos y gastos[36]. Esto presupone la juridicidad del fenómeno del gasto público y la superación de la relación jurídico tributaria como mera relación subjetiva sinalagmática (sujeto activo / sujeto pasivo).

De las breves referencias jurisprudenciales que he destacado, puede evidenciarse la ausencia de reglas claras, la falta de un sistema de principios y normas que ordenen la creación y la ejecución presupuestaria. Tal ausencia es heredera de aquellas posturas que han negado juridicidad al fenómeno del gasto público.

Surge así una asimetría conceptual entre el derecho tributario y el derecho presupuestario o el derecho del gasto público, que lentamente parece reducirse a través de la jurisprudencia que debe afrontar el fenómeno de la realización efectiva de los derechos humanos y las concretas restricciones económicas con las cuales se enfrentan.

El desequilibrio de balance (crónico en la mayor parte de nuestros sistemas) lleva a la necesidad de superar la etapa declarativa de los derechos para afrontar su realización efectiva. Es en este escenario concreto donde los caracteres de universalidad, interdependencia y no jerarquía de los derechos entran en crisis frente a las restricciones presupuestarias.

---

34 Las críticas al activismo judicial mas serias surgen cuando la justicia al caso concreto se convierte en una eventual fuente de injusticia para el resto de la comunidad y de los mismos individuos que se encuentran en similar situación. Al no tener en cuenta una visión global y dinámica del presupuesto del estado la asignación de partidas presupuestarias no previstas para un caso particular hace que disminuyan los recursos para atender otras.

Asimismo, se ha objetado que aquel que cuenta con la posibilidad de judicializar la cuestión antes que otros contará con una mayor oportunidad de ver satisfecho su reclamo.

35 Un ejemplo de la casuistica venezolana que llegó incluso a la CIDH puede verse en: http://www.corte-idh.or.cr/cf/Jurisprudencia2/ficha_tecnica.cfm?nId_Ficha=354&lang=e.

36 Véase entre otros Abache Carvajal, S. "Determinación, exigibilidad y derechos humanos. Hacia una reforma tributaria desde el Derecho de los derechos"; p. 105 y ss. En X Jornadas Venezolanas de Derecho Tributario, AVDT, 2011. Relatoría General a cargo del Dr. Leonardo Palacios Márquez.

En la evolución de la juridización del criterio de "equilibrio de balance" parece hacerse lugar una visión tuitiva del mismo en virtud de la cual: la regresividad de los derechos en base a las restricciones presupuestarias, encuentran un límite en el contenido esencial de los derechos involucrados. Aún cuando los estándares de "lo posible" o "el mínimo no disponible", entre otros, no llegan a explicitar cual es el contenido ni la magnitud de estos derechos, estos aparecen como legítimos intentos de afrontar la compleja relación entre realización efectiva de los derechos humanos y restricciones presupuestarias.

El abordaje jurisprudencial de esta particular relación, por su parte, presupone el examen y la prueba de los efectos económicos y la revisión valorativa de las decisiones presupuestarias a la luz de los derechos fundamentales.

En definitiva, la formulación de un "sistema tributario racional"[37] no puede prescindir de los derechos fundamentales que el sistema declara y ordena realizar efectivamente, como tampoco de los recursos necesarios para su consecución.

En efecto, un derecho tributario desvinculado del destino para y por el cual se legitima el sistema de obtención y distribución de los recursos, no hace mas que incentivar el crecimiento del gasto público ineficiente. Por otra parte, sin recursos adecuados, los derechos no solo quedan en la mera declaración sino que corren serio riesgo de ser frustrados en su realización.

Una vez mas, en mejores palabras del Profesor Victor Uckmar, "no puede haber justo impuesto sin justo gasto".-

---

37 A decir de Plazas Vega, este presupuesto es una de las condiciones de un sistema tributario racional; Plazas Vega, Mauricio A. *"El sistema tributario en el Siglo XXI";* p. 33 y ss. Ed. Temis, Bogotá – 2018.

§ 6. CLÁUSULA ANTIELUSIVA GENERAL Y PREOCUPACION POR EL PRINCIPIO DE LEGALIDAD

Humberto Medrano Cornejo [*]

La facultad de establecer tributos es inherente al Estado y su pago constituye un deber de las personas a quiénes alcanza el "ius imperium". Sin embargo, tal atribución no es irrestricta sino que debe ajustarse a determinados principios consagrados constitucionalmente y que constituyen una limitación a su poder y, paralelamente, un modo de protección para los contribuyentes. Entre esas garantías, la Carta precisa que los tributos sólo pueden ser creados por el Congreso – principio de legalidad – que puede autorizar al Poder Ejecutivo para emitir Decretos Legislativos que tienen fuerza de Ley.

Ahora bien, el referido principio abarca no solo la atribución de crear tributos sino también la de determinar el hecho imponible, fijar su cuantía, la base para el cálculo y señalar al contribuyente, aspectos todos que deben estar contenidos en el texto aprobado por el Parlamento o respecto de los cuales éste puede señalar los parámetros específicos dentro de los que la obligación debe configurarse con exactitud.

Promulgada la ley, el intérprete debe ceñirse a lo previsto en la misma. Sin embargo, desde hace algún tiempo y cada vez con mayor insistencia, se viene señalando que no puede dejarse de tomar en cuenta la finalidad perseguida por la norma, a fin de exigir la prestación, aun cuando el comportamiento que se analiza no resulte estrictamente ajustado a la literalidad, si es que puede concluirse que el propósito del legislador comprendía esa actuación. De esto se sigue que no puede admitirse la exclusión del tributo o el pago de un importe menor del que hubiera correspondido si se atiende a la esencia del acto u operación que realizan los contribuyentes, aunque se hubiera aprovechado de algún vacío del ordenamiento legal, gracias al cual se pretende conseguir tales resultados.

Veamos. Si para incentivar el mercado de valores se exonera del impuesto a la renta la ganancia obtenida al enajenar acciones en la Bolsa, podría ser cuestionable la actitud de una empresa que luego de hacer las gestiones y trámites requeridos por las disposiciones legales pertinentes logra listarlas y efectúa la transferencia gozando del beneficio, pero poco después procede a retirarlas de ese mecanismo centralizado. Frente a tales circunstancias el fisco podría sostener – en principio – que en ese caso concreto no es aplicable la exoneración porque ese modo de operar no es lo que se tenía en mente al diseñar el régimen. En la situación propuesta, cabría preguntarse si estamos frente a un caso de elusión y si debería prescindirse de la forma adoptada para proceder a aplicar el impuesto.

Desde luego que, en aras de la seguridad jurídica, sería deseable que en el supuesto planteado la propia ley estableciera que proceder de esa manera sin ninguna razón propia del mercado de valores, permitiría interpretar que la transacción no goza del incentivo otorgado a las transferencias en Bolsa.

El interés por ingresar a la OCDE y el ejemplo de las economías desarrolladas, entre otras razones, han llevado al Perú y a diversos países de la región a incluir en los ordenamientos legales la denominada Cláusula Antielusiva General, que confiere al intérprete un margen

---

[*]   Socio de Rodrigo, Elías & Medrano Abogados.

más amplio que el derivado del texto literal, para definir que existe un hecho gravado. Pero eso no puede hacernos perder de vista la importancia de respetar el principio de legalidad.

Al respecto, a diferencia del ejemplo referido, se podría aludir al caso en que la ley considera como hecho imponible "la venta de bienes muebles" para concluir que no sería admisible exigir el impuesto si ellos fueran aportados al capital de sociedades o si son materia de una permuta. Aun cuando en todos esos eventos nos encontremos frente a sendas transferencias de bienes, lo cierto es que expresamente sólo se ha considerado como afecta la venta, concepto que las reglas del derecho privado describen con absoluta claridad, por lo que no puede confundirse con otras operaciones de consecuencias similares pero que no resultan específicamente comprendidas en la norma. Es por ello que, por ejemplo, en el IVA, el legislador cuida de precisar que por ventas deben entenderse todas las transferencias de bienes muebles efectuadas a título oneroso, con independencia de la singular naturaleza jurídica de cada una de ellas.

Sin embargo, cuando el comportamiento del sujeto no coincide de manera exacta con la descripción que el régimen hace de los hechos gravables, se suscitan nuevos conflictos entre quienes esgrimiendo el principio de legalidad sostienen que los actos o contratos llevados a cabo no se encuentran comprendidos dentro de la hipótesis recogida por la ley y quienes argumentan que existiendo claridad respecto del propósito buscado por ella, no debemos encasillarnos en la literalidad.

La Cláusula Antielusiva General en el Perú, ha dado lugar a numerosos comentarios y críticas, motivando la suspensión de su vigencia y el reinicio de la misma pero supeditada al cumplimiento de determinados requisitos y condiciones, todo lo cual hace evidente lo dificultoso de lograr una aceptación amplia. Sobre este tema las autoridades y los gremios empresariales, así como las entidades profesionales han desarrollado eventos y realizado reuniones técnicas en busca de mejorar sus alcances tratando, por un lado, de no violentar el principio de legalidad que representa una garantía constitucional prevista en favor del contribuyente y, de otra parte, queriendo evitar la elusión, a fin de que la acotación del fisco responda a la verdadera capacidad contributiva de los sujetos pasivos.

EL TEXTO DE LA NORMA.-

El Decreto Legislativo N° 1121[1], introdujo la Cláusula Antielusiva General en el Título Preliminar del Código Tributario. La parte que interesa para los fines de este artículo, tiene la redacción siguiente:

> *"Norma XVI.- Calificación, elusión de normas tributarias y simulación.*
>
> *(...) Cuando se evite total o parcialmente la realización del hecho imponible o se reduzca la base imponible o la deuda tributaria, o se obtengan saldos o créditos a favor, pérdidas tributarias o créditos por tributos mediante actos respecto de los que se presenten en forma concurrente las siguientes circunstancias, sustentadas por la Sunat:*
>
> a)   *Que individualmente o de forma conjunta sean artificiosos o impropios para la consecución del resultado obtenido.*
>
> b)   *Que de su utilización resulten efectos jurídicos o económicos, distinto del ahorro o ventaja tributarios, que sean iguales o similares a los que se hubieran obtenido con los actos usuales o propios*
>
> c)   *La Sunat aplicará la norma que hubiera correspondido a los actos usuales o propios ejecutando lo señalado en el segundo párrafo, según sea el caso (...)*

---

1   Publicado en el Diario Oficial El Peruano, N° 11924 del 18 de julio de 2012.

Al enfrentarse a esa redacción, no puede dejar de mencionarse que ella permitiría dar paso a algo de subjetividad, porque ¿cuáles son los requisitos que deben cumplirse para que determinados actos sean susceptibles de considerarse como "artificiosos o impropios"? ¿Alguna vez fiscalizadores y el sector privado podrán coincidir en la apreciación? Debe notarse que la disposición no define o describe cuándo debe concluirse que los actos realizados por una persona alcanzan ese nivel y no sería extraño que, en ocasiones, nos encontremos ante operaciones que para el contribuyente son ordinarias y propias pero que a ojos de terceros podrían no tener esa calidad. En esa eventualidad, podría argumentarse que si para formular una determinación tributaria las autoridades se han visto obligadas a recurrir a la referida Cláusula, no sería incorrecto afirmar que existe colisión con el principio de legalidad. Las dudas respecto de este punto central, podrían constituir una fuente de inseguridad jurídica y de continuos desencuentros entre la entidad recaudadora y los sujetos pasivos.

Respecto de lo que debe entenderse por tales conceptos – que integran la parte medular de la Cláusula – Ferreiro refiriéndose a la norma española, analiza el sentido de los mismos y señala:

> *"Parece claro que ... la palabra "artificioso" ha de ser entendida en el sentido de que en tales actos o negocios la forma adquiere una importancia absolutamente preponderante sobre el contenido, sin llegar a ocultarlo porque entonces estaríamos frente a un caso de simulación. En idéntico sentido, la palabra "impropio" ha de ser entendida como inadecuado o menos adecuado que otros actos o negocios que, en nuestra organización social, se utilizan normalmente para conseguir el resultado previsto..."* [2]

Como puede apreciarse, la determinación final sobre si debe o no aplicarse la Cláusula, puede dar lugar a discusiones encendidas y siempre existirán casos en que el comportamiento del contribuyente genere apreciaciones opuestas; es decir aparecerán quienes apoyen la posibilidad de invocar la regulación y quienes estimen lo contrario. En esas situaciones – límite, lo deseable sería su no aplicación y quizás se podría esgrimir una posición análoga a la que proporciona el derecho penal: la duda favorece al contribuyente.

En la exposición de motivos del citado Decreto Legislativo N° 1121 se define como elusión fiscal aquella donde *"el deudor tributario hace una explotación de determinados vacíos o utiliza artificial o inadecuadamente figuras legales (generalmente referidas como del derecho privado) para colocarse en la circunstancia que conlleva no pagar o efectuar un menor pago de tributos"*

Sobre este extremo tiene importancia destacar que, tradicionalmente, la doctrina peruana ha sostenido que la obligación tributaria sólo es aquella que el legislador establece específicamente. *"En ese sentido, no hay verdaderas lagunas en el Derecho Tributario. Las obligaciones tributarias sustantivas que la ley no impone expresamente, no existen".* [3] En otras palabras, si se reconoce que la actuación del contribuyente se enmarca dentro de un espacio que la norma no cubre de manera explícita, tendría que admitirse que no se configura un hecho imponible.

En la mencionada exposición de motivos también se indica que lo "artificioso" de una forma jurídica *"se determina sobre la base de la desviación del deudor tributario respecto del tipo de conducta ordinariamente seguido por un hombre de negocios".*

Nótese el evidente esfuerzo que se hace para tratar de explicar cuándo se presentan los supuestos que determinan la aplicación de la Cláusula, pero también es obvio que en muchos casos resultará una ardua tarea precisar lo que debe entenderse por la conducta ordinaria que

---

2   Ferreiro Lapatza José Juan, *"El Abuso en la aplicación de la Norma Tributaria en el anteproyecto de Ley General Tributaria"*, *"La Derrota del Derecho"* p. 376-377 - Marcial Pons 2012.

3   Castillo Vargas, Juan Lino – Tributación y Derecho, p. 124, Palestra Editores 2009.

correspondería a un empresario o la manera como puede llegarse a establecer cuan distinta habría sido la actuación de quien se toma como referente.

Al respecto, Alberto Tarsitano ya explicaba que *"En todos los países existen instrumentos similares para enfrentar la elusión y es un tema universal en el cual las soluciones levantan apasionados debates sobre el equilibrio entre las garantías individuales y el derecho del Estado a cobrar de manera igualitaria los impuestos".*[4]

Al fundamentar la incorporación de la Cláusula en la legislación del Perú, se señala que la inexistencia de una razón distinta a la tributaria que sirva para explicar o justificar la elección de las formas jurídicas adoptadas, es un indicio adicional de intencionalidad elusiva por parte del contribuyente. En aquellos casos en que éste no pueda demostrar que existe una motivación económica o empresarial razonable para la forma jurídica adoptada, más allá de la ventaja fiscal, la Administración encontraría justificación para aplicar la disposición anti-elusiva.

Cabe advertir, sin embargo, que las razones no tributarias esgrimidas por el contribuyente podrían resultar insatisfactorias para los funcionarios del Estado, toda vez que lo decisivo sigue siendo el punto de vista de los revisores y, por lo tanto, estarían en aptitud de insistir en invocar la referida Cláusula, con lo cual volvemos a encontrarnos con la contingencia de apreciaciones subjetivas.

En consecuencia, a pesar que el acto, contrato u operación que realiza un cierto contribuyente no estuviera concretamente considerado como hecho gravable, se le podría liquidar el impuesto atribuyendo a su modo de actuar el carácter de "artificioso o impropio". Si ello fuera así, sería posible afirmar que, en ciertos casos, la Cláusula podría utilizarse como un mecanismo para exigir la prestación tributaria, a pesar que la obligación no fluye nítidamente del texto aprobado por el Congreso.

Este riesgo alarma a quienes consideran que en materia impositiva el principio de legalidad debe observarse en forma tan estricta como hacen los jueces en el ámbito penal. Sólo existe delito si los actos realizados u omitidos se ajustan exactamente a la descripción hipotética efectuada por el legislador. Desde este ángulo, existe similitud entre "hecho punible" y "hecho imponible". La situación se agrava porque en nuestro ordenamiento legal las consultas al organismo público no pueden ser efectuadas directamente en forma individual por las personas interesadas en despejar determinadas dudas sobre los alcances de la ley, ya que tal posibilidad está reservada a las entidades representativas de actividades económicas, laborales y profesionales que son las únicas que pueden solicitar precisiones y aclaraciones sobre el real sentido de las normas en este campo.

Es cierto que la ley no ampara el abuso del derecho, pero ¿se incurre en tal abuso si el acto que se lleva a cabo no está indubitablemente incluido como "hipótesis de incidencia tributaria"? Veamos algunos ejemplos que podrían ilustrar la inquietud.

Dividendos en especie. Como se sabe, no existe ningún inconveniente legal para que una empresa acuerde distribuir a sus socios personas naturales dividendos en acciones, bonos u otro tipo de instrumentos similares emitidos por terceros y si la regulación legal no impide que la transferencia se efectúe a valor en libros, tales socios sólo deberían pagar el impuesto a la renta en función de dicho valor. Ahora bien, si en la estructura jurídica que se examina no está gravada la ganancia de capital obtenida por tales personas en la enajenación de esos bienes, los perceptores podrían transferirlos, obteniendo un beneficio sin que surja para ellos el deber de tributar.

---

4   Tarsitano Alberto, "La Elusión Tributaria"; Universidad Católica Argentina, EL DERECHO N° 14.479; Agosto 2018.

En el supuesto planteado ¿podría sostenerse que la distribución de dividendos en especie es un acto "artificioso o impropio" y que lo que se ha perseguido, en el fondo, es que tales bienes sean recibidos por las personas naturales para que éstas efectúen las ventas a terceros, en lugar de hacerlo la empresa que era propietaria de los mismos, la cual sí estaría sujeta al tributo?

En ese hipotético caso, los contribuyentes pueden argumentar que conforme a la ley mercantil, no existe prohibición de repartir dividendos de esa manera, de modo que dicha distribución no puede merecer la aplicación de la Cláusula, aun cuando los socios o accionistas transfieran posteriormente los bienes recibidos. En otras palabras, los interesados podrían rechazar el señalamiento fundándose en que la decisión adoptada no solo es legal sino frecuente o habitual en el medio en que se ubica la empresa.

Reducción de capital. Es un acto jurídico que, por su naturaleza, constituye en principio una simple devolución de parte de la suma aportada por los socios y no una distribución de la ganancia obtenida por el negocio, por lo que no debería dar lugar al pago del impuesto a la renta.

Sin embargo, si esa operación se realiza cuando la sociedad cuenta con utilidades sin distribuir ¿la reducción de capital puede interpretarse como un reparto de dividendos? ¿La reducción de capital es, en este caso, una operación "artificiosa" o "impropia"? ¿No pueden los accionistas considerar que la empresa, dadas las circunstancias, está sobrecapitalizada y que es económicamente lógico proceder a tal reducción? Nótese que los inspectores fiscales podrían argumentar que no era necesario reducir el capital y que, por lo tanto, resulta procedente liquidar el impuesto. Si su análisis fuera distinto respecto de otra empresa que procede de la misma manera, nos encontraríamos que ante dos situaciones similares se aplicarían regímenes tributarios diferentes, generando incertidumbre. En la situación planteada sería preferible ceñirse estrictamente al principio de legalidad; es decir no aplicar el tributo si la ley no ha identificado reducción de capital con distribución de beneficios a los accionistas.

Reorganización de sociedades. Asumamos que en determinado territorio el impuesto a la renta se aplica con una tasa elevada cuando la empresa obtiene utilidades al vender los bienes que integran su activo fijo y, por otro lado, que ese gravamen no se genera o tiene una tasa reducida cuando se obtiene ganancia en la venta de acciones por personas naturales. Si tal empresa acuerda transferir parte de su maquinaria y equipos vía reorganización societaria (por ejemplo, escisión) que la legislación considera tributariamente neutral y posteriormente los socios deciden vender las acciones emitidas por la sociedad que adquirió los bienes, los funcionarios podrían argumentar que en el fondo lo que se perseguía era transferir bienes de una empresa a otra y que la manera de actuar no es "propia" y sólo ha buscado una ventaja tributaria. La empresa, por supuesto, insistirá en que la ley no ha previsto como gravables las transferencias efectuadas mediante este mecanismo, esgrimiendo para ello el principio de legalidad.

Los ejemplos citados resultan ilustrativos para percatarse que en esta materia puede existir un amplio margen para la discusión, por lo que consideramos que la Cláusula Antielusiva General debe estar redactada de tal manera que permita establecer, con la mayor certeza posible, cuando nos encontramos en el supuesto que la regla sanciona. Evitaremos así reiterados conflictos entre empresa y Administración, ganando en certidumbre.

Los Estados tienen derecho a combatir la falta de pago o la disminución del importe de los tributos, a fin de que prevalezca la exigencia constitucional de que ellos sean soportados por todos, en proporción a su capacidad contributiva. Sin embargo, ese derecho debe ejercerse evitando incurrir en excesos que impliquen violentar el principio de legalidad que también está amparado por la Carta. En definitiva, parte sustancial de la cuestión controvertida sería solucionada si la norma es suficientemente precisa y clara, de lo cual se concluye que en buena medida la responsabilidad descansa en el Poder Legislativo que debe impedir la existencia de vacíos, que conduzcan a la pretensión de ser cubiertos con la aplicación de la Cláusula.

Puede parecer no sencillo pero es indispensable (tratar de) respetar ambos principios, aunque para Ferreiro Lapatza *"...no podemos olvidar que la tipicidad de tributos y penas son dos pilares fundamentales, al servicio de la seguridad y la libertad, de nuestras democracias...Pues si colocamos en una balanza de un lado la certeza del derecho y la seguridad de los contribuyentes y en el otro las cifras que la aplicación de tal técnica significan dentro de los ingresos tributarios efectivos, no existe la más mínima duda...de que la balanza se incline de forma inmediata y contundente hacia el primero de los lados señalados. Y si ello es así, no cabe sino pensar en los intereses propios de la burocracia...en un ejercicio del poder sin ataduras jurídicas que, en casos puntuales, puedan hacer más cómodo su trabajo y más fácil la consecución de cifras liquidadas a los administrados".*[5]

Tiene que admitirse que si no se respeta la tipicidad, corremos el riesgo de sufrir requerimientos tributarios que supongan violación de los derechos constitucionales a que alude el profesor Ferreiro. La atribución del carácter artificioso o impropio de determinadas operaciones, puede no ser indiscutible porque aquello que resulta real, natural o habitual para una empresa, podría no serlo para otra, atendiendo a los diferentes entornos en que actúa cada una de ellas. Es por eso que, el intérprete siempre debería tener presente que la Cláusula no puede ser utilizada para exigir el pago de tributos con relación a supuestos que no están expresamente comprendidos en la hipótesis descrita por el legislador.

Cabe destacar que también hay corrientes de opinión que sostienen que no existe ningún peligro pues, la referida Cláusula *"no es otra cosa que el principio de primacía de la realidad cuya posibilidad de aplicación en otros ámbitos de nuestro ordenamiento jurídico (como el laboral y el competencial) nadie discute. De modo que las cosas no tienen por qué ser distintas en el ámbito tributario...y no se vulnera principio alguno...".*[6]

La conciliación entre los extremos implica, sin duda, una labor intrincada. Una de las primeras conclusiones es que no parecería conveniente que el inspector encargado de la fiscalización ordinaria, también estuviera facultado para aplicar la Cláusula. Es evidente que tal atribución, por las consecuencias que acarrea, debería estar encomendada a una pequeña comisión tan independiente como sea posible, cuyos integrantes no hayan participado en el examen efectuado a la empresa contribuyente a quien se pretende aplicar la regla antielusiva. Sería deseable que tales personas tuvieran gran experiencia en el ámbito jurídico empresarial y no resultaría fuera de lugar que entre ellos se contara con algún representante del sector privado que, por lo menos, pudiera participar con voz. El inicio del procedimiento debería comunicarse a la persona cuya situación se examina para que ésta pudiera expresar lo que creyera conveniente y proporcionar información para mejor resolver. En resumen, debemos tratar por todos los medios de evitar que en ciertos casos-límite los funcionarios encargados de la determinación de los impuestos, resulten sustituyendo al Poder Legislativo.

SANCIONES ADMINISTRATIVAS.-

Parece claro que en ciertas oportunidades traer a colación la Cláusula podría conducir a una exigencia no ajustada estrictamente al texto de la ley, pero aun asumiendo que la decisión de aplicarla ha sido adoptada por la referida comisión en forma unánime, sus efectos

---

5   Ferreiro Lapatza José Juan, *ob. cit.* p. 378.

6   Eduardo A. Pflucker de los Ríos, "La Cláusula Antielusiva General Contenida en la Norma XVI del Título Preliminar del Código Tributario: Una perspectiva Constitucional", *Revista del Instituto Peruano de Derecho Tributario* N° 65, p. 663.

sólo deberían reflejarse en la acotación del tributo propiamente dicho, pero no debería extenderse a las multas, u otras sanciones.

Las normas antielusivas de esta clase suponen, por su mero enunciado, que el contribuyente actúa ajustándose a fórmulas legales admitidas, pero lo hace de manera tal que obtiene beneficios de carácter impositivo que no habría conseguido si recurriera a los procedimientos que calificarían como habituales en el medio. Eso significa que su modo de proceder respeta el ordenamiento jurídico aunque, de acuerdo con la posición de los inspectores, tal comportamiento ha pasado por la realización de actos "artificiosos o impropios", pero no contrarios al texto de la ley. Si se mira con cuidado tal cuestionamiento, como ya se dijo, sólo puede presentarse si la redacción efectuada por el legislador no es lo suficientemente clara, al extremo que permite al sujeto pasivo llevar a cabo operaciones y celebrar contratos reales, no prohibidos ni objetables jurídicamente y que, por lo tanto, dejan margen para afirmar que no constituyen hechos imponibles o que su ejecución da lugar a una carga tributaria inferior a la que surgiría si tal contribuyente hubiera optado por una vía legal distinta.

En esos casos, si finalmente se decidiera que debe liquidarse el tributo que hubiera correspondido si la actuación del sujeto se hubiera ajustado al procedimiento que se estima como ordinario, es razonable sostener que no cabría la aplicación de sanciones, pues si ninguna disposición legal impide al contribuyente seguir el formato escogido y, sin embargo, éste es calificado por las autoridades competentes como artificioso, parece claro que no habría fundamento para aplicar multas u otras sanciones administrativas.

Podría ocurrir que el contribuyente actúe con la certeza de estar obrando con estricta sujeción a la ley, pues ésta no ha previsto como gravada la operación que está llevando a cabo. No existiría motivo real para sancionar a quien no ha violado ninguna regulación, al extremo que para plantear la cobranza el fisco se ve precisado a invocar la Cláusula, lo que supone reconocer que el camino seguido por el interesado no da lugar – en sentido estricto – al nacimiento de la obligación pero que, en el caso concreto bajo examen, se presentan las circunstancias previstas en aquélla. Es decir, no estamos frente a una omisión ni a un acto simulado, sino que lo determinante es la calificación efectuada, la que no necesariamente podría ser compartida por algún otro examinador de los hechos.

Como se ha dicho muchas veces, ninguna persona está obligada a escoger la ruta que le signifique un mayor pago de impuestos y, además, debe tenerse presente que nadie puede ser sancionado si el acto que realiza u omite no se encuentra previamente tipificado como generador de la multa u otra punición administrativa. Si en cierta situación específica la aplicación de la Cláusula es susceptible de cuestionamiento por alejarse del principio de legalidad, no sería congruente que, además de girar el gravamen, se obligue al pago de sanciones administrativas como si estuviéramos frente a una regla que, supuestamente, sólo tendría una única interpretación posible. En todo caso podría analizarse la alternativa de cobrar intereses por el tiempo en que se ha diferido la cancelación del impuesto adeudado.

Adicionalmente, debe tomarse en cuenta que con frecuencia los códigos tributarios señalan como un derecho del contribuyente solicitar la no aplicación de sanciones cuando el tributo se ha dejado de pagar a raíz de la interpretación equivocada de una norma que permite llegar a diversas conclusiones contrapuestas sobre su sentido y alcances. Si ese es el tratamiento que corresponde cuando existe error en el análisis efectuado, es evidente que el mismo fundamento puede esgrimirse para la no aplicación de sanciones, si las operaciones llevadas a cabo no están indudablemente contempladas como gravables y la fiscalización necesita recurrir a la Cláusula.

Nuestra legislación ha considerado como infracción sancionable, incurrir en actos que permiten aplicar la Cláusula, a pesar que en la exposición de motivos de la norma que la introdujo, se citó la Ley General Tributaria Española del año 2003, que en su artículo 15º comprende la regulación antielusiva general y cuyo numeral 3) precisa:

"En las liquidaciones que se realicen como resultado de lo dispuesto en este artículo, se exigirá el tributo aplicando la norma que hubiera correspondido a los actos o negocios usuales o propios o eliminando las ventajas fiscales obtenidas, y se liquidarán intereses de demora, sin que proceda la imposición de sanciones"

Como puede advertirse, la disposición transcrita excluye la cobranza de sanciones por lo que puede concluirse que se considera como premisa que el contribuyente no ha incurrido en infracción alguna y los intereses podrían explicarse como una compensación por la mora en el pago.

Sobre este extremo se debe recordar que, no obstante la distancia que existe entre el derecho penal y el administrativo, los principios del primero son aplicables en el ámbito de las sanciones del segundo, lo que incluye la taxatividad, es decir que la tipificación de la acción que se reprime, debe estar redactada de manera predecible para el administrado. A pesar de las notorias diferencias entre tales áreas jurídicas existen puntos de coincidencia, como ha señalado el Tribunal Constitucional del Perú en el considerando 12 de la Sentencia N° 01873-2009-PA/TC, al destacar el principio de tipicidad:

"(...) En mérito al cual la descripción legal de una conducta específica aparece conectada a una sanción administrativa. Esta exigencia deriva de dos principios jurídicos específicos, el de libertad y el de seguridad jurídica. Conforme al primero, las conductas deben estar exactamente delimitadas, sin indeterminaciones, mientras que en relación al segundo, los ciudadanos deben estar en condiciones de poder predecir de manera suficiente y adecuada, las consecuencias de sus actos, por lo que no cabe cláusulas generales o indeterminadas de infracción que permitan una actuación librada al "arbitrio" de la Administración, sino que ésta sea prudente y razonada. (...)"

CASO EN QUE EXISTE NORMA ANTIELUSIVA ESPECÍFICA.-

En algunos casos, la ley ha previsto ciertas reglas que persiguen evitar la elusión tributaria y adelanta las consecuencias que se producirían si el contribuyente lleva a cabo los actos que conducen al efecto impositivo que pretendía evitar. Así, por ejemplo, en la legislación tributaria del Perú, la transferencia de activos de una a otra empresa genera, en principio, IVA (tratándose de bienes muebles) e impuesto a la renta por la diferencia entre el costo computable y el precio pactado en la enajenación (que no puede ser inferior al valor de mercado). Sin embargo – como ya se ha dicho – la transferencia podría hacerse vía escisión, en cuyo caso no son aplicables tales tributos, pero para evitar que este mecanismo sea utilizado como una forma de reducir la carga impositiva, se establece que si dentro de cierto plazo los socios transfieren las acciones emitidas por la sociedad que adquirió los activos, entonces se generan las obligaciones cuyo cumplimiento correspondería exigir si se hubiera efectuado la venta directa de tales bienes y se prescinde de la neutralidad que la ley otorga a la reorganización empresarial.

La norma ha previsto que la restricción para la venta de tales títulos opera hasta el cierre del ejercicio siguiente al que entró en vigencia la escisión y, por lo tanto, es forzoso concluir que si la transferencia ocurre después de vencido ese tiempo límite, ya no surgen los impuestos que se hubieran precipitado en una enajenación ordinaria. Sin embargo, aun en ese supuesto, ¿podrían las autoridades tributarias recurrir a la Cláusula y exigir el IVA y el impuesto a la renta sosteniendo que se trata de una operación "artificiosa o impropia"?.

Se considera que tal posibilidad no sería admisible, pues el legislador ha establecido determinados parámetros concretos, señalando un plazo luego del cual la venta de las acciones no produce las consecuencias indicadas, por estimar que transcurrido el lapso previsto ya no puede asignarse a la operación el propósito de evitar el pago al fisco. Las normas antielusivas específicas, no dejan margen para aplicar el precepto genérico, pues éste no puede invocarse si existe uno individualizado que de modo preciso, está dirigido a la misma finalidad.

Cuando se advierte que ciertas disposiciones del ordenamiento tributario pueden dar lugar a la elusión, esa consecuencia se evita mediante una determinada regulación puntual, por lo que resulta válido interpretar que con ella se ha eliminado el carácter "artificioso o impropio" del acto jurídico realizado. Si la ley ha previsto un plazo dentro del cual no puede realizarse una cierta operación, carecería de sentido que vencido éste pueda atribuirse al contribuyente una actuación cuya finalidad era esquivar la obligación fiscal, aun cuando – en efecto – pudiera haberle significado una menor carga tributaria. Al consignar un requisito que resulta cumplido, es el propio Congreso quien elimina cualquier atisbo de elusión.

§ 7. EL PRINCIPIO DE LEGALIDAD EN MATERIA TRIBUTARIA FRENTE A LA JURISPRUDENCIA CONSTITUCIONAL (DOCTRINA LEGAL), POSIBLE DISTORSION

Erwin Iván Romero Morales [*]

1) JUSTIFICACION:

El presente trabajo se ha originado, luego de varios meses de estar analizando algunas sentencias emitidas por el Tribunal Contencioso Administrativo en materia tributaria, los cuales fueron impugnados de casación, ya que nuestro sistema Guatemalteco, los procesos contencioso administrativos son tramitados en única instancia en el ámbito jurisdiccional y contra las sentencias solo procede el recurso extraordinario de casación, que es eminentemente técnico-formal, y conoce de este recurso que tiene carácter de extraordinario la Corte Suprema de Justicia, que establece su jurisprudencia por la existencia de cinco fallos reiterados que resuelvan un mismo asunto. En la situación actual de nuestro país ha sucedido en los últimos años, que la discusión de los asuntos sometidos a la justicia especializada en materia contencioso administrativo tributario, se ha incrementado en forma exponencial, originando que en la actualidad existan tres salas que conocen todos los conflictos en materia tributaria, mismas que se encuentran saturadas de trabajo, y luego contra las sentencias que se emitan, los contribuyentes o la Administración Tributaria dependiendo de sus respectivos intereses interponen el recurso extraordinario de casación, que conoce la Corte Suprema de Justicia, y luego en contra de la sentencia que este máximo órgano jurisdiccional emita, tanto los contribuyentes como la Administración Tributaria acuden a la interposición de la acción de amparo, que conoce la Corte de Constitucionalidad. Por lo anterior es que me he atrevido a escribir sobre la posible distorsión que se puede generar las sentencias dictadas en acciones de amparo, en contra de las sentencias de casación emitidas por la Corte Suprema de Justicia, y su confrontación con el principio de legalidad, ya que en base a una interpretación supuestamente de las normas constitucionales, se puede lesionar derechos concedidos por leyes ordinarias en materia tributaria, bajo el argumento de revisar la posible violación de derechos constitucionales, situación que ha generado inseguridad jurídica, falta de certeza en las propias sentencias que emiten los órganos jurisdiccionales en materia tributaria, supeditadas siempre a una revisión del máximo órgano de interpretación constitucional (Corte de Constitucionalidad), aun cuando no se discuta la lesión a derechos fundamentales. Es por todo lo anterior que he tomado la decisión de escribir sobre el presente tema, agradeciendo a la Asociación Venezolana de Derecho Tributario la invitación que me hiciera llegar, para escribir en el libro homenaje por los cincuenta años de fundación, muy especialmente al Doctor Leonardo Palacios, y al Doctor Serviliano Abache, dos reconocidos profesionales Venezolanos, amantes del derecho tributario, a quienes profeso un profundo respeto, vaya pues hasta esa gran nación mi afectuoso saludo.

---

[*]   Abogado y Notario, Magistrado Presidente de la Sala Cuarta del Tribunal Contencioso Administrativo, que conoce asuntos en materia Tributaria, Organismo Judicial de Guatemala.

2) ANTECEDENTES:

Iniciar este trabajo que tiene una relación o vínculo con los principios constitucionales en materia tributaría hace de forma ineludible tocar como un antecedente obligatorio los derechos fundamentales, ya que son parte importante de la justificación de los principios, sobre todo porque de ahí se originan los principios, como protección de los derechos fundamentales siendo tan trascendentales, que la gran mayoría de constituciones desarrollan en gran medida, porque son protecciones y garantías que apoyan en todo sentido el sustento de los administrados que viven en sociedad, siendo en el caso concreto a los contribuyentes dentro del ámbito del derecho tributario.

Cuando pensamos en derechos fundamentales, la primer idea que surge es en qué momento histórico se empieza a utilizar tal concepción, en primer lugar dicha figura como tal surge con el movimiento revolucionario de la Francia del siglo dieciocho (XVIII) y de igual forma el movimiento libertario de las trece (13) colonias Inglesas de Norteamérica, que es lo que hoy conocemos como Estados Unidos, ambos movimientos terminaron la primera en revolución y la segunda en independencia, sin embargo en forma cronológica la primera fue la independencia de los Estados Unidos en mil setecientos setenta y seis (1,776) y luego la revolución de Francia en mil setecientos ochenta y nueve (1789), esta última da paso a los dos grandes principios fundamentales como lo refiere el Doctor José María Martín Delgado[1], *"**El Principio de la Soberanía popular**, según el cual el poder supremo del Estado reside en el pueblo o en la Nación, y el **Principio de la separación de poderes**, según el cual las actividades fundamentales en que se desenvuelve la acción política y de gobierno, se atribuyen a órganos distintos e independientes."*; Dichos principios muy pre-claros para la época en que se consolidaron, dieron lugar a las tres ideas importantes del movimiento revolucionario que fueron de: *libertad, igualdad y fraternidad.* Las anteriores ideas se convirtieron en verdaderos postulados de gobierno, tratando de renovar y recuperar la dignidad de la persona que había sido sopesada durante la monarquía francesa, dicho movimiento dio origen al llamado constitucionalismo que se extendió por toda Europa, al igual que las ideas que sembraron la intelectualidad de dicho momento, ya que los parlamentos se dedicaron a delimitar esas ideas y a profundizar su contenido, convirtiéndose en legitimadores de la sociedad, así en la historia es que se empiezan a analizar y a delimitar tres conjuntos de derechos fundamentales, reconociéndose así los denominados *"derechos de primera generación o derechos civiles o políticos",* cuya vinculación con la primacía de la libertad individual o de la persona dentro de un Estado de Derecho, se pone de manifiesto en los distintos cuerpos normativos, ya que supuestamente sin ellos no se puede iniciar la regulación de las funciones del Estado que obligadamente está conformado por personas con plena libertad y pleno ejercicio de sus derechos; De igual forma se reconocen los *"derechos de segunda generación o derechos económicos, sociales y culturales",* que nacen como consecuencia de la búsqueda de la igualdad de toda persona dentro de un Estado Social y Democrático de derecho, proscribiendo con ello la idea de la discriminación desde todo punto de vista, en donde se enarbolan los derechos económicos que todas las personas pueden ejercer, y que para vivir en sociedad es necesario que se respeten los orígenes culturales, ya que solo de esa forma el reconocimiento puede influenciar el desarrollo de los países; y luego los *"derechos de tercera generación",* los cuales buscan la fraternidad dentro de un Estado Global y Solidario, a los cuales de igual forma se les llamo los derechos económicos, y en donde las personas deben de ser solidarias ya que si bien es cierto que todos tienen la obligación de contribuir con los gastos públicos, algunas personas no pueden por su limitados ingresos, sin

---

1   Martín Delgado, José María *"Derecho Financiero y Derechos Fundamentales"*, Lección Inaugural Curso 2009-2010, Universidad de Málaga, p. 41.

embargo si gozan de los beneficios del Estado en base a esa solidaridad que debe impregnar a los ciudadanos.

En ese mismo sentido Carl Schmitt, desarrolla una clasificación de los derechos fundamentales que por los efectos didácticos se considera necesario enunciarlos de la siguiente forma: *"a) los derechos de libertad del individuo aisladamente considera (libertad personal, libertad de conciencia); b) los derechos de libertad del individuo en su relación con los demás (derecho de asociación, de circulación etc.); c) los derechos del individuo en el Estado como ciudadano (derecho a votar y ser elegido); y d) derechos del individuo a prestaciones del Estado (derecho a la seguridad social, a la educación)"*. Dicha clasificación tiene una relación directa con la libertad del individuo o persona individual la cual va impregnada de todos los elementos que conllevan a la dignidad o a la dignificación de la persona como sujeto de derechos y obligaciones.

Los dos movimientos históricos a los que nos hemos referido anteriormente, tuvieron como antecedente común la Carta de Derechos (Bill of Rights), la cual fue suscrita por el pueblo Ingles en mil seiscientos ochenta y nueve (1689), es por ello que los denominados derechos fundamentales pasan a formar parte del ordenamiento positivo de los países, en algunos casos por estar incrustadas las normas en las constituciones de algunos países, refiriéndose entonces a la positivización de los derechos de las personas individuales, que se identifican como derechos fundamentales, de esa cuenta Mauro S. Chacón Lemus sostiene refiriéndose a los derechos fundamentales de la siguiente forma: *"Esta concepción los configura como derechos inalienables de la persona humana positivizados en un texto constitucional, es decir, reconocidos por el poder constituyente y que limitan el poder estatal, pues se basa en el respeto a las libertades individuales.*[2]*"*. Dicha positivización de los derechos de las personas individuales, se fue matizando con el correr de los años constitucionalizando en algunos casos a los referidos derechos fundamentales, hasta llegar a la primera y segunda guerra mundial que conmociono tanto al mundo, dando origen a la utilización del término alemán *GRUNDRECHTE*, y que como sostiene Javier Pérez Royo[3], *"<Derechos Fundamentales> es, pues, un concepto reciente para un problema antiguo. Los <derechos> han existido en el Estado Constitucional mucho antes de ser <derechos fundamentales>. Resulta por tanto obligado explicar cómo los derechos han llegado a ser derechos fundamentales y qué es lo que añade el adjetivo <fundamentales> al sustantivo <derecho>. El proceso no sólo es ilustrativo sino imprescindible para la correcta comprensión de los mismos."*. En ese orden de ideas el concepto de derechos fundamentales muchas veces lo encontramos en distintas denominaciones, enunciándose o refiriéndose como los derechos de la persona, derechos civiles, derechos de los ciudadanos, en ese sentido Luigi Ferrajoli[4] refiere una conceptualización genérica de los mismos, así: *"son derechos fundamentales, todos aquellos derechos subjetivos que corresponden universalmente a "todos" los seres humanos en cuanto dotados de status de personas, de ciudadanos o personas con capacidad de obrar; entendiendo por "derechos subjetivos" cualquier expectativa (en prestaciones) o negativa (de no sufrir lesiones) adscrita a un sujeto por una norma jurídica; y por "status" la condición de un sujeto, prevista asimismo por una norma jurídica positiva como presupuesto de su idoneidad para ser titular de situaciones jurídicas y/o autor de*

---

2   Chacón Lemus, Mauro Salvador, Derechos Fundamentales, libro *"Opus Magna Constitucional Guatemalteco"*, 2010, p. 123.

3   Pérez Royo, Javier, Libro *"Curso de Derecho Constitucional"*, Marcial Pons 2007, p. 208. *"El término es de origen alemán (Grundrechte) y es utilizado por primera vez en la Constitución de 20 de diciembre de 1848 aprobada por la Asamblea Nacional Paulkirche de Frankfurt <<Los Derechos Fundamentales del Pueblo Alemán>> constituyen uno de los elementos característicos de la única constitución alemana <<radicalmente liberal>> y con una cierta <<proyección democrática>> de todo el siglo XIX."*

4   Ferrajoli, Luigi, *"Garantismo, una discusión sobre derecho y democracia"*, Editorial Trotta. p. 45.

actos que son ejercicio de éstas". Mientras para Riccardo Guastini[5] los derechos fundamentales debe determinarse desde una perspectiva dual de la siguiente forma: *"derechos fundamentales parece encerrar dos matices de significado: por un lado, se dicen fundamentales aquellos derechos que dan fundamento al sistema jurídico, por otro, se dicen fundamentales aquellos derechos que no requieren fundamento del sistema jurídico."* El primer elemento delimitado por este autor se refiere a los derechos que se encuentran debidamente establecidos en una norma, mientras que el segundo concepto son aquellos derechos que no están específicamente delimitados en una norma pero si incluidos en los derechos individuales de las personas, por la propia naturaleza de los mismos, de esa cuenta en Guatemala, la Constitución Política estableció esta figura en el artículo 44[6], ya que cuando se argumente violación a derechos fundamentales y estos no se encuentren dentro del catálogo de los enumerados en la Constitución Política se entenderán protegidos aquellos que se encuentren como inherentes a la persona humana no obstante no indicarse expresamente en el cuerpo normativo de la Constitución.   De esa cuenta y siguiendo con la línea de protección del derecho natural que es el que da sustento a la teoría de los derechos fundamentales, Javier Pérez Royo[7] indica que los derechos fundamentales tienen un doble carácter: *"los derechos fundamentales son los derechos naturales constitucionalizados democráticamente. Son, por lo tanto, al mismo tiempo expresión de la naturaleza humana, y de la técnica del hombre, esto es, naturales y artificiales."* Por lo anterior los derechos fundamentales debieran de entenderse como aquellos que están incorporados a la persona por su propia naturaleza, aunque no estén taxativamente definidos, precisamente por ello es que se les llama fundamentales a los derechos constitucionales de las personas individuales ante el Estado, y aquellos que el hombre le incorpora por disposiciones normativas creadas en los distintos cuerpos legales, así se podría delimitar en primer lugar los incorporados a las normas o a la Constitución se les llamara formales, y en segundo lugar aquellos que no se encuentran delimitados pero que se entenderán como protegidos por el simple hecho de ser persona humana, se les denominará materiales, conjugándose así las ideas ius-positivistas y ius-naturalista, es por eso que algunos tratadistas indican que los derechos naturales son derechos constitucionales y a su vez derechos morales.

En la actualidad se sostiene que los derechos fundamentales dejaron de establecer límites al Estado que ejerce el poder para convertirse en normas que contienen valores y principios, así Mauro Chacón Lemus[8] sostiene: *"La nueva concepción de los derechos fundamentales los distingue como derechos de "participación" y no sólo como "limites frente al poder del Estado". Son un elemento necesario del orden social y del Estado democrático; por lo tanto, se abandona la idea de "derechos fundamentales como simples limites frente al poder del Estado", pues se conciben como "derechos de participación"; ya que su fuerza vinculante emana directamente de la propia Constitución, a partir del reconocimiento de la dignidad humana, y ésta es la piedra angular del edificio de los derechos fundamentales; por lo que se advierte que su connotación "axiológica" estriba en que la "Constitución contiene normas de valores y principios"… De esa cuenta los derechos fundamentales deben ser considerados como derechos "inviolables"; no ya en el sentido de que no puedan ser violados, sino en el sentido, obviamente, de que no deben ser violados, por el*

---

5   Guastini, Riccardo, *"Derechos una Contribución Analítica"*, Universidad Carlos III Madrid, 1994, pp. 221 y 222.

6   Artículo 44. Derechos inherentes a la persona humana. Los derechos que otorga la Constitución no excluyen otros que, aunque no figuren expresamente en ella, son inherentes a la persona humana. El interés social prevalece sobre el interés particular. Serán nulas *ipso jure* las leyes y las disposiciones gubernativas o de cualquier otro orden que disminuyan, restrinjan o tergiversen los derechos que la Constitución garantiza.

7   Pérez Royo, Javier, *Libro Curso de Derecho Constitucional*, Marcial Pons 2007, pp. 219 y 220.

8   Chacón Lemus, Mauro Salvador, Derechos Fundamentales, libro *"Opus Magna Constitucional Guatemalteco"*, 2010, p. 127 y 128.

hecho de ser derechos morales o "naturales", los cuales en ningún caso el Estado puede violar.". Todo lo anterior nos hace llegar a la conclusión que los derechos fundamentales se consideran de alguna forma los derechos de la persona individual, por su naturaleza humana, y que se encuentran incorporados a las normas ordinarias en algunos casos y en otros a la Constitución, que se convierten en normas de valores y principios, que elevan superlativamente la delimitación de la propia norma como tal; Llama la atención dicha conceptualización de los derechos fundamentales, la cual ha sido establecida de alguna forma en los fallos del Tribunal Constitucional Español que en su sentencia 25/1981 sostiene lo siguiente: *"En primer lugar: los derechos fundamentales son derechos subjetivos, derechos de los individuos no sólo en cuanto derechos de los ciudadanos en sentido estricto, sino en cuanto garantizan un estatus jurídico o la libertad en un ámbito de existencia. Pero al propio tiempo, son elementos esenciales de un ordenamiento objetivo de la comunidad nacional, en cuanto ésta se configura como marco de una convivencia humana justa y pacífica, plasmada históricamente en el Estado de Derecho y, más tarde, en el Estado social de derecho, o el Estado social y democrático de derecho, según la fórmula de nuestra constitución.".* Los conceptos anteriores, refieren que los derechos fundamentales, son los que de alguna forma protegen a los individuos o personas individuales, administrados o contribuyentes, que pertenecen o conviven en sociedad, por medio de las normas y que se encuentran debidamente incorporados a los sujetos por su naturaleza humana, dicha delimitación lo que pretende es establecer esa dualidad de los derechos fundamentales, que a su vez se convierten en principios y valores que la Constitución engloba, y que los distintos órganos encargados de administrar justicia son los encargados de darle el real valor en su aplicación a dichas connotaciones conceptuales, así la Constitución se convierte en una ley, sobre la que se desarrollan dichos derechos fundamentales y como bien lo indicara Gerardo Ataliba, al citar a Agustín Gordillo, quien decía: *"La Constitución es una ley que el pueblo hace para contener y detener el poder del Estado, para establecer límites al poder del Estado.",* siendo que dicho cuerpo normativo es tan imprescindible en la vida social de los pueblos porque no solo establece los derechos fundamentales, sino que también de alguna forma incorpora al ordenamiento jurídico aquellos que no estando expresamente enunciados, por el simple hecho de que sean aplicables a una persona individual, estarán protegidos e incorporados al sistema legal del país.

Llama mucho la atención que no obstante los tratadistas has desarrollado mucho las concepciones de los derechos fundamentales, los mismos es necesario interpretarlos, así el Doctor Mauro Chacón Corado[9] citado por su hijo Mauro S. Chacón Lemus, indica lo siguiente: *".....los valores, principios y reglas jurídicas poseen un rasgo común; tienen la caracterización y cumplen una función normativa. Poseen siempre una imperatividad en la medida que directa o indirectamente es preceptiva de conductas. Las tres llevan implícito el enunciado o la exigencia de conductas que pueden ser obligatorias, prohibidas o permitidas. Sin embargo, son perceptibles sus diferencias, aunque difíciles de precisar..".* Dicha concepción tiene mucha correlación con la existencia misma de los derechos fundamentales, ya que las figuras de los valores, de los principios y de las reglas, se enuncian los distintos cuerpos normativos ordinarios o en las Constituciones como formas de regulación así pues en Guatemala, Mauro Chacón Lemus refiere: *"En síntesis, si se está frente a una norma que exige la mayor medida posible de cumplimiento se trata de un __principio__, pero si la norma sólo exige una determinada medida de cumplimiento, se trata de __una regla__, y los __valores__, por su parte, se enuncian sin recurrir a la estructura sintáctica de una proposición o juicio."* Es por lo anterior que muchas veces se enuncia un derecho fundamental,

---

9   Chacón Corado, Mauro, "La Justicia Constitucional y la Función del Tribunal Constitucional en Guatemala" Libro Colectivo Ferrer Mac-Gregor, Eduardo (Coordinador), México, Instituto de Investigaciones Jurídicas y Sociales de la Universidad Nacional Autónoma de México, pp. 114 y 115.

denominándole principio, porque la norma exige de alguna forma una medida de cumplimiento que es más amplia en su interpretación que una prohibición o una delimitación de carácter normativo, situación que puede significar como resultado la visión de los derechos fundamentales como principios y los valores que tiene su origen en la moral, pero que son matizados por una regla general porque su aplicación es destinado a la colectividad.

En ese mismo orden de ideas, quisiera matizar un poco los métodos de interpretación de los derechos fundamentales ya que los tratadistas en esta materia propugnan por la búsqueda de una solución efectiva en este campo, se menciona el principio de *pro homine*, ya que para solucionar el problema interpretativo se acude a la norma más amplia, teniendo una interpretación extensiva de la misma, así en Guatemala, el artículo 2°, de la Ley de Amparo, Exhibición Personal y de Constitucionalidad determina: "*Artículo 2°. Interpretación extensiva de la Ley. Las disposiciones de esta ley se interpretarán siempre en forma extensiva, a manera de procurar la adecuada protección de los derechos humanos y el funcionamiento eficaz de las garantías y defensas del orden constitucional.*". Dicha norma refiere que en la interpretación se buscara la efectiva protección de los derechos tomando como base la interpretación extensiva de la norma a fin de garantizar el orden constitucional, tomando en cuenta que la carta magna se privilegia frente a cualquier norma de rango inferior.

Así de alguna forma queda matizado el contenido, características e integración de la figura de los derechos fundamentales, en términos muy generales, desde una perspectiva que nos interesa para abordar los siguientes temas del presente trabajo, en donde nos referiremos a los derechos fundamentales como un principio, siempre dentro del ámbito del derecho tributario.

3) PRINCIPIO DE LEGALIDAD:

El principio de legalidad tributaria, se le llama en algunos países el de reserva de ley, que no quiere decir otra cosa que no puede existir un tributo, sin una ley que previamente lo determine, dicho principio en Guatemala, ha sido desarrollado con mucha propiedad en el artículo 239[10] Constitucional, en donde se enuncia que es el Congreso de la República el único ente encargado de decretar tributos, utilizando el nombre genérico porque la Constitución determina los impuestos ordinarios y extraordinarios, los arbitrios que son típicos impuestos a favor de las municipalidades y las contribuciones especiales, excluyendo de toda discusión las tasas que son tributos pero que en Guatemala, están fuera de la delimitación constitucional, como bien lo determina la clasificación tripartita de los tributos; En el caso de Guatemala, el no haber incluido a las tasas en esa clasificación me parece un verdadero dolor de cabeza, dejándola fuera de la protección y amparo constitucional, de esa cuenta las Municipalidades amparadas en su autonomía establecen tasas de conformidad con el artículo 100[11], y la Corte de Constitucionalidad ha tenido que intervenir en algunos casos para circunscribir los elementos del principio de legalidad y ajustar tales presupuestos a las tasas, en

---

10 Artículo 239.- Principio de legalidad. Corresponde con exclusividad al Congreso de la República, decretar impuestos ordinarios y extraordinarios, arbitrios y contribuciones especiales, conforme a las necesidades del Estado y de acuerdo a la equidad y justicia tributaria, así como determinar las bases de recaudación, especialmente las siguientes: a) El hecho generador de la relación tributaria; b) Las exenciones; c) El sujeto pasivo del tributo y la responsabilidad solidaria; d) La base imponible y el tipo impositivo; e) Las deducciones, los descuentos, reducciones y recargos; y f) Las infracciones y sanciones tributarias. Son nulas *ipso jure* las disposiciones, jerárquicamente inferiores a la ley, que contradigan o tergiversen las normas legales reguladoras de las bases de recaudación del tributo. Las disposiciones reglamentarias no podrán modificar dichas bases y se concretarán a normar lo relativo al cobro administrativo del tributo y establecer los procedimientos que faciliten su recaudación.

11 Artículo 100. Ingresos del municipio. Constituyen ingresos del municipio: a)... b)... c)...d)...e) El producto de los arbitrios, tasas y servicios municipales............

base al artículo 255[12], ya que muchas veces las municipalidades exceden su actuar al sobrepasar los límites constitucionales porque establecen tasas sin respetar el derecho de legalidad que obliga al cumplimiento de ciertos requisitos previos que deben de estar redactados y directamente vinculados en la ley o norma que establezca la determinación, implementación y cobro de las tasas.

Por su parte el profesor José O. Casas[13], refiriéndose al principio de legalidad indica que: *"La doctrina argentina identifica bajo la denominación del principio de legalidad tributaria la inveterada regla que se expresa en el aforismo latino "nullum tributum sine lege"."* Regla que es perfectamente válida en la actualidad y que se ha ido incrustando en los distintos sistemas legales, ya que el principio de legalidad penal y el tributario tienen mucha semejanza y nacen de la mano, como bien lo indica el Jurista José Juan Ferreiro Lapatza: *"Por ello, el principio de legalidad surge en la historia ligado, básicamente, a dos materias en las que se revela, mejor que en cualquier otra, la condición de súbditos o ciudadanos libres de los miembros de una comunidad: la definición de delitos y penas (principio de legalidad penal) y el establecimiento de tributos (principio de legalidad tributaria)*, quedando claro que la naturaleza de los tributos tiene que estar impregnada de la voluntad de los ciudadanos al momento de ser establecidos, porque ellos de alguna forma serán los obligados directamente en base al poder impositivo del Estado, y quienes soportan la carga del pago y cumplimiento efectivo de las obligaciones impositivas que se materializan a través de los tributos.

En la historia aparecen muchos elementos necesarios de estudiar, desde la Carta de Juan sin Tierra en Inglaterra sin embargo fue hasta los movimientos de la revolución de Francia y la independencia de Estados Unidos, que se logra incorporar en las Constituciones el principio de legalidad, y en materia tributaria nace como un elemento protector de la propiedad privada, así lo refiere la Doctora Addy Mazz[14]: *"El pensamiento económico liberal, considera el tributo una verdadera invasión del derecho de propiedad de los individuos, y, como tal, solo puede establecerse o fijarse a través de la ley. En este enfoque, su justificación radica en la protección de los derechos individuales, vinculada a la noción de autoimposición. El pensamiento jurídico público contractualista exige el consentimiento del pueblo para el establecimiento de los tributos, sea por sí o por sus representantes."*. Por su parte García Belsunse[15], citado por Rodríguez Lobato sostiene: *"El principio de legalidad del impuesto encuentra su fundamento en la necesidad de proteger a los contribuyentes en su derecho de propiedad, por cuento los tributos implican restricciones a ese derecho, ya que en su virtud se sustrae a favor del Estado algo del patrimonio de los particulares, y en el estado de derecho ello no es legítimo si no se obtiene por decisión de los órganos que en las formas democráticas de gobierno representan la soberanía popular."*. Esa conceptualización deja claro que en un estado de derecho lo que se busca es de alguna forma garantizar el derecho de propiedad de los contribuyentes, porque al momento de realizar los pagos de los impuestos correspondientes se dispensa parte del patrimonio del contribuyente, todo ello es en base al bien común y por ende de los propios contribuyentes

---

12 Artículo 255. Recursos económicos del municipio. Las corporaciones municipales deberán procurar el fortalecimiento económico de sus respectivos municipios, a efecto de poder realizar las obras y prestar los servicios que les sean necesarios. La captación de recursos deberá ajustarse al principio establecido en el artículo 239 de esta Constitución, a la ley y a las necesidades de los municipios.

13 Casas, José Osvaldo, Libro colectivo "Estudios de Derecho Constitucional Tributario", Coordinador Horacio García Belsunce, *Estudio preliminar sobre los aspectos introductorios al principio de reserva de ley en materia tributaria*, De Palma Argentina, 1994, p. 112.

14 Mazz, Addy, *"Curso de Derecho Financiero y Finanzas"*, Tomo I, Volumen II, Fundación de Cultura Universitaria, Uruguay 2007, pp. 8 y 9.

15 Marat Paredes, Montiel; Rodríguez Lobato, Raúl. *El Principio de Reserva de Ley en Materia Tributaria*. Editorial Porrúa, México 2001.

quienes pueden exigir el legítimo cumplimiento del derecho de propiedad él cual está reconocido en la Ley suprema así como en leyes ordinarias, de esa cuenta si bien es cierto es un derecho reconocido, muchas veces en la interpretación normativa se le desconoce para dar paso a las arbitrariedades y el abuso de derecho por parte de la entidad encargada de la fiscalización de los tributos. Por su parte el Doctor Eugenio Simón Acosta[16], sostiene que efectivamente el principio de legalidad debe de proteger el derecho de propiedad y el derecho de libertad individuales, agregando el elemento necesario que es que el sistema tributario debe ser justo.

En ese sentido si bien es cierto el principio de legalidad sirve para delimitar el actuar del Estado también es uno de los elementos protectores del derecho de propiedad, es por ello que el artículo 41[17] Constitucional, refiere dicha protección indicando que no pueden existir multas confiscatorias, es por ello que en reiterados fallos la Corte de Constitucionalidad a sustentando que existe confiscatoriedad tributaria cuando el Estado se apropia de los bienes de los contribuyentes, al aplicar una disposición tributaria en la cual el monto llega a extremos insoportables por lo exagerado de su quantum, desbordando la capacidad contributiva de la persona y vulnerando por esa vía indirecta a la propiedad privada[18], en nuestro sistema tributario no existe un número o una cantidad claramente definida, por la cual se determine cuando un impuesto es confiscatorio o no, ya que acude a la mera interpretación del artículo constitucional estableciendo elementos de comprobación, es decir cuando se demuestre por los contribuyentes que el quantum del pago efectivo dentro de los impuestos es insoportable, entendiendo esta figura en el sentido propio, que cuando el obligado (contribuyente) tenga que utilizar su capital no para producir sino para satisfacer obligaciones tributarias en ese caso y solo en ese caso el impuesto el tributo podrá ser determinado como confiscatorio,

Por su parte el Doctor Eusebio González[19] sostenía que el principio de legalidad tenía una vinculación o íntima relación con un elemento del principio de seguridad jurídica tributaria que es la certeza ya que el contribuyente no solo debe de participar activamente en la elaboración de las leyes tributaria o en su instrumentalización sino que también que hacer accesible o aprehensible la certeza que produzcan los impuestos una vez establecidos en la forma que se determine en base al principio de legalidad. Si bien la certeza tributaria es uno de los

---

16 Marat Paredes, Montiel; Rodríguez Lobato, Raúl. *El Principio de Reserva de Ley en Materia Tributaria.* Editorial Porrúa, México 2001. *"Yo creo que la reserva de ley sigue conservando básicamente su función originaria decimonónica, la que tuvo en el Estado Liberal, que no es otra que la de constituir una garantía del derecho de propiedad y el derecho de libertades individuales, mediante un sistema tributario justo. Su fundamento originario y actual es la preservación y defensa de esos dos valores que constituyeron la esencia de la revolución liberal."*

17 Artículo 41. Protección al derecho de propiedad. Por causa de actividad o delito político no puede limitarse el derecho de propiedad en forma alguna. Se prohíbe la confiscación de bienes y la imposición de multas confiscatorias. Las multas en ningún caso podrán exceder del valor del impuesto omitido.

18 Gaceta 85. Expediente 1783-2007. Fecha de sentencia 29/08/2007. *"(....) existe confiscatoriedad tributaria cuando el Estado se apropia de los bienes de los contribuyentes, al aplicar una disposición tributaria en la cual el monto llega a extremos insoportables por lo exagerado de su quantum, desbordando así la capacidad contributiva de la persona, y vulnerando por esa vía indirecta a la propiedad privada.".*

19 González García, Eusebio. El Principio de Legalidad Tributaria en la Constitución Española de 1978. Obra colectiva "Seis Estudios Sobre Derecho Constitucional e Internacional Tributario". Editorial de Derecho Financiero, Editoriales de Derecho Reunidas. Serie Monografías. Madrid 1980. *"De suerte que la vigencia efectiva del principio de certeza o seguridad jurídica, del contribuyente en un ordenamiento exige no sólo instrumentalizar cauces de participación ciudadana en la elaboración de las leyes tributarias (prescripción mínima y primera, consustancial al principio del consentimiento del impuesto) y evitar cuidadosamente toda actividad discrecional por parte de la Administración Pública en esta materia (prescripción inmediatamente derivada de la aplicación del principio del consentimiento), sino también hacer accesible o aprehensible esa certeza. Es decir el principio de certeza deja de ser tal cuando por el marasmo de las disposiciones, o la imprecisión (por no decir incorrección) de los términos técnicos utilizados en su redacción, se dificulta extraordinariamente saber en cada momento cuál es la norma a aplicar, o se corre el peligro de no aplicar de modo uniforme idéntica norma.". p. 112.*

elementos necesarios del principio de legalidad es necesario su análisis e implementación en todo sistema tributario justo, toda vez que esa calidad la puede asumir el Estado cuando sus leyes vayan a ser aplicadas de un modo justo. Es por lo anterior que en Guatemala el principio de seguridad jurídica se encuentra regulado en el ámbito general, en el artículo 2[20] de la Constitución Política de la República, en una forma muy general el cual debe de entenderse al tenor de la Corte de Constitucionalidad de la siguiente forma: "*El principio de seguridad jurídica que consagra el artículo 2°. De la Constitución, consiste en la confianza que tiene el ciudadano, dentro de un estado de derecho, hacia el ordenamiento jurídico; es decir, hacia el conjunto de leyes que garantizan su seguridad, y demanda que dicha legislación sea coherente e inteligible; en tal virtud, las autoridades en el ejercicio de sus facultades legales, deben actuar observando dicho principio, respetando las leyes vigentes, principalmente la ley fundamental......* (Gaceta No. 1258-00, sentencia 10-07-01).* Dicho conceptualización es perfectamente aplicable al ámbito tributario ya que cuando la ley que establezca un tributo en la forma en que se cumpla en principio de legalidad, dicho tributo contenido en la legislación debe ser entendible no solo por las personas a las que ve dirigido sino que también por las autoridades que tienen que aplicarla como en el caso de la entidad tributaria que realiza el control y fiscalización de los tributos.   De igual forma el sistema Español, ha desarrollado una amplia doctrina jurisprudencial, la cual concluye, tratando de delimitar alguna concepción del principio de seguridad jurídica de la siguiente forma: "*En suma, sólo si, en el ordenamiento jurídico en el que se insertan y teniendo en cuenta las reglas de interpretación admisibles en Derecho, el contenido o las omisiones de un texto normativo produjeran confusión o dudas que generaran en sus destinatarios una incertidumbre razonablemente insuperable acerca de la conducta exigible para su cumplimiento o sobre la previsibilidad de sus efectos, podría concluirse que la norma contenida en dicho texto infringiría el principio de seguridad jurídica (SSTC 150/1990, de 4 de octubre, FJ 8; 142/1993, de 22 de abril, FJ 4; y 212/1996, de 19 de diciembre, FJ 15).*" Por su parte el jurista Cesar García Novoa[21], sostiene que el principio de seguridad jurídica se refiere a lo siguiente: "*la seguridad jurídica consiste básicamente en el cumplimiento del Derecho por sus destinatarios y especialmente por los órganos encargados de su aplicación.*". El elemento de la certeza jurídica que matiza el principio de seguridad jurídica tributaria es importante en el principio de legalidad porque el sistema tributario no solo debe de cumplir con todos y cada uno de los presupuesto de la legalidad, sino que también debe de generar certeza en los contribuyentes y las entidad que son encargadas de su aplicación que serían los entes encargados de la actividad de fiscalización de los tributos, ya que en Guatemala, por razones legales existen varios, por ejemplo en el caso de algunos impuestos generales como el IRS y el IVA, el ente encargado es la Superintendencia de Administración Tributaria, en el caso del Impuesto Único Sobre Inmuebles son las Municipalidades del país, y en el caso del Impuesto de Herencias, Legados y Donaciones es el Ministerio de Finanzas Públicas.

En la doctrina como en el caso de Guatemala, la certeza como uno de los elementos de la seguridad jurídica está íntimamente relacionada con el principio de legalidad, sin embargo a nivel internacional de igual forma surge la idea de esa vinculación que fue recogida en las conclusiones de las XVI Jornadas Latinoamericanas de Derecho Tributario que fueron celebradas en Perú en el año de 1993[22].

---

20   Artículo 2°.- Deberes del Estado. Es deber del Estado garantizarle a los habitantes de la República la vida, la libertad, la justicia, la seguridad, la paz y el desarrollo integral de la persona.

21   Cesar García Novoa, *"El Principio de Seguridad Jurídica en Materia Tributaria",* Marcial Pons, España 2000, p. 80.

22   *1.- La certeza y la vigencia plena y efectiva de los principios constitucionales son condiciones indispensables para la seguridad jurídica. 2.- La seguridad jurídica es requisito esencial para la plena realización de la persona y para el desarrollo de la actividad económica (...). 5.- Los principios de legalidad, jerarquía e irretroac-*

Es por todo lo anterior que en Guatemala, los constituyentes, establecieron en el ámbito tributario al regular el principio de legalidad[23] consideraron en el artículo 239[24], las facultades al Congreso de la República de la emisión de los tributos, de una forma un poco atípica al establecer dentro del grupo los impuestos ordinarios y extraordinarios, los arbitrios que típicos impuestos a favor de las municipalidades y las contribuciones especiales, dejando fuera las tasas como fue referido anteriormente, de igual forma se establecieron requisitos que no pueden obviarse en la emisión de una ley que contenga un tributo, y en ese sentido se tomaran los criterios de la Corte de Constitucionalidad en los requisitos que se denominan bases de recaudación:

a) El hecho generador de la relación tributaria: *"hecho generador es el supuesto abstracto previsto por la norma jurídica para configurar el tributo, y cuando ese hecho hipotético se produce en la realidad, convirtiéndose en hecho concreto, surge la obligación tributaria. Este concepto doctrinario informa el derecho positivo guatemalteco, pues el artículo 31 del Código Tributario dice: 'Hecho generador o hecho imponible es el presupuesto establecido en la ley, para tipificar el tributo y cuya realización origina el nacimiento de la obligación tributaria'. Conforme a estos conceptos, todo hecho generador lleva implícito un elemento temporal, que hace relación al momento en que debe considerarse consumado el hecho previsto en la norma legal, lo que puede ocurrir mediante dos modalidades a saber: a) instantáneo, cuando se realiza en determinado momento y simultáneamente origina una obligación tributaria autónoma, que no puede repetirse y b) periódico, cuando se produce una serie de hechos globalmente considerados cuya integración se completa durante determinado período... (Gaceta No. 31, expedientes acumulados Nos. 269-92, 326-92, 352-92 y 41-93; página No. 24, sentencia: 11-02-94.)."*.

b) Las exenciones: *"...Una exención tributaria 'es la dispensa total o parcial del cumplimiento de la obligación tributaria, que la ley concede a los sujetos pasivos de ésta, cuando se verifican los supuestos establecidos en dicha ley.' Por la exención se excluye, por razones determinadas, a quienes de acuerdo con los términos de la ley alcanza el gravamen; es especial porque priva el principio de que el impuesto debe ser general cubriendo a la totalidad de los contribuyentes, de manera que nadie puede ser excluido sino por motivos especiales; por ello, una exención tiene una razonabilidad, ya sea en favor del Estado para impulsar el desarrollo o en favor de ciertas actividades útiles. Las exenciones son expresas, y es al legislador a quien compete ponderarlas. Quien tiene el poder de crear el gravamen tiene el poder de crear la exención. De ahí que las exenciones se encuentran establecidas en la ley con carácter de excepción a la obligación impositiva tributaria cuya determinación compete fijar al Congreso de la República por mandato de la propia*

---

tividad resultan indispensables para evitar la incertidumbre en las contribuciones. 8.- La seguridad jurídica requiere el mantenimiento del principio de legalidad. En caso de que la Constitución autorice la delegación de facultades legislativas, la ley debe respetar las condiciones establecidas por la Constitución y fijar con precisión los parámetros a los que debe ceñirse el Poder Ejecutivo en el ejercicio de tales facultades.

23 *"A) Principio de Legalidad: El poder tributario del Estado constituye básicamente una facultad que posee este ente para crear unilateralmente tributos, sin embargo, ese poder o facultad se ve delegado en nuestro caso, al Congreso de la República, organismo competente para crear los impuestos, arbitrios y contribuciones especiales mediante una ley que regule lo relativo al tema, la cual deberá contemplar como mínimo lo regulado en el artículo 239 constitucional, es decir el hecho generador, sujeto(s) pasivo(s) de la relación jurídica tributaria, tipo impositivo, la base impositiva, infracciones y sanciones, deducciones, descuentos reducciones y recargos; estas son las condiciones básicas para fijar el quantum, lo cual se traducirá en el impuesto a pagar (...).* Gaceta 94. Expediente 2531-2008. Fecha de sentencia 05/11/2009.

24 Artículo 239. Principio de Legalidad. Corresponde con exclusividad al Congreso de la República de Guatemala, decretar impuestos ordinarios y extraordinarios, arbitrios y contribuciones especiales, conforme a las necesidades del Estado y de acuerdo a la equidad y justicia tributaria, así como determinar las bases de recaudación, especialmente las siguientes......

Constitución, corresponde a sus propias facultades de valoración, establecer quiénes están exentos del pago de la obligación tributaria y quiénes no... (Gaceta No. 27, expediente No. 284-92, página No. 20, sentencia: 23-02-93.).

c) El sujeto pasivo del tributo y la responsabilidad solidaria: *"...el Código Tributario... Decreto 6-91 del Congreso de la República en su artículo 18 identifica al sujeto pasivo como al obligado al cumplimiento de las prestaciones tributarias, sea en calidad de contribuyente o de responsable, coincidiendo con la Constitución en cuanto a regular conjuntamente el sujeto pasivo del tributo y la responsabilidad solidaria; el Código Tributario en el artículo 20 señala que la responsabilidad solidaria del cumplimiento de la obligación existe 'con respecto a los obligados de los cuales se verifique un mismo hecho generador', lo que precisa, aún más, en los artículos 21 y 22 y la sección tercera del mismo Código en relación con el responsable... La responsabilidad solidaria en el pago del tributo, por consiguiente, resulta distinta de la responsabilidad profesional que el Decreto 6-91 del Congreso de la República, regula en la sección sobre infracciones cometidas por profesionales o técnicos, en el artículo 95, al atribuir responsabilidad a éstos, solamente 'si por dolo se produce incumplimiento de sus obligaciones'. La actividad profesional de los contadores públicos, auditores y peritos contadores como profesionales, en consecuencia, queda sujeta a esta sola norma legal que los hace responsables 'por dolo' y sin señalar responsabilidad solidaria; de ahí que, cualquier regulación reglamentaria con respecto del sujeto pasivo del tributo y la responsabilidad profesional, solamente puede consistir en regular lo relativo al cobro administrativo del tributo y los procedimientos relativos al contenido material de la ley, sin darle otro sentido, ni agregar elementos materiales que ni la Constitución ni la Ley le dan...(Gaceta No. 31, expediente No. 231-93, página No. 12, sentencia: 08-02-94.).*

d) La base imponible y el tipo impositivo: *"...es conveniente distinguir dos momentos diferentes en el ejercicio de la potestad tributaria. Cuando se decreta un impuesto debe plasmarse en normas legales, que tal como se ha venido considerando, deben contener las bases de recaudación conforme mandato constitucional. Una de ellas es la base imponible que debe quedar así definida en la ley, teniendo presente que siendo esta última una disposición que por naturaleza tiene carácter general, la base imponible ha de describirse también en parámetros generales que permitan su aplicación cierta y segura al caso individual. Distinto es cuando se trata ya de concretar en cada caso la determinación cuantitativa de la base imponible individual, que no puede hacerse en la misma ley, sino que es función que se desenvuelve en su aplicación, en relación Estado-contribuyente... (Gaceta No. 8, expedientes acumulados Nos. 10-88, 11-88 y 38-88; página No. 23, sentencia: 12-05-88.).*

e) Las deducciones, los descuentos, reducciones y recargos; y

f) Las infracciones y sanciones tributarias.

El último párrafo del artículo 239 refiere a: "**Son nulas *ipso jure* las disposiciones, jerárquicamente inferiores a la ley, que contradigan o tergiversen las normas legales reguladoras de las bases de recaudación del tributo. Las disposiciones reglamentarias no podrán modificar dichas bases y se concretarán a normar lo relativo al cobro administrativo del tributo y establecer los procedimientos que faciliten su recaudación.**" *...La Constitución, en forma específica, da en materia tributaria, prevalencia al principio de legalidad al establecer en la misma norma que son nulas ipso jure las disposiciones, jerárquicamente inferiores a la ley, que contradigan o tergiversen las normas legales reguladoras de las bases de recaudación del tributo, y las disposiciones reglamentarias no podrán modificar dichas bases y se concretarán a normar lo relativo al cobro administrativo del tributo y a establecer los procedimientos que faciliten su recaudación. En congruencia con esta disposición, el Código Tributario enfatiza su vigencia con la finalidad* *de evitar arbitrariedades y abusos de poder y desarrollar la regulación constitucional res-trictiva de la función legislativa en materia tributaria... (Gaceta No. 31, expediente No. 231-93, página No. 11, sentencia: 08-02-94.).* Al analizar dicho artículo, se puede concluir que el legislador en Guatemala, tiene que ceñirse al mismo al momento de emitir una ley que regule un tributo, porque el apartarse, representaría una vulneración al límite que la Constitución establece para su validez, como bien lo dice Archille Donato Giannini, citado por la Doctora Mazz[25]: *"...la ley regula la relación jurídica en todos sus elementos y en todo su desarrollo, determinando con la máxima precisión los casos en los cuales el im-puesto es debido, las personas obligadas al pago, el monto de éste, los modos y las formas en las cuales el tributo debe ser determinado y recaudado."* Dichos supuestos en el caso de Guatemala, son debidamente determinados por la Constitución, razón por la cual se con-cretiza que el principio de legalidad es eminentemente constitucional, es por ello que el Doctor Vergara Sandoval[26] indica que los elementos del tributo deben de ser cubiertos por el principio de legalidad de la siguiente forma: *"...se deben de entender comprendidos, en todo caso los elementos determinantes de la identidad de la prestación, así como los rela-tivos a la entidad o cuantificación. La Ley debe regular en qué supuestos se origina el deber de pagar un tributo (hecho imponible), quien está obligado a pagarlo (sujetos pasi-vos), cuanto hay que pagar (base, tipo, cuota)."*

Si bien es cierto el artículo 239 determina en sus formas el contenido del principio de le-galidad, tiene la vinculación con respecto a los supuestos necesarios para establecer por im-perativo que los tributos todos sin exclusión. Por otro lado aparece en el último párrafo el principio de preferencia de ley, que es parte del principio de legalidad y que es cuando las atribuciones regulatorias están encomendadas a la ley ordinaria, por lo tanto se exigen su cumplimiento, de igual forma se determina que son nulas aquellas disposiciones que contra-digan o tergiversen el contenido de la ley, por lo que las normas reglamentarias, no podría ir en contra del sentido o tenor de una ley, y lo que pasa algunas veces en mi país, es que el legislador obvio incorporar alguna disposición dentro de la ley, y por medio de los regla-mentos que emite el ejecutivo, que es el que tiene atribuciones reglamentarias de conformi-dad con el articulo 183 literal e)[27] de la Constitución, éste último incrusta, en una norma reglamentaria una disposición normativa, distorsionado con ello el sistema jurídico, contra-viniendo la propia Constitución, lo que genera por consiguiente incertidumbre.

De igual forma el principio de legalidad es eminentemente garantista, es por ello que se exige que en su desenvolvimiento deba ayudar de alguna forma, a generar certeza jurídica en el acomodamiento de las obligaciones de las personas tanto individuales como jurídicas que cumplen con su obligación de contribuir con los gastos públicos, así el jurista Fernando Pérez Royo[28], hace una delimitación dual del principio de legalidad indicando que es protec-tor de las garantías y a su vez es una institución al servicio del interés colectivo de la si-guiente forma: *"Pero junto a este carácter garantista estrictamente individual, el princi-pio de legalidad debe ser visto también –e incluso de manera prevalente o principal— como una institución al servicio de un interés colectivo: el de asegurar la democracia en*

25 Mazz, Addy, *"Curso de Derecho Financiero y Finanzas"*, Tomo I, Volumen II, Fundación de Cultura Uni-versitaria, Uruguay 2007.

26 Vergara Sandoval, Rafael, *Revista de la Asociación Iberoamericana de Tribunales Fiscales*, 2010. Ponencia sobre: "Principios y Garantías Constitucionales tributarios Bolivianos." p. 15.

27 Artículo 183.- Funciones del Presidente de la República. Son funciones del Presidente de la República:..... e) Sancionar, promulgar, ejecutar y hacer que se ejecuten las leyes, dictar los decretos para los que estuviere facul-tado por la Constitución, así como los acuerdos, reglamentos y órdenes para el estricto cumplimiento de las leyes, sin alterar su espíritu.

28 Pérez Royo, Fernando, *"Derecho Financiero y Tributario. Parte General"*. Civitas, Pamplona España, 2012, p. 75.

el procedimiento de imposición o establecimiento de vías de reparto de la carga tributaria.". En Guatemala, dicho esquema del principio de legalidad surge todos sus efectos en el ámbito colectivo, desde el punto de vista del poder impositivo que tiene el Estado frente a los deberes y obligaciones de los contribuyentes que de conformidad con el artículo 135 literal d)[29] de la Constitución establece que todos los guatemalteco tienen la obligación de contribuir a la satisfacción de los costos y gastos del Estado, buscando al tenor del artículo 1[30] la satisfacción del bien común o lo que se conoce como el interés colectivo.

A manera de conclusión podríamos intentar definir que el derecho de legalidad en materia tributaria, es aquel que se refiere a la delimitación del tributo, que todos los requisitos necesarios deben de ser basadas en ley, que jerárquicamente solo pueden estar contenidas en la Constitución, así mismo la ley es la única que puede determinar todos aquellos contenidos que se refieran a los procedimientos en la exigencia del cumplimiento de las cargas públicas, por parte del órgano encargado de la fiscalización de los tributos.

4)   JURISPRUDENCIA CONSTITUCIONAL (DOCTRINA LEGAL):

Vale la pena aclarar que en Guatemala, al tenor de la propia Ley de Amparo, Exhibición Personal y de Constitucionalidad contenida en el Decreto 1-86 de la Asamblea Nacional Constituyente, no se identifica como jurisprudencia constitucional la reiteración de fallos contestes, que deben de ser respetados por los tribunales y la propia Corte de Constitucionalidad, sino utiliza el nombre de doctrina legal de conformidad con el artículo 43[31] de la mencionada ley, esto hace que por aspectos puramente de identidad con la ley a la jurisprudencia constitucional le llamemos doctrina legal.   De igual forma en el caso de la Jurisprudencia como el término específico de la reiteración de fallos en el ámbito jurisdiccional la Ley del Organismo Judicial determina en el artículo 2[32], determina que la jurisprudencia solo complementa el valor interpretativo de la ley y no es en sustitución de la norma que ha sufrido un procedimiento legislativo para su implementación, por lo que en ese sentido la jurisprudencia en materia jurisdiccional y la doctrina legal en materia constitucional tienen el mismo significado que es la interpretación de la norma, el primero (interpretación) de las normas ordinarias, y el segundo (interpretación) de las normas constitucionales, mas no la sustitución de la norma misma, porque si se diera el supuesto de sustitución estaríamos ante un sistema que más parecería al sistema sajón en donde los fallos son precedentes necesarios y de alguna forma por medio de la interpretación normativa, sustituyen el valor legislativo de la misma para darle un rango de aplicación distinto, al que originalmente se estableció por parte del ente creador de las normas (legislador), el sistema guatemalteco tiene su génesis tanto en la creación de las normas por medio de la vinculación positiva o negativa del legislador, como en su valor interpretativo por medio de los jueces, de ahí la diferencia de los sistemas de la creación e interpretación del sistema legal. En Guatemala, la doctrina legal

---

29   Artículo 135. Deberes y derechos cívicos. Son derechos y deberes de los guatemaltecos, además de los consignados en otras normas de la Constitución y leyes de la República, los siguientes: a)...b)...c)...d) Contribuir a los gastos públicos, en la forma prescrita por la ley. e)....

30   Artículo 1. Protección a la Persona. El estado de Guatemala se organiza para proteger a la persona y a la familia; su fin supremo es la realización del bien común.

31   Artículo 43. Doctrina legal. La interpretación de las normas de la Constitución y de otras leyes contenidas en las sentencias de la Corte de Constitucionalidad, sienta doctrina legal que debe respetarse por los tribunales al haber tres fallos contestes de la misma Corte. Sin embargo la Corte de Constitucionalidad podrá separarse de su propia jurisprudencia, razonando la innovación, la cual no es obligatoria para los otros tribunales, salvo que lleguen a emitirse tres fallos sucesivos contestes en el mismo sentido.

32   Artículo 2. Fuentes del derecho. La ley es la fuente del ordenamiento jurídico. La jurisprudencia, la complementará. La costumbre regirá solo en defecto de ley aplicable o por delegación de la ley, siempre que no sea contraria a la moral o al orden público y que resulte probada.

en materia constitucional nace cuando existe reiteración de fallos contestes emitidos por la Corte de Constitucionalidad en un número de tres fallos, los cuales deben de respetarse y cumplirse por los distintos tribunales dentro del sistema difuso y que conoce en todos los casos de las apelaciones la misma Corte de Constitucionalidad; En el caso de la jurisdicción ordinaria los distintos sistemas establecen que la jurisprudencia nace cuando existe reiteración de fallos contestes emitidos por la Corte Suprema de Justicia en un número de cinco fallos[33].

Es por lo anterior que se ha estructurado un sistema en donde de conformidad con la Constitución Política de la República, la Corte Suprema de Justicia es la encargada del control o monopolio de la administración de justicia ordinaria[34], a su vez la Corte de Constitucionalidad es la encargada de la defensa e interpretación del orden constitucional[35], por eso mismo la misma Corte de Constitucionalidad en esa función especial es que se ha dado a la tarea de interpretar las normas constitucionales tanto las que tratan las funciones de la Corte Suprema de Justicia como la de la propia Corte de Constitucionalidad de la siguiente forma:

CORTE SUPREMA DE JUSTICIA:

"La función judicial, ejercida conforme lo dispone el párrafo tercero del artículo 203 de la Constitución, es de carácter exclusiva e independiente, y no permite la revisión por medio del amparo, salvo que se ponga de manifiesto que han sido violados los derechos fundamentales del postulante, protegidos por la Constitución y las leyes."[36]. El fallo transcrito es claro al establecer efectivamente que la función judicial es exclusiva de la Corte Suprema de Justicia y los demás tribunales, y que no puede inmiscuirse en la función jurisdiccional, delimitando la revisión de la misma solo cuando se violenten derechos fundamentales ya que se considera que es la única forma por la cual se puede revisar una sentencia jurisdiccional que ya ha sufrido las revisiones ordinarias de los distintos procedimientos hasta la casación cuando proceda y con ello agotar la vía jurisdiccional, porque de lo contrario se corre el riesgo de convertir a la acción de amparo en una tercera instancia que está debidamente proscrita en nuestro sistema jurídico.

Otro fallo interesante es el siguiente que se refiere a materia tributaria: *"Ante ello, no queda sino reiterar, como lo ha sostenido en no pocas oportunidades la jurisprudencia constitucional, que la garantía del amparo no reviste una instancia de revisión de las de-*

---

33   Código Procesal Civil y Mercantil. Artículo 627. En el escrito en que se interponga el recurso deben citarse los artículos violados y exponerse las razones por las cuales se estiman infringidos. No será necesaria la cita de leyes, en relación al motivo de casación que consiste en error de hecho en la apreciación de la prueba. Si se alegare infracción de doctrina legal, deben citarse, por lo menos, cinco fallos uniformes del Tribunal de Casación, que enuncien un mismo criterio, en casos similares, y no interrumpidos por otro en contrario. El Tribunal no tendrá en cuenta otras leyes y doctrinas legales que las citadas al interponerse el recurso o antes de señalar día para la vista del asunto.

34   Artículo 203. Independencia del Organismo Judicial y potestad de juzgar. La justicia se imparte de conformidad con la Constitución y las leyes de la República. Corresponde a los tribunales de justicia la potestad de juzgar y promover la ejecución de lo juzgado. Los otros organismos del Estado deberán prestar a los tribunales el auxilio que requieran para el cumplimiento de sus resoluciones. Los magistrados y jueces son independientes en el ejercicio de sus funciones y únicamente están sujetos a la Constitución de la República y a las leyes. A quienes atentaren contra la independencia del Organismo Judicial, además de imponérseles las penas fijadas por el Código Penal, se les inhabilitará para ejercer cualquier cargo público. La función jurisdiccional se ejerce, con exclusividad absoluta, por la Corte Suprema de Justicia y por los demás tribunales que la ley establezca. Ninguna otra autoridad podrá intervenir en la administración de justicia.

35   Artículo 268. Función esencial de la Corte de Constitucionalidad. La Corte de Constitucionalidad es un tribunal permanente de jurisdicción privativa, cuya función esencial es la defensa del orden constitucional; actúa como tribunal colegiado con independencia de los demás organismos del Estado y ejerce funciones específicas que le asigna la Constitución y la ley de la materia. La independencia económica de la Corte de Constitucionalidad, será garantizada con un porcentaje de los ingresos que correspondan al Organismo Judicial.

36   Gaceta 105. Expediente 273-2012. Fecha de sentencia: 10/08/2012.

cisiones asumidas por los órganos del Poder Judicial, en especial al tratarse del Tribunal de Casación, cuya función estriba, precisamente, en determinar, como órgano máximo en esta materia, la correcta interpretación y aplicación del ordenamiento jurídico ordinario, cuyos criterios no pueden ser discutidos mediante la garantía instada. Cabe señalar que para fundar sus argumentaciones, la postulante intenta confrontar el criterio expresado por esta Corte en un proceso anterior (expediente de amparo en única instancia dos mil nueve - dos mil nueve, sentencia de once de agosto de dos mil diez) con el análisis contenido en la decisión que reputa agraviante; sin embargo, es menester denotar, con el único objeto de dar respuesta a los argumentos de la amparista, que en la resolución que se cita, esta Corte no efectuó (como no le correspondía hacerlo) interpretación alguna de la norma del artículo 93 del Código Tributario, habiéndose limitado a determinar si en el caso en discusión, en el que también se reclamaba contra una sentencia de casación, se habían producido lesiones a derechos constitucionales, manteniéndose respetuosa del criterio de fondo expresado por el Tribunal de Casación al dilucidar la controversia que le fuera sometida a su conocimiento, referida, precisamente, a la errónea interpretación del precepto ordinario antes mencionado.[37]. Es claro el mismo criterio que se esboza en esta sentencia en establecer que la Corte de Constitucionalidad no puede ingresar en la vía jurisdiccional y convertirse en un revisor de actuaciones, por el contrario solo puede conocer en caso de violación a derechos fundamentales.

CORTE DE CONSTITUCIONALIDAD:

"Es función de la jurisdicción constitucional proteger a través del amparo los derechos que la Constitución y las leyes garantizan a las personas, misión para la cual la Corte de Constitucionalidad es un Tribunal último y superior, conociendo de toda calificación jurídica realizada por los tribunales ordinarios que desconozca o viole los derechos sustanciales y fundamentales. (...)."[38]. En la referida sentencia se enarbola la característica principal que se enuncia y que esta incrustada en la Constitución Política de la República ya que la misma Corte de Constitucionalidad solo, y solo puede conocer de controversias en donde se violenten derechos sustanciales y fundamentales, es en este caso en donde se quiere recalcar esta función específica y directa en virtud que como veremos en el ámbito tributario dicha funciona de a poco se está distorsionando la misma al conocer asuntos jurisdiccionales e imponer su criterio en casos que han sido juzgados y resueltos por la justicia ordinaria.

"El orden constitucional, cuya defensa está encomendada a esta Corte es el que proviene de la Constitución; las objeciones de inconstitucionalidad tienen como fundamento el principio de supremacía de la Constitución, conforme el cual todas las normas integran el ordenamiento jurídico nacional sólo serán válidas si se adecuan a ellas."[39]. Al igual que el anterior criterio interpretativo, la Corte de Constitucionalidad debe establecer como prioridad principal la supremacía de la Constitución Política de la República por encima de cualquier norma ordinaria, y estas solo tendrán valor si se encuentran acordes a la norma superior.

Con los fallos anteriormente indicados se puede establecer que la Corte Suprema de Justicia y los Tribunales ordinarios, que se encuentran dentro de la estructura organizacional del Poder Judicial, tienen la administración de Justicia que ejercita el Estado como una de las formas de resolución de conflictos, y frente a ellos se encuentra la Corte de Constitucionalidad que es un tribunal privativo que es el encargado de velar por el respeto de los derechos fundamentales y la supremacía constitucional, pudiendo ingresar a revisar sentencias judiciales solo cuando se violenten las garantías que establece la Ley de Amparo, Exhibición

---

37   Expediente 3854-2010. Amparo en única instancia sentencia de fecha 27-09-2011.
38   Gaceta 95. Expediente 3691-2009. Fecha de sentencia 29/01/2010.
39   Gaceta 44, Expediente 515-1996. Fecha de sentencia 10/04/1997.

Personal, y de Constitucionalidad[40], en el segundo considerando que indica que dicha ley se emite para desarrollar adecuadamente los principios en que se basa el amparo, como garantía contra la arbitrariedad; la exhibición personal, como garantía de la libertad individual; y la declaratoria de inconstitucionalidad de leyes y disposiciones generales, como garantía de la supremacía constitucional.

Quedando totalmente claras las funciones principales de la Corte Suprema de Justicia y la Corte de Constitucionalidad, en donde cada una debe de actuar en el respectivo ámbito de funciones y atribuciones que las leyes mandan, ya que en todo caso si una invade la actividad de la otra estará lesionando la propia Constitución Política de la República de Guatemala.

5)   POSIBLE DISTORSION DEL SISTEMA JURIDICO TRIBUTARIO:

En el presente trabajo desde el principio del mismo se ha estado recalcando la existencia del principio de legalidad, que tanto la Corte Suprema de Justicia como los distintos tribunales deben de seguir dentro del sistema legal Guatemalteco, de igual forma se resalta que dentro de las funciones de la Corte de Constitucionalidad se encuentra la protección de derechos fundamentales, es por ello que al analizar algunos fallos, la consecuencia lógica que nos asalta en el pensamiento es que en ese rol de atribuciones y funciones de estas dos altas cortes se puede establecer que existe un gran número de casos en materia tributaria que lejos de generar certeza jurídica, han originado incertidumbre, y en algunos casos una directa confrontación con el principio de legalidad, así mismo una supuesta protección de derechos fundamentales de entidades públicas que no los tienen, es por ello que se procede a realizar un análisis de algunas sentencias en materia tributaria, esperando arribar alguna conclusión que nos ayude a entender el actuar de nuestras instituciones que están desde su campo de aplicación cada una de ellas a crear certeza y seguridad jurídica.

CASO 1:

COSTAS PROCESALES EN MATERIA TRIBUTARIA.

El artículo 165 A del Código Tributario[41], obliga a que en las sentencias emitidas por las Salas del Tribunal de lo Contencioso Administrativo en materia tributaria, se condene en costas procesales a la parte vencida, sin embargo una vez emitida en los casos en donde la entidad fiscalizadora ya han sido reiterados los fallos, así como los criterios, vuelve a proceder a fiscalizar y formular ajustes a los mismos sujetos tributarios por los mismos argumentos, sin atender a los antecedentes de fallos ya emitidos, no obstante el contenido del artículo 98[42] numeral 12 del Código Tributario, el órgano jurisdiccional procede a emitir la sentencia en donde además de declarar con lugar la demanda correspondiente se condena en costas procesales en base a la aplicación imperativa de la norma contenida en el artículo 165 A del Código Tributario referido anteriormente, la entidad fiscalizadora acude a solicitar amparo ante el máximo órgano en interpretación constitucional (Corte de Constitucionalidad), bajo el argumento que es una institución descentralizada del Estado y por lo tanto no se puede

---

40   Decreto 1-86 de la Asamblea Nacional Constituyente.

41   Artículo 165 "A". La sentencia que ponga fin, a este recurso, determinará si la resolución recurrida se apegó a la ley y a los principios jurídicos aplicables a las actuaciones de la Administración Tributaria y hará un análisis sobre cada una de las mismas en su parte considerativa. Seguidamente procederá a declarar la confirmación, modificación, revocación o anulación de la resolución recurrida y a imponer el pago de costas a la parte vencida en el proceso, con excepción de aquellos casos en que el tribunal encuentra razones suficientes para eximirlas parcial o totalmente.

42   Artículo 98. Atribuciones de la Administración Tributaria ...... numeral 12. Velar porque las actuaciones se resuelvan de conformidad con criterios administrativos o jurisdiccionales firmes, basados en ley, dictados en casos similares, a fin de lograr unificación de criterios y economía procesal.

condenar en costas procesales, lo que ha originado varios fallos emitidos por dicha Corte y del cual se transcribe el siguiente: *"Al hacer una interpretación extensiva de dicha norma, se advierte que la excepción relacionada fue incluida en la misma porque, al ostentar la representación del Estado y defender sus intereses, la referida institución debía agotar obligatoriamente todos los procedimientos y medios de impugnación establecidos en la ley en defensa de los mismos, por lo que no puede presumirse mala fe en sus actuaciones; de tal cuenta debe entenderse que esa excepción no favorece únicamente a la Procuraduría General de la Nación (institución que por virtud de la ley, ahora ostenta la representación del Estado), sino también a todas aquellas instituciones estatales descentralizadas o autónomas que por su propia naturaleza no necesiten ser representadas, pero que como sucede en el presente caso, defienden intereses del Estado. Por esa razón la condena en costas e imposición de multa impuestas a la institución accionante, en efecto constituyen violación a su esfera jurídica y por ende al patrimonio del Estado, pues le fueron impuestas no obstante que la exoneración prevista en la norma analizada le es perfectamente aplicable por ser parte del Estado, <u>por lo que debe ser beneficiada con tal medida</u>. Por las razones expuestas, resulta procedente acoger la petición de amparo que ahora se conoce, con el objeto de dejar sin efecto en cuanto a la institución accionante, la resolución que constituye el acto reclamado, pero únicamente en lo referente a la condena en costas e imposición de multa a la amparista, haciendo las demás declaraciones que en derecho corresponde."*[43]. Cuando se analiza la norma de aplicación se indica que al vencido se le condenara en costas procesales, en principio es un imperativo sin exclusión alguna, sin embargo posteriormente se hace una regla que indica que se tomara en cuenta la buena fe pudiendo exonerarse en este caso las costas procesales, sin embargo en el fallo se indica que se tiene por privilegiado o favorecido no solo a la Procuraduría General de la Nación como representante del Estado sino a todas aquellas entidades descentralizadas o autónomas del Estado, que la mala fe no puede presumirse y que la simple imposición viola la esfera jurídica del patrimonio del Estado, por lo que **debe** como una obligación ser beneficiada con la exoneración, en otras palabras se indica que el Estado es irresponsable de sus actos y que no puede condenársele en costas procesales, aun cuando existan criterios jurisdiccionales de aplicación de normas, y la entidad fiscalizadora continúe realizando los mismos ajustes bajo presupuestos institucionales, que no necesariamente son los legales, eso a la luz de los casos representa mala fe, siendo que uno de los principios que impulsan el proceso contencioso administrativo es la buena fe, cuando se litigue en contra el Estado, a éste no se le puede condenar en costas procesales ya que se le lesiona en su esfera jurídica y en su patrimonio, la mencionada sentencia efectivamente violenta el principio de igualdad procesal porque al tenor de dicho criterio que va por encima del principio de legalidad, se podría interpretar que solamente el contribuyente puede ser condenado en costas procesales porque en ese caso no se le violenta la esfera jurídica del patrimonio del contribuyente, sin tomar en cuenta que las costas procesales es una pena que debe de pagar el vencido cuando su actuar no ha sido del todo correcto a la luz del principio de buena fe, sin tomar en cuenta la esfera jurídica del patrimonio de los sujetos procesales, ya que en todo caso ese es parte del análisis que la sentencia debiera de manifestar el juzgador en base a las constancias procesales y no por criterios del máximo órgano en materia de interpretación de las normas constitucionales. En dicho fallo no se toma en cuenta que las costas procesales es una pena para aquel que litigo no de buena fe, y en ese caso la presunción no puede establecerse por una simple elucubración de la Corte de Constitucionalidad, se está dejando por un lado la norma misma que es imperativa (artículo 65 A del Código Tributario) y se pasa a la aplicación de un criterio por encima de la ley procesal tributaria, este es un típico caso en donde el criterio de la Corte de Constitucionalidad se aplica por

---

43   Expediente 413-2006. Sentencia de fecha 31/01/2007.

encima de la ley, bajo el presupuesto que se interpretó la misma de conformidad con la Constitución Política de la República de Guatemala.

CASO 2:

CASO DE DIVIDENDOS.

En Guatemala se han formularon ajustes por parte de la entidad fiscalizadora (Superintendencia de Administración Tributaria) al pago de los dividendos realizados por medio de cupones adheridos a las acciones tomando como base legal la aplicación de la Ley del Impuesto de Timbres Fiscales y Papel Sellado Especial para Protocolos ya que el artículo 2 establecía que documentos son afectos del impuesto, dentro del cual el numeral 8 determinaba como hecho generador lo siguiente: "*Los recibos, nóminas u otro documento que respalde el pago de dividendos o utilidades, tanto en efectivo como en especie. Los pagos o acreditamientos en cuentas contables y bancarias de dividendos, mediante operaciones contables o electrónicas, se emitan o no documentos de pago. Los dividendos que se paguen o acrediten mediante cupones en las acciones, también están afectos al pago del Impuesto.*" Dicho numeral fue adicionado por medio del artículo 13 del Decreto número 80-2000 del Congreso de la República de Guatemala; Por otro lado el artículo 11 de la Ley del Impuesto de Timbres Fiscales y de Papel Sellado Especial para Protocolos, contiene los actos y contratos exentos, de la siguiente forma: "*Artículo 11: Actos y Contratos Exentos. Están exentos del impuesto, los documentos que contengan actos o contratos, en los siguientes casos:........6.- Las aportaciones al capital de sociedades, la suscripción, la emisión, la circulación, amortización, transferencia, pago y cancelación de acciones de todo tipo de sociedades y asociaciones accionadas, así como sus cupones.*"; La norma que incluyo el numeral 8 del artículo 2 de la ley del Impuesto de Timbres Fiscales y Papel Sellado Especial Para Protocolos, se originó a través del Decreto número 80-2000 del Congreso de la República de Guatemala, en el año dos mil, y el artículo 11 de la misma Ley, reformado por medio del Decreto número 34-2002 del Congreso de la República de Guatemala, en el año dos mil dos, y adicionado el numeral 20 del mismo artículo por medio del Decreto número 88-2002 del Congreso de la República de Guatemala, por lo tanto se puede concluir que el artículo 11 es la norma posterior que de alguna forma modifica el hecho generador con respecto a los cupones de las acciones que se dan como pago de dividendos ya que de conformidad con el Código de Comercio los cupones su naturaleza y origen único es el pago de dividendos a los socios de las sociedades accionadas, adicionalmente a eso se fueron emitiendo varios fallos de los Tribunales de lo Contencioso Administrativo, que fueron impugnados en Casación lo que genero jurisprudencia en casos similares por parte de la Corte Suprema de Justicia, casi catorce (14) fallos (casaciones 19-2007, 23-2007, 224-2007, 421-2007 y 469-2007, otras....), estableciendo la siguiente doctrina: "*INTERPRETACION ERRONEA DE LA LEY. --- La interpretación errónea de las leyes se refiere al significado de la norma y se realiza cuando por una falsa interpretación, se desnaturaliza el contenido de la norma jurídica o su posibilidad de aplicación a ciertos hechos. –La aplicación indebida se da en aquellos casos que el juez no acierte a identificar los hechos o supuestos contenidos en la norma y por ello los que se dan en el caso controvertido, por lo que se ha llamado un error de conclusión. ---Cuando los argumentos sostenidos por el recurrente no son adecuados al caso de procedencia denunciado al no ser claros ni precisos, se incurre en error de planteamiento en la tesis sostenida, por lo que se desestima el recurso de casación que se plantea. CUPONES DE ACCIONES. –Se da el nombre de cupón a cada uno de los cobros de dividendos o derechos de suscripción que ejerce el accionista propietario de un determinado valor. --- El pago de dividendos a la presentación del cupón estaba exento del Impuesto de Timbres Fiscales y Papel Sellado Especial para Protocolos, con base en el numeral 6 del artículo 11 del Decreto 37-92 del Congreso de la*

República. La exención proviene de una disposición que estaba vigente y era aplicable en mil novecientos noventa y seis. Leyes analizadas: articulo 11 numeral 6 del Decreto 37-92 del Congreso de la República; 121 del Código de Comercio.". Dicha jurisprudencia se empezó aplicar a tal grado que la Superintendencia de Administración Tributaria empezó a generar sus criterios en base a dicha jurisprudencia, sin embargo se origina una sentencia de la Corte de Constitucionalidad que cambia absolutamente dicha jurisprudencia, este es el fallo identificado con el número 65-2014, de fecha 23/11/2015 emitida por la Corte de Constitucionalidad proveniente de una acción de amparo interpuesta en contra de la Sentencia de Casación número 697-2012 de fecha 22/10/2013 emitida por la Corte Suprema de Justicia, en donde se resolvió. *"Luego de analizados los agravios y el fallo de casación esta Corte determina que, tal y como afirma la entidad postulante, la autoridad impugnada no estimó que los cupones que regula el artículo 121 del Código de Comercio y que se encuentran en algunos casos adheridos a los títulos de acciones, son utilizados para cobrar las utilidades o ganancias que el socio percibe cuando los negocios a que se dedica la entidad en la que participa tiene ganancias, las cuales serán proporcionales al monto de su participación. Dichos emolumentos están sujetos al pago del impuesto que contempla la Ley del Impuesto de Timbres Fiscales y de Papel Sellado Especial para Protocolos según lo preceptúa en el artículo 2 numeral 8 del cuerpo normativo que contempla el tributo relacionado, siendo equívoco pretender estimar que estas utilidades o ganancias denominadas mercantilmente "dividendos" se encuentran exentos del pago de impuestos apoyándose en lo regulado en el artículo 11 numeral 6, de la referida Ley, ello porque dicho cuerpo normativo contiene una exención directa pero, para las aportaciones al capital de las sociedades y asociaciones accionadas, la cual comprende la suscripción, la emisión, la circulación, la amortización, la transferencia, el pago y la cancelación de acciones, pero en ningún momento por lógica jurídica se incluye el pago de ganancias o utilidades que perciben los accionistas denominadas dividendos los cuales se documentan en la mayoría de casos a través de los cupones que se encuentran adheridos a las acciones. En tal circunstancia, por lo anteriormente considerado se estima que <u>la Corte Suprema de Justicia transgredió los derechos fundamentales</u> de la amparista al emitir el fallo señalado como agraviante."* (el subrayado es nuestro). Cuando se analiza dicho fallo se encuentra una serie de vicios ya que no hace falta leer todo el fallo para establecer con esta parte transcrita que la Corte de Constitucionalidad ingresa al conocimiento de fondo que es la aplicación e interpretación de la norma que contempla el hecho generador y la norma que regula la exención de la Ley del Impuesto de Timbres Fiscales y de Papel Sellado Especial para Protocolos, haciendo un análisis de dichas normas y como final establece que la Corte Suprema de Justicia transgredió los derechos fundamentales de la amparista (Superintendencia de Administración Tributaria), por lo que las preguntas serian 1) Puede la Corte de Constitucionalidad ingresar a realizar el análisis de las normas ordinarias en su aplicación?; 2) Que clase de derechos fundamentales, tiene la entidad fiscalizadora. En el caso de la primer pregunta la respuesta seria que por imperativo normativo (Constitución Política) la Corte de Constitucionalidad no puede ingresar en el análisis de las normas ordinarias que se apliquen al caso en concreto, porque esa revisión no le es permitida, ya que en todo caso convertiría al amparo en una tercera instancia, tal y como lo ha sostenido la propia Corte de Constitucionalidad; En el caso de la segunda pregunta, correspondería indicar que las entidades del Estado no tienen derechos fundamentales porque la acción de amparo al tenor de la parte considerativa de la Ley de Amparo, Exhibición Personal y de Constitucionalidad fue creada como una garantía contra la arbitrariedad, en contra de las actitudes del propio Estado; sin embargo en todo caso tuviera derechos fundamentales (que no los tiene), sería necesario identificar la posible lesión específica a un derecho fundamental, exigiéndose como mínimo que se identifique de que derecho fundamental se trata dentro del catálogo que la Constitución establece y en todo caso es de los no establecidos, pero que son inherentes a la persona individual desarrollar toda una doctrina y tesis sobre la supuesta violación, y no solo enunciar que se le está violentando un derecho fundamental; Adicionalmente a lo anterior un magistrado de la Corte de Constitucionalidad emite un voto razonado que nos parece muy congruente con la naturaleza del máximo tribunal en interpretación constitucional por lo que se transcribe la parte conducente: *"El no incurrir en aquella interferencia –que por lo anterior se considera indebida– el mantener la independencia de juzgamiento de acuerdo con las potestades determinadas en el artículo 203 del texto supremo y el no incurrir en violación de la prohibición establecida en el artículo 211 constitucional es lo que impone la realización de una necesaria reflexión respecto de que el juez constitucional no debe interferir en la exacta labor jurisdiccional, porque esta es una potestad reservada con exclusividad absoluta a los tribunales de justicia, cuya independencia la establece y la garantiza la Constitución; de ahí que resultaría paradójico que el tribunal llamado a tutelar el texto supremo fuese el primero en desvirtuarlo. La reflexión continúa en precisar que la jurisprudencia de la Corte de Constitucionalidad, particularmente la de amparo, contiene doctrina suficiente que propugna por el cuidado y respeto que se ha puesto en no erigir al juez constitucional en juez del caso controvertido, cuyos hechos y valoración jurídica son intocables en la forma que hayan sido establecidos en juicio, del que no puede constituirse en una nuestra instancia (Cfr. Maldonado Aguirre, Alejandro. Convicción de Justicia. Proyecto para el desarrollo de la justicia constitucional y los derechos humanos en la República de Guatemala. Ediciones América, Guatemala, 1998, páginas 16-17.)...... Es por ello, por demás aberrante, el que en la sentencia de la cual disiento, de forma totalmente arbitraria y en abierta desnaturalización de la garantía constitucional del amparo, la Corte de Constitucionalidad incursione en –y además juzgue– temas que son de mera legalidad y que ya no tendrían que ser objeto de pronunciamiento expreso en la jurisdicción constitucional. En el fallo del cual me aparto, la Corte de Constitucionalidad se erige claramente en una tercera instancia, al considerar que "(…) la autoridad impugnada no estimó que los cupones que regula el artículo 121 del Código de Comercio y que se encuentran en algunos casos adheridos a los títulos de acciones, son utilizados para cobrar las utilidades o ganancias que el socio percibe (…) emolumentos [que] están sujetos al pago del impuesto que contempla la Ley del Impuesto de Timbres Fiscales y de Papel Especial para Protocolos según lo preceptuado en el artículo 2 numeral 8 del cuerpo normativo que contempla el tributo relacionado, siendo equivoco pretender estimar que estar utilidades o ganancias denominadas mercantilmente "dividendos" se encuentran exentas del pago de impuesto apoyándose en lo regulado en el artículo 11 numeral 6, de la referida Ley".* La primera parte de ese voto razonado del cual se transcribe solo las partes conducentes, refiere a esa independencia que tiene la Corte Suprema de Justicia como cabeza de uno de los tres poderes del Estado que es el Poder Judicial, y que no puede ser interferida por ninguno de los otros poderes del Estado ni institución del mismo, y la segunda parte lo que se refiere precisamente a la exclusiva tutela de conocimiento cuando es a violaciones del orden constitucional pero no para entrar a conocer el fondo de los asuntos jurisdiccionales, ya que desnaturaliza la función principal de interpretador de las normas constitucionales.

Ante las anteriores incongruencias del fallo anteriormente referido, es de resaltar que se ordena además de otorgar la acción de amparo, la fijación del plazo de quince días a la Corte Suprema de Justicia para que dicte el nuevo fallo congruente con lo indicado en el mismo, con dicha manifestación de la Corte de Constitucionalidad invade la esfera de la función de la Corte Suprema de Justicia que de conformidad con la Constitución no puede ser ejercida por ningún otro órgano del Estado, pero no obstante lo anterior la Corte Suprema de Justicia procedió a emitir una nueva sentencia cambiando totalmente la jurisprudencia en donde se transcribe parte conducente: *"En relación de la jurisdicción ordinaria y la constitucional, surge a partir del estudio de una serie de instituciones, tales como: el carácter normativo de la Constitución; la vinculación de los derechos fundamentales; la facultad del juez de desaplicar una norma de rango legal, cuando exista un precedente para un caso similar o idéntico; y, la aplicación de la jurisdicción ordinaria, del principio de interpretación conforme con el Derecho y la Constitución. El artículo 203 de la Constitución Política de la República de Guatemala, establece la independencia del Organismo Judicial y la potestad de juzgar, lo que quiere decir, que es potestad de los tribunales de jurisdicción ordinaria, el juzgamiento y la ejecución de lo juzgado, con exclusividad por la Corte Suprema de Justicia y los demás tribunales que la ley establezca, y ninguna otra autoridad podrá intervenir en la administración de justicia. En ese orden de ideas, el hecho de que dentro del conocimiento de las diferentes acciones constitucionales de amparo, se entre a conocer si se violentó algún derecho fundamental de las partes y si existió la debida tutela judicial efectiva en los procesos encargados a los tribunales ordinarios no significa que el Tribunal Constitucional pueda subrogar la jurisdicción ordinaria y con ello, considerar lo relativo al fondo del conflicto, ya que al hacerlo se estaría interfiriendo en la independencia judicial, consagrada en la norma fundamental. También es importante indicar que la casación cumple la función política de uniformar la jurisprudencia, de manera que a través de esta clase de fallos emitidos por el órgano constitucional, dicha función la estaría ejerciendo éste. Derivado de lo anterior, esta Cámara no obstante, no estará de acuerdo con el criterio sostenido por el Tribunal Constitucional, resolverá el presente recurso de casación de acuerdo a lo considerado en la sentencia de amparo en única instancia emitida por la Corte de Constitucionalidad el veintitrés…".* En ese orden de ideas, la Corte Suprema de Justicia al cambiar su jurisprudencia, dicto sentencia declarando sin lugar la demanda y confirmando los ajustes formulados, a la Ley de Timbres Fiscales y Papel Especial para Protocolos, en el caso de los dividendos pagados por medio de cupones adheridos a las acciones, soslayando con ello su propia jurisprudencia, además de violentar la norma ordinaria que es la tributaria aplicando un artículo que fue modificado por una ley posterior, por su parte la Corte de Constitucionalidad se extralimita sus funciones de interpretadora de la norma suprema que es la Constitución, y bajo dicho argumento desnaturaliza la norma tributaria así como la función propia del Organismo Judicial.

Cabe mencionar de igual forma que en la actualidad la Ley de Actualización Tributaria que contiene la Ley del Impuesto Sobre la Renta modifico la Ley de Timbres Fiscales y Papel Especial para Protocolos, absorbiendo el impuesto de dividendos que contenía esta segunda ley, pero todavía en los Tribunales se discute la aplicación de la exención del pago de dividendos por medio de cupones porque son de periodos anteriores.

CASO 3.
Artículo 39 literal J, de la Ley del Impuesto Sobre la Renta.

Otro de los casos significativos que de igual forma se discutieron en las Salas del Tribunal de lo Contencioso Administrativo Tributario, en la Corte Suprema de Justicia y en la Corte de Constitucionalidad fue el de los ajustes provenientes de la aplicación del artículo 39 literal j, de la Ley del Impuesto Sobre la Renta, en determinada lo siguiente: *"ARTICULO 39. Costos y gastos no deducibles. Las personas, entes y patrimonios a que se refiere el artículo anterior no podrán deducir de su renta bruta: a).. b).. c).. d).. f).. g).. h).. i).. j) A partir del primer período de imposición ordinario inmediato siguiente al de inicio de actividades, el monto de costos y gastos del período que exceda al noventa y siete por ciento (97%) del total de los ingresos gravados. Este monto excedente podrá ser trasladado exclusivamente al período fiscal siguiente, para efectos de su deducción. Esta disposición no será aplicable a los contribuyentes que, a partir de la vigencia de esta ley, tuvieren pérdidas durante dos periodos de liquidación definitiva anual consecutivos o que tengan un margen bruto inferior al cuatro por ciento (4%) del total de sus ingresos gravados. Para que no les sea aplicable esta disposición en el período impositivo en curso, los contribuyentes a que se refiere el párrafo anterior deberán, como mínimo dos meses previo a que venza el plazo para la presentación de la declaración jurada anual y los anexos a que se hace referencia el artículo 54 de la presente ley, informar a la Administración Tributaria, mediante declaración jurada prestada ante notario, de su circunstancia particular. La Administración Tributaria podrá realizar las verificaciones que estime pertinentes. Para efectos de la aplicación del párrafo anterior, se entiende como margen bruto a la sumatoria del total de ingresos por servicios prestados más la diferencia entre el total de ventas y su respectivo costo de ventas.".* Esta norma generaba algunos problemas en su aplicación ya que no permitía la deducción de costos y gastos por el cien por ciento, distorsionando el sistema financiero de los contribuyentes, tanto en el periodo en que se liquidaban los impuestos como en los subsiguientes generando una espiral de prohibición de deducir los costos y gastos, produciendo un efecto nocivo porque al no permitir la deducibilidad legal generaba un incremento en la base impositiva de los tributos creando una ficción legal que podría generar confiscatoriedad; de igual forma a aquellas personas que tuvieran perdidas por dos años consecutivos o tuvieran un margen bruto inferior al cuatro por ciento no les era aplicable dicha norma, siempre y cuando cumplieran con presentar el acta de declaración jurada ante notario en el plazo establecido; Y por si fuera poco dentro del mismo artículo 39 solo que en el literal b), no se podía traspasar costos y gastos a otro periodo ya que se podía deducir los que correspondieran al que se liquida, dicho literal se redactó de la siguiente forma: *"b) Los costos o gastos no respaldados por la documentación legal correspondiente, o que no correspondan al período anual de imposición que se liquida.".* En base a dichos argumentos se discutieron los ajustes que formulo la Superintendencia de Administración Tributaria, en las distintas Salas del Tribunal de lo Contencioso Administrativo Tributario, y sus sentencias fueron impugnadas en Casación ante la Corte Suprema de Justicia conociendo la Cámara Civil de los mismos, lo cual genero después de una infinidad de casos sometidos a conocimiento, cinco distintas doctrinas legales que consolidaron la jurisprudencia, las cuales se aplicaron por bastante tiempo por parte de la misma Superintendencia de Administración Tributaria, siendo las siguientes:

1ra. Doctrina legal:

DOCTRINA: APLICACIÓN INDEBIDA DE LA LEY: a) No incurre en aplicación indebida de la ley, la Sala sentenciadora que aplica las normas atinentes al hecho que se dilucida; b) Cuando dos normas se contraponen, y el precepto que debe prevalecer por su vigencia en el tiempo colisiona con un derecho fundamental, debe privilegiarse aquel derecho y la norma ordinaria que lo respeta; c) Es contrario a principios constitucionales, la norma tributaria que al limitar los costos y gastos deducibles en el ejercicio fiscal, aumenta el monto de la renta imponible y consecuentemente, incrementa el impuesto sobre la renta, convirtiéndolo en confiscatorio. VIOLACION DE LEY: Cuando se invoca este submotivo, las normas que se denuncian como infringidas deben contener la hipótesis jurídica aplicable a los hechos controvertidos. LEYES ANALIZADAS: Artículos: 243 de la Constitución Política de la República de Guatemala; 39 incisos b) y j) de la Ley del Impuesto Sobre la Renta; 621 inciso 1° del Código Procesal Civil y Mercantil.

2da. Doctrina legal:

DOCTRINA: INTERPRETACION ERRONEA DE LA LEY: Es improcedente este submotivo, cuando la Sala sentenciadora le da a la norma denunciada el sentido y alcance que le corresponde; VIOLACION DE LEY POR CONTRAVENCION: Para el planteamiento de este submotivo se requiere que el Tribunal haya hecho aplicación de la norma que se señala como infringidas en el fallo impugnado. LEYES ANALIZADAS: Artículos 203 y 221 de la Constitución Política de la República de Guatemala; 39 incisos

b) y j) de la Ley del Impuesto Sobre la Renta y 621 inciso 1° del Código Procesal Civil y Mercantil. CASACION 2011-715 y otras. 39 J)

3ra. Doctrina legal:

DOCTRINA: VIOLACION DE LEY POR CONTRAVENCION: No incurre en violación de ley por omisión o contravención, la Sala que al dictar su fallo se fundamentó en normativa aplicable al asunto sometido a su conocimiento y estima correctamente el contenido, alcance y validez de las leyes que aplica. LEYES ANALIZADAS: Artículos 621 inciso 1, del Código Procesal Civil y Mercantil, 39 literal j) de la Ley del Impuesto Sobre la Renta; 233 y 221 de la Constitución Política de la República de Guatemala. CASACION 2012-516 y otras, 39 j).

4ª. Doctrina legal:

DOCTRINA: Aplicación Indebida de la Ley y Violación de Ley por Inaplicación: a) Cuando dos normas se contraponen y el precepto que debe prevalecer por su vigencia en el tiempo colisiona con un derecho fundamental, debe privilegiarse aquel derecho y la norma ordinaria que lo respeta. b) Es contrario a principios constitucionales, la norma tributaria que aumenta el monto de la renta imponible por tomar en cuenta costos y gastos que de ordinario deberían ser deducibles. LEYES ANALIZADAS: Artículos: 39 literales b) y j) de la Ley del Impuesto Sobre la Renta; 621 inciso 1° del Código Procesal Civil y Mercantil. CASACION 2013-541 y otras, 39 j).

5ª. Doctrina legal:

DOCTRINA: Interpretación Errónea de la Ley: Para el planteamiento de este submotivo se requiere que el Tribunal haya hecho aplicación de la norma que se señala como infringida en el fallo impugnado. Aplicación Indebida de la Ley: No incurre en este submotivo, la Sala sentenciadora que aplica las normas atinentes al hecho que se dilucida; y cuando en virtud de encontrar normas en contraposición, aplica principios constitucionales y principios generales del derecho para la impartición de justicia. LEYES ANALIZADAS: Artículos: 39 literales b) y j) de la Ley del Impuesto Sobre la Renta; 37 de la Ley del Impuesto al Valor Agregado y 621 del Código Procesal Civil y Mercantil. CASACION 2012-241.

No obstante todos los antecedentes, se emite por parte de la Corte de Constitucionalidad un fallo que origino un cambio de criterio por parte de la Corte Suprema de Justicia, siendo el siguiente del cual se transcribe la parte conducente: "*... esta Corte no comparte el criterio que sostuvo la autoridad impugnada, referente a que, por la supuesta vulneración constitucional que aquella provoca, privilegio lo dispuesto en la literal b) del mismo artículo, la cual afirma "no establece límites para la deducibilidad de los costos y gastos"; pues, en primer lugar, este Tribunal ya emitió pronunciamiento en cuanto a la constitucionalidad de esa disposición (literal j del citado artículo 39) la cual debe ser observada y, así también, porque los límites para la deducibilidad de los costos y gastos están contenidos en todo el artículo 39, no solamente en las dos literales relacionadas, por lo que no es posible indicar que, al no ser posible aplicar la literal j), –por contrariar la Constitución– debe aplicarse la literal b), pues las dos se refieren a límites y supuestos que si bien tiene relación lógica, al momento de emplearlas para determinar la renta bruta son independientes, y pueden perfectamente armonizarse, ya que en uno de los supuestos de la literal b) se establece que no son deducibles los costos y gastos que correspondan al periodo anual de imposición, mientras que la litera j) limita la deducibilidad hasta el noventa y siete por ciento del total de ingresos gravados, permitiendo la propia disposición legal trasladar el excedente exclusivamente al periodo fiscal siguiente, para lo cual el sujeto pasivo del tributo debe cumplir con lo requerido en esa literal. Por las razones conside-*

radas, resulta procedente otorgar la protección constitucional solicitada, con el objeto de que, como se indicó anteriormente, la autoridad reprochada tome en cuenta la doctrina legal establecida por esta Corte en los sentencias citadas y en otras que son de observancia obligatoria en materia constitucional y, consecuentemente, contraste el contenido del fallo cuestionado por la vía de la casación, lo dispuesto en cuanto a la norma objetada por su aplicación indebida, lo manifestado respecto a la literal j) del artículo 39 de la Ley del Impuesto Sobre la Renta, así como lo expresamente manifestado por la entidad casacionista, a efecto de acoger o descartar los argumentos en que esta sustenta el mencionado recurso. Sentencia de amparo en única instancia. EXPEDIENTE 1736-2014, De la Corte de Constitucionalidad."

El anterior fallo contrario a los anteriores si bien es cierto interviene en la jurisdicción ordinaria analizando los supuestos normativos, otorga el amparo promovido y obliga a la Corte Suprema de Justicia para que esta pondere la doctrina legal constitucional en donde se analizó la constitucionalidad de las normas en conflicto, situación que parece correcta porque deja en total libertad a la Corte Suprema de Justicia para acoger o descartar los argumentos de la casacionista. No obstante lo anterior existe un voto razonado por el Magistrado Molina Barreto de la Corte de Constitucionalidad sosteniendo el siguiente criterio: "*La reflexión continúa en precisar que la jurisprudencia de la Corte de Constitucionalidad, particularmente la de amparo, contiene doctrina suficiente que propugna por el cuidado y respeto que se ha puesto en no erigir al juez constitucional en juez del caso controvertido, cuyos hechos y valoración jurídica son intocables en la forma que hayan sido establecidos en juicio, del que no puede constituirse en una nuestra instancia (Cfr. Maldonado Aguirre, Alejandro. Convicción de Justicia. Proyecto para el desarrollo de la justicia constitucional y los derechos humanos en la República de Guatemala. Ediciones América, Guatemala, 1998, páginas 16-17.) Voto razonado disidente del Magistrado Roberto Molina Barreto, en la sentencia del veintitrés de noviembre de dos mil quince, dictada en el expediente 65-2014. Voto razonado, Roberto Molina.*". Dicho voto razonado de igual forma sostiene el magistrado que el tribunal constitucional no puede erigirse como el juez del caso controvertido y se opone a los argumentos que se sostuvieron en la sentencia de la acción de amparo referida anteriormente.

Sin embargo la propia Corte Suprema de Justicia al regresar el caso a sus manos cambia diametralmente su jurisprudencia, en donde se había establecido cinco doctrinas legales, sin que existiera un cambio en la normativa y justifico su nuevo criterio en base a la anterior sentencia de amparo y genera la siguiente nueva doctrina legal: "*NUEVA DOCTRINA DE CSJ CASO 39 j) DE LA LEY DEL IMPUESTO SOBRE LA RENTA, EXPEDIENTE No. 01002-2015-00110. DOCTRINA: VIOLACION DE LA LEY:a) Es procedente este submotivo cuando la Sala sentenciadora omitió tomar en consideración la doctrina legal emanada por el máximo tribunal en materia constitucional, sobre la constitucionalidad del artículo 39 inciso j) de la Ley del Impuesto Sobre la Renta. b) Es procedente este submotivo cuando la Sala sentenciadora omite resolver la controversia con la disposición normativa que es aplicable a los hechos que se tuvieron por acreditados. APLICACIÓN INDEBIDA DE LA LEY: Incurre en aplicación indebida de la ley, la Sala sentenciadora que no aplica las normas atinentes al hecho que se dilucida. LEYES ANALIZADAS: Artículos: 39 incisos b) y j) de la Ley del Impuesto Sobre la Renta, y 621; inciso 1º del Código Procesal Civil y Mercantil.*" Cuando se analiza la doctrina legal establecida y las posteriores sentencias de casación, la Corte Suprema de Justicia no hace la revisión técnica que obliga la ley, sino soportan su criterio indicando que al analizar la doctrina constitucional en donde se declaró que no existía inconstitucionalidad en las normas, y por lo tanto no existía confrontación con la norma constitucional, por lo que se casan las sentencias por motivo de fondo, de las distintas salas del Tribunal de lo Contencioso Administrativo entran a conocer el fondo del asunto y declaran sin lugar las demandas presentadas, generando una inseguridad jurídica con los nuevos casos que se discutían en el ámbito administrativo y los casos que estaban en trámite en las distintas Salas del Tribunal de lo Contencioso Administrativo. La conclusión final de este caso podría ser que toda la doctrina legal establecida por medio de la jurisprudencia de la Corte Suprema de Justicia que se estuvo aplicando de cambia por un fallo emitido en una sentencia de amparo, en donde la Corte de Constitucionalidad ingresa en el ámbito judicial y se erige como juez ordinario haciendo un análisis jurídico que podría carecer de sustento tributario, sin embargo produce efectos jurídicos a futuro porque la Corte Suprema de Justicia modifica su jurisprudencia, sin tener una justificación legal valida sino más que todo por una exigencia que podría ser más para ponderar una acción de inconstitucionalidad y no un asunto jurisdiccional en donde efectivamente se tienen que aplicar las normas constitucionales pero que estén en concordancia con los principios tributarios que la misma constitución recoge, por lo que dicho fallo analizado ha generado una posible distorsión de la jurisprudencia en materia contencioso administrativo tributario.

§ 8. SOBRE LOS PRINCIPIOS Y LAS GARANTÍAS CONSTITUCIONALES TRIBUTARIAS EN BOLIVIA

Rafael Vergara Sandóval *

INTRODUCCIÓN.

Los principios constitucionales del Derecho Tributario como los criterios generales, plasmados en la Constitución, deben informar la actuación del Estado y de los demás entes públicos en el ámbito jurídico-tributario.

La Constitución tiene un valor normativo inmediato y directo, de acuerdo con el artículo 108 numeral 1), según el cual *"Son deberes de las bolivianas y bolivianos: 1. Conocer, cumplir y hacer cumplir la Constitución y las leyes",* puede decirse que los principios constitucionales de Derecho Tributario constituyen auténticos límites al ejercicio del poder de imposición del Estado.

De este modo, la referencia al carácter informador de la actuación de los poderes públicos que se predica de estos principios, deviene así en un verdadero límite al ejercicio del poder tributario, de forma que quienes lo ostentan han de someterse imperativamente a ellos.

Este papel informador de los principios constitucionales tributarios opera, como se desprende de la Cuarta Parte, referido a la Estructura y Organización Económica del Estado, Título I de la Organización Económica del Estado, Capítulo Tercero, Sección I, de la Política Fiscal, artículo 323 de la Constitución de 2009, sobre los órganos de poder del Estado cuando lo ejercen a través de sus manifestaciones más genuinas, esto es: el Órgano Legislativo al elaborar o dictar las normas jurídico-tributarias; el Órgano Jurisdiccional al aplicar dichas normas, es decir, al interponerlas y al integrarlas cuando existan lagunas en el ordenamiento positivo y el Órgano Ejecutivo, al desarrollarlo y aplicarlo también en sus dos manifestaciones específicas, esto es, al dictar disposiciones generales –reglamentos–, y disposiciones de carácter singular, actos administrativos únicos.

Cualquier vulneración de los principios constitucionales del Derecho Tributario podrán motivar a que se accione su garantía mediante el Recurso Contra Tributos Ilegales previsto por el artículo 202, numeral 4), de la Constitución, ante el Tribunal Constitucional contra tributos, impuestos, tasas, patentes, derechos o contribuciones creados, modificados o suprimidos en contravención a lo dispuesto en la Constitución.

Por su parte, para las normas jurídicas de rango inferior a la ley supone su inaplicación por jurisdicciones especializadas reguladas por Ley conforme dispone el artículo 179-I de la Constitución de 2009, de donde se desprende la garantía de la jurisdicción especializada tributaria, considerando que conforme dispone el artículo 178 de la misma Constitución expresa que: *La potestad de impartir justicia emana del pueblo boliviano y se sustenta en los principios de independencia, imparcialidad, seguridad jurídica, publicidad, probidad, celeridad, gratuidad, pluralismo jurídico, interculturalidad, equidad, servicio a la sociedad, participación ciudadana, armonía social y respeto a los derechos.*

I. PRINCIPIOS CONSTITUCIONALES TRIBUTARIOS.

I. 1. Principio de capacidad económica o contributiva.

Como todos debemos contribuir, es necesario encontrar un criterio de distribución de los tributos. Tal criterio debe ser coincidente desde la perspectiva de la idea de justicia, en particular de la justicia distributiva y susceptible de aplicación a través de la técnica tributaria. Debe tratarse de una regla justa y efectiva. Hace ya mucho tiempo que la doctrina y los ordenamientos jurídicos consideran que tales exigencias son satisfactoriamente cumplidas por el principio de capacidad económica o contributiva, según la terminología italiana, cuyo contenido esencial puede expresarse de manera sencilla: cada uno debe pagar conforme a su riqueza, en razón de los medios que dispone.

Al *principio de capacidad económica o contributiva* debemos considerar como la regla básica en el reparto o distribución de la carga tributaria, así lo consideran los criterios o principios materiales contenido en el artículo 108, numeral 7, de la Constitución boliviana de 2009[1], donde se encuentra plasmado dicho principio. La redacción del precepto constitucional, configura a la tributación según la capacidad económica como un objetivo al cual sirven de manera instrumental los restantes principios o criterios de justicia del sistema tributario nacional, hasta el punto que podría afirmarse que estos otros criterios o reglas constituyen otras tantas derivaciones del principio fundamental de la contribución según la capacidad económica.

Este principio tiene estrecha relación con el de igualdad, que representa una de las determinaciones o principios constitutivos del Derecho moderno, entendiendo por tal al que nace con el constitucionalismo.

El sistema tributario es un modo de reparto de la carga del sostenimiento de los gastos públicos, es lógico, desde el punto de vista de la igualdad, que el metro de este reparto sea la capacidad económica, al mismo tiempo que es la capacidad física en relación con el deber de defensa de la Patria mediante el servicio militar. No debe sorprender que en ordenamientos jurídicos como el de la República Federal de Alemania, donde la Constitución no recoge expresamente el principio, la doctrina y el Tribunal Constitucional hayan identificado la fórmula de la capacidad económica *(Leistungfähigkeit)* a partir del principio fundamental de igualdad.

En los sistemas constitucionales basados en el principio del Estado Social de Derecho, la contribución según la capacidad económica debe ser vista en conexión con la concepción del principio de igualdad adecuada al sistema de valores propio de dicho Estado, es decir, no simplemente como respecto de la igualdad formal, sino también como instrumento al servicio de la igualdad material.

Por lo precedentemente expresado, podemos decir que el principio de capacidad económica en el ordenamiento constitucional tributario cumple tres funciones esenciales[2]: de fundamento de la imposición o de la tributación, de límite para el legislador en el desarrollo de su poder tributario y de programa u orientación para el mismo legislador en cuanto al uso de ese poder.

Sobre la *primera función*, se debe subrayar que el artículo 108 numeral 7 de la Constitución de 2009, es la norma que sirve de fundamento al deber de contribuir, situación que en la doctrina francesa se conoce como el *principio de la necesidad del tributo*. Este deber de contribuir, establecido de manera precisa en la Constitución, es lo que sirve de fundamento a

---

[1]   Bolivia, Constitución de 2009, Art. 108: Son deberes de las bolivianas y los bolivianos:...7. Tributar en proporción a su capacidad económica, conforme con la ley.

[2]   Fernando, PÉREZ ROYO, *Derecho Financiero y Tributario*, 10 ma. Ed. Civitas, Madrid, 2000.

la imposición, según lo entiende la doctrina moderna, que ha superado concepciones propias de épocas pasadas que buscaban este fundamento en la supremacía misma del Estado. Siguiendo lo expresado por el profesor Fernando Pérez Royo y la línea jurisprudencial del Tribunal Constitucional de España, se establece la conexión entre este fundamento y el principio de capacidad económica, entendiendo como *"exigencia lógica que obliga a buscar la riqueza donde la riqueza se encuentra"*.

La *segunda función*, establece que el principio de capacidad económica funciona en una determinación negativa, como límite para el legislador en la configuración de los tributos. El legislador no puede establecer tributos sino es tomando como presupuestos circunstancias que serán reveladoras de capacidad económica y modulando la carga tributaria de cada contribuyente en función de la intensidad con que el mismo se ponga de manifiesto el mencionado índice de capacidad económica. Un tributo que se aplicará sobre una circunstancia que no fuera reveladora de capacidad económica sería inconstitucional. Como tales índices pueden citarse la obtención de renta o ingresos monetarios, la posesión de patrimonio, el consumo, la adquisición de bienes, etc. Dichos índices pueden ser directos o indirectos, pueden medir la capacidad económica con diferentes grados de perfección, pero, en cualquier caso, esta capacidad debe existir. Según ha precisado la doctrina y la propia Jurisprudencia del Tribunal Constitucional de España, debe existir de manera concreta o actual en el momento de entrada en vigor de la norma. Nos referimos a este aspecto de la cuestión de tratar el problema de la retroactividad.

Se ha planteado el problema de su compatibilidad con las finalidades extrafiscales de los tributos, con ejemplos como los que ya hemos citado anteriormente, de figuras tributarias cuya finalidad (incluso principal) es de carácter extraño al fenómeno contributivo. O en el empleo de determinados instrumentos, como son los beneficios fiscales, establecidos con finalidad de fomento de determinadas actividades (ahorro, inversión) extrañas a la diferenciación de los sujetos en función de su capacidad económica.

Acerca de esta cuestión podemos resumir las conclusiones de la doctrina en la manera siguiente: en primer lugar, el presupuesto del tributo, la circunstancia que determina la existencia de la obligación, debe incorporar siempre un índice de capacidad económica, una aptitud para contribuir aunque el tributo sirva, además, a otras finalidades; en segundo lugar, los fines extrafiscales del tributo o de la medida tributaria en cuestión deben ser compatibles con la finalidad contributiva y responder a una exigencia o criterio razonable y amparado por el sistema de valores propio de la Constitución (política de desarrollo económico, sanitaria, de vivienda, de protección del medio ambiente, etc).

La *tercera función* esencial del principio de capacidad económica es la que contempla como un programa u orientación para el legislador dentro el objetivo de redistribución de la renta o de realización de la igualdad material que preconiza el artículo 14 de la Constitución[3]. En este sentido, el legislador ha recibido el encargo por parte del constituyente de hacer que el sistema tributario en su conjunto sea, cada vez más, un reflejo de la capacidad económica global de los sujetos. Lo cual exige construir este sistema dando un peso relativo importante a las figuras que se basan en índices más perfeccionados de capacidad económica, como es el caso de la imposición personal sobre la renta.

---

3   Bolivia, Constitución de 2009, Art.14: I. Todo ser humano tiene personalidad y capacidad jurídica con arreglo a las leyes y goza de los derechos reconocidos por esta Constitución, sin distinción alguna.

II. El Estado prohíbe y sanciona toda forma de discriminación fundada en razón de sexo, color, edad, orientación sexual, identidad de género, origen, cultura, nacionalidad, ciudadanía, idioma, credo religioso, ideología, filiación política o filosófica, estado civil, condición económica o social, tipo de ocupación, grado de instrucción, discapacidad, embarazo, u otras que tengan por objetivo anular o menoscabar el reconocimiento, goce o ejercicio, en condiciones de igualdad, de los derechos de toda persona.

Esta tercera función o acepción del principio, cuyo control jurisdiccional es más dificulto-so, se relaciona con el conjunto del sistema tributario, según acabamos de decir, e incluso con el empleo de los recursos públicos, con el gasto público.

Se consideran manifestaciones básicas de dicha capacidad la obtención de una renta, el gasto de la misma, la titularidad de un patrimonio y la transmisión o adquisición de los bie-nes que lo constituyen. Los Impuestos sobre la Utilidad de las Empresas grava la obtención de renta; el Impuesto sobre el Valor Agregado incide sobre las operaciones de mercado, en consecuencia sobre el gasto; el Impuesto sobre el Patrimonio tiene por objeto la tenencia de los bienes; los Impuestos Donaciones y Sucesiones y sobre Transferencia de Patrimonio someten a tributación las transmisiones de bienes gratuitas u onerosas. Sirven estos ejem-plos con la advertencia de que el sistema tributario es mucho más complejo y de que otras figuras tributarias inciden en esas mismas manifestaciones, acotando ámbitos específicos de capacidad económica; por ejemplo, el Impuesto sobre Bienes Inmuebles grava la titularidad de este tipo de bienes, o los Impuestos Especiales repercuten sobre la adquisición de deter-minados productos, como los hidrocarburos, las bebidas alcohólicas o el tabaco.

En todos estos casos, si analizamos el presupuesto de hecho que configura cada tributo, llegamos a la conclusión de que se gravan autenticas manifestaciones de capacidad, y por tanto se respeta el principio constitucional, aunque no todos ellos tienen el mismo grado de adecuación, siendo actualmente los tributos que gravan la renta global o la totalidad del pa-trimonio los que mejor se adaptan técnicamente a sus exigencias.

Pero no se trata sólo de que cada tributo se vincule a una manifestación de capacidad económica. Hasta más importante es que el sistema tributario grave todas las manifestacio-nes, y en consecuencia, la capacidad global de los contribuyentes, y que lo haga de forma equivalente. Equivalencia que no significa identidad en la cuantificación de los tributos; ni todas las rentas tienen el mismo carácter (basta pensar en la distinción tradicional entre ren-tas de trabajo y de capital), ni los patrimonios están constituidos por bienes de igual natura-leza (pueden materializarse en dinero o en activos de una empresa), ni todos los gastos de-ben tener el mismo significado a efectos tributarios (gastos necesarios de alimentación y gastos suntuarios o de lujo). Ello unido a los distintos niveles de riqueza de los contribuyen-tes, hace que la adaptación del sistema tributario a la capacidad económica real de cada uno sea un objetivo de máxima dificultad técnica. Además, debe tenerse en cuenta que ningún sistema tributario deriva de un diseño teórico o académico para el cumplimiento de ese prin-cipio; todos son el resultado complejo de una evolución histórica, de las necesidades inelu-dibles de recaudación, de superposición de tributos de los distintos entes territoriales que configuran el Estado, de decisiones políticas de distinto signo[4].

La jurisprudencia del Tribunal Constitucional de Bolivia, prácticamente es insuficiente sobre este importante principio constitucional tributario. Así podemos citar la *SC 0090/2006, de 17 de octubre*, dictada en un recurso indirecto o incidental de inconstitucio-nalidad, donde se estableció el principio de igualdad con los siguientes fundamentos:

III.2.1. El *principio de igualdad* jurídica de las partes: Respecto al principio de igualdad este Tribunal en la *SC 0049/2003, de 21 de mayo*, ha señalado que: "(…) el mandato de igualdad en la formulación del derecho exige que todos sean tratados igual por el legislador. Pero esto no signi-fica que el legislador ha de colocar a todos en las mismas posiciones jurídicas ni que tenga que procurar que todos presenten las mismas propiedades naturales ni que todos se encuentren en las mismas situaciones fácticas. El principio general de igualdad dirigido al legislador no puede exi-gir que todos deban ser tratados exactamente de la misma manera y tampoco que todos deban ser iguales en todos los aspectos. Entonces, el medio idóneo para que el legislador cumpla con el

4   José Antonio, SÁNCHEZ GALIANA, *Manual de Derecho Tributario*, Primera Ed. Comares/Dodeca, Ma-drid, 2000, p. 14.

mandato de este principio es aplicando la máxima o fórmula clásica: 'se debe tratar igual a lo igual y desigual a lo desigual'. En eso consiste la verdadera igualdad. A quienes presentan similares condiciones, situaciones, coyunturas, circunstancias, etc., se les puede tratar igualmente; pero, cuando existen diferencias profundas y objetivas que no pueden dejarse de lado, se debe tratar en forma desigual, porque solamente de esa manera podrá establecerse un equilibrio entre ambas partes. La Ley es la que tiene que establecer los casos, formas y alcances de los tratamientos desiguales.

En consecuencia, no toda desigualdad constituye necesariamente, una discriminación, la igualdad solo se viola si la desigualdad está desprovista de una justificación objetiva y razonable, y la existencia de dicha justificación debe apreciarse según la finalidad y los efectos de la medida considerada, debiendo darse una relación razonable de proporcionalidad entre los medios empleados y la finalidad perseguida".

Asimismo, en la *DC 0002/2001, de 8 de mayo*, se estableció que: "(...) el derecho a la igualdad consagrado en el art. 6 de la Constitución Política del Estado, exige el mismo trato para los entes y hechos que se encuentran cobijados bajo una misma hipótesis y una distinta regulación respecto de los que presentan características desiguales, bien por las condiciones en medio de las cuales actúan, ya por las circunstancias particulares que los afectan; no prohibiendo tal principio dar un tratamiento distinto a situaciones razonablemente desiguales, siempre que ello obedezca a una causa justificada, esencialmente apreciada desde la perspectiva del hecho y la situación de las personas, pues unas u otras hacen imperativo que, con base en criterios proporcionados a aquellas, el Estado procure el equilibrio, cuyo sentido en Derecho no es otra cosa que la justicia concreta. Conforme a esto, el principio de igualdad protege a la persona frente a discriminaciones arbitrarias, irracionales; predica la identidad de los iguales y la diferencia entre los desiguales, superando así el concepto de la igualdad de la ley a partir de la generalidad abstracta, por el concepto de la generalidad concreta (…)".

En función del reconocimiento de igualdad ante la ley, conforme concluyó la *SC 0062/2003, de 3 de julio*, "(…) se prohíbe todo tratamiento discriminatorio de origen legal, es decir que si bien, ante la necesidad de lograr la efectividad de los valores consagrados en la Constitución, el legislador puede, inicialmente, ver la necesidad o conveniencia de establecer diferencias y dar un tratamiento diverso a las personas en forma legítima, sin apartarse de la justicia y de la razón, no le está permitido crear diferencias que carezcan de una justificación objetiva, razonable y proporcional, y que persigan fines arbitrarios, caprichosos o despóticos, o que de alguna manera desconozcan la esencial unidad y dignidad de la naturaleza humana, dando como resultado la violación de los derechos y libertades consagrados en la Constitución, o que en general sean contrarias a cualquier precepto o principio reconocido por la Carta Fundamental.

En la jurisprudencia constitucional extranjera podemos referirnos a las sentencias más relevantes del Tribunal Constitucional de España, que ha establecido una línea jurisprudencial sobre el principio de igualdad tributaria como analizaremos a continuación:

La Sentencia 27/1981 de 20 de julio de 1981, afirma que "el principio de capacidad económica se refiere a la de cada uno y obliga a buscar la riqueza donde la riqueza se encuentra", o también la Sentencia 45/1989 de 20 de febrero de 1989; sin embargo, en otros pronunciamientos como las Sentencias 37/1987 de 26 de marzo de 1987 y 211/1992 de 11 de diciembre de 1992, el Tribunal Constitucional español ha sostenido que "basta que dicha capacidad económica exista, como riqueza real o potencial en la generalidad de los supuestos contemplados por el legislador al crear el tributo, para aquel principio constitucional quede a salvo".

La Sentencia 211/1992 de 11 de diciembre de 1992, se ha referido a las tres funciones que, a su juicio, debe cumplir el principio de capacidad económica, afirmando que el mismo "sirve de fundamentos de la imposición, más aún, de la tributación; actúa como límite al legislador en el ejercicio del poder tributario; y sirve de programa y orientación al mismo en el desarrollo del citado poder"[5].

Conviene significar que en ocasiones este principio quiebra para alcanzar objetivos de carácter extrafiscal. Al respecto el Tribunal Constitucional español se ha referido a la complejidad entre el principio de capacidad económica y los fines no fiscales de los tributos, advirtiendo en la Sentencia 37/1987 de 26 de marzo de 1987, que es constitucionalmente admisible el establecimiento de tributos que, sin desconocer o contradecir el principio de capacidad económica o de pago, "respondan principalmente a criterios económicos o sociales orientados al cumplimiento de fines o a la satisfacción de intereses públicos que la Constitución preconiza o garantiza". Es decir, cabe que el legislador establezca tributos que, junto al fin de contribuir al sostenimiento de los gastos públicos de acuerdo con la capacidad económica, persigue otros fines de política social o económica constitucionalmente protegidos.

Para finalizar la referencia de este principio hay que señalar que la capacidad económica no es solo muy importante en materia tributaria, sino que además es el principio nuclear de todo el Derecho Financiero, al ser también el criterio inspirador de los gastos públicos.

I.2. Principio de igualdad.

Las Constituciones generalmente establecen normas para determinar los límites e indicar los principios a los cuales deben atenerse los órganos legislativos para el desempeño de su actividad, incluida la tributaria.

Uno de los imperativos categóricos contenidos en casi todas las leyes supremas de los Estados es la igualdad de derechos y deberes de los ciudadanos.

Este principio se impuso con mayor vigor, luego de la Revolución Francesa, sustentado en una motivación política y luego jurídica. El objetivo principal era abolir los privilegios de las clases o castas, que caracterizaba los sistemas de la época, afirmando la igualdad de todos ante la ley.

La igualdad de las cargas tributarias puede ser entendida en dos sentidos de acuerdo con la formulación del profesor italiano D'Albergo citado por Víctor Uckmar[6]:

a) En *sentido jurídico*, como paridad de posiciones, excluyendo los privilegios de clase, raza y religión, de manera que los contribuyentes se encuentren en iguales circunstancias y puestos ante un mismo régimen tributario.

b) En *sentido económico* es la obligación de contribuir a las cargas públicas en igual medida, entendido en términos de sacrificio y como se verá seguidamente en relación con la capacidad contributiva de cada uno.

En lo concerniente a la igualdad jurídica, que sustancialmente coincide con el principio de generalidad de la imposición, algunas Constituciones prohíben expresamente el privilegio en materia tributaria. Especialmente en Francia, antes de la Revolución, la nobleza y el clero consideraban deshonroso el pago del impuesto; por lo que, no eran alcanzados por la carga tributaria; la preocupación de que los privilegios pudieran ser reimplantados, motivó la inclusión de este principio en forma explícita.

Como se ha señalado, el principio de igualdad constituye un valor, no sólo del sistema tributario, sino del conjunto del ordenamiento. La Constitución boliviana de 2009 proclama de manera genérica en el artículo 14 segundo parágrafo, donde prescribe que: "II. El Estado

---

5   Alejandro, MENÉNDEZ MORENO, *Derecho Financiero y Tributario*, 1. a Ed. Lex Nova SA, Valladolid, 2000, p. 74.

6   Víctor, UCKMAR, *Principios Comunes del Derecho Constitucional Tributario*, 3. a Ed. Temis, Bogotá, 2001, p. 59.

prohíbe y sanciona toda forma de discriminación fundada en razón de sexo, color, edad, orientación sexual, identidad de género, origen, cultura, nacionalidad, ciudadanía, idioma, credo religioso, ideología, filiación política o filosófica, estado civil, condición económica o social, tipo de ocupación, grado de instrucción, discapacidad, embarazo, u otras que tengan por objetivo anular o menoscabar el reconocimiento, goce o ejercicio, en condiciones de igualdad, de los derechos de toda persona"[7].

De manera concreta, en el ámbito que nos ocupa, ya se ha señalado que el principio de capacidad económica, y en general el conjunto de los criterios sobre el reparto de la carga tributaria, están emparentados con el fundamental valor de la igualdad en sus varias acepciones. Así dispone el artículo 323 de la Constitución[8], sobre el principio de igualdad como inspirador del sistema tributario, reconociendo la vigencia en este ámbito de este valor del ordenamiento con ese mismo significado básico que acaba de exponerse. Si todos somos iguales ante la ley, todos debemos pagar tributos, y si no es admisible la discriminación, todos debemos cumplir esa obligación conforme a los mismos criterios de reparto de la carga tributaria. La igualdad es indisolublemente de los principios de capacidad económica, generalidad y progresividad.

Como es bien sabido, la efectividad de los valores superiores del ordenamiento jurídico exige que éste parta del conocimiento de la sociedad sobre la que opera y a la que debe orientar el cumplimiento de esos valores. Por ello, *la igualdad obliga al trato desigual de quienes no son realmente iguales*[9]. No debemos pagar todos el mismo tributo, sino cada uno en función de nuestra capacidad económica, y como las grandes diferencias existentes entre los niveles de renta y patrimonio suponen una situación que puede amparar discriminaciones incompatibles con la idea de igualdad, hay que introducir la regla de progresividad tributaria en favor de una redistribución equitativa.

El principio de igualdad tampoco impide que el propio legislador otorgue exenciones o bonificaciones si estas no se fundamentan en privilegio o discriminación, sino en valores u objetivos constitucionales.

También debe considerarse que este principio no exige solo que seamos iguales ante la ley; también debemos ser iguales a la hora de la aplicación de la ley. Y esto no solamente debe tener en cuenta la Administración Tributaria o que es la encargada de aplicar en etapa de gestión tributaria las normas del sistema tributario, sino también la Autoridad de Impugnación Tributaria y el Órgano Judicial que controlan sus actuaciones y el legislador, que cuando elabora las normas jurídicas debe considerar siempre la perspectiva de su aplicación eficaz en todos los sujetos obligados. Este tema encierra mayor complejidad práctica que dificultad de formación teórica; exige mayor atención de parte de la doctrina e incluso del Tribunal Constitucional Plurinacional, porque si no logramos la igualdad en la aplicación de la ley, el principio comentado corre el riesgo de limitarse a una declaración formal.

El Tribunal Constitucional de Bolivia, a partir del inicio de sus funciones desde el año 1999, ha establecido jurisprudencial sobre el principio de igualdad en general, pero no así específica en materia tributaria, dentro los límites constitucionales establecidos por la Constitución; sin embargo, es importante resaltar la posición del Tribunal Constitucional Español, que ha subrayado la vigencia del criterio de igualdad entendido como un valor a promover con medidas tributarias que tiendan a corregir las desigualdades realmente existentes en la sociedad y que su propio texto constitucional valora negativamente. Se trata, en este

---

7   BOLIVIA, Constitución de 2009, *Gaceta Oficial* de Bolivia, La Paz, año 2009, pp. 11-12.

8   BOLIVIA, Constitución de 2009, Art. 323: "I. La política fiscal se basa en los principios de capacidad económica, *igualdad,* progresividad, proporcionalidad, transparencia, universalidad, control, sencillez administrativa y capacidad recaudatoria".

9   José Antonio, SÁNCHEZ GALIANA, *op. cit.*, p. 19.

caso, de una acepción del principio de igualdad que encuentra su manifestación más clara en el criterio de progresividad.

El Tribunal Constitucional Español, mediante la Sentencia STC 46/2000 de 17 de febrero de 2000, ha puesto de relieve que: "el derecho a la igualdad incluye, no solo *la igualdad ante la ley,* sino también *la igualdad en la aplicación de la ley.* En este sentido, un mismo órgano no puede modificar arbitrariamente el sentido de sus decisiones en casos sustancialmente iguales y cuando considere que debe apartarse de sus precedentes, deberá ofrecer una fundamentación razonable para ello"[10]. En este sentido, el principio de igualdad no veda cualquier desigualdad, sino sólo la desigualdad que no sea razonable y carezca de fundamentación; es decir, la desigualdad que pueda ser calificada como discriminatoria en relación con presupuestos de hecho idénticos

Asimismo, la Sentencia STC 55/1998 de 16 de marzo de 1998, dictada por el Tribunal Constitucional Español, entiende que "la igualdad del artículo 31 CE va íntimamente enlazada al concepto de capacidad económica y al principio de progresividad; por lo que, no puede ser reducida a los términos del artículo 14 de la CE"[11].Es decir, que el principio de igualdad tributaria establecido por el artículo 31 de la CE, ha evitado ser reconocido por la igualdad genérica del artículo 14 CE, para que no pueda ser invocado mediante un recurso de amparo. El mencionado Tribunal acude a la distinción entre *discriminación contraria al artículo 14 CE,* por estar basado en una diferenciación de *índole subjetiva* sí recurrible en amparo; y la *desigualdad* fundada en elementos *objetivos,* que es la contemplada en el artículo 31 CE –no recurrible en amparo–. Así lo ha establecido la línea jurisprudencial del Tribunal Constitucional Español mediante las recientes Sentencias detalladas a continuación: STC 36/1999 de 22 de marzo de 1999; STC 84/1999 de 10 de mayo de 1999; STC 200/1999 de 8 de noviembre de 1999 y STC 46/1999 de 17 de febrero de 1999.

Finalmente, señalar que el principio de igualdad en el ámbito tributario se traduce en el respeto al principio de capacidad económica, de forma que situaciones económicamente iguales deben ser tratadas de la misma manera. El citado principio no veda cualquier desigualdad, sino únicamente aquella que puede reputarse como discriminatoria, por carecer de justificación. Dicho principio no solamente exige la igualdad ante la ley, sino también la igualdad en la aplicación de la ley. Asimismo, el principio de igualdad no ampara el derecho a imponer o exigir diferencias de trato en situaciones o supuestos desiguales (discriminación). El mencionado principio debe interpretarse en conexión con las exigencias derivadas de otros principios constitucionales y la igualdad en el marco del sistema tributario debe complementarse con la igualdad en el ordenamiento del gasto público, lo que se traduce en la necesidad de asignar equitativamente los recursos públicos.

I.3. Principio de universalidad.

Sobre este principio constitucional el artículo 323 de la Constitución de 2009, dispone que: *"La política fiscal se basa en los principios de capacidad económica, igualdad, progresividad, proporcionalidad, transparencia, **universalidad**, control, sencillez administrativa y capacidad recaudatoria".* Con el término *universalidad* en el ordenamiento constitucional boliviano, ha querido referirse no sólo a los ciudadanos bolivianos, sino también a los extranjeros, así como las personas jurídicas, bolivianas y extranjeras. Esto no es más que una consecuencia del principio de territorialidad en la eficacia de las normas.

La Constitución italiana, en lo que respecta a las relaciones económicas, y específicamente a los tributos, a diferencia del estatuto Albertino, no hace referencia a los "ciudadanos",

---

10   Juan Martín, QUERALT y otros, *Derecho Tributario*, 5 ta. Ed., Aranzadi, Navarra, 2000, p. 57.

11   *Idem.*

sino a "todos"[12]. Ninguna ley sujeta la imposición a la nacionalidad, las únicas excepciones están previstas en los tratados para evitar la doble imposición, que por su aplicabilidad en vía residual hacen referencia a la nacionalidad.

Respecto a la Unión Europea el artículo 95 del Tratado de Roma, establece la prohibición de la discriminación entre los miembros de la comunidad, en particular en lo que se refiere a la aplicación de los tributos.

En la Constitución Española el principio de generalidad lo podemos identificar en el término "Todos" con el que comienza el artículo 31.1. "Todos contribuirán...", como señala el profesor Pérez Royo que *aunque es necesario advertir dicho término genérico, repetido en muchos con sentido polivalente en el texto constitucional, tiene también un doble valor o significado: primero, afirmar que el deber de contribuir no se reduce a los nacionales; segundo, establecer el criterio de generalidad de la imposición o de ausencia de privilegios en la distribución de la carga tributaria, que afecta a todos los que tengan capacidad contributiva"[13].

Actualmente, en una sociedad en la que el principio de igualdad de los ciudadanos ante la Ley constituye una conquista irrenunciable, cuando se postula la universalidad en el ámbito tributario no se está luchando contra la subsistencia de privilegios, que es algo que no encuentra cabida en un Estado de Derecho, sino que está postulando una aplicación correcta del ordenamiento tributario, de forma que no solo no existan privilegios amparados por la Ley, sino que tampoco puedan producirse situaciones privilegiadas al aplicar la Ley.

El principio de universalidad constituye un requerimiento directamente dirigido al legislador para que cumpla con una exigencia: tipificar como hecho imponible todo acto, hecho o negocio jurídico que sea indicativo de capacidad económica. El principio de universalidad pugna así contra la concesión de exenciones tributarias que carezcan de razón de ser. Este constituye uno de los campos en el que más fecundo se manifiesta dicho principio. Desde este punto de vista, dos son los significados que hoy cabe atribuir al mismo.

El referido principio debe informar, con carácter general, el ordenamiento tributario, exigiendo que el mismo no trate de forma distinta situaciones que son idénticas y, en definitiva, prohibiendo que se establezcan discriminaciones carentes de fundamento en el tratamiento tributario de los ciudadanos.

Ello no quiere decir que toda desigualdad en el tratamiento tributario sea contraria al principio de generalidad. Sólo lo será aquella desigualdad que carece de fundamento.

I.4. Principio de progresividad.

El artículo 323 de la Constitución del Estado Plurinacional de Bolivia expresa que *"La política fiscal se basa en los principios de capacidad económica, igualdad, **progresividad,** proporcionalidad, transparencia, universalidad, control, sencillez administrativa y capacidad recaudatoria"*

La progresividad del sistema tributario, es una manera de ser del sistema, que articula técnicamente de forma que pueda responder a la consecución de unos fines que no son estrictamente recaudatorios, sino que trascienden dicho plano para permitir la consecución de unos fines distintos, como pueden ser la distribución de la renta. La progresividad, por imperativo constitucional, tiene un límite infranqueable en la no confiscatoriedad.

---

12 Víctor, UCKMAR, *op. cit.,* p. 60.
13 Fernando, PÉREZ ROYO, *op. cit.,* p. 38.

El principio de no confiscatoriedad supone un límite extremo que dimana del reconoci-miento del derecho de propiedad, cuya finalidad es impedir una radical aplicación de la pro-gresividad que atentará contra la capacidad económica que la sustenta.

Tenemos que entender por progresividad aquella característica de un sistema tributario según la cual a medida que aumenta la riqueza de cada sujeto, aumenta la contribución en proporción superior al incremento de riqueza. Los que tienen más contribuyen en propor-ción superior a los que tienen menos.

La expresa alusión al criterio de la progresividad constituye una de las innovaciones ca-racterísticas del texto constitucional, que se ha inspirado en constituciones europeas como la española y la italiana. Se trata de una circunstancia lógica, puesto que la progresividad es un fenómeno ligado al desarrollo de los sistemas tributarios contemporáneos, que asignan a la Hacienda Pública una función redistributiva.

En la doctrina más antigua se había planteado la cuestión de la congruencia de impuestos con tarifas progresivas y el criterio de contribución en proporción a los haberes o a la capa-cidad económica, establecido generalmente en los textos constitucionales y que se identifi-caba como un mandato de proporcionalidad, opuesto al de progresividad. En los momentos actuales no hace falta detenerse en esta cuestión, ya que, por lo que concierne a nuestro or-denamiento, ha sido zanjada de manera expresa por el propio texto constitucional. La cues-tión, desde el punto de vista jurídico, es más bien la contraria: hasta qué punto puede afir-marse que el legislador y los poderes públicos en general son obedientes al mandato de pro-gresividad emanado del constituyente.

En relación con esto, debe ponerse de relieve que la progresividad es un carácter que afec-ta, no a cada figura tributaria singular, sino al conjunto del sistema. Lo cual exige lógica-mente que en éste tengan un peso suficientemente importante los impuestos con carácter progresivo. Además, es necesario que la progresividad de estos impuestos no se reduzca a la letra de la ley, sino que sea hecha efectiva en la práctica, conteniendo dentro de límites ra-zonables el fraude tributario.

También en relación con este principio debemos decir que la progresividad y en general el objetivo de redistribución de la renta, tiene una profunda conexión con el valor de la igual-dad, entendida como criterio material, que debe ser hecha efectiva también con el recurso de los poderes públicos e igualmente con el mandato de la capacidad económica, en la acepción a que antes nos hemos referido de programa para que el legislador y los poderes públicos.

Se entiende por progresividad, como ha dicho Martín Delgado "aquella característica de una sistema tributario según la cual a medida que aumenta la riqueza de los sujetos pasivos aumenta la contribución en proporción superior al incremento de la riqueza"[14]

Tradicionalmente la progresividad, como característica de un tributo, se ha equiparado a la utilización de tipos de gravamen progresivos, es decir, aquellos cuya cuantía incrementa en mayor proporción que la base del tributo a que se aplican. Sin embargo, debe tenerse en cuenta que no sólo los tipos de gravamen determinan la progresividad o no de un sistema tributario, porque también determinados supuestos de no sujeción, mínimos exentos, exen-ciones, etc., coadyuvan a la progresividad del tributo, por lo que la sola presencia de tipos progresivos no puede considerarse como condición necesaria, ni siquiera suficiente, para el logro de este principio de progresividad previsto en el artículo 323 de la Constitución.

La verificación o cumplimiento de este principio debe hacerse sobre todo a través de la regulación de los impuestos sobre la renta y sobre el patrimonio de las personas físicas, in-cluido entre estos últimos el impuesto sobre las sucesiones y donaciones.

---

14 Alejandro, MENÉNDEZ MORENO, *Derecho Financiero y Tributario*, 1. a Ed. Lex Nova S. A., Valladolid, 2000, p. 80.

En el pasado se sostuvo que la regla de la proporcionalidad de los tributos y de las posibilidades económicas de cada ciudadano surgía la obligación para el legislador de sancionar impuestos con alícuotas proporcionales, pero nunca iguales. La justificación de ésta se basó en las enseñanzas de Adam Smith, según la cual todos los ciudadanos deben contribuir al gasto público "en proporción a beneficios que cada uno disfruta respectivamente bajo la protección del Estado".

La *teoría del beneficio* parte de la presunción de que el consumo medio, en el espacio y en el tiempo, de los servicios públicos proporcional al rédito de cada ciudadano y que por esta razón ateniéndose al principio de igualdad en la imposición cada uno debe contribuir en proporción a sus ingresos. En definitiva, corresponde a la ciencia económica establecer un sistema que pueda asegurar una mejor y justa distribución de la carga pública, y si esta ciencia entiende que dicho resultado se obtiene con un impuesto progresivo y con uno proporcional, el sistema tributario, por estar concebido sobre la base de un principio de igualdad, deberá contener también, impuestos con alícuotas progresivas.

Numerosas teorías fueron desarrolladas para demostrar el fundamento científico del impuesto progresivo, que según los políticos es el único impuesto que garantiza la distribución de los impuestos según la capacidad contributiva. Todas estas teorías pueden resumirse en tres principios: el sacrificio igual, el sacrificio proporcional y el sacrificio mínimo. Todos con un común denominador: el concepto de la decreciente utilidad marginal de las riquezas[15].

El principio del sacrificio igual se remonta a Mill, para quién los impuestos debían ser distribuidos de modo tal que cada contribuyente sacrifique una cantidad igual de "utilidad". Sin embargo, dicho principio no lleva necesariamente la progresividad de la imposición, pudiendo inclusive dar lugar a una alícuota proporcional o una regresiva, todo depende de la curva de utilidad. Mill propugnó un impuesto proporcional sobre el rédito, el cual tendría una cierta progresión derivada de la exención del mínimo indispensable para vivir.

Para *el principio del sacrificio proporcional,* la igualdad en la imposición se obtiene si el impuesto no determina igual sacrificio en términos de utilidad global restada, sino sacrificios proporcionales respecto a la utilidad total de cada contribuyente.

Las teorías enunciadas precedentemente son de carácter individualista, ya que plantean el problema de la igualdad entre los individuos que tiene un rédito de diversa cuantía.

Por el contrario, *el principio de sacrificio mínimo* se refiere a la conveniencia de la distribución de los impuestos desde el punto de vista de la colectividad, el sacrificio es el mínimo sacrificio para el grupo. En definitiva, sería la oportunidad de aquellos que se encontraban en condiciones económicas inferiores. Estos deberían ser tasados cuando los más pendiente, luego de la recaudación tributaria, se encuentren en el mismo nivel.

Las tres doctrinas mencionadas, tienden a demostrar el fundamento científico de un impuesto progresivo, pero hoy en día se encuentran desacreditadas sobre todo "por la necesidad que las mismas entienden sobre la composición de la utilidad para una misma persona, con una precisión que no es razonable suponer". Como no es medible la utilidad, tampoco es medible el sacrificio soportado después de la recaudación porque "es absolutamente imposible emitir una opinión sensata sobre la utilidad en sentido económico del sujeto".

I.5. Principio de legalidad tributaria. Formulación y fundamento.

Después del análisis de los criterios sustantivos sobre el reparto de la carga tributaria, pasamos al estudio de las reglas formales para el establecimiento de los tributos.

---

15 Víctor, UCKMAR, *op. cit.,* p. 70.

La primera de estas reglas sobre la producción normativa en materia tributaria es la del principio de legalidad tributaria, que aparece como la clave de bóveda del edificio de fuentes del Derecho en este ámbito. Según dicho principio, es necesaria una ley formal para el establecimiento de tributos. Se habla en este sentido, de reserva de ley, aunque a nuestro criterio preferimos la denominación del principio de legalidad, que consideramos más ajustada que la indicada de reserva de ley, originada históricamente en un ambiente político-constitucional distinto del actualmente vigente y en el resto de los sistemas constitucionales modernos. No obstante, en el lenguaje actual ambas expresiones se utilizan como sinónimos.

El principio de legalidad tributaria se encuentra establecido en el artículo 158-I numeral 23 de la Constitución de 2009, cuando constituye como atribución de la Asamblea Legislativa Plurinacional que: "A iniciativa del Órgano Ejecutivo, crear o modificar impuestos de competencia del nivel central del Estado Sin embargo, la Asamblea Legislativa Plurinacional a pedido de uno de sus miembros, podrá requerir al órgano ejecutivo la presentación de proyectos sobre la materia. Si el Órgano Ejecutivo, en el término de veinte días no presenta el proyecto solicitado, o la justificación para no hacerlo, el representante que lo requirió u otro, podrá presentar el suyo para su consideración y aprobación"[16].

Se trata de una norma que se encuentra en el nacimiento del régimen constitucional y que es esencial en el esquema de separación de órganos de poder. En cuanto a su fundamento, tradicionalmente se ha identificado en este principio la exigencia de autoimposición o consentimiento del impuesto a través de la representación de los contribuyentes y como bien señala el profesor Eusebio González García con una vinculación entre principio de legalidad y de seguridad jurídica, que da contenido a este último[17].

Aparte de su significado político en el esquema constitucional de división de poderes, esta exigencia de autoimposición se ha ligado mucho tiempo a la garantía estrictamente individual frente a las intromisiones arbitrarias en la esfera de libertad y propiedad del ciudadano. Dentro del conjunto de valores del Estado Social y Democrático de Derecho de nuestra Constitución, es necesario, sin embargo, reconocer al principio de legalidad tributaria un significado o fundamentación plural.

Por un lado, ciertamente, la función de garantía individual a que hemos hecho referencia. Pero junto a este carácter garantista estrictamente individual, el principio de legalidad debe ser visto también e incluso de manera prevalente o principal como una institución al servicio de un interés colectivo: el de asegurar la democracia en el procedimiento de imposición o establecimiento de las vías de reparto de la carga tributaria. Lo que ha querido el constituyente es que el juicio sobre el reparto de la carga tributaria sea establecido por el órgano que, dada su composición y funcionamiento, mejor asegura la composición de intereses contrapuestos en el mencionado reparto.

El principio de legalidad puede conectarse también con el de seguridad jurídica o certeza de Derecho. En la doctrina clásica Adam Smith se había advertido tradicionalmente la existencia de este postulado de la imposición, que exige que el contribuyente pueda conocer con suficiente precisión el alcance de sus obligaciones fiscales. Desde el punto de vista jurídico, puede considerarse que esta exigencia se halla incorporada en parte en el principio de legalidad.

---

16   Bolivia, Constitución Política del Estado, *Gaceta Oficial*, 2009, p. 60.

17   Eusebio, GONZÁLEZ GARCÍA, *El principio de seguridad jurídica y la Codificación Tributaria, en la obra colectiva de Principios constitucionales tributarios*, Universidad Autónoma de Sinaloa, Culiacán, Sinaloa, 1993, p. 28.

Finalmente podemos decir que el principio de legalidad tributaria tiene una fundamentación no unívoca sino plural, dentro de las exigencias o razones que abonan dicho principio, sobresale a nuestro juicio, la que hemos mencionado en segundo lugar, es decir, la relativa a la garantía de democracia en el procedimiento de establecimiento de los tributos.

I.5.1. Ámbito material del principio de legalidad.

En relación con la determinación del ámbito del principio de legalidad tributaria es necesario responder a dos diferentes cuestiones: a) cuáles son las prestaciones que se encuentran amparadas por la garantía del principio de legalidad; b) cuáles son los elementos de la prestación que deben ser regulados sobre la base de dicho principio.

En cuanto a la primera de las cuestiones, el texto constitucional ha seguido un criterio de máxima amplitud, empleando en lugar del término tributo, el de contribuciones de cualquier clase o naturaleza.

Así pues, dejando de lado las prestaciones personales, quedan dentro el principio de legalidad las prestaciones patrimoniales públicas establecidas, es decir, impuestas de manera unilateral, sin concurso de la voluntad del obligado. Dichas prestaciones patrimoniales públicas vienen a coincidir *grosso modo* con el concepto de tributo al que hemos aludido anteriormente. En el bien entendido de que dicho concepto cubre, no solamente los tributos en sentido técnico o estricto, sometidos a la normal legislación tributaria, sino también otras prestaciones que, siendo sustancialmente tributarias, escapan a la normativa típica de los tributos.

Pero más allá de los tributos, cabría entender que la intervención del órgano legislativo es requerida incluso en relación con ciertos supuestos como las tarifas de contratos de adhesión relativos a servicios públicos esenciales, incluso cuando éstos sean prestados en régimen de Derecho privado y por entidades no públicas. En parecidos términos se ha planteado la cuestión en nuestro país, en relación con los precios públicos.

I.5.2. Elementos del tributo cubiertos por el principio de legalidad.

La segunda de las cuestiones, con relación al contenido del principio de legalidad tributaria, es la concerniente a los elementos de la disciplina del tributo que requieren la intervención del legislativo.

Como primera respuesta a esta cuestión podemos decir que el principio de legalidad cubre la regulación de los elementos esenciales del tributo. Por establecimiento de la prestación hay que entender, no simplemente su creación, sino también la determinación de sus elementos esenciales.

Ahora bien, ¿Cuáles son estos elementos esenciales o configuradores del tributo? De manera sintética, podemos responder diciendo que se deben entender comprendidos, en todo caso los elementos determinantes de la identidad de la prestación, así como los relativos a su entidad o cuantificación. La Ley debe regular en qué supuestos se origina el deber de pagar un tributo *(hecho imponible)*, quién está obligado a pagarlo *(sujetos pasivos)*, cuanto hay que pagar *(base, tipo, cuota)*. Existe aún algún elemento que debe considerarse esencial como es el relativo a los plazos de prescripción.

Aparte de estos elementos, como cláusula general, debemos señalar que la intervención de la ley es necesaria en relación con todos aquellos puntos de la disciplina del tributo que afectan a lo que podríamos llamar el estatuto del contribuyente, donde se recojan sus derechos y garantías frente a la Hacienda Pública, de manera especial en aquellos puntos que suponen una limitación de estos derechos, de conformidad, por otra parte, con el principio general de legalidad de la actividad administrativa.

No quedan, en cambio, comprendidos dentro de la garantía del principio de legalidad tributaria aquellos aspectos de la regulación relativos a elementos procedimentales o formales propios de la ejecución de la ley: lugar del pago, plazos, etc., los cuales forman el ámbito típico de la normativa reglamentaria.

Una cuestión que también es necesario tratar es la relativa a las exenciones, o más en general, a los beneficios fiscales. ¿Queda su establecimiento reservado a la ley o puede, sin más, ser remitido a la normativa reglamentaria? La respuesta, es claramente positiva en el primero de los sentidos, siguiendo los razonamientos que hemos desarrollado anteriormente acerca del fundamento del principio. Sin entrar en mayores averiguaciones, hemos de decir, por otra parte, que nuestra Constitución resuelve de manera expresa la cuestión como atribución del Órgano Legislativo: "A iniciativa del Órgano Ejecutivo, crear o modificar impuestos de competencia del nivel central del Estado..." (art. 158-I num. 23 de la Constitución). Cabría incluso entender que el sentido de la mención expresa es reforzar el alcance de la reserva en esta materia de especial sensibilidad.

II. EL RECURSO CONTRA TRIBUTOS ILEGALES COMO GARANTÍA.

II.1. Requisitos procesales.

Es un recurso muy peculiar de la legislación boliviana, históricamente su antecedente se remonta a la Constitución de 1851[18]; sin embargo, fue consagrada como garantía en la Constitución de 1878[19], como una competencia del Poder Judicial, y posteriormente en la reforma de la Constitución de 1994[20],fue trasladada como una competencia exclusiva del Tribunal Constitucional boliviano y en la actualidad se encuentra materializado en el nuevo texto constitucional de 7 de febrero de 2009[21], como una atribución del Tribunal Constitucional Plurinacional.

Conceptualmente el recurso contra tributos ilegales es una acción jurisdiccional extraordinaria mediante la cual el sujeto pasivo (contribuyente o tercero responsable), legitimada por ley, impugna una disposición legal que crea, modifica o suprime tributos nacionales, departamentales, regionales, autonómicos, municipales o universitarios, que pueden ser impuestos, tasas, patentes o contribuciones especiales, con la finalidad de que el Tribunal Constitucional Plurinacional proceda a la verificación formal y material de la compatibilidad o incompatibilidad de sus normas con los preceptos de la Constitución.

Este recurso se encuentra desarrollado legislativamente por los artículos 127 al 130 de la Ley 027, de 6 de julio de 2010, del Tribunal Constitucional Plurinacional. El objeto de este

---

18 Constitución de 1851, Art. 22: Ninguna Contribución puede establecerse ni recaudarse sino en cumplimiento de la Ley.

19 Constitución de 1878, Art. 14: Ningún impuesto es obligatorio sino cuando ha sido establecido por el Poder Legislativo conforme a las prescripciones de esta Constitución. Todos pueden intentar el recurso ante la autoridad judicial respectiva contra los impuestos ilegales. Los impuestos municipales son obligatorios, cuando en su creación se han observado los requisitos señalados por esta Constitución.

20 Constitución de 1994, Art. 120, núm. 4ª: Los recursos contra tributos, impuestos, tasas, patentes, derechos o contribuciones creados, modificados o suprimidos en contravención a lo dispuesto por esta Constitución.

21 Constitución de 2009, Art. 202, núm. 4: Son atribuciones del Tribunal Constitucional Plurinacional, además de las establecidas en la Constitución y la ley, conocer y resolver: ...4. Los recursos contra tributos, impuestos, tasas, patentes, derechos o contribuciones, creados, modificados o suprimidos en contravención a lo dispuesto en esta Constitución.

recurso conforme al artículo 127 de la Ley 027, del Tribunal Constitucional Plurinacional, es que proceda contra toda disposición legal que cree, modifique o suprima un tributo, impuesto, tasa, patente, derecho o contribución, de cualquier clase o naturaleza, que hubiere sido establecida sin observar la Constitución Política del Estado.

En este sentido, este recurso cuestiona la disposición legal que crea, modifica o suprime un tributo, porque en su formación o contenido material contradice o vulnera los principios constitucionales formales de legalidad o reserva de ley; o materiales de capacidad contributiva, generalidad, igualdad, proporcionalidad, progresividad y no confiscatoriedad plasmados en la Constitución.

Esto significa que la disposición legal impugnada puede presentar una incompatibilidad formal en aquellos casos en que ha sido aprobada sin cumplir con el procedimiento establecido para tal efecto en la Constitución o por una autoridad pública que no tiene competencia para crear, modificar o suprimir tributos. Asimismo, puede presentar una incompatibilidad material, debido a que no se enmarca en los preceptos constitucionales tributarios.

II.2 La iniciación del proceso contra tributos ilegales.

La procedencia del recurso no está condicionada a la existencia previa de proceso o trámite administrativo alguno, por lo que la persona legitimada puede plantearlo aún antes de que disponga el pago del tributo, es decir antes de que se aplique la disposición legal para hacerla efectiva. En consecuencia, puede proceder en los casos en que ya se esté aplicando la disposición legal, o prescindiendo de la existencia de un conflicto de intereses concretos, lo que significa que la persona legitimada puede plantear este recurso cuando exista una discrepancia de compatibilidad formal o material abstracta entre la disposición legal que crea, modifica o suprime un tributo con principios de la Constitución.

La Constitución ni la Ley 027, del Tribunal Constitucional Plurinacional, no establecen la prescripción o caducidad de la acción por el transcurso del tiempo, lo que significa que este recurso puede ser planteado en cualquier momento, cuando la persona legitimada considere que la disposición legal vulnera principios formales o materiales tributarios plasmados en la Constitución.

De acuerdo con lo dispuesto por el artículo 128 de la Ley 027, del Tribunal Constitucional Plurinacional, tienen legitimación activa para presentar este recurso el o los sujetos pasivos del tributo, en su condición de contribuyentes o terceros responsables, siendo éstos quienes conforme a ley están obligados a pagar el tributo respectivo, no así las autoridades públicas beneficiarias de los tributos.

Asimismo, el citado artículo 128 de la Ley 027, del Tribunal Constitucional Plurinacional, instituye la legitimación pasiva contra la autoridad que los haya creado modificado o suprimido, acompañando la disposición legal que así lo disponga; o en su caso, solicitando se conmine a la autoridad recurrida para que la presente.

En consideración al carácter extraordinario que tiene el recurso contra tributos ilegales, la Ley 027, del Tribunal Constitucional Plurinacional, establece un procedimiento expedito y corto, porque prescinde de instancias procesales del procedimiento ordinario como son los incidentes o excepciones previas, acciones reconvencionales o plazos de presentación de pruebas, ello se debe a que el recurso no tiene por finalidad dilucidar hechos subjetivos controvertidos sino la verificación objetiva de la compatibilidad o incompatibilidad de la disposición legal impugnada con el contenido de la Constitución.

II.3 Desarrollo del proceso contra tributos ilegales.

La doctrina ha calificado a las funciones o competencias del Tribunal Constitucional, distinguiendo entre aquéllas de carácter prevalentemente garantista y las que tienen naturaleza arbitral[22]. Al respecto, el Tribunal Constitucional boliviano, en los fundamentos de la SC 0076/2005, de 13 de octubre, ha expresado que "...la competencia por la Constitución Política del Estado al Tribunal Constitucional, abarca tres ámbitos, a saber: a) el control normativo de constitucionalidad; b) el control del ejercicio del poder público; y c) la tutela o protección de derechos fundamentales"[23].

En la legislación nacional, el artículo 129 de la Ley 027, del Tribunal Constitucional Plurinacional, dispone que la Comisión de Admisión, previo cumplimiento de los requisitos señalados y previstos en la presente Ley, admitirá o rechazará el Recurso. En este sentido, al ser el Recurso contra Tributos Ilegales una competencia de control normativo, nos remite al contenido del artículo 105 de la referida Ley[24], con los siguientes requisitos:

1. Acreditar personalidad jurídica para los casos en los que el sujeto legitimado sea una persona jurídica o, siendo persona natural, formule el recurso mediante un apoderado. A este efecto, deberá acompañar al recurso los respectivos documentos que acrediten dicha personalidad jurídica.

2. Acompañar la disposición legal que se impugna así como la resolución u ordenanza que disponga la aplicación del tributo, pudiendo solicitar, en su caso, se conmine a la autoridad recurrida para que la presente.

3. Fundamentar y precisar la norma constitucional que se entiende infringida.

El recurso debe ser planteado en forma escrita con el siguiente contenido básico: 1. Dirigido al Tribunal Constitucional; 2. La suma del recurso; 3. El nombre y generales de ley del o los recurrentes; 4. El nombre y generales de ley del recurrido; 5. La fundamentación de hecho, es decir la relación de los antecedentes identificando la disposición legal que se impugna, las normas objeto de la impugnación; 6. La fundamentación de derecho, señalando con precisión el o los artículos de la Constitución que se consideran infringidos, los motivos por los que se cree que se ocasiona la infracción, es decir, las zonas de la incompatibilidad de la disposición impugnada con las normas de la Constitución; 7. El petitorio en términos claros y precisos.

Una condición básica de admisión de todo recurso que forma parte del control de leyes o normas con rango de ley, es la formulación de lo que en doctrina se conoce como el cargo de inconstitucionalidad; lo que significa que el recurrente tiene la obligación de identificar e indicar los principios constitucionales tributarios formales o materiales de la Constitución que considera habrían sido vulnerados o infringidos por la disposición legal impugnada, además de expresar con claridad los motivos o razones por los que estima que se produce esta situación.

Cumpliendo con los requisitos señalados, el recurrente podrá presentar el recurso en Secretaría del Tribunal Constitucional Plurinacional en forma personal, o mediante fax o carta certificada.

Presentado el recurso contra tributos ilegales, la Comisión de Admisión del Tribunal Constitucional asume conocimiento del mismo y en un plazo no mayor a los diez (10) días

---

22 Vease A. Pizzorusso, *I sistema di giustizia costituzionale: dai modelli alla prassi, Quaderni Constituzionali,* n. 3, 1982, pp. 521-535. Esta clasificación ha sido utilizada también por Pable Pérez Tremps, *Tribunal Constitucional y Poder Judicial, op. cit,* p. 35.

23 SC 0076/2005, de 13 de octubre, todo el contenido de la sentencia del TC puede verse en la página web URL www.tc.gov.bo.

24 Art. 105, LTC: (REQUISITOS DE ADMISIÓN). Presentada la acción, la Comisión de Admisión verificará que se hubiere: 1. Acreditado la personería de la autoridad accionante y, en su caso, el poder suficiente de representación, y 2. Precisado la norma constitucional que se entiende infringida.

siguientes, previa revisión de antecedentes, dicta el Auto Constitucional respectivo admitiéndolo, disponiendo se subsanen defectos de forma o rechazando.

La Comisión de Admisión, dispondrá se subsanen los defectos de forma, en aquellos casos en los que el recurrente no cumpla con los requisitos de forma y contenido de los recursos.

Si el recurso cumple con todos los requisitos formales, la Comisión de Admisión admite el recurso, en cuyo caso corre traslado a la autoridad recurrida, para que responda en el plazo de quince (15) días computables desde la citación legal, para ese efecto, se dispondrá se libre la provisión citatoria, mediante despacho instruido.

La Comisión de Admisión rechazará el recurso, por votación unánime de sus miembros, en los casos en los que el recurso carezca en absoluto de contenido jurídico-constitucional que justifique una decisión sobre el fondo, por ejemplo que el recurrente formule el recurso impugnando la liquidación de un impuesto por considerar que la multa y los intereses son excesivos, en ese caso el recurso carece de fundamento jurídico constitucional, porque este recurso no es para impugnar el tributo propiamente dicho sino la disposición legal que crea, modifica o suprime. También será rechazado cuando el Tribunal hubiese desestimado antes, en el fondo, un recurso de naturaleza y objeto sustancialmente análogos.

Contra el auto de rechazo, el recurrente tiene el derecho de interponer recurso de reposición que deberá hacerlo en el plazo de los tres (3) días siguientes a la notificación con el auto de rechazo. El recurso de reposición será conocido y resuelto por la misma Comisión de Admisión en el plazo de tres (3) días siguientes a su presentación.

Una vez admitido el recurso se libra la provisión citatoria mediante despacho instruido, salvo que la autoridad recurrida tenga su domicilio en la ciudad de Sucre. La citación al recurrido debe efectuarse en forma personal, para el caso de que la autoridad recurrida no pudiera ser habida, se procederá a su citación por cédula en la oficina.

La autoridad recurrida contestará al recurso en forma escrita cumpliendo requisitos. Se entiende que la autoridad recurrida alegará a favor de la disposición impugnada, expresando los fundamentos legales y constitucionales del caso para demostrar la compatibilidad de la misma con las normas de la Constitución y desestimar los argumentos de la parte recurrente, es decir, explicará los motivos y razones por los cuales se aprobó la disposición legal impugnada así como el objetivo, los fines y el alcance que ésta tiene. Es decir, expresando los motivos que a su juicio desvirtúan los fundamentos expuestos en el recurso.

La contestación se pondrá en conocimiento del recurrente mediante notificación en el tablero de la Unidad de Notificaciones del Tribunal Constitucional.

Vencido el plazo de los quince (15) días, con la contestación del recurrido o sin ella, la Comisión de Admisión, dispondrá que el personal de abogados asistentes elaboren el informe jurídico correspondiente dentro de los plazos establecidos legalmente, que en ningún caso excederá de los cinco (5) días. Podrá también, en caso necesario, disponer la remisión de documentos, informes, expedientes relacionados con la disposición legal impugnada o con el procedimiento de su aprobación, máxime si se tiene en cuenta que el recurso se dirige contra la autoridad que la aplica o pretende aplicarla y no se pone en conocimiento del órgano que la emitió por lo que, el Tribunal no tendrá la versión de dicho órgano. Asimismo, puede requerir dictámenes o informes de expertos especializados en aspectos vinculados al tema debatido en el recurso, por ejemplo, en materia tributaria, económica o financiera, en cuyo caso además fijará el plazo en el que deberán ser enviados los documentos o dictámenes.

Cumplidos los trámites previos antes referidos, la Comisión de Admisión procederá al sorteo del expediente entre los magistrados del Tribunal Constitucional para designar al Magistrado Relator quién elaborará el proyecto de sentencia que será puesto a consideración del Pleno.

II.4 Terminación del proceso contra tributos ilegales. La sentencia.

En el plazo de treinta días siguientes al sorteo del expediente, el Tribunal Constitucional dictará la sentencia correspondiente. A ese efecto, el artículo 130 de la Ley 027, del Tribunal Constitucional Plurinacional[25], establece una formula cerrada que deberá aplicar el Tribunal, la sentencia deberá declarar:

1. *La aplicabilidad de la norma legal impugnada, con costas al recurrente.* Lo que significa que el Tribunal habrá establecido la inexistencia de la supuesta contradicción o vulneración de las normas de la Constitución por la disposición legal impugnada, por lo tanto su constitucionalidad.

2. *La inaplicabilidad de la norma legal con efecto general.* Lo que significa que el Tribunal habrá establecido la existencia de incompatibilidad de la disposición legal con la Constitución, es decir, la existencia de una contradicción o vulneración de las normas constitucionales originadas en el procedimiento de elaboración formal de la disposición legal o en su contenido material.

La fórmula descrita precedentemente, regulada por la Ley del Tribunal Constitucional Plurinacional, recuperando la esencia y naturaleza del sistema de control concentrado o europeo de constitucionalidad adoptado por Bolivia, aunque se reproduce los elementos propios del sistema de control difuso o norteamericano. Esta afirmación se justifica porque el legislador estableció un efecto *erga omnes* de la sentencia o con efecto general de las sentencias de Tribunal Constitucional Plurinacional.

Es así que, el artículo 130-2 de la Ley 027, del Tribunal Constitucional Plurinacional[26] en armonía con lo establecido por el artículo 203 de la Constitución[27], establece el efecto *vinculante y obligatorio* para el caso de que el Tribunal establezca la incompatibilidad de la disposición legal impugnada con las normas constitucionales, no otra cosa significa que la sentencia tenga que declarar su inaplicabilidad.

En consecuencia, el Tribunal Constitucional, al dictar sus sentencias no está sujeto a una fórmula cerrada de una simple declaración de constitucionalidad o inconstitucionalidad de la disposición legal impugnada como en el caso que analizamos, de aplicabilidad o inaplicabilidad, sino que tiene la facultad de modular las sentencias tanto respecto a su contenido como a sus efectos, de manera que tiene una variedad de posibilidades en el marco del principio de conservación de la norma. Así podrá dictar sentencias interpretativas, sentencias exhortativas, sentencias aditivas o integradoras, con efecto diferido o efecto retroactivo, conforme corresponda, y según los casos que se presenten.

Resulta entonces que la Ley 027, del Tribunal Constitucional Plurinacional ha mejorado de sobremanera el contenido de la abrogada la Ley 1836, del Tribunal Constitucional, estableciendo una fórmula razonable para las sentencias que debe dictar el Tribunal Constitucional Plurinacional al resolver este tipo de recursos, porque esa fórmula se ajusta a los principios generales reguladores del sistema de control de constitucionalidad concentrado o europeo.

---

25 TSJ-SE, 22/1/2003, SANTOS AMARAL, Desiré, VIVAS, Ramón Darío y SALAMATH KAHN, José.

26 Art. 130, LTCP: (SENTENCIA Y EFECTOS) La sentencia declarará: 1. La aplicabilidad de la norma legal impugnada, con costas al recurrente; 2. La inaplicabilidad de la norma legal impugnada con efecto general; 3. Además deberá declarar la abrogación o derogación de la norma tributaria en caso de ser contraria a la Constitución Política del Estado.

27 Constitución de 2009, Art. 203: Las decisiones y sentencias del Tribunal Constitucional Plurinacional son de carácter vinculante y de cumplimiento obligatorio, y contra ellas no cabe recurso ordinario ulterior alguno.

CONCLUSIONES.

PRIMERA. (PRINCIPIO DE CAPACIDAD ECONÓMICA).

La capacidad económica no solo es muy importante en materia tributaria, sino que además es el principio nuclear de todo el Derecho Tributario, al ser también un criterio inspirador de los gastos públicos. El mencionado principio es el fundamento que sirve para caracterizar a los tributos y diferenciarlos del resto de los ingresos públicos.

SEGUNDA. (PRINCIPIO DE IGUALDAD).

El principio de igualdad en materia tributaria se encuentra conectado con el principio de capacidad económica, en el sentido de que éste es el criterio o dato desde el que se va a demandar el trato general en igualdad de todos los iguales. El principio de igualdad se verifica o cumple en definitiva mediante la utilización del sistema tributario como instrumento para conseguir el logro de objetivos de política económica y social previstos en la Constitución.

TERCERA. (PRINCIPIO DE UNIVERSALIDAD).

El principio de universalidad supone la ausencia de privilegios y discriminaciones en materia tributaria, ya que en principio la carga tributaria afecta a todos los que tengan o manifiesten la capacidad económica sujeta a cada tributo. Es decir, que la concesión de beneficios tributarios puede estar materialmente justificada y ser constitucionalmente legítima, siempre que la misma sea un expediente para la consecución de objetivos que gozan de respaldo constitucional.

CUARTA. (PRINCIPIO DE PROGRESIVIDAD).

Este principio de progresividad afecta al conjunto del sistema tributario, pero no a cada una de sus figuras tributarias individualmente consideradas, ya que algunas figuras del sistema tributario pueden no tener carácter progresivo. La verificación y cumplimiento de este principio debe hacerse sobre todo a través de la regulación de los impuestos sobre la renta y sobre el patrimonio de las personas físicas, incluido el impuesto sobre las sucesiones y donaciones.

QUINTA. (PRINCIPIO DE LEGALIDAD).

El principio de legalidad en materia tributaria supone que las decisiones sobre ingresos y gastos públicos, dada su relevancia para el ciudadano, deben ser reguladas por las normas jurídicas de mayor rango jerárquico y emanadas del Órgano Legislativo, que es la máxima representación de los ciudadanos. Para la verificación de este principio resulta conveniente diferenciar entre la materia de los ingresos públicos tributarios y la de los gastos públicos.

SEXTA. (RECURSO CONTRA TRIBUTOS ILEGALES).

Este recurso extraordinario que forma parte del control normativo de carácter correctivo o a posteriori, para que cualquier persona legitimada por ley impugne una disposición legal que cree, modifique o suprima tributos, con la finalidad de que el órgano competente del control de constitucionalidad proceda a la verificación de la compatibilidad o incompatibilidad de sus normas con la Constitución.

Es un recurso previsto de manera específica y absoluta en la Constitución del Estado Plurinacional de Bolivia a diferencia de constituciones comparadas y se justifica su existencia como una vía de acción separada del Recurso Directo o Abstracto de Inconstitucionalidad, por la legitimación activa amplia, que permite a cualquier persona jurídica o natural que sea sujeto pasivo del tributo, en cualquiera de sus formas, a impugnar directamente la disposición legal dirigiendo la acción contra la autoridad pública que aplique o pretenda aplicarla.

BIBLIOGRAFÍA:

BOLIVIA, CONSTITUCIÓN POLÍTICA DEL ESTADO; STEFAN Jost y otros, Editorial: Fundación Konrad Adenauer, La Paz, 1998.

ENCICLOPEDIA JURÍDICA OMEBA, Ed. Driskill S.A., Buenos Aires, 1986, Tomo XVII.

FERREIRO LAPATZA José Juan, *Curso de Derecho Financiero Español*, Madrid, Marcial Pons, 2006.

GONZÁLEZ GARCÍA Eusebio, *El principio de seguridad jurídica y la codificación tributaria, en la obra colectiva Principios constitucionales tributarios*, Sinaloa, Universidad Autónoma de Sinaloa, 1993.

JARACH Dino, *Finanzas Públicas y Derecho Tributario*, Buenos Aires, Abeledo-Perrot, 1996.

SPISSO, Rodolfo R., Derecho Constitucional Tributario, Depalma, Bs. Aires 1991.

OSSORIO, Manuel, *Diccionario de Ciencias Jurídicas, Políticas y Sociales*, Ed. Heliasta, Buenos Aires, 1992.

PÉREZ ROYO, Fernando, *Derecho Financiero y Tributario*, 10 ma. Ed. Civitas, Madrid, 2000.

SÁNCHEZ GALIANA, José Antonio, *Manual de Derecho Tributario*, Primera Ed. Comares/Dodeca, Madrid, 2000.

MENÉNDEZ MORENO, Alejandro, *Derecho Financiero y Tributario*, 1.a Ed. Lex Nova S. A., Valladolid, 2000.

QUERALT, Juan Martín y otros, *Derecho Tributario*, 5 ta. Ed., Aranzadi, Navarra, 2000.

VALDÉS COSTA, Ramón, Instituciones de Derecho Tributario, 1.a Ed., Depalma, noviembre de 1996.

UCKMAR, Víctor, *Principios Comunes del Derecho Constitucional Tributario*, 3.a Ed. Temis, Bogotá, 2001.

§ 9. APUNTES PARA LA SEPARACIÓN DEL INTERÉS GENERAL Y EL INTERÉS RECAUDATORIO

Miguel Pezzutti [*]

1. EL INTERÉS GENERAL EN EL DERECHO URUGUAYO

1.1. Positividad

La Constitución de la República refiere al interés general en los artículos 7[1], 28[2], 32[3], 36[4], 47[5] y 300[6], por lo que constituye una categoría expresamente consagrada y jurídicamente relevante en la hermenéutica constitucional.

No se trata de una mera creación dogmática, sino de una figura de estricta positividad y con ello, emerge la necesaria definición de sus contornos conceptuales y operativos.

Podría compartirse, y de hecho es ampliamente difundida la afirmación de GUILLERMO A. MUÑOZ (2008)[7] respecto de que el interés general es un concepto tan difícil de definir

---

[*] Profesor adjunto de Derecho Administrativo (Facultad de Derecho, UDELAR); Profesor en la Maestría de Derecho Administrativo Económico (Universidad de Montevideo); Profesor en la Maestría en Derecho y Técnica Tributaria (Universidad de Montevideo); miembro del Foro Iberoamericano de Derecho Administrativo.

[1] Artículo 7º.- Los habitantes de la República tienen derecho a ser protegidos en el goce de su vida, honor, libertad, seguridad, trabajo y propiedad. Nadie puede ser privado de estos derechos sino conforme a las leyes que se establecieren por razones de interés general.

[2] Artículo 28.- Los papeles de los particulares y su correspondencia epistolar, telegráfica o de cualquier otra especie, son inviolables, y nunca podrá hacerse su registro, examen o interceptación sino conforme a las leyes que se establecieren por razones de interés general.

[3] Artículo 32.- La propiedad es un derecho inviolable, pero sujeto a lo que dispongan las leyes que se establecieren por razones de interés general. Nadie podrá ser privado de su derecho de propiedad sino en los casos de necesidad o utilidad públicas establecidos por una ley y recibiendo siempre del Tesoro Nacional una justa y previa compensación. Cuando se declare la expropiación por causa de necesidad o utilidad públicas, se indemnizará a los propietarios por los daños y perjuicios que sufrieren en razón de la duración del procedimiento expropiatorio, se consume o no la expropiación; incluso los que deriven de las variaciones en el valor de la moneda.

[4] Art. 36.- Toda persona puede dedicarse al trabajo, cultivo, industria, comercio, profesión o cualquier otra actividad lícita, salvo las limitaciones de interés general que establezcan las leyes.

[5] Art. 47.- La protección del medio ambiente es de interés general. Las personas deberán abstenerse de cualquier acto que cause depredación, destrucción o contaminación graves al medio ambiente. La ley reglamentará esta disposición y podrá prever sanciones para los transgresores.

1) b) "...la gestión sustentable, solidaria con las generaciones futuras, de los recursos hídricos y la preservación del ciclo hidrológico que constituyen asuntos de interés general"

2) Las aguas superficiales, así como las subterráneas, con excepción de las pluviales, integradas en el ciclo hidrológico, constituyen un recurso unitario, subordinado al interés general, que forma parte del dominio público estatal, como dominio público hidráulico

[6] Art. 300.- El Poder Ejecutivo podrá apelar ante la Cámara de Representantes dentro de los quince días de publicados en el Diario Oficial, fundándose en razones de interés general, los decretos de los Gobiernos Departamentales que crean o modifican impuestos. Esta apelación tendrá efecto suspensivo.

[7] MUÑOZ, Guillermo A. "El interés público es como el amor". separata de las XXXIV Jornadas Nacionales y IV Congreso Internacional de Derecho Administrativo, Asociación Argentina de Derecho Administrativo, Santa Fe, p. 17.

que probablemente existan tantas definiciones como arriesgados opinantes que emprendan la tarea, razón por la cual era quizás procedente renunciar a ese desafío.

Decía en la que a la postre resultó su última y magistral conferencia, que el tema nos coloca frente a un dilema porque todos hablamos del interés público y se trata de un término rebelde a la definición. Recordaba la expresión de Nieto, al decir que se trata de un concepto de vale más por lo que evoca que por lo que significa.

Pero reconoce que la renuncia a una definición no determina que sea posible encontrar una operatividad. Y afirmaba que era como el amor, ya que todos nos animamos a afirmar que conoce lo que es, y sin embargo, si se lo quiere definir, es como si desapareciera. Entonces, decía, es mejor no definirlo.

Para esta corriente, el interés general es –parafraseando a MAURER (2011)- descriptible pero no definible[8] porque, como bien enseñó BRITO (2004), la dificultad de definición no implica imposibilidad de delimitación. Decía *"su noción nos introduce por un lado en el campo de un concepto jurídico indeterminado, no precisamente vago, impreciso o indefinido"*, ya que su ocurrencia habrá de ser constatada en el punto de aplicación concreta mediante una apreciación binaria –se verifica o no-[9]

Algunos autores incorporan una dificultad adicional que nos obliga a definir los contornos de este análisis, mediante la distinción del interés público y el interés general.[10]

DURAN MARTINEZ (2010) plantea los distingue cuando afirma que *"el interés público se relaciona con nuestra dimensión social en el aspecto que conlleva lo político pero también, aun sin conllevar lo político, trasciende de lo meramente privado al ocupar un espacio que necesariamente es genéricamente compartido por requerirlo el adecuado desarrollo de la personalidad. La relación con la Divinidad pertenece al plano íntimo de cada uno por lo que es de interés privado. Pero la exteriorización de determinados aspectos del culto exige un espacio público, por lo que ello es de interés público. Interés privado e interés público operan en espacios distintos y, aunque por momentos tengan contornos difusos, no se confunden pero tampoco se contradicen pues se relacionan con las diversas dimensiones de la naturaleza humana que, como se ha visto, son inescindibles. Precisamente, esa unidad de la*

---

8   Citado por MAURER, Harmut. *Derecho Administrativo*. Parte General. Marcial Pons, 2011, Madrid. p. 50.

9   BRITO, Mariano (2004). Interés público y principio de Legalidad, en "Derecho Administrativo, SU PER-MANENCIA-CONTEMPORANEIDAD-PROSPECTIVA". Universidad de Montevideo. 2004, p. 266.

10   VILLAR EZCURRA (1999), José Luis; *"Derecho Administrativo Especial"*. *Administración Pública y Actividad de los Particulares"*, ed. Civitas, Madrid, 1999, p. 23. Sostiene *"Finalmente cabe advertir que las mayores disputas doctrinales al abordar el problema de la actuación administrativa son debidas al hecho de que se trata de algo íntimamente relacionado con la forma de entender la relación entre el Estado (o más genéricamente, los poderes públicos) y la sociedad civil. Una relación que suele plantearse en términos de oposición dialéctica como si el uno y la otra representasen intereses contrapuestos que necesariamente tienden a colisionar. Sin entrar ahora en semejante polémica –que más bien atañe a la ciencia política o a la sociología del poder- sí cabe insistir nuevamente en la posición vicarial de la Administración Pública y en lo que ello representa. La administración no solo tiene poder, o mejor dicho, si lo tiene es porque representa un interés jurídicamente superior y prevalente al interés privado de los particulares. Ese interés puede ser expresado de dos formas diferentes que, a su vez, representan dos modos de concebir la relación Estado-Sociedad. De un lado como "interés público" que se concibe, en si, como algo diferente de la mera suma de intereses privados y cuya determinación se deja, en algunos casos, a la propia Administración (aunque en otros, es directamente definido por el propio legislador). De otro, como el "interés general" que viene a ser la suma o mejor, la resultante del conjunto de los intereses privados dando lugar con ello a una relación de cooperación entre el poder público y la sociedad (que es el modo anglosajón de concebir el poder) alejado de la "raison D'etat" a que conduce, en el limite, el concepto de interés público. Curiosamente nuestra constitución acoge la expresión interés general para hacer referencia a la finalidad que debe presidir toda actuación de la Administración Pública, lo cual debería hacernos reflexionar acerca de este punto. Bueno sería dejar de considerar La Administración como ese enemigo agazapado tras la excusa del interés superior pero mejor aún que la propia Administración actúe conforme al interés general dejando de considerar a los ciudadanos como simples "Administrados" en expresión poco afortunada que aún sigue utilizándose)"*.

naturaleza humana se contempla con el interés general que incluye al interés privado y al interés público.

Es de interés general la adecuada satisfacción del interés privado y del interés público, lo que se logra con la creación de la situación de hecho necesaria para el desarrollo de la persona humana. Dicho en otras palabras, es de interés general la configuración del bien común." [11]

Véase, sin embargo, que no se sigue de esta distinción una cuestión que afecte el alcance del giro empleado por la Constitución Uruguaya. En efecto, ella no habla de interés público sino de interés general por lo que los conceptos, a estos fines, pueden ser empleados como sinónimos. Adhiero con ello a la posición que hace no mucho ha manifestado CAJARVI-LLE PELUFFO (2013)[12].

Repárese en la circunstancia de que mientras que la Constitución habla de interés general, no utiliza en pasaje alguno el adjetivo de público para el interés que persigue el Estado. Habla en su caso de "empleos", "cargos" o "fondos" *públicos*, o bien de "orden *público*", pero en ningún caso refiere al mentado *interés público*.

La distinción dogmática, sin embargo, procede cuando se trata de efectuar una distinción relevante entre un llamado interés público primario y secundario. Ella refiere, según resume BANDEIRA DE MELLO (2009), a la existencia de un interés propio de las estructuras estatales, es decir, del Estado personificado. En mi opinión, esta distinción es reveladora de sus propias dificultades; la doctrina italiana de segunda mitad de siglo XX, al tiempo que la reconocía estaba forzada a decir que en realidad el interés secundario sólo puede ser buscado cuando coincide con el interés primario o interés público propiamente dicho[13].

Sin embargo, prefiero asumir que, en la positividad jurídica del ordenamiento uruguayo, la distinción entre interés genera e interés público no es relevante, sino más bien nociva por cuanto abre un campo de distinción cuyas consecuencias probablemente nos conduzcan a una mayor confusión en un tema central en la dogmática del Derecho Administrativo. Y luego, claro está, que la distinción desde la dogmática no es ni de cerca un axioma. Como bien señaló MEILAN GIL en su hora, la distinción no es relevante desde que no justifica ni constituye presupuesto de ninguna categoría ni consecuencia lógica necesaria.

En conclusión, el interés general se presenta como un concepto indeterminado pero determinable. Y aunque generalmente coincida con él, no es el interés del Estado. Tampoco tiene coincidencia necesaria con el interés de las mayorías o de un grupo social determinado. Es aquél en el que, por participado, todos tenemos una representación ideal de nuestra aspiración a lo justo, aun cuando en su concreta aplicación determine el sacrificio o restricción de alguno de nuestros intereses personales.

1.2. La operatividad del interés general

Aún en medio de las dificultades conceptuales, resulta clara una triple operatividad del concepto de interés general en nuestra Constitución.

---

11 Duran Martínez, Augusto. Derechos prestacionales e interés público, on line, 2010. http://www.laleyonline.com.uy/maf/app/documentVM?&src=laley&srguid=i0ad6adc6000001659c16b2aaf4a32e1f&docguid=i-EBACCFA7F7A1F8032D6316870433C276&hitguid=iEBACCFA7F7A1F8032D6316870433C276&spos=8&-epos=8&td=21&ao=i0ADFAB87B2DF0F1181B203A7028BB292&searchFrom=widget&savedSearch=false&context=7&crumb-action=append.

12 CAJARVILLE PELUFFO, Juan P. "Conceptos constitucionales definitorios de la legitimación del actor", En *Revista de Derecho Público*, N° 43, Montevideo, p. 146.

13 BANDEIRA DE MELLO, Celso A. "A noção jurídica de "interesse público"" en *Grandes Temas de Direito Administrativo*, Malheiros, São Paulo, 2009, p. 189.

En primer término, el interés general opera en un sentido teleológico. Se trata de la finalidad para la cual, siempre y en última instancia, la Administración debe actuar. Por ende, su verificación es presupuesto de validez de la actuación administrativa en tanto componente inescindible uno de sus elementos, según calificaba SAYAGUES LASO (2010)[14] o presupuestos en la terminología de CAJARVILLE (2007 b)[15]: el fin.

Luego, en segundo lugar, él es causa y razón legitimante de la actuación pública, asociada, necesariamente, al ejercicio de poderes exorbitantes[16].

Al mismo tiempo, y en un tercer sentido operativo – ahora restrictivo o negativo –, él es criterio de justificación o legitimidad para la limitación de derechos individuales previstos en la Carta o reconocidos por ella, salvo aquellos que no admitan restricción por disposición constitucional.

La Constitución, a partir de las normas que mencionamos al comienzo de este trabajo, consagra una doble condicionante para disponer la limitación o restricción en el goce de los derechos que ella reconoce: una formal, consistente en la aprobación por Ley[17] y una material, en las razones de interés general.

De este modo, el interés general es también un supuesto del legítimo ejercicio de la función legislativa, y su presencia se erige en un aspecto pasible de control de constitucionalidad de los actos legislativos[18].

No parece admisible conformarse con la carencia de definición de este concepto desde que la Constitución hace reposar en ella la justificación material de la Ley y su consecuente ajuste constitucional. De ello se sigue que, si la existencia de este interés será reclamado por la norma como supuesto material de validez, su constatación y perfilamiento en el ejercicio de la función administrativa admite también un control jurisdiccional[19]. Esta última cuestión es medular desde que como ha remarcado RODRIGUEZ ARANA (2012) recordando la jurisprudencia del Consejo de Estado francés de fin de siglo pasado, el interés general es la clave de bóveda del Derecho Público y el juez administrativo tiene el deber de garantizar su efectividad[20].

---

14 Sayagués Laso, Enrique (2010). *Tratado de Derecho Administrativo*. Tomo I, 9ª. Ed. FCU, Montevideo. 2010. p. 458.

15 Cajarville, Juan Pablo (2007 b). *Sobre Derecho Administrativo*, Tomo II, 1ª Ed, FCU, Montevideo, 2007.

16 Ver aplicaciones derivadas de este concepto en el ámbito de la creación de personas públicas no estatales en CASINELLI, Horacio (1992). "Las personas publicas no estatales y la Constitución", en *Revista de Derecho Público* N° 1, FCU, 1992, p. 16.

17 No ingresamos ahora en el debate sobre el alcance del concepto, en cuanto a si se trata de Ley formal o si se trata de actos legislativos, lo que determina la admisión de la limitación por Decretos de las Juntas Departamentales con fuerza de ley en su jurisdicción. Al respecto la Suprema Corte de Justicia ha admitido la tesis amplia (ver en *Revista de Derecho Público* N° 2, 1991, Montevideo, FCU, p. 145 con comentario de Pablo Balarini; en una postura que admite ciertas restricciones de derechos por actos legislativos departamentales se pronuncia Cajarville – Sobre Derecho Administrativo, T. I, p. 321-).

18 GORDILLO (1997) dice: "los límites que el Estado de Derecho impone son extendidos a la propia ley: se dice entonces, como ya vimos, que la propia Ley debe respetar principios superiores: es el otro principio fundamental de respeto ala Constitución por parte de las Leyes, manifestado a través del control judicial de dicha constitucionalidad". Tratado de Derecho Administrativo, T 1, Parte General, 4 edición, FDA, Buenos Aires, 1997, p. III-36.

19 En mi opinión, salvo norma constitucional en contrario –y sin perjuicio de su control de convencionalidad en el ámbito internacional- todos los supuestos de actuación administrativa están sujetos a control jurisdiccional. La definición del juez competente será obra de la propia Constitucion o, en su caso, la Ley.

20 RODRIGUEZ ARANA-MUÑOZ, Jaime. "El Interés General en el Derecho Administrativo: notas introductorias", en *"AIDA, Opera prima de Derecho Administrativo"*, *Revista de la Asociación Internacional de Derecho Administrativo*, UNAM, México, DF, 2012, p. 70.

DURAN MARTINEZ (2010) destaca la relevancia legitimante del Interés General y su operatividad frente al legislador al decir que *"El interés general es un freno al legislador en lo que refiere a la limitación o hasta privación del goce del ejercicio de derechos humanos. El artículo 7 de nuestra Constitución es muy claro al respecto"* y agrega que *"al ser el interés general un concepto jurídico indeterminado veda toda discrecionalidad en su determinación. Su concreción se verifica por una operación intelectiva y no volitiva; por tanto, si en la especie la ley dispone una limitación o privación de un derecho humano, la misma resulta inconstitucional por error en la determinación del concepto y así debe ser declarada por la Suprema Corte de Justicia. Por eso es que con acierto Guariglia estimó que las leyes limitativas de derechos humanos se presumen inconstitucionales. En efecto, su legitimidad depende de la existencia o no de las razones de interés general, y eso lo determina la Suprema Corte de Justicia con independencia de la voluntad del legislador. Es más, hasta resulta irrelevante una declaración de interés general efectuada por el legislador, ya que ella no impide el control jurisdiccional"*[21]

La circunstancia de que se trate de un concepto jurídico indeterminado no reduce su relevancia operativa, ya sea que se consideren apropiadas las más modernas tendencias doctrinarias sobre esta técnica en tanto señalan una identificación de ámbitos de certidumbre y una zona intermedia disputable[22], o en otro sentido, se adhiera a la tradicional fórmula de la certidumbre asertiva en el caso concreto[23].

1.3. Contornos conceptuales del Interés General

BRITO (2004)[24], con su habitual apelación a la mayéutica retornaba a la pregunta inicial: *"¿Qué es el interés general en el derecho uruguayo?*

Y sin ingresar a la búsqueda de una definición, señalaba algunas notas donde la presencia o involucramiento del interés general puede identificarse o percibirse:

a.   *"el interés general se define positivamente por la noción de asistencia y apoyo prestado a los habitantes y a los entes sociales menores para la realización de sus fines (el logro de sus respectivas perfecciones)."*

---

21 DURAN MARTINEZ, Augusto. Derechos prestacionales.... *cit.*

22 BANDEIRA DE MELO, Celso A (2009 b) Legalidade-Discrecionariedade- Seus limites e controle, en Grandes Temas de Direito Administrativo. *Cit.* p. 56. Afirma que los conceptos aplican a los casos concretos en una zona de certeza (positiva y negativa) solo será posible hasta un cierto punto, fuera del cual las dudas no son eliminables o el juicio administrativo habrá de prevalecer, por ser el administrador el encargado de sopesar con exclusividad las circunstancias del caso, ante la imposibilidad del juez de pretender que la intelección dada por la autoridad administrativa desbordó los límites del Derecho –reservada siempre la hipótesis de desvío de poder.

23 GARCIA DE ENTERRIA, Edurardo. "La Lucha contra las inmunidades del Poder". CIVITAS, Madrid, 1996, p. 33. Entre nosotros BRITO (2004) afirmaba: Su noción nos introduce por un lado en el campo de un concepto jurídico indeterminado, no precisamente vago, impreciso o indefinido. Entiéndese por tal aquel cuya concreción se opera en la formulación de un juicio, revelador para cada situación concreta juzgada, si se satisface o no el interés comprometido. Su noción lo aleja, pues, del campo de la discrecionalidad en tanto ésta importe "la pluralidad de soluciones justas posibles entre las que libremente puede elegir la Administración según su propia iniciativa, por no estar comprendida en la norma la solución concreta,... el concepto jurídico indeterminado (ruina, precio justo, utilidad pública, etc.) es configurado por la ley como un supuesto concreto, de tal forma que solamente se da una única solución justa en la aplicación del concepto a la circunstancia de hecho..." (Sentencia del Tribunal Supremo de España, Sala 5a., del 28/4/64, *cit.* por Fernando GARRIDO FALLA (1976). "Tratado de Derecho Administrativo", Madrid, Vol. I, 7a. Ed., p. 266).el interés general será, no ya necesariamente definible, pero si identificable, mediante notas externas relevantes."

24 BRITO, Mariano. *"Derecho Administrativo, su permanencia-contemporaneidad-prospectiva"*. Universidad de Montevideo. 2004, p. 43. También en *La Justicia Uruguaya*, Tomo 90.

b. *"El interés general es el apoyo y asistencia considerados -pero sólo tales- que el Estado presta, cuidándose el derecho uruguayo de exonerar al hombre de su protagonismo originario, así como el de las comunidades intermedias..... Por lo cual ese apoyo y asistencia es, primariamente, seguridad (función fundamental del Estado para que el hombre y su entorno se desenvuelvan exentos de todo peligro, riesgo o daño). Seguridad es la calidad de seguro referida a los derechos del hombre y sus comunidades. El interés general es seguridad."*

c. *"El interés general se define negativamente por la conducta de abstención de la acción estatal directa en cuanto hace a la libertad interior, y positivamente por el respeto de ésta y la creación del entorno protector de su intangibilidad."*

d. *"Deriva de la premisa anterior, que el interés general procura o busca asegurar la participación de todos los individuos y comunidades en los bienes del desarrollo."*

e. *"El interés general reclama -lleva consigo- la limitación de la proyección exterior de la libertad, porque compete al Estado y se explicita en su derecho positivo, procurar que cada uno obtenga lo suyo."*

f. *"El interés general tiene un carácter preeminente, es antes que el interés particular y no se agota en éste."*

g. *"El interés general es el fin que preside toda la actuación estatal, también de su hacer discrecional. Porque toda ella no puede apuntar más que al bien de los habitantes, porque la República no es otra cosa que la asociación política de todos ellos (Constitución, art. 1o.), y el Estado su instrumento personificado.*

    De allí deriva la procedencia de una regla de razonabilidad que debe presidir toda la conducta estatal en vista del interés general, y pasible consiguientemente del correspondiente control jurisdiccional."

h. *"El interés general en el derecho uruguayo no reviste los caracteres de un fenómeno ideal o abstracto; antes bien, comporta exigencias de actuación y realidad concretas. Consecuentemente, reclama las conductas estatales operativas para su satisfacción."*

En efecto, en tanto fin debido, la Administración debe en todos los casos evaluar la existencia de un interés general, el que se expresa en la búsqueda de la satisfacción del "bien común".

DURAN MARTINEZ (2010) afirma que *"El bien común es "el conjunto de condiciones de la vida social que hacen posible las asociaciones y a cada uno de sus miembros el logro más pleno y más fácil de la propia perfección". "No consiste en la simple suma de los bienes particulares de cada sujeto al cuerpo social. Siendo de todos y de cada uno es y permanece común, porque es indivisible y porque sólo juntos es posible alcanzarlo, acrecentarlo y custodiarlo, también en vistas al futuro".*

"El bien común de la sociedad no es un fin autárquico; tiene valor solo en relación al logro de los fines últimos de la persona y al bien común de toda la creación". "El bien común, que los hombres buscan y consiguen formando la comunidad social, es garantía del bien personal, familiar y asociativo".[25]

Esta descripción permite identificar algunas de sus notas distintivas. Una, a mi juicio, resulta en el eje central del concepto: el interés general se manifiesta a partir de la promoción de los fines últimos de las personas, lo que involucra la tutela de los derechos, la protección de la seguridad, la abstención del daño y en definitiva, garantizar a quien lo suyo. En términos de la Constitución uruguaya, lo que es inherente a la persona humana.

Por ende, no resulta extraña la identificación del interés general, o si se quiere su núcleo conceptual irreductible, con la promoción o protección de los derechos fundamentales.

---

25 DURAN MARTINEZ, Augusto. *"Derechos prestacionales e interés público"*, cit.

En este sentido nos enseña RODRIGUEZ ARANA (2012), siguiendo a MEILÁN GIL. Y a mi juicio, lo hace con total acierto cuando expresa que *"el interés general (....) tiene dos dimensiones, una amplia y otra concreta. En la dimensión amplia dispone de un protagonismo especial uno de los principales postulados del estado social y democrático de Derecho: los derechos fundamentales"*[26].

También CAJARVILLE (2013), apoyado en la jurisprudencia de la Corte Interamericana de Derechos Humanos, identifica la relevancia de los derechos fundamentales en este tema, al decir *"Similar vinculación a la expuesta entre el "interés general" y los derechos e intereses de los individuos, se infiere de la Opinión Consultiva OC-6/86, del 9 de mayo de 1986, de la CORTE INTERAMERICANA DE DERECHOS HUMANOS, solicitada por el Gobierno de la República O. del Uruguay, párrs. 29 y 31 (destacados míos): "29. El requisito según la cual las leyes han de ser dictadas por razones de interés general [art. 30 de la Convención] significa que deben haber sido adoptadas en función del 'bien común' (art. 32.2), concepto que ha de interpretarse como elemento integrante del orden público del Estado democrático, cuyo fin principal es 'la protección de los derechos esenciales del hombre y la creación de circunstancias que le permitan progresar espiritual y materialmente y alcanzar la felicidad' ('Declaración Americana de los Derechos y Deberes del Hombre' ... Considerandos, párr. 1). [...] "31. La Corte expresó al respecto en anterior ocasión que: Es posible entender el bien común, dentro del contexto de la Convención, como un concepto referente a las condiciones de la vida social que permiten a los integrantes de la sociedad alcanzar el mayor grado de desarrollo personal y la mayor vigencia de los valores democráticos. En tal sentido, puede considerarse como un imperativo del bien común la organización de la vida social en forma que se fortalezca el funcionamiento de las instituciones democráticas y se preserve y promueva la plena realización de los derechos de la persona humana. [...] (Opinión Consultiva OC-5/85 del 13 de noviembre de 1985. Serie A N° 5, párrs. 66 y 67).*

1.4 La vinculación del interés general con el interés particular. Incorporación, preeminencia y no oposición a priori.

A partir de lo anterior, es decir, de la premisa de que la satisfacción de los derechos fundamentales constituye un eje central en el contorno conceptual del interés general, es que se sigue que éste no excluye al interés particular. En todo caso lo incluye y comprende, aun cuando pueda implicar, en la hipótesis, un sacrificio. No hay legitimidad de un interés general que sólo se satisfaga en la negación del interés particular, al menos en una porción relevante: el derecho subjetivo a la existencia de una instancia de defensa[27]

Al decir de BRITO (2004), el carácter del interés general encierra el reconocimiento de la necesidad propia de la persona humana y de sus comunidades de la acción de la sociedad políticamente estructurada (el Estado) para afirmar las potencialidades de su naturaleza. Ello se confunde con la razón misma de ser del Estado. Su negación o ausencia, referente a los derechos de la persona humana "supone incurrir en la arbitrariedad y el despotismo"[28]

Por tanto, creo que resulta preferible hablar de preeminencia que de supremacía. Porque la última implica un grado de absolutez impropio ante la existencia de un ámbito inexpugnable

---

26 RODRIGUEZ ARANA, Jaime. Interés General, Derecho Administrativo y Estado de Bienestar. Sintagma-Iustel, Madrid, p. 62.

27 PEZZUTTI, Miguel (2007). "Los Principios que Guían la Formación de la Voluntad de la Administracion Tributaria de Denunciar ante la Justicia Penal la Comisión del Delito de Defraudación Tributaria", en *Revista Tributaria* N° 199, T. XXXIV, IUET, Mdeo.. p. 487.

28 BRITO, Mariano, "El Principio de legalidad" en *La Justicia Uruguaya*, Tomo XC, Sección Doctrina, p. 11 y ss. También en *"Derecho Administrativo... "*, p. 267.

de la individualidad. Entonces, la preeminencia conlleva un privilegio general, pero que no admite la consideración apriorística en términos de absoluto. O en términos de validez o invalidez del uno frente al otro.

El Tribunal Constitucional español planteó una distinción análoga al referir a la categorización de supremacía o primacía -como conceptos diversos- en relación entre la regla constitucional y la regla comunitaria en orden a su posible conflicto. En su Declaración 1/2004[29] sostiene: *Primacía y supremacía son categorías que se desenvuelven en órdenes diferenciados. Aquélla, en el de la aplicación de normas válidas; ésta, en el de los procedimientos de normación. La supremacía se sustenta en el carácter jerárquico superior de una norma y, por ello, es fuente de validez de las que le están infraordenadas, con la consecuencia, pues, de la invalidez de éstas si contravienen lo dispuesto imperativamente en aquélla. La primacía, en cambio, no se sustenta necesariamente en la jerarquía, sino en la distinción entre ámbitos de aplicación de diferentes normas, en principio válidas, de las cuales, sin embargo, una o unas de ellas tienen capacidad de desplazar a otras en virtud de su aplicación preferente o prevalente debida a diferentes razones."*

Junto con la idea de derechos fundamentales, la noción de seguridad jurídica como factor esencial del interés general en tanto elemento primario o basal de un ordenamiento jurídico que no nace sino para precaver los conflictos entre los individuos que han entrado en ese *"estado"* de convivencia y se reconocen entre si las bondades de dar a cada quien lo que le corresponde.

La relación entre derechos fundamentales y seguridad fue acertadamente puesta de manifiesto por RODRIGUEZ ARANA (2003), cuando afirmó que aquellos *"subjetivamente, tienden a tutelar la libertad, autonomía y seguridad de la persona, no sólo frente al poder sino también frente a los demás miembros del cuerpo social"*[30]

Tales conceptos encajan perfectamente en la sistemática constitucional uruguaya, desde que ella reconoce en el art. 72 una fórmula que admite la preexistencia de derechos y deberes que hacen a la inherencia la persona humana y a la forma republicana de gobierno, en una clara admisión de la estimativa iusnaturalista adoptada por el derecho positivo, y el art. 7 garantiza el derecho a ser protegido en el goce de tales bienes, entre los que menciona precisamente a la seguridad.

Es en este ámbito de certidumbre que el interés general opera en sentido protector o promotor a modo de regla de principio, e involucra la restricción sólo cuando ella es expresa.

Lo propio cuando se trata del desenvolvimiento de los fines propios del individuo por sí o mediante sus instituciones intermedias.

CASINELLI (2010) sostuvo que no cabe exigir *"razones de interés público para reconocer la personería jurídica de una institución privada; el planteo debe ser inverso, sólo cuando haya motivos de interés general en contrario podrá denegarse el reconocimiento solicitado. Y es más: el Poder Ejecutivo, llamado a pronunciarse sobre el reconocimiento de una institución privada como persona jurídica, no puede gozar de discrecionalidad en la apreciación de si una circunstancia configura o no un motivo suficiente de interés general como para denegar el reconocimiento.*

No basta para rehusar el reconocimiento la ausencia de motivos de interés público; pero tampoco basta la presencia de razones de interés general para negarlo. Es necesario que estas razones de interés general hayan sido concretadas en casos tipificados por una ley formal.

---

29   Publicada en el *BOE* del 4 de enero de 2005.

30   Rodriguez Arana, Jaime. Los derechos fundamentales en el estado social y el derecho administrativo constitucional. En *Anuario de Derecho Administrativo*, Tomo X, 2003, p. 61.

El Poder Ejecutivo, por lo tanto, no puede aducir la ausencia de motivos de interés publico, en favor del reconocimiento, y solo podrá aducir la existencia de motivos contrarios al mismo fundándose en una ley dictada por razones de interés general.

Ni en un reglamento, ni en cada caso concreto puede excluirse el reconocimiento de una persona jurídica cuyas normas de institución sean compatibles con la legislación vigente. No hay control administrativo demérito sobre el uso que nosotros hagamos de nuestra libertad de institución."[31]

De estas acertadas afirmaciones se sigue que el interés general involucra la existencia y protección del interés particular.

Sucederá que, por grados, el ordenamiento jurídico reconocerá la necesidad de colocar una preeminente posición del interés general que involucra el de todos, incluso –y al menos en un grado mínimo- el del sacrificado. De alguna forma ese interés integra la expectativa común de permitir las condiciones de la vida en sociedad. Como afirma CAJARVILLE (2013): *"Si existe ese interés de todos y cada uno, personal de todos y cada uno, de vivir en comunidad, también existe el interés de todos y cada uno, personal de todos y cada uno, en el mantenimiento de las condiciones que hagan posible esa convivencia.*[32]

Estos desarrollos no están exentos de riesgos interpretativos, particularmente cuando la intensidad de los poderes estatales se pretende inferir a modo de corolario necesario de la relevancia de los cometidos asignados a la Administración.

Hace algunos años se sostuvo, por ejemplo, que *"la materia tributaria es una de las que reviste el interés general, ésta es necesaria para la existencia misma de un Estado Social de Derecho, ya que hace posible el cumplimiento de los fines del mismo, constituyéndose en el principal instrumento para la percepción de sus ingresos. Por tanto, la Administración en aras de un interés superior con su actuar, eventualmente, podría afectar el derecho de los particulares, pero esa afectación es legítima en la medida que con ella se aspira a la protección de la sociedad en su conjunto."*[33]

Hemos criticado previamente esa visión a la que calificamos como apriorísticamente supremacista[34].

Porque es necesario ratificar que (i) como manifestó RODRIGUEZ (1998), el interés general y el interés individual no parten de un plano de la confrontación agonal[35]; y (ii) la estructura constitucional reclama, además de interés general, la aprobación de la restricción mediante la Ley formal que lo declara. La preeminencia del interés general es lo que permite al Legislador acudir a él para aprobar formalmente la restricción.

---

31 CASSINELLI MUÑOZ, Horacio (2010). "Libertad de Asociación, personalidad jurídica y Poder Ejecutivo", en *"Derecho Constitucional y Administrativo"*, La Ley, Montevideo, 2010, p. 847.

32 Cajarville, Juan Pablo. (2013) Interés…. *Cit.*

33 *Dictamen de la Sala de Profesionales de la DGI de Noviembre de 2004,* publicado *Revista Tributaria,* Montevideo, N° 191, 2006, pp. 268 a 277.

34 PEZZUTTI ECHEVERRÍA, Miguel, (2007); "Los Principios …." *cit.*, 2007, p. 487.

35 RODRIGUEZ, María José, (1998) "El acto administrativo tributario", El Acto Administrativo Tributario, Abaco, Bs. As. Por ello también diferimos con los considerandos en base a los cuales la Suprema Corte de Justicia ha sostenido que el mecanismo de la clausura de establecimientos comerciales es ajustado a la Constitución. Así sostuvo en sentencia N° 180 de 2006 que: *"La norma legal cuestionada de inconstitucional por violar el derecho al debido proceso cumple con la doble exigencia que formula COUTURE, esto es: tiene la nota de razonabilidad pues, como se señaló, fue dictada atendiendo al interés prevalente de la sociedad (interés general) y, asimismo, le otorga a la empresa clausurada judicialmente una razonable oportunidad de defenderse', ajustándose, entonces, a la regla del equilibrio conveniente o de razonabilidad...' que refiere LINARES"* No hay urgencia tal del interés general que justifique sacrificar cualquier atisbo de defensa, condenar y aplicar la condena antes aún de que el Juez, razonablemente, pueda haberse pronunciado en una instancia que permita la defensa del contribuyente. Porque no se trata de una medida cautelar sino de una sanción.

1.5. La Administración no es titular sino gestora del interés general

El interés general, por participado, no es sólo gestionado o satisfecho por la actividad del Estado. Los particulares individualmente o en forma colectiva satisfacen el interés general y a su vez, son titulares de intereses individuales que resultan objeto de protección, garantías todas ellas que a su vez involucran el interés general.

Por ello compartimos la afirmación de BRITO (2004) cuando sostiene que "*El Estado no es el único, si bien el más calificado y eminente protagonista del interés general.*"

Agregaba que cada persona y las comunidades intermedias, en cuanto obran conforme a su dimensión social, concurren al bien común, y lo hacen por participación, en ejercicio de derecho propio. Al Estado compete reconocer tal papel y tutelarlo, abriéndose a las múltiples formas de colaboración de los administrados.

Pero a su vez, respecto del Estado, el interés general cumple roles operativos distintos:

(i) Respecto de la función legislativa, es la base o justificación de la limitación de su ejercicio, requisito imprescindible para la limitación de derechos, al tiempo que móvil de actuación en procura de su satisfacción.

(ii) Para el ejercicio de la función administrativa, en cambio, está vinculada siempre a la faz aplicativa, en tanto elemento integrado en la idea de "*fin*".

Así las cosas, la Administración habrá de perseguir siempre la satisfacción del interés general, delineado y definido por la regla de derecho que le asigna competencia.

Por ello, la Administración no puede servirse de él para justificar su actuación fuera de los ejidos que la Ley le impone como actuación reglada o admite como actuación discrecional.

BRITO (2004) enseña la intima relación entre legalidad e interés público, al sostener:

El derecho uruguayo anida la superación apuntada mediante la articulación armónica del principio de legalidad (protector del hombre y su proyección entrañable, la libertad), y el interés público (realizador del bien comunitario), mediante la búsqueda de sus contenidos y relaciones, para dibujar sus límites o balizar el campo de sus operaciones respectivas."[36]

Y el concepto de legalidad, en este marco, se torna estricto. KORZENIAK (2008) sostiene que "*Cuando la Constitución uruguaya usa el vocablo "Constitución", se está refiriendo a la Constitución en sentido formal, y cuando la Constitución Uruguaya habla de las "leyes", se está refiriendo a las Leyes en sentido formal, sin perjuicio de que, en algún caso, tengamos que hacer alguna precisión, plantear alguna duda. Pero esa duda no se plantea en este artículo 7; la garantía genérica establecida en esta parte del art. 7 consiste en que la privación sólo puede hacerse por ley en sentido formal*"[37]

Así las cosas, sólo la ley puede establecer las restricciones en los derechos particulares, el sacrificio justificado en forma igualitaria del interés particular en aras del interés general. Esta consagración, de principio, reclama manifestación expresa. Porque, cabe recordarlo, el principio es la libertad[38] y no la restricción.

Esta cuestión resulta muchas veces difícil de definir cuando refiere a los poderes jurídicos. CAJARVILLE (2007 c) ha sostenido, al respecto, que el principio de especialidad refiere básicamente a la materia como componente de la competencia del órgano, pero no a los po-

---

36   BRITO, Mariano "Principio de legalidad....", *cit.,*.

37   KORZENIAK, José (2008) ; Primer Curso de Derecho Constitucional, FCU, Montevideo, p. 128.

38   PEZZUTTI, Miguel (2007). "Los criterios para definir los límites de las funciones jurídicas del Estado y las facultades sancionatorias de la Administración" en Anuario de Derecho Administrativo, Tomo XIV, p. 68.

deres jurídicos[39], que podrían ser tanto conferidos a texto expreso como derivarse de ellos en carácter de implícitos.

En otro plano, el vínculo entre el interés general y los derechos o intereses particulares fue puesta de manifiesto por la Suprema Corte de Justicia en su fallo 365 de 2009 en el cual declaró la inconstitucionalidad de la Ley de Caducidad de la pretensión punitiva del Estado respecto de los delitos cometidos por personal militar y policial en cumplimiento de las ordenes de los mandos, antes del 1 de marzo de 1985.

En ella, la Corte sostiene lo que a nuestro juicio es una verdadera salvedad al principio democrático como herramienta para delimitar el interés general o aproximarse a él. El fallo reconoce la existencia de un ámbito excluido de la *esfera de lo decidible* incluso por las mayorías, y ello finca en determinados derechos subjetivos que no pueden ser restringidos[40]. En esta tesis, parece quedar en claro que el interés general no es idéntico al interés de la mayoría, y que además, existe una zona donde el interés general incluye de tal forma al interés particular que lo protege de cualquier restricción o agresión incluso por parte del todo.

Estas afirmaciones, sin embargo, presentan algunas particularidades en el caso de quienes son llamados a ejercer una función pública.

2. INTERES GENERAL E INTERÉS DE LA ADMINISTRACION TRIBUTARIA

2.1. El deber de contribuir a las cargas públicas como orientación del interés general al ejercicio del poder para la libertad solidaria.

Comienzo con la expresión de GONZALEZ NAVARRO que define lo que modernamente concebimos por Derecho Administrativo, es decir, una regulación particular del poder que no se centra en el poder mismo y por ende no lo considera *auto legitimado*, sino que lo direcciona a un fin: la satisfacción del bien común. Esa satisfacción se particulariza en la protección de la libertad, como supuesto de goce de todos los derechos fundamentales, pero además y como señala RODRIGUEZ ARANA-MUÑOZ, de su orientación hacia la solidaridad.

No se trata del hombre aislado, sino del hombre en sociedad, por lo que el sufragar los costes de un sistema de convivencia basado en la justa distribución de los bienes y las cargas, asume la necesaria atribución de poderes para asegurar este cometido.

Las Administraciones públicas cuentan por ende con poderes jurídicos adecuados para controlar y exigir el cumplimiento de las obligaciones tributarias, por asumírselas como un

---

39 CAJARVILLE, Juan Pablo (2007 c); "La descentralización. Su estatuto constitucional y posiblidades de regulación legal" en Sobre Derecho Adminsitrativo, *cit.*, p. 505 y sts..

40 Dijo la SCJ: "*Como sostiene Luigi Ferrajoli, las normas constitucionales que establecen los principios y derechos fundamentales garantizan la dimensión material de la "democracia sustancial", que alude a aquello que no puede ser decidido o que debe ser decidido por la mayoría, vinculando la legislación, bajo pena de invalidez, al respeto de los derechos fundamentales y a los otros principios axiológicos establecidos por ella (Democracia y garantismo, p. 32).*

El mencionado autor califica como una falacia metajurídica la confusión que existe entre el paradigma del Estado de Derecho y el de la democracia política, según la cual una norma es legítima solamente si es querida por la mayoría.

"*De forma distinta "las cuestiones pertenecientes a la que he llamado "'esfera de lo decidible', los derechos fundamentales "están sustraídos a la esfera de la decisión política y "pertenecen a la que he llamado 'esfera de lo no "decidible' (qué si y qué no). Esta es por tanto su "característica específica: tales derechos son "establecidos en las constituciones como límites y "vínculos a la mayoría justamente porque están siempre - "de los derechos de libertad a los derechos sociales- "contra las contingentes mayorías. Es más: ésta es la "forma lógica que asegura su garantía. Siempre que se "quiere tutelar un derecho como fundamental se lo "sustrae a la política, es decir, a los poderes de la "mayoría, ... como derecho inviolable, indisponible, e "inalienable. Ninguna mayoría, ni siquiera por "unanimidad, puede decidir su abolición o reducción" (ob. cit., p. 55)."*

valor mensurable de la justa participación de todos y cada uno en la tarea de sufragar los costes de funcionamiento estatal -tanto normal como anormal- y, además, como forma de distribución de los bienes que genera el individuo en sociedad.

De todos modos, he sostenido previamente que de la sistemática constitucional uruguaya es posible visualizar un principio de intangibilidad patrimonial (Pezzutti, 2016), que se manifiesta en la premisa de que ningún habitante debe sufrir un menoscabo patrimonial sino conforme las reglas de distribución que establece la Constitución.

La propiedad es un derecho reconocido, que no necesariamente nace con la Constitución, sino que puede entenderse que ella se limita a reconocerlo.[41] La faz social del uso de la propiedad acaba de comprenderse adecuadamente en distintas normas que, sin excluirlo, lo ordenan, restringen y subordinan a requerimientos del bien común, en todos los casos, sin un sacrificio que amerite la nota de extraordinario.

A partir de ahí, puede proclamarse la existencia de un principio de intangibilidad patrimonial. Él no es absoluto, sino que cede ante la determinación constitucional, dispuesta por sí de manera expresa o mediante la legitimación de su afectación por normas de otra fuerza y valor.

La Constitución uruguaya establece que el derecho de propiedad puede ceder en virtud de lo que dispone una Ley dictada en razón del interés general, pero nunca en razón de una decisión administrativa. Los actos administrativos que causan un menoscabo patrimonial, salvo regla constitucional o legal habilitada, generan el deber de compensar al afectado. Un ejemplo es el de la expropiación, regulada en su artículo 32 de la Carta.[42] A poco que se analiza, se percibe que la expropiación no es una limitación a la idea de intangibilidad patrimonial sino, en todo caso, una ratificación del mismo. Porque lo que se afecta es la propiedad sobre un bien pero se establece la "justa y previa compensación" como presupuesto previo de la afectación. Esto es, la indemnización del perjuicio patrimonial sufrido, de suerte que el afectado no resulte, por efecto de la protección del interés general, ni empobrecido, ni enriquecido.

Este principio es sólo limitable por norma constitucional con relación al deber de contribuir a sufragar los gastos generados en el ámbito de "lo público", según la feliz expresión de KINGSBURY (2016). El deber de reparar tiene fuente y jerarquía constitucional y en ese marco están definidos los parámetros dentro de los cuales la ley puede inferir una afectación a la esfera patrimonial de un individuo.

El fundamento de la responsabilidad estatal en nuestro ordenamiento se finca en dos conceptos, ambos vinculados a la forma de distribuir las cargas públicas: por un lado, en el principio genérico del deber de resarcir el daño derivado de la violación de los pactos, reglas o del genérico deber de no dañar en el caso de actividad ilegítima—*neminem laedere*—compartido como criterio con el deber de reparar el daño entre particulares; ora en el juego de los principios de igualdad, conjugado con otros principios generales como los de buena fe y seguridad, para el caso de la responsabilidad por actividad estatal.

Los llamados "*principios distributivos de las cargas públicas*" refieren precisamente a la forma de definir cómo se asumen entre los habitantes los costes por funcionamiento normal y anormal, legítimo e ilegítimo, de las estructuras estatales.

---

41   Al respecto ha señalado la Suprema Corte de Justicia: *"ni el derecho de usar y disponer de la propiedad ni ningún otro derecho reconocido por la Constitución reviste el carácter de absoluto"* (sentencia 586/2012, Suprema Corte de Justicia,). En idéntico sentido se pronunció en sentencias: 379/2009, 54/2004, 220/2002, 361/1997 y 312/1995.

42   Artículo 32 de la Constitución.

van capacidad económica ficticia) y a que la cuantificación tenga en cuenta la capacidad singular manifestada por cada contribuyente". Este derecho no impide que el Ordenamiento clasifique a los contribuyentes o a la materia imponible en grupos o categorías, para lo cual el legislador puede tomar en cuenta la capacidad contributiva en cada grupo o categoría -para que se ingrese igual tributo frente a igual capacidad contributiva-, o criterios extrafiscales razonables, pero descartando utilizar a tal fin las denominadas "categorías sospechosas", o alentando finalidades persecutorias o de indebido favor o privilegio. Tampoco impide que el ordenamiento determine la cuantía de la deuda tributaria a través de métodos objetivos o forfait, en especial para micro y pequeñas empresas, pero otorgando siempre al contribuyente la opción de liquidar la deuda aplicando la base de cálculo y las alícuotas de acuerdo con las normas generales del correspondiente tributo cuando ello pueda ser comprobable. Ni tampoco impide que el ordenamiento determine la cuantía de la deuda tributaria a través de métodos de consolidación fiscal de grupos de empresas, siempre con la opción del contribuyente por la tributación individual.

15) Derecho al mínimo existencial, de manera que la ley fije en los impuestos sobre la renta y el patrimonio un parámetro por debajo del cual no se deberá gravar al contribuyente. El mismo tendrá en cuenta las cargas familiares y las condiciones subjetivas del contribuyente que afecten a ese mínimo existencial (núcleo familiar, edad, enfermedades de larga duración, minusvalías físicas o psíquicas).

16) Derecho a que la tributación tenga en cuenta la protección del derecho de propiedad de manera proporcionada, atendiendo a las exigencias de necesidad, adecuación y proporcionalidad en sentido estricto. El interés general que limite el derecho de propiedad deberá estar siempre contemplado y fundamentado por ley en cada caso concreto.

17) Derecho a que, más allá del alcance y protección que el derecho constitucional de cada país reconozca y otorgue al derecho de propiedad privada, existe un límite cuantitativo - sin que corresponda aquí fijarlo porcentualmente- a partir del cual el tributo afecta el núcleo esencial de dicho derecho que debe conservarse incólume, deviniendo confiscatorio. Tal afectación puede alcanzarse por la aplicación de "un único tributo" o por la acción del "concurso tributario" resultante de la acumulación de gravámenes, provengan de uno a más sujetos impositores. La no confiscación debe aplicarse a todos los tributos, incluso a los de carácter medioambiental o extrafiscal en general.

19) Derecho a que el tributo se determine sobre "base cierta" y a que la determinación sobre "base presunta" sólo proceda por excepción cuando el conocimiento cierto y directo de los hechos previstos en la Ley como generadores de la obligación tributaria sea imposible. La Ley debe diferenciar y definir claramente las hipótesis que habilitan a la Administración a prescindir de la determinación sobre "base cierta", así como las facultades y límites dentro de los cuales la Administración debe efectuar la determinación sobre "base presunta", no siendo admisible la utilización de presunciones legales absolutas o de ficciones legales. En la faz aplicativa la Administración deberá fundamentar debida y suficientemente ambos aspectos para realizar una determinación sobre "base presunta", describiendo los hechos que constituyen su soporte. Cuando se dé la imposibilidad de determinar la obligación sobre "base cierta", debe recurrirse, en primer término, a la determinación sobre "base mixta", que consiste en tomar en consideración y no desechar los documentos y registros contables fidedignos del contribuyente. El contribuyente debe tener derecho a la prueba en contrario sin limitaciones, pudiendo impugnar los resultados de la determinación sobre "base presunta" o sobre "base mixta" probando, ya sea la realidad de los hechos para que se liquide la obligación tributaria sobre "base cierta",

o que las presunciones establecidas no se ajustan a la ley tributaria material que regula el tributo o que simplemente resultan inadecuadas al caso concreto.

20) Derecho a que los ingresos a cuenta no se fijen en una cuantía que resulte desproporcionadamente elevada en relación con la cuota definitiva a exigir al contribuyente. Tales ingresos no deben tener la condición de pagos mínimos definitivos. Las devoluciones de los excesos de los ingresos a cuenta deben practicarse sin dilaciones y con los correspondientes intereses de demora a favor del contribuyente. Al mismo tiempo, los intereses de demora que se exijan estarán limitados temporalmente al período máximo de duración de los procedimientos tributarios o, de no estar fijado ese plazo máximo, al período de prescripción. No deben exigirse intereses de demora cuando el impago o el retraso en el ingreso se deban a causa de fuerza mayor. El cómputo debe suspenderse cuando la demora en los procedimientos no sea atribuible a los contribuyentes.

21) Derecho a que no se reclame el ingreso al retenedor o agente de retención o de percepción si el contribuyente ha ingresado la cuantía que se debería haber retenido o percibido, aun cuando dicho ingreso sea consecuencia de una no deducción o percepción de la misma.

22) Derecho a que se compense en forma ágil al contribuyente de los costes de avales y garantías que haya debido constituir para suspender la ejecutoriedad del cobro de tributos, o para evitar medidas cautelares de parte de la Administración, cuando los pagos intimados hayan sido cuestionados y, finalmente, se haya impuesto el criterio del contribuyente, ya sea en sede administrativa o jurisdiccional.

23) Derecho a la devolución de ingresos indebidos y de ingresos excesivos con el reconocimiento y pago de oficio de intereses en favor de los contribuyentes, en condiciones de paridad con los intereses o recargos moratorios que se establezcan en favor del Fisco por el atraso en el pago de tributos. Las resoluciones administrativas

		que anulen actos ilegales deberán declarar el derecho del contribuyente a la devolución de los ingresos efectuados, con el correspondiente interés de demora.
		54) Derecho a la compensación de las deudas tributarias líquidas y exigibles con créditos de la Administración reconocidos.
		55) Derecho a cuestionar la prelación de bienes objeto de embargo ejecutivo o cautelar.
4.	Derecho a Cuestionar la Posición del IRS y de Ser Escuchado	51) Derecho a cuestionar las valoraciones efectuadas por la Administración, incluso proponiendo pruebas periciales de un valor alternativo.
		101) Derecho a la iniciación del procedimiento amistoso para la resolución de controversias. La negativa a tal iniciación por parte del Estado del reclamante debe estar motivada y sujeta al control jurisdiccional.
		102) Derecho a la tramitación del procedimiento amistoso en un plazo razonable, fijado por la legislación interna.
		103) Derecho a la ejecución de la resolución del procedimiento amistoso y a la revocación de actos firmes y consentidos que la contradigan.
		104) Derecho al acceso a la documentación del procedimiento amistoso.
		105) Derecho a la notificación de la finalización del procedimiento amistoso.
		106) Derecho a la ejecución de la resolución del procedimiento amistoso independientemente de los plazos previstos por el Derecho interno de los Estado contratantes.
		107) Derecho a que, en los términos que se determinen en la legislación interna, se habiliten medios alternativos de resolución de conflictos, en especial, el arbitraje en Derecho. En caso de que se admita el arbitraje para la resolución de controversias entre Estados parte de un Convenio de Doble Imposición, debe asegurarse la posibilidad de que el contribuyente pueda tener capacidad para impulsar el inicio del procedimiento.
		113) Derecho a que, en el caso de inspecciones y comprobaciones simultáneas, los contribuyentes tengan las mismas garantías

	que en las inspecciones internas, en especial las relacionadas con el derecho a la tutela judicial efectiva.
5. Derecho a Apelar una Decisión del IRS en un Foro Autónomo	3) Derecho a la legitimación activa de los contribuyentes para promover el control jurisdiccional de la constitucionalidad de las leyes tributarias.
	25) Derecho de acceso a la justicia, independiente e imparcial, a la obtención de un fallo y a la ejecución del mismo
	26) Derecho a ser parte en un proceso tributario basado en el principio de contradicción y la presunción de inocencia.
	27) Derecho a los recursos contra actos y resoluciones tributarias, los cuales deberán sustanciarse en última instancia en vía jurisdiccional. En fase administrativa el recurso será previo al acceso a los tribunales y, si es preceptivo, no deberá suponer un obstáculo o dilación desproporcionada para tal acceso y regirse por principios procesales semejantes a la vía judicial.
	29) Derecho a que los funcionarios o magistrados que conformen los órganos en lo contencioso tributario gocen de independencia y estén dotados del conocimiento de las materias técnicas, conexas y necesarias para la correcta aplicación del derecho tributario.
	30) Derecho a la eliminación de la regla solve et repete (exigencia del pago previo del tributo) en los Ordenamientos jurídicos que aun la conserven, tanto para transitar las vías recursivas en sede administrativa como las de revisión jurisdiccional, así como también a que no se establezcan cautelas o garantías desproporcionadas al efecto.
	33) Derecho a que los tribunales resuelvan sobre las pretensiones que ante ellos formulen los contribuyentes, aunque quepa una resolución de inadmisión. Las resoluciones habrán de ser motivadas, razonables, congruentes y fundadas en Derecho.
	35) Derecho a la tutela cautelar en vía judicial, como medida para neutralizar la ejecutoriedad del acto de determinación, evitar daños de difícil o imposible reparación y no tornar ilusoria la posibilidad del

cobro del tributo una vez agotados los recursos administrativos y jurisdiccionales del contribuyente y devenida firme la deuda tributaria. Este derecho excluye el solve et repete e incluye el derecho a la adopción de medidas cautelares a favor del contribuyente, sobre la base de la existencia del fumus bonis iuris (apariencia de buen derecho) y del periculum in mora (riesgo de frustración del derecho).

36) Derecho a que las medidas cautelares que la Justicia adopte a solicitud de la Administración resulten proporcionadas y tengan una duración temporalmente limitada, así como a interponer frente a las mismas los recursos que, en su caso, puedan determinar la suspensión de la aplicabilidad de tales medidas.

39) Derecho a una segunda instancia y a la revisión y apelación de las resoluciones iniciales.

59) Derecho a que las resoluciones de recursos no empeoren la situación objetiva del contribuyente (exclusión de la reformatio in peius) y a que la retroacción de actuaciones para convalidar actos anulables respete las situaciones consolidadas y no pueda operar si las facultades de la Administración han prescrito.

60) Derecho a controlar las actuaciones de la Administración en ejecución de la resolución de un recurso administrativo, que anule un acto de determinación por razones de forma o que estime parcialmente un recurso por razones de fondo. Se deben limitar las facultades de la Administración para reiterar actos de determinación tributaria.

61) Derecho al reconocimiento en un plazo razonable, de los beneficios fiscales aplicables, así como de toda situación jurídica individual en la que tenga interés el contribuyente.

74) Derecho a la inaplicabilidad de criterios interpretativos apriorísticos, tanto a favor de la Administración como del contribuyente.

75) Derecho a que las normas tributarias, incluyendo las que establezcan exenciones,

	se interpreten con arreglo a todos los métodos admitidos por el Derecho.
	78) Derecho a que las causas de interrupción de la prescripción se fijen legalmente, se limiten a aquéllas que suponen el efectivo ejercicio de las facultades administrativas susceptibles de prescribir y operen solamente si el contribuyente ha tenido cabal conocimiento del ejercicio de esas facultades. Los actos nulos no deben interrumpir la prescripción
	79) Derecho a que el plazo de prescripción se reanude inmediatamente después de su interrupción, excluyendo la suspensión de dicha reanudación.
	110) Derecho a oponer la excepción de que se hayan agotado todas las medidas de cobro en el Estado requirente (Exhaustion Rule).
	111) Derecho a oponer la prescripción vigente en el Estado de residencia del contribuyente requerido de asistencia recaudatoria.
	112) Derecho al recurso de las medidas cautelares.
	116) Derecho a que se acredite que la información que se utilice procedente de terceros países se haya obtenido a través de los cauces previstos para el intercambio automático o intercambio previo requerimiento de información. Debe declararse nula la información obtenida de modo irregular, especialmente cuando suponga vulneración del Ordenamiento jurídico, tanto por personal al servicio de la Administración como por particulares.
	117) Derecho de audiencia o consulta para formular alegaciones una vez que el sujeto es notificado y tiene conciencia de que se va a producir un intercambio de su información tributaria. El derecho incluirá la facultad de formular alegaciones ante posibles discrepancias del sujeto del que se pide información con la información facilitada o solicitada.
	118) Derecho al recurso del acto de comunicación de la información y al cuestionamiento de la información solicitada (posibilidad de oponerse ante su Estado de resi-

	dencia alegando extralimitación en el uso de la información o cuestionando, en general, la legalidad del acto en que se formaliza el intercambio). 119) Derecho a solicitar información sobre el uso que los Estados contratantes van a hacer de los datos e información requerida. 120) Derecho a que el Estado requerido otorgue al sujeto del que se pide o use la información una protección semejante a la que dispensa el Estado requirente. 121) Derecho del sujeto del que se ha solicitado información a recurrir una liquidación dictada sobre la base de hechos comunicados a través del procedimiento de intercambio de información.
6. Derecho de Llegar a una Resolución	38) Derecho a un proceso público, sin dilaciones indebidas y a la resolución en un plazo razonable. 56) Derecho de los sujetos pasivos responsables a la notificación de la derivación de responsabilidad, a disponer de un plazo voluntario de ingreso y a impugnar los actos propios de su procedimiento de determinación y de recaudación. En el caso del responsable subsidiario, derecho al beneficio de excusión o de que se agoten todas las posibilidades de hacer efectiva la deuda en el obligado principal, previamente a su declaración de insolvencia. 76) Derecho a que se uniformicen para todos los tributos los plazos de prescripción, en tiempos razonables, tanto de los poderes y acciones de la Administración para fiscalizar, determinar y recaudar tributos, como para aplicar sanciones. 77) Derecho a que las actuaciones de la Administración que se refieren a aspectos parciales del hecho imponible interrumpan la prescripción sólo con relación a esos aspectos (prescripción parcial). 85) Derecho a obtener respuesta a las consultas que formulen los contribuyentes, que tendrán carácter vinculante para la Administración. Las respuestas a las consultas serán objeto de publicación oficial. 86) Derecho a las actuaciones se lleven a cabo sin dilaciones, requerimientos o espe-

	ras innecesarias, y a que los procedimientos se desarrollen en un plazo razonable. Todo procedimiento tributario debe tener fijado legalmente un plazo máximo de duración. En caso de incumplimiento debe preverse legalmente la caducidad del procedimiento.
	88) Derecho a que las actuaciones de fiscalización, comprobación e investigación puedan extenderse a la totalidad de los elementos del hecho imponible y de la obligación tributaria comprobada, a petición del contribuyente.
	89) Derecho a que los actos de determinación o liquidación tengan, como norma general, carácter definitivo, limitándose los supuestos de liquidaciones provisionales.
7. Derecho de Privacidad & 8. Derecho de Confidencialidad	62) Derecho al carácter reservado de los datos, informes o antecedentes que, de los contribuyentes y terceros con ellos relacionados, conozcan los servidores públicos de la Administración tributaria, y a que la Administración motive la trascendencia tributaria cuando solicite esos datos.
	63) Derecho a que no se practiquen requerimientos generalizados de información (fishing expeditions) y a que se acredite que el sujeto de quien se pide la información está siendo objeto de un procedimiento singular de comprobación o inspección tributaria.
	65) Derecho de información, oposición, acceso, rectificación o cancelación en relación con los ficheros del contribuyente que contenga datos de carácter fiscal. Si se impugna la exactitud de los datos, quien impugne tendrá derecho a obtener la limitación del tratamiento de los datos, al igual que cuando la Administración ya no necesite los datos personales para los fines del tratamiento, pero el interesado los necesite para la formulación, el ejercicio o la defensa de reclamaciones.
	66) Derecho a que se comunique al contribuyente la información que va a ser objeto de transferencia a terceros, a formular alegaciones en caso de considerar que la misma es inexacta y a recurrir el acto de comunicación de la información. Al mis-

	mo tiempo, y en relación con la elaboración de perfiles fiscales por las Administraciones tributarias, se tendrá el derecho a que el perfil se elabore a través del consentimiento libre, específico, informado e inequívoco del contribuyente, siendo de la Administración la carga de la prueba de que el contribuyente consintió. En cuanto a la publicación de datos fiscales (listas de contribuyentes morosos o incumplidores, publicación de sentencias que imponen sanciones o penas en materia fiscal…), derecho a la limitación de la información y derecho a la supresión o al olvido, que abarcará el derecho a exigir que la información relativa al contribuyente no sea objeto de indexación en motores de búsqueda en Internet.
	67) Derecho a que la información solicitada tenga exclusivamente trascendencia tributaria y a que se concilie el deber de información con el derecho a la privacidad.
	68) Derecho a que no se viole, con ocasión de investigaciones fiscales, el secreto de las comunicaciones y a que los datos de comunicaciones telefónicas se limiten a consumos y se excluyan datos de tráfico.
	124) Derecho a que, en el caso de inspecciones simultáneas, la información obtenida se comparta respetando las exigencias de la normativa interna de cada uno de los países intervinientes, de los acuerdos internacionales de intercambio de información y de los convenios de doble imposición y dando al contribuyente plena participación.
9. Derecho a Contratar a un Representante	28) Derecho a juez predeterminado, a la defensa y asistencia de letrado y a actuar asesorado por abogado.
	53) Derecho al secreto profesional como condición ineludible del derecho de defensa
10. Derecho de Tener un Sistema de Impuestos que sea Justo y Adecuado	69) Derecho a la inviolabilidad del domicilio tanto de las personas físicas como de las personas jurídicas. En este último caso, se debe perfilar qué se entiende por domicilio constitucionalmente protegido de las personas jurídicas, debiendo abarcar,

	cuando menos, los lugares donde se toman decisiones trascendentales para la vida de la sociedad, o donde se custodian documentos u otros soportes trascendentales para la actividad o la gestión societaria. 71) Derecho a la irretroactividad y la anterioridad de las normas tributarias materiales o sustanciales, así como a la irretroactividad de los preceptos penales, infraccionales o sancionatorios más gravosos. 72) Derecho a la inmodificabilidad de las situaciones jurídicas frente a cambios imprevisibles, siempre que se dé el requisito de un acto o comportamiento de la Administración que puede generar confianza. 73) Derecho a la inaplicabilidad –en virtud del principio de legalidad o reserva de ley– de la integración analógica en los ámbitos del Derecho tributario material o sustantivo y del Derecho tributario penal, infraccional o sancionatorio. 81) Derecho a la motivación concreta, específica y suficiente y fundada en Derecho de las resoluciones de la Administración y los decretos del Poder Ejecutivo, como supuesto esencial del derecho de defensa. La motivación deberá abarcar la denegación de alegaciones que haya planteado el obligado antes de la resolución del procedimiento administrativo. 82) Derecho a prever las consecuencias de sus actos y a la tipicidad sancionatoria. 87) Derecho a que la Administración tributaria haga públicos los criterios que informen su actuación comprobadora, evitando la discrecionalidad en la selección de los contribuyentes que habrán de ser sometidos a actuaciones de fiscalización, comprobación e investigación, y a cuestionar los criterios seguidos. 90) Derecho a la presunción de inocencia, que se traduce en el efecto suspensivo de todos los recursos administrativos o jurisdiccionales contra sanciones, lo que implica que sólo puedan decretarse medidas cautelares contra los contribuyentes y ejecutarse las resoluciones sancionatorias si se trata de cosa juzgada.

91) Derecho a que se apliquen en materia de infracciones y delitos tributarios los principios penales de legalidad, tipicidad, antijuridicidad y culpabilidad, así como los principios de razonabilidad y proporcionalidad de las infracciones y delitos con las sanciones y penas.

92) Derecho a que la Administración verifique el comportamiento culpable del contribuyente, a que motive activamente la concurrencia de culpa y a que se abstenga de sancionar si el contribuyente obró al amparo de una interpretación razonable de la norma.

93) Derecho a la no existencia de presunciones absolutas de culpa o de dolo (iuris et de iure) en el campo del Derecho tributario sancionatorio, admitiéndose únicamente, en forma excepcional, presunciones relativas (iuris tantum) que admiten prueba en contrario del contribuyente.

94) Derecho a no ser investigado, ni juzgado o condenado administrativa o penalmente dos veces por la misma infracción o delito (regla del non bis in ídem).

95) Derecho a la aplicación retroactiva, en materia de infracciones y delitos tributarios, de la ley más benigna.

96) Derecho a que la responsabilidad por infracciones tributarias sea personal.

97) Derecho a que, si bien las entidades o colectividades con o sin personalidad jurídica puedan ser sancionadas por infracciones, sus representantes, directores, gerentes, administradores o mandatarios sólo puedan ser sancionados por su actuación personal en la infracción.

98) Derecho a que, en el caso de delitos tributarios, los tipos delictivos se prevean legalmente, se garantice la intervención judicial y la doble instancia y a que las actas de la inspección tengan la condición de notitia criminis (no de prueba preconstituida). Se tendrá también derecho a que la conducta del contribuyente, que regulariza voluntariamente la deuda inicialmente no declarada, opere como excusa absolutoria y paralice y extinga la acción penal.

100) Los derechos citados anteriormente habrán de aplicarse no sólo a las figuras catalogadas legalmente como sanciones, sino también a aquéllas categorías que, al margen de su nomen iuris, tengan carácter punitivo o represivo y no indemnizatorio o reparador. También a las sanciones anómalas, que incluyen las sanciones impropias y las sanciones atípicas.

109) Derecho a la motivación del requerimiento de asistencia mutua

122) Derecho a cuestionar legalmente la información obtenida por cauces ajenos a los regulados en los convenios, tanto por órganos de la Administración como por particulares. Este derecho podrá esgrimirse, incluso, cuando el particular no haya obrado con la finalidad de pre-constituir pruebas.

123) Derecho a la nulidad de todas las pruebas obtenidas vulnerando los cauces internacionales de intercambio de información, sin excepciones de hallazgo inminente.

125) Derecho a que no tengan lugar tratamientos diferenciados cuando el contribuyente se encuentre en una situación idéntica en términos comparables a la de otro contribuyente y no exista una razón objetiva que ampare el trato diferente. Esta exclusión de trato diferenciado no se aplicará al régimen fiscal del residente respecto al no residente, y del establecimiento permanente respecto a la empresa nacional, salvo los casos mencionados en los puntos siguientes.

126) Derecho a los nacionales de un Estado contratante de un Convenio de Doble Imposición a no ser sometidos en el otro Estado contratante a ningún impuesto u obligación relativa al mismo que no se exijan o que sean más gravosos que aquellos a los que estén o puedan estar sometidos los nacionales de ese otro Estado que se encuentren en las mismas condiciones, en particular con respecto a la residencia.

127) Derecho de los establecimientos permanentes que una empresa de un Estado contratante tenga en el otro Estado a no ser sometido a imposición en ese Estado de manera menos favorable que las empresas

de ese otro Estado que realicen las mismas actividades.

128) Derecho de una empresa de un Estado contratante a deducir los intereses, cánones y demás gastos pagados a un residente del otro Estado contratante en las mismas condiciones que si se hubieran pagado a un residente del Estado mencionado en primer lugar.

129) Derecho de las empresas de un Estado contratante cuyo capital está, total o parcialmente, detentado o controlado, directa o indirectamente, por uno o varios residentes del otro Estado contratante, a no quedar sometida en el Estado mencionado en primer lugar a ningún impuesto u obligación relativa al mismo que no se exijan o que sean más gravosos que aquellos a los que están o puedan estar sometidas otras empresas similares del Estado mencionado en primer lugar.

130) Derecho a no establecer plazos de prescripción diferentes para obligaciones tributarias derivadas de la posesión de bienes u obtención de rentas situadas en el exterior frente a las derivadas de bienes o rentas situadas en el país de residencia, si el Estado de residencia dispone de vías para obtener tal información.

131) Derecho a presentar la declaración aduanera en un plazo razonable.

132) Derecho a cuestionar el valor aduanero, mediante el oportuno recurso y a proponer parámetros objetivos de valor, que deben ser tenidos en cuenta por la Administración aduanera.

133) Derecho a la simplificación del procedimiento aduanero, a la confiabilidad y a la habilitación de mecanismos de operador económico autorizado.

134) Derecho a que las responsabilidades aduaneras se fijen por Ley y a que se puedan recurrir las declaraciones de responsabilidad.

135) Derecho al levantamiento de las mercaderías y a que las excepciones a este derecho en forma de garantías o retenciones sean fijadas por la Ley en términos de proporcionalidad.

	136) Derecho a la no concurrencia de sanciones aduaneras.
	137) Derecho a los acuerdos entre la Administración tributaria y el contribuyente, en el marco de una relación cooperativa, en un procedimiento preventivo y atendiendo al perfil de riesgo fiscal del contribuyente.
	138) Derecho a que la relación cooperativa se desarrolle con pleno respeto a los derechos y garantías expuestos en esta Carta.
	139) Derecho a que el contribuyente, al que se le atribuya un comportamiento reiterado de cumplimiento y cooperación, disponga de un trato preferente en términos de facilidad en la obtención de aplazamientos y fraccionamientos y otras facilidades para el pago de los tributos.
	140) Derecho a la formulación de criterios que rijan las relaciones cooperativas, a través de Códigos de Buenas Prácticas.
	141) Derecho a que los administradores y representantes de las compañías que deban conocer los deberes fiscales de la compañía, a acreditar que han actuado de acuerdo a los protocolos y códigos internos de Buenas Prácticas.
	142) Derecho a obtener, en el marco de los foros cooperativos una cuantificación provisional de la liquidación o determinación de la deuda, a título orientativo, así como, criterios interpretativos vinculantes sobre normas tributarias, cuando se crea necesario.

En la CDC hay dos disposiciones que no tienen similar en la legislación de los Estados Unidos, y por esta razón se han dejado al margen del cuadro comparativo, para ser analizadas de forma separada:

18) Derecho a que se reconozca la desvalorización monetaria ajustando las exenciones, deducciones o escalas de la tarifa, para evitar que se produzca, al margen de la ley, un incremento (o disminución) de la carga tributaria o se graven utilidades puramente nominales por el sólo hecho del fenómeno inflacionario, a lo que se agrega que el financiamiento presupuestario del Estado con cargo a emisión monetaria importa, en su sustancialidad, el efecto equivalente a la aplicación de un tributo que recorta el poder adquisitivo de los activos en moneda que posean los contribuyentes.

99) Derecho a lo no existencia de prisión por deudas tributarias.

En Estados Unidos está permitida la depreciación de los activos, pero no contemplado el ajuste por inflación para la desvalorización monetaria de activos ni pasivos, por lo que el artículo 18 de la CDC no tiene un paralelo en la legislación de los Estados Unidos. Por otro lado, en Estados Unidos es posible que un contribuyente reciba penas de prisión por temas fiscales, especialmente por fraude y evasión fiscal siempre que se demuestre, que el contribuyente haya cometido fraude y evasión con intención, premeditación y otras demostraciones de voluntariedad. En este particular, el IRS luego de una auditoría, puede determinar una pena pecuniaria, pero además puede referir la investigación al Departamento de Justicia para una determinación de responsabilidad penal. En este caso, ambos procesos son separados, garantizando de cierta forma los derechos del contribuyente que no existan prejuicios que puedan afectar el resultado de la investigación penal que resulte en penas privativas de libertad por fraude fiscal.

CONCLUSIONES

Luego de analizar las disposiciones de la Taxpayers' Bill of Rights de los Estados Unidos de América y la Carta de Derechos de los Contribuyentes de la ILADT se puede apreciar que están basados en los mismos principios fundamentales, los cuales se traducen en la defensa de los contribuyentes frente a la administración tributaria.

Aun cuando la CDC es bastante más extensa que la TBR, se pueden resumir y enmarcar casi todas sus disposiciones y encontrar similitudes en la TBR que se ajustan a los conceptos y principios bajo los cuales fue concebida la CDC.

Existe una tendencia mundial relacionada con la protección de los derechos de los contribuyentes, ya que desde siempre se ha visto una relación bastante desequilibrada entre la administración y el contribuyente, desembocando muchas veces en un abuso de poder por parte de la administración tributaria. Aun cuando no ha sido objeto de estudio, la Unión Europea también ha publicado un documento en el que se establecen las pautas para un Modelo de Código sobre los Derechos de los Contribuyentes[36], lo cual confirma que no sólo los Estados Unidos y más recientemente Latino América a través del ILADT, han avanzado en la protección de los derechos de los contribuyentes como parte de la relación jurídico-tributaria entre la administración y el contribuyente.

Dentro de los documento analizados, no sólo se puede apreciar la protección de derechos fundamentales, como el debido proceso, tanto administrativo como contencioso, el estar informado y evitar la indefensión, confidencialidad y privacidad, no sólo en la información suministrada, sino también en el uso adecuado de la información obtenida por parte de la administración, pero también, conceptos de sistema tributario justo y adecuado, que permita a los contribuyentes el derecho a la defensa, poder enfrentarse a la administración de forma justa y sin represalias, y poder aportar las pruebas y documentación necesaria para hacer valer los derechos del contribuyente.

Por último, se tratan temas relacionados con un servicio adecuado, ser tratado con respeto y educación por parte de la administración tributaria, lo cual en primer lugar, debe ser implementado como un principio de política de Estado, respetando los valores y principios sociales, y para ello, también se requiere que los funcionarios dispongan de la educación y herramientas necesarias, además de condiciones laborales adecuadas para poder prestar servicio de calidad, y evitar así los abusos de poder y la violación de los derechos de los contribuyentes, no sólo a nivel tributario, sino derechos individuales sobre los cuales se debe basar una sociedad digna y avanzada.

---

36 Comisión Europea, Guía para un Modelo de Código para Contribuyentes Europeos. 2016-6598744.

§ 11. SANTI ROMANO EN LA REINSTITUCIONALIZACIÓN DE VENEZUELA

José Rafael Bermúdez

Escribo estas líneas con motivo del 50° aniversario de una institución dedicada al estudio y difusión del Derecho Tributario[1], en un país sin Estado de derecho. Insólita paradoja que me remite a una anécdota ilustrativa de cuánto hemos perdido desde los tiempos en que el Estado de derecho era un muro rudimentario y con grietas, pero aún nos protegía de la barbarie. Su protagonista es Lilia Ágreda Carvallo, doctora en derecho de la UCV, adscrita por más de 30 años a la Consultoría Jurídica del Ministerio de Hacienda. Ingresó como Abogado I y ascendió hasta ser Consultora Jurídica del Ministerio, cargo que ocupó durante varios lustros, hasta su retiro voluntario[2].

La doctora Ágreda lideraba el grupo de abogados del despacho ministerial responsable de las finanzas del Estado y de la administración de los tributos nacionales hasta la creación del Seniat en 1994. Estuve varias veces en su oficina, situada en el edificio Norte del Centro Simón Bolívar. La doctora Ágreda era jovial, sabía escuchar y exponía sus ideas con una sencillez que contrastaba con la relevancia de su cargo y la profundidad de sus conocimientos. Su prestigio era sólido: los partidos políticos se turnaban en el poder y así mismo se sucedían los ministros, pero la doctora Ágreda y su equipo seguían en la Consultoría Jurídica. Una tarde, al final de una reunión, mientras recogíamos documentos y carpetas, comenté una observación suya que juzgué particularmente sensata, a lo que ella replicó, sonriendo: "Mi trabajo, estimado colega, consiste, en buena medida, en impedir que el ministro haga lo que no debe hacer…".

Con tono amable y sereno, la doctora Ágreda dejó clara la convicción que orientaba sus esfuerzos. Estaba subordinada al ministro, pero eso no le impedía contrariarlo si era necesario para evitar que ejerciera atribuciones que no estaban legalmente conferidas al cargo. Sin que ello le acarreara, por cierto, el despido o alguna otra consecuencia punitiva. Aunque solo era un departamento del Ministerio, esa Consultoría Jurídica era una institución, como hubo muchas en el sector público venezolano.

En la actualidad, una observación como la de la doctora Ágreda parece inconcebible. Hoy Venezuela es un cementerio de instituciones. Las del sector privado fueron diezmadas o difícilmente subsisten, y las del Estado devinieron en marañas burocráticas que sirven al régimen sin más normas que los pareceres del *jefe*.

Se impone, para reflotar el país, mucho más que un cambio de gobierno. Será necesario reconstruir las instituciones (o, como suele decirse, *reinstitucionalizar* a Venezuela); y nadie pone en duda que se trata de una labor titánica y urgente. Por ello dedicaré estas líneas a examinar el concepto de institución; expondré la noción de institución de Santi Romano, el más influyente autor del institucionalismo jurídico clásico; y me detendré en un aspecto de su teoría del derecho que puede ser útil como referencia conceptual cuando se inicie la reinstitucionalización de Venezuela.

---

1   La Asociación Venezolana de Derecho Tributario, institución de trayectoria ejemplar.

2   Luego del retiro de la doctora Ágreda, su cargo fue asumido por la doctora Mariela Rey de Quintero, formada en esa misma consultoría.

I. EL CONCEPTO DE INSTITUCIÓN

Las instituciones permiten que las sociedades funcionen de manera predecible, lo que supo expresar Jean Monnet en pocas palabras: "Nada es posible sin personas, nada es durable sin instituciones"[3]. Pero la bondad no es consustancial a las instituciones. Muchas son esenciales y útiles, como la propiedad y el contrato, pero las hay perversas, como fue la esclavitud, y como son las estructuras de sojuzgamiento de personas que implantan los regímenes totalitarios.

Las instituciones son decisivas para modelar una sociedad y llevarla hacia el progreso o el fracaso, como lo muestran las historias recientes de Alemania y Corea, naciones artificialmente separadas hace siete décadas. Sus habitantes tenían un mismo origen, lengua y raigambre cultural. En una mitad se instituyeron democracias liberales con economías de mercado. En la otra, estados totalitarios con instituciones socialistas. Al cabo de pocas décadas, las dos partes de cada nación eran muestra patente de las diferencias entre prosperidad y pobreza.

Empleamos la palabra *institución* para nombrar realidades disímiles: *entidades locales* (universidades, fundaciones, asociaciones, sociedades mercantiles); *cargos* (la monarquía, la presidencia de la república); *entes y poderes públicos* (el Estado, el municipio, el poder judicial); *organizaciones internacionales* (la OEA, el FMI); *realidades sociales complejas* (el contrato, el matrimonio, el dinero); e incluso a *personas* (Andrés Galarraga es una institución del béisbol).

Los diccionarios no recogen con precisión esa diversidad de acepciones, y el Diccionario de la Real Academia Española no es una excepción[4]. Puede ser útil, por su amplitud, el significado que aporta el diccionario Robert, citado por Maurice Duverger en los años 50: "Instituciones: el conjunto de las formas o estructuras fundamentales de organización social, tal como son establecidas por la ley o la costumbre de un grupo humano"[5].

Las instituciones han sido definidas por sociólogos, politólogos y otros científicos sociales que las estudian desde sus distintas perspectivas. Sirve como ejemplo la definición de Douglass C. North, quien recibió en 1993 el Premio Nobel de Economía por sus estudios sobre las instituciones: "Las instituciones son las reglas del juego de una sociedad o, más formalmente, son limitaciones diseñadas por humanos que modelan las interacciones humanas, ya sean, políticas, sociales, o económicas"[6]. En otra publicación, North agrega lo siguiente:

> "[Las instituciones] Consisten en limitaciones *informales* (sanciones, tabúes, costumbres, tradiciones y códigos de conducta) y reglas *formales* (constituciones, leyes, derechos de propiedad). A lo largo de la historia, los seres humanos han diseñado instituciones *para crear orden y reducir la incertidumbre en los intercambios*. (…) Ellas evolucionan progresivamente, conectando el pasado con el presente y el futuro; en consecuencia, la historia es en gran medida una historia de

---

3   Jean Monnet, *Memoires* (Londres: Profile Books Ltd, 2015), 304.

4   *Institución*. "Del lat. *institutio, -ōnis*. 1. f. Establecimiento o fundación de algo. 2. f. Cosa establecida o fundada. 3.f. Organismo que desempeña una función de interés público, especialmente benéfico o docente. 4. f. Cada una de las organizaciones fundamentales de un Estado, nación o sociedad. Institución monárquica, del feudalismo. 5. f. Instrucción, educación, enseñanza. 6. f. pl. Colección metódica de los principios o elementos de una ciencia, de un arte, etc. 7. f. pl. Órganos constitucionales del poder soberano en la nación". *Diccionario de la Lengua Española, Real Academia Española*, consultado en https://dle.rae.es/?id=LnOUwtU.

5   Duverger adopta esa definición, complementándola así: "Las instituciones no son solamente 'formas o estructuras' de organización social; son también representaciones colectivas que siempre se valoran en alguna medida, y esa valoración constituye un elemento esencial de su eficacia. La legitimidad de una institución —es decir, su conformidad con el sistema de valores de un grupo dado (...)". Maurice Duverger, *Instituciones políticas y derecho constitucional* (Barcelona: Ariel, 1988), 32.

6   Douglass North, *Institutions, institutional change and economic performance* (Cambridge: Cambridge University Press, 2003), 3.

evolución institucional en la que el rendimiento histórico de las economías solo puede entenderse como parte de una historia secuencial [énfasis agregados]."[7]

Hay muchas otras definiciones de *institución*, usualmente amplias, lo cual se explica en las sociedades complejas por la amplia diversidad de esas "formas y estructuras fundamentales" que menciona Duverger y de esas "limitaciones diseñadas por humanos" que señala North.

Para entender las instituciones puede ser útil una clasificación introducida por Maurice Hauriou (1856-1929) hace más de un siglo. Influido por los estudios de Emile Durkheim y otros fundadores de la sociología, Hauriou fue el primero en teorizar sobre la institución desde una perspectiva jurídica, en trabajos publicados a partir de 1910[8], en los cuales distinguió entre las *instituciones cosa* y las *instituciones-persona*. Esta clasificación fue acogida por Jean-Louis Bergel[9], designando así las dos categorías: *instituciones-mecanismo, e instituciones-organismo*.

A. Las *instituciones-mecanismo* son fenómenos sociales complejos referidos a la actividad de individuos, entidades, sectores sociales, y en algunos casos, de toda la sociedad. *Suelen designarse con una palabra o frase que expresa su esencia*, como el folklore, el impuesto sobre la renta, el fútbol, el dinero, la democracia, el matrimonio y el sufragio. Por ejemplo, el dinero como institución-mecanismo es una abstracción que reúne innumerables elementos (disposiciones normativas de derecho interno y derecho internacional, hábitos de comportamiento, soportes materiales, principios de contabilidad, medios para custodiar y transferir fondos, fenómenos económicos, etc.). Dentro de las instituciones-mecanismo están las *instituciones jurídicas*, que en su mayoría forman parte de la tradición jurídica de Occidente. Así, el *Corpus Juris Civilis* realizado por encargo de Justiniano en el siglo VI, contiene instituciones que durante milenios han cimentado a las sociedades humanas (venta, donación, hipoteca, adopción, etc.).

B. Las *instituciones-organismo* son organizaciones sociales que funcionan con ciertos fines o propósitos. Se desenvuelven con algún grado de autonomía y tienen cierta permanencia: pueden evolucionar o cambiar, pero no suelen perder su esencia o identidad cuando salen sus fundadores o cambian sus miembros o dirigentes. Esas características solo ofrecen una idea preliminar de la noción de institución formulada con mayor amplitud por Santi Romano, según lo expondré más adelante.

Los abogados, por lo general, no estudiamos las instituciones de manera integral sino por parcelas, según la rama del derecho a la cual se adscribe cada tipo de entidad (el derecho administrativo se ocupa de los órganos y demás entes del Estado; el derecho civil, de las sociedades civiles y fundaciones, y así sucesivamente). Sin embargo, algunas teorías del derecho ofrecen una visión global sobre las instituciones que no encontramos en otras disciplinas jurídicas. Me refiero a las teorías institucionalistas del derecho expuestas por el ya mencionado Maurice Hauriou en Francia, y por Santi Romano[10] en Italia.

---

7   Douglass C. North, *Institutions,* Journal of Economic Perspectives Vol. 5, N° 1 (American Economic Association: 1991), 97. https://www.jstor.org/stable/1942704?seq=1#page_scan_tab_contents.

8   Eric Millard,   en B. Basdevant et M. Bouvier (eds.) Contrat ou institution, (Paris: LGDJ, 2004), 31-46. https://halshs.archivesouvertes.fr/file/index/doc-id/126017/filename/Les_theories_italiennes_de_l_institution.pdf.

9   Jean-Louis Bergel, *Théorie générale de droit* (Paris: Dalloz, 1999), 187.

10   Nacido en Palermo, Sicilia, en 1875, Romano estudió Derecho en la Universidad de Palermo, donde fue discípulo de Vittorio Emanuele Orlando (1860-1952), destacado catedrático de derecho público. Romano fue profesor de derecho constitucional y derecho administrativo, enseñó en Módena, Pisa, Milán y Roma de 1928 a 1943, y fue miembro del Consejo de Estado de 1928 a 1944.

Inspirado por las ideas de Hauriou, Santi Romano (1875-1947) elaboró una teoría del derecho centrada en la noción de institución, que incluyó en *El Ordenamiento Jurídico* (*L'Ordinamento Giuridico*), libro que suscitó gran interés en Italia al publicarse por partes en 1917 y 1918, y la segunda edición[11], aparecida en 1946, con notas donde el autor respondió a las observaciones que destacados juristas[12] formularon a la primera edición.

El Ordenamiento Jurídico es un clásico del derecho europeo del siglo XX, una "obra maestra olvidada"[13] que cobró mayor relevancia décadas después de su primera edición hace más de un siglo, como lo demuestran las fechas de sus traducciones (1963, 1975, 2008 y 2017 al español, francés y alemán, portugués e inglés, respectivamente). Su influencia se ha desplegado principalmente en cuatro áreas: (a) en los estudios sobre el concepto de derecho y el sistema jurídico; (b) en los trabajos sobre el derecho internacional y las relaciones entre los distintos ordenamientos; (c) en las doctrinas sobre las fuentes del derecho y el pluralismo jurídico; y (d) en las nuevas teorías institucionales del derecho que se han venido elaborando a partir de la publicación en 1986 de la teoría institucional del derecho de Neil MacCormick y Ota Weinberger.[14]

El libro de MacCormick y Weinberger reavivó el interés por el estudio de las instituciones. Como resultado, el institucionalismo es una de las corrientes del pensamiento jurídico que más atención han generado[15] desde las últimas décadas del siglo XX, en las cuales han proliferado nuevas teorías y campos de investigación.[16] Como lo apunta Carla Faralli, se han disuelto gradualmente las escuelas y orientaciones consolidadas, "razón por la cual no es muy útil, por ejemplo, la distinción clásica entre iusnaturalismo, iuspositivismo y realismo jurídico que durante mucho tiempo nos ha permitido orientarnos entre las posiciones de los diversos autores, aunque a veces de una manera algo esquemática y forzada."[17]

II. LA INSTITUCIÓN, SEGÚN SANTI ROMANO

La teoría de Santi Romano se centra en la institución como organización, coincidiendo con la *institución-organismo* antes referida. Romano define la institución como *todo ente o*

---

11 Santi Romano, *L'Ordinamento Giuridico* (Florencia: Sansoni, 1946). https://www.scribd.com/document/39-8152802/Ordinamento-Giuridico-Santi-Romano.

12 En la segunda edición, Romano responde a observaciones de Norberto Bobbio, Giuseppe Capograssi, Giorgio Del Vecchio, A. Giannini, M.S. Giannini, Vittorio Emanuele Orlando y Guido Zanobini, entre otros. *V.* Sebastián Martín-Retortillo, *La doctrina del ordenamiento jurídico de Santi Romano y algunas de sus aplicaciones en el campo del Derecho administrativo. Revista de Administración Pública*, N° 39, 39-77. http://www.cepc.gob.es/publicaciones/revistas/revistaselectronicas?IDR=1&IDN=39&IDA=22241.

13 Filippo Fontanelli, *Santi Romano and L'ordinamento giuridico: The Relevance of a Forgotten Masterpiece for Contemporary International, Transnational and Global Legal Relations* (Transnational Legal Theory, 2011) 67-117. https://www.academia.edu/1078198/Santi_Romano_and_Lordinamento_giuridico_The_Relevance_of_a_-Forgotten_Masterpiece_for_Contemporary_International_Transnational_and_Global_Legal_Relations.

14 Neil MacCormick y Ota Weinberger, *An institutional theory of law* (Dordrecht: D. Reidel Publishing Company, 1986).

15 Martin Loughlin, *Santi Romano and the Institutional theory of law,* en Santi Romano, *The legal order*, traducción de Mariano Croce (Oxon: UK, 2017). Introducción. Edición digital en Apple Books.

16 Análisis económico del derecho, estudios críticos del derecho, pluralismo jurídico, derecho administrativo global, teorías sobre derecho y literatura, género y orientación sexual, multiculturalismo, bioética, tecnologías informáticas, etc.

17 Carla Faralli, *La filosofia del diritto contemporanea. I temi e le sfide* (Bari: Editori Laterza, 2015), Introduzione, Kindle Edition.

cuerpo social[18] cuyas características fundamentales describe en párrafos extensos que intentaré resumir a continuación:

1. La institución es una *organización social* cuya naturaleza puede ser aclarada con una sola palabra: *organización*[19]. Esta organización puede ser compleja o sencilla, y no tiene que ser jerárquica[20]. Es, además, "una manifestación de la naturaleza social y no puramente individual" de los seres humanos. Puede consistir en una unión de personas (pensemos en las sociedades) o puede tener un sustrato distinto (una fundación, un ministerio, un órgano o agencia gubernamental). *Puede haber, además, instituciones sin personalidad jurídica propia*, puesto que las personas jurídicas son "una especie de un género más amplio, el de las instituciones."[21]

2. La institución "debe tener existencia objetiva y concreta". Aunque solo tenga bienes inmateriales, su individualidad "debe ser exterior y visible."[22] Por ello quedan excluidas las que antes denominamos *instituciones-mecanismo*, pues sus elementos no tienen existencia concreta y solo se agrupan de manera abstracta. (Por ejemplo, la donación y la venta, así como las agrupaciones que no conforman una unidad, como la prensa o la banca.)

3. La institución tiene bordes que la singularizan. Puede considerase en sí misma y por sí misma, pues tiene su propia individualidad[23]. La institución tiene autonomía, pero esta no es necesariamente absoluta, puede ser parcial o relativa. Así, las instituciones pueden tener relaciones de simple coordinación o de subordinación (la entidad superior puede tener instituciones subordinadas); y la subordinación puede variar según su grado de integración dentro de una estructura más amplia. Como ejemplo, Romano se refiere al Estado, institución que integra otra más amplia —la comunidad internacional— y que, al mismo tiempo, contiene otras instituciones, "como los entes públicos subordinados, los municipios, las provincias, incluso sus distintos órganos". Así, son instituciones "los llamados poder legislativo, judicial y administrativo, en cuanto son unidades formadas por distintos oficios relacionados entre sí; también los establecimientos, cuya estructura se ha perfilado de modo especial en el derecho administrativo, como las escuelas, las academias científicas, los establecimientos de todo género, etc."[24]

4. La institución "es una unidad delimitada y permanente", que no pierde su identidad (al menos, no necesariamente) cuando cambian sus elementos concretos (las personas que la integran, su patrimonio, medios, intereses, destinatarios de sus bienes o servicios, sus normas, etc.). Además, puede renovarse "continuando siendo la misma y manteniendo siempre su propia individualidad; de aquí la posibilidad de considerarla como un ente en sí mismo independiente (…)."[25]

Como se desprende de lo anterior, Romano concibe las instituciones de manera muy amplia. Es institución *cualquier ente* que tenga las siguientes características fundamentales: (a) es un ente o cuerpo *social*; (b) tiene existencia *objetiva, concreta, exterior y visible*, aunque solo tenga bienes inmateriales; (c) es una *organización*, y esto implica lo siguiente: (i) *personas humanas* forman parte de ella o están vinculadas a ella con algún rol, responsabilidad

---

18 Romano, Santi, *El Ordenamiento Jurídico*, traducción de Sebastián Martin-Retortillo y Lorenzo Martín-Retortillo (Madrid: Editorial Reus, Madrid, 2012), 100.

19 Romano, *El Ordenamiento…*, 106.

20 Sostiene Massimo La Torre: "Cabe señalar que Romano no concibe la organización únicamente como una organización jerárquica" y por ello afirma que la comunidad internacional es el más amplio de los ordenamientos jurídicos. Massimo La Torre, *Law as Institution* (Dordrecht: Springer, 2010) Apple Books. https://books.apple.com/us/book/law-as-institution/id434073007.

21 Romano, *El Ordenamiento…*, 103.

22 Romano, *El Ordenamiento…*, 101.

23 Romano, *El Ordenamiento…*, 104.

24 Romano, *El Ordenamiento…*, 104.

25 Romano, *El Ordenamiento…*, 105.

o actividad (funcionarios, fundadores, socios, accionistas, miembros, empleados, mandatarios, voluntarios, etc.); (ii) tiene *fines*; (iii) *tiene normas*, que pueden ser externas a la organización y se aplican a ella, o normas internas (que pueden ser formales o informales), *pero estas normas solo son medios o manifestaciones de la institución;*[26] (c) tiene *autonomía*, que puede ser parcial: la institución puede estar subordinada a otras instituciones o formar parte de ellas. Por ejemplo, el poder ejecutivo de un Estado es una institución, y también los ministerios que lo integran; a su vez, los órganos o departamentos que forman parte de un ministerio pueden ser instituciones, si tienen cierto nivel de autonomía y reúnen las demás características aquí expuestas; y (d) tiene algún grado de *continuidad y permanencia*, de manera que *su identidad no suele perderse cuando salen las personas* que en algún momento la integran o cambian otros elementos que la conforman.

Se ha observado que Santi Romano no establece un criterio para determinar qué grado de organización se requiere para que exista una institución, es decir, cuándo comienza una entidad a ser ordenada u organizada.[27] A mi manera de ver, esa falta de claridad es comprensible. Hauriou fue el primer jurista que teorizó sobre la institución, y Romano el segundo, hace más de un siglo. Ambos pisaban un terreno hasta entonces inexplorado por la ciencia jurídica. Cien años después, la noción de institución continúa siendo vaga, lo cual se explica por la diversidad y complejidad de las sociedades contemporáneas. No es fácil trazar una línea conceptual que permita determinar, en la práctica, si una entidad específica es una institución. Tampoco es fácil detectar cuándo una institución deja de ser institución, porque perdió alguna de las características antes expuestas (lo que puede ocurrir, por ejemplo, si ella incumple reiteradamente sus propias reglas; o perdió la autonomía que le corresponde según su naturaleza, pues funciona según las órdenes de algún partido político o de un jerarca ajeno a la institución). En otras palabras, no es fácil aplicar un *test* con casillas "todo o nada" para determinar si una organización es una institución.

Visto el concepto de institución de Santi Romano, haré referencia a su concepto de derecho, que me parece muy útil para un país que necesita reinstitucionalizarse.

III. EL CONCEPTO DE DERECHO DE SANTI ROMANO

Romano señala dos significados de la palabra "derecho". El *primero* designa una norma, o conjunto de normas concretas, reagrupadas con arreglo a su objeto común, o a la fuente de la cual derivan (ley, costumbre, código, etc.). En este caso, es exacto decir que el derecho es un conjunto de normas[28].

El *segundo* se refiere a "todo el ordenamiento jurídico de un ente determinado: por ejemplo, cuando se habla del Derecho italiano o del Derecho francés, del Derecho de la Iglesia, etc., comprendiéndolos en su respectiva totalidad"[29]. Con respecto a este segundo significado, Romano discrepa de las teorías normativistas que forman parte del positivismo iniciado en el siglo XIX, que definen el ordenamiento jurídico como un conjunto de normas. En opinión de Romano, ese concepto es insuficiente, pues *el derecho, entendido como ordenamiento jurídico, es una unidad concreta y efectiva, algo distinto de las normas que lo integran*.

En opinión de Romano, no puede tenerse un concepto adecuado de las normas, sin explicar previamente el concepto unitario de ordenamiento jurídico, del mismo modo que no se puede tener una idea exacta de los distintos órganos del ser humano o de las ruedas de una

---

26 Romano, *El Ordenamiento...*, 84.

27 *Vid.* por ejemplo, Guido Fassò, *Historia de la filosofía del derecho*, traducción de J.F. Lorca Navarrete (Ediciones (Madrid: Ediciones Pirámide, 1996) vol. 3, 236.

28 Romano, *El Ordenamiento...*, 76.

29 Romano, *El Ordenamiento...*, 76.

máquina, si no se explica primero qué es un ser humano o qué es esa máquina.[30] En otras palabras, definir el derecho como un conjunto de normas equivaldría a definir al ser humano diciendo que es un conjunto de órganos o que una máquina es un conjunto de piezas. Por ello, cuando se habla del derecho italiano o del derecho francés, no se piensa solamente en reglas o en colecciones de leyes y decretos, se piensa en "algo más dinámico y vital: *en la compleja y variada organización del Estado italiano o francés; en los numerosos mecanismos o engranajes, en las relaciones de autoridad y de fuerza que producen, modifican, aplican y garantizan las normas jurídicas, pero que no se identifican con ellas* [énfasis agregado]."[31]

Para Romano, el concepto de derecho tiene relación con el concepto de sociedad y contiene la idea de orden social, pues no existe sociedad en el sentido propio del término, sin que en ella se manifieste el fenómeno jurídico (*ubi societas ibi ius*).[32] Ese orden social establecido por el derecho no viene determinado por la existencia de normas, pues "el derecho antes que ser norma, antes que implicar una simple relación o una serie de relaciones sociales, es sobre todo *organización, estructura*, posición de la sociedad misma en la que se desarrolla, y que precisamente el derecho constituye como unidad, como ente con sustantividad propia [énfasis agregado]."[33]

Desde la perspectiva de Romano, el derecho no solo está constituido por normas, sino por la entidad misma que establece las normas, esto es, por la institución. Por su parte, las normas solo son "una manifestación [del derecho], una de sus distintas manifestaciones, un medio con el cual se hace valer el poder de aquél *yo* social"[34] (se refiere a la institución como *ser* social). Como puede verse, Romano considera que las normas tienen un rol secundario: son voces mediante las cuales la institución actúa y alcanza sus fines[35].

> En línea con lo anterior, Romano expone su propio concepto de derecho: "(…) el concepto que nos parece necesario y suficiente para expresar en términos exactos el concepto de derecho como ordenamiento jurídico, considerado global y unitariamente, es el concepto de institución. Cada ordenamiento jurídico es una institución e, inversamente, toda institución es un ordenamiento jurídico; la correspondencia entre estos dos conceptos es necesaria y absoluta."[36]

De esa manera, Romano postula que el derecho y la institución son la misma cosa, y lo reitera: "...*entre el concepto de institución y el de ordenamiento jurídico*, considerado unitaria y globalmente, *existe una perfecta identidad*" [énfasis agregado].[37] De lo cual se deduce que "existen tantos ordenamientos jurídicos como instituciones".) Por consiguiente, las instituciones no son organizaciones que producen el derecho, las instituciones *son* el derecho.

El concepto de derecho de Santi Romano fue insólito hace un siglo, y aún sigue siéndolo. En efecto, poner las normas en un segundo plano y sostener que el derecho es un conjunto de instituciones, supone un giro radical en la forma de entender el derecho. La teoría de Romano es contraria a la tesis de Hans Kelsen (seis años menor que Romano), máximo exponente del positivismo jurídico normativista, quien entiende el derecho como un sistema

---

30 Romano, *El Ordenamiento*..., 77.

31 Romano, *El Ordenamiento*..., 80.

32 Romano, *El Ordenamiento*..., 90.

33 Romano, *El Ordenamiento*..., 92.

34 Romano, *El Ordenamiento*..., 92.

35 Romano, *El Ordenamiento*..., 85.

36 Romano, *El Ordenamiento*..., 92.

37 Romano, *El Ordenamiento*..., 99.

coactivo de normas[38] e identifica al derecho con el Estado, al cual atribuye el monopolio de la producción de normas jurídicas. En sentido contrario, Romano concibe el derecho como un sistema de instituciones y reconoce la pluralidad de los ordenamientos jurídicos. Las teorías pluralistas, ampliamente difundidas en las últimas décadas, dan cuenta del derecho no estatal que producen actores privados (derecho de pueblos indígenas, derecho deportivo internacional, derecho de pueblos indígenas, *lex mercatoria* en sus diversas manifestaciones, etc.), y del derecho emanado de instituciones internacionales directa o indirectamente creadas por los Estados (UE, OMC, etc.).

No son pocos los autores que por distintas razones han discrepado de las ideas de Romano, y sin embargo reconocen la importancia de su contribución al pensamiento jurídico contemporáneo. Guido Fassò, por ejemplo, formuló objeciones a algunos puntos expuestos por Romano, y sin embargo escribió:

> "[Romano] influyó en nuevas y fecundas corrientes de la ciencia jurídica, e influyó eficazmente en la remoción del dogma de la estatalidad del Derecho, principal secuela del positivismo jurídico del siglo XIX, derivado históricamente del carácter centralista del Estado moderno, y en concreto, napoleónico. Y reafirmó, en contra, el principio de la pluralidad de los ordenamientos jurídicos (…) y se abrió la vía a una visión del Derecho, no ya como norma, sino más bien como una única clase de norma, pero como actividad. Actividad no limitada a un ámbito no restringido, sino extendida a muchos aspectos de la vida humana (e incluso podría decirse que a todos)."[39]

La traducción al inglés de *L'Ordinamento giuridico*, realizada por Mariano Croce, fue publicada en 2012 (95 años después de su primera edición en italiano). Antes de esa publicación, Jan Paulsson escribió:

> "*L'Ordinamento giuridico* se mantuvo como un secreto italiano durante medio siglo, hasta que aparecieron las traducciones al español, al francés y al alemán. [Romano] Fue un adversario digno de Kelsen, quién terminó en Berkeley, publicando largas obras en inglés durante muchos años. Romano nunca dejó Italia y escribió en su idioma nativo. Es una pérdida considerable para el mundo anglófono."[40]

IV. DE LA TEORÍA DE ROMANO A LA REALIDAD VENEZOLANA

Repasemos ahora lo que ocurre en nuestro país. Las *instituciones privadas* han sido arrasadas o apenas sobreviven, tratando de mantenerse a flote. En muchos casos, el régimen eligió con saña a las víctimas y las abatió con un variado arsenal: no renovación de concesiones, "migraciones" a empresas mixtas, procedimientos sancionatorios con multas desmedidas, y confiscaciones que se nombraron con eufemismos (expropiación, ocupación, intervención, reversión, cierre de instalaciones, etc.). En otros casos, la agresión no se dirigió contra ninguna institución en particular, pues se quiso pulverizar toda la economía (creación de dinero inorgánico, controles cambiarios, controles de precios, protección desmedida a los deudores hipotecarios y arrendatarios, etc.).

La destrucción de las *instituciones públicas* fue paralela. Por ejemplo, Petróleos de Venezuela, S.A. (PDVSA) conserva su sede. Allí recibe la correspondencia. Pero la institución ya no está allí –ni en ninguna otra parte– porque *ella no es el edificio que la alberga sino la idea rectora que daba cuerpo a su existencia*. Esa y muchas otras instituciones públicas fueron destruidas detrás de un telón de opacidad que impidió el control ciudadano y la más

---

38   Como bien se conoce, Hans Kelsen definió el derecho como un sistema o conjunto de normas escalonadas jerárquicamente; la validez de cada una de esas normas deriva de una norma superior, y así sucesivamente, hasta llegar hasta llegar a la *gründnorm*, norma básica que fundamenta la validez de la constitución.

39   Fassò, Historia..., 237.

40   Fontanelli, *Santi Romano...*, 116.

elemental rendición de cuentas. Al someter los distintos poderes y entes del Estado a una sola voluntad, se eliminaron contrapesos y contralorías, sin los cuales no pueden existir un Estado de derecho, y se allanó el camino para incontables formas de corrupción, amparadas por la impunidad.

Ante la necesidad de reconstruir a Venezuela, resulta útil, como herramienta conceptual, la teoría institucionalista de Romano, que encuentra en las instituciones la esencia del derecho y del ordenamiento jurídico. *Si el derecho es un conjunto de instituciones, destruir las instituciones es lo mismo que destruir el derecho*, lo cual ocurrió y sigue ocurriendo en Venezuela, un país sin Estado de derecho.

Pero esa idea funciona también a la inversa, en sentido positivo: si el derecho es un conjunto de instituciones, *para construir el derecho será necesario construir instituciones*. Esto adquiere especial sentido en nuestros días, visto que *de nada sirven las normas, si las instituciones públicas no las cumplen y no hacen que se cumplan*. De allí deriva otra conclusión: *la realidad no se cambia con normas, se cambia con instituciones*. Por esa razón, construir a Venezuela es construir sus instituciones.

La Consultoría Jurídica del Ministerio de Hacienda en los años 80 y buena parte de los 90, estaba estructurada para lograr que los ministros y demás funcionarios del despacho actuaran dentro del marco trazado por el ordenamiento jurídico. Esa consultoría estaba subordinada al titular del despacho, pero era una institución en sí misma. Ahora, tras dos décadas de derrumbe institucional, los venezolanos valoramos algo que para cualquier sociedad pasa desapercibido porque lo da por hecho, por ganado. Las instituciones de nuestro país fueron abatidas, pero la ciudadanía ha resuelto mantenerlas a salvo en su espíritu. Es como una comunidad que ve asolada la siembra de la cual se alimentaba y, en vez de olvidarla, la preserva en su memoria para replantarla en cuanto tenga la oportunidad.

El pueblo venezolano ha vivido el desgarramiento de su tejido institucional y, en vez de ceder a la postración anímica o claudicar en sus aspiraciones, se ha fortalecido. Exhaustos de enfrentar el caos y la injusticia, hemos, sin embargo, reforzado nuestra determinación democrática. Hoy, más que nunca, sabemos que el poder debe tener límites, y que las normas son letra muerta si no reposan sobre entramados institucionales sólidos como faros, que siguen en pie tras el paso de las tormentas. Aguardamos con impaciencia ese amanecer.

Caracas, mayo de 2019.

REFERENCIAS

Bengoetxea, Joxerramon, *Teoría institucional del derecho,* Enciclopedia de Filosofía y Teoría del Derecho, Jorge Luis Fabra Zamora y Álvaro Núñez Vaquero, eds., México: Instituto de Investigaciones Jurídicas de la UNAM, 2015.

Bergel, Jean-Louis, *Théorie générale de droit*, Paris: Dalloz, 1999.

Duverger, Maurice, *Instituciones políticas y derecho constitucional*, Barcelona: Ariel, 1988.

Faralli, Carla, *La filosofia del diritto contemporanea. I temi e le sfide*, Bari: Editori Laterza, Bar2015.

Fassò, Guido, *Historia de la filosofía del derecho*, traducción de J.F. Lorca Navarrete, Madrid: Ediciones Pirámide, 1996.

Fontanelli, Filippo, *Santi Romano and L'ordinamento giuridico: The Relevance of a forgotten masterpiece for contemporary international, transnational legal theory, transnational and global legal relations* https://www.academia.edu/1078198/Santi_Romano_-

and_Lordinamento_giuridico_The_Relevance_of_a_Forgotten_Masterpiece_for_Contempo
rary_International_Transnational_and_Global_Legal_Relations.

La Torre, Massimo, *Law as Institution*, Dordrecht: Springer, 2010. Apple Books.
https://books.apple.com/us/book/law-as-institution/id434073007.

Loughlin, Martin, *Santi Romano and the Institutional theory of law*, en Santi Romano,
The legal order, traducción de Mariano Croce, Oxon: UK, 2017.

MacCormick, Neil y Weinberger, Ota, *An institutional theory of law*, Dordrecht: D. Reidel Publishing Company, Dordrech, 1986.

Martín-Retortillo, Sebastián, *La doctrina del ordenamiento jurídico de Santi Romano y
algunas de sus aplicaciones en el campo del Derecho administrativo*. Revista de Administración Pública, N° 39. http://www.cepc.gob.es/publicaciones/revistas/revistaselectro-
nicas?IDR=1&IDN=39&IDA=22241.

Millard, Eric. *Sur les théories italiennes de l'Institution*, en B. Basdevant et M. Bouvier.
Contrat ou institution, un enjeu de société, Paris: LGDJ, 2004.

Monnet, Jean, *Memoires*, Londres: Profile Books Ltd, 2015.

North, Douglass C., *Institutions*, American Economic Association, Journal of Economic
Perspectives, Vol. 5, N° 1, 1991 American Economic Association, 1991.
https://www.jstor.org/stable/1942704?seq=1#page_scan_tab_contents

North, Douglass, *Institutions, institutional change and economic performance*, Cambridge: Cambridge University Press, 2003.

Romano, Santi, *El Ordenamiento Jurídico*, traducción de Sebastián Martin-Retortillo y
Lorenzo Martín-Retortillo, Madrid: Editorial Reus, Madrid, 2012.

Romano, Santi, *L'Ordinamento Giuridico* (Florencia: Sansoni, 1946)
https://www.scribd.com/document/398152802/Ordinamento-Giuridico-Santi-Romano.

§ 12. DEMOCRACIA, LIBERTAD, PROPIEDAD Y TRIBUTACION

Leonardo Palacios Márquez [1]

"El precio de la libertad es la eterna vigilancia"
Thomas Jefferson

I.   INTROITO. LA AVDT VIGILANTE DE LA LIBERTAD

Iniciamos estas reflexiones inspirados en la célebre frase atribuida al tercer presidente norteamericano Thomas **JEFFERSON**: "El precio de libertad es la eterna vigilancia"[2], anclados en la convicción que una política seria de racionalización del sistema tributario no resulta eficaz y viable sin un gobierno que la diseñe, impulse y ejecute dentro de un esquema institucional y desenvolvimiento político sujeto al Estado de Derecho y, muy especialmente, respetuoso de los derechos fundamentales de la libertad y la propiedad.

No está dado ni resulta permisible a una organización académica como la *Asociacion Venezolana de Derecho Tributario (AVDT)*, centrada en el estudio y divulgación del Derecho de manera científica con métodos abiertos e inclusivos para el análisis y debate de la política fiscal, aunque de manera centrada y especializada en el Derecho tributario, estar ajena al entorno en que se desenvuelve. Máxime, si ese entorno evidencia el transcurso del tiempo en un reloj que marca el acontecer que lo condiciona en horas aciagas de una sociedad, que experimenta su descomposición, enfrentando el derrumbe de la institucionalidad que se ha dado en virtud de la aprobación de su estatuto constitutivo, que abarca la forma de gobierno para ejercer el poder que se considera más adecuada para su desarrollo, la consecución de los fines y cometidos inmanentes al sistema democrático, la estructura y tipo de Estado que le da conformación, el marco de las relaciones entre éste y los ciudadanos, la naturaleza y fuente del régimen político que la rige, la legitimidad y sus implicaciones, los medios correctivos de las anomias políticas surgidas en su seno, entre otros tópicos.

La *AVDT* durante su cincuentenaria existencia ha estado vigilante de los derechos fundamentales del contribuyente cimentados en la libertad y la propiedad; no ha permanecido ajena a los grandes hechos que demarcan e impregnan el recorrido institucional republicano: propuestas aisladas de políticas fiscales; reformas tributarias sistemáticas como las efectua-

---

1   Presidente del Consejo Directivo de la Asociación Venezolana de Derecho Tributario (2015-2019).

2   Es una frase que fue recurrente en los discursos del ex Presidente Rómulo BETANCOURT, reflejo de una oratoria amplia y ampulosa. Así, por ejemplo, en discurso televisado el 9 de abril de 1964, antes de iniciar un largo viaje hacia Estados Unidos y otras naciones de África y Asia, que recién había adquirido para la época su soberanía, expresó: "No se hubiera podido lograr la hazaña de estabilizar la democracia tan acechada si no hubiera habido por el concurso para defender las instituciones que el mismo pueblo se dio. De todos los estamentos sociales deben estar alertas para seguir respaldando y apoyando al régimen democrático. *Hay una frase ajena que repito porque la conceptuó muy exacta: "el precio de la libertad es una eterna vigilancia".* Eso es más cierto en un país como el nuestro, dotado por la naturaleza de extraordinarias riquezas naturales, un país de tal calidad está expuesto a la ambición de los aventureros, que conceptúan al poder como un botín. Tengo mucha fe en el pueblo de Venezuela en sus Fuerzas Armadas, que es el pueblo en uniforme, pero quiero insistir, con la terquedad que el pueblo venezolano me conoce, en que en la defensa de sus libertades el pueblo de mantenerse en actitud de vela y de alerta permanente". (BETANCOURT, Rómulo, *Antología política*, Volumen séptimo 1959-1964, Fundación Rómulo Betancourt, Caracas, 2007, p. 437).

das entre 1989 y 1992; o aquellas producto de la preocupación de hacer frente a crisis finan-cieras y ejecutadas en el marco de leyes habilitantes (1993 y 1994); proceso constituyente de 1999 o refrendarios de propuestas de reformas constitucionales (2007); manifestaciones que vacían el contenido concreto de los derechos fundamentales consagrados en la Ley Su-prema, como el dictado de reformas antijurídicas del Código Orgánico Tributario en 2014 y las experimentadas en la Ley de Impuesto sobre la Renta en los años 2014 y 2015; las per-versiones continuas del régimen de reexpresión de la Unidad Tributaria mediante la burda e inconstitucional manipulación o falencia en el empleo de la metodología indiciaria medición de la inflación; el irracional régimen de anticipos de los impuestos sobre la renta y el valor agregado para los contribuyentes especiales de 2018, entre otros muchos actos del Poder Público y politicas públicas (fiscal, tributarias y de administración tributaria) que han sido objeto de análisis crítico.

Hemos afirmado, al delinear un marco referencial existencial de nuestra homenajeada ins-titución, que

> La *AVDT* desde sus comienzos ha transitado los derroteros iniciales que sus fundadores traza-ron en medio de una vivencia plena de realización del Estado de Derecho y sus implicaciones, aun dentro de un incipiente desarrollo tributario en Venezuela. Corrían los años de desempeño de la institucionalidad democrática que se venía consolidando a pesar de los esfuerzos endógenos y exógenos, que respondían a signos ideológicos de índole política de diferentes y extremas tenden-cias, en corroer las bases incipientes de sustentación, resultantes de una visión de largo plazo para el rescate del régimen de libertades públicas. El período inicial de ejecución de la Constitución de 1961, en la que se fue diseñando una estructura funcional al régimen de libertades públicas"[3].

La *AVDT* siempre ha preconizado diversos escenarios, a partir de la premisa esencial de una visión unívoca y progresiva de la consagratoria de los derechos fundamentales, su carácter supraconstitucional[4]

Así por ejemplo, de manera abierta, lo hizo al avalar la ponencia nacional presentada por Venezuela en las XX Jornadas Latinoamericanas de Derecho Tributario[5] y al votar las re-comendaciones del Tema I "Derechos humanos y tributación" en las que se expresaba:

> "2. Los tratados y convenios internacionales de derechos humanos deberán tener en los orde-namientos jurídicos internos, preeminencia sobre el derecho nacional"

---

3   PALACIOS MÁRQUEZ, Leonardo, Prólogo por la AVDT, en ABACHE CARVAJAL, Serviliano y ATENCIO VALLADARES, Gilberto, *Los nuevos retos de la fiscalidad internacional*, AVDT/AMDF, MÉXICO, 2018. P.

4   Este carácter de supraconstitucionalidad, que hemos propugnado tanto en las XX Jornadas Latinoamericanas de Derecho Tributario de 2000 como en las Jornadas Nacionales de Derecho Tributario en 2012, también ha sido expuesta en el discurso político en Venezuela, décadas atrás.

Así, por ejemplo, en un ensayo inédito del ex Presidente de la República Rómulo BETANCOURT, de reciente publicación, expresa lo siguiente:

El carácter supraconstitucional de los derechos humanos lo niegan las dictaduras, y reclaman plena autonomía para hacer lo que le venga en gana dentro del territorio bajo su mando. Asesinar, encarcelar, atropellar derechos, negar libertades, exhibiendo como bruñido escudo, un ruidoso anticomunismo [antimperialismo] como parapeto la doctrina de la no intervención.

BETANCOURT, Rómulo, *Venezuela y Cuba en el turbión del Caribe (La promesa y los hechos)*, trabajo inédito incluido como apéndice en OROPEZA, Luis José, *La doctrina Betancourt, una alternativa para Venezuela*, Midd-le, USA, 2018, p. 169.

5   PALACIOS MARQUEZ., Leonardo, *Derechos Humanos y tributación*, INSTITUTO LATINOAMERICA-NO DE DERECHO TRIBUTARIO, en Memorias de las XX Latinoamericanas, Salvador de Bahía, Brasil, 2000, pp. 469-528.

"3. La norma constitucional posterior no puede derogar la norma de derecho internacional de derechos humanos previamente constitucionalizada, a menos que la norma internacional pierda vigencia" [6].

Esa firmeza acusada llevó a la delegación de Venezuela a enfrentar, académica y respetuosamente, la posición de Uruguay conforme a la cual las recomendaciones transcritas no debía aprobarse por entender,

> que el tema referido en la misma trasciende la materia tributaria, siendo de materia específica del Derecho Internacional Público y del Derecho Constitucional, en cuyas disciplinas, por su parte existen discrepancias al respecto, al punto que varias Constituciones (entre ellas la de Uruguay) no recogen la solución que se propone [7].

La visión integral del ordenamiento es la premisa de cualquier interpretación que realice el operario jurídico, más cuando se trata de velar y exigir la eficacia, como en esta oportunidad, de la *«soberanía de la Constitución»*, entendida ante todo y sobre todo, en expresión de **PÉREZ ROYO**, como su supremacía "sobre todos los poderes constituidos sin excepción, esto es, regularidad de la actuación de estos últimos en la medida en que adecuan su conducta a las normas previstas en la Constitución" lo cual impone a su juicio "una adecuada compresión y valoración"[8]

En este orden de ideas, conforme a lo expresado por el profesor de la Universidad de Sevilla, no hay, pues, poder u órgano del Estado, en el que resida la soberanía. Existe, ciertamente, una gradación entre los diferentes órganos del Estado según la inmediatez mayor o menor de su legitimación democrática y, desde este punto de vista resulta indiscutible el poder legislativo "(…) es el órgano más próximo a la «voluntad general» y, por tanto, el «órgano constituido» más legitimado democráticamente, con un margen más amplio que los demás para tomar decisiones"[9].

Con aval de lo expresado por el citado autor indicado, afirmamos que se nos exige ser celosos guardianes de la vigencia plena del Estado de Derecho, haciendo labor de mantenimiento reflexivo y crítico de sus pilares: sometimiento de los órganos de Poder Público que derivan de su distribución vertical y horizontal, bajo el amparo de los criterios federativo o territorial y funcional, respectivamente que conducen a un separación en el marco de la colaboración, la sujeción al derecho y el control cruzado de sus actuación; la consagratoria de los derechos fundamentales y la tutela judicial efectiva de los mismos.

II.   LA CRISIS E IMPLOSIÓN DEL ESTADO DE DERECHO Y LOS DERECHOS FUNDAMENTALES DEL CONTRIBUYENTE

La crisis política venezolana, de amplio espectro y expresión multiforme en cuanto a las áreas en que se desarrolla y las causas que la origina y refleja, ponen en cruenta evidencia la inconveniencia y antijuridicidad de políticas públicas que incidieron en su desarrollo, aceleraron gravemente el proceso de deslegitimación y evidencian la ausencia de sustentación constitucional que hace irrealizable el diseño de sociedad y Estado plasmado en la Constitución de 1999, ya de por si controversial en cuanto a que fue el resultado de un cuerpo constituyente que proyectó una visión parcial, monocromática y sectaria que impregnó el debate y derivó en una controvertida vigencia, a partir de una acusada abstención que marcó la vía refrendaria.

---

6   INSTITUTO LATINOAMERICANO DE DERECHO TRIBUTARIO, Estatutos/Resoluciones, Montevideo, 2004, p. 156.

7   *Ibíd.* pp. 158-159.

8   PÉREZ ROYO, Javier, *Curso de Derecho Constitucional*, Marcial Pons, Madrid, 2012, p. 137.

9   *Ibíd.*, p. 138.

Adicionalmente, no debe preterirse el hecho que en la oportunidad en que el Proyecto de Constitución de 1999 fue sometimiento a referendo, un sector importante nos opusimos abiertamente a su aprobación, por anticipar las implicaciones y derivaciones totalitarias que se creaban a partir de un esquema de pretendida renovación del Poder Público, que fue paulatinamente conduciendo al secuestro de sus órganos de conformación, lo que ha llevado a la etapa avanzada de riesgos a los que nos hemos venido exponiendo, reflejados en la pérdida de las libertades públicas; circunstancias que no son desconocidas por la comunidad internacional.

Los ciclos autoritarios en nuestra historia vuelven a repetirse; la actual coyuntura nos lleva al final de 1957 y comienzos de 1958, cuando muchas instituciones de la sociedad civil se pronunciaron, exigiendo la vuelta inmediata a la legalidad democrática, a la recuperación de la institucionalidad del sistema democrático y el respeto de los derechos fundamentales.

Así, por ejemplo, un destacado grupo de miembros del Colegio de Abogados del Distrito Federal de aquel entonces, juzgaban que "la recuperación de la vida constitucional de la Nación y tranquilidad de la familia venezolana han de lograrse mediante la satisfacción de la siguientes aspiraciones colectivas":

> PRIMERO: El respeto a las garantías individuales en forma tal que queden plenamente aseguradas y preservadas contra los actos arbitrarios de autoridad.
>
> SEGUNDO: La eliminación de todos aquellos procedimientos por medio de los cuales se ha venido negando a los ciudadanos el ejercicio de sus elementales derechos, en especial de la seguridad individual, libertad de expresión e inviolabilidad del hogar. En consecuencia, deben ser devueltos al disfrute de la libertad los detenidos o encarcelados por motivos políticos, y restituidos al seno de la Patria los exilados o desterrados por los mismos motivos.
>
> TERCERO: La reintegración de los valores espirituales y morales de la Nación; y el emplazamiento de un clima propicio al libre desenvolviendo de las actividades cívicas, culturales, pedagógicas, docentes y universitarias.
>
> CUARTO: Consideramos que es indispensable la libre expresión de la voluntad popular en la escogencia de los legítimos representantes de los Poderes Públicos[10].

Este manifiesto puede reproducirse y suscribirse 61 años después de su publicación, quizás haciendo hincapié en la denuncia explícita a la violación de los derechos de propiedad, la libertad económica, al derecho al buen gobierno, la irracionalidad del sistema tributario, entre otros de nomenclatura específica de acuerdo a la evolución y definición conceptual de los derechos esquematizados en generaciones, dentro de la esencia propia del Estado de Derecho sin ningún adjetivo calificativo que tergiverse su esencia.

La crisis que se acentúa por el empeinamiento inconstitucional del desconocimiento de la soberanía de la Constitución de 1999, expresado en la negación de la legitimidad de la Asamblea Nacional y, la construcción anómica de un institución paraconstitucional y usurpadora de la soberanía real y efectiva que deriva del Texto Fundamental, es decir, la Asamblea Nacional Constituyente, aceleró la crisis y profundizó sus efectos, llevando a una situación de vacío e ingobernabilidad, que se ponen de manifiesto en todo los niveles político territoriales.

En una visión dramática y acertado vaticinio, quizás no compartida en sus premisas de desarrollo, Donato **LUPIDI**, al efectuar un análisis de los poderes legislativos constitucionales del presidente del para aquel entonces novísima Constitución de 1999, expresó,

> Aun cuando hasta ahora los poderes partidistas del presidente no se han visto en la práctica alterados, ciertos cambios constitucionales podrían modificar la situación. Las primarias para la se-

---

10 CONSALVI, Simón Alberto, El año en que los venezolanos perdieron el miedo. Los libros El Nacional/ Fuera de serie, Caracas, 2007, pp.115-116.

lección de los candidatos, la separación de las elecciones y las limitaciones en los periodos del presidente y de los diputados a la Asamblea Nacional podría reducir los poderes partidistas del presidente.

Por lo tanto, es posible que, si mantenemos la Constitución de 1999, dentro de algunos años tengamos un presidente tan débil que no tendrá ninguna posibilidad de gobernar de una manera efectiva. ***Esto a su vez podría impulsar a la búsqueda de salidas extraconstitucionales[11].***

Esa visión basada en el análisis de **SHUGART** y **MAINWAIRING**[12], contrasta con la opinión, de una avanzada destructora *ab initio* del «sistema» de gobierno que nos rige, la cual encuentra su génesis en la propia Constitución de 1999, en criterio de **STAMBOULI**, politólogo y profesor de la Universidad Central de Venezuela, que

debilitó la institución partidista, al eliminar, sin mayor debate social, su financiamiento público y el resultado fue que el único capaz de financiarse usufructuando los recursos del Estado fue el oficialismo. Al mismo tiempo, no hubo manera de convencer a los representantes de algunas organizaciones de la sociedad civil venezolana de los efectos perniciosos e ilusorios del sistema electoral llamado uninominal, sino cuando sus resultados otorgaron una sobre representación al oficialismo en relación con los votos que obtuvo para la Asamblea Nacional Constituyente [1999], cuando en sucesivas elecciones previas, sus candidatos obtenían resultados exiguos que solo contribuyeron a la fragmentación y dispersión del voto[13].

Las mismas formas y métodos democráticos, que fueron hartamente criticados como expresión de alienación y dominio por fuerzas minoritarias retrogradas, que respondían a oscuros intereses excluyentes y usufructuarios de las riquezas del país, allanaron y facilitaron la defenestración de su institucionalidad[14]. Aquellos que en el pasado, inspirados por experien-

---

11 LUPIDI, Donato, "El sistema presidencial y la Constitución venezolana de 1999" en *El Derecho Público a comienzos del siglo XXI. Libro homenaje al Profesor Allan R. Brewer Carías*, Tomo I, Primera Parte: Teoría General del Derecho. Segunda parte: Derecho Constitucional, Thomson, Civitas, Madrid, p.834.

12 SHUGART, Mathew Soberg y MAINWARING, Scott, *Presidentialism and Democracy in Latin America*, Cambridge University Press, New York 1997 citado por LUPIDI, Donato.

13 STAMBOULI, Andrés, *La política extraviada. Una historia de Medina a Chávez*, Fundación para la Cultura Urbana, Caracas, 2009, p. 219.

14 Así, por ejemplo, José Vicente RANGEL, uno de los grandes arquitectos y constructores del «Caballo de Troya insurreccional», pues fue uno de los que trazó el camino de asalto y la estructura en que se fundamentó la destrucción paciente y permanente contra el sistema democrático, facilitando la tribuna democrática por excelencia –el Congreso de la República-, abusando de la libertad de prensa y manipulando la institucionalidad democrática para el asalto al poder, tanto por el camino cruento insurreccional y del golpe de Estado, como por la vía eleccionaria, expresaba en 1978 en relación a la Constitución de 1961, lo siguiente: "Tenemos una Constitución profundamente democrática, la del 61, por las condiciones imperantes en la época en que fue elaborada. Recoge ideas y conceptos de un valor extraordinario. Garantiza en material social, plenamente los derechos sociales a todos los venezolanos: al trabajo, a la vivienda, a la salud, y establece normas para realizar una democracia social en Venezuela.

Desde el punto de vista de los derechos políticos es impecable, empezando por el artículo 58 que consagra el derecho a la vida. Prohíbe de manera expresa la tortura, la incomunicación. Estas garantías no pueden ser suspendidas. Le dan un valor singular a la dignidad humana. En los años de vigencia de esta Constitución, no se ha cumplido, no se ha realizado enteramente. Pero no podemos llegar a la aberración de negar totalmente su ejercicio; parcialmente se ha realizado. Sin embargo ha faltado la decisión del Estado y los gobiernos venezolanos de ejecutar a fondo los aspectos fundamentales en materia social y económica. Los grupos económicos, los factores de poder han interferido, mediatizado, impedido, que se realice plenamente.

Por lo tanto, se trata de sincerar el ejercicio de la democracia. Dentro de un esquema como el que se viene manejando en Venezuela desde el 23 de enero de 1958 hasta ahora, con los recursos que han tenido los gobiernos – económicos, institucionales, políticos el vasto respaldo que le han dado las masas populares- es difícil ya realizar la democracia íntegramente, y dar cumplimiento a lo establecido en la Constitución de 1961.La salida lógica a esta situación es un gobierno que empiece a transitar la ruta hacia el socialismo, que es la manera de vincular estrechamente la realización social de la democracia con la realización política e institucional"(*PEÑA*, Alfredo, Conversaciones con Jose Vicente Rangel, Ateneo de Caracas, Caracas, 1978, pp. 57-58)

cias que arrojaron consecuencias catastróficas por todos conocidos, pretendieron con las armas la desestabilización e intentos golpes de Estado infructuosos y espaciados en el tiempo, como instrumentación sistemática de acceso violento al poder, mediante cuartelazos y pasos violentos e inestables de botas y no por el camino seguro, estable y pacifico del sufragio, universal directo y secreto[15] contra el sistema político instaurado a partir de 1958, anclado en un consenso que dio viabilidad y gobernabilidad a la democracia instaurada y regida, posteriormente, con la vigencia prolongada de la Constitución de 1961, con la posibilidad de establecer, en democracia y en sujeción plena al Estado de Derecho, cualquier sistema económico social, verdaderamente democrático.

El mismo *STAMBOULI*, en un trabajo que constituye un clásico, define al sistema político de la siguiente manera:

> Aquel sistema de conductas o de acción social del cual emanan las decisiones vinculantes que afectan a los componentes del sistema social global, del cual es parte; y si el gobierno y los hombres revestidos de autoridad que los componen conforman su centro decisor, el cual actúa de acuerdo a cierto ordenamiento constitucional y en arreglo a ciertas pautas de conducta y de acción[16].

El sistema político venezolano que rigió entre 1958 y 1998, una verdadera democracia, con sus defectos pero perfectible, con expresiones concretas de revisión y adecuación a las nuevas exigencias de la mundialización de la economía, que resultaba indetenible, con una institucionalidad que funcionó a pesar de las manipulaciones y empecinamiento, incluso de sectores ajenos a la izquierda insurreccional, dio al traste la ejecución del programa previsto en la Constitución de 1961.

La dirigencia política democrática, por acción u omisión, por cobardía hacer frente a los actores políticos que jugaron abiertamente o como topos socavando las bases del sistema democrático, le hicieron el juego a los arquitectos y constructores de opciones inconstitucionales y, por consiguiente, antidemocráticas. Le negaron la oportunidad al sistema democrático de la búsqueda y puesta en práctica de reformas maduradas y técnicamente impolutas (reformas institucionales diseñadas por la Comisión Presidencial para la Reforma del Estado –COPRE-; el Plan Maestro de Reforma Tributaria adelantada por el Ministerio de Hacienda entre 1989 y 1993; las reformas comercial, financiera, la descentralización; la elección directa de gobernadores; las privatizaciones, etc.).

Se produjo una inédita alianza "que solo se había dado en 1958, cuando la izquierda y la derecha se unieron para tumbar a un dictador. Pero en 1993 la izquierda y la ultraderecha se unieron para tumbar al Presidente que había sido electo, y que estaba metiéndose con intereses de mucha gente"[17].

No aspiramos hacer un análisis crítico y valorativo del período democrático iniciado en 1958, sus etapas de esplendor, de sus aciertos[18], acciones erráticas u omisiones culposas o

---

15   *Cfr.* PENALVER, Thays, *La conspiración de los 12 golpes*, La hoja del norte, Caracas, 2016.

16   STAMBOULI, Andrés, *Crisis política. Venezuela 1945-1958*, Editorial Ateneo de Caracas, Caracas, 1980, p. 30.

17   RIVERO, Mirtha, *La rebelión de los náufragos*, Editorial Alfa, Caracas, 2010, p. 25.

18   Existen varios trabajos que reivindican la etapa democrática, como argumentos sólidos, hechos y cifras, véase, por ejemplo, UGALDE, Luis, ESPAÑA Luis, LACRUZ, Tito y otros, *Detrás de la pobreza. Percepciones, creencias y apreciaciones*, ACPES-UCAB, Caracas, 2004; ESPANA, Luis, BARRERA T., Alberto, MOLEIRO Alonso y otros, *Así nos tocó vivir*, ACPES-UCAB, Caracas, 2005; SILVA LUONGO, Luis J, *De Cipriano Castro a Carlos Andrés Pérez (1899-1979)*, Monte Ávila Editores, Latinoamericana, Caracas, 2005 y de *Herrera Campins a Chávez*, Alfa, Caracas, 2007; AVELEDO, Ramón Guillermo, *La 4ta República. La virtud y el pecado. Una interpretación de los aciertos y errores de los años que los civiles estuvieron en el poder en Venezuela*, Libros Marcados, Caracas, 2007; RODRÍGUEZ, Gumersindo, *Los gobiernos de Carlos Andres Perez. La democracia constructiva frente a la autocracia destructiva*, OT Editores C.A., Caracas, 2013; ROSAS BRAVO, Pedro, *El Gran Viraje*

señalar aquellas demostrativas de su desvanecimiento e inicio de su debacle a partir de 1998.

Tampoco es nuestra intención, rescatar la memoria y trascendencia de los actores políticos democráticos de entonces o de llevar al cadalso de la historia, por demás esbozada aún con pintura fresca, a los arquitectos y constructores del deslave institucional que vivimos. Ese es un papel que corresponderá a los historiadores y la historiografía; ya se encontrarán documentos esenciales para el conocimiento de esa época, especialmente, de aquella experimentada entre 1999 y 2019, que representa la «desdemocratización» de Venezuela y la pretensión de aislar el *ADN* democrático y republicano del venezolano, tergiversando su historia, apoderándose de valores de civilidad y ocultando la vigencia del pensamiento de su liderazgo civil, en una suerte de «orden cerrado», expresión militar que representa el afán de adaptar imperativamente a los nuevos integrantes civiles, por métodos criticados y reñidos con la dignidad, a la vida militar; inculcar el conocimiento de los procedimientos y valores de la disciplina y la no deliberación, que la diferencian del mundo civil. En ese «orden cerrado», ya no de tres meses, si no de dos décadas que se ha buscado, por todos los medios, la conformación de un "hombre nuevo" con valores y alienación que lo alejan de la concepción democrática del ciudadano.

La Venezuela que nos impulsa a estas reflexiones, es muy distinto a aquel que sirvió de marco de fundación de la *AVDT*; un colectivo que hoy toma un rumbo distinto, que se torna angustiante en la búsqueda de los caminos para el rescate de la democracia y de un trazado para la urgente recuperación económica.

El ejemplo más evidente de lo expresado, es el desdén hacia las formas democráticas, hacia la legitimidad institucional de origen, las más legítima de las instituciones, como es la Asamblea Nacional y el predominio amenazante de una Asamblea Nacional Constituyente, que ni constituye expresión constitucional y esencial democrática ni es nacional pues no representa el sentimiento mayoritario de la ciudadanía, sino que es un medio de extensión de la organización política del partido oficialista que se eleva de manera forzosa y paralela a la institucionalidad constituida del Estado.

El ciudadano Nicolás **MADURO MOROS** acude a prestar juramento para un nuevo periodo constitucional por ante la Asamblea Nacional Constituyente, en expresión de profundo irrespeto hacia las formas y convivencias democráticas, la institucionalidad en que se expresa y en prueba fehaciente de un talante que tiende al autoritarismo, que convierte en una dictadura al régimen democrático del Estado y sus instituciones constituidas.

Una vez más, en un acto que rechaza la formalidad protocolar y que evidencia el inaceptable desprecio hacia el juramento "como base del pacto político de Occidente (…), considerado desde los tiempos de Licurgo como aquello que mantiene unida la democracia"[19] como es la juramentación del Presidente de la República, que requiere no solo la solemnidad del momento sino la sujeción a la institución que sirve de marco para prestarlo.

El juramento representa, en un Estado de Derecho, una significación especial; es la declaración formal y solemne de sujeción al "bloque de la legalidad" que fija las competencias del Presidente en la doble función de Jefe de Estado y Jefe del Ejecutivo Nacional; es la declaratoria que la actuación en la dimensionalidad acusada será en orientación a la eficacia y respeto de los derechos fundamentales; es la manifestación del conocimiento y aceptación del sometimiento al control que deriva de la separación de poderes, esencia del Estado de

---

y el Programa de Ajustes Macroeconómicos puesto en práctica a partir de febrero de 1989 en RODRÍGUEZ, Gumersindo, "Los gobiernos….", *op. cit.*, p. 283-6; CURIEL, Jose, *Del Pacto de Punto Fijo al Pacto de La Habana. Análisis comparativo de los gobiernos de Venezuela*, La Hoja del Norte/Informe, Caracas, 2014.

19 OROPEZA, Luis José, "La doctrina Betancourt…" *op. cit.*, pp. 48-49.

Derecho, principio y forma de organización del Poder Público para garantizar su funcionalidad.

Por tanto, es la Asamblea Nacional el escenario constitucionalmente destinado a recibir el juramento al Presidente de la República, cuando presenta legitimidad de origen, le ha sido atribuida la condición de mandatario nacional por expresión mayoritaria de la ciudadanía, que mediante el voto expresado en condiciones de absoluta validez, es decir, que reflejan estándares democráticamente aceptables.

El mero desconocimiento del Poder Legislativo, poder constituido, actor y guardián de la soberanía popular es razón suficiente para que la *AVDT,* reaccione y demande la vuelta al respeto de la legitimidad política, a la observancia de la soberanía popular y a la representación que deriva, tanto de la expresión material del ejercicio del derecho del sufragio como de la funcionalidad del desempeño por la actuación de los diputados integrantes de la Asamblea Nacional.

Los valores republicanos del venezolano, que irrumpen en nuestra historia a partir de 1811 y que son identificación de ciudadanía desde entonces, nos lleva a expresar nuestra más absoluta condena cívica, dentro del ámbito ciertamente limitado de nuestra actuación institucional como parte integrante de la sociedad civil democrática en cumplimiento de los dispuesto en el artículo 333 de la Constitución, que nos impone el deber de coadyuvar en el restablecimiento de su efectiva vigencia.

Lo expresado, evidencia la configuración, dentro de una forma doctrinalmente descrita en la ciencia política, como una dictadura, entendida como un régimen despótico, sin legitimación de origen y desempeño pues es el resultado de un proceso de absorción de la esencia de la soberanía que condujo a la mutación del sistema democrático de fuente y sustento constitucional a un régimen de «autoinvestidura» con ínfulas de poder constituyente, cimentado en una organismo paraconstitucional –la ANC-, sin configuración justificada previa pues se desnaturalizó su funcionalidad estrictamente predefinida por el constituyente en cuando a su forma de integración y desempeño.

El gobierno que nos rige, y que a partir de los hechos del pasado enero de 2019, se coloca aún más al margen de la constitucionalidad, convirtiéndolo en un régimen de voluntad viciada, incontrolada y dañoso, que deja sin efecto y suspende en los hechos, la Constitución al desconocer la legitimidad auténtica y real de la Asamblea Nacional como Poder Legislativo, trasladando a una írrita ANC sus competencias de producción normativa, control administrativo y financiero, órgano de constitución consecuencial y derivante de legitimidad de los otros órganos del Poder Público, y asumiendo por su intermedio un tergiversado poder constituyente, valiéndose para ello del Tribunal Supremo de Justicia.

La esencia dictatorial del gobierno queda plasmado en el abuso de la función de gobierno sin control, en contraposición de los principios y valores del Estado de Derecho y de la democracia en la gestión diaria de los asuntos propios a la función ejecutiva; en la pretensión de transformar a la ANC, en un pilar de sustento de la expresión autoritaria que identifica al gobierno, con la velada disposición de atribuir un carácter superior para sacarla del radio de acción y alcance de la justicia constitucional, convertida en un brazo ejecutor de activismo oficialista. Más aún, en la conversión a la fuerza en razón de manipulación de la Constitución del Poder Legislativo como productor de normas limitativas de los derechos fundamentales, lo cual solo es posible en virtud de acto emanado de la Asamblea Nacional como cuerpo legislador.

Se traba una "imperturbable" estructura simétrica de abuso de la forma ejecutiva y abuso de la forma judicial, sacrificándose la función legislativa y de control político que legítimamente corresponde a la Asamblea. Vale decir, toda una estructura de hecho carente de legitimación democrática.

La política como manifestación de llegar y ejercer el poder, somete al Derecho, transforma sus mandatos abstractos y deforma sus valores, aquellos que ha pautado la sociedad a través de los procesos constitutivos de ley; una relación de interdependencia se convierte en sometimiento.

En efecto, como lo expresa **BOBBIO**,

> Cuando por derecho se entiende el conjunto de las normas, u orden normativo, en el que se desenvuelve la vida de un grupo organizado, la política tiene que ver con el derecho desde dos puntos de vista: en cuanto la acción política se lleva a efecto a través del derecho, y en cuanto el derecho delimita y disciplina la acción política.
>
> Bajo el primer aspecto el orden jurídico es producto del poder político. Donde no hay poder capaz de hacer valer las normas impuesto por él recurriendo en últimas instancias a la fuerza, no hay derecho. En rigor, se trata del derecho positivo y no del derecho natural, que es llamado así en un sentido muy diferente e impropio; del derecho como es entendido por el positivismo jurídico, por la doctrina según la cual no hay otro derecho que el existente, directa o indirectamente reconocido por el poder político. Como principio fundamental del positivismo jurídico se puede asumir la máxima *hobbesiana*: "No es la sabiduría sino la autoridad, la que hace la ley"[20].

El poder omnímodo y fuera de control institucional en Venezuela, inserto en la concepción de un autoritarismo progresivo, en la forma que entendemos y lo hemos expresado, se siente en todos los órdenes al punto, que la grave coyuntura que experimentamos, lleva a algunos sostener que la crisis es política y no jurídica.

Como aval de lo expresado, taremos a colación lo expresado **SPIRITTO** en cuanto al sistema político chavista, del cual el **MADURO MOROS** es su continuador que "mostró un claro sesgo hacia la acumulación del poder", siendo "este el punto más relevante del «programa político» del chavismo en el poder. Al margen de opiniones que califican al Gobierno y a su líder como populista, fascista o de izquierda su rasgo más distinguible es un personalismo extremo que convierte al presidente en el *Deus ex Machina del régimen"*[21], para luego afirmar

> Por consiguiente, las políticas públicas de su Gobierno se diseñaron e implementaron en función de ese objetivo. Las consecuencias del personalismo para las políticas públicas son evidentes: no hay margen para criterios *técnicos* y las decisiones se toman o bien por órdenes directas del presidente o por interpretación de su pensamiento. Los analistas han destacado la forma «espasmódica» que tenía Chávez al tomar decisiones. No eran comunes los análisis previos y en muchos casos se tomaban. Incluso, durante programas de televisión.
>
> Los poderes habilitante al presidente constituyen un ejemplo del presidencialismo exacerbado. El socialismo del siglo XXI limitó la independencia de los poderes públicos al punto de asumir directamente la atribución legislativa mediante leyes habilitantes aprobadas por las mayorías oficialistas en el parlamento[22].

En un Estado de Derecho, eso impone moderar y preservar un equilibrio entre la interdependencia entre política y derecho, o la búsqueda de su restablecimiento pues en definitiva lo que está en juego son los derechos fundamentales que se erigen, al decir de **GARCÍA DE ENTERRÍA**, "en las decisiones constitucionales básicas",[23] límites explícitos y fin último

---

20 BOBBIO, Norberto, *Teoría general de la política*, Editorial Trotta, Colección Estructuras y Procesos. Serie Derecho, Madrid, 2009, p. 527.

21 SPIRITTO, Fernando, "Tomas de decisiones y políticas públicas: como gobierna el chavismo" en *SPIRITTO*, Fernando (Coordinador), *Decisiones de gobierno en Venezuela. Apuntes para su comprensión histórica y de políticas públicas,* Universidad Católica Andrés Bello, Caracas, 2018, p. 163.

22 *Ibídem.*

23 GARCÍA DE ENTERRÍA, Eduardo, *La Constitución como norma y el Tribunal Constitucional*, Civitas, Madrid, 1981, pp. 144-145 citado por MARTÍNEZ-PUJALTE, Antonio Luis y DE DOMINGO, Tomás, *Los dere-*

de la gestión política del Poder Público, que no pueden sacrificarse, denegarse u obstaculizarse a través del abuso del monopolio de la fuerza.

En todo caso, sin el ánimo de entrar en hacer disquisiciones en torno a la contraposición entre lo público y lo privado, la diferenciación entre el derecho que rige uno y otro ámbito, entre la axiología propia a la determinación del contenido de los derechos fundamentales que induce a la distinción con los derechos humanos, como hemos indicado, la conceptuación y naturaleza de la Constitución, su formación y fuente de expresión, manera de consolidación y preeminencia, lo importante es destacar la relación entre poder, Estado y derecho; entre libertad, propiedad y tributación, en el tema que nos concierne.

Nuestra intención es definir como el poder, elemento existencial del Estado, condicionante y moldeador de la normatividad propia del derecho debe estar fuertemente limitado por el respeto de los derechos fundamentales de las personas, en su rol de contribuyentes, que son límites y garantías frente al ejercicio del poder, más cuando éste se afianza y permite la exigencia coactiva del derecho por el uso de la fuerza que monopoliza.

La evolución o involución del derecho, está influida por a una serie de condicionamientos de índole diversa (económica, tecnológica y cultural) sin que pueda decirse, en el pensamiento de **WEBER**, rescatado por **PANEBIANCO**, que tales condiciones

> operan de manera mecánica, directa y unidireccional sobre el derecho. Los factores condicionantes deben buscarse en las características, en las orientaciones culturales, y en los intereses de los operadores del derecho, los juristas y en los intereses de «poder del Príncipe» (de quien o quienes tienen el poder político)[24].

El respeto de los derechos fundamentales a la propiedad y a libertad, cuya interdependencia natural es reconocida y protegida de manera general como derechos fundamentales por el constituyente de 1999 (artículo 19), en el contexto que hemos asumido en estas notas, y la democracia, en sí mismo categorizado como tal, en su duplicidad conceptual como derecho y funcionalidad, solo es posible preservarlos con el control del poder.

En otras palabras, la tributación como límite al ejercicio del derecho de propiedad representada en la exigencia dineraria en que la obligación nuclear de la relación jurídico tributaria consiste, solo es jurídicamente procedente si se establece mediante ley formal y sentido material, ajustada a los principios ordenadores del sistema tributario, mediante idónea técnica legislativa que se allane y corresponda con la esencia y naturaleza del tributo de que se trate.

El control de poder deviene del equilibrio entre los órganos del Poder Público, que "dentro de sus funciones propias" que le incumbe a cada uno de ellos lo ejercerán en el marco de la colaboración "entre sí en la realización de los fines del Estado"[25], siendo uno de esto fines, el respeto de los derechos fundamentales[26]

La funcionalidad plena de la democracia radica en el mantenimiento de los pilares del Estado de Derecho, labor de mantenimiento que está y debe estar encomendada, por su fuente directa de legitimidad, al Poder Legislativo.

El gobierno que existe a la fecha, en una concepción no democrática del poder, lo sabe. Le resulta difícil jugar con las reglas de la democracia, que en esencia busca hacer viable el consenso para reflejar los intereses de los actores políticos y sociales en la definición de las

---

chos fundamentales en el sistema constitucional. Teoría general e implicaciones, Editorial Comares (Colección filosofía, derecho y sociedad), Granada, 2011, p. 59.

24 PANEBIANCO, Ángelo, *El poder, el Estado y la libertad. La frágil constitución de la sociedad libre*, Unión Editorial, Madrid, 2009, p. 177.

25 Artículo 136 de la Constitución.

26 Artículo 299 de la Constitución.

políticas públicas y la legislación; adaptar y moldear los condicionamientos de índoles diversa que inciden sobre el derecho en paso por el tamiz de la cultura jurídica autóctona y sedimentada en nuestra tradición de aquella propia y dinámica, como en el caso del tratamiento, evolución y exigencia de respeto de los derechos humanos, se expresa en tratados y convenios; la globalización y su institucionalidad supraestatal que es fuente de «derecho blando», que impone retos a la organización interna del Poder Público y retos en cuanto al entendimiento de conceptos tradicionales de la soberanía, proyección del poder y su interrelación con actores internos y externos.

III.   EL ESTADO VENEZOLANO COMO «ESTADO FALLIDO»

Es necesario la vuelta inmediata a la legitimación política, a la vigencia plena del Estado de Derecho, a las formas pacíficas de convivencia e interacción, de la posibilidad del control efectivo de la rama ejecutiva de las manifestaciones polítícos territoriales del Estado a través de la eficacia y observancia de la separación de poderes.

En la actualidad, la enfermedad degenerativa que afecta al Estado, tiene su centro en el Poder Nacional e irradia contagiando gravemente a las otras instancias o niveles del Poder Público, con síntomas de ingobernabilidad, que hacen imposible la existencia pacifica con manifestaciones inequívocas de una violencia en el ejercicio ilimitado de la coacción de imponer leyes u ordenanzas dictadas sin sujeción a los principios ordenadores del sistema tributario, o con pretensión de aplicación de criterios autoritarios que atentan contra la libertad y la propiedad.

Estamos sin duda en un «Estado fallido», categorización empleada por Noam **CHOMSKY**, en una de sus más conocidas obras acerca de "el abuso de poder y el ataque a la democracia", en la cual expresa que

> Entre las propiedades más características de los «estados fallidos» figura el que no protegen a sus ciudadanos de la violencia –y tal vez incluso la destrucción- o que quienes toman las decisiones otorgan a esas inquietudes una prioridad inferior a la del poder y la riqueza a corto plazo de los sectores dominantes del Estado. Otra característica de los «estados fallidos» es que son «estados forajidos», cuyas cúpulas se desentienden con desdén del derecho y los tratados internacionales. Puede que esos instrumentos serán vinculantes para los demás, pero no para el estado forajido[27].

Los «estados fallidos», no son débiles, sino por el contrario suelen ser fuertes. El citado profesor del Instituto de Tecnología de Massachusetts (MIT), expresa que "se considerará asimismo que ha fallado el estado agresivo, arbitrario, tiránico o totalitario, por lo menos de acuerdo con las normas y estándares del derecho internacional actual." para luego agregar que los «estados fallidos»

> se les identifica "por su incapacidad para ofrecer seguridad a la población, garantizar derechos en casa o en el extranjero o mantener una instituciones democráticas efectivas (y no meramente formales). A buen seguro el concepto de abarcar también a los «estados forajidos» que se desentienden con desdén de las reglas del orden internacional de sus instituciones, construidos con esmero a lo largo de muchos años[28].

Los «estados fallidos», en lo que a elecciones se refiere "ofrecen una práctica estampa del creciente déficit democrático, una de sus rasgos definitorios"[29], que en nuestro es la cimien-

---

27 CHOMSKY, Noam, Estados fallidos. El abuso del poder y el ataque a la democracia. Ediciones B, Barcelona, 2007, p. 49.

28 *Ibíd.*, p. 131.

29 *Ibíd.*, p. 247.

te de la crisis que vive el país, que degenera en un desconocimiento básico de la democracia en sus formas y en su materialidad funcional[30].

Siguiendo las orientaciones para la definición de un «estado fallido» y un «estado forajido» podemos afirmar que el Estado venezolano, en su expresión funcional y ejercicio del Poder Público actual, puede incardinarse en los tipos descriptivos y categorías indicadas.

Es la tributación sin representación, es el poder ilimitado que lleva implícito el poder de demolición de las bases conceptuales, es la violencia de gestión sin legitimación de origen o de ejercicio, una concreción del «Estado fallido y forajido venezolano».

Una proyección de un Estado que desconoce la democracia, la libertad, la propiedad y que convierte a la tributación en la cizalla hidráulica de demolición del sistema tributario histórico o aluvional, reconocido como imperfecto y no racional, que se construyó durante la época de la democracia, es decir, entre 1961 y 1998, con todos sus males a pesar de las propuestas de la dos últimas grandes reformas tributarias de 1989-1993 y 1994 sin la mínima intención de conservar, a largo plazo parte de la estructura objeto de demolición, arrasando con los muros de carga o portantes y los armazones del Estado Constitucional, para favorecer el levantamiento de una nueva estructura de Estado; y a la gestión administrativa de los tributos, arbitraria y discrecional, en un martillo hidráulico que va contra la empresa. Un sistema tributario ajeno al respeto a la libertad y la propiedad, punto de partida de todo el régimen de libertades públicas.

El ejercicio anómico del Poder Público del "Estado fallido" venezolano ha funcionado como un «bulldozer» o «buldócer» que ha arrasado con la esencia y estructura institucional y material de la tributación, tal como la indicada maquinaria arrasa todo tipo de suelo, con vegetación y árboles, convirtiendo a Venezuela en espacio desértico, poco fértil para la atracción de la inversión extranjera y nacional, entiéndase en una economía débil, carente de producción de bienes y prestaciones de servicios, sumido en el atraso, la pobreza y la conversión de un caso inédito de emergencia humanitaria.

En el socialismo, afirma el profesor de la Universidad de La Habana *ÁLVAREZ TABÍO,* "la economía, los medios básicos de producción, corren por cuenta de una organización política, en la cual, la clase trabajadora es la que gobierna en su propio beneficio"[31]

En los regímenes socialistas, en el caso venezolano inspirado el modelo cubano, es claro que

> El sujeto de relaciones jurídicas más importante en el Estado socialista, es el Estado mismo, que representa el poder político de los trabajadores y es el sujeto de derecho de la propiedad so-

---

30   Las elecciones, el ejercicio directo de la soberanía popular mediante sufragio universal directo y secreto debe ser un acto revestido de solemnidad y rodeado de garantías para favorecer la eficacia plena del derecho fundamental a la democracia, con limitaciones gestionadas y controladas de abusos de los actores políticos, de los órganos del Poder Público involucrados y con una transparencia general de todos los actos que integran el proceso complejo eleccionario. Resulta significativo lo expresado por un miembro de la Suprema Corte de los Estados Unidos en relación a proceso electoral verificado en 1902: "La mesa electoral es el templo de las instituciones norteamericanas, donde cada uno de nosotros es un sacerdote, a quien se le confía el cuidado del arca de la alianza y cada cual oficia desde su propios altar" (FINLEY. M.L., Democracy Ancient and Modern, Rutgers University Press, New York Brunswick, 1972 citado *por BOBBIO,* Norberto, "Teoría General...", *op. cit.,* p. 402).

La comprensión de la importancia del derecho del sufragio y su ejercicio oportuno debe ser la preocupación esencial para el fortalecimiento del Estado de Derecho, para internalizar la trascendencia que reviste la elección de los miembros del Poder Legislativo como única forma de garantizar una tributación democrática, respetuosa de la libertad y la propiedad, en un ambiente de absoluta realización de la democracia y su funcionalidad, presupuestos básicos de eficacia de ese también derecho fundamental.

31   ALVAREZ TABIO, Fernando, *Comentarios a la Constitución socialista,* Editorial Pueblo y Educación, La Habana, 1989, p. 185.

cialista sobre los medios e instrumentos de producción, así como por lo producido por las empresas estatales"[32]

La transfiguración del «Estado Constitucional» en «Estado Socialista» y ha sido lenta y paraconstitucional, sometida a marchas y contra marchas, gracias a la esencia democrática de la población, que ha resistido a las distintas formas de búsqueda de imposición de una estructura en la cual se desconocen la esencia del Estado de Derecho de funcionalidad democrática.

Basta con recordar, la propuesta de "Ante Proyecto para la Primera Reforma Constitucional" del expresidente *CHÁVEZ FRIAS* con el objeto de materializar jurídica y políticamente "… la transición al Modelo de Economía Socialista", que recogió las propuestas de la Comisión Presidencial para la Reforma Constitucional, el cual una vez presentado a la Asamblea Nacional, ésta "añadió un conjunto de nuevas propuestas de reforma al presentado por *CHÁVEZ* ante ella, para luego de votarlo y aprobarlo, a su vez, presentarlo al Consejo Nacional Electoral el 2 de noviembre de 2007"[33].

El contenido del referido Proyecto, tal como expresa con contundencia *TURUHPIAL CARIELLO*, "con sustanciales modificaciones normativas añadidas a las propuestas como reformables por *CHÁVEZ* y finalmente desechado por la mayoría de los electores en el referendo del 3 de diciembre"

> No solo no es Proyecto de reforma constitucional, en la medida en que no constituye orgánica ni finalísticamente una modificación del pacto de convivencia republicana y ciudadana que nos dimos los venezolanos reunidos en Asamblea Constituyente, en tanto no es una variación del alcance e interpretación de los términos de interrelación de sus valores y principios; sino una consciente y abierta desaplicación de tales principios, conservando o aprovechando su letra formal como mera fachada, para ocultar un claro *plan estratégico de confrontación* que, pregonando la supuesta conservación de una *declaratoria meramente formal y gramatical de la Democracia, sustrae fraudulentamente valores y principios fundamentales de la democracia venezolana y de la convivencia ciudadana* y en la medida en que *convierte a la democracia en un medio y no en un fin,* pretendiendo liquidar las instituciones y organizaciones de intermediación política y estableciendo un *régimen abiertamente regresivo y reductivo de las garantías y derechos constitucionales* de los ciudadanos, trastoca el *Estado Democrático y Social de Derecho y de Justicia* que protege la Constitución del 24 de marzo de 2000 –artículo 2-; y lo sustituye por presupuestos estratégicos destinados a propiciar una *verdadera guerra civil dirigida a instaurar la Dictadura del Partido Único a eliminar o controlar el sistema de libertades y garantías ciudadanas, a aniquilar la propiedad y la iniciativa privada, a la clase media y al Estado venezolano* mismo, así como a los poderes públicos y a sus instituciones, siguiendo de manera ortodoxa la receta de los clásicos del marxismo leninismo que, luego de décadas de persecución y esterilización espátula y existencial de generaciones completas, empobrecimiento, tortura y muerte, ha terminado fracasando en todos los países donde se ha aplicado[34].

A la fecha de elaboración de este aporte a la obra colectiva homenaje al quincuagésimo aniversario de nuestra querida *AVDT*, Venezuela viene hundiéndose en el pantano del totalitarismo marxista, se mantiene el *statu quo* del enfrentamiento, nada democrático en virtud de la violencia institucional inusitada del Estado, desplegada entre el gobierno y la "coalición mayoritaria dominante" y las fuerzas de oposición, sin que la mayoría de la población tenga la convicción que se trata del inconciliable antagonismo entre dos formas de concebir y entender el Estado, su organización, los principios y valores que los inspiran y condicionan las relaciones entre los agentes económicos privados y entre éstos y el Estado mismo.

---

32 *Ibíd.*, p. 112.

33 TURUHPIAL CARIELLO, Héctor, *El texto oculto de la reforma,* FUNEDA, Cuadernos de Derecho Público, N° 3, Caracas, 2008. p. 16.

34 *Ibíd.*, pp. 16-7.

Lo expresado, no desecha la necesaria conciliación y acuerdo en torno a la vía electoral para recobrar la viabilidad de la coexistencia pacífica y evitar enfrentamientos de impredecibles consecuencias.

En el caso de la tributación, las hipótesis de incidencia que reflejan las más varias formas de estructuración de negocios jurídicos generadores de rentas, relaciones posesorias o propiedad y expresiones de consumo, propios de una económica libre no escapan del deseo nada oculto, rechazado electoralmente pero impuesto mediante formas fraudulentas a la Constitución y a la funcionalidad democrática, de un *"régimen abiertamente regresivo y reductivo de las garantías y derechos constitucionales"* dispuesto *"a eliminar o controlar el sistema de libertades y garantías ciudadanas, a aniquilar la propiedad y la iniciativa privada"*.

La iniciativa privada, como derecho fundamental individual, se le pretendió deformar en *«iniciativa comunitaria»*, concepto que alude en criterio de *HERNÁNDEZ:*

> a la iniciativa de la comunidad y su fundamento es la propiedad social indirecta, sea comunal o ciudadana. La *iniciativa social* es aquella asumida por el Estado a nombre de la comunidad (mediante el uso de la *propiedad social directa)* y como tal es, en realidad, iniciativa pública. La iniciativa personal es un término novedoso dentro del marco de la reforma, incluido –con la nueva redacción propuesta- durante la tercera discusión. Iniciativa personal que, entendemos, debe aludir a la *iniciativa privada individual*, o sea, la empresa basada en la propiedad privada sobre los medios de producción[35].

La confusión terminológica, denunciada por el autor citado, empleada por el proyectista de la reforma constitucional rechazada evidencia la clara intención, en nuestro criterio, de reducir al máximo la iniciativa privada, la expresión de la función empresarial como manifestación directa de la libertad económica en torno a las decisiones propias de disposición de los elementos patrimoniales constitutivos de la propiedad en forma directa y proporcional a la restricción de la propiedad privada, en franco privilegio constitucional de la propiedad colectiva comunal.

En ese misma medida, el avance del totalitarismo en términos de función de gobierno, control de la mayoría de los ámbitos de actuación del individuo y de las organización sociales, mediatización de la autonomía de la voluntad, desconocimiento de la institucionalidad democrática, en lo que a la actividad financiera se refiere, abarca muchos aspectos pero que se resumen fácilmente en lo concerniente a la definición del «Estado fallido», levantado sobre el desconocimiento:

> La supremacía del Poder Ejecutivo, que destaca no solo en el orden político sino en el jurídico. En efecto, expresa el profesor de la Universidad de La Habana supra citado, cuya exégesis del ordenamiento cubano pareciera influir determinante en la forma de concepción y definición del nuestro,

> En efecto, el poder ejecutivo monopoliza el privilegio de hacer ejecutorias todas las decisiones de los poderes públicos; interviene en el cumplimiento de todas las funciones del Estado. Primero en la función administrativa, su principal dominio, en la cual, algunas veces, [la gran mayoría de las veces, debería indicar], su poder es discrecional. Tiene el privilegio de la acción de oficio y de la ejecutividad inmediata de sus decisiones, al mismo tiempo que impone a los ciudadanos él debe de acudir ante la Administracion para hacer vales sus derechos. En cierto sentido, aún persiste el régimen de autodefensa como privilegio exclusivo de la Administracion[36].

---

35 HERNÁNDEZ G., José Ignacio, *Reflexiones sobre la Constitución y el modelo socio económico en Venezuela. A propósito del proceso de reforma constitucional.* FUNEDA, Caracas, 2008, pp. 282-3.

36 ÁLVAREZ TABÍO, Fernando, "Comentarios a...", *op. cit.,* p. 256.

En consecuencia, se propugna por la unificación fáctica de poderes, se busca que el predominio del Poder Ejecutivo sea total y el sometimiento a los otros órganos del Poder Público sea formal y semántico.

1. Predominio de los derechos sociales sobre el resto de los derechos fundamentales, la libertad (desenvolviendo de la persona) y la propiedad pasan a ser derechos accesorios o subsidiarios. Se deja a un lado, lo expresado por **PÉREZ LUÑO** con aval de Piero **CALAMANDREI**, quien señala que los derechos económicos, sociales y culturales "son asimismo derechos de libertad individuales; porque estos derechos, lejos de entrañar la negación de las libertades, representan su desarrollo y su extensión a todos los ciudadanos"[37].

2. El vaciamiento de los principios de legalidad, representación y autoimposición que definen y permiten la valoración de la tributación democrática, en los términos que veremos *infra*, buscándose su sustitución a través de la habilitación legislativa ilimitada material y temporalmente; el uso abusivo de los estados de excepción y el aniquilamiento de la Asamblea Nacional por la actividad en comandita desplegada entre el Tribunal Supremo de Justicia y la Asamblea Nacional Constituyente.

3. Reducción extrema e inconstitucional de la tutela judicial efectiva, más concretamente cuando se trata de la República, de estados o municipios de tendencia oficialista y de los entes parafiscales encargados de la gestión de los aportes y contribuciones especiales, que no son más que formas de financiamiento de las instancias del poder comunal, estructura de control y dominio político.

De esta forma, la tributación del «Estado fallido» se convierte en obstáculos que impide el libre desenvolviendo del ciudadano y la empresa (extensión del derecho fundamental efectuado por la doctrina). Se acentúa así su naturaleza depredadora y demoledora de la «*Constitución Económica*» y la «*Constitución Financiera*» del Estado democrático de Derecho abriendo camino a la planificación centraliza y al "centralismo democrático" pues

La planificación socialista se cumple mediante la confección de los planes de los diversos sectores de las ramas y de toda la economía del país. Estos planes debe ser científicamente fundamentados y aprobados por los órganos superiores competentes y una vez aprobados son de inexorable cumplimiento por todos los organismos, empresas y miembros de la sociedad socialista.

De esta manera, la planificación queda condicionada por el hecho de que constituye la expresión más completa e integral de las necesidades sociales y de las posibilidades de la sociedad.

La planificación socialista debe desarrollarse sobre la base del principio del centralismo democrático, lo cual implica la conjugación de la dirección estatal de la planificación centralizada con el desarrollo máximo de la iniciativa y la independencia de los colectivos de la empresa y los órganos locales, con vistas al aprovechamiento más amplio de los recursos materiales y laborables disponibles y el aumento de la eficiencia en la producción[38].

La planificación centralizada y su expresión del centralismo democrático, basado en los autonomismos conceptuales del Estado de Derecho, ha sido la herramienta esencial del «Estado fallido totalitario», bajo el ropaje semántico del «Estado Socialista», «Estado Comunal» o simplemente el «Socialismo del Siglo XXI», tal como se evidencia del «Plan de la Patria 2019-2025»[39].

---

37 PÉREZ LUÑO, Antonio, *Los Derechos fundamentales*, Tecnos, Madrid, 2011, p. 213.

38 ÁLVAREZ TABÍO, Fernando, "Comentarios a...", *op. cit.,* p. 95.

39 *Vid.* Plan de la Patria 2025. VÁZQUEZ, Fidel, Versión definitiva digital. Secretario de la Asamblea Nacional Constituyente, 7 de abril de 2019.

IV. LA TRIBUTACIÓN DEMOCRÁTICA

La actividad financiera, en todas sus etapas está sometida a los preceptos ordenadores de la *«Constitución Financiera»*, la cual tiene como sustrato formal la definición de sus bases integradoras y control directo de la Asamblea Nacional, en la cual se dan una serie de autorizaciones, previo debate y análisis de las premisas macroeconómicas que la condicionan, para atender el gasto público tendente a la satisfacciones de las necesidades, el marco referencial mínimo para la ejecución de las acciones propias a la asignación de bienes públicos (sentido económico), la redistribución y estabilización de la actividad económica.

Es un proceso complejo, fuente directa de la escogencia de las especies tributarias, concretamente las impositivas, que se consideran más adecuadas para actuar sobre la coyuntura económica, la satisfacción de las necesidades del colectivo, el financiamiento del gasto público directo y aquel, que podemos considerar financiamiento indirecto, que se realiza en beneficio de los estados y municipios a través del situado constitucional y, en general, de las formulaciones de la política tributaria, que debe formar parte de la visión más amplia de la política fiscal en procura de la consecución de los objetivos del Estado.

Una actividad financiera, globalmente considerada, puede atribuírsele el carácter democrático cuando cada una de sus etapas es el producto del ejercicio de una democracia representativa y su ampliación en la sociedad contemporánea que se presenta "mediante la extensión de la democratización, entendida como institución y ejercicio de procedimientos que permiten la participación de los interesados en las deliberaciones de un cuerpo colectivo, en cuerpos diferentes de los políticos"[40].

Es la expresión, de una democracia en el que el ciudadano interactúa de forma múltiple en las distintas facetas que puede desempeñar, incluida lógico está, el rol de contribuyente.

El ejercicio de la democracia política, el involucramiento y participación del ciudadano en los asuntos que le conciernen a través de expresiones de la sociedad civil, más allá de la participación que se pueda hacer por medio de los partidos políticos con una estructura anquilosada y rígida, que con respecto a este tema deben reinventarse y redimensionarse para su democratización, lleva a percatarse como lo expresa ***BOBBIO***,

> que la esfera política a su vez está incluida en una esfera mucho más amplia, la esfera de la sociedad en su conjunto, y que no hay decisión política que no esté condicionada o incluso determinada por lo que sucede en la sociedad civil, y por consiguiente una cosa es la democratización de la dirección política, lo que sucedió con la instauración de los parlamentos, y otra cosa es la democratización de la sociedad[41].

El sentido de la democracia que debe perseguirse, en la materialidad que reclamamos a los efectos de la definición de un sistema tributario tildado como democrático en interdependencia como derechos fundamentales con la libertad y la propiedad, va más allá del ejercicio del derecho al voto, exige un entorno de seguridad plena para su ejercicio, de un ambiente garantista para su universalidad, la transparencia de las formas de su expresión y de la formación del criterio habilitante para su concreción (debate político de ideas y ofertas), la interdicción de acciones de marcada opacidad en el manejo de los recursos públicos para obstaculizar, mediatizar o inducir el acto del sufragio.

El concepto de democracia, que propugnamos, persigue la divulgación de las propuestas, las formas de actuación y participación en los procesos constitutivos de la leyes, de manera organizada y dentro de las formas preestablecidas mínimas definidas por el ordenamiento para tal fin pues la democracias abiertas y directas, no son más que ofertas engañosas para

---

40 BOBBIO, Norberto, *Estado, gobierno y sociedad*. Fondo de Cultura Económica, México, 1999, p. 219.
41 *Ibíd.*, p. 221.

blindar el manejo de los asuntos públicos de manera despótica por parte de una cabeza rectora o un grupúsculo dominante, que ejercen el Poder Público por fraudes a la Constitución y por manipulación de las formas propias a la funcionalidad democrática, tal como sucede en el caso venezolano.

El ejercicio de la democracia, en consecuencia, debe ser el producto de una racionalidad material en la administración de los asuntos públicos y formalmente en la Constitución del Estado[42]

La racionalidad supone que la acción de gobierno se ajuste cada día más a los cometidos y fines del Estado, es decir, se ciña a las previsiones de la Constitución y las formas en ella previstas para su concreción, sea mediante la expresión formal y material de ley, o por la adopción de actos administrativos y de gobierno, respetuosos de los derechos fundamentales y garantías de las personas, en nuestro caso del contribuyente, la posibilidad cierta de exigir responsabilidad por el ejercicio abusivo y lesivo a aquellos derechos y la posibilidad de acceder a una tutela administrativa y judicial efectiva para la restitución de los mismos, la posibilidad de retomar su ejercicio y la reparación por los daños derivados de su inobservancia. Todo ello es posible, en el recuadro de la separación de poderes que conformen la balanza para buscar, mediante el fiel de la racionalidad y la efectividad en el ejercicio de sus competencias definidas, el control de los otros órganos que integran el Poder Público.

Tal como lo expresa **BREWER-CARÍAS**,

> para que pueda existir y funcione efectivamente la democracia, la misma requiere de un marco constitucional que establezca y permita el control del poder, que es su límite esencial, y donde el poder, mediante su división de distribución pueda frenar el poder, de manera que los diversos poderes del Estado puedan limitarse mutuamente, como garantía esencial de todos los valores la propia democracia, que además del respeto a la voluntad popular, es la vigencia de los derechos humanos, el pluralismo político, la alternabilidad republicana y el sometimiento del Estado al derecho[43].

V. PREMISAS PARA LA CONFIGURACIÓN DE UN SISTEMA TRIBUTARIO DEMOCRÁTICO

Un sistema tributario sólo puede reputarse como democrático si su diseño y gestión parte de las premisas siguientes:

> La ley creadora del tributo debe ser el producto del proceso constitutivo de ley nacional o estadal, así como de las ordenanzas locales conforme a lo provisto en la Constitución nacional, las leyes orgánicas dictadas en su ejecución, las constituciones estadales, así como en los Reglamentos Interiores y Debates que recojan los precitados instrumentos[44]. Estos procesos constitutivos

42 *Cfr.*, ARON, Raymond, *Estudios Políticos*, Fondo de Cultura Económica, México, 1997, p. 331.

43 BREWER-CARÍAS, Allan, Estudios sobre el Estado Constitucional (2005-2006). Cuadernos de la Cátedra Allan Brewer Carías de Derecho Público. Universidad Católica del Táchira, Editorial Jurídica Venezolana, Caracas, 2007, p. 67.

44 El artículo 316 de la Constitución establece que "No podrán cobrarse impuestos, tasas ni contribuciones que no esto estén establecidos en la ley, no concederse exenciones o rebajas, ni otras formas de incentivos fiscales, sino en los casos previstos por las leyes".

Por su parte, la "*Carta de los Derechos del Contribuyente para los países miembros del Instituto Latinoamericano de Derecho Tributario (ILADT)*" (en los sucesivo "**LA CARTA**") aprobada por unanimidad de las academias, asociaciones e institutos que lo conforman en la Asamblea General reunida en el marco de las XXX Jornadas Latinoamericanas de Derecho Tributario celebradas en fecha 9 de noviembre de 2018 en Montevideo, establece "1) Derecho a que toda prestación patrimonial pública, sea o no tributaria (y siempre que sea coactiva de hecho o derecho), se establezca por ley".

deben contar con la participación de los ciudadanos y representaciones de los entes e instituciones de la sociedad civil.

La sujeción plena a los derechos fundamentales del contribuyente[45].

i. Equilibrio de la relación jurídica tributaria que da esencia controlada de la facultad inherente al Estado en sus distintas manifestaciones políticas territoriales de crear y exigir tributos[46].

ii. El origen y justificación económica de los tributos, en general, y más específicamente el de los impuestos, se encuentran en la renta, magnitud económica que permita la mejor adecuación de los criterios, parámetros y métodos de consulta a la capacidad económica real y efectiva, inmediata o mediante de los sujetos pasivos.

Iii. Las especies impositivas directas de gravamen a la renta en cualquiera de sus momentos (obtención e inversión) así como los impuestos específicos y generales al consumo (consumo o gasto de la renta) solo son viables como contribución al gasto público, como expresión de su esencia primaria recaudatoria, vale decir, como una de los afluentes de la actividad financiera, sometidos en extenso a la legalidad en todas sus etapas, en una economía abierta o de mercado.

iv. Observancia plena a la naturaleza y configuración técnica de cada contribución que lo integra[47].

v. La visión integral del ingreso y del gasto bajo los principios generales que conforman el Estado de Derecho y sus corolarios o implicaciones inmediatas que se erigen en límites al ejercicio del Poder Público y derechos fundamentales frente a su ejercicio.

---

45 **"LA CARTA"** establece que a sus efectos: "El concepto de contribuyente (…) no se referiría solo al obligado tributario principal, por haber realizado el hecho imponible sino a todos los obligados tributarios, a partir del momento en que realicen el presupuesto de la obligación. Entre los obligados tributarios se incluirán los terceros responsables. En la medida en que resulten aplicables, los derechos y garantías propuestos serán también referibles a aquellos sujetos cuyos deberes fiscales se insertan en obligaciones particulares (retenedores o agentes de retención y de percepción o sujetos autorizados u obligados a repercutir)".

Este avance conduce a la necesidad de ampliar a los responsables (agentes de percepción y retención) la "dogmática inexcusable" que encierra **"LA CARTA"** tradicionalmente centrada en el contribuyente. Una diferenciación entre las modalidades de sujeción pasiva bajo responsabilidad por actos o hechos verificados ante terceros, que el caso de Venezuela, impone una revisión de su conceptuación frente a formas de imposición como el IVA o la deformación técnica que supone el Impuesto a la Grandes Transacciones Financieras (IGTF), que en nuestros "Apuntes para la elaboración de una Agenda Básica de Tributación para la Transición (ABT)", hemos propuesto su eliminación por regresivo, poco técnico e inflacionario. Se precisa una redefinición de su esencia, dentro del concepto de los deberes de colaboración anejos al deber de contribuir con las cargas públicas, que permita definir con mayor propiedad e inmersión plena en la tipicidad cerrada de la legalidad, sus obligaciones y derechos entendidos, como lo define **"LA CARTA"** "como los ámbitos de protección con un contenido sustancial, que pueden adoptar las fórmulas de derecho fundamental, derecho subjetivo público o garantía institucional" (PALACIOS MARQUEZ, Leonardo, Apuntes para la configuración de una Acuerdo Básico de Tributación para un Proceso de Transición (ABT)" en Notas del Presidente. *Revista de Derecho Tributario*, AVDT, N° 160, Enero-Marzo, Caracas, 2019).

Es una visión más garantista, que con carácter preeminente e instrumentos de fina sistematización debe representar el Código Orgánico Tributario, entendiendo como garantías, conforme a los sugerido por *"LA CARTA"* como "las medidas sustantivas y procesales orientadas a hacer efectivos los derechos y garantías" en ellas previstas, que "incluyen las formas de defensa y efectividad de los derechos públicos subjetivos (derechos públicos reaccionales)", los cuales se "entenderán sin menoscabo de unos u otros que puedan reconocerse siempre que aumente el grado de protección efectiva de los contribuyentes".

46 **"LA CARTA"** establece los derechos "a que se preserve el equilibrio entre las prerrogativas del Fisco para la determinación de la deuda tributaria y las garantías del contribuyente, asegurando plenamente su participación en las actuaciones administrativas de fiscalización, verificación y determinación, como también en la sustanciación de expedientes para la aplicación de sanciones, concibiendo la relación jurídica tributaria como una relación de derecho y no una relación de poder" (N. 6) y a " la igualdad de las partes en la relación jurídico-tributaria" (N.7).

47 **"LA CARTA"** define el derecho fundamental del contribuyente "a que el legislador se ajuste al definir los tributos, a su real naturaleza, conforme a las notas constitutivas" (N. 5).

vi. Una revisión global en correspondencia con los fines y cometidos del Estado, partiendo de la esencia primaria recaudatoria de cada contribución, y la discriminada, de acuerdo al tributo cuya naturaleza y esencia se allane a su empleo con fines de ordenamiento o extrafiscales y la viabilidad de la gestión financiera, que sólo pueden estar estricta y simétricamente alineadas con las políticas públicas para apuntar fines y cometidos previamente establecidos en la Constitución y no como riel para otros sobrevenidos, no previstos constitucionalmente tendentes a la imposición de un régimen económico y social alejado de la visión propia del Estado de Derecho, sus principios y valores.

VI. LA LIBERTAD Y LA PROPIEDAD COMO SUSTRATO ÉTICO DE LA TRIBUTACIÓN DEMOCRÁTICA. SU NATURALEZA DE LÍMITES EXPLÍCITOS DEL PODER TRIBUTARIO

Estas condiciones nos llevan directa e ineluctablemente a la esencia de los derechos humanos como límites explícitos de la tributación, específicamente, la indivisibilidad e interdependencia entre libertad y propiedad, como fuentes de todos los demás derechos humanos o derechos fundamentales, sinonimia que a los solos fines de estas notas adoptamos para no entrar en consideración de su distinción basada en criterios de ámbito de aplicación, determinación de su normatividad, fuente, primacía y validez, etc.[48].

Tal limitación, sea en sentido negativo o positivo encuentra su origen en la forma política del consenso democrático a través del procedimiento constitutivo de ley y, por consiguiente, en el Poder Legislativo escenario natural para ello, expresión máxima de la soberanía, legítimo titular y único recipiendario de la voluntad ciudadana de someterse al pago de contribuciones (principio de autoimposición).

No olvidamos, la declaración de uno de los grandes filósofos tomistas del siglo XX Jacques *MARITAIN*, referida por Mauricio *BEUCHOT* en cuanto a que

la reflexión filosófica sobre los derechos humanos es muy importante. Aunque se da cuenta de que el acuerdo práctico es posible –el cual de hecho se ha dado- y el teórico resulta imposible, la clarificación teórico filosófica es una exigencia Pero, al pretender que su perspectiva filosófica sea la verdadera, sabe que deberá oponerse a quienes tengan principios filosóficos distintos. Por eso se da a la tarea de fundamentar, filosóficamente los derechos humanos[49].

Los derechos humanos o fundamentales, parten de la naturaleza misma del ser humano, de su dignidad. Es esta, conforme a Francisco *DE VITORIA*,

la raíz de los derechos del hombre, y es por aquí por donde es necesario empezar. Sin esa base firme de la dignidad la persona humana, todo el edificio de tan numerosas y complicadas plantas se vendría abajo al impulso de los utilitarismos, siempre al acecho, de los poderosos"[50].

Ahora bien, como afirma en nuestro medio Andrea *RONDÓN GARCÍA*, no cabe duda, sin desconocer que el derecho a la vida es la fuente todos los derechos,

que la propiedad es la única forma de dotar de fines y de verdadera libertad de elección a esa condición, porque sin ella no se tendrán los medios para sustentar la vida cuando el hombre tiene la posibilidad de disfrutar del producto de su esfuerzo.

---

48 *Vid.*, GARRIDO GOMEZ, Ma. Isabel, *Derechos fundamentales y Estado social y democrático de Derecho*, Editorial Dilex, S.L., Madrid, 2007.

49 MARITAIN, Jacques, Acerca de la filosofía de los derechos del hombre, en *Varios, Los derechos del hombre*, Barcelona, Laia, 1976, p. 112 citado por BEUCHOT, Mauricio, Filosofía y derechos humanos, siglo Veintiuno Editores, Madrid, 2008, p. 94.

50 *Ibíd.*, pp. 61-2.

En éste punto, nos interesa destacar la premisa de la cual partimos: la propiedad es presupuesto de la libertad individual (en sentido negativo o clásico), y los derechos individuales o de libertad, son manifestaciones de la libertad individual (libre de creer en lo que me parezca, asociarme con quien desee, decir lo que piense, moverme por el territorio a donde quiera, en fin), por lo que la propiedad será también el presupuesto de todo los derechos individuales o de libertad"[51].

Por su parte, Murray **ROTHBARD**, no sólo reclama la esencia de derecho humano de la propiedad al desconocer la posición crítica al pensamiento «*libertario*», sino que además afirma, que no "solo los derechos de propiedad son igualmente derechos humanos, sino que es su sentido más profundo no hay otro derecho que la propiedad. En suma, los únicos derechos humanos son los derechos de propiedad"[52].

La Constitución de 1999, recoge en su artículo 20 el sentido del artículo 43 del texto constitucional de 1961 y establece que "Todos tienen derecho al libre desenvolvimiento de su personalidad, sin limitaciones que las que derivan del derecho de los demás y del orden público y social".

La Constitución de 1961 reformuló la consagratoria tradicional de la libertad, entendida como "el poder de hacer todo lo que no moleste a otro; así el ejercicio de los derechos naturales de cada hombre solo tiene como límite aquellos que aseguran a otro miembro de la sociedad el goce de esos mismos derechos. Esos límites solo puede estar determinado por la ley"[53].

El referido precepto, en criterio de **BREWER-CARÍAS**,

Es la ratificación del principio de la libertad, como valor fundamental de nuestra sociedad y el mundo occidental. Sin embargo, al sustituirse el viejo enunciado de hace dos siglos para definirla, el constituyente incorporó al principio otros elementos jurídicos que deben destacarse. Por una parte, la idea de la *personalidad,* lo que implica la consagración expresa del derecho de todo ser humano "al reconocimiento de su personalidad jurídica", tal y como lo afirma el artículo 6 de la Declaración Universal de los Derechos Humanos de la ONU de 1948, lo que equivale a la ratificación de la proscripción de toda forma de esclavitud ya declarada desde los inicios de nuestra vida republicana. Por otra parte, el reconocimiento expreso de los derechos de la personalidad, que abarca la protección jurídica de los denominados bienes personales de los individuos, como la vida, el nombre, el honor, la propia imagen, etc.[54].

En un mismo orden de ideas, y como complemento necesario del artículo 43 constitucional de 1961, el Profesor Emérito de la Universidad Central de Venezuela, expresa que el artículo 48 *ejusdem*

además, de reconocer implícitamente los derechos de la personalidad, establece fundamentalmente para "todos" los habitantes *el derecho al libre desenvolvimiento de la personalidad*; es decir, el derecho al libre ejercicio de los derechos y obligaciones que corresponden a los individuos como persona naturales.

Esta norma consagra entonces la aptitud de todo habitante para ser titular de derechos y obligaciones, y el derecho de todo habitante de ejercer y desarrollar esos derechos y obligaciones.

---

51 RONDÓN GARCÍA, Andrea, *La propiedad privada, el Estado de Derecho y la ley. (Situación legislativa y regulatoria en Venezuela en el periodo 2012-2014)*, Fundación Estudios de Derecho Administrativo (FUNEDA), Caracas, 2016, p. 45.

52 ROTHBARD, Murray, *Poder y Mercado. El gobierno y la economía*, Unión Editorial, Madrid, 2015, p. 287.

53 BREWER-CARÍAS, Allan, *Derechos y garantías constitucionales en la Constitución de 1961* [La justicia constitucional], Colección: Tratado de Derecho constitucional, Tomo V, Fundación de Derecho Público/Editorial Jurídica Venezolana, Caracas, 2015, p. 252.

54 *Ibíd.*, p. 253.

En definitiva, esta norma consagra el reconocimiento de la capacidad jurídica de los administrados[55].

En la Exposición de Motivos de la vigente Constitución se expresa en relación "De los Derechos y Garantías y de los Deberes" que "a fin de incluir dentro de tal protección a los derechos inherentes a las personas jurídicas, se elimina la distinción que hacía la Constitución de 1961 y que abarcaba únicamente a los derechos inherentes a la persona humana"[56][57].

De cualquier forma, libertad y propiedad son indisolubles al momento de la definición y ejecución de la política fiscal, y dentro de esta la política tributaria, en cuanto a la escogencia de las formas de contribuciones al gasto público que puedan considerarse racionales en dirección a los objetivos de la recuperación, crecimiento y estabilidad de la economía en consonancia con los atributos tradicionales de la propiedad, que van desde la decisión de participar en una forma organizada de emprender actividades mancomunadas entre los titulares de los factores de producción, en la escogencia libre y sin mediatización de los medios de instrumentación de negocios jurídicos lícitos y objetivos de igual naturaleza tendentes a la generación de renta, origen para cada uno de ellos sin restricciones asfixiantes del Estado, que cercenen u obstaculicen, en forma transversal el derecho de propiedad y la libertad (sentido lato) o la libertad económica. El mayor o menor grado de intervención del Estado, por cualquier medio, incluyendo la tributación se refleja en un régimen respetuoso o violador de la libertad y de la propiedad[58].

La relación simbiótica, indica de manera terminante *PIPES,*

> No presupone que el Estado no imponga restricciones razonables sobre la utilización de los objetos poseídos, o garantice un nivel de vida elemental a los estratos más necesitados de la población. No puede permitirse que los derechos de propiedad sirvan como pretexto para destruir el medio ambiente o ignorar las necesidades básicas de los desempleados, los enfermos y los ancianos. Prácticamente nadie defiende esta posición hoy en día: incluso Frederick Hayek, un enemigo implacable de la intromisión del Estado la economía, admitió que este tiene el deber de garantizar a todos los ciudadanos "un mínimo de alimentación, techo y abrigo, suficiente para conservar la salud y la capacidad de trabajar". Pero esto no quiere decir el Estado use sus poderes para

---

55 Exposición de Motivos de la Constitución de la República Bolivariana de Venezuela, *Gaceta Oficial* N. 5.453 del 24 de marzo de 2000, p. 2.

56 El profesor argentino Osvaldo CASÁS, recientemente fallecido y de muy grata recordación para los venezolanos, expresa que: "la aplicación amplia de la defensa de los derechos humanos, regida por los principios de universalidad, interdependencia, indivisibilidad y progresividad, conduce a que la referencia a "persona" debe entenderse abarcativa, no solamente del ser humano, sino también de las personas morales, ya sean de carácter civil o mercantil. Si bien es cierto, que la persona jurídica no tiene derechos humanos, tal situación no es obstáculo para que se reconozcan, ya que detrás de esta ficción de "persona de existencia ideal", siempre existen individuos o seres humanos para conformarla, con lo cual la violación de los principios, derechos y garantías, repercute, en definitiva, sobre los derechos fundamentales de las personas físicas, más allá de que la legitimación para reclamar el "control de la convencionalidad", con un criterio restrictivo y extremadamente ritualista, pueda exigir que sea impulsado por los asociados".

Como aval de sus consideraciones el destacado jurista trae a colación la jurisprudencia de la Corte Interamericana de Derechos Humanos, el Convenio de Roma para la Protección de los Derechos Humanos y Libertades Fundamentales de 1950, las Primeras Jornadas Internacionales de Tributación y Derechos Humanos celebradas en Lima en 1989 y las XX Jornadas Latinoamericanas de Derecho Tributario del año 2000. (*CASÁS*, Osvaldo, Carta de Derechos del Contribuyente Latinoamericano. Para el Instituto Latinoamericano de Derecho Tributario, Ad-hoc Editorial, Buenos Aires, 2014, pp. 52-55).

57 Sobre este tema, con especial énfasis en la indisoluble relación que existe entre libertad, propiedad y tributación, véase ABACHE CARVAJAL, Serviliano, "Liberalismo y tributación. Especial atención al principio de reserva legal de los tributos", *Revista de Derecho Público*, N° 147-148, Editorial Jurídica Venezolana, Caracas, 2016.

58 PIPES, Richard, *Propiedad y libertad. Dos conceptos inseparables a lo largo de la historia*, Turner/Fondo de Cultura Económica, Madrid, 2002, p. 365.

interferir en la libertad contractual, para redistribuir la riqueza u obligar a una parte de la población a costear los autotitulados "derechos" de determinados electores[59]

VII. LA PLANIFICACION CENTRALIZADA Y LA TRIBUTACION EN EL ESTADO FALLIDO VENEZOLANO

El peligro está en el desconocimiento de esa relación simbiótica (libertad y propiedad) y generadora de la tributación democrática pues se despeja el rumbo institucional para el establecimiento de un Estado planificador, que emplea la tributación y justifica el apoderamiento del producido de la sociedad o de la riqueza que esta genera, intervención que ha venido peligrosamente mutando, sin ocultamiento de ningún tipo en Venezuela, hasta el apoderamiento no sólo de los medios sino de los factores de producción a través de modalidades diferentes, haciendo que la propiedad y la libertad se hagan ilusorias.

La Constitución al consagrar los principios que informan y ordenan sistémicamente la estructura tributaria del país lo que busca es dar una protección integral, afianzada en la exigencia del deber del Estado de garantizar "la progresividad y sin discriminación alguna, el goce y ejercicio irrenunciable, indivisible e interdependiente de los derechos humanos", en el caso de la tributación, la democracia (representación, participación y autoimposición), la libertad y la propiedad.

La creación de un tributo, en una ambiente de institucionalidad democrática supone la observancia estricta de la tipicidad cerrada de la legalidad, que implica que la definición de todos los elementos integradores del hecho imponible generador de la obligación de pago de tributos para el sostenimiento del gasto público, estén definidos en la ley (nacional o estadal u ordenanza municipal), dicta por el poder legislativo correspondiente (Asamblea Nacional, Consejo Legislativo Regional y Cámaras Municipales) dentro del ámbito propia de su autonomía, es decir, dentro de la esfera competencial que le ha sido atribuida por la Constitución y las leyes que la ejecutan, en correspondencia con la naturaleza propia del tributo y buscando, dentro de la misma, los índices de capacidad económica de los contribuyentes.

Igualmente necesario, que la exigencia de la determinación, liquidación y pago dela obligación tributaria lo sea dentro del marco dela seguridad jurídica, valor esencial del Estado de Derecho y con sujeción plena a los derechos fundamentales. La tributación no puede ser confiscatoria y, por consiguiente, debe ser racional en la definición de los aspectos o elementos cuantitativos del tributo.

También, el mandato abstracto y general de la definición de la obligación de su pago no puede interferir, afectar o conculcar la libertad económica empresarial y contractual. El hecho, por demás controvertible, en cuanto al alcance y contenido de la función social de la propiedad, no es razón suficiente para someter a las personas naturales y jurídicas al pago de cuotas o importes tributarios excesivos o confiscatorios; someterles a una relación de sujeción pasiva, bajo la modalidad de deberes de colaboración, que implique sacrificios desmedidos, afecten su libertad empresarial, distorsiones los costos de transacción en su desarrollo o les imponga nuevas cargas impositivas no legisladas en virtud de la indicación del carácter de agentes de retención o percepción, irracionales o alejados de la esencia de los tributos objeto de tal atípica y antijurídica relación tributaria.

Aún más grave, que la resignación pasiva ciudadana e institucional o la admisión convenida en perjuicio del catálogo indefinido de derechos humanos (consecuencia del carácter supraconstitucional y del valor preeminente que tiene aquellos derechos previstos en tratados y convenios internacionales aunque no tenga consagratoria expresa en el ordenamiento

---

59 CASANOVA, Roberto, *Libertad, emprendimiento y solidaridad. 10 lecciones sobre economía social de mercado*. Editorial Alfa/Economía, Caracas, 2015, p. 65.

interno) por parte del Tribunal Supremo de Justicia del abuso del expediente de la ley habilitante o de los estados de excepción para afectar la reserva legal, es aceptar un tributación que atenta y desconoce la libertad económica y la disposición de patrimonial, representativa de la propiedad, para encauzar la función empresarial en virtud que el régimen económico y social, con ciertos matices diferenciales, tanto de la Constitución de 1961 como la de 1999 es la de un régimen de economía mixta, con reconocimiento de la iniciativa privada, fuente y motor de la renta objeto de la imposición en todas sus variantes de apreciación y adopción de esa magnitud económica como elemento material de los hechos imponibles que la origina.

En otras palabras, la esencia y valor de la iniciativa privada y de la función empresarial tendente a la búsqueda de una mayor rentabilidad y libertad de disposición de los factores de producción en procura de una mayor productividad y contribución al desarrollo de la económica nacional, son derechos fundamentales que gozan de la caracterización prevista en el artiuclo19 constitucional, que evitan su vaciamiento por parte de los órganos del Poder Público. La función social de la propiedad en materia de tributación se reduce a justificar el pago de impuestos, tasas y contribuciones para el sostenimiento de las cargas públicas y el observar las prestaciones dinerarias y de otros contenido propios de la imposición con fines de ordenamiento e instrumentación de otras politicas públicas o fines estratégicos del «Estado Constitucional» en cuanto a la consecución de cometidos y fines.

NO puede atribuírsele el carácter de democrático a un Estado y a su tributación que busca la centralización como única forma de imposición de un férreo control y mediatización de todo el ámbito de actuación del ciudadano y la empresa; de la función empresarial y su libertad de desenvolviendo, de su capacidad de interrelacionarse y expresar su autonomía de voluntad, que se apodera de la propiedad a través de una consfistoria tributación y una gestión abusiva de la misma.

Así, Roberto **CASANOVA**, ha expresado que

> El problema está en que el crecimiento del Estado de Bienestar puede chocar –y ha chocado muchas ocasiones- con algunos derechos individuales. Diversos controles y cargas han ido limitando, por ejemplo, a los llamados derechos de propiedad hasta casi convertirlos en una concesión que hace el Estado a los particulares y no un derecho de estos que aquel debe respetar. Los derechos de propiedad (…) condición imprescindible de la libertad. Y esta, la libertad, la que resulta perjudicada cuando los derechos de propiedad quedan subordinados a un difuso interés público, perfectamente manipulable por quienes ejercen el poder estatal. Sucede entonces que la generación de derechos sociales no vino realmente a complementar a la generación de los derechos civiles [segunda generación de derechos los derechos humanos]. Vino en parte a negarla[60].

El Estado venezolano, expresa Maxim **ROSS**,

> Postrado por su cúmulo de errores y focalizándose en una perspectiva equivocada, enfiló sus baterías hacia la intervención de los mercados, atribuyéndole a estos y a quienes actúan en el la causalidad de los problemas que se originaron en su campo de acción. De ahí la secuencia política que le atribuyó la responsabilidad y la culpabilidad de las crisis a un supuesto «capitalismo salvaje» lo que condujo al esquema ya encendido la actuación del estado de venezolano, hasta hoy[61].

El citado economista efectúa una clasificación de las políticas públicas del Estado venezolano puesta en práctica, y que en su opinión integran, un modelo de intervención que inhibió casi plenamente el desarrollo de la economía capitalista. Estas políticas públicas las clasifica en (i) apropiación del Estado; (ii) intervención del mercado (control y congelamiento de precios; control y fijación del tipo de cambio) y (iii) la política fiscal, afirmando que es

---

60 ROSS, Maxim, *¿Capitalismo salvaje o Estado depredador?* Editorial Alfa, Caracas, 2008., pp. 84-85.
61 *Ibíd.*, pp. 79-86.

donde el sector público juega su rol fundamental, dado el peso del presupuesto de Estado. El ritmo de crecimiento de la economía venezolana o sus momentos contractivos o recesivos están atados, por un lado, al nivel del formato de gasto público que producen el «impulso fiscal» y como por el otro, a los efectos distributivos que tenga ese formato.

Dado que el fisco venezolano está atado a los niveles de ingreso fiscal petrolero, ocurre que cuando este aumenta lo hace el gasto público, pero cuando aquel se reduce y sus montos no son compensados por los ingresos internos o por endeudamiento, el gasto se hace inflexible y para reducirlos se producen «ajustes» de dolorosa repercusión económica y social. Por esta razón, se ha sugerido la creación de instrumentos estabilizadores, que tienden a evitar ese impacto al colocar la senda del gasto acorde con el crecimiento de la economía[62].

En definitiva, la articulación de una planificación centralizada de la economía, bajo la concepción de un modelo de Estado autoritario inspirados en una ideario marxista, ha implicado una serie de controles sustitutivos de las expropiaciones generales, las cuales se convierten en selectivas como parte del catálogo de medidas de control e intervencionistas que van desde la importación hasta la exportación, pasando por todas las etapas de fabricación, distribución, comercialización y consumo, condicionantes en cada eslabón del acceso a las divisas, la contratación y remuneración o asignación de renta de los factores de producción, a través de mecanismos de control de costos, precios, inamovilidad laboral y la deformación del sistema tributario.

En la planificación centralizada no existe racionalidad abierta y concertada, es una imposición y no una definición, es la forma autoritaria del poder en fraude a la Constitución y a los valores de la democracia, y por consiguiente, no es democracia.

Así, *ARON* expresa en relación a la planificación centralizada, que llegó a su máxima expresión en la desaparecida Unión Soviética, que sus planificadores "se niegan o negaban a tener en cuenta la escasez en la fijación de los precios y a reconocer un valor al capital, lo que parece contrario a la racionalidad"[63]

No en vano, como lo indica *URBANEJA* citando a *CORRALES*,

> El crecimiento del sector público y el hostigamiento al sector privado se refuerzan mutuamente. El cerco jurídico, político e ideológico a las empresas privadas las condena a situaciones económicas o laborables críticas, lo cual da justificaciones para su expropiación y nacionalización. *Corrales* señala que se ha invertido la relación característicamente capitalista con las decisiones del Estado, según la cual la empresa capitalista puede amenazar al Estado con desempleo y desabastecimiento para que el Estado ceda a sus peticiones. Aquí es al revés: el Estado obliga a las empresas a subemplear y a subproducir, para luego estatizarlas[64].

VIII. LA TRIBUTACIÓN DEMOCRÁTICA Y LA TRIBUTACIÓN DE LOS «ESTADOS FALLIDOS »

La tributación en un sistema democrático eficaz es un medio de financiamiento del gasto público para satisfacer las necesidades que permiten alcanzar los fines y concretar los cometidos del Estado Constitucional.

---

62 ARON, Raymond, *op. cit.,* p. 334.

63 URBANEJA, Diego Bautista, *La renta y el reclamo. Ensayo sobre petróleo y economía política en Venezuela,* Editorial Alfa/Colección Trópicos/ Economía política, Caracas, 2013, p. 389; y CORRALES, Javier, *The Repeating Revolution: Chavez's New politics and old economics* en WEYLAND, Kurt, MADRID Raúl y HUNTER Wendy, Editores, Leftists governments Latin America. Success and shortcomings. Cambridge University Press, Cambridge, 2010, p. 44.

64 PLAZAS VEGA, Mauricio A., *El sistema tributario en el Siglo XXI,* Editorial Temis, Bogotá, 2018, pp. 28-9.

Resulta altamente descriptiva la reflexión de **PLAZAS VEGA** en relación a la tributación en el Estado democrático, aun cuando con ciertas afirmaciones controversiales que pudieran dar pie, o han dado lugar en nuestra realidad a abusos del cognomento *Social* calificativo del Estado de Derecho, cuando afirma:

> Pero cuando el Estado es el resguardo de la libertad y no se pretende que sea todo ni se reclama su desaparición; cuando su existencia se reconoce como base de la vida en sociedad, como garantía de los derechos individuales y colectivos; cuando se afirma como el "poder jurídicamente organizado" pero no se admite, en absoluto, su intromisión en la vida de los asociados ni se vislumbra como un instrumento de explotación de clases sino como fundamento del ser colectivo; cuando no hay mesías alguno que sostenga los alabanceros e imponga la voluntad a sangre y fuego o simplemente reine el al amparo de la confusión generalizada, el *impuesto* adquiere su más acabada y profunda expresión. Es el ámbito de la *democracia liberal*, del *Estado de Derecho*, del *Estado social y constitucional de derecho*, de la garantía de los *derechos fundamentales* y la *propiedad privada*, pero sin perjuicio de su *función ecológica y social* [65]

Por tributación democrática, ha de entenderse aquella establecida por el órgano de mayor legitimidad como es el Poder Legislativo, previo debate abierto entre todos los sectores involucrados, sea porque son destinatarios directos de su vigencia como contribuyentes percutidos, incididos finales o que hacen de la tributación su centro de atención, reflejando la escogencia de la mejor forma de definir un instrumento que haga viable la asignación de bienes públicos, la distribución y la estabilidad de la actividad financiera.

Es la articulación y disposición normativa para dar cumplimiento al deber constitucional de contribuir con las cargas públicas, teniendo como medida de exigencia la capacidad económica del ciudadano y la empresa, manifestación organizada de factores individuales de producción en el ámbito de la función empresarial.

La tributación democrática está limitada y fuertemente condicionada a los límites directos o explícitos, que derivan en principios de la tributación de fuente constitucional que informan el sistema tributario, así como por aquellos propios a cada especie tributaria, asignada a cada nivel político territorial.

En la tributación democrática los sujetos pasivos, la Administración tributaria y los jueces están sometidos al "Bloque de la legalidad tributaria" y a los principios ordenadores del sistema que lo integran: la Constitución y desarrollados por la normativa orgánica (Código Orgánico Tributario y la Ley Orgánica del Poder Público Municipal), que sirven para su interpretación y la ley creadora del tributo y sus reglamentaciones, dentro de su limitada cabida y reducida eficacia al sólo establecimiento de deberes formales.

En cada uno de los casos, la interpretación y ejecución de la norma conducen a la determinación de la existencia y cuantía de la obligación tributaria, como expresión concreta y particularizada del deber de contribuir con las cargas públicas, a raíz del ejercicio de la facultad constitucional del legislador, que debe buscar la igualdad y la más idónea consulta a la capacidad económica inmediata o mediata de quienes, en virtud de ley, se materializan o

---

65 **"LA CARTA"** sobre este derecho "derivado de la igualdad y a la capacidad contributiva" establece el:

"14. Derecho a la igualdad tributaria y a la tributación de acuerdo con la capacidad contributiva individual. En función de ello el contribuyente tiene derecho a ser gravado por actos, hechos o circunstancias que sean indicativos de riqueza, efectiva y actual (exclusión de los tributos que gravan capacidad económica ficticia) y a que la cuantificación tenga en cuenta la capacidad singular manifestado por cada contribuyente".

Este derecho no impide que el ordenamiento clasifique los contribuyentes o a la materia imponible en grupos o categorías- para lo cual el legislador puede tomar en cuenta la capacidad contributiva en cada grupo categoría- o criterios extrafiscales razonables, pero descartando utilizar hasta a tal fin las denominadas "categorías sospechosas", o alentando finalidades persecutorias o de indebido favor o privilegio".

verifican los hechos imponibles, todo conforme a la naturaleza propia de cada tributo objeto de la distribución del poder tributario[66].

La diferencia de la aplicación normativa obedece a intensidades disímiles, enmarcadas en ámbitos igualmente diversos: el contribuyente en el marco de la libertad de contratación y ejercicio de la autonomía de la voluntad; la Administración tributaria en el ejercicio de sus potestades de gestión para garantizar el derecho creditorio del Estado y los jueces dentro de la autonomía e independencia, que les corresponde como órgano del Poder Judicial[67], para que aplicando la misma ley tributaria, atribuya la razón, de acuerdo a la argumentación que da sustento al sujeto pasivo en su pretensión de nulidad o anulación del acto de determinación complementaria, o aquella esgrimida por la representación del Estado para preservar su validez.

En todo caso, la creación del tributo y "toda prestación patrimonial publica, sea o no tributaria (y siempre que sea coactiva de hecho o derecho"[68] y su gestión en una institucionalidad democrática está sujeta a la ley[69], aprobada y promulgada en los términos acusados.

Así, puede decirse que están sometidos a la ley democrática y en función a ella los momentos relativos a la creación y gestión del tributo (sentido lato, la determinación del tributo)

La creación de la contribución como fuente de financiamiento, que se une al ejercicio del poder de imposición como el de no imposición, que establece la obligación o crea las dispensas e incentivos; y la determinación de la cuota representativa de la contribución para el sostenimiento del gasto público que se vincula a la gestión administrativa.

El contribuyente tiene la obligación de determinar, liquidar y pagar su cuota tributaria dentro de los parámetros legalmente establecidos; la Administracion tributaria solo puede proceder a determinar de manera complementaria[70] o exigir el pago sino en los supuestos y dentro de las facultades previstas en la ley; el juez sólo puede realizar la determinación judi-

---

66 **"LA CARTA"** establece como expresión de los derechos fundamentales a la tutela administrativa y judicial efectiva, los siguientes derechos:

"25) Derecho de acceso a la justicia, independiente e imparcial, a la obtención de una fallo y a la ejecución del mismo"

29) "Derecho a que los funcionarios o magistrados que conformen los órganos en lo contencioso tributario gocen de independencia y estén dotados del conocimiento de las materias técnicas, conexas y necesarias para la correcta aplicación del derecho tributario"

67 **"LA CARTA"**, derecho n.1.

68 *Ibíd.* y artículo 317 de la Constitución.

69 **"LA CARTA"** establece: "19) Derecho a que el tributo se determine sobre "base cierta" y a que la determinación sobre "base presunta" solo proceda por excepción cuando el conocimiento cierto y directo de los hechos previsto en la Ley como generadores de la obligación tributaria sea imposible.

La Ley debe diferenciar y definir claramente las hipótesis que habiliten a la Administración a prescindir de la determinación sobre "base cierta", así como las facultades y limites dentro de los cuales la Administración debe efectuar la determinación sobre "base presunta", no siendo admisible la utilización de presunciones legales absolutas o de ficciones legales. En la faz aplicativa la administración deberá fundamentar debida y suficientemente ambos aspectos para realizar una determinación sobre "base presunta, describiendo los hechos que constituyen su soporte.

Cuando se dé la imposibilidad de determinar la obligación son sobre "base cierta, debe recurrirse, en primer término, a la determinación sobre "base mixta", que consiste en tomar en consideración y no desechar los documentos y registros contables fidedignos del contribuyente.

El contribuyente debe tener derecho a la prueba en contrario sin limitaciones, pudiendo impugnar los resultados de la determinación sobre "base presunta" o sobre "base mixta" probando, ya sea la realidad de los hechos para que se liquide la obligación tributaria sobre "base cierta", o que las presunciones establecidas no se ajustan a la ley tributaria material que regula el tributo o que simplemente resultan inadecuadas al caso concreto".

70 **LA CARTA** establece: "3. El derecho a la legitimación activa de los contribuyentes para promover el control jurisdiccional de la constitucionalidad de las leyes tributarias".

"39. Derecho a una segunda instancia y a la revisión y apelación de las resoluciones iniciales".

cial, una vez efectuada el control de la legalidad, en el marco de la ley y de los criterios de hermenéutica establecidos en el ordenamiento, los cuales al desviarse de la ley, son susceptibles de ser revisados por una instancia superior[71]. Es la vigencia plena de la tutela judicial efectiva.

Por el contrario, la tributación en un «Estado fallido totalitario», enrielado en la planificación centralizada de la economía es una mandarria que se manipula discrecionalmente para demoler las bases de la libertad económica; su diseño y ejecución responde a la necesidad de asfixiar la iniciativa privada, apoderarse o limitar el uso de los medios y condicionar ilimitadamente los factores de producción.

Su gestión es una expresión cruenta de la violencia institucional, que expone continuamente al contribuyente a un arbitrario riesgo regulatorio, incluidos, medios de extorsión, producto de la rampante corrupción que se ha constituido en parte estructural del régimen de gobierno como incentivo implícito de preservar la lealtad hacia el las denominadas instancias del Poder Comunal, que demandan un cantidad de recursos financieros y materiales, que no se reflejan en la estructura regulada de costos de las empresas, y que se transforman en impuestos atípicos indebidos y ocultos, que por su recurrencia y carácter coactivo anómalo para soportarlos se convierten en gastos normales y necesarios para la producción de la renta, generando un inédito incremento de la presión fiscal, al no poderse deducir de la renta bruta para la obtención del enriquecimiento neto gravable. Se pagan o no se produce; se pagan o no se distribuyen los bienes o no se presta el servicio; se pagan o se ven expuestos a su apoderamiento forzoso informal.

En la tributación no democrática, el ente productor de la normativa consagratoria del tributo procede al apoderamiento, ya no vía por selectiva de las expropiaciones si no por la general y confiscatoria de la exigencia dineraria en formas de tributos y, aun de formas más perversas en fraude al ordenamiento[72], mediante aportes concebidos fuera del ámbito de aplicación del tributo para evitar las esclusas limitativas de los principios constitucionales en materia de tributación y los derechos fundamentales.

La gravedad de la tributación, en términos de irracionalidad, confiscatoriedad[73], pérdida de la generalidad, vaciamiento de la seguridad jurídica[74], otorgamiento de facultades discre-

---

71 **"LA CARTA"** establece: "1. Derecho a que toda prestación patrimonial publica sea o no tributaria (y siempre que se coactiva de hecho o de derecho), se establezca por ley".

"5. Derecho a que el legislador se ajuste al definir los tributos, a su real naturaleza, conforme a las notas constitutivas de cada especie".

72 **"LA CARTA"** establece: "16. Derecho a que la tributación tenga en cuenta la protección del derecho de propiedad de manera proporcionada, Atendiendo a las exigencias de necesidad, adecuación y proporcionalidad en sentido estricto. El interés general que limite el derecho de propiedad deberá estar siempre contemplado y fundamentado por ley en cada caso concreto".

La Constitución de 1999 tardes el artículo 316 que "ningún tributo puede tener efectos confiscatorio; concibiéndose de esta manera el principio de legalidad establecido en el artículo 115 ejusdem como una garantía pues la propiedad solo podrá estar sometida, en su vigencia limitada a la función social, a las contribuciones previstas en la ley por razones de interés general".

"17. Derecho a que, más allá del alcance y protección que el derecho constitucional de cada país reconozca y otorgue el derecho de propiedad privada, existe un límite cuantitativo (...) aquel fijarlo porcentualmente- a partir del cual el tributo afecta el núcleo esencial de dicho derecho que debe conservarse incólume, deviniendo en confiscatorio. Tal afectación puede alcanzarse por la aplicación de "un único tributo" o por la acción del "concurso tributario" resultante de la acumulación de gravámenes, provengan de uno o más sujetos impositores.

La no confiscación debe aplicarse a todos los tributos, incluso a los de carácter medioambiental o extra fiscal en general".

73 **"LA CARTA"** propone a los países miembros del ILADT una serie de derechos derivados del principio de seguridad jurídica:

cionales que mutan en inmediata arbitrariedad, se agudiza cuando en fraude a la Constitución se procede a las habilitaciones ilimitadas, a la definición de estados de excepción inexistentes, alejados de los conceptos jurídicos indeterminados que los representa pues la justificación que transforma esa indeterminación en causa procedente de actuación, no es más que abyecta justificación alejada de los valores democráticos sin el debido control de la Asamblea Nacional, que se desconoce como expresión directa de soberanía delegada en el elector y proyección de la más pura legitimidad, y, al cual además se le ha conculcado, la competencia de la legislación tributaria, la normatividad y control de la gestión de las finanzas públicas; una renuncia del Tribunal Supremo de Justicia de velar por la juridicidad de los actos y actuación del Ejecutivo Nacional, que se convierte así en su penoso apéndice.

La ley tributaria no democrática es dictada con prescindencia del debate, promulgada con atropello de las formalidades o a través de su manipulación, que dificultan la realización de la seguridad jurídica. El ejercicio del Poder Público normativa en materia tributaria responde a subterfugios que guían la creación de la norma, que responde más a la necesidad de acentuar el modelo político de control absoluto, que persistir en la búsqueda de financiamiento del gasto público.

---

71. "Derecho a la irretroactividad de las normas tributarias sustanciales, así como de los preceptos penales e infracciónales".

72. "Derecho a la inmodificalidad de las situaciones jurídicas frente a cambios imprevisibles".

73. "Derecho a la inaplicabilidad de la integración analógica".

74. "Derecho a la inaplicabilidad de criterios interpretativos aprioristicos".

75. "Derecho a que las normas tributarias se interpreten con arreglo a todos los métodos admitidos por el derecho".

76. "Derecho a que se uniformicen para todos los tributos los plazos de prescripción en tiempos razonables".

77. "Derecho a que las actuaciones de la Administracion que se refieren a aspectos parciales del hecho imponible interrumpan la prescripción solo con relación a esos aspectos".

78. "Derecho a que las causas de la prescripción se fijen legalmente".

79. "Derecho a que el plazo de prescripción se reanuden inmediatamente después de su interrupción"

80. "Derecho a la publicidad de las disposiciones tributarias".

81. "Derecho a la motivación concreta, especifica y suficiente y fundada en Derecho de las resoluciones de la Administracion y los decretos del Poder Ejecutivo".

82. "Derecho a prever las consecuencias de sus actos y la tipicidad sancionatoria".

83. "Derecho a la información y a la asistencia que le sea requerida por los contribuyentes".

84. "Derecho a ser informado de los valores de los bienes inmuebles que vayan a ser objeto de adquisidor o transmisión con vinculación de la contestación para la Administracion".

85. Derecho a obtener respuesta a las consultas que formulen los contribuyentes, que tendrán carácter vinculante para la Administracion".

86. "Derecho a que las actuaciones se lleven a cabo sin dilaciones, requerimientos o esperas innecesarias, y a que los procedimientos se desarrollen en un plazo razonable".

87. "Derecho a que la Administracion tributaria haga públicos los criterios que informen su actuación comprobadora, evitando la discrecionalidad en la selección de los contribuyentes que habrán de ser sometidos a actuaciones de fiscalización, comprobación e investigación, y a cuestionar los criterios seguidos".

88. "Derecho a que las actuaciones de fiscalización, comprobación e investigación puedan extenderse a la totalidad de los elementos del hecho imponible y de la obligación tributaria comprobada, a petición del contribuyente".

89. "Derecho a que los actos de determinación o liquidación tengan, como norma general, carácter definitivo, a petición del contribuyente".

74 Apéndice en HERRERA ORELLANA, Luis; ARIAS CASTILLO, Tomás y RONDÓN GARCÍA, Andrea I., *Del Estado de Derecho al Estado Total*, (Crítica filosófico-jurídica a la sentencia de la Sala Constitucional N° 1.049 de 23 de3 julio de 2009), p. 201.

IX. LA NOCIÓN MANIPULADA DEL «ESTADO SOCIAL» COMO DILUYENTE DE LA TRIBUTACIÓN DEMOCRÁTICA

La expresión consagratoria o descriptiva de los elementos de los hechos imponibles es ajena al tecnicismo, a los principios informadores del sistema tributario y desdibujan la esencia de cada tributo, para sustituirlos por un lenguaje confuso e ideologizado, que propicia su aplicación sesgada y arbitraria.

De esta forma, se abusa del cognomen de "Social" que agrega el constituyente de 1999 a la consagratoria del Estado de Derecho. En un país democrático, sin que ello pretenda obviar o rehuir un debate inconcluso, el carácter "Social" seria aval de justificación del poder de no imposición, bajo estricta observancia y control de legalidad, para el otorgamiento de beneficios e incentivos fiscales, como formas de la imposición de ordenamiento o fines ex trafiscales, lo cual de suyo también trae discusiones insolutas sobre la neutralidad de la imposición y la intervención estatal en la economía, pero que lamentablemente en régimen de tendencia autoritaria, como el que nos rige, lo que se persigue es desconocer la esencia y pilares del Estado democrático de Derecho.

Ya la justificación misma del «Estado Social» implica la aceptación plena y absoluta de un condicionamiento extremo a la libertad y propiedad como fuente de los derechos de los derechos fundamentales y, por consiguiente, una tributación no democrática.

Así, por ejemplo, la Sala Constitucional del Tribunal Supremo de Justicia en sentencia del 23 de julio de 2009, expresa que

> El Estado Social es un Estado global, pues en el "ya no se trata solo, como en el pasado, de adoptar medidas concretas aisladas para remediar la pobreza del proletariado (la llamada "política social") o para corregir algunas desviaciones del sistema económico"; de lo que se trata bajo este modelo es de "*dirigir la marcha entera de la sociedad, y aun de modificar su estructura misma* para hacerla más justa y para extender el bienestar a toda la población", (...). Como Estado global debe atender a los objetivos de la igualdad, equilibrio, justicia, promoción y protección de los derechos fundamentales, de todos, tanto de los de libertad, que han devenido en sociales gracias a su influjo, y de los sociales propiamente dichos. Para ello *el Estado dictara la regulación pertinente respecto a las áreas de interés que considere prudentes*, incluso respecto de aquellas que la doctrina liberal en alguna sus fases consideró excluidas de la regulación o de la intervención estatal, salvo para garantizar su libre ejercicio, léase: industria, producción y comercio"[75] (Destacado nuestro).

La Sala Constitucional sobre esa base, concibe a los derechos fundamentales de libertad económica y, por extensión a la propiedad de los medios y a los factores de producción, que integran el concepto de empresa, de la siguiente manera:

> En tal sentido, los derechos fundamentales relacionados con la industria, el comercio y la producción deben sufrir un proceso de enriquecimiento, de humanización, de socialización (en el sentido de tomar en cuenta el carácter social del hombre). No se trata de que no sigan reconociendo, se trata de despojarlos de su impronta meramente lucrativa, de su obsesión por la eficacia, de su individualismo excluyente, al mismo tiempo, dicho proceso supone la creación de derechos fundamentales en beneficio de trabajadores y trabajadoras en las diversas áreas de la economía (del comercio, de la industria, de la agroindustria) para los pequeños y medianos empresarios, para las cooperativas y para los consumidores. Por tanto, los derechos fundamentales de los consumidores deben ser tomados en cuenta a la hora de evaluar una determinada norma que reglamente la actividad comercial, industrial o de producción. No se trata de que ellos, a priori, sean preferibles a los derechos de libertad económica o libre empresa, pues también estos han sido socializados. Se trata de determinar en cada caso, sin posiciones tomadas de antemano, cuál de ellos debe

---

75 *Ibíd*., 198.

ser aplicable; y sin ambos grupos deben ser aplicados, de determinar en qué medida lo serán. La teoría de los derechos absolutos, y su correspondiente de las restricciones, no parecen que quepan en este modelo. La relatividad es guía rector existencial de los derechos humanos en esta dimensión de análisis"[76].

El afán del sentenciador, fue ir estableciendo las bases de un Estado absoluto, centralizado y cobertor de la naturaleza del Estado de Derecho. Es la justificación y las bases para imponer y acentuar la planificación centralizada.

La planificación centralizada o economías planificadas sólo pueden pretenderse en economías autoritarias, de existencia reducida de la libertad en los cuales se verifican controles de todos los eslabones de la cadena o etapas del circuito económico. Un control de un sector productivo lleva inevitable al control de la distribución, este el de la comercialización y consumo del bien.

La actividad económica compleja requiere de múltiples factores de producción y de bienes de consumo intermedio para producir bienes de consumo final. Cada control supone otro control, lo cual conduce inevitablemente a la escasez de insumos, lo cual repercute en una disminución de la producción de bienes, en un incremento patológico de la demanda y una endeble oferta, que sólo puede corregir con violencia institucional y, por consiguiente, con una pérdida vertiginosa de la libertad.

En esa forma inevitable de control violento, juegan un papel importante la tributación como expresión de violencia de Estado hacia los factores productivos sobre los cuales recae la responsabilidad de la merma de la producción de bienes y prestaciones de servicio, en impacto desfavorable e inmediato sobre la población.

En este orden de ideas, el segundo momento de la tributación que se reduce en la determinación, en cualquiera de sus tipos no necesariamente verificadas cada una de ellas de forma coetánea o concurrente (la determinación del sujeto pasivo, la complementaria de la Administracion tributaria y la judicial) el contribuyente puede buscar declarar lo que legalmente le corresponde pero la Administración tributaria en ejercicio de amplias potestades discrecionales propugna por el desconocimiento de los principios ordenadores del sistema tributario, aplicando el derecho tributario a su manera y bajo la concepción que el tributo no es una contribución sino una pesada carga que debe soportar los agentes económicos, que comportan un carácter diametralmente opuesto al modelo político de control que se sigue.

El tributo en sistemas autoritarios de planificación centralizada deja de ser medio de financiamiento para convertirse en la alquimia normativa desvirtuada para transformar la exigencia dineraria en una forma de expoliación monetaria y en una ordenación de las políticas públicas, no en afán de conducir los objetivos del Estado Constitucional sino la persecución de la función empresarial, la cual en un ambiente de plena libertad económica, implica y orienta la generación de riqueza, imperio de la autonomía de la voluntad para creación de efectos de regulación de intercambio y mecanismos de redituar los factores de producción y, por consiguiente, una eficiente producción de bienes y condiciones para la prestación de servicios, que se traducen en libertad de escogencia entre unos y otros, siempre bajo la posibilidad cierta de acceso fuera de una ambiente pernicioso de escasez, resultado de controles e intervención desmedida del Estado.

No puede haber tributación equitativa y razonable sin libertad. Aquí, parafraseando a **JEFFERSON,** debemos decir que el precio de la tributación democrática en un régimen de eficacia plena de la libertad y respeto a la propiedad una permanente vigilancia.

La permanente vigilancia para preservar la libertad en una sociedad democrática abarca desde darse una Constitución, garantizar que sus enmiendas, reformas o ejercicio del poder

---

76 BOBBIO, Norberto, "Teoría general…", *op. cit.*, p. 527.

constituyente se oriente a lograr o profundizar el equilibrio entre la limitación estricta del Poder Público y los órganos que lo componen y una distribución de ese mismo poder que permita el control cruzado, bajo parámetros de autonomía e independencia hasta el proceso legislativo de ejecución constitucional en materia tributaria que garantice o no afecten la libertad y la propiedad.

La libertad en lo que respecta a la tributación tiene una existencia indivisible con la propiedad, la cual se manifiesta en aspectos concretos. Siguiendo a **BOBBIO,** y adaptado sus afirmaciones en torno a la evolución del concepto de la libertad en la teoría política y en su explicación de que debe entender en el mundo actual que el ser humano es libre "en el sentido de que ha de ser libre o ha de ser protegido y favorecido en la expansión de su libertad"[77], podemos afirmar:

> Todo ciudadano y empresa (sentido amplio y económico), y la particularización de su rol como contribuyente en función al deber de contribuir con las cargas publicas previsto en el artículo 133 de la Constitución, exige una esfera de actuación nacida y enmarcada en su libertad económica consagrada en el artículo 112 *ejusdem*, que se encuentra debidamente protegida contra las intervenciones indebidas del poder estatal o de otros agentes económicos privados, entre su interacción entre en si o con el mismo Estado, sea en relaciones propias de derecho privado o de sujeción pasiva en calidad de contribuyentes o responsables (agentes de percepción o retención).

1. El contribuyente debe participar directamente, dentro de los cauces abiertos por el ordenamiento y bajo las modalidades previstas para tal fin en la definición de la política tributaria e, indirectamente, en los procesos constitutivos de ley mediante la representación política, producto del sufragio universal directo y secreto (artículo 5 de la Constitución) y dentro del ejercicio pleno del derecho a la democracia, específicamente, a la democracia participativa y representativa, en los términos del artículo 62 de la Constitución.

2. Las personas, tanto las naturales como jurídicas, tienen el derecho de tener propiedad, constitucionalmente reconocida en función condicionada a lo social y a las limitaciones derivadas de la creación y exigencia de contribuciones dinerarias, sean o no de carácter tributario y con independencia de su calificación o denominación, conforme a lo previsto en los artículos 115 y 317 de la Constitución, puedan tener el poder efectivo de realizar ese derecho abstractamente consagrado y, por lo tanto, tener un sustrato material y real para desarrollar una vida digna y libre, que le permita el ejercicio de otros derechos fundamentales, tal como lo establece el artículo 20 de nuestra Ley Fundamental.

X. ALGUNAS MANIFESTACIONES ANÓMICAS DE LA TRIBUTACIÓN EN EL ESTADO FALLIDO VENEZOLANO

En todos los niveles políticos territoriales y, por consiguiente, se vacía de contenido a la democracia y, consecuencialmente, se anula la libertad e irrespeta a la propiedad, vía tributación, descomponiéndose sus mecanismos de funcionalidad y derribándose sus fundamentos.

Las manifestaciones anómicas centradas en los siguientes hechos, mencionados a títulos ejemplificativo, así lo resaltan:

1. La existencia y exigibilidad de una régimen de retenciones exacerbado del 75% del IVA causado en las operaciones realizadas por contribuyentes ordinarios calificados como especiales, vigente desde el año 2003.

2. Un régimen exorbitante de anticipos de IVA e ISLR, con declaraciones semanales, para los contribuyentes declarados especiales, que mutan las especies impositivas en impuestos al flujo de caja y a los ingresos brutos, incrementando los costos de transacción, afectando la pro-

---

77 DE TOCQUEVILLE, Alexis, *La democracia en América*, T.1, Alianza Editorial, El libro de bolsillo, Tercera edición, Madrid, 2017, p. 443.

ductividad, mermando la rentabilidad de las empresas, generando un ambiente de incumplimiento generalizado de las obligaciones contractuales y legales de los agentes económicos privados, incluyendo, las empresas públicas o con participación del Estado.

3. El incremento sin fundamento de la base de imposición calificada de los contribuyentes especiales por manipulación de la Unidad Tributaria, fijada de manera ilegal, con prescindencia de la metodología indiciaria que debe efectuar por el Banco Central de Venezuela para determinar la "variación producida en el Índice Nacional de Precios al Consumidor (…) del año inmediatamente anterior" y sin el concurso de la Comisión Permanente de Finanzas de la Asamblea Nacional, en franca violación de lo previsto en el artículo 131 numeral 15 del Código Orgánico Tributario.

Un incremento de la U.T. tardío, parcial y manipulado que conduce a su reexpresión por debajo del índice inflacionario real, que conlleva a la conversión de la inflación en el principal y más regresivo impuesto del «sistema tributario socialista».

4. La complejidad del sistema tributario, producto de una adición asistemática e impensada de los niveles de recaudación en las finanzas públicas, en las distorsiones en productividad de las empresas, en los efectos nocivos de su rentabilidad, en la rigidez del impuesto (cuota impositiva o incentivo) en relación a la coyuntura se refleja también en normas con poca transparencia, de difícil exigencia y costoso cumplimiento en virtud de trámites engorrosos y a multiplicidad de tramites a pesar de la simplificación legalmente establecida; funcionarios sin preparación gerencial y conocimiento de la normativa aplicable, manejo de los procedimientos administrativos y legales propios a la gestión de la función de administración tributaria.

Esto último ha sido una constante en los "fondos" (parafiscalidad) a los cuales se le ha asignado la condición de Administración tributaria, así como en los estados y municipios. Lo más lamentable, que esas patologías se reflejan, incluso, en la Administración tributaria nacional (Servicio Nacional Integrado de Administración Aduanera y Tributaria - SENIAT) y que representó un esfuerzo extraordinario en la selección de los funcionarios, fue su formación especializada, en el diseño de una carrera tributaria, en la exigencia de parámetros de calidad y honestidad, en el trato deferente con los contribuyentes y responsables. El incremento de la nómina fue más por razones de afinidad política que por vocación de servicio. La deficiencia de los recursos humanos afecta la eficacia de la recaudación.

Un proceso intensificado de voracidad y grandes distorsiones de la imposición local causado, entre otros, por la profunda centralización institucional y política que caracteriza a los «estados fallidos» y de económica planificada; la reducción del tamaño de la economía nacional y, por consiguiente, su caída en términos reales; la manipulación de las bases de determinación de los recursos que fluye a los estados y de estos a los municipios vía situado constitucional; el aumento compulsivo e inconsulto de las remuneraciones de los funcionarios públicos decretados por el Ejecutivo Nacional; la coexistencia forzada con las instancias del Poder Comunal, alentadas por el gobierno nacional, que absorben importantes cantidades ingresos presupuestales de fuente diversa.

El esfuerzo realizado con la aprobación de la Ley Orgánica del Poder Público Municipal, que establece las bases para la armonización y coordinación del sistema tributario, ha quedado nulo en virtud de la ausencia de protección por parte de los tribunales de lo contencioso tributario y la arbitrariedad de la que se valen las autoridades administrativas locales, entre otras, a través del cierre de empresas, suspensión de la circulación de vehículos y la exigencia de licencias, solvencias y otros requisitos que obstaculicen la realización de actividades económicas.

La voracidad y las distorsiones se manifiestan en:

    i. El incremento irracional de las alícuotas impositivas.

    ii. La pretensión de cobrar la cuota impositiva en divisas, llegando en algunos casos, a la definición de un régimen diferencial de esencia punitiva de incremento de las alícuotas para aquellos contribuyentes que se rehúsen pagar en divisas el importe del impuesto a las actividades económicas causado (IAE).

iii. Negativa del otorgamiento o renovación de la licencia de IAE en aquellos casos en que los contribuyentes, por ejemplo, han recurrido contra determinaciones o vías de hecho de exigencia de pago indebidos de impuestos.

iv. Cambio del período impositivo del IAE para "cabalgar' sobre el régimen exorbitante de anticipos de IVA e ISLR establecidos por el gobierno nacional, valiéndose de una decreto constituyente irrito dictado por la Asamblea Nacional Constituyente.

v. Establecimiento de agentes de retención y percepción desnaturalizando estas figuras de colaboración, aplicándolas por fórceps al IAE, en franca violación de las limitaciones explícitas derivadas de la territorialidad o ámbito de eficacia de la normativa impositiva local (aspecto territorial del hecho imponible) o de la compulsiva exigencia de pago del IAE a empresas no sujetas (aspecto material del hecho imponible).

vi. Exigencia indebida de labores de verificación y traslado del costo de gestión a las empresas indicadas como responsables en condición de agentes de retención o percepción.

vii. Definición de la magnitud económica que sirve de base de imposición o de cálculo de la cuota impositiva (aspecto cuantitativo) con base en «petros», una presenta forma, por demás indefinida y controvertida de medio de pago, con bravucona concepción de criptomoneda.

viii. La creación de U.T. locales en virtud de la antijurídica previsión del Ejecutivo Nacional, basada en una emergencia económica que sólo existe como discurso destinado a la pugnacidad política e instrumento para dar viabilidad a una modalidad de estado de excepción para el desconocimiento continuado de la Asamblea Nacional.

ix. El establecimiento de alícuotas adicionales («sobretasas») bajo el subterfugio y deformación conceptual al presentarlos como precios públicos: las amenazas medidas privativas de libertad contra dirigentes gremiales y empresariados que han manifestado preocupación ante esa estas patologías tributarias.

En el caso de la tributación local, se desvanece una de las "tres causas principales del mantenimiento de la república democrática" señaladas por **DE TOCQUEVILLE,**

Tres cosas parecen concurrir más que todas las otras al mantenimiento de la república democrática en el Nuevo Mundo:

(…) Encuentro la segunda en las instituciones municipales. Que moderando el despotismo de la mayoría dan al pueblo al mismo tiempo el amor por la libertad y el arte de ser libre[78]

Ya no se trata de la tiranía de la mayoría y los peligros que se comportaba para la democracia para aquel entonces o de la forma como enfrentarla, en la actualidad se trata de buscar la forma de cercanía, preservar el espacio más adecuado para el ejercicio de la democracia, el desarrollo de la libertad en su más extenso sentido y como expresión, vitrina y escuela de ciudadanía que representa el municipio.

En definitiva, lo que se pretende es la armoniosa y sana conformación de la ecuación libertad, propiedad y tributación. Esto solo puede lograrse en libertad, el único y verdadero derecho que deriva de la actuación volitiva del ciudadano por eso es que "el precio de la libertad es su eterna vigilancia" y en la **AVDT**, en nuestro limitado ámbito de actuación, asumimos nuestro compromiso de estar vigilantes, de propugnar por el respeto del Estado de Derecho a los fines de preservar la esencia jurídica y democrática de la tributación, desechando cualquier pretensión de convertirla en instrumento de poder y sumisión a un "Estado global comunal" con valores contrarios a la esencia de aquel, en cuanto a la concepción de la relación tributaria.

---

78 HERRERA ORELLANA, Luis A., OSORIO SULBARÁN Mariángel, *Propiedad privada y expropiación en las decisiones recientes de la Sala Político Administrativa del TSJ en 20 años de FUNEDA.* Propiedad privada y expropiación en Venezuela, Volumen IV, Caracas, 2015, p. 29.

Esa relación en lo atinente a su estructuración material y la definición de los cauces de vinculación de gestión con la Administracion tributaria, tienen que ser definidos por la Asamblea, titular del poder de imposición y de no imposición, ejecutor de la soberanía popular y vocero de la básica premisa de eficacia de la ley tributaria como es la autoimposición ciudadana.

Debemos, a partir del respeto a la libertad y la propiedad, definir un "Acuerdo Básico de Tributación para la Transición". En eso hemos nos hemos empeñado, tanto para crear conciencia de su conveniencia, seguridad de su procedencia y convicción que solo un plan preconcebido y consensuado nos permitirá la pronta recuperación económica y la reinstitucionalización del país.

Y la tributación debe ser una parte de ese plan o proyecto, que cualquiera sea su denominación, persiga la restitución del sistema democrático, una bitácora inicial de enrumbamiento que defina límites, premisas y materialidad sobre el cual recaerá el consenso y el afianzamiento de la democracia y su funcionalidad.

Por bueno y final, el restablecimiento del Estado de Derecho y la gobernabilidad del ejercicio del Poder Público en democracia, después de un régimen autoritario que configura un Estado fallido, requiere de un esfuerzo consensual que derive en acuerdo mayoritario, con bases de ejecución viable y el compromiso de ser acatado. Es un acuerdo para una «modernidad consensuada», para una racionalización del sistema tributario democrática que favorezca la definición de alto nivel de institucionalidad. Ello solo es posible en democracia, con anclaje y apego al respeto de libertad y la propiedad, que es lo que define el Estado democrático de Derecho.

En definitiva, como lo expresan **HERRERA ORELLANA** y **OSORIO SULBARAN**

> La separación de poderes, la limitación impuesta los gobernantes, la libertad económica, el respeto de los derechos de os individuos, el respeto al derecho de propiedad (que no es privilegio de pocos, sino derecho de todos los que con su esfuerzo generan riqueza para sí mismos y para la sociedad) y la individualidad, entre otros, son aspectos que favorecen indudablemente en la calidad de las instituciones, de manera que un país tendrá calidad institucional [y un sistema tributario democrático, agregamos nosotros] en cuanto estos parámetros se cumplen o no[79]

XI.   CONCLUSIONES

En Venezuela en los últimos lustros se han verificado pretendidas «reformas tributarias», que no son más que «espasmódicas» modificaciones asistemáticas y alejadas de los principios ordenadores del sistema tributario y reñidas con las reglas fiscales, convirtiendo la estructura tributaria en un edificio con bases endebles que reflejan una sumatoria de impuestos, tasas y contribuciones parafiscales sin armonía y coordinación interna, violatoria de los derechos fundamentales a la democracia, libertad y a la propiedad.

Las modificaciones han estado en función de la planificación centralizada y el financiamiento de un gasto público inorgánico pensado en una acción de control político y social.

Las modificaciones a la normativa tributaria no han cumplido con las máximas de toda reforma tributaria:

1.   La simplicidad que facilite la gestiones de cumplimiento y de exigencia de los tributos. El sistema tributario venezolano es complejo y no incentiva el cumplimiento voluntario de las obligaciones y deberes formales. Las empresas sometidas a una alta presión fiscal en el

---

*   Profesor del Doctorado en Ciencias, Mención Derecho de la Universidad Central de Venezuela; Doctor en Derecho. Programa de Estudios Avanzados en Derechos Humanos por la Universidad Carlos III de Madrid. emeier@dra.com.ve.

establecimiento de los tributos y una alta presión de administración tributaria para su exigencia, que hasta el pasado reciente estuvo sometido a irracionales exigencias de obtención de solvencias. Esto se ve con mayor crudeza en la tributación local y parafiscal.

2. La complejidad del sistema tributario, producto de una adición asistemática e impensada de los niveles de recaudación en las finanzas públicas, en las distorsiones en productividad de las empresas, en los efectos nocivos de su rentabilidad, en la rigidez del impuesto (cuota impositiva o incentivo) en relación a la coyuntura se refleja también en normas con poca transparencia, de difícil exigencia y costoso cumplimiento en virtud de trámites engorrosos y a multiplicidad de tramites a pesar de la simplificación legalmente establecida; funcionarios sin preparación gerencial y conocimiento de la normativa aplicable, manejo de los procedimientos administrativos y legales propios a la gestión de la función de administración tributaria.

Esto último ha sido una constante en los "fondos" (parafiscalidad) a los cuales se le ha asignado la condición de Administración tributaria, en los estados y municipios. Lo más lamentable, que se refleja incluso, en la Administración tributaria nacional (Servicio Nacional Integrado de Administración Aduanera y Tributaria - SENIAT) y que representó un esfuerzo extraordinario en la selección de los funcionarios, fue su formación especializada, en el diseño de una carrera tributaria, en la exigencia de parámetros de calidad y honestidad, en el trato deferente con los contribuyentes y responsables. El incremento de la nómina fue más por razones de afinidad política que por vocación de servicio. La deficiencia de los recursos humanos afecta la eficacia de la recaudación.

3. Las modificaciones parciales de la normativa consagratoria de los tributos, adelantada por el Ejecutivo Nacional han sido realizadas subrepticiamente sin el concurso, incluso de la Administración tributaria, fuera del control de la Asamblea Nacional, previsto en leyes habilitantes y declaratorias de Estado de excepción y emergencia económica, sin el debido debate y consulta obligatoria con los sectores que resultan constreñidos e incididos por sus efectos, violatoria de la legalidad (sus corolarios de generalidad, una normativa, la garantía de la no retroactividad, la seguridad jurídica, la no confiscatoriedad, justicia (progresividad y la equidad horizontal y vertical de la imposición).

4. El diseño de los incentivos fiscales (sentido lato) no se corresponden con la realidad económica del país, ni con las expectativas de recaudación, generando complejidad administrativa y una tendencia a la evasión, y en algunos casos, pensadas para beneficiar las instancias excluyentes y paraconstitucionales del «Estado Comunal», prototipo de un «Estado fallido».

5. Las modificaciones asistemáticas introducidas en el ámbito de las múltiples leyes habilitantes que se han otorgado al Ejecutivo Nacional, ha permitido la creación de impuestos altamente, distorsivos, regresivos e inflacionarios como el Impuesto a las Grandes Transacciones Financieras. Esta exacción se refleja inevitablemente en la estructura de costos de la empresa y se recupera vía costo, en los casos en que no exista regulación de precios, mediante su piramidación en el precio final relativo de los bienes y servicios que se producen y comercializan en toda la cadena, sean para su consumo intermedio o final. En efecto, al no considerarse como un gasto normal de las empresas y, en consecuencia, no deducible a los fines de la determinación del enriquecimiento neto gravable, conlleva a que la tributación se convierta en confiscatoria, que lesiona directamente el derecho de propiedad e indirectamente la libertad económica.

6. Las modificaciones experimentadas en la normativa tributaria lejos de estar orientadas a la profundización de la descentralización, como política nacional reconocida como esencial para el sistema democrático y el Estado de Derecho, ha definido una estructura tributaria centralizada, que responde al interés de fortalecer las bases del «Estado fallido Comunal», ajeno al Estado de Derecho. Esta forma de proceder de una errática política tributaria,

cercena a los derechos de las entidades locales y los estados de contar con autonomía financiera la vertiente el ingreso, alimentada con recursos propios, permitiendo la definición y organización de sus servicios de interés estadal o local.

7. Adicionalmente, debe señalarse que el desconocimiento a la autonomía municipal, la invasión a su esfera competencial y la negativa a efectuar las transferencias que corresponden de los tributos objeto de recaudación nacional por vía compensatoria, ha motivado la configuración de un régimen impositivo confiscatorio, distorsivo, poco técnico que afecta, aún más, la productividad y rentabilidad de las empresas, constituyéndose en un escollo más para el desarrollo de la economía nacional. La imposición municipal, así conceptuada, se apalanca en un régimen de retenciones o detracciones anticipadas que trastocan las políticas adoptadas por el gobierno nacional, amparándose en una serie de medidas de policía administrativa irracionales que desconoce la esencia de los derechos fundamentales de la empresa. El esfuerzo realizado con la aprobación de la Ley Orgánica del Poder Público Municipal, que establece las bases para la armonización y coordinación del sistema tributario, ha quedado nulo en virtud de la ausencia de protección por parte de los tribunales de lo contencioso tributario y la arbitrariedad de la que se valen las autoridades administrativas locales, entre otras, a través del cierre de empresas, suspensión de la circulación de vehículos y la exigencia de licencias, solvencias y otros requisitos que obstaculicen la realización de actividades económicas.

Venezuela requiere de una reforma tributaria urgente, embarcada dentro de una reforma integral del Estado. La reforma tributaria que reclama debe observar y orientarse por los principios a los fines de lograr aspectos institucionales políticos y económicos fundamentales en torno a la concepción de la política fiscal activa propia de un Estado democrático de Derecho.

§ 13. TRIBUTACIÓN Y LIBERTAD: A PROPÓSITO DEL DECRETO CONSTITUYENTE DE ANTICIPO DE IMPUESTOS

Eduardo Meier García *

I.   PRESENTACIÓN

Me uno a la celebración de los 50 años de la Asociación Venezolana de Derecho Tributario ("AVDT") con esta modesta contribución para este Libro Homenaje. Quisiera comenzar esta presentación con una muy sucinta reflexión **(i)** sobre la oportunidad y conveniencia de este homenaje, así como con una **(ii)** aproximación a la metodología en derecho, por ende, en el derecho tributario, o por lo menos el método que considero es el procedimiento o esquema óptimo para determinar la respuesta jurídicamente correcta para cada caso concreto.

(i) Sin dudas, este Libro Homenaje es un merecido reconocimiento para la asociación decana de las agrupaciones jurídicas del país. La AVDT es uno de esos archipiélagos de nuestra sociedad civil que ha intentado marcar el camino de la libertad y de la justicia tributarias en el país durante el período democrático de la segunda mitad del siglo XX, y especialmente en estos últimos veinte años de deriva autoritaria.

Se trata además de una muy oportuna distinción, en estos momentos en que la sociedad civil resiste los embates del autoritarismo y de lo que eufemísticamente se ha denominado economía de planificación centralizada, a pesar de que resulta francamente forzado hablar de *estatismo* en Venezuela, cuando estamos asistiendo a la desinstitucionalización total de la democracia y del Estado de Derecho, a la desintegración del Estado mismo y con ello a la abolición ilegítima de la libertad, por ende, de la libertad tributaria.

Ciertamente, lo que padecemos en Venezuela es también el resultado de un *déficit de sociedad civil*[1], una clara falencia de ciudadanía y de compromiso con un estatuto de deberes y derechos recíprocos, que ha permitido la intromisión ilegítima en la esfera de libertad y que se instauren los excesos. Es el caso del "Decreto constituyente mediante el cual la Asamblea Nacional Constituyente establece el régimen temporal de pago de anticipos de Impuesto sobre la Renta e Impuesto al Valor Agregado".[2]

---

1   Como señala Inés Quintero, "Venezuela llega finales del siglo XIX sin lograr la estructuración de ese Estado que se propuso edificar desde 1830". Si bien en las primeras décadas del Siglo XX convergen una serie de circunstancias políticas y económicas, favorables a la estructuración económica, la misma se va a materializar desde el centralismo y la ausencia de participación ciudadana. Los gobiernos aprovecharán el surgimiento del petróleo y la riqueza generada para fortalecer el Estado concentrando un enorme poder. No ha habido la creación, organización y fortalecimiento paralelo de la sociedad civil, que no ha participado en la institucionalización, por la sencilla razón de que ha sido la convidada de piedra. QUINTERO, Inés, "La quimera de la sociedad civil en Venezuela" en *Sic*, Centro Gumilla, N° 52, 519 Caracas, 1989, p. 391.

2   "Decreto Constituyente que Establece el Régimen Temporal de Pago de Anticipos del Impuesto al Valor Agregado e Impuesto sobre la Renta para los Sujetos Pasivos Calificados como Especiales que se dediquen a realizar actividades económicas distintas de la explotación de Minas, Hidrocarburos y de Actividades Conexas, y no sean perceptores de regalías derivadas de dichas explotaciones" Publicado en *Gaceta Oficial* N° 6.396 *Extraordinario* del 21 de agosto de 2018. Entró en vigencia el 1 de septiembre de 2018.

Hay una relación consustancial entre ciudadanía y libertad. Ser ciudadano es ser libre y se es libre en la medida que se ejerce la ciudadanía, incluyendo la condición de contribuyente, que es muy distinta por cierto a la condición de súbdito o de administrado, porque la condición de contribuyente exige, por una parte, una actitud activa y hasta obstinada de reivindicación y lucha por los *derechos* y por la otra, el cumplimiento reflexivo de los deberes.

(ii) En este sentido, partiendo del señalado Decreto constituyente de anticipo de impuestos, intentaremos acotar un concepto de *libertad tributaria*, presentando su análisis desde el ámbito constitucional, pero enfocado desde perspectivas diferentes (jurídica, politológica y filosófica) e intentando que converjan, de modo que las conclusiones no contengan una visión parcial o distorsionada del fenómeno constitucional, lo que ocurre cuando, como advierte Nino, cada uno de estos enfoques ignora los otros [3]

Además, es necesario encontrar el cauce para hacer posible (legítima) la no aceptación radical de las normas inválidas, por su injusticia insuperable. Para verificar y censurar el derecho inválido, hay que estar conscientes de que el Derecho no comienza ni termina en el derecho positivo, que toda lectura de las normas, sean principios o reglas, incluso reglas contables o normas accesorias como las que regulan los anticipos, debe hacerse a la luz de la Constitución.[4]

Sin dudas, el Decreto constituyente de anticipo de impuestos no resiste un análisis jurídico mínimo, a la luz de las normas formales y sustanciales que pondrían de manifiesto razones de peso para no conferirle carácter jurídico a pesar de su pretendida eficacia. Sin embargo, un enfoque desde perspectivas diferentes a la jurídica, como la politológica y la filosófica, permitirían calibrar mejor el fenómeno jurídico y, como veremos, matizar una decisión que provea resultados adecuados o cuando menos, aceptables; máxime en circunstancias como las actuales en que las garantías jurídicas formales son inoperantes, porque los jueces no restablecen las situaciones jurídicas infringidas que traspasan sobradamente ese umbral de injusticia.[5]

No obstante, lo antedicho, el Decreto constituyente de anticipo de impuestos está en vigor, porque impuso su carácter normativo y su existencia o relación de pertenencia al ordenamiento. A pesar de su más que dudosa validez y pretendida eficacia, el Decreto está siendo observado (obedecido) por los contribuyentes y prácticamente no ha sido objetado por los operadores jurídicos.

De allí la importancia, el interés y la conveniencia de su análisis, y de tratar de darle una respuesta o solución a lo que parece ser un problema derivado de una norma excepcional perteneciente a una fuente axiológicamente incompetente, si entendemos que la Asamblea Constituyente es incompetente para dictar Decretos derogatorios de leyes vigentes, lo que resultaría en una inconstitucionalidad de normas axiológicamente incongruentes; o si por el contrario, al no estar atada por ninguna norma (*Princips Legibus solutus est*) la Asamblea

---

3   Nino, Carlos Santiago, ***Fundamentos de derecho constitucional Análisis filosófico, jurídico y politológico de la práctica constitucional***, 4ª reimpresión, Editorial Astrea, Buenos Aires, 2013, p. VII. Señala Nino que "Los juristas lo encaran desde lo que Hart denomina 'el punto de vista interno', que parte de ciertas premisas normativas, fundadas aparentemente en el derecho positivo, para llegar a conclusiones justificatorias. Los politólogos adoptan 'el punto de vista externo', que toma en cuenta la interacción causal entre el funcionamiento institucional y otros procesos sociales. Los filósofos políticos se ocupan de los valores que justifican la adopción de ciertos mecanismos de decisión y de sus limitaciones en función de ciertos derechos, y cómo tales valores se reflejan o no en las instituciones vigentes".

4   *Cfr.* Meier García, Eduardo, **"Constitución fachada: a propósito de la tributación selectiva en el ISR"**, en *El Impuesto sobre la renta. Aspectos de una necesaria reforma*, XVII Jornadas Venezolanas de Derecho Tributario, organizadas por la Asociación Venezolana de Derecho Tributario, Caracas, 2017, p. 182.

5   *Ibídem*, p. 185.

Constituyente puede actuar más allá de la Constitución vigente y de sus propias Bases Comiciales, pudiendo obligar, prohibir o permitir *contra legem*, incluso *contra constitutionem*.

II.   EL DECRETO CONSTITUYENTE DE ANTICIPO DE IMPUESTOS

El 21 de agosto de 2018 fueron publicadas en Gaceta Oficial N° 6.396 Extraordinario varios Decretos de la Asamblea Constituyente que forman parte del "programa para la recuperación, prosperidad y crecimiento económico", que modifican los regímenes de Impuesto al Valor Agregado ("IVA"), Impuesto Sobre la Renta ("ISR") e Impuesto Sobre las Grandes Transacciones Financieras ("IGTF"). Estos decretos entraron en vigencia el 1 de septiembre de 2018, son el Decreto Constituyente mediante el cual se establece el Régimen Temporal de Pago de Anticipo del IVA e ISR para los Sujetos Pasivos Calificados como Especiales; el Decreto Constituyente mediante el cual se reforma la Ley que Establece el IVA y el Decreto Constituyente mediante el cual se reforma la Ley de IGTF.

El Decreto Constituyente de anticipo de impuestos creó un régimen temporal de anticipos de IVA e ISR, que podrá ser derogado en cualquier momento por el Ejecutivo Nacional, por lo que en la práctica su temporalidad resulta falazmente *sine die*, pudiendo regir indefinidamente.

La eficacia de las normas en el tiempo tiene que ver con el *momento* a partir del cual las normas deben ser aplicadas y a partir del cual ya no deben ser aplicadas. En nuestro ordenamiento las leyes se derogan y reforman por otras leyes. La Asamblea Constituyente no tiene facultad (*facultas agendi*) para derogar la LISR ni la LIVA, ni para delegar su derogatoria *sine die* en el Ejecutivo Nacional, en la medida en que en propiedad el acto facultativo es un acto del sujeto de derecho (el legislador), y mal puede tener facultad quien no tiene derecho.

Además, el Decreto Constituyente no es una ley, ni un acto con fuerza, ni rango, ni valor de ley. El Decreto Constituyente no es una ley ni tiene su mismo rango jerárquico. El Decreto Constituyente tampoco es una norma constitucional ni tiene su mismo rango jerárquico, al contrario, no existe en el sistema de fuentes del ordenamiento jurídico venezolano. Es una invención una auténtica desviación de poder de la ya de por sí ilegítima Asamblea Constituyente para legislar en usurpación de las funciones del Poder Legislativo. La ilegitimidad es de origen porque la misma se constituyó en ausencia absoluta del voto universal, directo, secreto y libre del pueblo venezolano. Jamás se hizo un referendo consultivo para que los ciudadanos decidieran sobre la convocatoria, como lo exigía la vigente Constitución de 1999. La ilegitimidad es de ejercicio, porque en el supuesto negado de la legitimidad de origen, la Asamblea Constituyente estaría facultada para redactar una nueva Constitución y no para usurpar las funciones del poder legislativo y demás poderes constituidos. En ese interregno la constitución de 1999 no pierde su validez y eficacia, no pierde su vigencia, ni puede ser reformada o preterida por Decretos o Leyes Constituyentes, que no existen en el sistema de fuentes del ordenamiento jurídico venezolano

El Decreto Constituyente, al igual que las leyes constituyentes, son inconstitucionales. Pero la "Constitución no perderá su vigencia si dejare de observarse por acto de fuerza o porque fuere derogada por cualquier otro medio distinto al previsto en ella. En tal eventualidad, todo ciudadano investido o ciudadana investida o no de autoridad, tendrá el deber de colaborar en el restablecimiento de su efectiva vigencia (artículo 333 de la Constitución)

El Decreto Constituyente, al igual que las leyes constituyentes, son fuente de inseguridad jurídica e injusticia. Detrás de las las fuentes del derecho está "la seguridad (la certeza, la previsibilidad, la erradicación del decisionismo)"[6]. Es el principio y/o valor que parece estar

---

6   Aguiló Regla, Josep, "Fuentes del Derecho", en *Conceptos básicos del derecho*, Daniel González Lagier (Coord.), Marcial Pons, Madrid, 2015, p.p. 156-157.

detrás de las fuentes del derecho y lo que procede es entender el derecho como una práctica guiada por el ideal de la seguridad jurídica. La práctica jurídica guiada por el ideal de la certeza es una práctica que trata de minimizar el decisionismo en la resolución de los problemas jurídicos"[7]

Ambos anticipos se aplican a los sujetos pasivos especiales designados por la Administración Tributaria. Estarán excluidos de estos anticipos (i) los sujetos pasivos especiales que se dediquen a realizar actividades de explotación de minas, hidrocarburos y actividades conexas y (ii) las personas naturales calificadas como sujetos pasivos especiales que se encuentren bajo relación de dependencia, como es el caso de los empleados y obreros. Ambos anticipos podrán ser deducidos posteriormente en las declaraciones definitivas de IVA e ISR.

La Administración Tributaria emitió una providencia administrativa para establecer las formas a realizarse las declaraciones y pago de los anticipos[8]. Se estableció la facultad de la Administración Tributaria para sectorizar a los sujetos pasivos especiales para la aplicación de los anticipos, considerando la actividad económica, capacidad contributiva o ubicación geográfica.

En este sentido, se modificó el criterio de determinación temporal del IVA al período de una *semana* (art. 10). Se suspendió temporalmente la aplicación del régimen *mensual* de determinación del IVA previsto en el artículo 32 de la Ley del IVA y con ello se suprimió al método de traslación de la carga impositiva y determinación típica de la imposición general al consumo tipo valor agregado, mediante los débitos y créditos fiscales, degenerando el tributo en un simple mecanismo de exacción, incrementando "los costos de gestión de cumplimiento y transacciones, convirtiéndose de esta manera en aditamentos de una imposición irracional e indebida"[9]. La determinación del impuesto definitivo debido por cada semana será el monto de los débitos fiscales, debidamente ajustados, si fuere el caso, que legalmente corresponda al contribuyente por las operaciones gravadas en el respectivo periodo de imposición (el de la semana), al cual se restará el monto de los créditos fiscales, a cuya sustracción tenga derecho el mismo contribuyente, según lo previsto en la Ley IVA (art. 10).

La base de cálculo del anticipo de una semana será el monto de los ***ingresos brutos*** declarado la semana anterior (art. 2), según el número de días hábiles de la semana (art. 5). Los anticipos de la semana anterior se restarán (compensarán) en la declaración definitiva semanal (art. 9)

El artículo 3 define ***ingresos brutos*** como "el producto de las ventas gravables de los bienes, prestaciones de servicios, arrendamientos y cualesquiera otros proventos regulares o accidentales".

En el caso de los anticipos ISR se determinan sobre la base de los ingresos brutos territoriales, percibidos en el mes anterior (art. 2 y 3), limitado a los ingresos que correspondan a la misma base del IVA (art. 6, párrafo segundo). Excepcionalmente, el anticipo de ISR para las instituciones financieras tendrá como base de cálculo los ingresos brutos del día anterior.

La aplicación de los anticipos temporales suspende la aplicación a los sujetos pasivos especiales del régimen de anticipos existente en el Reglamento de la Ley de Impuesto Sobre la

---

7   *Ibídem.*

8   En *Gaceta Oficial* N° 41.546 del 14 de diciembre de 2018, fue publicada una Providencia SNAT 2018/0189 mediante la cual se establece el calendario de sujetos pasivos especiales y agentes de retención para aquellas obligaciones que deben cumplirse para el año 2019, publicada en la *Gaceta Oficial* de la República Bolivariana de Venezuela N° 41.546 de fecha 14 de diciembre de 2018.

9   Palacios Márquez, Leonardo, "Nota del Presidente de la AVDT. El plan de crecimiento, recuperación y estabilidad económica afecta los derechos fundamentales", ***Revista de Derecho Tributario***, **N° 159,** Julio - Agosto - Septiembre, 2018, p.p. 5-16

Renta (art. 10). Se determinó la alícuota de este anticipo fijándose un rango del 0,5% al 2% (art. 6). Se fijó interinamente la alícuota de este anticipo en (i) 2% para las instituciones financieras y (ii) 1% para el resto de lo sujetos pasivos especiales, hasta tanto el ejecutivo nacional no realice cambios (art. 8). Los anticipos de cada mes se restarán (compensarán) en la declaración definitiva anual (art. 9)

En una primera aproximación al Decreto Constituyente de anticipo de impuestos, se puede pensar a la luz de los elementos disponibles, que obedece a un *principio político preferente*, ilegítimamente supra-ordenado, que pretende producir resultados reduccionistas y disolventes de la capacidad del Derecho para moderar y racionalizar su relación con el poder. Produce evidentes antinomias axiológicas, dada la incompatibilidad entre dos normas explícitas, obtenidas respectivamente mediante interpretación textual de la disposición *pseudo* legislativa (Decreto Constituyente) frente a disposiciones constitucionales explícitas, que conforme a la jerarquía de las fuentes (orden de supremacía -*Lex superior derogat legi inferiori*), se sitúa en un incuestionable nivel superior –por importancia, relevancia o valor institucional– respecto de la fuente a la que, por el contrario, pertenece la otra norma[10]. Además, socavando el también principio democrático y republicano de autoimposición (*there are not taxes whithout representation*)[11].

Como muy acertadamente comenta Leonardo Palacios los mandatos impositivos contenidos en estos Decretos Constituyentes "...agravan la crisis del principio de legalidad tributaria, se caracterizan por romper el equilibrio de la relación jurídica tributaria, consolidando el deterioro experimentado en los últimos lustros, y su transformación en una relación de poder, no sujeta a los principios que informan el sistema tributario"[12].

En efecto, revisando la doctrina tributaria alemana (Nawiasky, Buhler, Henzel, Blumestein) e italiana (Allorio, Berlini, Maffezzoni y Micheli) y los autores clásicos (Pugliese y Vanoni) no encontramos nada parecido al fenómeno de estos Decretos Constituyentes, no existen antecedentes de una ruptura del equilibrio de la relación jurídica tributaria tan salvaje y escandalosa, ni siquiera en tiempos de guerra. Menos aún en la teoría obligacional que gira en torno al hecho imponible (Hensel, A. D. Giannini y Jarach). Quienes apuntalan la teoría funcionalista defienden que la potestad administrativa es previa a la existencia de la relación tributaria obligacional (con matices: Allorio, Micheli y Maffezzoni), sostienen que las relaciones contribuyente-Fisco, no puede ir más allá de un *primus inter pares* en la explicación del fenómeno tributario, que se centra en la relación tributaria como relación de poder.[13]

Pero resulta que con los Decretos Constituyentes se borra la condición misma de contribuyente, por ende, se suprimen la igualdad posicional entre fisco y contribuyente, la obligación *ex lege*, la vinculación necesaria entre hecho imponible y base imponible, el reconoci-

---

10 Meier García, Eduardo, *"Constitución fachada:... ob. cit.,* 2017, p. 177. *Cfr.* Chiassoni, Pierluigi. *Técnicas de Interpretación Jurídica. Breviario para Juristas*, Marcial Pons, Madrid, 2011, p. 320 y 321.

11 Este principio se impone como una cláusula *supraconstitucional* pétrea, inalienable, irrenunciable, permanente e irreversible. Conforme a la *Base Comicial Octava* de la Asamblea Nacional Constituyente, que fue consultada y aprobada por el pueblo de Venezuela, mediante el referéndum consultivo celebrado el 25 de abril de 1999, que dispuso como límites al poder originario "...los valores y principios de nuestra historia republicana, así como el cumplimiento de los tratados internacionales, acuerdos y compromisos válidamente suscritos por la República, el carácter progresivo de los derechos fundamentales del hombre y las garantías democráticas dentro del más absoluto respeto de los compromisos asumidos".

12 Palacios Márquez, Leonardo, "Nota del Presidente de la AVDT. El plan de crecimiento, recuperación y estabilidad económica afecta los derechos fundamentales", *Revista de Derecho Tributario*, N° 159, Julio - Agosto - Septiembre, 2018, p.p. 5-16

13 González García, Eusebio, "La revisión de la relación jurídica tributaria obligacional: las corrientes procedimentalistas", *FORO Revista de Derecho*, N° 9, UASB-Ecuador / CEN, Quito, 2008, p.p.145-154.

miento y garantía efectiva de los derechos de los sujetos pasivos. Es lo más parecido a una "ideología estatalista y estatalizadora, un apoyo sostenido a los excesivos deseos de poder más allá de la Constitución y las leyes...al servicio naturalmente de las ideas de control y represión"[14] de la administración tributaria.

En fin, los Decretos Constituyentes contemplan lo más parecido a un *impuesto-tala*, como lo describe Einaudi, al señalar que "[e]l impuesto cuando es propio de un estado organizado para el servicio de los asociados, no pesa, no grava, no quita nada; antes bien acrecienta la cantidad de cosas buenas que tienen o reciben los ciudadanos, aumenta la renta nacional total. El impuesto pesa, grava, quita, se convierte en *impuesto-tala*, si los gobiernos son tiránicos y opresivos"[15]

III. SOBRE LA INCONSTITUCIONALIDAD DEL DECRETO CONSTITUYENTE DE ANTICIPO DE IMPUESTOS

El Decreto constituyente mediante el cual la Asamblea Constituyente establece el régimen temporal de pago de anticipos del ISR e IVA es inconstitucional e ilegal, o lo que es lo mismo, es formal y materialmente inconstitucional e ilegítimo.

Parece razonable pensar en la inconstitucionalidad del Decreto constituyente partiendo tanto de la perspectiva o dimensión formal, como de la dimensión material de la ley. En el primer caso se valora la *ley o la norma como procedimiento* conforme a las normas de competencia y a las normas de procedimiento de formación de la ley. En el segundo caso, se consideran materialmente válidas aquellas normas o disposiciones que no son incompatibles con las normas jerárquicamente superiores, que están materialmente supraordenadas a aquellas, y que la limitan o predeterminan su contenido.[16]

En efecto, el Derecho disciplina su propia creación, con lo que se conoce como *normas sobre la producción de normas válidas*, esto es, aquellas normas que regulan la creación normativa, que supeditan su validez. De modo que se considera formalmente válida una disposición, norma o fuente cuando haya sido producida de acuerdo con las normas, estructural o jerárquicamente supraordenada a aquella, cuando haya sido producida de manera formalmente correcta, es decir, creada por el órgano competente y según el procedimiento preestablecido.[17]

Para que una norma sea válida es necesario que sea conforme a *todas* las normas que disciplinan su creación, y que no contraste con ninguna norma jerárquicamente supraordenada.[18]

Como señala Ferrajoli "las condiciones de validez de las leyes ya no son únicamente formales sino también sustanciales, al consistir no sólo en el respeto de las normas procedimentales y de competencia sobre la formación de las decisiones, sino también en un doble vínculo de contenido".[19]

Insiste el profesor italiano en que "...ha cambiado la naturaleza de la democracia, que ya no consiste en el simple poder de las mayorías, sino, además, en los límites y en los vínculos

---

14   Ferreiro Lapatza, J.J: *"El Estatuto del Contribuyente"* en **Revista Tributaria**, N° 131, marzo - abril de 1996, p. 115.

15   *Cfr.* Einaudi, Luigi, **Mitos y paradojas de la justicia tributaria**, prólogo de Enrique Fuentes Quintana, traducción de Gabriel Solé Villalonga, Editorial Ariel, Barcelona, 1963, p.p. 42-43.

16   *Cfr.* Guastini, Riccardo, **La sintaxis del derecho**, Marcial Pons, Madrid, 2016, p.p.107 y 222.

17   *Ibídem.*

18   *Ibídem*, p. 224.

19   *Cfr.* Ferrajoli, L. **Constitucionalismo más allá del estado**, Traducción de Perfecto Andrés Ibáñez, Trotta, Madrid, 2018, p. 15.

impuestos a este en garantía de los derechos fundamentales. Así, a la *dimensión formal* de la democracia, asegurada por la representación política, se ha añadido una *dimensión sustancial,* consistente en las garantías de los derechos establecidos constitucionalmente, esto incluye "la prohibición de lesión o restricción de los derechos de libertad y de inmunidad y en la obligación de las prestaciones objeto de los derechos sociales; en segundo lugar, en sus *garantías secundarias* o jurisdiccionales, consistentes en la anulación de las leyes inválidas por violación de las garantías primarias". De este modo, todos los poderes [incluyendo el poder constituyente] al menos en el plano normativo, han sido subordinados al derecho, no solo en cuanto a las formas, sino también en lo relativo a los contenidos de su ejercicio: precisamente a la garantía de los derechos fundamentales y al gobierno público de la economía, estipulados en las constituciones como condiciones de la pacífica y democrática convivencia".[20]

En fin, el Decreto constituyente de anticipo de impuestos es *impuesto-tala*, una forma de dragado fiscal[21] una especie exacción desproporcionada e inoportuna de varios impuestos, mutiladora del flujo de caja[22] de los contribuyentes que incluso han tenido que solicitar créditos para enfrentar el pago semanal de los anticipos o las sanciones por el pago con retraso;[23] en circunstancias en que además el crédito o financiamiento bancario está restringido por la política de encaje legal impuesta por el Banco Central de Venezuela[24] del monto del 100% de los depósitos y otras obligaciones adquiridas que las instituciones bancarias deben mantener como reservas obligatorias en el Banco Central, a la cual ha sido sometida la banca con más ferocidad desde febrero de 2019.

En este escenario restrictivo se estaría quebrantando "la prohibición de ilogícidad, de incoherencia y de arbitrariedad y desde luego el límite explícito de capacidad contributiva y capacidad económica del contribuyente, esto es, un límite interno de cada norma, pero también un límite externo, de sujeción a una norma superior", [25] en abierta vulneración a la libertad económica y a la libre iniciativa privada[26] y desde luego a la libertad tributaria. Estas

---

20   *Ibídem*, p.16

21   Palacios Márquez, Leonardo, "Nota del Presidente de la AVDT. *ob. cit.*, **Revista de Derecho Tributario**, N° 159,..., pp. 5-16

22   *Cash flow* es una expresión inglesa que traduce como flujo de caja e indica los movimientos de efectivo que se realizan en una empresa determinada. El flujo de caja de una inversión es igual a los movimientos de efectivo que ésta produce y no a los saldos netos, pues en este último caso habría que tomar en cuenta los asientos que se hacen por depreciación. *Cfr*, Sabino, Carlos, **Diccionario de economía y finanzas**, Consultores: Emeterio Gómez, Fernando Salas Falcón y Ramón V. Melinkoff, Traducción: Adriana Toro Vásquez, Editorial Panapo, Caracas, 1991, 304 p.p.

23   La vigencia del Decreto puede devenir en la aplicación igualmente inconstitucional de las siguientes sanciones por parte de la administración tributaria: (i) multa de 150 unidades tributarias y diez días de clausura de los establecimientos de la contribuyente por la falta de presentación de una de las declaraciones de anticipos con retraso superior a un año(Art. 103.1 COT); (ii) multa de 100 unidades tributarias por un retraso inferior a un año por la falta de presentación de una de las declaraciones de anticipos (Art. 103.3 COT); (iii) multa equivalente al cien por ciento (100%) del anticipo omitido en caso de falta de pago (Art. 114.1 COT).; (iv) multa equivalente al cero coma cero cinco por ciento (0,05%) de los anticipos omitidos por cada día de retraso hasta acumular el cien por ciento (100%) en caso de retraso (Art. 114.2 COT). Todas las sanciones descritas son aplicables expresamente incluso aunque no nazca finalmente la obligación tributaria, acentuando la lesión a los derechos de los contribuyentes.

24   El BCV puso en pie la Resolución N° 19-04-02 "Normas que regirán la constitución de encaje" publicada en la *Gaceta Oficial* N° 41.620 de 25 de abril de 2019, cuya aplicación se acordó por el Directorio del BCV a partir del 06 de mayo de 2019.

25   Moschetti, Francesco, "El principio de la capacidad contributiva", en **Tratado de derecho tributario**, dirigido por Andrea Amatucci, Tomo I, El derecho tributario y sus fuentes, Editorial Temis, Bogotá, 2001, p.245

26   **Artículo 112 de la Constitución:** Todas las personas pueden dedicarse libremente a la actividad económica de su preferencia, sin más limitaciones que las previstas en esta Constitución y las que establezcan las leyes, por

medidas combinadas de anticipos de impuesto semanal y restricción del crédito bancario por medio del encaje legal, no existe en ninguna otra parte del mundo, más en las circunstancias actuales de depresión económica y de hiperinflación, de grave envilecimiento económico y humano.

Estas medidas restrictivas se presentan en el contexto de la más grave crisis que haya sufrido economía venezolana contemporánea. Si bien se exhiben bajo el rótulo de "Plan para la recuperación, crecimiento y estabilidad económica", tal como fuera aprobado el 17 agosto 2018 por el Ejecutivo, no es más que la continuidad de "…políticas que avivan el alza desmedida de precios y destruyen las capacidades productivas de la nación condena[ndo] a la población a niveles aún mayores de miseria, hambre y carencia de medicamentos, con muertes que pudieran evitarse de introducir los correctivos necesarios".[27]

De modo que resulta razonable pensar que el Decreto constituyente de anticipo de impuestos padece vicios de validez extremadamente graves, que producirían su nulidad de pleno derecho al vulnerar la capacidad económica del contribuyente, tanto como límite interno de la norma, como en relación jerárquica con la Constitución, como norma sobre la producción de normas válidas y su disconformidad en relación con las normas que disciplinan su producción normativa como resultado institucional. Pero también por quebrantar la libertad económica al socavar, debilitar y destruir la fuente de riqueza y de la producción de la empresa en marcha.

III.1. Dimensión formal de la inconstitucionalidad del Decreto constituyente de anticipo de impuestos

El Decreto constituyente de anticipo de impuestos quebranta las formas más elementales de la producción normativa en un Estado de derecho. La dimensión formal de la democracia, de la ley formalmente emanada del órgano legislativo competente es preterida y subordinada a un poder constituyente que está actuando *ultra vires*, más allá de sus competencias, usurpando descaradamente las facultades propias del Poder Legislativo.

No puede pensarse que la Asamblea Constituyente al poder elaborar el nuevo texto constitucional, pueda *a fortiori* o *a simili* sancionar un atípico "Decreto constituyente"[28] que reforma y suprime leyes, porque además las leyes se derogan y reforman por otras leyes.[29] En

---

razones de desarrollo humano, seguridad, sanidad, protección del ambiente u otras de interés social. El Estado promoverá la iniciativa privada, garantizando la creación y justa distribución de la riqueza, así como la producción de bienes y servicios que satisfagan las necesidades de la población, la libertad de trabajo, empresa, comercio, industria, sin perjuicio de su facultad para dictar medidas para planificar, racionalizar y regular la economía e impulsar el desarrollo integral del país; **Artículo 20 de la Constitución:** Toda persona tiene derecho al libre desenvolvimiento de su personalidad, sin más limitaciones que las que derivan del derecho de las demás y del orden público y social.

27   Pronunciamiento de la Academia Nacional de Ciencias Económicas (ANCE), 9 de mayo de 2018, consultado en: https://www.ancevenezuela.org.ve/pronunciamientos/la-responsabilidad-del-gobierno-en-el-deterioro-de-las-condiciones-de-vida-del-venezolano.

28   Conforme al **artículo 15 de la Ley Orgánica de Procedimientos Administrativos** los decretos son las decisiones de mayor jerarquía dictadas por el Presidente de la República y, en su caso, serán refrendados por aquel o aquellos Ministros a quienes corresponda la materia o por todos, cuando la decisión haya sido tomada en Consejo de Ministros. Tampoco se trata de los decretos con fuerza de ley que dicta el Presidente de la República previa autorización por una ley habilitante por la Asamblea Nacional (**Artículo 236 de la Constitución**), ni del Decreto que declara el estado de excepción (**artículo 339 de la Constitución**)

29   **Artículo 218 de la Constitución.** "Las leyes se derogan por otras leyes y se abrogan por referendo, salvo las excepciones establecidas en esta Constitución. Podrán ser reformadas total o parcialmente. La ley que sea objeto de reforma parcial se publicará en un sólo texto que incorpore las modificaciones aprobadas". **Artículo 7 del Código Civil:** "Las leyes no pueden derogarse sino por otras leyes;..."

este caso no se aplica ni puede sostenerse el principio *qui potest plus, potest minus*. Parece razonable pensar que se trata de la exteriorización de una competencia normativa ilegítima, no atada a la dinámica de la urgencia y la necesidad y sobre la que no funcionan los pesos y contrapesos que exige el principio democrático de separación y control reciproco de poderes. Ni siquiera podría hablarse de eventuales controles judiciales (de constitucionalidad) o políticos (referendo abrogatorio o ley parlamentaria) sobre este "Decreto Constituyente", frente a una regulación de materias cuya sensibilidad, exigían previa deliberación y contradictorio.

Como señala la doctrina "el poder constituyente constituido por la Constitución es una criatura de ésta", como lo son en nuestro país los otros poderes, esto es, el legislativo, el ejecutivo, el judicial, el electoral y el ciudadano, reafirmándose en lo que los teóricos del Derecho Constitucional llaman "poder constituyente derivado" que contraponen al "poder constituyente originario". Este último "no designa a una criatura de la Constitución, sino al creador de ella, o bien al ilimitado conjunto de competencias supremas ejercidas al crearla"[30].

En este sentido, el poder constituyente en el marco de la Constitución de 1999 es una criatura de la Constitución[31]. De allí que la dimensión formal de la inconstitucionalidad del Decreto constituyente de anticipo de impuestos sea inconstitucional *ratione personae* y *ratione materiae*.

Como fue resumido muy atinadamente por las Academias Nacionales[32] los decretos N° 2.830 y N° 2.831, de 1° de mayo de 2017, dictados por el Presidente de la República, para convocar a una Asamblea Constituyente, no están acordes a nuestra Constitución y son un fraude a la misma porque la propuesta de convocatoria a una Asamblea Constituyente, de la manera como está contenida en esos decretos, usurpa la soberanía del pueblo y los derechos fundamentales de los ciudadanos.

Como sintetizan los académicos el proceso constituyente se divide en cuatro etapas. Esas etapas involucran el ejercicio de la soberanía y que, más allá de su naturaleza compleja, se desarrolla de la siguiente manera:(i) la convocatoria, competencia exclusiva del pueblo por ser el titular de la soberanía; (ii) la elección de los constituyentes que en apego a lo estipulado en las bases comiciales previamente aprobadas deberán elaborar el nuevo texto constitucional; (iii) las deliberaciones de la Asamblea Nacional Constituyente siguiendo el mandato de los electores; y (iv) la aprobación o rechazo del pueblo, mediante votaciones libres, universales, directas y secretas, del texto fundamental elaborado por la Asamblea Nacional Constituyente. Ninguno de los poderes constituidos puede arrebatar al pueblo el ejercicio directo de la soberanía que, de acuerdo a la Constitución, solo a este se atribuye, de acuerdo con lo dispuesto en su artículo 5: "La soberanía reside intransferiblemente en el pueblo, quien la ejerce directamente en la forma prevista en esta Constitución y en la ley, e indirectamente mediante el sufragio, por los órganos que ejercen el Poder Público"[33].

---

30 Carrió, Genaro R., *Sobre los límites del lenguaje normativo*, *1 reimpresión,* Colección Filosofía y Derecho Editorial Astrea de Alfredo y Ricardo Depalma, Buenos Aires, 2001,

31 **Artículo 7 de la Constitución:** "La Constitución es la norma suprema y el fundamento del ordenamiento jurídico. Todas las personas y los órganos que ejercen el Poder Público están sujetos a esta Constitución". Cando se hace referencia a "todas las personas" se hace clara mención a los sujetos distintos a los poderes constituidos, como sería el caso de un poder constituyente que estaría subordinado a la norma fundante básica, mas concretamente a los artículos 347, 348 y 349 de la Constitución y desde luego a todo el *bloque de constitucionalidad* o sistema de valores constitucionales, incluso a

32 *Cfr.* "Declaración de las Academias Nacionales ante la convocatoria presidencial a una asamblea nacional constituyente es un fraude a la democracia", 6 de mayo de 2017, consultada en http://www.acienpol.org.ve/cm-acienpol/Resources/Pronunciamientos/2017-05-05%20Pronunciamiento%20conjunto%20sobre%20ANC%20-%20final.pdf.

33 *Ibídem.*

Como recuerdan los Académicos, de conformidad con el artículo 347 constitucional, le corresponde de manera exclusiva al pueblo venezolano la convocatoria de una Asamblea Nacional Constituyente. Es solo mediante el voto universal, directo, secreto y libre, a través de un referendo consultivo, que los ciudadanos pueden decidir sobre dicha convocatoria. En esa misma oportunidad debe el pueblo aprobar las bases comiciales que rijan la organización, funcionamiento y límites de la Constituyente. Al convocarse directamente la Constituyente se usurpa la soberanía popular, se viola de manera flagrante, directa e inmediata lo establecido en la Constitución y constituye, por ende, un fraude a la democracia[34].

En tal sentido, el Decreto constituyente de anticipo de impuestos es inconstitucional *ratione materiae* porque el objeto de la Asamblea Constituyente es redactar una nueva Constitución que podría transformar el Estado y crear un nuevo ordenamiento jurídico[35] y no legislar en materia tributaria, que es competencia exclusiva del poder legislativo nacional.

III.1.a. Violación al principio de separación de poderes y a la legalidad tributaria

El Decreto constituyente de anticipo no están acorde a la Constitución y es un fraude a la misma, al constituir una expresa violación del principio de separación de poderes, clave de bóveda del Estado constitucional y presupuesto político de todo Estado que se precie estar sometido al Derecho, establecido en los artículos 136[36] y 137[37] constitucionales. Así, se usurpa las funciones constitucionales *ratione personae,* propias de la Asamblea Nacional Legislativa (artículos 156.12[38]; 187.1[39]) al legislar sobre tributos nacionales, lo cual, de conformidad con lo previsto en el artículo 138[40] de la Constitución es nulo y no tiene eficacia alguna.

Si el poder constituyente en el marco de la Constitución de 1999 es una criatura de la Constitución, el instrumento para regular los anticipos de impuestos sería en todo caso la ley y no cualquier ley, sino aquella que emana formalmente del órgano representativo de la voluntad popular o soberana, tras un procedimiento en el que se cumpla con el principio de participación de las minorías, con la publicidad, la contradicción, el debate público y la negociación, en respeto a los principios de separación de los poderes públicos y autoimposición o consentimiento de los tributos por los destinatarios.

---

34 *Ibídem.*

35 **Artículo 347 de la Constitución.** "El pueblo de Venezuela es el depositario del poder constituyente originario. En ejercicio de dicho poder, puede convocar una Asamblea Nacional Constituyente con el objeto de transformar el Estado, crear un nuevo ordenamiento jurídico y redactar una nueva Constitución".

36 **Artículo 136 de la Constitución.** El Poder Público se distribuye entre el Poder Municipal, el Poder Estadal y el Poder Nacional. El Poder Público Nacional se divide en Legislativo, Ejecutivo, Judicial, Ciudadano y Electoral. Cada una de las ramas del Poder Público tiene sus funciones propias, pero los órganos a los que incumbe su ejercicio colaborarán entre sí en la realización de los fines del Estado.

37 **Artículo 137 de la Constitución.** La Constitución y la ley definen las atribuciones de los órganos que ejercen el Poder Público, a las cuales deben sujetarse las actividades que realicen.

38 **Artículo 156 de la Constitución:** "Es de la competencia del Poder Público Nacional: (...)12. La creación, organización, recaudación, administración y control de los impuestos sobre la renta, sobre sucesiones, donaciones y demás ramos conexos, el capital, la producción, el valor agregado, los hidrocarburos y minas, de los gravámenes a la importación y exportación de bienes y servicios, los impuestos que recaigan sobre el consumo de licores, alcoholes y demás especies alcohólicas, cigarrillos y demás manufacturas del tabaco, y de los demás impuestos, tasas y rentas no atribuidas a los Estados y Municipios por esta Constitución o por la ley; (...) 32. La legislación en materia de derechos, deberes y garantías constitucionales".

39 **Artículo 187 de la Constitución:** "Corresponde a la Asamblea Nacional: 1. Legislar en las materias de la competencia nacional y sobre el funcionamiento de las distintas ramas del Poder Nacional".

40 **Artículo 138 de la Constitución:** "Toda autoridad usurpada es ineficaz y sus actos son nulos".

Sobre el concepto de ley la Corte Interamericana de Derechos Humanos[41] ha señalado que "el principio de legalidad, las instituciones democráticas y el Estado de Derecho son inseparables."[42] En efecto, "[l]a ley en el Estado democrático no es simplemente un mandato de la autoridad revestido de ciertos necesarios elementos formales. Implica un contenido y está dirigida a una finalidad. El concepto de *leyes* a que se refiere el artículo 30 de la Convención Americana de Derechos Humanos[43], aquel en el cual la creación de las normas jurídicas de carácter general ha de hacerse de acuerdo con los procedimientos y por los órganos establecidos en la Constitución de cada Estado Parte, y a él deben ajustar su conducta de manera estricta todas las autoridades públicas. En una sociedad democrática el principio de legalidad está vinculado Inseparablemente al de legitimidad, en virtud del sistema internacional que se encuentra en la base de la propia Convención, relativo al 'ejercicio efectivo de la democracia representativa', que se traduce, *inter alia*, en la elección popular de los órganos de creación jurídica, el respeto a la participación de las minorías y la ordenación al bien común".[44]

En este sentido, la Corte Interamericana ha señalado que la reserva de ley para todos los actos de intervención en la esfera de la libertad, dentro del constitucionalismo democrático, es un elemento esencial para que los derechos del hombre puedan estar jurídicamente protegidos y existir plenamente en la realidad. Para que los principios de legalidad y reserva de ley constituyan una garantía efectiva de los derechos y libertades de la persona humana, se requiere no sólo su proclamación formal, sino la existencia de un régimen que garantice eficazmente su aplicación y un control adecuado del ejercicio de las competencias de los órganos. Las *leyes* son actos normativos enderezados al bien común, emanados del Poder Legislativo democráticamente elegido y promulgados por el Poder Ejecutivo. Sólo la ley adoptada por los órganos democráticamente elegidos y constitucionalmente facultados, ceñidas al bien común, puede restringir el goce y ejercicio de los derechos y libertades de la persona humana[45].

Incluso, el Decreto constituyente degenera en una inconstitucional deslegalización de la materia que debe ser regulada mediante acto de rango legal, violando el artículo 3 del COT, según el cual sólo a las leyes corresponden regular con sujeción a las normas generales del Código las materias reservadas, entre las cuales está los elementos esenciales del tributo, la base de su cálculo y la determinación de la base imponible, que en el ISLR reviste especial interés, en tiempos de radical envilecimiento monetario, y constituye un elemento de técnica tributaria absolutamente reservado a la ley, que se corresponde con el principio constitucional de legalidad tributaria y el derecho fundamental derivado en el artículo 317 de la Consti-

---

41 Los criterios vinculantes de la Corte Interamericana de Derechos Humanos constituyen *jurisprudencia orientativa o referencial* para el juez nacional que podría invocarla en sus decisiones (*iura novit curia*), por medio del estándar mínimo, denominado *acquis conventionnel* (*erga omnes*) conformado por el texto convencional y la jurisprudencia, o como *jurisprudencia obligatoria*, por medio del cumplimiento de la cosa juzgada en las sentencias estimatorias (*inter partes*) para los Estados, lo que ya envuelve las obligaciones jurídicas internacionales cuyo incumplimiento genera consecuencias jurídicas y políticas ineludibles. *Cfr.* Meier García, Eduardo. *La eficacia de las sentencias de la Corte Interamericana de Derechos Humanos frente a las prácticas ilegítimas de la Sala Constitucional*, Serie Estudios, N° 105, Caracas, 2013, pp. 233 y 234.

42 Corte IDH. *El Hábeas Corpus Bajo Suspensión de Garantías* (arts. 27.2, 25.1 y 7.6 Convención Americana sobre Derechos Humanos). Opinión Consultiva OC-8/87 del 30 de enero de 1987. Serie A N° 8, párr. 24.

43 Artículo 30. "Alcance de las Restricciones Las restricciones permitidas, de acuerdo con esta Convención, al goce y ejercicio de los derechos y libertades reconocidas en la misma, no pueden ser aplicadas sino conforme a leyes que se dictaren por razones de interés general y con el propósito para el cual han sido establecidas".

44 Corte IDH. La Expresión "Leyes" en el Artículo 30 de la Convención Americana sobre Derechos Humanos. Opinión Consultiva OC-6/86 del 9 de mayo de 1986. Serie A N° 6, párr.32.

45 Corte IDH. **La Expresión "Leyes" en el Artículo 30 de la Convención Americana sobre Derechos Humanos.** Opinión Consultiva OC-6/86 del 9 de mayo de 1986. Serie A N° 6.

tución, según el cual no podrán cobrarse impuestos, tasas, ni contribuciones que no estén establecidos en ley previa, escrita, estricta y cierta.

Que la ley sea cierta significa que los tributos deben ser aprobados o reformados (total o parcialmente) y derogado o abrogados, por medio de una ley parlamentaria, una ley formal y materialmente sancionada por el Poder Legislativo, por instrumento del procedimiento predeterminado en la Constitución, que permite el más amplio consenso y la participación de las minorías, perfeccionando el principio de representatividad, la publicidad y la transparencia. Esto implica un rechazo a la deslegalización, a la delegación para la fijación, vía reglamentaria o mediante actos sin rango, valor y fuerza de ley (Decreto constituyente), de los elementos cualitativos y cuantitativos del tributo, reservados a la ley, y con ello la prohibición de cláusulas legales indeterminadas, inciertas, genéricas, exigiendo que la ley tipifique exhaustivamente el tributo, sus elementos integradores (hecho imponible, alícuota, base de cálculo y sujetos pasivos) y demás materias reservadas a la ley *(lex certa)*[46]

En complemento de lo antedicho, el Decreto número 2.878 donde se establecen las bases comiciales para la Asamblea Constituyente,[47] **contempla como "Base Comicial Décima Primera" que** una vez instalada la Asamblea Constituyente como poder originario que recoge la soberanía popular, deberá dictar sus estatutos de funcionamiento, teniendo como límites los valores y principios de nuestra historia republicana, así como el cumplimiento de los tratados internacionales, acuerdos y compromisos válidamente suscritos por la República, el carácter progresivo de los derechos fundamentales de los ciudadanos y las garantías democráticas dentro del más absoluto respeto de los compromisos asumidos. Estos son límites absolutos al poder de revisión constitucional.

En efecto, se trata de una reedición de la *Base Comicial Octava* de la Asamblea Nacional Constituyente de 1999 que, a diferencia del Decreto número 2.878 de 2017, fue consultada y aprobada por el pueblo de Venezuela, mediante el referéndum consultivo celebrado el 25 de abril de 1999, en el que el 81.74% de los electores aprobó la convocatoria a una Asamblea Nacional que expresamente dispuso: "teniendo como límites los valores y principios de nuestra historia republicana, así como el cumplimiento de los tratados internacionales, acuerdos y compromisos válidamente suscritos por la República, el carácter progresivo de los derechos fundamentales del hombre y las garantías democráticas dentro del más absoluto respeto de los compromisos asumidos que: "Una vez instalada la Asamblea Nacional Constituyente, como poder originario que recoge la soberanía popular, deberá dictar sus propios estatutos de funcionamiento".[48]

La Asamblea Nacional Constituyente sancionó la Constitución de la República Bolivariana de Venezuela, la cual igualmente resultó aprobada por el pueblo mediante el referendo celebrado el 15 de diciembre de 1999. Las Bases Comiciales de ambos procesos constituyentes confirman que los valores y principios de nuestra historia republicana, así como el cumplimiento de los tratados internacionales, acuerdos y compromisos válidamente suscritos por la República, el carácter progresivo de los derechos fundamentales del hombre y las garantías democráticas dentro del más absoluto respeto de los compromisos asumidos son límites explícitos al poder constituyente. No sólo constituyeron presupuestos jurídicos y políticos votados y asumidos por la voluntad popular y dispuestos como condicionantes del proceso constituyente, sino que constituyen actualmente y en el futuro presupuestos irrever-

---

46 *Cfr.*Meier García, Eduardo. "Reflexiones sobre el Sistema Tributario y el principio de Legalidad Tributaria en la Constitución de 1999". *Revista de Derecho Corporativo*, Universidad Metropolitana, Vol. 2, N° 1, 2002, p. 73-124.

47 Publicado en la *Gaceta Oficial* N° 41.156 con fecha del 23 de mayo.

48 *Vid.* Resultados oficiales del Consejo Nacional Electoral de dicho referendo en ESDATA, *Referéndum Constiuyente de 1999,* disponible en: http://esdata.info/static/constituyente_1999.

sibles, valores democráticos y republicanos inderogables, cuya conexión con la dignidad humana y el desarrollo integral de la persona humana y, por ende, de los fines colectivos, impiden su provisionalidad y contingencia, y se imponen como cláusulas *supraconstitucionales* pétreas, inalienables, irrenunciables, permanentes e irreversibles.

Ciertamente, "los juristas viven peligrosamente cuando las constituciones y los sistemas políticos cambian. Los juristas están atados o entregados a los gobernantes y al espíritu de cada época, y a menudo ambas cosas. Sus ocurrencias, y también, por desgracia, sus desvaríos y sus desfallecimientos, se convierten en «derecho válido» por la vía de la aplicación del derecho".[49]

Podemos decir que los Decretos Constituyentes contrarían los valores y principios de nuestra historia republicana, así como los tratados internacionales, acuerdos y compromisos válidamente suscritos por la República, el carácter progresivo de los derechos fundamentales del hombre y las garantías democráticas dentro del más absoluto respeto de los compromisos asumidos, resulta absolutamente incompatibles con Bases Comiciales de ambos procesos constituyentes. En este sentido, los Decretos Constituyentes son inválidos, ineficaces e inexistente (esto último, por su falta de pertenencia al ordenamiento, por su atipicidad e idoneidad dentro del sistema de fuentes), y al ser radicalmente incompatible con el núcleo de los derechos humanos básicos, esto es, extremadamente injusta y, por tanto, no es derecho[50]

Además, el Decreto viola los Estatutos de funcionamiento de la Asamblea Constituyente, que en su artículo 4 contempla que: "*Los actos normativos y decisiones que sobre esta materia dicte la Asamblea Nacional Constituyente, se regirá por los principios de legalidad, responsabilidad, eficiencia, eficacia, transparencia, publicidad y participación ciudadana, y a la vez (sic), la Constitución de 1999 y el resto del ordenamiento jurídico vigente, mantendrán su vigencia en todo aquello que no colida o sea contradictorio con dichos actos, ninguno de los cuales podrán ir en contra de la progresividad de los derechos, ni logros alcanzados por el pueblo venezolano en materia social*"[51].

El Decreto es un acto radicalmente injusto que se dicta en abierta usurpación de las competencias constitucionales vinculantes incluso para el "poder originario" de la Asamblea Constituyente. En tal sentido, contra el Decreto se puede y debe invocar el derecho de resistencia constitucional,[52] previsto en el ordenamiento jurídico-constitucional en tanto permite

---

49 Rüthers, Bernd, **Derecho degenerado. teoría jurídica y juristas de cámara en el Tercer Reich,** Traducción e introducción de Juan Antonio García Amado, Cátedra de Cultura Jurídica, Marcial Pons, Madrid, 2016, p. 121.

50 Esta tesis coincide con la famosa fórmula de Radbruch, que ha sido aplicada por los tribunales alemanes al enfrentarse con el derecho nazi y de nuevo, después de 1989, en las decisiones relativas al derecho de la República Democrática Alemana, especialmente en la primera resolución del Tribunal Supremo Federal alemán de los denominados tiradores o guardias fronterizos del Muro de Berlín, de 3 de noviembre de 1992 (Cfr. Alexy, Robert. *La institucionalización de la justicia.*, Editorial Comares, Granada, 2005 y *La institucionalización de la justicia. op. cit.*, p. 76. Sobre el caso de los tiradores del Muro de Berlín Vid. Alexy, Robert. "Derecho injusto, retroactividad y principio de legalidad penal: La doctrina del Tribunal Constitucional Federal alemán sobre los homicidios cometidos por los centinelas del muro de Berlín", *Doxa: Cuadernos de filosofía del derecho*, N° 23, ISSN 0214-8676, 2000, pp. 197-232.

51 *Gaceta Oficial Extraordinario* N° 6.323 del 8 de agosto de 2017 "Normas para Garantizar el Pleno Funcionamiento Institucional de la Asamblea Nacional Constituyente en Armonía con los Poderes Públicos Constituidos".

52 **Artículo 333 de la Constitución:** "Esta Constitución no perderá su vigencia si dejare de observarse por acto de fuerza o porque fuere derogada por cualquier otro medio distinto al previsto en ella.

En tal eventualidad, todo ciudadano investido o ciudadana investida o no de autoridad, tendrá el deber de colaborar en el restablecimiento de su efectiva vigencia". **Artículo 350 de la Constitución:** "El pueblo de Venezuela, fiel a su tradición republicana, a su lucha por la independencia, la paz y la libertad, desconocerá cualquier régimen, legislación o autoridad que contraríe los valores, principios y garantías democráticos o menoscabe los derechos humanos".

adoptar decisiones para remediar una situación de hecho abiertamente injusta y el restablecimiento pleno de la vigencia Constitucional.

III.1. b. La inconstitucionalidad de los sujetos pasivos, calificados como especiales

Los anticipos de los Decretos Constituyentes se aplican a los sujetos pasivos especiales designados por la Administración Tributaria. Estarán excluidos de estos anticipos (i) los sujetos pasivos especiales que se dediquen a realizar actividades de explotación de minas, hidrocarburos y actividades conexas y (ii) las personas naturales calificadas como sujetos pasivos especiales que se encuentren bajo relación de dependencia, como es el caso de los empleados. Ambos anticipos podrán ser deducidos posteriormente en las declaraciones definitivas de IVA e ISR.

Como hemos advertido en otra ocasión[53], esto se corresponde con una técnica de máxima discrecionalidad (y arbitrariedad), que riñe con la legalidad estricta que exige la *base enunciativa* derivada de los artículos 3 del COT y 317 de la Constitución.

Es comprensible que los contribuyentes especiales, que además no son una categoría homogénea, sean sometidos por interés recaudatorio a ciertos y específicos deberes formales, relativos a la forma y oportunidad del cumplimiento de la obligación principal de pago. Sin embargo, no es tolerable que esta atípica y pseudo-categoría creada inconstitucional e ilegalmente por vía sub-legal, por medio de providencias y reglamentos, y que, en consecuencia, no es capaz de superar el término de comparación y un **test de proporcionalidad ad hoc**, sea suficiente para quebrantar derechos fundamentales como el de contribuir según la capacidad contributiva real y efectiva del contribuyente, el de igualdad *en* y *ante* la ley y el de reserva legal tributaria.

En todo caso, la necesidad de determinación legal de los sujetos pasivos, responde a la estricta reserva legal, derivada de la base enunciativa de los artículos 317 de la Constitución y 3 del COT, porque siendo la obligación tributaria una obligación legal y como tal inderogable e indisponible, los sujetos activos y pasivos deben igualmente ser determinados *ex lege*, como también lo son los demás elementos estructurales ligados a la misma o que son necesarios para su correcta determinación.

Sin dudas, es la legalidad es la primera de las garantías que se resiente en toda deriva autoritaria, mostrando las verdaderas intenciones del uso desviado de la atípica e innominada figura del Decreto constituyente, para sortear las exigencias del procedimiento legislativo[54] y de la dimensión o contenido material de la ley.

III.2. Dimensión material de la inconstitucionalidad del Decreto constituyente de anticipo de impuestos

Como hemos señalado los principios de la tributación son normas fundamentales, en el sentido de que dotan de fundamento y justificación axiológica a otras normas y no requieren a su vez, de ningún fundamento axiológico. Asimismo, se traducen en derechos (en situaciones subjetivas jurídicamente protegidas), conferidos por una Constitución rígida que incorpora a su vez una *moral justificada* que trasciende a su dimensión autoritativa, cuyo carácter normativo (*norma suprema y fundamento del ordenamiento jurídico*), sujeta a todas las personas y los órganos que ejercen el Poder Público (Artículo 7 constitucional). Además, en el plano normativo constitucional venezolano, más allá de la *supremacía constitucional* opera una especie de *supremacía de los derechos* que prescribe no coartar el ejerci-

---

53   Meier García, Eduardo, **"Constitución fachada:...** *ob. cit.,* 2017, pp. 181-182.

54   *Ibídem.*

cio de los derechos y libertades, ni limitarlos al supremo intérprete de la Constitución o al contenido constitucionalmente declarado. Estos derechos **(i)** son extensibles a las personas jurídicas; **(ii)** sobre ellos son predicables los elementos de la dogmática jurídica; **(iii)** dotan de fundamento a otras normas por vía lógico-deductiva y **(iv)** establecen objetivos y fines respeto a esas normas;**(v)** en ningún caso admiten que sus disposiciones de desarrollo rebajen el contenido constitucionalmente declarado, de lo que se colige **(vi)** una evidente e inderogable preferencia por la norma más favorable a la persona[55]

III.2.a Violación del derecho a contribuir conforme a la capacidad real y efectiva

En tal sentido, el Decreto Constituyente quebranta del derecho a contribuir conforme a la capacidad real y efectiva, previsto en los artículos 133[56] y 316[57] constitucionales, además de usurpar las competencias del Poder Legislativo y extralimitarse en las funciones del ilegítimo Poder Constituyente[58], al que en su caso se le encomendó redactar una nueva Constitución y no establecer un régimen de anticipos por concepto de IVA y de ISLR, en unas condiciones de hiperinflación y contracción económica, en las que ni siquiera puede considerarse con seguridad que llegue a causarse el tributo.

El anticipo del pago de ISR será calculado sobre la base de los ingresos brutos obtenidos del período de imposición anterior en materia de IVA, multiplicado por el porcentaje de dos por ciento (2%) para las instituciones financieras, sector bancario, seguros y reaseguros, y, uno por ciento (1%) para el resto de los contribuyentes especiales. Quedan exentas de su pago las personas naturales bajo relación de dependencia, calificadas como sujetos pasivos especiales y no sujetos los contribuyentes que se dediquen a la explotación de minas, hidrocarburos y de actividades conexas, y no sean perceptores de regalías derivadas de dichas explotaciones. El Decreto Constituyente señala que este anticipo podrá ser acreditado contra el impuesto sobre la renta[59] que corresponda pagar en el ejercicio fiscal, de ser el caso.

Es allí donde se patentiza la violación al derecho a contribuir conforme a la capacidad contributiva, cuando se obliga a anticipar un crédito a cuenta de la obligación definitiva y final que se verificará al cierre del ejercicio respectivo, sin que aún pueda determinarse si al final del ejercicio el contribuyente tendrá la obligación de pagar el impuesto, es decir, en violación al derecho a determinar y pagar el tributo conforme a la capacidad económica contributiva real y efectiva.

---

55 *Vid.* Meier García, Eduardo, **"Constitución fachada...,** *ob. cit.,* 2017, p. 173.

56 "**Artículo 133 de la Constitución.** Toda persona tiene el deber de coadyuvar a los gastos públicos mediante el pago de impuestos, tasas y contribuciones que establezca la ley".

57 **Artículo 316 de la Constitución.** El sistema tributario procurará la justa distribución de las cargas publicas según la capacidad económica del o la contribuyente, atendiendo al principio de progresividad, así como la protección de la economía nacional y la elevación del nivel de vida de la población; para ello se sustentará en un sistema eficiente para la recaudación de los tributos.

58 **Artículo 347 de la Constitución.** El pueblo de Venezuela es el depositario del poder constituyente originario. En ejercicio de dicho poder, puede convocar una Asamblea Nacional Constituyente con el objeto de transformar el Estado, crear un nuevo ordenamiento jurídico y redactar una nueva Constitución.

59 El artículo 56 de la LISLR contempla que: "Cuando en razón de los anticipos o pagos a cuenta, derivados de la retención en la fuente, resultare que el contribuyente tomando en cuenta la liquidación proveniente de la declaración de rentas ha pagado más del impuesto causado en el respectivo ejercicio, tendrá derecho a solicitar en sus declaraciones futuras que dicho exceso le sea rebajado en las liquidaciones de impuesto correspondientes a los subsiguientes ejercicios, hasta la concurrencia del monto de tal exceso, todo sin perjuicio del derecho a reintegro. Dentro del formulario para la declaración de rentas a que se refiere de este Decreto con Rango, Valor y Fuerza de Ley y a los fines antes señalados, se establecerán las previsiones requeridas para que el contribuyente pueda realizar la solicitud correspondiente en el mismo acto de su declaración anual".

Para que el ISR sea conforme al derecho a contribuir conforme a la capacidad contributiva real y efectiva, debe gravar los enriquecimientos anuales, netos y disponibles obtenidos en dinero o en especie, únicamente sobre los incrementos de patrimonio reales y verificables que resulten después de restar de los ingresos brutos, los costos y deducciones,[60] todo lo cual se ve gravemente quebrantado por el Decreto Constituyente que, con pretensiones limitadamente recaudatorias, establece el pago mensual de determinada porción de ingresos brutos para ser ingresada al Fisco, como anticipo por la eventual causación de un tributo que por su naturaleza se causa sobre ingresos anuales, netos y disponibles.

En efecto, el Decreto contraría los precedentes de la Sala Constitucional del Tribunal Supremo de Justicia, que ha enfatizado la limitada condición *instrumental* del principio de recaudación en el contexto del sistema tributario constitucional: "La recaudación está al servicio de la capacidad contributiva". La recaudación no es fin en sí mismo, sino un medio para asegurar la captación de la realidad contributiva y nada más. La recaudación por si sola nunca justifica una tributación inconstitucional, al margen del derecho a contribuir conforme a la capacidad económica. En la Sentencia N° 301/2007 del 27 de febrero de 2007, esta Sala Constitucional señaló: "El principio de eficiencia se ordena a un fin superior, que no puede deslastrarse del respeto a la justa distribución de las cargas públicas y con ello obviar la capacidad contributiva"[61]

Igualmente, mal puede garantizarse la "protección de la economía nacional y elevación del nivel de vida de la población" y un "sistema de recaudación eficiente", en tiempos de radical envilecimiento monetario (hiperinflación) si- con la sola pretensión de recaudar- se vulnera la coherencia interna de un tributo que, como el ISR, es progresivo y pretende gravar la capacidad contributiva real y efectiva. No puede reputarse la **"justa distribución de las cargas públicas"**, **"progresividad del sistema"** y **"no confiscación"**, si se disloca la naturaleza misma del ISR (**anualidad-disponibilidad-ingresos netos**), se desnaturaliza las exigencias de racionalidad axiológica, que promueven el valor de la justicia del tributo, y se desatiende a la racionalidad técnica implicada en la exigencia de coherencia en el diseño del tributo y en el conjunto que el sistema implica.

Por otra parte, la violación al derecho a contribuir conforme a la capacidad económica real y efectiva se patentiza igualmente porque la base de cálculo de los anticipos ISR se determinan sobre la base de los *ingresos brutos* territoriales, percibidos en el mes anterior (art. 2 y 3), limitado a los ingresos que correspondan a la misma base del IVA (art. 6, párrafo segundo).

Esto significa una distorsión de la naturaleza misma del ISR (ingresos netos), porque si no se gravan los enriquecimientos anuales, netos y disponibles obtenidos en dinero o en especie, el tributo o la obligación accesoria de anticipo no puede reputarse conforme al derecho a la capacidad contributiva real y efectiva.

El Tribunal Constitucional del Perú dictó una **Sentencia (EXP. N.° 033-2004-AI/TC)** el 28 de setiembre de 2004, en la Acción de inconstitucionalidad interpuesta por los señores Roberto Nesta Brero y Augusto Javier Aida Susuki, en representación de más de 5.087 ciudadanos con firmas certificadas, contra un artículo de la Ley de ISR peruana.[62]

---

60 **Artículos 1, 4 y 5 de la LISR**. *Gaceta Oficial* N° 6.210 *Extraordinario* de 30 de diciembre de 2015.

61 Sentencia N° 301/2007 de 27 de febrero, de la Sala Constitucional Tribunal Supremo de Justicia, caso *Adriana Vigilanza y Carlos Vecchio en acción de nulidad por inconstitucionalidad contra la norma de os artículos 67, 68, 69, 72, 74 y 79 del Decreto N° 307 con Rango y Fuerza de Ley de Reforma de la Ley de Impuesto sobre la Renta,* publicado en la **Gaceta Oficial N° 5.390 Extra.** del 22 de octubre de 1999, en http://www.tsj.gov.ve/decisiones/scon/Febrero/301-270207-01-2862.htm.

62 Se trata del artículo 125° del Texto Único Ordenado de la Ley del Impuesto a la Renta, aprobado por Decreto Supremo N.° 054-99-EF, el que fuera incorporado por el Decreto Legislativo N° 945, y contra la Quinta Disposición Transitoria y Final de la Ley N.° 27804.

Concluyó el máximo tribunal peruano que la norma que crea y regula el Anticipo Adicional del Impuesto a la Renta, es inconstitucional, señalando que "...siendo inconstitucional el Impuesto Mínimo a la Renta en los casos en los que no existe renta, con mayor razón lo es el [anticipo] pues éste resulta exigible a pesar que bajo ningún supuesto de aplicación se genera una renta o ganancia"

Señala el tribunal colegiado que "...la capacidad contributiva tiene un nexo indisoluble con el hecho sometido a imposición; es decir, siempre que se establezca un tributo, éste deberá guardar íntima relación con la capacidad económica de los sujetos obligados, ya que sólo así se respetará la aptitud del contribuyente para tributar", que "...además está decir que en caso de renta inexistente u ficticia, el quiebre del principio se torna evidente. En igual sentido, cuando nos encontramos frente a una obligación legal derivada de una obligación tributaria principal, como ocurre en el caso de los anticipos o pagos a cuenta, el principio de capacidad contributiva –que tal como se ha señalado constituye el génesis de la tributación– obliga a que el legislador respete la estructura del tributo y, como no puede ser de otro modo, el hecho generador de la imposición, que en el caso planteado es la renta.".

Así mismo, que "[d]ebe tenerse en cuenta que los pagos anticipados: "[...] sólo encuentran sentido y se legitiman y justifican en relación con un tributo y un hecho imponible que han de plegarse en todo a los principios de justicia". [Martín Queralt, Juan y otros. Derecho Tributario. Aranzadi. Navarra. 2000, pág. 137], de ahí que no sea procedente otorgar autonomía a una obligación que por su naturaleza es accesoria y que siempre dependerá del tributo en el cual se sustenta, constituyendo tal situación un límite a la potestad tributaria estatal subyacente en el principio de capacidad contributiva; vale decir, que exista idoneidad y congruencia en la estructuración de los tributos y, por ende, en las obligaciones accesorias que de ella emanan. De esta forma, si en el impuesto a la renta el hecho económico que sirve de sustento para la creación del tributo es la generación de renta, el mismo basamento deberá ser utilizado por el legislador para establecer el pago anticipado, generándose, en caso de producido el quiebre de dicha estructura, una colisión con el principio de capacidad contributiva, lo que obliga a este Tribunal Constitucional a denunciar la inconstitucionalidad de la norma sometida a enjuiciamiento".

Estos criterios son, por identidad de razón, aplicables al Decreto constituyente de anticipo de impuestos, en el que se genera igualmente una ruptura de la relación necesaria entre hecho imponible y base imponible, ente la obligación accesoria de anticipar el impuesto y la obligación principal de pago, que debe ser *tout court* conforme a los enriquecimientos anuales, netos y disponibles obtenidos en dinero o en especie, únicamente sobre los incrementos de patrimonio reales y verificables que resulten después de restar de los ingresos brutos, los costos y deducciones.

El Decreto Constituyente define ***ingresos brutos*** como "el producto de las ventas gravables de los bienes, prestaciones de servicios, arrendamientos y cualesquiera otros proventos regulares o accidentales" y señala que en el caso de los anticipos ISR se determinan sobre la base de los ingresos brutos territoriales, percibidos en el mes anterior (art. 2 y 3), limitado a los ingresos que correspondan a la misma base del IVA (art. 6, párrafo segundo). Excepcionalmente, el anticipo de ISR para las instituciones financieras tendrá como base de cálculo los ingresos brutos del día anterior.

Para que los anticipos del ISR sean conforme al derecho constitucional a la capacidad contributiva real y efectiva, deben corresponder con la base imponible que se determina conforme al enriquecimiento neto global (Artículo 27 de la LISR) que se obtiene de hacer de la renta bruta las deducciones *ex lege* y salvo disposición en contrario, deberán corresponder a egresos causados no imputables al costo, normales y necesarios, hechos en el país con el objeto de producir el enriquecimiento.

La constitucionalidad de los anticipos está severamente comprometida cuando utiliza como base imponible los ingresos brutos, apartándose de la metodología y moldes conceptuales que estructuran este tributo, como consecuencia del mismo derecho constitucional a contribuir conforme a la capacidad económica sobre base real y efectiva, libre de discriminaciones, de forma racional y proporcionada, exige gravar los enriquecimientos anuales, netos y disponibles obtenidos en dinero o en especie, únicamente sobre los incrementos de patrimonio reales y verificables que resulten después de restar de los ingresos brutos, los costos y deducciones,

En fin, el Decreto Constituyente sobre anticipo de impuestos calculados y enterados diaria y semanalmente sobre ingresos brutos es una norma lógica y teleológicamente incompatible con otras normas axiológica y teleológicamente superiores (artículos 317 y 316 de la Constitución, 3 del COT y 4, 27 LISR) que, con pretensiones limitadamente recaudatorias, al per vertir incluso las sanciones con efectos pretendidamente recaudatorios, establece el pago mensual de ingresos brutos de un tributo que por su naturaleza se causa sobre ingresos anuales, netos y disponibles.

No puede predicarse que el Decreto Constituyente sobre anticipo de impuestos sea una norma constitucional supraordenada a la LISR. Ni que la Asamblea Constituyente sea competente *per se* para crear y derogar directamente normas legales o suspender su aplicación. La potestad normativa de la Asamblea Constituyente se limita a la discusión y elaboración de un texto fundamental, de una nueva Constitución cuya existencia se supedita a la aprobación o rechazo del pueblo, mediante votaciones libres, universales, directas y secretas. Ni más, ni menos. Además, constitucionalmente las leyes se derogan por otras leyes o por un referendo abrogatorio. No hay norma constitucional originaria ni derivada que le confiera potestad legislativa a la Asamblea Constituyente. La usurpación de las competencias legislativas de la Asamblea Nacional Legislativa es patente.

De modo que la incompetencia radical produce también una *"incompatibilidad axiológica*, porque el contenido y el voluntarismo del Decreto Constituyente reflejan valoraciones que son comparativamente incongruentes respecto de una escala de valores comunes a la LISR y la Constitución. Ello ocurre, en particular, cuando las consecuencias jurídicas que las normas adscriben a los respectivos supuestos de hecho abstractos no son... congruentes respecto al valor, o desvalor, relativo de los dos supuestos de hecho, tal como puede estimarse con base en la... escala de valores comunes"[63] Esta incompatibilidad debe ser establecida entre una de las dos normas, por una parte, y los principios superiores que incorporan la escala de valores comunes, por la otra, mediante un término de comparación que pone de manifiesto la incongruencia.

En el caso concreto, se trata de normas «axiológicamente incompatibles»: (i) el Decreto Constituyente de anticipo sobre ingresos brutos, por un lado y el (ii) deber de gravar los enriquecimientos anuales, netos y disponibles obtenidos en dinero o en especie, únicamente sobre los incrementos de patrimonio reales y verificables que resulten después de restar de los ingresos brutos, los costos y deducciones, por la otra. Mientras que las normas superiores (derecho a la capacidad contributiva real y efectiva; "protección de la economía nacional y elevación del nivel de vida de la población") integran el sistema de valores presupuesto por las primeras. Se produce una antinomia pragmática compleja, dado que la incompatibilidad de una norma (Decreto Constituyente de anticipo sobre ingresos brutos) respecto de un sistema de valores pone de manifiesto la incongruencia.[64]

En las Constituciones rígidas como la venezolana de 1999, "que por hipótesis encierra en sí la medida suprema de valoración de la congruencia axiológica del resto de normas, las antinomias axiológicas no son más que situaciones en las que se verifican violaciones de

---

63 Chiassoni, Pierluigi. *Op.cit*, pp. 304-306.

64 *Ibídem.*

tales principios [o derechos]... que legitiman la censura por inconstitucionalidad de las normas axiológicamente incongruentes[65].

III.2.b. Violación a la libertad económica

Además, el Decreto constituyente transgrede los derechos a la libertad económica, a la libre iniciativa privada y a la libertad tributaria, no sólo como medida coercitiva que se suma a la restricción del crédito bancario por medio del encaje legal y a las secuelas del impuesto oculto de la hiperinflación, sino porque se socava, debilita y destruye la fuente de riqueza, de producción y de capital que como fuente reproductiva es necesaria para preservar la empresa en marcha y maximizar la rentabilidad y las utilidades económicas.

En este escenario, una empresa se centrará forzosamente en cómo enfrentar los anticipos, en el cálculo diario y el enteramiento semanal del IVA y del ISR y dejará de reponer inventario, priorizará el pago del impuesto para enviar la sanción por pago extemporáneo antes que pagar a sus proveedores. En fin, dejará de de decidir y tener verdadera injerencia sobre los bienes y servicios que produce, en qué cantidades; cómo producirlos; cómo organizar y remunerar a sus gerentes y trabajadores; cómo comercializar y fijar el precio a sus productos; qué producir por sí misma y qué comprar a otras empresas. De hecho, es el caso en que "...habiendo altos gravámenes a los ingresos elevados, la personas con menos ingresos termine todavía peor de lo que estaba y ...agobiados por los altos impuestos, los empresarios decidan esforzarse menos en su trabajo y dar por terminados algunos de sus negocios. En tal caso, los trabajadores de bajos ingresos serán despedidos y se verán obligados a buscar otros empleos, incluso quizá peor pagados."[66]

Así mismo, "una vez que la inflación galopante se atrinchera, surgen distorsiones económicas graves. En general, la mayoría de los contratos se vinculan a un índice de precios o a una divisa fuerte, como el dólar. En estas condiciones, el dinero pierde su valor con gran rapidez, así que la gente conserva solo la liquidez mínima necesaria para sus transacciones cotidianas..."[67].

Como señala la doctrina al referirse al régimen cubano "la libertad económica es la posibilidad de encarar emprendimientos productivos o comerciales, de obtener y disponer de sus frutos". Colocándola "entre las vías más efectivas para lograr la independencia y la prosperidad individual". "Los regímenes totalitarios saben que dicha independencia es incompatible con la posibilidad de detentar por mucho tiempo el poder absoluto. De allí la obsesión por mantener el estricto control de la economía, y el desprecio por aquel sector de la sociedad que lucha por su superación y progreso personal."[68]

Por ello, no es mera casualidad que Venezuela ocupe - detrás de Cuba- el puesto 179 entre 180 países analizados en el Índice de Libertad Económica (EFW, por sus siglas en inglés)[69]

---

65   *Ibídem.*

66   Parkin, Michael, *Economía*, Decimosegunda edición, Pearson Educación de México, S.A., México, 2018, p. 225.

67   Samuelson, Paul A. y Nordhaus, William D. *Economía con aplicaciones a Latinoamérica*, 19 edición, Revisión técnica y adaptación Lilianne Isabel Pavón Cuéllar y Carlos Blanco Huitrón, McGraw-Hill, México, 2010, p. 635.

68   Rojas, Ricardo Manuel, *Los Derechos fundamentales y el orden jurídico e institucional de Cuba*, 1a ed. - Buenos Aires: Fund. Cadal: Konrad Adenauer Stiftung, 2005, p.p. 129 y 130.

69   Consultado en: http://www.iberglobal.com/files/2019-1/economic_freedom_index_2019.pdf. En la edición 2019 del índice, Venezuela obtuvo una puntuación de 25,9 puntos, mientras la media de América Latina fue 59,6. Los autores del estudio explican que la baja puntuación se debe a factores como la monetización del déficit fiscal, el mal manejo del monopolio de la industria petrolera y reformas económicas fallidas como la de 2018, que incluyó devaluaciones masivas, imposiciones de aumento de salario mínimo y, en general, un control estatal casi absoluto de la economía nacional.

elaborado por la *Heritage Foundation*. Únicamente la economía de Corea del Norte es menos libre, lo que convierte a nuestro país en la economía más controlada de toda América Latina. El estudio parte de la medición de cinco criterios asociados: Tamaño de gobierno, sistema legal y derechos de propiedad, moneda sana, libertad de comercio internacional y marco regulatorio en cuanto a crédito, trabajo y negocios.

En fin, el Decreto constituyente es una entre múltiples medidas restrictivas de la libertad económica, de la libre iniciativa privada y de la libertad tributaria, que carcome aún más una economía ya de por sí gangrenada, debilitando y destruyendo la fuente de riqueza. El Decreto constituyente de anticipo de impuestos se coloca a contrapelo de los fines del Estado de promover la iniciativa privada, garantizando la creación y justa distribución de la riqueza, así como la producción de bienes y servicios que satisfagan las necesidades de la población, la libertad de trabajo, la libertad de empresa, la libertad de comercio, la libertad de industria. El Decreto constituyente de anticipo está en las antípodas de la obligación y desiderátum de garantizar la seguridad jurídica, solidez, dinamismo, sustentabilidad, permanencia y equidad del crecimiento de la economía, para lograr una justa distribución de la riqueza. El Decreto constituyente de anticipo está muy distante de procurar la "protección de la economía nacional y elevación del nivel de vida de la población" (artículos 112, 299 y 316 de la Constitución).

IV. APROXIMACIÓN AL CONCEPTO *DE LIBERTAD TRIBUTARIA*

Sobre el concepto de *libertad* existen infinitos enfoques y multiplicidad de significados. Por tanto, es uno concepto esencialmente controvertido, pero con un significado muy relevante en el lenguaje político, que debe tomarse en especial consideración, por lo que la determinación del concepto o de los conceptos de libertad, aun siendo muy difícil, no es vana,[70] porque los poderes, libres de límites y controles, tienden a concentrarse y a acumularse en formas absolutas: a convertirse, a falta de reglas, en poderes salvajes[71].

La libertad que a nuestros efectos interesa es la libertad política. No la libertad *in interiore hominis*, sino la libertad relacional, libertad para hacer. Como señala Straka, ser ciudadanos es ser libres y no se es libre en abstracto, sino libre en situaciones concretas, libre *de* determinadas amenazas y *para* emprender determinados propósitos[72].

La libertad política es coexistir en libertad y oponerse a la falta de libertad, es libertad empírica, específica y práctica. Es lo que conoce Locke como "no estar sometido a la voluble, incierta, desconocida, arbitraria voluntad de otro hombre", o "la ausencia de impedimentos externos" de Hobbes. "La libertad política rechaza el poder arbitrario y absoluto exigiendo su transformación en poder legal, en un poder limitado por las leyes iguales para todo. La libertad política combate el abuso de poder; lo que pide es el poder de controlar y limitar el ejercicio del poder," porque "la libertad como no-impedimento (en negativo) debe preceder a todas las libertades en positivo, es su *sine qua non*"[73]

La libertad tributaria entendida así es una libertad política, porque rechaza el poder arbitrario y absoluto. La consustancialidad entre tributación y libertad la recordó el juez John

---

70 Bobbio, Norberto, *Igualdad y libertad*, Introducción de Gregorio Peces-Barba, Ediciones Paidós, I.C.E. de la Universidad Autónoma de Barcelona, Barcelona, p. 97.

71 Ferrajoli, Luigi. *Poderes salvajes. La crisis de la democracia constitucional*, prólogo y traducción de Perfecto Andrés Ibáñez, Mínima Trotta, Madrid, 2011, p. 24.

72 Straka, Tomás, *La historia como fuente de ciudadanía*, Discurso de incorporación como Individuo de Número de la Academia Nacional de la Historia para ocupar el Sillón Letra O de Tomás Straka, Contestación del Académico Don Elías Pino Iturrieta, Acto celebrado el día 21 de julio de 2016, caracas, 2016, p. 13.

73 Sartori, Giovanni, *¿Qué es la democracia?*, Traducción de Miguel Ángel González Rodríguez, María Cristina Pastellini Laparelli Salomon y Miguel Ángel Ruiz de Azúa, Taurus Pensamiento, Santillana Ediciones Generales, Madrid, 2007, p.p 183-186.

Marshall en el Caso de la Suprema Corte de los Estados Unidos, McCulloch v. Maryland, al señalar: *"An unlimited power to tax involves, necessarily, a power to destroy,"* 17 U.S. 327 (1819).

Antes, la Carta Magna, los Barones y el clero de Inglaterra obligaron al Rey Juan Sin Tierra a reconocer y respetar ciertos derechos esenciales, entre los cuales pueden mencionarse las garantías del debido proceso, el acceso a la justicia y la libertad de tránsito, de comercio y de ingreso y egreso al país. Fue ratificada en 1628 por la *Petition of Rights*, que incluyó el principio de que el Rey no podía establecer impuestos sin el consentimiento de los representantes del Pueblo.

En Francia, tuvo lugar la entre 1648 y 1653 rebelión de La Fronda, conjunto movimientos de insurrección ocurridos durante la regencia de Ana de Austria cuyo estallido estuvo también vinculado con la política fiscal. Cansados de décadas de presión fiscal excesiva, los súbditos franceses esperaban que al término de la guerra la carga tributaria disminuyera, pero Mazarino decidió continuar la política de Richelieu, desatando una gran indignación que desembocaría en la Revolución Francesa a finales del siglo siguiente (1789).

Antes las Trece Colonias americanas habían declarado su independencia respecto a la metrópolis británica en 1776 y culminado su constitución en 1787, luego que desde ultramar se promulgara una serie de leyes para aumentar la presión fiscal en las colonias. Será la autoimposición o consentimiento de los tributos, *"No taxation without representation"*, una de las principales ideas que respaldarán el nacimiento de los Estados Unidos de América.

La libertad tributaria implica la comprensión del principio de legalidad articulado necesariamente a la seguridad jurídica, y éstos, a su vez, conectados con el principio de separación de poderes y funciones de los Poderes Públicos, porque de la íntima conexión de estos principios, del perfecto funcionamiento de este *trípode garantista* depende, no sólo el Estado de Derecho, sino la subsistencia y legitimación democrática de todos los poderes del Estado, y especialmente, de la legitimidad de los tributos, de esos sacrificios patrimoniales que sólo pueden exigirse por ley (principio de legalidad) y no cualquier ley, sino aquella que emana formalmente del órgano representativo de la voluntad popular o soberana, tras un procedimiento en el que se cumple con el principio de las minorías, con la publicidad, la contradicción, el debate público y la negociación (principio de separación de los poderes públicos y autoimposición o consentimiento de los tributos por los destinatarios), y que no obstante su potencia obligatoria, dicha ley de contenido tributario sea controlada o revisada en sede judicial, permitiendo su control jurisdiccional (principio de control recíproco de los poderes públicos, principio de jurisdiccionalidad y especialmente, el principio de seguridad jurídica)[74].

Parece un lugar común señalar que no puede haber tributación sin libertad. Como decíamos hace más de tres lustros, el sistema tributario no puede limitarse a la simple yuxtaposición de tributos. Por el contrario, éstos deben formar parte de un todo ordenado hacia un fin, de allí que el sistema sea una idea más amplia, una visión coherente, racional y sobre todo, transparente, de los fines que persigue, de manera que el ordenamiento tributario transmita -sin saltos abruptos-a sus destinatarios, lo más clara y congruentemente posible, los objetivos generales, las obligaciones que imponen éstos y especialmente, las garantías y *derechos de defensa* que otorga.[75]

De forma tal que la concepción del Estado como lo conocemos hoy día, un Estado sometido al Derecho y que se atiene no sólo a formas sino a procedimientos y contenidos *iusfundamentales*, en ningún caso supondría la sumisión del ser individual, la subordinación de la persona humana y su instrumentalización a fines e intereses distintos que la realización de

---

74 Meier García, Eduardo. "Reflexiones sobre el Sistema Tributario, *ob. cit.,* 2002, p. 77.

75 *Ibídem.*

su dignidad intrínseca. El Estado está para garantizar un espacio de diálogo genuino, donde las ideas se debaten abiertamente y los intereses se confrontan sin sobresaltos, exclusiones y fundamentalismos, como corresponde a toda sociedad democrática, plural y libre, sobre la base de un consenso obligatorio y predeterminado en el momento constituyente, y expresado en una Constitución y más allá, definido en la técnica de libertad que implica la vigencia del constitucionalismo.

El Estado se legitima a partir de la dignidad del hombre, que es un valor anterior al Estado mismo. Si la sociedad se organiza en Estado es para defender la libertad del hombre y no para limitarla. Es por ello que se afirma que "[l]a aciaga doctrina de la seguridad nacional se ha sustituido por la convicción de que la propia existencia del Estado se justifica sólo en la medida que pueda proteger los derechos fundamentales y garantizarles un grado óptimo de eficacia".[76]

El legislador racional deba llevar a cabo el reparto de las cargas públicas según criterios de coherencia interna, no contradicción, adecuación y no arbitrariedad, consecuente con la aplicación del principio de justicia distributiva, preocupándose de que en situaciones de hecho iguales correspondan regímenes impositivos iguales.[77]

De modo tal que la coherencia puede operar en tres ámbitos: (i) Dentro de un mismo impuesto, que no existan distintos criterios de valoración, incoherentes entre sí y con la manifestación de capacidad contributiva que pretende gravarse; (ii) dentro del sistema fiscal, en el que debe existir coherencia entre la totalidad de los impuestos para que su acumulación no supere la sustancia del patrimonio, ni supere los mismos rendimientos del patrimonio; y, (iii) dentro del sistema financiero (los tributos no pueden interferirse recíprocamente y no se pueden gravar las subvenciones o prestaciones asistenciales).[78]

Según la información disponible parece razonable pensar la Asamblea Nacional Constituyente es incompetente para dictar Decretos derogatorios de leyes vigentes, lo que resultaría en una inconstitucionalidad de normas axiológicamente incongruentes.

La libertad tributaria se ve severamente afectada con el Decreto Constituyente de anticipo de impuestos, lo que sólo puede explicarse por "la omnipotencia del Estado o el poder omnímodo e ilimitado de la Patria respecto de los individuos que son sus miembros tiene por consecuencia necesaria la omnipotencia del Gobierno en que el Estado se personifica, es decir, el despotismo puro y simple. Y no hay más medio de conseguir que el Gobierno deje o no llegue a ser omnipotente sobre los individuos de que el Estado se compone, sino haciendo que el Estado mismo deje de ser ilimitado en su poder respecto del individuo, factor elemental de su pueblo Los Estados son ricos por la labor de sus individuos, y su labor es fecunda porque el hombre es libre, es decir, dueño y señor de su persona, de sus bienes, de su vida, de su hogar.[79]

---

76 Bernal Pulido, Carlos. "La democracia como principio constitucional en América Latina", *Cuestiones Constitucionales, Revista Mexicana de Derecho Constitucional*, N° 17, julio-diciembre, México, 2007, p. 37.

77 *Cfr.* Gallo, Franco. *Las razones del fisco <ética y justicia en los tributos>*, Marcial Pons, Madrid, 2011, p. 130.

78 *Vid.* Herrera Molina, Pedro. *Capacidad económica y sistema fiscal <análisis del ordenamiento español a la luz del derecho alemán>*, Marcial Pons 1998, p. 141.

79 Alberdi, Juan Bautista, *La omnipotencia del Estado es la negación de la libertad individual (1880)*, Cato Institute, Washington, Dc., 31 de enero de 2003, consultado en: www.elcato.org.

§ 14. FORMA DE ESTADO Y AUTONOMÍA FINANCIERA DE LAS ENTIDADES TERRITORIALES: LOS CASOS DE FRANCIA Y ESPAÑA, CONTRASTADOS CON EL DE VENEZUELA

Adriana Vigilanza García [*]

I. INTRODUCCIÓN:

Antes de entrar a desarrollar el tema de la forma de Estado y la autonomía financiera de las entidades político-territoriales, en la República Bolivariana de Venezuela, consideramos nuestro deber describir el contexto político dentro del cual la Asociación Venezolana de Derecho Tributario arriba a sus primeros 50 años de existencia, pues éste ha tenido un impacto enorme en esta materia. Para nuestra más absoluta desgracia, en el curso de poco menos de 20 años, nuestra República se transformó, del país con la democracia más consolidada de América-Latina, pionero en establecer la autonomía municipal a nivel del texto Constitucional (1857), en un Estado fallido, bajo la mirada complaciente de una comunidad internacional que por muchos años solamente estuvo interesada en parasitar de sus recursos.

En la Venezuela del Siglo XXI, los venezolanos hemos perdido toda posibilidad de controlar a los administradores quienes, bajo la máscara del llamado "Socialismo del Siglo XXI", han creado un Estado que de "neoabsolutista", amenaza con pasar ahora a convertirse en un Estado "neofeudal", donde mafias se reparten el territorio y el control de los pobladores, para su desgracia absoluta. En lugar de ciudadanos, sus habitantes somos considerados por la clase que se apropió del poder político una especie de nuevos "siervos de la gleba". Por eso, ya varios millones de ellos comen de la basura y otros millones más (cercano al 10% de la población total del país), han huido despavoridos. Como en la peor etapa del Estado feudal, previo a la Revolución francesa, los señores feudales "modernos", llenos de dinero robado al Tesoro nacional o proveniente del narcotráfico y otros crímenes, tienen incluso derecho de vida o muerte sobre nosotros. No hay justicia, pues los Jueces no son independientes, de manera que las desapariciones, torturas y aprisionamientos sin que siquiera medie orden judicial de captura, son cada vez más comunes. Tal como lo expuso ante el subcomité para Latinoamérica de la Cámara del Senado de los EEUU, el Secretario General de la Organización de Estados Americanos, Luis Almagro, cuya brillante gestión en defensa de los derechos que deben serle reconocidos a todos los ciudadanos del mundo, lo cual nos incluye a los depauperados venezolanos, contrasta brutalmente con la gestión cómplice en la destrucción de nuestro Estado de su predecesor, José Miguel Insulza, "(…) el Gobierno del país caribeño está conformado por una estructura de narcotráfico". Además, con absoluta razón calificó a Venezuela como "(…) el país más corrupto del continente

[*]   Abogado de la Universidad Central de Venezuela ("UCV"), 1985. Especialista en Derecho Tributario, de la UCV, 1989. Master en Derecho Comparado, Universidad de Nueva York, 1994. Redactora de Título sobre Potestad Tributaria del Municipio, en la Ley Orgánica del Poder Municipal (2004-2005). Abogado contratado por la Oficina de Asesoría Económica de la Asamblea Nacional, para la co-redacción del Proyecto de Ley Orgánica de Hacienda Pública Estadal (2003). Redactora de varias Ordenanza Municipales y leyes *estadales* en materia tributaria. Miembro de la ONG "Ciudadanía Activa" y en la actualidad, asociada a la ONG "Justicia y Proceso Venezuela", donde participa en la defensa de derechos políticos.

(…)" y sabiamente agregó: "(…) No se trata de desmontar una dictadura y volver a la democracia, sino de desmontar toda una estructura de narcotráfico, en el Estado (…)"[1].

Como es previsible, la "arquitectura territorial" del Estado, que determina cómo se reparte el poder político en su territorio (lo que incluye el poder tributario), se encuentra en absoluto desmantelamiento y amenazada por una supuesta "Asamblea Constituyente" (otra más, después de la también inconstitucionalmente conformada Asamblea Constituyente de 1999[2]), convocada y electa al margen de la Constitución de 1999, sobre unas "Bases Comiciales" diseñadas por el Poder Ejecutivo convocante, desconociendo de nuevo el principio constitucional de la representación proporcional (en este caso, de la mayoría)[3], previsto en el Artículo 63 de la Constitución de la República Bolivariana de Venezuela ("CRBV")[4].

Por lo expuesto, podemos anticipar que la nueva Asamblea Constituyente que se conformó, a espaldas de la Constitución y de los venezolanos, el 30 de agosto de 2017, con 545 miembros, todos simpatizantes del oficialismo "chavista" y que acaba de auto extenderse el término inicial para su vigencia, hasta "al menos" el 31 de diciembre de 2020, contando con el voto de varios de sus integrantes originarios que incluso ya habían abandonado ese foro para dedicarse a otros cargos, como el caso de Aristóbulo Izturíz, quien se fue a ocupar el cargo de Ministro de Educación, en septiembre de 2018. Izturiz, no obstante, votó para la extensión del plazo de vigencia de la nueva "Asamblea Constituyente" y además declaró que esa Asamblea trabajará "hasta que cumpla su función" y que "si para el 31 de diciembre del próximo año, ese foro no ha cumplido con *la reorganización* del Estado, entonces seguirá trabajando"[5] (Itálicas nuestras).

Por lo expuesto, es obvio que esta Asamblea Constituyente dará formalmente al traste con la división político-territorial actual (eso es lo que llaman la "reorganización" del Estado)

---

1   Ver: http://www.elpais.com.uy/mundo/almagro-califico-venezuela-pais-corrupto-continente.html.

2   En la conformación de esa Asamblea Constituyente de 1999, se violó el principio de la representación proporcional que consagraba la Constitución de 1961. En el "Referendo Consultivo", donde se supone que se le pediría al pueblo votar si quería o no "una nueva Constitución", el entonces Presidente Chávez se las ingenió para que se "colara" la pregunta N° 2, que indagaba si el pueblo lo autorizaba a él a fijar las Bases Comiciales para conformar la Asamblea Constituyente. Ese "Referendo Consultivo" se llevó a cabo con una abstención del 55.62%. Y gracias al ardid matemático diseñado a su medida, el oficialismo o "chavismo", obtuvo más del 95% de los escaños, con apenas cerca del 51% de los votos. Ese sistema de sobre-representación de las mayorías sería la primera de muchas violaciones a la integridad del sistema electoral venezolano, que era uno de los más sólidos de todo el continente. La referida fórmula matemática fue conocida como el "Kino" o "Llaves de Chávez" y fue vergonzosamente desarrollada en las aulas de la Universidad Central de Venezuela, por los profesores Nelson Merentes y Ricardo Ríos, a petición del propio Hugo Chávez. La consagración "legal" de la aniquilación de la representación proporcional se consumó en la Ley Orgánica de Procesos Electorales de 2010, cuando se le concedió al Consejo Nacional Electoral, controlado por el partido de gobierno, la potestad de manipular los circuitos electorales. Ver: https://albertozambrano.wordpress.com/2014/06/06/la-responsabilidad-historica-es-personalisima/.
    Sobre los vicios del proceso Constituyente de 1999 se han escrito varios trabajos y algunos pueden consultarse en la web, entre ellos: "Venezuela: De la Constitución de 1999 a la Reforma Constitucional de 2007". AYALA CORAO, Carlos. Ver: https://archivos.juridicas.unam.mx/www/bjv/libros/6/2728/13.pdf.

3   Por ninguna parte esas bases comiciales incluyen la consulta a la población como cuerpo soberano, en el que reside la voluntad popular, para secundar la iniciación del proceso constituyente en los términos que propone el Ejecutivo Nacional y tampoco la hace obligatoria para validar el nuevo texto constitucional. Las Bases Comiciales quedaron establecidas en Decreto N° 2.830, *Gaceta Oficial* del 1° de mayo de 2017.

4   "Artículo 63: El sufragio es un derecho. Se ejercerá mediante votaciones libres, universales, directas y secretas. La ley garantizará el principio de la personalización del sufragio y la representación proporcional" Resaltado nuestro.

5   Ver "El Mundo", 20 de mayo de 2019: "La Asamblea Constituyente de Maduro extiende su vigencia hasta el 2020". En https://www.elmundo.es/internacional/2019/05/20/5ce30215fc6c83f35f8b46db.html.

que, en los hechos, ya ha sido desmantelada por las llamadas "Leyes del Poder Popular"[6] (aprobadas a toda prisa y a última hora, por una Asamblea Nacional oficialista, saliente, el 21 de diciembre de 2010[7], pero insólitamente vigentes aún, pese al cambio político que debió ocurrir después de que a finales de 2015, el Consejo Nacional Electoral decidiera reconocerle el triunfo a las fuerzas de oposición, en la Asamblea Nacional, leyes que inconstitucionalmente cambiaron la arquitectura territorial del Estado venezolano y han pretendido suplantar a Municipios y Estados por "Comunas", no siendo éste un cambio meramente semántico. Baste como prueba de lo afirmado el hecho de que, según la Ley de las Comunas, el único fin de una Comuna es "la construcción del socialismo". No lo es mejorar las condiciones de vida de sus integrantes, ni mucho menos permitirles autonomía de administración y poder de expresar su pensar con plena libertad. Porque según esas leyes, sólo los socialistas podrán conformar las comunas. De paso, para las decisiones en el "Parlamento Comunal", se estableció el voto de segundo grado, no secreto, sino a mano alzada, en Asamblea pública. Al mismo tiempo, se introdujo una reforma en la Ley Orgánica del Poder Municipal[8], en la cual se dispuso que no todos los vecinos (como sucedía hasta entonces) sino únicamente los registrados en "Consejos Comunales", podían votar para elegir los miembros de las Juntas Parroquiales. Y para ser miembro de un Consejo Comunal, se requiere autorización del Ministerio de las Comunas, es decir, del Poder Ejecutivo. De hecho, la Comuna, que no tiene sustento constitucional, nace cuando lo disponga el Poder Ejecutivo Nacional, quien es el encargado de convocar el Referendo para su creación. A las Comunas, a diferencia de los Estados y Municipios, tampoco se les reconoce ingresos propios, sino que contarán con los que a su leal saber y entender, decrete el Poder Central absoluto.

Dejando establecido el riesgo que existe de que Venezuela, como República, se extinga y con ella los gobiernos municipal y de los Estados, pasaremos a desarrollar un análisis histórico y de Derecho comparado sobre la autonomía de los gobiernos locales, incluyendo por supuesto su especie, la autonomía financiera, con algunas referencias a la autonomía de las entidades territoriales intermedias, que en otros países se conocen como Departamentos, Provincias, Comunidades Autónomas o "Estados de la Unión". Con este análisis nos proponemos desmontar algunos mitos que aún persisten en la doctrina nacional, sobre el origen de ciertos principios que rigen esta materia, mitos que no dudamos que expliquen, en cierta forma y parcialmente, claro está, el severo grado de desinstitucionalización que vivimos en Venezuela, así como su muy peculiar forma de Estado *federal descentralizado*.

Para este análisis, aparte de volver a las raíces de nuestro constitucionalismo, es necesario comparar nuestro sistema constitucional y legal con el de dos Estados Europeos a los cuales tradicionalmente se les toma como forjadores o predecesores de nuestro régimen municipal,

---

6   "Ley Orgánica del Poder Popular", "Ley Orgánica de las Comunas", "Ley Orgánica de la Contraloría Social", "Ley Orgánica del Sistema Económico Comunal" y "Ley de Planificación Pública y Popular". Nosotros denunciamos la violación de los derechos políticos de los venezolanos, por esas leyes, ante la Comisión de Derechos Humanos de la Organización de las Naciones Unidas, mediante el primer "Examen Periódico Universal" al cual fue sometido el Gobierno de Venezuela, en 2011. Ver: http://lib.ohchr.org/HRBodies/UPR/Documents/session12/VE/Justicia%20y%20Proceso-spa.pdf. Lamentablemente, en el Resumen que esa Comisión de la ONU produjo sobre los alegatos presentados, denominado "Summary prepared by the Office of the High Commissioner for Human Rights in accordance with paragraph 15 (c) of the annex to Human Rights Council resolution 5/1", se omitió toda referencia a estas denuncias.

7   Un Grupo de aproximadamente 150 profesores universitarios de Derecho y Ciencias Políticas, de varias Universidades venezolanas (entre los cuales nos incluimos), introdujo ante la Sala Constitucional del Tribunal Supremo de Justicia, el 1 de marzo de 2010, un recurso de nulidad por inconstitucionalidad contra la Ley Orgánica del Poder Popular, dictada el 21 de diciembre de 2010. Desde entonces, esos Profesores hemos venido denunciado mediante comunicados, informes, foros y acciones judiciales, la sistemática violación por los Poderes Públicos, de la Constitución de 1999. Ver: http://www.eluniversal.com/2011/03/24/informe-del-grupo-de-profesores-de-derecho-publico.shtml.

8   Fuimos proyectistas del Título sobre la Potestad Tributaria del Municipio, en esa ley, sancionada en 2005.

a saber, Francia y España. Además, para el análisis de la forma de Estado venezolana y su manera de entender la autonomía municipal, creemos que es útil hacer como dice JOSE MANUEL BENVENUTTI:

"(…) debemos ser a la vez provincianos y cosmopolitas, es decir, estar parados en diagonal, una pierna en nuestro medio para no caer en el vértigo de la globalización y otra pierna –la cosmopolita- en cualquier lugar del mundo (…)".[9]

II.   BREVE REPASO HISTÓRICO SOBRE LA AUTONOMÍA MUNICIPAL, EN FRANCIA Y ESPAÑA:

A.   El origen del Estado Unitario francés y la autonomía municipal:

Decidimos comenzar por el estudio del devenir del Estado Francés en esta materia, ya que en Venezuela ha sido común asociar la autonomía local española y por ende, la de sus colonias en América, a la tradición municipalista de origen francés del llamado "*pouvoir local*", que parte del reconocimiento del municipio como un espacio de libertad, preexistente al Estado. De ello conseguimos un ejemplo en un trabajo relativamente reciente de JOSE MANUEL BANDRÉS, Magistrado de la Sala de lo Contencioso-Administrativo del Tribunal Supremo Español y presidente honorario del Instituto de Derechos Humanos de Cataluña, publicado en el año 2009, denominado "La Carta Europea de la Autonomía Local en la jurisprudencia del Tribunal Supremo"[10], donde el Magistrado expresa:

"(…) El examen de los antecedentes que precedieron la aprobación de la Carta Europea de la Autonomía Local –la Carta Europea de las Libertades Municipales de Versalles de 1953, la Resolución 64 del Comité de Poderes Locales y Regionales de Europa de 1968 y la Recomendación 615 de la Asamblea Parlamentaria del Consejo de Europa de 1970– permite comprender, como observa José Manuel Rodríguez Álvarez, **la influencia de la tradición municipalista de origen francés de "*pouvoir local*", asociada a la noción del municipio como espacio de libertad preexistente al Estado**, que alumbra el concepto de autonomía local como principio que contribuye al desarrollo y profundización de la democracia y que promueve la participación activa de los ciudadanos en la vida pública local (…)". Resaltado nuestro.

Sin embargo, no debemos dejarnos confundir por afirmaciones como la que precede. El *pouvoir local*, en efecto, asocia al municipio la noción de espacio de libertad prexistente al Estado, pero en los hechos. *No en el Derecho*. Si atendemos al sobrevuelo que hizo el Doctor en Derecho y Profesor de Derecho Público en la Universidad de París Sur, FRANCOIS JULIEN-LAFERRIÉRE, por la historia constitucional de Francia, enfocada en la autonomía municipal, debemos obligatoriamente concluir que *en la tradición Constitucional* francesa, el atributo de la autonomía municipal no es un estandarte.

JULIEN-LAFERRIÉRE afirma, más bien, que **Francia siempre fue y sigue siendo hoy, un país centralizado**. Que el Estado francés moderno se construyó sobre las ruinas del Estado feudal, cuando en los tiempos de "Felipe el Bello"[11] (1268-1314), el territorio francés

---

9   El Profesor José Manuel Benvenutti. ocupó el cargo de Decano de la Facultad de Ciencias Jurídicas y Sociales de la Universidad Nacional del Litoral, Provincia de Santa Fe, Argentina. La cita es de su presentación del libro "Derecho Municipal. Nuevas Relaciones Intermunicipales", publicado por EDIAR, Buenos Aires, 2000.

10   Ver su trabajo en: http://repositorio.gobiernolocal.es/xmlui/bitstream/handle/10873/449/qdl20_04_est01_-bandres.pdf?sequence=1

11   En español, es más usual conocer a este Rey como "Felipe El Hermoso". Pero JULIEN-LAFRERÉRE empleó el calificativo "El Bello". Este Rey es considerado el verdadero creador del "Estado" francés, gracias a su política de independencia con respecto al Papa. Persiguió a Los Templarios con el fin de apoderarse de sus riquezas para llenar el erario público. Según JULIEN- LAFRERÉRE, se puede considerar como el primer Rey "moderno" de Francia y de todo Occidente.

comenzó a unificarse bajo la autoridad única del Rey, quien en ese tiempo se presentaba como el gran protector de los súbditos, porque intervenía a su favor frente a los antagonismos que surgían entre los pequeños señores feudales y frente los sufrimientos que esos antagonismos ocasionaban a los "siervos de la gleba"[12]. Dice JULIEN-LAFRERIÉRE que:

> "(…) En comparación con sus vecinos –Alemania e Italia, por supuesto, que todavía no eran unificadas, pero también Inglaterra, que ya en esa época aplicaba el "self government", Francia era una excepción desde el punto de vista administrativo: **todo se decidía en Paris y las autoridades "locales" esencialmente tenían la misión de ejecución de las decisiones del rey** (…)" Resaltados nuestros.

Ese Estado feudal, en Francia, fue lo que terminó por desembocar en los hechos de la llamada "Revolución Francesa", producto de las grandes desigualdades entre clases sociales que se habían estado configurando, reunidas en tres sectores bien diferenciados, siendo por cierto la sujeción o no al pago de impuestos, uno de los elementos diferenciadores clave entre esas clases, también llamadas "estados"[13]. El estamento de la burguesía comprendió que necesitaba tener acceso al poder y pensó que manejar un Estado centralizado sería lo idóneo para proteger e impulsar sus actividades económicas. Al mismo tiempo, la Monarquía francesa había entrado en quiebra por las numerosas guerras entre reinos y por ello, intentó privar a la nobleza del privilegio de no pagar impuestos, con lo que perdió gran parte de su apoyo. Eso a su vez condujo a que cada vez tuviese que imponer mayores cargas económicas a los campesinos y burgueses. Viendo la difícil situación económica que se asomaba, la nobleza exigió que se llamara a "Estados Generales", para el tratamiento de la ley de impuestos. Cuando se reunieron en los Estados Generales (1789), la situación de Francia estaba sumamente comprometida, ya que el pueblo no soportaba más tan penosa vida y existía un gran descontento social. Pero al contar los votos de la nobleza y del clero, que pertenecían a un estamento privilegiado, siempre superaban en número a la burguesía y por lo tanto, siempre se tomaban las decisiones que a esos sectores les convenían. El tercer estamento no aceptó más ese conteo de votos y se las arregló para tomar el control de la situación. Comenzó a sesionar como "Asamblea Nacional" y en su seno, juraron solemnemente que ésta no se disolvería hasta tanto no se lograse conformar una Constitución Nacional.

En 14 de julio de 1789, la burguesía se vio apoyada por los campesinos, el otro gran sector explotado por la nobleza, quienes en medio de una agitada multitud formada por hombres y mujeres, saturados de injusticias y de hambre, se dirigieron a la Bastilla, símbolo del régimen absolutista, que funcionaba como cárcel de los opositores al sistema de gobierno y la tomaron por la fuerza. Esta demostración atemorizó a los partidarios del antiguo sistema y

---

12 Los siervos de la gleba eran unos seres humanos que, en época medieval, tenían una condición de semi-esclavitud. Anclados a la tierra en la que habitaban, carecían de cualquier derecho individual y no tenían más garantías legales que las que el amo de los territorios quisiera otorgarles.

13 El primer "estado" era la Iglesia; sumaba unas 120.000 personas, poseía el 10% de las tierras de Francia y no pagaba impuestos. Recibía de los campesinos el "diezmo", es decir, la décima parte del producto de sus cosechas. Sólo la Iglesia podía legalizar casamientos, nacimientos y defunciones y la educación estaba en sus manos. El segundo "estado" era la nobleza, integrada por unas 350.000 personas. Dueños del 30 % de las tierras, los nobles estaban eximidos de la mayoría de los impuestos y ocupaban todos los cargos públicos. Los campesinos les pagaban tributo a los nobles y sólo podían venderles sus cosechas, a ellos. Tenían tribunales propios, es decir, que los nobles se juzgaban a sí mismos. El tercer estado comprendía al 98% de la población y su composición era muy variada. Por un lado estaba la burguesía, formada por los ricos financistas y banqueros que hacían negocios con el "estado". Era la llamada "alta burguesía". Por la otra parte, existían campesinos libres, muy pequeños propietarios, profesionales, artesanos, arrendatarios, comerciantes y jornaleros, o "baja burguesía".

Finalmente, seguían existiendo los siervos, que debían trabajo y obediencia a sus señores. Este amplísimo "tercer estado", carecía de poder y decisión política, pero pagaba todos los impuestos, hacía los peores trabajos y no tenía ningún derecho.

sirvió para inclinar la balanza en favor de los revolucionarios, desplazando así del poder a los nobles y a otros partidarios de que continuara el absolutismo.

Ahora bien, según relata el Profesor de Derecho Público en Venezuela, ANTONIO MO-LES CAUBET, en el llamado "Decreto Constituyente", del 14 de diciembre de 1789, en efecto sí se consagró el llamado "poder municipal", pero a su decir, con "p" minúscula", cuando se dispuso: "Los cuerpos municipales tendrán dos especies de funciones que cumplir; **las unas propias del poder municipal,** las otras propias de la administración general del Estado y **delegadas a las municipalidades**"[14]

Entendemos entonces que la tradición municipalista francesa a la que hizo referencia BANDRES, pudiera basarse en lo dicho en ese Decreto Constituyente francés, de 1789, puesto que al municipio, en efecto, allí se le reconocen al Municipio funciones propias, es decir, no delegadas desde el Estado ("Poder Nacional", en nuestra particular terminología jurídica). Sin embargo, MOLES CAUBET (1983:500) explica que en la práctica "(…) el dogma revolucionario imponía *la unidad de soberanía*, en virtud del cual (sic) *ningún cuerpo ni individuo puede ejercer por propia autoridad,* sino emanada expresamente de aquélla (…), como consta expresamente en el Artículo 3 la Declaración de los Derechos del Hombre y del Ciudadano, uno de los documentos esenciales de la Asamblea Nacional Constituyente francesa, aprobado el 26 de agosto de ese mismo año 1789.

En efecto –y a pesar de los hechos violentos de la Revolución Francesa contra la Monarquía– la primera Constitución de Francia, del 3 de septiembre de 1791, fue una Constitución Monárquica, por cuanto la alta burguesía –banqueros, financistas, comerciantes, propietarios– y la baja burguesía (profesionales, en especial abogados y médicos, pequeños comerciantes y dueños de talleres.), tuvieron distintas visiones, cuando llegó el momento de decidir la forma de gobierno. La alta burguesía apoyó a los "girondinos", oriundos de la provincia de La Gironda, que querían llegar a un acuerdo con la monarquía e instaurar una monarquía constitucional, es decir, tenían una actitud moderada respecto a los cambios políticos. Por otro lado estaban los "jacobinos"[15], que tenían ideas más revolucionarias y de cambios radicales, con tendencia a la instauración de una república democrática, con derechos a la participación política y con la aplicación de medidas más equitativas para la repartición de la riqueza y la lucha contra el hambre popular. En un primer momento, la alta burguesía y los "girardinos" lograron prevalecer en sus ideales de negociar con el antiguo régimen y quedó a cargo del poder ejecutivo, el Rey Luis XVI. El poder legislativo lo ejerció una asamblea formada por la burguesía y el poder judicial se compuso de jueces electos. Se estableció que sólo podían votar aquellos que pagaban ciertos impuestos (con lo que se pone en evidencia que las banderas de igualdad proclamada por los revolucionarios tenían ciertas limitaciones). En todo caso, como resultado de todo lo expuesto, en la primera Constitución de Francia (1791) se proclamó que: "*el Reino es uno e indivisible*".

Ahora bien, como la nobleza se vio con sus poderes recortados, trató de crear alianzas y buscar apoyos en otros países con gobiernos absolutista, que no deseaban que el movimiento político francés los alcanzara. Para ello no había más remedio que la guerra. Países como Austria y Prusia atacaron a los franceses en los límites de su territorio y lograron contenerlos. Pero los cuidados que tuvieron los países limítrofes, con Luis XVI, hicieron evidente que había habido una alianza entre éste y la intervención extranjera. Por ello, el pueblo francés se enfureció y destronó al rey Luis XVI, para luego decapitarlo. Más tarde le tocó el turno a su mujer, la famosa María Antonieta.

---

14   Decreto de la Asamblea Constituyente francesa, del 14 de diciembre de 1789.

15   Dicho nombre provino del hecho de que se reunían en asambleas, llamadas clubes, en un convento ubicado en la calle San Jacobo.

Después de esos eventos, la Asamblea Nacional fue desplazada y un nuevo cuerpo de representantes reunidos en una Convención, comenzó a dirigir el nuevo gobierno republicano, liderado por la baja burguesía, dependiente del partido jacobino. La República se instauró, en septiembre de 1792. Y así, la segunda Constitución de Francia, llamada "del año I de la República", dice: *"La República francesa es una e indivisible"*. Aunque ese postulado fue repetido en las dos Constituciones siguientes, incluyendo la de 1799, que Napoleón Bonaparte apenas reformó cuando fue proclamado Emperador, en 1804, no fue incluido en las dos cartas monárquicas sancionadas con el retorno de la Monarquía, lo que ocurrió después de la derrota de Napoleón. Estas fueron la Constitución de 1814, otorgada por Luis XVII, quien se hizo llamar "Rey de Francia y de Navarra" y la de 1830. Sin embargo, el mismo postulado reaparece en la Constitución francesa de 1848. De ahí en adelante, vuelve a desaparecer por casi un siglo, hasta que **vuelve a ser incluido en la vigente Constitución francesa, del 4 de octubre de 1958**, la cual dispone:

"Artículo 1: Francia es una República indivisible, laica, democrática y social"

Este principio implica una división territorial del Estado francés **solamente para fines administrativos, pero sin considerar la autonomía de los entes locales**. De paso, una regulación de rango legal, de las entidades locales francesas, tuvo que esperar la derrota del Segundo Imperio, de Napoleón Tercero y la instauración definitiva de la Republica, cuando fueron sancionadas la "Ley Departamental", del 10 de agosto de 1871 y la "Ley Comunal", del 5 de abril de 1884. Esta última organizó a "las comunas"[16], con base a estas grandes líneas: régimen único, para todas las comunas de Francia, que hoy en día suman 36.783[17], independientemente del número de sus habitantes; concejales electos por períodos de 6 años, con reelección; elección del Alcalde, por parte de los Concejales, salvo en París, donde las funciones del Alcalde eran ejercidas por el Prefecto, *nombrado por el Ejecutivo nacional*. **Los Prefectos eran agentes del Poder Ejecutivo nacional y podían anular decisiones de los Concejos y del Alcalde, si los consideraban contrarios a la ley**.

A la caída del Segundo Imperio Francés de Napoleón III, tuvo lugar la formación de un gobierno provisional de defensa nacional, llamado la "Comuna de París"[18]. Luego de la firma del Tratado de Frankfurt, las tropas francesas serían liberadas y junto a las tropas prusianas, reprimirían sangrientamente a ese gobierno de París, de corte comunista, de dictadura del proletariado. Al terminar la represión en París, y tras la caída de Napoleón III, se formaría la Tercera República Francesa, que se extendería hasta la Segunda Guerra Mundial.

Después de ese breve sobrevuelo por la compleja historia Constitucional francesa, JULIEN-LAFERRIÉRE concluye:

"(…) la unidad e indivisibilidad de Francia es un principio republicano desde la Revolución de 1789. Su perennidad y la necesidad de reafirmarlo en cada nueva Constitución, es una de las consecuencias de la victoria de los jacobinos, **partidarios de una organización centralizada del territorio nacional,** sobre los girondinos, favorables a un sistema federal (…)" Resaltado nuestro.

El carácter unitario y centralizado del Estado francés ha permanecido casi igual desde la Constitución francesa de 1791. Y su principal atributo es *la subordinación jerárquica* de los agentes o funcionarios de las comunas (como se denominan en Francia los Munici-

---

16   Equivalentes a nuestros Municipios, no al invento neo-comunista que contienen la "Leyes del Poder Popular", en Venezuela. Así expresamente lo reconoce JULIEN-LAFERRIERE. Ver pie de página N° 18, donde clara: "En Francia, los municipios son llamados comunas. Fueron creadas por la ley de 14 de diciembre de 1789".

17   Así lo informa JULIEN-LAFERRIÉRE (108:2009).

18   La "Commune de Paris" fue un breve movimiento insurreccional que gobernó la ciudad de París del 18 de marzo al 28 de mayo de 1871, instaurando un proyecto político popular socialista, autogestionario.

pios[19]), quienes se subordinan a los funcionarios de distrito y estos a su vez, se subordinan a los agentes del departamento. Como dice JULIEN-LAFERRIÉRE:

"(…) La segunda característica de la administración territorial creada por la Revolución es su organización jerárquica, lo que se expresa en la Constitución de 1791: "Hay en cada departamento una administración superior y en cada distrito una administración subordinada". Los administradores –miembros de las Juntas de departamentos, distritos y comunas- son electos, pero no son representantes, **son agentes –o funcionarios- de la entidad territorial correspondiente, que ejercen sus funciones bajo la supervigilancia y autoridad del Rey** (…) el rey, jefe supremo de la administración general del reino, **puede anular los actos de los administradores de departamento contrarios a las leyes o a las órdenes que él les envió**" Resaltado nuestro. (JULIEN-LAFERRIERE 105:2009). Resaltado nuestro.

Fue apenas en la Constitución francesa vigente, de 1958, donde se dispuso que "Las colectividades locales **se administrarán libremente a través de consejos** (sic) elegidos y *en las condiciones previstas por la ley*" (JULIEN –LAFERRIERE (108: 2009). Y lo que es más asombroso: aunque existía ese principio constitucional, no fue sino hasta la llamada "*ley de descentralización*", del 2 de marzo de 1982 (oficialmente llamada "Ley relativa a los derechos y libertades de las comunas, departamentos y regiones", Nº 82, de 2 de marzo de 1982), cuando al fin se lo puso en ejecución, pues hasta ese momento no se había concretado realmente. Es en esa ley **cuando por primera vez desde la formación del Estado francés, se suprimió el control jerárquico que ejercía el prefecto de departamento** (entidad territorial superior a la comuna), **sobre los actos de las autoridades municipales** – que no era solamente un control de legalidad sino también de oportunidad- *sustituyéndolo por un control jurisdiccional* (JULIEN LAFRERRIÉRE, 108: 2009).

Finalmente, la Constitución francesa sufrió una reforma, el 28 de marzo de 2003, cuando al Artículo 1 de ese texto, le fue añadido lo siguiente: "(…) *Su organización es descentralizada*". Y también, en esa reforma Constitucional del año 2003 se agregó el Artículo 72-2, según el cual:

"Artículo 72-2: Las colectividades territoriales gozan de recursos de los que pueden disponer libremente **en las condiciones fijadas por la ley.**

Pueden **recibir todo o parte de los impuestos de toda naturaleza. La ley puede autorizarlos a fijar las tasas en los límites que determine.**

Los ingresos fiscales y otros recursos propios de las colectividades territoriales representan, para cada categoría de colectividades, una parte determinante del conjunto de sus recursos. La ley fija las condiciones en las cuales rige este reglamento.

Toda transferencia de competencias entre el Estado y las colectividades territoriales **se acompaña de la atribución de recursos equivalentes** para éstas y dedicadas a su ejercicio. Toda creación o extensión de competencias que tenga como consecuencia la de aumentar los gastos de las colectividades territoriales ha de ir acompañada por recursos determinados por la ley". Resaltados nuestros.

Pero a pesar de esta nueva disposición constitucional, JULIEN-LAFRERRIÉRE considera que **las comunas no gozan de una gran autonomía financiera.** Argumenta que con la descentralización, le fueron asignadas a las comunas más competencias, pero que no ha habido

---

19   Así lo afirma JULIEN-LAFERRIÉRE, en el pie de página Nº 18 de su trabajo denominado "El Poder Público Municipal y Local, en Francia" (2009). "En Francia los Municipios son llamados comunas. Fueron creados por la ley 14 de diciembre de 1789 para unificar la organización territorial del país que, bajo el antiguo régimen, era dividido en parroquias, villas y aldeas". Esta denominación de "comuna" no guarda absolutamente ninguna relación con el mismo término que emplean las inconstitucionales leyes del "Poder Popular", aprobadas todas por una Asamblea Nacional ya saliente, en diciembre de 2010, en abierta contradicción con la Constitución vigente en Venezuela, de 1999, que no contempla ese ente en la división político territorial.

las transferencias de recursos suficientes, a través del "fondo de fiscalidad transferida "(…) **lo que ha obligado a las comunas a aumentar los impuestos directos**, provocando protestas de contribuyentes y reacciones del Gobierno (…)". JULIEN-LARERRIÉRE agrega que "(…) mientras el Estado no dé a las comunas la autonomía financiera que les permita financiarse, éstas tendrán dificultad para cumplir las obligaciones que le atribuye la ley (…)"

Este comentario, desde la óptica venezolana, resulta muy extraño, pues no se entiende bien el porqué de la queja, por la insuficiente autonomía financiera de los municipios (las comunas), si por otro lado el mismo autor afirma que estos han acudido a aumentar "sus impuestos directos" para procurarse recursos, lo cual quiere decir, en nuestro criterio, no sólo que cuentan con ingresos tributarios propios, típico atributo de autonomía financiera, sino que además pueden hasta establecer la alícuota para su cálculo (dentro de los límites que establezca la ley), forma mas común de producir una elevación de los ingresos por concepto de impuestos.

Dado lo expuesto, las quejas de **JULIEN-LAFRERIÉRE** nos lucen, en todo caso, referidas a la insuficiencia de las transferencias de recursos, por parte del Estado hacia las comunas, cuando les son transferidas competencias antes ejercidas por el Estado. Pero eso, a nuestro juicio, pasa a ser un problema de incongruencia, inconstitucionalidad o insuficiencia de recursos estatales, destinados a los Municipios, más que de falta de "autonomía" financiera local.

En todo caso, de acuerdo con **JULIEN-LAFREIRIÉRE**, las comunas en Francia pueden cobrar los siguientes tributos, que él clasifica en "directos" e "indirectos":

1. **Impuestos directos:**

    a.   El impuesto territorial (que pagan los propietarios de bienes raíces ubicados en el territorio de la comuna).

    b.   La "Tasa de Vivienda" (que paga toda persona que ocupa una vivienda en la comuna).

    c.   El impuesto sobre los rendimientos del trabajo (que pagan las empresas que tienen asalariados y que no puede exceder del 3.5% de su valor agregado).

    d.   Diversos otros tributos[20], que representan el costo de los servicios prestados por la comuna (tasa de recolección de basura; tasa de limpieza de las vías públicas, etc).

2. **Impuestos indirectos:**

    a.   Las tasas de urbanismo (permisos de construcción)

    b.   Los derechos de mudanza, que en realidad, se trata de un impuesto sobre cambios de titularidad inmobiliaria, sobre inmuebles ubicados en la comuna: compra venta, renta vitalicia, división de un inmueble indiviso.

PIERRE BELTRAM, Profesor de la Universidad Paul Cézanne-Aix-Marseille III y Director del Instituto Superior de Estudios Contables, por su parte afirma lo siguiente:

"(…) En Francia, los municipios constituyen, como en la mayor parte de los países, las entidades descentralizadas de base más próxima a los ciudadanos. Se administran libremente y para ello se benefician de una autonomía financiera que la descentralización de 1982-83 ha aumentado y que la Ley constitucional No. 2003-276 de 28 de marzo de 2003 consagra previendo que 'pueden recibir la totalidad o parte del producto de los tributos de cualquier naturaleza. La Ley puede autorizarlas a fijar la base tributaria y el tipo en los límites que determine y añade que «los ingresos fiscales y los recursos propios de las entidades territoriales representan, para cada categoría de ellas, una parte determinada del conjunto de sus recursos». Así, **los municipios, al igual**

---

20   Aunque en el texto original se lee "impuestos", la expresión correcta, en nuestro vocabulario técnico, sería "tributos".

que los departamentos y las regiones, deben poder autofinanciarse a fin de asegurar su autonomía de decisión (…)" [21]. Resaltado nuestro.

Añade BELTRAM que la fiscalidad local está constituida, aproximadamente en el 65% de su importe, por tributos directos, a saber, las "tasas" [22] inmobiliarias (sobre propiedades edificadas y no edificadas); la "tasa" de vivienda y la "tasa" profesional [23]. Los municipios perciben lo esencial de estas "tasas" locales, mientras los departamentos y las regiones sólo reciben "tasas" adicionales a las mismas. BELTRAM afirma, también, que la fiscalidad local directa tiene un papel mucho más importante, en términos de financiación municipal, que la fiscalidad loca indirecta, añadiendo que:

> "(…) La fiscalidad local directa está constituida por cuatro tasas [24]: las tasas sobre inmuebles edificados y sobre los no edificados (terrenos), la tasa de habitación o vivienda y la tasa profesional. Estas cuatro [25] tasas son comúnmente denominadas las «cuatro ancianas». Suceden, en efecto, a las contribuciones directas que fueron establecidas en la Revolución de 1789 como impuestos del Estado y transferidas a las entidades locales durante la reforma fiscal de 1914-1917. Ciertamente, las contribuciones de antaño son en adelante determinadas tasas [26] y su base de imposición (el valor locativo catastral) ha sido, no sin problemas, revisado. Pero la fiscalidad directa local es, aún hoy, la expresión del impuesto preconizado por los filósofos fisiócratas del siglo XVIII, es decir, una imposición de carácter indiciario y asentada sobre el valor de los bienes raíces y propiedades inmobiliarias (…) Los responsables políticos en el poder vacilan en lanzarse a una gran reforma de la fiscalidad local que podría sólo generar descontentos y tener efectos financieros imprevisibles.
>
> Frente a esta discusión creciente, los representantes locales se contenta con actuar sobre los tipos de gravamen, a lo que la ley les autoriza, mientras que **el Estado, que aplica ya el impuesto por cuenta de las entidades locales,** es llevado a compensar, por medio de subvenciones una parte cada vez más importante de los impuestos locales (20% del total de los ingresos tributarios locales directos) no percibidos por las entidades locales (…)"[27].

En todo caso, se puede constatar que la reforma del texto constitucional francés, para profundizar la autonomía loca, fue relativamente reciente y que, a pesar de ella, ese Estado sigue siendo considerado hoy un Estado Unitario, con moderada descentralización política, reconocida constitucionalmente a partir de 2003.

---

21   BELTRAM, Pierre: "La Financiación Municipal en Francia". Trabajo publicado en "La Financiación de los Municipios: Experiencias Comparadas". Editorial Dykinson, S.L. Madrid, 2005. p. 489.

22   El empleo del término "tasa" no lo hace el autor con el significado que le damos nosotros, en cuanto consideramos a las "tasa" una de las especies de los tributos, que se causa como especie de contraprestación por un servicio que presta el ente político-territorial, en condición de "monopolio". Pensamos que el empleo del término "impuesto" habría sido el apropiado. Muy seguramente, usar la expresión "tasa" se debió a un error de traducción del texto original que, por canto conocemos personalmente al autor y sabemos que no habla castellano, estamos seguros de que fue escrito en francés.

23   Sospechamos que este tributo que BELTRAM llama "tasa profesional" es lo que JULIEN-LAFREIRIERI denomina "impuesto sobre los rendimientos del trabajo". Según BELTRAM, este impuesto vino a sustituir la "contribución de patentes", "a la cual se reprocha su arcaísmo y carácter desigual".*Op. cit.*, página 493. Explica que su base imponible "(…) estaba constituida de una parte, por el valor locativo de los locales y el material, y de otra parte, por una fracción de la masa salarial (…) o de una parte de los ingresos anuales (…)".

24   Tomar en cuenta lo dicho en el pie de página 24, respecto del significado de la palabra "tasa", en el contexto de esta traducción al castellano de un texto escrito en francés.

25   Suman 4 impuestos puesto que cuenta al impuesto sobre terrenos como un impuesto diferente del impuesto sobre inmuebles edificados.

26   Haciendo la salvedad sobre la expresión "tasa" que se explica en el pie de página 24.

27   *Op. cit.,* página 491. Como se deduce de esta afirmación, referente a que "el Estado" (el equivalente a nuestro "Poder Nacional"), debe compensar a los municipios cuando estos deciden bajar el "tipo", palabra que entendemos debe leerse como "alícuota" del impuesto. También deducimos que los municipios no recaudan directamente estos impuestos sino que lo hace "el Estado", por cuenta de los municipios.

B.   La historia del Estado Unitario Español y la autonomía municipal:

Según relata el mexicano HECTOR VAZQUEZ, en el caso de España:

> "(…) la mayoría de los historiadores españoles coinciden en afirmar que los restos de la organización romana no sobrevivieron (en la península ibérica) a la ruina del reino visigótico[28] y que no son muchas las huellas que los árabes dejaron en este campo de lo municipal (…)" (VAZQUEZ, 1989: 49).

España fue poblada por pueblos germanos, llamados godos y visigodos, ambos pueblos o tribus oriundas de la Germania oriental que se habían asentado en la península Ibérica, derrotando al Imperio Romano. Los Godos españoles eran los Visigodos, o Godos Nobles, que habían conquistado España en el Siglo V, para perderla después, en manos de los musulmanes, en el Siglo VIII, antes de recuperarla de nuevo, a través de esa larga guerra civil que denominan "Reconquista". Durante ese proceso de "Reconquista" (722 a 1492), los antiguos godos y visigodos fueron arrebatándoles sus territorios a los árabes. Ese proceso lo vivió España durante la baja edad media, época en la que se afirma que la vida urbana y las ciudades, prácticamente desaparecieron, como consecuencia de las permanentes invasiones, que dieron origen a la implantación del régimen feudal.

En todo caso, dice DE ESTRADA que, con la Reconquista, en España se hizo necesario que las nuevas comunidades que iban surgiendo conforme los españoles iban recuperando espacios, se organizaran. Esta situación llevó a que se fueran formando municipios, los cuales fueron el primer núcleo de organización social, para lo cual siguieron los lineamientos generales del municipio romano. Pero su desarrollo posterior y las características particulares en que se iban formando estos nuevos municipios, debido a la lucha casi permanente que debían afrontar esos nuevos núcleos, contribuyó a que el municipio cobrara cada vez mayor importancia en el derecho público (DE ESTRADA, 1993:23). Todas las ciudades comenzaron a tener sus "fueros" que contemplaban los "privilegios" de los pueblos que las habitaran. Unas veces esos "fueros" los concedía el Rey y otras, los señores feudales. Los fueros también ordenaban las ciudades y fijaban sus relaciones con el Estado. Estos eran llamados "fueros breves". Los "fueros extensos" regulaban el funcionamiento de las instituciones municipales. Constituían verdaderas codificaciones civiles, penales y procesales. A las ciudades de nueva fundación se las dotaba de las llamadas "cartas-pueblas", que contenían los privilegios que se les otorgaban. Algunos constituían "fueros tipo", que eran copiados por otras ciudades, tal vez con ligeras modificaciones.

---

28 Los godos eran uno de los grupos pertenecientes a los pueblos germánicos orientales y una de las muchas tribus del otro lado de la frontera oriental a las que los romanos llamaban bárbaras o germánicas. Probablemente su origen esté en Götaland, lo que es hoy el sur de Suecia, aunque para algunos autores su origen es báltico, pero no de la península escandinava. Eran uno de los pueblos germánicos originarios de Escandinavia que al expandirse por media Europa amenazaron el poder del Imperio romano. Ver: https://es.wikipedia.org/wiki/Pueblo_godo. Se establecieron en el sur de la Galia como federados del Imperio romano y tras la derrota de Vouillé en el año 507 pasaron a establecerse en Hispania, creando un gran reino que abarcaba toda la península hasta que fueron derrotados por los árabes en la batalla de Guadalete, en el año 711 y su reino fue sometido durante siglos, hasta que posteriormente con la Reconquista y posterior muerte de Fernando el católico, las coronas de Castilla y Aragón se unieron abarcando un territorio similar al visigodo, excluyendo Portugal. Debido, pues, a la reducida población autóctona, pudo efectuarse un reparto no problemático de tierras entre ambas comunidades, pasando a establecerse los godos en pequeñas aldeas formadas por viviendas unifamiliares próximas a sus explotaciones agropecuarias. El peculiar modo de instalación de los godos en la Península, mediante pactos y repartimientos con los hispano-romanos, explica que no hubiera invasión, no hubo ni vencedores ni vencidos, sino que godos e hispano-romanos coexistieron con sus diferencias, sin superponerse, hasta que paulatinamente iría verificándose la fusión entre ambos.

Reunidos en consejos, los habitantes jefes de familia de cada pueblo, como depositarios de las autoridades públicas, discutían asuntos comunes, nombraban alcaldes[29] ordinarios y jueces para que ejerciesen la justicia civil y penal, como también nombraban Jefes de las fuerzas armadas. Cada consejo se proveía de una fuerza militar para garantizar la paz en sus sesiones, mantener las relaciones con el monarca, asegurar el ejercicio de la justicia, perseguir malhechores, defender los derechos de la comunidad y salir en defensa del príncipe, según lo establecieran las cartas o fueros. Llegado el Siglo X, la estructura del poder político en España ya era la propia del feudalismo, en el que ese poder se repartía entre el clero, nobleza y Rey. Dice OCHOA DE CAMPOS:

> "(...) En España, la Edad Media trae consigo el feudalismo poderoso, encontrado con una Monarquía débil, en decadencia. Posteriormente, al iniciarse todo el proceso de la reconquista, se otorgaron innumerables privilegios, que constituyeron "el fuero municipal" a quienes deseaban vivir en pueblos y villas y estos se fueron poblando lenta pero continuamente, **llegando a constituir el municipio "un elemento político de primera importancia, en España** (...) Resaltado nuestro. (OCHOA DE CAMPOS, 1968:80)

Fue así como se van adoptando dos importantes instituciones de autoridad del Derecho Romano: las Cortes[30] y los **consejos municipales.** Ambas figuras fueron evolucionando y cambiaron toda la fisonomía jurídica de las instituciones castellanas.   JOSÉ LÓPEZ POR-TILLO agrega a lo anterior que:

> "(...) el Municipio castellano tenía tal importancia que saltaba sobre los señores (feudales) y dependía sólo del Rey, mediante un "fuero", casi una "constitución", que a un municipio o al Rey, obligaba por igual (...)" (LOPEZ.PORTILLO, 1974: 140).

De hecho, se afirma que hacia los siglos XIV y XV, los municipios alcanzan gran hegemonía, pues eran auxiliares del Rey en sus batallas contra la nobleza. Pero en la medida que la Monarquía recuperaba su poder, comenzó a frenar esa hegemonía municipal. De hecho, en el Siglo XVI, la Monarquía española se alía con su antiguo enemigo, la nobleza, para abatir el poder que habían alcanzado los Municipios. **Con la batalla de Villanar, en 1521, se logra vencer a los municipios, por lo que esa batalla representa en España el comienzo de las Monarquías absolutas.** Fue entonces cuando el Municipio español comenzó a sufrir una creciente centralización y el poder central (del Rey) acreditó ante cada uno de los Municipios, a sus representantes. Surgen así los gobernadores, los regidores y los Alcaldes Mayores, quienes fueron a tomar posesión de las áreas locales. **Con ello finalizó la democracia directa, garantizada en los fueros municipales.** Por eso será que VAZQUEZ opina que:

> "(...) El Municipio español no es el mismo municipio romano, ya que usando la misma voz, logra configurarse el municipio español como una institución recia y firme, **más o menos independiente y autónoma,** más o menos sujeta a un centro, encajada en una realidad que es el Estado, **al que queda subordinada,** cumpliéndose una misma política de racionalización de una administración pública estatal fuertemente centralizada (...)" (VAZQUEZ, 1986: 52). Resaltado nuestro.

Es para ese entonces cuando son descubiertos por la corona española los territorios de América. **Por lo tanto, la institución municipal que llega a nuestros territorios era la**

---

29 La palabra "alcalde" es de origen árabe significa literalmente **'el juez'(al- qâi).** Está compuesta por **'al'** utilizado en la legua árabe como artículo (el) y **'qâi'** (juez).

30 Por "Cortes" se entiende en derecho político, las Asambleas surgidas en los Siglos XII y XIII, en varios países de Europa occidental y en los diversos reinos cristianos de la península Ibérica. Estuvieron integradas por representantes de los tres estados: la nobleza, el clero y las villas o ciudades. En la actualidad, recibe también este nombre el Parlamento español. Según la Constitución de España de 1978, las Cortes Generales representan al pueblo español y están formadas por el Congreso de los Diputados y el Senado.

existente en un Estado monárquico absolutista. Pero ese Estado absolutista comenzó también a decaer, producto de las guerras con otras naciones. En el año de la revolución francesa (1789), en España se celebraron nuevamente Cortes, luego de diecinueve años durante los cuales esa institución había permanecido inactiva. Luego, España debió afrontar otras guerras, contra Francia, entre 1793 y 1795; contra Gran Bretaña, en 1796, conflicto que se extendió hasta 1802. En 1801, contra Portugal, y entre 1805 y 1808, nuevamente un conflicto con los ingleses. El 17 de marzo de 1808, se produjo el motín de Aranjuez, que motivó el derrocamiento del rey Carlos IV y la asunción al trono español de Fernando VII. En abril de ese año se trasladó junto al resto de los miembros de la familia real, a Bayona. En España quedó una Junta Suprema de Gobierno, dirigida por el infante Antonio. El 6 de mayo se produjo la "Farsa de Bayona", durante la cual Fernando VII devolvió el trono a Carlos IV, pero a su vez, éste se lo cedió a Napoleón, quien finalmente consagró a José I, su hermano, como rey de España.

El 7 de julio de 1808, fue promulgada la Constitución de Bayona. Dice al respecto OR-DUÑA REBOLLO:

> "(…) Dado la influencia que en ella tuvo Napoleón Bonaparte, no debe sorprender que las referencias a los Municipios sólo se encuentran en el Título IX, referido a las Cortes, que en su artículo 68 prevé la existencia de una junta para elegir el diputado de partido, encomendando provisionalmente al decano de los regidores de todo pueblo que tuviese más de cien habitantes para dar un elector. Más concreto es el artículo 71 referido a la elección de los diputados de las 30 ciudades principales del Reino, que serían nombrados por el Ayuntamiento de cada una de ellas. En el título X, «De los reinos y provincias españolas de América y Asia», el artículo 93, determina que los veintidós diputados de América y Asia, serían nombrados por los Ayuntamientos de los pueblos designados el virrey o el capitán general. Bajo las negativas circunstancias de la intermitente permanencia de José Bonaparte en Madrid, acosado por los patriotas españoles y por el intervencionismo del Emperador, una de sus preocupaciones, creemos que más para asentar su frágil poder que, para evitar los atropellos de los generales franceses, **fue el nombramiento de comisarios regios en las provincias, con instrucciones para organizar los Ayuntamientos y facultándoles para nombrar y destituir a los cargos municipales.**

> El siguiente paso fue la promulgación de dos Decretos el 21 de agosto de 1809, **para regularizar la situación municipal de Madrid (…) El intervencionismo centralizador no podía dejar resquicios a la autonomía municipal**, por lo que el segundo de los Decretos de la misma fecha «en que se reúnen a la Real Hacienda los derechos y sisas municipales de Madrid, cuyos acreedores lo serán del Estado» **suponía realmente el establecimiento de un régimen de tutela financiera y en la práctica la anulación de la Hacienda municipal madrileña, al ser privada de recursos tributarios propios (…).**

> Por lo que hemos de mencionar la división de 1810 realizada por el invasor, que estuvo en vigor mientras el ejército francés controló el territorio ocupado. Se trata del Decreto dictado en Sevilla por José Bonaparte el 17 de abril de 1810, estableciendo la división del gobierno civil de los pueblos del Reino en Prefecturas y la demarcación de sus límites. **El mencionado Decreto dividió a España en treinta y ocho Prefecturas y setenta y cuatro subprefecturas** (…).El modelo de Municipio contenido en el Decreto, se caracteriza por responder al del Municipio napoleónico perfilado en los Decretos del año anterior. **Impregnado de un fuerte centralismo, estaba opuesto a cualquier atisbo de autonomía municipal, situando al prefecto y al subprefecto en el orden jerárquico, los superiores al Municipio** (…)

> (…) Los intereses particulares de la Municipalidad se trataban por medio de una Junta municipal, designada en Concejo Abierto por los vecinos contribuyentes de la misma Municipalidad. Esta figura no debe inducir a engaño y suponer la existencia de un principio de democracia local, nada más lejos del propósito francés. En primer lugar, se trataba de un procedimiento censitario, **donde sólo eran electores los contribuyentes que superasen un determinado nivel de renta.** Además de este requisito **se exigía el de adhesión incondicional al usurpador, acatar la Cons-

titución de Bayona y por supuesto estar considerada como persona de confianza del comandante militar de la plaza, por lo que **el sentido democrático municipal, como se entiende en el Concejo Abierto, quedaba absolutamente en entredicho y desfigurado (…).**" (ORDUÑA REBOLLO, 2011). Resaltados nuestros.

La profunda crisis del Estado español de posguerra dio lugar a la implementación de las ideas de la ilustración, que tuvieron como perjudicados a los integrantes de la nobleza que perdieron algunos privilegios fiscales, pero afectó principalmente a los miembros del clero, que fueron obligados a contribuir con impuestos extraordinarios. El resto de la población también se vio perjudicada por el aumento del precio de las mercaderías y de algunas contribuciones. Estos acontecimientos **despertaron las ansias de la puesta en vigencia de los derechos naturales, de la limitación de las facultades de los gobernantes, del mandato efectivo de la ley y de la Constitución**, en contra de un gobierno francés que se había apoderado del mismo de forma ilegítima. Así, en fidelidad a Fernando VII, el rey cautivo, se establecieron Juntas Provinciales, que desconocieron al gobernante francés, adoptando la idea de la soberanía popular, que recuperaba el poder, por cuanto el pacto social se hubiera quebrado, en este caso, por la prisión del gobernante. En septiembre de 1808, la Junta de Sevilla, resolvió constituirse en una Junta Central, con representantes de todas la Juntas Provinciales, para dirigir la resistencia contra los franceses y una vez conseguida la victoria, organizar el país. Se distinguían dos tendencias, una que pretendía restablecer el gobierno monárquico con poderes absolutos, cuyo principal exponente era los "Jovellanos", y los que se adherían al dictado de una nueva constitución. En mayo de 1809, la Junta Central convocó a la formación de Cortes no estamentales, donde estuvo representada la nación soberana, con diputados elegidos popularmente El 1 de enero de 1810 se firmaron las convocatorias de Cortes, para elegir diputados en la península y en los territorios de las colonias. El 24 de septiembre de 1810, las Cortes, con aproximadamente trescientos representantes, se instalaron en el teatro de la isla de León, y luego en Cádiz, en el oratorio de San Felipe Neri. Emitieron un Decreto, que declaró la soberanía nacional y la división de poderes del Estado, rompiendo con el Antiguo Régimen, aun cuando dentro de las Cortes se mantenían ciertos sectores conservadores. **El 15 de octubre de 1810, se estableció la igualdad de derechos y representación, entre los americanos y los peninsulares.** Por lo tanto, fue trascendente para los dominios españoles en América, ya que se lograron, además, muchas reivindicaciones hacia los sectores más postergados, los aborígenes, así como la erradicación de la encomienda y la mita. Además, se suprimieron los mayorazgos y se realizaron concesiones económicas, que facilitaron la explotación agraria, la pesca la industria y el comercio, con la habilitación de puertos.

El **19 de marzo de 1812, fue promulgada la Constitución Española de 1812**, también conocida como "La Pepa"[31], por haber "nacido" el día de San José. Las Cortes Generales de España fueron las responsables de su sanción. La Constitución de Cádiz de 1812 fue la primera de las constituciones de España, con la cual le fue despojando al poder el manto de poder omnímodo, reconociendo derechos populares. Pero igual, establecía como sistema de gobierno una Monarquía moderada hereditaria (art.14), pero con una estricta división de poderes. Las colonias americanas se transformaron en provincias del Estado español, y sus habitantes en ciudadanos de esa nacionalidad. Consagró la posibilidad de expresarse políticamente sin restricciones, sujeto a las responsabilidades ulteriores. Repartió tierras y abolió la inquisición. Sin embargo, impidió el derecho a la libertad de cultos, ya que por el artículo 12, la única religión reconocida y verdadera era la católica, Apostólica Romana. Con respecto a los derechos políticos, estableció el sufragio restringido o censitario. Era rígida, e impedía su reforma en los ocho años posteriores a su vigencia. Fue traducida a varios idiomas

---

31 A quienes se llaman José, en España, se les conoce como "Pepe". Pero como la Constitución es un término femenino, finalmente el pueblo español decidió llamar a esa Constitución "la Pepa".

(inglés, francés, italiano, alemán y portugués). En su Artículo 14, dispuso: "La forma de Gobierno de la Nación española es una Monarquía moderada hereditaria".

En cuanto a la división política territorial, **se fijaba un esbozo de organización territorial descentralizada, dividiéndose el estado en comarcas y provincias.** El gobierno de las provincias y la presidencia de los Ayuntamientos, creados en poblaciones de más de mil habitantes, **correspondía al Jefe Superior, designado por el Monarca.** A esa Constitución también se le atribuye la creación de ayuntamientos en todas las poblaciones que tuvieran al menos 1000 habitantes. Esto provocó una explosión de ayuntamientos en la península, **pero especialmente, en América**, al procederse, tras la aprobación de esa Constitución, a convocar **elecciones municipales mediante sufragio universal, indirecto y masculino.** Eso constituiría un aspecto clave para la consolidación de un poder local criollo y un ataque directo a los derechos jurisdiccionales, privilegiados, de la aristocracia, aspecto fundamental para acabar con el régimen señorial en la península y con el colonial, en América[32]. Pero la revolución iniciada en Cádiz, suscitó la contrarrevolución fernandina y el 4 de mayo de 1814, el recién restaurado Rey Fernando VII decretó la disolución de las Cortes, la derogación de la Constitución de 1812 y la detención de los diputados liberales. Comenzaba así el regreso del absolutismo. El día 10 de mayo de 1814, el General Eguía tomó Madrid militarmente, proclamando a Fernando como rey absoluto. Previamente, se había gestado todo un clima de bienvenida popular[33].

Como es obvio, **Fernando VII se opone a los decretos y a la constitución de las Cortes de Cádiz porque significan el paso de un Estado absolutista a uno constitucional.** Pero también porque tras los decretos de igualdad de derechos y de representación; tras una constitución para «ambos hemisferios» y tras decretar la constitución de un Estado nacional en el cual los territorios americanos se integraban como provincias, la Corona perdía no sólo su privilegio absoluto sobre el resto de individuos, sino las rentas de todo el continente americano que pasaban directamente a poder del aparato administrativo estatal y no del monarca, al establecer el nuevo Estado nacional una sustancial diferencia entre la «hacienda de la nación» y la hacienda real. Por otra parte, la representación política y la igualdad de derechos de los americanos se tradujo en una reivindicación de soberanía que colisionaba con la nacional, al estar ésta concebida por los liberales peninsulares como única, central y soberana. El conflicto se estableció no sólo entre un Rey absoluto y la soberanía nacional y sus instituciones y representantes sino también entre una concepción centralista del Estado (basada en el gobierno de Madrid) y una descentralizada.

El decreto del 4 de mayo inició un triste periodo caracterizado por la sistemática anulación de las reformas de las Cortes gaditanas **y la vuelta al antiguo régimen y al absolutismo.** Para Fernando VII y los absolutistas se hizo evidente que **la única salida para acabar con el régimen liberal era con la intervención de las potencias absolutistas europeas.** Tras la derrota de Napoleón en 1815, las grandes potencias absolutistas (Prusia, Austria, Rusia y la Francia de Luis XVIII), reunidas en el Congreso de Viena y coaligadas la Santa Alianza, se habían comprometido a intervenir ante cualquier amenaza liberal que surgiera en

---

32 "Historia General de América Latina". Volumen V: La crisis estructural de las sociedades implantadas. Director del volumen: Germán Carrera Damas. Codirector: John V. Lombardi. Colección La Historia en plural. Proyecto UNESCO. Ese respaldo americano a la Constitución de 1812 se articuló a través de su promulgación por autoridades locales y vecinos en cabildos abiertos, en cuya conmemoración proliferaron plazas y monumentos dedicados a la Constitución, por todo el continente americano. Sin embargo, tras el vuelco absolutista de Fernando VII, en 1814, fueron destruidos la mayoría de ellos, y con los procesos de independencia en Iberoamérica tan sólo han quedado algunas plazas, caso de Montevideo y el Zócalo de la Ciudad de México y un par de monumentos documentados: el de Ciudad de San Agustín de la Florida Oriental, y Comayagua, en Honduras.

33 PAIVA GUYBURO, Dante: "El impacto de los principios gaditanos, en el Perú". *Revista de Derecho Público*, UNE. N° 84. Mayo-agosto, 2012.

Europa contra los principios de la Restauración (absolutismo, antiguo régimen). Así, **reunidas en 1822 un Congreso en Verona, las potencias acordaron la intervención en España**. El 7 de abril de 1823 un ejército francés, conocido como los "Cien Mil Hijos de San Luis", entró y, sin encontrar resistencia popular, conquistó fácilmente el país. El 1 de octubre puso fin al último foco de resistencia del gobierno liberal en Cádiz **y repuso como monarca absolutista a Fernando VII.** El mismo día en que Fernando VII fue liberado por los Cien Mil Hijos de San Luis, promulgó un decreto por el que anulaba todo lo legislado durante el Trienio. El monarca trataba de nuevo de volver al absolutismo y al Antiguo Régimen. Inmediatamente se inició la represión contra los liberales. Pese a la represión, las conspiraciones militares liberales continuaron. **El peligro de nuevos pronunciamientos llevó a Fernando VII a tomar una medida extrema, la disolución del ejército. El monarca pidió a Francia que se mantuvieron los Cien Mil Hijos de San Luis mientras se reorganizaban las fuerzas armadas.** En torno a 22.000 soldados franceses se mantuvieron en España, hasta 1828. Paralelamente, el régimen absolutista abordó la depuración de la administración, lo que llevó a la expulsión de miles de funcionarios, especialmente docentes. Uno de los pocos factores positivos de esta última década absolutista **fue la reforma de la Hacienda** emprendida por el ministro López Ballesteros. La reforma permitió un cierto equilibrio presupuestario, al que no fue ajeno el aminoramiento de los gastos militares tras la independencia de las colonias.

Tras diferentes avatares, la insurrección contra Fernando VII se volvió a generalizar. El teniente coronel Riego se puso al frente de un contingente que proclamó la Constitución de 1812. El 9 de marzo de 1820, Fernando VII, atemorizado, juró la Constitución y **por primera vez se aplicó la Constitución de 1812, en una situación de paz y con el monarca en el país**. Fernando VII, convencido absolutista, trató de obstruir desde un principio la labor de los gobiernos liberales y el normal funcionamiento constitucional. Esta actitud del rey va a provocar una fractura política que se extenderá durante décadas: la escisión de los liberales: Por un lado, los "doceañistas" pretenderán modificar la Constitución buscando una transacción con el Rey. Para ello, defendieron la concesión de más poder al monarca y la creación de una segunda cámara reservada a las clases más altas. Tras 1833, los "doceañistas" se convertirán en los moderados. Por otro lado, los "veinteañistas" **pedían simplemente la aplicación estricta de la Constitución de 1812. Conocidos también como los exaltados, serán denominados "progresistas", tras 1833.** La división de los liberales introdujo una gran inestabilidad política durante el Trienio. Los liberales en el poder durante el Trienio van a aplicar una política claramente anticlerical: expulsión de los jesuítas, abolición del diezmo, supresión de la Inquisición, desamortización de los bienes de las órdenes religiosas. Todas estas medidas trataban de debilitar a una poderosísima institución opuesta al desmantelamiento del Antiguo Régimen. El enfrentamiento con la Iglesia fue un elemento clave de la revolución liberal española.

Después de la muerte de Fernando VII (septiembre de 1833), se trató de llegar a un acuerdo con los partidarios del pretendiente al trono, don Carlos María Isidro, sin perder el apoyo, al otro lado, de los liberales. Esa fue la misión que se le confió a Francisco Cea Bermúdez, líder de un gobierno que duró apenas tres meses. Sin embargo, aunque los esfuerzos por atraerse a los carlistas fueron vanos, su gobierno emprendió una reforma de gran envergadura: **la división de España en provincias y regiones**. Las primeras siguen estando vigentes, en la actualidad, con la única excepción de Canarias, que originalmente constituía una sola provincia. Mediante una simple circular en noviembre de 1833, su secretario de Estado de Fomento, Javier de Burgos, **creó un Estado centralizado, dividido en 49 provincias y 15 regiones**. Las provincias recibieron el nombre de sus capitales (excepto cuatro de ellas, que conservaron sus antiguas denominaciones: Navarra, con capital en Pamplona; Álava, con capital Vitoria; Guipúzcoa, con capital San Sebastián y Vizcaya, con capital Bilbao).

Las **provincias definidas en 1833 siguen siendo, de acuerdo con la Constitución Española de 1978**, piezas básicas de la organización territorial de España (artículo 141), base de las circunscripciones electorales (artículo 68) y las unidades de las que se componen las comunidades autónomas (artículo 143). Estas provincias y regiones son asumidas tanto por la Primera República Española de 1873, como por la Segunda República Española de 1931. y por la Monarquía Constitucional de 1978. Y aunque el Proyecto de Constitución Federal de 1873[34] no las respaldaba, las otras dos Constituciones (1931 y 1978) sí que lo hacían. De hecho, la Constitución Española vigente, de 1978, dispone:

"**Artículo 1 (3)**: La forma política del Estado español es la Monarquía parlamentaria.

"**Artículo 2**: La Constitución se fundamenta en la indisoluble unidad de la Nación española, patria común e indivisible de todos los españoles, y reconoce y **garantiza el derecho a la autonomía de las nacionalidades y regiones** que la integran y la solidaridad entre todas ellas".

"**Artículo 137**: El Estado se organiza territorialmente en **municipios, en provincias y en las Comunicadas Autónomas que** se constituyan. **Todas estas entidades gozan de autonomía** para la gestión de sus respectivos intereses" Resaltado nuestro.

Existen en España alrededor de 8.109 municipios. Sin embargo, la Constitución sólo le dedica a los municipios, 3 artículos: el 140, el 141 y el 142, ubicados en el Capítulo Segundo "de la Administración Local" del Título VII "de la Organización Territorial del Estado". Dice al respecto GARCIA FARIÑAS:

"(…) El tratamiento que hace el texto Constitucional de la administración local podemos calificarlo como escaso y un tanto ambiguo (…) Ante ello, podemos afirmar que **la administración local ha venido a ser la gran desconocida, muy a pesar de que ya hayamos celebramos (sic) los 25 años de nuestros ayuntamientos,** en democracia (…)"[35]. Resaltados nuestros.

Como puede concluirse de este repaso histórico, tampoco en la España Unitaria se está satisfecho con el grado de autonomía conferido a los Municipios o gobiernos locales. En España, los Municipios pueden cobrar los tributos que una ley nacional les asigna y solamente después de la Ley 26/1987 (que reformó el real Decreto legislativo 781/1986), se facultó a los municipios a fijar las alícuotas de las contribuciones territoriales rústica y urbana, "(…)

---

34   El 1 de junio de 1873 se abrió la primera sesión de las Cortes Constituyentes bajo la presidencia del veterano republicano José María Orense y comenzó la presentación de propuestas. El 7 de junio se debatió la primera de ellas, suscrita por siete diputados, que decía: "Artículo único. **La forma de gobierno de la Nación española es la República democrática federal**". El Rey Amadeo I (de origen Italiano, hijo del Rey Victorio Emmanuel), cuando abdicó, en ese año, dijo: "(…) Dos años largos ha que ciño la Corona de España, y la España vive en constante lucha, viendo cada día más lejana la era de paz y de ventura que tan ardientemente anhelo. Si fuesen extranjeros los enemigos de su dicha, entonces, al frente de estos soldados tan valientes como sufridos, sería el primero en combatirlos; **pero todos los que con la espada, con la pluma, con la palabra, agravan y perpetúan los males de la Nación, son españoles, todos invocan el dulce nombre de la Patria, todos pelean y se agitan por su bien, y entre el fragor del combate, entre el confuso y atronador y contradictorio clamor de los partidos, entre tantas y tan opuestas manifestaciones de la opinión pública, es imposible atinar cuál es la verdadera, y más imposible todavía hallar el remedio para tamaños males.** Lo he buscado ávidamente dentro de la ley, no lo he hallado. Fuera de la ley no ha de buscarlo quien ha prometido observarla. Nadie achacará a la flaqueza de ánimo mi resolución. No había peligro que me moviera a desceñirme la corona si creyera que la llevaba en mis sienes para bien de los españoles: ni causó mella en mi ánimo el que corrió la vida de mi augusta esposa, que en este solemne momento manifiesto como yo el que en su día se indulte a los autores de aquel atentado. Pero tengo hoy la firmísima convicción de que serían estériles mis esfuerzos e irrealizables mis propósitos. Estas son, Sres. Diputados, las razones que me mueven a devolver a la nación, y en su nombre a vosotros, la corona que me ofreció el voto nacional, haciendo de ella renuncia por mí, por mis hijos y sucesores. Estad seguros de que al desprenderme de la Corona no me desprendo del amor a esta España, tan noble como desgraciada, y de que no llevo otro pesar que el de no haberme sido posible procurarle todo el bien que mi leal corazón para ella apetecía".

35   GARCIA FARIÑAS, Adriana: "La Gobernanza local como estrategia ante los retos de la Globalización: El caso español". AAVV. "Gobernanza. Diálogo Iberoamericano". Instituto Nacional de Administración Pública. Madrid, 2005. p. 289.

dentro de unos límites que, en esta última podía alcanzar desde el 20 por 100 del tipo normal al máximo del 40 por cien (...)"[36]. En la Ley 38/1988 o "Ley de Haciendas Locales", se dispuso en definitiva que los Municipios tendrían dos grandes bloques de tributos, atendiendo a la obligatoriedad o no de cobrarlos, así:

a) Impuestos obligatorios:

1. Impuesto sobre bienes inmuebles.

2. Impuesto sobre actividades económicas

3. Impuesto sobre vehículos de tracción mecánica

b) Impuestos voluntarios:

1. Impuesto sobre construcciones, instalaciones y obras.

2. Impuesto sobre el incremento de valor de los terrenos de naturaleza urbana

III. BREVE HISTORIA DE LA DIVISIÓN POLÍTICO-TERRITORIAL, EN VENEZUELA:

En aquel período crucial en la historia de Europa, cuando se estaba dirimiendo el equilibrio de fuerzas tras Napoleón, Fernando VII se mostró sorprendentemente desinteresado por los asuntos externos. Ello se explica por diversos factores, entre ellos: (a) el creciente descontento de los criollos, descendientes de españoles nacidos en América, quienes pese a su riqueza y cultura, tenían vedado el acceso a los grandes cargos políticos en las colonias, reservados para los peninsulares. (b) Las limitaciones al libre comercio y al desarrollo económico de las colonias impuestas por el régimen colonial. Estas limitaciones perjudicaban económicamente a la burguesía criolla. (c) La influencia de las ideas ilustradas y ejemplo de la independencia de los Estados Unidos de América y (d) La crisis política producida por la invasión napoleónica, que privó de legitimidad a las autoridades que representaban a la monarquía de José I, en las colonias. ELIECER RUIZ nos describe ese estado de cosas, a los inicios de la colonia, de la siguiente forma:

"(...) Todas las circunstancias de la época concurren a hacer de la ciudad el centro fundamental de relaciones humanas. Establecidos a grandes distancias los unos de los otros, sin comunicación casi, ni vínculos estables, los grupos humanos concentrados en las ciudades desarrollan por lo mismo una intensa vida municipal. Obligadas a proveer a la propia conservación y defensa, prácticamente liberadas de órdenes e instrucciones, ellas elaboran y sostienen, en conformidad el derecho peninsular e indiano, la propia organización política y social. Sólo la idea supersticiosa de que son súbditos de una remota autoridad que gobierna en nombre de Dios, puede recordarles que no gozan de una absoluta libertad. Aún en los muy avanzados tiempos en que el régimen colonial se ve obligado a construir unidades administrativas y políticas como virreinatos, gobernaciones, presidencias y capitanías generales, el centro de mayor importancia continúa siendo el municipio; desde luego, el aislamiento de las ciudades no permitía vínculos estrechos y constantes, ni siquiera con los gobernadores de provincia, que sólo ostentaban una mayor jerarquía, pero muy poca autoridad efectiva fuera de las ciudades donde residían. Por tal modo, el hábito de gobernarse por sí mismas dio a las ciudades-cabildos la importancia que, con razón subrayan nuestros más calificados historiadores. Importancia política por el nombramiento de sus propias autoridades, aunque en ocasiones los cargos fuesen comprados o venales; importancia financiera por el derecho a establecer su régimen económico que choca y triunfa a menudo contra los representantes de la monarquía y aun contra autoridades de mayor jerarquía (...)**Este fue el sentimiento de autonomía que se apresuran a interpretar en su propio beneficio los descendientes de los**

36 POVEDA BLANCO, Francisco: "Los impuestos municipales en España: pasado y presente". En "*La Financiación de los Municipios: Experiencias Comparadas*". Editorial Dykinson, Madrid, 2005. p. 298.

conquistadores, dueños de las fuentes económicas; **es el origen de aquellas poderosas oligarquías municipales españolas que asume la representación del pueblo y repudian la monarquía** cuando la coincidencia del propio sentimiento nacional actúa en ellos tan poderosamente que la continuación del vasallaje lo consideran sencillamente intolerable (...)" Resaltados y subrayados nuestros. (RUIZ, 1998: 28).

Pues bien, dado que el movimiento independentista de América del Sur se inicia en Venezuela, no debe extrañar que ya para el año 1811 los venezolanos tuviéramos nuestra primera Constitución. Pero esa Constitución no se inspiró en las de Francia o España, tanto como en los postulados de la independencia norteamericana, en cuanto a división político-territorial. Por ello, nuestra primera República fue denominada "Estados de Venezuela", pese que no hubo en Venezuela auténticos "pactos" entre los "Estados de la Unión" preexistentes como "soberanos", como sí fue el caso norteamericano, regido por el principio de que la Constitución no es sólo un pacto social, sino también un pacto político, entre entidades que, en principio, se supone que eran "soberanas" y decidieron ceder algo se su soberanía para "delegarla" a "la Unión". Sin embargo, sí fue basada en ese postulado, que el 31 de enero de 1812, la que entonces fue llamada la "Provincia de Caracas", decidió dictarse su propia Constitución. Y ello ocurrió incluso antes de la sanción de la famosa "Constitución de Cádiz" o "La Pepa", que fue de septiembre del mismo año. Respecto de este prodigio americano, el Profesor BREWER-CARIAS dice:

"(...) En el texto de esas Constituciones se pone en evidencia la extraordinaria calidad de los juristas hacedores del Estado venezolano que actuaron durante todo ese período –y entre ellos, fundamentalmente, Juan Germán Roscio, Francisco Javier Ustáriz y Francisco Iznardi– y a cuya preparación y pluma se debieron estos textos. Su lectura, hoy, no producen sino admiración, sobre todo cuando se comparan las construcciones constitucionales y políticas de las que fuimos capaces de conformar como Nación, a principios del siglo XIX, con la barbarie a-jurídica a la cual ha sido sometida el país en estos primeros años del siglo XXI, después de que el Estado fue asaltado a mansalva, por un grupo de ignorantes de la historia y del Derecho como nunca antes ocurrió en nuestra historia constitucional, y que han pretendido gobernar, destruyendo.

Para las generaciones a las cuales pronto e ineludiblemente le corresponderá acometer la reconstrucción institucional del país, porque la barbarie sin duda será sometida, textos como el de esta Constitución, estoy seguro les servirá de fuente de inspiración cuando haya que volver a desarrollar un proceso constituyente conducido por civiles. La Constitución de la Provincia de Caracas de 31 de enero de 1812 puede considerarse, sin duda, como el modelo más acabado de lo que era una Constitución provincial a comienzos del siglo XIX, influida de todos los principios del constitucionalismo moderno que se habían venido expandiendo en el mundo occidental luego de las revoluciones Norte Americana y Francesa de finales del siglo XVIII. La misma fue sancionada por el Congreso General de la Confederación de Venezuela, que se había instalado en 1811, en la "Sección Legislativa de la Provincia de Caracas del Congreso General de Venezuela," es decir, por los diputados electos en la Provincia que integraban dicho Congreso General; con el propósito de regular constitucionalmente el funcionamiento de dicha Provincia en el marco de la Federación que venía de establecerse formalmente el mes anterior, al sancionarse, el 21 de diciembre de 1811, por el mismo Congreso General, la Constitución Federal de los Estados de Venezuela (---)" (BREWER, 2011).

La independencia de Venezuela se concretó con la batalla de Carabobo, una de las principales acciones militares de la Guerra de Independencia de Venezuela que se llevó a cabo en el Campo de Carabobo, el 24 de junio de 1821, por parte del ejército patriota contra el ejército real del Imperio español, reafirmada con la expulsión definitiva de las tropas españolas en la posterior Batalla Naval del Lago de Maracaibo, el 24 de julio de 1823. Pero se dice que todavía hasta la década de 1820, la mayor parte del criollismo era **autonomista,** no **independentista,** queriendo significar que:

"(…) Podía asumir una condición nacional española, pero a cambio de un **autonomismo en América para todas las cuestiones de política interna**, lo que implicaba la descentralización política y las libertades económicas. Para lograr sus pretensiones, **los americanos planteaban una división de la soberanía a tres niveles: la nacional, representada en las Cortes; la provincial, depositada en las diputaciones; y la municipal, que residía en los ayuntamientos.** Esta triple división de la soberanía, combatida por los liberales peninsulares, **se legitimaba en los procesos electorales.** Con estas propuestas, el autonomismo americano estaba planteando **un Estado nacional no sólo con caracteres hispanos, sino también desde concepciones federales.**

Los americanos depositaron toda la organización del Estado en la capacidad representativa y administrativa de las diputaciones provinciales, como instituciones capaces de canalizar, administrar y recaudar las pretensiones y necesidades del criollismo de cada provincia. Esto provocó una doble reacción: por una parte **el rey se opuso al federalismo, dado que los Estados que eran federales o confederales tenían la república como forma de Estado:** los Estados Unidos de América y Suiza. Pero además, **federalismo era sinónimo, en aquellos momentos, de democracia, asociada a elementos de disolución del Estado absolutista**, y por ende tachados de «anárquicos». En segundo lugar, la propuesta federal de los americanos provocó una reacción cada vez más centralista entre los liberales peninsulares, que insistían en que la soberanía nacional (al ser indivisible) no podía delegarse en modo alguno en diputaciones provinciales y la maquinaria administrativa debería ser manejada sólo desde la Península. Tras la década absolutista, frustrada la opción autonomista gaditana, **el nacionalismo ultramarino optó por la insurrección armada, lo que condicionó la situación final revolucionaria española, hasta el triunfo de las independencias continentales americanas en 1825 (…)**". Ver: https://constvivalapepa.wordpress.com/2012/03/28/consecuencias/".

No obstante haber sido la forma original de Estado asumida en nuestra primera Constitución, la forma de Estado Federal fue abandonada en las Constituciones posteriores, hasta la de 1864. Y de allí en adelante esa fue la forma de Estado escogida en las sucesivas Constituciones hasta que, poco a poco, se fueron entremezclaron en esas Constituciones normas típicas de un Estado Federal, con normas típicas de un Estado Unitario, en especial en lo relacionado con los ingresos y tributos propios de cada nivel de Gobierno. Sobre este entremezclado, que persiste hasta la vigente Constitución de 1999, hicimos un estudio inicial para las "V Jornadas Venezolanas de Derecho Tributario", denominado "El Poder Tributario, antes y después de la Constitución de 1999"[37] y más tarde, un libro al que titulamos "La Federación Descentralizada: Mitos y Realidades en la distribución en tributos y otros ingresos, entre los entes políticos territoriales, en Venezuela". Lo cierto es que, como resultado de esa mezcolanza de principios contrarios, en la Constitución de 1999 se dispone que:

"Artículo 4: La República Bolivariana de Venezuela *es un Estado federal descentralizado* en los términos consagrados en esta Constitución, y se rige por los principios de integridad territorial, cooperación, solidaridad, concurrencia y corresponsabilidad" (Resaltado nuestro).

Como apunta MAURICE DUVERGER "(…) la descentralización es un federalismo atenuado; el federalismo, una descentralización muy avanzada (…)" (DUVERGER, 1962:59) Y KELSEN, por su parte, ratifica esta idea, cuando dice "(…) la federación es la forma más perfecta de descentralización (…)" (KELSEN, 1969:256). No se puede negar que lo dicho por KELSEN y DUVERGER por lo menos da carácter de pleonasmo a la denominada forma "federal descentralizada". Si la expresión de descentralización política más profunda es el federalismo, hablar de un "federalismo descentralizado" es, por lo menos, una redundancia. Paradójicamente, la Constitución no enumera ni menciona con su nombre a cada uno de los supuestos "Estados de la Federación". Asimismo, para referirnos a lo que es

---

37 Editorial Livrosca. Caracas, 2000. pp. 239 a 304. Este libro puede consultarse electrónicamente en: http://avdt.msinfo.info/bases/biblio/texto/V%20JORNADAS%20VDT%20ASPECTOS%20TRIBUTARIOS%20EN%20LA%20CONSTITUCION%20DE%201999.pdf.

propio del nivel intermedio de Gobierno, hablamos, en el Derecho positivo venezolano de lo *"estadal"*, aunque esa palabra tenga un significado diferente en el Diccionario de la Real Academia de la Lengua Española ("DRAE")[38]

A.   La peculiar forma de Estado "federal descentralizado", en Venezuela y sus notas características en cuanto a la autonomía financiera de los entes político-territoriales:

Aparte de la gran peculiaridad al describir la forma de nuestro Estado como "federal descentralizado", ya mencionada, por razones de espacio optamos por listar aquí el resto de las peculiaridades que nos distinguen en esta materia, del resto de los países de Iberoamérica, entre las cuales destacan:

1. La Constitución de 1999 contiene una inexplicable "reminiscencia" del sistema centralizado de gobierno francés, cuando dispone que: "Artículo 168 (…) Los actos de los Municipios no podrán ser impugnados sino ante los tribunales competentes, de conformidad con esta Constitución y con la ley". Después de haber relatado la evolución de la autonomía municipal en Francia, no hay dudas de que esto es un "trasplante" absolutamente inapropiado e inexplicable de una norma que habrá tenido sentido en Francia, antes de 1982, cuando se eliminó el control jerárquico del Prefecto de Departamento o incluso del Ejecutivo Central, sobre los actos municipales, cosa que no viene al caso "aclarar" en la Constitución venezolana de 1999, cuando en esa Constitución está clarísimo que el Gobierno Municipal es de elección popular y no responde jerárquicamente a ningún otro ente político-territorial.

2. Reconocer autonomía, de gobierno y financiera, a los municipios, desde el texto Constitucional de 1857[39], no pudo ser algo inspirado en el constitucionalismo español, ni francés. De hecho, fue producto de particulares eventos histórico-políticos, ajenos a esos países, que en esos años tenían un Estado totalmente centralizado.[40]

3. Los Municipios tienen asignados tributos propios directamente en el texto Constitucional de Venezuela. Ello viene ocurriendo desde mucho tiempo atrás, aunque con intervalos[41].

---

38   Acepciones de la palabra "estadal", según el RAE:

1.. m. Medida de longitud que tiene cuatro varas, equivalente a 3,334 m; 2. m. Cinta bendecida en algún santuario, que se suele poner al cuello.

3. m. Medida longitudinal de la estatura del hombre.

4. m. Cerilla o vela que suele tener de largo más o menos un estado de hombre.

5. m. Cirio o hacha de cera.

39   Esa Constitución lo que incluyó fue la referencia al "Poder Municipal". La expresión "autonomía" de los Municipios se utilizó por primera vez en el texto Constitucional de 1893. De todas maneras, la tradición Constitucional, bajo el imperio de Constituciones federales era que correspondía a la legislación de los Estados "delegar" la potestad de crear impuestos, en los Municipios. Como aclaró MIZRACHI en 1998, en contra de lo que disponía toda la doctrina nacional contemporánea: "La Le y Orgánica del Poder Municipal de 1862 [...], sometía a la previa aprobación del Gobernador de la Provincia la creación de impuestos municipales [...]Como se desprende de la evolución legislativa, los Municipios nunca tuvieron potestad tributaria originaria y salvo bajo la vigencia de la Ley de Rentas Municipales de 1857, tampoco lo tuvo la potestad de crear los impuestos que la ley calificaba como Rentas Municipales [...]". (MIZRACHI, 40:1998).

40   Brewer-Carías lo explica como una maniobra en contra de los poderes de las Provincias. Al respecto dice: [...] La lucha del poder central contra las apetencias regionales-federales-caudillistas se pretendió resolver a favor del poder central asfixiando el poder de las Provincias y creando el Poder Municipal [...]" (Brewer-Carías, 1953:85).

41   Ver nuestro trabajo para las *V Jornadas Venezolanas de Derecho Tributario*, Titulado "El Poder Tributario Antes y Después de la Constitución de 1999". Editorial Livrosca. Caracas, 2000. p. 292 y ss.. Este libro puede consultarse electrónicamente en: http://avdt.msinfo.info/bases/biblio/texto/V%20JORNADAS%20VDT%20AS-PECTOS%20TRIBUTARIOS%20EN%20LA%20CONSTITUCION%20DE%201999.pdf, p. 292 y ss..

4. En Venezuela, la autonomía financiera del Municipio es más pronunciada que la de los "Estados de la Unión", quienes han sido privados de tributos propios de verdadero potencial recaudatorio, desde finales del Siglo XIX y los pocos que le asigna la Constitución, no tienen mayor potencial recaudatorio.

5. Tanto en los regímenes federales, como en los Estados Unitarios, los Municipios son "entes menores", que carecen por completo del atributo político de la soberanía, que en definitiva y a pesar de ciertas corrientes modernas, es lo que sirve de base al "poder tributario originario", como se lo había entendido en Venezuela, como poder de crear tributos sin aceptar limitaciones impuestas por la ley nacional, cosa que se interpreta entre nosotros como control impuesto por otro nivel de gobierno. Pero es nuestra opinión que aún desde antes de la Constitución de 1999, la consagración de tributos propios a ese ente político-territorial, a nivel Constitucional, no lo excluye de limitaciones legales, que hoy se encuentran previstas en la Ley Orgánica del Poder Público Municipal, de 2006, inspirada en el novedoso Artículo 156.13 constitucional, que otorga al Poder Nacional competencia para armonizar las distintas potestades tributarias.

6. Por lo arraigada de la concepción que ve en la ley nacional una intromisión en la autonomía municipal, incluir 69 artículos que "armonizaran" el Poder Tributario que ejercían indiscriminadamente 335 municipios en el país, en la "Ley Orgánica de Poder Público Municipal", fue una ardua tarea que emprendimos como asesores de la Asamblea Nacional y milagrosamente, logramos, aunque como era de esperarse, quedaron pendientes algunos puntos. La interpretación que dominaba en la doctrina nacional, según la cual los tributos municipales escapaban de regulación por parte del "Poder Nacional" (el Estado), como se entendió en Venezuela, fue la causa de uno de los mayores caos jurídicos que hayamos conocido (antes de que llegara la llamada "Revolución Bolivariana", claro está) y lo que nos llevó a profundizar en este tema, para terminar asesorando a la Asamblea Nacional de Venezuela, en esta materia (hasta 2005).

7. Una vez que la Constitución de 1999 le confiere al llamado "Poder Nacional" la potestad de coordinar y armonizar "las potestades tributarias" de Estados y Municipios, sin excluir ninguno de sus tributos propios (Artículo 156.13), está fuera de toda discusión el tema planteado en el punto 5[42.]

8. Existe una especie de "compensación" que el Poder Nacional está obligado a repartir entre los "Estados de la Unión", llamada "situado", que se originó en el hecho de que a estos no se le asignan fuentes significativas de tributos propios, en el texto Constitucional y que la potestad tributaria "residual" corresponde en Venezuela al Poder Nacional, por expresa disposición de la Constitución (Artículo 156.12). Esta compensación equivale a un máximo del 20% del ingreso anual ordinario estimado de la Nación.

9. En la Constitución de 1999 se les dio a los Municipios participación en el "situado", cosa que le corresponde hacer directamente al Ejecutivo Nacional (Artículo 179.4), aunque a los Municipios no se les haya privado de ningún tributo o ingreso propio. La figura del "situado municipal" apareció en la Ley Orgánica de Régimen Municipal ("LORM") de 1978, listada como uno de los ingresos ordinarios del Municipio (Artículo 11, ordinal 9º de esa ley).

10. Existe una deuda con los "Estados de la Unión", a quienes, desde el primer año siguiente a la sanción de la Constitución de 1999, se les debió asignar tributos, mediante una Ley nacional. La Disposición Transitoria Cuarta, No. 6 de la Constitución de 1999, que lo

---

42 Artículo 156: Es de la competencia del Poder Nacional: "(…) 13. La legislación para garantizar la coordinación y armonización de las distintas potestades tributarias; para definir principios, parámetros y limitaciones, especialmente para la determinación de los tipos impositivos o alícuotas de los tributos *estadales* y municipales; así como para crear fondos específicos que aseguren la solidaridad interterritorial".

contempla así, ha sido absolutamente ignorada, aunque la Asamblea Nacional sancionó esa ley en 2005, el Ejecutivo la vetó y permanece vetada, trece años más tarde.

11. La "Ley Orgánica de Descentralización, Delimitación y Transferencia de Competencias del Poder Público", conocida coloquialmente como "Ley de Descentralización", sancionada en 1989, bajo la Constitución de 1961, es la ley que en definitiva permite a los Estados la creación de los pocos tributos que hoy en día cobran. Obviamente, ya el mismo hecho de que haya sido una ley nacional la que les asignó tributos a los Estados, es una prueba contundente de la falsedad del enunciado según el cual Venezuela es un Estado Federal. Los "Estados de la Unión" no gozan del poder tributario residual e implícito, algo típico en los países con forma federal de Estado.

12. La Asamblea Nacional reformó en el año 2008 la llamada "Ley de Descentralización", pero "olvidó" eliminar la disposición según la cual los Gobernadores son "agentes" del Ejecutivo Nacional, sujetos a "obedecer" sus "órdenes" (Artículo 22 de la Ley de Descentralización). Esa disposición está en abierta contradicción con la Constitución, puesto que ésta sí establece claramente que los Gobernadores de Estado son de elección popular y gozan de autonomía, sin subordinación jerárquica al Ejecutivo nacional. De paso, tampoco se eliminó el Artículo 31 ejusdem, según el cual "El incumplimiento reiterado de las órdenes resoluciones del Presidente de la República, de conformidad con el artículo 22 de la presente Ley, será causal de remoción de los Gobernadores de los Estados, de conformidad con la ley respectiva".

13. La Asamblea Nacional eliminó el llamado "Fondo Intergubernamental para la descentralización" ("FIDES"), que originalmente estaba destinado a financiar, únicamente, a Estados y Municipios y se nutría del 15% de la estimación presupuestaria formulada por el Ejecutivo Nacional, para la recaudación del Impuesto al Valor Agregado ("IVA"). En el texto de la ley que creó el "Consejo Federal de Gobierno"[43], también se creó el "Fondo de Compensación Interterritorial"[44] (sustituto, en cierta forma, del FIDES). Los diputados oficialistas que dominaban esa Asamblea se limitaron a establecer que las asignaciones a ese fondo se entregarán "de conformidad con los criterios de distribución, por entidad territorial aplicados", criterios estos dejados a la discreción del Consejo Federal de Gobierno (dominado por el Poder Ejecutivo). Por ello, quedaron derogadas las transferencias obligatorias del monto que antes era destinado al FIDES (un 15% de lo recaudado por concepto del IVA) y que se repartía así: 42%, que correspondía a las gobernaciones; 28%, que correspondía a los municipios y del 30%, que correspondía a los consejos comunales[45].

De los puntos anteriores se desprende que, pese a la formal denominación del Estado como "federal descentralizado", que hace en la Constitución de 1999, consideramos que Venezuela es, pura y simplemente, un Estado Unitario, con descentralización política. Descentralización que hoy es absolutamente teórica y está a punto de desaparecer, incluso del texto Constitucional.

---

43 *Gaceta Oficial* N° 5.963 *Extraordinaria*, de fecha 22 de febrero de 2010.

44 Contemplado en el Artículo 185 de la Constitución vigente, de 1999 De acuerdo con el Artículo 177 de la Ley Orgánica de Administración Financiera del Sector Público, las disposiciones legales que establecieran afectaciones de ingresos o asignaciones presupuestarias predeterminadas, no autorizadas en la Constitución o en esa Ley, sólo continuarán en vigencia hasta el 31 de diciembre de 2003. El FIDES no es una asignación de ingresos ordinarios (lo recaudado por concepto del IVA) destinada a un fondo que esté autorizado en la Constitución y tampoco lo está en la LOAFSC. Las únicas preasignaciones de ingresos a fondos específicos, de rango constitucional, son las llamadas "Asignaciones Económicas Especiales", que se nutren con los tributos y regalías provenientes de la industria de los hidrocarburos (Artículo 156.16); el Fondo de Compensación Interterritorial (Artículo 185), cuyos ingresos o aportes deben ser determinados por ley; el situado constitucional (Artículo 167.4) y el Fondo de Inversión para la Estabilización Macroeconómica (Artículo 321).

45 *Gaceta Oficial de la República Bolivariana de Venezuela*, N° 5.805, del 22 de marzo de 2006.

§ 15. LA INDUSTRIA PETROLERA VENEZOLANA Y LA TRIBUTACION LOCAL.

Un análisis sobre el alcance de la tributación municipal a las empresas del sector hidrocarburos, con especial referencia a la patente de industria y comercio hoy en día impuesto a las actividades económicas comerciales e industriales.

José Rafael Belisario Rincón [1]

Hemos aceptado con el mayor de los gustos participar de esta obra colectiva en conmemoración de los 50 años de la fundación de nuestra querida ASOCIACION VENEZOLANA DE DERECHO TRIBUTARIO, a la cual muchos de nosotros hemos dedicado años de trabajo y esfuerzo para mantenerla como un referente del estudio del Derecho Tributario en nuestro país. Para ello hemos escogido como tema la incidencia de los tributos locales, especial referencia al impuesto a las actividades económicas comerciales e industriales, anteriormente conocida como patente de industria y comercio, en la industria petrolera venezolana a lo largo de estos más de cien años de desarrollo de la misma en nuestro país. La razón por la que hemos escogido este tema, es porque los puntos que se hace necesario estudiar en relación con la tributación local y la actividad petrolera, son quizás los más fascinantes dentro de la evolución de ésta en el tiempo y siempre requieren de nuestra atención académica.

Esta atención que se ha dado por años al análisis de los fenómenos de la tributación municipal, ha dado sus frutos, pues con el transcurrir de los años, se ha logrado ir eliminando las lagunas legales o erradas interpretaciones en esta materia, que abundaron en un pasado no muy lejano. Han sido precisamente los conflictos que se han desatado entre los municipios donde se desarrolla la actividad petrolera y las empresas que se dedican directamente a la explotación de la misma, así como aquellas que le prestan servicios a este sector, lo que ha generado gran cantidad de conflictos legales sobre diversos aspectos de la misma.

Tales conflictos han sido de diversa índole y van desde la necesidad de determinar que empresas, de las que hacen vida en la industria petrolera, están obligadas a pagar tributos a los entes locales donde ejercen su actividad, cuando se considera que un municipio tiene jurisdicción para gravar a una determinada empresa, así como combatir legalmente y judicialmente, las desmesuradas pretensiones de los municipios al gravar a aquellas obligadas a pagarle tributos, que van desde alícuotas desproporcionadas hasta discriminaciones sin fundamento en contra de cualquier empresa relacionada con el sector.

Ha sido una historia larga y conflictiva que nos parece interesantísima de analizar y en la cual podremos ver el desarrollo jurisprudencial sobre los diferentes aspectos polémicos que la han rodeado, así como también los cambios importantes que se han generado en materia legislativa, desde los que ha introducido la Constitución de la República Bolivariana de Ve-

---

1   Abogado egresado de la Universidad Católica Andrés Bello de Caracas, Venezuela, con Maestría en Derecho Financiero en esa misma universidad. Profesor de Postgrado de la Universidad Central de Venezuela. Ex Director de la Asociación Venezolana de Derecho Tributario y Ex Director Suplente por Venezuela del Directorio del Instituto Latinoamericano de Derecho Tributario. Ex Presidente del Comité de Impuestos de la Cámara Venezolana de Comercio e Industria (VENAMCHAM).

nezuela de 1999, como aquellos que se generaron con la introducción de la Ley de Régimen Municipal del año 2006.

Los constantes conflictos entre empresas operadoras mixtas o privadas, así como las dedicadas a prestar servicios a la industria petrolera e incluso empresas no dedicadas exclusivamente a tal sector con los municipios donde hacen vida, ha sido fuentes de constante enriquecimiento de la jurisprudencia tributaria venezolana y ha dado base al desarrollo legislativo de figuras como el Establecimiento Permanente en materia de tributación local, así como también a trabajos académicos y monografías sobre estos temas que hoy en día forman parte de la extensa bibliografía tributaria venezolana.

Hemos escogido varios puntos que nos parecen de interés analizar y que se refieren básicamente a la definición de que es una actividad petrolera primaria y cual no, de modo de hacer la distinción sobre a cuál puede ser gravada con los tributos locales y cual no, la figura del Establecimiento Permanente como factor de vinculación de la actividad económica a determinado municipio, figura esta que ha tenido una evolución jurisprudencial que posteriormente pudimos ver plasmada en la Ley Orgánica del Poder Público Municipal de 2006 y las sucesivas.

También consideramos importante el estudio de las diferentes situaciones irregulares que hemos visto acontecer en los municipios petroleros, tales como los casos de contribuyentes transeúntes o residentes y su tratamiento desigual, por último, pero no por ello menos importante, todo lo relativo al alcance de las potestades regulatorias del Poder Nacional sobre ciertas actividades económicas y la inmunidad que ello acarrearía a las empresas que se dedicaran a las mismas, discusión que dio origen a la creación del Artículo 180 de la Constitución de la República Bolivariana de Venezuela.

Esperemos en las próximas paginas abarcar, en su justa medida, todos los temas que nos hemos propuesto y hacer de nuestro estudio un pequeño punto de apoyo para la mejor comprensión del tema propuesto, para todos aquello que necesiten investigar sobre el mismo en el futuro.

I. BREVE RESEÑA HISTORICA DE LA INDUSTRIA PETROLERA EN VENEZUELA Y SU LEGISLACION

No pretendemos con esta breve reseña hacer un vasto análisis de la historia de la industria petrolera en Venezuela o del alcance de la normativa legal que la ha regulado, simplemente queremos darle contexto al tema que nos ocupa, para lo cual consideramos importante revisar un poco la historia de la actividad petrolera en nuestro país y el marco constitucional y legal que la ha regulado durante estos poco más de cien años de existencia[2].

El Zumaque I, con una profundidad total de 135 metros (443 pies) inició exitosamente la producción miocena del campo "Mene Grande" con 264 barriles diarios de producción de un crudo de 18° API, en flujo natural. Entre los equipos de perforación se utilizaron una cabria de madera construida en el sitio y unos taladros de percusión; por ello se presentaron graves problemas para dominar la presión del yacimiento, lo que ocasionó el reventón del pozo. En aquella época, los reventones eran frecuentes al llegar a los horizontes petrolíferos[3].

Ello ocurrió el 31 de julio del año 1914 de modo que la industria petrolera, si tomamos como inicio de la misma el reventón del Zumaque 1 y no los años de exploración para hallar

---

2   Para una lectura más profunda de este tópico recomendamos el trabajo de nuestra colega la Dra. Betty Andrade "Tributación Municipal a los Hidrocarburos" (Separata del libro Temas sobre Tributación Municipal en Venezuela) Fondo Editorial AVDT.

3   https://es.wikipedia.org/wiki/Zumaque_I.

los yacimientos, tiene casi 105 años. Todos sabemos que el comienzo de esta industria cambio la historia económica y social de nuestro país, lo que también metió a Venezuela en el Siglo XX.

Al principio toda la actividad petrolera en nuestro país fue desarrollada por empresas extranjeras provenientes principalmente de los Estados Unidos de América y de Europa sin que existiera algún tipo de legislación que regulará el ejercicio de la misma en nuestro país, más allá del Código de Minas de 1904 dictado por el entonces Presidente de la República Cipriano Castro, el cual le permitía otorgar concesiones petroleras. Durante su gobierno y antes de ser sustituido por Juan Vicente Gómez, Castro llego a otorgar cuatro (4) concesiones petroleas para explorar, producir y refinar petróleo.

"Gómez continuó la política de otorgamiento de concesiones, que en su mayoría fueron adjudicadas a sus amigos más cercanos, quienes a su vez las renegociaron con las compañías petroleras extranjeras que poseían la tecnología necesaria para poder desarrollarlas.12 Una de estas concesiones fue otorgada a Rafael Max Valladares que contrató a la Caribbean Petroleum (subsidiaria de la Royal Dutch Shell) para llevar a cabo su proyecto de exploración de hidrocarburos. El 15 de abril de 1914, el primer campo petrolífero venezolano de importancia, Mene Grande, fue descubierto por la Caribbean tras la finalización del pozo Zumaque I (llamado actualmente MG-I).8 Este importante descubrimiento es lo que alentó una ola masiva de las compañias petroleras extranjeras para "invadir" Venezuela en un intento por conseguir un pedazo de la acción[4]*"*

Nuestras primeras experiencias con la industria petrolera comenzaron a finales del Siglo XIX con la fundación de la Compañía Petrolia del Tachira, empresa está considerada la pionera en la explotación de la industria de los hidrocarburos, aun cuando en aquella época la industria no estaba ni cerca de explotar y encontrar todo su potencial como lo haría después.

Ahora bien, en un principio un yacimiento petrolífero era una mina y por tanto la actividad de hidrocarburos estaba regulada por las normas que regían la actividad minera, empezando por la Constitución Nacional. Desde el año 1829 y por decreto de Libertador Simón Bolívar las minas de cualquier clase pertenecían a la nación. Durante un breve interludio como resultado de la entrada en vigor de la Constitución Nacional de 1864, probablemente la constitución más federalista que ha tenido la república, las minas fueron atribuidas a los estados de la unión, lo cual duro hasta el año 1889, cuando las mismas pasan nuevamente a propiedad de la nación.

No fue sino hasta la Ley de Minas de 1920 que se establece que la regulación del régimen de los hidrocarburos, minas y demás sustancias minerales combustibles se regirían por una ley especial para la materia. Esa ley se dictó el 30 de junio de 1920, la Ley sobre Hidrocarburos y Demás Minerales Combustibles. En dicha ley se estableció que para la exploración de los hidrocarburos se requería una autorización o permiso por parte del Ejecutivo Federal y para la explotación de tales yacimientos era necesario celebrar con el Estado un contrato de explotación. Lo usual era que aquel sujeto que hubiera sido titular de la autorización para explorar tuviera derecho preferencia para el contrato de explotación.

En el año 1947 con la promulgación de la Constitución Nacional de ese mismo año, se regula por primera vez, a nivel constitucional, la diferencia entre minas e hidrocarburos, tal y como ya se había venido haciendo a nivel legal. También por primera vez se introduce como norma constitucional de que los yacimientos de hidrocarburos serán administrados por el Poder Nacional, aunque los estados en los cuales estos se encontraban podían gozar de un régimen de asignaciones económicas especiales.

---

4   https://es.wikipedia.org/wiki/Historia_del_petr%C3%B3leo_en_Venezuela.

Las constituciones posteriores, 1953, 1961 y la vigente Constitución de la República Bolivariana de Venezuela de 1999 han mantenido como norma que la administración de las minas e hidrocarburos pertenecen a la nación y son administradas por el Poder Nacional, los cambios se fueron dando a nivel legislativo, pues hasta 1975 las empresas privadas que explotaban la actividad petrolera lo hacían bajo un régimen de concesiones hasta que en 1974 se dictó la Ley que Reserva al Estado la Industria del Gas y en 1975 la Ley Orgánica que Reserva al Estado la Industria y Comercio de los Hidrocarburos y como consecuencia de ello se crean PDVSA y sus empresas filiales, que serían quienes explotarían la actividad directamente, por lo que la actividad de hidrocarburos, en su totalidad, quedo reservada al Estado y solo él podría ejercerla, quedan las empresas privadas, nacionales o extranjeras limitadas a las actividades de servicio en materia petrolera, actuando como contratistas de PDVSA o sus empresas filiales.

Tanto la Constitución Nacional de 1961, como la actual Constitución de la República Bolivariana de Venezuela de 1999, no solo contemplan la propiedad del Estado sobre los yacimientos de hidrocarburos y la competencia exclusiva del Poder Nacional para legislar den dicha materia, sino también que es competencia del Poder Nacional el gravamen de las empresas que se dedican a tal actividad como operadores de la misma.

Durante muchos años el ejercicio exclusivo de la actividad de exploración y explotación petrolera era de PDVSA y sus empresas filiales, de modo que las empresas privadas actuaban como contratistas de la misma en las distintas áreas que la comprende. Por tanto, ni PDVSA ni sus empresas filiales podían ser objeto de tributos locales, dado que solo el Poder Nacional podía imponerles la obligación de pagar tributos.

Con todos estos cambios, parecía entonces que la tributación local a las empresas del sector petrolero, aplicaba solo a aquellas que se dedicaban a prestar servicios a PDVSA como contratistas de servicios. Sin embargo, ese caso también fue objeto de discusión y se tuvo que definir por vía jurisprudencial si tales contratistas petroleras estaban amparadas o no por la inmunidad de la Potestad Tributaria exclusiva del Poder Nacional sobre tales actividades o si les correspondía pagar el impuesto de patente de industria y comercio (Hoy en día impuesto a las actividades económicas comerciales e industriales)

A finales del Siglo XX, con la creación del régimen espacial de asociación con empresas privadas del área petrolera llevado adelante por PDVSA mediante contratos de asociación de ganancias compartidas durante el proceso conocido como Apertura Petrolera, vimos entrar al proceso de exploración y explotación de la industria petrolera a empresas privadas, casi todas extranjeras, las cuales al actuar como operadores de la industria, pasaron a estar amparadas por la exclusión de la aplicación de tributos locales, lo cual género en un principio alguna resistencia por parte de los municipios en los cuales desarrollaban tal actividad.

La industria de los hidrocarburos está demás decirlo, ha sido el motor fundamental de la actividad económica en Venezuela y ha sido por mucho la que mayor cantidad de ingresos ha generado a la economía venezolana, en razón de lo cual los municipios siempre han hecho su mayor esfuerzo por recaudar la mayor cantidad de recursos económicos de la misma, generando, como es sabido, una gran cantidad de conflictos con las empresas que desarrollan tal actividad, algunos de los cuales, como ya mencionamos en la introducción de este trabajo, han enriquecido nuestra doctrina tributario.

Pasaremos entonces ahora a, luego de una breve mención de los pilares fundamentales de la tributación Municipal, al estudio de cuales han sido tales conflictos y que ha dicho la doctrina tributaria al respecto.

II. DE LAS POTESTADES TRIBUTARIAS DE LOS MUNICIPIOS

El Artículo 168 de nuestra Carta Magna consagra el marco de la denominada Autonomía Municipal, la cual comprende la Autonomía Política, la Autonomía Administrativa y su Autonomía Financiera y Tributaria. Seguidamente el Artículo 169 establece claramente el marco dentro del cual dicha autonomía debe ser ejercido y para ello la norma en cuestión establece lo siguiente:

La organización de los Municipios y demás entidades locales se regirá por esta Constitución, por las normas que para desarrollar los principios constitucionales establezcan las leyes orgánicas nacionales (Ley Orgánica de Régimen Municipal, Código Orgánico Tributario, legislación de armonización) y por las demás disposiciones legales que en conformidad con aquellas dicten los Estados (ley de creación de un municipio, normas sobre descentralización, etc.)

Como se ve la autonomía municipal y por ende la autonomía tributaria de los municipios, no constituye una facultad omnímoda que puede ser ejercida por los otros en forma discrecional y solo limitada por su propia legislación, pues de ser así se estaría violando la norma constitucional anteriormente transcrita.[5]

El desarrollo del Poder Tributario de los municipios está sometido al cumplimiento de las normas constitucionales que rigen la tributación, lo que implica el respeto al Derecho de Propiedad de los contribuyentes y por ende el cumplimiento estricto de las garantías constitucionales creadas para la protección de tal derecho, mejor conocidos como Principios Constitucionales Tributarios.

Los municipios tienen entre sus fuentes de recursos los ingresos tributarios, los cuales son enumerados en el numeral 2 del artículo 179 en la forma siguiente:

a. Las tasas por el uso de sus bienes o servicios;

b. Las tasas administrativas por licencias o autorizaciones;

c. Los impuestos sobre actividades económicas de industria, comercio, servicios, o de índole similar, con las limitaciones establecidas en esta Constitución;

d. Los impuestos sobre inmuebles urbanos, vehículos, espectáculos públicos, juegos y apuestas lícitas, propaganda y publicidad comercial; y la contribución especial sobre plusvalías de las propiedades generadas por cambios de uso o de intensidad de aprovechamiento con que se vean favorecidas por los planes de ordenación urbanística.

e. El impuesto territorial rural o sobre predios rurales, la participación en la contribución por mejoras y otros ramos tributarios nacionales o estadales, conforme a las leyes de creación de dichos tributos.

No hay ninguna duda de que los municipios tienen la autonomía financiera y política necesaria para crear los tributos que el Constituyente les ha otorgado en la norma mencionada y todos aquellos sujetos de derecho que utilicen los bienes o servicios municipales o realicen cualesquiera de las actividades que dan lugar al pago de los tributos descritos, son sujetos pasivos de los mismos para el municipio.

Ahora bien, como mencionamos en un principio, esta autonomía tributaria municipal no es absoluta y está sujeta al cumplimiento de las normas constitucionales y legales que rigen para todos los entes del Estado dotados de Potestad Tributaria. El análisis de en qué momentos el ejercicio de la Potestad Tributaria por parte de los municipios puede hacerse en violación de esos principios o cuando dicha autonomía se ve soslayada por la interpretación erra-

---

5 Por cierto, el artículo 169 es de casi idéntica redacción al artículo 26 de la Constitución Nacional de 1961, de modo que la autonomía municipal se mantuvo en los mismos términos a los establecidos en dicha constitución.

da de normas constitucionales y legales es lo que ha generado controversias y en la actividad petrolera es donde más casos hemos visto a lo largo de los años.

Es entonces menester que comencemos a revisar cuales son esos casos que, a lo largo del desarrollo de las actividades petroleras en nuestro país, han estado en el tapete de las discusiones doctrinales y como se ha dado el análisis de los mismos en la doctrina tributaria venezolana.

III. POTESTAD TRIBUTARIA DE LOS MUNICIPIOS SOBRE LOS SUJETOS QUE SE DEDICAN A ACTIVIDADES PETROLERAS

Ya hemos mencionado que históricamente el Poder Nacional se ha reservado la propiedad y administración de las minas y los yacimientos de hidrocarburos, en razón de lo cual ha sido competencia exclusiva del Poder Nacional la legislación en tales áreas, sin embargo, no es sino hasta la promulgación de la Constitución Nacional de 1961 cuando el Poder Nacional se reserva el gravamen a las empresas que se dediquen a tales actividades.

Efectivamente, el ordinal 8º del artículo 136 de dicha constitución establecía textualmente lo siguiente:

> *Artículo 136.- Es de la competencia del Poder Nacional: (...)*
>
> *8.* **La organización, recaudación y control** *de los impuestos a la renta, al capital y a las sucesiones y donaciones;* **de las contribuciones** *que gravan la importación, las de registro y timbre fiscal y las* **que recaigan sobre la producción y consumo de bienes que total o parcialmente la ley reserva al Poder Nacional,** *tales como las de alcohol, licores, cigarrillos, fósforos y salinas;* **la de minas e hidrocarburos** *y los demás impuestos, tasas y rentas no atribuidos a los Estados y a los Municipios, que con carácter de contribuciones nacionales cree la ley; (...)* (Negritas nuestras).

La vigente Constitución de la República Bolivariana de Venezuela de 1999 no cambio en casi nada esta Cláusula de Potestad Tributaria del Poder Nacional y así podemos encontrar en el Numeral 12 del Artículo 156 una norma en casi idéntico sentido:

> *Es de la competencia del Poder Público Nacional:*
>
> *12. La creación, organización, recaudación, administración y control de los impuestos sobre la renta, sobre sucesiones, donaciones y demás ramos conexos, el capital, la producción, el valor agregado,* **los hidrocarburos y minas,** *de los gravámenes a la importación y exportación de bienes y servicios, los impuestos que recaigan sobre el consumo de licores, alcoholes y demás especies alcohólicas, cigarrillos y demás manufacturas del tabaco, y de los demás impuestos, tasas y rentas no atribuidas a los Estados y Municipios por esta Constitución o por la ley.* (Negritas nuestras)

Como puede verse la redacción de ambas normas constitucionales es casi idéntica y por lo que respecta los tributos a la actividad de minas e hidrocarburos, el sentido es el mismo, solo el Poder Nacional puede imponer tributos a las empresas que se dedican a tales actividades.

Es por ello que, al analizarse la potestad tributaria de la nación, observamos como en principio la actividad de hidrocarburos es atribuida de forma exclusiva al Poder Público Nacional, toda vez que la explotación de hidrocarburos se erige como la principal actividad económica del país, generando gran parte de los ingresos financieros necesarios para la satisfacción de las necesidades públicas de la Nación, y es por ello que la propia Constitución y las Leyes respectivas dan un tratamiento especial a esa materia.

No debe confundirse la potestad legislativa que también tiene el Poder Nacional en estas materias y que como hemos visto es anterior incluso al desarrollo de la industria petrolera en nuestro país. Tanto el Ordinal 11 del Artículo 136 de la Constitución Nacional de 1961, como el Numeral 12 del artículo 156 de la Constitución de la República Bolivariana de Venezuela de 1999, constituyen la Cláusula Tributaria del Poder Nacional.

La Reserva Legal en materia de minas e hidrocarburos, para el caso de la Constitución de la República Bolivariana de Venezuela, ha sido establecida en el numeral 16 del mismo artículo 156 en la forma siguiente:

> *Artículo 156. Es de la competencia del Poder Público Nacional: (...)*
>
> *16. **El régimen y administración de las minas e hidrocarburos**, el régimen de las tierras baldías, y la conservación, fomento y aprovechamiento de los bosques, suelos, aguas y otras riquezas naturales del país. (...)*

Ley Orgánica de Hidrocarburos, en aplicación de lo previsto en la constitución, viene a constituir la norma marco en materia de hidrocarburos, al regular todo lo relativo a la exploración, explotación, refinación, industrialización, transporte, almacenamiento, comercialización, conservación de los hidrocarburos, así como lo referente a los productos refinados y a las obras que la realización de estas actividades requiera.

Así, la Ley Orgánica de Hidrocarburos prevé en su artículo 3 que los yacimientos de hidrocarburos existentes en todo el territorio nacional, cualquiera que sea su naturaleza, incluidos aquéllos que se encuentren bajo el lecho del mar territorial, en la plataforma continental, en la zona económica exclusiva y dentro de las fronteras nacionales, pertenecen a la República y son bienes del dominio público, por lo tanto inalienables e imprescriptibles; con lo cual se atribuye al Estado venezolano la completa titularidad sobre esos bienes.

Adicional a lo anterior, observamos que el Ley Orgánica de Hidrocarburos Gaseosos, de 2006, dispone en su artículo 3 que *"Los yacimientos de hidrocarburos existentes en el territorio nacional, cualquiera que sea su naturaleza, incluidos aquéllos que se encuentren bajo el lecho del mar territorial, en la plataforma continental, en la zona económica exclusiva y dentro de las fronteras nacionales, pertenecen a la República y son bienes del dominio público, por lo tanto inalienables e imprescriptibles"*.

En ese sentido la referida ley establece que las actividades de exploración en las áreas del territorio nacional en busca de yacimientos de hidrocarburos gaseosos no asociados y la explotación de tales yacimientos; así como la recolección, almacenamiento y utilización tanto del gas natural no asociado proveniente de dicha explotación, como del gas que se produce asociado con el petróleo u otros fósiles; el procesamiento, industrialización, transporte, distribución, comercio interior y exterior de dichos gases, se rigen por esa Ley y pueden ser ejercidas por el Estado directamente o mediante entes de su propiedad o por personas privadas nacionales o extranjeras; con o sin la participación del Estado, estando sujeto igualmente al ámbito de aplicación de esa Ley lo referente a los hidrocarburos líquidos y a los componentes no hidrocarburados contenidos en los hidrocarburos gaseosos, así como el gas proveniente del proceso de refinación del petróleo.

Durante la época posterior a la nacionalización de la industria de los hidrocarburos hubo mucha controversia sobre al alcance de la potestad tributaria exclusiva del Poder Nacional en materia de hidrocarburos y que le estaba vedado o no de gravar a los entes municipales con sus tributos.

Como antecedente remoto a la discusión del tema que nos ocupa, encontramos una sentencia de la Corte Federal y de Casación de fecha 28 de octubre de 1936, en la cual se decide una acción de nulidad intentada por AGUSTIN BARALT contra el decreto dictado por el Concejo Municipal del Distrito Maracaibo, mediante el cual se creaba un impuesto a la gasolina. La Corte en esa oportunidad señalo que *de acuerdo a la Constitución de 1931 a los municipios se les prohíbe cobrar impuestos sobre las materias rentísticas que sean objeto de Impuesto Federal y el consumo de gasolina ha sido gravado con un impuesto nacional establecido en la Ley sobre Hidrocarburos y demás Minerales Combustibles.*[6]

Muchos años después de esta sentencia pionera en la materia, con otras decisiones de por medio que habían analizado temas relacionados, encontramos una de las más importante en esta materia como lo es la que decidió el caso de la llamada *Demanda de la Apertura Petrolera*, intentada por un grupo de ciudadanos en contra de los contratos o convenios firmados por PDVSA con empresas privadas para la explotación petrolera en nuestro país bajo la figura de Convenios de Asociación. Entre los varios puntos en los cuales los demandantes basaron su pretensión estaba la Cláusula Decima de dichos convenios en la cual se había dispuesto que se había señalado que las empresas que ejecutaran actividades de explotación de hidrocarburos con base a los mismos estarían sujetas al pago de impuestos municipales. La cláusula en cuestión establecía textualmente lo siguiente:

> *DÉCIMA: La celebración y ejecución del Convenio quedarán sometidas al régimen establecido en la Ley Orgánica que Reserva al Estado la Industria y el Comercio de los Hidrocarburos, en razón de que su objeto se contrae al ejercicio de las actividades reservadas al Estado, conforme al artículo 1° de dicha Ley. En tal virtud, las referidas actividades, siendo además de la competencia del Poder Nacional, no estarán sometidas al pago de impuestos municipales ni estadales. Sin embargo, y en atención a lo establecido en el artículo 136, Ordinal 10° de la Constitución de la República de Venezuela, el Congreso de la República establecerá un sistema de beneficios económicos especiales con cargo al bono sobre la rentabilidad "PEG" y en favor de los Estados y Municipios en cuyos territorios se realicen las referidas actividades y a otros fines que considere conveniente*

Los demandantes alegaban que tal clausula violaba el artículo 224 de la Constitución Nacional de 1961 que consagraba el Principio de Legalidad Tributaria, pero además iba contra la Autonomía Tributaria de los municipios consagrada en los artículos 29 y 31. El primero de los artículos mencionados, porque la cláusula creaba una exención de impuestos municipales que no estaba establecida en un instrumento de rango legal. La segunda norma constitucional mencionada estaba siendo obviada por dicha cláusula, porque se transgredía la Potestad Tributaria Municipal al pretender que los entes locales no gravaran con sus tributos a las empresas que se dedicaran a tales actividades.

Quienes defendieron la validez de los contratos, tales como PDVSA, la Fiscalía General de la República y un grupo grande de parlamentarios, señalaron que dicha cláusula no contenía una exención de impuestos locales para las empresas que se asociaran con PDVSA, sino que simplemente ratificaba lo dispuesto en la Constitución sobre la Potestad Tributaria Nacional exclusiva en materia de hidrocarburos.

Al momento de decidir la demanda la Corte Suprema de Justicia señalo, entre otras cosas, lo siguiente:

> *Al respecto, reitera esta Corte que entre las consecuencias de mayor trascendencia que derivan de la concepción federal recogida en el texto fundamental, se encuentra el tema de la distribución del Poder Público entre las distintas personas jurídico-territoriales que conforman la organización del Estado, y que se manifiesta en una distribución de un conjunto de potestades entre la República (Poder Nacional), los Estados y los Municipios. Así, el artículo 136 del Texto Fundamental, en su numeral décimo, recoge como competencia del Poder Nacional:*
>
> > *"El régimen y administración de las minas e hidrocarburos, salinas, tierras baldías y ostrales de   perlas; la conservación, fomento y aprovechamiento de los montes, aguas y otras riquezas naturales del país..." (omisis)*

---

6   Romero Muci, Humberto. Jurisprudencia Tributaria Municipal, Tomo I, p. 259.

Dicha disposición es complementada con el numeral 8 del mismo precepto, de acuerdo al cual también es materia del Poder Nacional:

"La organización, recaudación y control de los impuestos a la renta, al capital y a las sucesiones y donaciones; de las contribuciones que gravan la importación, las de registro y timbre fiscal y las que recaigan sobre la producción y consumo de bienes que total o parcialmente la ley reserva al Poder Nacional...(omissis)...; las de minas e hidrocarburos y los demás impuestos, tasas y rentas no atribuidos a los Estados y a los Municipios, que con carácter de contribuciones nacionales creare la Ley".

No existe duda entonces, en cuanto a que lo relacionado con el régimen y administración de las minas e hidrocarburos, es materia reservada al Poder Nacional, debiendo incluirse dentro de esa atribución lo relacionado al régimen tributario que les resulta aplicable, ya que si bien la primera de las normas citadas es en tal medida general que podría acarrear alguna duda acerca de si ese ámbito sólo debe comprender el plan de explotación de estos recursos, es lo cierto que la norma anteriormente citada, no deja dudas en cuanto a que esta reserva incorpora la regulación del régimen tributario aplicable a esas actividades.

Desde luego, lo antes anotado implica al unísono como conclusión, en seguimiento al artículo 139 eiusdem, que es al Congreso a quien corresponde legislar sobre estas materias, incluso en cuanto a la materia rentística aplicable al sector. (...)

En definitiva, no es posible que los Municipios extiendan su potestad tributaria a actividades que corresponden a materia rentística reservada al Poder Nacional. *Por el contrario, y abundando en lo antes expuesto, el propio texto constitucional al definir los límites a que debe sujetarse esa unidad política -el Municipio- señala las materias rentísticas de la competencia nacional. (...) [7] (Negritas nuestras)*

En otra sentencia fundamental sobre este tema, pero más cercana en el tiempo, encontramos la sentencia de la Sala Constitucional del Tribunal Supremo de Justicia en el caso SHELL VENEZUELA, S.A., del 18 de octubre de 2007, el cual consistía en una acción de interpretación de los artículos 12, 156, numerales 12, 13, 16 y 32; 179, numeral 2; 180; 183, numeral 1; y 302 de la Constitución de la República Bolivariana de Venezuela.

A través de tal acción de interpretación se planteó a la Sala que se pronunciase sobre tres aspectos a saber: 1) acerca del ejercicio del poder tributario respecto de actividades relacionadas con la industria de los hidrocarburos que realiza el sector empresarial; 2) sobre la potestad de armonización de normas tributarias por parte de la Asamblea Nacional; y 3) respecto de la posibilidad de que los municipios creen ilícitos tributarios y sus correspondientes sanciones. Al momento de la admisión del recurso la Sala desestimó el punto 2) de la acción por considerar que no podía ser objeto de dicha acción.

Sobre el punto de la interpretación de las normas sobre la Potestad Tributaria en materia de actividades de hidrocarburos la Sala comenzó diciendo lo siguiente:

Para esta Sala –y ello justifica el presente pronunciamiento interpretativo- efectivamente existe en el Texto Constitucional un conjunto de normas que han generado una situación de incertidumbre sobre la tributación municipal y su relación con la nacional. La parte actora expuso a este Alto Tribunal el problema jurídico surgido por la falta de un criterio uniforme sobre la tributación local y nacional respecto de las empresas que desarrollan actividades relacionadas con los hidrocarburos, criterio que será sentado en el presente fallo. (...)

Por último, se pidió determinar si el impuesto municipal a las actividades económicas debe limitarse a la industria y al comercio, o puede extenderse a cualquiera que genere ingresos (cualquier servicio o actividad de índole similar). Ahora bien, la Sala entiende que, para guardad la coherencia con el resto del escrito y con la condición de la accionante (empresa dedicada al

7   Sentencia de la Sala Plena de la Corte Suprema de Justicia de Venezuela de fecha 17 de agosto de 1999, con ponencia de la Magistrada Cecilia Sosa Gómez.

sector de hidrocarburos), la pregunta versa en particular sobre si los entes locales pueden gravar, por el hecho de producir lucro, la actividad de las empresas que prestan servicios a la industria de los hidrocarburos.

El punto de partida de la sentencia bajo análisis fue que no tiene incidencia sobre la tributación por el ejercicio de actividades económicas relacionadas con ellos. Ese línea la trazo la Sala para ser consistente con el criterio establecido en la conocida como Sentencia Lago de Maracaibo[8] en la cual la Sala señalo que el hecho de que las aguas del Lago de Maracaibo fueron potestad legislativa y territorial del Poder Nacional, ello no implicaba que no pudiera gravarse a quienes realizaban actividades comerciales en dicho espacio con el impuesto a las actividades económicas comerciales e industriales y de hecho con posterioridad en la Ley Orgánica del Poder Público Municipal se crearon normas para definir cuando se tiene un Establecimiento Permanente en dicho físico a tales fines.

La Sala también analizo lo relativo lo dispuesto en el numeral 16 del artículo 156 de la Constitución y señalo que dicha norma no puede desprenderse poder tributario de la República sobre el sector de los hidrocarburos, sino solo la potestad regulatoria sobre dicha actividad, de modo que era pertinente aplicar el criterio ya expuesto en la referida "Sentencia Lago de Maracaibo".

Para la Sala, no cabe duda, con base en la Constitución, que la tributación sobre la industria de los hidrocarburos está reservada al Poder Nacional. Ahora bien, esa reserva a favor de la República, tal como se dejó sentado en los dos apartados previos, no deriva ni del artículo 12 ni del numeral 16 del artículo 156 de la Constitución. Además, y a ello se referirán los párrafos que siguen; tal exclusión del poder tributario estadal y local, sólo abarca el caso de las empresas que efectivamente se aprovechen económicamente del desarrollo de dicha actividad.

En la misma sentencia, la Sala aclara que los poderes tributarios de los tres entes de la división político territorial están claramente establecidos en la constitución y que ellos pueden convivir en armonía, a pesar de lo complicado que puede ser en algunos momentos reconocer donde están los límites entre unos y otros.

   - La Constitución hace un reparto de poderes y procura conciliarlos de manera de asegurar que cada ente cuente con los recursos que necesita para su funcionamiento y para la realización de las tareas de su competencia. La delimitación de cada poder, sin embargo, no siempre es sencilla, por lo que el Constituyente lo hace de maneras diversas: positiva (atribuyéndole un tributo, precisando su hecho generador) o negativa (indicando los casos en los que, aun frente a ese hecho generador, se niega la tributación, normalmente por razones de interés general que aconsejan trasladar el tributo a otro ente).

   - Las limitaciones a la tributación están dispersas en el Texto Constitucional, pero a los efectos de este fallo interesa el numeral 12 de su artículo 156, ya transcrito en este apartado del fallo, según el cual corresponde al Poder Nacional "la creación, organización, recaudación, administración y control de los impuestos sobre (...) los hidrocarburos".

   - En esa disposición se establece de manera expresa que los impuestos sobre los hidrocarburos están reservados al Poder Nacional. Ahora bien, en vista de que no es posible constitucionalmente –como se ha advertido- limitar el alcance del poder tributario de los entes territoriales –pues todos tienen garantizada su autonomía-, cualquier interpretación que se haga de las normas correspondientes ha de ser restrictiva; de lo contrario, se favorecería a un ente en desmedro de otro u otros.

---

8   Sentencia "Lago de Maracaibo" en el caso del recurso contencioso tributario interpuesto por NOBLE DRILLING DE VENEZUELA C.A, VS. El Municipio la Cañada de Urdaneta del Estado Zulia, dictada por la Sala Político Administrativa del Tribunal Supremo de Justicia, con ponencia del Magistrado Levis Ignacio Zerpa, en fecha 06 de abril de 2006.

- En ese sentido, estima la Sala que el impuesto al que se refiere el artículo 156.12 de la Constitución sólo puede ser aquél que grave la actividad de aprovechamiento de los hidrocarburos, por lo que la reserva no incluye los impuestos que puedan exigírsele a las diversas empresas que operan, prestando servicios, en ese sector.

- La extinta Corte Suprema de Justicia, en Pleno, mediante sentencia del 17 de agosto de 1999, que resolvió la demanda de nulidad por inconstitucionalidad contra la llamada "apertura petrolera", se refirió a este punto, pues distinguió, a los efectos de la tributación nacional y/o municipal, entre las actividades que implican auténtica explotación y aquéllas en las que no. El criterio diferenciador consistía en la adquisición de propiedad sobre el crudo extraído por parte de las empresas (que eran una asociación de capital público y capital privado). El caso en el que la empresa mixta adquiriese la propiedad del crudo quedaba fuera del alcance de la tributación municipal. En cambio, se precisó en ese fallo, sí estaban sujetas a los impuestos locales las actividades inherentes a los llamados Convenios de Servicios Operativos, pues siendo totalmente ejecutadas por empresas privadas, no había traslado de la propiedad del crudo, sino el pago de sus servicios.

En tal sentido, esa misma Sala en sentencia Nº 1383 de fecha 09 de agosto de 2011, caso PETRO CANARIAS DE VENEZUELA, C.A., concluyó que:

La actividad de los hidrocarburos es una actividad sumamente compleja en la cual intervienen una gran cantidad de empresas; y sólo aquellas que se aprovechan del producto (hidrocarburo) a través de una renta son las que están exentas del poder tributario municipal, en tanto que el resto de las empresas que presentan un servicio de forma colateral, así sea "indispensables para el desarrollo de la actividad", sí deben pagar el tributo.

Lo anterior a su vez es reforzado por la Sala Político Administrativa del Tribunal Supremo de Justicia, en sentencia Nº 00436 de fecha 03 de mayo de 2012, caso: HARVEST VINCCLER, C.A., mediante el cual ese órgano jurisdiccional fue suficientemente claro al reconocer la gravabilidad con el impuesto sobre actividades que no aprovechen de forma directa la renta derivad de la explotación de hidrocarburos, todo ello sobre la base de los siguientes términos:

"En este sentido, se observa que la reserva referente a "la creación, organización, recaudación, administración y control de los Impuestos sobre (...) los hidrocarburos", prevista en el mencionado numeral 12, está dirigida a la imposición sobre la actividad de aprovechamiento de los hidrocarburos, es decir, que esta exclusividad desde el punto de vista tributario, implica que es el Poder Nacional el llamado a gravar los ingresos percibidos por los sujetos que se aprovechan directamente de tales ingresos, lo que no necesariamente excluye la posibilidad de que los entes municipales puedan gravar a las empresas que operan prestando servicios en el sector de hidrocarburos con el impuesto a las actividades económicas, precisamente porque las operaciones que realizan, si bien se encuentran vinculadas a la actividad petrolera, sin embargo, ello no necesariamente implica que la contraprestación que reciben por el despliegue de tales operaciones devenga de un aprovechamiento directo de la renta percibida por la comercialización de los hidrocarburos".

Queda claro entonces que en materia de explotación petrolera solo las empresas que se dedican directamente a la actividad de explotación con fines de comercialización de los crudos o gas obtenidos y los cuales venderán luego de procedimientos de mejoramiento o refinación, serán aquellas que se verán excluidas de la tributación local, debido a la potestad tributaria exclusiva que tiene el Poder Nacional para gravar a quienes se dedican a tales actividades.

Por otra parte, las empresas que presten asesoría servicios conexos, construcción de obras y todas las otras actividades necesarias para que las primeras pueden desarrollar a cabalidad su actividad de explotación petrolera, estará sujetas al pago de los tributos locales, debido a que lo dispuesto en el numeral 12 del artículo 156 de la Constitución de la República Bolivariana de Venezuela no aplica a las actividades que ellos desarrollan.

Ahora bien, estas empresas que prestan asesoría o servicios de diversa índole a la industria petrolera, e incluso algunas que son proveedores de las empresas dedicadas a la explotación de hidrocarburos, en algunos casos ni siquiera en forma exclusiva, se han visto inmersas en el transcurso de los años, en la discusión de diversos temas relacionados con el impuesto sobre patente de industria y comercio (impuesto a las actividades económicas comerciales e industriales para la Constitución de la República Bolivariana de Venezuela de 1999) que se han convertido en hitos de la tributación municipal y de muchas de las más interesantes doctrinas judiciales y académicas en la materia. Veamos algunos temas que hemos seleccionado para la discusión.

IV. DEL ESTABLECIMIENTO PERMANENTE EN MATERIA DE TRIBUTACION PETROLERA.

Consideraciones sobre el caso de la figura de la retención de impuesto a las actividades económicas comerciales e industriales y de los contribuyentes transeúntes y residentes.

Hay que tener presente que en materia de actividades petroleras la primera y más importante fuente de conexión territorial es el yacimiento petrolero, de decir el pozo mismo. Si el sujeto al que se le pretende imponer el pago del impuesto, tiene como centro de actividad el área donde este se encuentra ubicado éste, pues ya tenemos identificada la jurisdicción municipal en la cual debe pagar el impuesto por dicha actividad.

Sin embargo, hay factores que son importantes a tomar en cuenta, como por ejemplo si la actividad es de prestación de servicios o si se trata de otro tipo de actividad comercial que no genera tal vinculación o si el servicio que se presta puede vincularse al municipio que pretende el tributo o si se trata de un proveedor de materiales o equipos para la empresa que lleva adelante la explotación del yacimiento, e incluso hoy en día, con la vigencia de la Ley Orgánica del Poder Público Municipal, si el tiempo de vinculación con el yacimiento es suficiente como para que pueda ser considerado que existe un establecimiento permanente.

Es un punto de mucho interés, porque la figura del Establecimiento Permanente nos viene de la tributación sobre la renta y está muy bien desarrollada en los múltiples tratados para evitar la doble tributación que existen en el Derecho Internacional y que buscan crear un factor de conexión de un territorio determinado de modo de darle jurisdicción impositiva a algún Estado en particular.

Como ya hemos mencionado la figura del Establecimiento Permanente en materia de impuestos directos como el impuesto sobre la renta, tiene como Norte el crear un factor de conexión entre una renta y un lugar determinado donde esta se origina o tiene alguna de sus fuentes, pero no necesariamente se trata de un lugar físico como una oficina, o planta o galpón o algo parecido. De modo que en materia de tributos directos ese establecimiento permanente es un factor de conexión, de alocación de la renta, que puede no estar sustentado en un lugar físico desde el cual el contribuyente tiene organizada su actividad, elemento que en materia de impuesto a las actividades económicas comerciales e industriales es fundamental, pues el ejercicio de la actividad gravable debe ir precedido de una licencia de industria y comercio, que en todas las ordenanzas de la materia, podremos ver, está anclada a la existencia de tal espacio físico.

Hace muchos años atrás, con anterioridad a la entrada en vigencia la Constitución de la República Bolivariana de Venezuela y mucho más de la Ley Orgánica del Poder Público

Municipal[9], con ocasión de una análisis que hicimos sobre este particular en materia municipal, resaltamos que para la determinación del factor de conexión en materia de impuesto a las actividades económicas comerciales e industriales o patente de industria y comercio, podía tomarse como ejemplo los convenios internacionales para evitar la doble tributación, modelo ODEC o de la ONU, y los criterios que permiten conocer cuándo se puede considerar que hay un establecimiento permanente en los casos de prestaciones de servicios, con lo cual se trata de conocer qué Estado tendrá derecho a gravar una renta determinada por prestación de servicios, cuando el prestador de los mismos tiene sede en el otro Estado Contratante.

En esos casos se considera que el establecimiento permanente existe cuando una empresa del otro estado contratante, en este caso de otro Municipio, realiza una actividad de prestación de servicios a través de sus dependientes durante un tiempo determinado o en contratos que impliquen montos que se especifican en cada caso, aun cuando, como ya mencionamos, esa prestación de servicio no se haga a través de una oficina, sede de dirección, fabrica, o una sucursal.

Un ejemplo de las disposiciones de tales tratados, puede ser uno en el cual se considera que por establecimiento permanente puede ser considerada:

1. Una oficina de dirección;
2. Las sucursales;
3. Las Oficinas;
4. Las fabricas;
5. Los talleres;
6. Las minas, los pozos de petróleo o de gas, las canteras o cualquier otro lugar de extracción de recursos naturales;
7. Una obra de construcción, instalación o montaje solo constituye establecimiento permanente si su duración excede de doce meses a partir de que se inicien efectivamente los trabajos respectivos.

Señalábamos en esa oportunidad que, si en las ordenanzas respectivas se utilizan tales circunstancias como determinantes de la existencia de un establecimiento permanente, se podrían regular con facilidad los casos específicos en que se considera que existe dicha figura, permitiendo el gravamen de las prestaciones de servicios de carácter temporal, bajo la posibilidad de considerarlos establecimientos permanentes, sin necesidad de que deba existir una sede física en el Municipio de que se trate, tal como se aprecia que se plantea en el punto 7 descrito.

La necesidad de la definición legal de la referida figura radicaba en el hecho de que la casi totalidad de las decisiones de la Corte Suprema de Justicia y algunas del Tribunal Supremo de Justicia en esta materia, estaban referidas a casos de empresas que se desempeñaban en el sector industrial y comercial, caso en el cual la figura del Establecimiento Permanente, estaba mucho más claramente definida. El lugar donde o desde donde se desarrollaba la actividad.

En el sector petrolero identificar un Establecimiento Permanente, no siempre era tan fácil, pues las actividades de servicio, en especial, eran de muy diversa índole. Por ello si las ordenanzas no lo hacían con claridad, era menester que el legislador nacional pudiera dictar normas en ese sentido. La posibilidad de que el Poder Nacional armonizará las potestades

---

9   Belisario Rincón José Rafael, *La Tributación Municipal y la Apertura Petrolera. El caso de los Contribuyentes Transeúntes en materia de servicios petroleros.* IV Jornadas Venezolanas de Derecho Tributario. Livrosca, Caracas, 1998.

tributarias locales, fue siempre, en nuestro criterio, una posibilidad si se aplicaba lo dispuesto en el artículo 26 de la Constitución Nacional de 1961. La norma en cuestión establecía lo siguiente:

> *La organización de los Municipios y demás entidades locales se regirá por esta Constitución,* **por las normas que para desarrollar los principios constitucionales establezcan las leyes orgánicas nacionales** *y por las disposiciones legales que en conformidad con aquellas dicten los Estados.* (Negritas nuestras)

En nuestros análisis sobre el punto, siempre defendimos que la autonomía municipal estaba claramente dibujada en la Constitución Nacional, por lo que también sus límites estaban establecidos con la misma claridad. Por ello no podíamos entender tal autonomía como la posibilidad de ejercer sus potestades sin limitación alguna y que por el contrario había temas donde de alguna manera debían crearse figuras para evitar tales abusos. La figura del Establecimiento Permanente era una de ellas.

La Constitución de la República Bolivariana de Venezuela, sin embargo, acabo con la discusión académica al respecto, cuando estableció con claridad la posibilidad de que el Poder Nacional pudiera legislar para armonizar las potestades tributarias estadales y municipales. En efecto, numeral 13 del Artículo 156 dispone lo siguiente:

> *13. La legislación para garantizar la coordinación y armonización de las distintas potestades tributarias, definir principios, parámetros y limitaciones, especialmente para la determinación de los tipos impositivos o alícuotas de los tributos estadales y municipales, así como para crear fondos específicos que aseguren la solidaridad interterritorial.*

No fue sino hasta el año 2006 cuando la Asamblea Nacional dicto la primera Ley Orgánica del Poder Público Municipal posterior a la vigencia de la norma citada supra y en ella estableció reglas de juego y figuras jurídicas que vinieron a poder orden en varios puntos que habían venido haciendo ruido en materia de tributación local, especialmente por lo que se refiere a la patente de industria y comercio ahora impuesto a las actividades económicas comerciales e industriales, entre ellas obviamente la del Establecimiento Permanente, como veremos más adelante.

Previo a ello, la Sala Constitucional dicto una sentencia muy importante para darle piso doctrinario a dicha figura jurídica, ya en el marco de una nueva constitución. La sentencia en cuestión, la cual identificamos anteriormente como "Lago de Maracaibo", hizo una serie de consideraciones sobre las actividades económicas que se realizan en dicho territorio acuático, cuya jurisdicción pertenece al Poder Nacional y que es vital analizar, visto que se refiere a actividades petroleras.

La mayoría sentenciadora analizo la institución jurídica del Establecimiento Permanente, desarrollado por la anterior Corte Suprema de Justicia en muchas sentencias en materia de imposición municipal, debido a que consideraba la Sala que dicha figura jurídica es el vínculo entre la actividad desarrollada en el Lago de Maracaibo y el municipio que puede pretender gravar dichas actividades.

En nuestro criterio, en este capítulo de la sentencia radica su punto más débil en lo que al análisis jurídico se refiere, dado que la prestación de servicios debe ser gravada en el municipio en el cual se desarrolla la actividad de que se trata y no donde la empresa tiene su sede, cuando ambas no se encuentran en el mismo municipio. Sin embargo, la Sala desarrolla sus alegatos en este punto, partiendo de la premisa de que resulta absurdo que las actividades que se desarrollan en el lago no sean gravadas en ningún municipio por el simple hecho de que la jurisdicción sobre sus aguas esté atribuida al Poder Nacional.

De acuerdo con la sentencia, lo que es relevante no es el municipio en el cual se ejerce la actividad, sino aquél desde donde ella se ejerce, pues lo que atribuye la potestad normativa es la presencia física estable en el lugar desde donde se ejerce la actividad.

Esta última aseveración es contraria a lo expuesto por la misma Sala en casos anteriores entre los cuales podemos citar los de SHELL INTERNATIONALE PETROLEUM MAATSCHAPPIJ B.V. y los de CONSTRUCTORA NASE, C.A., en las cuales la sala reconoció que una empresa pueda ser gravada en un lugar diferente a aquel en el cual ésta tenga su establecimiento permanente si en dicho lugar desarrolla sus actividades comerciales.

La sentencia analizada parece apartarse de dicho criterio al analizar la posibilidad de que las actividades de servicios en el sector petrolero puedan ser gravadas, no en el lugar donde éstas se ejecutan, sino en el lugar desde el cual se prestan, que es aquel en el cual se tiene el establecimiento permanente.

La razón principal de este argumento es que, para la Sala, no gravar las actividades que se desarrollan en el Lago de Maracaibo, por el hecho de que tal lugar no pertenece a la jurisdicción de ningún municipio es una discriminación para aquellas empresas que realizan sus actividades sin gozar de la ventaja de hacerlo sobre las aguas.

Al final, la Sala hace una salvedad que seguramente es incluida en el texto de la sentencia para evitar apartarse de lo que ha sido su posición en otros casos y señala que, aceptar al Establecimiento Permanente como factor de conexión no implica que deba desconocerse el lugar en el cual se ejecuta la actividad, como el sitio más relevante al momento de fijar el factor de conexión para reconocer la potestad tributaria de un determinado municipio, pues el lugar en el cual se realiza la actividad puede ser utilizado como factor de conexión cuando no haya duda sobre el lugar en el cual se presta el servicio, y agregamos nosotros, en tal lugar un municipio tenga jurisdicción para aplicar sus tributos.

En conclusión, para conocer cuál municipio debe gravar una actividad económica de prestación de servicios se debe atender a las siguientes reglas:

1.- Si se puede conocer con exactitud en qué lugar se presta el servicio de que se trate, se gravará en el municipio que tenga jurisdicción sobre dicho sitio.

2.- Si no se puede precisar con exactitud dicho lugar o no se sabe qué municipio tiene jurisdicción para gravar la actividad realizada, se utilizará la figura del Establecimiento Permanente.

3.- Si se conoce claramente en qué lugar se realiza la actividad, pero ningún municipio tiene jurisdicción sobre la misma, se deberá ocurrir a la figura del Establecimiento Permanente para que sea en el municipio donde éste se encuentra en el cual se grave la actividad.

La doctrina judicial asentada por la Sala Constitucional del Tribunal Supremo de Justicia es de mucha importancia para el análisis del tema del Establecimiento Permanente y fue la regla a seguir hasta que se dictó la Ley Orgánica del Poder Público Municipal en el año 2006, dicha ley fue modificada posteriormente en el año 2010, pero las normas que analizaremos más adelante no fueron modificadas en esa oportunidad.

Con respecto al punto del Establecimiento Permanente la referida ley, en ejercicio de esa facultad de armonización a la que hemos hecho mención, crea reglas con respecto a los elementos que determinan los factores de conexión en materia de impuesto a las actividades económicas comerciales e industriales, especialmente por lo que se respecta a la figura del Establecimiento Permanente. Entre esas podemos mencionar los artículos 216 y 217 los cuales establecen textualmente lo siguiente:

Artículo 216. Las actividades de ejecución de obras y de prestación de servicios serán gravables en la jurisdicción donde se ejecute la obra o se preste el servicio, siempre que el permanezca en esa jurisdicción por un período superior a tres meses, sea que se trate contratista de períodos continuos o discontinuos, e indistintamente de que la obra o servicio sea contratado por personas diferentes, durante el año gravable. En caso de no superarse ese lapso o si el lugar de ejecución fuese de muy difícil determinación, el servicio se entenderá prestado en el Municipio donde se ubique el establecimiento permanente.

En caso de contrato de obra, quedaría incluida en la base imponible el precio de los materiales que sean provistos por el ejecutor de la obra.

Artículo 217. Se entiende por establecimiento permanente una sucursal, oficina, fábrica, taller, instalación, almacén, tienda, obra en construcción, instalación o montaje, centro de actividades, minas, canteras, instalaciones y pozos petroleros, bienes inmuebles ubicados en la jurisdicción; el suministro de servicios a través de máquinas y otros elementos instalados en el Municipio o por empleados o personal contratado para tal fin, las agencias, representaciones de mandantes ubicadas en el extranjero, sucursales y demás lugares de trabajo mediante los cuales se ejecute la actividad, en jurisdicción del Municipio.

Las instalaciones permanentes construidas para la carga y descarga ordinaria y habitual en embarcaciones con destino a los trabajos o servicios a ser prestados en el mar territorial o en otros territorios pertenecientes a una entidad federal pero no ubicados dentro de una jurisdicción municipal determinada, se consideran establecimientos permanentes de quienes los empleen para la prestación de tales servicios. *(Negritas nuestras)*

La consagración legal de esta figura del Establecimiento Permanente en materia de tributación municipal, ha sido una de los grandes logros para la tributación de la actividad petrolera, pues permite combatir dos de los grandes males que han azotado a las empresas proveedoras de bienes y de servicios del sector petrolero; por un lado, el sistema de retención de impuesto a las actividades económicas comerciales e industriales y por otro la figura de los contribuyentes transeúntes y residentes, como justificación para establecer una tributación desigual en materia tributaria.

Como se ve, la ley introdujo, para estos casos, un tercer elemento para determinar el Establecimiento Permanente, no el lugar que sirve de asiento principal a la empresa que presta los servicios o desde donde lo hace, no el lugar en el cual el servicio se presta, sino un tercer sitio que es aquel donde se encuentra el puerto de embarque para los trabajadores que se trasladan a realizar las actividades en aguas territoriales, independiente de los otros dos criterios mencionados. Ese embarcadero puede estar ubicado en un municipio que no guarda relación alguna con la actividad que la empresa de que se trate desarrolle en las referidas aguas territoriales

Este elemento que ha dado la ley, para que pueda considerarse como Establecimiento Permanente el lugar donde embarquen los trabajadores no es más que una complacencia sin sentido del legislador a los municipios, especialmente los ribereños del Lago de Maracaibo, de modo que no haya forma en la cual las empresas contratistas petroleras que prestan servicios a quienes explotan hidrocarburos en dicho territorio dejen de pagar el impuesto a las actividades económicas comerciales e industriales a cualquiera de dichos municipios.

Ya la Sala Constitucional había desvirtuado su propia jurisprudencia y la de la Sala Político Administrativa, sobre el Establecimiento Permanente en los casos de empresas que prestan servicios a la industria petrolera, pues ambas salas habían dejado en claro que dicho establecimiento se constituiría en el municipio en el cual el servicio fuera prestado y no desde aquel en el cual se ubicara la sede física de la empresa, en el caso de que tales actividades no coincidieran en un mismo municipio.

En la sentencia Lago de Maracaibo, la Sala Constitucional, con el argumento de que sería absurdo que en casos como el de las aguas territoriales no se pagará tributo por tales actividades a ningún municipio, dispone que en tales casos el Establecimiento Permanente se considerará ubicado en el municipio desde el cual se presta el servicio, aquel con el factor de conexión más importante con la actividad que se realiza, con independencia del lugar donde dicho servicio se preste.

Posteriormente, como ya hemos explicado, la Ley Orgánica del Poder Público Municipal creo un nuevo elemento de conexión con el Establecimiento Permanente, al crear la figura del puerto de embarque de los trabajadores, en un intento por atribuir potestad tributaria a los municipios, aunque la actividad no se desarrollara en su territorio o simplemente tuvieran en su jurisdicción el puerto de embarque.

Con todos estos criterios en mente, debemos ahora acometer la tarea de analizar dos de los principales asuntos que han generado ruido en la tributación local de las empresas que se dedican a actividades en el sector de hidrocarburos, como lo son la de la retención del impuesto sobre patente de industria y comercio como se le conoce ahora, impuesto a las actividades económicas comerciales e industriales, así como también la figura de los contribuyentes residentes o transeúntes y los vicios que han venido con ella.

a. La retención del impuesto a las actividades económicas comerciales e industriales.

Para que una empresa, en nuestro caso, una operadora petrolera o cualquier otra empresa que haga pagos como contratista de esa actividad, pueda actuar como agente de retención, es fundamental que tales pagos se hagan en jurisdicción del municipio que pretende recibir el impuesto retenido, sin embargo, nuestra experiencia en muchos casos similares es que los municipios pretenden muchas veces, en forma ilegal, que los pagadores hagan la retención del impuesto no importa en qué municipio se encuentren domiciliados.

Muchas ordenanzas de los municipios petroleros que han venido adoptando esta modalidad de anticipo de impuesto, disponen que en principio el agente de retención debe estar domiciliado en jurisdicción del municipio de que se trate, pero en algunos casos disponen también tal función puede recaer en empresas privadas que sean designadas por el alcalde.

El punto importante con la función del agente de retención, es que éste es responsable solidario por el impuesto no pagado por el contribuyente y lamentablemente la jurisprudencia ha señalado que dicha obligación es autónoma a la del contribuyente, de modo que el ente tributario puede exigirle el pago del tributo al agente de retención, en el caso de no haber practicado la misma, sin que deba demostrar que el contribuyente no declaro y pago el mismo o lo que es peor, que efectivamente estaba obligado a pagar el impuesto local al ente municipal que lo reclama.

Hemos visto caso de municipios que fiscalizan a empresas que no ejercen actividades en su jurisdicción y les imponen sanciones por no haber efectuado la retención por los pagos hechos a empresas proveedoras de bienes y servicios, que si se encuentran ejerciendo actividades económicas en jurisdicción del municipio que reclama el enteramiento de impuesto, lo cual es absurdo porque las normas locales sobre retención no pueden ser aplicadas fuera de su territorio.

Pero esta situación tiene dos caras, están también las empresas que venden bienes o prestan servicios a otras que se encuentran ejerciendo actividades en jurisdicción de un municipio que pretende que la empresa pagadora les efectué la retención a las primeras, solo por el hecho de que se encuentra ubicada dentro de su territorio, sin importar que la empresa beneficiaria del pago no está obligada a pagar impuesto en dicho municipio.

Sobre ese particular, debemos comenzar por señalar que para que sea procedente la retención del impuesto sobre actividades económicas deben cumplirse dos extremos, a saber: en primer lugar, que exista una persona o entidad obligada en su condición de agente de retención y, en segundo lugar, que el pago que el agente de retención realice lo reciba una empresa que esté obligada a pagar el impuesto a las actividades económicas comerciales e industriales en el municipio en cuestión,

En efecto, el primer requisito deviene de la propia Ley Orgánica del Poder Público Municipal, cuyo artículo 224 establece que la condición de agente de retención del impuesto sobre actividades económicas no podrá recaer en personas que no tengan establecimiento permanente en el Municipio, con excepción de organismos personas jurídicas estatales; y el segundo requisito, deriva del principio de legalidad tributaria consagrado en el propio texto constitucional además del Código Orgánico Tributario, de acuerdo con el cual no puede cobrarse ningún tributo que no esté previamente establecido en una Ley.

Los pagos que se encontrarían sujetos a retención, serían aquellos sujetos al pago del impuesto. Para determinar este aspecto, es necesario acudir al contenido del artículo 204 de la Ley Orgánica del Poder Público Municipal que define el hecho imponible de este impuesto como el ejercicio habitual de actividades lucrativas de carácter independiente –comerciales, industriales o de servicios- en jurisdicción de un determinado municipio, siendo su base imponible los ingresos brutos percibidos en el periodo impositivo correspondiente por el ejercicio de dichas actividades.

Adicionalmente, debemos acudir a las reglas de territorialidad establecidas en dicha Ley, y particularmente, la señalada en el artículo 215 que establece que la actividad industrial y de comercialización de bienes será gravable en un Municipio, siempre que se ejerza mediante un establecimiento permanente o base fija ubicado en el territorio de ese Municipio, tal y como lo prevé el Artículo 217 de la misma Ley, norma esta ya transcrita anteriormente en este capítulo.

El artículo 216 de la misma Ley indica que las actividades de ejecución de obras y de prestación de servicios serán gravables en el lugar de ejecución de la obra o la prestación del servicio siempre que el contratista permanezca en jurisdicción del municipio por un periodo continuo o discontinuo superior a tres meses.

Las reglas anteriormente expuestas son muy claras y admiten pocas interpretaciones en esta materia, sin embargo seguimos viendo como en los municipios donde se desarrollan actividades petroleras, las autoridades tributarias obligan a los contribuyentes que tienen actividades en su jurisdicción e incluso a aquellos que no, a practicar la retención sobre los pagos que hagan a empresas que son proveedores de bienes y servicios pero que no tienen Establecimiento Permanente, so pena de que se les exija a las empresas pagadoras pagar el impuesto no retenido, que siempre coincide con el monto total del tributo que le corresponde pagar al sujeto que se debe ser objeto de la retención.

b. Los contribuyentes residentes y transeúntes y el gravamen diferencial de los mismos.

Durante la vigencia de la Constitución Nacional de 1961 y con anterioridad a la sanción de la Ley Orgánica del Poder Público Municipal de 2006, se hizo muy común, con especial preferencia, en los municipios donde existían actividades petroleras, la distinción entre contribuyentes residentes y transeúntes en las diferentes ordenanzas de impuesto de patente de industria y comercio, con la cual se pretendió gravar con una alícuota diferente, siempre mayor, a una cierta categoría de sujetos por la realización de las actividades comercio industriales que lleva a cabo en dicho Municipio. Muchas veces la norma preveía que, si tales contribuyentes se encontraban en tales municipios solo por un tiempo determinado o para una obra determinada, nunca podrían tener la categoría de contribuyentes residentes, aunque llegaran a tener sedes físicas en tales municipios y pasaran varios años instalados allí llevando adelante la obra o la prestación de servicios de que se tratara.

Los contribuyentes transeúntes eran en aquella época, no una categoría con una definición propia, sino que eran una categoría de contribuyentes por excepción, dado que, como ya mencionamos, se trataba de aquellos sujetos que no cumplían con los requisitos que se establecían en las propias ordenanzas, para ser considerados contribuyentes residentes y que según las normas de tales ordenanzas se consideraba no poseían un establecimiento permanente en el Municipio de que se tratara. Poco importaba, por cierto, que ya existiera abundante jurisprudencia sobre la figura del Establecimiento Permanente en materia de patente de industria y comercio.

En la oportunidades en las cuales analizamos este tema en el pasado siempre señalamos que no estábamos en contra de la utilización de la figura de contribuyente transeúnte en materia de Impuesto Sobre Patente de Industria y Comercio, debido a que no encontramos que dicha figura, bajo el concepto que debe dársele, pudiera o debiera, por sí misma, ser considerada violatoria de alguna norma legal o constitucional, ni mucho menos que sea contraria a la figura jurisprudencial del "establecimiento permanente", como lo sostuvo algún sector de la doctrina patria y el voto salvado de la Dra. Hildegard Rondón de Sansó, en la conocida sentencia GRAY TOOL[10], la cual comentaremos más adelante. Creemos que los problemas de la figura del contribuyente transeúnte son otros y se derivan de la forma como fue concebida y aplicada, con un evidente sesgo discriminatorio, pues amen de lo que hemos señalado, en el sentido de que algunos municipios no permitían a determinadas empresas ser residentes en el municipio si tenían un contrato para una obra determinada o por un tiempo determinado, usualmente la clasificación de transeúnte o no residente, conllevaba la aplicación de una alícuota mayor a la que se aplicaba a los contribuyentes residentes por el desempeño de la misma actividad.

Vista la importancia que este tema tuvo por muchos años en la tributación de las empresas proveedoras de bienes y servicios para la industria petrolera, consideramos importantes repasar el tema, pero además revisar luego si tales casos pudieran repetirse con posterioridad a que se consagro y definió claramente en un instrumento de rango legal, lo que debe entender por Establecimiento Permanente. Dicho esto, pasaremos al estudio de dicha figura jurídica y haremos la crítica correspondiente a los errores que la acompañan.

Como ya mencionamos, la figura del contribuyente transeúnte o no residente fue creada principalmente en municipios petroleros y aplicable a determinadas empresas, con la consecuencia que tal condición los hacía pagar una alícuota superior a la que se cobraba a otras que tributaban por la misma actividad en el municipio del cual se tratara.

En varias ocasiones al estudiar el punto, señalamos que la figura del contribuyente transeúnte o no residente podía tener sentido si era establecida para identificar a las empresas que estaban realizando una actividad comercial, la de prestación de servicios con fines de lucro, en un Municipio determinado, pero por un tiempo determinado o para una obra determinada y por ello dicha categoría les permitía llevar a cabo dicha actividad sin necesitar tener un establecimiento físico en dicho Municipio, ni necesidad de tener registrada la empresa ante la alcaldía con las mismas formalidades de los contribuyentes residentes en el municipio llevar allí sus libros de contabilidad dentro de la jurisdicción.

Un ejemplo de ello son aquellas empresas que trabajan los pozos a través de equipos que arriendan a la industria petrolera con o sin operarios o aquellas que prestan servicios a tales pozos, como inyección de fluidos o cementación o instalación o cambio de tubos. La forma como ejercían su actividad comercial los hacía diferentes de las empresas que tenían una sede física en el municipio y por tanto podía tener sentido que se les asignara una categoría jurídica diferente a la de los contribuyentes con sede en el municipio, lo cual podía conllevar la aplicación de un régimen legal especial para el cumplimiento de sus obligaciones tributarias en el municipio, especialmente por lo que se refiere al pago de la patente de industria y comercio.

Lamentablemente, ese no fue el caso y los municipios en donde había actividad petrolera o vecinos a los municipios donde dicha actividad se llevaba a cabo, crearon esta categoría, como ya anticipamos, simplemente para aplicarles una alícuota superior a la de aquellos contribuyentes que se clasificaban como residentes.

---

10 Sentencia de la Sala Político Administrativa de la Corte Suprema de Justicia de fecha 08 de febrero de 1996, caso Gray Tool Company Vs. Concejo Municipal del Distro Bolívar del Estado Zulia.

En el año 1996 se dictó la ya mencionada Sentencia "GRAY TOOL, mediante la cual se decidía un recurso interpuesto por dicha empresa en contra del Distrito Bolívar (Devenido luego en Municipio Bolívar) del Estado Zulia y dicha sentencia decidió la controversia planteada con respecto al uso de la figura del Contribuyente Transeúnte o no Residente, con base en argumentos que no compartimos y que criticamos en su oportunidad.

La sentencia, transcrita solo en su parte pertinente, se basó en los siguientes argumentos:

> En criterio de esta Sala, la disposición normativa del legislador municipal del Distrito Bolívar, al consagrar la figura del contribuyente transeúnte, es decir, el que no teniendo carácter permanente su establecimiento industrial o el centro donde ejecuta sus actos de comercio en el territorio del Municipio, ejerza sin embargo en dicho territorio actividades lucrativas cualquiera que sea su índole o naturaleza, radicando temporalmente su actividad comercial o parte de ella, no es violatoria del numeral primero del artículo 18 de la Constitución, norma que sólo prohíbe a los Estados, como entidades territoriales de la República, crear aduanas, impuestos de importación, de exportación o de tránsito pero, en modo alguno, impide que dentro de su territorio se establezcan categorías de contribuyentes, atendiendo a su condición de residente.

> De hecho, toda actividad económica de carácter industrial, comercial o de prestación de servicios, puede tener carácter permanente, pero especialmente las dos últimas pueden ser también ejercidas eventualmente, y por tal razón, estar sujetas a regulación tributaria, por los entes municipales donde se ejecuten sus operaciones económicas.

> En efecto, contrario a lo que a simple vista pudiera parecer, la figura del contribuyente transeúnte, por sí misma no atenta contra el principio de la territorialidad, simplemente es contentiva de una categoría de contribuyente cuyo rasgo particular es el tener una presencia física en el ámbito territorial del Municipio, pero por un período siempre eventual u ocasional para una obra u operación determinada: Se trata del ejercicio de una actividad lucrativa en el ámbito territorial del Municipio, pero con un carácter no permanente.

> Cosa distinta sería que en un determinado caso se calificase como contribuyente transeúnte a sujetos que no lo son, en virtud de que las actividades que ejecuten no puedan ser calificadas como el hecho generador del impuesto de patente de industria y comercio, bien porque la actividad desarrollada no pueda calificarse como "comercial" o "industrial", o porque se pretenda, por ejemplo, gravar la simple presencia física de productos en el Municipio; todo lo cual constituiría una ilegalidad censurable en cada caso particular.

> Debe entenderse que el supuesto fáctico para que se adquiera el carácter de contribuyente transeúnte, es que efectivamente se realicen actividades lucrativas de industria, comercio o de prestación de servicios, aunque tales actividades no tengan carácter permanente en jurisdicción del Municipio correspondiente.

> ...En todos estos casos es evidente que se da una presencia física en el Municipio si bien no permanente, por un tiempo determinado que le hace identificable como el lugar, no solo en sino desde donde ejecuta una actividad económica generadora del impuesto, que en nada contraría el principio de territorialidad sostenido por la Sala. Es precisamente la realización de actividades eventuales, no ligadas con la idea de un establecimiento permanente, la que inspira la creación de esta categoría de contribuyente..."

La entonces magistrada Hildegar Rondón de Sanso y para ello se basó, entre otros, en los siguientes argumentos:

> Los productos de la recurrente GRAY TOOL COMPANY DE VENEZUELA C.A son fabricados y vendidos desde la planta de la empresa ubicadas en el Distrito Lagunillas del Estado Zulia, que es el organismo al cual paga sus tributos con base a sus cuentas a nivel nacional.

> ...el artículo 5 de la Ordenanza sobre Patente de Industria, Comercio, Servicios y Actividades Conexas del Distrito Bolívar del Estado Zulia señala: ...

> Como se aprecia, el elemento que determina la obligación tributaria establecida en la ordenanza es el ejercicio de actividades lucrativas independientemente de la forma como ello se re-

Es menester concluir entonces, por lo que se refiere específicamente a las empresas proveedoras de bienes y servicios para la industria petrolera, que el poder de legislar en la materia de hidrocarburos que tiene el Poder Nacional, no impide a los entes municipales dotados de Poder Tributario, el exigir a tales empresas el pago de los tributos municipales que se causen en el ejercicio de sus actividades comerciales, especialmente el impuesto a las actividades económicas comerciales e industriales, anteriormente patente de industria y comercio, pues la potestad legislativa del Poder Nacional no se superpone a la Potestad Tributaria de los entes locales.

§ 16. LAS GARANTÍAS Y PRINCIPIOS CONSTITUCIONALES DE LA TRIBUTACIÓN EN CIERTAS DECISIONES JUDICIALES. DOS DÉCADAS DE MUCHOS YERROS Y ALGUNOS ACIERTOS

Valmy J. Díaz Ibarra [*]

1. INTRODUCCIÓN

Las decisiones de última instancia de los últimos veinte años, en lo que concierne a Derecho Tributario, forman un grupo heterogéneo y contradictorio, ya que en las mismas se pueden conseguir criterios abiertamente contrarios a los postulados fundamentales de nuestra disciplina, junto con decisiones en las que dichos principios y garantías han sido reconocidos y tutelados correctamente. Lamentablemente, el balance no es positivo y el propósito de este trabajo es hacer un recuento de algunos aciertos y errores destacables de un grupo de fallos seleccionados sin criterio de preferencia alguno o por motivos especiales.

Muchas de estas decisiones han sido comentadas por separado en oportunidades anteriores. Esta vez, con el reposo del tiempo transcurrido, deseamos rescatar las críticas y poner de manifiesto criterios que consideramos deben ser revertidos o abandonados por resultar contrarios a la estructura fundamental de la obligación tributaria, a los principios que informan la dogmática de nuestra disciplina y, evidentemente, a las garantías constitucionales que protegen a los sujetos pasivos. A la par de ello, consideramos razonable destacar igualmente decisiones en las que esos elementos hayan sido afirmados, visto que a pesar de que abundan criterios que respetuosamente consideramos errados, no es menos cierto que en otras decisiones esas mismas garantías fundamentales han sido protegidas correctamente.

2. CRITERIOS REÑIDOS CON GARANTÍAS CONSTITUCIONALES

En esta sección hemos elegido reseñar una serie de sentencia en las que, lamentablemente, se revisaron criterios que originalmente protegían garantías constitucionales, al menos parcialmente. Producto de estas decisiones, el estado de las garantías fundamentales de la tributación en Venezuela ha quedado disminuido y, por ello, consideramos importante llamar la atención del foro y, respetuosamente, de los órganos jurisdiccionales, a los fines de procurar el restablecimiento de las garantías constitucionales infringidas.

2.1 Actualización de multas. Vulneración de las garantías de irretroactividad, tipicidad, capacidad contributiva y tutela judicial efectiva

Como indicamos en otra oportunidad, el régimen de actualización o indexación de las sanciones con arreglo al valor de la Unidad Tributaria ("UT"), previsto en el Código Orgá-

_____

[*]   Abogado especialista en Derecho Tributario. Profesor de Imposición Estadal y Municipal en la Especialización en Derecho Financiero de la UCAB. Miembro de la AVDT y Coordinador de su Comité Procesal Tributario. Socio de Torres, Plaz & Araujo – Abogados.

nico Tributario ("COT")[1], es absolutamente inconstitucional.[2] Ello fue denunciado por nuestra institución, como correspondía, cuando las normas que lo consagran estaban apenas en gestación[3] y ha sido reiterado en posteriores oportunidades en diversos trabajos de investigación.[4]

En igual sentido, la inconstitucionalidad de este tipo de reglas fue reconocida tanto por la administración tributaria nacional como por los Tribunales Superiores de lo Contencioso Tributario. Ciertamente, la administración tributaria nacional indicó, en una consulta, que cuando se trata de multas el propósito de la UT es medir el valor actualizado de la sanción al momento de la comisión de la infracción, no al momento del pago[5]. Por su parte los Tribunales Superiores de lo Contencioso Tributario dejaron claramente sentado que este sistema de actualización de las sanciones resulta inconstitucional por vulnerar el principio de tipicidad penal y la garantía de irretroactividad[6].

Estamos totalmente de acuerdo con la posición sostenida por nuestros tribunales de instancia. En efecto, como indica Romero-Muci, la UT es simplemente una *"unidad de medida homogénea o módulo monetario"* que sirve a los fines de lograr *"la reexpresión automática de los valores nominales fijos utilizados por las normas tributarias"* de los *"tramos y otros valores fijos en la integración de los umbrales de la tributación"* y las *"sanciones pecuniarias"*.[7] La verdadera finalidad perseguida por el legislador con la introducción de la UT en materia tributaria, es lograr la corrección monetaria de ciertos valores incluidos en normas legales que, por su naturaleza, son fijos. Para evitar el desfase que la inflación puede ocasionar en la normativa, considerando que la reforma constante de esas normas resultaría ineficiente por ser de imposible ejecución en la práctica, se introduce un elemento que imprime dinamismo y racionalidad monetaria al sistema legal impositivo.

---

1   Previsto actualmente en los artículos 91 y 92 del COT de 2014 y anteriormente consagrado en los parágrafos primero y segundo del artículo 94 del COT de 2001. El texto de estas normas es el siguiente: *"Artículo 91. Cuando las multas establecidas en este Código estén expresadas en unidades tributarias (U.T.), se utilizará el valor de la unidad tributaria que estuviere vigente para el momento del pago"* *"Artículo 92. Las multas establecidas en este Código, expresadas en términos porcentuales, se convertirán al equivalente de unidades tributarias (U.T.) que correspondan al momento de la comisión del ilícito y se cancelarán utilizando el valor de la misma que estuviere vigente para el momento del pago".*

2   Valmy Díaz Ibarra, «Propuestas de reforma a ciertas normas del COT reñidas con la Constitución. El caso de los intereses moratorios y las sanciones actualizadas», en *X Jornadas Venezolanas de Derecho Tributario* (Caracas: Asociación Venezolana de Derecho Tributario, 2011), 185-220.

3   Con ocasión de opinar sobre el proyecto del COT de 2001, la AVDT indicó lo siguiente: "Estos parágrafos son inconstitucionales puesto que aplicarían en forma retroactiva el valor de la unidad tributaria en el momento del pago a hechos ocurridos en el pasado, cuando dicho valor sea inferior (…) Por otra parte, estas normas constituirían una actualización por inflación de las sanciones (…) [lo cual] generaría en consecuencia otra violación a los principios constitucionales de la tributación". *Vid.* «Informe de la A.V.D.T. a la Subcomisión designada por la Comisión de Finanzas de la Asamblea Nacional para el estudio del Proyecto de Reforma del Código Orgánico Tributario», *Revista Venezolana de Derecho Tributario*, N° 92 (2001): 82-83.

4   José Andrés Octavio L. «El Ajuste por Inflación de las Sanciones Pecuniarias en el Código Orgánico Tributario de 2001», *Revista Venezolana de Derecho Tributario,* N° 115 (2007): 59-78 y Nathalie Rodríguez Paris. «Inconstitucionalidad del Ajuste por Inflación de las Sanciones de Multa previsto en los Parágrafos Primero y Segundo del Artículo 94 del COT», en *Temas de Actualidad Tributaria* (Caracas: Academia de Ciencias Políticas y Sociales, 2009), 469-498.

5   *Vid.* Opinión de la Gerencia Jurídico Tributaria del SENIAT (hoy Gerencia General de Servicios Jurídicos), Oficio N° GHJT-200-90, del 4 de mayo de 1998, caso: *Víctor Figueroa Lara*, citada por Humberto Romero-Muci. *La Racionalidad del Sistema de Corrección Monetaria Fiscal* (Caracas: Editorial Jurídica Venezolana, 2005), 549.

6   Tribunal Superior Noveno de lo Contencioso Tributario, Sentencia 095/2006, del 19 de mayo de 2006, caso: *The Walt Disney Company Venezuela, S.A. y Tribunal Superior Tercero de lo Contencioso Tributario*, Sentencia 1298, del 19 de febrero de 2008, caso: *Cervecería Polar, C.A.*

7   Romero-Muci, *La Racionalidad* …, 515.

Luego, considerando que la UT solamente debe corregir monetariamente valores fijos como, por ejemplo, los tramos en los que se divide la base imponible de los tributos, el monto de operaciones que serán exentas o exoneradas, o el monto de una multa; su aplicación como expediente de actualización monetaria de deudas es totalmente inaceptable. En el caso específico de las multas lo que se actualiza es el valor de la multa, como medida de la sanción pecuniaria que se causa por la comisión de un hecho ilícito en el momento específico en que se comete, evitando que el transcurso del tiempo reduzca dicho valor fijo al punto de que pierda su carácter disuasivo o aleccionador. De allí que resulte válido cifrar sanciones en UT, ya que ello permite mitigar el impacto monetario en el tiempo, sobre la base de un ajuste anual de la UT que recoja, como corresponde, el efecto de la inflación en la economía nacional.

Lamentablemente las reglas de actualización de multas previstas en los artículos 91 y 92 del COT vigente (antes artículo 94 del COT de 2001), comportan la vulneración de las garantías constitucionales de tipicidad, irretroactividad, no confiscatoriedad y tutela judicial efectiva. Tal sistema pernicioso, para colmo de males, ha sido ratificado por la doctrina del Tribunal Supremo de Justicia ("TSJ") e, incluso, empeorado por las decisiones que serán aquí comentadas. Veamos cómo este régimen vulnera las garantías constitucionales referidas.

(i) Tipicidad: se encuentra consagrada en el artículo 49, numeral 6 de la Constitución de 1999 ("CN99"). Constituye una garantía que deriva del principio de legalidad en materia penal, conforme a la cual tanto el hecho punible como la sanción deben estar previamente establecidos en la Ley.[8] En el caso que nos ocupa se vulnera esta garantía, puesto que es imposible conocer anticipadamente cuál es la sanción que se debe soportar. Cuando las sanciones son determinadas en UT, pero conforme al valor de aquellas al momento de cometer el ilícito, es perfectamente posible conocer el alcance de la sanción porque está tipificado. Conforme a los artículos 91 y 92 del COT esto no se cumple porque el valor de la multa será calculado posteriormente, lo cual compromete la imperativa descripción legal de la pena.

(ii) Irretroactividad: prevista en el artículo 24 de la CN99, en materia sancionatoria constituye una garantía fundamental, puesto que solamente pueden sancionarse conductas que, a la fecha de su desarrollo, estén previstas como hechos ilícitos. De igual forma la sanción aplicable es la que esté legalmente tipificada en la fecha de ocurrencia del hecho ilícito.[9] Cuando los artículos 91 y 92 del COT permiten la determinación de la sanción conforme a un valor que se fija con posterioridad a la ocurrencia del hecho sancionado, está vulnerando flagrantemente el principio de irretroactividad al aplicar una pena hacia el pasado.

Entendemos que el legislador haya pretendido proteger al Fisco, introduciendo un sistema de corrección monetaria que impida conductas desleales de los contribuyentes que dolosamente retrasen el pago de sanciones buscando aprovecharse de su desvalorización por infla-

---

8   Artículo 49, numeral 6, Constitución de 1999: *"Ninguna persona podrá ser sancionada por actos u omisiones que no fueren previstos como delitos, faltas o infracciones en leyes preexistentes"*. Este principio ha sido reconocido por la Sala Constitucional, al señalar que *"en aras de la seguridad jurídica que debe existir en todo Estado de Derecho, le corresponde a la ley definir todas aquellas conductas que pudieran calificarse como delitos"*. Vid. Sala Constitucional del Tribunal Supremo de Justicia, Sentencia 2338, del 21 de noviembre de 2001, caso: *José Muci Abraham*.

9   Artículo 24 Constitución de 1999: *"Ninguna disposición legislativa tendrá efecto retroactivo, excepto cuando imponga menor pena. Las leyes de procedimiento se aplicarán desde el momento mismo de entrar en vigencia, aun en los procesos que se hallaren en curso; pero en los procesos penales, las pruebas ya evacuadas se estimarán en cuanto beneficien al reo o rea, conforme a la ley vigente para la fecha en que se promovieron. Cuando haya dudas se aplicará la norma que beneficie al reo o a la rea"*. El principio es también recogido en el COT (artículo 8), Código Civil (artículo 3) y Código Penal (artículo 2). En este sentido, como indica García Belsunce, conforme a esta garantía quien cometió una acción ilícita sancionada con una pena determinada, no puede ser tampoco penado con una sanción mayor "a posteriori" en virtud de una ley nueva. *Vid*. Horacio García Belsunce. *Derecho Tributario Penal* (Buenos Aires: Editorial Depalma, 1985), 105.

ción. De cualquier modo, el régimen que debió incluirse en el COT es de cálculo de intereses moratorios y no uno de corrección monetaria.[10]

(iii) No confiscatoriedad: como indica el artículo 317 de la CN99, ningún tributo puede tener efecto confiscatorio. La jurisprudencia ha señalado que cuando se debe aportar al Fisco una cantidad mayor a la generada por el contribuyente, se produce una violación al principio de no confiscatoriedad del tributo y ello desnaturaliza sus límites constitucionales.[11] Esta prohibición, vale decir, se extiende a los accesorios de la obligación tributaria. El exceso confiscatorio se verifica en este caso cuando los artículos 91 y 92 imponen una pena cuya magnitud económica termina siendo absolutamente desproporcionada en virtud del régimen de actualización.

(iv) Tutela judicial efectiva: está consagrada en el artículo 26 de la CN99.[12] Como indicamos en otra oportunidad, constituye una garantía fundamental que asegura la protección de los derechos constitucionales por parte del Estado a través de su aparato jurisdiccional, el cual está llamado a corregir los perjuicios que puedan causar el propio Estado o los particulares.[13] El ajuste de sanciones vulnera esta garantía al introducir un elemento económico que desestimula en los contribuyentes la idea de impugnar las sanciones que estime improcedentes, por el temor de que su cuantía aumente exageradamente en caso de resultar vencidos en el proceso de impugnación.

Como se observa, el régimen de ajuste de sanciones vulnera diversas garantías constitucionales. Lamentablemente, a pesar del fundamento evidente de estas denuncias de inconstitucionalidad, y su reconocimiento por la propia administración tributaria nacional y los tribunales superiores de lo contencioso tributario, la Sala Político Administrativa ("SPA") del TSJ no solamente ha convalidado la aplicación del sistema, sino que ha interpretado sus reglas en el sentido más perjudicial que puede resultar de aquellas.

En efecto, en un primer momento la SPA sostuvo (bajo la vigencia del COT de 1994) que el valor de la UT a utilizar en caso de aplicación de sanciones era el vigente para el momen-

---

10 No podemos olvidar que uno de los puntos fundamentales debatidos en Corte Suprema de Justicia en Pleno, Sentencia del 14 de diciembre de 1999, caso: *Justo Oswaldo Páez-Pumar y otros*, fue precisamente el de corrección monetaria de las deudas tributarias. Dicho régimen fue declarado inconstitucional y el razonamiento expuesto a tales efectos es perfectamente extensible a la actualización de sanciones. Ese régimen de actualización resulta violatorio de las garantías de capacidad contributiva y no confiscatoriedad, puesto que impone un sacrificio económico injustificado y desproporcionado que termina adquiriendo evidente carácter punitivo de cara al contribuyente, al tiempo que representa un enriquecimiento sin causa justa para el Fisco.

11 *Vid*. Sala Constitucional del Tribunal Supremo de Justicia, Sentencia 1115, del 10 de julio de 2008, caso: *Comercializadora Snacks, S.R.L*. En otro caso la Sala Constitucional precisó el alcance de esta garantía así: "*Ahora bien, respecto a la no confiscatoriedad del tributo previsto en el Texto Constitucional, considera la Sala que tal confiscatoriedad se configura cuando la tributación impuesta es desproporcionada, excesiva y fuera del contexto de la capacidad de contribuir del contribuyente, cuya consecuencia es la absorción por parte del Estado de una parte sustancial de la renta o del capital gravado, si así sucede, entonces el patrimonio es la fuente de donde se sustraen los recursos y el impuesto resulta confiscatorio, por cuanto por medio de él es que el Estado toma por vía coactiva una parte del patrimonio del administrado sin compensación alguna. Este principio ha sido previsto en la Constitución a fin de limitar e impedir esta imposición exagerada así como para garantizar el derecho a la propiedad de los particulares (...)*". Sala Constitucional del Tribunal Supremo de Justicia, Sentencia 1886, del 2 de septiembre de 2004, caso: *J.B.S. Publicidad, C.A.*

12 Artículo 26 CN99: "*Toda persona tiene derecho de acceso a los órganos de administración de justicia para hacer valer sus derechos e intereses, incluso los colectivos o difusos; a la tutela efectiva de los mismos y a obtener con prontitud la decisión correspondiente*".

13 Valmy Díaz Ibarra. «La Garantía Constitucional de la Tutela Judicial Efectiva y las Prerrogativas Fiscales de Índole Procesal en el Contencioso Tributario Venezolano», en *VII Jornadas Venezolanas de Derecho Tributario* (Caracas: AVDT, 2004), 233.

to en que se cometió el ilícito tributario[14]. Posteriormente la Sala desarrolló el criterio contrario, errado en nuestra opinión, señalando que el sistema de actualización de multas previsto en el COT no vulnera las garantías constitucionales de los contribuyentes y responsables.

La Sala ha sostenido, por una parte, que el régimen de actualización de multas es válido y procedente, por entender que: (a) esta figura en modo alguno infringe el principio de legalidad, pues simplemente constituye un mecanismo de técnica legislativa que permite la adaptación progresiva de la sanción representada en unidades tributarias, al valor real y actual de la moneda; y (b) estamos frente a un mecanismo del cual se vale el legislador para evitar que el transcurso del tiempo invalide o disminuya los efectos de la sanción que ha pretendido fijar como consecuencia de un ilícito tributario.[15]

Posteriormente en el año 2014 la Sala intensificó su posición en la decisión del caso Tamayo & Cia. ("Tamayo"), señalando que el ajuste procede hasta el momento de pago de la multa, aun en casos de enteramiento tardío pero voluntario de cantidades retenidas, cuando anteriormente consideraba que el ajuste debía hacerse al momento del pago del tributo, es decir, a la fecha de enteramiento tardío.[16] En las decisiones Serviquim, C.A. y Confecciones Italbraga, C.A., ese nuevo criterio, fue declarado por la SPA como aplicable a todos los casos, incluso aquellos anteriores a la decisión Tamayo, por estimar que una solución distinta no se ajusta a la realidad económica y con ello, no cónsona con la intención del constituyente y del legislador tributario.[17][18]

En nuestra opinión, este último criterio no solo vulneró nuevamente la garantía de irretroactividad, sino también las garantías de seguridad jurídica y confianza legítima, ya que muchos sujetos pasivos decidieron litigar sobre la base del criterio judicial previo a Tamayo, de manera que la nueva interpretación, en el peor de los escenarios, debería haber sido aplicada hacia el futuro (nuevos casos) y no hacia el pasado. Sobre esto volveremos más adelante en este trabajo.

Las conclusiones de la SPA para sostener la validez del régimen de ajuste de sanciones resultan erradas y, bajo ningún respecto, desestiman las criticas originalmente formuladas a las normas que consagran dicho sistema. Ciertamente, de manera respetuosa disentimos del criterio de la SPA, en los términos que se describen de seguidas:

---

14 Sala Político Administrativa del Tribunal Supremo de Justicia, Sentencia 02179, del 17 de noviembre de 2004, caso: *Mantenimientos Quijada, C.A.* Debe tenerse en cuenta, en todo caso, que la Sala justificó su conclusión en la ausencia de una norma expresa en el COT de 1994 que indicara cuál era el valor de la UT que se debía usar para liquidar multas.

15 Entre otras, se pueden consultar Sala Político Administrativa del Tribunal Supremo de Justicia, Sentencias del 12 de noviembre de 2008, caso: *The Walt Disney Company (Venezuela), S.A.*; del 29 de julio de 2009, caso: *Corpomedios G.V. Inversiones, C.A. (Globovisión)*; del 21 de enero de 2010, caso: *Majestic Way C.A.*; del 10 de febrero de 2011, caso: *Fábrica de Calzados Loblan, C.A.*; del 13 de junio de 2012, caso: *Inversiones 221822, C.A.* y del 7 de marzo de 2018, caso: *Savake, C.A.*.

16 Sala Político Administrativa del Tribunal Supremo de Justicia, Sentencia 00815, del 4 de junio de 2014, caso: *Tamayo & Cia.*

17 Sala Político Administrativa del Tribunal Supremo de Justicia, Sentencia 01383, del 15 de enero de 2014, caso: *Serviquim, C.A.;* y Sentencia 01066, del 30 de septiembre de 2015, caso: *Confecciones Italbraga, C.A.*

18 En la decisión de Confecciones Italbraga, C.A. se hace una referencia que merece un comentario aparte. La Sala indica que, en casos de enteramiento tardío de tributos retenidos, el ilícito se verifica en el momento en que vence el lapso para enterar: *"utilizando el valor vigente para el momento de la comisión de la infracción, vale decir, al vencimiento de la fecha fijada para el enteramiento del impuesto"*. Tal afirmación, en nuestro criterio, es incorrecta ya que en casos de enteramiento tardío ese no es el momento en que se comete el ilícito. En esos casos, el ilícito se comete al momento de enterar con retraso, no cuando vence el lapso para enterar, ya que si antes de enterar se hace una fiscalización, el ilícito no es *"retraso"* sino *"omisión de enteramiento"*, castigado de manera distinta.

a) Aplicar la UT del momento en que se paga la multa liquidada es inaceptable. La pena por un ilícito cometido no puede ser la que esté vigente al momento de su imposición o, peor aún, de su cumplimiento, sino aquella aplicable para la fecha en que se cometió el hecho ilícito (salvo que la nueva sea más beneficiosa). Esto constituye un principio fundamental del Derecho Penal (Tributario). No obstante que el acto administrativo que culmina el procedimiento sancionador declara la existencia del ilícito y liquida la sanción pecuniaria, a través de ese acto simplemente se reconoce que en un momento anterior se vulneró el ordenamiento jurídico y por ello se procede a imponer la sanción pertinente.

b) Esta figura **sí** infringe el principio de legalidad. El sistema hoy en día previsto en los artículos 91 y 92 del COT **no** constituye un mecanismo de técnica legislativa que permite la adaptación progresiva de la sanción, al valor real y actual de la moneda. Esta norma aumenta injustificadamente las sanciones y determina su magnitud conforme a una norma (la que fija el valor de la UT) vigente en momento posterior a la fecha del ilícito.

c) La UT **no** puede usarse como expediente de actualización de las sanciones en la forma descrita. El ajuste de la UT es perfectamente válido para mantener vigente la magnitud de las multas, pero una vez cometido el ilícito dicho valor debe ser determinado conforme a la UT vigente en ese momento. Lo contrario implica que el infractor se encuentra absolutamente imposibilitado de anticipar la cuantía de su sanción y que el Fisco se lucre en exceso sin una causa que realmente lo justifique.

El régimen referido debe ser derogado mediante una reforma del COT. En su lugar debe admitirse la aplicación de intereses moratorios como expediente indemnizatorio. Ello combinado con el ajuste anual de la UT brinda un régimen equitativo, respetuoso de las garantías constitucionales de los infractores y que resarce de manera suficiente cualquier retraso incurrido en el pago de la sanción liquidada. Adicionalmente debe establecerse claramente que el monto de la UT a utilizar para liquidar sanciones es aquel vigente al momento del ilícito.

2.1.1 La aplicación temporal del criterio Tamayo viola las garantías de irretroactividad, seguridad jurídica y confianza legítima

Como indicamos anteriormente, en nuestra opinión el criterio Tamayo debía ser aplicado hacia el futuro (nuevos casos) y no hacia el pasado, es decir, no a litigios o controversias iniciados por los sujetos pasivos sobre la base de la doctrina judicial previa a Tamayo. Esa aplicación a todos los casos previos, en nuestra consideración, vulnera los artículos 24 de la CN99[19], 11 y 82 de la Ley Orgánica de Procedimientos Administrativos ("LOPA")[20] y 247 del COT de 2014[21] (artículo 237 del COT de 2001), los cuales consagran la garantía de irretroactividad.

A pesar de que las normas referidas se ocupan de la temporalidad de normas legales, las garantías que consagran, sin lugar a dudas, aplican de igual forma a la aplicación en el tiempo de nuevos criterios, tanto administrativos como judiciales. Así lo ha reconocido la Sala

---

19   Artículo 24 CN99: "*Ninguna disposición legislativa tendrá efecto retroactivo, excepto cuando imponga menor pena (…)*".

20   Artículo 11 LOPA: "*Los criterios establecidos por los distintos órganos de la administración pública podrán ser modificados, pero la nueva interpretación no podrá aplicarse a situaciones anteriores, salvo que fuere más favorable a los administrados. En todo caso, la modificación de los criterios no dará derecho a la revisión de los actos definitivamente firmes*". Artículo 82 LOPA: "*Los actos administrativos que no originen derechos subjetivos o intereses legítimos, personales y directos para un particular, podrán ser revocados en cualquier momento, en todo o en parte, por la misma autoridad que los dictó, o por el respectivo superior jerárquico*".

21   Artículo 247 COT 2014: "*Los actos administrativos que no originen derechos subjetivos o intereses legítimos, personales y directos para un particular podrán ser revocados en cualquier momento, en todo o en parte, por la misma autoridad que los dictó o por el respectivo superior jerárquico*".

Constitucional ("SC") del TSJ y la propia SPA. Como ha indicado la doctrina, la garantía de irretroactividad va de la mano de las garantías de seguridad jurídica y la confianza legítima[22], de manera que cuando estas normas señalan que es posible cambiar criterios, únicamente permiten que dichas modificaciones se apliquen hacia el futuro, en aras de proteger los derechos subjetivos o intereses personales, legítimos y directos que se hayan creado. Luego, el principio constitucional de irretroactividad ampara a los particulares contra las actuaciones del poder público que pretenden aplicar normas y criterios hacia el pasado, en detrimento de los derechos y garantías fundamentales de las personas.

El punto de la aplicación en el tiempo de nuevos criterios judiciales ha sido analizado por la SC, indicando que la uniformidad de la doctrina judicial es la base de la seguridad jurídica, como lo son los usos procesales o judiciales que practican los Tribunales que, sin lugar a dudas, crean expectativas entre los usuarios del sistema de justicia. Tales expectativas, que resultan tuteladas por la garantía de irretroactividad, en definitiva versan sobre la certeza de que las condiciones procesales serán uniformes en el tiempo, sin que se estén modificando caprichosamente.[23]

De igual forma la SC ha señalado, categóricamente, que "… *la aplicación retroactiva de un criterio jurisprudencial, iría en contra de la seguridad jurídica que debe procurarse en todo Estado de Derecho. Por tal razón, en los casos en que esta Sala ha modificado un criterio jurisprudencial, que entiende ha permanecido en el tiempo, expresamente señala que dicho cambio surtirá efectos a partir de la publicación del fallo que lo contiene o en los términos que la propia Sala indique*".[24] En un primer momento la sala Político Administrativa consideró esa doctrina constitucional, cuando declaró en el fallo del caso Tamayo que "… *el nuevo criterio se aplicará a los casos futuros, es decir, aquellos que se conozcan con posterioridad a la publicación del presente fallo en la Gaceta Oficial de la República Bolivariana de Venezuela, cuyos incumplimientos se hayan verificado bajo la vigencia de la norma contenida en el artículo 94 del Código Orgánico Tributario de 2001…*".

De esta forma, la posición inicial de la SPA sobre el punto de la aplicación temporal de su nuevo criterio era correcta y, además, consistente con la doctrina de la Sala Constitucional que ha dejado claramente sentado que los nuevos criterios judiciales no deben ser aplicados a situaciones que se originaron o que produjeron sus efectos en el pasado, sino a las situaciones que se originen tras su establecimiento, con la finalidad de preservar la seguridad jurídica y evitar una grave alteración del conjunto de situaciones, derechos y expectativas nacidas del régimen en vigor para el momento en que se produjeron los hechos (*Vid.* sentencias de la Sala Constitucional N° 401/2004 y N° 65/2007). No obstante ello, en las decisiones Serviquim, C.A. y Confecciones Italbraga, C.A. la SPA incurrió en un nuevo retroceso en materia de tutela de garantías constitucionales, al declarar que el nuevo criterio debía aplicarse a todos los casos, es decir, hacia el pasado, visto que una solución distinta no se ajustaba a la realidad económica ni era cónsona con la intención del constituyente y del legislador tributario.

Evidentemente esos argumentos de la SPA no resisten un análisis profundo de la cuestión, ya que como venimos indicando tanto el constituyente y como el legislador tributario fijaron como garantías fundamentales, la protección a la seguridad jurídica y confianza legítima, al

---

22   José Peña Solís, *Lineamientos de Derecho Administrativo*, *Volumen II* (Caracas: Universidad Central de Venezuela, 1985), 425-427.

23   Sala Constitucional del Tribunal Supremo de Justicia, Sentencia 3180, del 15 de diciembre de 2004, caso: *Rafael Terán y Sentencia 2191*, del 6 de diciembre de 2006, caso: *Alba Díaz*.

24   Sala Constitucional del Tribunal Supremo de Justicia, Sentencia del 13 de agosto de 2013, caso: *Diageo de Venezuela, C.A.*, la cual ratifica el criterio de las sentencias de esa misma Sala 438/2001, del 4 de abril de 2001, caso: *C.V.G. Siderúrgica del Orinoco (SIDOR) C.A.* y 3702/2003, del 19 de diciembre de 2003, caso: *Salvador de Jesús González Hernández*.

prohibir expresamente la aplicación retroactiva de normas, así como de criterios judiciales y administrativos. En este escenario, si acaso existe una pugna entre las razones económicas para aplicar el nuevo criterio judicial hacia el pasado y las garantías constitucionales de irretroactividad, seguridad jurídica y confianza legítima, es claro que debe primar la protección de estas últimas. Por ello, en nuestra opinión, la SPA en este caso erró al terminar privilegiando lo que considera es la "realidad económica" del nuevo criterio judicial, por encima de garantías fundamentales de los sujetos pasivos tributarios previstas tanto en la CN99 como en el COT, no obstante que su decisión inicial sobre el punto era la correcta (aplicación *ex nunc* del nuevo criterio).

2.2 Cambio de criterio en materia de delito continuado en infracciones formales de IVA. Violación a la garantía de irretroactividad

En esta materia la SPA también comenzó con un criterio correcto, pero el asunto nuevamente devino en un retroceso contrario a las garantías constitucionales de los sujetos pasivos. El punto debatido era cómo se deben sancionar múltiples incumplimientos de un mismo deber formal en materia de Impuesto al Valor Agregado ("IVA"), tal como emisión de facturas con omisiones o errores en los libros de compras y ventas, incurridos en el curso de varios meses, visto que la administración tributaria imponía una multa por cada factura emitida con errores o por cada mes en que el libro tenía una deficiencia.

Al decidir el asunto en el caso Acumuladores Titán, C.A. ("Titán"), la Sala señaló que, ante la ausencia de norma expresa en el COT de 1994 (aplicable en razón del tiempo) que se ocupara de los ilícitos producto de una conducta continuada o repetida, era necesario aplicar de manera supletoria las disposiciones del Código Penal sobre delito continuado. Ello así, visto que el contribuyente había incurrido en una misma conducta infractora en forma repetitiva y continuada, que resultaba en la violación de la misma norma a lo largo de varios períodos impositivos.[25]

El criterio asumido en Titán fue revertido por la Sala cinco (5) años después en el caso Distribuidora y Bodegón Costa Norte, C.A. ("Costa Norte"), sobre la base de la autonomía de cada uno de los periodos de imposición del IVA (mensuales en ese momento) lo cual, en su criterio, hace improcedente considerar la infracción como una sola conducta repetida en el tiempo de manera continua, sino que obliga a considerar los incumplimientos de cada mes como conductas distintas y separadas que, por ello, deben ser castigadas de manera individual.[26] Abstracción hecha del análisis de fondo del asunto debatido (que escapa el alcance

---

25 Sala Político Administrativa del Tribunal Supremo de Justicia, Sentencia 877, del 17 de junio de 2003, caso: *Acumuladores Titán, C.A.* En las secciones pertinente, el fallo indica lo siguiente: *"a la luz de las características de la figura del delito continuado supra señaladas, se advierte, en el caso de autos, que existen varios hechos, cada uno de los cuales reúne las características de la infracción única, pero como se dijo anteriormente, por la ficción que hace el legislador, no se consideran como varias infracciones tributarias sino como una sola continuada, en virtud de la unicidad de la intención o designio del sujeto agente (la contribuyente recurrente). Así se observa, que mediante una conducta omisiva, en forma repetitiva y continuada, viene violando o transgrediendo, durante todos y cada uno de los períodos impositivos investigados, la misma norma, contentiva del ilícito tributario por concepto de incumplimiento de deberes formales (...) Por todas estas razones, la disposición del artículo 99 del Código Penal debe ser aplicada, en este caso particular, por darse los elementos del concurso continuado, aplicable también a las infracciones tributarias, por expreso mandato del artículo 71 del Código Orgánico Tributario, en consecuencia, las multas estimadas procedentes en este fallo, deben ser calculadas como una sola infracción, en los términos del dispositivo del mencionado artículo 99, por no tratarse de incumplimientos autónomos como erradamente lo afirmó la Administración Tributaria. Así se declara"*

26 Sala Político Administrativa del Tribunal Supremo de Justicia, Sentencia 00948, del 13 de agosto de 2008, caso: *Distribuidora y Bodegón Costa Norte, C.A.* Esta decisión fue motivada en los términos siguientes: *"Así las cosas, aprecia la Sala que la figura del delito continuado prevista en el artículo 99 del Código Penal, es una ficción legal, que tiene como finalidad el aumento del cálculo de la pena de un delito considerado único, que presu-*

de este trabajo), destacamos que en este fallo la Sala, luego de revertir el criterio previo, resuelve correctamente que el nuevo criterio debe aplicarse hacia el futuro, incluso omitiendo aplicarlo al caso decidido:

> *"Ahora bien, en atención a que el nuevo criterio no resulta aplicable a la situación de autos, esta Alzada con fundamento en la sentencia No. 877 de fecha 17 de junio de 2003, caso: Acumuladores Titán, C.A., considera que la contribuyente al haber cometido en forma repetida y continua la conducta infractora establecida en el artículo 101, numeral 2 del vigente Código Orgánico Tributario, debe aplicársele la disposición del artículo 99 del Código Penal y, en consecuencia, la sanción que se le ha de imponer tiene que ser calculada como si se tratase de una sola infracción, tal como lo estableciera el a quo. Por las razones expuestas, se impone confirmar el fallo apelado. Así se declara"*

Esa solución respecto a la aplicación hacia el futuro del nuevo criterio, fue ratificada por la Sala al dictar aclaratoria del fallo Costa Norte. En dicha aclaratoria, la Sala refiere a la necesidad de respetar las expectativas legítimas que había causado el criterio previo, lo cual evidentemente permite proteger las garantías de irretroactividad, así como de seguridad jurídica y confianza legítima.[27]

Lamentablemente en oportunidad posterior la Sala vuelve sobre sus pasos en la decisión Fanalpade Valencia ("Fanalpade"), declarando que el criterio Costa Norte aplica para todos los casos regidos por el COT de 2001, aun cuando el contribuyente hubiera incurrido en los ilícitos antes del cambio de criterio.[28] En Fanalpade la SPA básicamente señala que la inter-

---

pone que la serie de múltiples actos antijurídicos violatorios de una misma disposición legal desarrollados por el sujeto agente, sean ejecutivos de una única resolución o designio, de una única intencionalidad, lo que en realidad no ocurre en materia de infracciones tributarias por incumplimiento de deberes formales en lo que se refiere al Impuesto al Valor Agregado, toda vez que cada período mensual es autónomo, aislado uno del otro y genera sus propias consecuencias, por lo que no puede considerarse que exista una única intencionalidad del contribuyente infractor, dada la manera en que se verifica la temporalidad del hecho imponible en este tipo de impuesto". El criterio fue confirmado en Sala Constitucional, Sentencia 216 del 5 de abril de 2013, caso: *Los Canales Golf Club, A.C.*

27   Sala Político Administrativa del Tribunal Supremo de Justicia, Sentencia 00103, del 29 de enero de 2009, caso: *Distribuidora y Bodegón Costa Norte, C.A. (Aclaratoria)*. El fallo indica lo siguiente en la sección pertinente: "*A tal efecto, los requerimientos que se originen del nuevo criterio deben ser exigidos para los casos futuros, respetando las circunstancias fácticas e incluso de derecho que existan para el momento en el cual se haya presentado el debate. (Vid. sentencia de la Sala Constitucional N° 3702 del 19 de diciembre de 2003, ratificada, entre otras, en las decisiones números 3057, 5074, 366 y 1166 de fechas 14 de diciembre de 2004, 15 de diciembre de 2005, 1° de marzo de 2007 y 11 de julio de 2008, respectivamente). Con fundamento en el reiterado criterio jurisprudencial antes referido, esta Sala considera que, en este caso, la modificación que se produjo en "la interpretación que se ha[bía] venido realizando respecto a la aplicación de la figura del delito continuado en la materia de sanciones administrativas tributarias, concretamente en lo atinente al impuesto al valor agregado", no podía aplicarse a la contribuyente Distribuidora y Bodegón Costa Norte, C.A."*

28   Sala Político Administrativa del Tribunal Supremo de Justicia, Sentencia 01187, del 24 de noviembre de 2010, caso: *Fábrica Nacional de Pañales Desechables de Valencia, C.A. (Fanalpade Valencia)*. La decisión fue motivada así: "*La Sala observa que aun cuando las infracciones de la contribuyente se produjeron antes del referido pronunciamiento que causó el cambio de solución, son a la vez posteriores a la normativa especial que rige esa conducta ilícita, cual es el artículo 101, numeral 3 del Código Orgánico Tributario de 2001, razón por la cual se le debe aplicar. En consecuencia, se subsumen dichos ilícitos en esa normativa, y por lo tanto, debe aplicársele la sanción de una unidad tributaria (1 U.T.) por cada factura hasta un máximo de ciento cincuenta unidades tributarias (150 U.T.), para cada uno de los períodos investigados por la Administración Tributaria; porque se evidencia que emitió cantidades de facturas con prescindencia parcial de los requisitos exigidos por las normas tributarias, durante los períodos fiscales comprendidos desde octubre 2003 hasta mayo 2005, todos posteriores a la entrada en vigor de la normativa aplicable. Reitera la Sala que el indicado cambio no hizo reconocer la preexistencia del derecho positivo en el que debe subsumirse la conducta del justiciable tributario para todos los casos en que se observen ilicitudes en esta materia, producidas a partir del 17 de enero de 2002, fecha en que empezó a regir la estudiada normativa (…) Por las razones expuestas, se impone revocar del fallo apelado la declaratoria de procedencia, en el presente caso, de la figura del delito continuado previsto en el artículo 99 del*

pretación sobre la tesis del delito continuado no tiene cabida bajo la vigencia del COT de 2001, dado que las normas de ese cuerpo normativo (como igual lo hacen las del vigente COT de 2014) expresamente señalan que los ilícitos formales se sancionan por cada infracción cometida.

No podemos dudar que las normas del COT de 2001, en materia de ilícitos formales, resultaban aplicables desde su entrada en vigencia, visto que las mismas en ningún momento fueron anuladas por ser inconstitucionales o siquiera desaplicadas por vía de control difuso. Desde esa perspectiva, evidentemente resultaba correcto aplicarlas como fueron redactadas.

Sin embargo, sobre esas normas versó la discusión interpretativa resuelta por la SPA en los fallos Titán y Costa Norte, cuya existencia revelaba dudas razonables en cuanto al alcance y aplicabilidad de la tesis del delito continuado en materia de ilícitos formales tributarios. Esa realidad, además, era bien conocida por la SPA, visto que muchas apelaciones de sentencias de instancia sobre dicho punto fueron sometidas a su consideración.

En nuestra opinión, ante ese escenario la Sala debió ponderar los efectos de su cambio de criterio en la esfera económica de los contribuyentes y en sus garantías de seguridad y certeza jurídica, visto que el fallo Titán indudablemente había creado una expectativa plausible en dichos sujetos pasivos. De esta forma, una solución cónsona con tales garantías hubiera sido reconocer efectos *ex nunc* al criterio Costa Norte, al menos respecto a los casos que ya estuvieran en litigio o en procedimientos de impugnación en sede administrativa, ya que los recurrentes en mayor o menor medida decidieron proseguir con tales impugnaciones, sobre la base del criterio del caso Titan y, muy probablemente, no hubieran procedido de esa forma bajo el imperio del criterio Costa Norte.[29]

2.3 Definición de tributos: los aportes al BANAVIH.

De acuerdo con la doctrina que fue sostenida por la SPA hasta el año 2010, los aportes al Fondo de Ahorro Obligatorio para la Vivienda (FAOV) en el Banco Nacional de Vivienda y Hábitat (BANAVIH), resultaban tributos, de la especie contribuciones parafiscales.[30] Ello así, visto que se trata de una exacción patrimonial imperativa, en concreto una contribución, debida por el particular a un determinado ente público por la percepción de un beneficio o aumento de valor de sus bienes derivado de la realización de obras públicas o la prestación de servicios o proyectos públicos que, directa o indirectamente, le benefician.

Ese criterio fue ratificado en 2010[31], pero la representación fiscal del BANAVIH, encabezada por Raúl Abreu López, solicitó ante la SC la revisión del fallo y ésta procedió a revisar y revertir el criterio referido.[32] El fallo Abreu López, en nuestra opinión, resulta inconstitu-

---

Código Penal. En consecuencia, se debe declarar sin lugar el recurso contencioso tributario y confirmar el acto administrativo recurrido, como en efecto se declara"

29   En este punto consideramos que una decisión ponderada como la tomada cuando se anularon los intereses compensatorios y la actualización de deudas, previstas en el artículo 59 del COT de 1994, puede tener cabida. En esa oportunidad se pusieron en la balanza tanto los intereses del Fisco como los de los sujetos pasivos y se optó, acertadamente en nuestra opinión, por reconocer efectos *ex nunc* a la nulidad decretada. *Vid.* Sala Constitucional del Tribunal Supremo de Justicia, Sentencia 816 del 26 de julio de 2000, caso: *Justo Oswaldo Páez-Pumar et. al (aclaratoria).*

30   Sala Político Administrativa del Tribunal Supremo de Justicia, Sentencias 01007 del 18 de septiembre de 2008, caso: *Festejos Mar, C.A.;* 00913 del 18 de junio de 2009, caso: *Vicson, C.A.:* 01127 del 29 de junio de 2009, caso: *Estructuras Nacionales, S.A. (ENSA);* y 01540 del 28 de octubre de 2009, caso: *Alimentos Kellogg, S.A.*

31   Sala Político Administrativa del Tribunal Supremo de Justicia, Sentencia 1202 del 25 de noviembre de /2010, caso: *Banco del Caribe, C.A. Banco Universal.*

32   Sala Constitucional del Tribunal Supremo de Justicia, Sentencia 1771 del 28 de noviembre de 2011, caso: Raúl Abreu López *et. al.* El criterio fue acatado posteriormente por la SPA, la cual procedió a emitir nuevo pronun-

cional por: (i) vulnerar la dogmática fundamental de los tributos, específicamente su definición conceptual; (ii) declarar imprescriptible la obligación de aportar al FAOV, y (iii) ordenar la aplicación del nuevo criterio hacia el pasado, no solo a controversias que estuvieran en curso en ese momento sino a controversias ya terminadas. Veamos cada uno de estos aspectos con más detalles.

2.3.1 Naturaleza tributaria de los aportes al FAOV

De acuerdo con el fallo Abreu López, los aportes al FAOV no constituyen tributos. La SC basa esa conclusión en las premisas que se describen a continuación:

a) El derecho de los venezolanos a la vivienda y a la seguridad social forman parte de un sistema o conjunto de sistemas previstos en la Constitución, cuyo objetivo es coadyuvar precisamente al desarrollo y disfrute de tales derechos, los cuales son financiados por los beneficiarios mediante aportes que toman la forma de ahorro de fondos;

b) La finalidad del FAOV no es únicamente financiar al BANAVIH, sino también canalizar el ahorro individual de cada aportante, a los fines de garantizar el acceso a una vivienda digna;

c) La masa de dinero aportado, que se divide en cuentas individuales de los aportantes, no es propiedad del BANAVIH sino de cada uno de los beneficiarios del sistema. Estos pueden disponer de ese dinero, bajo las condiciones establecidas en las normas aplicables, como por ejemplo cediendo o transmitiendo a sus herederos dichas cantidades acumuladas; y

d) Concluir que los aportes al FAOV son tributos, choca con principios fundamentales del Estado social que propugna la CN99, por lo cual dichos aportes, como parte del régimen prestacional de vivienda y hábitat y del sistema de seguridad social, no se adecuan al concepto de parafiscalidad y por tanto no se rigen bajo el sistema tributario.

Respetuosamente consideramos que la SC yerra, tanto en sus premisas como en sus conclusiones. Ciertamente, como se había indicado contundentemente en su momento[33], en nuestra opinión los aportes al FAOV tienen claramente naturaleza tributaria, toda vez que en el mismo se encuentran presentes todos los elementos que la doctrina y jurisprudencia reconocen como presupuestos fundamentales de un tributo.

Un tributo constituye aquel sacrificio patrimonial establecido mediante Ley con carácter coactivo, que debe efectuar un particular a favor de un órgano de naturaleza pública, el cual se encuentra dirigido a sostener o financiar la prestación de servicios públicos, es decir, al cumplimiento de las obligaciones del Estado frente a los ciudadanos. Como indica Moucharfiech por tributo se debe entender toda *"prestación patrimonial obligatoria – habitualmente pecuniaria- exigida a través de una ley por el Estado o cualquier ente público autorizado, en ejercicio de su poder de imperio, con el objeto de cubrir los gastos e inversiones que le demanda el cumplimiento de sus fines"*.[34] Esta definición se encuentra en línea con lo

---

ciamiento en el caso objeto de revisión. *Vid.* Sentencia 00739 del 21 de junio de 2012, caso: *Banco del Caribe, C.A. Banco Universal.*

33 *Vid.* Betty Andrade Rodríguez y Natalia De Paz Garmendia. «Naturaleza jurídica y base de cálculo de las contribuciones establecidas en la Ley de Régimen Prestacional de Vivienda y Hábitat», en *Temas de Actualidad Tributaria* (Caracas: Academia de Ciencias Políticas y Sociales y Asociación Venezolana de Derecho Tributario, 2009), 17-56; y Juan Cristóbal Carmona Borjas y Karla D'Vivo Yusti. «Los aportes correspondientes al régimen prestacional de vivienda y hábitat a la luz de las recientes reformas legales», *Revista de Derecho Público*, N° 115 (2008): 325.

34 David Moucharfiech. «Los Tributos. Noción General, naturaleza jurídica y clasificación jurídica», en *Manual Venezolano de Derecho Tributario* (Caracas: AVDT, 2013), 490.

indicado por Martín Queralt *et. al.* [35], quienes resumen como caracteres esenciales del tributo los siguientes:

a) Grava una determinada manifestación de capacidad económica;

b) Es hoy la fuente del más típico exponente de los ingresos de Derecho Público;

c) Consiste generalmente en un recurso de carácter monetario, aunque en ocasiones puede consistir en la entrega de determinados bienes;

d) No constituye nunca la sanción de un ilícito;

e) No representa la confiscación de un parte del patrimonio del obligado;

f) Obliga a todos los sujetos que llevan a cabo el hecho imponible, sin distingo en su nacionalidad;

g) Es una obligación *ex lege*; y

h) Tiene como finalidad esencial financiar el gasto público.

En igual sentido se había pronunciado la SPA en diversas oportunidades, destacando como características inherentes a la institución jurídica del tributo su carácter legal y coactivo, así como la condición de obligación o deuda hacia un ente público cuyo objetivo es financiar la prestación de servicios públicos. De seguidas una breve referencia a tales pasajes jurisprudenciales, que denotan una doctrina judicial pacífica y reiterada sobre el particular, correcta en nuestra opinión, que lamentablemente fue desatendida por la SC en el fallo Abreu López.

Así, en el caso Mukaren[36], la SPA destacó entre los elementos fundamentales de los tributos que: (1) se deben a un ente público, (2) tienen carácter obligatorio, y (3) su objetivo es financiar servicios públicos. Igualmente se destacó respecto a las contribuciones parafiscales, como una de las especies de tributos, que una de las características que las distinguen es que su pago se hace a favor de un ente con presupuesto propio.[37]

---

35. Juan Martín Queralt et. al. *Curso de Derecho Financiero y Tributario* 16ª Ed. (Madrid: Editorial Tecnos, 2005), 74-79.

36 Sala Político Administrativa del Tribunal Supremo de Justicia, Sentencia 01928 del 27 de julio de 2006, caso: *Inversiones Mukaren, C.A.*

37 En las secciones pertinentes, el fallo indica lo siguiente: *"En este orden de ideas, se debe enfatizar que las características de los tributos son las siguientes:*

1.- Son debidos a un ente público: por cuanto es el sujeto activo de la relación jurídica-tributaria, y en definitiva es el órgano titular del crédito.

2.- Son coactivos: porque se consideran obligaciones que surgen con independencia de la voluntad del contribuyente, por ministerio de la Ley, cuando se da el supuesto de hecho previsto en ella.

3.- Se establecen con el fin de procurar los medios precisos para cubrir las necesidades financieras de los entes públicos: su finalidad no es otra que el sostenimiento de los gastos públicos(...)

En cuanto a las contribuciones especiales, se considera que son aquellos tributos cuyo hecho imponible consiste en la obtención, por el sujeto pasivo, de un beneficio o de un aumento de valor de sus bienes, como consecuencia de la realización de obras públicas o del establecimiento o ampliación de servicios públicos. Es por ello que las contribuciones especiales son comúnmente clasificadas por la doctrina en dos (2) grupos, a saber: i) contribuciones por mejoras, aquellas cuyo presupuesto de hecho contiene una mejora, un aumento de valor de determinados bienes inmuebles, como consecuencia de obras, servicios o instalaciones realizadas por los entes públicos; y ii) contribuciones parafiscales o también llamadas "por gastos especiales del ente público", que son aquellas en las que el gasto público se provoca de modo especial por personas o clases determinadas.

Es decir, que son exacciones recabadas por ciertos entes públicos para asegurar su financiamiento autónomo, y tienen como características primordiales que: a) No se incluye su producto en los presupuestos estatales; b) No son recaudadas por los organismos específicamente fiscales del Estado; c) No ingresan a las tesorerías estatales, sino directamente en los entes recaudadores y administradores de los fondos.

Para ilustrar lo antes expuesto, resulta relevante hacer referencia a la clásica contribución parafiscal de seguridad social o también llamada "parafiscalidad social", que es aquella que exige a los patronos y empleados el

Por otro lado, en la sentencia del caso Shogun Motors se dejó claramente establecido que los aportes previstos en la Ley Orgánica de Ciencia, Tecnología e Innovación constituyen contribuciones parafiscales, teniendo en cuenta su carácter obligatorio y que la finalidad del aporte es financiar el desarrollo de tecnología en Venezuela. [38]

En igual sentido vale la pena destacar la decisión del caso SACVEN, en la que se analizó si la tarifa establecida en el artículo 62 de la Ley sobre los Derechos de Autor, que constituye una remuneración por la cesión de los derechos de explotación sobre obras de propiedad intelectual que formen parte del portafolio de SACVEN, constituye un tributo. La Sala en este caso negó el carácter tributario de esta obligación pecuniaria, considerando que la misma no tiene como finalidad financiar servicios públicos y. además, que su acreedor es un ente de derecho privado. [39]

En otra oportunidad, finalmente, en el fallo Rescarven, la SPA confirmo la naturaleza tributaria de aquellos aportes en dinero que debe realizar un particular obligatoriamente, en virtud del mandato establecido en una Ley, al verificarse el presupuesto de hecho generador de tal tributo que es exigido con fundamento en el deber general de rango constitucional de contribuir con las cargas públicas. [40] En nuestra opinión, la doctrina desarrollada por la SPA en los fallos Mukaren, Shogun Motors, SACVEN y Rescarven es la correcta y, por ende, debió prevalecer al momento de analizar los aportes al FAOV, por lo cual en este pasaje consideramos que nuevamente la doctrina inicial del TSJ fue la correcta pero lamentablemente fue cambiada con posterioridad por un criterio equivocado.

Ciertamente dentro de las distintas categorías de tributos contempladas en la doctrina judicial desarrollada por la SPA, destacan las contribuciones especiales, y dentro de éstas las contribuciones parafiscales como tributos representados por obligaciones legalmente establecidas de carácter coactivo frente al ciudadano, las cuales, a diferencia de otros tributos, no ingresan en los presupuestos estatales, así como tampoco ingresan en los organismos típicos de recaudación, ni ingresan a las tesorerías estatales, sino directamente a los entes u

---

pago de ciertos aportes con el objeto de obtener un fin social, tales como asistencia médica, de previsión de riesgos de invalidez o vejez. En este tipo de contribuciones extrafiscales lo que se busca es beneficiar indirectamente a un grupo de personas, en determinadas áreas, y su característica primordial es que los importes así obtenidos entran a formar parte del caudal del ente responsable de la consecución del fin social"

38 Sala Político Administrativa del Tribunal Supremo de Justicia, Sentencia 01557 del 19 de septiembre de 2007, caso: *Shogun Motors, C.A.*: *"Al respecto, la solicitante se desempeña en el ramo de negocios comúnmente denominado concesionaria de vehículos, y pretende obtener una interpretación sobre el alcance e inteligencia de los artículos 34 y 37 de la Ley Orgánica de Ciencia, Tecnología e Innovación publicada en Gaceta Oficial Nº 38.242 del 3 de agosto de 2005, a los fines de establecer cuál debe ser el criterio para determinar **la base imponible de la contribución parafiscal correspondiente al aporte al que están obligadas las grandes empresas del país en el desarrollo de los procesos de investigación, producción y transferencia de conocimientos; por lo que, la materia a tratar es tributaria** lo cual reviste un carácter afín con las competencias atribuidas a esta Sala Político Administrativa, razón por la que se declara competente para conocer el recurso de interpretación interpuesto. Así se decide"* (Subrayado y destacado nuestros).

39 Sala Político Administrativa del Tribunal Supremo de Justicia, Sentencia 01509 del 14 de agosto de 2007, caso: *Sociedad de Autores y Compositores de Venezuela (SACVEN)*: *"De acuerdo a lo anterior, considera esta Sala que dicha tarifa no puede encuadrarse dentro de ninguna de las figuras tributarias antes enunciadas dada la ausencia de elementos objetivos, subjetivos, temporales, espaciales y cuantitativos, de la obligación tributaria, al haber sido delegada su fijación y no encontrarse prevista en la Ley, tal como lo impone el principio de legalidad tributaria desarrollado en el artículo 317 de la Constitución de la República Bolivariana de Venezuela. Asimismo, no constituye un mecanismo tendente a la obtención de ingresos para la satisfacción de necesidades públicas y, por último, el sujeto activo del referido cobro lo constituye un ente de derecho privado, por lo que no es exigida por el Estado en ninguna de sus diversas manifestaciones del Poder Público (Poder Nacional, Poder Estadal y Poder Municipal y su entes y órganos desconcentrados o descentralizados funcionalmente con forma jurídica de derecho público y no de derecho privado)"*.

40 Sala Político Administrativa del Tribunal Supremo de Justicia, Sentencia 01303 del 23 de septiembre de 2009, caso: *Administradora de Planes de Salud Clínicas Rescarven, C.A.*

órganos recaudadores de esos fondos. Se trata de aquellas *"en las que el gasto público se provoca de modo especial por personas o clases determinadas"*[41]; de las *"exacciones recabadas por ciertos entes públicos para asegurar su financiamiento autónomo"*[42]; de *"obligaciones a cargo de determinados grupos sociales que serán los beneficiarios por servicios prestados por el estado"*[43]); y las que requieren *"la existencia de beneficios individuales o de grupos sociales derivados de la realización de obras o gastos públicos o de especiales actividades del Estado y ello justifica la posición de buena parte de la doctrina de considerarla un tributo vinculado, diferente de los impuestos y de las tasas"*[44].

En el caso del FAOV estimamos que nos encontramos exactamente en el referido escenario, dado que ese aporte constituye una prestación dineraria de obligatorio cumplimiento (aunque se le conciba como ahorro, se trata de un sacrificio patrimonial coactivo), establecido en un instrumento con rango de Ley, exigido por un organismo público que no es el recaudador estatal típico (BANAVIH), cuyos fondos recaudados no ingresan a la tesorería estatal sino directamente al ente recaudador de los fondos (si bien se propugna que los aportes no entran al patrimonio del BANAVIH, lo cierto es que esas cantidades son utilizadas por esa institución pública para la consecución de sus fines públicos), y que tiene como objetivo financiar proyectos de asistencia financiera para la adquisición de viviendas desarrollados por entes gubernamentales (es decir, un servicio público). Por estas razones resulta evidente que dicho aporte es un tributo, en concreto una contribución parafiscal, y como tal se encuentra sujeto a todas las reglas y principios generales tributarios previstos en la CN99 y el COT.

En efecto, el aporte bajo estudio está dirigido al cumplimiento del bienestar social, por cuanto, al encontrarse destinado a financiar la adquisición de viviendas de los aportantes, deviene ineludible su vínculo con el interés colectivo. Es así evidente que el alcance del aporte al FAOV, tiene un vínculo con el cumplimiento del bienestar social general, en concreto con coadyuvar al acceso de los aportantes a una vivienda digna.

Por otro lado, este aporte es exigido de manera coactiva por un acto con rango de ley. Como indicamos antes, esta conclusión no queda desvirtuada por considerar que el aporte es un ahorro y representa fondos disponibles para los aportantes. En primer lugar, los particulares no tienen margen de decisión con respecto al aporte, ya que verificados los supuestos de la ley se hace imperativo ingresar la suma de dinero que corresponde. Adicionalmente, la libre disponibilidad de los fondos que propugna el fallo Abreu López no es tal, ya que el único destino que puede tener el dinero aportado al FAOV es la compra de una vivienda para el aportante, sin que ese dinero puede ser dispuesto en algún otra forma. A esos efectos, la transferencia *mortis causa* del derecho sobre tales cantidades tampoco es plena, ya que tiene severas limitaciones en las normas que rigen los aportes al FAOV, de manera que consideramos errado propugnar la existencia de plena y libre disposición sobre los fondos. Estamos, entonces, ante sumas que se deben ingresar obligatoriamente, sobre las cuales, además, no existe plena libertad de disposición, lo cual, sin lugar a dudas, las asemeja mucho más a una prestación tributaria que cualquier otra forma de transferencia voluntaria de dinero.

En nuestra opinión, además, una conclusión distinta sobre el carácter coactivo del aporte nos enfrentaría a una obligación contraria a los principios fundamentales previstos constitu-

---

41   Fernando Sainz de Bujanda. *Lecciones de Derecho Financiero*. 10ª Ed. (Madrid: Universidad Complutense de Madrid., 1993), 191.

42   Héctor Villegas. *Curso de finanzas, derecho financiero y tributario*. 5ª (Buenos Aires: Editorial Depalma, 1992), 114.

43   Rosa Caballero. «Las Contribuciones Especiales», en *Manual Venezolano de Derecho Tributario* (Caracas: AVDT, 2013), 519-520.

44   Ángel Schindel. «Concepto y Especies de Tributos», en *Tratado de Tributación*. Tomo I (Buenos Aires: Editorial Astrea, 2003), 601.

cionalmente, puesto que una carga pecuniaria como la de los aportes al FAOV, debe salvaguardar la *supremacía constitucional* (Artículo 7 de la CN99) y consecuentemente el derecho constitucional a la propiedad (artículo 115 CN99), que se desarrolla en consonancia con el principio de *equilibrio de las cargas públicas* (artículo 316 de la CN99), el cual busca la justa distribución de las obligaciones o cargas según la capacidad contributiva del sujeto, así como la protección de la economía bajo un sistema eficiente de recaudación. En consecuencia, una obligación pecuniaria exigida por el Estado a los particulares, como es el caso que nos ocupa, parte del supuesto que la misma se exige con el fin de coadyuvar en sus obligaciones, así como en el bienestar social, de lo contrario no tendría asidero constitucional, lo que degeneraría en la inconstitucionalidad tanto del acto administrativo objeto de impugnación, como de la normativa legal que sirvió de fundamento jurídico.

En efecto, conforme al diseño constitucional venezolano, el Estado no puede tomar para sí el patrimonio de los particulares, sin fundamento jurídico alguno o sin brindar una contraprestación debida, por que ello representaría una confiscación completamente ilegítima y, en consecuencia, prohibida por los artículos 116 y 317 de la CN99. Ciertamente, de acuerdo con nuestras normas constitucionales, los únicos casos en los que se autoriza al Estado para exigir coactivamente a los particulares la transferencia de una porción de su patrimonio a un ente público son los siguientes: (i) el pago de los tributos establecidos por la Ley (artículo 317 CN99); (ii) el pago de sanciones pecuniarias (multas), en virtud de ilícitos previstos legalmente, así como el comiso de mercancías (privación de la propiedad sobre bienes) en virtud de ilícitos aduaneros (artículo 49.6 CN99); (iii) La transferencia de la propiedad de bienes en los casos de expropiación por causa de utilidad pública, con la obligación del Estado de indemnizar justamente al particular (artículo 115 CN99), y (iv) La confiscación de bienes producto del delito (artículo 116 CN99).

Dicho de otro modo, un particular solamente puede ser compelido a transferir al Estado una parte de su patrimonio o ser privado de bienes que sean de su propiedad privada, si se trata de un tributo; una multa (incluyendo la pena de comiso); una expropiación o una confiscación legítima. En cualquier otro caso, el particular tiene pleno derecho a negarse a realizar la transferencia o a resistir la pretensión de privación sobre la propiedad de un bien, ya que lo ampara el derecho constitucional a la propiedad privada. Así, salvo en el caso de las confiscaciones legítimas o sanciones (multas y comiso), todo sacrificio patrimonial de los particulares a favor del Estado conlleva necesariamente una contraprestación a favor de esos particulares, como serian servicios públicos en el caso de tributos y una indemnización apropiada en el caso de expropiaciones por causa de utilidad pública.

En el caso de los tributos (impuestos, tasa y contribuciones) y las expropiaciones, el Estado detrae una porción del patrimonio de los particulares, pero brinda, directa o indirectamente, una contraprestación. Por una parte, los tributos están, en mayor o menor medida, ligados con la prestación de servicios públicos hacia los particulares, mientras que en el caso de las expropiaciones el Estado tiene la obligación de pagar una indemnización justa por los bienes cuya propiedad se debe transmitir para la realización de una obra de utilidad pública. De allí que, con los matices de cada caso y que escapan el alcance del presente estudio, se pueda sostener que en los casos de tributos y expropiaciones, los particulares sacrifican efectivamente una parte de su patrimonio pero reciben, a cambio, una contraprestación por parte del Estado.

Caso contrario ocurre con la confiscación, que tiene un evidente carácter punitivo e implica la detracción de un patrimonio particular, sin que haya contraprestación alguna, porque se trata de activos producto de actividades delictivas. Sin embargo, una medida tan extrema como la confiscación se encuentra constitucionalmente limitada al caso de delitos con el tesoro público y tráfico de sustancias psicotrópicas y estupefacientes. De igual forma tenemos las multas y el comiso de mercancías, que implican una detracción o privación patrimonial de raigambre punitivo, ya que castigan al particular por haber infringido el ordenamiento jurídico por acción u omisión. En estos tres casos, entonces, el carácter coactivo de la detracción patrimonial no está asociado a una contraprestación por parte del Estado, sino que constituye la consecuencia jurídica de incurrir en una conducta u omisión tipificada como ilícita (delito o infracción), que acarrea la obligación de resarcir patrimonialmente al Estado.

De cualquier modo, la conclusión clara es que, fuera de los supuestos referidos, sea en virtud de una contraprestación estatal (tributos y expropiaciones) o como castigo por vulnerar el ordenamiento jurídico (confiscación, multas y comiso de mercancías), no existen en Venezuela otros sacrificios patrimoniales que se puedan exigir coactivamente a los particulares por parte del Estado. A los fines de ilustrar nuestro punto, podemos hacer un paralelismo con el caso ventilado en la Corte Suprema de Justicia de los Estados Unidos de América, respecto de la Ley para el Cuidado Accesible (*Affordable Care Act*), comúnmente conocido como *Obamacare*, en el cual se discutió la naturaleza jurídica de un desembolso que, por mandato de Ley, debían hacer los ciudadanos estadounidenses que incumplieran con la obligación de contratar una póliza de seguro médico personal. [45]

De acuerdo con la Ley *Obamacare*, salvo que estuvieran expresamente exentos o tuvieran un seguro medico provisto por un empleador, muchos estadounidenses estaban en la obligación de contratar una póliza de seguro medico privado. Aquellos que incumplieran con ese deber de contratar un seguro médico personal, quedaban sujetos al pago de una cantidad al gobierno federal, por concepto de Pago de Responsabilidad Compartida (*Shared Responsibility Payment*), en virtud de un mandato expreso de la Ley *Obamacare*. Dicha Ley le daba carácter de multa al Pago de Responsabilidad Compartida ("PRC").

Varios estados y organizaciones impugnaron la Ley *Obamacare*, argumentando, entre otros aspectos, la inconstitucionalidad del mandato de contratación de una póliza de seguro medico individual, por ser contraria a la clausula comercial de su Constitución. Para los demandantes, la Constitución no autoriza al Congreso para imponer a los ciudadanos la obligación de comprar un producto, ya que ello forma parte de la libertad económica de los ciudadanos, que son plenamente libres de escoger si gastan o no lícitamente su dinero y en que productos lo hacen.

En su decisión, la mayoría sentenciadora concluyó que, en efecto, la Constitución de EUA no otorga poderes al Congreso para imponer a las estadounidenses obligaciones de comprar o no comprar un producto determinado. Si bien la Constitución otorga poderes al legislativo para regular el comercio, no lo hace para imponer actividades comerciales a los ciudadanos. Por esta razón, la Corte consideró que, bajo la perspectiva de la cláusula comercial, efectivamente el PRC resulta inconstitucional, ya que si el Congreso no puede imponer el mandato de comprar una póliza de seguro, tampoco puede multar a alguien que incumpla tal mandato.

Sin perjuicio de lo expuesto, y aquí está la sección del fallo que nos interesa a los fines de este trabajo, la Corte entró a analizar si la obligación de contratar una póliza de seguro médico individual podía ser interpretada como la imposición de un tributo y, por ende, si el Pago de Responsabilidad Compartida califica como una multa tributaria. A esos efectos, la Corte señala que a pesar de que la Ley *Obamacare* califica el PRC como una multa, a los fines de determinar su naturaleza es necesario ignorar su denominación y revisar la sustancia y aplicación de este. [46]

---

45   Corte Suprema de Justicia de los Estados Unidos de América, Sentencia 567 U.S. 519 (2012) del 28 de junio de 2012, caso: *National Federation of Independent Business et al. v. Sebelius,* Secretary of Health and Human Services, et al.

46   *"La Ley de Cuidado Accesible describe al pago de responsabilidad compartida como una multa y no como un tribute. Esa etiqueta impide la aplicacion de la Ley contra Cautelares. Ello, sin embargo, no determina que la exaccion este dentro de los poderes del congreso para imponer tributos. Para responder a esa pregunta constitucoinal, esta Corte sigue una vision functional omitiendo considerer elnombre de la exaccion y revisando su sustancia y aplicacion"* (*The Affordable Care Act describes the "[s]hared responsibility payment" as a "penalty," not a*

Para la Corte, el PRC califica como un tributo porque: (i) el monto es razonable y no supera lo que costaría una póliza de seguro; (ii) el pago no se causa solo para aquellos que conscientemente deciden incumplir con la obligación de comprar una póliza de seguro; y (iii) el PRC es recaudado por la Administración Tributaria (*"The payment is not so high that there is really no choice but to buy healthinsurance; the payment is not limited to willful violations, as penalties for unlawful acts often are; and the payment is collected solely by the IRS through the normal means of taxation"*).[47] Como se observa, en ese caso de la doctrina judicial comparada los elementos básicos de tributo también giran en torno a: (1) el carácter coactivo del pago; (2) su imposición mediante Ley; y (3) su recaudación por parte de ente público; todo, además, independientemente del nombre que se le dé en la legislación.

En nuestra opinión, esa forma de analizar la naturaleza de una detracción patrimonial, para determinar si tiene carácter tributario o no, es perfectamente aplicable en Venezuela, como en efecto se hizo en la doctrina de la SPA previa al fallo de la SC del caso Abreu López. De allí que, en nuestro criterio, en Abreu López la SC debió haber confirmado el fallo de la SPA.

Visto lo indicado, resulta evidente que el aporte al FAOV tiene carácter tributario, ya que se trata, insistimos, de un sacrificio de una porción del patrimonio de los aportantes, que es imperativo y no se deja a la libre voluntad del particular; que es impuesto por Ley y conlleva una contraprestación por parte del Estado; y es recaudado por un ente público. Por ello respetuosamente disentimos del criterio establecido por la SC en el fallo Abreu López.[48]

2.3.2 Aplicación en el tiempo del fallo Abreu López y la imprescriptibilidad de los aportes. Nuevas y más profundas violaciones a las garantías de irretroactividad y de seguridad jurídica

En la dispositiva del fallo Abreu López, la SC incluyó lo siguiente: *"Se ACUERDA el carácter extensivo de la presente decisión, a todas aquellas sentencias que versen sobre la misma materia y que hayan contrariado el criterio establecido por esta Sala Constitucional en cuanto a los Aportes al Fondo de Ahorro Obligatorio de Vivienda (FAOV)"*. Sin lugar a dudas ello resulta abiertamente contrario a las garantías constitucionales de irretroactividad, seguridad jurídica y confianza legítima, ya que afecta casos sobre los que incluso existía cosa juzgada. Al igual que indicamos anteriormente, en este caso creemos que, en el peor de los escenarios, la SC debió imponer efectos a futuro de su nueva interpretación, sobre todo considerando que en esta materia existía una doctrina pacífica y reiterada de la SPA en sentido contrario, como hemos indicado anteriormente (casos Mukaren, Shogun Motors, SACVEN y Rescarven, entre otros).

Pero el fallo Abreu López no solamente yerra, en nuestra opinión, en el fondo de la controversia (negando carácter tributario a un aporte que claramente es una contribución parafiscal) y en su aplicación retroactiva. Esta decisión también incluye afirmaciones muy preocupantes en materia de prescripción, propugnando que se elimine de nuestra legislación ese medio de extinción de obligaciones tributarias.[49] En ese sentido, el fallo aboga por la im-

---

"tax." That label is fatal to the application of the Anti-Injunction Act. It does not, however, control whether an exaction is within Congress's power to tax. In answering that constitutional question, this Court follows a functional approach, "[d]isregarding the designation of the exaction, and viewing its substance and application")

47 Sentencia *Obamacare*, Syllabus, 4.

48 En igual sentido se pronunció José Amando Mejía Betancourt «La crisis del Derecho Tributario: El caso del BANAVIH», *Revista de Derecho Público*, N° 130 (2012): 311-325.

49 *"Es pertinente señalar que la prescripción es una figurara que, aunque existiendo necesariamente en el ordenamiento jurídico, en realidad nunca debiera presentarse, ya que ello presupone, o bien la indolencia de quien debe cumplir con sus obligaciones de manera oportuna, o la indiferencia de las autoridades en hacer uso de sus facultades, lo cual evidenciaría una inadecuada administración; en todo caso, la prescripción no borra o descono-*

prescriptibilidad de las obligaciones tributarias, dado que las mismas constituyen un deber de los sujetos pasivos de coadyuvar en el sostenimiento de las cargas públicas.

Este argumento de la SC desconoce, claramente, que la discusión sobre la necesidad de admitir la prescripción de obligaciones tributarias fue superada hace más de 30 años en Venezuela con la promulgación de nuestro primer COT en 1982, cuyo artículo 52 expresamente incluyó a la prescripción como uno de los medios de extinción de la obligación tributaria. Como bien reseñó en su momento Chumaceiro[50], ese COT de 1982 tuvo sus antecedentes en el Modelo de Código OEA/BID de 1967 y fue presentado al Congreso venezolano, en su versión original, en 1977, de manera que es evidente que estamos ante un punto completamente analizado, aceptado y zanjado desde hace ya bastante tiempo en nuestro país.

Volver sobre una idea como la imprescriptibilidad de las obligaciones tributarias, además de abiertamente inconstitucional, es además absolutamente innecesario porque no estamos ante un postulado fundamental que requiera cuestionamiento. Tal visión, por otra parte, va a contracorriente de las tendencias de nuestra disciplina en la región, que se reflejan, en buena medida, en la Carta de Derechos del Contribuyente recientemente presentada por el Instituto Latinoamericano de Derecho Tributario (ILADT) en las XXX Jornadas Latinoamericanas de Derecho Tributario de Montevideo de noviembre de 2018.[51]

Conviene recordar, en todo caso, como indica Burgos Irazábal[52] citando al profesor García Novoa, que hoy en día existe consenso en que el fundamento primordial de la prescripción extintiva es la seguridad jurídica, y no la noción de que se trata de un castigo a la desidia del acreedor o un mero efecto del transcurso del tiempo. Así, lo que realmente justifica la institución es la necesidad de certeza en las relaciones obligacionales, y en materia tributaria dicha seguridad jurídica y certeza se destacan por la necesidad de proteger derechos fundamentales de la tributación como la capacidad contributiva, del lado de los sujetos pasivos, y de la sanidad financiera del lado de los sujetos activos.

---

ce la obligación, ni al derecho para pedir su cumplimiento, sino que crea una excepción a favor de aquel que tenía la obligación. Por tanto, una interpretación conforme al principio de progresividad e irrenunciabilidad de los derechos de los trabajadores (artículo 89, numerales 1 y 2); y del principio de interpretación más favorable al trabajador (artículo 89, numeral 3), a la luz de la concepción del estado social de derecho y de justicia, en el que el interés superior es el del trabajador; no puede llevarnos a otra conclusión que a declarar la imprescriptibilidad de los aportes al Fondo de Ahorro Obligatorio de Vivienda. Así se decide.

No pasa inadvertido para esta Sala que la interpretación hasta ahora hecha, podría hacerse para todo el sistema de recaudación fiscal, ya que con fundamento en el deber de coadyuvar a los gastos públicos mediante el pago de impuestos, tasas y contribuciones que establezca la ley (artículo 133 de la Constitución), en ese ejercicio de solidaridad social que debe caracterizar este mecanismo, el Estado obtiene un conjunto de recursos que en definitiva deben ser gestionados en pro de la búsqueda de mayor felicidad y del buen vivir de la sociedad en su conjunto. Sin embargo, quedará de parte del legislador establecer en qué casos las recaudaciones hechas en el marco del sistema de seguridad social tendrán o no el carácter de tributos a los efectos de que sea aplicable la normativa tributaria, ello con fundamento en el artículo 12 del Código Orgánico Tributario que señala que los tributos recaudados en el marco del sistema de seguridad social, se regirán por esta norma de carácter tributaria".

50 Armando Chumaceiro. «Antecedentes Legislativos del Código Orgánico Tributario», en *Comentarios al Código Orgánico Tributario* (Caracas: AVDT, 1983), 13-14.

51 En dicho estatuto se observa, claramente, que en materia de prescripción los esfuerzos no apuntan a su reconocimiento, sino a lograr que dicha institución (desde hace mucho tiempo consolidada en el Derecho Tributario) sea regulada de manera uniforme y con reglas claras que equilibren los derechos ambas partes de la obligación tributaria. Así, por ejemplo, tenemos que dentro de los "Derechos derivados del principio de seguridad jurídica", el aparte numero 76 de la Carta señala que debe existir *Derecho a que se uniformicen para todos los tributos los plazos de prescripción, en tiempos razonables, tanto de los poderes y acciones de la Administración para fiscalizar, determinar y recaudar tributos, como para aplicar sanciones*".

52 Ramón Burgos Irazábal. «La Prescripción», en *Manual Venezolano de Derecho Tributario* (Caracas: AVDT, 2013), 412-413.

Queda así evidenciado, sin resquicio para la duda, que las afirmaciones del fallo Abreu López en materia de prescripción están erradas, vulneran la garantía constitucional de seguridad jurídica y reflejan una visión abandonada varios lustros atrás en Venezuela. Por ende consideramos que dicho criterio debe ser revertido.

3. FALLOS EN LOS QUE SE HAN PROTEGIDO LAS GARANTÍAS CONSTITUCIONALES DE LA TRIBUTACIÓN

De seguidas reseñamos decisiones en las que sí se han protegido garantías constitucionales de la tributación. Estas sentencias, conjuntamente con las que fueron referidas en la sección anterior como las victimas de revisiones que resultaron en criterios errados, son una muestra de los aciertos que consideramos ha tenido el TSJ en las dos últimas décadas.

3.1 Principio de Legalidad Tributaria: las tasas de registro

En la decisión del caso Jairo José Aranguren[53], la SC analizó un caso típico de deslegalización[54], en el que abiertamente se vulneraba el Principio de Legalidad Tributaria previsto en el artículo 317 de la CN99, desarrollado en el artículo 3 del COT. En el caso Aranguren se impugnó el artículo 15 de la entonces vigente Ley de Registro Público y del Notariado ("LRPN"), el cual permitía al Presidente de la República fijar los montos a pagar por servicios registrales y notariales. Tales cantidades eran denominadas "aranceles" por la LRPN.

En primer lugar, vale la pena destacar de este fallo el análisis que hace sobre la naturaleza de los mal llamados "aranceles" previstos en la LRPN. La SC señaló, acertadamente, que si bien la referida Ley denominaba los gravámenes por servicios registrales y notariales como "aranceles", realmente estamos frente a tributos, de la especie tasas, que, en su condición de tales, están plenamente sujetos al principio de legalidad.

El fallo se pronuncia sobre este punto en los términos siguientes:

> *"El artículo 15 del decreto-legislativo impugnado califica como aranceles al pago que debe hacerse por servicios de registro y notariado. Esta Sala prefiere calificarlo, al menos a efectos de este fallo, como tasas, pues es lo que son (...) Es sabido que nuestra legislación carece de una definición de tasa como figura tributaria, pero la misma ha sido definida pacíficamente por la doctrina e incluso por ordenamientos jurídicos extranjeros como aquel tributo cuyo pago retribuye un servicio individualizado y concreto que recibe un contribuyente o un servicio potencialmente al alcance de ese contribuyente (...) Como la tasa es un tributo, no queda duda de que se sujeta al principio de legalidad, por lo que ningún acto que carezca de rango legal puede contenerlas".*

Posteriormente, la sentencia Aranguren confirma el carácter de tasa de los referidos "aranceles", dejando claramente establecido que los mismos no pueden entenderse como precios públicos. Así, basándose en uno de los elementos decantados por la doctrina para distinguir entre tasas y precios públicos, la Sala observa que en este caso no podíamos estar frente a precios públicos, visto que el servicio recibido por los usuarios de registros y notarias, que hacia nacer la obligación de pagar los mal llamados "aranceles", consistía fundamentalmente en el otorgamiento de documentos sobre los cuales el funcionario actuante daba fe pública. Visto que la fe publica solamente pueden brindarla funcionarios públicos, la Sala concluye que en este caso no podemos estar ate un precio público, ya que para el servi-

---

53   Sala Constitucional del Tribunal Supremo de Justicia, Sentencia 2166 del 14 de septiembre de 2004, caso: *Jairo José Aranguren*.

54   Sobre el punto ver, entre otros: Humberto Romero-Muci. «La garantía de la reserva legal tributaria, deslegalización y exceso reglamentario: el caso de los reglamentos de la ley de pilotaje», en *La Administración Tributaria y los Derechos de los Contribuyentes* (Caracas: FUNEDA, 1998), 37-66.

cio prestado no existe un proveedor distinto (de índole privado) al que pudiera recurrir el usuario dentro de su libertad contractual de elección de proveedores:

> *"En consecuencia, no es posible afirmar que los servicios registrales y notariales sean "precios públicos" y no tasas, cuando la "fe pública", principal beneficio obtenido del registro o protocolización de documentos, no es obtenible de prestadores de servicios particulares. Quedan a salvo los pagos que se efectúen en las dependencias registrales y notariales que, siendo importantes para la prestación del servicio, no sean en sí mismo producto del acto de registro o notariado".*

Determinado esto, la SC acertadamente concluye que cuando la norma delegó en el Ejecutivo la determinación y fijación de dos elementos esenciales de la obligación tributaria como el hecho generador y la alícuota, resultando que ninguno estuviera incluido en la LRPN, dejó a dicho texto normativo "*en franca violación del principio de la legalidad tributaria preceptuado en el artículo 317 de la Constitución*". Por ello la SC anuló por inconstitucional el impugnado artículo 15.

Un elemento adicional que destacar de este fallo, se relaciona con la correcta fijación de sus efectos en el tiempo, lo cual, como hemos visto a lo largo de este trabajo, ha sido un aspecto en el que muchos fallos han errado. En la sección pertinente, la sentencia Aranguren señala lo siguiente: "*En vista de que hasta la fecha no se ha hecho uso de la facultad que otorgaba el artículo anulado, se hace innecesario fijar efectos retroactivos a la decisión*".

Aunque el punto es resuelto en forma breve por la SC, no debe dejar de destacarse la forma y el fondo de la decisión adoptada. En primer lugar el análisis previamente transcrito revela que, en virtud de haber anulado una norma jurídica, es decir, de haber introducido un cambio importante en la regulación de un aspecto tributario, la Sala correctamente se plantea la cuestión de los efectos que debe tener su decisión en el tiempo, es decir, si los mismos deben retrotraerse o si solamente aplican a futuro.

A los fines de adoptar una decisión sobre el punto, la Sala recuerda que hasta ese momento el Ejecutivo no había fijado los montos de los "aranceles", es decir, no había ejercido la delegación que la LRPN había hecho en su favor. Ponderando entonces esa situación, la Sala decide que no es necesario que su fallo tenga efectos *ex tunc* y los fija hacia futuro. Aunque parezca de Perogrullo, es lógico que la decisión no tenga efectos hacia el pasado, visto que al no haber sido fijados los "aranceles" mal podían ser cobrados, pero resulta destacable que la Sala haya tenido en cuenta todas las situaciones del caso, fácticas y jurídicas, al momento de fijar los efectos en el tiempo de su sentencia.

3.2 Garantía de igualdad:
el Convenio para Evitar la Doble Tributación con EEUU

En el año 2001 la SC decidió la impugnación por inconstitucionalidad intentada por Fermín Toro Jiménez y Luis Britto García contra el Convenio para Evitar la Doble Tributación firmada por Venezuela con los Estados Unidos de América ("CDT").[55] Muchas de las denuncias efectuadas contra el CDT se basaban en alegadas violaciones al principio de igualdad tributaria previsto en el artículo 316 de la CN99 y a la garantía de no discriminación a favor de empresas extranjeras prevista en el articulo 301 de la CN99.

En una primera denuncia, los recurrentes aducen que el artículo 8 del CDT, que regula las rentas derivadas del transporte aéreo y marítimo, era inconstitucional porque resultaba en que las empresas de transporte domiciliadas en Venezuela quedaran obligadas a pagar Impuesto sobre la Renta ("ISLR") respecto de todas sus rentas, mientras que las empresas do-

---

55 Sala Constitucional del Tribunal Supremo de Justicia, Sentencia 1393 del 7 de agosto de 2001, caso: *Fermín Toro Jiménez y Luis Britto García.*

miciliadas en EEUU pagaban dicho impuesto exclusivamente en su país de residencia. Ello, en criterio de los recurrentes, implicaba que el CDT otorgara un tratamiento más beneficioso a las empresas extranjeras que el brindado a las empresas nacionales.[56]

Para la Sala esa norma del CDT no otorga un régimen preferencial a las compañías extranjeras, dado que las trata exactamente igual como trata a las compañías nacionales. Razona el fallo Toro-García que, si acaso existe una reducción del ingreso tributario para Venezuela, ello no resulta de la aplicación del tratado sino de una situación de hecho que escapa de cualquier análisis jurídico, como es que existan más compañías extranjeras de transporte aéreo y marítimo que compañías nacionales.[57]

De igual forma, los recurrentes aducían que el artículo 10 del CDT en materia de dividendos, brindaba un trato más beneficioso a los extranjeros, al reducir la magnitud de la imposición en el caso de dividendos pagados a accionistas domiciliados en EEUU. La SC rechaza esta denuncia, ratificando que no existe un trato más benigno para las empresas extranjeras, sino más bien el reflejo de una política fiscal que lleva a negociar y concluir un tratado bilateral como el CDT[58], el cual, además, es recíproco, ya que el mismo tratamiento que recibirán en Venezuela las empresas domiciliadas en EEUU será que el reciban en EEUU las empresas domiciliadas en Venezuela:

> *"No se trata entonces de un régimen que beneficie especialmente a los sujetos extranjeros que exploten esa actividad del transporte marítimo y aéreo de tráfico internacional, sino de un principio de distribución de la competencia impositiva entre Estados, que busca preservar dicha actividad del efecto confiscatorio de la acumulación de cargas impositivas y establecer un sistema neutral en la tributación a las inversiones respectivas; el cual aprovecha por igual a las empresas venezolanas de la materia cuando operen en tráfico internacional"*

Más adelante, al resolver la denuncia por supuesta violación al principio de igualdad en las normas del CDT sobre materia de intereses e impuesto adicional al beneficio de las su-

---

56 Denunciaron que la norma: *"crea dos categorías de empresas que operan buques o aeronaves en Venezuela: 1) Las empresas venezolanas, que pagan la totalidad de los impuestos causados por los beneficios obtenidos en sus actividades productivas en nuestro país, y 2) Las empresas de Estados Unidos, cuyos beneficios 'sólo pueden someterse a imposición en ese Estado', es decir, que no pagan impuestos sobre sus beneficios obtenidos en Venezuela"*.

57 Lee el fallo: *"Señalan, además, los accionantes que las normas impositivas relativas al transporte aéreo y marítimo, contenidas en el artículo 8 del Convenio, están otorgando a empresas extranjeras regímenes más beneficiosos que los establecidos para las nacionales, y que con el Convenio ello estaría sucediendo. No encuentra la Sala en el texto de la norma, posibilidad de que ocurra lo alegado por los accionantes, ya que a las empresas de ambos Estados se los coloca en igual plano. La conclusión que ellos exponen surgen de una situación de hecho, mas no de la letra del artículo 8, bajo análisis. El que uno de los Estados Contratantes pudiera tener mayor número de empresas marítimas o aéreas dedicadas al transporte internacional, en la forma contemplada en el artículo 8 del Convenio, lo que incluye la posibilidad de transporte interno en el territorio de los Estados Contratantes, nace de una situación fáctica mas no jurídica, y no por ello puede considerarse que jurídicamente -en función del impugnado artículo 8- existe un régimen más beneficioso a favor de los extranjeros, ya que lo contemplado en la norma es igual para las empresas de ambos Estados Contratantes. En consecuencia, no infringe el comentado artículo 8 al artículo 301 constitucional, y así se declara"*.

58 Expone la Sala: *"De la confrontación de ambas normas, no se colige que haya un trato más beneficioso a las empresas extranjeras en comparación con las nacionales. A juicio de esta Sala, la norma impugnada no discrimina a los nacionales a favor de los extranjeros, ambos se encuentran en un plano de igualdad ante la Ley. De nuevo, la Sala apunta, que el diseño de las políticas del Estado, con sus posibles limitaciones provenientes de situaciones reales existentes, no pueden ser controlados por los órganos jurisdiccionales, a menos que se infrinjan normas constitucionales, y que las opiniones sobre cómo funcionará a futuro un régimen fiscal, el cual siempre tendrá variables conforme al desarrollo de los países donde se aplique, no es materia que **per se** constituya infracción constitucional. Se trata de políticas que a futuro pueden dar o no resultados, pero que por su formulación legal y en base a unos futuros y condicionales resultados no pueden ser considerados violatorios de la Constitución. Como tampoco pueden serlo el que en un Estado haya más empresas o más inversión en su territorio que en los de otro Estado"*.

cursales (*Branch profit tax*), la Sala ratifica que la finalidad perseguida con un tratado para evitar la doble tributación, no es otra que armonizar las potestades tributarias que ambos estados contratantes tienen sobe la misma actividad empresarial, a cuyos efectos tales estados acuerdan repartir de manera equitativa entre ellos el poder de gravamen, en función de los distintos tipos de actividad, siendo el elemento clave que desmonta la denuncia de violación al principio de igualdad que dicho tratamiento acordado es reciproco entre las partes. De allí que, si un CDT resulta en que uno de los estados contratantes tenga una mayor recaudación tributaria sobre las actividades económicas bilaterales, ello no es producto de la aplicación del convenio, sino de que en su país resida un número mayor de compañías o que el volumen de negocios de sus residentes sea mayor que el de las compañias domiciliadas en el otro estado contratante:

> "*Por lo que respecta a los artículos 10, 11 y 12 del Convenio (Dividendos, Intereses y Regalías), las normas respectivas acuerdan un sistema de distribución del poder de imposición sobre esas rentas específicas entre ambos estados, de modo de repartir equitativamente entre el Estado de la residencia y el Estado de la fuente el ejercicio de ese poder, a través del establecimiento de topes a las alícuotas de impuesto imponibles por el Estado de la fuente de las rentas y la atribución de la imponibilidad residual al Estado de la residencia del beneficio de las rentas.*
>
> *Ese tratamiento fiscal uniforme en ambos Estados Contratantes es recíproco y aprovecha a los residentes y domiciliados de Venezuela cuando inviertan en Estados Unidos, de igual modo que aprovecha a los residentes y nacionales de este último país cuando inviertan en Venezuela.*
>
> *Se persigue con ello la neutralidad internacional en el tratamiento de las inversiones y no crear privilegios a favor de inversionistas nacionales o extranjeros, contrariándose así las afirmaciones de los accionantes. Así, la ventaja que procura al inversionista norteamericano la limitación de la alícuota aplicable por el Estado venezolano, cuando se trate de inversiones efectuadas en Venezuela, es compensada en forma simétrica con la ventaja de igual naturaleza y medida que obtienen los venezolanos cuando invierten en Estado Unidos.*
>
> *(...)*
>
> *De acuerdo a lo anterior, se hace necesario señalar que las normas denunciadas del Convenio establecen topes o límites máximos a las alícuotas impositivas, aplicables a la imposición de los dividendos, intereses y regalías, por parte del Estado de la fuente, que podría ser indistintamente Venezuela o Estados Unidos, los cuales son uniformes para las dos partes e inferiores a las normales de ambas legislaciones internas. Esto se hace con el propósito final de que ambos Estados Contratantes puedan gravar al mismo tiempo esas rentas específicas sin que se exceda la carga tributaria razonable, cuyo máximo común se ubica en el 34% aproximadamente, del enriquecimiento o renta neta gravable obtenidos por esos conceptos específicos, por las personas amparadas por el Convenio.*
>
> *Admite la Sala que las alícuotas máximas fijadas, en las normas impugnadas del Convenio, están referidas a ingresos brutos recibidos y no a rentas netas obtenidas por los contribuyentes. Ello quiere decir que las limitaciones impuestas deben prever que dichos ingresos y regalías, así como también la aplicación de los gastos generales del contribuyente a la obtención de todas sus rentas, lo cual sólo sería determinable globalmente en el país de la residencia; por esto, los topes de imposición del Convenio para el país de la fuente deben ser necesariamente muy inferiores a la máxima alícuota de su legislación interna, con el objeto de no gravar costos y gastos y de no gravar la porción de las rentas netas que corresponde gravar al Estado de la residencia. (...)*
>
> *Por consiguiente, las normas denunciadas del Convenio (artículos 11, 11 A y 12) no atentan contra el principio constitucional de la justa distribución de las cargas públicas según la capacidad económica de los contribuyentes, porque esa distribución de cargas se hace frente a las necesidades de ingreso y poderes impositivos de ambos Estados Contratantes, con una visión bilateral de la capacidad económica del sujeto, que tiene el deber de contribuir a los gastos públicos del Estado de residencia y del Estado de la fuente de la renta en proporción a las rentas atribuibles a cada uno*"

Evidentemente la sentencia del caso Toro-García acierta al desestimar la demanda de nulidad por inconstitucionalidad del CDT, ya que los recurrentes plantean argumentos que no analizan el asunto en toda su magnitud. En efecto, los recurrentes interpretaron las distintas reglas de atribución de gravamen contenidas en el CDT, como sacrificios, excepciones o concesiones fiscales hechas por Venezuela a favor de EEUU, olvidando que las normas del tratado no se redactan incluyendo el nombre de uno de los países firmantes en concreto, sino bajo la formula de "estado contratante" y el "otro estado contratante". La razón de que el CDT sea redactado en esos términos es, precisamente, que las normas puedan ser aplicadas en términos recíprocos, es decir, que operen exactamente igual sea que en alguna situación fáctica Venezuela sea el "estado contratante" y EEUU el "otro estado contratante", o sea que en otra situación fáctica EEUU sea el "estado contratante" y Venezuela el "otro estado contratante".

De allí que cuando el CDT, por ejemplo, otorga potestad exclusiva de gravamen sobre una renta al estado de residencia del contribuyente (e.g. beneficios empresariales de un contribuyente sin establecimiento permanente en el estado de fuente de la renta), no esta otorgando un trato desigual en favor del país de residencia o discriminatorio para las compañías del país de la fuente, porque esa misma fórmula será aplicable sea que Venezuela sea el país de la fuente de la renta o sea el país de residencia del beneficiario de la renta. Aunque parezca innecesario, por evidente, aclarar esa dinámica bajo la cual operan los convenios para evitar la doble tributación, consideramos pertinente traer a este trabajo este pasaje judicial en el cual fue necesario aclarar dicha obviedad.

3.3 Garantía de no confiscatoriedad: Alcance

En la decisión CATENE[59] la SC acierta en dos elementos muy importantes de la tributación. Por una parte, brinda una definición de tasa y, además, deja claramente establecida la relación razonable que debe existir entre el costo del servicio y la cuantía del tributo. Por otra, la Sala aporta claridad en cuanto alcance de la garantía de no confiscatoriedad de los tributos, haciendo palpable o de alguna forma materializando tan importante principio que, a pesar de su gran entidad, suele ser etéreo y de difícil concreción.

3.3.1 Definición de tasa. Parámetro para establecer su cuantía

Las tasas se encuentran descritas en el artículo 133 de la CN99, junto a los impuestos y las contribuciones, como una de las categorías de participación de los particulares en la financiación del gasto público. Como ha señalado la doctrina y jurisprudencia, los tributos pueden distinguirse en dos especies, a saber: tributos vinculados y no vinculados. Las tasas y las contribuciones forman parte de los tributos vinculados, mientras que los impuestos representan los tributos no vinculados.

Se ha dicho que las tasas, en cuanto prestaciones dinerarias exigidas coactivamente por el Estado con arreglo a la Ley, constituyen tributos vinculados, debido a que el nacimiento de la obligación tributaria está directamente relacionado con un servicio prestado por el órgano exactor al contribuyente. De allí que la competencia tributaria en materia de tasas, venga delimitada por la competencia sobre los servicios cuya prestación hace nacer la obligación de pagar estos tributos.

Como se ha indicado con acierto, en Venezuela no existe una definición autentica de tasa en la Ley marco sobre la materia (Código Orgánico Tributario), pero sí una referencia clara

---

59   Sala Constitucional del Tribunal Supremo de Justicia, Sentencia 1172 del 15 de junio de 2004, caso: *Cámara de Turismo del Estado Nueva Esparta (Catene)*.

en la Ley Orgánica del Poder Público Municipal. Ello estaría alineado con la tendencia internacional, en la que la tasa es un tributo de mayor uso a nivel local que a nivel nacional.[60] Dicha referencia se encuentra en el artículo 164 de la Ley Orgánica del Poder Público Municipal en estos términos:

> *"Artículo 164. Los municipios podrán crear tasas con ocasión de la utilización privativa de bienes de su dominio público, así como por servicios públicos o actividades de su competencia, cuando se presente cualquiera de las circunstancias siguientes:*
>
> 1. *Que sean de solicitud o recepción obligatoria por los usuarios.*
>
> 2. *Que no puedan realizarse por el sector privado, por requerir intervención o ejercicio de autoridad o por estar reservados legalmente al sector público.*
>
> *La recaudación estimada por concepto de tasas guardará proporción con el costo del servicio o con el valor de la utilización del bien del dominio público objeto del uso privativo"*

El hecho imponible de la tasa es el servicio prestado, y ello determina el rasgo subjetivo de este tributo. Así, el sujeto activo será el órgano administrativo que presta el servicio, mientras que el sujeto pasivo será el beneficiario de tal actividad administrativa. Pero además de lo indicado, esta norma establece un elemento fundamental en las tasas, destacado en el fallo CATENE, que es la necesaria proporción que debe existir entre el costo del servicio prestado y la cuantía de la tasa.

La sentencia CATENE, aceradamente, refiere a ese tema en los términos siguientes:

> *"la tasa es una de las modalidades típicas de los tributos, que consiste en la contraprestación compensatoria que hace el sujeto pasivo o contribuyente con ocasión de la prestación de un determinado servicio público. En este sentido, la carga que el ente público –en este caso municipal– impone a través del pago de ese tributo sólo tiene justificación o finalidad, según se dijo ya, para el autofinanciamiento y la cobertura de los costos de determinado servicio público, en este caso el aseo urbano"*

La importancia de esta sección del fallo radica en tomar posición clara sobre un problema crónico de la tributación en Venezuela, como lo es la excesiva cuantía de muchas tasas en el país. Como destaca esta decisión, esa relación proporcionada entre el binomino costo del servicio-cuantía de la tasa, no solo determina que el verdadero costo del servicio es el que determina el monto que debe tener la tasa, sino que ese costo no representa un limite inferior o piso para fijar la tasa, sino el monto preciso que debe tener el tributo. En definitiva, siempre se debe tener en cuenta que el objetivo con las tasas es financiar el servicio publico prestado, es decir, cubrir su costo, y no generar ganancias al ente publico prestador del servicio.

3.3.2 Alcance de la garantía de no confiscatoriedad

En la sección más importante del fallo CATENE, la SC brinda parámetros concretos con respecto al alcance de la garantía constitucional de no confiscatoriedad. En este sentido, la Sala comienza por destacar que la confiscatoriedad no necesariamente requiere la destrucción patrimonial absoluta de un contribuyente para materializarse, sino que también se produce cuando una exacción escapa o excede de parámetros razonables, articulando entonces tres garantías constitucionales claves como las de no confiscatoriedad, proporcionalidad y razonabilidad:

> *"En efecto, el carácter confiscatorio de un tributo no sólo se verifica cuando se sustrae una parte sustancial del valor del capital o de la renta del contribuyente, o bien cuando se ocasiona el aniquilamiento del derecho de propiedad porque se vacía de contenido alguno de sus atribu-*

---

60   Andres Halvorssen. «Las Tasas», en *Manual Venezolano de Derecho Tributario* (Caracas: AVDT, 2013), 514.

tos; la confiscatoriedad también se produce cuando existe "una apropiación ilegítima por parte del Fisco del patrimonio de los ciudadanos, cuando exceden los límites de la razonabilidad de la exacción, por caer en la desproporción entre las cargas impuestas y la capacidad económica del contribuyente, (o) por no haber correspondencia entre el fin perseguido por la norma y el medio elegido para concretarlo..." (RUAN SANTOS, Gabriel, "Las garantías tributarias de fondo o principios substantivos de la tributación en al Constitución de 1999", en la obra colectiva La tributación en la Constitución de 1999, Academia de Ciencias Políticas y Sociales, Caracas, 2001, p. 92). Por tanto, cuando la Administración tributaria obtiene un enriquecimiento injustificado a causa de la recaudación de un tributo, más aún cuando éste es una tasa que se exige por la prestación de un servicio, se violan los principios de proporcionalidad y de razonabilidad, que postulan el apego de la Administración tributaria al principio de la justa distribución de las cargas públicas y se verifica el rasgo confiscatorio del tributo, carácter expresamente proscrito por el constituyente en el artículo 116 del Texto Fundamental. Así se decide"

Consideramos un acierto que la Sala, haciendo suyas las ideas expuestas por el profesor Ruan Santos, extienda la concepción de la no confiscatoriedad más allá de los casos extremos y evidentes, para entender que no es necesario que un contribuyente se vea imposibilitado de pagar un tributo para que el mismo se entienda confiscatorio. Ciertamente, un tributo es confiscatorio si excede cánones razonables o proporcionales, aun si un sujeto pasivo puede pagarlo. En la concepción clásica de confiscatoriedad, el tributo solamente era cuestionado si el resultado de absorción patrimonial era total, lo cual no deja de ser cierto si ocurre, pero limita a casos extremos la aplicación de una garantía constitucional tan importante.

De allí la relevancia de la sentencia CATENE, ya que el fallo concibe la garantía de no confiscatoriedad como una categoría que opera conjuntamente con las garantías de proporcionalidad y razonabilidad de los tributos, armonizando el sistema tributario o entendiendo, correctamente, que el conjunto de principios y garantías que informan nuestra disciplina no operan de manera aislada sino concatenadas todas entre sí. Ello determina, entonces, que un tributo es confiscatorio -obviamente- cuando detrae la totalidad del patrimonio de un contribuyente, pero también cuando detrae una porción de tal patrimonio de manera desproporcionada e irracional, considerando que dicha proporcionalidad y razonabilidad no solamente se miden en función del patrimonio del contribuyente, sino del tributo en cuestión.

Como ocurrió en el caso bajo análisis en el fallo CATENE, las ideas anteriores se pueden observar más claramente en el caso de las tasas, ya que es una especie de tributo en la que, como se indicó anteriormente, debe existir una clara vinculación entre la cuota tributaria y el costo del servicio que causa la tasa. Bajo el postulado del fallo CATENE, entonces, una tasa puede ser confiscatoria sin consumir todo el patrimonio de un contribuyente, si acaso la cuantía del tributo excede el costo del servicio imponiendo un gravamen desproporcionado y no razonable. En un caso como ese, el tributo será confiscatorio a pesar de que un contribuyente pueda pagarlo, toda vez que dicha violación al postulado constitucional será el resultado de falta de proporción y razonabilidad.

Todo esto deriva de un segundo aspecto destacado por el fallo CATENE, como es el alcance del derecho a la propiedad privada que ampara a los contribuyentes. Ello así, visto que un gravamen cuya cuantía resulta confiscatoria por desproporcionada, atenta directamente contra el derecho de propiedad del contribuyente que, si bien tiene la obligación de aportar su parte al sostenimiento de las cargas públicas, debe hacerlo no solo en función de su capacidad propia, sino en base a cánones proporcionados y razonables:

"Asimismo, y en segundo lugar, concluye la Sala que la exigencia del pago de un tributo que carezca de justificación no sólo deviene en confiscatorio, pues implica un lucro indebido del ente público que no responde a la finalidad constitucional de la potestad tributaria, sino que, además, implica violación del derecho de propiedad que establece el artículo 115 de la Constitución de 1999, pues se trataría de una restricción patrimonial que no obedece al deber de justa contribución con un gasto público determinado, que es lo que exige el artículo 133 eiusdem. Así se decide"

Con estas conclusiones, creemos que el fallo CATENE reivindica la obligación tributaria como una relación de Derecho y no de poder, en el cual el poder exactor del Estado está en un mismo plano que los derechos de los contribuyentes. De allí que, la amplitud de los poderes que las normas jurídicas otorgan al Estado para crear, imponer y recaudar tributos, conviva con un conjunto de garantías que protegen a dichos sujetos pasivos contra los excesos del poder público, con el objetivo de que la finalidad recaudatoria se materialice sin asfixiar o destruir el patrimonio de los particulares, el cual es igualmente importante.[61]

4. CONCLUSIONES

Muchas de las decisiones comentadas a lo largo de este trabajo reflejan una posición inconsistente sobre temas fundamentales y, en algunos casos, sobre controversias superadas hace mucho tiempo que, en definitiva, consideramos constituyen severos y preocupantes retrocesos en el alcance y aplicación de garantías fundamentales de la tributación. Sin pretender dar prioridad a una garantía sobre otra, consideramos particularmente preocupantes las violaciones a las garantías de irretroactividad, seguridad jurídica y confianza legítima, dada la importancia que estas tienen sobre las actividades económicas y la inversión, en tanto procuran mantener condiciones estables para el desarrollo de las operaciones lucrativas que movilizan la económica de un país y, con ello, el desarrollo de sus habitantes.

Brindar reglas claras y coherentes en el tiempo es esencial para la evolución económica de cualquier nación y, a esos efectos, los tribunales tienen un rol primordial como árbitros de las controversias que, naturalmente, se presentan en una económica dinámica entre las autoridades tributarias y los particulares. Por ello, a los fines de brindar una tutela judicial efectiva de los derechos de todas las partes involucradas en la relación obligacional impositiva, el poder judicial tiene el deber de mantener coherencia en sus criterios y, en caso de cambiarlos, de aplicarlos hacia el futuro y nunca hacia el pasado (salvo que resulten mas beneficiosos para los contribuyentes) en aras de brindar un ambiente tributario predecible y estable en el tiempo.

Sin perjuicio de lo expuesto, en el estado de cosas descrito resulta destacable que existan decisiones que hayan aplicado correctamente las garantías de legalidad tributaria, igualdad y no confiscatoriedad. No decimos esto por asumir una posición favorable a los contribuyentes, sino porque ello es una muestra de respeto al estado de derecho. Las garantías constitucionales en materia tributaria existen para procurar, por una parte, la concreción de los postulados primarios de la tributación, y por otra que esos objetivos se cumplan dentro de un marco de reglas y límites al amplio poder estatal de imposición. En ese sentido, si bien existe un deber de contribuir por parte de los ciudadanos y uno de recaudación por parte del Estado, esa dinámica debe desarrollarse con apego a los principios y garantías que imponen, de parte del Estado la obligación de recaudar, pero de forma proporcionada y razonable; y de parte de los particulares la de aportar lo que corresponde, en función de la magnitud económica de sus operaciones.

Como se observa, en definitiva, el respeto a las reglas, garantías y principios de la tributación no solo corresponde al Estado como acreedor tributario y a los contribuyentes como deudores, sino que opera igualmente en beneficio de ambas partes. Hagamos votos, entonces, para que los retrocesos comentados se superen en el futuro cercano y, adicionalmente, para que los avances alcanzados se mantengan en el tiempo como corresponde.

---

61   Al respecto señala acertadamente el profesor Valdés Costa lo siguiente: "*Las controversias tributarias acerca de la existencia y cuantía de la obligación consisten en un conflicto de intereses pecuniarios, entre dos partes sometidas por igual a la ley*". *Vid.* Ramón Valdés Costa. *Instituciones de Derecho Tributario* (Buenos Aires: Ediciones Depalma, 1992), 280.

§ 17. CONSIDERACIONES RESPECTO A LA INTERPRETACIÓN DEL PRINCIPIO DE CAPACIDAD CONTRIBUTIVA PREVISTO EN LA CONSTITUCIÓN VENEZOLANA

Taormina Cappello Paredes [*]

I. INTRODUCCIÓN

Una de las nociones tributarias más difíciles de asir teóricamente es la de capacidad contributiva. Este principio está consagrado en el artículo 316 de nuestro texto constitucional y se requiere de la mayor pericia del intérprete para poder determinar su naturaleza y la manera más justa de aplicarlo. Para ello deberemos echar mano de las mejores y más adecuadas técnicas de interpretación de la norma tributaria.

Cuando nos referimos, a la interpretación de la norma tributaria en Venezuela, debemos tener presente que en algunos casos la jurisprudencia va generando erráticos e impredecibles resultados que, en no pocas oportunidades, se alejan de la justicia e ignoran principios rectores de la tributación.

La interpretación de la norma jurídica, es uno de los principales ejercicios intelectuales que originan las controversias diarias en las que nos vemos inmersos en los diversos procesos en los que los abogados debemos intervenir. Esa interpretación entendida como el acto o los actos tendentes a *desentrañar* el verdadero sentido y significado de la norma diseñada por el legislador en sentido abstracto, para luego poder aplicarla a los hechos, se complejiza aún más cuando nos encontramos ante el ámbito tributario, que implica inescindiblemente, la consideración de fenómenos con contenido y de significado económico. Vale decir, en materia tributaria, al ejercicio ya complicado por su naturaleza intrínseca de interpretar la norma jurídica, le debemos adicionar la tarea de valorar otro fenómeno, el fenómeno económico que tampoco puede ser catalogado como una tarea simple.

Para complicar aún más el área a estudiar, considérese que, lo haremos no en tiempos de equilibrio y paz generalizada. Todo lo contrario, lo haremos inmersos en una época indiscutiblemente difícil en lo político, lo económico y lo social. Crisis que posiblemente se precipita en su desarrollo, en ocasión de una sentencia controversial que sirvió de fundamento para *sacrificar*[1] el Estado de Derecho en Venezuela, dictada por la Sala Política Administra-

---

[*] Abogado egresada de la Universidad Católica Andrés Bello (UCAB). Posee estudios de postgrado en la especialidad en Derecho Tributario y Derecho Laboral en la Universidad Central de Venezuela (UCV). Estudios de postgrado en Derecho Tributario en la Universidad de Salamanca (España). Doctorando en Derecho en la Universidad Central de Venezuela. Profesora ordinaria por concurso de oposición (agregado), Jefe de la Cátedra de Finanzas Públicas en la Escuela de Derecho de la Facultad de Ciencias Jurídicas y Políticas de la Universidad Central de Venezuela, y profesora del Centro de estudios de Postgrado de la misma universidad. Miembro técnico fundador del Observatorio Nacional Impositivo -Capítulo Venezuela, (OBNI). Miembro de la Asociación Venezolana de Derecho Tributario. Socia fundadora de la firma de abogados, Martínez & Cappello.

[1] CASAL HERNÁNDEZ, Jesús María. *Apuntes para una historia del Derecho Constitucional de Venezuela.* Centro para la Integración y el Derecho Público-Editorial Jurídica Venezolana. Caracas, 2019, p. 215.

tiva de la Corte Suprema de Justicia, bajo el N° 17, en fecha 19 de enero de 1999, mediante la cual se avaló la convocatoria del Presidente Hugo Chávez a una Asamblea Constituyente[2].

Hablar de estos temas, como el que ocupa el centro de este breve trabajo, inmiscuidos en una crisis de la dimensión de la venezolana[3], pareciera una *utopía* en su mejor expresión.

La interpretación de la norma tributaria lamentablemente no es inmune a dicha crisis, y en efecto, puede verse sometida a múltiples presiones que podrían alterar sustancialmente el resultado de tan fundamental ejercicio intelectual, pero apostamos por su rescate, por su restablecimiento, por devolver al ordenamiento jurídico su verdadero rol y despojarlo así, de *voluntarismos*[4] capaces de tergiversar el verdadero propósito y razón de la norma tributaria.

Dentro de las normas constitucionales a ser interpretadas en materia tributaria, tiene especial relevancia la que contiene la noción de *capacidad contributiva*, artículo 316 constitucional, que es del tenor siguiente: *"El sistema tributario procurará la justa distribución de las cargas según la capacidad económica del contribuyente, atendiendo al principio de progresividad, así como la protección de la economía nacional y la elevación del nivel de vida de la población y se sustentará para ello en un sistema eficiente para la recaudación de los tributos"*.

Es trascendental este concepto porque de él depende la justicia tributaria definida en el texto constitucional. La *capacidad contributiva* es la unidad de medida teórica que define la cantidad con la que una persona, natural o jurídica, debe contribuir para satisfacer las cargas públicas. De allí se desprende que, si existen dudas o desacuerdos en la definición de *capacidad contributiva*, ello se traducirá en disputas entre el Fisco y contribuyente respecto al *quantum* del tributo, razón por la cual a todos interesa que el Poder Judicial sea suficientemente diligente en la solución de esos conflictos referidos a esta importante noción. En razón de lo anterior, nos proponemos analizar en el presente trabajo algunos de los pronunciamientos que en los últimos años ha emitido sobre esa materia el Tribunal Supremo de Justicia.

La ocurrencia de erráticas e impredecibles decisiones jurisprudenciales de las que hablábamos al inicio, daña y entorpece la verdadera función de la interpretación, la maltrata, desvía el sentido de la misma, nos inunda de distorsiones, conclusiones contradictorias e inexactas sobre el verdadero significado y aplicación concreta de una norma tributaria, y en consecuencia, las conclusiones así conformadas, abonan innumerables vicios antijurídicos que se convierten al final en desincentivos a la inversión y a la generación de actividad económica productiva en nuestro país. Ante ese vaivén de criterios interpretativos diversos, presentaremos advertencias cuyo objetivo principal es motivar la reflexión sobre semejante

---

2   "En efecto, [a] raíz de un recurso de interpretación del entonces artículo 181 de la Ley Orgánica del Sufragio y Participación Política, la Sala…sostuvo que la soberanía popular no podía tener como límite las normas constitucionales,… Esta decisión permitió, nada más y nada menos, que se modificara la Constitución de 1961, sin cumplir con los procedimientos previstos…". CHAVERO GAZDIK, Rafael. *La justicia revolucionaria. Una década de reestructuración (o involución) judicial en Venezuela*. Editorial Aequitas, C.A. Caracas, 2011, pp. 56-57.

3   En donde "sobresalen componentes como los siguientes: la disolución de la separación de poderes constitucionalmente establecida, el cierre del extenso campo de pluralismo ideológico de la Constitución, mediante el socialismo del siglo XIX. // el cerco a la libertad económica y al derecho de propiedad, merced a las leyes del poder popular y de los decretos leyes y otras medidas que han desdibujado la protección constitucional de la propiedad y la garantía expropiatoria…". CASAL HERNÁNDEZ, Jesús María. *op. cit.* p. 220.

4   En este sentido hacemos nuestra esta frase lapidaria de DWORKIN, "La ley es la ley. No es aquello que los jueces creen que es sino lo que es en realidad. Su tarea es aplicarla y no cambiarla para adaptarla a sus propias éticas o convicciones políticas". DWORKIN, Ronald. *El imperio de la Justicia*. (Traducido por Claudia Ferrari). Editorial Gedisa, S.A. Segunda Edición. Barcelona, 2012, p. 90.

problema jurídico-tributario para que luego, cada operador, pueda intentar de la interpretación un ejercicio justo[5], objetivo y libre[6] del contenido verdadero de la norma tributaria.

Uno de los pilares más relevantes de la tributación lo constituye la *capacidad contributiva*. De ella podríamos llenar muchísimas líneas con la intención de comentar sus orígenes, contenido, aproximaciones al concepto, objetivos o finalidades, justificación y alcance, pero dada su complejidad y enorme amplitud, hemos preferido identificar un elenco básico de características, para intentar así acercarnos a su significación. Ya se ha dicho sobre ella, que lograr un concepto doctrinario exacto es imposible, ya que han de considerarse necesariamente la interrelación de distintos criterios (filosóficos, políticos, de sistemas y procedimientos teóricos, económicos vinculados con el concepto de valor y con la noción de progresividad vigentes en cada momento y en cada sociedad)[7]

Lo primero que debemos advertir es que hemos seleccionado la terminología de *capacidad contributiva*[8], y no capacidad de prestación ni capacidad económica como lo hizo nuestra actual Constitución, para denotar la evolución de tales terminologías en la acepción tributaria[9]. Evidentemente, tampoco nos estaremos refiriendo aquí a la capacidad como aptitud legal para adquirir derechos y contraer obligaciones.

---

5   Ejercicio interpretativo que de manera natural lleva implícito un marcado elemento subjetivo, ya que quien interpreta en última instancia y generalmente, es un ser humano (en calidad de abogado litigante, asesor, contribuyente, en sede judicial: administración de justicia en cabeza del juez, en sede administrativa: administración tributaria en cabeza de un funcionario) a quien se le solicita, por un lado, sobreponerse a sus subjetividades connaturales, elevarse y alcanzar la máxima objetividad interpretativa contenida en la norma sometida a aplicación, y por otro lado, en el caso de enfrentarse ante varias interpretaciones posibles, saber seleccionar la que pueda traducirse como la más justa. Un claro ejemplo podría ser el observado entre los criterios jurisprudenciales interpretativos contenidos en los sonados casos *The Walt Disney Company (Venezuela), S.A.* en sentencia de la SPA/TSJ N°1426 de fecha 30/11/2008 *vs. Tamayo y Cía., C.A* en sentencia de la misma Sala del TSJ, N° 815 de fecha 04/06/2014, donde es evidente que en la argumentación del primero existen válidos y contundentes razonamientos que al considerarse y contraponerse con el criterio hoy vigente, luce abiertamente como el criterio interpretativo más justo, racional y coherente. Según TARSITANO, "la interpretación marca, entonces, la interacción de dos conciencias, la del legislador y la del intérprete.// Su interpretación se exhibe como la más justa entre las posibles. Es la que prevalece.// Es cierto que la decisión del juez está influida por un conjunto de predisposiciones, distintas, que él ordena de manera arbitraria y, en muchos casos, de manera inconsciente, o sin tener en cuenta el orden de preeminencia de tales elementos. Estos elementos se nutren de valores, intereses experiencias, esquemas dogmáticos, concepciones históricas, y hasta de factores psicológicos que influyen en el sentido conferido a la ley por el juez" TARSITANO, Alberto. *Interpretación de la ley tributaria*, en AA.VV. Tratado de Tributación. Tomo I. Derecho Tributario. Volumen I: Parte General. Derecho constitucional tributario. Derecho tributario sustantivo o material; administrativo o formal; procesal; penal, internacional; comunitario. Horacio A. García Belsunce (Dir). Editorial Astrea. Buenos Aires, 2003, pp. 411-563. En el mismo sentido, BALAGUER indica, "[a] diferencia de una interpretación científica, además, la interpretación judicial va del caso al Derecho y del Derecho al caso, hasta encontrar la solución que el juez considera más justa". BALAGUER C, María Luisa. *Interpretación de la Constitución y ordenamiento jurídico*. Tecnos. Madrid, 1997, p. 91. *Cfr.* AMATUCCI, Andrea. *La interpretación de la Ley Tributaria*, en Tratado de Derecho Tributario. Tomo Primero: El Derecho Tributario y sus Fuentes. Andrea Amatucci (Dir). Editorial Temis, S.A., Bogotá, Colombia. 2001, pp. 569-570.

6   "Hay en el procedimiento interpretativo de la jurisprudencia y del ejercicio de la función administrativa un constante objetivismo, entendido en este sentido: el intérprete investiga y reconstruye una estructura jurídica que forma poniendo en conexión una norma con otras normas, una ley con otras leyes, las disposiciones normativas con los hechos y con los comportamientos en torno a los que está llamado a juzgar y decidir. El trabajo del intérprete se desarrolla realizando una estructuración de la realidad social en los términos exigidos en la ley, y no viceversa..." FROSINI, Vittorio. *La letra y el espíritu de la ley*. Ariel. Barcelona, 1995, p. 149.

7   VALDÉS COSTA, Ramón. *Instituciones de Derecho Tributario*. Ediciones Depalma, Buenos Aires, 1992, pp. 374-375.

8   Terminología usada por la Constitución Italiana de 1946 según refiere Valdés Costa, y que como veremos más adelante, es la terminología que selecciona usar en sus sentencias, el Tribunal Supremo de Justicia venezolano. VALDÉS COSTA, Ramón. *Instituciones de Derecho Tributario. Op. cit*, p. 459.

9   Ver LUQUI, Juan Carlos. *La obligación tributaria*. Ediciones Depalma. Buenos Aires, 1989, pp. 91-93.

Así las cosas, enumeraremos a continuación las características de la *capacidad contributiva* a la que antes nos referimos.

- Recogida en el actual artículo 316 de la Constitución vigente[10], antes en el artículo 223 de la Constitución derogada por esta última[11] como *norma programática*[12].

- Consagrado dicho artículo en su conjunto visto como un todo[13], como el principio de justicia tributaria o el principio de la justicia distributiva de las cargas públicas, el cual establece dos criterios –uno objetivo y otro subjetivo[14]–, para realizar efectivamente dicha justicia tributaria. El criterio objetivo o el sentido económico[15] lo constituye la *capacidad contributiva*, y el subjetivo el principio de progresividad. Ambos criterios, junto con la protección de la economía y la elevación del nivel de vida de la población, serán posibles mediante un sistema eficiente en la recaudación de los tributos.

- Titulada como la causa[16] material jurídica del tributo, así: la circunstancia o el criterio que la ley creadora de tributos –como causa formal de los mismos– asume como *razón necesaria y suficiente para justificar*[17] que de verificarse el hecho imponible, deriva la obligación tributaria. Considerada en tal sentido, como el fundamento que justifica el mismo hecho de contribuir.[18]

- Constituida como límite[19] para el legislador en la configuración de los tributos, al tener que considerar índices o circunstancias reveladoras de *capacidad contributiva* al diseñar el hecho imponible[20], y vista también como límite a la retroactividad de las normas tributarias[21].

---

10   Publicada en la *Gaceta Oficial* N° 36860 en fecha 30 de diciembre de 1999.

11   Publicada en la *Gaceta Oficial Extraordinaria* N° 662 en fecha 23 de enero de 1961.

12   Calificada como tal, tanto por el Dr. José Andrés Octavio y como por el Dr. Leopoldo Borjas a quien éste cita en OCTAVIO, José Andrés. *Principios del Derecho Tributario Venezolano*. Discurso y Trabajo de Incorporación a la Academia de Ciencias Políticas y Sociales. Academia de Ciencias Políticas y Sociales. Caracas, 2002, pp. 44-45.

13   De la misma manera que es consagrado en la Constitución española en su artículo 31.1, característica ésta que en un principio trajo como consecuencia el pretender excluir de la aplicación del principio español a las tasas, problema resuelto vía jurisprudencial. Ver COLLADO YURRITA, Miguel Ángel y MORENO GONZÁLEZ, Saturnina. *Principios Constitucionales del Derecho Tributario: Principios Materiales*, en Derecho Tributario. Parte General. Collado Yurrita, Miguel Ángel (Dir). Atelier, Libros Jurídicos, Barcelona, 2006, pp. 40-41.

14   Ver CONTRERAS QUINTERO, Florencio. *Disquisiciones Tributarias*. Colección N° 19 *Justitia Et Jus*. Universidad de Los Andes-Facultad de Derecho. Mérida. Venezuela, 1969, pp. 33-38.

15   UCKMAR, Víctor. *Principios comunes del derecho constitucional tributario*. Editorial Temis, S.A. Bogotá, Colombia, 2002, p. 59.

16   Ver PEREZ DE AYALA, José Luís y GONZÁLEZ Eusebio. *Curso de Derecho Tributario*. Tomo I. Sexta Edición. Editorial de Derecho Financiero-Editoriales de Derecho Reunidas, Madrid, 1991, pp. 177-178.

17   JARACH, Dino. *El Hecho Imponible*. Teoría General del Derecho Tributario Sustantivo. Tercera Edición. Abeledo-Perrot. Buenos Aires, 1982, pp. 91-103.

18   SPISSO, Rodolfo R. *Derecho Constitucional Tributario*. Ediciones Depalma. Segunda Edición. Buenos Aires, 1990, pp. 353-354.

19   Ver BELISARIO RINCÓN, José Rafael. *El Principio de capacidad contributiva en los Regímenes Simplificados de Tributación*, en Memorias XXIV Jornadas Latinoamericanas de Derecho Tributario. Tema II: Principios Tributarios ante las Nuevas Formas de Imposición a la Renta. Instituto Latinoamericano de Derecho Tributario-Asociación de Derecho Tributario. Caracas, 2008, pp. 1331-1348. Ver también COLLADO YURRITA, Miguel Ángel y MORENO GONZÁLEZ, Saturnina. *Principios Constitucionales del Derecho Tributario: Principios Materiales. op. cit.* p. 39, AMATUCCI, Andrea y GONZÁLEZ GARCÍA, Eusebio. *El Concepto de Tributo*, en Tratado de Derecho Tributario. Andrea Amatucci (Director). Tomo Segundo, Editorial Temis, Bogotá, Colombia, 2001, p. 8., y RAMÍREZ CARDONA, A. *Derecho Tributario*. Cuarta Edición. Editorial Temis, Bogotá, 1990, p. 19.

20   Característica establecida por PÉREZ DE AYALA y GONZÁLEZ, como el cumplimiento de dos condiciones para una adecuada recepción de la capacidad contributiva a la hora de legislar. La primera, que exige "que las normas reguladoras del impuesto que configuran su hecho imponible no desmientan la voluntad del legislador de

Finalmente, y por considerarlas de utilidad, traeremos acá distinciones planteadas por dos autores. La primera, que distingue entre la capacidad contributiva *absoluta* y la *relativa* por SAINZ DE BUJANDA. Y una segunda, la que distingue entre capacidad económica *objetiva* y *subjetiva* sostenida por SPISSO.

Así, se entenderá por capacidad contributiva absoluta, a la *aptitud abstracta, absoluta para concurrir al pago de las cargas públicas,* tenida en cuenta a la hora de delimitar los presupuestos de hecho; y por capacidad contributiva relativa, como *el criterio que ha de orientar la determinación de la concreta carga tributaria,* tenida en cuenta en el momento de la fijación de los elementos cuánticos que componen la deuda tributaria de cada sujeto.[22]

Sumamente interesante y útil resulta a los efectos de esta investigación, observar la clasificación de SPISSO[23], donde encontraremos la definición de capacidad económica *subjetiva* entendida como mínimo para contribuir, siempre que dicho mínimo otorgue al individuo la posibilidad de cubrir sus necesidades básicas. Con respecto a la capacidad económica *objetiva*, solo nos presenta sus requisitos, a saber:

a) Que el gravamen se aplique a rendimientos netos, como exigencia para que éste recaiga sobre la riqueza disponible;

b) Que no exista una total separación entre los diversos períodos impositivos, es decir, que exista continuidad en el ciclo productivo, como por ejemplo la prohibición de compensaciones entre pérdidas y utilidades de anteriores o posteriores períodos fiscales; y

c) Que no se someta a tributación rendimientos ficticios sino efectivos, por lo que no se debe gravar la capacidad productiva, sino la riqueza obtenida realmente; no deben gravarse rendimientos nominales por lo que se hace imprescindible corregirlos por efecto de la inflación y no deben establecerse presunciones *iure et de iure* que graven una riqueza meramente probable.

Breves serán nuestras anotaciones a las posibles *violaciones* que pudieran darse a la *capacidad contributiva*, y que han sido recogidas por doctrinarios nacionales e internacionales. De forma general, estaremos en presencia de violaciones a la *capacidad contributiva*, cuando se irrespeten los valores implícitos que ella está llamada a preservar, según vimos de sus características. De forma concreta, estaremos en presencia de la violación a la *capacidad contributiva,* cuando:

---

gravar, inmediatamente –de modo directo–, o mediatamente –de modo indirecto–, la existencia de una renta de un patrimonio o un acto de uso o gasto de una renta o patrimonio". La segunda condición que exige "que el legislador no emplee ficciones jurídicas o legales al definir las realidades económicas gravadas (ficciones relativas al hecho imponible); ya sea en las normas que valoran esas realidades (ficciones relativas a la base imponible), bien sea al definir al sujeto pasivo del impuesto al que se grava como titular o beneficiario de aquellas realidades que indican la capacidad económica de pagar el impuesto soportado". PEREZ DE AYALA, José Luís y GONZÁLEZ Eusebio. *Curso de Derecho Tributario. op. cit.* p. 179.

21 Supuesto identificado por SAINZ DE BUJANDA, cuando una "ley establece como presupuesto de hecho, o una situación pasada que no persiste en el momento de su entrada en vigor, o modifica, extendiendo sus efectos hacia el pasado, los elementos esenciales de un tributo existente en dicho momento, pues dicha capacidad ha de referirse no a la actual del contribuyente, sino a la que está ínsita en el presupuesto del tributo y, si ésta hubiera desaparecido o se hallare disminuida en el momento de entrar en vigor la norma en cuestión se quebraría la relación constitucionalmente exigida entre imposición y capacidad contributiva. SAINZ DE BUJANDA, Fernando. *Lecciones de Derecho Financiero.* Décima Edición. Servicio de publicaciones Facultad Derecho, Universidad Complutense, Madrid, 1993, p. 49. Ver también, COLLADO YURRITA, Miguel Ángel y MORENO GONZÁLEZ, Saturnina. *Principios Constitucionales del Derecho Tributario: Principios Materiales. op .cit.* p. 42.

22 SAINZ DE BUJANDA, *Fernando. Lecciones de Derecho Financiero. op. cit.* p. 107- 111.

23 SPISSO, Rodolfo R. *Derecho Constitucional Tributario. op. cit.* pp. 361-382.

1. Se altere el hecho y la base imponible del tributo con fundamento a un elemento o condición formal, extraño o ajeno a la estructura intrínseca del gravamen.[24]

2. Se observe la actuación arbitraria del legislador, gravando u otorgando beneficios fiscales a situaciones que no posean justificación de esa aplicación discriminada, obviando criterios económicos y sociales para la época particular.[25]

3. Cuando se someta a gravamen una renta, no ya potencial o virtual, sino inexistente o ficticia.[26]

4. Cuando se establezcan presunciones *iure et de iure* sobre ganancias mínimas; cuando se establezcan presunciones de ganancias en función exclusiva de bienes del activo, con exclusión del pasivo, por irracional.[27]

Sin ánimos de exhaustividad por supuesto, porque podría ser este un tema al que se dedicara exclusivamente una investigación, la revisión del texto de las Constituciones venezolanas que estuvieron vigentes a partir de 1811, nos permitirá determinar: (i) la consagración formal y expresa de la *capacidad contributiva*, (ii) las posibles alteraciones, modificaciones en general que hubiera sufrido la norma, y que pudiera *justificar* una evolución hacia un sentido u otro y (iii) la estructuración de su consagración formal expresa con la finalidad posterior de examinar dicha estructura como *enunciado* jurídico. Por ello, no nos detendremos en el análisis minucioso de su contenido, y que antes hemos esbozado dentro de sus características.

Así las cosas, y luego de revisar las veintiséis Constituciones que han estado vigentes en Venezuela,[28] desde 1811 hasta nuestros días, constatamos que solo es en 1947, cuando la *capacidad contributiva* es consagrada por primera vez en su artículo 232.

En las constituciones anteriores a 1947, quien marca un estelar protagonismo en materia tributaria es el *principio de legalidad*, presente desde nuestra primera Constitución de 1811 en su artículo 166, junto a la protección a la propiedad en el artículo 155.[29]

---

24 OCTAVIO, José Andrés. *Principios del Derecho Tributario Venezolano. op.cit*. pp. 47-51. El autor cita como ejemplo de este posible supuesto de violación al principio, las retenciones exigidas para la deducción de un gasto en materia del Impuesto sobre la Renta.

25 VALDÉS COSTA, Ramón. *Instituciones de Derecho Tributario. op. cit.*, p. 375. La invitación es a revisar si la eliminación de la aplicación del ajuste por inflación a determinados contribuyentes (especiales, banca, seguros y reaseguros) en el impuesto sobre la renta, calificaría en este supuesto. Más adelante se detallará la sentencia del máximo tribunal venezolano, sobre la admisión del Recurso por inconstitucionalidad interpuesto.

26 COLLADO YURRITA, Miguel Ángel y MORENO GONZÁLEZ, Saturnina. *Principios Constitucionales del Derecho Tributario: Principios Materiales. op. cit.*, p. 40. Véase también la calificación de capacidad económica inexistente o ficticia que hace SPISSO, cuando no se permite corregir los efectos de la inflación. SPISSO, Rodolfo R. *Derecho Constitucional Tributario. op. cit.*, p. 369.

27 *Ídem.* pp. 368-369.

28 Que según el Dr. BREWER-CARÍAS pudiera resumirse en cuatro grandes ciclos históricos políticos: el del Estado Independiente y Autónomo (1810-1863); el del Estado Federal (1863-1901); el del Estado Autocrático Centralizado (1901-1945); y el del Estado Democrático Centralizado de Partidos (1945 hasta el presente). BREWER-CARÍAS, Allan R. *Las Constituciones de Venezuela*. Academia de Ciencias Políticas y Sociales. Segunda Edición. Caracas, 1997, Nota a la Segunda Edición s/p. *Cfr*. CASAL HERNÁNDEZ, Jesús María. *Apuntes para una historia del Derecho Constitucional de Venezuela*. Centro para la Integración y el Derecho Público-Editorial Jurídica Venezolana. Caracas, 2019, *in totum. Cfr*. DUQUE CORREDOR, Román. *Constitucionalismo Autoritario. La destrucción del Estado social y Democrático de Derecho con constituciones democráticas. El canibalismo constitucional*. Fundación Alberto Adriani y Bloque Constitucional. Caracas, 2017, *in totum*. Los estudios de estos dos últimos autores, muy bien pueden servir de referencia para la caracterización del período constitucional a partir del año 1999.

29 El artículo 151 de la Constitución de 1811, pudiera ser catalogado como el origen en materia impositiva del principio de igualdad y justicia tributaria al establecer expresamente como obligación de los Gobiernos de la época, el aseguramiento del hombre en sociedad (y el logro de la felicidad común), su protección y mejora de sus faculta-

Aquel artículo 232 incorporado en la Constitución de 1947 rezaba: *"El régimen rentístico nacional se organizará y funcionará sobre bases de justicia e igualdad tributaria con el fin de lograr una repartición de impuestos y contribuciones progresiva y proporcional a la capacidad económica del contribuyente, la elevación del nivel de vida y la protección e incremento de la producción nacional.*

Solo se concederán exoneraciones en los casos en que la ley lo permita."

Luego, en la Constitución de 1953, en su Sección Quinta, denominada *"De la Hacienda Pública"*, se omite totalmente cualquier referencia a la *capacidad contributiva*, manteniéndose la consagración del principio de legalidad (artículo 121).

En la Constitución de 1961 reaparece la capacidad contributiva. Su artículo 223 rezaba: *"El sistema tributario procurará la justa distribución de las cargas según la capacidad económica del contribuyente, atendiendo al principio de progresividad, así como la protección de la economía nacional y la elevación del nivel de vida del pueblo".*

Esta disposición de la Constitución de 1961, es repetida en la de 1999 casi idénticamente, salvo con una sola modificación y una sola inclusión al final del artículo.

En el artículo 316 constitucional actualmente en vigencia, se puede leer que la palabra *"pueblo"* que utilizaba el artículo 223 de 1961, es sustituida por la palabra *"población"*, y se añade una oración final que reza: *"...y se sustentará para ello en un sistema eficiente para la recaudación de los tributos".*

II. DOS INTERPRETACIONES DE UN MISMO ARTÍCULO CONSTITUCIONAL

Data de tiempo atrás nuestra preocupación –compartida en las aulas de la Universidad Central de Venezuela con alumnos de pre y postgrado–, sobre el tratamiento judicial que venían recibiendo y reciben, las denuncias sobre presuntas violaciones a la *capacidad contributiva*. Nos referimos específicamente a las discrepantes decisiones que sobre este asunto se han proferido en el máximo tribunal de justicia en Venezuela, el Tribunal Supremo de Justicia (TSJ), tanto por la Sala Político Administrativa (SPA) como por la Sala Constitucional (SC) del mismo TSJ, quienes en esta materia aunque han coincidido en el resultado práctico de negar un pronunciamiento sobre el derecho constitucional alegado por el justiciable, han esgrimido para ello argumentos contradictorios que confunden aún más al contribuyente sobre la noción de *capacidad contributiva* y la manera de hacer valer su derecho.

1.   Del criterio sostenido por la Sala Político Administrativa del Tribunal Supremo de Justicia.

Señalaremos de seguida un extracto de sentencias del TSJ/SPA que han mantenido de forma reiterada –durante los últimos dieciséis años–, el criterio jurisprudencial que luego identificaremos como vigente por lo menos hasta el año 2018.

Los criterios que contienen estas decisiones se relacionan con controversias judiciales originadas por: (i) rechazos de gastos deducidos, por no haber efectuado el contribuyente pagador la retención del impuesto sobre la renta correspondiente o haberla enterado con retraso; (ii) rechazo de pérdidas deducidas en el impuesto sobre la renta, ocurridas en la destrucción de mercancías por no haber cumplido con los requisitos formales de procedencia regulados en instrumentos normativos de orden sub legal; y (iii) aplicación de instrumentos

---

des físicas, morales, el aumento de sus goces procurando el ejercicio justo y honesto de todos sus derechos donde naturalmente se incluían los de orden tributario. Ese aseguramiento de un ejercicio justo y honesto de los derechos del hombre en materia tributaria, que en definitiva lograran el aumento del nivel de vida del ser humano en sociedad y por consecuencia su felicidad, se observaría luego en la letra del artículo 232 de la Constitución de 1947.

sub legales normativos que imponen el deber de practicar retención del impuesto al valor agregado a los contribuyentes especiales, que oscilan entre el 75% y el 100% de dicho tributo.

Antes de profundizar en el análisis, es de hacer notar, que estos casos en los cuales la administración tributaria, a los efectos de determinar la renta gravable con el ISLR, rechazaba la deducción de un monto al que bien no se le practicó retención, o aun habiéndose practicado esta se enteró tardíamente, podría argumentarse que se estaba violando la *capacidad contributiva*, por cuanto un gasto efectivamente efectuado y que era normal y necesario para producir la renta se estaba excluyendo del cálculo del enriquecimiento, no porque el egreso fuera insincero, sino por un tecnicismo jurídico que llevaba a que, en esos casos, el contribuyente no tributara sobre la renta efectivamente percibida por él en el período fiscal del que se trata, sino que pagara impuesto sobre una renta artificialmente inflada según el tecnicismo antes señalado.

Conforme a lo explicado en el párrafo anterior, un contribuyente podría, inclusive habiendo sufrido pérdidas fiscales en un ejercicio gravable, verse obligado a pagar impuesto sobre la renta si le es rechazada una cantidad significativa de gastos a los cuales no le haya realizado la retención de impuesto establecida o que habiéndola hecho no la hubiera enterado en el lapso previsto en una Oficina receptora de fondos nacionales. De producirse esta situación es claro que respecto al contribuyente del que se trate no hay una proporción lógica entre la renta obtenida y el tributo que la administración tributaria pretenda cobrarle.

En relación a la consideración del criterio sostenido sobre el rechazo de gastos por falta de retenciones de ISLR o por su enteramiento tardío, señala la doctrina calificada encabezada por el Dr. José Andrés Octavio, que el cambio de criterio en esa materia se observa en la sentencia dictada por la SPA de la entonces Corte Suprema de Justicia en fecha 05 de abril de 1994, caso La Cocina, C.A. criterio éste que modificaba al previamente sostenido en la sentencia de fecha 24 de febrero de 1981, caso *Calzados Rex, C.A.*[30]

Luego de esas fechas, en el año 2001, cuando la SPA del TSJ dicta la sentencia N° 1996 de fecha 25 de septiembre de 2001, en el caso *Inversiones Branfema, S.A. vs. la Contraloría General de la República*, se mantiene el criterio sobre el rechazo del gasto por iguales circunstancias, pero no se debate ni existe pronunciamiento alguno sobre la posible violación a la *capacidad contributiva*.

En el año 2002, la SPA del TSJ mediante la sentencia N° 886 de fecha 25 de junio de 2002, caso *Mecánica Venezolana, C.A. (MECAVENCA)* sí se pronunció sobre la *capacidad contributiva* en cuestión, criterio jurisprudencial que se ha mantenido hasta por lo menos el año 2018 como antes dijimos. De una transcripción parcial de esa sentencia puede leerse lo siguiente:

> "A tal efecto, al no admitirse la deducción de los egresos efectivamente pagados, no imputables al costo, normales y necesarios y realizados en el país con el objeto de producir la renta, por el hecho de no haberse efectuado la retención o haberse enterado el importe dinerario retenido, fuera de los lapsos establecidos en el ordenamiento jurídico, no puede suponer la violación del principio de capacidad contributiva.//
>
> En tal sentido es criterio de esta Sala, que una vez efectuada por el legislador la escogencia del hecho imponible con todos los elementos necesarios para llegar a la determinación de la obligación tributaria, no le corresponde al intérprete escudriñar o deducir más allá de la norma legal a los fines de determinar si en un caso concreto, se analizó o no la capacidad contributiva del contribuyente.// Así las cosas, pretender que el juez pueda hacer tal análisis, equivale a afirmar que la consagración legal del hecho imponible, tiene poca trascendencia frente a la facultad del intérprete para determinar el nacimiento de la obligación tributaria sobre el supuesto de que, no obstante

---

30 OCTAVIO, José Andrés. *Principios del Derecho Tributario. op. cit.*, p. 48.

ocurrir el hecho imponible, no se exige la obligación por no tener el contribuyente capacidad económica" [31](Nuestro el subrayado)

La decisión del caso *Industria Cerrajera El Tambor, C.A.* en sentencia de la misma Sala, N° 395 de fecha 05 de marzo de 2002, aunque decide en el mismo sentido sobre la no deducibilidad de los gastos sujetos a retención cuando media la falta de tal requisito, no se observa del texto de la misma criterio alguno sobre la *capacidad contributiva.*

En el año 2003, y sobre la misma controversia planteada, la SPA del TSJ en sentencia N° 876 de fecha 17 de junio de 2003, caso **Refinadora de Maíz Venezolana, C.A.** se pronuncia en los siguientes términos:

"Respecto al principio en análisis, la Sala observa que la *capacidad económica* a la cual se alude está referida a la aptitud de las personas para pagar impuestos, es decir, a su capacidad contributiva como deber ineludible en el contexto de la distribución de las cargas públicas o gastos colectivos, capacidad que se hará manifiesta a través de los índices o presupuestos reveladores de enriquecimientos idóneos para concurrir a los referidos gastos, siendo uno de los principales la obtención de rentas que resulten gravables de acuerdo a la respectiva normativa legal. De allí que se pueda afirmar, sin temor a equívocos, que todo impuesto debe responder a una capacidad contributiva, pero sin desestimar su compleja funcionalidad constitucional, como uno de los principios que legitiman a nuestro sistema tributario, y legal, como marco a la razonabilidad y proporcionalidad de los tributos impuestos a los contribuyentes por la Ley.// No obstante el lógico pronunciamiento que debió producirse, luego el juzgador interpretó, de manera un tanto confusa, que el requisito de la retención a los fines de la procedencia de la deducción de partidas que cumplen los requisitos exigidos en el referido artículo 39 de la Ley de Impuesto sobre la Renta infringía el principio consagrado en el artículo 223 de la Constitución de 1961 (trasladado al artículo 316 de la Constitución de la República Bolivariana de Venezuela de 1999); interpretación la cual, a juicio de esta alzada, resulta a todas luces impertinente e improcedente, pues la exigibilidad de la retención como requisito adicional para la deducibilidad de un gasto, en modo alguno representa la exigencia de un gravamen desproporcionado, menos aun desconoce la capacidad contributiva del sujeto obligado que derivó del hecho imponible. Así se declara" [32](Nuestro el subrayado)

El criterio jurisprudencial sobre la concepción y valoración de la *capacidad contributiva,* se mantuvo invariable durante los siguientes años. Como ejemplo de la permanencia de ese criterio como doctrina de la SPA, citamos las siguientes sentencias: N° 876 de fecha 17 de junio de 2003; N° 1162 de fecha 31 de agosto de 2004; N°6010[33] de fecha 26 de octubre de 2005; N° 764 de fecha 22 de marzo de 2006; N° 1860 de fecha 21 de noviembre de 2007; N° 479 de fecha 23 de abril de 2008; N° 1251 de fecha 12 de agosto de 2009; N° 810 de

31 Sentencia consultada en la siguiente dirección electrónica: http://historico.tsj.gob.ve/decisiones/spa/marzo/00395-050302-16575.HTM.

32 Sentencia consultada en la siguiente dirección electrónica: http://historico.tsj.gob.ve/decisiones/spa/junio/00876-170603-2001-0671.HTM.

33 En el año 2005, ocupó mayoritariamente la atención de la SPA las controversias que se plantearon con motivo de los recursos de nulidad y amparos contra las Providencias administrativas que designaron a los contribuyentes especiales agentes de retención del Impuesto al Valor Agregado. En ese sentido, y al alegar la violación del artículo 316 constitucional, mencionando expresamente la violación a la capacidad contributiva, la Sala se limitó a exponer en todas las controversias de los casos planteados en ese año, lo que sigue: *"Se advierte así, que tal disposición consagra el denominado* **principio de capacidad contributiva**, *que alude, por una parte, a la aptitud para concurrir con los gastos públicos y, por otra, a la capacidad económica de los contribuyentes como medida concreta de distribución de las cargas tributarias. Asimismo, esta capacidad comporta una doble condición que se traduce como causa del deber de contribuir, visto que todo tributo debe obedecer a una determinada capacidad contributiva, y como un límite al deber de sostenimiento de las cargas públicas en aras de justicia y razonabilidad en la imposición. Tal capacidad se manifiesta a través de los índices o presupuestos reveladores de enriquecimientos idóneos para concurrir a los referidos gastos, siendo uno de los principales la obtención de rentas que resulten gravables de acuerdo a la respectiva normativa legal".* Sentencia consultada en la siguiente dirección electrónica:http://historico.tsj.gob.ve/decisiones/spa/octubre/06010-261005-2005-4082.htm

fecha 04 de agosto de 2010; N° 1360 de fecha 20 de octubre de 2011. En el año 2012 dicho criterio continúa invariable, tal y como se observa de la sentencia N° 767 dictada por la SPA del TSJ, en fecha 04 de julio, caso Consorcio Unión, C.A.:

> "Así, es criterio reiterado de esta Sala que una vez efectuada por el legislador la escogencia del hecho imponible con todos los elementos necesarios para llegar a la determinación de la obligación tributaria, no le corresponde al intérprete escudriñar o deducir más allá de lo previsto en la norma legal, a los fines de determinar si en un caso concreto fueron analizados: *(i)* la capacidad contributiva del contribuyente y *(ii)* los supuestos efectos confiscatorios. Pretender tal análisis, equivale a afirmar que la consagración legal del hecho imponible tiene poca trascendencia frente a la facultad del intérprete para determinar el nacimiento de la obligación tributaria, sobre el fundamento de que no obstante ocurrir el hecho imponible, no se llegara exigir la obligación por no tener el contribuyente capacidad económica o considerar que el tributo tiene efectos confiscatorios"[34]

En esta sentencia se deja claro que tal criterio no solo se aplica a los casos de rechazo de gastos sometidos a retención de impuesto sobre la renta, sino también, a los casos de rechazo de pérdidas en materiales, en los siguientes términos:

> "Así, -al igual que en el caso de las deducciones derivadas de la oportuna retención y enteramiento de impuestos- el derecho que tienen los administrados para beneficiarse de las deducciones tributarias por las pérdidas sufridas producto de la destrucción de mercancías y otros bienes **no es** un derecho absoluto, incondicional e ilimitado; sino que por el contrario, se encuentra condicionado y restringido en su ejercicio a determinadas circunstancias preestablecidas en forma clara en la legislación que rige la materia. En este contexto resulta forzoso para esta Sala afirmar que el rechazo de la deducción por pérdidas sufridas en mercancía y otros bienes destinados a la producción de la renta es la consecuencia de no haber cumplido el administrado con las condiciones, requisitos y procedimientos destinados a obtener la autorización de su retiro por parte de la Administración Tributaria. En consecuencia, no constituye un desconocimiento de la capacidad contributiva del sujeto, ya que ésta es un elemento tomado en cuenta por el legislador en el momento de configurar el hecho y la base imponible del impuesto sobre la renta. En este contexto resulta forzoso para esta Sala afirmar que el rechazo de la deducción por pérdidas sufridas en mercancía y otros bienes destinados a la producción de la renta es la consecuencia de no haber cumplido el administrado con las condiciones, requisitos y procedimientos destinados a obtener la autorización de su retiro por parte de la Administración Tributaria. En consecuencia, no constituye un desconocimiento de la capacidad contributiva del sujeto, ya que ésta es un elemento tomado en cuenta por el legislador en el momento de configurar el hecho y la base imponible del impuesto sobre la renta"[35]

Mucho más reciente en el año 2018, en sentencia N° 102, de fecha 01 de febrero de 2018, caso Auto Depot, C.A. leemos que se mantiene inalterable dicho criterio jurisprudencial, al decidir:

> "Dicho principio se encuentra establecido en el artículo 316 de la Constitución de la República Bolivariana de Venezuela y alude por una parte, a la aptitud para concurrir con los gastos públicos y, por otra, a la capacidad económica de los contribuyentes como medida concreta de distribución de las cargas tributarias. Asimismo, esta capacidad comporta una doble condición que se traduce como causa del deber de contribuir, visto que todo tributo debe obedecer a una determinada capacidad, y como un límite al deber de sostenimiento de las cargas públicas en aras de

---

34 Sentencia consultada en la siguiente dirección electrónica: http://historico.tsj.gob.ve/decisiones/spa/julio/00767-4712-2012-2011-0265.HTML.

35 Sentencia de la SPA del TSJ N° 1360 de fecha 20 de octubre de 2011, caso Editora El Nacional, C.A., consultada en la siguiente dirección electrónica: http://historico.tsj.gob.ve/decisiones/spa/octubre/01360-201011-2011-2011-0083.HTML.

justicia y razonabilidad en la imposición. (*Vid.*, fallo número 00114 del 16 de febrero de 2012, caso: *Tecnocálculo S.R.L.*).

Por otra parte, es criterio reiterado de esta Sala que una vez efectuada por el legislador la escogencia del hecho imponible con todos los elementos necesarios para llegar a la determinación de la obligación tributaria, no le corresponde al intérprete escudriñar o deducir más allá de lo previsto en la norma legal, a los fines de determinar si en un caso concreto fueron analizados: *(i)* la capacidad contributiva del contribuyente y *(ii)* los supuestos efectos confiscatorios.[36]

Pareciera entonces que, según la interpretación que ha realizado la SPA del TSJ del artículo 316, no les es dable a ningún intérprete (donde se incluyen a los contribuyentes de un tributo cualquiera), que una vez se han seleccionado por el legislador los elementos para determinar el hecho imponible, indagar más allá de la norma creadora del tributo, esta vez mediante un caso concreto, sobre el acatamiento al principio de *capacidad contributiva* ni sobre el respeto al principio de no confiscatoriedad.

Dicha afirmación hace suponer que ambos principios constitucionales (*capacidad contributiva* y no confiscatoriedad) solo deben ser tenidos en cuenta en la etapa de formación de las leyes de naturaleza tributaria. En esa oportunidad el legislador, orientado por los principios contenidos en el artículo 316 constitucional, los debe valorar para luego impregnar la norma tributaria de ellos. Es decir, para la SPA estos principios una vez que han sido observados y utilizados como insumos por el legislador en la creación de la norma tributaria, adquieren *eficacia* autónoma y automática en cada tributo en particular, debiéndose prescindir de la observancia, de la vigilancia por parte del intérprete quien debe suponer que tales principios están inmersos en las normas fruto de la actividad legislativa.

Para un lector desprevenido, pudiera resultar un tanto extraño y preocupante que, de una norma constitucional de cuya literalidad no se desprende de forma directa ninguna conducta prohibitiva o restrictiva para que la misma sea interpretada, pueda ahora, mediante una interpretación realizada por la SPA del TSJ, derivarse una limitación para el intérprete.

De otro lado, también podemos deducir de las interpretaciones reiteradas del artículo 316 constitucional antes referenciadas, que la SPA no discute la calificación como principio de dicha norma, por lo que para esa instancia jurisdiccional, la *capacidad contributiva*, entre otras, posee la características de un principio de orden constitucional.

Hasta aquí lo examinado como parte de los motivos que originaron estas reflexiones iniciales, arrojan interrogantes tales como:

- ¿La *capacidad contributiva* hoy contemplada en una norma de orden constitucional, es verdaderamente un principio constitucional, una norma programática, una regla o un enunciado jurídico distinto a los dos anteriores?

- De aceptar que el artículo 316 constitucional incorpora un principio constitucional en materia tributaria, como lo es el de *capacidad contributiva*, ¿cuáles son sus verdaderos alcances?

- ¿Existe alguna modalidad que oriente la interpretación de los principios constitucionales?

- ¿Establece la constitución que la *capacidad contributiva*, sea vigilada y respetada con carácter excluyente solo en la etapa de formación legislativa de la norma tributaria?

- ¿Es imposible entonces, observar la violación o vulneración de la *capacidad contributiva* en un caso particular, donde ya la norma ha salido de la etapa de formación y entra en fase de aplicación fáctica efectiva?

---

36 Sentencia consultada en la siguiente dirección electrónica: http://historico.tsj.gob.ve/decisiones/spa/febrero/207332-00102-1218-2018-2014-1281.HTML.

- La expresión del lenguaje utilizado por el constituyente al considerar al "*sistema tribu-tario*" como el receptor de tal principio, ¿debe entenderse como una expresión excluyente que impida considerar implícitos a todos los tributos vigentes en un período de tiempo, o todo lo contrario?

- El llamado principio de *capacidad contributiva*, ¿es un fin en sí mismo o es un medio para lograr la justicia tributaria?.

- En los casos revisados, los contribuyentes arguyeron una supuesta violación del principio constitucional, y en algunos casos, los jueces de instancia desaplicaron la norma en cuestión por razones de inconstitucionalidad actuando como protectores del control difuso de la constitución. Luego la SPA al mantener una interpretación contraria, y no advertir la violación, no solo exigio que la norma involucrada no se dejara de aplicar sino que, en los casos más delicados, no consideró necesario el ejercicio de los artículos 334 constitucional y 20 del Código de Procedimiento Civil, y prefirió restringir ostensiblemente el acceso a dicho control por parte de los contribuyentes supuestamente afectados.

- ¿Cómo puede controlarse el cumplimiento y satisfacción de un principio constitucional solo en fase legislativa o abstracta?.

- ¿Puede observarse con la misma intensidad la efectividad abstracta de una norma vista como un conjunto de normas tributarias *versus* la efectividad práctica y real de la misma vista individualmente solo dentro de la estructura natural del tributo al que pertenece?.

2. Del criterio sostenido por la Sala Constitucional del Tribunal Supremo de Justicia.

Manteniendo en mente las interrogantes anteriores –intuitivas hasta este momento–, es recomendable revisemos, cómo se ha pronunciado la Sala Constitucional (SC) del TSJ venezolano a la hora de interpretar dicho principio constitucional, para contrastar luego, las actuaciones de ambas Salas.

De la revisión efectuada en el mismo lapso de tiempo utilizado para la SPA, es decir, desde el año 2002 hasta la fecha solo resaltaremos cinco sentencias, a saber: en el año 2007 la N° 301 de fecha 27 de febrero; en el año 2016 la N° 25 de fecha 01 de marzo; en el año 2017 las Nos. 31 y 54 de fechas 23 y 24 de febrero respectivamente, y en el año 2018 la N° 370 de fecha 11 de mayo.

Solo la primera de ellas se pronuncia sobre la conceptualización y la valoración del principio constitucional de *capacidad contributiva*, siendo que las restantes solo son sentencias en donde la SC se pronuncia sobre la *admisión* del caso sometido a su consideración, y niega los amparos y las medidas cautelares innominadas de suspensión solicitadas, pero que en las líneas que siguen destacaremos la importancia que ellas podrían tener en este tema. En la última sentencia que destacamos, la SC la declara inadmisible por *inepta* acumulación de pretensión conforme al artículo 133.1 de la Ley Orgánica del Tribunal Supremo de Justicia.

Comencemos pues con la sentencia N° 301, la cual aún hoy día, sigue generando gran polémica jurídica, en lo relacionado con su poder *vinculante*, sus problemas argumentativos[37], y las facultades tanto del Poder Legislativo como los pretendidos por la Sala Consti-

---

37 Véase *in totum*, ABACHE CARVAJAL, Serviliano. *Sobre falacias, justicia constitucional y Derecho tributario. Del gobierno de las leyes al gobierno de los hombres: más allá de "la pesadilla y el noble sueño"*. Librería Alvaronora, C.A. Caracas, 2015.

tucional para *modificar interpretativamente* la letra de una norma[38], y que no deja de ser objeto de estudio por sus efectos temporales en la cuantificación de la base imponible del Impuesto sobre la Renta, y ahora en el tema que nos ocupa en este trabajo.

En ese sentido, y ante la solicitud de interpretación del artículo 89 de la Constitución y artículos 18.5 y 107 de la Ley Orgánica del Trabajo, de los Trabajadores y Trabajadoras en contraposición al presupuesto de hecho contemplado en el artículo 31 de la Ley de Impuesto sobre la Renta, solicitado tanto por el Sindicato Integral de los Trabajadores de la empresa C.V.G. Ferrominera del Orinoco, C.A., y otros, como por el Sindicato único de Trabajadores de Aluminio del Caroní en la empresa C.V.G Alcasa y otros, la SC dictó sendas sentencias, las números 499 y 617 del 30 de junio de 2016 y 10 de agosto de 2018 respectivamente, donde ratifica el criterio sostenido en la sentencia N° 301 antes identificada.

En dicha sentencia N° 301, puede leerse:

"La noción de justa distribución de las cargas públicas, se enlaza directamente con el deber constitucional que tienen todos los ciudadanos de contribuir con su sostenimiento, consagrado en el artículo 133 del Texto Fundamental. De esa sencilla y concentrada conjugación, se extraen los caracteres esenciales de los tributos que, íntimamente vinculados entre sí, sirven de base para materializar la exigencia axiológica de la justicia tributaria: *generalidad* (todos deben soportar las cargas tributarias), *igualdad* (al momento de contribuir, se proscribe la discriminación) y *capacidad contributiva* (que actúa como gozne entre la generalidad y la igualdad, como herramienta de medición concreta de la aptitud económica -absoluta o relativa- del contribuyente). En síntesis, todos deben pagar tributos, conforme su capacidad.

La compleja noción de capacidad contributiva, lleva dentro de sí varios contenidos. Ella se enlaza directamente con la exigencia de progresividad del sistema tributario: el conjunto de instrumentos de política tributaria debe gravar en menor proporción a los contribuyentes de menores recursos. El sistema será regresivo si, por el contrario, los ciudadanos con menor dotación soportan el mayor peso de las cargas que el Estado impone por la vía impositiva.

La capacidad contributiva, a su vez, se traba con la prohibición constitucional de confiscación, como corolario -en el campo tributario- del derecho fundamental a la propiedad y, en esa medida, límite al ejercicio de las potestades de exacción. Cierto es que el tributo puede ser exigido coactivamente por el Estado, pero -dado que la capacidad contributiva es única- el sistema globalmente considerado y, con mayor razón, los tributos que lo conforman, deben procurar una justa incidencia en esa manifestación de riqueza, pero jamás propender a su minimización o aniquilación total.

Del otro lado la relación jurídica tributaria, nuestra Carta Magna elevó a rango constitucional el *principio de eficiencia* del sistema tributario, como parámetro de operatividad administrativa, que apunta a la necesidad de que cada unidad monetaria recaudada se haga al mínimo coste posible, lo que supone la implantación de aquellos tributos de fácil recaudo y control. Este principio, en el esquema descrito, tiene un carácter instrumental, en la medida en que se ordene a la satisfacción de las comentadas finalidades esenciales de la tributación. La optimización de la recaudación, por si sola, desvinculada de su noble cometido, no rebasa de ser una medida de la *eficacia* de la Administración.

No escapa a esta Sala que el debate en torno a tales límites, resulta harto complejo si se ha de efectuar sobre una base abstracta, pues se corre el riesgo de entorpecer el funcionamiento de políticas fiscales que no compete a los jueces implementar; pero tal análisis deviene en exigencia indispensable de cara a un caso concreto, con márgenes más tangibles, pues a ellos les corresponde asegurar y hacer efectivos -en última instancia- no ya una decisión legislativa, sino un mandato constituyente.

---

38 Véase DUQUE CORREDOR, Román J. *Los poderes del juez y el control de la actividad judicial*. Academia de Ciencias Políticas y Sociales, Serie Estudios N° 72. Caracas, 2008, p. 144.

Este es, justamente, el presupuesto legitimador de las consideraciones que esta Sala Constitucional hará de seguidas.// En este punto, es preciso recalcar que la noción de base imponible reviste una naturaleza trascendental para constatar la adecuación del tributo a los principios constitucionales que gobiernan la institución. Si el hecho imponible es el presupuesto fáctico de relevancia económica (en cuanto revela un índice de capacidad contributiva) cuya realización -en principio- da lugar al nacimiento de la obligación tributaria; la base imponible es la concreción cuantificada en un determinado sujeto pasivo de aquella manifestación riqueza"[39] (Nuestro el subrayado)

Expresa la SC del TSJ, que la *capacidad contributiva* posee varios contenidos que inciden sobre el sistema tributario considerado como un conjunto de tributos, como un todo; uno, identificado con la progresividad y otro identificado con la no confiscatoriedad.

También es clara esta interpretación de la SC al afirmar que la *capacidad contributiva* es única, que amerita observarla en todo el sistema considerado globalmente, pero sin excluir la consideración en cada tributo que conforma dicho sistema.

Un argumento que pudiera contraponerse con la argumentación de la SC en la sentencia N° 301 antes parcialmente transcrita, ha sido el contenido y constantemente expresado por la SPA del mismo TSJ en las sentencias arriba referidas por nosotros, en las cuales de manera reiterada le niega al recurrente la posibilidad de discutir e interpretar el concepto de capacidad contributiva y la aplicación de dicho concepto a los tributos legalmente establecidos, limitando la interpretación de ese principio constitucional al legislador en el momento de creación de la Ley. Por el contrario, la SC en la tantas veces mencionada sentencia N° 301 sostiene en relación a la capacidad contributiva que "...*tal análisis deviene en exigencia indispensable de cara a un caso concreto, con márgenes más tangibles, pues a ellos les corresponde asegurar y hacer efectivos –en última instancia– no ya una decisión legislativa, sino un mandato constituyente".*

Queda evidenciado que ambas Salas del máximo tribunal, sostienen tesis opuestas al interpretar un mismo principio constitucional tributario como el de la *capacidad contributiva.* Por un lado la SPA restringe ostensiblemente el ejercicio del control difuso de la constitución, frente a la SC opuesta donde no solo se admite el control constitucional para casos concretos referidos a la *capacidad contributiva* en caso de determinados tributos, sino que también se le considera absolutamente *indispensable.*

No obstante el favorable criterio emitido por la SC respecto a la posibilidad de que un particular solicite el análisis del cumplimiento del principio constitucional de *capacidad contributiva* respecto de un tributo en concreto, necesario es referirnos en este momento a una circunstancia que en la práctica ha convertido en nugatorio el derecho que dicha Sala teóricamente ha reconocido en el caso que venimos analizando.

Existen varios casos en los cuales algunos justiciables han denunciado la nulidad por inconstitucionalidad, al observar violado el principio de *capacidad contributiva* en ciertas normas y casos concretos. De acuerdo con la doctrina antes explicada la SC del TSJ ha procedido a la admisión de los mismos mediante la emisión de sentencias, algunos de cuyos ejemplos citamos a continuación:

1 .Sentencia N° 25, de fecha 01 de marzo de 2016, donde admite el recurso de nulidad por inconstitucional de los artículo 173 y 195 del Decreto con Rango, Valor y Fuerza de Ley de Reforma del Impuesto sobre la Renta publicado en la Gaceta Oficial Extraordinaria N° 6152 en fecha 18 de noviembre de 2014, y se solicita la suspensión de los efectos de la Providencia administrativa N° SNAT 2015/21 publicada en la Gaceta Oficial Ordinaria N° 40744 en fecha 11 de septiembre de 2015 que establece las Normas para el ajuste contable de los contribuyentes que reali-

---

39 Sentencia consultada en la siguiente dirección electrónica: http://historico.tsj.gob.ve/decisiones/scon/febrero/301-270207-01-2862.HTM.

cen actividades bancarias, financieras y de seguros y reaseguros excluidos del Ajuste por Inflación[40].

2. Sentencia N° 31 de fecha 23 de febrero de 2017, donde se admite el recurso de nulidad por inconstitucionalidad de los artículos 18 y 19 del Decreto con Rango, Valor y Fuerza de Ley del Impuesto sobre Alcohol y Especies Alcohólicas publicado en la Gaceta Oficial Extraordinaria N° 6151 en fecha 18 de noviembre de 2014, y la Providencia administrativa identificada SNAT/2015/2017 publicada en el Gaceta Oficial Ordinaria N° 40656 en fecha 8 de mayo de 2015 sobre las formalidades para el marcaje del precio de venta al público en las etiquetas o impresiones de los envases[41].

3. Sentencia N° 54 de fecha 23 de febrero de 2017, donde se admite e3. l recurso de nulidad por inconstitucional del artículo 7 literal o parte *in fine* y del artículo 14 cardinal 3 del Decreto con Rango, Valor y Fuerza de Ley de Impuesto sobre la Renta publicado en la Gaceta Oficial Extraordinaria N° 6210 en fecha 30 de diciembre de 2015[42].

4. Sentencia N° 370 de fecha 11 de mayo de 2018, donde se admite el recurso de nulidad por inconstitucional del artículo 68 segundo aparte y la Disposición Transitoria Octava de la Ley del Deporte Actividades Físicas y Educación Física publicada en la Gaceta Oficial Ordinaria N° 39741 en fecha 23 de agosto de 2011, los artículos 53 y 55 del Reglamento Parcial N° 1 publicado en la Gaceta Oficial Ordinaria N° 39872 en fecha 28 de febrero de 2012, y la Disposición Transitoria Segunda del Reglamento.[43]

Ahora bien, respecto a los casos citados, los accionantes solicitaron medidas cautelares innominadas de suspensión de las normas cuya nulidad estaban alegando por no ser acordes con el principio de *capacidad contributiva*. Es razonable esta solicitud si se considera que el caso es admitido y la SC no tiene la posibilidad de resolverlo en un tiempo razonablemente breve, ya que de lo contrario, y como está ocurriendo en la actualidad con los casos citados, el tiempo en el que se sigue aplicando la norma denunciada juega en contra de la justicia, en contra del contribuyente solicitante que mientras el máximo tribunal no adopta una decisión definitiva, continuará siendo perjudicado por la aplicación del tributo supuestamente lesivo. Ello lo obliga incluso a solicitar la protección constitucional que la Sala donde cursa el caso había calificado como *indispensable*, tal como antes vimos.

Ha sido costumbre recurrente en la SC que todos los casos de solicitud de nulidad que ha admitido por los motivos antes explicados sean archivados y no decididos, prolongándose de manera indefinida el daño denunciado por los recurrentes quienes, antes esta situación, podrían inclusive estudiar la posibilidad de solicitar la medida cautelar que les ha sido negada en la SC del TSJ ante una instancia internacional de justicia.

III. REFLEXIONES

El acto de interpretar una norma jurídica válida en el derecho, definitivamente precede al acto de su aplicación,[44] constituyéndose como una fase o etapa de un mismo proceso,[45] [46]

---

40 Sentencia consultada en la siguiente dirección electrónica: http://historico.tsj.gob.ve/decisiones/scon/marzo/185668-25-1316-2016-15-0724.HTML.

41 Sentencia consultada en la siguiente dirección electrónica: http://historico.tsj.gob.ve/decisiones/scon/febrero/196343-31-23217-2017-16-0426.HTML.

42 Sentencia consultada en la siguiente dirección electrónica: http://historico.tsj.gob.ve/decisiones/scon/febrero/196366-54-23217-2017-16-0252.HTML.

43 Sentencia consultada en la siguiente dirección electrónica: http://historico.tsj.gob.ve/decisiones/scon/mayo/211139-0370-11518-2018-17-1258.HTML.

44 O a decir de NIKKEN la interpretación, "es un proceso intelectual que acompaña el proceso de aplicación del derecho..." NIKKEN, Claudia. *Consideraciones sobre las fuentes del Derecho Constitucional y la interpretación de la Constitución*. Editorial jurídica venezolana y Centro para la Integración y el Derecho Público. Colección Monografías N° 10. Caracas, 2018, p. 145.

que le otorga vida plena y auténtica[47]. De esa aplicación que se haya efectuado nacerá la posibilidad de valorarla desde una función *deontológica* y *fenomenológica*, ya que la función *ontológica*[48] estará cubierta por la validez intrínseca[49] como norma jurídica a la que nos estamos refiriendo. Eficacia en la aplicación de la norma jurídica vista desde lo particular o individual de las esferas afectadas por ese acto interpretativo, que luego afectará e incidirá en la eficacia del *Sistema* en su conjunto, como verdadero orden y en su acepción más amplia[50]. De allí su enorme importancia. Un ejercicio que involucra la dificultad que trae implícito el *lenguaje*[51] jurídico *vs.* los intereses que recoge toda norma. No se trata de la no utilización de métodos, o de utilizar los métodos tradicionales o más modernos, de uno o de varios[52], que nos conduzcan a encontrar el mejor *sentido*[53] de la norma; se trata de saber seleccionar como acto de voluntad del intérprete, de un abanico de *posibles opciones* interpretativas válidas y legítimas producto de un ejercicio lógico, la solución *correcta* por ser la racional, porque será la *preferible a cualquier otra*[54], la más sensata, la que pondere los *intereses* en juego y logre cierto equilibrio que luego pueda traducirse en tranquilidad social. En fin, lo que se pretende es lograr seleccionar la *mejor* interpretación normativa, en palabras de la profesora TOSTA, *encontrar la solución inteligente en cada época*[55].

Como lo denota la discrepancia de criterios, donde dos Salas del TSJ interpretan de forma diametralmente opuesta el artículo 316 constitucional referido a la *capacidad contributiva* y a la posibilidad de ser solicitada su revisión por presumirse su violación en la *aplicación* de un tributo en particular, pareciera evidenciarse, sobre todo por el criterio jurisprudencial sostenido por la SPA, que se trata, además de una muy limitada interpretación literal aislada y desprovista de contexto, de un exceso de positivismo que pudiera traducirse y entenderse cuando la Sala se niega a efectuar la revisión ante la exigencia de valoración que debe hacer de la norma sometida al control difuso, tal y como lo indica LUCAS VERDÚ, "[p]or su intrínseca naturaleza: función resolutoria de controversias concretas, el juez del sistema difuso se ve obligado a cumplir una valoración de la justificación de la ley lo cual es comple-

45 BALAGUER CALLEJÓN, María Luisa. *Interpretación de la Constitución y ordenamiento jurídico*. Editorial Tecnos, S.A. Madrid, 1997, pp. 113-114.

46 *Cfr.* DWORKIN, Ronald. *El imperio de la Justicia. op. cit*. pp. 53-59.

47 DELGADO OCANDO, *José Manuel. Lecciones de Introducción al Derecho*. Cuarta Edición. Vadell Hermanos Editores, C.A. Caracas, 2001, p. 232.

48 BOBBIO, Norberto. *Teoría General del Derecho*. Editorial Temis, S.A. Tercera Edición. Colombia, 2007, pp. 20-39.

49 No obstante, y según el derecho natural, una ley no conforme con este, *non est lex sed corruptio legis.* BOBBIO, Norberto. *Teoría General del Derecho. op. cit.*, p. 28.

50 BOBBIO, Norberto. *Teoría General del Derecho. op. cit.,* pp. 182-187.

51 Véase DWORKIN, Ronald. *El imperio de la Justicia. op. cit.,* pp. 83-86

52 Sobre la opinión doctrinaria española de la utilización de varios métodos véase, GONZÁLEZ, Eusebio y LEJEUNE, Ernesto. *Derecho Tributario*. Tomo I. Plaza Universitaria Ediciones. Tercera Edición. Salamanca, España, 2003, pp. 137-138 y 145; y en Venezuela véase sentencia N°405 que ratifica ese criterio español, con ponencia de la Juez Superior Cuarto de lo Contencioso Tributario, Dra. Ruth Noemí Rojas, de fecha 15 de julio de 1996, consultada en PIERRE TAPIA, Oscar. *Jurisprudencia de los tribunales de última instancia*. Año VII, Julio 1996 N° 7. Editorial Pierre Tapia. Caracas, 1996, pp. 117-118.

53 DELGADO, Francisco. *Interpretación metódica y no metódica,* en *Revista de la Facultad de Ciencias Jurídicas y Políticas* N° 121. Universidad Central de Venezuela. Caracas, 2001, pp. 432-436.

54 BALAGUER CALLEJÓN, María Luisa. *Interpretación de la Constitución y ordenamiento jurídico. op.cit.* p. 105.

55 TOSTA, María Luisa. *Interpretación: ¿solución jurídica o política?,* en *Revista de la Facultad de Ciencias Jurídicas y Políticas*, N° 121. Universidad Central de Venezuela. Caracas, 2001, pp. 437-448.

tamente extraño al juez constitucional de impronta kelseniana[56]", y que de mantenerse tal criterio, es seguro no logrará *garantizar la efectiva vigencia de los derechos humanos*[57].

Y si la interpretación versa sobre una norma constitucional, la exigencia respecto a la garantía del efectivo disfrute de esos derechos humanos es aún más notable. Dicha interpretación, ya sea efectuada por el legislador o por el poder judicial, debe evitar cualquier *involución* respecto a los derechos humanos. Siendo, a decir de DUQUE CORREDOR, que [L]*a cuestión fundamental es que los Estados democráticos no pueden nunca emplear sus poderes públicos para eliminar valores y principios legitimadores del sistema político de la democracia, cuyo sustento es el Estado Constitucional, es decir, el Estado de Derecho y la garantía de los derechos humanos*[58] [59].

Efectivamente, obviar que la igualdad ante la carga tributaria significa *justicia tributaria,*[60] e ignorar que ésta exige desprenderse de la abstracción de la norma y examinar necesariamente la concreción específica de cualquier tributo para poder tener una visión de su aplicabilidad, observar el impacto en la *capacidad contributiva* del sujeto para finalmente justificar su exigencia, es vulnerar dicho principio, menoscabar un derecho humano por un lado, y por otro lado, obviar la función deóntica también necesaria que luego se traducirá en su eficacia y que hace referencia a aspectos extra jurídicos y morales.[61]Moral por cierto que exige que la solución a un problema jurídico sea capaz de evitar los costos de una *anarquía,*[62] de un desorden estructural, que bien podría coadyuvar a la certeza jurídica propia del Derecho, traducida finalmente como un Derecho justo y eficaz; ética, moral por cierto también enunciada como valor superior en el artículo 2 constitucional y juridificada en el resto de artículos de la Constitución de 1999, y que hoy está absolutamente ausente porque no solo la interpretación no ha respetado los límites constitucionales o los ha tergiversado, sino porque como recién lo estudia ROMERO-MUCI, la moral ha sido transgredida por la actual y más reciente *legislación* tributaria, por la actividad judicial tributaria, por la Administración Tributaria logrando así lesionar a niveles extremos, preocupantes y gravísimos los derechos fundamentales de los contribuyentes, todo ello mediante una "positivación aparente, parte de una *fachada* sin eficacia."[63]

Es evidente, que indistintamente de que se trate de un *control difuso* de la constitucionalidad con efectos *jurisdictio*[64] (artículo 334 constitucional) solicitado y no ejercido por la SPA, y un *control concentrado* de la constitución con efectos *jurisdatio* (artículo 335 constitucional) ejercido por parte de la SC, la SC interpretó el alcance del artículo 316 constitucional de forma distinta y contraria a la interpretación que del mismo artículo realizó la

56 LUCAS VERDÚ, Pablo. *La Constitución abierta y sus enemigos.* Ediciones Beramar. Madrid, 1993, p.77.

57 MEJÍA ARNAL, Luis Aquiles. *La determinación del Derecho. Control de la casación civil venezolana sobre la determinación y aplicación del derecho, en los conceptos no definidos por ley.* Universidad Católica Andrés Bello. Caracas, 2018, p. 161. *Cfr.* NIKKEN, Claudia. *Consideraciones sobre las fuentes del Derecho Constitucional y la interpretación de la Constitución. op. cit.,* p. 164.

58 DUQUE CORREDOR, Ramón. *El derecho del socialismo del siglo XXI y es Estado democrático de derecho.* Boletín de la Academia de Ciencias Políticas y Sociales. Enero – diciembre 2011. N° 150. Caracas, 2011, p. 492.

59 GARCÍA PINO, Gonzalo. *Gustavo Zagrebelsky; en busca de la razón del Derecho. Revista de Derecho Público.* Universidad de Chile. N° 80, 1er semestre 2014, pp. 53-84. Revista consultada en la siguiente dirección electrónica: https://revistaderechopublico.uchile.cl/index.php/RDPU/article/view/33320.

60 UCKMAR, Víctor. *Principios comunes del derecho constitucional tributario. op. cit.,* p. 67-68.

61 *Ibid.* p. 66.

62 ALEXY, Robert. *El concepto y naturaleza del Derecho.* (Traducción Carlos Bernal Pulido). Marcial Pons. Madrid, 2008, pp. 54-94.

63 ROMERO-MUCI, Humberto. *(In) moralidad tributaria en Venezuela. Entre la distopía y la anomia social,* en *Revista de Derecho Público,* N° 153-154. Enero-Junio 2018. Editorial Jurídica Venezolana. Caracas, 2018, p. 122.

64 Véase en relación a los efectos aquí señalados, la sentencia de la SC N° 1309/2001.

SPA. Esa disparidad de criterios sobre un mismo artículo, por parte de la SPA como antes acotamos, denota un *positivismo extremo*[65], que ignora el surgimiento global de tendencias que se basan en una concepción mucho más amplia tanto de lo jurídico como de la actividad interpretativa, otorgándole una nueva concepción al Derecho[66].

La SPA minimiza su propia función judicial mediante la interpretación que le adjudica al artículo 316 constitucional, minimiza la función propia del Poder judicial tal cual consistía la posición planteada por Montesquieu.[67][68]

Puede afirmarse que la interpretación de la norma es el medio para lograr la aplicación al caso concreto. Así lo sostenía KELSEN, para quien toda norma debe ser interpretada para su aplicación[69]. Según la interpretación del artículo 316 constitucional realizada por la SPA, el mismo carece de posibilidad de aplicación práctica a un caso concreto. Constituiría un caso excepcional donde la norma solo puede ser interpretada pero nunca aplicada, salvo por el legislador.

De la misma manera, las leyes tributarias nunca podrán ser interpretadas conforme al artículo 316 constitucional según el criterio de la SPA, conclusión a todas luces irracional, absurda y carente de toda lógica por contrariar al mismo artículo 7 constitucional que establece a la propia Constitución como la *norma normarum* de todo nuestro ordenamiento jurídico, o como la podría denominar ATIENZA, regla de reconocimiento o norma última[70].

---

65 BALAGUER CALLEJÓN, María Luisa. *Interpretación de la Constitución y ordenamiento jurídico. op. cit.*, pp. 37-38.

66 A decir de ATIENZA, un positivismo normativista básico, del más radical representado por el modelo Kelseniano, donde existe incompatibilidad del Derecho con la visión del Derecho como argumentación; donde no se admiten las tendencias que identifican la justificación y la justificación lógica (deductiva). Véase con especial interés de los rasgos que este autor enuncia explicando esta característica, e identificado con la negación de la posibilidad de la razón práctica. ATIENZA, Manuel. *El Derecho como argumentación. Concepciones de la argumentación*. Ariel, Barcelona, 2006, pp. 27-28. Argumentación ésta que es necesaria y se hace imprescindible ante una interpretación que incluso hace pensar, por el exagerado método literal utilizado por la SPA, que activó el axioma *in claris non fit interpretatio* negado por GARCÍA DE ENTERRÍA, cuando aclara que "no existen leyes de contenido tan obvio que no requieran interpretación", o por el contrario, que activó el mecanismo de inhibición (o *self-restraint*) donde el juez, ante una ausencia de regulación, se abstiene de decidir acerca de cuestiones que competen al legislador por temor a incurrir en una reforma implícita de la Constitución. GARCÍA DE ENTERRÍA, Eduardo. *La Constitución como norma y el tribunal constitucional*. Cívitas. Madrid, 1991, p. 233.

67 MONTESQUIEU. *Del Espíritu de las Leyes*. Tecnos. Madrid, 1980, p. 152.

68 A decir de VIGO, analizando el *paradigma dogmático o racionalista* cuyo modelo se forjó en el siglo anterior por la exégesis francesa, la escuela histórica alemana y la jurisprudencia de conceptos, donde se le exigía al juez reducirse a ser simplemente la boca del legislador que repite las palabras de la ley, y el "resultado interpretativo se obtenía con asepsia valorativa, certeramente y sin mayores dificultades, y consiguientemente, la jurisprudencia se circunscribía a algo mecánico, previsible, exacto y carente de fuerza innovadora y creadora". VIGO, Rodolfo. *Paradigmas de la interpretación jurídico-judicial*, en AA.VV. Conferencias y ponencias presentadas en el Congreso sobre "Interpretación, Integración y Razonamiento Jurídicos" (Santiago y Viña del Mar, 23 a 25 de mayo de 1991). Editorial Jurídica de Chile. Universidad de Chile y Universidad Adolfo Ibáñez, 1992, p. 124.

En igual sentido, TARSITANO citando a Belsunce, afirma, "[n]os recuerda GARCÍA BELSUNCE la superación del pensamiento racionalista de los siglos XVII y XVIII, que creía encontrar en la aplicación automática de la legislación, la solución a todos los problemas, y reducía la función del juez a la mecánica comprobación de un hecho al que se le atribuía una consecuencia segura y automática" TARSITANO, Alberto. *Interpretación de la ley tributaria, op. cit.*, p. 414.

69 KELSEN, Hans. *Teoría pura del Derecho. Introducción a la ciencia del derecho*. Moisés Nilve (Trad). Editorial Universitaria de Buenos Aires. Decimoséptima edición. Argentina, 1981, p. 163.

70 ATIENZA, Manuel y RUIZ MANERO, Juan. *Las piezas del Derecho. Teoría de los enunciados jurídicos*. Editorial Ariel. Barcelona, 1996. pp. 143-163.

Por último, en relación a este asunto, debemos señalar que la interpretación constitucional no debe olvidar su último cometido que le otorga *sustancialidad* como norma,[71] que deriva de la integración entre la Constitución y el ordenamiento jurídico.

También hemos observado que de los autores venezolanos revisados, uno, OCTAVIO[72], le asigna a la norma en estudio, el carácter de norma *programática*, pero no le resta fuerza en su eficacia. Otro, por el contrario, CONTRERAS QUINTERO, tilda de inexacta tal calificación como principios programáticos –por lo menos a los dos primeros consagrados en el antiguo artículo 223 de la Constitución de 1961, capacidad económica y progresividad– para calificarlos como *reglas o normas imperativas, vinculantes para el legislador*[73]. Por Argentina, el doctrinario JARACH, ya no de forma diáfana como sí lo hizo CONTRERAS QUINTERO, pareciera dar a entender con sus palabras que desea impregnarle al principio de la igualdad, equiparado en las constituciones modernas con el principio de *capacidad contributiva*, la característica de *norma perfecta que involucre una consecuencia de tan extraordinaria gravedad como lo es la invalidación de una ley impositiva en los casos concretos* de que sea inobservada, para constituirlo en un verdadero límite efectivo tanto para el Poder Legislativo como para los jueces, a la hora de exigir que lo apliquen *dentro del molde de la voluntad constitucional*[74].

De acuerdo con la opinión de los autores citados, la necesidad de distanciar la clasificación del artículo constitucional como *principio*, tiene que ver con la efectiva exigibilidad de su cumplimiento, su concreción, su eficacia[75].

Un principio jurídico, al poseer un contenido *intelectivo* que conduce a una regulación, como en el caso del artículo 316 constitucional cuando exige la valoración de la capacidad económica y de la progresividad para concretar la justicia tributaria, es calificada por la doctrina como principios *materiales*, o aquellos que aún les falta la conexión entre un supuesto de hecho y una consecuencia jurídica[76]. En todo caso, LARENZ acierta al afirmar: *"Quien crea que puede desembarazarse de los principios, considerándolos como "fórmulas vacuas", a causa de su relativa indeterminación, manifiesta en lo que se refiere a su función positiva, subestima su contenido intelectivo y pasa por alto la función negativa"*[77].

Sin embargo, no podemos negar que de tratarse de una *regla* y no de un principio, no se exigiese la ponderación de las distintas razones que justificarían determinada decisión y sería más concluyente en cuanto a la utilización de premisas argumentativas, en contraposición a una mayor *fuerza expansiva* del principio[78].

Según la clasificación de enunciados que realizan ATIENZA y RUIZ MANERO, pareciera –por la compleja estructura del artículo 316 constitucional en lo que se refiere únicamente

71 BALAGUER CALLEJÓN, María Luisa. *Interpretación de la Constitución y ordenamiento jurídico. op. cit,.* p. 25.

72 OCTAVIO, José Andrés. *Principios del Derecho Tributario Venezolano. op. cit.*, p. 45.

73 CONTRERAS QUINTERO, Florencio. *Disquisiciones Tributarias. op. cit.*, p. 38.

74 JARACH, Dino. *Finanzas Públicas y Derecho Tributario.* Editorial Cangallo., S.A.C.I. Argentina, 1985, pp. 320-325.

75 Véase la opinión de GUASTINI, Riccardo sobre este particular, en la cita número 1 que realiza ABACHE en ABACHE CARVAJAL, Serviliano. *Las piezas del Derecho Tributario. Sobre la teoría de los enunciados jurídicos, la interpretación de la "disponibilidad/deducibilidad" de las regalías y la reforma de la Ley de Impuesto sobre la Renta de 2015*, inédito.

76 LARENZ, Karl. *Derecho justo. Fundamentos de ética jurídica.* Editorial Civitas, S.A. (Traducción Luís Diez-Picazo). Madrid, 2001. p.33.

77 *Ibid.* pp. 33-34.

78 ATIENZA, Manuel y RUIZ MANERO, Juan. *Las piezas del Derecho. Teoría de los enunciados jurídicos. op.cit.* p. 21. *Cfr.* FERRAJOLI, Luigi. *Dos concepciones de los principios.* DOXA Cuadernos de Filosofía del Derecho N° 36. Centro de Estudios Constitucionales de la Universidad de Alicante. Alicante, 2013, pp. 559-570.

a la consideración a la capacidad económica y la progresividad, y aunque los ejemplos que los autores dan son sumamente claros y fáciles de comprender–, que estamos en presencia de una *regla de acción de mandato*[79], donde "la justa distribución de las cargas públicas *debe atender a* (según) la capacidad económica del contribuyente y a la progresividad". Esa pretendida clasificación supone, la existencia de razones categóricas y operativas perentorias en sentido estricto que deben ser exigidas, cuya justificación se centra como valor último y no exige ponderación. Como regla de acción de mandato establece claramente una obligación o prohibición determinada, ¿cuál obligación? El atender o respetar la capacidad económica del contribuyente y la progresividad; ¿cuál prohibición? Que no podrá existir distribución de cargas públicas que no atiendan o respeten la capacidad económica del contribuyente y la progresividad. Exige como regla de acción de mandato su cumplimiento pleno, pudiendo también ser incumplida. El poseer razones perentorias o protegidas, implica que los órganos jurisdiccionales al aplicarlas deben excluir "su propio juicio acerca del balance de razones aplicables y deben adoptar la base del contenido propio de la regla[80]" Por último, cuando se afirma que esta regla de acción de mandato no exige ponderación, significa que debe contener todas las excepciones posibles a su aplicación, de tal manera que los destinatarios de la misma no tendrán la necesidad de apreciar en cada ocasión de aplicación de la regla si su acción afectará los intereses de otros sujetos sociales.

En cambio, en la segunda parte del artículo 316 constitucional, reconstruido a los efectos de esta explicación de la siguiente manera: "el sistema tributario procurará, la protección de la economía nacional, la elevación del nivel de vida de la población, mediante un sistema eficiente para la recaudación de tributos", según la clasificación propuesta por los autores antes citados, podríamos estar en presencia de un enunciado tipo *directriz de mandato*, donde existen razones categóricas y operativas no perentorias para exigir alcanzar esos fines allí indicados, cuya función justificativa es poseer valor utilitario, donde por razones propias finalistas, podrán darse razones de corrección. Su aplicación exige ponderación y otorga a los destinatarios poder de discrecionalidad en cuanto a los medios y la articulación recíproca de los fines. Como directrices de mandato o normas propiamente programáticas, tiene un valor deóntico débil en comparación con las reglas de acción de mandato por ejemplo, no llegan a exigir ninguna obligación o prohibición determinada, ni implican ninguna garantía específica. El sistema tributario procurará…es decir, es abierta su condición de aplicación en este caso solo procurando alcanzar determinado estado de cosas en la mayor medida posible también de forma abierta: la protección de la economía nacional, la elevación del nivel de vida de la población, mediante un sistema eficiente para la recaudación de tributos.

No obstante este atrevido ensayo de clasificación, queda quizás descartado en la práctica, porque la SC del TSJ, como vimos líneas antes, por lo menos nominalmente parece clasificar al enunciado normativo contenido en el tantas veces citado artículo 316 constitucional, como contentivo de varios principios tributarios, entre otros el principio de *capacidad contributiva*. Además pudiera quedar desplazado también cuando, vista la *capacidad contributiva* como *regla de acción de mandato*, se enfrente por ejemplo ante las tasas o los impuestos indirectos a las ventas, donde la aplicación nuclear de la *regla* en base a: cumplimiento pleno, quedaría sin posibilidad alguna de viabilidad y por tanto destruida, dándole paso a su clasificación como principio o *mandato de optimización* [81][82] donde se admitiría su cumplimiento en diversos grados.[83]

---

79   Ver Cuadro 1 y Cuadro 2 en ATIENZA, Manuel y RUIZ MANERO, Juan. *Las piezas del Derecho. Teoría de los enunciados jurídicos. op. cit.*, publicados sin número de página, pero luego de la página 176.

80   *Ibid.* p. 12.

81   ALEXY, Robert. *Teoría de los Derechos Fundamentales*. Centro de Estudios Políticos y Constitucionales. Madrid, 2001, pp. 82-86.

Ahora bien, no solo nos hemos referido a la interpretación de una norma constitucional, sino que de ella se desprende –por lo menos de la de la SPA–, la clara intención de no ejercer el efectivo control difuso constitucional ante cualquier alegato de una posible violación a la *capacidad contributiva,* en abierta contradicción al artículo 334 constitucional y al artículo 20 del Código de Procedimiento Civil.

CASAL se ha pronunciado diáfanamente al respecto afirmando que [*E]l control difuso de la constitucionalidad corresponde a todos los jueces de la República/ Esto comprende a las diversas Salas del Tribunal Supremo de Justicia y a los demás tribunales del país, en sus diversos grados y competencias.*[84] No solo se constituye como facultad, sino que es un deber de ineludible cumplimiento.[85]

¿Y qué implica esa negativa que se ha mantenido por tantos años por parte de la SPA del TSJ contrapuesta con el criterio de la SC? Podría traducirse en que el Estado venezolano se convierta en responsable ante el particular tanto por retardo u omisión injustificada.[86]

IV. A MODO DE CONCLUSIONES

– El sistema tributario puede entenderse como el conjunto de tributos vigentes en un determinado momento, el cual, según el artículo 316 constitucional, deberá respetar para considerarse *justo*: la *capacidad contributiva* del contribuyente, la progresividad, para propender a la protección de la economía nacional y la elevación del nivel de vida de la población, mediante un eficiente sistema de recaudación. Entendemos que no podrá calificarse de constitucional el sistema tributario, de no observarse el despliegue de todo el sistema en apego a tales exigencias.

– Si bien es cierto que el sistema tributario lo componen distintos tributos, la valoración de la *capacidad económica del o la contribuyente* como expresa la Constitución, implica inescindiblemente considerar la medida que establece de esa capacidad cada tributo en particular. Ello, porque cada tributo selecciona y diseña una manera distinta de afectar dicha

---

82   Vale la pena aquí, por oportuno y sabio, comentar la tesis de FERRAJOLI, en este tema tan importante entre las supuestas diferencias entre principios y reglas, sobre todo visto el pretendido *debilitamiento del valor vinculante de las normas constitucionales.* FERRAJOLI propone, ante las posiciones de ATIENZA, RUIZ MANERO, ALEXY, DWORKIN y ZAGREBELSKY (constitucionalismo principialista), la distinción entre dos tipos de principios, por un lado, los *principios directivos* y por el otro, los *principios regulativos o imperativos.* Los primeros son directivas al legislador para el futuro, los segundos son vinculantes y se aplican por medio de subsunción; adicionalmente sostiene que un principio se convierte en una regla cuando es violado. Caracteriza a los *principios directivos,* como "expectativas genéricas e indeterminadas, no de hechos sino de resultados" (principio de protección de la economía, de elevación del nivel de vida de la población, de un sistema eficiente de recaudación); a diferencia de los *principios regulativos o imperativos* que expresan "expectativas específicas y determinadas a los que corresponden límites o vínculos, es decir garantías, consistentes en las correspondientes prohibiciones de lesión y obligaciones de prestación ("*según*" el principio de capacidad económica y progresividad). FERRAJOLI, Luigi. *Constitucionalismo principialista y constitucionalismo garantista.* DOXA Cuadernos de Filosofía del Derecho N° 34, 2011, pp. 15-53.

83   ALEXY, Robert. *Sistema jurídico, principios jurídicos y razón práctica.* (Traducido por Manuel Atienza) DOXA Cuadernos de Filosofía del Derecho. N° 5. Centro de Estudios Constitucionales de la Universidad de Alicante. Alicante, 1988, pp. 139-151.

84   CASAL H, Jesús María. *Constitución. Justicia Constitucional.* Universidad Católica Andrés Bello. Caracas, 2006, p. 165.

85   *Ibíd.* p.166. En igual sentido, y ahora exaltando las virtudes, alcances e importancia de la interpretación constitucional véase, DOMINGUEZ GUILLEN, María Candelaria. *Derecho Civil Constitucional.* Colección manuales y obras generales N° 2. Centro para la Integración y el Derecho Público y Editorial Jurídica venezolana. Caracas, 2018. pp. 45-64.

86   NIKKEN, Claudia. *Consideraciones sobre las fuentes del Derecho Constitucional y la interpretación de la Constitución. op.cit.,* pp. 179-220.

capacidad económica, y la única posibilidad de valorarla será en el despliegue real y efectivo de los tributos vistos individualmente considerados.

– La interpretación de principios o directrices constitucionales en materia tributaria, debe considerar definitivamente el contexto económico en el cual se desenvuelve el hecho impositivo regulado, y dentro de los límites de separación de poderes que implica un Estado de Derecho, asignarle la mejor interpretación válida y justa para ese momento y bajo esas consideraciones.

– La interpretación en palabras de PUIG BRUTAU, *no puede quedar reducida a una operación de lógica estricta que señalaría al intérprete una ruta forzosa, por otro lado ha de procurar que la solución justa pueda tener un enlace debido con los principios informadores del sistema, no en el sentido de consecuencia forzosa, sino en el de congruencia con los ideales que informan la vida social del grupo regido por dicho sistema. // Es decir, todo lo que suele colocarse tras la fértil palabra "interpretación", no estriba en descifrar lo que ha querido decir el legislador a través de la expresión empleada, sino en saber si también hubiese querido proteger la situación que no pudo prever, en el caso de haberla efectivamente previsto*[87].

– La estructura del artículo 316 constitucional es definitivamente compleja y exige para su análisis normativo de una división. En este sentido, y siguiendo la tesis de FERRAJOLI[88] (representante de la tesis del *constitucionalismo garantista*), y a los efectos de contrarrestar el debilitamiento de los principios que observa el autor de los más notables defensores del *constitucionalismo principialista*, los principios de justicia, de aumento del nivel de vida de la población, la protección de la economía nacional se constituyen como *principios directivos* o *fines últimos* deseados de toda la tributación y en donde la eficiencia en la recaudación se convierte en su *medio*. Por el contrario, la capacidad contributiva y la progresividad se identifican como *principios regulativos* que como expectativas específicas y determinadas, se imponen como vínculos o límites que prohíben cualquier lesión a las mismas.

– La interpretación del principio de *capacidad contributiva* ha generado una importante contradicción dentro del TSJ. Mientras la SPA ha interpretado, ante las diversas denuncias a dicho principio, que solo al legislador le está permitido velar por el cumplimiento del mismo, desconociendo toda legitimación activa por parte de cualquier intérprete, la SC por su parte, ha interpretado como *indispensable* observar el cumplimiento del principio de *capacidad contributiva*, no solo como criterio obligante a ser seguido por el legislador, sino en la materialidad particular de un tributo.

– El desarrollo y fortalecimiento de un sistema constitucional y eficiente para la recaudación de tributos, no puede soslayar los demás principios constitucionales que forman parte del concepto de igualdad y justicia tributaria, por lo que no podrá tildarse a un sistema tributario de eficaz en la recaudación, cuando esa recaudación se logra en desmedro y abuso a los principios de *capacidad contributiva* y progresividad.

– Un sistema tributario que se desenvuelva en base a estadísticas aisladas de recaudación al margen del debido respeto a los principios de *capacidad contributiva* y progresividad, siempre mostrará resultados falaces en cuanto a la protección de la economía y aumento del nivel de vida de la población; en consecuencia no se habrá logrado ni la justicia ni la igualdad tributaria deseada en la Constitución.

– La interpretación normativa tributaria exige con carácter de *imprescindibilidad*, la consideración de las realidades económicas imperantes para el momento del acaecimiento

---

87 PUIG BRUTAU, José. *La Jurisprudencia como fuente de Derecho. Interpretación creadora y arbitrio judicial*. Segunda Edición. Editorial Boch, S.A. Barcelona, 2006, pp. 220-221.

88 FERRAJOLI, Luigi. *Constitucionalismo principialista y constitucionalismo garantista. op. cit.*, pp. 34-43.

del hecho imponible. Dicho contexto económico variante y dinámico, incidirá determinantemente en la *capacidad contributiva* exigida y presupuesta como existente del sujeto implicado fiscalmente.

– No podemos permitir que mediante actos interpretativos equívocos –donde prevalece el afán de recaudación por encima de cualquier principio tributario–, volvamos a tener que considerar a la norma tributaria como una norma especial, de contenido *odioso* que exige métodos y resultados especiales que se apartan de todo sentido de justicia, equidad y capacidad real contributiva del contribuyente en obsequio solo de la inmediatez recaudatoria.

– Las crisis, tanto del Estado de Derecho como la económica que parecen envolver a Venezuela para la fecha de este análisis, exigen volver la mirada hacia el estudio y aplicación justa e irrestricta de los Principios constitucionales de la tributación. Ellos deben prevalecer sobre cualquier distorsión que se presente en la legislación tributaria creadora de tributos o en las normas sub-legales mediante las cuales se concreta la aplicación de los mismos.

– No podrían tener otra característica estas reflexiones finales sino la brevedad, ya que *"no siempre hay que agotar el tema de manera que no quede nada por hacer al lector. No se trata de hacer leer, sino de hacer pensar"*[89].

---

89 MONTESQUIEU. *Del Espíritu de las Leyes*. Editorial Tecnos, S.A. *op.cit.*, p. 172.

§ 18. CARGAS FISCALES Y CONFLICTIVIDAD SOCIAL

Freddy J. Orlando S. [*]

I. PRELIMINAR

La conflictividad social como consecuencia de las cargas fiscales, entendidas estas como las exacciones fiscales de diversa naturaleza que el Estado le impone con carácter obligatorio a sus ciudadanos para sufragar los gastos públicos[1], es un tema que no ha perdido, ni pierde interés a través del tiempo, habida cuenta la indisposición generalizada de contribuir con tales cargas, cuando el ciudadano percibe que la exigencia de que será objeto no está animada por la satisfacción de un interés general, ni están dirigidas a la consecución de un fin público, sino que por el contrario, serán pasto para la corrupción en sus variadas formas o para la dilapidación o el robo descarado de las arcas públicas.

Desde que el hombre resolvió organizarse para vivir en sociedad, ha estado sujeto a la obligación de contribuir con los tributos que los gobernantes han ideado. Así en Sumer, en la antigua Mesopotamia, la primera civilización desarrollada entre los ríos Tigris y Eufrates, al sur de lo que hoy es Iraq, por medio de su escritura cuneiforme dejó testimonio de que hace más de cuatro mil quinientos años antes de Jesucristo, existía la obligacion de pagar tributos al monarca.

En efecto, refiere el historiador Samuel Noah Kramer en su obra "La Historia Empieza en Sumer", lo siguiente: "...El Estado urbano de Lagash, en el tercer milenio antes de J. C., comprendía, además de la «capital», un pequeño grupo de pueblos prósperos, agrupados cada uno de ellos alrededor de un templo (...) Los habitantes de Lagash eran, por regla general, agricultores y ganaderos, barqueros y pescadores, mercaderes y artesanos (...) Los amos de la ciudad, con el objeto de reclutar ejércitos y de suministrarles armas y pertrechos, habían creído necesario usurpar los derechos de los individuos, aumentar los impuestos y hasta apropiarse del patrimonio del Templo. Mientras el país había estado en guerra no existió oposición; la guerra había hecho pasar todos los resortes del mando a manos de la gente del Palacio. Pero, cuando se hizo la paz, los palaciegos se mostraron muy poco dispuestos a abandonar los puestos y prerrogativas que les proporcionaban tan grandes provechos. En realidad, nuestros antiguos burócratas habían descubierto el medio de multiplicar los tributos, las contribuciones, las tasas e impuestos en proporciones tales como para hacer morir de envidia a sus colegas modernos (...) Cuando un ciudadano llevaba un carnero cubierto de lana al Palacio para que se lo esquilaran, tenía que pagar 5 siclos si la lana era blanca. Si un hombre se divorciaba, el ishakku percibía 5 siclos y su visir, uno. Si un perfumista componía un ungüento, el ishakku percibía 5 siclos, el visir, uno y el intendente del Palacio, otro. La misma muerte estaba sujeta a tasas e impuestos. Cuando se llevaba un difunto al cementerio siempre se encontraba allí un enjambre de funcionarios y

---

* Profesor jubilado de las Universidades Central de Venezuela y Católica Andrés Bello; Presidente de la Asociación Venezolana de Derecho Administrativo. Expresidente de la Asociación Venezolana de Derecho Tributario.

1 El artículo 316 de la Constitución de la república, dispone: "El sistema tributario procurará la justa distribución de las cargas públicas según la capacidad económica del o de la contribuyente, atendiendo al principio de progresividad, así como la protección de la economía nacional y la elevación del nivel de vida de la población; para ello se sustentará en un sistema eficiente para la recaudación de los tributos.

otros parásitos, dispuestos a sonsacar a la enlutada familia todo lo que pudieran de cebada, de pan, de cerveza y de muebles de toda clase. De uno a otro confín del Estado, observa acerbamente nuestro cronista, «había recaudadores».[2]

Otro tanto sucedió en el antiguo Egipto. Los Faraones, tres mil años antes de Jesucristo, desarrollaron un sistema dirigido a percibir tributos que abarcó todo el territorio de la época. Los escribas, funcionarios reales, llevaban, por ejemplo, la contabilidad de los granos que recaudaban. En la medida en que las cosechas eran más abundantes, mayor era el aporte de granos para el Faraón. Los relieves en tumbas y templos egipcios con escenas de recaudación de impuestos por parte de artesanos y granjeros, son la mejor evidencia del eficiente sistema que, a este respecto, se implantó en el antiguo Egipto y que las difeerentes disnastías se encargaron de perfeccionar.

Las diferentes ciudades-estado, que conformaron la antigua Grecia, la de Alejandro el Magno, la de los grandes filósofos, hicieron de la tributación la mejor forma para recaudar ingresos que provenían de numerosas fuentes, principalmente de la conquista de otros estados, de actividades mineras, agrícolas y de la actividad portuaria.

El esplendor de Atenas, durante el llamado Siglo de Oro de Pericles quien la gobernó con sentido democrático ininterrumpidamente entre el 443 a.C. y hasta su muerte en el 429 a.C., ha trascendido hasta nuestros días. Por una parte, por el desarrollo cultural que tuvo Atenas bajo su mandato y, por la otra, debido a la construcción de la mayoría de los templos que componen la Acrópolis. Sin embargo, el embellecimiento de la ciudad, con obras de envergadura como el Partenón, fue producto de la contribución que hacía la gente pudiente para el bienestar, social y cultural y para la defensa militar de la ciudad, pues sus aportes no iban directamente al Estado.

Roma, en sus diversos períodos históricos, contó con variadas fuentes de ingresos que le permitieron su desarrollo armónico en diferentes ámbitos, particularmente en el concerniente a la construcción de obras públicas, en el atinente al mantenimiento de un ejército poderoso y bien entrenado que le facilitó su gran extensión a medida que avanzaba en su afán de conquistar nuevos pueblos. De allí que sus instituciones jurídicas, sobre todo en materia de impuestos, se fueron desarrollando en la misma medida que el Estado fue evolucionando a través de sus siglos de existencia, sin que llegara a ser uniforme en todas la regiones de su vasto territorio.

En efecto, se puede afirmar que la diferenciación entre impuestos directos e impuestos indirectos, tuvo su origen en Roma. Ejemplos de los primeros, el *tributum soli* que gravaba la propiedad o el uso del suelo, *el tributum in capita*, al que estaban obligados los *peregrinii* en las provincias con base en los censos provinciales, el *fiscus iudaicus*, que se le exigía a los judíos como consecuencia de las revueltas que éstos promovieron contra la dominación de Roma. Por lo que respecta a los impuestos indirectos, destacan entre otros, la *quadragesima litium*, que era un impuesto atinente a los procedimientos judiciales, quizás el más remoto antecedente de lo que hoy son las costas procesales, la *collatio lustralis*, que pechaba los beneficios obtenidos por los comerciantes en los diferentes negocios en los que participaran y el *Vectigal urinae*, sobre el uso de las letrinas públicas.

De manera que los romanos, en su actividad recaudatoria de los muy variados tributos que llegaron a crear, se vieron obligados a efectuar controles sobre los bienes de las personas, a censar a sus habitantes, a desarrollar órganos de recaudación y, por supuesto, a sancionar a los evasores.

---

2   Véase Kramer, Samuel Noah "La Historia Empieza en Sumer". CapítuloVII. Reformas Sociales. La Primera Reducción de Impuestos. pp 47 y ss. en http://www.manuelosses.cl/VU/La%20-Historia%20Empieza%20en%20-Sumer.%20Samuel%20Noah%20Kramer.pdf.

Por otra parte, debe señalarse que en la américa colonial uno de los impuestos más reiterado fue el denominado Quinto Real. En efecto, el 5 de febrero de 1504, los reyes católicos dipusieron que de la producción anual de oro en polvo sacado de minas, debía pagarse el veinte por ciento (20%) o la quinta parte de la producción. Este tributo era recaudado por los Oficiales de la Real Hacienda. Se trató, pues, de un impuesto de carácter minero.

Sería interminable el recuento que se pretendiera hacer de los diferentes tipos de cargas de naturaleza fiscal y también de gobernantes que en la historia de la humanidad se las han exigido obligatoriamente a sus pueblos para el cumplimiento se los más variados objetivos.

De la breve referencia histórica que antecede, se pone de manifiesto, como lo afirmamos al inicio de este estudio, que desde el mismo momento que el hombre vive en sociedad, ha estado constreñido al pago de las cargas que los gobernantes han ideado.

Asimismo podríamos afirmar, que de manera simultánea a la obligación de honrar tales cargas, independientemente de que se trate de impuestos, tasas o contribuciones especiales, su rechazo se ha hecho presente presente y ha cobrado fuerza. En la mayoría de los casos, porque se considera que estas obligaciones son excesivas, es decir, el quantum a pagar excede la capacidad contributiva de los destinatarios de esas obligaciones, o bien porque se las estima discriminatorias, injustas, ilegales, confiscatorias, retroactivas o contrarias a los principios de progresividad y de generalidad, establecidos como principios de impretermitible cumplimiento en los textos constituciones de los diferentes países.

II. ALGUNOS CONFLICTOS SOCIALES PRODUCTO DE CARGAS FISCALES.

Los historiadores han indagado acerca de las causas que propiciaron grandes conflictos sociales, producto de cargas fiscales, que han quedado registrados como motivadores de transformaciones importantes en el devenir de los años. Veamos, seguidamente, algunos de esos conflictos.

1.- El 15 de junio de 1215, la nobleza inglesa se sublevó contra el rey Juan sin Tierra de Inglaterra, y lo obligó a suscribir un documento de sesenta y tres artículos que ha trascendido los siglos con el nombre de la Carta Magna. En este documento, constitutivo, por una parte, de limitaciones para el monarca y, por la otra, de derechos para la nobleza, quedó establecido, por ejemplo, que sin la aprobación de la nobleza, el monarca no aumentaría los impuestos. Sin lugar a dudas, puede afirmarse que esta estipulación se tradujo en un principio que hoy en día está recogido en los   textos constitucionales de los diversos países. Es el principio denominado de la legalidad tributaria.[3]

2.- Al finalizar la llamada "Guerra de los Siete Años", que tuvo lugar entre 1756 y 1763 entre el Reino Unido de la Gran Bretaña y Prusia, por una parte, y Francia, Austria, Rusia y España, por la otra, razón por la cual se libró en diversos teatros de operaciones, tuvo, entre otras consecuencias, dos que es necesario referir: para Francia, la pérdida de los territorios que había colonizado en Norteamérica, Québec entre otros, habida cuenta que los franceses resultaron derrotados por el Reino Unido y para éste último, un endeudamiento muy alto que la llevó a exigirle a sus colonias de Norteamérica nuevas tasas e impuestos directos para sufragar los gastos ocasionados por aquél conflicto bélico. Así, en 1764 se aprobaron impuestos al azúcar, al vino, al café, a la seda y al hierro. Al año siguiente, entró en vigor un nuevo tributo. Esta vez, el denominado "Ley de Estampillas" ya que todo material impreso: diarios, revistas, documentos de cualquiera índole, debía ser pechado y la manera de evidenciar el correspondiente pago de este impuesto, era la colocación de una estampilla.

---

3   *Cfr.* Artículo 317 de la Constitución de Venezuela: "No podrá cobrarse impuestos, tasas, ni contribuciones que no estén establecidos en la ley, (...)"

Treinta años después de finalizada esa contienda, concretamente, en 1767, el Parlamento inglés hizo nuevas exigencias de la misma naturaleza. En esta oportunidad, se inclinó por establecer nuevos gravámenes sobre el té. Sin embargo, los colonos de Massachusetts, rechazaron ese tributo e iniciaron las gestiones para el boicot al té inglés que, a fin de cuentas provenía del comercio con China e India

El 16 de diciembre de 1773 un grupo de colonos disfrazados de indios mohawk se introdujeron en los barcos ingleses que permanecían en la rada del puerto de Boston y lanzaron toda la carga de té al mar. La represalia por este inusual hecho no es hizo esperar. En efecto, el rey Jorge III de Inglaterra, promovió en el Parlamento que se votase la clausura del puerto de Boston y que pasara a ser directamente administrado por Inglaterra.

Así las cosas, las restantes colonias de Norte América. New Hampshire, Rhode Island, Connecticut, New York, Pensilvania, New Jersey, Delaware, Maryland, Virginia, Carolina del Norte, Carolina del Sur y Georgia, apoyaron las acciones de boicot que habían tomado fuerza en Boston con el señalado proceder de los ciudadanos de Massachusetts e hicieron un frente común contra la Corona inglesa, que no fue otra cosa que una verdadera resistencia organizada. Las puertas de una revolución en contra de su antigua metrópoli se habían abierto de par en par, todo lo cual va aconducir al movimiento independentista de las colonias de Inglaterra de su antigua metrópoli. La declaración de independencia quedará sellada el 4 de julio de 1776.

3.- Tres años despues, esta vez en Francia, las diferencias existentes entre la opulencia de la corte real instalada en el palacio de Versalles y el pueblo de París, cada vez más carente de alimentos por los impuestos y tasas que el régimen le imponía al trafico de bienes desde el campo a la capital, días previos al 14 de julio de 1789, la falta de trigo para fabricar el pan, obligó a los panaderos a producir un pan de mala calidad y más caro que el de costumbre; pues bien, este hecho fue uno de los detonantes de la protesta citadina que fue tomando fuerza como una tromba hasta alcanzar la toma de la Bastilla, las propias puertas del palacio de Versalles y, casi cuatro años después, la cabeza de Luis XVI.

4.- Doscientos años después de los citados sucesos, muchas ciudades francesas pero en particular París, se han visto sacudidas por manifestaciones que desde noviembre de 2018, se han venido intensificando y tornándose cada vez más violentas, protagonizadas por grupos que se identifican con un chaleco amarillo -Les Gilets Jaunes- con el propósito de rechazar las propuestas del actual Presidente de Francia, Emmanuel Jean-Michel Frédéric Macron de aumentar el precio de los combustibles y evitar el deterioro de la calidad de vida.

No obstante que en diciembre de 2018, un mes después del inicio de las referidas protestas, el presidente Macron desistió del citado aumento, las protestas que tienen lugar los fines de semana, han continuado, ahora con otras exigencias: la renuncia del Jefe de Estado.

El sábado 16 de febrero de 2019, numerosos manifestantes, estimados por el ministerio del Interior en una cantidad de 10.200, en toda Francia, de los cuales unos 3000 en París, han persistido en sus violentas protestas.[4]

5.- Por otro lado, es de señalar que el movimiento de "chalecos amarillos" también se ha hecho presente en Canadá. En efecto, desde mediados de diciembre del pasado año, grupos de manifestantes que portan chalecos amarillos como el movimiento de Francia, han protestado en distintas ciudades canadienses. Si bien es cierto que los chalecos amarillos canadienses no han protestado de manera violenta ni han alcanzan un número significativo de personas, el pasado 10 de febrero amenazaron de muerte al primer ministro de Canadá, Justin

---

4   *Vid.* Le Figaro. http://www.lefigaro.fr/actualite-france/2019/02/16/01016-20190216ARTFIG00084-acte-14-des-gilets-jaunes-des-milliers-de-manifestants-defilent-a-nouveau.php.

Trudeau, al reprocharle sus politicas que promocionan el multiculturalismo y la inmigración y un proyectado aumento de una tasa sobre las emisiones de dióxido de carbono[5]

6.- En junio de 2015, el entonces presidente del Ecuador, Rafael Correa, planteó un aumento a los impuestos a las importaciones para evitar la salida de divisas, a las herencias, así como un impuesto a la plusvalía de los inmuebles debido a las inversiones públicas y tuvo que enfrentar intensas protestas que culminaron diez días después, una vez que dio marcha atrás a esa propuesta [6]

7.- En marzo de 2017, unos dos mil agricultores griegos, según informaciones de prensa, generaron fuertes disturbios para rechazar "el aumento de las contribuciones sociales y los impuestos aplicados recientemente por el Ejecutivo de Alexis Tsipras como parte de los esfuerzos para cumplir las condiciones del rescate del país" [7]

8.- La página web "La Patilla" reportó el pasado 14 de enero de 2019, las protestas que tuvieron lugar en las dos principales ciudades de Zimbabue, Harare, la capital, y Bulawayo (sur), motivadas por el alza de los precios de la gasolina decretado por el gobierno. El ministro de Seguridad, Owen Ncube, señaló: "Lamento que (estos acontecimientos) causaron pérdidas de vidas y bienes, así como heridos entre las fuerzas de la policía y la población", declaró Ncube, citado por el diario gubernamental The Herald. El presidente Emmerson Mnangagwa anunció el sábado que se duplicará el precio de la gasolina para hacer frente a la mayor escasez de petróleo en el país en los últimos diez años. En varios barrios de Harare aparecieron barricadas, indicaron testigos y periodistas de la AFP. En Bulawayo, los manifestantes también bloquearon la circulación hacia el centro de la ciudad con barricadas de piedras y neumáticos en llamas, indicó un periodista de la AFP".[8]

Los casos precedentemente referidos, son apenas una pequeña muestra de lo que suele suceder en la mayoría de los países cuando sus gobernantes aumentan o proponen aumentar la presión tributaria de los contribuyentes con mayores cargas fiscales, nuevos impuestos o incremento de las tarifas de los ya existentes. La disconformidad con las cargas fiscales por parte de la población de una gran mayoría de países, nos atrevemos a decir, es proporcional a la percepción que se tenga de que los gobernantes distraerán esos ingresos en provecho propio, los dilapidarán o simplemente no mejorarán los servicios que el Estado debe prestar a sus ciudadanos.

Por supuesto que hay países que han alcanzado una calidad de vida muy superior a la de otros, como es el caso de los países nórdicos, lo cual se debe, entre otras razones, a la retribución que reciben sus ciudadanos por los impuestos que pagan a sus respectivos gobiernos, fundamentalmente en materia de educación superior, gastos de maternidad, pensiones, etc.

El autor Fernando Camacho, en un trabajo intitulado "El país más feliz, los impuestos más altos", publicado en la página web "El Confidencial", en fecha 13 de diciembre de 2014, expresó:

> "Nadie dijo que pagar impuestos sea algo agradable para el bolsillo del contribuyente pero en Dinamarca lo ven de otra manera. Existe una conciencia más positiva que en el resto de países de la Unión Europea a la hora de construir el Estado del bienestar. Llevan muchos años creándolo y

5   *Vid.* Diario El Excelsior. México. https://www.excelsior.com.mx/global/chalecos-amarillos-amenazan-de-muerte-a-justin-trudeau/1289554.

6   *Vid.* Diario El País. Uruguay.https://www.elpais.com.uy/mundo/aumento-impuesto-desato-protestas.html.

7   *Vid.* Euronews. https://es.euronews.com/2017/02/14/2000-agricultores-griegos-protestan-en-atenas-contra-el-aumento-de-las

8   https://www.lapatilla.com/2019/01/14/reportan-fallecidos-en-zimbabue-tras-manifestaciones-contra-el-alza-de-la-gasolina/.

los objetivos son claros a ojos de los ciudadanos. Todos pagan, pero el dinero regresa a sus orígenes en formas muy variadas: ayudas a la maternidad, universidad, empresas públicas, pensiones... Los daneses han sabido equilibrar todo para que salgan las cuentas y nos llevan ventaja. (omissis)

Hay muchas otras razones o causas que lo hace posible, como una economía activa, un mercado laboral dinámico, salarios altos, internacionalización de las actividades, y sobre todo, gran recaudación de impuestos. El dinero revierte en la sociedad, de múltiples formas y canales. Los daneses se benefician de muchas cosas y, sobre todo, los presupuestos se ven revertidos en la sociedad, y existen prioridades antes que construir aeropuertos o autopistas de peaje. (...)[9]

El Informe sobre Desarrollo Humano emanado del Programa de las Naciones Unidas para el Desarrollo, correspondiente al año 2018, ubica a Noruega en primer lugar en la lista de los países que tienen mejor calidad de vida, Suecia en el séptimo lugar y a Dinamarca en el puesto numero once (11). Este informe se elabora tomando en cuenta las condiciones de ciento ochenta y nueve paises (189) representados en la Organización de las Naciones Unidas, en materias como salud, educación, ingresos económicos, entre otros [10]

No está demás señalar que el modelo político tanto de Noruega, de Suecia como el de Dinamarca, es el de un Estado de bienestar con un acento en lo social muy particular, toda vez que si bien es verdad que gozan de una amplia libertad económica, la presión fiscal es elevada. Sin embargo, los daneses e igualmente los suecos y los noruegos, tienen fe en la administración de los recursos del Estado porque los niveles de corrupción son de los más bajos del mundo.

En efecto, según la clasificación anual que hace Transparencia Internacional en materia de corrupción, Dinamarca ocupa el puesto numero uno (01), Suecia el número tres (03) y Noruega se encuentra en el puesto número siete (07), es decir en los que menos hechos hechos de corrupción tienen lugar.[11]

III. CARGAS FISCALES: SU RECHAZO O ACEPTACIÓN.

No hay duda alguna que las propuestas que haga un gobierno en materia de cargas fiscales en beneficio de las grandes mayorías, apoyadas en una gestión exitosa debido a sus resultados, tienen mayores probabilidad de aceptación por sus destinatarios, que en aquellos otros donde los gobernantes se apropian de los fondos públicos para engrosar sus patrimonios particulares o los dilapidan en detrimento de las necesidades de los administrados.

En efecto, ello es así porque la elaboración de cualquier política fiscal se encuentra estrechamente unida, en forma inexorable, con los procesos de naturaleza estrictamente política. Por ello, será menester que los gobernantes expliquen convincentemente a la población en torno a los beneficios esperados y los logros a alcanzar con las cargas fiscales que les propone soportar.

Lo ocurrido en Venezuela durante el segundo gobierno del presidente Carlos Andrés Pérez, es una evidencia del anterior aserto. Ciertamente, el estallido social que tuvo lugar fundamentalmente en Caracas el día 27 de febrero de 1989 y que marcó el rumbo para que

---

9 Camacho, Fernando "El país más feliz, los impuestos más altos". *El Confidencial.* Disponible en https://www.elconfidencial.com/mundo/2014-12-13/dinamarca-el-pais-mas-feliz-tiene-los-impuestos-mas-altos-del-mundo_590152/.

10 *Cfr.* http://hdr.undp.org/sites/default/files/2018_human_development_statistical_update.pdf.

11 *Cfr.* https://www.transparency.org/cpi2018. El último lugar de esa clasificación, es decir, el país con mayor índice de corrupción es Somalia, razón por la cual ocupa el puesto número ciento ochenta (180). No muy lejos de éste último se encuentra Venezuela que ocupa el puesto N° 168, apenas a doce puestos del país más corrupto del mundo.

actualmente nuestro país se encuentre en la ruina total, en la indigencia y bajo la dictadura más despiadada y oprobiosa de las que haya registrado la historia de Venezuela, estuvo precedido de un informe en el que el presidente Pérez anunció a toda la nación el "Gran Viraje"; es decir, el conjunto de medidas que se proponía imprimirle a su gestión de gobierno, en contraposición con las politicas, sociales y económicas que había conocido el país durante los gobiernos civiles y democráticos que se sucedieron ininterrumpidamente, luego de la huída del dictador Marcos Pérez Jiménez el 23 de enero de 1958. [12]

En efecto, el 16 de febrero de 1989, a sólo dos semanas de haber iniciado su segundo mandato, el presidente Carlos Andrés Pérez anunció, entre otras medidas de política social inmediata, las siguientes: a) aumento del treinta por ciento (30 %) promedio de sueldos y salarios a los trabajadores del sector privado por acuerdo concertado entre las empresas y los trabajadores; b) incremento de un treinta por ciento (30%) promedio de sueldos a los funcionarios públicos del nivel nacional, incluyendo a los pensionados y jubilados; c) aumento del salario mínimo de cuatro mil bolívares (Bs.4.000,00) para el área urbana y dos mil quinientos bolívares (Bs. 2.500,00) para el área rural; d) política de subsidios directos a los componentes esenciales de la canasta básica; e) política de apoyo a la consolidación y modernización de las microempresas populares; e) programa de becas alimentarias para los niños en edad pre-escolar y de la escuela básica en las zonas populares del país; f) plan integrado de consolidación de áreas marginales urbanas y comunidades rurales, etc.

Al mismo tiempo, el presidente Pérez anunció, como contraproposición, entre otras medidas las que se indican de seguidas: a) aumento en las tarifas de los servicios; b) aumento en los derivados del petróleo; c) autorización del aumento en los servicios de transporte; d) eliminación o reducción de la política de subsidios; e) liberación de los precios de los bienes y servicios; f) la devaluación del bolívar y la adopción de un nuevo esquema cambiario; g) la liberación de las tasas de interés activas, etc.

Ahora bien, como lo expresó el economista Alexander Guerrero, en un trabajo intitulado "Del Gran Viraje de CAP al comunismo salvaje de Chávez", publicado el 28 de diciembre de 2010 en el Blog del Grupo La Colina, "era muy difícil que corporaciones políticas, económicas, sindicales, y militares aceptaran de buena gana los cambios, si el poder político de sus coaliciones redistributivas se sentía crujir, porque algo de orden tendría que establecerse de acuerdo a criterios más especializados, que si bien había que auxiliar a los sectores de menores recursos, estos deberían comprender que no eran migajas del estado - como hoy se hace sistémicamente- sino parte del esfuerzo del individuo y bajo ese sello se crearon grandes instituciones redistributivas pero montadas sobre otros criterios más "automáticos" y económicos, por lo tanto no requerían del manto rentista de los grupos de poder político, económico y sindical."[13]

El país en general y, en particular, todo aquél que con su voto había apoyado la reelección de Pérez para una segunda presidencia, se sintió desconcertado con esta medidas contradictorias con las promesas de bienestar y prosperidad que él había hecho durante la campaña electoral. No lo habían respaldado para una segunda presidencia para que ahora les anunciara cargas fiscales que implicarían sacrificios que no estaban dispuestos facilmente a aceptar.

---

12 *Vid.* Straka Tomás, "Vida y Muerte en un país de Excepción" en *Revista Debates IESA.* Volumen XXII, números 3 y 4. julio-diciembre 2017, pp. 46-48 en la siguiente dirección electrónica: https://mail.google.com/-mail/u/0/#inbox/CllgCJNstdHfQcqcRszFbLKbjVRljWPpTjMKrcJFvmhLdRqPnPHdlSqttrRqjJrzlNrlWKfFXnV?projector=1&messagePartId=0.1 En dicho trabajo, el profesor Straka de la Universidad Católica Andrés Bello e individuo de número de la Academia Nacional de la Historia, hace un importante análisis acerca de ese periodo y expresa: "De ser una excepcion latinoamericana por su democracia y su capitalismo, Venezuela es otra vez una excepción: ser la peor economía del mundo, con una crísis económica y social que sorprende a todos".

13 *Cfr.* http://grupolacolina.blogspot.com/2010/12/del-gran-viraje-de-cap-al-comunismo.html.

Como bien lo afirmó el profesor Ronald Rodríguez "Sin lugar a dudas, la medida económica más impopular, ya que significó el detonante de la explosión social del 27 de Febrero, fue el anunció del aumento del precio de la gasolina, ya que los transportistas aumentaron el pasaje aún sin haberse aplicado el aumento. (…) Mucho se ha dicho y se ha de decir sobre el gobierno de CAP II, pero la evidencia más fuerte que nos proporciona, es la importancia tanto de la medida como de la forma de implantarla, muchas de estas eran las correctas y necesarias, sin embargo las fallas en la implementación tales como: el tiempo ideal, explicar el beneficio, así como sentar bases sólidas de respaldo a las mismas, provocaron que solo se quedaran en buenas intenciones, algunas de ellas ni siquiera pasaron de estar en planes maestros y otras no tuvieron el impacto deseado por los torpedos de las fuerzas políticas del momento."[14]

A todo lo anterior debe agregarse que las constantes denuncias de corruptelas en contra de gobernantes, dirigentes políticos y sindicales, aunado al malestar social que generaba el sistema de partidos politicos en el que había derivado el sistema democrático venezolano, propiciaron el fracaso, no sólo del programa económico y de cargas fiscales contenido en el "Gran Viraje", sino que dieron al traste con el gobierno del presidente Perez, ya que, como es historia patria, después de dos intentos de golpe de estado que si bien fracasaron, sin embargo sirvieron de base para su destitución como presidente de la república por medio de un discutido proceso judicial.[15]

De manera que el caso venezolano es una muestra palpable de la conflictividad que pueden generar, y generan, las cargas fiscales cuando los que las deben soportar desconfían de los promotores de tales cargas, bien porque perciben que el sacrificio exigido no se traducirá en beneficios para ellos o porque desconfían del destino que tendrán esas cargas fiscales o bien porque los promotores de las medidas han estado involucrados o señalados como corruptos.

No obstante lo afirmado anteriormente, ha resultado insólito hasta ahora que en nuestro país no haya estallado un conflicto de gigantescas proporciones, habida cuenta el sin número de arbitrariedades de que han sido objeto los contribuyentes por parte del Estado venezolano en estos años de Socialismo del Siglo XXI, sobre todo si se las compara con la propuesta del aumento de la gasolina formulada por el presidente Carlos Andrés Pérez que dio origen a los disturbios del "Caracazo" antes mencionado.

En la conferencias magistral que dictó la Profesora Elvira Dupouy Mendoza, distinguida e importante miembro de la Asociaciación Venezolana de Derecho Tributario, en las XVI Jornadas Venezolanas de Derecho Tributario, celebradas en Caracas en el año 2017 y que intituló "Distorsiones de la tributación en Venezuela: algunas consideraciones en el marco del Estado social de Derecho y de Justicia", la Profesora Dupouy Mendoza formuló una verdadera denuncia en torno a los atropellos a los que hemos estado sometidos los venezolanos durante esos años. En efecto, denunció "algunas de las distorsiones actualmente existentes en el régimen tributario venezolano en materia de Impuesto sobre la Renta, en virtud de las recientes reformas de la Ley y las transgresiones a la vacatio legis". Así mismo, abordó "la existencia de una Parafiscalidad malentendida, sobredimensionada, regulada en algunos casos fuera de los principios tributarios aplicables y con una tendencia a la descodificación". "Reiteró la inconstitucionalidad e ilegalidad del régimen de sanciones establecido en el Código Orgánico Tributario vigente, particularmente con referencia a la

---

14 *Cfr.* Rodríguez Ronald, "Las Medidas Económicas de Carlos Andrés Pérez II" en la siguiente dirección electrónica: https://informe21.com/blog/ronald-rodriguez/las-medidas-economicas-carlos-andres-perez-ii.

15 *Cfr.* Orlando S. Freddy J., "Contribución al Estudio de la Legisación Venezolana dirigida a Sancionar los Hechos de Corrupción". Edición conjunta Universidades Central de Venezuela y Católica Andrés Bello. Caracas, 2011.

actualización de las multas y la desproporcionalidad de las sanciones en general e imprescriptibilidad de algunas de ellas" y destacó "los aspectos más resaltantes del nuevo Código Orgánico Tributario que colocan al contribuyente en estado de indefensión frente a la Administración Tributaria". El texto de la citada conferencia está publicado en el No. 157 de la Revista de Derecho Tributario, órgano divulgativo de la Asociación Venezolana de Derecho Tributario, páginas 65 a 85, ambas inclusive. [16]

Para concluir, nos atrevemos a afirmar que la inmensa mayoría de los venezolanos, rechaza en la actualidad la política fiscal del actual gobierno, pues pese a que honra sus obligaciones fiscales, no existe retribución alguna que compense su ejemplar proceder. Según declaraciones del Superintendente del Servicio Nacional Integrado de Administración Aduanera y Tributaria (Seniat) aparecidas en la prensa nacional el día 4 de febrero de 2019, "la recaudación global el pasado mes de enero fue de 195 millardos 233 millones 22 mil 902 bolívares, lo que representa en Petros 5 millones 423 mil 140." Con relación al Impuesto Sobre la Renta (ISLR), el Superintendente indicó que la recaudación se ubicó en "25 millardos 80 millones 175 mil bolívares". En cuanto al Impuesto al Valor Agregado (IVA), "la recaudación fue cercana a los 95 millardos". Asimismo, por concepto de tributos aduaneros, el Seniat obtuvo ingresos de "7 millardos". Lo percibido de otras rentas internas, fue de 68 millardos de bolívares."[17]

Mientras la máxima autoridad del SENIAT alardea de las cifras antes vertidas, el pueblo venezolano muere de hambre, no existen medicamentos en las farmacias para atender las prescripciones médicas, los hospitales están en la ruina, la infraetructura del país se encuentra en el suelo, el Metro en total colapso, no hay servicio regular de autobuses, pues muchas rutas son servidas en camiones de volteo o de estacas, la delincuencia común desbordada y a sus anchas, la deserción escolar en franco e ilimitado auge, el éxodo de venezolanos en busca de mejores de destinos hacia países vecinos, según información suministrada por la la Organización de Estados Americanos el día 8 de marzo de 2019 "fue de 5.000 migrantes diarios durante 2018. La organización calcula que 3.4 millones de venezolanos habían dejado su país desde 2015 por la escasez de alimentos, la violencia y la situación de violencia."[18]

El culmen del caos antes descrito, lo constituye la interrupción del servicio de electricidad en todo el territorio del país, que tuvo lugar cerca de las 5 de la tarde del jueves 7 del mes en curso y para el momento de culminar este trabajo lleva veinticuatro horas sin que haya sido restituido, con todas las consecuencias que ello implica: no hay agua, no hay comida, pacientes renales en peligro de muerte por ausencia de diálisis, comercios cerrados, suspensión de actividades laborales y escolares y toda la población practicamente incomunicada por la inestabilidad de las redes de telefonía y de internet.

Es hora de que el pueblo reaccione con fundamento en lo dispuesto en el artículo 350 constitucional, que consagra el derecho a la desobediencia civil en los siguientes términos: "El pueblo de Venezuela, fiel a su tradición republicana, a su lucha por la independencia, la paz y la libertad, desconocerá cualquier régimen, legislación o autoridad que contraríe los valores, principios y garantías democráticos o menoscabe los derechos humanos".

Montreal, 08 de marzo de 2019

---

16 El texto de la citada conferencia puede ser consultada en la siguiente dirección electrónica: http://avdt.ms-info.info/bases/biblo/texto/157.pdf.

17 *Cfr.* https://www.finanzasdigital.com/2019/02/seniat-recauda-195-millardos-de-bs-s-en-el-mes-de-enero/.

18 *Cfr.* https://elpais.com/internacional/2019/03/08/america/1552066560_866027.html.

§ 19. EL SISTEMA TRIBUTARIO VENEZOLANO ANTE UN ESTADO FALLIDO

José Amando Mejía Betancourt [*]

INTRODUCCIÓN: LA SITUACIÓN CONSTITUCIONAL DEL CIUDADANO.

Hay que partir de la premisa que el respeto a la democracia, la libertad y el derecho, constituyen la única forma posible de convivencia entre los venezolanos, lo que excluye aceptar cualquier situación de sometimiento a una dictadura militar como la que se ha impuesto en Venezuela. En el entendido que "la Constitución es el espacio donde se desarrolla la acción política tal y como el derecho la pone en forma y también el lugar donde son fijadas las condiciones de creación del derecho".[1] La Constitución y el Estado de Derecho constituyen el contexto imprescindible, único y necesario para la convivencia pacífica entre los venezolanos, pues, como decía el Profesor Manuel García Pelayo,[2] la Constitución es un pacto social y una norma jurídica que domina toda la vida pública incluso las relaciones internacionales y la actuación internacional del Estado. A partir de la Constitución de 1961 cuando Venezuela se transformó definitivamente en un Estado de derecho, la democracia es una condición irreversible, inexcusable y existencial del Estado venezolano, lo que constituye un nivel político que no admite regreso ni retorno y significa que o hay Estado de derecho o no hay Estado.[3] La Constitución es el verdadero elemento que garantiza la convivencia entre los venezolanos y constituye la única e imprescindible condición para evitar la violencia. La Constitución que articula la soberanía de los ciudadanos en un poder democrático es sin duda la idea constitutiva de la modernidad política venezolana, incluso con una Constitución como la vigente que tuvo un origen político parcializado y un marcado carácter partidista y sectario, que ha sido, sin embargo, aceptada y respetada en aras de la paz y la convivencia armoniosa entre los venezolanos y admitida por el conjunto de los ciudadanos como una solución jurídica y política. Hoy la voluntad general se reconoce en la Constitución en la que la libertad tiene su concreción y constituye el anclaje político existencial de la sociedad civil venezolana en un marco de Estado de derecho.

Pero, con la desaparición del Estado de Derecho constitucional, el ciudadano debe tomar conciencia que Venezuela es un "Estado fallido", que fue absorbido política y militarmente por Cuba, lo que ha provocado que la venezolana sea una sociedad civil sin Estado. En el

---

[*] Abogado de la UCAB. Doctor de la Universidad de Paris (II). Postgrados: DSUP en Finanzas Públicas; DSUP en Derecho Administrativo; DSUP en Derecho Comercial; en la Universidad de París (II). Miembro de la Sociedad de Legislación Comparada de París y de la Asociación Venezolana de Derecho Tributario. Profesor de la Universidad Metropolitana, de la Universidad Central de Venezuela y de la Universidad Católica del Táchira. Fue Consultor Jurídico del Ministerio de Energía y Minas; Director Principal del Fondo de Inversiones de Venezuela; y Viceministro de Hacienda (1993-1994). Tiene más de cuarenta artículos publicados y una Tesis de Doctorado. Dedicado al ejercicio profesional y académico del Derecho Tributario, Administrativo y Constitucional.

1   Olivier Beaud en: Denis Baranger. *"Le Droit Constitutionnel"*. PUF. Que sais-je? París. 2017. Francia. p. 3.

2   Profesor de la Universidad Central de Venezuela y primer presidente del tribunal constitucional español.

3   Venezuela a partir de 1961 paso de ser un Estado liberal autocrático, a configurarse definitivamente como un Estado liberal democrático. La posterior dictadura militar "chavista" es una regresión política que busca destruir la República. Ver: Germán Carrera Damas. *"En defensa de la República. Voz de alerta"*. Los libros de El Nacional. Caracas. 2013.

orden interno e internacional, los ciudadanos deben confrontar el protectorado de Cuba sobre Venezuela que ejerce su control mediante un ejército mercenario detestado por el pueblo,[4] por lo que, también, la venezolana es una sociedad civil sin Fuerzas Armadas Nacionales. Y que existe un orden político-jurídico internacional multilateral que en gran parte ha
sido y sigue siendo favorable a la dictadura cubana y hace todo lo que sea necesario para
impedir su derrumbe. Ya que, la dominación cubana sobre Venezuela ha sido creada para
asegurar permanentemente el flujo de recursos financieros que desde hace veinte años le
proporciona la Venezuela petrolera, sin los cuales, no puede subsistir el régimen dictatorial
cubano y se produciría su derrumbe. La caída de la dictadura cubana será como la caída del
muro de Berlín latinoamericano, lo que muchos actores internacionales quieren impedir a
como dé lugar, aun a costa de sacrificar al pueblo de Venezuela y condenarlo a la miseria y
la esclavitud política. Lo que está en juego en el actual drama político no es solo la libertad
de Venezuela sino también el futuro de la Cuba castrista, por ello es tan duro, doloroso y
difícil la solución del problema político que vive y sufre Venezuela. Pero, asimismo, los
ciudadanos saben que ya no están solos pues se han producido significativos cambios políticos en la escena internacional muy favorables a la Venezuela democrática, como por ejemplo, el inmenso, permanente y formidable apoyo a la democracia venezolana por parte del
Secretario General de la Organización de Estados Americanos Luis Almagro y el decidido y
enorme respaldo de la "Administración Trump" en USA, que están generando decisiones y
acciones jurídicas y políticas unilaterales concretas en contra de la dictadura militar en Venezuela, lo que tiene en vilo al régimen cubano. Y, de la misma manera, en la Unión Europea a múltiples niveles se han adoptado medidas jurídicas y políticas concretas en contra del
régimen dictatorial venezolano.[5]

I. LOS CIUDADANOS-CONTRIBUYENTES ANTE UN ESTADO FALLIDO.

Una importante corriente de opinión política y académica viene advirtiendo que Venezuela es un "Estado fallido",[6] pero, antes que nada, hay que señalar que si bien Venezuela es un
"Estado fallido" su sociedad civil no es una sociedad fallida y, más bien, constituye una
vigorosa comunidad de convicciones democráticas que se ha mantenido de pie, con talante
de rebeldía y protesta, en una dura lucha permanente y cotidiana para recobrar el régimen
constitucional.[7] Al mismo tiempo que toda la sociedad civil venezolana ha hecho con creces
su trabajo político a nivel nacional e internacional y ha cumplido a cabalidad con sus debe-

---

4   Todos los estudios de opinión y los innumerables episodios de represión interna en los cuarteles dejan constancia y advierten del explosivo rechazo popular que tienen los militares venezolanos.

5   Aunque saltan muchas dudas, cuando se observa por ejemplo que el gobierno español presidido por el so-
cial-demócrata Pedro Sánchez tiene como aliado fundamental al partido "Podemos", que es una corrupta formación
política estrechamente asociada y beneficiaria económicamente del "chavismo". Lo que explica el cambio que se
viene produciendo en la política exterior de España favorable a la dictadura militar binacional Cubano-venezolana.

6   Declaración de Mike Pence, Vice -Presidente de los Estados Unidos: *"Venezuela es un Estado fallido"*. El
Nacional.   Caracas.   14/abril/2018.   http://www.el-nacional.com/noticias/latinoamerica/mike-pence-venezuela-
estado-fallido_230996.

7   Todos los estudios de opinión serios a los que hemos tenido acceso señalan que cuando la dictadura llamo a
elecciones presidenciales el 20 de mayo de 2018, recibió un rechazo de más del ochenta por ciento de los electores
que se abstuvieron de participar en esa farsa electoral. Ver: Politika UCAB. *"G-7 desconoce resultados de 20-M
por carecer de "legitimidad"*. Caracas. 23-5-2018. https://politikaucab.net/2018/05/23/g7-desconoce-resultados-
del-20-m-por-carecer-de-legitimidad/ Además, las inmensas manifestaciones de protesta y rechazo a la dictadura
militar que se vienen produciendo en todo el país en este año 2019 dan cuenta de un recrudecimiento de la lucha
política. Ver: El Nacional. Caracas. http://www.el-nacional.com/.

res constitucionales,[8] a los ciudadanos-contribuyentes[9] particularmente se les plantea la pregunta de qué manera reaccionar ante la pérdida de vigencia de la Constitución, cómo actuar ante lo que se considera en muchas instancias nacionales e internacionales como un "Estado Fallido" y qué hacer para recuperar el orden constitucional.

Recordemos que la "sociedad civil es una comunidad donde existen los ciudadanos" y es el Estado de derecho el que "permite la existencia de la sociedad civil". Además, dada la polisemia del concepto, también designa con frecuencia "la vida social organizada según su propia lógica, particularmente asociativa, que asegura la dinámica económica, cultural y política".[10] Por lo que, como puede entenderse, el problema más acuciante para los ciudadanos a la hora actual es el de subsistir como una sociedad civil sin un Estado de derecho y entender que hay una esfera constitucional que al derrumbarse el Estado pasa a la sociedad civil.[11] En particular, aquí nos referimos a un componente de la sociedad civil como lo son los ciudadanos-contribuyentes y al cumplimiento de sus deberes constitucionales, específicamente los que derivan de los artículos 333 y 350 de la Constitución,[12] que son los mismos para toda la sociedad civil, puesto que, los deberes constitucionales de los ciudadanos no se apaciguan en su intensidad y urgencia o se exoneran de su cumplimiento por la circunstancia de ser un contribuyente.

La cuestión de los "deberes constitucionales" implica, específicamente, que los ciudadanos-contribuyentes están obligados en forma general por la Constitución que impone deberes positivos de actuación que los constriñen a realizar prestaciones de actividad o la imposición de determinadas conductas y comportamientos en defensa de la Constitución,[13] aunque no exista un dispositivo sancionatorio para hacerlos cumplir, ya que, en realidad, se trata de unos "deberes-carga", que hacen necesario el adoptar una determinada conducta con el fin de defender la Constitución. Como lo señala la doctrina que los ha estudiado en el contexto del Derecho procesal administrativo: "La carga se conecta a un interés propio del

---

8   Particularmente durante el dramático año 2017, que dejó una estela de más de ciento cincuenta venezolanos asesinados por la dictadura y miles de ciudadanos detenidos sin fórmula de juicio y torturados sin ninguna consideración con sus derechos fundamentales. Ver: http://www.accesoalajusticia.org/ Y, https://foropenal.com/.

9   Nos referimos al Contribuyente como el sujeto pasivo más importante de la relación tributaria, sin olvidar a los responsables que sin ser contribuyentes deben cumplir con las obligaciones atribuidas a los contribuyentes. COT. Art. 25.

10   Olivier Duhamel – Ives Mény. *"Dictionnaire constitutionnel"*. Puf. París. 1992. p. 984-985.

11   Este es un problema extraordinariamente importante y significativo porque, normalmente, se entiende que "la noción moderna de sociedad (la "sociedad civil") parece tener al Estado por condición, en la medida que la unidad de la sociedad civil parece depender fuertemente de la acción unificadora del Estado, y donde la noción misma de sociedad civil reenvía a una reivindicación de la autonomía de la sociedad en relación con el Estado. En todo caso, parece difícil de pensar la unidad de una colectividad humana fuera de toda dimensión política". Ver: Benjamin Spector. *"La société"*. GF Flammarion. París. 2000. P. 229. Pero, nuestra visión del problema es que la dimensión política de la sociedad civil venezolana ante el "Estado fallido" no es el Estado sino la Constitución.

12   **Constitución. Artículo 333**: "Esta Constitución no perderá su efectiva vigencia si dejare de observarse por acto de fuerza o porque fuere derogada por cualquier otro medio distinto al previsto en ella. En tal eventualidad, todo ciudadano investido o ciudadana investida o no de autoridad, tendrá el deber de colaborar en el restablecimiento de su efectiva vigencia". **Artículo 350**: "El pueblo de Venezuela, fiel a su tradición republicana, a su lucha por la independencia, la paz y la libertad, desconocerá cualquier régimen, legislación o autoridad que contraríe los valores, principios y garantías democráticos o menoscabe los derechos humanos".

13   El concepto de "defensa de la Constitución" viene de la doctrina jurídica alemana como expresión de la "democracia combativa" y significa defender la Constitución contra sus enemigos. Ver: Francisco Bastida. Joaquín Varela. Juan Luís Requejo. *"Derecho Constitucional"*. Ariel. Barcelona. 1999. P. 172. El Tribunal Constitucional Alemán evoca permanentemente este concepto en sus decisiones. Ver: *Revista de Derecho Político*, UNED. N° 102 (2018). Pablo Fernández de Casadevante Mayordomo. *"La prohibición de partidos políticos en Alemania"*.

http://revistas.uned.es/index.php/derechopolitico/article/view/22393/0 "The right of every democratic system to its self-defence"…

mismo sujeto gravado, siendo en consecuencia voluntario para éste, que, de omitirlo, no incurrirá en responsabilidad alguna, si bien se verá privado del beneficio o la ventaja de los que dicho comportamiento es presupuesto".[14] Nadie puede obligar al ciudadano a la acción política. Nadie puede sancionar a un contribuyente que no cumpla con su deber de defender la Constitución conforme a los artículos 333 y 350, sino que, sufrirá las consecuencias patrimoniales, personales, sociales y políticas que su omisión acarrea.

1. El Estado fallido.

La pérdida de vigencia de la Constitución y el colapso del Estado de derecho ha conducido a la quiebra y pérdida del Estado venezolano y a lo que jurídicamente se conoce como un "Estado fallido", en el sentido de que se deterioró, se disipó, se frustró, ha dejado de funcionar y ha quedado sin efectividad.[15] En el caso de Venezuela la situación es todavía más grave y dramática, pues al instalarse en el poder una dictadura[16] entregada y sometida a un país extranjero, como una composición autoritaria binacional, la autoridad política-militar ha perdido todo sentido nacionalista, no tiene ningún tipo de legitimidad representativa de la nación venezolana y, por lo tanto, el Estado venezolano al haber desaparecido ya no constituye el eje de la unidad nacional. Hasta ahora, lo que habíamos conocido en la historia de nuestras continuas dictaduras militares es que, al menos, habían sido nacionalistas y el poder militar autoritario se ponía al servicio de los intereses fundamentales de la nación.[17] Pero, nunca, en nuestra historia republicana, nos habíamos topado con la situación absurda y trágica de una dictadura binacional, donde Venezuela está sometida a una dictadura extranjera y en la que se ha perdido toda posibilidad de reivindicar la soberanía nacional. De ahí, que la situación que más se asemeja a la venezolana sea aquella dónde el suelo nacional es ocupado militarmente por un país extranjero.

La doctrina jurídica comparada viene señalando que se considera a un Estado como "fallido", cuando desaparecen los elementos fundamentales del pacto social y el Estado de derecho deja de existir, transformándose en otra estructura política muy diferente, "que, conservando su nombre y apariencia, ya no está en condiciones de ser un Estado",[18] como resultado precisamente del colapso constitucional de la organización política. Son "fallidos" aquellos Estados, "en los que sus instituciones, sus Gobiernos, en suma, se muestran incapaces de garantizar las condiciones mínimas de seguridad y supervivencia a una parte importante de sus poblaciones",[19] como ocurre, por ejemplo, cuando una parte significativa de la sociedad debe buscar el exilio.

---

14   Eduardo García de Enterría – Tomás-Ramón Fernández. *"Curso de Derecho Administrativo".* Tomo II. Thompson-Civitas. Madrid. 2006. p. 27.

15   El concepto de "Estado fallido" ("Fragile States") está muy reconocido sobre todo en la doctrina política norteamericana. Por ejemplo, el Banco Mundial utiliza ampliamente este concepto. http://www.bancomundial.org/.

16   La naturaleza despótica y dictatorial del poder político que se ha impuesto por la fuerza en Venezuela ha sido reconocida nacional e internacionalmente sin discusión. Ver: Ver: El conjunto de informes, documentos y declaraciones del actual Secretario General de la OEA Luis Almagro. www.oas.org. Gabriel Ruan Santos: *"El Secuestro del Tribunal Supremo de Justicia en Venezuela".* Presentado en el "I Encuentro Iberoamericano de Academias homólogas a la RACMYP". Madrid. Octubre 2017. p. 10. Rafael Badell Madrid. *"La ruptura del Estado de Derecho en Venezuela".* 7-6-2018. http://www.badellgrau.com.

17   Ya lo decía en 1907 el abogado Alfredo Machado Hernández en su tesis doctoral: "Nuestras paradójicas democracias hispano-americanas, estas democracias que exhiben el raro contraste de reunir, a las constituciones más liberales, las tiranías más fuertes". *"Política sociológica hispano americana".* Tipografía Americana. Caracas. 1907. p. 3.

18   Francisco Marhuenda y Francisco José Zamora. *"Fundamentos de Derecho Constitucional".* Dykinson. Madrid. 2016. p. 174.

19   *Idem.* P. 174.

Los elementos que caracterizan a un Estado "fallido" como el venezolano, según la doctrina internacional, radican en una situación en la "que se produzca: a) una pérdida de control físico del territorio o del monopolio en el uso legítimo de la fuerza; b) una erosión de la autoridad legítima a la hora de adoptar las decisiones precisas; c) una incapacidad de suministrar servicios mínimos a la población, o de paliar graves situaciones de necesidad; y d) la incapacidad de mantener relaciones diplomáticas con otros Estados de la comunidad internacional".[20] Pero, si, como hemos dicho, el venezolano es un "Estado fallido", la sociedad civil no es fallida, al contrario, se trata una sociedad constitucional de sólidas convicciones democráticas conviviendo a la fuerza con una situación de "Estado fallido",[21] es decir, co-existiendo con una ausencia de Estado constitucional que ha dejado de funcionar. Donde la Constitución ha perdido su efectiva vigencia y ha sido sustituida por un poder de "facto" que se sostiene únicamente con el apoyo militar y el uso de la fuerza bruta, que ha provocado la quiebra y pérdida del poder público, que se ha diluido en una estructura burocrática autoritaria para apropiarse insaciablemente de la renta petrolera y utilizar la base material de lo que era sector público para, entre otras cosas, sostener financieramente a Cuba y participar activamente en el tráfico internacional de drogas,[22] entonces, la unidad nacional y la protección de la soberanía nacional están únicamente en manos de la sociedad civil venezolana.

A la primera gran conclusión a la que hay que llegar es que, si desde hace mucho tiempo el Estado venezolano no existe como una estructura y organización política representativa del pueblo venezolano, lo que queda de la famosa trilogía del Derecho internacional que caracteriza al Estado[23] es la existencia de un pueblo soberano y democrático en el territorio venezolano, pero no existe un Estado como tal.[24] Lo que era el Estado venezolano antes de fallecer como institución política perdió efectiva vigencia conjuntamente con la Constitución que lo amparaba jurídicamente y se transformó en una situación de hecho, surgida de la violencia y represión sobre la sociedad como acontece cuando una armada extranjera ocupa el suelo nacional. Que es precisamente lo que ha acaecido con la ocupación cubana de la estructura del poder político y militar en Venezuela, haciendo desaparecer al Estado venezolano y creando una unión militar de hecho que implica una fusión entre ambas dictaduras, donde el ejército venezolano pasó a convertirse en una fuerza mercenaria de ocupación de su propio país al servicio de Cuba.[25] Consecuentemente, toda la estructura burocrática del poder público se puso subordinadamente de manera descarada al servicio político de los intereses de la dictadura cubana y no se puede sostener, entonces, que exista un Estado en

---

20 *Idem*. P. 175.

21 Ver: John Sebastián Zapata Callejas. "La teoría del Estado fallido: entre aproximaciones y disensos". *Revista de relaciones internacionales, estrategia y seguridad*. Bogotá (Colombia) Vol. 9 Nº 1 - Enero – Junio. 2014. p. 87-110. www.redalyc.org/html/927/92731211004/.

22 La vinculación notoria de la dictadura venezolana con el negocio del narcotráfico internacional está suficientemente demostrada, particularmente en los medios judiciales norteamericanos.

23 La costumbre académica señala como elementos constitutivos del Estado: El gobierno, el pueblo y el territorio. Ver: Paolo Biscaretti di Rufia. *"Derecho Constitucional"*. Tecnos. Madrid. 1987. P. 97. Ahora, el Estado moderno se constituye como una relación entre el Estado y la democracia, en el sentido que "el Derecho internacional tiende a considerar que la protección de los derechos individuales implica un cierto tipo de relación entre gobernantes y gobernados". Ver: Renaud Denoix de Saint Marc. *"L'État"*. Puf. Que sais-je? París. 2016. p. 5.

24 El historiador German Carrera Damas viene advirtiendo con insistencia la pérdida de la República. Ver: Germán Carrera Damas. "En Defensa de la República. Voz de alerta". *El Nacional*. Caracas. 2013.

25 Ver: Ludmila Vinogradoff. *"Cubazuela o Venecuba?"*. "Tenía razón Raúl Castro cuando lanzó su premonitoria frase: "Cuba y Venezuela cada día son la misma cosa". Lo dijo el 22 de abril de 2010, abrazándose a Hugo Chávez en el aeropuerto internacional de Maiquetía, cuando se despedía al término de una visita de tres días a Caracas". http://abcblogs.abc.es/bochinche-venezolano/2013/01/30/%C2%BFcubazuela-o-venecuba/

Desde hace mucho tiempo el historiador Agustín Blanco Muñoz viene advirtiendo sobre esta situación. Ver: "Somos ex-venezolanos". http://www.reportero24.com/2012/06/30/agustin-blanco-munoz-%C2%A1somos-ex-venezolanos/.

Venezuela sino que se le quiere mantener como una ficción, una simulación y una fachada hacia el extranjero, pero, que, en la realidad, ya no existe por efecto de la dominación y ocupación cubana. Esta ficción de un falso Estado se mantuvo, por ejemplo, en los países comunistas satélites de la extinta Unión Soviética que en realidad no eran Estados sino estructuras burocráticas llamadas "nomenklaturas",[26] absolutamente sometidas al poder soviético y que solo funcionaban como Estados ficticios a los efectos internacionales.[27]

2. Consecuencias jurídicas de la ruptura de la continuidad del Estado venezolano.

El Estado venezolano desapareció como consecuencia de la ruptura que se produjo de su continuidad constitucional, política, jurídica e histórica.[28] Si entendemos al Estado como un poder público de dirección institucionalizado en un régimen político constitucional y como la expresión e instrumento de la sociedad, entonces el Estado no consiste solamente en la reunión elemental de los tres elementos clásicos: territorio, pueblo y de un gobierno sin importar su naturaleza, sino que, el Estado no puede durar si no se establece un equilibrio constitucional entre un poder público democrático y sus medios de acción. Lo que significa que el Estado, como enseña la doctrina, se identifica con la cosa pública que justifica el poder público.[29] Y si, como se ha podido constatar que el "Estado fallido" no se identifica con la cosa pública, sino con otros intereses como los de Cuba, el narcotráfico y la corrupción, se llega a la conclusión que el Estado venezolano realmente desapareció, al haberse producido una disociación irreversible y terminal entre la Constitución y el poder de los militares que eliminó la soberanía nacional.

No se puede afirmar tampoco que hay un Estado ilegítimo, sino que, al Estado lo ha sustituido un nada estatal, un no Estado, un vacío de institucionalidad estatal y una realidad de facto producto de la fuerza bruta. Dando origen un "gobierno de hecho", a un "poder militar de hecho", no fundado en derecho, revelando una situación donde el suelo nacional es ocupado por Cuba mediante un ejército mercenario a su servicio y bajo su control integrado mayoritariamente por militares venezolanos. Todo lo cual ha provocado lo que la doctrina comparada conoce como una crisis total de "régimen político",[30] que implica la desaparición del Estado y su sustitución por un poder fáctico.

De esta situación deriva como una consecuencia jurídica fundamental de extraordinaria importancia, que tal y como lo establece claramente el artículo 350 de la Constitución, una vez que la sociedad democrática logre restablecer la democracia y reconstruir el Estado de derecho, éste no tendrá que respetar ninguna obligación, contrato o acuerdo de cualquier naturaleza ni reconocer deuda alguna contraída por el anterior "Estado fallido" o que tenga su fuente en la voluntad de los usurpadores de la soberanía nacional, ni atender ninguna

---

26 "Término ruso que designa la lista de los dirigentes soviéticos beneficiarios de ciertos privilegios". Noción que se populariza en Francia "en el sentido de casta privilegiada ejerciendo el poder en un régimen totalitario". Ver: Jean-Marie Denquin. "*Vocabulaire Politique*". Puf. Que sais-je? París. 1997. P. 100.

27 En el mes de agosto de 2018 se cumplieron cincuenta años de la invasión soviética a Checoslovaquia, un país ocupado que funcionaba con una fachada de Estado a nivel internacional.

28 El Estado venezolano históricamente tuvo un origen contractual pues surgió de un acuerdo constitucional de la sociedad venezolana.

29 Ver: Michel de Villiers. "*Dictionnaire de droit constitutionnel*". Voz: "État". Armand Colin. París. 1998. p. 88.

30 El régimen político se entiende como el conjunto de elementos de derecho y de hecho, que conforman la organización y funcionamiento del poder político en una sociedad determinada. El régimen político del Estado venezolano se derrumbó, lo que ha sido sustituido por una situación de hecho. *Ver:* Michel de Villiers. "*Dictionnaire de droit constitutionnel*". Voz: "Régime politique". Armand Colin. París. 1998. p. 174. Y, Ph. Bénéton. "*Les régimes politiques*". PUF. Qué sais Je?. París. 1996.

responsabilidad patrimonial ni política transicional con nadie por los daños y perjuicios causados por y durante el periodo de existencia de la situación de Venezuela como "Estado fallido". El nuevo Estado venezolano será completamente inmune a cualquier obligación de fuente contractual o por hecho ilícito derivada de la situación y contexto del "Estado fallido". Porque sería, de lo contrario, un supuesto negado por imposible el reconocer en contra del artículo 350 de la Constitución, de manera absurda con posterioridad, la constitucionalidad del "Estado fallido". Lo que significa que, una vez restablecido el Estado de derecho constitucional en Venezuela, no se le podrá exigir ninguna obligación, responsabilidad patrimonial ni de ningún tipo por los desafueros cometidos por el "Estado fallido" y el nuevo Estado Venezolano tendrá una completa inmunidad en relación con los daños y perjuicios causados durante la situación y por el "Estado fallido". Así como, obviamente, no se deberá reconocer, mantener ni respetar, ninguna de las situaciones surgidas de los atropellos y abusos cometidos contra los ciudadanos y sus bienes por el "Estado fallido".

El "Estado fallido" es la situación del no-Estado, es decir, se trata de una realidad donde el Estado no existe y lo que hay es una apariencia de Estado reflejada en una estructura burocrática que no es el Estado ni puede serlo. La teoría del "Estado fallido" contradice la idea muy asentada en la doctrina del Derecho público conforme a la cual el Estado es un ente jurídico que nunca desaparece. No se puede decir que el Estado es un sol que no se acuesta nunca, ya que, en Venezuela, el Estado desapareció hace mucho tiempo. No es suficiente, por lo tanto, el respeto de la comunidad internacional a la soberanía territorial venezolana, sino que se impone también el respeto a su soberanía jurídico-constitucional en función del principio de la democracia, tan válido como el principio de la no intervención territorial. Si está consagrado internacionalmente ese principio de la soberanía territorial de las naciones y Estados y de los otros principios de autodeterminación, autolimitación y de no intervención, entonces, también se debe respetar la soberanía constitucional de esas mismas naciones y Estados. Pues, aquellos Estados y Organizaciones Internacionales que no lo hagan se convierten automáticamente en cómplices activos de la dictadura, donde abundan intereses económicos relacionados con las fabulosas reservas de petróleo que posee Venezuela en su territorio, las mayores del mundo occidental. Por lo que, un Estado constitucional no puede estar vinculado ni obligado sin su consentimiento, es decir, ligado en contra de las reglas constitucionales que él mismo se ha dado para funcionar interna e internacionalmente. Lo que hace ver de manera clara, que la dictadura venezolana no está habilitada para representar en el orden internacional a un "Estado fallido" que no existe.

Tomemos en consideración que la alianza de sometimiento militar y político de Venezuela con Cuba ha producido el hecho real de la desaparición jurídica y constitucional del "Estado fallido" venezolano, que devino "fallido" con la ocupación cubana y coloca a la sociedad civil en la situación excepcional de ser una sociedad sin Estado, sin gobierno, sin fuerzas armadas y ante una ocupación militar y mercenaria extranjera. Venezuela es un Estado absorbido por Cuba sin que medie ningún aval constitucional, donde se ha producido de hecho la dilución del Estado venezolano en la estructura de poder del Estado cubano y lo que queda de base material y burocrática del "Estado fallido" venezolano se ha constituido en un soporte operativo e internacional del narcotráfico, la corrupción, el terrorismo y la delincuencia organizada bajo el mando y dirección de Cuba. Se ha producido pues con el caso venezolano el derrumbe del concepto de Estado.

II. EL DERECHO TRIBUTARIO ANTE EL ESTADO FALLIDO.

La doctrina comparada[31] explica que el Derecho público está dividido en dos grandes categorías. La primera se refiere al Derecho de la existencia del Estado, que tiene un carácter

---

31 Didier Truchet. *"Le droit public"*. Puf. Que sais/je? Paris. 2014. p. 83.

fundador del Estado, constituye el típico Derecho de la soberanía y comprende específicamente el Derecho constitucional y el Derecho internacional público. La segunda categoría se refiere al Derecho del funcionamiento del Estado y está constituido por el Derecho administrativo y el Derecho financiero (que a su vez comprende el Derecho presupuestario y el Derecho tributario) siendo el Derecho público más próximo al ciudadano y hace de él un administrado y un contribuyente.

El Derecho público referido al funcionamiento del Estado tiene como premisa, obviamente, la existencia misma del Estado. No se puede concebir un Derecho público en un Estado inexistente, como tampoco puede existir una rama del Derecho público referido a una situación de hecho como la que se deriva de un Estado "fallido". Hay un vacío jurídico y un nada jurídico de tal magnitud que, por ejemplo, el Derecho administrativo concebido para regular el funcionamiento del Estado venezolano deja de tener vigencia por faltar la materia a la cual debe aplicarse. Si es difícil establecer un criterio de aplicación del Derecho administrativo, que como Derecho abarca la organización y funcionamiento de la Administración y de los Servicios del Estado, las relaciones del Estado con las personas privadas y el control del ejercicio del Poder Público, entonces, el esfuerzo para comprender la inexistencia del Derecho administrativo como regulador de un Estado que no existe nos lleva al centro del problema planteado aquí. Si no existe un Estado en Venezuela, tampoco puede existir un Derecho administrativo ni tampoco un Derecho tributario regulador de las obligaciones tributarias de los ciudadanos.

Claro, el punto de arranque es la reflexión constitucional pues al perder su vigencia la Constitución de 1999 también perdió vigencia el Estado venezolano tanto en las relaciones internacionales como en las relaciones internas, entonces, al no existir un Estado en Venezuela no puede haber un Derecho público referido al funcionamiento del Estado.

1. La inexistencia del deber de contribuir.

El concepto fundamental del Derecho tributario lo constituye el deber del ciudadano de contribuir al sostenimiento de las cargas públicas. Así lo establece claramente el artículo 133 de la Constitución: "Toda persona tiene el deber de coadyuvar a los gastos públicos mediante el pago de impuestos, tasas y contribuciones que establezca la ley". Pero, cuando el Estado es inexistente, esta obligación constitucional de contribuir ha desaparecido con la Constitución que la establece al momento que perdió su efectiva vigencia. En el caso venezolano, no hay Constitución, no hay Estado, no hay por lo tanto un deber de contribuir al sostenimiento de las cargas públicas.

2. La inexistencia del sistema tributario venezolano.

El fracaso del Estado venezolano que ha acarreado su colapso hace inaplicable el Derecho tributario. El sistema tributario venezolano perdió su efectiva vigencia conjunto con la Constitución que establece sus bases fundamentales en los artículos 316 y 317, donde aparece con toda claridad como un Derecho tributario referido al funcionamiento y a los ingresos del Estado, así como a las reglas y principios que debe respetar el legislador tributario. El Derecho tributario es particularmente sensible y dependiente de la situación del Estado. Es un Derecho muy nacional y estrechamente vinculado a las vicisitudes políticas e históricas. Es el Derecho donde se manifiesta con mayor evidencia el ejercicio del Poder público y su carácter coactivo. Es un típico Derecho de la actividad administrativa de coacción y por ello extraordinariamente sensible a su legitimidad política y constitucional, donde el contribuyente dispone de garantías muy importantes. Utiliza sus propias categorías jurídicas, tiene sus propias técnicas y su realismo y autonomía lo conducen en la práctica jurídica a un delicado e intenso trabajo de calificación jurídica de los hechos y situaciones que la ley tributaria establece como generadores de tributos. Ante el derrumbe del Estado todo el sistema tributario venezolano ha desaparecido y el Derecho tributario ha perdido su efectiva vigencia.

3. La incapacidad del Estado fallido de formar obligaciones tributarias.

El Derecho tributario venezolano es un Derecho de la obligación tributaria, un Derecho de obligaciones jurídicas cuya fuente es la ley. El deber de contribuir se concreta en la realidad por la técnica jurídica en una obligación tributaria, que da por sentado y existente un acreedor como parte activa y un deudor como parte pasiva. El artículo 13 del Código Orgánico Tributario establece que la "obligación tributaria surge entre el Estado, en las distintas expresiones del Poder Público y los sujetos pasivos, en cuanto ocurra el presupuesto de hecho previsto en la ley. La obligación tributaria constituye un vínculo de carácter personal, aunque su cumplimiento se asegure mediante garantía real o con privilegios especiales". Y el artículo 18 del mismo Código precisa que: "Es sujeto activo de la obligación tributaria el ente público acreedor del Tributo". De manera que, si el Estado fallido venezolano no existe entonces es evidente su incapacidad para formar obligaciones tributarias como sujeto activo, que es la trama esencial del Derecho Tributario.

CONCLUSIÓN: LA SITUACIÓN CONSTITUCIONAL DEL CONTRIBUYENTE.

La noción de Estado "fallido" tiene extraordinarias y graves consecuencias en diferentes ámbitos jurídicos y situaciones institucionales y patrimoniales de la vida nacional. Específicamente para el Derecho tributario regulador de la obligación tributaria significa que se ha quedado sin efectividad real. Pues al ser un producto normativo derivado directamente de una Constitución que ha perdido su efectiva vigencia, todo su contenido normativo material y formal es inaplicable. Dicho con toda claridad: sin la Constitución no hay Derecho tributario.

Si no hay Estado no hay deber de contribuir y tampoco posibilidad alguna de que se constituyan jurídicamente legítimas obligaciones tributarias. La situación jurídica del contribuyente ante el Estado fallido se debe establecer desde la perspectiva constitucional, en aplicación de los artículos 333 y 350 de la Constitución. Conforme al artículo 350, el ciudadano-contribuyente debe desconocer la dictadura y la autoridad militar de facto que domina Venezuela y conforme al artículo 333 de la Constitución, tiene "el deber de colaborar en el restablecimiento de su efectiva vigencia", que es una formula abierta con un mandato directo a cada ciudadano, que puede asumir ese deber según su buen criterio y a su bien hacer y entender. Una forma legítima es dejando de entregar sumas de dinero a la dictadura militar, es decir, dejando de pagar tributos, porque considera que de esa manera colabora en el restablecimiento de la efectiva vigencia de la Constitución.

La situación política y de hecho del ciudadano venezolano en su cualidad de contribuyente es inédita y la mejor doctrina jurídico-constitucional la ha calificado de "situación excepcional".[32] Si no hay Estado no hay deber de contribuir y tampoco posibilidad de que se constituyan jurídicamente obligaciones tributarias. El contribuyente venezolano no es un ente aislado y como todos los ciudadanos debe entender que en Venezuela no hay Estado, ni Fuerzas Armadas Nacionales, sino una situación política de hecho bajo el control de una estructura militar-delincuencial, constituida fundamentalmente por una tropa mercenaria integrada mayoritariamente por venezolanos, que ejerce una brutal dominación política y policial sobre los ciudadanos y sobre su propio país al servicio de un país extranjero: Cuba;

---

32 Manuel García-Pelayo. *"Derecho Constitucional Comparado"*. Fundación Manuel García-Pelayo. Caracas. 2005. p. 162.

que tiene un férreo y duro protectorado político y militar sobre Venezuela. Este ejercito mercenario bajo el mando cubano controla la situación política en Venezuela, por lo tanto, no hay un Poder Público constituido constitucionalmente sino un poder arbitrario respaldado y sostenido por la fuerza bruta bajo el protectorado cubano.

En estas circunstancias los ciudadanos-contribuyentes no tienen un deber constitucional de contribuir con el sostenimiento de las cargas públicas, ni de pagar ningún tipo de tributo, pues el Derecho tributario al igual que la Constitución en la cual se fundamenta se han quedado sin efectiva vigencia. Lo que lleva a una situación de hecho, donde una dictadura militar ejerce sobre los ciudadanos-contribuyentes todo tipo de presiones y amenazas para forzarlos y obligarlos coactivamente a entregar sumas de dinero como supuestos pagos de tributos. El contribuyente venezolano, ya sea persona natural o jurídica, se encuentra pues ante una situación de hecho donde se ve forzado a entregar sumas de dinero a la dictadura militar que existe en Venezuela, bajo la falsa cobertura de que se trata de pagos para cumplir con las obligaciones tributarias.

El problema para el contribuyente es doble: por una parte, está siendo amenazado con duras represalias si decide desconocer las supuestas obligaciones tributarias exigidas por el régimen autoritario que señorea en Venezuela. Por otra parte, la entrega de dinero a título de tributos es irrecuperable, a fondo perdido, visto que por ser un Estado "fallido" quien recibe el pago, cuando se reconstruya el Estado de derecho en Venezuela no se le podrá exigir ninguna responsabilidad ni indemnización por los pagos hechos al actual régimen autoritario. El punto más delicado es que en todos los ámbitos de la vida nacional cuando se reconstruya el Estado de derecho en Venezuela, éste no tendrá responsabilidad alguna por los desafueros y situaciones derivados de las actuaciones del Estado "fallido" que existía antes. No serán procedentes hacer reclamos por estos pagos.

Solo le queda al contribuyente enfrentar esta situación de hecho asumiendo otras situaciones de hecho, como sucede en todos los órdenes de la vida venezolana actual, en el entendido claro está, que lo que deje de pagar hoy, no será nunca objeto de fiscalización, ni constituye una infracción tributaria, ni será materia de recuperación por parte del Estado cuando éste logre reconstruirse constitucionalmente. Esta situación excepcional resulta particularmente difícil de manejar para aquellos contribuyentes empresariales que son muy visibles y expuestos a las represalias del régimen dictatorial.

Bélgica. Mayo 2019.

BIBLIOGRAFÍA.

1.   Badell Madrid, Rafael. *"La ruptura del Estado de Derecho en Venezuela"*. Caracas. 7-6-2018. http://www.badellgrau.com

2.   Bastida, Francisco. Varela, Joaquín. Requejo, Juan Luís. *"Derecho Constitucional"*. Ariel. Barcelona. 1999.

3.   Beaud, Olivier. En: Denis Baranger. *"Le Droit Constitutionnel"*. PUF. Que sais-je? París. 2017. Francia.

4.   Bénéton, Ph. *"Les régimes politiques"*. PUF. Qué sais Je?. París. 1996.

5.   Biscaretti di Rufia, Paolo. *"Derecho Constitucional"*. Tecnos. Madrid. 1987.

6.   Carrera Damas, Germán. *"En defensa de la República. Voz de alerta"*. Los libros de El Nacional. Caracas. 2013.

7.   Denoix de Saint Marc, Renaud. *"L´État"*. Puf. Que sais-je? París. 2016.

8.   Denquin, Jean-Marie. *"Vocabulaire Politique"*. Puf. Que sais-je? París. 1997.

9.   De Villiers, Michel. *"Dictionnaire de droit constitutionnel"*. Armand Colin. París. 1998.

10.   Duhamel, Olivier –Mény, Ives. *"Dictionnaire constitutionnel"*. Puf. París. 1992.

11.   Fernández de Casadevante Mayordomo, Pablo. *"La prohibición de partidos políticos en Alemania"*. *Revista de Derecho Político*. UNED. Número 102 (2018).
http://revistas.uned.es/index.php/derechopolitico/article/view/22393/0

12.   García de Enterría, Eduardo –Fernández, Tomás-Ramón. *"Curso de Derecho Administrativo"*. Tomo II. Thompson-Civitas. Madrid. 2006.

13.   García-Pelayo, Manuel. *"Derecho Constitucional Comparado"*. Fundación Manuel García-Pelayo. Caracas. 2005.

14.   Machado Hernandez, Alfredo. *"Política sociológica hispano americana"*. Tipografía Americana. Caracas. 1907.

15.   Marhuenda, Francisco y Zamora, Francisco José. *"Fundamentos de Derecho Constitucional"*. Dykinson. Madrid. 2016.

16.   Politika UCAB. *"G-7 desconoce resultados de 20-M por carecer de "legitimidad"*. Caracas. 23-5-2018. https://politikaucab.net/2018/05/23/g7-desconoce-resultados-del-20-m-por-carecer-de-legitimidad/

17.   Ruan Santos, Gabriel: *"El Secuestro del Tribunal Supremo de Justicia en Venezuela"*. Presentado en el "I Encuentro Iberoamericano de Academias homólogas a la RAC-MYP". Madrid. Octubre 2017.

18.   Spector, Benjamin. *"La société"*. GF Flammarion. París. 2000.

19.   Truchet, Didier. *"Le droit public"*. Puf. Que sais/je? Paris. 2014.

20.   Zapata Callejas, John Sebastián. *"La teoría del Estado fallido: entre aproximaciones y disensos"*. *Revista de Relaciones Internacionales, Estrategia y Seguridad*. Bogotá (Colombia) Vol. 9, Nº 1, Enero–Junio. 2014. www.redalyc.org/html/927/92731211004/

§ 20. ESTADO FALLIDO Y RECAUDACIÓN TRIBUTARIA EN VENEZUELA[*]

José Ignacio Hernández G.[**]

INTRODUCCIÓN

Venezuela atraviesa una crisis económica sin precedentes. Por un lado, encontramos la *crisis económica,* exteriorizada por la caída del producto interno bruto (PIB) y las importaciones, el desabastecimiento, la escasez, la hiperinflación, al destrucción de los mecanismos de mercado y en general, la erosión del poder adquisitivo de los venezolanos[1]. Esa crisis económica ha derivado en una *emergencia humanitaria compleja,* pues amplios sectores de la población –aquellos más vulnerables– se han visto privados del acceso a necesidades esenciales, todo lo cual coloca en riesgo su derecho a la vida, a la salud y a la dignidad[2]. La emergencia compleja ha impulsado una *crisis masiva de migrantes y refugiados,* que ha exigido la acción coordinada de la comunidad internacional[3].

Tal crisis es el resultado de tres causas: *(i)* la destrucción de los mecanismos de mercado como resultado de controles centralizados e instituciones predatorias impuestas desde el 2002; *(ii)* el colapso de ingresos en divisas producto de la destrucción de la producción petrolera –cuyos efectos se agravan por el sobreendeudamiento público- y *(iii)* la fragilidad de la capacidad del Estado.

Venezuela es, así, un *Estado frágil*[4], incluso considerado un *Estado fallido*[5], o sea, un Estado que no cuenta con la capacidad necesaria para atender sus cometidos públicos. Por lo anterior, la recuperación económica en Venezuela no solo requiere de un nuevo marco institucional para la economía: antes que eso, es necesario reconstruir la capacidad estatal. Pues

---

[*] Este trabajo se enmarca en la investigación que adelanto desde el 2017 en el Centro para el Desarrollo Internacional de la Universidad de Harvard, sobre capacidad estatal y desarrollo en Venezuela.

[**] Profesor de Derecho Administrativo en la Universidad Central de Venezuela y la Universidad Católica Andrés Bello. Visiting Fellow, Center for International Development, Harvard.

[1] El Centro para el Desarrollo Internacional de la Universidad de Harvard ha venido estudiando los orígenes y evolución del colapso económico venezolano, incluyendo sus implicaciones sociales, específicamente, respecto de la satisfacción de necesidades básicas asociadas con la alimentación y la salud. Entre otros, vid. Barrios, Douglas y Santos, Miguel Angel, "¿Cuánto puede tomarle a Venezuela recuperarse del colapso económico y qué debemos hacer?", en *Fragmentos de Venezuela. 20 escritos sobre economía,* Fundación Konrad-Adenauer-Stiftung, Caracas, 2017, pp. 91 y ss., así como Barrios, Douglas y Santos, Miguel Angel, "Anatomía de un colapso", Presentación Plan País, Boston, 2018. También, vid.: Hausmann, Ricardo, Santos, Miguel Angel y Barrios, Douglas, "Cómo salvar a Venezuela", New York Times, 9 de julio de 2018.

[2] Véase, entre otros, el informe coordinado por CEPAZ Centro de Justicia y Paz, *National Report. Complex Humanitarian Emergency in Venezuela. Right to Health,* Octubre 2018: https://cepaz.org.ve/documentos_informes/complex-humanitarian-emergency-in-venezuela/ [Consulta: 1.12.18]

[3] *Vid.:* Camilleri, Michael J. y Osler Hampson, Fen, *No Strangers At The Gate. Collective Responsibility and a Region's Response to the Venezuelan Refugee and Migration Crisis,* The Inter-American Dialogue, Washington D.C., 2018.

[4] Fund for Pece, *Fragile State Index 2019,* en: https://fragilestatesindex.org/ [Consulta 30.4.19].

[5] Véanse las declaraciones del Vicepresidente de Estados Unidos de 28 de junio de 2018, Mike Pence en: https://www.cnn.com/2018/06/28/world/mike-pence-venezuela-crisis/index.html [Consulta 7.12.18].

sin tal capacidad, el Estado no podrá implementar ninguna de las políticas necesarias para la recuperación económica del país.

Este breve estudio aborda el concepto de Estado fallido de cara a la realidad venezolana, tomando en cuenta una particular manifestación: la incidencia de esa falla en el poder tributario y, más en concreto, en la potestad de recaudación de tributos. Tal y como se explica en este estudio, un signo distintivo de la capacidad estatal es su capacidad de recaudación tributaria, en tanto ello determina los ingresos fiscales que podrán emplearse para sufragar el gasto público y a la vez mide la capacidad del Estado para cumplir con ese cometido. Con lo cual, la capacidad de recaudación tributaria es relevante por dos perspectivas: *(i)* por su incidencia en la generación de ingresos fiscales y *(ii)* al ser índice revelador de la capacidad estatal.

En tal sentido, en el medio de la crisis venezolana, puede apreciarse el colapso de la recaudación tributaria:

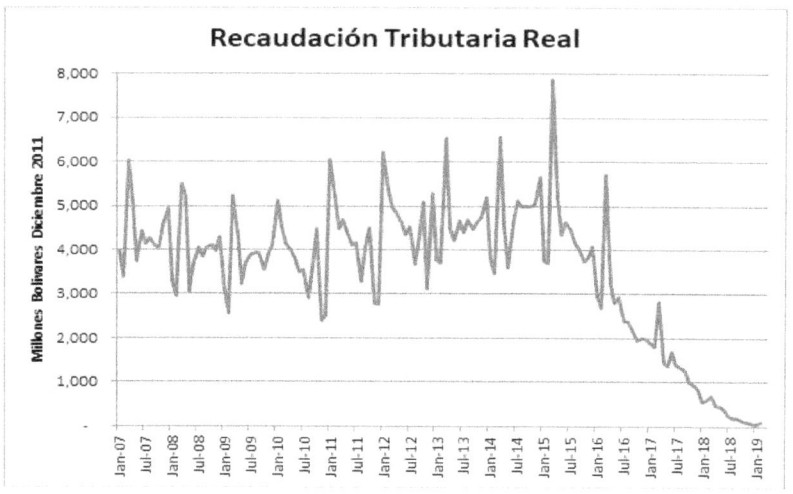

Gráfico N° 1
Recaudación Tributaria Real
Fuente: Centro para el Desarrollo Internacional

Escaparía de los límites de este trabajo determinar las causas de ese colapso. Sin duda, la crisis económica –y en especial, el colapso de la producción y la hiperinflación- son causas que han afectado la recaudación tributaria real. Pero también puede considerarse como hipótesis que la destrucción de la capacidad estatal ha afectado la capacidad de la Administración Tributaria de recaudar tributos. Tal es, precisamente, la hipótesis que este trabajo desarrolla, en el marco de la teoría general del Estado fallido.

I. LA CAPACIDAD ESTATAL, FALLOS EN LA CAPACIDAD ESTATAL Y RECAUDACIÓN TRIBUTARIA

1. El concepto de capacidad estatal, los cometidos del Estado y la recaudación tributaria

En sentido general, la capacidad estatal puede ser definida como la *aptitud del Estado de cumplir efectivamente con sus cometidos a través del ejercicio de su soberanía.* Esto es, la capacidad estatal mide la aptitud del Estado de cumplir con todos los cometidos públicos, con lo cual, esa aptitud dependerá del conjunto de cometidos que el Estado debe satisfacer[6].

Ahora bien, no existe, como es fácil de entender, uniformidad de criterio acerca de cuáles deben ser los cometidos que el Estado debe satisfacer. En todo caso, un elemento común que está presente en las aproximaciones realizadas al respecto, es partir de la definición de Estado de Max Weber, esto es, la organización social que ejerce un poder político único y unitario a través de la soberanía y del *monopolio legítimo de la fuerza*. Tal es el concepto generalmente adoptado desde el Derecho Internacional, bajo cual, el Estado se compone de los siguientes elementos: *(i)* territorio definido; *(ii)* población permanente; *(iii)* gobierno efectivo y *(iv)* la capacidad de establecer relaciones internacionales con otros Estados[7].

Sin embargo, esos elementos solo permiten definir *qué es el Estado*, no *lo que el Estado debe hacer*. De hecho, Weber no se encargó de definir cuáles tareas debían ser asumidas por el Estado, sino que por el contrario, se limitó a definir qué es el Estado[8]. En realidad, las tareas a cargo del Estado –o los cometidos estatales- no pueden definirse de manera estática, pues ellos varían de acuerdo con el tiempo y el lugar. Al respecto, lo que podemos encontrar, dentro de la literatura dedicada al estudio de este tema, son descripciones más o menos amplias sobre los cometidos, objetivos o funciones que el Estado debe atender. De esa manera, se identifican como cometidos del Estado garantizar la seguridad ciudadana; promover el Estado de Derecho; desarrollar una Administración Pública eficiente, especialmente para la atención de los llamados bienes públicos y garantizar el sistema de justicia para la solución de controversias. Otros agregan la creación de instituciones que faciliten la economía de mercado, mientras que otra visión asigna al Estado el cometido de atender derechos sociales, como la salud y la alimentación[9].

El Informe del Banco Mundial de 1997 analizó estos aspectos, al proponer un nuevo rol del Estado de acuerdo con el cual su intervención quedaba justificada por dos causas: la atención de los fallos de mercado y la promoción de la igualdad. Atendiendo a ello, el Informe identificó tres tipos de funciones del Estado: básicas, intermedias y activistas. En la medida en que la capacidad del Estado se fortalece, puede pasarse de las funciones básicas a las activistas[10].

F. Fukuyama parte de una aproximación más empírica. Así, el autor propone medir esa capacidad en dos ejes: el eje horizontal mide el ámbito de las funciones del Estado (o los cometidos estatales) y el eje vertical mide la capacidad del Estado de cumplir con esas funciones por medio de las llamadas "instituciones". Así, las funciones del Estado son medidas atendiendo a un indicio económico, a saber, *la relación entre los ingresos tributarios y el*

---

6   Desde la perspectiva de los cometidos públicos, véase la aproximación tradicional de Sayagués Laso, Enrique, *Tratado de Derecho administrativo, I,* Montevideo, Uruguay, 1974, pp. 48 y ss.

7   Ezrow, Natasha y Frantz, Erica, *Failed States and Institutional Decay,* Bloomsbury, Nueva York-Londres, 2013, p. 17. Este concepto deriva del artículo 1 de la *Convención sobre derechos y deberes de los Estados*, suscrita en la Séptima Conferencia Internacional Americana, en Montevideo (1933). Más adelante volveremos sobre esta definición.

8   Weber, Max, *Economía y sociedad. Esbozo de sociología comprensiva, Tomo I,* Fondo de Cultura Económica, México, 1974, pp. 170 y ss.

9   Para una revision, vid. Ghani, Ashraf y Lockhart, Claire, *Fixing failed states,* Oxford University Press, Oxford, 2008, pp. 3 y ss.

10   *The State in a changing world,* World Bank, Washington D.C., 1997, p. 27. Las funciones básicas incluyen la provisión de bienes públicos (como seguridad y defensa, estabilidad macroeconómica y el sistema judicial), y políticas contra la pobreza a los fines de promover la igualdad. Las funciones intermedias comprenden la atención de externalidades, la regulación de monopolios y la corrección de fallas de información (fallas de mercado) así como políticas redistributivas, como seguros contra el desempleo (igualdad). Las funciones del Estado activista comprenden labores de coordinación con el sector privado (como políticas industriales), así como redistribución de activos.

producto interno bruto (PIB). Ese indicio es útil pues, para Fukuyama, el nivel de ingresos tributarios es índice revelador de la capacidad estatal, en este caso, de recaudar tributos[11].

En tal sentido, la capacidad estatal depende de varios elementos que convendría identificar sumariamente:

.- Por un lado, la capacidad estatal depende de los *funcionarios,* esto es, las personas al servicio del Estado que llevan a cabo las tareas necesarias para cumplir con sus cometidos. La capacidad de los funcionarios depende de varios factores, entre los cuales destaca su número, organización y capacitación. Es por ello que un componente esencial del Derecho Público es la función pública, pues la existencia de funcionarios capaces y formados es condición necesaria para la eficaz gestión de los cometidos públicos.

.- Junto a ello, encontramos *los recursos financieros.* El gasto público es un componente esencial para la atención de los cometidos públicos, de lo cual resulta que la capacidad estatal también depende de la capacidad del Estado de recaudar ingresos, típicamente a través de *tributos.*

.- La *infraestructura* es otro componente esencial de la capacidad estatal. Este concepto alude a los bienes o activos necesarios para el cumplimiento de los cometidos estatales.

.- La *organización* del Estado es el último elemento de la capacidad estatal. Los funcionarios, recursos e infraestructura deben estar articulados en torno a reglas que permitan su funcionamiento eficiente y efectivo. Tales reglas pueden ser también valoradas a través del concepto de *gobernanza,* que describe precisamente la capacidad del Estado de gestionar sus funcionarios, recursos y bienes para la efectiva atención de los cometidos públicos[12].

En todo caso, un cometido básico del Estado y que permite medir su capacidad es el *poder tributario,* y en concreto, el poder de crear y recaudar tributos como forma de sufragar el gasto público[13]. La recaudación tributaria tiene, así, una función más compleja, pues además de *índice* de capacidad estatal es también *presupuesto* de la capacidad estatal. En otras palabras: la recaudación tributaria evidencia la capacidad del Estado de cumplir con sus cometidos y, al mismo tiempo, es condición necesaria para recaudar los ingresos que el Estado requiere para cumplir con sus cometidos.

Por ello, la recaudación tributaria permite describir uno de los problemas tradicionales de la teoría del desarrollo económico, cual es la relación de causalidad entre la capacidad estatal y el crecimiento[14]. En efecto, sin capacidad estatal la calidad de la recaudación se afectará, lo que impactará negativamente en el ingreso fiscal, todo lo cual afectará –más todavía– la capacidad estatal y el crecimiento. Esta trampa plantea el dilema de cómo salir de este círculo vicioso, pues sin ingresos no será posible fortalecer adecuadamente la capacidad de recaudación tributaria, y sin esta capacidad no será posible recaudar ingresos.

2. Los fallos en la capacidad estatal: del Estado fuerte al Estado fallido. Una revisión crítica

De acuerdo con lo expuesto en la anterior sección, la capacidad estatal mide en qué grado el Estado cumple con sus cometidos. Así, puede afirmarse que *la capacidad estatal falla cuando el índice de la capacidad estatal no se cumple al cien por ciento (100%).* Como puede observarse, lo anterior permite identificar dos extremos: el Estado sin capacidad (0%)

---

11 Fukuyama, Francis, *State Building,* Cornell University Press, 2014, pp. 1 y ss.

12 Sobre el concepto de gobernanza, entre otros, vid. Peters, Guy, "Governance As Political Theory", en *The Oxford Handbook of Governance,* Oxford University Press, 2015, pp. 34 y ss.

13 Mishkin, Frederic, *Macroeconomics. Policy and Practice,* Pearson, Boston 2015, pp. 425.

14 Weil, David, *Economic Growth,* Pearson, Boston, 2013, pp. 330 y ss.

y el Estado con completa capacidad (100%). Esto coincide, con las advertencias que luego se harán, con los conceptos de **Estado fallido** y **Estado fuerte**: el Estado fallido es un Estado sin capacidad estatal y el Estado fuere es un Estado con completa capacidad estatal.

Sin embargo, el concepto de Estado fallido no es del todo claro. En realidad, podría decirse que el Estado fallido puede ser descrito pero difícilmente definido. Esto responde a varias causas. Por un lado, como se verá, el concepto surge empíricamente –luego del fin de la Guerra Fría- y fue adquiriendo matices diversos de acuerdo con la perspectiva con la cual fue definido. Luego, han surgido otros conceptos similares: el Estado que está fallando, el Estado débil, o el Estado frágil, entre otros. Finalmente, el concepto de Estado fallido es impreciso pues no es posible definir con claridad cuáles son los cometidos estatales, definición sin la cual mal podría afirmarse cuándo un Estado está fallando.

Esto nos lleva a prestar atención al estudio de la *capacidad estatal* y no al *concepto de Estado fallido* que, en definitiva, no es más que una etiqueta con la cual se pretende describir una determinada realidad, por lo demás, siempre cambiante.

En tal sentido, la descripción del Estado fallido fue perfilada, en parte, gracias a los trabajos de Robert Rotberg[15], quien apuntó que los Estados (o Estados-Naciones) fallan cuando se consumen en violencia interna, y en general, cuando dejan de atender las necesidades colectivas, o como lo denomina el autor, bienes políticos, particularmente, la garantía de la seguridad ciudadana, el derecho a la libre participación en asuntos públicos y, en ciertos casos, servicios médicos y educativos, entre otros. Sin embargo, se reconoce que el concepto de Estado fallido no se limita únicamente a casos de violencia interna, como guerras civiles, pues también crisis políticas pueden colapsar la capacidad estatal.

De esa manera, Rotberg analizó la capacidad del Estado para prestar esos bienes políticos, lo que le permitió clasificar al Estado en varias categorías[16]:

Categoría del Estado	Características
Estado fuerte	Controlan su territorio y proveen un amplio rango de bienes políticos de alta calidad. Tienen un buen desempeño medido en función al PIB, índice de desarrollo humano, índice de transparencia y otros.
Estados débiles	Presentan rasgos debilitados del Estado fuerte, típicamente por conflictos internos. Su debilidad se traduce en problemas de seguridad ciudadana, ineficiente prestación de servicios públicos e inestabilidad macroeconómica, entre otros. Un caso especial lo representan los Estados débiles con regímenes autocráticos.
Estado fallido	Son Estados con tensiones y conflictos internos crecientes, usualmente con choques entre efectivos de la fuerza pública y sectores de la población. La violencia

15 Rotberg, Robert, "Failed States, Collapsed States, Weak States", en *State failure and State Weakness in a Time of Terror,* Wolrd Peace Foundation and Brookings Institution Press, Cambridge-Washington DC., 2003, pp. 1 y ss. Luego ampliado en "When States Fail", en *When State Fail: Causes and Consequences,* Princeton University Press, 2004, pp. 1 y ss. Posteriormente, vid. Rotberg, Robert, "Odious and Failed States, Humanitarian Responses", en Trauschweizer, Ingo and Miner, Steven (ed), *Failed states and Fragile Societies. A New World Disorder?,* Ohio University Press, Ohio, 2014, pp. 119 y ss.

16 Rotberg, Robert, "Failed States, Collapsed States, Weak States", *cit.,* pp. 2 y ss.

	se convierte en un problema sistemático, que en ocasiones desemboca en guerras civiles. El Estado pierde el control de porciones importantes de su territorio. Suelen tener regímenes dictatoriales con políticas clientelares. Hay severos problemas de dotación de servicios públicos e infraestructura, con crisis sociales (escasez de alimentos y medicinas). La corrupción es destructiva. La economía presenta una fuerte caída del PIB y una acelerada inflación.
Estado colapsado	Es una versión inusual del Estado fallido, en la cual no hay una organización política que pueda ser identificada como Estado. Los servicios y bienes públicos se obtienen por medios privados. Hay una ausencia de autoridad, cuyo rol es sustituido por élites o grupos sociales.

Tabla N° 1. Categorías del Estado según Rotberg

La escala de Rotberg permite entonces comprender que el concepto de Estado fallido es relativo, pues se define en relación con el Estado fuerte, y también, en relación con el llamado Estado colapsado. De esa manera, las fallas en el Estado –o lo que es igual, la incapacidad del Estado de cumplir sus cometidos- lleva al Estado fuerte a ser un Estado débil, categoría que es, por ende, muy amplia. En ciertos casos, el Estado débil degenera a Estado fallido y eventualmente, al Estado colapsado (que en realidad, es la ausencia de Estado). Para inicios del siglo XXI, Rotberg identificó como Estados fallidos, entre otros, a Afganistán, Angola, Burundi, la República Democrática del Congo, Liberia, Sierra Leona y Sudán. Como único Estado colapsado identificó a Somalia[17].

Esto comprueba cómo los conceptos de Estado fallido están asociados a la incapacidad del Estado de satisfacer necesidades colectivas. Hay aquí, como se ha observado, una clara influencia del concepto de Estado de Weber, quien otorgó especial importancia a la burocracia como instrumento institucional de dominación[18]. Con lo cual, las fallas del Estado se definen como la incapacidad del Estado de atender las necesidades de los ciudadanos, o en términos más precisos, la incapacidad para cumplir con sus cometidos.

II. LA TRAMPA DEL ESTADO FALLIDO: INSTITUCIONES, RECAUDACIÓN TRIBUTARIA Y DESARROLLO

1. Del Estado fallido a la capacidad estatal. Instituciones, estándares de buena gobernanza y Administración Tributaria

Tal y como señalamos, no existe un concepto claro de Estado fallido, o en su caso, de los conceptos que han venido empleándose como sustitutos. Por ello, estimamos que lo importante no es tanto definir categorías abstractas del Estado de acuerdo con su fortaleza, sino más bien definir instrumentos que permitan medir la *capacidad estatal*, esto es, la habilidad del Estado para cumplir con sus cometidos. La capacidad estatal coloca el énfasis en el pro-

---

17 Rotberg, Robert, "Failed States, Collapsed States, Weak States", *cit.*, p. 10. En todos esos casos, se identificó a la guerra civil como un elemento determinante. Posteriormente (2004) el autor identificó casos de Estados débiles cuya capacidad se venía agravando, sin pasar a ser, en todo caso, Estados Fallidos. Se citan, así, los ejemplos de Indonesia, Colombia, Zimbabue, Costa de Marfil y Tayikistán, entre otros ("When States Fail", *cit.*, pp. 15 y ss.).

18 Ezrow, Natasha y Frantz, Erica, *Failed States and Institutional Decay, cit.*, pp. 16 y ss.

ceso de *implementación de políticas públicas*, lo que en el llamado Estado administrativo es, básicamente, una tarea de la Administración Pública. Con lo cual, la medición de la capacidad estatal depende, en buena medida, de la capacidad de la Administración Pública para implementar políticas públicas, y en concreto, de la Administración Tributaria en cuanto a su capacidad de recaudación tributaria[19].

Un enfoque común en este sentido es promover el fortalecimiento de la gobernanza de la Administración Pública a través de "buenas instituciones", cuando el Estado presenta fallas en su capacidad estatal. Este enfoque considera que el elemento determinante son las "instituciones", las cuales deben promoverse de conformidad con los estándares de gobernanza asociados al Estado de Derecho. Para comprender por qué este enfoque es en realidad bastante limitado, conviene repasar brevemente el concepto de instituciones y su relación con los "tratos sociales" que surgen cuando la capacidad estatal falla.

En economía, la expresión usualmente relacionada con la capacidad estatal necesaria para la implementación de políticas públicas es *instituciones.* De acuerdo con Douglas North, las instituciones son las "reglas del juego" que al atender costos de transacción, pueden incidir en el intercambio de bienes y servicios, según se trate de instituciones formales (Constituciones, Leyes, Reglamentos y contratos) e informales (prácticas o costumbres sociales)[20].

La posición que prevalecer en este sentido es que la existencia de "buenas instituciones" que operan en el marco del Estado democrático de Derecho es una condición esencial al desarrollo. A tales fines, las "buenas instituciones" describen el conjunto de reglas –formales e informales– que protegen la propiedad privada, la libertad de contratación y en general, los derechos individuales, a través de los cánones del Estado de Democrático de Derecho. En tal sentido, se ha hablado de *instituciones inclusivas* para describir a este tipo de instituciones (Acemolgu y Robinson)[21]. Esta posición es defendida también por quienes apuntan, como elemento central de la fortaleza del Estado, el monopolio legítimo de la violencia ejercido por medio de instituciones abiertas (North *et al*)[22]. Con lo cual, el deterioro en el Estado Democrático de Derecho, típicamente a través de la corrupción, puede llevar a la decadencia de los órdenes políticos (Fukuyama) afectando al desarrollo[23].

El concepto de instituciones resulta, sin embargo, impreciso. En efecto, lo relevante no es solo analizar cuáles son las *reglas* dictadas por el Estado para cumplir con sus cometidos, y en especial, las reglas que inciden en el intercambio de bienes y servicios. Además, lo importante es analizar cuáles son los *sujetos* encargados de implementar esas reglas, y cuáles es la *organización* que permite la interacción de esos sujetos.

---

19 El Estado administrativo es aquel cuyo centro de poder, preponderantemente, descansa en la Administración Pública, esto es, en la organización jerárquica a través de la cual el Poder Ejecutivo gestiona en concreto los cometidos públicos. El Estado administrativo, resultado de la expansión de los cometidos públicos, es una figura propia de mediados del siglo XX. *Cfr.*: Dwight, Waldo, *The administrative state. A study of the political theory of american public Administration,* Transaction Publishers, New Brunswick, 2007, pp. 65 y ss.

20 North, Douglas, *Institutions, institutional change and economic performance*, Cambridge University Press, 1999, pp. 3 y ss.

21 Acemoglu, Daron y Robinson, James, *Why Nations Fail,* Crown Business, New York, 2012, pp. 70 y ss.

22 Esto es, los sistemas abiertos, en contraposición a los sistemas limitadas, de acuerdo con North, Douglass, Wallis, John J., Weingast, Barry R., *Violence and social order. A conceptual framework for interpreting recorded human history,* Cambridge University Press, Nueva York, 2012, pp. 11 y ss. Los órdenes de acceso limitado están conformados por regimens autocráticos en los cuales no hay vigencia efectiva del Estado Democrático de Derecho. Con lo cual, se afirma que el Estado de Derecho es una condición necesaria para la transición de los órdenes de acceso limitado a los órdenes abiertos (pp. 154 y ss.).

23 Fukuyama, Francis, *Political order and political decay,* Farrar, Strauss and Giroux, New York, 2014, pp. 27 y ss.

Es por lo anterior que las fallas en la capacidad estatal no necesariamente tienen su causa determinante en las reglas –formales e informales- sino en la organización y sujetos a cargo de la implementación de esas reglas. Además, es preciso tomar en cuenta que cuando falla la capacidad estatal, pueden surgir reglas y organizaciones para-estatales que se encargan de atender los cometidos que el Estado no puede cubrir. En tales casos, junto a las instituciones estatales surgen instituciones para-estatales basadas en acuerdos o tratos sociales ("deals") que pueden permitir la gestión colectiva de cometidos estatales. Por ejemplo, la incapacidad del Estado para gestionar el sistema de trámites administrativos puede hacer surgir organizaciones para-estatales que se encargan de esa gestión, incluso, para facilitar la implementación del sistema de trámites administrativos[24].

La existencia de estas reglas informales o "tratos sociales" es un síntoma de la falla en la capacidad estatal. Si se considera esta perspectiva, entonces, podrá comprender por qué la solución frente a esas reglas no puede ser fortalecer las instituciones –esto es, implementar una reforma institucional orientada a promover la gobernanza. Esa reforma institucional no generará ningún cambio favorable si antes no se fortalece la capacidad del Estado. Por el contrario, sobrecargar al Estado con "buenas instituciones" que no pueden ser implementadas debido a las fallas en la capacidad estatal, podría agravar –más todavía- la fragilidad estatal.

En el caso de la Administración Tributaria, esta conclusión es fundamental. Las fallas en la recaudación tributaria derivadas de fallos en la capacidad estatal, no podrán solucionarse con reformas institucionales basadas en la buena gobernanza tributaria. En otras palabras: para fortalecer la capacidad del Servicio Nacional Integrado de Administración Aduanera y Tributaria la Administración Tributaria (SENIAT) de recaudar tributos, no basta con promover reformas institucionales llamadas a incrementar sus estándares de gobernanza administrativa, pues la limitación vinculante, probablemente, no reside en el inadecuado marco institucional, sino en la incapacidad del SENIAT de cumplir con sus cometidos, tomando especialmente en cuenta sus funcionarios y organización administrativa[25].

Con lo cual, para fortalecer la capacidad de recaudación tributaria –condición necesaria para promover de ingresos fiscales necesarios para atender la emergencia humanitaria compleja- es prioritario fortalecer la capacidad del SENIAT de recaudar tributos, como parte de los esfuerzos para reconstruir la capacidad del Estado venezolano, como ampliamos más adelante.

2.   Estado fallido, la Administración Tributaria y el Petro-Estado

Antes de explorar la hipótesis según la cual el fortalecimiento de la capacidad del SENIAT de recaudación es un objetivo prioritario a la implementación de reformas institucionales, debemos explicar por qué el rol de la recaudación tributaria en Venezuela se ha debilitado debido a los arreglos institucionales que organizan a Venezuela como Petro-Estado.

La capacidad estatal incide sobre el desarrollo. Abordar esta premisa requiere aclarar que el desarrollo, a diferencia del crecimiento económico, es un concepto más difícil de precisar. Así, el crecimiento económico puede definirse, al menos desde una perspectiva introductoria, como el incremento en el tiempo del PIB. El desarrollo, por su parte, alude a la progresiva satisfacción de necesidades humanas que incrementan la calidad de vida. Ello permite comprender que aun cuando el crecimiento económico es necesario para el desarrollo –en la medida en que el crecimiento económico genera la riqueza necesaria para la satisfacción de

---

24   Pritchett, Lant, *et al, Deals and Development,* Oxford University Press, Oxford, 2018, pp. 24 y ss.

25   Esta hipótesis debe ser demostrada con la evidencia, a los fines de determinar si en efecto, las fallas en la recaudación tributaria residen en la incapacidad del SENIAT antes que en problema relacionados con las instituciones inclusivas.

necesidades humanas- no todo crecimiento económico es índice revelador de desarrollo – pues no siempre la riqueza permite alcanzar niveles adecuados y equitativos de calidad de vida. Siguiendo a Amartya Sen, además, debe precisarse que el propósito final del desarrollo debe ser expandir las capacidades del individuo para el ejercicio efectivo de su libertad, lo que presupone la existencia del Estado Democrático de Derecho[26].

Definido en estos términos el concepto de desarrollo, cabe señalar que la relación entre tal concepto y el Estado puede estudiarse, al menos, desde dos perspectivas. Así, por un lado, al Estado corresponde dictar e implementar las reglas que aseguran el *funcionamiento eficiente de los mecanismos* de mercado, típicamente, reconociendo derechos de propiedad, promoviendo y garantizando la celebración y cumplimientos de contratos, y atendiendo los fallos de mercado. Por el otro lado, el Estado asume la función de *redistribución de la riqueza*, para incidir favorablemente en las condiciones materiales que aseguran niveles adecuados de calidad de vida[27].

En el caso de la Administración Tributaria, esta conclusión es fundamental. El crecimiento económico como componente del desarrollo, presupone la capacidad del Estado para recaudar tributarios, esto es, presupone una Administración Tributaria con capacidad de recaudación, tal y como ya vimos. Esta capacidad de recaudación al incidir en los ingresos fiscales, condiciona entonces los gastos públicos asociados a las políticas del desarrollo. Esta conclusión, advertimos, debe matizarse en nuestro caso, pues en *Venezuela es un Petro-Estado*.

En efecto, Venezuela es un Petro-Estado debido a los arreglos formales en virtud de los cuales el Poder Ejecutivo Nacional administra los yacimientos de hidrocarburos, gestiona las empresas a cargo de actividades de exploración y producción, y por último, captura el ingreso fiscal petrolero, que constituye la fuente de ingresos más relevante dentro del presupuesto. Con lo cual, el Estado venezolano no depende de la recaudación tributaria (no petrolera) para sufragar sus gastos públicos. Aquí, por supuesto, persiste el problema económico derivado de la dificultad de diferenciar entre el ingreso tributario petrolero y no petrolero (o rentista y no rentista). Pero tan solo desde la perspectiva de la relación entre producción petrolera e ingresos en divisas derivadas de exportaciones, puede apreciarse cómo los ingreso fiscales no dependen en Venezuela del poder tributario no causado en el ingreso petrolero[28].

Este dato es además relevante pues los Petro-Estado suelen tener instituciones débiles. Así, la concentración de funciones en el Petro-Estado y el incremento del poder económico del Gobierno Nacional, crean condiciones adecuadas para la mala administración, que socava las bases institucionales del Estado y por ende su propia capacidad. La relativa independencia económica del Petro-Estado reduce incentivos para el fortalecimiento de la capacidad de la Administración para recaudar tributos[29].

Con lo cual, dentro de las causas de la debilitada capacidad del SENIAT, debe tomarse en cuenta la incidencia de los arreglos formales del Petro-Estado. Mientras esos arreglos persis-

---

26 A los fines de este ensayo, el desarrollo económico es definido como el conjunto de condiciones que permiten la satisfacción de necesidades colectivas, tales y como salud y educación (Perkins, Dwight *et al*, *Economics of Development*, New York, W.W. Norton, 2006, pp. 12). En especial, partimos del concepto de desarrollo promovido por Amartya Sen, esto es, el proceso orientado a ampliar las capacidades del individuo para ejercer su libertad (Sen, Amartya, *Development and freedom*, Anchor Books, Nueva York, 1999, pp. 13 y ss.). Desde esta perspectiva, el desarrollo es un concepto complejo, que va más allá del crecimiento económico, típicamente medido en función al incremento del producto interno bruto. *Cfr.*: Taylor, Edward y Lybbert, Travis, *Essential of Development Economics,* University of California press, 2015, pp. 203 y ss.

27 Gruber, Jonathan, *Public Finance and Public Policy,* Worth Publishers, Nueva York, 2005, pp. 3 y ss.

28 Baptista, Asdrúbal, *Itinerario por la economía política*, Ediciones IESA, Caracas, 2012, pp. 303 y ss.

29 Karl, Terry Lynn, *The Paradox of Plenty: Oil Booms and Petro-States*, University of California Press, 1997, pp. 44 y ss.

tan, no existirán mayores incentivos para fortalecer la capacidad tributaria del SENIAT (especialmente en el sector no-petrolero) dada la debilitada correlación entre recaudación tributaria no-petrolera e ingresos fiscales. Desmontar los arreglos formales del Petro-Estado y, en especial, neutralizar el ingreso fiscal petrolero, creará condiciones adecuadas para la reconstrucción de la capacidad de recaudación[30].

3. La trampa del Estado fallido: ¿cómo promover buenas instituciones sin desarrollo? La paradoja de la Administración Tributaria

Tal y como hemos visto, los fallos en la capacidad estatal suelen abordarse desde la perspectiva de las "buenas instituciones", esto es, a través de reformas institucionales que promueven la gobernanza. Si hay fallas en la recaudación, entonces, la solución se orientaría a promover la reforma institucional de la Administración Tributaria para fortalecer su gobernanza, por ejemplo, con reformas legales que promuevan los principios de transparencia, rendición de cuenta, eficiencia, control y participación ciudadana, entre otros.

Frente a esta posición se ha observado que el marco institucional aplicable –y el Estado Democrático de Derecho- es simplemente una de las varias causas que pueden incidir en la capacidad estatal (Sach)[31]. De otro lado, se señala que el Estado de Derecho no es determinante para medir la capacidad estatal, en tanto para ello solo es relevante lo que el Estado hace, al margen de si esa actuación se lleva a cabo en violación al Estado de Derecho (Andrews, et al)[32].

Tras estas discusiones subyace una paradoja: ¿la existencia de "buenas instituciones" es condición necesaria para el desarrollo económico, o el desarrollo económico es la causa por la cual existen "buenas instituciones"? Esta paradoja apunta a un problema en la causalidad. En efecto, no pretendemos discutir que el desarrollo requiere de "buenas instituciones", lo que no es tanto una premisa teórica sino el resultado de principios y normas de Derecho Internacional que han enlazado el concepto de desarrollo a la existencia del Estado Democrático y de Derecho, como de manera relevante sucede en la *Carta Democrática Interamericana*[33]. Lo que debe indagarse es si la existencia de esas "buenas instituciones" es una causa que puede impulsar a corto plazo el crecimiento económico.

Esta pregunta no admite respuestas uniformes. Antes por el contrario, hay al menos dos variables que deben tomarse en cuenta para precisar si la existencia de "buenas instituciones" es condición necesaria para impulsar el crecimiento económico, especialmente, desde la perspectiva de las "buenas instituciones" en la Administración Tributaria.

La primera variable responde al análisis casuístico de cuáles son las ***restricciones más determinantes al crecimiento económico***, lo que requiere conducir un ***diagnóstico de crecimiento***. Esto quiere decir que antes de implementar políticas públicas prediseñadas, lo importante es comprender, en cada caso concreto, cuáles son las restricciones que con mayor intensidad impiden o disminuyen la producción y, con ello, el crecimiento. Eventualmente ese análisis podría llevar a concluir que la ausencia de "buenas instituciones" es una causa que incide negativamente sobre el crecimiento. Esto se relaciona con las llamadas ***instituciones extractivas***, esto es, las medidas y acciones arbitrarias emprendidas o toleradas por el

---

30 Tal es el objetivo del fondo soberano de inversión que, de acuerdo con la Constitución, debe ser creado.

31 Sachs, Jeffrey, *The end of poverty,* Penguin Books, New York, 2012, pp. 51 y ss.

32 Andrews, Matt, *et al, Building State Capability,* Oxford University Press, Oxford, 2017, pp. 13 y ss.

33 De acuerdo con su artículo 11 "la democracia y el desarrollo económico y social son interdependientes y se refuerzan mutuamente".

Estado que afectan el desarrollo, como por ejemplo, expropiaciones, controles ineficientes y corrupción[34].

La segunda variable es la capacidad estatal. Si existen fallas en esa capacidad, entonces, será necesario considerar no solo las reglas formales, sino además, las reglas informales que pudieron haber surgido como resultado de acuerdos o tratos, en tanto son estas reglas las que, con mayor incidencia, pueden afectar adversamente el desarrollo[35].

De esa manera, la existencia de "buenas instituciones" puede ser relevante para impulsar el crecimiento económico si hay una adecuada capacidad estatal. Sin embargo, si hay fallas en tal capacidad y el estado es frágil, como sucede en Venezuela, la reforma institucional podrá tener poco impacto, sencillamente, pues no existen organizaciones estatales con la capacidad suficiente de implementar las "buenas instituciones". Incluso, esas "buenas instituciones" podrán afectar más todavía la falla en la capacidad estatal, al sobrecargar de tareas a organizaciones que no cuentan con la capacidad mínima necesaria[36].

Si trasladamos estas conclusiones al campo de la Administración Tributara, entonces, podemos afirmar que cuando hay fallas en la capacidad estatal para recaudar tributos, la solución no puede ser recargar de tareas a la Administración Tributaria para cumplir con las "buenas instituciones". Si el SENIAT no cuenta con funcionarios, recursos y organización necesarios para recaudar de manera eficiente los tributos, tampoco tendrá capacidad para implementar el sistema de controles y garantías asociados a la "buenas instituciones".

Esto puede llevar a considerar que el objetivo prioritario debe ser entonces fortalecer la capacidad de recaudación del SENIAT, lo que sería parte de una tarea más ambiciosa, a saber, reconstruir la capacidad estatal. Sin embargo, la reconstrucción de la capacidad estatal no es una solución a corto plazo, siendo que la emergencia humanitaria compleja demanda soluciones inmediatas, especialmente asociados a la recaudación de ingresos fiscales tributarios.

Tal es la paradoja a la cual nos hemos referido: sin capacidad estatal el SENIAT no podrá recaudar eficientemente tributos, pero sin recaudación eficiente de tributos no podrá fortalecerse la capacidad estatal. Para escapar de esta trampa aparente, debemos recordar que *la relación entre las instituciones y el desarrollo es de co-evolución*[37]. Con lo cual, la estrategia debe ser implementar reformas prácticas que el SENIAT pueda implementar con su debilitada capacidad, todo lo cual propenderá a crear condiciones favorables para fortalecer la capacidad estatal y acompañar el desarrollo[38].

Lo anterior supone reconocer la necesidad de una etapa de transición, en la cual será necesario tolerar los arreglos y prácticas informales que pudieron haber surgido para paliar la debilitada capacidad estatal del SENIAT. El reto consiste en diseñar reformas que permitan que esos arreglos informales incrementen la recaudación tributaria, a la par que se introdu-

---

34 El concepto de "restricciones determinantes" al crecimiento, da cuenta de que el crecimiento puede ser afectado negativamente por varias causas, que no siempre pueden ser atendidas al mismo tiempo. De allí la pertinencia de efectuar un diagnóstico de crecimiento para determinar, en cada caso, cuáles son las restricciones que con mayor intensidad afectan adversamente al desarrollo. *Cfr.*: Hausmann, Ricardo, et al, "Growth diagnostic", en Rodrick, Danni, *One economics, many recipes,* Princenton University Press, Princenton, 2007, pp. 56 y ss. En cuanto al concepto de "instituciones extractivas", *vid.* Acemoglu, Daron y Robinson, James, *Why Nations Fail, cit.*

35 Pritchett, Lant, *et al, Deals and Development, cit.*

36 Andrews, Matt, *The limits of institutional reforms in development,* Cambridge, New York, 2013, pp. 5-13 y 215.

37 Yuen, Ang, *How China escaped the poverty trap,* Cornell University Press, 2016, pp. 26 y ss.

38 Ello permite comprender por qué, según ciertos estudios, las políticas de crecimiento económico a corto plazo no están relacionadas con reformas administrativas: esas reformas, en casos de fallos en la capacidad estatal, no pueden alcanzarse a corto plazo. *Vid.* Hausmann, Ricardo, *el at,* "Growth accelerations", John F. Kennedy School of Government Harvard University, 2005.

cen las reformas formales orientadas a promover "buenas instituciones". A medida que se incrementa la eficiencia de la recaudación tributaria con la debilitada capacidad existente –y por ende, con los arreglos informales que pudieron haber surgido para paliar esa incapacidad- entonces, podrán implementarse reformas formales que aseguren la vigencia efectiva de los estándares de buena gobernanza en el SENIAT. Pretender invertir el orden puede debilitar más todavía la capacidad del SENIAT, creándose obstáculos adicionales para atender la emergencia humanitaria compleja.

Boston, abril 2019

TERCERA PARTE

DERECHO TRIBUTARIO SUSTANTIVO

§ 21. LA ANALOGÍA EN EL DERECHO TRIBUTARIO LATINOAMERICANO

Rubén Asorey *

Nuestra particular gratitud por la invitación recibida para colaborar en la obra colectiva de homenaje a los 50 años de la AVDT, a la cual me une una larga relación iniciada en la década de los ochenta del siglo pasado, que se materializara en mi designación como Miembro Honorario de la entidad en octubre de 1991.

Como decía Jorge Luis Borges *"de un hombre que ha cumplido los setenta años que nos aconseja David poco podemos esperar, salvo el manejo consabido de unas destrezas, una que otra ligera variación y hartas repeticiones. Para eludir o para siquiera atenuar la monotonía, opté por aceptar, tal vez con temeraria hospitalidad, los misceláneos temas que se ofrecieron a mi rutina de escribir."*[1]

Precisamente para evitar las repeticiones y atenuar la monotonía hemos decidido profundizar el estudio de la llamada interpretación analógica iniciada en un trabajo previo[2], con la finalidad de efectuar en esta oportunidad algunas reflexiones sobre el tratamiento doctrinario que ha recibido en Latinoamérica, y la influencia conceptual de la doctrina europea.

Ello nos lleva a analizar en primer término la génesis y evolución en el viejo continente para luego adentrarnos en la temática elegida.

---

* Miembro Honorario del Instituto Peruano de Derecho Tributario, Miembro Honorario del Instituto Ecuatoriano de Derecho Tributario, Miembro Honorario del Instituto Uruguayo de Estudios Tributarios, Miembro Honorario de la Asociación Venezolana de Derecho Tributario, Miembro Honorario de la Asociación Argentina de Estudios Fiscales, Miembro Permanente del Directorio del Instituto Latinoamericano de Derecho Tributario y ex Presidente de dicha entidad.

1   JORGE LUIS BORGES, Prólogo a "El oro de los tigres", Obra Completa, Emecé Editores, Bs. As., p. 1081.

2   ASOREY RUBÉN, "La analogía en el derecho tributario", colaboración en la obra colectiva *"Lecciones de Derecho Tributario", Obra en Homenaje al Prof. Horario Garcia Belsunce*, Thomson Reuters, La Ley, Bs As, 2019, p. 47 y ss.

I.   LA ANALOGÍA EN LA DOCTRINA TRIBUTARIA EUROPEA.

Dejaremos de lado los aspectos referidos a la teoría general del derecho y efectuaremos una revisión histórica de la analogía en la dogmática del derecho tributario europeo, que por la diversidad y profundidad alcanzada, nos permitirá efectuar un análisis comparativo con lo ocurrido en nuestro continente.

Desde esta perspectiva pasamos a abordar los aspectos más relevantes del procedimiento analógico según fuera desarrollado por dicha doctrina.

1. Concepto de analogía.

De las diversas acepciones que el vocablo tiene, el argumento analógico al que hacen referencia los juristas y que prima en el ámbito del derecho tributario[3], permite afirmar que estamos ante un procedimiento de integración del ordenamiento, al cual se le atribuyen características con las cuales no siempre la doctrina coincide.

El primer aspecto a señalar, es que la admisión de la analogía implica el reconocimiento de lagunas en el ordenamiento, siendo la función de este procedimiento la superación de dicha circunstancia mediante la aplicación de una norma a supuestos no contemplados en la misma, atento a que existe identidad de razón con aquella.

Eugenio Simón Acosta también recuerda que para completar las lagunas legislativas se han propuesto diferentes métodos según la concepción del derecho, pero que acorde a su concepto del derecho los métodos de integración se reducen a dos: i) la especificación de la norma singular a partir de los Principios Generales del Derecho o de los principios jurídicos de un sector del ordenamiento y ii) a la analogía[4].

A. Analogía legis y analogía iuris.

La precedente afirmación implica reconocer la existencia de lagunas en el derecho e indagar si cuando se hace referencia a la labor del aplicador del derecho se alude a la integración de esas lagunas con otra norma, denominada analogía legis, o a la integración mediante la aplicación de varias normas del ordenamiento de las cuales se obtienen principios jurídicos generales que se utilizan a tal efecto, denominada analogía iuris.

En el ámbito del derecho tributario italiano, Vanoni[5] en su famosa monografía publicada por primera vez en 1932, al igual que Mario Pugliesi posteriormente, ya señalaban que el derecho tributario ofrece dos medios para solucionar las presencias de lagunas: el procedimiento analógico y la aplicación de los principios generales del derecho.

Este último advirtió que el recurso a los principios generales del derecho era lícito ante un caso que no podía ser resuelto con ninguna otra forma de interpretación pero con las mismas limitaciones del uso de la analogía legis, es decir que no conduzca a la creación de obligaciones tributarias[6].

---

3   Ver un amplio tratamiento del tema en cuanto a las acepciones de analogía en el trabajo de FALCÓN Y TELLA M. J., *"El argumento analógico en el Derecho"*, Madrid, Civitas y Servicio de Publicaciones de la Universidad Complutense de Madrid, 1991.

4   ACOSTA EUGENIO SIMÓN, *"El derecho financiero y la ciencia jurídica"*, Publicaciones del Real Colegio de España, Bolonia, 1985, p. 363.

5   VANONI EZIO, *"Naturaleza e interpretación de las leyes tributarias"*, Instituto de Estudios Fiscales, 1973, p. 338.

6   PUGLIESI MARIO, *"Istituzioni di diritto finanziario"*, Cedan, Padova, 1937, p. 103.

En España, Juan Martín Queralt[7] señala que la construcción de Vanoni relativa al procedimiento de integración tributaria realizada a través de los Principios Generales del Derecho peca por no abordar que debe entenderse por tales principios, limitación justificada si se considera que se trata de unos de los temas más arduos de la teoría general del derecho.

Narciso Amoros[8] luego de destacar la función de la interpretación analógica frente a la norma insuficiente y la falta de previsión del legislador de ciertos supuestos, señala que aumenta la complejidad de la materia la diferenciación entre la analogía de la ley y de derecho, que trae a colación los Principios Generales del Derecho. En su opinión, la falta de adecuación entre los problemas de derecho tributario y los principios generales de derecho público y privado, hace que el último límite a la analogía es que no podrá basarse en preceptos o principios que no fueran de derecho tributario. Amoros establece una graduación en la aplicación de normas del propio ordenamiento tributario en los supuestos de ausencia de ellos, aplicando, primeramente, las del propio tributo en que se plantee la integración por analogía, después de otros más afines y, en último término, de las normas del derecho tributario.

En relación a este aspecto, cabe señalar que la mayor parte de las definiciones dadas por la doctrina tributaria contemporánea, hacen fundamentalmente referencia a la analogía legis.

B. Elementos del concepto de analogía.

Además, de la falta de plenitud del ordenamiento, otros de los requisitos esenciales para la aplicación de la analogía es la identidad de razón entre un supuesto regulado y otro no regulado.

Como señalan Eusebio González y Ernesto Lejeune, el procedimiento analógico requiere la existencia de un supuesto regulado en la ley a otro supuesto esencialmente igual pero distinto en los accidentes, que no aparece expresamente contemplado por ella[9].

El problema determinante es que debe entenderse en cada caso por igualdad en lo esencial y diversidad en lo accidental.

Por ello, para dichos autores la esencia del procedimiento analógico no estriba en la semejanza de los supuestos de hechos, regulado el uno y por regular el otro, sino en la razón de esa semejanza, que aconseja o fuerza la aplicación al supuesto no expresamente regulado de los principios ordenadores extraídos del supuesto regulado.

Destaca Siota Alvarez, [10] recordando a Rosembuj, que debe quedar claro que no se trata de meros problemas interpretativos, ni de lagunas axiológicas o valorativas que son supuestos que ya tienen soluciones en el ordenamiento, aunque las mismas sean disvaliosas.

Por cierto, que este enfoque discrepa con quienes, como veremos en el punto siguiente, le otorgan carácter interpretativo al procedimiento analógico.

El requisito esencial de la analogía es la llamada *"identidad de razón"* que exige que estemos ante una semejanza esencial en los elementos y con una identidad de los casos en su esencia.

En síntesis, se identifica como elementos configuradores de la analogía, la existencia de un vacío normativo, la identidad de razón y la presencia de una disposición jurídica análoga.[11]

---

7   QUERALT JUAN MARTÍN, "Estudio Introductorio", en VANONI EZIO., *ob. cit.*, p. 62.

8   AMOROS NARCISO, *"Derecho Tributario (Explicaciones)"*, Editorial de Derecho Financiero, Madrid, 1963, p. 191.

9   GONZÁLEZ EUSEBIO, LEJEUNE ERNESTO, *"Derecho tributario"*, T. I, p. 118, Plaza Universitaria Ediciones, Salamanca, 1997, p. 119.

10   SIOTA ÁLVAREZ MÓNICA, *"Analogía e interpretación en el Derecho Tributario"*, Marcial Pons, España, 2010, p. 108.

Como se señala esta autora con remisión a las abundantes citas bibliográficas del importante trabajo de Falcon y Tellas[12], a la analogía no le resulta fácil ofrecer un concepto, sino más bien todo lo contrario.

2. La evolución doctrinaria en Europa torno a la analogía.

Nos parece conveniente efectuar un análisis retrospectivo de las distintas posiciones doctrinarias y su evolución en relación al procedimiento analógico con cierto sentido histórico, partiendo desde las primeras opiniones existentes hasta la actualidad, en la doctrina europea, fundamentalmente en la italiana, española y alemana, para poder reflejar la influencia que tuvo sobre la doctrina latinoamericana.

Este planteo del tema se funda en la inexistencia de una obra integral en el derecho latinoamericano sobre la interpretación analógica, a diferencia de lo ocurrido en el derecho europeo y la influencia que ha tenido el principio de legalidad y de reserva de ley en el continente.

Es sin duda Vanoni quien revela la necesidad de aceptar la aplicación del procedimiento analógico en el ámbito del derecho tributario pues hasta la aparición de su obra, como lo señala el propio autor, eran mucho los argumentos que, mayoritariamente, se invocaban para excluir su aplicación. Dicho rechazo era una especie de *"communis opinio"* según Queralt[13], incluyendo autores de la talla de Albert Hensel.[14]

Dicha admisión requiere como consideración fundante la interpretación de la naturaleza no excepcional, restrictiva, u odiosa de la norma tributaria de la cual Vanoni se ocupa en su obra, y que fuera aceptada por la doctrina tributaria con posterioridad.

Vanoni, partiendo de la exigencia de todo sistema tributario de respetar la igualdad ante la imposición, admite la analogía, inclusive para las normas excepcionales, pues no es fuente creadora de derecho, sino que pone de manifiesto la existencia de un principio jurídico contenido en la ley que se aplica a otro no previsto, pero con similitud de ratio.

Según el autor ante la imposibilidad del legislador de prever todas las hipótesis, el principio analógico satisface la igualdad ante el tributo en el marco de los principios del Estado de Derecho.

Vanoni encuentra en la analogía la posibilidad de superar las deficiencias que pueden existir en la normativa tributaria en términos de los principios constitucionales, en particular el de igualdad tributaria.

Considerando que la obra de Vanoni es el punto inicial en el pensamiento del procedimiento analógico desde el prisma constitucional del principio de igualdad, la doctrina posterior encuentra a quienes se alinearon en tal sentido y perfeccionaron tal criterio y quienes se pronunciaron por su inaplicabilidad ya en forma total o parcial a la materia tributaria.

Continuando con la doctrina italiana contemporánea a Vanoni, debemos mencionar a Giannini M. S. quien acepta también la analogía y destaca que en la práctica ha tenido un campo de aplicación mucho mayor del que se cree, por considerar que el procedimiento

---

11 SIOTA ÁLVAREZ MÓNICA, *ob. cit.,* p. 39.

12 FALCÓN Y TELLA M. J., *ob. cit.*, p. 42.

13 QUERALT MARTÍN, "Estudio Introductorio" *ob. cit.,* p. 62.

14 VANONI EZIO, *ob. cit.,* p. 343, nota 428. Señala Vanoni que en escritos posteriores Hensel revisó algunas de sus concepciones llegando a admitir parcialmente la aplicación de la analogía.

analógico nada crea sino que es el desarrollo de los principios existentes en el propio orde-namiento.[15]

Si bien Giannni M. S. cuestionó algunos de los ejemplos de analogía dados por Vanoni, fue al decir de Queralt[16] quien efectuó la formulación técnica más adecuada señalando que la inadmisibilidad de la analogía obedecía a una confusión entre normas excepcionales o singulares y normas a *fattispecie* exclusiva. Identifica a estas últimas como aquellas que contemplan situaciones de hecho muy concretas, con características exclusivas y similares efectos, que no pueden por su naturaleza, extenderse a hechos diversos.

En similar sentido, se pronuncia Micheli, haciendo alusión a la imposibilidad analógica en el supuesto de tratarse de una fattispecie exclusiva pero no en los restantes supuestos, afir-mando que la analogía es la propia expresión de la ley.[17]

Otro exponente de esta corriente es Andrea Amatucci, quien en la década del sesenta del si-glo pasado se había pronunciado en favor de su aplicación, opinión calificada de radical por Eugenio Simón Acosta pues no supone indagación de principios latentes en la norma sino que considera que el caso al que se aplica analógicamente una norma, está contemplado por ella, al cumplir con los requisitos necesarios para quedar incurso en su sentido y finalidad.[18]

El distinguido profesor napolitano vuelve abordar el tema casi cuatro décadas más tarde, afirmando que *"la imprevisibilidad por parte del legislador de los términos exactos en que se manifiestan el fenómeno social y la voluntad del legislador de no extender la previsión normativa sobre todas las manifestaciones de la realidad social, provocan la falta de cober-tura por parte del derecho objetivo de todas las situaciones de hecho. Algunas de ellas no son distintas por entero de los casos expresamente previstos, por cuanto contienen algunos elementos en común. Algunas veces los datos no comunes resultan irrelevantes acerca de la ratio normativa; esto significa que los caracteres no comunes se armonizan en todo con el sentido y finalidad de la norma. Por tanto, la extensión del régimen jurídico sobre tales situaciones de hecho facilita la consecución de los fines pretendidos por la norma. Se califi-ca como analógica la pesquisa dirigida a establecer si una situación de hecho no prevista de modo expreso por una norma jurídica se puede considerar afín, por cuanto revista ca-racterísticas no comunes irrelevantes en relación con su ratio. Esta pesquisa no toma la naturaleza de actividad productora de derecho, porque produce el resultado de extender la norma a la situación de hecho no expresamente prevista, y solo si así llega a la realización de las finalidades de la norma"*[19].

Berliri considera que es norma general que la interpretación analógica quede excluida, y solo puede admitirse si el legislador la consiente expresamente para un determinado impues-to, aunque reconoce que, en tal caso, es dudoso que pueda hablarse de verdadera analogía[20].

Cabe recordar, como lo señala Vicente Arche en el Prólogo de la obra de Berliri citada, que esta pertenece a lo que puede denominarse la segunda etapa de desarrollo del Derecho Tributario italiano, siendo la primera etapa la que se inicia a partir de 1937 con Giannini, Pugliesi, Tesoro, Jarach, Vanoni y Griziotti. Por ello es significativo que Berliri al dar su

---

15 GIANNINI MASSIMO SEVERO, "l´interpretazione e l´intregazione delle leggi tributarie", *Rivista Di Di-rrito Finanziario e Scienza delle finanze*, I, 1941, p. 95.

16 VANONI EZIO, *ob. citada*, "Estudio Introductorio" de QUERALT MARTÍN, p. 59.

17 MICHELI GIAN ANTONIO, "Corso Di Diritto Tributario", UTET, Séptima Edición, Torino, 1984, p.79 y ss.

18 AMATUCCI ANDREA, *L'interpretazione dellla norma di Diritto financiaziario*, Ed. Jovene, 1965, p. 192 y ss; Acosta, Eugenio Simon, *ob. cit.* p. 365.

19 AMATUCCI ANDREA, "Tratado de Derecho Tributario", Tomo Primero, Temis, Bogotá, 2001, p. 579 y ss.

20 BERLIRI ANTONIO, "Principios de Derecho Tributario", Madrid, Editorial de Derecho Financiero, 1964, V. I, p. 125; "Principi Di Diritto Tributario", Volume Primo, Milano, Giufre, 1967, p. 155 y ss.

opinión refuta a Giannini M.S en cuanto a que la analogía ha tenido un campo de aplicación mucho mayor del que se cree, afirmando que la observación no es exacta.

Giannini A. D.[21] es otro de los autores italianos que rechazan la aplicación de la analogía en razón del principio de legalidad considerando que no son susceptibles de interpretación analógicas las normas que determinan los objetos impositivos (y no por consiguiente todas las normas tributarias).

En la doctrina española la opinión mayoritaria sostiene la no cabida de la analogía en el derecho tributario como la de Sainz de Bujanda, García Añoveros, Vicente Arche, y Córtes Domínguez.

Fernando Sainz de Bujanda, parte de la diferencia entre la labor interpretadora que consiste en fijar el sentido de la norma frente a la labor integradora cuando no hay una norma aplicable, es decir cuando estamos ante una laguna del derecho[22]. Rechaza la posición de Albiñana que considera que los principios de reserva de ley y de legalidad impiden la existencia de lagunas en el Derecho Tributario, entendiendo que existen sectores del derecho tributario que no se encuentran rígidamente amparados por el principio de legalidad, a los cuales se les puede aplicar la analogía, fundamentalmente el derecho tributario formal.

Vicente Arche considera que la analogía efectivamente es uno de los modos de aplicación de los principios que sirven de fundamento pero en el derecho tributario no puede admitirse en términos generales y debe ser excluida para las normas que establecen los elementos esenciales de la relación jurídica tributaria, presupuesto, base impositiva, tipos de gravamen, así como aquellas que establecen exenciones tributarias.[23]

Similar afirmación efectúa García Añoveros[24] por considerar que los aspectos señalados por Arche caen por completo dentro del alcance del principio de legalidad tributaria pues afectan al elemento subjetivo del presupuesto de hecho.

Matías Cortes[25] parte de considerar que en derecho tributario el principio de legalidad tiene una importante trascendencia, que no hay derecho tributario fuera del derecho del legislador, es decir que el derecho tributario es un derecho sin lagunas. Sin embargo, considera que en derecho tributario puede darse con alguna frecuencia lagunas de lege ferenda, cuando surge una indicación de capacidad contributiva que no está sometida a ningún tributo y que el principio de legalidad y el de reserva legal solo rige en todo el derecho tributario sino en una parte substancial del mismo y que en esas zonas donde no rige debe admitirse el procedimiento de integración analógica.

Rafael Calvo Ortega entiende que la aplicación analógica no es una actividad necesaria y nada autoriza a priori a interpretar dogmáticamente al legislador, de manera que regulado un supuesto de hecho la norma deba extenderse a los semejantes. Concluye que *"Puede ser que, no obstante la similitud, no se quiso regularlo, (someterlo a norma) por las razones que fuere. Hay siempre un circulo de libertad que no se quiso regular porque la similitud de los supuestos no es igual a la identidad de los mismos."*[26]

21 GIANNINI A.D. *"Istituzioni di Diritto Tributario"*, Giuffré Editore, Milan, 1968, p. 44. Existe una edición con traducción y prólogo de SÁINZ DE BUJANDA, Madrid, Editorial de Derecho Financiero, Madrid, 1957, p. 32 y ss.

22 SAINZ DE BUJANDA FERNANDO, *Lecciones de Derecho Financiero*, Séptima Edición, Universidad Complutense, Madrid 1989, p. 69 y ss.

23 ARCHE FERNANDO VICENTE, Notas en "BERLIRI Antonio", *ob. cit.*, p. 137.

24 GARCÍA AÑOVEROS J., "La interpretación de las leyes tributarias y los organismos autónomos ante el impuesto", *Revista de Derecho Financiero y Hacienda Pública*, N° 39, p. 709, citado por Arche Vicente, *ob. cit.*, p. 137.

25 CORTES MATIAS, *"Ordenamiento tributario español"*, Editorial Civitas, S.A. Madrid, 1985, p. 137 y ss.

26 CALVO ORTEGA RAFAEL, *"Curso de Derecho Financiero"*, Decimosexta Edición, Civitas, Thomson Reuters, p. 96.

Ferreiro Lapatza afirma que siendo la obligación tributaria *"ex lege"*, el tributo no se puede exigir sobre la base de la analogía, aunque fuera de eso el derecho tributario y financiero debe ser interpretado según las técnicas comunes a todo el ordenamiento[27].

Amoros,[28] como ya explicamos, acepta la analogía frente a la ausencia de la norma pero considerando que sus límites se encuentra en el propio derecho tributario, que deben hacerse en forma sensata porque la mayor parte de las veces o casos significa convertirse en legislador e ir contra los principios de legalidad o de reserva de ley. También destaca que la analogía no puede aplicarse en relación al "objeto impositivo" es decir a la finalidad que se pretende gravar, y a los restantes elementos que se consideran fundamentales en la relación tributaria, más allá que sus ventajas frente a la aplicación de la igualdad tributaria y al principio de capacidad contributiva.

Frente a esta doctrina mayoritaria, fue Fernando Perez Royo en la doctrina española quien aceptó tempranamente el procedimiento analógico para nuestra materia.[29]

Entiende Perez Royo que el uso del procedimiento analógico no debe ser puesto en conexión con el principio de legalidad, que es una norma sobre la producción normativa mientras que la analogía se desarrolla en el campo de la aplicación del derecho existente.

En consecuencia, los obstáculos para la aplicación analógica de ciertas normas hay que encontrarlos, no en la regulación de las fuentes del Derecho (principio de legalidad o reserva de ley) sino en los derivados del principio de seguridad jurídica y certeza del derecho.[30]

Como consecuencia de tal principio es que la analogía no es aplicable en materia penal, en razón de la exigencia del principio de seguridad que los delitos aparezcan bien tipificados con sus penas, que difiere del principio de ley formal.

En cuanto a la prohibición del art. 14 de la Ley General Tributaria española que no admite la analogía para extender más allá de sus términos estrictos el ámbito del hecho imponible y de las exenciones y bonificaciones, considera que el legislador tributario ha calibrado los condicionamientos derivados del respecto a la exigencia de seguridad jurídica y ha reducido su prohibición a tales aspectos (hecho imponible y exenciones).

Cazorla Prieto, comentado la interpretación de Perez Royo sobre el referido art. 14 de la LGT considera que dicha opinión es la que resulta más acorde con el tenor literal de dicha norma.[31]

Con una marcada influencia de Perez Royo y Tipke, Juan Martín Queralt y Carmelo Lozano Serrano en 1990[32], aceptan con más plenitud la aplicación analógica, señalando que la analogía no debe confundirse con la creación ex novo del derecho o reglas aplicables a un determinado supuesto, criticando con cita de Giannini M.S. a quienes sostienen la exclusión apriorística de la analogía en el campo tributario, considerando el enfoque que rechaza su

---

27 FERREIRO LAPATZA JOSE JUAN, *"Curso de Derecho Financiero Español"*, 13° Edición, Marcial Pons, Madrid, 1991, p. 80.

28 AMOROS NARCISO, *ob. cit.,* p. 194 y ss.

29 Cabe señalar que en el "Estudio Introductorio" de JUAN MARTÍN QUERALT en la obra de VANONI que referenciamos en este trabajo, publicada en 1972, se cita la opinión de Fernando Perez Royo a favor de la aplicación analógica, en un trabajo sobre interpretación de las normas tributarias, sin publicar. Dicha opinión se ve desarrollada en las ediciones de "Derecho Financiero y Tributario Parte General", publicadas posteriormente, más allá de las diferencias de cada edición referidas al derecho positivo español.

30 PEREZ ROYO FERNANDO, *"Derecho Financiero y Tributario Parte General"*, Vigésimo Segunda Edición, Civitas, Thomson Reuters, año 2012, p. 136 y ss.

31 CAZORLA PRIETO LUIS MARÍA *"Derecho Financiero y Tributario. Parte General"* Aranzadi, Thompson Reuters, Decimoquinta edición, 2015, p. 163.

32 QUERALT JUAN MARTÍN, SERRANO CARMELO LOZANO, *"Curso de Derecho Financiero y Tributario"*, Ed. Tecnos, Madrid, 1990, p. 258.

aplicación se funda en el ideario político estamental y liberal en base al cual debe protegerse a los ciudadanos, creando los menores impuestos posibles y de ahí surge el principio garantista de reserva de ley.

Invocando a Perez Royo y Tipke, destaca que la analogía puede propender a hacer efectivos determinados principios constitucionales de carácter material, como el principio de capacidad contributiva e igualdad.

Dos décadas más tarde los autores en el mismo Curso, pero ya en colaboración con Jose Tejerizo López y Gabriel Casado Ollero[33], si bien omiten parte de los fundamentos precedentes en relación a la aplicación analógica, mantienen el concepto que debe formularse una inversión en el planteamiento tradicional acerca de la admisibilidad de la analogía en derecho tributario. Ello pues ni la pretendida naturaleza especial de las leyes tributarias, ni las exigencias del principio de ley conducen a una prohibición generalizada de la analogía.

Entienden que si en algún supuesto concreto la analogía debe reputarse contraria al principio de ley tributaria o debe ser aplicada para proteger determinados principios constitucionales, básicamente el de capacidad económica e igualdad, es una cuestión a resolver por el Tribunal Constitucional.

Consideran que es posible utilizar la analogía en la aplicación de todas las normas tributarias, ya materiales o procedimentales, pero por excepción no puede utilizarse para definir el hecho imponible, aplicar exenciones y beneficios o incentivos fiscales.

También Palao Taboada[34] es otro de los autores en favor de la aplicación de la analogía, fundando su aplicación en la necesidad de combatir el fraude fiscal que admite un sacrificio razonable de la seguridad jurídica.

Cesar García Novoa[35] ha profundizado contemporáneamente en sus diversos trabajos el análisis de la analogía, desde la perspectiva del principio de seguridad jurídica en materia tributaria, y desde su eventual habilitación para enfrentar a la elusión fiscal.

Califica a la analogía como aquella actividad del aplicador del derecho que en su proceso de verificación acerca de sí un determinado supuesto de hecho del mundo real se incluye en la descripción normativa del hecho imponible constata la inexistencia de una norma específica para ese supuesto y recurre a una norma diferente. Es la relación de semejanza entre el supuesto real y el descripto por la norma lo que se tiene en cuenta para aplicar el tributo. Con cita de Eusebio González destaca que el ordenamiento tributario es un sistema tasado de creación de obligaciones, por lo que la idea de laguna no encaja en un orden jurídico en el que las ausencias de regulación pueden presumirse queridas por el legislador, al menos, no expresamente rechazadas.

A partir de tales consideraciones rechaza la aplicación analógica, y analiza los intentos doctrinales para aplicar la analogía que considera que son supuestos de analogía iuris y no de analogía legis o interpretaciones realistas que defienden la búsqueda de la finalidad querida por el legislador al aprobar una determinada norma.

En síntesis, concluye que no cabe aceptar la analogía cuando la misma supone la determinación del gravamen de un acto o hecho no expresamente previsto por la norma tributaria y no es posible tampoco habilitarla como mecanismo para enfrentar la elusión fiscal.

---

33   QUERALT JUAN MARTÍN, SERRANO CARMELO, LORENZO CASADO OLLERO GABRIEL "Curso de Derecho Financiero y Tributario", Vigésima Segunda Edición, Madrid, 2009, p. 165 y ss.

34   PALAO TABOADA CARLOS, "Economía y derecho en la aplicación de las leyes tributarias", *Revista Crónica Tributaria* N° 73, 1995, p. 69 y ss.

35   GARCIA NOVOA CESAR, *"El principio de seguridad jurídica en materia tributaria"*, Marcial Pons, España, 2000, p. 262 y ss.; *"La cláusula antielusiva en la nueva ley general tributaria"*, Marcial Pons, 2004, p. 250 y ss..

A partir de la década de 1980, surge en Alemania opiniones favorables a admitir la analogía originando el debate sobre este asunto, como surge del encuentro de la Asociación Alemana de Derecho Tributario, realizado en 1981, en la cual fue relator H. W. Kruse[36].

Kruse[37], no adhiriendo a tal criterio, diferencia entre las lagunas *intra legem*, cuando la ley solo ofrece una disposición para la resolución muy general, más o menos incompleta, que el juez debe rellenar creativamente y *praeter legem*, son todas aquellas que no son lagunas *intra legem*.

Sostiene que las lagunas han de ser rellenadas a semejanza de como hubiera sido regulada la cuestión de acuerdo con el sentido conjunto de la ley y de no ser así con la voluntad característica (objetivada) del legislador, si es que este hubiese previsto o no hubiere dejado a la jurisprudencia la regulación.

Sostiene que el juez ha de construir precisamente la regla que él, como legislador, habría puesto. Y que ello está permitido en el derecho impositivo con una sola limitación fundamental para la analogía: que con ella no pueden ser creados nuevos hechos imponibles. Destaca que la prohibición de la analogía está fundamentada en la mayoría de las veces sobre el principio de tipicidad en la imposición.

En relación a la doctrina alemana, recuerda García Novoa, que la necesidad de combatir la elusión fiscal ha originado una recuperación de la analogía al amparo de la inevitable falta de plenitud de las normas, y es Tipke uno de los autores que con mayor convicción ha propuesto su empleo para hacer frente al abuso de formas jurídicas[38].

En la misma línea de pensamiento se sitúan en Alemania: Tanzer, Walz y en cierta medida Crezelius.[39]

La influencia de Tipke en la doctrina española de quienes admiten la analogía como Juan Martín Queralt, Carmelo Lozano Serrano y Palao Taboada es evidente.

3 Diferencias entre la interpretación extensiva y el procedimiento analógico.

Cabe señalar que en opinión de Bobbio no existen diferencias entre la interpretación extensiva y la analógica, pues considera que ambas son la misma cosa, en el sentido que tienen idéntica estructura lógica.

La mención a la obra de Bobbio [40] permite recordar que el tema de la diferencia entre estos conceptos ya estaba planteado en la década del treinta del siglo pasado en el marco de la teoría general del derecho, señalando la doctrina que tal distinción fue iniciada por Savigny, continuada por la Escuela Histórica, convirtiéndose en una temática común en la moderna técnica jurídica.[41]

---

36 RICARDO LOBO TORRES, *"Tratado de Direito Constitucional Financeiro Tributário"*, Volúmen II, Ed. Renovar, Rio de Janeiro, 2005, p.565 y ss., quien recoge la publicación al respecto de Ruy Barbosa Nogueira donde se publicó la relatoría de H. W. Kruse en las mencionadas Jornadas de Derecho Tributario Alemanas.

37 KRUSE H., *"Derecho Tributario Parte General"*, Edersa, trad. española, 1979, p. 187.

38 GARCIA NOVOA CESAR, "La cláusula antielusiva..." *ob. cit.*, p. 253.

39 TANZER, "Das Analogieverbot im Steuerrecht". *Steuer und Wirtschaft* 58 (3): 201, 1981. RAINER WALZ, *Steuergerechtigkeit und Rechtsanwendung*. Heidelberg: v. Decker, 1980, p. 142. CREZELIUS, "Verkappte Analogien in der Finanzrechtsprechung". *Steuer and Wirtschaft* 58 (2): 117, 1981; ___Steuerrechtliche Rechtsanwendung und allgemeine Rechtsordnung. Berlin: Verlag Neue Wirtschaftbriefe, 1983, p. 162. *Cfr.*, RICARDO LOBO TORRES, *ob. cit.*, p. 565 y ss.

40 BOBBIO N., *"La analogía nella lógica del diritto"* en *Memorie dell' Istituto guiridico di Torino*, 1938.

41 J-E GREÑO VOS, "Analogía jurídica", Nueva Enciclopedia Jurídica, Barcelona, Francisco Seix, 1983, p. 650, citado por SIOTA ÁLVAREZ Mónica, *ob. cit.*, 62, nota 272.

Como señalan Eusebio González y Ernesto Lejeune[42], además de la obra de Bobbio, otras publicaciones en el ámbito de la teoría general del derecho a recordar son las de U Klug, y la de M. Zygmmunt.

En este largo proceso quienes se pronuncian en favor de la diferenciación han utilizado los más variados criterios para tratar de distinguir la analogía de la interpretación extensiva, debiendo señalarse que frente a quienes sostienen que existen pautas claras para la diferenciación, otros concluyen que ella no es posible.[43]

Frente a este panorama, quizás lo más destacable es que la mayoría de los estudiosos en el marco de la teoría general del derecho reconocen que no existen pautas claras pues estamos ante dos conceptos de íntima y estrecha relación.

El debate sobre estos dos procedimientos dado en el marco de la teoría general, se vio reflejado también en el ámbito tributario, donde atento a su concepción del procedimiento analógico, Vanoni[44] concluye que por su vecindad es imposible en la práctica distinguir una de otra forma de interpretación. En efecto, remarca que si bien es cierto que teóricamente cuando se habla de interpretación extensiva se considera que un determinado hecho se regula de acuerdo con la norma expresa contenida en la ley, aun cuando la fórmula empleada no corresponda a la efectiva comprensión del precepto jurídico, y en la interpretación analógica la relación que debe regularse no está expresamente contemplada por la norma, las dos formas de interpretación se entrelazan tan profundamente que no siempre permite diferenciar una de otra.

No faltan autorizadas voces como la de Pugliesi[45], quien sostiene que la proximidad de una y otra hace que se confundan.

Giannini A.D.[46], si bien limita la aplicación de la analogía en los términos ya explicados, destaca que las normas que determinan los objetos impositivos pueden ser interpretadas extensivamente, dado que la interpretación extensiva no somete al tributo a una situación de hecho no prevista en la ley, sino que se aplica al impuesto a situaciones ya comprendidas en el contenido real de la norma, si bien la inexactitud o la impropiedad de las expresiones adoptadas puede hacer creer lo contrario.

Narciso Amoros,[47] ha sostenido la diferenciación entre ambos interpretaciones.

Debemos destacar la publicación en 1985 de la obra de Eugenio Simón Acosta[48], donde se aborda su tratamiento. Para Simón Acosta la analogía se distingue de la interpretación extensiva porque en aquella se aprecia una actividad creadora, a pesar de que no sea una creación arbitraria que lleve a una jurisprudencia libre. La diferencia con la interpretación extensiva radica en que con la analogía, según el autor, se integra una norma no expresa, una norma no contenida en la ley. Pero con ello, el operador del derecho no se convierte en legislador, no inventa ex nihilo, sino que ejerce la misión que le es propia, pues aplica el ordenamiento, basándose en sus principios explícitos o implícitos.[49]

---

42 GONZALEZ EUSEBIO LEJEUNE ERNESTO, *ob. citada,* p. 119.

43 Ver una enunciación de los distintos autores y criterios en el marco de la teoría general del derecho SIOTA ÁLVARES MONICA, *ob. cit.,* p. 62 y ss.

44 VANONI EZIO, *ob. cit.,* .p. 399.

45 PUGLIESE M., *ob. cit.,* p. 113.

46 GIANNINI A.D., *ob. cit.,* p. 32.

47 AMORÓS NARCISO, *ob. cit.,* p. 194.

48 ACOSTA EUGENIO SIMÓN, *ob. cit.,* p. 367.

49 ACOSTA EUGENIO SIMÓN, *ob. cit.,* p. 366.

Prescindiendo de posiciones extremas, recuerda que es pacífico en la doctrina el criterio que no debe utilizarse la analogía para integrar normas referentes a aquellos elementos del tributo que están cubiertos por el principio de reserva de ley.

Simón Acosta, además de recordar las opiniones de Vanoni y Giannini M.S recoge el pensamiento de Amatucci, y de Eusebio Gonzalez en sus primeros trabajos.

A diferencia de la sostenido por Simón Acosta, Eusebio González conjuntamente con Jose Luis Perez de Ayala y Ernesto Lejeune, consideran en coherencia con la línea argumental en torno al tema, que la analogía no constituye una labor creadora sino interpretativa concluyendo, al igual que Bobbio, que entre interpretación extensiva y analógica no existe una diferencia esencial sino de grado.

En opinión del siempre recordado catedrático de Salamanca en la interpretación extensiva se extiende el significado de los términos utilizados por el legislador más allá del sentido literal de los mismos, en tanto que a través del procedimiento analógico se extienden, a un supuesto no expresamente regulado en la ley, los principios dictados para otro supuesto con el que guarda identidad de razón[50].

Para Amatucci la analogía tiene naturaleza interpretativa pues es la actuación concluida en el ámbito de la ratio, es decir, dentro de los límites del concepto del caso en donde la norma debe obrar para conseguir los objetivos deseados. Por ello sostiene que la aplicación analógica aparece también cualitativamente idéntica a la interpretación, puesto que procura la construcción de una norma en el ámbito de los juicios de valor contenidos en el sistema y, por tanto, la determinación de un supuesto que se armonice con la ratio de la misma norma"[51].

Cesar García Novoa destaca que en la interpretación extensiva, a diferencia de la analogía, no da lugar a la entrada de un elemento normativo nuevo, como es la aplicación de una norma que no estaba pensada para el caso, sino para otro semejante. En la interpretación extensiva, lo único que hay es una pretensión de averiguar el ámbito semántico de la norma interpretada, y el posterior resultado que lleva a entender que ese ámbito es más amplio que el que se deriva de una interpretación literal o estricta de la misma.[52]

III. LA INTERPRETACIÓN ANALÓGICA EN LA DOCTRINA LATINOAMERICANA.

Con la reseña de la problemática planteada y soluciones dadas por la doctrina europea, podemos introducirnos a lo ocurrido en la mayor parte de los países de nuestro continente, limitando nuestro contenido exclusivamente a los aspectos doctrinarios y dejando para futuras investigaciones el tratamiento de la analogía en las respectivas legislaciones.

Daremos, intencionalmente, un sentido historicista y cronológico al tratamiento del tema para destacar de esa forma la evolución de la doctrina a través del tiempo. Por ello, se señala en cada autor el año de la publicación, en la cual hemos podido verificar su opinión del tema.

El aspecto temporal de la aparición de cada una de las opiniones doctrinarias resulta de interés para demostrar la influencia de la doctrina europea a través del tiempo en nuestro continente, permitiendo también ello confirmar quienes fueron pioneros en la materia en cada uno de sus países.

---

50 GONZALEZ EUSEBIO LEJEUNE ERNESTO, *ob. citada*, p. 119. PEREZ DE AYALA JOSE LUIS-GONZALEZ EUSEBIO, *"Curso De Derecho tributario"* 5° ed. Edersa, 1989, T.1, p. 100 y ss, GONZALES EUSEBIO "La interpretación de las normas tributarias" en *Tratado de Derecho Tributario*, dirigido por PAULO CARVALHO, Palestra Editores, Lima 2003, p. 498 y ss.

51 AMATUCCI ANDREA, Tratado, *ob. citada*, p. 581.

52 GARCIA NOVOA, *"La cláusula antielusiva en la nueva LGT"*, Marcial Pons, 2004, p. 251.

1. Doctrina Tributaria Argentina

No es de extrañar que el análisis del principio analógico en nuestro país haya comenzado con los aportes de Carlos Maria Guiliani Fonrouge y Rafael Biela.

Ello nos hace recordar las acertadas afirmaciones de Juan Carlos Luqui en cuanto a que *"En nuestro país, quien abrió el camino hacia un estudio y enseñanza del derecho administrativo fue, sin duda, Rafael Bielsa. En cuanto al derecho tributario, también sin ninguna duda, fue Guiliani Fonrouge quien por su parte abrió el camino hacia un estudio científico, es decir sistemático, de los principios que sustenta las leyes respectivas"*[53] y la de Valdés Costa en cuanto a que el Anteproyecto de Guiliani Fonrouge al que nos referimos a continuación, constituye *"la primer producción científica latinoamericana fundada en los principios autonómicos contemporáneos con soluciones sistemáticas que conservan su valor a pesar del tiempo transcurrido"* [54]

Carlos María Giuliani Fonrouge, al preparar el Anteproyecto de Código Fiscal en 1942 y en un trabajo posterior publicado en la Revista La Ley del 4 de junio de 1948, tempranamente se pronuncia negando la aplicación del principio analógico por considerar que el tributo solo debe existir en virtud de la ley *"con lo cual se elimina el peligro de aplicar impuesto por analogía"* [55], aunque en publicaciones posteriores concluye que no debe descartársela en absoluto.

Al publicar la primer edición de su Derecho Financiero en 1962,[56] bajo el acápite de *"Integración de la Ley. La analogía"* se sistematiza su pensamiento y destaca la división existente en la doctrina europea con respecto a la analogía. Así, señala el pensamiento de Vanoni, Ingrosso y Berliri entre quienes consideran que no hay razón para excluirla y el de A.D. Giannini y Blumenstein entre quienes la rechazan lisa y llanamente, aunque señalando que la mayor parte de la doctrina acepta la analogía con ciertas restricciones, como M.S. Giannini, Griziotti y Pugliese.

Giuliani Fonrouge entiende que es inconveniente sentar principios absolutos y apriorísticos y dado que las normas financieras no son de naturaleza excepcional sino que pertenecen a la misma categoría que las normas jurídicas, no existe razón de mérito para vedar la analogía como integración o interpretación de las leyes financieras.

En efecto, a decir verdad se trata de admitir la analogía en materia fiscal pero sin permitir que mediante ella llegue a crearse una norma substancialmente nueva y diversa que no sea posible hacer derivar como implícita de la ratio que inspiró la norma que se quiera extender analógicamente.

Por su parte, Rafael Bielsa al publicar "Estudios de Derecho Público" en 1951 destaca que la aplicación analógica es la regla en otros ámbitos del derecho pero que en materia fiscal es una cuestión espinosa pues se trata de cargas pecuniarias y por eso no se admite de plano. Sostiene que *"esta cuestión no se resuelve según preceptos abstractos o lógicos de derecho sino por los fundamentos jurídico políticos del sistema constitucional o, en su caso, los de orden legal, dentro de la Constitución"* [57]

---

53   LUQUI JUAN CARLOS, *"La obligación tributaria"*, Depalma, Buenos Aires, 1989, p. 417.

54   VALDES COSTA RAMÓN, VALDES DE BLENGIO, SAYAGUES ARECO, *"Código Tributario"*, AMF Montevideo 1991, p. 104.

55   GUILIANI FONROUGE, CARLOS MARIA, *"Anteproyecto de Código Fiscal"*, 1942, p. 370.

56   GUILIANI FONROUGE CARLOS MARIA, *Derecho Financiero*, Volumen I, Ediciones Depalma, Bs. As., 1962, p. 78 y ss. En ediciones posteriores fue ampliando la enumeración de autores para aquellos que la aceptan con restricciones.

57   BIELSA RAFAEL, *"Estudios de Derecho Público"*, Depalma, Buenos Aires, 1951, p. 74.

En 1951, el profesor tucumano Manual Andreozzi al publicar "Derecho Tributario Argentino" [58] entiende que el criterio de la analogía como método de la interpretación de las leyes tributarias debe ser eliminado no solo porque es elástico sino porque su aplicación significaría dotar a los organismos administrativos y jurisdiccionales de una capacidad de legislación que no tienen.

Su trabajo, además de las citas de la doctrina nacional existentes a ese momento, recoge la opinión de Grizziotti y de A. D. Giannini dentro de la doctrina europea.

Otro profesor de la Universidad Nacional de Tucumán, Francisco Martinez al publicar "Derecho Tributario Argentino" [59], en 1956, se pronuncia por la inadmisibilidad de la analogía para interpretar la ley fiscal aunque señala, con cita de Jarach, que en el derecho tributario la naturaleza económica de los hechos permite definirlos de la manera más amplia, lo que hace innecesario recurrir a la analogía.

También Guillermo Ahumada, en su "Tratado de Finanzas Publicas", rechaza la aplicación del principio de analogía legis *"ya que no es posible crear una obligación tributaria – que está en la zona libre de imposición –pretextando que la ley no puede enumerar todos los casos. Una cosa es que la ley no haya enumerado todos los casos, pero que su voluntad sea abarcar situaciones que por via de interpretación extensiva pueden quedar comprendidas y otra es crear un impuesto para un caso ajeno a la voluntad de la ley."* [60]

Horacio Garcia Belsunce presentó en las Segundas Jornadas Latinoamericanas de Derecho Tributario celebradas en septiembre de 1958, una completa monografía sobre "La interpretación de la ley tributaria" en el cual se ocupa de la cuestión, sus causas, los diferentes tipos de interpretaciones, los métodos de interpretación propios del derecho tributario, y de la interpretación analógica, que fue publicada en 1959,[61] al año siguiente de dichas Jornadas.

A modo de introito García Belsunce señala que la compleja tarea de interpretación se presenta en ocasión de la aplicación de la ley para determinar *"la comprensión y extensión de los conceptos de su letra, en función del fin que la inspiró y de las circunstancias del tiempo y lugar que debe aplicarse, así como para regular aquellos supuestos que no aparecen comprendidos en la norma."* [62]

En cuanto a la integración la define *"como el proceso que tiene por objeto llenar sus lagunas, incluyendo en el campo la aplicación de la norma, presupuestos de hecho no previstos en la misma, pero que se encuentran en relación de afinidad o semejanza con los en ella contemplados".* [63]

Ahondando el análisis en cuanto a la naturaleza de la ley tributaria y los métodos de interpretación aplicable considera que debe entenderse por interpretación restrictiva *"aquella que atribuye a la norma un alcance más restringido que aparecería prima facie de la expresión adoptada".* [64]

---

58 ANDREOZZI MANUEL, *"Derecho Tributario Argentino"*, Tipográfica Editora Argentina, Buenos Aires, 1951, p. 114.

59 MARTINEZ FRANCISCO, *"Derecho Tributario Argentino"*, Imprenta de la Universidad de Tucumán, 1956, p. 62 y ss.

60 AHUMADA GUILLERMO, *"Tratado de Finanzas Públicas"*, Imprenta Universidad de Córdoba, 1956, p. 351.

61 GARCIA BELSUNCE HORACIO A, *"La interpretación de la Ley Tributaria"*, Abeledo Perrot, Buenos Aires, 1ra. Ed., 1959.

62 Seguimos la numeración de páginas de la recopilación del mismo trabajo aparecida en 1982 en GARCIA BELSUNCE HORACIO A., *"Temas de Derecho Tributario"*, ob. cit., p. 133.

63 GARCIA BELSUNCE HORACO A., *"Temas de Derecho Tributario"*, ob. cit. p. 134.

64 GARCIA BELSUNCE HORACIO A., *"Temas de Derecho Tributario"*, ob. cit. p. 135.

A su vez entiende que interpretación estricta o declarativa es aquella que asigna a la norma el alcance manifiesto o indubitable que resulta de las palabras empleadas, sin restringirlo o reducirlo, ni extenderlo.[65]

En cuanto a la interpretación extensiva considera que significa *"ceñirse a la norma jurídica, pero interpretarla de acuerdo a sus propósitos, con sus fines, según su voluntad o intención del legislador, buscando desentrañar la ratio legis y llegar a una interpretación lógica y razonable."*[66]

Admite la diferencia entre ambos conceptos por considerar que en la interpretación extensiva la extensión deriva de un criterio que resulta de la norma misma, mientras que en la analogía la extensión resulta de un principio que esta fuera de la norma, más allá de considerar que las dos formas de interpretación en la práctica se entrelazan profundamente.

García Belsunce desgrana la problemática estricta del procedimiento analógico, aunque recuerda que en realidad debe hablarse de integración por vía de analogía.[67]

En primer término señala, con cita del trabajo de Vanoni en su versión de 1932 en italiano[68], y de Giannini M.E[69], que el procedimiento analógico consiste en la extensión de un precepto de la ley a un caso no comprendido en la misma pero que tiene una relación de afinidad tal que hace suponer por aplicación de un principio lógico, que a igual premisa debe corresponder igual consecuencia y que tal habría sido la voluntad del legislador.

Según puede observarse, la definición de García Belsunce sobre analogía comprende los siguientes elementos: i) la extensión de un precepto legal, iii) a un caso no comprendido en ella, iii) que exista una relación de afinidad entre ambos casos y iv) y que tal afinidad permita, por aplicación de un principio lógico, que ante igual premisa corresponde aplicar igual consecuencia, v) en razón de considerar que tal habría sido la voluntad del legislador.

Analiza la posibilidad de aplicar este tipo de interpretación en el ámbito del derecho tributario, considerando que se trata de un método que tiene por finalidad llenar las lagunas de la ley. A tal efecto, señala la opinión de Ingrosso[70], de Giannini.y de Griziotti,[71] en favor de su aplicación, frente a quienes en razón del principio de legalidad excluyen toda posibilidad de la aplicación de la analogía en el derecho tributario.

El autor, aunque sin adherirse a tal posición, hace referencia a quienes como Francisco Juan Linares[72] sostienen que no hay lagunas en ninguna rama del derecho.

García Belsunce frente a la problemática señalada concluye que no es admisible la aplicación de la analogía en relación al derecho tributario sustantivo y el derecho tributario penal porque en ambas ordenes de relaciones priva el principio de *"nullum tributum sine lege y nullum poena sine lege"*.

Por el contrario, acepta la aplicación de la analogía en el derecho tributario formal o administrativo y en el derecho tributario procesal.

Dino Jarach en la edición de 1957 de su "Curso Superior", posición revisada en la edición actualizada de 1969, concluyó que *"Sostengo que en materia tributaria a pesar de que mi maestro Griziotti ha sostenido lo contrario y de que en mis años de discípulo yo aceptaba*

---

65 GARCIA BELSUNCE HORACIO A., "Temas de Derecho Tributario", *ob. cit.* p. 139.

66 GARCIA BELSUNCE HORACIO A., "Temas de Derecho Tributario", *ob. cit.* p. 141.

67 GARCIA BELSUNCE HORACIO A., "Temas de Derecho Tributario", *ob. cit.* p. 157.

68 VANONI EZIO,"*Natura e interpretazione delle leggi tributarie*", Padova ,1932.

69 GIANNINI MASSIMO SEVERO, *ob. cit.* p. 95.

70 INGROSSO, *"Diritto finanziario"*, 1954, Nápoles.

71 GRIZIOTTI BENEVENTO, "L'interpretazione funzionale dele leggi finanziarie" *Riv.Dir.Fin.*1949, p. 354.

72 LINARES JUAN FRANCISCO, *La Ley,* t. 24, p. 178.

su criterio, el principio de reserva legal, o principio de legalidad excluye este grado ulterior de aplicación que llega a aplicar un impuesto en un caso no previsto, contrariando el principio de que la ley-y solo la ley- establece los impuestos. "[73]

Jarach[74], luego de recordar la opinión de Bobbio sobre la inexistencia de distingo entre la interpretación extensiva y la analógica, concluye *"prefiero creer que existe una diferencia de grado y no una diferencia cualitativa. La interpretación extensiva se ciñe a la voluntad de la ley, a los conceptos normativos del legislador, pero interpretados de acuerdo con sus propósitos, con su sentido racional, o si se prefiere, según una razonable y discreta interpretación. La interpretación analógica significa un proceso ulterior donde dado el silencio de la ley en ciertos casos frente a la previsión expresa en otro, se supone que a igual premisa corresponde Igual consecuencia. "*

Como recuerda Valdes Costa,[75] Jarach precisó su concepción en el sentido que sus anteriores y más divulgadas opiniones fueron expresadas con deficiencias verbales y aclaró que la prohibición de la integración analógica se limita a la creación por el intérprete de hipótesis de hecho no previstas en la ley pero que fuera de ese caso es posible su utilización[76].

En este aspecto, cabe recordar el curso de especialización en derecho tributario a cargo de Geraldo Ataliba que en 1971 convocó en San Pablo a los más grandes tributaristas de América, como Gómez de Souza, Valdés Costa, Giuliani Fonrouge, Paulo de Barros Carvalho, Souto Maior Borges, Gilberto Ulhoa Canto y Dino Jarach. Precisamente, Dino Jarach en su disertación[77] destaca que Aliomar Baleeiro en una de sus obras lo había incluido como un enemigo de la interpretación analógica, señalando que era correcto tal clasificación, pues se originaba en una deficiencia verbal que había efectuado en el Curso Superior de Derecho Tributario y en otras obras y artículos.

En relación al tema se ha expresado que el principio de interpretación de la realidad económica que propugna Jarach puede en la práctica llevar a similares conclusiones que la aplicación de la analogía.

En 1959, Norberto Godoy publica un trabajo sobre la interpretación de las normas jurídicas en el cual concluye que los casos que no se hallan expresamente determinados en las normas jurídicas, deben considerarse como no sujetos a un deber jurídico y en relación al derecho tributario los hechos que no estén comprendidos en sus normas jurídicas no deben ser considerados como hechos imponibles por lo muy parecidos o análogos que aquellos fueran con relación a estos, pues implicaría atribuirle funciones legislativas al interprete.[78]

Manuel De Juano, en su "Curso de Finanzas y Derecho Tributario", publicado en 1963,[79] parece reflejar el pensamiento de Vanoni, aunque no se cita a dicho autor, pues entiende que en materia fiscal la interpretación analógica se debe ajustar *"al principio de igualdad frente al tributo y así podrá hacerse en tanto la analogía y la ley no dejen dudas"*

---

73 JARACH DINO, *"Curso Superior de Derecho Tributario"*, Versión taquigráfica del Curso dictada en el año 1957, Liceo Profesional CIMA 1957, Bs. As. p. 253.

74 JARACH DINO, "Curso..." año 1957, *ob. cit.,* p. 252.

75 VALDES COSTA RAMÓN, *"Estudios de derecho tributario latinoamericano"*, Montevideo, 1982, p. 78,

76 VALDES COSTA RAMÓN, *ob. cit.,* p. 77.

77 DINO JARACH, "Hermenéutica no direito tributário", en *"Interpretacao no direito tributário"*, San Pablo, Ed. La Universidade Católica, 1975, p. 83-97.

78 GODOY NORBERTO, "Interpretación de las normas jurídicas Revista Impuestos", año 1959, pp. 147 y ss., Trabajo reproducido en *"Impuestos Doctrinas Fundamentales, 60 aniversario"*, Director Marcelo Lascano, año 2002, p. 127.

79 DE JUANO MANUEL, *"Curso de Finanzas y Derecho Tributario"*, Ediciones Molachino, Rosario, 1963, p. 395.

Jose María Martín, al publicar en 1973 "Fundamentos de la Finanzas Públicas y del Derecho Tributario Argentino" se ocupa de la analogía, señalando, con influencia de Carnelutti y Perez de Ayala, que no es un método de interpretación puesto que con su utilización no se trata de determinar la voluntad del legislador sino complementarla en aquellos casos en que ha estado ausente.

A partir de esta concepción integradora de la analogía concluye que se puede aplicar válidamente para crear por semejanza todas las disposiciones que resulten necesarias en la medida que se trata de derecho tributario administrativo, derecho tributario procesal e incluso derecho tributario internacional pero en ningún caso puede emplearse para normas de derecho tributario substantivo o del derecho tributario penal. Similar criterio se mantiene en trabajos posteriores del autor. [80]

Es también al inicio de la década del setenta del siglo pasado que se publica el "Curso de Finanzas, Derecho Financiero y Tributario", de Hector Villegas, que luego de enumerar las diferentes posiciones de la doctrina frente a la analogía, coincide con quienes entienden que la analogía no es aplicable en el derecho tributario material o sustantivo, especialmente en cuanto a los elementos estructurales del tributo, así como en lo referente a exenciones. [81]

Tampoco considera que es aplicable en derecho penal tributario. Sin embargo, décadas más tarde, Villegas da a luz "Régimen Penal Tributario Argentino", en la cual profundiza este aspecto para concluir que, si bien en derecho penal tributario rige con plenitud la prohibición de analogía perjudicial, la analogía beneficiante, es decir la que beneficia al imputado, es aceptable. [82]

Catalina Garcia Vizcaíno, en su "Derecho Tributario", aparecido en 1996, admite la aplicación de la analogía tanto en el derecho tributario formal y procesal como en algunos aspectos del derecho tributario material en la medida que con ella no se creen tributos, ni los elementos estructurantes de la obligación tributaria, ni exenciones. [83]

Sanz de Urquiza en la "Interpretación de la Leyes Tributarias" [84] recuerda que los ordenamientos tributarios más modernos tienden a aceptar la aplicación de la analogía con ciertas limitaciones, de manera que con su aplicación no se cree un tributo o una exención no previstos en la ley.

En el año 2000, Krause Murguiondo en "La interpretación de la ley y el derecho tributario" [85], luego de efectuar un detallado análisis de los antecedentes de la analogía, concluye que el principio de reserva legal pone indudablemente límites a la aplicación del método analógico.

Jose Osvaldo Casas, efectuó un detallado estudio, con motivo de su tesis doctoral, de los antecedentes en la doctrina euroamericana y nacional [86] al igual que de otros antecedentes, de codificación y Jornadas Latinoamericanas, concluyendo que es opinión mayoritaria el rechazo a la utilización de la analogía en el derecho tributario.

---

80 MARTIN JOSE MARÍA, *"Fundamentos de las Finanzas Publicas y del Derecho Tributario Argentino"*, Fedye, 1973, p. 362; y en *"Derecho Tributario General"* con la coautoría de Guillermo Rodriguez Usé, Depalma. 1986, pp. 58y ss..

81 VILLEGAS HECTOR, *"Curso de Finanzas, Derecho financiero y tributario"*, Depalma, 2da edición, 1975, pp.176 y ss.

82 VILLEGAS HECTOR, *"Régimen Penal Tributario"*, Depalma, Buenos Aires, 1993, pp. 96 y ss.

83 GARCIA VIZCAINO CATALINA, *Derecho Tributario*, Tomo I, Depalma, Buenos Aires, 1996, pp. 191 y ss.

84 SAINZ DE URQUIZA FERNANDO, *"La interpretación de las Leyes Tributarias"*, Abeledo –Perrot, 1990 p. 63 y ss.

85 KRAUSE MURGUIONDO GUSTAVO, "La interpretación de la ley y el derecho tributario *"*, La Ley, 2000.

86 CASAS JOSÉ OSVALDO, "Derechos y Garantías constitucionales del contribuyente", Ad-Hoc. 2002, p. 696 y ss.

Alberto Tarsitano, efectúa un análisis de la analogía, identificándose con quienes consideran que tiene naturaleza creativa y que no existen lagunas en el derecho tributario. A su vez, recuerda que en nuestro país, al igual que el resto de América Latina, en general la doctrina considera que no es admisible la analogía para la aplicación de la ley tributaria porque contraría el principio de reserva legal, aunque si pueda utilizarse para aspectos secundarios del hecho imponible o para tratar aspectos formales, pero nunca para fijar la existencia de la obligación tributaria.[87]

2. Doctrina Tributaria Boliviana

Alfredo Benítez Rivas en su obra "Derecho Tributario", publicada en 2009[88], considera que la analogía integra la ley y no la interpreta, más allá de señalar que autores de renombre como Amatucci le otorga a la analogía una función de interpretación.

Invocando la opinión de Carnelutti, señala las diferencias entre la analogía como una función integradora o creadora del derecho y la interpretación extensiva como actividad investigadora del verdadero sentido de la ley que sólo requiere el alcance de una regla jurídica.

Luego de analizar las disposiciones del Código Tributario Boliviano, recuerda que la analogía como medio de integración del derecho, no es aplicable en el ordenamiento tributario boliviano a las materias reservadas a la ley por dicho Código Tributario.

De manera que dicha limitación rige en el campo del derecho tributario sustantivo o material, salvo el caso de que sea la propia ley la que admita la analogía como método aplicable para la determinación de ciertos hechos objeto de la imposición.

3. Doctrina Tributaria Brasileña

Debemos destacar la particular distinción a mitad del siglo pasado efectuada en el tema por Rubens Gómez de Souza y Alfredo Augusto Becker que distinguían analogía por extensión de la analogía por comprensión.

Ambos autores entendieron que la analogía por extensión era la que partiendo de un texto legal creaba una norma jurídica nueva y la aplicaba a una situación diferente de la prevista por la ley, mientras que en la analogía por comprensión se consideraba que partiendo de un texto legal, se incluía en este las situaciones análogas, aunque no estuvieran expresamente mencionadas en el texto.

Por consiguiente, consideran que la analogía por extensión no es admisible en derecho tributario pues implica crear tributo sin ley, lo cual está prohibido por la propia Constitución brasileña. En cambio, consideran que la analogía por comprensión era asimilable en el derecho tributario porque completaba el derecho existente.

Cabe señalar que Rubens Gómez de Souza quien efectúa a partir de 1948 tal identificación conceptual en sus diversas publicaciones[89], en la tercera edición del Compêndio en

---

87 TARSITANO ALBERTO, *"Tratado de la Tributación"*, Tomo I, Editorial Astrea, 2003, p. 447. Ver también del autor "Teoría de la interpretación tributaria" en *"El tributo y su aplicación Perspectivas para el Siglo XXI"* Tomo I, Editorial Marcial Pons, 2008, p. 868.

88 ALFREDO BENÍTEZ RIVAS, *"Derecho Tributario. El Código Tributario Boliviano desde la perspectiva de diversas doctrinas jurídicas"*, Azul Editores, La Paz, Bolivia, 2009, p. 134 y ss.

89 RUBENS GÓMEZ DE SOUZA, Curso de introdução ao direito tributário, em *"Revista de Estudos Fiscais"*, San Pablo, noviembre de 1948, año II, n° 11, p. 465 y 466; *íd.*, Preleções de direito tributário, 1957 (texto mimeografiado del curso dictado en 1955 en la Facultad de Derecho de la Universidad de San Pablo), p. 37; *íd.*, Compêndio de legislação tributária, Ed. Financeiras S.A, 1ra ed., p. 55.

1960 reemplaza las expresiones analogía por extensión y analogía por comprensión por interpretación extensiva e interpretación analógica.

Alfredo Augusto Becker en su "Teoría General de Derecho Tributario" publicada en 1963[90], comparte similar diferenciación entre analogía por comprensión y analogía por extensión y al analizar la analogía por extensión, diferencia el supuesto en el cual la norma tiene una hipótesis de incidencia ejemplificativa, porque la hipótesis de incidencia de la regla de la norma jurídica tributaria fue concebida mediante la técnica de ejemplos, que el propio legislador advierte que no serán limitativos. Entiende que la hipótesis de incidencia ejemplificativa no es analogía por extensión, que siempre implica la creación de una norma jurídica sino analogía por comprensión.

Cabe señalar que otros autores contemporáneos a Gómez de Souza y Becker, como Francisco de Souza Matos[91] en 1950, Moacir Lobo da Costa[92] en 1954 y Pontes de Miranda[93] en 1960, han sido críticos del concepto de analogía por extensión y analogía propiamente dicha.

Amílcar de Araújo Falcao[94] en 1959, se pronuncia también rechazando la distinción de analogía por extensión y por comprensión, destacando que adolece de una deficiencia fundamental que es confundir la analogía como forma de integración de la ley con la interpretación, con citas de M. S. Giannini y de Francisco Carnelutti.

Asimismo, analiza el supuesto al cual Becker identificó como hipótesis de incidencia ejemplificativa, destacando que la circunstancia de que algunas leyes tributarias se refieren expresamente a la analogía en realidad quiere significar que la enunciación es ejemplificativa y que cuando hablan de analogía por comprensión están aludiendo a la hipótesis de interpretación extensiva.

Paulo de Barros Carvalho se ha pronunciado en cuanto a que el principio de legalidad y tipicidad impiden la aplicación de la analogía en materia tributaria con el objetivo de cobrar tributos sin disposición legal que lo avale[95].

Geraldo Ataliba ubica a la analogía dentro de la integración pronunciándose en contra de la integración analógica en el derecho tributario sustantivo por la aplicación de principio constitucional contemporáneo, según el cual nadie está obligado a hacer lo que la ley no manda, ni privado de lo que ella no prohíbe. Entiende que el concepto de legalidad del ámbito del sistema constitucional brasileño, aplicado a los dominios de la tipificación de los hechos jurídicos tributarios, no admite flexibilidades, con lo cual no encuentra ninguna posibilidad para el empleo de analogía en el derecho tributario brasileño[96]. Cabe señalar el tratamiento de este autor, al igual que otros representantes de la doctrina latinoamericana, de

---

90   ALFREDO AUGUSTO BECKER, "*Teoría Geral do Direito Tributário*", Edición Saraiva, San Pablo, 1963, p. 118.

91   FRANCISCO DE SOUZA MATOS, *Revista de Direito Administrativo*, Rio, 1950, vol. 21, pp. 14 y ss., especialmente pp. 19 y ss. *Crf.* Becker, *ob. cit.* p. 118 y ss.

92   MOACIR LOBO DA COSTA, *Revista de Direito Administrativo*, Rio, 1954, vol. 35, pp. 28 y ss.

93   PONTES DE MIRANDA, Comentarios a Constitucao de 1946, 3ª edição, Rio, 1960, vol. II, p. 196.

94   AMILCAR DE ARAUJO FALCAO, "Introducao Direito Tributário, Río, 1959, pp. 106-109. Existe traducción al español efectuada por Carlos Maria Giuliani Fonrouge, "El hecho generador de la obligación tributaria", Ed. Depalma, Bs. As. 1964, p. 26 y ss.

95   PAULO DE BARROS CARVALHO, "*Curso de Direito tributário*", 14° edición, Saraiva, San Pablo, 2002, p. 116 y ss. *Cfr.* GERALDO ATALIBA, Interpretación económica: extensiva, finalista, analógica del derecho tributario, en "*Interpretación económica de las normas tributarias*", Ed. Ábaco, Rodolfo De Palma, 2004, p.367.

96   GERALDO ATALIBA, "Interpretação no direito tributário", p. 37. *Cfr.* ADY MAZZ, "Curso de derecho financiero y finanzas", p. 184.

la aplicación de la analogía en materia tributaria conjuntamente del análisis de los métodos antielusivos en particular el criterio de la interpretación económica del derecho tributario[97].

Existen diversos trabajos específicos que abordan el principio analógico en la obra coordinada por José Souto Maior Borges "Direito Tributário Moderno", publicada en 1977[98]. Así José Luis Marques Delgado[99] efectúa un enfoque de la analogía desde la perspectiva de la teoría general del derecho, María Krieg[100] compara las distintas interpretaciones de algunos autores mencionados anteriormente mientras que Tobías Medeiros[101] recrea las opiniones existentes en la doctrina brasileña hasta la fecha de esta publicación.

Ricardo Lobo Torres en su "Tratado de Derecho Constitucional Financiero e Tributario"[102], además de analizar el concepto de analogía y su prohibición cuando es desfavorable al contribuyente, enriquece su publicación al desarrollar las corrientes favorables a la analogía en el derecho tributario alemán de la cual nos ocupamos precedentemente. Concluye Lobo Torres que aunque hayan exagerado las tesis contrarias a la prohibición a la analogía en relación al hecho imponible por afectación o principio de legalidad, los propios adeptos a la analogía reconocen que debe ser aplicada cuando esté garantizada la seguridad y cuando se trate de la búsqueda de una solución más adecuada, en procura de claridad y seguridad metodológica.

Destaca que de todas formas debe ser vista con desconfianza cuando se aplica a los aspectos esenciales de las normas fiscales.

4. Doctrina Tributaria Chilena

Pedro Massone Parodi, viene ocupándose del tema en su "Principios de Derecho Tributario", cuya primera edición fue en 1975 y la cuarta en 2016, en la cual efectúa un importante enriquecimiento sobre el tema en análisis.[103]

En efecto, en esta última edición, el autor efectúa una profundización de la importancia de la analogía en la teoría general del derecho, destacando la necesidad de tener mucha cautela en su aplicación y que no debe confundirse la analogía con la interpretación extensiva, a pesar de que esta representa, hasta cierto punto, una forma de integración.

Massone Parodi considera que le asiste razón a quienes no apuntan entre ellas una diferencia cualitativa sino de grado o de momento en el proceso de integración sistemática.

Luego de reconocer que la analogía no tiene empleo en todos los dominios del derecho, como el penal o frente a normas que fueran restrictivas de derecho o dieran lugar a excepciones, recoge la opinión de Andrea Amatucci destacando que *"la aplicación analógica desempeñaría un papel capaz de coordinar la validez del principio de justicia y la realización de los fines de toda norma; por lo tanto, esta aplicación y no su prohibición gozaría de un sólido fundamento jurídico..."*

---

97 GERALDO ATALIBA, "Interpretación económica...", *ob. cit.*, p. 331.

98 SOUTO MAIOR BORGES, Coordinador *"Direito Tributário Moderno"*, San Pablo, 1977, Ed. José Bushatsky.

99 JOSÉ LUIS MARQUES DELGADO, *"Direito Tributário Moderno"*, *ob. cit.*, p. 124 y ss.

100 MARIA KRIEG, "Direito Tributário Moderno", *ob. cit.*, p. 208 y ss.

101 TOBÍAS MEDEIROS, *"Direito Tributário Moderno"*, *ob. cit.*, p. 272 y ss.

102 RICARDO LOBO TORRES, *"Trataido de Direito Constitucional Financiero e Tributário"*, Volúmen II, Ed. Renovar, Rio de Janeiro, 2005, p. 563 y ss.

103 PEDRO MASSONE PARODI, *"Principios de Derecho Tributario"*, 4ta. Edición, Chile, Thomson Reuters, abril 2016, p. 393.

Sin embargo, destaca que debe reconocerse que la tesis de la coincidencia entre interpretación extensiva y analogía no es compartida por la doctrina prevaleciente, ni por la jurisprudencia.

5. Doctrina Tributaria Colombiana

Juan Rafael Bravo Arteaga en "Derecho tributario, escrito y reflexiones", también ha rechazado el uso de la analogía en el derecho tributario expresando *"aunque se participe de la doctrina según la cual el orden jurídico está compuesto de normas y principios, es preciso armonizar tal teoría con el principio de legalidad que es fundamental en el derecho tributario. Si se tiene en cuenta el mandato constitucional de que los tributos sólo pueden ser establecidos por medio de leyes, resulta necesario concluir que los elementos esenciales del tributo: sujetos, hecho gravado, base y tarifa, sólo pueden ser llevados al ordenamiento jurídico por el legislador, lo cual implica una limitación al uso de la analogía en el derecho tributario."*[104]

6. Doctrina Tributaria Ecuatoriana

Jose Vicente Troya Jaramillo en una de sus primeras obras [105] publicada en 1984, señalaba que *"la diferencia entre la analogía y la interpretación extensiva en el derecho tributario estriba en que la extensiva siempre se refiere en forma exclusiva a la mayor o menor amplitud de la expresión lexical, mientras la analógica, a un lado del texto estricto de la ley, la aplica siguiendo el ratio de la misma"*.

Pero es Pablo Egas Reyes, quien en un trabajo publicado en 2004, se vuelve a ocupar con profundidad de la analogía e interpretación extensiva en el Derecho Tributario[106]

Comienza señalando las dos corrientes que observa el autor, por un lado parte de la doctrina tributaria europea, especialmente españoles e italianos, que sostienen que al no existir vacíos en la legislación, el procedimiento analógico no es un método de integración jurídica, sino un verdadero procedimiento de interpretación de las normas legales. Por el contrario, otros tratadistas, especialmente del continente americano, sustentan la tesis de que existen lagunas en la legislación y aseveran que el procedimiento de aplicación analógico no es un método de interpretación de la ley sino de integración.

Egas Reyes toma partido reconociendo que al tener deficiencias la legislación, si se presenta un caso particular en el cual no se encuentra o no existe una norma que pueda reglamentarlo, es indispensable que el intérprete pueda llenar ese vacío.

Al ocuparse de la analogía en el derecho tributario, señala el autor que la interpretación extensiva a diferencia de la analogía opera directamente sobre un texto legal escrito, mientras que la analogía es un método por medio del cual se colman los vacíos legales. Recuerda, que como lo sostiene la doctrina tributaria mayoritaria más autorizada, es posible limitar su aplicación a ciertos órdenes del derecho fiscal.

Destaca que en la práctica a veces es muy difícil establecer el borde que diferencia la analogía y a la interpretación extensiva, en un caso en particular, concluyendo el autor que se trata de un método aceptado en el derecho ecuatoriano, sin que pueda crearse tributos, ni

---

104 JUAN RAFAEL BRAVO ARTEAGA, *"Derecho Tributario, escritos y reflexiones"*, Ed. Universidad del Rosario, Bogotá, 2008, p. 196.

105 JOSE VICENTE TROYA JARAMILLO, *"La interpretación de la Ley Tributaria en el Ecuador, Estudios de derecho tributario"*, Corporación Editora Nacional, 1984, p. 121, citado por PABLO EGAS REYES; "La interpretación en materia tributaria", *Revista del Área de Derecho*, Universidad Andina Simón Bolívar, 2004, N° 3, Ecuador, p. 149.

106 PABLO EGAS REYES, *ob. citada*, p. 149 y ss..

exenciones y que una vez aceptado la posibilidad de su utilización, el punto relevante es que ayuda puede tener el intérprete para usarlo en forma expedita y con claridad.

Rodrigo Patiño Ledesma, señalaba en su Léxico Jurídico Tributario,[107] cuya primera edición fue en 1996, la definición de la analogía como el procedimiento admisible para colmar los vacíos de la ley pero que en virtud de ella no puede crearse nuevas situaciones jurídicas, ni alterarse o reformarse las existentes en las leyes, con expresa referencia al entonces artículo 10 del Código Tributario de Ecuador. En su "Sistema Tributario Ecuatoriano" publicado en 2013[108], se ocupa de la analogía, considerando que no es un método de interpretación de la ley sino un medio de integración del derecho ante un vacío legal, recordando que el Código Tributario Ecuatoriano acepta la analogía como procedimiento para colmar vacíos, siempre que no se contraríen los principios de legalidad, generalidad, e igualdad, es decir que en virtud de ella no puede crearse tributos, ni exenciones.

7. Doctrina Tributaria Mexicana

En una de las primeras opiniones de la doctrina mexicana sobre el tema, Sergio Francisco de la Garza en su "Derecho Financiero Mexicano" destaca que "*a la integración de la ley por medio de la analogía en materia tributaria, se le ha opuesto como objeción fundamental el principio de legalidad establecido en el artículo 31, IV, de la Constitución Federal que aplicado el Derecho Tributario podría enunciarse con las palabras nullum tributum sine lege. La analogía como medio de integración ha sido, en nuestro país prohibida además por el artículo 11 del Código Fiscal de la Federación [...] es necesario repetir que tales provisiones no se aplican a la totalidad del Derecho Financiero, ni del Tributario, sino únicamente aquellas normas de éste último que establecen cargas a los particulares*".[109]

Emilio Margan Manautou, también desde temprana época señalaba que en relación a la interpretación analógica de la ley tributaria "*se considera peligroso aplicar este método de interpretación, por cuanto que su elasticidad permitiría hacer extensiva una disposición a situaciones que no eran intención del legislador gravar o regular, por su sola semejanza – no igualdad- con la situación verdaderamente aplicable. Con esto, se dotaría a los organismos administrativos de capacidad para legislar, lo que puede ser de graves consecuencias para el contribuyente*".[110]

En las ediciones posteriores de esta obra se especifica que, si bien la analogía no puede aplicarse cuando origina una imposición, existen dos supuestos en los cuales la doctrina del derecho tributario parece estar acorde en que debe aceptarse como método de interpretación: en el derecho aduanero y cuando alguna disposición legal así lo establezca expresamente[111].

Juan Manuel Ortega Maldonado en "Primer Curso de Derecho Tributario"[112], publicado en 2004, establece que la aplicación analógica tendría las siguientes exigencias:

---

107 RODRIGO PATIÑO LEDESMA, TEODORA POZO ILLNGWORTH, "*Léxico Jurídico Tributario*", Universidad de Cuenca Ecuador, 2009, Segunda Edición, p. 45.

108 RODRIGO PATIÑO LEDESMA, "*Sistema Tributario Ecuatoriano*", Tomo Primero, Universidad de Azuay, Cuenca Ecuador, 2013, p. 83.

109 SERGIO FRANCISCO DE LA GARZA, "*Derecho Financiero Mexicano*", Ed. Porrua S. A., Ciudad de México, 7ma Edición, 1976, p. 59 y ss. Cabe señalar que similar opinión se mantiene en las ediciones posteriores.

110 EMILIO MARGAN MANAUTOU, "*Introducción al Estudio del Derecho Tributario Mexicano*", Universidad Autónoma de San Luis Potosí, México, 7ma Edición, 1983, p. 154. Cabe señalar que la primera edición de esta obra es de 1966.

111 EMILIO MARGAÍN MANAUTOU, "*Introducción al Estudio del Derecho Tributario Mexicano*", Editorial Porrúa, México, 18 Edición, 2005, p. 148 y ss.

112 JUAN MANUEL ORTEGA MALDONADO, "*Primer Curso de Derecho Tributario*", Ed. Porrúa, México, 2004, p. 292 y ss.

"1) Que una institución o figura jurídico-fiscal exista, pero esté deficientemente regulada en la ley.

2) Que la situación descrita en la norma jurídica sea similar en lo esencial con la situación descrita en la norma cuya insuficiencia se requiera colmar.

3) Que la analogía se realice siguiendo esta prelación: primero, situaciones análogas reguladas en el mismo ordenamiento de donde surge el problema, segundo, un ordenamiento similar, y tercero, del derecho común.

4) Que la analogía no debe realizarse sobre elementos esenciales de la contribución cuando con ello se cree una obligación fiscal porque su aplicación es estricta.

5) Que la aplicación no sea contraria a la naturaleza de las normas tributarias.

Liliana González Varela, como coautora de la obra "Manual de Derecho Tributario"[113] publicada en 2005, adhiriendo a la opinión de Amatucci, considera que no existe diferencia de esencia sino de grado entre la interpretación extensiva y el procedimiento analógico.

La importante obra "Teoría General de la Interpretación"[114], de Manuel Hallivis Pelayo, publicada en 2007, analiza la integración y la autointegración, incluyendo dentro de esta última a la analogía con cita, entre otros autores, de Margáin Manautou, pero por las características de la obra no se efectúa un pronunciamiento específico en relación al derecho tributario.

Jean Claude Tron Petit, en "Lo Real y Justo de los Impuestos", publicado en 2010, concluye que *"cualquier método para interpretar es válido, e incluso para normas sustantivas fiscales y la única exigencia, constitucional y legal es la aplicación exacta a los hechos. Luego entonces no se debe usar la analogía para crear cargas impositivas no previstas de manera puntual, ni extenderla a circunstancias que escapen al supuesto normativo".*[115]

8. Doctrina Tributaria Paraguaya

Carlos A. Mersán en su "Derecho Tributario", de aparición en 1969 y en reiteradas publicaciones posteriores, se refiere al tema, al igual que veremos que lo hace José Andres Octavio en Venezuela al ocuparse del método interpretativo de la realidad económica expresando *"para finalizar este capítulo debe recordarse que el intérprete está realizando labor jurídica y que en esta tarea no puede prescindir de cuantos medios dispone el derecho para la administración de justicia. La interpretación analógica no es posible según el principio constitucional porque sólo la ley puede crear el tributo. Lo gravado debe estar en la ley. Lo que no está en la ley no está gravado".*[116]

---

113 LILIANA GONZÁLEZ VARELA, *"Manual de Derecho Tributario"*, Coordinador Miguel de Jesús Alvarado Esquivel, Ed. Porrúa, México, 2005, p. 113 y ss.

114 MANUEL HALLIVIS PELAYO, *"Teoría General de la Interpretación"*, Editoria Porrúa, México, 2007, p. 391.

115 JEAN CLAUDE TRON PETIT, *"Lo Real y Justo de los Impuestos"*, Editorial Dofiscal, México, 2010, p. 187.

116 CARLOS A. MERSÁN, *"Derecho Tributario"*, Asunción Paraguay, 5ta edición, 1987, p. 84 y ss. y 8va edición, 1997, p. 103 y ss.

9. Doctrina Tributaria Peruana

En un trabajo publicado en 1977, Jaime Lara Márquez [117] efectúa un completo análisis de la analogía desde la teoría general del derecho como materia introductoria al estudio de la analogía en el derecho tributario.

Para el análisis de este último aspecto recuerda la presencia de una corriente minoritaria que rechaza su uso mientras que otra la admite aunque con variantes. Así recuerda las opiniones de Ingrosso y Vanoni en cuanto a la amplitud de su aceptación y la de quienes restringen su uso a determinados ámbitos de la disciplina.

El autor, destacando la existencia de lagunas de derecho en el derecho tributario, señala la utilidad de la analogía en materia tributaria que permite en su opinión garantizar orden, seguridad jurídica y justicia, y que no implica la creación de normas sino el aporte de soluciones.

Siguiendo nuestro orden cronológico debemos mencionar una referencia incidental realizada por César Talledo Mazú en 2005 [118] al relacionar la analogía y la calificación económica de los hechos imponibles recuerda *"como cuestión previa que los hechos análogos son en parte iguales y en parte diferentes, En el aspecto en que son iguales, la norma contempla como supuesto de hecho solo a uno de ellos Resulta así que aplicar una norma por analogía es someter un hecho a la consecuencia jurídica que ella prevé, en razón de la igualdad de ese hecho con el previsto en la norma, en el aspecto en que en este último ha sido considerado por la norma según su finalidad."*

Ello lleva al autor a afirmar que el principio garantista que impera en el derecho tributario en el ámbito de los elementos esenciales del tributo, determina que la consecuencia jurídica prevista en este norma tributaria para un hecho imponible solo sea aplicable a ese hecho y no a hechos análogos.

Un interesante trabajo publicado en 2010 por Jesus Alberto Ramos Ángeles [119] efectúa una serie de reflexiones acerca de la función hermenéutica de la analogía en el ordenamiento jurídico, con un análisis sobre la interpretación extensiva, la interpretación analógica y la integración normativa por analogía.

El autor adhiere al criterio que si bien la analogía posee un carácter integrativo del ordenamiento también puede consistir en un argumento interpretativo de la norma, es decir que reconoce en la analogía dos procedimientos distintos: la integración o aplicación analógica que dota de contenido normativo las lagunas del ordenamiento y la explicación analógica por parte del juzgador explica un norma de significado incierto, a través de otra norma presente en el ordenamiento, no equivoca o menos equivoca

Carlos Moreano Valdivia publica en 2018 un estudio pormenorizado sobre "La aplicación de la analogía en el derecho tributario formal y procedimental" [120] en el cual concluye que no existe impedimento para la aplicación del método analógico en el ámbito de ese sector del derecho tributario, cubriendo con ello lo que la supletoriedad no puede y viceversa.

---

117 LARA MÁRQUEZ JAIME, "La analogía del Derecho Tributario", *Revista del Instituto Peruano de Derecho Tributario*, N° 32, IPDT, Lima, 1997, pp. 91-120.

118 CESAR TALLEDO MAZÚ, "La norma VIII del Condigo Tributario", colaboración publicada en Temas de Derecho Tributario y de Derecho Público, Palestra Editores, Lima 2006, p. 407 y ss..

119 JESUS ALBERTO RAMOS ANGELES, "Reflexiones sobre la analogía y la interpretación en el derecho tributario", *Revista Foro Jurídico*, Año IX N° 11, diciembre 2010, Lima.

120 CARLOS MOREANO VALDIVIA, *"Derecho Procesal Tributario y Penal Tributario"*, Ediciones Legales E.I.R.L., Lima, 2018, p. 359 y ss.

10. Doctrina Tributaria Uruguaya

Con el afán cronológico que enfocamos en la evolución de la doctrina sobre el principio analógico, observamos que Valdés Costa publica en 1947 en la Revista de Economía, un trabajo sobre la interpretación de las normas tributarias en el cual aborda el tema de la aplicación de la analogía en el derecho Tributario[121].

En 1951 se publica una versión taquigráfica del Curso de 1950 dictado en la Facultad de Derecho, de Montevideo [122]en el cual anticipa que la analogía presenta problemas de envergadura y el tema se origina pues los autores que llegan a conclusiones distintas parten de conceptos diferentes de la analogía.

Recuerda que los enemigos de la analogía la consideran como un modo de crear derecho mientras que quienes sostienen su aplicación consideran que ante las lagunas del derecho se trata de buscar cuales son la normas no expresadas por el legislador que no constan en el texto expreso pero que están incluidas.

Después de dar ejemplos de lagunas en materia de prescripción donde resultaría procedente la aplicación de la analogía destaca que debe existir unidad de criterio que no se puede crear nuevas obligaciones tributarias, ni nuevos hechos imponibles o nuevas obligaciones legales, ni en el campo del derecho tributario.ni en ningún otro.

Cabe recordar que las versiones taquigráficas con la cual iniciamos el itinerario intelectual de Valdés Costa en torno a la analogía tomando el Curso de 1950 se siguieron publicando en sucesivas ediciones mimeografias a partir del año 1948 hasta la aparición la primer edición en noviembre de 1970, del Curso de Derecho Tributario. En la segunda Edición [123]se reitera su pensamiento con referencias al Modelo de Código Tributario y el Código Tributario Uruguayo, destacando que el texto del primero no es satisfactorio.

Valdés Costa, vuelve a referirse al tema en 1977, con motivo de la Conmemoración del Decenio del Modelo de Código [124]y en 1982 al publicar "Estudios de Derecho Tributario Latinoamericano"[125], recordando el acierto de la Recomendación de las Segundas Jornadas Latinoamericanas, al invocar el principio de legalidad, por el cual no puede crearse por via de la interpretación o integración analógica, obligaciones tributarias, ni modificarse las existentes.

El propio Valdés Costa, recordando que Ataliba coincidía con tal postura, sostiene que no puede haber discrepancias que las obligaciones, infracciones y sanciones que no están en la ley son jurídicamente inexistentes.

Sin embargo, sostiene que, además de su aceptación en el ámbito del derecho tributario formal y procesal, la situación puede plantearse incluso dentro del derecho tributario material, dando algunos ejemplos de aplicación de la analogía en el supuesto de omisiones en cuanto a la individualización de ciertos sujetos pasivos.

---

121 VALDES COSTA RAMÓN, "La interpretación de las normas tributarias", *Revista de Economía* N° 2, Montevideo, 1947.

122 VALDES COSTA RAMÓN, Versión taquigráfica de la Oficina de Apuntes del Centro Estudiantes de Derecho de la Facultad de Derecho de Montevideo, Curso del año 1950, Bolilla V, pp. 1 y 27.

123 VALDES COSTA RAMÓN, *"Curso de Derecho Tributario"*, Depalma, Temis, Marcial Pons, Santa Fe de Bogotá, 1996, p. 274 y ss.

124 VALDES COSTA RAMÓN, Conferencia pronunciada el 29 de abril de 1977 Centro Interamericano de Estudios Tributario RT t. IV N° 18 p. 665, citada en la obra VALDES COSTA Ramón, *Instituciones de Derecho Tributario,* Depalma, 1992, p.493.

125 VALDES COSTA RAMÓN, *"Estudios de Derecho Tributario Latinoamericano"*, Montevideo, 1982, p. 76 y ss.

En 1959 aparece "Derecho Tributario", de Posadas Belgrano [126] publicado en Montevideo quien ubicando el instituto como integración, con cita de Carnelutti, se apoya en el principio de legalidad tributario y rechaza su aplicación al derecho tributario.

En septiembre de 1977, Montero Traibel publica "Derecho Tributario Moderno",[127] quien frente a la solución del artículo 5 del Código Uruguayo destaca que estamos ante una figura de la integración y no de la interpretación extensiva, como lo confirma el propio artículo 4 de dicho Código. Admite la interpretación en forma extensiva y la integración analógica con la salvedad que en mérito al principio de legalidad no puede crearse por via analógica, tributos, sanciones, ni exoneraciones .Concluye que la analogía no crea derecho sino que los descubre.

En 1984 se publica "Curso de Derecho Financiero y de Finanzas" de Addy Mazz quien trata el tema dentro del capítulo de integración de las normas tributarias[128], con un análisis de las distintas posiciones doctrinales para concluir que en general la admisión de la analogía aun como medio de interpretación, siempre ha tenido el límite del principio de que no hay impuesto sin ley, por la rigidez de la norma o por el principio constitucional que nadie está obligado a hacer lo que la ley no manda.

11. Doctrina Tributaria Venezolana

En una de las primeras obras del derecho tributario venezolano, publicada en 1969, "Disquisiciones Tributarias" [129], Florencio Contreras Quintero se ocupa de la analogía en el derecho tributario material y la equidad como fuente de la legalidad tributaria.

Bajo la calificación de patología tributaria judicial analiza el Acuerdo de la Corte Suprema de Justicia del 5 de mayo de 1965 en el cual el Tribunal intervino en consulta en relación a un gravamen sobre la propiedad intelectual.

La consulta se originó en la pretensión de un funcionario de gravar varias composiciones musicales en forma individual a pesar de que dichos actos no estaban previstos en la ley creadora del gravamen, con lo cual su imposición surgía por una interpretación analógica a "derechos no apreciables en dinero", que si estaban sujetos a impuestos.

La Corte si bien consideró que esos actos no estaban previstos en la ley porque la ley de propiedad intelectual era posterior a la fecha de la ley del registro, entendió que el registro de una composición musical se podía asimilar a los actos no apreciables en dinero.

Esto lleva a Contreras Quintero a expresar *"La analogía está excluida en términos absolutos, del Derecho Tributario Material, porque quebranta el principio de la legalidad tributaria y da lugar a verdaderos abusos, como los hemos visto ya. Aquel funcionario interpretaba extensivamente las normas para ampliar la aplicación de un tributo; pero en su despropósito, y lamentablemente, lo acompañó la Corte. Más aún: aparte de este yerro, que ya es de suyo grave, la Corte dijo: "resulta equitativo aplicar al caso consultado, el cobro de la tarifa establecida en el ordinal 3° del artículo 114 de la Ley de Registro Público, por una sola vez, por tratarse de un acto declarativo de derecho no apreciable en dinero contenido en el documento...". Pero resulta, señores, que la equidad tampoco es fuente de la legalidad tributaria; la fuente de la legalidad tributaria es una sola, que es la Ley, nada más; la*

126 G.A. POSADAS BELGRANO, "*Derecho Tributario*", Editorial Medina, Montevideo 1959, p. 105 y ss.

127 MONTERO TRAIBEL J. P., "*Derecho Tributario Moderno*", Tomo I, Volumen segundo, Fundación de Cultura Universitaria, p. 115 y ss.

128 ADDY MAZZ, *Curso de derecho financiero y finanzas Fundación de Cultura Universitaria*, Montevideo 1984, p. 182 y ss.

129 FLORENCIO CONTRERAS QUINTERO, "*Disquisiciones Tributarias*", Ed. Universidad de los Andes, Facultad de Derecho, Mérida, Venezuela, 1969, p. 137 y ss.

equidad, con todo y lo meritorio que pueda ser, no es fuente de la legalidad tributaria, pues libraría al arbitrio subjetivo del funcionario o del juez la aplicación del tributo.

De modo, pues, que si la Corte pensaba que por razones de analogía podría asimilarse una composición musical a un acto no apreciable en dinero, ha debido ser consecuente entonces con el criterio del Registrador en toda su integridad, con todo y lo absurdo del mismo. Luego, al menos en mi modesta opinión, al formar ese híbrido tributario analogía-equidad, para con base en él gravar un acto, la Corte legisló: creó un tributo".

Armando Chumaceiro, al comentar el "Código Orgánico Tributario"[130] en 1983 se refiere al entonces artículo 8 de dicho Código que contemplaba que al no existir normas en el Código, ni leyes especiales sobre la materia, se aplicarán supletoriamente, y en orden de prelación normas tributarias análogas, los principios generales del derecho tributario y de otras ramas jurídicas que más se avengan a su naturaleza y fines, salvo disposición general del Código.

En la obra "Código Orgánico Tributario", aparecida en 1989, se comenta el entonces artículo 7 del Código Orgánico Tributario y se afirma que según el texto normativo en el derecho tributario material o sustantivo se permite la analogía pero en *"el Derecho Tributario Procesal o Adjetivo no se permite la aplicación de ningún tipo de analogía. Ahora bien, no debe esto ser entendido en el sentido de la imposibilidad de recurrir a otro texto de ley para colmar vacíos, pues en el caso concreto del C.O.T. y, para lo relativo a los procedimientos contenciosos, se declara supletoriamente aplicable el Código de Procedimiento Civil (C.O.T. Art. 216). Claro está, dicho texto es entonces aplicable no ya en virtud del método de la analogía sino como fuente (legal) directa, aunque supletoria".* [131]

El siempre recordado amigo y querido maestro José Andres Octavio al publicar en 1998, "Comentarios Analíticos al Código Orgánico Tributario" luego de analizar el rechazo por parte del Congreso del proyectado artículo 8 que consagraba el método de interpretación según la realidad económica recuerda que el texto aprobado establece que *"cuando no existan normas en el Código ni en las leyes especiales sobre la materia, se aplicarán supletoriamente, y en orden de prelación, las normas tributarias análogas, los principios generales del derecho tributario y los de otras ramas jurídicas que más se avengan a su naturaleza y fines, salvo disposición especial del Código. Aquí vemos que el Código está orientado por el concepto de autonomía del derecho tributario, pero no obstante esa autonomía, el derecho tributario está enmarcado dentro del sistema jurídico nacional y por eso la última parte se remite a principios de otras ramas jurídicas, y entre ellas a las que más se avengan a la naturaleza y fines del derecho tributario. En este punto consideramos que puede haber lugar a la aplicación de normas de la Ley Orgánica de Procedimientos Administrativos, no por aplicación directa, ni menos aún opuestas a las normas del Código, pues ello sería contrario al artículo 230 de éste, que antes mencionamos, sino de manera supletoria, que no se opongan a la orientación de las disposiciones del Código".* [132]

En su posterior obra sobre "La Realidad Económica en el Derecho Tributario", publicada en el 2000[133] si bien dedicada al análisis del denominado método de interpretación según la realidad económica, critica a quienes con fundamento en la "semejanza" o "analogía" apli-

---

130 ARMANDO CHUMACEIRO, *"Comentarios del Código Orgánico Tributario"*, Asociación Venezolana de Derecho Tributario, Caracas, 1983, p. 31.

131 *"Código Orgánico Tributario"*, Caracas Venezuela, Forum Editores, 1989, p. 12.

132 JOSÉ ANDRES OCTAVIO, *"Comentarios Analíticos al Código Orgánico Tributario"*, Ed. Jurídica Venezolana, Caracas, Venezuela, 1998, p. 89 y ss.

133 JOSÉ ANDRES OCTAVIO, *"La Realidad Económica en el Derecho Tributario*, Ed. Jurídica Venezolana, Caracas, Venezuela, 2000, p. 54 y ss.

can al hecho imponible supuestamente eludido por el sujeto, en lugar de la norma de cobertura en que este busca ampararse, otras normas mediante analogía.

Así considera que *"esta apreciación si bien representa un intento por solucionar los problemas relativos al fraude de la ley tributaria, constituye una abierta violación al principio de la legalidad en esta materia, como es la de sujetar a imposición una manifestación de riqueza no contemplada dentro del propio hecho imponible por vía de analogía, planteamiento éste rechazado por la doctrina más calificada. En efecto, en las Primeras Jornadas Latinoamericanas de Derecho Tributario, se sostuvo que en la apreciación de los hechos determinantes de la obligación tributaria sustantiva, la realidad económica constituye un elemento a tenerse en cuenta, y siendo "ex lege" dicha obligación no debe ampliarse por vía de integración el campo de aplicación de la ley"*

IV. A MODO DE CONCLUSIÓN.

La revisión de la doctrina europea nos ha mostrado a quienes conciben al derecho tributario como un ordenamiento completo, e invocando el principio de tipicidad, el de legalidad o el de seguridad jurídica, no admiten la existencia de lagunas y por consiguiente rechazan la aplicación del procedimiento analógico en nuestra materia, aunque se ven forzados a admitirlo cuando se trata de la lucha contra el fraude fiscal.

Frente a tal concepción, otro sector de la doctrina del viejo continente acepta la existencia de lagunas, destacando que su negación se fundamenta en una concepción positivista del derecho que identifica el derecho con la ley. Sostienen estos autores, que el desconocimiento de lagunas implica ignorar la dinámica de la presencia de nuevas situaciones no contempladas por el legislador y configurar la pontificación de un derecho tributario estático y petrificado.

Partiendo del reconocimiento de lagunas en el ordenamiento se admite la analogía como procedimiento de superación de dicha circunstancia mediante la aplicación de una norma a supuestos no contemplados en la misma, atento a que existe identidad de razón con aquella.

En razón de tal discrepancia es que en relación a la naturaleza del procedimiento analógico nos encontramos con quienes le atribuyen el carácter de creador frente a quienes le reconocen una naturaleza interpretativa mediante la cual no se crea norma alguna.

Como puede observarse después de tantas décadas de análisis del tema, según surge del análisis historicista y cronológico que deliberadamente hemos encarado, en América Latina el panorama que ofrece la doctrina tributaria si bien demuestra la falta de unidad de criterios en cuanto a algunos aspectos relacionados con el procedimiento analógico refleja una opinión mayoritaria en cuanto a que no puede aplicarse el procedimiento analógico para normas de derecho tributario sustantivo.

En efecto, se observa una opinión mayoritaria en tal sentido y quienes parecen seguir el pensamiento de Vanoni o de Amatucci son escasos, y cuando lo hacen advierten de la cautela de su aplicación.

Por cierto que aun dentro de la doctrina mayoritaria se observan diferencias de matices o de precisiones así por ejemplo en cuanto a su aplicación en el derecho penal tributario si es beneficiante para el imputado o como la calificación de analogía cuando es la propia ley la que admite la analogía como método para la determinación de ciertos hechos objeto de la imposición.

Seguramente la raigambre de principio de legalidad y tipicidad en el continente ha influido en el tratamiento del tema, inclusive en el señalamiento que la aplicación del principio de la realidad económica podría en la práctica llevar a similares conclusiones que la aplicación de la analogía.

De nuestra parte consideramos que toda aplicación analógica requiere un proceso previo de interpretación de la norma pero muy diferente es desentrañar el sentido de una norma, ya a través de su literalidad o del propósito de legislador al sancionarla que aplicar una norma tributaria contemplada para una situación dada a un supuesto de hecho diferente invocando "la identidad de razón".

Por ello entendemos que la interpretación extensiva se diferencia de la analogía en cuanto la primera va a la búsqueda del significado de los términos de la norma, más allá de su sentido literal mientras que la analogía se extiende a supuestos no previstos por el legislador.

No es el procedimiento analógico la herramienta para garantizar principios tributarios constitucionales, como el de igualdad o el de capacidad contributiva, pues ello implica la afectación, entre otros, al principio de seguridad jurídica[134].

El derecho tributario es un derecho de exacción constitucionalmente protegido mediante el cual solo se puede exigir al ciudadano el tributo establecido por el legislador. No existe principio constitucional alguno que pueda justificar la imposición de hecho por parte del intérprete de la norma.

Más allá de la discusión sobre la existencia de lagunas en el derecho tributario, el carácter creador del procedimiento analógico ya a través de la analogía legis o iuris no es admisible en relación a los elementos esenciales de la relación jurídica tributaria, ya en favor del administrado o de la Hacienda Pública.

La creación o la aplicación de tributos a supuestos no contemplados por el legislador por parte del aplicador del derecho invocando la existencia de la llamada "identidad de razón" implican aplicar el tributo contemplado por el legislador con la valoración del aplicador del derecho.

En síntesis, no puede crearse cargas tributarias por vía de analogía, sin perjuicio que pueda aplicarse el procedimiento analógico en aquellos ámbitos del derecho tributario que no se relacionan con el hecho imponible, ni con los sujetos del tributo, ni con ningún otro elemento esencial de la relación jurídica tributaria.

---

134 ASOREY RUBÉN, "*El principio de seguridad jurídica en el Derecho tributario*", Civitas N° 66, junio 1990 p. 161.

§ 22. LA TRIBUTACIÓN MEDIO AMBIENTAL

Alberto Tarsitano

I.   REFLEXIONES PRELIMINAR

El medio ambiente y los tributos se articulan en una relación compleja y a veces desconcertante. Entre muchos puntos de vista que expresa en la interacción de los sistemas internacionales y domésticos, en sus variables políticas, económicas, sociales, culturales o éticas, la tributación del medioambiente interroga a la dogmática del derecho financiero sobre una serie de cuestiones que el jurista debe resolver. Y también escudriña la política financiera sobre el propósito de las decisiones que guían la elección de los medios. Pues es una realidad que en este terreno conviven tributos cuyo objeto es internalizar los costes de la contaminación junto a otros gravámenes las que el costado ambiental es incidental o constituye una mera excusa para aumentar la recaudación con menor resistencia de la opinión pública[1].

Es evidente que la política tributara debería estar al servicio de la política ambiental. Pero con frecuencia el orden se invierte y, por ende, se las degrada a ambas. Es cuando con el argumento de cumplir con los compromisos internacionales se adoptan medidas dirigidas a engrosar la Tesorería antes que cuidar el planeta. La aceptación social de los impuestos ecológicos en más de una oportunidad ampara novedosas incursiones fiscales y, otras, se usa la adopción de cierto estándar global para crear impuestos a los consumos de productos contaminantes, aunque la recaudación se destine a fines ajenos a la transformación en energías limpias o la reconversión de las industrias. La realidad latinoamericana es muy diferente a la de aquellos países que los propiciaron y la articulación de los tributos y el medio ambiente parece algo alejada en la práctica de los valores que debieran inspirarla.

Probablemente, como lo sostienen los expertos de la CEPAL, a baja prioridad de las reformas fiscales ambientales en la agenda de políticas esté en parte explicada por ciertas características diferenciales de la región más preocupada por las urgencias del crecimiento, la pobreza, la brecha entre ricos y pobres, y el mayor peso relativo de los recursos naturales, a lo que se suma que la composición e importancia de las fuentes de emisión de CO_2 son menores y distintas a las de los países de la OCDE y la presencia de subsidios a la energía es significativa.[2]

Sobre el peso de la explotación de los recursos naturales, la OCDE destaca una contracción de las economías de la región, a la que califica de "trampa medioambiental", pues el uso intensivo de materiales y recursos naturales vuelve difícil —y costoso— abandonar una vía de crecimiento de alto contenido de carbono[3].

La definición y la composición de los elementos del medio ambiente son determinantes como factores de conexión jurídica con los tributos, y replantean su inserción en el esquema

---

1   Rafaele Perrone Capano, *"La imposición y el ambiente"*, en AA. VV., AMATUCCI, Andrea, *"Tratado de Derecho Tributario"*, Ed. Temis, Bogotá (Colombia), 2001, p. 464.

2   José María Fanelli, "et al.", CEPAL, *La reforma fiscal ambiental en América Latina*, Santiago de Chile, diciembre de 2015.

3   OCDE, *Perspectivas Económica de América Latina (2019). Desarrollo en Transición.*

tradicional de las tres especies tradicionales: impuesto, tasa y contribución especial. Así como el derecho ambiental se ocupa de ordenar las conductas, en procura de preservar o reparar los bienes ambientales, le corresponde al derecho tributario fijar el alcance de sus instrumentos sobre esos mismos bienes, cuidando que la finalidad extrafiscal no los vacié de contenido tributario.

Por lo general, los organismos internacionales (OCDE, EUROSTAT o la Agencia Europea de Medio Ambiente –AEMA-), se han enfocado en que los instrumentos económicos produzcan el *doble dividendo* antes que en salvar inconsistencias dogmáticas. Bajo el paraguas común de *ecotax* se da cabida a figuras no tributarias, como son las prestaciones patrimoniales de fuente convencional, tales como los precios fijados para la explotación de los recursos naturales. Así pues, la definición amplia de los "tributos verdes" sobrepasa la concepción clásica del hecho imponible, y, en consecuencia, los impuestos no se limitan a gravar las "emisiones", sino además, consumos de hogares (transporte, energía) o activos no industriales (automóviles).

Desde esta perspectiva, es importante definir el alcance del principio "quien contamina paga". Es decir si él, además de servir como factor de atribución de responsabilidades penales, civiles y administrativas, puede informar, legítimamente, un tributo con base en la internalización de los costos sociales de la contaminación[4]. Porque, aun admitiendo la constitucionalidad de los fines extrafiscales del impuesto (incluido el efecto redistributivo de los ecológicos), todavía resta resolver cómo se concilia este postulado con la capacidad contributiva.

Por supuesto que toda la materia está influida por los estándares del derecho internacional que impone ciertos compromisos de reducción de los factores contaminantes y una cierta armonización inducida de los instrumentos[5]. Por ello, GARCIA NOVOA, afirma que una futura reforma de la tributación medioambiental ha de tomar en consideración dos circunstancias fundamentales: los compromisos internacionales y comunitarios asumidos por el Estado y la necesidad de que este asuma su función de establecer un mínimo común denominador normativo.[6]

En América Latina, existe un grado de dispersión alta entre los países cuando se mide el peso relativo de los gravámenes ambientales. En promedio, la incidencia es cercana a 1.3 % del PBI y al 6.4% de la recaudación total. Algunos pocos países (Costa Rica, Republica Dominicana y Paraguay, países en los cuales este recursos representan más del 10 % de la recaudación total y con valores entre el 1.5. y el 2.5 del PBI, mientras economías de mayor tamaño como Brasil, Argentina, Colombia, o el Perú poseen números muy inferiores.

De modo tal que la experiencia con tributos medioambientales es pobre. La CEPAL (2010) constata que, para el quinquenio 2008-2012, cobraron cierta importancia los impuestos selectivos a los consumos de incidencia ambiental. En especial los aplicables a cigarrillos y bebidas alcohólicas (ambiente como calidad de vida), así como a vehículos y combustibles (en estos casos se constata cierta orientación favorable a la sostenibilidad ambiental). Varios países, como Chile, Bolivia, Guatemala, Honduras y la República Dominicana, au-

---

4   Fernando Serrano Anton, "*La tributación medioambiental en la Unión Europea"*, en *Tratado de Tributación Medioambiental*, AA.VV., BECKER, Fernando; CAZORLA, Luis María y MARTÍNEZ SIMANCAS, Julián, Volumen II, Editorial Thomson Aranzadi e Iberdrola, Navarra (España), 2008, p. 817.

5   El Acuerdo de París (2015) celebrado dentro de la Convención Marco de las Naciones Unidas sobre el Cambio Climático (1992), impuso a los partes firmantes (174 países más la Unión Europea) el compromiso de "*Mantener el aumento de la temperatura media mundial muy por debajo de 2 °C con respecto a los niveles preindustriales, y proseguir los esfuerzos para limitar ese aumento de la temperatura a 1,5 °C con respecto a los niveles preindustriales, reconociendo que ello reduciría considerablemente los riesgos y los efectos del cambio climático*" (artículo 2).

6   César García Novoa, "*El concepto de tributo*", Tax Editor, Perú, 2009, p. 336.

mentaron los gravámenes en el caso de bebidas alcohólicas y cigarrillos (mediante tasas o modificaciones de la base imponible), al tiempo que también se incrementaros los impuestos a los vehículos, a menudo con un criterio ambiental (El Salvador, Guatemala, Honduras y el Uruguay). Estos criterios fueron explícitos en el caso de Ecuador, donde se redujeron los gravámenes aplicables a vehículos híbridos o eléctricos, se introdujo un nuevo impuesto ambiental a la contaminación vehicular y se aumentaron los impuestos en el caso de las botellas de plástico. En el Perú se comenzó a aplicar un impuesto a los combustibles tomando en cuento su nocividad y se redujo el impuesto al gas natural. Mientras que, en Panamá, se aplica una sobretasa ("ecotasa") a los vehículos usados.

Desde que algunos tributos medioambientales pueden ser creados por los gobiernos locales-y no nos referimos solamente a las tasas, sino además, a ciertos impuestos sobre emisiones, depósitos o instalaciones-, dos condiciones son necesarias para legitimarlos: en primer lugar, la idoneidad para cumplir la finalidad ecológica que se les adjudica; en segundo término, que no exista una doble imposición sobre un mismo hecho (prohibida, por ejemplo en España, por el artículo 6.3 de la Ley Orgánica sobre el Financiamiento de las Comunidades Autónomas –LOFCA-); lo cual reclama la coordinación de las finanzas entre los distintos niveles de gobierno como forma de evitar la duplicidad de hechos imponibles, situación sobre la que advierten varios casos fallados por el Tribunal Constitucional español[7].

II.   FINES EXTRAFISCALES DEL IMPUESTO

El empleo de impuestos para estimular conductas protectoras del medio ambiente ha reeditado la vieja disputa doctrinal sobre el uso de los instrumentos extrafiscales, es decir, aquellos impuestos cuyo propósito, expreso o primordial, es la consecución de un fin ajeno a la actividad instrumental del derecho financiero, pero que, sin embargo, no se encuentran desvinculados de otras mandas constitucionales.

Pero tan cierto que los impuestos "fiscales" siempre provocan un efecto económico o social ajeno al ingreso, también lo es que los impuestos extrafiscales no podrían eliminar el efecto recaudatorio. MARTÍNEZ LAGO, señala: "(…) cualquier tributo que se establece por el legislador, aparte de perseguir la obtención de ingresos para el ente público provoca siempre, ya sea directa o indirectamente, otros efectos que no corresponden al puro fin fiscal o recaudatorio"[8].

La conexión de la finalidad extrafiscal con el hecho imponible exige la presencia de capacidad contributiva. Es cierto que ella aparece disminuida cuando la protección de otros intereses conduce a crear impuestos especiales en donde la estructura puede verse influida por la finalidad extrafiscal, como por ejemplo, el uso del impuesto como instrumento disuasivo. O, en sentido contrario, con su empleo como estímulo o promoción mediante el otorgamiento de deducciones, bonificaciones o exenciones.

En tributos ecológicos, cualquiera sea la motivación que inspire su dictado, siempre provocará un ingreso, pues es precisamente esta onerosidad la que inducirá el comportamiento sustituto al que se pretende desalentar. A menos que se caigo en un impuesto con efecto prohibitivo sobre ciertas actividades, siempre habrá ingreso, ya que es utópico decir que incluso el más eficiente de los impuestos extrafiscales provoque recaudación cero. De igual manera, el impuesto siempre provoca "otros efectos" económicos ajenos a la función fiscal. Y en mayor o menor medida, influirá en los comportamientos de los agentes económicos como toda variable que afecta el precio de los bienes y servicios.

---

7   Tribunal Constitucional Español, Sentencia 60/2013; Sentencia 196/2012; Sentencia 289/2000.

8   Miguel Ángel Martínez Lago, *"Función motivadora de la norma tributaria y prohibición de confiscatoriedad".* Revista Española de Derecho Financiero*, N° 60, Madrid-España", 1988, p. 607.

La invocación de la finalidad primordial como justificación a la creación del impuesto no determina, por sí sola, el carácter fiscal o extrafiscal del tributo[9].Lo normal es que convivan y se confundan fines y efectos, fiscales y extrafiscales. La explicitación del objetivo para crear un impuesto debería ser irrelevante, si la figura creada respetara los atributos que la legislación y la jurisprudencia de un país le ha conferido para merecer el nombre de tal.

Lo que no puede existir es un impuesto que, bajo la cobertura del fin extrafiscal, borre sus rasgos tradicionales. Principalmente que se desentienda de la capacidad contributiva.

En suma, la concreción de todos los intereses protegidos por la Constitución justifica los fines extrafiscales perseguidos por medios impositivos. Hoy ella nadie discute que el impuesto puede poseer un fin extrafiscal preponderante que coexista con el fin fiscal. La co existencia de fines fiscales y extrafiscales se manifiesta, particularmente, en los impuesto que persiguen propósitos de ordenamiento económico social, en los derechos de importación y exportación, en el otorgamiento de franquicias y exenciones, y en los denominados impuestos "verdes".

III. EL DEBER DE CONTRIBUIR, LA CONTAMINACIÓN Y EL DAÑO AMBIENTAL

El constitucionalismo moderno ha incorporado el derecho a un ambiente sano y a la preservación del medio ambiente para las generaciones futuras. Todas las leyes generales del medio ambiente de los países que reglamentan este derecho ratifican, con alguna matización, el mandato jurídico genérico expresado en dos niveles: no contaminar y no dañar. [10]

La consideración de los textos constitucionales plantea la compatibilidad entre la protección del medio ambiente y el deber de contribuir. En esa dirección, el régimen argentino, y muchos similares en la región, establece que la producción de un daño ambiental origina dos cargas: (i) la obligación de volver las cosas a su estado anterior, si fuera posible; (ii) el pago de una indemnización destinada a un fondo para obras de mejoramiento del medio ambiente.

De lo anterior se desprende la necesidad de conjugar la responsabilidad por daño ambiental con el alcance funcional de la ley tributaria sobre el contaminador.

Admitida la finalidad extrafiscal, se hace necesario distinguir los ámbitos de actuación correspondientes al derecho ambiental y fiscal, delimitados -según lo entendemos- por la noción de daño ambiental colectivo.

La *ley general del ambiente* Argentina (ley 25.675), en su artículo 27 define el daño ambiental colectivo como toda *alteración relevante*[11] , que modifique negativamente el ambiente, sus recursos, el equilibrio de los ecosistemas, o los bienes o valores colectivos.

---

9   Tribunal Constitucional de España, Sentencia 179/2006, del 13 de junio de 2006, caso: "*cuestión de inconstitucionalidad*".

10   Constitución de la Argentina dispone en el artículo 41: "*Todos los habitantes gozan del derecho a un ambiente sano, equilibrado, apto para el desarrollo humano y para que las actividades productivas satisfagan las necesidades presentes sin comprometer las de las generaciones futuras; y tienen el deber de preservarlo. El daño ambiental generará prioritariamente la obligación de recomponer, según lo establezca la ley*". Mientras que la Constitución del Perú asegura el derecho a: "*... gozar de un ambiente equilibrado y adecuado al desarrollo de su vida*". La Constitución de Colombia prescribe en el artículo 49: "*... todas las personas tienen derecho a gozar de un ambiente sano*". La Constitución de Chile, en el artículo 19, numeral 8 asegura: "*... el derecho a vivir en un medio ambiente libre de contaminación*". Y la Constitución del Uruguay declara en el artículo 47: "*La protección del medio ambiente es de interés general*".

11   Néstor Cafferata, recuerda que la definición de la Ley Argentina aparece en muchísimas leyes orgánicas del medio ambiente de América Latina: "*... daño ambiental es la lesión, es el menoscabo significativo relevante, inferido al ambiente o algunos de los elementos que lo integran (Los principios y reglas del Derecho Ambiental, en*

Puede entenderse, como bien lo hace CASSAGNE, que el daño ambiental colectivo es un concepto jurídico indeterminado: la "alteración ambiental negativa relevante". La noción debe ser integrada con reglas técnicas y no como una elección entre opciones discrecionales, lo cual conduce al establecimiento de pautas para establecer los riesgos ambientales, soportables o mínimos[12]. El factor de atribución de responsabilidad por daño ambiental colectivo es el incumplimiento, por acción u omisión, del deber de preservar y/o recomponer el ambiente, que posee base constitucional. De manera consistente, la ley indica que la responsabilidad civil o penal es independiente de la administrativa.

De lo anterior, se desprende que la contaminación a la cual aparecen dirigidos los instrumentos fiscales está referida a las conductas permitidas o al menos toleradas, o no prohibidas, y de ahí que el impuesto cumpla su función disuasiva sin perjuicio de que, en caso de producirse daño, pueda ser exigible, además, la obligación de reparar[13]. Es cierto que la ley argentina y la peruana imponen la obligación de reparar o indemnizar, aun en el caso de conductas lícitas[14], lo que puede implicar cierta inconsistencia, pero, lo diga o no la norma, siempre será necesaria el juicio de relevancia de la conducta contaminadora, a través de un sistema técnico que permita fijar el umbral de tolerancia y un factor de atribución subjetiva individualizado. Fuera de estos casos, las obligaciones fiscales y ambientales se mueven en terrenos distintos y son concurrentes.

IV. MEDIDAS PARA LA PROTECCIÓN DEL MEDIO AMBIENTE

Hay coincidencia en agrupar los instrumentos para reducir la contaminación (externalidades negativas desde la visión económica) en mecanismos administrativos (políticas de comando y control), instrumentos económicos (incluidos los fiscales) y transacciones privadas o mecanismos financieros.

Los instrumentos económicos son aquellos que modifican los precios relativos de los bienes y servicios relativos observables en el mercado[15].

Según LABANDEIRA, el efecto de las medidas económicas es eficiente pues los precios generan un incentivo continuo para mejorar el comportamiento ambiental a través de la adopción de tecnologías limpias (eficiencia dinámica de las medidas)[16]. Al menos desde 1986, la OCDE considera a la eficiencia dinámica como una de las principales ventajas de los impuestos ambientales, y la AEMA los considera –por la misma razón– superiores a las regulaciones administrativas, dado que estas últimas, una vez logrado el estándar regulatorio, pierden su efecto desincentivador, sin contar con los costos de gestión y fiscalización[17].

Programa Regional de Capacitación en Derecho y Políticas Ambientales", http://www.pnma.org/deramb/novedades.php, consultado el 30 de marzo de 2014).

12 Juan Carlos Cassagne, *"El daño ambiental colectivo"*, *Revista Gerencia Ambiental*, año 11, núm. 115, abril 2005, p. 178.

13 *Cfr.* Rodolfo Salassa Boix, para quien el tributo ambiental es un mecanismo persuasivo que apunta a una contaminación tolerable (no relevante) y que no es necesario la producción de daño ambiental (alteración relevante del medio ambiente) *"Los tributos ecológicos y el principio quien contamina paga"*, en *"Execução Fiscal, Direito Tributário e DireitoFinanceiro"*, *Revista SJRJ*, V. 21, Río de Janeiro, 2014, pp. 143-166.

14 Cassagne, *"El daño…"*, *ob. cit.*

15 Jean-Philippe Barde, *"Reformas fiscales ambientales: una revisión de la experiencia en países OCDE"*, en *Impuestos ambientales, Lecciones en países de la OCDE y experiencias en México*, Ed. Ine-Semarnat, México, 2002, p. 13.

16 Xavier Labandeira, *"Impuestos ambientales locales"*, en *Imposición ambiental, Economics for Energy*, WP 7/2010.

17 AEMA –o su sigla equivalente en idioma inglés, EEA (European Environment Agency)–, *Environmental taxes: recent developments in tools for integration*, noviembre 2002.

Al mismo tiempo –también para la AEMA–, debido a que los productores y los consumidores probablemente no abandonen la actividad que está siendo gravada, los impuestos y las cargas terminan impactando en la suba de precios[18].

Esto puede ser usado de diferentes formas:

1. Para aumentar el presupuesto general del gobierno;
2. Para reducir otros impuestos, por ejemplo, al trabajo o al capital;
3. Para proveer fondos para objetivos particulares.

    a. En relación con la base del impuesto (ej. para financiar el servicio público ambiental, o para compensar a aquellos que están pagando impuestos a través del "reciclaje" de las ganancias, o para reducir el impuesto para actividades específicamente amigables con el ambiente);

    b. Para otros propósitos específicos (ej. esquemas de subsidios ambientales).

A su vez, la OCDE clasifica en siete las medidas económicas[19]:

    i)   Impuestos y tasas (charges) sobre emisiones.

    ii)   Tasas por servicios públicos relativos al medio ambiente (usercharges).

    iii) Tasas e impuestos sobre el consumo de bienes determinados (aplicables a los precios de los productos que crean contaminación en la etapa de manufactura, consumo o disposición).

    iv) Tasas por servicios ambientales.

    v)   Mercado de permisos de emisiones (basado en el principio de que todo incremento en las emisiones debe ser compensado con un decrecimiento equivalente).

    vi) Sistemas de depósito reintegrables, particularmente aplicable a los envases de bebidas.

    vii) Subsidios.

Para la EUROSTAD, los instrumentos económicos dirigidos al control de la contaminación y la administración de los recursos naturales son parte de una política muy clara y progresiva de los países de la Unión Europea y de la OCDE[20]. Las categorías de instrumentos incluyen, principalmente, a los impuestos ambientales, cargos y tasas, permisos transferibles, sistemas de depósitos reembolsables y subsidios. La Unión Europea ha venido aumentando favorablemente tales instrumentos por la comprobación de su eficacia en el cumplimiento de las metas ambientales y por los otros efectos beneficiosos en la economía (recaudación y eliminación de impuestos distorsivos)[21].

La denominación de instrumentos económico-financieros posee un alcance amplio en el campo ambiental, pues comprende, por una parte, instrumentos incentivadores (créditos, exenciones, diferimientos), y por otra, gravámenes específicos que actúan como pre-

---

18 AEMA, *"The case for environmental taxes"*, Environmental issues series, N° 18, November 2000, p. 16 (traducción propia).

19 Jean-Philippe Barde, *Economic Instruments in Environmental Policy: Lessons from OECD. Experience and their relevance to Developing Economies,* OECD Development Centre, Working Paper N° 92. Produced as part of the research program on Environmental Management in developing Countries, January 1994.

20 EURSOTAD, *Enviromental Taxes*. A statistical guide. 2013.

21 La propuesta de la Comisión europea para el programa de acción ambiental hasta el 2020 llama a insistir en los impuestos ambientales con una progresiva disminución de los impuestos sobre el trabajo.

gencia a estándares internacionales de contabilidad, con una gran virtualidad para afectar la base gravable del impuesto sobre la renta, por lo que se acordó en tales contratos incluir la cláusula especial de cobertura de cambio tributario derivado de la denominada Variación NIIF (3.16 (e) del modelo de contrato de concesión)[3], en virtud de la cual los eventuales incrementos en la carga tributaria derivados de la variación NIIF, en materia del impuesto sobre la renta de los concesionarios, serían fondeados por la ANI.

B. Los principales cambios derivados de la Reforma Tributaria de 2016

El artículo 31 de la Ley 1819 reformó el artículo 32 del Estatuto Tributario y adoptó una metodología completamente nueva para la determinación de la base gravable del impuesto sobre la renta en el caso de los contratos de concesión y asociaciones público-privadas en las que se incorporen las etapas de construcción, administración, operación y mantenimiento.

Este nuevo sistema constituyó una regulación especial, motivada en la necesidad de adaptar, para los fines de la determinación de la base gravable del impuesto sobre la renta, el referente de los modelos de reconocimiento y medición de ingresos costos y gastos, activos y pasivos, derivados de la convergencia a los nuevos marcos normativos en materia contable que, tal como ya se señaló, fue unos de los ejes centrales de la Reforma.

Sin embargo, por su redacción ambigua o acaso insuficiente, podría inclusive haber llegado a ser interpretado en un sentido del que se derivaría una importante anticipación en el pago del impuesto de renta a cargo de los concesionarios, lo que habría afectado severamente la tasa de retorno (TIR) de los proyectos, estimada con base en los modelos financieros que sirvieron de base a sus propuestas en los procesos competitivos previos a la adjudicación de los contratos respectivos, antes de la aprobación de la Reforma Tributaria.

Por ello, a continuación me referiré a los principales temas críticos del referido artículo 32.

1. El primer inciso señala que "se considerará" el modelo de activo intangible, pero "aplicando" unas reglas especiales que están comprendidas en los 6 numerales del artículo y sus 6 parágrafos;

2. El numeral primero dispone que, en la etapa de construcción, el costo fiscal de los activos intangibles (concepto que no parece referido al modelo de activo intangible que, aparentemente, sirve de referente al sistema especial de determinación de la base gravable), corresponderá a todos los costos y gastos devengados durante esta etapa, incluyendo los costos por préstamos los cuales serán capitalizados; y, a continuación, invoca al artículo 66 del Estatuto Tributario sobre costo fiscal de los bienes muebles y de prestación de servicios, que remite a la técnica contable.

Queda claro que, en este particular aspecto, el modelo tributario se asemeja al modelo contable del activo intangible de la IFRIC 12, en el que los costos por préstamos si se capitalizan, presumiblemente bajo el concepto del "activo apto", a diferencia de los que ocurre con el modelo del activo financiero, en el que se computan como expensa del período en que se incurren.

3. El numeral segundo, señala que la amortización del costo fiscal del intangible (nuevamente se refiere a los costos de la construcción), se efectuará en línea recta, en iguales proporciones, teniendo en cuenta el plazo de la concesión, a partir del inicio de la etapa de operación y mantenimiento.

Se trata de uno de los cambios fundamentales anunciados, pues se elimina, como ocurre a todo lo largo y ancho de la Reforma, el sistema de reducción de saldos para la amortización

---

3   Puede consultarse en el SECOP https://www.colombiacompra.gov.co/compradores/secop-i/consulte-en-el-secop-i.

de inversiones y activos intangibles, al igual que ocurre con la depreciación, con los efectos ya anunciados, pues se normaliza el perfil de amortización de los costos de la construcción con lo que, si no se propicia un cambio de efecto equivalente en el perfil de los ingresos, se podrían generar importantes "descalces" contrarios al principio de asociación, denominado en materia tributaria de relación de causalidad, que pueden generar distorsiones indeseables en la base gravable acumulada de los concesionarios y en el gravamen a la distribución de dividendos por fuera del objetivo del régimen de desmonte de la doble tributación, tal como veremos más adelante.

4. Pero, quizás la mayor ambigüedad del artículo 32 deriva del numeral tercero en el que, en el interés de "normalizar" el perfil de los ingresos para intentar, presumiblemente, asociarlo a las amortizaciones por línea recta de los costos de la construcción, se implanta un sistema de diferimiento de los denominados "ingresos devengados asociados a la construcción", completamente ajeno a los modelos contables; y allí comienzan las dificultades pues: (i) devengo, es la nueva denominación de la causación en el Estatuto Tributario, a partir de la ley 1819 de 2016, que podría dar a entender, como algunos lo señalaron, que debemos ir para este efecto a la regla general de devengo contable de los artículos 21-1 y 28 del Estatuto Tributario; (ii) no es claro como definir la asociación de ingresos a la construcción en un contrato de objeto único, como es el caso del modelo de concesión 4G, y algunos de los que le precedieron, en el que las obligaciones de construir, operar, mantener y administrar se fondean con los recursos provenientes de los aportes estatales, las participaciones en los peajes, las medidas de reposición del déficit de recaudo (DR´s) y los ingresos por explotación comercial, sin que haya o pueda haber correlación específica de ninguna clase entre unos y otros[4].

Y es aquí donde vino el primer tema crítico pues, para definir cuáles son los ingresos devengados asociados a la construcción se propusieron en su momento diversas interpretaciones, a saber:

(a) Son los que la contabilidad reconoce, para cuyo efecto habría que ir a los modelos concebidos por los nuevos marcos normativos contables (NIIF), es decir, el de activo financiero, el de activo intangible o el bifurcado, que se tratan en la IFRIC 12;

(b) Son los percibidos con base en el principio de caja, con base en alguna referencia que a este respecto se hace en los antecedentes de la Ley;

(c) Son el resultado de una metodología especial y propia, que combina también elementos de la primera y la segunda opciones, que es la interpretación sistemática más acorde con el contexto de la norma y la historia fidedigna de su establecimiento.

En términos muy elementales, los modelos de reconocimiento y medición contables se basan en una metodología de estimación y reconocimiento anticipado de los ingresos que se percibirán en el futuro, pero que están destinados a compensar o remunerar los costos de la construcción, en este caso; pero, en ninguno de dichos modelos tiene lugar una forma de diferimiento de tales ingresos, como la propuesta en el artículo 32; de hecho, el concesionario puede comenzar a reflejar utilidad desde el primer año (la utilidad razonablemente atribuible a la actividad de construcción, si es que la hubiere), porque es la mejor manera de

---

4   El contrato de concesión 4G, para referirnos solo al más reciente, en una tipología contractual *sui generis* que recoge elementos y características propias de otras modalidades contractuales como la construcción, la financiación o la prestación de servicios, sin que por ello pueda asimilarse específicamente a alguna de ellas en particular. Dicha modalidad le permite al Estado Colombiano acometer las tareas propias de la construcción o renovación de su infraestructura sin asumir directamente el endeudamiento requerido para el efecto y con cargo a su desempeño macroeconómico futuro a través de la figura de las vigencias futuras. Es, por este aspecto, una apuesta a la estabilidad futura de las finanzas públicas del país. Tal como lo describe Falcón y Tella, en la copiosa bibliografía citada, el endeudamiento "por fuera del balance del Estado" fue la mayor virtud del esquema que propició su adopción en España en la primera mitad de la década pasada.

reflejar su situación financiera, en función de los ingresos que tiene derecho a percibir en el futuro, frente a las entidades financieras y el público en general, pues de lo contrario los proyectos no serían susceptibles de ser financiados.

De hecho, los concesionarios vinculados a proyectos viales de Asociación Público-Privada (APP) de iniciativa pública y que, por lo tanto, deben aplicar para fines contables el modelo de activo financiero, en la medida en la cual no asumen el riesgo de tráfico, que es cubierto por el Estado a través de los mecanismos de corrección del déficit de recaudo, han tenido que enfrentar enormes dificultades, como quiera que no existe unidad de criterio sobre las bases para la estimación del valor razonable de los ingresos asociados a la construcción, y ello ha llevado a que la mayor parte de ellos hayan debido reflejar pérdidas en sus estados financieros que bien pueden configurar causales de disolución y tener efectos apocalípticos en sus proyectos por el incumplimiento de *covenants* pactados en los contratos de préstamo o financiación, que bien podrían derivar en la aplicación de cláusulas aceleratorias del repago, dando al traste con la viabilidad de los proyectos.

Pero, de cualquier manera, una cosa es su situación financiera y otra es su capacidad contributiva, en un momento en el que además soportan los altos costos de la financiación de la construcción[5]. Por ello, tales modelos, al menos en su concepción pura, no pueden ser la base para determinar el impuesto de renta y, por lo mismo, se puede partir de ellos, pero con las adaptaciones que establece el artículo 32 y cuyo alcance se propone determinar este trabajo, con apoyo en la reglamentación expedida por el gobierno nacional mediante el decreto 2235 de 2017, pues había espacio para dicha reglamentación y se necesitaba.

Además, porque si se admitía que los ingresos gravables provenían de la contabilidad, ello nos habría reconducido al concepto de Variación NIIF, con lo cual se activaría la cláusula de cobertura por cambio tributario a cargo de la ANI arriba mencionada, que no parecía ser la intención del legislador, pues no tendría sentido alguno desde la perspectiva de las finanzas públicas.

En efecto, seguramente en el interés de moderar el efecto tributario de los modelos contables referentes, los numerales tercero y cuarto del artículo señalaron que los ingresos devengados asociados a la construcción se diferirían para su reconocimiento como ingreso fiscal a partir de la iniciación de la operación y mantenimiento de cada unidad funcional, en línea recta desde dicho momento hasta la terminación del contrato; pero, tal medida sería insuficiente pues, aún con este diferimiento, la aplicación de este método habría tenido la virtualidad de anticipar significativamente el pago de impuestos a cargo de los concesionarios por lo que, en su momento, en la antesala de la expedición de decreto 2235, en diciembre de 2017, se estructuró una propuesta interpretativa de modelo mixto que combinaba, de alguna manera, devengo y caja, y que enhorabuena constituyó la base del decreto reglamentario, tal como se expone a continuación.

En la propuesta, los "ingresos devengados asociados a la construcción" que se estiman anticipadamente para su diferimiento, eran aquellos por lo menos suficientes para cubrir los costos de la construcción, pues los concesionarios entienden que su utilidad verdaderamente deriva de la operación, mantenimiento y administración de la infraestructura y no de la construcción que, tal como ha quedado dicho, subcontratan, de conformidad con el contrato de concesión bajo el esquema de APP y algunos de los precedentes.

---

5   Sobre ello discutí ampliamente con mis contertulios durante la preparación de este trabajo, entre quiénes destaco al profesor español Juan José Zornoza, quien generosamente compartió conmigo sus criterios en esta materia, en particular frente al hecho de que los principios y reglas orientadoras de la NIIF no podrían utilizarse, sin las necesarias adaptaciones, para los fines del ordenamiento tributario que está orientado a gravar la capacidad económica actual y no solo estimada o potencial.

Tales ingresos se diferían para su causación en línea recta, y se reflejaban en una cuenta por cobrar, que tiene un objetivo de control fiscal[6], aparejada al pasivo fiscal por ingresos diferidos, de tal manera que, a medida que se recibían recursos provenientes de la cuenta ANI en la cuenta proyecto, bien con motivo de la entrega de las unidades funcionales o de los pagos mensuales que se efectúan a continuación, se comenzaba a "saldar" dicha cuenta por cobrar y el pasivo fiscal por ingresos diferidos correlativo, de tal suerte que cuando los pagos superaban la cuenta por cobrar acumulada se comenzaba a tributar sobre dicho exceso.

No vimos que bajo la interpretación expuesta se incurriera en vicios de ilegalidad por exceder o contrariar la ley que se pretende reglamentar sino todo lo contrario, pues se llenaban vacíos y se dirimían ambigüedades, que es lo propio de la potestad reglamentaria y la función del ejecutivo en estas materias.

De hecho, el efecto de la formula propuesta es que los concesionarios tributarían renta sobre su verdadera utilidad del proyecto, en los tiempos en que razonablemente estimaron tener capacidad económica para atender el pago del tributo y sin que ello comportara una variación del equilibrio financiero del contrato por este aspecto, que debiera ser solucionada mediante la aplicación de previsiones contractuales a cargo de la ANI o medios contractuales de solución de controversias, si lo anterior no resultare suficiente.

La fórmula finalmente adoptada por el ejecutivo nacional en el decreto 2235 se decantó por disponer que:

-Los ingresos devengados por el contribuyente asociados a la etapa de la construcción, corresponden al monto total de los costos y gastos reconocidos como activo intangible para efectos fiscales en que hayan incurrido los contribuyentes, de conformidad con el mismo decreto;

-Tales ingresos se acumularán para efectos fiscales como un pasivo por ingresos diferidos hasta la finalización de la etapa de construcción y aprobación por la entidad competente, de acuerdo con los términos del respectivo contrato;

-Se reconocerá como contrapartida una cuanta por cobrar que se disminuirá a medida que se recibe efectivamente la retribución por la construcción; y

-Cuando la retribución acumulada recibida exceda el saldo de la cuenta por cobrar, el exceso constituirá ingreso gravable del respectivo período.

Otros aspectos de la propuesta reglamentaria comprenden: (i) evitar la doble tributación concesionario-accionistas en el impuesto sobre la renta y (ii) el régimen de auto-retención en la fuente por impuesto de renta, así como (iii) el régimen del impuesto de industria y comercio (ICA), tal como se explican a continuación.

5. La doble tributación concesionario-accionistas en el impuesto sobre la renta

Desde la expedición de la ley 75 de 1986, que implantó mecanismos para evitar la doble tributación sociedad-socio/accionista en el impuesto sobre la renta, mucho se ha discutido sobre la eficacia del régimen[7].

El régimen originario se agotó con la definición de una metodología en el artículo 49 del Estatuto Tributario, como resultado de la cual se determinaba el monto máximo de la utilidad máxima susceptible de distribuirse como no gravada en cabeza de los socios o accionistas, mediante la aplicación de la fórmula de los 7/3 y posteriormente 13/7 y, finalmente, la

---

6   La referida cuenta por cobrar además produce el efecto de recomponer el patrimonio fiscal de los concesionarios, que se desfiguraría por el efecto del pasivo fiscal asociado a los ingresos diferidos.

7   Merece destacarse la ponencia de Luz María Jaramillo Mejía para las XX Jornadas Colombianas de Derecho Tributario.

fórmula indiferente a la tarifa del impuesto sobre la renta introducida por la ley 1004 de 2005, con motivo de la incorporación de la tarifa diferencial del impuesto para usuarios de zonas francas, para no entrar en mayor detalle.

Sin embargo, tal como lo destacó en su trabajo para estas jornadas Luz María Jaramillo, el mecanismo dirigido a evitar la doble imposición sociedad-socio se convirtió, en la mayor parte de los casos, en un simple método de diferimiento en el pago del impuesto, en la medida en la cual las exenciones y tratamientos preferenciales no se trasladaban a los socios o accionistas, cuando no en un mecanismo defectuoso, dadas las diferencias entre la utilidad comercial y la renta líquida.

Por ello, además, con motivo del reconocimiento de las diferencias entre la utilidad comercial y la renta líquida, no siempre asociadas a beneficios tributarios, debió disponerse la aplicación de un término para corregir el efecto de las diferencias temporales, como en efecto lo estableció la Ley 1607 de 2012[8], al señalar que el exceso de utilidad comercial susceptible de distribuirse como no gravada sobre las utilidades comerciales del período se podrá imputar a las utilidades comerciales futuras que tendrían la calidad de gravadas y que sean obtenidas dentro de los cinco años siguientes a aquél en que se produjo el exceso, o a las utilidades calificadas como gravadas que hubieren sido obtenidas durante los dos períodos anteriores a aquél en el que se produjo el exceso.

A pesar de lo anterior, y particularmente con motivo de la exacerbación de las diferencias temporales entre la utilidad comercial y la renta líquida por causa de las disposiciones de la reforma tributaria estructural de 2016, en el contexto de la convergencia a estándares internacionales de contabilidad para los fines de la determinación de la base gravable del impuesto sobre la renta[9], es evidente que cinco años hacia delante o dos años hacia atrás pueden no ser suficientes para la reconciliación de tales diferencias, particularmente en el caso de contribuyentes que, como los concesionarios de infraestructura, pueden desarrollar proyectos que se extienden por cerca de tres décadas, para no mencionar otros sectores de la actividad económica.

Es por ello por lo que también se formuló una propuesta reglamentaria encaminada a hacer más eficiente la aplicación de un mecanismo para evitar tener que recurrir a la definición de un término arbitrario para "destorcer" el efecto de tales diferencias, que desafortunadamente aún no ha sido acogida, tal como se describe a continuación:

"Artículo X. Reserva por diferimiento de ingresos, costos y deducciones. El monto de las utilidades comerciales después del reconocimiento del impuesto diferido de acuerdo con los marcos técnicos normativos que se genere al cierre de cada ejercicio contable durante la vigencia del plazo del contrato de concesión se llevará a una reserva.

El saldo acumulado de la reserva se podrá liberar a medida en que se realicen los ingresos conforme a las reglas del artículo 1 de este Decreto, a partir del inicio de la etapa de operación y mantenimiento, previa decisión del órgano máximo de la entidad contribuyente. En los casos en que la construcción comprenda varias unidades funcionales, la liberación de la reserva se hará tomando como base el saldo asociado a cada unidad funcional.

Artículo Y. Dividendos y participaciones no gravados. Para efectos de la determinación de los dividendos y participaciones no gravados a que se refiere el artículo 49 del Estatuto Tributario, en cada año gravable el monto de liberación de la reserva a que se refiere el artículo anterior se su-

---

8   Cuyo artículo 92 reformó el artículo 49 del Estatuto Tributario.

9   Jesús Orlando Corredor, en su ponencia para las Jornadas Colombianas de Derecho Tributario del año 2017 concluyó que, a partir de la ley 1819 de 2016, el proceso de determinación de la base gravable del impuesto sobre la renta, quedó aún más alejado de la contabilidad, lo que tiende sombras sobre la eficacia de la medida al menos frente al cometido de simplicidad del sistema tributario.

mará al monto de la utilidad comercial después de impuestos a que se refiere el numeral 5 del mismo artículo."

Este mecanismo ya ha sido utilizado por el gobierno con el referido propósito, como ocurrió en el caso del artículo 10 del decreto 3028 de 2013, referido a la reversión del impuesto diferido crédito derivado de la aplicación del método de participación que a la letra dispone:

> "ARTÍCULO 10. Reversión del impuesto diferido crédito del método de participación. Para efectos de la determinación de los dividendos o participaciones no gravados a la que se refiere el artículo 49 del Estatuto Tributario, el ingreso contable producto de la reversión del impuesto diferido crédito del método de participación para utilidades que estuvieron gravadas en Colombia, que se origina en la sociedad controlante cuando sus sociedades o entidades subordinadas adquieren la nacionalidad colombiana por tener su sede efectiva de administración en el territorio colombiano, se sumará a los dividendos o participaciones de otras sociedades nacionales que tengan el carácter no gravado a los que hace referencia el numeral segundo de dicho artículo."

De hecho, entendemos que la intención del gobierno era revisar la medida propuesta para, en tal caso, hacerla aplicable no solamente al caso de los concesionarios de infraestructura, sino a otros sectores de la actividad económica que tienen la misma dificultad; pues, como reza el principio," donde hay una misma razón, debe haber una misma disposición". Sin embargo, a la fecha ello todavía constituye una deuda pendiente con los contribuyentes.

6. El régimen de auto-retención en la fuente por impuesto de renta

Finalmente, si se acepta la razonabilidad del sistema propuesto para la determinación de la base gravable del impuesto sobre la renta a cargo de los concesionarios, resultaría forzoso concluir que le sistema de auto-retención en la fuente por concepto del impuesto sobre la renta deba igualmente ajustarse para el efecto, pues no puede haber retención sin impuesto, tal como reza el principio fundamental, corolario de lo cual es que la retención en la fuente debería aparejarse a la causación del ingreso gravable pues su objetivo y razón de ser, desde su implantación, es que el impuesto de renta se recaude en el mismo período en el que se genera y no castigar la caja de los contribuyentes, pues ello deslegitima el instrumento y lo desnaturaliza.

Para el efecto, se propuso una modificación al referido régimen de retenciones, del siguiente tenor:

> "Artículo Z. Se adiciona el numeral 10 al artículo 1.2.6.7 del Decreto 1625 de 2016. En atención a lo dispuesto en el artículo 365 del Estatuto Tributario, la base para calcular la autorretención especial aplicable a los contratos de concesión y asociaciones público-privadas será el monto de los ingresos reconocidos como gravables para efectos de este impuesto conforme las reglas del artículo 1° del presente Decreto y se dividirá, en cada año fiscal, por el número de meses cubiertos en dicho año para incluir en cada mes el valor correspondiente al resultado de aplicar la tarifa de autorretención a la base así establecida."

En todo caso, es claro que se trata de un problema que tiene la virtualidad de afectar a otros sectores de la actividad económica, por lo que entendemos que el gobierno está comprometido con la tarea de expedir un decreto de mayor alcance, que armonice el sistema de retenciones en la fuente, basado en el concepto del pago o abono en cuenta, por un sistema que sea consistente con las nuevas reglas de causación de los ingresos fiscales en ciertos sectores de la actividad económica.

De hecho, el artículo 365 del Estatuto Tributario, tal como fue reformado por la Ley 1819 de 2016, prevé que la DIAN podrá establecer un sistema de pagos mensuales provisionales por parte de los contribuyentes del impuesto de renta como un régimen excepcional sustitutivo del sistema de retención en la fuente, que a la fecha también constituye una deuda pendiente del fisco con los contribuyentes.

7. Los ingresos base del impuesto de industria y comercio (ICA)

A pesar de que los impuestos subnacionales no fueron el objetivo central de la Reforma Tributaria de 2016[10], el legislador incorporó algunos ajustes a algunos de tales tributos.

En lo que respecta al impuesto de industria y comercio, resultó manifiesto el interés del legislador por remitir, para los fines de la regulación sobre la oportunidad para el devengo o causación de los ingresos en el caso de dicho tributo, a las reglas del Estatuto Tributario en materia del impuesto sobre la renta.

Antes de la expedición de la Ley 1819 de 2016, el artículo 165 de la Ley 1607 de 2012 preveía que, únicamente para efectos tributarios, las remisiones contenidas en las normas tributarias a las normas contables, continuarían vigentes durante los cuatro (4) años siguientes a la entrada en vigencia de las NIIF.

El Decreto 2548 de 2014, el cual reglamentaba el artículo citado, establecía que las remisiones a las normas contables continuarían vigentes para los preparadores de información pertenecientes al Grupo 1, de manera que el período de cuatro (4) años iniciaba el 1º. de enero de 2015 y culminaba el 31 de diciembre de 2018. Asimismo, este Decreto preveía la obligación para estos contribuyentes de llevar dos libros contables, uno bajo NIIF y otro fiscal que debía ser preparado en algunos de sus aspectos bajo principios COLGAAP.

La DIAN, en el Concepto No. 016442 de 2015, sostuvo que las bases fiscales se determinarían siguiendo las disposiciones fiscales y todas las remisiones, expresas o tácitas, a las normas contables[11].

En el caso específico del ICA, la Ley 14 de 1983 y el Decreto Ley 1333 de 1986, que regulan su base imponible con las modificaciones que han tenido lugar, no hacen referencia a normas contables de manera expresa o tácita para la regulación de la base gravable del impuesto y ello siempre se ha prestado para interpretaciones divergentes.

Sin embargo, el Decreto 3070 de 1983 prevé de manera expresa que "los contribuyentes que realicen actividades industriales, comerciales o de servicios en más de un municipio, (…) deberán registrar su actividad en cada municipio y llevar registros contables que permitan la determinación del volumen de ingresos obtenidos por las operaciones realizadas en dichos municipios". Según dicho artículo, son tales ingresos (determinados de conformidad con los registros contables) los que constituirán la base gravable del ICA.

Esta interpretación fue adoptada por el Consejo de Estado en múltiples fallos[12,] así como por la Dirección General de Apoyo Fiscal del Ministerio de Hacienda[13].

---

10 Este proyecto de revisión de la estructura del sistema de tributos de las entidades territoriales, que debería constituir un propósito nacional, ha sido eludido por décadas, por razones que escapan al objetivo de este trabajo y su problemática se agudiza con las ambigüedades y falencias de la ley orgánica de delimitación de competencias normativas entre la Nación y la subnación.

11 En este punto cabe señalar, que si bien la DIAN no es competente para regular asuntos tributarios de nivel territorial, su opinión respecto a la aplicación de las normas en cuestión constituiría un criterio auxiliar de interpretación de las mismas, ante la ausencia de mayores antecedentes en la materia.

12 Consejo de Estado - Sala de lo Contencioso Administrativo - Sección Cuarta Santa Fe de Bogotá D.C., doce (12) de noviembre de mil novecientos noventa y tres (1993). Consejero Ponente: Dr. Delio Gómez Leyva.; Consejo de Estado - Sala de lo Contencioso Administrativo – Sección Cuarta. Bogotá, D. C., veintiocho (28) de junio de dos

De lo anterior concluimos en su momento que, para efectos del ICA, al haber remisión a normas contables en las normas tributarias que regulan dicho impuesto, las NIIF no tendrían aplicación sino hasta los plazos estipulados en el artículo primero del Decreto 2548 de 2014.

Sin perjuicio de todo lo anterior, a pesar de que, tal como ya lo señalamos, los impuestos de las entidades territoriales no fueron el objetivo fundamental de la Reforma de 2016, el legislador incorporó algunos ajustes a algunos de tales tributos.

En lo que respecta al ICA, tal como lo dijimos, fue evidente la intención del legislador de remitir, para los fines de la regulación sobre la oportunidad para el devengo o causación de los ingresos en el caso de dicho tributo, a las reglas del Estatuto Tributario en materia del impuesto sobre la renta.

Para el efecto, el artículo 342 de la Ley 1819 dispuso en su parágrafo 3.

> "Las reglas previstas en el artículo 28 del Estatuto Tributario se aplicarán en lo pertinente para efectos de determinar los ingresos del impuesto de industria y comercio."

En tal sentido, sin embargo, el legislador pasó por alto que, además de las reglas generales y excepciones del artículo 28 sobre realización de los ingresos, existen otros regímenes especiales, como el del artículo 32 del Estatuto Tributario, por lo que resultaría acorde con los alcances de la potestad reglamentaria y la función constitucional de disponer lo necesario para la recaudación de los tributos, expedir un decreto reglamentario para disipar exclusivamente dicha duda.

De otro modo no se entendería ni resultaría acorde con los alcances del principio de equidad y capacidad contributiva, que resulta transversal a todo el sistema tributario, que la señalada remisión se entendiera hecha solamente para algunas actividades económica y excluyera otras sin mediar una razón siquiera aparente.

Se trata pues un problema de interpretación correctiva o acondicionadora de la Ley, válidamente ejercida por conducto de la potestad reglamentaria del Ejecutivo, y no creemos que pueda entenderse, válidamente, que comporta una afectación de la hacienda de los municipios contraria al orden jurídico establecido, pues cualquier expectativa de recaudo del ICA, basada los ingresos contables bajo NIIF, es infundada y, por ello, no amerita protección constitucional o legal alguna.

En el sentido expuesto, la disposición reglamentaria no tendría, como no podría tener so pena de incurrir en un vicio de legalidad, el efecto de modificar la forma de depurar la base gravable del impuesto de industria y comercio, ni de definir si determinados ingresos deben gravarse o no, lo que corresponde, por reserva de ley[14], a las disposiciones legales que rigen la materia sino, simplemente, como es el objetivo claro de la disposición del artículo 342 de la Ley 1819 de 2016, el de regular el elemento temporal del hecho generador, esto es, la oportunidad para el gravamen de los ingresos que constituyen la base imponible del impuesto de industria y comercio. Sin embargo, ello también constituye un asunto pendiente por resolver.

---

mil diez (2010) Consejero Ponente: William Giraldo Giraldo; Consejo de Estado Sala De Lo Contencioso Administrativo - Sección Cuarta Bogotá D.C., dieciséis (16) de octubre de dos mil catorce (2014) - Consejero ponente: Martha Teresa Briceño De Valencia.

13   DAF Asesoría N° 022175 16 de agosto de 2006; Asesoría N° 019222 19 de julio de 2009.

14   Artículo 338 de la Constitución Política.

II. RÉGIMEN DE TRANSICIÓN DEL IVA PARA LOS CONTRATOS DE INFRAESTRUCTURA DE TRANSPORTE

Como ha sido usual, debido al incremento de la tarifa general y el impacto que de ello puede derivarse en el caso de los contratos con entidades públicas o estatales, pero con unas variaciones respecto de reformas precedentes, el artículo 192 de la Reforma implantó un régimen de transición para la aplicación de dicha nueva tarifa.

Sin embargo, la novedad más importante proviene del artículo 193 de la Ley 1819, que estableció un régimen de transición de mucho mayor alcance para el caso de los contratos de construcción e interventoría derivados de los contratos de concesión de infraestructura pública de transporte, que analizaremos en todos sus contornos, máxime teniendo en cuenta la expedición reciente del Decreto 1950 del 28 de noviembre de 2017.

Los alcances más destacables del referido decreto, en línea con la disposición del artículo 193 de la Ley 1819, son los siguientes.

A. Alcance del régimen de transición especial

Aún cuando el principal catalizador de la norma, conforme puede verificarse en los antecedentes y exposición de motivos de la Ley, estuvo relacionado con el tránsito del asfalto de bien excluido a gravado con el IVA[15], por el potencial de impacto económico que ello podría producir en los costos de los constructores e interventores vinculados a los proyectos de concesión de infraestructura de transporte, que solo podrían trasladarse a los concesionarios por la vía del ajuste del precio de los contratos, el parágrafo 1 del artículo 1.3.1.17.2 del decreto señala, como no podría ser de otro modo, que el régimen de transición comprende todas las normas contenidas en el Libro Tercero del Estatuto Tributario, es decir, las relativas a todos los elementos de la obligación tributaria en el IVA, a saber, sujeción pasiva, hecho generador, base gravable y tarifa, así como los alusivos a instrumentos de recaudo, como es el caso de la retención en la fuente.

En efecto, no solamente el tránsito del asfalto de bien excluido a gravado con el IVA tiene la virtualidad de afectar la estructura de costos de los constructores e interventores, sino todos los cambios en el régimen del impuesto, tales como el incremento de tarifa del 16 al 19% o el régimen de retenciones en la fuente.

---

15   El régimen del IVA aplicable al asfalto para la construcción de infraestructura ha sido objeto de múltiples cambios, desde la expedición de la ley 30 de 1982, cuyo artículo 5 dispuso "Con el fin de fomentar la pavimentación y repavimentación de carreteras y calles, los asfaltos estarán exentos de todo impuesto". La ley 488 de 1998 determinó que, para efecto del IVA, no se consideraría incorporación ni transformación las mezclas asfálticas y las de concreto (a base de cemento) realizadas con anterioridad a la vigencia de esa ley, dentro de ciertas limitaciones, cuando se relacionaran con la construcción de obras públicas y de servicios públicos.

Merece igualmente reseñarse el artículo 79 de la ley 633 de 2000 que ratificó que el asfalto, las mezclas asfálticas y el material pétreo no estarían gravados con IVA cuando se utilizaran en los procesos de incorporación o transformación para producir mezclas asfálticas o de concreto, según las condiciones previstas en la ley 488 de 1998.

Finalmente, la Ley 1607 de 2012 estableció el régimen e exclusión del IVA para el asfalto en general, lo que motivó una demanda de inconstitucionalidad de los productores de concreto que fue resuelta por la Corte Constitucional, mediante sentencia C-657 de 2015, en el sentido de declarar la constitucionalidad de la disposición demandada.

En la referida sentencia, la Corte hace una breve referencia normativa para ilustrar cómo "de antaño la producción y venta de asfalto han merecido del Legislador un tratamiento tributario favorable con el fin de incentivar proyectos de infraestructura pública, en especial la pavimentación y repavimentación de vías. Y si bien es cierto que en algún momento el beneficio estuvo ligado a los procesos de incorporación o transformación para producir mezclas asfálticas y de concreto, también lo es que históricamente la producción y venta de estos dos materiales –el asfalto y el concreto- no han recibido el mismo tratamiento fiscal."

Lo anterior ocurre en la medida en la cual, particularmente el constructor, en cualquiera de las tipologías contractuales usadas, la más común de las cuales es la modalidad EPC, factura el IVA al concesionario sobre la utilidad del contrato, de conformidad con lo dispuesto por el artículo 3 del decreto 1372 de 1992 (hoy 1.3.1.7.9 del DUR 1625 de 2016). Y, en cuanto se trata de un impuesto de campo general y al valor agregado, solamente generan derecho al descuento los impuestos asociados a dicha utilidad, tal como se deduce con claridad de las siguientes consideraciones.

El Consejo de Estado, mediante sentencia del 19 de noviembre de 1993, con ponencia de Delio Gómez Leyva (Ref. Exp. 4415), analizó la legalidad del artículo 3 del Decreto 1372 de 1992. En esta sentencia, el Consejo de Estado concluyó que cuando la disposición se refiere a la generación de IVA sobre los honorarios o utilidad del contratista, no hace cosa distinta de entender que dichos honorarios o la "retribución" por los "servicios" prestados por el constructor, los cuales se encuentran gravados de acuerdo con las disposiciones generales del IVA. En dicha sentencia, el Consejo de Estado sostuvo lo siguiente:

> "...Como se observa la expresión "valor total de la operación" corresponde al valor total de la remuneración que obtenga el responsable por el servicio prestado lo cual resulta acorde con el hecho generador del impuesto en este evento relacionado con la actividad de "prestación de servicios", y con el nuevo tratamiento que la ley 6 da a este hecho generador del IVA. Así las cosas el artículo 3 del DR 1372 de 1992, que establece la base gravable en los servicios originados en los contratos de construcción de bien inmueble "en la parte de los ingresos correspondientes a los honorarios obtenidos por el constructor" y " cuando no se pacten honorarios el impuesto se causará sobre la remuneración del servicio que corresponda a la utilidad del constructor" no modifica la base gravable que de manera general establece el artículo 447 del ET, sino que por el contrario la precisa o determina en la parte que corresponde a la contraprestación o remuneración por el servicio que involucra este tipo de contratos, llámense honorarios o utilidades para el constructor, con lo cual sigue la base gravable circunscrita al ingreso percibido por la prestación del servicio, sin sufrir modificación alguna, imprimiendo claridad y precisión, sobre el particular; no produciéndose ampliación de la base gravable ni confusión, como lo afirma el accionante. Precisiones que contrariamente a lo que considera el accionante, evitan gravar conceptos de origen y destinación distintos a la remuneración obtenida por la prestación del servicio de ingeniería o arquitectura por parte del constructor, que es el hecho generador del IVA...".

También señala la anterior sentencia que la razón de ser de esta regla es evitar gravar con el impuesto sobre las ventas costos y gastos que son imputables al bien construido, al tratarse de "conceptos sobre los cuales, obviamente, no recae el gravamen al no ser objeto del impuesto la venta de bien inmueble".

Bajo el criterio adoptado por el Consejo de Estado, entonces, aquellos impuestos a las ventas pagados sobre costos y gastos imputables al bien construido no tendrán el carácter de descontables; y solo si se trata de impuestos pagados sobre costos y gastos que están directamente relacionados con los honorarios o la utilidad del constructor, que constituyen la base gravable del IVA, serán descontables. Adoptar un entendimiento contrario implicaría anular la disposición y restarle su efecto útil.

Así, es claro que los impuestos pagados sobre los bienes que se incorporan directamente a la obra no son descontables del impuesto sobre las ventas generado por el constructor. La misma suerte seguirán los servicios que se requieran para la ejecución de la obra.

Tal ha sido la interpretación de la DIAN, al entender que únicamente los gastos netamente administrativos dan derecho al descuento en estos casos (Concepto Unificado del IVA 00001 del 2003):

"… Esta disposición, es suficientemente clara en cuanto:

a) Establece la base especial para liquidar el IVA por parte del contratista, según se contrate por honorarios, por ejemplo en administración delegada, o a todo costo;

b) Dispone que el IVA pagado por los costos y gastos es mayor valor del costo o del gasto respectivo, esto es mayor valor finalmente de la obra construida;

c) Limita el empleo del IVA descontable para el contratista constructor sólo al correspondiente a sus gastos propios, por ejemplo el IVA por teléfono, papelería, fotocopias y otros gastos de su oficina;

d) Obliga a que dentro del contrato de construcción se exprese o la utilidad que el constructor espera de su contrato o los honorarios pactados, para que quede clara la base gravable del IVA correspondiente al servicio de construcción, para seguridad del propio responsable pero también del contratante que va a ser afectado económicamente con el pago del impuesto…".

En tales circunstancias, el constructor no puede repercutir al concesionario contratante el IVA incremental de sus costos o gastos, por lo que se convierte en mayor valor de sus costos o gastos, solo trasladable mediante ajuste del precio del contrato, acordado o definido en las instancias de resolución de conflictos del contrato de construcción y consecuentemente en el de concesión, y es por ello que el régimen de transición se justifica, plenamente, en el fin de evitar el impacto que los cambios sobrevinientes en materia del régimen del IVA podrían producir en el equilibrio económico de los contratos de concesión, máxime teniendo en cuenta que sería trasladar recursos de una dependencia del Estado a otra con los costos transaccionales implícitos.

B. Bienes y servicios que comprende

En razón a lo expuesto, es claro que el régimen de transición cubre:

1. La tarifa del IVA aplicable al contrato de construcción e interventoría, por aplicación del régimen del artículo 192 sobre tarifa en contratos celebrados con entidades públicas;

2. El régimen de IVA aplicable a los contratos de construcción e interventoría derivados de los contratos de concesión de infraestructura de transporte, que incluye bienes o servicios incorporados o destinados directamente a la construcción o interventoría, inclusive por conducto de el productor, comercializador o distribuidor de tales bienes, o los subcontratistas de la obra o la interventoría, siempre que se trate de bienes o servicios que se incorporen o destinen directamente en la ejecución de los trabajos de construcción e interventoría.

El decreto reglamentario deja claro que el régimen de transición no se extiende a los insumos necesarios para la producción de tales bienes o servicios que se incorporen o destinen a la obra o interventoría, pues se entiende que en tales casos no hay efecto económico para el constructor o interventor, ni de contera para el concesionario, pues, o bien venían soportando dicho impuesto como costo por estar asociado a bienes excluidos del IVA como en el caso del asfalto, o podrán descontarlo válidamente contra el impuesto generado, sin limitación de tarifa, como ocurre desde la reforma introducida al artículo 485 del Estatuto Tributario por el artículo 56 de la Ley 1607 de 2012, según el caso.

Dentro de la amplitud del régimen de transición, ameritan especial comentario algunos casos, tales como el de los combustibles derivados del petróleo y los lubricantes.

En el caso de la gasolina y el ACPM, vale la pena recordar que el IVA fue "subsumido", desde la expedición de la Ley 1607 de 2012, en el impuesto nacional a la gasolina y el ACPM, fijado y ajustado anualmente por el gobierno nacional con base en los criterios de la ley, que constituye un tributo monofásico al consumo en etapa de producción o importación, con responsabilidad a cargo del productor o el importador, según el caso.

Esta determinación del legislador de 2012 fue concomitante con la clasificación de la gasolina y el ACPM, tal como fueron definidos por el parágrafo 1 del artículo 167 de la Ley 1607 de 2012, como bienes excluidos del IVA.

En tal sentido, al igual que el asfalto, la gasolina y el ACPM habrían hecho tránsito de bienes excluidos a bienes gravados en su fase de comercialización, con responsabilidad de los distribuidores mayoristas y comercializadores, pues dicho IVA pasó a coexistir con el impuesto nacional a la gasolina y el ACPM, que sigue siendo monofásico en etapa de producción e importación.

La base gravable del IVA está constituida por el ingreso al productor (IP) adicionado el margen mayorista, sin incluir el transporte.

Por lo tanto, creemos que el régimen de transición del IVA debería aplicarse igualmente al caso de la comercialización de la gasolina y el ACPM, sin extenderse, por supuesto, al impuesto nacional a la gasolina y al ACPM, que constituye un tributo independiente.

En el caso del IVA sobre lubricantes, sigue tratándose de un impuesto monofásico en etapa de productor o importador, al que debería serle aplicable el régimen de transición solo para los fines del incremento tarifario, con el mecanismo de control del certificado de destinación (CD), pues no tiene sentido que ocurran diferencias cuando es el productor o importador quien los suministra directamente al constructor o interventor, frente al caso en el que tal distribución ocurre por conducto de un tercero.

Por supuesto, ello no debería afectar al productor o importador, quien en todo caso podría descontar el impuesto causado en fase de producción o importación, contra el generado en su distribución, sin las limitaciones derivadas del diferencial de tarifa.

C. Mecanismos de control del régimen de transición

Con el fin de hacer operante el control a la aplicación del régimen, el decreto adoptó el mecanismo del Certificado de Destinación (CD), que tiene como referente más cercano el Certificado al Productor (CP) de las Sociedades de Comercialización Internacional, y que permite trasladar toda la responsabilidad por la correcta aplicación del régimen al constructor o interventor, como no podría ser de otro modo.

En efecto, como bien es sabido, las excepciones o tratamientos preferenciales en el IVA con sujeción a la destinación de los bienes o servicios son anti-técnicas y excepcionales, y por ello ameritan mecanismos adecuados de control.

El CD, como mecanismo de control, esta acompañado de otra serie de medidas, como la información exógena y el certificado del revisor fiscal en el caso de las operaciones anteriores a la expedición del decreto, tal como se expone a continuación.

D. Operaciones ocurridas antes de la entrada en vigor del decreto

Con el fin de restablecer las posibles afectaciones derivadas de la tardanza en la expedición de decreto, pues con anterioridad a su expedición existían muchas dudas sobre su alcance y la mecánica de su funcionamiento que generaron grandes distorsiones en la cadena de suministro de los bienes y servicios, se contempla en el artículo 1.3.1.17.8 un régimen de restitución inmediata para el caso de las operaciones ocurridas entre la entrada en vigencia de la Ley y la del decreto, que garantiza la efectividad del régimen para la recuperación del impuesto a las ventas generado indebidamente o en exceso, tanto para sus beneficiarios como para las autoridades de impuestos[16].

Referencia especial amerita el caso en el que se trata de bienes suministrados al constructor o interventor por un subcontratista, comercializador o distribuidor, en cuyo caso se deberá expedir a favor del productor un certificado firmado por el revisor fiscal o contador del subcontratista, comercializador o distribuidor, para hacer posible el reintegro del tributo y los ajustes correlativos en el IVA por pagar o descontar de unos y otros.

E. El caso de las importaciones

El régimen también se extiende, en toda su amplitud, al caso del IVA asociado a las importaciones de bienes o servicios por parte del constructor o interventor, con todos sus alcances.

Sin embargo, no se entiende muy bien la razón por la cual en el caso de las importaciones, a diferencia de los que ocurre con los suministros domésticos, el decreto señala que el certificado de destinación debe evidenciar que la totalidad de los bienes objeto de la importación se destinarán o incorporarán de manera directa a los contratos cubiertos por el régimen de transición, pudiendo ser de manera parcial, para la aplicación proporcional del beneficio.

Sin embargo, creemos que esta duda se supera con la redacción del parágrafo del artículo 1.3.1.17.5, en cuanto señala que cuando el importador enajena con un destino diferente los bienes importados, debe cancelar el IVA dejado de pagar en la importación con los intereses aplicables.

De esta manera, entendemos que queda claro, y no podría ser otra la interpretación de la norma so pena de incurrir en una ilegalidad por generar un tratamiento desigual entre las operaciones internas y las importaciones, que la aplicación del beneficio puede ser igualmente parcial y proporcional en el caso de las importaciones.

De lo contrario, el decreto debería haber previsto un régimen para el reintegro del IVA indebidamente pagado, si los bienes importados son incorporados o destinados a los referidos contratos de construcción o importación dentro de los seis meses siguientes a su importación, lo cual no ocurrió.

---

16 La recuperación total y efectiva del IVA pagado indebidamente o en exceso por el constructor (y eventualmente el interventor) deberá ser el resultado de acuerdos comerciales con sus proveedores, pues está claro que dicho IVA ya ha debido ingresar a las arcas del Estado y su recuperación por el proveedor solo se hará efectiva vía cuenta corriente del IVA, contra el impuesto generado, pues es la única mecánica que previó el decreto reglamentario para el efecto.

§ 24. EFECTOS TRIBUTARIOS DE LA EXPROPIACIÓN. CASO MEXICANO

Arturo Pueblita Fernández *

INTRODUCCIÓN

En términos del artículo 27 de la Constitución Política de los Estados Unidos Mexicanos (en adelante la "Constitución"), la propiedad de las tierras y aguas comprendidas dentro de los límites del territorio nacional corresponde originalmente a la Nación, que a su vez tiene el derecho de transmitir el dominio de éstas a los particulares, constituyendo así la propiedad privada. De conformidad con lo dispuesto tanto por la Constitución como por las leyes federales y estatales, pueden darse casos en los que, por causa de utilidad pública y mediante indemnización, sea procedente una expropiación, es decir, la ocupación de la propiedad privada por parte de las autoridades correspondientes.

La figura en cuestión consta principalmente de dos elementos. Primeramente, la autoridad debe justificar que su actuación se realiza por utilidad pública, y en segundo, debe pagar justa retribución al particular por la limitación a su derecho de propiedad. En primera instancia atenderemos la cuestión de la propiedad privada.

1. DERECHO DE PROPIEDAD

La propiedad privada es el derecho de todas las personas, físicas y morales, para usar, gozar y disponer libremente de un bien, sujetándose a las limitaciones impuestas por la ley.[1] Así, la propiedad privada se incorpora a la esfera de derechos de las personas, sobre la cual nadie puede interferir, injerir o afectar. El artículo 16 de la Constitución protege dicha esfera jurídica personal, disponiendo que nadie podrá ser molestado en su persona, familia, domicilio, papeles o posesiones mas que por mandato escrito de la autoridad, el cual debe estar debidamente fundado y motivado. De tal forma, se estipula que nadie puede ser limitado en su derecho de manera arbitraria. Asimismo, el derecho de propiedad es reconocido tanto en México como a nivel internacional, como uno de carácter fundamental. Lo anterior tiene sustento en varios instrumentos internacionales, como el artículo 21 de la Convención Interamericana de Derechos Humanos, el artículo 17 de la Declaración Universal de los Derechos Humanos, así como sentencias de la Corte Interamericana de Derechos Humanos y la Corte Internacional de Justicia. Sin embargo, el derecho de propiedad –así como todos los derechos individuales– no es absoluto, y éste puede ser limitado según los casos señalados por la ley.[2]

---

* Académico Numerario y Presidente de la Academia Mexicana de Derecho Fiscal. Vicepresidente del Ilustre y Nacional Colegio de Abogados de México. Profesor de la Universidad Iberoamericana de la Ciudad de México y de la Universidad Panamericana de la Ciudad de México.

1 Convención Americana sobre Derechos Humanos "Pacto de San José de Costa Rica" (1981) artículo 21; Declaración Universal de los Derechos Humanos (1948) artículo 17.

2 SAYAGUÉS LASO, Enrique *Tratado de Derecho Administrativo*: Tomo II Octava Edición, Fundación de Cultura Universitaria, Montevideo, 2010, *Cfr.* 330-333.

En este trabajo se analizará exclusivamente el supuesto de expropiación, aunque en su debido momento se abordará el tema de extinción de dominio y las diferencias que éste tiene con la figura que ahora se analiza.

2. UTILIDAD PÚBLICA

La expropiación es una facultad exclusiva del Estado por medio de la cual éste recupera el dominio de un bien que había cedido al comercio para uso, goce y disposición de particulares.[3] La expropiación tiene por objeto permitir al Estado cumplir con diligencia su función primordial, la de atender, propiciar y salvaguardar el bien común.[4] Dado lo anterior, existen situaciones en las que el Estado, haciendo uso de una facultad soberana, coarta a un particular de su derecho de propiedad. Se encuentra entonces que una *condittó sine qua non* de la institución es la de llevar a cabo la calificación del fin que justifica la expropiación. Es decir, la facultad del Estado para expropiar un bien, únicamente podrá ser ejercida cuando el bien en cuestión sea considerado como esencial para la utilidad pública.[5] Dado lo anterior el Quinto Tribunal Colegiado en Materia Administrativa del Tercer Circuito emitió tesis aislada en 2017 en virtud de la cual estableció que el procedimiento de expropiación consta de 7 etapas, de las cuales la primera corresponde a la realización de trabajos previos que demuestren la causa de utilidad pública que justifica la expropiación.[6] Este procedimiento se encuentra regulado en el artículo segundo de la Ley de Expropiación.

En atención a lo anterior, "utilidad pública" es un concepto que debe entenderse en sentido amplio. Conforme a la Suprema Corte de Justicia de la Nación, hay tres causas comprendidas en la expresión: (1) La pública, que se configura por bienes destinados a un servicio u obra pública, (2) La social, cuando se beneficia directamente a una comunidad, y de manera mediata a toda la colectividad, y (3) La nacional, que satisface la necesidad de un país de hacer frente a situaciones como entidad política o internacional.[7]

3. EXTINCIÓN DEL DERECHO DE PROPIEDAD

Ahora bien, una vez que se ha llevado a cabo el procedimiento de expropiación, es común que se considere que el bien cambia de propietario, es decir fue objeto de una enajenación. Al respecto, el Código Fiscal de la Federación en su artículo 14 dispone lo siguiente:

Artículo 14. Se entiende por enajenación de bienes:

I. Toda transmisión de propiedad, aun en la que el enajenante se reserve el dominio del bien enajenado.

[...]

---

3   Tesis Aislada (Administrativa) EXPROPIACIÓN. Los particulares no están legitimados para exigir la apertura del procedimiento relativo contra sus bienes, cuando estimen que éstos han sido objeto de alguna perturbación u ocupación estatal injustificada. (12 de noviembre de 2014) Tercer Tribunal Colegiado del Vigésimo Séptimo Circuito, Tesis XXVII.3°.9 A (10ª).

4   SAYAGUÉS LASO, *Op. cit., cfr.* 320-325.

5   SAYAGUÉS LASO, *Op. cit., cfr.* 360-383.

6   Tesis Aislada (Administrativa) EXPROPIACIÓN. Etapas Del Procedimiento Relativo. (20 de enero de 2017) Quinto Tribunal Colegiado en Materia Administrativa del Tercer Circuito. Tesis III.5°.35 A (10ª).

7   Acción de inconstitucionalidad 18/2004. EXPROPIACIÓN. Concepto de Utilidad Pública. (24 de noviembre de 2005) Tesis P./J. 39/2006.

Sin embargo, en el caso de expropiación no se trata simplemente de un traslado de dominio, sino que el bien se sustrae del comercio y se incorpora al régimen de dominio público, quedando así supeditados a las disposiciones de la Ley General de Bienes Nacionales.

Se propone una clasificación de bienes destinados a la realización de una finalidad pública. Se entiende por bienes "reservados" aquéllos necesarios para el adecuado desenvolvimiento de las funciones de la administración pública. Por el otro lado, son bienes "destinados" aquéllos que, aunque en su naturaleza no sean esenciales para la autoridad, en virtud de un decreto y acto formal se encomiendan para el uso público.[8] Los bienes objeto de una expropiación se identifican en la segunda categoría, dado que medió un acto de autoridad que asignó a éste una finalidad pública.

Los bienes que se encuentran fuera del comercio, en este caso los destinados a la utilidad pública reúnen características particulares distintas de los bienes en comercio. Éstos son inalienables e imprescriptibles.[9] Existen distintas teorías sobre la naturaleza de los bienes de dominio público. Se sostiene que los bienes de dominio público, por su propia naturaleza, no son susceptibles de propiedad. Aun por lo que se refiere al Estado éste no tiene calidad de propietario,[10] sino que ejerce sobre dichos bienes funciones de alto administrador y policía.[11]

Ahora, es importante recalcar que la expropiación no se lleva a cabo de manera voluntaria, sino que coactivamente se extingue la propiedad del particular. "La administración, para el cumplimiento de fines públicos, logra **coactivamente** la adquisición de bienes muebles o inmuebles, siguiendo un procedimiento determinado." (énfasis añadido)[12] En esencia, la administración pública puede privar a un particular de un bien discrecional y unilateralmente, mediante justificación y justa retribución.[13] A lo que se enfrenta el particular entonces es a una situación de extinción de su derecho de propiedad, ya que al trasladar el bien jurídico de la esfera del comercio a la de dominio público, se altera la propia naturaleza de éste, dejando de ser susceptible de propiedad. Al respecto, la propia Ley de Expropiación contempla ciertos mecanismos que permiten al particular oponerse a la expropiación,[14] esto es, el derecho de audiencia previa para controvertir la declaratoria de utilidad pública que haya hecho la autoridad.

En congruencia con lo anterior, la palabra "expropiación" se compone de las raíces latinas, "*ex*" que indica que algo ha dejado de ser; y la raíz "*propietas*" que denota la cualidad de ser para uno mismo.[15] Así las cosas, etimológicamente "expropiación" significa que algo ha dejado de ser para uno mismo. Al respecto, en el vocabulario jurídico "expropiación"

8   VEDASCHI, Arianna, *Los Bienes Públicos*; en FRANCO FERRARI, Giuseppe (Ed.), *Derecho Administrativo Italiano*, (Carlos Burgoa & Antonello Tariza, trad.) Instituto de Investigaciones Jurídicas UNAM, México, 2013, p. 243.

9   SERRA ROJAS, Andrés. *Derecho Administrativo: Segundo Curso*, Vigesimocuarta Edición. Editorial Porrúa, México, 2006, p. 261.

10   *Ibid*. p. 265.

11   DELGADILLO GUTIÉRREZ, Luis Humberto y LUCERO ESPINOSA, Manuel. *Compendio de Derecho Administrativo: Segundo Curso*, Editorial Porrúa, México, 1999, p. 68.

12   SAYAGUÉS LASO, *Op. cit., cfr.* 296-300.

13   Tesis Aislada (Administrativa) EXPROPIACIÓN. Etapas Del Procedimiento Relativo. (20 de enero de 2017) Quinto Tribunal Colegiado en Materia Administrativa del Tercer Circuito. Tesis III.5º.35 A (10ª).

14   Tesis Aislada (Administrativa) COMUNIDADES AGRARIAS. La Expropiación por Causa de Utilidad Pública, Cambia el Régimen Jurídico de los Bienes Comunales al cual se Encontraban sometidos y Produce la Pérdida de los Derechos Posesorios de los Comuneros en lo Particular. (4 de marzo de 1999) Tribunal Colegiado en Materia Administrativa del Segundo Circuito. Tesis: II.A.63 A.

15   "Expropiación". MATEOS MUÑOZ, Agustín. Cuaderno de Etimologías Grecolatinas del Español. Editorial Esfinge, México, 2006.

denota la acción de privar a un sujeto de su propiedad, derechos o intereses por causa de utilidad pública.[16]

Aunado a lo anterior, es común confundir la expropiación con la extinción de dominio, sin embargo, existe tesis aislada de Tribunales Colegiados, en la que se señalan las principales diferencias entre ambas figuras. Mientras que la extinción de domino se lleva a cabo a través de un proceso jurisdiccional sobre un bien que fue instrumento, objeto o producto de activi-dades delictivas, la expropiación se lleva a cabo a partir de una declaratoria de carácter ad-ministrativo, sobre un bien no relacionado con actividad delictiva alguna.[17]

Considerando lo anterior, se puede concluir que la expropiación produce dos consecuen-cias principales: la sustracción de un bien del comercio el cual es incorporado a los bienes de dominio público y la extinción del derecho de propiedad del particular. Es menester lle-var a cabo un análisis a mayor profundidad sobre los efectos que tiene la institución respecto del sujeto pasivo, en este caso el particular expropiado de su propiedad.

4. INDEMNIZACIÓN

Teniendo en mente que el particular, dueño del bien, sufre una afectación en su esfera jurídica, a éste le corresponde el pago de una indemnización, la cual tiene por objeto reparar los daños causados por los actos de la autoridad. Es por ello que el segundo párrafo del artí-culo 27 constitucional expresa que las expropiaciones sólo podrán hacerse por causa de uti-lidad pública y mediante indemnización.

Ya se ha establecido que a toda expropiación le corresponde una indemnización a favor del propietario del bien objeto de ésta, lo cual constituye una garantía individual contempla-da en la Constitución[18]. En esencia, *la indemnización es el resarcimiento de los daños cau-sados, que se cubren principalmente por dinero a las personas afectadas por un procedi-miento de expropiación*[19]. En otras palabras, lo que se busca es pagar por los daños causados y colocar a la persona en la situación que disfrutaba antes de que se le despojara de su pro-piedad, mediante el pago de una indemnización en efectivo con la que se compense el me-noscabo material causado.

En virtud de lo anterior entendemos que, ante una expropiación, el propietario del bien siempre tendrá derecho, reconocido como garantía individual,[20] de recibir indemnización, la cual constituye la *cantidad de dinero que se entrega al gobernado por concepto del daño ocasionado por la desposesión sufrida*[21].

En ese mismo sentido, la Constitución determina que el monto de la indemnización que se pague al propietario del bien objeto de la expropiación se fijará con base al valor fiscal que, según las oficinas catastrales o recaudadoras, tenga la propiedad. En relación con lo anterior,

---

16   COUTURE, Eduardo J. *Vocabulario Jurídico*. Cuarta edición, Editorial IB de F. Montevideo, 2013 p. 335; MUÑOZ MACHADO, Santiago. *Diccionario del Español Jurídico*. Espasa Libros, Barcelona. 2016, p. 815.

17   Tesis Aislada (Administrativa) EXTINCIÓN DE DOMINIO Y EXPROPIACIÓN. SUS DIFERENCIAS. (febrero de 2011) Tercer Tribunal Colegiado en Materia Civil del Primer Circuito. Tesis I.3°.C.884 C.

18   BURGOA ORIHUELA, Ignacio, *Las garantías individuales,* 20ª Edición, Editorial Porrúa, México, 1986, p., 473; FRAGA, Gabino, *Derecho Administrativo*, 42ª Edición, Editorial Porrúa, México, 2002, p. 316.

19   SERRA ROJAS, Andrés, *Derecho Administrativo, Segundo Curso,* 24ª Edición, Editorial Porrúa, México, 2006, p. 445.

20   Tesis Aislada (Constitucional) INDEMNIZACIÓN EN CASO DE EXPROPIACIÓN. CONSTITUYE UNA MEDIDA A TRAVÉS DE LA CUAL EL ESTADO RESARCE LA AFECTACIÓN AL DERECHO HUMANO A LA PROPIEDAD COLECTIVA. (21 de septiembre de 2018) Segunda Sala. Tesis: 2ª. LXXXVII/2018.

21   DE PINA, Rafael y DE PINA VARA, Rafael, *Diccionario de Derecho,* 35ª Edición, Editorial Porrúa, Méxi-co, 2006, p. 317.

la Ley de Expropiación establece expresamente en su artículo 10 que "el monto de la indemnización por el bien expropiado será equivalente al valor comercial que se fije sin que pueda ser inferior, en el caso de bienes inmuebles, al valor fiscal que figure en las oficinas catastrales o recaudadoras".

Debemos destacar que la indemnización conlleva siempre el resarcimiento de un daño causado[22], por ello resulta redundante la terminología utilizada por el legislador al señalar que son ingresos exentos del Impuesto sobre la Renta los pagos que se perciban por concepto de indemnización por daños, ya que se insiste, toda indemnización presupone un daño y la indemnización por expropiación no es la excepción ya que diversos doctrinarios al referirse a la indemnización por expropiación coinciden en la naturaleza de dicha contraprestación como *una retribución que se fija atendiendo a la pérdida o disminución –daño– que sufre el patrimonio del particular*.[23]

En este punto es conveniente precisar, que la indemnización no solamente debiera estar integrada por el valor comercial –o catastral– del bien, sino de todos aquellos daños objetivamente cuantificables, como gastos de mudanza, gastos por almacenaje, arrendamientos, o cualquier otro que se lograra acreditar como consecuencia directa de la expropiación.[24]

5. EFECTOS TRIBUTARIOS DE LA INDEMNIZACIÓN

A todo lo anterior, las personas físicas que enajenan bienes deben calcular el pago del Impuesto sobre la Renta en los términos del Capítulo IV, del Título IV de la Ley relativa.

No obstante, las cantidades que se entreguen al sujeto expropiado son una indemnización por la pérdida de dicho bien y por lo tanto debemos atender al artículo 109 de la Ley del Impuesto sobre la Renta, el cual señala los ingresos exentos para las personas físicas, destacándose lo siguiente:

Artículo 109. No se pagará el impuesto sobre la renta por la obtención de los siguientes ingresos:

[...]

XXI. Las indemnizaciones por daños que no excedan al valor de mercado del bien de que se trate. Por el excedente se pagará el impuesto en los términos de este Título.

Como se puede apreciar, las indemnizaciones que perciban las personas físicas siempre serán ingresos exentos del pago del Impuesto sobre la Renta, con la única condicionante que el pago de dicha indemnización no supere el valor de mercado del bien de que se trate.

Toda vez que el monto de la indemnización está calculado con base al valor de mercado actualizado del inmueble al momento de la expropiación, no existe el excedente a que se refiere el segundo enunciado de la fracción XXI, del artículo 109 de la Ley del Impuesto sobre la Renta y por lo tanto no existe obligación de pago del Impuesto sobre la Renta.

En cuanto a la expropiación de bienes que le pertenezcan a una persona jurídica colectiva, nos encontraríamos ante el caso de una actividad no objeto del Impuesto Sobre la Renta. Lo anterior es así, pues al no tratarse de una enajenación, sino de la extinción de la propiedad privada de un bien, para sujetarlo a un régimen de derecho administrativo como es el dominio público, no se realiza el hecho imponible. Dado lo anterior, resulta del todo equivocado

---

22 El Diccionario de la Real Academia Española de la Lengua, señala que indemnizar es *resarcir de un daño o perjuicio.*

23 GUTIÉRREZ Y GONZÁLEZ, Ernesto, *El Patrimonio,* 8ª Edición, Editorial Porrúa, México, 2004, p. 355; DELGADILLO GUTIÉRREZ, Luis Humberto y LUCERO ESPINOSA, Manuel, *Compendio de Derecho Administrativo Segundo Curso,* 1ª Edición, Editorial Porrúa, México, 1999, p. 151.

24 MARIENHOFF, Miguel. *Tratado de Derecho Administrativo.* Tomo IV, Editorial Abeledo-Perrot, Buenos Aires, 2008, p. 164.

concebir la expropiación como una enajenación de bienes. Aunado a lo anterior, la Ley del Impuesto Sobre la Renta dispone lo siguiente:

> **Artículo. 1.-** Las personas físicas y las morales están obligadas al pago del impuesto sobre la renta en los siguientes casos:
>
> **I.** Las residentes en México, respecto de todos sus ingresos, cualquiera que sea la ubicación de la fuente de riqueza de donde procedan.

En sentido estricto la indemnización que recibe una persona moral por concepto de expropiación, no se trata de un ingreso, puesto que en el patrimonio de la persona no ha sufrido variación alguna. Es decir, se trata del cambio de un bien mueble o inmueble por una suma determinada de dinero equivalente al valor del mismo. A todo lo anterior, resultaría que el concepto por el que se recibe la indemnización es un acto no contemplado por la propia legislación.

De manera similar a lo planteado en el apartado anterior, para efectos del Impuesto al Valor Agregado, al hablar de expropiación nos referimos a una actividad no objeto. Esto es, al llevarse a cabo la expropiación efectivamente hay una extinción de propiedad y no una enajenación del bien. Dado lo anterior nos encontramos con un acto de no sujeción, de tal forma que no se actualiza ningún supuesto de hecho imponible o gravado con el Impuesto al Valor Agregado.[25]

Es menester agregar que, en el supuesto en que el monto percibido por concepto de indemnización estuviese gravado por algún impuesto, la finalidad de ésta se vería definitivamente mermada, es decir, si la persona que recibe indemnización por concepto de expropiación estuviese obligada al pago de algún impuesto, entonces no se le resarciría efectivamente el daño causado por los actos del Estado. De lo anterior se puede apreciar claramente que la indemnización percibida por concepto de expropiación, toda vez que el bien, al incorporarse al régimen de dominio público deja de ser susceptible de apropiación, se trata de una operación no sujeta al pago del Impuesto al Valor Agregado.

6. SEGURIDAD JURÍDICA

Si bien se mencionó que la expropiación es un acto unilateral de la autoridad, los particulares no se encuentran en una situación de desamparo, pues existen tres elementos que garantizan su seguridad jurídica. El primero ya fue ampliamente discutido, es lo que respecta al procedimiento de verificación de causa de utilidad pública. Aunque los ciudadanos no puedan contar con la certeza del momento en que la administración pública quiera llevar a cabo una expropiación, tienen la seguridad de que únicamente se llevará a cabo por las causas enunciadas tanto en la Constitución, en la Ley de Expropiación, como en los instrumentos internacionales en materia de derechos humanos. La segunda garantía de los ciudadanos corresponde al procedimiento de expropiación. Éste se regula en la Ley de Expropiación, y obliga a las autoridades a seguir una serie de pasos con la finalidad de expropiar un bien. En este mismo procedimiento se contempla la posibilidad del sujeto pasivo de interponer recurso de revocación en contra del decreto de la autoridad, cuando aquél encuentre que no se cumplen de manera diligente los requisitos legales de la institución. Por último, los propietarios de un bien que está sujeto a una expropiación tienen la garantía de que recibirán un resarcimiento al daño sufrido.[26] Aun cuando esto no restituye su propiedad, representa una clase de garantía en cuanto al respeto a sus derechos de propiedad.

---

25 ALVARADO ESQUIVEL, Miguel de Jesús. *Manual de Derecho Tributario*. Segunda edición, Editorial Porrúa. México, 2008, p. 192.

26 MARIENHOFF, Miguel. Tratado de Derecho Administrativo. Tomo IV. Editorial Abeledo-Perrot. Buenos Aires, 2008. p. 164.

Conforme a lo anterior, se concluye que incluso si la expropiación es una institución exclusiva de la administración pública que puede ejercer de manera unilateral, el derecho a la certeza y seguridad jurídica de las personas no se vulneran al ejecutar dicho procedimiento.

7. CONCLUSIONES

La expropiación es una facultad que le es exclusiva a la nación, por medio de la cual recupera el dominio sobre un bien que había decidido incorporar al comercio. Es requisito indispensable que el bien que se busca expropiar tenga como causa la utilidad pública. En términos efectivos, la expropiación no se refiere a la enajenación de un bien. Cuando la autoridad lleva a cabo una expropiación, extingue por completo el derecho de propiedad de un particular generándole un daño. Para reparar el daño causado a la persona, la autoridad tiene la obligación de pagar una indemnización. En términos fiscales, dicha indemnización no está sujeta al pago del Impuesto sobre la Renta, y el Impuesto al Valor Agregado.

§ 25. INTERPRETACIÓN JURÍDICA. UNA REFLEXIÓN SOBRE SU APLICACIÓN EN MATERIA TRIBUTARIA EN MÉXICO

Juvenal Lobato Díaz [*]

I. INTRODUCCIÓN.

La labor interpretativa de los operadores del Derecho es una herramienta no sólo para la solución de casos complejos o difíciles, sino para la creación de doctrina, que hace que el Derecho, como producto social, esté en constante construcción.

En este sentido, si bien el Derecho Tributario o Fiscal requiere de una labor interpretativa acotada, ello no es obstáculo para la existencia, por lo menos en México, de un cúmulo de precedentes producto de la interpretación de leyes tributarias por parte de los tribunales, para dar solución a los casos que los abogados postulantes plantean.

Dicha labor de interpretación puede adquirir diversos matices, dependiendo de cada latitud, por ello lo que aquí se propone es una forma para interpretar normas tributarias, derivado de la experiencia en el foro, misma que sí bien es aplicable al caso mexicano, puede ser orientadora para otras jurisdicciones tributarias.

Así, con el pretexto de los 50 años de la Academia Venezolana de Derecho Tributario, así como por la generosidad de Leonardo Palacios y Serviliano Abache, y con parte de la información de un trabajo previo, se presentan estas disertaciones con el objeto de abonar a la doctrina en la materia.

Para tales efectos, el presente trabajo se divide en diversos puntos, a saber, qué significa interpretar, cuáles son las teorías y tipos de interpretación, así como la propuesta sobre la forma de interpretación que puede utilizarse en el sistema tributario mexicano.

II.   LA INTEPRETACIÓN JURÍDICA.

Etimológicamente *"La expresión 'interpretación' proviene del latín interpretatio (-onis) y ésta a su vez del verbo interpretor que significa: 'servir de inmediato', 'venir en ayuda de'; y, en este último sentido, por extensión: 'explicar'. El verbo interpretor deriva del sustantivo interpres (-etis) 'intermediario', 'agente'. (...) Es importante observar que interpres designa, también al traductor, i.e., el 'intermediario que pone en lenguaje accesible lo que se encuentra en un leguaje desconocido. De ahí que interpres, por extensión, se aplique a*

*   Licenciado en Derecho graduado con Mención Honorífica por la Facultad de Derecho de la Universidad Nacional Autónoma de México (UNAM). Especialista en Derecho Tributario por la Universidad de Salamanca, España. Máster en Argumentación Jurídica por la Universidad de Alicante, España. Profesor por Oposición de Derecho Fiscal de la Facultad de Derecho de la UNAM. Presidente de la Comisión de Derecho Tributario Constitucional de la Academia Mexicana de Derecho Fiscal (AMDF). Presidente de la Comisión de Derecho Constitucional y Derechos Humanos del Ilustre y Nacional Colegio de Abogados de México (INCAM). Vicepresidente de la Comisión Nacional Fiscal de la Confedereción Patronal de la República Mexicana (COPARMEX). Socio Fundador de Lobato Díaz Abogados, S.C., @jlobatod, juvenal@lobatodiazabogados.com.

aquel que explica, al que exclarece (así), *al que da sentido. Interpretatio, consecuentemente, significa 'explicación', 'esclarecimiento'.*"[1]

Por su parte, el Diccionario de la Lengua Española de la Real Academia Española, en la primera acepción del vocablo "interpretar" precisa *"Explicar o declarar el sentido de algo, y principalmente el de un texto"*, mientras que en la tercera acepción indica *"Explicar acciones, dichos o sucesos que pueden ser entendidos de diferentes modos"*, de donde se desprende que interpretar **implica desentrañar o esclarecer el sentido de las palabras, explicar los textos que pudieran ser entendidos de diferentes maneras**.

El Diccionario Panhispánico del Español Jurídico establece que "interpretación" es la *"determinación del sentido de una norma o regla del derecho con ocasión de aplicarla al caso concreto."*

En la acepción jurídica del término Manuel Atienza, nos dice que *"la interpretación hace referencia a la atribución de un significado a un texto problemático, esto es, a un texto cuyo significado es dudoso".*[2]

Para Riccardo Guastini *"el vocablo 'interpretación' denota, grosso modo, o bien la actividad de averiguar o decidir el significado de algún documento o texto jurídico, o bien el resultado o producto de esa actividad: el significado mismo".*[3]

A su vez, para Franco Modugno *"(...) la interpretación en el derecho es aquel conjunto de operaciones dirigidas a determinar el significado de los enunciados lingüísticos contenidos en los textos jurídicos (Constitución, leyes, actos administrativos, contratos, testamentos, etc.)."*[4]

De lo anterior tenemos que la interpretación jurídica es la actividad realizada mediante la aplicación de ciertas reglas que permite desentrañar o esclarecer el sentido de una norma o texto legal, a partir de su contenido, mismo que pudiera resultar dudoso o con entendimientos diferentes.

III.   TEORÍAS DE LA INTERPRETACIÓN.

A este respecto, Guastini[5] nos dice que son tres las teorías o familias de teorías de la interpretación, a saber: una teoría "cognitiva" o formalista, una teoría escéptica (o "realista" como la califica Atienza[6]) y una teoría intermedia.

En la primera de ellas (cognitiva o formalista) *"interpretar es verificar (empíricamente) el significado objetivo de los textos normativos o la intención subjetiva de los autores (típicamente, la autoridad legislativa)... son enunciados del discurso descriptivo".*[7]

Por su parte, *"La teoría escéptica de la interpretación sostiene que la interpretación es una actividad no de conocimiento, sino de valoración y de decisión. Esta teoría se funda sobre la opinión de que no existe algo así como el significado 'propio' de las palabras, (...)".*[8]

---

1   Tamayo y Salmorán, Rolando. "Interpretación Jurídica", en *Enciclopedia Jurídica Mexicana*, Tomo IV (F-L), 2ª ed., Ed. Porrúa, 2004, p. 657.

2   Atienza, Manuel. *El sentido del Derecho*, 2ª reimpresión de la 2ª ed., Ed. Ariel, Barcelona, 2004, p. 267 y 268.

3   Guastini, Ricardo. *Estudios sobre la Interpretación Jurídica*, 8ª ed., Ed. Porrúa, México, 2008, p. 2 y 3.

4   Modugno, Franco. *Teoría de la Interpretación Jurídica*, Ed. FUNDAp, México, 2004, p. 17.

5   *Cfr.,* Guastini, *op. cit.,* p. 13.

6   Atienza, *op. cit.,* p. 270.

7   Guastini, *op. cit.,* p. 13.

8   *Ibíd.,* p. 15.

A su vez, la teoría intermedia (o que también podríamos llamar "ecléctica") *"sostiene que la interpretación es a veces una actividad de conocimiento, y, a veces, una actividad de decisión discrecional"*[9] o, en palabras de Atienza *"en algunos supuestos (los casos claros o fáciles) tiene sentido hablar de descubrir un significado, mientras que en otros (los casos difíciles), lo que se hace es adjudicar o crear un sentido."*[10]

En otras palabras, podríamos calificar a la primera teoría descrita como "estática", esto es, estar a lo que el propio texto señala, mientras que en el otro extremo tendríamos una interpretación de carácter "dinámico", es decir, se le atribuye un determinado sentido que en principio no aparece expresamente del propio texto.

Sin embargo, para Modugno[11] tenemos teorías de la interpretación i) *restrictiva* (las leyes son tan claras que no requieren interpretación –*in claris non fit interpretatio*-); ii) *cognoscitiva* (la interpretación es una actividad científica, no volitiva, el interprete-científico es el único que la hace); iii) *valorativa* o *decisional* (para esta teoría antes de la interpretación existen simples textos, las normas son el significado de tales enunciados y éstos tiene el significado atribuido por el interprete, la norma no es el presupuesto de la interpretación es su resultado); *mediana* o *alternativa* (implica una combinación de la interpretación como actividad cognoscitiva y valorativa).

Al respecto y dado el carácter evolutivo del Derecho, consideramos que la teoría de la interpretación que podríamos calificar como dinámica o evolutiva (para Guastini "escéptica", para Modugno "valorativa" o "decisional") es la que en la actualidad recurrentemente es aplicada por nuestros tribunales buscando atribuir un significado o sentido determinado a los textos normativos.

IV.   TIPOS DE INTERPRETACIÓN.

Sobre este punto, tomaremos como base lo expuesto por Riccardo Guastini en sus *Estudios sobre la Interpretación Jurídica*, donde si bien habla de "técnicas interpretativas", en el título del capítulo segundo de su obra, del texto se desprende lo que podríamos llamar como "Tipos de interpretación", reservándonos tal calificativo, en todo caso, a los "métodos" de que se ayudan cada uno de los tipos de interpretación para llegar a su resultado (por ejemplo, gramatical o sintáctico, causal o teleológico, histórico o sistemático).

Así, tenemos que la **"interpretación literal o declarativa"** *"atribuye a una disposición su significado 'literal', es decir, el más inmediato –el significado prima facie, como suela decirse- que se desprende del uso común de las palabras y de las reglas sintácticas".*[12] Simplemente agregaríamos que este tipo de interpretación se vale de un análisis semántico y gramatical de las palabras empleadas por el legislador.

La **"interpretación correctora"** *"atribuye a un texto normativo no su significado literal más inmediato, sino un significado distinto".*[13]

Dentro de este tipo de interpretación Guastini nos dice que pueden existir dos especies: la interpretación extensiva que amplía el significado de la disposición a hecho no contemplados en ella (una interpretación analógica) y la interpretación restrictiva que circunscribe o no permite la inclusión de ningún otro supuesto más que el expresamente contemplado en la norma.

---

9   *Ibíd.*, p. 16.

10   Atienza, *op. cit.*, p. 270.

11   *Cfr.* Modugno, *op. cit.*, p. 22 a 28.

12   Guastini, *op. cit.*, p. 26.

13   *Ibíd.*, p. 31.

Sobre el particular, sólo valdría la pena agregar que también puede existir un tipo de interpretación conocido como "estricto", que en el sistema tributario mexicano se concibe como el único que resulta aplicable para interpretar las disposiciones fiscales y que consiste en desentrañar el verdadero sentido de la norma a partir de su contenido, sin permitir la analogía en la labor interpretativa pero tampoco que nos lleve a un extremo de aplicación restrictiva (que sí estuvo contemplado en un momento dentro de la historia legal tributaria mexicana).

La **"interpretación histórica"** *"que adscribe a una disposición uno de los significados que se le atribuyeron en la época que fue creada"*.[14] En este sentido, consideramos que lo correcto para hablar de este tipo de interpretación es considerarla como aquella que a partir de un análisis de los antecedentes y contexto de creación de la norma nos permite extraer su verdadero significado.

La **"interpretación evolutiva"** *"que adscribe a una disposición un significado nuevo y diferente de su significado 'histórico'"*.[15] A este respecto consideramos que no es que se atribuya un significado diferente al histórico, sino que es el que deriva de la finalidad del legislador, esto es, un interpretación de carácter teleológico o causal.

Por otra parte, la **"interpretación sistemática"** deduce *"el significado de una disposición de su colocación en el 'sistema' del derecho: unas veces, en el sistema jurídico en su conjunto; más frecuentemente, en un subsistema jurídico total, es decir, en el conjunto de las disposiciones que disciplinan una determinada materia o una determinada institución"*.[16] En la práctica *"se hace interpretación sistemática siempre que, para decidir el significado de una disposición, no se atiende a la disposición misma aisladamente considerada, sino al contexto en el que está situada"*.[17]

Como puede observarse, los diferentes tipos de interpretación brindan reglas que nos permiten desentrañar o esclarecer el sentido de una norma. Reglas que en función a la materia que se apliquen adquieren un matiz particular como se verá en el siguiente punto en el caso de la materia tributaria en México.

V.   LA INTERPRETACIÓN EN MATERIA TRIBUTARIA EN MÉXICO.

En primera instancia es necesario mencionar que el artículo 14 de la Constitución Política de los Estados Unidos Mexicanos, establece la "Garantía de Legalidad en Materia Jurisdiccional", entendida como la exigencia que deben cumplir todos los órganos jurisdiccionales para que las sentencias que emitan se ciñan a la *letra de la ley* aplicable al caso de que se trate o se base en la *interpretación jurídica* de la misma.

Dicho artículo establece expresamente:

"…

En los juicios del orden civil, la sentencia definitiva deberá ser conforme a la letra o a la interpretación jurídica de la ley, y a falta de ésta se fundará en los principios generales del derecho."

Lo anterior, a pesar de que en principio podría considerarse que dicha garantía sólo aplica a los juicios del orden civil lato sensu (civiles stricto sensu y mercantiles), ya que la Suprema Corte de Justicia de la Nación, mediante jurisprudencia, ha hecho extensiva esta garantía a otras materias, dentro de ellas, a las "resoluciones administrativas materialmente jurisdic-

---

14   *Ibíd.*, p. 50.
15   *Id.*
16   *Ibíd.*, p. 43 y 44.
17   *Ibíd.*, p. 44.

cionales (pues las que no tienen este carácter están condicionadas por la garantía de legalidad consagrada en la primera parte del artículo 16 constitucional), o sea, a las que recaen a procedimientos contencioso administrativos" (Burgoa Orihuela, Ignacio. Las Garantías Individuales, 12ª ed., Ed. Porrúa, México, 1979, p. 592).

En este sentido, todos los Tribunales mexicanos al dictar sus fallos deben, prima facie, atender a la letra de la ley, esto es, sólo en la letra de la ley deben apoyarse, y en el caso de que la ley conduzca a conclusiones contradictorias o confusas, deben fundarse en su interpretación jurídica, a través de diversos métodos (base de los tipos de interpretación a que nos hemos referido) que deben coordinarse dentro de un sistema hermenéutico que en el caso de la materia fiscal adquiere un matiz particular.

Al respecto, resulta aplicable la tesis cuyo rubro y texto establecen:

"INTERPRETACIÓN DE LA LEY. SI SU TEXTO ES OSCURO O INCOMPLETO Y NO BASTA EL EXAMEN GRAMATICAL, EL JUZGADOR PODRÁ UTILIZAR EL MÉTODO QUE CONFORME A SU CRITERIO SEA EL MÁS ADECUADO PARA RESOLVER EL CASO CONCRETO.

De acuerdo con el cuarto párrafo del artículo 14 de la Constitución Política de los Estados Unidos Mexicanos, el órgano jurisdiccional, al resolver la cuestión jurídica que se le plantee, deberá hacerlo conforme a la letra o a la interpretación jurídica de la ley y, a falta de ésta, se fundará en los principios generales del derecho. En este sentido, los juzgadores no están obligados a aplicar un método de interpretación específico, por lo que válidamente pueden utilizar el que acorde con su criterio sea el más adecuado para resolver el caso concreto. Sin embargo, en principio deberá utilizarse el literal, pues como lo establece el propio precepto constitucional, los fallos judiciales deberán dictarse "conforme a la letra o a la interpretación jurídica de la ley", con lo que se constriñe al juzgador a buscar la solución del problema que se le presente, considerando en primer lugar lo dispuesto expresamente en el ordenamiento jurídico correspondiente."[18] (Énfasis añadido)

En este sentido y dejando de lado la discusión doctrinal de si un texto a pesar de ser claro debe interpretarse o no, debemos señalar que la doctrina establece que existen "casos fáciles y difíciles"[19] en la labor interpretativa, donde los primeros nos permiten concluir de manera clara si el supuesto normativo está contemplado en la norma (bien tutelado, zona de certeza) o no (restricciones, exclusión del concepto), y los segundos se ubican en lo que se conoce como la "zona de penumbra" o "incertidumbre", ya que no se sabe si la norma contempla el supuesto fáctico o no y, por tanto, es necesario analizar detalladamente si la ley aplica al hecho o no.

Al respecto, Jerzy Wróblewsky[20] al escribir sobre "vaguedad e interpretación jurídica" establece que *"quien toma la decisión (interprete) se enfrenta a tres tipos de situaciones: o bien la norma-formulación contempla los hechos del caso, o bien no los contempla, o no se sabe si se trata de lo primero o de lo segundo"*, donde, por tanto, para desentrañar éste último supuesto, es importante la cantidad de información respecto al hecho o marcos referenciales para su cualificación, como los conceptos de experiencia, valor, científicos y técnicos para analizar su contenido, propósito y finalidad en el caso particular donde ha de concretizarse la supuesta indeterminación del concepto.

---

18   Tesis aislada 1a. LXXII/2004, publicada en el Semanario Judicial de la Federación de Junio de 2004, XIX, de la Primera Sala de la Suprema Corte de Justicia de la Nación, XIX, registro electrónico 181320.

19   *Cfr.* Dworkin, Ronald. *El imperio de la Justicia*, trad. Claudia Ferrari, 3ª reimpr., Ed. Gedisa, España, 2008.

20   *Cfr.* Wróblewsky, Jerzy, *El sentido y hecho del Derecho*, trads. Francisco Javier Ezquiaga Ganuzas y Juan Igartua Salaverría, 2ª reimpr., Ed. Fontamara, México, 2008, p. 138.

Así las cosas, debemos recordar que la interpretación jurídica implica la utilización de una serie de reglas que permiten desentrañar o esclarecer el sentido de una norma o texto legal, a partir de su contenido, mismo que pudiera resultar dudoso o con entendimientos diferentes.

Sobre este punto, es necesario mencionar que la historia de la Interpretación se inicia caracterizándola como una actividad muy estricta, sacramental, que se limita a aplicar el texto normativo, pero que evolucionó para transformarse en una forma de describir, desentrañar, esclarecer, el sentido de la norma, hasta llegar a asignar o atribuir el contenido normativo de las disposiciones jurídicas, empero, en nuestra opinión, considerando:

1. a forma en que están redactadas;

2. a intención de su creador;

3. a relación con el ordenamiento en que se ubican, así como los demás que conforman el sistema jurídico; y

4. el contexto histórico-social en el momento de su creación y aplicación en las condiciones actuales.

Todo ello aplicado en el marco del tipo de interpretación (o teorías sobre la interpretación –Franco Modugno-) que, en su caso, autorice la propia materia que se interpreta, por ejemplo, una "interpretación declarativa o literal" o una "interpretación correctora", en palabras de Ricardo Guastini, o bien, la "interpretación declarativa" (atribuir a la norma el valor que resulta evidente del significado literal de las palabras), la "interpretación restrictiva" (atribuir un contenido más restringido del que parece tener en principio la expresión adoptada –*plus dixit quam voluit*-) o la "interpretación extensiva" (la formulación del precepto legislativo no expresa plenamente la idea que la informa –*minus dixit quam voluit*-), según Ezio Vanoni[21] (pensamiento similar tiene M. A. Mailher de Chassat –*Tratado de la Interpretación de Leyes*, trad. Luis Manuel C. Méjan, Suprema Corte de Justicia de la Nación, 1ª reimpr., México, 2008, p. 93).

En este orden de ideas y retomando la idea del matiz particular al que nos referimos que adquiere la hermenéutica jurídica en materia tributaria, de acuerdo con el artículo 5 del Código Fiscal de la Federación, las disposiciones fiscales que establezcan cargas a los particulares (entendiendo por éstas, las referidas al objeto, sujeto, base, tasa o tarifa) **son de aplicación estricta**, en oposición al tipo de interpretación restrictiva y extensiva o analógica (ambas interpretaciones correctoras según Guastini), permitiéndose el uso de cualquier método de interpretación que permita desentrañar su contenido.

Así lo ha sostenido, incluso, la Segunda Sala de la Suprema Corte de Justicia de la Nación, en la siguiente Jurisprudencia:

*"**CONTRIBUCIONES. LAS DISPOSICIONES REFERENTES A SUS ELEMENTOS ESENCIALES, AUNQUE SON DE APLICACIÓN ESTRICTA, ADMITEN DIVERSOS MÉTODOS DE INTERPRETACIÓN PARA DESENTRAÑAR SU SENTIDO.***

*El hecho de que el legislador haya establecido que las disposiciones fiscales que prevén elementos esenciales, como son sujeto, objeto, base, tasa o tarifa de una contribución y las excepciones a ésta, **son de aplicación estricta, no significa que el intérprete no pueda acudir a los diversos métodos que permiten conocer la verdadera intención del creador de aquellas disposiciones**, cuando de su análisis literal en virtud de las palabras utilizadas, sean técnicas o de uso común, se genere incertidumbre sobre su significado, **ya que el efecto de lo ordenado por el legislador <u>es obligar a aquél a que realice la aplicación estricta de la respectiva hipótesis jurídica</u>***

---

21 *Cfr.* Vanoni, Ezio. *Naturaleza e Interpretación de leyes tributarias*, trad. Juan Martín Queralt, Instituto de Estudios Fiscales, Ministerio de Hacienda, Madrid, 1973.

única y exclusivamente a las situaciones de hecho que coincidan con lo previsto en ella, una vez desentrañado su alcance."[22] *(Énfasis añadido)*

Asimismo, resulta aplicable la siguiente tesis:

"LEYES TRIBUTARIAS. SU INTERPRETACIÓN AL TENOR DE LO DISPUESTO EN EL ARTÍCULO 5o. DEL CÓDIGO FISCAL DE LA FEDERACIÓN.

Conforme a lo establecido en el citado numeral, para desentrañar el alcance de lo dispuesto en las normas que establecen el sujeto, objeto, base, tasa o tarifa de una contribución y las excepciones a ésta, las respectivas disposiciones deben aplicarse en forma estricta, mientras que la interpretación del resto de las disposiciones tributarias podrá realizarse aplicando cualquier otro método de interpretación jurídica. Ante tal disposición la Suprema Corte de Justicia considera que **la circunstancia de que sean de aplicación estricta determinadas disposiciones de carácter tributario, no impide al intérprete acudir a los diversos métodos que permiten conocer la verdadera intención del creador de las normas, cuando de su análisis literal en virtud de las palabras utilizadas, sean técnicas o de uso común, se genere incertidumbre sobre su significado, ya que** *el efecto de la disposición en comento es constreñir a aquél a realizar la aplicación de la respectiva hipótesis jurídica única y exclusivamente a las situaciones de hecho que coincidan con lo previsto en ella, una vez desentrañado su alcance."*[23] (Énfasis añadido)

En este sentido, es conveniente señalar lo que Ezio Vanoni[24] establece al escribir sobre *"la aplicación rígida de las normas tributarias"*, a saber: *"las normas tributarias deben interpretarse en forma rígida y estricta:* **tan sólo son aplicables a las hipótesis claramente previstas por la ley, sin que se puedan extender, a través de razonamientos lógicos y de aplicaciones analógicas, a casos no expresamente previstos por la misma norma"**.

Así, la ley fiscal debe interpretarse rígida y literalmente, ya que tiene un carácter taxativo o limitativo donde solamente los hechos o actos ahí contemplados son lo que dan lugar, en su caso, al pago de las contribuciones, por lo que la interpretación de la ley fiscal no permite ampliar o restringir, mediante normas lógicas, el contenido de la norma tal como resulta de su expresión literal. La interpretación rígida y literal de las leyes impositivas es un corolario de la naturaleza propia de tales leyes, ya que a nadie puede obligársele a tributar si no se ubicó en el hecho imponible a través de la realización del hecho generador de la obligación tributaria.

Ahora bien, como ya se ha dicho, lo anterior no implica que no pueda recurrirse a ciertos tipos de interpretación para esclarecer o desentrañar el contenido de una norma tributaria, como los referidos en el punto anterior, pero que para efectos de nuestra materia sugerimos los siguientes (e incluso, que su aplicación sea en este orden):

1. Interpretación literal o gramatical.

En este método, el intérprete debe atender al significado de las palabras utilizadas en la disposición, esto es, como lo señala Vanoni, debe apercibirse del significado de las palabras a través de las cuales se manifiesta el pensamiento legislativo. En el sistema jurídico mexicano, es el método que contempla la Constitución Política de los Estados Unidos Mexicanos.

22 Jurisprudencia 2a./J. 133/2002, publicada en el Semanario Judicial de la Federación y su Gaceta, Novena Época, XVI, diciembre de 2002, p. 238, registro electrónico 185419.

23 Tesis 2a. CXLII/99, de la Segunda Sala de la Suprema Corte de Justicia de la Nación, publicada en el Semanario Judicial de la Federación y su Gaceta, X, diciembre de 1999, p. 406, registro electrónico 192803.

24 Vanoni, Ezio, *op. cit.*, p. 104 y 105.

En este sentido, es necesario mencionar que *"se debe tener en cuenta la voluntad del legislador, aunque sólo con el fin de controlar si las palabras se han entendido según el significado que les atribuyeron los órganos legislativos".*[25]

Integrando, además, el significado de las palabras dentro del precepto en el que se ubica.

2. Interpretación auténtica del Legislador, teleológica o causal.

También conocido como la "escuela de la exégesis" (Ihering, Heck, Ronald Dworkin) atiende a la voluntad del creador de la norma, a su intención al producirla, al fin de la norma jurídica, preguntándonos en primera instancia cuál es el interés que jurídicamente la norma intenta proteger y después de conocer ese elemento, decidir la controversia, interpretando el precepto de modo que por su aplicación resulte que efectivamente protegió el interés que la norma intenta garantizar.

En este sentido hay que revisar, por ejemplo, las razones, argumentos o planteamientos contenidos en el proceso legislativo. La *"ratio legis"* es la base de este método de interpretación, donde se buscan los razonamientos del propio creador de la norma.

3. Interpretación sistemática.

A través de este método de interpretación la norma a interpretar no debe estudiarse de manera aislada, sino dentro del marco legal del que forma parte, por lo tanto, debe encuadrarse en el marco de todas las disposiciones que integran la ley de que ella forma parte, así como en relación con las disposiciones de leyes afines y, en general, con todas las leyes vigentes en el orden jurídico.

Al respecto, resulta aplicable la siguiente Jurisprudencia:

*"**LEYES FISCALES. LA INTERPRETACION SISTEMATICA DE SUS NORMAS NO CONTRAVIENE LOS PRINCIPIOS DE INTERPRETACION Y APLICACION ESTRICTA Y DE LEGALIDAD QUE RIGEN EN DICHA MATERIA.***

*Si bien es cierto que la interpretación y aplicación de las normas impositivas es estricta, también es cierto que resultaría imposible interpretar cada precepto considerándolo fuera del contexto normativo del que forma parte, ya que de ser así, cualquier intento estricto de interpretación resultaría infructuoso para determinar el sentido y alcance de las normas. **Toda norma requiere de una interpretación, aunque sea literal, sin importar su rango, ya sea constitucional, legal, reglamentario, contractual o de cualquier otra índole, y un principio de hermenéutica obliga a interpretar los preceptos jurídicos en función a los demás que integran el ordenamiento al que pertenecen, y en función a los demás ordenamientos que integran un determinado régimen jurídico; sin que ello implique que en materia impositiva una interpretación estricta pero al fin y al cabo interpretación, vaya a obligar al sujeto pasivo de la norma tributaria al pago de contribuciones no establecidas en las leyes fiscales.** En consecuencia, interrelacionar las normas de manera sistemática no viola el principio de interpretación y aplicación estricta que rige la materia fiscal, ni el principio de legalidad que prevalece en dicha materia, de acuerdo con el artículo 31, fracción IV, constitucional."*[26] (Énfasis añadido)

Asimismo, resulta aplicable, la siguiente Jurisprudencia:

*"**LEYES FISCALES. LA REMISION DE UN ORDENAMIENTO A OTROS EN MATERIA FISCAL, PARA EFECTOS DE INTERPRETACION DE SUS NORMAS, PUEDE HACERSE MIENTRAS NO EXISTA PRECEPTO ESPECIFICO QUE LA PROHIBA.***

---

25 *Ibíd*, p. 244.

26 Tesis 3a./J. 18/91, de la Tercera Sala de la Suprema Corte de Justicia de la Nación, publicada en el Semanario Judicial de la Federación, Octava Época, Tomo VII, abril de 1990, p. 24, registro electrónico 207014.

Para determinar el contenido y alcance de un precepto es necesario acudir a otros que estén relacionados sin que para ello sea necesario remisión expresa. Es decir, mientras no exista un precepto específico que prohíba la remisión a otros preceptos del mismo o de otros ordenamientos, dicha remisión puede hacerse."[27] (Énfasis añadido)

Sobre esto el profesor Raúl Rodríguez Lobato en su obra *Derecho Fiscal* establece que *"debe destacarse que sería un error el pensar que toda norma jurídica debe interpretarse en sus términos, en forma aislada de las demás disposiciones que constituyen la ley, puesto que lo correcto es que debe interpretarse en forma armónica, es decir, relacionando unas con otras, a fin de no dar a un precepto aislado un alcance indebido, por la sola circunstancia de que dicho precepto haya empleado determinada palabra sin hacer distinción; pretender esto, sería, como dice Margáin, destruir todo el mecanismo que el legislador ha incorporado en una ley tributaria".*[28]

4. Interpretación histórica u *"occasio legis"*.

Este método, conocido también con el calificativo de "Saleilles" (en honor de Raymond Saleilles que basó sus ideas en el historicismo), permite acercarnos al significado de la norma en estudio a partir de investigar las condiciones que imperaban en el momento específico en que la norma se expidió, ya que frecuentemente las normas tributarias surgen bajo el impulso de las necesidades inmediatas en las que puede encontrarse su explicación, pero sin perder de vista su evolución en el contexto normativo.

VI. A MANERA DE CONCLUSIÓN.

En materia tributaria o fiscal, según el tratadista argentino Dino Jarach, *"por voluntad de la ley, la obligación del contribuyente y la pretensión correlativa del Fisco, se hace depender de verificarse un hecho jurídico, el titulado presupuesto legal del tributo, o hecho imponible"*[29], por lo que solamente *"se paga el impuesto porque se verifica el presupuesto de hecho que la ley ha previsto"*[30], sin que pueda afirmarse que en las leyes tributarias existan lagunas[31] (sobre lagunas en el Derecho véase Atria, Fernando, et. al., *"Lagunas en el Derecho"*, Ed. Marcial Pons, Madrid, 2005), ya que *"las obligaciones que la ley expresamente no impone no existen (...) los impuestos son materia legal y no de equidad (matter of statute and not of equity) y que una obligación que no resulte de la letra de la ley no puede ser impuesta aunque esté dentro de su espíritu".*[32]

Sobre el particular, el Maestro Raúl Rodríguez Lobato en su obra *Derecho Fiscal*, haciendo eco de lo sostenido por el Maestro Emilio Margáin Manaotou, sostiene que *"la interpretación analógica, en términos generales, se encuentra proscrita como método de interpretación de las leyes fiscales. Margáin señala que se considera peligrosa en virtud de que su elasticidad permitiría hacer extensiva una disposición a situaciones que no era intención del legislador gravar y que por su sola semejanza con la situación verdaderamente previs-*

---

27   Tesis 3a./J. 19/91, de la Tercera Sala de la Suprema Corte de Justicia de la Nación, publicada en el Semanario Judicial de la Federación, Octava Época, Tomo VII, abril de 1997, p. 25.

28   Rodríguez Lobato, Raúl. *Derecho Fiscal*, 2ª ed., Ed. Oxford, México, 2000, p. 51 y 52.

29   Jarach, Dino. *El hecho imponible. Teoría General del Derecho Tributario Sustantivo*, 3ª ed., 1ª reimpr. Ed. Abeledo-Perrot, Argentina, 2004, p. 73.

30   *Ibíd*, p. 93.

31   *Cfr. Ibíd*, p. 162.

32   *Id.*

*ta quedarían afectadas; es decir, se considera que si se acepta la interpretación analógica, se dotaría a los órganos administrativos de capacidad de legislar. La doctrina agrega que este método le interpretación viola el principio de que no hay tributo sin ley, ya que la analogía supone que hay una situación no prevista por la ley y, por ello, de aplicarse, se violaría el principio de legalidad; de allí que De la Garza nos diga que **la llamada interpretación analógica, no es interpretación sino integración**".*[33]

Por todo lo anterior, hay que decir, en palabras de Ulises Schmill y del Ministro en retiro de la SCJN José Ramón Cossío Díaz, al hablar de la "Interpretación y ética de la responsabilidad" que *"no basta con que la decisión tomada se ajuste formalmente a uno de los contenidos posibles de una norma, sino que determinará la totalidad, previsible de interpretaciones, ponderará sus consecuencias con base en dictámenes científicos y entonces, y sólo entonces, tomará una decisión. La adecuación formal de su decisión con una de las interpretaciones posibles de la norma a ejecutar es un elemento posible que debe ser tomado en consideración; sin embargo no es el único".*[34]

Finalmente, es pertinente mencionar lo que Liliana González Varela y Alejandro Ibarra Rodríguez señalan al concluir su estudio sobre la "Interpretación de las normas tributarias. El fraude a la Ley Tributaria": *"En nuestro sistema jurídico (de corte continental europeo), a los juristas sólo debe importarnos la realidad económica normativizada, esto es, la realidad económica plasmada en el texto legal, tal como ésta fue plasmada en el norma. Por lo que el jurista únicamente puede atender a la letra de la ley 'de manera estricta'. De ahí que si la llamada 'realidad económica' no está contenida en una norma, el intérprete no podrá, so pena de infringir la legalidad de la norma, sustituir la letra de la ley por dicha realidad económica. Con ello quiero decir, que un sistema impositivo como el vigente en nuestro país, da mayor importancia a las estructuras y al contenido jurídico de la norma y no así a la realidad económica que pueda ser considerada. Si nuestro ordenamiento legal tiene fallas, sin duda, el legislador las puede resolver, pues ni la Administración y menos aún los jueces pueden encontrar hecho imponibles dónde la ley tributaria no los ha creado (...)".*[35]

Ciudad de México, primavera de 2019.

---

33 Rodríguez Lobato, Raúl, *op. cit.,* p. 50.

34 Schmill, Ulises y Cossío Díaz, José Ramón. *Interpretación del Derecho y concepciones del mundo,* en "Interpretación Jurídica y Decisión Judicial", comp. Rodolfo Vázquez, Ed. Fontamara, 4ª reimpr., México, 2006, p. 84.

35 El fraude a la Ley Tributaria" en Alvarado Esquivel, Miguel de Jesús, coord., *Manual de Derecho Tributario,* 2ª ed., Ed. Porrúa, México, 2008, p. 122 y 123.

§ 26. LAS PERVERSIONES DE LA INFLACIÓN EN LA TRIBUTACIÓN A LA RENTA EN VENEZUELA

Nathalie Rodriguez Paris [*]

I.   INTRODUCCIÓN

La inflación es el fenómeno económico que genera el aumento generalizado de los precios de los bienes y servicios y conlleva la pérdida del valor adquisitivo de la moneda y, consecuentemente, su devaluación, es una de las patologías económicas más perniciosas y afecta por igual a todos los que hacen vida en un país cuya economía la padezca, sin atender al nivel de ingresos que ostenten, ni el sector económico en el que desarrollen su actividad.

En materia impositiva, la inflación supone un factor distorsionante, puesto que la obligación tributaria es una obligación de valor (pecuniaria) y, por ende, la merma del valor real de la moneda frente a su valor nominal histórico afecta la determinación de la base imponible de dicha obligación.

En atención a lo antes señalado, si no se toman correctivos dentro del sistema tributario en un país afectado por inflación, esta acaba por convertirse en el más perverso y regresivo de los impuestos, pues se produce de manera inexorable por la pérdida del poder adquisitivo, no atiende a los principios de capacidad contributiva, progresividad, racionalidad ni equidad y termina convirtiéndose en una exacción que no grava la renta, sino el capital.

En definitiva, como bien ha señalado André Maurois citado por Humberto Romero Muci *"la inflación es la obra del diablo porque respeta las apariencias y destruye las realidades."* [1] En efecto, en una economía inflacionaria, la apariencia del valor nominal de las partidas monetarias se ve erosionada por la pérdida de poder adquisitivo de las mismas ante la subida de los precios de los bienes y servicios, quedando destruido el poder adquisitivo real y, en consecuencia, falseada la capacidad real de contribuir.

Así pues, en una economía hiperinflacionaria como la venezolana, resulta inaceptable que no se incluyan en la legislación tributaria medidas tendentes a considerar el efecto pernicioso de la inflación en la determinación de la base imponible de la obligación tributaria y, muy especialmente, en la determinación del enriquecimiento neto gravable con impuesto sobre la renta, por ser este el impuesto que, por excelencia, está llamado a medir de manera directa la capacidad contributiva atendiendo al principio de progresividad, por lo que un sistema de determinación de la base imponible del impuesto sobre la renta que no reconozca el efecto de la inflación, supone una inminente lesión a la verdadera capacidad de contribuir conforme a la real capacidad económica, que conlleva gravar una renta irreal que puede implicar, bien que la exacción recaiga sobre el patrimonio, convirtiendo a la inflación en una exacción en sí misma que convierte al impuesto a la renta en un impuesto regresivo y confiscatorio, o

---

[*]   Abogado UCAB 2001; especialista en Derecho Financiero de la UCAB 2006 mención honorífica, miembro del Colegio de Abogados del Distrito Capital; miembro de número de la Asociación Venezolana de Derecho Tributario; miembro de la International Bar Association (IBA), socia del área de práctica de Derecho Tributario del escritorio jurídico LEGA Abogados (antes Hoet, Peláez, Castillo & Duque) desde 2001.

[1]   ROMERO MUCI, Humberto. Tributación y Regulación, en Memorias de las XIV Jornadas Venezolanas de Derecho Tributario. Asociación Venezolana de Derecho Tributario, Caracas, 2015; p. 371.

bien que otros salgan beneficiados tributando menos de lo que deberían conforme a su real capacidad económica.

Es por esta razón, que, en el año 1991, el legislador nacional incluye, por primera vez, el sistema integral de ajuste por inflación en la Ley de Impuesto sobre la Renta con la intención de neutralizar los efectos distorsionantes de la inflación sobre la determinación de la renta neta gravable, a los fines de garantizar que la base imponible de dicho tributo se determine atendiendo a la real capacidad contributiva atendiendo al principio rector contenido en el artículo 316 de la Constitución.

A casi 20 años de la inclusión del API en la Ley de Impuesto sobre la Renta, lamentamos reconocer que la patología que genera la inflación en nuestra economía, lejos de desaparecer o mejorar se ha incrementado notoriamente, convirtiendo a la inflación en un signo económico persistente y crónico.

En efecto, tal como lo ha expresado Alejandro Werner, economista jefe del Fondo Monetario Internacional (FMI) para el hemisferio occidental, Venezuela enfrenta en la actualidad el peor trance económico de su historia, "se trata de una de las principales crisis que hemos visto en la historia de la economía moderna. Si uno ve los colapsos económicos que han ocurrido en los últimos 50 años, el colapso actual de Venezuela se encuentra entre los primeros 15".[2]

Werner indicaba a finales del último trimestre del 2018 que conforme a las proyecciones del FMI "Proyectamos que la inflación se disparará a 1.000.000% para fines de 2018, lo que indicaría que la situación de Venezuela es similar a la de Alemania en 1923 o Zimbabue a fines de la década de 2000". Bajo estas perspectivas dicho organismo anticipó una contracción del PIB venezolano del 18% para ese año, después de la caída del 14% registrada en 2017, mientras que para 2019 prevé un retroceso de la actividad del 5% por la descomunal reducción de la producción de petróleo y de las distorsiones y desequilibrios generalizadas por la fallida política económica acometida por el gobierno actual que han generado una recesión sostenida desde el 2013 y que de acuerdo con las proyecciones del FMI se mantendrá al menos hasta el 2023.

En este orden de ideas, luce irracional e incomprensible que frente a la actual coyuntura económica que atraviesa el país, nuestra vigente Ley de Impuesto sobre la Renta, lejos de adoptar medidas que eliminen las distorsiones del sistema de ajuste por inflación actual y que garanticen la neutralidad de la inflación en la determinación de la base imponible de dicho impuesto, contenga disposiciones que excluyan de dicho sistema a determinados grupos de contribuyentes, como es el caso de las instituciones financieras, de seguros y reaseguros y los sujetos pasivos especiales, lo cual deriva como apuntaremos en el presente trabajo en una medida inconstitucional que, como señala Humberto Romero Muci, *"conculca ostensiblemente (i) el derecho a contribuir conforme a la capacidad económica real, efectiva, libre de las distorsiones inflacionarias y (ii) crea una situación discriminatoria al impedir sin razón objetiva la corrección monetaria de la base imponible correspondiente."*[3]

En efecto, en los actuales momentos de envilecimiento monetario, con una economía intervenida por el Estado y recesiva, en la que el valor de la moneda se erosiona persistentemente y la hiperinflación constituye una patología crónica, el no adoptar medidas que garanticen la neutralidad de dicho fenómeno distorsionante en la determinación de los enriquecimientos netos gravables con el impuesto sobre la renta, constituye una omisión del legislador patrio que conculca los principios constitucionales de capacidad contributiva, progresividad y racionalidad que informan el sistema tributario, pero la exclusión de las institucio-

---

2   Consultado en http://www.el-nacional.com/noticias/economia/fmi-venezuela-atraviesa-una-las-crisis-mas-grandes-economia_231793.

3   MUCI ROMERO, Humberto, *Op. cit.,* p. 372.

nes financieras, de seguros y reaseguros, así como a los sujetos pasivos del API contenida en las reformas de la Ley de Impuesto sobre la Renta del 2014 y 2015, no solo constituyen una aberrante y flagrante vulneración de tales principios, sino que supone per se un impuesto a la inflación que acaba gravando el patrimonio y no la renta de dichos contribuyentes.

En el presente trabajo analizaremos la incidencia de la inflación en el impuesto sobre la renta en Venezuela, trataremos de abordar algunas de las deficiencias del sistema integral de ajuste vigente, la manipulación política deformante de la Unidad Tributaria como unidad de medida que influye también en la determinación del enriquecimiento neto gravable y sugerir la modificación de algunos aspectos que consideramos oportunos y alineados con la coyuntura económica actual venezolana a la luz de los principios constitucionales que informan el sistema tributario, con la finalidad de procurar la neutralidad de la hiperinflación en la determinación de la base imponible de dicho impuesto.

II. DESARROLLO

1.- Incidencia de la inflación en la tributación a la renta y al patrimonio.

Para analizar los efectos del fenómeno inflacionario sobre la tributación y específicamente en lo que respecta al Impuesto sobre la Renta, debemos conocer de qué se trata el mismo.

La inflación es la tendencia al aumento constante en el nivel general de precios o, lo que es igual, *"una tendencia hacia la disminución en el poder adquisitivo de una moneda"*[4].

Paulsen expresa que *"cuando la intensidad con que el volumen de circulación del dinero se expresa en un alza del nivel de precios; es decir, en un descenso de la capacidad adquisitiva de la unidad monetaria, nos hallamos en un estado inflacionario"*[5].

Los estudiosos de este fenómeno le han atribuido diversas causas, entre las que podemos enumerar como las principales las siguientes:

1. Reducción del crecimiento económico
2. Exceso de liquidez en la economía
3. Mayor gasto público o déficit fiscal
4. Endeudamiento público.

La inflación genera una distorsión de los resultados financieros y, por ende, distorsiona la base imponible del impuesto sobre la renta, puesto que su determinación parte de las cifras contables históricas, siendo que en inflación, los activos registrados a valores nominales tienen un valor de realización mayor, lo cual afecta la base imponible y arroja ganancias ficticias no reales que suponen un gravamen a una apariencia de capacidad contributiva no acorde con la verdadera capacidad económica del contribuyente.

Por esta razón, el legislador venezolano incorpora en la reforma de la Ley de Impuesto sobre la Renta del año 1991 el sistema de ajuste por inflación fiscal con la finalidad de eliminar las distorsiones de la inflación y garantizar la neutralidad en la determinación de la base imponible de dicho impuesto, es decir, con el objeto de gravar los incrementos de patrimonio reales, considerando en su cuantificación el efecto del fenómeno inflacionario.

En efecto, el informe de la Comisión de Finanzas del Congreso de la República señala que la finalidad de incorporar este régimen era: "lograr que los contribuyentes, particularmente los empresarios, paguen impuesto sobre una base real y no nominal o ficticia, tomando en

4   ORTIZ ANAYA, Héctor: **Análisis Financiero Aplicado con Ajuste por Inflación**. Universidad Externado de Colombia. Décima Edición. p. 443.

5   PAULSEN, Andrea: **Teoría General de la Economía**. México 1959. p. 64.

cuenta que el fenómeno inflacionario distorsiona los resultados que reflejan los estados financieros."[6]

Lamentablemente, las razones que generaron la necesidad de incluir el sistema del ajuste por inflación en la legislación fiscal en la Ley de Impuesto sobre la Renta de 1991 siguen afectando nuestra economía. Venezuela padece en la actualidad los más altos niveles de inflación de su historia, que alcanza ya niveles de hiperinflación y se ha convertido en una patología crónica y persistente, alcanzando índices de tres dígitos.

Es indiscutible, que el sistema de ajuste por inflación fiscal surge en Venezuela como una necesidad de adaptar la legislación impositiva a la renta a la economía del país, caracterizada en los últimos 30 años por un sostenido aumento de los precios de los bienes y servicios, que refleja una constante y generalizada pérdida del poder adquisitivo de nuestro signo monetario y su inclusión nos demuestra que el legislador patrio reconoció legalmente el impacto que en nuestra economía produce el fenómeno inflacionario y su afectación en la medición de la capacidad contributiva que debe privar en nuestro sistema tributario, que por excelencia mide el impuesto que grava la renta.

La intención del legislador de 1991 al incorporar el Sistema Integral de Ajuste por Inflación (API) en la LISLR, no fue otra que procurar disminuir los efectos distorsionantes de la inflación sobre la determinación de la renta gravable, y con ello la estricta observancia del principio constitucional de capacidad contributiva, contenido en el artículo 316 de la Constitución vigente.

La capacidad contributiva, es un principio rector del derecho tributario, el cual ha sido entendido como causa y medida del tributo y *"...que conduce a dos límites indispensables, como son: a) La protección del mínimo vital, es decir, que no se tribute y no se grave sobre aquellos recursos económicos del ciudadano que se requieran para la subsistencia; y b) que no se destruya ni se agreda la fuente de producción, que no se elimine el capital productivo o la riqueza productiva, sino que realmente se preserve, porque ella es la que va a garantizar un funcionamiento posterior, no solo del Estado sino de toda la nación..."* [7]

Se suma al principio de capacidad contributiva, el principio de justicia sobre el cual recae el primero, y en ese sentido, autores nacionales han contribuido en la difusión de las razones de justicia tributaria y de capacidad contributiva que justifican y exigen la aplicación de un sistema de corrección monetaria en una economía inflacionaria como la venezolana.

Con acierto ha afirmado la doctrina que *"El carácter clandestino, a veces imperceptible de la inflación, su ritmo caprichoso y errático tiende a desquiciar los elementos fundamentales de la estructura de los tributos y a comprometer la justicia del sistema fiscal, esto es, la razonabilidad y proporcionalidad de la imposición, que son valores superiores del ordenamiento jurídico venezolano según proclama el enunciado del artículo 2 del Texto Fundamental [Venezuela se constituye en un Estado democrático y social de Derecho y de Justicia, que propugna como valores superiores de su ordenamiento jurídico y de su actuación, la vida, la libertad, la justicia, la igualdad, la solidaridad, la democracia, la responsabilidad social y en general, la preeminencia de los derechos humanos, la ética y el pluralismo político.]"* [8]

---

6   Comisión Permanente de Finanzas de la Cámara de Diputados. Informe sobre el Proyecto de Reforma de la Ley de Impuesto sobre la Renta de fecha 24-09-90.

7   RUAN SANTOS, Gabriel. *Libro Homenaje a la Memoria de Ilse Van der Velde*; Ediciones Funeda, 1998, p.p.12 y 13.

8   ROMERO-MUCI Humberto, "Aspectos Protervos en la eliminación del Ajuste Integral por Inflación a las entidades financieras y de seguros", Tributación y Regulación, XIV Jornadas Venezolanas de Derecho Tributario, Asociación Venezolana de Derecho Tributario, Caracas 2015, p. 377.

En efecto, siendo la inflación un factor distorsionante del valor real de los activos, pasivos y el patrimonio neto, desconocer su efecto en la determinación de la renta neta sujeta a impuesto, supone una violación al principio de justicia y una flagrante conculcación del principio de capacidad contributiva, pues supondría gravar una capacidad contributiva ficticia que, en algunos casos podría generar la afectación del patrimonio del contribuyente; así pues, de no tomarse en cuenta los efectos de la inflación en las reglas determinativas de la renta neta sujeta a impuesto, podríamos llegar al absurdo de someter a exacción el capital del contribuyente y en otros casos permitir que aquellos que se beneficien de la inflación por sus posiciones activas y pasivas resulten favorecidos al no pagar el impuesto adecuado a su verdadera capacidad contributiva.

Los efectos distorsionantes de la inflación sobre la tributación han sido objeto de estudio y análisis por destacados especialistas en Latinoamérica, pues este flagelo de la economía en distintos momentos ha afectado a todos los países de la región, razón por la que fue incluido como tema en el marco de las V Jornadas Latinoamericanas de Derecho Tributario del Instituto Latinoamericano de Derecho Tributario (ILADT), celebradas en Santiago de Chile en el año de 1967, cuyos considerados y recomendaciones fueron las siguientes:

"Tema 2: Incidencia de la Inflación en el Sistema Tributario

Considerando:

1. *Que la inflación cuando alcanza niveles de la intensidad y duración con que la sufren algunos de los países latinoamericanos es elemento principalísimo en el deterioro de sus economías y factor de distorsión de sus sistemas tributarios;*

2. *Que la consideración de la inflación en los tributos debe ser coordinada con la adopción de una política general anti-inflacionaria tendiente a controlar y eliminar el fenómeno con el objeto de concurrir a obtener la aspiración común de un desarrollo acelerado y auto sostenido que se construya sobre fundamentos de estabilidad económica;*

3. *Que la política tributaria debe propender entre sus fines a controlar el proceso inflacionario y mientras esto no ocurra, el sistema tributario deberá contener normas que tiendan a corregir las distorsiones señaladas a fin de restablecer la equidad;*

4. *Que las consideraciones negativas de la inflación afectan tanto al Fisco como a la generalidad de los contribuyentes.*

Las V Jornadas Latinoamericanas de Derecho Tributario

Recomiendan:

1. *Los sistemas tributarios deben estructurarse de modo tal que constituyan un instrumento eficaz para prevenir y combatir la inflación.*

2. *Que los institutos miembros propongan a sus gobiernos modificaciones en los sistemas tributarios a fin de que estos constituyan un instrumento más eficaz para prevenir y combatir la inflación.*

3. *Adaptar los sistemas tributarios en forma tal que el Estado no vea afectado el valor real de sus ingresos y que para los contribuyentes el tributo recaiga sobre la expresión real del valor de la materia imponible, entendiéndose por valores reales los depurados de los efectos distorsionados de la inflación; procurándose en todos los casos y a todos los efectos, la uniformidad de valores en las relaciones entre el Estado y las personas físicas y jurídicas del sector privado.*

4. *Que los gravámenes sobre los consumos se establezcan preferiblemente sobre base "ad valorem".*

5. *La base imponible de los gravámenes que afectan al patrimonio debe ser actualizada mediante un mecanismo de ajuste.*

6. *El proceso de determinación de los gravámenes que recaen sobre los ingresos deberá contemplar mecanismo de ajuste correctivos.*

7. *Los mecanismos de ajuste de la base imponible de los gravámenes al patrimonio y sobre los ingresos, deben cumplir los siguientes requisitos:*

   a) *En los posible no deben introducir discriminaciones entre la carga tributaria que deben soportar los diferentes sectores o actividades afectos al impuesto, por el hecho de depurar o actualizar en mayor o menor grado los patrimonios o los ingresos de alguno de ellos, sino que deben tender a un grado similar de corrección de las distorsiones que la inflación introduce en la carga impositiva de los diferentes sectores o actividades; si en los impuestos a que los ajustes se refieren ello no fuera posible, deberá tratarse dentro del sistema tributario en su conjunto que dicha redistribución de la carga tributaria no se produzca.*

   b) *Los mecanismos destinados a lograr que el impuesto sobre la renta se aplique sobre utilidades reales, depuradas de los efectos de la desvalorización monetaria, no debe producir como consecuencia el hecho de desgravar utilidades reales obtenidas debido al proceso inflacionario, sino que deben diseñarse a fin de que dichas utilidades queden afectadas al impuesto.*

   c) *Las diferencias resultantes de los ajustes no deberán estar gravadas por los impuestos.*

1. *Sin perjuicio de las correcciones de la base, las deducciones y mínimo gravables, así como los tramos de las escalas progresivas deberán ser ajustados en forma automática en función al deterioro del poder adquisitivo de la moneda.*

2. *Recomendar que los institutos nacionales estudien y sometan a las próximas Jornadas procedimientos de ajustes que satisfagan los requisitos enunciados en el punto 6, para lo cual se habilitará un punto especial del temario."* [9] (subrayado nuestro).

Se desprende de estas consideraciones y recomendaciones, que desde el año de 1967 se tomaron en cuenta los efectos distorsionantes del fenómeno inflacionario en la tributación y que en términos generales estas recomendaciones fueron dirigidas a que los sistemas tributarios consagraran mecanismos correctivos, con el objeto de restablecer la equidad entre los sujetos de la relación jurídica tributaria, así como que la cuantificación de la obligación tributaria recayera sobre valores imponibles reales; es decir depurados de los efectos de la inflación.

Venezuela por más de 35 años ha experimentado unos índices de inflación generalmente elevados, los cuales, casi siempre han estado impactados por los precios del petróleo dada su naturaleza monoproductora (siendo además esa industria la fuente más importante del financiamiento del gasto público). Ciertamente no se puede estimar que la inflación en Venezuela sea algo imprevisible, sin embargo, la inestabilidad económica siempre ha hecho de la inflación venezolana un aspecto complejo a estimar o proyectar, no obstante, con una adecuada planificación financiera ello fue relativamente posible hasta los años 2013/2014, puesto que, en los años venideros, se suscitó un incremento de los índices de inflación sin precedentes convirtiendo a Venezuela en el país con la inflación más alta del mundo, llegando al nivel de hiperinflación que además se ha sostenido como ningún otro proceso hiperinflacionario en la historia.

---

9   Instituto Latinoamericano de Derecho Tributario: **Estatutos y Resoluciones de las Jornadas**. Montevideo 1993. pp. 37, 38 y 39.

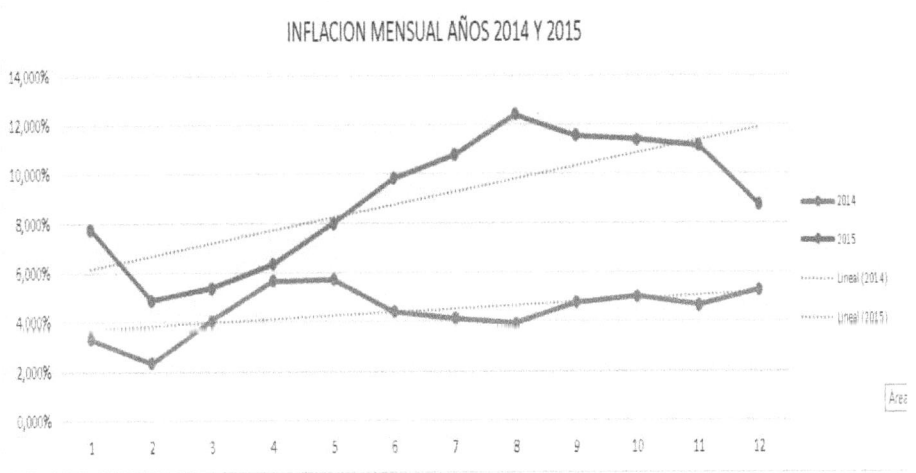

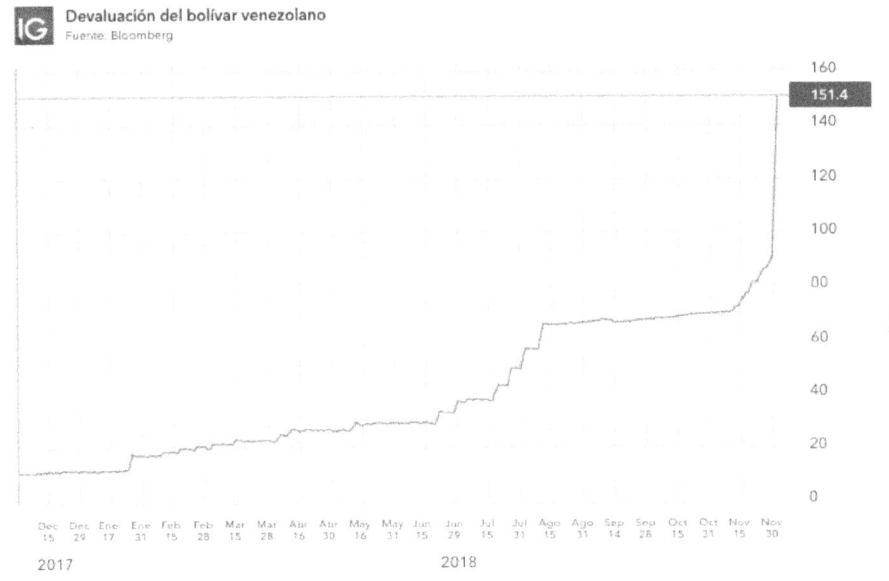

Años 2018/2019

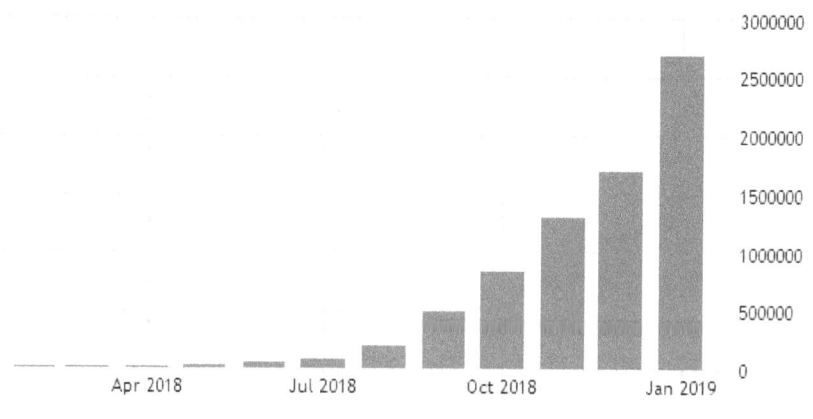

Los gráficos precedentes son claros en lo que ha sido inflación y devaluación en Venezuela en los últimos 5 años. En una economía hiperinflacionaria, como la venezolana, máxime cuando el fenómeno ha alcanzado un estado patológico, crónico y persistente, al analizar los resultados financieros y fiscales a valores nominales históricos, sin considerar los efectos distorsionantes que genera la inflación, nos encontramos frente a partidas que no reflejan su verdadero valor de adquisición, sino una apariencia falseada del valor real monetario.

Ahora bien, para garantizar que el sistema de ajuste por inflación cumpla con el objetivo de neutralizar el efecto distorsionante de la inflación en la determinación de la base imponible, no basta con prever un mecanismo que ajuste los valores de los activos, pasivos y el patrimonio a su valor real considerando la inflación y que dicho efecto se recoja en la ecuación para determinar el enriquecimiento neto, para lograr ese objetivo, es igualmente imprescindible que se tomen los correctivos necesarios que permitan sincerar los tramos, exenciones, desgravámenes y demás valores que sean expresados en valores monetarios fijos, pues de lo contrario, como lo indica Humberto Romero Muci *"los contribuyentes se ven empujados hacia arriba (bracket creep) en una escala progresiva y en consecuencia, sometidos a una carga impositiva superior. De modo que, al aumentar la renta nominal del contribuyente, estos son desplazados a tramos superiores de imposición"*[11]

2.- El sistema de ajuste previsto en la Ley de Impuesto sobre la Renta.

Establece el artículo 178 de la Ley de Impuesto sobre la Renta de 2014, lo siguiente:

"A los efectos tributarios, los contribuyentes a que se refiere el artículo 173 del presente Decreto con Rango, Valor y Fuerza de Ley, una vez realizado el ajuste inicial, deberán reajustar al cierre de su ejercicio gravable, sus <u>activos y pasivos no monetarios</u>, el patrimonio al inicio del ejercicio y los aumentos y disminuciones del patrimonio durante el ejercicio, distintos de las ganancias o las pérdidas, conforme al procedimiento que a continuación se señala. El mayor o menor valor que se genere de la actualiza <u>los activos y pasivos no monetarios</u> y disminuciones durante el ejercicio, distintos de las ganancias o las pérdidas, serán acumulados en una partida de conciliación fiscal que se denominará Reajuste por Inflación y que se tomará en consideración

---

10 Gráficos de la inflación mensual en Venezuela basada en el INPC en los años 2014 y 2015 tomado de https://tsmconsultores.com/tabla-historica-del-ipc-en-venezuela-2/

11 MUCI ROMERO, Humberto. Uso Abuso y Perversión de la Unidad Tributaria. Editorial Jurídica Venezolana. Caracas 2016. p. 16.

para la determinación de la renta gravable, con excepción de las empresas en etapa pre-operativa, para los cuales el reajuste sólo se tomará en consideración para la determinación de la renta neta gravable en el período siguiente a aquel en que se incorporaron en el sistema de ajuste por inflación de conformidad con el artículo 174 de presente Decreto con Rango, Valor y Fuerza de Ley.

A partir de la vigencia de esta Ley, aquellos contribuyentes que efectuaron el reajuste regular bajo la vigencia de la Ley de Impuesto sobre la Renta de 1999, se ajustarán a lo previsto en este Capítulo."

Del contenido e interpretación del artículo transcrito, se puede entrever con palmaria claridad que el mayor o menor valor que se genere de actualizar el patrimonio neto y los activos y pasivos no monetarios deben ser acumulados en una partida de conciliación fiscal denominada "Reajuste por Inflación" que se tomará en consideración a los efectos de la determinación de la renta gravable, por lo que resulta lógico y equitativo interpretar que estas normas han de interpretarse conforme a la realidad económica, pues de lo contrario se gravarían rentas ficticias, en cuyo caso atentaría contra los principios más elementales que rigen el sistema tributario en la Constitución de la República Bolivariana de Venezuela.

Una de las características de Sistema de Ajuste por Inflación Fiscal es su integralidad, y tiene como finalidad la actualización de algunas partidas que conforman tanto el activo como el pasivo del contribuyente sujeto al Sistema, con la finalidad de cuantificar la incidencia de la inflación en el enriquecimiento neto gravable.

Ahora bien, hemos mencionado que están sujetas a actualización por inflación "algunas" partidas del balance, y en el tema en análisis es fundamental precisar cuáles son esas partidas, que en principio no deberían representar mayor dificultad para ser determinadas.

En este sentido es oportuno citar el artículo 173 de la LISR que expresa:

"Artículo 173: A los solos efectos tributarios, los contribuyentes a que se refiere el artículo 7° del presente Decreto con Rango Valor y Fuerza de Ley, que iniciaron sus operaciones a partir del 1° de enero del año 1993, y realicen actividades comerciales, industriales, explotación de minas e hidrocarburo y actividades conexas, que estén obligados a llevar libros de contabilidad, deberán al cierre de su primer ejercicio gravable, realizar una actualización inicial de sus activos y pasivos no monetarios, según las normas prevista en el presente Decreto con Rango Valor y Fuerza de Ley, la cual traerá una variación en el monto del patrimonio neto para esa fecha.

...Omissis...

Una vez practicada la actualización inicial de los activos y pasivos no monetarios, el Balance General Fiscal Actualizado, servirá como punto inicial de referencia al sistema de reajuste regular por inflación previsto en el Capítulo II del Título IX del presente Decreto con Rango Valor y Fuerza de Ley.

... Omissis...

Parágrafo Segundo: Se considerarán como activos y pasivos no monetarios, aquellas partidas del Balance General Histórico del contribuyente que por su naturaleza o características son susceptibles de protegerse de la inflación, tales como: <u>los inventarios,</u> mercancías en tránsito, activos fijos, edificios, terrenos, maquinarias, mobiliarios, equipos, construcciones en proceso, inversiones permanentes, inversiones convertibles en acciones, cargos y créditos diferidos y activos intangibles. Los créditos y deudas con cláusulas de reajustabilidad o en moneda extranjera y los intereses cobrados o pagados por anticipado o registrados como cargos o créditos diferidos se considerarán activos y pasivos monetarios.

... Omissis..."

Se desprende del artículo citado y concatenado con el 178 ajusten, también *supra* citado, que las partidas del Balance General que deben actualizarse son aquellas representadas por los activos y pasivos no monetarios considerando la norma que son *aquellos que por su na-*

turaleza o características son susceptibles de protegerse de la inflación; mencionando dicha norma una numeración meramente enunciativa que contempla a los inventarios; que, a nuestro juicio profesional, para considerarse no monetario deben revalorizarse y su precio de venta susceptibles de ser superior al mayor costo ajustado, de no ser así por regulaciones del propio Estado, pierden esa característica de protegerse de la inflación.

Esta norma es desarrollada por el Reglamento de la Ley de Impuesto Sobre la Renta[12] (RLISR) en su artículo 93 que expresa lo siguiente:

> "Artículo 93: Se consideran activos y pasivos no monetarios, según el caso, las partidas del Balance General del contribuyente que por su naturaleza o características son susceptibles de protegerse de la inflación y en tal virtud generalmente representan valores reales superiores a los históricos de conformidad con lo señalado en la Ley y por los principios de contabilidad generalmente aceptados en Venezuela, salvo disposición en contrario de esta Ley, tales como: ... inventarios..."

De la norma Reglamentaria, transcrita parcialmente, concatenada con la Ley que reglamenta (artículos 173 y 178 *supra* citados) se deduce que los activos y pasivos no monetarios, susceptibles del Ajuste por Inflación Fiscal, deben poseer las siguientes características: (i) deben tener la cualidad de protegerse de la inflación; (ii) sus valores reales deberían representar montos superiores a los valores históricos.

Las características descritas, aunque delimitan de alguna forma las partidas no monetarias, no se hacen de manera clara y terminan siendo definiciones muy genéricas, por cuanto ni la Ley ni el Reglamento definen en qué consiste la protección y lo mismo sucede cuando se reglamenta que los activos no monetarios son aquellos que sus valores reales son superiores a los históricos y si esa superioridad cubre o no el mayor valor ajustado.

Sobre este particular varios autores han expuestos, entre ellos el Dr. Humberto Romero Muci quien sostiene que: *"las partidas no monetarias son aquellas que no mantienen un valor fijo, esto es, pueden presentar variación en su precio específico durante un periodo dado"*[13]

Para este autor, unos de los elementos que permite calificar una partida de los activos o pasivos como no monetaria, es la posibilidad de que el precio o valor de la partida pueda variar durante un determinado periodo de tiempo. Estas variaciones en el precio, deberían originarse principalmente por la oferta y demanda que pudiera ajustarse el precio de venta de los inventarios y permitan ser superiores al mayor costo ajustado, por lo que, de no permitirse por regulaciones, perdería a nuestro juicio esa característica de activo no monetario.

En este mismo orden de idea lo expresa el Dr. Emilio Roche, quien define las partidas no monetarias *"como aquellos activos y pasivos cuyo valor, como no representa ni se expresa solamente en bolívares nominales, es susceptible de sufrir variaciones de acuerdo con la inflación y, en caso de liquidación, probablemente producirán un monto distinto del costo histórico reflejado en los libros del contribuyente."*[14]

Podemos observar que la doctrina es coincidente en cuanto a sostener que las partidas no monetarias sujetas a corrección monetaria fiscal por inflación son aquellas que sufren variaciones de valor con respecto al precio o costo en que se adquirieron (costo histórico) y que al ser liquidado o vendido sería a un precio superior que debe variar por inflación o por la dinámica de la oferta y la demanda.

---

12 Publicado en *Gaceta Oficial* N° 5.662 *Extraordinaria* del 24 de septiembre de 2003.

13 Humberto Romero-Muci: *Racionalidad del Sistema de Corrección Monetaria Fiscal*, Editorial Jurídica Venezolana, pp 131.

14 Emilio Roche, "Ajuste por Inflación en la Ley de Impuesto sobre la Renta 2001", *Revista N° 1 de Derecho Financiero Asociación Venezolana de Derecho Financiero*.

Ahora bien, para corregir el valor real de las partidas susceptibles de protegerse de la inflación y recoger su efecto en la determinación del enriquecimiento neto es preciso seleccionar un factor de corrección adecuado que en el caso venezolano es el Indice Nacional de Precios al Consumidor (INPC) el cual debe ser publicado mensualmente por el Banco Central de Venezuela por mandato del Código Orgánico Tributario y resulta de analizar la variación del precio de varios productos que conforman la cesta básica.

El INPC es entonces el factor de corrección aplicable al valor nominal de las partidas sujetas a ajuste para recoger el efecto de la inflación en las mismas y, en definitiva, el efecto que comporta en la determinación del enriquecimiento neto gravable con impuesto sobre la renta conforme a la legislación venezolana.

3.- Distorsiones y desviaciones derivadas de las reformas del sistema.

Tal como hemos apuntado, el API fiscal debe ser concebido como un mecanismo que permita neutralizar los efectos de la inflación en la determinación de la base imponible de la obligación tributaria, esto es, del enriquecimiento neto gravable. En tal sentido, dicho mecanismo no puede ser utilizado ni para beneficiar determinados grupos o categorías de contribuyentes, ni para, mediante la creación de presunciones legales gravar rentas ficticias, puesto que la finalidad de dicho mecanismo no persigue aumentar la recaudación ni ofrecer subterfugios para disminuir la tributación.

Bajo tales premisas fue concebido el API al ser incorporado en la legislación venezolana bajo un sistema de ajuste integral. Sin embargo, en el devenir de la aplicación de dicho mecanismo, el abuso de algunas categorías de contribuyentes de algunas de sus reglas y disposiciones y el afán recaudatorio de las autoridades, derivaron en reformas que han resultado en serias distorsiones del sistema que no permiten que el mismo cumpla con el objetivo perseguido, pues lejos de generar neutralidad en la determinación de la obligación tributaria en apego a los principios de capacidad contributiva, progresividad, razonabilidad, equidad y justicia tributaria, se generan situaciones de verdadera injusticia y se acaba gravando una renta aparente y ficticia.

El primer factor de distorsión que observamos en el sistema del API, y que consideramos genera una parte importante de los problemas y deficiencias del sistema, radica en su entramado complejo y colmado de particularidades, ficciones y presunciones legales, en definitiva, en las diferencias existentes entre el ajuste fiscal y el ajuste financiero, diferencias que, en opinión de quien suscribe este artículo, son un sin sentido que obligan a analizar la conveniencia de mantenerlas o, por el contrario, unificar ambos sistemas, tomando en consideración que ambos persiguen el mismo objetivo: recoger los efectos de la inflación en la determinación de los resultados, mediante la determinación del valor real de las partidas que componen los estados financieros.

En efecto, de acuerdo con las NIF los efectos de la inflación deben ser considerados en todas las cuentas no monetarias del activo, el pasivo y el patrimonio, sin exclusión alguna, de manera de garantizar que los resultados y los estados financieros incluyan el efecto distorsionante de la inflación en cada una de las partidas que lo conforman.

Por su parte, las reglas de determinación de la renta neta sujeta al impuesto sobre la renta, si bien incluyen las normas del API, precisamente con la finalidad de que se mida la verdadera capacidad contributiva, tomando en consideración para ello, los efectos que la inflación genera en los resultados del contribuyente, no es menos cierto que el legislador previó algunas limitaciones y exclusiones con la justificación de evitar manipulaciones abusivas que incrementen de manera ficticia la situación patrimonial del contribuyente y, por tanto, que generen un ajuste de patrimonio irreal que disminuya la renta neta gravable.

Pues bien, consideramos y coincidimos con Juan Carlos Castillo Carvajal en que "si bien las metodologías de actualización por inflación fiscal y financieras difieren, no cabe duda de que existen puntos de convergencia que no deberían desaprovecharse, por lo que resulta plausible sostener su unificación. Vale la pena destacar que precisamente los aspectos más inequitativos, son aquellos en los cuales el ajuste por inflación tiene unas reglas propias que difieren sustantivamente de las reglas técnicas contables".[15]

Aparte de las inequidades y distorsiones que generan las diferencias y discrepancias existentes entre el API fiscal y el ajuste financiero, el sistema de ajuste fiscal adolece de otras anomalías que impiden que el objetivo del mismo se cumpla cabalmente como son:

a) Las exclusiones de ciertas partidas del activo del patrimonio neto a los fines del ajuste (entre ellas las cuentas por cobrar a entidades relacionadas). Dichas exclusiones implican una disminución del patrimonio que deriva de una presunción y ficción legal que conlleva una subestimación de su magnitud real y, por ende, una subestimación del efecto de la inflación sobre dicha partida, lo que no permite medir de manera real el efecto de la inflación sobre el patrimonio del contribuyente.

b) La metodología del ajuste de los inventarios que parte de una metodología no acorde y contraria a los mecanismos contables a tales fines. El legislador fiscal acoge la metodología UEPS (último en entrar, primero en salir) como fórmula de re expresión del inventario, lo que supone la presunción de que el inventario que mantienen el contribuyente al cierre del ejercicio y que es objeto de reajuste, proviene del inventario inicial. Por su parte las NIF consideran como metodologías de valoración la PEPS (primero en entrar, primero en salir) y la del costo promedio, la razonabilidad de los principios contables al seleccionar dichas metodologías y excluir la UEPS es que esta no permite reflejar la realidad económica en la mayor parte de los casos y actividades, lo cual se hace aun más evidente en el ajuste de:

(i) *inventarios de alta rotación*, en cuyo caso adoptar la metodología UEPS no solo supone desconocer la realidad económica sino el orden lógico, puesto que, en la mayoría de los casos de inventarios de alta rotación (máxime en inventarios de bienes perecederos) el inventario final estará valorado al cierre del ejercicio a su precio corriente, es decir, a una moneda que representa su valor de compra al cierre del ejercicio, por lo que ajustar los valores de tales inventarios asumiendo que el saldo deriva de los valores existentes al inicio del ejercicio, supone un despropósito que deriva en un ajuste irreal que genera una irreal ganancia por inflación.

(ii) *Inventarios de bienes sujetos a controles de precios*, en cuyo caso pese al efecto de la inflación en la economía, cuando estamos ante bienes que están sujetos a una regulación en su precio de venta, el valor de realización de dichos inventarios no podrá ser distinto al precio fijado por el ente regulador, por lo tanto, no tiene sentido someter tales partidas a ajuste, toda vez que no pueden ser objeto de variación.

c) La politización y manipulación del Indice Nacional de Precios al Consumidor como factor de corrección elegido por el legislador y de la Unidad Tributaria (UT) como unidad de medida para la reexpresión de los valores nominales fijos utilizados por las normas tributarias. No cabe duda de que en los últimos años el INPC y la UT han sido objeto de manipulación y politización lo cual ha derivado en que ninguno de dichos factores exprese su valor real ni considere de manera técnica y acorde a su valor intrínseco el efecto inflacionario actual. En efecto, la Administración Tributaria ha desviado intencionalmente la función correctora del INPC tanto al manipular la determinación de su valor y variación real, como al dilatar su publicación. Lo mismo ha sucedido con la UT que ha dejado de cumplir su

---

15 CASTILLO CARVAJAL, Juan Carlos. Relatoría General Tema II Temas especiales de la Ley de Impuesto sobre la Renta. *Memorias de las XII Jornadas Venezolanas de Derecho Tributario*. Asociación Venezolana de Derecho Tributario. Caracas 2013. p. 23.

función de unidad de valor homogénea y de corrección automática pues, como señala Humberto Romero Muci, *"una de las instituciones más abusadas por el autoritarismo de los últimos años ha sido, sin lugar a duda la unidad tributaria (UT). Su propósito técnico ha sido pervertido por el legislador y adulterado por la Administración Tributaria con fines recaudatorios y sancionatorios reñidos con garantías fundamentales que presiden la exacción de los tributos y garantizan la justicia en de la imposición."*[16] Este vil abuso de dichos factores por parte de las autoridades competentes conlleva distorsiones que generan la conculcación más feroz de los principios constitucionales que informan el sistema tributario puesto que: (i) no permite contar con un factor de actualización veraz para recoger los efectos de la inflación real para determinar la base imponible del impuesto y (ii)impide sincerar los tramos, exenciones, desgravámenes y demás valores que sean expresados en valores monetarios fijos tomados en cuenta para determinar la obligación tributaria.

Aparte de los factores distorsionantes comentados existen otros como la exclusión del sistema de ajuste de los bienes y activos pertenecientes a entidades extranjeras; el ajuste de las obras en proceso, la conveniencia o no de reajustar el patrimonio negativo, la aplicación de la reexpresión de la base de cálculo de las rebajas, la conveniencia de reexpresar las pérdidas trasladables, entre otras anomalías del sistema que obligan a replantearse la metodología adecuada para neutralizar el efecto pernicioso de la inflación en una economía desbastada como la venezolana.

Ahora bien, dentro de las distorsiones que han generado las reformas del API en la legislación fiscal, una de las más grotesca y obvias es la exclusión de las instituciones financieras, de seguros y reaseguros y la exclusión de los sujetos pasivos del API contenidas en las reformas del 2014 y 2015, punto que merece un análisis aparte que abordaremos de seguidas.

4.- La inconstitucional exclusión de las instituciones financieras y los sujetos pasivos del API.

Tal como hemos afirmado en los puntos anteriores, siendo la inflación un factor distorsionante del valor real de los activos, pasivos y el patrimonio neto, desconocer su efecto en la determinación de la renta neta sujeta a impuesto, supone una violación al principio de justicia y una flagrante conculcación del principio de capacidad contributiva, pues supondría gravar una capacidad contributiva ficticia que, en algunos casos podría generar la afectación del patrimonio del contribuyente, y muy en particular, de aquellos cuyo patrimonio se encuentra conformado por partidas que no se benefician con la inflación, como es el caso de las instituciones bancarias, para quienes es vital depurar las pérdidas por inflación en la medición de la renta gravable, pues la estructura patrimonial de dichos entes económicos, como típicos intermediarios financieros, representa una posición monetaria activa neta, esto es, el activo monetario es superior al pasivo monetario.

Expuesto lo anterior, es evidente que la exclusión y/o eliminación del sistema de corrección monetario de nuestro ordenamiento jurídico supone, además de una clara vulneración de los principios constitucionales antes citados, la conculcación del principio de igualdad por la exclusión "caprichosa" y sin justificación "razonable", de unos contribuyentes del sistema y el mantenimiento de otros actores de la economía, lo cual constituye una enorme injusticia y una odiosa diferencia que a todas luces es un acto discriminatorio, que, en el caso particular de las instituciones financieras, pone en peligro la sanidad del sistema financiero, y por ende, de toda la colectividad, considerando el interés público y general de la actividad financiera para el desarrollo del país y la protección de los usuarios del sistema bancario y financiero.

---

16 ROMERO MUCI, Humberto. *Op. cit.*, p. 1.

Es por ello por lo que la referida exclusión, cuando los niveles de inflación son considerados inéditos y los más altos del mundo, constituye una medida contradictoria, irracional y absurda que acaba convirtiéndose en un impuesto a la inflación.

Como apunta FRAGA Lo Curto, "la inflación es el termómetro de la pérdida de los derechos individuales y del aumento del poder estatal"[17]. Esta afirmación adquiere su mayor concreción y significación en la exclusión del API a las instituciones bancarias y a los sujetos pasivos especiales, incluida en la reforma de la LISLR de 2014 y 2015, cuya justificación deriva de un criterio acomodaticio e irresponsable, que desconoce la realidad económica, arguyendo que la corrección monetaria es un subterfugio empleado por grupos económicos para evitar la tributación, en lugar de un elemento técnico para corregir y neutralizar los efectos distorsionantes que genera la inflación en la merma de la capacidad contributiva real y en la determinación del enriquecimiento neto gravable.

Adicionalmente a lo expuesto hasta ahora, no podemos dejar de mencionar la ilegalidad por "incongruencia" y/o "contradicción" existente entre el párrafo que estableció la "exclusión caprichosa" de las entidades bancarias y otros, agregado en la norma especial del artículo 173 ubicado en el capítulo de la Ley referido al API[18], con el principio general para la determinación del enriquecimiento neto que constituye la materia gravable del ISLR y que reconoce en forma expresa la aplicación del ajuste por inflación, contenido en el artículo 4 del Título I de la Ley referido a las "Disposiciones Fundamentales", cuya aplicación es sin duda preferente, y responde al espíritu y propósito del legislador al haber incorporado el API como mecanismo integral de ajuste por inflación para preservar la capacidad contributiva y reflejar las reales ganancias o pérdidas de los sujetos indicados en el artículo 7 de la Ley:

> "Artículo 4.- Son enriquecimientos netos los incrementos de patrimonio que resulten después de restar de los ingresos brutos, los costos y deducciones permitidos en el presente Decreto con Rango, Valor y Fuerza de Ley, *sin perjuicio respecto del enriquecimiento neto de fuente territorial, del ajuste por inflación previsto en el presente Decreto con Rango, Valor y Fuerza de Ley…*"

En resumen, de lo expuesto, es claro que la eliminación del ajuste por inflación de las entidades bancarias, financieras y de seguros, supone una medida ilegal por contradecir un principio fundamental sin argumentos racionales, y por el contrario, violatoria de los principios que informan la tributación, y que irremediablemente conduce a generar una estimación irreal y ficticia de la capacidad contributiva, lo que a su vez puede suponer que el impuesto incida no sobre la renta, sino sobre el patrimonio, lo que lo convertiría en un impuesto confiscatorio.

III. CONCLUSIONES

1. La inflación es el fenómeno económico que genera el aumento generalizado de los precios de los bienes y servicios y conlleva la pérdida del valor adquisitivo de la moneda y, consecuentemente, su devaluación.

2. Venezuela atraviesa la mayor crisis económica de su historia y padece una hiperinflación crónica y persistente que alcanza los 3 dígitos, a pesar de haber experimentado dos conversiones monetarias.

3. La inflación es un factor distorsionante de los resultados financieros y fiscales, puesto que la obligación tributaria es una obligación de valor (pecuniaria) y, por ende, debe ser considerado en la determinación de la base imponible de dicha obligación.

---

17 FRAGA LO CURTO, Luis, citado por ROMERO Muci, Humberto en Uso, *Abuso y Perversión de la Unidad Tributaria*. Editorial Jurídica Venezolana. Caracas 2016. p. 1.

18 Artículo 171 en la vigente LISLR de 2015.

4. En la reforma de la Ley de Impuesto sobre la Renta de 1991 se incluye por primera vez el sistema de ajuste por inflación, el cual tiene como principal y único objetivo que los contribuyentes reflejen una situación real del valor patrimonial y de sus resultados económicos, a los efectos determinativos de la base imponible, tomando en cuenta los efectos de la inflación.

5. El API fue incorporado en la legislación venezolana bajo un sistema de ajuste integral. Sin embargo, en el devenir de la aplicación de dicho mecanismo, el abuso de algunas categorías de contribuyentes de algunas de sus reglas y disposiciones y el afán recaudatorio de las autoridades, derivaron en reformas que han resultado en serias distorsiones del sistema que no permiten que el mismo cumpla con el objetivo perseguido.

6. Urge una reforma fiscal que modifique el sistema de ajuste por inflación, ponderando la conveniencia de unificar ambos sistemas, tomando en consideración que ambos persiguen el mismo objetivo: recoger los efectos de la inflación en la determinación de los resultados, mediante la determinación del valor real de las partidas que componen los estados financieros.

Igualmente, es menester eliminar las exclusiones de las instituciones financieras, de seguros y reaseguros y de los sujetos pasivos especiales del API y sincerar el valor del Indice Nacional de Precios al Consumidor como factor de corrección elegido por el legislador y de la Unidad Tributaria (UT) como unidad de medida para la reexpresión de los valores nominales fijos utilizados por las normas tributarias.

§ 27. CAPACIDAD CONTRIBUTIVA Y CORRECCIÓN MONETARIA. A PROPÓSITO DE LA EXCLUSIÓN DE LOS "SUJETOS PASIVOS ESPECIALES" DEL AJUSTE POR INFLACIÓN FISCAL

Serviliano Abache Carvajal [*]

1. INTRODUCCIÓN. CORRECCIÓN MONETARIA, CAPACIDAD CONTRIBUTIVA Y LA EXCLUSIÓN DE LOS "SUJETOS PASIVOS ESPECIALES" DEL AJUSTE POR INFLACIÓN FISCAL

La capacidad contributiva, como enseña ROMERO-MUCI[1], exige gravar los rendimientos *verdaderos*, *reales*, y no los meramente *nominales* o *ficticios*, esto es, se tiene que someter a imposición la *riqueza efectiva*. Por ello, afirma con razón que hoy está completamente superada –*debería estarlo*, agregamos- la concepción conforme la cual el legislador puede abstenerse de corregir los deformantes efectos de la inflación –máxime en una situación económica como la actual en Venezuela, en la que se han alcanzado niveles de *hiperinflación*[2]- como la jurisprudencia lo ha reconocido desde hace casi cuatro décadas, en los términos siguientes:

> "Es incuestionable, por tanto, que la misma Ley en que un principio en cuanto a los efectos económicos de su aplicación, se ha convertido luego en un instrumento que aparece en contradicción con los sanos principios universalmente conocidos sobre los que debe descansar todo sistema impositivo bien estructurado.// La influencia perturbadora que la inflación ha tenido en nuestra economía y las consecuencias negativas que para su recuperación representa el sistema impositivo actualmente vigente, ha sido objeto de precisas denuncias por parte de personeros de diversos sectores del país. Pero a diferencia de otras naciones de Europa, América y Asia que no se han demorado en dictar las medidas legislativas de carácter correctivo (tales como los ajustes contables y la indexación), nada se ha adelantado entre nosotros en el mismo sentido, no obstante los abundantes estudios que en escala universal se han hecho sobre el fenómeno inflacionario y su repercusión en el sistema tributario, y de la valiosa contribución que en nuestro hemisferio ha dado la organización de los Estados Americanos con la publicación del Informe Inflación y Tributación (diciembre 1978), donde aparecen las fórmulas de ajuste por la legislación de Brasil, Chile, Perú y Uruguay, a las cuales deben sumarse con posterioridad las reformas y correctivos

---

[*] Este trabajo fue preparado para el *Libro homenaje a los 50 años de la Asociación Venezolana de Derecho Tributario*, de la cual me siento orgulloso de formar parte desde el año 2006 y a la que tanto debemos los tributaristas venezolanos. A sus miembros, *dedico*.

[1] *Cf.* ROMERO-MUCI, Humberto, *La racionalidad del sistema de corrección monetaria fiscal*, Editorial Jurídica Venezolana, Caracas, 2005, p. 83.

[2] No son pocos los estudios que han determinado que la economía venezolana se encuentra en niveles *hiperinflacionarios*, cuestión que se evidencia fácilmente del criterio técnico contenido en la Norma Internacional de Contabilidad N° 29 (NIC 29), conforme con la cual el *estado hiperinflacionario* se manifiesta, entre otras características, cuando en un país: "La tasa acumulada de inflación en tres años se aproxima o sobrepasa el 100%". Basta con pensar, a estos fines, que de acuerdo con el Índice Nacional de Precios al Consumidor de la Asamblea Nacional (INPCAN), la inflación acumulada a diciembre 2018 fue de 1.698.488%, dato que –por sí solo- *más que justifica* la metodología de corrección monetaria establecida en la Ley de Impuesto sobre la Renta (LISLR) venezolana y su necesaria aplicación a *todos* los contribuyentes establecidos en el encabezado del artículo 171 *eiusdem*, como será propuesto.

introducidos por la República de Colombia en su sistema impositivo.// En cambio, por lo que respecta a Venezuela, sólo puede anotarse el tímido reconocimiento de la existencia del problema que fue manifestado por la Reforma de la Ley de Impuesto sobre la Renta de 1978, al establecerse un régimen especial para los ingresos provenientes de la enajenación de un inmueble que haya servido de vivienda principal a la persona natural contribuyente.// No obstante que la Corte admite la realidad de la situación de hecho denunciada por el recurrente y conviene en la necesidad de que se le busque inmediato correctivo en pro del saneamiento de nuestra economía, considera asimismo que la impugnación judicial de la Ley de Impuesto sobre la Renta por razones inconstitucionales, no es la vía adecuada para lograr la plausible finalidad perseguida.// No se encuentra la Corte –como antes se advirtió- juzgando una cuestión de hecho en relación con la aplicación de la Ley de Impuesto sobre la Renta o un caso concreto. Es esa propia Ley –y únicamente ella en su formulación abstracta- la que debe y puede ser juzgada en esta decisión, a lo Lua analogivamente de los textos constitucionales invocados como fundamento de su impugnación"[3].

Por su parte, el propio Tribunal Supremo de Justicia ha reconocido la necesidad de tener en cuenta la inflación a efectos de cuantificar, en su correcta medida, el poder económico del contribuyente, a tenor literal considerando lo que sigue:

> "Tal necesidad de tomar en consideración el ajuste por inflación es consecuencia de una economía inflacionaria donde no es posible establecer realmente el poder económico del contribuyente, si la renta obtenida según valores monetarios históricos, no es ajustada de acuerdo con la inflación. De esta manera, es posible determinar si la capacidad económica del contribuyente se ha incrementado o disminuido a pesar de la apariencia que proyecta el valor histórico. Con ello, se busca adecuar el gravamen de la renta a la efectiva capacidad económica del contribuyente, dando cumplimiento al mandato previsto en el artículo 316 de la Constitución de la República Bolivariana de Venezuela"[4].

La capacidad contributiva, que encuentra expresa regulación en nuestra Constitución[5], *ex* artículo 316[6], comprende la aptitud *real* e *individual* de cada contribuyente para soportar las cargas tributarias, actuando este estándar como límite al poder de imposición del Estado, en manifiesta concreción del *principio de igualdad*[7]. En efecto, todo contribuyente tiene derecho a tributar sobre su *real* y *efectiva* capacidad económica, la cual comprende, respecto del impuesto sobre la renta, los incrementos de patrimonio *operativos* (resultantes de restar de los ingresos brutos, los costos y deducciones permitidos en la LISLR), así como los incrementos de patrimonio por *tenencia* (propios de la metodología del ajuste por inflación), de

---

3   Sentencia de 29.1.1983, Corte Suprema de Justicia, caso *Manuel Cardozo en acción de inconstitucionalidad contra la Ley de Impuesto sobre la Renta*.

4   Sentencia de 25.9.2002, Tribunal Supremo de Justicia, Sala Político-Administrativa, caso *Fundación Metalúrgica Lemos, C.A., v. Fisco Nacional*.

5   Publicada inicialmente en *Gaceta Oficial de la República de Venezuela* N° 36.860, 30 de diciembre de 1999 y reimpresa posteriormente con algunas "correcciones" en *Gaceta Oficial de la República de Venezuela* N° 5.453 *Extraordinario*, 24 de marzo de 2000. Su primera enmienda, así como el texto íntegro de la Constitución, fueron publicados en *Gaceta Oficial de la República de Venezuela* N° 5.908 *Extraordinario*, 19 de febrero de 2009.

6   Artículo 316 de la Constitución: "El sistema tributario procurará la justa distribución de las cargas públicas según la capacidad económica del o la contribuyente, atendiendo al principio de progresividad, así como la protección de la economía nacional y la elevación del nivel de vida de la población; para ello se sustentará en un sistema eficiente para la recaudación de los tributos".

7   Derecho N° 14 de la *Carta de derechos del contribuyente para los países miembros del Instituto Latinoamericano de Derecho Tributario (ILADT)*: "Derecho a la igualdad tributaria y a la tributación de acuerdo con la capacidad contributiva individual. En función de ello, el contribuyente tiene derecho a ser gravado por actos, hechos o circunstancias que sean indicativos de riqueza real, efectiva y actual (exclusión de los tributos que gravan capacidad económica ficticia) y a que la cuantificación tenga en cuenta la capacidad singular manifestada por cada contribuyente", en http://iladt.org/FrontEnd/docs/Carta_Derechos_Contribuyente_ILADT_aprobada_y_Presentacion.pdf.

acuerdo con la fórmula del *neto*, delimitando de esta manera la configuración lógica de los hecho y base imponibles de este subsistema tributario.

Es por lo anterior, que la LISLR aterriza el principio de capacidad económica del contribuyente en distintos enunciados jurídicos, entre los cuales destaca el artículo 4 *eiusdem*, en el cual queda claro que el contribuyente *debe* tener en cuenta los elementos correspondientes a la ecuación para la determinación de los enriquecimientos netos, cuales son: ingresos brutos, costos y deducciones, así como –a efectos del enriquecimiento neto *territorial*- la *corrección por inflación de las partidas ajustables*[8] (partidas no monetarias), con la finalidad de determinar el *verdadero* –no ficticio o nominal- enriquecimiento *neto* a los fines de tributar sobre su verdadera capacidad contributiva, como ha sido recomendado para los países latinoamericanos que han experimentado el *fenómeno inflacionario* en sus economías[9]. En efecto, de acuerdo con el artículo 4 de la LISLR.

---

8   Derecho N° 18 de la *Carta de derechos del contribuyente para los países miembros del Instituto Latinoamericano de Derecho Tributario (ILADT)*: "Derecho a que se reconozca la desvalorización monetaria ajustando las exenciones, deducciones o escalas de la tarifa, para evitar que se produzca, al margen de la ley, un incremento (o disminución) de la carga tributaria o se graven utilidades puramente nominales por el sólo hecho del fenómeno inflacionario, a lo que se agrega que el financiamiento presupuestario del Estado con cargo a emisión monetaria importa, en su sustancialidad, el efecto equivalente a la aplicación de un tributo que recorta el poder adquisitivo de los activos en moneda que posean los contribuyentes", en http://iladt.org/FrontEnd/docs/Carta_Derechos_Contribuyente_ILADT_aprobada_y_Presentacion.pdf.

9   Este tema fue abordado en las *V Jornadas Latinoamericanas de Derecho Tributario* del Instituto Latinoamericano de Derecho Tributario (ILADT), celebradas en Santiago de Chile en 1967, en el marco del "Tema 2: Incidencia de la inflación en el sistema tributario". En el documento de *considerandos* y *recomendaciones*, se indicó lo siguiente: "Considerando:// 1. Que la inflación cuando alcanza niveles de intensidad y duración con que la sufren algunos de los países latinoamericanos es elemento principalísimo en el deterioro de sus economías y factor de distorsión de sus sistemas tributarios;// 2. Que la consideración de la inflación en los tributos debe ser coordinada con la adopción de una política general anti-inflacionaria tendiente a controlar y eliminar el fenómeno con el objeto de concurrir a obtener la aspiración común de un desarrollo acelerado y auto sostenido que se construya sobre fundamentos de estabilidad económica;// 3. Que la política tributaria debe propender entre sus fines a controlar el proceso inflacionario y mientras esto no ocurra, el sistema tributario deberá contener normas que tiendan a corregir las distorsiones señaladas a fin de restablecer la equidad;// 4. Que las consideraciones negativas de la inflación afectan tanto al Fisco como a la generalidad de los contribuyentes.// Recomiendan:// 1. Los sistemas tributarios deben estructurarse de modo tal que constituyan un instrumento eficaz para prevenir y combatir la inflación.// 2. Que los institutos miembros propongan a sus gobiernos modificaciones en los sistemas tributarios a fin de que estos constituyan un instrumento más eficaz para prevenir y combatir la inflación.// 3. Adaptar los sistemas tributarios en forma tal que el Estado no vea afectado el valor real de sus ingresos y que para los contribuyentes el tributo recaiga sobre la expresión real del valor de la materia imponible, entendiéndose por valores reales los depurados de los efectos distorsionados de la inflación; procurándose en todos los casos y a todos los efectos la uniformidad de valores en las relaciones entre el Estado y las personas físicas y jurídicas del sector privado.// 4. Que los gravámenes sobre los consumos se establezcan preferiblemente sobre base «ad valorem».// 5. La base imponible de los gravámenes que afectan al patrimonio debe ser actualizado mediante mecanismos de ajuste.// 6. El proceso de determinación de los gravámenes que recaen sobre los ingresos deberá contemplar mecanismos de ajuste correctivo.// 7. Los mecanismos de ajuste de la base imponible de los gravámenes al patrimonio y sobre los ingresos, deben cumplir los siguientes requisitos:// a) En lo posible no deben introducir discriminaciones entre la carga tributaria que deben soportar los diferentes sectores o actividades afectos al impuesto, por el hecho de depurar o actualizar en mayor o menor grado los patrimonios o los ingresos de alguno de ellos, sino que deben tender a un grado similar de corrección de las distorsiones que la inflación introduce en la carga impositiva de los diferentes sectores o actividades, si en los impuestos a que los ajustes se refiere ello no fuera posible, deberá tratarse dentro del sistema tributario en su conjunto que dicha redistribución de la carga tributaria no se produzca.// b) Los mecanismos destinados a lograr que el impuesto sobre la renta se aplique sobre utilidades reales, depuradas de los efectos de la desvalorización monetaria, no debe producir como consecuencia el hecho de desgravar utilidades reales obtenidas debido al proceso inflacionario, sino que deben diseñarse a fin de que dichas utilidades queden afectadas al impuesto.// c) Las diferencias resultantes de los ajustes no deberán estar gravadas por los impuestos.// 8. Sin perjuicio de las correcciones de la base, las deducciones y mínimo gravables así como los tramos de las escalas progresivas deberán ser ajustados en forma automática función al deterioro del poder adquisitivo de la moneda.// 9. Recomendar que los institutos nacionales estudien y sometan a las próximas Jornadas procedimientos de ajustes que satisfagan los re-

"Son enriquecimientos netos los incrementos de patrimonio que resulten después de restar de los ingresos brutos, los costos y deducciones permitidos en este Decreto con Rango, Valor y Fuerza de Ley, **sin perjuicio respecto del enriquecimiento neto de fuente territorial, del ajuste por inflación previsto en este Decreto con Rango, Valor y Fuerza de Ley**" (resaltado nuestro).

Esta norma cobra especial peso en la actualidad, porque la misma no fue modificada (parcial o totalmente) en las reformas de la LISLR de 2014 y 2015, quedando incólume la concreción del principio de capacidad contributiva que el mismo representa mediante la fórmula del *enriquecimiento neto*, lo cual, desde ya, deja ver como si bien fueron "excluidos" de la metodología del ajuste por inflación fiscal los "sujetos pasivos especiales" –sobre cuya figura volveremos más adelante- en la más reciente modificación de la ley, la positivización a nivel legal del principio de capacidad contributiva se mantiene *intacta* y, con ello, el mismo se sobrepone –*debe hacerlo*, por mandato constitucional- a esta pretendida, reprochable e *inconstitucional*[10] "exclusión".

En efecto, de acuerdo con el "ejecutivamente reformado"[11] artículo 171 de la LISLR, los "sujetos pasivos especiales" fueron –en igual medida que ocurrió en 2014 en relación a los bancos y seguros[12]- *excluidos* de la metodología del ajuste por inflación fiscal, como se observa del enunciado en cuestión:

"Artículo 171. A los solos efectos tributarios, los contribuyentes a que se refiere el artículo 7° de este Decreto con Rango, Valor y Fuerza de Ley, que iniciaron sus operaciones a partir del 1° de enero del año 1993, y realicen actividades comerciales, industriales, explotación de minas e hidrocarburos y actividades conexas, que estén obligados a llevar libros de contabilidad, deberán al cierre de su primer ejercicio gravable, realizar una actualización inicial de sus activos y pasivos no monetarios, según las normas previstas en este Decreto con Rango, Valor y Fuerza de Ley, la cual traerá como consecuencia una variación en el monto del patrimonio neto para esa fecha.// Los contribuyentes que realicen actividades bancarias, financieras, de seguros, reaseguros y **los sujetos pasivos calificados como especiales por la Administración Aduanera y Tributaria,**

quisitos enunciados en el punto 6, para lo cual se habilitará un punto especial del temario". Instituto Latinoamericano de Derecho Tributario, *Estatutos y Resoluciones de las Jornadas*, Montevideo, 1993, p. 37-39.

10   Así lo ha explicado Asorey: "Si el principio se encuentra incorporado en el ordenamiento constitucional [refiriéndose al principio de capacidad contributiva] como ocurre en forma expresa en la Constitución italiana (Art. 53) y en la venezolana (Art. 223), la existencia de un sistema fiscal que no contemple medidas que neutralicen o corrijan el efecto inflacionario puede originar su violación" (corchetes agregados). Asorey, Rubén O., "Inflación y tributación en Iberoamérica", *Revista de Derecho Tributario*, N° 51, Asociación Venezolana de Derecho Tributario, Caracas, 1991, p. 12.

11   Debe siempre tenerse presente que la materia tributaria es de estricta reserva legal (*ley formal*: producto del parlamento), por lo que su regulación por parte del Ejecutivo –como ocurrió con esta "reforma", en el marco de los decretos-leyes dictados con ocasión a la ley habilitante de noviembre de 2013-, atenta directamente contra la libertad individual y, en consecuencia, contra la Constitución misma. En efecto, *la autoimposición es libertad*, por lo que la "ejecutiva-imposición" es una manifestación despótica, abusiva y, en fin, autoritaria del poder, mediante la cual se subvierte la libertad individual y se pulveriza la propiedad privada. Nuestras consideraciones sobre este tema, pueden consultarse en: Abache Carvajal, Serviliano, "Liberalismo y tributación. Especial atención al principio de reserva legal de los tributos", *Revista Instituto Colombiano de Derecho Tributario*, N° 69, Instituto Colombiano de Derecho Tributario, Bogotá, 2013, p. 27-51.

12   Artículo 173 de la LISLR de 2014: "A los solos efectos tributarios, los contribuyentes a que se refiere el artículo 7° de este Decreto con Rango, Valor y Fuerza de Ley, que iniciaron sus operaciones a partir del 1° de enero del año 1993, y realicen actividades comerciales, industriales, explotación de minas e hidrocarburos y actividades conexas, que estén obligados a llevar libros de contabilidad, deberán al cierre de su primer ejercicio gravable, realizar una actualización inicial de sus activos y pasivos no monetarios, según las normas previstas en este Decreto con Rango, Valor y Fuerza de Ley, la cual traerá como consecuencia una variación en el monto del patrimonio neto para esa fecha.// **Los contribuyentes que realicen actividades bancarias, financieras, de seguros, reaseguros, quedarán excluidos del sistema de ajustes por inflación previsto en el presente Decreto con Rango, Valor y Fuerza de Ley**" (resaltado agregado).

quedarán excluidos del sistema de ajustes por inflación previsto en este Decreto con Rango, Valor y Fuerza de Ley" (resaltado nuestro).

Es precisamente esta exclusión *legal* la que será comentada en este trabajo, porque la misma se ve encontrada con el principio *constitucional* de capacidad contributiva, así como con otros estándares que *guían la conducta* de los contribuyentes de la LISLR, también generando –de manera sobrevenida- unas manifiestas *antinomias internas*[13] en la propia ley, como será expuesto. Igualmente, resulta de la mayor importancia precisar la noción y razón de ser de los llamados "sujetos pasivos especiales", de cara a evidenciar que tal figura no es una mediante la cual se clasifican, *legalmente*, los sujetos pasivos tributarios, ni tiene la entidad racional de *condicionar* –de manera alguna- la *conducta* de los contribuyentes de la LISLR, específicamente, en lo que a la determinación de su enriquecimiento neto por tenencia se refiere.

2. Capacidad contributiva, igualdad, no discriminación, no confiscación y la inconstitucionalidad de la exclusión de los "sujetos pasivos especiales" del ajuste por inflación fiscal

La exclusión de los denominados "sujetos pasivos especiales" de la metodología del ajuste por inflación fiscal de la LISLR encuentra un franco límite, no sólo en el elemental principio de capacidad contributiva –como se evidencia de lo recién expuesto-, sino también en el estándar de *igualdad* (*en* y *ante* la ley[14]), establecido en el artículo 21[15] de la Constitución, conforme con el cual la ley no puede establecer *desigualdades* en su aplicación (en este caso, a unos contribuyentes sí, a otros contribuyentes no). Entender que la reforma de la LISLR pretende excluir a los "sujetos pasivos especiales" de aplicar el ajuste por inflación fiscal a los fines de determinar su enriquecimiento neto, equivale a colocarlos en un plano de *desigualdad* frente a los sujetos pasivos ordinarios o no calificados como especiales, que sí pueden aplicar esta metodología y, por ello, tributar conforme con su *real* y *efectiva* capacidad contributiva[16].

---

13 Entendiendo por tales, aquéllas que tienen lugar cuando hay enunciados contradictorios en un *mismo cuerpo normativo*, de ahí que sean *internas*, las cuales –a su vez- pueden clasificarse en: (i) *inter-normativas*, que tienen lugar entre dos artículos de una misma ley, y en (ii) *intra-normativas*, que se generan cuando distintas partes de un mismo artículo resultan contradictorias. En este trabajo, como veremos, se dan cita ambas modalidades de *antinomias internas*.

14 Para la mejor explicación sobre las distintas proyecciones del principio de igualdad en el Derecho tributario, *vid.* VALDÉS COSTA, Ramón, *Instituciones de Derecho tributario*, Ediciones Depalma, Buenos Aires, 1996, p. 369-437. Por su parte, para un análisis sobre los planteamientos del maestro uruguayo, *vid.* CASAS, José Osvaldo, "El principio de igualdad en el *estatuto del contribuyente* (paralelo entre el pensamiento del maestro uruguayo Ramón Valdés Costa y la doctrina y jurisprudencia de la República Argentina)", *Revista Latinoamericana de Derecho Tributario*, N° 3, Instituto Latinoamericano de Derecho Tributario-Marcial Pons, Madrid, 1997, p. 57-96.

15 Artículo 21 de la Constitución: "Todas las personas son iguales ante la ley; en consecuencia:// 1. No se permitirán discriminaciones fundadas en la raza, el sexo, el credo, la condición social o aquellas que, en general, tengan por objeto o por resultado anular o menoscabar el reconocimiento, goce o ejercicio en condiciones de igualdad, de los derechos y libertades de toda persona.// 2. La ley garantizará las condiciones jurídicas y administrativas para que la igualdad ante la ley sea real y efectiva; adoptará medidas positivas a favor de personas o grupos que puedan ser discriminados, marginados o vulnerables; protegerá especialmente a aquellas personas que por alguna de las condiciones antes especificadas, se encuentren en circunstancia de debilidad manifiesta y sancionará los abusos o maltratos que contra ellas se cometan.// 3. Sólo se dará el trato oficial de ciudadano o ciudadana, salvo las fórmulas diplomáticas.// 4. No se reconocen títulos nobiliarios ni distinciones hereditarias".

16 En términos similares, MEIER GARCÍA: "En este caso, de la propia literalidad del artículo 171 de la LISR se deduce la vulneración, cuando se indica que los *sujetos pasivos,* serán los *calificados como especiales por la Administración Aduanera y Tributaria* y no por una ley formal y materialmente sancionada, serán sujetos de la exclusión del derecho al ajuste integral por inflación del ISR, o lo que es lo mismo, excluidos del derecho a contribuir según la capacidad contributiva real y efectiva" (resaltados del autor). MEIER GARCÍA, Eduardo, "Constitución

En efecto, esta inconstitucional medida se encuentra abiertamente en contra del mandato expreso del citado artículo 21 de la *norma normarum*, habida cuenta que, a contracorriente de lo que éste establece, pretende *"anular o menoscabar el reconocimiento, goce o ejercicio en condiciones de igualdad, de los derechos y libertades de toda persona"*, en este caso específico, del *derecho* –que no prerrogativa[17]- a aplicar la metodología del ajuste por inflación fiscal para corregir monetariamente las distorsiones generadas por el fenómeno de la inflación y, con ello, tributar conforme su capacidad contributiva verdadera o, por lo menos, lo más cercano posible a ésta.

Esto evidencia, así, que la exclusión de los "sujetos pasivos especiales" del sistema de ajuste por inflación se traduce en una abierta violación del principio constitucional de igualdad[18], debido a que estos sujetos no podrán tributar sobre la base de su *real y efectiva capacidad económica, esto es, de acuerdo con la fórmula del neto real*, desdibujándose, por vía de consecuencia, la configuración lógica de los hecho y base imponibles de la LISLR, en general, y de su impuesto a pagar, en lo particular. Lo anterior deja ver, que esta pretendida exclusión se coloca al margen de la propia *razón de ser* de la implementación de la metodología y sistema de corrección monetaria de la LISLR, cual es: *depurar* los distorsionantes efectos de la inflación, para que los contribuyentes (todos) tributen conforme con su *verdadera* capacidad contributiva[19].

Pero hay más. Lo precisado obliga a remitirnos a otro estándar constitucional fundamental, el principio de *no discriminación*, también consagrado en el artículo 21 de la Constitución, el cual está íntimamente relacionado con los principios de capacidad contributiva e igualdad, toda vez que el mismo –como su nombre indica- proscribe cualquier y todo trato

---

fachada: a propósito de la tributación selectiva en las reformas del ISR", en SÁNCHEZ GONZÁLEZ, Salvador y ABACHE CARVAJAL, Serviliano (Coords.), *El impuesto sobre la renta. Aspectos de una necesaria reforma. Memorias de las XVI Jornadas Venezolanas de Derecho Tributario*, Asociación Venezolana de Derecho Tributario, Caracas, 2017, p. 181.

17   Como bien lo ha advertido recientemente CASTILLO CARVAJAL: "el ajuste por inflación fiscal no constituye un mecanismo para aumentar la recaudación tributaria en tiempos de inflación (*in dubio pro fisco*), o bien, un recoveco normativo para reducir la carga de los contribuyentes (*in dubio pro contribuyente*). Nada más contrario a la esencia de esta metodología dirigida representar la auténtica situación patrimonial de los contribuyentes, mediante la actualización de los activos y pasivos no monetarios y el patrimonio neto, a moneda actual o vigente, tomando en cuenta que la inflación deforma los resultados nominales de las empresas. Por lo tanto, el ajuste por inflación fiscal no es una prerrogativa concedida a los contribuyentes, sino un saludable mecanismo para representar la auténtica capacidad contributiva de los obligados en tiempos de inflación. Tampoco este ajuste constituye una técnica recaudatoria". CASTILLO CARVAJAL, Juan Carlos, "La determinación del enriquecimiento neto gravable con fundamento en los resultados monetarios del ejercicio (REME) (o porque no es posible ignorar la inflación en materia del Impuesto sobre la Renta)", en SÁNCHEZ GONZÁLEZ, Salvador y ABACHE CARVAJAL, Serviliano (Coords.), *El impuesto sobre la renta. Aspectos de una necesaria reforma. Memorias de las XVI Jornadas Venezolanas de Derecho Tributario*, Asociación Venezolana de Derecho Tributario, Caracas, 2017, p. 434.

18   Así lo precisa ASOREY: "El principio de igualdad es entendido en la Constitución Argentina como que la igualdad es la base del impuesto y de las cargas públicas, e interpretado en nuestra Constitución como la necesidad de un mismo tratamiento a quienes están en análoga situación.// Este principio puede ser seriamente violado por un sistema fiscal que no contemple medidas inflacionarias y que no corrija las distorsiones que la inflación produce sobre la progresividad y sobre las bases imponibles, deducciones, mínimos no imponibles, depreciaciones, deducciones de intereses nominales, demoras en los pagos y en la restitución de los impuestos indebidamente pagados". ASOREY, Rubén O., *op. cit.*, p. 13.

19   En igual sentido SOL GIL, para quien: "se desprende que la intención finalista del legislador patrio al incorporar el Sistema de Ajuste por Inflación en la legislación impositiva a la renta, no fue otra que procurar disminuir los efectos distorsionantes de la inflación sobre la determinación de la renta gravable, con el objeto de medir la verdadera capacidad contributiva de los contribuyentes y con ello la estricta observación al principio contenido en el artículo 223 de la Constitución de la República de 1961, hoy el artículo 316 de la novísima Constitución Nacional". SOL GIL, Jesús, "Tratamiento fiscal de las pérdidas netas originadas por aplicación del ajuste por inflación en la Ley de Impuesto sobre la Renta de 1999", *Revista de Derecho Tributario*, N° 87, Asociación Venezolana de Derecho Tributario, Caracas, 2000, p. 80.

discriminatorio[20]. De esta manera, lucirá evidente como unos contribuyentes serán abiertamente *discriminados* porque no pagarán este impuesto sobre sus reales y efectivos *incrementos patrimoniales* (los "especiales"), mientras que otros sí pagarán el impuesto sobre sus *incrementos patrimoniales* (los "ordinarios"). Queda claro, entonces, que excluir de la aplicación del sistema de ajuste por inflación a algunos sujetos pasivos por su condición de "especiales", significa una odiosa e inconstitucional discriminación de esta figura de sujetos pasivos de la LISLR.

De esta manera, se hace patente que la exclusión de los "sujetos pasivos especiales" de la aplicación del ajuste por inflación es, en definitiva, una violación del principio de capacidad contributiva, *ex* artículo 316 de la Constitución, en la medida que estos contribuyentes tributarán sobre bases imponibles *distorsionadas* –sobreestimadas, irreales y totalmente ficticias por la hiperinflación de la que adolece la economía venezolana, así como del principio de igualdad y no discriminación, *ex* 21 de la Constitución, toda vez que mientras que los "sujetos pasivos especiales" no podrán corregir monetariamente los efectos inflacionarios, los contribuyentes ordinarios o no calificados como especiales podrán sortear –con todos los defectos de este régimen- los efectos de la inflación a través de la metodología de la ley, situación que, a la postre, en lugar de generar una tributación sobre enriquecimientos netos, esto es, incrementos patrimoniales, redundará en una tributación efectiva sobre el patrimonio mismo, a todas luces inconstitucionalmente erosionando la *propiedad*[21] de los contribuyentes excluidos de esta metodología y, con ello, atentando en igual medida contra el artículo 115[22] de la Constitución[23], inclusive pudiendo tener *efectos confiscatorios*[24], en violación

---

20 Derecho N° 125 de la *Carta de derechos del contribuyente para los países miembros del Instituto Latinoamericano de Derecho Tributario (ILADT)*: "Derecho a que no tengan lugar tratamientos diferenciados cuando el contribuyente se encuentre en una situación idéntica en términos comparables a la de otro contribuyente y no exista una razón objetiva que ampare el trato diferente", en http://iladt.org/FrontEnd/docs/Carta_Derechos_Contribuyente_ILADT_aprobada_y_Presentacion.pdf.

21 Derecho N° 16 de la *Carta de derechos del contribuyente para los países miembros del Instituto Latinoamericano de Derecho Tributario (ILADT)*: "Derecho a que la tributación tenga en cuenta la protección del derecho de propiedad de manera proporcionada, atendiendo a las exigencias de necesidad, adecuación y proporcionalidad en sentido estricto. El interés general que limite el derecho de propiedad deberá estar siempre contemplado y fundamentado por ley en cada caso concreto". Derecho N° 17 de la *Carta de derechos del contribuyente para los países miembros del Instituto Latinoamericano de Derecho Tributario (ILADT)*: "Derecho a que, más allá del alcance y protección que el derecho constitucional de cada país reconozca y otorgue al derecho de propiedad privada, existe un límite cuantitativo –sin que corresponda aquí fijarlo porcentualmente- a partir del cual el tributo afecta el núcleo esencial de dicho derecho que debe conservarse incólume, deviniendo confiscatorio", ambos en http://iladt.org/FrontEnd/docs/Carta_Derechos_Contribuyente_ILADT_aprobada_y_Presentacion.pdf.

22 Artículo 115 de la Constitución: "Se garantiza el derecho de propiedad. Toda persona tiene derecho al uso, goce, disfrute y disposición de sus bienes. La propiedad estará sometida a las contribuciones, restricciones y obligaciones que establezca la ley con fines de utilidad pública o de interés general. Sólo por causa de utilidad pública o interés social, mediante sentencia firme y pago oportuno de justa indemnización, podrá ser declarada la expropiación de cualquier clase de bienes".

23 Sobre este tema PALACIOS MÁRQUEZ ha recientemente puntualizado, con tono crítico, que: "La reforma de nuestro principal impuesto, eje central de nuestro sistema tributario, pretende mediante una odiosa e inconstitucional discriminación eliminar el sistema de ajuste por inflación incorporado en el año de 1991 como una forma de contrarrestar sus efectos erosivos en el patrimonio de los contribuyentes, conduciéndolos a la exigencia de un impuesto sobre una capacidad nominal. Esta lesión al derecho de los contribuyentes, constituye un expresión de una tributación de efectos irracionales y confiscatorios que impide una consulta a su capacidad real contributiva, haciendo del sistema tributario un obstáculo para el desarrollo económico del país, y un desconocimiento evidente de los derechos de libertad económica y propiedad desde que aparecieron como indicados como sujetos de la obligación tributaria.// Las perversiones deformantes efectuadas sucesivamente a la imposición a la renta, se agudizan al extender la supresión de este mecanismo anti-inflacionista directo a los denominados contribuyentes especiales.// La incorporación del sistema de ajuste por inflación del año 1991 como una garantía al derecho de propiedad y la libertad económica se convirtió en un derecho fundamental, que de acuerdo a la Constitución de 1999, lo otorga un carácter preeminente en el ordenamiento y, por tanto, su carácter progresivo exige que cualquier modificación que

del mencionado artículo 316[25] de la *norma normarum*[26]. A otras voces: ***estamos frente a un impuesto a la inflación misma***[27].

---

experimente la normativa consagratoria debe ser para mejorar su alcance garantista y no para perjudicar o agravar la lesión del derecho de propiedad, la libertad económica y a una tributación racional". PALACIOS MÁRQUEZ, Leonardo, "Notas del Presidente de la A. V. D. T. Ante la vesanía de las modificaciones al ordenamiento jurídico lesiva a los derechos del contribuyente", *Revista de Derecho Tributario*, N° 149, Asociación Venezolana de Derecho Tributario, Caracas, 2016, p. 9.

24   En los mismos términos ASOREY, quien explica en relación a la inflación y el principio de no confiscación, lo siguiente: "El principio de que los tributos no pueden absorber una parte substancial de la propiedad o de la renta puede hallarse garantizado en forma explícita o implícita en los textos constitucionales.// En la Argentina es una garantía implícita de la Constitución y a los efectos de obtener la protección de la misma es necesario acreditar que el tributo afecta una parte preponderante de la renta o del patrimonio del contribuyente, es decir que se debe demostrar exhaustivamente que la alícuota aplicada al afectar en exceso a la renta o al patrimonio termina violando el derecho de propiedad garantizado por la Constitución Nacional.// Un ordenamiento fiscal que no contemple disposiciones para neutralizar el fenómeno inflacionario puede originar situaciones donde la legislación grava parte preponderante de la renta o del patrimonio al alcanzar ganancias ficticias que en realidad son inexistentes". ASOREY, Rubén O., *op. cit.*, p. 13-14. Por su parte, ATENCIO VALLADARES también ha considerado que: "en el caso de aquellos tributos que graven rentas ficticias, producto del alza sostenida y generalizada de los precios, y no precisamente porque se haya dado un incremento de patrimonio o haya existido propiamente una renta percibida por parte del contribuyente, se podría tratar de un supuesto de vulneración al principio de no confiscación (…)// Por tanto, observamos que la inflación juega un papel preponderante en el sistema tributario y, especialmente, en relación con el principio de no confiscación en materia tributaria. Se debe evitar el gravamen de rentas ficticias en cualquier clase de tributos, para paliar los efectos dañinos de la inflación en los contribuyentes". ATENCIO VALLADARES, Gilberto, *El principio de no confiscación en materia tributaria*, Instituto Colombiano de Derecho Tributario, Serie Monografías Tributarias, Bogotá, 2016, p. 414 y 416, respectivamente.

25   Artículo 317 de la Constitución: "No podrá cobrarse impuesto, tasa, ni contribución alguna que no estén establecidos en la ley, ni concederse exenciones y rebajas, ni otras formas de incentivos fiscales, sino en los casos previstos por la ley que cree el tributo correspondiente. **Ningún tributo puede tener efecto confiscatorio**" (resaltado agregado).

26   Esto ya lo advirtió ROMERO-MUCI en relación a la inconstitucional exclusión de las entidades financieras y de seguros de la metodología de los ajustes por inflación, a propósito de la "reforma ejecutiva" de la LISLR de 2014: "Esa decisión normativa es ostensiblemente lesiva del derecho a contribuir conforme a la capacidad económica del contribuyente, pues lejos de recaer sobre una medida real de capacidad económica, termina incidiendo sobre una medición falseada y sobreestimada por la inflación, es decir, el impuesto no incide sobre la renta efectiva, sino sobre una renta fantasma o ficticia, esto es, en definitiva, incide sobre sustancia de patrimonio.// Por lo tanto, es irrazonable que, para fines del ISR (i) no se corrijan por inflación los resultados impositivos de las entidades bancarias y de seguros, pues ello implica una *medición falsa y sobreestimatoria de su enriquecimiento neto* y (ii) no desgravarlo de la base imponible implica la inexorable imposición de sustancia de patrimonio y no de renta, desviándose de la materia impositiva debida según el tributo en cuestión. Todo ello atenta, posterga y conculca, (i) el derecho a contribuir sobre la base real y efectiva y (ii) frustra el valor jurídico superior de la protección de la solvencia patrimonial de los bancos y empresas de seguro, comprometiendo su integridad en perjuicio de los usuarios y del desarrollo económico del país.// El ajuste integral por inflación es un mandato que tiene anclaje obligatorio para todo tipo de contribuyente, desde el propio enunciado normativo que define la materia gravable en el ISR en el artículo 4 de dicha Ley. El ajuste integral por inflación no implica alguna ventaja ni un beneficio fiscal para el contribuyente a los fines de la determinación de la renta gravable. Constituye un medio técnico *necesario* e *idóneo*, de universal aplicación, para neutralizar los efectos distorsionantes de la inflación y permitir translucir los *resultados reales* que representan su capacidad económica efectiva para contribuir a los gastos generales en materia de ISR (resaltado del autor). ROMERO-MUCI, Humberto, "Sobre la deducibilidad del resultado monetario deudor (pérdida monetaria) por inflación: el caso de las entidades financieras y de seguro", en SÁNCHEZ GONZÁLEZ, Salvador y ABACHE CARVAJAL, Serviliano (Coords.), *El impuesto sobre la renta. Aspectos de una necesaria reforma. Memorias de las XVI Jornadas Venezolanas de Derecho Tributario*, Asociación Venezolana de Derecho Tributario, Caracas, 2017, p. 415-432.

27   En similares términos, para PALACIOS MÁRQUEZ estaríamos ante uno de los inapropiadamente denominados "tributos no legislados", específicamente, el llamado *impuesto inflación* o *inflacionario*. Cf. PALACIOS MÁRQUEZ, Leonardo, "La obligación tributaria", *Comentarios al Código Orgánico Tributario 1994*, Asociación Venezolana de Derecho Tributario, Caracas, 1995, p. 45.

3. Los artículos 1 y 4 de la LISLR, y la *antinomia inter-normativa*, de tipo *total-parcial*, generada por el (nuevo) segundo aparte del artículo 171 de la LISLR de 2015

De conformidad con el artículo 1 de la LISLR que delimita, como es sabido, el hecho imponible de este tributo:

"Los enriquecimientos anuales, netos y disponibles obtenidos en dinero o en especie, causarán impuestos según las normas establecidas en este Decreto con Rango, Valor y Fuerza de Ley.// Salvo disposición en contrario de este Decreto con Rango, Valor y Fuerza de Ley, toda persona natural o jurídica, residente o domiciliada en la República Bolivariana de Venezuela, pagará impuestos sobre sus rentas de cualquier origen, sea que la causa o la fuente de ingresos esté situada dentro del país o fuera de él. Las personas naturales o jurídicas no residentes o no domiciliadas en la República Bolivariana de Venezuela estarán sujetas al Impuesto establecido en este Decreto con Rango, Valor y Fuerza de Ley, siempre que la fuente o la causa de sus enriquecimientos esté u ocurra dentro del país, aun cuando no tengan establecimiento permanente o base fija en la República Bolivariana de Venezuela. Las personas naturales o jurídicas domiciliadas o residenciadas en el extranjero que tengan un establecimiento permanente o una base fija en el país, tributarán exclusivamente por los ingresos de fuente nacional o extranjera atribuibles a dicho establecimiento permanente o base fija".

En desarrollo de la norma anterior, en lo que a la fórmula del *neto* se refiere y como ya fue precisado anteriormente, el artículo 4 de la LISLR de forma *expresa* incluye la metodología del ajuste por inflación para la determinación del enriquecimiento neto de fuente territorial del contribuyente, delimitando uno de los elementos más importantes del aspecto material del hecho imponible. No obstante lo anterior, lo cierto es que mediante el nuevo segundo aparte del artículo 171 de la ley, anteriormente citado, se excluyeron a los "sujetos pasivos especiales" de la aplicación de la metodología del ajuste por inflación fiscal, lo cual obliga a analizar la situación generada de manera sobrevenida por la coexistencia normativa de los artículos 1 y 4 de la LISLR, por un lado, y el nuevo artículo 171 *eiusdem*, por el otro.

En este sentido, lo que de entrada se hace presente, en sintonía con las consideraciones que anteceden es que, en efecto, la pretendida exclusión de los "sujetos pasivos especiales" por razón del nuevo segundo aparte del artículo 171 de la ley, encuentra un límite insuperable en el artículo 316 de la Constitución y en el propio artículo 4 de la LISLR, en tanto concreción *legal* del principio *constitucional* de capacidad económica[28], el cual *prevalece* sobre cualquier intento de omitir la consideración de los efectos distorsionantes de la inflación en la real y efectiva *situación contributiva* de los "sujetos pasivos especiales". Considerar lo contrario, implicaría dejar de lado, además del indicado principio de capacidad contributiva, los también referidos estándares de igualdad y no discriminación, generándose, como podrá advertirse, una *antinomia inter-normativa* en la LISLR, por la contradicción sobrevenida de los artículos 4 y 171, en su segundo aparte, de la ley, debido a que proponen *soluciones incompatibles*.

---

[28] Sostiene ROMERO-MUCI que: "La descontinuación del API en el ISR implicó una derogatoria parcial, que suprimió para bancos y empresas de seguros y, luego a los contribuyentes especiales, la aplicación de la **metodología** del Título IX de la LISR. Sin embargo, se mantuvo indemne la **regla** explícita en el artículo 4 que opera como un auténtico principio rector de interpretación y aplicación preferente para la determinación de la renta.// Esta **regla** está además en conexión con una base enunciativa compuesta por normas supra-ordenadas, tales como el derecho a contribuir conforme a la capacidad contributiva real y efectiva, el derecho a la igualdad, la razonabilidad y la proporcionalidad de la Ley, que impone el derecho a contribuir libre de la distorsión inflacionaria. Este derecho subjetivo tiene anclaje y explicación en una posición jurisprudencial consolidada desde los años 90 del siglo pasado y responde a una racionalidad técnica admitida universalmente en todas las jurisdicciones tributarias en el derecho comparado, según la cual la inflación no debe ni puede distorsionar el resultado fiscal" (resaltado del autor). ROMERO-MUCI, Humberto, "Sobre la deducibilidad..." *cit.*, p. 421-422.

En efecto, la *antinomia inter-normativa* se observa desde que en la reforma de 2015 se pretende excluir a los "sujetos pasivos especiales" del *derecho* a aplicar la metodología del ajuste por inflación fiscal, en tanto *garantía* de la verdadera capacidad contributiva del contribuyente, y en *detrimento* del artículo 4 de la LISLR en el cual se establece, como ya lo hemos podido observar, que para determinar el enriquecimiento *neto* territorial es indispensable la aplicación del sistema de corrección monetaria –neto *por tenencia*- previsto en la misma ley.

Ahora bien, la identificada antinomia sobrevenida por la inconstitucional "reforma ejecutiva" de la LISLR de 2015, a su vez califica como una de tipo *total-parcial*[29]: la norma general (constitucional) que delimita el enriquecimiento *neto* regula un supuesto más amplio (artículo 4 de la LISLR: *"sin perjuicio respecto del enriquecimiento neto de fuente territorial del ajuste por inflación previsto en este Decreto con Rango, Valor y Fuerza de Ley"*), que abarca la *totalidad* del supuesto más reducido de la (inconstitucional) norma especial (segundo aparte del artículo 171 de la LISLR:*"los sujetos pasivos calificados como especiales por la Administración Aduanera y Tributaria, quedarán excluidos del sistema de ajustes por inflación previsto en este Decreto con Rango, Valor y Fuerza de Ley"*), y sobre la parte en que se solapan (*ajuste por inflación de los sujetos pasivos especiales*), se generan *consecuencias incompatibles*: opción A: *todos* los contribuyentes tienen derecho a aplicar la metodología del ajuste por inflación fiscal, en respeto a los principios de capacidad contributiva, igualdad y no discriminación; opción B: *sólo* los contribuyentes ordinarios tienen derecho a aplicar la metodología del ajuste por inflación fiscal, en violación de los principios de capacidad contributiva, igualdad y no discriminación. Gráficamente, la antinomia sería apreciable de la siguiente manera:

---

29 "Independientemente del tipo de relación que pueda haber entre las distintas descripciones de las normas cuyas soluciones son incompatibles, también es posible hacer una clasificación de acuerdo con el grado de superposición entre esas descripciones.// Alf Ross distingue, según ese criterio, tres clases de inconsistencias:// La inconsistencia *total-total*, que se da cuando los ámbitos de referencia de ambas normas se superponen totalmente: tales descripciones se podrían diagramar como dos círculos absolutamente superpuestos. Un ejemplo estaría constituido por dos normas, una de las cuales estipulara, por ejemplo, que la importación de tractores debe pagar un recargo aduanero y otra que estableciera que los tractores importados están exentos de recargos aduaneros.// La inconsistencia *total-parcial* se configura cuando el ámbito de referencia de una norma está incluido totalmente en el de otra, pero esta última comprende, además, casos adicionales. En este caso pueden diagramarse las referencias de ambas descripciones como dos círculos concéntricos, uno de los cuales se hallara dentro del otro. Por ejemplo: una norma establece que la importación de vehículos sufrirá recargos aduaneros y otra exime de tales recargos a los tractores.// Por último, la inconsistencia *parcial-parcial* se da cuando las descripciones de dos normas con soluciones incompatibles se superponen parcialmente, pero ambas tienen además ámbitos de referencia autónomos. Se puede representar esta inconsistencia con dos círculos secantes. Un ejemplo en la línea de los anteriores podría estar configurado por dos normas, una de las cuales estableciera que los vehículos que se importan están sujetos a recargos aduaneros, y la otra estipulara que los instrumentos para la producción agrícola están exentos de ellos; los tractores están en el campo de conflicto de ambas normas, los autos sólo están comprendidos en la primera y los arados sólo se rigen por la segunda" (cursivas del autor). NINO, Carlos Santiago, *Introducción al análisis del Derecho*, Editorial Astrea, 2ª edición, 14ª reimpresión, Buenos Aires, 2007, p. 274-275.

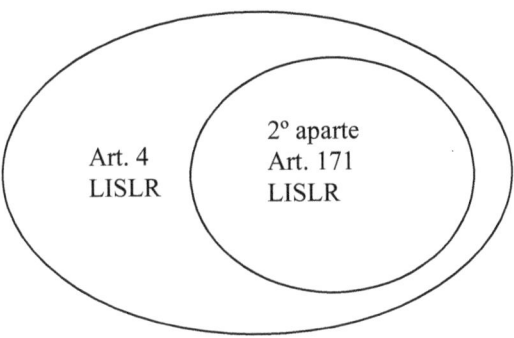

Para resolver la apuntada *situación antinómica*, e intentar otorgarle –o, más bien, devolverle- *coherencia interna* a la LISLR, en primer lugar se puede apelar –como lo hemos propuesto en otra oportunidad[30]- a una suerte de aplicación (indirecta) del *criterio de jerarquía normativa* para atender este típico defecto lógico de los sistemas jurídicos[31], habida cuenta que el artículo 4 de la LISLR concreta o materializa el principio constitucional contenido en el artículo 316 de la *norma normarum*[32], a diferencia del artículo 171 de la ley, el cual no encuentra sustento en –ni concreta ni desarrolla- principio alguno de la Constitución, antes por el contrario, contraría de manera abierta y contundente varios de ellos.

En efecto, es posible recurrir –por lo menos, indirectamente- a este criterio, en tanto que la *fuerza justificativa* del artículo 4 de la LISLR viene, como ha quedado expuesto, de la propia Constitución, específicamente del artículo 316, que consagra el aludido principio de capacidad contributiva, o lo que es lo mismo, dicho principio constitucional –que a su vez integra los valores superiores del ordenamiento jurídico- representa el *aspecto valorativo o justificativo* del artículo 4 de la LISLR. En sentido opuesto, la norma contenida en el artículo 171 de la LISLR sobre la exclusión de los "sujetos pasivos especiales" del *derecho* a aplicar la metodología del ajuste por inflación fiscal, carece –en lo absoluto– de un aspecto valorativo, razón por la cual no encuentra justificación en un valor superior del ordenamiento jurídico.

Además de la propuesta esbozada sobre la aplicación (indirecta) del *criterio de jerarquía normativa*, lo cierto es que la posición que sostenemos encuentra sustento directo al amparo

---

30 Al respecto, *vid.* ABACHE CARVAJAL, Serviliano, *Sobre falacias, justicia constitucional y Derecho tributario. Del gobierno de las leyes al gobierno de los hombres: más allá de "la pesadilla y el noble sueño"*, Editorial Álvaro y Nora, Caracas, 2015, p. 161.

31 Al cual se suman las lagunas (normativas y axiológicas) y las redundancias normativas. Al respecto, *vid.* NINO, Carlos Santiago, *Introducción... cit.*, pp. 272-292.

32 Sobre la caracterización del artículo 4 de la LISLR como norma *legal* que materializa de manera efectiva el principio *constitucional* de capacidad contributiva, ROMERO-MUCI explica con meridiana claridad lo siguiente: "La razón precisa de este distingo entre enriquecimiento neto operativo y el enriquecimiento neto ajuste por inflación y la salvedad del Legislador recogida en la fórmula «...sin perjuicio del ajuste por inflación...», radica en la circunstancia evidente, conforme a la cual, la regulación del ajuste por inflación introduce cambios importantes a las reglas sobre determinación del enriquecimiento neto operativo, a las cuales complementa para dar una solución de unidad de sentido a la materia gravable por el impuesto, esto es, **en precisión de la verdadera capacidad contributiva en términos reales**" (resaltado del autor y subrayado/resaltado agregado). ROMERO-MUCI, Humberto, *La racionalidad... cit.*, p. 265.

de los *argumentos interpretativos*[33] *a cohaerentia*[34] y *sistemático en sentido estricto*[35], siendo el denominador común a ambos la anhelada racionalidad de la interacción lógica de las normas que integran un sistema jurídico y, *a fortiori*, un mismo cuerpo normativo –como lo es la LISLR-, evitándose de esta manera aplicaciones *antinómicas*.

También es notable como la antinomia ocurrida con ocasión a la reforma del artículo 171 de la LISLR de 2015 se evidencia, con meridiana claridad, con la aplicación de los principios de la lógica formal de *identidad, no contracción y tercero excluido*[36]. De esta manera, y conforme con el principio de *identidad*, si la metodología del ajuste por inflación fiscal integra la determinación del enriquecimiento neto territorial, entonces esta metodología *es* también enriquecimiento *neto* (por *tenencia*).

Por su parte, el principio de *no contradicción* explica que dos enunciados contradictorios o excluyentes entre sí –en este caso, los artículos 4 y 171 de la LISLR- no pueden ambos ser *válidas*, por lo que, teniendo en cuenta lo recién apuntado sobre la aplicación (indirecta) del criterio de jerarquía normativa, entonces el artículo 4 es el que representa la norma válida, mientras que el artículo 171 debe –forzosamente– entenderse *inválido*, en la parte que se refiere a la exclusión de la metodología del ajuste por inflación.

En relación al principio de *tercero excluido*, que se circunscribe a que no pueden ambas normas ser *inválidas* o "medio válidas", el mismo se justifica en esta situación tomando en cuenta lo relativo a la validez del artículo 4 de la LISLR, cuestión que evidencia la inviabilidad analítica de aplicar a medias este artículo conjuntamente con el artículo 171, el cual ya resultaba inaplicable por inválido, conforme con el principio de no contradicción.

En suma, la antinomia inter-normativa observada se resuelve apelando (indirectamente) al criterio de jerarquía normativa, así como directamente a los argumentos interpretativos *a cohaerentia* y *sistemático en sentido estricto*, que justifican la aplicación del artículo 4 de la LISLR mediante el cual se concreta o positiviza el principio de capacidad contributiva, *ex* artículo 316 de la Constitución, dejando de lado el artículo 171 de la ley, que a contracorriente de la norma constitucional pretende excluir a los "sujetos pasivos especiales" del ajuste por inflación fiscal, por lo que tal exclusión no debe ser tomada en cuenta por *contradictoria* –además de inconstitucional-, por lo que *todos* los sujetos pasivos tributarios que sean contribuyentes del tributo establecido en la LISLR, *ex* artículo 7 de la ley, como será precisado a continuación, deben aplicar la metodología del ajuste por inflación fiscal para determinar su enriquecimiento *neto*, conforme lo establecido en el artículo 4 *eiusdem*.

---

33 Que consisten en *esquemas de razonamientos* dirigidos a desentrañar o esclarecer el sentido de un texto oscuro (o contradictorio), por lo que mediante éstos se debe "acudir a unos preceptos para aclarar el significado de otros dudosos". EZQUIAGA GANUZAS, Francisco Javier, "Argumentos interpretativos y postulado del legislador racional", *Isonomía [Publicaciones periódicas]: Revista de Teoría y Filosofía del Derecho*, N° 1, octubre, 1994, p. 69-98.

34 "Es aquél por el que dos enunciados legales no pueden expresar dos normas incompatibles entre ellas; por ello, sirve tanto para rechazar los significados de un enunciado que lo hagan incompatible con otras normas del sistema, como para atribuir directamente un significado a un enunciado, ya que el argumento justifica no sólo la atribución de significados no incompatibles y el rechazo de significados que impliquen incompatibilidad, sino la atribución de aquel significado que haga al enunciado lo más coherente posible con el resto del ordenamiento". *Ibid.*, p. 91.

35 Que sería la forma estándar de caracterizar a lo que nos referimos como una modalidad de aplicación (indirecta) del *criterio de jerarquía normativa*, siendo "aquél que para la atribución de significado a una disposición tiene en cuenta el contenido de otras normas, su contexto.// El fundamento de esta apelación y lo que justifica su empleo es, al igual que en el resto de los argumentos sistemáticos, la idea de que las normas forman un sistema que obtiene su coherencia del diseño racional realizado por el legislador y de los principios que, como consecuencia de ser un producto racional, lo gobiernan". *Ibid.*, p. 92-93.

36 Sobre estos principios, *vid.* GARCÍA MÁYNEZ, Eduardo, *Introducción a la lógica jurídica*, Colofón, 9° edición, México, D. F., 2001, p. 27-48.

4. El artículo 4 y el encabezado del artículo 171 de la LISLR de 2015, como norma que delimita el *ámbito de aplicación subjetivo* del ajuste por inflación fiscal: un supuesto de antinomia *intra-normativa,* de tipo *total-parcial*

Como ya fue precisado, el artículo 171 de la LISLR tiene una inescindible relación con el artículo 4 *eiusdem,* toda vez que en éste se establece que para determinar el enriquecimiento neto de los contribuyentes se deberá restar a los ingresos brutos los costos y deducciones permitidos en la LISLR, sin perjuicio respecto del enriquecimiento neto de fuente territorial del ajuste por inflación fiscal previsto en la ley, con la finalidad de que el contribuyente tribute sobre la base de su verdadera (real y efectiva) capacidad contributiva, en respeto del artículo 316 de la Constitución.

En este orden, si bien es cierto que en la última reforma de la LISLR se pretendió a través del artículo 171 *excluir* a los "sujetos pasivos especiales" de la metodología del ajuste por inflación, no es menos cierto que en acatamiento de los principios constitucionales de capacidad contributiva, igualdad y no discriminación, consagrados en los artículos 316 y 21 de la Constitución, y del mismo artículo 4 de la LISLR, *todo* contribuyente debe tributar sobre una auténtica capacidad contributiva, que sólo podrá determinarse tomándose en cuenta el sistema de corrección monetaria establecido en la ley.

Ahora bien, al margen de la pretendida exclusión de los "sujetos pasivos especiales" del ajuste por inflación fiscal, lo cierto es que el encabezado del artículo 171 de la LISLR delimita –junto con artículo 90 del Reglamento de la LISLR[37]- el *ámbito de aplicación subjetivo* del sistema de ajuste por inflación, conforme con el cual:

> "A los solos efectos tributarios, **los contribuyentes a que se refiere el artículo 7° de este Decreto con Rango, Valor y Fuerza de Ley, que iniciaron sus operaciones a partir del 1° de enero del año 1993, y realicen actividades comerciales, industriales, explotación de minas e hidrocarburos y actividades conexas, que estén obligados a llevar libros de contabilidad**, deberán al cierre de su primer ejercicio gravable, realizar una actualización inicial de sus activos y pasivos no monetarios, según las normas previstas en este Decreto con Rango, Valor y Fuerza de Ley, la cual traerá como consecuencia una variación en el monto del patrimonio neto para esa fecha" (resaltado agregado).

Como se observa, además de la antinomia *inter-normativa* sobrevenida que tiene lugar entre la *parte* del artículo 171 que pretende excluir a los "sujetos pasivos especiales" de la metodología del ajuste por inflación y el artículo 4 de la LISLR, también se da cita en el mismo cuerpo de la ley –por razón de esta irracional e irrazonable modificación- una antinomia *intra-normativa,* esto es, una contradicción dentro del mismo artículo 171 de la LISLR, porque por un lado establece que estarán sujetos a la metodología del ajuste por inflación los contribuyentes que realicen actividades comerciales, industriales, explotación de minas e hidrocarburos y actividades conexas, que estén obligados a llevar libros de contabilidad, a otro decir, que lleven a cabo las indicadas *actividades económicas,* y por el otro pretende excluir a los "sujetos pasivos especiales" que realicen *esas mismas actividades.* De esta manera, se hace palpable que el mismo artículo 171 *incluye* y *excluye* a los contribuyentes que realicen las *actividades económicas* indicadas y que sean "sujetos pasivos especiales", o lo que es igual, se presentan *soluciones incompatibles* –de cara a la aplicación de la

---

37   Así también lo establece el artículo 90 del Reglamento de la LISLR [publicado en *Gaceta Oficial de la República de Venezuela* N° 5.662 *Extraordinario,* 24 de septiembre de 2003], haciéndose presente la antinomia generada por razón de la exclusión sobrevenida de los contribuyentes dedicados a las *actividades bancarias, financieras, de seguros y reaseguros,* conforme con el cual: "Los contribuyentes sujetos a la normativa referente a los ajustes por inflación a que se contrae el Título IX de la Ley, **son los comerciantes, industriales y quienes se dediquen a realizar actividades bancarias, financieras, de seguros, reaseguros o a la explotación de minas o hidrocarburos y actividades conexas**, tales como la refinación y el transporte (…)" (resaltado agregado).

metodología del ajuste por inflación fiscal- para los "sujetos pasivos especiales" que realicen cualesquiera de las *actividades económicas* (comerciales, industriales, etc.) comprendidas en la norma.

Esta antinomia, de igual manera a la anteriormente analizada y solventada, también califica como una de tipo *total-parcial*: la norma general (constitucional) que delimita el *ámbito de aplicación subjetivo* de la metodología del ajuste por inflación regula un supuesto más amplio (encabezado del artículo 171 de la LISLR: *"los contribuyentes a que se refiere el artículo 7° de este Decreto con Rango, Valor y Fuerza de Ley, que iniciaron sus operaciones a partir del 1° de enero del año 1993, y realicen actividades comerciales, industriales, explotación de minas e hidrocarburos y actividades conexas, que estén obligados a llevar libros de contabilidad"*), que abarca la *totalidad* del supuesto más reducido de la (inconstitucional) norma especial (aparte segundo del artículo 171 de la LISLR, sobre la exclusión de los "sujetos pasivos especiales": *"los sujetos pasivos calificados como especiales por la Administración Aduanera y Tributaria, quedarán excluidos del sistema de ajustes por inflación previsto en este Decreto con Rango, Valor y Fuerza de Ley"*), y sobre la parte en que se solapan (*ajuste por inflación de los sujetos pasivos especiales*), se generan *consecuencias incompatibles*: opción A: *todos* los contribuyentes que realicen actividades comerciales, industriales, explotación de minas e hidrocarburos y actividades conexas, que estén obligados a llevar libros de contabilidad, tienen derecho a aplicar la metodología del ajuste por inflación fiscal, en respeto a los principios de capacidad contributiva, igualdad y no discriminación; opción B: *sólo* los contribuyentes ordinarios que realicen actividades comerciales, industriales, explotación de minas e hidrocarburos y actividades conexas, que estén obligados a llevar libros de contabilidad, tienen derecho a aplicar la metodología del ajuste por inflación fiscal, en violación de los principios de capacidad contributiva, igualdad y no discriminación. La antinomia se visualizaría, gráficamente, de la siguiente forma:

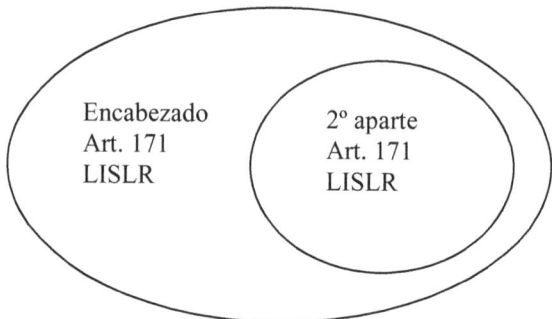

Por razón de lo anterior, y en los términos anteriormente expuestos sobre la antinomia *inter-normativa* suscitada entre el artículo 4 y el segundo aparte del 171 de la LISLR, en este caso, ante dos consecuencias jurídicas contradictorias que se dan cita en un mismo artículo, no resulta azaroso afirmar que ambas no pueden ser válidas. En este sentido, el segundo aparte referido a la exclusión de los "sujetos pasivos especiales" del ajuste por inflación, al no encontrar asidero, fundamento o sustento alguno en la Constitución, antes por el contrario, la viola en no pocos artículos, debe –forzosamente- entenderse *inválida* y, con ello, *inaplicable*, al erigirse en contra de los principios de capacidad contributiva, igualdad y no discriminación, subsistiendo la *validez* –por argumento *a contrario*- del encabezado del artículo 171, referido al indicado ámbito de aplicación subjetivo del sistema de ajuste por inflación fiscal.

Nuestra posición encuentra sustento en el argumento interpretativo *a partir de los principios*[38], teniendo en cuenta que: (i) la exclusión de los "sujetos pasivos especiales" de la metodología del ajuste por inflación atenta contra la capacidad contributiva, la igualdad y la no discriminación, de lo que sólo es lógico afirmar, que aplicar el *segundo aparte* del artículo 171 de la LISLR es, en la línea que venimos sosteniendo, inconstitucional; razón por la cual (ii) el intérprete debe *necesariamente* decantarse por la opción que sea compatible con lo delimitado por el o los principios en cuestión, esto es, por la consecuencia jurídica que se encuentre respaldada o inspirada por los principios en juego (nuevamente: capacidad contributiva, igualdad y no discriminación), cual es, la delimitada por el *encabezado* del artículo 171 de la LISLR.

5. Los sujetos pasivos tributarios (contribuyentes y responsables) y la situación jurídica de los "sujetos pasivos especiales"

Como es sabido, la única clasificación y caracterización *legal* que existe de los sujetos pasivos de la relación jurídico-tributaria se encuentra en los artículos 22 y siguientes del Código Orgánico Tributario[39], conforme la cual éstos se dividen en *contribuyentes*[40] (quienes realizan el hecho imponible y, por ello, son deudores por *deuda propia*) y *responsables*[41] (quienes sin realizar el hecho imponible, por lo que califican como deudores por *deuda ajena*, deben cumplir con la obligación tributaria por mandato de la ley), los cuales –a su vez– son sub-clasificados en responsables *directos* (agentes de retención y percepción) y responsables *solidarios*. Por su parte, los agentes de retención y percepción detentan una doble condición de *responsables solidarios* "junto con" el contribuyente (de *no* efectuar la retención o percepción) y de *sustitutos* "en lugar" del contribuyente (de *realizar* la retención o percepción, y no enterar el importe al Fisco), aun cuando tal denominación no es formalmente empleada por el Código.

Por otro lado, el Código Orgánico Tributario en el Capítulo V, artículo 41, relativo a los medios de extinción de la obligación tributaria, al regular la institución del pago establece que la Administración Tributaria: *"(...) podrá establecer plazos para la presentación de declaraciones juradas y pagos de los tributos, con carácter general para determinados grupos de contribuyentes o responsables de similares características, cuando razones de eficiencia y costo operativo así lo justifiquen (...)"*. Como puede observarse, en el Código se otorgó a la Administración Tributaria la facultad de organizar ciertos grupos de contribuyentes y responsables, *v. g.* los "sujetos pasivos especiales", con la *finalidad* de darle a los mismos –en todo caso– una *atención especializada* (jamás discriminatoria) y ejercer un control y supervisión más *eficiente* para, en todo caso, aminorar *costos operativos* y mejorar la *recaudación tributaria*.

---

38   "Ante la pluralidad de significados de un enunciado, se optará por aquél que mejor se adecue a lo establecido por el principio. La razón es que el sistema jurídico elaborado por el legislador racional es coherente, no sólo en cuanto que sus preceptos son consistentes, sino, en un sentido más fuerte, en cuanto que sus normas responden a criterios (o principios) inspiradores comunes". EZQUIAGA GANUZAS, Francisco Javier, *op. cit.*, p. 86.

39   Publicado en *Gaceta Oficial de la República de Venezuela* N° 6.152 *Extraordinario*, 18 de noviembre de 2014.

40   Artículo 22 del Código Orgánico Tributario: "Son contribuyentes los sujetos pasivos respecto de los cuales se verifica el hecho imponible.// Dicha condición puede recaer:// 1. En las personas naturales, prescindiendo de su capacidad según el derecho privado.// 2. En las personas jurídicas y en los demás entes colectivos a los cuales otras ramas jurídicas atribuyan calidad de sujeto de derecho.// 3. En las entidades o colectividades que constituyan una unidad económica, dispongan de patrimonio y tengan autonomía funcional".

41   Artículo 25 del Código Orgánico Tributario: "Responsables son los sujetos pasivos que, sin tener el carácter de contribuyentes, deben por disposición expresa de la ley, cumplir las obligaciones atribuidas a los contribuyentes".

Lo anterior ya deja ver que, la eventual designación de un contribuyente o responsable como "sujeto pasivo especial" no es –en sentido estricto- una tipología de *sujeción pasiva* en la legislación venezolana, o una "nueva clasificación", "sub-clasificación" o "especie" del género *sujetos pasivos* de la obligación tributaria, como sí lo son, en los términos precisados, los *contribuyentes* y *responsables* –cuyas definiciones *legales* giran alrededor del hecho imponible y, por ello, de la obligación tributaria-, razón por la cual ser o no calificado como "sujeto pasivo especial", no modifica –no puede hacerlo- las dimensiones cualitativas y cuantitativas de la *obligación tributaria*, teniendo incidencia y trascendencia tal designación exclusivamente a los efectos del cumplimiento de los *deberes formales* (forma y tiempo)[42].

A continuación profundizaremos, un poco más, en la *naturaleza jurídica* y en la *justificación teleológica* de los llamados "sujetos pasivos especiales", así como sobre la *irracionalidad teleológica* que supone la ineficacia de esa figura como *medio* para lograr el *fin* de su exclusión de la metodología del ajuste por inflación pretendido por el artículo 171 de la LISLR.

5.1. Regulación sub-legal, naturaleza jurídica y *justificación teleológica* de los "sujetos pasivos especiales"

Como ya fue adelantado, la Administración Tributaria está facultada –a los exclusivos fines de *supervisar* y *controlar* el cumplimiento de las obligaciones tributarias, esto es, los *deberes formales*- para regular "regímenes ordinarios y especiales" (no crear nuevas *tipologías subjetivas*, con ámbitos de aplicación *particulares*), como a tenor literal lo establece la vigente Ley del SENIAT[43], específicamente en su artículo 4, numerales 10, 20 y 21, conforme los cuales:

"Artículo 4: Corresponde al Servicio Nacional Integrado de Administración Aduanera y Tributaria la aplicación de la legislación aduanera y tributaria nacional, así como el ejercicio, gestión y desarrollo de las competencias relativas a la ejecución integrada de las políticas aduanera y tributaria fijadas por el Ejecutivo Nacional. En el ejercicio de sus funciones es de su competencia: (…)// 10. Definir y ejecutar las **políticas administrativas** tendentes a reducir los márgenes de evasión fiscal y, en especial, prevenir, investigar y sancionar administrativamente los ilícitos aduaneros y tributarios. (…)// 20. Llevar los registros, promover, **coordinar** y **controlar** la inscripción de los sujetos pasivos de la relación jurídica tributaria y aduanera;// 21. Diseñar, adminis-

---

42   Allende la inconstitucional designación como agentes de retención o percepción del IVA, a los "sujetos pasivos especiales" vía Providencia Administrativa, en abierta desatención del principio de reserva legal, en tanto en cuanto se delimita por un acto sub-legal un *sujeto pasivo* de la obligación tributaria, el cual, por ser un elemento constitutivo del tributo, *ex* artículo 3 del Código Orgánico Tributario, sólo puede ser creado, modificado o extinguido por ley, lo cierto es que la *justificación teleológica* de los "sujetos pasivos especiales" –que enseguida será atendida- explica, a su vez, como en la Ley del IVA de 1993 se establecía la posibilidad de designar agentes de retención para actividades realizadas por contribuyentes de *difícil control*, como bien lo explica ESCALANTE: "Al igual que los supuestos de responsabilidad genérica analizados anteriormente, –a excepción de la responsabilidad por cambio de destino- los Agente de Retención en el IVA está contemplados desde la Ley del IVA de 1993, la cual incluía en su artículo 6 un supuesto que denotaba incluso una mayor racionalidad en el derogado texto legal, que en las actuales disposiciones normativas. Dicho texto indicaba acertadamente que se designarían Agente de Retención en los casos de operaciones o actividades realizadas con contribuyentes de *difícil control*. (…) Como se pudo observar anteriormente, la ley permite a la Administración Tributaria usar el mecanismo de la designación de Agentes de Retención, como sujetos pasivos responsables del pago del tributo de un tercero (contribuyente), para **facilitar** o **controlar** su función **recaudadora** de impuestos" (cursivas del autor y resaltado agregado). ESCALANTE ELGUEZABAL, Xabier, "Los contribuyentes y los responsables del IVA en Venezuela", en SOL GIL, Jesús (Coord.), *Imposición al Valor Agregado (IVA) en Venezuela*, Asociación Venezolana de Derecho Tributario, Caracas, 2004, p. 285-286. Y es ésta la razón principal, como veremos, detrás de la figura misma de los "sujetos pasivos especiales".

43   Publicada en *Gaceta Oficial de la República de Venezuela* N° 6.211 *Extraordinario*, 30 de diciembre de 2015.

trar, **supervisar** y **controlar** los **regímenes ordinarios y especiales** de la tributación nacional (…)" (resaltado agregado).

Pero lo cierto es que, para entender con rigor la naturaleza jurídica y el *aspecto teleológico* de la calificación o designación *administrativa* –sin siquiera entrar en las críticas de *inconstitucionalidad* que se han dirigido a esta figura[44]- de los "sujetos pasivos especiales", hay que ir un poco más atrás. Al respecto, el Decreto N° 863[45], mediante el cual se dictó el "Reglamento sobre el Cumplimiento de Deberes Formales y Pago de Tributos para Determinados Sujetos Pasivos con Similares Características", en su artículo 1 facultó a la Administración Tributaria para que *"mediante providencia administrativa, califique a determinados grupos de sujetos pasivos con características similares"* y, con ello, lograr lo perseguido por lo establecido en su artículo 2, conforme con el cual:

> "Artículo 2: Los sujetos pasivos calificados como especiales **deberán presentar sus declaraciones ante la oficina o dependencia de la Administración Tributaria de la jurisdicción de su domicilio fiscal a la cual le haya sido atribuida la competencia.** Para tales efectos, en la notificación que se les haga en su condición de contribuyente especial, deberá indicarse, en forma expresa, la **dirección de la oficina o dependencia** en la cual les corresponda cumplir con sus obligaciones tributarias y las **formas o modalidades** establecidos para ese fin.// Los sujetos pasivos calificados como especiales que posean más de un establecimiento donde realicen sus operaciones estarán obligados a **presentar sus declaraciones y efectuar el pago de sus tributos en la oficina o dependencia de la Administración Tributaria ubicada de jurisdicción del domicilio fiscal de su respectiva oficina principal**" (resaltado agregado).

Por su parte, el artículo 72 de la Resolución N° 32[46] sobre la "Organización, Atribuciones y Funciones del Servicio Integrado de Administración Tributaria SENIAT", también dejaba ver la *finalidad* detrás de los "sujetos pasivos especiales". De acuerdo con esta norma:

> "Artículo 72: Para la **eficiente administración, atención y control especializado** de los sujetos pasivos, **se crea la Gerencia Regional de Tributos Internos de Contribuyentes Especiales de la Región Capital**; su sede será la ciudad de Caracas, y tendrá las competencias y potestades correspondientes para administrar **los sujetos pasivos calificados en esta categoría**" (resaltado agregado).

Debe recordarse, como lo ha hecho la doctrina[47], que inclusive se llegaron a realizar estudios por parte de la Administración Tributaria para determinar sobre qué tipos de contribuyentes debía recaer la calificación de "especiales". En efecto, en los considerandos 2 y 3 de la Resolución N° 34[48] del SENIAT se indicaría que:

> "Considerando que el SENIAT está desarrollando el proceso de modernización de su organización y funcionamiento, con el objeto de brindar las **máximas facilidades** a los sujetos mencionados, **para que puedan cumplir sin demoras ni inconvenientes con sus obligaciones tributarias**, por lo que es necesario crear en determinadas regiones del país **controles y servicios especiales.**// Considerando que como primera etapa de tal proceso, se realizaron los **estudios pertinentes**, definiéndose como **contribuyentes y responsables especiales** de la jurisdicción de la Región Capital, **aquellos cuyo monto total de ingresos anuales hayan superado el equivalente a ciento veinte mil unidades tributarias (120.000 U.T.)** en el ejercicio anterior a la entrada en vigencia de la presente Resolución y a los Institutos Autónomos y demás entes descentralizados de la República, de los Estados y de los Municipios que actúen en su calidad de agentes de retención o de percepción de tributos" (resaltado agregado).

---

44   Al respecto, *vid.* MEIER GARCÍA, Eduardo, *op. cit.*, p. 181.

45   Publicado en *Gaceta Oficial de la República de Venezuela* N° 35.816, 13 de octubre de 1995.

46   Publicada en *Gaceta Oficial* de la *República de Venezuela* N° 35.682, 29 de marzo de 1995.

47   *Cf.* ESCALANTE ELGUEZABAL, Xabier, *op. cit.*, p. 294.

48   Publicada en *Gaceta Oficial de la República de Venezuela* N° 35.682, 29 de marzo de 1995.

Una vez más, se pone en evidencia la *razón* de esta calificación: brindar las mayores facilidades a los "sujetos pasivos especiales", dada su importancia, para que pudieran cumplir de la *mejor forma posible* –sin demoras ni inconvenientes- sus obligaciones tributarias, cuestión que se pretendía lograr mediante el establecimiento de *controles* y *servicios* especiales. O lo que es igual y como lo venimos planteando, lo que se llevó a la calificación o agrupación *administrativa* de ciertos contribuyentes bajo el rótulo de "sujetos pasivos especiales", no fue otra intención más que habilitar los mecanismos necesarios para asegurar una *atención privilegiada* a los "grandes contribuyentes", a través del establecimiento de unos *deberes formales*[49] y *controles* especialmente pensados para *facilitarles* el cumplimiento de sus *obligaciones tributarias*. Nada más.

Igualmente es necesario tener en cuenta la Providencia N° 0685[50] emitida por el SENIAT, sobre los "sujetos pasivos especiales", en la cual se delimita –en sintonía con las normas anteriores- el *aspecto teleológico* de esa calificación o designación, conforme sus considerandos 2, 3 y 4, de acuerdo con los cuales:

> "**Considerando**// Que la **recaudación** y **fiscalización** de tributos deben atender a criterios afines al ejercer el **control** y **administración** de **sujetos pasivos con características similares**, respondiendo a las tendencias actuales de estratificación de contribuyentes.// **Considerando**// Que ciertas categorías de sujetos pasivos requieren de una **atención especializada** por parte de la Administración Tributaria Nacional, en función de su nivel de ingresos, sector o actividad económica.// **Considerando**// Que los sujetos pasivos pertenecientes al sector de hidrocarburos, de acuerdo con su nivel de ingresos y actividad económica, tienen una alta incidencia en la recaudación de la renta petrolera y requieren de una **atención especializada** por parte de la Administración Tributaria Nacional" (resaltado agregado).

Queda claro, entonces, que la calificación de "sujetos pasivos especiales" tiene una finalidad única y exclusiva de *control fiscal* por parte de la Administración Tributaria y, con ello, de recaudación y fiscalización de aquellos sujetos pasivos que, por su *nivel del ingresos*, *sector* o *actividad económica*, requieren una *atención especializada*, lo que permite –a su vez- razonar, que si los contribuyentes "no especiales" u "ordinarios" tienen derecho a corregir monetariamente las distorsiones generadas por efectos de la hiperinflación, *a fortiori* lo necesitan tener –lo tienen- los "contribuyentes especiales", quienes por virtud de sus *superiores niveles de ingresos* experimentan mayores deformaciones inflacionarias que exigen su tratamiento conforme la metodología de la LISLR.

En sintonía con lo expuesto, la designación *administrativa* de "especial" por parte de la Administración Tributaria no puede ser empleada –porque carece de la *entidad racional*- para justificar un ámbito de aplicación subjetivo *distinto* en materia de la LISLR, en lo general, y de la metodología del ajuste por inflación, en lo particular, los cuales afectan la dimensión propia de la *obligación tributaria* (no el cumplimiento de *deberes formales* de este subsistema tributario), como lo pretende hacer el segundo aparte del artículo 171, a otro decir, tal calificación no tiene la *fuerza jurídica* (naturaleza o justificación teleológica) para erigirse como parámetro de exclusión de algunos contribuyentes del sistema de corrección monetaria de la LISLR[51].

---

49   Como también lo ha considerado ESCALANTE: "Una vez notificada su designación como contribuyentes «especiales», estos contribuyentes son sujetos a un régimen con instrucciones que limitan estrictamente los parámetros en los cuales deben cumplir sus deberes formales, tales como las declaraciones y registros contables, así como cualquier comunicación o consulta que dirijan a la Administración Tributaria, para lo cual se designaron oficinas específicas con esta finalidad". ESCALANTE ELGUEZABAL, Xabier, *op. cit.*, p. 294-295.

50   Publicada en *Gaceta Oficial de la República de Venezuela* N° 38.622, 8 de febrero de 2007, la cual reformó parcialmente la Providencia N° 0828 de 21 de septiembre de 2005, sobre sujetos pasivos especiales.

51   En las atinadas palabras de ESCALANTE: "Es muy importante resaltar que la calificación de «Contribuyentes Especiales» no afecta ni atañe en ningún momento a la naturaleza o características que pueda tener un contribuyen-

Lo que se quiere dejar claro es que, si la figura de los "sujetos pasivos especiales" está – exclusivamente- vinculada con el régimen de *control fiscal* y de cumplimiento de los *deberes formales*, y la metodología del ajuste por inflación se circunscribe al ámbito de la determinación (nacimiento y cuantificación) de la *obligación tributaria* de la LISLR, se presenta evidente que la calificación o designación como "sujetos pasivos especiales" de algunos contribuyentes *nada tiene que ver* con –ni *puede incidir* en- las dimensiones cualitativas y cuantitativas de la obligación tributaria de este tributo (ni de cualquier otro), específicamente, en lo atinente al enriquecimiento neto *por tenencia* o propio del ajuste por inflación, siendo tal pretensión *teleológicamente irracional*[52] y, con ello, abiertamente *inconstitucional*.

En efecto, el *fin* de excluir del ajuste por inflación a los "sujetos pasivos especiales" *no es realizable ni procedente* desde esta perspectiva, precisamente porque dicha figura sólo tiene eficacia en cuanto al régimen de *deberes formales*, por oposición al de la *obligación tributaria*, no resultando un *medio eficaz* para afectar –en lo absoluto- la caracterización de lo imponible, esto es, de los hecho y base tributarias de la LISLR que están estructurados, por demás, conforme el principio *constitucional* de capacidad contributiva, de ahí su consecuente *inconstitucionalidad*.

En suma, el sistema de ajuste por inflación fiscal deben aplicarlo, como expresamente lo establece el encabezado del artículo 171 de la LISLR: *"los contribuyentes a que se refiere el artículo 7° de este Decreto con Rango, Valor y Fuerza de Ley, que iniciaron sus operaciones a partir del 1° de enero del año 1993, y realicen actividades comerciales, industriales, explotación de minas e hidrocarburos y actividades conexas, que estén obligados a llevar libros de contabilidad"*, sean éstos "especiales" o no. Ello es, simplemente, *irrelevante*.

5.2. El sujeto pasivo tributario, su *doble virtualidad* como elemento constitutivo del tributo y la reserva legal tributaria

El tributo está constituido, como es sabido, por cuatro elementos fundamentales: los *cualitativos*, que son el (i) *hecho imponible* (que a su vez está estructurado en cuatro aspectos: material u objetivo, **personal o subjetivo**, espacial y temporal), y (ii) los *sujetos*, que se clasifican en activo y pasivo; y los *cuantitativos*, cuales son (iii) la *base imponible*, y (iv) la *alícuota*.

El sujeto pasivo, además, es tanto elemento constitutivo o esencial del tributo de manera *autónoma*, cuanto elemento constitutivo del tributo por integrar un *aspecto* del hecho imponible. En este sentido, el sujeto tiene, a estos fines, una *doble virtualidad*: por un lado (i) es un elemento esencial y autónomo del tributo, que como tal únicamente puede ser indicado a través de una *ley formal* y, por otro lado, (ii) también es un elemento del tributo por calificar como el *aspecto subjetivo* de otro elemento fundamental del mismo, esto es, del hecho im-

---

te con relación a un impuesto particular, ya que esta categoría no es de índole legal sino meramente administrativa. (…) Visto todo lo anterior debemos concluir entonces sobre la diferencia importante que existe entre una categoría legal que contemple diversos tipos de contribuyentes, creando diferentes obligaciones para ellos, con relación al hecho imponible que tenga su origen en las actividades económicas de cada uno; y una categoría simplemente *administrativa* que etiquete a ciertos y determinados contribuyentes por sus características propias, con el propósito de guiar el modo en que deban cumplir las obligaciones que la ley estableció para ellos (plazos para declarar y pagar tributos). Esta última modalidad de agrupación de diversos contribuyentes tiene únicamente sustento en la necesidad de la Administración de reducir costos y mejor la eficiencia en el mecanismo de control y recaudación". ESCALANTE ELGUEZABAL, Xabier, *op. cit.*, p. 295-296.

52 Sobre la concepción jurídica de *racionalidad* y sus tipologías, puede consultarse: ATIENZA, Manuel, *Contribución a una teoría de la legislación*, Editorial Civitas, 1ª edición, Madrid, 1997, *in totum*. Nuestras consideraciones sobre este tema, en: ABACHE CARVAJAL, Serviliano, *La atipicidad de la "presunción" de legitimidad del acto adminsitrativo y la carga de la prueba en el proceso tributario*, Editorial Jurídica Venezolana-Fundación Estudios de Derecho Admnistrativo, Colección Estudios Jurídicos N° 93, Caracas, 2012, p. 235-249.

ponible, que al igual que el sujeto, la base imponible, la alícuota, son todos de *estricta reserva legal* (concepción *cerrada* del principio de legalidad tributaria[53]).

En lo que se refiere al *sujeto pasivo* de la relación jurídico tributaria, ya se precisó que el mismo puede ser, en tanto *deudor* de la obligación tributaria: (i) *contribuyente* o deudor por deuda propia, o (ii) *responsable* o deudor por deuda ajena. De otro lado, en cuanto al *hecho imponible*, el mismo es definido por el artículo 36 del Código Orgánico Tributario como *"(...) el presupuesto establecido por la ley para tipificar el tributo, y cuya realización origina el nacimiento de la obligación tributaria"*. Ese presupuesto es el que da origen a la obligación tributaria y con ella, a la relación jurídico-tributaria sustantiva, *ex* artículo 13 del Código[54].

Respecto al caso que nos ocupa, el elemento subjetivo (*sujeto pasivo*) del hecho imponible de la LISLR, éste se corresponde con el sujeto respecto del cual se verifica el presupuesto de hecho previsto en la norma y que, en consecuencia, resultado obligado al pago del tributo por deuda propia, es decir, el contribuyente. Ahora bien, teniendo en cuenta que los sujetos pasivos pueden ser calificados como "especiales", es preciso analizar si su pretendida exclusión de la aplicación del ajuste por inflación fiscal para determinar su enriquecimiento neto encuentra, además de los ya expuestos, otro límite en el principio de reserva legal de los tributos.

En este sentido, resulta necesario atender lo que establece el Código Orgánico Tributario en relación al *hecho imponible* y a los *sujetos pasivos*, como elementos constitutivos o integradores del tributo, en cuyo artículo 3 delimita lo siguiente:

> "Artículo 3: **Sólo a las leyes corresponde regular con sujeción a las normas generales de este Código**, las siguientes materias:// 1. Crear, modificar o suprimir tributos, **definir el hecho imponible**, fijar la alícuota del tributo, la base de su cálculo e indicar los **sujetos pasivos** del mismo.// 2. Otorgar exenciones y rebajas de impuesto.// 3. Autorizar al Poder Ejecutivo para conceder exoneraciones y otros beneficios o incentivos fiscales.// 4. Las demás materias que les sean remitidas por este Código (...)// Parágrafo Segundo: **En ningún caso se podrá delegar la definición y fijación de los elementos integradores del tributo así como las demás materias señaladas como de reserva legal por este artículo**, sin perjuicio de las disposiciones contenidas en el Parágrafo Tercero de este artículo. No obstante, la ley creadora del tributo correspondiente, podrá autorizar al Ejecutivo Nacional para que proceda a modificar la alícuota del impuesto en los límites que ella establezca" (resaltado agregado).

Es precisamente la figura del *sujeto pasivo*, en tanto elemento constitutivo del tributo, el único de éstos que goza de una *doble garantía* (como elemento autónomo y como aspecto integrante del hecho imponible) y *protección axiológica constitucional* por razón del princi-

53   Conforme la cual, como bien lo plantea BELISARIO: "Todos los elementos que integran la relación tributaria deben estar establecidos en la norma legal sin que se permita al legislador la delegación de dichos elementos al reglamentista, en contraposición al modelo de Principio de Legalidad Abierta o llamada también Esencialista que consiste en una mayor flexibilidad para el legislador, al permitirse delegar en el reglamentista elementos no esenciales de la relación tributaria, o establecer parámetros que permitan al reglamentista fijar alícuotas u otros elementos de la relación tributaria, pero sin exceder los límites fijados por el legislador". BELISARIO RINCÓN, José Rafael, "El principio de legalidad tributaria en Venezuela. Análisis crítico acerca de la inconstitucionalidad de algunas normas tributarias y de una sentencia de la Sala Constitucional del Tribunal Supremo de Justicia", en GARCÍA PACHECO, Ingrid y BAUTE CARABALLO, Pedro (Coords.), *30 años de la codificación del Derecho tributario venezolano. Memorias de las XI Jornadas Venezolanas de Derecho Tributario*, tomo I, Asociación Venezolana de Derecho Tributario, Caracas, 2012, p. 156.

54   Artículo 13 del Código Orgánico Tributario: "La obligación tributaria surge entre el Estado, en las distintas expresiones del Poder Público, y los sujetos pasivos, en cuanto ocurra el presupuesto de hecho previsto en la ley. La obligación tributaria constituye un vínculo de carácter personal, aunque su cumplimiento se asegure mediante garantía real o con privilegios especiales".

pio de reserva legal de los tributos[55], por tanto, este elemento que goza de una *doble virtualidad* sólo puede ser creado, modificado o suprimido a través de una *ley formal*[56]. De esta manera, al ser el sujeto pasivo un elemento constitutivo del tributo por carácter propio, así como por integración del aspecto subjetivo del hecho imponible, el mismo está especialmente delimitado por la estricta reserva legal, *ex* artículos 115, 133 y 317 Constitución, y artículos 3 y 2 del Código, sobre los cuales volveremos en un momento.

La reserva legal, en los términos que ha sido considerada por la mejor doctrina, es una *norma sobre la normación y sobre la producción normativa*[57], cuya función principal consiste en la atribución por disposición constitucional de la regulación de una determinada materia a la *ley formal*, sustrayendo, paralelamente, dicha materia de la disciplina de otras fuentes jurídicas subordinadas a la ley formal, como lo son la normativa reglamentaria y los proveimientos administrativos discrecionales del Poder Ejecutivo[58], de lo que se infiere su directa vinculación con las *fuentes del Derecho*[59]. Dicho de otra manera, la reserva de ley se refiere a la *esfera normativa* del principio general de legalidad.

En lo que respecta al fundamento *constitucional* en Venezuela del principio de legalidad (o reserva legal) de los tributos, el mismo se halla en los mencionados artículos 115, 133 y 317 de la Norma Fundamental, de acuerdo con los cuales:

"Artículo 115: Se garantiza el derecho de propiedad. Toda persona tiene derecho al uso, goce, disfrute y disposición de sus bienes. La propiedad estará sometida a las contribuciones, restricciones y obligaciones que establezca la ley con fines de utilidad pública o de interés social (…)".

Artículo 133: "Toda persona tiene el deber de coadyuvar a los gastos públicos mediante el pago de impuestos, tasas y contribuciones que establezca la ley".

Artículo 317: "No podrá cobrarse impuesto, tasa, ni contribución alguna que no estén establecidos en la ley, ni concederse exenciones y rebajas, ni otras formas de incentivos fiscales, sino en los casos previstos por la ley que cree el tributo correspondiente. Ningún tributo puede tener efecto confiscatorio".

---

55 Derecho N° 1 de la *Carta de derechos del contribuyente para los países miembros del Instituto Latinoamericano de Derecho Tributario (ILADT)*. "Derecho a que toda prestación patrimonial pública, sea o no tributaria (y siempre que sea coactiva de hecho o de derecho), se establezca por ley", en http://iladt.org/FrontEnd/docs/Carta_Derechos_Contribuyente_ILADT_aprobada_y_Presentacion.pdf

56 Esta *tipología normativa* es la referida en el artículo 30 de la Convención Americana sobre Derechos Humanos, según ha sido expresamente declarado por la Corte Interamericana de Derechos Humanos con ocasión a una consulta formulada por la República Oriental de Uruguay, en la cual señaló que la expresión "leyes" empleada en el indicado enunciado (referido a las restricciones permitidas en el marco de la protección de los *derechos humanos*, criterio aplicable, en esencia, a las limitaciones de los *derechos constitucionales, e. g.* el derecho a la propiedad privada), debe entenderse en el sentido de *ley formal*, esto es, una "norma jurídica adoptada por el órgano legislativo y promulgada por el Poder Ejecutivo, según el procedimiento requerido por el derecho interno de cada Estado". Opinión Consultiva OC-6/86 de 09-05-1986, párrafo N° 27, Corte Interamericana de Derechos Humanos, consultada en: TRAVIESO, Juan Antonio, *La Corte Interamericana de Derechos Humanos. Opiniones consultivas y fallos*, Abeledo-Perrot, Buenos Aires, 1996, p. 179 y ss. Una acotación sobre la citada Opinión Consultiva, puede verse en: SABSAY, Daniel Alberto, "Comentario a la Opinión Consultiva 6", en BIDART CAMPOS, Germán y PIZZOLO (h), Calogero (Coords.), *Derechos Humanos. Corte Interamericana*, tomo I, Ediciones Jurídicas Cuyo, Mendoza, 2000, p. 421 y ss.

57 *Cf.* GIANNINI, Massimo Severo, "I proventi degli enti pubblici minori e la reserva della lege", *Rivista di Diritto Finanziario e Scienza delle Finanze*, Giuffrè, Milano, 1957, p. 9, parafraseado en TORRUCO SALCEDO, Sitlali, "El principio de reserva de ley tributaria en la jurisprudencia mexicana", en CRUZ DE QUIÑONES, Lucy (Directora académica), *Lecciones de Derecho tributario inspiradas por un maestro. Liber Amicorum en homenaje a Eusebio González García*, tomo I, Editorial Universidad del Rosario-Instituto Colombiano de Derecho Tributario, Bogotá, 2010, p. 93.

58 *Cf.* PÉREZ LUCIANI, Gonzalo, *El principio de legalidad*, Serie Estudios N° 81, Academia de Ciencias Políticas y Sociales, Caracas, 2009, p. 121.

59 *Cf.* TORRUCO SALCEDO, Sitlali, *op. cit.*, p. 93.

Por su parte, el Código Orgánico Tributario desarrolla este principio a nivel legal en su artículo 3, en los términos ya transcritos, el cual debe ser interpretado sistemáticamente con el parágrafo segundo del artículo 2 *eiusdem*, el cual delimita la interpretación –a fines de la reserva legal- del concepto de *ley*:

> "Artículo 2: Constituyen fuentes del derecho tributario:// Parágrafo Segundo: A los efectos de este Código se entenderán por **leyes** los **actos sancionados** por las autoridades nacionales, estadales y municipales actuando como **cuerpos legisladores**" (resaltado agregado).

De esta manera, debe tenerse en cuenta que mal puede utilizarse la categoría "sujeto pasivo especial", en tanto figura *administrativa* (control fiscal) y *legalmente* inexistente a fines de regular la tipología de los sujetos pasivos tributarios (contribuyentes y responsables) conforme los artículos citados del Código, por demás en abierta desatención del principio de reserva legal al ser éstos un elemento constitutivo del tributo por *doble vía* (en tanto elemento autónomo, cuanto por integrar el hecho imponible) y, por tal razón, necesariamente deben establecerse en la *ley formal*, para pretender excluir a cualquier y todo "sujeto pasivo especial" de la aplicación de la metodología del ajuste por inflación de la LISLR, con base en una figura sin fundamento *legal* y cuya *finalidad* nada tiene que ver con la categoría del *sujeto pasivo de la obligación tributaria*, en tanto elemento constitutivo del tributo, sino para estrictos y exclusivos fines de control, supervisión y recaudación.

Adicionalmente, al comprender que la categoría jurídica correspondiente al *sujeto pasivo* se manifiesta como elemento constitutivo *propio* del tributo, así como por *integrar* un aspecto fundamental (el subjetivo) del hecho imponible y que, por tanto, es un elemento doblemente amparado por la estricta reserva legal, la pretendida exclusión de los "sujeto pasivo especial" en la "reforma ejecutiva" de la LISLR de 2015, se presenta como una indiscutible violación al principio de reserva legal, habida cuenta que, por si lo anterior no fuera suficiente, la reforma la llevó a cabo el Poder Ejecutivo vía Decreto-Ley (*ley material*), al margen de ser la materia tributaria de estricta *reserva legal formal*.

En efecto, partiendo de que el principio de reserva de ley es una garantía de los derechos fundamentales del contribuyente y, particularmente en lo que a los tributos se refiere, constituye una garantía básica del derecho de propiedad, así como un freno al Estado intervencionista (y a la rama ejecutiva del poder), luce evidente que cualquier manifestación normativa distinta a una ley formal que pretenda crear, reformar o eliminar tributos, se colocará al margen de la Constitución.

Así las cosas, la pretendida utilización de los "sujetos pasivos especiales" –en tanto grupo o categoría de *control fiscal*- así como, evidentemente, la totalidad de la "reforma ejecutiva", están impregnadas de inconstitucionalidad por desatender los artículos 115, 133 y 317 de la Constitución, así como el Parágrafo Segundo del artículo 2 y artículo 3 del Código, en los cuales se delimita, entre otras cosas, que los sujetos pasivos tributarios, como (doble) elemento constitutivo, deben crearse, modificarse y suprimirse por la ley en sentido *formal*, esto es, la dictada por el Poder Legislativo, como garantía esencial de la libertad de los contribuyentes.

8. Conclusión propositiva

La exclusión de los "sujetos pasivos especiales" de la aplicación de la metodología del ajuste por inflación fiscal establecido en la LISLR, es *irracional*, *irrazonable* y, con ello, *inconstitucional*, por violación de los principios constitucionales de capacidad contributiva, igualdad, no discriminación y no confiscación, así como del principio de reserva legal tributaria, toda vez que los coloca en un plano de desigualdad frente a los "sujetos pasivos ordinarios", obligándolos a tributar conforme a una sobreestimada, irreal y ficticia capacidad contributiva que, al fin y a la postre, en lugar de generar una tributación sobre enriquecimientos netos, esto es, incrementos patrimoniales, redundará en una tributación sobre el patrimonio mismo.

Por razón de lo anterior, todos los contribuyentes de la LISLR que realicen actividades comerciales, industriales, etc., que estén obligados a llevar libros de contabilidad (sean "especiales" o no) tienen *derecho* al ajuste por inflación fiscal, por aplicación constitucional y preferente de los artículos 4 y *encabezado* del artículo 171 de la ley, determinando, de esta manera, un enriquecimiento neto racional respecto a la real capacidad contributiva, como cimiento fundamental que resulta del principio de igualdad y se erige como corolario del derecho de propiedad.

Caracas, febrero 2019

§ 28. INVOLUCIÓN DE LA FIGURA DEL CONTRIBUYENTE ESPECIAL EN VENEZUELA: DIAGNÓSTICO Y RECOMENDACIONES PARA RECUPERAR SU VERDADERA ESENCIA Y SENTIDO EN EL SISTEMA TRIBUTARIO VENEZOLANO.

Jorge A. Jraige R. [*]

"Si hacemos distingos por categorías de contribuyentes, no aplicamos un metro objetivo para medir la riqueza, sino un criterio valorativo, fundado en apreciaciones políticas del Estado."

Dino Jarach[1].

SUMARIO

Una de las características esenciales del ordenamiento jurídico venezolano fue su rápida y ágil adaptación a los cambios y tendencias mundiales en el ámbito de la tributación. Esta afirmación es especialmente cierta en la última década del Siglo XX y la primera del Siglo XXI, en las que Venezuela fue un país ejemplo, e incluso precursor regional, del desarrollo jurídico-tributario. Ejemplo de ello lo representan la firma de decenas de convenios para evitar la doble tributación, la adopción de un sistema moderno de renta mundial, la inclusión de normas vanguardistas en materia de precios de transferencia y de transparencia fiscal internacional, la incorporación de un impuesto al valor agregado acorde con estándares internacionales, entro otros avances.

La Administración Tributaria no fue una excepción a esa tendencia de adaptación y modernización. Por el contrario, la creación del Servicio Nacional Integrado de Administración Tributaria[2] en 1994, conformado por profesionales altamente calificados, encabezados y dirigidos por el Ingeniero José Ignacio Moreno León, representó otro ejemplo patente del avance del derecho tributario en Venezuela.

En el contexto de ese proceso de modernización de la Administración Tributaria, catalizado por la necesidad de mejorar su eficiencia recaudatoria, nació la idea de crear una categoría de contribuyentes que, en virtud de su aporte esencial a la economía nacional, ameritaba un marco normativo y una estructura administrativa de avanzada. Dicha idea, adaptada y armonizada con la tendencia global, se materializó con la creación de la categoría de contribuyentes especiales, cuya finalidad fue asegurar un mayor y más eficiente control y supervisión sobre el cumplimiento de las obligaciones tributarias de estos sujetos pasivos.

Tal y como se apreciará a lo largo de este trabajo, esa idea, cuya concepción inicial (en nuestro criterio adecuada) fue la de diseñar un sistema eficiente de control y administración

---

[*] Abogado egresado de la Universidad de los Andes (1999), mención *Summa Cum Laude*. Especialización en Derecho Tributario, Universidad de Salamanca (2003). Maestría en Gerencia Tributaria de la Empresa, Universidad Metropolitana (2004). Maestría en Leyes (Tributación Internacional), Universidad de Nueva York (2009). Socio fundador y responsable de la Práctica de Impuestos del Despacho Altum Abogados, S.C. Profesor de Pregrado (Universidad Monteávila) y Postgrado (Universidad Metropolitana y UCAB-CIAP).

[1] En Curso Superior de Derecho Tributario, Liceo Profesional Cima, Buenos Aires, 1969, p.126.

[2] Hoy Servicio Nacional Integrado de Administración Aduanera y Tributaria.

de los tributos de los grandes contribuyentes, lamentablemente ha sido objeto de continuados abusos y distorsiones. Tales abusos desembocaron en la situación actual, en la que (a) prácticamente cualquier sujeto pasivo que cumpla con sus obligaciones tributarias podrá calificar como contribuyente especial; (b) esta categoría de contribuyentes es víctima de un sistema impositivo voraz que les traslada de forma excesiva y, por ende, indebida, prácticamente la totalidad de la responsabilidad en el sostenimiento de las cargas públicas; y (c) la inadecuada y peligrosa generalización del universo de contribuyentes especiales es directamente proporcional al decrecimiento y reducción de las capacidades materiales y funcionales de la Administración Tributaria.

La situación antes descrita, tal como se soportará en las siguientes páginas, no solo atenta contra el sentido y razón de ser de los contribuyentes especiales, sino que además implica violaciones constantes de principios básicos y fundamentales de la tributación, específicamente de los principios y garantías constitucionales de generalidad del tributo, igualdad, capacidad contributiva y no confiscatoriedad.

Para entender con mayor precisión el alcance y realidad del escenario comentado y con el fin último de plantear remedios, correcciones y soluciones, dividiremos este trabajo en las siguientes secciones:

1. Recuento histórico y evolución normativa de la figura del contribuyente especial en Venezuela.

2. Involución cronológica del marco normativo e indebida creación de obligaciones tributarias materiales exclusivamente aplicables a los contribuyentes especiales.

3. Breve comparación de los parámetros de calificación y obligaciones tributarias de grandes contribuyentes en otras jurisdicciones.

4. Violación de principios y garantías constitucionales de los contribuyentes especiales.

5. Conclusiones y recomendaciones

1. Recuento Histórico y Evolución Normativa de la Figura del Contribuyente Especial en Venezuela

1.1. La génesis de la figura del contribuyente especial en Venezuela data del año 1994. A través de la reforma del Código Orgánico Tributario de ese año ("**COT de 1994**"),[3] específicamente de su artículo 40, el entonces legislador delegado facultó a la Administración Tributaria a establecer "*plazos para la presentación de declaraciones juradas y pagos de los tributos, con carácter general para determinados grupos de contribuyentes de similares características, cuando razones de eficiencia y costo operativo así lo justifiquen.*"

1.2. En otras palabras, la norma parcialmente citada (a) habilitó legalmente a la Administración Tributaria para crear grupos o categorías de contribuyentes con características similares; (b) delimitó claramente la diferenciación entre estos grupos de contribuyentes en el establecimiento de plazos especiales para la declaración y pago de tributos; y (c) permitió tal tratamiento diferencial cuando criterios de eficiencia y costos así lo justificase.

1.3. El Reglamento de la Ley del Impuesto al Consumo Suntuario y a las Ventas al Mayor,[4] por su parte, ratificó la autorización ya conferida por el artículo 40 del COT de 1994, al señalar que "*La Administración Tributaria en uso de la atribución que le confiere el artículo 40 del Código Orgánico Tributario, podrá establecer con carácter general, en cada caso, para los contribuyentes y los responsables que ella califique como especiales, fechas y lugares de pago, singulares; de acuerdo con los criterios objetivos que se precisen por Re-*

---

3 *Gaceta Oficial* N° 4.727, *Extraordinario*, del 27 de mayo de 1994.
4 *Gaceta Oficial* N° 4.827, *Extraordinario*, del 29 de diciembre de 1994.

solución. Dichas fechas se fijarán dentro del plazo de cuatro días hábiles inmediatos anteriores o posteriores, al referido día 15 de cada mes calendario."

1.4. No fue sino hasta 1995[5] cuando se produjeron los avances más tangibles en la configuración de los criterios de calificación y obligaciones aplicables a los sujetos pasivos especiales. En este sentido, las Resoluciones Nos. 32,[6] 33 y 34,[7] del entonces Servicio Nacional Integrado de Administración Tributaria (SENIAT) y, más adelante, mediante el Reglamento dictado por el Ejecutivo Nacional, se establecieron los primeros criterios y formalidades asociadas a esta categoría de contribuyentes.

1.5. Ciertamente, la Resolución N° 32, sobre la organización, atribuciones y funciones del SENIAT, creó las Divisiones de Contribuyentes Especiales adscritas a las Gerencias Regionales de Tributos Internos ("**GRTI**") y la GRTI de Contribuyentes Especiales de la Región Capital, con sus respectivas competencias.

1.6. Las Resoluciones Nos. 33 y 34, por su parte: (a) hicieron referencia a los parámetros cuantitativos de calificación; (b) establecieron los calendarios para el cumplimiento de las obligaciones tributarias; y (c) establecieron la obligación de los contribuyentes especiales de presentar sus consultas, comunicaciones, solicitudes, recursos y cualquier otro trámite en la dirección indicada en la respectiva notificación. Tales resoluciones tuvieron como destinatarios a los contribuyentes con domicilio en la jurisdicción de la GRTI de la Región Centro Occidental y de la GRTI de Contribuyentes Especiales de la Región Capital, respectivamente.

1.7. En el caso de la Resolución N° 33, el SENIAT hizo referencia a "estudios pertinentes" y a la definición como "contribuyentes y responsables especiales" de la jurisdicción de la Región Centro Occidental, a aquellos sujetos pasivos que hubiesen percibido ingresos anuales superiores a 30.000 unidades tributarias (U.T.) en el ejercicio anterior a su entrada en vigencia. En los mismos términos y fundamentos, la Resolución N° 34 consideró calificables como sujetos pasivos especiales de la GRTI de Contribuyentes Especiales de la Región Capital a aquellos contribuyentes con ingresos anuales superiores a 120.000 U.T.

1.8. Seis meses después y en desarrollo de la autorización concedida por el COT de 1994, el entonces Presidente de la República, Rafael Caldera, dictó el Reglamento sobre el Cumplimiento de Deberes Formales y Pago de Tributos para Determinados Sujetos Pasivos con Similares Características ("**Reglamento de 1995**").[8] En resumen, el Reglamento de 1995 estableció las siguientes obligaciones y ámbito de aplicación:

a) Obligación del SENIAT de notificar expresamente a los contribuyentes sobre su calificación como sujeto pasivo especial;

b) Obligación de los sujetos pasivos calificados como especiales de presentar sus declaraciones ante la oficina o dependencia de la Administración Tributaria con jurisdicción en el domicilio fiscal del sujeto pasivo;

c) Obligación del SENIAT de indicar, también expresamente, la dirección de la oficina o dependencia en la que el sujeto pasivo deberá cumplir sus obligaciones tributarias, así como las formas o modalidades establecidas a tales fines;

d) Obligación de los sujetos pasivos calificados como especiales de declarar y pagar: (i) su impuesto sobre la renta, el entonces impuesto al consumo suntuario y a las ventas al mayor y el

---

5   No encontramos normas sustantivas que regulen a los contribuyentes especiales durante el período comprendido entre el 29 de diciembre de 1994, fecha de publicación en Gaceta Oficial del Reglamento de la Ley del Impuesto al Consumo Suntuario y a las Ventas al Mayor, y el 24 de marzo de 1995, fecha en la que el Servicio Nacional Integrado de Administración Tributaria dictó sus Resoluciones Nos. 33 y 34.

6   *Gaceta Oficial* N° 4.881, *Extraordinario*, del 29 de marzo de 1995.

7   *Gaceta Oficial* N° 35.682 del 29 de marzo de 1995.

8   *Gaceta Oficial* N° 35.816 del 13 de octubre de 1995.

derogado impuesto a los activos empresariales, en las fechas y conforme a las condiciones establecidas por la Administración Tributaria mediante providencia administrativa; (ii) los impuestos a la producción nacional, establecidos en la Ley de Impuesto sobre Alcohol y Especies Alcohólicas y en la Ley de Impuesto sobre Cigarrillos y Manufacturas de Tabaco, de ser aplicables, en la jurisdicción donde se encuentren ubicadas las fábricas o plantas productoras de dichas especies y en los términos establecidos en las normas legales respectivas;

e) Posibilidad del entonces Ministerio de Hacienda de celebrar convenios con instituciones bancarias o financieras para la recaudación de tributos de los sujetos pasivos calificados como especiales, cuando así se justifique; y

f) Aplicación de las obligaciones previstas en el Reglamento de 1995, a los institutos autónomos y demás entes descentralizados de la República, de los Estados y de los Municipios, para la declaración y pago de los impuestos retenidos o percibidos, en su condición de agentes de retención o percepción de tributos.

1.9. Entre octubre de 1995 y febrero de 2001, el SENIAT dictó las Resoluciones 159, 160, 171, 047, 036, 159, 218 y 702,[9] reproduciendo el contenido y alcance de la Resolución N° 33, ya citada. En este sentido, el SENIAT definió como "contribuyentes y responsables especiales" de la jurisdicción de las ocho restantes Gerencias Regionales de Tributos Internos, a aquellos sujetos pasivos que obtuviesen percibido ingresos anuales superiores a 30.000 U.T. en el ejercicio anterior a la entrada en vigencia de las referidas resoluciones.

1.10. El 10 de junio de 1997 el SENIAT dictó la Providencia Administrativa No. 208, sobre la calificación, pago de tributo y cumplimiento de deberes formales de los sujetos pasivos con similares características sometidos al control de la GRTI de Contribuyentes Especiales de la Región Capital ("**Providencia 208**").[10] En resumen, entre otros aspectos ya regulados por las normas arriba citadas, la Providencia 208:

(a) Derogó la Resolución N° 34; y

Amplió el alcance subjetivo de la categoría de contribuyente especial para abarcar a:

i) Sujetos pasivos que hayan realizado ventas o prestado servicios por montos mensuales superiores a 10.000 U.T., según lo reportado en cualquiera de sus últimas seis declaraciones de Impuesto al Consumo Suntuario y a las Ventas al Mayor;

ii) Contribuyentes dedicados a la explotación de hidrocarburos o actividades conexas de refinación y transporte, y a la adquisición de hidrocarburos y sus derivados para su exportación;

iii) Sujetos pasivos que realicen operaciones en materia de hidrocarburos o actividades conexas bajo Convenios Operativos, de Exploración y Explotación a Riesgo bajo el Esquema de Ganancias Compartidas o de Asociaciones Estratégicas, conforme a lo dispuesto en la hoy derogada Ley que Reserva al Estado la Industria y el Comercio de los Hidrocarburos ("**LOREICH**"); y

iv) Personas naturales que hayan obtenido ingresos brutos anuales por montos superiores a 30.000 U.T., o que hayan realizado ventas o prestado servicios por montos mensuales superiores a 2.500 U.T., según lo reportado en cualquiera de sus últimas seis declaraciones de Impuesto al Consumo Suntuario y a las Ventas al Mayor; y

v) Personas naturales que hayan obtenido enriquecimientos netos superiores a 30.000 UT, como contraprestación por servicios prestados bajo relación de dependencia.

---

9   *Gacetas Oficiales* Nos. 35.821, 35.821, 35.849, 35.991, 35.998, 36.081, 36.800 y 37.140, del 20 de octubre de 1995, 20 de octubre de 1995, 30 de noviembre de 1995, 1 de julio de 1996, 29 de mayo de 1996, 7 de noviembre de 1996, 4 de octubre de 1999 y 14 de febrero de 2001, respectivamente.

10   *Gaceta Oficial* N° 36.233 del 23 de junio de 1997.

1.11. El 13 de septiembre de 2001, la Asamblea Nacional promulgó el Código Orgánico Tributario de 2001 ("**COT de 2001**").[11] El artículo 41 del COT de 2001 prácticamente reprodujo, salvo por un cambio irrelevante a los fines de este trabajo,[12] la habilitación creada por el COT de 1994 para el establecimiento de un régimen particular de presentación de declaraciones y pagos de obligaciones tributarias de grupos de contribuyentes con similares características.

1.12. El 14 de junio de 2004 el SENIAT dictó la Providencia Administrativa No. 296,[13] sobre Sujetos Pasivos Especiales ("**Providencia 296**"). En resumen, entre otros aspectos ya regulados por las normas arriba citadas, la Providencia 296:

(a) Derogó la Resolución No. 33, las ocho Resoluciones citadas en el párrafo 1.9 anterior y cualquier otra norma que colidiese con la Providencia 296;

(b) Como consecuencia de lo anterior, amplió su aplicación a todas las Gerencias Regionales de Tributos Internos, incluida la de Contribuyentes Especiales de la Región Capital;

(c) Amplió el alcance subjetivo de la categoría de contribuyente especial para abarcar a:

   i) Personas naturales que hayan obtenido ingresos brutos anuales por montos iguales o superiores a 7.500 U.T., o que hayan realizado ventas o prestado servicios por montos mensuales superiores a 625 U.T., según lo reportado en cualquiera de sus últimas seis declaraciones de Impuesto al Valor Agregado;[14]

   ii) Personas naturales que hayan obtenido enriquecimientos netos anuales iguales o superiores a 7.500 U.T., como contraprestación por servicios prestados bajo relación de dependencia;[15]

   iii) Personas jurídicas que hayan obtenido ingresos brutos anuales por montos iguales o superiores a 30.000 U.T., o que hayan realizado ventas o prestado servicios por montos mensuales superiores a 2.500 U.T., según lo reportado en cualquiera de sus últimas seis declaraciones de Impuesto al Valor Agregado;

   iv) Sujetos pasivos que realicen operaciones aduaneras de exportación, con exclusión de los sujetos pasivos calificados por la GRTI de Contribuyentes Especiales de la Región Capital;

   v) Personas naturales con domicilio fiscal en la jurisdicción de la región capital que hayan obtenido ingresos brutos anuales por montos superiores a 15.000 U.T., o que hayan realizado ventas o prestado servicios por montos mensuales superiores a 1.250 U.T., según lo reportado en cualquiera de sus últimas seis declaraciones de Impuesto al Valor Agregado;[16]

   vi) Personas naturales con domicilio fiscal en la jurisdicción de la región capital que hayan obtenido enriquecimientos netos anuales iguales o superiores a 15.000 UT, como contra-prestación por servicios prestados bajo relación de dependencia;[17]

   vii) Personas jurídicas con domicilio fiscal en la jurisdicción de la región capital que hayan obtenido ingresos brutos anuales por montos superiores a 120.000 U.T., o que

---

11 *Gaceta Oficial* N° 37.305 del 17 de octubre de 2001.

12 Los días de diferencia entre los plazos de las categorías de contribuyentes se incrementó de los cinco días hábiles originalmente previstos en el COT de 1994, a 15 días hábiles.

13 *Gaceta Oficial* N° 37.970 del 30 de junio de 2004.

14 Estos contribuyentes quedaban sujetos a la supervisión, administración y control de la Gerencia Regional de Tributos Internos de su domicilio fiscal.

15 *Ídem.*

16 Estos contribuyentes quedaban sujetos a la supervisión, administración y control de la Gerencia Regional de Tributos Internos de Contribuyentes Especiales de la Región Capital.

17 *Ídem.*

hayan realizado ventas o prestado servicios por montos mensuales superiores a 10.000 U.T., según lo reportado en cualquiera de sus últimas seis declaraciones de Impuesto al Valor Agregado.

(d) Estableció la posibilidad de calificar como contribuyentes especiales sujetos a la supervisión, administración y control de la GRTI de Contribuyentes Especiales de la Región Capital, con independencia de su domicilio fiscal, a los siguientes sujetos pasivos:

    i) Los dedicados a las actividades primarias, industriales y de transporte de hidrocarburos, o a la comercialización de hidrocarburos y sus derivados para su exportación;

    ii) Los que realicen operaciones en materia de hidrocarburos o actividades conexas bajo Convenios Operativos, de Exploración y Explotación a Riesgo bajo el Esquema de Ganancias Compartidas o de Asociaciones Estratégicas, celebrados conforme a la LOREICH;

    iii) Los que realicen operaciones de exploración, explotación, procesamiento, industrialización, transporte, distribución y comercio interno o externo de gas natural; y

    iv) Los dedicados a actividades de explotación de minas o actividades conexas.

(e) Estableció normas sustantivas y adjetivas sobre cambios y conflictos de domicilios fiscales, así como para la pérdida y revocatoria de la condición de contribuyente especial; y

Reguló supuestos de liquidaciones y fusiones de sociedades, así como deberes formales de causahabientes y herederos de personas naturales calificadas como contribuyentes especiales;

1.13. El 21 de septiembre de 2005 el SENIAT dictó la Providencia Administrativa No. 828,[18] sobre Sujetos Pasivos Especiales ("**Providencia 828**"). En resumen, la Providencia 828 reformó la Providencia 296 a los fines de:

(a) Incluir como sujetos pasivos calificables por cualquier GRTI a aquellos que emitan o reciban Certificaciones de Débito Fiscal Exonerado;

(b) Incluir como sujetos pasivos calificables y sujetos a la supervisión, administración y control de la GRTI de Contribuyentes Especiales de la Región Capital, a las personas naturales o jurídicas que sean socios, directores, administradores, directores, gerentes, administradores o representantes de sujetos pasivos especiales sujetos a dicha GRTI, con independencia de (i) el monto de sus ingresos brutos anuales; y (ii) la denominación dada por los estatutos de la sociedad respectiva; y

(c) Crear la obligación de los sujetos pasivos dedicados a las actividades primarias, industriales y de transporte de hidrocarburos, o a la comercialización de hidrocarburos y sus derivados para su exportación, de presentar sus declaraciones y pagar los tributos aplicables directamente ante las Oficinas de la Tesorería Nacional ubicadas en el Banco Central de Venezuela y consignar copia de a la Gerencia Regional de Tributos Internos de Contribuyentes Especiales de la Región Capital.

1.14. El 6 de septiembre de 2006 el SENIAT dictó la Providencia Administrativa No. 685,[19] sobre Sujetos Pasivos Especiales ("**Providencia 685**"). En resumen, la Providencia 685, actualmente vigente y cuyos destinatarios fueron los contribuyentes dedicados o asociados a la realización de actividades de hidrocarburos, reformó la Providencia 828 a los fines de:

(a) Calificar y sujetar a la supervisión, administración y control de la GRTI de Contribuyentes Especiales de la Región Capital, con independencia de su domicilio fiscal, a los siguientes sujetos pasivos:

---

18 *Gaceta Oficial* N° 38.313 del 14 de noviembre de 2004.

19 *Gaceta Oficial* N° 38.622 del 8 de febrero de 2007.

    i)   Los dedicados a las actividades primarias, industriales y de transporte de hidrocarburos o a lo comercialización de Hidrocarburos y sus derivados para su exportación; los que en virtud de la transición de los Convenios Operativos a empresas mixtas, hayan asumido las operaciones de los campos petroleros; y los constituidos en empresas mixtas creadas bajo la entonces recién promulgada Ley Orgánica de Hidrocarburos;

    ii) Accionistas de las empresas mixtas dedicadas a actividades primarias, industriales y de transporte de hidrocarburos o a la comercialización de hidrocarburos y sus derivados para su exportación;

    iii) Aquellos que en razón de su actividad sean principales proveedores, contratistas y prestadores de servicios, de los sujetos mencionados arriba;

    iv) Tenedores de acciones de los sujetos indicados en el sub-parágrafo (i) anterior.

    v)   Los que realicen operaciones de exploración, explotación, procesamiento, industrialización, transporte, distribución y comercio interno o externo de gas natural; y

    vi) Los dedicados a actividades de explotación de minas o actividades conexas.

b)   Creación del deber formal de presentar una declaración informativa de ingresos, costos, deducciones y enriquecimiento neto, así como la proporción del impuesto sobre Ia renta pagado, correspondiente al periodo de transición de la migración del modelo de Convenios Operativos (LOREICH) al de empresas mixtas (Ley Orgánica de Hidrocarburos).

1.15. El 17 de noviembre de 2014, el Presidente de la República, en ejercicio de la habilitación conferida por la Asamblea Nacional, dictó el decreto N° 1.434, mediante el cual promulgó el Código Orgánico Tributario de 2014 ("**COT Vigente**").[20] El artículo 41 del COT Vigente reprodujo íntegra y de manera idéntica el contenido del artículo 41 del COT de 2001. Por lo tanto, el COT Vigente no implicó cambio alguno en el régimen antes descrito para los contribuyentes especiales, pero sí creó una agravante de aplicación general para sanciones aplicables por el incumplimiento de deberes formales y a la cual nos referiremos más adelante.

2.   Involución cronológica del marco normativo e indebida creación de obligaciones tributarias materlales exclusivamente aplicables a los contribuyentes especiales.

2.1. El retroceso e involución del régimen aplicable a los contribuyentes especiales responde a dos factores o causas principales. La primera, representada por la flexibilización y relajación de los parámetros cuantitativos requeridos para la calificación como contribuyentes especiales. La segunda, correspondiente a la desnaturalización del fin y objetivos para el cual se creó el régimen de contribuyentes especiales, consecuencia directa de la creación abusiva, indebida y arbitraria de obligaciones materiales aplicables estos contribuyentes. En los siguientes párrafos desarrollaremos cronológicamente ambos factores.

2.2. Como indicamos en la Sección 1 de este trabajo, la idea de crear la categoría de contribuyentes especiales fue concebida para mejorar la eficiencia en el control, administración y por ende recaudación de las obligaciones tributarias de los grandes contribuyentes. Ello se evidencia tanto de la habilitación hecha por el artículo 40 del COT de 1994, como de las obligaciones creadas a través de las Resoluciones dictadas por el SENIAT y en última instancia por el Reglamento de 1995.

2.3. Las normas anteriores, que como expresamos, fueron los cimientos sobre los cuales se erigió el régimen de contribuyentes especiales en Venezuela, simplemente consagraron la posibilidad de establecer plazos especiales para la presentación de declaraciones y el pago

---

20 *Gaceta Oficial* N° 6.152, *Extraordinario*, del 18 de noviembre de 2014.

de los tributos allí determinados. Por lo tanto, el andamiaje jurídico aplicable entonces a los contribuyentes especiales, se delimitó a (a) establecer calendarios con fechas especiales para el cumplimiento de obligaciones tributarias; y (b) centralizar la interacción entre la Administración Tributaria y los contribuyentes especiales, incluyendo la presentación de declaraciones y realización de pagos a través de las oficinas o dependencias expresamente designadas por el SENIAT.

2.4. Un elemento que es importante mencionar y que se relaciona directamente con la relajación de los parámetros cuantitativos para la calificación como contribuyente especial, está asociado con el valor de la U.T. Como indicamos en párrafos anteriores, las Resoluciones 33 y 34: (a) se dictaron en marzo de 1995; y (b) fueron los instrumentos normativos que por primera vez hicieron referencia a los mínimos de ingresos requeridos para la calificación (i.e., 30.000 U.T. para la GRTI de la Región Centro Occidental y 120.000 U.T. para la GRTI de Contribuyentes Especiales de la Región Capital).

2.5. El valor del Dólar de los Estados Unidos de América ("**Dólar**" o "**USD**"), moneda que utilizaremos con fines referenciales y comparativos, equivalía al 29 de marzo de 1995 a Bs. 169.57[21] (actualmente Bs.S. 0,0000016957), mientras que el valor de la U.T. a esa misma fecha era de Bs. 1.000 (actualmente Bs.S. 0,00001). En consecuencia, el monto de ingresos anuales que el SENIAT consideró inicialmente para calificar a un sujeto pasivo como contribuyente especial, era de USD 176.918,08 para el caso de la GRTI de la Región Centro Occidental y de USD 707.672,34 a los fines de la GRTI de Contribuyentes Especiales de la Región Capital.

2.6. Salvo por los cambios del valor de la U.T., el alcance y objetivos que justificaron la creación del régimen de contribuyentes especiales se mantuvo prácticamente invariable desde 1994 hasta el 2002, año en el que el SENIAT dictó la Providencia Administrativa No. SNAT/2002/1455, mediante la cual se designaron a los contribuyentes especiales como agentes de retención del impuesto al valor agregado ("**IVA**").[22] A través de esta providencia, el SENIAT, excediendo la habilitación del artículo 41 del COT de 2001 e incluso la contenida en el artículo 11 de la entonces vigente Ley que establece el IVA,[23] impuso obligaciones formales y materiales adicionales a los contribuyentes especiales. Con ello se comenzó a dibujar el primer bosquejo de la desviación y desnaturalización del propósito original del régimen de los sujetos pasivos especiales.

2.7. Ciertamente, la creación de las obligaciones adicionales de retención de IVA en cabeza de los contribuyentes especiales, dio paso a las primeras denuncias sobre las violaciones de los principios constitucionales que amparan a esta categoría de contribuyentes. Ciertamente, entre los argumentos esgrimidos por los accionantes de los recursos de nulidad ejercidos contra la Providencia Administrativa No. SNAT/2002/1455, se encontraba precisamente la violación al principio de igualdad. En este sentido, el artículo 11 la Ley del IVA, que autorizaba al SENIAT a crear la figura del agente de retención, se refería a "*los compradores o adquirentes de determinados bienes muebles y los receptores de ciertos servicios*". Por lo tanto, la habilitación de la Ley del IVA no guardaba ninguna relación con la calificación o condición del sujeto pasivo como contribuyente especial, sino con la naturaleza de los bienes y/o servicios adquiridos, por lo que cualquier contribuyente ordinario del IVA, con independencia de su calificación como especial, era susceptible de ser designado y actuar como agente de retención.[24]

---

21   Consultado en http://inmueblescaracas.com.ve/tips/bolivardolar.htm

22   *Gaceta Oficial* N° 37.585 del 5 de diciembre de 2002.

23   *Gaceta Oficial* N° 5600, extraordinario, del 26 de agosto de 2002

24   Ver Sentencia de la Corte Primera de lo Contencioso Administrativo, caso: *Karrena, C,A. y Tanques Guacara, C.A.*, en recurso contencioso administrativo de anulación por inconstitucionalidad e ilegalidad conjuntamente

2.8. Otro punto de inflexión relevante en la desnaturalización del régimen y que se vincula a la ampliación desproporcionada del universo de contribuyentes especiales se materializó en el 2004 con la Providencia 296. Ciertamente, como indicamos en el párrafo 1.12 anterior, con la emisión de este acto administrativo se redujeron los mínimos de ingresos brutos requeridos para la calificación a 7.500 U.T. para personas naturales con domicilio en el interior del país y a 15.000 U.T. para personas naturales domiciliadas en la Región Capital.

2.9. En virtud de lo anterior y tomando en cuenta que al 30 de junio de 2004 el valor del Dólar equivalía a Bs. 1.920[25] (actualmente Bs.S. 0,0000192), y el de la U.T. a Bs. 24.700 (actualmente Bs.S. 0,000247), el régimen experimentó una reducción de los mínimos de calificación a USD 96.484,37 en el caso de personas naturales domiciliadas en el interior, y a USD 192.968,75 para aquellas domiciliadas en la Región Capital.

2.10. Un elemento adicional a la carga tributaria de los contribuyentes especiales y que se separó sin disimulo ni reserva alguna del artículo 41 del COT de 2001 y del Reglamento de 1995 y, por ende, del fin y objetivos perseguidos por el régimen de estos sujetos pasivos especiales, se incorporó en el 2007 con la promulgación de la Ley de Impuesto a las Transacciones Financieras[26] ("**Ley de ITF**"). Ciertamente la Ley de ITF agregó a las cancelaciones de deudas fuera del sistema financiero como un nuevo hecho imponible, con la particularidad de que los sujetos pasivos de ese novedoso hecho generador eran precisa y exclusivamente los contribuyentes especiales. [27]

2.11. En nuestro criterio, la Ley de ITF, dictada en el contexto de otra Ley Habilitante, fue el primero de una serie de ataques normativos directos asestados por el Ejecutivo Nacional y cuyo propósito deliberado fue trasladarle, de forma discriminatoria e indebida, la principal responsabilidad del sostenimiento de las cargas públicas a los contribuyentes especiales.

2.12. En el año 2014 los contribuyentes especiales fueron nuevamente objeto de una norma especialmente diseñada para ellos y cuyo objeto fue establecer una agravante de sanciones aplicable a los contribuyentes especiales. Nos referimos al artículo 108 del COT Vigente, mediante el cual se establece un aumento del 200% de las multas por infracciones de deberes formales cometidas por los sujetos pasivos calificados como especiales.

2.13. El año 2015 representa sin duda un hito en la involución, deformación del régimen y consecuente violación de derechos fundamentales de los contribuyentes especiales. Ciertamente, a finales del año se dictaron tres decretos-leyes, uno de ellos incluso de naturaleza no tributaria, que evidencia con total claridad cómo esta categoría de contribuyentes ha sido el blanco y receptor de unas cargas tributarias excesivas que constitucionalmente no le corresponden. A continuación resumimos el alcance y efectos de estas normas en el ámbito de los contribuyentes especiales:

(a) 8 de noviembre de 2015, Ley Orgánica de Precios Justos.[28] Esta Ley, de clara naturaleza no impositiva, establece una serie de agravantes a las penas aplicables por la comisión de las infracciones y delitos en ella tipificados, específicamente: (i) infracción por vulneración de derechos individuales; (ii) expendio de alimentos o bienes vencidos; (iii) acaparamiento, y (iv) boicot. Ciertamente, en el caso en el que estas infracciones y delitos son cometidos por contribuyentes especiales, las multas no se aplicarán por montos fijos sino e función de porcentajes aplicables a sus enriquecimientos netos;

---

solicitud de amparo cautelar y subsidiariamente medida cautelar innominada, contra la Providencia Administrativa número SNAT/2002/145. Expediente: 03-1441.

25 Consultado en http://inmueblescaracas.com.ve/tips/bolivardolar.htm.

26 *Gaceta Oficial* N° 38.797 del 26 de octubre de 2007.

27 Ley del ITF, artículos 3(6) y 4(3).

28 *Gaceta Oficial* N° 40.787 (Reimpresión), del 12 de noviembre de 2015.

(b) 29 de diciembre de 2015, Ley de Impuesto sobre la Renta[29] (**"Ley de ISLR"**). Como es sabido, el artículo 171 de la Ley de ISLR, excluyó a los contribuyentes especiales del sistema de ajustes por inflación fiscal. En consecuencia, estos sujetos pasivos, con independencia del ambiente hiperinflacionario en el que desarrollan sus actividades, están obligados a determinar sus enriquecimientos netos gravables sobre unas bases y premisas totalmente divorciadas del entorno macroeconómico que los rodea; y

(c) 29 de diciembre de 2015, Ley de impuesto a las Grandes Transacciones Financieras[30] (**"Ley de IGTF"**). Si bien la Ley de ITF ya había sentado en el 2007 un precedente negativo de discriminación al crear un hecho imponible exclusivamente aplicable a los contribuyentes especiales, la Ley de IGTF radicalizó esa discriminación al limitar el pago del impuesto exclusivamente a los contribuyentes especiales.

2.14. El 2018 fue el corolario del catálogo de ataques normativos e incremento de la ya sobrecargada capacidad contributiva de los sujetos pasivos especiales. En este sentido, el 17 de agosto de 2018 la Asamblea Nacional Constituyente[31] dictó un llamado "decreto constituyente", mediante el cual creó un régimen especial de anticipos tanto de IVA como de ISLR, aplicables exclusivamente a los contribuyentes especiales. En la sección 4 de este trabajo desarrollaremos con mayor detalle el alcance e impacto perverso de este régimen de anticipos.

2.15. Como complemento de la ya sobrecargada situación impositiva por la que atraviesan los contribuyentes especiales en Venezuela, claramente evidenciada en los párrafos anteriores, debemos mencionar la coyuntura económica actual que agrava aún más la distorsión y desnaturalización del régimen de sujetos pasivos especiales. En este sentido, partiendo de las cotizaciones actuales tanto del Dólar (*i.e.*, Bs.S. 5.200 por USD) como el valor de la U.T. (Bs.S. 50), y tomando en cuenta el desfase y rezago actual del valor de la U.T.,[32] tenemos que los mínimos cuantitativos requeridos para la calificación de contribuyente especial para el 2019 son los siguientes:

(a) Personas naturales sometidas al control de las GRTI del interior: ingresos brutos de Bs.S. 375.000,00 o USD 72,11;

(b) Personas naturales sometidas al control de la GRTI de Contribuyentes Especiales de la Región Capital: ingresos brutos Bs.S. 750.000,00 o USD 144,23;

(c) Personas jurídicas sometidas al control de las GRTI del interior: ingresos brutos Bs.S. 1.500.000,00 o USD 288,46; y

(d) Personas jurídicas sometidas al control de la GRTI de Contribuyentes Especiales de la Región Capital: ingresos brutos Bs.S. 6.000.000,00 o USD 1.153,84.

2.16. Lo irrelevante de los montos anteriores descarta la necesidad de cualquier explicación. Ahora bien, lo que sí debe destacarse es que (a) que la categoría de contribuyentes especiales no puede estar compuesta por la masa tan exageradamente voluminosa de sujetos pasivos que perciban ingresos brutos tan irrisorios; y (b) que un sistema eficiente de supervisión y control fiscal es clara y abiertamente incompatible con esa masificación desproporcionada de contribuyentes especiales.

---

29 *Gaceta Oficial* N° 6.210, *Extraordinario*, del 30 de diciembre de 2015.

30 *Gaceta Oficial* N° 6.210, *Extraordinario*, del 30 de diciembre de 2015.

31 Con independencia de la claridad de nuestra posición al respecto, este trabajo no analiza la tan cuestionada legitimidad de origen de la Asamblea Nacional Constituyente, del denominado Decreto Constituyente y, por ende del régimen de anticipos creado a través de este instrumento. Sin embargo, en vista del poder de coercitivo del Estado para forzar su cumplimiento, este trabajo se desarrolla bajo la premisa de que el régimen de anticipos es de obligatorio cumplimiento por los diferentes operadores jurídicos en Venezuela.

32 Al 27 de mayo de 1994, fecha de creación de la U.T. a través del COT de 1994, su valor era de Bs.1.000,00, monto que para esa fecha equivalía a USD 6,13.

3. Breve comparación de los parámetros de calificación y obligaciones tributarias aplicables a grandes contribuyentes en otras jurisdicciones.

3.1. Tal y como indicamos previamente, la distorsión, involución y consecuente desnaturalización del régimen aplicable a los contribuyentes especiales tiene un doble origen: (a) la relajación del monto mínimo requerido para la calificación como sujeto pasivo especial; y (b) la creación y exigencia de obligaciones tributarias materiales que van mucho más allá del seguimiento, supervisión y control eficiente por parte de la Administración Tributaria. En virtud de ello, consideramos importante hacer un breve análisis comparativo tanto de los mínimos de calificación requeridos, como del tratamiento otorgado a esta categoría especial de contribuyentes en al menos cuatro jurisdicciones relevantes.[33]

3.2. **Colombia**:[34] Desde el punto de vista cuantitativo, la calificación de *"grandes contribuyentes"* bajo legislación colombiana requiere que estos contribuyentes:

(a) Posean propiedades, planta y equipo, propiedades de inversión o activos no corrientes mantenidos para la venta, conforme a su declaración del impuesto de renta y complementario, o de ingresos y patrimonio del año gravable anterior a la calificación, por encima de 3.000.000 UVT[35] (aproximadamente USD 31.623.629,28); o

(b) Tengan un patrimonio neto informado en su declaración del impuesto de renta y complementario o de ingresos y patrimonio del año gravable anterior a la calificación superior a 3.000.000 UVT; o

(c) Reporten ingresos brutos en su declaración del impuesto de renta y complementario o de ingresos y patrimonio del año gravable anterior del año a la calificación, por encima de 2.000.000 UVT (USD 21.082.419,52); o

(d) Reporten un total de impuesto a pagar en su declaración del impuesto de renta y complementario o de ingresos y patrimonio del año gravable anterior a la calificación, por encima de 50.000 UVT (USD 527.060,48);

(e) Informen retenciones en sus declaraciones mensuales de retención en la fuente del año gravable anterior a la calificación, por encima de 300.000 UVT (USD 3.162.362,92);

(f) Generen un impuesto por operaciones gravadas conforme a sus declaraciones del impuesto sobre las Ventas – IVA del año gravable anterior a la calificación, por montos superiores a 250.000 UVT (USD 2.635.302,44);

(g) En el año previo a la calificación (i) importen bienes con un valor CIF superior a USD 10.000.000 o (ii) exporten bienes con un valor FOB superior a USD 10.000.000.

3.3. En relación con las obligaciones especiales impuestas a esta categoría de contribuyentes, sólo encontramos deberes asociados a (a) la presentación de declaraciones a través de los sistemas informáticos electrónicos establecidos por la DIAN y en los plazos establecidos por el Gobierno Nacional; (b) el pago del ISLR en tres cuotas; (c) declaraciones bimestrales de IVA y condición de agente de retención de dicho tributo; (d) obligación de

---

33 Para conocer información de otras jurisdicciones, recomendamos consultar el estudio comparativo de la Organización para la Cooperación y el Desarrollo Económico, en su publicación *"La Administración Tributaria en los países de la OCDE y en determinados países no miembros: Serie "Información comparada* (2008)", disponible en http://www.oecd.org/ctp/administration/46668703.pdf. Dicha publicación incluye un cuadro comparativo que detalla los mínimos cuantitativos requeridos al 2008 para calificar como "gran contribuyente" en 32 países. Sin embargo, ante la imposibilidad de actualizar y validar la vigencia de la información allí contenida con fuentes oficiales y confiables, nos limitamos a incluir solo la información de los cuatro países desarrollados más abajo.

34 https://www.dian.gov.co/impuestos/sociedades/Paginas/Grandes-Contribuyentes.aspx

35 Unidad de Valor Tributario, al igual que la U.T., es un valor fijado por la Dirección de Impuestos y Aduanas Nacionales (**DIAN**), cuyo propósito, al igual que la U.T., es estandarizar y facilitar el cumplimiento de obligaciones tributarias. Al igual que la U.T., la UVT se actualiza anualmente con base en la inflación y el índice de precios del consumidor.

facturar electrónicamente; y (e) presentación de información exigida por la DIAN en medios magnéticos a través de los Servicios Informáticos Electrónicos. En consecuencia, no hallamos indicio alguno sobre la existencia de obligaciones tributarias materiales, tal y como sucede actualmente en Venezuela.

3.4. **Chile:**[36] De acuerdo con la legislación chilena, la calificación de los sujetos pasivos como *"grandes contribuyentes"* desde el punto de vista cuantitativo requiere, entre otras circunstancias, que los contribuyentes:

(a) Perciban ingresos anuales iguales o superiores a 360.000 UTM[37] (actualmente USD 25.603.356,89), por tres años consecutivos; o

(b) Tengan un Capital Propio Tributario[38] igual o superior a 360.000 UTM en los últimos tres ejercicios tributarios; o

(c) Hayan realizado inversiones en Chile conforme a la legislación aplicable, y en cualquiera de los últimos tres años comerciales, posean un capital propio tributario igual o superior a 72.000 UTM (actualmente USD 5.120.671,37); o

(d) Estén obligados a retener el Impuesto Adicional del Título IV de la Ley sobre Impuesto a la Renta, por un monto promedio anual igual o superior a 10.000 UTM (actualmente USD 711.204,35) en los últimos tres ejercicios fiscales; o

(e) Mantengan inversiones en el exterior por un monto total igual o superior a 100.000 UTM (USD 7.112.043,58), y en cualquiera de los últimos tres años comerciales, hayan tenido un Capital Propio Tributario igual o superior a 72.000 UTM; o

(f) Hayan declarado exportaciones por un monto promedio anual igual o superior a 300.000 UTM (USD 21.336.130,74), en cada uno de los últimos tres ejercicios fiscales; o

(g) Formen parte de grupos empresariales y en cualquiera de los últimos tres años comerciales, hayan tenido ingresos anuales iguales o superiores a 360.000 UTM, o que posean un capital propio tributario igual o superior a 72.000 UTM.

3.5. En relación con las obligaciones especiales impuestas a esta categoría de contribuyentes y de acuerdo con la información suministrada por el SII, los grandes contribuyentes deben realizar cualquier actuación/trámite ante la Dirección de Grandes Contribuyentes del SII. Al igual que en el caso colombiano, no encontramos indicio alguno sobre la existencia de obligaciones tributarias materiales aplicables exclusivamente a los grandes contribuyentes chilenos.[39]

---

36 http://www.sii.cl/contribuyentes/empresas_por_tamano/grandes_contribuyentes.pdf.

37 Unidad Tributaria Mensual, entendida igualmente como la unidad cuenta utilizada por el Servicio de Impuestos Internos ("**SII**"), la cual se reajusta mensualmente conforme al índice de precios al consumidor informado por el Instituto Nacional de Estadísticas de Chile.

38 *"De acuerdo a lo dispuesto por el N° 1, del artículo 41 de la Ley sobre Impuesto a la Renta (LIR), el Capital Propio Tributario equivale a la diferencia entre el activo y el pasivo exigible a la fecha de inicio del ejercicio comercial, rebajándose previamente todos aquellos valores intangibles, nominales, transitorios y de orden y otros que determine este Servicio, que no representen inversiones efectivas, debiendo formar parte de dicho capital propio los valores del empresario que hayan estado incorporados al giro de la empresa, y excluyéndose de la contabilidad, en el caso de contribuyentes que sean personas naturales, los bienes y deudas que no originen rentas gravadas en la Primera Categoría o que no correspondan al giro, actividades o negociaciones de la empresa."* http://www.sii.cl/destacados/renta/2019/capital_propio.pdf.

39 Tal y como lo indica el SII en su instructivo (citado arriba), ver respuesta a pregunta N° 14, la calificación como gran contribuyente *"Significa que todas las actuaciones tributarias, con excepción del timbraje de documentos y otras que expresamente se indican, son efectuadas ante o por una unidad especializada en la atención de empresas o entidades que, debido a su importancia económica y tributaria, requieren de procedimientos acordes al nivel de complejidad de sus operaciones. Entre estas actuaciones se encuentran la recepción y resolución de solicitudes y consultas, y los procedimientos de fiscalización y verificación."*

3.6. **México:** De conformidad con lo dispuesto en el artículo 17, literal B, del Reglamento Interior del Servicio de Administración Tributaria ("**SAT**"),[40] calificarán como "grandes contribuyentes", los contribuyentes, personas jurídicas, que a los efectos de la Ley del Impuesto sobre la Renta hayan declarado en su penúltimo ejercicio fiscal, cantidades iguales o superiores a cualquiera de las siguientes:[41]

(a) Ingresos gravables de 2.108 millones de pesos mexicanos (actualmente USD 111.386.720,00);

(b) Valor del activo del ejercicio determinado conforme a la Ley del Impuesto al Activo: 50 millones de pesos mexicanos (actualmente USD 2.642.000,00); o

(c) Suma de los impuestos sobre la renta, al valor agregado, al activo y especial sobre producción y servicios, declarados en el ejercicio: 25 millones de pesos mexicanos (actualmente USD 1.321.017,92);

3.7. En relación con las obligaciones impuestas a esta categoría de contribuyentes y de acuerdo con los resultados de nuestra investigación en fuentes abiertas, confirmados con asesores fiscales mexicanos, los grandes contribuyentes mexicanos no tienen obligaciones tributarias distintas al resto de los contribuyentes. En este sentido, la única diferencia relevante es que dicha categoría de contribuyentes está sometida a la administración, supervisión y control de la Administración General de Grandes Contribuyentes (AGGC), dependencia adscrita al SAT.

3.8. **España:**[42] De conformidad con la normativa española, la calificación de los sujetos pasivos como "*grandes contribuyentes*" desde el punto de vista cuantitativo abarca a los siguientes contribuyentes:

(a) Personas jurídicas y entidades, cuyo volumen de operaciones supere los 100 millones de Euros durante cada uno de los tres ejercicios anteriores a aquel en el que se produce la adscripción;

(b) Personas jurídicas y entidades cuyo volumen de información suministrado a la Administración Tributaria, en concepto de retenciones o ingresos a cuenta, haya superado los 10.000 registros durante cada uno de los tres ejercicios anteriores y cuyo ámbito de actuación exceda del de una Comunidad Autónoma o Ciudad con Estatuto de Autonomía;

(c) Por resolución del Director del Servicio de Planificación y Relaciones Institucionales de la Agencia Tributaria, a propuesta del Delegado Central, a las personas físicas cuya renta a efectos del impuesto de rentas de personas físicas supere el millón de euros o que el valor de sus bienes y derechos, incluidos los exentos, a efectos del impuesto sobre el patrimonio supere los 10 millones de euros.

3.9. En relación con las obligaciones impuestas a esta categoría de contribuyentes y de acuerdo con los resultados de nuestra investigación en fuentes abiertas, confirmados con asesores fiscales españoles, los grandes contribuyentes españoles no tienen obligaciones tributarias distintas al resto de los contribuyentes. En este sentido, la única diferencia relevante es que dicha categoría de contribuyentes está sometida a la administración, supervisión y control de Delegación Central de Grandes Contribuyentes, dependencia adscrita a la Agencia Estatal Tributaria (AEAT).

---

40 Consultado en http://www.shcp.gob.mx/lashcp/MarcoJuridico/documentosDOF/archivos_shcp_dof/reglamentos/risat.html.

41 Conforme a lo dispuesto en el mismo artículo 17, estos montos se actualizan "*en el mes de enero de cada año, con el factor de actualización correspondiente al periodo comprendido desde el mes de diciembre del penúltimo año al mes de diciembre del último año inmediato anterior a aquél por el cual se efectúa el cálculo, de conformidad con el procedimiento a que se refiere el Artículo 17-A del Código Fiscal de la Federación.*"

42 https://www.agenciatributaria.es/static_files/AEAT/Contenidos_Comunes/La_Agencia_Tributaria/Informacion_institucional/Otra_informacion/delcentralgc.pdf.

3.10. La información consultada en los cuatro países indicados arriba es suficiente para validar y confirmar la posición desarrollada en las secciones previas de este trabajo. Nos referimos a la desactualización y desviación tanto cuantitativa (*i.e.*, mínimos requeridos para la calificación) como cualitativa (*i.e.*, creación de obligaciones materiales) que ha experimentado nuestro ordenamiento jurídico respecto a los contribuyentes especiales. Esta desactualización y desviación conlleva la vulneración de principios esenciales de la tributación, tal y como lo explicaremos en la sección que sigue a continuación.

4.   Violación de principios y garantías constitucionales de los contribuyentes especiales.

4.1. En la Sección 2 de este trabajo resumimos y evidenciamos cómo el régimen de contribuyentes especiales migró, de lo que en su origen fue correctamente concebido como un mecanismo eficiente de control de contribuyentes con ingresos relevantes, a una masificada categoría de contribuyentes víctimas de cargas tributarias excesivas, discriminatorias e injustificadas.

4.2. En los párrafos siguientes (a) explicaremos cómo esta migración y consecuente desnaturalización del régimen trae consigo la vulneración de derechos y garantías constitucionales de los contribuyentes especiales, específicamente de los principios de generalidad del tributo, igualdad, capacidad contributiva y no confiscatoriedad; y (b) desmontaremos el mito de que la excesiva carga tributaria impuesta a los contribuyentes especiales puede soportarse en los principios de justicia y progresividad del tributo.

4.3. El artículo 133 de la Constitución Nacional[43] ("**Constitución**") prevé que toda persona tiene el deber de coadyuvar a los gastos públicos mediante el pago de impuestos, tasas y contribuciones especiales. Esta obligación, que sustenta el principio de generalidad del tributo y que se flexibiliza y racionaliza con los principios y garantías consagrados en la propia Constitución, impone la obligación de pagar tributos y colaborar con el sostenimiento de las cargas públicas a <u>todos</u> los ciudadanos. Esta obligación aplica con independencia del perfil, ideología o tendencia política del gobierno de turno. En este sentido, es de utilidad citar el siguiente extracto de una decisión dictada por la Sala Político-Administrativa ("**SPA**") del Tribunal Supremo de Justicia ("**TSJ**"), en el que se delimitó el sentido y alcance del principio de generalidad en los siguientes términos:

> *"(...) considera esta Alzada necesario señalar que en el ámbito fiscal éste se erige como garantía de que todos los ciudadanos han de concurrir al sostenimiento de las cargas públicas. Así, nuestro ordenamiento jurídico prevé tal obligación en el artículo 133 de la Constitución de 1999, que reza:*
>
> *'**Artículo 133**. Toda persona tiene el deber de coadyuvar a los gastos públicos mediante el pago de impuestos, tasas y contribuciones que establezca la ley'.*
>
> *Ahora bien, la generalidad del tributo constituye no sólo un derecho constitucional, sino **uno de los principios fundamentales sobre los cuales descansan la mayoría de los sistemas tributarios modernos**; así, comporta un criterio material de distribución de las cargas tributarias conforme al cual **<u>todos los habitantes del Estado son iguales ante la ley y deben, en consecuencia, soportar por igual el peso de las cargas públicas</u>**.*
>
> *Tal como se indicó supra, este derecho-principio postula, por una parte, la **igualdad de trato en la ley**, que en el campo tributario se traduce en el deber de todos los ciudadanos de soportar por igual los gastos públicos y, por otra, la equivalencia en el trato dado por la ley, es decir, el tratamiento igualitario de los habitantes en paridad de condiciones, **en donde tales ciudadanos deben, en proporción a sus capacidades, atender a dichas cargas en forma progresiva, exigién-***

---

43   *Gaceta Oficial* N° 5.908, *Extraordinario*, del 19 de febrero de 2009.

*dose más a quien posee mayor riqueza en relación con quien menos posee; asimismo, debe des-tacarse que esta igualdad no es simplemente una igualdad respecto del quantum del tributo para cada uno de los habitantes del Estado, **sino que supone un tratamiento idéntico para aquellos que se encuentran en supuestos de hecho iguales y un trato desigual para quienes están en si-tuaciones distintas.***

En tal virtud, observa este Alto Tribunal que existirá discriminación que lesione el principio de generalidad del tributo cuando en situaciones análogas o semejantes se dispense, sin aparente justificación, un trato distinto."[44] (Resaltado y subrayado nuestros)

4.4. El extracto jurisprudencial citado tiene varias afirmaciones y enunciados que consi-deramos oportunos destacar a los efectos de este trabajo: (a) el reconocimiento del principio de generalidad como uno de los pilares esenciales del sistema tributario venezolano; (b) la necesidad de que todos los ciudadanos soporten y colaboren por igual al sostenimiento de las cargas públicas; (c) la obligación de que todos los sujetos pasivos sean tratados con igualdad por la ley, ratificando así la relación estrecha e inseparable entre el principio de generalidad y el de igualdad; (d) la progresividad de ese deber de sostenimiento de las car-gas públicas que, soportada y complementada en el principio de capacidad contributiva, implica exigir más a quien realmente posea mayor manifestación real de riqueza; y (e) la posibilidad de crear excepciones que justifiquen un trato desigual a quienes se encuentren en situaciones de desigualdad.

4.5. Los seis puntos resaltados en el párrafo anterior, sientan las bases para el desmontaje de un mito, en el que entendemos, se fundamenta el indebido traslado de obligaciones tribu-tarias excesivas y desproporcionadas a los contribuyentes especiales. Nos referimos a la falsa y errónea percepción de que un contribuyente, por su simple calificación como espe-cial, tiene la capacidad contributiva suficiente y necesaria para soportar las cargas tributarias impuestas por el ordenamiento jurídico vigente. En nuestro criterio, esa falsa apreciación se desdibuja en una interpretación correcta y sistemática de los principios de generalidad y progresividad del tributo.

4.6. El principio de generalidad exige, tal como lo ha señalado el autor Villegas, que el tributo se establezca *"en tal forma que cualquier persona, cuya situación coincida con la señalada como hecho generador del tributo, debe quedar sujeta a él"*.[45] Por lo tanto, el lími-te a la generalidad del tributo, como lo comenta el mismo autor, *"está constituido por las exenciones y beneficios tributarios, conforme a las cuales ciertas personas no tributan o tributan menos pese a configurarse el hecho imponible"*.[46] Coincidimos plenamente con el criterio del autor Villegas, pues las obligaciones tributarias materiales actualmente impues-tas a los contribuyentes especiales (*p.ej.*, IGTF y anticipos), deben aplicarse a todo el uni-verso de contribuyentes. Por lo tanto, es a través de la vía de exenciones o exoneraciones, correcta y cuidadosamente otorgadas, y no con la creación de obligaciones exclusivamente aplicables de contribuyentes especiales, que el legislador debe flexibilizar principio de gene-ralidad del tributo.

4.7. Por otro lado, consideramos que el principio de progresividad no puede servir de jus-tificación para la creación de obligaciones tributarias materiales exclusivamente exigibles a contribuyentes especiales. Si bien es cierto que una verdadera progresividad implica mayor carga tributaria a quienes tengan mayor capacidad económica para responder a su pago, también es cierto que el régimen vigente no refleja ni consulta esa capacidad de los contri-

---

44 Sentencia dictada el 6 de mayo de 2009 por la Sala Político-Administrativa, caso: *Consolidada de Ferrys, C.A. (CONFERRY) vs. República.*

45 VILLEGAS, Héctor. *Curso de Finanzas, Derechos Financiero y Tributario*, 7ª Edición, Editorial Depalma, Buenos Aires, 1999, p. 200.

46 *Ibid.*

buyentes especiales. Esto es particularmente cierto en el caso venezolano, en el que (a) los parámetros cuantitativos de calificación se fundamentan en ingresos brutos, los cuales no reflejan capacidad contributiva; (b) la configuración del régimen conlleva la exigencia de tributos que no miden ni consultan la capacidad contributiva de los sujetos pasivos (*p.ej.* IGTF e IVA); (c) la exclusión del ajuste por inflación en la determinación del ISLR atenta directa e indiscutiblemente contra la capacidad económica de los contribuyentes especiales, tal y como demostraremos más adelante; y (d) el régimen de anticipos de IVA e ISLR (este último determinado sobre ingresos brutos incluso no percibidos) recientemente creado, es altamente regresivo y confiscatorio.

4.8. Asumir una posición contraria a la desarrollada en el parágrafo anterior y, por ende, soportar la aplicación del régimen actual en el principio de progresividad, también justificaría la exigencia exclusiva a los contribuyentes especiales de todos los tributos. Esto nos lleva a plantearnos las siguientes interrogantes: ¿Por qué todos los contribuyentes, y no solo los calificados como especiales, pagan IVA?; ¿Los contribuyentes especiales deberían estar sujetos a alícuotas más altas de IVA?; ¿Por qué los derogados impuestos al débito bancario e ITF, incluyeron a todas las personas jurídicas y no solo a los especiales como sujetos pasivos?; ¿Esos tributos eran entonces inconstitucionales por vulnerar los principios de generalidad y progresividad de aquellas personas jurídicas no calificadas como especiales?; ¿Los contribuyentes especiales son inmunes al fenómeno hiperinflacionario venezolano?; ¿Se justifica entonces que los contribuyentes especiales tengan una base imponible distinta del ISLR, cuando este tributo directo sí consulta la capacidad contributiva de los sujetos pasivos?; ¿Los anticipos de impuestos que asfixian el flujo de caja y capacidad de pago de los contribuyentes, realmente consultan su capacidad contributiva?; ¿Los mínimos cuantitativos de calificación aplicables en la actualidad, permiten una selección confiable y acertada de grandes contribuyentes?. Las respuestas a todas estas preguntas hacen evidente la inconstitucionalidad del sistema impositivo al cual están sujetos los contribuyentes especiales.

4.9. En lo que respecta al principio de igualdad, el artículo 21 de la Constitución no solo ratifica el enunciando universalmente aceptado de que todas las personas son iguales ante la ley, sino que también (a) prohíbe expresamente discriminaciones que tengan por objeto o resultado menoscabar o anular el reconocimiento, goce, o ejercicio de derechos, libertades y condiciones de igualdad de las personas; y (b) exige a la ley garantizar las condiciones jurídicas y administrativas para que esa igualdad ante la ley sea efectiva, real y no un simple enunciado ideal y utópico.

4.10. El TSJ, mediante sentencia dictada por la Sala Constitucional,[47] que a su vez cita su propio criterio del 17 de febrero de 2006 (caso: José Gómez Cordero), delimitó el sentido y alcance del principio de legalidad, en los siguientes términos:

> *"el principio de igualdad implica un trato igual para quienes se encuentren en situación de igualdad -igualdad como equiparación-, y un trato desigual para quienes se encuentren en situación de desigualdad -igualdad como diferenciación- (vid. sentencia n° 898/2002, del 13 de mayo). En este último supuesto, para lograr justificar el divergente tratamiento que se pretenda aplicar, **el establecimiento de las diferencias debe ser llevado a cabo con base en motivos objetivos, razonables y congruentes**.*

> *De lo anterior se desprende que no resulta correcto conferirle un tratamiento desigual a supuestos fácticos que ostenten un contenido semejante y que posean un marco jurídico equiparable, pero debe aclararse que igualdad no constituye sinónimo de identidad, por lo que también sería violatorio del principio de igualdad darle un tratamiento igualitario a supuestos*

---

47 Sentencia dictada el 11 de julio de 2012, Expediente N° 10-0657, caso: *Cámara Licorera y Afines del estado Zulia* en acción de nulidad en contra la Ordenanza de Reforma Total de la Ordenanza que Crea y Regula el Impuesto sobre Actividades Económicas del Municipio San Francisco del Estado Zulia.

que sean distintos (vid. GUI MORI, Tomás. JURISPRUDENCIA CONSTITUCIONAL ÍNTEGRA 1981-2001. Tomo I. Editorial Bosch. Barcelona, 2002, p. 332). Lo que podría resumirse en dos conclusiones: 'No asimilar a los distintos, y no establecer diferencias entre los iguales,' como se dijo ut supra".

Conforme con la doctrina citada, no cualquier trato desigual resulta discriminatorio, pues sólo lo es el trato desigual no basado en causas objetivas y razonables. En efecto, *"la igualdad constitucional no prohíbe que el legislador diferencie. Si lo hiciera, el legislador no podría hacer nada. No se aprobaría ni una sola ley. **Lo que prohíbe es que diferencie de una manera no objetiva, no razonable y no proporcionada.** Es decir, que tome partido ante el ejercicio del derecho a la diferencia"* (Pérez Royo, Curso de Derecho Constitucional, 2000, p. 311). (Resaltado y subrayado nuestros)

4.11. La doctrina extranjera, por su parte, ratifica el criterio expuesto en el extracto de la sentencia citada, al señalar lo siguiente: *" (....) a) el principio de igualdad en el ámbito tributario se traduce en el respeto al principio de capacidad económica, de forma que situaciones económicamente iguales deben ser tratadas de la misma manera; b) el principio de igualdad no veda cualquier desigualdad, sino sólo aquella que pueda reputarse como discriminatoria, por carecer de justificación objetiva y razonable, y desplegar consecuencias no proporcionadas; (....) e) el principio de igualdad debe interpretarse en conexión con las exigencias derivadas de otros principios constitucionales"*. [48]

4.12. En el caso concreto de los contribuyentes especiales, consideramos que no hay causas ni motivos objetivos, razonables, congruentes y proporcionados, que justifiquen la imposición exclusiva sobre contribuyentes especiales de (a) obligaciones como agente de retención de IVA; (b) pago de IGTF; (c) determinación de una base imponible que ignora el impacto del ajuste por inflación; (d) pagos de anticipos diarios de IVA e ISLR calculados sobre ingresos brutos (incluso no percibidos); y en consecuencia, un trato tan pesado y diferenciado respecto al resto de los contribuyentes no calificados como especiales. En este sentido, es preciso insistir en que el único elemento objetivo que genera una eventual diferenciación entre ambas categorías de contribuyentes es la cuantía de los ingresos brutos percibidos por ellos. Sin embargo, tal y como hemos explicado a lo largo de este trabajo, esas cuantías (a) están absolutamente desfasadas y desactualizadas; y (b) se fundamentan en ingresos brutos y no netos, por lo que no reflejan una verdadera capacidad contributiva que justifique el soportar las cargas tributarias ya señaladas.

4.13. Como un ejercicio de confirmación de la falta de criterios objetivos, razonables, congruentes y proporcionados, criterios estos exigidos por la Sala Constitucional y ratificados por la doctrina para soportar un trato diferenciador, proponemos formularnos y respondernos internamente las siguientes interrogantes: ¿Un contribuyente especial que genera pérdidas, tiene mayor capacidad contributiva para pagar IGTF o anticipos de IVA y de ISLR, que un contribuyente no especial que también genera pérdidas o, peor aún, que obtiene utilidad?; ¿Por qué un contribuyente no especial puede cumplir con obligaciones de retención en materia de ISLR y no hacerlo en materia de retención del IVA?; ¿Si el ISLR es un ejemplo clásico de un tributo directo y progresivo, por qué debe crearse un régimen de anticipos calculados sobre ingresos brutos y que además sea exclusivamente aplicable a contribuyentes especiales?; ¿Por qué los tributos predecesores del IGTF aplicaban a contribuyentes no especiales y el IGTF está restringido a los especiales?; ¿Por qué un contribuyente especial debe ignorar el efecto del ajuste por inflación en la determinación de su ISLR y el resto de los contribuyentes debe considerarlo?; ¿Qué razón objetiva y congruente justifica crear tal diferenciación en el cálculo del ISLR?. Difícilmente unas respuestas lógicas y

---

48   QUERALT, Martín; LOZANO, Carmelo; TEJERIZO, José y CASADO, Gabriel. *Curos de Derecho Financiero y Tributario*. 17ª Edición, Editorial Tecnos, Madrid, 2006, p.121.

razonadas justificarán un trato tan distinto y diferenciado como el existente entre ambas categorías de contribuyentes.

4.14. Queremos aclarar y precisar que las preguntas anteriores no pretenden soportar la legalidad y constitucionalidad de la retención del IVA, de la exclusión del efecto inflacionario en la base imponible del ISLR, o de los anticipos de IVA e ISLR y, por tanto, la extensión de su aplicación al resto de los contribuyentes. Tales interrogantes, por el contrario, simplemente tienen por finalidad (a) dejar en evidencia la ausencia de criterios válidos de diferenciación que justifiquen un trato distinto entre ambos grupos de contribuyentes; y con ello (b) demostrar que la manifestación práctica del principio de igualdad de "*dar un tratamiento igual a los iguales y uno desigual a los desiguales*", no tiene cabida en el caso concreto del régimen impositivo actualmente aplicable a los contribuyentes especiales. Por lo tanto, es evidente y en nuestro criterio incuestionable, que el régimen impositivo vigente de los contribuyentes especiales viola el principio constitucional de igualdad.

4.15. Otro principio esencial de la tributación y que es abiertamente vulnerado por el ordenamiento jurídico vigente por el régimen actual de contribuyentes especiales, es el principio de capacidad contributiva previsto en el artículo 316 del Constitución.[49] En el caso concreto de los contribuyentes especiales, al menos dos obligaciones vulneran flagrantemente este principio constitucional: (a) su exclusión del sistema de ajustes por inflación para la determinación del ISLR; y (b) los regímenes de anticipos de IVA e ISLR.

4.16. La opinión pacífica de la doctrina es que un tributo sobre una ficción no es un tributo, porque un cargo de esa naturaleza no cumple con el requisito relativo a la capacidad económica del contribuyente.[50] La siguiente cita, tomada de la obra de uno de los autores más reputados en esta materia, ilustra este aspecto con gran claridad:

> "*El legislador es dueño de sus actos al elaborar el Derecho y al elaborar los conceptos jurídicos. Y, por tanto, al definir el elemento objetivo del hecho imponible, como la percepción de una renta, la existencia de un patrimonio o la realización de un gasto, dará sus propios conceptos de renta, patrimonio y gasto. Estos conceptos legales no son conceptos económicos. El Derecho ha creado su propia verdad. Pero esos conceptos legales, no lo olvidemos, pueden no expresar el contenido que, según la naturaleza de las cosas, corresponde a los índices de la capacidad contributiva. Esta es la verdad pre-jurídica, la verdad de los conceptos económicos, no la verdad de los conceptos legales. (...)*
>
> *Se infiere, de tan simple argumento, que **cuando la verdad** jurídica **no se corresponde con la verdad económica, cuando el concepto legal se aparta de, e ignora, los elementos esenciales del concepto económico, "natural"**, de los índices de capacidad contributiva:*
>
> *Se produce una ficción de Derecho.*
>
> *Se hace tributar por hechos que no se corresponden suficientemente con los que, según la naturaleza de las cosas, la ciencia económica define como manifestaciones de la capacidad económica de contribuir.*
>
> *En suma, <u>se establece el tributo con ignorancia de las exigencias del principio de capacidad contributiva.</u>*"[51] (Resaltado y subrayado nuestros)

---

49 El artículo 316 de la Constitución desarrolla el principio de capacidad contributiva en los siguientes términos: "*El sistema tributario procurará la **justa distribución de las cargas públicas según la capacidad económica del o la contribuyente, atendiendo al principio de progresividad**, así como la protección de la economía nacional y la elevación del nivel de vida de la población; (....).*" (Resaltado nuestro).

50 TARSITANO, Alberto., *El principio constitucional de capacidad contributiva*, en *Estudios de Derecho Constitucional Tributario en Homenaje al Prof. Dr. Juan Carlos Luqui*, Coordinador Horacio A. García Belsunce, Ediciones. Depalma, Buenos Aires, 1994, pp. 340-341.

51 PEREZ A., José L. *Las Ficciones en el Derecho Tributario*, Editorial de Derecho Financiero, Madrid, 1970, p. 41.

4.17. En sintonía con el criterio de la doctrina, la SPA[52] ha interpretado de manera pacífica y reiterada el artículo 316 de la Constitución y, por ende, el alcance del principio de capacidad contributiva, en los siguientes términos:

> *"Tal disposición consagra el denominado **principio de la capacidad contributiva, que alude,** por una parte, a la aptitud para concurrir con los gastos públicos y, por otra, **a la capacidad económica de los contribuyentes como medida concreta de distribución de las cargas tributarias.** Así, esta capacidad comporta una doble condición que se traduce como causa del deber de contribuir, **visto que todo tributo debe obedecer a una determinada capacidad contributiva, y como un** <u>**límite al deber de sostenimiento de las cargas públicas en aras de una justicia y razonabilidad en la imposición.**</u> Tal capacidad se manifiesta a través de los índices o presupuestos reveladores de enriquecimientos idóneos para concurrir a los referidos gastos, siendo uno de los principales la obtención de rentas que resulten gravables de acuerdo a la respectiva normativa legal.* (Subrayado y resaltado nuestro).

4.18. En virtud de lo anterior, está claro que los contribuyentes especiales tienen el derecho inapelable (y el SENIAT la obligación de acatarlo) de determinar su ISLR en armonía con el principio de capacidad contributiva. Por lo tanto, cualquier norma o actuación que desconozca dicho derecho y que, por ende, implique desconocer el efecto inflacionario y por tanto calcular una base imponible ignorando la verdadera capacidad contributiva de los contribuyentes especiales será clara e inequívocamente inconstitucional.

4.19. Dicho lo anterior, a continuación describimos los antecedentes legislativos, jurisprudenciales y doctrinales que, de manera clara e inequívoca, reconocen y evidencian (a) la necesidad de considerar la inflación en la valoración de la verdadera capacidad contributiva de los sujetos pasivos del ISLR y, (b) que la exclusión del efecto inflacionario de la base imponible de dicho tributo, trae consigo la vulneración y desconocimiento del principio constitucional de capacidad contributiva.

4.20. En relación con los antecedentes legislativos, es necesario remontarse a la Ley de Impuesto sobre la Renta de 1991,[53] instrumento legal en el que se incorporó el régimen de ajuste por inflación al sistema impositivo venezolano. En este sentido, es importante citar un extracto del informe de la comisión permanente de finanzas de la Cámara de Diputados del entonces Congreso de la República, en el que se señaló textualmente lo siguiente:

> *"Como se ha dicho, uno de los propósitos de la reforma es la búsqueda de la equidad tributaria. Por esta razón se ha incorporado un nuevo elemento constitutivo de **una corrección** monetaria, **que permita que el contribuyente pague sobre los ingresos reales y no nominales. Esto se aplicará, tanto a las personas naturales,** <u>**como jurídicas.**</u> Por ello, en el Proyecto se crean dos capítulos que tratan uno, "Del Ajuste Inicial por Inflación" y el otro "Del Reajuste Regular por Inflación".* (Resaltado y subrayado nuestros)

4.21. En términos muy similares, la exposición de motivos de la referida Ley de Impuesto sobre la Renta de 1991, enfatizó la importancia del ajuste por inflación a los efectos de consultar la verdadera capacidad contributiva de los sujetos pasivos del ISLR, en los siguientes términos:

> *"(...omissis...) el proyecto propone la incorporación de la normativa referente a un ajuste integral por actualización de los elementos del Activo, Pasivo y Patrimonio, con el propósito de que los contribuyentes paguen sobre la base de ingresos reales y no nominales como hasta el presente ha ocurrido. **No se persigue con este sistema un***

---

52 Sentencias N° 1.626 del 22 de octubre de 2003, caso: *C.A. Seagrams de Margarita*; N° 2.431 del 7 de noviembre de 2006, caso: *Tovar, Compañía Anónima (TOVARCA)*; y N° 946 del 1 de agosto de 2012, caso: *Noel Motors Centro, C.A.*

53 *Gaceta Oficial* N° 4.300, *Extraordinario*, del 13 de agosto de 1991.

mayor ni menor ingreso de impuesto, solo está dirigido a lograr la equidad, <u>haciendo que las empresas tributen por sus verdaderos resultados económicos</u>, reconociendo y aceptando las pérdidas por inflación, pero también sincerando las ganancias que se produzcan debido a tal proceso. (...omissis...)"

4.22. Tal y como se desprende de los extractos citados, el legislador venezolano reconoció de manera clara e inequívoca, por una parte, la necesidad de considerar el efecto o impacto de la inflación para lograr un reparto equitativo de las cargas tributarias y, por la otra, la estrecha vinculación existente entre la inflación y la verdadera capacidad económica de los contribuyentes para responder frente al pago del tributo.

4.23. Los Tribunales de la República, particularmente la SPA, también han ratificado la importancia y necesidad de considerar el ajuste por inflación para el cálculo del enriquecimiento neto gravable y, por tanto, para medir la verdadera capacidad contributiva de los sujetos pasivos del ISLR. En este sentido, es necesario citar el siguiente criterio:

> *"<u>Tal necesidad de tomar en consideración el ajuste por inflación, es consecuencia de una economía inflacionaria donde</u> no es posible establecer realmente el poder económico del contribuyente, si la renta obtenida según valores monetarios históricos, no es ajustada de acuerdo con la inflación. <u>De esta manera, es posible determinar si la capacidad económica del contribuyente se ha incrementado o disminuido a pesar de la apariencia que proyecta el valor histórico</u>. Con ello, se busca adecuar el gravamen de la renta a la efectiva capacidad económica del contribuyente, dando cumplimiento al mandato previsto en el artículo 316 de la Constitución de la República Bolivariana de Venezuela.*
>
> *En efecto, la forzosa consideración del saldo deudor que se registra en la cuenta de conciliación "Reajuste por Inflación", que puede constituir un decremento de patrimonio tan legítimo y pertinente para el cálculo del impuesto sobre la renta, como aquel que se origina como resultado o diferencia en exceso entre los costos y gastos del ejercicio, <u>contribuye a precisar la verdadera materia gravable, en términos reales, del referido impuesto, dando cabida a la materialización de la máxima constitucional que obliga a establecerlo sobre la verdadera capacidad contributiva</u>.*
>
> *De allí que la finalidad del ajuste por inflación es <u>lograr que los contribuyentes paguen el impuesto en referencia sobre una ganancia real y no ficticia, pues de no tomarse en cuenta los efectos de la inflación, se podría caer en el absurdo de gravar el propio capital del contribuyente</u> y, en otros casos, permitir que quienes se beneficien por esos efectos inflacionarios, resulten favorecidos, al no pagar el impuesto sobre un monto de enriquecimiento que no refleja su verdadera capacidad económica."[54] (Resaltado y subrayado nuestros).*

4.24. Como complemento del criterio anterior, la misma SPA, mediante sentencia dictada el 4 de marzo de 2008,[55] reconoció expresamente la pérdida del poder de compra de la unidad monetaria en economías inflacionarias, como la venezolana, y su efecto de utilidad o pérdida, según sea la posición monetaria activa o pasiva del contribuyente, en los términos que se exponen a continuación:

> *"Dentro de una economía inflacionaria la unidad monetaria pierde poder de compra y, por lo tanto, la tenencia de activos monetarios, en un período de tiempo, origina una pérdida económica por exposición a la inflación para los contribuyentes, la cual no es determinada por la contabilidad a valores históricos. Cuando los activos monetarios son productores de intereses, la pérdida señalada se ve disminuida por el ingreso nominal de los intereses percibidos.*
>
> *Por otra parte, la tenencia de pasivos monetarios, en un período de tiempo, dentro de una economía inflacionaria, origina una ganancia económica por exposición a la inflación para el contribuyente, la cual tampoco es determinada en la contabilidad a valores históricos.*

---

54 Sentencia del 6 de mayo de 2008, caso: *Industrias Ruansa de Venezuela, C.A. vs. República.*
55 Caso: *Good Year de Venezuela, S.A. vs. República*, Exp. 2006-0010.

Cuando los pasivos monetarios generan intereses, la ganancia señalada se ve disminuida por el gasto de interés registrado, en la porción inflacionaria de dicho interés.

(... omissis...).

De allí se desprende que, en una economía inflacionaria, los valores de los activos y pasivos no monetarios deben ser actualizados, debido a que los mismos están expresados en una moneda histórica que está sufriendo una pérdida en su poder de compra. *La actualización del valor de los activos y pasivos no monetarios a una fecha determinada, significa expresar el valor de dichas partidas en una unidad de moneda que represente el poder de compra a esa fecha. La actualización referida tendrá su efecto en **los resultados del contribuyente, en cuanto se modifica el gasto de depreciación futuro de los activos depreciables, el costo de venta de los inventarios de mercancías vendidas, las ganancias** o **pérdidas en ventas de activos no monetarios, entre otros.**" (Resaltado y subrayado nuestros)*

4.25. Como ratificación de la incidencia del ajuste por inflación en la consulta y medición de la verdadera capacidad contributiva de los sujetos pasivos especiales, la misma SPA, en la oportunidad de analizar la utilización de valores re-expresados para la determinación del monto de rebajas por nuevas inversiones, ratificó expresamente el criterio expuesto por el legislador en la exposición de motivos de la Ley de Impuesto sobre la Renta de 1991, al señalar:

"Así, es criterio reiterado de esta Sala que, las rebajas por nuevas inversiones en activos fijos, deben efectuarse con las cifras ajustadas por el sistema de ajuste por inflación y no el costo histórico. El principal objetivo del sistema de ajuste por inflación es que a los efectos determinativos de la base imponible, los contribuyentes reflejen su situación patrimonial y los resultados económicos a valores corregidos por los efectos de la inflación. De manera que la intención del legislador cuando instauró el sistema integral de ajuste por inflación, era evitar que el patrimonio de las empresas se fuera distorsionado por la inflación. (vid. sentencias Nro. 01079 del 20 de junio de 2007, caso: Banco Caracas, Banco Universal, C.A. y Nro. 00276 del 5 de marzo de 2008, caso: C.A., Goodyear de Venezuela).

*Criterio el anterior que se ratifica en esta oportunidad, por cuanto **esta Sala considera que el cálculo del ajuste por inflación fiscal contemplado en la Ley de Impuesto sobre la Renta de 1995, pretende garantizar el cumplimiento de los principios de neutralidad, equidad y capacidad contributiva en la determinación de la carga tributaria de los sujetos pasivos de la obligación tributaria,** para lo cual debe tomarse en consideración el proceso inflacionario y sus efectos sobre el patrimonio del contribuyente. Así se declara.*"[56] (Resaltado y subrayado nuestros).

4.26. Por su parte, desde la perspectiva de la doctrina nacional, el autor venezolano Romero-Muci coincide con la necesidad de determinar la capacidad contributiva de los sujetos pasivos considerando para ello el efecto causado por la inflación. En este sentido, el autor señala: *"(... omissis...) Por eso, en tiempos de inflación la pregunta sobre qué medida de la riqueza es idónea para dimensionar cuantitativamente el "deber de contribuir" y su correlativo derecho de hacerlo limitadamente conforme a la "capacidad económica", pasa por neutralizar la "ilusión monetaria". (...) En períodos de inestabilidad monetaria la información cuantitativa pierde su significado y pasa a exponer un conjunto heterogéneo de valores no comparables entre sí, que representan distintos poderes adquisitivos, inidóneos para representar una capacidad contributiva real, lo que normalmente degenera en situaciones de indebida sobreimposición para algunos contribuyentes e incluso subimposición para otros (...)."*[57]

---

56 Sentencia del 19 de junio de 2012, caso: *C.V.G. Electrificación del Caroní, C.A. (CVG Edelca) vs. República; Exp.2009-0354.*

57 ROMERO-MUCI, Humberto, *"La Racionalidad del Sistema de Corrección Monetaria Fiscal."* Editorial Jurídica Venezolana, Caracas, 2005, pp. 78 y 79.

4.27. Más adelante, reforzando la idea anterior, el mismo autor concluye: "*En este último sentido, la capacidad económica exige gravar los rendimientos reales y no aquellos meramente ficticios o nominales (riqueza efectiva): (i) el impuesto no debe gravar la capacidad productiva, sino la riqueza obtenida efectivamente, (ii) no cabe establecer presunciones iuris et de iure que imputen una riqueza meramente probable al contribuyente y (iii) no cabe gravar rendimientos puramente nominales. Hoy está completamente superada la visión según la cual el legislador es libre de abstenerse de corregir los efectos deformantes de la inflación, so pena de una ineficacia práctica del derecho constitucional*".[58]

4.28. Tal y como se desprende los párrafos anteriores, la historia legislativa de la Ley de ISLR, la jurisprudencia del máximo Tribunal de la República y doctrina autorizada en la materia, reconocen de manera pacífica, inequívoca y uniforme: (a) la existencia de una vinculación directa o inseparable, al menos en economías altamente inflacionarias como la venezolana, entre el efecto inflacionario y la determinación de la verdadera capacidad económica de los contribuyentes, según lo exige la Constitución; y (b) que la determinación de la base de cálculo del ISLR, exclusivamente sobre cifras nominales o históricas y, por ende ignorando cualquier efecto causado por la inflación, conlleva la determinación de un tributo sobre una base ficticia o irreal que atenta contra los principios básicos y esenciales de la tributación contenidos en la Constitución, especialmente el de capacidad contributiva.

4.29. Como complemento al cúmulo de violaciones de derechos constitucionales al cual están sometidos los contribuyentes especiales, no podemos dejar de resaltar el mecanismo de anticipos de IVA e ISLR creados a través del llamado "decreto constituyente", al cual nos referimos en el párrafo 2.14, arriba. De acuerdo con dicho instrumento normativo y su aplicación práctica, de forma muy resumida: (a) el período impositivo del IVA se redujo de forma temporal pero indefinida de períodos mensuales a semanales; y (b) los contribuyentes especiales quedaron sujetos a la determinación y pago en porciones diarias de (i) un anticipo de IVA, calculado sobre el impuesto declarado (en la práctica el IVA a pagar) en la semana anterior; y (ii) un anticipo de ISLR equivalente al 1%[59] de los ingresos brutos prevenientes de las ventas de bienes y prestaciones de servicios reportados en la declaración de IVA, también de la semana anterior.

4.30. Cualquier profesional del área tributaria que haya interactuado con este régimen de anticipos, bien como prestador de servicios (de ser contribuyente especial) o como asesor fiscal de contribuyentes especiales, podrá dar testimonio fehaciente de los efectos nefastos y regresivos que derivan de su aplicación. Ciertamente, este régimen, aparte el su altísima eficiencia recaudatoria, tiene la característica esencial pero financieramente letal de desintegrar el flujo de caja de los contribuyentes especiales, principalmente por los siguientes factores: (a) la frecuencia diaria de los pagos de los anticipos y la frecuencia semanal del pago del IVA; (b) su mecanismo de determinación, el cual ignora, por una parte, la efectiva percepción de los ingresos por parte del contribuyente y, por la otra, la situación y resultado del período semanal siguiente al cual corresponde el anticipo; y (c) la coyuntura macroeconómica por la que atraviesa el país y que precisamente motivó su implementación por parte de la Asamblea Nacional Constituyente.

4.31. Como un ejemplo simple, práctico y sencillo del impacto y efecto devastador de este régimen de anticipos, destacamos la privación de los contribuyentes especiales de hacer ventas o prestar servicios bajo condiciones de crédito superiores a tres días, pues hacerlo trae consigo el inevitable pero perjudicial financiamiento del pago de los anticipos. Esta circunstancia, aparte de vulnerar los principios constitucionales ya comentados, atenta direc-

---

58 *Ibid.* p. 83.

59 2% para instituciones financieras, sector bancario, seguros y reaseguros.

tamente contra el principio de libertad económica y la garantía de no confiscatoriedad consagrados en los artículos 112 y 317 de la Constitución.

4.32. Aunado a las violaciones de principios y garantías constitucionales comentadas, en nuestro criterio este régimen de anticipos carece de toda justificación en el contexto de un ordenamiento jurídico como el vigente, que (a) redujo el período impositivo del IVA a períodos semanales; y (b) prevé mecanismos efectivos de anticipos, vía retención de ISLR e IVA, este último debiendo desaparecer precisamente como consecuencia de la reducción del período impositivo.

5. Conclusiones y recomendaciones

5.1. Tanto el ordenamiento jurídico como la Administración Tributaria venezolana dieron los pasos necesarios para la modernización del régimen de control y supervisión de aquellos contribuyentes que, por la naturaleza y volumen de sus operaciones, justificaban su clasificación en una categoría separada de sujetos pasivos especiales. Aunque estos pasos (a) se dieron de forma lenta y cronológicamente desordenada; y (b) implicaron parámetros cuantitativos de calificación relativamente bajos, si se les compara con otras jurisdicciones; fueron suficientes para crear un sistema moderno, justo y eficiente de control de los contribuyentes especiales.

5.2. El régimen de contribuyentes especiales experimentó unos cambios normativos arbitrarios que trajeron como consecuencia la desnaturalización de su propósito y contenido. Estos cambios, exclusivamente dirigidos y aplicables a los contribuyentes especiales:

(a) Comenzaron en el 2002 con la creación de un mecanismo agresivo de retenciones de IVA;

(b) Continuaron en el 2004 con la relajación de los mínimos de ingresos requeridos para la calificación;

(c) Avanzaron en el 2007 con la creación de un hecho imponible especial en la Ley del ITF (*i.e.*, *cancelaciones* de deudas fuera del sistema financiero);

(d) Implicaron la creación de agravantes en materia sancionatoria, no solo en el ámbito tributario en el 2014 (*i.e.*, incremento del 200% de sanciones por incumplimiento de deberes *formales* a través del COT de 2014), sino también en otras leyes no fiscales, como la Ley Orgánica de Precios Justos (2015);

(e) Se agravaron en el 2015, tanto con la reforma de la Ley de ISLR, mediante la cual se excluyeron a los contribuyentes especiales del sistema de ajustes por inflación, como con la Ley de IGTF, cuyos únicos sujetos pasivos son los contribuyentes *especiales*; y

(f) Culminaron, esperamos, con la desafortunada y en nuestro criterio inconstitucional creación de los *anticipos* de IVA e ISLR en el 2018.

5.3. Los cambios anteriores, acompañados del grave deterioro de la economía venezolana ocurrido durante los últimos 20 años, desembocaron en: (a) una desproporcionada e irracional masificación del universo de contribuyentes especiales; y (b) la migración de un régimen concebido para la administración y control de grandes contribuyentes, a un régimen de imposición discriminatorio, regresivo y abusivo, que atenta y vulnera los principios y garantías constitucionales de generalidad del tributo, igualdad ante la ley, progresividad, capacidad contributiva y no confiscatoriedad.

5.4. El análisis comparativo del régimen venezolano de contribuyentes especiales con los regímenes de "grandes contribuyentes" en Colombia, Chile, México y España, el cual se limitó en su alcance a contrastar los parámetros cuantitativos de calificación y las obligaciones tributarias aplicables en esas jurisdicciones, arrojó los siguientes resultados: (a) confirmamos lo insignificante e irrisorio de los mínimos de ingresos requeridos en Venezuela para calificar como sujetos pasivos especiales; y (b) las jurisdicciones investigadas se limitan a establecer normas de supervisión y control sobre los grandes contribuyentes especiales, siendo Venezuela el único país que consagra obligaciones tributarias materiales.

5.5. Recomendamos una modificación profunda e inmediata del régimen de contribuyentes especiales en Venezuela, que implique:

(a) Reformar la Providencia 685 para sincerar los mínimos de ingresos requeridos para calificar *como* sujeto pasivo especial. A tales efectos, sugerimos (i) aumentar sustancialmente el mínimo de U.T., lo que a su vez requerirá una verdadera actualización del valor de la U.T.; o alternativamente (ii) la fijación de otro referente de calificación, como por ejemplo, un monto mínimo de ingresos en USD, tomando en consideración los precedentes de otras jurisdicciones;

(b) Reformar el COT Vigente[60] y la Ley Orgánica de Precios Justos[61] a los fines de eliminar los incrementos discriminatorios e inmotivados de las sanciones aplicables a los *contribuyentes* especiales;

(c) Reformar las Leyes de ISLR y de IGTF,[62] en su orden, con el objeto de (i) reincorporar a los contribuyentes especiales al sistema de ajustes por inflación; y (ii) ampliar su ámbito de aplicación a todas las personas jurídicas que realicen el hecho imponible del tributo.

(d) Racionalizar el mecanismo de retenciones de IVA, cuya existencia sólo se justifica en el escenario original de períodos impositivos mensuales, y cuyo propósito *fundamental* sea (a) reducir el porcentaje de retención; y (b) diseñar y asegurar la eficiencia de un sistema de recuperaciones efectivo y expedito de excedentes de retenciones no compensados, entre otros fines.

(e) Suprimir el régimen de anticipos de IVA e ISLR.

---

60   Esta reforma debe necesariamente comprender otras normas y aspectos, los cuales no abordaremos a los fines de este trabajo.

61   En nuestra opinión personal, esta Ley debe ser derogada en su totalidad. Sin embargo, en caso de serlo, es necesario suprimir ese elemento discriminatorio en la imposición de sanciones.

62   Al igual que en el caso del COT Vigente, estas reformas deben incluir otras normas y aspectos, los cuales no analizaremos a los fines de este trabajo.

§ 29. EL NECESARIO RECONOCIMIENTO DE LA INFLACIÓN EN LA DETERMINACIÓN DEL ENRIQUECIMIENTO NETO GRAVABLE DEL ISLR. PROPUESTA DE REFORMA DE LA LISLR PARA LA REINCORPORACIÓN DE LOS CONTRIBUYENTES INCONSTITUCIONALMENTE EXCLUIDOS DEL SISTEMA DE AJUSTE POR INFLACIÓN FISCAL.

Luis R. Aguilera [*]
Juan C. Castillo Carvajal [**]

"La educación para la libertad debe comenzar exponiendo hechos y anunciando valores y debe continuar creando adecuadas técnicas para la realización de los valores y para combatir a quienes deciden desconocer los hechos y negar los valores por una razón cualquiera."

Aldous Huxley

I. INTRODUCCIÓN.

La inflación es un fenómeno económico complejo. Existen un sinnúmero de definiciones, y múltiples teorías explicativas de su origen. En términos llanos, la inflación es un proceso de alza generalizada y prolongada de los precios. Una economía afectada por una elevada inflación es una economía enferma, que distorsiona la oferta y demanda de bienes. En materia tributaria, la inflación distorsiona los elementos cuantificantes de la base imponible generando resultados contrarios a la capacidad económica de los contribuyentes.

Ahora bien, en el año 2014 el legislador habilitado mediante Decreto con Rango, Valor, y Fuerza de Ley de Reforma de la Ley de Impuesto sobre la Renta excluyó del ajuste por inflación fiscal a las entidades financieras y de seguro.[1] Posteriormente, el mismo legislador excluyó del sistema a los denominados sujetos pasivos especiales.[2] Para alguien ajeno a la problemática económica y fiscal venezolana, la lectura de las prenombradas reformas sólo podría llevar a la conclusión de que la segregación de estos sujetos del sistema de ajuste por inflación implica que dicha metodología ya no resultaba pertinente,[3] que habiéndose supera-

---

[*] Contador Público egresado de la Universidad Santa María y Abogado egresado de la Universidad Central de Venezuela. Socio de la firma Aranguren, Aguilera & Asociados, S.C.

[**] Abogado egresado de la Universidad Central de Venezuela, con especialización en Derecho Tributario de la de la misma universidad. LLM en Impuestos Internacionales, University of Florida. Programa de Introducción al Sistema Legal de los Estados Unidos, Georgetown University, EE.UU. Galardonado con la beca Fulbright otorgada por el Departamento de Estado de los Estados Unidos.

[1] Publicada en la *Gaceta Oficial* N° 6.152 *Extraordinario*, del 18 de noviembre de 2014.

[2] Publicada en la *Gaceta Oficial* N° 6.210 *Extraordinario*, del 30 de diciembre de 2015.

[3] Colombia suprimió la metodología fiscal y financiera de ajuste por inflación en el año 2007, al conseguir abatir sustancialmente la inflación. En Venezuela, en el mes de mayo de 2019, el Banco Central de Venezuela publicó nuevamente los indicadores económicos –luego de más de tres años sin presentar cifras oficiales- recono-

do los terribles efectos de la inflación, resultaba natural la supresión del sistema. Sin embargo, la eliminación del régimen para esta categoría de sujetos pasivos no se deriva de la disminución o control de la inflación, o que dichos sujetos fueran inmunes a la inflación.

La doctrina venezolana ha expresado una tenaz crítica a esta inaudita reforma.[4] Esta exclusión representa un vaciamiento de uno de los pilares de la tributación, como lo es el principio de la capacidad contributiva. Igualmente, la exclusión de las entidades financieras, de seguros, reaseguros y de los denominados sujetos pasivos especiales del régimen de ajuste por inflación representa una lesión al derecho a la igualdad, y la prohibición del tratamiento discriminatorio. Se trata, pues, de lesiones graves a principios cardinales de la tributación. La inconstitucionalidad e ilegalidad de las normas que excluyen a las entidades financieras, empresas de seguros, y los denominados sujetos pasivos especiales del ajuste por inflación pudiera darse por descontado. Nadie en su sano juicio podría negar que Venezuela sufre una devastadora hiperinflación (salvo el Poder Ejecutivo en un ejercicio de negación y tozudez), y que los efectos de dicho fenómeno deben ser admitidos en la legislación a la renta.

En este contexto, el propósito de este trabajo consiste en presentar una propuesta para la reincorporación de los sujetos excluidos al régimen de ajuste por inflación. Es decir, presentar un proyecto de reforma que sirva como guía, como un instructivo, para la reincorporación efectiva de los contribuyentes segregados al ajuste por inflación fiscal. Existiría consenso en la necesidad de revertir la exclusión. *Nosotros nos planteamos cómo conseguir esa reincorporación* en términos racionales y prácticos, empleando los fundamentos técnicos del ajuste por inflación.

El ajuste por inflación fiscal es una metodología que resulta perfectible. Aspectos como las exclusiones del patrimonio neto al inicio, el tratamiento de los inventarios de alta rotación, el empleo de las técnicas financieras para la representación de la inflación, deben ser objeto de análisis. La metodología fiscal debe ser objeto de un cambio integral. Sin embargo, mientras se debaten e instrumentan los cambios al ajuste por inflación fiscal debe procurarse un mecanismo efectivo, sumario, y racional, para corregir o atenuar los efectos de la inflación en los resultados del Impuesto sobre la Renta. Precisamente, nuestro aporte está dirigido a presentar un instrumento para la reincorporación al ajuste por inflación previsto en la Ley de Impuesto sobre la Renta de los contribuyentes excluidos del sistema.

II. DE LA NECESIDAD DE RECONOCER LA INFLACIÓN EN LA DETERMINACIÓN DEL IMPUESTO SOBRE LA RENTA.

El sistema de ajuste por inflación integral constituye un mecanismo para que los contribuyentes paguen impuesto de acuerdo con su auténtica capacidad económica, y no considerando una capacidad contributiva ficticia o inexistente afectada por el fenómeno inflacionario. En consecuencia, la preservación del principio constitucional de capacidad contributiva impone la aplicación de algún mecanismo de corrección de la base del Impuesto sobre la Renta por efecto de la inflación. La necesidad de contar con un mecanismo de cuantificación de la inflación en los resultados fiscales se exacerba como resultado de la hiperinflación que atra-

---

ciendo una hiperinflación de 53.798.500% entre diciembre de 2015 y abril de 2019, conforme al Índice Nacional de Precios al Consumidor (INPC).

4   Véase, entre otros autores, CASTILLO CARVAJAL, Juan, *La determinación del enriquecimiento neto gravable con fundamento en los resultados monetarios del ejercicio (REME) (o porque no es posible ignorar la inflación en materia del Impuesto sobre la Renta),* trabajo publicado en libro El impuesto sobre la renta. Aspectos de una necesaria reforma, Memorias de las XVI Jornadas Venezolanas de Derecho Tributario, Caracas, 2017; ROMERO-MUCI, Humberto, *Aspectos protervos en la eliminación del ajuste integral por inflación fiscal las entidades financieras y de seguros,* en el libro de las XIV Jornadas de Derecho Tributario, Tributación y Regulación, Asociación Venezolana de Derecho Tributario, Caracas, 2015.

viesa el país. Desde el punto de vista financiero, la Norma Internacional de Contabilidad 29, *Información Financiera en Economías Hiperinflacionarias*, no establece una tasa absoluta para considerar que, al sobrepasarla, surge el estado de hiperinflación. Sin embargo, la norma alude a algunas características del entorno económico del país, entre las cuales se incluyen, de forma no exhaustiva, las siguientes:

(i) La población en general prefiere conservar su riqueza en forma de activos no monetarios, o bien en una moneda extranjera relativamente estable. Las cantidades de moneda local obtenidas son invertidas inmediatamente para mantener la capacidad adquisitiva de la misma;

(ii) La población en general no toma en consideración las cantidades monetarias en términos de moneda local, sino que las ve en términos de otra moneda extranjera relativamente estable. Los precios pueden establecerse en esta otra moneda;

(iii) Las ventas y compras a crédito tienen lugar a precios que compensan la pérdida de poder adquisitivo esperada durante el aplazamiento, incluso cuando el periodo es corto;

(iv) Las tasas de interés, salarios y precios se ligan a la evolución de un índice de precios; y

(v) La tasa acumulada de inflación en tres años se aproxima o sobrepasa el 100%.

Las citadas condiciones se verifican *todas* en el contexto económico venezolano. Resulta, pues, paradójico, por decir lo menos, que exista un ajuste por inflación financiero, pero no uno fiscal para una categoría de contribuyentes.

Desde el punto de vista de la teoría económica, la noción clásica de hiperinflación se relaciona con lo expuesto por el economista Philip Cagan en 1956, quien sostiene que un episodio de hiperinflación comienza el mes en el que el aumento de los precios supera el 50% y termina el mes anterior al cual ese aumento cae por debajo de esa tasa y permanece así por lo menos durante un año.[5] Con posterioridad, Reinhart y Rogoff (2011) citados por Ortiz y Jaramillo (2016) sostienen que la hiperinflación existe cuando la tasa alcanza una variación anual superior a 500 por ciento.[6] Experimentando el país un formidable proceso de hiperinflación, resulta incompresible la segregación del ajuste por inflación de unos contribuyentes, como si la inflación no les afectara. Inverosímil. Absurdo. Insensato.

La exigencia de representar adecuadamente la capacidad contributiva en períodos de inestabilidad en los precios llevó al legislador venezolano a incorporar el ajuste por inflación fiscal en la reforma de la Ley de Impuesto de 1991, con el objetivo de corregir las distorsiones causadas por la inflación en la determinación de la base imponible, en particular, con el objeto de gravar los auténticos incrementos patrimoniales. Así, el informe de la Comisión de Finanzas del extingo Congreso de la República señalaba que el objetivo de este régimen era –y obviamente seguiría siéndolo– *"(...) lograr que los contribuyentes, particularmente los empresarios, paguen impuesto sobre una base real y no nominal o ficticia"*, tomando en cuenta que el fenómeno inflacionario distorsiona los resultados que reflejan los estados financieros (...). *"* Agrega acertadamente el precitado informe que de no tomarse en cuenta en la determinación del impuesto los efectos de la inflación *"(...) se podría caer en el absurdo de gravar el propio capital del contribuyente y en otros casos, permitir que quienes se beneficien por los efectos de la inflación, resulten favorecidos al no pagar impuesto sobre un monto de enriquecimiento que no refleja su verdadera capacidad económica y contributiva"*.

---

5 REINHART Carmen M.; SAVASTANO Miguel A., *Realidades de las hiperinflaciones modernas*, Fondo Monetario Internacional. Junio 2003, citado en el reporte *Hiperinflación, perspectiva histórica para Venezuela*, publicado por el Centro de Divulgación Económica (CEDICE) http://cedice.org.ve/observatoriogp/wpcontent/uploads/2018/08/Hiperinflaci%C3%B3n-en-Venezuela-una-perspectiva-historica.pdf.

6 ORTIZ Norma, JARAMILLO Carlos, *Navegar sin brújula. La gerencia en hiperinflación. Revista Debates IESA*. Volumen XXI. Número 1. Enero-marzo 2016, p. 10. Caracas, citado en el reporte *Hiperinflación, perspectiva histórica para Venezuela, ob. cit.*

Por su parte, la doctrina ha destacado que la inflación modifica las bases imponibles, el cómputo de las ganancias de capital, altera la estructura de los tipos de gravamen, el valor real de todas las exenciones, créditos, deducciones, y desgravaciones que se encuentren fijadas en valores nominales.[7] En particular, la inflación afecta la correcta medición del ingreso en los siguientes aspectos (i) el uso del costo histórico para calcular las cuotas de depreciación, (ii) la determinación del costo de los bienes vendidos; (iii) la causación de ganancias ficticias y, (iv) la reducción del valor real de las deudas.[8] Se advierte que la legislación impositiva no puede quedarse petrificada ante estas realidades, so pena de mantener una legislación quimérica a la renta.

Cabe destacar que, bajo la vigencia del ajuste por inflación fiscal indiscriminado, la jurisprudencia de la Sala Político-Administrativa del Tribunal Supremo de Justicia reivindicó la necesidad de considerar el efecto inflacionario en los resultados fiscales de los contribuyentes destacando que: *"Tal necesidad de tomar en consideración el ajuste por inflación, es consecuencia de una economía inflacionaria donde no es posible establecer realmente el poder económico del contribuyente, si la renta obtenida según valores monetarios históricos, no es ajustada de acuerdo con la inflación. De esta manera, es posible determinar si la capacidad económica del contribuyente se ha incrementado o disminuido a pesar de la apariencia que proyecta el valor histórico. Con ello, se busca adecuar el gravamen de la renta a la efectiva capacidad económica del contribuyente, dando cumplimiento al mandato previsto en el artículo 316 de la Constitución de la República Bolivariana de Venezuela."* [9]

En este contexto, la determinación de la capacidad contributiva en materia del Impuesto sobre la Renta debe forzosamente incorporar los efectos de la inflación, de forma tal que el enriquecimiento gravable revele fidedignamente el real incremento de patrimonio del contribuyente gravado con este impuesto. En efecto, la capacidad contributiva, como principio cardinal en la materia tributaria, debe ser entendido como *"(...) la aptitud para soportar las cargas tributarias en la medida económica y real de cada contribuyente individualmente considerado en un período fiscal y que actúa como límite material al poder de imposición del Estado, garantizando la justicia y razonabilidad del tributo."* [10]

En nuestro marco constitucional, este principio encuentra expresa consagración, en el artículo 316 del texto fundamental que establece lo siguiente:

> "El sistema tributario procurará la justa distribución de las cargas públicas según la capacidad económica del o la contribuyente, atendiendo el principio de la progresividad, así como la protección de la economía nacional y la elevación del nivel de vida de la población; para ello se sustentaría en un sistema eficiente para la recaudación de tributos."

En el caso específico que la cuantificación del Impuesto sobre la Renta, sin considerar los efectos de la inflación implicaría representar una capacidad contributiva inexistente o falsa contradiciendo el precitado mandato constitucional. En este sentido, es importante destacar que la base imponible debe reflejar fidedignamente el hecho imponible que se pretende gravar. Es decir, no puede existir un divorcio o separación absoluta entre esos elementos pues *"(...) el verdadero presupuesto de hecho del gravamen (...) está dado por la base imponible."* [11] Sostiene igualmente la doctrina que: *"La base tiene como finalidad determinar la*

---

7   CALLE SAÍNZ, *Inflación y Hacienda Pública,* Instituto de Estudios Fiscales, abril, 1978.

8   Comisión de estudio y reforma fiscal del Fondo Monetario International, *La reforma fiscal del sistema fiscal venezolano,* Caracas, 1986.

9   Sentencia de la Sala Político-Administrativa de fecha 25 de septiembre de 2002, en el caso Fundición Metalúrgica Lemos, C.A.

10   Sentencia de fecha 21 de noviembre de 2000, dictada por la Sala Constitucional del Tribunal Supremo de Justicia, con ocasión del recurso de nulidad por inconstitucionalidad contra el artículo 28 de la Ley de Impuesto al Valor Agregado, intentado por Heberto Contreras Cuenca.

11   GARCIA, Horacio, *Temas de Derecho Tributario,* Editorial Abelot-Perrot, 1992, p. 236.

magnitud de dicho presupuesto, se podría decir que es la cuantificación de éste. Si esa relación no se mantiene, el tributo se desnaturaliza."[12]

En efecto, el principio de la capacidad contributiva o económica presupone la verificación de hechos reales y bases imponibles reales, subsumibles en los supuestos normativos que tipifican los tributos, razón por la cual, gravar riquezas o capacidades productivas inexistentes (o diferentes a las tenidas en cuenta por el Legislador de manera expresa) constituye una hipótesis inadmisible que vulnera este cardinal principio orientador de la tributación.[13]

Otro argumento de rango constitucional para sostener la aplicación del ajuste por inflación financiero a los fines de la determinación del Impuesto sobre la Renta, es que la Ley de Impuesto sobre la Renta vigente permite la aplicación de un régimen de corrección por inflación para los denominados sujetos pasivos *no especiales,* lo que crea una situación discriminatoria respecto de los sujetos pasivos especiales, pues unos y otros contribuyentes, sufren los erosivos efectos de la inflación en sus resultados financieros. Esta aplicación desigual comporta una violación del mandato contenido en el artículo 21 de la Constitución.[14]

Así las cosas, el ajuste por inflación fiscal no constituye un mecanismo para aumentar la recaudación tributaria en tiempos de inflación (*in dubio pro fisco*), o bien, un recoveco normativo para reducir la carga de los contribuyentes (*in dubio pro contribuyente*). Nada más contrario a la esencia de esta metodología dirigida representar la auténtica situación patrimonial de los contribuyentes, mediante la actualización de los activos y pasivos no monetarios y el patrimonio neto, a moneda actual o vigente, tomando en cuenta que la inflación deforma los resultados nominales de las empresas. Por lo tanto, el ajuste por inflación fiscal no es una prerrogativa concedida a los contribuyentes, sino un saludable mecanismo para representar la auténtica capacidad contributiva de los obligados en tiempos de inflación e hiperinflación. Tampoco este ajuste constituye una técnica recaudatoria.[15]

Po lo tanto, la preservación del principio de capacidad contributiva en el marco de una economía hiperinflacionaria impone la adopción de mecanismos para corregir los efectos distorsionantes de la inflación en los resultados fiscales de los contribuyentes. En este sentido, nos parece ilustrativo referir un precedente importante de la jurisprudencia argentina. Así, la Corte Suprema de la Nación Argentina admitió que la prohibición de utilizar el mecanismo de ajuste por inflación de la Ley de Impuesto a las Ganancias, resulta inaplicable en la medida que la alícuota efectiva producto de la prohibición de aplicar el ajuste por inflación, consumía una sustancial porción de las rentas obtenidas por la empresa, y excedía cualquier límite razonable de imposición, configurándose el supuesto de confiscatoriedad. En consecuencia, la Corte Suprema declaró procedente la aplicación del mecanismo de ajuste por inflación para el período fiscal 2002.[16]

---

12 VALDEZ, Ramón, *Instituciones de Derecho Tributario,* Editorial Depalma, Buenos Aires, 1992, p. 148.

13 RUAN, Gabriel, *Las Garantías tributarias de fondo o principios substantivos de la tributación en la Constitución de 1999,* trabajo publicado en el libro editado con ocasión del foro La Tributación en la Constitución de 1999, Caracas, 2001, p. 89.

14 Establece el artículo 21 de la Constitución lo siguiente: *"Todas las personas son iguales ante la ley; en consecuencia: 1. No se permitirán discriminaciones fundadas en la raza, el sexo, el credo, la condición social o aquellas que, en general, tengan por objeto o por resultado anular o menoscabar el reconocimiento, goce o ejercicio en condiciones de igualdad, de los derechos y libertades de toda persona."*

15 CASTILLO CARVAJAL, Juan, *"La determinación del enriquecimiento neto gravable con fundamento en los resultados monetarios del ejercicio (REME) (o porque no es posible ignorar la inflación en materia del Impuesto sobre la Renta),* trabajo publicado en el libro "El Impuesto sobre la Renta. Aspectos de una necesaria reforma, publicado en las memorias de las XVI Jornadas Venezolanas de Derecho Tributario, Asociacion Venezolana de Derecho Tributaria, Caracas, 2017, p. 433.

16 Así, en el caso Candy, S.A. en acción de amparo, en sentencia de fecha 3 de julio de 2009, la Corte Suprema de la Nación Argentina sostuvo lo siguiente: *"13) Que en orden a ello, cabe destacar que en el caso, Tribunal tiene*

III. DE LA APLICACIÓN DEL SISTEMA DE AJUSTE POR INFLACIÓN PREVISTO EN LA LEY DE IMPUESTO SOBRE LA RENTA DE 2007.

En nuestro criterio, el sistema más adecuado para reflejar la situación del contribuyente en tiempo de hiperinflación –mientras se discute una modificación integral de la metodología- sería aplicar el sistema de ajuste por inflación fiscal el previsto en la Ley de Impuesto sobre la Renta de 2007,[17] que no contemplaba la inconstitucional exclusión de los sujetos pasivos especiales, bancos, y empresas de seguros del sistema integral de ajuste por inflación.

En efecto, la corrección de los resultados fiscales por efecto de la inflación podría verificarse alternativamente mediante (i) la aplicación de las normas previstas en la Ley de Impuesto sobre la Renta del año 2007, o bien, (ii) empleando como base para la determinación del enriquecimiento neto gravable (o la cuantificación de la pérdida) los resultados monetarios del ejercicio (REME) conforme a los principios de contabilidad generalmente aceptados en Venezuela.

Si bien ambas metodologías tienen como denominación común corregir los efectos distorsionantes de la inflación para reflejar la realidad patrimonial mediante el empleo de una moneda homogénea que represente la pérdida del poder adquisitivo del signo monetario y, con ello, que el contribuyente represente su auténtica capacidad contributiva, estimamos que el ajuste por inflación fiscal previsto en la Ley de Impuesto sobre la Renta de 2007 debería adoptarse a los fines de la determinación del enriquecimiento neto gravable, en atención a las siguientes razones:

(i)   Tal como hemos advertido en el epígrafe anterior, existen fundadas razones para considerar inconstitucional la exclusión de las instituciones financieras, seguros, reaseguros y los sujetos pasivos especiales del sistema integral de ajuste por inflación (violación de los principios constitucionales de capacidad contributiva, carácter no confiscatorio de los tributos, de la igualdad y no discriminación).

---

especialmente en consideración que se trata de un ejercicio- el correspondiente al año 2002- signado por un grave estado de perturbación económica, social y política que dio lugar a una de las crisis más graves de la historia contemporánea de nuestro país, que fue reconocido por el Tribunal en oportunidad de pronunciarse en Fallos: 328.690, 329.5913 y 330.855. esta situación trajo aparejados importantes cambios económicos que se tradujeron, entre otros aspectos, en el abandono de la ley de convertibilidad y la consecuente variación en el poder adquisitivo de la moneda. Asimismo, la crisis se vio reflejada en los índices de precios, tanto a nivel mayorista como a consumidor final, cuyos porcentajes acumulados en ese año ascendieron a un 117,96% y 40,9%, respectivamente (confr. cifras oficiales publicadas por el Instituto Nacional de Estadísticas y Censos).

14) Que como ya se ha señalado, si bien el mero cotejo entre la liquidación de la ganancia neta sujeta al tributo efectuada sin el ajuste por inflación, y el importe que resulta de aplicar a tal fin el referido mecanismo no es apto para acreditar una afectación al derecho de propiedad (confr. causa citada "Santiago Dugan Trocello" citado) ello no debe entenderse como excluyente de la posibilidad de que se configure un supuesto de confiscatoriedad si entre una y otra suma se presenta una desproporción de magnitud tal que permita extraer razonablemente la conclusión de que la ganancia neta determinada según las normas vigentes no es adecuadamente representativa de la renta, enriquecimiento o beneficio que la ley del impuesto a las ganancias pretende gravar.

15) Que de acuerdo con dichas pautas, y en virtud de las conclusiones arribadas en los considerandos 81 y 91 del presente decisorio, cabe concluir que la prohibición de utilizar el mecanismo de ajustes del Título VI de la ley de impuesto a las ganancias resulta inaplicable al caso de autos en la medida en que la alícuota efectiva a ingresar de acuerdo con esos parámetros insume una sustancial porción de las rentas obtenidas por el actor-según cabe tener por acreditado con la pericia contable- y excede cualquier límite razonable de imposición...".

La doctrina argentina ha señalado que de mantenerse la vigencia de las normas como aquellas cuya inconstitucionalidad es objeto de estos comentarios" ... se aplicaría un impuesto sobre una manifestación económica que no es renta que, por tal motivo, no ha sido incluida por el legislador como hecho imponible del impuesto, violándose de tal manera el principio de la legalidad".

17   Publicada en la *Gaceta Oficial* N° 38.628 del 16 de febrero de 2007.

(ii)   El incremento sostenido de los precios de los bienes y servicios que llevó al legislador a incorporar el ajuste por inflación en la Ley de Impuesto sobre la Renta del año de 1991 se mantiene, incluso de manera exacerbada, como resultado del proceso hiperinflacionario que experimenta la economía venezolana.

(iii) El sistema integral de ajuste por inflación fiscal tiene un entramado normativo que permite a los contribuyentes determinar los efectos de la inflación respecto de los activos y pasivos no monetarios, y su patrimonio, e impone la obligación de llevar registros para acreditar los efectos de la inflación, lo cual permite y facilita la actuación fiscalizadora de la Administración. Por tanto, la adopción de esta metodología implicaría que el contribuyente no tendría que innovar, o alterar el modo alguno el régimen, lo cual pensamos le otorga mayor consistencia a la decisión de aplicar el ajuste regular por inflación.

Es importante destacar que las segregaciones al régimen de ajuste por inflación aprobadas por el Ejecutivo Nacional además de inconstitucionales, tienen ínsito un déficit de representatividad. El sistema de ajuste por inflación se remonta al año de 1991, y su incorporación en la Ley de Impuesto sobre la Renta fue el resultado de discusiones técnicas, económicas, e incluso, políticas, en el extinto Congreso de la República. Las reformas de los años 2014 y 2015 carecen de esa representatividad. Si bien, el tema central de este trabajo no versa sobre la promulgación de las leyes en materia tributaria, somos de la opinión que la creación y reforma de leyes tributarias, solo podrían instrumentarse mediante leyes formales para evitar que las ingentes necesidades presupuestarias del Ejecutivo Nacional, se privilegien frente a los derechos constitucionales y garantías de los contribuyentes. [18]

En consecuencia, consideramos que la metodología más idónea para representar los efectos de la inflación en los resultados fiscales es la prevista en la Ley de Impuesto sobre la Renta de 2007. Ahora bien, la reaplicación de este régimen implicaría la derogatoria por parte de la Asamblea Nacional de los artículos que establecieron las prenombradas exclusiones, así como el establecimiento de una metodología para la reincorporación de los sujetos segregados en forma inconstitucional e irracional de dicho régimen. Alternativamente y en caso que la referida derogatoria no se materialice, los contribuyentes podrían o, mejor dicho, deberían, privilegiar la aplicación del principio constitucional de la capacidad contributiva, y retomar –incluso sin reforma legal– el ajuste por inflación fiscal previsto en la Ley de Impuesto sobre la Renta de 2007. A este último respecto, la postura indicada se inscribiría en la teoría de *la supremacía constitucional* que comporta el sometimiento de todos los actos del Poder Público a las normas constitucionales. En este sentido, el decano Ruan Santos ha destacado lo siguiente:

“Todo acto o conducta no solamente del Poder Público, sino de los ciudadanos debe acatar plenamente las normas de la Constitución, porque este instrumento es la vida de todo el Ordenamiento Jurídico y se extiende a todos los actos que se cumplan dentro de la órbita de un país. Esto lleva a que la interpretación de la Ley, así como la de cualquier acto del Poder Público, deba ser conforme a la Constitución. Esto quiere decir que cualquier interpretación de la Ley que conduzca a alejarse del significado o sentido de los principios constitucionales debe ser desechada: si al intérprete de una Ley - ha dicho el Tribunal Constitucional Alemán y así lo ha acogido nuestra Corte Suprema de Justicia desde el año 70- se le ofrecen dos o más interpretaciones de un texto legal, igualmente razonables, pero una de ellas alejada del precepto de la Constitución o de los principios constitucionales, esta interpretación debe ser desechada para dar preferencia a la que más

---

18 Si bien la jurisprudencia de la entonces Corte Suprema de Justicia y, actualmente, el Tribunal Supremo de Justicia, han admitido la posibilidad de que el Ejecutivo Nacional a través de Decretos Leyes promulgue o modifique leyes de naturaleza tributaria, en nuestro criterio la preservación del principio de legalidad tributaria en su integridad implica que únicamente el órgano legislativo estaría autorizado a dictar leyes o reformas tributarias. En este sentido, debemos invocar con el mayor de los énfasis, la frase del Juez Marshall *"no taxation without representation."*

se ajusta a la norma constitucional; esto, como un deber impostergable que debe ser sumido por todos los organismos del Poder Público [y por los ciudadanos]"[19] (nota entre corchetes nuestra).

IV. NORMAS PARA LA REINCORPORACIÓN DE LOS CONTRIBUYENTES INCONSTITUCIONALMENTE EXCLUIDOS DEL RÉGIMEN DE AJUSTE POR INFLACIÓN FISCAL.

Tal como expusimos en la introducción, este trabajo no pretende limitarse a ser un catálogo de denuncias a la absurda exclusión de una categoría de contribuyentes del sistema de ajustes por inflación fiscal, sino que tiene por objeto presentar una propuesta de reforma a la Ley de Impuesto sobre la Renta para corregir el desaguisado cometido por el Ejecutivo actuando en función legislativa. Efectuada la delación, ahora nos ocupamos del *cómo*: Cómo se corrige la irracionalidad de la exclusión, cómo se instrumenta la reincorporación, y qué normas son necesarias a estos fines.

De seguidas, el proyecto de reforma que proponemos:

NORMAS TRANSITORIAS

CAPITULO I

AJUSTE DE REINCORPORACIÓN EXTRAORDINARIO "ARE"

Artículo 1. Los contribuyentes a que se refiere el artículo 7 de esta Ley, excluidos del sistema integral de ajuste por inflación deberán a los solos efectos de esta Ley realizar una actualización extraordinaria por efecto de la inflación con el objeto de reincorporarse al sistema integral de ajuste por inflación.

Artículo 2. Este ajuste de reincorporación extraordinario deberá ser realizado por los contribuyentes antes indicados al inicio del primer ejercicio fiscal regido por esta Ley de reforma, como presupuesto para realizar el reajuste regular por inflación de dicho ejercicio.

Este ajuste de reincorporación extraordinaria tendrá los siguientes objetivos:

1. La reincorporación al sistema integral de ajuste por inflación de los contribuyentes excluidos del mismo.
2. Establecer una fecha única de actualización extraordinaria por reincorporación al sistema integral de ajuste por inflación para aquellos contribuyentes excluidos.
3. Establecer un impuesto por la reincorporación al sistema integral de ajuste por inflación.
4. Determinar el patrimonio ajustado por inflación inicial que servirá de base para el reajuste regular por inflación.
5. Determinar el valor ajustado inicial de los activos y pasivos no monetarios para el reajuste regular por inflación.

Artículo 3. Para todos aquellos activos y pasivos no monetarios cuya fecha de adquisición sea anterior al mes de cierre del ejercicio cuando el contribuyente fue excluido del sistema integral del ajuste por inflación, se efectuará un reajuste del valor de tales activos y pasivos considerando la variación del Índice Nacional de Precios al Consumir publicada por el Banco Central de Venezuela (INPC) ocurrida desde el mes de cierre del ejercicio cuando el contribuyente fue excluido del sistema de ajuste por inflación, y el INPC correspondiente al mes de cierre del ejercicio fiscal inmediatamente anterior al ejercicio cuando entre en vigencia esta reforma.

---

19 RUAN SANTOS, *Nueva dimensión del Derecho Tributario por aplicación directa de la Constitución. Aspectos sustantivos y adjetivos,* trabajo publicado en el libro Homenaje a la memoria de Ilse Van de Velde, FUDENA, Caracas, 1998, p. 6.

Parágrafo Primero: La diferencia entre los valores actualizados de los activos y pasivos no monetarios determinados conforme a lo previsto en el encabezamiento de este artículo y los valores históricos correspondientes de dichos activos y pasivos no monetarios, originará los ajustes acumulados de la reincorporación al sistema integral de ajuste por inflación, y dichos ajustes acumulados serán la base imponible del Impuesto por el Ajuste de Reincorporación Extraordinario (ARE).

Parágrafo Segundo: La diferencia entre los valores actualizados de los activos y pasivos no monetarios determinados conforme a lo previsto en el encabezamiento de este artículo, y los valores históricos correspondientes de dichos activos y pasivos no monetarios, originará los ajustes acumulados de la reincorporación al sistema integral de ajuste por inflación, y dichos ajustes acumulados serán incorporados al patrimonio neto al cierre del ejercicio en el cual entra en vigencia, que constituirá el patrimonio neto inicial para el próximo ejercicio gravable, según las normas del reajuste regular por inflación conforme a lo establecido en el CAPITULO II, del TITULO IX, de esta Ley.

Parágrafo Tercero: El valor actualizado de los activos y pasivos no monetarios determinados conforme a lo previsto en el encabezamiento de este artículo, constituirán los valores iniciales del próximo ejercicio gravable, que serán empleados en el reajuste regular por inflación conforme a las normas establecidas en el CAPITULO II, del TITULO IX, de esta Ley.

Artículo 4. Para todos aquellos activos y pasivos no monetarios cuya fecha de adquisición sea posterior al mes de cierre del ejercicio cuando el contribuyente haya sido excluido del sistema integral del ajuste por inflación, se efectuará un reajuste del valor de tales activos y pasivos considerando la variación del INPC del mes de adquisición de tales activos o cuando se contrajeron las obligaciones, y el INPC correspondiente al mes de cierre del ejercicio fiscal inmediatamente anterior al ejercicio cuando entre en vigencia esta reforma.

Parágrafo Primero: La diferencia entre los valores actualizados de los activos y pasivos no monetarios determinados conforme a lo previsto en el encabezamiento de este artículo, y los valores históricos correspondientes de dichos activos y pasivos no monetarios, originará los ajustes acumulados de la reincorporación al sistema integral de ajuste por inflación y dichos ajustes acumulados serán la base imponible del Impuesto por el Ajuste de Reincorporación Extraordinario (ARE).

Parágrafo Segundo: La diferencia entre los valores actualizados de los activos y pasivos no monetarios determinados conforme a lo previsto en el encabezamiento de este artículo y los valores históricos correspondientes de dichos activos y pasivos no monetarios, originará los ajustes acumulados de la reincorporación al sistema integral de ajuste por inflación y dichos ajustes acumulados serán incorporados al patrimonio neto al cierre del ejercicio en el cual entra en vigencia, que constituirá el patrimonio neto inicial para el próximo ejercicio gravable, según las normas del reajuste regular por inflación conforme a lo establecido en el CAPITULO II, del TITULO IX, de esta Ley.

Parágrafo Tercero: El valor actualizado de los activos y pasivos no monetarios determinados conforme a lo previsto en el encabezamiento de este artículo, constituirán los valores iniciales del próximo ejercicio gravable, que serán empleados en el reajuste regular por inflación conforme a las normas establecidas en el CAPITULO II, del TITULO IX, de esta Ley.

Artículo 5. Esta reincorporación al sistema integral de ajuste por inflación traerá como consecuencia un debito a las correspondientes cuentas de activos no monetarios y un crédito a las correspondientes cuentas de pasivos no monetarios empleando como contrapartida de dichos asientos una cuenta reflejada en el patrimonio fiscal denominada "Actualización del Patrimonio".

Artículo 6. En el ejercicio cuando sea efectuado este ajuste extraordinario de reincorporación al sistema de ajuste por inflación, no habrá un ajuste por inflación del patrimonio, sino que sólo habrá una actualización del mismo a través del ajuste por inflación de los activos y pasivos no monetarios. Esta actualización extraordinaria causará el Impuesto por el Ajuste de Reincorporación Extraordinario (ARE) equivalente al dos por ciento (2%) del resultado neto de esta actualización extraordinaria realizada a los activos y pasivos no monetarios existentes al cierre del ejercicio fiscal cuando se realice el ajuste extraordinario.

Artículo 7. El impuesto del dos por ciento (2%) a que hace referencia el presente Capítulo, deberá ser pagado durante el segundo mes siguiente al cierre del ejercicio fiscal cuando se realice este ajuste extraordinario por reincorporación al sistema integral de ajuste por inflación "ARE".

Artículo 8. Este impuesto será deducible del ISLR para el ejercicio donde se efectúe su pago.

Artículo 9. La actualización del patrimonio fiscal producto de la revalorización de los activos y pasivo no monetarios a la fecha de cierre del ejercicio en el cual sea realizado el ajuste extraordinario por reincorporación al sistema integral de ajuste por inflación, se tomará como el valor del patrimonio inicial ajustado por inflación para el próximo ejercicio fiscal correspondiente, que será el primer ejercicio del reajuste regular por inflación, aplicándose entonces las normas establecidas en el CAPITULO II, del TITULO IX, de esta Ley.

Artículo 10. Para todos aquellos contribuyentes que inicien sus actividades en el ejercicio donde entre en vigencia el presente Capítulo de esta Ley, no les será aplicable lo establecido en el presente Capítulo.

El objetivo de estas normas de transición consiste instrumentar un ajuste extraordinario de reincorporación que permita a los contribuyentes (i) Contar con una fecha cierta y única para la reincorporación al régimen, y con ello efectuar <u>el reajuste regular por inflación en el primer ejercicio regido por la reforma</u> y, (ii) Cuantificar el patrimonio neto fiscal al inicio del ejercicio, a los fines de las actualizaciones por inflación en los ejercicios fiscales subsiguientes (no hay ajuste por inflación del patrimonio neto al inicio en el primer año de vigencia de la reforma). Por otra parte, el mayor costo producto de la actualización de los activos no monetarios depreciables o amortizables, sería aprovechado al momento de la enajenación o desincorporación de los mismos.

Proponemos igualmente un impuesto por la reincorporación al régimen que tendría como justificación (i) El reconocimiento del mayor valor de los activos no monetarios y, consiguientemente, la posibilidad de aprovechar una depreciación mayor, así como un mayor costo al momento de su enajenación, lo que permitiría representar mejor la capacidad contributiva de los contribuyentes en un contexto hiperinflacionario y, (ii) Obtener un ingreso tributario de recaudación sencilla que acompañe las políticas económicas de un eventual gobierno de transición. Anotamos que, este impuesto resultaría deducible del Impuesto sobre la Renta, lo que garantizaría su armonía con este último impuesto.

V. CONCLUSIONES

(i)   El sistema de ajuste por inflación constituye un mecanismo para que los contribuyentes paguen impuesto de acuerdo con su auténtica capacidad económica, y no considerando una capacidad contributiva ficticia o inexistente afectada por el fenómeno inflacionario. En consecuencia, la preservación del principio constitucional de capacidad contributiva impone la aplicación de algún mecanismo de corrección de la base del Impuesto sobre la Renta por efecto de la inflación.

(ii)   En nuestro criterio, el sistema más adecuado para reflejar la situación del contribuyente en tiempo de hiperinflación sería aplicar el sistema integral de ajuste por inflación fiscal previsto en la Ley de Impuesto sobre la Renta de 2007, considerando inconstitucional la exclusión del régimen de ajuste por inflación a las instituciones financieras, bancos, seguros, reaseguros, y sujetos pasivos especiales.

(iii)   Proponemos un proyecto de reforma de la Ley de Impuesto sobre la Renta que contemple un régimen de reincorporación de los contribuyentes excluidos del sistema de ajuste por inflación fiscal, y que permita a los contribuyentes (i) Contar con una fecha cierta y única para la reincorporación al régimen, y con ello efectuar el reajuste regular por inflación en el primer ejercicio luego de la reforma y, (ii) Cuantificar el patrimonio neto fiscal al inicio del ejercicio, a los fines de las actualizaciones por inflación en los ejercicios fiscales subsiguientes (no hay ajuste por inflación del patrimonio neto al inicio en el primer año de vigencia de la reforma).

Proponemos igualmente un impuesto por la reincorporación al régimen que tendría como justificación (i) El reconocimiento del mayor valor de los activos no monetarios y, consiguientemente, la posibilidad de aprovechar una depreciación mayor, así como un mayor costo al momento de la enajenación de tales activos y, (ii) Obtener un ingreso tributario de fácil recaudación que acompañe las políticas económicas de un eventual gobierno de transición. Anotamos que este impuesto resultaría deducible del Impuesto sobre la Renta, lo que garantizaría su armonía con este último impuesto.

§ 30. LA JURIDIFICACIÓN (IRRUPCIÓN) DE LA CONTABILIDAD EN EL DERECHO TRIBUTARIO SUSTANTIVO. UNA PROPUESTA DE INTERPRETACIÓN EVOLUTIVA DEL ARTÍCULO 88 DE LA LEY DE IMPUESTO SOBRE LA RENTA

Burt Hevia [*]

1. La contabilidad como *acto histórico-comunicativo*. Régimen jurídico y principios

1.1. Generalidades

Cualquiera sea el resultado del proceso contable siempre se trata de información sobre la imagen fiel del patrimonio, la situación financiera y los resultados de la entidad en marcha. Por ello a la contabilidad se le reconoce como una disciplina esencialmente informativa de cuyo resultado se valen sus dueños y terceros interesados para la toma de decisiones económicas o de orden empresarial.[1]

En cualquiera de las etapas del proceso contable pueden obtenerse datos para evaluar la situación financiera y los resultados de la entidad económica. El registro diario de los hechos con ocasión del objeto económico de la entidad utilizando la metodología de la partida doble, permite evaluar e informar sobre el resultado a una fecha determinada y emitir un balance sobre la situación de los activos, pasivos y patrimonio, aun cuando tal reporte corresponda a un período de tiempo distinto al ejercicio económico exigido en el contrato social.[2]

Ciertamente, la contabilidad registra y al mismo tiempo relata una historia limitada temporal y materialmente, por los hechos, actos, negocios, transacciones y operaciones de contenido económico que son la vida de la entidad titular del resultado contable. La contabilidad no deja de ser una relatoría de hechos con contenido económico tales como: el registro y utilización de activos, la asunción y aplicación de deudas, la valoración de participaciones patrimoniales, la determinación de utilidad o pérdida sobre el producto vendido o el servicio prestado en función del ingreso y la aplicación de los costos invertidos y gastos desembolsados, entre otros.

La contabilidad al ser una técnica de evaluación, valoración, registro y revelación de hechos con contenido económico, también es un acto comunicativo de la historia patrimonial de una entidad[3]. Su carácter técnico se vierte en la construcción mediante clasificacio-

---

[*] Abogado y Licenciado en Contaduría Pública. Miembro de la Asociación Venezolana de Derecho Tributario.

[1] *Cfr.* Humberto Romero-Muci, *El derecho y el (revés) de la contabilidad* (Caracas: Academia de Ciencias Políticas y Sociales y Universidad Católica Andrés Bello, Serie Estudios 94, 2012), 9.

[2] Es el tipo de información intermedia con carácter trimestral, cuatrimestral o semestral, la cual no se corresponde con la información definitiva contenida en los estados financieros del ejercicio económico anual, pero que proporciona datos sobre la evolución patrimonial de la empresa en un tiempo más reducido, tal como lo expresa Rafael Bonardell Lenzano, *Régimen jurídico de la contabilidad del empresario*, (Madrid-España: Marcial Pons Ediciones Jurídicas y Sociales, S.A., 2012), p. 17.

[3] *Cfr.* Federico Gertz Manero, *Derecho Contable Mexicano*, (México: Editorial Porrúa, S.A. de C.V., 2011), 7.

nes y revelaciones de los hechos susceptibles de valoración mediante una moneda como expresión de cambio o valor.[4]

Por lo dicho, todas las operaciones llegan a convertirse en información por aplicación del contenido técnico que deviene de los principios contables. La información contable resultante de la entidad con ánimo de lucro se convierte en un medio de comunicación producto por aplicación de un conjunto de definiciones, metodologías, formas, procedimientos, contenidos en reglas técnicas denominadas comúnmente como principios de contabilidad generalmente aceptados.

En rigor, con ocasión de la contabilidad y el resultado de su proceso se revela para todo aquel interesado, un cumulo de información que muestra la realidad económica en la que la entidad se ha desenvuelto guiada por los objetivos establecidos por sus dueños, accionistas o socios. Es una realidad que se convierte en información sobre los bienes, derechos, participaciones, obligaciones, ingresos, costos y gastos de una entidad de negocios que opera en función de maximizar la inversión de sus propietarios y del bienestar de sus trabajadores cumpliendo con la legislación aplicable y la normativa técnica.

Así las cosas, la contabilidad es un acto comunicativo[5] estructurado con base en normas técnicas globales y adaptadas localmente de lo cual resulta información relevante para quienes han invertido recursos o para quienes contribuyen en la consecución de los objetivos económicos previstos por los primeros en una entidad de negocios.[6]

El Consejo de Normas de Información Financiera del Instituto Mexicano de Contadores Públicos en lo relativo a la caracterización y objetivos de la información financiera ha señalado:

> La información financiera que emana de la contabilidad, es información cuantitativa, expresada en unidades monetarias y descriptiva, que muestra la posición y desempeño financiero de una entidad, y cuyo objeto esencial es el de ser útil al usuario en la toma de sus decisiones económicas. Su manifestación fundamental son los estados financieros. Se enfoca esencialmente a proveer información que permita evaluar el desenvolvimiento de la entidad, así como en proporcionales elementos de juicio para estimar el comportamiento futuro de los flujos de efectivo, entre otros.[7]

Concluimos este epígrafe sobre las notas definitorias de la contabilidad y la información financiera apuntando lo señalado por el antes referido Consejo Emisor de normas financieras mexicanas, dada su precisión y aproximación a todo lo hasta ahora discutido en torno a la relevancia del proceso contable y la información financiera como resultado de una técnica cuantitativa que sigue a un cuerpo normativo cada día más global: "La contabilidad es una

---

4   *Cfr.* Gertz Manero, *Derecho…*, 10.

5   En este sentido resultan de una claridad extraordinaria las palabras de Robert Anthony: "A la contabilidad se le ha llamado "el lenguaje de los negocios" y aunque algunos se oponen a esta definición, encontraremos que la tarea de aprender contabilidad viene a ser esencialmente la misma que implica el estudio de un nuevo idioma…./…Finalmente, las lenguas evolucionan en consonancia con las cambiantes necesidades de la sociedad y una evolución semejante se observa en la contabilidad. Las normas que examinaremos son de uso generalizado, pero es de esperarse que cuando menos algunas de ellas se irán modificando gradualmente para amoldarse a las variantes necesidades de los negocios." *Cfr.* Robert, N. Anthony, *La contabilidad en la administración de las empresas. texto y casos* (México: Unión Tipográfica Editorial Hispano Americana, Biblioteca de Altos Estudios Comerciales, 1980), 28.

6   *Cfr.* Luis A. Chávez, <<*NIIF y Tributación: desafíos y oportunidades para las administraciones tributarias*>>, (Panamá: *Revista de Administración Tributaria* N° 43, enero 2018, Centro Interamericano de Administraciones Tributarias CIAT) 7, en: https://www.ciat.org/Biblioteca/Revista/Revista_43/espanol/2018_RAT43_ebook_es.pdf.

7   *Cfr.* Instituto Mexicano de Contadores Públicos, A.C., *Normas de Información Financiera (NIF) 2018* (México: Consejo Mexicano de Normas de Información Financiera (CINIF), 13a edición, 2018), Serie NIF A, Marco Conceptual, 5.

técnica que se utiliza para el registro de las operaciones que afectan económicamente a una entidad y que produce sistemática y estructuradamente información financiera. Las operaciones que afectan económicamente a una entidad incluyen las transacciones, transformaciones internas y eventos"[8].

1.2. El régimen jurídico de la contabilidad o las escasas disposiciones de Derecho contable venezolano

La ejecución de actos de comercio por parte del empresario exige la organización de las operaciones diarias en función de los planes estratégicos que siguen al objeto social que se haya planteado. Así, la inversión convertida en bienes, derechos y obligaciones deberá ser registrada y valorada con fundamento en la técnica contable para develar la situación patrimonial cuando así lo requieran las necesidades de información del comerciante o de otros usuarios con intereses en el negocio.

Por ellos se dice que la contabilidad permite al empresario registrar, valorar y revelar los hechos materiales con contenido económico que le afectan patrimonialmente. No se trata del perfeccionamiento de un acto o negocio jurídico en sí mismo. La llevanza contable permite el acreditamiento de las repercusiones patrimoniales de hechos, actos o negocios con contenido jurídico celebrados por voluntad propia o mediante representación en el discurrir de su actividad, o provenientes de decisiones públicas en el marco del sistema político en el que opera. De lo primero dan cuenta la celebración de contratos de compra de mercancía, activos, seguros[9]. De lo segundo dan cuenta la implementación de políticas económicas de control de precios y costos sobre la producción y comercialización de bienes[10] o la devaluación de la moneda de curso legal frente a la cotización de monedas extranjeras.[11]

Si bien el ordenado registro de las operaciones del empresario mercantil le permite saber en cualquier momento cuál es la situación patrimonial de su negocio y cuáles son sus posibilidades de crédito por aplicación de una contabilidad cuidadosa, la relevancia de la contabilidad mercantil radica en el doble interés del propio empresario y de los terceros –incluido el Estado- de que la contabilidad muestre el movimiento patrimonial como garantía de cumplimiento de obligaciones comerciales, fiscales o laborales.[12]

El anterior esbozo sobre la relevancia de la contabilidad para el empresario y terceros interesados, nos permitirá adentrarnos en la revisión descriptiva y analítica de las disposiciones del Código de Comercio[13] sobre la obligatoria llevanza de la contabilidad como normas

---

8   Cfr. Instituto Mexicano de Contadores Públicos, A.C., Normas..., 5.

9   El perfeccionamiento de un contrato de compra de mercancía es convertido en información contable luego de que su registro suponga una entrada (debe) en la estructura de activos junto con la correspondiente afectación (haber) de las disponibilidades en banco o cajas o la asunción de una obligación de pago a futuro como pasivo comercial.

10   Un ejemplo de ello es el Decreto-Ley de Costos y Precios Justos publicado en la Gaceta Oficial N° 39.715 de fecha 18 de julio de 2011. Este Decreto obligó a las empresas a evaluar sus estructuras de costos y gastos reconocidos contablemente, en tanto tales partidas más el margen máximo de ganancia determinarían el precio de "venta justo" y, por ende, el precio teórico máximo de venta por cada producto.

11   Un ejemplo de ello es el Convenio Cambiario N° 14, a través del cual se devaluó el valor de la moneda de curso legal de 2,60 bolívares por 1 dólar de los Estados Unidos de América a 4,3 bolívares por 1 dólar de los Estados Unidos de América, publicado en la Gaceta Oficial de Venezuela N° 39.342 del 8 de enero de 2010. Este Convenio Cambiario impactó patrimonialmente a las empresas, en tanto debían registrar los diferenciales cambiarios producto de la afectación de los activos y pasivos denominados en moneda extranjera tanto para efectos financieros como fiscales.

12   Cfr. Alfredo Morles Hernández, Curso de Derecho Mercantil. Tomo I. Introducción. La Empresa. El Empresario (Caracas: Universidad Católica Andrés Bello, 2007), 387.

13   Gaceta Oficial de la República de Venezuela N° 475 Ext. del 21 de diciembre de 1955.

de derecho común, cuyo incumplimiento impediría a los propietarios de la entidad y terceros interesados evaluar la situación patrimonial a una fecha determinada. Además, podría hacer surgir una presunción general de culpabilidad en la declaración de quiebra del empresario por estimarse la llevanza irregular de su situación patrimonial en el ejercicio de su actividad comercial.[14] Incluso, tal conducta podría derivar en la materialización de responsabilidad penal en el ámbito tributario por incumplimiento del deber llevar los libros y la información contable de acuerdo a las formalidades establecidas en la normativa correspondiente, según lo previsto en el Código Orgánico Tributario.[15]

El Código de Comercio contiene el conjunto de disposiciones de derecho positivo sobre la obligatoria construcción y revelación de la historia patrimonial de la entidad mercantil, esto es, las normas comunes de la contabilidad mercantil.

La materialización de la contabilidad se inicia con la obligatoria habilitación y llevanza en castellano del libro diario, el libro mayor y el libro de inventarios, pudiendo incluirse los libros auxiliares que se estimen convenientes para garantizar orden y claridad en el registro de las operaciones[16]. Siendo así, existe una prescripción de aplicación general y obligatoria para todos los comerciantes de valorar y registrar las operaciones susceptibles de valoración económica partiendo de su registro diario y según el método de la partida doble, mediante cargos (debe) y abonos (haber) a las cuentas designadas como representativas de tales operaciones, permitiendo, entonces, el equilibrio de la ecuación patrimonial (activo = pasivo + capital) en cada registro haciendo uso de la partida contable como unidad básica de información.[17]

Pero el legislador no solo se limita a exigir al empresario mercantil el registro diario de sus operaciones en aras del orden y control de la información contable. Se incluye como parte del deber de contabilidad, la elaboración de un resumen sobre el saldo total de cada

---

14 Código de Comercio, Artículo 917. "Podrá ser declarada culpable la quiebra: (…). 6°—Si no hubiere llevado libros de contabilidad o de correspondencia, o no conservare la correspondencia que se le hubiere dirigido, o no hubiere hecho inventario, o si sus libros y correspondencia estuvieren incompletos o defectuosos, o no apareciere de ellos el verdadero estado de sus negocios, sin que haya fraude."

15 El artículo 155 del Código Orgánico Tributario prescribe lo siguiente: Artículo 155 ".Los contribuyentes, responsables y terceros están obligados a cumplir con los deberes formales relativos a las tareas de fiscalización e investigación que realice la Administración Tributaria y, en especial, deberán: 1. Cuando lo requieran las leyes o reglamentos: a. Llevar en forma debida y oportuna los libros y registros especiales, conforme a las normas legales y los principios de contabilidad generalmente aceptados, referentes a actividades y operaciones que se vinculen a la tributación y mantenerlos en el domicilio o establecimiento del contribuyente y responsable.". Por su parte, el artículo 102 prescribe los ilícitos tributarios formales relacionados con el deber de llevar libros y registros contables y todos los demás libros y registros especiales. Además, el artículo 137, numeral 3, establece la facultad de la Administración Tributaria para exigir a los contribuyentes, responsables y terceros la exhibición de la contabilidad y demás documentos relacionados con la actividad en un procedimiento de determinación tributaria. Tan relevante es el papel de la contabilidad en la determinación de la obligación tributaria que el artículo 140 numerales 3 y 4 del mismo texto codificador faculta a la Administración Tributaria para determinar la obligación tributaria de oficio, sobre base cierta o sobre presuntiva, cuando el contribuyente, una vez se le haya requerido, no exhiba los libros y documentos que respaldan los asientos y demás información allí contenida. Además, cuando la declaración contentiva de la autodeterminación por parte del contribuyente no vaya respaldada por la contabilidad. Finalmente, el artículo 55 señala que el lapso de prescripción de la acción de la Administración Tributaria para (i) verificar, fiscalizar y determinar la obligación tributaria con sus accesorios, y (ii) imponer sanciones tributarias, distintas a las penas restrictivas de la libertad, se extenderá a diez (10) años cuando el sujeto pasivo no lleve contabilidad o registro de las operaciones efectuadas.

16 Código de Comercio, Artículo 32.

17 Código de Comercio, Artículo 34. "*En el libro Diario se asentarán, día por día, las operaciones que haga el comerciante, de modo que cada partida exprese claramente quién es el acreedor y quién el deudor, en la negociación a que se refiere*, o se resumirán mensualmente, por lo menos, los totales de esas operaciones siempre que, en este caso, se conserven todos los documentos que permitan comprobar tales operaciones, día por día. (…)" (énfasis añadido).

cuenta para confirmar el equilibrio de la ecuación patrimonial lo cual se conoce como libro mayor, siendo optativo para el comerciante la periodicidad de su construcción y revelación.[18] En todo caso, aun cuando en el balance o balanza de comprobación se exprese el saldo total por partida contable para verificar la concreción del equilibrio patrimonial, no se trata de un estado financiero. Es sólo un resumen preliminar de los saldos de las partidas contables. Es un insumo técnico y metodológico para sistematizar a una fecha determinada los saldos de las cuentas provenientes de los registros contables que se asientan en el libro diario producto de todas las operaciones de la entidad económica.[19]

A pesar de la atención al principio de la partida doble para la llevanza del libro diario y libro mayor y la revelación del equilibrio patrimonial de la entidad en marcha, la legislación mercantil común faculta al empresario cuya actividad consista en la comercialización al por menor, es decir, los que habitualmente solo vendan al detal y directamente al consumidor para que solo registren y revelen un resumen diario de: (i) las compras y las ventas al contado y a crédito, y (ii) los pagos y cobros con ocasión de tales compras y ventas.[20] Esta posibilidad de registro contable para los comerciantes minoristas cuya actividad económica sea la comercialización al detal, directamente al consumidor, es lo que se conoce como principio de la partida simple. Tal forma de registro contable tiene por objeto registrar los cambios, las modificaciones que sufre un solo satisfactor del patrimonio, el dinero, a través de la cuenta de caja al registrar solamente los ingresos, los egresos y su saldo.[21]

Solo queda que el comerciante revele mediante el libro de inventarios, la totalidad de sus bienes, derechos y obligaciones como estructura de su situación patrimonial, incluido el valor histórico o corriente de su participación[22]. Tal informe contable es una revelación estimatoria de la situación financiera de la entidad en marcha el cual debe incluir bienes, tanto muebles como inmuebles y de todos los créditos, activos y pasivos, vinculados o no a la actividad de comercio. Esta representación debe concluirse con la elaboración del balance general o estado de situación financiera el cual debe indicar todas las partidas contables representativas de los activos, pasivos y estructura de capital, además del resultado operacio-

---

18 Código de Comercio, Artículo 34. "En el libro Diario se asentarán, día por día, las operaciones que haga el comerciante, de modo que cada partida exprese claramente quién es el acreedor y quién el deudor, en la negociación a que se refiere, *o se resumirán mensualmente, por lo menos, los totales de esas operaciones* siempre que, en este caso, se conserven todos los documentos que permitan comprobar tales operaciones, día por día. (…)." (énfasis añadido).

19 En palabras de Romero Lopez: "La balanza de comprobación es un documento contable que se elabora para verificar que se respetó la partida doble en los asientos de diario y en su pase al mayor." *Cfr.* Álvaro Javier Romero Lopez, *Principios de Contabilidad, Normas de Información Financiera de la A-1 a la A-8 y B-2 y B-3, cuenta, estados financieros e IVA* (México: McGraw-Hill /Interamericana Editores S.A. de C.V., cuarta edición. 2010), 403.

20 Código de Comercio, Artículo 34. "(…).

No obstante, los comerciantes por menor, es decir, los que habitualmente sólo vendan al detal, directamente al consumidor, cumplirán con la obligación que impone este artículo con sólo asentar diariamente un resumen de las compras y ventas hechas al contado; y detalladamente las que hicieren a crédito, y los pagos y cobros con motivo de éstas."

21 *Cfr.* Gertz Manero, *Derecho…*, 11.

22 Código de Comercio, Artículo 35. "Todo comerciante al comenzar su giro y al fin de cada año, hará en el libro de Inventarios una descripción estimatoria de todos sus bienes, tanto muebles como inmuebles y de todos sus créditos, activos y pasivos, vinculados o no a su comercio.

El inventario debe cerrarse con el balance y la cuenta de ganancias y pérdidas; ésta debe demostrar con evidencia y verdad los beneficios obtenidos y las pérdidas sufridas. Se hará mención expresa de las fianzas otorgadas, así como de cualesquiera otras obligaciones contraídas bajo condición suspensiva con anotación de la respectiva contrapartida.

Los inventarios serán firmados por todos los interesados en el establecimiento de comercio que se hallen presentes en su formación."

nal bien se trate de ganancia o pérdida como consecuencia de los ingresos, las inversiones y los gastos operativos.[23]

Conforme a ello, en el libro de inventarios se estampa la situación financiera de la entidad mercantil a una fecha determinada. Su preparación y revelación al comienzo y final del ejercicio económico permite evaluar la evolución del patrimonio y la aplicación de las fuentes de financiamiento en el transcurrir operativo de la actividad económica. Al comienzo del ejercicio económico se devela un patrimonio frente a los planes de los dueños del negocio, y su acrecentamiento o disminución por ejecución del objeto económico solo se determinará y mostrará al final del mismo. En consecuencia, al final del ejercicio económico el libro de inventarios debe incluir tanto el balance general como el efecto proveniente de las partidas contables integrantes del estado de resultados. Es decir, tanto el patrimonio como su afectación positiva o negativa por los beneficios obtenidos o las pérdidas sufridas durante el ejercicio económico.

La revelación del estado de situación financiera y del estado de resultados en el libro de inventarios debe ser posterior a su presentación por los administradores al comisario para su revisión en concreción de sus labores de vigilancia y control[24], en tanto el comisario tiene un derecho ilimitado de inspección y vigilancia sobre todas las operaciones del negocio.[25] Efectivamente, la labor de control del comisario debe permitir detectar y, en su caso, corregir, cualquier irregularidad en la información financiera que pudiera poner en riesgo tanto el interés de los dueños del negocio, como la marcha de la entidad por la materialización de riesgos laborales, fiscales, legales o cualquier otro.[26]

La información contable presentada y aprobada por el comisario deberá estar a disposición de los socios o accionistas para su discusión y aprobación en asamblea con el informe técnico correspondiente[27]. Habiendo pasado el tamiz técnico de los administradores en estricto cumplimiento de la normativa técnica aceptada y aplicada durante todo el proceso contable junto al control del comisario, entonces el balance general que se pone a disposición de la asamblea de socios y accionistas debe estar revestido de la mayor razonabilidad informativa sobre los beneficios obtenidos y las pérdidas experimentadas[28]. Por tratarse de

---

23   La definición de balance general de Romero Lopez es de una extraordinaria significación por integrar las referencias al contenido material y la utilidad de la información revelada: "El balance general es un estado financiero devengo-realizado que muestra los recursos de que dispone la entidad para la realización de sus fines (activo) y las fuentes externas e internas de dichos recursos (pasivo más capital contable), a una fecha determinada. De su análisis e interpretación podemos conocer, entre otros aspectos, la situación financiera y económica, la liquidez y la rentabilidad de una entidad." *Cfr.* Romero Lopez, *Principios...*, 214.

24   Código de Comercio, Artículo 311. "Los comisarios deberán: 1°—Revisar los balances y emitir su informe. 2°—Asistir a las asambleas. 3°—Desempeñar las demás funciones que la Ley y los estatutos les atribuyan, y en general, velar por el cumplimiento, por parte de los administradores, de los deberes que les impongan la Ley y la escritura a los estatutos de la compañía."

25   Código de Comercio, Artículo 309. "Los comisarios nombrados conforme a lo dispuesto en el artículo 287, tienen un derecho ilimitado de inspección y vigilancia sobre todas las operaciones de la sociedad. Pueden examinar los libros, la correspondencia, y en general, todos los documentos de la compañía."

26   Código de Comercio, Artículo 305. "Los comisarios presentarán un informe que explique los resultados del examen del balance y de la administración, las observaciones que éste les sugiera y las proposiciones que estimen convenientes, respecto a su aprobación y demás asuntos conexos."

27   Código de Comercio, Artículo 306. "Una copia del balance quedará depositada junto con el informe de los comisarios, en las oficinas de la Compañía durante los quince días precedentes a la reunión de la asamblea, y hasta que esté aprobado. Todo el que acredite su calidad de socio, tendrá derecho a examinar ambos documentos."

28   Código de Comercio, Artículo 304. "Los administradores presentarán a los comisarios, con un mes de antelación por lo menos al día fijado para la asamblea que ha de discutirlo, el balance respectivo con los documentos justificativos, y en él se indicará claramente: 1° El capital social realmente existente. 2° Las entregas efectuadas y las demoradas."

información construida y revelada sobre la base de una normativa técnica aceptada y aplicada con un alto grado de discrecionalidad y juicio propio del profesional contable entonces las denominaciones, cifras y notas aclaratorias no pueden tomarse como verdades absolutas, infalibles o universales.[29]

La legislación exige que el balance general muestre el capital social realmente existente a los fines de precisar la identificación y porcentaje de participación de los propietarios, lo cual es especialmente relevante en las empresas mercantiles con gran cantidad de socios o accionistas con disparidad de derechos para votar en las decisiones sobre la modificación del valor de las participaciones sociales o accionarias, o para adquirir con preferencias tales acciones o participaciones sociales al momento de su venta o cualquier otra forma de enajenación. Además, el balance general debe ser una clara revelación de la situación patrimonial de la entidad en tanto contenga el valor corriente de las partidas contables representativas de los activos, pasivos, derechos, obligaciones y del capital contable, incluidas las entregas efectuadas y las demoradas.

Por ello, los administradores deberán determinar y revelar el acervo real (patrimonio real) en un informe llamado balance general el cual recoja el saldo neto de las partidas contables luego del análisis de sus aumentos y disminuciones durante el ejercicio económico, incluido el efecto de las partidas de valoración. Como tal, las entregas efectuadas y las demoradas corresponderán no solo al movimiento del inventario de mercancía de bienes o servicios para la venta. Aludirá también a la disminución tanto del número de activos como de su valor por corrección de porcentajes de incobrabilidad, distribución del costo de adquisición, actualización de su precio de compra por efecto de la inflación o la devaluación; como al aumento de los pasivos por asunción de nuevas obligaciones o retardo en el cumplimiento de las ya existentes.

En este orden de ideas, el Código de Comercio en su referencia a la determinación del valor real del acervo social (activos y pasivos) y a la determinación del beneficio o pérdida contable que será presentado para el análisis del comisario, da pie a la aplicación de metodologías previstas en las reglas técnicas emanadas de la Federación de Colegios de Contadores Públicos, lo cual iremos analizaremos más adelante.

Finalmente, existen disposiciones en la Ley General de Instituciones del Sector Bancario[30], la Ley General de la Actividad Aseguradora[31] y en la Ley del Mercado de Valores[32] sobre la llevanza de la contabilidad, libros contables, facultades de emisión de normas para regular la contabilidad de estos sectores económicos, manuales de contabilidad, códigos de cuentas, estados financieros y tipos penales especiales en caso de incumplimiento de los deberes de llevanza, publicación y presentación de la contabilidad al organismo regulador.[33]

El balance demostrará con evidencia y exactitud los beneficios realmente obtenidos y las pérdidas experimentadas, fijando las partidas del acervo social por el valor que realmente tengan o se les presuma. A los créditos incobrables no se les dará valor."

29 Más adelante analizaremos la potencial obligatoriedad de los principios de contabilidad emanados de la Federación de Contadores Públicos de Venezuela en la actuación del profesional contable.

30 *Gaceta Oficial* N° 6.154 *Extraordinario* del 19 de noviembre de 2014.

31 *Gaceta Oficial* N° 6.220 *Extraordinario* del 15 de marzo de 2016.

32 *Gaceta Oficial* N° 6.211 *Extraordinario* del 30 de diciembre de 2015.

33 *Cfr.* Humberto Romero-Muci, *El derecho...*, 138-142.

1.3. Definición y alcance de los principios de contabilidad generalmente aceptados en Venezuela

Los principios de contabilidad generalmente aceptados en Venezuela son el ordenamiento técnico que rige a la construcción y reporte de la contabilidad como disciplina práctica e informativa. Su contenido normativo está determinado por un conjunto postulados, definiciones, metodologías y procedimientos aplicables para el registro y reflejo del efecto económico de los hechos, sucesos, actos, transacciones susceptibles de ser valorados cuantitativamente con ocasión de las operaciones de la entidad económica. [34]

La información que la contabilidad registra y presenta conforme a principios de generalmente aceptados corresponde a entidades económicas que constantemente llevan a cabo operaciones. De modo que la presentación de estados financieros indica la capacidad que tiene la unidad económica para continuar desempeñando las actividades que le son inherentes. Adicional a ello, la información contable pertenece a un centro de decisiones independiente conformado por un conjunto de recursos que se utilizan para realizar operaciones propias. En este sentido, deben considerarse únicamente las transacciones derivadas de las actividades ejecutadas por la entidad a que se refiera. En efecto, la identidad de una organización es distinta a la de sus propietarios, en consecuencia, todas las acciones que se registran en la contabilidad deben guardar la debida correspondencia con la entidad económica.

En correspondencia con lo anterior, la Federación de Colegios de Contadores Públicos de Venezuela, aprobó el alcance objetivo y subjetivo de los principios contables a ser aplicados en Venezuela.[35]

En cuanto al alcance objetivo se decidió la incorporación y adopción de las normas internacionales de información financiera (NIIF), las cuales comprenden a las normas internacionales de información financiera, las normas internacionales de contabilidad (NIC) y las interpretaciones desarrolladas por el Comité de Interpretaciones de las NIIF (Interpretaciones CINIIF) o su organismo predecesor, el Comité de Interpretaciones (Interpretaciones SIC); como principios de contabilidad generalmente aceptados en Venezuela. Como corolario, los principios de contabilidad generalmente aceptados en Venezuela se denominarán VEN-NIF y comprenderán: 1. Los boletines de Aplicación BA VEN-NIF, y 2. Las normas internacionales de información financiera adoptadas para su aplicación en Venezuela. Los principios de contabilidad generalmente aceptados VEN-NIF serán de uso obligatorio para la preparación y presentación de la información para los ejercicios económicos posteriores a su aprobación por el Directorio Nacional ampliado de la Federación de Colegios de Contadores Públicos de Venezuela.[36]

En cuanto al alcance subjetivo de los principios contables venezolanos se decidió su aplicación por toda entidad que prepare sus estados financieros para usuarios externos o reque-

---

34 ¿Por qué se les conoce comunmente como principios y no como reglas contables?, una respuesta esclarecedora la encontramos en la opinion de Chávez, quien sostiene lo siguiente: "Es importante denotar que, en la práctica, la forma en cómo se aplican las NIIF a través de principios. Debido a que las NIIF son normas que se aplican en empresas con diferentes realidades económicas (e incluso diferentes latitudes en el mundo), dichas empresas no pueden reflejar una imagen fiel de todas las empresas (que tienen diferentes realidades y tipos de transacciones) a través de reglas fijas. Por ello, las NIFF contemplan la aplicación de principios, que requieren el uso del juicio profesional y de la major información disponible, para reflejar en los estados financieros la realidad económica de la empresa." *Cfr.* Chávez, *NIIF...,* 10.

35 Este pronunciamiento se acordó en el Directorio Nacional Ampliado de la Federación de Colegios de Contadores Públicos de Venezuela del 18 y 19 de marzo de 2011.

36 *Cfr.* Federación de Colegios de Contadores Públicos de Venezuela, *Boletín de Aplicación VEN-NIF N° 0 (BA VEN-NIF 0) Acuerdo Marco para la adopción de las normas internacionales de información financiera* (Caracas: Comité Permanente de Principios de Contabilidad, 2011), párrafo 12.

ridos por cualquier disposición legal perteneciente al ordenamiento jurídico venezolano[37]. Ello incluye a personas naturales, empresarios individuales, formas asociativas de hecho o de derecho. Siguiendo con la delimitación del concepto Entidad se estipularon las siguientes notas distintivas: (i) cualquier unidad identificable ejecutora de actividades económicas producto de la aplicación combinada de recursos humanos, naturales y financieros, (ii) coordinados por una autoridad que toma decisiones encaminadas al logro de los fines para los cuales fue creada, y (iv) que emite estados financieros como su principal fuente de información.[38]

El valor del alcance de los principios de contabilidad generalmente aceptados VEN-NIF se materializa en el reconocimiento del régimen jurídico de la contabilidad y la exigencia de cualquier otra norma jurídica de preparar los estados financieros siguiendo las reglas técnicas aceptadas. Así se fortalece el hecho de que su contenido no solo se apega a los principios contables internacionales después de un proceso de auscultación y adaptación local, sino que también cumple con lo exigido por el ordenamiento jurídico en cuanto a la llevanza de la contabilidad con ocasión de la revelación del acervo real a los socios o accionistas de la sociedad mercantil. Esto se traduce en un reconocimiento de las prescripciones de la contabilidad mercantil previstas en el Código Comercio como primera fuente de derecho contable, aun cuando no exista un plan general de contabilidad con rango legal aplicable para el registro y revelación de los hechos económicos de las entidades con ánimo de lucro susceptibles de valoración y cuantificación.

En definitiva, los principios de contabilidad generalmente aceptados (VEN-NIF) son un conjunto de guías que orientan la acción de los profesionales por cuanto representan el establecimiento de los criterios normativos mínimos a seguir respecto al tratamiento de la información financiera. De tal manera, no son solo el conjunto de postulados fundamentales orientados a garantizar que la información suministrada por la contabilidad financiera cumpla con el objetivo de ser útil para la toma de decisiones. Son verdaderas reglas técnicas contentivas de mandatos para el hacer y revelación de una disciplina informativa sobre la situación financiera de la entidad económica, tal como lo es la contabilidad. [39]

Así las cosas, las reglas técnicas contenidas en los principios de contabilidad generalmente aceptados en Venezuela (VEN-NIF) son el marco técnico-normativo de la contabilidad cuya aplicación tiende cada día a ser más global. Devienen de la adaptación de normas preparadas en países con niveles de industrialización avanzados, por lo que su adopción en países con niveles moderados de industrialización y desarrollo debe ser racionalizada atendiendo a la realidad de las empresas que operan en condiciones económicas y políticas muy distintas y en algunos casos desfavorables. En atención a ello, la incorporación y adaptación

---

37 *Cfr.* Federación de Colegios de Contadores Públicos de Venezuela, *Boletín de Aplicación VEN-NIF N° 0...,* párrafo 6.

38 *Cfr.* Federación de Colegios de Contadores Públicos de Venezuela, *Boletín de Aplicación VEN-NIF N° 0...,* párrafo 7.

39 Romero-Muci señala sobre la naturaleza de los principios de contabilidad generalmente aceptados lo siguiente: "Son recomendaciones técnicas que deben observarse cuando se redactan las cuentas anuales para conseguir el objetivo de ofrecer la imagen fiel de la situación de la empresa." *Cfr.* Humberto Romero-Muci, *Naturaleza jurídica de los principios de contabilidad de aceptación general en Venezuela y su incidencia en la determinación de la renta neta financiera para el cálculo del impuesto sobre la renta de dividendos (análisis de los artículos 67 y 91 de la Ley de impuesto sobre la renta),* (Caracas: VI Jornadas Venezolanas de Derecho Tributario de la Asociación Venezolana de Derecho Tributario, 2002), 186. En definitiva, los principios de contabilidad generalmente aceptados "son las reglas lógicas que se han de usar para concretar el registro contable de los hechos económicos y la elaboración de los EEFF" *Cfr.* Luis Duran y Marcos Mejía, <<Puntos de encuentro entre el derecho tributario y la contabilidad, reflexiones desde el derecho peruano, a partir del impuesto a la renta empresarial>>, *El Derecho, Diario de Doctrina y Jurisprudencia* N° 13.984 (2016): 1, en: http://www.elderecho.com.ar/includes/pdf/diarios/2016/06/27062016.pdf.

de los principios de contabilidad generalmente aceptados (VEN-NIF) no ocurre de manera automática en tanto se parte de la intervención del Comité de Principios de Contabilidad de la Federación de Contadores Públicos de Venezuela para maximizar el rigor técnico necesario de conformidad con el entorno legal y económico de Venezuela.[40]

1.4. La discusión sobre la *validez jurídica* de los principios de contabilidad generalmente aceptados (VEN-NIF) y su obligatoriedad en la actuación del profesional contable. Un nuevo contexto argumentativo: aproximación a su *validez axiológica y factual*. La superación de la *validez formal o puritanismo legalista* ante la nueva realidad local y global: el paso del *soft law contable* al *derecho estatal normalizado (hard law contable)*

Cuando se trata de emitir juicios sobre la validez y la obligatoriedad de los principios de contabilidad aceptados en Venezuela (VEN-NIF) en la actuación del profesional contable, las razones se hallan más circunscritas a explicar que los principios de contabilidad de aceptación general no tienen valor normativo en el sentido de prescripción legal con carácter general y abstracto, esto es se cuestiona la débil validez formal de tales reglas técnicas.[41] Sin embargo, no se abona en la discusión sobre la significación de tales principios en la construcción, interpretación y aplicación del ordenamiento jurídico tributario.

Es una realidad que buena parte de las definiciones, métodos y procedimientos del impuesto sobre la renta y otros tipos tributarios, solo alcanzan su eficacia en la determinación del monto a pagar solo si se recurre al juicio técnico contenido en una regla contable. Tampoco se suma en la profundización argumentativa sobre el reconocimiento de los tribunales tributarios de su existencia y aplicación para resolver los casos sometidos a su jurisdicción cuando no exista una disposición legal expresa; en su adopción y reconocimiento por el gremio contable; en su aplicación por parte de los administradores de las empresas mercantiles y en la competencia material de la Federación de Colegios de Contadores Públicos para emitir reglas técnicas que resulten de aplicación obligatoria en la actuación del profesional contable.[42]

De tal forma, la significación económica de los principios contables en el impuesto sobre la renta alcanza un grado de significación jurídica en tanto de su valor técnico se hace depender el cumplimiento del deber de tributación de rango constitucional[43]. Incluso, más allá de eso, la razonabilidad informativa de la contabilidad por aplicación de la normativa técnica aceptada hace surgir una presunción de regularidad de la actividad del empresario y tal

---

40   *Cfr.* Federación de Colegios de Contadores Públicos de Venezuela, *Boletín de Aplicación VEN-NIF N° 0...*, párrafo 10.

41   *Cfr.* Alfredo Morles Hernández, *Curso...*, 413.

42   Esta afirmación –y las discusiones que se sucederán en las páginas siguientes– denotan una evolución de nuestro pensamiento en un trabajo previo en el que señalábamos de manera categórica que: "Desde el punto de vista de la teoría del derecho, las normas técnicas y los boletines de la Federación de Contadores Públicos no son vinculantes ni obligatorios para los profesionales de la Contaduría Pública en tanto son normas indefendibles frente al juicio de coacción y al juicio de validez que informa a toda norma jurídica. La norma contable solo es una guía que potencia la razonabilidad de la información que se prepara según el método contable; esto es, su fuerza vinculante no sobrepasa la estimación fiable de la situación económica y patrimonial de una entidad frente al juicio de sus usuarios para la toma de decisiones económicas. Pretende exigir lo que es deseable en la aplicación de la técnica contable." *Cfr.* Burt Hevia, <<Aproximación a las normas técnicas sobre corrección financiera. Apuntes sobre la corrección monetaria de las obras inmobiliarias en proceso>>, *Revista de Derecho Tributario* N° 139, órgano divulgativo de la Asociación Venezolana de Derecho Tributario, (2013): 22-23.

43   *Gaceta Oficial* N° 5.453 *Extraordinario* del 24 de marzo de 2000 y cuya primera enmienda fue publicada en la *Gaceta Oficial* N° 5.908 del 19 de febrero de 2009. Artículo 133. "Todos tienen el deber de coadyuvar a los gastos públicos mediante el pago de impuestos, tasas y contribuciones que establezca la ley."

como lo afirma Morles[44]: "sirve de base para la dimensión cuantitativa de ciertos derechos: a) el derecho de separación del socio, de acuerdo con el artículo 282 del Código de Comercio; b) el reintegro o la reducción del capital social (art. 264); c) la liquidación de la sociedad (art. 264); d) la determinación de los beneficios (art. 304); e) la distribución de los dividendos (art. 307), etc."

Los estudios más completos en Venezuela sobre la competencia normativa de la Federación de Colegios de Contadores Públicos de Venezuela en el marco de la discusión sobre el carácter vinculante de los principios de contabilidad generalmente aceptados (VEN-NIF) en la actuación del profesional contable, dan cuenta de la inexistencia de tal competencia. Se sostiene la falta de un fundamento de validez normativa que le atribuya a la Federación de Colegios de Contadores Públicos de Venezuela potestad para dictar normas que incidan con carácter general, abstracto y, por tanto, vinculante, sobre los profesionales contables en la preparación de la información financiera.[45]

De ello deriva la caracterización de los pronunciamientos de la Federación de Colegios de Contadores Públicos de Venezuela sobre los principios de contabilidad generalmente aceptados (VEN-NIF) como una mera descripción representativa de las recomendaciones técnicas para la profesión contable y carentes de valor normativo al no tener reconocimiento legal, alcanzando a ser solo declaraciones informativas sin ninguna naturaleza de prescripción de conductas. En consecuencia, se postula la tesis de que los mencionados pronunciamientos no son de obligatoria aceptación y aplicación por parte del profesional contable en la preparación de la información financiera en Venezuela.[46] De allí que la inobservancia por parte del profesional contable de los principios de contabilidad generalmente aceptados emitidos por la Federación de Colegios de Contadores Públicos de Venezuela, solo privaría de razonabilidad a la información contable producto del incumplimiento del imperativo contenido en la regla técnica.[47]

Lo dicho hasta ahora reproduce lo que nos parece es un punto de vista ampliamente compartido en la dogmática tributaria venezolana, pero disentimos –al menos en parte– del mismo. La discusión de la obligatoriedad de los principios de contabilidad generalmente aceptados (VEN-NIF) se ha ubicado en un espacio temporal en el que la realidad económica del país limitaba la trascendencia de tales reglas técnicas en la determinación de la base imponible del impuesto sobre la renta. Así, se minoraba la potencial importancia de la juridificación de los principios contables bajo los siguientes argumentos: a) su "débil validez jurídica" en tanto la Federación de Colegio de Contadores Públicos de Venezuela no tiene competencia legislativa; b) la inexistencia de un Derecho contable que de manera expresa y directa regulase a la contabilidad, y c) la estricta reserva legal en la configuración de los elementos del tipo impositivo.[48]

Creemos que es momento de evolucionar en los postulados teóricos hasta ahora vertidos en el foro tributario dada las nuevas realidades globales sobre la incorporación del *soft law*

44   *Cfr*. Alfredo Morles Hernández, *Curso...*, 394.

45   *Cfr*. Romero-Muci,... *Naturaleza*, 200 y Romero-Muci, *El derecho...*,68.

46   *Cfr*. Romero-Muci,... *Naturaleza*, 198 y Romero-Muci, *El derecho...*,68.

47   *Cfr*. Romero-Muci, *El derecho...*,69. El mismo autor concluye su tesis sobre el carácter no vinculante de los principios de contabilidad generalmente aceptados en la actuación del profesional contable con las siguientes palabras: "Por tanto, podemos afirmar que, *salvo las excepciones anotadas, en Derecho, en Venezuela no existen principios de contabilidad de aceptación general con reconocimiento legal o, lo que es lo mismo, no existe una fuente jurídica de producción de normas técnicas y principios sobre la contabilidad*" *Cfr*. Romero-Muci, *El derecho...*,75.

48   *Cfr*. Juan Carlos Castillo, <<Apostillas respecto de las implicaciones tributarias derivadas de la adopción de las Normas Internacionales de Información Financiera *(NIIF)*>> (Caracas: Asociación Venezolana de Derecho Tributario, *Revista de Derecho Tributario* N° 115, 2007), 10.

contable en los ordenamientos jurídicos para dar paso a un derecho duro (*hard law*), es decir, derecho estatal normalizado en el que se reconozca la autoridad académica y científica del comité de principios de contabilidad de la Federación de Colegio de Contadores Públicos de Venezuela para emitir reglas técnicas obligatorias en la preparación y revelación de la contabilidad mercantil.[49] Ciertamente, es creciente el número de países con un ordenamiento avanzado de derecho contable en el que expresamente se recepciona la aplicación de las normas internacionales de información financiera. Consecuentemente, la conversión de las normas contables en normas jurídicas y el acercamiento de los resultados financieros a la base imponible según la legislación fiscal.[50]

A pesar de las escasas disposiciones del código de comercio que establecen el régimen jurídico de la contabilidad junto con las disposiciones que regulan la contabilidad en sectores económicos especiales, sí creemos que existen fundamentos básicos de derecho común sobre los cuales argumentar en favor de la existencia de un derecho contable en Venezuela.

La sola exigencia de la llevanza de la contabilidad de manera tal que se revele con el mayor nivel de razonabilidad (acervo real) el <<*patrimonio*>> del empresario mercantil a los fines de la toma de decisiones económicas y en favor de terceros interesados, inclusive la administración tributaria; la inclusión expresa de definiciones contables en las disposiciones de la Ley de impuesto sobre la renta y su reglamento; la exigencia del código orgánico tributario de llevar la contabilidad conforme a los principios de contabilidad generalmente aceptados (VEN-NIF); el reenvío normativo directo a los principios de contabilidad generalmente aceptados (VEN-NIF) a los fines de precisar elementos del tipo impositivo, y más aún, el entendimiento de que el resultado contable es el punto de partida de la base imponible del impuesto sobre la renta, nos someten a una evaluación sobre el análisis del carácter vinculante en la actuación del profesional contable de los principios contables aceptados y aplicados por la práctica comercial y empresarial del país.

Conjuntamente con las anteriores consideraciones deben analizarse las condiciones de existencia formal y existencia fáctica de los principios de contabilidad generalmente aceptados (VEN-NIF) a los fines de profundizar en la pertinente aplicación de un concepto de validez factual[51] y validez axiológica[52] que nos revele la potente virtualidad jurídica de las reglas contables.

---

49 *Cfr.* Luis Durán e Marco Mejía, <<*Puntos de encuentro...*, 2.

50 España y Perú son pioneros en Iberoamérica en la juridificación de las normas internacionales de información financiera con plenos efectos mercantiles y fiscales. En el caso de España podemos acudir a Amparo Navarro Faure quien señala: "A esta exigencia de ajuste de la legislación española en materia de contabilidad a las NIIF respondió la Ley 16/2007, de 4 de julio, de reforma y adaptación de la legislación mercantil en materia contable para su armonización internacional con base en la normativa de la Unión Europea de 12 de mayo de 2006. Esta Ley tuvo como desarrollo reglamentario un nuevo Plan General de Contabilidad (Real Decreto 1514/2007, de 16 de noviembre por el que se aprueba el Plan General de Contabilidad y Real Decreto 1515/2007, de 16 de noviembre, por el que se aprueba el Plan General de Contabilidad de Pequeñas y Medianas empresas). La propia Ley de reforma de la legislación mercantil contiene en su disposición adicional octava, la reforma de la ley del Impuesto sobre Sociedades para adaptarla a las nuevas normas contables." *Cfr.* Amparo Navarro Faure, <<Consecuencias en el Derecho Tributario Español de las Normas Internacionales de Información Financiera>> (Comunicación Científica, I Congreso Internacional de Derecho Tributario, Universidad de Valencia, 20-21 de mayo de 2009), en: https://rua.ua.es/dspace/bitstream/10045/52612/1/2009_Navarro_ICIDT.pdf. En el caso de Perú, haremos referencia a Luis Duran y Marco Mejía quienes señalan: "Existen muchas disposiciones normativas peruanas que han juridificado el fenómeno contable en los términos señalados en los puntos anteriores; resaltan entre ellas la ley 28.708 (denominada como Ley General del Sistema Nacional de Contabilidad), la ley 26.887 (Ley General de Sociedades –LGS–) y el Código de Comercio" *Cfr.* Luis Durán e Marco Mejía, <<*Puntos de encuentro...*, 2.

51 La concepción de validez factual la encontramos en los estudios de Iturralde, según la cual: "son normas válidas solo las que son usadas en decisiones operativas, es decir, una norma que está siendo aplicada por los organos jurisdiccionales para la decisión de los casos sometidos a su jurisdicción. De tal forma que, la fuente de la norma que está siendo usada en la decisión no es relevante porque su validez viene determinada por su uso. En

Consideramos que la anteposición de un concepto estrictamente formal de validez[53], en el sentido de que una norma solo tiene efectos jurídicos cuando ha sido creada siguiendo las formas y procedimientos establecidos por una norma superior prevista en el mismo ordenamiento jurídico, siendo entonces la norma superior la razón de validez de la norma inferior, resulta deficiente para acercarnos a la virtualidad jurídica o al estudio del alcance prescriptivo-conductual de la juridificación de los principios contables en el impuesto sobre la renta en Venezuela.

1.5. La *cuestionada obligatoriedad* de los principios de contabilidad generalmente aceptados en la actuación del profesional contable

Nuestros postulados sobre la validez normativa de los principios contables emitidos por la Federación de Contadores Públicos de Venezuela como conjunto técnico no atienden solo a su juridificación como parte del supuesto prescriptivo de conductas en disposiciones jurídicas obligatorias contentivas de reenvíos normativos. La razón de ser de su contenido prescriptivo debe justificarse por razones de estricta existencia y eficacia dada su aprehensión, análisis y aplicación por parte de los profesionales de la contabilidad; su aplicación por parte de los órganos jurisdiccionales y la competencia material del órgano gremial emisor.

La validez de los principios contables sobre el proceder profesional de los contadores públicos gira alrededor de cuestiones fácticas, esto es, hechos susceptibles de aprehensión y determinación objetiva. No se trata de una valoración moral o política con pretensiones fácticas. Se trata del cumplimiento de un conjunto técnico cuyo contenido normativo se ve materializado por una serie de fuentes que se explican como razones de eficacia social, las cuales desembocan en un patrón de apego por parte de los profesionales contables y del empresario en la construcción y revelación de la contabilidad como fuente de información del

---

situaciones extremas el Derecho operativo puede ser completamente independiente de cualquier norma jurídica promulgada; es decir, la validez factual es independiente de la validez sistémica. En este sentido validez significa predicción del comportamiento de los operadores jurídicos." *Cfr.* Victoria Iturralde, <<Reflexiones sobre los conceptos de validez y existencia de las normas jurídicas>>, DOXA, Cuadernos de Filosofía del Derecho, N° 31 (2008): 159, en: doxa.ua.es/issue/view/2008-n31.

52   Nuevamente recurrimos al pensamiento de Iturralde para acercarnos al entendimiento del concepto de validez axiológica, el cual nos permita argumentar en favor de la virtualidad jurídica de las normas contables cuando su aplicación bien por reenvío de una norma jurídica plena o por definición de un concepto jurídico determinado, signifique la aceptación del colectivo no solo de su contenido técnico, sino también de su contenido normativo. En tal sentido, Iturralde tomando las enseñanzas de Bulygin señala: "El análisis más esclarecedor de la existencia fáctica, dice BULYGIN, se debe a HART quien lo analiza en términos de aceptación de la norma como pauta de comportamiento por el grupo social: los miembros del grupo consideran justificadas las conductas conforme a las normas y también consideran justificada la reacción contra aquellos que la violan. Esto implica que consideran que la norma es obligatoria desde el punto de vista interno. Este concepto fáctico de existencia –dice BULYGIN– es descriptivo (decir que una norma existe en una determinada social es afirmar un hecho); admite diferentes grados de intensidad (una norma puede existir o estar vigente en mayor o menos grado dependiendo del grado de aceptación) y, es relativo a un determinado grupo social y a un momento temporal.../... Un cuarto sentido es el de *existencia formal*. Las normas existen en este sentido, o bien cuando han sido formuladas por alguien (que no necesita ser autoridad jurídica), o bien si son consecuencia lógica de normas formuladas (p. ej., un proyecto de ley que no ha sido aun promulgado: sus normas no existen en los tres significados anteriores, puesto están vigentes, y sin embargo tiene perfecto sentido decir que existen)." *Cfr.* Victoria Iturralde, <<*Reflexiones...*, 159-160.

53   *Cfr.* Luis, Diez Picazo, *Experiencias Jurídicas y Teoría del Derecho*, (Barcelona: Editorial Ariel, S.A. 1973), 184. Recurriendo a la opinión de Ródenas, se señala que: "La validez formal o existencia suele vincularse al cumplimiento de una serie de requisitos relativos a las formas y procedimientos para la producción de resultados institucionales, así como a la competencia del órgano del que emanan." *Cfr.* Ángeles Ródenas Calatayud, <<Validez Formal y Validez Sustantiva: El Encaje de la Competencia Material>>, DOXA, Cuadernos de Filosofía del Derecho, N° 30 (2007): 543, en: doxa.ua.es/issue/view/2007-n30.

valor patrimonial de la entidad de negocios por exigencia de la legislación tributaria y mercantil.[54]

Es en este sentido que postulamos cuatro argumentos para fundamentar la validez factual y axiológica de la obligatoriedad de los principios de contabilidad generalmente aceptados (VEN-NIF) en el trabajo de los profesionales contables[55]: a.) **Argumento 1**: utilización en decisiones operativas para la solución de casos concretos por parte de los órganos jurisdiccionales, (*reconocimiento judicial por falta de regulación jurídica*); b.) **Argumento 2**: aceptación de tales reglas técnicas como pauta de comportamiento de los profesionales contables en la preparación y revelación de la contabilidad del empresario mercantil, (*exigencia legal-profesional por previsión de deber y castigo*); c.) **Argumento 3**: calificación académica y científica del comité de principios de contabilidad de la Federación de Colegio de Contadores Públicos de Venezuela para emitir reglas técnicas obligatorias en la actuación del profesional contable, (*competencia técnica por calificación académica y profesional*); y (iv) **Argumento 4**: competencia normativa de la Federación de Colegios de Contadores Públicos de Venezuela para emitir reglas técnicas de aplicación obligatoria cuyo incumplimiento sí encuentra expreso castigo en la legislación (*competencia material por atribución jurídico-normativa*).

a. Argumento 1: reconocimiento judicial por falta de regulación jurídica

Las decisiones de los tribunales de la República y del Tribunal Supremo de Justicia sí se han pronunciado sobre la obligatoriedad de los principios de contabilidad de aceptación general (VEN-NIF) en la llevanza de la información contable que sirve a la determinación de la base imponible del impuesto sobre la renta.

Existen decisiones de la Sala Político Administrativa del Tribunal Supremo de Justicia que reconocen la aplicación de los principios de contabilidad generalmente aceptados en lo relativo al método de valuación de inventarios (UEPS, PEPS o Promedio), cuya aplicación se ha admitido financiera y fiscalmente dada la pertinencia de la técnica contable.[56]

En el mismo orden de ideas, existe otra decisión de la misma Sala del máximo órgano jurisdiccional del país en la cual se decidió sobre la admisión de los principios de contabilidad

---

54 Al respecto resulta de una pertinencia extraordinaria el pensamiento de Raz: "Para entender cómo el carácter social y fáctico del derecho puede ser reconciliado con la idea de validez como justificación, tenemos que considerar el entido en el cual el derecho es un sistema social.../... Hay, sin embargo, una segunda manera en la que el derecho es un hecho social. Todas las disposiciones jurídicas tienen una fuente. La validez de toda disposición jurídica está condicionada por la existencia de ciertos hechos: ciertos actos del parlamento o de un ministro o de un consejo municipal, ciertas decisiones de los tribunales, un patron general de comportamiento del grueso de la población que da cuenta de la existencia de una costumbre, etcetera. Estos son hechos creadores de derecho." *Cfr.* Joseph Raz, *La Autoridad del Derecho, Ensayos sobre Derecho y Moral*, (México: Ediciones Coyoacán, S.A. de C.V., 2011) 195-196.

55 "La argumentación es una actividad humana que se vale del raciocinio para solucionar una cuestión o problema." *Cfr.* Pompeyo Ramis, *Lógica y Crítica del Discurso*, (Mérida: Universidad de los Andes, Consejo de Publicaciones, Facultad de Ciencias Jurídicas y Políticas, 1999), 172. "A la solución del problema se llega mediante el establecimiento de razones o justificaciones en contra o a favor de una determinada tesis. De tal forma que se lleve al convencimiento a alguien sobre algo o para realizar una determinada acción." *Cfr.* Manuel Atienza, *El Sentido del Derecho*, (Barcelona: Editorial Ariel, S.A., 2012), 271.

56 Es el caso de la sentencia N° 02307 del 24 de octubre de 2006, caso: *S.H. Fundiciones C.A.*, la cual nos permitimos transcribir parcialmente: "En la Ley de Impuesto sobre la Renta del 14 de diciembre de 1981, publicada en la *Gaceta Oficial* N° 2.894 *Extraordinario* de fecha 23 del mismo mes y año y en el Reglamento de la Ley de Impuesto sobre la Renta del 21 de febrero de 1968, publicado en la *Gaceta Oficial* N° 1.183 *Extraordinario* del 22 del mismo mes y año, aplicables ratione temporis, no existe la prohibición en el cambio del uso del método de valuación de inventarios (UEPS, PEPS o PROMEDIO), los cuales se han admitido en atención a los principios de contabilidad generalmente aceptados."

generalmente aceptados a los fines del cambio de método de valoración de inventarios dentro de lineamientos de razonabilidad, consistencia y buena fe.[57]

Los tribunales tributarios de instancia han decidido que una interpretación razonable del artículo 90 de la Ley de impuesto sobre la renta de 2007 (hoy artículo 88 de la Ley de Impuesto Sobre la Renta) debe considerar que los libros especiales a que hace mención tal norma jurídica son los libros de contabilidad que deben ser llevados conforme a los principios de contabilidad generalmente aceptados de conformidad con el artículo 32 del Código de Comercio.[58]

b. *Argumento 2: exigencia legal-profesional por previsión de deber y castigo*

La Ley de ejercicio de la contaduría pública[59] confirma dos realidades que deberán cumplirse para que la información financiera cumpla sus objetivos frente a los usuarios internos y externos a la entidad. Por un lado, la potencialidad del valor de la contabilidad llevada conforme a las disposiciones legales y estatutarias vigentes. Por otro lado, el valor de la actividad del profesional contable al establecer una presunción legal sobre los efectos de su dictamen, certificación o firma.

El saber profesional del contador público se materializa en la certificación de la razonabilidad de la contabilidad de la entidad al permitirse opinar sobre los estados financieros que demuestren de manera relevante y confiable la situación patrimonial, incluido el efecto de los beneficios o las pérdidas obtenidas de la empresa mercantil a la fecha de su elaboración. Lo cual, como hemos visto en páginas anteriores, solo es posible si la construcción y revela-

---

57 Es el caso de la sentencia N° 00647 del 16 de mayo de 2006, en el caso: *Cervecería Polar, C.A. y Cervecería Polar del Centro, C.A. (CEPOCENTRO)*, la cual nos permitimos transcribir parcialmente: "Ahora bien, ciertamente este efecto se produce en un determinado ejercicio, pero en los siguientes, por el contrario, los costos disminuyen y la utilidad aumenta, compensándose de esta manera el resultado obtenido en el primer ejercicio. Por tal razón y siguiendo los principios de contabilidad generalmente aceptados, se admite sin objeción el uso de uno cualesquiera de estos métodos, o en su lugar, el método PROMEDIO, cuando se trata como en el caso de autos, de una sociedad mercantil que fabrica y comercializa productos de naturaleza genérica (cerveza y malta). (…). En razón de ello, se hace necesario precisar que si bien es cierto que los contribuyentes pueden elegir uno cualesquiera de los métodos mencionados, conforme a los principios de contabilidad generalmente aceptados, no es menos cierto que la aplicación del nuevo método que escoja debe hacerse dentro de unos lineamientos de razonabilidad, consistencia y buena fe."

58 Es el caso de la Sentencia del Tribunal Superior Contencioso Tributario de los Andes, expediente N° 2.617 del 15 de enero de 2013, caso: *Díaz Motor´s C.A*, la cual nos permitimos transcribir parcialmente: "este Tribunal ha analizado el contenido del artículo 90 de la Ley de Impuesto Sobre la Renta, el cual hace expresa alusión a los principios de contabilidad lo que debe entenderse que los libros que son obligatorios para el contribuyente de Impuesto sobre la Renta son los relacionados con la contabilidad, los cuales están descritos en el Código de Comercio de Venezuela artículo 32 que establece: "Que todos los comerciantes deben llevar obligatoriamente, el libro diario, el libro mayor y el libro de Inventarios, y los libros auxiliares que estime conveniente utilizar, ajustados a los principios de contabilidad generalmente aceptados". (…) Vale aclarar que a los efectos legales, se entiende por libros de comercio los que determine la ley como obligatorios y los auxiliares necesarios para el entendimiento de aquellos, es claro que las normas se están refiriendo a la especie de libros de comercio en este caso de contabilidad, la norma indica claramente que son todos aquellos libros de los cuales se desprenda."

59 *Gaceta Oficial* N° 30.273 del 5 de diciembre de 1973. Artículo 8.- "El dictamen, la certificación y la firma de un contador público sobre los estados financieros de una empresa, presume, salvo prueba en contrario, que el acto respectivo se ha ajustado a las normas legales vigentes y a las estatutarias cuando se trate de personas jurídicas; que se ha obtenido la información necesaria para fundamentar su opinión; que el balance general representa la situación real de la empresa, para la fecha de su elaboración; que los saldos se han tomado fielmente de los libros y que estos se ajustan a las normas legales y que el estado de ganancias y perdidas refleja los resultados de las operaciones efectuadas en el período examinado."

ción de la contabilidad sigue la aplicación de los principios de contabilidad generalmente aceptados (VEN-NIF) por mandato legal expreso.[60]

En definitiva, el valor del servicio del contador público en la construcción, revelación o certificación de la información contable de la empresa mercantil está sujeto a la razonabilidad y fiabilidad de los estados financieros por aplicación del criterio técnico contenido en los principios contables. Ello abre el camino para la intervención del rigor contralor del Comisario a tenor del artículo 311 del Código de Comercio y al cumplimiento de las expectativas de los accionistas y demás usuarios de la información financiera para la toma de decisiones de negocio[61]. De lo contrario, si se ha emitido información financiera para el uso de sus usuarios sin aplicación del contenido técnico-normativo de los principios contables, entonces el contador público deberá abstenerse de certificar o emitir opinión alguna evitando la materialización de un supuesto de ejercicio ilegal de la profesión que le conduzca a la imposición de una multa o a la suspensión del ejercicio de la profesión.[62]

c. *Argumento 3: competencia técnica por calificación académica y profesional*

La aplicación de los principios de contabilidad generalmente aceptados en Venezuela (VEN-NIF) por parte de los contadores públicos está condicionada a la superación de las exigencias técnicas y científicas del conocimiento del Comité Permanente de Principios de Contabilidad de la Federación de Colegios de Contadores Públicos de Venezuela. Su preparación está supeditada a la auscultación de las normas internacionales de información financiera en función de preparar su eficacia en un entorno social, político y económico diferente al entorno del país originario del órgano internacional emisor de tales reglas de alcance global.[63]

Por ello, el rigor técnico de tales principios contables pasa por la adopción condicionada a la previa revisión y análisis de un comité científico formado por contadores públicos con amplia trayectoria profesional y académica, además procedentes de todas las regiones del país. Esta posibilidad de intervención del Comité Permanente de Principios de Contabilidad, garantiza que la aplicación del contenido técnico-normativo de los principios contables atienda a una realidad económica específica en el cual operan las entidades mercantiles obligadas a preparar y revelar su información financiera.

---

60 Dos de los postulados fundamentales que guían la preparación de la información contable, incluidos los estados financieros, son: (i) la relevancia, y (ii) la confiabilidad. El primero supone que la información contable sea fácilmente comprensible para los usuarios. A este respecto, las notas de los estados financieros son un instrumento valioso a la hora de indagar en la significación de las cifras de las partidas contables, su origen, cuantía y repercusión en las decisiones económicas futuras de la entidad de negocio. A pesar de ello, la relevancia de la información contable apoyada en las notas explicativas no desdice de la preparación que deben poseer los usuarios de la información contable a causa de su relevancia para la toma de decisiones económicas. El segundo supone que la información contable debe poseer la cualidad de *fiabilidad*. Tal cualidad se materializa cuando está libre de error material y de sesgo o prejuicio y los usuarios pueden confiar en que es la imagen fiel de lo que pretende representar, o de lo que puede esperarse razonablemente que represente.

61 Reglamento de la Ley del Ejercicio de la Contaduría Pública, Decreto Presidencial del 4 de febrero de 1975. Artículo 8.- "Los servicios profesionales del Contador Público serán requeridos para cualquiera de las siguientes actividades: (...) 7) Para preparar conjuntamente con el comisario de las compañías mercantiles, el informe que de conformidad con el artículo 311 del Código de Comercio sea exigido por un número de accionistas que represente, por lo menos, la quinta parte del capital social. Para las sociedades regidas por los artículos 56,62 y 70 de la Ley de Mercado Capitales, la actuación profesional de uno o varios contadores Públicos será requerida en todos los casos y el informe del Comisario siempre deberá ser firmado tanto por el Comisario como por los Contadores Públicos."

62 Sin perjuicio de la responsabilidad civil a tenor del artículo 1.185 del Código Civil publicado en la *Gaceta* N° 2.990 *Extraordinaria* del 26 de Julio de 1982 y de la responsabilidad penal a tenor de lo dispuesto en los artículos 25 del Código Penal, publicado en la *Gaceta Oficial Extraordinario* N° 5768 del 13 de abril de 2005 y 128, 130 y 157 del Código Orgánico Tributario.

63 *Cfr.* Federación de Colegios de Contadores Públicos de Venezuela, *Boletín de Aplicación VEN-NIF N° 0...,* párrafo 9.

§ 31. CANIBALIZACIÓN DE PRINCIPIOS CONTABLES VENEZOLANOS, VIS A VIS ALGUNOS ASPECTOS REFORMADOS DE NUESTRA LEY DE IMPUESTO SOBRE LA RENTA (CASO: *AJUSTE POR INFLACIÓN Y OTROS CUENTOS DE LA CRIPTA*)

Antonio Dugarte Lobo [*]

I   INTRODUCCIÓN

En el caso de la Contabilidad y la tributación, siempre han existido estrechos vínculos. Se dice esto, por cuanto la mayoría de las Leyes tributarias, sin importar el escenario en el cual se estén presentando, deben necesariamente mirar un monto contenido en el estado financiero del contribuyente para llegar a determinar su respectiva base de imposición.

En el caso venezolano, la realidad no es distinta, ya que, para las formas societarias, tanto la Ley de Impuesto sobre la Renta, como la Ley Orgánica de Ciencia, Tecnología e Innovación, la Ley Orgánica de Deporte, Actividad Física y Educación Física, la Ley Orgánica de Drogas, así como, las Ordenanzas Municipales sobre Actividades Económicas, entre otros instrumentos, terminan considerando como elemento primordial en el cálculo de su base de imposición, algún ítem que forma parte del Balance General o del Estado de Ganancias y Pérdidas del contribuyente y que en consecuencia, tiene algún principio rector que lo regula para fines de su manejo contable.

Como bien se ha dicho, y siendo la renta, el patrimonio y el consumo, manifestaciones de capacidad contributiva (o capacidad económica, según prefiera apreciarse), y elemento sustancial en la configuración del hecho imponible de la mayoría de las leyes tributarias conocidas internacionalmente, la contabilidad brinda la plataforma necesaria para evaluar si una persona jurídica ha experimentado variaciones en su situación patrimonial, o arropar la lectura necesaria para poder hacer el seguimiento en el tiempo que permita saber, si ha existido reparto de utilidades, su comportamiento anual a nivel de resultados, etc.

Ahora bien, aun cuando es cierto que existe esta necesaria interrelación, la contabilidad general y los resultados impositivos, tienen usuarios o lectores, totalmente diferentes, o para un mayor entendimiento, propósitos disímiles.

Bajo esta premisa, distintos autores han señalado que el propósito de la contabilidad puede resumirse en que "brinde información útil para la toma de decisiones y control, referida a: a) el patrimonio del ente y su evolución, b) los bienes de terceros en poder del ente; c) ciertas contingencias" (Fowler Newton), " o, a) presentar la situación patrimonial de una

---

[*]   Licenciado en Ciencias Fiscales y Abogado. Especialización en Derecho Financiero y Derecho Tributario. Cursos diversos de especialización en los Estados Unidos de Norteamérica así como el de Experticia en Fiscalidad Internacional en Universidad de Santiago de Compostela, España. Experiencia profesional de más de veinte (28) años en Firmas Transnacionales de Contadores Públicos y en un reconocido Escritorio Jurídico de Especialización Tributaria. Ex Vicepresidente de Administración y Asuntos Impositivos de una reconocida institución financiera. Profesor de Pregrado y Postgrado en materias del área tributaria de la Escuela Nacional de Administración y Hacienda Pública I.U.T, e instructor en el área de cursos de extensión profesional del SENIAT así como profesor en el Instituto de Desarrollo Profesional de los Colegios de Contadores Públicos del Distrito Capital y del estado Miranda (IDEPROCOP). Miembro de Número de la Asociación Venezolana de Derecho Tributario (AVDT). Actualmente Socio de la División de Asesoría Tributaria y Legal de Crowe – Márquez, Perdomo & Asociados.

empresa a un momento dado así como la evolución de su patrimonio neto, b) demostrar los resultados de la actividad de sus operaciones a lo largo de un período de tiempo, c) aportar datos que ensamblados con información proyectada proveniente de otras fuentes, permitan determinar su posición económico- financiera". (López Santiso y otros).

Es así como entonces, formando parte de ese universo de usuarios de la información contable, podemos observar a las diversas administraciones tributarias (léase nacionales, estadales, municipales, o de otra índole que sin ser entes intrínsecamente tributarios, administran tributos o aportes recaudados- caso-entes regidos o creados por leyes no tributarias pero con tenido tributario), pues la contabilidad, les confiere la información indispensable para constituir la base de determinación tributaria.

En muchos casos, se ha hablado de la vinculación de la contabilidad general y la información contenida que es integrante de la base de imposición del tributo analizado, y ha merecido por la doctrina una diferenciación apelando a la ubicación de sus zonas de dependencia, es decir, si existe subordinación de la tributación a la contabilidad, las llamadas zonas de autonomía, relativas a que la materia tributaria dicta sus propias pautas que prevalecen sobre lo dispuesto por la contabilidad, y, las que pudiéramos llamar, zonas de conflicto referidas a aquellas en las cuales por falta de previsiones taxativamente definidas por la norma tributaria, pudiera la materia contable llegar a tener un grado de influencia importante en la interferencia, incongruencia o falta de sintonía.

Sobre la íntima relación entre la contabilidad y la tributación, la jurisprudencia, sobre todo la foránea, se ha expresado en varias ocasiones indicando que "No existe una total autonomía en la contabilidad fiscal, ya que para las liquidaciones impositivas debe partirse del resultado del balance comercial".

Esta contabilidad, como veremos en párrafos posteriores, está regida por principios, los cuales han evolucionado con el tiempo, y bajo el paraguas de la globalización, que sin duda alguna ha obligado a ello. Producto de esto, y teniendo en cuenta también que las leyes tributarias, sobre todo en el caso venezolano, suelen vivir reformas constantes, puede ocurrir que los principios aludidos, por una razón u otra, sean "ignorados", interpretados a conveniencia de una u otra parte, o simplemente, aplicados en su justa dimensión.

En el caso venezolano, el Impuesto sobre la Renta por medio de su emblemática Ley (LISLR), ya cumplió 75 años de existencia, y durante todo ese tiempo hemos observado diversos cambios en su normativa, que se han paseado desde tímidos intentos de reducir el cerco con la forma de determinar la base imponible, pasando por diversas obligaciones informativas, hasta llegar a radicales cambios en sus normas de control, pero siempre, ha estado latente el hecho de que aun cuando, la norma allí contenida, da un vertebral reconocimiento al principio contable como punto de partida de todo el soporte de la base impositiva declarada por el sujeto, también han estado presentes, la generación de algunas reformas, que han desaplicado algún principio contable, o torcido de alguna manera, su espíritu original, tal y como es el caso por ejemplo, del Sistema de Ajuste por Inflación Fiscal.

En nuestro país, la inflación se encuentra influida o determinada por factores como la estructura de los mercados en la oferta y demanda de los bienes y servicios, por las políticas de gasto y déficit fiscal, las políticas en materia cambiaria y las múltiples devaluaciones del bolívar, la política monetaria (que va dirigida al nivel de liquidez monetaria, las tasas de interés, la estructura de costos y los márgenes de ganancias) entre otros y las expectativas macroeconómicas que puedan tener lugar o formar parte de los planes políticos o de ejercicio del gobierno de turno. Es decir, los factores son múltiples, y podríamos desarrollar un tratado intentando comentar y documentar cada una de las causas aparentes, pero el hecho notorio y cierto, es que hoy, al igual que ya ocurría para 2014 y 2015, existe inflación en Venezuela y aunque no se crea, en estos referidos años, tuvo lugar la eliminación de la posibilidad de aplicar el Sistema de Ajuste por Inflación para dos grandes sectores de contribuyentes, aun cuando estos, están regidos por principios contables de indiscutible vigencia.

En la reforma a la Ley de Impuesto sobre la Renta de 1991, al igual que en la Reforma de 1999, parecía que nuestro legislador tributario se estaba poniendo pantalones largos, al proponer reformas que a nuestro entender, fueron vanguardistas al buscar, en el primer caso la justa y real tributación en el contribuyente por medio de la inclusión del Sistema de Ajuste por Inflación en la Ley en una Venezuela ya franca y abiertamente inflacionaria, y en el segundo caso, buscando una adecuación y armonización de nuestro sistema impositivo con un mundo ya en vías de globalización y hablando (desde hacía mucho rato), un lengua impositivo totalmente distinto al nuestro. Este proceso de relativo avance, dio al traste con las reformas indicadas, y lo más grave aún, conformó la manifestación más notable en la desaplicación de un principio contable, para la subsistencia de un interés de recaudación, o lo que es lo mismo, se "canibalizó" el principio contable, en prevalencia de otro interés distinto.

Sobre ello, estaremos conversando en próximas páginas.

II. LA CANIBALIZACIÓN COMO ENTIDAD

Cuando observamos literatura variada, y de distintas tendencias en el ámbito industrial, comercial o de servicios, encontramos que la canibalización como concepto, consiste simplemente en el desarrollo de un bien o servicio a costa de otro de iguales o parecidas características. Dicho de otra manera: el nacimiento o crecimiento de uno, a costa de la reducción, disminución o incluso muerte (no siempre) del otro.

Derivando de ello, se habla de que existen diferentes tipos de canibalismo, entre los cuales se cuentan el de partes y piezas, productos o publicidad, llegando incluso hoy en día, al canibalismo con base en el uso de las "keywords" en la navegación por las páginas de internet.

En el llamado canibalismo de partes y piezas, tenemos que se reconstruye un equipo mediante el aprovechamiento parcial de las piezas de otro ya terminado o en funcionamiento, por la limitación o imposibilidad que existe en ese momento de poder acceder a los repuestos requeridos.

En el canibalismo aplicado a la publicidad, se observa que una marca pretende llegar a su mercado de consumidores utilizando un mensaje similar al de otra marca ya de antigüedad o establecida, produciendo en el consumidor confusión y con la impresión de haber visto ya la publicidad de la marca conocida. Se logra mediante logos, slogans, colores definitorios parecidos, etc.

En el caso del canibalismo de los productos terminados para ser comercializados, uno perteneciente a la misma cartera de productos de un fabricante, hace descender las ventas de otro de la misma cartera; esto puede ser visto de una manera más simple, cuando por ejemplo el fabricante elabora un nuevo producto que entra en competencia con uno de su misma cartera, pero que se hace más atractivo comercialmente por la obsolescencia tecnológica que ya comienza a cobijar al anterior.

El sector financiero no escapa a esta vorágine, y es así como encontramos que la innovación financiera está desencadenando en los últimos tiempos el canibalismo por la introducción de productos más atractivos sobre todo desde el lado de la captación de recursos, tratando de atraer fondos de la clientela cautiva de la competencia. Ahora bien, teniendo en cuenta que como la oferta actual, incluida la de las entidades que promocionan un nuevo producto, no presenta mayores variantes entre unas y otras, lo que suele se produce es un efecto de migración interna en el balance de la propia entidad, de sus productos más tradicionales o menos atractivos hacia los que la innovación ha creado. Pese a este posible evento no deseable, y como consecuencia de la salvaje competencia que suele presentarse, las entidades pugnan por introducir continuamente nuevos productos que permitan atraer o producir su propia canibalización, esto último para evitar la posible pérdida de cuota de mercado en un determinado segmento, pero a costa de un incremento en los costos en la mayor parte de las ocasiones.

La canibalización de palabras clave en la WEB sucede desde una misma web estamos tratando de rankear por las mismas keywords con diferentes contenidos.

De todo el material revisado, y considerando entonces, lo ya comentado previamente, hubo dos ideas que marcaron lo que fue la inquietud original que me llevó al desarrollo, y en consecuencia, al título asignado a este trabajo: una primera que señala que *"¡Muy sencillo! La canibalización de productos no es otra cosa que **matar tus propios productos**, sí, has oído bien, no tengas miedo de matar tus propios productos, tal vez si los tienes que matar tú es que tu competencia no ha podido con ellos."*, y una segunda que considera que *"Cuando una empresa decide canibalizar un producto con otro, lo que hace **es una decisión muy valiente**, por un lado la empresa es consciente de que va a obtener menos ingresos por la venta de este producto, pero también sabe que lo compensará con creces con el nuevo lanzamiento".*

Aquí surge entonces la pregunta: existe canibalización de nuestros principios contables que puedan ser vinculados con nuestra vigente Ley de Impuesto sobre la Renta? La respuesta es una: sin duda!

Como podremos observar en posterior desarrollo, y aunque es cierto que el texto legislativo y el texto reglamentario que rigen en la actualidad la aplicación de nuestra materia impositiva a la renta, tienen como columna vertebral, la remisión a los principios contables, para la determinación y soporte de las cifras que son declaradas por cada contribuyente o hecho imponible, no es menos cierto también, que en cada reforma que ha tenido lugar al texto legal, desde la primigenia Ley del año 1942, hasta la última del año 2015, se ha venido desmantelando o desdibujando de manera progresiva, a muchos de los principios contables vigentes en Venezuela en cuanto a su rectoría en esta materia, o lo que es lo mismo, se ha venido "matando" el principio contable, para que prevalezca o subsista el mero interés regulatorio o recaudatorio que ha tenido en mente el legislador, al momento de gestar tal reforma.

Esta casi inexistente sintonía o armonía entre la norma y el principio, y que por el contrario, ha sido sustituida en el tiempo por esta suerte de Antinomia perversa, ha dado lugar, a la aparición de una discrecionalidad absoluta, tanto de la Administración Tributaria, como del propio contribuyente, al momento de aplicar criterios de determinación impositiva. Dicho de otra manera, esta constante espiral reformatoria que se ha gestado en las últimas décadas, ha dejado un pasto fértil, para la desaparición de necesarios y longevos principios rectores en materia tributaria, y dado lugar, a la aparición de interpretaciones bizarras y totalmente alejadas de la filosofía técnica que acompañó en su momento a innumerables disposiciones legislativas que tuvieron su razón de ser, en la regulación de un hecho económico materializado por la regulación de un principio contable.

III. LOS PRINCIPIOS CONTABLES VENEZOLANOS.

Si bien estas breves páginas, no buscan convertirse en una suerte de tratado contable, siempre es conveniente, para enfocar al análisis que buscamos, comenzar por señalar, qué son los principios contables, como han evolucionado, y qué tenemos actualmente en Venezuela, en cuanto a esta materia.

Debemos entender entonces que los llamados principios contables, son un conjunto de normas y reglas que deben ser aplicados para poder tener la más fidedigna y armónica contabilización de todos los elementos constitutivos del patrimonio y otros items económicos y financieros de la empresa, para así, de esta forma, poder reflejar una perspectiva fiel de la actividad que la entidad observada, logra recoger en un período determinado de su quehacer continuo. Se les suele reconocer de varias maneras, pero digamos que las más académica y constante, tiende a reconocerlos como los "Principios de Contabilidad Generalmente Aceptados" (PCGA).

En definitiva estos principios norman o regulan el proceso de registro financiero de todas las partidas constitutivas de la actividad del ente sometido a estos, estableciendo qué información se debe incluir, y la forma en que esta debe ser organizada y presentada en los llamados estados financieros.

PRINCIPIOS DE LA CONTABILIDAD

En primer lugar, tenemos los llamados Principios Universales; no obstante, y por conveniencia y práctica recurrente, suelen ser determinados por el gremio de Contadores Públicos que hace vida en cada país, buscando en todo momento, la objetividad y certeza de la información que arrojan en cada momento, los estados financieros.

Derivando de ello, tenemos luego entonces:

PRINCIPIO FUNDAMENTAL
EQUIDAD

Este es el principio rector, que debe orientar la acción del contador en todo momento. Busca, el registro de la cifra en base a la imparcialidad y bajo los paraguas de la ética y la justicia, con base en que la información contable debe ser determinada con transparencia y equidad, para terceros y para la entidad misma, sin buscar su sesgo favorecedor a interés alguno.

Puede decirse que con la aplicación de este principio de equidad se busca armonizar la posible existencia de intereses opuestos, y buscando así evitar distorsiones o conflictos con los intereses particulares de los que requieren de esta información contable para su uso o interpretación.

Principios Generales

Están representados por aquellos principios de la contabilidad que definen y/o enmarcan a la entidad económica en sí, y a todos sus elementos financieros. Es así como entonces tenemos:

ENTE

Se establece el concepto de "ente" o "entidad" para referir al mismo los estados financieros, dejando al propietario, accionista o inversionista, solo como un elemento subjetivo o tercero. Este ente, desarrolla una actividad elegida, y entre sus diversos elementos de formación, conviven un capital o equivalente (dependiendo de la forma societaria u operativa que hayan adoptado sus fundadores para que opere), recursos humanos y recursos materiales, coordinados y dirigidos por un grupo directivo que toma decisiones enfocadas al logro o consecución de los objetivos de la entidad.

Debe destacarse que este principio descansa entonces, en el hecho de separar el cuerpo del negocio o su actividad, y la de los propietarios, accionistas o inversionistas, ya que aunque los segundos guardan una vinculación directa con la primera, no son asimilables.

BIENES ECONÓMICOS

Los estados financieros presentan el registro de bienes económicos, es decir tanto materiales como inmateriales caracterizados por tener valor económico y ser susceptibles de ser valorados y representados en términos monetarios.

Se contabiliza, todo bien susceptible a valor de intercambio, sin tener relación directa de cuál es su origen, o como fue adquirido. Como Ejemplo de ello tenemos: bienes tangibles (inventarios, activos fijos, insumos) y bienes intangibles (patentes, seguros, cartera de clientes, proyectos, derechos, etc.)

MONEDA DE CUENTA

Sobre ello se indica que "Se refleja el patrimonio valorizado en precios para reducir los componentes a una expresión que permite agruparlos y compararlos. Generalmente se utiliza como moneda de cuenta, la unidad monetaria de curso legal en el país dentro del cual funciona la entidad."

EMPRESA EN MARCHA

Se basa en la presunción o entendimiento de que la entidad estará operativa por tiempo indefinido salvo, algún acuerdo del propio documento fundacional o como hecho posterior que en modificación documental establezca lo contrario, o que, debido a situaciones sobrevenidas adversas importantes, o pérdidas económicas continuas e insolvencia, hacen materialmente imposible su continuidad.

Esto último, debe ser suficiente y adecuadamente demostrado por los valores respectivos, y deberán ser considerados y aceptados al momento en que la entidad entre en liquidación siguiendo los procesos internos establecidos en cada jurisdicción.

VALUACIÓN AL «COSTO»

Viene determinado por la necesidad de valorar los activos, el costo de producción y / o adquisición al monto que consta en comprobante, no permitiendo en ningún caso que las fluctuaciones que se producen por las variaciones en las tasas de cambio de la moneda local, versus la divisa de referencia con la que se produjo la adquisición del activo u otros costos, produzcan algún cambio en el registro originario. Representa así, el criterio principal de valoración que condiciona la formulación de estados financieros de situación, sin que por ello se desconozca la coexistencia de otros criterios y reglas aplicables en determinadas circunstancias particulares.

DEVENGADO

Bajo este principio, se procede al registro de los gastos e ingresos en el periodo contable de que se trate, a pesar de que el soporte documental tenga una fecha correspondiente al siguiente ejercicio. En este orden de ideas, el "Devengo" expresa el reconocimiento y registro de cualquier evento contable (por ejemplo los intereses por préstamos, remuneraciones u otros beneficios laborales vencidos pendientes de pago, depreciación de activos, regalías, honorarios, etc) en cuentas a determinada fecha. Simplemente, apunta a las variaciones patrimoniales correspondientes a un ejercicio sin tener en cuenta si se han pagado, o no.

PERIODO DE EJERCICIO

Las entidades en marcha, deben cuantificar, y en consecuencia, medir el resultado de la actividad desarrollada teniendo en cuenta el paso del tiempo, y por un determinado segmento de este, con fines administrativos, legales e impositivos.

OBJETIVIDAD

Como bien se indica, "…Los cambios en los pasivos, activos y en la expresión contable del patrimonio deben reconocerse en los registros contables, medirlos objetivamente y expresarlos en moneda de cuenta…."

REALIZACIÓN

Los resultados producto de los hechos económicos que tengan lugar dentro de la entidad, deben registrarse luego de ser efectivamente materializados o realizados, es decir luego de que la operación que los causa se perfeccione, conforme a lo dispuesto por la legislación o prácticas comerciales aplicables.

PRUDENCIA

Al registrar un activo que cuenta con dos posibles valores, se debe optar por el más bajo, o bien se contabilice de tal modo que la alícuota sea menor. Este principio también se puede expresar diciendo: «Contabilizar las pérdidas cuando se conocen y las ganancias únicamente cuando se hayan realizado», o dicho de otra forma, se deben anticipar las pérdidas, pero no las ganancias.

UNIFORMIDAD

Los principios generales y demás normas particulares empleadas para la preparación de los estados financieros de una entidad cualquiera, deben ser los mismos de un ejercicio a otro, en consecuencia, deben ser aplicados de manera uniforme. El principio de la uniformidad implica que una vez se haya decidido la aplicación de una norma, las operaciones por venir deberán ser tratadas de la misma manera, para no alterar asi los rubros de los estados financieros, dificultando la comparación entre los diferentes periodos.

SIGNIFICACIÓN E IMPORTANCIA RELATIVA

Cuando se busque determinar un peso específico en la aplicación de los principios y normas contables que regirán las actividades de la entidad en un período determinado, debe establecerse un sentido práctico y lógico. No existe una línea que establezca cuales son los límites de lo que es significativo y lo que no lo es. Debe emplearse el mejor criterio para resolver lo que corresponda en cada caso y de acuerdo con las circunstancias. Dicho principio busca entonces la flexibilidad o armonización que debe existir para admitir mediciones que no respondan a lo prescrito por la disciplina contable, por cuanto en muchas ocasiones, y atendiendo a la actividad desarrollada por la entidad analizada, lo que es aplicable en un caso, no es aplicable para otro.

EXPOSICIÓN

La información contenida en los estados financiaros, debe ser amplia, clara y reveladora para poder tener así, la adecuada interpretación del escenario financiero y de los resultados económicos perseguidos. Este criterio contempla incluso, la formulación de los informes de manera llana y comprensible para los usuarios o intérpretes de su contenido.

CASO VENEZOLANO

Hasta hace unos años atrás, escuchábamos entonces hablar de los PCGA como denominación universal de los Principios de Contabilidad Generalmente Aceptados, para luego escuchar hablar de las Normas Internacionales de Información Financiera (NIIF), y de las Normas Internacionales de Contabilidad (NIC).

A los efectos, es conveniente recordar que "Normas Internacionales de Información Financiera – NIIF" se refiere a las Normas e Interpretaciones adoptadas por la Junta de Normas Internacionales de Contabilidad (IASB), y de igual forma, dichas Normas comprenden: a) Las Normas Internacionales de Información Financiera (NIIF); b) Las Normas Internacionales de Contabilidad (NIC); y c) Las Interpretaciones elaboradas por el Comité de Interpretaciones de las Normas Internacionales de Información Financiera (CINIIF-IFRIC) o el antiguo Comité de Interpretaciones (SIC).

Ya para el caso venezolano, tenemos entonces, que las VEN NIF son el resultado de la adopción para Venezuela de las Normas Internacionales de Información Financiera (NIIF), las cuales actualmente, son emitidas por la IASB (International Accounting Standards Board (Junta de Normas Internacionales de Contabilidad, traducido al castellano).

Visto lo anterior, podemos señalar que las VEN-NIF son las mismas NIIF con las adaptaciones de rigor a la realidad económica de nuestro País, las cuales con la consecuencia directa de los estudios y resoluciones adoptadas por la FCCPV (Federación de Colegios de Contadores Públicos de Venezuela) la cual, es la entidad oficialmente reconocida para emitir las normas contables de aplicación general en nuestro País.

Las NIIF, eran aplicables en Venezuela de manera supletoria como primera opción. No obstante, fue en el Directorio Nacional Ampliado (DNA) de la FCCPV, que tuvo lugar en enero de 2004, en Acarigua, estado Portuguesa, donde tiene lugar por primera vez la aprobación para armonizar el modelo de contabilidad venezolano al entorno internacional con fundamento en las NIIF, como marco de regulación contable. Luego de ello, y en el mismo 2004, se aprueba un plan – cronograma para su aplicación, el cual sufre modificaciones en agosto de 2006 y abril de 2008. Como consecuencia de ello, se acuerda que la aplicación obligatoria de las nuevas normas, para las grandes empresas, tendría lugar en los ejercicios económicos iniciados a partir del 1º de enero de 2008, y para las denominadas pequeñas y medianas empresas (PYMES), para los ejercicios iniciados a partir del 1º de enero de 2011. Es así como entonces las NIIF comienzan a ser aplicadas en Venezuela a partir de Enero 2008 para las grandes empresas, mientras que los denominados VEN-PCGA, mantuvieron su vigencia para las medianas y pequeñas empresas, hasta finales de 2010, fecha luego de la cual, quedan totalmente derogadas.

Los Boletines de Aplicación de las VEN-NIF

Los boletines de aplicación son los pronunciamientos técnicos por medio de los cuales la FCCPV establece las NIIF adoptadas en Venezuela (también denominadas Principios de Contabilidad) y señala con detalle, como se aplicarán, previa consulta pública, por parte del Directorio Nacional Ampliado de la referida entidad. Al efecto, se clasifican en dos grandes (2) grupos:

1. **VEN-NIF GE**, correspondientes a las normas o principios de contabilidad aplicables a las Grandes Entidades (GE) y están conformadas por las Normas Internacionales de Información Financiera (**NIIF Completas**) del año 2016, que van en aplicación conjunta con los Boletines de Aplicación de las VEN-NIF (**BA VEN-NIF**). Las **NIIF Completas** incluyen las Normas Internacionales de Contabilidad (**NIC**) y sus interpretaciones (**SIC**) emitidas por el Comité de Normas Internacionales de Contabilidad (**IASC**) entre los años 1973 y 2001; y las Normas Internacionales de Información Financiera (**NIIF**) y sus interpretaciones (**CINIIF**) emitidas por el Consejo de Normas Internacionales de Contabilidad (**IASB**) a partir del año 2001. La aplicación de las **VEN-NIF GE** es obligatoria en las Grandes Entidades, para los ejercicios económicos que se iniciaron a partir del 1° de enero de 2008.

2. **VEN-NIF PYME**, que están referidos a las normas o principios de contabilidad aplicables a las Pequeñas y Medianas Entidades (**PYMES**), conformadas por la Norma Internacional de Información Financiera para Pequeñas y Medianas Entidades (**NIIF para las**

PYMES), emitida por el **IASB** inicialmente en el año 2009, y modificada en el 2015, que debe ser aplicada al unísono, con los Boletines de Aplicación de las VEN-NIF (**BA VEN-NIF**). Como se indicó, la aplicación de las **VEN-NIF PYME** es obligatoria en las Pequeñas y Medianas Entidades, para los ejercicios económicos que se iniciaron a partir del 1° de enero de 2011.

Los **BA VEN-NIF** señalan las normas internacionales de contabilidad que son aplicables en Venezuela y determinan su implementación práctica. Hasta el presente se han emitido formalmente doce boletines (del 0 al 11), pero los números 1 y 3 fueron derogados. Las llamadas DPC (Declaraciones de Principios de Contabilidad) y las PT (Publicaciones Técnicas) fueron derogadas.

Seguidamente se relacionan todas las disposiciones vigentes: boletines, normas e interpretaciones. Estos documentos pueden descargarse directamente desde los sitios web de la **FCCPV** y del **IASB**.

A los fines de que se tenga una visión general, de cuales son los BA VEN-NIF que han sido publicados en Venezuela, tenemos:

BA VEN-NIF 0

Acuerdo para la Adopción de las Normas Internacionales de Información Financiera

BA VEN-NIF 1

Definición de Pequeñas y Medianas Entidades

BA VEN-NIF 2

Criterios para el Reconocimiento de la Inflación en los Estados Financieros preparados de acuerdo con VEN-NIF

BA VEN-NIF 3

Criterios para la Aplicación del Indice General de Precios, para la Reexpresión de los Estados Financieros en Venezuela.

BA VEN-NIF 4

Determinación de la Fecha de Autorización de los Estados Financieros para su Publicación, en el Marco de las Regulaciones contenidas en el Código de Comercio Venezolano.

BA VEN-NIF 5

Criterio para la Presentación del Resultado Integral Total, de acuerdo con VEN-NIF.

BA VEN-NIF 6

Criterios para la Aplicación en Venezuela de los VEN-NIF PYME.

BA VEN-NIF 7

Utilización de la Revaluación como Costo Atribuido en el Estado de Situación Financiera de Apertura.

BA VEN-NIF 8

Principios de Contabilidad Generalmente Aceptados en Venezuela (VEN-NIF)

BA VEN-NIF 9

Tratamiento Contable del Régimen de Prestaciones Sociales y la Indemnización por Terminación de la Relación de Trabajo.

BA VEN-NIF 10

Tratamiento alternativo para el Reconocimiento y Medición del efecto de las posibles variaciones en la Tasa de Cambio a la fecha de liquidación de Pasivos denominados en Moneda Extranjera.

BA VEN-NIF 11

Reconocimiento del Impuesto Diferido Pasivo Originado por la Supresión del Sistema de Ajuste por Inflación Fiscal en Venezuela.

Como ya se indicó previamente, los boletines derogados son los siguientes: **BA VEN-NIF-1** : Definición de Pequeña y Mediana Entidades y **BA VEN-NIF-3** : Criterios para la Aplicación del Indice General de Precios, para la Reexpresión de los Estados Financieros en Venezuela.

IV. EL PRINCIPIO CONTABLE COMO GÉNESIS DE LA IMPOSICIÓN PREVISTA EN NUESTRA LEY DE IMPUESTO SOBRE LA RENTA.

Cuando hacemos un análisis detallado del cuerpo normativo de la vigente Ley de Impuesto sobre la Renta, conjuntamente con su Reglamento, y de igual forma, hacemos un examen retrospectivo de los antecesores textos legales que han sufrido reformas en el tiempo, encontramos que conforme a la Hermenéutica Jurídica que ha prevalecido, el norte ha sido siempre el mismo: que la imposición se produzca sobre un resultado neto (en la amplia mayoría de los supuestos contemplados) y que a su vez, estas cifras que conforman esa masa de valores sometida a determinación, tengan su origen en el cumplimiento de un orden, un necesario tecnicismo y una base que pueda ser sometida a una general interpretación, sin sesgos o subjetividades y que, como fin primario, muestre el resultado de la actividad de la entidad en un período determinado; esto no es otra cosa distinta a la base contable, de la cual ya hemos venido haciendo referencia.

En el texto de la Ley de Impuesto sobre la Renta[1] vigente (y de una manera u otra, ha estado incluida en el tiempo, en los distintos textos reformados) observamos su artículo 88 que a la letra expresa:

> *"Artículo 88. Los contribuyentes <u>están obligados a llevar en forma ordenada y ajustados a principios de contabilidad generalmente aceptados en la República Bolivariana de Venezuela, los libros y registros</u> que este Decreto con Rango, Valor y Fuerza de Ley, su Reglamento y las demás Leyes especiales determinen, de manera que constituyan medios Integrados de control y comprobación de todos sus bienes activos y pasivos, muebles e Inmuebles, corporales e incorporales, relacionados o no con el enriquecimiento que se declara, a exhibirlos a los funcionarios fiscales competentes y a adoptar normas expresas de contabilidad que con ese fin se establezcan. Las anotaciones o asientos que se hagan en dichos libros y registros deberán estar apoyados en los comprobantes correspondientes y sólo de la fe que éstos merezcan surgirá el valor probatorio de aquéllos."(Subrayado nuestro).*

Por su parte, el artículo 80 del Reglamento de la Ley de Impuesto sobre la Renta,[2] señala:

> *"Artículo 80. Se aplicarán al ejercicio gravable los ajustes que se produzcan dentro de dicho ejercicio, por créditos y débitos correspondientes a ingresos, costos o deducciones de los dos (2) años Inmediatamente anteriores, mediante declaraciones sustitutivas, siempre que en el año en el*

---

1   Decreto N° 2.163, mediante el cual se Dicta el Decreto con Rango, Valor y Fuerza de Ley de Reforma Parcial del Decreto con Rango, Valor y Fuerza de *Ley de Impuesto sobre la Renta* (*Gaceta Oficial de la República Bolivariana de Venezuela*, N° 6.210, *Extraordinario* del 30 de Diciembre de 2015.).

2   Decreto N° 2.507, mediante el cual se dicta el *Reglamento de la Ley de Impuesto sobre la Renta* (*Gaceta Oficial de la República Bolivariana de Venezuela*, N° 5.662, *Extraordinario*, del 24 de Septiembre de 2003.).

cual se causó el Ingreso o egreso, el contribuyente haya estado Imposibilitado de precisar el monto del respectivo Ingreso, costo o deducción.

Las reglas establecidas en esta disposición sólo deberán referirse a Ingresos, costos y deducciones derivados de las operaciones productoras de los enriquecimientos disponibles, en la oportunidad en que se realizan las operaciones que los producen o cuando éstos se devengan. Se excluyen los ajustes referentes a las deducciones previstas en el artículo 27 de la Ley, numerales 3, 11, 20 y Parágrafo Decimotercero." (Subrayado nuestro).

Considerando lo previamente indicado, y sumando a ello lo dispuesto en otras disposiciones legales, podemos señalar entonces que los artículos 171, Parágrafo Primero del 171, y 176 prevén que todo contribuyente tiene la obligación de mantener de forma ordenada y controlada los libros y registros que esta Ley, su Reglamento y las demás Leyes especiales determinen, mostrando en ellos todos sus bienes activos y pasivos, muebles o inmuebles, corporales e incorporales, relacionados o no con el enriquecimiento que se declara.

Toda esta información que esté reflejada en los libros, debe estar ajustada a los principios de contabilidad generalmente aceptados en la República Bolivariana de Venezuela y a adoptar normas expresas de contabilidad que con ese fin se establezcan. A su vez, los asientos evidenciados deberán estar soportados en los comprobantes correspondientes que los originan, de forma de ser exhibidos y presentados a los funcionarios fiscales competentes en caso de ser requeridos por estos en un proceso fiscalizatorio.

De la misma manera el Reglamento de la Ley de Impuesto Sobre la Renta, en su artículo 104, parágrafo cuarto, exige qua la valoración de los inventarios históricos se lleve a cabo, para fines históricos, y en consecuencia, antes de efectuar el Reajuste por Inflación, en base al método de los promedios; por otra parte, en el artículo 177 del mismo Reglamento, se establece que la información relacionada con los inventarios deberá ser reflejada, por los contribuyentes, detallando las entradas y salidas de mercancías, mensuales, por unidades y valores así como, los retiros y autoconsumo de bienes y servicios, a través de medios manuales o magnéticos cuando la Administración Tributaria así lo autorice.

A nuestro mejor entender, estas son las normas que dentro de los textos, legal y reglamentario citados, aluden en forma directa a la rectoría que tienen los principios contables, en la determinación de la base de sustentación de las cifras que son determinadas por el contribuyente en cada período de imposición.

Es así como entonces observamos que estructuralmente, la determinación de la Renta Neta Fiscal del Contribuyente promedio considerado dentro la normativa, se forma con todos los Ingresos obtenidos en el ejercicio, con la aplicación de los Costos y Gastos que están asociados a estos; de allí derivan conceptos tales como Utilidad Contable, la Renta Bruta y la Renta Neta Fiscal. De igual forma, y como producto de la determinación referida, surgen conceptos que tienen un peso específico en el glosario tributario-contable, y que consideramos importante señalar:

a) Utilidad o pérdida financiera o, Resultado contable:

Es la ganancia o pérdida neta obtenida, antes de considerar el gasto de impuesto sobre la renta causado en el período.

b) Tasa Nominal de Impuesto:

Es el porcentaje o alícuota establecida en la ley, que bien sea unitario o, formando parte de una tarifa propiamente dicha, le corresponde causar sobre la renta neta gravable.

c) Tasa Efectiva de Impuesto:

Resultado porcentual generado al calcular la relación que existe entre el Gasto por ISLR ocasionado, y su peso específico con respecto a la Utilidad Contable del período.

d) Renta neta o pérdida fiscal:

Es la ganancia o pérdida del ejercicio, determinada conforme a las disposiciones contenidas en la Ley de ISLR, en forma concatenada, con su Reglamento.

e) Gasto de Impuesto sobre la Renta:

Quantum del impuesto que considera tanto el impuesto corriente (causado) como el impuesto diferido.

f) Impuesto corriente:

Es la cantidad a pagar (o compensar, ceder o recuperar) por el impuesto sobre la renta en función de la Renta Neta o Pérdida Fiscal del ejercicio.

g) Impuesto diferido:

Es el que deriva de las diferencias de imposición que se causan por el tratamiento previsto en la Ley de Impuesto sobre la Renta sobre los ingresos, costos y gastos contabilizados y que forman parte de la base de imposición fiscal del período, cuya realización o causación, tendrá lugar, en ejercicios distintos al que se declara. El mismo se calcula sobre las llamadas Partidas Temporales o Temporarias.

En materia del llamado Impuesto sobre la Renta Diferido, encontramos dos grandes tipos, y dos conceptos estrechamente ligados a este:

* *Impuesto Diferido Activo*: tiene lugar cuando el contribuyente debe causar un mayor impuesto en el período a declarar, pero el mismo representará una disminución del Gasto de Impuesto sobre la Renta en los períodos siguientes.

Dicho de otra manera, está constituido por aquellas cantidades del ISLR a recuperar en ejercicios futuros, pero que están vinculadas con las diferencias temporales deducibles y con la compensación de pérdidas fiscales de ejercicios anteriores que no han sido aún aplicadas fiscalmente en el ejercicio declarado.

* *Impuesto Diferido Pasivo*: se da, cuando el contribuyente causa un menor impuesto sobre la renta en el período a declarar, pero, deberá pagar dicha reducción obtenida, en los períodos siguientes. Tiene lugar, sobre las cantidades que deben ser pagadas en ejercicios posteriores, vinculadas con aquellas partidas o diferencias temporales gravables.

* *Diferencias Temporales*: son aquellas existentes entre la base tributaria de las partidas que conforman los activos o pasivos, y su monto registrado en los estados financieros, que ocasionarán montos gravables o deducibles en la determinación de la Renta Neta Fiscal a declarar, en períodos distintos al que se declara, cuando el monto informado del respectivo activo o pasivo, sea recuperado o pagado, respectivamente.

* *Diferencias Permanentes*: van referidas a las existentes entre la base tributaria de los montos presentados en los estados financieros, que no generarán montos gravables o deducibles en períodos futuros.

Como hemos podido observar en el desarrollo previo, nuestra normativa en materia de ISLR, y los principios contables venezolanos, no son dos configuraciones distintas o fungen como compartimientos estancos. El primero se basa en el segundo, y el segundo, es si se quiere, rector del primero. Sin la existencia de la contabilidad, no existiría la base determinativa creada en materia de Impuesto sobre la Renta; es por ello que, cualquier modificación en uno, repercute de manera directa y secuencial en el otro, tal y como lo podremos observar en líneas siguientes.

V. LAS REFORMAS TRIBUTARIAS EN MATERIA DE AJUSTE POR INFLACIÓN Y SUS CONSECUENCIAS

Cuántas reformas ha sufrido nuestra Ley de Impuesto sobre la Renta, desde el año 1942? No es nuestro objetivo determinar cuántas, pero si, comentar qué se generó como punto focal, en las reformas del 2014 y 2015, en materia de Ajuste por Inflación.

El Reajuste Fiscal por Inflación.

A partir de la Reforma a la LISLR de 1991, se consideró que el contribuyente debía determinar su Renta Neta del ejercicio basándose sin duda en su contabilidad tradicional y con base en los principios de contabilidad generalmente aceptados de aquel entonces, pero considerando de igual manera, el efecto positivo o negativo que la Inflación ocasionara sobre ciertas partidas de su Balance General que la Ley denominó como No Monetarias, así como de otros movimientos que también debían ser considerados tales como, Patrimonio Neto Inicial, Aumentos o Disminuciones de Patrimonio y Exclusiones Fiscales Históricas al mismo, todo ello en función, de que se obtuviera una Renta (o Pérdida si fuere el caso) fiscal, lo más cercana posible a una manifestación de su real Capacidad Económica, tal y como es mandatorio en nuestra Constitución Nacional.

Tal y como ya lo indicaba en mi trabajo publicado en el libro de las XII Jornadas Venezolanas de Derecho Tributario de la AVDT, denominado **"Pertinencia del Reajuste por Inflación de Inventarios por método de comparación de Bolívares o Masa Monetaria."**, *"Cuando se comienza a analizar o aplicar, según corresponda, la normativa contenida en nuestro Sistema de Ajuste Fiscal por Inflación (en lo sucesivo, El Sistema), y uno olvida por un momento lo que es la esencia del Sistema como tal, perseguida por el proyectista de reforma antes de 1991, que es la fecha efectiva de entrada del Sistema de Ajuste por Inflación en nuestra Ley de Impuesto sobre la Renta, simplemente observa una cantidad de compartimientos estancos que entre sí (Artículos?), que solo consiguen un enlace básico y nada convincente (amnesia hermenéutica?), traducido en una cuenta denominada "Reajustes por Inflación"[3], que recoge un efecto matemático pero de cierto, nada económico, pero que al final del día, sea o no acertado en su forma de determinación, sin duda afecta la renta neta del Contribuyente sometido al Sistema, y sobre ésta última es que el mismo, determina su obligación tributaria, es decir, la que impacta su "caja"."*

Indicaba de igual forma que, *"En efecto, el Sistema como esencia, siempre buscó un resultado, una consecuencia, un fin previamente pensado, orientado hacia la determinación de una real, no aparente, nada ilusoria y muy ajustada a los hechos económicos, Renta Neta Fiscal, buscando siempre evitar, que en algún momento la salud tributaria del contribuyente, padeciese de "síntomas de tributación" y que más bien, el contribuyente tributase sobre la base de un real "padecimiento impositivo"."*

Finalizaba es parte señalando que *"Evocando un tanto lo que fue el pensamiento del proyectista del Sistema del Ajuste por Inflación, recogido en nuestra Ley tributaria, podemos rescatar de la Exposición de Motivos de ese entonces contenida en el documento que emitió la Comisión de Finanzas de la Cámara de Diputados, lo siguiente:*

> **"El proyecto propone la incorporación de la normativa referente a un ajuste integral por actualización de los elementos del Activo, Pasivo y Patrimonio, con el propósito de que los contribuyentes paguen sobre la base de ingresos reales y no nominales como hasta el presente ha ocurrido. No se persigue con este sistema un mayor ni un menor ingreso de impuesto, sólo está dirigido a lograr la equidad, haciendo que las empresas tributen por sus verdaderos resultados**

---

3   Ley de Impuesto sobre la Renta (*Gaceta Oficial* N° 38.628, Ordinario, del 16 de febrero de 2007).

económicos, reconociendo y aceptando las pérdidas por inflación, pero también sincerando las ganancias que se produzcan debido a tal proceso."

De lo previamente citado, como ya lo indicaba en ese entonces en la referida publicación, debe rescatarse que el Sistema busca que para fines del Impuesto sobre la Renta genere: a) Ingresos Reales y no Nominales; b) Ni mayor ni menor ingreso de impuesto; c) Lograr equidad; d) Verdaderos resultados económicos; e) Aceptando pérdidas por inflación y, f) Sincerando ganancias, que se produzcan por tal proceso.

Según la información que presentan las estadísticas y registros del Banco Central de Venezuela (BCV), se comienza a hablar de inflación en nuestro país, a partir de Enero de 1950, cuando inicia el cálculo del Índice de Precios al Consumidor, y comienza a aparecer la ya vetusta tabla de Índices que de una manera u otra, todos conocimos y aplicamos.

No obstante existir inflación en aquel entonces, nuestra economía se había caracterizado por experimentar tasas de inflación "moderadas" entre los años 60 y 69, pero a partir de 1970 y hasta 1978, en una primera fase, tuvo lugar la aceleración de un fenómeno inflacionario en una tendencia de valores ya no tan "moderados" como los que se habían conocido hasta ese momento.

De ahí en adelante, la historia se hizo más dramática y la aceleración no se detuvo, habiéndose incluso tenido el primer año con inflación de 3 dígitos en el año 1996, durante el segundo gobierno de Rafael Caldera, cuando el IPC del Área Metropolitana de Caracas, alcanzó 103,2.

Esta realidad, fue recogida de igual forma por nuestros principios contables, y es así como el 23 de agosto de 1991, la Federación de Colegios de Contadores Públicos de Venezuela, promulgó la Declaración de Principios de Contabilidad Nro. 10 (DPC-10), referida a las Normas para la Elaboración de Estados Financieros Ajustado por Efectos de la Inflación., cuya vigencia y aplicación efectiva era a partir del mes de enero de 1993.

Por los motivos ya comentados previamente, las Declaraciones de Principios de Contabilidad, fueron derogadas en nuestro país para dar paso a la adopción de la normativa internacional ya descrita, con las adaptaciones de rigor al caso venezolano, y es así como entonces es publicado el "BA VEN-NIF-2 CRITERIOS PARA EL RECONOCIMIENTO DE LA INFLACIÓN EN LOS ESTADOS FINANCIEROS PREPARADOS DE ACUERDO CON VEN-NIF". En el mismo, se señala, en el aspecto concerniente a los "CRITERIOS DE APLICACIÓN", número 14., que *"Dado que las NIIF y la NIIF para las PYMES sólo consideran los casos de economías hiperinflacionarias y con fundamento en la NIC 8 y en la Sección 10 de la NIIF para las PYMES, se establece que para reconocer los efectos de la inflación venezolana en la preparación y presentación de los estados financieros de acuerdo con VEN-NIF, las entidades deben aplicar: a. En el caso de las grandes entidades, el procedimiento detallado en la NIC 29; y b. b. En el caso de las pequeñas y medianas entidades, el procedimiento contenido en la Sección 31 de la NIIF para las PYMES".*

Vale decir, que desde el punto de vista metodológico debemos señalar, que se habla de un nivel de inflación baja cuando esta se ubica entre 0-10%, moderada si se encuentra entre 11-30%, alta cuando va de 31-100% e hiperinflación, si esta sobrepasa el 100%. Según esta descripción, en Venezuela entonces, desde el año 2015, nos encontramos ya en hiperinflación.

Qué ocurrió en 2014 y en 2015? Las reformas a la Ley de Impuesto sobre la Renta de ese entonces, desaplicaron el Principio Contable que reconociendo el proceso inflacionario que tiene lugar en Venezuela, establece cómo debe tener lugar su contabilización y presentación en los Estados Financieros.

Decimos que lo desaplicó, por cuánto siendo columna vertebral en su normativa, la remisión a los principios contables, las reformas indicadas, proceden a excluir de la aplicación del Sistema de Ajuste por Inflación, a grupos de contribuyentes en dos tandas diferentes: el primero excluido en la reforma a la Ley de Impuesto sobre la Renta 2014, y el segundo en la reforma del año siguiente, 2015, siendo en el primer caso los contribuyentes que realicen actividades bancarias, financieras, de seguros y reaseguros, y el segundo grupo, los denominados Sujetos Pasivos Especiales.

Es de Perogrullo entender que el reformador de la LISLR en los años indicados, sin duda alguna, buscó incrementar la recaudación, pero nunca tomo en cuenta que la eliminación del Sistema para los Contribuyentes mencionados traería en estos, efectos no imaginados, y en consecuencia, inesperados.

Un contribuyente que ya no puede tributar sobre su renta real (reflejo de su real Capacidad Económica), sino sobre una ficticia (que representa solo síntomas de tributación) que no recoge la corrección de la distorsión monetaria como producto de la inflación salvaje imperante, pues no es difícil imaginar que poco a poco, se irá descapitalizando y llegará al punto en que deberá decidir si se redimensiona y toma un segundo aire, lo que implicaría para los accionistas evaluar si están dispuestos a invertir mayor capital o endeudarse con terceros, o si decide cerrar sus puertas, a fin de poner fin al ciclo de pérdidas financieras que puede comenzar a enfrentar, o decidir terminar con ellas, si ya comenzó a padecerlas. Aquí entonces es donde estamos en presencia de un Efecto Perverso, es decir, el efecto no buscado, pero que sin duda tendrá lugar, tal y como podrá ser observado en páginas siguientes.

Sumado a lo anterior, consideremos que el efecto del Reajuste por Inflación Fiscal contenido en la Ley de Impuesto sobre la Renta, aún prevalece en su aplicación para los Sujetos Pasivos que no son Especiales, dando lugar a una peligrosa e inaceptable discriminación de la norma, dando a entender, que tenemos 2 categorías de contribuyentes: unos que según la norma, no son atacados por la inflación y en consecuencia, no tienen la posibilidad de reconocerla en su Declaración Definitiva de Rentas anual, y otro segmento, que si puede reconocerla porque a la mejor óptica del reformador, si son víctimas del proceso inflacionario; huelga decir en este parafraseo que, si estos dos segmentos cohabitan en Venezuela, pues ambos sufren la misma inflación salvaje, y no se comprende el por qué de la referida discriminación.

De igual forma pensemos ahora, que el efecto del Reajuste por Inflación fiscal, al estar formando parte de la Renta Neta Fiscal, vía partida de Conciliación, pues incidía (y sigue incidiendo para los contribuyentes aún arropados por el sistema de Ajuste por Inflación) en el cálculo del Gasto de Impuesto sobre la Renta del ejercicio, y siendo esto así, por ende, en el denominado Impuesto sobre la Renta Diferido, tal y como ya señaláramos en líneas previas.

Cuando los Contribuyentes se inscribieron (o lo siguen haciendo) en el Sistema de Ajuste por Inflación, buscaban o buscan, poder tener la posibilidad en esta materia, de dar reconocimiento a la inflación que afecta las cifras de su Activo, Pasivo, Patrimonio y otros movimientos tal y como se indicó, para que, su renta recogiera la inflación, y no solo los valores históricos erosionados, o que reflejaban ganancias ficticias. Al tener lugar estas reformas no estructuradas, ni pensadas en los años referidos, a los contribuyentes "se les fue la luz en el cine, sin terminar de ver la película", es decir, se les cortó la secuencia de efectos sin aviso previo.

Pensemos por ejemplo en el caso de los Activos Fijos Depreciables: al analizar la curva de vida útil del activo, y tomando en cuenta el procedimiento del Ajuste Inicial y posterior Reajuste Regular que debía acompañar al mismo, observamos que era una secuencia lógica y demostrada, que durante la mitad y algo más de su vida útil, el Reajuste por Inflación le generaba una "ganancia" que producía a su vez, un incremento en la Renta del Ejercicio a través de la partida de "Reajustes por Inflación" mencionada.

Posterior a ello, en el resto de su vida útil, el Reajuste de este se traducía en una "pérdida" que numéricamente, equilibraba el monto de la "Ganancia" producida previamente, y el efecto neto final resultaba en "0". Es decir, al término de su vida útil, el activo, ni había producido ganancia, ni había producido pérdida como resultado final.

Igual fenómeno se observa por ejemplo, en el caso de los Inventarios, que habían acumulado Reajustes por Inflación durante su permanencia en el Balance General, y esa acumulación había generado ganancia al tener lugar; esta ganancia, se veía equilibrada, por medio del mayor costo que se produciría al aplicar el costo reajustado de la unidad al desprenderse del inventario.

Cuando se producen estas reformas en 2014 y 2015, el contribuyente promedio, había generado la parte de "ganancia" en ambos segmentos del activo, pero aún no habría entrado en la fase de aplicación de la "pérdida" mencionada. Ello, sin duda, no era ni aceptable ni conveniente.

Cuando lo anteriormente señalado tiene lugar, no podemos de igual forma dejar de comentar el Reconocimiento del Impuesto sobre la Renta Diferido pasivo, que quedó "en el aire" originado por la supresión del sistema de ajuste por inflación fiscal en Venezuela, visto que a partir de 2015, las entidades afectadas, seguirían re-expresando sus estados financieros por inflación con base en la aplicación de las normas contables referidas, pero el comparativo para la determinación del ISLR diferido, se haría contra unas bases reajustadas fiscalmente hasta 2015, o, contra los valores históricos contenidos en su Balance General luego de esta fecha, para las entidades que fueran designadas como Sujetos Pasivos Especiales con posterioridad a esta, y se hayan mantenido en el Reajuste por Inflación Fiscal. Como puede inferirse, esta forma de comparación, dará resultados totalmente distorsionados.

Este tema, fue abordado por el BA VEN-NIF-11. , el cual en palabras simples prevé que, al suprimirse el ajuste por inflación fiscal, con una inflación acumulada y estimaciones futuras de alto impacto sobre la información financiera, el reconocimiento del pasivo por impuesto diferido en tales circunstancias podría inducir a una desviación en la evaluación de la misma por parte de sus usuarios, distorsionando el objetivo de los estados financieros y el principio de utilidad de la información financiera contemplado en el Marco Conceptual para la Información Financiera de las NIIF y la Sección 2 de la NIIF para las PYMES.

El mismo señala entonces que, *"Las entidades que sean sujetos pasivos calificados como especiales, podrán adoptar como política contable el siguiente tratamiento alternativo: 9.1 omitir el reconocimiento del impuesto diferido inherente a la diferencia temporaria imponible originada por la comparación de bases financieras de activos no monetarios ajustadas por inflación y, bases fiscales de estos activos sin el reconocimiento de la inflación. 9.2 el reconocimiento inicial y la medición posterior del impuesto diferido de cualquier otra diferencia temporaria en tales entidades, seguirán haciéndose con base en lo previsto por la NIC 12 y la Sección 29 de la NIIF para las PYMES, según se trate de estados financieros preparados de conformidad con los VEN-NIF GE o los VEN-NIF PYME, respectivamente."*

Cuentos de la Cripta.

Si hacemos memoria televisiva, recordaremos que "Cuentos de La Cripta", es una serie americana de lo que llamamos, "la antología del horror".

Este segmento del trabajo, decidí sub titularlo de esta manera, porque cuando revisamos los términos de las reformas sufridas por la Ley de Impuesto sobre la Renta en el tiempo, y sobre todo, las de 2014 y 2015, pues solo podemos llegar a concluir que han sido de horror extremo. No es el objetivo de estas líneas el volver a mencionar sobre qué versó cada una de estas reformas, porque ya sus consecuencias tenemos al menos, tres ejercicios fiscales viviéndolas, pero si es importante, rebotar ideas sobre sus efectos, sobre todo, sobre los que van referidos al Sistema de Ajuste por Inflación, ya ampliamente comentado.

En Reforma 2014.

a) Eliminación de exenciones de tipo subjetivo, generando para estas entidades, a partir de dicha fecha, tributación sobre unas "Rentas" inexistentes, y afectando de esta manera, sus capacidades operativas y su fin primordial de creación. Ello sin duda, fuera de todo contexto de lógica y procedencia.

b) Establecimiento de un absurdo e indefinido requisito de deducibilidad a los sueldos y similares, "al cumplimiento de todas las obligaciones inherentes a su condición de patrono establecidas en la Ley." Cuáles de tantas obligaciones? Por qué esa exigibilidad en el cumplimiento de materias distintas a la especialidad de la ley?.

c) Modificación de la redacción del artículo 31, que ya había sido suficiente y claramente resuelto por Sentencias de la Sala Constitucional del Tribunal Supremo de Justicia (TSJ) del año 2007. Vale decir, que tal aberrante reforma de 2015, fue desvirtuada en nuestro parecer, por la sentencia de la misma Sala en el año 2016, cuando determinó que ese aspecto ya era "Cosa Juzgada", y en consecuencia la pretensión de redacción del artículo 31 de 2014, es desconocida por el Sentenciador.

d) Incomprensible e Insconstitucional reforma del artículo 55 limitando el traslado de Pérdidas Fiscales de Explotación, de un 100% a solo un 25% del Enriquecimiento Neto de los 3 ejercicios posteriores a su generación. Acaso, la pérdida fiscal se produce por voluntad del contribuyente? Se produce por aplicación de lo dispuesto en la propia normativa, y como resultado de su actividad económica; como se puede hablar entonces de limitar esa pérdida patrimonial experimentada, y generarle tributación en ejercicios en los cuales aún, no ha logrado reponer su capital perdido en ejercicios anteriores. Norma perversa a todas luces.

e) Destructiva Eliminación de la posibilidad de traslado de las pérdidas generadas por el Reajuste Fiscal por Inflación.

Esto es un punto aparte, y del cual podríamos escribir páginas enteras, pero el limitado desarrollo académico de esta obra, no lo permite. En consecuencia, referiremos puntualmente: en primer lugar, siempre es bueno recordar que estos resultados negativos, de errada forma, fueron denominados "Pérdidas", pero a entender de muchos, entre los cuales me incluyo, no existe ni se puede hablar de tal pérdida, ya que dicho resultado, era parte de un todo en la formación del Resultado global por explotación del contribuyente, y en consecuencia, era parte de su Pérdida por Explotación, y no un engendro distinto. Tengamos presente, que inicialmente, esta "Pérdida" por Inflación, no era reconocida por las actuaciones Fiscales *ab initio* del sistema, y tuvieron que comenzar a aceptarlas luego de la recordada Sentencia de Cementos Caribe, C.A[4].

---

4   Recordemos que los funcionarios fiscales argumentaban en los Reparos efectuados, que la Pérdida por Explotación solo era concebible como la que se obtenía por el ejercicio propio de la actividad del contribuyente que le genera Ingresos, Costos y Gastos (Deducciones dentro del marco de la LISLR) y que en consecuencia, la Pérdida Fiscal Trasladable que venía aplicando el mismo como resultado del Reajuste por Inflación anual, no tenía tal cualidad o posibilidad de traslado por no encontrarse inmersa en la definición que el legislador previo dentro de lo que era la pérdida trasladable. Ello dio lugar a la decisión contenida en la Sentencia 2001-0090 dictada por la Sala Político Administrativa del Tribunal Supremo de Justicia en fecha 26 de agosto de 2004 en el caso de Cementos Caribe, C.A. cuando decide que: "Ante tales circunstancias y del análisis del caso concreto, esta Sala al igual que en el caso antes citado, observa que la Administración Tributaria pretende que la contribuyente no pueda trasladar las pérdidas provenientes de los efectos de la inflación, debido a que, supuestamente, dicha figura no se encuentra prevista en los supuestos contemplados por el legislador como pérdidas netas de explotación, de conformidad con lo previsto en el artículo 56 de la Ley de Impuesto sobre la Renta. A tal efecto, pudo constatarse de la revisión de las actas fiscales, que la contribuyente tiene como objeto principal de sus actividades la explotación del negocio industrial de fabricación de cementos, pudiendo dedicarse a cualquier otro tipo de actividad directa o indirectamente relacionado con dicho objeto principal, así como cualquiera otra actividad de lícito comercio.

En razón de las consideraciones antes expuestas, es criterio de esta Sala, contrariamente a lo argumentado por el Fisco Nacional, reiterando el criterio asumido en la sentencia antes señalada dictada el 25 de septiembre de 2002,

Sobre este aspecto controversial, respetables tributaristas como el Dr. Humberto Romero–Muci (Revista AVDT 79, junio 1998) y Jesús Sol Gil (AVDT VI Jornadas Venezolanas de Derecho Tributario) coinciden con esta tesis, argumentando palabras más, palabras menos que, dado que las pérdidas por inflación se originan en las mismas operaciones económicas del contribuyente, no deberían ser separadas del concepto de las llamadas Pérdidas de Explotación, por cuanto con ello, se violarían los principios de Equidad entre los derechos recaudadores de La República y los del contribuyente y de igual forma, su capacidad contributiva.

Es por ello, que luego de esta inexplicable eliminación que representa un retroceso mayor, sobre un retroceso que ya existía al llamarla "Pérdida" del Reajuste por Inflación, llevó a muchos contribuyentes a tomar posiciones o mas agresivas o menos agresivas, considerando que seguirían tomando el traslado de la "Pérdida por Inflación", dentro de su Pérdida por Explotación. Claro, este problema terminó para la mayoría, cuando tuvo lugar la Reforma de 2015 y dejó fuera del Sistema de Ajuste por Inflación, a los Sujetos Pasivos Especiales, que conforman el grueso de la población tributaria actual del país.

f) Dentro de esas cosas inexplicables, se incluyó una disposición en la cual se señaló que la Administración Tributaria, mediante Providencia, dictaría las normas que iban a regular los asientos contables que efectuarían los contribuyentes excluidos del sistema de Ajuste por Inflación, para desincorporarse del sistema.

Esto ocurrió meses después, y no fue más allá de una secuencia de asientos de simple reverso numérico, pero que no consideraron para nada los efectos impositivos a nivel de determinación de Renta Neta Fiscal o Pérdida, que traían consigo, los valores Reajustados que tenían las Partidas No Monetarias del Balance General, que habían generado incremento en la base de imposición hasta ese momento, tal y como ya se comentó previamente. Es decir, el ánimo fue meramente cosmético, pero en nada efectivo o real.

En Reforma 2015.

a) Esta Reforma, al igual que lo pretendió la de 2014, buscaba simplemente un incremento en la recaudación, pero olvidando de todas las formas posibles, que entre la Administración Tributaria y el Contribuyente (Relación Jurídico Tributaria) deben existir igualdad de derechos y deberes, y en consecuencia, la balanza no puede ni debe ser inclinada hacia un solo lado.

Este incremento de la recaudación impositiva buscó ser hecho a través del aumento de la tasa efectiva para el universo de contribuyentes (consideren el concepto Tasa Efectiva del cual hablamos en líneas anteriores) por medio de la variación de los elementos de determinación de la base imponible o gravable.

Nº 01165, que al establecerse que el enriquecimiento es el incremento patrimonial generado por la operación económica del contribuyente o por la exposición de su patrimonio a la inflación, implica necesariamente, que la pérdida se identifica con la disminución patrimonial originada igualmente en ambas situaciones, razón por la que al interpretar la norma prevista en el artículo 2 de la Ley de Impuesto sobre la Renta, se concluye que la pérdida o disminución patrimonial en el presente caso, da lugar a las consecuencias reconocidas por la Ley, entre las cuales se encuentra el traspaso de las mismas hasta los tres (3) años subsiguientes al ejercicio en que se hubieren sufrido, de conformidad con lo previsto en el artículo 56 *eiusdem*. En consecuencia, no se manifiesta la pretendida violación del principio de la legalidad dispuesto en la norma prevista en el artículo 117 de la Constitución de 1961, argumentada por la representación del Fisco Nacional en su escrito de fundamentación.

En cuanto a lo afirmado por la representación del Fisco Nacional, referente a que la pérdida originada del ajuste por inflación sólo puede tener consecuencias impositivas en el ejercicio en el cual se producen, sin afectar los resultados de los ejercicios subsiguientes, *"toda vez que la contribuyente al trasladar dicha pérdida derivada de la inflación duplicaría el beneficio de la misma"*, esta Sala observa que, al verificarse el traspaso, la pérdida que se aplica a los ejercicios siguientes a aquél en que se produjo, es el excedente que no pudo compensarse o aplicarse en el ejercicio en el cual se generó la misma al momento de la determinación de la base imponible, razón por la cual no existe la supuesta "duplicación de beneficios", ya que lo que se pretende compensar es el excedente de pérdidas generado en un ejercicio anterior. Así se decide."

b) Otro incremento en la imposición a la banca y empresas de seguros, al modificar la alícuota que los grava, a un 40% decimos que esto representa un nuevo incremento del impuesto para estas entidades, toda vez que con su exclusión del sistema de ajuste por inflación, con la reforma del año 2014, se les cercenó la posibilidad de aplicar las pérdidas financieras que estas empresas sufren por la exposición a la inflación, en un balance caracterizado en un alto porcentaje, por partidas monetarias, en consecuencia, no susceptibles de protegerse de la inflación.

c) Disponibilidad de la Renta: ya no importa si el contribuyente tiene o no el dinero en caja.

Hasta la reforma de 2015, uno de los clásicos principios rectores de nuestra LISLR, lo constituía el principio de disponibilidad del enriquecimiento, contemplado en el artículo 5 de su texto, el cual en un concierto de palabras, categorizaba el promedio de los enriquecimientos conocidos que se generaban en la actividad de un contribuyente, y les otorgaba momentos distintos de tributación, estableciendo tres (3) tipos a saber:

a) Sobre la base de lo pagado o efectivamente cobrado;

b) Sobre la base de lo causado o desde el momento en que se realizan las operaciones que los producen y;

c) Sobre la base de lo devengado.

La reforma del 2015, ocasionó una reducción de los supuestos de rentas disponibles en la oportunidad de su pago a solo aquellos bajo relación de dependencia y ganancias fortuitas. bajo este escenario, el grueso de las rentas provenientes de actividades distintas a la actividad industrial, comercial y de servicios, se gravan ahora, estén cobradas o no.

Si tomamos en cuenta esto último, y le sumamos el panorama actual en el cual el bajo poder adquisitivo y la inflación galopante, deterioran significativamente la rotación de las cuentas por cobrar, pues tenemos que muchos contribuyentes estarían causando islr sobre una hipotética utilidad que no tiene un espejo en el flujo de efectivo; consecuencia de ello? o los accionistas otorgan préstamo a la empresa para el pago del impuesto, o la empresa debe recurrir al crédito bancario, o peor aún, toma el camino menos aconsejable que sería le evasión fiscal.

d) nueva forma de cálculo de la declaración estimada, pero sin inflación para nadie! se establece que los contribuyentes obligados a presentar dicha declaración, deben hacerlo, estimando la renta neta tal y como tradicionalmente lo han hecho, pero excluyendo el efecto del reajuste por inflación del año anterior.

Esto es un reverendo disparate en el caso de los sujetos pasivos no especiales, por así llamarlos, ya que estos si podrán presentar su declaración definitiva de rentas anual, considerando el reajuste por inflación, pero aplicando un anticipo con base en la declaración estimada, que no lo puede considerar, tiene eso alguna interpretación lógica o armónica a nivel jurídico? la respuesta es obvia.

El problemas más grave además de adelantar un impuesto calculado sobre una base irreal, que el contribuyente muy posiblemente no genere, es que el SENIAT no atiende la repetición de pagos de los impuestos pagados en exceso por parte del contribuyente, por lo cual y de esta manera, estaría incrementando la recaudación por medio de exacciones absolutamente ilegales.

d) Adios al incentivo por concepto de Rebajas por Nuevas Inversiones para todo el sector manufacturero, industrial y turístico.

Siempre se ha sostenido que los incentivos en materia tributaria, adecuadamente gerenciados y controlados, son efectivos y beneficiosos, pero cuando la razón de su desaparición, obedece simplemente a la búsqueda del incremento de la recaudación, se desdibuja todo acompañamiento técnico en su interpretación y seguimiento. Recordemos por ejemplo, que la rebaja por nuevas inversiones en activos fijos depreciables para los sectores mencionados, era un aliciente que permitía, atenuar el efecto impositivo en el flujo de efectivo de un contribuyente que estaba invirtiendo para buscar reposición de activos obsoletos, o crecimiento en su posibilidad de producción, y a la vez, propendía en un crecimiento en el sector manufacturero de esos activos adquiridos por los contribuyentes referidos. Con esta eliminación, pues ambos sectores involucrados, quedan afectados.

f) Al igual, y tal como ya se mencionó con respecto a la reforma de 2014, en la de 2015 se incluyó una disposición en la cual se señaló que la Administración Tributaria, mediante Providencia, dictaría las normas que iban a regular los asientos contables que efectuarían los contribuyentes excluidos del sistema de Ajuste por Inflación, para desincorporarse del sistema. Esa norma, y aunque no se crea, luego de haber transcurrido Tres ejercicios fiscales luego de ello, aún no ha sido dictada por la Administración. Ello, es, por decir lo menos, incomprensible.

Cabe destacar ya para finalizar este aspecto, que legalmente dichas rebajas por inversiones, en nuestra opinión, ya no eran aplicables jurídicamente, desde el año 2007 si se interpretaba adecuadamente las normas de origen de la misma, y quienes continuaban su aplicación basaban su sustentabilidad en criterios administrativos emanados del propio SENIAT que así lo indicaban, pero que a nuestra mejor interpretación, eran de dudoso sustento jurídico.

Finalmente, no podemos dejar de hacer mención, y pese a que no sufrió modificación en las dos referidas reformas, al tema del Gravamen al Dividendo. El actual mecanismo de imputación en la materia, dejaba desaplicado, mientras estuvo vigente el Principio de Disponibilidad del enriquecimiento sobre la base de lo pagado, así como también los beneficios del Reajuste por Inflación fiscal, en lo concerniente a su resultado "gasto" y de igual manera, el de la Pérdida Fiscal trasladable, tanto por la Explotación en si, como la que provenía del Reajuste por Inflación (mientras esta no había sido eliminada del texto legal), ya que los efectos de disminución en la Renta Neta que estos producen, son interpretados por el mismo, como Dividendos que deben ser sometidos a retención en la fuente.

Dicho en palabras llanas: cualquier diferencia entre la Renta Neta Financiera y la Fiscal (siendo esta última menor a la primera), bien sea producto de las partidas de conciliación resultantes, o los efectos previamente descritos, la normativa lo considera Dividendo, y en consecuencia, debe estar sometido a retención en la fuente. Esto sin duda, es totalmente ilógico, y atentaba y sigue atentando, contra los propios beneficios y tratamientos previstos en el texto legal.

Pero tal desvarío en materia normativa, va mucho más allá, cuando el texto de la LISLR en lo concerniente a este tema del Gravamen a los Dividendos, pudiéramos decir que es totalmente invasivo en cuanto al campo de actuación de la Asamblea de Accionistas de la entidad, cuando asume que las capas de utilidad de las que proviene el Dividendo decretado comienzan desde el ejercicio anterior a la fecha del decreto, y no respeta la posibilidad de que esa Asamblea, entidad de gobierno soberana y reconocida por el Código de Comercio como ente supremo dentro de su estructura, determine que es otra capa de utilidad, totalmente distinta formada en el tiempo, de la que se está decretando el dividendo de que se trate.

Incluso, y con esto finalizamos este polémico aspecto, pudiéramos decir que es coherente con la filosofía de este gravamen al dividendo, que si lo que el busca es que la porción de utilidad de un ejercicio que no fue sometida a imposición por medio de la Renta Neta Fiscal Gravada del ejercicio de que se trate para la entidad pagadora, la normativa prevea que se apliquen alícuotas lineales del 34%, 50% o 60% para calcular la retención, si pudo ocurrir que en el caso de las entidades sometidas a la Tarifa II (tipo progresivo), estuvieran gravadas con alícuota del 15%, 22% o 34% en esa oportunidad de origen? Algo mas incoherente?

Tal y como hemos podido observar en todos los aspectos previamente comentados, desde las reformas en materia de Ajuste Fiscal por Inflación de los años 2014 y 2015, hasta los hechos ocurridos dentro de la "Cripta", el sustento de las mismas, pareciera inexistente, así como también parecieran no estar presentes, las líneas básicas que deben seguir unas sanas Políticas Monetarias, Tributarias y Públicas.

VI. CONCLUSIONES

Como hemos podido observar en nuestro ejercicio profesional, y hemos de igual forma podido plasmar claramente a lo largo del desarrollo de este trabajo, nuestras reformas a la LISLR, sobre todo las aquí mencionadas de 2014 y 2015 han buscado en toda consideración, incrementar la recaudación de este tributo, pero en ausencia del respeto necesario, tanto al parámetro básico que debe acompañar todo proceso de reforma impositiva, es decir, previa consulta, análisis, evaluación de efectos y daños, así como la toma de decisiones sustentadas, no bajo la sombra de interpretaciones políticas, sino, bajo el cobijo del necesario manto del tecnicismo y la academia.

La exclusión del Sistema de Ajuste por Inflación de los Contribuyentes ya suficientemente señalados en páginas previas, en las reformas a la Ley de Impuesto sobre la Renta en los ejercicios 2014 y 2015, sin duda representa un retroceso al año 1990, cuando habiendo inflación, se tributaba sobre valores históricos, y la misma no era tan alta.

Esta reforma en cada caso, solo buscó un incremento en la recaudación de ambos sectores, y habiendo aún inflación a esta fecha, e incluso, de las más salvajes y notorias vividas desde 1950, no tiene justificación alguna técnicamente aceptable la decisión tomada en dichas reformas en este aspecto.

Podemos decir entonces que el texto vigente de la LISLR luego del 2014 y 2015, en nada considera o respeta el principio de Capacidad Económica reconocida en el texto Constitucional, entre otros elementos por obligar ahora a estos contribuyentes excluidos, a tributar sobre una "ganancia" ficticia que es recogida en la determinación anual de la Renta Neta Fiscal, y no sobre el valor real obtenido corrigiendo la distorsión generada por la inflación.

Los principios contables, como ya ha quedado expresado, representan en el cuerpo de la Ley de Impuesto sobre la Renta, una referencia de Derecho Válido, pero ineficaz, toda vez, que el propio legislador impositivo, se ha encargado de convertirlos en objeto ornamental dentro de la estructura legal, que no hace más que generar más preguntas que dar respuestas en el por qué de su permanencia en dicho texto.

Buscar incrementar la recaudación tributaria en tiempos de inflación (o estanflación con depresión económica tal vez no?) con dramático estancamiento de la actividad productiva y una caída en picada sostenida del poder adquisitivo del ciudadano promedio que individualmente es contribuyente, pero que a su vez, forma parte de estructuras o entidades que también lo son, ya resulta per sé, en un nuevo y grave obstáculo devenido de la política gubernamental al libre tránsito o desempeño de una sana actividad económica, tanto de sus ciudadanos, como de sus entidades.

Ahora bien, si sumado a lo anterior, observamos que el reformador lo hace a través de la modificación de las reglas de determinación de la base imponible de manera que el impuesto recaiga sobre rentas a valor histórico, y sin reconocimiento de la inflación que vivimos, calculadas de acuerdo al formato contenido en el nuevo texto resultante, pero que de ninguna forma los contribuyentes generan, de todas todas, resulta en una dramática lesión-violación a la capacidad contributiva de estos y por tanto a los derechos económicos consagrados en nuestra Constitución.

Sin duda, los efectos perniciosos de estas reformas, y sobre todo de estas dos últimas referidas, lo único que han logrado es la extinción de un desempeño deseable y óptimo de la economía nacional, y la canibalización de varios principios contables, es decir, la muerte de estos para fines tributarios, con la sola visión de subsistencia de una más alta recaudación.

VII. RECOMENDACIONES

1) En primer lugar, reestablecer la necesaria y ancestral armonía entre los Principios Contables Venezolanos, y las disposiciones que dentro del cuerpo legislativo, deben interactuar, ya que en el tiempo, el afán reformatorio, sustentado solo en el incremento de la recaudación, han menguado de manera importante la efectividad del principio contable como rector en la terminación de los elementos que inciden en la base de imposición del contribuyente. Ello no puede lograrse sino mediante una reforma concienzuda, de la Ley de Impuesto sobre la Renta, donde prive la sindéresis y la formación técnica de quienes intervengan en dicho proceso.

2) Reestablecer vía reforma legislativa a la brevedad, la aplicación del Sistema de Ajuste por Inflación para los contribuyentes que han sido excluidos del sistema, por cuanto son Sujetos que no han dejado de padecer los efectos de la inflación al momento de determinar su Renta Neta Fiscal; la inflación, por el contrario, ha alcanzado niveles inimaginables cuando el sistema fue implementado en la reforma de 1991. Ello permitiría, a las partes lograr un equilibrio y respeto a la real Capacidad Económica de los Contribuyentes afectados. En dicha reforma, debe establecerse de manera precisa, el tratamiento que acompañará a los contribuyentes excluidos 2014 y 2015, en materia de Reajuste por Inflación, para aquellos ejercicios que declararon sin aplicar las normas correspondientes al Sistema luego de su exclusión, hasta tanto sea reincorporada vía la reforma mencionada, su posibilidad de Reajustar por Inflación todas las partidas, valores y movimientos conforme al Sistema conocido.

§ 32. TRATAMIENTO DE LAS DIFERENCIAS CAMBIARIAS EN EL IMPUESTO SOBRE LA RENTA

Thomy Céfalo

No puedo comenzar por otra parte, sino por expresar el honor que me brinda la Asociación Venezolana de Derecho Tributario (AVDT) al invitarme a participar en su **Libro Homenaje a los 50 años de la AVDT**, institución de la cual soy miembro desde ya algunos años, a la que tengo particular cariño por representar una de las expresiones del estudio de la ciencia tributaria de nuestro país, área de conocimiento y aplicación profesional alrededor de lo cual ha gravitado prácticamente toda mi vida y que sin duda me ha desarrollado como persona.

La AVDT agrupa a muchos colegas y amigos por quienes siento profundo respeto y admiración, de manera que agradezco a la directiva de la AVDT por este llamado a colaborar en la celebración de sus primeros 50 años, este libro homenaje quedará para la historia. No podría sentirse más orgullo que dentro de varios años uno abra esta obra y vea que hizo su pequeño aporte. Larga vida a la AVDT.

Bien, al ponerme a repasar los temas tributarios sobre los que me gustaría comentar, de entre los muchos existentes, llamó mi atención el relativo al tratamiento en el impuesto sobre la renta de las diferencias cambiarias, quizás influenciado en este momento por losmuchos casos que tuve que evaluar con contadores, auditores y abogados, recientemente en los cierres fiscales del ejercicio anual tributario, coincidente con el año civil 2018.

Puntualizado el asunto a tratar, quiero también aclarar que estas breves notas son realizadas a título de compendio de las distintas posiciones que hemos podido conocer, y nuestra experiencia e interpretación de la normativa legal y técnica aplicable. No corresponde este escrito a un estudio profundo y revisión exhaustiva de toda la jurisprudencia emanada de los tribunales competentes y la opinión de la doctrina más autorizada, ni la consulta del derecho comparado para saber qué hacen en otros países, sino más bien a lo que nosotros hemos visto y se ha aplicado al respecto, luego de estar rumbo ya casi a 30 años de ejercicio profesional siempre dedicado a la asesoría tributaria.

Tengo que reconocer, podría no ser muy bueno, que en los últimos años, prácticamente desde que nuestro país comenzó a mostrar signos de franco deterioro económico y encaminarse a lo que hoy en día es una realidad (la situación actual de hiperinflación), me he dejado influenciar por la posición de ver la normativa tributaria desde la lente y perspectiva de la interpretación económica[1], estudiando en ellos su teleología, ganado a la idea de ver su aplicación práctica final y su afectación directa e inmediata en el contribuyente, y comúnmente hablando "viendo cómo toca el bolsillo del sujeto", dejando aparte las formalidades y construcciones semánticas utilizadas por el legislador o reglamentista para crear, desarrollar y comunicar al administrado la existencia de un tributo que lo incide, puesto que una norma legal o técnica no es más que una expresión de la creación humana, de suyo perfectible, por lo cual no pocas veces en la letra quedó algo totalmente diferente a lo que debió ser.

La situación de hiperinflación que hoy todos sufrimos y que afecta todas las áreas de la sociedad, incluido por supuesto la actividad empresarial y la vida personal de los sujetos

---

1 Aquella basada en la realidad económica.

obliga igualmente en el ámbito tributario a dejar de lado el abuso del derecho y uso excesivo de formas para ver más cuál es el efecto en una entidad o los individuos y si la norma legal no está reflejando su realidad económica y capacidad de pagar tributos, si se le está creando alguna carga excesiva que impide un desarrollo razonable.

Estamos viviendo un caso de excepción y extrema gravedad, y así hay que verlo igualmente en el área del impuesto a la renta. Más bien, en mi opinión, debería el Estado estar atento de aliviar los excesos y facilitar la supervivencia de la actividad económica haciendo así más confortable la vida de las personas en este momento tan dramático de la sociedad.

¿Qué es una diferencia cambiaria? Desde la perspectiva económica son *"pérdidas o beneficios producidos por alteraciones del tipo de cambio en la realización de cualquier tipo de transacción en divisas."*[2]

¿Cuándo se produce una diferencia en cambio? Desde la perspectiva contable *"es la que surge al convertir un determinado número de unidades de una moneda a otra, utilizando tasas de cambio diferentes."*[3]

¿Qué es una tasa de cambio y por qué se crea o produce? Pues en palabras sencillas, es el valor de la moneda a precio de contado en un momento determinado, es el valor de cambio de la moneda, empleado en las operaciones con disposición o intercambio inmediato, en un momento o fecha determinada.

Y en cuanto a la interrogante de ¿por qué se crea? Podría decirse que proviene del tráfico internacional de bienes y servicios entre países que tienen distinto tipo de moneda.

De lo anterior podrá entonces derivarse que se producirán diferencias cambiarias del tipo ingresos y del tipo egresos, y que tales partidas según la transacción realizada o la situación que se pretende reflejar, tendrá:

> Una ganancia en cambio que ya esté efectiva y realmente realizada;
>
> Una ganancia en cambio que no esté realizada;
>
> Una pérdida en cambio que ya esté efectiva y realmente realizada y;
>
> Una pérdida en cambio que no esté realizada.

Y de digamos, los 4 items indicados, pareciera que no existe mayor dificultad en los ítems i) e iii), es decir, los que se refieren a operaciones efectiva y realmente realizadas, por cuanto o bien se corresponden con un derecho que se realizó, una cuenta que se cobró, un bien que se adquirió, un gasto que ya se pagó, una deuda que se pagó, etc., u ocurrió el llamado "hecho del príncipe", vale decir, el acto o medida tomada por la autoridad pública o Estado, mediante el cual se fija o designa el valor de la moneda con respecto de otra, como sería el caso de una devaluación oficial anunciada por el gobierno a través de la autoridad cambiaria competente para ello.

De la lectura de la jurisprudencia tributaria, en general, vemos que cuando se trata de un egreso (a los fines fiscales llamado una deducción – indicadas en el caso iii, et supra, puede concluirse que existe consenso en aceptarlas a los fines del impuesto sobre la renta, por cuanto se puede verificar o constatar, que ha mediado una operación, transacción o un acto del sujeto, o del Estado. En estos casos la pérdida está verificada, causada, y económicamente incurrida, por provenir de un acto consumado (se compró la divisa para pagar una deuda, el dinero ya no vale lo mismo y se requiere pagar más para liberarse de una obligación, y otros similares). La pérdida en cambio referida se incurrió en el mismo momento en que se ejecutó el acto originador de la misma (se compró, se pagó, se devaluó, etc.).

---

2   Economía y Negocios. De la A a la Z. Colección Temáticos Espasa.

3   NIC 21. Norma Internacional de Contabilidad.

En este sentido, también existe realización efectiva y consenso de deducción fiscal cuando el sujeto, por ejemplo, compró un bien o servicio a crédito y cumplió con el precepto técnico contable del registro inicial de la operación al costo de adquisición, luego se produjo una modificación (alza) en la tasa de cambio aplicable al pasivo, a una fecha posterior determinada, y dicho crédito se extinguió por algún medio económico y admitido en derecho (pago, compensación, prescripción, etc.). En esta situación no hay mayores rechazos por parte de la autoridad judicial fiscal competente.

En efecto, las fiscalizaciones de la autoridad administrativa inicialmente han objetado este tipo de egresos por no estar muy clara la comprobación del pago, pero cuando en el proceso judicial se ha demostrado por el contribuyente que en efecto realizó el pago y que el acreedor lo ha liberado de su obligación, la deducción de una pérdida en cambio realizada derivada de lo ya explicado, ha sido aceptada para computar el impuesto sobre la renta.

Por otra parte, en el sentido del ingreso, vale decir, una ganancia en cambio realizada, el caso i de los 4 antes expresados aplica, mutatis mutandi, la situación de comprobación real de la transacción. Existe igualmente consenso en la jurisprudencia, doctrina. contadores, etc., acerca de su gravabilidad a los fines del impuesto a la renta, ya que se cumple con haberse obtenido un ingreso efectivo, una ganancia incurrida, o como se le dice en el ámbito fiscal, un ingreso disponible que ha incrementado el patrimonio del sujeto, por el requisito previo fáctico de consumación de una transacción. De manera que esto igualmente no presenta mayores dificultades.

La contabilidad funge como auxiliar de la ciencia tributaria, aquella recoge y reporta todas las actividades del sujeto y las presenta en reportes o informes con la aplicación de determinados criterios técnicos que atienden a unos fines que no siempre son los mismos con los que la ciencia tributaria opera. Ya lo ha dicho la jurisprudencia tributaria, el fenómeno jurídico-tributario es distinto al fenómeno económico-financiero.

Los estados financieros de una entidad tratan de reflejar eso precisamente, cuál es la situación financiera más aproximada de dicha organización, a una fecha determinada. Tratan de presentarle al lector cuál es la posición de la entidad en cuestión, en cuanto a:

Partidas relativas a todos sus activos (qué bienes posee, quién le debe, qué derechos tiene, qué cosas poseídas pueden experimentar una afectación o valoración distinta a la actual, etc.).

Partidas relativas a todos sus pasivos (a quién le debe, qué cosas debe erogar, anticipos recibidos de ejecución de servicios y/o proyectos, etc.)

Partidas relativas a los ingresos realizados.

Partidas relativas a los egresos incurridos.

Lo anterior, es la llamada base acumulativa del reconocimiento de las transacciones y afectaciones de la entidad, perseguida por la contabilidad. De hecho la contabilidad de una entidad, elaborada con base en el efectivo pagado o cobrado, no está de acuerdo con principios contables por cuanto existen otras partidas que afectan a la entidad y que no mueven efectivo que no quedarían reflejadas en el reporte contable, llevando al lector a conclusiones distintas.

De allí que no pocas veces en los reportes financieros existan partidas reflejadas que en el ámbito del impuesto sobre la renta tengan un tratamiento distinto por no representar una operación realmente efectuada por el sujeto o entidad, sino la idea de informar una incidencia distinta, verificada o potencialmente verificable, que se separa del fenómeno jurídico-tributario y que tiene otra finalidad perseguida por la norma legal tributaria.

El registro de una provisión para cuentas de cobro dudoso o cuenta incobrable (que no es más que reconocer que por la experiencia de la entidad una parte de las ventas a crédito se perderán), el registro en el año económico de la parte ya ejecutada de los ingresos totales de un proyecto de gran envergadura que abarcará varios períodos (proporción de lo ejecutado o construido), la valoración de una inversión a su valor justo o precio que estaría dispuesto a pagar el mercado, etc., son todos ejemplos de eventos que recoge la contabilidad en un reporte financiero y que posteriormente, en el área del impuesto a la renta reciben un tratamiento diferencial, por cuanto no se corresponden con ingresos obtenidos o pérdidas sufridas por el sujeto.

Y siguiendo este tipo de explicaciones, es allí donde debe hacerse un alto y analizar detenidamente qué sucede en el caso de las diferencias cambiarias que igualmente reconoce la contabilidad en los reportes financieros, estados financieros que luego utilizará como instrumento auxiliar la ciencia tributaria para establecer la correcta situación del contribuyente y capacidad tributaria.

El registro en los estados financieros de las diferencias cambiarias atiende a la idea ya expresada de establecer la mejor situación financiera de una entidad a una fecha determinada, se sigue el principio contable de prever pérdidas y no anticipar ganancias.

Tomemos el ejemplo de que se ha registrado una transacción en una compañía siendo la operación en moneda extranjera, digamos una inversión, una cuenta por cobrar, o una cuenta por pagar. Esta debe registrarse a la tasa de cambio de la divisa extranjera en relación con el bolívar del momento de la transacción inicial. Si posteriormente la tasa de cambio a una fecha se ha modificado, tenemos que surge entonces una variación en la valoración de la transacción inicial, ya que la misma no será pagada, cancelada o liquidada a la misma tasa de registro, sino por un monto mayor o menor de bolívares dependiendo de si la tasa de cambio haya aumentado o disminuido.

En este caso la contabilidad pretende reconocer esa mayor o menor cantidad de dinero (bolívares) que será necesario emplear para finiquitar la transacción inicial (vale decir, que la entidad cobre sus acreencias, haga efectiva su inversión, o bien, pague sus deudas) tratando de informarle al lector de los reportes financieros la mejor o más aproximada situación financiera real de la entidad en cuestión a una fecha determinada.

Guiada por este lineamiento, pienso que fue emitido por la Federación de Colegios de Contadores Públicos de Venezuela (FCCPV) el pronunciamiento técnico relativo al registro de las variaciones en las tasas de cambio en la moneda extranjera, y que tiene a su vez basamento en la Norma Internacional de Contabilidad 21 (NIC 21).

En resumen, esta norma técnica señala (salvo ciertos casos muy concretos en los que se puede capitalizar la diferencia cambiaria que no es necesario mencionar para los fines de estar breves líneas) que las transacciones en moneda extranjera se registran, así:

Los activos y pasivos, a la tasa de cambio o tasa inicial aplicable a la transacción al momento de su adquisición o incursión (principio del costo). Y si luego se produce una variación de la tasa de cambio, deberá realizarse la mejor estimación o aproximación de los montos a cobrar o para pagar para realizar el activo o liquidar el pasivo, o sea, en general, liquidar esa transacción, a una fecha determinada o la fecha de preparación del reporte financiero. Esto, tal como se explicó anteriormente, para permitirle al lector conocer lo más realmente posible la situación financiera de la entidad a una fecha. Esa variación acaecida entre el valor inicial de registro y el valor final al que se prevé va terminar liquidándose ese activo o pasivo constituye una variación cambiaria, la cual no puede llevarse al registro original (salvo ciertos casos concretos como antes se apuntó) por cuanto desvirtuaría la información original o histórica de la transacción y no permitiría saber cuál fue el valor primario incurrido, por lo tanto, se ha considerado prudente por la técnica contable considerar esa variación cambiaria como una partida a ser presentada de manera separada del costo original de incursión, y presentársela así al lector del reporte financiero, aparte del costo, como otro tipo de ingreso o egreso financiero.

Los ingresos y gastos, siguen el mismo lineamiento, si existe una partida de resultados cuya contrapartida está asociada a un activo o pasivo en moneda extranjera, pues del mismo modo que lo explicado antes, deberá registrarse inicialmente a la tasa de cambio aplicable al momento de la transacción, de su adquisición o incursión (principio del costo), y posteriormente, la diferencia en la tasa de cambio aplicable a dicho activo o pasivo asociado, se tratará como una variación cambiaria a ser presentada como un ingreso o egreso financiero; no se podrá afectar el registro original.

Bien, hasta ahora lo que hemos hecho es resumir unas nociones básicas relacionadas con la generación de una variación cambiaria, y su parte financiera o contable. Lo pensamos necesario por lo antes comentado de que la ciencia tributaria utiliza a la técnica contable como instrumento auxiliar para realizar sus derivaciones de tipo impositivo y cumplir con su interés como lo es el estudio del fenómeno jurídico-tributario.

En efecto, la técnica contable ha requerido unificar criterios y protocolos de interpretación y aplicación de reglas que sean de aceptación general, tal como existe en otros campos o áreas científicas, técnicas, o de la vida en general, para dar una lectura uniforme y consistente a los reportes financieros. Si no fuera de esta manera en lo que respecta a la compilación de las transacciones u operaciones de una entidad, cada una las registraría según su propio criterio o conveniencia y no existiría una uniformidad en la información a ser examinada por la autoridad competente o los distintos operadores.

En este sentido, la Ley de Impuesto sobre la Renta (LISLR) hace algo similar para lograr sus fines, exige que los sujetos incididos por el tributo estén obligados a llevar sus anotaciones contables y operaciones conforme a los principios contables generalmente aceptados y vigentes, para se hable un lenguaje común o se use un protocolo uniforme y luego aplicar sus medidas de control fiscal y alcanzar otros principios jurídicos que tienen que ver con la tributación.

Luego de la incorporación en una de las varias reformas de la LISLR, del que es hoy el artículo 186 de la ley vigente (la de 2015), no pocos operadores, especialistas fiscales o contadores, incluso las decisiones de los tribunales fiscales, consideran que la variación cambiaria que estamos tratando en este escrito solamente es deducible o gravable en el ejercicio en el que efectivamente se pague el pasivo o se realice el activo, vale decir, mientras solo se esté expresando el registro de una transacción inicial en divisas, aun pendiente a una fecha determinada, en términos de su equivalencia en bolívares representando un monto mayor o menor al monto original, tenemos que consideran la diferencia como una provisión, un gasto no causado, o un ingreso no realizado del ejercicio anual.

El artículo 186 en cuestión dice, o debe decir, por cuanto adolece de un error, lo siguiente:

"A los fines de este Capítulo, las ganancias pérdidas que se originen de ajustar los activos o pasivos denominados en moneda extranjera o con cláusulas de reajustabilidad basada en variaciones cambiarias, se considerarán realizadas en el ejercicio fiscal en el que las mismas sean exigibles, cobradas o pagadas, lo que suceda primero." (subrayado y agregado nuestro)

La razón de este artículo, entre otras, fue solucionar lo que en ese momento estaba pasando, y aun hoy en día pasa, de permitir que la diferencia en cambio derivada de la casi general posición deudora en divisas del empresariado venezolano se tomara en cuenta para calcular y pagar el impuesto a la renta. No permitirlo sería crear una carga injustificada, haciendo que se desviasen cantidades de recursos necesarios para mantenerse a flote en las circunstancias económicas de aquel momento y las condiciones actuales.

El tema no es que se difiera el impuesto a la renta del sujeto para futuros períodos fiscales, que se le acepte la diferencia cambiaria bajo estudio en los ejercicios contables y fiscales en los que demuestre cobro o pago del activo o pasivo, sino que se mida su real capacidad contributiva, su capacidad económica para pagar el impuesto a la renta en el ejercicio de incursión de la variación cambiaria.

La norma legal utiliza una acepción amplia (prácticamente englobada en el concepto de exigibilidad, el primero de lo señalados) para crear, a los fines del impuesto a la renta, la causación del gasto y/o ingreso, llevando a observar que si el activo o pasivo existe, si es exigible, y aunque no se haya cobrado o pagado, la diferencia cambiaria de allí derivada está realizada fiscalmente, y por ende, sea procedente para calcular el impuesto a la renta.

En nuestro criterio, a los fines del impuesto sobre la renta, la diferencia cambiaria referida debe computarse en el mismo ejercicio de su registro u ocurrencia y considerarse, y en lo que respecta al gasto que es la mayoría de los casos, sea una deducción procedente para calcular el tributo en cuestión, por cuanto estamos ante un gasto causado que económicamente está prácticamente incurrido.

Esa diferencia cambiaria no es producto de algo volitivo del sujeto, como sería el caso de las provisiones que decide registrar en sus estados financieros para afrontar contingencias o el caso de reservas varias para gastos eventuales, sino el resultado de un evento legal, técnico, de las fuerzas micro o macro económicas, de las políticas estatales, en lo cual se ve inmerso el contribuyente; seguro será la situación futura, y así lo ha demostrado la realidad, que necesitará un mayor monto o flujo de dinero para liquidar el pasivo en moneda extranjera y liberarse de su obligación, o bien, será un mayor monto o flujo de dinero el que realizará, para el caso de los activos en moneda extranjera, de manera tal que dicho evento debe tener el efecto económico respectivo en el tributo en la misma oportunidad en que el sujeto debe pagarlo, y no en un momento diferido.

En efecto, se trata de algo exógeno al sujeto, proveniente de la intervención del Estado en la fijación del valor de cambio de la moneda extranjera en relación con la moneda de curso legal en Venezuela.

Hay que comentar también, en cuanto a ese artículo 186 de la LISLR, que no corresponde a un ajuste por inflación por utilización de los INPC aplicable a las partidas no monetarias[4] poseídas por el contribuyente, sino a un ajuste por tasa de cambio, que se hace a las partidas monetarias expresadas en moneda extranjera; de hecho por definición las partidas que se ajustan por tasa de cambio son partidas monetarias[5].

Este ajuste ya lo vienen efectuando las empresas en cumplimiento de la técnica y principios contables, según lo antes explicado, a lo cual remite la propia LISLR, de manera que si se asume el criterio de que el artículo 186 de la LISLR fue eliminado, entonces residualmente existiría inserción jurídica y análisis a los fines tributarios por la existente normativa legal de la LISLR aplicable a las deducciones, o sea, la debida causación, normalidad y necesidad, y territorialidad.

Este artículo 186 de la LISLR no debió incluirse junto con el articulado relativo al sistema de ajuste por inflación fiscal. De allí que muchos especialistas consideren que el artículo 186 de la LISLR no fue arrastrado en la eliminación, para los contribuyentes especiales, del sistema de ajuste por inflación fiscal, por lo que sostienen que aun sigue vigente, entre los cuales nos ubicamos.

Otra cosa particular analizada sobre este artículo 186 de la LISLR, es la segregación o categorización que se hace sobre el caso de la tenencia o disponibilidades poseídas de moneda extranjera, separando esta partida del concepto de "activo exigible", con base en la interpre-

---

4   "Aquel que no tiene un valor nominal fijo, es decir, su valor puede verse afectado por la evolución de precios o por variaciones específicas de su valor". Economía y Negocios. De la A a la Z. Colección Temáticos Espasa.

5   "Son unidades monetarias mantenidas en efectivo, así como activos y pasivos que se van a recibir o pagar, mediante una cantidad fija o determinable de unidades monetarias". NIC 21.

tación de que la diferencia en cambio derivada de ajustar esta partida (dinero poseído en efectivo en caja y/o banco, en divisas) a una tasa de cambio oficial a una fecha determinada o de preparación de los reportes financieros no se corresponde con un ingreso disponible a los que pretende gravar el impuesto a la renta a través de esta norma legal, y además, cuando la norma legal se refiere a activo exigible denominado en divisas, no se está refiriendo a dinero[6],[7] propiamente, sino que se está refiriendo implícitamente, por ejemplo, a una cuenta por cobrar, a una inversión, a un bono de la República, a un certificado de depósito, o una acción de una compañía.

Y por el lado del pasivo exigible[8] en divisas, se refiere, por ejemplo, a cuentas por pagar, un crédito diferido, etc.

El concepto de activo exigible[9] no está referido propiamente al dinero que pueda poseer el sujeto, ya que lo hubiese dicho expresamente la norma legal. La pregunta que surge es ¿si el dinero puede verse como un activo exigible? Al no estar definido en la ley, hay quienes acuden a ramas relacionadas auxiliares y se ubican en al área contable como activo exigible (derechos, valores, bienes, etc.) a todo aquello que será susceptible de convertirse en dinero; no así el dinero mismo.

Para el caso de la tenencia de divisas en moneda extranjera, hemos visto que se atiende más a la utilización real de la divisa, en la compra de bienes y servicios, para considerar la diferencia cambiaria derivada del ajuste de la tasa de cambio aplicable a esta partida, como realizada en el ejercicio tributario y procedente por ende en el cómputo de la renta gravable, aplicando un criterio PEPS o UEPS de realización de la diferencia cambiaria. Se analiza el cambio de la divisa a moneda nacional, o se usa para comprar bienes, servicios, pagar gastos, etc.

De la revisión, no en un período muy extenso, de las sentencias de los tribunales impositivos, nos llamó la atención las siguientes:

Los fallos del Tribunal Supremo de Justicia (TSJ), Nros. 06420, 06422 y 02470 del 01/12/2005, los dos primeros, y del 09/11/20006 (Casos: *Mack de Venezuela, C.A., Couttenye & Co., S.A., y Sidero Galvánica, C.A.*).

Además, la sentencia Nro. 00025 del 14/01/2003 (Caso: *Sural, C.A.*).

Estos fallos versan sobre casos en los cuales el diferencial cambiario (gasto) derivaba de devaluaciones oficiales de la moneda, decretada por el Gobierno Nacional y el B.C.V., hacia lo cual existe más o menos consenso general de procedencia de la deducción del gasto a los fines del cómputo del impuesto sobre la renta, basado en: i) la existencia de la deuda; ii) la necesidad indubitable de una mayor cantidad de bolívares por parte del sujeto o contribuyente para extinguirla y; iii) la causación, la normalidad y la necesidad del gasto para la

---

6   Todo aquello aceptado como medio de pago o medición de valor. Las monedas y billetes en circulación son la forma final adoptada por las economías como dinero". Economía y Negocios. De la A a la Z. Colección Temáticos Espasa.

7   "El diccionario de la Real Academia Española habla de dinero como moneda corriente, contante y sonante, dinero en tabla, o sea, en efectivo. El dinero hoy en día no es oro, plata, cobre o una especie determinada...las monedas y billetes emitidos por el Banco Central, los cuales no contienen valor intrínseco, sólo representan una décima parte de lo que en la economía se define como dinero base...Habiendo perdido su carácter de objeto, el dinero contemporáneamente se identifica y se define sobre la base de su función. Así dinero es todo aquello que puede usarse para el intercambio de bienes y servicios, o sea, para pagar el precio...De las funciones del dinero, se identifica el dinero como todo aquello que pueda servir como medio de pago, conserva su valor, y se usa como moneda de cuenta". El Dinero, inflación y las deudas de valor. Autor: James Otis-Rodner S.

8   "Todas aquellas deudas que la empresa ha contraído". Economía y Negocios. De la A a la Z. Colección Temáticos Espasa.

9   "Activo cuyo cobro (dinero) o recepción (bien) aún no se ha producido". Economía y Negocios. De la A a la Z. Colección Temáticos Espasa.

producción de la renta y iv) adicionalmente, el contribuyente demostró que realmente había efectuado el pago de la deuda.

Además, estos fallos se concentran en analizar la variación cambiaria realizada y no entran a evaluar el caso de fluctuación cambiaria[10] (la que estamos comentando).

Por otra parte, sólo en algunas frases de estas sentencias, se menciona muy brevemente el caso del dinero, y se dice que debe cambiarse la divisa a bolívares, para que se materialice alguna diferencia en cambio. Algunos especialistas evaluan que haya cambiado la divisa a otra moneda, o usado la misma, para ver la diferencia en cambio como realizada, y mientras algunos de estos actos no ha ocurrido consideran la diferencia en cambio como no gravable o no deducible, según sea el caso.

En otras palabras, la diferencia cambiaria resultante de ajustar a una fecha determinada la tenencia de moneda extranjera, en principio se le considera no gravable o no deducible, y luego se asume un criterio PEPS o UEPS para irla considerando a los fines tributarios, vale decir:

PEPS: Primera diferencia cambiaria calculada y considerada en dicha oportunidad sin efecto en el ISLR, primera diferencia cambiaria en salir a ser considerada en el cómputo del ISLR. Este criterio es el que más se observa en la práctica. Con esto se considera un monto menor en el cálculo presente del ISLR, ya que la partida en cuestión englobada con las cifras recientes al momento de calcular el impuesto tendrán menor impacto.

UEPS: Última diferencia cambiaria calculada y considerada en dicha oportunidad sin efecto en el ISLR, primera diferencia cambiaria en salir a ser considerada en el cómputo del ISLR. Esta es la teoría del "tarro de galletas" (nadie cuando va a comer una galleta de un tarro saca todas las galletas para tomar la que primero metió, sino que agarra considera un monto mayor en el cálculo del ISLR, ya que la partida en cuestión englobada con las cifras recientes al momento de calcular el impuesto porque corresponderán a montos más actuales.

En otra sentencia del TSJ, la Nro. 01244 del 17/11/2016, Caso: *Suelopetrol, C.A.*, que conoció en alzada de una sentencia emanada de un tribunal superior contencioso tributario, no se le dio la razón al contribuyente que se defendió de un reparo formulado por la administración tributaria a su ejercicio anual tributario coincidente con el año civil 2012, en el que se le rechazó una deducción de diferencial cambiario, porque sus ingresos eran en divisas, y utilizó divisas mantenidas en el exterior para pagar su deuda y no adquirió la divisa en el país, o sea, no tuvo que incurrir en una mayor cantidad de bolívares para comprar las divisas y pagar la deuda en moneda extranjera.

Además, en dicha sentencia directamente y sin argumentación alguna, consideró el tribunal inferior, confirmada luego por el TSJ, que no era procedente en el caso concreto lo establecido en el artículo 188 de la LISLR (el equivalente de la época, al artículo 186 de la ley vigente que estamos revisando en este trabajo), sino que en su concepto debía dársele inserción en el derecho positivo según lo establecido en el artículo 27 de la LISLR (ley 2001), referido a los requisitos que deben cumplir las deducciones para la determinación del renta gravable.

En nuestra opinión, sí era perfectamente aplicable el artículo 188[11] de la LISLR, referido a la diferencia en cambio proveniente a ajustar una deuda en moneda extranjera, según la va-

---

10 "Variaciones que sufren los tipos de cambio de las monedas como consecuencia de aumentos o disminuciones en su oferta o demanda reflejo de la evolución económica de los países. Economía y Negocios. De la A a la Z. Colección Temáticos Espasa.

11 Artículo 188 LISLR (año 2001). "A los fines de este Capítulo, las ganancias o pérdidas que se originen de ajustar las acreencias o inversiones, así como las deudas u obligaciones en moneda extranjera o con cláusulas de reajustabilidad existente al cierre del ejercicio gravable, se consideraran realizadas.

riación de la tasa de cambio producida a una fecha posterior o de preparación del reporte financiero.

De las averiguaciones efectuadas acerca del tratamiento fiscal de las fluctuaciones cambiarias en otros países, tenemos por ejemplo:

En México, en donde este tipo de partidas es ciento por ciento deducible, no tiene influencia que el pasivo en moneda extranjera esté pagado o no al cierre del ejercicio fiscal y nada se considera en la conciliación de la renta del contribuyente. Las partidas en moneda extranjera se deben ajustar a la tasa de cambio oficial y lo que está registrado en la contabilidad se queda como deducible o gravable, lo que aplique.

En Colombia, vemos que asumen el criterio del pago, existe una disposición expresa en la ley tributaria del impuesto a la renta, así:

> *"ARTÍCULO 59. REALIZACIÓN DEL COSTO PARA LOS OBLIGADOS A LLEVAR CONTABILIDAD. Para los contribuyentes que estén obligados a llevar contabilidad, los costos realizados fiscalmente son los costos devengados contablemente en el año o período gravable.*
>
> *Los siguientes costos, aunque devengados contablemente, generarán diferencias y su reconocimiento fiscal se hará en el momento en que lo determine este Estatuto y se cumpla con los requisitos para su procedencia previstos en este Estatuto:*
>
> *...omissis...*
>
> *e) Los costos que se origen por actualización de pasivos estimados o provisiones no serán deducibles del impuesto sobre la renta y complementarios, sino hasta el momento en que surja la obligación de efectuar el desembolso con un monto y fecha ciertos y no exista limitación alguna"*

En Argentina, observamos que aceptan la deducción de la fluctuación cambiaria en el mismo ejercicio de su registro contable; existe una norma legal que señala:

> *"Art. 96 - Los valores y conceptos a computar a los fines establecidos en los incisos a) y b) del artículo anterior -excepto los correspondientes a los bienes y deudas excluidos del activo y pasivo, respectivamente, que se considerarán a los valores con que figuran en el balance comercial o, en su caso, impositivo- serán los que se determinen al cierre del ejercicio inmediato anterior al que se liquida, una vez ajustados por aplicación de las normas generales de la ley y las especiales de este Título.*
>
> *Los activos y pasivos que se enumeran a continuación se valuarán a todos los fines de esta ley aplicando las siguientes normas:*
>
> *a) Los depósitos, créditos y deudas en moneda extranjera y las existencias de la misma: de acuerdo con el último valor de cotización -tipo comprador o vendedor según corresponda- del BANCO DE LA NACION ARGENTINA a la fecha de cierre del ejercicio, incluyendo el importe de los intereses que se hubieran devengado a dicha fecha".*

En Perú, la fluctuación cambiaria es deducible desde el mismo momento en que se incurren.

Vemos pues, que no hay un tratamiento uniforme en la región, pero pareciera de mayor aceptación el criterio de que sea deducible la fluctuación cambiaria desde el momento de su registro.

¿Por qué no permitirle que deduzca la pérdida por fluctuación cambiaria? Si el contribuyente puede demostrar o es evidente que:

La deuda existe, que tiene las facturas del proveedor, que posee el contrato por medio del cual queda obligado al cumplimiento de una deuda, so pena de sanciones por no honrar el compromiso, en general, que se evidencian una serie de elementos que denotan la realidad de la transacción y por ende del gasto correspondiente a la diferencia en cambio.

La fluctuación se produce por la intervención del Estado en la economía.

Es público y notorio y un hecho incontrovertible de la situación económica actual que la tasa de cambio de las divisa con respecto a la moneda nacional no tiende a bajar, sino todo lo contrario.

Que el contribuyente tendrá que disponer de una mayor cantidad de dinero nacional para adquirir la moneda extranjera para cumplir sus compromisos contraídos en divisas.

En conclusión, con la existencia del artículo 186 de la LISLR, tenemos:

La fluctuación cambiaria registrada por una entidad en cumplimiento de principios contables, a los cuales remite la LISLR, correspondiente a un activo exigible o pasivo exigible al cierre del ejercicio anual tributario del contribuyente, es procedente para computar su renta gravable en el mismo ejercicio de su registro contable. No puede verse como un gasto no causado del año fiscal.

La jurisprudencia nacional ha decidido los casos de diferencia cambiaria atendiendo más a las circunstancia de pago o cobro del pasivo o activo, y a la ocurrencia de devaluación oficial, pudiendo inferirse entonces que no están de acuerdo con admitir en el mismo ejercicio anual tributario, las fluctuaciones cambiarias, incluso con la existencia del artículo 186 de la LISLR, lo cual no es nuestra opinión. Por el contrario, esta norma legal vino precisamente a solucionar estos casos.

Es residualmente aplicable (para el caso en estudio y concretamente de pérdidas cambiarias, la derivada del ajuste de pasivos exigibles al cierre fiscal del contribuyente), el artículo 27 de la LISLR, referido a las deducciones, si se parte de que el artículo 186 de la LISLR fue eliminado para los contribuyentes especiales, lo cual en nuestra opinión la hace igualmente admisible, por tratarse de un gasto causado de las operación del sujeto.

Con la situación de hiperinflación actual del país, debe dejarse de lado el excesivo uso de formalidades jurídicas y la autoridad competente en sus revisiones a los contribuyentes debe ver cada caso y la realidad económica del sujeto y establecer la justa medida de su carga tributaria. Llegando a una revisión consensuada con el contribuyente puede esclarecerse su verdadera capacidad contributiva; el momento crítico que vivimos amerita aliviar la carga a los agentes dinamizadores de la economía, y desde el ámbito tributario debe realizarse por parte del Estado el aporte correspondiente.

§ 33. GRAVABILIDAD DE LAS INDEMNIZACIONES A EFECTOS DEL IMPUESTO SOBRE LA RENTA (ISLR)

Galit Díaz Navon [*]

I. INTRODUCCIÓN

Las indemnizaciones por daño emergente y lucro cesante tienen un tratamiento fiscal distinto a efectos de su gravabilidad con el Impuesto sobre la Renta (en adelante ISLR); mientras que en el daño emergente la indemnización debería ser igual al precio del bien afectado (ni más ni menos) de manera de que no se considere como un enriquecimiento gravable, en el lucro cesante la indemnización corresponde a la renta o ganancia que se dejó de percibir en virtud del daño ocasionado al bien, y se considera gravable.

Si bien es cierto que en materia de indemnizaciones por concepto de lucro cesante no existiría problemática alguna, pues se ha determinado que lo que reciba el sujeto pasivo de la obligación tributaria por dicho concepto debe ser gravado con el ISLR por haber un incremento real del patrimonio (enriquecimiento), no es menos cierto que en materia de indemnizaciones por concepto de daño emergente existen ciertas dudas sobre su gravabilidad, sobre todo en lo que respecta a un posible excedente que resulte de restarle a la indemnización recibida, la pérdida sufrida por el bien, según lo preceptuado por el Reglamento de la Ley de Impuesto sobre la Renta (en adelante RLISLR), lo cual explicaremos más adelante.

Lamentablemente nuestra legislación en materia tributaria no señala a qué excedente se refiere el artículo 64 del RLISLR, razón por la cual consideramos necesario aclarar qué debe entenderse como excedente a efectos de su gravabilidad con el ISLR, cuestión que la jurisprudencia no ha dilucidado de manera clara en nuestra opinión.

Otro aspecto objeto de análisis en el presente trabajo es el tratamiento fiscal que debe dársele a las indemnizaciones recibidas por compañías de seguros, las cuales están exentas del pago de ISLR, cuestión que, con base en nuestra revisión, la jurisprudencia ha ignorado, señalando la gravabilidad de un excedente –con base al mencionado artículo 64 del RLISLR– sin tomar en cuenta la dispensa total de pagar el referido tributo, otorgada por la propia Ley de Impuesto sobre la Renta (en adelante LISLR).

Por último, procederemos a revisar en el derecho comparado la regulación de las indemnizaciones por concepto de daño emergente otorgadas por compañías de seguros y por empresas que no pertenecen a ese ramo, así como su tratamiento fiscal como posible escenario de solución y de ejemplo para nuestra legislación en materia de ISLR.

Visto lo anterior, se hace necesario analizar: i) qué se entiende por daño emergente y lucro cesante; ii) si el daño emergente es gravable con el ISLR; iii) qué se debe entender por excedente gravable con el ISLR, y si el mencionado excedente que resulta de una posible diferencia de restarle la pérdida sufrida a la indemnización entregada por una compañía de segu-

[*] Abogada egresada de la Universidad Católica Andrés Bello (UCAB) (2012). Especialización en Derecho Tributario en la Universidad Central de Venezuela (UCV) (Fase de tesis). Profesora invitada de la Cátedra "Instituciones de Derecho Financiero y Tributario" en la Universidad Monteávila (UMA). Profesora invitada del Seminario "Tributación Municipal" en la UCAB. Miembro de Número de la Asociación Venezolana de Derecho Tributario (AVDT). Miembro del Comité de Derecho Procesal Tributario de la AVDT. Asociada Senior de la firma Travieso Evans Arria Rengel & Paz.

ros es gravable con el ISLR; y iv) cuál es el tratamiento fiscal aplicable a las indemnizaciones por concepto de daño emergente y lucro cesante en la legislación colombiana.

II. EL DAÑO EMERGENTE Y EL LUCRO CESANTE

"La doctrina define el daño como la lesión de un interés patrimonial, derivada del incumplimiento de un deber jurídico, o sea, el daño es el perjuicio patrimonial que sufre la víctima como consecuencia del incumplimiento de una obligación. La obligación de reparar el daño es la de pagar una suma de dinero que indemnice a la víctima (o al acreedor de la prestación incumplida, en caso de responsabilidad contractual) el valor patrimonial del perjuicio causado por el incumplimiento. En Venezuela, el principio general es que el daño patrimonial se repara mediante el pago de una suma de dinero que compense a la víctima de la pérdida material sufrida, o sea, una compensación en dinero a la víctima del daño, compensatoria del valor sufrido. Esta reparación que compensa el daño normalmente se realiza en Venezuela mediante el pago de una indemnización pecuniaria."[1]

El daño puede derivar de un hecho ilícito (extracontractual) o de un incumplimiento contractual. Así las cosas, el Código Civil Venezolano (en adelante CCV) establece en su artículo 1.185 respecto a los hechos ilícitos que:

"El que con intención, o por negligencia o por imprudencia, ha causado un daño a otro, está obligado a repararlo.

Debe igualmente reparación quien haya causado un daño a otro, excediendo, en el ejercicio de su derecho, los límites fijados por la buena fe o por el objeto en vista del cual le ha sido conferido ese derecho."

Por otro lado, el artículo 1.273 del CCV respecto al daño contractual establece que:

"Los daños y perjuicios se deben generalmente al acreedor, por la pérdida que haya sufrido y por la utilidad de que se le haya privado, salvos las modificaciones y excepciones establecidas a continuación" (Subrayado nuestro).

Cuando la norma contenida en el artículo 1.273 hace alusión a los daños y perjuicios por la pérdida que el acreedor haya sufrido, se hace referencia al daño emergente que *"consiste en la pérdida experimentada por el acreedor en su patrimonio, derivada inmediatamente del incumplimiento culposo del deudor"*[2]

Por lo tanto, cuando se recibe una cantidad de dinero por concepto de daño emergente, no se está siendo indemnizado por lo que el sujeto dejó de recibir económicamente durante los años siguientes producto de la pérdida de algún bien, que es lo que se denomina en la legislación y doctrina como lucro cesante, que *"consiste en el no aumento del patrimonio del acreedor por habérsele privado de un incremento que normalmente hubiese ingresado en su patrimonio de no haber incurrido el incumplimiento"*[3].

El lucro cesante, no es más que la utilidad o ganancia que dejó de percibir la persona afectada por el daño, y que hubiese potencialmente recibido si el daño no se hubiese producido.

---

1   Otis Rodner S., James, *El Dinero. Obligaciones de dinero y de valor. La inflación y la deuda en moneda extranjera*, 2ª Edición concordada con la Jurisprudencia Venezolana y los Principios de UNIDROIT, Academia de Ciencias Políticas y Sociales, Centro de Investigaciones Jurídicas, Editorial Anauco, Caracas 2005, pp. 422-423.

2   Maduro Luyando, Eloy, y Pittier Sucre, Emilio, *Curso de Obligaciones*, Derecho Civil III, Tomo I, UCAB, Caracas 2008, p. 158.

3   *Ídem.*

Sobre ambas figuras, la Sala Político Administrativa del Tribunal Supremo Justicia en Sentencia N° 02130 de fecha 09 de octubre de 2001 (Caso: *Hugo Eunices Betancourt Zerpa vs. La República*) ha señalado que:

> "...*el daño emergente y el lucro cesante son los perjuicios de tipo patrimonial, que pueden consistir, bien en la pérdida experimentada en el patrimonio del acreedor,* es decir, en los gastos médicos o de otra naturaleza en que éste pudo haber incurrido por las lesiones físicas o psicológicas que le ocasionó el daño (daño emergente), o *en la utilidad que se le hubiere privado por el incumplimiento de la obligación (lucro cesante).*" (Subrayado nuestro)

Una vez precisados los conceptos de daño emergente y lucro cesante, pasaremos a continuación a desarrollar el tratamiento fiscal aplicable a ambas figuras en materia de ISLR, con especial énfasis en el daño emergente.

III. GRAVABILIDAD DE LAS INDEMNIZACIONES POR CONCEPTO DE DAÑO EMERGENTE Y LUCRO CESANTE A EFECTOS DEL ISLR

De conformidad con lo establecido en el artículo 1 de la LISLR, se grava con ese impuesto los enriquecimientos anuales, netos y disponibles obtenidos en dinero o en especie. En ese sentido, y una vez precisado lo que debe entenderse por daño emergente, es evidente que las indemnizaciones por ese concepto no constituyen un enriquecimiento gravable con el ISLR, en tanto en cuanto la indemnización no sea por un monto mayor al de los bienes afectados que constituya un beneficio para el que la recibe. Por ejemplo, si A tiene un contrato de arrendamiento suscrito con B, donde A le arrienda unos equipos a B, y B se obliga a indemnizar a A en caso de que dichos bienes arrendados se vean afectados por un siniestro, entonces B deberá indemnizar a A únicamente por el monto equivalente a los bienes siniestrados. Todo lo que pague B a A que sea superior al monto de los bienes siniestrados, ya no constituye un pago por daño emergente.

Para que la indemnización no se considere gravable con el ISLR, ésta sólo debe constituir un pago por concepto de daño emergente (por la restitución o reposición del patrimonio afectado por el daño) y no de lucro cesante (que sí constituye un enriquecimiento), de manera que, el daño emergente en los términos antes descritos no constituye un enriquecimiento gravable a efectos del ISLR, pues ello violaría el principio de capacidad contributiva consagrado en el artículo 316 de la Constitución Nacional (en adelante CN) que dispone lo siguiente:

> "*Artículo 316: El sistema tributario procurará la justa distribución de las cargas publicas según la capacidad económica del o la contribuyente,* atendiendo al principio de progresividad, así como la protección de la economía nacional y la elevación del nivel de vida de la población, y se sustentará para ello en un sistema *eficiente* para la recaudación de los tributos.*" (Subrayado nuestro)

Por razón de lo anterior, afirmamos que gravar con ISLR el daño emergente en los términos ya expuestos sería gravar una "manifestación de riqueza inexistente", ya que la indemnización constituiría una reposición de lo que se tuvo antes de que el hecho dañoso ocurriera.

Sobre el daño emergente y el lucro cesante se ha pronunciado el Servicio Nacional Integrado de Administración Aduanera y Tributaria (en adelante SENIAT), mediante Consulta evacuada en Oficio N° HGJT-2468 de fecha 21 de noviembre de 1995, en los siguientes términos:

> "...*en cuanto la gravabilidad o no del resarcimiento del daño, tenemos que la Ley de Impuesto sobre la Renta venezolana grava los enriquecimientos netos, anuales y disponibles obtenidos en dinero o en especie, por actividades económicas realizadas en el país.*

En tal sentido, se hace necesario distinguir el tipo de daño (material o moral) a fin de deter-minar si el resarcimiento del mismo <u>constituye</u> un enriquecimiento gravable con el impuesto so-bre la renta.

Así tenemos que el daño material o patrimonial incluye el daño emergente y el lucro cesante. <u>En cuanto al primero, como antes se señaló, el mismo restablece el patrimonio del afectado al es-tado anterior. Al respecto, se ha sostenido que su resarcimiento debe responder a la medida del daño, no pudiendo servir para enriquecer al perjudicado, si superase dicha medida.</u> Semejante enriquecimiento sería extraño a su función reparadora y equilibradora e introduciría, a cargo del responsable, una pena privada...

<u>Esta reparación, de carácter meramente indemnizatorio, no representa un enriquecimiento para la víctima o acreedor del daño, sino que se limita a restablecer su patrimonio a la misma medida que tenía antes del hecho ilícito o incumplimiento contractual generador de la responsa-bilidad. En consecuencia, tal resarcimiento no constituye hecho imponible del impuesto sobre la renta...</u>

<u>No puede llegarse a la misma conclusión en cuanto al lucro cesante, ya que, como se afirmó, el mismo tiene por objeto un interés futuro, o sea, relativo a un bien que todavía no pertenecía a la víctima en el momento del acto ilícito, constituyendo una reparación patrimonial pero deriva-da de una ganancia dejada de percibir. Tal reparación constituye un enriquecimiento por cuanto la misma no estaba en el patrimonio del beneficiario al momento de producirse el daño, constitu-yendo un beneficio percibido al momento de la reparación que incrementa su patrimonio, grava-ble con el impuesto sobre la renta...</u>

<u>De todo lo antes expuesto podemos llegar a la conclusión que la reparación por concepto de daño emergente no constituye enriquecimiento gravable para el que lo recibe</u>, en tanto que el re-sarcimiento por concepto de lucro cesante y daño moral constituyen hechos imponibles y en con-secuencia, enriquecimientos gravables con el impuesto sobre la renta."[4] *(Subrayado nuestro)*

De lo anterior se desprende como ya se explicó, que la indemnización por concepto de daño emergente no constituye hecho imponible del ISLR y, por lo tanto, no sería gravable con dicho impuesto, en la medida que dicho resarcimiento sea cónsono con el daño causado, esto es, que sólo sea para restablecer el daño sufrido (por equivalente) y no vaya más allá del mismo, ya que de lo contrario, se entendería como un beneficio para quien reciba la in-demnización, y ese enriquecimiento sí sería gravable con el ISLR.

Para el caso de las indemnizaciones por concepto de lucro cesante, no quedan dudas que éstas serán gravables con el ISLR, ya que estaríamos en presencia de un enriquecimiento que incrementa el patrimonio del afectado, en otras palabras, es la ganancia o utilidad que se dejó de percibir por el daño ocasionado.

Sin embargo, no podemos dejar de mencionar que si la indemnización recibida es por un valor superior al valor real de los bienes afectados, entonces el diferencial o excedente que pueda resultar sería gravado con el ISLR según lo establecido en el artículo 64 del RLISLR como se desarrollará a continuación.

IV. ASPECTOS RELATIVOS A LA DISPOSICIÓN CONTENIDA EN EL ARTÍCULO 64 DEL RLISLR, Y A LO QUE DEBE ENTENDERSE COMO EXCEDENTE A EFECTOS DE SU GRAVABILIDAD

El artículo 64 del Reglamento de la LISLR (en adelante el RLISLR) establece que:

---

4   Ver Consulta N° HGJT-2468 de fecha 21 de noviembre de 1995, Tema: Tratamiento fiscal del resarcimiento por concepto de daño emergente, lucro cesante y daño moral en Compilación Doctrinal, Tomo I, Ediciones SE-NIAT, Caracas, Diciembre 1996, pp. 346 y ss.

"Artículo 64: <u>Las pérdidas sufridas en el ejercicio gravable en los bienes destinados a la producción del enriquecimiento gravable</u>, tales como las <u>ocurridas</u> por destrucción, rotura, consunción, desuso y sustracción, <u>serán deducibles cuando no hayan sido compensadas por seguros u otra indemnización</u> y no se hayan imputado al costo de las mercancías vendidas o de los servicios prestados...

Parágrafo Tercero. Cuando la compensación o indemnización a que se refiere este artículo, no sea percibida en el ejercicio en que ocurrió la pérdida, ésta podrá ser deducida, pero la indemnización correspondiente deberá ser declarada como ingreso en el ejercicio tributario en que se reciba.

***<u>También deberá declararse como ingreso a los fines de su gravamen, el exceso que resulte al restar del monto obtenido por concepto de</u>** indemnización**<u>, la pérdida realmente sufrida en los bienes destinados a la producción del enriquecimiento, habida consideración de la depreciación o amortización acumulada</u>**...*" (Destacado nuestro)

Por su parte, el artículo 27 numeral 6 de la LISLR señala lo siguiente:

"Artículo 27: Para obtener el enriquecimiento neto global se harán de la renta bruta las deducciones que se expresan a continuación, <u>las</u> cuales, salvo disposición en contrario, deberán corresponder a egresos causados no imputables al costo, normales y necesarios, hechos en el país con el objeto de producir el enriquecimiento: (...)

6. <u>Las pérdidas sufridas en los bienes que constituyen el activo fijo destinados a la producción de la renta, por caso fortuito o fuerza mayor, no compensadas por seguros u otras indemnizaciones,</u> siempre y cuando dichas pérdidas no sean imputables al costo." (Subrayado nuestro)

De lo anterior se colige, que la pérdida puede ser deducida si es indemnizada en un ejercicio diferente al cual ocurrió el hecho, pero la indemnización deberá ser declarada como un ingreso en el ejercicio fiscal que se reciba. También se señala que en caso de que haya una indemnización, <u>se deberá declarar como ingreso el excedente que resulte de restar a la indemnización recibida la pérdida ocurrida,</u> tomando en consideración la depreciación o amortización acumulada de dichos bienes.

Por su parte, la LISLR señala que para la obtención del enriquecimiento neto a ser gravado, se podrán deducir en el ejercicio gravable en el que corresponda, las pérdidas sufridas por caso fortuito o fuerza mayor en los bienes del contribuyente que estén destinados a la producción de la renta, en tanto en cuanto éstas no hayan sido indemnizadas ni imputadas al costo de los bienes.

Una vez precisado lo anterior, el problema surge cuando el RLISLR señala la gravabilidad de un "excedente" sin precisar de manera clara qué debe entenderse por dicho excedente que lo haría gravable a efectos del ISLR, que en nuestra opinión, debe ser analizado caso por caso, es decir, determinar si ese excedente se traduce en un incremento real del patrimonio del contribuyente que recibe la indemnización (enriqueciéndolo), o se trata de una diferencia entre el valor histórico y el valor constante (ajustado por inflación) de los bienes indemnizados, supuestos totalmente diferentes, pues este último no constituye en nuestra opinión, un enriquecimiento gravable con el ISLR, aunque en la práctica la Administración Tributaria lo ha interpretado de esa manera.

Sobre el excedente y de nuestra investigación, sólo el Tribunal Superior Segundo de lo Contencioso Tributario de la Circunscripción Judicial del Área Metropolitana de Caracas en Sentencia N° 0017/2013 de fecha 27 de febrero de 2013 (Caso: *C.A. Good Year de Venezuela vs. SENIAT*) ha señalado lo siguiente:

"El otro aspecto a dilucidar sobre la confirmación de este reparo, consiste en precisar cual es el valor que se le debe asignar a los bienes objeto de pérdida a los efectos de contrarrestarlo del monto de las indemnizaciones pagadas y poder determinar ese exceso gravable como ingreso bruto.

Para el acto recurrido el valor debe ser el costo histórico, mientras que la representación judicial de la contribuyente el valor a contrarrestar debe ser el costo reajustado por considerar que le es aplicable el supuesto previsto en el artículo 109 de la ley para la enajenación de activos (...)

Ahora bien, entiende el Tribunal que si las indemnizaciones pagadas se corresponden con un valor de reposición para los bienes que se indemnizan, el exceso entre esa indemnización y valor de los bienes perdidos es un ingreso gravable y, en consecuencia, es un incremento de patrimonio. Entonces, esos bienes perdidos, posteriormente indemnizados, necesariamente deben de tener un costo. De tal manera, resulta impensable que el valor de los bienes a contrarrestar sea el histórico, pues ese costo histórico estará afectado por la inflación, *pues así se deduce del transcrito 2 eiusdem, cuando indica que el enriquecimiento neto es aquel que resulta de restar de los ingreso brutos, en este caso del monto de las indemnizaciones, los costos, sin perjuicio del los ajustes por inflación previstos en la misma ley (...)*

De allí, que aun cuando la propia Ley vigente para esos ejercicios no lo establece claramente, al tener que restar los costos de los bienes indemnizados para poder determinar el exceso gravable, no hay razones para interpretar que esos costos deben ser los históricos en lugar de los costos reajustados. Proceder de otra manera, implica extraer la actualización que ordena el sistema de ajuste por inflación. Sobre la base de este razonamiento considera este Tribunal que el costo imputable a los bienes objeto de pérdida que se contrarresta de las indemnizaciones pagadas por las compañías de seguros, debe ser el costo ajustado por inflación, de acuerdo al estudio concordado de la normativa fiscal vigente, al cual, igualmente deberá imputársele la afectación por los retiros, las amortizaciones y las depreciaciones hechas en el ejercicio anual sobre tales activos, posteriormente perdidos. Así se declara."(Destacado nuestro)[5]

Visto lo anterior y a pesar de que el Tribunal no desarrolla expresamente qué debe entenderse como excedente gravable, es evidente que a los bienes objeto de indemnización se les debe atribuir un costo y que ese costo no puede ser simplemente el costo histórico sino el costo del bien ajustado por inflación, además de tomar en cuenta las amortizaciones y depreciaciones correspondientes.

De manera que la Administración Tributaria no puede pretender que el costo del bien objeto de indemnización sea el costo histórico, ya que de ser así, siempre se configuraría un excedente que sería gravable con el ISLR, y que atentaría contra la capacidad contributiva del contribuyente, no sólo por gravarse un excedente ficticio que no constituye un enriquecimiento real a efectos del ISLR, sino que además se estaría excluyendo la aplicación del ajuste por inflación que corresponde por derecho y por mandato de la propia LISLR.

En ese orden de ideas, es claro que el excedente al que hace alusión la normativa del ISLR debe ser interpretado como aquel enriquecimiento que va más allá del resarcimiento del daño emergente, el cual sí sería gravable con el ISLR, y no debe corresponder, como pretende la Administración Tributaria, a una posible diferencia que resulte entre el valor histórico del bien y su valor constante (en reconocimiento de la inflación).

Aclarado lo que debe entenderse como "excedente", resulta pertinente pasar a analizar si este excedente que resulta de una posible diferencia de restarle la pérdida sufrida a la indemnización entregada por una **compañía de seguros** es gravable con el ISLR.

El artículo 14 numeral 5 de la LISLR señala que:

"Artículo 14: Están exentos de impuesto: (...)

5. Los asegurados y sus beneficiarios, <u>por las indemnizaciones que reciban en razón de contratos de seguros;</u> pero deberán incluirse en los ingresos brutos aquéllas que compensen pérdidas que hubieren sido incluidas en el costo o en las deducciones." (Subrayado nuestro)

---

5   Dicho criterio fue ratificado en los mismos términos por ese Tribunal en Sentencia N° 0029/2013 de fecha 22 de abril de 2013 (Caso: *C.A. Good Year de Venezuela*).

La norma es clara al señalar que estarán exentos de pagar ISLR los beneficiarios que reciban indemnizaciones con ocasión de <u>contratos de seguros,</u> por lo que quedan excluidos de dicha exención los beneficiarios que reciban indemnizaciones con ocasión de <u>contratos distintos a los de seguros.</u>

En ese sentido, consideramos que cualquier posible excedente que se derive de restarle la pérdida sufrida a la indemnización entregada por una <u>compañía de seguros</u> no es gravable con el ISLR, en virtud de la exención establecida por la LISLR.

No obstante lo anterior, debemos señalar que, con base en la revisión efectuada, la jurisprudencia en esta materia ha sido exigua y los pronunciamientos que ha habido por parte de la Sala Político Administrativa del Tribunal Supremo de Justicia y de los Tribunales Superiores Contencioso Tributario, se han limitado a señalar sin mayores detalles que <u>cualquier excedente</u> que resulte de restar a la indemnización recibida de una <u>compañía de seguros la</u> pérdida ocurrida, será gravado con el ISLR, desconociendo lo establecido en el artículo 14 numeral 5 de la LISLR. En ese sentido, haremos referencia a dos casos que hemos podido analizar.

El primero de ellos, corresponde a la Sentencia N° 00226 de fecha 21 de marzo de 2012 (Caso: *Industrias Ondaflex, C.A. vs. Fisco Nacional*) dictada por la Sala Político Administrativa, mediante la cual se estableció lo siguiente:

> *"Vistas las disposiciones contenidas en los cuerpos normativos antes citados, se desprende que el Legislador fijó una serie de eventos en los cuales estableció ciertas condiciones o requisitos para la procedencia de la exención de impuesto sobre los montos obtenidos por concepto de indemnización de daños pagados por empresas aseguradoras, donde se creó como excepción al otorgamiento de dicho beneficio que "...deberá declararse como ingreso el excedente que resulte de restar el monto obtenido por concepto de indemnización, la pérdida realmente sufrida en los bienes destinados a la producción del enriquecimiento...". (...)*
>
> *A mayor abundamiento, esta Sala destaca que aún cuando el citado Reglamento es previo a la promulgación de la Ley en referencia, éste no contradice el espíritu, propósito y razón de aquélla, ya que la norma de carácter sub-legal entra a desarrollar el concepto y supuestos de hecho establecidos en la prenombrada Ley, a los fines de condicionar la <u>procedencia</u> de la exención de impuestos sobre la renta de los montos pagados por empresas aseguradoras por concepto de indemnización de daños, razón por la cual debe este Alto Tribunal, rechazar los argumentos expuestos por la contribuyente. En consecuencia, se declara procedente la objeción fiscal determinada en el presente punto. Así se declara."* (Subrayado nuestro)

Por su parte, el Tribunal Superior Segundo de lo Contencioso Tributario de la Circunscripción Judicial del Área Metropolitana de Caracas, también se ha pronunciado en términos similares en Sentencia N° 0029/2013 de fecha 22 de abril de 2013 (Caso: *C.A. Good Year de Venezuela vs. SENIAT*) en los siguientes términos:

> *"...Ahora bien, de la interpretación de estas normas, colige el Tribunal que si el valor de los bienes objeto de perdida fue imputado al costo o a deducciones en el ejercicio fiscal en el cual ocurrió esa perdida, la indemnización que, posteriormente, paga el seguro por esa pérdida, deberá declararse como ingresos brutos en el ejercicio fiscal en el cual ocurra ese pago.*
>
> *<u>También deberá declararse como ingreso la diferencia que resulte de contrarrestar de la indemnización pagada el valor que tenga el bien objeto de perdida...</u>*
>
> *En virtud del razonamiento expuesto, este Tribunal comparte el criterio sostenido en el acto recurrido y considera, en consecuencia, que el exceso que resulte al restar del monto obtenido por concepto de indemnización la pérdida realmente sufrida en los bienes destinados a la producción del enriquecimiento, habida consideración de la depreciación o amortización acumulada, debe ser declarado como ingreso gravable en el ejercicio fiscal 1995. Así se declara."*(Subrayado nuestro).

En ambas sentencias se estableció la obligatoriedad de declarar como ingreso el excedente que resulta de restar a la pérdida sufrida el monto de la indemnización recibida de la <u>compañía de seguros</u>, tomando en consideración la depreciación o amortización acumulada, tal y como lo establece el actual artículo 64 del RLISLR, y no obstante que la intención del legislador en materia de seguros fue la de eximir del pago de ISLR a la indemnización sin otras limitaciones a que la pérdida deducida fuera declarada como ingreso.

Tanto la Sala Político Administrativa como el Tribunal Superior Segundo de lo Contencioso Tributario, no sólo desconocen el contenido del artículo 14 numeral 5 de la LISLR, sino que además le atribuyen al artículo 64 del RLISLR un alcance que no tiene, puesto que la norma no pasa a desarrollar el contenido del referido artículo 14 numeral 5, ni tampoco establece una condición para el disfrute de la mencionada exención, todo lo cual se traduce en una violación del principio de legalidad.

Así las cosas, el artículo 317 de la CN señala que:

> *"Artículo 317: <u>No podrá cobrarse impuesto, tasa, ni contribución alguna que no estén establecidos en la ley, ni concederse exenciones y rebajas, ni otras formas de incentivos fiscales, sino en los casos previstos por la ley que cree el tributo correspondiente</u>. Ningún tributo puede tener efecto confiscatorio..."* (Subrayado nuestro)

Por su parte, el artículo 3 del Código Orgánico Tributario (en adelante COT) establece que:

> *"Artículo 3: Sólo a las leyes corresponde regular con sujeción a las normas generales de este Código las siguientes <u>materias</u>:*
>
> *1. <u>Crear, modificar o suprimir tributos; definir el hecho imponible; fijar la alícuota del tributo, la base de su cálculo e Indicar los sujetos pasivos del mismo.</u>*
>
> *2. <u>Otorgar exenciones y rebajas de impuesto,</u>*
>
> *3. Autorizar al Poder Ejecutivo para conceder <u>exoneraciones</u> y otros beneficios o incentivos fiscales.*
>
> *4. Las demás materias que les sean remitidas por este Código (…)"* (Subrayado nuestro)

Visto lo anterior, no queda dudas que el RLISLR no establece condiciones para disfrutar de la exención establecida en el artículo 14 numeral 5 de la LISLR, razón por la cual, la interpretación que le da la jurisprudencia al artículo 64 del RLISLR es errado e inconstitucional. La norma contenida en el artículo 64 del RLISLR no desarrolla el artículo 14 numeral 5 de la LISLR, como la jurisprudencia pretende establecer vía sentencia mediante un supuesto de hecho adicional que no está establecido en la LISLR, es decir, condicionando la procedencia de la exención a la declaración como ingreso de un excedente, lo que resulta a todas luces ilógico.

Además, en materia de exenciones el artículo 5 del COT señala que las mismas se interpretarán en forma restrictiva, lo que impide que ésta pueda interpretarse de manera amplia y/o análoga para extender sus efectos a supuestos no contemplados en la norma o, en el presente caso, estableciendo requisitos adicionales que no señala la propia LISLR.

Así las cosas, y de considerarse viable la interpretación –en nuestra opinión, errada- de la jurisprudencia respecto al artículo 64 del RLISLR, se habría incurrido en un exceso reglamentario y en una violación al principio de legalidad tributaria, pretendiendo gravar el excedente sin que la LISLR lo estableciera, no obstante que la intención del legislador en materia de seguros fue la de eximir del pago de ISLR a los beneficiarios de esa indemnización sin otras limitaciones a que la pérdida deducida fuera declarada como ingreso, a fin de que el efecto entre el gasto y el ingreso sea neutro tanto para la Administración Tributaria como para el contribuyente.

Por otro lado, ni la LISLR ni su Reglamento regulan el supuesto en el cual la indemnización recibida –pagada por una compañía de seguros o no– sea menor (como a veces sucede) o esté por debajo del valor del bien o los bienes afectados. ¿Sería entonces deducible esa diferencia o no? Consideramos que así como un posible excedente que cubra más que el daño emergente es gravable con el ISLR, la diferencia que resulta de una posible indemnización que sea por debajo del valor del bien indemnizado también sería deducible del ISLR como una pérdida, siempre que la misma no haya sido imputada al costo. En caso contrario, se violaría el principio de capacidad contributiva, de justicia tributaria y de igualdad.

Recordemos que el artículo 21 de la CN establece en líneas generales que todas las personas son iguales ante la ley, y en consecuencia, no se permitirán discriminaciones fundadas en la raza, credo, condición social, etc., y que la ley garantizará las condiciones jurídicas y administrativas para que dicha igualdad sea real y efectiva.

En ese sentido, si cualquier excedente es gravable con el ISLR, entonces cualquier menor valor que resulte, sería deducible a efectos de dicho impuesto, ya que dicha indemnización pudiese ser también por un valor menor al valor real del bien afectado, ergo no constituye una reposición total del daño emergente sino una pérdida por lo que se dejó de recibir.

V. TRATAMIENTO FISCAL APLICABLE A LAS INDEMNIZACIONES POR CONCEPTO DE DAÑO EMERGENTE Y LUCRO CESANTE EN LA LEGISLACIÓN COLOMBIANA

En otras legislaciones como la colombiana, las indemnizaciones por daño emergente otorgadas por seguros, son ingresos que no constituyen renta y, por lo tanto, no son gravables, siempre y cuando se invierta dicho pago en la adquisición de bienes iguales o similares a los bienes perdidos en el siniestro de conformidad con lo establecido en el artículo 45 del Estatuto Tributario de los Impuestos Administrados por la Dirección General de Impuestos Nacionales de Colombia (en adelante Estatuto Tributario), de lo contrario se considerarán como renta gravable. Para el caso de las indemnizaciones por lucro cesante otorgadas por seguros, el Estatuto Tributario establece que son rentas gravables.

En efecto, el referido artículo 45 señala lo siguiente:

> *"Artículo 45. Las indemnizaciones por seguro de daño.*
>
> *El valor de las indemnizaciones en dinero o en especie que se reciban en virtud de seguros de daño en la parte correspondiente al daño emergente, es un ingreso no constitutivo de renta ni de ganancia ocasional. Para obtener este tratamiento, el contribuyente deberá demostrar dentro del plazo que señale el reglamento, la inversión de la totalidad de la indemnización en la adquisición de bienes iguales o semejantes a los que eran objeto del seguro.*
>
> *Parágrafo. Las indemnizaciones obtenidas por concepto de seguros de lucro cesante, constituyen renta gravable."* (Subrayado nuestro)

Para el caso de las indemnizaciones que no son pagadas por una compañía de seguros, sino por quien causó un daño que dio origen a la indemnización, entendemos que no aplicaría lo preceptuado en el artículo 45 del Estatuto Tributario, sino el artículo 17 del Decreto Reglamentario N° 187 de fecha 08 de febrero de 1975 y compilado mediante el Decreto N° 1625 de fecha 11 de octubre de 2016, que reza de la siguiente manera: *"…No son susceptibles de producir incremento neto del patrimonio los ingresos por reembolsos de capital o indemnización por daño emergente."*

Si revisamos el artículo 26 del Estatuto Tributario, se señala que:

"Artículo 26. Los ingresos son base de la renta líquida.

"La renta líquida gravable se determina así: de la suma de <u>todos</u> los ingresos ordinarios y extraordinarios realizados en el año o período gravable, <u>que sean sus-</u> <u>ceptibles de producir un incremento neto del patrimonio en el momento de su percep-</u> <u>ción, y que no hayan sido expresamente exceptuados,</u> se restan las devoluciones, re-bajas y descuentos, con lo cual se obtienen los ingresos netos. De los ingresos netos se restan, cuando sea el caso, los costos realizados imputables a tales ingresos, con lo cual se obtiene la renta bruta. De la renta bruta se restan las deducciones realizadas, con lo cual se obtiene la renta líquida. Salvo las excepciones legales, la renta líquida es renta gravable y a ella se aplican las tarifas señaladas en la ley." (Subrayado nuestro)

De lo anterior se puede concluir que: a) los ingresos por indemnización por concepto de daño emergente otorgados por empresas diferentes a seguros, no son gravados con el ISLR en la legislación colombiana y no se establece como requisito que dicho pago sea reinverti-do en la reposición de los bienes siniestrados, y b) los ingresos por indemnización por con-cepto de daño emergente otorgados por empresas de seguros, sólo serán gravables si el be-neficiario no invierte la indemnización en bienes similares a los siniestrados, según lo esta-blecido en el referido artículo 45 del Estatuto Tributario.

En la legislación venezolana, ni la LISLR ni su Reglamento contemplan los supuestos de hecho establecidos en la legislación colombiana sobre la no gravabilidad de las indemniza-ciones otorgadas por concepto de daño emergente ni de la obligatoriedad de la reinversión o no del monto recibido para restituir los bienes siniestrados para el caso de las indemnizacio-nes otorgadas por compañías de seguros. Únicamente se establece que las indemnizaciones otorgadas por compañías de seguros están exentas del pago de impuesto, con las salvedades ya expuestas por parte de la jurisprudencia.

Otro aspecto importante a destacar sobre la legislación colombiana, es el tratamiento fis-cal y diferenciador que se le da a las indemnizaciones por concepto de daño emergente otor-gadas por compañías de seguros sobre las otorgadas por compañías diferentes a seguros, esto es, que las otorgadas por compañías de seguros no constituyen una ganancia y por tanto no son gravables con impuesto con la condición de que la indemnización sea invertida en bienes similares a los que se tenían antes de que se produjera el daño como ya se mencionó, mientras que las otorgadas por terceros (que no son compañías de seguros) simplemente no constituyen un incremento del patrimonio y ergo, no son gravables.

Respecto a este particular, la Sala de lo Contencioso Administrativo de Colombia, en Sen-tencia N° 18652 de fecha 04 de abril de 2013, dejó sentado lo siguiente:

"La legislación tributaria determina qué tipos de ingresos no constituyen renta ni ganancia ocasional. Dentro de esos ingresos están los contemplados en el artículo 45 del Estatuto Tribu-tario que reza (...)

A su vez, los artículos 37 y 39 del Decreto 2595 de 1979 reglamentan la disposición citada, así:

ARTICULO 37.Para los efectos del artículo 32[6] de la Ley 20 de 1979, se entiende por indem-nización correspondiente al daño emergente los ingresos en dinero o en especie percibidos por el asegurado para sustituir el activo patrimonial perdido, hasta concurrencia del valor asegurado; y por indemnización correspondiente al lucro cesante, los ingresos percibidos para sustituir una renta que el asegurado deja de realizar.

*ART. 39.—Para obtener el tratamiento previsto en el artículo 32 de la Ley 20 de 1979, el contribuyente **deberá demostrar** dentro del término que tiene para presentar la declaración de*

---

6   El artículo 32 de la Ley 20 de 1979 fue compilado por el artículo 45 del Estatuto Tributario.

renta la inversión de la totalidad de la indemnización recibida en la adquisición de bienes iguales o semejantes a los que eran objeto del seguro.

Si no es posible efectuar la inversión dentro del término señalado, el interesado deberá demostrar que con la indemnización recibida se constituyó un fondo destinado exclusivamente a la adquisición de los bienes mencionados.

Parágrafo. La constitución de dicho fondo se demostrará con certificado expedido por el revisor fiscal y a falta de éste por contador público. En el año en el cual se le diere a este fondo una destinación diferente, lo recibido por indemnización constituirá renta gravable (...) (Negrilla es nuestra)

De acuerdo con las normas mencionadas, para que no sea constitutivo de renta ni ganancia ocasional el ingreso que se reciba por una indemnización de un seguro de daño, en la parte que corresponda al daño emergente, le correspondía al contribuyente según los artículos 45 del E.T. y 39 del Decreto 2595 de 1979, demostrar que el dinero recibido fue invertido en la adquisición de bienes iguales o semejantes a los que eran objeto del seguro.

La parte final del artículo 45 del E.T[7]. fue demandado ante la Corte constitucional en ejercicio de la acción pública consagrada en el artículo 241 de la C. P., por vulnerar los artículos 363 y 333 de la Constitución Política. La vulneración del artículo 363 de la Constitución, radicó en el hecho de que, al establecerse un trato diferenciador y más gravoso para quienes reciben una indemnización por daño emergente proveniente de un seguro de daño, se desconoce el principio constitucional de la equidad tributaria, y la vulneración del artículo 333 ib, se planteó que deriva del hecho de exigir que una persona destine recursos recibidos a título de indemnización por seguro de daño a la adquisición de ciertos bienes, limitando así de manera injusta su derecho a la libertad económica y restringiendo sin razón la facultad de destinar sus recursos productivos de conformidad con su criterio y con la autonomía que le confiere la Constitución.

La Corte Constitucional resolvió sobre esa demanda en la sentencia C- 385 de 2008 que declaró exequible la parte final del artículo 45 del E.T. Sobre la diferencia de trato que se argumentó, dijo que se encuentra justificada, por cuanto se trata de un beneficio sujeto a una condición, y con la opción de acogerse ella, a saber: (i) se acoge al beneficio de que tal ingreso no es constitutivo de renta ni de ganancia ocasional, demostrando que ha invertido la totalidad de la indemnización en la adquisición de bienes iguales o semejantes a los que eran objeto del seguro; o, (ii) no demuestra la condición, y estaría sujeto a la reglas de los ingresos constitutivos de renta o ganancias ocasionales.

Y sobre la vulneración al principio de libertad económica señaló que tampoco se configuró por cuanto no se trata de una imposición, sino del ofrecimiento de una alternativa que el contribuyente está en la posibilidad de tomar o desechar, en función de sus propias consideraciones y de su conveniencia patrimonial." (Subrayado nuestro).

A diferencia de la legislación venezolana, la colombiana sí establece claramente en el artículo 45 de su Estatuto Tributario una condición para que la indemnización pagada por una compañía de seguros por concepto de daño emergente no se considere gravable. En caso de no cumplir con dicha condición, que además debe probarse, entonces ese ingreso sí sería gravable.

Ahora bien, no compartimos el criterio sentado por la mencionada Sala de lo Contencioso Administrativo de Colombia respecto a que no se viola el principio de igualdad. Si bien es cierto que la gravabilidad o no de la indemnización por concepto de daño emergente pagada por una compañía de seguros depende de que la misma sea invertida en bienes similares a los afectados, no es menos cierto que las indemnizaciones recibidas por compañías que no sean de seguros no constituyen incremento de patrimonio y, en consecuencia, no son gravables. Esto

---

7   "*Para obtener este tratamiento, el contribuyente deberá demostrar dentro del plazo que señale el reglamento, la inversión de la totalidad de la indemnización en la adquisición de bienes iguales o semejantes a los que eran objeto del seguro*".

conlleva prácticamente a que nadie quiera contratar con una compañía de seguros, visto que el tratamiento fiscal para esta categoría de personas es evidentemente discriminatorio.

Estaríamos en presencia, en nuestra opinión, dentro de lo que en Venezuela el profesor Jose Rafael Belisario denomina como "discriminaciones negativas", y que son *"aquellas que se establecen sin justificación alguna y que constituyen una flagrante violación al principio de igualdad y por ende en materia tributaria del Principio de la Capacidad Contributiva en cuanto a especie de aquella..."*[8]

En el caso colombiano supeditar la gravabilidad de la indemnización por concepto de daño emergente a la inversión de la misma en bienes similares a los afectados, no tiene justificación cuando no se exige lo mismo para las indemnizaciones otorgadas por compañías diferentes a seguros, a las cuales no se les paga para tener asegurados dichos bienes.

Si analizamos el por qué en la legislacion venezolana las indemnizaciones otorgadas por compañías de seguros están exentas del pago de ISLR, llegaríamos a la conclusión que posiblemente lo están porque en definitiva quien se beneficia de la misma paga por ella, es decir, paga porque esos bienes estén asegurados, y gravar dicha indemnización atentaría contra la capacidad contributiva de su beneficiario, quien además no puede deducir dichas pérdidas a efectos del ISLR.

En virtud de lo anterior y a pesar de las críticas que hemos realizado a la jurisprudencia colombiana sobre el tratamiento de las indemnizaciones a efectos del ISLR en esa legislación otorgadas por compañías de seguros o no, consideramos que deberá reformarse en Venezuela tanto la LISLR como el RLISLR, de manera de incluirse normas claras y precisas en materia de indemnizaciones por concepto de daño como las contenidas en el Estatuto Tributario de Colombia *mutatis mutandis*, ya que se hace evidente que en Venezuela la jurisprudencia comentada no realiza un análisis más pormenorizado sobre el daño emergente ni señala qué se entiende por excedente gravable a efectos del ISLR.

VI. CONCLUSIONES

Las indemnizaciones por concepto de daño emergente no son gravables con el ISLR, en tanto en cuanto éstas sólo se limiten a reponer por equivalente el valor de los bienes afectados, en caso contrario, dicho excedente o mayor valor –mientras constituya un enriquecimiento real para el contribuyente– será gravable con el ISLR. Por su parte, el lucro cesante sí constituye un incremento de patrimonio que beneficia a quien lo recibe y por lo tanto es gravable con el ISLR.

El excedente señalado en el artículo 64 del RLISLR no se refiere a cualquier excedente como señala la jurisprudencia, sino a esa diferencia que va más allá de indemnizar el daño emergente, que termina siendo en definitiva un beneficio para quien lo recibe. Dicho excedente tampoco sería el mayor valor que resulta de restarle a la indemnización recibida la pérdida realmente sufrida, si dicha diferencia resulta porque el valor utilizado para otorgar la indemnización fue el valor constante o actualizado del bien y no su valor histórico como pretende la Administración Tributaria, ya que de ser así, siempre existiría un excedente gravable puesto que el valor histórico normalmente es inferior del valor ajustado por inflación del bien.

Aunado a lo anterior, queda claro que el artículo 64 del RLISLR no establece ninguna condición para que los beneficiarios de indemnizaciones pagadas por compañías de seguros disfruten de la exención establecida en el artículo 14 numeral 5 de la LISLR, razón por la cual la interpretación realizada sobre el mencionado artículo 64, así como la inclusión de

8   Belisario, José Rafael, *Derecho Constitucional Tributario*, en Manual Venezolano de Derecho Tributario, Tomo I, AVDT, Caracas 2013, pp. 126-127.

supuestos no previstos en la LISLR que ha venido efectuando la jurisprudencia en esa materia, viola el principio de legalidad y de capacidad contributiva.

En consecuencia, se hace necesaria una reforma tanto de la LISLR como del RLISLR en esta materia, a los fines de que se establezca de manera clara y precisa cuáles indemnizaciones son gravables o no, qué debe entenderse por excedente gravable, las condiciones para que proceda algún beneficio en caso de que los hubiere, entre otros.

§ 34. TRIBUTACIÓN A LA RENTA FAMILIAR EN VENEZUELA

Daniel Betancourt Ramírez [*]

La familia es tan antigua como la humanidad misma, por ser connatural al hombre[1], y sin la cual no habría sido posible su evolución y desarrollo a los estadios actuales. Por su evidente trascendencia, la familia es una de las instituciones más estudiadas por las ciencias, por tratarse del asiento de la sociedad, no solo desde un punto de vista estrictamente material sino desde su evidente contenido axiológico y económico. El Derecho no es la excepción a esa orientación científica.

Con causa en su importancia en el desarrollo y la existencia del ser humano y su incidencia y significación en el orden normativo que caracteriza al Derecho, la protección a la familia ha permeado a todo el ordenamiento jurídico, no solamente como una expresión de un simple interés social sino como garantía del bienestar humano. Desde la cúspide del orden jurídico, el reconocimiento y protección de la familia ha sido objeto constante de los textos y tratados en el ámbito del Derecho Internacional de los Derechos Humanos, cuyo punto de partida es el artículo 16 de la Declaración Universal de Derechos Humanos[2], el cual establece que *"[l]a familia es el elemento natural y fundamental de la sociedad y tiene derecho a la protección de la sociedad y del Estado"*.

En esos términos, el artículo 23 del Pacto Internacional de Derechos Civiles y Políticos[3], el artículo 10 del Pacto Internacional de Derechos Económicos, Sociales y Culturales[4], el artículo 5 de la Convención sobre los Derechos del Niño[5], el artículo 4 de la Declaración de los Derechos y Deberes del Hombre, el artículo 17 de la Convención Americana sobre Derechos Humanos[6], el artículo 15 del Protocolo Adicional de la Convención Americana sobre

---

[*] Abogado graduado de la Universidad Católica Andrés Bello (2009), mención *Cum Laude*. Doctorando en Derecho. Con estudios de Especialización en Derecho Financiero y en Derecho Administrativo en la Universidad Católica Andrés Bello (UCAB). Profesor ordinario de pregrado de la UCAB. Abogado en PALACIOS, TORRES & KORODY (PTCK). Miembro de Número de la Asociación Venezolana de Derecho Tributario.

1 María Candelaria Domínguez Guillen. *Manual de Derecho de Familia* (Caracas: Ediciones Paredes, 2014), 18.

2 Proclamada por la Asamblea General de las Naciones Unidas en París, el 10 de diciembre de 1948 en su Resolución 217 A (III), y con un carácter formalmente no vinculante. La doctrina más autorizada en la materia ha señalado que se asume que la Declaración es un *"instrumento normativo que crea obligaciones legales para los Estados miembros de la ONU"* como parte de los derechos mínimos que debe ser reconocidos por los Estados.

3 El Pacto Internacional de Derechos Civiles y Políticos, suscrito y ratificado por Venezuela, cuya ley aprobatoria fue publicada en la *Gaceta Oficial de la República de Venezuela* N° 2.146, *extraordinaria*, del 28 de enero de 1978.

4 Pacto Internacional de Derechos Económicos, Sociales y Culturales, suscrito y ratificado por Venezuela, cuya ley aprobatoria fue publicada en la *Gaceta Oficial de la República de Venezuela* N° 2.146, *extraordinaria*, del 28 de enero de 1978.

5 Convención sobre los Derechos del Niño, suscrita y ratificada por Venezuela, cuya ley aprobatoria fue publicada en la *Gaceta Oficial de la República de Venezuela* N° 34.541 del 19 de agosto de 1990.

6 Convención Americana sobre Derechos Humanos (Pacto de San José), suscrita y ratificada por Venezuela, cuya ley aprobatoria fue publicada en la *Gaceta Oficial de la República de Venezuela* N° 31.256 del 14 de junio de 1977. El Gobierno de la República Bolivariana de Venezuela, mediante la nota diplomática N° 000125 emanada del ministro del Poder Popular para las Relaciones Exteriores de fecha 6 de septiembre de 2012, la cual fuera presentada ante la Secretaría General de la Organización de Estados Americanos, denunció la Convención Americana sobre Derechos Humanos. La doctrina venezolana considera que tal denuncia es inconstitucional. Esta posición es

Derechos Humanos ("Protocolo de San Salvador")[7], obligan a los Estados a otorgar el más alto nivel de protección de la familia y sus miembros, prescribiendo el constante mejoramiento de su situación moral y material[8].

Desde la perspectiva constitucional, el artículo 75 de la Constitución de la República Bolivariana de Venezuela, reconoce a la familia como la "*asociación natural de la sociedad y como el espacio fundamental para el desarrollo integral de las personas*" y establece los principios y valores constitucionales sobre los cuales están basadas las relaciones familiares, entre los que se encuentran la "*igualdad de derechos y deberes*", la solidaridad y el "*esfuerzo común*". En ese contexto, como concretización de la protección a la familia como entidad, establece, entre otros asuntos del derecho familiar, la protección expresa "*a la madre, al padre o a quienes ejerzan la jefatura de la familia*"; consagra el derecho de los niños y adolescentes de "*a vivir, ser criados o criadas y a desarrollarse en el seno de su familia de origen*"; dicho precepto constitucional establece la protección integral a la maternidad y paternidad "*sea cual fuere el estado civil de la madre o del padre*" y "*a partir del momento de la concepción, durante el embarazo, el parto y el puerperio*"; determina el deber compartido e irrenunciable del padre y la madre "*de criar, formar, educar, mantener y asistir a sus hijos o hijas*" y el deber recíproco de estos de "*asistirlos o asistirlas cuando aquél o aquélla no puedan hacerlo por sí mismos o por sí mismas*".

Afín a la protección a la familia, el artículo 87 constitucional se reconoce el derecho al trabajo, y se establece que el Estado garantizará la "*adopción de las medidas necesarias a los fines de que toda persona puede obtener ocupación productiva*" que proporcione "*una existencia digna y decorosa*". En los mismos términos, se establece en el artículo 91 de la Constitución el derecho "derecho a un salario suficiente" que permita al trabajador "*vivir con dignidad y cubrir para sí y su familia las necesidades básicas materiales, sociales e intelectuales*".

Conforme a lo anterior, se hace evidente que el alto estándar la protección integral a la familia, desde el punto de vista del ordenamiento internacional en materia de derechos humanos y del orden constitucional, trae por vía de consecuencia la obligación al Estado venezolano, en cualquiera de sus manifestaciones, de orientar su actividad hacia el cumplimiento de ese fin y la observancia de los derechos en materia familiar.

La protección a la familia, entonces, debe *transversalmente* permear todos los conjuntos conceptuales que conforman el ordenamiento jurídico, por cuanto el demarcado imperativo no se agota solo en el campo del derecho civil, en cuanto a la regulación de los estados de las personas y sus relaciones, sino que debe ser observado en la complejidad y pluralidad de situaciones de la vida humana que con el Derecho se ha perseguido preceptuar, incluyendo la justificación de la existencia del Estado. Precisamente, la anterior construcción es la que evidencia el carácter *integral* de la protección a la familia.

---

compartida por este autor. Aun cuando pudiera señalarse que se concretó la denuncia formal a la Convención por Venezuela, la progresividad de los derechos humanos prevista en la Constitución de la República Bolivariana de Venezuela, genera el reconocimiento por el Estado de los derechos establecidos en este instrumento internacional dentro de la esfera de derechos de los ciudadanos. *Vid.* Carlos Ayala Corao, «Inconstitucionalidad de la denuncia de la Convención Americana sobre Derechos Humanos por Venezuela» en *Anuario de Derecho Constitucional Latinoamericano: Año XIX* (Bogotá 2013), http://www.corteidh.or.cr/tablas/r32197.pdf.

7   Protocolo adicional a la Convención Americana sobre Derechos Humanos en materia de Derechos Económicos, Sociales y Culturales (Protocolo de San Salvador) suscrito y ratificado por Venezuela, cuya ley aprobatoria fue publicada en la *Gaceta Oficial de la República Bolivariana de Venezuela* N° 38.192 del 23 de mayo de 2005.

8   Estos instrumentos internacionales fueron señalados y enlistados por la Sala Constitucional en su sentencia N° 1456 dictada el 27 de julio de 2006, caso: *Yamilex Coromoto Núñez Godoy*, como el reconocimiento del derecho a la protección familiar y a formar una familia dentro del ordenamiento interno y de fuente de Derecho Internacional de los Derechos Humanos.

La *transversalidad* e *integralidad* de la protección a la familia implica, es una excepción al principio de intercambiabilidad de las técnicas administrativas[9], por cuanto el Estado está en la obligación de abordar todos los campos normativos y usar todos los medios jurídicos a su disposición para lograr y tutelar tal fin superior.

Lo precedente se acentúa en Venezuela, acorde a la forma de Estado democrático y social de Derecho y de Justicia[10] y el estándar de los derechos humanos que, de acuerdo a lo previsto en el artículo 19 constitucional, tiene carácter progresivo y su ejercicio es "*irrenunciable indivisible e interdependiente*". Por esa razón, existe una obligación del Estado de constantemente revisar, actualizar y adaptar a las nuevas formas sociales y económicas las manifestaciones en el orden jurídico de la protección a la familia.

En mérito de lo anterior, la construcción, interpretación y aplicación de las normas tributarias y sus proposiciones normativas, en razon del cumplimiento de los fines por los cuales fueron instaurados en el ordenamiento jurídico y sin perjuicio de los principios también de raigambre constitucional que las informan, deben estar guiadas y ordenadas por el fin superior, derecho humano y deber del Estado de protección *integral* a las familias como institución *transversal* a todo el ordenamiento jurídico. En otras palabras, el Estado está en la obligación de adaptar las normas tributarias, su interpretación y aplicación a la observancia de la protección a la familia, en uso del estándar de derechos humanos al cual hemos hecho referencia.

Lo señalado no es una tarea sencilla, por cuanto implica la conciliación entre el fin fiscal que subyace en la captación de ingresos financieros que permiten el funcionamiento de los Poderes Públicos, a través de la selección de hechos económicos que conforman los supuestos de hechos de las normas tributarias, con postulados y manifestaciones sociales que escapan de la simple concepción material o económica, en los cuales el mero objetivo recaudatorio debe ceder.

Afirmar que el ordenamiento jurídico-tributario venezolano no tiene como materia manifestaciones económicas de origen familiar es inapropiado y falso. Sin embargo, el texto que se desarrolla de seguidas tiene como objetivo el tratamiento de la necesaria conciliación y ponderación entre la tributación y los principios que la informan y la protección a la familia en Venezuela. El alcance del texto se limita a la revisión de las proposiciones normativas tributarias respecto a la renta familiar, a pesar de que existen incidencias –que deben ser estudiadas- en la familia desde la perspectiva de la imposición al consumo y a la transferencia y el gravamen del patrimonio, y su significación respecto a la realidad económica del país y de las nuevas concepciones sociales.

1. El Concepto de Familia para el Derecho Tributario

La conceptualización de la familia es uno de los campos más debatidos y sobre los cuales no existe consenso, por la dificultad de establecer una definición válida para todas las épocas y lugares[11]. Desde el punto de vista del Derecho, las definiciones de familia han pivotado en torno a los vínculos legales o de parentesco que unen a un conjunto de personas[12][13], a lo cual se le suman las presunciones legales para el reconocimiento de situaciones de hecho.

---

9   El denominado principio fue acuñado originalmente por José Luis VILLAR PALASÍ dentro de la doctrina *iuspublicista* en 1954 en el artículo titulado "*Las Técnicas Administrativas de Fomento y de Apoyo al Precio Político*". La actual adaptación de dicho principio se traduce en la posibilidad de que las administraciones públicas pueda usar cualquiera de las manifestaciones conforme a Derecho de la actividad administrativa (en principio la regulación, el servicio público y el fomento) para la tutela de un determinado interés público o la consecución de un determinado fin público, sin ser excluyente una técnica con la otra.

10   Consagrado en el artículo 2 de la Constitución de la República Bolivariana de Venezuela.

11   Francisco López Herrera, *Derecho de Familia: Tomo I* (Caracas: Universidad Católica Andrés Bello, 2014), 33.

12   *Ibídem.*

No obstante lo anterior, el concepto de familia que subyace de la configuración de las normas tributarias y de sus proposiciones normativas es del concepto *económico* de familia, que desde hace unos años ha sido empleado y ensayado por el análisis económico del derecho. El ordenamiento tributario no toma en consideración (salvo en la de instauración de ficciones) los vínculos legales o de hecho para la caracterización del tratamiento tributario de la familia[14], sino que categoriza a esa institución social como una unidad de producción y una unidad de consumo[15], que persigue una maximización de la utilidad[16], y de la cual dimanan manifestaciones económicas conocidas por los hechos imponibles y las normas de regulación tributaria. Adicionalmente, dentro de la teleología de las normas tributarias, en su tratamiento a la familia, se toma en cuenta la división y especialización del trabajo, cuya consecuencia es el intercambio dentro de la unidad económica y el comportamiento del grupo familiar como economía de escala[17].

El examen de las proposiciones normativas tributarias en materia de familia sin considerar la concepción económica que en ellas subyace, podría generar resultados incongruentes con el sistema tributario. Sin embargo, la interpretación y aplicación de dichas reglas sin la corrección por los principios que informan al derecho tributario material y al ordenamiento jurídico en materia de familia, atentaría contra la idea del ser humano como eje sobre el cual debe ser articulada toda acción estatal.

---

13   En nuestro sistema, la Ley de Protección de las Familias, la Maternidad y la Paternidad, publicada en la *Gaceta Oficial* N° 38.773 del 20 de septiembre de 2007, define familia de forma amplia en su artículo 3 como "la *asociación natural de la sociedad y espacio fundamental para el desarrollo de sus integrantes, constituida por personas relacionadas por vínculos, jurídicos o de hecho*". Por su parte, la Ley Orgánica para la Protección de Niños, Niñas y Adolescentes, publicada en la *Gaceta Oficial* N° 6.185 del 8 de junio de 2015, la define como "la que está integrada por el padre y la madre, o por uno de ellos y sus descendientes, ascendientes y colaterales hasta el cuarto grado de consanguinidad". Estas definiciones son claramente antitéticas y contradictorias, lo cual no solo refleja una deficiencia del legislador, sino la dificultad de lograr un concepto satisfactorio de familia.

14   Iglesias y otros señalan que no existe, en el Derecho español, un concepto único de familia. Así, afirman que "*hasta un conocedor poco profundo de la tributación española sabe que hay que acudir a la normativa propia cada impuesto parta precisar en cada caso qué se entiende por unidad familiar*": Compartimos el fenómeno el cual se reproduce en su escala en Venezuela. Nuestra consideración es que no se trata del concepto de familia o de unidad familiar, sino que las diferencias se establecen en función de los miembros. El concepto de familia que subyace en el Derecho tributario, insistimos, es de naturaleza económica y las caracterizaciones varían acomodaticiamente en función de abarcar un hecho económico como puede ser la renta, el consumo, el patrimonio o la transmisión patrimonial. *Vid.* Alfredo Iglesias Suárez y otros. «Familia y Fiscalidad en España. Cuestiones Pendientes» en *Documentos, Instituto de Estudios Fiscales,* 17/09. De forma más elaborada estos autores plantean el mismo supuesto en María Gabriela Lagos Rodríguez y otros «Familia y Fiscalidad Directa en España» en *Crónica Tributaria, 137/2013,* 93-116.

15   Richard A. Posner, *El Análisis Económico del Derecho* (Ciudad de México: Fondo de Cultura Económica: 2007), 238.

16   José Antonio Martinez Alvarez y Ana Belén Miguel Burgos «La política familiar a través del IRPF: Un modelo de impuesto negativo para familias de renta bajas», *CIRIEC-ESPAÑA, Revista de Economía Pública, Social y Cooperativa,* 81, 263-308, 265.

17   Desde la teoría de la microeconomía, se afirma que una economía de escala representa el aumento de eficiencia en el aprovechamiento de los recursos de producción, al producir en mayor cantidad por menor coste por unidad. En el caso de las familias, el uso de bienes tangibles y de mercado como el alimento, la ropa, los muebles y la medicina, pueden tener un comportamiento, respecto a uso en razón de la producción, similar a la de las empresas. Basta pensar con actividades comunes de las familias, como el cocinar, el pago de servicios domiciliarios y la recreación implica un coste económico menor por miembro familiar en comparación con el escenario de que cada uno de esos miembros realizara estas actividades por separado. Este escenario, se replica respecto a otros bienes intangibles meritorios de protección social, como lo son el cariño, el afecto, la educación familiar y la nutrición, que también son producto de la utilidad del ser humano en el seno familiar y que son objeto del análisis económico.

Entre los que se encuentra la existencia de un régimen mixto de bienes públicos en el sentido económico y de bienes de cogestión, la presencia de retornos crecientes a escala, y cambios en los precios en los bienes adquiridos respecto a los gastos por la unidad familiar.

2. La necesaria corrección del concepto económico de familia

El concepto económico de familia que ha impregnado la racionalidad práctica de las normas tributarias, concretadas en la imposición de las personas naturales, debe ser objeto de corrección para su adhesión al resto del ordenamiento jurídico. En este supuesto, la corrección debe ser axiológica, la cual implica un ajuste entre el concepto económico de familia y las preferencias éticas, jurídicas y políticas[18] delimitadas por el principio de capacidad económica, el principio de justicia tributaria (en sus vertientes de equidad horizontal y equidad vertical)[19], la neutralidad[20] y el fin superior, derecho humano y deber del Estado de protección a la familia.

3. Las dificultades de la imposición a la renta familiar

La principal manifestación tributaria en la que se incardina la tributación a la familia es el impuesto sobre la renta. De hecho, parte de la doctrina identifica la tributación de la familia con ese solo impuesto[21], por cuanto se trata de un impuesto personal y directo, que grava la capacidad de pago del contribuyente y que afecta de manera directa a la renta disponible de las familias[22].

Los problemas que se han detectado respecto al gravamen de la renta familiar, se incardinan en (i) la cuantificación y tratamiento de los ingresos y (ii) en la determinación del gasto familiar, en razón del ajuste que debe realizarse en virtud de la corrección axiológica.

En el primer supuesto, es decir, la perspectiva del ingreso, las situaciones del gravamen de la renta tienen como centro el establecimiento de la ficción del tratamiento de la familia como unidad económica y, por consiguiente, como un solo sujeto pasivo del impuesto (a lo que hemos denominado ficción "unidad-contribuyente") la cual tiene como consecuencia la acumulación de ingresos en un impuesto progresivo –carácter del impuesto sobre la renta reconocido por la mayoría de las jurisdicciones incluyendo la venezolana-. Así, la renta familiar considerada en su conjunto, generaría una base imponible mayor, cuya consecuencia es la aplicación de una alícuota más alta por la acumulación de las rentas que cada miembro obtiene. Las soluciones aportadas por la doctrina y el derecho comparado tienen como objeto la derrota de la ficción contribuyente y el establecimiento de mecanismos para conseguir la equidad vertical desde la cuantificación del ingreso familiar.

---

18   Flavia Carbonell Bellorio, «La idea de corrección en el derecho» (tesis doctoral, Universidad Carlos III de Madrid, 2013), 499. https://e-archivo.uc3m.es/bitstream/handle/10016/17707/flavia_carbonell_tesis.pdf; jsessinid=4C50FC522688EF351AC2CF6C45C1756A?sequence=1.

19   La corrección por el principio de justicia tributaria, implica la prohibición de desigualdades no justificadas entre los contribuyentes y la igualdad de cargas ante sujetos pasivos en las mismas condiciones. A pesar de que es evidente que este estándar del sistema implica la suma de todos los principios de tributación, sobre este principio se hace relevantes dos conceptos que hemos separado: la equidad horizontal y la equidad vertical. Estos conceptos son determinantes para la concepción de la tributación a la renta familiar. En función del tema abordado, la equidad horizontal significa la imposición en términos similares a sujetos con la misma capacidad económica en razón de su situación familiar y circunstancias personales con reflejo en la cuota de impuesto a pagar; mientras que la equidad vertical se refiere a que aquel cuya situación familiar y circunstancias personales, tenga una capacidad económica mayor tenga un resultado impositivo mayor.

20   Lagos Rodriguez y otros señalan respecto al derecho comparado, patología que se repite en Venezuela, que "la fiscalidad no debería afectar al modelo familiar elegido –regulado o no-no la decisión de generar rendimientos ni el tipo de actividad elegida para generarlos".

21   Juan Arrieta Martínez de Pizón, «La Tributación de la Familia en la Reciente Doctrina del Tribunal Constitucional». *Derecho Privado y Constitución*. Núm. 16 Enero-Diciembre 2002. https://dialnet.unirioja.es/descarga/articulo/294616.pdf.

22   Martinez Alvarez y Miguel Burgos, *La Política...* 280.

Desde la perspectiva del gasto, se han planteado dos cuestiones sobresalientes: el *cómo* y *cuánto* debe reconocerse los gastos familiares. La primera se centra la discusión sobre la idoneidad del mecanismo técnico para apreciar esos gastos, como parte de la subsistencia de una familia, en la determinación del impuesto sobre la renta. La segunda se refiere a las escalas de equivalencia sobre las cuales cuantificar la magnitud de los gastos familiares fiscalmente relevantes[23]. La complejidad de este asunto subyace en la materialización de los criterios de corrección axiológica desde un punto de vista cuantitativo y el correlativo resultado en la cuota impositiva.

4. La imposición a las rentas familiares en la Ley de Impuesto sobre la Renta venezolana

El gravamen a las rentas familiares en Venezuela se incardina dentro de las previsiones aplicables a las personas naturales en la vigente Ley de Impuesto sobre Renta[24] ("LISLR"). Debe advertirse que el sistema tributario venezolano no se ha centrado, desde el punto de vista de la imposición a la renta, en la tributación a las personas naturales, con reflejo en la tributación a las familias que éstas conforman. Esta falta de atención del legislador, permite afirmar que la imposición a la renta familiar se encuentra en un estadio anterior al debate actual suscitado en otras jurisdicciones, especialmente las europeas. Sin embargo, estamos en la oportunidad de examinar y deconstruir los elementos de la imposición a la renta familiar en la LISLR.

A. La distopía de la ficción de la unidad-contribuyente de los cónyuges no separados de bienes

El artículo de 54 de la LISLR establece la ficción de que los cónyuges no separados de bienes son considerados como un solo sujeto pasivo a los fines de la declaración y pago del impuesto sobre la renta (ficción "unidad-contribuyente"). Sin embargo, la ficción unidad-contribuyente está morigerada por dos supuestos que operan como excepción a la regla establecida en el encabezado del artículo 54 de la ley, que permitiría a la *"mujer casada"* declarar separadamente ante determinados enriquecimientos. Estas excepciones a la ficción unidad-contribuyente, con fundamento en el origen de los enriquecimientos, son:

a) Los ingresos obtenidos con concepto de *"Sueldos, salarios, emolumentos, dietas, gastos de representación, pensiones, obvenciones y demás remuneraciones similares distintas de los viáticos"* de raigambre laboral obtenidos bajo relación de dependencia, y;

b) Los ingresos obtenidos por *"honorarios y estipendios"* que provengan del *"libre ejercicio de profesiones no comerciales"*.

La ficción establecida en el artículo 54 de la LISLR venezolana debe ser derrotada con vista a la racionalidad, las realidades sociales y los principios que informan el Derecho tributario material en Venezuela, por las razones siguientes:

a. Dicha proposición normativa instaura en el sistema tributario venezolano el ya criticado efecto de acumulación de rentas cuya consecuencia es el aumento la tarifa aplicable en base a la progresividad del impuesto sobre la renta, que convierte a ese tributo en proporcional. Es evidente

---

23   Zulema Calderón y José Luis Cendejas, «Fiscalidad de la renta familiar: España en el contexto europeo. Reflexiones y propuestas» en *Convergencia económica y gobernanza fiscal en la Unión Europea*, coord. por Patricia Herrero de la Escosura (Oviedo: Universidad de Oviedo), 175-208.

24   Decreto N° 2.163, mediante el cual se dicta el Decreto con Rango, Valor y Fuerza de Ley de Reforma Parcial del Decreto con Rango Valor y Fuerza de Ley de Impuesto Sobre la Renta, publicado en la *Gaceta Oficial* N° 6.210 *Extraordinario* del 30 de diciembre de 2015.

que la operación de la ficción generará en la mayoría de los casos y en condiciones de normalidad macroeconómica, una cuota tributaria mayor en los supuestos de los cónyuges no separados de bienes. Inclusive, la ficción del artículo 54 de la LISLR podría hacer declarar y pagar a los cónyuges el impuesto, cuando por separado ambos pudieron no alcanzar la cuantía necesaria para dichos actos jurídicos. Visto lo anterior, luce incuestionable que el ordenamiento tributario coloca al matrimonio en una situación de inferioridad respecto a los solteros o a las uniones estables de hecho, discusión que desde hace décadas ha sido superada por el derecho comparado[25].

b.. Llama la atención el lenguaje sobre el cual se construye la excepción de la denotada ficción: "*la mujer casada*". Sin ser la oportunidad de abordar un debate más profundo, nuestra consideración es que la redacción del artículo 54 de la LISLR parece desconocer las nociones más básicas de derechos fundamentales -como lo es el derecho a la igualdad y el derecho y fin superior a la protección familia, e inclusive desconoce el lenguaje utilizado en el texto constitucional- así como las realidades sociales en Venezuela[26]. En todo caso, se le otorga una minusvalía a la mujer en su papel de producción dentro de la unidad familiar, económicamente considerada.

c. Por último, es necesario señalar que las excepciones a la aplicación de la ficción unidad-contribuyente, previstas en el artículo 54 de la LISLR son reducidas y se circunscriben a los ingresos de origen laboral bajo relación de dependencia y a los ingresos generados por el ejercicio de profesiones no comerciales. A tenor de lo prescrito por la norma de excepción, se descartan otras fuentes de ingresos como, por ejemplo, el ejercicio del comercio o ganancias de capital. Esta excepción –aun entendida bajo la premisa que el jefe de una familia puede ser una mujer, como lo prevé la Constitución- pondría en situación de desigualdad a los matrimonios donde ambos miembros obtengan ingresos de fuente distinta a la laboral o al ejercicio de profesiones no mercantiles, en comparación con otros matrimonios que sí los obtengan, violando la equidad horizontal como presupuesto de la justicia tributaria.

La ficción de la unidad-contribuyente, establecida en el artículo 54 de la LISLR, es ratificada por el artículo 78 del mismo texto normativo, el cual prescribe que "*los cónyuges no separados de bienes deberán declarar conjuntamente sus enriquecimientos, aun cuando posean rentas de bienes propios que administren por separado*". Así, la LISLR extiende la tratada ficción al ámbito de bienes que por aplicación de normas propias del derecho civil sean catalogados fuera de la comunidad conyugal, pero que no impliquen capitulaciones matrimoniales. En el caso de las capitulaciones matrimoniales o de los regímenes de separación de bienes por vía judicial, el artículo 78 de la LISLR determina que la declaración debe realizarse por separado.

El establecimiento de la ficción de la unidad-contribuyente tiene un sentido lógico desde el concepto económico de la familia empleada por el Derecho tributario. Precisamente, sobre el tratamiento que la familia se comporta como una unidad económica que maximiza su utilidad y tiene comportamientos de economía de escala, la estudiada ficción puede tener

---

25 En España, la obligación de realizar declaraciones conjuntas de rentas por los matrimonios fue declarada inconstitucional mediante la sentencia 45/1989 del 20 de febrero de 1989, al señalar que con base a los principios tributarios previstos en el artículo 31.1 de la Constitución española, entre los que se encuentran el principio de capacidad contributiva, progresividad e igualdad, entendió que el sistema de acumulación de rentas establecido vulneraba tales principios por cuanto, la unidad familiar soportaba una mayor carga tributaria, con causa en la acumulación de las rentas de sus componentes, que la que sufrían las uniones de hecho o sin vínculo matrimonial, de manera que "estar casado implicaba, per se, un tratamiento fiscal desfavorable" Vid. Arrieta Martínez de Pizón, *La Tributación...* 68-69.

26 Se trata de un lenguaje anacrónico, heredado de antiguas versiones de la LISLR venezolana, que desconoce abiertamente el real e importante papel de la mujer en nuestro país, bajo la presunción de que el rol del jefe de la familia siempre está ocupado por un hombre. Precisamente, la realidad venezolana ha demostrado la inversión de dichos roles en gran porción de las familias en Venezuela. Se trata de un lenguaje que debe ser superado, pero que en todo caso, su interpretación y aplicación por parte de los operadores jurídicos debe estar orientada por el estándar de los derechos humanos y fundamentales y la realidad social. Estamos en un prototípico caso de la necesaria corrección axiológica de una proposición normativa.

cabida. Sin embargo, esta consideración netamente económica, debe ser corregida por razones de orden tributario (el efecto de acumulación que viola el principio de capacidad contributiva con causa la discriminación por transgresión de la equidad horizontal) y de protección a la familia (se constituye un incentivo económico en contra del matrimonio y de la constitución de un grupo familiar[27]).

B. El tratamiento de los gastos familiares dentro de la configuración del impuesto sobre la renta

La LISLR otorga dos tratamientos distintos y simultáneos al reconocimiento de los gastos familiares, como forma de corrección de los efectos del concepto económico de familia: la aminoración de cuota tributaria a pagar a través del mecanismo de "cargas familiares" y las aminoraciones de la base imponible por medio de los "desgravámenes".

Debemos advertir, que a pesar que el sistema de imposición venezolano adopta los dos mecanismos que normalmente han sido utilizados en el derecho comparado (aminoración de la base imponible y de la cuota tributaria), su implementación y cuantificación han generado resultados regresivos a la imposición de rentas familiares en Venezuela. Por consiguiente, el problema que subyace no sólo es de diseño normativo sino de un tercer concepto que debe ser abordado en este campo que es el de las escalas de equivalencia y de cuantificación de los gastos familiares ante la imposición a la renta.

a) *Aminoraciones sobre la cuota tributaria: las rebajas por cargas familiares*

El artículo 59 de la LISLR establece una rebaja de diez unidades tributarias sobre la cuota tributaria a pagar a las personas naturales residentes en el país ("rebaja personal"), a la cual se puede sumar la misma cuantía por el cónyuge no separado de bienes y por cada ascendiente o descendiente directo en el país, bajo la presunción de la manutención económica por el perceptor del ingreso. Respecto a este último supuesto, el numeral segundo del artículo en referencia señala que la rebaja no es procedente en los casos de descendientes mayores de edad salvo que sean incapacitados o estén estudiando y sean menores de veinticinco años.

En lo que se refiere a los cónyuges no separados de bienes, el parágrafo primero del artículo 59 de la LISLR prevé que la rebaja no procederá cuando los cónyuges declaren por separado, agregando que "*sólo uno de ellos podrá solicitar rebaja de impuesto por concepto de cargas de familia*". En términos similares, el parágrafo segundo del artículo 54 de misma ley tributaria, establece que cuando varias personas concurran al sostenimiento de ascendientes y descendientes "*las rebajas de impuesto se dividirán entre ellos*".

La comentada proposición normativa incorporada al sistema de imposición a la renta familiar en Venezuela, tiene como teleología la equidad vertical como corrección a la asunción de cargas familiares por vía de aminoración proporcional de la cuota tributaria: no se encuentra el perceptor o la unidad-contribuyente que debe dar manutención a tres de sus hijos en la misma situación que un matrimonio sin hijos. Sin embargo, sus defectos no se encuentran en las reglas de reconocimiento tributario de las cargas familiares sino en la efectividad en cuantificar el verdadero impacto económico de las mismas en los sujetos pasivos. Así, a efectos de la imposición a la renta, el reconocimiento de los gastos para la manutención de un ascendiente o un descendiente por parte de un agente económico se reduce

---

27 Por esa razón, se ha señalado que la tributación debe ser neutral ante el matrimonio ("*marriage neutrality*"), lo cual solo puede ser logrado a través de la aplicación de criterios de equidad en la imposición a las rentas de unidades-contribuyentes familiares. Vid. James Alm «Taxation of the Family» en *The New Palgrave Dictionary of Economics* (2007). https://www.researchgate.net/publication/311895269_Taxation_of_the_Family.

a una rebaja sobre la cuota tributaria a pagar que es marginal en comparación con su real y correlativa magnitud económica, revelando el problema de cuantificación.

Lo previsto en el artículo 59 de la LISLR tampoco reconoce las diferencias en relación con los gastos que puedan demandar determinados miembros de las familias en función de su edad o su grado de desarrollo. En ese orden de ideas, resulta evidente que no se incurre en los mismos gastos para la manutención de un niño menor de tres años respecto un adolescente, o un adulto mayor, o de un miembro familiar con una discapacidad. Igualmente, las mencionadas rebajas por cargas familiares no toman en consideración el sacrificio particular de un sujeto pasivo de satisfacer las necesidades de los miembros de su familia en detrimento de su rentabilidad, como puede ser la desincorporación de alguno de los padres del mercado laboral, o reducción del tiempo de trabajo, con el objetivo de cuidar a sus hijos[28].

Los sistemas tributarios comparados han puesto en desuso el sistema de rebajas por cargas familiares, tratados como rebajas o deducciones sobre las cuotas tributarias, con fundamento en los mismos supuestos que son criticadas en el sistema venezolano[29]. Sin embargo, los defensores de las aminoraciones por vía de la cuota a pagar, han apuntado que el efecto económico de adoptar mecanismos como el descrito, en tributos progresivos como lo es el impuesto sobre la renta (de cuantificarse correctamente) supondría *"un ahorro fiscal mayor cuanto más alto sea el tipo marginal soportado"*[30], lo cual permite que el ahorro sea independiente del nivel de renta. Allende a lo anterior, en algunas jurisdicciones se han instaurado impuestos negativos para los supuestos en que las rebajas superen el impuesto a pagar, o como forma de compensación a la desincorporación de algún miembro de la familia con causa en la atención a hijos de corta edad y como fomento a la maternidad y la paternidad[31].

Superando el debate de la subvaloración de la rebaja en el actual contexto económico venezolano, consideramos los mecanismos de reducción directa de la cuota pagar, sea mediante "rebajas" o "deducciones" pueden no cumplir el objetivo de la contribución sobre de las familias sobre su real capacidad contributiva, a pesar de que ese sistema de adición de reducciones, sí podría establecer un mecanismos de corrección por vía de aplicación de la equidad vertical, como elemento del principio de justicia tributaria.

b) *Aminoraciones sobre la cuota tributaria: los desgravámenes sobre la base imponible.*

La LISLR establece la posibilidad de realizar reducciones a la base imponible mediante la aplicación de desgravámenes. Los desgravámenes se configuran como una concreción del carácter personal y directo del impuesto sobre la renta, y tienen como fundamento el reconocimiento de los gastos personales en que pueden incurrir las familias[32][33]. Estas aminoraciones de la base imponible representan una atenuación al concepto de familia como unidad económica.

---

28   Sobre esta situación y la forma en que debe y ha podido ser corregida en derecho comparado Vid. Miguel Angel Sánchez Huete «La Tributación y su Impacto de Género en España» en *Revista de Derecho: Año 20* (Coquimbo, 2013).

29   Vid. Nuria Badenes Plá y otros «Family size tax credits or allowances?. A welfare comparison Family size tax credits or allowances?» en *IV Encuentro de Economía Pública* (Oviedo: 1999).

30   Calderón y Cendejas, *Fiscalidad…* 17.

31   Martinez Alvarez y Miguel *La política…* 267.

32   Humberto Romero-Muci, *Uso, Abuso y Perversión de la Unidad Tributaria* (Caracas: Editorial Jurídica Venezolana y Asociación Venezolana de Derecho Tributario, 2016), 63.

33   Habiéndose determinado el carácter técnico de los desgravámenes, es necesario denostar el empleo errado del término "rebajas" en el Reglamento de la LISRL al momento de establecer reglas sobre el contenido de los actuales artículos 57 y 58 de la LISLR.

El sistema a la imposición a la renta venezolano establece dos tipos de desgravámenes a las personas naturales con vista a las rentas familiares: (i) el desgravamen único, previsto en el artículo 58 de la LISLR o (ii) los desgravámenes autorizados por el artículo 57 del mismo texto normativo tributario. Estos desgravámenes no operan simultáneamente y su aplicación depende de la elección del perceptor de los ingresos o de la unidad-contribuyente.

Debe tomarse en consideración que la procedencia de los desgravámenes, como lo establece el parágrafo primero del artículo 57 de la LISLR, depende de que el contribuyente o unidad-contribuyente no haya optado por la deducción de costos y gastos de su ingreso bruto, en los casos que los ingresos no provengan de una fuente laboral bajo relación de dependencia[34], vista la presunción absoluta de considerarlos como enriquecimientos netos.

Es evidente que la finalidad de los desgravámenes es facilitar la cuantificación de la determinación a la renta de las personas naturales, ante las dificultades materiales que conlleva la llevanza de una contabilidad de sus transacciones económicas y la imperatividad del concepto de familia desde el punto de vista económico. Por consiguiente, los desgravámenes son presunciones que realiza el legislador para cuantificar las erogaciones que puede incurrir una persona natural o, en su defecto, una unidad-contribuyente familiar, durante un periodo tributario dentro del concepto de erogaciones incurridas para mantener su esfera de existencia, en aplicación de los principios que informan la tributación y en atenuación a la concepción de la familia como unidad económica.

El desgravamen único consiste en la sustracción de setecientas setenta y cuatro unidades tributarias (774 U.T.) de la base imponible del impuesto a los fines de la determinación de la renta de las personas naturales. Este desgravamen, tal como ha sido concebido por el legislador venezolano, no debe ser probado, por cuanto se trata de una presunción absoluta, y que tiene pretensiones de reconocer la globalidad de los gastos que una persona natural o una unidad contribuyente puedan incurrir, a los efectos de su sostenimiento, durante el ejercicio gravable, por lo que parte de la doctrina venezolana le ha denominado *"mínimo imponible"*[35].

Los desgravámenes autorizados por el artículo 57 de la LISLR, representan una opción en el caso que las erogaciones de las personas naturales contribuyentes sean mayores al desgravamen único. Estos desgravámenes están tasados, en cuanto a sus categorías, a los siguientes conceptos:

---

34 El artículo 31 de la LISLR establece que la presunción absoluta que los enriquecimientos de fuente laboral, es decir, obtenidos por personas naturales bajo relación de dependencia, son enriquecimientos netos, los cuales, por vía de consecuencia, no admiten ni costos ni gastos.

ROMERO-MUCI, comenta respecto a dicha presunción, que *"El salario de los trabajadores se presume como enriquecimiento neto, porque el asalariado no tiene costos ni gastos en la generación de tales enriquecimientos, esto es, no son necesarios ni idóneos para producir renta en su sentido económico o para mantener su patrimonio. El enriquecimiento de un asalariado es sencillamente no lucrativo. Esa forma presuntiva de imposición no es un capricho antitécnico, es una simplificación justificada y razonable de la medida efectiva del enriquecimiento neto, que facilita su cuantificación y la recaudación del tributo"*. Romero-Muci, *Uso...* 63.

POSNER, desde la óptica del análisis económico del derecho, y revisando las previsiones del Código Fiscal de Estados Unidos de América, llega a una similar conclusión: *"La Ley se ha ocupado de este problema permitiendo la deducción de todos los gastos de subsistencia (a menos que sean 'exagerados') en que se incurre en un viaje de negocios de un día para otro, al mismo tiempo que prohíbe como gastos 'personales' la deducción de cualquier gasto para ir al trabajo y la mayor parte delos gastos vitales en que se incurre en el lugar donde tenemos la oficina. Esto podría parecer arbitrario, pero alguna distinción entre los gastos de viaje locales y foráneos tiene sentido económico. Aun si no trabajáramos, tendríamos que comer; dado que el costo de comer no se puede evitar dejando de trabajar; no es un costo del trabajo"*. Posner, *Análisis...* 766.

35 ROMERO-MUCI ha señalado que el desgravamen único es una manifestación del mínimo vital, bajo la especie de mínimo imponible. Romero-Muci, *Uso...* 64.

(i)   Lo pagado a institutos docentes en el país, por la educación del contribuyente y sus descendientes no mayores a veinticinco años, salvo lo pagado en casos de educación especial en la cual no existe un límite de edad;

(ii) Lo pagado a empresas domiciliadas en el país por primas de seguro de hospitalización, cirugía y maternidad;

(iii) Lo pagado por servicios médicos, odontológicos y de hospitalización, prestados en el país al contribuyente y a las personas a su cargo;

(iv) Lo pagado por concepto de cuotas de intereses por préstamos obtenidos por el contribuyente para la adquisición de su vivienda principal o de lo pagado por concepto de alquiler de la vivienda que le sirve de asiento permanente del hogar. Este desgravamen tiene como límite cuantitativo mil unidades tributarias por ejercicio tributario, en el caso de los intereses de adquisición de vivienda, y ochocientas unidades tributarias por ejercicio tributario en el caso de alquiler de vivienda.

El artículo 57 de la LISLR establece algunos requisitos, distintos a los ya señalados, para la procedencia de los desgravámenes autorizados: (i) que se trate de pagos efectuados por el contribuyente dentro del año gravable (como es lógico y noción que es ratificada por el artículo 130 del Reglamento de la LISLR[36]); (ii) que los comprobantes de dichos pagos sean anexados a la declaración de rentas –en la actualidad no es posible observar dicho requisito, por cuanto las declaraciones se realizan de manera electrónica, por lo cual tales comprobantes deben ser resguardados en prevención del inicio de un procedimiento de verificación o fiscalización por la Administración Tributaria[37]-; (ii) No procede para los desgravámenes las cantidades que sean reembolsables al contribuyente o la unidad-contribuyente por el patrono, contratista, empresa de seguros o *"entidades sustitutivas"*; (iii) En las situaciones en que varios contribuyentes concurran en el pago de lo previsto en los numerales 1 y 2 del artículo 57 (pagos a centros educativos y por primas de seguros), los correlativos desgravámenes deben dividirse entre ellos[38]; (iv) En el *"recibo correspondiente"* (*rectius*: factura) que refleje las erogaciones que se desgravan, debe aparecer el número del registro de información fiscal del beneficiario del pago.

Los desgravámenes autorizados por el artículo 57 de la LISLR, a diferencia del desgravamen único previsto en el artículo 58 de mismo texto normativo tributario, sí pueden ser objeto de prueba, al exigirse los comprobantes por tales conceptos. Sin embargo, por su categorización normativa, se presume *iure et de iure* que se trata de magnitudes económicas en las que incurre una persona natural o una unidad-contribuyente familiar para su subsistencia, por lo que le está vedado a la Administración Tributaria aplicar el estándar de la normalidad y necesidad propio de los gastos deducibles.

---

36 Decreto N° 2.507 del 11 de julio de 2003, contentivo del Reglamento de la Ley de Impuesto Sobre la Renta, publicado en la *Gaceta Oficial* N° 5.662, *Extraordinario*, del 24 de septiembre de 2003.

37 Taormina Capello Paredes. «Ingresos, Costos, Deducciones y Desgravámenes» *Manual Venezolano de Derecho Tributario*. Tomo II. Caracas: AVDT. 2013, 31.

38 Adicionalmente, el artículo 131 del Reglamento de la LISLR, establece que se concederá la "rebaja" (*rectius*: desgravamen) referente al pago de primas de seguros de hospitalización, cirugía y maternidad, en el caso de declaraciones separadas, al cónyuge *"que efectivamente tenga a su cargo las personas a que se refiere dicho numeral"*, lo cual de por sí exacerba el carácter discriminatorio y el efecto acumulativo de la imposición a la renta familiar. No obstante, esta proposición normativa aclara, en lo que consideramos es el resto de los desgravámenes del actual artículo 57 de la LISLR que *"se dividirán entre los contribuyentes que concurran al sostenimiento de las personas a que se refiere este artículo"*.

C. La regresividad en la configuración los desgravámenes sobre los ingresos de personas naturales en la vigente LISLR.

El régimen de los desgravámenes a las rentas de personas naturales, tal como está configurado en la actualidad, debe ser derrotado y corregido, como fundamento de una transformación necesaria respecto a la obligación que tiene el Estado de adaptar la tributación progresivamente a la esfera subjetiva creada por los derechos humanos, por las siguientes razones:

a) Los desgravámenes son presunciones a través de las cuales el Estado facilita el reconocimiento por vía de la imposición de las personas naturales o de las unidades-contribuyentes familiares. En la actualidad, estas presunciones no logran el fin deseado, por cuanto: (i) el desgramen único no se reconoce la verdadera cuantía de mantener la vida familiar promedio en Venezuela y; (ii) en los desgravámenes autorizados no se incluyen la mayor parte de las erogaciones que incurre una persona natural o una familia para su subsistencia, dentro de su caracterización *numerus clausus*.

b) La cuantificación del desgravamen único evidencia un indiscutible desfase en razón de las magnitudes de la economía venezolana y del rezago respecto a la actualización de la unidad tributaria[39], lo cual se traduce en una suma marginal en comparación con las erogaciones económicas que cualquier persona natural o cualquier familia debe incurrir para su manutención en las actuales condiciones socioeconómicas venezolanas.

c) En el supuesto de los desgravámenes previstos en el artículo 58 de la LISLR, llama la atención que dentro del *numerus clausus* solo se incluyan los egresos por concepto de educación, seguros, servicios médicos y odontológicos y gastos por alquiler o pago de viviendas, mientras se desconocen otras categorías que son igual de necesarias para el sostenimiento familiar desde una perspectiva material como lo son la alimentación, el vestido, los gastos de transporte y el pago de servicios públicos domiciliarios. Si bien es cierto que el régimen de desgravámenes puede ser superado a partir de la determinación de la renta por vía de los costos y gastos, para cierta parte del universo del contribuyente (lo cual a su vez trasgrede la neutralidad del tributo al establecer una mejor situación a aquellas familias que no obtienen rentas de origen laboral), *i.e.*, los casos de personas naturales o de familias con ingresos de origen no-laboral, esta opción puede ser de difícil ejecución tomando en consideración las nociones que hemos adoptado, respecto a que los gastos personales no se incardinan dentro de los gastos normales y necesarios para la producción de la renta, por tratarse de erogaciones que son inherentes a la vida no solo familiar, sino de cualquier ser humano.

d) En el caso de la ficción unidad-contribuyente, solo se podrá aplicar por una vez el desgraven único, a pesar de que por los menos dicha unidad está constituida por dos personas, lo cual a su vez hace aún más regresivo la imposición de las rentas familiares, inclusive dentro de la concepción económica de la familia como unidad de producción y de consumo.

e) El régimen de presunciones de los desgravámenes, tal como se encuentra configurado en la LISLR, dificulta la tributación a las rentas familiares conforme a la real capacidad económica de los perceptores de ingresos familiares, y además viola los postulados de la

---

39 Al valor al momento que se escriben estas consideraciones, el valor de la unidad tributaria es de cincuenta bolívares soberanos (Bs.S. 50), que cuantifica el desgravamen único del artículo 58 de la LISLR a la cantidad de treinta y ocho mil setecientos bolívares soberanos (Bs.S. 38.700). Así, el desgramen único representa cerca de seis dólares de Estados Unidos de América (US$ 6) para junio de 2019, al tipo de cambio oficial. Dicha cantidad debe ser comparada con el actual sueldo mínimo en Venezuela, que es de Bs. 40.000, y de forma más evidente, con la cantidad necesaria para que una familia de cuatro personas pueda cubrir sus necesidades normales, la cual, de acuerdo al Centro de Documentación y Análisis Social de la Federación Venezolana de Maestros (CENDAS-FVM), sólo para el mes de mayo de 2019 fue de Bs.S. 2.552.836,38, equivalente al momento de esa estimación mensual a la cantidad de US$ 411,74. En otras palabras, la presunción del desgravamen único del artículo 58 de la LISLR, solo equivale al 1,5% de la erogación que tiene que hacer una familia en el mes de mayo de 2019.

justicia tributaria, por cuanto no consideran la equidad vertical y la equidad horizontal en las situaciones concretas en que pueden encontrarse cada familia (supuesto que no termina de ser corregido con las aminoraciones por vía de reducciones de cuota a pagar que configuran las "cargas familiares" y la inexistencia de las escalas de equivalencia). En los términos expresados en las proposiciones normativas analizadas, es imposible obtener una diferenciación respecto a situaciones jurídicas subjetivas de una familia a otra, en función del número de sus miembros y las necesidades económicas de cada uno de ellos.

D. Las escalas de equivalencia

Las escalas de equivalencia son índices econométricos que transforman el gasto de las familias de distintas características, composición e incidencia económica en cantidades comparables entre este tipo de unidades económicas. Las escalas de equivalencia en la imposición a la renta familiar están sujetas a decisiones respecto a qué características en las familias y sus gastos son relevantes, el nivel de economías de escala que se produce en las familias o el grado de protección o incentivo, como materialización de la transversal e integral protección a la familia, se debe canalizar a través de la imposición directa[40].

La determinación de escalas de equivalencia es compleja, por cuanto depende de situaciones mutables. En muchos casos, se verifica un correcto diseño normativo, que al momento de su cuantificación y uso de las escalas de equivalencia, termina dando resultados contrarios a los principios que informan la tributación y la protección a la familia.

En Venezuela, como ya se pudo haber advertido, las escalas de equivalencia se expresan con base en la unidad tributaria, cuya génesis fue asegurar la adaptación del sistema tributario venezolano a la variable macroeconómica de la inflación. La infravaloración de la unidad tributaria y la desviación del poder de los órganos del Estado venezolano en ajustarla anualmente a los índices reales de inflación han convertido la imposición a la renta en Venezuela en regresiva y en proporcional[41], con especial afectación al gravamen a la renta familiar.

Sin embargo, se debe señalar que a la imposición a la renta de las familias no solo es regresiva por la infravaloración de la unidad tributaria (cuantificación), sino por defectos en la escala de equivalencia (diferenciación). Aun cuando se estableciera la unidad tributaria al valor ajustado por la inflación transcurrida en Venezuela durante los últimos veinte años, se deben discutir la racionalidad de los conceptos definidos en unidades tributarias: ¿La cantidad de 774 U.T. reconoce los gastos personales en que incurre una familia para asegurar su subsistencia? ¿Las rebajas sobre las cuotas de 10 U.T por "carga familiar" aseguran la equidad vertical en la tributación en razón de más o menos miembros bajo la manutención de un perceptor de una unidad-contribuyente?

Las anteriores cantidades expresadas en unidades tributarias en la actualidad no tienen base racional y lucen arbitrarias. Dichos conceptos, de mantenerse el actual diseño legislativo, deben escindirse del concepto de unidad tributaria[42] –por su evidente manejo político y asis-

---

40   Calderón y Cendejas, *Fiscalidad...* 17.

41   Vid., entre otros, Romero-Muci, Uso... y Elina Pou Ruan. «Justicia Impositiva para las Personas Naturales. Parámetros para la Preservación del Mínimo Vital», en *El Impuesto sobre la Renta. Aspectos de una necesaria reforma: Memorias de las XVI Jornadas Venezolanas de Derecho Tributario* (Caracas: Asociación Venezolana de Derecho Tributario, 2017), 285-286.

42   La actualización de la unidad tributaria la inflación real de Venezuela es una operación más que deseada a los efectos del sistema tributario. Sin embargo, debe considerarse que los índices de inflación, con características de generalidad, toman en cuenta bienes y servicios que no son requeridos por todas las familias. Los bienes y servicios cuyas erogaciones conforman los gastos familiares pueden sufrir en su conjunto una mayor o menor inflación respecto al índice general. Un ejemplo prototípico en Venezuela en la época que se escribe este texto, es que la

temático- y atarse, en ejercicio del fin, deber y derecho constitucional a la protección a las familias, a un concepto técnico que se ajuste al reconocimiento de la situación patrimonial familiar venezolana.

E.   Los intentos asistemáticos de corrección de la regresividad de la imposición a la renta familiar

Las denotadas fallas de la tributación a la renta familiar, incardinadas dentro de la tributación a las personas naturales, no han sido abordadas correctamente desde el diseño legislativo, a pesar de que la LISLR fue reformada en dos ocasiones durante el último lustro.

Los evidentes efectos sociales de la imposición inadecuada a las personas naturales, y por consiguiente al núcleo familiar al cual pertenecen, han sido objeto del conocimiento del Poder Judicial en Venezuela, por vía de la *"interpretación del sentido y alcance del artículo 31 de la Ley de Impuesto sobre la Renta* [del 2007]" que fuera objeto de la célebre y controvertida sentencia 301/2007 de la Sala Constitucional del Tribunal Supremo de Justicia y a través de los decretos de exoneración de impuesto sobre la renta para las personas naturales dictados por el Presidente de la República. A pesar de que haremos una breve referencia a tales mecanismos, anticipamos que la regresividad del sistema de imposición a las personas naturales, y por consiguiente de las familias, debe abordarse mediante la modificación de los instrumentos normativos tributarios, en este caso la LISLR, cuyo eje ordenador y corrector no deben ser sólo los principios que informan el derecho tributario material en Venezuela sino el derecho humano y el fin superior de la protección familiar.

a) *La delimitación por vía judicial de los ingresos gravables de las personas naturales bajo relación de dependencia.*

En fecha 27 de febrero de 2007, la Sala Constitucional del Tribunal Supremo de Justicia ("SC/TSJ") dictó la sentencia N° 301, posteriormente publicada en la Gaceta Oficial N° 38.635, del primero de marzo de 2017, la cual fuera intitulada «*Sentencia de la Sala Constitucional del Tribunal Supremo de Justicia, que interpreta constitucionalmente el sentido y alcance del artículo 31 de la Ley de Impuesto sobre la Renta*».

En este fallo judicial, ampliamente conocido en el foro tributario venezolano[43], la máxima instancia de la jurisdicción constitucional en Venezuela, revisó los elementos de determinación del impuesto sobre la renta a las personas naturales, *vis-a-vis*, los principios constitu-

---

inflación de bienes de consumo representados por los rubros alimenticios, de higiene personal y farmacéuticos sufren una inflación mayor a otros bienes de consumo artículos de lujo o bienes de capital como son los inmuebles.

43   Entre otros autores venezolanos que han comentado este episodio de la jurisprudencia constitucional en Venezuela se encuentran, entre otros, por orden cronológico: Allan Brewer-Carias, «De cómo la jurisdicción constitucional en Venezuela, no solo legisla de oficio, sino subrepticiamente modifica las reformas legales que 'sanciona', a espaldas de las partes en el proceso: el caso de la aclaratoria de la sentencia de reforma de la Ley de Impuesto sobre la Renta de 2007» *Revista de Derecho Público*, N° 114 (abril-junio 2008); Leonardo Palacios Márquez; «El salario normal como magnitud que conforma la base de cálculo de la imposición a la renta para la determinación de los tributos que se causen con ocasión del contrato de trabajo bajo relación de dependencia en Venezuela» en *Memorias XXXIC Jornadas Colombianas de Derecho Tributario, Tomo I* (Bogotá: Instituto Colombiano de Derecho Tributario, 2010); Karla D'Vivo Yusti, «Definición del salario normal a los efectos de la tributación de los trabajadores bajo relación de dependencia» en *70 años del Impuesto sobre la Renta. Memorias de las XIII Jornadas Venezolanas de Derecho Tributario*, tomo 2 (Caracas: Asociación Venezolana de Derecho Tributario, 2011); Karla D'Vivo Yusti, «Algunas de las implicaciones derivadas del acatamiento por parte de contribuyentes y responsables de la interpretación constitucional del artículo 31 de la Ley de Impuesto sobre la Renta», *Revista de Derecho Tributario*, N° 131 (julio-agosto-septiembre 2011); Serviliano Abache Carvajal, *Sobre falacias, justicia constitucional y Derecho tributario: Del gobierno de las leyes al gobierno de los hombres, más allá de la "pesadilla y el noble sueño"* (Caracas: Álvaro Nora, 2015), Romero Muci, *Uso…*; Pou Ruan, *Justicia…*

cionales que informan el sistema tributario venezolano y que nutren axiológicamente la justicia tributaria, entre ellos la capacidad contributiva, la generalidad y la igualdad, para advertir la regresividad del sistema tributario en razón de la determinación de la base imponible del impuesto sobre la renta para las personas naturales bajo relación de dependencia.

Es de destacar que la SC/TSJ abordó, a los efectos de sus análisis sobre la determinación de la base imponible y de los ingresos gravables, el mecanismo de los desgravámenes, entonces previstos en los artículos 59 y 60 de la Ley de Impuesto sobre la Renta vigente en razón del tiempo. Al respecto, el órgano sentenciador señaló:

> Frente a la extensa estimación de los enriquecimientos netos de los trabajadores, contrasta la mínima posibilidad a ellos dada para disminuir razonablemente la base sobre la cual habrán de tributar. **Ya se vio al transcribir los desgravámenes los escasos conceptos que les resultan aplicables para lograr tal reducción; lo que prácticamente conduce a la utilización de la figura del desgravamen único, no como una opción, sino como la única alternativa legítima**.
> [Subrayado y resaltado del autor]

Conforme a lo anterior, la Sala Constitucional anotó las deficiencias del mecanismo de desgravámenes por hacer regresiva la imposición a la renta de las personas naturales -y por consiguiente a la renta familiar-. Sin embargo, reconoció su utilidad respecto a la gestión del tributo al señalar que:

> [L]a estructura del impuesto así considerada facilita la gestión de recaudación y control que posee la Administración Tributaria, puesto que le exime -en la mayoría de los casos- de tener que enfrentar los costos de **fiscalización** derivados de la implementación de tributo de mayor complejidad.

Así las cosas, a pesar de haberse percatado del problema de los desgravámenes como elemento de determinación del impuesto sobre la renta, la orientación de la Sala fue la corrección de la cuantía de la base imponible del tributo a través de la limitación de los conceptos que deben formar el ingreso gravable de las personas bajo relación de dependencia, concluyendo que el ingreso de los trabajadores sólo abarca las remuneraciones otorgadas en forma regular (*salario normal*) a que se refiere el parágrafo segundo del artículo 133 de la Ley Orgánica del Trabajo […] excluyendo entonces de tal base los beneficios remunerativos marginales otorgados en forma accidental, pues de lo contrario el trabajador contribuyente perdería estas percepciones –si no en su totalidad, en buena parte- sólo en el **pago** de impuestos.

Así, la SC/TSJ, en un ejercicio que afirmó era de interpretación del alcance y el sentido del artículo 31 de la Ley de Impuesto sobre la Renta, vigente en aquel momento, realizó una nueva redacción del mismo, para adecuarlo a su análisis[44].

Debe señalarse que la Ley de Impuesto sobre la Renta que se encontraba vigente al momento de ser dictada la sentencia N° 301/2007 fue modificada en dos ocasiones, hasta la LISLR vigente que corresponde al 2015. Sin embargo, se comprobó el cambio de redacción del contenido del artículo 31, no para adoptarlo a lo sentenciado por la SC/TSJ sino para intentar volver al estado previo a la sentencia comentada.

---

44 Este ejercicio legislativo, por demás cuestionable, por parte de la Sala Constitucional del Tribunal Supremo de Justicia, culminó con la instauración por vía judicial, de la siguiente redacción:

"**Artículo 31**. Se consideran como enriquecimientos netos los salarios devengados en forma regular y permanente por la prestación de servicios personales bajo relación de dependencia. También se consideran como enriquecimientos netos los intereses provenientes de préstamos y otros créditos concedidos por las instituciones financieras constituidas en el exterior y no domiciliadas en el país, así como las participaciones gravables con impuestos proporcionales conforme a los términos de esta Ley.

A los efectos previstos en este artículo, quedan excluidos del salario las percepciones de carácter accidental, las derivadas de la prestación de antigüedad y las que la Ley considere que no tienen carácter salarial".

Con causa en lo anterior, varios operadores jurídicos presentaron acciones de nulidad contra el artículo 31 de las sucesivas reformas de la Ley de Impuesto sobre la Renta, sobre las cuales la SC/TSJ, entre otras, a través de las sentencias números 499 del 30 de junio de 2016, 673 del 2 de agosto de 2016 y su solicitud de aclaratoria decidida mediante sentencia N° 909 del 28 de octubre de 2016, ratificó el contenido de la sentencia N° 301 del 27 de febrero de 2007, por tratarse de **cosa juzgada** y al haberse constatado la **reedición** del artículo 31 de la ley, tanto del 2014 como del 2015.

Por esa razón, la delimitación que realizó la SC/TSJ de los ingresos gravables de las personas naturales en razón de la imposición de la renta, se mantiene vigente en el sistema tributario venezolano al momento de la producción de este texto. No obstante, si bien tal tratamiento por vía judicial tiene un indiscutible resultado sobre las cuotas tributarias a pagar por las personas naturales bajo relación laboral de dependencia, no resolvió el problema de fondo sobre la idoneidad de la aminoración de la base imponible del impuesto a la renta familiar, a pesar de haberse percatado de la inconveniencia de la implementación de los desgravámenes. La consecuencia de ello, fue la instauración de una solución asistemática, que no corrigió los problemas de fondo sobre la denunciada proporcionalidad de facto de la imposición a las rentas familiares y de la regresividad del tributo.

b) *Las exoneraciones de impuesto sobre la renta a los enriquecimientos de las personas naturales.*

La denunciada regresividad del impuesto sobre la renta a las personas naturales -y por ende a las rentas familiares-, ha continuado siendo un aporía en el sistema tributario venezolano, a pesar del efecto "correctivo" de la comentada sentencia N° 301/2007 de la Sala Constitucional del Tribunal Supremo de Justicia.

El evidente problema social que genera la regresividad y proporcionalidad del impuesto, aunado al contexto exacerbado de crisis económica en Venezuela, llevó a que durante tres ejercicios fueran dictados decretos de exoneración del impuesto sobre la renta, que configuraron en una base no gravable para las personas naturales: (i) Decreto N° 2.266 del 8 de marzo de 2016 y reimpreso el 9 de marzo de 2016[45], que exoneró la base de imposición de 3.000 U.T. para el ejercicio fiscal 2015; (ii) Decreto N° 2.680 publicado el 17 de enero de 2017 y reimpreso el 30 del mismo mes y año[46], que exoneró para el ejercicio 2016 la base de imposición de 6.000 unidades tributarias y; (ii) el Decreto N° 3.185 publicado el 5 de diciembre de 2017[47], que exoneró para el ejercicio 2017 la base de imposición de 32.000 unidades tributarias[48].

---

45 Decreto N° 2.266, mediante el cual se exonera del pago del Impuesto Sobre la Renta el enriquecimiento neto anual de fuente territorial obtenido por las personas naturales residentes en el país, hasta por un monto en bolívares equivalente a tres mil unidades tributarias (3.000 U.T.), publicado en la *Gaceta Oficial* N° 40.864 del 8 de marzo de 2016, reimpreso por "error material" en la *Gaceta Oficial* N° 40.865 del 9 de marzo de 2016.

46 Decreto N° 2.680, mediante el cual se exonera del pago del impuesto sobre la renta, el enriquecimiento neto anual de fuente territorial obtenido por las personas naturales residentes en el país, hasta por un monto en Bolívares equivalente a Seis Mil Unidades Tributarias (6.000 U.T.), publicado en la *Gaceta Oficial* N° 41.077 del 18 de enero de 2017, reimpreso por "error material" en la *Gaceta Oficial* N° 41.085 del 30 de enero de 2017.

47 Decreto N° 3.185, mediante el cual se exonera del pago del Impuesto Sobre la Renta, el enriquecimiento neto anual de fuente territorial obtenido por las personas naturales residentes en el país, hasta por un monto en Bolívares equivalente a treinta y dos mil unidades tributarias (32.000 U.T.), publicado en la *Gaceta Oficial* N° 41.293 del 5 de diciembre de 2017.

48 El origen de los señalados decretos de exoneración se encuentra, además de los defectos no corregidos en la determinación del impuesto sobre la renta para los ingresos de personas naturales, en la política pública de no actualizar por la inflación real anual, conforme a las previsiones del Código Orgánico Tributario, el valor de la magnitud de medida del sistema tributario venezolano: la unidad tributaria.

La motivación de los decretos de exoneración es de destacar por cuanto se trata de un ejercicio atípico del poder de no imposición[49] con el que está dotado el Presidente de la República. Dentro de la motivación común de estos instrumentos se indica que la política fiscal del Estado venezolano está basada en "*los principios de progresividad, equidad y eficiencia del sistema tributario*", con especial procura en "*la protección de las familias más vulnerables y el estímulo a la clase media trabajadora*" y en "*el mejoramiento y la promoción de la eficiencia de la gestión fiscal del sector público*", pero "*sin afectar el ingreso de las asalariadas y asalariados destinado a la vida digna y el buen vivir de sus familias*". En mérito de

---

La unidad tributaria fue incorporada en el sistema tributario venezolano mediante el Código Orgánico Tributario de 1994, como una forma de evitar que, por causa de la inflación que ya se había verificado por varios años en Venezuela, el Poder Legislativo Nacional estuviera en la obligación de actualizar las cuantías de los elementos de configuración de los tributos y las sanciones a los ilícitos formales y materiales de naturaleza tributaria. El éxito de la unidad tributaria, como medida de reconocimiento de la inflación, extendió su uso para otras magnitudes y sanciones fuera del ordenamiento tributario, así como fue empleada para cuantificar las magnitudes económicas relacionadas con tasas y precios públicos establecidos en una pluralidad de instrumentos normativos.

Durante la última década, ante el abuso del uso de la unidad tributaria en todo el ordenamiento, la política pública fue no reconocer el efecto de la inflación anualizada en el ajuste de esta magnitud económica, por cuanto podría ser impopular respecto a la determinación del precio de ciertos servicios públicos, así como podría multiplicar ciertas prestaciones de origen laboral determinadas mediante la unidad tributaria. Con causa en la pérdida del poder preventivo de las sanciones, durante los años 2014 y 2015, mediante sendas leyes habilitantes otorgadas al Presidente de la República, se aumentaron las cuantías de las multa pecuniarias establecidas en unidades tributarias, especialmente en lo que se refiere a ilícitos económicos y tributarios, lo cual dificulta un ajuste a la inflación real verificada en Venezuela, con causa en la posibilidad de convertir esta sanciones en confiscatorias o desproporcionadas.

El reseñado contexto imposibilitó que se reconociera un valor real ajustado a la inflación de la unidad tributaria, hecho que convirtió en regresivo el sistema tributario a nivel nacional, al cual esta magnitud de medida estaba serialmente destinada a través del COT de 1994. Lo anterior, en la práctica, desapareció el carácter progresivo del impuesto sobre la renta y convirtió en contribuyentes a todos los ciudadanos que obtuvieran algún tipo de ingreso, incluyendo los más modestos provenientes del sueldo mínimo, por demás paupérrimo en Venezuela. Esta situación, generada por la política pública de subvaluar la unidad tributaria, trató de ser corregida mediante los decretos de exoneración, que como se puede observar fueron creciendo exponencialmente en el número de unidades tributarias por cada ejercicio.

En la actualidad, el problema respecto a la subvaluación de la unidad tributaria, fue reconocido por el Estado venezolano, quien (i) creó otra unidad de medida aplicable a las contrataciones públicas y ciertas actividades de la Administración Pública (la "Unidad para el Cálculo Aritmético del Umbral Máximo y Mínimo"), la cual al momento de escribir estas consideraciones tiene un valor de Bs.S. 1.150 (mientras la unidad tributaria tiene un valor de Bs.S. 50), (ii) deslindó la determinación de algunas prestaciones de origen laboral de la unidad tributaria, (iii) restringió por vía sublegal la aplicación general de la unidad tributaria (a través de los actos que actualizaban su cuantía), restringiéndola a los tributos nacionales administrados por el Servicio Nacional Integrado de Administración Aduanera y Tributaria y a los ilícitos materiales y formales sancionados por ese órgano administrativo (el cual era su real *leitmotiv* de acuerdo al COT de 1994). Así, la unidad tributaria sufrió un aumento de casi un millón por ciento (1.000.000 %) de marzo de 2018 a marzo de 2019, magnitud que no corrigió los problemas de regresividad estructural en la imposición a la renta familiar en Venezuela.

49   Respecto al **poder de no imposición**, LEONARDO PALACIOS MÁRQUEZ ha señalado, con fundamento en el artículo 317 de la Constitución de la República Bolivariana de Venezuela, que se trata de "*la facultad constitucional que le corresponde al Estado en cualquiera de sus manifestaciones político territorial de emplear la herramienta impositiva como instrumento de estimulación e incentivación en las decisiones para que puedan adoptar los agentes económicos privados a favor de sus políticas públicas*" Vid. Leonardo Palacios Márquez. «La Necesaria reforma de la Imposición a la Renta a la Luz de los Principios Constitucionales y de Imposición», en *El Impuesto sobre la Renta. Aspectos de una necesaria reforma: Memorias de las XVI Jornadas Venezolanas de Derecho Tributario* (Caracas: Asociación Venezolana de Derecho Tributario, 2017), 121. Aunado a esa definición, la cual compartimos, agregamos que en el caso objeto de análisis, se utilizó el poder de no imposición para ***corregir*** de manera asistemática y puntual un gravamen sobre la renta sobre las personas naturales y sobre la renta familiar que, como hemos denunciado, violaba precisamente los principios constitucionales y de imposición.

lo anterior, es evidente que el Presidente de la República detectó el efecto regresivo de la imposición a la renta familiar respecto a los ejercicios tributarios 2015, 2016 y 2017[50].

A pesar de la evidente corrección al efecto regresivo de la imposición a la renta familiar en la determinación de la cuota tributaria para los señalados ejercicios fiscales para un grupo de contribuyentes, las características que presentaron dichos decretos de exoneración, no están ausentes de críticas.

La primera crítica se refiere al momento y la forma en que se dictaron dichos decretos. Como se puede observar, los Decretos N° 2.266 y N° 2.680 no solo fueron dictados una vez culminado el ejercicio tributario a los cuales estaba destinado, sino que, peor aún, fueron publicados cuando culminaba el lapso para declarar y pagar el impuesto sobre la renta, que en Venezuela vence el 31 de marzo. El anterior defecto, además de violar los principios más básicos de tributación, evidenció la manera improvisada en que el Estado venezolano ha enfrentado la regresividad de la imposición a las rentas familiares. Sin embargo, la mayor crítica que ha levantado estos decretos de exoneración, es que no resuelve el origen del problema de la configuración y determinación del tributo; por el contrario, se trata de políticas que se agotan instantáneamente en su aplicación. Justamente, para el ejercicio 2018, que se declaró y pagó en 2019, no fue publicada ninguna exoneración, lo cual nuevamente demostró la regresividad de la imposición a las rentas familiares, en un contexto económico peor que los ejercicios 2015, 2016 y 2017.

En todo caso, es rescatable que la consecuencia práctica de los decretos es la implementación del ejercicio del poder de no imposición del Estado sobre una cantidad mínima que se consideró, en razón del periodo tributario, necesaria para la subsistencia de una persona natural y la familia a la cual pertenece. En otras palabras, por primera vez al menos en los últimos 30 años en Venezuela, se utilizó una base de exoneración (distinta a los desgravámenes), como aminoración de la base imponible en el gravamen a la renta familiar, que para esos ejercicios funcionó *de facto* como el denominado "mínimo vital".

F. La reconstrucción de la imposición a la renta familiar

La regresividad de la imposición a la renta familiar puede y debe ser derrotada mediante la adopción de un nuevo estándar que deba estar consagrado en la LISLR y en los actos administrativos de efectos generales que la desarrollen. El derecho comparado, a pesar de haber establecido soluciones a situaciones como la verificada en el vigente ordenamiento de impuesto sobre la renta en Venezuela, no ha estado exento de críticas, con fundamento en la elección de un sistema u otro, la naturaleza del tratamiento de las rentas familiares y su impacto económico en las finanzas públicas. Sin embargo, el grado de evolución y de correcciones de patologías a la imposición a la renta familiar, es superior al debate venezolano, que se ha petrificado en las normas instauradas en el sistema con la reforma de la Ley de Impuesto sobre la Renta de 1999, y que han sido repetidas y reiteradas en los sucesivos textos normativos hasta el día de hoy.

---

50 Llama profundamente la atención que el órgano que dictó los sucesivos Decretos de exoneración de impuesto sobre la renta para los ingresos obtenidos por personas naturales, es decir, el Presidente de la República, fue el mismo órgano que dictó por vía de ley habilitante las reformas de la Ley de Impuesto sobre la Renta de 2014 y 2015, en la cual no se atendió la evidente regresividad que hemos denunciado respecto a la imposición a la renta familiar. Es más, en esos instrumentos normativos de carácter tributario, se reeditó el contenido del artículo 31 de la Ley de Impuesto sobre la Renta del 2007, respecto a la cual la Sala Constitucional se pronunció en los términos descritos en el acápite precedente. Además de evidenciar la ausencia de medidas reales de corte legislativo para corregir la regresividad evidente en la imposición de rentas familiares, se demostró la falta de sistematicidad en el tratamiento del asunto expuesto en estas consideraciones por parte del Estado venezolano, a pesar de la detección del problema social que genera en Venezuela.

Tomando en consideración la experiencia del derecho comparado procederemos a realizar algunos apuntes sobre las posibilidades de solución respecto al problema planteado suscitado en el seno del ordenamiento jurídico venezolano, objeto de nuestro estudio[51] y en aplicación del actual estándar constitucional que exige la adecuación de la institución tributaria a la protección de la familia, como forma de corrección.

a) *Opciones sobre la determinación de la base imponible*

En los términos que hemos caracterizado la imposición a la renta familiar en Venezuela, el primer asunto que debe ser abordado es el de la determinación de los ingresos en razón a la ficción de la unidad-contribuyente, que genera acumulación y consiguientemente regresividad del impuesto.

La doctrina ha señalado que la situación de la acumulación de los ingresos en función de la progresividad de impuesto sobre la renta, ha sido abordada de manera distinta por las diferentes jurisdicciones, incluyendo las siguientes opciones:

1. Permitir la elección entre la declaración conjunta o individual, según sea más o menos ventajosa para el contribuyente.

2. Dividir la suma total de rendimientos entre el número de perceptores (sistema *splitting*), que es el sistema utilizado por algunos países europeos, como por ejemplo Alemania o Portugal.

3. Dividir la suma total de rendimientos entre el número de integrantes del hogar, para lo cual los perceptores cuentan al 100% y los demás al 50% (sistema francés o *quotient*).

4. Aplicar una escala diferente, método utilizado por ejemplo en Irlanda, Luxemburgo (donde se ha aplicado a la escala general un coeficiente) o Malta.

5. Aplicar reducciones o algún tipo de desgravación fiscal a la base imponible[52]

Como se puede observar, las anteriores opciones, que giran alrededor de la noción de medir la tributación *per cápita*[53], persiguen una aminoración de la base imponible del impuesto sobre la renta buscando dos objetivos: (i) evitar el efecto de acumulación respecto a la aplicación de tarifas progresivas en la imposición de la renta familiar; y (ii) establecer parámetros que reconozcan la equidad vertical en razón del número de perceptores de ingresos y de los miembros de las familias. Este supuesto evidencia una moderación del efecto financiero de la consideración de la familia como unidad de producción con comportamiento de economías de escala, sacrificio que se realiza no por consideraciones de tipo fiscal, sino como una aplicación del fin superior, derecho humano y deber estatal de la protección a la familia.

En todo caso, estamos es la oportunidad de examinar las situaciones de la imposición de la renta familiar desde la perspectiva de la determinación de la base gravable y no solo desde la configuración del gasto familiar, como hasta el momento se ha abocado la doctrina venezolana. Pese a lo anterior, el abordaje del fenómeno enfocado en la singularidad de los

---

51 Las breves disertaciones que se expondrán a continuación no pretenden ser una solución definitiva a un problema tan complejo, el cual, como luce evidente, no puede ser agotado desde la simple redacción de nuevas normas de derecho tributario. Deben tomarse en consideración otros elementos que escapan de la especialidad del autor, entre ellas el análisis económico y el impacto en las finanzas públicas de la adopción de un nuevo mecanismo para la imposición de las rentas familiares, el estudio de las bases demográficas y las preferencias de consumo, así como la cuantificación sobre bases ciertas de los bienes necesarios, en el marco socioeconómico venezolano, de los bienes necesarios para el sostenimiento familiar. En todo caso, la pretensión del autor es iniciar un debate respecto a la imposición de la renta familia, que si bien ha sido prolífico y abundante en la doctrina extranjera, se ha caracterizado por su brevedad en la doctrina venezolana.

52 Martinez Alvarez y Miguel Burgos (2014) *La política...* 267.

53 Casás, José Osvaldo. «Tributación y Familia», en *Derecho Constitucional Tributario en Iberoamerica, V Edición* (Yucatán: 2009), https://www.revistajuridicaonline.com/wp-content/uploads/2010/10/27_339a416.pdf.

ingresos, sin una contraparte en el tratamiento de los gastos personales, puede generar resultados tan distorsivos como los verificados en la actualidad en el sistema venezolano y contrarios al fin superior transversal a la consideración de la renta familiar como forma de protección a la familia.

(i) La derrota de la imperatividad de la ficción de la unidad-contribuyente.

La primera aproximación al tema de la regresividad de la acumulación de los ingresos familiares con vista al carácter progresivo del impuesto sobre la renta es la superación de la obligatoriedad de que los cónyuges -o de los miembros de las uniones estables de hecho- deban declarar y pagar conjuntamente el tributo. Dicha ficción, que hemos denominado unidad-contribuyente, debe dejar de ser imperativa y obligatoria para ser considerada facultativa, dentro del esquema de la economía de opción de las familias. Esto implica la superación de la concepción determinista de la familia como una simple unidad de producción, para hacer valer el fin superior, el derecho humano y el deber estatal de la protección a la familia.

Lo anterior implica una nueva redacción y consideración a lo previsto en los artículos 54 y 78 de la LISLR y su reflejo en el Reglamento de la LISLR, sin perjuicio de la adopción de un lenguaje jurídico que sea conteste de las realidades sociales y del rol de la mujer en el contexto socioeconómico venezolano. En este supuesto, tal como hemos venido tratando, la declaración y el pago del impuesto realizados de forma separada por los miembros de las familias, no debe ser una excepción a la operatividad de la ficción sino parte de las opciones que tengan las personas naturales para aminorar su carga tributaria, como forma de protección del patrimonio familiar.

(ii) El establecimiento de incentivos para la operatividad voluntaria de la ficción de la unidad-contribuyente y la equidad vertical.

La operatividad de la ficción de la unidad-contribuyente, a pesar de las inconsistencias que hemos observado, tiene sentido económico. Precisamente, desde el punto de vista microeconómico, como ya hemos señalado, las familias pueden tener un comportamiento similar a las economías de escala, al subsumirse sus miembros a unidades perceptoras de ingresos que tienen ahorros en gastos comunes. En este supuesto, la ficción de la unidad-contribuyente del impuesto sobre la renta y su sentido económico puede y debe ser corregida y conciliada con el principio constitucional de la debida consulta a la capacidad económica y a la justicia tributaria.

Así, consideramos que una vía lógica es establecer incentivos desde la consideración del ingreso para la operatividad voluntaria de la señalada ficción, al adoptar concomitantemente, sistemas que reduzcan la base de imposición en función de la cantidad de miembros de la familia y de los perceptores de ingresos (como pueden ser los señalados sistemas de *splitting*, *quotient* o de coeficientes empleados en el derecho comparado). Conforme a este razonamiento, se aplicaría el principio de justicia tributaria en su faz de equidad vertical, por cuanto se diferenciaría el tratamiento tributario que se le otorga a las distintas familias en función de sus miembros, generando a su vez incentivos económicos para el crecimiento y sostenimiento familiar[54]. Este esquema resolvería las inconsistencias derivadas de las rebajas de la

---

54 Un aspecto que debe ser considerado dentro de las características de la sociedad venezolana (y latinoamericana en general) es la tendencia a que en gran parte de las familias los hijos continúen viviendo en la casa de sus padres, inclusive habiendo culminado estudios universitarios y/o haberse incorporado al mercado laboral. El abordaje de la imposición a las familias parten de la concepción de matrimonios (o uniones estables de hecho) con hijos menores de 25 años. Sin embargo, en el supuesto considerado en este apartado, desde el punto de vista microeconómico, acentúa las características de la familia como economía de escala. Además, una consideración distinta podría crear efectos regresivos de impuesto sobre la renta respecto a personas jóvenes que se insertan en el mercado

cuota a pagar de impuesto sobre la renta por concepto de *"cargas familiares"*, tal como encuentran previstas en el artículo 59 de la LISLR, y podría implicar su abolición del sistema.

b) *El abordaje de los gastos familiares.*

En los términos que hemos relatado, el reconocimiento de los gastos familiares es un tema que ha definido la tendencia de la doctrina y de las reformas en los sistemas comparados, desde tres aspectos sometidos a debate respecto a la imposición directa a las familias: las aminoraciones sobre la base imponible, las aminoraciones sobre la cuota a pagar y las escalas de equivalencia.

Nuestra consideración, en razón de la realidad y la tradición venezolana, es que los efectos correctivos de los gastos familiares, debe operar sobre aminoraciones a la base imponible, como aplicación de la capacidad contributiva. Esta corrección sobre la base gravable del impuesto también puede estar orientada a la satisfacción de la equidad vertical como valor del sistema tributario y como forma de protección de la familia en Venezuela.

c) *Instauración del El Mínimo Vital*

La doctrina ha considerado el tratamiento de los gastos familiares desde el concepto del mínimo vital, entendido como el ejercicio del poder de no imposición del Estado sobre una porción de los ingresos familiares. Una vez superados los mismos, se aplican las reglas de determinación de la base imponible. Este mínimo vital es el reconocimiento del Estado de las erogaciones económicas que debe incurrir una persona natural y su familia para su subsistencia. El alcance de los bienes y servicios que se cuantifican a través del mínimo vital depende de la política pública instaurada, del estado de progresividad de los derechos humanos en una determinada jurisdicción y de las características socioeconómicas de su población, todo cual es normalmente terreno de discusión.

Otro terreno de discusión habitual es la naturaleza técnica del mínimo vital respecto al elenco de caracterizaciones del Derecho tributario y su reflejo en el Derecho constitucional. Precisamente, la doctrina ha sido divergente en calificar la naturaleza del mínimo vital como *"un mínimo exento, un mínimo no sujeto, como un mínimo gravado con tarifa 0, como una minoración de la base imponible[55]"* o como un terreno de inmunidad en que el Estado, en aplicación y reconocimiento de la imperatividad de los derechos humanos, tiene vedada la imposición[56]. A todo evento, desde el punto de vista económico, coincidimos que se trata de un escenario de ejercicio del poder de no imposición del Estado sobre una parcela de los ingresos considerada esencial para el mantenimiento de necesidades fundamentales del perceptor de la renta y su grupo familiar[57] y como prerrequisito de una vida digna[58], implementada a través de una aminoración (o extinción) de la base imponible del impuesto.

---

laboral y para sus padres quienes deben soportar aún parte de los gastos de manutención de los hijos con quienes conviven.

55 Romero-Muci, *Uso...* p. 61.

56 Betty Andrade Rodriguez, «Inmunidad tributaria de los derechos humanos. Capacidad contributiva y mínimo vital» (tesis doctoral, Universidad Central de Venezuela, 2013).

57 Romero-Muci, *Uso...* p. 61.

58 El derecho a la vida digna ha sido desarrollado por la jurisprudencia de la Corte Interamericana de Derechos Humanos, la cual señaló en el párrafo 144 de la Sentencia de fondo del Caso de los "Niños de la Calle" (Villagrán Morales y otros) vs. Guatemala, del de 19 de noviembre 1999: *"El derecho a la vida es un derecho humano fundamental, cuyo goce es un prerrequisito para el disfrute de todos los demás derechos humanos. De no ser respetado, todos los derechos carecen de sentido. En razón del carácter fundamental del derecho a la vida, no son admisibles enfoques restrictivos del mismo. En esencia, el derecho fundamental a la vida comprende, no sólo el derecho de todo ser humano de no ser privado de la vida arbitrariamente, sino también el derecho a que no se le impida el acceso a las condiciones que le garanticen una existencia digna. Los Estados tienen la obligación de garantizar la*

En Venezuela, como hemos señalado, se han manifestado vestigios del concepto tratado: en el desgravamen único, considerado como un mínimo de imposición, y en los decretos de exoneración de impuesto sobre la renta[59] que establecieron bases generales de exoneración para personas naturales. Así las cosas, el desgravamen único del artículo 57 de la LISLR debe mutar a todas las características del mínimo vital: (i) una forma de reconocimiento de las cantidades económicas necesarias para que una familia pueda vivir con dignidad; y (ii) una porción del ingreso gravable que sea objeto del poder de no imposición del Estado, sobre el cual, una vez satisfecho en su límite cuantitativo, operen las reglas de determinación de la renta familiar.

Por vía de consecuencia, el reconocimiento de los gastos familiares en Venezuela, dejarían de realizarse como una forma de reducción de la base imponible del impuesto, sino como el ejercicio del poder de no imposición sobre un mínimo de ingresos de las personas naturales y sus familias con los que puedan vivir con dignidad. Una reforma del sistema de imposición de las rentas familiares debe orientarse a la instauración del mínimo vital. La cuantificación y empleo del mínimo vital de una familia a otra debe ser abordado desde del contexto de las escalas de equivalencia.

Aunado a lo anterior, se debe señalar que el mínimo vital no es incompatible con las aminoraciones de la base imponible del impuesto, configuradas como desgravámenes "autorizados", actualmente instituidos de manera defectuosa en el artículo 58 de la LISLR. Este tipo de desgravámenes pueden funcionar para corregir situaciones particulares en las cuales, por la especial condición de una familia, la cuantía promedio del mínimo vital no sea suficiente. Vale considerar las situaciones de miembros familiares con discapacidades, los gastos relativos al cuidado propios de la primera infancia o el tratamiento médico y farmacológico de un adulto mayor. Los mencionados escenarios particulares son de difícil consideración por parte de las bases estadísticas generales con las cuales debe ser calculado el mínimo vital, lo cual podría presentar situaciones de trasgresión a la justicia tributaria en su vertiente de la equidad vertical.

El sistema tributario venezolano, antes de la reforma de la Ley de Impuesto sobre la Renta de 1994 y el imperio de la unidad tributaria, tuvo un catálogo de desgravámenes que parecen

---

creación de las condiciones que se requieran para que no se produzcan violaciones de ese derecho básico y, en particular, el deber de impedir que sus agentes atenten contra él". En ese ámbito, el artículo 87 de la Constitución de la República Bolivariana de Venezuela establece el deber del Estado de garantizar "la adopción de las medidas necesarias a los fines de que toda persona puede obtener ocupación productiva, que le proporcione una existencia digna y decorosa y le garantice el pleno ejercicio de este derecho", el artículo 100 constitucional garantiza un "sistema de seguridad social que les permita una vida digna" a los trabajadores culturales, y el artículo 299 del mismo texto prescribe que el régimen socioeconómico venezolano tiene como fines "asegurar el desarrollo humano integral y una existencia digna y provechosa para la colectividad". Precisamente, el ejercicio de esta garantía y derecho fue invocado en la motivación de los decretos de exoneraciones del impuesto sobre la renta a las personas naturales, en los términos que hemos relatado.

59 Consideramos correcta la aserción de Manuel ITURBE y de Elina POU RUAN, respecto a que no se establece "una base para la no tributación en la LISLR de las personas naturales" respecto al umbral mínimo para declarar y pagar el impuesto sobre la renta. En ese sentido, relata Iturbe siguiendo el razonamiento de Pou que "simplemente se consagra en el artículo 77 de la LISLR la no obligación de declarar y pagar el ISLR a quienes obtengan un enriquecimiento neto o ingreso bruto inferior a las UT establecidas, pero si el enriquecimiento o ingreso es superior a esas UT no se establece que dichas UT serán una base de no tributación para dichas personas. Precisamente, prueba de que esa base de no tributación no existe es que aquellas personas naturales que obtengan enriquecimientos superiores a 1.000 UT deberán pagar por el primer tramo que establece el artículo 50 de la LISLR, el 6% sobre el citado enriquecimiento". Manuel Iturbe. «Relatoría», en El Impuesto sobre la Renta. Aspectos de una necesaria reforma: Memorias de las XVI Jornadas Venezolanas de Derecho Tributario (Caracas: Asociación Venezolana de Derecho Tributario, 2017). Pou, Justicia… Op. cit.

adaptarse más coherentemente a las necesidades de las personas naturales y de sus familias[60] en razón del gasto. Es necesaria, bajo la concepción de los desgravamen en el esquema de mayores gastos personales en función de la particular situación familiar, una revisión correcta de tipo económico y social respecto a los conceptos que deban incluirse como desgravámenes "autorizados" como parte de los mecanismos de la LISLR y como forma complementaria de corrección de la cuantía del mínimo vital ante situaciones que escapan del determinismo estadístico con que debe formarse esa franja de no imposición del Estado.

d) La debida aplicación de escalas de equivalencia

Desde el punto de vista económico, la forma más frecuente de medir la desigualdad de las familias "*es considerar la renta disponible de los hogares ajustada por algún tipo de escala de equivalencia que tenga en cuenta el tamaño de cada hogar*"[61], normalmente con base a los ingresos y, extraordinariamente con base en el consumo. Por consiguiente, las escalas de equivalencia consisten "*en indicadores que permiten ajustar los ingresos o gastos de hogares de distintos tamaños y composición para volverlos comparables. Al hacerlo, se obtiene una nueva medida del ingreso del hogar o ingreso equivalente*"[62].

Esta técnica econométrica que permite la comparación parametrizada de una familia con otra es necesaria a los fines de establecer la imposición a la renta, por razones de equidad vertical. La división de los ingresos entre el número de miembros de la familia, o a través de la aplicación de un cociente, no puede realizarse sin revisar la perspectiva del gasto familiar, en función del comportamiento de la familia como una economía de escala.

Siguiendo el orden del análisis emprendido, insistir en el reconocimiento e instauración del mínimo vital sin un factor corrector respecto a la diversidad de la composición familiar, otorgará resultados tan regresivos como los detectados actualmente en razón del imperio del desgravamen único. A pesar que los referidos indicadores deben ser utilizados en función de características demográficas y económicas de cada sociedad, la consideración que debe tenerse es la instauración de un correctivo aplicado en función de los gastos personales, en atención a la equidad vertical.

Un ejemplo de lo anterior es el aumento de la base de exención (como supuesto del mínimo vital) en razón del número de perceptores de rentas, el número y la condición de los miembros familiares. En ordenamientos comparados se ha contemplado la opción de la suma del mínimo vital de padres perceptores de rentas aumentado por una cuota parte por cada

---

60 En tal sentido, POU RUAN señala que "*desde la reforma a la Ley de Impuesto sobre la Renta de 1999, se mantienen inalteradas las normas que integran en su conjunto la noción del mínimo vital aunque vale la pena destacar que la reforma de 1991, además de haber introducido la novedad de la base de exención unida a los 50 salarios mínimos, contempló un elenco amplio de desgravámenes que incluía los siguiente: a) los pagos al seguro social o los pagos sustitutivos, b) pagos por fondo de jubilación, c) pagos por servicio de vivienda (electricidad, agua y aseo domiciliario), d) pagos a institutos docentes por educación del contribuyente o descendientes menores de 25 años, sin límite para el caso de educación especial, e) pagos (sin topes) por intereses pagados por prestamos adquiridos para la adquisición o ampliación de vivienda, f) pagos por primas de seguro de vida, cirugía, hospitalización y maternidad, g) pagos por servicios médicos, odontológicos, y de hospitalización, h) pagos por medicinas con récipe para tratamiento médico o quirúrgico, i) donaciones hasta un tope, por concepto de donaciones para fines docentes, culturales, científicos, políticos, deportivos, religiosos, y asistenciales, j) pagos por primas de seguro de casco de vehículos y responsabilidad civil por accidentes de tránsito, porciones de sueldos destinadas a cajas o cooperativas de ahorro, que no excedan de un 10% del total de remuneraciones anuales, y k) los pagos por reparación de vehículo propio del contribuyente*". Pou, *Justicia...* 291-292.

61 Luis Ayala Cañón, «La desigualdad en España: Fuentes, Tendencias y Comparaciones Internacionales» en *Estudios sobre la Economía Española -2016/24* (Madrid: FEDEA, 2016) http://documentos.fedea.net/pubs/-eee/eee2016-24.pdf.

62 Silvia Rodriguez y Andrea Vigorito, *Economías de escala y bienestar de los hogares. Nuevas estimaciones de escalas de equivalencia* (CEPAL, 2003) http://www.bvrie.gub.uy/local/File/JAE/2003/iees03j3290803.pdf.

hijo, cantidades que varían en función de su edad. Es evidente la necesidad econométrica para cuantificar el coste marginal que representa un miembro más de la familia en función de la economía de escala en razón de su situación y grado de desarrollo, hecho que la redacción de la proposición normativa tributaria debe contemplar. En muchos casos, la descrita operación puede dar un impuesto negativo, que puede ser la base de programas sociales, subsidios o ayudas sobre una base cuantitativa cierta que parece no estar contemplada en la actividad de fomento del Estado venezolano en la actualidad.

Aunado a las consideraciones sobre las escalas de equivalencia, se debe apreciar que puede lucir inconveniente su aplicación sobre cantidades tasadas sobre unidades tributarias, vista la perversión sobre su uso y su constante infravaloración. Como hemos relatado, la cuantificación estática de un número de unidades tributarias (aun cuando se ajustaran correctamente a la inflación), puede ser perniciosa respecto a las necesidades de las familias y la constante mutación de las necesidades sociales, culturales, alimenticias y tecnológicas. Una opción es la determinación por vía normativa de rubros que, en el transcurso de un ejercicio, deban estar incluidos dentro del mínimo vital, de manera que las autoridades con competencia en materia financiera y monetaria puedan señalar, al final del ejercicio gravable y con vista a la declaración de impuesto, cómo se cuantificaron[63]. Esta representa una opción, entre tantas otras, para que sea consultada correctamente la capacidad económica de las familias y se observe el fin superior, derecho humano y deber del Estado de proteger a las familias. Adicionalmente, representa una forma de corrección axiológica de la concepción económica de la familia.

5. Situaciones especiales de la tributación de la renta familiar

Sin perjuicio de las anteriores consideraciones, hemos detectado dos situaciones basadas en la realidad venezolana que deben ser abordadas en el tratamiento de la imposición a la renta. La primera, se refiere al tratamiento tributario de las remesas y el segundo respecto a al tratamiento tributario de la renta de familias homoparentales.

A. El tratamiento tributario de las remesas de migrantes como parte del ingreso familiar en Venezuela.

Durante los últimos años en Venezuela, se ha evidenciado una masiva ola migratoria con causa en los conocidos problemas sociales y económicos del país[64]. Una de las consecuencias de la migración de población venezolana, especialmente la económicamente activa, ha

---

63 A diferencia de la manera en que se implementa la unidad tributaria, cuyo actualización, está prevista para que se realice al inicio del ejercicio gravable, desconociendo el efecto del trascurso de la inflación para el resto del ejercicio fiscal.

64 De acuerdo a lo afirmado por la Oficina del Alto Comisionado de las Naciones Unidad para los Refugiados (ACNUR), con base en lo reportado por gobiernos anfitriones, para el 6 de junio de 2019, la cifra que representa la suma de migrantes, refugiados y solicitantes de asilo venezolanos era de 4.001.917 [data recuperada de: https://r4v.info/es/situations/platform]. Esta cifra puede ser potencialmente mayor, tomando en consideración la cifra no reportada de migración ilegal y de personas de otras nacionalidades que habían hecho vida Venezuela, pero que han regresado a sus países de origen. Las autoridades venezolanas han sido opacas en reportar las proyecciones de la población en Venezuela. Sin embargo, parece existir un consenso estadístico en aproximar la cifra de la base poblacional en Venezuela a la cantidad de 32.000.000. Tomando en consideración dicha data, se puede afirmar que, con un considerable margen de error, la migración venezolana ronda cerca del 12,5% de toda la base poblacional, con especial incidencia en el segmento de población económicamente activa, donde el señalado porcentaje puede ser notablemente superior.

sido la transferencia de flujos financieros bajo el concepto de "remesas" destinadas a los familiares beneficiarios aún residenciados en Venezuela[65].

La gravabilidad por el impuesto sobre la renta de los ingresos cuyo origen son remesas de emigrantes, debe ser evaluada desde los principios que informan el sistema tributario venezolano y los imperativos constitucionales en materia de familia. Un primer acercamiento al tema hace deducir que la consecuencia natural de estos ingresos es que sean gravados por la tarifa progresiva del impuesto por tratarse de flujos financieros que van desde el migrante (que ya no forma parte del hogar) hacia sus ascendientes o descendientes[66]. Así ha sido previsto en algunos ordenamientos, razonamiento que se ha extendido a terrenos similares como son las pensiones que por vía judicial son decretadas, las cuales son tratadas fiscalmente como una disminución del patrimonio del obligado y un aumento de los ingresos del receptor beneficiario.

Sin embargo, estos flujos financieros tienen una naturaleza que está prevista desde el ordenamiento constitucional. Precisamente, el artículo 76 de la Constitución[67] establece el deber de *"criar, formar, educar, mantener y asistir a sus hijos"* y el correlativo deber de los hijos de asistir a los padres cuando *"no puedan hacerlo por sí mismos"*. A este deber se le ha denominado en nuestro sistema, en sentido amplio, obligación alimentaria (correlativa al derecho de alimentos) y, en sentido restringido a la materia de niños y adolescentes, obligación de manutención[68]. Esta obligación de raigambre constitucional, se incardina dentro del elenco de derechos y deberes que conforman la protección a la familia debe ser tutelada por el ordenamiento tributario, tomando en consideración que la obligación/deber de alimentos, tiene carácter *ex lege* de contenido *extrapatrimonial*.

La doctrina ha señalado que los caracteres del derecho/obligación *ex lege* de alimentos son: de orden público, irrenunciabilidad, no compensación, inembargabilidad, perpetuidad, no prescriptibilidad, personal, intransmisibilidad, inalienabilidad, reciprocidad y no retroac-

---

65 No se han reportado cifras oficiales respecto a la cuantificación de las remesas en Venezuela. De acuerdo al reportaje realizado por María Eugenia Conde Useche, para el diario de circulación nacional, El Universal, en fecha 28 de mayo de 2018 [recuperado de: http://www.eluniversal.com/economia/10533/estiman-en-6-mil-millones-ingresos-por-remesas-en-2018], se estimó que para ese año los ingresos por remesas estaban calculados a la cantidad de 6.000 millones de dólares. De manera más conservadora, en fecha 6 de noviembre de 2018, Ahiana Figueroa, a través del medio Tal Cual digital [recuperado de: https://talcualdigital.com/index.php/2018/11/06/envio-de-remesas-a-venezuela-aumento-565-al-cierre-del-primer-semestre], reportó que de acuerdo a las estimaciones de la firma Econométrica, se estimaba que para el primer semestre de 2018, los ingresos por remesas alcanzaron 1.188 millones de dólares y se predecía que para final de ese año alcanzaría la cifra de 2.500 millones de dólares. Igualmente, de acuerdo a la anterior fuente, se estimó que el ingreso promedio mensual de una familia que recibía remesas era de 90 dólares al mes.

66 El origen de esta sección se encuentra en que algunas voces cercanas a la ideología del partido de gobierno, han señalado que estos enriquecimientos son ganancias fortuitas y deben estar sometidas la retención del 34% en la fuente, lo cual no tiene asidero ni social ni jurídico en Venezuela en este momento.

67 El padre y la madre tienen el deber compartido e irrenunciable de criar, formar, educar, mantener y asistir a sus hijos o hijas, y éstos o éstas tienen el deber de asistirlos o asistirlas cuando aquél o aquélla no puedan hacerlo por sí mismos o por sí mismas. La ley establecerá las medidas necesarias y adecuadas para garantizar la efectividad de la obligación alimentaria.

68 María Calendaria DOMÍNGUEZ GUILLEN señala de forma esclarecedora sobre el tema que "Los alimentos constituyen una de las principales consecuencias del parentesco. *El derecho de percibir alimentos y la correlativa obligación de prestarlos deriva de una relación alimentaria legal, de contenido patrimonial, pero cuyo fin es esencialmente extrapatrimonial: la satisfacción de las necesidades que la subsistencia requiere.* [...] *Ciertamente, la expresión 'alimentos' no puede entenderse en un sentido limitado a 'comida'. Por subsistencia ha de considerarse todo lo necesario para vivir, como alimentación, vivienda, vestido, medicamentos, estudios, recreación, etc. Así se evidencia del artículo 365 de la LOPNNA que en materia de niñez y adolescencia alude además de sustento a 'vestido, habitación, educación, cultura, asistencia, atención médica, medicinas, recreación y deportes'. En determinados casos, el derecho u obligación de alimentos podría estar limitado a suministrar los recursos o medios necesarios para los más importantes requerimientos o necesidades económicas"*. Domínguez, *Manual...* 41-42.

tividad[69]. Los requisitos de procedencia de la obligación alimentaria, *ex* artículos 283 del Código Civil de Venezuela son tres: *"familiar legalmente obligado*[70] *o vínculo entre el alimentista y el alimentante*[71]*, estado de necesidad del acreedor*[72] *[y] capacidad económica del deudor*[73],[74].

Conforme a lo anterior, las remesas deben ser incardinadas dentro del concepto de obligación/derecho a los alimentos, que como hemos indicado es de carácter *extrapatrimonial*, *ex lege* y de raigambre constitucional, y así debe ser evaluado por la óptica del Derecho tributario. Una óptica distinta, sería contraria a los derechos subjetivos y a los principios que informan al campo de Derecho de familia.

Ahora bien, debe evaluarse cuál debe ser el tratamiento respecto a la imposición de estos flujos financieros, por cuanto estamos frente a dos bloques axiológicos y normativos de previsión constitucional (deber de contribuir con las cargas públicas y conforme a la capacidad contributiva vs. obligación constitucional de alimentos). En ese orden destacamos lo siguiente:

a) Una primera opción, y ciertamente práctica, es asimilar los flujos monetarios provenientes de las remesas a las donaciones. Así, de acuerdo a lo previsto en el artículo 14.7 de la LISLR[75], estas rentas no serían gravables por parte de los perceptores. Ante esta tesis, que puede tener asidero en el ordenamiento tributario, se oponen razones de orden jurídico: (i) la donación es una institución de derecho civil calificada como contrato, la cual tiene una naturaleza distinta a la de la obligación/derecho de alimentos; (ii) la donación, en ese ámbito, implica una transferencia patrimonial, mientras la obligación alimentaria no implica un aumento patrimonial (por su carácter *extrapatrimonial*). A pesar de lo anterior, la Ley de Impuesto sobre Sucesiones, Donaciones y demás Ramos Conexos[76], subsume dentro del concepto de donación las cantidades por concepto de *"obligaciones de pensión y alimentos"* y las considera exentas en razón de lo previsto en su artículo 66[77], utilizando la expresión

---

69 Domínguez, *Manual*... 45-46.

70 De acuerdo a las normas del Código Civil invocadas, existe un orden de prelación necesario y subsidiario dado por conyuge, descendientes, ascendientes, hermanos, tíos y sobrinos. Vid. Domínguez, *Manual*... 48.

71 El vínculo entre familiar constituye el presupuesto subjetivo que da lugar a la deuda alimenticia, el cual se prueba con la respectiva partida o, en su defecto, la sentencia supletoria que declare el estado familiar. Domínguez, *Manual*... 51.

72 Se refiere a que el reclamante/beneficiario no pueda cubrir por sí mismo sus requerimientos, la cual no debe ser asociada con la pobreza extrema sino *"simplemente a condiciones económicas objetivas que en el caso concreto no permitan al requirente satisfacer sus necesidades por su propios medios"*, para ello *"debe considerarse las particulares necesidades personales del solicitante, tales como edad, profesión, nivel socio-económico, etc."* Domínguez, *Manual*... 52-53.

73 La capacidad económica desde esta perspectiva se refiere a que el obligado *"cuente con los medios patrimoniales necesarios para poder soportar la ayuda económica que se le solicita, sin perjuicio de su propia subsistencia y de los familiares también allegados"* Domínguez, *Manual*... 57.

74 Domínguez, *Manual*... 47.

75 **Artículo 14**. Están exentos de impuesto:

[…]

7. Los donatarios, herederos y legatarios, por las donaciones, herencias y legados que perciban

76 Ley de Impuesto sobre Sucesiones, Donaciones y demás Ramos Conexos, publicada en la *Gaceta Oficial* N° 5.391 *Extraordinario* del 22 de octubre de 1999.

77 Artículo 66.

Estarán exentos:

[…]

4. Las rentas periódicas constituidas para cumplir obligaciones de pensión, y alimentos en favor del cónyuge no separado de bienes, o de los descendientes o ascendientes legítimos, naturales o adoptivos, cuando esas cantidades se deban de conformidad con la Ley.

"renta". Adicionalmente, el asunto de la territorialidad de las remesas es resuelto por la presunción prevista en el artículo 3.3 de dicha ley, al presumir absolutamente que se encuentran en el territorio nacional "[l]os *derechos personales o de obligación cuya fuente jurídica se hubiere realizado en Venezuela*"[78]. La obligación alimentaria tiene una fuente jurídica en Venezuela, con causa en los estados familiares. Por consiguiente, desde la perspectiva e integración del sistema tributario, tal como está configurado actualmente, parece no haber óbice para que las remesas sean consideradas como donaciones territoriales, por su subsunción dentro del concepto de obligación/derecho de alimentos, y así se active el supuesto de exención del artículo 14.7 de la LISLR.

b) Otra perspectiva, de acuerdo al análisis que hemos emprendido, podría hacer concluir que las remesas no solo están exentas del tributo sobre la renta sino que por su naturaleza no están sujetas al impuesto sobre la renta:

(i) El hecho imponible complejo del impuesto sobre la renta, de acuerdo al artículo 1 de la LISLR, está constituido por los "*enriquecimientos anuales, netos y disponibles obtenidos en dinero o en especie*". El concepto de enriquecimiento neto previsto en el artículo 4 de la ley se define como "*incrementos de patrimonio*". Al respecto, hemos denotado del carácter *extrapatrimonial* de la obligación/derecho de alimentos, por cuanto no se trata de un bien desde el punto de vista jurídico y, por consiguiente, no puede ser considerado como parte del patrimonio, a pesar de que su concretización es un resultado económico[79]. Por consiguiente, la transferencia financiera relacionada con las remesas, por definición, no está prevista dentro del hecho imponible del impuesto y por consiguiente, debe ser calificada como un supuesto de no sujeción.

(ii) Desde la concepción económica de la familia, adoptada por el Derecho tributario, es decir, la consideración de la familia como una unidad de producción y consumo, de maximización de la utilidad con comportamiento de economías de escala, también debe operar a favor de los miembros familiares y no solo en su contra. En este orden, las remesas no serían transferencias económicas de un patrimonio a otro, sino el traslado de factores de producción de un "órgano" a otro dentro de un mismo patrimonio, tomando en consideración que la familia es asimilable al concepto económico de empresa. Este abordaje, puede ser visto como un acercamiento distinto para afirmar la no sujeción de las remesas al impuesto sobre la renta y reafirmar el carácter extrapatrimonial de dichas manifestaciones pecuniarias.

(iii) Desde el punto de la protección a la familia, cuyo uno de sus atributos de raigambre constitucional es el deber/derecho de alimentos, el gravamen de tarifa progresiva por el impuesto sobre la renta sobre cantidades destinadas a la subsistencia de un familiar en estado de necesidad, resulta en la frustración de un fin superior y en la anulación de una institución jurídica protegida desde la cúspide del ordenamiento jurídico. Esta tesis abonada desde la perspectiva de los derechos humanos, haría llegar a la conclusión que estamos en

---

78 Artículo 3

Se entienden situados en el territorio nacional:

[...]

4. Los derechos personales o de obligación cuya fuente jurídica se hubiere realizado en Venezuela.

79 El tema del carácter extrapatrimonial de la obligación alimentaria, y la aparente antítesis respecto a su posterior manifestación económica, ha sido abordado desde la perspectiva del derecho comparado. En el caso concreto del ordenamiento chileno BARCIA LEHMANN y RIVEROS FERRADA, han disertado sobre la materia, llegando a la conclusión que la extrapatrimonialidad se justifica por el derecho humano a la protección de los hijos y del hogar común. Vid. Rodrigo Barcia Lehmann y Carolina Riveros Ferrada, «El Carácter Extrapatrimonial de la Compensación Económica» *Revista Chilena de Derecho*, vol 38 nº 2, 249-278 https://scielo.conicyt.cl/scielo.php?script=sci_arttext&pid=S0718-34372011000200004#a16

presencia de un supuesto de no sujeción o de un terreno en que el Estado no puede extender su poder de imposición, es decir, una inmunidad.

Visto lo anterior, existen varios motivos razonables para afirmar que los flujos financieros por concepto de remesas de migrantes venezolanos no pueden ser gravados por el impuesto sobre la renta, bien sea por estar tratados como una exención o como un supuesto de no sujeción. Lo desarrollado en este acápite demuestra la importancia de la integración e interdependencia del Derecho tributario con otras materias tratadas constitucionalmente, visto que la simple, llana y aséptica aplicación de normas tributarias podría llegar a frustrar o hacer nugatorios fines superiores de nuestro ordenamiento jurídico, en este caso la protección *integral* y *trasversal* de la familia.

G. El tratamiento tributario de la renta de familias homoparentales

Uno de los temas, con causa en las nuevas realidades sociales, que emergió del tratamiento de la materia abordada en este opúsculo, el cual versó sobre la corrección axiológica de la imposición a las rentas familiares, fue la aparente imposibilidad jurídica de que las premisas y conclusiones anteriormente expuestas puedan ser aplicadas a familias homoparentales, por cuanto el ordenamiento jurídico positivo venezolano no las ha reconocido.

Con una profunda incidencia en el tema tratado, la SC/TSJ en la sentencia N° 1187 del 15 de diciembre de 2016, interpretó el artículo 75 de la Constitución a los fines de ampliar su contenido y reconocer a las familias homoparentales en el ordenamiento jurídico venezolano, en los términos siguientes, que se extraen del dispositivo de este fallo:

> [L]a jefatura de las familias pueden ejercerlas las familias homoparentales, y por ende el Estado brindará protección sin distinción a la forma de conformación de la familia, incluyendo a los niños, niñas y adolescentes nacidos en familias homoparentales, siendo éstos sujetos de derecho, que gozan de todos los derechos y garantías consagradas a favor de las personas en el ordenamiento jurídico al igual que cualquier otro niño que haya nacido dentro de una familia tradicional.

La primera de las consideraciones atinentes a nuestra materia, es que la SC/TSJ amplió el alcance de uno de los presupuestos de corrección axiológica planteados en este opúsculo, que es la protección a la familia prevista en el artículo 75 de la Constitución. En segundo lugar, sin hacer un examen exhaustivo de la argumentación de la sentencia –lo cual ameritaría una obra aparte por su características y deficiencias-, se puede señalar que la ampliación de alcance del artículo 75 constitucional tiene como objeto *igualar* la esfera de los derechos de los niños y adolescentes que conforman familias homoparentales a la de cualquier otro niño o adolescente de nacido en "una familia tradicional".

La anterior declaratoria ("*todos los derechos y garantías consagradas a favor de las personas en el ordenamiento jurídico*") debe permear en el ordenamiento tributario, y específicamente en la aplicación e interpretación de las proposiciones normativas que regulan la imposición a la renta familiar. Por consiguiente, las normas de LISLR, así como su propuesta de racionalización e integración con el fin superior de protección a la familia, deben ser aplicadas a la esfera patrimonial y subjetiva las familias homoparentales en virtud del fallo N° 1187 del 15 de diciembre de 2016 de la SC/TSJ, sin perjuicio de razones de justicia que puedan mediar.

La consecuencia de la interpretación del artículo 75 de la Constitución realizada por la SC/TSJ, pudo tener una anterior acogida en el ordenamiento del impuesto sobre la renta en Venezuela y no con base en la argumentación desde los derechos fundamentales. Uno de los presupuestos de este opúsculo es la concepción económica de la familia que subyace en las normas tributarias, al tratarla, como se evidencia en ficciones y presunciones instauradas en el ordenamiento tributario, como una unidad de producción y consumo, que maximiza su utilidad y que tiene características de economía de escala. Desde este punto de vista, el reconocimiento de vínculos de filiación o afinidad por parte del derecho común no tiene una relevancia determinante desde el punto de vista tributario, que en el caso de la LISLR persigue captar una renta bajo unas condiciones específicas: una familia homoparental tiene el mismo funcionamiento económico de una familia tradicional y así debe ser considerado en la imposición a la renta familiar.

Por consiguiente, no resulta lógico desde el punto de vista tributario, el tratamiento desigual de expresiones económicas ante situaciones iguales solo bajo el fundamento, previsiones o abstenciones del derecho civil y los factores extrajurídicos que rondan este tema. La antípoda de este razonamiento, podría devenir en la violación de uno de los pilares del derecho tributario material como lo es la justicia tributaria. La construcción de las normas de tributación no solo no puede ser ajena a las realidades sociales sino tampoco puede acomodaticiamente evitar los postulados y principios en los que se sustenta su justificación en el mundo jurídico y económico.

CONCLUSIONES

a) La protección *integral* a la familia es un fin superior constitucional, un derecho humano y un deber del Estado que debe permear y ser *transversal* a todo el ordenamiento jurídico, incluyendo al ordenamiento tributario, bajo los principios de progresividad e interdependencia de los derechos. La relevancia de la protección *integral* y *trasversal* a la familia exige que el Estado tome todas medidas que tiene a su alcance para lograr tal fin, lo que implica la necesaria corrección de las normas tributarias y del sistema al cual pertenecen.

b) El concepto de familia que subyace de las normas tributarias es un concepto económico, caracterizado por la asimilación de la institución familiar al concepto de unidad de producción y consumo, la cual persigue maximizar su utilidad a través de comportamientos de economías de escalas. Esta noción debe ser corregida en aplicación del fin superior, el derecho humano y el deber del Estado de la protección integral y trasversal a la familia y de los principios que informan la tributación, específicamente la capacidad económica y la justicia tributaria en sus vertientes de equidad horizontal y vertical.

c) El ordenamiento tributario ha tenido como objeto, a partir de mecanismos de determinación de la LISLR para personas naturales, la imposición a la renta familiar. Dicha imposición, con causa en el devenir las circunstancias socioeconómicas venezolana y la falta de atención y actualización en su instrumentación y diseño normativo, genera en la actualidad resultados regresivos, contrarios a los principios que informan al sistema tributario venezolano y a la protección a la familia. Estos mecanismos debe ser corregidos en función de los principios y valores constitucionales.

Urgen medidas de diseño y de implementación respecto a los elementos de determinación de la renta familiar, entre los que se proponen la reconstrucción de la determinación de las bases imponibles, la adopción del mínimo vital y la actualización de las escalas de equivalencia, que incluyen la superación del concepto de unidad tributaria en la imposición a la familia, así como la evolución necesaria ante nuevas situaciones que se verifican en el seno de la sociedad y economía venezolana.

§ 35. EL INCENTIVO FISCAL DE REBAJAS POR INVERSIÓN COMO HERRAMIENTA PARA EL DESARROLLO ECONÓMICO Y SOCIAL EN NUESTRO PAÍS.

Oscar Cunto André [*]

A. INTRODUCCIÓN.

Todo Estado necesita de una economía firme y estable para poder fomentar su desarrollo, esto sin importar cuál sea la visión, inclinación política o ideológica de quienes lo gobiernan. Existe una simbiosis entre el Estado y la economía la cual dependerá en mayor o menor grado de la filosofía y los objetivos del gobierno de turno. En términos generales el desarrollo económico es la capacidad que tienen los países de generar ingresos para crear riqueza, esto con el fin de mantener la prosperidad o bienestar económico y social de sus habitantes y alcanzar los fines del Estado.

La economía[1] involucra los métodos que ayuden en la determinación de tipos de políticas y prácticas que pueden ser implementadas, ya sea a nivel doméstico o internacional[2], y, a su vez, incorporar los factores sociales y políticos para concebir planes particulares[3]. Esta implementación puede incluir incentivos de diferentes naturalezas para la reestructuración de mercados o el uso de métodos matemáticos, como la optimización inter-temporal para análisis de proyectos, puede involucrar una mezcla de métodos de índole cuantitativos y cualitativos[4].

Parte importante de la economía es determinar y promover la inversión, teniendo en cuenta que la inversión es un elemento determinante del crecimiento económico y el progreso. Igualmente, la inversión tiene asociado un efecto multiplicador, el cual consiste en el hecho de que cualquier cantidad de dinero invertida actualmente se traducirá en una cantidad mayor en el futuro. De esta manera, un aumento de la inversión induce a aumento futuro de la renta y, por tanto, a un mayor crecimiento de la economía y del nivel de vida de los ciudadanos. Lo anterior se evidencia notablemente en que aquellos países con un elevado nivel de

---

[*] Educación: Northwestern University School of Law. Maestría en Derecho (LL.M.). Kellogg School of Management. Certificado de Administración y Negocios, Chicago, Septiembre, 2009; Universidad Central de Venezuela, Caracas, Venezuela; Especialización en Derecho Tributario, Marzo 2014; Universidad Católica Andrés Bello, Caracas, Venezuela. Abogado, Diciembre, 2008; Experiencia Profesional: Vallenilla, Escalante & Asociados, Caracas, Venezuela. Junio 2011-Presente. Socio Junior; Tinoco, Travieso, Planchart & Núñez, Caracas, Venezuela. Agosto 2008-Mayo 2010. Asociado; Tinoco, Travieso, Planchart & Núñez, Caracas, Venezuela. Asistente Legal. Septiembre 2004- Julio 2008.

1 En especial mención a la denominada economía de desarrollo.

2 H.W. Arndt, *Economic Development: A Semantic History. "Economic Development and Cultural Change".* (Chicago: Chicago University Press, abril de 1981), 457-466.

3 Michael Todaro y Stephen Smith. *Economic Development.* (Chicago: 9a edición, Addison-Wesley series in economics, 2006).

4 Clive Bell. *"Development Economics".* (New York, The New Palgrave: A Dictionary of Economics, vol. 1, 1987), 825.

inversión tienen una mejor perspectiva de desarrollo a largo plazo[5]. El mismo efecto sucede que en aquellas épocas de expansión económica donde generalmente la inversión aumenta, las empresas tienen más dinero para invertir y financiar proyectos, y existe una facilidad en la obtención de crédito; por el contrario durante las épocas de recesiones económicas existe un decaimiento exponencial de las inversiones, lo cual hace difícil la recuperación de los países.

En este sentido debemos resaltar la situación económica actual de nuestro país. En el año 2018, la República Bolivariana de Venezuela experimentó una desinversión neta de - $ 68 millones. Ante una grave crisis económica, humanitaria y social, muchas empresas multinacionales abandonaron el país, vendiendo sus activos a bajo precio o abandonándolos abiertamente[6]. Sin embargo, existen un pequeño número de empresas multinacionales aún mantienen su presencia dentro de la economía nacional, en espera de un repunte económico.

Durante el primer semestre de 2019, la República Bolivariana de Venezuela continuó con una caída de la producción petrolera[7] y de la economía en general, que además acumula su sexto año consecutivo de recesión. Para el cierre de 2018, la economía venezolana ya arrastraba una caída acumulada del ingreso per cápita cercana al 50% desde 2013[8], representando así el uno de los mayores desplomes experimentados en tiempos modernos por país alguno que no haya estado en situación de guerra.

El ingreso per cápita es hoy incluso inferior al del año 1950 y se espera que la economía venezolana decline nuevamente en este 2019 a una tasa de 25%[9], una caída del PIB (- 10,0%), una inflación galopante, un cuantioso aumento de los agregados monetarios y una depreciación significativa de la moneda[10]. Sin embargo, los flujos de la inversión extranjera directa (IED)[11] hacia América Latina y el Caribe aumentaron un 8% en 2017, ascendiendo a una cifra aproximada de151.000 millones de dólares y los flujos de salida de la región repuntaron un 86% y ascendieron a 17.300 millones de dólares en 2017. Por su parte, América del Sur experimento un aumento en un 10% de la IED; no obstante, Venezuela vuelve a ser la economía con peores perspectivas, debido a la descomposición económica, social y política. Siendo resaltante que es el único país donde no se tiene previsto un aumento de inversión entre inversionistas, en este caso de entidades domiciliadas en el Reino de España[12].Bajo esta perspectiva, es apremiante y necesaria una reactivación económica en Venezuela.

---

5   Para este reconocimiento recomendamos leer el "*Informe sobre Las Inversiones en el Mundo 2018*". Conferencia de las Naciones Unidas sobre Comercio y Desarrollo.

6   United Nations Conference on Trade and Development 2018. Investment and New Industrial Policies. https://unctad.org/en/PublicationsLibrary/wir2018 _en.pdf.

7   La producción petrolera es, sin lugar a dudas, la principal actividad económica del país.

8   Tan solo en 2018 cayó en un 18%.

9   Informe de situación y perspectivas de la economía de Venezuela. Centro de Estudios Latinoamericanos. https://www.cesla.com/informe-economia-venezuela.php.

10   Balance Preliminar de las Economías de América Latina y el Caribe 2018. Comisión Económica para América Latina y el Caribe (CEPAL). https://repositorio.cepal.org/bitstream/handle/11362/44326/106/BPE-2018_Venezuela_es.pdf.

11   **Inversión extranjera directa definida (IED) consiste en la inversión de capital por parte de una persona natural o de una persona jurídica (instituciones y empresas públicas, empresas privadas, etc.) en un país extranjero. En el país de destino, esta entrada de capitales puede realizarse mediante la creación de nuevas plantas productivas o la participación en empresas ya establecidas para conformar una filial de la compañía inversora. Según la OCDE, la IED tiene por objeto ejercer un control a largo plazo sobre la empresa adquirida o participada, y el criterio establecido para definirlo es que la propiedad adquirida por la sociedad matriz sea, como mínimo, del 10% de la filial.**

12   Panorama de Inversión Española en Iberoamérica XII Informe 2019. Instituto Empresa (IE) https://www.marcasrenombradas.com/wp-content/uploads/2019/03/XII-informe-panorama-inversion-espa%C3%B1ola-en-iberoamerica-2019.pdf.

Una de las tantas medidas que podría incluir ese dicha regeneración es el establecimiento de incentivos de naturaleza fiscal que ayuden a atraer y fomentar la inversión. Una política de incentivos fiscales estructurada, planificada y organizada podría resurgir, al menos sectores, de la economía que se encuentren en un estado crítico o necesiten de una inversión considerable para su resurgimiento y competitividad. También servirían de contrapeso para una política fiscal, si se quiere, agresiva por los escasos ingresos que en términos reales que recaudan actualmente el Fisco Nacional y los Fiscos Regionales.

B. LA NECESIDAD DE INVERSIÓN, BAJO EL FENÓMENO DE LA GLOBALIZACIÓN, PARA EL DESARROLLO ECONÓMICO Y SU IMPORTANCIA DE LA TRIBUTACIÓN.

La economía mundial actual es cambiante y compleja, se encuentra en un contaste movimiento. Entre ello podemos destacar una fuerte influencia en el ámbito de la globalización, entiendo a dicho fenómeno económico-social como un proceso dinámico de interconexión comercial, financiera, cultural, política, religiosa y técnica, que se está produciendo entre todos los habitantes del mundo[13]. La globalización es un proceso que anula y deja sin efecto la importancia de las distancias en el espacio y las divisiones territoriales, produciendo una especie de reorganización de tiempo, distancia y espacio en las relaciones globales[14]. La globalización es fundamentalmente un movimiento económico, producto del proceso de liberación del comercio y los movimientos de capital y flujos de inversiones internacionales, así como el incremento de la competencia económica entre los países.

Una característica de la globalización es una mayor utilización de la inversión internacional y la utilización de capital de riesgo para financiamiento de nuevos proyectos, especialmente en países en vías desarrollo. Dentro de dicho movimiento económico y en pro de ser competitivo, las empresas necesitan de maquinaria, instalaciones técnicas, equipos informáticos y otros tipos de activos para poder operar con eficacia en su proceso de producción. Este conjunto de elementos compone sus recursos de capital y la inversión recoge los incrementos anuales de esos bienes que se hayan llevado a cabo a lo largo del año. La inversión viene a ser la medida de la variación producida en el *stock* de bienes de capital de una empresa[15].

Por su parte, el autor Nordhaus, desde un punto de vista macro, nos expone que la inversión consiste en las adiciones de *stock* del capital del país durante un año, siendo que por la actividad económica por la que se renuncie a consumo hoy con la idea de aumentar el producto en el futuro[16]. Efectivamente, la visión del Estado debería estar centrada a añadir en un periodo stock de capital a los fines de acumular capital, producir crecimiento del producto, ampliar y desarrollar el mercado doméstico, innovar y desarrollar tecnología, aumentar de la productividad y la competitividad, mejorar en el comercio exterior y la balanza de pagos, entre otros.

Igualmente, varios laudos internacionales que han delimitado la definición de inversión y los requisitos que estos deben cumplir para que sean considerados de tal forma en los

---

13 James-Otis Rodner. *La Globalizacion (Globalizacion de la norma jurídica)*. (Caracas: Academia de Ciencias Politicas y Sociales, 2012) 40.

14 Anthony Giddens. *The consecuences of modernity*. (California, 1990).

15 Definición del Instituto Nacional de Estadística Español.

16 Samuelson Nordhaus. Economia. (Chicago: McGrawHill. 1992). 135.

Acuerdos Bilaterales o Multilaterales de Promoción y Protección de Inversiones[17]. El llamado "*Test Salini*"[18] establece como criterio lo siguiente:

  i.   Que existió una contribución por el inversor, en dinero, en especie y en industria;

  ii. Que se desarrolló durante un cierto espacio de tiempo, siendo el mínimo entre dos (2) y cinco (5) años;

  iii. Que asuma el inversor ciertos riesgos, que fluyen de la naturaleza del contrato; y

  iv. Que se considere que el contrato había contribuido al desarrollo económico de la jurisdicción a la cual[19].

Es cardinal resaltar que desde la perspectiva de un inversionista, la decisión de realizar una inversión particular abarca la proyección de la rentabilidad de la inversión, considerando indefectiblemente el cálculo total de la tributación generada. Es por ello, que desde la perspectiva financiera el propósito de cualquier inversionista es maximizar su rentabilidad después del pago de los tributos correspondientes. Esto aún más si el inversionista ostenta la condición de extranjero en la jurisdicción en cuestión. En este último caso, es común que el inversionista extranjero compare las diferentes cargas fiscales[20] e incentivos que cada jurisdicción proponga dentro de su ordenamiento jurídico.

Por ello existe una dualidad de fines en una relación necesaria, el Estado necesita de inversionista para poder cumplir con sus fines y el desarrollo y el inversionista debe buscar la manera de maximizar su rentabilidad realizando las inversiones pertinentes y que considere necesarias.

El autor Fritz Neumark nos expone que el fomento fiscal de la inversión se realiza mediante favorecer de forma gradual o absoluta a la inversión privada, conjuntamente con se adopten medidas en la política de gastos a los fines de producir cambios que incrementen el crecimiento de la economía de un Estado. Dicho fomento viene en una conjugación entre

---

17   Considerando lo anterior, Venezuela ha suscrito hasta la fecha veintisiete (27) Acuerdos Bilaterales de Promoción y Protección de Inversiones por lo que un marco legal internacional que regule la inversión extranjera existe y puede ser una herramienta importante a la hora de fomentar la inversion, aunque sea en este caso la extranjera.

18   Salini Costruttori S.p.A. and Italstrade S.p.A. c. Reino de Marruecos, Caso CIADI Nº ARB/00/4, Decisión sobre Jurisdicción, 31 de Julio de 2001.

19   Interesante criterio sobre que debe entenderse como inversion a los fines de un Acuerdos Bilaterales de Promoción y Protección de Inversiones, para el caso el suscrito entre Venezuela y el Reino de España, decidido en el laudo correspondiente al Caso CPA Nº 2015-30 entre Clorox España S.L. v. República Bolivariana de Venezuela, donde se dictó que: "*De todos modos, aquí lo que está en juego no es que el alegado inversor no detente directamente su inversión o que existan sociedades interpuestas entre el inversor y la inversión en el territorio venezolano. No es una filial de la Demandante la inversora originaria. Es precisamente lo contrario. Es la Demandante quien es filial de la inversora originaria. Por lo tanto, de poco sirve acudir a la figura de la inversión indirecta. En el presente caso, la fuente de los capitales y conocimientos invertidos en el territorio venezolano es Clorox Company y/o The Clorox International Company, dos sociedades de los Estados Unidos, no protegidas por el Tratado.*

(...)

El Tribunal constata que Clorox España no adquirió las acciones de Clorox Venezuela a cambio de una contraprestación porque la recepción de las acciones de Clorox Venezuela fue la condición de su propia existencia. Sin recibirlas, no estaba en posición de hacer una adquisición. El Tribunal deduce asimismo de lo anterior que la tenencia por Clorox España del 100% de las acciones de Clorox Venezuela no puede analizarse como una inversión que encaja en la definición prevista en el artículo I(2) del Tratado que exige una acción de invertir por el alegado inversor de la parte contratante en el territorio de la otra parte.

La Demandante tampoco ha demostrado que, posteriormente a su creación y simultáneamente a la recepción de las acciones de Clorox Venezuela, hubiera invertido en la sociedad venezolana que controlaba. De hecho, la Demandante ha sido muy evasiva al contestar a una pregunta del Tribunal durante la audiencia sobre esta cuestión."

20   Esto incluye procesos de créditos fiscales, sistema de dividendos, suscripción de Tratados para Evitar la Doble Tributación, incentivos fiscales, entre otros.

una inversión neta con beneficios de naturaleza tributaria. En este sentido reiteramos que los tributos constituyen un factor de influencia y relevancia para la decisión de un inversionista de realizar un negocio en particular[21].

Ciertamente, con estas medidas de fomento de la inversión, como cualquier medida económica o de políticas públicas, tienen sus simpatizantes o detractores, ya que pueden conllevar a la existencia de discrepancias sobre si pueden perjudicar otros principios tributarios, a los demás contribuyentes o incidencias en favorecer únicamente a ciertas áreas económicas[22].

Sin embargo, el incremento de la inversión beneficia en el largo plazo a la economía de un Estado, es por ello, que los incentivos fiscales son herramientas normativas que permiten la promoción y el desarrollo de sectores económicos y fomentan la inversión; siendo, para los Estados, la inversión una prioridad para el sostenimiento de una economía competitiva y dinámica en el actual mundo globalizado y dinámico[23].

Es entonces relevante para la economía venezolana una recuperación económica mediante una aproximación real al fenómeno de la globalización mediante el incremento del *stock* a largo plazo, donde el país exhiba un ambiente y condiciones que permitan al inversionista maximizar su rentabilidad a través medidas promotoras de inversiones reales y con sustancia, específicamente aquella de naturaleza tributaria.

C. INCREMENTO DE LA INVERSIÓN MEDIANTE LA IMPLEMENTACIÓN DE LOS INCENTIVOS FISCALES.

Determinada la importancia tanto de la inversión como de la relevancia de la tributación para su ejecución, encontramos a una figura tributaria interesante como lo es el incentivo fiscal. Los incentivos fiscales son instrumentos normativos que permiten la promoción y desarrollo de sectores de la economía y fomentar la inversión.

Los países necesitan una transferencia de capital o de recursos financieros, ya sea de originen extranjero o nacional, para la participación en el capital social de la empresa que recibe la inversión. Esa necesidad de inversión conlleva que muchos países hayan empleado incentivos y otros incentivos de forma que se puedan atraer a inversionistas[24].

Dichos incentivos fiscales son eficaces en tanto y cuanto el Estado receptor de la inversión puede determinar de forma positiva la manera en que los inversionistas realicen sus respectivas inversiones, es decir, el Estado receptor de la inversión puede alcanzar mediante el incentivo fiscal un objetivo específico, como lo puede ser la reactivación de un sector de la economía que se encuentre desasistido o el aumento de una actividad en una zona particular. En algunos casos, los incentivos pueden percibirse como un contrapeso al propio sistema tributario general, en el sentido de es una válvula de escape en contra de una política fiscal si se quiere invasiva o una forma de compensar otras desventajas que los inversores

---

21 José Belisario. *Los Beneficios Fiscales en el Impuesto sobre la Renta Venezolano. 60 años de Imposición a la Renta en Venezuela, Evolución Histórica y Estudios de la legislación actual.* (Caracas: AVDT, 2003) 343 a 344.

22 La definición de inversión también ha tenido un grado de conceptualización importante en los modelos de los Acuerdos Bilaterales de Promoción y Protección de Inversiones.

23 Recomendamos en este particular Inversión pública y crecimiento económico: Hacia una nueva perspectiva de la función del gobierno, José Luis Hernández Mota, http://www.scielo.org.mx/pdf/etp/n33/n33a3.pdf.

24 Es menester exponer que los incentivos fiscales pueden estar dirigidos a inversionistas nacionales y/o extranjeros. En la legislación comparada existen muchos casos donde se han separado dichos beneficios únicamente para la inversión extranjera, lo cual hace sentido ya que uno de los presupuestos para la implementación de un incentivo fiscal es que exista una actividad que necesite un desarrollo.

pueden enfrentar, como la falta de infraestructura, una legislación no apta o actualizada o una administración deficiente, ya sea la misma área tributaria o en otras áreas.

Los incentivos son comúnmente dirigidos para los inversores que se encuentran normalmente relacionados con actividades productivas y, con frecuencia, encaminados a inversores extranjeros sobre la base de que no hay suficiente capital nacional para el nivel deseado de desarrollo económico y teniendo como base que la inversión trae consigo tecnología moderna y *know how*. En virtud de lo anterior, la solución más idónea sería el reformar los textos normativos o desarrollar las capacidades administrativas e infraestructura necesarias, sin embargo dichas soluciones no son de fácil o rápida implementación, por lo que los incentivos fiscales pueden proporcionar un alivio temporal hasta que las reformas más fundamentales se hayan ejecutado. Por último, la introducción de los incentivos fiscales responde a una necesidad de los países, o jurisdicciones, de mantenerse a la par con otros países que compiten por atraer a la inversión internacional.

Sobre ello en las VII Jornadas de Derecho Tributario[25] se concluye, en resumen, lo siguiente:

i. Que los incentivos tributarios son un instrumento de política económica general y de política fiscal en particular;

ii. Que los incentivos deben estar dentro de una planificación con los demás herramientas de la política económica y social, donde el sector público y privado comprendan la finalidad de dicho incentivo;

iii Que los incentivos tributarios vienen a constituir una excepción a la regla, solo deben utilizados para los casos realmente necesarios.

iv. Que el verdadero incentivo general es tener un sistema tributario coherente y eficiente y una administración profesional e íntegra.

Igualmente las XXI Jornadas Latinoamérica de Derecho Tributario del Instituto Latinoamericano de Derecho Tributario señalaron dentro de sus recomendaciones que los incentivos fiscales en la medida que persigan un desarrollo económico o una distribución de la renta más equitativa no pueden ser incompatibles con el principio de capacidad contributiva[26], siendo este último un principio reconocido por la Constitución y el ordenamiento jurídico. A su vez determinan que la interpretación de los incentivos fiscales debe hacerse de acuerdo a principio generales del Derecho Tributario u no limitarse a criterios literales o restrictivos y que tengan un carácter temporal. Por otra parte, los incentivos fiscales no deben alterar las condiciones mínimas de los tributos ni los fines de los tributos, ya que en cierta medida los incentivos fiscales mal concebidos o mal ejecutados pueden exacerbar la evasión fiscal o inoperatividad administrativa.

En consecuencia, los incentivos fiscales son una figura legal idónea para promover la inversión, ya sea nacional o extranjera, mediante el otorgamiento de una excepción dentro del sistema tributario; los cuales deben ser originarios mediante una planificación y ejecución eficiente durante un plazo determinado y con una política d desarrollo administrativo y estructural.

---

25 Leonardo Palacios. *XXI Jornadas Latinoamérica de Derecho Tributario del Instituto Latinoamericano de Derecho Tributario* (Montevideo: Instituto Latinoamericano de Derecho Tributario, Estatutos y Resoluciones de la Jornadas, 2004) 64.

26 La capacidad contributiva, entendida como la medida en que cada contribuyente puede aportar al sustento de las cargas públicas y el límite de las normas tributarias, garantiza la razonabilidad, proporcionalidad y justicia de las cargas impuestas al contribuyente.

D. LOS INCENTIVOS FISCALES EN VENEZUELA, EN ESPECIAL
"LA REBAJA DE IMPUESTO".

Tal y como desarrollamos en los numerales previos, los países necesitan de inversión, lo cual ha conllevado a que muchos países, o zonas especiales, hayan aplicado incentivos fiscales que apoyan la atracción de capital e inversionistas.

Las inversiones, ya sean extranjera o nacionales, son uno de los motores principales de la economía mundial y especialmente en los países en desarrollo como lo es la Venezuela. Nuestro país no ha estado ajeno a la implementación de incentivos fiscales en el marco de su política fiscal eficiente, de los cuales podemos exponer a las rebajas por inversión en los sectores agrario, naviero y turístico, exenciones tributarias en zonas especiales y en materia aeronáutica, exoneraciones a la importación de ciertos bienes y a la cesión o venta de ciertos bienes, entre otras. Ciertamente por disposición constitucional[27] el Estado Venezolano esta obligado conjuntamente con la iniciativa privada, fomentar el desarrollo armónico de la economía y fortalecer la soberanía económica.

Es por ello que nuestro Código Orgánico Tributario[28] (COT) dispone en su artículo 3 lo siguiente:

> Sólo a las leyes corresponde regular con sujeción a las normas generales de este Código las siguientes materias:
>
> 1. Crear, modificar o suprimir tributos; definir el hecho imponible; fijar la alícuota del tributo, la base de su cálculo e indicar los sujetos pasivos del mismo.
>
> 2. Otorgar exenciones y rebajas de impuesto.
>
> 3. Autorizar al Poder Ejecutivo para conceder exoneraciones y otros beneficios o incentivos fiscales.
>
> 4. Las demás materias que les sean remitidas por este Código.
>
> Parágrafo Primero. Los órganos legislativos nacional, estadales y municipales, al sancionar las leyes que establezcan exenciones, beneficios, rebajas y demás incentivos fiscales o autoricen al Poder Ejecutivo para conceder exoneraciones, requerirán la previa opinión de la Administración Tributaria respectiva, la cual evaluará el impacto económico y señalará las medidas necesarias para su efectivo control fiscal. Asimismo, los órganos legislativos correspondientes requerirán las opiniones de las oficinas de asesoría con las que cuenten.
>
> *Parágrafo Segundo*. En ningún caso se podrá delegar la definición y fijación de los elementos integradores del tributo así como las demás materias señaladas como de reserva legal por este artículo, sin perjuicio de las disposiciones contenidas en el Parágrafo Tercero de este artículo. No obstante, la ley creadora del tributo correspondiente, podrá autorizar al Ejecutivo Nacional para que proceda a modificar la alícuota del impuesto, en los límites que ella establezca.

El COT dispone un requisito formal de cualquier incentivo fiscal y es que solo las leyes, en sentido estricto, son los textos normativos que pueden otorgarlos. Esta última disposición debe ser interpretada en un sentido armónico, ya que la ley debe establecer los requisitos esenciales del incentivo fiscal de que se trate.

Por su parte, los artículos 4 y 5 del COT establecen que en materia de exenciones, exoneraciones, desgravámenes, rebajas y demás beneficios fiscales, las leyes determinarán los requisitos o condiciones esenciales para su procedencia y se interpretarán en forma restrictiva[29], por lo que establece el marco para la promulgación de un sistema de incentivos fisca-

---

27 Artículo 299 de la Constitución Nacional de la República Bolivariana de Venezuela.

28 *Gaceta Oficial* N° 6.152 *Extraordinaria* de 18 de noviembre de 2014.

29 Como podemos ver existe una diferencia entre el espíritu del legislador venezolano y las recomendaciones del Instituto Latinoamericano de Derecho Tributario antes mencionadas. Sin embargo, debemos resaltar que dicha

les, en caso de que el legislador o el ejecutivo lo solicite. Respecto al aspecto temporal el Capítulo IX del COT[30] establece que los incentivos fiscales no podrán tener una duración mayor a un plazo de cinco (5) años, en caso que la disposición que establezca el incentivo no prevea un término concreto.

Por su parte, y tal como lo prevé el COT, las facultades de otorgar incentivos fiscales no están reservados únicamente al Poder Nacional; tanto el Poder Público Estadal y el Poder Público Municipal se encuentran constitucional y legalmente autorizados para otorgar dichos incentivos fiscales a los tributos que le sean competentes.

En el caso de los Estados el artículo 13, numeral 3 de la Ley Orgánica de Descentralización, Delimitación y Transferencia de Competencias del Poder Público[31] establece que a fin de promover la descentralización administrativa y conforme a lo dispuesto en la Constitución de la República Bolivariana de Venezuela, se transfiere a los Estados la competencia exclusiva la organización, recaudación, control y administración de los impuestos específicos al consumo, no reservados por la ley al Poder Nacional. Ahora bien, en el texto del Proyecto de Ley Orgánica de Hacienda Pública Estadal se dispuso[32]:

> Artículo 145.- <u>Los estados sólo podrán acordar beneficios fiscales en los casos y con las formalidades previstas en las leyes</u>. La ley estadal que autorice al Gobernador o Gobernadora de Estado a conceder exoneraciones, especificará los presupuestos necesarios para que procedan y las condiciones a las cuales se sujeta el beneficio. El plazo máximo de duración de la exoneración o rebaja será de cuatro (04) años; vencido el término de la exoneración o rebaja, el Gobernador o Gobernadora de Estado podrá renovarla hasta por el plazo máximo fijado en la ley estadal o, en su defecto, el previsto como máximo en este artículo. Estos beneficios fiscales no podrán ser consagrados ni prorrogados en el último año de la gestión gubernamental. En caso de que se decida la eliminación o modificación del beneficio fiscal antes de que se cumpla el plazo para el cual fue consagrado, dicho plazo deberá dejarse cumplir hasta su vencimiento.

Sin embargo, dicho proyecto de ley no fue promulgado por el órgano legislativo y hasta la fecha no ha observado una intención por parte del legislador de convertir dicho proyecto de texto normativo en Ley formal. Como se puede deducir los Estados pueden otorgar incentivos fiscales a través de la normativa vigente y queda a cada ente estadal promulgar una Ley que la establezca y la haga efectiva.

Asimismo la Ley Orgánica del Poder Público Municipal[33] establece en su artículo 160 lo siguiente:

> Artículo 160. El Municipio a través de ordenanzas podrá crear, modificar o suprimir los tributos que le corresponden por disposición constitucional o que les sean asignados por ley nacional o

---

interpretación debe realizarse según sea el caso, no bajo un criterio ortodoxo de ser únicamente en sentido restrictivo, sino de revisar con detalle los casos concretos.

30   Artículo 75. La ley que autorice al Poder Ejecutivo para conceder exoneraciones, establecerá el plazo máximo de duración del beneficio. Si no lo fija, el término máximo de la exoneración será de cinco (5) años. Vencido el término de la exoneración, el Poder Ejecutivo podrá renovarla hasta por el plazo máximo

Artículo 77. Las exenciones y exoneraciones pueden ser derogadas o modificadas por ley posterior, aunque estuvieren fundadas en determinadas condiciones de hecho. Sin embargo, cuando tuvieren plazo cierto de duración, los beneficios en curso se mantendrán por el resto de dicho término, pero en ningún caso por más de cinco (5) años a partir de la derogatoria o modificación.

Artículo 78. Las rebajas de tributos se regirán por las normas de este Capítulo en cuanto les sean aplicables.

31   *Gaceta Oficial* N° 39140 del 17 de marzo de 2009.

32   Proyecto de Ley Orgánica de Hacienda Pública Estadal. https://transparencia.org.ve/project/proyecto-de-ley-organica-de-hacienda-publica-estadal-exposicion-de-motivos/

33   *Gaceta Oficial* N° 5.806 de fecha 10 de abril de 2006.

estadal. <u>Asimismo, los municipios podrán establecer los supuestos de exoneración o rebajas de esos tributos.</u> (Subrayado nuestro).

Han sido varias las entidades municipales que han incorporado a sus Ordenanzas Municipales[34], en unos casos para incentivar actividades económicas u otorgar un beneficio a aquellos contribuyentes que paguen con anticipación o dentro de un plazo determinado.

Ahora bien, a pesar de que el COT y la doctrina establezcan varios tipos de incentivos fiscales dentro del ordenamiento jurídico venezolano[35], donde interesa desarrollar la figura de la rebaja tributaria.

La doctrina nacional ha definido ampliamente el concepto de rebaja fiscal. El Dr. Manuel Iturbe conceptualizó a las rebajas de impuesto como los derechos de crédito que se aplican contra el impuesto a pagar que se deriva de la realización de un hecho imponible[36]. Igualmente, la Dra. Elina Pou Ruan entiende, más específicamente, las rebajas por inversión como el incentivo que con ocasión de la realización de una conducta deseada por el Estado, que se materializa en créditos contra el impuesto previamente determinado, es decir, en descuentos de impuestos que la normativa ha fijado en cantidades fijas o porcentuales[37]. A la par, el Dr. Sol ha referido al término rebaja como aquella disminución del monto de la obligación tributaria causada, o en otras palabras la porción que la Ley autoriza a disminuir de la carga impositiva del contribuyente[38]. Por su parte la doctrina internacional ha previsto a la rebaja por inversiones como *"un beneficio económico que se confiere, directa o indirectamente, a alguien, por el Estado, con la finalidad de acentuar una actividad predominantemente económica, tendiente al desarrollo económico y social del país, actividad que de algún modo concierne a quien se le defiere"*[39].

Ahora bien, la jurisprudencia nacional, en este caso la extinta Sala Especial Tributaria de la Sala Política Administrativa de la extinta Corte Suprema de Justicia, estableció que:

> La rebaja de impuesto es un incentivo fiscal a través del cual se pretende estimular e incentivar la inversión y/o la producción de determinadas áreas de la actividad económica que contribuyan al mejoramiento de la estructura productiva del país (…)

> No se trata, en consecuencia de una aplicación analógica, sino de una interpretación sistemática de las normas que regulan la institución jurídica de la <u>"Rebaja de impuesto por inversiones" que establece una relación jurídica encuadrada bajo la misma "ratio" jurídica que la inspira, el incentivar la inversión que desarrollen actividades que contribuyen al mejoramiento de la estructura productiva del país.</u>[40] (Subrayado nuestro).

Por su parte, en los tribunales de instancia, en un fallo que consideramos de gran importancia se dispuso que[41]:

> Por lo que tomando en consideración que las rebajas por nuevas inversiones constituye una derogación de los principios de generalidad e igualdad que informan al sistema tributario, con-

---

34 Ejemplo de ello son la Alcaldía del Municipio Chacao del Estado Miranda y la Alcaldía del Municipio Valencia del Estado Carabobo.

35 Siendo los incentivos fiscales mayormente aceptados la exención, la exoneración y las rebajas fiscales.

36 Manuel Iturbe. *Manual Venezolano de Derecho Tributario Tomo II.* (Caracas: AVDT, 2013) 312.

37 Elina Pou Ruan. *70 años del Impuesto sobre la Renta TomoI.* (Caracas: AVDT, 2013) 485.

38 Jesus Sol. *Medidas fiscales adoptadas en Venezuela para el Desarrollo Económico.*

39 Giampietro Borrás. *Incentivos Tributarios para el Desarrollo.* (Buenos Aires: Ediciones Depalma, 1976) 62.

40 Expediente: 7086 Fecha: Caracas, 03/02/1999 Partes: Hidrocarburos y Derivados, contra las Planillas de Liquidación Complementarias de Impuesto sobre la Renta y Multa, ambas con el mismo número 000123 y fecha 20/09/77 Motivo: Apelación. Parcialmente con lugar. Procedencia: La Corte Suprema de Justicia Sala Político Administrativa. Especial Tributaria.

41 Sentencia Inv. Haldon.

forme al contenido del artículo 133 de la Constitución de la República Bolivariana de Venezuela, y siendo que el artículo 317 eiusdem, reconoce el establecimiento de excepciones a ese principio, siempre y cuando tengan como finalidad la realización de un bien común rectamente entendido.

Entendiéndose las mismas como descuentos porcentuales del tributo que pueden ser establecidas por motivos vinculados a la capacidad económica del contribuyente o por consideraciones extrafiscales, guardando relación éstas últimas con los intereses superiores del Estado, obligándole a cumplir una serie de cometidos que están por encima de los intereses individuales, justificándose su consecución en la utilización de mecanismos que, como los beneficios fiscales, constituyen excepciones a la aplicación igualitaria de las disposiciones legales.

Este Tribunal observa, que el propósito principal de los Beneficios Tributarios, es colocar a los sujetos destinatarios de los mismos en una situación económica más ventajosa, en búsqueda de proporcionar o estimular determinada conductas o actividades y cuya realización sea jurídica y económicamente más ventajosa, los cuales tienen como fin principal la acentuación o acrecentamiento de una actividad predominantemente económica y materializarse a través de medios que puedan valorarse económicamente.

Asimismo, es de hacer notar que dentro de los incentivos fiscales a la actividad productiva más utilizados, se encuentra el de la rebaja del impuesto sobre la renta por nuevas inversiones, el cual constituye un mecanismo que promueve el desarrollo de ciertas actividades que estimulen el impulso de la economía en un determinado momento, según las exigencias como sustento del Legislador para incluir o excluir actividades dentro de la configuración de la rebaja, el cual en un momento determinado podría ser preferente para el desarrollo de una sobre las otras, dependiendo de las exigencias en el ámbito económico, permitiendo esta rebaja de impuesto, la disminución de cierta cantidad del impuesto determinado una vez sea aplicada la tarifa respectiva.

Siendo que de lo anterior podemos precisar que la finalidad extrafiscal de la tributación está relacionada con los intereses superiores del Estado, el cual tiene que cumplir con una serie de cometidos que están por encima de los intereses individuales y que en ciertas ocasiones la consecución de dichos fines justifica la utilización como los beneficios fiscales, constituyen excepciones a la aplicación igualitaria de las disposiciones legales. (Subrayado nuestro).

En virtud de lo anterior podemos determinar que las rebajas fiscales, dentro de nuestra legislación, jurisprudencia y doctrina, se conciben como un incentivo fiscal que presupone:

Un mecanismo establecido mediante ley para la promoción del desarrollo de ciertas actividades económicas o bajo ciertas condiciones que el legislador entienda de interés.

Que dicha rebaja es una excepción al principio de igualdad, en el entendido que conlleva indefectiblemente un fin justificado a criterio del legislador y de interés general.

i.   Que una vez subsumidas dichas exigencias en el ámbito económico se permita una disminución de cierta cantidad del impuesto determinado una vez sea aplicada la tarifa respectiva, ya sea mediante un cálculo de forma fija o porcentual.

ii.   Que la rebaja fiscal debe ser promulgada por un texto normativo considerado ley en sentido formal, emanado del órgano legislativo correspondiente.

iii.   Que la rebaja fiscal debe contener un límite temporal debe establecido en la misma norma.

iv.   Que dicho incentivo no debe circunscribirse únicamente al Poder Nacional, sino que puede ser utilizados por los Estados y Municipios.

E. BREVE HISTORIA DE LA REBAJA EN VENEZUELA.

La rebaja fiscal en Venezuela ha tenido un gran desarrollo histórico. La LISLR de 1946[42] se creó un incentivo fiscal el cual no era propiamente una rebaja de impuesto, sino una dis-

---

42   *Gaceta Oficial* N° 21897 de fecha 2 enero de 1946.

minución de las alícuotas previstas para el cálculo del impuesto complementario a las inversiones efectuadas por el contribuyente en el país y durante el año gravable en la expansión de los medios de producción de sus empresas, el cual se mantuvo sin reformas hasta su eliminación en la LISR de 1966[43].

Posteriormente, en la LISR dictada en diciembre de 1958[44] es donde por primera vez se establece la figura de la rebaja de impuestos, más específicamente por inversiones[45], con la iniciativa de disminución de las alícuotas en la forma hasta entonces prevista[46].

---

43 *Gaceta Oficial* N° 28223 de fecha 30 de diciembre de 1966.

44 *Gaceta Oficial* N° 577 de fecha 10 de diciembre de 1958.

45 César J. Hernández. *La rebaja por inversiones de la industria petrolera bajo los Convenios de Asociaciones Estratégicas* IV Jornadas Venezolanas De Derecho Tributario. (Caracas: Livrosca.1998). 107-124.

46 *Artículo 57.* Los contribuyentes que se dediquen a la explotación de hidrocarburos y de actividades conexas, tales como la refinación y el transporte, gozaran de una rebaja de impuesto equivalente al ocho por ciento (8%) del monto de las nuevas inversiones hechas en el país dentro del ejercicio anual, representadas en activos fijos destinados a la producción del enriquecimiento.

Para determinar el monto de las inversiones a que se contrae el encabezamiento de este artículo se deducirán del costo de los nuevos activos fijos destinados a la producción del enriquecimiento, los retiros, las amortizaciones y las depreciaciones de estos nuevos activos fijos, hechas en el ejercicio y un dos por ciento (2%) del promedio del activo fijo neto para el ejercicio anterior, calculado este con base en los balances de principio y fin de año.

Se concederá una rebaja adicional de impuesto de cuatro por ciento (4%) sobre el costo total de las nuevas inversiones hechas en:

a. Exploración, perforación e instalaciones conexas de producción, transporte y almacenamiento, hasta el puerto de embarque o lugar de refinación en el país, inclusive;

b. Recuperación Secundaria de hidrocarburos;

c. Aprovechamiento, conservación y almacenamiento de gas, incluido el licuado; y

d. Valorización de hidrocarburos y los egresos por concepto de investigación.

Para los fines expresados se excluirán las inversiones deducidas conforme el numeral 10, del Articulo 27 de la presente Ley.

Parágrafo único. Las rebajas de impuesto a que se contrae el presente artículo no podrán exceder en el ejercicio del dos por ciento (2%) del enriquecimiento global neto del contribuyente. Además, cuando el total de las rebajas previstas en este artículo sea mayor del dos por ciento (2%) del enriquecimiento global neto del contribuyente, el excedente podrá traspasarse hasta los tres (3) años siguientes del ejercicio respectivo. A los fines del cómputo del excedente utilizable en un ejercicio dado, cualquier excedente proveniente de ejercicios anteriores será aplicable antes de las rebajas de impuesto correspondientes al ejercicio.

Las rebajas a que se contrae el presente artículo solamente serán imputables a los impuestos determinados conforme a lo previsto en los literales a) y b) del artículo 54, según el caso.

Artículo .58. Se concede una rebaja de impuesto del veinte por ciento (20%) del monto de las nuevas inversiones que se efectúen en los cinco (5) años siguientes a la vigencia de la presente Ley de Reforma, a los titulares de enriquecimiento derivados de actividades industriales y agroindustriales, distintos de hidrocarburos y actividades conexas, representados en nuevos activos fijos, distintos de terrenos, destinados al aumento efectivo de la capacidad productiva o a nuevas empresas, siempre y cuando no hayan sido utilizados en otras empresas. Asimismo procederá tal rebaja, en iguales condiciones, a los titulares de enriquecimientos provenientes de la actividad turística. Igual rebaja de impuesto se otorgara a los titulares de enriquecimientos provenientes de actividades agrícolas, pecuarias, pesqueras o piscícolas, por las nuevas inversiones representadas en nuevos activos fijos, distintos de terrenos, destinados a mejorar o desarrollar la productividad.

Las rebajas establecidas en este artículo solo se concederán en aquellos ejercicios en los cuales los activos fijos adquiridos, construidos o instalados para los fines señalados en este artículo, estén efectiva y directamente incorporados a la producción de la renta.

Parágrafo primero. Para determinar el monto de las inversiones a que se contrae este artículo, se deducirán del costo de los nuevos activos fijos incorporados a la producción de la renta; los retiros, las amortizaciones y las depreciaciones hechas en el ejercicio anual sobre tales activos.

Los retiros de activos fijos por causas no fortuitas ni de fuerza mayor que se efectúen por el contribuyente dentro de los cuatro (4) años siguientes al ejercicio en que se incorporen, darán lugar a reparos o pagos de impuesto para el

En los años sucesivos, la redacción de las normas contentivas de la *"Rebaja por Inversiones"*, han evolucionado, hasta llegar a su última redacción ya derogada.

En LISLR de 1966, se le agrega a la rebaja de impuesto por inversiones el incentivo a aquellos contribuyentes dedicados a la explotación de minas, hidrocarburos y actividades conexas con una rebaja por las inversiones realizadas en el país dentro del ejercicio anual, representadas en activos fijos destinadas a la producción del enriquecimiento, las cuales eran imputables al impuesto cedular previsto para dicha actividad.

Luego, la LISLR de 1975[47] mantiene la redacción de las normas comentadas pero introduce cambios significativos adicionando en los supuestos de la rebaja los enriquecimientos derivados de la elaboración de productos industriales, generación y distribución de energía eléctrica, agricultura, cría, pesca o transporte. Se indica en articulo por separado la rebaja para los contribuyentes que realicen en el país inversiones representadas en activos fijos en las empresas operadoras destinadas a lograr un mayor desarrollo de las actividades agrícolas, pecuarias, de pesca y forestales, estas últimas incluidas por primera vez.

La modificación ocurrida en la LISR de 1986[48] fue la inclusión de la rebaja otorgada a los industriales y otros, a los titulares de enriquecimientos derivados de hotelería. La LISLR de 1991 incorpora reformas y novedades significativas en materia de rebajas por inversiones.

Lamentablemente, desde el año 2015[49] el Ejecutivo Nacional eliminó las rebajas por inversion dela LISLR, creemos conveniente que la Asamblea Nacional promulgue nuevamente las rebajas por inversiones a efectos de ISLR, ya que constituye un importante beneficio fiscal para el estímulo de actividades económicas que históricamente han formado parte de la LISLR y otros tributos.

F. DESACIERTOS EN LAS REBAJAS FISCALES EN VENEZUELA.

A pesar de que actualmente no existen rebajas fiscales vigentes dentro de la normativa del Poder Nacional en nuestro país, es imperativo su adopción de una forma expedita. Toda vez que, a pesar estimular un sistema de incentivos fiscales desde hace aproximadamente 70 años, han existido algunas situaciones irregulares tanto en su otorgamiento, como en su adopción y ejecución. Situaciones que han presentado problemas tanto a los contribuyentes al momento de realizar la inversión, como a la propia Administración Tributaria al momento de la recaudación y fiscalización. Esta serie de desaciertos deben ser considerados más que una crítica o un señalamiento directo debe ser un llamado al legislador y la Administración Tributaria como una forma de evaluar los próximos proyectos de ley que contengan rebajas fiscales. Entre las de mayor preponderancia encontramos:

i. Falta de sustancia y pretensión de elusión fiscal.

En nuestro criterio existe una gran falta de técnica legislativa y de claridad en los requisitos y supuestos de las rebajas, las cuales han conllevado a un sin números de desaciertos o

---

ano en que se retiren, calculados sobre la base de los costos netos de los activos retirados para el ejercicio en que se incorporaron a la producción de la renta.

Parágrafo segundo. A los fines de este artículo, no podrán tomarse en cuenta las inversiones deducibles conforme al numeral 10 del artículo 27 de esta Ley.

Artículo 59. Las rebajas a que se refiere el artículo anterior podrán traspasarse hasta los tres (3) ejercicios anuales siguientes.

47   *Gaceta Oficial* N° 1720 de fecha 25 de enero de 1975.
48   *Gaceta Oficial* N° 3888 de fecha 3 de octubre de 1986.
49   *Gaceta Oficial* N° 6210 de fecha 30 de diciembre de 2015.

diferentes interpretaciones tanto de la Administración Tributaria[50] como del Poder Judicial, que en vez de promover las inversiones causan una desaceleración o duda del inversor a la hora de proceder a la inversión.

También, dicha ambigüedad normativa conllevó a una serie de malas prácticas por parte de ciertos contribuyentes, lo que contribuye a un doble desacierto, por un lado el propósito de la norma carece de sustento y, por otro, la Administración Tributaria deja de recaudar tributos de forma importante y verse en la necesidad de realizar procesos de fiscalización con sus posibles recursos y litigios que no resultan de ninguna manera rentables y eficaces en pro de su labor.

Ahora bien, la jurisprudencia sobre esta materia determinó lo siguiente:

De los puntos que anteceden deduce esta Sala que las supuestas "inversiones" hechas por la contribuyente no son operaciones verdaderas ni sinceras, es decir que no tienen contenido ni sustancia económica, sino que más bien son subterfugios de mera forma que no pueden tener significación en un impuesto como el que grava la renta, el cual pretende alcanzar la verdadera (y no la aparente) capacidad económica del sujeto pasivo. Las operaciones analizadas, en la forma en que fueron hechas denotan un abuso de la forma jurídica con el propósito fundamental de eludir o atenuar el efecto normal de la ley tributaria, en detrimento de los derechos del Fisco. En tales casos, el Juzgador debe apartarse de la forma de los negocios para atribuirles su verdadero significado y alcance a través de la realidad de los hechos, los cuales demuestran, como dice la Fiscalización que evidencia que "la formación del capital en el sector agropecuario venezolano no sufrió incremento alguno" por lo cual los reparos se consideran ajustados a derecho, y así se declara.[51]

En otra sentencia de la Máxima Instancia se determinó que:

De la norma anteriormente señalada se observa que aquellos titulares de enriquecimientos gravables tendrán derecho a una rebaja del impuesto equivalente al quince por ciento (15%) del monto de las inversiones hechas en el país y de una rebaja adicional de impuesto del cinco (5%), cuando se trate de inversiones destinadas a empresas agrícolas, pecuarias o pesca. Sin embargo, dichas inversiones tienen que haberse hecho en el país, dentro del ejercicio anual, y encontraste representadas en activos fijos destinados a la producción del enriquecimiento.

Ahora bien, debe destacar esta Sala, que la Administración Contralora rechazó dicha rebaja debido a que por una parte no se había demostrado el pago total de dicha inversión y por otra parte, porque dicho activo no se encontraba incorporado a la producción de la renta de la contribuyente.

Ello así, de los elementos constantes en autos se observa que la contribuyente no demostró con claridad la relación existente entre la inversión realizada en el nuevo activo, con la producción de la renta generada por la sociedad Cervecera Nacional SAICA, ya que no se verifica en qué medida interviene la inversión realizada, con el proceso de producción de Cervecera Nacional SAICA, a los fines de que la contribuyente obtenga el resultado del beneficio tributario establecido en el mencionado texto legal, por lo que resulta improcedente la rebaja de impuesto equivalente al veinte por ciento (20%) del monto de las inversiones en acciones de la compañía anónima Agropecuaria Tacamahaca, al no estar incorporado al proceso de producción de la renta de la contribuyente.[52]

---

50 Hacemos una especial mención a las decisiones administrativas respectivas en las Consultas Tributarias interpuestas por los contribuyentes especialmente con relación a la rebaja fiscal relativa a reactivación de la Marina Mercante donde hubo decisiones totalmente antagónicas dentro de su plazo de vigencia.

51 Expediente: 7086 Fecha: Caracas, 03/02/1999 Partes: Hidrocarburos y Derivados, contra las Planillas de Liquidación Complementarias de Impuesto sobre la Renta y Multa, ambas con el mismo número 000123 y fecha 20/09/77 Motivo: Apelación. Parcialmente con lugar. Procedencia: La Corte Suprema de Justicia Sala Político Administrativa. Especial Tributaria

52 Salvador Sanchez. *El Impuesto sobre la Renta. Jurisprudencia del Tribunal Supremo*. (Caracas: Fraga, Sanchez & Asoc. 2008) 120-121.

En este sentido, es de resaltar la importancia de que las normas que establezcan rebajas fiscales sean claras, cubriendo los supuestos de la norma y limitando la posibilidad de elusiones fiscales por parte de los contribuyentes, debido a las distintas interpretaciones y criterios que puedan existir al respecto. De ninguna manera, es beneficioso crear incentivos fiscales que no logren cometido y generen posibilidades de inversiones sin fundamento, tanto porque solo lleva a si se quiere crear una perversa popularidad, que conlleva a un aumento de fiscalizaciones por esos conceptos añadiendo un temor al inversionista y a un costo adicional a la Administración.

ii. Rebajas emanadas de órganos no facultados.

Es de advertir que la ISLR de 1975 estableció en su artículo 66 lo siguiente:

El Ejecutivo Nacional, dentro de medidas de política fiscal utilizables de acuerdo con la situación coyuntural, sectorial o regional de la economía del país, podrá conceder las rebajas y desgravámenes a que se refiere este Capítulo en forma total o parcial, o aumentarlas hasta en un 50%, de los límites señalados. Sin embargo, la presente disposición no será aplicable en el caso de la rebaja prevista en el artículo 68[53] de esta Ley.

A partir de esa ley tales rebajas, salvo las previstas para el sector de minas e hidrocarburos requirieron ser acordadas por Decretos Presidenciales. Tal delegación se mantiene hasta la LISR de 1986, reformada por la LISLR de 1991[54].

Dicha delegación acarreó a la promulgación de una serie de decretos para la concesión de rebajas que se caracterizaron por la fijación de condiciones no previstas en las leyes, todo esto en una franca violación al principio de legalidad tributaria, sin dejar de mencionar situaciones tales como la vigencia de 3 decretos sucesivos con previsiones distintas en el año de 1982, atentatorios del principio de estabilidad, seguridad jurídica e irretroactividad, que generaron todo tipo de dudas en cuanto a su aplicación temporal, así como la formulación de reparos fiscales[55].

Igualmente, es cardinal reiterar que el principio de legalidad tributaria abarca de forma directa a la rebaja fiscal, por lo que el Ejecutivo[56] no podrá modificar ningún espíritu, propósito y razón de la rebaja fiscal mediante su potestad reglamentaria.

iii. Textos normativos que regulan una misma rebaja fiscal.

En este caso es una gran falla de técnica legislativa. A los fines de concebir un sistema armónico, íntegro y eficiente del ordenamiento jurídico, no son viable que dos textos legales regulen una misma situación de hecho. En el caso del sistema tributario es un principio constitucional de armonización tributaria el constituyente de 1999 atribuyó expresamente al Poder Público Nacional la facultad para dictar, "*la legislación para garantizar la coordinación y armonización de las distintas potestades tributarias, definir principios, parámetros y limitaciones, especialmente para la determinación de los tipos impositivos o alícuotas de los tributos estadales y municipales, así como para crear fondos específicos que aseguren la solidaridad interterritorial*".

---

53 Dicho artículo se refería a la rebaja prevista para el sector de minas e hidrocarburos.

54 *Gaceta Oficial* N° 4300 del 13 de agosto de 1991.

55 Ejemplo de ello son los Decretos Presidenciales que modificaban incentivos fiscales publicados en la *Gaceta Oficial* 31.426 de fecha 13 de febrero de 1978, *Gaceta Oficial* N° 30.184 de fecha 7 de octubre de 1975 y *Gaceta Oficial* N° 31.426 de fecha 13 de febrero de 1978

56 Incluyendo las figuras de Presidente de la Republica, Gobernador de Estado o Alcalde de Municipio.

La importancia del principio de armonización tributaria radica en que su no implementación atenta contra los principios cardinales de la tributación[57]. En este sentido el Dr. Carmona nos resalta que:

> La coexistencia del Derecho Tributario con la normativa reguladora de ciertas materias estrechamente a él vinculadas, exigen de un actuar coordinado y armonizado por parte de las autoridades. Es ésta, otra muestra del ámbito que la armonización debe abarcar, corriéndose el riesgo al ser esa realidad ignorada, de atentar contra cualquier esfuerzo que haya hecho el Legislador al crear un tributo.

Por tanto, resulta a toda luz inoperante que existan varias normas que regulen, en este caso en particular, una rebaja fiscal. Este fue el caso entre la derogada Ley Orgánica de Turismo (LOTUR)[58] y LISLR[59]. En este sentido, dicha LISLR señalaba en su artículo 57, lo siguiente:

> Los titulares de enriquecimientos derivados de la prestación de servicios turísticos, debidamente inscritos en el Registro Turístico Nacional, gozarán de una rebaja del setenta y cinco por ciento (75%) del monto de las nuevas inversiones destinadas a la construcción de hoteles, hospedases y posadas; la ampliación, mejoras o reequipamiento de las edificaciones o de servicios existentes; a la prestación de cualquier servicio turístico o a la formación y capacitación de sus trabajadores.
>
> Se concederá una rebaja de impuesto del diez por ciento (10%), adicional a la prevista en este artículo del monto de las inversiones en activos, programas y actividades destinadas a la conservación, defensa y mejoramiento del ambiente, la recuperación de las áreas objeto de exploración y explotación de hidrocarburos y gas realizadas en las áreas de influencia de la unidad de producción.

Por su parte la LOTUR disponía en su artículo 62, lo siguiente:

> El Presidente de la República en Consejo de Ministros, oída la opinión del Servicio Nacional Integrado de Administración Aduanera y Tributaria, SENIAT, podrá conceder a los prestadores de servicios turísticos debidamente inscritos en el Registro Turístico Nacional, que cumplan con la normativa vigente, los siguientes incentivos:
>
> 1. Rebaja del impuesto sobre la renta calculada hasta un setenta y cinco por ciento (75%) del monto incurrido en nuevas inversiones destinadas a la construcción de hoteles, hospedajes y posadas; a la prestación de cualquier servicio turístico o a la formación y capacitación de sus trabajadores. Igual beneficio se podrá obtener cuando la inversión esté destinada a la ampliación, mejora, equipamiento o al reequipamiento de las edificaciones o servicios turísticos existentes, previa calificación en todo caso del Ministerio de Turismo o cuando la misma tenga como destino la adaptación de las instalaciones o servicios, a requerimientos de calidad y desempeño, establecidos por el Servicio Autónomo Nacional de Normalización, Calidad, Metrología y Reglamentos Técnicos. La rebaja aquí establecida deberá ajustarse a las previsiones contempladas en la Ley de Impuesto Sobre La Renta, y procederá incluso cuando se trate de conversión de deudas en inversión, y requerirá en todo caso la calificación respectiva por parte del Ministerio con competencia en la materia.
>
> 2. Rebaja del Impuesto Sobre la Renta calculada hasta un setenta y cinco por ciento (75%) del monto incurrido en nuevas inversiones destinadas sólo a fines turísticos y de recreación en el área rural o suburbana, en hatos, fincas, desarrollos agrícolas y campamentos. Igual rebaja se podrá obtener cuando la inversión esté destinada a la ampliación, mejoras, equipamiento o al reequipamiento de los servicios turísticos y recreacionales ya existentes en dichos sitios, pre-

---

57 Resaltamos la excelente doctrina recopilada en las *X Jornadas Venezolanas de Derecho Tributario* del año 2011, donde grandes juristas venezolanos expusieron un temario sobre la armonización tributaria y su importancia.

58 *Gaceta Oficial* N° 5889 del 31 de julio de 2008.

59 *Gaceta Oficial* N° 38628 de fecha 16 de febrero de 2007.

via calificación en todo caso del Ministerio del ramo. La rebaja aquí establecida se ajustará a las previsiones contempladas sobre el particular en la Ley de Impuesto Sobre la Renta.

De lo anterior se puede concluir que los supuestos establecidos en las normas aludidas de la LISLR y de la LOTUR son esencialmente similares, ya que ambos se refieren al mismo incentivo fiscal, en este caso una rebaja fiscal del ISLR, calculado con base en el mismo porcentaje[60] de la misma base, es decir, el monto de las inversiones.

La única diferencia sustancial que puede apreciarse es que la rebaja establecida en la LO-TUR dependía de la promulgación de una Decreto presidencial que la acuerde. Decreto que nunca fue promulgado por el Ejecutivo Nacional a cargo durante la vigencia de la LOTUR.

Ahora bien, posteriormente si la rebaja en el sector turístico por fue aprovechada únicamente por lo previsto en el texto de la LISLR aunque, ciertamente, el texto de la LOTUR cumplía a mayor cabalidad con lo expresado en el COT como lo es solicitar la opinión de la Administración Tributaria correspondiente y cumplir con la inscripción ante un órgano regulador.

Sin embargo, es necesario exponer la gravedad de que existan dos normas que regulen una rebaja fiscal, al atentar directamente al principio constitucional de armonización, en el caso comentado, al no existir el Decreto no se presentó, si se quiere, una incompatibilidad fáctica, mas es una situación que el legislador debe considerar en el futuro al momento de redactar los proyectos de ley que contengan incentivos fiscales.

iv. Leyes desalentadoras de la inversión.

Desde el año 2017, la Asamblea Nacional Constituyente dicto la norma titulada "Ley Constitucional de Inversión Extranjera Productiva"[61], entre los aspectos más importantes de dicha Ley Constitucional son:

a)   Que se declaran la materia de inversiones extranjeras se declara de interés público.

b)   Que las inversiones extranjeras quedarán sujetas a la jurisdicción de los tribunales de la República Bolivariana de Venezuela, de conformidad con lo dispuesto en la Constitución de la República Bolivariana de Venezuela y las leyes venezolanas.

c)   Que la inversión extranjera es aquella inversión productiva efectuada a través de los aportes realizados por los inversionistas extranjeros, conformados por recursos tangibles e intangibles, destinados a formar parte del patrimonio de los sujetos receptores de inversión extranjera en el territorio nacional. Se distinguen dos tipos de inversión extranjera: directa y de cartera.

d)   Crea una serie de contribuciones y participaciones a las inversiones extranjeras.

e)   Define que se denomina inversor extranjero, el monto mínimo de inversión extranjera y una permanencia mínima de la inversión.

f)   Establece un programa de beneficios especiales otorgados a las inversiones extranjeras que hayan acordado previamente un "contrato de inversión extranjera", condicionado al cumplimiento de varios objetivos.

g)   Exige a las empresas extranjeras tener una conducta empresarial responsable y comprometida con el carácter de bien público que implica la provisión de bienes y servicios a la comunidad.

Entendiendo que la Ley Constitucional no es un texto legal que contenga normas que siembre las bases para iniciar un proceso de inversión extranjera, en lo pertinente a los tributos establece que las empresas cuyos ingresos provienen en más de un setenta por ciento (70%) de la liquidación de exportaciones tradicionales y mineras tienen la obligación de liquidar los pagos de impuestos en divisas.

---

60   Setenta y cinco por ciento (75%).

61   *Gaceta Oficial* N° 41310 de fecha 29 de diciembre de 2017.

Al establecer una disposición tan desigual como lo es de pagar las obligaciones tributarias originadas en Venezuela en divisas, sin mencionar reciente el decreto sobre el pago de las obligaciones tributarias en divisas, este supuesto puede generar consecuencias negativas al inversor, ya que lo coloca en un plano de desigualdad con los inversionistas locales

Además de no contemplar el inversionista extranjero si el pago real de sus obligaciones tributarias serán en divisas, en caso de existir cambios en la tasa del tipo cambiario, como sería su tratamiento. Esto conlleva a que si se establece un incentivo fiscal, este podría carecer de cualquier tipo de atractivo al inversionista extranjero.

v. Condicionar a que los inversionistas ejerzan la actividad que se beneficia de la rebaja

En una sorpresiva sentencia de la Sala Político Administrativa del Tribunal Supremo de Justicia, referente a si una era procedente una rebaja por inversión para el sector de la marina mercante, el juzgador fue del criterio siguiente:

> Esta Alzada observa del análisis del acto impugnado que Corporación Digitel C.A. no es la titular directa de tal enriquecimiento, pues su actividad es la de telecomunicaciones, tal como ha quedado probado en autos y no es un asunto controvertido, por ende, mal podría realizar alguna de las cinco (5) actividades listadas en el artículo 120 antes transcrito, pues aun y cuando adquirió acciones de sociedades mercantiles dedicadas al rubro de la industria marítima, el dispositivo normativo bajo análisis prevé la rebaja del setenta y cinco por ciento (75%) por la adquisición de acciones de ese tipo de sociedades siempre que dichas sociedades sean las titulares de tales enriquecimientos a los efectos de obtener el beneficio fiscal que la referida norma prevé. Así se declara. (Subrayado nuestro)

La Ley Orgánica de Espacios Acuáticos (LOEA)[62] (antes LRMMN) no establecía ninguna restricción en cuanto al carácter del inversionista, es decir, no se refería ni a la naturaleza jurídica, ni al domicilio, ni a su ramo de negocios o especialización. Sólo establecía que dicho inversionista fuera titular de enriquecimientos derivados del sector de la Marina Mercante y tiene como objeto fundamental reactivar este sector importante de la economía nacional que se encuentra deprimido. La LOEA no señaló que para ser beneficiario de la rebaja establecida los inversionistas titulares debían haber percibido previamente ganancias o beneficios provenientes de la actividad de Marina Mercante.

Por esta razón, asumir que las inversiones beneficiadas con dicha Rebaja debían ser únicamente aquellas que provinieran de personas naturales o jurídicas, previamente pertenecientes al sector de la Marina Mercante y de la industria naval, no solamente resultaba ilógico y contrario al fin que persiguen los incentivos fiscales, en este caso, a través de la rebaja establecida en la LOEA, lo cual es el desarrollo de las actividades de Marina Mercante, a través de la inversión de nuevos capitales que estimulen la actividad del sector. En efecto, la interior interpretación implicaría inevitablemente, desestimular el ingreso de nuevos inversionistas no pertenecientes al sector, que deseen invertir en la reactivación de ésta área para cumplir con los objetivos previstos en la propia Ley.

Es por ello, que en ningún momento podría establecerse un criterio o condición que atente con la pluralidad de inversionistas cercenándolo, como lo fue en este caso, a personas relacionadas a un mismo sector, lo que lleva es a crear un oligopolio[63] dentro del sector que ya se encuentra deprimido.

---

62 *Gaceta Oficial* N° 5890 de fecha 31 de julio de 2008.

63 El oligopolio supone una situación de competencia imperfecta en el mercado en la que un reducido número de empresas ofertan un producto o servicio, igual o similar, cuya utilidad para el consumidor final es casi idéntica, a pesar de los intentos por diferenciarse.

vi. Temporalidad de las rebajas.

Sobre este punto se ha presentado mucha polémica sobre varios puntos que verla correcta interpretación del cómputo del plazo de aprovechamiento de la rebaja, si la promulgación de una nueva norma por completo la *"reestablece"*, y si ello incide o no en la determinación de la fecha en la que se debe tomar el cómputo del plazo de los cinco (5) años de vigencia.

a) Derogatoria y promulgación de una nueva ley integra.

Como es notorio, es constante la legislación en señalar la necesidad de refundir todo el texto normativo, sin importar la extensión de la modificación que haya sufrido, sin en ningún momento establecer los artículos que son objeto de modificación o exponer directamente el restablecimiento de una norma que esté condicionada a plazos. Otro problema surge que la mayoría de la legislación tributaria de los últimos tiempos ha sido promulgada mediante Leyes Habilitantes, por lo que en muchos casos carecen de exposiciones de motivos y diarios de debates, que lo que producen es la posibilidad de inferir criterio y consideraciones.

Sobre este supuesto, el Dr. Roche, basado en el trabajo del autor Sanchez Covisa, nos indicó el criterio más preciso al determinar que cuando las normas tributarias, especialmente las rebajas fiscales, no fueron objeto de modificación por una ley posterior simplemente mantienen su vigencia desde la fecha de entrada de la ley originaria y no desde la fecha de entrada en vigencia de ley de reforma[64]. Esto claramente en caso de que no se haga una especial mención a la vigencia de nuevo del incentivo fiscal.

b) Computo literal del plazo.

Es es razonable inferir que el Legislador toma en cuenta *los ejercicios fiscales* como las unidades adecuadas de aplicación en el tiempo, de los efectos de este beneficio en particular, todo ello en concordancia con el artículo 8 del COT que mencionáramos anteriormente y que comprende el principio de temporalidad de la norma tributaria. Por ello es sostenible la improcedencia de considerar que un régimen que forma parte sin duda de la determinación del impuesto a pagar, como lo son las rebajas fiscales, tenga un efecto parcial o limitado dentro de un mismo ejercicio fiscal, considerando entonces que dicho beneficio existirá durante un tiempo limitado o parcial dentro del año fiscal. Esta posición consigue amplio respaldo en la doctrina tributaria nacional:

> Como es sabido en nuestra disciplina, existen algunas obligaciones tributarias cuyo hecho generador se origina como consecuencia del acaecimiento de una serie de acontecimientos que se van produciendo en diversos momentos, a diferencia de otras obligaciones tributarias cuyo hecho imponible nace como consecuencia de efectuar actos instantáneos o que se ejecutan mediante la realización individual de conductas que se desarrollan en un solo momento y en donde el legislador no ha previsto que dicho tributo se liquide en períodos.

> Como ejemplo de este tipo de obligaciones instantáneas, podemos citar al impuesto de timbre fiscal, cuyo pago se causa con la simple ejecución del acto previsto en la Ley como hecho generador. Por el contrario, existen hechos imponibles que para concretarse requieren necesariamente del transcurso de determinado lapso, ya que son hechos complejos, compuestos, sucesivos, constituidos no por un solo acto instantáneo. Nos referimos a una serie de actos que unidos, y realizados en un período de tiempo previsto en la norma concretan el establecimiento de la obligación tributaria, y de ser cumplidos por el sujeto pasivo tal y como está previsto en la norma, perfeccionan el nacimiento de la obligación tributaria per sé.

---

64   Emilio Roche. *70 años del Impuesto sobre la Renta TomoI.* (Caracas: AVDT, 2013) 141-150.

Ejemplo de estos tributos, viene a ser el impuesto sobre la renta, cuyo objeto de gravamen es el enriquecimiento neto global, el cual está a su vez compuesto por los ingresos, costos, deducciones y las partidas resultantes del ajuste por inflación del contribuyente, que se concretizan en un período de doce meses. Si bien es cierto que sobre el principio de anualidad existente en el impuesto sobre la renta, pueden darse excepciones contempladas en la norma, de manera general podemos afirmar que en dicho tributo se suceden elementos complejos que pueden hacer que efectivamente se cause un enriquecimiento neto gravable en un mes, en tres meses, pero la ley exige que ese cálculo se efectúe en un período de doce meses. Entonces, para determinar la causación de este tributo importará al intérprete solamente si se ha producido un enriquecimiento neto global en un período de doce meses, debiendo hacer caso omiso a los resultados parciales que ha podido obtener un contribuyente dentro de su período gravable.(Subrayado nuestro)[65].

Por tanto, no es adecuado la aplicación parcial; es decir, sólo por unos cuantos meses, de un régimen de beneficio fiscal a un impuesto que se liquida y perfecciona en un período anual, de forma tal que los efectos de dicho régimen no afecten la determinación del obligación tributaria de forma íntegra al final del ejercicio, según todos los elementos que se han generado en dicho año. Es claro entonces que si se da inicio a un ejercicio fiscal bajo la vigencia de un régimen de beneficio fiscal en particular, dicho régimen debe aplicarse hasta el cierre de dicho ejercicio y deberá tomarse en cuenta para el cálculo y liquidación que incluya todo el año. Para poder crear una excepción a este principio sería en todo caso necesario, que el legislador lo establezca expresamente en una norma de rango legal orgánico que derogue al COT en este respecto.

c) Plazo de la inversión y momento de aprovechamiento.

Existió una posición que se fundamentó en una interpretación restrictiva y literal que le exige expresamente que las nuevas inversiones se realicen o se materialicen dentro del periodo de duración de la rebaja fiscal, sino que también atiende a la finalidad perseguida por el legislador al otorgar la rebaja, que no es otra que incentivar la inversión en un área o actividad particular y simultáneamente el aumento efectivo de la capacidad productiva de los contribuyentes.

Ahora bien, el hecho que el legislador haya suspendido o supeditado el aprovechamiento efectivo del beneficio a la efectiva una condición o supuesto, en modo alguno implica que un contribuyente, habiendo cumplido no solamente con todos los requisitos para su procedencia sino también con la finalidad perseguida con el otorgamiento del beneficio, deba perder su derecho ya adquirido a aprovechar la rebaja.

En este sentido, se debe considerar que la razón que sustenta la suspensión, mas no la pérdida del beneficio, es que el legislador quiso compensar el efecto financiero causado por la rebaja contra el aumento de renta gravable originado como consecuencia directa del aumento de la capacidad productiva de los contribuyentes, sin que ello condicione el efectivo aprovechamiento de la rebaja.

d) Perpetuidad de un beneficio fiscal.

En el caso de que una rebaja fiscal no determine en su texto su vigencia, el plazo será de cinco (5) años según la disposición vigente en el COT antes mencionada. Sobre este particular, es importante mencionar que esta Gerencia General de Servicios Jurídicos del Servicio Nacional Integrado de Administración Aduanera y Tributaria (SENIAT) se pronunció al

---

65 Cappello Paredes, Taormina *La Vigencia Temporal de la Ley Tributaria en el Ordenamiento Jurídico Venezolano. Referencia A Casos Prácticos (Primera Parte)* en *Revista de Derecho Tributario* 131, AVDT, Caracas, 2011.

respecto en fecha 30 de junio de 2005 en una consulta identificada con las siglas DCR-5-24106-3778, expresando lo siguiente:

> De las normas transcritas se observa con total claridad que no solamente se modifica el porcentaje de la rebaja para el caso de las actividades industriales y agroindustriales, sino que al separar el supuesto de las rebajas por las nuevas inversiones en el sector turístico del encabezamiento del artículo, pareciera haber sido la intención del legislador conceder a este tipo de operaciones un mayor beneficio en el tiempo al no establecer para ellas un plazo determinado, en razón de lo cual esta Gerencia se inclina por sostener que hasta tanto no se modifique el contenido de la norma, la <u>vigencia de la rebaja por razón de actividades o inversiones para la prestación de servicios turístico, es de plazo indefinido</u>. (Subrayado nuestro)

Vistos el criterio ante trascrito, se puede apreciar que la Gerencia determinó que la rebaja establecida en el artículo 57 de la LISR para las inversiones en materia turística, es decir que ésta no se encuentra sometida a la duración de 5 años dispuesta para la rebaja por nuevas inversión para satisfacer necesidades de tecnología de punta y que se tratara de una rebaja de impuesto con duración indefinida, hasta que otra Ley la derogue.

En estricto sentido, las rebajas fiscales pueden tener claramente una vigencia mayor o menor a la disposición del COT, según así lo determine el legislador. Sin embargo, por su misma naturaleza las rebajas fiscales no podrían tener una vigencia indefinida, ya que atentaría contra su misma razón de ser que es ser una excepción a la regla con el fin de promover inversión.

Por tanto, el legislador debe: a) determinar el periodo de vigencia de la rebaja de forma clara y expresa; b) en caso de una derogatoria deberá hacer explícita su renovación en el nuevo texto normativo; c) el legislador deberá revisar la temporalidad del tributo al cual se le atribuirá el incentivo de forma de establecer hasta cuando es el periodo de vigencia de la rebaja fiscal y, d) contemplar que en el tema de los ejercicios debe realizarse una diferenciación entre el plazo para realizar las inversiones y el momento del aprovechamiento del beneficio fiscal.

e) Conclusiones.

i. En el mundo globalizado en el que vivimos no se concibe una economía moderna que no cuente con inversiones como base central de su estructuración y planificación.

ii. Vista la fuerte crisis económica – social en la que se encuentra Venezuela en la actualidad, es necesaria de una fuerte afluencia de inversiones al país. Inversiones que deben promoverse mediante un ordenamiento jurídico atractivo para los inversiones, los cuales dentro de su interés en contar con un sistema tributario que maximice su inversion y permita un retorno a dicha inversion con la menor carga fiscal posible.

iii. Es imperioso el establecimiento en nuestro país de un sistema de incentivos fiscales en la normativa tributaria, la cual podría ser liderada por la implementación de la rebaja tributaria como fórmula de promoción de inversiones. Siempre y cuando dichas rebajas fiscales cumplan con una planificación organizada y cuenten opinión beneficiosa de la Administración Tributaria, tomando en consideración una temporalidad adecuada para la existencia de dicho beneficio y fijando su posición dentro de un sistema tributario armonizado.

iv. La normativa de incentivos fiscales no es desconocida para el legislador venezolano, sin embargo han existido una serie de desaciertos tanto en técnica legislativa como en la su ejecución por parte de la Administración Tributaria; desaciertos que deben corregirse en caso de aportar esta opción a los fines de promover la inversión.

§ 36. LA INTERPRETACIÓN Y APLICACIÓN DE LAS NORMAS TRIBUTARIAS EN EL CONTEXTO DE CRISIS ECONÓMICA: LA PARADOJA DE PERSEGUIR UNA RENTA ILUSORIA

Juan Esteban Korody Tagliaferro [*]

"Es mucho más difícil matar a un fantasma que a una realidad".
Virginia WOOLF [1]

INTRODUCCIÓN

Cuando los hechos que abstractamente el legislador ha imaginado podrían suceder, acaecen en la vida real y encuadran perfectamente en el supuesto de la norma *positivisada*, la consecuencia jurídica se impone, no solo por el acto de aplicación e interpretación, sino por fuerza de la razón. La consecuencia es colosalmente indiscutible, se vuelve una verdad difícil de vencer.

También, hay situaciones que el legislador no ha previsto particularmente y que por su relevancia jurídica deben ser resueltas conforme a Derecho, lo que genera la necesidad de la integración de normas. La verdad que se genera en estos casos, serán igualmente indiscutibles en la medida en que el operador jurídico efectúe la integración conforme a las reglas de hermenéutica *positivisadas* o que el ordenamiento jurídico acepta.

Sin embargo, la situación quizás se vuelve compleja, cuando frente a la aparente claridad en la norma a aplicar, los hechos con relevancia jurídica se presentan distorsionados.

La distorsión[2] es la deformación de la realidad, que puede ocurrir: (i) por un mal funcionamiento involuntario de los medios de transmisión o percepción de la misma; o (ii) por la acción deliberada de desequilibrar la disposición de los hechos, incluyendo la interpretación de los mismos.

Cuando un hecho se presenta distorsionado, el operador jurídico puede incurrir en varios errores, pero nos interesa destacar, en este momento dos: (i) tratar de encuadrar el hecho distorsionado en un supuesto que no le corresponde o (ii) pretendiendo ejecutar una conse-

---

[*] Abogado de la Universidad Católica Andrés Bello (UCAB) con estudios de Postgrado en Derecho Financiero de la misma Universidad y en Derecho Administrativo de la Universidad Central de Venezuela. Profesor de pregrado en la cátedra de Análisis Económico del Derecho de la Universidad Monte Ávila (UMA). Es miembro de número y miembro del Consejo Directivo de la Asociación Venezolana de Derecho Tributario (AVDT), es miembro de la International Fiscal Association (IFA) y del comité de Impuestos de la Cámara Venezolano-Americana de Comercio e Industria (Venamcham) y de la Cámra Venezolana-Británica de Comercio. Ha escrito y presentado diversas ponencias nacionales e internacionales. Socio de PALACIOS, TORRES & KORODY PTCK.

[1] WOOLF, Virginia: "The Death of the Moth, and other essays, by Virginia Woolf" (específicamente en el ensayo: "Professions for Women"). Leído en https://ebooks.adelaide.edu.au/w/woolf/virginia/w91d/chapter27.html ("It is far harder to kill a phantom than a reality").

[2] Siguiendo la segunda y tercera acepción del Diccionario de la lengua española en su versión en linea (https://dle.rae.es).

cuencia jurídica proveniente de una norma (correspondiente o integrada) que genera a pesar de parecer adecuada, producto de la distorsión, resultados irracionales.

En el primer caso, el operador equivoca la elección de una norma jurídica e incluso, en una categoría de ellas, en un estatuto supuestamente aplicable. En el segundo, aparentemente la elección del estatuto pareciera convencer, pero producto de la distorsión fáctica, el error se revela en la consecuencia jurídica, pues la misma no guarda proporción con la realidad.

En ambos casos es complejo determinar el error, pues la aplicación de la norma jurídica cumple con una de sus funciones: genera una sensación de confianza, seguridad y precisión científica, que impide dudar del resultado.

A pesar de esa sensación de seguridad, en ambos casos los resultados son incorrectos y las consecuencias jurídicas nulas.

La crisis económica genera distorsiones de la realidad, pues la variación constante de los índices econométricos (incluso la existencia de más de uno, dependiendo de cómo o quién lo mida), rompen los parámetros científicos para determinar y distinguir: riqueza, pobreza, superávit y pérdida, todos ellos medidos en función del tiempo, del espacio geográfico y/o de una categoría de individuos.

Esa distorsión genera que los operadores jurídicos pretendamos aplicar esos hechos distorsionados en normas jurídicas, en plena fe que son las correctas o que, aplicando las que corresponden, se generen consecuencias igual de distorsionadas y sin embargo pretendamos darle virtualidad jurídica a pesar de su irracionalidad.

Este trabajo se presenta para celebrar la digna existencia cincuentenaria de una corporación científica cuyos miembros han dedicado parte importante de su vida al estudio y a la recta ordenación del poder de imposición en Venezuela y en ese preciso instante donde se pretende celebrar con júbilo ese evento, el país se encuentra sumida quizás en la crisis económica, jurídica y política, más importante desde que se fundó nuestra querida AVDT.

En virtud de esas distorsiones generadas por –no exageramos- la sangrienta crisis económica que al momento de escribir estas líneas sufrimos en Venezuela, los operadores jurídicos tenemos el deber de ser más que cautelosos al momento de interpretar, aplicar y/o integrar el derecho. Esas son las ideas principales que traemos al debate en este cortísimo trabajo.

1. La crisis económica. Un presupuesto que distorsiona los hechos.

La relación entre la economía y el derecho tributario es indiscutible. Cualquiera sea el prisma con el cual se pretenda hacer la aproximación al tema (desde el Derecho Público o desde el privado) el Derecho tributario es una rama del estudio de las Finanzas Públicas, es una concretización del control del poder y es también una sumatoria de obligaciones pecuniarias que forma parte importante de las partidas de costo al momento de evaluar cuál fue o cuál será el resultado de una actividad, emprendimiento o empresa.

El legislador, subyugado por los principios constitucionales de legalidad tributaria, no discriminación, seguridad jurídica, confianza legítima, progresividad, libertad, libertad económica, derecho de propiedad, desarrollo económico, y sobre todo de tributación de acuerdo a la capacidad económica de los individuos incididos, pero con el deber de colectar los recursos necesarios para sufragar los fines del Estado, dentro de los principios de democracia, eficiencia y eficacia en la recaudación, tiene la colosal tarea de generar un sistema de normas que logre esa recaudación equilibrada.

Al establecer el sistema de normas impositivas, sobre todo aquellas de naturaleza material o sustantiva, los legisladores deben apelar a aspectos económicos tanto en su contenido esencial (elemento económico del hecho imponible), como en la determinación de la base de imposición y ni hablar del tipo o alícuota que representa una proporción precisamente de las magnitudes anteriores.

Sin embargo, lo anterior es vacío si no se entiende que en la norma jurídica que crea la obligación legal, lo importante es que se conjuguen ambas magnitudes (el hecho y la base de imposición) y éstas deben estar referidas –*necesariamente*– a un factor económico, como lo es la renta.

La configuración del tributo es nulo, si este no asegura que la exacción está dirigida a un tipo de renta real que revele una verdadera capacidad económica para contribuir a las cargas colectivas y que aún con la aplicación de esa exacción y la convergencia con el resto de las existentes, de forma armonizada, el sujeto pasivo de la obligación no se empobrece y mantiene su capacidad de generación de renta.

En efecto, tal como precisa el maestro PLAZAS VEGAS: "*en última instancia la renta es la magnitud de todos los tributos y atiende los tres momentos o etapas del ingreso: su realización, su gasto o capitalización*"[3.]

En consecuencia, la obligación tributaria es una obligación legal que depende su virtualidad y constitucionalidad, principalmente, de un factor económico: determinar si hay renta. Luego, se determinará si esa manifestación de riqueza se encuadra o no en los supuestos de hechos que el legislador, con base en los principios que lo esclavizan, ha establecido en la norma jurídica.

Ahora bien, la determinación económica de existencia de la riqueza -o de la renta- es una faena que requiere una serie de información, parámetros científicos, constatables, precisos y comparables que revelen de una forma, igualmente científica, constatable y precisa, que diversos sujetos distintos unos de otro tuvieron o no renta.

No podemos circunscribirnos solo a la información contable, pues como veremos más adelante, el análisis únicamente contable, sin evaluar el contexto económico, sin evaluar otros datos econométricos particulares y de entorno, pudiera generar distorsiones, pues la práctica ha revelado que las reglas de contabilidad y los principios que la informan, no suelen adaptarse con facilidad a las circunstancias de crisis económica.

Ahora bien, ¿Qué pasa cuando los datos que nos revelarían la existencia o no de riqueza, no son confiables? ¿Qué pasaría si el contexto en el cual se desenvuelven los sujetos pasivos de las diversas obligaciones tributarias, no solo es de incertidumbre económica, sino de inseguridad jurídica? Podríamos estar en presencia de varios escenarios, a saber:

En primer lugar, somos de la opinión que la medición de capacidad económica a través de parámetros tradicionalmente concebidos para circunstancias normales, suelen distorsionar la realidad económica o los resultados económicos de una determinada operación o actividad cuando nos encontramos en una situación de crisis económica. Por lo tanto, la información contable, en una determinada moneda, a un determinado tipo de cambio o a un determinado índice de inflación o sin tomar en cuenta los indicadores generales y particulares de crecimiento económicos, ventas o flujo de caja, suelen ser imprecisos para revelar una verdadera renta.

De igual forma, hemos evidenciado que la aplicación a rajatabla de reglas contables o normas jurídicas o la interpretación literal de éstas, sin antes hacerse pasar por el tamiz de la realidad, nos suele a conducir a resultados igualmente distorsionados, cuando se pretende conseguir las consecuencias jurídicas impositivas de ciertas actividades u operaciones que se llevan a cabo en plena crisis económica.

---

3   PLAZA VEGAS, MAURICIO: "Derecho de la Hacienda Pública y Derecho Tributario: Las ideas políticas de la hacienda pública". Temis, Bogotá, 2000, p. 777.

Venezuela, sobre todo en los últimos cinco (5) años, se ha convertido en un siniestro ensayo que evidencia cómo la crisis económica distorsiona la capacidad contributiva.

Para evidenciar lo anterior, pasamos a presentar algunas cifras que servirán como biopsia que revela un diagnóstico de un paciente desahuciado: los contribuyentes y el sistema tibutario en Venezuela.

Con la ayuda del estupendo trabajo presentado por el Lic. RODRIGO RODRIGUEZ[4] y las cifras obtenidas del Banco Central de Venezuela, Banco Mundial, Fondo Monetario Internacional, Econométrica y Ecoanalítica, tomemos solo cuatro (4) indicadores económicos para demostrar la catástrofe económica y la distorsión que ella genera, en el período presidencial que va desde enero de 2013 hasta diciembre de 2018.

• Crecimiento económico

En este rubro, comencemos por analizar el Producto Interno Bruto (PIB), que siguiendo la definición que nos brinda el Banco Mundial no es otra cosa que la magnitud macroeconómica que expresa el valor monetario o sumatoria total de la producción de bienes y servicios de demanda final en territorio tanto por empresas nacionales como extranjeras en un período determinado. Este indicador revela que la economía en el país se ha contraído hasta casi la mitad **(52,3%)** en los últimos cinco (5) años, según cifras oficiales recientemente publicadas por el BCV y que más o menos concuerdan con otros indicadores como el Fondo Monetario Internacional (FMI).

Lo anterior, quiere decir, por ejemplo, que si para el año 2013, un determinado contribuyente contaba con una oferta de diez (10) proveedores de materia prima un determinado producto, para enero de 2019 solo contaría con solo cinco (5) de ellos, lo cual producto de la interrelación de la oferta, demanda y precio, se pudiera traducir proporcionalmente en una menor demanda para ese mismo contribuyente.

• Producción Petrolera

La principal industria, motor de la economía venezolana, es la industria petrolera. Independiente del rubro o sector que se analice, la incidencia del aumento de la producción y el precio mundial del petróleo son aspectos que inciden en el crecimiento o decremento de un contribuyente que hace negocios o mantiene actividades en el país.

Lamentablemente, estas cifras mantienen, como es de esperarse, las tendencias respecto al PIB. En efecto, tomando solo las cifras provenientes de las llamadas "fuentes secundarias OPEP", es decir las que se contrastan con las aportadas por cada país miembro, Venezuela, en los últimos cinco (5) años dejó de producir la mitad de los barriles de petróleo (51%) y el precio también cayó en una magnitud similar (52%) en ese mismo período.

Qué nos dice este dato: que la actividad petrolera en Venezuela se contrajo a la mitad, pero además el mercado pagaba, a su vez, la mitad de lo que estaba dispuesto a pagar hace cinco (5) años. La principal empresa del país y el país en sí mismo, no disponen actualmente del flujo de caja para acometer obras, hacer importaciones, pagar deudas e interactuar como agentes económicos keynesiano.

En pocas palabras el gran cliente que tienen los empresarios y los inversionistas en Venezuela, produce poco y lo que produce lo vende muy barato, afectando, sin duda, los resultados y las actividades económicas de los contribuyentes que directa o indirectamente interactúan con el Estado o con sus "instrumentalidades" empresariales.

• Control de cambio y devaluación

La contracción económica sufrida de manera general en estos tiempos de crisis y particularizada en nuestra industria petrolera, ha traído como consecuencia que las reservas internacionales

---

4   RODRIGUEZ, Rodrigo (Coordinador): "Venezuela: memoria y cuenta de una gestión económica" PWC Venezuela, Abril 2019.

de la nación hayan caído a niveles paupérrimos. Nada más en el quinquenio 2013-2018, las reservas han experimentado una caída de más del 70%.

Si caen las reservas, aumentan las denuncias del mal manejo de las asignaciones de divisas en el pasado control cambiario y además han caído las exportaciones y la producción nacional general y petrolera, es evidente que el país se ha quedado sin divisas.

Un país sin divisas, genera una serie de distorsiones en la economía. En primer lugar ese país y los agentes económicos se apartan de la economía globalizada, la escasez de divisas genera mayor apetito de adquisición y por lo tanto las tasas aumentan y el arbitraje entre monedas o entre bienes que se transan en los mercados se hace aún más abismal la diferencia.

Para completar este panorama complejo, se hace necesario relatar, aunque sea brevemente, la cantidad de sistemas y tasas de cambio que se conjugaron durante los últimos cinco (5) años en Venezuela, donde se pasó de tasas oficiales de 0,000043 Bs(S) por dólar, hasta el tipo de cambio de las llamadas y pírricas "mesas de cambio" para el día de en que se escribió esta línea (26/06/2019) es de Bs. 6.359,17 por dólar.

La diferencia entre las tasas es sencillamente infinita.

En ese sentido, hasta el 13 de febrero de 2013, existió en Venezuela el Sistema de Transacciones con Títulos en Moneda Extranjera (SITME), en el cual no existía propiamente dicho un sistema cambiario de divisas, sino operaciones con títulos valores cuyas operaciones de compra, permuta y reventa de los mismos en al menos dos mercados, generaban por fuerza de un arbitraje de ambos mercados, una "tasa de cambio implícita", pero que no respondía propiamente a una política monetaria, como sí ocurrió, por ejemplo, con el Sistema Complementario de Administración de Divisas SICAD I y SICAD II.

Con la publicación de los Convenios Cambiarios N° 1, 14, 22, 24, 25, 27, 28, 29, 32 y 33, existieron sistemas y procedimientos legales para la realización de operaciones cambiarias dentro del territorio nacional, estando canalizados a través de: (i) El Centro Nacional de Comercio Exterior (CENCOEX), (ii) El SICAD y SICAD II y (iii) el Sistema Marginal de Divisas (SIMADI), para los cuales, en cada uno de los Convenios Cambiarios vigentes y publicados en Gaceta Oficial, se establecieron los procedimientos a seguir para la adquisición y venta de las divisas, conforme a las tasas de cambio oficial que estableciera o publicara el Banco Central de Venezuela (BCV).

Con la publicación de estos Convenios Cambiarios suscritos entre el Banco Central de Venezuela (BCV) y El Ejecutivo Nacional, Venezuela pasó en su momento a tener tres tipos de cambio oficial, a saber:

Gastos del poder público y necesidades esenciales: De conformidad con el artículo 6 de la Ley de Régimen Cambiario y sus Ilícitos de 2014, es la tasa de cambio oficial aplicable para la compra de divisas para cubrir los gastos del poder público y a la satisfacción de las necesidades esenciales de la sociedad, tales como lo son los bienes y servicios declarados como de primera necesidad, constituidos por las medicinas, los alimentos, la vivienda y la educación, o rubros que el Ejecutivo Nacional considere sean de primera necesidad o prioritarios, sin que dicha enunciación tenga carácter taxativo.

También es el tipo de cambio referencial para la venta de divisas provenientes de la venta de crudo que realice PDVSA, sus empresas filiales y las empresas mixtas, ello de conformidad con lo establecido en el Convenio Cambiario N° 9; salvo por las excepciones establecidas en los Convenios Cambiarios N° 24 y 32.

A. El tipo de cambio promedio que resultare del SICAD y SICAD II;

a. **SICAD I:** Tipo de cambio promedio cuya última tasa publicada por BCV corresponde:

   i. Compra de divisas en las subastas especiales convocadas por el Banco Central de Venezuela, bajo el SICAD, para el pago de importaciones de los bienes determinados en la convocatoria.

   ii. Compra de divisas con autorización de CENCOEX para los conceptos del Convenio Cambiario N° 25 (efectivo y cupo de tarjeta de crédito para viajes, cupo internet, remesas a familiares en el exterior, inversiones internacionales -dividendos, repatriación de capitales-, regalías, patentes, maracas, licencias, franquicias, importación de tecnología y asistencia técnica, pasajes internacionales, operaciones propias de la actividad aseguradora).

   iii. Compra de divisas con autorización de CENCOEX para el pago de importaciones del sector automotriz (Convenio Cambiario N° 29).

b. **SICAD II:** En su momento existió la discusión sobre su vigencia, al menos para la venta obligatoria del porcentaje de divisas relativa a las exportaciones (incluye bienes y servicios) de acuerdo a lo dispuesto en el artículo 3 de Convenio Cambiario N° 27.

Sistema Marginal de Divisas (SIMADI): De conformidad con lo dispuesto en el artículo 9 de la Ley de Régimen Cambiario (2014) y el Convenio Cambiario N° 33, se creó un mercado alternativo de divisas, que generaría un tipo de cambio promedio que resultaba de obtener la tasa promedio ponderada de las operaciones cambiarias cruzadas y las operaciones cambiarias con títulos valores en moneda extranjera, transadas cada día y publicada diariamente por el BCV en su página web (Artículo 24 del Convenio Cambiario N° 33).

Se corresponde a una tasa de cambio residual para el resto de las operaciones que no encajen dentro de los sistemas anteriores y existen tres (3) mecanismos de adquisición:

a. Compraventa de divisas en operaciones cruzadas en bancos universales sin limitaciones de montos ni requisitos de uso de las divisas (tasa de cambio libremente acordada entre comprador y vendedor).

b. Operaciones cambiarias en bolívares con títulos valores en moneda extranjera a través de bancos y casas de bolsa en la Bolsa Pública de Valores Bicentenaria, sin limitaciones de montos ni requisitos de uso de las divisas (tasa de cambio libremente acordada entre comprador y vendedor).

c. Operaciones cambiarias al menudeo en bancos y casas de cambio (reservadas personas naturales -tasa de cambio SIMADI menos 0,25%-).

Posterior a estos sistemas, en Venezuela existieron otros procedimientos legales para la adquisición de divisas y la realización de operaciones cambiarias dentro del territorio nacional, estando canalizados a través del Convenio Cambiario N° 35 de 2016:

a. El Centro Nacional de Comercio Exterior (CENCOEX), destinado a operaciones de divisas con tipo de cambio protegido (DIPRO), y

b. Los sistemas complementarios para la adquisición de divisas establecidos por el Ejecutivo Nacional, destinados a operaciones de divisas con tipo de cambio complementario flotante de mercado (DICOM), para los cuales, en cada uno de los Convenios Cambiarios N° 33 y 35 publicados en Gaceta Oficial, se establecían los procedimientos a seguir para la adquisición y venta de las divisas, conforme a las tasas de cambio oficial que establezca o publique el Banco Central de Venezuela (BCV).

Así pues y para ese período, en Venezuela existían dos tipos de cambio oficial, a saber:

El tipo de cambio fijo DIPRO para las operaciones autorizables ante CENCOEX (Bs (F). 10,0/US$); y el tipo de cambio complementario flotante DICOM.

Luego, con la publicación del Convenio Cambiario N° 39 el 26 de enero de 2018, fue suprimido el tipo de cambio fijo DIPRO para las operaciones autorizables ante CENCOEX, y Venezuela pasó a tener un solo tipo de cambio oficial establecido por las subastas llevadas a cabo a través del Sistema de Tipo de Cambio Complementario Flotante de Mercado (DICOM).

E) El 02 de agosto de 2018 fue derogada la Ley del Régimen Cambiario y sus Ilícitos de 2015 y, posteriormente, el 07 de septiembre de ese mismo año, fue publicado en Gaceta Oficial el Convenio Cambiario N° 1 de cuyo texto se observa que el mismo tiene por objeto establecer la "*libre* convertibilidad *de la moneda*", a través de la "*flexibilización del régimen cambiario*" para el sector privado y la procura de un tipo de cambio de mercado único y fluctuante.

El Convenio Cambiario N° 1, incluye la derogación de todos los convenios anteriores, incluyendo el N° 39 que daba base legal a las subastas del DICOM.

De igual forma, la regulación cambiaria que se dispone en este instrumento, establece regímenes distintos para el sector público, las exportaciones y el turismo y para el sector privado. Respecto al sector privado podemos decir:

a. El sector privado tiene acceso a la compra y venta de divisas a través del denominado Sistema de Mercado Cambiario, de cuyo promedio ponderado, formado por oferta y demanda, resultará el tipo de cambio en referencia que adopte el BCV. La finalidad de dicho Sistema de Mercado Cambiario, es fijar el tipo de cambio a partir de las posiciones en divisas provistas por el sector privado. Igualmente, se autorizan operaciones al menudeo y establecen las normas macros para negociaciones de instrumentos nominados en divisas a través del mercado de valores.

F) Finalmente, el 02 de mayo de 2019, fue dictada la Resolución N° 19-05-01 mediante la cual las instituciones bancarias habilitadas para actuar como operadores cambiarios en el sistema de mercado cambiario, podrán pactar a través de sus mesas de cambio, entre clientes de esa institución, o en transacciones interbancarias, operaciones de compra y venta de monedas extranjeras por parte de las personas naturales y jurídicas del sector privado mantenidas en el sistema financiero nacional o internacional.

Así pues, en Venezuela existe actualmente un tipo de cambio definido por el Sistema de Mercado Cambiario (mesas de cambio), y es el promedio ponderado de las operaciones transadas en las mesas de cambio de los operadores cambiarios, el cual será el tipo de cambio de referencia al que alude el artículo 9 del Convenio Cambiario N° 1, a saber El tipo de cambio para el día de hoy miércoles 26/06/2019 es de, como dijimos antes Bs. 6.359,17/US$.

Como se puede apreciar, en este contexto, solo encontramos inestabilidad jurídica, multiplicidad de tasas, criterios y una profunda devaluación de la moneda local, al punto de que en la realidad se desprecia su uso y valor.

• Inflación, perdón, quisimos decir hiperinflación:

El fenómeno inflacionario o, simplemente, la inflación, es una distorsión que conlleva en esencia la pérdida de poder adquisitivo del dinero, haciendo que se requiera entregar más unidades monetarias para obtener una misma cantidad de bienes o para pagar el mismo servicio.

Desde el punto de vista jurídico de forma inveterada se le ha calificado como un hecho notorio[5], que impacta directamente en la determinación de las capacidades económicas y en la determinación del valor de ciertas obligaciones.

Este concepto está tan arraigado en el conocimiento común, que sobra decir que esa distorsión económica afecta las magnitudes económicas que reflejan el fenómeno subyacente del tributo y, de las cuales, se vale el legislador para la estructuración de los correspondientes hechos imponibles.

La inflación ha sido tan importante, que Venezuela ha tenido la necesidad de pasar por dos (2) procesos de reconversión monetaria[6] que en su conjunto "simplificaron" las magnitudes monetarias, eliminando ocho (8) cifras. Pongámoslo así, lo que al momento de escribir este artículo en el

---

5   Así las cosas, la notoriedad acusada y, por tanto, exento de prueba (tal como lo ha expresado la Sala Constitucional del Tribunal Supremo de Justicia en diversas sentencia entre ellas la N° 98, de fecha 15 de marzo de 2000), conlleva a una pérdida de poder adquisitivo, una erosión del valor y patrón de intercambio de la moneda.

6   (i) Decreto con Rango, Valor y Fuerza de Ley de Reconversión Monetaria, publicado en *Gaceta Oficial* N° 38.617 de fecha 1° de febrero de 2007 con vigencia el 1 de enero de 2008 y (ii) el Decreto N° 3.548 de la Presidencia de la República publicado en *Gaceta Oficial* N° 41.446 de fecha 25 de Julio de2018 con vigencia a partir del 20 de agosto de 2018.

año 2019 monetariamente representa un bolívar soberano (Bs.S. 1,00), equivale a cien millones de bolívares 100.000.000,00 para el 31 de diciembre de 2007.

Pero el valor monetario no es lo más importante, sino el poder de compra. En ese sentido, tomando la calculadora de inflación de la firma Econométrica[7], un bolívar (fuerte) (BsF. 1,00) para enero de 2013 tenía el mismo poder de compra que treinta y nueve millones seiscientos setenta y siete mil seiscientos noventa y cinco bolívares (fuertes) (Bs. 39.677.695,00) o lo que es lo mismo trescientos noventa y siete bolívares (soberanos) (BsF. 397,00).

La conclusión adelantada, es que la expresión en bolívares de los resultados económicos de un negocio, una actividad o una empresa, vista en el tiempo, tiene poco sentido o al menos transmite poca información.

Pero como si lo anterior, no fuera suficiente para evidenciar la distorsión que genera el desastre macroeconómico en el que se encuentra sumido nuestro país, es necesario indicar que las cifras de inflación, por mucho tiempo no fueron oficializadas por el Banco Central de Venezuela, ente constitucionalmente llamado a hacerlo, lo que trajo como consecuencia que la Asamblea Nacional (AN), comenzara a publicar mensualmente sus cifras de inflación.

La ausencia de cifras oficiales durante más de tres (3) años y la aparición del índice por parte de la AN, generó a su vez disparidad en las cifras luego que recientemente el BCV publicara con sumo retardo las referidas cifras, generándose importantes contradicciones como se puede apreciar en el siguiente cuadro.

	2013	2014	2015	2016	2017	2018
BCV	56.20%	68.50%	180.90%	274.40%	862.60%	130,060.00%
AN	56.20%	68.50%	180.90%	550.00%	2616.00%	1,698,488.20%

La ausencia de cifras oficiales durante más de tres (3) años y la aparición del índice por parte de la AN, también generó la necesidad de que cada empresa evidenciara su propia inflación, de acuerdo a su estructura de costos, sector, etc. Lo que hizo que muchas empresas —con sobrada razón- presentasen sus cifras en los estados financieros tomando como índices lo que ellas mismas generaban. Para algunas empresas, este índice llegó a posicionarse, en cifras acumuladas para el período 2013 al 2018 en **2.570.883.450%**.

Entonces ahora en Venezuela podemos encontrar dos empresas competidoras en una misma actividad, de igual tamaño, con porciones similares en los mercados relevantes, con estructuras de costos equiparables, pero con revelación de cifras disimiles, pues una utilizó el índice inflacionario que emitió la AN y la otra tomó su propio índice. Ante esta situación, cabría preguntarse: ¿cuál de las dos empresas está equivocada?

Toda esta catástrofe económica, viene acompañada de una vigorosa respuesta legislativa por parte del Ejecutivo Nacional fue la de reformar consecutivamente la Ley de Impuesto sobre la Renta en el año 2014 y 2015, para excluir del sistema de ajuste por inflación fiscal instaurado en nuestro ordenamiento jurídico desde el año 1991, primero para los Bancos, Seguros, Reaseguros y empresas del sector de Mercado de Capitales y luego en el 2015 para la totalidad de la categoría de contribuyentes denominados "especiales".

Es decir, que para estos contribuyentes no existiría inflación, a los efectos de determinar la renta neta gravable, como magnitud económica del ISLR.

Como consecuencia de lo anterior, si las normas no tienen correctivos para lograr evidenciar las distorsiones que genera la crisis económica, debemos preguntarnos ¿es posible su aplicación directa, sin analizar las variables económicas y de entorno antes?, ¿es razonable

---

7   https://www.econometrica.com.ve/calc-inflacion.

les y el retiro o desincorporación de dichos bienes, la prestación de servicios independientes y la exportación de bienes muebles corporales y servicios independientes;[7] (2) no es acumulativo, porque los contribuyentes que intervienen en la importación, producción y distribución de bienes y servicios pagan el impuesto sobre el valor agregado o añadido que cada uno de ellos introduce al proceso y no sobre el valor total del negocio jurídico; (3) está basado en el principio de destino, ya que el IVA se aplica en la jurisdicción en la cual los bienes y servicios se consumen o se presume que se consumen y no en la jurisdicción de donde se exportan; (4) es neutral, en el sentido que su implantación no debería provocar distorsiones en los precios de bienes y servicios; y (5) es regresivo, porque la carga tributaria no guarda relación de proporción entre la renta y su gasto, y por eso incide en mayor proporción en las personas de menor poder adquisitivo.[8]

Para determinar el IVA se aplica la metodología del débito y crédito fiscales. La Ley del IVA escogió el método sustractivo indirecto.[9] Según ese método cada contribuyente determina el impuesto aplicando la tasa del impuesto al valor de su factura (débito fiscal) y deduce el IVA pagado en las compras de sus insumos y reflejado en las facturas de sus proveedores o en las declaraciones de importación (crédito fiscal). El IVA evita el pago del impuesto sobre impuesto, mejor conocido como efecto cascada, pues el impuesto pagado por los insumos no pasa a formar parte de los costos de producción, sino que es acreditable al impuesto repercutido en las ventas, salvo ciertas excepciones como sería el caso de los negocios jurídicos exentos o no sujetos al impuesto. El IVA se aplica una sola vez sobre el negocio jurídico con el consumidor final en lugar de acumularse sobre los contribuyentes ordinarios de la cadena de producción, comercialización y distribución de bienes y servicios.[10]

La tasa general del IVA es del 16% desde el 1/09/18.[11] Existe una tasa adicional de 20% para ciertos bienes y servicios considerados de consumo suntuario. También hay una tasa

---

Planeta Venezolana, S.A., 1993), 6-26; José P. Barnola (h), «El tratamiento fiscal del transporte internacional desde el punto de vista del impuesto al consumo suntuario y las ventas al mayor», *Revista de Control Fiscal,* Nº 141 (1999): 15-16; «La Prueba del IVA Soportado», *Revista de la Facultad de Ciencias Jurídicas y Políticas de la Universidad Central de Venezuela,* Nº 121 (2001): 227-242 y la bibliografía citada en las notas 32 a 76; «Basic operation of VAT in Venezuela», *Tax Planning International-Indirect Taxes,* Vol. 11, Nº 4 (2015): 21-23 y «El tratamiento del transporte internacional desde el punto de vista del impuesto al valor agregado venezolano», *Revista de Derecho Tributario,* Nº 152 (2016): 79 y ss., especialmente 84-87; José Pedro Montero Traibel, *I.V.A. Análisis del impuesto al valor agregado. Evolución/Estructura/Liquidación. Estudio comparativo entre Uruguay y Venezuela* (Vadell Hermanos Editores, Caracas, 2000, 21-44); Leonardo Palacios Márquez, «Anotaciones para la sinceración de la imposición general al consumo tipo valor agregado en Venezuela», en *Revista de Derecho Tributario,* Nº 82 (1999): 75-76) y Alan A. Tait, *Value-added Tax. International Practice and Problems* (Washington, D.C.: International Monetary Fund, 1988, 3-38).

7   *V.* Ley del IVA, art. 4(1)(3)(4) y (7).

8   Existen mecanismos para reducir los efectos regresivos, como tasas más bajas para bienes y servicios de primera necesidad, tasas más altas para bienes y servicios suntuarios y exenciones y exoneraciones. Sin embargo, la neutralidad y generalidad del IVA se pierden cuando se establecen exenciones y exoneraciones desordenadas que no están basadas en principios técnicos.

9   En la variante denominada *"impuesto contra impuesto", "diferencias de impuestos"* o *"crédito por impuesto".* *V.* Ley del IVA, arts. 28, 29, 30 y 31. Los métodos para calcular el valor agregado son básicamente cuatro: (i) el método aditivo directo = tasa de impuesto x (sueldos + renta); (ii) el método aditivo indirecto = (tasa de impuesto x sueldos) + (tasa de impuesto x renta); (iii) el método sustractivo directo o de transacciones de negocios = tasa de impuesto x (ventas - costos); y (iv) el método sustractivo indirecto = (tasa de impuesto x ventas) - (tasa de impuesto x costos) [*v.* Montero Traibel, *op. cit.*, 40-44 y Héctor Villegas, *Curso de Finanzas, Derecho Financiero y Tributario* (Buenos Aires: 5a Ed., Ed. Depalma, 1992) 688].

10   *V.* Ley del IVA, arts. 29 y 42. La suma del IVA pagado al Tesoro Nacional en las distintas fases es igual al impuesto que soporta el consumidor final en el último negocio jurídico de la cadena.

11   *V.* Decreto Nº 67 (*G.O.* Nº 6.395 Ext. del 17/08/18).

reducida del 8% para ciertos bienes y servicios básicos. Las exportaciones de bienes y servicios están sujetas a la tasa de 0%.[12]

B. <u>Declaración y pago del IVA</u>: Los contribuyentes ordinarios de IVA deben pagar mensualmente al Fisco Nacional la diferencia entre sus débitos fiscales (i.e., el IVA repercutido y cobrado a sus clientes por servicios prestados o bienes muebles vendidos en el país) y sus créditos fiscales (i.e., el IVA pagado a sus proveedores y prestadores de servicios o sobre las importaciones de bienes y servicios).[13] Esa diferencia, que es la obligación tributaria de IVA, se denomina "Cuota Tributaria".[14] Este ejemplo demuestra lo expuesto.

Ejemplo No. 1: En un período determinado el contribuyente factura a sus clientes consumidores finales Bs.S. 130 y repercute IVA de Bs.S. 20,80 (16% de Bs.S. 130), que los clientes también deben pagar. Ese monto (i.e., Bs.S. 20,80) constituye un débito fiscal para el contribuyente. Si el contribuyente compra o importa bienes o servicios por Bs.S. 100, debe pagar IVA a su proveedor o al Tesoro Nacional, respectivamente, de Bs.S. 16 (16% de Bs.S. 100). Ese monto (i.e., Bs.S. 16) constituye un crédito fiscal para el contribuyente. La diferencia entre los débitos fiscales (i.e., Bs.S. 20,80) y los créditos fiscales (i.e., Bs.S. 16) sería el IVA (cuota tributaria) que el contribuyente debe pagar mensualmente al Tesoro Nacional (i.e., Bs.S. 4,80). En este caso en principio el contribuyente no tendría problemas de flujo de caja ni impacto económico al pagar el IVA. Mediante el mecanismo de repercusión el contribuyente trasladó la carga económica del impuesto a los clientes consumidores finales. El IVA podría crear problemas de flujo de caja si el contribuyente ordinario del IVA no cobra la factura (incluyendo el IVA que resulte aplicable) al cliente en el mismo mes en el que se genera el IVA, ya que la emisión de la factura es uno de los momentos de causación del hecho imponible.[15] En ese caso, aunque el cliente no pague la factura en el mes correspondiente, el contribuyente del IVA deberá reportar el débito fiscal y pagar al Tesoro Nacional el IVA que resulte aplicable.[16]

<u>Compras</u>		<u>Ventas</u>		<u>IVA a pagar</u>
Precio:	100	Precio:	130,00	Débitos fiscales en las ventas: 20,80
IVA (16%) (créditos fiscales):	+16	IVA (16%) (débitos fiscales):	+20,80	(-) Créditos fiscales en las compras: 16,00
Total	116	Total	150,80	**Cuota Tributaria pagadera al Tesoro Nacional: 4,80**

En agosto de 2018 la ANC estableció un sistema de anticipo mensual de IVA e impuesto sobre la renta ("I/R") aplicable a los sujetos pasivos calificados como especiales que realizan actividades económicas distintas a la explotación de minas, hidrocarburos y actividades conexas, y que no son perceptores de regalías derivadas de dichas actividades, de muy dudosa validez formal y sustantiva.[17] Los contribuyentes especiales están sujetos a un calenda-

---

12 *V.* Ley del IVA, arts. 27, 62 y 63. Los exportadores tienen derecho a recuperar una parte de los créditos fiscales derivados del IVA soportado en la adquisición o importación de los insumos para sus actividades de exportación.

13 *V.* Ley del IVA, arts. 31 y 33. El crédito fiscal del IVA soportado es un elemento técnico para la determinación de la obligación tributaria distinto de los créditos fiscales contra la República derivados del pago en exceso de tributos.

14 *V.* Ley del IVA, art. 32. Si en el período correspondiente los créditos fiscales exceden los débitos fiscales, el contribuyente puede trasladar el exceso a lo períodos siguientes indefinidamente hasta su completa deducción (Ley del IVA, art. 38).

15 *V.* Ley del IVA, art. 13.

16 *V.* Ley de IVA, art. 55.

17 *V.* Decreto Constituyente que establece el "Régimen temporal de pago de anticipo del impuesto al valor agregado e impuesto sobre la renta para los sujetos pasivos calificados como especiales" (*G.O.* N° 6.396 Ext. del 21/08/18) ("Decreto de Anticipos"). Hemos asumido que el Decreto de Anticipos es legal, a pesar de haber sido

rio especial de pago de tributos nacionales administrados por la Administración y otros deberes formales tributarios (ver infra literal C).

Según el Decreto de Anticipos: (1) Los ingresos brutos son producto de las *"ventas gravables"* de los bienes, servicios, arrendamientos y cualesquiera otros proventos regulares o accidentales del contribuyente; (2) Las personas naturales bajo relación de dependencia calificadas como sujetos pasivos especiales están exentas del régimen de anticipos; (3) Cada día los anticipos recaerán sobre los ingresos brutos; (4) La Administración deberá establecer el procedimiento de declaración y pago mediante Providencia Administrativa de carácter general; (5) La Administración podrá sectorizar a los contribuyentes especiales en función de su actividad económica, capacidad contributiva o ubicación geográfica; (6) A pesar de llamarse temporal, el régimen es indefinido hasta que el Ejecutivo Nacional lo derogue; (7) La Administración podrá practicar determinaciones sobre base presuntiva y (8) En materia de IVA: (a) El período tributario del impuesto pasa a ser semanal y no mensual (el Decreto de Anticipos suspendió la vigencia del art. 32 de la Ley de IVA, referido a la determinación mensual de la cuota tributaria). Los anticipos se determinan sobre la base del impuesto reportado en la declaración de la semana anterior, dividido entre los días hábiles de la semana en curso. La norma no es clara, pero pareciera que la intención es que al final de cada semana el contribuyente debe determinar la cuota tributaria del IVA. Luego debe dividir la cuota tributaria entre los días hábiles de la semana siguiente y pagarla diariamente: (b) El impuesto que servirá de base a los anticipos de IVA se determinará sobre la base de los ingresos brutos del período de imposición anterior (en este caso, semana anterior), multiplicado por el porcentaje fijado. Según el Decreto los anticipos serán deducibles de la declaración de IVA. Técnicamente, sin embargo, los anticipos de impuestos se acreditan contra el impuesto definitivo y no se deducen como gastos; (c) La determinación de la cuota tributaria semanal será igual a la diferencia entre los débitos y créditos fiscales de la semana; (d) Para los anticipos correspondientes a la primera semana de septiembre de 2018 los contribuyentes deben considerar el IVA correspondiente a la semana anterior, coincidente con la última semana de agosto. La constitucionalidad de esta regla es debatible dado que es violatoria del: (i) principio de irretroactividad al pretender aplicarse a períodos anteriores a la entrada en vigencia del Decreto de Anticipos; y (ii) principio de legalidad al imponer la percepción de anticipos mediante un instrumento normativo distinto a una Ley.[18]

En sintonía con el nuevo régimen descrito, la Administración modificó el calendario para el cumplimiento de las obligaciones tributarias de los contribuyentes especiales generadas a partir de los meses septiembre a diciembre 2018.[19] Los contribuyentes especiales deben pre-

---

dictado por la ANC, considerando que en todas las decisiones adoptadas por la ANC han sido implementadas. El Tribunal Supremo de Justicia ha reconocido la validez legal y la autoridad de la ANC para dictar decretos. Sin embargo, el asunto es debatible y hay argumentos importantes para sostener la inconstitucionalidad de la ANC y la inconstitucionalidad e ilegalidad de sus actos. *V.* «*Nuevo régimen de anticipos del impuesto al valor agregado e impuesto sobre la renta para contribuyentes especiales en Venezuela*», Baker & McKenzie, acceso el 21 de enero de 2019, http://baerxchange.com/rv/ff00408163c0e891108edf0e4e4d817b02f45a88/p=0.

18   En materia de I/R: (a) Los anticipos se determinan sobre los ingresos brutos producto de las ventas de bienes y servicios obtenidos en el *"período de imposición del mes anterior dentro del territorio Nacional"*; es decir sobre ventas brutas mensuales y territoriales. Como consecuencia de ello, las rentas extraterritoriales no serán incluidas dentro de la base para la determinación de anticipos; (b) El Ejecutivo Nacional podrá fijar la tarifa entre los límites de 0,5% y 2%. El Decreto de Anticipos fijó una tarifa de 2% para el sector bancario, seguros y reaseguros y 1% para el resto de los contribuyentes; (c) Las instituciones financieras y los contribuyentes del sector bancario, seguros y reaseguros, el anticipo deben calcular el anticipo multiplicando los ingresos brutos obtenidos en el día inmediatamente anterior, por la tarifa aplicable. Según el Decreto los anticipos de I/R son deducibles de la declaración definitiva. Como se indicó, técnicamente los anticipos de impuestos se acreditan contra el impuesto definitivo y no se deducen como gastos; y (d) El Decreto de Anticipos suspendió las normas de anticipos de la Ley de I/R y su Reglamento.

19   Providencia del SENIAT N° SNAT/2018/0128 (*G.O.* N° 41.468 del 21/08/18).

sentar sus declaraciones y pagos del IVA e I/R según el último número del Registro Único de Información Fiscal.[20]

C. Antecedentes del Régimen de Retención del IVA: Los sujetos pasivos son los obligados a cumplir las obligaciones tributarias, en calidad de contribuyentes (deudor por deuda propia) o responsables (deudor por deuda ajena).[21] En el caso del IVA los contribuyentes son: (1) Los contribuyentes ordinarios del IVA, que son las personas naturales o jurídicas, comunidades, sociedades irregulares o de hecho, consorcios y demás entes jurídicos o económicos, públicos o privados, que en su condición de importadores habituales de bienes, prestadores de servicios, de fabricantes, productores, ensambladores o embotelladores, comerciantes que como parte de su giro, objeto u ocupación, realicen habitualmente actividades, negocios jurídicos u operaciones que sean hechos imponibles del IVA. Esas operaciones son básicamente la importación, venta o desincorporación de bienes muebles corporales y la importación o venta de servicios independientes (incluyendo arrendamientos de bienes inmuebles que no estén destinados a vivienda);[22] (2) Los contribuyentes ocasionales del IVA, que son los importadores no habituales de bienes muebles corporales y (3) Los contribuyentes formales del IVA, que son los sujetos que realicen exclusivamente actividades u operaciones exentas o exoneradas del IVA.

Los responsables son las personas que, sin tener carácter de contribuyentes, deben cumplir las obligaciones que la ley les atribuye.[23] Los responsables pueden ser directos o solidarios. Los responsables directos son las personas que la ley o la Administración, previa autorización legal, designa como agentes de percepción o retención y cuya responsabilidad consiste en la percepción o retención del impuesto aplicable y el posterior enteramiento a la Administración.[24] Los responsables solidarios son aquellas personas que por el cargo que ocupan o la representación que ejercen son responsables del pago de tributos, multas e intereses moratorios hasta por el valor de los bienes que reciban, administren o dispongan,[25] los adquirentes de fondos de comercio y los adquirentes del activo y pasivo de empresas o entes colectivos con personalidad jurídica o sin ella.[26] La Administración puede designar como

---

20   Providencia del SENIAT N° SNAT/2017/0053 (G.O. N° 41.228 del 28/11/17). Los contribuyentes especiales deben presentar una declaración semanal de anticipo de I/R, tomando como base el ingreso bruto obtenido en la semana inmediatamente anterior. El pago del anticipo se divide entre los días hábiles de la semana y el contribuyente deberá pagar la primera porción el mismo día de la declaración y las demás porciones en las fechas indicadas en el compromiso de pago. Las instituciones financieras, sector bancario, seguro y reaseguros, deberán presentar la declaración y pagar el anticipo diariamente (el anticipo se calcula sobre los ingresos brutos del día anterior). Los contribuyentes especiales deben presentar una declaración semanal de anticipo de IVA. El pago del anticipo se divide entre los días hábiles de la semana y el contribuyente deberá pagar la primera porción el mismo día de la declaración y las demás porciones en las fechas indicadas en el compromiso de pago. Si cualquiera de las fechas programadas coincide con un día declarado feriado o no laborable, el contribuyente deberá presentar la declaración y/o pago correspondiente al siguiente día hábil.

21   V. Código Orgánico Tributario ("Código") (G.O. N° 6.152 Ext. del 18/11/14), art. 19.

22   También denominados "contribuyentes de derecho". V. Ley del IVA, art. 5; Reglamento de la Ley del IVA (G.O. N° 5.363 Ext. del 12/07/99, art. 5). Para los supuestos de no sujeción y exenciones, V. Ley del IVA, arts. 16 a 19 y Leonardo Palacios Márquez, «Los sujetos pasivos en el Impuesto al Consumo Suntuario y a las Ventas al Mayor. Las exenciones y no sujeciones», en *Revista de Derecho Tributario*, N° 65 (1994) 7-8: "*La existencia de la repercusión avala la tesis, conforme a la cual, en materia de sujetos pasivos en calidad de contribuyentes, en materia de imposición indirecta-I.V.A. debe hablarse siempre de contribuyentes de derecho como únicos obligados al pago de la deuda tributaria y obligado a cumplir con las demás obligaciones y deberes formales atinentes a la determinación y recaudación del impuesto.*"

23   V. Código, art. 25.

24   V. Código, art. 27.

25   V. Mariana Martínez Morán, «Impuesto al Valor Agregado. Agentes de Retención», en *XXXIV Jornadas J.M. Domínguez Escovar Derecho Tributario* (2008), 69-70; Código, art. 28.

26   V. Código, art. 29.

responsables del pago del IVA, en calidad de agentes de retención, a personas que por sus funciones públicas o actividades privadas intervengan en operaciones gravadas con el referido impuesto.[27]

La Providencia Administrativa ("Providencia") Nº 188, designó como agentes de retención del impuesto al consumo suntuario y a las ventas al mayor (que fue un impuesto idéntico al IVA con otro nombre), al Banco Central de Venezuela y a los industriales, productores, fabricantes e importadores de metales y piedras preciosas por la venta e importación de las mismas, la retención debía efectuarse al momento del pago o abono en cuenta a los vendedores. La Providencia Nº 212 derogó la Providencia Nº 188. Luego, la Providencia Nº SNAT/2001/555 designó como agentes de retención del IVA a 89 comerciantes de metales y piedras preciosas por las adquisiciones que éstos realicen.[28]

La Providencia Nº SNAT/2002/1.418 designó a los entes públicos nacionales como agentes de retención del IVA por las adquisiciones de bienes muebles y la recepción de servicios gravados de proveedores contribuyentes ordinarios del IVA. La Providencia Nº SNAT/2002/1.419, designó a los sujetos pasivos que la Administración había calificado como sujetos pasivos especiales (los "contribuyentes especiales") como agentes de retención del IVA por la compra de bienes muebles o recepción de servicios de proveedores que eran contribuyentes ordinarios del IVA. La Providencia Nº SNAT/2002/1.454 derogó la Providencia Nº SNAT/2002/1.418 sobre la designación de entes públicos nacionales como agentes de retención del IVA y la Providencia Nº SNAT/2002/1.455 derogó la Providencia Nº SNAT/2002/1.419 sobre la designación de los contribuyentes especiales como agentes de retención del IVA.[29]

La Providencia Nº SNAT/2005/0056, que derogó la Providencia Nº SNAT/2002/1.454, designó como agentes de retención del IVA a los entes públicos nacionales. La Providencia Nº SNAT/2005/0056 se reimprimió por error material según Providencia Nº SNAT/2005/-0056-A.[30]

La Providencia Nº SNAT/2005/0056 derogó la Providencia Nº SNAT/2002/1.455 y designó como agentes de retención del IVA a los sujetos pasivos distintos a personas naturales que la Administración hubiese calificado como contribuyentes especiales. Posteriormente, la Providencia Nº SNAT/2013/0030[31] derogó la Providencia Nº SNAT/2005/0056.

---

27   *V.* Ley del IVA, art. 11. El Reglamento de la Ley del IVA limita la designación de agentes de retención a las personas naturales o jurídicas que estén obligadas a llevar contabilidad y que sean contribuyentes ordinarios del IVA.

28   *V.* Providencia Nº 188 (*G.O.* Nº 36.334 del 14/11/97). La Providencia Nº 554 (*G.O.* Nº 36.426 del 1/04/98) estableció las obligaciones y deberes formales que debían cumplir los agentes de retención del impuesto al consumo suntuario y a las ventas al mayor por las adquisiciones e importaciones de metales y piedras preciosas; Providencia Nº 212 (*G.O.* Nº 36.788 del 16/09/99) y Providencia Nº SNAT/2001/555 (*G.O.* Nº 37.194 del 10/05/01).

29   *V.* Providencia Nº SNAT/2002/1.419 (*G.O.* Nº 37.573 del 19/11/02); Providencia Nº SNAT/2002/1.454 (*G.O.* Nº 37.585 del 5/12/02); Providencia Nº SNAT/2002/1.455 (*G.O.* Nº 37.585 del 5/12/02) y Providencia Nº SNAT/2002/1.418 (*G.O.* Nº 37.573 del 19/11/02).

30   *V.* Providencia Nº SNAT/2005/0056 (*G.O.* Nº 38.136 del 28/02/05) y Providencia Nº SNAT/2005/0056-A (*G.O.* Nº 38.188 del 17/05/05). A partir de 2002 varios contribuyentes especiales impugnaron las distintas Providencias de retención del IVA ante la Corte Primera de lo Contencioso-Administrativo ("Corte Primera") mediante recursos de anulación por inconstitucionalidad e ilegalidad, conjuntamente con solicitudes de amparo cautelar. La Corte Primera otorgó varios amparos cautelares a favor de los recurrentes y suspendió la aplicación de las Providencias (*V.*, ej., Corte Primera, fallo del 18/12/02, caso: *Cervecería Polar Los Cortijos, C.A. et al*). Posteriormente la SPA del TSJ, ante varias solicitudes de avocamiento presentadas por la Administración, (i) declaró que la Corte Primera era incompetente y se avocó al conocimiento de los procedimientos que cursaban ante esa Corte Primera; (ii) anuló los amparos cautelares y (iii) ordenó la reposición de los procedimientos al estado de admisión (*V.*, ej., TSJ-SPA, fallos Nº 0230 del 21/04/04, caso: *in re Cervecería Polar Los Cortijos, C.A. et al* y Nº 5.744 del 28/09/05, caso: *in re Barsa Planeta de Venezuela, C.A. et al*). A la fecha de entrega de este artículo en marzo 2019 el TSJ no había dictado decisión de fondo.

31   *V.* Providencia Nº SNAT/2005/0056 (*G.O.* Nº 38.136 del 28/02/05) y Providencia Nº SNAT/2013/0030 (*G.O.* Nº 40.170 del 20/05/13).

Por último, la Providencia Nº SNAT/2015/0049, reimpresa por error material según la Providencia Nº SNAT/2015/0057 ("Providencia 0057") y la Providencia Nº SNAT/2013/-0029 ("Providencia 0029") (en su conjunto, "Providencias"), actualmente vigentes, designaron como agentes de retención del IVA, en el primer caso, a los contribuyentes distintos a las personas naturales a los cuales la Administración calificó y notificó como contribuyentes especiales; y en el segundo caso a los órganos y entes públicos nacionales, estadales y municipales indicados en la Providencia 0029. La Providencia 0049 derogó a la Providencia No. SNAT/2013/0030, mediante la cual se habían designado a los contribuyentes especiales como agentes de retención del IVA ("Providencia 0030") y la Providencia 0029 derogó a la Providencia No. SNAT/2005/0056-A, mediante la cual se habían designado a los órganos y entes públicos nacionales indicados en dicha Providencia como agentes de retención del IVA ("Providencia 0056-A"). La Providencia 0057 (contribuyentes especiales), entró en vigencia el 1/10/15, mientras que la Providencia 0029 (órganos o entes públicos nacionales), entró en vigencia el 1/07/13.[32]

D. Definición y calificación de los agentes de retención: El agente de retención del IVA es la persona jurídica que, siendo deudor de la contraprestación de un negocio u operación gravado con el IVA, en lugar de pagar el IVA completo al vendedor o prestador del servicio, debe retener una porción del IVA y transferirla a la República.

Según la Providencia 0057, la designación de agentes de retención recae sobre los contribuyentes distintos de personas naturales que la Administración califique y notifique como contribuyentes especiales (o "grandes contribuyentes") que compren o adquieran bienes muebles o servicios de proveedores que sean contribuyentes ordinarios, entendiéndose, a los efectos de la Providencia 0057, como proveedores a los contribuyentes ordinarios del IVA que vendan bienes muebles o presten servicios, ya sea con carácter de minorista o mayorista. La frase "contribuyentes ordinarios" ha planteado la siguiente pregunta: si un contribuyente especial le compra a otro contribuyente especial ¿debe hacer la retención? La Ley del IVA distingue tres clases distintas de contribuyentes (ordinarios, ocasionales o formales) que son excluyentes entre sí, de modo que una persona natural o jurídica solamente podría calificar en una de ellas.

Por su parte, los contribuyentes especiales son aquellos que tienen características similares en cuanto a su nivel de ingresos o en cuanto a la actividad que realizan y que la Administración los ha designado de acuerdo con "*Providencia No. 0685 sobre Sujetos Pasivos Especiales*"[33] o Providencias similares anteriores. Los contribuyentes especiales deben

---

32   *V.* Providencia Nº SNAT/2015/0049 (*G.O.* Nº 40.720 del 10/08/15); Providencia Nº SNAT/2015/0057 (*G.O.* Nº 40.746 del 15/09/15) y Providencia Nº SNAT/2013/0029 (*G.O.* Nº 40.170 del 20/05/13).

33   *V.* Providencia Nº 0685 (*G.O.* Nº 38.622 del 8/02/07). Según la Providencia Nº 0685, los sujetos que la correspondiente Gerencia Regional de Tributos Internos de la Administración (correspondiente al domicilio fiscal del sujeto) puede designar como especiales son: (a) (…) (Personas naturales); (b) Para el caso de los tributos que se liquiden anualmente, podrán ser calificadas como contribuyentes especiales las personas jurídicas que obtengan ingresos brutos iguales o superiores al equivalente de 30.000 Unidades Tributarias (la "UT")33 según la última declaración de rentas anual. Con respecto a los tributos que se liquiden mensualmente, serán calificados como especiales aquellos contribuyentes que hubiesen efectuado ventas o prestaciones de servicios por montos iguales o superiores al equivalente de 2.500 UT, de acuerdo a lo dispuesto en una cualquiera de las seis últimas declaraciones presentadas; (c) Los entes públicos nacionales, estadales y municipales, con domicilio distinto a la Región Capital, que actúen exclusivamente en calidad de agentes de retención o de percepción de tributos. La calificación requerirá la previa autorización otorgada por la Gerencia de Recaudación; (d) Los contribuyentes que realicen operaciones aduaneras de exportación, con exclusión de los sujetos pasivos calificados como especiales por la Gerencia Regional de Tributos Internos de la Región Capital de la Administración y (e) Los contribuyentes que emitan o reciban Certificaciones de Débito Fiscal Exonerado, con exclusión de los sujetos pasivos calificados como especiales por la Gerencia Regional de Tributos Internos de la Región Capital de la Administración. La Gerencia Regional de Tributos Internos de Contribuyentes Especiales de la Región Capital podrá calificar como especiales los siguientes sujetos pasivos domiciliados en la Región Capital: (a) (…) (Personas naturales); (b) Las personas jurídicas, con exclu-

cumplir con sus obligaciones de declaración y pago de tributos de acuerdo con el calendario especial que publica anualmente la Administración ("Calendario de Contribuyentes Especiales"). También deben cumplir con sus obligaciones de pago en las oficinas receptoras de fondos nacionales que indique la Administración.

La condición de contribuyente especial depende de los ingresos del contribuyente o de sus actividades y de su designación como tal por la Administración; mientras que la condición de contribuyente ordinario del IVA dependerá de si realiza habitualmente operaciones gravadas con el IVA. Por lo tanto, la condición de contribuyente especial no es excluyente de las categorías de contribuyentes del IVA y, en consecuencia, un contribuyente especial puede ser contribuyente ordinario del IVA, contribuyente ocasional del IVA o contribuyente formal del IVA.

La Providencia 0057 se dictó bajo la asunción que los contribuyentes especiales personas jurídicas normalmente son contribuyentes ordinarios del IVA. En efecto, aunque es teóricamente posible, es poco probable pensar en un contribuyente especial que no sea contribuyente ordinario del IVA porque generalmente los contribuyentes ocasionales o formales del IVA no son designados como contribuyentes especiales.

La Providencia 0057 no distingue, a efectos de la retención del IVA, si el proveedor debe ser contribuyente especial o no. Basta únicamente que el proveedor sea contribuyente ordinario del IVA y que el comprador o beneficiario del servicio sea contribuyente especial para que aplique la retención. En consecuencia, los contribuyentes especiales son agentes de retención del IVA en cualquier caso que adquieran de contribuyentes ordinarios del IVA bienes y/o servicios sujetos al IVA, independientemente de que los proveedores sean también contribuyentes especiales. Así, si un contribuyente especial adquiere bienes y/o servicios sujetos al IVA de otro contribuyente especial que, además, sea contribuyente ordinario del IVA, deberá efectuar la retención del IVA. Por otra parte, si un contribuyente especial adquiere bienes y/o servicios de contribuyentes ocasionales del IVA, de contribuyentes formales del IVA o de no contribuyentes del IVA, no deberá efectuar retención alguna (en estos casos la venta de bienes y/o servicios muy probablemente no estará sujeta al IVA).

---

sión de las señaladas en el art. 4 de la Providencia 0685, que obtengan ingresos brutos iguales o superiores a 120.000 UT, según lo señalado en la última declaración anual presentada. Asimismo, las personas jurídicas que efectúen ventas o prestaciones de servicios por montos iguales o superiores a 10.000 UT, según lo declarado en cualquiera de sus seis últimas declaraciones presentadas; (c) Los entes públicos nacionales, estadales, y municipales que actúen exclusivamente en calidad de agentes de retención o de recepción de tributos. En estos casos, la calificación requerirá la autorización previa la Gerencia de Recaudación y (d) Las personas naturales o jurídicas que sean socios, directores, gerentes, administradores o representantes de sociedades y demás entes calificados como sujetos pasivos especiales por la Gerencia Regional de Tributos Internos de Contribuyentes Especiales de la Región Capital, independientemente del monto anual de sus ingresos, volúmenes de venta o prestación de servicios y no obstante la denominación que se les hubiera otorgado en los estatutos del sujeto pasivo especial. Por último, la Gerencia Regional de Tributos Internos de Contribuyentes Especiales de la Región Capital podrá calificar de especiales, y sometidos al control y administración de esa Gerencia, independientemente del domicilio fiscal, los siguientes sujetos pasivos: (a) Los dedicados a las actividades primarias, industriales y de transporte de hidrocarburos, o a la comercialización de hidrocarburos y sus derivados para su exportación y las empresas mixtas que hayan asumido operaciones de campos petroleros o las que se creen según la Ley Orgánica de Hidrocarburos; (b) Los accionistas de las empresas mixtas que se dediquen a actividades primarias, industriales y de transporte de hidrocarburos, o a la comercialización de hidrocarburos y sus derivados para exportación; (c) Los que realicen operaciones en materia de hidrocarburos o actividades conexas debido a Convenios Operativos, de Exploración y Explotación a Riesgo bajo el Esquema de Ganancias Compartidas o de Asociaciones Estratégicas; (d) Los principales proveedores, contratistas y prestadores de servicios de los sujetos pasivos mencionados en los literales (a), (b) y (c); (e) Los tenedores de acciones de los sujetos descritos en los literales (a) y (b); (f) Los que realicen operaciones de exploración, explotación, procesamiento, industrialización, transporte, distribución y comercio interno o externo de gas natural y (g) Los dedicados a actividades de explotación de minas o actividades conexas.

La Providencia 0057 aplica a los agentes de retención del IVA que no sean órganos o entes públicos introdujo novedades con respecto a la Providencia N° SNAT/2013/0030,[34] derogada por la Providencia 0049, que a su vez fue corregida por error material por la Providencia 0057.[35] Los sujetos pasivos especiales deben enterar las retenciones de IVA de acuerdo a lo dispuesto en el Calendario de Contribuyentes Especiales. Según la Providencia 0029, la designación de agentes de retención recae sobre órganos o entes públicos.[36]

E. Exclusiones: Los siguientes negocios jurídicos no están sujetos a re tención: (1) las operaciones que no se encuentren sujetas al IVA; (2) las operaciones exentas y las exoneradas; (3) las operaciones en las que el proveedor sea un contribuyente formal del IVA; (4) las ventas realizadas por proveedores sobre los cuales se hayan establecido regímenes de percepción anticipada del IVA, con ocasión de la importación de bienes; (5) las operaciones que paguen los empleados del agente de retención con cargo a cantidades que le otorguen por concepto de viáticos; (6) las operaciones que paguen directores, gerentes, administradores u otros empleados por cuenta del agente de retención y (7) las compras de bienes muebles o prestación de servicios cargadas a la caja chica de los agentes de retención, siempre que el valor no exceda de 20 UT.

Según la Providencia 0057 no se practicará la retención cuando: (1) el proveedor sea un agente de percepción del IVA y se trate de operaciones de ventas de bebidas alcohólicas, fósforos, cigarrillos, tabacos y otros derivados del tabaco; (2) se trate de servicios de electricidad, agua, aseo y telefonía pagados a través de domiciliación a cuentas bancarias de los agentes de retención; (3) el proveedor esté inscrito en el Registro Nacional de Exportadores y haya realizado solicitudes de recuperación de créditos fiscales con ocasión a actividades de exportación durante los últimos seis meses; (4) el total de las ventas o prestaciones de servicios exentas o exoneradas del proveedor, represente un porcentaje superior al 50% del total de sus operaciones de ventas o prestaciones de servicios durante el ejercicio fiscal anterior; (5) las compras que efectúen los órganos de la República, los Estados y los Municipios, que la Administración hubiera calificado y notificado como contribuyentes especiales; (6) los entes públicos, creados por la República y que la Administración hubiera calificado y notificado como contri-

---

34   Providencia N° SNAT/2013/0030 (*G.O.* N° 40.170 del 20/05/13).

35   La Providencia 0057 establece que los sujetos pasivos que la Administración califique y notifique sobre su condición de contribuyente especial serán responsables del pago del IVA en calidad de agentes de retención. Asimismo, en los casos de fideicomisos, el fideicomitente fungirá como agente de retención, siempre y cuando hubiere sido calificado y notificado como contribuyente especial.

36   La República (que a comprende: la Presidencia de la República y la Vicepresidencia Ejecutiva, los Ministerios, los Servicios Autónomos sin personalidad jurídica, la Procuraduría General de la República, las Oficinas Nacionales creadas por la Presidencia de la República, la Asamblea Nacional, el Tribunal Supremo de Justicia y los Tribunales de la República, el Ministerio Público, la Contraloría General de la República, la Defensoría del Pueblo, el Consejo Nacional Electoral, la Dirección Ejecutiva de la Magistratura, el Consejo Moral Republicano y las Oficinas Nacionales); el Banco Central de Venezuela, la Iglesia Católica, según las Diócesis, Arquidiócesis y Seminarios (aunque la Iglesia no es un órgano del Estado), los Institutos Autónomos creados por la República, las Fundaciones, Asociaciones y Sociedades Civiles del Estado, creados por la República, o en los cuales ésta o sus entes descentralizados funcionalmente tengan participación, en los términos establecidos en la Ley Orgánica de Administración Pública, las Universidades Nacionales, los Colegios Profesionales y las Academias Nacionales, el Parlamento Latinoamericano y el Parlamento Andino y los entes descentralizados funcionalmente con fines empresariales, en los cuales la República o alguno de los entes descentralizados creados por ésta, tenga una participación accionaria mayor al 50% del capital social, con excepción de aquéllos que hayan sido calificados como contribuyentes especiales por la Administración y los entes públicos estadales y municipales; los órganos ejecutivos y legislativos de los estados, distritos metropolitanos y municipios; la Contralorías de los estados, distritos metropolitanos y municipios; los Institutos Autónomos creados por los estados, distritos metropolitanos y municipios y los entes descentralizados funcionalmente con fines empresariales, *i.e.*, las empresas del Estado, en los cuales los estados, distritos metropolitanos y municipios o alguno de los entes descentralizados creados por éstos, tengan una participación accionaria mayor al 50% del capital social, con excepción de aquéllos que la Administración haya calificado como contribuyentes especiales).

buyentes especiales, que realicen compras sin fines empresariales; y (7) las operaciones y el IVA en los que se admita su pago en moneda extranjera según el art. 146 del Código.[37]

F. Cálculo del impuesto a retener:[38] El monto a retener es del 75% de la tasa del impuesto aplicable. El monto a retener es del 100% en los casos de excepción en que no se discrimine el impuesto en la factura o nota de débito; no se cumplan los requisitos y/o formalidades establecidas para la factura o nota de débito; o el proveedor no esté inscrito en el Registro Único de Información Fiscal ("RIF"). Según la Providencia 0057 la retención será del 100% cuando el proveedor esté sujeto a esa retención según con el portal fiscal de la Administración (www.seniat.gov.ve) o cuando se trate de operaciones de comercialización, distribución o compra-venta de metales o piedras preciosas.[39] En el caso de la Providencia 0029 el monto a retener será del 100% cuando: los datos de registro del proveedor no coincidan con los indicados en la factura; el proveedor hubiere omitido la presentación de alguna de sus declaraciones de IVA y los servicios sean prestados a órganos o entes públicos, en el ejercicio de profesiones que no impliquen la realización de actos de comercio o comporten trabajo o actuación predominantemente intelectual. De otra parte, un mandatario del agente de retención no puede retener y enterar el monto retenido en nombre de su mandante, pues el agente de retención es quien compró los bienes o recibió los servicios. Por esa razón será el mandante el único responsable frente a la Administración por la retención y el enteramiento oportuno del IVA retenido.[40]

G. Acreditación del IVA retenido: Los proveedores están autorizados a acreditar el IVA anticipado según la retención contra la cuota tributaria del período. El impuesto retenido no pierde el carácter de crédito fiscal (acreditable contra el impuesto definitivo o cuota tributaria) que tiene para el comprador o adquirente de los servicios (agente de retención), el cual será relacionado al momento del cierre del mes según el régimen general del IVA o semanal según el régimen de anticipos. No obstante, en el caso de los órganos y entes públicos, si b ien la Providencia 0029 establece el carácter del IVA retenido como crédito fiscal, una gran parte de los contribuyentes designados en esa Providencia como agentes de retención no son contribuyentes ordinarios del IVA, por lo que de ninguna manera podrían acreditar los montos retenidos.[41]

---

37   Además de los supuestos anteriores, el art. 5 de la Providencia 0029 dispone que no debe practicarse la retención cuando se trate de: (1) egresos imputados contra las sub-partidas 4.04.11.01.00 (Adquisición de tierras y terrenos), 4.04.11.02.00 (Adquisición de edificios e instalaciones), 4.04.11.03.00 (Expropiación de tierras y terrenos) y 4.04.11.04.00 (Expropiación de edificios e instalaciones) del presupuesto nacional; (2) adquisiciones de bienes y servicios realizados por órganos o entes públicos distintos a los señalados en el art. 2(1) de la Providencia 0029 que se paguen en un 100% con bonos de la deuda pública nacional; y (3) egresos causados en el marco del Programa de Alimentación Escolar del Ministerio del Poder Popular para la Educación.

38   El monto a retener se debe calcular de acuerdo con la fórmula: **Mret = Pfac x Ai x R**, donde: **Mret**: Monto a retener; **Pfac**: Precio facturado de los bienes y/o servicios gravados; **Ai**: Alícuota, tasa o tarifa impositiva aplicable y **R**: Porcentaje de retención. En todos los casos mencionados el agente de retención debe verificar, al momento del pago de la factura de compra o al emitir la orden de pago, si aplica, la información suministrada por el proveedor referente a su número de RIF, para lo cual el agente de retención deberá acceder al portal fiscal www.seniat.gov.ve.

39   No se considerarán agentes de retención bajo el art. 2 de la Providencia 0057 los contribuyentes que sólo se dediquen a la actividad de joyería, compra y ventas de joyas y piedras hechas y productos finales acabados. Ahora bien, la Administración puede designar como agente de retención a contribuyentes que se dediquen a las actividades antes descritas según el art. 1 de la Providencia 0057 [*V.* «Consulta DCR-5-25494», en *Doctrina Tributaria*, N° 14 (2006), 149-151)].

40   *V.* «Consulta DCR-5-27295», en *Doctrina Tributaria*, N° 14 (2006), 132-136.

41   *V.* Justo Oswaldo Páez-Pumar, «La Retención en el Impuesto al Valor Agregado», en *Imposición al Valor Agregado (IVA) en Venezuela* (2004), 839.

El contribuyente debe acreditar el IVA retenido en la declaración de IVA del período en el cual se produjo la retención. Sin embargo, en dos casos se pospone la acreditación a los períodos tributarios siguientes hasta que sean utilizados totalmente: (1) Cuando haya demora en la entrega del comprobante de retención, caso en el cual la acreditación del IVA retenido podrá trasladarse al período en el cual el contribuyente efectivamente reciba el comprobante de retención; y (2) Cuando el IVA retenido exceda la cuota tributaria del período (un mes o, según el nuevo sistema de anticipos, una semana). Las retenciones acumuladas pendientes por acreditar deberán reflejarse en "*Forma IVA 30 declaración y pago del IVA*", las cuales, junto con las retenciones correspondientes al período, se acreditarán o descontarán de la cuota tributaria hasta su concurrencia. El saldo restante, si lo hubiere, deberá reflejarse como retenciones acumuladas pendientes por descontar. Entretanto, en caso de solicitar la recuperación de los excedentes de retenciones según el procedimiento establecido en las Providencias, el saldo restante deberá reflejarse adicionalmente como retenciones soportadas y descontadas del período.

Utilizando los mismos datos del ejemplo anterior, el siguiente ejercicio ilustrará el funcionamiento de la retención del IVA:

Ejemplo No. 2: En este caso la retención del IVA es de Bs.S. 15,60 [*i.e.*, (Bs.S. 130 x 16%) x 75% = Bs.S. 15,60]				
Compras		**Ventas**		**IVA a pagar**
Precio	100	Precio	130,00	Débitos fiscales en las ventas:	20,80
IVA (16%) (créditos fiscales)	+16	IVA (16%) (débitos fiscales) (*)	+20,80	-Créditos fiscales en las compras:	16,00
Total	116	Total	150,80	- IVA retenido:	15,60
		(*) Retención: 20,80 x 75% = 15,60		**Cuota Tributaria:**	**-10- -10,80**[42]

Si el contribuyente ordinario sigue proveyendo bienes y servicios a entes públicos o contribuyentes especiales en el curso ordinario de actividades durante los meses siguientes, que es lo normalmente esperado, el saldo de exceso de retenciones aumentará progresivamente con un efecto acumulativo, creándose una distorsión ya que el IVA anticipado según la retención siempre será mayor que la cuota tributaria, sin posibilidad de compensación definitiva.

H. Retenciones indebidas: En caso de retenciones indebidas que el agente de retención no haya enterado al Tesoro Nacional, el proveedor tiene una acción de regreso contra el agente por el monto de IVA indebidamente retenido, sin perjuicio de posibles acciones civiles o penales. Si el agente ya enteró el impuesto indebidamente retenido, el proveedor podrá descontarlo de la cuota tributaria determinada para el período en la cual se practicó la retención indebida o en los sucesivos, sin perjuicio del derecho de solicitar la recuperación del mismo según el art. 8 de la Providencia 0057. Los agentes de retención podrán solicitar a la Administración el reintegro cuando hayan enterado cantidades superiores a las efectivamente retenidas, de acuerdo al procedimiento establecido en los arts. 204 y siguientes del Código.

---

42 Exceso de retenciones de IVA trasladable a los tres períodos siguientes. Luego el contribuyente trasladarlos hasta su compensación o solicitar su recuperación.

I. Oportunidad para retener y enterar el IVA: El contribuyente especial debe retener el IVA cuando realice el pago o el abono en cuenta, lo que ocurra primero y debe enterar el IVA retenido en una Oficina Receptora de Fondos Nacionales, en su totalidad y sin deducciones, de acuerdo a lo dispuesto en el Calendario de Contribuyentes Especiales, según los siguientes criterios: (1) Las retenciones efectuadas entre el 1 y el 15 de cada mes, ambos inclusive, deben enterarse dentro de los primeros cinco días hábiles siguientes al 15, esto es, deben enterarse de acuerdo a lo establecido en el Calendario de Contribuyentes Especiales; y (2) Las retenciones efectuadas entre el 16 y el último de cada mes, ambos inclusive, deben enterarse dentro de los cinco primeros días hábiles del mes inmediato siguiente. [43]

Los entes públicos deben retener el IVA: (1) Cuando paguen en efectivo la obligación, en los casos que se giren órdenes de pago directamente contra la cuenta del Tesoro por parte de los entes públicos que utilicen el Sistema de Gestión y Control de las Finanzas Públicas ("SIGECOF"); (2) Cuando autoricen el pago, si se trata de recursos provenientes de avances, anticipos o transferencias, por parte de los órganos o entes públicos que utilicen el SIGECOF; y (3) Cuando registren el pasivo (acreditaciones que los compradores de bienes y servicios gravados realicen en su contabilidad a favor de sus proveedores) o cuando pague la obligación, si se trata de órganos o entes públicos que no utilicen SIGECOF. [44]

Los agentes de retención deben enterar el IVA retenido en su totalidad y sin deducciones, de acuerdo a las siguientes modalidades: (1) En los casos de órganos o entes públicos que giren órdenes de pago directamente contra la cuenta del Tesoro, estos ordenarán a la Oficina Nacional del Tesoro que los pagos se efectúen previa deducción del monto de impuesto a retener. En ningún caso la Oficina del Tesoro Nacional y el SIGECOF tramitarán los pagos sujetos a retención, cuando no estén acompañados de la orden de deducir la retención practicada; y (2) En los casos de órganos o entes públicos que realicen los pagos a sus proveedores con recursos provenientes de avances, anticipos, ingresos propios o transferencias, dichos órganos o entes deberán pagar el importe neto, deducido el monto de IVA a retener y enterar el monto retenido según los siguientes criterios: (a) Las retenciones que se practiquen entre los días 1 y 15 de cada mes, ambos inclusive, deben enterarse dentro de los primeros cinco días hábiles siguientes a la última de las fechas mencionadas, según el Calendario de Contribuyentes Especiales; y (b) Las retenciones que se practiquen entre los días 16 y último de cada mes, ambos inclusive, deben enterarse dentro de los primeros cinco días hábiles del mes inmediato siguiente, según el Calendario de Contribuyentes Especiales.

J. Procedimiento para enterar el IVA retenido: El agente de retención debe inscribirse en el portal Web de la Administración, para la asignación de la correspondiente clave de acceso (de no haberlo hecho antes de la entrada en vigencia de las Providencias). Luego, debe presentar una declaración informativa de las compras y retenciones practicadas durante el período correspondiente a través del mismo portal Web. El agente de retención estará obligado a presentar la declaración informativa aún en los casos en que no hubieren efectuado operaciones sujetas a retención.

Una vez presentada la declaración informativa, el agente de retención podrá optar entre enterar electrónicamente o imprimir la planilla generada por el sistema denominada *"Planilla de Pago para enterar retenciones de IVA efectuadas por agentes de retención 99035"*. Si no entera electrónicamente, el agente deberá pagar el monto correspondiente en efectivo, cheque de gerencia o transferencia de fondos, en la oficina receptora de fondos nacionales de contribuyentes especiales que le corresponda.

K. Recuperación de retenciones acumuladas: Cuando el IVA retenido sea superior a la cuota tributaria del período, el contribuyente podrá trasladar por tres períodos de imposición

---

43 Providencia 0057, arts. 13 y 14..
44 Providencia 0029, art. 16.

el excedente no descontado (que bajo el nuevo sistema de anticipo deberían ser tres semanas). Si transcurrido los tres períodos resta algún excedente, el contribuyente puede seguir trasladando el excedente a los períodos siguientes u optar por solicitar la recuperación total o parcial del saldo acumulado. Las Providencias consagran el procedimiento para recuperar los excedentes. Sólo serán recuperables las cantidades que el agente de retención haya declarado y enterado y se reflejen en el estado de cuenta del contribuyente, previa compensación de oficio según el art. 49 del Código.

El contribuyente deberá presentar la solicitud de recuperación ante la División de Recaudación de la Gerencia de Tributos Internos del domicilio fiscal del contribuyente. Sólo podrá presentar una solicitud mensual.[45] Con la solicitud los contribuyentes deberán acompañar los documentos que acrediten su representación. El contribuyente podrá acompañar las declaraciones correspondientes a los períodos que reflejan la acumulación de retenciones. Para la recuperación de los excedentes de retenciones, los contribuyentes y sus cesionarios deberán, por una sola vez, inscribirse en el Portal www.seniat.gov.ve.

En la misma solicitud indicada anteriormente, el contribuyente deberá indicar, para el caso de que la misma resulte favorable, su decisión de compensar o ceder los excedentes, indicando tributos nacionales bajo jurisdicción de la Administración, montos y cesionario; y el tributo sobre el cual el cesionario efectuará la imputación respectiva, siguiendo el orden del art. 49 del Código. Las compensaciones y cesiones que se hubieren efectuado en contravención a las Providencias no serán oponibles a la República.

El Jefe de División de Recaudación deberá decidir la solicitud en los 30 días hábiles contados a partir de la fecha de recepción definitiva de la solicitud. Si el Jefe no se pronuncia dentro del lapso indicado, que es lo usual, se entiende que ha resulto negativamente la solicitud.

No existen estadísticas oficiales sobre las solicitudes de recuperación presentadas ante la Administración, el tiempo que tarda en contestarlas y qué porcentaje de lo solicitado otorga, pero la práctica del libre ejercicio permite afirmar que el tiempo de respuesta es inaceptablemente largo y la Administración no reconoce los intereses moratorios que le corresponden legalmente al contribuyente.[46] Lo mismo ocurre en el caso de la recuperación de los créditos fiscales de IVA por los exportadores. Varios autores han analizado el impacto financiero perjudicial de las demoras y los estados financieros el mayor exportador del país, Petróleos de Venezuela, S.A. y sus sociedades filiales ("PDVSA"), evidencian las demoras. De esas fuentes se puede inferir que situación es generalizada.[47]

---

45 Los contribuyentes que hubieren hecho solicitudes de recuperación de excedentes correspondientes a períodos de imposición anteriores de la entrada en vigencia de las Providencias no podrán introducir nuevas solicitudes hasta tanto la Administración no se haya pronunciado sobre las primeras.

46 *V.* Código, art. 67.

47 *V.*, ej., Laura Bohórquez, «Efectos financieros y administrativos causados por las retenciones del IVA en los contribuyentes especiales» (trabajo presentado como requisito para optar al grado de Licenciado en Contaduría Pública, Universidad Centroccidental "Lisandro Alvarado", 2003), *passim*, http://www.ucla.edu.ve/dac/Investigacion/VJornadas/Ponencias/27/2701.PDF; Guzmary Yecenia Carrero, «Efectos financieros jurídicos y administrativos de la aplicación del régimen de retenciones de IVA sobre los contribuyentes especiales. Caso de estudio: Empresa CQ durante el período 2003-2005» (Trabajo especial para optar al Grado de Especialista en Ciencias Contables Mención Rentas Internas, Universidad de Los Andes, 2006), *passim*, http://pcc.faces.ula.ve/Tesis/Especialidad/Guzmary%20Carrero/Tesis.pdf,; Karina Duarte, «Valoración el proceso de recuperación de los créditos fiscales de Inversiones Iyalorde C.A., en el primer trimestre del año 2016» (Tesis para optar a la Maestría en Administración Mención Gerencia Tributaria de la Empresa, Universidad Metropolitana, 2016), *passim*; Camilo London Arena, «El reintegro del IVA a los exportadores», en http://www.finanzasdigital.com/2016/08/reintegro-del-iva-los-exportadores/?_sm_au_=iVVvcStSrZ5NF12s, 5/08/16, acceso el 31/07/18; Alejandro Rodríguez, «Evaluación de la política de reintegro tributario a los exportadores en materia de impuesto al consumo suntuario y a las ventas al mayor y del impuesto al valor agregado (1995-2000)» (Tesis para optar a la Maestría en Gerencia y Políticas Públicas, Universidad Central de Venezuela, 2011), *passim* y Carmen Vera, «Problemas fiscales, gerenciales y

El contribuyente tiene tres opciones frente al silencio: (a) esperar la decisión expresa; (b) ejercer el recurso contencioso tributario ante los Tribunales Superiores de lo Contencioso Tributario contra la negativa ficta[48] o (c) intentar una acción de amparo tributario cuya decisión favorable del Tribunal Superior de lo Contencioso Tributario sería una orden a la Administración para que dicte la decisión o la sustitución del Tribunal en la Administración. De resultar desfavorables, el contribuyente podría impugnar la decisión de la Administración mediante el recurso contencioso tributario o apelar la decisión del Tribunal, según sea aplicable. En la práctica, sin embargo, el exagerado tiempo que toman los procedimientos y los costos asociados hacen inviables los remedios judiciales. Tampoco existen estadísticas oficiales, pero un procedimiento tributario (incluyendo vía administrativa y judicial) tarda aproximadamente 10 años.[49]

III. VICIOS DE ILEGALIDAD E INCONSTITUCIONALIDAD DE LAS PROVIDENCIAS DE RETENCIÓN DEL IVA

Las Providencias tienen varios vicios graves de ilegalidad e inconstitucionalidad:

A. Las Providencias violan el principio de legalidad tributaria y el derecho de propiedad de los contribuyentes especiales, tanto en su calidad de contribuyentes, como en su calidad de agentes de retención del IVA: Las Providencias violan el derecho de propiedad[50] y el principio de legalidad tributaria,[51] no sólo porque establecen obligaciones de retención sobre impuestos no causados, sino la Providencia 0057 particularmente por los efectos de la noción de abono en cuenta y la Providencia 0029 cuando establece el registro del pasivo, con el objeto de definir el momento en que los agentes deben practicar la retención. Tal violación se concreta en: (1) Las Providencias establecen un supuesto de retención sobre el "débito fiscal" en las ventas o prestaciones de servicios a otros contribuyentes especiales o entes públicos, siendo que la retención en todo caso habría de aplicar sobre la cuota de im-

---

financieros que enfrentan los contribuyentes ordinarios sujetos a la retención del Impuesto al Valor Agregado» (Tesis para optar a la Maestría en Administración Mención Gerencia Tributaria de la Empresa, Universidad Metropolitana, 2015), *passim*. En el caso de PDVSA las notas 13(l) y 12(l) a los Estados Financieros de los ejercicios 2015 y 2016, respectivamente, se refieren a los créditos fiscales de IVA de exportaciones pendientes de recuperación acumulados de varios ejercicios. Las notas indican que aún cuando PDVSA y sus filiales han efectuado las gestiones correspondientes ante la Administración, no han obtenido respuesta, por lo que PDVSA *"decidió a efectos contables establecer un monto como estimación de deterioro sobre la base de los créditos de mayor antigüedad"*, cuyo deterioro es un gasto del ejercicio [V. Estados Financieros de PDVSA y sus filiales de los ejercicios 2015 (nota 32) y 2016 (nota 29)], http://www.pdvsa.com/index.php?option=com_content&view=article&id=6538&Itemid=1186&lang=es, consultados el 2/08/18).

48   *V.* Código, art. 217.

49   *V.* supra nota 30 (después de 16 años aún no ha habido decisión de fondo sobre la impugnación de las Providencias de Retención de IVA); Baker & McKenzie, *Handling Tax Controversies in Latin America*. Ed. por José P. Barnola (h) (Manila: Baker & McKenzie, 2018), 172 y 178, versión electrónica; y SPA del TSJ, fallo N° 00435 del 19/05/10, caso: *Coca Cola-Servicios de Venezuela, C.A. vs. República*: amparo tributario contra la demora excesiva de la Administración en responder una solicitud de recuperación de excesos de retenciones de IVA. El procedimiento tardó más de cuatro años entre primera y segunda instancias, a lo que debe añadirse lo que tardó el procedimiento administrativo y el tiempo que habrá tomado la ejecución del fallo.

50   *V.* Constitución de la República ("Constitución") (*G.O.* N° 5.908 Ext. del 19/02/09), art. 115: *"Se garantiza el derecho de propiedad. Toda persona tiene derecho al uso, goce, disfrute y disposición de sus bienes. La propiedad estará sometida a las contribuciones, restricciones y obligaciones que establezca la ley con fines de utilidad pública o de interés general. Sólo por causa de utilidad pública o interés social, mediante sentencia firme y pago oportuno de justa indemnización, podrá ser declarada la expropiación de cualquier clase de bienes."*

51   *V.* Constitución, art. 317: *"No podrán cobrarse impuestos, tasas ni contribuciones que no estén establecidos en la ley..."*; Código, art. 3: *"Sólo a las leyes corresponde regular con sujeción a las normas generales de este Código las siguientes materias: 1. Crear, modificar o suprimir tributos; definir el hecho imponible; fijar la alícuota del tributo, la base de su cálculo e indicar los sujetos pasivos del mismo..."*

puesto a pagar en el período.[52] Como consecuencia de ello, los contribuyentes son objeto de retención sobre bases ficticias del IVA causado (meras expectativas de pago), o incluso sobre IVA aún no causado. Las Providencias, que son actos de rango sub-legal, sustituyeron la base imponible establecida en la Ley del IVA, fundamentada en el sistema esencial de débitos y créditos fiscales, por una nueva base imponible basada exclusivamente en los débitos fiscales, alterando la esencia del impuesto;[53] (2) Las Providencias también establecen, sin justificación alguna, un límite temporal mínimo para los contribuyentes sometidos a retención, de tres meses para la libre disposición de los créditos fiscales generados por el IVA que les sea retenido en exceso y (3) Respecto de los contribuyentes especiales que a su vez son agentes de retención, la Providencia 0057 establece la obligación de declarar y pagar el impuesto retenido, aunque no se haya efectuado ningún pago del bien o servicio adquirido sobre el cual efectuar la retención. El surgimiento de la obligación de retener, declarar y enterar el impuesto retenido con base en simples asientos nominativos, supone para los contribuyentes asumir con su propio patrimonio un adelanto de los débitos fiscales generados para el contribuyente vendedor de los bienes o prestador de los servicios gravados. Es pertinente el comentario de Naviera de Casanova, en cuanto a la vinculación entre el derecho de propiedad y la tributación:

> "*No hay tributación sin reconocimiento del derecho de propiedad*, lo cual es una verdad demostrada por la definición, cualquiera sea, de lo que se entiende por tributación, en tanto detracción de riqueza de mano de los particulares hacia manos estatales. *Y no podría haber reconocimiento y protección de este derecho sin un Estado que viva alimentado por los tributos recaudados, recortados (sic), obtenidos merced al fruto de la vigencia efectiva de ese derecho a nivel individual.*"[54] (Subrayado nuestro).

El derecho de propiedad de los bienes de las personas debe estar protegido, entre otras cosas, para no agotar la fuente de riqueza que hace posible la tributación.[55] El derecho de pro-

---

52 *V.* Ley del IVA, arts. 28 y 32.

53 *V.* Corte Primera, fallo del 18/12/02, caso: *in re Cervecería Polar Los Cortijos, C.A.*, cit. supra nota 30, en el cual concluyó que: "[E]*ste complejo sistema de causación, determinación y pago del Impuesto al Valor Agregado, en cuanto a aquellos contribuyentes que la Administración Tributaria designe como 'especiales', ha sido sustituido por un nuevo sistema de retención anticipada, en virtud del cual dichos contribuyentes deben retener el monto hipotéticamente debido al Fisco y enterarlo en las oportunidades que la misma Providencia dispone. Todo lo anterior, en apariencia, constituye una modificación -con respecto a los términos en que se encuentra consagrada en la Ley que rige la materia- de los mecanismos de determinación y pago del Impuesto al Valor Agregado, los cuales sin duda alguna constituyen elementos esenciales de la obligación tributaria. En consecuencia, en criterio de esta Corte, lo anterior se configura como una presunta infracción al principio de la legalidad tributaria a que se ha hecho referencia, consagrado en el art. 317 Constitucional.*"

54 *V.* G. Naviera de Casanova, *El principio de no confiscatoriedad. Estudio en España y Argentina* (Madrid: McGraw Hill, 1997), 55, cit. por Luis Fraga Pittaluga «Breves Reflexiones sobre la Interdicción de los Efectos Confiscatorios de los Tributos en la Constitución de 1999», en *V Jornadas Venezolanas de Derecho Tributario* (2000), 132.

55 En cuanto al alcance y vigencia del derecho de propiedad frente al tributo, la jurisprudencia argentina ha señalado: "*La Corte Suprema de la Nación, al definir el alcance del derecho de propiedad, ha señalado que "el término –propiedad- (..)., comprende, todos los intereses apreciables que el hombre pueda poseer fuera de sí mismo, fuera de su vida y de su libertad. Todo derecho que tenga un valor reconocido como tal por la ley, sea que se origine en las relaciones del derecho privado, sea que nazca de actos administrativos (derechos subjetivos privados o públicos) a condición de que su titular disponga de una acción contra cualquiera que intente interrumpirlo en su goce, así sea el Estado mismo, integra el concepto constitucional de propiedad. (..).. Mientras se halle garantizada en la Constitución la inviolabilidad de la propiedad o en tanto el Congreso no se halle investido de facultades constitucionales expresas que lo habiliten para tomar la propiedad privada sin la correspondiente indemnización o para alterar los derechos privados de los hombres, ha dicho esta Corte, la limitación existe para el departamento legislativo, cualquiera sea el carácter y la finalidad de la ley.*", citado por Rodolfo Spisso, *Derecho Constitucional Tributario* (Buenos Aires: Ed. Depalma, 1993), 2.

piedad y el deber de contribuir a los gastos públicos pueden ir de la mano, siempre y cuando el segundo se establezca y practique de forma tal que no atente ni viole al primero, a fin de evitar que el deber de tributar sea confiscatorio. Es por ello, que concatenado a los arts. 133 y 115 de la Constitución, el art. 316 de la Constitución consagra el principio de la capacidad económica o contributiva.[56]

La Corte Suprema Argentina, sin el beneficio de una disposición constitucional equivalente al art. 115 de la Constitución, ha anulado leyes tributarias confiscatorias por violar el derecho a la propiedad privada, el cual, al igual que en Venezuela, está protegido constitucionalmente.[57] Como señala un autor argentino: *"El eje en torno del cual gira todo el sistema jurisprudencial de la Corte Suprema, con respecto a la confiscatoriedad de las contribuciones, es la regla de que un tributo es confiscatorio cuando el monto de su tasa es irrazonable."*[58]

Juan Carlos Luqui ha señalado que *"[L]a presión que el tributo produce sobre la riqueza debe guardar, según la naturaleza de la riqueza y las características del tributo, una cierta medida que, para ser justa, no debe exceder una buena prudencia."*[59] Evidentemente, lo que constituye una cantidad irrazonable o imprudente es, como la belleza, un concepto totalmente subjetivo.[60] Sobre la base de estos argumentos, en Argentina, por ejemplo, se ha declarado la inconstitucionalidad del impuesto por mejoras cuando absorbe una porción sustancial del capital o de la renta del inmueble o no es razonable frente a la valoración de dicho inmueble (en ese caso se consideró que un impuesto mayor al 33% es inconstitucional porque en tres años habrá agotado el capital).[61]

La vigencia y relevancia del derecho de propiedad impone señalar que el mecanismo propio de repercusión y recuperación del IVA no puede ser alterado por normas sub-legales que, como las Providencias, pretendan desarrollar las figuras e instrumentos propios contenidos en la Ley de IVA, pues una actuación de tal magnitud quebrantaría los niveles máximos de sacrificio patrimonial estimados por el legislador al incluir el tributo en referencia dentro del conjunto de tributos que conforman el sistema tributario venezolano. Más aún tratándose de un impuesto indirecto que permite a quienes lo soportan la posibilidad de trasladarlo según la repercusión y recuperarlo en la siguiente etapa de comercialización.

Las Providencias, sin embargo, extendieron de tal manera el desarrollo normativo en la creación de obligaciones de retención del IVA sobre la adquisición de bienes y servicios a contribuyentes ordinarios, que contradicen el propio sentido del sistema de retención, el cual es <u>detraer y anticipar</u> el pago del tributo en el momento que se realicen las transferencias dinerarias correspondientes a las operaciones que lo causan, sin afectar la neutralidad del

---

56 *V.* Constitución, art. 133: *"Toda persona tiene el deber de coadyuvar a los gastos públicos mediante el pago de impuestos, tasas y contribuciones que establezca la ley"* y art. 316: *"El sistema tributario procurará la justa distribución de las cargas públicas según la capacidad económica del o contribuyente, atendiendo al principio de progresividad, así como la protección de la economía nacional y la elevación del nivel de vida de la población; para ello se sustentará en un sistema eficiente para la recaudación de los tributos. Toda persona tiene el deber de coadyuvar a los gastos públicos mediante el pago de impuestos, tasas y contribuciones que establezca la ley."*

57 *V.* Horacio García Belsunce, *Temas de Derecho Tributario* (Buenos Aires: Abeledo-Perrot, 1982), 107 y Dino Jarach, *Curso Superior de Derecho Tributario* (Buenos Aires: Liceo Profesional Cima, 1969), 139-150.

58 *V.* Linares Quintana, Segundo, *Tratado de la Ciencia del Derecho Constitucional*, cit. en García Belsunce, *op. cit.,* 108.

59 *V.* Luqui, Juan Carlos, *La Obligación Tributaria* (Ed. Depalma, Buenos Aires, 1989), 105-106 y *Derecho Constitucional Tributario* (Ed. Depalma, Buenos Aires, 1993), 53 y ss.

60 Valdés Costa, Ramón, *Curso de Derecho Tributario* (2ª ed., Ed. Depalma-Temis-Marcial Pons, Santa Fé de Bogotá, 1996), 131.

61 *V.* José Osvaldo Casás, *Presión Fiscal e Inconstitucionalidad* (Buenos Aires: Ed. Depalma, 1992), 83-88 y 156-158 y Arístides Horacio M. Corti, «Los principios de justicia que gobiernan la tributación (igualdad y equidad)», en *Estudios de Derecho Constitucional Tributario en Homenaje al Prof. Dr. Juan Carlos Luqui*, coordinado por Horacio A. García Belsunce (Buenos Aires: Ed. Depalma, 1994), 295 y ss.

sistema de determinación propio del IVA. La sola consagración de obligaciones de practicar retenciones de IVA en la forma establecida en las Providencias implica una distorsión inicial sobre la base de retención afectada. Las Providencias crearon obligaciones de retención directamente sobre los débitos fiscales generados por las operaciones gravadas. Pero tales débitos fiscales constituyen, al igual que los créditos fiscales, simples elementos técnicos para la determinación del impuesto definitivo del período, y no -como pretenden las Providencias- el impuesto definitivo a pagar sobre el cual habría en todo caso de practicarse la retención.[62]

> Las Providencias confundieron los elementos básicos de configuración y caracterización del IVA como impuesto indirecto. En efecto, las Providencias, al establecer la retención del 75%, o del 100% en algunos casos, sobre el débito fiscal, confunden el "débito fiscal" con la cuota tributaria. La cuota tributaria es el resultado de restar los créditos de los débitos fiscales. Retener un porcentaje del débito fiscal de un contribuyente puede resultar en la retención de un monto que exceda la obligación tributaria que debe pagar el contribuyente. Ello es así en los casos en que los créditos fiscales sean iguales o mayores que los débitos fiscales en un período determinado. De modo que la retención así prevista en las Providencias atenta contra el principio de propiedad de los contribuyentes vendedores de bienes o prestadores de servicios a contribuyentes especiales o entes públicos, sujetos por ende a retención, pues normalmente la imposibilidad de recuperar el impuesto, así como la transformación de su margen de utilidad en créditos fiscales excesivos para el respectivo ejercicio, significará para ellos un sacrificio patrimonial extraordinario no previsto por el legislador dentro de la mecánica normal del IVA. Las retenciones sólo deberían practicarse sobre la base imponible establecida en la Ley del IVA. Aplicar la retención sobre un objeto distinto carece de base legal y está en contravención del principio constitucional que prohíbe el cobro de un tributo no establecido en la ley.[63]

En el análisis del art. 28 del Código de 1994,[64] sobre la autorización que otorga el Código a la Ley o a la Administración para designar a los agentes de retención como responsables de impuestos, José A. Octavio consideró nula la autorización legal dada por la Ley de I/R a la Administración por existir una colisión del art. 27 con el art. 3(1) de ese Código y su parágrafo segundo (ambas normas actualmente vigentes), pues éstos remiten únicamente a la Ley la indicación de los sujetos pasivos, término que incluye a los responsables.[65] Como un ejemplo, el entonces art. 78 de la Ley de I/R dejó al Ejecutivo Nacional amplia discrecionalidad sobre las cantidades a retener, sus plazos y condiciones del pago.[66] Por tanto, retener sobre montos superiores a la base imponible del impuesto aplicable es contrario a la ley, tal y como ocurre en algunas circunstancias con las retenciones del IVA (y de I/R).

---

62 *V.* supra nota 13 y Ley del IVA, art. 32.

63 *V.* Páez-Pumar, «La Retención ...», *op. cit.*, 817-836; Constitución, art. 317.

64 *V.* Código Orgánico Tributario (*G.O.* N° 4.727 del 27/05/94) (actual art. 27 del Código).

65 *V.* José A. Octavio, *Comentarios Analíticos al Código Orgánico Tributario* (Caracas: Edit. Jurídica Venezolana, 1998), 117-120.

66 José A. Octavio agregó que: *"Pero lo que si parece ser una clara violación de la comentada disposición del Código, es el Parágrafo Cuarto de la indicada disposición de la Ley de Impuesto sobre la Renta, que autoriza al Ejecutivo Nacional para disponer la retención en la fuente, además de los casos indicados en el encabezamiento y en los tres primeros parágrafos del Art.,* "... *sobre cualesquiera otros enriquecimientos disponibles, renta bruta o ingresos brutos distintos de aquellos señalados en él.* "*Tal discrecionalidad aparece contraria a la normal del Código, más aún cuando ordena retener sobre renta bruta o ingresos brutos, con lo cual la retención no es '... del tributo correspondiente' como ordena el Código, sino de una cantidad fijada discrecionalmente. (...) Estos excesos legales, especialmente el último comentado, ha hecho posible que el Ejecutivo Nacional ordene retenciones absolutamente desproporcionadas, como las que aparecen en el Decreto N° 1808 de fecha 21-4-97, que ordena retener el porcentaje máximo de la tarifa progresiva (34%), sobre ingresos brutos, desconociendo que el impuesto sólo se causa sobre el resultado de la depuración de esos ingresos deduciendo los costos y gastos correspondientes, para obtener el enriquecimiento neto que constituye la base imponible de este tributo."* (subrayado nuestro), Octavio, *loc. cit.*

Las Providencias, además, afectando el derecho de propiedad de los prestadores de servicios o vendedores de bienes a contribuyentes especiales o entes públicos, establecen una limitación temporal para la recuperación de los excedentes de retenciones en los arts. 8 de la Providencia 0057 y 11 de la Providencia 0029 (tres períodos anteriores a la solicitud).[67] Las Providencias, en forma injustificada, limitan la disponibilidad de créditos fiscales excedentes durante un tiempo determinado, violando en consecuencia la regla fundamental en materia de repetición de pago prevista en el art. 204 del Código, según la cual: *"Los contribuyentes o los responsables podrán solicitar la restitución de lo pagado indebidamente por tributos, intereses, sanciones y recargos, siempre que no estén prescritos"*. Así, las normas citadas contrarían abiertamente el principio de libre disponibilidad de los créditos fiscales derivados del pago indebido de tributos, según el cual, en la medida que éstos sean líquidos, exigibles, homogéneos y no estén prescritos, pueden ser objeto de (i) compensación con otras obligaciones tributarias, (ii) cesión a terceros, o (iii) restitución o reintegro por parte de la Administración.

No existe justificación alguna para que se establezca un impedimento a la libre disposición de los créditos fiscales de los contribuyentes derivados de impuestos retenidos en exceso, como el establecido en las Providencias. Antes bien, la única limitación que establece el art. 204 del Código para que los contribuyentes o responsables puedan solicitar la restitución de lo pagado indebidamente, es que los créditos no estén prescritos. De modo que las Providencias limitan a los contribuyentes ordinarios sujetos a retención, cuando provean bienes o servicios a otros contribuyentes especiales o entes públicos, el aprovechamiento y disposición de los créditos fiscales derivados del pago de tributos en exceso, por lo que las Providencias coartan la libertad de los contribuyentes a disponer de su patrimonio, así como su derecho constitucional a la propiedad, sin perjuicio de la consecuente afectación de los principios constitucionales de capacidad contributiva y no confiscatoriedad.

Finalmente, el art. 13 de la Providencia 0057 establece la noción de abono en cuenta que afecta el derecho de propiedad de los agentes de retención del IVA cuando adquieran bienes o servicios de otros contribuyentes ordinarios (incluso especiales).[68] Según esta definición, para que aplique la retención al momento del abono en cuenta la norma no requiere que se verifique ningún requisito adicional a la simple realización del asiento contable en los libros o registros del deudor, lo que implicaría eventualmente que la Providencia 0057 estaría creando para los agentes de retención obligaciones de retención del IVA, así como de declaración y enteramiento del IVA retenido, <u>sobre meras expectativas de pagos</u>.

El nacimiento de la obligación tributaria coincide con la obligación de retener el impuesto cuando ambas se originan del pago y es posible que tal coincidencia no se presente, por ejemplo, cuando se hayan emitido las facturas o documentos equivalentes o se haya hecho entrega del bien, pero todavía no se haya realizado el pago o abono en cuenta correspondiente. En este supuesto, se ha verificado el hecho imponible, es decir, existe la obligación tributaria a partir de la emisión de la factura o de la entrega del bien, pero hasta que no se haya realizado el pago o abono en cuenta no se ha generado la obligación de retener. Esto es así porque el mecanismo de retención supone que esta se realice descontando del monto total de la factura lo correspondiente a la retención del IVA, actividad que se realiza únicamente al momento del pago o abono en cuenta. La emisión de la factura o cualquier otro momento distinto del pago o abono en cuenta no genera la obligación de retener IVA, la cual, como se indicó, solamente surge con el pago o abono en cuenta, lo que ocurra primero.

---

67   *V.* Providencia 0057, art. 8 y Providencia 0029, art. 9.

68   Providencia 0057, art. 13: *"La retención del impuesto debe efectuarse cuando se realice el pago o abono en cuenta, lo que ocurra primero, independientemente del medio de pago utilizado. (...) Se entenderá por abono en cuenta las cantidades que los compradores o adquirentes de bienes y servicios gravados acrediten en su contabilidad o registros"* (subrayado nuestro).

El pago consiste en el cumplimiento de la obligación tal cual como se ha contraído. En el caso de que la obligación sea entregar una suma de dinero, el pago se verifica con la entrega de dicha suma al acreedor.[69] El abono en cuenta, sin embargo, si bien genera los mismos efectos que el pago y ambas son formas de cumplir una obligación, entraña mayores dificultades. El concepto de abono en cuenta ha sido ampliamente discutido y depurado en materia de I/R y está previsto en el Reglamento de la Ley de I/R.[70] El Tribunal Segundo de I/R ("T2o.I/R"), al interpretar esa norma, estableció claramente cuándo un abono en cuenta debe considerarse como pago a los efectos fiscales: "*Resumiendo, tenemos que el abono en cuenta sólo podrá considerarse como pago cuando constituya un real descargo que deje automática y libremente a disposición del beneficiario la cantidad abonada*".[71] Para que tal descargo se produzca se ha entendido que no deben haber impedimentos materiales o jurídicos que obstaculicen el cobro de las sumas acreditadas por parte del acreedor. La Sala Político-Administrativa ("SPA") del TSJ estableció:

> "(..). [P]ara que haya verdaderamente un "abono en cuenta", considerado como pago, es necesario que la suma abonada haya salido del patrimonio del deudor y que se encuentre enteramente a disposición del acreedor, aun *cuando* éste no haya recibido físicamente el pago; es decir, que la suma abonada se haya puesto efectivamente a su orden y ello no puede hacerse a menos que el deudor tenga disponibilidad en caja o banco. A tal efecto es necesario que haya un verdadero "abono en cuenta" a favor del acreedor contra las cuentas de caja o banco del deudor y no basta, en consecuencia, que la cantidad simplemente se le haya acreditado en la contabilidad del deudor."[72]

---

69 *V.* Eloy Maduro Luyando, *Curso de Obligaciones -Derecho Civil III-* (Caracas: Universidad Católica Andrés Bello, 1983), 298.

70 *V.* Reglamento de la Ley de I/R (*G.O.* N° 5.662 Ext. del 24/09/03), art. 82: "*Los abonos en cuenta a que se refiere el Art. 5° de la Ley, estarán constituidos por todas aquellas cantidades que los deudores del ingreso acrediten en sus registros contables, a favor de sus acreedores por tratarse de créditos exigibles jurídicamente a la fecha del asiento.*"

71 *V.* T2o.I/R, fallo del 5/10/79, caso: *Almacenes Lago, C.A. vs. Fisco Nacional.*

72 *V.* SPA del TSJ, fallo N° 2.388 del 30/10/01, caso: *Empresa de Construcciones Benvenuto Barsanti vs. República*, ratificado por el fallo N° 1.103 del 7/06/07, caso: *Empresas de Construcciones Benvenuto Barsanti, S.A. vs. República*. La Administración ha manejado el mismo concepto: "[O]*bservando las previsiones contenidas en el Reglamento de la Ley de impuesto sobre la renta, se deberá entender por abono en cuenta, el asiento contable que se realiza a favor del titular de esa cuenta, pero debemos entender además que se debe verificar un egreso efectivo del deudor de dichas sumas debidas a los fines de que el acreedor tenga disponibilidad de ellas.*" (Gerencia Jurídica Tributaria del SENIAT, «Consulta N° HGJT-200-2045 del 12/06/96» y «Consulta N° HGJT-200-A151, caso: *Promotora de Industria y Comercio Proinco*», copias en el archivo del autor). *V.* Pedro Tinoco (h), *Comentarios a la Ley de Impuesto sobre la Renta*, T. I (Madrid: Gráficas Halar, 1955), 132; Guillermo Urbina Cabello, *Comentarios a la Ley de Impuesto sobre la Renta* (Caracas: Gráfica Americana C.A., 1968), 20; y Manuel M. Márquez (h), *El Impuesto sobre la Renta en Venezuela* (Caracas: Edit. Elite, 1945), 103: "*...debe considerarse como renta realizada el abono que se haga en cuenta a un contribuyente por intereses o sueldos devengados, si el contribuyente tiene facultad para exigir su entrega o girar contra él en cualquier momento. La razón es porque en este caso hay dos operaciones: el pago efectivo hecho al contribuyente 'brevi manu' y la consignación que se supone que hace éste en depósito o cuenta corriente a la persona que le paga.*" La jurisprudencia, sin embargo, ha sido notoriamente inconsistente, siempre en perjuicio del contribuyente e irrespetando el principio de confianza legítima [*Cfr.* Jorge A. Jraige R., «Distorsiones en la interpretación del concepto de disponibilidad de la renta: El abono en cuenta y las ganancias cambiarias», en *70 Años del Impuesto sobre la Renta en Venezuela*, T. I (2013), 221 y ss.]. Así, el fallo de la SPA del TSJ N° 0025 del 14/01/03, caso: *Suramericana de Aleaciones Láminas, C.A. vs. República*, equiparó el abono en cuenta contable y el abono en cuenta fiscal para aplicar sanciones y rechazar la deducción de gastos por falta de retención de I/R mientras que los dos fallos citados en los casos: *Empresa de Construcciones Benvenuto Barsanti* concluyeron que el abono en cuenta contable es distinto al fiscal, para negar la existencia del pago y, por ende, la deducción de un gasto a efectos del I/R; criterio este último confirmado posteriormente por el fallo N° 00226 del 20/03/12, caso: *Industrias Ondaflex, C.A. vs. República*. Pero el fallo anterior de la misma Sala N° 01638 del 30/11/11, caso: *Pfizer Venezuela, S.A. vs. República*, había equiparado el abono en cuenta contable y el abono en cuenta fiscal para la aplicación de la retención de I/R a un dividendo (ignorado por demás la norma del Código

Entonces, para que haya abono en cuenta a los efectos fiscales deben concurrir los siguientes requisitos: (i) la obligación debe ser exigible, es decir, no debe haber ningún obstáculo jurídico que impida el uso o goce de la obligación; (ii) el deudor debe registrar el monto de la obligación a favor del beneficiario en su contabilidad, de forma que constituya un real descargo que deje libre la cantidad abonada; (iii) el deudor debe notificar del abono al acreedor mediante una nota de crédito debidamente firmada y (iv) no debe haber obstáculo material alguno que impida hacerse de las sumas acreditadas, es decir, debe existir disponibilidad económica de las sumas acreditadas en la caja o banco del deudor para que el acreedor pueda disponer libremente de ellas. Más allá del asiento nominativo, debe existir un real descargo que, además de liberar y hacer económicamente disponible para el acreedor la suma abonada, permita efectuar realmente una retención del IVA sobre ella, para luego proceder a su declaración y enteramiento al Tesoro Nacional. En ausencia de tal pago o abono disponible, no puede haber retención ni pueden surgir las obligaciones establecidas en la Providencia 0057.

Los contribuyentes especiales están obligados por la Providencia 0057 a practicar retenciones de IVA sobre los pagos correspondientes a bienes y servicios adquiridos de contribuyentes ordinarios. No obstante, la Providencia 0057 también establece, bajo la noción de abono en cuenta contenida en el art. 13, que tal obligación se mantendrá cuando se hayan registrado operaciones de adquisición de bienes y servicios mediante asientos nominativos, aunque no se haya materializado su pago. El primero de los casos, en el que se materializa el pago, no tiene mayores implicaciones desde el punto de vista del derecho de propiedad. Si bien la legalidad y procedencia del mecanismo de retención de IVA es cuestionable por las razones expuestas más arriba, nos encontraríamos frente a un supuesto de efectiva retención. El contribuyente especial realiza un pago o abono en cuenta disponible para el acreedor y al momento de dicho pago o abono en cuenta detrae o retiene el porcentaje establecido en la Providencia 0057, de manera que entrega al acreedor (contribuyente ordinario vendedor o prestador del servicio) el monto facturado menos el monto retenido, y declara y entera este último dentro de los plazos correspondientes a Tesorería Nacional. En consecuencia, (i) ocurre la traslación del impuesto (del vendedor o prestador del servicio al adquirente), (ii) el adquirente soporta impuesto y (iii) hay una efectiva retención parcial del IVA, que constituye la obligación del contribuyente especial según la Providencia 0057.

---

sobre hechos imponibles condicionados que era aplicable al caso, ya que se trataba de un dividendo cuyo pago estaba sometido, por voluntad de la asamblea de accionistas, a la condición suspensiva de que la compañía que lo había decretado tuviese acceso a la compra de divisas de acuerdo con las reglas del control de cambios. En ese supuesto el Código aplicable establecía, en una norma aún vigente, que el hecho imponible -ingreso por dividendo- se debe considerar ocurrido al momento de acaecer la condición, de manera que la anotación del dividendo por pagar no podía considerarse un abono en cuenta ya que la obligación no era exigible). Existen varios fallos posteriores al N° 1.103 del 7/06/07, caso: *Empresas de Construcciones Benvenuto Barsanti, S.A. vs. República*, citado, en los que en abierta contradicción y en total desconocimiento del origen, historia, propósito, alcance y aplicación del concepto de "abono en cuenta" a efectos fiscales y desconociendo su propia jurisprudencia, la SPA consideró que el concepto de abono en cuenta fiscal debe entenderse tal y como se concibe contablemente por lo que una simple anotación en el haber por parte del deudor califica como abono en cuenta a fines fiscales en la medida en que la deuda sea exigible para esa fecha, independientemente de la disponibilidad económica que pueda existir. En esos casos se discutía la aplicación de multas y el rechazo de deducciones por falta de retención. *V.* fallos N° 1.887 del 21/11/07, caso: *Suramericana de Aleaciones Láminas, C.A. vs. República*; N° 00160 del 13/02/08, caso: *Inversiones Sindoni, C.A. vs. República* y N° 00572 del 7/05/08, caso: *C.A. Ron Santa Teresa vs. República*. A la contradicción y desconocimiento mencionados se añadió el art. 84 de la Ley de I/R de 2015 (*G.O.* N° 6.210 Ext. del 30/11/15), vigente, según el cual *"Se entenderá por abono en cuenta las cantidades que los deudores o pagadores acrediten en su contabilidad o registros"*, lo que es más grave aún porque ni si quiera considera la exigibilidad de la obligación, aunque ésta debería aplicar por la definición del Reglamento de la Ley de I/R. La definición del art. 84, por tanto, es incompleta y sólo podría explicarse por razones de voracidad fiscal.

Pero en el segundo de los casos la obligación de retener se mantiene aun cuando el contribuyente especial haya registrado un simple asiento nominativo cuyo pago no haya efectuado. Allí existe una afectación directa del derecho de propiedad del contribuyente especial. Los contribuyentes especiales pueden adquirir bienes o servicios de contribuyentes ordinarios que por distintas razones pueden no ser pagados inmediatamente, o al momento de su entrega o prestación. Los contribuyentes especiales registrarían mediante asientos nominativos la respectiva cuenta por cobrar/pagar y nacerían para ellos, según la Providencia 0057, las obligaciones de declarar y enterar el impuesto retenido a los contribuyentes ordinarios. Como para el momento en que nacen dichas obligaciones no se habría efectuado ningún pago o retención, los contribuyentes especiales estarían obligados a sufragar el impuesto que habría sido retenido si se hubiese efectuado un pago. Se trata entonces, para los agentes de retención, de hacer un sacrificio patrimonial adicional para adelantar el pago del impuesto por cuenta de sus proveedores, en lo que representa una merma a cualquier margen de utilidad que pudieran estimar en el correspondiente ejercicio.

La configuración del IVA, caracterizada por el mecanismo de débitos y créditos fiscales, e incluso por el impacto negativo que implica para los contribuyentes ordinarios en general declarar sus débitos fiscales con base en las facturas emitidas aunque éstas no hayan sido parcial o totalmente pagadas,[73] no acepta sacrificios patrimoniales adicionales por parte de los contribuyentes o responsables. Entonces, la merma ocasionada al patrimonio de los agentes de retención representada por la disposición de activos o propiedades para cumplir obligaciones de IVA por cuenta de terceros sin que se haya dado el supuesto para practicar la retención, constituye una arbitrariedad de la Administración que: (i) distorsiona la estructura y mecanismo del IVA como impuesto indirecto, (ii) se aparta del fundamento legal que le permite obrar[74] y (iii) viola la garantía de propiedad para los agentes de retención según la Providencia 0057. En consecuencia, retener sobre meras expectativas de derecho, como resulta de la definición de abono en cuenta de la Providencia 0057, implica para los contribuyentes especiales obligados adelantar con dinero de su propio patrimonio el impuesto que corresponde a sus proveedores, lo cual desnaturaliza el sentido mismo de la Providencia 0057 y de la autorización prevista en los arts. 11 de la Ley de IVA y 5 de su Reglamento, en clara afectación al derecho de propiedad de los agentes de retención.

B. La Providencia 0057 viola los principios constitucionales de capacidad contributiva y no confiscatoriedad del tributo frente a los proveedores de los agentes de retención: La Providencia 0057 y la noción de abono en cuenta de su art. 13 transgreden directamente los límites de capacidad contributiva y no confiscatoriedad del tributo,[75] ya que: (1) Al operar la retención del IVA sobre los débitos fiscales generados al vender bienes o prestar servicios a contribuyentes especiales y no sobre el impuesto causado en dicha operación o en el respectivo ejercicio, la retención se estaría efectuando sobre una ficción legal, pues para el momento en que ocurre la retención no hay precisión sobre el impuesto efectivamente causado y adeudado por el contribuyente ordinario. Como resultado de ello (i) no se toma en cuenta la riqueza que pueda derivarse de la operación objeto de gravamen y (ii) se absorbe sustancialmente el patrimonio de un contribuyente ordinario como proveedor de bienes y servicios a otros contribuyentes especiales y (2) La noción de abono en cuenta de la Providencia 0057 da origen a la obligación de retener, aún cuando el contribuyente ordinario no haya podido recuperar el impuesto previamente soportado en la adquisición de insumos.

---

73   *V.* supra notas 15 y 16.

74   *V.* Ley del IVA, art. 11 y Reglamento de la Ley del IVA, art. 5.

75   *V.* Constitución, arts. 116 y 316.

Como sustento de las anteriores afirmaciones, el concepto de capacidad contributiva o económica[76] no permite ni requiere que se examine profundamente si la solvencia del contribuyente es suficiente para satisfacer la obligación derivada del impuesto que se pretende establecer. Por el contrario, ese concepto es la denominación jurídica con la que se identifica un requisito que tiene dos aspectos y que se aplica al impuesto de que se trate, haciendo abstracción de la clase de contribuyentes a la que pretende aplicársele. A fin de satisfacer el requisito constitucional: (i) el hecho imponible debe ser un fenómeno específico de naturaleza económica, un acto, hecho o evento de relevancia económica, que sirva como índice revelador de la riqueza del contribuyente y (ii) el monto del impuesto debe medirse sobre la base de la riqueza del contribuyente con respecto a la cual sirvió de índice el fenómeno económico específico.[77] Una obligación tributaria sobre una ficción no cumple el requisito relativo a la capacidad económica del contribuyente.[78]

El principio de no confiscatoriedad del tributo, por su parte, supone un límite a la atribución del Estado de crear tributos. En efecto, el carácter confiscatorio de un impuesto es una cuestión de hecho que depende de que ese impuesto absorba una porción sustancial del enriquecimiento, capital o gasto que se pretende gravar.[79] Está claro que un impuesto sobre una capacidad económica ilusoria que no tiene relación con la riqueza, los ingresos o los gastos del presunto contribuyente debería considerarse, según estándares racionales, como un impuesto irrazonable. En todo caso, un impuesto que no cumple el requisito implícito en el concepto de capacidad económica del contribuyente, debería considerarse confiscatorio.[80]

Respecto de la vigencia y vinculación de los principios de capacidad contributiva y no confiscatoriedad, Rodolfo Spisso señala:

> *"El principio de capacidad contributiva exige una exteriorización de riqueza, o renta real o potencial que legitime la imposición. El principio de no confiscatoriedad, al fijar la medida en que el tributo puede absorber esa riqueza, subraya la existencia de capacidad económica como presupuesto de la imposición.*
>
> *Precisando el concepto, Moschetti, en la doctrina italiana, señala que la capacidad contributiva viene dada por la potencia económica o la riqueza de un sujeto que supera el mínimo vital, pues no podría "existir capacidad de concurrir a los gastos públicos cuando falte o se tenga sólo lo necesario para las exigencias individuales". Con esta concepción, vemos cómo el principio de capacidad contributiva no se subsume sino que complementa al de no confiscatoriedad, ya que el*

---

76 *V.* Constitución, art. 316.

77 *V.* Fernando Sainz de Bujanda, *Notas de Derecho Financiero*, Vol. I., T. 2 (Madrid: Universidad de Madrid, Facultad de Derecho, 1976), 196.

78 "El legislador es dueño de sus actos al elaborar el Derecho y al elaborar los conceptos jurídicos. Y, por tanto, al definir el elemento objetivo del hecho imponible, como la percepción de una renta, la existencia de un patrimonio o la realización de un gasto, dará sus propios conceptos de renta, patrimonio y gasto. Estos conceptos legales no son conceptos económicos. El Derecho ha creado su propia verdad. Pero esos conceptos legales, no lo olvidemos, pueden no expresar el contenido que, según la naturaleza de las cosas, corresponde a los índices de la capacidad contributiva. Esta es la verdad pre-jurídica, la verdad de los conceptos económicos, no la verdad de los conceptos legales. (..). Se infiere, de tan simple argumento, que cuando la verdad jurídica no se corresponde con la verdad económica, cuando el concepto legal se aparta de, e ignora, los elementos esenciales del concepto económico, "natural", de los índices de capacidad contributiva: -Se produce una ficción de Derecho. -Se hace tributar por hechos que no se corresponden suficientemente con los que, según la naturaleza de las cosas, la ciencia económica define como manifestaciones de la capacidad económica de contribuir. En suma, se establece el tributo con ignorancia de las exigencias del principio de capacidad contributiva.". *V.* José Luis Pérez de Ayala, *Las Ficciones en el Derecho Tributario* (Madrid: Edit. de Derecho Financiero, 1970), 41.

79 *V.* José María Martín y Rodríguez Usé, Guillermo F., *Derecho Tributario Especial* (Buenos Aires: Ed. Depalma, 1986), 111, citados por Barnola (h), «La Prueba del IVA Soportado», *op. cit.*, 273.

80 *V.* Barnola (h), «La Prueba del IVA Soportado», *op. cit.*, 273-274.

tributo podrá no absorber una parte sustancial de las rentas, no obstante lo cual, si incide sobre los ingresos mínimos que aseguren al individuo su subsistencia, corresponderá descalificarlo por inexistencia de capacidad económica. "[81]

Como consecuencia de la exigencia de altos sacrificios patrimoniales para los contribuyentes del IVA, particularmente desde el punto de vista de su condición de contribuyentes ordinarios sujetos a retención, la sobrecarga impositiva de las Providencias excede, no sólo las garantías mínimas del derecho de propiedad,[82] sino los principios tributarios de capacidad contributiva y no confiscatoriedad de los tributos. Las Providencias afectan el principio de capacidad contributiva porque impiden que opere el mecanismo de repercusión o traslación del impuesto soportado por los contribuyentes ordinarios en la adquisición de insumos. Los contribuyentes ordinarios, al adquirir bienes o servicios, deben soportar el IVA, el cual sólo podrán recuperar por dos vías: (1) trasladándolo a los adquirentes de sus bienes o servicios propios (mecanismo de repercusión del impuesto según la Ley de IVA, que garantiza la operatividad del sistema de débitos o créditos), o (ii) trasladándolo al costo del bien o servicio cuando se venda o preste a consumidores finales.[83] Pero la retención parcial del IVA es aplicada en un porcentaje demasiado alto (75% ó 100%) sobre los "débitos fiscales" (elementos técnicos referenciales para la determinación de dicho impuesto), en lugar de aplicarse sobre el impuesto a pagar resultante del proceso de determinación según el art. 32 de la Ley de IVA. Ello impide a los contribuyentes ordinarios del IVA, cuando actúen como vendedores o prestadores de servicios a otros contribuyentes especiales o entes públicos, recuperar totalmente el impuesto soportado, por lo que se merma su disponibilidad de ingresos y patrimonio, bien para obtener un margen de utilidad mínimo o razonable o bien para cumplir con esa y otras obligaciones tributarias. Más aún, en muchas ocasiones el IVA retenido a ser recuperado por los contribuyentes ordinarios se transformaría en excedentes de créditos fiscales respecto a los débitos fiscales del ejercicio, que además no serían de libre disponibilidad por la limitación temporal establecida en las Providencias. Por ello, los márgenes de ingresos y disponibilidad del patrimonio de los contribuyentes ordinarios se ven seriamente reducidos, o en todo caso, diferidos a niveles poco razonables, al tiempo que se están tomando en cuenta manifestaciones ficticias de riquezas no atribuibles a los contribuyentes ordinarios hasta que se determine el impuesto pagadero en el período.

Los siguientes ejemplos demuestran la distorsión. En el Ejemplo N° 3 el contribuyente tendría un margen de ganancia bruto de 30%[84] y una retención del 75%. En el Ejemplo N° 4 asumimos el mismo margen de ganancia, pero una retención del 100%. En el Ejemplo N° 5 el contribuyente tendría un margen de ganancia del 10% y una retención del 75%. En el Ejemplo N° 6 asumimos el mismo margen de ganancia, pero una retención del 100%. Como se puede observar, en todos los casos el cálculo resulta en excesos de retenciones de IVA.

---

81   *V.* Rodolfo Spisso, *Derecho Constitucional Tributario* (Buenos Aires: Ed. Depalma, 1993), 242.

82   *V.* Constitución, art. 115.

83   En cuyo caso, tomando una tarifa de I/R del 34%, solamente podrán recuperar 0,34 centavos por cada Bs.S.

84   El margen de ganancia bruto se calcula así: Margen de ganancia (%) = [(ventas - compras) /compras] x 100. Para simplificar hemos asumido en los ejemplos que todos los insumos del contribuyente están sujetos al IVA, aunque existen componentes importantes que no lo están, como los salarios (ello, sin embargo, no invalida las ilustraciones que derivan de los ejemplos).

Ejemplo No. 3 (Margen de ganancia de 30% y retención del 75%)				
Compras		**Ventas**		**IVA a pagar**	
Precio:	100	Precio:	130,00	Débitos fiscales en las ventas:	20,80
IVA (16%) (créditos fiscales):	+16	IVA (130 x 16%) (débitos fiscales) (*):	+20,80	(-) Créditos fiscales en las compras:	16,00
Total	116	Total	150,80	(-) Retención:	15,60
		(*) Retención: 20,80 x 75% = 15,60		**Cuota Tributaria:** **(Exceso de retenciones de IVA)**	**-10,80**

Ejemplo No. 4 (Margen de ganancia de 30% y retención del 100%)				
Compras		**Ventas**		**IVA a pagar**	
Precio:	100	Precio:	130,00	Débitos fiscales en las ventas:	20,80
IVA (16%) (créditos fiscales):	+16	IVA (400 x 16%) (débitos fiscales) (*):	+20,80	(-) Créditos fiscales en las compras:	16,00
Total	116	Total	150,80	(-) Retención:	20,80
		(*) Retención: 20,80 x 100% =20,80		**Cuota Tributaria:** **(Exceso de retenciones de IVA)**	**-20,80**

Ejemplo No. 5 (Margen de ganancia de 10% y retención del 75%)				
Compras		**Ventas**		**IVA a pagar**	
Precio:	100	Precio:	110,00	Débitos fiscales en las ventas:	17,60
IVA (16%) (créditos fiscales):	+16	IVA (110 x 16%) (débitos fiscales) (*):	+17,60	(-) Créditos fiscales en las compras:	16,00
Total	116	Total	127,60	(-) Retención:	13,60
		(*) Retención: 17,60 x 75% = 13,60		**Cuota Tributaria:** **(Exceso de retenciones de IVA)**	**-12,00**

Ejemplo No. 6 (Margen de ganancia de 10% y retención del 100%)				
Compras		**Ventas**		**IVA a pagar**	
Precio:	100	Precio:	110,00	Débitos fiscales en las ventas:	17,60
IVA (16%) (créditos fiscales):	+16	IVA (110 x 16%) (débitos fiscales) (*):	+17,60	(-) Créditos fiscales en las compras:	16,00
Total	116	Total	127,60	(-) Retención:	17,60
		(*) Retención: 17,60 x 100% = 17,60		**Cuota Tributaria:** **(Exceso de retenciones de IVA)**	**-16,00**

Si las retenciones de IVA superan la cuota tributaria a pagar, como en los ejemplos anteriores, el contribuyente habrá pagado un impuesto en exceso. De acuerdo con las Providencias, el contribuyente puede trasladar el excedente de retenciones a los tres períodos fiscales siguientes. En caso de haber trasladado el excedente por tres meses y no haberlo agotado, el contribuyente podrá solicitar a la Administración la autorización para compensar el excedente contra otros tributos nacionales (*e.g.*, I/R o impuesto de aduanas) o ceder el excedente a otros contribuyentes (normalmente a descuento), para los mismos fines. En la práctica, sin embargo, este mecanismo es ineficaz, ya que es sistemático y endémico que la Administración no responda las solicitudes de recuperación.[85]

La retención del IVA no derivaría en exceso de retenciones únicamente cuando el contribuyente ordinario tiene un margen de ganancia de 300% o más y se aplica la retención del 75%, lo cual en teoría está prohibido por la Ley Orgánica de Precios Justos.[86] Con la retención del 100% no existe margen de ganancia alguno que permita acreditar toda la retención del IVA. En caso de la retención del 75%, las Providencias asumen arbitrariamente que los contribuyentes ordinarios del IVA soportan créditos fiscales de sólo el 25% de sus ventas gravadas y que tienen un margen de ganancia del 75%. En caso de la retención del 100% las Providencias asumen, también arbitrariamente, que esos contribuyentes ordinarios del IVA no soportan créditos fiscales y que tienen un margen de ganancia del 100%. Ambas asunciones contravienen palmariamente la Ley Orgánica de Precios Justos. Véase los siguientes ejemplos:

Ejemplo No. 7 (Margen de ganancia de 300% y retención del 75%)					
Compras		**Ventas**		**IVA a pagar**	
Precio:	100	Precio:	400	Débitos fiscales en las ventas:	64
IVA (16%) (créditos fiscales):	+16	IVA (400 x 16%) (débitos fiscales) (*):	+64	(-) Créditos fiscales en las compras:	16
Total	116	Total	464	(-) Retención:	48
		(*) Retención: 64 x 75% = 48		**Cuota Tributaria:**	**0**

Ejemplo No. 8 (Margen de ganancia de 500% y retención del 100%)					
Compras		**Ventas**		**IVA a pagar**	
Precio:	100	Precio:	600	Débitos fiscales en las ventas: 96	96
IVA (16%) (créditos fiscales):	+16	IVA (600 x 16%) (débitos fiscales) (*):	+96	(-) Créditos fiscales en las compras: 16	16
Total	116	Total	464	(-) Retención: 96	96
		(*) Retención: 96 x 100% = 96		**Cuota Tributaria: (Exceso de retenciones de IVA)**	**-16**

Con un margen de ganancia máximo del 30%, la retención del IVA nunca podría exceder del 23,08% de los débitos fiscales para que el impuesto anticipado no sea mayor que la cuota tributaria, como se demuestra en el siguiente ejemplo.

---

85 *V.* supra notas 62 y 64.

86 Misma que establece un margen de ganancia máximo del 30% (y solamente sobre ciertos costos y gastos). *V.* Ley Orgánica de Precios Justos (*G.O.* N° 40.787 del 12/11/15), art. 32.

Ejemplo No. 9 (Margen de ganancia de 30% y retención del 23,08%)					
Compras		**Ventas**		**IVA a pagar**	
Precio:	100	Precio:	130,00	Débitos fiscales en las ventas:	20,80
IVA (16%) (créditos fiscales):	+16	IVA (130 x 16%) (débitos fiscales):	+20,80	(-) Créditos fiscales en las compras:	16,00
Total	116	Total	150,80	(-) Retención:	4,80
		(*) Retención: 20,80 x 23,08% = 4,80		**Cuota Tributaria:**	**0**

En segundo término, la obligación que impone la Providencia 0057 de que los agentes de retención adelanten el impuesto de terceros (contribuyentes ordinarios proveedores de bienes o servicios) según la noción de abono en cuenta de su art. 13, implica para los contribuyentes una disminución de los márgenes mínimos y razonables de utilidad y subsistencia, representados por la disposición de ingresos que no corresponden al impuesto causado del ejercicio. El resultado es la disminución tanto del patrimonio de los contribuyentes como de los créditos aprovechables según el mecanismo del IVA. Sobre la necesidad de considerar la capacidad contributiva, aun en el caso de retenciones o anticipos de impuesto, la más autorizada doctrina ha señalado que:

"(..). puede definirse el anticipo tributario como una obligación de colaboración, que la ley hace nacer directamente de la realización de ciertos hechos que ella misma establece, y cuya prestación consiste en la entrega <u>por</u> el obligado tributario o deudor de una suma de dinero al ente público acreedor en el marco de una relación jurídico-pública de cuenta corriente relativa a un tributo, cuyo sujeto pasivo puede ser o no el mismo obligado tributario. (Omissis)

El presupuesto de hecho es el supuesto fáctico descrito por la ley como generador de la obligación de realizar el anticipo. A estas alturas de la investigación, es evidente que no puede confundirse el presupuesto de hecho del anticipo con el hecho imponible del tributo, dado que aquél se da con independencia de éste y que lu obligación dc anticipar es distinta de la obligación de tributar.

El fundamento del presupuesto de hecho no puede ser otro que la ratio legis de su elección y, ciertamente, el legislador no es absolutamente libre a la hora de determinar el presupuesto de hecho, pues está sometido a las exigencias jurídicas derivadas del ordenamiento positivo y, básicamente, la necesidad de que cada presupuesto de hecho del anticipo se inspire en el criterio de justicia asumido por el legislador, y, por tanto, resulte acorde con los principios generales del Derecho y, sobre todo, con los principios constitucionales tributarios.

El que los anticipos se elijan por razones primordialmente económicas (para distribuir la carga tributaria, para detraer efectivo en manos del público) no impide que deban establecerse conforme a Derecho, lo contrario sería <u>situar</u> a los anticipos al Oeste del Pecos, en una zona sin ley, en un feudo reservado de los economistas en el que habrían sido proscritos los juristas. Pero esto no puede sostenerse con seriedad en un Estado de Derecho, dado que Estado de Derecho quiere decir sometimiento de todos (y, en primer lugar, del Estado) a la norma jurídica. <u>La sumisión de los anticipos de Derecho requiere, precisamente, que al determinar el legislador su presupuesto de hecho, éste tenga un adecuado fundamento constitucional, es decir, aparezca configurado por la norma tributaria como índice, directo o indirecto, de capacidad económica.</u>" [87]
(Subrayado nuestro)

---

87 V. Joan-Francesc Pont I Clemente, *El Pago Fraccionado de los Tributos* (Madrid: Instituto de Estudios Fiscales, Marcial Pons, 1993), 110-114.

IV. CONCLUSIONES Y RECOMENDACIONES

Las Providencias están viciadas de ilegalidad e inconstitucionalidad porque violan los principios de legalidad tributaria y capacidad contributiva, toda vez que siendo actos sublegales modificaron la base imponible establecida en la Ley del IVA y la sustituyeron por una base ficticia, distorsionando el mecanismo de determinación del impuesto y con ello los niveles máximos de contribución legal por concepto de IVA. También violan el principio de no confiscatoriedad, pues merman con niveles de gravamen irrazonables los márgenes mínimos de utilidad y subsistencia económica de los contribuyentes, amén de que afectan directa e indirectamente el derecho de propiedad. Así: (A) la obligación de retener se calcula sobre los débitos fiscales y no sobre el impuesto efectivamente causado (cuota tributaria), lo cual conlleva a que el impuesto retenido termina siendo superior al impuesto debido al final del período; (B) las Providencias impiden que opere el mecanismo de repercusión o traslación del impuesto soportado por los contribuyentes ordinarios en la adquisición de insumos, por lo que se merma la disponibilidad de ingresos y patrimonio del contribuyente, bien para obtener un margen de utilidad mínimo o razonable o bien para cumplir con esa y otras obligaciones tributarias; (C) la noción de abono en cuenta da origen a la obligación de retener aún cuando el contribuyente ordinario no ha podido recuperar el IVA previamente soportado en la adquisición o importación de insumos y (D) el mecanismo de recuperación de los excesos de retenciones de IVA establecido en las Providencias según la compensación del excedente contra otros tributos nacionales o la cesión del mismo a otros contribuyentes es altamente ineficiente, pues la Administración rara vez responde a las solicitudes de recuperación y jamás reconoce los intereses de mora que legalmente corresponden. Los medios recursivos son ineficaces porque tardan demasiado.

Como consecuencia de lo anterior, es urgente modificar las Providencias para (1) reducir los porcentajes de retención y así evitar que las retenciones efectuadas sobre los débitos fiscales superen la cuota tributaria del contribuyente y que éste pueda trasladar el IVA, como es la esencia del impuesto. Tomando en cuenta el margen de ganancia máximo del 30% previsto en la Ley Orgánica de Precios Justos, la retención del IVA no debe exceder del 23,08% de los débitos fiscales (asumiendo un supuesto base donde el contribuyente soporta IVA en todos sus insumos); (2) establecer un régimen de retenciones de IVA cuya obligación de retener sea sobre el impuesto efectivamente causado y no sobre una ficción legal que produzca la retención sobre débitos fiscales por un monto superior a la cuota tributaria; y (3) establecer que la obligación de retener solamente se aplica sobre el pago y no sobre el abono en cuenta.

Por último, e independientemente de lo anterior, es necesario que la Administración (A) responda a las solicitudes de recuperación de excesos de retenciones de IVA dentro de los 30 días hábiles establecidos en las Providencias y así permitir su compensación con otros tributos nacionales o su cesión a terceros en un período razonable que no represente una pérdida cuantiosa del valor del dinero en el tiempo para el contribuyente; y (B) reconozca, *ex officio*, intereses moratorios sobre los saldos insolutos a favor de los contribuyentes, a los cuales tienen derecho según el Código.

§ 38. LAS RETENCIONES EN MATERIA DEL IMPUESTO A LAS ACTIVIDADES ECONOMICAS Y DEL IMPUESTO AL VALOR AGREGADO

Ingrid García Pacheco [*]

Me complace participar en esta obra en homenaje a la Asociación Venezolana de Derecho Tributario (AVDT) con estas líneas, lo cual es algo comprometedor al tener que compartir con muchos amigos especialistas, profesores y letrados en el ámbito especial del Derecho Tributario. Realmente, sentí el compromiso con la AVDT a la cual he pertenecido desde mi incorporación en diciembre de 1994, y de la cual he formado parte del Consejo Directivo desde el 2011.

En tal sentido, y teniendo como punto de partida la premisa fundamental del sistema tributario, nos proponemos a visualizar las retenciones fiscales, en la esfera normativa de los tributos, abarcando los siguientes aspectos: Sistema Tributario; La Retención; Retención en Materia de Actividades Económicas, y especial énfasis en retención en materia de Impuesto al Valor Agregado y, Sanciones.

I. EL SISTEMA TRIBUTARIO

En general los tributos son el resultado de las instituciones jurídicas y políticas de un país, de su estructura social, de sus recursos, de la forma de distribución de ingresos, de su sistema económico, entre otros. En la cronología del texto magno constitucional venezolano, se ha observado la presencia del concepto de sistema tributario. En tal sentido, en el artículo 316 de la Constitución de la República Bolivariana de Venezuela[1] (CNRBV de 1999) contempla que el sistema tributario "procurará la justa distribución de las cargas públicas según la capacidad económica del o de la contribuyente, atendiendo al principio de progresividad, así como la protección de la economía nacional y la elevación del nivel de vida de la población, y se sustentará para ello en un sistema eficiente para la recaudación de los tributos". A su vez, el articulo 317 CNRBV consagra el principio de legalidad tributaria, que en conjunto rigen el poder de exacción del Estado y al deber de los ciudadanos de contribuir a los gastos públicos[2].

Señala el Dr. Eusebio Gonzalez que la existencia de un sistema tributario estable, coherente y técnicamente estructurado, con tipos impositivos no desalentadores de la actividad

---

[*]   Universidad Católica Andrés Bello (Abogado, 1989); Universidad Central de Venezuela (Máster en Derecho Tributario); Miembro de la Asociación Venezolana de Derecho Tributario (AVDT) desde 1994 e integrante del Consejo Directivo de dicha institución desde mayo de 2011. Miembro del Colegio de Abogados del Distrito Capital de Venezuela y, de la Junta Directiva de la Cámara de Integración Económica Venezolano Colombiana (CAVECOL) y, Coordinadora del Comité Legal de dicha Cámara 2007- 2011. Diplomado en Derecho Tributario Internacional Universidad Católica Andrés Bello, y ha trabajado durante más de 28 años de su experiencia profesional, fundamentalmente en el área Fiscal. Incorporada como Socia de ARAQUE REYNA en 1996.

1   Constitución de la República Bolivariana de Venezuela (enmendada en *Gaceta Oficial* N° 5.908, extraordinario, del 19 de febrero de 2009)

2   Gabriel Ruan Santos y Luis Araque Toledo: "*El Impacto de los Tributos de Telecomunicaciones en el Sistema Tributario*", II Jornadas de Derecho Tributario de las Telecomunicaciones, organizadas por CONATEL.

privada, así como de una administración eficiente y proba, constituyen un incentivo general a los objetivos buscados en pro del desarrollo económico y social, especialmente por asegurar los derechos y expectativas del contribuyente[3].

II. LA RETENCIÓN

La retención fiscal es un mecanismo empleado por la Administración Tributaria por la cual se busca reducir la evasión de tributos mediante un anticipo de un porcentaje prestablecido por ley o Reglamento. Dicho cobro no lo realiza la Administración Tributaria directamente, es una tarea que delega a sujetos previamente designados por ella, dichos sujetos son conocidos como "agentes de retención", y en el caso del Impuesto al Valor Agregado son designados como responsables del pago por el Servicio Nacional Integrado Aduanero y Tributario (SENIAT)[4].

La delegación del cobro en los agentes de retención genera para estos una obligación que se ha entendido como una obligación de hacer (realizar la retención) y de dar (enterarlo retenido a la Administración Tributaria, que se concreta con la actividad recaudadora del tributo, con el agente de retención actuando en representación de la Administración, mas no asumiendo responsabilidades de funcionario público[5]. En su artículo 27, el Código Orgánico Tributario (COT) establece que los agentes de retención son solidariamente responsables con los contribuyentes en nombre de quienes retienen, por lo cual el agente de retención deberá cargar con toda responsabilidad que se genere producto de no realizar la retención o no enterar a la Administración Tributaria de la misma.

Los agentes de retención se encargan de realizar dicha operación por naturaleza de sus actividades privadas, ya que las mismas llevan a la generación del tributo base que se busca retener.

La retención sin duda es la garantía del cumplimiento de la eventual obligación tributaria que se causara por concepto de impuesto en un determinado ejercicio fiscal. En tal sentido, la retención podría calificarse como un pago anticipado, que permite que el agente de retención impute de la cantidad que recibe la cantidad que se deba enterar eventualmente a la Administración Tributaria, y en caso de no generarse impuesto se genere un crédito a favor del contribuyente oponible conforme a los mecanismo establecidos en la Ley[6].

El término tiene su origen etimológico en el vocablo latino *anticipatio* que significa prever, anteponer, aventajar, adelantar, hacer que algo suceda antes del tiempo esperable.

Dar un anticipo, consiste en anunciar o concretar algo que, en principio, se esperaba para un futuro (ya sea cercano o lejano).

En definitiva la retención es un sistema de recaudación que garantiza la liquidez de la Administración Tributaria, y es un mecanismo controlador del fraude tributario.

En este punto debemos diferenciar al agente de percepción del tributo. El agente de percepción recibe el importe correspondiente al tributo en el momento que el contribuyente paga la factura del bien o servicio.

---

3   Eusebio González, *Medidas fiscales para el desarrollo económico*. XXI Jornadas del ILAT, Genova, 2002. Universidad de Salamanca.

4   Art. 11, Decreto Constituyente mediante el cual se Reforma la Ley que establece el Impuesto al Valor Agregado, G. O. N° 6.396 *Extraordinario* del 21 de agosto de 2018.

5   GOLÍA, Juan Antonio, *El Régimen de Retenciones del Impuesto sobre la Renta;* 60 Años de Imposición a la Renta en Venezuela: Evolución histórica y estudios de la legislación actual; Asociación Venezolana de Derecho Tributario (AVDT), Caracas, 2003, pp. 549 y 550.

6   Fraga Pittaluga; Sánchez Salvador; Viloria Mónica. *La Retención en el Impuesto sobre la Renta*, Caracas Venezuela. 2002.

Los Agentes de Percepción, son todos aquellos sujetos que por su profesión, oficio, actividad o función se encuentran en una situación que les permite recibir del contribuyente una suma que opera como anticipo del impuesto que, en definitiva le corresponderá pagar, al momento de percibir en concepto de retribución, por la prestación de un servicio o la transferencia de un bien. Este agente de Percepción tiene la facultad atribuida por la ley de adicionar, agregar, sumar al importe que recibe del contribuyente en concepto de pago, el monto del tributo que posteriormente debe depositar a la orden del Fisco.

En cambio el agente de retención, casi siempre debe entregar o ser partícipe de alguna manera de la entrega de un monto destinado al contribuyente, del cual resta a dicho importe la parte que le corresponde al Fisco por concepto de tributo.

Las retenciones se efectúan en el momento en que paga o abono en cuenta una factura, ya sea por la venta de bienes o servicios. El agente de retención, efectuará el descuento correspondiente al porcentaje de dicho impuesto. Por esta retención se entregará el comprobante respectivo.

Las percepciones de impuestos son recibidos por aquellos designados por la Administración Tributaria por la ley o reglamento son designados agentes de percepción del tributo, en el momento del pago o abono en cuenta de una factura. Como en el caso de las retenciones, también es un pago de un impuesto por adelantado, generando un crédito fiscal a favor a futuro. Así, si por la compra de bienes o servicios, el proveedor, como agente de retención, debe cobrar el porcentaje correspondiente al impuesto del que es agente de retención.

Como en el caso de las retenciones, ese porcentaje que ya se anticipo, se descontará del próximo pago correspondiente a ese impuesto. En tal sentido, al pagar el mismo impuesto a en el periodo impositivo, se descontará tanto retención, como percepción.

En cabeza del agente de retención y de percepción, el mecanismo de recaudación crea obligaciones que genera diversas cargas administrativas y de riesgos que podrían acarrear sanciones por el incumplimiento de su obligación dentro de los términos y condiciones establecidos en la Ley y Reglamentos, que se esbozarán más adelante en el presente trabajo.

III. RETENCIONES EN MATERIA DEL IMPUESTO A LAS ACTIVIDADES ECONÓMICAS.

El impuesto a las actividades económicas tiene como hecho imponible el ejercicio habitual de cualquier actividad lucrativa de carácter independiente en la jurisdicción específica del municipio determinado, es decir, una actividad económica sea de carácter principal y no accesorio. Igualmente, y de conformidad con el principio de territorialidad, esa actividad habitual debe suceder dentro de la jurisdicción territorial del municipio.

Lo que nos lleva a referirnos a este impuesto en particular, es el principio de territorialidad sobre el cual se fundamenta, en el sentido de que éste principio ha estado vinculado desde sus inicios a la existencia de una base fija, que de conformidad con la ley puede tratarse de una sucursal, oficina, fábrica, taller, bienes inmuebles, entre otros. Existen diversas ordenanzas municipales, conocidas por su inconstitucionalidad, porque no se limita al espacio geográfico, sino que buscan gravar actividades realizadas fuera de la jurisdicción a las que le corresponde. Existe, por ello una sentencia de la Sala Político Administrativa[7], que indica que:

> (..) el hecho que da nacimiento al impuesto sobre las actividades económicas de industria, comercio, servicio e índole similar, es el ejercicio habitual en un determinado territorio munici-

7   Tribunal Supremo de Justicia. Sala Político Administrativa, Sentencia N° 00728, del 20 de junio del 2018, caso: *Banco del Caribe, C.A., Banco Universal.*

pal de una 'actividad económica' que se corresponde con el objeto principal para el cual fue constituida la sociedad; y los ingresos brutos que de dicha actividad se obtengan, deben ser declarados por los contribuyentes a efectos del pago del referido impuesto, incluidos los ingresos financieros o económicos originados en otras formas de inversión con la finalidad de obtener capital de trabajo para desarrollar, precisamente, el comercio o la industria en un determinado Municipio; aunque estos elementos económicos constitutivos del capital de una empresa, correspondan a la competencia del Poder Tributario Nacional, tal como lo establece el numeral 12 del artículo 156 de la Constitución de la República Bolivariana (Vid., [sentencia número] 00051 del 19-01-2011, Caso: Seguros Pirámide, Sala Político Administrativa del Tribunal Supremo de Justicia). La actividad económica del contribuyente, dentro de una determinada jurisdicción, a los efectos de la determinación del impuesto sobre actividades económicas, debe estar circunscrita única y exclusivamente al 'ejercicio habitual' de su actividad (...) únicamente podrían ser gravados por el Municipio a los efectos del cobro de actividades de industria y comercio en el caso de BANCARIBE los ingresos provenientes del ejercicio habitual o regular, en jurisdicción de la Municipalidad (...)". (Sic).

De conformidad con la ley, el período impositivo de este impuesto coincidirá con el año civil y los ingresos gravables, tomando en cuenta también que existe la figura de la declaración anticipada sobre la base de los ingresos brutos del año anterior gravado. Sin embargo, múltiples ordenanzas municipales han establecido períodos impositivos mensuales, bimensuales o semestrales e incluso otras anuales; esto no implica mayor problema si se trata de un contribuyente con un único establecimiento permanente o con varios pero dentro de la jurisdicción de un mismo municipio, el problema radica cuando el contribuyente posee más de un establecimiento permanente ubicados en municipios diferentes, pues terminan incurriendo en doble o múltiple tributación al incidir total o parcialmente sobre la misma base imponible.

Con este mecanismo del pago anticipado del impuesto vía retención en la fuente conlleva un efecto liberatorio del pago del tributo para el contribuyente, quien debe restar de su autoliquidación impositiva el monto anticipado vía retención e implica severas sanciones para el pagador agente de retención que no cumpla su deber.

En tal sentido, observamos una incongruencia entre el hecho imponible y la territorialidad de este impuesto porque como ya lo observamos, se le obliga al contribuyente a pagar el mismo tributo, utilizando la misma base imponible en distintos Municipios, haciendo que éste tribute múltiples veces y podría incluso darse el caso de un pago que un contribuyente sin establecimiento permanente en ese municipio, incluso sin condición de contribuyente en ese municipio y el pagador, a raíz de las posibles sanciones, retiene con graves perjuicios para el beneficiario del pago.[8]

En tal sentido en sentencia de Sala Político-Administrativa del Tribunal Supremo de Justicia, en fecha 2 de mayo de 2019, caso AFFINA VENEZUELA, C.A[9], se señaló sobre el particular lo siguiente:

"Las normas transcritas prevén la habitualidad y permanencia en el ejercicio de actividades lucrativas, a los fines de ser consideradas gravables, independientemente del Municipio donde se encuentre ubicado el establecimiento permanente. En cuanto a servicios de transporte se refiere, la atribución de ingresos entre jurisdicciones, se rige por el "lugar donde el servicio sea contratado, siempre que lo sea a través de un establecimiento permanente ubicado en la jurisdicción correspondiente".

8   Blanco-Uribe, Alberto. «Régimen constitucional de la autonomía municipal en Venezuela. Potestad tributaria.» En *Revista de Derecho Tributario N° 160*, de Asociación Venezolana de Derecho Tributario, 61-68. Caracas: Asociación Venezolana de Derecho Tributario, 2018.

9   Tribunal Supremo de Justicia. Sala Político-Administrativa, Sentencia N° , de fecha 2 de mayo de 2019, caso AFFINA VENEZUELA, C.A

Esta redacción, es interpretada por la Alcaldía del Municipio Valencia del Estado Carabobo, como el "establecimiento permanente de la empresa contratante" Affinia Venezuela, C.A. (Resolución identificada con letras y números RRcR/2012-06-004 del 1° de junio de 2012, folio 82 del expediente administrativo).

A criterio de esta Sala, el citado artículo 222 se refiere al "establecimiento permanente ubicado en la jurisdicción correspondiente" como factor de conexión para la atribución de ingresos, entendiéndose como el lugar de ubicación del prestador o de la prestadora de servicio de transporte.

Advierte esta Superioridad que ambos dispositivos legales, tanto el nacional como el local conciben la percepción del ingreso (hecho imponible) en el lugar de contratación del servicio de transporte; además, dicha actividad será gravada por el Municipio donde esté ubicado el establecimiento permanente del contratista. Esa es la lectura que debe darse a las expresiones contenidas, en el caso de la Ley Nacional, "el ingreso se entiende percibido en el lugar donde el servicio sea contratado, siempre que lo sea a través de un establecimiento permanente ubicado en la jurisdicción correspondiente" y en la Ordenanza territorial, "será gravable en el Municipio Valencia, el servicio de transporte contratado en esta jurisdicción, siempre que acá se encuentre ubicado el establecimiento permanente de la empresa encargada de prestar el servicio". (Vid., sentencia de esta Sala, número 00054 del 25 de enero de 2018, caso: Ford Motor de Venezuela, S.A.).

Advierte este Alto Tribunal que el ente exactor exigió a la contribuyente Affinia Venezuela, C.A., el tributo dejado de retener sobre los pagos efectuados a los proveedores y a las proveedoras de servicio de transporte, cuyos establecimientos permanentes, según se observa del contenido Acta Fiscal se encuentran ubicados en otras ciudades, a saber: San Diego, San Joaquín, Charallave, Guacara, y Los Guayos (folios 170 al 191 del expediente administrativo). Por consiguiente, habiendo concluido esta Sala que el aludido servicio será gravable en el Municipio donde esté ubicado el establecimiento permanente del contratista, no procede, en este caso, realizar las retenciones de impuesto sobre actividades económicas de industria, comercio, servicios, o de índole similar, en virtud de la condición establecida en el artículo 3, numeral 8, de la "Ordenanza de Impuesto sobre Actividades Económicas" del Municipio Valencia del Estado Carabobo de 2005, cuya redacción está en armonía con la atribución de ingresos entre jurisdicciones municipales regida por el artículo 222 de la Ley Orgánica del Poder Público Municipal de 2006.

En consecuencia, se anula el reparo fiscal formulado por concepto de falta de retención sobre la actividad de "TRANSPORTE Domiciliado en otros Municipios Contratado desde Valencia", por un monto de setenta y tres mil trescientos cincuenta y dos bolívares con veintiún céntimos (Bs. 73.352,21), expresado actualmente en setenta y tres céntimos de bolívar (Bs. 0,73); razón por la cual se desecha el alegato de vicio de falso supuesto de derecho formulado por la representación fiscal, y en consecuencia, se confirma el pronunciamiento de instancia.".

Por su parte el fallo de la Sala Político-Administrativa del Tribunal Supremo de Justicia del caso FORD MOTOR DE VENEZUELA, S.A, en fecha 24 enero de 2018[10], estableció:

De la transcripción anterior se infiere que en efecto la empresa DHL Fletes Aéreos, C.A. posee licencia de actividades económicas en el Municipio Valencia del Estado Carabobo.

Es claro el texto del artículo 2 del Decreto número 196/06 del 9 de febrero de 2006, mediante el cual se dictó el "Reglamento Parcial N° 1 de la Ordenanza sobre Actividades Económicas en Materia de Retenciones", al establecer como supuesto de hecho, a los fines de la obligación de retener el tributo local, que el contratista no posea licencia de actividades económicas, emitida por la administración fiscal.

*Estima esta Máxima Instancia, por interpretación en contrario, que si el prestador de servicio tiene licencia, es contribuyente del tributo local, y por tanto, **no procede** en ese caso la retención. **Así se declara.***

---

10 Tribunal Supremo de Justicia. Sala Político-Administrativa, Sentencia N° 00054, de fecha 24-01-2018, caso: *Ford Motor de Venezuela, S.A.*

*No obstante lo anterior, reitera esta Sala que del Acta Fiscal que dio origen al reparo se constata, que la sociedad mercantil DHL Fletes Aéreos, C.A. fue contratada por la empresa Ford Motor de Venezuela, S.A. en su establecimiento permanente ubicado en la ciudad de Caracas, y en tal caso, como antes se concluyó, la retención es improcedente. **Así se decide.***

Finalmente, no podemos dejar de mencionar el fallo de la Sala Político-Administrativa del Tribunal Supremo de Justicia, en Caracas, de fecha 10 de agosto de 2018, caso BANCO DE VENEZUELA, S.A. BANCO UNIVERSAL[11]:

> *"Al respecto, se aprecia que la presente controversia se origina por la creación e implantación del "Sistema de Retención al Crédito Bancario (SIRCREB)" del impuesto sobre actividades económicas de industria, comercio, servicios, o de índole similar, mediante el cual los Municipios recurridos pretenden imponer a las entidades bancarias ubicadas en sus jurisdicciones, la obligación de convertirse en "agentes de retención" del referido tributo, a los fines de verificar los ingresos brutos que los contribuyentes perciban a través de los "puntos de venta" y retener el pago que corresponda de acuerdo a lo que establezca la respectiva Ordenanza....*

> *Así, este Máximo Juzgado estima que las actividades llevadas a cabo para el correcto desenvolvimiento de la economía nacional, tanto por la institución bancaria de autos como por las diversas entidades financieras existentes en el país, no podrían verse afectadas u obstaculizadas por la implantación de un sistema que desmejore el uso ordinario de los medios electrónicos ofrecidos por los bancos a los usuarios en todo el territorio de la República Bolivariana de Venezuela para realizar las transacciones comerciales destinadas a tal fin, por cuanto ello prima facie comportaría un eventual menoscabo de las competencias constitucionalmente establecidas al Poder Público Nacional en materia económica y financiera, más aún cuando el propio Banco Central de Venezuela ordenó a los Estados y a los Municipios "(...) cesar de manera inmediata las actividades de retención de [sus] tributos (...)", a través de los sistemas de procesamiento de pago electrónico, con la finalidad de preservar y garantizar la operatividad y funcionalidad de los mismos. (Corchetes añadidos).*

> *De allí concluye la Sala que, en esta fase cautelar del proceso, probablemente las pretensiones de la empresa accionante tengan el suficiente sustento fáctico y jurídico como para ser satisfechas en la decisión definitiva que recaiga en este juicio, salvo que en su curso las entidades político-territoriales recurridas las desvirtúen [vid., decisión Nro. 00440 del 27 de abril de 2017, caso: Corporación de Abastecimiento y Servicios Agrícolas, S.A. (LA CASA, S.A.)], motivo por el cual, se estima cumplido el fumus boni iuris en la presente causa (vid., sentencias Nros. 00141 y 00649 de fechas 7 de marzo de 2017 y 7 de junio de 2018, casos: Félix Gustavo Méndez Goyo, y Vicson, C.A., respectivamente). **Así se decide.***

> *Por consiguiente, habiéndose demostrado la presencia de uno de los requisitos exigidos para la procedencia de la medida cautelar solicitada, esto es, el fumus boni iuris, esta Sala acuerda la suspensión de efectos de los Decretos y las Resoluciones impugnadas en la demanda de nulidad incoada por la sociedad mercantil Banco de Venezuela, S.A. Banco Universal. **Así se establece.***

IV. LOS CONTRIBUYENTES ESPECIALES

Los contribuyentes especiales son todos aquellos que deben cumplir con obligaciones distintas a las de los contribuyentes ordinarios por mandato expreso de la ley.

El artículo 25 del Código Orgánico Tributario[12] establece la clasificación de sujetos responsables, estipulando que son aquellos que sin ser contribuyentes deben cumplir, por orden

---

11   Tribunal Supremo de Justicia, Sala Político-Administrativa, Sentencia N° 00994 de fecha 10 de agosto de 2018, caso: *Banco de Venezuela, S.A. Banco Universal.*

12   Decreto N° 1.434. Decreto con Rango, Valor y Fuerza de Ley de Código Orgánico Tributario publicado (*Gaceta Oficial* N° 6.152 *Extraordinario* del 18 de noviembre de 2014).

expresa de la ley, con obligaciones atribuidas a estos. Bajo esta clasificación encontramos a los sustitutos, los agentes de retención y los agentes de percepción.

En nuestra legislación tributaria, la figura del agente de retención está contemplada en el artículo 27 del Código Orgánico Tributario, donde se estipula como independiente de impuesto alguno, manteniendo la figura abierta para su adaptación a cualquier tributo que se pueda crear posteriormente. El Código Orgánico Tributario consagra a los agentes de retención como responsables directos, siendo designados como tal por la Administración Tributaria previa autorización legal. Como responsables directos, los agentes de retención son los únicos responsables por no enterar al Fisco de los importes retenidos, y son solidariamente responsables con el contribuyente de no realizar las retenciones exigidas. Estos contribuyentes deben satisfacer sus obligaciones tributarias derivadas de su condición especial, en las oportunidades establecidas en el calendario publicado anualmente en Gaceta Oficial de la República Bolivariana de Venezuela.

V. RETENCIÓN EN EL IMPUESTO AL VALOR AGREGADO

En materia de Impuesto al Valor Agregado la designación como agentes de retención bien dada por Providencias Administrativas del SENIAT como podremos observar de seguidas.

Mediante las providencias administrativas SENIAT SNAT/2002/1.418[13] y SNAT/2002/-1.419[14], de fecha 15 de noviembre de 2002, con vigencia a partir del 1° de diciembre de ese año, se estableció y definió el régimen de retención, declaración y enteramiento del Impuesto al Valor Agregado (IVA), aplicable a los contribuyentes calificados por la Administración Tributaria de especiales y a los entes públicos nacionales en la última de ellas señalados; con ocasión de las adquisiciones que hicieran de ciertos bienes muebles y la percepción de determinados servicios, de proveedores que calificaran como contribuyentes ordinarios del Impuesto al Valor Agregado.

Posteriormente mediante nueva publicación en Gaceta Oficial de la República Bolivariana de Venezuela de fecha 5 de diciembre de 2002, bajo la nomenclatura SNAT/2002/1.454 y SNAT/2002/1.455[15], con vigencia a partir del 1° de enero de 2003.

Luego, se publicaron dos providencias identificadas con el N° SNAT/2005/0056[16], de fecha 27 de enero de 2005, vigentes a partir del 1° de abril de 2005; una, relativa a la designación de ciertos entes públicos como agentes de retención, otra, en la que se designa como tales a los sujetos pasivos, distintos de personas naturales, calificados por la Administración Tributaria como especiales, y a algunos compradores o adquirentes de metales o piedras preciosas. Y para clarificar la nomenclatura, en Gaceta Oficial N° 38.188 del 17 de mayo de 2005, se identificó como N° SNAT/2005/0056-A[17] a la providencia que designa a los entes públicos como Agentes de Retención del IVA.

Por su parte la Ley del Impuesto al Valor Agregado (LIVA) publicada en Gaceta Oficial N° 37.999 de fecha 11 de agosto de 2004, que actualmente conserva su redacción en la Ley

---

13 Providencia Administrativa N° SNAT/2002/1.418 emitida por el Servicio Nacional de Administración Aduanera y Tributaria (15 de noviembre de 2002.).

14 Providencia Administrativa N° SNAT/2002/1.419 emitida por el Servicio Nacional de Administración Aduanera y Tributaria (15 de noviembre de 2002.).

15 Providencias Administrativas Nos. SNAT/2002/1.454 y SNAT/2002/1.455 emitidas por el Servicio Nacional de Administración Aduanera y Tributaria (Publicadas en *Gaceta Oficial* N° 5 de diciembre de 2002).

16 Providencia Administrativa N° SNAT/2005/0056 emitida por el Servicio Nacional de Administración Aduanera y Tributaria (*Gaceta Oficial* N° Del 27 de enero del 2005).

17 Providencia Administrativa N° SNAT/2005/0056-A emitida por el Servicio Nacional de Administración Aduanera y Tributaria (*Gaceta Oficial* N° Del 27 de enero del 2005).

de IVA vigente, publicada en Gaceta Oficial No. 6.396 Extraordinario de fecha 21 de agosto de 2018[18], estableció respecto a la designación de los agentes de retención lo siguiente:

> *"Artículo 11. La Administración Tributaria podrá designar como responsables del pago del impuesto, en calidad de agentes de retención, **a quienes por sus funciones públicas o por razón de sus actividades privadas intervengan en operaciones gravadas con el impuesto establecido en esta Ley."***

Mediante la Providencia SENIAT Nro. SNAT/2015-0049, publicada en la Gaceta Oficial N° 40.720 del 10 de agosto de 2015[19], mediante las cuales se designan Agentes de Retención del Impuesto al Valor Agregado (Providencia 049), señala que son responsables del pago del IVA, en calidad de agentes de retención, los sujetos pasivos, distintos a las personas naturales, a los cuales el SENIAT haya calificado como especiales.

De acuerdo a los artículos 4 y 5 de la Providencia 049, el monto a retener será el setenta y cinco por ciento (75%) del impuesto causado. La retención será del cien por ciento (100%) del impuesto causado, cuando:

—El monto del impuesto no esté discriminado en la factura o documento equivalente. En este caso la cantidad a retener será equivalente a aplicar la alícuota impositiva correspondiente sobre el precio facturado.

—La factura no cumpla los requisitos y formalidades dispuestos en la LIVA o en su Reglamento.

—El Proveedor no esté inscrito en el Registro Único de Información Fiscal (RIF), o cuando los datos de registro, incluido su domicilio, no coincidan con los indicados en la factura o documento equivalente. En estos casos el agente de retención deberá consultar en la Página Web http://www.seniat.qob.ve, a los fines de verificar que los referidos datos coinciden con tos indicados en la factura o documento equivalente.

—El proveedor hubiere omitido la presentación de alguna de sus declaraciones del IVA. En estos casos el agente de retención deberá consultar la Página Web http://www.seniat.qob.ve.

Establecen las Providencias Administrativas ya identificadas, que el monto retenido no pierde su carácter de crédito fiscal para el agente de retención, cuando éstos califiquen como contribuyentes ordinarios de este tributo, pudiendo ser deducido conforme a lo dispuesto en la Ley que establece dicho impuesto.

Los proveedores que hayan sido objeto de retención, descontarán el impuesto retenido de la cuota tributaria determinada para el período en el cual se practicó la retención, estableciéndose como condición, que dichos proveedores cuenten con el comprobante de retención que a los efectos haya emitido el agente de retención.

Si el agente de retención no hace entrega del respectivo comprobante en el período impositivo en el cual se practicó la retención, el proveedor podrá descontar el impuesto retenido de la cuota tributaria determinada para el período en el cual se produjo la entrega del comprobante.

En aquellos casos en que el impuesto retenido sea superior a la cuota tributaria del período de imposición respectivo, el excedente no descontado puede ser traspasado a los períodos impositivos sucesivos, hasta su descuento total, pudiendo el contribuyente optar por solicitar la recuperación de dicho excedente ante el SENIAT, si transcurridos tres (03) períodos impositivos subsiste algún excedente sin descontar.

---

18 Decreto Constituyente mediante el cual se Reforma de la Ley que establece el Impuesto al Valor Agregado (*Gaceta Oficial* N° 6.396 del 21 de agosto de 2018).

19 Providencia Administrativa N° SNAT/2015-0049 emitida por el Servicio Nacional de Administración Aduanera y Tributaria (*Gaceta Oficial* N° 40.720 del 10 de agosto de 2015).

Sólo serán recuperables las cantidades que hayan sido debidamente declaradas y enteradas por los agentes de retención y se reflejen en el estado de cuenta del contribuyente, previa compensación de oficio conforme a lo establecido en el artículo 49 del Código Orgánico Tributario.

En los casos de ajustes de precios, si se trata de un aumento que implique un incremento del impuesto pagado, se debe practicar la retención correspondiente sobre el aumento; si es una disminución, el agente de retención estará en la obligación de devolver al proveedor el exceso del impuesto retenido que aun no haya sido enterado. Si en este último supuesto, al momento del ajuste el agente de retención ya enteró el impuesto retenido en exceso, el proveedor podrá solicitar el reintegro del mismo ante el SENIAT o descontarlo de la cuota tributaria para el período en el cual se practicó la retención o en los sucesivos. En los casos en exista el pago indebido de un tributo, el reintegro de tales cantidades ha de lograrse a través del procedimiento de recuperación previsto en las comentadas Providencias.

Igualmente, cuando exista una retención practicada indebidamente, si el monto retenido, aún no ha sido enterado, el proveedor tiene acción de devolución en contra del agente de retención, sin perjuicio de las acciones civiles o penales a que haya lugar. Si por el contrario, el impuesto retenido de manera indebida ya fue enterado, el proveedor podrá descontarlo de la cuota tributaria, sin perjuicio del derecho a solicitar la recuperación del mismo por ante el SENIAT, siguiendo el procedimiento a tales efectos previsto en las Providencias.

La oportunidad para practicar la retención, de conformidad con lo previsto en las Providencias Administrativas, es al momento de efectuarse el pago o abono en cuenta, lo que ocurra primero.

De acuerdo con aquellos actos, son dos las oportunidades en las cuales deberá efectuarse el enteramiento de las retenciones practicadas:

1. Cuando la retención tenga lugar entre los días 1º y 15 de cada mes, ambos inclusive, debe procederse a enterar las cantidades correspondientes dentro de los primeros 5 días hábiles siguientes a la última fecha mencionada, conforme al calendario de declaraciones y pagos de los sujetos pasivos calificados como especiales.

2. Las retenciones que se practiquen entre los días 16 y último de cada mes, ambos inclusive, deben enterarse dentro de los primeros 5 días hábiles del mes inmediato siguiente, conforme al cronograma previsto en el citado calendario.

Asimismo, establecen estas Providencias Administrativas emanadas del SENIAT, el procedimiento que deben seguir los agentes de retención para enterar los impuestos retenidos y la información que deben contener los comprobantes de retención, los cuales deben emitirse y ser entregados en el período de imposición en que se practiquen las mismas[20].

Cuando el agente de retención efectúe más de una operación mensual con el mismo proveedor, podrá optar por emitir un comprobante único en el cual se relacionen todas las retenciones efectuadas en dicho período de imposición. Para estos casos, el comprobante deberá entregarse al proveedor dentro de los tres (03) primeros días continuos del período de imposición siguiente.

Igualmente, los proveedores deberán identificar de forma discriminada en los Libros de Ventas, las ventas de bienes o prestaciones de servicios efectuadas a los agentes de retención, para lo cual deben seguir las especificaciones que al efecto establezca el SENIAT en su página Web.

---

20 Carmona, Juan Cristóbal. Naturaleza Jurídica de las cantidades retenidas por concepto de Impuesto Al Valor Agregado. Procedimiento para su recuperación y posibilidades de su compensación y cesión.

El caso de retención del IVA en la venta de boletos aéreos fue objeto de la Doctrina del SENIAT[21] que respondió a la consulta respecto a los contribuyentes Especiales y Entes Públicos como agentes de retención del IVA generado por la venta de boletos aéreos. Sobre el planteamiento se estableció lo siguiente:

> *La Gerencia aclara que para aquellos casos en los cuales el comprobante de retención sea entregado a las líneas aéreas con posterioridad de la declaración correspondiente al período en el que se practicó la retención, podrá ser descontado por la línea aérea respectiva el impuesto retenido, en el período en el cual se produjo la entrega del comprobante. Las agencias de viajes como sujetos pasivos (contribuyentes ordinarios) prestadores del servicio (venta de boletos aéreos por cuenta de las Líneas Aéreas), están obligados a pagar el IVA generado por el monto de su comisión. Las líneas Aéreas (contribuyentes especiales) adquirentes del servicio prestado por la Agencia de Viajes serán responsables por la retención del 75% de la alícuota impositiva (16%) del IVA generado por la comisión y estarán obligadas a emitir el correspondiente comprobante de retención efectuado a su proveedor (agencia de viaje), a los fines que esta última proceda a descontar el impuesto retenido de la respectiva cuota tributaria que hubiere sido determinada para el correspondiente período a declarar.*

Las agencias de viajes son sociedades mercantiles que se dedican de manera principal a la mediación en la venta de boletos aéreos. Es decir, son mandatarios mercantiles, que conciertan un contrato de transporte en su propio nombre (venta de boletos aéreos) por cuenta de otro (líneas aéreas), mediante el pago de una comisión.

De tal manera, la venta de boletos aéreos, implica un servicio de transporte que presta la respectiva línea aérea, formando parte de la transacción, a los efectos de las Providencias Administrativas que establecen las normas de retención del IVA, los siguientes:

–El proveedor (contribuyente ordinario) que presta el servicio, es decir, la línea aérea; y

–El adquirente del servicio, el cliente, (contribuyente especial).

El artículo 1 de la Providencia SNAT/2015/0049 de fecha 10 de agosto de 2015, publicada en Gaceta Oficial N° 422.616[22], se designan agentes de retención del impuesto al valor agregado a los contribuyentes especiales, señala que son responsables del pago del IVA, en calidad de agentes de retención, los sujetos pasivos, distintos a las personas naturales, a los cuales el SENIAT haya calificado como especiales.

Es decir, en aplicación a la Providencia Administrativa en referencia, tenemos por una parte al proveedor del servicio, es decir, la línea aérea, y por la otra, el cliente receptor de este servicio, que al detentar el carácter de contribuyente especial, deberá efectuar la retención de IVA generado por la venta de los boletos aéreos.

En virtud de lo anteriormente señalado, y en consonancia con el criterio del SENIAT, al ser contribuyente especial del IVA, el comprador de boletos aéreos, las líneas aéreas deben emitir la factura con las formalidades establecidas en la Providencia del SENIAT N° SNAT/2011/00071 mediante la cual se establecen Las Normas Generales de Emisión de Facturas y otros Documentos, publicada en la Gaceta Oficial 39.735 del 8 de noviembre de 2011[23], en concordancia con la Providencia Nro. 603 que establece el Régimen Especial de Facturas y otros Documentos que deben emitir los Contribuyentes Responsables del Impuesto al Consumo Suntuario de las Ventas al Mayor, miembros de la Asociación Interna-

---

21 Retención del IVA generado por la venta de boletos aéreos (Providencia Administrativa N° SNAT/2002/-1.454 de 14/03/2003).

22 Providencia Administrativa N° SNAT/2015/0049 emanada del Servicio Nacional de Administración Aduanera y Tributaria (*Gaceta Oficial* N° 422.616 del 10 de agosto de 2015)

23 Providencia Administrativa N° SNAT/2011/00071 del SENIAT mediante la cual se establecen Las Normas Generales de Emisión de Facturas y otros Documentos, (*Gaceta Oficial* 39.735 del 8 de noviembre de 2011)

cional de Transporte Aéreo (IATA), de fecha 13 de abril de 1998. Asimismo, en la oportunidad del pago, de los boletos el comprador está obligada a efectuar la correspondiente retención con ocasión a la recepción del servicio.

Al respecto, la Providencia 049[24] establece en el artículo 13 que la retención del impuesto "debe efectuarse cuando se realice el pago o abono en cuenta, lo que ocurra primero, independientemente del medio de pago utilizado".

Dicho artículo, continúa en su parágrafo primero señalando que "se entenderá por abono en cuenta las cantidades que los compradores o adquirentes de bienes y servicios gravados acrediten en su contabilidad o registros"

En este mismo orden de ideas, el artículo 5 del Reglamento de la Ley del Impuesto al Valor Agregado (LIVA)[25], establece que "la retención del impuesto deberá efectuarse en el momento en que los compradores o receptores de los servicios paguen o abonen en cuenta el precio de los bienes muebles o de los servicios".

Dicho artículo continúa señalando que "el impuesto retenido a los vendedores o prestadores de servicios constituirá crédito fiscal del comprador, adquirente o receptor de los bienes o servicios, y lo declarará y enterará en el mismo período de imposición correspondiente a la fecha de la operación. Las facturas respectivas deben ser registradas por el agente de retención en los Libros de Compras y de Ventas en el mismo período de imposición que corresponda a su emisión".

En tal sentido, el receptor del servicio está obligado como agente de retención, a entregar un comprobante del impuesto retenido en el período de imposición en que la misma es efectuada.

Finalmente, es importante resaltar, que algunas contradicciones e interpretaciones erróneas y acomodaticias del concepto de "abono en cuenta" en materia tributaria, en definitiva, podrían incidir negativamente en la esfera jurídica de los contribuyentes, causándole graves perjuicios económicos que resultan necesarios advertir para así conocer y evaluar sus riesgos y consecuencias con relación a la disponibilidad del ingreso, la deducibilidad del gasto o la procedencia de retenciones como mecanismo de anticipo de impuestos[26].

VI. REGIMEN SANCIONATORIO

Como señaláramos anteriormente, la retención conlleva para el agente de retención tareas de administración y recaudación del tributo por mandato de la Ley, en virtud de lo cual nace el vinculo obligacional administrativo de este en su calidad de responsable, ya que por disposición expresa de la Ley debe cumplir sus obligaciones atribuidas, según lo establecido en el artículo 25 COT.

En tal sentido, el Código Orgánico Tributario consagra en su Titulo III de los Ilicitos Tributarios y de Las Sanciones normativa aplicable a los agentes de retención, entre las cuales destacamos lo siguiente:

a. Incumplimiento del deber formal de entregar el comprobante de retención a los proveedores: (Artículo 104, numeral 9 del Código Orgánico Tributario). Se sanciona con multa de 100 unidades tributarias (UT). No obstante, conforme al artículo 108 del COT, en el caso de contribuyentes especiales, incrementa la multa exigible en 200%.

---

24 Providencia Administrativa N° SNAT/2015/00049 del SENIAT mediante la cual se designan Agentes de Retención del Impuesto al Valor Agregado (*Gaceta Oficial* 40.720 del 10 de agosto de 2015).

25 Reglamento General de la Ley que establece el Impuesto al Valor Agregado (*Gaceta Oficial* N° 5.363 *Extraordinario* del 12 de julio de 1999).

26 Moisés A. VALLENILLA TOLOSA. pp. 61-80. En: *Revista de Derecho Tributario* N° 126 / Asociación Venezolana de Derecho Tributario. Caracas: Legis Editores, 106 (abril-mayo-junio) (2005).

b. Incumplimiento del deber formal de presentar declaraciones de retenciones (artículo 103, numeral 1). Sancionado con multa de 150 UT. Es aplicable lo dispuesto en el artículo 108, antes indicado.

c. Ilícito material por incumplimiento de la obligación de practicar retenciones sobre los montos pagados (Artículo 109, numeral 3). Se sanciona con una multa equivalente al 500% del monto del impuesto dejado de retener (Articulo 115, numeral 1).

d. Ilícito material por incumplimiento de la obligación de enterar retenciones (artículo 115, numeral 4 del COT). Sancionado con multa equivalente al 1.000% del monto de las cantidades no enteradas, sin perjuicio de la pena privativa de libertad prevista en el artículo 121 del COT.

e. Ilícito material por enteramiento tardío de retenciones: sancionado con multa equivalente al 5% de los tributos retenidos y enterados con retardo, por cada día de retardo hasta un máximo de 100 días. No obstante, si el retraso es mayor de 100 días, o el enteramiento ocurre en el marco de un procedimiento de fiscalización, la multa es también del 1.000% sin perjuicio de la aplicación de penas privativas de libertad (Artículo 115,numeral 3).

f. Adicionalmente existen ilícitos penales, de acuerdo al artículo 118 del COT, constituyen ilícitos penales la falta de enteramiento de anticipos por parte de los agentes de retención. En caso de omisión de enteramiento, la pena de prisión es de 4 a 6 años, de acuerdo al artículo 121 del COT.

Caracas, 8 de julio de 2019.

CUARTE PARTE

DERECHO PROCESAL TRIBUTARIO

§ 39. LÍMITES CONSTITUCIONALES A LA DETERMINACIÓN DE OFICIO DE LA OBLIGACIÓN TRIBUTARIA SOBRE BASE PRESUNTA

Manuel A. López Oliva [*]

PLANTEAMIENTO

Cuando la ley faculta o autoriza a la Administración Tributaria para determinar de oficio una obligación tributaria sobre **"base presunta"**, debe considerarse que se trata de una *presunción jurídica* en sentido estricto, si tomamos en cuenta que la presunción es una relación lógica entre dos hechos, uno conocido y el otro que se deduce o se presume, que en palabras del jurista venezolano Serviliano ABACHE CARVAJAL, *"esta institución jurídica constituye un cauce se fases sucesivas de actividades racionales deductivas del intelecto, encaminadas a obtener un juicio de probabilidad –que sucede al de plena certeza o seguridad– sobre la realización o materialización de un hecho desconocido con base en la confrontación de uno conocido, al que normalmente acompaña."* [1]

La determinación de la obligación tributaria sobre base presunta, *persigue obtener un dato por deducción lógica de los indicios tomados en cuenta para acercarse lo más que sea posible al hecho generador previsto en la Ley*, y derivado del cual se pueda establecer una base imponible presunta, que desde luego debe corresponder a cierta capacidad contributiva del obligado tributario, como acertadamente lo indica el profesor César GARCÍA NOVOA *"De lo que se trata es afirmar que el Estado Fiscal de Derecho es un modelo de Estado que requiere que todos contribuyan según su capacidad económica. Pero antes que nada es un Estado de Derecho. Y ello presupone un orden jurídico de seguridad"* [2] y por lo tanto, este

---

[*] Contador Público y Auditor, Abogado y Notario, Universidad Mariano Gálvez de Guatemala y Especialista en Derecho Tributario por la Universidad de Salamaca, España.

[1] ABACHE CARVAJAL, Serviliano, *La atipicidad de la "presunción" de legitimidad del acto administrativo y la carga de la prueba en el proceso tributario*, Editorial Jurídica Venezolana y Fundación Estudios de Derecho Administrativo, Colección Estudios Jurídicos N° 93, Caracas, 2012, p. 45.

[2] GARCÍA NOVOA, César, *Dos manifestaciones de la seguridad jurídica: prescripción y vinculación a los actos propios, Taxlandia: Blog Fiscal y de Opinión Tributaria*, 25 de septiembre de 2018.

método de determinación de obligación tributaria encuentra su mayor límite constitucional en el principio de capacidad contributiva el cual se encuentra consagrado en el Artículo 243 de la Constitución Política de la República de Guatemala, que para su viabilidad debe considerarse lo siguiente: 1) que la Administración Tributaria debe probar que se encuentra debidamente facultada para determinar la obligación tributaria sobre base presunta, es decir, que se han cumplido los supuestos de hecho contenidos en la Ley; 2) que existen suficientes elementos lógicos para inferir que se ha realizado el hecho generador o hecho imponible, y 3) que los indicios debidamente probados (promedios de periodos anteriores, promedios o porcentajes de ingresos o ventas, egresos o costos y utilidades) permiten medir la base imponible.

El término *"límite"* es definido como la *"Línea real o imaginaria que separa dos terrenos, dos países, dos territorios"*[3] y para los efectos de esta investigación, se analizará a la luz de los principios constitucionales contenidos en la Constitución Política de la República de Guatemala los límites en que podrá encontrarse la Administración Tributaria en cada caso concreto al momento de proceder a determinar una obligación tributaria sobre base presunta.

Los límites constitucionales que debe observar la Administración Tributaria en la determinación de oficio de la obligación tributaria sobre base presunta solamente pueden analizarse en cada caso concreto, sin embargo, no debe escapar entre estos límites, la legalidad del acto administrativo tributario y la presencia de una cierta capacidad contributiva del obligado tributario en los hechos presumidos, así como también, la regla de experiencia *"que confirme la conexión entre el hecho presumido y el conocido."*[4]

A continuación se analizarán los principios constitucionales tributarios, que en nuestra opinión son los más importantes en la determinación de oficio de la obligación tributaria sobre base presunta.

LÍMITE AL PRINCIPIO DE LEGALIDAD TRIBUTARIA

Según indica la Corte de Constitucionalidad de Guatemala *"Una interpretación normativa inicialmente debe asumir que **cada acción estatal debe perseguir un fin legítimo, constitucionalmente permitido y relevante"**[5]. La acción del Estado materializada en la determinación de oficio sobre base presunta constituye un acto administrativo proveniente de la Administración Tributaria, y como tal, constituye una actividad reglada, en la cual **"sólo puede realizar aquello que le marca la ley, estando rígidamente sujeta al principio de legalidad administrativa."**[6] o bien, como también indica, que el poder público debe **"... observar las disposiciones y procedimientos legalmente establecidos"**. *Esta cuestión, que es un axioma, resulta conforme con mandatos constitucionales que determinan que el ejercicio del poder está sujeto [a] las limitaciones señaladas por la Constitución (artículo 152) y sujeto al imperio de la ley (artículos 153 y 154)"*[7] así también, que *"... todo actuar de los funcionarios públicos que ostenten autoridad, debe encontrarse reglado, lo que indica que el margen de*

---

3   Diccionario de la Lengua Española, Real Academia Española, vigésima segunda edición, Tomo II, Espasa, Madrid, 2001, p. 1380.

4   GONZÁLEZ GARCÍA, Eusebio y José Luis Pérez de Ayala, *Presunciones y Ficciones en Materia Tributaria, Crónica Tributaria* Nº 61, Madrid, 1992, p. 49.

5   Corte de Constitucionalidad, Sentencia de fecha 14/08/2012. Expediente 2729-2011.

6   ARROYO, Eduardo A. "La determinación de oficio", obra colectiva: *El procedimiento tributario*, Alejandro C. Altamirano, Coordinador, Universidad Austral, Editorial Ábaco de Rodolfo Depalma, Buenos Aires, 1998, p. 231.

7   Corte de Constitucionalidad, Sentencia de fecha 11/07/2013, Expediente 1898-2012.

discreción que las normas les confieran deber ser mínimo, ello a efecto de no incurrir en arbitrariedades. ... "[8]

La doctrina ha resaltado que en todo procedimiento administrativo, incluido el de determinación sobre base presunta, tiene que respetarse en primer orden *el principio de legalidad*, esto supone que *"los supuestos que habilitan a determinar sobre base presunta y los procedimientos y normas que regulan la determinación sobre base presunta estén contenidos en la ley y que hayan sido establecidos de manera tal que su aplicación no conduzca a un resultado que se concrete en un crédito que no se ajusta a lo previsto en la norma de Derecho Tributario Material. Supone también que la actuación de la Administración debe estar enteramente reglada y se impida la discrecionalidad."[9]* Al respecto la Corte Suprema de Justicia, Cámara Civil de Guatemala, ha sostenido: *"Cuando es procedente determinar de oficio alguna carga tributaria por omisión en la presentación de la declaración jurada correspondiente, deben respetarse los procedimientos establecidos en el Código Tributario para establecer el monto del ajuste. Cualquier determinación oficiosa de un tributo que se haga sin respetar dichos procedimientos, es arbitraria y carece de juridicidad."[10]* (énfasis agregado)

En orden a los principios y garantías que la constitución le reconoce a todo contribuyente, la Corte de Constitucionalidad ha sostenido que la Administración Tributaria "*... está vinculada en su actuación a los principios y garantías reconocidos por la Constitución Política de la República de Guatemala y la ley, especialmente al principio de legalidad, que es un mandato de sujeción al Derecho, porque esta es la única forma de garantizar la certidumbre al particular. Es decir, la seguridad jurídica se manifiesta en la existencia de un poder reglado en la administración, especialmente, conforme los artículos 19 y 69 del Código Tributario, dirigido a los actos de aplicación de los tributos y de imposición de sanciones; bajo esta perspectiva, constituye un límite a la libre apreciación de los hechos por la administración tributaria."[11]* (énfasis agregado) en este orden de ideas, la doctrina también ha señalado que *"... el principio de legalidad en materia tributaria conecta con el principio de seguridad jurídica ... que aun no siendo un valor que tenga una relación directa con los tributos, la certeza del Derecho posibilita que los contribuyentes puedan conocer con precisión el alcance de sus obligaciones fiscales y las consecuencias que pueden derivarse de su conducta."[12]*

En orden a lo expuesto, se puede afirmar que se respeta el principio de reserva de ley cuando a partir de la previsión normativa resulte designado el hecho (o la situación) que legitima el ejercicio de la comprobación inductiva y, por tanto, *"también de la facultad de utilización del esquema de la presunción; facultad que la administración de otra manera no tiene."[13]*

Por imperio del **principio de legalidad** consagrado en el Artículo 239 de la Constitución Política de la República de Guatemala, éste ordena reservar en ley entre otras bases de recaudación, **la base imponible**, se infiere que solamente cuando la Administración Tributaria

---

8   Corte de Constitucionalidad, Sentencia de fecha 12/06/2014, Expediente 540-2013.

9   HERNÁNDEZ BERENGUEL, Luis, *Determinación sobre base presunta*, Tribunal Fiscal de Perú, Congreso Internacional de Tributación, Lima del 8 al 10 de junio de 2009, p. 7.

10   Corte Suprema de Justicia, Cámara Civil, Recurso de Casación Nº 18-2007, Fecha de Sentencia: 30/07/2007

11   Corte de Constitucionalidad, Sentencia de fecha 06/03/2014. Expediente 290-2013; también se indica en Sentencia de fecha 19/06/2014, Expediente 5509-2013.

12   ROMERO-FLOR, Luis María, "La reserva de ley como principio fundamental del derecho tributario", *Derecho y políticas públicas*, DIXI, Volumen 15 Número 18, julio-diciembre 2013, España, p. 53.

13   TRIMELONI, Mario, "Las presunciones", *Tratado de Derecho Tributario*, Editorial Temis, Bogotá, Colombia, 2001 p. 450.

no disponga de los elementos que acrediten fehacientemente la exacta dimensión de la base imponible, se encontrará debidamente facultada para determinar a través del método presuntivo la obligación tributaria, como lo ha expresado la jurisprudencia Argentina, que *"... la Administración Fiscal debe primero agotar los medios que permitan reconstruir la materia imponible de modo directo (o "sobre base cierta") y, sólo en los supuestos [establecidos en la ley] recurrir a aquel modo excepcional de determinación [sobre base presunta]; ... cuando no cuente con pruebas suficientemente "representativas" de la existencia y magnitud de la relación jurídica tributaria a través de libros y demás documentación que lleve el contribuyente."*[14] En otro importante fallo de Tribunal Fiscal de la Nación de Argentina, se sostuvo que *"... el fisco sólo debe percibir el impuesto   . En una determinación presuntiva sólo por casualidad el tributo que surge de ella coincidirá con el real, con un grave doble riesgo: **o se percibirá más de lo que dice la ley**, con el consecuente agravio de la propiedad privada, **o menos de lo que ella exige**, en desmedro a la renta pública."*[15] Sobre este aspecto deberá también considerarse que *"... el requisito de la capacidad contributiva es violado no sólo cuando se dejan sin gravar determinadas manifestaciones de capacidad económica, sino también cuando la contribución sea conectada con una riqueza inexistente."*[16]

Por su parte, garantizando de manera importante la capacidad contributiva, la jurisprudencia venezolana ha ido más allá desde la década de los 90, al tener en cuenta como criterio que justifica la determinación sobre base presunta, *la imposibilidad* –y no mera dificultad– de la Administración Tributaria para realizar la determinación sobre base cierta, en los términos siguientes: *"Los supuestos de hecho que hacen procedentes este excepcional procedimiento (determinación sobre base presuntiva), se encuentran taxativamente señalados en la Ley, de manera que, al no darse alguna de las circunstancias expresadas en el texto legal, esta vía de determinación resulta improcedente (...). Los supuestos exigidos normativamente, a objeto de que proceda este especial procedimiento de determinación, como se ha visto anteriormente en las disposiciones del Código Orgánico Tributario antes referidas, están claramente definidos, no estándole permitido a la Administración Tributaria, escoger esta vía presuntiva de determinación, a su arbitrio, sin grave quebranto de la disposición contenida en el artículo 155 del Código Orgánico Tributario promulgado en 1982. (actual: 120 y 122). En efecto, solamente si el contribuyente no proporciona los elementos de juicio necesarios para practicar la determinación sobre base cierta y siempre que a la Administración Tributaria le fuere imposible obtener, por sí misma, dichos elementos, es que se puede acudir a este procedimiento de excepción. Ambas circunstancias deben concurrir para justificar este proceder de la Administración Tributaria, ya que sólo si esta carece de elementos necesarios para la determinación sobre base cierta o está imposibilitada de obtenerlos, ya que el contribuyente no está en capacidad de proporcionarlos y no hay otra vía para su obtención, sólo entonces, repetimos, queda facultada la Administración Tributaria, para acogerse a este comentado procedimiento, dejando expresa constancia de ello en las actas respectivas.*[17]

Debe considerarse que el Artículo 109 del Código Tributario de Guatemala establece la subsidiariedad del método de determinación de base presunta de forma tácita, debiendo inter-

---

14   http://www.tribunalfiscal.gov.ar/buscador.php?pagina=6&palabra=C Visita: 27/10/2014, 22:35 hrs.

15   http://fiscus.com.ar/pdfs/presun_ficc_gorosito.pdf, Visita: 22/11/2014, 23:00 hrs, Fallo, Katero, S.A., Sala B, 8/7/93.

16   MOSCHETTI, citado por JUAN LOZANO, Ana María, *La estimación objetiva, por signos, índices y módulos en el IRPF*, Civitas, España, 1996, p. 96.

17   Corte Suprema de Justicia de Venezuela, Sala Político-Administrativa, Sentencia de fecha 17/01/1996, Caso Banco Consolidado, Expediente 6.485, citada en FRAGA PITTALUGA, Luis, *La defensa del contribuyente frente a la Administración Tributaria*, Fundación Estudios de Derecho Administrativo, Caracas, 1998, pp. 46 y 47.

pretarse que la Administración Tributaria debe acudir en primer orden a determinar la obligación tributaria sobre base cierta, única o excepcionalmente **"en los casos de negativa de los contribuyentes o responsables a proporcionar la información, documentación, libros y registros contables"** (énfasis agregado) puede acudir de oficio a determinar la obligación tributaria sobre una base presunta. En la determinación de la obligación tributaria sobre base presunta, se produciría una violación al principio de legalidad, cuando la Administración Tributaria altere el orden de prelación de la determinación de oficio de la obligación tributaria, es decir: 1) Si no acredita la negativa del contribuyente a proporcionar información y documentos requeridos; 2) Si no acredita la imposibilidad de determinar la obligación tributaria sobre base cierta y actúa directamente a determinar sobre base presunta la obligación tributaria; y 3) Si procede a determinar directamente la obligación tributaria sobre base presunta sin haber intentado determinarla sobre base cierta. En cuanto a la *negativa* del contribuyente a proporcionar información, el jurista venezolano Serviliano ABACHE CARVAJAL es de la opinión que *"una cosa es que el contribuyente se **niegue** a proporcionar la información y otra, muy distinta, es que –además- la Administración Tributaria no pueda conseguirla por otra vía, esto es, que le sea **imposible** hacerse de esa información por sus propios medios. La mera **negativa** por parte del contribuyente a entregar o proporcionar la información requerida por la Administración Tributaria, no es equivalente a que a ésta le sea **imposible** conseguirla, por ejemplo, a través de un tercero (e. g. un proveedor o un cliente del contribuyente investigado), de manera tal que resulta insuficiente hablar de **negativa** del contribuyente, debiéndose tener en cuenta, además, la **imposibilidad** de determinar sobre base cierta por parte de la Administración. O lo que es lo mismo, lo que se quiere poner de relieve es que la mera **negativa** del contribuyente a entregar la información no es condición suficiente para proceder a determinar sobre base presuntiva la obligación, sino que le tiene que ser realmente **imposible** a la Administración Tributaria –luego de agotadas **todas** las posibilidades y herramientas a su alcance- conseguir esa información (el **qué**: esto es lo **relevante**), bien sea directamente con el contribuyente o indirectamente con cualquier vinculado a éste (el **quién**: esto es **irrelevante**). De lo anterior, que resulte encontrado con el **principio de capacidad contributiva** la regulación legal sobre la exclusiva base de la mera **negativa** del contribuyente de suministrar la información a la Administración Tributaria."*

La Sala Cuarta del Tribunal de lo Contencioso Administrativo ha sostenido en diversos fallos que la determinación de la obligación tributaria sobre base presunta debe ser la última razón, debiendo acreditarse por cualquier medio de prueba admitido en Derecho *"la negativa del contribuyente o responsable a proporcionar información, documentación, libros y registros contables, y solo en ese caso el ente fiscalizador procederá a determina la obligación sobre base presunta. ... Dichos elementos sobre la determinación de base presunta establece que el contribuyente o responsable es omiso en las declaraciones o informaciones, circunstancia inicial que no se dio, ya que como consta en el expediente administrativo el contribuyente presentó su declaración jurada del Impuesto Sobre la Renta, y sobre esa base es que se inicia la fiscalización. ... el artículo 109 del Código Tributario ... establece claramente que la determinación debe ser una consecuencia directa, precisa, lógica y debidamente razonada de los indicios tomados en cuenta, ... la Superintendencia de Administración Tributaria obvio esos pasos necesarios, para la determinación de la obligación tributaria de esa forma ... [la] base presunta de conformidad con la doctrina debe de tomarse como la **ULTIMA RATIO (última razón)**, o el camino cuando se hace imposible desde cualquier punto de vista la determinación sobre base cierta, así el tratadista Fernando Pérez Royo en su libro "Derecho Financiero y Tributario", establece: "En todos los sistemas tributarios modernos, en que la aplicación de los tributos –o al menos en los más importantes- se basa en la colaboración de los sujetos pasivos, es necesario prever, para aquellos casos en que esta colaboración es rehusada o, en cualquier caso, no tiene lugar, un sistema alternativo mediante el cual la Administración fija por sí misma la base imponi-*

ble, recurriendo a métodos presuntivos o indiciarios ... Como ya hemos indicado, puede decirse sintéticamente que el citado régimen es de aplicación cuando se hace imposible la fijación de las bases por el método ordinario aplicable al sujeto correspondiente."[18] En cuanto a la imposibilidad de la Administración Tributaria de determinar la obligación tributaria sobre base cierta, como criterio para proceder a hacerlo sobre base presuntiva, ha entendido Serviliano ABACHE CARVAJAL que *"sólo le estará dado a la Administración Tributaria acudir a esta forma determinativa cuando no pueda de alguna manera hacerlo por el método sobre base cierta, esto es, cuando le sea imposible. No se trata, entonces, de una mera vía alternativa, sino subsidiaria al método directo o sobre base cierta"*[19]

La determinación sobre base presunta se encuentra sujeta a diversas condiciones legales para su aplicación, como se indicó anteriormente: 1) El procedimiento administrativo previo que debe cumplirse, antes de proceder a la determinación sobre base presunta, y 2) los supuestos habilitantes para que la Administración Tributaria pueda ponerla en práctica. Estas condiciones establecidas en la ley, constituyen un límite al procedimiento administrativo de determinación de la obligación tributaria sobre base presunta y en consecuencia, a las facultades conferidas a la Administración Tributaria como una manifestación del principio de legalidad, es decir, que toda actuación administrativa debe fundamentarse en ley como una garantía del contribuyente, así también lo ha expresado la Corte de Constitucionalidad, que el principio de legalidad puede ser abordado desde una perspectiva aplicativa en el sentido que *"... el principio de legalidad implica que el actuar de la administración se debe ceñir a la ley –potestad tributaria aplicativa-"*[20]

Consultado sobre este principio, en opinión del profesor mexicano Raúl RODRÍGUEZ LOBATO *"La presunción debe estar necesariamente prevista en la ley, pues, es un mecanismo legal que procura la seguridad jurídica al ser una manera de prueba que la autoridad tributaria tiene para facilitar su actividad y dar certeza a los actos que realiza, y para tratar de evitar la evasión fiscal."*[21] Congruente con ello, también Alejandro C. ALTAMIRANO, es del criterio que *"Indudablemente la garantía de legalidad se convierte en el valladar para neutralizar el ejercicio abusivo o antifuncional de una presunción tributaria. El contribuyente debe saber a ciencia cierta a qué atenerse. Es peligroso, en un Estado Constitucional de Derecho, que se admita fácilmente al Fisco a utilizar presunciones tributaria o estimaciones indirectas u objetivas."*[22]

Por su parte el profesor César GARCÍA NOVOA, es de la opinión que: *"la estimación indirecta tiene que estar prevista en la ley. Es un método alternativo de fijación de la base imponible y, por tanto, de determinación de un elemento esencial del tributo. Aunque la legalidad no es tan estricta en las cuestiones relativas a la cuantificación del tributo que en otras cuestiones como el hecho imponible."*[23]

---

18   Sala Cuarta del Tribunal de lo Contencioso Administrativo, Sentencia de fecha 17/05/2010. Proceso Nº 01144-2009-00176, Oficial y Notificador 1º; también se indican estos argumentos del Tribunal en Sentencia de fecha 29/06/2010, Proceso Contencioso Administrativo 01144-2010-00009.

19   ABACHE CARVAJAL, Serviliano, "La determinación de la obligación tributaria", obra colectiva: *Manual Venezolano de Derecho Tributario*, Jesús Sol, Leonardo Palacios, Elvira Dupouy, Juan Fermín, Coordinadores, Asociación Venezolana de Derecho Tributario, Tomo I, Caracas, 2013, p. 475.

20   Corte de Constitucionalidad, Sentencia de fecha 13/05/2014, Expediente 317-2013.

21   RODRIGUEZ LOBATO, Raúl, Abogado y profesor de Derecho Fiscal en la Facultad de Derecho de la Universidad Nacional Autónoma de México, entrevista concedida a esta investigación con fecha 25/11/2014.

22   ALTAMIRANO, Alejandro C., Abogado, profesional liberal y Catedrático de Derecho Tributario de la Facultad de Derecho de la Universidad Austral, Buenos Aires, Argentina, entrevista concedida a esta investigación con fecha 09/12/2014.

23   GARCÍA NOVOA, César, Catedrático de Derecho Financiero y Tributario, Universidad de Santiago de Compostela, España, entrevista concedida a esta investigación con fecha 19/11/2014.

LÍMITE AL PRINCIPIO DE CAPACIDAD CONTRIBUTIVA

La contribución para el sostenimiento de las cargas públicas se debe realizar sobre una capacidad contributiva real, efectiva y actual del contribuyente obligado; no obstante a esta afirmación, *la determinación de la obligación tributaria sobre base presunta, renuncia al conocimiento cierto y preciso del hecho generador y de la base imponible*, y como consecuencia de ello, también a la capacidad contributiva real y efectiva; razón por la cual, el problema que se plantea es *¿cómo conjugar este método con el principio de capacidad contributiva?* Para responder a este interrogante, es necesario que, el paso de base normativa a la base fáctica se realice a través de *"un proceso de deducción lógica mediante el cual se pretende acreditar un hecho desconocido (hecho presumido) en función a la prueba de la existencia de un hecho conocido (hecho base), Entre ambos hechos, empero, debe existir un grado de vinculación o conexión necesaria."*[24]

A este respecto, el profesor Ernesto LEJEUNE VALCÁRCEL, luego de un análisis sobre este principio ha considerado que: *"Cuando se analizan la inmensa mayoría de las aportaciones científicas en relación al principio de capacidad contributiva, una constante en todas ellas es la consideración de que el mismo constituye un criterio exclusivo para la realización de la justicia tributaria: el tributo es justo si se adecua a la capacidad económica del sujeto que ha de pagarlo. Esta es la afirmación fundamental, que, como hemos indicado, constituye casi una constante en cuantos autores se han ocupado del análisis del principio."*[25] (énfasis añadido)

Derivado de la relación de congruencia que debe existir entre el hecho imponible y la base imponible, es necesario que al determinar una obligación tributaria sobre base presunta, los indicios a que se refiere al Artículo 109 del Código Tributario deben ser reveladores de riqueza y fundarse en criterios de equidad, justicia y razonabilidad, en este sentido se ha pronunciado la doctrina, al señalar que *"... hay que considerar que tanto las presunciones, ficciones, índices, coeficientes ... de la base imponible o, en general, el establecimiento de mecanismos de cálculo no basado en datos reales, si bien encuentran su justificación en razones fiscales (evitar la evasión; facilitar la recaudación; descargar trabajo a la administración), deben siempre basarse en índices reveladores de riqueza y fundarse en criterios de racionalidad, verosimilitud, razonabilidad, normalidad de los hechos, etc. ... Estos mecanismos de cálculo del tributo no basados en datos reales, tanto pueden perjudicar a algunos contribuyentes como beneficiar a otros."*[26] En tal sentido, la cuota tributaria obtenida de la determinación sobre base presunta debe basarse en los principios de equidad, justicia y razonabilidad.

Se ha indicado por parte de los estudiosos del Derecho tributario, que la determinación de una obligación sobre una base presunta provoca una tensión de dos principios constitucionales: 1) El de equidad y justicia tributaria, y 2) El de capacidad de pago o capacidad contributiva, como lo afirma Rubén O. ASOREY, que *"... es sin duda, el principio [de capacidad*

---

24 BARDALES CASTRO, Percy, "Breves notas sobre los límites constitucionales a la aplicación de presunciones legales en el procedimiento de determinación de la obligación tributaria", *Libro homenaje a Luis Hernández Berenguel*, Instituto Peruano de Derecho Tributario, Pontificia Universidad Católica del Perú, Lima, Perú 2010, p. 594.

25 LEJEUNE VALCÁRCEL, Ernesto, *Seis Estudios Sobre Derecho Constitucional e Internacional Tributario, Aproximación al principio constitucional de igualdad tributaria*, Editorial de Derecho Financiero, Editoriales de Derecho Reunidas, Madrid, 1980, p. 119.

26 MASBERNAT, Patricio; Cristian Billardi; José Antonio Fernández Amor y Miguel Ángel Sánchez Huete, "Perspectivas para la construcción de una dogmática sobre los principios materiales de la tributación en Chile a partir de los ordenamientos de Italia, España y Argentina"; *Revista de Derecho de la Pontificia Universidad Católica de Valparaíso* XXXIX; Valparaíso, Chile, 2012, p. 489.

contributiva] estrella en relación al tema bajo análisis, entre otras razones, porque las pre-
sunciones y ficciones resultan contrarias por definición al principio de capacidad contribu-
tiva y es por ello que su utilización debe limitarse al mínimo posible"[27] a lo que se agrega,
que debe agotar la Administración Tributaria por todos los medios posibles determinar la
obligación tributaria sobre base cierta.

Respecto a este mismo tema, Salvador del Castillo ÁLVAREZ-CEDRÓN, explica que *"La
problemática de las presunciones en materia tributaria es el resultado de la tensión de dos
principios: El de justicia tributaria y el de capacidad contributiva. ... Hay, pues, una tensión entre ambos principios e, incluso, una tensión interna dentro del mismo principio de
capacidad contributiva. Por una parte, se requiere evitar la defraudación, y se sirve así al
citado principio de capacidad, y, por otra, se presumen hechos o bases imponibles contrariando al mismo principio de capacidad contributiva que exige un hecho imponible no presunto, sino efectivo, y una medición exacta del mismo."*[28]

La importancia que se ha tenido sobre el estudio de la base imponible en el terreno de las
presunciones tributarias, es porque a través de su determinación se puede verificar la existencia o no de la capacidad económica del contribuyente, explicándolo muy concretamente
la Corte de Constitucionalidad que la base imponible se puede definir *"... como el elemento
que orienta la fijación normativa a efectos de procurar la igualdad en razón del grado de
capacidad contributiva de cada presupuesto objetivo o hecho generador."*[29]

La Administración Tributaria debe ser muy escrupulosa al momento de seleccionar los indicios que sirvan de base para obtener la base presunta, la cual debe ser absolutamente idónea para comprobar la capacidad contributiva del contribuyente, toda vez que, si partimos
de la estructura de la presunción, diremos que los indicios que constituyen el hecho base
deben ser expresivos de capacidad económica, el cual permite a través de un razonamiento
lógico, llegar a un hecho presumido, que como consecuencia lógica también deberá ser expresivo de esa capacidad económica; es decir, que **si los indicios no son expresivos de capacidad contributiva, la base presunta que de tales indicios se presuma, tampoco serán
el reflejo de capacidad contributiva**, y por tanto, el acto administrativo será nulo *ipso jure,*
según lo establece el último párrafo del Artículo 44 de la Constitución Política de la República de Guatemala, que indica: *"... Serán nulas **ipso jure** las leyes y las disposiciones
gubernativas o de cualquier otro orden que disminuyan, restrinjan o tergiversen los derechos que la Constitución garantiza."* A esta modalidad de control constitucional se refiere la
doctrina española, advirtiendo Matías CORTÉS citado por Ana María JUAN LOZANO que *"la
justicia del tributo exige no sólo una adecuada cuantificación de la obligación tributaria
que acerque la contribución de cada contribuyente a la cuota ideal y justa, que de acuerdo
con su capacidad contributiva le corresponda satisfacer al Estado ... pero **tal correspondencia sólo puede lograrse mediante la obtención de una base, que a su vez refleje la capacidad contributiva.** ... De tal modo que sólo el conocimiento de la base y la adaptación
de ésta a la verdadera capacidad económica de cada contribuyente, permite que la cuota
guarde esa "estricta correspondencia" con la capacidad económica."*[30]

Como se ha venido explicando, las presunciones se fundan en reglas de experiencia que
deben ser generalmente aceptadas y los hechos (indicios) seleccionados deben ser reveladores de una cierta capacidad contributiva, así como también, además que el hecho inferido

---

27 ASOREY, Rubén O., *La determinación sobre base presunta en Latinoamérica*, Congreso Internacional de
Tributación, Tribunal Fiscal, Lima, Perú, del 8 al 10 de junio de 2009, p. 8.

28 ÁLVAREZ-CEDRÓN, Salvador del Castillo, Consideraciones sobre las presunciones jurídicas en materia
impositiva, *Revista de Administración Pública*, N° 62, Instituto de Estudios Políticos, Madrid, 1970, p. 104.

29 Corte de Constitucionalidad, Sentencia de fecha 06/03/2014, Expediente 290-2013.

30 CORTÉS, Matías, citado por JUAN LOZANO, Ana María, *Op. cit.,* pp. 99 y 100.

debe encuadrar en el hecho generador de la norma tributaria específica, debe ser expresivo de capacidad contributiva como requisito esencial de validez, es decir, que el principio de capacidad contributiva como límite a la determinación de la obligación tributaria sobre base presunta exige que *"debe figurar, desde luego, la presencia de una cierta capacidad contributiva **en los hechos presumidos y la existencia de una regla de experiencia que confirme la conexión entre el hecho presumido y el conocido.***"[31] (énfasis agregado)

En definitiva, debe prevalecer un alto grado de razonabilidad de los indicios que deben tomarse en cuenta para deducir o inducir una obligación tributaria sobre base presunta, ante lo cual la Corte de Constitucionalidad ha sostenido que *es preciso recordar que el vocablo "razonable" deriva del latín "rationabilis", adjetivo que significa arreglado, justo, conforme a razón. El estándar jurídico de la razonabilidad, ha venido a constituirse en un sinónimo de constitucionalidad, pues como dice Germán Bidart Campos, lo razonable es lo ajustado a la Constitución, no tanto a la letra como a su espíritu, y lo irrazonable es lo que conculca la Constitución, lo anticonstitucional ... por lo expresado, esta Corte concluye que lo razonable es lo justo y equitativo, lo conforme con la Constitución, según las condiciones de persona, tiempo, modo y lugar y en función de todos los valores que, en orden jerárquico, integran el plexo axiológico del orden jurídico (libertad, igualdad, solidaridad, paz, seguridad, orden, bienestar, etc.)*[32]

De no respetarse los aspectos anteriormente señalados, se produciría una franca violación al principio de capacidad contributiva, *"originando la imposición de capacidades inexistentes, razón por la cual debe fijarse parámetros para dichos límites."*[33] es decir, que la Administración Tributaria debe velar por sostener la juridicidad del acto administrativo de determinación de la obligación tributaria sobre base presunta, en el cual se respete la verdadera capacidad contributiva del contribuyente, además, de que la misma se realice de conformidad con la ley, respetando el principio de legalidad y el principio de equidad tributaria en el reparto de la carga tributaria, puesto que en la cuota tributaria obtenida de manera presunta no se utilizan elementos reales, sino elementos que se presumen y que guardan cierta concordancia con los indicios tomados en cuenta.

Es indudable de que toda reconstrucción normativa que intente valorar la adhesión del esquema de presunción al principio constitucional de capacidad contributiva, debe ser desarrollada, ante todo, *"a partir del contenido de la hipótesis primaria que sirve como "premisa" en el esquema de conexión asumido por la norma; es necesario verificar si la hipótesis comprende hechos o situaciones -en cuanto presupuesto o base imponible o elemento de una figura tributaria, etc.- que se manifiesten como hechos reales o ciertos de relevancia económica, atribuibles a un sujeto. Además, el examen de la adhesión del esquema legal de la presunción debe ser completado con la reconstrucción del contenido del "resultado" establecido en la norma. Es necesario, también, verificar si el hecho imponible derivado se enlaza lógicamente -de acuerdo con una relación de desarrollo por derivación- con los hechos y situaciones que constituyen el contenido de la hipótesis primaria; y por tanto, si es o no coherente con la premisa."*[34]

Habrá violación al principio de capacidad contributiva, cuando en la determinación de oficio de la obligación tributaria sobre base presunta, la Administración Tributaria no atienda las cualidades individuales y personales del contribuyente, y que a través de la misma, se

---

31 GONZÁLEZ GARCÍA, Eusebio y José Luis Pérez de Ayala, *Op. cit.*, p. 49.

32 Corte de Constitucionalidad, Sentencia de fecha 20/11/2013, Expediente 3377-2013; también se indica en Sentencia de fecha: 31/07/2013, Expediente 184-2012.

33 NAVARRINE, Susana Camila y Rubén O. Asorey, *Presunciones y Ficciones en el Derecho Tributario*, Tercera Edición, Lexis Nexis, Buenos Aires, Argentina, 2006, p. 31.

34 TRIMELONI, Mario, *Op. cit.*, p. 451.

llegue a determinar una cuota tributaria onerosa, excesiva y perjudicial, cuyos efectos puedan provocar menoscabo, no sólo en la capacidad contributiva del contribuyente o del responsable, sino que también en su patrimonio; como bien lo ha señalado la Corte de Constitucionalidad que *"... el principio de capacidad de pago en materia tributaria, contenido en el artículo 243 de la Constitución Política de la República de Guatemala, y siguiendo la doctrina aceptada en todos los sistemas tributarios modernos, constituye un mandato que el Estado, en el ejercicio de su poder tributario, debe considerar para la aprobación de una carga tributaria, **en la cual se tomen en cuenta las cualidades individuales y personales de los contribuyentes a efecto de que su participación en la financiación del gasto público constituya un sacrificio proporcional a su condición patrimonial particular, de acuerdo a la materia imponible de que se trate.** ..."*[35] (énfasis agregado), de esta Sentencia se deduce que en el concepto de capacidad contributiva, la Corte de Constitucionalidad se refiere de forma implícita al **principio de efectividad**, cuya modalidad de control constitucional, MOSCHETTI, citado por Ana María JUAN LOZANO, se refiere de la forma siguiente: *"... Dado que el concepto de "capacidad" se refiere necesariamente a una aptitud efectiva y, por tanto, existente en concreto, cierta y actual, el principio de capacidad contributiva requiere que sean gravadas manifestaciones económicas reales y no meramente ficticias. Esto comporta no sólo que se elijan hechos imponibles dotados de particulares requisitos, sino también que se adopten especiales métodos de liquidación y sistemas de recaudación."*[36] En tal sentido, Ana María JUAN LOZANO explica que el principio constitucional de capacidad contributiva *"... no debe ser observado únicamente en el momento de estructuración del tributo, sino también **en el momento de su realización; de tal forma que el juicio de legitimidad se extiende a los resultados que se siguen de la aplicación del tributo."***[37] (énfasis añadido) Sin embargo, es evidente que aceptar esta tesis en todas sus consecuencias, *"... significa rechazar la utilización de presunciones relativas en el Derecho Tributario, pues con la aplicación de estas normas no se puede afirmar que la realización del presupuesto de hecho tributario es cierta, actual y efectiva."*[38]

De estas aseveraciones se comprende que la efectividad del principio de capacidad contributiva, no solo debe considerarse como presupuesto legitimador del tributo, sino además, se requiere que junto a la **aptitud objetiva** *"del presupuesto o de la entera estructura del tributo para indicar potencialidad económica,"*[39] exista también *"una **aptitud subjetiva** referida claro está al sujeto pasivo sobre el que jurídicamente recae la detracción patrimonial tributaria."*[40] Por esta razón, PÉREZ ARRAIZ hace énfasis al concepto de "**aptitud**" que según del Diccionario de la Real Academia Española se refiere a la *"capacidad para operar competentemente en una determinada actividad"*[41] explicando que *"La capacidad económica no es una realidad tangible sino que es una cualidad. Cuando se dice de un sujeto que tiene capacidad económica se le está atribuyendo una aptitud, aptitud que puede predicarse tanto de quien obtiene una renta efectiva como de quien posee bienes o realiza actividades con las que se puede originar rentas."*[42]

---

35 Corte de Constitucionalidad, Sentencia de fecha 12/06/2014, Expediente 540-2013.

36 JUAN LOZANO, Ana María, *Op. cit.,* p. 94.

37 *Loc. cit,.* p. 94.

38 GONZÁLEZ GARCÍA, Eusebio, Director; Pollyana Vilar Mayer, Coordinadora, *Temas actuales de Derecho Tributario, Presunciones en el Derecho Tributario,* Bosch Tributario, Barcelona, 2005. *Op. cit.,* p. 229.

39 CASADO OLLERO, G., citado por JUAN LOZANO, Ana María, *Op. cit.,* pp. 95 y 96.

40 *Ibid,* p. 96.

41 Diccionario de la Lengua Española, Real Academia Española, *Op. cit.,* Tomo I, p. 189.

42 PÉREZ ARRAIZ, Javier, *Problemas que plantea el método de estimación objetiva en la cuantificación del Impuesto Sobre la Renta de las Personas Físicas a la luz de la Constitución Española,* Trabajo realizado en el marco del Proyecto SEJ2005-09257-C03-03, España, p. 24.

Como ya se ha mencionado anteriormente, en la determinación de oficio sobre base presunta, el hecho presumido del que se haga depender la base imponible, deberá ser revelador de capacidad contributiva, de modo que la prestación tributaria que se exija, debe respetar los límites que se derivan de este principio constitucional *"... que quebraría en aquellos supuestos en los que la capacidad económica gravada por el tributo sea no ya potencial sino inexistente o ficticia."*[43] Por otra parte, para que la obligación tributaria determinada sobre base presunta quede a salvo y no confronte el principio de capacidad contributiva, se deben tomar en cuenta, como ya se ha indicado, las aptitudes personales y *"... las diversidades individuales de acuerdo a la capacidad económica personal de cada contribuyente."*[44]

A todo lo expuesto, también se debe afirmar que si bien, el principio de capacidad contributiva debe estar vinculado con una manifestación real de riqueza y no a una capacidad contributiva que se presume, también lo es que, ante la ***"negativa e imposibilidad"*** del contribuyente en proporcionar información y documentos a la Administración Tributaria, para que ésta pueda establecer con precisión el hecho generador de la obligación tributaria, es el propio contribuyente quien corre el riesgo de que se le exija un tributo que sobre pase su capacidad contributiva, y por ello, le corresponde la carga de probar en contrario.

Sobre este principio, Ernesto LEJEUNE VALCÁRCEL advierte que *"Desde luego la forma más razonable y exacta de respetar este principio es la determinación o estimación directa de bases imponibles. La determinación indirecta o presunta es por definición un mecanismo más inexacto. Pero no hay inconveniente en que se utilice cuando es **imposible** utilizar los métodos de estimación directa. Ahora bien, pese a ello, la ley debe ser extremadamente cautelosa al regular los medios a emplear en la determinación presunta, pues estos deben referirse a elementos valorativos conectados con la capacidad económica. No pudiéndose utilizar criterios valorativos que nada tengan que ver con la capacidad económica. El objetivo ha de ser medir objetiva e indiciariamente la verdadera capacidad económica, aunque sea de forma aproximada. Dado que el sistema, aunque indiciariamente y de forma presunta, lo que realmente mide es la capacidad económica, una determinación indirecta o presunta no puede limitarse por la administración a la fijación de una cifra. Debe expresar con claridad los medios de medición presuntivos utilizados, su conexión lógica con la actividad económica que se valora y el procedimiento seguido. Y ello porque la determinación presuntiva o indirecta por la Administración no puede ser una actuación administrativa o aleatoria más o menos hecha a lo loco, sino que tiene que seguir un cauce lógico y respetuoso con la capacidad económica, aunque solo conduzca a una determinación aproximada de dicha capacidad económica."*[45]

A criterio Percy BARDALES CASTRO *"La base presunta podría afectar la capacidad contributiva si es que la determinación se podría realizar sobre base cierta. Por ello, es importante que la autoridad tributaria pruebe que no hay forma de realizarla sobre base cierta y siempre y cuando pruebe los supuestos que dan origen a la aplicación de dichas presunciones."*[46]

Por su parte Raúl RODRÍGUEZ LOBATO al referirse sobre el tema, es de la opinión que: *"a partir de que en el Derecho Tributario esta presunción opera como una operación lógica tendiente a fijar la existencia o dimensión de un hecho desconocido, en el caso, la base de*

---

43   Tribunal Constitucional de España, Sentencia 221/1992 de 11 de diciembre, FJ 4; y 194/2000, de 19 de julio, FJ 9.

44   Corte de Constitucionalidad, Sentencia de fecha 18/03/2010, Expedientes Acumulados: 125-2009 y 198-2009.

45   LEJEUNE VALCÁRCEL, Ernesto, Catedrático de Derecho Financiero y Tributario, Universidad CEU San Pablo, Madrid, España, entrevista concedida a esta investigación con fecha 19/11/2014.

46   BARDALES CASTRO, Percy, Abogado, Socio de EY Perú, entrevista concedida a esta investigación con fecha 16/11/2014.

la obligación tributaria, a partir de otro conocido, en el caso, la información proporciona-da por el contribuyente en períodos anteriores o la que obtenga la autoridad de terceros relacionados con él, el resultado de la presunción, independientemente de la prueba en con-trario, debe guardar relación con la real capacidad contributiva del sujeto obligado, pues este principio así lo exige. "[47]

Por su parte César GARCÍA NOVOA, sostiene que *"La cuantificación del tributo no debe alejarse del hecho imponible, que es la capacidad económica gravada. Si el hecho imponi-ble es el beneficio de una empresa, los indicios que se tomen para determinar la base por estimación indirecta deben ser formas indiciarias de expresión de ese beneficio y no cues-tiones alejadas completamente del mismo. Por ejemplo, si la empresa es una boutique o tienda de ropa, la calle de la ciudad en la que esté situada es un indicio de un mayor bene-ficio, pero no lo es, por ejemplo, la nacionalidad de los dependientes. Si para cuantificar se tuviesen en cuenta elementos alejados del hecho imponible gravado podrían vulnerarse las exigencias de capacidad económica relativa."* [48] En congruencia con lo expuesto, también Alejandro C. ALTAMIRANO, de forma muy concreta pero con mucho sentido se refirió a este límite constitucional indicando que *"En muchos casos la estimación objetiva, indirecta y las presunciones conspiran con el preciso componente de la capacidad económica pues los contribuyentes deben contribuir en función de su potencialidad y no en función de interpre-taciones que recurren a los silogismos."* [49] En tal sentido, *"La capacidad contributiva fun-ciona como un límite importante para especificar cargas tributarias, su naturaleza no per-mite la simulación al momento de establecerlas, ya que debe ajustarse siempre a la aptitud contributiva del contribuyente. Sólo existirá tal obligación cuando se manifieste una rique-za apta para contribuir."* [50]

LÍMITE AL PRINCIPIO DE NO CONFISCATORIEDAD

El segundo párrafo del Artículo 243 de la Constitución Política de la República de Gua-temala establece con toda precisión y claridad que *"se prohíben los tributos confiscatorios"*; entendiendo como tales, aquellos que se encuentran establecidos en una ley tributaria es-pecífica, como también aquellos que se derivan de una determinación de oficio sobre base presunta. La Corte de Constitucionalidad ha sostenido en diversos fallos que el impuesto confiscatorio es ... *aquel impuesto excesivo, que produce efectos indeseables, que excede el*

---

47 RODRIGUEZ LOBATO, Raúl, Abogado y profesor de Derecho Fiscal en la Facultad de Derecho de la Uni-versidad Nacional Autónoma de México, entrevista concedida a esta investigación con fecha 25/11/2014.

48 GARCÍA NOVOA, César, Catedrático de Derecho Financiero y Tributario, Universidad de Santiago de Compostela, España, entrevista concedida a esta investigación con fecha 19/11/2014. En cuanto a **la capacidad económica relativa**, que menciona el insigne profesor, es importante indicar que consiste en "aquella capacidad que orienta o modula la concreta carga tributaria que un contribuyente debe soportar. Constituye la medida, razón o proporción de cada contribución individual de los sujetos obligados al sostenimiento de los gastos públicos, pues se debe de acuerdo o según a la capacidad que se tiene, lo cual debe reflejarse en el hecho imponible y en los elemen-

, *Revista Ius et Praxis*, Año 16, N° 1, 2010, p. 312).

49 ALTAMIRANO, Alejandro C., Abogado, profesional liberal y Catedrático de Derecho Tributario de la Fa-cultad de Derecho de la Universidad Austral, Buenos Aires, Argentina, entrevista concedida a esta investigación con fecha 09/12/2014.

50 GARCÍA BUENO, Marco César, *El principio de capacidad contributiva a la luz de las principales aporta-ciones doctrinales en Italia, España y México*, Colección de Estudios Jurídicos, Tomo XVII, Tribunal Federal de Justicia Fiscal y Administrativa, México, 2002, p. 325.

límite de lo razonable o aquellos que sustraigan una parte sustancial de la propiedad o la renta.[51]

Si la base presunta determinada por la Administración Tributaria no es reveladora de capacidad contributiva, ésta conlleva de manera implícita una afectación patrimonial del contribuyente y en consecuencia, la cuota tributaria que se obtenga de esta determinación presentaría visos de inconstitucionalidad por contravenir el principio constitucional de no confiscatoriedad. Sobre este aspecto, la doctrina especializada sobre este tema ha escrito que *"a los efectos de obtener la consagración de esta garantía implícita en la Constitución, **es necesario acreditar que el tributo afecta una parte preponderante de la renta o el patrimonio del contribuyente;** de forma tal, se debe demostrar exhaustivamente que la alícuota aplicada, al afectar en exceso la capacidad contributiva, considerada por el legislador como presupuesto de hecho de la tributación, termina violando el derecho de propiedad."*[52]

El examen de constitucionalidad sobre una determinación de oficio sobre base presunta, exige la debida y adecuada confrontación de ésta con las normas constitucionales que se consideran vulneradas, en este caso, con el principio de no confiscatoriedad que, que a nuestro juicio es un concepto jurídico indeterminado que no puede ser precisado en términos generales y abstractos, sino que el mismo debe ser analizado y observado en cada caso concreto, tomando en consideración la cuota tributaria que se exige y las circunstancias personales del contribuyente obligado; además, se debe efectuar la motivación necesaria y suficiente, acompañada de la debida comprobación que la determinación tributaria efectuada sobre base presunta resulta excesiva e irrazonable, que no solo podría agotar la renta efectivamente obtenida, sino que además, pone en peligro la disminución del patrimonio del contribuyente, el cual se encuentra constitucionalmente garantizado como un derecho subjetivo a la propiedad, cuyo contenido esencial se encuentra suficientemente garantizado en los Artículos 39 y 41 de la Constitución Política de la República de Guatemala, que establecen en el orden en que ha sido citados: *"Se garantiza la propiedad privada como un derecho inherente a la persona humana. ..."; "... Se prohíbe la confiscación de bienes ..."*; en tal sentido, se deduce que el principio constitucional de no confiscatoriedad, como límite a la potestad tributaria del Estado, garantiza que la cuota tributaria obtenida de una determinación sobre base presunta no pueda afectar la esfera patrimonial del contribuyente.

Sobre esta línea de argumentos, César LANDA ARROYO, explica que el principio de no confiscatoriedad como límite, es vulnerado cuando *"... el tributo es tan oneroso para el contribuyente que lo obliga a extraer parte sustancial de su patrimonio o renta, o porque excede totalmente sus posibilidades económicas. Su contenido, por lo tanto, no puede ser precisado en términos generales y abstractos, sino analizado y observado en cada caso, teniendo en consideración la clase de tributo y las circunstancias concretas."*[53] El mismo autor, cita la Sentencia del Tribunal Constitucional Federal de Alemania del 18 de enero de 2006 la que indica: *"... a pesar que se pueda deducir del principio de la prohibición de exceso alguna cantidad que determine concretamente el tope común de la tributación, no debe continuar el cobro tributario para los ingresos superiores, al punto de perjudicar el rendimiento económico. Es decir, **la utilidad o margen de ganancia razonable del negocio o patrimonio constituye el límite proporcional para gravar tributariamente una actividad económica.**"* (énfasis añadido)

---

51 Corte de Constitucionalidad, Sentencia de fecha 03/12/2008, Expedientes acumulados 2947 y 3108-2008, Gaceta 90.

52 NAVARRINE, Susana Camila y Rubén O. Asorey, *Op. cit.,* p. 28.

53 LANDA ARROYO, César, Control constitucional de los tributos con fines extrafiscales en el Perú, *Revista Themis,* Facultad de Derecho, Pontificia Universidad Católica del Perú, Nº 64, Perú, 2013, p. 178.

El Tribunal Constitucional de España, se ha pronunciado en relación al principio constitucional de no confiscatoriedad **como una prohibición de agotar la riqueza imponible**, declarando: *"... este Tribunal, ya en su STC 27/1981, que capacidad económica, a efectos de contribuir a los gastos públicos, tanto significa como la incorporación de una exigencia lógica que obliga a buscar la riqueza allí donde la riqueza se encuentra. A ello cabe añadir ahora que la prohibición de confiscatoriedad supone incorporar otra exigencia lógica que obliga a no agotar la riqueza imponible -sustrato, base o exigencia de toda imposición- so pretexto del deber de contribuir."*[54] en tal sentido puede deducirse que, la cuota tributaria obtenida como consecuencia de la determinación sobre base presunta, que agote o consuma la renta obtenida por el obligado tributario, o que, por sus efectos nocivos, provoque el colapso o quiebra de una empresa, o que para satisfacer el pago de dicha obligación el contribuyente deba satisfacerlo con su patrimonio.

También puede existir violación al principio de No Confiscatoriedad, cuando en un caso concreto la Administración Tributaria pretenda, por vía de presunciones, exigir el pago de un tributo sobre la totalidad de la renta, sin considerar los costos y gastos que fueron necesarios para la generación de la misma. En ese sentido, es importante traer a la vista la Sentencia de la Corte Nacional de Justicia de Ecuador, Sala de lo Contencioso Administrativa, Tribunal Distrital No. 4, de fecha 20/03/2009, en la cual *"... habría anulado una determinación presuntiva, pues el Servicio de Rentas había tomado como base imponible la totalidad de los ingresos brutos, es decir, sin deducción de gastos. ... La Sentencia de la Corte Nacional concluyó que la renta establecida presuntivamente está sujeta a deducciones, expresando que "resulta ilógico, irracional, ilegal e inconstitucional el proceder de la Administración que en la especie ha calculado el Impuesto a la Renta sobre el ingreso bruto, sin considerar ninguna deducción."*[55]

En una importante Resolución dictada por el Directorio de la Superintendencia de Administración Tributaria –SAT- al resolver el Recurso de Revocatoria interpuesto por el contribuyente, declaró enmendar el procedimiento, dejando sin efecto todo lo actuado, con base a los siguientes argumentos: *"Que luego del análisis de los antecedentes y actuaciones que obran en el expediente, se advierte que **la Administración tributaria incurrió en vicio de procedimiento puesto que no profundiza lo suficiente en la investigación con cruce de información con terceros,** puesto que únicamente se efectúo una pequeña muestra de proveedores ... se requiere agotar los procedimientos de investigación, para determinar la veracidad de los datos ... pues efectuar ajustes por la totalidad de los costos y gastos resulta confiscatorio y viola preceptos constitucionales. Razón por la cual se hace necesario se efectúe una revisión profunda con cruce de información de terceros ... para poder aplicar un costo a las ventas realizadas y declaradas para no caer en presunciones y confiscatoriedad. Ya en anteriores oportunidades la Sala Segunda del Tribunal de lo Contencioso Administrativo se ha pronunciado en contra de no reconocer los costos que originan los ingresos de los contribuyentes. ..."*[56]

En otro caso concreto, en el que la Administración Tributaria formuló ajuste al Impuesto Sobre la Renta, consideró que luego de su análisis estableció que los ingresos del contribuyente fueron inferiores al monto de sus depósitos bancarios, concluyendo *"... que dichos ingresos no fueron contabilizados como ingresos, considerándose como una omisión de ingresos en el régimen del Impuesto Sobre la Renta."* Este caso, luego de haberse agotado el procedimiento administrativo en que se confirmaron los ajustes formulados, el contribuyente planteó el proceso contencioso administrativo en contra de la Superintendencia de Admi-

---

54   Tribunal Constitucional de España, Sentencia 150/1990, de 4 de octubre de 1990 Fundamento Jurídico 9.

55   ASOREY, Rubén O., **La determinación sobre base presunta en Latinoamérica,** *Op. cit.,* p. 29.

56   Superintendencia de Administración Tributaria, Resolución del Directorio N° 674-2005, del 08/08/2005, Expediente SAT N° 20030220440002430.

nistración Tributaria, el cual fue asignado a la Sala Segunda del Tribunal de lo Contencioso Administrativo, quien dictó la Sentencia respectiva bajo los siguientes argumentos: *"... Ahora bien, para los efectos del análisis que este Tribunal hace, es necesario desarrollar algunas acotaciones de referencia sobre cada una de las situaciones expuestas por la Superintendencia de Administración Tributaria, a saber: el hecho generador global del Impuesto Sobre la Renta, tal y como el presupuesto de hecho ha quedado estructurado en la ley que lo regula, incluye entre otras hipótesis, la que consiste en la obtención, por un contribuyente del impuesto, sea persona individual o jurídica, de rentas provenientes de aquellas fuentes que la propia Ley establece, en este caso no se generaron obligaciones tributarias, ya que quedó demostrado que las cantidades motivo de los ajustes son depósitos aplicados a una cuenta bancaria, lo que no constituye un hecho generador del impuesto y que* quedó demostrado que obedeció a un contrato privado *de apertura de crédito en cuenta corriente entre la entidad ... constituida en demandante en este proceso y la entidad .... Adicionalmente, la demostración de los ingresos de la entidad demandante, que fueron realmente percibidos, quedó comprobado en las cantidades incluidas en sus declaraciones juradas. La administración tributaria no satisfecha, formuló ajustes, presumiendo como ingresos los que aparecen en la cuenta de depósitos monetarios del Banco ..., alejándose con ello de la realidad, puesto que se trató de una presunción; lo que da lugar a impuestos confiscatorios prohibidos por el artículo 243 de la Constitución Política de la República de Guatemala. (...) Examinando el expediente administrativo, las pruebas aportadas y las exposiciones de las partes, dentro del proceso, se constata que los ajustes formulados por la administración tributaria fueron calculados sobre base presunta, a pesar que la contribuyente había cumplido con la presentación de las declaraciones a que obliga la ley, atribuyendo en esta forma a la contribuyente ingresos que no fueron debidamente demostrados por la administración tributaria. De reconocerse ajustes, sobre base presunta, se estaría cayendo indefectiblemente en un régimen tributario arbitrario y sustentado en criterios antitécnicos para definir las obligaciones tributarias de los contribuyentes, y generaría, por consiguiente, una violación a los Principios de Legalidad y Capacidad de Pago que deben regir la materia impositiva. ... Por las razones expuestas y dados los criterios expuestos, que han sido sustentados reiteradamente por este Tribunal, el recurso planteado debe declararse procedente y revocar la resolución que se impugna."* (énfasis agregado)[57]

En resumen, merece ser mostrado el análisis que hace Klaus TIPKE, acerca de la existencia de confiscación en los siguientes supuestos: *"a) Si la tributación colapsa una empresa o hace que deje de ser rentable; b) Si la tributación absorbe todos los rendimientos del patrimonio; c) Cuando el impuesto ha de pagarse con la substancia del patrimonio; d) Cuando el impuesto priva al ciudadano de los medios necesarios para la vida."*[58]

Sobre los alcances que tendría este principio en la determinación de la obligación tributaria sobre base presunta, el profesor Ernesto LEJEUNE VALCÁRCEL, afirma que *"Evidentemente el resultado no puede ser confiscatorio, porque entonces no estaríamos ante un impuesto sino ante una expropiación. Ahora bien, ... el principio de no confiscatoriedad no lo veo como un principio constitucional tributario. Pues conceptualmente el impuesto se proyecta solo sobre UNA PARTE DE la renta o la riqueza, nunca sobre la totalidad. Creo que no es aquí donde hay que analizar la no confiscatoriedad, sino más bien en hasta donde puede llegar la progresividad tributaria. En este punto creo que no hay mucho que el Derecho tributario pueda decir. No veo un límite jurídico a la progresividad, que por principio*

57   Sala Segunda del Tribunal de lo Contencioso Administrativo, Proceso N° SCA-2004-88, Oficial y Notificador 1°. Fecha de Sentencia: 25/02/2005.

58   TIPKE, Klaus, citado por Luis Corral Guerrero, *La capacidad económica de contribuir*, Cuadernos de Estudios Empresariales, N° 14, España, 2004, p. 37.

se proyecta solo sobre una parte. Es más bien un debate hacendístico o político: la progresividad puede llegar hasta donde el cuerpo y la cabeza de los electores aguanten."[59]

Por su parte César GARCÍA NOVOA, es del criterio que: *"La no confiscatoriedad es un límite a la capacidad económica. Un tributo que se exija por estimación indirecta sin atender a la verdadera capacidad económica gravada en el hecho imponible será un tributo confiscatorio, pero por vulnerar la capacidad económica."*[60] A su vez, Raúl RODRÍGUEZ LOBATO, afirma que: *"Si al operar la presunción que se ha mencionado se respeta el principio de capacidad contributiva, como expresé en el punto anterior, necesariamente también se respetará este principio, salvo que la base presunta si guarde relación con la capacidad contributiva, pero la cuota tributaria o tipo de gravamen no, en cuyo caso la violación del principio no derivará de la presunción, son de la ley tributaria que establece la cuota o tipo de gravamen."*[61] Por su parte Saúl Augusto DONADO RODRÍGUEZ, es de la opinión que *... si no se observa el principio de capacidad de pago, se entra en la zona de la confiscación de bienes, al gravar más allá de la real y efectiva capacidad de pago a un contribuyente, al presumir, si se hace sin la suficiente base técnica, y legal que un supuesto indicio conlleva razonablemente a la convicción de que se ocultó o no se declaró correctamente una base imponible."*[62]

LÍMITE AL PRINCIPIO DE IGUALDAD TRIBUTARIA

En cuanto a la realización del principio constitucional de igualdad en materia tributaria, puede observarse que *"la previsión normativa sobre la presunción de existencia de un hecho o de elementos de la base imponible, o bien, de la eficacia de una específica cualificación jurídica de la figura tributaria, etc., nunca puede establecer discriminación de tratamiento entre sujetos, en lo tocante a la esfera de eficacia de la presunción, cuando falte en el conjunto del esquema de presunción una efectiva (y no meramente ficticia) diversidad de situaciones o hechos, que conciernen a algunos sujetos y no a otros. De aquí la ilegitimidad constitucional del dictado normativo relativo: la presunción resultaría, de hecho, carente de cualquier ratio justificativa de un régimen tan diferenciado."*[63]

Para Luis HERNÁNDEZ BERENGUEL *"... ni la normas referidas a la determinación sobre base presunta ni su aplicación por la Administración pueden conducir a resultados que violen el principio de igualdad, alejándose de toda noción de razonabilidad, y por lo tanto, de la realidad económica del contribuyente –es decir, de su capacidad contributiva."*[64]

Respecto a este principio, Ernesto LEJEUNE VALCÁRCEL indica lo siguiente: *"Creo que tiene poco que decir en esta materia. No es posible comparar un resultado de estimación directa con otro de estimación presunta, pues los procedimientos seguidos son distintos."*[65]

---

59 LEJEUNE VALCÁRCEL, Ernesto, Catedrático de Derecho Financiero y Tributario, Universidad CEU San Pablo, Madrid, España, entrevista concedida a esta investigación con fecha 19/11/2014.

60 GARCÍA NOVOA, César, Catedrático de Derecho Financiero y Tributario, Universidad de Santiago de Compostela, España, entrevista concedida a esta investigación con fecha 19/11/2014.

61 RODRIGUEZ LOBATO, Raúl, Abogado y profesor de Derecho Fiscal en la Facultad de Derecho de la Universidad Nacional Autónoma de México, entrevista concedida a esta investigación con fecha 25/11/2014.

62 DONADO RODRÍGUEZ, Saúl, Abogado y Notario, Carrillo y Asociados, entrevista concedida a esta investigación con fecha 17/11/2014.

63 TRIMELONI, Mario, *Op. cit.,* p. 454.

64 HERNÁNDEZ BERENGUEL, Luis, *Op. cit.,* p. 8.

65 LEJEUNE VALCÁRCEL, Ernesto, Catedrático de Derecho Financiero y Tributario, Universidad CEU San Pablo, Madrid, España, entrevista concedida a esta investigación con fecha 19/11/2014.

En opinión de César GARCÍA NOVOA *"La igualdad formal no se ve afectada si las disposiciones sobre estimación indirecta son lo suficientemente generales y abstractas para aplicarse a todos por igual (a todos los que realicen el presupuesto que habilita a aplicar la estimación indirecta, por ejemplo, a todos los que carecen de contabilidad). Para ello es necesario que el presupuesto legal de la estimación indirecta sea lo más preciso posible y no admita discrecionalidad ni arbitrariedades que afecten a la igualdad. Por ejemplo, la ley debería decir cuándo la contabilidad es notoriamente insuficiente para determinar el beneficio y equivale a una ausencia de la misma). Por su parte, la igualdad material es una expresión de la capacidad económica. Su vulneración en la estimación indirecta ya se ha respondido al hablar de capacidad económica."*[66]

LÍMITE AL PRINCIPIO DE SEGURIDAD JURÍDICA TRIBUTARIA

La Corte de Constitucionalidad ha reiterado en diversos fallos que el principio de seguridad jurídica debe ser ***"confiable, estable y predecible"***[67] que se traduce en: *"... la confianza que tiene el ciudadano dentro de un Estado de Derecho, hacia el ordenamiento jurídico, en tal virtud las autoridades en el ejercicio de sus facultades legales, deben actuar observando dicho principio respetando las leyes vigentes y principalmente la ley fundamental."*[68]

Uno de los objetivos que tiene el principio de seguridad jurídica es evitar la arbitrariedad en la fase de aplicación de los tributos, y específicamente en la determinación de oficio *"habrá seguridad jurídica cuando el acto de determinación sea "regular", es decir, ajustado a la norma aplicable. Por el contrario, se introducirá la arbitrariedad en la medida en que el acto sea "irregular", es decir, cuando confronta con el derecho vigente. Como se advierte, el principio de seguridad jurídica tiene entonces, especial relevancia en relación a la determinación de oficio, porque, es a través de este instituto como el organismo recaudador realiza una tarea de interpretación y, especialmente, de aplicación de normas de fondo."*[69]

La Administración Tributaria deberá dar cumplimiento al principio se seguridad jurídica en el procedimiento de determinación de la obligación tributaria, observando que la base presunta obtenida sea coherente en cada caso concreto con la ley tributaria de la materia, así lo ha expresado la Corte de Constitucionalidad, que se atenta contra el principio de seguridad jurídica cuando se introduce *"... una forma de determinación de la base imponible que no es coherente con otras disposiciones contenidas en la ley de la materia, por lo que su aplicación resultaría imprecisa y ficticia..."* sosteniendo además en otro importante fallo que la seguridad jurídica en materia tributaria implica de manera concreta *"... la confianza que tiene el ciudadano, dentro de un Estado de Derecho, en el ordenamiento jurídico, el cual deberá ser observado y aplicado por las autoridades en el ejercicio de sus facultades legales, respetando la propia Ley Fundamental.* ***En el ámbito tributario el principio de seguridad jurídica encuentra su razón de ser en la pretensión de todo sujeto pasivo del tributo o responsable de saber a qué ajustarse en su relación con el Fisco.*** *La seguridad jurídica tributaria surge del principio de legalidad y se fundamenta en la propia existencia del Derecho; es decir, el ordenamiento jurídico constituye en sí mismo una garantía de seguridad. En esa relación seguridad-legalidad, la ley desde un punto de vista positivo, es generadora de certeza, y **desde el punto de vista negativo, es un medio de defensa contra la arbitrariedad, por lo que la estabilidad normativa, la determinación clara de las dispo-***

66 GARCÍA NOVOA, César, Catedrático de Derecho Financiero y Tributario, Universidad de Santiago de Compostela, España, entrevista concedida a esta investigación con fecha 19/11/2014.

67 Corte de Constitucionalidad, Sentencia de fecha 05/06/2008, Expediente 3846-2007, Gaceta 88.

68 Corte de Constitucionalidad, Auto de fecha 29/01/2009, Expediente 3350-2008; también en Sentencia de fecha 11/07/2012, Expediente 2807-2011.

69 ARROYO, Eduardo A., *Op. cit.,* p. 230.

siciones legales aplicables y la regulación legal de medios de impugnación, son manifestaciones de seguridad jurídica. "[70] (énfasis agregado)

En definitiva, la aplicación del método de determinación de la obligación tributaria sobre base presunta no puede, ni debe dejar a los sujetos pasivos en un estado de indefensión; sino al contrario, la ley establece el procedimiento y los supuestos jurídicos y de hecho que deben adecuarse para llegar a establecer la obligación tributaria con base a presunciones, de tal manera que el obligado tributario posea la seguridad jurídica que proporciona un método presuntivo para determinar la obligación tributaria que se apoya en datos, antecedentes y cálculos que tiendan, de la forma más aproximada posible a conocer su verdadera realidad económica sobre la cual se exija contribuir al sostenimiento de los gastos públicos, como bien lo apunta Addy MAZZ, que *"La determinación sobre base presunta debe efectuarse de la forma más "aproximada" que sea posible. Aproximada a la realidad, al hecho generador ...* "[71]

En relación a este principio constitucional, César GARCÍA NOVOA es de la opinión que *"La legalidad en la aplicación de la estimación indirecta es la principal garantía de seguridad jurídica. Si la ley fija claramente los presupuestos de aplicación de la estimación indirecta y los indicios que se pueden utilizar la norma será previsible y por tanto, garantizará la confianza legítima."*[72]

Por su parte Olga María MELÉNDEZ AMADO, opina en relación a este principio que *"Debe aplicarse sobre reglas claras, que permitan al contribuyente conocer de antemano las reglas que le serán aplicables en el supuesto que se le aplique una determinación de oficio sobre base presunta y además, siempre, de realizarse de conformidad con la ley, y permitiendo que el contribuyente pueda probar en contrario"*[73] así también, Saúl Augusto DONADO RODRÍGUEZ, sostiene que *"Este principio se cumple, si y solo si se observa el debido proceso y que implica que las presunciones de ingresos y por ende de capacidad impositiva, se aplicarán de manera que sea consecuencia directa, precisa, lógica y razonada o motivada sobre la base de los indicios reales y comprobados, y que no se apliquen en forma arbitraria e ilógica, que atenten contra la certeza de que si se han declarado todos los ingresos, no se pretenderá establecer o asumir la existencia de otros adicionales o mayores ingresos, sin suficientes bases lógicas y racionales, y con suficiente motivación del acto."*[74]

Por último, Raúl RODRÍGUEZ LOBATO, explica sobre principio constitucional lo siguiente: *"Como expresé anteriormente, esta presunción es un mecanismo legal que procura la seguridad jurídica al ser una manera de prueba que la autoridad tributaria tiene para facilitar su actividad y dar certeza a los actos que realiza, y para tratar de evitar la evasión fiscal cuando hay resistencia del contribuyente para aportar a la autoridad la información necesaria para establecer la cuantía de la base de tributación y respecto del contribuyente también se advierte el respeto a la seguridad jurídica al respetarle se derecho de probar en contrario a lo presunto."*[75]

---

70 Corte de Constitucionalidad, Sentencia de fecha 13/05/2014, Expediente 317-2013; también se indica en Sentencia de fecha: 18/06/2013, Expediente 2959-2012.

71 MAZZ, Addy, Curso de Actualización Tributaria, Análisis de la jurisprudencia reciente del TCA en materia de Determinación de Oficio y Defraudación Tributaria.

72 GARCÍA NOVOA, César, Catedrático de Derecho Financiero y Tributario, Universidad de Santiago de Compostela, España, entrevista concedida a esta investigación con fecha 19/11/2014.

73 MELENDEZ AMADO, Olga María, Abogada y Notaria, entrevista concedida a esta investigación con fecha 16/11/2014.

74 DONADO RODRÍGUEZ, Saúl, Abogado y Notario, Carrillo y Asociados, entrevista concedida a esta investigación con fecha 17/11/2014.

75 RODRIGUEZ LOBATO, Raúl, Abogado y profesor de Derecho Fiscal en la Facultad de Derecho de la Universidad Nacional Autónoma de México, entrevista concedida a esta investigación con fecha 25/11/2014.

PRINCIPIO DE DEBIDO PROCESO. LEGÍTIMA DEFENSA

En el ámbito de las presunciones tributarias, este principio se encuentra en íntima relación con el principio de seguridad jurídica, por cuanto lo ha expresado la Corte de Constitucionalidad que *"... el principio de **seguridad jurídica,** se concreta mediante la observancia de los también denominados principios jurídicos del debido proceso [el cual lleva implícito el derecho fundamental de defensa de las personas]."*[76]

El jurista venezolano Serviliano ABACHE CARVAJAL explica claramente que *"toda y cualquier presunción jurídica y, por ello, las normas de determinación sobre base presunta, **siempre deben estar establecidas en una Ley, jamás en un acto normativo de rango sublegal**, habida cuenta que, al tener injerencia directa las categorías presuntivas en la actividad probatoria y, con ello, en el derecho a la prueba que –a su vez- integra el derecho a la defensa y el debido proceso, todos de rango constitucional en Guatemala –así como en Venezuela-, mal podrían afectarse o limitarse esos derechos constitucionales por normas sublegales, **siendo únicamente las normas de rango legal, las que pueden regular o limitar derechos constitucionales**. O lo que es igual: las presunciones jurídicas son de estricta reserva legal, en garantía de los derechos constitucionales."* (el resaltado es nuestro)

Habrá violación al debido proceso y en consecuencia al derecho de defensa si el acto administrativo que contiene la determinación de oficio de obligación tributaria sobre base presunta no se encuentra debidamente motivado o justificado por la Administración Tributaria; así, en las XVIII Jornadas Latinoamericanas de Derecho Tributario del Instituto Latinoamericano de Derecho Tributario, celebradas en Montevideo, Uruguay en el año de 1996, se aprobó en la recomendación número diez (10) lo siguiente: *"con el fin de asegurar el derecho de defensa de los administrados, los actos de determinación, tanto los efectuados sobre "base cierta" como sobre "base presunta" o sobre "base mixta", **deben formularse debidamente motivados**, siendo por lo tanto requisito fundamental para su validez que éstos precisen claramente los aspectos relativos al hecho gravado y a la obligación tributaria."*

Habrá indefensión de parte del contribuyente o del responsable, si la determinación de oficio sobre base presunta carece de la debida motivación, siendo éste un requisito indispensable de todo acto administrativo incluido el tributario. Sobre este aspecto, es importante citar una interesante Sentencia del Tribunal de lo Contencioso Administrativo de la República Oriental del Uruguay que indica: *"... sin una adecuada explicación acerca de la forma en que se cuantificó el adeudo sobre base presunta, resulta imposible ejercitar una defensa adecuada y la volición dictada se encuentra, irremediablemente, infundada. En consecuencia existe vicio en el acto por falta de motivación. En definitiva, a juicio del Tribunal, la Administración actúo ilegítimamente porque no fundamentó debidamente su proceder, dejando en situación de indefensión al interesado y haciendo incontrolable su obrar. No se estableció claramente cómo se determinaron las obligaciones, lo que importa la ilegitimidad del obrar administrativo y el vicio en la fundamentación del acto encausado."*[77]

La motivación, al ser entendida como un instrumento para evitar la arbitrariedad, que siguiendo a Marina GASCÓN ABELLÁN, explica que además *"de una particular importancia merced a la evolución que ha conocido el Estado de Derecho en el constitucionalismo, un modelo de Estado que encuentra su legitimidad (externa) en la protección de los individuos y sus derechos, y que, al consagrar esos derechos en el nivel jurídico más alto, la Constitución, condiciona también la legitimidad (interna) de los actos del poder a la protección de*

---

76 Corte de Constitucionalidad, Sentencia de fecha 11/07/2013, Expediente 1898-2012.

77 Tribunal de lo Contencioso Administrativo de la República Oriental del Uruguay, Sentencia N° 224 del 18 de abril de 2013.

esos derechos. La motivación cobra entonces una dimensión político-jurídica garantista, de tutela de los derechos."[78]

Evidentemente que se causa perjuicio al contribuyente o al responsable tributario, si el acto administrativo tributario que contiene la determinación de obligación tributaria sobre base presunta no se emite con las formalidades y solemnidades necesarias, principalmente la ausencia de motivación o razonamiento jurídico, lo cual estaría privando de un legítimo derecho de defensa al sujeto pasivo, en virtud de que estaría impedido de presentar sus alegatos (contradictorio) y ofrecer prueba en contrario, es decir, de obtener una resolución expresa, motivada y fundamentada en la ley, como lo ha explicado muy claramente la Corte de Constitucionalidad: *"La observancia de este derecho constitucional implica dar a los sujetos las siguientes oportunidades: derecho de audiencia o a ser oído, también denominado audi alteram parte o notice and hear, el derecho de acceso al expediente, el derecho a formular alegatos y presentar pruebas, derecho a una decisión expresa, motivada y fundada en ley, el derecho a recurrir y el acceso a la justicia."*[79] (énfasis agregado)

El tema en estudio, también encuentra su fundamento en el Artículo 146 del Código Tributario y sus reformas que establece lo siguiente: *"La Administración Tributaria **verificará** las declaraciones, **determinaciones** y documentos de pago de impuestos; si procediere, formulará los ajustes que correspondan, **precisará los fundamentos de hecho y de derecho** ..."* (énfasis añadido) de esta norma se colige, que si derivado de una verificación de las declaraciones, determinaciones de obligaciones tributarias o pago de impuestos, la Administración Tributaria no pueda determinar con precisión el hecho generador de la obligación tributaria, por carecer de medios de comprobación que acrediten de forma fehaciente el acaecimiento de la obligación tributaria, y en consecuencia acuda a la determinación sobre base presunta, la Ley obliga a que deben **"precisarse los fundamentos de hecho y de derecho"**, es decir, el deber de motivación, en la cual *"... debe realizar una descripción expresa, concreta y directa: (i) de los hechos probados relativos al hecho presunto aplicable al caso específico (**motivación fáctica**); y, (ii) de los fundamentos jurídicos que, conjuntamente con dichos hechos, apoyan la aplicación de la presunción legal en el sentido adoptado (**motivación jurídica**). ... en cuanto a la motivación fáctica, entendemos que sería necesario que la entidad administrativa ... exponga la justificación de por qué los hechos —en su conjunto, probados y reales- cumplen o no con probar el hecho presumido. Por su parte, en cuanto a la motivación jurídica, es necesario que dicha entidad ... manifieste la interpretación que le otorga a las disposiciones jurídicas aplicables al caso concreto, para luego cotejar, contrastar y, de ser el caso, subsumir el sentido de dicha interpretación con los hechos valorados y probados en el asunto sometido a su competencia."*[80]

Generalmente, la falta de motivación o razonamiento jurídico en el uso de las presunciones provoca indefensión al contribuyente obligado, sin embargo, habrá también indefensión hacia el contribuyente cuando, la Administración Tributaria en el uso de sus facultades, proceda a determinar una obligación tributaria sobre base presunta, formulando un planteamiento erróneo, confuso o contradictorio o, cuando induzca al contribuyente a aportar pruebas prohibidas, excesivas, imposibles o absurdas. En tal sentido Ernesto ESEVERRI MARTÍNEZ, citado por Percy BARDALES CASTRO, ha señalado que *"Cuando, por ejemplo, la ley establece una regla de presunción ha de cuidarse por entablar el correcto equilibrio entre el hecho base y el que se presume de forma tal que uno sea consecuencia del otro y lo sea además porque, según la regla de la normalidad de los casos, uno se ve acompañado del*

---

78 GASCÓN ABELLÁN, Marina, *Los hechos en el Derecho, Bases argumentales de la prueba*, 2ª edición, Marcial Pons, Madrid, 2004, p. 192.

79 Corte de Constitucionalidad, Apelación en Sentencia de Amparo de fecha 05/09/2008, Expediente 2165-2008.

80 BARDALES CASTRO, Percy, *Op. cit.*, pp. 605 y 606.

otro; si esta elemental regla de deducción lógica no es planteada por la norma de presunción, o haciéndolo, el procedo deductivo resulta disparatado, la norma en cuestión habrá provocado indefensión en el contribuyente por señalar una hipótesis poco probable o llegar a una conclusión incierta y de dudosa constatación; la indefensión no proviene de que al interesado no se le ha permitido probar o de que la acción probatoria ha devenido imposible, sino que es consecuencia del erróneo planteamiento con que la presunción legal ha sido trazada.[81]

Otro aspecto que resulta del análisis de la determinación sobre base presunta en relación a este principio, es que además, de la carencia de la debida motivación o fundamentación que pudiera incurrirse en la emisión del acto administrativo, también puede verse vulnerado el derecho de defensa del contribuyente en el caso de que la Administración Tributaria no incorpore en el expediente administrativo los documentos que soportan sus actuaciones, el procedimiento utilizado y el resultado obtenido; por cuanto el expediente administrativo debe concebirse como una herramienta documental básica e imprescindible, *"donde la Administración debe dejar constancia fehaciente de los hechos en que funda la regularización tributaria ... Así pues, en el expediente administrativo deben constar las pruebas de las actuaciones y de las afirmaciones administrativas, pero también las alegaciones contrarias del obligado tributario y los documentos que éste haya aportado durante la tramitación del procedimiento o del recurso en apoyo a su posición jurídica."*[82]

En relación al derecho de defensa, Ernesto LEJEUNE VALCÁRCEL advierte que *"Debe tenerla el contribuyente. No puede tratarse nunca de un acto administrativo no susceptible de recurso, su derecho de defensa es intocable. Pero no podrá nunca, por definición, oponerse al resultado presuntivo en base a que éste, por ejemplo, es superior a su renta real. Si se hace una determinación presuntiva es, precisamente, porque no se ha podido hacer una estimación directa. Por eso lo único que podrá oponer al resultado es que los medios o procedimientos presuntivos utilizados no son lógicos o coherentes con el objeto de la medición."*[83]

A criterio de César GARCÍA NOVOA *"Los actos de determinación de la base imponible por estimación indirecta deben ser recurribles, tanto en lo relativo al presupuesto como a los medios utilizados, y tanto por cuestiones de hecho como de derecho. No se vulneraría el derecho de defensa si hubiera una vía de arbitraje voluntario."*[84]

Por su parte Addy MAZZ, opina que *"La Administración debe probar las presunciones y probar el razonamiento que lo lleva a la determinación. Solo de esta forma, se asegura el derecho de defensa del contribuyente, que de otra forma, no podría oponerse al acto de la Administración. El derecho de defensa es un derecho humano consagrado en todas las Constituciones, en esta materia, para ejercerlo, es necesario saber, conocer la motivación de la Administración."*[85]

---

81 *Ibid*, p. 595.

82 URIOL EGIDO, Carmen, José Luis Bosch Cholbi, *El expediente administrativo y la carga de la prueba en el ámbito tributario*, Editorial CISS, Tribuna Fiscal, Nº 261/262, Sección Brújula, julio-agosto 2012, p. 5.

83 LEJEUNE VALCÁRCEL, Ernesto, Catedrático de Derecho Financiero y Tributario, Universidad CEU San Pablo, Madrid, España, entrevista concedida a esta investigación con fecha 19/11/2014.

84 GARCÍA NOVOA, César, Catedrático de Derecho Financiero y Tributario, Universidad de Santiago de Compostela, España, entrevista concedida a esta investigación con fecha 19/11/2014.

85 MAZZ, Addy, Catedrática Profesora de Derecho Financiero, Universidad de la República, Montevideo, Uruguay, entrevista concedida a esta investigación con fecha 27/11/2014.

COMENTARIOS FINALES

En cualquier caso, sea cual fuere la posición del principio que se adopte frente a la determinación de la obligación tributaria sobre base presunta, *parece evidente que su utilización excesiva -y muchas veces poco prudente- puede poner en peligro no sólo los principios de capacidad contributiva e igualdad, que hasta el presente han sido los aspectos más estudiados, sino también el propio principio de reserva de ley, eje y columna vertebral del Derecho Público.*[86]

Consultado sobre la constitucionalidad de las presunciones, el profesor Luis María ROMERO FLOR opina que *"Son presunciones realizadas por el legislador con todo el poder vinculante que de ello deriva. Es él quien elige el hecho inferente, apela a su regla de experiencia y establece el hecho que debe inferirse. Estamos, salvo que se demuestre su inconstitucionalidad, ante una imputación no sólo lógica sino también normativa. Se justifican por diversas razones: Impedir la evasión fiscal, evitar debate sobre aspectos de difícil prueba, simplificar el cumplimiento tributario de masas de contribuyentes cuyo nivel económico y cultural se considera incompatible con la obligación de llevar registros contables minuciosos, etc. Cuando revisten el carácter de absoluto, pueden tener por efecto un cambio en el hecho imponible previsto para el tributo, ya que los efectos jurídicos pasan a derivar del hecho inferente y no del hecho inferido, sin posibilidad de admitir prueba en contrario (mientras que si tiene carácter relativo si se admitiría)."*[87]

Por su parte, César GARCÍA NOVOA, al ser consultado sobre qué otros aspectos debe tomar en cuenta la Administración Tributaria cuando proceda a determinar una obligación tributaria sobre base presunta, es de la opinión que: *"a) Debe garantizarse la practicabilidad de las normas sobre estimación indirecta (que las normas se diseñen de tal manera que resulten aplicables, para lo cual es necesaria una sencillez en su redacción y planteamiento); b) Debe notificar el inicio del procedimiento, motivar el presupuesto que, según ella, legitima a aplicar la indirecta; c) Dar plazo de alegaciones y permitir la aportación de todo medio de prueba por el contribuyente; d) Debe resolver en un plazo razonable (si no lo hace el procedimiento debe entenderse caducado) y el acto debe ser recurrible, y e) Sólo se debe acudir a la estimación indirecta cuando no existe posibilidad alguna de cuantificar por el método directo (principio de subsidiariedad)."*[88]

Así también, Addy MAZZ, al ser consultada sobre qué otros aspectos debe tomar en cuenta la Administración Tributaria cuando proceda a determinar una obligación tributaria sobre base presunta, respondió que: *"En general, la base presunta se reserva a las hipótesis en las cuales el contribuyente no ha declarado su obligación, o ha declarado mal, y, además, no existe base cierta para la determinación. Si existe base cierta, aunque sea incompleta, deben tomarse los datos que existan y completarlos de ser posible. La determinación presunta es subsidiaria de la determinación sobre base cierta."*[89]

El profesor Rubén O. ASOREY ha escrito que en la utilización de presunciones debe condicionarse a las siguientes pautas: *"a) Únicamente respetando el principio de jerarquía de fuentes; b) Al mínimo de lo posible; c) Debe existir una relación de razonabilidad entre el*

---

[86] GONZÁLEZ GARCÍA, Eusebio y José Luis Pérez de Ayala, *Op. cit.,* p. 60.

[87] ROMERO FLOR, Luis María, Catedrático de Derecho Financiero y Tributario, Universidad de Castilla-La Mancha, España, entrevista concedida a esta investigación con fecha 26/11/2014.

[88] GARCÍA NOVOA, César, Catedrático de Derecho Financiero y Tributario, Universidad de Santiago de Compostela, España, entrevista concedida a esta investigación con fecha 19/11/2014.

[89] MAZZ, Addy, Catedrática Profesora de Derecho Financiero, Universidad de la República, Montevideo, Uruguay, entrevista concedida a esta investigación con fecha 27/11/2014.

hecho base y el presumido; d) Debe estar siempre en los enmarcados en los principios constitucionales; y e) Debe existir una causa legítima para su utilización."[90]

Por tratarse de un tema sobre límites constitucionales que puedan afectar los derechos fundamentales del contribuyente, el procedimiento que debe seguirse en un caso concreto en el que se considere que la Administración Tributaria vulnere esos derechos fundamentales, es que al causar estado la resolución administrativa desfavorable para el contribuyente, éste deberá pedir la **tutela judicial**, entendida ésta según la Corte de Constitucionalidad como *"... la obligación de los jueces o tribunales –Corte Suprema de Justicia, Cámara Civil, en el presente caso– de emitir resoluciones fundamentadas en Derecho, analizando las constancias procesales, lo alegado por las partes, las pruebas presentadas, las normas aplicables y que todo esto los lleve a efectuar el razonamiento en que fundamenten su decisión. Por ello, ante un análisis efectuado con base en supuestos que una norma aplicable no regula, así como en hechos que no son conformes con las constancias procesales y la consecuente emisión de conclusiones falaces, no acordes al real contenido de esta y lo efectivamente sucedido, se estará ante una evidente violación del referido derecho. (...)"*[91] En ese sentido, si el acto de determinación de la obligación tributaria sobre base presunta resulta arbitrario o colisione derechos y garantías constitucionales, deberá someterse en primer orden, al control jurisdiccional ante un Tribunal de lo Contencioso Administrativo, que dentro del mismo puede plantearse una acción de inconstitucionalidad en caso concreto, en el cual, el contribuyente debe exponer en forma clara y precisa, desde el procedimiento administrativo, de conformidad con lo establecido en el Artículo 118 de la Ley de Amparo, Exhibición Personal y de Constitucionalidad[92] las razones que estima sobre la inconstitucionalidad del acto administrativo de determinación de la obligación tributaria sobre base presunta, debiendo de confrontarse éste con las disposiciones constitucionales que se estiman vulneradas, realizando la motivación y fundamentación necesaria y suficiente para demostrar la incompatibilidad de aquél con los principios constitucionales atinentes al caso concreto; es decir, que la exposición de inconstitucionalidad deberá contener el sustento jurídico constitucional para demostrar porqué la determinación de la obligación tributaria sobre base presunta contraviene los principios y derechos fundamentales contenidos en la Constitución Política de la República de Guatemala. En jurisprudencia reiterada por la Corte de Constitucionalidad[93] se ha expresado que para el efecto, *"Este Tribunal en reiterados fallos ha sostenido el criterio de que "...para formular el planteamiento de inconstitucionalidad de ley en caso concreto, no basta la sola expresión que el solicitante haga de las razones fácticas por las que estima que la norma o las normas impugnadas deben dejar de aplicarse en el caso concreto, pues es necesario señalar precisa y concretamente el fundamento jurídico en el que basa aquél planteamiento, es decir, que revele analíticamente la colisión que percibe entre los preceptos atacados y los de la Constitución que considere violados..."*. *[Sentencias de fechas quince de enero de dos mil diez, cinco de marzo de dos mil diez y veintiuno*

---

90 NAVARRINE, Susana Camila y Rubén O. Asorey, *Op. cit.*, p. 36.

91 Corte de Constitucionalidad, Sentencia de fecha: 27/05/2015, Expediente 2165-2014.

92 "**Artículo 118. Inconstitucionalidad de una ley en lo administrativo**. Cuando en casos concretos se aplicaren leyes o reglamentos inconstitucionales en actuaciones administrativas, que por su naturaleza tuvieren validez aparente y no fueren motivo de amparo, el afectado se limitará a señalarlo durante el proceso administrativo correspondiente. En estos casos, la inconstitucionalidad deberá plantearse en lo contencioso-administrativo dentro de los treinta días siguientes a la fecha en que causó estado la resolución y se tramitará conforme al procedimiento de inconstitucionalidad de una ley en caso concreto. Sin embargo, también podrá plantearse la inconstitucionalidad en el recurso de casación, en la forma que establece el artículo anterior, si no hubiere sido planteada en lo contencioso-administrativo."

93 Corte de Constitucionalidad, Sentencia de fecha 13/05/2014, Expediente 317-2013; Sentencia de fecha 16/07/2013, Expediente, 7-2013; Sentencia de fecha 08/06/2011, Expediente 2803-2010; y Sentencia de fecha 28/10/2004, Expediente 1596-2004.

de enero de dos mil once, dictadas en los expedientes dos mil quinientos cuarenta y nueve – dos mil nueve (2549-2009), cuatro mil ochocientos noventa – dos mil nueve (4890-2009) y tres mil quinientos setenta y tres – dos mil diez (3573-2010) respectivamente] Tomando como base la doctrina relacionada, así como el criterio jurisprudencial citado, esta Corte advierte que en el escrito contentivo de la acción de inconstitucionalidad planteada -como se desprende de los argumentos que constan en el apartado de resultandos de este fallo- la solicitante no realizó adecuado análisis confrontativo entre las normas impugnadas y la de rango constitucional que estima infringida, porque se limitó a denunciar cuestiones fácticas que no constituyen razonamiento jurídico alguno que sirva de fundamento a la petición y que más bien denotan su mera inconformidad con la resolución del Directorio de la Super-intendencia de Administración Tributaria, por la que se decidió desfavorablemente su peti-ción de devolución del impuesto relacionado."[94]

---

94 Corte de constitucionalidad, Inconstitucionalidad en Caso Concreto, Sentencia de fecha 09/05/2014, Expe-diente 3995-2013.

§ 40. CONTROL DIFUSO DE CONVENCIONALIDAD POR LA JURISDICCIÓN TRIBUTARIA

UNA MIRADA DESDE MÉXICO A PARTIR DEL CASO LÓPEZ MENDOZA VS VENEZUELA

Domingo Ruiz López [*]

INTRODUCCIÓN

La evolución de las sociedades, sus manifestaciones culturales, y sus formas de pensamiento se ven reflejadas en el Derecho, si aceptamos el posmodernismo como un parteaguas en los cambios de paradigma, una de sus expresiones es la reivindicación de los derechos humanos, y de la dignidad humana como fundamento de estos.

Para que los derechos humanos no sean meras aspiraciones morales de la sociedad, el derecho juega un papel fundamental, en el momento en que los diversos ordenamientos jurídicos los van reconociendo, de esta manera, los derechos subjetivos que implica la existencia de algunos derechos que son tutelados por el estado y por lo tanto son exigibles por el ciudadano.

Unas de más manifestaciones importantes de los derechos humanos, se encuentran contenidas en los arreglos entre estados, al suscribir convenciones y tratados internacionales que los reconocen, lo que implica un compromiso de cada uno de los estados parte, de respetar y proteger los derechos humanos reconocidos por la convención.

Para dar viabilidad al respeto de los derechos humanos, particularmente reconocidos por al Convención Americana sobre Derechos Humanos, se ha desarrollado por la jurisprudencia de la Corte Interamericana de Derechos Humanos la doctrina del control difuso de convencionalidad, que obliga a los órganos jurisdiccionales y administrativos de los estados, a llevar a cabo un control de la convención sobre su derecho interno, se trata de un derecho en evolución.

Este control difuso ha tenido algunas pinceladas directamente aplicables en la jurisdicción administrativa, y por lo tanto también aplicable a los procedimientos tributarios, particularmente al incorporar los parámetros del test de previsibilidad contenidos en la jurisprudencia de la Corte Interamericana de Derechos Humanos en el caso *López Mendoza Vs Venezuela*, y que fueron retomados por el Tribunal Federal de Justicia Administrativa en México, como parámetro de seguridad jurídica en los procedimientos administrativos y en los procedimientos tributarios.

En la presente aportación, haremos un recorrido por la noción de derechos humanos, la doctrina del control difuso y el caso *López Mendoza Vs Venezuela*, como caso de estudio de la aplicación del control difuso por un tribunal administrativo en sede doméstica.

De esta manera agradezco la generosa invitación que me hace la Asociación Venezolana de Derecho Tributario a colaborar en la obra que se edita en homenaje a sus 50 años, bajo la

* Licenciado en Derecho, Maestro en Fiscal y Doctor en Materia Fiscal. Secretario Técnico de la Academia Mexicana de Derecho Fiscal, Presidente del Capítulo Occidente del Ilustre y Nacional Colegio de Abogados de México, Profesor de Posgrados en la Universidad Panamericana campus Guadalajara, México, Socio Director de Ruiz Consultores, S.C.

acuciosa coordinación de mis amigos y colegas Leonardo Palacios y Serviliano Abache. Espero que las líneas que componen mi argumento correspondan al reto de la invitación, y hagan ese merecido homenaje a la comunidad de tributaristas venezolanos, ocupados por la seguridad jurídica y el respeto de los derechos de los contribuyentes, que la AVDT sea testigo de la evolución de los derechos y del equilibrio de la relación jurídico-tributaria.

1. Derechos Humanos

La doctrina del Control Difuso de Convencionalidad, a la que me he de referir más adelante, tiene su origen en resoluciones de la Corte Interamericana de Derechos Humanos, de manera que se trata de una forma de regular la exigibilidad de estos derechos, por lo que para el análisis, es necesario partir de una visión general de lo que son los derechos humanos.

El concepto de derechos humanos es eminentemente social, y pone en el centro de la reflexión al ser humano y su dignidad restaurando las reflexiones en torno al derecho natural, en oposición a las posturas formalistas del derecho positivo. Se trata lo tanto de un neoconstitucionalismo de corte naturalista, sobre el que se pueden construir algunas bases para el análisis.

Para comenzar por aproximar un concepto de derechos humanos, habrá que acudir a algunas anotaciones dadas por Robert Alexy, quien afirma que "existe una diferencia entre el concepto de norma de Derecho fundamental y el Derecho fundamental mismo. En principio, una norma de Derecho fundamental, no es aquella norma contenida en la Ley Fundamental, ni son nada más las que otorgan directa o expresamente un derecho subjetivo; lo que hace ser una norma de Derecho fundamental es su vinculación con un criterio formal, que apunte a la forma de positivización"[1], Robert Alexy de esta manera nos deja un parámetro para entender la interdependencia que ha de existir entre Derecho natural y Derecho positivo. En este caso, para hablar de Derecho fundamental de acuerdo con Alexy se debe atender a dos criterios, uno sustancial y el otro formal: el sustancial tiene que ver, desde luego, con la existencia de un derecho subjetivo, si la persona tiene un derecho y este derecho se vincula con su dignidad tenemos ahí un derecho subjetivo, que además para ser fundamental habrá de orientar a su positivización, lo que quiere decir que es cuando el Derecho positivo cumple con su función de dar estructura al discurso jurídico, estableciendo parámetros de certeza para el gobernado, donde idealmente el contenido del derecho positivo sea ese derecho subjetivo.

De manera categórica Jean Claude Tron Petit, analiza el contenido de los derechos humanos y nos afirma que "Los derechos humanos son:

a) Derechos subjetivos, derechos de algo frente a X y obligaciones recíprocas,

b) Libertades o privilegios de realizar algo,

c) Potestades o el poder de producir ciertos efectos mediante actos,

d) Inmunidades contra ciertos actos o sus consecuencias; que todo individuo posee, simplemente por su condición de ser humano, que tiene el derecho de disfrutar y que el Estado debe promover, respetar, proteger y garantizar"[2].

Generosa la clasificación aportada por Tron Petit, que sintetiza parte del contenido y alcance de los derechos humanos, como derechos subjetivos, libertades, potestades e incluso inmunidades; se trata entonces de un entorno protector de la dignidad humana que informa

---

1   ALEXY, Robert. *Teoría de los Derechos Fundamentales*, versión castellana: Ernesto Garzón Valdés, Madrid, Centro de Estudios Constitucionales, 1997, p. 65.

2   TRON PETIT, Jean Claude. *Universalidad dentro de la Tridimensionalidad de los Derechos Humanos,* en *El Control de Convencionalidad y las Cortes Nacionales, la perspectiva de los jueces mexicanos, Coordinadora: Paula M. García Villegas Sánchez Cordero,* México, Porrúa, 2014, p. 149.

sobre la libertad que ha de ser inherente a todo ser humano, la potestad de que sus actos tengan efectos, atributos que han de ser reconocidos por la norma y que le dan por tanto cierta inmunidad contra otros actos que puedan contradecir estos derechos subjetivos.

Si además los derechos fundamentales son inmunidades, es necesario ahora reflexionar sobre aquello que garantiza su disfrute, donde se puede hablar de derechos humanos y garantías, o de derechos fundamentales y garantías. En tal sentido, Miguel Carbonell coincidiendo con un amplio sector de la doctrina, afirma que no son equivalentes ni se pueden utilizar indistintamente[3]; ya que la garantía es el mecanismo de tutela de un derecho subjetivo, y no el derecho en sí mismo, en tanto que los derechos humanos son un término más amplio cuyas fronteras conceptuales, a mi juicio son indeterminadas. Coincido con la opinión vertida por Carbonell[4], los derechos fundamentales son derechos sustantivos de los ciudadanos que se positivizan al reconocerse como tales en la norma fundamental, la cual establece y otorga garantías para su debida observancia, no siendo las citadas garantías derechos en sí mismos, sino mecanismos o técnicas normativas que el creador de la norma ha diseñado para tutelar los derechos sustantivos del ciudadano, los cuales son el resultado de un amplio catálogo –por expresarlo de alguna forma- de derechos que le son propios por su sola condición de ser humano, mismos que evolucionan con igual dinamismo que la sociedad, y que se conocen como derechos humanos, los cuales no se establecen o se crean, se reconocen, y es a partir de ese reconocimiento que los consensos sociales en las naciones permiten que sean incorporadas ciertas categorías de derechos humanos a los sistemas jurídicos, estableciéndose como derechos fundamentales, para su debido respeto, acceso o cumplimiento, el constituyente[5] implementa garantías.

Centrando la discusión, Luigi Ferrajoli opina que ...*son derechos fundamentales todos aquellos derechos subjetivos que corresponden universalmente a todos los seres humanos en cuanto dotados del status de personas, de ciudadanos o personas con capacidad de obrar*[6]... un amplio sector de la doctrina[7] considera que la anterior, es una de las definiciones más claras desde el punto de vista de la Teoría del derecho, al establecer elementos que permiten cualificar a los derechos fundamentales en función del sistema jurídico en que existan; sin embargo es importante tomar en cuenta que esta postura es de corte iuspositivis-

---

3   CARBONELL, Miguel. *Los Derechos Fundamentales en México*, Porrúa, 6ª Ed., México, 2006, p. 6.

4   Que a su vez recoge la expresada por Héctor Fix Zamudio: ...*el concepto de garantía no puede ser equivalente al de un derecho. La garantía es el medio, como su nombre lo indica para garantizar algo... En sentido moderno una garantía constitucional tiene por objeto respetar las violaciones que se hayan producido a los principios, valores o disposiciones fundamentales...*, FIX ZAMUDIO, Héctor, *Breves reflexiones sobre el concepto y el contenido del derecho procesal constitucional*, en, FERRER MACGREGOR, Eduardo (coord.), *Derecho Procesal Constitucional*, 4ª ed, México, Porrúa, 2003, t. I, pp. 273 y 283; en igual sentido lo manifestado por Luigi Ferrajoli: ... *garantía es una expresión del léxico jurídico con la que se designa cualquier técnica normativa de tutela de un derecho subjetivo...*, en FERRAJOLI, Luigi, *Garantías, jueces para la democracia*, Madrid, núm. 38, julio 2002, p.39; así mismo a Antonio Pérez Luño: ...*En los uso lingüísticos jurídicos, políticos e incluso comunes de nuestro tiempo, el término "derechos humanos" aparece como un concepto de contornos más amplios e imprecisos que la noción de "derechos fundamentales". Los derechos humanos suelen venir entendidos como un conjunto de facultades e instituciones que, en cada momento histórico, concretan las exigencias de la dignidad, la libertad y la igualdad humanas, las cuales deben ser reconocidas positivamente por los ordenamientos jurídicos a nivel nacional e internacional. En tanto que con la noción de los derechos fundamentales se tiende a aludir a que los derechos humanos garantizados por el ordenamiento jurídico positivo, en la mayor parte de los casos en su normativa constitucional, y que suelen gozar de una tutela reforzada...* PÉREZ LUÑO, Antonio E., *Los derechos fundamentales*, 4ª ed., Madrid, Técnos, 1991, pp. 46 y 47.

5   Utilizo el término constituyente como referencia del encargado de crear y reformar la Constitución, sin abordar la discusión de la propiedad del término o si debe ser llamado poder reformador de la Constitución entre otras acepciones aportadas por constitucionalistas.

6   FERRAJOLI, Luigi. *Derechos y garantías, la ley del más débil*, Ed. Trotta, 5ª ed, España, 2006, p.37

7   Al respecto CARBONELL, Miguel, *Op. Cit.,* pp. 12 a 14.

ta, ya que el estatus de personas, ciudadanos o personas con capacidad de obrar, ha de ser reconocido por el Derecho, y si de ello depende la existencia de los Derechos fundamentales o de los derechos humanos, no tiene vinculación con el Derecho natural, sino con la voluntad del legislador.

De la definición de Ferrajoli se desprenden varios elementos que nos acercan a una concepción de derechos fundamentales al establecer que:

    a. Son derechos subjetivos;

    b. Son universales; y,

    c. Corresponden a todos los seres humanos en cuanto personas, ciudadanos o personas con capacidad de actuar; lo anterior en términos de lo apuntado por Ferrajoli, que también puede tener una interpretación en el sentido de tratarse de un sólo concepto o sujeto: la persona.

De los elementos antes precisados pueden advertirse las coincidencias –con las reservas anotadas- con los autores hasta ahora citados o referidos, al existir consenso en que se trata de derechos subjetivos; el propio autor en cita considera que se entiende por derecho subjetivo ... *cualquier expectativa positiva (de prestaciones) o negativa (de no sufrir lesiones) adscrita a un sujeto por una norma jurídica*[8]... se trata por lo tanto de derechos tutelados por las normas jurídicas.

A su vez los derechos fundamentales son universales[9] es decir, aplicables a la generalidad, sin exclusiones, de manera no privativa. Al respecto Carbonell asevera que "...la universalidad tendrá que ver con la forma en que están redactados los preceptos que contienen derechos. Si su forma de redacción permite concluir que un cierto derecho se adscribe universalmente a todos los sujetos de una determinada clase..., entonces estamos ante un derecho fundamental. Si por el contrario una norma jurídica adscribe un derecho solamente a una parte de los miembros de un grupo, entonces no estamos frente a un derecho fundamental sino ante un derecho de otro tipo"[10]; la no exclusión entonces será indicador de la existencia de derecho fundamental, siendo importante destacar que la universalidad será aplicable como criterio en el momento que una norma de derecho fundamental acoja sin exclusión alguna a todos los miembros de un grupo o clase, de manera que por el hecho de que dicha norma no se refiera toda la ciudadanía en general dejará de considerarse derecho fundamental mientras permita que toda persona que se ubique dentro de ese grupo o clase sea titular del derecho subjetivo tutelado por la norma de derecho fundamental.

En congruencia con el elemento de universalidad de los derechos fundamentales, Ferrajoli concluye que corresponden a todos los seres humanos en cuanto personas, lo cual se ha venido interpretando exclusivamente como personas físicas sustentando en el criterio de ciudadanía que establece el autor en cita. Considero que tal interpretación es cierta pero parcial, siendo importante analizar el sentido de la frase utilizada por Ferrajoli al decir ... *universalmente a todos los seres humanos en cuanto dotados del status de personas, de ciudadanos o personas con capacidad de obrar*... que como se puede apreciar distingue entre "ciudadanos" y "personas" al final de la misma. Sin contar con elementos objetivos para aseverar que esa fue la intención de Ferrajoli, considero que la definición en la frase transcrita se puede interpretar en el sentido de que las personas jurídicas también son titulares de derechos fundamentales, al ser en sentido jurídico personas con capacidad de obrar, cuestión que

    8   FERRAJOLI, Luigi. *Op. Cit.*

    9   Aunque existen otras interpretaciones que apuntan que Ferrajoli concibe como universales a todos los ciudadanos con capacidad de obrar en un determinado ordenamiento. No a todas las personas de todo tiempo y lugar.

    10 CARBONELL, Miguel. *Op. Cit.*, p. 14.

realizan por medio de sus representantes legales, al tiempo que la tutela de los derechos de una persona jurídica supone la indirecta protección hacia sus socios.

Con independencia de lo anterior, coincido con que la amplitud y a su vez precisión de la definición de Ferrajoli, permite definir como tales a los derechos fundamentales prácticamente en cualquier sistema jurídico, aunque con un corte marcadamente positivista.

Sin considerar agotado el tema de la definición de los derechos fundamentales, tomo la definición de Ferrajoli acogida mayoritariamente por la doctrina para precisar que los derechos fundamentales, son aquellos derechos subjetivos que siendo inherentes a las personas son tutelados por los ordenamientos considerados norma fundamental y por lo tanto garantizados por el Derecho Positivo convirtiéndose de esta manera a su vez en normas de derecho fundamental.

Carbonell sostiene que "a partir de una norma de derecho fundamental se crea una relación jurídica compuesta por tres elementos: un sujeto activo, un sujeto pasivo y un objeto de la relación. La calidad de los sujetos vendrá dada, de una parte, por la titularidad de los derechos que asigne una norma... De otra parte, la calidad del sujeto vendrá determinada también por el tipo de enunciado que la norma de derecho fundamental contenga"[11] de esta manera, para el estudio cada uno de los derechos fundamentales, será necesario ubicar quien será el sujeto activo, quien el sujeto pasivo y cual el objeto de la relación, para concluir con claridad si nos encontramos ante la presencia de un derecho fundamental, o de otro tipo de derecho.

Una idea articuladora de las distintas posturas alrededor del concepto y naturaleza de los derechos humanos, es la idea de la dignidad humana, así construye algunas reflexiones Carpizo McGregor[12]; la base de los derechos humanos es la dignidad de la persona, la cual está por encima de consideraciones positivistas y, debido a ella, nadie puede legítimamente impedir a otro el goce de sus derechos. Esta idea se robustece con dos nociones cuidadosamente elaboradas por Carpizo, por una parte, la de dignidad humana, que es lo que singulariza a la persona de otros seres vivos debido a su razón, voluntad, libertad, igualdad e historicidad y, por otra, la de los derechos humanos que son el conjunto de atribuciones reconocidas por instrumentos jurídicos para hacer efectiva la idea de dignidad de todas las personas, lo que permite una existencia humana desde diversos ámbitos relacionados entre sí, como son el individual, social, político, económico y cultural; por lo tanto La base y esencia de los derechos humanos se encuentra en la dignidad humana y ésta carecería de sentido sin la existencia de aquéllos. En realidad, forman una unidad indestructible.

En este sentido, Robert Alexy[13] retoma y analiza lo escrito por el iusfilósofo argentino Carlos Nino, en su obra *The Ethics of Human Rights*, en el que abarca ampliamente la fundamentación de los derechos humanos; así, la teoría de Nino parte de varios puntos de vista, dentro de las cuales destacan las ideas de Kant, el constructivismo de Rawls y los principios liberales, en su concepción anglosajona (liberal, social y democrático). Robert Alexy estudia las bases y propuestas filosóficas que Carlos Nino hace, y cómo éstas se traducen a un fundamento válido de los derechos humanos, abarcando la justificación de los mismos, los principios que rigen la esencia de los derechos humanos, así como los bienes que estos deben proteger.

Este programa de fundamentación general experimenta en Nino una agudización teórico-discursiva en el primer nivel ya que se introduce un segundo plano, el de los principios libe-

---

11 CARBONELL, Miguel. *Op. Cit.* p. 11.

12 CARPIZO McGREGOR, Jorge. *Los Derechos Humanos: Naturaleza, Denominación y Características.* en Cuestiones constitucionales: revista mexicana de derecho constitucional, N° 25, Instituto de Investigaciones Jurídicas, UNAM, México, 2011, pp. 3-29.

13 ALEXY, Robert. *La fundamentación de los Derechos Humanos en Carlos S. Nino*, en, Doxa. Cuadernos de Filosofía del Derecho. N° 26, pp. 173-203.

rales, de tal manera que en total aparece un modelo de cuatro niveles: (1) discurso, (2) principios, (3) derechos, (4) instituciones[14].

En una similar línea de pensamiento, encontramos a Tasioulas[15], quien propone que los derechos humanos tienen una justificación esencialmente moral para su existencia; así, a pesar de que estos derechos requieren de un sistema formal de aplicación que defina el alcance de su reconocimiento con una forma clara de implementarlo, la existencia de los mismos no depende de que sean aplicados por medio de dicho sistema, o de un reconocimiento político, sino que se justifican por un razonamiento moral: una realidad normativa y no institucional. De esta manera se enfatiza la diferencia entre esas dos realidades de los derechos humanos, y se argumenta lo esencial e irremplazable que es el juicio ético y político sobre lo deberes que derivan de dichos derechos, defendiendo su postura contra las objeciones "escépticas" realizadas contra esta parte de su fundamentación. Es al abordar tales objeciones donde Tasioulas profundiza sobre la ejecutoriedad de los derechos humanos y la relevancia del papel de un agente externo a quien le puedan ser exigidos y por lo tanto, ejecutados.

Es claro por lo tanto que los derechos humanos encuentran un fundamento filosófico en la dignidad humana, misma que tiene distintas dimensiones, que han dado paso a una clasificación en una especie de generaciones de los derechos humanos.

En la revista *Courier*, de la UNESCO, en su edición de 1977, se plasmó la clasificación creada por Karel Vasak[16], profesor francés miembro del Instituto de Derechos Humanos de Estrasburgo. Así, fue Vasak quien propuso el modelo de tres generaciones de los derechos humanos (tomando en cuenta el contexto histórico-social, donde la discutida cuarta generación no había surgido aún).

De esta manera, Vasak delineó que la primera generación se conforma por derechos "negativos", pues su respeto requiere que el Estado no haga nada que interfiera con las libertades individuales. Son los derechos civiles y políticos. En la segunda generación de derechos incluye a los derechos económicos, sociales y culturales. Vasak propone como su característica principal el hecho de que exigen la intervención directa del Estado para solucionar y atender situaciones de desigualdad y de necesidad; son derechos "positivos."

Finalmente, los derechos de tercera generación son distinguidos como los derechos de la solidaridad, los cuales reflejan la vida en comunidad y los derechos sociales, como el derecho a un medio ambiente sano, a la paz, etc., por lo cual necesitan de la cooperación entre actores nacionales e internacionales, públicos y privados, para su realización.

Siguiendo con la reflexión sobre derechos humanos y garantías, María del Pilar Hernández Martínez sostiene que "En rigor, las clásicas garantías son también derechos, sin embargo, muchas veces se subraya en ellas el carácter instrumental de protección de los derechos. Podríamos decir que las garantías son derechos fundamentales pero no todos los derechos fundamentales son garantías. Las garantías se traducen tanto en el derecho de los ciudadanos a exigir de los poderes públicos la protección de sus derechos, como en el reconocimiento de los medios procesales adecuados a tal finalidad (por ejemplo el derecho al acceso a los tribunales para la defensa de los derechos, principios de nullum crimen sine lege y nulla

---

14 *Idem*, p. 174.

15 TASIOULAS, John. *The moral reality of human rights*, en, Ethical and Human Rights Dimensions of Poverty: Towards a New Paradigm in the Fight Against Poverty. Philosophy Seminar - All Souls College. Oxford (UK).

16 VASAK, Karel. *Human Rights: A Thirty-Year Struggle: the Sustained Efforts to give Force of law to the Universal Declaration of Human Rights*. Courier, Noviembre 1977, UNESCO, Paris, pp. 29-32.

poena sine crimen, principio de non bis in idem, iura novit curia, entre otros)"[17], este concepto tiene cercana relación con la exigibilidad de los derechos humanos, aspecto al que me referiré más adelante.

A este punto tenemos que las garantías son instrumentos para hacer posible el ejercicio o el respeto de un derecho, por ello, cuando existe una norma que reconoce un derecho humano, más que ser en sí un derecho humano, se trata de una expresión de derecho positivo de carácter instrumental, y que ha sido creada con la intención de garantizar el acceso, respeto, disfrute y protección de los derechos humanos, como derecho objetivo son coincidentes, como fenómeno jurídico son distintos, la garantía es una norma, en tanto el Derecho Humano es un valor.

Volviendo a Tasioulas, de acuerdo a la segunda, objeción de exigibilidad, los derechos son inherentemente reclamables, si no siempre efectivamente posibles de ejecutar. Así, debe haber agentes especificables contra los cuales un derecho debe poder ser reclamado; agentes que conllevan la obligación en respuesta a esos derechos[18], el ciudadano debe tener por lo tanto la facultad de exigir el respeto o la protección de sus derechos humanos para darle viabilidad a la construcción social.

Se trata de corrientes relacionadas con el neoconstitucionalismo, en la línea que apunto Rodolfo Luis Vigo[19], que define al neoconstitucionalismo no-positivista y al iusnaturalismo, y, siendo que los neoconstitucionalistas positivistas han equiparado a uno con otro, el autor identifica y expone las diferencias entre ambas teorías. Así, Vigo parte de la premisa compartida por ellas, la cual consiste en afirmar que la exigibilidad y aplicación de los derechos de los cuales todos somos sujetos pueden ser justificadas racionalmente, por medio de la argumentación y la referencia a principios sobre lo que es bueno o justo, remitiendo a la razón y la libertad. Abordando conceptos como el Estado de Derecho Constitucional y el Estado de Derecho Legal, el autor Vigo busca explicar más claramente la idea de Estado que se defiende, y los cambios en la concepción del mismo a partir del surgimiento de estas teorías. Son en estos neoconstitucionalismos que la idea de control, o exigibilidad de los derechos se va desarrollando.

Hasta lo aquí anotado, tenemos que existe una serie de derechos humanos que atienden a la dignidad humana y son derechos subjetivos, mismos que son generales y por lo tanto aplicables a cualquier aspecto de la vida humana, o a cualquier tipo y expresión de relaciones jurídicas, en estas expresiones se encuentra la relación jurídico tributaria que no se encuentra ajena a la observancia de los derechos humanos, por lo tanto el respeto de los mismos debe estar presente en las distintas formas en que los contribuyentes se relacionan con el Estado, y en caso de violación, tener vías para exigir su respeto y protección.

En este sentido de respeto y protección, una de las aportaciones que ha realizado la Corte Interamericana de Derechos Humanos, es la doctrina del control difuso de convencionalidad, a la que me referiré en el siguiente apartado.

---

17 HERNÁNDEZ MARTÍNEZ, María del Pilar. *Constitución y derechos fundamentales,* en: Boletín Mexicano de Derecho Comparado, Nueva Serie Año XXVIII, Número 84 Septiembre-Diciembre, Año 1995, versión electrónica consultable en http://www.juridicas.unam.mx/publica/rev/boletin/cont/84/art/art5.htm.

18 TASIOULAS, John. *Op.cit.*, p. 6 La cita textual es: "According to the second, claimability objections, rights are inherently claimable, if not always effectively enforceable. This means there must be specificable agents against whom the right may be claimed, agents who beat the counterpart obligations to those rights".

19 VIGO, Rodolfo Luis. Iusnaturalismo y Neoconstitucionalismo. Coincidencias y diferencias, en, CARBONELL SÁNCHEZ, Miguel y otros, Estado constitucional, derechos humanos, justicia y vida universitaria. Estudios en homenaje a Jorge Carpizo, Tomo IV, Vol. 2, Instituto de Investigaciones Jurídicas, UNAM, México, 2015, pp. 851-885.

2. Doctrina del Control Difuso de Convencionalidad

Las reflexiones alrededor de los derechos humanos, son mucho más que simples aspiraciones sociales, se trata de un permanente diálogo por la construcción de los derechos incorporado en convenciones y tratados internacionales que los países van adoptando, se trata de una tendencia de constitucionalizarían del derecho internacional, a través de la cual ese derecho internacional se convierte en derecho doméstico.

Esta tendencia da cuenta de una constante evolución del derecho convencional de los derechos humanos, mismos que a decir de Sergio García Ramírez, tienen algunos rasgos característicos[20]:

1. Son cuerpos vivos. Sus textos son elaborados en una época y deben ser releídos con la visión del intérprete contemporáneo, se trata de una interpretación dinámica del tratado internacional.

2. Han puesto como centro al individuo, al ser humano.

3. Cuentan con numerosos órganos que administran, aplican y controlan el tratado.

4. Los tratados están favorecidos por una garantía colectiva por parte del Estado.

5. Los tratados sobre derechos humanos también se encuentran tutelados por órganos internos.

6. Dado que los tratados sobre derechos humanos son textos sujetos a la interpretación y aplicación de tribunales, la norma se integra por el texto del tratado, más la interpretación que ha establecido la Corte Interamericana de Derechos Humanos.

Si los estados realizan acuerdos y convenciones para proteger los derechos humanos, es además de necesario, lógico que exista un control para que se respeten los acuerdos plasmado en dicha convención, de ahí que en la Corte Interamericana de Derechos Humanos, se haya desarrollado la doctrina del control difuso de convencionalidad, al respecto "Hay que decir, sin embargo que, luego de 10 años de existencia, el control de convencionalidad latinoamericano sigue siendo una doctrina en construcción; que no ha dejado de suscitar ciertos problemas de implementación y serias confusiones de tipo conceptual."[21]

A decir de Gutiérrez Ramírez, para dicho control, es "necesario partir de un planteamiento teórico de la noción que nos permite identificar cinco elementos conceptuales necesarios a todo control de convencionalidad: un verbo-acción (controlar), un sujeto (órgano controlador), un parámetro de control (la convencionalidad), un objeto de control y una norma jurídica de habilitación. En la práctica, dichos elementos no son fáciles de encontrar en ciertos ordenamientos jurídicos nacionales. La jurisprudencia de la Corte Interamericana ha intentado precisarlos, pero de manera poco clara y bastante deficientemente."[22]

Abonando en esta línea de pensamiento, el jurista Becerra Ramírez, reflexiona que "El control difuso de constitucionalidad es un medio de garantía del contenido del derecho más alto de un orden normativo, mismo que fue negado en nuestro ordenamiento jurídico por largo tiempo, a pesar de estar contemplado de forma literal en la Constitución...(es) el proceso hacia un nuevo paradigma que abre la puerta para que, mediante lo que se ha denominado control de convencionalidad, los jueces en México, independientemente de su nivel,

---

20 GARCÍA RAMÍREZ, Sergio. *Tratados Internacionales y Control de Convencionalidad*, Conferencia Dictada en la Universidad Panamericana campus Guadalajara, en Zapopan, Jalisco el día 25 de mayo de 2019. Notas elaboradas y en poder del autor de este texto.

21 GUTIÉRREZ RAMÍREZ, Luis-Miguel. *Control de constitucionalidad y control de convencionalidad: interacción, confusión y autonomía. Reflexiones desde la experiencia francesa*, en, *Revista IIDH, Vol. 64*. pp. 239-264. Obtenido de: http://www.corteidh.or.cr/tablas/r36283.pdf.

22 *Ídem*, p. 242.

puedan inaplicar disposiciones internas que contravengan disposiciones emanadas de tratados internacionales de derechos humanos que integran el bloque de constitucionalidad"[23]; el control de convencionalidad, sobre todo, en su expresión de control difuso, es un mecanismo para darle viabilidad a los derechos humanos que se encuentran reconocidos en el derecho internacional.

El Control Difuso de Convencionalidad, pone énfasis en la revisión judicial de los actos de autoridad –que no solamente, ya que puede existir control de convencionalidad en sede administrativa–, de manera que se trata de incorporar un elemento adicional a las actividades de revisión judicial que los órganos nacionales deben llevar a cabo, la actividad revisora no solamente será sobre el contenido de la Ley y sus alcances, así como de su norma fundamental, sino también sobre el equilibrio que guarde con los derechos humanos, en particular los reconocidos en los tratados internacionales de los que es parte el Estado que corresponda.

Al abordar la visión de revisión judicial, Gumesindo García Morelos establece que "La idea y la sustanciación de la revisión judicial inicia en Europa, pero no ante los designios de la tutela constitucional; su fase previa parte del control de actos de las autoridades –se puede decir– de naturaleza administrativa, para anular sus actos y conseguir la restitución de sus derechos. Esta institución corresponde al derecho procesal, la cual debe ser entendida de dos maneras: una como el control judicial de los actos administrativos y la otra como el control judicial de constitucionalidad"[24]; así tenemos que el enfoque fundamental de la revisión judicial, comenzó por la revisión de los actos de naturaleza administrativa, es decir, de revisión de la actuación del Derecho Positivo al ser aplicado por la autoridades, de esta forma, si el acto no era apegado a lo preceptuado por la norma el mismo era anulado y los derechos restituidos.

La reflexión y actuación del derecho procesal –como derecho instrumental de otras disciplinas jurídicas–, transitó hacia evolucionar la revisión judicial no solamente para analizar la aplicación de la norma jurídica en un caso concreto, sino también comenzar a revisar la congruencia entre la norma jurídica con el contenido de la Constitución. Aquí no solamente se controla la actuación de la autoridad administrativa, sino también la actuación del legislador a través de revisar de la norma jurídica establecida por medio de un procedimiento formal, es o no respetuosa de la Constitución. Fueron los jueces continentales europeos, mediante la aplicación del derecho comunitario, los que determinaron la incompatibilidad de su legislación. La transformación del paradigma había comenzado: terminaba la inmunidad jurisdiccional de los actos parlamentarios[25]; el paradigma entonces de la revisión judicial iniciaba a tener notas características del equilibrio entre poderes y la aplicación de la teoría de frenos y contrapesos planteada por Montesquieu.

Fue en otras latitudes donde se lograron avances los alcances de la revisión que los jueces llevaban a cabo, en este caso en América donde la revisión judicial de los actos legislativos[26] se consolida en la tradición constitucional estadounidense mediante la doctrina judicial del caso Marbury contra Madison, de 1803[27]. Se trata de un principio implícito en la supremacía de la carta fundamental, que se traduce en que todos los actos de los poderes públicos

---

23 BECERRA RAMÍREZ, José de Jesús, El camino hacia el control difuso de constitucionalidad en México: la convencionalidad. El Cotidiano [en línea] 2013, (Julio-Agosto): [Fecha de consulta: 26 de mayo de 2019] Disponible en:<http://www.redalyc.org/articulo.oa?id=32528338010> ISSN 0186-1840.

24 GARCÍA MORELOS, Gumesindo. *Control de Convencionalidad de los Derechos Humanos en los Tribunales Mexicanos*. México, Tribunal Electoral del Poder Judicial de la Federación, 2015, p. 15.

25 Wade, H. William R. y Christopher Forsyth. 2004. *Administrative Law*, 9ª ed. Londres: Oxford University Press, pp. 198-200.

26 PRITCHETT, C. Herman. *La constitución americana*. Buenos Aires, tea Ediciones, 1965, p. 183.

27 TRIBE, Laurence H. *American Constitutional Law*, 3ª ed. Nueva York, Foundation Press, 2000, p. 207.

deben someterse a dicho documento supremo, por lo que todo aquello que se elabore y sea incompatible resulta inválido, aquí claramente la revisión judicial ya no se limitaba a conocer si el actuar administrativo era apegado a la Ley, sino además si el acto legislativo era apegado a la Constitución, se trata de la aparición ya no solamente de un control de legalidad, sino además de un control de constitucionalidad.

Al respecto García Morelos señala que "Se debe partir de dos ideas acerca de la revisión judicial; una originada en el viejo continente mediante el control de los actos de las autoridades por parte de los jueces. Lo que encontraría un intento excepcional en la práctica que sería residenciada más tarde en Estados Unidos: el caso Dr. Bonham, de 1605.[28]"; lo que nos reafirma la idea de que, a pesar de la distancia entre tradiciones jurídicas y territorios, el avance en la operación del Derecho no es aislado, sino que se nutren unas instituciones de otras.

El control judicial por lo tanto de legalidad parte de tradiciones europeas a partir de revisar los actos de las autoridades, y evoluciona en la tradición norteamericana a por la revisión judicial de los actos del legislador, mediante el control de constitucionalidad, paradigma que se vino aplicando como alcance último de la revisión judicial por largo periodo.

El control de las normas, ya sean legales, de rango constitucional o bien los tratados internacionales, suele ser concentrado o difuso; es concentrado, cuando se reserva a un órgano específico la revisión sobre el respeto, aplicación o congruencia de alguna de las normas controladas, ya sea la Constitución o algún Tratado Internacional, sin embargo, es difuso, cuando la revisión no es reservada a un órgano en particular la revisión de alguna de las disposiciones en comento, sino son varios los órganos responsables de su revisión, respeto y preservación.

Tal es el caso de la Convención Americana sobre Derechos Humanos, donde desde su adopción por los diversos países miembros es obligada su aplicación y respeto, sin embargo, en la actuación este criterio no parecía claro, de manera que las decisiones de los países miembros no venían siendo en algunos casos precisamente acordes a la convención, ya sea en el actuar de las autoridades, ya en sus previsiones de carácter constitucional y por lo tanto el contenido de sus leyes. Ante tal cuestión, los Estados miembros deben observar la Convención Americana sobre Derechos Humanos, y de lo contrario denunciar el Sistema Interamericano en un acto de congruencia, ya que han existido países que se han resistido a observar la Convención como en su momento sucedió con Perú, y recientemente es el caso de Venezuela[29].

Los parámetros para aplicar el Control Difuso de Convencionalidad fueron establecidos no por el actuar de los países miembros, sino por la jurisprudencia de la Corte Interamericana de Derechos Humanos, inicialmente en el año 2006 al resolver sobre el caso *Almonacid Arellano Vs Chile*, que incorporó algunas notas características sobre el control difuso de convencionalidad, como punto de partida. Casi contemporáneamente con esta decisión, en *Trabajadores Cesados del Congreso (Aguado Alfaro y otros) c. Perú* (sentencia del 24 de noviembre de 2006), la Corte Interamericana precisó el alcance de la doctrina del Control Difuso de Convencionalidad. En esta oportunidad, la contienda tuvo origen en un proceso de racionalización administrativa por la que habían quedado cesados 257 trabajadores del Congreso peruano después del «golpe de Estado» del entonces Presidente Fujimori.

En los dos casos anteriormente citados, la Corte Interamericana de Derechos Humanos estableció la facultad y la obligación que tienen los órganos jurisdiccionales de cada uno de los países miembros de aplicar la convención, en "una especie de control difuso", debido a

---

28   GARCÍA MORELOS, Gumesindo. *Op. Cit.*, p. 16.

29   NOGUEIRA ALCALÁ, Humberto. *Los desafíos del control de convencionalidad del corpus iuris interamericano para las jurisdicciones nacionales*, en, *Boletín Mexicano de Derecho Comparado* (Instituto de Investigaciones Jurídicas de la UNAM), nº 35 (Septiembre-Diciembre 2012): 1167-1220.

que –se reflexiona en las sentencias- la Corte Interamericana de Derechos Humanos no puede ser la última instancia de revisión, su actuar debe ser por excepción.

Resulta lógico el criterio asumido por los jueces de la Corte Interamericana de Derechos Humanos en *Almonacid Arellano Vs Chile,* y *Trabajadores Cesados del Congreso Vs Perú,* ya que transitar sobre un control concentrado de la Convención Americana sobre Derechos Humanos sería una negación del respeto y protección de los derechos humanos, no por voluntad de la Corte sino por la capacidad humana para hipotéticamente resolver en última instancia todos o casi todos los casos judiciales de todos los países miembros, idea que resulta intransitable y anotaría ausencia de compromiso y disposición de los países miembros por cumplir la voluntad expresada al celebrar y/o adoptar la Convención.

Sobre la evolución de la doctrina del Control Difuso de Convencionalidad, Walter Carnota nos apunta que "Posteriormente, la doctrina de la 'convencionalidad' fue reiterada en oportunidad de fallar la causa *"Boyce c. Barbados"*, sentencia del 20 de noviembre de 2007. En la causa ocurrente, se trataba de determinar la congruencia del artículo 2 de la Ley de Delitos contra la Persona de Barbados, que fijaba la pena capital para los supuestos de homicidio, con las prescripciones de la CADH"[30], que viene a reiterar una tendencia clara en la jurisprudencia de la Corte Interamericana para consolidar el Control Difuso de Convencionalidad en los países miembros de la Convención.

Complementa Carnota aseverando que "Asimismo, en *Heliodoro Portugal c. Panamá,* sentencia del 12 de agosto de 2008, la Corte Interamericana precisó, en el considerando 180 de esa decisión, que cada juzgador interno debe velar por dar a la convención «efecto útil», que es la construcción de derecho internacional público que da sustento a todo el andamiaje del «control de convencionalidad». Concretamente, ello viene a exigir que la CADH tenga virtualidad práctica"[31], es decir, sería letra muerta la Convención Americana sobre Derechos Humanos, si no existiera un actuar conjunto de los países miembros, y como se señala, la obligación de cada juzgador interno de dar un efecto útil a la convención, se trata desde mi óptica de orientar al juzgador interno para garantizar uno de los aspectos de la tridimensionalidad del derecho que es la realidad, solamente aplicándose la Convención es que tendrá sentido, y para lograrlo deben asumir su responsabilidad en cuidarla todos los jueces internos.

Para los efectos del presente trabajo, habrá que poner énfasis en casos posteriores que han involucrado a México («Radilla Pacheco», sentencia del 23 de noviembre de 2009), Paraguay («Comunidad Indígena Xákmok Kásek», sentencia del 29 de agosto de 2010), Bolivia («Ibsen Cárdenas e Ibsen Peña», sentencia del 1 de septiembre de 2010) y nuevamente México («Cabrera García y Montiel Flores», sentencia del 26 de noviembre de 2010), ya que son los que provocaron un cambio de paradigma en el Derecho Mexicano, precisamente para incorporar a su sistema el respeto y protección a los derechos humanos, no solamente por la previsión normativa –Derecho Positivo- sino por el actuar de sus autoridades, en sede judicial desde luego, pero también en sede administrativa y legislativa.

La actuación de la Corte Interamericana de Derechos Humanos ha seguido en una tendencia evolutiva hacia el Control difuso, en una de sus últimas sentencias sobre el tema, la Corte Interamericana parecería delimitar con precisión el alcance de cada uno de los institutos que venimos estudiando. En efecto, al fallar en *Gómez Lund y otros c. Brasil* (sentencia del 24 de noviembre de 2010), el Tribunal regional deja sentado el *control de convencionalidad* de carácter concentrado y el difuso.

Respecto del primero, señala en su considerando 49:

---

30 CARNOTA, Walter F. *La Diferenciación entre Control de Constitucionalidad, Control de Convencionalidad y Control de Compatibilidad.* Anuario Iberoamericano de Derecho Constitucional, n°. 15, Madrid, 2011, p. 56.

31 CARNOTA, Walter F. *Op. Cit.,* p. 57.

"En numerosas ocasiones la Corte ha sostenido que el esclarecimiento de si el Estado ha vio-
lado o no sus obligaciones internacionales en virtud de las actuaciones de sus órganos judiciales,
puede conducir a que este Tribunal deba ocuparse de examinar los respectivos procesos internos
para establecer su compatibilidad con la Convención Americana, lo cual incluye, eventualmente,
las decisiones de tribunales superiores. En el presente caso, la Corte Interamericana no está lla-
mada a realizar un examen de la Ley de Amnistía en relación con la Constitución Nacional del
Estado, cuestión de derecho interno que no le compete, y que fuera materia de pronunciamiento
judicial en la Acción de Incumplimiento Número 153 (infra párr. 136), sino que debe realizar el
control de convencionalidad, es decir, el análisis de la alegada incompatibilidad de aquella ley
con las obligaciones internacionales de Brasil contenidas en la Convención Americana".

Criterio claro en delimitar el alcance de la función jurisdiccional de la Corte para controlar la Convención Americana sobre Derechos Humanos, el cual si es llevado a cabo por la
Corte estaremos hablando de control concentrado de convencionalidad.

Precisa, en cambio, el perímetro del control de convencionalidad difuso, al expresar en su
considerando 176[32]:

"Este Tribunal ha establecido en su jurisprudencia que es consciente que las autoridades in-
ternas están sujetas al imperio de la ley y, por ello, están obligadas a aplicar las disposiciones
vigentes en el ordenamiento jurídico. Pero cuando un Estado es Parte de un tratado internacio-
nal como la Convención Americana, todos sus órganos, incluidos sus jueces, también están some-
tidos a aquél, lo cual les obliga a velar porque los efectos de las disposiciones de la Convención
no se vean mermados por la aplicación de normas contrarias a su objeto y fin y que desde un ini-
cio carecen de efectos jurídicos. El Poder Judicial, en tal sentido, está internacionalmente obli-
gado a ejercer un 'control de convencionalidad' ex officio entre las normas internas y la Con-
vención Americana, evidentemente en el marco de sus respectivas competencias y de las regula-
ciones procesales correspondientes. En esta tarea, el Poder Judicial debe tener en cuenta no so-
lamente el tratado, sino también la interpretación que del mismo ha hecho la Corte Interameri-
cana, intérprete última de la Convención Americana".

Como se ha venido señalando, la Corte Interamericana de Derechos Humanos ha sido clara en sus decisiones sobre la obligación, que no opción, de los jueces nacionales para llevar
a cabo un control de convencionalidad *ex officio* entre sus normas internas y la Convención
Americana sobre Derechos Humanos, es decir, en todos los casos en que el juzgador ha de
resolver, debe considerar el análisis de congruencia con su derecho interno y la propia Convención, el cual es obligatorio y no una opción, de esta forma, cada estado miembro estará
cumpliendo con la Convención a través del actuar de sus jueces nacionales.

En consecuencia con la jurisprudencia de la Corte Interamericana de Derechos Humanos,
los tribunales nacionales de distintos países comenzaron a ajustar sus criterios, es el caso de
la Corte Suprema Argentina en la sentencia recaída en la causa *Julio Mazzeo* (del 13 de julio
de 2007), el más Alto Tribunal federal adhirió a las consideraciones que la Corte de San
José había realizado en *Almonacid Arellano* sobre control de convencionalidad para invali-
dar los indultos a quienes habían perpetrado el golpe de estado de 1976-1983. Empero, en
Videla (sentencia del 31 de agosto de 2010), la Corte argentina avanzó más en esta tesitura,
expresando en el considerando décimo que:

"Cabe señalar que con particular referencia a la declaración de invalidez de normas inferio-
res a las Leyes Fundamentales, y más allá de las opiniones individuales que los jueces de esta
Corte tienen sobre el punto, el Tribunal viene adoptando desde el año 2001 como postura mayo-
ritaria la doctrina con arreglo a la cual una decisión de esa naturaleza es susceptible de ser to-
mada de oficio (Fallos: 327: 3117). Concordantemente, la sentencia dictada por la Corte IDH en
el caso 'Trabajadores Cesados del Congreso (Aguado Alfaro y otros) vs. Perú', del 30 de no-

---

32   CARNOTA, Walter f. *Op. Cit.*, p. 58.

viembre de 2007, ha subrayado que los órganos del Poder Judicial debían ejercer no sólo un control de constitucionalidad, sino también de 'convencionalidad' ex officio entre las normas internas y la Convención Americana, evidentemente en el marco de sus respectivas competencias y de las regulaciones procesales correspondientes. También aclaró que esta función no debía queda limitada exclusivamente por las manifestaciones o actos de los accionantes en cada caso concreto, aunque tampoco implicaba que ese control debía ejercerse siempre, sin considerar otros presupuestos procesales formales y materiales de admisibilidad y procedencia de este tipo de acciones".

En el Sistema Interamericano de Derechos Humanos tiene su razón de ser en el respeto y protección de los derechos humanos; para ello, los países miembros han celebrado una Convención que contiene un catálogo de derechos humanos y a su vez se han dado organismos supranacionales garantes de la aplicación de la convención, sin embargo, el empeño no sería posible si no es con la actuación de las autoridades de todos los estados miembros, en particular sus jueces, quienes de acuerdo con la jurisprudencia de la Corte Interamericana de Derechos Humanos se encuentran obligados a realizar un control difuso de convencionalidad, el cual no resulta solo una idea provocadora, sino una doctrina que ha cobrado ya carta de naturalización en el sistema interamericano, que se ha venido reflejando en la actuación judicial de sus países miembros, en favor de la dignidad humana.

3. Un Caso de Control Difuso: López Mendoza Vs Venezuela

El 1 de septiembre de 2011, la Corte Interamericana de Derechos Humanos, resolvió una demanda en contra de la República Bolivariana de Venezuela, derivada de una inhabilitación para ejercer funciones públicas, del señor Leopoldo López Mendoza[33], siendo destacables los siguientes hechos del caso:

2. La demanda se relaciona con la alegada "responsabilidad internacional [del Estado al] haber inhabilitado al señor López Mendoza [...] para el ejercicio de la función pública por vía administrativa en [supuesta] contravención con los estándares convencionales [;] haber prohibido su participación en las elecciones regionales del año 2008, así como por no haber otorgado las garantías judiciales y protección judicial pertinentes ni [...] una reparación adecuada". De acuerdo con la demanda, "al momento de adoptar la decisión de inhabilitación para el ejercicio de la función pública de[l señor] López Mendoza, el Contralor [General] de la República y, en revisión, la Sala Político Administrativa de[l Tribunal Supremo de Justicia], no elaboraron argumentos adicionales que sustentaran la aplicación de una sanción más gravosa a [una] multa [previamente impuesta], ni [...] ofrecieron argumentos que calificaran el tipo de conducta ilícita y su correspondencia con la imposición de una de las máximas sanciones accesorias".

3. La Comisión solicitó a la Corte que declarara al Estado venezolano responsable de la violación de los artículos 23 (Derechos Políticos), 8.1 (Garantías Judiciales) y 25 (Protección Judicial), conjuntamente con los artículos 1.1 (Obligación de Respetar los Derechos) y 2 (Deber de Adoptar Disposiciones de Derecho Interno) de la Convención Americana, en perjuicio del señor López Mendoza. Asimismo, la Comisión solicitó al Tribunal que ordenara al Estado la adopción de medidas de reparación, así como el pago de costas y gastos.

A partir de las anteriores circunstancias, la Corte Interamericana de Derechos Humanos, reunió opiniones de peritos, pruebas documentales y testimoniales, para dilucidar sobre los siguientes aspectos:

El derecho a ser elegido;

    i)   Las garantías judiciales en los procedimientos administrativos desarrollados;

    ii) La igualdad ante la ley, y

    iii) El deber de adoptar disposiciones de derecho interno.

---

33 Sentencia visible en http://corteidh.or.cr/docs/casos/articulos/seriec_233_esp.pdf.

Centraremos el análisis para los efectos de la presente colaboración, en los pronunciamientos que hizo la Corte respecto a las garantías en los procedimientos administrativos relacionados, debido a que establecen algunas bases sobre la aplicación de la convención, en los distintos procedimientos que despliegan las autoridades administrativas, como es el caso incluso de las autoridades tributarias en las diversas jurisdicciones en que es aplicada la Convención Americana sobre Derechos Humanos.

Fueron varios los aspectos abordados por la Corte relacionados con las garantías en los procedimientos administrativos, muchas de las cuales incluso consideró que el Estado de Venezuela había respetado, sin embargo, un tema construido en la resolución es el respectivo al *test de previsibilidad* que debe observarse en los procedimientos administrativos, mencionando al respecto la Corte Interamericana de Derechos Humanos, en la sentencia en análisis que:

> *199. La Corte considera que en el marco de las debidas garantías establecidas en el artículo 8.1 de la Convención Americana se debe salvaguardar la seguridad jurídica sobre el momento en el que se puede imponer una sanción. Al respecto, la Corte Europea ha establecido que la norma respectiva debe ser: i) adecuadamente accesible, ii) suficientemente precisa, y iii) previsible. Respecto a este último aspecto, la Corte Europea utiliza el denominado "test de previsibilidad", el cual tiene en cuenta tres criterios para determinar si una norma es lo suficientemente previsible, a saber: i) el contexto de la norma bajo análisis; ii) el ámbito de aplicación para el que fue creado la norma, y iii) el estatus de las personas a quien está dirigida la norma.*

Es de sumo interés el pronunciamiento que hace el órgano de control natural de la Convención Americana sobre Derechos Humanos, al menos por dos cuestiones: la primera, por realizar una síntesis de los parámetros que se deben cumplir por el legislador para respetar la seguridad jurídica del gobernado, y sepa a que atenerse, haciendo normas jurídicas previsibles; y por otra, al evidenciarse la forma en que el control de convencionalidad, como hemos anotado, es una doctrina en constante evolución, y que la protección de los derechos humanos y la construcción de los derechos, se hace también a partir del llamado diálogo jurisdiccional o diálogo entre tribunales. La construcción de puentes a la que se refiere García Ramírez[34], se refleja precisamente en el momento en que las diversas tradiciones jurídicas se comunican en la acepción más pura del término: ponen en común en favor de los derechos.

Establecidos los criterios de referencia para conocer los alcances del *test de previsibilidad*, la Corte Interamericana de Derechos Humanos, se pronunció en el siguiente sentido:

> *205. Al respecto, si bien el tiempo que transcurrió en el presente caso entre la declaratoria de responsabilidad y la imposición de la inhabilitación no fue en sí mismo excesivo, está probado que la norma interna no establecía un término o plazo fijo para que el Contralor ejerciera dicha facultad. La decisión de la Sala Político Administrativa mediante la cual se intentó suplir esta laguna normativa con el término de prescripción de la acción administrativa no cumple con el estándar de previsibilidad o certeza de la norma. En efecto, el "test de previsibilidad" implica constatar que la norma delimite de manera clara el alcance de la discrecionalidad que puede ejercer la autoridad y se definan las circunstancias en las que puede ser ejercida con el fin de establecer las garantías adecuadas para evitar abusos. La Corte considera que la incertidumbre sobre el plazo dentro del cual se podría imponer las sanciones accesorias establecidas en el artículo 105 de la LOCGRSNCF es contraria a la seguridad jurídica que debe ostentar un procedimiento sancionatorio. Por otro lado, el plazo de cinco años no es razonable para garantizar la previsibilidad en la imposición de una sanción. Constituye un plazo excesivamente prolongado y, por lo tanto, es incompatible con la necesidad de que un procedimiento sancionatorio concluya al momento de determinarse la responsabilidad correspondiente, de tal forma que el imputado no*

---

34 GARCÍA RAMÍREZ, Sergio. *Tratados Internacionales y Control de Convencionalidad*, cit.

espere por un plazo demasiado amplio a que se determine el tipo de sanción que debe recibir por una responsabilidad que ya ha sido determinada. Además, la falta de un plazo cierto, previsible y razonable puede dar lugar a un ejercicio arbitrario de la discrecionalidad a través de sanciones aplicadas en un momento totalmente inesperado para la persona que ya fue declarada responsable previamente.

Queda clara por lo tanto la aplicación de los test de previsibilidad y razonabilidad de la norma, donde el gobernado debe saber a qué atenerse, para salvaguardar la certeza jurídica.

A partir del mencionado diálogo entre tribunales, y los propios pronunciamientos de la Corte Interamericana de Derechos Humanos, sobre el control difuso de convencionalidad, dicha doctrina debió ser adoptada en México, a partir de algunas sentencias de condena ya comentadas, integradas para resolverse por la Suprema Corte de Justicia de la Nación en el expediente varios 912/2012, a partir del cual el máximo tribunal mexicano rompe claramente paradigmas anteriores para dar paso al reconocimiento de la existencia del control difuso de convencionalidad, el cual ya reconocido, se hacía importante delimitar su contenido, alcances y metodología, lo cual realizó el máximo tribunal en distintos criterios[35], uno de los cuales establece el sistema de fuentes, para llevar a cabo el control difuso, y que es el siguiente:

PARÁMETRO PARA EL CONTROL DE CONVENCIONALIDAD EX OFFICIO EN MATERIA DE DERECHOS HUMANOS.[36]

El mecanismo para el control de convencionalidad ex officio en materia de derechos humanos a cargo del Poder Judicial debe ser acorde con el modelo general de control establecido constitucionalmente. El parámetro de análisis de este tipo de control que deberán ejercer todos los jueces del país, se integra de la manera siguiente: a) todos los derechos humanos contenidos en la Constitución Federal (con fundamento en los artículos 1o. y 133), así como la jurisprudencia emitida por el Poder Judicial de la Federación; b) todos los derechos humanos contenidos en tratados internacionales en los que el Estado Mexicano sea parte; c) los criterios vinculantes de la Corte Interamericana de Derechos Humanos derivados de las sentencias en las que el Estado Mexicano haya sido parte, y d) los criterios orientadores de la jurisprudencia y precedentes de la citada Corte, cuando el Estado Mexicano no haya sido parte.

El Pleno de la Suprema Corte de Justicia de la Nación, aproximó un elemento metodológico para llevar a cabo el control difuso de convencionalidad *ex officio* ordenado por la Corte Interamericana de Derechos Humanos, en este caso, precisando el parámetro de análisis considerando:

a. Todos los derechos humanos contenidos en la Constitución Federal, así como la jurisprudencia emitida por el Poder Judicial de la Federación;

b. Todos los derechos humanos contenidos en tratados internacionales en los que el Estado Mexicano sea parte;

c. Los criterios vinculantes de la Corte Interamericana de Derechos Humanos derivados de las sentencias en las que el Estado Mexicano haya sido parte; y,

d. Los criterios orientadores de la jurisprudencia y precedentes de la citada Corte, cuando el Estado Mexicano no haya sido parte.

---

35 De los rubros: *CONTROL DE CONVENCIONALIDAD EX OFFICIO EN UN MODELO DE CONTROL DIFUSO DE CONSTITUCIONALIDAD* (Décima Época, Registro: 160589, Pleno, Tipo de Tesis: Aislada, Semanario Judicial de la Federación y su Gaceta, Libro III, Diciembre de 2011, Tomo 1, Tesis: P. LXVII/2011(9a.) p.: 535); *PASOS A SEGUIR EN EL CONTROL DE CONSTITUCIONALIDAD Y CONVENCIONALIDAD EX OFFICIO EN MATERIA DE DERECHOS HUMANOS (*Décima Época, Registro: 160525, Instancia: Pleno, Tipo de Tesis: Aislada, Fuente: Semanario Judicial de la Federación y su Gaceta, Libro III, Diciembre de 2011, Tomo 1, Tesis: P. LXIX/2011(9a.), p.: 552).

36 Época: Décima Época, Registro: 160526, Pleno, Tipo de Tesis: Aislada, Semanario Judicial de la Federación y su Gaceta, Libro III, Diciembre de 2011, Tomo 1, Tesis: P. LXVIII/2011 (9a.), p.: 551.

Con las anteriores disposiciones, los jueces nacionales cuentan con un elenco normativo y de principios para llevar a cabo el análisis de control de convencionalidad *ex officio*; a mi juicio, faltó precisión en el criterio adoptado por la Suprema Corte de Justicia de la Nación, al establecer como orientadores los criterios contenidos en la Jurisprudencia de la Corte Interamericana de Derechos Humanos, cuando México no haya sido parte, ya que como se mencionó al citar la sentencia del caso *Radilla Pacheco Vs México* la CIDH estableció la obligatoriedad de los jueces mexicanos de aplicar control de convencionalidad *ex officio* no solamente de las normas contenidas en la Convención Americana sobre Derechos Humanos, sino de los criterios de interpretación que sobre ella realice la Corte, sin distinguir entre si México haya sido o no parte en dichos criterios de interpretación.

El proceso de reflexión para llevar a cabo el control difuso requiere de varios procesos. Al respecto, Manuel L. Hallivis Pelayo[37], establece algunas aproximaciones en el diseño de una metodología para llevar a cabo el control difuso de convencionalidad. La propuesta parte de determinar el problema e interpretar la norma interna para saber los derechos que reconoce o protege así como la manera que los protege; en segundo término identificar el tratamiento que la Constitución da al problema; como tercer paso, identificar si existe un tratado celebrado por México que reconozca el derecho humano en cuestión, e interpretarlo de conformidad con la Convención de Viena sobre el Derecho de los Tratados; como cuarta etapa, confrontar el resultado de la interpretación y determinar si el tratado reconoce o protege de mejor manera algún derecho humano; y, como quinta etapa, confrontar este resultado con el obtenido en la primera etapa.

Se trata, en mi opinión, de pautas metodológicas que harán al juzgador más sensible al contexto jurídico, y determinar el derecho aplicable al caso concreto, con una visión garantista y a la luz de los principios que orbiten alrededor de la institución jurídica, y los derechos en cuestión.

La doctrina del control difuso de convencionalidad establece la obligación de todos los jueces nacionales de llevar a cabo un control sobre la Convención Americana Sobre Derechos Humanos, así como la interpretación que de ella ha realizado la Corte Interamericana de Derechos Humanos; obligación que de acuerdo con la sentencia del caso *Radilla Pacheco Vs México* es para todos los jueces y no solamente para el Poder Judicial de la Federación, reconociéndolo así el artículo 1 de la Constitución Política de los Estados Unidos Mexicanos vigente.

El entonces Tribunal Federal de Justicia Fiscal y Administrativa, ahora Tribunal Federal de Justicia Administrativa, es un Tribunal ordinario que administra justicia especializada en las materias tributaria y administrativa[38], como su nombre lo indica, se trata de un tribunal de control de legalidad que de acuerdo con los postulados del Control de Convencionalidad *ex officio*, de manera difusa debe controlar la actuación de las autoridades fiscales y administrativas tanto a la luz de la Constitución Mexicana, como de los tratados internacionales en materia de derechos humanos, Tribunal que adoptó criterios que reconocen su obligación para llevar a cabo el control difuso de convencionalidad.

Volviendo al caso López Mendoza Vs. Venezuela, la Segunda Sección del entonces Tribunal Federal de Justica Fiscal y Administrativa, estableció un precedente derivado de la aplicación del control difuso de convencionalidad, en donde tuvo como base no solamente la Convención Americana sobre Derechos Humanos, sino también la jurisprudencia de la Corte Interamericana de Derechos Humanos, expresando lo siguiente:

---

37 HALLIVIS PELAYO, Manuel L. *Elementos para Lograr una Homologación Metodológica del Control Difuso de la Convencionalidad en México*, en, Control de Convencionalidad. *Revista "Pro Hómine"*, Suprema Corte de Justicia de la Nación, Año I, N° 1, Enero-Junio 2014, pp. 150 y 151.

38 Artículos 1 y 14 de la Ley Orgánica del Tribunal Federal de Justicia Fiscal y Administrativa.

Control de convencionalidad. derecho humano a la seguridad jurídica en los procedimientos administrativos en términos del artículo 8.1 de la Convención Americana de Derechos Humanos y al test de previsibilidad conforme a los principios orientadores de la jurisprudencia de la Corte Interamericana de Derechos Humanos en el Caso López Mendoza vs. Venezuela[39].

Primeramente, los Magistrados de este Órgano Jurisdiccional al examinar la convencionalidad de un texto normativo aplicado en la resolución impugnada o en alguna de las fases del procedimiento administrativo del cual deriva, podrán tomar en cuenta los principios de referencia, ello conforme a la tesis P. LXVI/2011 emitida por el Pleno de la Suprema Corte de Justicia de la Nación, publicada en el Semanario Judicial de la Federación y su Gaceta, Décima Época, libro III, tomo 1, diciembre de 2011, página 550, registro ius 160 58, cuyo rubro es: "CRITERIOS EMITIDOS POR LA CORTE INTERAMERICANA DE DERECHOS HUMANOS CUANDO EL ESTADO MEXICANO NO FUE PARTE. SON ORIENTADORES PARA LOS JUECES MEXICANOS SIEMPRE QUE SEAN MÁS FAVORABLES A LA PERSONA EN TÉRMINOS DEL ARTÍCULO 1o. DE LA CONSTITUCIÓN FEDERAL". Ahora bien, considerando que la seguridad jurídica implica que los textos normativos contengan los elementos mínimos para que el particular haga valer sus derechos con el objeto de que la autoridad no incurra en arbitrariedades. Además, si en las leyes que establezcan actos de molestia en contra de los particulares, en aras de seguridad jurídica, deberá establecer el límite en el cual la autoridad administrativa podrá afectar temporalmente la esfera jurídica del particular, pues esa afectación no puede estar sujeta a la decisión de la autoridad administrativa. En consecuencia, el referido Tribunal Internacional al interpretar y aplicar el citado artículo 8.1 en el Caso de referencia ha establecido el "test de previsibilidad" para determinar si una norma jurídica es lo suficientemente previsible con relación a esa afectación temporal, para lo cual deberán tomarse en cuenta tres criterios: 1) el contexto de la norma bajo análisis; 2) el ámbito de aplicación para el que fue creada la norma, y 3) el estatus de las personas a quien está dirigida la norma. Por ende, dicho Tribunal Internacional ha establecido que el test de previsibilidad implica constatar que la norma jurídica delimite de manera clara el alcance de la discrecionalidad que puede ejercer la autoridad y se definan las circunstancias en las que puede ser ejercida con el fin de establecer las garantías adecuadas para evitar abusos. Por tanto, una norma jurídica no supera dicho test si prevé actos de molestia sin un plazo cierto, previsible y razonable para la afectación de la esfera jurídica del particular. Naturalmente, sostener lo contrario implicaría dar margen a la autoridad administrativa a la arbitrariedad, porque el particular no tendría seguridad jurídica respecto a la previsibilidad de la duración de la afectación, lo cual hace necesario que el tiempo de esa afectación esté previsto en la norma jurídica y supere dicho test.

Mas allá de analizar el caso específico del que derivó la resolución base del anterior precedente, llamo la atención sobre la relevancia del control de convencionalidad y el diálogo entre tribunales.

En efecto, la sentencia de 1 de septiembre de 2011, donde la Corte Interamericana de Derechos Humanos resolvió el caso *López Mendoza Vs Venezuela*, se apoya en resoluciones de tribunales europeos, para delimitar los parámetros de aplicación del llamado "test de previsibilidad", y a partir de dicha jurisprudencia, un tribunal administrativo mexicano, al resolver un procedimiento administrativo, consideró que los criterios del caso en cita, eran propicios para analizar los procedimientos administrativos regulados por el derecho doméstico mexicano.

Lo anterior demuestra que, si los procedimientos tributarios son una especie de procedimientos administrativos, todos los contribuyentes tienen una garantía para el respeto de su derecho fundamental de seguridad jurídica, y que es el deber de las autoridades administrativas y jurisdiccionales de controlar las normas jurídicas, particularmente aplicando el test de previsibilidad.

---

39   R.T.F.J.F.A. Séptima Época. Año II. N° 14. Septiembre 2012. p. 85, tesis VII-P-2aS-203.

REFLEXIONES FINALES

Los derechos humanos no pueden ser meras aspiraciones de la sociedad, más bien deben consolidarse como realidades que a partir del principio de progresividad, permiten que las sociedades evolucionen siendo más garantistas y respetuosas de los derechos fundamentales de los ciudadanos, es de esta manera que el ser humano puede concretar su proyecto de vida, mediante el ejercicio de las libertades que disfruta y que los sistemas jurídicos van reconociendo.

En la medida en que se reconocen esos derechos y libertades, se van incorporando al derecho positivo, sea mediante la celebración de convenciones y tratados internacionales, a través de la constitucionalización de los derechos humanos, por medio de la jurisprudencia que se nutre del diálogo entre tribunales.

Al ser transversales los derechos humanos, en la relación jurídico tributaria, se deben tomar en cuenta las incidencias que tienen los derechos humanos en la relación de los contribuyentes con el Estado, de forma que más que hablar de manera específica de derechos humanos en materia tributaria, a la materia tributaria le son aplicables derechos humanos como los de propiedad, seguridad jurídica, igualdad, entre muchos otros, que se deben observar tanto en los procedimientos, como en la construcción de los elementos esenciales de la relación jurídico tributaria.

Un ejemplo de lo anterior es la aplicación del llamado "test de previsibilidad" que la Corte Interamericana de Derechos Humanos aplicó en el caso *López Mendoza Vs Venezuela*, y que fue base para su incorporación en otros sistemas jurídicos como el mexicano, mediante la aplicación de la doctrina del control difuso de convencionalidad.

La doctrina del control difuso de convencionalidad es un derecho en construcción, y en esa construcción los ciudadanos tenemos un papel protagónico, el poder público se encuentra obligado a respetar, proteger, garantizar y promover los derechos humanos, pero los ciudadanos nos encontramos obligados a acudir a los tribunales para exigir el respeto de estos derechos cuando son violentados, y plantear argumentaciones sólidas que permitan la evolución de los derechos humanos.

Hago votos porque en los distintos sistemas jurídicos, en todas las latitudes del orbe, en el hemisferio y en todos los países de América Latina, se consoliden las libertades y los derechos humanos sean parámetro natural de la relación del ciudadano con el gobierno, solo así se puede justificar el orden jurídico, el desarrollo democrático, la justicia, la libertad, la igualdad, y desde luego, la fraternidad de los pueblos y los individuos.

§ 41. SOBRE LA NO EXIGIBILIDAD DE TRIBUTOS QUE SE ENCUENTRAN EN PROCESO DE IMPUGNACIÓN ADMINISTRATIVA O JUDICIAL

Allan R. Brewer-Carías [*]

La Administración Tributaria conforme al artículo 290 del Código Orgánico Tributario, sólo puede proceder al cobro ejecutivo de tributos cuando se trate de "cantidades líquidas y exigibles," que por tanto, se pueden considerar efectivamente "debidas" o "adeudadas" por el contribuyente,[1] al cual entonces se lo puede considerar legalmente como "deudores"[2] y en consecuencia se puede proceder a demandar su pago.

Esta condición esencial de que las cantidades sean "líquidas y exigibles" sólo se cumple, cuando dichas cantidades sean "debidas" al haber adquirido certeza, es decir, al haber adquirido certidumbre y no puedan ser cuestionadas. Ello, en el ámbito del derecho administrativo y tributario, solo tiene lugar cuando los correspondientes actos administrativos que las determinen hayan quedado firmes, ya sea por vencimiento de los lapsos legales previstos para su impugnación (es decir, se vuelvan inimpugnables), o cuando una vez impugnados, se dicta la correspondiente decisión definitiva del recurso en vía administrativa o judicial.

En consecuencia, a pesar de que con la reforma del Código Orgánico Tributario de 2001 se eliminó el efecto suspensivo que tenían los recursos contencioso tributarios y con la reforma de 2014 se eliminó el efecto suspensivo de los recursos administrativos que se puedan intentar contra los actos administrativos de liquidación de tributos, en los casos en los cuales los contribuyentes efectivamente hayan impugnado dichos actos, los mismos no estarían obligados a pagar los impuestos liquidados mientras los recursos interpuestos estén pendientes de decisión.

De allí el principio de la inexigiblidad de la obligación tributaria, como lo argumenta Serviliano Abache Carvajal, en la medida que "si el acto de determinación no es firme y, con ello, tampoco es exigible, debido a que no ha transcurrido íntegramente el lapso de impugnación del mismo o, recurrido éste, se está discutiendo su legalidad objetiva (forma) y contenido (fondo) ante los tribunales de justicia y, en consecuencia, la obligación declarada en el mismo *no es cierta ni líquida*, esto es, se desconoce con claridad su *existencia* y con precisión su *cuantía*, entonces la misma *carece de exigibilidad*."[3]

---

[*] Profesor emérito, Universidad Central de Venezuela.

[1] La misma condición de "líquidos y exigibles" debe existir cuando se proponga compensación de créditos fiscales con obligaciones tributarias del contribuyente, en cuyo caso tanto los créditos como las obligaciones deben ser líquidos y exigibles" (art. 49).

[2] Blanco-Uribe indica que "es perfectamente justificable que el legislador califique al demandado de deudor," solo cuando "el fundamento de la demanda es un título ejecutivo, en el supuesto que nos ocupa un acto administrativo *definitivamente firme en la sede administrativa, contentivo de obligaciones exigibles*, por estar liquidadas o determinadas concluyentemente y ser de plazo vencido." Véase Alberto Blanco Uribe, "Juicio ejecutivo o enrevesamiento jurídico. Violación Sistemática de Derechos Humanos," Ponencia *Jornadas Venezolanas de Derecho Tributario 2012*, p. 9 (publicada en *30 Años Codificación del Derecho Tributario en Venezuela, Tomo II, Asociación venezolana de Derecho Tributario*, Caracas 2012).

[3] Véase Serviliano Abache Carvajal, *La atipicidad de la "presunción" de legitimidad del acto administrativo y la carga de la prueba en el proceso tributario*, Editorial Jurídica Venezolana, Funeda, Caracas 2012, p. 206. En contra, véase Carlos E. Weffe H., "De la naturaleza del acto determinativo tributario. "Nuevas "reflexiones sobre

Tal como lo explicó con claridad Alberto Blanco-Uribe, la obligación tributaria solo puede considerarse "exigible," cuando haya "sido concluyentemente determinada," y ello ocurre sólo cuando "el acto administrativo contentivo de las obligaciones tributarias, que ha de fungir como documento fundamental de la demanda en juicio ejecutivo, se encuentre definitivamente firme."[4] En otros términos, un reclamo tributario sólo puede ser *exigible* cuando el:

> "acto administrativo que determina tributos, liquida intereses moratorios o impone sanciones de naturaleza pecuniaria (multas) [...] se encuentra *definitivamente firme*, por no haber sido impugnado en la sede administrativa a través del recurso jerárquico, o como resultado de la denegatoria del referido recurso, no recurrida en la sede judicial."[5]

Como lo ha expresado la Sala Político Administrativa del Tribunal Supremo de Justicia en sentencia N° 1.939 de 28 de noviembre de 2007, al referirse a la intimación para el cobro ejecutivo de deudas tributarias, ésta sólo procede respecto de "obligaciones tributarias *previamente determinadas y definitivamente firmes*."[6] Y ese es el sentido, sin duda, de la condición que establece el COT de que las cantidades sean "líquidas y exigibles" para que los tributos se consideren "adeudados" (art 290) o "debidos" (art. 221, 291) por el contribuyente, y para que, por tanto, puedan ser objeto del cobro ejecutivo por parte la Administración Tributaria.

La condición es, además, indispensable para que se pueda dar el paso previo al cobro ejecutivo por la Administración Tributaria, que es la formulación de la correspondiente intimación de pago conforme al procedimiento establecido en el Código (arts. 221 y ss.), y eventualmente, para que la Administración Tributaria pueda proceder "contra los bienes y derechos del deudor," y específicamente pueda proceder a embargar dichos bienes y derechos (arts. 223, 291).

La exigencia de que sólo pueden ser objeto de cobro ejecutivo las cantidades líquidas y exigibles, que resulten de actos administrativos firmes o que han adquirido firmeza, ha sido corroborada por Serviliano Abache Carvajal, cuando afirma, con razón, que: "la obligación tributaria siendo *ex lege* y surgiendo en un momento del acaecimiento del hecho imponible, no será *exigible* hasta tanto no se haya determinado de manera *definitivamente firme* el contingente crédito. La razón estriba en su *certeza y cuantificación*."[7]

La clara posición en la doctrina sobre esta cuestión fue corroborada por la Sala Político Administrativa del Tribunal Supremo de Justicia en la sentencia N° 317 de 11 de marzo de 2008 (caso: *Fisco Nacional vs. PDVSA Petróleos S.A.*),[8] en un caso precisamente en el cual quien alegó el principio fue empresa del Estado (una filial de PDVSA), al decidir una apelación intentada por el Fisco Nacional contra una sentencia de un tribunal superior en una

---

viejos problemas," en Laura Louza y Serviliano Abache Carvajal (Coordinadores), *El mito de la presunción de legitimidad del acto administrativo y la tutela judicial en el contencioso tributario*, Funeda, Editorial Jurídica Venezolana, Caracas 2016, pp. 413-459.

4   Véase Alberto Blanco-Uribe, "Juicio ejecutivo o enrevesamiento jurídico. Violación Sistemática de Derechos Humanos," Ponencia *Jornadas Venezolanas de Derecho Tributario 2012*, p. 3 (publicada en *30 Años Codificación del Derecho Tributario en Venezuela, Tomo II, Asociación venezolana de Derecho Tributario*, Caracas 2012).

5   Véase Alberto Blanco-Uribe, "Juicio ejecutivo o enrevesamiento jurídico. Violación Sistemática de Derechos Humanos," *Ponencia Jornadas Venezolanas de Derecho Tributario 2012*, p. 1 (publicada en *30 Años Codificación del Derecho Tributario en Venezuela, Tomo II, Asociación venezolana de Derecho Tributario*, Caracas 2012).

6   Véase en http://historico.tsj.gob.ve/decisiones/spa/noviembre/01939-281107-2007-2007-0841.HTML.

7   Véase Serviliano Abache Carvajal, "La solución determinativa tributaria. Su naturaleza jurídica en cuatro argumentos," en Laura Louza y Serviliano Abache Carvajal (Coordinadores), *El mito de la presunción de legitimidad del acto administrativo y la tutela judicial en el contencioso tributario*, Funeda, Editorial Jurídica Venezolana, Caracas 2016, p. 210.

8   Véase en http://historico.tsj.gob.ve/decisiones/spa/Marzo/00317-12308-2008-2006-1106.html.

demanda de cobro ejecutivo que el Fisco había incoado contra dicha empresa pública. En el caso, la empresa del Estado, precisamente, alegó que sólo cuando el acto administrativo de la Administración Tributaria de liquidación de impuestos sea un acto administrativo firme, es que las deudas tributarias pueden considerarse como líquidas y exigibles, y por tanto podrían ser objeto de un cobro ejecutivo conforme al COT.

En dicha sentencia, el Tribunal Supremo indicó que se hacía "imprescindible *verificar, en el caso de autos, la firmeza de los actos administrativos utilizados como título ejecutivo,*" para luego concluir señalando que:

> "Del oficio N° 279/2007 remitido por el referido Juzgado el 24 de enero de 2008 se pudo evidenciar que los actos administrativos presentados con carácter de título ejecutivo en el juicio de intimación incoado por el Fisco Nacional contra PDVSA Petróleo, S.A., *son los mismos recurridos ante ese órgano jurisdiccional, que la causa se encuentra en estado de sentencia, y que en el mencionado expediente, la empresa intimada discute la legalidad de "los actos administrativos, cuyo pago pretende la Administración Tributaria*".

> A este respecto, cabe señalar que tal como lo afirmara el apoderado judicial de la sociedad mercantil PDVSA Petróleo, S.A., las referidas planillas, así como la determinación de multa e intereses moratorios, *no son actos administrativos contentivos de obligaciones líquidas y exigibles a favor del Fisco Nacional y no tienen el carácter de título ejecutivo, pues como consta de autos, no están definitivamente firmes, al haber hecho uso la referida empresa de los medios de impugnación* (inicialmente en sede administrativa el solicitar la revisión de oficio del acto, y posteriormente en sede jurisdiccional al interponer el recurso contencioso tributario), a objeto de ejercer su derecho constitucional a la defensa."[9]

Esta claridad de criterio de la Sala Político Administrativa, sin embargo no ha sido expuesto tan precisamente en otras sentencias, como es el caso de la No. 46 de 20 de enero de 2010 dictada por la Sala Político Administrativa del Tribunal Supremo de Justicia (Caso *Alnova C.A.*),[10] en la cual aun cuando se refirió a un caso de cobro de multas fiscales, la Sala Político Administrativa consideró, en forma errada, que supuestamente, la única causal de inadmisibilidad del cobro ejecutivo de cantidades demandadas por el Fisco, sería que se hubiese dictado la "suspensión de efectos de los actos administrativos" cuando estos hubieren sido recurridos, acordada por la autoridad que conoce de su impugnación, lo cual no es cierto.

Al contrario de este criterio, en la materia relativa a liquidación de impuestos, tiene que considerarse que priva la doctrina de la Sala Político Administrativa senada en el caso antes mencionado (caso *PDVSA Petróleos S.A*), en la cual se declaró inadmisible la ejecución de créditos fiscales intentada por el Fisco, por no estar el acto de determinación del impuesto definitivamente firme, no siendo las cantidades demandadas líquidas y exigibles. Como lo resumió el profesor Humberto Romero-Muci, la sentencia del Tribunal "declaró con lugar la apelación contra la decisión de un tribunal contencioso tributario que admitió un juicio ejecutivo contra dicha empresa pública, *argumentando que pendiente el proceso contencioso tributario de anulación, el acto de liquidación no tiene carácter de título ejecutivo, por no estar definitivamente firme.*"[11]

9   Véase en http://historico.tsj.gob.ve/decisiones/spa/Marzo/00317-12308-2008-2006-1106.html. Como lo expresó Alberto Blanco-Uribe, si la interpretación jurisprudencial establecida en esta sentencia en favor de PDVSA Petróleos S.A. "fuese de aplicación a todos en la práctica de estrados, estaríamos en un Estado de Derecho, respetuoso de los derechos humanos." Véase Alberto Blanco-Uribe, "Juicio ejecutivo o enrevesamiento jurídico. Violación Sistemática de Derechos Humanos," *Ponencia Jornadas Venezolanas de Derecho Tributario 2012*, p. 11 (publicada en *30 Años Codificación del Derecho Tributario en Venezuela, Tomo II, Asociación venezolana de Derecho Tributario*, Caracas 2012).

10   Véase en http://historico.tsj.gob.ve/decisiones/spa/Marzo/00317-12308-2008-2006-1106.html.

11   Humberto Romero-Muci advirtió que se trata de un precedente que se aplicó "para enervar una obvia injusticia en contra de la conocida empresa pública." Véase Humberto Romero-Muci, "Evolución (o *involución*) juris-

En resumen, conforme a la norma del artículo 290 del Código Orgánico Tributario, en la legislación tributaria venezolana las decisiones que adopte la Administración Tributaria que impongan obligaciones a los contribuyentes, sólo pueden cobrarse mediante cobro ejecutivo cuando las mismas hayan adquirido firmeza, una vez que los recursos intentados contra los mismos hayan sido decididos, que es cuando pueden considerarse como líquidos y exigibles. Mientras ello no suceda, es totalmente improcedente pretender iniciar el procedimiento de cobro ejecutivo de impuestos.

Este principio que de acuerdo con el régimen legal del COT solo permite el cobro ejecutivo de deudas tributarias líquidas y exigibles, debe decirse que en nada se ha afectado ni se ha cambiado como consecuencia de la mencionada reforma del COT de 2014, al eliminar los efectos suspensivos de los recursos que se intentasen contra los actos tributarios. En efecto, debe recordarse que frente al principio establecido en el COT de 2001, de los efectos suspensivos del recurso jerárquico (art. 247), y el efecto no suspensivo del recurso contencioso tributario (art. 263), en la reforma de 2014 se estableció en general, el efecto no suspensivo en relación con todos los recursos administrativos y contencioso tributarios (arts. 257 y 270).

Es decir, el hecho de que el Código de 2014 establezca el principio general de que los recursos administrativos (art. 257) y contencioso tributarios (art. 270) que se intenten contra los actos de la Administración Tributaria no tienen carácter suspensivo, no cambia ni afecta la ineludible exigencia de que sólo puede procederse al cobro ejecutivo de impuestos cuyas cantidades sean líquidas y exigibles, lo que no varió en la reforma[12].

Por otra parte, no debe olvidarse que la no suspensión de efectos de los recursos que se prevé el COT de 2014, es un principio establecido en general para toda la gama de actos que en cualquier forma puedan afectar los derechos de los contribuyentes, como son por ejemplo, los que enumeraba el Código de 2001 en su artículo 247 al referirse a las sanciones, tales como "la clausura de establecimientos, comisos o retención de mercaderías, aparatos, recipientes, vehículos, útiles, instrumentos de producción o materias primas, y suspensión de expendios de especies fiscales y gravados."

Pero ello no afecta el régimen establecido respecto del cobro ejecutivo de los actos que determinen tributos. Es decir, si bien el Código dispone que el ejercicio de los recursos administrativos y contencioso tributarios en Venezuela no tiene efectos suspensivos (arts. 257 y 270 COT), a los efectos de cobro ejecutivo de impuestos el mismo Código establece que solo procede cuando se trate de cantidades líquidas y que sean exigibles, es decir, cuando los actos administrativos impugnados se pueden considerar como actos definitivamente firmes, susceptibles de ejecución; privando en todo caso estas disposiciones especiales sobre

---

prudencial en el Contencioso Tributario," *Jornadas Domínguez Escovar,* Barquisimeto, 16 de marzo de 2013 (publicado en *XXXVIII Jornadas J.M. Domínguez Escovar. Avances Jurisprudenciales del Contencioso Administrativo en Venezuela*, Instituto de Estudios Jurídicos "Ricardo Hernández Álvarez", Barquisimeto, Paredes Libros, Caracas, 2013).

12   Abache Carvajal indica en relación a los supuestos de aplicación del procedimiento de cobro ejecutivo del COT 2014 que "Hablar de "cantidades líquidas y exigibles", "cantidades adeudadas o debidas" y de "plazo legal o judicial vencido", es exactamente igual que hablar de obligaciones tributarias *determinadas de manera definitivamente firme*, por un lado, y de culpabilidad del sujeto pasivo plena y firmemente demostrada *más allá de toda duda razonable*", razón por la cual "cuando el artículo 290 del Código de 2014 hace referencia expresa a la "liquidez y exigibilidad" de las cantidades (obligaciones tributarias), está condicionando el ejercicio del cobro ejecutivo a que se esté frente a esos *supuestos de procedencia o aplicación*, esto es, que una obligación tributaria sea líquida y exigible". Véase Serviliano Abache Carvajal, "¿Hacia el reinado de la autotutela administrativa? Análisis crítico del "cobro ejecutivo" del Código Orgánico Tributario de 2014," en Morles Hernández, Alfredo (Coord.), *Libro homenaje a la Academia de Ciencias Políticas y Sociales en el centenario de su fundación, 1915-2015*, tomo III, Academia de Ciencias Políticas y Sociales, Colección Centenario, Caracas, 2015, p. 1779.

cualquier otra de orden adjetivo que pueda establecerse de carácter general, como la relativa al principio de la no suspensión de efectos de los recursos.

Por tanto, respecto de estos actos de la Administración Tributaria que determinen tributos, e independientemente de los efectos no suspensivos que puedan tener los recursos que se intenten contra los mismos; lo que es claro es que su ejecución, materializada en el cobro ejecutivo de las cantidades que establezcan, solo es posible, conforme al mismo COT, cuando las mismas sean líquidas y exigibles, lo que solo se puede materializar cuando se hayan decidido los recursos intentados y resulten de actos administrativos firmes, que son los que pueden establecer dichas cantidades "líquidas y exigibles," que son las que pueden ser objeto de cobro ejecutivo.

Deducir y aceptar la posibilidad del cobro ejecutivo de cantidades determinadas de tributos que no sean líquidas y exigibles, es decir, que no estén establecidas con certeza en actos administrativos firmes, sería contrario a lo establecido en los artículos 221, 290 y 291 del mismo COT. Ello implicaría, además, darle preferencia sobre esas normas especiales, a las previsiones adjetivas generales de los artículos 252 y 270 del COT, lo cual es inadmisible en el ordenamiento jurídico venezolano, pues ello vulneraría el principio de progresividad respecto de las garantías de los derechos humanos (art. 19 de la Constitución), en este caso, del de acceso a la justicia y el derecho a la tutela judicial efectiva,[13] del derecho al debido proceso,[14] del derecho a la presunción de inocencia,[15] del derecho a la igualdad de las partes en el proceso como consecuencia del derecho general a la igualdad,[16] y del derecho a la integridad del patrimonio[17] de los contribuyentes.[18]

En consecuencia, como principio, ningún efecto puede tener respecto al posible cobro ejecutivo de tributos, el principio de la no suspensión de efectos de los recursos que se interpongan contra los actos que los establezcan, porque dicho cobro ejecutivo solo procede, previa intimación al contribuyente, cuando las cantidades respectivas objeto de cobro sean líquidas y exigibles, condición que sólo puede derivar de que los actos administrativos que las establezcan hayan quedado definitivamente firmes.

---

13 Artículo 26: "Toda persona tiene derecho de acceso a los órganos de administración de justicia para hacer valer sus derechos e intereses, incluso los colectivos o difusos, a la tutela efectiva de los mismos y a obtener con prontitud la decisión correspondiente".

14 Artículo 49: "El debido proceso se aplicará a todas las actuaciones judiciales y administrativas…".

15 Artículo 49, numeral 2: "Toda persona se presume inocente mientras no se pruebe lo contrario".

16 Artículo 21, numeral 1: "Todas las personas son iguales ante la ley, y en consecuencia: 1. No se permitirán discriminaciones fundadas en la raza, el sexo, el credo, la condición social o aquellas que, en general, tengan por objeto o por resultado anular o menoscabar el reconocimiento, goce o ejercicio en condiciones de igualdad, de los derechos y libertades de toda persona".

17 Artículos 115: "Se garantiza el derecho de propiedad. Toda persona tiene derecho al uso, goce, disfrute y disposición de sus bienes. La propiedad estará sometida a las contribuciones, restricciones y obligaciones que establezca la ley con fines de utilidad pública o de interés general. Sólo por causa de utilidad pública o interés social, mediante sentencia firme y pago oportuno de justa indemnización, podrá ser declarada la expropiación de cualquier clase de bienes", 116: "No se decretarán ni ejecutarán confiscaciones de bienes sino en los casos permitidos por esta Constitución. Por vía de excepción podrán ser objeto de confiscación, mediante sentencia firme, los bienes de personas naturales o jurídicas, nacionales o extranjeras, responsables de delitos cometidos contra el patrimonio público, los bienes de quienes se hayan enriquecido ilícitamente al amparo del Poder Público y los bienes provenientes de las actividades comerciales, financieras o cualesquiera otras vinculadas al tráfico ilícito de sustancias psicotrópicas y estupefacientes" y 317: "..Ningún tributo puede tener efecto confiscatorio".

18 Véase sobre las violaciones a los derechos constitucionales de los contribuyentes que podría ocasionar el cobro ejecutivo de obligaciones tributarias no exigibles, lo expuesto por Alberto Blanco-Uribe, "Juicio ejecutivo o enrevesamiento jurídico. Violación Sistemática de Derechos Humanos," *Ponencia Jornadas Venezolanas de Derecho Tributario 2012*, pp. 18 ss. (publicada en *30 Años Codificación del Derecho Tributario en Venezuela, Tomo II*, *Asociación venezolana de Derecho Tributario*, Caracas 2012).

§ 42. LA TUTELA JUDICIAL DEL CONTRIBUYENTE[*]

Alberto Blanco-Uribe Quintero [**]

DELIMITACIÓN DE LA IDEA DE "JUSTICIA TRIBUTARIA":

Dentro de la expresión sistema de justicia, siguiendo la letra de nuestra Constitución de 1999[1], se incluyen a todos los órganos públicos vinculados con el funcionamiento del Poder Judicial, particularmente en cuanto concierne al ejercicio de una función estatal de trascendencia cotidiana para la persona común, como lo es la función jurisdiccional o función de administración de justicia. E igualmente, se comprenden allí a los profesionales del derecho, es decir, a los abogados, y a los individuos en participación ciudadana.

Ahora bien, en el entendido de que el Poder Judicial viene compuesto por los órganos jurisdiccionales, que no son otros que el Tribunal Supremo de Justicia y los demás tribunales creados por ley, conviene recordar que, con arreglo al principio de legalidad en derecho público, los tribunales solo pueden hacer lo que la Constitución y la ley conforme con ésta explícitamente les confíen, siendo que al efecto los tribunales tienen bien demarcado su ámbito competencial por medio de diversos criterios, como lo son la materia, la cuantía y el territorio.

En este orden de ideas, el conjunto de tribunales con competencia material en temas tributarios son hoy en día, conforme con las previsiones de la Constitución y del Código Orgánico Tributario, los Juzgados Superiores de lo Contencioso Tributario, los cuales conocen en primera instancia o en única instancia, si por razones de cuantía no hay acceso legal a la segunda instancia, y dentro de la circunscripción territorial que les corresponda, y la Sala Político Administrativa del Tribunal Supremo de Justicia, que conoce en segunda instancia, como tribunal de alzada en caso de apelación o de consulta obligatoria[2].

---

[*] Estudio originalmente elaborado para la Academia de Ciencias Políticas y Sociales, como profesor invitado a participar en el proyecto "MODELO DEMOCRÁTICO. Construcción, deconstrucción y renovación", bajo la Coordinación General de César Carballo, Cecilia Sosa, Jesús María Casal y Rafael Badell, y respecto de la Comisión Especial: ¿QUÉ HACER CON EL SISTEMA DE JUSTICIA? El resumen de la ponencia puede ser visto en https://www.youtube.com/watch?v=ftUlAgZiMAw&t=142s.

[**] Abogado egresado "Magna cum Laude" de la Universidad Central de Venezuela, con especialización en derecho administrativo por la misma Universidad; especialista en derecho ambiental y de la ordenación del territorio y en derecho público por la Universidad Robert Schuman (Francia); y especialista en justicia constitucional y en derechos humanos y garantías constitucionales por la Universidad de Castilla-La Mancha (España). Profesor de derecho constitucional y de derechos humanos en pre y postgrado, y de Contencioso Tributario y Derecho Procesal Tributario, en las Universidades Central de Venezuela y Católica Andrés Bello. Www.albertoblancouribe.com / abogado@albertoblancouribe.com / Tw, Ig y Fanpage @AlbertoBUQ

[1] Artículo 253: *"El sistema de justicia está constituido por el Tribunal Supremo de Justicia, los demás tribunales que determine la ley, el Ministerio Público, la Defensoría Pública, los órganos de investigación penal, los o las auxiliares y funcionarios o funcionarias de justicia, el sistema penitenciario, los medios alternativos de justicia, los ciudadanos que participan en la administración de justicia conforme a la ley y los abogados autorizados para el ejercicio"*.

[2] Privilegio procesal de cuestionable legitimidad, ese de la consulta obligatoria, que solo ha servido para retardar la justicia en detrimento de los derechos de los contribuyentes.

Este grupo tribunalicio ha sido comúnmente identificado en Venezuela como la "Jurisdicción Contencioso Tributaria", como parte especial de la así constitucional y erróneamente[3] llamada "Jurisdicción Contencioso Administrativa"[4].

Así, llegados a este punto, desde el ángulo procesal, es menester aclarar que con la idea de "justicia tributaria" atendemos aquí al servicio de administración de justicia impartido por estos tribunales, en el ámbito de las relaciones entre las administraciones tributarias y los contribuyentes y otros obligados tributarios, en cuanto a la aplicación de las potestades tributarias y su equilibrio frente a los derechos de los contribuyentes, en el marco de que la relación jurídico tributaria es una relación de derecho y no de poder.

Y la necesidad de esta aclaratoria viene del hecho de que la idea de "justicia tributaria", en otra perspectiva, alude en el derecho tributario sustantivo, a una de las características principistas del sistema tributario[5].

ALCANCE DE LA CONTENCIÓN TRIBUTARIA:

En la mayor parte de la oferta universitaria del país, cuando se incluye una materia destinada al estudio de la contención tributaria, se le suele llamar Contencioso Tributario.

No vamos a dedicar estas líneas a cuestionar esa nomenclatura, que debería ser la de Derecho Procesal Tributario. Lo que se pretende resaltar es que muchos profesores asumen, con comodidad estudiantil, que el contenido de tal materia gira en torno al análisis de una sola de las figuras involucradas en esa contención: el recurso contencioso tributario.

Esto es una visión limitada. Cuando se habla de Contencioso Tributario, como expresión de la contención tributaria, la idea que debe venir es que se trata de una materia contentiva de todas las acciones y excepciones administrativas y judiciales, procedimientos y procesos, que el ordenamiento jurídico pone a disposición del afectado, a fin de tratar, conforme con los principios constitucionales, el fenómeno psico-socio-jurídico de contestación a la imposición.

Existe una científicamente demostrada oposición natural del ser humano a pagar tributos, cosa que no tiene que ver con que la persona reciba o no, a cambio, servicios óptimos o excelente calidad de vida, gracias a la inversión pública derivada de la imposición.

Normalmente la persona, quizás por efecto de su lado biológico (instinto de supervivencia, salvaguarda del hábitat del nicho ecológico o del territorio), quiere proteger lo que con-

---

3   Es bien sabido que Venezuela se adscribe a un sistema de jurisdicción única monopolio del Poder Judicial (sistema judicialista), que no es otra cosa que su función jurisdiccional, a diferencia de Francia o Colombia, por ejemplo, en donde existe una jurisdicción judicial para los asuntos privados y una jurisdicción administrativa que juzga las actuaciones de las administraciones públicas. El término correcto entonces no es el de jurisdicción sino el de competencia material.

4   Artículo 259: "*La jurisdicción contencioso administrativa corresponde al Tribunal Supremo de Justicia y a los demás tribunales que determine la ley. Los órganos de la jurisdicción contencioso administrativa son competentes para anular los actos administrativos generales o individuales contrarios a derecho, incluso por desviación de poder; condenar al pago de sumas de dinero y a la reparación de daños y perjuicios originados en responsabilidad de la Administración; conocer de reclamos por la prestación de servicios públicos; y disponer lo necesario para el restablecimiento de las situaciones jurídicas subjetivas lesionadas por la actividad administrativa*".

5   Artículo 316 constitucional: "*El sistema tributario procurará la justa distribución de las cargas públicas según la capacidad económica del o la contribuyente, atendiendo al principio de progresividad, así como la protección de la economía nacional y la elevación del nivel de vida de la población, y se sustentará para ello en un sistema eficiente para la recaudación de los tributos*".

sidera suyo, frente a cualquier intromisión ajena, incluida la legalmente consentida tributación[6].

Empero, vivir en sociedad implica el cumplimiento de deberes, dentro de los cuales destaca el principio constitucional de que todos deben contribuir con las cargas públicas[7]. El pueblo ha consentido esa obligación de contribuir, sobreponiéndose racionalmente a lo que es su tendencia instintiva biopsicológica a oponerse a la imposición, pero, de forma condicionada.

Así, la obligación de contribuir no es un deber absoluto. Su carácter relativo viene dado por la necesidad de que se respeten, dentro de otros principios, al menos dos trascendentales: el principio de capacidad contributiva y el principio de legalidad tributaria.

Es verdad que estamos obligados a contribuir, pero únicamente en la medida que exista una previsión legal al respecto. Es decir, el tributo debe haber sido creado por una ley, por la representación popular.

Además, para que sea legítimo y justo el reclamo tributario, es menester que el contribuyente no sea compelido a pagar el tributo por encima de su capacidad contributiva.

Entonces esa natural oposición a la imposición termina jurídicamente garantizada, de modo que el afectado disponga de medios de derecho que aseguren la legalidad de toda actuación de la Administración Tributaria, y certeza de reclamado, en la cuantía que corresponda.

Para ello, la persona tiene a su disposición un arsenal de acciones y excepciones administrativas y judiciales, para verificar que se hayan cumplido estos principios, pues de lo contrario no existe la obligación de contribuir. Y esto sin perjuicio del estudio también de los medios alternativos de solución de conflictos[8].

Ejemplos no exhaustivos: El afectado frente a un acto administrativo de efectos particulares, contentivo de una determinación tributaria, que se viola el derecho, puede ejercer el recurso jerárquico, ante la administración tributaria, o el recurso contencioso tributario, ante los tribunales, buscando su revocatoria o anulación.

El afectado ha hecho una petición a la administración tributaria y ésta no responde, puede incoar un amparo tributario[9], ante los tribunales, para propiciar la respuesta.

El afectado se ve perjudicado por una actuación que no se ha materializado en un acto administrativo, como una clausura sin procedimiento previo, que es una vía de hecho, puede ejercer un amparo constitucional ante los tribunales.

---

6   Se alude al principio de legalidad tributaria, de reserva parlamentaria, contenido en el artículo 317 constitucional: *"No podrá cobrarse impuesto, tasa, ni contribución alguna que no estén establecidos en la ley"*, es decir del principio "No Taxation without Representation", de la Carta Magna de 1215.

7   Artículo 113: *"Toda persona tiene el deber de coadyuvar a los gastos públicos mediante el pago de impuestos, tasas y contribuciones que establezca la ley"*.

8   No obstante la previsión en los Códigos en sus versiones de 2001 y 2014, la práctica ha demostrado su total inoperatividad, en virtud de las regulaciones respectivas de la transacción tributaria y del arbitraje tributario, como lo denunció el autor en "La Muerte Prenatal de la Transacción Judicial y la Existencia Inmaterial de la Transacción Extrajudicial, en el Código Orgánico Tributario". En libro colectivo "El Contencioso Administrativo y los Procesos Constitucionales", Directores Allan R. Brewer-Carías y Víctor Rafael Hernández-Mendible, Colección Estudios Jurídicos N° 92, Editorial Jurídica Venezolana, Caracas, 2011; y lo anticipó en "Posibilidades arbitrales en el ámbito tributario". *Revista Venezolana de Estudios de Derecho Procesal*, N° 1, Instituto Venezolano de Estudios de Derecho Procesal (INVEDEPRO), Editorial Livrosca, enero-junio 1999.

9   Esta figura ha sufrido enormemente en los últimos años, particularmente por la jurisprudencia que se niega a reconocerle su carácter de amparo constitucional autónomo al derecho de petición, como lo denuncia el autor en "El Amparo Constitucional Tributario. Nueva reflexión, a la luz de la Constitución 1999, del COT 2001 y la Jurisprudencia del Tribunal Supremo de Justicia". *Revista de Derecho Tributario*, N° 103, Asociación Venezolana de Derecho Tributario (A.V.D.T.), Caracas, abril, mayo y junio 2004.

El afectado por una ley creadora de un tributo, que irrespeta principios constitucionales, puede ejercer una acción de inconstitucionalidad ante la Sala Constitucional del Tribunal Supremo de Justicia, para su anulación. Y, si la lesión emana de un reglamento ejecutivo, lesivo de principios constitucionales o legales, cabría una acción de inconstitucionalidad o un recurso contencioso administrativo ante la Sala Constitucional o Sala Político-Administrativa, según el caso, del Tribunal Supremo de Justicia, en pos de su anulación.

Si la actuación administrativa ha causado daños y perjuicios al afectado, éste puede demandar en indemnización al ente tributario.

Si el afectado es demandado por la Administración Tributaria en Juicio Ejecutivo, en cumplimiento de un reclamo que estima ilegal, puede ejercer defensas.

En un Estado de Derecho debe realmente garantizarse a la persona el respeto de sus libertades, con arreglo a las circunstancias que se presenten. El sistema de justicia ha de ser el instrumento para ello.

LAS INCONSTITUCIONALIDADES DEL CÓDIGO ORGÁNICO TRIBUTARIO:

El Código Orgánico Tributario[10], que a la sazón es la ley creadora y reguladora de los tribunales con competencia tributaria en primera o única instancia, que son los Juzgados Superiores de lo Contencioso Tributario[11], incurre en grotescas inconstitucionalidades en detrimento de los derechos de los contribuyentes, en sus versiones de 2001 y de 2014.

Si se compara la normativa de este Código contenida en las versiones de 1982 y 1992, veremos una evolución desde las regulaciones previas, favorables a la protección de los derechos humanos de los contribuyentes. Luego, con la versión de 1994 se aprecian matices de ilegitimidad, tendentes a sustraer del campo del Parlamento la cuestión tributaria, pues se comenzó a abusar o mal usar la figura del decreto ley. Sin embargo, el claro camino hacia el autoritarismo, de modo de hacer prevalecer siempre al poder sobre la persona[12], se observa con las versiones de 2001, votada por una Asamblea Nacional de total control por el gobierno, que obviamente aprobó su proyecto, y peor aun la de 2014, contenida en un pretendido decreto con rango, valor y fuerza de ley, que llega incluso a confiscar atribuciones propias del Poder Judicial y a burlar completamente los derechos del contribuyente.

A) Versión de 2001:

A tres aspectos de inconstitucionalidad nos vamos a referir. Uno en lo formal y dos en lo procesal.

En cuanto a lo formal, es el caso que ese Código, si bien respetó el procedimiento de formación de la ley hasta su sanción por parte de la Asamblea Nacional, posteriormente resultó no haber sido jamás válidamente promulgado.

---

10   Esta ley regula algunos de los medios antes indicados, como el recurso jerárquico, recurso contencioso tributario, el amparo tributario y el juicio o cobro ejecutivo según las reformas cuestionables. Las otras figuras están por ejemplo en la Ley Orgánica del Tribunal Supremo de Justicia, en la Ley Orgánica de la Jurisdicción Contencioso Administrativa y en la Ley Orgánica de Amparo a los Derechos y Garantías Constitucionales. Nos concentraremos en ella en esta oportunidad.

11   El tribunal de alzada es la Sala Político Administrativa del Tribunal Supremo de Justicia, y se rige por la Ley Orgánica del Tribunal Supremo de Justicia y la Ley Orgánica de la Jurisdicción Contencioso Administrativa.

12   A pesar de que el artículo 2 constitucional habla de *"preeminencia de los derechos humanos"*, y el artículo 3 constitucional indica que *"El Estado tiene como fines esenciales la defensa y el desarrollo de la persona y el respeto a su dignidad"*.

En efecto, no obstante que la gaceta oficial afirma que la ley fue promulgada en Consejo de Ministros en Caracas, en el Palacio de Miraflores, sede del gobierno, el día 21 de octubre de 2001, es lo cierto que en esa fecha, como en días antes y días después, el Presidente de la República y buena parte de los ministros se encontraban fuera del país, en Viena, Austria, no habiendo ocurrido nunca la pretendida sesión de promulgación[13].

La argumentación total de esta inconstitucionalidad fue desarrollada por el autor de estas líneas en una investigación al efecto[14], en la cual también se puso de manifiesto el comportamiento servil del Poder Judicial a los intereses del gobierno, en ejemplos de sentencias de 2003, 2004 y 2005, tanto de los Juzgados Superiores de lo Contencioso Tributario como de la Sala Constitucional del Tribunal Supremo de Justicia, en las cuales de una u otra forma se eludió el ejercicio del control difuso de constitucionalidad que fuera pedido en recursos contencioso tributarios ejercidos por el autor.

Y por lo que respecta a lo procesal nos encontramos, por una parte, con la eliminación de la medida cautelar de suspensión de efectos del acto impugnado por la simple interposición del recurso contencioso tributario[15], lo cual fue violatorio del principio de progresividad de los derechos humanos[16], pues la persona del contribuyente, como justiciable, había ya conquistado, desde la versión del Código de 1982, ese mecanismo de acceso a la justicia, sustitutivo del repudiable contraprincipio del "*solve et repete*", permitiendo una justicia no elitista y propiciando la producción de sentencias más expeditas u oportunas, en provecho también del derecho a la tutela judicial efectiva de las partes, en condiciones de igualdad, pues se preveía también la posibilidad de acordar medidas cautelares a favor de la administración tributaria.

Con esta actuación, se permitió que las administraciones tributarias demandasen en juicio ejecutivo a los recurrentes, incluso sin que estuviese perfeccionada la condición de título ejecutivo del reclamo tributario, precisamente por no estar definitivamente firme, como consecuencia de la impugnación judicial en curso[17].

Claro que la normativa disponía que tras la sentencia ejecutoria la ejecución se suspendería a la espera de las resultas del recurso contencioso tributario, lo que como podía tomar años, indujo a los recurrentes en ese estado a preferir pagar el reclamo impugnado y aún sin sentencia, sobre todo si necesitaban solvencias u otros trámites administrativos. Se convirtió eso en un mecanismo extorsivo.

---

13 El artículo 214 constitucional exige que la promulgación de haga en Consejo de Ministros, con todo lo que ello implica: "*El Presidente o Presidenta de la República promulgará la ley dentro de los diez días siguientes a aquél en que la haya recibido. Dentro de ese lapso podrá, con acuerdo del Consejo de Ministros, solicitar a la Asamblea Nacional, mediante exposición razonada, que modifique alguna de las disposiciones de la ley o levante la sanción a toda la ley o parte de ella*".

14 "La inconstitucional promulgación del Código Orgánico Tributario de 2001. Del control de constitucionalidad en Venezuela", El Derecho Público a los 100 Números de la *Revista de Derecho Público 1980-2005*, Editorial Jurídica Venezolana, Caracas, 2006.

15 El desarrollo argumentativo del autor está en "Eliminación de los Efectos Suspensivos de los Recursos Tributarios. Una Inconstitucionalidad". En Estudios sobre el Código Orgánico Tributario de 2001, obra colectiva, coordinador Jesús Sol Gil, Asociación Venezolana de Derecho Tributario, Livrosca, Caracas, 2002.

16 Artículo 19 constitucional: "*El Estado garantizará a toda persona, conforme al principio de progresividad y sin discriminación alguna, el goce y ejercicio irrenunciable, indivisible e interdependiente de los derechos humanos. Su respeto y garantía son obligatorios para los órganos del Poder Público de conformidad con la Constitución, los tratados sobre derechos humanos suscritos y ratificados por la República y las leyes que los desarrollen*".

17 Todo esto quedó denunciado por el autor en "Juicio Ejecutivo o Enrevesamiento Jurídico". En 30 Años de la Codificación del Derecho Tributario Venezolano. Memorias de las XI Jornadas Venezolanas de Derecho Tributario. Tomo II: Derecho Procesal Tributario. Asociación Venezolana de Derecho Tributario (AVDT), Caracas, 2012.

Cabe destacar, además, que si bien el Código de 2001 permitió que hubiese suspensión de efectos a petición del recurrente, siempre que probase el "fumus boni iuris" o el "*periculum in danni*", es lo cierto que el Poder Judicial actuando de nuevo al servicio del poder, restringió al doble esta posibilidad, primero al exigir que el daño fuese de tal magnitud que implicase el cierre de la empresa; y segundo al afirmar que esos requisitos no eran alternativos sino concurrentes, por lo que la palabra "o" debía ser sustituida por la palabra "y"[18].

Evidentemente, estas dos líneas jurisprudenciales de la Sala Político Administrativa del Tribunal Supremo de Justicia, actuando como agente de los intereses del gobierno, fueron irrestrictamente acatadas por los Juzgados Superiores de lo Contencioso Tributario, en resguardo de sus cargos o puestos, pues no hay estabilidad judicial, al no haber independencia ni autonomía. Recordemos que esa Sala, a través de la Dirección Ejecutiva de la Magistratura, actúa como férreo patrono de esos jueces tributarios, susceptibles de ser destituidos en cualquier momento, por falta de titularidad.

Y por la otra parte, como consecuencia de lo anterior, el juicio ejecutivo dejó de responder a su naturaleza procesal autónoma y particular, de carácter ejecutivo en las condiciones de ley y justicia, para convertirse en un apéndice del recurso contencioso tributario, a título de medida cautelar de embargo preventivo reforzado.

B) Versión de 2014:

La versión del Código Orgánico Tributario que pretendidamente se encuentra vigente es la de 2014. No obstante, se trata de una de las piezas más grotescas de la arbitrariedad del gobierno autoritario que actúa sin respetar los límites constitucionales y con menosprecio de los derechos humanos y de la dignidad de la persona.

En este orden de ideas nos topamos con varias inconstitucionalidades de diverso orden, de las cuales haremos referencia a una de índole formal, y a algunas de las más graves en lo procesal.

En lo que respecta a lo formal, debemos observar que esta versión de 2014 fue dictada mediante un decreto con rango, valor y fuerza de ley, en pretendido uso de la habilitación legislativa a que se contrajo la Ley Habilitante de 2013. Ahora bien, sin detenernos en esta ocasión en el hecho de que se trata de materia tributaria, por lo que se agrava el principio de legalidad tributaria, de reserva parlamentaria según vimos antes, el punto es que la simple lectura de esa Ley Habilitante de 2013, en cuanto a la defensa de la economía, no contiene referencia alguna a lo tributario en lo explícito ni en lo implícito. El Gobierno autoritario actuó sin habilitación legislativa, usurpando la función legislativa[19].

En definitiva, vistas las inconstitucionalidades que en cuanto a lo procesal pasaremos de seguidas a evidenciar, es patente la vulneración en especial del derecho al debido proceso, con lo cual, de facto, ese supuesto decreto con rango, valor y fuerza de ley en la realidad implica la puesta en marcha de un estado de excepción de carácter permanente o indefinido (lo cual es un exabrupto *in terminis*, pero es así)[20].

---

18 Todo esto quedó denunciado por el autor en "No existe una tal "Interpretación Correctiva", a cargo de los Jueces. Artículo 263 del COT". *Revista de Derecho Tributario* N° 137, Asociación Venezolana de Derecho Tributario (A.V.D.T.), Caracas, enero, febrero y marzo 2013.

19 Todo esto quedó denunciado por el autor en "El Autobús Equivocado...El Destino Final Arbitrario. El Código Orgánico Tributario de 2014". *Revista de Derecho Público* N° 140, Editorial Jurídica Venezolana, Caracas, octubre-diciembre 2014.

20 Todo esto quedó denunciado por el autor en "El Código Orgánico Tributario de 2014...un Estado de Excepción Permanente". *Revista de Derecho Público* N° 143-144, Editorial Jurídica Venezolana, Caracas, julio-diciembre 2015.

Veamos entonces algunas de esas inconstitucionalidades en el campo de lo procesal, y que claramente representan severas restricciones al derecho al debido proceso y al derecho a la tutela judicial efectiva.

En primer lugar cabe referir la eliminación de la medida cautelar de suspensión de efectos del acto impugnado por la simple interposición del recurso jerárquico, lo cual como afirmamos en cuanto al recurso contencioso tributario, es violatorio del principio de progresividad de los derechos humanos. Con ésto, además, las administraciones tributarias pierden todo interés en decidirlos, pues pueden pasar de inmediato a la ejecución de sus reclamos. De esta forma, solo los muy adinerados pueden "darse el lujo" de litigar.

En segundo lugar nos encontramos con una de las peores aberraciones, como lo es la confiscación al Poder Judicial de las facultades del juez conocidas como poder cautelar general. Aquí el poder cautelar en contra de una de las partes procesales es conferido a la contraparte...

Mientras que, en la sede administrativa, las versiones anteriores del Código facultaban a las administraciones tributarias para solicitar al juez las medidas cautelares dentro de un proceso cautelar autónomo, la versión de 2014 las faculta para directamente adoptarlas, con el auxilio del resguardo nacional tributario (fuerza pública). Y mientras que en la sede judicial, en juicio durante un recurso contencioso tributario, esas versiones anteriores las facultaban igualmente para solicitar al juez las medidas cautelares, la versión de 2014 permite su adopción directamente por las administraciones tributarias.

Se suplanta al Poder Judicial en lo que concierne al régimen de las medidas cautelares, que pasa a ser atribución del Poder Ejecutivo.

Se sustrajo al Poder Judicial su facultad constitucional para actuar como tercero imparcial, en el campo del poder cautelar general que le corresponde constitucionalmente ejercer en protección de los derechos humanos (calidad de vida, protección de la familia, inviolabilidad del hogar doméstico, intimidad, vida privada, integridad del patrimonio, etc.), como contenido fundamental de la función jurisdiccional o de la administración de justicia. Se opera una usurpación de autoridad, en detrimento del respeto de la garantía libertaria y democrática por excelencia, como lo es el principio de separación de los poderes[21].

Y, en tercer lugar, sin duda la mayor de las arbitrariedades presentes en la versión de 2014, en lo inconstitucional, viene dada por un conjunto de normas que conllevaron a la muy cuestionable derogación del juicio ejecutivo y de la fase judicial de ejecución de sentencia, de modo de confiscar al Poder Judicial sus atribuciones constitucionales ya no en el ámbito de la prevención (lo cautelar), sino en el de la ejecución tanto de las decisiones administrativas como de las sentencias, instaurando una suerte de procedimiento administrativo iniciado de oficio que les dio en llamar Cobro Ejecutivo, que desemboca en un embargo ejecutivo.

Las administraciones tributarias, es decir, el presunto o efectivo acreedor, actúan como juez y parte simultáneamente. Solo la decisión administrativa, dentro de un recurso jerárquico, o la sentencia interlocutoria, en el marco de un recurso contencioso tributario, de suspensión de los efectos del acto administrativo impugnado, lo cual de suyo resulta casi imposible de obtener, con vista de la práctica administrativa y la de estrados, es susceptible de paralizar este procedimiento.

Ahora bien, a más de la disconformidad a derecho de esta normativa por violar, por ejemplo, el principio de supremacía de la Constitución, el principio de preeminencia de los derechos humanos y el derecho al debido proceso, con énfasis en el principio del juez natural, es

---

21   Todo esto quedó denunciado por el autor también en "El Autobús Equivocado...El Destino Final Arbitrario. El Código Orgánico Tributario de 2014". *Revista de Derecho Público* N° 140, Editorial Jurídica Venezolana, Caracas, octubre-diciembre 2014.

lo cierto que se vulneran pilares fundamentales del sistema democrático, como el principio de separación de los poderes, que confía la función estatal jurisdiccional, la administración de justicia, al Poder Judicial.

El Poder Judicial es la única autoridad capaz de tomar decisiones con fuerza de cosa juzgada y en condiciones de imparcialidad, concretamente en el ámbito del control de conformidad a derecho de las actuaciones de las otras ramas del Poder Público. Administrar justicia no implica solamente dictar la sentencia, sino también, con las garantías correspondientes, ejecutar el contenido decisional de la misma, incluso compulsivamente (*"el juez de la cognición es el juez de la ejecución"*).

No en balde el artículo 253 constitucional dispone que: *"Corresponde a los órganos del Poder Judicial conocer de las causas y asuntos de su competencia mediante los procedimientos que determinen las leyes, y ejecutar o hacer ejecutar sus sentencias"*[22],

PRIVILEGIOS Y PRERROGATIVAS PROCESALES DE LAS ADMINISTRACIONES TRIBUTARIAS:

Mientras que hubo una evolución paralela entre las nociones esenciales de la relación jurídico tributaria en lo sustantivo y de la relación jurídico procesal tributaria, que las asumió fundamentalmente como relaciones de derecho y no de poder, caracterizadas por la vigencia del principio de igualdad sustantivo y procesal y el respeto de los derechos humanos bajo la idea de estatuto del contribuyente, decisiones particularmente de la Sala Constitucional y de la Sala Político Administrativa del Tribunal Supremo de Justicia, por supuesto aplicadas sin rechistar por los Juzgados Superiores de lo Contencioso Tributario, han ido desempolvando privilegios procesales a favor de las administraciones tributarias que habían sido superadas, como la prohibición de condenatoria en costas, no obstante letra expresa en contrario en todas las versiones del Código Orgánico Tributario; extendiendo otras de dudosa constitucionalidad como las contenidas en el decreto con rango, valor y fuerza de Ley Orgánica de la Procuraduría General de la República, no obstante el carácter preferente del Código como ley procesal tributaria especial; y, finalmente agregando otras no previstas en ley alguna.

Con este cuestionable y antilibertario proceder lo que se cosecha al final, como la historia de estrados evidencia, es: dramático retardo judicial, abstención de litigar y, evidentemente, sentencias recurrentes en contra de los intereses de los contribuyentes, empezando por las que se niegan a declarar la inconstitucionalidad de esas prerrogativas, por contrariar, por ejemplo, el derecho de acceso a la justicia, el derecho a la tutela judicial efectiva, el derecho a una justicia expedita...[23].

---

22   Todo esto quedó denunciado por el autor también en "El Autobús Equivocado...El Destino Final Arbitrario. El Código Orgánico Tributario de 2014". *Revista de Derecho Público* N° 140, Editorial Jurídica Venezolana, Caracas, octubre-diciembre 2014.

Y en mayor profundidad en "Desjudicialización de la Función Jurisdiccional. Código Orgánico Tributario 2014". Libro Homenaje a la Academia de Ciencias Políticas y Sociales en el Centenario de su Fundación 1915-2015, Tomo III, Academia de Ciencias Políticas y Sociales, Colección Centenario, Caracas, 2015.

23   Todo esto quedó denunciado por el autor en "Privilegios y Prerrogativas Procesales del Estado en la Justicia Contencioso Tributaria". En "Justicia Tributaria". Colección Estado de Derecho, Serie Primera, Tomo IV, Acceso a la Justicia.org, Fundación Estudios de Derecho Administrativo (FUNEDA) y Universidad Metropolitana, Caracas, 2012.

NO EXISTE UN PODER JUDICIAL EN VENEZUELA:

No obstante lo terrible de la situación expuesta, por efecto del dictado de las inconstitucionales normas contenidas en las versiones del Código de 2001 y 2014, es lo cierto que lo dramático no está allí, sino en la ausencia del juez paragua mencionado por el maestro Eduardo Couture, es decir, del juez protector, del juez tutor de los derechos humanos.

La existencia del juez excluiría todo el arbitrario normativo, pues en uso del control concentrado de la constitucionalidad la Sala Constitucional del Tribunal Supremo de Justicia anularía los dispositivos contrarios a la Constitución, y la Sala Político Administrativa del Tribunal Supremo de Justicia y los Juzgados Superiores de lo Contencioso Tributario en uso del control difuso de la constitucionalidad los desaplicarían sistemáticamente[24].

Empero, eso requiere que se respete el principio de separación de poderes y la mínima noción de Estado de Derecho, democracia y preeminencia de los derechos humanos, lo cual es incompatible con la existencia de un régimen autoritario.

Es por ello que la Constitución incluye dentro del contenido esencial de los derechos al debido proceso judicial, de acceso a la justicia y a la tutela judicial efectiva, la ineluctable condición del juez de ser independiente e imparcial, lo que exige titularidad, estabilidad y carrera judicial.

Empero, esa no es la situación. Y ello se pone de manifiesto en las sentencias de los jueces, quienes terminan siendo proclives, cuando no constreñidos, a favorecer los intereses del poder[25].

Para muestra el botón de la sentencia Nro. 1.092 dictada por la Sala Político Administrativa del Tribunal Supremo de Justicia, el 17 de octubre de 2017, en donde lejos de desaplicar la aberración de la versión de 2014, como quien dócilmente obedece una orden, indica que:

> "...estima ... que al conferirse a la Administración Tributaria la competencia para iniciar e impulsar el "Cobro Ejecutivo" y todas sus incidencias, deriva consecuencialmente la imposibilidad de los Jueces Contenciosos Tributarios de conocer y resolver las demandas de ejecución de créditos fiscales, en virtud de haber perdido sobrevenidamente la jurisdicción para tal fin, dada la derogatoria de las normas que les permitían decretar embargos ejecutivos y resolver las incidencias en dichos procedimientos; además, el Texto Orgánico Tributario de 2014 estableció en su artículo 346 que los "(...) juicios ejecutivos que estuvieren pendientes para la fecha de [su] entrada en vigencia (...), en los Tribunales Superiores Contencioso Tributarios, serán remitidos a la Administración Tributaria, para su conclusión definitiva" (agregado de este fallo). (Vid., sentencias de esta Sala Político-Administrativa Nros. 00253 de fechas 14 de mayo de 2015, caso: Aeropostal Alas de Venezuela, C.A., y 00675 del 10 de junio de 2015, caso: Sucesión de María Concepción Gulias Barreiro)".

No tiene entonces a todas luces el ciudadano un juez que le proteja del ejercicio arbitrario del poder en Venezuela.

---

24 Artículo 334 constitucional: "*Todos los jueces o juezas de la República, en el ámbito de sus competencias y conforme a lo previsto en esta Constitución y en la ley, están en la obligación de asegurar la integridad de la Constitución.*

En caso de incompatibilidad entre esta Constitución y una ley u otra norma jurídica, se aplicarán las disposiciones constitucionales, correspondiendo a los tribunales en cualquier causa, aún de oficio, decidir lo conducente".

25 Esto ha sido denunciado por el autor desde hace años, por ejemplo en "Análisis Crítico de Jurisprudencia Tributaria". *Revista de Derecho Tributario*, N° 107, Asociación Venezolana de Derecho Tributario (A.V.D.T.), Caracas, julio, agosto y septiembre 2004, y en "Los Jueces Tributarios y el Control de Constitucionalidad". En "VI Congreso Venezolano de Derecho Procesal. Homenaje al Dr. Alberto La Roche", Instituto Venezolano de Estudios de Derecho Procesal (INVEDEPRO) e Instituto Zuliano de Derecho Procesal (INZUDEPRO), Caracas, 2005.

Solo resta remitir al lector a los estudios de la ONG Acceso a la Justicia[26], demostrativos de la falta de independencia y de la total parcialidad del susodicho Poder Judicial en Venezuela, que no es un tema que afecta solamente a la justicia tributaria, sino a todo el sistema de justicia, como bien se ha dejado sentado por la Comisión Interamericana de Derechos Humanos[27]:

"En efecto, el Poder Judicial en Venezuela enfrenta un grave problema de falta de independencia que ha sido reiteradamente objeto de pronunciamiento por parte de la CIDH mediante sus distintos mecanismos y ha llevado a que la CIDH incluya en los últimos diez años a Venezuela dentro del capítulo IV de sus informes anuales62. Ha sido también objeto de seguimiento por mecanismos de Naciones Unidas, como muestra que 21 de las recomendaciones realizadas en el segundo ciclo del examen periódico universal (EPU) de Venezuela en diciembre de 2016, sean en torno a acceso a la justicia y en específico, estén en su mayoría relacionadas a la independencia del Poder Judicial62. En similar sentido, el Índice de Estudio de Derecho 2016, elaborado por World Justice Project, coloca a Venezuela en el último lugar de un ranking de 113 países, este toma en cuenta como uno de sus factores que el Poder Judicial se encuentre libre de influencia impropia del Gobierno".

CONCLUSIÓN:

En consecuencia, para responder a la pregunta sobre qué hacer con el sistema de justicia en Venezuela, es menester concluir que resulta indispensable reconstruirlo o reinstitucionalizarlo. Hacerlo adecuarse a las previsiones constitucionales de separación de poderes, independencia judicial y preeminencia de los derechos humanos, de forma que el país cuente con un juez garante, y no más con un agente represivo de un gobierno autoritario.

Obviamente habrá que derogar las inconstitucionales normativas que regulan al sistema de justicia tributaria, sustituyéndolas por regulaciones procesales garantistas.

Sin embargo, insistimos, si bien es importante que los órganos legislativos dicten normas compatibles con la Constitución, la libertad no tendrá nunca lugar si no existe un juez independiente e imparcial que, teniendo solo la justicia por norte, decida en conciencia, gozando de titularidad, dentro de una transparente carrera judicial.

Finalmente, a quienes puedan estar interesados detalladamente en un análisis crítico del sistema de justicia tributaria en Venezuela, que abarca entre muchos otros los textos de esta autoría que han sido citados al pie, les recomiendo la lectura de "Estudios de Derecho Procesal Tributario *Vivo*". Editorial Jurídica Venezolana, Colección Estudios Jurídicos Nro. 115, Caracas, 2017.

---

26   https://www.accesoalajusticia.org/reinstitucionalizacion-de-la-justicia/

https://www.accesoalajusticia.org/wp-content/uploads/2018/08/Bolet%C3%ADn-informe-anual-Acceso-a-la-Justicia-2017-1.pdf. Y muchos otros que pueden verse en su p. web.

27   http://www.oas.org/es/cidh/informes/pdfs/Venezuela2018-es.pdf.

Jurisprudencialmente, observamos que la Sala Constitucional (SC) del Tribunal Supremo de Justicia (TSJ) al referirse al debido proceso[25], remite de manera inmediata al mencionado artículo 49, y le define como aquél que reúne las garantías indispensables para que exista una tutela judicial efectiva, que se aplica a todas las actuaciones judiciales y administrativas, pues sea cual fuere la vía escogida por el administrado para la defensa de sus derechos e intereses legítimos, las leyes procesales deben garantizar la existencia de un procedimiento que asegure su derecho a la defensa y la efectiva materialización del derecho a obtener una tutela judicial efectiva[26].

En síntesis, la SC del TSJ ha afirmado que el debido proceso y el derecho a la defensa:

> (...) constituyen garantías inherentes a la persona humana y, en consecuencia, aplicables a cualquier clase de procedimientos. El derecho al debido proceso ha sido entendido como el trámite que permite oír a las partes, de la manera prevista en la Ley, y que ajustado a derecho otorga a las partes el tiempo y los medios adecuados para imponer sus defensas. En cuanto al derecho a la defensa, la Jurisprudencia ha establecido que el mismo debe entenderse como la oportunidad para el encausado o presunto agraviado de que se oigan y analicen oportunamente sus alegatos y pruebas.

> (...) el contenido esencial del derecho fundamental que, para el justiciable, representa la garantía constitucional de la defensa en el proceso, estriba en la posibilidad, normativamente tutelada, de obrar y controvertir en los procesos en que haya de juzgarse sobre sus intereses in concreto. (...) [27]

En lo que respecta al derecho a la defensa, como garantía fundamental de carácter procesal, observamos que aquélla se extiende a todas las relaciones de cualquier naturaleza jurídica que ocurren en la vida cotidiana, con especial relevancia en aquellas situaciones en las cuales los derechos de los particulares son afectados por una autoridad pública, razón por la cual el derecho constitucional impone que en todo procedimiento tanto administrativo como judicial "se asegure un equilibrio y una igualdad entre las partes intervinientes, garantizándoles el derecho a ser oída, a desvirtuar lo imputado o a probar lo contrario a lo sostenido por el funcionario en el curso del procedimiento."[28]

Por tanto, el derecho a la defensa se logra con la efectiva posibilidad de que el afectado acuda al procedimiento que pueda afectarle, exponga sus alegatos, promueva las pruebas que estime necesarias a su defensa y que las actividades tendentes a oírlas, se materialicen a través de vías y plazos razonables, previamente determinados por la ley.

En suma, cabe afirmar que el contenido esencial del derecho fundamental que para el justiciable representa la garantía constitucional del derecho a la defensa, estriba en la posibilidad, normativamente tutelada, de obrar y controvertir las respuestas que deben ser emitidas ante las solicitudes formuladas que versan sobre sus intereses concretos.

Corolario de lo expuesto es que, en el ordenamiento jurídico venezolano, tanto el derecho a la defensa, como el debido proceso, constituyen garantías inherentes a la persona humana y, en consecuencia, aplicables a cualquier clase de procedimientos, criterio que constituye verdadera doctrina judicial.

---

25 Aunque doctrinariamente se ha distinguido y analizado las distintas consecuencias que derivan de concebir al debido proceso como derecho, como principio o como garantía, observamos que, desde el punto de vista jurisprudencial, esa máxima Sala le ha dado un tratamiento indistinto.

26 Ver sentencia N° 97 dictada por la SC del TSJ en fecha 15/03/2000. Caso: *Agropecuaria Los Tres Rebeldes C.A.* Disponible en http://www.tsj.gov.ve/decisiones/scon/Marzo/97-150300-00-0118.htm.

27 Ver sentencia N° 515 dictada por la SC del TSJ en fecha 31 de mayo de 2000. Caso: Manuel T. Machado Bolívar. Disponible en: http://historico.tsj.gob.ve/decisiones/scon/mayo/515-31-5-00-00-0586.HTM

28 Sentencia N° 3682 dictada por la SPA de la CSJ, en fecha 19 de diciembre de 1999.

Por tanto, consideramos que nuestro Texto Constitucional se encuentra totalmente alineado con los artículos 25, 26, 28 y 29 de la CDC/ILADT. No podríamos afirmar lo propio, respecto de una serie de normas y procedimientos contenidos en el COT y de ciertos criterios jurisprudenciales, cuyos detalles se presentan a continuación.

> ## ➢ Procedimiento de Verificación

Los artículos 182 y siguientes del COT, contienen las normas rectoras del Procedimiento de Verificación aplicable para constatar tanto el adecuado cumplimiento de los deberes formales previstos en ese Código, como los deberes a cargo de los agentes de retención y de percepción.

Bajo este procedimiento, la administración tributaria está facultada para imponer, de manera inmediata, las sanciones respectivas sin notificar previamente de la verificación de que será objeto el contribuyente, sin la previa sustanciación de un procedimiento en el que se le permita al afectado exponer sus defensas, e intervenir y participar en la formación de la voluntad administrativa, todo ello bajo el estéril argumento de que la revisión se efectúa sobre hechos objetivos, verificables de forma sencilla y expedita en un momento único.

Ese errado argumento se contradice con el sistema mixto en materia de responsabilidad sancionatoria, contenido en el vigente Código. En efecto, los artículos 85, 96 y 97 del COT, prevén eximentes de responsabilidad por ilícitos tributarios, atenuantes y agravantes, respectivamente, circunstancias que evidencian que no estamos ante un sistema de responsabilidad objetiva, pues las sanciones pueden verse modificadas en función de las circunstancias que se hayan verificado en torno a la comisión del ilícito de que se trate.

Si bien estas Resoluciones son impugnables a través del Recurso Jerárquico o del Recurso Contencioso Tributario, esa sola circunstancia no es argumento suficiente como para pretender que el derecho a la defensa, al debido proceso o a la tutela judicial efectiva (en caso de haberse interpuesto el Recurso Contencioso Tributario) ha sido preservado en ese supuesto.

Es evidente que todo acto administrativo capaz de afectar la esfera subjetiva de derechos del administrado debe haber estado precedido por la debida sustanciación de un procedimiento en el que se hayan respetado los derechos fundamentales del contribuyente. No obstante, la Sala Político Administrativa (SPA) del TSJ, ha sostenido en reiteradas oportunidades que este procedimiento de verificación no vulnera ningún derecho del contribuyente por cuanto:

> *"(...) dada la naturaleza objetiva del tipo infraccional (multa) (...) la imposición de la referida sanción no requiere un procedimiento administrativo, por cuanto la particular naturaleza de las sanciones pecuniarias de este tipo supone un tratamiento sumario e inmediato (...)"*[29]

La decisión que antecede, constituye criterio pacífico y reiterado y de forma alarmante evidencia que la SPA del TSJ: *(i)* desconoce el derecho fundamental que tiene toda persona de participar en el procedimiento de formación de la voluntad administrativa, con todos los derechos y garantías enunciados en nuestro Texto Constitucional, *(ii)* vulnera flagrantemente el derecho constitucional a la presunción de inocencia y paradójicamente, sustituye ese principio por su fórmula inversa, esto es, *toda persona se presume culpable hasta que se demuestre lo contrario,* como indicamos, la Resolución se dicta sin permitir defensa alguna al afectado y, en todo caso, presumiendo su culpabilidad, *(iii)* pretende dar por satisfecho el derecho a la defensa y al debido proceso en este procedimiento, al referir a la posibilidad de que tales Resoluciones pueden ser recurridas, desconociendo que el derecho a la defensa no es sólo el derecho el recurso, sino que se extiende a la sustanciación del procedimiento de primer grado o de cualquier equivalente, tal como lo ordena el artículo 49 Constitucional y,

---

29   Sentencia N° 00262 dictada por la SPA del TSJ, en fecha 23 de febrero de 2011.

(iv) aplica y reconoce plena vigencia a un procedimiento que vulnera abiertamente el Texto Constitucional y la primacía de los derechos fundamentales que hemos comentado.

> ➤ **Cobro Ejecutivo**

Los artículos 290 y siguientes del COT prevén el procedimiento de cobro ejecutivo, en sustitución del *"juicio ejecutivo"*, como procedimiento dispuesto desde el primigenio COT de 1983 para que la Administración tributaria acudiese al tribunal tributario competente a los fines de hacer valer el título ejecutivo que tuviere (acto administrativo contentivo de obligaciones líquidas y exigibles) que, al ser presentados en juicio, aparejaban el embargo de bienes.

Con este nuevo procedimiento de *"Cobro Ejecutivo"* y en franca transgresión al principio de progresividad de los derechos humanos, se elimina un escenario judicial defensivo con que contaba el contribuyente, encontrándonos actualmente con un procedimiento administrativo abiertamente inconstitucional e ilegal, por las siguientes razones:

✓ La competencia para iniciar, impulsar y resolver todas las incidencias y el fondo del asunto en el procedimiento ejecutivo, corresponde a la Administración tributaria. Por tanto, la Administración tributaria se subroga en el ejercicio de las funciones jurisdiccionales que la Constitución reserva de manera exclusiva y excluyente al Poder Judicial. En este caso, se observa que la Administración tributaria bajo ningún supuesto podría calificar como juez natural por, entre otras cosas, carecer de independencia, imparcialidad, idoneidad y competencia y por resultar, a nuestro modo de ver, en un especial tribunal *ad hoc,* circunstancia que atenta flagrantemente contra la exigida preexistencia del tribunal encargado de dirimir el conflicto. (Artículo 49, numeral 4 CRBV).

✓ Este procedimiento no es acumulable a las causas judiciales ni a otros procedimientos de ejecución. Su iniciación o tramitación sólo se suspende en aquellos casos en que la Administración tributaria haya acordado suspender los efectos en caso de impugnación en sede administrativa o bien que el Tribunal haya acordado la suspensión de los efectos del acto recurrido.

✓ Este procedimiento no contempla la posibilidad de que el contribuyente o responsable ejerza su derecho a la defensa, al no prever norma alguna en la que se brinde al contribuyente la oportunidad para presentar sus alegatos o bien de aportar pruebas que le permitan demostrar la improcedencia de la pretensión de cobro ejecutivo. Definitivamente, el cobro ejecutivo tal como fue regulado en el COT de 2014, niega la garantía de la tutela judicial efectiva y el debido proceso, tanto en el procedimiento administrativo en sí mismo, el cual es sustanciado sin el control judicial correspondiente, como en el eventual procedimiento de nulidad del acto administrativo que constituye el título cuyo cobro ejecutivo se pretende, pues aun cuando esté en disputa la legalidad del acto administrativo, la Administración tributaria bien puede cobrarse la deuda sin que la decisión o falta de decisión por parte del Tribunal tenga relevancia alguna durante el procedimiento[30].

✓ La Administración tributaria detenta amplísimas potestades, entre las que destacan: (i) practicar el embargo a través de los funcionarios designados al efecto, los cuales, a su vez, asignarán el valor a los bienes correspondientes, (ii) dictar medidas generales de prohibición de enajenar y gravar sobre bienes propiedad del deudor, (iii) constituirse en la depositaria de los bienes embargados, (iv) ordenar el remate de los bienes embargados, en cuyo caso designará a un funcionario para que efectúe el avalúo

---

30 BELISARIO RINCÓN, José R. "El Procedimiento de Cobro Ejecutivo previsto en el Código Orgánico Tributario" en: *La Reforma del Código Orgánico Tributario de 2014.* Asociación Venezolana de Derecho Tributario (AVDT). Caracas-Venezuela, 2005.

de los mencionados bienes y, (v) proceder a la venta de los bienes o derechos mediante subasta pública.

✓ La intimación efectuada por la Administración tributaria está excluida, según el legislador tributario[31], del control jurisdiccional. En lo que respecta a cualesquiera otros actos dictados dentro del marco de este procedimiento, si bien el COT no los excluye de forma expresa del mencionado control, lo cierto es que no hay norma alguna que establezca que los mismos podrán ser impugnados o revisados por la autoridad judicial competente[32]. Esta regulación aniquila la posibilidad de control del poder que ejerce la Administración tributaria, lo cual conduce a una verdadera negación de principios constitucionales fundamentales.

✓ Surge, por tanto, la cuestión de si en un procedimiento sumario de carácter ejecutivo debe existir la posibilidad de un control judicial. Nuestra opinión es clara, aun cuando en un procedimiento de este tipo sólo puedan cuestionarse aspectos que afecten a la ejecución del crédito (existencia de la deuda, exigibilidad de la misma y regularidad del título ejecutivo) y es que, si se pretende garantizar el derecho del contribuyente al debido proceso, dicho procedimiento de cobro ejecutivo debe someterse a control judicial.

Las anotadas características del procedimiento denominado *Cobro Ejecutivo*, conducen a que el acto administrativo cuya ejecución se pretende no sólo sea ejecutivo, sino también –y de manera inconstitucional– sea ejecutorio, colocándolo al margen de la norma fundamental.

➢ Medidas Cautelares dispuestas a favor de la Administración Tributaria

El artículo 303 del COT dispone que la Administración tributaria podrá adoptar medidas cautelares, en los casos en que exista riesgo para la percepción de los créditos por tributos, accesorios y multas aun cuando se encuentren en proceso de determinación, o no sean exigibles por causa de plazo pendiente.

Desde el COT de 1983, se previeron las medidas cautelares como mecanismo dispuesto para que la Administración tributaria solicitase al <u>tribunal competente</u> el decreto de medidas suficientes para garantizar el eventual cumplimiento de una obligación tributaria determinada o en proceso de determinación, cuando existiese riesgo de no percepción del crédito tributario. Es de destacar que tal riesgo debía ser fundamentado y justificado por parte de la Administración tributaria.

Conforme al vigente COT, la Administración tributaria puede dictar medidas cautelares[33] <u>sin la intervención de un Tribunal</u>, vulnerándose el derecho a la tutela judicial efectiva y al debido proceso del contribuyente, al ser el sujeto activo de la relación jurídica tributaria juez y parte de su propia causa.

Las principales características que ponen en evidencia la abierta inconstitucionalidad de estas medidas cautelares, son las siguientes:

---

31 Vale advertir que el COT de 2014 fue dictado como Decreto con Rango, Valor y Fuerza de Ley por el Ejecutivo Nacional actuando por delegación concedida vía Ley Habilitante.

32 Salvando el artículo 298 del COT de 2014, que prevé los casos de oposición de terceros que aleguen un derecho de preferencia sobre el bien cuyo remate se pretende. En tal caso, si el deudor se opone a la pretensión del tercero, la Administración Tributaria, luego de sustanciada una articulación probatoria de 8 días, dictará la decisión correspondiente, contra la cual, el tercero podrá ejercer el Recurso Contencioso Tributario correspondiente.

33 Conforme a lo establecido en el artículo 303 del COT, las medidas cautelares pueden consistir, entre otras en: embargo preventivo de bienes muebles y derechos; retención de bienes muebles; prohibición de enajenar y gravar bienes inmuebles; suspensión de las devoluciones tributarias o de pagos de otra naturaleza que deban realizar entes públicos a favor de los administrados; suspensión del disfrute de incentivos fiscales otorgados.

✓   La Administración tributaria <u>adopta y ejecuta de manera directa</u> las medidas cautelares que estime conveniente, sin fundamentar ni justificar el riesgo que conduce a la adopción de la medida.

✓   Se estableció como una medida cautelar lo que parece más bien una sanción para el contribuyente, esto es, 1) la suspensión de las devoluciones tributarias o de pagos de otra naturaleza que deban realizar organismos públicos a favor de los *obligados tributarios,* y 2) la suspensión del disfrute de incentivos fiscales otorgados,

✓   Las medidas podrán ser sustituidas a solicitud del interesado, por garantías que a juicio de la Administración tributaria (ya no del juez) sean suficientes, y

✓   La eventual oposición a la ejecución de la medida será sustanciada y decidida por la propia Administración tributaria y, aunque contra esa decisión puede interponerse Recurso Contencioso Tributario, aquél no suspende la ejecución de la medida.

✓   La Administración tributaria no requiere prestar caución para acordar la medida.

✓   Este procedimiento de medidas cautelares es evidentemente inconstitucional por vulnerar el derecho a la defensa, al debido proceso y a la tutela judicial efectiva del contribuyente, así como por vulnerar la garantía constitucional del juez natural, evidenciándose una invasión de competencias atribuidas de manera exclusiva y excluyente al poder judicial, y que actualmente están siendo asumidas por la Administración tributaria a través de este inconstitucional procedimiento.

En efecto, consideramos que la Administración tributaria (al igual que en el procedimiento de cobro ejecutivo) se subroga en las funciones del juez contencioso tributario y asume el poder cautelar que la Constitución Nacional ha reservado de manera exclusiva al poder judicial, y en ejercicio de tales funciones la autoridad administrativa puede determinar de forma completamente subjetiva cuando existe un riesgo en la percepción de un crédito tributario, limitando por esta vía, el ejercicio del derecho constitucional a la propiedad privada, sin la intervención del poder judicial.

Del mismo modo, e igualmente alarmante resulta el hecho de que, ante una eventual oposición a la ejecución de la medida, es la propia Administración quien decide y resuelve la incidencia y es que, si bien esa decisión puede ser objeto del Recurso Contencioso Tributario, la ejecución de la medida no se suspende por tal impugnación, por lo que, una eventual decisión favorable al contribuyente no repararía ni reestablecería la situación jurídica infringida por la ejecución de la medida.

➢   **Inimpugnabilidad de las Consultas Tributarias**

El artículo 303 del COT establece que quien tuviere un interés personal y directo podrá consultar a la administración tributaria sobre la aplicación de las normas tributarias a una situación de hecho concreta. El solicitante deberá exponer con claridad precisión los elementos constitutivos de la cuestión que motiva la consulta, pudiendo expresar su opinión fundada.

Por su parte, el artículo 245 del COT al establecer que *"no procederá recurso alguno contra las opiniones emitidas por la Administración tributaria en la interpretación de normas tributarias",* pretende restringir el alcance del artículo 242 del mismo instrumento normativo, que consagra la posibilidad de impugnación de aquellos actos administrativos que *"afecten en cualquier forma los derechos de los administrados"* y, más grave aún, vulnera derechos y principios fundamentales contenidos en nuestro Texto Constitucional, como lo son, el derecho de acceso a los órganos de administración de justicia, el derecho a obtener una tutela judicial efectiva y, el principio de la universalidad del control jurisdiccional de los actos administrativos.

Habitualmente se suele basar la inimpugnabilidad de las conductas tributarias en que las mismas constituyen actos de trámite, debiéndose esperar hasta el momento en que se emita el acto resolutorio para impugnar. No obstante, si la respuesta a la consulta es vinculante, tal respuesta es un acto que decide sobre el fondo del asunto y anticipa el contenido del acto resolutorio. Por tanto, debería ser posible su impugnación

En efecto, hemos comentado suficientemente los artículos 26 y 27 Constitucional, los cuales deben ser complementados con el artículo 259[34] *ejusdem,* conforme al cual, los órganos de la jurisdicción contencioso administrativa son competentes para, entre otras cosas, anular los actos administrativos generales o individuales contrarios a derecho y disponer lo necesario para el reestablecimiento de las situaciones jurídicas subjetivas lesionadas por la actividad administrativa.

De manera que, por encima del artículo 245 del COT que pretende proscribir el derecho de impugnar los proveimientos de la Administración en su actividad consultiva, se encuentra *(i)* el derecho de toda persona de acceder a los órganos de administración de justicia a los fines de obtener protección ante la vulneración de sus derechos, *(ii)* el principio de universalidad del control jurisdiccional de los actos administrativos; *(iii)* la existencia de tribunales especializados para controlar las actuaciones de la administración; y, *(iv)* las potestades del juez contencioso-administrativo (atribuidas al juez contencioso-tributario sobre aquellos actos de contenido tributario, en virtud de lo dispuesto en los artículos 336 y 337 del COT), entre las cuales está la anulación de los actos administrativos contrarios a derecho de efectos generales o particulares, así como, la posibilidad de disponer u ordenar que se practique lo necesario para el restablecimiento de las situaciones jurídicas subjetivas lesionadas por la actividad administrativa.

La misma relevancia la adquiere el principio *"favor actionis"* o *"pro actione",* el cual, conforme lo ha establecido la SPA del TSJ, resulta esencial para el respeto del derecho a la tutela judicial efectiva, y supone que la interpretación de las normas que rigen el acceso a los Tribunales se haga del modo más favorable para la acción y no de tal manera, que la obtención de una resolución sobre el fondo, se vea dificultada u obstaculizada con interpretaciones rigoristas o indebidamente restrictivas de aquellas normas procesales.

En efecto, desde la perspectiva actual del Estado de Derecho y de Justicia a que nos hemos referido, no podría limitarse de ninguna manera el derecho de todo persona de acceder a los órganos jurisdiccionales a los fines de someter al control de éstos aquellas decisiones que de alguna manera afectan sus derechos e intereses.

En este caso, observamos que la SPA del TSJ ha asumido su obligación constitucional de someter su actuación a la norma suprema (artículo 7 CRBV) y, sobre la impugnabilidad de las consultas tributarias ha señalado lo siguiente:

> *"(...) En este orden, siendo cónsono con lo afirmado precedentemente, en principio podría considerarse que las opiniones emanadas de la Administración Tributaria resultarían irrecurribles. No obstante, tomando en cuenta que uno de los presupuestos que hace impugnable un acto administrativo es su afectación a la esfera jurídica subjetiva de los particulares, esta Sala considera que ante la existencia de ese presupuesto en las opiniones dadas por la Administración Tributaria con motivo de una consulta, es viable su recurribilidad. (...)"[35]*

---

34 **Artículo 259.-** La jurisdicción contencioso administrativa corresponde al Tribunal Supremo de Justicia y a los demás tribunales que determine la ley. Los órganos de la jurisdicción contencioso administrativa son competentes para anular los actos administrativos generales o individuales contrarios a derecho, incluso por desviación de poder; condenar al pago de sumas de dinero y a la reparación de daños y perjuicios originados en responsabilidad de la Administración, conocer de reclamos por la prestación de servicios públicos y disponer lo necesario para el reestablecimiento de las situaciones jurídicas subjetivas lesionadas por la actividad administrativa."

35 Sentencia N° 00877, dictada por la SPA del TSJ en fecha 17 de junio de 2009, Caso: Interbank Seguros S.A.

En definitiva, todo acto administrativo que afecte la esfera subjetiva de derechos del administrativo debe, en respeto de las garantías y derechos constitucionales que le asisten, tener la posibilidad de someterse a la respectiva revisión jurisdiccional (principio de universalidad del control de los actos administrativos).

Sobre este principio, la SC ha señalado a los jueces que forman parte de la jurisdicción contencioso administrativa -quizás a manera de recordatorio-, lo siguiente:

> *"(...) Finalmente, considera esta Sala Constitucional un deber advertir a los jueces que ningún acto de la Administración Pública puede estar excluido del control jurisdiccional, por tanto, no resulta posible declarar la falta de jurisdicción frente a situaciones que, de no proveerse la actuación judicial correspondiente, constituiría una denegación de justicia, quedando una parte de la actividad administrativa al margen de la revisión judicial implícita en toda actividad del Poder Público ( )"*[36]

Por último, merece la pena traer a colación los comentarios de MARQUEZ, R., sobre este tema, y es que *"(...) por más que el legislador haya excluido la posibilidad del ejercicio de recurso alguno contra las opiniones emitidas por la Administración Tributaria en la interpretación de normas tributarias, se debe observar que no hay acto que escape del control jurisdiccional, no porque lo señale la doctrina más calificada, no porque lo señale nuestro Máximo Tribunal, sino porque se debe respetar la supremacía constitucional, considerando aplicable al caso de las consultas tanto los artículos 26 y 27 como el artículo 259 de nuestra Carta Magna"*[37].

Corolario de lo expuesto es que, la vigencia, alcance y aplicación de este artículo 245 del COT, se encuentra mitigado por la jurisprudencia pacífica y reiterada del TSJ en esta materia, pero su inconstitucionalidad de base, obliga a que, aun ante un eventual cambio de criterio, cualquier juez proceda a su desaplicación inmediata por la vía del control difuso de la constitucionalidad[38], por vulnerar flagrantemente dispositivos constitucionales y transgredir el principio de progresividad en materia de derechos fundamentales.

➢ Algunos criterios jurisprudenciales que atentan contra el derecho a la igualdad y a la tutela judicial efectiva del contribuyente

Como evidenciaremos de seguidas, tanto la SPA, como la SC del TSJ, han consolidado la práctica de afectar derechos fundamentales del contribuyente y de vulnerar la progresividad de los derechos humanos, mediante la emisión de diversos fallos cuya conformidad con el Texto Constitucional resulta absolutamente cuestionable. En esta oportunidad, nos referiremos –a mero título ilustrativo– a algunas de las prerrogativas procesales que se han concedido al sujeto activo de la relación tributaria y que, no sólo desmejoran las condiciones en las que el recurrente se presenta en juicio, sino que también lesionan, de manera injustificada, el derecho a la igualdad de las partes en el proceso y el derecho a la tutela judicial efectiva del contribuyente.

Si bien es cierto que la mayor parte de los ordenamientos jurídicos establecen privilegios o prerrogativas procesales a favor de la República, no es menos cierto que la consagración de aquéllas debe responder a una auténtica justificación desde el punto de vista constitucional, pues lo contrario, conduciría a un evidente trato discriminatorio de las partes en el proceso, favoreciendo de manera excesiva y desproporcionada las condiciones de

---

36 Sentencia N° 1318, dictada por la SC del TSJ en fecha 02 de agosto de 2001.

37 MÁRQUEZ BARROSO, Raúl. "Naturaleza y recurribilidad de las respuestas motivadas por las Consultas Tributarias." En: *VII Jornadas Venezolanas de Derecho Tributario.* Asociación Venezolana de Derecho Tributario. Caracas, 2004. P. 67.

38 Entendemos que, para ello, se requiere de un poder judicial verdaderamente independiente, imparcial y respetuoso de la Constitución y de los principios fundamentales en ella recogidos.

litigio de la Administración en detrimento de los derechos y garantías mínimas procesales del administrado.

Sobre este particular observamos que la Sala Constitucional (SC) del Tribunal Supremo de Justicia (TSJ) venezolano, ha señalado que en determinadas ocasiones en que el Estado participa en procesos judiciales, no puede considerársele en igualdad de condiciones frente a los particulares, por los específicos intereses a los cuales representa, razón por la cual el legislador establece ciertas desigualdades legítimas que, en ningún caso, pueden desconocer derechos legítimos de los administrados; es decir, pueden establecerse privilegios en tanto y en cuanto no impliquen la infracción del Texto Constitucional.

En otra oportunidad esa misma SC, señaló que la República no puede actuar en juicio al igual que un particular, no porque éste sea más o menos que aquél, sino porque la magnitud de la responsabilidad legal que posee la República en un procedimiento, amerita y justifica la existencia de ciertas condiciones especiales. Así, señaló esa Sala que cuando la República es demandada en juicio, se acciona contra uno de los componentes más importantes del Estado y la eventual afectación de su patrimonio puede llegar a afectar el patrimonio de la población, y mermar la eficacia de la prestación de los servicios públicos.

La posición que de manera reiterada ha sido justificada por nuestro Máximo Tribunal de Justicia como el establecimiento de ciertas desigualdades en consideración a los especiales intereses que representa el Estado, fue calificada por el tratadista uruguayo VALDÉS COSTA con el apelativo de la "legitimidad de ciertas desigualdades" y, al respecto sostuvo que *"(...) es admisible que por ley se establezcan medidas de protección de ciertas situaciones que a juicio del Poder Legislativo merezcan esa protección por razones de interés general, que pueden ser tanto en favor del Estado como del contribuyente, aunque lo más frecuente es que sean en favor del Estado (...) la existencia de estas diferencias entre las dos partes de una relación jurídica es un hecho que se registra, puede decirse que en todas las ramas jurídicas (...) ese privilegio será legítimo siempre que este fundamentado en razones de interés general y no viole una norma constitucional.(...)"*.

En efecto, aunque estos privilegios a favor de la Administración encuentran como justificación el interés que en un momento dado existe en dar protección a determinado bien jurídico, su validez estará supeditada al efectivo respeto de los derechos fundamentales del individuo y a que su estipulación sea expresa y explícita.

Así, independientemente de la legalidad del establecimiento de tales prerrogativas, se requiere, como principio fundamental, el mantener un adecuado equilibrio entre las partes que concurren a un proceso, lo que supone que el operador jurídico deber ser en extremo cuidadoso, por lo que su aplicación no puede alterar, afectar, ni vulnerar derechos de rango constitucional, lo que le permite incluso ceder ante casos muy particulares de abuso de derecho o de manifiesta injusticia.

De manera que, atendiendo al derecho a la tutela judicial efectiva y el de igualdad de las partes en el proceso y, respetando el principio de progresividad de los derechos fundamentales, consideramos que no es posible establecer o extender, mediante interpretaciones jurisprudenciales, privilegios o prerrogativas a favor del Estado que, como es evidente, excepcionen el principio de igualdad, de justicia y de responsabilidad del Estado.

No obstante lo expuesto, observamos de forma alarmante la consolidación de la práctica de implementar o desarrollar por la vía jurisprudencial, una serie de prerrogativas concedidas al ente público en clara afectación de los derechos antes comentado, aunado a la vulneración del derecho a obtener una justicia expedita, oportuna y, por supuesto, de poder participar en un proceso sin dilaciones indebidas, ello por cuanto, como evidenciaremos de seguidas, muchas de estas prerrogativas suponen la concesión de lapsos procesales extraordinarios para el ente público, lo cual dilata considerablemente el proceso contencioso tributario que, como es bien sabido, en condiciones normales resulta bastante lento, con la agravante de que, adicionalmente, el contribuyente está expuesto -en todo ese tiempo- al posible cobro ejecutivo de las cantidades que derivan del acto administrativo cuya nulidad se debate en juicio.

Bajo este contexto, nos referiremos entonces a algunas de prerrogativas cuya aplicación y alcance ha venido determinada por la vía jurisprudencial:

✓ **Prerrogativa procesal relativa a la concesión de lapsos procesales extraordinarios a favor de la Administración Tributaria**

Conforme a lo establecido en el artículo 274 del COT, el Tribunal se pronunciará sobre la admisibilidad del RCT al quinto (5°) día de despacho siguiente a que conste en autos la última de las notificaciones de ley. Por tanto, en beneficio de la celeridad procesal, como garantía del derecho a la tutela judicial efectiva, el COT considera que, una vez consten en autos las notificaciones de ley, se debe proceder a la admisión del RCT y posterior apertura del lapso probatorio de ser el caso.

No obstante lo expuesto, la SPA consideró que, en aplicación de los artículos 81 y 82[39] de la Ley Orgánica de la Procuraduría General de la República (LOPGR), debe dejarse transcurrir íntegramente el lapso de quince (15) días hábiles para tener como válidamente citada a la República para comparecer en juicio[40].

Adicionalmente, de conformidad con lo establecido en el artículo 84[41] de la LOPGR, una vez admitidas las pruebas promovidas o dictada cualquier sentencia interlocutoria o definitiva (aun encontrándose las partes a derecho), deberá notificarse a la República, por intermedio de la representación judicial del Fisco Nacional, y concedérsele un lapso procesal extraordinario de ocho (08) días para tenerla como válidamente notificada de la decisión de que se trate[42]. No consideró la Sala que tales disposiciones contenidas en la LOPGR, refieren, en líneas generales, a la actuación judicial de la representación de la República en asuntos de contenido patrimonial que pudieran afectar sus intereses y que, el COT, como norma especial, regula lo propio en lo que respecta a los procesos tributarios y a las normas que, en su actuación judicial, debe observar tanto la Administración tributaria, como el contribuyente. Es evidente que el COT excluyó deliberadamente la concesión de lapsos procesales extraordinarios como estos[43], en beneficio de la celeridad procesal y en

---

39 *"**Artículo 82. LOPGR.** Consignado por el Alguacil el acuse de recibo de la citación en el expediente respectivo, comienza a transcurrir un lapso de quince (15) días hábiles, a cuya terminación se considera consumada la citación del Procurador o Procuradora General de la República, iniciándose el lapso correspondiente para la contestación de la demanda."*

El Procurador o Procuradora General de la República puede darse por citado, sin que sea necesario dejar transcurrir el lapso indicado en este artículo".

40 V. sentencia N° 00361, dictada por la SPA del TSJ en fecha 19 de marzo de 2016, disponible en: http://historico.tsj.gob.ve/decisiones/spa/marzo/162087-00361-19314-2014-2013-0218.HTML

41 *"**Artículo 84. LOPGR.** En los juicios en que la República sea parte, los funcionarios judiciales, sin excepción, están obligados a notificar al Procurador o Procuradora General de la República de toda sentencia interlocutoria o definitiva. Transcurrido el lapso de ocho (8) días hábiles, contados a partir de la consignación en el expediente de la respectiva constancia, se tiene por notificado el Procurador o Procuradora General de la República y se inician los lapsos para la interposición de los recursos a que haya lugar. La falta de notificación es causal de reposición y ésta puede ser declarada de oficio por el Tribunal o a instancia del Procurador o Procuradora General de la República".*

42 V. sentencia N° 00778 dictada por la SPA del TSJ en fecha 03 de junio de 2009. Disponible en: http://historico.tsj.gob.ve/decisiones/spa/junio/00778-3609-2009-2009-0358.HTML.

43 En efecto, el COT de 1992 y el de 1994, previeron un lapso procesal extraordinario de 8 días hábiles adicionales a favor de la República a los efectos de la apelación de las sentencias definitivas, el COT de 2001 y de 2014, en sintonía con los postulados fundamentales vertidos en nuestro Texto Constitucional, eliminaron tal prerrogativa.

respeto a la tutela judicial efectiva que el Estado debe garantizar a las partes.

Por último, no podemos dejar de referir al reciente criterio de la SPA[44] que resulta tanto o más cuestionable que los anteriores, y es que, para el caso de las Administraciones Tributarias Municipales, deberá dejarse transcurrir el término de cuarenta y cinco (45) días continuos dispuesto en el artículo 153[45] de la LOPPM, para *contestar la demanda*.

Considero la SPA que, aún cuando el COT no estableciera expresamente esos lapsos extraordinarios, el artículo 274 del COT no debía ser interpretado *"de manera literal, sino de manera sistemática y armónica con el resto del ordenamiento jurídico, en especial, con la Ley Orgánica del Poder Público Municipal de 2010 y más acorde con la intención del Legislador, que está dirigida a lograr la defensa de los intereses de los entes locales involucrados, como ocurre en el caso concreto, en protección del Fisco Municipal"*, bajo ese razonamiento se vulnera flagrantemente la progresividad de los derechos fundamentales y, entre otras cosas, se rompe definitivamente con el principio de igualdad de las partes en el proceso, como parte estructural del derecho a la tutela judicial efectiva.

✓ **Prerrogativa procesal de No Condenatoria en Costas del Ente Público**

Desde El primigenio COT de 1982 hasta el vigente de 2014, se ha mantenido la figura de la condenatoria en costas. Consideramos como totalmente legítima la consagración de este instituto en nuestro ordenamiento jurídico, como justo mecanismo para resarcir –desde el punto de vista económico– el daño patrimonial que supuso para el litigante victorioso el haber tenido que participar en juicio para lograr el reconocimiento de su legítimo derecho.

No obstante, la SC del TSJ dictó sentencia mediante la cual sentó el criterio de prohibición de condenatoria en costas a la República como privilegio procesal cuando ésta resultare vencida en los juicios en los que haya sido parte por intermedio de cualquiera de sus órganos, incluso en aquellos juicios de naturaleza penal. De manera que, conforme al criterio de esa Sala tal privilegio encontraba una *justificación constitucional*, por lo que debía prevalecer como privilegio procesal cuando la República resultase vencida en los juicios en los que hubiere sido parte[46]. Curiosamente la mencionada sentencia no detalla ni ahonda sobre cuál es la mencionada justificación constitucional que sirve como fundamento para el establecimiento de tan injusta prerrogativa.

Este criterio ha sido asumido por la SPA[47] del TSJ, actuando en función de instancia revisora de los fallos dictados por los tribunales tributarios en primera instancia, ha desconocido la regulación expresa contenida en el COT y procedido a aplicar -sin cuestionamiento alguno- el criterio de la SC respecto de la prohibición de condenatoria en costas a la República.

---

44 Sentencia N° 00569, dictada por la SPA del TSJ, en fecha 17 de mayo de 2017.

45 *"**Artículo 153. LOPPM.** Los funcionarios judiciales están obligados a citar al Síndico Procurador o Síndica Procuradora municipal en caso de demandas contra el Municipio, o a la correspondiente entidad municipal, así como a notificar al alcalde o alcaldesa de toda demanda o solicitud de cualquier naturaleza que directa o indirectamente obre contra los intereses patrimoniales del Municipio o la correspondiente entidad municipal.*

*Dicha citación se hará por oficio y se acompañará de copias certificadas de la demanda y todos sus anexos. Mientras no conste en el expediente la citación realizada con las formalidades aquí exigidas, no se considerará practicada. La falta de citación o la citación practicada sin las formalidades aquí previstas, será causal de anulación y, en consecuencia, se repondrá la causa. **Una vez practicada la citación, el síndico procurador o síndica procuradora municipal tendrá un término de cuarenta y cinco días continuos para dar contestación a la demanda.** Los funcionarios judiciales están obligados a notificar al Síndico Procurador o Síndica Procuradora municipal de toda sentencia definitiva o interlocutoria"*. (Destacado propio).

46 Ver sentencia N° 1238 dictada por la SC del TSJ en fecha 30 de septiembre de 2009. Caso: Julián Isaías Rodríguez. Disponible en: http://historico.tsj.gob.ve/decisiones/scon/septiembre/1238-30909-2009-07-0040.HTML.

47 Ver, entre otras, sentencia N° 00530 dictada por la SPA del TSJ en fecha 13/05/2015. Caso: Disponible en: http://historico.tsj.gob.ve/decisiones/spa/mayo/177271-00531-13515-2015-2015-0095.HTML.

En nuestra opinión, la prohibición de condenatoria en costas a la República, coloca al contribuyente en una situación de manifiesta e ilegítima desigualdad, puesto que de ser él la parte vencida estaría en la obligación de efectuar el pago de las costas que el juez prudencialmente estimare, resultando absolutamente discriminatorio el que se determine una obligación a cargo de una parte mientras que se exceptúe a la otra, más aún si consideramos que los recursos del Estado son manifiestamente superiores a los del contribuyente.

✓ Prerrogativa procesal de Consulta Obligatoria de Sentencia que Desfavorezca los Intereses de la República

La consulta obligatoria como prerrogativa procesal, se erige como una fórmula de control judicial en materias donde se encuentra comprometido el orden público, el interés público o el orden constitucional que opera ante la falta de ejercicio de los medios de impugnación por parte del ente público, dentro de los lapsos establecidos para su interposición, siempre que el pronunciamiento jurisdiccional haya sido contrario a los pretensiones, defensas o excepciones de la República[48].

El fundamento legal de esta prerrogativa se encuentra contenido en el artículo 86 de la LOPGR[49], y nuestro Máximo Tribunal de Justicia ha justificado su necesaria aplicación en el ámbito tributario en el "interés general" inmerso en los procesos en que están en juego los intereses patrimoniales de la República o de aquellos entes u órganos públicos a los cuales se extiende su aplicación por expresa regla legal, sin considerar, a nuestro modo de ver, la debida diligencia y responsabilidad que deben manifestar las partes en el proceso, así como el derecho de igualdad como garantía fundamental del derecho a la tutela judicial efectiva.

En lo que respecta a los extremos necesarios para que proceda la consulta obligatoria, encontramos que, en un primer momento, la SPA del TSJ estableció que debía tratarse de: *(i)* sentencias definitivas o interlocutorias que causaren gravamen irreparable a la República, es decir, revisables por la vía ordinaria del recurso de apelación; y *(ii)* sentencias cuya cuantía excediera de cien unidades tributarias (100 U.T.) para el caso de personas naturales y de quinientas unidades tributarias (500 U.T.) para el caso de personas jurídicas, es decir, se toma la cuantía mínima establecida en el COT[50] para que las partes puedan ejercer el recurso de apelación.[51] En este caso observamos que al menos se asumió un criterio objetivo vinculado con la cuantía de la causa como requisito para conocer en consulta.

Sin embargo, esa misma SPA del TSJ modificó su criterio señalando que no era procedente establecer límites a la cuantía para someter a consulta las decisiones judiciales desfavorables a la República, por lo que todas y cada una de las sentencias definitivas que desfavorezcan total o parcialmente los intereses de la República deben ser sometidas a revisión por la vía de la consulta obligatoria. Tal criterio se justificó en que los intereses patrimoniales del Estado debatidos en los juicios contencioso-tributarios, denotan un

---

48 Ver sentencia N° 1107 dictada por la SC del TSJ en fecha 08 de junio de 2007. Caso: Procuraduría General del Estado Lara. Disponible en: http://historico.tsj.gob.ve/decisiones/scon/junio/1107-080607-07-0559.HTM.

49 Artículo 86 LOPGR. *"Toda sentencia definitiva contraria a la pretensión, excepción o defensa de la República, debe ser consultada al Tribunal Superior competente."*

50 Artículo 285 COT. *"De las sentencias definitivas dictadas por el Tribunal de la causa, o de las interlocutorias que causen gravamen irreparable, podrá apelarse dentro del lapso de ocho (8) días de despacho, contados conforme lo establecido en el artículo anterior.*

Cuando se trate de la determinación de tributos o de la aplicación de sanciones pecuniarias, este recurso procederá sólo cuando la cuantía de la causa exceda de cien unidades tributarias (100 U.T.) para las personas naturales y de quinientas unidades tributarias (500 U.T.) para las personas jurídicas."

51 Ver sentencia N° 00566 dictada por la SPA del TSJ en fecha 02 de marzo de 2006. Caso: AGENCIAS GENERALES CONAVEN, S.A. Disponible en: http://historico.tsj.gob.ve/decisiones/spa/marzo/00566-020306-2005-5472.HTM.

relevante interés público[52] por estar relacionados con la recaudación de tributos y la obligación de los particulares de contribuir con las cargas públicas para la protección de la economía nacional y la elevación del nivel de vida de la población[53].

✓ **Extensión de las Prerrogativas procesales a los Estados, Municipios y empresas en las que el Estado posea participación accionaria**

La SC con este nuevo criterio[54], estableció que tales privilegios constituyen un elemento de orden público dados los intereses involucrados y que, por tanto, deben ser extensibles a las empresas estatales, con el objeto de que ésta pueda cumplir con su obligación de preservar los interese generales que gestionan.

Señaló esa Sala que era un hecho de carácter público, notorio y comunicacional que actualmente el Estado venezolano posee participación en un sinfín de empresas, tanto en carácter mayoritario como minoritario, es por ello que, conforme a la potestad conferida a esa Sala por el artículo 335 Constitucional, se establecía con carácter vinculante que las prerrogativas y privilegios procesales en los procesos donde funja como parte el Estado, deben ser extensibles a todas aquellas empresas donde el Estado venezolano, a nivel municipal, estadal y nacional, posea participación, es decir, se le que se aplicarán a los procesos donde sea parte, todas las prerrogativas legales a que haya lugar, e igualmente dichas prerrogativas y privilegios son extensibles a los municipios y estados, como entidades político territoriales locales.

Consideramos que la extensión general e indiscriminada de la totalidad de las prerrogativas procesales a favor de la República a los Estados, Municipios y empresas en las que el Estado tenga una participación accionaria, no encuentra justificación constitucional alguna, no se vincula a la efectiva necesidad de garantizar la continuidad de un servicio público y, en definitiva, vulnera flagrantemente los derechos y garantías fundamentales contenidos en nuestra Carta Magna.

III.2. Derecho a la eliminación del contraprincipio del *Solve Et Repete.*

El artículo 30 de la CDC/ILADT, contiene el derecho a la eliminación de la regla del *solve et repete* en los ordenamientos jurídicos en los que aún se encuentre vigente y a no condicionar el derecho a impugnar el acto en sede administrativa o jurisdiccional. En efecto, el mencionado artículo dispone lo siguiente:

> *"30. Derecho a la eliminación de la regla solve et repete (exigencia del pago previo del tributo) en los ordenamientos jurídicos que aun la conserven, tanto para transitar las vías recursivas en sede administrativa como las de revisión jurisdiccional, así como también a que no establezcan cautelas o garantías desproporcionadas al efecto."*

Si bien en nuestro ordenamiento jurídico vigente no existe una consagración expresa de este contraprincipio, encontramos como un antecedente emblemático la desaplicación que la otrora Corte Suprema de Justicia (CSJ), hubiere efectuado por la vía del control difuso de la

---

52   Se debe insistir en que tales "intereses generales" constituyen una expresión o mera afirmación carente de sustento probatorio alguno, empleada de forma reiterada por nuestros tribunales para justificar la aplicación general de todo tipo de prerrogativas o privilegios a favor de la República.

53   Ver sentencia N° 01658 dictada por la SPA del TSJ en fecha 10 de diciembre de 2014. Caso: PLUSMETAL CONSTRUCCIONES DE ACERO C.A. Disponible en:

http://historico.tsj.gob.ve/decisiones/spa/diciembre/172703-01658-101214-2014-2012-0887.HTML.

54   Sentencia dictada por la SC del TSJ, en fecha 25 de octubre de 2017. Caso: MERCANTIL C.A., BANCO UNIVERSAL Vs. BANAVIH. Disponible en: http://historico.tsj.gob.ve/decisiones/scon/octubre/204456-735-251017-2017-09-1174.HTML.

constitucionalidad de los artículos 137 de la Ley Orgánica de Aduanas (LOA) y 462 de su Reglamento por colidir directamente con el artículo 68 de la Constitución de 1961 que consagraba el derecho a la defensa, en términos similares al vigente artículo 49 Constitucional.

Así las cosas, si bien el COT prevé que su aplicación será supletoria para los tributos aduaneros[55] nuestro Máximo Tribunal resolvió que, para ese caso, debía atenderse a los principios vertidos en el Código que estaban encaminados a garantizar el derecho a la defensa del contribuyente. Estos fueron los aspectos más relevantes del fallo comentado:

> *"(...) Se revela, en efecto, el principio como una indebida restricción legal al derecho constitucional de la defensa consagrado en el artículo 68 de la Carta Magna que, si bien remite al legislador la regulación y concreción de la garantía, no deja en sus manos la esencia de la misma, porque eso sería desnaturalizar la consagración directa por nuestra Ley Fundamental de un conjunto de derechos. (...)*

> *Este Supremo Tribunal (...) reconoce expresamente -y así lo declara formalmente- la preferente aplicación del artículo 68 de la Constitución sobre los artículos 137 de la Ley Orgánica de Aduanas y 462 de su Reglamento; textos -legal y reglamentario- que, en cuanto condiciona económicamente el acceso de los particulares al Poder Judicial constituye una violación flagrante del Derecho a la Defensa, garantizado por la transcrita norma constitucional. En virtud de lo cual, se abstiene la Sala de aplicar los señalados artículos al caso de autos, y así lo declara igualmente. (...)"[56]*

Encontramos igualmente que, desde el punto de vista municipal, muchas Ordenanzas han pretendido condicionar el derecho del particular a recurrir actos administrativos que afectan sus derechos al previo pago de la obligación tributaria. Así las cosas, el TSJ de manera pacífica y reiterada ha desaplicado tales normas por ser violatorias del derecho a la defensa y a la tutela judicial efectiva. En casos como el comentado, ha señalado esa Sala:

> *"(...) De esta forma, el acto impugnado no es más que un acto de aplicación de una norma de efectos generales (ordenanza) que, en definitiva, es la que consagra el requisito de solve et repete, como presupuesto para el ejercicio de los recursos de impugnación en sede gubernativa.*

> *En cuanto a la exigencia de pago de la obligación tributaria previo al ejercicio del recurso, debe observarse que tanto el artículo 68 de la abrogada Constitución, como el 49.1 de la vigente, facultan a la ley para que regule el derecho a la defensa, regulación que se ve atendida por el ordenamiento adjetivo. Ello en modo alguno quiere significar que sea disponible para el legislador el contenido del mencionado derecho, pues éste se halla claramente delimitado en las mencionadas disposiciones; sino que, por el contrario, implica un mandato al órgano legislativo de asegurar la consagración de mecanismos que aseguren el ejercicio del derecho de defensa de los justiciables, no sólo en sede jurisdiccional, incluso en la gubernativa, en los términos previstos por la Carta Magna. De esta forma, las limitaciones al derecho de defensa en cuanto derecho fundamental derivan por sí mismas del texto constitucional, y si el Legislador amplía el espectro de tales limitaciones, las mismas devienen en ilegítimas; esto es, la sola previsión legal de restricciones al ejercicio del derecho de defensa no justifica las mismas, sino en la medida que obedezcan al aludido mandato constitucional.*

> *En este sentido, se observa que la referida ordenanza (artículo 65) exigía que para admitir el recurso jerárquico en contra de un acto emanado de la administración tributaria local, el contribuyente debía pagar el impuesto o multa determinado por ella, o bien constituir garantías suficientes para asegurar el pago, en el caso de que el recurso no prosperare. Ello así, conforme la norma aludida, fundada en un criterio de capacidad económica, se restringen las posibilidades de impugnación en sede administrativa, permitiendo el ejercicio de los recursos (únicamente) a aquellas personas que tengan disponibilidad para ese pago, pero mermando tal capacidad de*

---

55   Exceptuando lo atinente a los medios de extinción de las obligaciones, a los recursos administrativos y judiciales, la determinación de intereses y lo relativo a las normas para la administración de tales tributos.

56   Sentencia dictada por la SPA de fecha 24 de octubre de 1984, Caso: Scholl Venezolana, C.A.

*impugnación a quienes -por cualquier motivo- no se encuentren en igual situación y, en conse-
cuencia, el derecho a la defensa del contribuyente que se encuentre bajo este último supuesto.*

  *Por estas razones, en ejercicio del control difuso de la constitucionalidad (previsto con ante-
rioridad en el artículo 20 del Código de Procedimiento Civil y recogido en la actualidad por el
artículo 334 constitucional), debe ser negada al caso concreto la aplicación de la norma contenida en el artículo 65 de la Ordenanza sobre Patentes de Industria y Comercio del Municipio
Guacara del Estado Carabobo, por resultar nugatoria del derecho de defensa consagrado en el
artículo 68 de la Constitución de 1961, hoy recogido en el artículo 49 de la Carta Magna. (...) "*[57]

Las decisiones que anteceden evidencian que la jurisprudencia se encuentra alineada con
nuestro Texto Constitucional sobre este particular y es que, la regla (o el contraprincipio)
del *solve et repete* debe ser excluido de cualquier ordenamiento jurídico amante de la libertad y respetuoso del principio de progresividad de los derechos humanos.

No obstante, aunque las notas previas parecen hacer ver una plena conformidad entre el
derecho a la eliminación de la regla del *solve et repete*, consagrado en el artículo 30 de la
CDC/ILADT y nuestro ordenamiento jurídico, debemos destacar que, el mencionado artículo, refiere no sólo al derecho de poder transitar las vías recursivas en sede administrativa,
como jurisdiccional, sino también al derecho de que no se establezcan cautelas o garantías
desproporcionadas al efecto, y es que, la regla del *solve et repete* puede manifestarse de distintas formas y no sólo a través de su consagración formal en alguna ley o instrumento normativo.

En efecto, en el caso venezolano encontramos distintas situaciones que evidencian que,
aunque formalmente esa regla ha pretendido ser erradicada de nuestro ordenamiento y que
jurisprudencialmente hay conformidad con esa pretensión, el contribuyente encuentra distintos obstáculos que dificultan el cabal ejercicio de su derecho a la defensa y de acceder a las
vías de impugnación dispuestas en nuestro ordenamiento. Algunas de estas situaciones pueden sintetizarse de la siguiente manera:

  ✓ El COT de 2001 en franca vulneración del principio de progresividad de los derechos humanos, eliminó la suspensión de efectos *"ope legis"* con la mera interposición del Recurso Contencioso Tributario (RCT), si bien este cambio no supuso la reedición formal del contra principio del *"solve et repete"*, sí colocó al contribuyente en
una situación de desigualdad procesal frente a la Administración tributaria, considerando que la regulación legal en materia de medidas de suspensión de efectos (que exigía
la demostración del fumus bonis iuris o el periculum in mora alternativamente) fue
desmejorada por la interpretación "correctiva" efectuada por la SPA, al exigirse la concurrencia de tales extremos para otorgar la suspensión de efectos del acto recurrido. En
este supuesto, podría caer el contribuyente en el absurdo extremo de que, demostrando
el grave perjuicio que la ejecución del acto podría causarle, la Administración tributaria
pretendiese ejecutar sus bienes por la debilidad patrimonial que ha sido demostrada por
el contribuyente para asumir la obligación tributaria que estaría siendo debatida en juicio. Por tanto, es probable que, en casos como el comentado, el contribuyente opte por
presentar una fianza o garantía, cuyos gastos de mantenimiento en el tiempo podrían
resultar incluso equiparables a los pretendidos por la Administración en la supuesta
obligación tributaria.

  ✓ En la mayor parte de los casos, las solicitudes de suspensión de efectos presentadas por los contribuyentes son declaradas improcedentes, por lo que, en tales supuestos, la Administración tributaria se encuentra plenamente facultada para intentar el co-

---

57 Sentencia dictada por la SC del TSJ, en fecha 22 de febrero de 2002. Caso: PAPELES NACIONALES
FLAMINGO C.A Vs. Municipio Guacara del Estado Carabobo. Disponible en: http://historico.tsj.gob.ve/decisio-
nes/scon/febrero/321-220202-01-0559%20.HTM.

bro ejecutivo. Como pudo observarse de las notas efectuadas respecto de ese inconstitucional procedimiento, la Administración tributaria tiene un amplísimo margen de acción para lograr la ejecución de un acto administrativo cuya validez o legalidad está siendo discutida en juicio y puede proceder sin mayores trabas al embargo y remate de los bienes del contribuyente. Es probable que, en supuestos como estos, el contribuyente opte por pagar, bien sea pura y simplemente o "bajo protesta" las cantidades debatidas, a los fines de evitar el perjuicio irreparable que supone el remate de sus bienes sin que medie sentencia definitivamente firme sobre la legalidad del acto del que deriva la presunta obligación tributaria.

✓ Procedimientos administrativos como el cobro ejecutivo, hacen que, desde el punto de vista práctico, la acción de nulidad contra el acto administrativo cuya ejecución se pretende, sea nugatoria. En efecto, es factible que el contribuyente considere pagar el reparo de cuya validez disiente a fin de evitar el embargo, remate o ejecución de sus bienes y es que, la acostumbrada dilación del poder judicial en su sagrada obligación de administrar justicia es suficientemente conocida por el foro, un abogado litigante está plenamente consciente de que la sustanciación de un proceso contencioso tributario podría prolongarse, en primera y segunda instancia -en el mejor de los casos- en un lapso promedio no inferior de 10 años. Esta situación, esto es, la fiabilidad y el tiempo que demore el órgano jurisdiccional en administrar justicia, resulta determinante al momento en que un contribuyente evalúa la viabilidad de recurrir de un acto administrativo, aun contados con argumentos jurídicos suficientes para proceder con su impugnación.

✓ Observemos el supuesto en el que la Administración tributaria hubiere embargado, rematado y, en suma, hecho suyas las cantidades debatidas que provenían de un acto inconstitucionalmente ejecutado por carecer de firmeza y que, posteriormente el contribuyente hubiera obtenido sentencia definitivamente firme favorable a su pretensión. En ese caso, no quedaría otro remedio para el contribuyente distinto del que acudir nuevamente ante el órgano jurisdiccional competente a fin de obtener la repetición de lo pagado indebidamente. Esta situación evidencia nuevas formas de resucitar, desde el punto de vista práctico, el *solve et repete*.

Las consideraciones que anteceden evidencian que el tema no puede agotarse en la consagración formal de esa regla, puesto que, aun estando positivizada en un ordenamiento jurídico podría suceder que distintas situaciones conduzcan, desde el punto de vista práctico, a la resucitación o vigencia de este contraprincipio. De allí la idoneidad y conveniencia de incorporar al derecho contenido en el artículo 30 de la CDC/ILADT la idea de que, adicionalmente, no han de establecerse cautelas o garantías desproporcionadas que condicionen el derecho de recurrir del contribuyente.

En efecto, la citada referencia es consistente con parte de la doctrina generada por el ILADT, específicamente la que resultó de las XXIX Jornadas Latinoamericanas del ILADT, en cuyo tema II, relativo a la "Problemática Actual y Nuevas Fronteras de los Medos de Impugnación Nacionales e Internacionales" se recomendó que *"(...) la impugnación de los actos tributarios en vía administrativa o jurisdiccional no deberá estar condicionada, directa o indirectamente al pago previo, a la constitución de garantías o a cualquier otro mecanismo de efecto equivalente, puesto que esto implicaría regresar a la regla del solve et repete. (...)"*[58].

Por tanto, consideramos que, al menos en el caso venezolano, más allá de la consagración formal de este derecho a la eliminación de la regla del *solve et repete,* se requiere con carác-

---

58 Relatoría General presentada por el Prof. Pasquale Pistone, en el marco de las XXIX Jornadas Latinoamericanas de Derecho Tributario, celebradas en Santa Cruz de la Sierra Bolivia, en noviembre de 2016.

ter de urgencia de una exhaustiva revisión de aquellos instrumentos normativos -incluido el vigente COT- a fin de efectuar las reformas del caso, para poder disfrutar de un verdadero sistema jurídico que se encuentre en sintonía con los derechos fundamentales contenidos en nuestra Carta Magna y con el tantas veces aludido principio de progresividad de los derechos humanos. Entre tanto, requerimos de un poder judicial digno, imparcial y que efectivamente vele por el respeto de la Constitución como norma suprema y fundamento jurídico de nuestro ordenamiento, pues de ser ese el caso, no dudamos que, de manera inmediata, se procedería a la desaplicación por la vía del control difuso de la constitucionalidad de aquellas normas que trasgredan derechos fundamentales como los aquí comentados.

III.3. Derecho a la tutela cautelar.

Los artículos 35, 36 y 37 de la CDC/ILADT, forman parte del derecho fundamental a la tutela cautelar. Los mencionados artículos son del siguiente tenor:

"35. Derecho a la tutela cautelar en vía judicial, como medida para neutralizar la ejecutoriedad del acto de determinación, evitar daños de difícil o imposible reparación y no tornar ilusoria la posibilidad del cobro del tributo una vez agotados los recursos administrativos y jurisdiccionales del contribuyente y devenida firme la deuda tributaria. Este derecho excluye el solve et repete e incluye el derecho a la adopción de medidas cautelares a favor del contribuyente, sobre la base de la existencia del fumus bonis iuris (apariencia del buen derecho) y del periculum in mora (riesgo de frustración del derecho)."

"36. Derecho a que las medidas cautelares que la Justicia adopte a solicitud de la Administración resulten proporcionadas y tengan una duración temporalmente limitada, así como a interponer frente a las mismas los recursos que, en su caso, puedan determinar la suspensión de la aplicabilidad de tales medidas."

"37. Derecho a que el periculum in mora, en el caso de las medidas cautelares solicitadas por la Administración, no se aprecie en base al monto de la deuda tributaria pretendida o al mero temor o sospecha de la posible insolvencia del contribuyente, sino en base a la prueba de hechos ciertos, concretos y objetivos de los cuales fluya el propósito de eludir la responsabilidad."

Los artículos que anteceden evidencian que, en nuestro ámbito, la tutela cautelar se manifiesta a través de dos grupos fundamentales de medidas, estas son: *(i)* las dispuestas a favor del contribuyente, esto es, la típica medida cautelar innominada de suspensión de efectos del acto administrativo recurrido y, *(ii)* las medidas cautelares dispuestas a favor de la Administración tributaria, cuando existiere riesgo para la percepción del crédito tributario.

Así las cosas, antes de proceder a efectuar los comentarios respecto de la plena vigencia de tales derechos en nuestro ordenamiento y la eventual -o necesaria- reforma de algunos institutos en aras de garantizar su efectividad, nos permitimos efectuar algunas notas fundamentales respecto de la tutela cautelar como parte estructural del derecho fundamental a la tutela judicial efectiva.

El derecho a la tutela cautelar, permite al justiciable acceder al órgano jurisdiccional a fin de obtener, sin dilaciones indebidas y en un proceso que reúna todas las garantías, una decisión provisional, excepcional y anticipada para garantizar la protección de algún derecho o para evitar que quede ilusoria la ejecución del fallo. Por tan razón, es evidente que la tutela cautelar, constituye un supuesto fundamental para el ejercicio de la tutela judicial.

En el caso venezolano, encontramos que, además de la función jurisdiccional que tienen los órganos de administración de justicia de conocer de las causas y asuntos de su competencia y de ejecutar o hacer ejecutar sus sentencias, atribuida por el artículo 253

CRBV[59], les fue conferida de manera general, en los artículos 26 y 49 la tutela efectiva de los derechos e intereses de las personas que acudan ante ellos para hacerlos valer y obtener con prontitud la decisión correspondiente.

En efecto, como apunta el jurista venezolano DUQUE CORREDOR el ejercicio de la función jurisdiccional por parte de los órganos del Poder Judicial *"debe bastarse a sí misma no solamente para dirimir los conflictos con carácter definitivo, sino también para darle una adecuada y tempestiva protección a los derechos controvertidos"*[60], reconociendo que, dentro de esa función jurisdiccional surgen las llamadas tutelas jurisdiccionales diferenciadas, distinguiendo dentro de ellas la tutela ordinaria y la tutela diferenciada preventiva, dentro de la cual se encuentra la tutela de urgencia cautelar que tiene como finalidad evitar que la ilegalidad y la ilicitud se vuelva irreparable, por lo que la protección que otorga puede coincidir con los efectos de la decisión de fondo, dado su carácter instrumental y complementario.

Otros autores distinguen dentro de la tutela preventiva o cautelar, las sumarias, las autosatisfactivas y las cautelares innominadas, pero todas, en definitiva, reconocen que es el medio para que el ciudadano pueda obtener del Estado, la necesaria tutela jurisdiccional en unos plazos mucho más breves que la tutela ordinaria.

Así las cosas, con inspiración en el viejo aforismo que reza *"justicia cuando es tardía no es justicia"* o, en palabras de GIUSEPPE-CHIOVENDA, *"el tiempo necesario para obtener la razón, no debe convertirse en daño para quien tiene la razón"*[61] se puede afirmar que el objetivo de la tutela cautelar es permitir que la sentencia que llegare a dictar el juez, referida a la tutela de un determinado derecho subjetivo o interés legítimo de una persona, no se haga ilusoria, producto de sucesos que acontezcan durante el transcurso del proceso.

En este sentido, la Sala Constitucional del Tribunal Supremo de Justicia estableció que la justicia cautelar es un contenido esencial del derecho a la tutela judicial efectiva y, como tal, constituye un deber ineludible del Estado procurarla. De igual forma aseveró que ello conduce al planteamiento de que tal obligación de protección anticipada, no sólo reposa en la Ley o en el Juez, según sea el caso, sino –con mayor razón- en los órganos del Poder Público a los que está dirigida, de quienes demanda su máximo respeto, en estricto apego a las funciones propias de cada Poder, en cada uno de los niveles político territoriales[62].

Como hemos comentado, el artículo 259 Constitucional[63] establece el poder cautelar y *"restablecedor"* de la jurisdicción contencioso administrativa frente a los actos administrativos generales o particulares que lesionen situaciones jurídicas subjetivas y, a modo de

---

59   *"Artículo 253. CRBV. La potestad de administrar justicia emana de los ciudadanos o ciudadanas y se imparte en nombre de la República por autoridad de la ley.*

Corresponde a los órganos del Poder Judicial conocer de las causas y asuntos de su competencia mediante los procedimientos que determinen las leyes, y ejecutar o hacer ejecutar sus sentencias..."

60   V. *La Tutela Cautelar de urgencia en la Jurisdicción Contencioso Administrativa. Revista Derecho y Sociedad* N° 2, editada por los Estudiantes de Derecho de la Universidad Monteávila. Abril de 2001. p. 209. Disponible en http://www.ulpiano.org.ve/revistas/bases/artic/texto/DERYSO/2/deryso_2001_2_209-215.pdf.

61   CHIOVENDA, Giuseppe. *Instituciones de Derecho Procesal Civil.* Valletta Ediciones, Buenos Aires, 2005.

62   V. entre otras sentencia N° 2159, de fecha 28 de noviembre de 2006, caso: *Compañía Occidental de Hidrocarburos Inc., sentencias nos. 1832/2004,* caso: *Bernardo Weininger; 296/2005,* caso: *Defensoría del Pueblo; 4335/2005,* caso: *Wilmer Peña Rosales y 960/206,* caso: *ICAP II.*

63   *"Artículo 259. CRBV. La jurisdicción contencioso administrativa corresponde al Tribunal Supremo de Justicia y a los demás tribunales que determine la ley. Los órganos de la jurisdicción contencioso administrativa son competentes para anular los actos administrativos generales o individuales contrarios a derecho, incluso por desviación de poder; condenar al pago de sumas de dinero y a la reparación de daños y perjuicios originados en responsabilidad de la Administración; conocer de reclamos por la prestación de servicios públicos y disponer lo necesario para el restablecimiento de las situaciones jurídicas subjetivas lesionadas por la actividad administrativa."*

complemento, el artículo 104 de la Ley Orgánica de la Jurisdicción Contencioso Administrativa (LOJCA), habilita a los órganos de la jurisdicción contencioso administrativa para acordar las medidas cautelares que estime pertinentes para resguardar la apariencia del buen derecho invocado y garantizar las resultas del juicio, ponderando los intereses públicos generales y colectivos concretizados y ciertas gravedades en juego.

Por su parte, el Código de Procedimiento Civil (CPC), en sus artículos 585[64] y 588[65], consagra el poder general cautelar del juez frente al riesgo manifiesto de que quede ilusoria la ejecución del fallo, y en forma más específica, la potestad cautelar innominada para evitar o hacer cesar lesiones graves o de difícil reparación.

De igual forma, el juez, tanto de la jurisdicción administrativa como el de la tributaria, goza de plenos poderes de decisión que le permiten alejarse de lo alegado y probado por las partes, pudiendo incluso declarar la nulidad de los actos sometidos a su consideración cuando ellos estuvieren afectados de inconstitucionalidad o ilegalidad, no estando sujeto, por consiguiente, al señalado principio dispositivo[66]. Partiendo de esta consideración se reconoce al juez de la jurisdicción contencioso administrativa amplios poderes que le permiten, mediante un juicio de valoración que parte de la razón y la equidad, una amplia discrecionalidad al momento de dictar las medidas cautelares nominadas o innominadas, tanto en su dimensión y ejecución, como en su extensión y límites.

En lo que respecta a los requisitos de procedibilidad de estas medidas, observamos que, si bien el derecho contenido en el artículo 35 de la CDC/ILADT refiere a la existencia del *fumus bonis iuris y* del *periculum in mora,* conforme a lo establecido expresamente en el COT el *periculum in mora y el fumus boni iuris* constituyen extremos de satisfacción <u>alternativa</u> para la obtención de la medida solicitada. En efecto, como indicamos previamente, el COT dispone de forma expresa la alternatividad mencionada, no obstante, la SPA del TSJ, mediante la interpretación *"correctiva"* [67] efectuada al entonces artículo 263 del COT, resolvió que tales extremos debían satisfacerse de manera concurrente. Es de destacar que tal concurrencia solo se exige al contribuyente, pues hasta el COT de 2001, cuando la Administración tributaria solicitaba medidas cautelares, el Tribunal podía otorgarlas con la sola verificación del cumplimiento de uno de esos extremos, evidenciando, una vez más, el trato discriminatorio otorgado al contribuyente cuando concurre a juicio con la administración tributaria.

---

64   *"**Artículo 585 CPC.** Las medidas preventivas establecidas en este Título las decretará el Juez, sólo cuando exista riesgo manifiesto de que quede ilusoria la ejecución del fallo y siempre que se acompañe u medio de prueba que constituye presunción grave de esta circunstancia y del derecho que se reclama."*

65   *"**Artículo 588 CPC.** En conformidad con el artículo 585 de este Código, el Tribunal puede decretar, en cualquier estado y grado de la causa, las siguientes medidas:*

(...)

PARÁGRAFO PRIMERO. *Además de las medidas preventivas anteriormente enumeradas, y con estricta sujeción a los requisitos previstos en el artículo 585, el Tribunal podrá acordar las providencias que considere adecuadas, cuando hubiere fundado temor de que una de las partes pueda causar lesiones graves o de difícil reparación al derecho de la otra. En estos casos para evitar el daño, el Tribunal podrá autorizar o prohibir la ejecución de determinados actos, y adoptar las providencias que tengan por objeto hacer cesar la continuidad de la lesión. (...) "*

66   V. entre otras Sentencia N°429 de fecha 11/05/2004. Caso: Sílice Venezolanos.

67   Ver sentencia N° 00607, dictada por la SPA del TSJ en fecha 03/06/2000. Caso: Deportes El Márquez C.A. Disponible en: http://historico.tsj.gob.ve/decisiones/spa/junio/00607-030604-2003-0354.HTM. La Sala consideró que el acto administrativo cuya suspensión se solicita goza de una presunción de legalidad, por lo que, la sola apariencia del buen derecho no es suficiente para suspender los efectos del acto administrativo tributario y, en tal razón, consideró que es necesario demostrar que la ejecución del acto administrativo causaría graves perjuicios al interesado.

Otro aspecto de relevancia es que, esa interpretación *"correctiva"* a que nos hemos referido, vulneró el principio de progresividad de los derechos fundamentales y dejó a un lado las conquistas que hubiéremos experimentado en esta materia. Recordemos que nuestro primigenio COT asumió las propuestas contenidas en el Modelo de Código Tributario para América Latina OEA-BID (MCT OEA-BID), entre ellas su artículo 172 que preveía la suspensión *"ope legis"* de los efectos del acto con la mera interposición del RCT.

Como quiera que el COT de 2001 eliminó la suspensión *"ope legis"* y en sustitución de ésta previó la posibilidad de acordarla a instancia de parte y previa de demostración de la satisfacción alternativa de uno de los señalados extremos, encontramos que, por la vía jurisprudencial, se desmejoró aún más la condición en que se colocó al contribuyente con el COT de 2001, en otras palabras, pasamos de la eliminación de la suspensión *"ope legis"* a la suspensión previa solicitud de parte, cuando se cumpliera con el *fumus bonis iuris* o el *periculum in mora,* para finalmente, modificar por la vía jurisprudencial la letra de la norma y pretender exigir la concurrencia de los tales extremos, tal como si se tratase de una medida cautelar conforme al régimen ordinario para el otorgamiento de las medidas a que refiere el artículo 585 del CPC[68].

En este contexto, observamos que aun cuando el contribuyente demuestre la satisfacción concurrente de los extremos comentados, en la mayor parte de los casos las medidas por él solicitadas o simplemente el Tribunal no emite el respectivo pronunciamiento, colocando al contribuyente en una especial situación en la que puede estar expuesto al cobro ejecutivo de las cantidades que derivan del acto impugnado (por no contar con la suspensión de efectos) y, en ese supuesto, tendría que proceder o bien al pago bajo protesta de tales sumas o constreñir al Tribunal a pronunciarse por el riesgo inminente del cobro ejecutivo. En ese caso, sucede que la práctica reiterada es, en el último de los supuestos, otorgar la medida previa constitución de garantía o fianza por la totalidad del monto debatido, lo que sin dudas hace verdaderamente nugatorio el derecho a la tutela cautelar del contribuyente y condiciona económicamente el derecho a hacerla efectiva.

En lo que respecta a los artículos 36 y 37 de la CDC/ILADT que recogen el derecho de la administración tributaria de solicitar las medidas cautelares en caso de riesgo en la percepción del crédito tributario, debemos destacar algunos aspectos fundamentales que se desprenden de tales normas, estos son: *(i)* la plena intervención del órgano jurisdiccional en estas solicitudes, por ser el tercero imparcial llamado para administrar justicia en los conflictos planteados entre contribuyente y administración, *(ii)* las medidas deben tener una duración temporalmente limitada y, *(iii)* el monto de la supuesta obligación tributaria no es lo verdaderamente determinante para el otorgamiento de las medidas, por lo que la administración tributaria debe demostrar con hechos ciertos, concretos y objetivos la presunta posibilidad del contribuyente de eludir su responsabilidad tributaria.

Esos aspectos fundamentales son flagrantemente vulnerados a la luz del COT de 2014 y de la jurisprudencia vigente y es que, aún bajo la vigencia del COT de 2001, la tendencia ha sido la de colocar a la administración tributaria en una situación ventajosa en relación con el contribuyente, en su condición de contraparte en juicio.

Así las cosas, como apuntamos con anterioridad, la actual regulación de las medidas cautelares requeridas por la administración tributaria para garantizar la percepción del pretendido crédito tributario, vulnera flagrantemente los derechos que la CDC/ILADT ha recogido en sus artículos 36 y 37, por cuanto: *(i)* este procedimientos es tramitado sin

---

68 Observamos que, en el ámbito tributario, la anotada alternatividad deviene del hecho que la eventual ejecución del acto administrativo cuya suspensión se solicita, provocará, en cualquier caso, una afectación en la esfera subjetiva de derechos del contribuyente y precisamente, es esa situación la que justifica la adopción de la medida con la sola demostración del *fumus bonis iuris* o del *periculum in mora.*

intervención del órgano jurisdiccional, *(ii)* las medidas durarán *todo el tiempo que dure el riesgo en la percepción del crédito,* sin perjuicio de que se acuerde su sustitución o ampliación, *(iii)* la administración tributaria no tiene la obligación de probar los hechos que sirven de fundamento para presumir el riesgo en la satisfacción de la obligación tributaria, *(iv)* la administración tributaria, inicia, sustancia y decreta las medidas que considere y aun cuando esta decisión es impugnable a través del RCT, tal impugnación, no suspende la ejecución de la medida, por lo que, es evidente que el perjuicio o la afectación directa sobre los derechos del contribuyente.

Por tal razón, consideramos que, tanto el caso de las medidas de suspensión de efectos como las medidas cautelares dispuestas a favor de la administración tributaria requieren de una revisión urgente, lo cual nuevamente nos conduce a reflexionar sobre la necesaria reforma del COT en lo que respecta a estos puntos y, a la solución temporal que podría garantizarse sólo con un poder judicial verdaderamente garante del cumplimiento de la Constitución y de los derechos fundamentales en ella contenidos.

III.4. Derecho a no autoincriminarse.

El artículo 52 de la CDC/ILADT, establece el siguiente derecho:

> *"52. Derecho a no autoincriminarse, a no aportar coactivamente pruebas que le incriminen y a no soportar pruebas coactivas."*

Se trata de un derecho que ha tenido un gran recorrido en Europa, especialmente a partir de la jurisprudencia del Tribunal Europeo de Derechos Humanos, que ha defendido que el derecho a no autoincriminarse ha de extenderse a los procedimiento administrativos que puedan derivar en un proceso penal (así lo ha declarado el Tribunal Europeo de Derechos Humanos en sentencias *Funke* de fecha 25 de febrero de 1993 y *Bendenoun* de fecha 24 de febrero de 1994) señalando las sentencias *Saunders vs. Reino Unido* y *J.B. vs. Suiza* de fecha 03 de mayo de 2001, que este derecho impide utilizar en un proceso penal o sancionador administrativo, material probatorio que tenga una existencia independiente de la voluntad del mismo, obtenido del acusado mediante poderes coactivos.

El derecho fundamental a no autoincriminarse, se encuentra en perfecta sintonía con nuestro Texto Constitucional y, en especial, con el numeral 5º de su artículo 49, no obstante, encontramos que dentro de las amplias facultades de la administración tributaria y, su vez, las innumerables obligaciones o deberes a cargo de los contribuyentes contemplados en el COT, podrían surgir claras situaciones en las que el contribuyente se encuentre constreñido a cumplir con los requerimientos formulados por la Administración y, en consecuencia, presentar documentación de carácter reservado o bajo situaciones que podrían comprometer su derecho a la defensa so pena de ser objeto de imposición de sanciones por incumplimiento del deber de informar a la administración tributaria sobre los hechos o asuntos que ella le solicite.

Así encontramos que el artículo 131 del COT lista una serie de atribuciones de la administración tributaria que, en definitiva, evidencian las amplias facultades con que cuenta en el marco de los procedimientos administrativos regulados en ese Código. Por otra parte, el artículo 143 del COT <u>obliga</u> a la autoridades civiles, políticas, administrativas y militares, a los colegios profesionales, asociaciones gremiales, de comercio, de producción, sindicatos, bancos, contribuyentes, responsables, terceros y, en general, a cualquier particular u organización <u>a prestar su concurso a todos los órganos y funcionarios de la Administración tributaria y suministrar, eventual o periódicamente, las informaciones que con carácter general o particular le requieran los funcionarios competentes.</u>

Por supuesto que el incumplimiento de tales obligaciones, en especial, las relacionadas con el deber de presentar comunicaciones, constituye un ilícito formal tipificado en el artículo 103 del COT y sancionado con multas previstas en Unidades Tributarias (UT) y que varían dependiendo del ilícito que se impute. De igual forma, encontramos que el artículo 108 del COT, prevé de manera abiertamente inconstitucional, una norma penal en blanco, que residualmente sanciona el incumplimiento de cualquier otro deber formal para el cual no exista una sanción específica con multa de 100 UT y, en grave violación al principio de igualdad ante la ley, incrementa la sanción a 500 UT, en función de la condición del presunto infractor, es decir, si se trata de un contribuyente especial.

Las normas que anteceden ponen de manifiesto las amplias facultades de averiguación e investigación de la administración tributaria y, a la par, la existencia de una serie de sanciones aplicables al contribuyente reticente en la entrega o suministro de la información y documentación solicitada.

De manera que, la gran cuestión radica en determinar hasta qué punto un contribuyente está obligado a consignar o a suministrar una información a la administración tributaria que claramente le perjudique. De igual forma ¿podría la administración tributaria valerse de una información obtenida sin el consenso del contribuyente? y es que, efectivamente el mencionado artículo 143 del COT obliga a cualquier agente a colaborar con la administración tributaria en el suministro de la información que ésta requiera, pero ¿podría justificarse la aplicación de una norma legal cuyo contenido o dispositivo podría lesionar derechos fundamentales del contribuyente?. La respuesta, a nuestro modo de ver, es negativa.

En efecto, esta situación plantea una coexistencia de intereses de distinta naturaleza, por una parte, el interés público, encarnado en la obligación de contribuir con el común sostenimiento de las cargas públicas y el deber de colaboración con la administración tributaria en sus actividades de control fiscal y, por el otro, el respeto y la preeminencia que debe garantizarse respecto de los derechos fundamentales de que goza el contribuyente, conforme se desprende del numeral 5º del artículo 49 Constitucional y el literal "g" del artículo 8 de la Convención Americana sobre Derechos Humanos (Pacto de San José). De tal manera que, frente a este deber de colaboración con la administración tributaria se impone el derecho constitucional conforme al cual nadie puede ser obligado a declarar contra sí mismo.

Desde esta perspectiva, la doctrina ha distinguido claramente dos supuestos, el primero de ellos, que corresponde a la obligación de suministrar información o documentación en el marco de procedimientos determinativos de la obligación tributaria y, el segundo de ellos, el valor que éstos tendrán en el marco de procedimientos administrativos sancionatorios o procedimientos jurisdiccionales en los que se pretenda determinar la procedencia de ilícitos como evasión, elusión o defraudación tributaria.

Sobre este punto, SPISSO al referirse al principio de la *inmunidad de la declaración,* de común aplicación en el campo penal, ha señalado que *"(...) no podría oponerse en un procedimiento de determinación tributaria en el cual el aporte de documentación e información por parte del contribuyente es utilizado por el organismo fiscal con el objeto de verificar el adecuado cumplimiento que aquél ha dado a sus obligaciones fiscales (...)"*[69], no obstante, cuando los aportes realizados por el contribuyente pretendan incorporarse como elementos probatorios en procedimientos administrativos de contendido sancionatorio, conduciría a una iniciativa que vulnera el derecho constitucional a no autoincriminarse.

Bajo esta perspectiva, autores como SOLER., O., han señalado que la documentación o información suministrada por un contribuyente en un procedimiento de revisión de sus obligaciones tributarias, sin que haya mediado advertencia alguna por parte de la administración tributaria de la sospecha sobre la comisión de algún ilícito y de su derecho a no declarar

---

69 SPISSO, Rodolfo R. *Derecho Constitucional Tributario.* Editorial de Palma, 2.000.

contra sí mismo *"(...) sólo tiene virtualidad jurídica a los fines del reclamo de la obliga-ción tributaria y sus accesorios, de corresponder, mas no podrían utilizarse como medio de prueba a los fines penales, por estar teñido de inconstitucionalidad el modo de conseguir-los.(...) ello no priva al organismo fiscal de la posibilidad de llegar igualmente a una con-dena, si la infracción del responsable pudiera llegar a acreditarse por otros elementos pro-batorios legítimamente obtenidos. (...)"*[70]

Parece existir entonces una clara distinción de las dos situaciones que pueden presentarse, una de ellas, en la esfera administrativa y que plantea el deber de colaboración del contribu-yente en el marco de un procedimiento de revisión de sus obligaciones tributarias y, la otra, el procedimiento sancionatorio, sea en sede administrativa o jurisdiccional, en cuyo caso el contribuyente tiene el derecho de no presentar pruebas que le incrimine y tal derecho, no puede negarse ante la pretendida obligación de colaboración del contribuyente que, aunque exigible de manera coactiva no podría vulnerar derechos fundamentales. Un supuesto dife-rente vendría representado por aquel caso en que el contribuyente, de manera voluntaria y aun advertido de la naturaleza del procedimiento y de los derechos que le asisten, presenta evidencias, documentos o información que le sean perjudiciales en procedimientos sancio-natorios.

Dos aspectos más merecen la pena ser destacados, estos son: *(i)* la administración tributa-ria puede asumir distintos roles dependiendo de la naturaleza del procedimiento que sustan-cie o del proceso jurisdiccional en el que sea parte; y, *(ii)* el carácter y la valoración de la documentación que la administración tributaria pueda obtener del contribuyente a través de distintas vías.

En relación al primer punto, observamos que la administración tributaria puede desplegar sus actividades de fiscalización a través de los respectivos procedimientos dispuestos en el COT, a su vez, está facultada para ejercer en nombre del Estado la acción penal correspon-diente a los ilícitos tributarios penales[71] y, al mismo tiempo, puede ser contraparte en un proceso contencioso en el que se discuta la validez o conformidad a derecho de alguna san-ción, por lo que, a la luz de este derecho que asiste al contribuyente de no autoinculparse, o no suministrar información que le incrimine, consideramos como un aspecto fundamental que se informe al contribuyente sobre la posibilidad de que la documentación o información obtenida en el curso de un procedimiento de revisión de obligaciones fiscales, pueda ser utilizado en procedimientos sancionatorios. Luego, si el contribuyente accede de manera voluntaria en suministrar la documentación o información requerida, se entiende que aquélla es de legítima procedencia y así podrá ser utilizada en un procedimiento sancionatorio o de naturaleza penal.

En relación al segundo punto, observamos que la administración tributaria obtiene infor-mación a través de *(i)* la obligación general de terceros de colaborar para tales fines, *(ii)* los Contribuyentes Especiales, *(iii)* las fiscalizaciones que práctica sobre diversos contribuyen-tes -y que puede revelar información de contenido tributario de otros sujetos pasivos- y, *(iv)* su propio sistema (que se alimenta de todos los datos suministrados por los contribuyentes registrados). Esta información que obtiene de los contribuyentes sin fiscalizarlos de manera directa, podría servir entonces como elemento de presunción de la comisión de eventuales ilícitos pero, su admisión y posterior valoración, si llegaren a incorporarse a un proceso con-tencioso o a alguno de naturaleza penal, dependerán de su correcta incorporación, la cual, en

---

70   SOLER, Osvaldo. *Derechos y Defensas del Contribuyente frente al Fisco.* Editorial LA LEY. Buenos Aires, 2001. p. 86.

71   Conforme a lo establecido en el numeral 22 del artículo 131 del COT, la administración tributaria tiene la potestad de *"ejercer en nombre del Estado la acción penal correspondiente a los ilícitos tributarios penales, sin perjuicio de las competencias atribuidas al Ministerio Público."*.

todo caso, vendrá determinada por la existencia de una oportunidad para su control y contradicción, en atención al debido respeto de los derechos y garantías constitucionales que asisten al contribuyente.

Por último, debemos referirnos al contenido del artículo 136 del COT, conforme al cual las informaciones y documentos que la administración tributaria obtenga *por cualquier medio* tendrán carácter reservado y sólo serán comunicadas a la autoridad judicial o a cualquier otra autoridad en los casos que autorizan las leyes. Culmina esa disposición advirtiendo que el uso indebido de la información reservada dará lugar a la aplicación de las sanciones respectivas.

En nuestra opinión las pruebas que, conforme a lo establecido en esa norma sean obtenidas por cualquier medio y pretendan ser utilizadas en procesos judiciales (sancionatorios o no), está condicionada y determinada por la estricta sujeción y respeto a la norma fundamental, por lo que su admisibilidad y posterior valoración siempre estará determinada por la legalidad y la legitimidad en la forma de obtención del medio probatorio que pretende hacerse valer.

Por tanto, nuevamente es el Poder Judicial el llamado a dar correcta y justa solución a las situaciones que, en este ámbito, llegaren a presentarse, debiendo tener por norte el respeto a los derechos fundamentales del contribuyente y a la Constitución, como norma suprema y fundamento de nuestro ordenamiento jurídico.

III.5. Derecho a la exclusión de la *reformatio in peus*.

El artículo 59 de la CDC/ILADT establece la exclusión de la *reformatio in peus,* en los términos siguientes:

> *"59. Derecho a que las resoluciones de recursos no empeoren la situación objetiva del contribuyente (exclusión de la refomatio in peus) y a que la retroacción de actuaciones para convalidad actos anulables respete las situaciones consolidadas y no pueda operar si las facultades de la Administración Tributaria han prescrito."*

Centraremos nuestro análisis en la necesaria aplicación de este principio procesal (exclusión de la *reformatio in peus*) fundamentalmente, a la luz de la jurisprudencia vigente que, como señalaremos de seguidas, vulnera directamente el mencionado principio.

Para MONTERO AROCA, J., la *reformatio in peus,* supone

> *"(...) la prohibición de que el tribunal ad quem, al resolver el recurso, modifique por sí la sentencia apelada en perjuicio del apelante, empeorando o agravando la posición del mismo (...) ello implica que aquellos pronunciamientos de la sentencia de instancia que no hayan sido objeto de impugnación y que resulten favorables al apelante, conservarán plena eficacia para él, pues lo que pretende con la interposición del recurso es obtener una resolución que modifique la de instancia en lo que le resulte desfavorable, nunca una reforma que empeore su situación. La interposición del recurso genera, por tanto, para el recurrente una expectativa de reforma de la resolución recurrida en aquello que le resulte desfavorable, sin que en ningún caso le quepa esperar un resultado que le perjudique. (...)"*[72]

En términos sencillos, RENGEL-ROMEG, A., define a la *"prohibición de la reformatio in peus"* como una limitación que tiene el poder del juez de alzada en ciertos casos, específicamente *"(...) cuando existe vencimiento recíproco de ambas partes y una sola de ellas*

---

72   MONTERO AROCA, Juan y FLORS MATÍES, José. *Los Recursos en el Proceso Civil.* Editorial Tirant Lo Blanch. Valencia, 2001. p. 346.

apela, el juez de alzada no puede reformar la sentencia apelada empeorando la condición del apelante. (...)".[73]

Este principio encuentra plena aplicación en el sistema procesal venezolano y, de manera pacífica y reiterada la Sala de Casación Civil (SCC) del TSJ ha sostenido lo siguiente:

> *"(...)Vista la figura del reformatio in peius, como un principio jurídico que emerge en abstracto de la conducta del jurisdicente, a través de la cual desmejora la condición del apelante, sin que haya mediado el ejercicio del precitado recurso por la contraria, es de lógica concluir, que... la realidad de la conducta del ad quem, al desmejorar al apelante, esta circunscrita a la figura jurídica de la ultrapetita, pues viola el principio de la congruencia de la sentencia, conectado a la limitación de decidir solamente sobre lo que es objeto del recurso subjetivo procesal de apelación; en igual manera la reformatio in peius, está ligada a la garantía constitucional del derecho a la defensa, por lo cual quien ejerce ese derecho no puede ver deteriorada su situación procesal, por el sólo hecho de haberlo ejercido. (...)"*[74]

Más allá del vicio con que se denuncie la infracción cometida por el *ad quem* al momento de ejercer el recurso de casación, consideramos que, a los efectos del presente trabajo, el aspecto verdaderamente relevante viene representado por la indebida e inconstitucional posición en que se coloca al apelante agraviado, si el juez de alzada modifica la decisión para desmejorar la situación en que se encontraba la antes de ejercer el recurso, lo que supone igualmente que esa desmejora opera en beneficio de la parte que, aun estando legitimada para recurrir, no lo hizo.

Debemos tener presente que está figura parte del supuesto de que <u>ambas partes han resultado agraviadas en alguna proporción</u>, por lo que se entiende que la parte que no apela, manifiesta tácitamente su conformidad con el fallo, siendo totalmente cuestionable que la parte que ejerza el recurso (frente a otra que no lo hace) se le coloque en una peor situación y se mejore el derecho de quien se entiende estaba conforme con el fallo.

En el ámbito tributario, encontramos que este principio se encuentra seriamente comprometido a la luz de la jurisprudencia vigente. Como hubiéremos comentado, actualmente tiene plena aplicación el criterio conforme al cual toda sentencia que desfavorezca los intereses del ente público, total o parcialmente, debe ser revisada por la SPA del TSJ, vía consulta obligatoria. Así las cosas, esta gravísima prerrogativa supone que ningún contribuyente podrá lograr una sentencia definitivamente firme en primera instancia, ello al margen de que no existe, en nuestra opinión, justificación alguna (mucho menos constitucional) para aplicar tal privilegio (que originalmente se concedía a la República) pero que hoy día es extensivo a los Municipios, Estados, entes públicos y cualesquiera empresas en que el Estado tenga alguna participación accionaria (por aplicación de otra prerrogativa implementada por la vía jurisprudencial).

Esta prerrogativa que versa sobre las sentencias definitivas en las que el ente público resulte vencido total o parcialmente (esto es, un fallo que declara parcialmente con lugar el RCT), plantea una serie de escenarios entre los cuales nos permitimos presentar los siguientes: *(i)* si la administración tributaria resuelve no apelar (aun teniendo válidos motivos para considerar que efectivamente el acto impugnado se encontraba viciado de nulidad absoluta) el fallo sube vía consulta obligatoria, *(ii)* si la administración tributaria apela pero no cumple con la carga de fundamentar su recurso de apelación en segunda instancia, la Sala no declara desistido el recurso y, en todo caso, entra a revisar la decisión de instancia vía consulta obligatoria, *(iii)* si el contribuyente apela de la sentencia que declara sin lugar el RCT

---

73 RENGEL-ROMBERG, Alberto. *Tratado de Derecho Procesal Civil Venezolano.* Tomo II. Editorial Arte. Caracas, 1995. p. 419.

74 Sentencia dictada por la SCC del TSJ en fecha 02 de marzo de 2006. Disponible en: http://historico.tsj.gob.ve/decisiones/scc/Marzo/RC-00141-020306-05705.htm

pero no fundamenta su recurso de apelación, la Sala declara el desistimiento de la apelación y, en consecuencia, se confirma el fallo y, con ello, la firmeza del acto administrativo, *(iv)* si estamos ante una sentencia que declaró parcialmente con lugar el RCT y contribuyente apela, pero lo administración no lo hace, la Sala igualmente revisará el fallo y, podrá modificarlo para declarar, por ejemplo sin lugar el RCT interpuesto, es decir, para desmejorar la situación en la que el fallo de instancia había colocado al contribuyente.

Los escenarios que anteceden, ponen de manifiesto la evidente desigualdad en el trato de las partes en juicio, lo que claramente afecta el debido proceso como garantía fundamental del derecho a la tutela judicial efectiva. Si bien reconocemos los amplios poderes que detenta el juez contencioso administrativo como garante de la legalidad de la actividad administrativa, debemos reconocer que también detenta un rol no menos importante como garante de la tutela y del respeto de los derechos subjetivos del contribuyente.

Por tanto, a la luz de los derechos fundamentales contenidos en nuestro Texto Constitucional consideramos que no existe justificación alguna para que en los supuestos de sentencias que declaren parcialmente los RCT se favorezca a la parte que no ejerció su derecho de apelación, colocando a la parte apelante en una situación más gravosa que en la que se encontraba antes de ejercer el recurso.

Este principio debe aplicarse a las partes del proceso <u>sin distinción de condiciones subjetivas</u>, esto es, sin tener relevancia la condición de administración tributaria o de contribuyente, no obstante, en nuestro caso podemos evidenciar que la *reformatio in peus* se aplica respecto del contribuyente, pero no así respecto de la Administración. De manera que, si desde el punto de vista práctico está prohibición (que se eleva como principio procesal fundamental) no tiene efecto alguno en el contencioso tributario, consideramos entonces que, en atención al principio de igualdad de las partes en el proceso, esa misma fórmula debería aplicarse también en beneficio del contribuyente.

En nuestra opinión sería provechoso que, en una próxima y necesaria reforma del COT se incluya expresamente este principio de exclusión de la *reformatio in peus* como parte de los derechos procesales que le asisten al contribuyente y, mientras eso sucede, quedará a cargo del Poder Judicial poner fin a tan numerosas inequidades que se verifican en el proceso contencioso tributario, entre otras razones, por la proliferación excesiva, indiscriminada e injustificada de prerrogativas a favor de la administración tributaria que, sin duda, la coloca en una situación más ventajosa con respecto al contribuyente, lesionándose flagrantemente su derecho a la defensa y a la tutela judicial efectiva.

IV. CONCLUSIONES.

1. Aun sin contar con un texto formal o un Estatuto del Contribuyente existe, en nuestro ordenamiento jurídico, un entramado de normas que parten de nuestro Texto Constitucional, la legislación vigente y el valor y trascendencia de cierta jurisprudencia consistente con el principio de progresividad de los derechos humanos, que constituyen verdadero derecho vigente y que representa, de suyo, una verdadera *Carta de Derechos del Contribuyente*, ello sin perjuicio de reconocer las bondades, la certeza y la seguridad jurídica que brindan estos tipos de instrumentos a los contribuyentes y sin que ello suponga desconocer la importancia que representa la eventual consagración de nuevas fórmulas que han sido positivizadas con el objeto de tutelar ciertos derechos a la luz de las nuevas realidades que experimentamos y que, desde la perspectiva tributaria, vienen de la mano de fenómenos como la globalización y la fiscalidad internacional, entre otros.

2. Parte de la normativa tributaria vigente evidencia la necesidad de revisar algunos textos normativos que coliden directamente con disposiciones de rango constitucional y con derechos fundamentales consagrados y tutelados por Trados Internacionales en esta materia.

En efecto, urge una necesaria reforma de buena parte de las normas que integran nuestro sistema tributario a la luz de los principios fundamentales que rigen la tributación y del principio de progresividad de los derechos humanos.

Entre tanto, urge un Poder Judicial verdaderamente independiente, garante del respeto y de la aplicación del Texto Constitucional como norma suprema y fundamento de nuestro ordenamiento jurídico, en ese caso, no hay duda de que eventuales violaciones de derechos del contribuyente podrán ser mitigadas por éstos, al proceder de manera inmediata a la desaplicación de la norma viciada, por la vía del control difuso de la constitucionalidad, tal como le habilitan el artículo 334 Constitucional y 20 del CPC.

§ 44. EL CAMBIO DE LOS CRITERIOS JURISPRUDENCIALES Y SUS EFECTOS FRENTE A LOS CONTRIBUYENTES

Manuel Iturbe Alarcón *

1.- INTRODUCCIÓN

Este trabajo tiene su origen en una investigación jurisprudencial que realizamos para exponer este tema en las II Jornadas de Derecho Procesal Tributario de la AVDT que se llevaron cabo en el mes de septiembre de 2015, en la ciudad de Caracas. Teníamos pendiente escribir algunas notas sobre estos cambios jurisprudenciales y cómo debieran ser sus efectos frente a los contribuyentes.

Este es un tema donde la jurisprudencia del Tribunal Supremo de Justicia, tanto en Sala Constitucional como en Sala Administrativa, ha señalado en diversas sentencias la importancia de que los criterios jurisprudenciales se mantengan en el tiempo y que si bien los cambios de tales criterios pueden ocurrir ya que la interpretación de la normas no se puede quedar congelada en el tiempo, tales cambios no pueden ser bruscos ni arbitrios sino plenamente justificados. Además, los referidos cambios, a fin de respetar los principios de seguridad jurídica y de confianza legítima, no debieran aplicarse retroactivamente o a situaciones pasadas y regidas bajo otro criterio jurisprudencial so pena de incurrir en violación de tales principios.

A traves del principio de confianza legítima los administrados tienen una expectativa de que la Administración Pública actuará de forma similar a como ha sido su actuación en el pasado, con lo que adquieren la confianza o tranquilidad de conocer o estimar a ciencia cierta las consecuencias de sus actos.

Con la jurisprudencia sucedería algo similar, en el sentido de que el contribuyente con base en los criterios pacíficos y reiterados de jurisprudencia adquiere la confianza sobre sus consecuencias tributarias y que sus casos o procesos de impugnación serán decididos con base en esos criterios que crearon una confianza o expectativa para él de obtener una decisión favorable y que de cambiarse tales criterios, lo cual es completamente posible y aceptable, esa nueva doctrina jurisprudencial sólo puede tener efectos *ex nunc*, es decir, para situaciones o casos futuros.

La situación es que la jurisprudencia ha sido errática en como aplicar esos principios de seguridad jurídica y confianza legítima en los cambios jurisprudenciales. No se han respetado a plenitud tales principios y se han cometido grandes injusticias aplicando nuevos crietrios jurisprudenciales a situaciones o casos regidos claramente por los criterios derogados o modificados.

---

* Abogado graduado en la Universidad Católica Andrés Bello en 1992. Obtuvo el título en la misma Universidad de Especialista en Derecho Financiero en 1996. Profesor de la cátedra de "Instituciones de Derecho Financiero y Tributario" de la Universidad Monteávila (2006-2016). Actualmente profesor de la cátedra de "Tópicos de Derecho Tributario" de la Universidad Metropolitana. Miembro del Consejo Directivo de la Asociación Venezolana de Derecho Tributario (AVDT) períodos: 2009-2011, 2015-2017, 2017-2019 y 2019-2021. Presidente del Comité de Impuestos de Cámara Venezolano-Americana de Comercio e Industria (VenAmCham) período 2014-2015. Relator General de las XV Jornadas Nacionales de Derecho Tributario (2017). Socio del Escritorio Travieso Evans Arria Rengel & Paz.

En vista de ello, en el presente trabajo se analizan, entre otros, los citados principios y algunas sentencias donde pueden evidenciarse esas inconsistencias comentadas y se plantean algunas alternativas de solución a este tema.

2.- EL VALOR DE LA JURISPRUDENCIA EN EL DERECHO VENEZOLANO

La jurisprudencia es el conjunto de decisiones de los tribunales sobre una materia determinada, de las cuales se puede extraer la interpretación dada por los jueces a cierta situación concreta.

No debe confundirse la sentencia con la jurisprudencia, pues la sentencia es la aplicación del derecho a un caso concreto, su eficacia está limitada exclusivamente a los sujetos que han intervenido en la controversia y su autoridad se agota dentro de los límites objetivos y subjetivos del caso decidido u objeto de la controversia.

La jurisprudencia no crea ni constituye una norma jurídica nueva, sino que es sólo la interpretación de una norma, es decir, fija el sentido y alcance de la norma preexistente. No se equipara a la ley.

La jurisprudencia no tiene en el derecho venezolano sino una autoridad puramente científica y a lo más podría atribuírsele la fuerza de una presunción de interpretación correcta de la norma jurídica por aplicar y como tal puede tomarse eventualmente por los jueces para fundar la resolución de hipótesis idénticas o semejantes, pero esto no quiere decir que con ello la jurisprudencia adquiere el valor de fuente formal del derecho.

En efecto, en Venezuela, la jurisprudencia no es fuente de normas generales. Si bien una sentencia puede ser invocada para otro caso similar, ello no obliga al juez a seguir la misma doctrina. Lo anterior quiere decir que la sentencia no es vinculante, porque los magistrados no se encuentran obligados a aceptar como última palabra la doctrina y los principios contenidos en las sentencias anteriores, ni siquiera las sentencias propias. [1]

Existen ordenamientos jurídicos donde se exige que un determinado asunto sea interpretado de forma constante por distintos tribunales superiores y ello condiciona a otros juzgados –de menor graduación o de instancia– a seguir la referida interpretación, al punto que tal criterio se considera obligatorio. Ello ocurre, por ejemplo, en el sistema de los Estados Unidos de América. Ahora bien, el modelo norteamericano no opera como nuestro ordenamiento por cuanto aquí se permite que un juez de instancia se aparte del precedente que haya fijado (por ejemplo, la Sala de Casación Civil o la Sala Político Administrativa), lo que, en otras palabras, implica que puede perfectamente abandonar el tratamiento diuturno o desconocerlo, ya que no estaría obligado a ceñirse a tal posición reiterada; por lo que la jurisprudencia tendría un carácter meramente persuasivo. [2]

Eso ocurre, por ejemplo, con el artículo 321 del Código de Procedimiento Civil, el cual dispone:

> *"Los jueces de instancia procurarán acoger la doctrina de casación establecida en casos análogos, para defender la integridad de la legislación y la uniformidad de la jurisprudencia."*

Como se observa de esta disposición, el hecho de que se señale que los jueces *"procurarán"* acoger la jurisprudencia de casación evidencia que no se les está obligando a seguir esa doctrina, sino que deben seguirla en la mayor medida posible para que exista una uniformidad de criterios sobre un mismo asunto objeto de controversia judicial.

---

1   GONZÁLEZ REINOSA, Javier, *Marco jurídico del ejercicio de la libertad de expresión*, en VARELA CÁCERES, Edison Lucio. *Introducción a las fuentes del Derecho,* p. 397. http://www.ulpiano.org.ve/revistas/bases/artic/texto/RVLJ/7/rvlj_2016_7_373-418.pdf.

2   PEÑA SOLÍS, José, *Las fuentes del Derecho en el marco de la Constitución de 1999*, en VARELA CÁCERES, Introducción …, p. 396.

Ahora bien, y aun cuando la jurisprudencia no tiene fuerza obligatoria, puede llegar a imponerse en la convicción del juez o del jurista, por el valor persuasivo de sus razones y la autoridad del órgano del que emana Por tanto, la jurisprudencia tiene la finalidad fundamental de mantener la integridad del orden jurídico procurando la uniformidad de criterios, evitando la diversidad de interpretación sobre una misma cuestión jurídica, tan perjudicial para el principio de seguridad jurídica consagrado en el artículo 299 de la Constitución Nacional.

No obstante lo antes mencionado, según el artículo 335 de la Constitución Nacional, las decisiones que dicte la Sala Constitucional sobre el contenido y alcance de las normas y principios constitucionales son de obligatorio cumplimiento para todas las Salas del Tribunal Supremo y demás tribunales de la República. En efecto, dispone la citada disposición:

"El Tribunal Supremo de Justicia garantizará la supremacía y efectividad de las normas y principios constitucionales; será el máximo y ultimo intérprete de la Constitución y velará por su uniforme interpretación y aplicación. Las interpretaciones que establezca la Sala Constitucional sobre el contenido o alcance de las normas y principios constitucionales son vinculantes para las otras Salas del Tribunal Supremo de Justicia y demás tribunales de la República."

De la citada disposición se evidencia que la jurisprudencia en el sistema jurídico venezolano tiene fuerza vinculante en el modelo denominado de «doctrina vinculante», solamente para las decisiones de la Sala Constitucional que se dicten según los extremos del artículo 335, arriba citado. Para las demás Salas estaríamos en el supuesto de un modelo de «precedente» con carácter persuasivo, es decir, no obligatorio; sus resoluciones así sean reiteradas no vinculan a otros jueces, tal como lo dispone el artículo 321 del Código de Procedimiento Civil, arriba comentado.[3]

En tal sentido, la jurisprudencia puede tener dos manifestaciones concretas: (i) la que se denomina modelo de «precedente» que no reviste el carácter de fuente del Derecho, pero que podría originar la revisión del fallo que se dicte en contradicción a la jurisprudencia establecida de forma pacífica y reiterada y (ii) el llamado modelo de «doctrina vinculante», este último en el ordenamiento jurídico venezolano no exigiría que su contenido sea pacífico, reiterado o continuo, sino que la sola decisión de la Sala Constitucional que interprete normas y principios constitucionales es obligatoria y constituiría fuente del Derecho.[4]

3.- EL PRINCIPIO DE SEGURIDAD JURÍDICA

Nuestra Constitución Nacional regula el principio de seguridad jurídica en el artículo 299, en el cual se consagran los distintos principios en que se fundamenta el régimen socio económico de la República y expresa que *"...El Estado conjuntamente con la iniciativa privada promoverá el desarrollo armónico de la economía nacional con el fin de generar fuentes de trabajo, alto valor agregado nacional, elevar el nivel de vida de la población y fortalecer la soberanía económica del país, garantizando la seguridad jurídica..."*

---

3   LATORRE, Ángel, *Introducción al Derecho*, en VARELA CÁCERES, *Introducción* ..., p. 406.

4   BOZA SCOTTO, Natalia, *El valor de la jurisprudencia de la Sala de Casación Social: Las controversias sobre el carácter vinculante de la jurisprudencia de casación en el proceso laboral y de protección de niños, niñas y adolescente*, en VARELA CÁCERES, *Introducción* ..., p. 406.

"Si bien, más allá de las decisiones adoptadas en el seno de la SC (Sala Constitucional) en ejercicio de la competencia que le atribuye el artículo 335 de la Carta Magna, las demás sentencias dictadas por los tribunales del país no resultan vinculantes ni pueden considerarse fuentes formales generadoras de Derecho, la propia SC ha admitido que también pudieran entrar en aquella categoría excepcional, los fallos proferidos por la Sala de Casación que transcienden los límites particulares del caso sub iúdice". (ver sentencia de la *SC del 1° de junio de 2001*, caso: *Fran Valero González*). CARMONA, Juan Cristóbal, *Aspectos Temporales de la Ley Tributaria en el Ordenamiento Jurídico Venezolano*, AVDT, Caracas, 2016, p. 240.

La seguridad jurídica "(…) *es la existencia de confianza por parte de la población del país en el ordenamiento jurídico y en su aplicación, por lo que el principio abarca el que los derechos adquiridos por las personas no se vulneren arbitrariamente cuando se cambian o modifican las leyes; y porque la interpretación de la ley se hace en forma estable y reiterativa, creando en las personas confianza legítima de cuál es la interpretación de las normas jurídicas a la cual se acogerán.".* [5]

En el mismo orden de ideas, la seguridad jurídica consiste en *"…la regularidad o conformidad a Derecho y la previsibilidad de la actuación de los poderes públicos y, muy especialmente, de la interpretación y aplicación del Derecho por parte de las Administraciones públicas y los jueces y tribunales"*;[6] significando que sólo en un sistema de derecho regido por la seguridad jurídica pueden hacerse valer de forma correcta los derechos de aquellos que los detentan.[7]

La seguridad jurídica permite el progreso y el bienestar social, pero además garantiza el sometimiento a la ley y al Derecho de los poderes públicos que no pueden operar al margen y con desconocimiento de las reglas previamente fijadas.[8]

Para la doctrina nacional, dentro del principio de seguridad jurídica se fundamenta la expectativa o confianza legítima que constituye el sustento principal de la teoría de los derechos adquiridos y dicha noción implica varios elementos, a saber: (i) el exacto conocimiento de la existencia de la norma, del momento de su vigencia o extinción y de su alcance; (ii) la certeza de la aplicación de la norma al caso concreto; (iii) la existencia de mecanismos que permitan el conocimiento de las variaciones (temporales e interpretativas) de la norma; y (iv) la prohibición de cambios sorpresivos o clandestinos en la interpretación de las normas.[9]

---

5   Sentencia de la Sala Constitucional N° 3180 de fecha 15 de diciembre de 2004, caso: *Tecnoagrícola Los Pinos Tecpica, C.A.*

6   GARCÍA MORILLO, Joaquín, *Derecho Constitucional,* Vol. I, Tirant Lo Blanc, Valencia, 2016, p. 65.

7   *"El principio de seguridad jurídica exige que las normas sean claras, precisamente para que los ciudadanos sepan a qué atenerse. Cuando se fomenta la confusión, cuando se oscurece el régimen jurídico deliberadamente …, de alguna manera se está afectando negativamente al criterio jurídico de la seguridad jurídica, medida que nos da la intensidad y autenticidad del Estado de Derecho en cada país, en cada sistema jurídico…"* RODRIGUEZ-ARANA, Jaime, *Aproximación al Derecho Administrativo Constitucional,* Editorial Jurídica Venezolana, Caracas, 2007, p. 84.

8   CASTILLO BLANCO, Federico, *La Protección de la Confianza en el Derecho Administrativo*, Marcial Pons, Barcelona, 1998, p. 63.

"El principio de seguridad jurídica ha adquirido una triple dimensión en el devenir de la sociedad actual: en primer lugar, como conocimiento y certeza del Derecho positivo; en segundo lugar, como confianza de los ciudadanos en las instituciones públicas y en el orden jurídico en general, en cuanto garantes de la paz social; y finalmente, como previsibilidad de las consecuencias jurídicas derivadas de las propias acciones o de las conductas de terceros." LAGUNA VILLA, Jesús, *Principios Generales del Derecho y Constitución,* p. 34. file:///C:/Users/mia/Downloads/Dialnet-PrincipiosGeneralesDelDerechoYConstitucion-16951.pdf.

La jurisprudencia alemana se ha referido al principio de seguridad jurídica. En efecto, el Tribunal Constitucional Federal ha señalado que *"la seguridad jurídica es uno de los elementos fundamentales del Principio del Estado de Derecho. Los ciudadanos tienen que ser capaces de prever las posibles injerencias de la parte del Estado que les puedan afectar y de comportarse de manera adecuada. Los individuos tienen que poder fiarse de que sus acciones que son lícitas para el Derecho actual y de sus consecuencias jurídicas que pueden ser consideradas lícitas en el futuro… Seguridad jurídica significa para el ciudadano en primer lugar la protección de la confianza legítima…"* PIELOW, Johann-Christian, *El Principio de la Confianza Legítima en el Procedimiento y en las Relaciones Jurídico-Administrativas*. IV Jornadas Internacionales de Derecho Administrativo, Allan Randolph Brewer-Carías, FUNEDA, Caracas,1998, p. 101.

9   RONDON DE SANSO, Hildegard, *El Principio de Confianza Legítima o Expectativa Plausible en el Derecho Venezolano,* IV Jornadas Internacionales de Derecho Administrativo Allan Randolph Brewer-Carías, FUNEDA, Caracas,1998, p. 311.

En este sentido, el principio de seguridad jurídica promueve que el particular o administrado tenga conocimiento o certeza de la norma que aplica a un caso concreto, de sus variaciones e interpretaciones, así como la prohibición de cambios sorpresivos de la interpretación de la norma, ya que de ese principio deriva la confianza de la población de un país en el ordenamiento jurídico y en su aplicación, por lo que es de suma importancia que la interpretación de la ley por parte de los jueces se haga en forma estable y reiterativa y sin efectos retroactivos, para que las personas tengan la confianza legítima de cuál es la interpretación de la norma jurídica que tendrá consecuencias en su entorno o actividad.

4.- EL PRINCIPIO DE CONFIANZA LEGÍTIMA

Según se observa, el principio de seguridad constituye un principio macro del cual deriva el principio de confianza legítima, el cual se manifiesta en los actos del poder público que han generado la confianza en que se actuará en un determinado sentido para un determinado sector de ciudadanos o de colectivos.[10]

En efecto, se espera que se continúe manteniendo una determinada conducta o un ambiente de estabilidad, certeza y previsibilidad que facilita la convivencia armónica y congruente en un determinado Estado.

Ha señalado la doctrina extranjera que *"la protección de la confianza legítima es el instituto de derecho público, derivado de los postulados del Estado de derecho, de la seguridad jurídica y de la equidad, que ampara a quienes de buena fe creyeron en la validez de los actos (de alcance particular o general, sean administrativos o legislativos), comportamientos, promesas, declaraciones o informes de las autoridades públicas, que sean jurídicamente relevantes y eficaces para configurarla, cuya anulación, modificación, revocatoria o derogación provoca un daño antijurídico en los afectados, erigiéndose, bajo la observancia de esos componentes, en un derecho subjetivo que puede invocar el administrado..."*[11]

Como vemos, esa confianza legítima se origina en las actuaciones de las distintas ramas de los poderes públicos que de alguna manera se hacen repetitivas en el tiempo y que el administrado espera que dichas actuaciones se mantengan o continúen de igual manera en el tiempo, lo cual en definitiva le da seguridad y certeza sobre las consecuencias de sus actos.

El artículo 10 de Ley Orgánica de la Administración Pública establece lo siguiente:

"La actividad de la Administración Pública se desarrollará con base en los principios de economía, celeridad, simplicidad administrativa, eficacia, objetividad, imparcialidad, honestidad, transparencia, buena fe y confianza. Asimismo, se efectuará dentro de parámetros de racionalidad técnica y jurídica".

Con base en esta disposición, puede afirmarse que el principio de confianza legítima modernamente es considerado uno de los principios que vincula la actividad administrativa y

---

10 CASTILLO BLANCO, *La Protección...*, p. 98. Igual ha señalado este autor que *"...hay que destacar que el desenvolvimiento de un Estado en el libre mercado determina la necesidad sentida de los operadores económicos y, en general, por los agentes económico-sociales de que exista un marco estable de regulación donde poder prever, con cierto margen de seguridad, las distintas operaciones e inversiones de carácter económico o el mantenimiento o evolución de cualquier otra situación jurídica con respecto a la actuación de los distintos poderes del Estado. Mas allá de los operadores económicos, los ciudadanos, en relación a sus situaciones jurídicas y expectativas legítimas, requieren de la coherencia en el ejercicio del poder y de la seguridad en la adopción de decisiones por éste..."*

"La noción de confianza legítima se alude a la situación de un sujeto dotado de una expectativa justificada de obtener una decisión favorable a sus intereses..." RONDON DE SANSO, *El Principio...*, p. 295.

11 COVIELLO, Pedro, *La protección de la confianza legítima*, en BREWER-CARIAS, Allan, *Algunas Notas sobre el Principio de la Confianza Legítima*, p. 1. http://allanbrewercarias.com/wp-content/uploads/2011/09/85.-doc-Notas-sobre-confianza-leg%C3%ADtima-1.pdf.

obliga a la Administración Pública a actuar en un marco de seguridad jurídica y a cumplir con las legítimas expectativas que genera en los administrados con su actuación.

También, según esta disposición, la actividad de la Administración Pública se desarrollará con base en el principio de buena fe que con base en la jurisprudencia de la Sala Política Administrativa, *"uno de los principios que rige la actividad administrativa es el principio de confianza legítima, el cual se refiere a la concreta manifestación del principio de buena fe en el ámbito de la actividad administrativa y cuya finalidad es el otorgamiento a los particulares de garantía de certidumbre en sus relaciones jurídico-administrativas."*[12]

Este principio de confianza legítima es extensible también a las decisiones judiciales o, en todo caso, a los criterios jurisprudenciales que han sido pacíficos y reiterados y que de ser modificados debe ser con efectos hacia el futuro (*ex nunc*). La jurisprudencia del Tribunal Supremo de Justicia se ha referido a este respecto en sentencia de la Sala Constitucional Nº 956 del 1º de junio de 2001, caso: *Fran Valero González y Milena Portillo Manosalva de Valero*, señalando:

> *"La expectativa legítima es relevante para el proceso. Ella nace de los usos procesales a los cuales las partes se adaptan y tomándolos en cuenta, ejercitan sus derechos y amoldan a ellos su proceder, cuando se trata de usos que no son contrarios a derecho" Así pues, a juicio de la Sala se estaría vulnerando el principio de confianza legítima, la seguridad jurídica y la igualdad, cuando:"(...) un operario de justicia aplica al caso bajo su examen un criterio jurisprudencial distinto al que existía para la oportunidad cuando se produjo la situación jurídica o fáctica que se decide o para la regulación de la relación jurídica nacida con anterioridad, en una clara y evidente aplicación retroactiva del mismo, o aplica de forma arbitraria o sin ninguna justificación válida el criterio vigente al caso bajo análisis ".*
>
> *...No se trata de que los criterios jurisprudenciales previamente adoptados no sean revisados, ya que tal posibilidad constituye una exigencia ineludible de la propia función jurisdiccional, por cuanto ello forma parte de la libertad hermenéutica propia de la actividad de juzgamiento, sino que esa revisión no sea aplicada de manera indiscriminada, ni con efectos retroactivos, vale decir, que los requerimientos que nazcan del nuevo criterio, sean exigidos para los casos futuros y que se respeten, en consecuencia, las circunstancias fácticas e incluso de derecho, que existan para el momento en el cual se haya presentado el debate que se decida en el presente.*

Esta sentencia aplica el principio de confianza legítima a los cambios jurisprudenciales, señalando claramente que no puede aplicarse un nuevo criterio jurisprudencial a casos o situaciones nacidas bajo la vigencia de otro criterio jurisprudencial, ya que sería una aplicación retroactiva del mismo. De igual manera, se señala que los criterios jurisprudenciales pueden ser revisados en todo momento, pero el nuevo criterio que pueda surgir debe aplicarse para casos futuros y debe respetarse la situación fáctica y de derecho que exista para el momento en que se presente el debate judicial.

En sentido similar se pronunció la Sala Constitucional en sentencia Nº 3702 del 19 de diciembre de 2003, caso: *Salvador de Jesús González Hernández*, donde se dispuso también:

> *"En tal sentido, el nuevo criterio no debe ser aplicado a situaciones que se originaron o que produjeron sus efectos en el pasado, sino a las situaciones que se originen tras su establecimiento, con la finalidad de preservar la seguridad jurídica y evitar una grave alteración del conjunto de situaciones, derechos y expectativas nacidas del régimen en vigor para el momento en que se produjeron los hechos. No se trata de que los criterios jurisprudenciales previamente adoptados no sean revisados, ya que tal posibilidad constituye una exigencia ineludible de la propia función jurisdiccional, por cuanto ello forma parte de la libertad hermenéutica propia de la actividad de juzgamiento, sino que esa revisión no sea aplicada de manera indiscriminada, ni con efectos retroactivos, vale decir, que los requerimientos que nazcan del nuevo criterio, sean exigidos para*

---

12   Sentencia de la Sala Político Administrativa, Nº 210 de 9 de marzo de 2010. *Idem*, p. 4.

los casos futuros y que se respeten, en consecuencia, las circunstancias fácticas e incluso de derecho, que existan para el momento en el cual se haya presentado <u>el debate</u> que se decida en el presente."

Para esta sentencia, cualquier nuevo criterio jurisprudencial no puede ser aplicado a situaciones pasadas con el fin de preservar el principio de seguridad jurídica (confianza legítima). Y no se trata de que los criterios jurisprudenciales no puedan ser revisados y modificados, sino que cualquier nuevo criterio debe ser aplicado para casos futuros y no de manera retroctiva, es decir, debe respetarse la situación que existía para el momento en que se inició el debate judicial.

En sentencia de la misma Sala, N° 578, del 30 de marzo de 2007, caso: *María Elizabeth Lizardo Gramcko de Jiménez*, se estableció que:

> *"<u>La confianza legítima o expectativa plausible se encuentra estrechamente vinculada con el principio de seguridad jurídica</u>, el cual refiere al carácter del ordenamiento jurídico que involucra certeza de sus normas y, consiguientemente, la posibilidad de su aplicación, toda vez que lo que tiende es a la existencia de confianza por parte de la población del país, en el ordenamiento jurídico y en su aplicación. De allí que comprenda: 1.- El que los derechos adquiridos por las personas no se vulneren arbitrariamente cuando se cambian o modifican las leyes. 2.- <u>Que la interpretación de la ley se haga en forma estable y reiterativa, creando en las personas confianza legitima de cuál es la interpretación de las normas jurídicas a la cual se acogerán...La uniformidad de la jurisprudencia es la base de la seguridad jurídica</u>, como lo son los usos procesales o judiciales que practican los Tribunales y que crean expectativas entre los usuarios del sistema de justicia, de que las condiciones procesales sean siempre las mismas, sin que caprichosamente se estén modificando, sorprendiéndose así la buena fe de los usuarios del sistema."*

Según esta sentencia, es crucial, a los efectos del respeto del principio de confianza legítima, que la interpretación de las normas se haga de forma estable y reiterativa, visto que la uniformidad de la jurisprudencia es la base del principio de seguridad jurídica.[13]

Ha señalado la doctrina que *"el respeto a los precedentes jurisdiccionales tiene su base en el principio de seguridad jurídica y como tal se vincula al de confianza legítima"*[14], lo cual compartimos, ya que no respetar los criterios pacíficos y reiterados de la jurisprudencia y modificarlos de forma retroactiva sobre situaciones o casos que estaban amparados por ese criterio constante y reiterado constituye una clara e innegable violación al principio de confianza legítima.

También señala esa doctrina que *"hasta ahora no sabemos de ningún mecanismo que pueda impedir los virajes de la jurisprudencia porque ello forma parte de la esencia de la misma jurisdicción, que es su libertad"*[15]. Cabe señalar al respecto, que efectivamente, los jueces pueden modificar cualquier criterio interpretativo que inclusive sea pacífico y reiterado, pero tal modificación debe ser plenamente justificada y siempre con efectos hacia el futuro (*ex nunc*), es decir, para situaciones o hechos nacidos a partir de la nueva interpretación puesto que de no respetarse sus efectos en el tiempo, ello constituirá un irrespeto fla-

---

13   La Sala Constitucional en sentencia N° 5082, el 15 de diciembre de 2005, caso: *Rafael José Flores Jiménez*, sobre el cambio de criterios jurisprudenciales: *"El simple cambio de una línea jurisprudencial no debe obedecer a caprichos irrazonables o a simples intereses particulares, sino debe atender a razones de mérito que justifiquen en un determinado momento el vuelco legal, mediante la elaboración por parte de la Sala protagonista o innovadora del cambio jurisprudencial de las justificaciones que incidieron en dicha variación, ya que si bien la sentencia constituye el acto por excelencia de los órganos jurisdiccionales mediante la cual se logra la resolución de una controversia suscitada entre dos partes, la misma cuando es emanada del Máximo Tribunal tiene por finalidad mitigada establecer una uniformidad jurisprudencial entre los Tribunales integrantes de la República."*

14   RONDON DE SANSO, El Principio..., p. 331.

15   *Idem.*

grante al principio de confianza legítima. Por lo tanto, esa libertad tiene su límite en el mencionado principio de confianza legítima.

En materia de derecho administrativo, ese principio de confianza legítima está plasmado en nuestra legislación en el artículo 11 de la Ley Orgánica de Procedimientos Administrativos, el cual dispone:

> *"Los criterios establecidos por los distintos órganos de la administración pública podrán ser modificados, pero la nueva interpretación no podrá aplicarse a situaciones anteriores, salvo que fuere más favorable a los administrados. En todo caso, la modificación de los criterios no dará derecho a la revisión de los actos definitivamente firmes."*

Esta disposición permite la modificación de los criterios de la administración, pero siempre con efectos hacia el futuro, ya que se debe respetar la confianza legítima que pudo haber generado el criterio anterior en el administrado respecto a su situación particular. Aplicar el nuevo criterio a una situación regida con base en ese criterio modificado sería sorprender al administrado en su buena fe y en la confianza que habría generado la administración con su actuar anterior.

En todo caso, debemos mencionar que si bien en el ámbito judicial no existe una disposición similar a la anteriormente comentada, lo cierto es que la jurisprudencia arriba citada ha establecido de forma reiterada y pacífica y con base en el artículo 299 de la Constitución Nacional, que consagra el principio de seguridad jurídica y del cual deriva el principio de confianza legítima, que cualquier modificación de un criterio jurisprudencial debe ser justificado y no arbitrario, siendo que dicha modificación sólo tendrá efectos para situaciones o casos futuros.

5.- EL PRINCIPIO DE IRRETROACTIVIDAD

Como es conocido por todos, nuestra Constitución Nacional consagra en su artículo 44 el principio de irretroactividad de la ley, según el cual *"ninguna disposición legislativa tendrá efecto retroactivo, excepto cuando imponga menor pena."* Si bien esta disposición se ha concebido originalmente para aplicarse en el ámbito penal criminal, su aplicación se ha extendido a otras áreas.[16] En efecto, el artículo 8 del Código Orgánico Tributario, señala:

> *"Ninguna norma en materia tributaria tendrá efecto retroactivo, excepto cuando suprima o establezca sanciones que favorezcan al infractor."*

Se prohíbe, a efectos tributarios, la retroactividad, salvo que establezca sanciones que favorezcan al infractor, caso en el cual y excepcionalmente, se permite la retroactividad. Nótese que esta irretroactividad sólo esta consagrada para la materia sancionatoria tributaria y no para ningún otro aspecto.

---

16 *"La retroactividad de la ley es permitida cuando impone menor pena, con lo cual queda limitada a la materia penal y, por extensión de la doctrina y la jurisprudencia, también a la materia disciplinaria. Ahora bien, justamente en este punto, se ha planteado la posibilidad de su extensión hacia otras situaciones en las cuales lo que está en juego no es la potestad sancionatoria, sino la modificación o creación de otras situaciones jurídicas, como lo serían el establecimiento de un lapso en la nueva ley más breve para la adquisición de algún derecho (prescripción adquisitiva, usucapión); o bien, condiciones más reducidas para la obtención de algún beneficio (ejercicio de un cargo, admisión a concurso, condiciones de escogencia de los candidatos de una licitación). Es justamente en este aspecto de la eventual extensión de la excepción de la retroactividad a circunstancias diferentes al ámbito sancionatorio que aparece la posibilidad del empleo de la confianza legítima, aun cuando tal empleo sea justamente una violación del principio de irretroactividad de la norma."* RONDON DE SANSO, Hildegard, *El principio de confianza legítima o expectativa plausible en el Derecho venezolano*, p. 36. http://www.acaderc.org.ar/doctrina/articulos/artconfianza-legitima.

Ahora bien, si bien existe este principio de retroactividad en la Constitución Nacional y que se ha extendido al área sancionatoria tributaria, no podría afirmarse que este principio sería aplicable a los criterios jurisprudenciales o a la jurisprudencia cuando ésta es modificada, toda vez que es claro que este principio, según nuestra Constitución, sólo aplica para la ley.

En otros países como Alemania, la propia jurisprudencia y la ley le han dado efectos no retroactivos a la jurisprudencia. Del siguiente extracto de la doctrina extranjera,[17] puede evidenciarse lo antes comentado:

> *"Pero ha sido la jurisprudencia constitucional alemana la que con mayor rotundidad ha afirmado que la protección de la confianza se puede erigir también en límite a los cambios injustificados de jurisprudencia. Si bien el Tribunal defendía que no era posible trasladar a la jurisprudencia la limitación de la retroactividad de las leyes, su opinión varió cuando tuvo que enfrentarse a modificaciones de línea consolidadas de jurisprudencia de los Bundesfinanzhof. Altamente significativa resulta al respecto la resolución del recurso de amparo (ver fassungsbeschwerde) Bv.R 287/92, de 24 de febrero de 1992, en la que el Alto Tribunal ha de pronunciarse sobre una reclamación contra el cambio de jurisprudencia. Este cambio consistió en que una sentencia del Bundesfinanzhof de 26 de junio de 1991 exigió hacer constar como valor en el desaparecido Impuesto sobre el Patrimonio –Vermogensteuer – 'el valor general' – geimenen Wert - , en lugar del 'valor unitario'- Einheitswert - Este último valor fue el que el reclamante había reflejado en su declaración del año 1981, basándose en una consolidadísima jurisprudencia del Bundesfinanzhof, desarrollada entre los años 1962 a 1978 y que entendía que el comprador podía hacer constar tal valor unitario, que en la práctica venía a ser aproximadamente la mitad del valor de mercado.*
>
> *La resolución de este caso, al amparo de las opiniones de TIPKI y LANG, iba a consolidar el rechazo al denominado 'rumbo zigzagueante' –Zick-ZackKurs- de la jurisprudencia y supondría una definitiva superación de las iniciales reticencias a trasladar al ámbito jurisprudencial las reglas de irretroactividad, supuestamente pensadas para las leyes. Para hacerlas efectivas se hace necesario prever determinadas medidas de seguridad jurídica –Rechtssicherheitsmassnahmen-, entre las que se encontraría la posibilidad de disciplinar las reglas transitorias que permitan aplicar la nueva interpretación jurisprudencial sólo a hechos con trascendencia fiscal que tengan lugar en el futuro. Se trataría, en palabras de FRIAUF, de dar cabida a una técnica similar al prospective overruling de génesis norteamericana, consistente en resolver el caso concreto de acuerdo con el criterio vigente hasta entonces, de modo que la sentencia se limitaría a anunciar una modificación para el futuro.*
>
> *Como refuerzo de todo ello conviene destacar el importante papel que juega en Alemania, como una auténtica limitación a la eficacia de las resoluciones judiciales, el parágrafo 176 de su Ordenanza Tributaria. Una auténtica regla de protección de la confianza en casos de revocación y modificación de actos de liquidación tributaria, de la que no hay parangón en nuestro ordenamiento jurídico. Protección que se manifiesta en que tal modificación 'no podría tenerse en cuenta en perjuicio del obligado tributario' en ciertos supuestos, cuando el Tribunal Constitucional declare la nulidad de una ley en que se basa una liquidación o cuando cambie la jurisprudencia de un tribunal federal y quepa presumir que la Administración hubiera aplicado esta nueva orientación 'de haber tenido conocimiento de las circunstancias'. Se trata, en suma, de una regla de no retroactividad de los cambios jurisprudenciales que se aplica sólo en relación con las resoluciones del Tribunal Supremo federal o de declaraciones de nulidad de leyes por el Tribunal Constitucional, cuando perjudiquen la legítima confianza de quien obró amparado por la jurisprudencia o legalidad anterior..."*

Como se observa, en Alemania se han trasladado las reglas de irretroactividad de la ley a la jurisprudencia y también existe una norma en su Ordenanza Tributaria que consagra esa

---

17 GARCIA NOVOA, Cesar, *El Principio de Seguridad Jurídica en Materia Tributaria*, Marcial Pons, Barcelona, 2000, p. 207-208.

irretroactividad y que aplica cuando el Tribunal Constitucional declare la nulidad de una ley en que se base una liquidación o cuando cambie la jurisprudencia de un tribunal federal y se presuma que la administración ha aplicado ese nuevo criterio.

Este tema en Alemania es novedoso si lo comparamos con nuestra legislación donde no se reconoce por ley que el principio de no retroactividad sea aplicado también a la jurisprudencia.

Ahora bien, no nos oponemos a que los criterios jurisprudenciales sean modificados, sino que cualquier cambio debe tener sus límites y efectos en el tiempo, a fin de respetar el principio de seguridad jurídica y la confianza legítima que haya generado un criterio jurisprudencial reiterado.

Tampoco creemos que cuando la jurisprudencia del Tribunal Supremo de Justicia arriba comentada hace referencia a la no retroactividad de los criterios jurisprudenciales esté aplicando el artículo 44 de la Constitución Nacional, puesto que sería una aplicación no permitida porque dicho artículo únicamente consagra la irretroactividad de la ley; más bien pensamos que lo que ha hecho dicha jurisprudencia es aplicar el principio de confianza legítima porque aplicar un nuevo criterio jurisprudencial a una situación o circunstancia regida por el otro criterio es violatorio a dicho principio y la consecuencia lógica es mencionar que el nuevo criterio no se puede aplicar a esa situación anterior, que no es otra cosa que mencionar que es irretroactivo.

6.- ANÁLISIS CONCRETO DE LA JURISPRUDENCIA SOBRE LOS EFECTOS DE LAS SENTENCIAS EN EL TIEMPO

Pasemos a revisar algunas decisiones del Tribunal Supremo de Justicia a los efectos de determinar si efectivamente se ha respetado el principio de confianza legítima.

6.1.- Violación de la competencia del Poder Nacional por parte del Poder Municipal

En sentencia de la Sala Constitucional N° 1397 del 22 de julio de 2004, caso: *Seagram de Venezuela*, se estableció la nulidad parcial de algunos códigos del clasificador del Municipio Simón Planas del Estado Lara, visto que el Municipio había establecido un gravamen a la actividad de elaboración y venta de licores, lo cual, en interpretación de dicha Sala, constituía una violación del numeral 12 del artículo 156 de la Constitución Nacional, visto que los impuestos a las especies alcohólicas son competencia del Poder Nacional. [18]

En sentencia de la misma Sala N° 2408 del 20 de diciembre de 2007, caso: *Pernod Ricard Margarita*, se cambió completamente el criterio antes expuesto al considerar la compatibilidad de la aplicación del impuesto de alcohol y especies alcohólicas y el impuesto sobre actividades económicas, bajo la justificación de que regulan distintos hechos imponibles que además inciden en diferentes sujetos y, por lo tanto, se declara que no existe colisión normativa entre la referida Ordenanza cuya nulidad se solicitaba y la Ley de Impuesto al Alcohol y Especies Alcohólicas. [19] Cabe mencionar que en esta sentencia no se especificaron los efec-

---

18 "*...Tal como se desprende de los artículos citados, el espíritu, propósito y razón del legislador al dictar la Ley de Impuesto sobre Alcohol y Especies Alcohólicas, fue mantener dentro de la competencia del Poder Nacional todo lo concerniente a la 'regulación' y 'potestad tributaria' sobre alcohol y especies alcohólicas, lo que excluye de manera incuestionable la posibilidad de que un Municipio pueda crear impuestos relativos al ejercicio de la industria y el comercio en estas materias, pues ello excedería el límite de competencia concedido en la Carta Magna.*"

19 "*...Desde esta perspectiva, no puede estimarse que la ordenanza impugnada haya usurpado la competencia tributaria del Poder Público Nacional al gravar el ejercicio de la industria y el comercio de licores en la forma en*

tos de este nuevo criterio en el tiempo, los cuales partiendo del principio de confianza legítima han debido ser *ex nunc*, es decir, hacia el futuro.

Mediante sentencia N° 163 dictada por la Sala Político Administrativa el 9 de febrero de 2011, caso: *Diageo Venezuela*, se analizó un reparo levantado por el Municipio Chacao al citado contribuyente para los ejercicios fiscales municipales 2003, 2004 y 2005, por la falta de pago del impuesto sobre actividades económicas sobre las venta de bebidas alcohólicas y uno de los argumentos de la defensa de los contribuyentes era que el Municipio no tenía competencia para gravar dicha actividad, porque con base en la sentencia de la Sala Constitucional de *Seagram de Venezuela* del 22 de julio de 2004, la competencia para gravar la venta de licores, era inclusiva y excluyente del Poder Nacional, por lo que solicitaron que visto que para el momento en que se interpuso el recurso contencioso tributario en los Tribunales (20 03 2007), la sentencia de *Pernod Ricard Margarita* no había sido dictada, debía aplicarse al citado caso la mencionada sentencia de *Seagram de Venezuela*, en razón del principio de confianza legítima y los efectos del viejo criterio en el tiempo. Sobre este particular, señaló la Sala Político Administrativa en su sentencia:

> *"Con vista a la declaratoria que antecede, resulta innecesario pronunciarse sobre el alegato del Fisco Municipal referente a que la contribuyente ejerce actividad económica de forma habitual y con ánimo de lucro en jurisdicción del Municipio Chacao del Estado Bolivariano Miranda, toda vez que conforme al criterio sentado en el fallo Nro. 1.397 de fecha 22 de julio de 2004, dictado por la Sala Constitucional de este Tribunal Supremo de Justicia, caso: Seagram de Venezuela S.A., aplicable para la época, dichas actividades económicas relacionadas con la producción, venta y distribución de alcohol y especies alcohólicas, son competencia exclusiva del Poder Público Nacional. Así se declara."*

Se respetó en esta sentencia el hecho de que el nuevo criterio de *Pernod Ricard Margarita* no debía aplicar a un caso que estaba regido por otra jurisprudencia en razón de su vigencia en el tiempo, ya que de lo contrario habría una clara violación al principio de confianza legítima.

Posteriormente, el Municipio Chacao introdujo un recurso extraordinario de revisión constitucional ante la Sala Constitucional contra la sentencia anterior y la Sala resolvió con ponencia de la magistrada Luisa Estela Morales, en sentencia N° 1207 del 16 de agosto de 2011, caso: *Diageo Venezuela*; sobre cuál criterio jurisprudencial aplicar, lo siguiente:

> *"Ahora bien, el cambio jurisprudencial por parte de esta Sala o de la propia Sala Político Administrativa en la materia, si bien se verificó antes de la decisión del fondo del asunto planteado (resolución en segunda instancia del fondo del recurso contencioso tributario el 9 de febrero de 2011), lo cierto es que la demanda que dio origen a la sentencia objeto de revisión fue interpuesta el 20 de abril de 2007, por lo que no resultaba aplicable el contenido de la sentencia de esta Sala N° 2.408 del 20 de diciembre de 2007, caso: 'Pernod Ricard',*

La Sala Constitucional ratificó al igual que la Sala Político Administrativa que el criterio jurisprudencial aplicable al caso de *Diageo Venezuela* era el de *Seagram de Venezuela*, visto que para el momento en que se interpuso el recurso ante los Tribunales ese era el criterio vigente.

En este sentido, al igual que la Sala Político Administrativa, la Sala Constitucional consideró que no podía aplicar un nuevo criterio retroactivamente a un caso regido por el criterio anterior en respeto a los principios de seguridad jurídica y de confianza legítima.

---

ella prevista y de conformidad con los términos de la aún reciente Ley Orgánica del Poder Público Municipal; pues aquella potestad de la República grava un ramo tributario distinto, como lo es el consumo de las referidas especies. De esta manera, debe declararse sin lugar la demanda de nulidad objeto de estos autos. Así se decide."

6.2.- Delito continuado

Sobre este particular hubo un criterio pacífico y reiterado que derivó de una sentencia de la Sala Político Administrativa que señaló que cuando el contribuyente cometiere varias infracciones iguales para varios periodos impositivos y penados con una misma sanción debía considerarse que el contribuyente había cometido una infracción continuada en el tiempo (figura del delito continuado del Derecho Penal) y debía penarse con una única sanción. En efecto, mediante sentencia N° 877 de dicha Sala del 17 de junio de 2003, caso: *Acumuladores Titán*, se dispuso:

> *"Pues bien, del análisis de las actas procesales, a la luz de las características de la figura del delito continuado supra señaladas, se advierte, en el caso de autos, que existen varios hechos, cada uno de los cuales reúne las características de la infracción única, pero como se dijo anteriormente, por la ficción que hace el legislador, no se consideran como varias infracciones tributarias sino como una sola continuada, en virtud de la unicidad de la intención o designio del sujeto agente (la contribuyente recurrente). Así se observa, que mediante una conducta omisiva, en forma repetitiva y continuada, viene violando o transgrediendo, durante todos y cada uno de los períodos impositivos investigados, la misma norma, contentiva del ilícito tributario por concepto de incumplimiento de deberes formales, previsto en los artículos 106 del Código Orgánico, 78, 79 y 63 del Reglamento del impuesto al consumo suntuario y a las ventas al mayor ... en consecuencia, las multas estimadas procedentes en este fallo, deben ser calculadas como una sola infracción, en los términos del dispositivo del mencionado artículo 99, por no tratarse de incumplimientos autónomos como erradamente lo afirmó la Administración Tributaria. Así se declara.*

Si el contribuyente comete en forma repetida y contínua la conducta infractora, debe tratarse como una sola sanción y no como varias infracciones autónomas.

El citado criterio perduró de forma pacífica y reiterada hasta el 14 de agosto de 2008, fecha en la cual la Sala Político Administrativa lo modificó en sentencia N° 948, caso: *Distribuidora y Bodegón Costa Norte*, mencionando:

> *"...no resulta apropiado aplicar en forma directa, en los términos del artículo 79 del Código Orgánico Tributario vigente, la noción del delito continuado a la imposición de sanciones por la comisión de ilícitos formales derivados del impuesto de tipo valor agregado...*

> *En virtud de lo anteriormente expuesto, esta Sala reconsidera el criterio que había venido sosteniendo respecto de la aplicación del delito continuado en casos como el de autos, en los que se impone una sanción producto de incumplimiento de deberes formales del impuesto a las ventas, adoptado en la sentencia No. 877 del 17 de junio de 2003, caso: Acumuladores Titán, C.A., posteriormente ratificada en forma pacífica en diversos fallos hasta la presente fecha, estableciendo que el artículo 99 del Código Penal no es aplicable a las infracciones tributarias que se generen con ocasión de los deberes formales en materia de Impuesto al Valor Agregado, por los motivos aludidos en el presente fallo. Así se decide."*

Más adelante la sentencia se refiere a los efectos de este cambio de criterio respecto al contribuyente-recurrente:

> *"Ahora bien, en atención a que el nuevo criterio no resulta aplicable a la situación de autos, esta Alzada con fundamento en la sentencia No. 877 de fecha 17 de junio de 2003, caso: Acumuladores Titán, C.A., considera que la contribuyente al haber cometido en forma repetida y continua la conducta infractora establecida en el artículo 101, numeral 2 del vigente Código Orgánico Tributario, debe aplicársele la disposición del artículo 99 del Código Penal...*

Sin mayor explicación, no se aplica el nuevo criterio a *Distribuidora y Bodegón Costa Norte* (asumimos que en respeto al principio de confianza legítima), ni tampoco se fijan los efectos del nuevo criterio en el tiempo.

Posteriormente, la misma Sala en sentencia N° 1187 del 23 de noviembre 2010, caso: *FANALPA*, fijó los efectos de este nuevo criterio en el tiempo, sin considerar que los periodos impositivos objeto de sanción eran de los años 2004 y 2005 y que este contribuyente había interpuesto su recurso contencioso tributario en enero de 2006, es decir, cuando estaba en plena vigencia el criterio de *Acumuladores Titán* sobre la figura del delito continuado, señalando:

> *"Como se ve, el fundamento de la aplicación de la solución establecida en la sentencia que resolvió el asunto planteado por la sociedad mercantil Distribuidora y Bodegón Costa Norte, C.A., proviene de la vigencia de dicha norma, con lo cual se preservan los principios de seguridad jurídica y la llamada confianza legítima o expectativa plausible... Precisamente, para que el cambio jurisprudencial fuese suficiente y oportunamente conocido por la comunidad tributaria del país, esta Sala ordenó publicar dicha sentencia en la Gaceta Oficial, determinación que se cumplió en la N° 38.999 de fecha 21 de agosto de 2008.*
>
> *La Sala observa que aun cuando las infracciones de la contribuyente se produjeron antes del referido pronunciamiento que causó el cambio de solución, son a la vez posteriores a la normativa especial que rige esa conducta ilícita, cual es el artículo 101, numeral 3 del Código Orgánico Tributario de 2001, razón por la cual se le debe aplicar."*

Según esta sentencia, la Sala considera que el cambio de jurisprudencia está acorde con el principio de confianza legítima ya que la nueva interpretación jurisprudencial parte de la existencia de una norma del ordenamiento jurídico cuya vigencia es anterior al criterio jurisprudencial derogado. Tal consideración de la Sala constituye una errónea interpretación del mencionado principio porque se desconoce completamente la confianza legítima que ha podido tener ese contribuyente-recurrente de que su caso fuera decidido con base en el criterio de *Acumuladores Titán,* mas aún, si para los períodos sancionados y para la fecha de interposición del recurso, era el criterio vigente.

Como puede observarse, la Sala no respetó en el tiempo el cambio de criterio jurisprudencial, sino que lo aplicó retroactivamente sin haber analizado la situación particular de *FANALPA* respecto a los periodos involucrados y a la fecha de la interposición del recurso.

Además, señala la sentencia que el cambio de criterio fue publicado en la Gaceta Oficial para que fuera conocido por la comunidad tributaria. Entendemos que esa publicación sea para nuevas situaciones o casos que se presenten después de la publicación de la sentencia, pero para situaciones o recursos anteriores a esa publicación, no tiene ningún valor, puesto que debía haberse aplicado el criterio de *Acumuladores Titán.*

6.3- Actualización de multa

El Parágrafo Segundo del artículo 94 del Código Orgánico Tributario de 2001 (hoy artículo 92 del Código de 2014) estableció que las multas establecidas en términos porcentuales se convertirán a la unidad tributaria (UT) vigente para el momento de la infracción y se pagarán a la UT vigente para el momento del pago. Si bien esta disposición señala que la actualización de la multa es hasta el pago de la multa, la jurisprudencia atenuó esa consecuencia en el supuesto que el contribuyente hubiese pagado su obligación principal (impuesto) y estuviera a la espera de la determinación de la sanción por parte de la Administración Tributaria, estableciendo que la citada actualización debía realizarse hasta el pago de dicha obligación principal porque no era imputable al contribuyente cualquier retraso de dicha Administración en la emisión de la respectiva multa.

En efecto, en sentencia N° 1426 dictada por la Sala Política Administrativa, del 12 de noviembre 2008, caso: *Walt Disney Company*, se dispuso:

"No obstante, resulta oportuno acotar, que distinto es el caso cuando el contribuyente paga de manera extemporánea y en forma voluntaria el tributo omitido, cuya <u>sanción de multa debe ser calculada a la unidad tributaria vigente para el momento en que realizó el pago de la obligación principal, pues la tardanza que pueda ocurrir por parte del organismo recaudador en la emisión de las planillas de liquidación respectiva no debe ser imputada al contribuyente</u>, por cuanto dicha actuación sería contraria a la intención del legislador, habida cuenta que el pago a que hace referencia el legislador debe ser considerado como el momento del pago de la obligación tributaria principal, cuya falta de cumplimiento genera el hecho sancionador. Así se declara". El criterio anterior se mantuvo por aproximadamente 6 años hasta que fue modificado por la Sala Político Administrativa mediante sentencia N° 815 del 4 de junio de 2014, caso: TAMAYO & CIA:

"Por las razones anteriormente descritas, esta Sala Político- Administrativa considera que en el caso que el sujeto pasivo entere de manera extemporánea y en forma voluntaria el tributo retenido, las multas expresadas en términos porcentuales, se convertirán al equivalente en unidades tributarias (U.T.) que correspondan al momento de la comisión del ilícito, <u>y se cancelarán utilizando el valor de la misma que estuviere vigente para el momento del pago de la referida multa</u>, tal y como dispone explícitamente el Parágrafo Segundo del artículo 94 del Código Orgánico Tributario de 2001. Así se declara.

<u>*Declarado lo anterior, esta Sala modifica el criterio sostenido a partir de la sentencia N° 01426 de fecha 12 de noviembre de 2008, caso: The Walt Disney Company Venezuela, S.A., únicamente en lo que respecta al supuesto que el contribuyente pague de manera extemporánea y en forma voluntaria el tributo omitido. A tal efecto, el nuevo criterio se aplicará a los casos futuros, es decir, aquellos que se conozcan con posterioridad a la publicación del presente fallo en la Gaceta Oficial de la República Bolivariana de Venezuela, cuyos incumplimientos se hayan verificado bajo la vigencia de la norma contenida en el artículo 94 del Código Orgánico Tributario de 2001."*</u>

Según este nuevo criterio, ahora las multas que deriven de pago de tributos de forma extemporánea se actualizarán a la UT del momento en que se paguen las multas y no a la UT del momento del pago de la obligación principal (impuesto) como había sido establecido.

Es de mencionar que dicho nuevo criterio no se aplica para este caso particular sino que fue aplicado el criterio de *Walt Disney Company*, ya que esta sentencia fija <u>en teoría</u> sus efectos para casos futuros, es decir, para aquellos casos que se conozcan después de la publicación del fallo en la Gaceta Oficial pero que se refieran a incumplimientos verificados conforme al Código Orgánico Tributario de 2001, que es lo mismo que decir que los efectos de esta sentencia <u>son retroactivos</u> para todos los incumplimientos que deriven del citado Código de 2001, con lo cual, según esta sentencia poco importa el principio de confianza legítima que derivó del criterio de la sentencia de *Walt Disney Company* y cuyo criterio fue pacífico y reiterado por <u>aproximadamente 6 años</u>. Es evidente que para la Sala Política Administrativa, el criterio de *Walt Disney Company* <u>no existió</u>, al retrotraer el nuevo criterio de *TAMAYO & CIA* a la vigencia del Código de 2001.

Resulta completamente violatorio al principio de confianza legítima desconocer el criterio imperante en un lapso determinado y que creó una expectativa a los contribuyentes sobre las consecuencias de los actos y de sus impugnaciones pendientes de decisión. Por tanto, esta forma de actuar de la Sala sorprende la buena fe y la confianza que habría generado el criterio anterior en los contribuyentes o administrados.

Con posterioridad a esta sentencia, la Sala ratifica el criterio *TAMAYO & CIA* en sentencia el 24 de octubre de 2014, caso: *Knoll Gomas Industriales*, señalando:

"...se advierte que el pronunciamiento de la recurrida sobre este aspecto, resulta cónsono con el criterio jurisprudencial sostenido por esta Sala mediante sentencia Nro. 00815 de fecha 4 de junio de 2014, caso: Tamayo & CIA, S.A., publicada en la Gaceta Oficial ....de fecha 5 de agosto de 2014; por consiguiente, <u>esta Alzada desestima la denuncia formulada por la representación judicial de la contribuyente en su escrito de fundamentación de la apelación, atinente al</u>

vicio de transgresión de la doctrina judicial fijada en el fallo Nro. 01426 del 12 de noviembre de 2008, recaída en el caso: The Walt Disney Company (Venezuela) S.A. Así se declara."

Cabe mencionar que en este caso *Knoll Gomas Industriales* el recurso contencioso tributario fue interpuesto en octubre de 2011 y los períodos impositivos objeto de impugnación eran los años 2004-2007. Es decir, se aplicó el criterio de *TAMAYO & CIA* sin importar, por ejemplo, que para la fecha de interposición del recurso el criterio de *Walt Disney Company* era el vigente (2008-2014), lo cual constituye una clara violación al principio de confianza legítima, puesto que se ha aplicado retroactivamente un criterio jurisprudencial no vigente para el citado caso. [20]

Debemos señalar también que este contribuyente (*Knoll Gomas Industriales)* interpuso un recurso extraordinario de revisión constitucional contra la referida sentencia y fue decidido en sentencia de 24 de abril de 2015 por la magistrada Luisa Estela Morales, declarándolo *NO HA LUGAR* por las siguientes razones:

> *"esta Sala Constitucional reitera, que la revisión de sentencias ha sido concebida como una vía extraordinaria tendiente a preservar la uniformidad de la interpretación de las normas y principios constitucionales y para corregir graves infracciones a sus principios o reglas*
>
> *... En el presente caso, esta Sala desestima la revisión solicitada al no considerar que existen circunstancias que justifiquen el ejercicio de la potestad extraordinaria, excepcional y discrecional de esta Sala Constitucional para la uniformidad de criterios constitucionales, para preservar la garantía de la supremacía y eficacia de las normas y principios constitucionales"*

No vemos razones por las cuales no se haya aceptado la revisión constitucional, visto que en sentencia (del 16 de agosto de 2011) de esta Sala Constitucional en el caso de *Diageo Venezuela*, con ponencia de la misma magistrada, se señaló que si el criterio jurisprudencial derogado o modificado estaba vigente para la fecha de interposición del recurso no podía aplicarse un nuevo criterio o cambio jurisprudencial sino que debía regir el criterio vigente para dicha época, en respeto al principio de seguridad jurídica y de confianza legítima.

En este caso de *Knoll Gomas Industriales*, para la fecha de interposición del recurso el criterio vigente era el de *Walt Disney Company* y según los principios constitucionales antes mencionados y la jurisprudencia de *Diageo Venezuela,* la Sala Constitucional ha debido declarar *HA LUGAR* la revisión, por lo que es totalmente inexplicable dicha posición que ha debido preservar la uniformidad de la jurisprudencia y la interpretación de los principios constitucionales y no simplemente obviarlos y violarlos al desconocer la aplicabilidad de un criterio jurisprudencial en el tiempo.

---

20 Más recientemente, en sentencia de la Sala Político Administrativa N° 1084 de fecha 23 de octubre de 2018, caso. *Unilever Andina Venezuela*, la Sala también ratificó el criterio de *TAMAYO & CIA*, señalando: *"... aún cuando las infracciones de la recurrente se produjeron antes del referido pronunciamiento que causó el cambio de solución, y que la interposición del recurso contencioso tributario es incluso anterior al cambio de criterio, tales circunstancias son a la vez posteriores a la normativa especial que determina el valor de la Unidad Tributaria a aplicar por las sanciones impuestas, cual es el Parágrafo Segundo del artículo 94 Código Orgánico Tributario de 2001, vigente en razón del tiempo, motivo por el cual sí se encuentra el presente asunto sujeto a dicha normativa".* Al igual que en los casos anteriores, la Sala desconoce el principio de confianza legítima a los efectos de la jurisprudencia y desconoce por ejemplo que en este caso para el momento de la interposición de recurso contencioso tributario en octubre de 2009, el criterio imperante era el de *Walt Disney Company*.

7.- CÓMO HACER EFECTIVOS LOS PRINCIPIOS DE SEGURIDAD JURÍDICA Y DE CONFIANZA LEGÍTIMA A LOS EFECTOS DE LOS CAMBIOS DE JURISPRUDENCIA

Como hemos visto en el análisis anterior de la jurisprudencia, la Sala Constitucional ha sido conteste en señalar que cualquier nuevo criterio jurisprudencial no puede ser aplicado a situaciones pasadas con el fin de preservar el principio de seguridad jurídica (confianza legítima), es decir, el nuevo criterio debe ser aplicado para casos futuros y no de manera retroactiva. Sin embargo, en la mayoría de las sentencias analizadas esos principios no han sido respetados.

No existe una uniformidad de criterio en la jurisprudencia en el sentido de aplicar ciertamente estos principios cuando se cambia un criterio jurisprudencial y cómo se van a determinar los efectos de esos cambios frente a las situaciones pasadas.

Varias de las sentencias arriba analizadas señalan que el nuevo criterio se aplicará para casos futuros pero ha terminado aplicándose a casos pasados partiendo de la simple argumentación de que como lo que se está interpretando es una norma que está en vigencia antes que el criterio jurisprudencial derogado (que por lo demás debe recalcarse que tuvo una vigencia también), entonces no se estaría violando el principio de confianza legítima.

En las sentencias de *Diageo Venezuela*, tanto la Sala Político Administrativa como la Sala Constitucional, reconocieron que si un criterio jurisprudencial estaba vigente para el momento de interposición del recurso y es cambiado posteriormente, ese nuevo criterio no puede ser aplicado al caso concreto sino que ese caso queda regido por el criterio anterior. Según jurisprudencia de *Diageo Venezuela* lo deteminante para fijar posición sobre el criterio jurisprudencial aplicable sería cuando se "traba la litis" con la interposición del recurso contencioso tributario. No obstante ello, este criterio no ha sido respetado ni por la propia Sala Constitucional, ya que en la sentencia de *Knoll Gomas Industriales* ni siquiera declaró *HA LUGAR* la revisión constitucional que se basaba en la misma circunstancia de *Diageo Venezuela* en cuanto a que se le estaba aplicando un nuevo criterio jurisprudencial distinto del criterio vigente para la fecha de la interposición del recurso.

Igualmente, la Sala Político Admnistrativa tampoco ha respetado la fecha de interposición del recurso como fecha a tomar en cuenta para determinar el criterio jurisprudencial vigente a aplicar al caso concreto. Ello puede evidenciarse de las sentencias arriba analizadas sobre el delito continuado, caso *FANALPA* y la actualización de las multas, caso *Knoll Gomas Industriales*. La Sala hizo caso omiso a que el criterio derogado o modificado era el que estaba vigente para la interposición del recurso y les aplicó el criterio nuevo.

Ahora bien, cabría preguntarse si sería suficiente para garantizar la aplicabilidad de los principios de seguridad jurídica y confianza legítima que se tome la interposición del recurso como fecha que determina el criterio jurispudencial que regirá el caso concreto. En nuestro criterio, no lo sería; no podemos olvidar que los procesos de impugnación o de cuestionamiento de los actos administrativos de contenido tributario no sólo se refieren a la etapa jurisdiccional sino que también existen procesos en sede administrativa.

En efecto, debe tomarse en cuenta la circunstancia de que un criterio jurisprudencial pacífico y reiterado pudo haber influenciado al contribuyente que, por ejemplo, hubiese tomado la decisión de no allanarse a un Acta de Reparo porque dicha jurisprudencia favorecía completamente su posición y que posteriormente cuando se encuentre en alguna otra etapa de impugnación, por ejemplo, del Recurso Jerárquico, la jurisprudencia sea cambiada y ese nuevo criterio le sea aplicado a su caso. En nuestro criterio, habría una violación al principio de seguridad jurídica y de confianza legítima ya que este contribuyente sería sorpendido en su buena fe por confiar o tener la expectativa cierta de que iba a obtener una decisión favorable conforme a la jurisprudencia y por esa razón no se allanó. A este contribuyente se le causarán unos daños que nadie le indemnizará, a saber, el pago de mayores consecuencias tributarias por intereses moratorios y actualización de multa y honorarios de abogados que no hubiese tenido que asumir.

No podemos atar la no retroactividad de los criterios jurisprudenciales en respeto a los principios mencionados sólo al proceso de impugnación jurisdiccional (criterio vigente para el momento de la interposición del recurso judicial), porque se crean inequidades con los procesos de impugnación en sede administrativa donde tambien debe ser protegida la confianza legítima.

Por otra parte, también hay que tomar en cuenta que cualquier criterio jurisprudencial pacífico y reiterado también va a tener efectos en los periodos de imposición o ejercicios fiscales de los contribuyentes que aún no han sido cuestionados por la autoridad tributaria, ya que los contribuyentes probablemente seguirán el citado criterio para evitar consecuencias tributarias. No puede desconocerse que el cambio de ese criterio expondrá al contribuyente a que la Administración Tributaria lo cuestione con fundamento y le establezca unas consecuencias de las cuales no podrá defenderse con éxito. En este supuesto también puede argumentarse que aplicar el cambio de criterio a esta situación vulneraría completamente los principios ya comentados, ya que el contribuyente esperaba que se continuara manteniendo el criterio jurisprudencial, lo que le generaba certeza y previsibilidad sobre sus consecuencias tributarias.

En vista de lo expuesto, pensamos que una vía para poder aplicar en forma plena los principios de seguridad jurídica y confianza legítima a los efectos de la jurisprudencia sería que una vez que se establezca de forma pacífica y reiterada un criterio jurisprudencial que interpreta una norma, ese criterio una vez establecido aplicará hacía el pasado a todos los periodos de imposición o ejercicios fiscales en los que aplique la norma. Si posteriomente el criterio interpretativo es modificado, la nueva interpretación se aplicará para los nuevos periodos o ejercicios que se inicien con base en ese nuevo criterio, debiéndose respetar hacia el pasado la interpretación derogada durante su lapso de vigencia, es decir, los efectos de la nueva interptretación deben ser *ex nunc* en los términos antes expuestos.[21]

De la manera propuesta poco importa si estamos en un proceso de impugnación en sede jurisdiccional o en sede administrativa y si el criterio estaba vigente para el momento de la

---

21 La doctrina nacional resume todos los criterios que derivan de las sentencias dictadas por el Tribunal Supremo de Justica sobre los efectos temporales de los cambios jurisprudenciales, a saber:

"• *La aplicación de los nuevos criterios no debe ser retroactiva, ello en atención al principio de la seguridad jurídica y al respeto de la expectativa plausible.*

• *El nuevo criterio no debe ser aplicado a situaciones que se originaron o produjeron sus efectos con anterioridad, sino a las que tengan lugar con posterioridad a su establecimiento.*

• *No aplica el nuevo criterio a casos cuyas causas se iniciaron con anterioridad a su fijación y que se decidan con posterioridad.*

• *Deben respetarse las circunstancias fácticas e incluso de derecho que existan para el momento en el cual se haya presentado la demanda que se decida.*

• *La fecha de publicación en Gaceta Oficial de la República constituye el punto de partida para la consideración jurídica del nuevo criterio.*

• *El nuevo criterio solo se aplica a casos que se conozcan con posterioridad a la publicación de la sentencia que lo contiene. No obstante ello, si la infracción es previa al nuevo criterio pero también lo es a una nueva norma, esta última aplica".*

Y señala que debe tenerse también presente que "*el cambio de criterio puede registrarse respecto de hechos que para ese momento no son objeto de un proceso judicial, sino que se encuentran sujetos a evaluación en vía administrativa o simplemente se encuentran en pleno desarrollo (ejercicios en curso), casos estos respecto de los cuales, bajo aquellas mismas premisas, los nuevos criterios no deberían aplicar.*" CARMONA, Aspectos...,p. 276-277. Esta posición es la que nosotros compartimos en base a una plena y correcta aplicación tanto de esos criterios jurisprudenciales perfectamente resumidos como de los principios de seguridad jurídica y confianza legítima.

interposición del recurso contencioso tributario o si al contribuyente le han fiscalizado o no sus periodos o ejercicios fiscales, ya que lo determinante para fijar el criterio jurisprudencial a aplicar y establecer los efectos en el tiempo de cualquier modificación jurisprudencial es verificar cuál era el criterio jurisprudencial aplicable para el periodo o ejericicio fiscal respectivo.

Sabemos que desde el punto normativo no existe disposición alguna que regule esta situación para la jurisprudencia, pero pudiera pensarse para una futura reforma tributaria en la inclusión de alguna disposición que ayude a precisar la aplicación de los cambios jurisprudenciales en el tiempo para que se protejan plenamente y en todo momento los principios de seguridad jurídica y de confianza legítima para los contribuyentes.

No debemos obviar que la jurisprudencia del Tribunal Supremo de Justicia sobre este tema ha sido imprecisa e indeterminada y además, violatoria de tales principios.

8.- CONCLUSIONES Y RECOMENDACIONES

(i) El principio de seguridad jurídica promueve que el particular o administrado tenga conocimiento o certeza de la norma que aplica a un caso concreto, de sus variaciones e interpretaciones, así como la prohibición de cambios sorpresivos de la interpretación de la norma, ya que de ese principio deriva la confianza de la población de un país en el ordenamiento jurídico y en su aplicación, por lo que es de suma importancia que la interpretación de la ley por parte de los jueces se haga en forma estable y reiterativa y sin efectos retroactivos.

(ii) El principio de confianza legítima se origina en las actuaciones de las distintas ramas de los poderes públicos que de alguna manera se hacen repetitivas en el tiempo y que el administrado espera que dichas actuaciones se mantengan o continúen de igual manera en el tiempo, lo cual en definitiva le da seguridad y certeza sobre las consecuencias de sus actos.

(iii) Este principio de confianza legítima es aplicable a los cambios jurisprudenciales, puesto que no puede aplicarse un nuevo criterio jurisprudencial a casos o situaciones nacidas bajo la vigencia de otro criterio jurisprudencial, ya que sería una aplicación retroactiva del mismo y así lo ha establecido la jurisprudencia de la Sala Constitucional del Tribunal Supremo de Justicia.

(iv) Tanto la Sala Constitucional como la Sala Política Administrativo no han sido proclives a respetar los principios de seguridad jurídica y de confianza legítima, puesto que si bien en algún momento se estableció que los criterios jurisprudenciales vigentes para el momento de la interposición del recurso contencioso tributario son los que debían regir la decisión final del caso, dichas Salas ni siguiera han respetado dicha jurisprudencia.

(v) Pensamos que una vía para poder aplicar en forma plena los principios de seguridad jurídica y confianza legítima en tema es discusión sería que una vez que se establezca un criterio jurisprudencial ese criterio una vez establecido aplicará hacía el pasado a todos los periodos de imposición o ejercicios fiscales en los que aplique la norma. Si posteriormente el criterio interpretativo es modificado, la nueva interpretación se aplicará para los nuevos periodos o ejercicios que se inicien con base en ese nuevo criterio, es decir, con verdaderos efectos *ex nunc*.

(vi) Para poder aplicar con reglas claras los efectos de la jurisprudencia en el tiempo, debe incluirse o desarrollarse alguna normativa sobre el tema para que cierta y efectivamente puedan protegerse los principios comentados.

QUINTA PARTE

DERECHO PENAL TRIBUTARIO

§ 45. LA DEFRAUDACIÓN TRIBUTARIA COMO PRECEDENTE DEL LAVADO DE ACTIVOS A LA LUZ DE LA RECIENTE JURISPRUDENCIA ESPAÑOLA Y BELGA

Jacques Malherbe [*]
Aurora Ribes Ribes [**]

PRIMERA PARTE: DERECHO ESPAÑOL

INTRODUCCIÓN.

El blanqueo de capitales es uno de los fenómenos de mayor impacto social del mundo contemporáneo. Esta repercusión social se debe a la trascendencia económica que tiene este fenómeno en las economías mundiales, minando el amplio abanico que va desde las cuentas de un Estado hasta la moral individual de las personas, o lo que es igual, afectando tanto a aspectos macroeconómicos como microeconómicos.

Además, resulta innegable que el blanqueo de capitales constituye un fenómeno internacional que ha aumentado exponencialmente en las últimas décadas. Por tal motivo, los Gobiernos han ido modificando tanto las normativas preventivas como las punitivas para poder combatir este tipo de delincuencia.

En este contexto, la consideración o no del delito fiscal como previo al delito de blanqueo de capitales encierra, sin duda, una gran relevancia, por su enorme trascendencia práctica [1].

---

[*] Profesor emérito, Universidad Católica de Lovaina (Bélgica), abogado (Simont Braun, Bruselas).
[**] Catedrática de Derecho Financiero y Tributario. Universidad de Alicante (España).

[1] "Al Capone, el legendario rey de los bajos fondos, no fue condenado a pena de prisión por asesinato o cualquier otro delito violento, sino por un delito fiscal, por el que estuvo ocho años en prisión. Desde entonces, cualquier persona que posea bienes de origen ilegal es consciente de lo importante que es su enmascaramiento. El dinero que no aparece como ingreso legal y declarado, no puede ser gastado o invertido sin riesgo de ser descubierto". Blanco Cordero, I.: "Criminalidad organizada y mercados ilegales", en *Revista Técnica del Hertziana* (Harlax) Nº 25, 1998, pp. 36-59.

El objetivo del presente trabajo es analizar los argumentos a favor y en contra de tal consideración, a la luz de la reciente jurisprudencia española recaída en este ámbito; poniendo a su vez de relieve algunos de los problemas prácticos derivados de la tesis que concibe el delito fiscal como antecedente al lavado de activos y seguir con una exposición del derecho belga donde surgen los mismos problemas.

ARGUMENTOS A FAVOR DE CONSIDERAR EL DELITO FISCAL COMO PREVIO AL DELITO DE BLANQUEO DE CAPITALES. NUESTRA POSICIÓN.

2.1.- El argumento del Derecho positivo vigente. Estado actual de la cuestión en España.

Con anterioridad a la reforma operada en 2010, existió un amplio debate en España acerca de esta cuestión, que enfrentó a una parte de la doctrina[2] (contraria a que el delito de defraudación tributaria regulado en el art.305 del Código Penal (CP) pudiera considerarse como previo al delito de blanqueo de capitales, regulado en el art.301 CP), con la Fiscalía, la Agencia Tributaria[3], el Consejo General del Poder Judicial y el sector doctrinal mayoritario[4], partidarios de procesar a quienes blanquean bienes procedentes del delito fiscal.

La reforma operada, de una parte, por la Ley Orgánica 5/2010, de 22 de junio, de modificación del CP, y, especialmente, por la Ley 10/2010, de 28 de abril, sobre prevención del blanqueo de capitales y financiación del terrorismo, vino a clarificar tal discusión, al señalar expresamente que la cuota tributaria defraudada pueda constituir objeto material del blanqueo de capitales. Así lo reconoció su artículo 1.2, que entiende por bienes procedentes de una actividad delictiva: "todo tipo de activos cuya adquisición o posesión tenga su origen en un delito, tanto materiales como inmateriales, muebles o inmuebles, tangibles o intangibles, así como los documentos o instrumentos jurídicos con independencia de su forma, incluidas la electrónica o la digital, que acrediten la propiedad de dichos activos o un derecho sobre los mismos, con inclusión de la cuota defraudada en el caso de los delitos contra la Hacienda Pública".

En la actualidad, por tanto, se admite la posibilidad de sancionar por blanqueo a quienes han cometido el delito previo, por lo que el defraudador fiscal puede ser condenado simultáneamente -en teoría- por delito fiscal y blanqueo de capitales. Además, desde aquella fecha,

---

2   Quintero Olivares, G.: "El delito fiscal y el ámbito material del delito de blanqueo", en *Actualidad Jurídica Aranzadi* n° 698, 2006, p.2; Choclán Montalvo, J.A.: "¿Puede ser el delito fiscal delito precedente de blanqueo de capitales?", en *Revista Jurídica General, Boletín del Ilustre Colegio de Abogados de Madrid* N° 37, 2007, p.162; Gómez-Benítez, J.M.: "Reflexiones técnicas y de política criminal sobre el delito de blanqueo de bienes y su diferencia con la defraudación fiscal", en *Cuadernos de Política Criminal* N° 91, 2007, p. 19; y, Fernández Junquera, M.: "Defraudación fiscal, blanqueo de capitales y regularización fiscal", en *Revista Española de Derecho Financiero* N° 155, 2012, pp. 32 y 33.

3   Resolución de 7 de febrero de 2005, de la Dirección General de la Agencia Estatal de la Administración Tributaria, por la que se aprueban las directrices generales del Plan General de Control Tributario de 2005.

4   Véase, en la doctrina penal: Blanco Cordero, I.: "El delito fiscal como actividad delictiva previa del blanqueo de capitales", en *Revista electrónica de Ciencia Penal y Criminología* N° 13, 2011, pp. 1-46.

Disponible en: http://criminet.ugr.es/recpc/13/recpc13-01 [Última consulta: 12 de diciembre de 2018]; Serrano González de Murillo, J.L.: "Delito fiscal y bienes con origen en actividad delictiva como objeto de blanqueo", en *Cuadernos de Política Criminal* n° 111, 2013, p. 96. Y, entre los tributaristas: Martín Queralt, J.: "La idoneidad del delito de defraudación tributaria como presupuesto del delito de blanqueo de capitales. Una cuestión inquietante", en *Tribuna Fiscal* n° 266, 2013, pp. 4-8; Mallada Fernández, C.: "El delito fiscal como delito previo del blanqueo de capitales", en *Quincena Fiscal* n° 10, 2012, pp. 39-51; y, García Bañuelos, J.A.: "El delito fiscal como actividad delictiva previa del delito de blanqueo de capitales", en *Quincena Fiscal* n° 1, 2015, [BIB 2014\4492], p. 9. Recurso online [Última consulta: 26 de febrero de 2019].

se amplió el elenco de conductas punibles como blanqueo de capitales, incriminando ahora la mera posesión de los bienes procedentes de una actividad delictiva, posesión que existirá en la gran mayoría de casos de fraude fiscal; y se introdujo de manera expresa la responsabilidad penal de las personas jurídicas (lo cual es importante si se tiene en cuenta que una gran parte de estos delitos se cometen mediante empresas, eminentemente bancos y entidades financieras).

De conformidad con el art.301 CP español, se castiga por blanqueo de capitales a quien "adquiera, posea, utilice, convierta, o transmita bienes, sabiendo que éstos tienen su origen en una actividad delictiva, cometida por él o por cualquier tercera persona, o realice cualquier otro acto para ocultar o encubrir su origen ilícito, o para ayudar a la persona que haya participado en la infracción o infracciones a eludir las consecuencias legales de sus actos, será castigado con la pena de prisión de seis meses a seis años y multa del tanto al triplo del valor de los bienes".

Según este precepto, las conductas punibles como delito de blanqueo de capitales deben recaer sobre bienes procedentes de alguna actividad delictiva, cualquiera que sea ésta. Por tanto, si cualquier delito entra en el radio de aplicación del blanqueo de capitales, ello también podría incluir al delito de defraudación tributaria.

Este delito se encuentra regulado en el art.305 CP, que sanciona al que por acción u omisión defraude a la Hacienda Pública estatal, autonómica, foral o local, mediante la elusión del "pago de tributos, cantidades retenidas o que se hubieran debido retener o ingresos a cuenta de retribuciones en especie, obteniendo indebidamente devoluciones o disfrutando beneficios fiscales de la misma forma, siempre que la cuantía de la cuota defraudada, el importe no ingresado de las retenciones o ingresos a cuenta o de las devoluciones o beneficios fiscales indebidamente obtenidos o disfrutados exceda de 120.000 euros".

La comisión del delito fiscal requiere que el fraude supere los 120.000 euros, que concurra el ánimo de defraudar y que la cuantía defraudada incluya la cuota tributaria, el importe no ingresado de las retenciones o ingresos a cuenta, el importe de las devoluciones indebidamente obtenidas o el importe de los beneficios fiscales indebidamente disfrutados.

Cuando lo obtenido son devoluciones en la cuantía indicada, no cabe duda de que éstas constituyen bienes que ingresan en el patrimonio del defraudador que tienen su origen en el delito fiscal, por lo que son susceptibles de ser blanqueados. Lo mismo cabe afirmar respecto al fraude de subvenciones, ya que se produce un traslado de dinero de las arcas públicas al patrimonio del defraudador. Mayor problemática presenta, sin embargo, la consideración de la cuota tributaria defraudada como objeto material del blanqueo de capitales, tema que ha concitado en España una viva polémica doctrinal.

2.2.- Aproximación al Derecho internacional.

Se ha de subrayar que las tendencias internacionales evidencian la admisión del fraude fiscal como actividad delictiva antecedente del blanqueo. Buen exponente de ello es que el Grupo de Acción Financiera Internacional de la OCDE (GAFI[5]) -el organismo mundial más importante en materia de lucha contra el blanqueo de capitales- ha incluido a los delitos fiscales como delitos previos del blanqueo de capitales[6]. Este posicionamiento ha sido respaldado, igualmente, por la Directiva 2015/849 del Parlamento europeo y del Consejo, de 20 de mayo, relativa a la prevención de la utilización del sistema financiero para el blanqueo de capitales o la financiación del terrorismo, que incluye en su artículo 3.f), dentro del concep-

---

5   Financial Action Task Force on Money Laundering.

6   La Recomendación de considerar el delito fiscal como delito base del blanqueo de capitales fue incluida en los estándares AML/CFT del GAFI (FATF), de febrero de 2012.

to "actividad delictiva", de acuerdo con las Recomendaciones revisadas del GAFI, a los delitos fiscales, lo que confirmó la Directiva 2018/1673.

2.3.- El argumento lógico.

En los casos previstos por la ley, el delito fiscal, como actividad delictiva que es, constituye un delito previo del blanqueo de capitales[7]. Huelga afirmar que es necesario que la conducta defraudadora reúna todos los elementos del tipo del artículo 305 del CP español, entre ellos, que la cuota defraudada supere los 120.000 euros. Si no se supera este *quantum*, no habrá delito y, por tanto, no será objeto idóneo de una operación de blanqueo, ya que en tal caso la cuota procederá de una mera infracción tributaria.

Ahora bien, al margen de los razonamientos jurídicos y del refrendo jurisprudencial -al que nos referiremos a continuación- que han avalado esta tesis, creemos que la misma se impone atendiendo a la simple lógica: el autor del delito fiscal no tendrá ningún interés en defraudar la cuota tributaria si no puede aprovechar el producto de tal defraudación.

Además, debe advertirse que es casi imposible imaginar en el derecho español un delito fiscal consistente en dejar de ingresar una determinada obligación tributaria al que no siga una actividad que fácilmente puede encajar en alguno de los términos que integran el tipo del art.301 del CP español: adquirir, poseer, utilizar, convertir, transmitir bienes, sabiendo que éstos tienen su origen en una actividad delictiva, cometida por él o por una tercera persona, o realice cualquier otro acto para ocultar o encubrir su origen ilícito.

Por ello, quizás la pregunta se ha de plantear a la inversa: ¿En qué casos la defraudación tributaria no acabará antes o después originando una conducta típica de blanqueo? Pues, prácticamente, en ninguno. Y es que lo propio es que así ocurra[8], dada la amplitud de las conductas punibles contempladas en el art.301 del CP español. Será casi consustancial a la consumación de cualquier delito contra la Hacienda Pública que se complete su ejecución con la realización de una actividad de blanqueo de la cuota defraudada. Ello llevará teóricamente a su acumulación concursal (esta acumulación -que se produce cuando el que comete el blanqueo es el propio defraudador- tendrá un efecto perverso sobre el cómputo de la prescripción) y a una penalidad conjunta, si bien este último extremo ha sido matizado por el Tribunal Supremo español como seguidamente comentaremos.

De ahí que conserven plena vigencia las palabras de Pacheco, al hilo de su Comentario al CP español de 1848: "El robar y el encubrir lo robado quien lo robó no pueden mirarse como cosas distintas. Si el encubrimiento consistía en aprovechar lo robado, para eso es precisamente para lo que se roba…entonces todos los autores son (serían) encubridores".

2.4.- Tratamiento del tema en la jurisprudencia española.
El refrendo jurisprudencial.

Sea como fuere, y sin perjuicio de los diversos problemas o disfunciones que la consideración del delito fiscal como previo al lavado de activos comporta en la práctica -a los que

---

7   Así lo defiende Campos Navas, al sostener que "sería un contrasentido que, admitida como está jurisprudencialmente la posibilidad de que el delito de estafa sea delito antecedente del blanqueo de capitales (STS 1501/2003, de 19 de diciembre), se rechazara dicha construcción para el delito fiscal; ello supondría hacer de mejor condición al que engaña a la Hacienda Pública para obtener una devolución o subvención indebida, que al que engaña a un particular, y aunque tal discriminación pueda ser coherente con la conciencia fiscal por desgracia todavía vigente, carece de toda base no solo jurídica, sino incluso ética". Campos Navas, D.: "Lavado de dinero y delito fiscal. Posibilidad de que el delito fiscal sea el delito precedente al de blanqueo", en Diario La Ley nº 6383, 2005, Ref. D-295 [laleydigital.laley.es] Recurso online [Última consulta: 26 de febrero de 2019].

8   Martín Queralt, J.: "La idoneidad (…)". *Ob. cit.* pp. 4 y 7.

nos referiremos seguidamente- lo cierto es que el argumento definitivo, al menos en el caso español, radica en el refrendo jurisprudencial que esta tesis ha recibido.

El primer y principal pronunciamiento del Tribunal Supremo (TS) en este sentido fue la Sentencia de 5 de diciembre de 2012[9], dictada en el Asunto Ballena Blanca. Hasta esa fecha, el Alto Tribunal sí había reconocido con claridad la posibilidad de que el delito fiscal concurriera realmente con otros que lo precedían -piénsese en los casos en los que las ganancias de cualquier actividad ilícita como el comercio con droga originan a su vez un delito fiscal (Caso Nécora, Sentencia del TS de 7 de diciembre de 1996[10], o el caso de delito fiscal consiguiente al enriquecimiento derivado de la malversación, cohecho o estafa (Caso Roldán, Sentencia del TS de 21 de diciembre de 1999[11]), pero todavía no se había pronunciado sobre la posibilidad de considerar el delito contra la Hacienda Pública como un delito previo o antecedente al de blanqueo de capitales.

Conviene destacar las principales afirmaciones del TS en esta Sentencia de 5 de diciembre de 2012, al hilo de la cual rechaza todas las críticas formuladas por quienes entienden que el delito fiscal no puede ser considerado como base del de blanqueo:

-En caso de delito fiscal como antecedente del blanqueo, el objeto del blanqueo es la ganancia procedente del delito fiscal, es decir, la cuota defraudada.

-No constituye bien objeto del blanqueo el conjunto de rendimientos o base imponible que han motivado dicha cuota. En definitiva, es la cuota defraudada (en el delito fiscal y, en general, en todos los delitos contra la Hacienda Pública) la que se puede lavar.

-La cuota tributaria puede ser objeto material del delito de blanqueo. Y ello pese a que se trata de una cantidad de dinero que no ingresa en el patrimonio del autor del delito fiscal, sino que ya se encuentra en él porque constituye una parte del mismo. Este último extremo no impide considerar que la misma procede del delito fiscal.

-Es rechazable el argumento de que el blanqueo dimanante de un delito fiscal vulnera el principio ne bis in idem, ya que, de una parte, la cuota defraudada es el resultado de la liquidación tributaria, esto es, de un fraude al Erario público, mientras que el objeto del ulterior blanqueo es la ganancia obtenida de ese fraude, es decir, la cuota tributaria. Además, los comportamientos sancionados en uno y otro delito son diferentes y diversos son los bienes jurídicos protegidos: en el delito fiscal se protege la recaudación fiscal y su distribución a través del gasto público, en contraste con el delito de blanqueo, en el que se protege el orden socioeconómico, esto es, la regulación jurídica de la producción, distribución y consumo de bienes, basada en la libre y leal competencia, que implica la lucha contra la criminalidad organizada.

En el mismo sentido cabe citar, entre otras, la Sentencia del TS de 19 de noviembre de 2013[12]. No es menos cierto, con todo, que el Alto Tribunal español ha venido matizando su doctrina en este ámbito, haciéndose eco de las críticas de los autores sobre los excesos en los que se podría incurrir, y ha adoptado una tesis más restrictiva -muestra de la cual es su Sentencia de 29 de abril de 2015[13]-, en virtud de la cual el "autolavado" no debe castigarse, al considerarse los actos correspondientes copenados y, por tanto, absorbidos por el delito previo, aplicando el principio de consunción (artículo 8.3° del CP español) -según el cual, "el precepto penal más amplio o complejo absorberá a los que castiguen las infracciones consumidas en aquél"[14]-, a favor del delito fiscal, en el entendimiento de que este precepto

9   Sentencia del TS (Sala de lo Penal, Sección 1ª) n° 974/2012, de 5 de diciembre, Caso Ballena Blanca.

10   Sentencia del TS (Sala de lo Penal) n° 649/1996, de 7 de diciembre, Caso Nécora.

11   Sentencia del TS (Sala de lo Penal) n° 1493/1999, de 21 de diciembre, Caso Roldán.

12   Sentencia del TS (Sala de lo Penal, Sección 1ª) n° 858/2013, de 19 de noviembre.

13   Sentencia del TS (Sala de lo Penal, Sección 1ª) n° 265/2015, de 29 de abril.

ya comprende todo el desvalor de la conducta. Es decir, el TS habla de concurso de normas, evitando así la violación del principio *ne bis in idem* y la desproporcionada penalidad que el concurso de delitos implicaría.

Se frenan así las críticas doctrinales relativas a que el delito de blanqueo se había convertido en una clara muestra de las tendencias expansivas de un Derecho Penal poco respetuoso con los principios, garantías y límites que deben presidir su interpretación y aplicación.

En definitiva, por tanto, en la actualidad la cuestión no estriba en si el delito fiscal es previo al delito de blanqueo, que lo es -en nuestra opinión-, sino en la relación concursal[15] (de delitos o de normas) y consiguiente articulación práctica (penalidad) entre estos dos delitos. Especial interés reviste, en este punto, la Sentencia de 8 de junio de 2018[16], dictada por el TS español con ocasión del Caso Nóos, en la que se exige una finalidad específica de encubrimiento del dinero obtenido ilícitamente, así como un vínculo directo entre el aprovechamiento de la cuota defraudada y ésta.

ARGUMENTOS EN CONTRA DE CONSIDERAR EL DELITO FISCAL (POR LO QUE CONCIERNE A LA CUOTA TRIBUTARIA DEFRAUDADA) COMO PREVIO AL DELITO DE BLANQUEO DE CAPITALES.

En contraste con el planteamiento anterior, los argumentos esgrimidos por el sector de la doctrina que niega la consideración de la defraudación tributaria como delito precedente al lavado de activos, se polarizan en cuatro[17]:

3.1.- Argumento relacionado con el objeto material: la cuota defraudada no se origina en el delito de defraudación tributaria.

El artículo 301 del CP español exige que los bienes que se blanquean procedan de un delito o tengan su origen en el mismo. Con base en ello, algunos autores[18] entienden que el dinero negro, o B, no declarado, no se genera en el delito fiscal, no ha accedido a circuitos ilícitos.

Según esta corriente doctrinal, el artículo 301 del CP español exige que el autor obtenga algo que antes del delito no tenía. El dinero de quien no pagó sus impuestos no es un dinero "producto" del delito fiscal; el defraudador no obtiene nada del delito, pues los bienes que integran la cuota ya se encuentran en su patrimonio y, en consecuencia, no puede ser objeto de delito de blanqueo.

El delito fiscal no origina nada que no existiera antes en el haber del defraudador. En definitiva, no hay "origen ilícito", porque el dinero no "procede" del delito. Este razonamiento es, precisamente, el que se contiene en el Voto particular de la Sentencia del TS de 5 de de diciembre de 2012, Caso Ballena Blanca -ya citado-, emitido por el Magistrado Antonio del

---

14   Si bien el artículo 8 del CP español enuncia cuatro criterios (especialidad, subsidiariedad, consunción/absorción y alternatividad) susceptibles de aplicarse por orden para resolver los concursos de normas, el TS español entiende que entre el delito fiscal y el delito de blanqueo no existe relación de especialidad, ni de subsidiariedad, pero sí de absorción, motivo por el cual impone la aplicación del criterio alojado en el artículo 8.3 del CP.

15   Demetrio Crespo, E.: "Sobre el fraude fiscal como actividad delictiva antecedente del blanqueo de dinero", en *Nuevo Foro Penal* nº 87, 2016, p.117.

16   Sentencia del TS (Sala de lo Penal, Sección 1ª) nº 277/2018, de 8 de junio, Caso Nóos.

17   Blanco Cordero, I.: "El delito (…)". *Ob. cit.* pp. 17 a 19.

18   En esta línea: Choclán Montalvo, J.A.: "¿Puede ser (...)?". *Ob. cit.* p. 162; Gómez-Benítez, J.M.: "Reflexiones técnicas (...)". *Ob. cit.* p.19; y, Luzón Campos, E.: "Blanqueo de cuotas defraudadas y la paradoja McFly", en *Diario La Ley* nº 7818, 2012, Ref.D-120, [laleydigital.laley.es] Recurso online [Última consulta: 26 de febrero de 2019].

Moral García, que parte de la inidoneidad del delito de defraudación tributaria en su modalidad de elusión del pago de tributos para erigirse en presupuesto del delito de blanqueo de capitales[19].

3.2.- Argumento relacionado con la conducta típica: la vulneración del principio *ne bis in idem*.

En este orden de ideas, se alega, asimismo, que la sanción como blanqueo de capitales supondría castigar dos veces el mismo hecho[20]. Es decir, al defraudador se le estaría castigando adicionalmente por un blanqueo de capitales del 301 del CP, que necesariamente vendría anudado al delito fiscal, porque lo normal es que quien defrauda a la Hacienda Pública, transmita el dinero, lo convierta u oculte o encubra su origen, conductas éstas tipificadas en el artículo 301 del CP español.

Además, tras la reforma de 2010, constituye blanqueo de capitales la mera posesión o utilización de bienes de origen delictivo, lo que conllevará que en prácticamente todos los casos de delito fiscal podrá apreciarse que quien defrauda, posee o utiliza los bienes objeto de la cuota tributaria[21]. O lo que es igual, casi siempre que haya delito fiscal, habrá también blanqueo de capitales y ello, en opinión de estos autores, implicaría una pena adicional para el delito de defraudación tributaria.

3.3.- El argumento de la prescripción.

Tal y como subrayan los detractores de la tesis que aboga por considerar la defraudación tributaria como previa al lavado de activos, aunque el delito fiscal haya prescrito, es posible perseguir al presunto defraudador por blanqueo de capitales: de un lado, porque la mera ocultación del dinero implica que el delito de blanqueo se está cometiendo de manera permanente; y, de otro lado, porque la prescripción del delito previo no descontamina los bienes, por lo que siguen constituyendo objeto material idóneo del blanqueo de capitales.

Esta situación es objeto de crítica, dado que permite a las autoridades recurrir al delito de blanqueo para prolongar el plazo de prescripción del delito. Y ello porque, aunque el delito fiscal haya prescrito, la posesión o transferencia del dinero defraudado se habrá mantenido

---

19 Según se recoge en el apartado 5.12 de dicho Voto particular: "El argumento basilar de ese entendimiento se funda en la interpretación literal y gramatical del art.301 del Código Penal, de valor singular por venir ligada al principio de taxatividad. Las conclusiones de la interpretación gramatical del precepto son tan claras, que ni el elemento teleológico, ni argumentos de Derecho comparado, ni la integración con normas extrapenales, ni la consulta de instrumentos internacionales, pueden dar al traste con ella: el precepto dice lo que dice; y castiga lo que castiga. La elusión del pago de tributos genera un incremento patrimonial. Permite un ahorro, pero no aporta nada al patrimonio. No pueden blanquearse efectos o bienes procedentes de un delito que no los genera".

20 Sobre la hipotética vulneración del principio *ne bis in idem*, resulta altamente interesante la lectura de la Sentencia del Tribunal de Justicia de la Unión Europea de 20 de marzo de 2018 (Asunto C-524/15) que, sin embargo, introduce ciertas limitaciones respecto a la virtualidad de este principio.

21 Adviértase, a mayor abundamiento, que podemos asistir incluso a la posible comisión de tres delitos, como ocurriría, por ejemplo, en el caso de que un narcotraficante que ha obtenido unos beneficios de 1.000.000 de euros en un ejercicio, no declara su renta e invierte con posterioridad parte de ese capital en inmuebles, con el fin de retornarlo al ciclo económico. Estaríamos ante un delito contra la salud pública, un delito fiscal y un delito de blanqueo de capitales, y ello con independencia de que el origen de los fondos "blanqueados" provenga de la cuota defraudada, o de las ganancias ilícitas obtenidas. Así lo confirma la Sentencia del TS (Sala de lo Penal, Sección 1ª) nº 970/2016, de 21 de diciembre, por la que se condena a un abogado por sendos delitos contra la Hacienda Pública y blanqueo de capitales, ya que blanqueó en España ganancias provenientes de la actividad delictiva ejercida por su cliente, que a su vez fue condenado en Gran Bretaña.

en el tiempo, por lo que se podrá perseguir en todo momento al defraudador por el delito de blanqueo.

3.4.- El argumento político-criminal.

Por último, se apunta que el delito de blanqueo ha perdido su sentido original, dirigido a perseguir penalmente la legitimación de los bienes procedentes de actividades delictivas (tráfico de drogas, corrupción, crimen organizado) y se ha convertido en un instrumento de control y recaudación fiscal[22]. Ello supone un entendimiento político-criminal del delito "incoherente y técnicamente inconsistente", pues conduce a una pérdida de su primigenia orientación político-criminal, trivializando y paralizando su eficacia frente a las conductas que realmente justifican su aplicación.

Junto a ello, se subraya también el error que supone asignar al delito de blanqueo la finalidad de evitar que el delincuente se beneficie del botín, pues ello implica una confusión entre las funciones político-criminales de la figura del blanqueo y la del comiso de ganancias, cuya significación y mecánica son radicalmente distintas.

PROBLEMÁTICA DERIVADA DE LA ASUNCIÓN DE LA TESIS FAVORABLE A CONSIDERAR EL DELITO FISCAL COMO PRECEDENTE AL LAVADO DE ACTIVOS.

Con independencia de la reforma legislativa operada en España en 2010 y del posterior respaldo jurisprudencial a la tesis partidaria de considerar el delito fiscal como previo al blanqueo de capitales, lo cierto es que este debate sigue abierto en numerosos Estados[23], lo que explica la importancia de su estudio y de volver a reflexionar sobre esta cuestión, máxime si se tiene en cuenta que la posición asumida por el legislador español no está exenta de problemas, como a continuación expondremos.

En concreto, la consideración del delito fiscal como precedente al blanqueo de capitales comporta en la práctica los siguientes problemas/disfunciones:

4.1.- El problema del origen o la procedencia de la cuota defraudada de un delito.

Como es obvio, la cuota defraudada constituye una cantidad de dinero que no ingresa en el patrimonio del autor del delito fiscal, sino que ya se encuentra en él, pues es una parte del mismo. Este argumento, empero, no impide considerar, a nuestro juicio, que la cuota tributaria "procede" del delito fiscal[24].

Según la Real Academia de la Lengua Española (RAE), están originados en una actividad delictiva los bienes que tienen su "causa" en ella. La conexión entre el bien y la actividad delictiva previa ha de ser, pues, de naturaleza "causal". Lo bienes susceptibles de ser blanqueados han de derivarse del hecho delictivo, de manera que cuando esto sucede, decimos que están "contaminados". Existe nexo causal y, por tanto, "contaminación", cuando suprimiendo mentalmente la actividad delictiva, el bien no se encuentra en el patrimonio de un sujeto.

---

22   Gómez-Benítez, J.M.: "Reflexiones (...)". *Ob. cit.* p. 15.

23   Como demuestra que en las XXX Jornadas Latinoamericanas de Derecho Tributario, celebradas en Montevideo (Uruguay) del 4 al 9 de noviembre de 2018, se dedicara el Seminario 5 al tratamiento y debate del tema "Defraudación tributaria como precedente de lavado de activos".

24   Blanco Cordero, I.: "El delito (…)". *Ob. cit.* pp. 21 y 22.

En consecuencia, es evidente que, aplicando las teorías causales válidas en la ciencia jurídico-penal, el delito fiscal supone un incremento del patrimonio del defraudador, con bienes que de otro modo no estarían en el mismo. Y ello viene avalado por la propia descripción del artículo 305 del CP español, que cuantifica claramente la cuota defraudada en más de 120.000 euros, que son los que incrementan el patrimonio del defraudador. Este dinero no estaría en su patrimonio si no hubiera defraudado a la Hacienda Pública y tiene, por tanto, su origen y procedencia en el delito fiscal.

En definitiva, la cuota defraudada constituye un "bien" en el sentido del artículo 301 del CP español; implica simultáneamente un perjuicio para la Hacienda Pública; y un beneficio para el defraudador. Es decir, supone el beneficio o provecho económico derivado del delito susceptible de ser considerado bien idóneo del delito de blanqueo de capitales. Por consiguiente, las conductas típicas del artículo 301 del CP pueden recaer sobre la cuota tributaria.

De todo ello cabe colegir que el problema, a la postre, no radica tanto en el origen o procedencia delictiva de los bienes, sino en la dificultad de concretarlos e individualizarlos en el patrimonio del contribuyente (algo que ocurrirá en todos los casos en los que lo obtenido sea dinero, bien fungible por excelencia).

4.2.- Problemas temporales.

Antes de examinar las posibilidades de individualización de los bienes, es conveniente aludir a las dificultades temporales que surgen[25]. En toda relación de causalidad es necesario que la causa preceda al resultado: en el caso que nos ocupa, el delito fiscal debe preceder en el tiempo a la cuota tributaria que constituye el objeto material del delito de blanqueo de capitales (igual que en el delito de tráfico de drogas, la venta precede al momento de obtención de la cuantía). En este punto, el delito fiscal presenta peculiaridades que pueden generar dificultades prácticas de difícil solución.

En otras palabras, la "contaminación" de los bienes integrantes de la cuota tributaria defraudada se producirá cuando venzan los plazos administrativos para declararlos ante la Administración Tributaria. Hasta que no finalicen los mismos, existe un período de tiempo, durante el que no es posible determinar si existe o no delito fiscal. Por ello, todo acto realizado sobre tal dinero no puede ser considerado delito de blanqueo de capitales, porque los bienes no tienen (todavía) carácter delictivo.

Caso práctico 1: Supongamos que H oculta sus bienes con el fin de no declararlos a la Hacienda Pública en el ejercicio correspondiente. Realiza multitud de transferencias a cuentas diversas antes de que finalice el plazo para presentar su declaración. En este caso no habrá delito de blanqueo de capitales, porque todavía no ha surgido la cuota tributaria y, en consecuencia, no existen bienes idóneos para ser blanqueados (salvo que haya cometido algún otro delito).

Mayor complejidad presentan los casos en los que el acto de liquidación definitiva de la deuda tributaria se realiza muy posteriormente al vencimiento de aquellos plazos. Nótese que este supuesto es bastante frecuente, pues la Administración Tributaria necesita realizar investigaciones para determinar si existe o no una cuota defraudada, y fijar su cuantía.

Caso práctico 2: Imaginemos que el contribuyente tiene la intención de interponer un recurso contra el acto de liquidación tributaria (provisional o definitiva). Si entre el momento de notificación del acto de liquidación y el de interposición del recurso transmite los bienes, ¿comete un delito de blanqueo de capitales?

---

25   Se sigue en este punto la exposición de: Blanco Cordero, I.: "El delito (…)". *Ob. cit.* pp. 24 a 26.

Y si, finalmente, no interpone recurso, ¿constituirá blanqueo de capitales la transmisión de los bienes? En principio, habrá que considerar que hasta que no haya una decisión definitiva sobre la existencia de la cuota defraudada, no existen bienes susceptibles de ser blanqueados.

E incluso, abundando en la cuestión:

Caso práctico 3: Supongamos que el contribuyente interpone un recurso contra el acto de liquidación tributaria provisional y solicita la suspensión de la ejecución. Agotada la vía administrativa, el contribuyente recurre ante los Tribunales el acto de liquidación y solicita la suspensión de la ejecución del acto en vía judicial. Tal vez después de 5 años se produzca una decisión definitiva de los tribunales sobre la liquidación de la deuda tributaria.

Durante ese período, puede ocurrir que el contribuyente realice transferencias de sus bienes. ¿Podría esto dar lugar a un delito de blanqueo de capitales?

Caben dos posibles soluciones: a) A juicio de Blanco Cordero[26], lo más acertado es entender que la cuota tributaria se determina en el momento en que se dicta la decisión judicial final sobre la liquidación tributaria, por lo que todo acto previo se realiza sobre bienes no contaminados; b) Si no se acepta esta tesis y se considera contaminada la cuota tributaria, el defraudador puede alegar un posible error de tipo, por desconocimiento de un elemento típico, cual es el origen delictivo de los bienes.

4.3.- La individualización de los bienes constitutivos de la cuota tributaria.

La consideración de la cuota tributaria como objeto material idóneo del blanqueo de capitales genera otros muchos problemas prácticos, entre los que se encuentra el tema de la individualización de los bienes que integran dicha cuota defraudada. Dicha cuota se traduce en un aumento del patrimonio del autor, pero no encuentra un reflejo en unos bienes concretos, problema éste que no es exclusivo de este delito, pero en el que se acentúa mucho.

La imposibilidad de individualizar[27] la cuota defraudada en el patrimonio del defraudador, plantea dificultades a la hora de considerar realizada la conducta típica del delito de blanqueo de capitales, al no existir objeto material.

El blanqueo de capitales exige la concreción de un objeto específico o una pluralidad de bienes igualmente determinados que procedan de una actividad delictiva. Y esto no es fácil cuando se trata de cantidades de dinero. La posibilidad de que la defraudación tributaria constituya delito previo del blanqueo de capitales requiere que durante la investigación se pueda identificar razonablemente la parte de los bienes del patrimonio del defraudador que constituyen la cuota tributaria.

---

26 Blanco Cordero, I.: "El delito (…)". *Ob. cit.* p. 25.

27 Con vistas a resolver este espinoso problema, la doctrina alemana ha propuesto diversas soluciones:La primera considera que al no poderse determinar el bien concreto que materializa la cuota tributaria, no es posible cometer el delito de blanqueo de capitales. Desde mi punto de vista, esta tesis no es convincente, ya que desconoce que el delito fiscal ha generado un incremento patrimonial para el defraudador, que en otro caso no existiría. Como ya hemos demostrado, la cuota tributaria (no la deuda tributaria) constituye un bien procedente del delito fiscal. De acuerdo con la segunda solución, la cuota tributaria no es sino una deuda de la que debe responder el defraudador con todos sus bienes, presentes y futuros, de lo que se infiere que todo su patrimonio resulta contaminado. Considerar que la deuda contamina todo el patrimonio del deudor no es aceptable, por tratarse de una interpretación contraria a la ley (*contra legem*), en la medida en que se considerarían bienes idóneos para el delito de blanqueo algunos que no proceden de un delito previo. Esta teoría deviene, a nuestro juicio, excesiva y desproporcionada, dado su carácter arbitrario. La tercera solución propuesta limita la "contaminación" exclusivamente a la unidad patrimonial en la que se integra la cuota tributaria y los bienes respecto de los que no se pagan tributos. Esta tesis tampoco resulta correcta, pues considera "contaminados" bienes que no proceden de un delito previo, en concreto, los que integran la base imponible, lo que es nuevamente contrario a lo dispuesto en el artículo 301 del CP español. Blanco Cordero, I.: "El delito (…)". *Ob. cit.* p. 27.

Ejemplo[28]: El defraudador A dispone de un patrimonio total por valor de 100. Defrauda a la Hacienda Pública una cuota tributaria por valor de 30. A compra a C un vehículo por 60. En este caso, no es posible considerar que dicha cantidad proceda del delito fiscal, pues de acuerdo con el principio *in dubio pro reo* hay que entender que los 60 que paga no proceden del delito previo. La cuestión cambia si paga por el vehículo 80, porque al menos 10 de ellos proceden del delito fiscal.

Es decir, no está "contaminada" toda la base liquidable, sino solo la parte constitutiva de la cuota tributaria.

Ejemplo[29]: Un defraudador tiene un capital no declarado por valor de 1.000 en una cuenta bancaria en el extranjero. Supongamos que la cuota tributaria que le correspondería pagar fuese de 300. Solo se cometerá delito de blanqueo de capitales si se transfieren los 1.000, o si se transfieren más de 700, porque entonces una parte de la cuota tributaria contaminada ha sido objeto material del delito de blanqueo.

Con todo, esta individualización o concreción de los bienes del patrimonio del defraudador que resultan contaminados por el delito fiscal resulta muy compleja[30], sobre todo si se tiene en cuenta que tales bienes estarán normalmente "disueltos" o "mezclados" con sus bienes de origen lícito. El actual *dictum* del artículo 301 del CP español, que sanciona ahora la mera posesión de los bienes -incluso por el autor del delito previo-, facilita enormemente la prueba de la comisión del delito de blanqueo, pues amplía de forma notable las posibilidades de aplicar este precepto en los casos examinados. Sin embargo, queda poco margen para la aplicación del delito fiscal.

4.4.- ¿Es necesaria sentencia condenatoria por el delito fiscal? Concurso real de delitos.

La vigente redacción del artículo 301 del CP español exige acreditar que los bienes supuestamente blanqueados proceden de una "actividad delictiva". Con anterioridad a la reforma se requería que los bienes procedieran de un "delito". La redacción actual se corresponde mejor con la autonomía del delito de blanqueo y con la no exigencia de una resolución judicial que se pronuncie sobre un delito antecedente, según declaró el TS en su Sentencia 115/2007, de 22 de enero.

Por tanto, si bien para condenar por un delito de blanqueo es necesario que quede acreditado ante el juez competente que los bienes proceden de un delito fiscal, no se requiere que haya un fallo judicial previo -demandado por algunos autores-, e incluso si éste existe, no se exige que éste se traduzca en una sentencia condenatoria por delito fiscal. Así lo ha reconocido también el Tribunal Supremo francés, que considera que no es necesario que se hayan iniciado persecuciones, ni que haya recaído condena por delito fiscal, sino que es suficiente con que se establezcan los elementos constitutivos del delito del que procede el dinero que se blanquea.

---

28 Blanco Cordero, I.: "El delito (…)". *Ob. cit.* p. 28.

29 Blanco Cordero, I.: "El delito (…)". *Ob. cit.* p. 29.

30 Ilustra esta problemática, entre otras, la Sentencia del TS español (Sala de lo Penal, Sección 1ª) nº 182/2014, de 11 de marzo, en la que no se aplicó el delito de blanqueo procedente de varios delitos fiscales previos debido a que la sentencia recurrida no precisaba qué cuota tributaria concreta, relativa a qué ejercicio fiscal, había sido objeto de blanqueo y de qué modo. De acuerdo con el Fundamento jurídico undécimo, "no existe concreción factual alguna referida a qué se hizo con las cuotas defraudadas, y si se habla genéricamente de una reinversión en bienes inmuebles, no hay una sola referencia a los concretos inmuebles que fueran adquiridos con tales cuotas, ni en qué cuentas o fondos estaba depositado el dinero que se dice reinvertido").

No siendo precisa una sentencia condenatoria, en el proceso por blanqueo de capitales el juez penal deberá pronunciarse sobre la existencia de un delito fiscal previo, en el que el obligado tributario ha de haber defraudado una cuota que supera los 120.000 euros. Lo habitual será que en un mismo proceso se acuse por delito fiscal en concurso real con blanqueo de capitales, por lo que el juez tendrá que pronunciarse sobre ambos delitos. Nótese, no obstante, que aun cuando no se actuara de esta forma, sí será posible la condena por blanqueo de capitales sin necesidad de que exista condena por delito fiscal. Y ello porque, en caso contrario, se dejaría sin sanción el blanqueo de bienes procedentes de delitos fiscales prescritos, o cuyo autor ha fallecido, lo cual no es admisible.

En la práctica, se observa ya un aumento de las persecuciones penales por blanqueo de las cuotas tributarias no ingresadas. De ahí que, cuando se detecte un delito fiscal, se podrá fundamentar además la persecución penal por blanqueo de capitales, imputándose ambos delitos.

Si en un mismo proceso se enjuician el delito fiscal y el de blanqueo de capitales, se requerirá en todo caso prueba de la existencia de todos los elementos típicos del delito fiscal para que se pueda condenar por blanqueo. Y lo mismo habrá de hacerse si simplemente se enjuicia el delito de blanqueo en un proceso distinto del delito fiscal, aunque puede ocurrir que no se condene a nadie por él (por ejemplo, porque ha fallecido el autor del delito fiscal)[31].

4.5.- ¿Es posible la "descontaminación" de los bienes por prescripción del delito fiscal o por regularización de la situación tributaria?

En la hipótesis de que, pese a todas las dificultades enunciadas, se identifiquen finalmente los bienes que integran la cuota tributaria, surge un interrogante adicional, cual es el de si los bienes procedentes de una actividad delictiva resultan contaminados para siempre o si, por el contrario, existen causas que permiten "descontaminar" la cuota tributaria.

Existe unanimidad en la doctrina acerca de que la despenalización del delito previo (en este caso, el delito fiscal) comporta la "descontaminación", ya que los bienes dejan de tener carácter delictivo. Más discutibles son los supuestos de prescripción del delito fiscal y de regularización de la situación tributaria.

Comenzando por la **prescripción**, se ha de recordar que el artículo 130 del CP español prevé como causas que extinguen la responsabilidad criminal: la muerte del reo, el cumplimiento de la condena, la remisión definitiva de la pena, el indulto, el perdón del ofendido cuando la ley así lo prevea, la prescripción del delito y la de la pena o la medida de seguridad. La cuestión que se discute es determinar si, extinguida la responsabilidad criminal por el delito previo (delito fiscal), es posible cometer el delito de blanqueo de capitales sobre los bienes que proceden de aquél. ¿Determina la prescripción de delito fiscal que los bienes dejen de ser idóneos para el delito de blanqueo de capitales?

A este respecto, la doctrina se muestra dividida, siendo dos los posicionamientos[32]:

En opinión de un sector doctrinal, la prescripción del hecho previo del que provienen los bienes produce la ruptura de la conexión entre el bien y el hecho que lo origina. Por ello, desde el momento en que un delito no pueda ser perseguido por razón de su prescripción, quedarán "descontaminados" todos los bienes originados por aquél.

No parece razonable, se alega, prolongar la procedencia delictiva más allá del plazo en el que el delito es perseguible. No es correcto sancionar a una persona por el blanqueo de bienes procedentes de un delito ya prescrito, cuyos responsables no van a poder ser sancionados penalmente. De lo contrario, se produciría una extensión desmesurada del tiempo duran-

---

31   Blanco Cordero, I.: "El delito (…)". *Ob. cit.* p. 34.

32   Se sigue en este punto la exposición de: Blanco Cordero, I.: "El delito (…)". *Ob. cit.* p. 35.

te el cual los bienes tienen carácter contaminado, de manera que de no fijar un límite, como por ejemplo, la prescripción del delito previo, seguirían manteniendo ese carácter indefinidamente.

Otro grupo de autores (Blanco Cordero) defiende, por el contrario, que la prescripción del delito fiscal (cuyo plazo no coincide con el previsto en la legislación tributaria: 5 años (CP español) frente a los 4 años (Ley General Tributaria española) no descontamina los bienes, que siguen siendo idóneos para el blanqueo de capitales por proceder de una actividad delictiva. La prescripción supone, precisamente, que con anterioridad existió un hecho típico, antijurídico, culpable y punible. De ahí que la prescripción, la muerte del defraudador, el cumplimiento de su condena o el indulto, como causas de exclusión de la responsabilidad penal, no limpian los bienes que integran la cuota tributaria.

Esta tesis genera problemas de aplicación práctica, hasta el punto de llegar a convertir el delito de blanqueo de capitales en imprescriptible. Y no solo al blanqueo, sino también al delito fiscal cuando se pueda apreciar un concurso de delitos (caso en el que quien los comete es el propio defraudador). De acuerdo con el artículo 131.5 del CP, el concurso prescribirá cuando lo haga la infracción más grave (en este caso, el blanqueo), por lo que si es imprescriptible, ello afectará también al delito fiscal, mientras se posean los bienes objeto de blanqueo provenientes de una defraudación tributaria.

Por tanto, si se entiende que el castigo de la posesión como delito de blanqueo vulnera el principio *ne bis in idem* cuando recae sobre el autor del delito previo, esto nos va a permitir afirmar que si se condena al autor del delito previo por éste, no se le va a poder castigar por blanqueo de capitales. Ahora bien, una vez prescrito el delito fiscal, su autor no podrá ser sancionado por tal delito, pero sí podrá apreciarse (ya no se viola el *ne bis in idem*) un delito de blanqueo, si ha poseído, utilizado, etc, tales bienes, en el entendimiento de que tal prescripción no descontamina los bienes[33].

Por lo que respecta a la **regularización de la situación tributaria**, ésta se consideraba por el TS, hasta la Ley Orgánica 7/2012, una excusa absolutoria, que despliega sus efectos sobre la conducta del autor del delito, que seguirá siendo típica, antijurídica y culpable, pero no punible. Tras la reforma legislativa apuntada, este mecanismo sigue suponiendo, esencialmente, el completo reconocimiento y pago de la deuda tributaria de manera espontánea.

Piénsese, por ejemplo, en un defraudador que ha cometido falsedades documentales para defraudar a la Hacienda Pública y que decide regularizar, en plazo, su situación tributaria. ¿Quedan entonces descontaminados los bienes?

En nuestra opinión, si el defraudador regulariza en plazo y paga lo que debe, quedará exento de responsabilidad penal por delito fiscal y, además, los bienes constitutivos de la cuota defraudada quedarán descontaminados, pues se ha desprendido de ellos. En su patrimonio no existirán ya, a partir de esa fecha, bienes contaminados.

No obstante, puede producirse en este contexto una situación paradójica[34] y es que: quien regularice su situación tributaria quedará exento de responsabilidad criminal por delito contra la Hacienda Pública, e incluso quedará liberado de pena también por las falsedades documentales cometidas (todo ello para incentivarle a que regularice), pero puede ser castigado por el delito de blanqueo de capitales[35]. Y ello, porque si antes de regularizar cabe afir-

---

33 Blanco Cordero, I.: "El delito (...)". *Ob. cit.* p. 37.

34 Blanco Cordero, I.: "El delito (...)". *Ob. cit.* p. 38.

35 En este sentido, tomando en consideración el Proyecto de Reforma del Código Penal publicado oficialmente el 7 de septiembre de 2012: Espejo Poyato, I.: "El delito fiscal como delito base del delito de blanqueo de capitales", en *Revista de Contabilidad y Tributación* (CEF) N° 357, 2012. Véase, asimismo: Ferré Olivé, J.C.: "Una nueva trilogía en Derecho Penal Tributario: fraude, regularización y blanqueo de capitales", en *Revista de Contabilidad y Tributación* (CEF) N° 372, 2014, pp. 41-82.

mar que ha ocultado la cuota tributaria, ya ha consumado el delito de blanqueo, dado que la actual redacción del artículo 301 del CP español castiga la mera posesión, de manera que aunque regularice, podrá ser perseguido por blanqueo de capitales.

En este punto, es posible formular una crítica, consistente en que la posible sanción por blanqueo de capitales va en contra del fundamento de la propia "excusa absolutoria", que persigue favorecer el pago voluntario de los impuestos. Con la normativa en vigor, más bien ocurrirá lo contrario: quien sabe que va a ser sancionado penalmente en todo caso, mantendrá ocultos sus fondos todo el tiempo que pueda.

Por ello, Blanco Cordero[36] sostiene que debería preverse expresamente y, de manera excepcional, que la regularización tributaria descontamina los bienes, tanto para el defraudador como para terceros que blanquean los bienes. A ello responde la Resolución de la Secretaría General del Tesoro de 24 de mayo de 2012, en la que la propia Administración vino a reconocer que la regularización tributaria determina la inexistencia de delito fiscal, lo que implicaría que tampoco existiera delito de blanqueo de capitales. De lo contrario, en nuestra opinión, la regularización de la situación tributaria se convertiría en una auténtica autodenuncia del blanqueo.

SEGUNDA PARTE: DERECHO BELGA

CONCEPTOS.

5.1. El decomiso ("confiscation spéciale").

El artículo 42 del Código penal belga prevé el decomiso ("la confiscation spéciale") del objeto o del producto de un delito pero también, desde la introducción del delito de blanqueo en el ordenamiento penal belga, de las ventajas patrimoniales obtenidas directamente del delito, de los bienes que las hayan sustituido y de los ingresos derivados de la inversión de aquellas ventajas[37].

El artículo 43 bis del Código penal, introducido por la ley de 19 de diciembre de 1992, prevé que, si los bienes no pueden ser localizados en el patrimonio del condenado, el juez procederá a su evaluación monetaria y se decomisará una cantidad de dinero equivalente.

5.2. El lavado de dinero.

El delito de blanqueo de capitales fue introducido en Bélgica a través de una ley de 17 de julio de 1990. El artículo 505 del Código penal sanciona tres tipos de comportamientos, además del encubrimiento propio de bienes obtenidos de un delito, sancionado ya con anterioridad:

-el hecho de comprar, recibir, poseer, conservar o gestionar ventajas patrimoniales procedentes directamente de una infracción, bienes que las hayan sustituido substituidos a ellas o ingresos derivados de esas ventajas, por referencia a la disposición del artículo 42, 3° sobre el decomiso ("confiscation spéciale");

-el hecho de convertir o transferir los mismos bienes con el propósito de ocultar o encubrir su origen ilícito o de ayudar a una persona implicada en el delito a eludir las consecuencias jurídicas de sus actos;

---

36   Blanco Cordero, I.: "El delito (…)". *Ob. cit.,* p. 38.
37   Art. 42, 3°, introducido por la ley del 17 de julio de 1990.

-el hecho de ocultar o encubrir la naturaleza, el origen, la localización, la disposición, el movimiento o la propiedad de los mismos bienes a pesar de conocer o debiendo haber conocido su origen desde el inicio de estas operaciones.

Los tres comportamientos constitutivos de blanqueo se pueden describir como colocación, encubrimiento e integración. La colocación introduce por primera vez en el circuito financiero el producto de una actividad criminal (art. 505, al. 1, 2°). El encubrimiento es la sucesión de actos destinados a romper la relación entre los bienes y su origen criminal (art. 505, al. 1, 3°). La integración incluye los métodos que permiten la inserción de los bienes en inversiones económicas (art. 505, al. 1, 4°).

El delito de blanqueo es un delito de consumación instantánea pero que puede ser continuado. Cada vez que el autor realiza un acto penado por la ley, se continúa cometiendo el delito. La posesión, la gestión o la ocultación de los bienes revisten por su naturaleza un carácter continuo.

El cómputo de la prescripción se inicia desde el acto constitutivo del blanqueo, pero, si el delito es continuado, el principio del plazo es el día del último acto para el conjunto de todos los hechos. Si el delito reviste un carácter continuo, la prescripción empieza a computarse cuando cesa el estado delictivo.

Respecto a quienes no sean autores, coautores o cómplices de la infracción de base, el fraude fiscal simple no puede servir de fundamento a los tipos de blanqueo por colocación (art. 505, al. 1, 2°) o integración (art. 505, al. 1, 4°). Debe tratarse de un fraude grave, organizado o no[38]. La excepción no se aplica a los hechos de encubrimiento, ni de transformación para ocultar un origen ilícito (art. 505, al. 1, 3°).

Junto al Código penal existe una ley de11 de enero de 1993[39] que impone a varias profesionales, sobre todo a los bancos, obligaciones de identificación de sus clientes y de vigilancia sobre las operaciones efectuadas. Tales profesionales, en caso que conozcan o sospechen la existencia de un blanqueo, deberán informar a la Unidad de Tratamiento de las Informaciones Financieras (CTIF – Cellule de Traitement des informations financières)[40], que puede remitir el expediente al fiscal. El delito fiscal únicamente puede ser antecedente del delito de blanqueo, cuando estemos ante fraude fiscal grave, organizado o no[41].

Los bienes definidos en el Código penal constituyen el objeto de los delitos cubiertos por esas disposiciones en el sentido del artículo 42, 1°, y serán decomisados. Si tales bienes no se pueden individualizar en el patrimonio del condenado, el juez procederá a su evaluación monetaria y el decomiso se aplicará sobre una cantidad de dinero equivalente[42].

Como la definición del delito de blanqueo se refiere a la disposición sobre el decomiso ("confiscation spéciale"), la cuestión relativa a si el delito fiscal puede ser el objeto previo de un delito de blanqueo plantea un doble interrogante:

¿PUEDE UNA INFRACCIÓN FISCAL PRODUCIR UNA VENTAJA PATRIMONIAL?

La primera cuestión fue tras mucha controversia el objeto de la sentencia del Tribunal de casación de 22 de octubre de 2003: "Cuando, en aplicación de los artículos 42, 3° y 43 bis

---

38 C.P., art. 505, al. 3.

39 Ley del 11 de enero de 1993 relativa a la prevención del uso del sistema financiero a los fines del blanqueo de capitales y del financiamiento del terrorismo, art. 7.

40 Ley, art. 23-26.

41 Ley, art. 5, § 2.

42 C.P. belga, art. 505, al. 6.

del Código penal, el juez valora las ventajas patrimoniales derivadas de una infracción, puede considerar que la elusión de un impuesto puede constituir tal ventaja, que esta no desaparece por el solo hecho de la liquidación del impuesto"[43].

En el caso sometido al Tribunal, el decomiso fue adoptado sobre la base del delito fiscal y de un delito de ejercicio ilegal de una actividad mercantil y no de una prevención de blanqueo.

El Tribunal precisó en una sentencia ulterior que, aunque el objeto de la infracción, fiscal por ejemplo, no pueda ser identificado, la ventaja patrimonial existe[44]. La consecuencia es que el decomiso se realizará por el equivalente.

¿PUEDEN VENTAJAS PATRIMONIALES OBTENIDAS POR UN DELITO FISCAL SER BLANQUEADAS?

En cuanto a la segunda cuestión, la de saber si la ventaja patrimonial derivada de una infracción tributaria puede ser objeto de blanqueo, se observan las mismas divergencias doctrinales que en España con la diferencia de que el Código penal belga en la definición del blanqueo no abarca específicamente el delito fiscal como el Código penal español.

7.1. Concepción extensiva

La concepción extensiva del delito considera que la ventaja patrimonial derivada del fraude fiscal puede ser objeto de blanqueo[45]. La ventaja patrimonial se identifica con el impuesto eludido y puede ser identificada en cualquier parte del patrimonio del autor[46].

Varias leyes de "regularización" han permitido a quien no ha declarado sus ingresos "regularizarlos" por los años no prescritos, pagando el impuesto correspondiente y un suplemento.

Según la concepción extensiva, el impuesto eludido en los años prescritos – y eventualmente los impuestos "regularizados" – podrían ser objeto de blanqueo de capitales. Un funcionario, sin la aprobación de su superior jerárquico, introdujo una querella penal en contra de los miles de personas que habían recurrido estas regularizaciones.

En la última ley de regularización "permanente", que tuvo poco éxito, el gobierno sólo permitió regularizar mediante un pago igual al 38% del capital, lo que implica una sanción correspondiente a años prescritos. El impuesto sobre ingresos mobiliarios (dividendos e intereses) en Bélgica ha variado del 15 al actual 30% del ingreso, que representa un porcentaje modesto del patrimonio. Las plusvalías privadas no tributan en Bélgica.

7.2. Concepción restrictiva

Desde el punto de vista de la concepción restrictiva del delito, aun cuando una infracción fiscal puede generar una ventaja patrimonial, dicha ventaja no puede ser objeto de blanqueo dado que no puede ser identificada en el patrimonio del infractor[47].

---

43   Cass., 22 de octubre de 2003, Navez, Pasicrisie, I, 1645, *Revue critique de Jurisprudence belge*, 2005, p. 102.

44   Cass., 8 de noviembre de 2005, Pasicrisie,2005, I, 2179.

45   A. Risopoulos: "Blanchiment et fraude fiscale: on change les règles ? Analyse de la loi du 10 mai 2007", en *Revue générale du Contentieux fiscal*, 2007, p. 244.

46   Corr. Bruselas, 21 de febrero de 2004, Jurisprudence fiscale, 2005, p. 115.

47   M.A. Beernaert: "Fraude fiscale, confiscation et blanchiment, le point sur des questions très controversées", obs. sub Cass. 22 de octubre de 2003, en *Revue critique de jurisprudence belge*, 2015, p. 125 ; O. Klees: « A propos de la confiscation de l'objet du blanchiment », en *Journal des Tribunaux*, 2005, p. 82, 22 octobre 2003, en

El artículo 505 se refiere sólo al artículo 42, 3°, es decir a cosas que pueden ser objeto de un decomiso en natura y no al artículo 43 bis sobre el decomiso de una cantidad equivalente.

El hecho de eludir una deuda no puede de modo general ser identificado en el patrimonio del que la elude. No existe por ende en el patrimonio un bien que pueda ser objeto de un decomiso en natura.

La concepción restrictiva parece desprenderse de una sentencia reciente del Tribunal de casación, de 23 de septiembre de 2015[48]: "La elusión punible de una deuda tributaria puede entrar en el campo de aplicación del artículo 42, 3° del Código penal. En este caso, la ventaja patrimonial resulta de una disminución de las cargas pecuniarias que se repercute sobre el conjunto de la fortuna del deudor. Cuando el importe del impuesto eludido no puede ser específicamente encontrado en el conjunto de su patrimonio, el mismo no puede ser objeto de un acto de blanqueo.

Este no es el caso, sin embargo, cuando la ventaja obtenida del fraude fiscal resulta identificable. Como señala el fiscal en su opinión previa a la sentencia, el provecho del fraude fiscal podría identificarse por ejemplo con una transferencia a una cuenta extranjera, una inversión o un suplemento de dividendo a los socios de una sociedad. También en un "carrusel" de IVA se podría identificar con el importe del crédito reembolsado indebidamente por el Estado como consecuencia de una falsa exportación o entrega intracomunitaria de bienes.

Otras sentencias del Tribunal de casación admiten que la transferencia de ventajas patrimoniales ilícitas en una cuenta bancaria puede constituir un delito de blanqueo si se realiza con el elemento moral previsto por la ley, es decir con el dolo especial o sea la intención de encubrir el origen ilícito de los fondos o de ayudar a quien quiere escapar a las consecuencias jurídicas de sus actos. Eso no se aplica al mero depósito de fondos en una cuenta bancaria[49].

CONCLUSIÓN.

Con carácter reciente ha existido un arduo debate en España acerca de si el delito fiscal podía considerarse como delito base del blanqueo de capitales. Tal cuestión, resuelta expresamente desde 2010 en sentido afirmativo por la ley, ha continuado suscitando una gran y variada problemática en su aplicación práctica, lo que ha propiciado el mantenimiento de la discusión doctrinal en la actualidad. Por su parte, la jurisprudencia ha optado por la tesis afirmativa, requiriendo no obstante que el importe de la cuota defraudada pueda ser identificado en el patrimonio del contribuyente y que se demuestre la conexión entre el acto de blanqueo, gasto o inversión, y el importe de la cuota tributaria eludida.

El paralelo es tajante con la jurisprudencia belga, la cual admite que una infracción fiscal pueda generar una ventaja patrimonial susceptible de decomiso y por eso de blanqueo, delito que puede sólo abarcar objetos susceptibles de decomiso. Sin embargo, el importe del impuesto eludido tiene que ser identificado específicamente en el patrimonio del defraudador.

Revue critique de jurisprudence belge, 20015, p. 125 ; T. Afschrift: « Le blanchiment et la fraude fiscale », en *Revue générale du Contentieux fiscal*, 2018, p. 10 ; M.-L. Cesoni y D. Vandermeersch: "Le recel et le blanchiment", en Les infractions, vol. 1, Les infractions contre les biens, 2a ed., Bruselas, Larcier, 2016, p. 569; G. Debue, "Le blanchiment de capitaux et le financement du terrorisme", 2a ed., Amberes-Apeldoorn, Maklu, 2014, p. 120.

48   Cass., 23 de septiembre de 2015, Pas., 2015, I, 2143; Th. Afschrift, "Le blanchiment et la fraude fiscale, en *Revue générale du Contentieux fiscal*, 2018, p. 5; S. Scarná, "DLU et blanchiment: l'union sacrée", en Droit Pénal de l'Entreprise, 2018, p. 351 ; Corr. Luxembourg, div. Marche-en-Famenne (14a sala), 1 de junio de 2018, en *Revue générale du Contentieux fiscal*, 2018, p. 291.

49   Cass., 5 de junio de 2013, Pasicrisie, 2013, I, 1243, en *Droit Pénal de l'Entreprise*, 2014, p. 83; Cass., 25 de octubre de 2016, Pasicrisie, 2016, I, 2051.

§ 46. LA DEFRAUDACIÓN TRIBUTARIA COMO DELITO PRECEDENTE DEL LAVADO DE ACTIVOS (EN URUGUAY)

Juan Manuel Albacete [*]

1. INTRODUCCIÓN

En el Uruguay no estaba regulada, hasta hace muy poco tiempo, la defraudación tributaria como delito precedente del lavado de activos. Esto nos permite analizar alguno de los aspectos críticos de esta figura a la luz del derecho comparado y de las elaboraciones doctrinarias que se han realizado en torno al mismo. Por ello muchas de las consideraciones que haremos son una apreciación sobre el problema en general y no sobre el caso particular de Uruguay.

Como podremos apreciar el lavado de activos comenzó teniendo ciertas características, en especial respecto de cuáles eran los delitos precedenteesto fue cambiando con el tiempo hasta transformarse hoy en una figura penal que ya no solo cumple con la finalidad para la que fue creada sino que es un delito omnipresente que puede serle tipificado a muchos de quienes cometen los delitos comunes que existen desde siempre. Se ha vuelto una herramienta del estado sumamente potente que se cierne sobre los ciudadanos. Este aspecto es especialmente relevante en materia tributaria. En materia tributaria rige el principio de igualdad de las partes de la relación jurídico tributaria. Esto es que salvo las excepciones legales el contribuyente y la administración legal están en pie de igualdad.

Pero obviamente, en la realidad, esto no se cumple si ante una controversia tributaria el Estado está munido de armas que ponen al contribuyente en una situación de verdadera desigualdad. Y ello porque se ve expuesto a que se le apliquen multas, la infracción de defraudación, que se le someta a medidas cautelares, que se solicite la clausura de su establecimiento, que se le denuncie por el delito de defraudación penal y ahora que enfrente la eventualidad de ser sometido a un proceso de lavado de activos, con lo infamante que dicha situación conlleva.

Es decir que ante una situación en la que el contribuyente ya enfrentaba una situación de verse en inferioridad de condiciones por la cantidad de medidas represivas de que puede ser objeto aún en etapas muy tempranas del procedimiento administrativo ahora se suma, como se ha sumado en otras jurisdicciones, la defraudación tributaria como precedente del lavado de activos.

Como sostiene Isidoro Blanco Cordero, Profesor que citaremos reiteradamente a lo largo de este trabajo:

> *"Argumento político-criminal. El delito de blanqueo de capitales ha perdido su sentido original dirigido a perseguir penalmente la legitimación de los bienes procedentes de actividades delictivas (tráfico de drogas, corrupción crimen organizado) y se ha convertido en un instrumento de control y recaudación fiscal. Esto supone un entendimiento político-criminal del delito "incoherente y técnicamente inconsistente", y lleva a una pérdida de su orientación político criminal*

---

[*] Prof. Grados 4 de la Facultad de Derecho y Ciencias Sociales de la Universidad de la República. Secretario General del ILADT. Director de la Revista Tributaria del Instituto Uruguayo de Estudios Tributarios. Socio tributarista del Estudio Guyer & Regules.

originaria, trivializando y paralizando su eficacia frente a las conductas que realmente justifican su aplicación. Se alega también el error que supone asignar al delito de blanqueo la finalidad de evitar que el delincuente se beneficie del botín, pues ello supone una "crasa confusión" entre las funciones político-criminales de la figura del blanqueo y la del comiso de ganancias, cuya significación y mecánica son radicalmente distintas"[1].

"La política criminal inspiradora del delito de blanqueo de capitales está sufriendo importantes transformaciones en los últimos años. Comenzó siendo un instrumento de lucha contra el tráfico de frogas y posteriormente se orientó a afrontar la lacra del crimen organizado. Hoy día se ha superado esta idea, y el delito de blanqueo ha expandido enormemente su campo de aplicación a cualquier actividad delictiva y, lo que yo considero más criticable, a una serie de comportamientos que difícilmente responsen a la idea de lo que constituye el fenómeno del blanqueo. Esta forma de proceder tiene una clara intención dirigida a proporcionar a las autoridades un instrumento de lucha contra el delito, facilitando enormemente la prueba del mismo. Permite claramente al juez de instrucción adoptar medidas de investigación (intervenciones telefónicas) y medidas cautelares desde el comienzo del proceso penal, que van a limitar los derechos fundamentales de cualquiera que haya tenido contacto con posibles bienes de origen delictivo. Y será utilizado también como una calificación alternativa a otros delitos que no puedan acreditarse totalmente en todos sus elementos. Esta expansión sin precedentes de su radio de acción terminará por desprestigiar esta figura delictiva, trivializando su aplicación, y requiriendo quizás una intervención correctora del Tribunal Constitucional para ponerle límites. Indudablemente esto afecta de manera muy directa al delito fiscal, que también constituye delito previo del blanqueo de capitales." [2]

Más allá de lo que venimos de sostener la defraudación tributaria como actividad delictiva o delito precedente del lavado de activos, plantea problemas de la más diversa índole. Expondremos algunos de ellos y luego veremos cómo han sido resueltos por nuestra legislación.

2. PROBLEMAS QUE PLANTEA LA DEFRAUDACIÓN TRIBUTARIA COMO DELITO PRECEDENTE DEL LAVADO DE ACTIVOS

Alguno de los problemas que merecen destacarse son los siguientes:

2.1 Presión de los organismos internacionales para la recepción del delito precedente en las distintas jurisdicciones. Legitimidad en un orden democrático de la forma en que se aprueban este tipo de leyes y otras en el ámbito tributario (CRS, BEPS, por ejemplo).

2.2 Distinto alcance que se le da en el Derecho comparado a la defraudación fiscal como precedente del lavado de activos. Algunos problemas expresamente resueltos.

2.3 Problemas que plantea la posibilidad de que en definitiva, en sedes jurisdiccionales diversas, no se configure el delito de defraudación tributaria o que incluso se declare la inexistencia de tributos adeudados por el contribuyente (y menos aún una defraudación tributaria).

2.4 Dificultades que puede plantear el auto lavado en materia tributaria.

2.5 La prescripción del delito precedente

1   Isidoro Blanco Cordero, <<El delito fiscal como actividad delictiva previa del blanqueo de capitales>>, *Revista Electrónica de Ciencia Penal y Criminología* 13-01 (2011): 19, http://criminet.ugr.es/recpc/13/recpc13-01.pdf.

2   Blanco Cordero, <<El delito fiscal>>, 43 y 44.

2.1 Presión de los organismos internacionales para la recepción del delito precedente en las distintas jurisdicciones. Legitimidad en un orden democrático de la forma en que se aprueban estas leyes

En los órdenes democráticos la forma de gobierno está determinada por la Constitución. Normalmente el cuerpo electoral se expresa indirectamente a través de los poderes representativos que establece la misma. Los casos de ejercicio directo de la soberanía son hoy más bien de uso excepcional, por ejemplo el referéndum. La forma normal de expresión indirecta del cuerpo electoral se manifiesta a través de leyes las que tienen establecido un proceso de aprobación que en nuestra Constitución consta de las típicas fases de proposición, discusión, sanción y promulgación.

Ésta, la Ley, es el acto regla fundamental en el estado de derecho y generalmente se inspira o tiene su origen en cualquiera de los parlamentarios (que representan amplios sectores de la población) o en el poder ejecutivo (instaurado en su mandato mediante el régimen de sufragio popular).

Esta forma indirecta de expedirse por parte del cuerpo electoral, entendemos, no está siendo respetada, en su sustancia, por la adopción de leyes cuya finalidad y texto vienen básicamente impuestos por distintos tipos de organismos internacionales.

Ello sucede en la materia tributaria y también en lo atinente en este caso al lavado de activos que como veremos a lo largo de este trabajo y a lo que nosotros interesa se vincula de diversas maneras con el fenómeno tributario.

La OCDE o el GAFI promueven la aprobación de, entre otras, normas que tienen por objeto evitar la elusión o evasión fiscal y el lavado de dinero. Pero lo hacen desde una óptica que responde a intereses de países que son los que tienen más peso en dichos organismos. No interesa aquí la bondad o la justificación de dichos intereses pero resulta evidente que los mismos pueden no coincidir con lo de los países a los cuales se les solicita e induce a aceptar dichas normas.

Este tipo de organismos, reiteramos sin juzgar si son positivos para el orden internacional, tienen formas de decisión, organismos internos, representatividad por países, formas de evaluación, etc. que son conocidos solamente luego de análisis de sus órdenes internos y en los cuales los representantes de distintos países tienen un rol e injerencia que es muy difícil de precisar, por no decir imposible, para el ciudadano común.

Qué queremos decir con esto. Por ejemplo una ley sobre la lechería que es propuesta por un parlamentario que representa geográficamente una zona donde los productores lecheros se agrupan y que es ampliamente discutida a nivel de parlamento, recibiendo a los sectores interesados sobre quienes tendrá efecto la norma y finalmente es aprobada, siguió el derrotero que la constitución establece para llegar a tal fin.

En cambio textos normativos o acuerdos propuestos en su formulación en el ámbito de organismos internacionales y que son, en el ámbito interno, promovidos, sin excepción por el poder ejecutivo y aprobados por mayorías parlamentarias circunstanciales (a veces casi sin discusión) no cumple a nuestro entender el procedimiento democrático republicano que nuestra Constitución exige para la aprobación de las leyes.

En tal sentido, compartimos básicamente los fundamentos expuestos por el Dr. Andrés Blanco en Soberanía Fiscal y el Plan BEPS[3].

---

3   Andrés Blanco, <<Soberanía fiscal y el plan 'BEPS' (Base Erosion ando Profit Shifting) de OCDE: Un problema de legitimidad>>, *Revista Tributaria* 43, n° 253 (2016): 529 y ss.

Pero una salvedad. El Dr. Blanco sostiene que las políticas fiscales que promueve OCDE están indudablemente asociadas a una visión teórica de la economía capitalista: corriente neoclásica.

Entendemos que las políticas propuestas por la OCDE (o por GAFI si bien no el no económico) etc. si bien pueden estar enmarcadas en el pensamiento de la economía capitalista le agregan un aspecto que no es teórico sino eminentemente pragmático.

Muchas de las políticas que se imponen tienen por finalidad beneficiar o evitar perjuicios económicos al grupo de países que ejercen el poder en dichos organismos y por lo tanto pueden serlo en detrimento de los que no lo tienen. Y este pragmatismo es independiente de una corriente teórica que tiene como fundamento para la fiscalidad el que ésta no debe incidir mayormente en la adopción de decisiones por parte de los agentes de comercio basado esto en el principio de la "neutralidad fiscal". Y esto debe ser así también en el ámbito de la competencia entre estados donde no se debiera favorecer por normas internacionales a unos estados sobre otros u otorgar mayores tolerancias a unos que a otros.

Y vaya si incide la aplicación de las mismas normas a realidades económicas, sociales totalmente distintas.

No desconocemos que desde el punto de vista formal las leyes que recogen tales exigencias siguen el procedimiento previsto en la Constitución, lo que pensamos es que estas leyes pueden no respetar en sustancia el verdadero espíritu democrático de formulación de las mismas y se termina imponiendo a los ciudadanos normas en las que sus representantes directos normalmente solo han realizado un acto, el votarlas afirmativamente.

2.2 Distinto alcance que se le da en el derecho comparado y jurisprudencia a la defraudación fiscal como precedente del lavado de activos. Algunos problemas expresamente resueltos

2.2.1 Francia

Fue la Sala de lo Penal del Tribunal Supremo francés *(Cour de cassation)*, mediante sentencia de 20 de febrero de 2008, la que se ha pronunciado al respecto, admitiendo la posibilidad de que el delito fiscal sea delito previo del blanqueo.

La mencionada sentencia del Tribunal Supremo antes referida trata dos aspectos sumamente importantes de los que daremos cuenta a continuación y que obran en el trabajo del Dr. Isidoro Blanco Cordero:

"El autoblanqueo, es decir, la aplicación del delito de blanqueo al autor del delito previo. Hasta la fecha de la sentencia, las decisiones del Tribunal Supremo habían admitido la condena por blanqueo a las personas que habían lavado el producto de sus propias actividades ilegales cuando habían realizado las conductas previstas en el párrafo segundo del art. 324-1 CP22. En la sentencia analizada, el TS francés considera que el autor del delito previo puede ser sujeto activo de un posterior blanqueo de los bienes que ha obtenido de aquel delito, esta vez conforme al párrafo primero del art. 324-1 CP. Admite, por lo tanto, la condena por el "autoblanqueo" («autoblanchiment»), y rechaza que se haya producido una infracción del principio non bis in idem. La sentencia permite así la acumulación de persecuciones por un delito principal y por el blanqueo de su producto a título de concurso cuando el autor del delito previo facilite, por cualquier medio, la justificación falsa del origen de los bienes o de los ingresos de un crimen o de un delito que él mismo ha cometido".[4]

---

4   Blanco Cordero, <<El delito fiscal>>, 8.

Otro tema de sumo interés es como debe configurarse la figura precedente. Como la actividad qué es la base del delito?. ¿Cómo delito ya impuesto?

Como veremos esta es la solución de la legislación uruguaya. Este camino nos enfrentará a serios problemas respecto de la probabilidad de fallos contradictorios entre distintas sedes o jurisdicciones.

Respecto a este aspecto dice Isidoro Blanco Cordero:

> *"La otra cuestión planteada, que es la que aquí interesa, es la relacionada con la posibilidad de que el delito fiscal sea delito previo del blanqueo de capitales. El Tribunal Supremo francés se enfrenta a un complejo tema de carácter procesal relacionado con la necesidad de acreditar el delito previo. De acuerdo con el artículo L. 228 del Código de procedimientos fiscales (livre des procédures fiscales), para proceder por delitos fiscales es necesaria la denuncia de la administración tributaria con el dictamen favorable de la Comisión de Infracciones fiscales. Siendo esto así, el enjuiciamiento del delito de blanqueo de bienes procedentes del delito fiscal requerirá previamente que se acredite el delito fiscal, cuya persecución requiere dicha denuncia. Pues bien, a juicio del Tribunal la persecución del delito de blanqueo de capitales, delito general, distinto y autónomo, no está sujeto a las disposiciones del artículo L. 228 del Código de procedimientos fiscales. El artículo 324-1 CP no requiere que se hayan iniciado previamente persecuciones ni que se haya pronunciado una condena por el crimen o delito que haya permitido obtener las sumas de dinero blanqueadas, sino que es suficiente con que se establezcan los elementos constitutivos del delito previo. En definitiva, la sanción del blanqueo del fraude fiscal no requiere la denuncia de la administración tributaria con el dictamen favorable de la Comisión de infracciones fiscales que, como recuerda la Sala de lo Penal, no es un elemento del delito fiscal, sino una condición de su perseguibilidad. La Sala de lo Penal aprueba la actuación del tribunal de primera instancia, que ha reunido los elementos relativos al estilo de vida del acusado y "advertido de que nunca había informado a las autoridades fiscales de las sumas sujetas a impuesto, constitutivas de ingresos ocultos". La combinación de estos elementos, junto con prueba de laguna actividad que suponga ingresos (ya sean manifiesto u ocultos, claramente identificados o no) y la omisión de toda declaración anual a la administración tributaria, caracterizan adecuadamente el fraude fiscal en todos sus elementos."*[5]

2.2.2. Bélgica

Una solución que vale la pena destacar es la solución del Bélgica. En dicha normativa siempre existió la previsión de que el fraude fiscal como precedente del lavado de activos fuera un fraude de gravedad y existiera una organización criminal. Obviamente, si bien es plausible el acudir a la gravedad también es cierto que este concepto, por su imprecisión, puede generar una cierta falta de certeza jurídica. Fue así que buscando mantener la circunstancia de que el delito fiscal precedente fuera grave, pero con la finalidad de dar una mayor seguridad jurídica se dictó la ley de 10 de mayo de 2007.

Y comentando, acertadamente dicha reforma legal dice Isidoro Blanco Cordero

> *"Pero una de las grandes innovaciones que introduce la reforma es la prohibición legal (inmunidad) de proceder penalmente cuando se trate del blanqueo de bienes obtenido del fraude fiscal ordinario (fraude fiscale ordinaire). Esta prohibición de proceder penalmente requiere el cumplimiento de una serie de requisitos:*
>
> *La inmunidad prevista tiene un alcance limitado. La ley no se aplica a todas las modalidades de blanqueo de capitales previstas en el CP. Brevemente es conveniente señalar que el art. 505 CP tipifica como delito de blanqueo tres conductas: adquirir, recibir a título gratuito u oneroso, poseer, guardar o administrar bienes procedentes de un delito, cuando el sujeto conoce su origen*

---

5 Blanco Cordero, <<El delito fiscal>>, 8-9.

ilícito o debería haberlo conocido al inicio de estas operaciones (primer delito de blanqueo de capitales); convertir o transferir bienes ilegales con el objeto de disimular o de ocultar su origen ilícito, o de ayudar a cualquier persona implicada en la realización del delito del que provengan tales bienes a eludir las consecuencias jurídicas de sus actos (segundo delito de blanqueo de capitales); ocultar o disimular la naturaleza, el origen, la ubicación o la titularidad de los bienes ilegales, si el sujeto conoce o debía conocer el origen ilícito al inicio de estas operaciones (tercer delito de blanqueo de capitales).

La inmunidad solo se aplica al primer y al tercer delito de blanqueo de capitales, respecto de los cuales no se persigue el blanqueo de capitales obtenidos del "fraude fiscal ordinario". Sí que se admite, por el contrario, la persecución del blanqueo cuando el delito previo consista en el fraude fiscal "grave y organizado". La dificultad en este país reside en la dificultad práctica de distinguir en ambas modalidades de fraude."[6]

2.2.3. La sentencia del Tribunal de Casación italiano de N° 45643/2009, de 26 de noviembre

También es interesante destacar la jurisprudencia italiana. Ella también nos muestra como se ha venido ampliando la figura del delito precedente (organización criminal, sofisticación etc.) para llegar a una situación en que delito precedente lo es cualquiera. Y una vez más citando al Profesor Isidoro Blanco Cordero corresponde transcribir parte de su comentario sobre una sentencia en concreto.

"Sala de lo Penal del Tribunal de Casación italiano (sentencia N° 45643/2009, de 26 de noviembre). Según el Tribunal, de delito de blanqueo previsto en el art. 648 bis CP (de conformidad con la reforma producida mediante el art. 4 de la Ley 09/08/1993 n° 328), a diferencia de la redacción anterior, no contiene un listado de los delitos, sino que todos los delitos dolosos constituyen infracción previa del blanqueo. Por ello, delito previo del blanqueo pueden serlo no solo delitos funcionalmente orientados a la creación de capitales ilícitos (como la corrupción, los delitos societarios o quiebras), sino también delitos que según la versión más rigurosa y tradicionalmente acogida del fenómeno, le eran extraños, como por ejemplo los delitos fiscales. Como se puede ver, aunque de forma marginal en el caso, admite expresamente que cualquier delito fiscal puede ser infracción previa del blanqueo."[7]

2.2.4. Breves conclusiones del Derecho comparado

Este breve análisis de algunos países nos permite extraer una serie de conclusiones primarias que luego serán profundizadas y en su caso criticadas en las conclusiones finales del trabajo:

1. Si bien hemos comentado solo algunos aspectos concretos respecto de algunos países, la lectura del derecho comparado actual nos dice que en la gran mayoría de ellos el delito fiscal (mas precisamente su actividad constitutiva) es delito previo del blanqueo de capitales. Sin embargo existen diferencias en cuanto al tipo de delito fiscal. En algunos casos es necesario que el delito fiscal sea grave (derivado de una actividad delictiva grave y organizada) y no ordinario.

2. Parece interesante destacar algunos países como sería el caso de Bélgica bajo la legislación citada en los cuales la simple posesión del producto de la actividad fiscal ilícita no es punible. Lo que si sucede en la mayoría de los otros países. Las conductas de mera posesión no son punibles respecto del delito fiscal en algunos países (Bélgica cuando se trata de fraude fiscal ordinario), mientras que en otros sí que lo son (Alemania).

---

6   Blanco Cordero, <<El delito fiscal>>, 9-10.
7   Blanco Cordero, <<El delito fiscal>>, 14.

2.3 Problemas que plantea la posibilidad de que en definitiva no se configure el delito de defraudación tributaria o que incluso el Poder Judicial u otro Tribunal Jurisdiccional declaren la inexistencia de tributos adeudados por el contribuyente (y menos aún una defraudación tributaria).

No podemos entrar en este trabajo a analizar en profundidad la existencia de fallos judiciales contradictorios cuando los mismos pasan en autoridad de cosa juzgada en forma independiente un fallo del otro. Es decir, cuando en un orden jurídico existe la posibilidad de que dos sentencias sean absolutamente contradictorias (obviamente no nos referimos a los fenómenos de la apelación o instancias sino ascendencia contradictorias dictadas en distintas sedes o jurisdicciones).

Este problema jurídico, como dijimos, es de una entidad tal que no es propio de nuestra rama tributaria sino que puede manifestarse en el orden jurídico en general.

En un estado de derecho democrático para el ciudadano puede tornarse incomprensible que una misma conducta sea considerada de dos maneras diferentes por dos Tribunales distintos, máxime cuando ello tiene importantes consecuencias jurídicas. Supongamos que una persona es procesada y aún condenada por el delito de lavado de dinero siendo el delito precedente el delito fiscal de defraudación tributaria.

Supongamos también que la sentencia, luego de las instancias correspondientes pasa en autoridad de cosa juzgada.

Pero por otra parte, puede suceder:

a) Un juez de la misma jurisdicción en un proceso separado entienda que no se cometió el delito de defraudación tributaria, por lo que si no existió el delito precedente que origina los bienes que serán objeto de blanqueo mal puede existir el delito posterior de lavado; ó

b) Supongamos que en otra jurisdicción como en nuestro país es el caso de la Contenciosa Administrativa (un tribunal especializado en asuntos públicos) termina determinando en forma inapelable que no hay defraudación tributaria, o lo que es peor aún, que no hay siquiera deuda tributaria.

Creo que esto demuestra los riesgos de la ampliación de los delitos precedentes cuando lo que correspondería es calificarlos en virtud de la conexión que han de tener con una hipótesis de lavado. Requiriendo siempre la extrema gravedad de la conducta en el delito precedente y asegurando las propias leyes que es lo que sucede cuando en distintas sedes o jurisdicciones se está discutiendo si existió o no defraudación fiscal o aún deuda tributaria. Por eso propiciamos que sea el delito fiscal con la consiguiente sentencia lo que constituya el delito precedente del lavado de activos. Mientras tanto el derecho tiene los mecanismos para asegurar la inmovilidad de los bienes supuestamente originados en la actividad ilícita.

2.4 LA INDIVIDUALIZACIÓN DE LOS BIENES CONSTITUTIVOS DE LA CUOTA TRIBUTARIA

En sus orígenes el blanqueo de capitales está directamente vinculado a una actividad ilícita que generaba un producto y que debía ser "blanqueado" haciendo que obtuviera una apariencia legítima. Es el caso de lo producido por la venta de drogas o de ciertas armas o de acciones vinculadas al terrorismo.

En el caso de los tributos la situación es distinta normalmente existirá una actividad lícita en el ámbito de la cual el sujeto pasivo comete actos que pueden ser considerados una defraudación fiscal. Ello nos enfrenta al problema de que el resultado económico de la defraudación generalmente será vertido o formará parte del flujo de ingresos y egresos, o del patrimonio del sujeto pasivo. Y si lo que quiere es individualizarse los bienes que son objeto de blanqueo obviamente ello nos enfrenta a un problema complejo.

Entonces, la cantidad defraudada (gasto deducible simulado por ejemplo) no parece de fácil diferenciación en el patrimonio del contribuyente.

Y para blanquear un bien proveniente de una actividad ilícita debemos individualizarlo siendo que además ello es la esencia en la descripción del tipo penal del lavado.

En tal sentido, acudimos otra vez a lo sostenido por Isidoro Blanco Cordero en la obra ya citada en tanto establece:

> *"Una posibilidad es que la acción típica del delito de blanqueo de capitales recaiga sobre una parte del patrimonio del defraudador que obligatoriamente incluya todo o parte de la cuota tributaria. Ello ocurrirá cuando la acción de blanqueo se realiza sobre la totalidad del patrimonio del autor del delito previo, o al menos sobre una proporción tan elevada de su patrimonio que supere la parte lícita y comprenda una porción del valor de la cuota tributaria impagada. En estos dos casos se establece con certeza que los bienes obtenidos del delito fiscal se encuentran total o parcialmente en el objeto sobre el que recae la acción típica del delito de blanqueo."*[8]

> *Ejemplo: El defraudador H dispone de un patrimonio total por valor de 100. Defrauda a la Hacienda Pública una cuota tributaria por favor de 30. H compra a D un vehículo por 60. En este caso no se puede considerar que dicha cantidad proceda del delito fiscal, pues de acuerdo con el principio in dubio pro reo hay que considerar que los 60 que paga no proceden del delito previo. La cosa cambia si paga por el coche 80, porque al menos 10 de ellos proceden del delito fiscal."*[9]

2.5 PRESCRIPCIÓN DEL DELITO FISCAL

Es sabido que el fundamento de la prescripción es la certeza o seguridad jurídica. Principio este recogido en todas las constituciones que rigen en los estados de derechos democráticos y republicanos. Cuando alguien, sea quien sea, no ejecuta su derecho y no lo hace valer durante un tiempo generalmente largo, la certeza o seguridad jurídica indican que dicha situación debe ser resuelta por la propia ley. Y es así que aparece la prescripción poniendo fin a una situación de precariedad y otorgando a las partes y a los terceros una situación de certeza jurídica. El transcurso del tiempo extingue el derecho a reclamar o en su caso otorga el derecho sobre un bien. Y es por ello que normalmente solo se consideran imprescriptibles los delitos de lesa humanidad o genocidio o aquellos realizados bajo regímenes no democráticos que impedían el ejercicio de cualquier reclamo.

Ni que hablar que los delitos han tenido siempre, según el tipo, distintos tipos de régimen de prescripción. Y obviamente no puede suceder que un delito directa o indirectamente se torne imprescriptible. Si la defraudación tributaria como delito prescribió no es posible que los bienes que la misma originaron hagan que en la realidad de las cosas ese actuar sea punible por el derecho. Es lo que sucedería si el delito de defraudación prescribió pero los bienes conseguidos espuriamente habilitan el delito de lavado de activos. Citamos otra vez al Prof. Isidoro Blanco Cordero:

> *"De acuerdo con el art. 130 CP, las causas que extinguen la responsabilidad criminal son: la muerte de reo, el cumplimiento de la condena, remisión definitiva de la pena, el indulto, el perdón del ofendido cuando la ley así lo prevea, la prescripción del delito y la de la pena o de la medida de seguridad. La cuestión sometida a discusión es determinar si, extinguida la responsa-*

---

8   Blanco Cordero, <<El delito fiscal>>, 28.

9   Oliver Löwe-Krahl, <<Geldwäsche>>, en Handbuch in Wirtschaftsstrafrecht (hrsg. Achenbach/Ransiek), 2. Neu bearbeitete und erweiterte Auflage, 2008, Heidelberg, nm. 30 citado por Blanco Cordero, <<El delito fiscal>>, 8.

bilidad criminal por el delito previo, es posible cometer el delito de blanqueo de capitales sobre los bienes que proceden de aquél.

Quizás la causa que más ha ocupado a la doctrina haya sido la prescripción. El debate gira en torno a la cuestión de si la prescripción del delito previo determina que los bienes derivados del mismo dejen de ser idóneos para el delito de blanqueo de capitales.

a) En opinión de un sector de la doctrina la prescripción del hecho previo del que provienen los bienes produce la ruptura de la conexión entre el viene y el hecho que lo origina. En el momento en que no pueda ser perseguido un delito por razón de su prescripción, quedarán descontaminados todos los bienes originados en aquél. No parece razonable, se alega, prolongar la procedencia delictiva más allá del plazo en el que el delito es perseguible. No es correcto sancionar a una persona por el blanqueo de bienes procedentes de un delito ya prescrito, cuyos responsables no van a poder ser sancionados penalmente. De lo contrario, se produciría una extensión desmesurada del tiempo durante el que los bienes tienen carácter contaminado, de manera que de no fijar un límite, como por ejemplo la prescripción del delito previo, seguirían manteniendo ese carácter indefinidamente.

b) A nuestro juicio, sin embargo, la prescripción del delito previo, por sí misma, no impide afirmar que los bienes siguen "procediendo" de una actividad delictiva. Las causas de extinción de la responsabilidad criminal (entre ellas la prescripción) suponen, precisamente, que con anterioridad ha existido responsabilidad criminal generada por la comisión de un hecho punible, es decir, de un hecho típico, antijurídico, culpable, y punible. De acuerdo con el principio de accesoriedad, inspirador del delito de blanqueo de capitales (art. 300 CP), es suficiente con la existencia de un hecho típico y antijurídico, con independencia de que concurra o no la culpabilidad o la punibilidad. La existencia de una causa de extinción de la responsabilidad criminal no impide mantener que se ha cometido un hecho típico y antijurídico, con lo que se cumple el requisito exigido por el tipo de blanqueo. Por ello, la muerte del defraudador, el cumplimiento de su condena por delito fiscal o el indulto, como causas de exclusión de la responsabilidad criminal, no limpian los bienes que integran la cuota tributaria. Y en esta línea, la prescripción del delito fiscal (cuyo plazo no coincide con el previsto en la legislación tributaria) no descontamina los bienes, que siguen siendo idóneos para el blanqueo de capital por proceder de una actividad delictiva.

Con todo, esto no deja de plantear problemas, agravados por la reforma del CP mediante la LO 5/2010. La sanción como blanqueo de la mera posesión de bienes de origen delictivo, así como la previsión expresa del autoblanqueo, puede hacer que los delitos no prescriban prácticamente nunca. Siendo el blanqueo, en su modalidad de posesión, un delito permanente, éste se va a estar cometiendo de manera constante, por lo que va a ser imprescriptible. Esta situación no parece de recibo, porque el blanqueo se convierte en imprescriptible de facto (junto con los delitos de lesa humanidad, genocidio, determinados delitos contra las protegidos en caso de conflicto armado, y el terrorismo cuando cause la muerte de alguna persona (art. 131 No. 4 CP)."[10]

"El argumento de la prescripción. Aunque el delito fiscal haya prescrito, es posible perseguir al presunto defraudador por blanqueo de capitales. Por un lado, porque la mera ocultación del dinero implica que el delito de blanqueo se está cometiendo de manera permanente. Por otro, porque la prescripción del delito previo, como vamos a ver, no descontamina los bienes, por lo que siguen constituyendo objeto material idóneo del blanqueo de capitales. Esta situación es objeto de incisivas críticas, porque permite a las autoridades recurrir al delito de blanqueo para prolongar el plazo de prescripción del delito. Y es que aunque el delito fiscal haya prescrito, la posesión o transferencia del dinero defraudado se habrá mantenido en el tiempo, por lo que se podrá perseguir e todo momento al defraudador por el delito de blanqueo."[11]

---

10   Blanco Cordero, <<El delito fiscal>>, 34-36.
11   Blanco Cordero, <<El delito fiscal>>, 18-19.

3.   LA LEY ACTUALMENTE VIGENTE EN URUGUAY QUE REGULA EN
      FORMA INTEGRAL EL LAVADO DE ACTIVOS

La ley N° 19.574 vigente desde enero del 2018 regula en forma integral los delitos del lavado de activos. La ley en su artículo 6 prevé que la Secretaría Nacional para la Lucha contra el lavado de activos y el financiamiento del terrorismo puede solicitar informes a los
distintos organismos públicos no siéndole oponible disposiciones referidas al secreto o reserva.

Es decir la administración fiscal está obligada a informar lo que se le solicite. Es un punto
importante ya que permitirá a esa oficina encargada de llevar adelante la lucha contra el
lavado, conocer la situación tributaria de los contribuyentes en su más amplio alcance. La
ley también incluye entre los obligados a informar sobre transacciones sospechosas a los
sujetos profesionales normalmente vinculados a la situación tributaria del contribuyente,
esto es los abogados, los contadores y los escribanos.

La ley en su artículo 34 establece como actividades delictivas precedentes del lavado de
activos, en el numeral 25, a la defraudación tributaria según esta se define en el art. 110 del
Código Tributario. También con relevancia tributaria la ley incluye en el numeral 15 del
artículo 34 y como actividad delictiva precedente la apropiación indebida y en esta figura
pueden caer los sujetos pasivos designados como responsables (agentes de retención y percepción, sustitutos y responsables de obligaciones tributarias de terceros). En otra oportunidad hemos criticado esta solución legal.

Son también normas relevantes para el análisis de la defraudación tributaria como actividad delictiva precedente el art. 35 referido al auto lavado y el art. 36 que establece expresamente que el delito de lavados es un delito autónomo y como tal no requerirá un auto de
procesamiento previo de las actividades delictivas calificadas como precedentes alcanzando
con la existencia de elementos de convicción suficientes para su configuración.

Hecho este planteo inicial y antes de ingresar a analizar la figura concreta objeto de este
trabajo, conviene tener presente el marco general que ha establecido la ley 19.574 para la
prevención del lavado de activos y del financiamiento del terrorismo en Uruguay.

A partir de ahora debemos necesariamente utilizar definiciones ya que en muchos casos
aparecerán organismos o sujetos que bajo la Ley que tienen nombres extensos.

El marco regulatorio para la prevención del lavado de Activos y del financiamiento del terrorismo ("**PLAFT**") en Uruguay está dado por la siguiente normativa:

- Ley N° 19.574 (en adelante, la "**Ley**");
- Decreto reglamentario de la Ley N°379/018 (en adelante, el "**Decreto**");
- Regulación bancocentralista contenida en las recopilaciones de: (i) Regulación y
  Control del Sistema Financiero; (ii) Mercado de Valores; (iii) Seguros y Reasegu-
  ros; (iv) Control de Fondos Previsionales; y (v) Sistema de Pagos.

3.1 Introducción:

La Ley logra la consolidación en un único texto normativo de rango legal de toda la normativa aplicable a sujetos obligados (tanto financieros como los no financieros, los que detentan dicha calidad básicamente por realizar actividades supervisadas por el Banco Central
del Uruguay o no). Esto quiere decir que sin perjuicio de algunas novedades que introduce
la Ley, en su mayoría, el texto legal reúne en forma consolidada en un único texto todas las
disposiciones anteriormente aplicables a los sujetos obligados en materia de PLAFT, las que

antes se encontraban distribuidas en diferentes disposiciones, tanto de rango legal como reglamentario.

La Ley regula los siguientes puntos:

i. El marco institucional del PLAFT (Capítulo I de la Ley).

ii. Las bases del sistema preventivo, incluyendo los sujetos obligados, las obligaciones que se ponen a su cargo, los procedimientos de debida diligencia que deben realizar los sujetos obligados y las sanciones aplicables (Capítulo II de la Ley).

iii. Intercambio de información relativa al PLAFT entre organismos competentes de diferentes Estados (Capítulo III de la Ley).

iv. Normativa relativa al transporte de efectivo, instrumentos monetarios y metales preciosos (Capítulo IV de la Ley).

v. Disposiciones penales y procesales relativas a: delitos, medidas cautelares, procedimientos de decomiso, técnicas especiales de investigación y cooperación jurídica penal internacional (Capítulos V, VI, VII, VIII y IX de la Ley).

Es de destacar que la Ley tiene entre sus principales novedades la incorporación de nuevos sujetos obligados (como por ejemplo, las asociaciones sin fines de lucro, los abogados y contadores en ciertos supuestos, los partidos políticos, entre otros) y de nuevos delitos precedentes para la configuración del delito de lavado de activos tal como lo es la defraudación tributaria en cumplimiento con los estándares delineados por la OCDE (Organización para la Cooperación y el Desarrollo Económicos).

3.2 Principales aspectos regulados por la Ley:

3.2.1. Marco institucional:

En los artículos 1, 2 y 3 la Ley crea y regula las competencias y cometidos que tendrá la Comisión Coordinadora contra el Lavado de Activos y el Financiamiento del Terrorismo (en adelante, la "**Comisión**"), como organismo dependiente de la Presidencia de la República y que estará integrada por el Prosecretario de la Presidencia de la República, el Secretario Nacional para la Lucha contra el Lavado de Activos y el Financiamiento del Terrorismo (en adelante, "**SENACLAFT**"), los Subsecretarios de los Ministerios del Interior, de Economía y Finanzas, de Defensa Nacional, de Educación y Cultura, de Relaciones Exteriores, el Director de la Unidad de Información y Análisis Financiero del Banco Central del Uruguay (en adelante respectivamente "**UIAF**" y "**BCU**") y el Presidente de la Junta de Transparencia y Ética Pública (en adelante, "**JUTEP**").

De acuerdo con la Ley, la Comisión tendrá a su cargo la promoción y la implementación de acciones coordinadas con los diferentes organismos nacionales que tienen competencia en materia de PLAFT como la UIAF o la SENACLAFT y realizar propuestas relativas a la aplicación de sanciones a otros países que no cumplan con políticas adecuadas en materia de PLAFT.

La Ley por su parte trae a su texto la regulación de la SENACLAFT, organismo creado en el año 2015, el que mantiene todas sus competencias, entre las que se destaca el control de cumplimiento con la normativa y la potestad de sancionar a los sujetos no financieros obligados en materia de PLAFT.

En otro orden, la Ley establece expresamente la obligación de colaborar con los procedimientos de PLAFT y de combate del Lavado de Activos y del Financiamiento del Terrorismo ("**LAFT**") y la obligación de todo funcionario público que tome conocimiento de actos o hechos sospechosos, de denunciar dichos hechos o actos a la SENACLAFT, así como la obligación de que todos los organismos del Estado y las personas públicas no estatales o las sociedades anónimas en que participa el Estado, brinden asesoramiento a los Juzgados de Primera Instancia en lo Penal cuando se encuentren revisando asuntos relativos al LAFT.

3.2.2. Sistema preventivo:

3.2.2.1   Sujetos obligados:

La Ley divide a los sujetos obligados a reportar *"las transacciones, realizadas o no, que en los usos y costumbres de la respectiva actividad resulten inusuales, se presenten sin justificación económica o legal evidente o se planteen con una complejidad inusitada o injustificada"* y *"las transacciones financieras que involucren activos sobre cuya procedencia existan sospechas de ilicitud"* en: (i) Sujetos Obligados Financieros (en adelante, "**SOF**") y (ii) Sujetos Obligados No Financieros (en adelante, "**SONF**").

Tal como se menciona en el Numeral I anterior, la Ley mantiene los mismos SOF establecidos en la normativa anterior (los que pueden definirse en forma sintética como sujetos controlados por el BCU y las empresas de transporte de valores) pero presenta como principal novedad la incorporación de varios nuevos SONF.

En este sentido, en su artículo 13, la Ley incorpora como nuevos SONF a:

(i) Los abogados cuando actúen a nombre y por cuenta de sus clientes en cierto tipo de operaciones (Promesas, cesiones de promesas o compraventas de bienes inmuebles; administración del dinero, valores u otros activos del cliente; administración de cuentas bancarias, de ahorro o valores; organización de aportes para la creación, operación o administración de sociedades; creación, operación o administración de personas jurídicas, fideicomisos u otros institutos jurídicos; promesas, cesiones de promesas o compraventa de establecimientos comerciales; actuación por cuenta de clientes en cualquier operación financiera o inmobiliaria; y cuando actúen como proveedores de servicios societarios, según se expresa en el numeral (v) siguiente;

(ii) Usuarios Indirectos de Zonas Francas (ya estaban obligados anteriormente los explotadores y los usuarios directos);

(iii) Las asociaciones civiles, fundaciones, partidos políticos, agrupaciones y en general, cualquier organización sin fines de lucro con o sin personería jurídica;

(iv) Los contadores públicos y otras personas físicas o jurídicas, que actúen en calidad de independientes y que participen en la realización de ciertas operaciones o actividades para sus clientes (Promesas, cesiones de promesas o compraventas de bienes inmuebles; administración del dinero, valores u otros activos del cliente; administración de cuentas bancarias, de ahorro o valores; organización de aportes para la creación, operación o administración de sociedades; creación, operación o administración de personas jurídicas u otros institutos jurídicos; promesas, cesiones de promesas o compraventa de establecimientos comerciales; actuación por cuenta de clientes en cualquier operación financiera o inmobiliaria; provisión de servicios societarios, según se indica en el numeral siguiente; confección de informes de revisión limitada de estados contables en las condiciones que establezca la reglamentación; y confección de informes de auditoría de estados contables.

(v) Los proveedores de servicios societarios, fideicomisos y en general, cualquier persona física o jurídica cuando en forma habitual realicen transacciones para sus clientes sobre las siguientes actividades: constituir sociedades u otras personas jurídicas; integrar el directorio o ejercer funciones de dirección de una sociedad, socio de una asociación o funciones similares en relación con otras personas jurídicas o disponer que otra persona ejerza dichas funciones, en los términos que establezca la reglamentación; facilitar un domicilio social o sede a una sociedad, una asociación o cualquier otro instrumento o persona jurídica, en los términos que establezca la reglamentación; ejercer funciones de fiduciario en un fideicomiso o instrumento jurídico similar o disponer que otra persona ejerza dichas funciones; ejercer funciones de accionista nominal por cuenta de otra persona, exceptuando las sociedades que coticen en un mercado regulado y estén sujetas a requisitos de información conforme a derecho, o disponer que otra persona ejerza dichas funciones, en los términos que establezca la reglamentación; y venta de personas jurídicas, fideicomisos u otros institutos jurídicos.

Por su parte, la Ley agrega o en alguna medida aclara el alcance de la obligación de algunos de los SONF ya obligados por la normativa anterior, como los escribanos (o en general cualquier otra persona física o jurídica) estableciendo que tendrán la obligación de reportar cuando participen en: promesas, cesiones de promesas o compraventas de bienes inmuebles; administración del dinero, valores u otros activos del cliente; administración de cuentas bancarias, de ahorro o valores; organización de aportes para la creación, operación o administración de sociedades; creación, operación o administración de personas jurídicas, fideicomisos u otros institutos jurídicos; promesas, cesiones de promesas o compraventa de establecimientos comerciales; actuación por cuenta de clientes en cualquier operación financiera o inmobiliaria; y como proveedores de servicios societarios, según se indicó en el numeral (v) anterior.

Es de destacar que luego de varios intercambios del Parlamento con los colegios de Contadores y Abogados y la Asociación de Escribanos la Ley aclaró que los abogados, contadores y escribanos no están alcanzados por la obligación de reportar transacciones inusuales o sospechosas ni aún respecto de las operaciones mencionadas anteriormente si la información que reciben de uno de sus clientes o a través de uno de sus clientes, se obtuvo para verificar el estatus legal de su cliente o en el marco del ejercicio del derecho de defensa en asuntos judiciales, administrativos, arbitrales o de mediación. Lo anterior es de gran relevancia teniendo en cuenta que en proyectos anteriores el Poder Ejecutivo había intentado hacer más gravosa la obligación de abogados, contadores y escribanos en la medida que iban a estar obligados a reportar cualquier indicio de existencia de LAFT sin importar que lo hubieran conocido en el ejercicio de su profesión.

Finalmente, es relevante que de acuerdo con el artículo 22 de la Ley, los sujetos obligados que deban realizar la comunicación de una operación sospechosa a la UIAF, deberán realizarla en forma reservada sin ponerlo en conocimiento de los sujetos involucrados y que dicho reporte no será considerado en ningún caso como una violación del secreto profesional o mercantil ni generará ningún tipo de responsabilidad civil, comercial, laboral, administrativa o de ninguna otra especie, una contrapartida lógica al gravamen impuesto a cada sujeto obligado.

3.2.2.2   *Medidas de Debida Diligencia con los Clientes:*

En el sistema de PLAFT de la normativa actual, las medidas de debida diligencia pueden ser: (i) comunes; (ii) simplificadas; o (iii) intensificadas dependiendo del nivel de riesgo asignado a cada cliente de los SOF y SONF. En este sentido, el Decreto se encargó de listar la información que cada SONF debe requerir a sus clientes según el tipo de SONF que se trate y según el tipo de debida diligencia que se deba desarrollar. Para los SOF, la normativa del BCU ha realizado esfuerzos similares, listando lo que cada SOF de acuerdo con su licencia debe requerir a sus clientes.

En lo medular, las novedades introducidas por la Ley pasan por el tiempo en que una persona sigue siendo considerada como políticamente expuesta ("**PEP**") a los efectos de la normativa. En este sentido, la Ley prevé, (modificando lo dispuesto por el Decreto reglamentario de la ley anterior N°17.385) que se entiende por PEP a aquellas personas que desempeñan o han desempeñado en los últimos cinco años funciones públicas de importancia en el país o en el extranjero, tales como: jefes de Estado o de Gobierno, políticos de jerarquía, funcionarios gubernamentales, judiciales, o militares de alta jerarquía, dirigentes destacados de partidos políticos, directores y altos ejecutivos de empresas estatales y otras entidades públicas. Recordamos que la reglamentación anterior preveía un plazo de 2 años para que un sujeto mantenga la calidad de PEP.

A continuación, la Ley establece que la conservación de los registros obtenidos por los SOF y SONF (lo que era regulado por una norma de rango reglamentario anteriormente) deberá extenderse por un plazo mínimo de 5 años, salvo que la reglamentación que se dicte lo extienda hasta por un máximo de 10 (en los hechos, la reglamentación ha mantenido este plazo en 5 años). La información deberá ser puesta a disposición de las autoridades en la materia y/o de la justicia penal a su requerimiento.

Finalmente, la Ley establece que los SOF no podrán mantener cuentas anónimas o cuentas con nombres ficticios y que los procedimientos de debida diligencia se deberán aplicar a todos los nuevos clientes, al establecer relaciones comerciales o cuando realicen transacciones ocasionales por encima de los umbrales designados para cada actividad. En este sentido, se establece además que cuando existan sospechas de LAFT o cuando el sujeto obligado tenga dudas sobre la veracidad o suficiencia de los datos de conocimiento del cliente obtenidos previamente, también se deberán aplicar los procedimientos previstos en el artículo siguiente, con independencia de cualquier excepción, exención o umbral establecido.

3.2.2.3   *Nuevos delitos precedentes del Lavado de Activos:*

Otra de las grandes novedades que introdujo la Ley tiene que ver con la ampliación considerable de la nómina de delitos considerados como antecedentes del lavado de activos.

En este sentido, de acuerdo con la Ley, los siguientes son considerados como delitos precedentes del lavado de activos:

- Narcotráfico y delitos conexos.
- Crimen de genocidio, crímenes de guerra, crímenes de lesa humanidad.
- Terrorismo.
- Financiación del Terrorismo.
- Contrabando superior a 200.000 UI.
- Tráfico ilícito de armas, explosivos, municiones o material destinado a su producción.
- Tráfico ilícito de órganos, tejidos y medicamentos.
- Tráfico ilícito y trata de personas.
- Extorsión.
- Secuestro.
- Proxenetismo.
- Tráfico ilícito de sustancias nucleares.
- Tráfico ilícito de obras de arte, animales o materiales tóxicos.
- Estafa cuyo monto real o estimado supera las 200.000 UI.
- Delitos de Corrupción Pública.
- **Apropiación indebida cuyo monto real o estimado supera las 200.000 UI.**
- Quiebra fraudulenta.
- Insolvencia fraudulenta.
- Insolvencia societaria fraudulenta.
- Delitos marcarios.
- Delitos contra la propiedad intelectual.

- Conductas vinculadas a venta, prostitución infantil, utilización de pornografía, o sobre trata, tráfico o explotación sexual de personas.
- Falsificación y alteración de moneda.
- Fraude concursal, según lo previsto en el artículo 248 de la Ley N° 18.387, de 23 de octubre de 2008.
- Defraudación tributaria, según lo previsto en el artículo 110 del Código Tributario, cuando el monto de el o los tributos defraudados en cualquier ejercicio fiscal sea superior a: (a) 2.500.000 UI (dos millones quinientos mil unidades indexadas) para los ejercicios iniciados a partir del 1° de enero de 2018; (b) 1.000.000 UI (un millón de unidades indexadas) para los ejercicios iniciados a partir del 1° de enero de 2019. Se aclara también que dicho monto no será exigible en los casos de utilización total o parcial de facturas o cualquier otro documento, ideológica o materialmente falsos con la finalidad de disminuir el monto imponible u obtener devoluciones indebidas de impuestos.
- Defraudación aduanera, según lo previsto en el artículo 262 del Código Aduanero, cuando el monto defraudado sea superior a 200.000 UI (doscientas mil unidades indexadas).
- Homicidio cometido de acuerdo a lo previsto por el artículo 312 numeral 2 del Código Penal (cometido por promesa remuneratoria o a cambio de un precio).
- Los delitos de lesiones graves y gravísimas previstos en los artículos 317 y 318 del Código Penal, cometidos de acuerdo a lo previsto en el artículo 312 numeral 2 del Código Penal (cometidos por promesa remuneratoria o a cambio de un precio).
- Hurto, según lo previsto en el artículo 340 del Código Penal, cuando sea cometido por un grupo delictivo organizado y cuyo monto real o estimado sea superior a 100.000 UI (cien mil unidades indexadas).
- Rapiña, según lo previsto en el artículo 344 del Código Penal, cuando sea cometida por un grupo delictivo organizado y cuyo monto real o estimado sea superior 100.000 UI (cien mil unidades indexadas).
- Copamiento, según lo previsto en el artículo 344 bis del Código Penal, cuando sea cometido por un grupo delictivo organizado y cuyo monto real o estimado sea superior a 100.000 UI (cien mil unidades indexadas).
- Abigeato, según lo previsto en el artículo 258 del Código Rural, cuando sea cometido por un grupo delictivo organizado y cuyo monto real o estimado sea superior a 100.000 UI (cien mil unidades indexadas).
- Asociación para delinquir, según lo previsto en el artículo 150 del Código Penal.

Asimismo, la Ley estableció para delitos ya existentes en la normativa anterior, ciertos montos o umbrales mínimos que necesariamente deben verificarse como un provecho para el ofensor. De esta forma, se estableció para los delitos de contrabando, apropiación indebida y estafa que el monto real o estimado obtenido por el delincuente sea superior a 200.000 UI (doscientas mil unidades indexadas).

Cabe señalar además, que la Ley vino a zanjar una larga discusión sobre si el lavado de activos era de aplicación cuando el delito precedente se cometía en el exterior. En este sentido, el artículo 37 estableció que los delitos precedentes establecidos en la Ley rigen aun cuando la actividad delictiva antecedente origen de los bienes, productos o instrumentos hubiera sido cometida en el extranjero, en tanto la misma hubiera estado tipificada en las leyes del lugar de comisión y en las del ordenamiento jurídico uruguayo (se establece un doble requisito).

Este punto es muy importante ya que la doble incriminación puede presentar verdaderos problemas en el ámbito tributario. En los distintos ordenamientos jurídicos la terminología utilizada ante el no pago de una obligación tributaria, ya sea porque la evita o la oculta, es muy disímil. Nos estamos refiriendo a las distintas manifestaciones que como norma jurídica pueden tener los fenómenos de elusión y evasión tributaria. Así por ejemplo en algunos ordenamientos jurídicos encontramos referencias a evasión o defraudación u otras categorías similares. Incluso en algunos países la elusión es considerada una infracción y en otros no.

Por lo tanto en algunos casos será sumamente dificultoso poder llegar al convencimiento de la doble incriminación. Será un caso a caso donde los jueces deberán, en una materia que no es su especialidad, llegar al convencimiento de que la figura penal del exterior es idéntica en su sustancia a nuestro delito de defraudación tributaria.

3.2.2.4 Intercambio de información relativa al PLAFT con organismos y autoridades extranjeras y nacionales:

La Ley consagró una autorización especial para la UIAF que le permite intercambiar información relevante para la investigación de delitos de LAFT siempre que exista una reciprocidad con las autoridades competentes extranjeras y siempre que se cumplan ciertas condiciones enumeradas en el artículo 27 de la Ley.

A su vez, la Ley autoriza a la UIAF a proporcionar información con carácter reservado a las otras autoridades en materia de PLAFT como la SENACLAFT o la Comisión creada por la Ley.

Este intercambio de información también es relevante en materia tributaria ya que habilitará a que se intercambie información fiscal entre los distintos organismos antes referidos a los efectos de determinar si existió en el exterior una conducta que encuadre en la defraudación tributaria.

3.2.2.5 Sanciones por incumplimiento con la normativa de PLAFT:

La Ley estable el elenco de sanciones aplicables a los SOF o SONF por el incumplimiento de las disposiciones aplicables. En este sentido, el BCU tiene las potestades de controlar y sancionar por incumplimiento con la normativa aplicable de PLAFT a los SOF, mientras que la SENACLAFT tiene la potestad de controlar y sancionar a los SONF. En este último caso, la Ley estableció que la resolución definitiva de la SENACLAFT por la que ésta imponga una sanción pecuniaria a un SONF será considerada como título ejecutivo.

Asimismo, tal como se preveía en la normativa anterior, la UIAF mantuvo la posibilidad de instruir a los SOF y SONF a inmovilizar fondos de operaciones sospechosas, pero agregando la posibilidad de impedir también la ejecución de cualquier tipo de orden que implique la devolución, traspaso o transferencia de activos o sus títulos representativos brindadas por personas físicas o jurídicas sobre las cuales existan fundadas sospechas de su vinculación con delitos vinculados al LAFT, así como también el acceso a cofres de seguridad a los que se encuentren vinculados a cualquier título esas personas físicas o jurídicas, tal como lo dispone el artículo 24 de la Ley.

En la misma línea anterior, la Ley aclara que en caso de inmovilización de fondos por parte de los SOF, la misma será de aplicación a las cuentas correspondientes y comprenderá los saldos actuales e ingresos futuros de fondos o valores a dicha cuenta. Asimismo, se establece que en caso de cotitularidad de una cuenta, se aplicará dicha medida al total de los fondos o valores actuales o futuros depositados en esa cuenta, sin perjuicio de las liberaciones parciales que el tribunal penal competente pueda disponer.

3.2.2.6 Delitos previstos en la Ley:

La Ley organiza los delitos de lavado de activos en su Capítulo V. Los delitos previstos en la Ley son:

- Conversión y transferencia de bienes, productos o instrumentos que provengan de cualquiera de los delitos precedentes establecidos en la Ley, con una pena prevista de dos a quince años de penitenciaría (art. 30);

- Posesión y tenencia de bienes, productos o instrumentos que provengan de cualquiera de los delitos precedentes establecidos en la Ley o que sean el producto de tales actividades, con una pena idéntica a la indicada para el delito anterior (art. 31);

- Ocultamiento, supresión o alteración de indicios o impedimento de la determinación real de la naturaleza, origen, ubicación, propiedad o movimiento de los bienes, productos o instrumentos que provengan de cualquiera de los delitos precedentes mencionados, con una pena de doce meses de prisión a seis años de penitenciaría (art. 32); y

- Asistencia al o a los agentes en cualquiera de los delitos precedentes previstos en la Ley, para asegurar el beneficio o el resultado del delito, para obstaculizar las acciones de la justicia o para eludir las consecuencias jurídicas del delito, con una pena idéntica a la indicada para el delito anterior (art. 33). Para este delito se aclara que no son sujetos activos del mismo los profesionales que presten asistencia o asesoramiento a sus clientes para verificar su estatus legal o en el marco del ejercicio del derecho de defensa en asuntos judiciales, administrativos, arbitrales o de mediación.

Por su parte, la Ley establece que cuando el mismo agente que comete un delito precedente, comete a su vez cualquiera de los delitos mencionados anteriormente, el mismo será pasible de las penas previstas, aceptando expresamente la figura del denominado "autolavado".

Asimismo, es relevante destacar que el art. 36 de la Ley consagra la autonomía de los delitos de lavado de activos respecto de los delitos precedentes, no siendo necesario que existan procesamientos o formalizaciones previas por dichos delitos en el proceso en el que se esté investigando la existencia de lavado de activos. En este sentido, según establece la Ley, basta con que se cuente con elementos de convicción suficientes para condenar por cualquiera de los delitos previstos en la Ley independientemente de que el sujeto haya sido condenado previamente por un delito antecedente.

4. NORMAS CON INCIDENCIA TRIBUTARIA PREVISTAS EN LA LEY

En primer lugar, y como ya hemos dicho, el artículo 6 la Ley prevé que el organismo encargado de la lucha contra el lavado puede pedir información a todos los organismos públicos. En dicho caso los organismos no pueden oponer obligación de reserva o secreto. Quiere decir que el secreto tributario no le es oponible al pedido.

También puede pedir información a todos los sujetos obligados por la Ley y allí se establece que el obligado o requerido no puede poner en conocimiento de las personas involucradas ni de terceros las actuaciones e informes que produzca a favor de quien lo ha solicitado.

Resulta claro que esta obligación puede conllevar dificultades de índole ético a los informantes. Por ejemplo si el abogado o contador requerido considera que lo que se le pidió está amparado por el secreto profesional y no suministra información cómo es que no puede, por una razón de lealtad, avisarle a su cliente que se cierne sobre él una averiguación.

La obligación de lealtad que se tiene para con el cliente en caso de verse compelido a incumplirla puede lesionar el honor del profesional interviniente. Honor que es una derecho constitucional y que la norma aparece obligar a violar.

El artículo 8 de la Ley establece que toda autoridad o funcionario público que tome conocimiento de actos o hechos que pueden estar vinculados al delito lavado de activo lo informará al organismo de lucha contra el lavado.

Obviamente la administración tributaria está incluida en esta norma y por lo tanto debería
dar noticia de que presuntamente un sujeto cometió una defraudación fiscal que es precedente del lavado de activos.

Como hemos dicho esta posibilidad se torna una herramienta poderosa en manos de la
administración fiscal quien podrá esgrimirla en el ámbito del procedimiento administrativo
y de la inspección como una eventualidad más de los padecimientos que pueden recaer sobre el contribuyente. En su momento analizaremos si la denuncia a la justicia por el delito
de defraudación tributaria es o no discrecional por parte de la administración tributaria. Si
así lo fuera resulta evidente que un contribuyente puede verse tentado a pagar la cantidad
que se le reclame a los efectos de evitar la denuncia penal de defraudación y la noticia al
organismo correspondiente de dicha defraudación como previa al lavado de activos.

No estamos diciendo que esto será una práctica de nuestra administración tributaria, lo
que estamos diciendo es que la ley habilita a tal práctica. Por eso debieran existir normas
legales o bien administrativas que den seguridad en este aspecto. Solo debieran ser objeto de
denuncias (administrativa la una y penal la otra) casos verdaderamente graves en que las
condiciones de incurrir en los mismos estén predeterminadas por la Ley (la mejor solución)
o en su defecto por decretos que regulen expresamente el punto.

El artículo 12 y el artículo 13 nos hablan de los sujetos obligados financieros y no financieros.

Estos sujetos están obligados a informar transacciones que los usos y costumbres de la
respectiva actividad resulten inusuales, sin justificación, o de una complejidad inusitada. Y
también se debe informar las transacciones financieras que involucren activos sospechosos
de ilicitud. Y se agrega para este caso que la obligación de informar alcanza operaciones
sospechosas, aun involucrando activos de origen lícito.

Nótese la complejidad que debe enfrentar el denunciante en especial aquel que carece de
sofisticación y/o medios técnicos y humanos para evaluar transacciones.

Y yendo específicamente a lo tributario nos preguntamos lo siguiente. Si la defraudación
fiscal es una actividad precedente del lavado de activos cómo detectar que el cliente del
eventual denunciante está actuando dentro del marco legal tributario o no. La diligencia
debida que se exige tiene pautas generales tendientes a conocer al cliente, obtener información sobre el mismo y sobre su relación comercial, naturaleza de su negocio a desarrollar y
realizar un seguimiento de las mismas. Incluyendo el origen de los fondos cuando sea necesario.

Ante una situación determinada los sujetos obligados es razonable que pidan a su contra
parte la exhibición de declaraciones juradas o certificados contables respecto a que paga
correctamente sus tributos. Pero no se puede ir mas allá de esto ya que dicha actividad de
investigación en profundidad solo puede ser desarrollada por el estado y con conocimiento
acabado de las normas aplicables. También debe precisarse que es muy distinta la capacidad
y medios de evaluación que puede tener un sujeto obligado financiero respecto a un promotor inmobiliario, un rematador o un partido político. En este aspecto son muy interesantes
las pautas establecidas por el Banco Central del Uruguay el 28 de diciembre de 2018 y que
tiene por objeto detectar situaciones de alerta relacionadas con la defraudación tributaria (y
que más adelante analizaremos).

5. LA DEFRAUDACIÓN TRIBUTARIA COMO ACTIVIDAD DELICTIVA PRECEDENTE DEL DELITO DE LAVADO DE ACTIVOS

5.1 Defraudación tributaria relevante a los efectos del lavado de activos

Establece la ley que es actividad delictiva precedente la "Defraudación tributaria, según lo previsto en el artículo 110 del Código Tributario, cuando el monto de el o los tributos defraudados en cualquier ejercicio fiscal sea superior a: (a) 2.500.000 UI (dos millones quinientos mil unidades indexadas) para los ejercicios iniciados a partir del 1º de enero de 2018; (b) 1.000.000 UI (un millón de unidades indexadas) para los ejercicios iniciados a partir del 1º de enero de 2019. Se aclara también que dicho monto no será exigible en los casos de utilización total o parcial de facturas o cualquier otro documento, ideológica o materialmente falsos con la finalidad de disminuir el monto imponible u obtener devoluciones indebidas de impuestos" y el art. 110 del Código Tributario establece "Art. 110. (Defraudación tributaria). El que, directamente o por interpuesta persona, procediera con engaño con el fin de obtener, para sí o para un tercero, un provecho indebido a expensas de los derechos del Estado a la percepción de su tributos, será castigado con seis mes de prisión o seis años de penitenciaría".

5.2 La Notitia Criminis

Un primer aspecto a dilucidar es que intervención tendrá la Administración Tributaria en el análisis que realiza el Juez en el delito de lavado. En algunos casos será la propia Administración Tributaria la que pueda haber efectuado la "Notitia Criminis" ya sea en vía administrativa o directamente en vía jurisdiccional. En estos casos existirá el parecer de la Administración Tributaria de que existen elementos que permiten o que permitirán efectuar una denuncia por parte de la Administración Tributaria por el delito de defraudación tributaria aun cuando la misma no se haya efectuado. Lo que sí parece que no tendría dudas es que cualquier proceder de este tipo (denuncia para el lavado) estará obligando a la Administración Tributaria a denunciar ante la Justicia Penal a quien considere incurre en el delito de defraudación tributaria. Es decir aún para quienes sostienen que la denuncia por el delito de defraudación tributaria puede ser ejercida en forma discrecional[12], todo parece indicar que esa discrecionalidad desaparece cuando la administración ha denunciado la actividad delictiva de defraudación tributaria (delito) como precedente de lavado de activos.

A su vez si la Administración Tributaria puso en conocimiento de la autoridad administrativa o jurisdiccional un presunto caso de defraudación tributaria como precedente del lavado de activos y luego se convence que no hay la referida defraudación, la Administración Tributaria está obligada a poner en forma inmediata este extremo en conocimiento de aquel a quien se le dio la primera noticia.

Ahora bien, también es posible que la Notitia Criminis llegue a través de organismos o situaciones que no sean las distintas administraciones tributarias. En estos casos el juez deberá solicitar a la Administración Tributaria respecto de la cual se comete el delito de defraudación tributaria su opinión ya que es este organismo el que tendrá la especialización y los antecedentes para que el Juez pueda reunir elementos de convicción suficiente en el proceso penal. Luego el Juez no estará obligado por el parecer de la Administración Tributaria y podrá, si bien parece un caso excepcional, apartarse de dicha opinión.

---

12 Ferrari, Mario. "La coexistencia de la defraudación como infracción y como delito: algunas reflexiones acerca de su identidad yd el actuar de la Administración Tributaria en el campo penal e infracción. Jornadas Tributaria DGI, Montevideo, Uruguay, 28 y 29 de setiembre 2001, punto 5.

5.3 Prueba del Fraude. Existencia del Daño.

Si bien no se requiere el procesamiento o condena por el delito de defraudación tributaria, el Juez interviniente deberá recabar elementos de convicción suficientes que permitan acreditar en el expediente que el delito como tal existe. En las actuaciones deberá quedar suficientemente probado que existe un acto fraudulento que fue realizado con la intención de obtener para quien lo realizó o para un tercero, un enriquecimiento indebido a expensas de los derechos del estado a la percepción de los tributos.

Debe existir en el caso de la defraudación tributaria como delito precedente el daño efectivo ya que de no existir un bien que ingresa ilegítimamente al patrimonio del sujeto, no puede haber lavado de dinero. Por lo tanto, a diferencia de la defraudación tributaria normal que es un delito de peligro, en este caso deberá acreditarse fehacientemente el daño concreto al patrimonio de la administración.

No se ingresó un tributo, se ingresó en menor medida, se obtuvo un enriquecimiento indebido a expensas del fisco, se obtuvo una exoneración que no correspondía, una devolución de impuestos improcedente, etc.. Todos estos actos realizados fraudulentamente es decir mediante engaño u ocultación activa, elementos estos que la doctrina tributarista ha desarrollado en profundidad y realizados con la intención de obtener un beneficio fiscal.

Y el fraude debe ser aquel que puede inducir a funcionarios especializados de la administración fiscal a reclamar o aceptar importes menores de los que correspondan o a otorgar franquicias indebidas.

Es decir, si bien resulta obvio, que ningún atraso o no pago de tributos significa fraude sino que se requiere la estratagema o engaño artificioso con cierta sofisticación y que sean susceptibles de engañar a un especialista en tributación.

La actividad delictiva puede desarrollarse directamente o por interpuesta persona y la ganancia estará destinada para sí o para un tercero.

En nuestro derecho el art. 96 del Código Tributario establece presunciones de la intención de defraudar. Ello se debe a que la figura de la defraudación ha incluido un elemento subjetivo en el tipo penal que consiste en la "intención de obtener …. Un enriquecimiento indebido…-". Entonces, ante la dificultad de la prueba de ese elemento subjetivo, el legislador en la infracción, no en el delito acudió a un mecanismo presuncional simple que admite prueba en contrario.

Pero nada de esto está previsto en el delito por lo que en este caso se deberá demostrar, sin presunción a favor alguna, que el sujeto actúa con engaño pero con la finalidad de obtener y obtuvo un provecho indebido a expensas del fisco.

Si actúa con engaño pero su finalidad no es perjudicar al fisco sino a otros terceros, como puede ser familiares, socios, acreedores, proveedores, etc., ese engaño no está determinado por la intención y no existe delito de defraudación tributaria.

Deberán además presentarse en la conducta delictiva que encuadra en la defraudación tributaria la adecuación típica, la culpabilidad, la personalidad en el grado que corresponda y a nuestro entender que el delito de defraudación tributaria pueda perseguirse como tal.

Es decir si el delito se extinguió, la actividad delictiva precedente que lo configura ya no tendría la calidad para que pueda ser precedente del lavado de activos. Si por ejemplo la defraudación tributaria prescribió, ya no podrá utilizarse este delito como precedente pues hacerlo determinaría que todas las actividades delictivas precedentes se tornan imprescriptibles y siempre tendrán sanción penal cualquiera sea el tiempo transcurrido.

Existen posiciones contrarias a esta que sostienen que una vez que una actividad delictiva generó bienes susceptibles de ser "lavados y por lo tanto volverse legítimos" los mismos quedan para siempre contaminados por su origen espurio y por lo tanto pueden dar lugar, las actividades que los generaron, al delito precedente al que correspondan.

5.4 Regularización de la situación tributaria

En el caso que el infractor de la defraudación tributaria proceda al pago de lo adeudado y su situación quede regularizada ante la Administración Tributaria, ya no podrá existir delito de lavado de activos porque el eventual producto ilícito habrá sido devuelto al Estado.

5.5 Pautas del Banco Central de Uruguay para indagar inicialmente si pudiera existir defraudación fiscal.

El BCU para los sujetos obligados y bajo su jurisdicción ha elaborado una serie de pautas que permiten a los sujetos obligados a evaluar la existencia de operaciones sospechosas tener ciertos índices o evidencias de cuando se puede estar ante un actividad que llegado el caso deberá ser informada. Obviamente esto es el comienzo a nivel administrativo de todo un proceso que puede culminar en un juicio penal por el lavado de activos teniendo a la defraudación tributaria como delito precedente. La obligación de reportar operaciones sospechosas no exige que el denunciante establezca cual es el delito precedente ni tampoco analizar en el caso de la defraudación tributaria los umbrales económicos que por ingresos exige la ley. La única referencia a este aspecto es que exista una diferencia significativa entre los montos declarados ante el fisco y los fondos canalizados en las transacciones.

Analizaremos brevemente algunas de las pautas contenidas en la circular del Banco Central No. 2018/294 denominada: guía de operaciones de riesgo y señales de alerta relacionadas con la defraudación tributaria.

Establece el Banco Central que las señales de alerta han sido ordenadas en función de la ubicación geográfica, el tipo de cliente y el tipo de transacción:

1. Riesgos y señales de alerta relacionados con la ubicación geográfica
    1.1 Transacciones en las que intervengan personas físicas o jurídicas domiciliadas o provenientes de:
        a) países o territorios en los que los regímenes tributarios imponen altas cargas impositivas a sus residentes.
        b) países, jurisdicciones y regímenes especiales de baja o nula Tributación (BONT), de acuerdo a la lista confeccionada por la Dirección General Impositiva.
    1.2 Apertura de cuentas bancarias, transacciones financieras o comerciales de cualquier tipo, siempre que el origen o el destino de los fondos involucre a cualquiera de los países o territorios mencionados en el numeral anterior.
    1.3 Apertura de cuentas bancarias relacionadas con el cierre previo de cuentas en jurisdicciones que han sufrido una modificación significativa y material en el régimen fiscal.
2. Riesgos y señales de alerta relacionados con el cliente
    2.1 Preocupación persistente del cliente por conocer los informes que deben ser presentados a las autoridades fiscales, así como las condiciones que deben cumplirse para que se encuentre incluido en los reportes con fines tributarios.
    2.2 Cliente que oculta u omite declarar una residencia fiscal.

2.3 Reticencia del cliente a presentar información y documentación que permitirían valorar su situación con fines fiscales.

2.4 Cliente que no posee vínculos familiares o de algún otro tipo en Uruguay, desarrolla sus actividades y mantiene su patrimonio en el exterior y solicita la apertura de una cuenta.

2.5 Cliente que utiliza vehículos jurídicos con estructuras de propiedad complejas, especialmente cuando esa estructura la integran entidades constituidas en varias jurisdicciones.

2.6 Cliente que solicita la creación o utiliza fideicomisos, cuando el único fin parece ser ocultar la propiedad de activos o rentas a las autoridades fiscales locales o del exterior.

3. Riesgos y señales de alerta relacionados con las transacciones

3.1 Cliente que canaliza o intenta canalizar fondos por montos que resultan incompatibles con la situación económica, financiera y patrimonial que surge de la documentación fiscal presentada.

3.2 Cuentas que se utilizan casi exclusivamente para recibir fondos desde el exterior e inmediatamente son transferidos a otras jurisdicciones, no resultando razonable la explicación de los motivos por los cuales se utiliza la cuenta en Uruguay para triangular las operaciones en lugar de transferir los fondos directamente entre las otras jurisdicciones.

3.3 Documentación de respaldo de transacciones que no permite explicar razonablemente los fondos canalizados por el cliente.

3.4 Movimientos de fondos realizados entre partes vinculadas que se intentan explicar mediante contratos en los que se fijan precios de transferencia por productos o servicios, cuando no es posible verificar razonablemente que el producto haya sido entregado o el servicio prestado.

3.5 Transacciones comerciales efectuadas a precios que notoriamente están fuera del precio de mercado.

3.6 Documentación de respaldo de transacciones comerciales que presentan carencias en el cumplimiento de sus requisitos formales y/o que generan dudas sobre su veracidad.

3.7 Solicitud de préstamos que se garantizan con depósitos por un monto equivalente (préstamos back to back) sin que exista una justificación razonable.

3.8 Ingresos y egresos de fondos que se canalizan casi exclusivamente en efectivo, cuando es usual que en el negocio desarrollado por el cliente se utilicen otros tipos de instrumentos.

3.9 Ingresos y egresos de fondos que se canalizan por vías informales o indirectas, con la finalidad de ocultarlos de las autoridades.

Consideramos verdaderamente acertada esta disposición del Banco Central del Uruguay ya que permite tomar y tener en cuenta ciertos índices o conductas (si bien algunas de ellas evidentes) que pueden dar lugar a que los sujetos obligados a informar, a los que está destinados la norma o a cualquier otros, partan de indicios para profundizar las averiguaciones que pueden llevar a denunciar una operación sospechosa a raíz de situaciones vinculadas a la fiscalidad.

Obviamente este elenco de situaciones no son presunciones, ni aún indicios, sino circunstancias de hecho que debieran servir de alerta para sumadas a otras consideraciones analizar si existe una situación tributaria de base que permita llegar a la conclusión de que existe una operación sospechosa susceptible de ser denunciada.

Recordando también que dicha situación no tiene porqué alegarse cuando se reporta la operación como sospechosa.

6. CONCLUSIONES

1. Es manifiesta la inconveniencia de la pérdida de la ortodoxia del delito de lavado de activos. La cantidad y falta de calificación en función de su gravedad de los delitos precedentes hacen que el ciudadano se vea enfrentado, en una enorme mayoría de casos, a un procedimiento de lavado de activos. Con el agravante que en el imaginario popular el lavado de activos sigue asociado indisolublemente a actividades absolutamente ilícitas y en general nocivas para los seres humanos.

2. El delito precedente debería estar en todos los casos verdaderamente calificado por su gravedad y vinculado a actividades que como dijimos justifiquen una doble incriminación o reproche penal.

3. Los órdenes jurídicos en estados de derecho democráticos deberían en todo caso asegurar la inexistencia de fallos contradictorios donde un ciudadano sea condenado por lavado y exista la posibilidad que en otra sede o jurisdicción se declare que no hay defraudación o aún ni siquiera deuda tributaria.

4. La administración tributaria debe ser sumamente cautelosa al dar noticia a otros organismos del estado o a la justicia de que existe un caso de defraudación fiscal que puede ser considerada delito precedente de lavado de activos.

5. La administración tributaria, que debe actuar de buena fe, está obligada a informar inmediatamente a otros organismos del estado o a la justicia que han surgido elementos de convicción que enervan la denuncia anterior.

6. Debe claramente establecerse en las normas legales que la prescripción del delito precedente, por los fundamentos del instituto de la prescripción, hacen que ya no pueda imputarse la figura del lavado de activos. La imprescriptibilidad no es admisible en el estado de derecho. No estamos ante delitos de lesa humanidad o crímenes sino ante obligaciones de pago de deudas tributarias.

7. La ley debe establecer pautas para poder identificar en el patrimonio del deudor tributario los bienes ilícitos, y la existencia de la defraudación fiscal no puede contaminar en virtud de la figura del blanqueo el patrimonio mayormente lícito del contribuyente.

8. Debiera darse prevalencia a la tradicional figura del comiso de bienes y de la aplicación de sanciones por sobre la imputación del delito de lavado de activos.

9. Los estados deben asegurar que el principio de doble incriminación se cumpla cabalmente, esto es si el delito fiscal se ha cometido en otro país debe existir la certeza de que ese actuar delictivo encuadra perfectamente en la figura penal del país en que ahora se imputará el lavado de activos.

§ 47. LA PRETENDIDA SIMULACIÓN EN LA OBTENCIÓN DEL CERTIFICADO DE RESIDENCIA FISCAL

Luis Manuel Alonso González [*]

1. INTRODUCCIÓN.

En España asistimos desde hace años a un proceso muy arraigado de banalización de la simulación tributaria que se manifiesta, entre otras formas, en un uso abusivo de tal calificación por parte de la Administración Tributaria. La consideración de un número considerable de supuestos a regularizar como simulados redunda, en la práctica, en amplísimas facultades administrativas de reconfiguración de la realidad y obvia maximización de la recaudación pretendida, así como del ejercicio de la potestad de sancionar. La banalización puede exteriorizarse de muy diversas formas, claro está. Implica desnaturalizar la figura, desmerecer la relevancia de los elementos que la vertebran, en fin, hacer pasar por simulación aquello que, en buena ley, no lo es.

El presente trabajo alude, únicamente, a una de esas manifestaciones que soportamos de utilización indebida de calificación de simulación y llama la atención porque incide directamente en uno de los aspectos clave esta figura, a saber, su bilateralidad.

Ciertamente, podríamos sintetizar así los rasgos fundamentales de la simulación:

- ✓ Existe un acuerdo simulatorio, un acuerdo entre dos o más partes que se dota de apariencia real.
- ✓ El acuerdo simulatorio tiene por objeto un negocio que en la realidad no existe nada más que en apariencia.
- ✓ Existe una finalidad de engaño que consiste en pretender que terceros crean la realidad del acuerdo simulatorio.
- ✓ Consecuentemente, existe una divergencia consciente entre la voluntad declarada por las partes y la voluntad interna en el sentido de que o han pactado un negocio distinto que se oculta o bien no existe negocio alguno bajo la apariencia.

Estos elementos, que vienen a reunir las características señeras de las dos principales teorías sobre la simulación negocial, deben estar presentes y ser identificados en los casos en los que se asevera por parte de la Administración que existe simulación. Y, sin embargo, son numerosas las ocasiones en las que no es así. Las autoridades fiscales se contentan con encontrar algunos de estos rasgos para, con excesiva prisa, establecer que ya hay simulación a los efectos del art. 16 LGT. La constatación de esta tendencia, que se extiende de modo creciente en la práctica administrativa, nos lleva a denunciar aquí la banalización que padece la simulación en el estado aplicativo del Derecho Tributario.

Entre las manifestaciones que evidencian la banalización que se denuncia destacamos, por ejemplo, en el ámbito de la fiscalidad internacional, como, a la hora de valorar la residencia fiscal de los sujetos pasivos personas físicas, en no pocas ocasiones, para desacreditar el

---

[*]   Catedrático de Derecho Financiero y Tributario. Universidad de Barcelona (España).

certificado de residencia fiscal que pueden haber obtenido de un país distinto a España, se dice que la obtención de tal certificado es fruto de la simulación.

Este aventurado juicio de valor tropieza, sin embargo, con diversos obstáculos de alcance que iremos examinando.

2. EL CERTIFICADO DE RESIDENCIA FISCAL EN EL ORDENAMIENTO TRIBUTARIO ESPAÑOL.

La emisión de un certificado por parte de una Administración Pública no es un negocio jurídico del que quepa predicar su carácter simulado. Hay, en su lugar, un acto administrativo emanado de la Administración Pública de un país distinto a España.

Las Sentencias de la Audiencia Nacional de 25 de junio de 2009 (recurso 97/2007), 25 de marzo de 2010 (recurso 116/2008) y 18 de febrero de 2015 (recurso 32/2014) mantienen como criterio que la tenencia de un certificado de residencia fiscal emitido por las autoridades fiscales de un determinado país es un medio apto para justificar la aplicación de las reducciones impositivas previstas en un determinado Convenio de Doble Imposición. En esa línea se inscriben también las Sentencias del Tribunal Superior de Justicia de Madrid nº 315 y 328 de 2005, ambas de 17 de marzo, así como la del Tribunal Superior de Justicia de Cataluña nº 105/2004, de 29 de enero y la Resolución del TEAC de 14 de septiembre de 2006. Esta última asevera lo siguiente:

> *"Se considera que una persona tiene residencia fiscal en un determinado Estado, cuando está sujeto a tributación en él por obligación personal, esto es, por su renta mundial. En consecuencia, como medio para acreditar la residencia fiscal en un determinado Estado sólo se puede aceptar el certificado de residencia expedido por la Autoridad Fiscal competente de ese país, en el que consten su permanencia y sus obligaciones fiscales en el mismo. Con este certificado de residencia se podrá acreditar que una persona ha permanecido por un período superior a 183 días durante un determinado ejercicio en ese país, razón por la cual no puede ser considerado residente fiscalmente en España, de acuerdo con lo dispuesto en el citado art. 9º 1.º) de la Ley 40/1998"*

Esa es la posición que viene sosteniendo repetidamente la Administración a través de la Dirección General de Tributos en numerosísimas consultas vinculantes de las que sólo citaremos algunas muy representativas:

> *"En consecuencia y teniendo en cuenta que, el consultante ha obtenido un certificado de residencia en los Emiratos Árabes Unidos para el año 2014, expedido por las autoridades fiscales de dicho país, se le podrá considerar residente fiscal en Emiratos para dicho ejercicio, por lo que estará sujeto en España al Impuesto sobre la Renta de No Residentes únicamente por las rentas de fuente española que pudiera obtener"* (Consultas V1856/2016, de 27 de abril, y V1820/2016, de 25 de abril).

> *"El consultante podrá, en su caso, aportar prueba de que no reside habitualmente en territorio español, normalmente mediante un certificado de residencia fiscal expedido por las autoridades fiscales competentes, que acredite su residencia fiscal en otro país"* (Consultas V1497/2016, de 11 de abril, y V0188/2016, de 20 de enero, respectivamente).

> *"En la medida en que dichos comisionistas no dispongan en España de un establecimiento permanente, las rentas que éstos obtengan en España sólo podrá ser gravada por su país de residencia. Para ello, deberán acreditar su residencia fiscal mediante el correspondiente certificado de residencia fiscal expedido a efectos de la aplicación de su Convenio respectivo, por las autoridades fiscales de su país de residencia"* (Consulta V0468/2016, de 8 de febrero).

> *"La referida residencia fiscal en otro país puede acreditarse mediante la aportación de un certificado de residencia fiscal del país en cuestión, permitiendo ello desvirtuar la presunción*

consistente en que el abandono temporal del territorio español no es más que una ausencia esporádica" (Consulta V0188/2016, de 20 de enero, y V3473/2015, de 10 de noviembre).

"La acreditación de su condición de residente fiscal en territorio español deberá realizarse mediante modelo de certificado de residencia fiscal, expedido por la Agencia Estatal de la Administración Tributaria a efectos de aplicación de convenios para evitar la doble imposición suscritos por España" (consulta V1015/2010).

"la documentación que necesitará en España para que le sea aplicable en Convenio y, en su virtud, estar exonerado de tributación, es un certificado de residencia fiscal expedido por la Autoridad Fiscal de EEUU" (Consulta 0932-98, de 29 de mayo).

"las normas reglamentarias de desarrollo de las citadas leyes establecen como requisito imprescindible para aplicar la exención, por razón de la residencia del contribuyente en el extranjero, así como para solicitar la devolución que corresponda en función de la exención, la aportación de un certificado de residencia fiscal expedido por las autoridades fiscales del país de residencia, que justifique el derecho a la exención o a la devolución solicitada" (Consulta V0672-00, de 21 de marzo).

"Si el perceptor de las remuneraciones es residente en China, según se afirma en el escrito de consulta, y realiza su trabajo en China, dichas remuneraciones sólo pueden someterse a imposición en China, siempre que se acredite la residencia fiscal en dicho país mediante la aportación del certificado de residencia expedido por las Autoridades fiscales competentes, de acuerdo con lo dispuesto en las normas reglamentarias españolas que desarrollan la Ley 41/1998" (Consulta 0008-01, de 10 de enero).

"para poder aplicar el Convenio Hispano-Portugués, el consultante deberá acreditar su residencia fiscal en Portugal, mediante el oportuno certificado de residencia en el sentido del Convenio, expedido por la autoridad fiscal competente de dicho país" (Consulta V2654-14, de 7 de octubre).

"En cuanto a la acreditación de la residencia fiscal, hay que tener en cuenta que son los obligados tributarios quienes deben probar los hechos que les dan derecho a disfrutar de un beneficio fiscal, siendo el certificado de residencia fiscal emitido por las autoridades competentes de los Estados la forma idónea de acreditar la residencia fiscal." (Consulta V3355-14, de 22 de diciembre).

Y es así porque así lo prevé la normativa vigente, en los términos que recuerda la Consulta V0428/2014, de 17 de febrero:

"Para acreditar la residencia fiscal hay que estar a lo dispuesto en el Real Decreto 1776/2004, de 30 de julio, por el que se aprueba el Reglamento del Impuesto sobre la Renta de no Residentes y en la Orden EHA/3316/2010, de 17 de diciembre, por la que se aprueban los modelos de autoliquidación 210, 211 y 213 del Impuesto sobre la Renta de no Residentes, que deben utilizarse para declarar las rentas obtenidas sin mediación de establecimiento permanente, la retención practicada en la adquisición de bienes inmuebles a no residentes sin establecimiento permanente y el gravamen especial sobre bienes inmuebles de entidades no residentes, y se establecen las condiciones generales y el procedimiento para su presentación y otras normas referentes a la tributación de no residentes. El Real Decreto 1776/2004 en su artículo 7 establece: "1. Los contribuyentes que obtengan rentas sujetas al Impuesto sin mediación de establecimiento permanente estarán obligados a presentar declaración determinando e ingresando la deuda tributaria correspondiente. Los contribuyentes que, por ser residentes en países con los que España tenga suscrito convenio para evitar la doble imposición, se acojan al mismo, determinarán en su declaración la deuda tributaria aplicando directamente los límites de imposición o las exenciones previstos en el respectivo convenio. A tal efecto, deberán adjuntar a la declaración un certificado de residencia expedido por la autoridad fiscal correspondiente, o el pertinente formulario previsto en las órdenes de desarrollo de los convenios. La Orden EHA/3316/2010 establece en su artículo 7:"1. Cuando se practique la autoliquidación aplicando las exenciones de la normativa interna española, por razón de la residencia del contribuyente, se adjuntará un certificado de residencia, expedido por las autoridades fiscales del país de residencia, que justifique esos derechos.

(...)

Cuando se practique la autoliquidación aplicando las exenciones o la reducción de la cuota por un límite de imposición de un Convenio para evitar la doble imposición suscrito por España, se adjuntará un certificado de residencia fiscal expedido por la autoridad fiscal correspondiente que justifique esos derechos, en el que deberá constar expresamente que el contribuyente es residente en el sentido definido en el Convenio. No obstante, cuando se practique la autoliquidación aplicando la reducción de la cuota por un límite de imposición fijado en un Convenio desarrollado mediante una Orden en la que se establezca la utilización de un formulario específico, deberá aportarse el mismo en lugar del certificado.

(...)

Los certificados de residencia y la declaración a que se refiere este número 1 tendrán un plazo de validez de un año a partir de la fecha de su expedición. No obstante, los certificados de residencia tendrán una validez indefinida cuando el contribuyente sea un Estado extranjero, alguna de sus subdivisiones políticas o administrativas o sus entidades locales." (vid. También las consultas V1032/2010, de 17 de mayo, V3107/2013, de 18 de octubre)

Por consiguiente, para la Administración española el medio adecuado de probar la condición de residente fiscal en España es un certificado de residencia fiscal que se emitirá en las condiciones que refleja el precepto transcrito. Es el medio de prueba idóneo para probar la residencia fiscal en otro Estado y es también el medio oficial adoptado por las autoridades fiscales españolas para acreditar ante terceros que un sujeto es residente fiscal en España. A tal punto que, en algún caso, los Tribunales de Justicia han estimado que ante la presentación de un certificado de residencia fiscal debe ceder cualquier intento de mudar la residencia fiscal del sujeto afectado por acción de los mecanismos recogidos en el art. 9 LIRPF. Así se manifestó el Tribunal Superior de Justicia (TSJ) de Canarias en la Sentencia nº 317/2016, de 30 de junio, en la que la presentación de un certificado de residencia fiscal en el Reino Unido a efectos del CDI España/Reino Unido por parte del obligado tributario echa por tierra los esfuerzos de la oficina gestora por convertirle en residente fiscal aplicando el criterio del centro de intereses económicos con el resultado de ordenarse la anulación de las liquidaciones giradas por IRPF. Y en el caso de un jugador de futbol holandés que recaló en el FCB, el TSJ de Cataluña no se cansa de advertir que de haber presentado el certificado de residencia de las autoridades fiscales holandesas no hubiera podido acogerse el criterio del centro de intereses económicos con el resultado de que finalmente tributara en España (Sentencia nº 724/2012, de 28 de junio).

Lo que no procede es enzarzarse en un debate sobre posibles elementos probatorios que, indiciariamente, y en extremo débiles e inconsistentes, puedan apuntar a que la residencia fiscal se ubique en otro país distinto del que emite el certificado de residencia fiscal cuando dicho certificado es considerado por la propia Administración Tributaria como el medio idóneo de prueba de cuál es la residencia fiscal. Sólo en ausencia de este certificado cabe ampliar el espectro probatorio, en los términos señalados en las últimas consultas transcritas, y en aras del principio de valoración conjunta de la prueba, pero, precisamente, porque no existe el referido medio de prueba que se valora como "idóneo" (Cfr. SAN de 4 de marzo de 2010, rec. nº 143/2008). Así consta en estas Consultas:

"A los efectos de acreditar la residencia fiscal en Reino Unido en el presente caso, y en vista de que no ha resultado posible obtener dicho certificado para el ejercicio 2014, como prueba idónea para ello, el consultante, en caso de ser requerido para ello por la Administración tributaria española, podrá emplear todos los medios de prueba admitidos en Derecho para acreditar su residencia en el Reino Unido" (Consulta V3473/2015, de 10 de noviembre)

"En todo caso, son los presuntos obligados tributarios quienes deben probar los hechos que les dan derecho a disfrutar de un determinado trato y beneficio fiscal, siendo el certificado de residencia fiscal emitido por las autoridades competentes de los Estados la forma de acreditar la

residencia fiscal. Ahora bien, en aquellos casos en que las autoridades fiscales del país de residencia no emiten certificados de residencia fiscal, el artículo 106.1 de la Ley 58/2003, de 17 de diciembre, General Tributaria (BOE de 18 de diciembre) habilita a la Administración tributaria española para valorar otros medios de prueba conforme a lo dispuesto en el Código Civil y en la Ley de Enjuiciamiento Civil" (Consulta V2982/2015, de 8 de octubre) igualdad sustancial que permita entender aplicables dichos criterios y éstos no hayan sido modificados"

Tal y como señala la citada STS nº 1850/2017, *"la ley española, unilateralmente, no puede ser interpretada de modo que imponga expansivamente un modelo de tributación personal que favorezca la eventual colisión o conflicto con el que establezcan otros países cuya legislación esté basada en criterios semejantes de residencia habitual – a costa de los cuales se expandiría-, lo que significa que una interpretación extensiva, o más bien correctora, de la norma, por virtud de la cual se extienda la noción de residencia habitual más allá de donde alcance, naturalmente, la residencia efectiva, podría pugnar con las leyes de países en que el interesado pudiera residir de forma real, conforme a una norma semejante a la española"* (FJ 3º).

Pese a los años transcurridos desde su publicación, en la obra de FERRARA[1] ya se aludía a lo que de nominaba "fraude a la ley mediante el empleo de una legislación extranjera" – pensando, concretamente, en las posibilidades de obtener el divorcio fuera del país de residencia donde éste podía no estar reconocido – y se ponía el acento en la "impotencia de la ley, que tiene eficacia territorial para combatir los fraudes, por el principio de independencia y soberanía de los Estados"[2]. En el mundo actual los conflictos de soberanía fiscal tienen cauces de solución estandarizados que comprenden tanto normas internas como internacionales. En el concreto caso de las controversias que plantea la auténtica residencial fiscal de los contribuyentes, precisamente la obtención del certificado de residencia fiscal emitido por las autoridades fiscales de un Estado es el medio de prueba de tal residencia fiscal que nuestro Ordenamiento Jurídico reconoce como válido. De ahí el interés en combatirlo, en el marco de regularizaciones por supuestas deslocalizaciones de contribuyentes personas físicas debidas a motivos fiscales, con un arma tan poderosa como es la acusación de simulación. En el fondo, sin embargo, subyace la frustración que ocasionan las dificultades que, de cara a considerar a la persona física residente en España, implica la existencia de ese certificado de residencia fiscal. En la medida en que significa, muy a menudo, que se abra un conflicto de doble residencia fiscal, la Agencia Tributaria intenta desacreditarlo al más alto nivel. En estos casos, el arma utilizada es de gran calibre, la acusación de simulación: el certificado de residencia fiscal obtenido es el resultado de una simulación[3].

---

1   Francesco FERRARA "La simulación de los negocios jurídicos", Manejamos la edición de 2017, impresa en Argentina, por parte de la editorial chilena Ediciones Olejnik.

2   *Op. cit.*, p. 99.

3   Desde la perspectiva penal, debe citarse la Sentencia de la Audiencia Provincial de Madrid Nº 77/2016 (Nº recurso 1481/2015), de 10 de febrero de 2016 - absolutoria en tanto que el *"Tribunal no ha podido concluir, con total y absoluta certeza, fuera de toda duda razonable, que el obligado tributario tuviera efectivamente su residencia fiscal en España"* (FJ 1º) -.Expone en su Fundamento Jurídico Tercero: *"De ahí que sin ignorar la posibilidad de que nos hallemos ante lo que para algunos podría ser calificado como un "deslocalizado fiscal", esto es, que a fin de eludir sus obligaciones con el fisco de nuestro país, utilizase como fórmula de fraude su residencia ficticia en el país vecino, lo cierto es que a pesar de la completa investigación de la unidad inspectora a fin de tratar de acreditar que su residencia y el núcleo de sus actividades se encontraba en España en los dos ejercicios objeto de investigación, lo que tendría unas indudables consecuencias en el orden penal, el sujeto tributario sí ha cumplido con la necesaria obligación de facilitar los elementos probatorios necesarios para impugnar dicha calificación aportando los documentos que, de contrario, permiten presumir que su residencia fiscal se encuentra realmente en Portugal, especialmente a la vista de los certificados emitidos por las propias autoridades portugueses y cuya fiabilidad los actuarios de nuestro país en ningún momento llegaron a poner en duda en cuanto a su reconocida autenticidad, lo que determina que para resolver la controversia resulte en tal caso imprescindible acudir a las reglas que para los conflictos de "doble residencia" se encuentran previstas en los convenios suscritos por España*

3. LA EMISIÓN DE UN CERTIFICADO DE RESIDENCIA FISCAL ES UN ACTO DE POTESTAD DEL ESTADO.

FERRARA incluía en el grupo de los actos no simulables, entre otros, los actos de potestad del Estado, los actos con intervención de la autoridad pública y los actos unilaterales[4].

En relación con los primeros, y en ellos incluye la emisión de autorizaciones y de pasaportes, razona que la "intención de engañar, de producir apariencia, repugna y es incompatible con el desarrollo de la actividad del poder público". El Estado actúa en ejercicio de la soberanía de modo que sus actos, por su naturaleza pública, no tienen cabida en la categoría de simulados. En el conjunto de actos fruto de la intervención de una autoridad pública, FERRARA sitúa los derivados del ejercicio de la función certificadora, autorizante o constitutiva. Aquí parece que se enclava cómodamente la emisión de un certificado de residencia fiscal, si bien, y en esto nos apartamos un poco del discurso del catedrático de Pisa, el funcionario que emite el certificado no solo consta una serie de datos o hechos, a modo de fedatario público, sino que resuelve, acerca de la condición de residente fiscal en un país determinado y conforme a sus leyes. En cualquier caso, el funcionario público interviene en

---

orientados a evitar la doble imposición y prevenir la evasión fiscal en Portugal en los años 2000 y 2001, en España habría de ser considerado como no residente y en tal caso el rendimiento obtenido por el mismo en territorio español constituiría una renta sujeta al impuesto como tal, lo que hubiera debido tributar como renta obtenida sin mediación de establecimiento permanente".

Destaca esta sentencia porque gira en torno a un supuesto "deslocalizado fiscal" en la que el acusado aporta ante la Administración Tributaria española un certificado de residencia fiscal emitido por las autoridades portuguesas, cuestión sobre la que la AP se pronuncia en su FJ 5° del siguiente modo: "El Convenio de Doble Imposición suscrito entre España y Portugal con fecha 26 de octubre de 1993 asume este mismo criterio, de tal forma que una primera conclusión debe tenerse como inevitable y necesaria: si a efectos de la aplicación del Convenio, los Estados contratantes podrán emitir certificados de residencia en el sentido de dicho Convenio, cuando uno de ellos lo expide, en este caso Portugal, el emisor está certificando sin ningún género de dudas que la persona es residente en ese Estado a efectos del apartado 2 del artículo 4 antes citado y por tanto no sólo a efectos de su legislación interna, sino también del propio Convenio, según expresamente se indica en el mismo, lo que ha de entenderse como de obligada consideración para el otro Estado contratante, pues de lo contrario ningún sentido tendría la firma del Convenio entre dos Estados (...). De ahí que poco más haya que añadir por nuestra parte, pues según también se desprende de la Sentencia de la Sala de lo Contencioso-Administrativo de la Audiencia Nacional de fecha 17 de enero de 2008, aludida en dicho informe junto a otras varias, si además de aportar las indicadas certificaciones, se acredita el cumplimiento de las obligaciones fiscales en ese país, a todos los efectos debe considerarse residente fiscal en el mismo, sin perjuicio lógicamente de las obligaciones tributarias que, en este caso como no residente, hubiera podido adquirir también en territorio español y sobre las que, es cierto, no consta efectuada declaración por el sujeto tributario, como tampoco la consiguiente liquidación por parte de la Administración, lo que impide conocer si se hubiera podido incurrir en infracción penal por esta última vía. En definitiva, y en síntesis, que el contribuyente disponga de un certificado de residencia emitido por las autoridades fiscales de otro país implica que una de las Administraciones llamadas a la interpretación del Convenio ha considerado que, de acuerdo con el mismo, el contribuyente es residente en otro país distinto de España. De ahí que difícilmente pueda hablarse en estos supuestos de la comisión de un delito fiscal, a tenor del artículo 305 del Código Penal, pues como recuerda un cierto sector doctrinal (artículo publicado por D. Luis Rodríguez-Ramos en el Diario La Ley, N° 7095, Sección Doctrina, de 19 de enero de 2009), el error invencible del tipo resulta en tal circunstancia de evidente aplicación, ya que si uno de los dos intérpretes del Convenio manifiesta que el contribuyente es residente en su país, cómo no va a existir error por parte del contribuyente al hacer lo que dice ese intérprete por mucho que, según el criterio de otro intérprete (en este caso las Administraciones españolas), se afirme lo contrario, esto es, que esté dejando de ingresar una determinada cantidad de dinero en el otro Estado contratante. De tal forma que, podemos concluir, resulta de aplicación lo dispuesto en el artículo 14 del Código Penal, según el cual, apartado primero, "el error invencible sobre un hecho constitutivo de la infracción penal excluye la responsabilidad criminal", pues no siendo posible la comisión culposa del delito fiscal y aunque el error se considerare como vencible -en cuyo caso la infracción será castigada como imprudente-, la mera existencia del error excluye la posibilidad de sancionar".Esta sentencia adquiere especial significación toda vez que fue confirmada por el Tribunal Supremo mediante su Sentencia n° 892/2016, de 25 de noviembre.

4   *Op. cit.*, p. 123 y ss.

el acto jurídico, le da forma y lo perfecciona con su declaración de voluntad evidenciada en la firma que estampa. "Aquí es imposible la simulación –advierte FERRARA refiriéndose al caso concreto del matrimonio–, porque, aun en el supuesto de que los contrayentes no tengan intención de realizar el acto y quieran simplemente producir su apariencia, el oficial público ignora sus engaños y permanece extraño a los mismos, por lo cual el acto tiene plena eficacia; existiendo tan solo una doble reserva mental, no una simulación, que exigirá el acuerdo de todas las partes en la ficción realizada". Las cosas son distintas cuando se emite un certificado de residencia fiscal puesto que en la formación del acto solamente interviene la Administración emisora. El particular se limita a solicitar su emisión y es esa Administración la que, en función de la información de la que en sus archivos dispone, decide al respecto. Por tanto, la acción de engañar, de inducir a error, debe situarse en un momento anticipado en el tiempo, probablemente muy anterior al de la solicitud mismo del certificado. Momento, o más bien momentos, en plural, caracterizados, a estos efectos, por el cultivo de elementos conducentes a propiciar la documentación de una situación que no es la real, a saber que el sujeto que solicitará el certificado más adelante se encuentra vinculado realmente con el territorio a cuya autoridad se dirige desde hace tiempo y en función de las condiciones que sus normas prevean para alcanzar el estatus de residente fiscal (permanencia de un número de días al año en dicho territorio, obtención de un volumen determinado de renta o titularidad de un cierto patrimonio en dicho territorio, propiedad de alguna residencia en el mismo, etc.). Esos elementos, que son los que tomará en cuenta la autoridad emisora a la hora de dictar el certificado de residencia fiscal, no se improvisan y requieren de una planificación previa que se ejecuta a lo largo de un tiempo.

Así resulta de la normativa vigente. En efecto, a tenor de la Orden EHA/3316/2010, en su Disposición Adicional Segunda, titulada Certificado de Residencia Fiscal en España:

"1. *Los contribuyentes del Impuesto sobre la Renta de las "Personas Físicas, definidos en el , del Impuesto sobre la Renta de las Personas Físicas y de modificación parcial de los de las leyes de los Impuestos sobre Sociedades, sobre la Renta de no Residentes y sobre el Patrimonio, así como los sujetos pasivos del Impuesto sobre Sociedades considerados residentes conforme al artículo 8 del texto refundido de la Ley del Impuesto sobre Sociedades, aprobado por el Real Decreto Legislativo 4/2004, de 5 de marzo, podrán solicitar la certificación de su residencia fiscal en territorio español.*

    Estos certificados se utilizarán cuando se deba acreditar la residencia fiscal en España ante Administraciones Tributarias de otros países o territorios o ante pagadores u otros operadores económicos en el exterior.

    Asimismo, se utilizarán para acreditar la sujeción al Impuesto sobre la Renta de las Personas Físicas o al Impuesto sobre Sociedades por aquellos contribuyentes o sujetos pasivos que vayan a transmitir mediante contraprestación un bien inmueble situado en España, a que se refiere el artículo 14.2.a) del Reglamento del Impuesto sobre la Renta de no Residentes, aprobado por el Real Decreto 1776/2004, de 30 de julio.

2. *Los modelos de certificado de residencia fiscal que expedirán las oficinas gestoras serán los que figuran en los anexos IV y V de la presente Orden. El anexo IV, «Certificado de residencia fiscal en España» se expedirá para acreditar, en general, la residencia en territorio español. El anexo V, «Certificado de residencia en España. Convenio», se emitirá para acreditar la condición de residente en España a los efectos de las disposiciones de un Convenio para evitar la doble imposición suscrito por España.*

3. *Adicionalmente, se podrá solicitar que se haga constar en los certificados que el contribuyente o sujeto pasivo ha puesto en conocimiento de la Administración tributaria española la obtención de una renta, cuya descripción deberá ser facilitada por el interesado, en un determinado país o territorio.*

En particular, cuando la solicitud se realice por contribuyentes del Impuesto sobre la Renta de las Personas Físicas a efectos de la aplicación de la exoneración de la retención prevista en el artículo 13.1.b) de la Directiva 2003/48/CE del Consejo, de 3 de junio, en materia de fiscalidad de los rendimientos del ahorro en forma de pago de intereses, o en los Acuerdos o Convenios a que se refiere el artículo 17 de la citada Directiva, deberán facilitarse los siguientes datos:

a) Nombre, dirección y número de identificación fiscal del perceptor.

b) Nombre y dirección de la persona o entidad que abone las rentas.

c) Número de cuenta del perceptor de las rentas o, en su defecto, la identificación del crédito.

En el certificado que se expida a estos efectos, se harán constar, en el apartado previsto para los datos adicionales:

Si los rendimientos se obtienen en Austria, Bélgica o Luxemburgo, la expresión:

«A efectos de la aplicación de la exoneración de la retención prevista en el artículo 13.1.b) de la Directiva 2003/48/CE, del Consejo, de 3 de junio, en materia de fiscalidad de los rendimientos del ahorro en forma de pago de intereses.»

Si los rendimientos se obtienen en territorios dependientes o asociados a otros Estados miembros o en otros Estados que, conforme a los Acuerdos o Convenios a que se refiere el artículo 17 de la Directiva, implanten la retención y un procedimiento de evitarla mediante este tipo de certificado, la expresión:

«A efectos de la aplicación de la exoneración de la retención prevista en los Acuerdos o Convenios a que se refiere el artículo 17 de la Directiva 2003/48/ CE, del Consejo, de 3 de junio, en materia de fiscalidad de los rendimientos del ahorro en forma de pago de intereses.»

Los datos de las letras a), b) y c) antes mencionadas.

Que el certificado será válido por un período de tres años.

4.   Cuando deba acreditarse la sujeción al Impuesto sobre la Renta de las Personas Físicas o al Impuesto sobre Sociedades, por aquellos contribuyentes o sujetos pasivos que vayan a transmitir mediante contraprestación un bien inmueble situado en España, o cuando se requiera acreditar tales circunstancias ante una Administración tributaria extranjera, se podrá solicitar que, en el espacio para datos adicionales, se incluyan las expresiones:

«Está sujeto al Impuesto sobre la Renta de las Personas Físicas» o «Está sujeto al Impuesto sobre Sociedades»

5.   Cuando una Administración Fiscal extranjera exija a los contribuyentes o sujetos pasivos que la acreditación de la residencia fiscal en territorio español se consigne en un formulario propio, podrá accederse a cumplimentar la certificación que contenga dicho formulario siempre que el contenido de la certificación sea equivalente al de los modelos que figuran en los anexos IV y V.

Si el documento extranjero que se presente para incorporar la certificación no viene expresado en castellano u otra lengua oficial en territorio español, podrá solicitarse al interesado una traducción del mismo.

6.   El órgano de gestión competente para expedir la certificación será la Administración o Delegación de la Agencia Estatal de Administración Tributaria que corresponda al domicilio fiscal del interesado. No obstante, tratándose de obligados tributarios adscritos a la Delegación Central de Grandes Contribuyente o a las Unidades de Gestión de Grandes Empresas, la competencia será de dicha Delegación o Unidades, según corresponda.

7. *La solicitud podrá realizarse por medios telemáticos o en soporte papel. La certificación será expedida en el mismo soporte, papel o electrónico, en que sea solicitada por el interesado.*

8. *La solicitud, en soporte papel, contendrá, al menos, los siguientes datos:*

    a) *Apellidos y nombre o razón social, domicilio fiscal y número de identificación fiscal del interesado y, en su caso, del representante.*

    b) *Indicación de a qué efectos se solicita el certificado: destinatario, finalidad y, en su caso, país o territorio donde deba surtir efectos.*

    c) *Documentos y justificantes que, en su caso, se aportan junto con la solicitud con el fin de probar la residencia fiscal en territorio español.*

    d) *Si desea solicitar que se haga constar en el certificado los datos adicionales a que se refiere el número 3 anterior, descripción de la renta procedente del exterior cuya obtención comunica el interesado. Si se solicita que se haga constar la circunstancia mencionada en el número 4, la oportuna indicación en ese sentido.*

    e) *Fecha y firma del interesado o, en su caso, del representante.*

9. *Las solicitudes se presentarán en la Administración o Delegación de la Agencia Estatal de Administración Tributaria que corresponda al domicilio fiscal del interesado o, en su caso, en la Delegación Central de Grandes Contribuyentes o en la Unidad de Gestión de Grandes Empresas competente para la expedición.*

10. *Efectuadas las comprobaciones oportunas, el órgano de gestión competente, en el plazo máximo de los diez días hábiles siguientes a la solicitud, expedirá el certificado o, en su caso, una comunicación de que no procede acceder a la solicitud.*

11. *La solicitud y expedición por medios telemáticos se ajustará a las condiciones generales y demás normas de procedimiento previstas en la Resolución de 3 de mayo de 2000, de la Agencia Estatal de Administración Tributaria, sobre expedición por medios telemáticos de certificaciones de estar al corriente en el cumplimiento de obligaciones tributarias u otras de carácter tributario.*

Para solicitar el certificado, el interesado se conectará con la sede electrónica de la Agencia Estatal de Administración Tributaria a través de Internet, dirección electrónica www.agenciatributaria.gob.es.

En particular, la solicitud de certificaciones electrónicas está sujeta a las siguientes condiciones:

1. *El contribuyente o sujeto pasivo deberá disponer de número de identificación fiscal (NIF).*

2. *El contribuyente o sujeto pasivo deberá disponer de un certificado de usuario X.509.V3 en vigor expedido por la Fábrica Nacional de Moneda y Timbre-Real Casa de la Moneda o cualquier otro certificado electrónico admitido por la Agencia Estatal de Administración Tributaria, en los términos previstos en la Orden HAC/1181/2003, de 12 de mayo, por la que se establecen normas específicas sobre el uso de la firma electrónica en las relaciones tributarias por medios electrónicos, informáticos y telemáticos con la Agencia Estatal de Administración Tributaria.*

En los certificados de residencia fiscal en España expedidos por medios telemáticos figurará en todo caso la firma digitalizada del órgano competente para su expedición y un Código Seguro de Verificación de la Expedición mediante el que los destinatarios podrán acceder a la certificación electrónica archivada por la Agencia Estatal de Administración Tributaria. A tal fin, se incluirá en el certificado un párrafo indicativo de la dirección en internet donde puede realizarse el cotejo.

Efectuadas las comprobaciones oportunas, el órgano de gestión competente, en el plazo máximo de los diez días hábiles siguientes a la solicitud, acordará la expedición de la certificación electrónica que quedará a disposición del interesado por medios telemáticos o, si concurre alguna incidencia que impida la expedición, informará al interesado que podrá personarse ante el órgano competente para la expedición.

El contenido de los certificados telemáticos deberá poder ser impreso en soporte papel"

4. AUSENCIA DE LA BILATERALIDAD CARACTERÍSTICA EN EL ACUERDO SIMULATORIO.

La simulación exige un acuerdo bilateral. Define FERRARA el negocio simulado como aquel que tiene una apariencia contraria a la realidad, porque no existe en absoluto o porque es distinto de cómo aparece: "es la declaración de un contenido de voluntad no real, emitida conscientemente y de acuerdo entre las partes, para producir fines de engaño la apariencia de un negocio jurídico que no existe o es distinto de aquel que realmente se ha llevado a cabo"[5]. En suma, es indispensable que exista un acuerdo de las partes, como también reclaman René ABELIUK MANASEVICH[6] y BETTI[7]. Tal y como dice este último autor, "hay simulación cuando las partes de un negocio bilateral, de acuerdo entre ellas – o el autor de una declaración con destinatario determinado en inteligencia con éste – dictan una regulación de intereses distinta de la que piensan observar en sus relaciones, persiguiendo a través del negocio un fin (disimulado) divergente de su causa típica". Por el contrario, si en lugar de la concertación entre las partes cada una de ellas pretendiera independientemente concluir un negocio aparente, tendríamos dos declaraciones de voluntad afectada cada una por reserva mental, patología negocial de diferente cuño; no en vano el art. 1414 del Código Civil Italiano utiliza esta expresión (*"Chi siano simulati per accordo tra il dichiarante e il destinatario"*)[8].

"La simulación es el resultado de un acuerdo entre los contratantes y sale, por lo mismo, del campo de los actos unilaterales"[9]. De ser aceptable la acusación de simulación en este tipo de supuestos tendríamos que identificarlos con una simulación unilateral, como se ha expuesto, no de un negocio sino de un acto administrativo. Sucede, sin embargo, que, parafraseando a FERRARA, "la simulación unilateral no es simulación, sino dolo. Es el disfraz para inducir a engaño al otro contrario"[10]. En el caso al que nos referimos, el de un contribuyente que siendo considerado residente fiscal en España por parte de nuestra Hacienda Pública posee un certificado de residencia fiscal en otro país, el dolo, el engaño se habría proyectado, en su caso, respecto del órgano administrativo de ese otro país con el efecto de haberle hecho creer que reunía las condiciones legalmente exigibles para merecer el otorgamiento de un certificado de aquella naturaleza. Sin embargo, es imaginable la dificultad de probar un proceso de tal índole por parte de la Administración española, ajena a aquel supuesto circuito de engaño progresivo, así como al proceso de formación de la voluntad por parte del órgano administrativo que emite el certificado, siendo imposible ponerse en su lugar para calibrar la entidad del engaño y las reales posibilidades de soslayarlo.

Si lo que se insinúa es que el funcionario del órgano administrativo del Estado que emite el certificado se hallaba inmerso en el fraude en su emisión vale la pena tener en consideración lo que DE CASTRO opina, aun para el caso de las declaraciones recepticias: "las declaraciones de voluntad dirigidas a modificar o extinguir una relación negocial pueden ser simuladas, en cuanto sobre ellas pueda existir y exista acuerdo o cooperación entre quien la emite y la persona a quien va dirigida y respecto de la que habrá de producir efecto inmediato". Ahora bien, todo esto tiene que ser probado y no es nada sencillo. Recurrir a la atribulada idea de la simulación unilateral no es sino un intento de esquivar tan complicada situación buscando una solución fácil, aunque extramuros de lo que debe estimarse conforme a

---

5   "La simulación en los negocios jurídicos", Ed. *Revista de Derecho Privado*, Madrid, 1960, p. 74.

6   "Las obligaciones", Tomo I. 4ª edición actualizada. Eds. Temis-Ed. Jurídica de Chile. Bogotá, 2001, p. 145.

7   "Teoría general del negocio jurídico", 2º ed. Ed. Revista de Derecho Privado. Madrid. 1959. p. 297.

8   MESSINEO, Francesco: "Doctrina general del contrato". Tomo II. Ed. Jurídicas Europa-América. Buenos Aires. 1986, Pagina. 7.

9   FERRARA, *Op. Cit.*, p. 59.

10   *Op. Cit.*, p. 58.

Derecho[11]. En definitiva, la enorme dificultad material de probar por parte del Fisco español que el certificado de residencia fiscal emitido es falso, o que se ha urdido un engaño por parte del obligado para lograr que se emita a su favor, explica, pero no justifica, que se opte por la vía introducir, inapropiadamente, la acusación de simulación.

Prolongaremos la ilustración de nuestra tesis con una Sentencia dictada por la Audiencia Provincial de Tarragona, la nº 348/2016, de 10 de octubre. El supuesto de hecho era, sintéticamente, el siguiente: un abogado catalán contactó con una serie de propietarios de terrenos incursos en un plan urbanístico. Les propone la venta de los terrenos y lleva a cabo una serie de gestiones, en nombre de los propietarios, ante las autoridades municipales, así como otras actuaciones encaminadas a preparar aquella venta. Los propietarios de los terrenos constituyeron un derecho de opción - cada uno de ellos sobre el inmueble del que era titular - que se transmitió a dos sociedades de las que el abogado era titular. Un banco, interesado en los terrenos en cuestión, los compra a sus propietarios y, casi paralelamente, compra al abogado las sociedades que tenían los derechos de opción sobre los mismos. En el plano fiscal hay que hacer constar que siendo las sociedades del abogado sociedades patrimoniales, su tributación se vio bastante aminorada. La Inspección de los Tributos estima que, en realidad, lo que hubo fue una actividad de intermediación desarrollada por el abogado y que éste, con el fin de evitar la tributación de los rendimientos obtenidos por su actividad de intermediación, articuló la compra de dos sociedades inactivas al objeto de trasladarles los rendimientos, que tributarían por el Régimen de Sociedades Patrimoniales, a un tipo del 15%. Sin embargo, de triunfar su tesis, sería el abogado quien hubiera debido tributar por la ganancia, aunque como si fuera un rendimiento de la actividad económica, pues se mantiene que su labor fue de mera intermediación, lo cual suponía pagar más de un 40% por el Impuesto sobre la Renta. El relato de Hacienda se sustenta en que las operaciones de otorgamiento de opción de compra sobre los terrenos antes referidas, así como las de venta de las participaciones sociales, constituyen una simulación, mediante la cual se oculta la real operación jurídica llevada a cabo: la intermediación de la persona física, del abogado.

La posición que adopta la Agencia Tributaria consiste en borrar de la realidad todo lo relativo al otorgamiento de las opciones de compra, tanto el propio contrato como las personas que en ellas intervienen, tanto físicas como jurídicas; así como todo lo relativo a la compraventa de las participaciones que se efectuaron de aquellas sociedades que eran titulares de las opciones. Consecuentemente, parecería que los propietarios de los terrenos los vendieron directamente al banco y su precio pasa a ser imputado a una tercera persona, el abogado, pero en concepto de simple retribución o pago por una labor de intermediación. Si esto fuera así, desaparecerían todos los negocios efectuados en relación con las opciones de compra de los terrenos: ni se constituyeron tales opciones, ni tampoco se transmitieron a las sociedades del abogado las cuales tampoco vendieron sus participaciones al banco, sino que todo ello enmascara un negocio jurídico de corretaje o intermediación, del que derivan unos honorarios profesionales para el abogado mencionado al que se le atribuye actuar como intermediario.

"La Inspección –se afirmaba en la documentación inspectora– entiende la posible existencia de simulación en cuanto a la operación de intermediación, cuyos rendimientos se atribuyen a las sociedades del señor B…, mediante una compraventa de participaciones sobre las tenedoras últimas de las opciones de compra, pero no duda ni ve simulación alguna en la posterior compra por parte de BANCO …. siendo dos operaciones diferentes". En suma, se circunscribe la simulación a los actos del abogado, pero sin participación o concurrencia del resto de sujetos, como si de una simulación unilateral se tratara. Se trataría de compatibilizar la operación de compra de los terrenos, que sería válida, con otra operación viciada, la consistente en la compra y posterior venta de las opciones de compra sobre aquellos terrenos.

---

11 "El negocio jurídico", edición de 2016 a cargo de Civitas. p. 347.

Ese planteamiento es insostenible por la contradicción insalvable que supone manifestar que se acepta la realidad jurídica de las operaciones y, sin embargo, se tienen por inexistentes a efectos tributarios como si en este plano hubiéramos abandonado el mundo del Derecho. Acaso se intenta disimular desacreditando determinadas parcelas de la faceta negocial de los hechos, pero, en realidad, equivale a mantener la validez de los negocios para parte de los sujetos que intervienen en ello pero no para todos. En resumen, la mudanza que promueve la Inspección opera en tres planos: operación realizada y renta generada (venta de derechos de opción de compra versus/ganancia patrimonial); sujeto que la realiza (sociedades mercantiles versus persona física); régimen fiscal aplicable (régimen especial de sociedades patrimoniales, al 15%, versus renta de la actividad económica en IRPF, que tributa a tarifa progresiva). De este modo, ni el negocio jurídico es el que era ni la persona que lo realiza tampoco y, consecuentemente, la fiscalidad aplicable varía radicalmente porque pasamos del IS al IRPF, o sea, de una tributación proporcional a otra progresiva.

No es posible aceptar la existencia de simulación sin obviar que para ello deberían ser considerados como necesariamente intervinientes en la misma todas las partes otorgantes de aquellos documentos, (74 personas físicas, ni más ni menos), el banco, las sociedades, etc. En todos ellos debe necesariamente concurrir la voluntad de acuerdo con el abogado en otorgar unos contratos sin causa alguna, y, además, el ánimo de otorgarlos, con la finalidad de causar un perjuicio a la Hacienda Pública, al disimular mediante ellos su labor de intermediación, siempre conforme a la tesis de la Inspección de los Tributos.

Pero, no es viable una simulación en la que las partes no se concierten para el engaño y en la que los negocios sean eficaces jurídicamente pero no se tengan por existentes en el Derecho Tributario, aunque esa sanción no alcance a todas las partes intervinientes sino únicamente en la parte que afecta a una de ellas, el abogado en tanto que contribuyente sometido a regularización fiscal. Es esta una extraña manera de construir una suerte de simulación "ad hoc", moldeada según los intereses concurrentes. Acaso por ello el Abogado del Estado aseverará en su escrito de oposición a la solicitud de sobreseimiento que "la simulación sólo produce efectos tributarios para el querellado". Sorprendente afirmación que contradice centenares de sentencias que en sede contenciosa y penal han estipulado la bilateralidad de las consecuencias en caso de simulación tributaria. La simulación tiene los contornos que corresponden al negocio u operación que sale a la superficie al intervenir la Administración y en el que, generalmente, intervendrán otros sujetos distintos al autor de la defraudación. Esos sujetos, y sus posiciones en el plano tributario, no pueden librarse de las lógicas consecuencias de una regularización que no admite modelarse con tan interesada precisión quirúrgica.

El caso, visto ya por los tribunales de Justicia, determinó la absolución del abogado respecto del delito fiscal por el IRPF que se le imputaba. La SAP Tarragona nº 348/2016, de 10 de octubre, se pronuncia en apelación sobre la Sentencia del Juzgado de lo Penal nº 2 de Tortosa en la que se dicta una absolución por ausencia de simulación. Esta última refleja con más detalle el aspecto que aquí nos interesa: la perito de la Agencia Tributaria no tuvo empacho en proclamar que el acusado había realizado una simulación unilateral por más que reconociera abiertamente la legalidad de los negocios ejecutados. La jueza de instancia, en su FJ 5º, niega esa simulación unilateral puesto que "*la simulación requiere, entre otros elementos, cuanto menos dos partes en connivencia para su efectiva realización, y en el supuesto conocido la propia Agencia Tributaria afirma que todos los negocios y/o operaciones efectuadas con otras partes intervinientes (...) fueron válidos y legales, al no concurrir simulación en aquéllas, y de hecho nunca se efectuó regularización alguna respecto de tales operativas, aun teniendo conocimiento del presente procedimiento penal*". La jueza, además, subraya, una vez adherida a la tradicional teoría de la causa de los negocios, que "*las diversas fases de las operaciones no son más que el reflejo de una validad actividad negocial de carácter mercantil, no existiendo ocultación, artificio y/o defraudación invocada y sostenida por las partes acusadoras*".

Por su parte, entiende la AP, en el FJ 9º de su Sentencia, que *"la cuestión, en efecto, no reside en identificar simulación negocial en el propio otorgamiento de los contratos de opción de compra o en los de su adquisición mediante la venta de las participaciones sociales revalorizadas por dichos activos patrimoniales sino en identificar si dichos negocios pueden considerarse simulados porque una de las partes pudiera pretender una finalidad institucional y negocial distinta a la que se proyecta de la causa objetiva de los negocios realizados"*

Y añade:

"La conclusión, de relevancia normativa, se nutre de dos ejes fácticos esenciales: uno, ninguno de los propietarios de los terrenos adquiridos por las mercantiles administradas por el acusado buscaron la intermediación inmobiliaria de este ni este realizó actuaciones proactivas de intermediación. Todos los propietarios convinieron en afirmar que las relaciones negociales que entablaron con el acusado lo fueron con la única finalidad de trasmitir sus terrenos sin que se pactara con el mismo ninguna comisión o ninguna gestión de negocio. Los instrumentos contractuales otorgados mediante los que se convenían opciones de compra no buscaban ocultar ninguna relación negocial subyacente distinta a la expresamente pactada. Realidad negocial que también concurre respecto a los negocios traslativos otorgados entre las sociedades titulares de las opciones y aquellas que finalmente mediante su adquisición y posterior ejercicio del contenido pactado de la opción adquirieron la titularidad de los inmuebles. La jueza, de nuevo, mediante una racional y completa valoración de la prueba testifical y documental descarta un plano ficticio bilateral. Ni existió un mandato de intermediación otorgado por las mercantiles adquirentes al acusado en su condición de agente particular ni este actuó respecto a estas como gestor de negocios de terceros. El segundo eje fáctico sobre el que se asienta la conclusión normativa es que las sociedades adquiridas por el acusado tenían realidad societaria. Se desembolsó el capital social, la actividad desarrollada respondió a los fines societarios, respondían por sus características institucionales y de funcionamiento a la tipología de sociedades patrimoniales y una vez adquiridas sus participaciones por las sociedades que ejercieron las opciones de compra sobre los diferentes terrenos, dichas sociedades mantuvieron su actividad negocial"

Y, prosigue

"la afirmada realidad causal de los negocios jurídicos realizados excluye como consecuencia necesaria el efecto simulación. Este no puede hacerse depender, como se sostiene por el recurrente, de la intención contractual de una de las partes de un contrato sinalagmático. Es obvio que la intención contractual de cada una de las partes no es irrelevante para interpretar el contrato en su triple dimensión como acto, como regla negocial o como relación jurídica. Pero la intención de una parte no sirve por sí para determinar ni los contenidos institucionales del contrato pactado ni, desde luego y, sobre todo, la causa negocial que le dota de estructura jurídica y permite que despliegue sus efectos en el tráfico económico. La causa en los términos precisados en el artículo 1274 CC es una proyección de un plan negocial que debe responder a una realidad económica material y objetiva -la prestación y la contraprestación en los contratos onerosos- como condición de eficacia que posibilita a las partes contratantes ejercer las acciones de protección de ese contenido económico pactado. El negocio simulado lo que busca es utilizar un negocio aparente que prima facie reuniría todos los presupuestos de validez y de eficacia en el tráfico jurídico para ocultar a terceros la realidad negocial verdaderamente pactada que por distintas razones quiere mantenerse oculta pero que determina el verdadero contenido de aquella, los derechos y deberes asumidos por las partes otorgantes. La eficacia de la estructura fiduciaria depende de la voluntad de todas las partes que intervienen en el negocio en la medida en que precisamente dicho concierto priva a cualquiera de ellas de la posibilidad de acogerse al régimen causal y prestacional del negocio aparente. La pantalla obligacional solo surtiría efectos para terceros nunca hacia las propias partes contratantes que precisamente la han creado para eludirla"

En definitiva, nos permite ratificarnos en lo ya expuesto sobre la inviabilidad de la simulación unilateral).

SEXTA PARTE

DERECHO TRIBUTARIO INTERNACIONAL

§ 48. UN NUEVO PARADIGMA EN LA APLICACIÓN DE LOS TRIBUTOS. COMPLIANCE Y CUMPLIMIENTO COOPERATIVO.

César García Novoa [*]

I. INTRODUCCIÓN.

No existe duda de que la justicia tributaria no sólo se manifiesta a través de leyes que regulen tributos atendiendo a las exigencias de capacidad contributiva, sino también por medio de reglas que ordenen la aplicación del sistema tributario de manera eficaz. Al margen del contenido de la capacidad económica subjetiva, lo cierto es que sin la garantía de una aplicación genérica y eficiente de los tributos no puede hablarse de que el sistema fiscal responde a los postulados de justicia del sistema tributario[1].

Durante la etapa de afirmación del poder tributario como acción pública sometida al Derecho es comprensible que la aplicación del tributo tuviese lugar exclusivamente a través de actuaciones de la propia Administración. La Administración tributaria, como parte del poder público fiscal, actúa ejerciendo potestades. La potestad tributaria es un *agere licere* que se expresa, sobre todo, a través de actuaciones de la Administración. Esto es, las potestades se ejercen por medio de actos administrativos, que se incardinan en procedimientos.

El acto administrativo se erige así en la verdadera expresión del poder tributario. El poder fiscal, como si de una *matrioska* rusa se tratara, aparenta una realidad inabarcable, pero dentro de ella se encuentran otras manifestaciones más reducidas hasta llegar al acto de aplica-

---

[*] Catedrático de Derecho Financiero y Tributario, Universidad de Santiago de Compostela (España).

[1] Que la capacidad contributiva no es el único índice de justicia tributaria, sobre todo a partir del artículo 31, 1 de la Constitución lo dejan bien claro LOZANO SERRANO, C.-MARTIN QUERALT, J., al señalar que en la actualidad "...reaparece una concepción del principio de capacidad económica que, manteniendo en sus líneas esenciales la concepción tradicional acerca de los criterios indicativos de capacidad económica – titularidad de un patrimonio, percepción de renta, consumo de bienes y tráfico o circulación de riqueza –proyecte dicho principio sobre un campo más amplio, poniéndolo en relación tanto con otros principios del ordenamiento tributario – igualdad y progresividad – como con los principios de justicia del gasto público"; *Curso de Derecho Financiero y Tributario*, Tecnos, Madrid, 1999, p. 140. Véase también, PALAO TABOADA, C., "Los principios de capacidad económica e igualdad en la jurisprudencia del Tribunal Constitucional", *Civitas, REDF*, n° 88, 1995.

ción del tributo a un contribuyente concreto. La exteriorización más grande del poder impositivo del Estado se va concretando a través de otras expresiones cada vez más reducidas. La más pequeña de todas las concreciones del poder tributario sería el acto administrativo, a través del que se hace la aplicación singular del tributo a cada contribuyente. En las fórmulas tradicionales de aplicación de los tributos tributo esa expresión individualizada la ostenta el acto de liquidación.

Así, la liquidación es la máxima expresión de una evidencia: la atribución al Estado-Administración de una capacidad originaria para decidir la singularización de la ley general[2], mediante el ejercicio de la potestad administrativa de *accertamento* tributario. Y dicha potestad tiene como objeto determinar el *an* y el *quantum* de la obligación tributaria. Por ello el *accertamento* tributario puede derivar en una resolución en la cual se determine que no existe obligación o que la misma surge en su modalidad exenta. O bien, y es el caso más frecuente, en un acto de fijación de la cuantía a pagar. Y, aun cuando la liquidación señale el importe a ingresar, las liquidaciones deberán ser consideradas actos que, simultáneamente, son de gravamen y declarativos de derechos, ya que no sólo establecen una carga económica sino que "al mismo tiempo, fijan el límite máximo a pagar por el contribuyente"[3]. Aun cuando la liquidación es un acto que establece un deber o declara una obligación, al mismo tiempo, es un acto que determina la cuantía máxima que cabe exigir al contribuyente, por lo que también puede considerarse un acto declarativo de derechos.

En esta concepción tradicional, el acto de liquidación determina el importe a pagar por cada obligado tributario, de manera que su adopción es fundamental para la exigibilidad del tributo. Por ello, en las fórmulas clásicas de aplicación del tributo, la liquidación correctamente notificada al sujeto resulta imprescindible para la recaudación del importe de la deuda tributaria, porque sin liquidación (esto es, sin intervención del poder público) ni se conoce el importe del tributo ni la deuda tributaria resulta exigible al contribuyente, ni éste podría pagarla.

Esta concepción *clásica* del poder fiscal lleva a una aplicación del tributo basada en el ejercicio de la facultad unilateral de subsumir la norma general y abstracta en actos singulares que cuantifican el importe de la obligación tributaria y sin los cuales no cabe la exigibilidad e ingreso de la misma. Sin embargo, los sistemas fiscales cambian, especialmente a partir de la década de los setenta, surgiendo lo que se denomina *tributos masa*. Cuando los grandes impuestos del sistema (en especial sobre la renta de personas físicas y jurídicas y sobre el valor agregado) se convierten en tributos de aplicación masiva, con millones de contribuyentes, el diseño de las leyes tributarias va a experimentar nuevas problemáticas. Una de ellas es conseguir leyes fiscales que sean *practicables*.

La *practicabilidad* se vincula directamente, como señalan TIPKE-LANG, con las exigencias derivadas de la masificación del sistema tributario, y la consiguiente necesidad de que la norma contemple una infinita pluralidad de situaciones diferentes[4]. Para NEUMARK, la practicabilidad equivale a la posibilidad de que, medidas fiscales, concebidas en la mesa de un teórico puro, "resulten aplicables en la práctica"[5].

Pero el avance hacia un sistema tributario masivo, con millones de contribuyentes, tiene una expresión mucha más evidente en el hecho de la llamada *privatización* de las funciones

---

2   RAMALLO MASSANET, J., "La eficacia de la voluntad de las partes en las obligaciones tributarias (I), *Crónica Tributaria*, nº 76, 1995, pp. 81 y 82.

3.¡ FALCON Y TELLA, R., "La posibilidad de revisar de oficio, a favor del contribuyente, los actos de gestión tributaria, aunque los mismos estén pendientes de reclamación o recurso", *Quincena Fiscal*, nº 12, julio, 2002, p. 6.

4   TIPKE, K. – LANG, J., TIPKE-LANG, *Steuerrecht, Ein systematischer Grundriss*, Verlag Dr. Otto Schmidt K.G., Köln, 1989, p. 99.

5   NEUMARK, F., *Principios de la imposición*, IEF, Madrid, 1974, pp. 423 y 424.

administrativo-tributarias[6]. Las funciones tradicionales de aplicación del tributo (entre ellas, la elaboración de una primera cuantificación del mismo) son asumidas por los contribuyentes a través de retenciones a cuenta (agentes de retención), repercusiones en el IVA y, sobre todo, autoliquidaciones. Ello supone en la práctica - y así ocurre en la mayoría de los casos - que la aplicación del tributo se consuma con la sola intervención del contribuyente, ya que con mucha frecuencia las autoliquidaciones no se comprueban en el plazo en que prescribe el derecho a liquidar. Tal es así que MARTIN DELGADO ha señalado que no es conforme a la moderna concepción de los tributos "el que en todos ellos y en cualquier caso, tenga que llegarse de modo inevitable e ineludible a un acto de liquidación por parte de la Administración"[7].

Así, la gestión de los tributos pasa a llevarse a cabo a través de autoliquidaciones, por medio de los cuales el contribuyente interpreta la norma, califica los hechos, calcula el importe del tributo y lo ingresa. La Administración recibe las autoliquidaciones y, en una alto porcentaje de supuestos, transcurre el plazo de prescripción sin que la autoliquidación sea comprobada, produciéndose así una consolidación de la situación, pues la aplicación de la norma llevada a cabo por el contribuyente y el ingreso efectuado por ésta resultan ya definitivamente inatacables.

Así, autores clásicos como SAINZ DE BUJANDA o MICHELI, las autoliquidaciones originan un acto tácito de la Administración en el instante en que son recibidas por el órgano competente, haciendo suya desde ese momento la declaración del particular[8]. Lo que vendría a significar que la autoliquidación no comprobada es una especie de *liquidación por silencio*[9], que daría lugar, como dice GUTIERREZ DEL ALAMO, a una adhesión de la Administración al parecer del contribuyente reflejado en la declaración-liquidación[10].

Esta tesis de que la autoliquidación no comprobada supone una adhesión tácita de la Administración al contenido de la misma, se encuentra también en el sustrato de figuras como el *lançamento por homologaçao* a que hace referencia el artículo 150 del Código Tributario Nacional de Brasil[11]. Pero lo cierto es que la Administración, cuando recibe la autoliquida-

---

6   CUBERO TRUYO, A., La *simplificación del ordenamiento tributario (desde la perspectiva constitucional)*, Marcial Pons, Madrid, 1997, pp. 94 a 96. En el mismo sentido, RAMALLO MASSANET, J., "Modificaciones de la Ley General Tributaria por la Ley anual de Presupuestos Generales del Estado" (S. del T.C. 76/1992, de 14 de mayo), *Crónica Tributaria*, nº 64, 1992, p. 136.

7   MARTIN DELGADO, J.M., "Los nuevos procedimientos tributarios: las declaraciones-autoliquidaciones y las declaraciones complementarias", *op. cit.*, p. 47.

8   SAINZ DE BUJANDA, F., *Lecciones de Derecho Financiero*, 7ª ed., Facultad de Derecho de la Universidad Complutense, Madrid, 1989, p. 269; MICHELI, G.A:, *Corso di Dirtto Tributario*, 2ª ed , UTET, Torino, 1974, p. 197.

9   Aunque algún sector doctrinal defendió que la autoliquidación no comprobada podría tener naturaleza de "acto liquidatorio presunto"; es el caso del SEMINARIO DE ESTUDIOS DE DERECHO FINANCIERO, *Notas de Derecho Financiero*, t. I, vol. 3º, Universidad de Madrid, Facultad de Derecho, Sección de Publicaciones, 1975, p. 133. También GUTIERREZ DEL ALAMO Y MAHOU, J., "Naturaleza jurídica de la autoliquidación", *RDFHP*, nº 95, p. 571. Por su parte, RUIZ GARCIA, J.R., califica esta opinión de "construcción artificial", *La liquidación en el ordenamiento tributario*, Civitas, Madrid, 1987, p. 295. Para FERNANDEZ PAVES, M.T., "a pesar de los argumentos esgrimidos en favor de esta tesis en cualquiera de las dos modalidades posibles...los puntos que la rebaten son muchos más y de importancia decisiva", de entre los que destaca el acto de declaración es, por definición un acto de gravamen"; *La autoliquidación tributaria*, Marcial Pons-IEF, Madrid, 1995, p. 116.

10   GUTIERREZ DEL ALAMO, J., "Naturaleza jurídica de la autoliquidación", *op. cit.*, p. 571.

11   En el ordenamiento brasileño la *homologaçao* es el acto administrativo por medio del cual el Fisco manifiesta su acuerdo con el pago anticipado de la obligación tributaria efectuado por el contribuyente, pudiendo existir una homologación tácita cuando la Administración tributaria se mantiene inactiva durante cinco años, entendiéndose que tal silencio equivale a una aceptación del contenido de la autoliquidación. De esta manera, la Administración estaría adhiriéndose al contenido de la autoliquidación efectuada por el contribuyente. NAVARRO COELHO, S.C., *Liminares e depósito antes do lançamento por homologaçao,* Ed. Dialectica, 2ª ed., 2003, p. 57.

ción "no está llevando a cabo ninguna actuación, ni tácita ni expresa de sus órganos"[12]. Todo lo más, sus actuaciones no dejan de ser meros actos de caja o contabilización de las cantidades ingresadas por el sujeto pasivo. Es evidente que del ordenamiento tributario no se deriva una voluntad legal de convertir en acto administrativo, en una vía próxima al silencio estimatorio, la inactividad de la Administración a la hora de comprobar una autoliquidación.

Por tanto, y ello es algo generalmente aceptado, las autoliquidaciones no son actos administrativos sino simples declaraciones de los obligados tributarios efectuadas en cumplimiento de un mandato legal. Las mismas están, por tanto, necesitadas de un posterior y auténtico acto administrativo dictado sobre la base de la potestad de control que, en los actuales modelos de gestión tributaria, ejerce la Administración. Pero ello no afecta un ápice a la afirmación de que en los modernos sistemas tributarios de impuestos de incidencia masiva, las obligaciones de colaboración de los obligados tributarios son un elemento cardinal de la gestión tributaria. Quien aplica e interpreta la norma y realiza una primera cuantificación del tributo, acompañada del correspondiente ingreso, es el contribuyente a través de la presentación de autoliquidaciones. A la Administración se le reserva una función que CASADO OLLERO denomina de *policía fiscal*[13]. Esa función consiste en verificar el cumplimiento correcto de las obligaciones por medio de las autoliquidaciones y, en su caso, imponer sanciones, siempre mediante acciones *a posteriori*. Pero esta función de control no se lleva a cabo respecto a todos los contribuyentes, sino que es una fiscalización puramente aleatoria. Por ello, la autoliquidación puede ser comprobada, pero mayoritariamente asume el rol de ser el instrumento para allegar recursos de forma definitiva a la Hacienda Pública. Ello supone en la práctica –y así ocurre en la mayoría de los casos– que la aplicación del tributo se consuma con la sola intervención del contribuyente.

Esa función que concibe una Administración tributaria limitada a ejercer una potestad de control o *policía fiscal*, define un esquema aplicativo del tributo basado en un modelo inquisitivo y represivo, donde no se prima la prevención ni la colaboración entre el contribuyente y el Fisco. Ello genera una situación de *propensión natural* al conflicto. Como veremos a continuación, la conflictividad tributaria es uno de los grandes problemas en la aplicación actual de los tributos.

II. LA CONFLICTIVIDAD EN MATERIA TRIBUTARIA.

Esta aplicación unilateral del tributo es fruto del monopolio de la Administración en los procedimientos aplicativos de los tributos para definir las situaciones jurídicas derivadas de la ley. Pero esta capacidad de la Administración de decidir la singularización de la ley general es una fuente permanente de conflicto entre contribuyentes y Fisco. Un conflicto de intereses que, como explica FERREIRO LAPATZA, partiría de la circunstancia de que la ley ampara el que la Administración proteja con su actuación los intereses generales a la hora de percibir los tributos y, al tiempo, se reconoce a los individuos "un interés propio en el pago de sus impuestos conforme a Derecho"[14].

Dentro de las funciones de aplicación del tributo, la comprobación del correcto cumplimiento por parte del particular de sus obligaciones fiscales se materializa en unas reglas de

---

12 ESEVERRI MARTINEZ, E., "Sobre la naturaleza jurídica de las autoliquidaciones", *Civitas, REDF*, n° 37, 1983, p. 100.

13 CASADO OLLERO, G. en "La colaboración con la Administración tributaria. Notas para un nuevo modelo de relaciones con el Fisco", *HPE*, n° 68, 1981, pp. 151. LUPI, R., ha denominado, fiscalidad basada en el *adempimento voluntario* propio de una "fiscalidad de masas"; *Diritto Tributario*, Parte Generale, Giuffrè Editore, Milano, segunda edición, 1994, pp. 131 y ss.

14 FERREIRO LAPATZA, J.J., "Solución convencional de los conflictos en materia tributaria", *Revista Argentina de Derecho Tributario, La Ley*, abril-junio 2002, n° 2, p. 341.

distribución de la carga de la prueba demasiado condicionadas por criterios propios del proceso civil. Así se dice que, quien haga valer su derecho deberá probar los hechos constitutivos del mismo. De esta manera, la Administración tendría que acreditar la realización del hecho imponible, mientras que los sujetos pasivos tendrían que probar la concurrencia de los requisitos necesarios para la aplicación de beneficios fiscales. No obstante, y como afirma PALAO TABOADA, en materia tributara no debe regir la *distribución subjetiva* de la carga de la prueba que impone a la parte sobre la que recae el deber de aportarla y si no lo hace, se tendrán por no acreditados los hechos en los que funda su derecho. Lo que debe regir en los procedimientos tributarios es la *distribución objetiva* de la carga de la prueba que supone que el aplicador de la ley ha de buscar por sí mismo la verdad material, sin esperar la actividad de las partes[15]. Y ello conlleva admitir que la Administración, en su labor de aplicación del sistema tributario, no actúa en defensa de un interés propio, sino del general. Y éste no es otro que conseguir la efectiva realización del deber de contribuir Por tanto, no puede afirmarse, con propiedad, que, tal y como sucede en el proceso civil, existan hechos que *favorezcan* a la Administración. En otras palabras, sobre la Administración pesa la función, es decir, el derecho-deber, de averiguar toda la verdad material, incluso en lo que resulte favorable al obligado tributario y aunque éste incumpla su deber de colaboración.

Todo lo dicho supone que la actual aplicación de los tributos, además de basarse en la cuantificación del tributo por medio de autoliquidaciones supone que las comprobaciones de las mismas se llevan a cabo atendiendo a un principio inquisitivo. Con arreglo a este principio, la Administración debe investigar, de oficio, todos los hechos, tomando en consideración la totalidad de las circunstancias relevantes del caso, tanto las favorables como las desfavorables para los obligados tributarios. De manera paralela, estos últimos tienen el deber de colaborar con la Administración en esta tarea, informándole de todos los hechos relevantes e indicando los medios de prueba que sean conocidos[16]. Se trata, por tanto, de un modelo inquisitivo, y de confrontación entre la Administración y el particular.

Este modelo *inquisitivo* de aplicación de los tributos se está poniendo hoy en duda por las tendencias internacionales que propugnan un *cumplimiento cooperativo*, como sistema alternativo a la actual gestión de los tributos. En España y desde la Administración Fiscal (Agencia Tributaria) se ha hablado, incluso, de liberar del control de la Inspección de Hacienda a aquellos contribuyentes- en este caso, empresas- que acrediten un historial de buenas prácticas en materia tributaria, sean transparentes con su información fiscal y dispongan un esquema de control interno *compliance tributario* suficiente como para inhibir cualquier actividad de riesgo en materia tributaria por parte de sus empleados. Se está apostando por una progresiva sustitución del actual modelo inquisitivo por otro colaborativo y basado en la prevención, que disminuiría notablemente la conflictividad. Ello coincide en el

---

15 "La prueba en el procedimiento de gestión tributaria", *Comentarios a la Ley General Tributaria y líneas para su reforma*, vol. II, Madrid, IEF, 1991, p. 1452 y ss. En el mismo sentido, *vid.* LOPEZ MOLINO, A.Mª: *Régimen jurídico de la prueba en la aplicación de los tributos*, Pamplona, Aranzadi, 1998, pp. 307-308. No obstante, matiza, haciendo suyas las palabras de GONZALEZ SEIJO, que "en el procedimiento de gestación de los actos tributarios es la Administración la que debe probar los elementos integrantes de los hechos y bases imponibles si quiere dictar el acto de gravamen..., no obstante, y dado que los obligados tributarios son múltiples y que los datos que configuran los hechos imponibles pertenecen a su ámbito particular, parece lógico, y sobre todo práctico, dada su cercanía a las fuentes de prueba, que sean los propios obligados los que faciliten los elementos que constituyen los hechos imponibles" ("La prueba y sus particularidades en el ámbito tributario", *GF*, Nº 100, 1992, pp. 168-172).

16 Esta concepción fue defendida por parte de los miembros de la Comisión que elaboró el Informe sobre el borrador del Anteproyecto de la nueva Ley General Tributaria. No obstante, fue rechazada con el argumento, muy discutible, de que "la Comisión se ha decantado por mantener el principio dispositivo, tal y como se ha expresado antes, no sólo por fidelidad a una tradición ya muy consolidada y aceptada por todos los operadores jurídicos que actúan en el ámbito tributario, sino también porque esta tradición subraya y resalta el plano de igualdad en que se mueven los sujetos activos y pasivos en todas las relaciones tributarias" (p. 44).

tiempo con la publicación en el BOE el 7 de diciembre de 2018 del proyecto de la norma UNE 19602, que surge del Subcomité Técnico CTN 307 SC2 *Compliance Tributario*[17].

III. EL LLAMADO CUMPLIMIENTO COOPERATIVO. ORÍGENES Y EXPRESIONES MÁS ACTUALES.

El antecedente más inmediato del cumplimiento cooperativo se encuentra en las prácticas de las empresas que se incluyen bajo el concepto de *responsabilidad social corporativa*.

La responsabilidad social corporativa de las empresas es una de las *idea-fuerza* de la ordenación jurídica del sector empresarial en nuestros días. En España, el Observatorio de la Responsabilidad Social Corporativa la define como "una forma de dirigir las empresas basado en la gestión de los impactos que su actividad genera sobre sus clientes, empleados, accionistas, comunidades locales, medioambiente y sobre la sociedad en general"[18].

En su proyección jurídica, la responsabilidad viene a traducirse en una situación en la que, más allá del respeto a las leyes y del cumplimiento de las normas imperativas, la empresa debe adoptar *motu proprio*, posturas que contribuyan a la mejora social, económica y ambiental. Así, la preponderancia de la regulación, a través de un importante peso de la ley en la ordenación normativa de la actividad empresarial, deja paso a ámbitos cada vez más amplios de *autorregulación*, que afecten a todos los campos, desde la política social a la protección ambiental[19], pasando, como veremos, por las cuestiones tributarias[20].

Tal es así que se puede afirmar que la responsabilidad social se situaría en una tercera dimensión histórica a la hora de contemplar el fenómeno de la empresa desde una perspectiva jurídica. Primero, en el ámbito del llamado Estado Democrático Liberal, la ley se limitaba a tutelar el derecho al libre ejercicio de la actividad económica. En un segundo estadio, y en el marco del Estado Social de Derecho (que germinó al amparo de la construcción del Estado del Bienestar en la Europea del siglo XX) la legislación se erige sobre la base del interés general, limitando la libertad económica individual[21]. En un estadio posterior se situaría la responsabilidad social corporativa. Más allá del cumplimiento de las leyes imperativas y de

17 SANTANA LORENZO, M.-GARCÍA NOVOA, Dossier *Compliance Tributario, el escudo fiscal indispensable para la reputación empresarial y las buenas prácticas corporativas*, Thomson Reuters, 2019, p. 1.

18 Vid: http://observatoriorsc.org/.

19 KIRK, E. A.- BLACKSTOCK, K. L., "Enhanced Decision Making: Balancing Public Participation against *Better Regulation*" in *British Environmental Regimes, Journal of Environmental Law*, nº 23, 1, 2011, pp. 97-116.

20 ESTEVE PARDO, J., *Lecciones de Derecho Administrativo*, 2ª edic., Marcial Pons, 2012, pp. 83-88.

21 BIRK, D., "*Das Leistungfähigkeitsprinzip als Masstab der Steuernormen*, Dr. Peter Deubner Verlag, Köln, 1982, p. 137. También VOGEL, K., "Grundzüge des Finanzrechts des Grunsgesetzes" en KIRCHHOF, P. – ISENSEE, J., *Handbuch des Staatsrechts*, IV, 1990, p. 94. El Estado Social constituye una matización y al mismo tiempo superación de la organización del poder típica del Estado democrático, cuando como consecuencia de la procura asistencial o *Daseinvorsorge*, traducida en la intervención del Estado para hacer efectivos los derechos de carácter económico y social del ciudadano, se dote de un contenido social a la acción protectora del Estado. La sobreposición de la forma de Estado Social sobre la forma de Estado de Derecho, aparece expuesta por ZACHER, H.F., en *Das soziale Staatsziel, Handbuch des Staatsrechts*, Isensee-Kirchhof, C.F., Müller Juristischer Verlag, Heidelberg, 1987, p. 1059, para quien los principios del Estado Social aparecen ligados a los del Estado de Derecho. La relación entre el Principio de Estado social y los principios democráticos, en SELMER, P. *Steuerinterventionismus und Verfassungsrecht*, Athenäum Verlag, Gmbh, Frankfurt, 1972, p. 319. En el mismo sentido, ARAGON REYES, M., , señala que el Estado Social es sólo una modalidad de forma del Estado Democrático de Derecho; *Libertades económicas y Estado Social*, Mc Graw Hill, Madrid, 1955, p. 123. También, ZIPPELIUS, R., *Wertungsprobleme im System der Grundrechte*, C.H. Beck,sche Verlagsbuchhandlung, München und Berlin, ohne Datum, p. 60. Es la postura que en la doctrina hispánica han defendido, entre otros, RODRIGUEZ BEREIJO, A., para quien la capacidad económica se puede derivar de la configuración del Estado como Social y Democrático de Derecho, "Derecho Financiero, Gasto Público y tutela de los intereses comunitarios en la Constitución", en *Estudios sobre el Proyecto de Constitución*, Centro de Estudios Constitucionales, Madrid, 1978, pp. 354 y ss.

la fuerza normativa de la legislación que limita la libertad económica individual, surge la necesidad de cumplimentar las buenas prácticas de los operadores económicos en relación con la Administración. De hecho, el citado Observatorio de la Responsabilidad Social Corporativa atribuye a este concepto un componente de cumplimiento de la legislación, pero también de ética y coherencia en la manera de conducir la actividad empresarial.

El apoyo ideológico último de la responsabilidad social corporativa es la superación de la tesis que identifica el fin último de la empresa con la creación de riqueza para sus propietarios, a favor de la denominada *teoría de los interesados* o *stakeholders*, que incluiría a actores diversos como los trabajadores, organizaciones sociales, accionistas y proveedores, entre muchos otros operadores que se ven afectados por las decisiones de una unidad empresarial. O también del llamado *enfoque pluralista*, que concibe la legitimidad de la empresa desde la perspectiva de crear riqueza para el conjunto de la sociedad y bienestar para los distintos grupos de interés[22].

Esta realidad tiene algunos antecedentes remotos, como el Informe *Study on Monitoring and Enforcement Practices in Corporate Governance in the Member States*, publicado en Gran Bretaña de 2009, donde se sintetiza la idea de que la empresa no sólo encarna legítimos intereses privados sino también intereses de carácter general, que no deben ser perseguidos exclusivamente por los entes públicos.

La idea imperante acerca de la necesidad de una actitud socialmente responsable de las empresas unida a la convicción de que no será posible conseguirla sólo con la legislación ordinaria, ha derivado en la exigencia de adoptar códigos de buenas prácticas. Se trata de reglas de cumplimiento voluntario, que carecen de la nota de coactividad, y que se rigen por el principio de *cumplir o explicar* (*comply or explain*), propio de las disposiciones autorregulatorias.

Esta política viene contando con la cobertura de las normas internacionales y del Derecho Europeo. Así, la Comisión Europea comienza a trabajar el tema del Bueno Gobierno a partir de 2002, con el Informe *Winter*, en el que se expresa que el Gobierno corporativo es esencial para la protección de los inversores contra conductas fraudulentas y negligentes. A ello seguiría la creación del *European Corporate Governance Forum* y de un Grupo Consultivo que emitió el 4 de noviembre de 2009, el *Libro verde sobre registros de empresas*.

La política de promoción de la responsabilidad social y los Códigos de Buen Gobierno se cohonesta mal con la realidad de la fiscalidad de las empresas. El que se trate de normas de cumplimiento voluntario y basadas en la autorregulación no se cohonesta con un conjunto normativo tributario, integrado por disposiciones que, por esencia, son imperativas. Además, las normas tributarias que gravan los beneficios empresariales son una forma más de limitación de las utilidades de las empresas en favor de la comunidad, probablemente la más importante forma tradicional de participación de la colectividad en los beneficios sociales. De hecho, en la concepción más avanzada del Estado Social de Derecho (que se manifiesta en la doctrina y jurisprudencia alemana de los años sesenta), el sistema tributario no se concibe simplemente como un instrumento de obtención de ingresos sino como parte de un sistema integrado por la dualidad ingreso-gasto, para el logro de ciertos efectos redistributivos. Desde esta perspectiva, el fundamento último del tributo no es la justicia, sino la solidaridad. La solidaridad legitimaría y seleccionaría una modalidad de justicia (la justicia distri-

---

22 Como dicen ROMERO CASTRO, N.-PIÑEIRO CHOUSA, J., *desde el punto de vista de los accionistas la empresa se define exclusivamente como una entidad económica y legal. Su comportamiento legal estará supeditado desde esta perspectiva a la creación de valor....* Pero desde el punto de vista de los *stakeholders*, la empresa debe ser consciente de sus obligaciones, *basadas en cirterios legales y morales...*"Prácticas de buen gobierno y creación de valor. Retos para los administradores societarios", *Actores, actuaciones y controles del buen gobierno societario y financiero*, Fernández-Albor Baltar-Pérez Carrillo, Marcial Pons. Madrdi, Barcelona, Buenos Aires, Sao Paulo, 2013, p. 300.

butiva) de manera que la capacidad económica sólo se entendería como una expresión de ésta[23].

En esta concepción, la Administración tributaria se convierte así en un agente activo de la justicia tributaria basada en la solidaridad, aun a costa de la legalidad estricta del tributo y de la capacidad contributiva expresada en los hechos imponibles, seleccionados y cuantificados por el legislador. Así, por ejemplo, se podía perseguir la protección de la potencialidad recaudatoria del ordenamiento mediante el recurso a cláusulas generales anti-elusivas.

Sobre esta base es sobre la que hay que analizar las relaciones entre la fiscalidad y las reglas de buen gobierno corporativo. Podemos definir las prácticas de buen gobierno corporativo (*corporate governance*) –concepto acuñado por EELLS - como aquel gobierno que aplica la responsabilidad y toma decisiones empresariales pensando en la dimensión social de las mismas[24]. Esta concepción se desprende de los Principios de Gobierno Corporativo, que se elaboraron en respuesta a un llamamiento del Consejo de la OCDE tras una reunión celebrada, a nivel ministerial, los días 27 y 28 de abril de 1998. En lo relativo a la fiscalidad, el cumplimiento de las leyes tributarias, imperativas por naturaleza, parece que no deja espacio para los comportamientos socialmente responsables. Parece que en materia fiscal, lo socialmente responsable es cumplir la ley, que es, al mismo tiempo, lo jurídicamente exigido por la misma.

Téngase en cuenta que la coactividad y la fuerte presencia de la ley en el tributo encajan mal con el contenido ético y carente de fuerza normativa de los códigos de buenas prácticas. No obstante, y partiendo de la función extrafiscal del tributo, esto es, de la finalidad disuasoria o incentivadora que puede guiar la adopción de medidas fiscales, en los últimos tiempos se perciben ciertas decisiones legislativas en materia fiscal guiadas por una finalidad moralizante o edificante, próxima a los valores que propugnan los códigos de buenas prácticas. Ello ha derivado en la implementación de reglas de buen gobierno en el ámbito de la gestión tributaria de las sociedades. El buen gobierno corporativo empieza a incluir las buenas prácticas en materia fiscal, en el marco de la denominada *fiscalidad responsable*.

La medida aparece claramente vinculada con una tendencia internacional hacia la *moralización de la fiscalidad*, a la que vamos a referirnos a continuación.

IV. LA MORALIZACIÓN DE LAS OBLIGACIONES TRIBUTARIAS.

Supone una obviedad afirmar que el cumplimiento de las obligaciones tributarias es una cuestión de legalidad, no de moral. La concepción jurídica de la obligación tributaria se ha llevado a cabo, históricamente, a través de una metología lógico-formal (estudio del ordenamiento jurídico positivo), dejando las cuestiones metajurídicas al margen. Todo ello con una única excepción, como fue la postura de GRIZIOTTI y el integralismo de la Escuela de Pavía, que proponían tener en cuenta, en la aproximación al Derecho Tributario, los aspectos políticos, sociológicos, económicos y de técnica jurídica de las obligaciones fiscales. A pesar de estas excepciones, los tribunales internacionales (por ejemplo, para rechazar la denominada *objeción de conciencia fiscal*) han insistido en que los impuestos son una cuestión de ley, no de moral. Así, por ejemplo el Auto del Tribunal Constitucional 71/1993, FJ 2 y

---

23   Para FORSTHOFF, E., el moderno Estado de Derecho es Estado Social en su función de Estado impositivo. Afirma este autor que sólo a partir de las posibilidades de injerencia del Estado impositivo puede garantizarse el desarrollo del Estado social bajo estricta observancia de las fórmulas del Estado de Derecho; "Begriff und Wesen des sozialen Rechsstaates", Veröffentlichung der *Vereinigungder Deustchen Staatsrechtslehrer*, nº 12, 1954, 8, pp. 31 y ss. trad. española "Concepto y esencia del Estado Social de Derecho" de Puente Egido, en *El Estado Social*, Centro de Estudios Constitucionales, Madrid, 1986, pp. 71 y ss.

24   Véase SALAS V., ¿Sustituye la responsabilidad social al buen gobierno de la empresa? *Economistas*, nº 106, noviembre 2005, p. 6.

sentencia del Tribunal Europeo de Derechos Humanos en el caso *Bayatyan* contra Armenia, de 7 de julio de 2011.

La configuración jurídica de la obligación tributaria ha venido expresando la diferenciación entre la moral y el Derecho, que es una constante en el mundo jurídico. Sabido es que cuando se habla de relaciones entre moral y derecho es frecuente referirse a las teorías de la inclusión, de la separación y de la vinculación entre ambas realidades. Y en materia fiscal es posible encontrar, incluso históricamente, referencias a la moralidad del pago de impuestos y del incumplimiento fiscal (por ejemplo, cuando se teoriza sobre el derecho a la *resistencia fiscal*). Para quienes conciben una obligatoriedad moral del pago de impuestos, la exigencia de contribuir no dependería tanto de la ley, como una supuesta *moral social kantiana* basada en la solidaridad colectiva que sería una de las bases de la exigencia de impuestos. Sería lo que FULLER llamaba la *moral del deber*, equivalente a la existencia de un conjunto de normas básicas para un orden esencial de la sociedad. Al amparo de estas ideas, y como dice VIEHWEG, "la estructura jurídica reflejar el contenido de lo que se considera justo"[25].

Se trata de un planteamiento muy importante que hoy en día está adquiriendo gran actualidad cuando se acusa a empresas y multinacionales, no de no pagar los impuestos legalmente exigibles, sino de no satisfacer las cargas fiscales que *moralmente* estarían obligadas a pagar. Y ello, en paralelo a la recuperación del concepto de *moralidad tributaria*, a partir de teóricos como ALEXY[26] o la introducción de factores morales en los estudios sobre conciencia fiscal, en relación con la sociología tributaria y la resistencia fiscal (por ejemplo, los *Informes de conciencia fiscal* que publica anualmente el Instituto de Estudios Fiscales). Muestra de ello son las asambleas anuales del Centro Interamericano de Administraciones Tributarias (CIAT) que suelen tratar temas de moral fiscal (por ejemplo, en la 45 Asamblea el tema "La moral tributaria como factor determinante en el mejoramiento de la eficacia de la Administración Tributaria")[27].

La cuestión es destacable porque si el deber de pagar tributos es, para el Derecho, un deber legal y no moral, el incumplimiento reprochable por el ordenamiento debe ser también el incumplimiento legal. Ello es importante en relación con el fraude tributario. Así, siempre se ha entendido que la evasión, en tanto incumplimiento de la ley tributaria, es una conducta ilegal y, por tanto, perseguible y sancionable por la Administración y los tribunales. Y que la elusión es contraria al espíritu, aunque no a la letra, de la ley tributaria y, por tanto, también sería reprochable. Así se vino entendiendo que todo lo que no era evasión o elusión era planificación fiscal lícita y, por tanto, admisible en el marco del derecho del contribuyente a tributar lo menos posible dentro de la ley.

Pero este planteamiento ha quedado superado en la actualidad, sobre todo a partir de la proliferación de esquemas de ahorro fiscal en ciertas multinacionales que han propiciado la implementación de ciertos conceptos que, progresivamente han ido desplazando a los clásicos términos de elusión, abuso y evasión fiscal.

Así, por ejemplo, la OCDE ha acuñado la categoría de la *planificación fiscal agresiva*, como modalidad de planificación fiscal inadmisible y equiparable a las conductas elusivas. Fue en el Tercer Foro OCDE sobre Administración Tributaria, celebrado en Seúl, en 2006, en el que se decía que *los intercambios comerciales, la liberalización de capitales y las nuevas tecnologías han abierto el mercado global a una gama de contribuyentes mucho más*

---

25 Véase ESCUDERO ALDAY, R., "Argumentos para la recuperación de la teoría de Lon L. Fuller", *Anuario de Filosofía del Derecho*, nº 19, 2002, p. 311.

26 ALEXY, R., *El concepto y la validez del Derecho*, Gedisa Editorial, Barcelona, 2004, p. 92, al diferenciar entre la *validez jurídica* y la *validez moral*.

27 Conviene dest   , de LÓPEZ CARBAJO, J.M., disponible en https://www.ciat.org/Biblioteca/AsambleasGenerales/2011/Ingles/2011_topic_2_spain_carbajo.pdf.

amplia, lo que ha puesto muy difícil asegurar que nuestras respectivas normativas fiscales se cumplen", además de incluir una directa acusación a las empresas de "asesoría jurídica y fiscal", como responsables de estos comportamientos de planificación agresiva[28].

De esta manera se concebía un auténtico oxímoron: una modalidad de planificación fiscal, por tanto, de conducta lícita de aprovechamiento de lagunas legales o ausencias de armonización legal, que, no obstante, debía ser evitada y perseguida por producir "efectos indeseados"[29]. La licencia argumental que permitía defender esto no era otra cosa que la pretendida imposibilidad natural de construir un concepto apriorístico de planificación fiscal. Una cosa es que el concepto de planificación fiscal dependa del concepto de elusión (todo lo que no es elusión es planificación). Otra muy distinta, que se pueda reducir el ámbito de la planificación fiscal lícita sin respetar las notas abusivas que caracterizan, en lo sustancial, el término "elusión".

Así, nos encontraríamos ante lo que podríamos llamar *elasticidad negativa* del término *planificación fiscal,* de manera que el mismo podría comprimirse conceptualmente aumentando los supuestos en que las ventajas fiscales perseguidas podrían ser denegadas por el ordenamiento. Al amparo de este planteamiento surgen ideas como el de "arbitraje fiscal" (*tax arbitrage*).

El difícil encaje de este concepto novedoso de elusión, basado en la idea de que toda planificación fiscal puede ser ilícita porque es imposible un concepto positivo de economía de opción, obliga a recurrir a categorías muy poco acordes con la cultura jurídica tradicional europea, como el arbitraje fiscal. Sin embargo, sigue siendo muy difícil adaptar este concepto de elusión en un Derecho Tributario construido en torno a un modelo deóntico de lo "obligatorio"; esto es, un modelo donde el ordenamiento tributario se integra por reglas específicas de mandato, en el sentido *dworkiniano* del término[30]. El ordenamiento tributario está integrado por obligaciones específicas de dar una cantidad de dinero a la Administración y tales obligaciones surgen taxativamente de los hechos imponibles realizados. Según este modelo se está obligado a pagar si se realiza el hecho imponible y no se está obligado a pagar si se evita. Y por tanto, se estará gravado por los hechos imponibles efectivamente realizados, no por los que se hubieran podido realizar. En este esquema lógico irrumpe la elusión; se podrá hacer tributar al contribuyente por el presupuesto que debería haber realizado de no haber mediado una conducta elusiva o fraudulenta.

Si el componente abusivo se sustituye por términos menos claros como los que se desprenden de la idea de *tax arbitrage* (*asimetrías derivadas del aprovechamiento de diferencias de tributación*) y la evitación del tributo se manifiesta en conceptos tan ilógicos como la "doble no tributación" (la no tributación nunca es doble ni triple) se hace necesario reforzar el anclaje de estos conceptos en los ordenamientos tributarios tradicionales. Y, curiosamente, para ello se ha acudido a criterios de carácter moral.

Se trata de decir, como recuerda VAN DE HURK, que muchos contribuyentes, singularmente grupos y empresas multinacionales, no pagan *suficientes* impuestos. No se trata de

---

28   La principal referencia a los intermediarios fiscales se encuentra en la Directiva 2018/822 de 25 de mayo de 2018 (DAC 6 o Directiva de intermediarios), en vigor desde el 25 de junio de 2018, es una buena muestra de ello. La Directiva debe ser ejecutada por España durante el año 2019. Define como intermediarios a cualquier persona que *diseñe, comercialice, organice, ponga a disposición para su ejecución un mecanismo transfronterizo sujeto a comunicación de información, o que gestione su ejecución o que se comprometa a prestar, directamente o por medio de otras personas, ayuda, asistencia o asesoramiento en las operaciones anteriores.*

29   CORDON EZQUERRO, T., "La planificación agresiva y la estrategia de la UE para combatirla", *Crónica Tributaria,* Boletín de Actualidad, nº 7, 2013, p. 4.

30   DWORKIN, R., *Los derechos en serio,* Barcelona, Ariel, 2009, 7º reimpresión, p. 77.

decir que no pagan los impuestos que corresponde a los hechos imponibles realizados, sino que no pagan los impuestos que *moralmente* deberían pagar[31].

La progresiva penetración de aspectos y cuestiones morales en el Derecho Tributario es una constante, que en los últimos tiempos viene alcanzando protagonismo, especialmente en Alemania, donde autores como TIPKE hablan de la moralidad de las actuaciones en materia financiera y tributaria desarrolladas por los poderes públicos –legislativo, ejecutivo y judicial– y por el ciudadano[32]. Entre éstas últimas se incluiría el comportamiento de ciertas multinacionales que transfieren sistemáticamente sus beneficios a Estados de menor tributación y utilizan "su organización multinacional (división internacional de la producción y del capital) para transferir costes y beneficios nacionales entre las partes del grupo y disminuir así su carga tributaria en detrimento del sistema fiscal nacional"[33]. Ello provoca un auténtico problema respecto de la soberanía o poder tributario al que corresponde el gravamen sobre las rentas y un problema de justicia en el reparto interno en cada país de la carga fiscal, en la medida en que la imposición termina recayendo casi exclusivamente sobre quienes no tienen posibilidad de escape hacia otros países de fiscalidad más favorable. Es decir, la tributación termina por gravar preferentemente los rendimientos del trabajo y la renta de las personas con menor capacidad económica, aumentando aún más la desigualdad. Ello genera una situación de inmoralidad que propicia los *Dummsteuern* o "imposición sobre los tontos". Con esta pintoresca expresión se hace referencia a aquellas situaciones en las cuales las obligaciones tributarias sólo son cumplidas por quienes no pueden, lícita o ilícitamente, eludir la carga tributaria. O, como dice ROSE, ello propicia sistemas fiscales integrados por cargas impositivas que no hubieran surgido si el contribuyente hubiera podido obtener el mismo fin económico utilizando otro cauce formal, mediante el uso de las posibilidades de configuración[34].

Y la introducción de componentes éticos no sólo alcanza a los operadores económicos, sino que algunos Estados (singularmente Alemania), en boca del Ministro de Finanzas SCHÄUBLE, proponen una competencia fiscal *ética*[35], que no es más que recuperar la competencia fiscal al servicio de la planificación fiscal lícita. Es una competencia fiscal que acepta la reducción de tipos de gravamen para el Impuesto sobre Sociedades pero sólo en la medida en que la sociedad que se beneficia de los mismos realice una verdadera actividad económica y haya compromiso de intercambio de información con la firma de convenios[36]. Se trata, en suma, de una competencia fiscal no desleal: sin artificiosidad y con intercambio de información. Frente a ello, DI PIETRO ha postulado que los Estados compitan, no en un

---

31 VAN DEN HURK, H., cita, entre otras, a SOMO, Tax Justice Network, Action Aid, Cristian Aid, y *Roobinhoodtaxes.org*; "Starbucks contra el pueblo", *op. cit.*, p. 13.

32 TIPKE, K., *Moral tributaria del Estado y de los contribuyentes*, trad. Herrera Molina, Marcial Pons IEF, Madrid, 2002, pp. 28 y ss.

33 RODRIGUEZ BEREIJO, A., "Breve reflexión sobre los principios constitucionales de justicia tributaria", *Revista Jurídica de la Universidad Autónoma de Madrid*, nº 13, 2005, p. 248

34 ROSE, G. "Über die Entstehung von Dummsteuern und ihre Vermeidung, Festschrift von Klaus Tipke, *Die Steuerrechtsordnung in der Diskussion*, Köln, Verlag Dr. Otto Schmidt, 1995, p. 153.

35 SCHÄUBLE, W., "Razones por las que la fiscalidad debe pasar a ser mundial", *El Economista*, sábado 1 de noviembre de 2014.

36 La sentencia del TJUE, de 26 de febrero de 2019 en el asunto *X/Finanzamt Stuttgart*, sobre la compatibilidad con la libre circulación de capitales de la normativa alemana sobre sociedades intermedias domiciliadas en terceros países con baja tributación, repudia la aplicación de estas medidas anti-abuso de manera automática, y esgrime la posibilidad de permitir probar una sustancia económica que, en relación con la libre circulación de capitales, no puede basarse sólo en el dato de que la sociedad creada en el exterior sea real sino también en la justificación económica de la operación de compra de las participaciones. Cuando las cláusulas internas no sean aplicables por no permitir esta prueba en contra se estaría dando preferencia a la aplicación de los Convenios entre el país de creación de la matriz y el de establecimiento de la filial.

race to the bottom de tipos de gravamen sino en "simplicidad y transparencia en la determinación de bases imponibles, la simplificación de los procedimientos de comprobación y recaudación del impuesto o la rapidez y certeza en la solución de litigios"[37].

En cualquier caso, como dice MARIN BENITEZ, se está pasando de un modelo en el que el deber público de contribuir se concretaba en la exigencia del pago del impuesto que la ley demanda a un modelo en el que al obligado tributario se le exige contribuir "lo que es justo y equitativo"[38]. El propio Plan de Acción de BEPS publicado el 19 de julio de 2013 y cuyos informes definitivos aparecieron el 5 de octubre de 2015, parte de la idea de que las multinacionales incurren en comportamientos no jurídicamente reprochables pero sí moralmente reprobables, lo que supone, en palabras de CALDERON CARRERO-MARTIN JIMENEZ, un punto de arranque cuestionable "por confundir dos planos que deberían quedar separados, la realidad jurídica y los reproches morales, y que sólo puede conducir a conflictos entre la Administración y los contribuyentes"[39].

Lo cierto es que la situación actual de la fiscalidad internacional no ha sido propiciada sólo por las multinacionales que han venido buscando vías para reducir la fiscalidad, especialmente en los países en los que operan, como consecuencia de la asunción a nivel mundial de los principios de tributación en residencia, sino también por ciertos Estados que, ante la falta de reglas vinculantes (y, en Europa, ante la carencia de una auténtica armonización) han venido propiciando estas conductas.

Es por eso que enfrentarse eficazmente a conductas de elusión fiscal en el plano internacional requiere de un verdadero *international tax regime*, que sea aceptado por los Estados y que se aplique en un razonable equilibrio con los ordenamientos de éstos, donde deben seguir primando las exigencias de justicia tributaria y la primacía de la ley como instrumento de reparto de la carga tributaria.

Mientras eso no se logre, poco puede hacerse con relación a la inclusión de aspectos fiscales en los Códigos de Conducta. Pero mientras estos Códigos proliferen, es una realidad que tenemos que afrontar.

V. LOS CÓDIGOS DE CONDUCTA Y LA FISCALIDAD.

A pesar de que, como dijimos, las notas distintivas del deber de contribuir, concretado en singulares obligaciones legales de pagar, no armoniza bien con la esencia de los Códigos de Conducta, lo cierto es que éstos han empezado a proliferar en materia tributaria. En primer lugar, siguiendo los modelos propuestos, a nivel internacional, por el Fondo Monetario Internacional (FMI), que ha diseñado un estándar de Código de Buenas Prácticas dirigido a los Estados como instrumento para garantizar lo que el FMI llama *transparencia fiscal*. Se trata del *Code of Good Practices on Fiscal Transparency* de 1998, compuesto por el *international standard and codes* (ROSCs), que pretende establecer las líneas maestras para que los Estados tengan instituciones transparentes y promuevan la seguridad jurídica, con el objetivo de fomentar la inversión exterior. En la base de las propuestas del FMI se sitúa la idea de vincular la transparencia a la claridad normativa y la seguridad jurídica para los inversores. El Código de Buenas Prácticas y Transparencia Fiscal del FMI pasa así a ser el principal

---

37　DI PIETRO, A., "La debilidad de la armonización y la fuerza de la competencia en la imposición sobre sociedades en Europa", en *Armonización, coordinación fiscal y lucha contra el fraude*, (dirigido por Adame Martínez, F.), Thomson Reuters Aranzadi, Cizur Menor, 2012, p. 248.

38　Del *public duty to pay what the law demands* al *public duty to pay what it is fair and equitable;* MARIN BENITEZ, G., *¿Es lícita la planificación fiscal?*, Lex Nova-Thomson Reuters, Valladolid, 2013. p. 15.

39　CALDERON CARRERO, J.M.-MARTIN JIMENEZ, A., "El plan de acción de la OCDE para eliminar la erosión de bases imponibles y el traslado de beneficios a otras jurisdicciones (BEPS): ¿el final, el principio del final o el final del principio?", *op. cit.,* p. 90.

componente del *Fiscal Transparency,* entendida como parte integrante de la estabilidad macroeconómica y de la economía sostenible[40]. El Código insiste en la necesidad de información sobre las intenciones de política fiscal en el futuro y fija, como pilares de la transparencia, la claridad en la fijación de roles de responsabilidad (*clarity of roles and responsibilities*), la necesidad de claridad en los acuerdos de gestión tributaria entre la Administración y los particulares, la transparencia en la preparación, ejecución y control del presupuesto gubernamental (*open budget process*) y la disponibilidad pública de información (*public availiability of information*).

Pero, al margen de estas aportaciones del FMI, el impulso definitivo a estos Códigos de Buenas Prácticas, lo ha propiciado la OCDE a través de diversos documentos. La OCDE ha impulsado estos Códigos pensando en las empresas privadas transnacionales y no en los Estados y con la vista puesta en la tributación de las compañías. En los *reports* fruto del *Forum on Tax Administration* en Seúl 2006 y *Capetown* 2007 ya se pone de manifiesto una progresiva penetración de *lo fiscal* en las Buenas Prácticas Corporativas, incluyendo las primeras aportaciones sobre gestión del riesgo fiscal por el gobierno corporativo. En la misma línea habría que destacar las contribuciones del Documento *Gobierno Corporativo y Riesgo de Gestión Fiscal*, fruto de la reunión de la OCDE en Paris en 2009.

Pero, sin duda alguna, han sido las aportaciones sobre *tax compliance* de la OCDE las más interesantes en este punto, sobre todo el documento *Newly Formed Working Party núm. 10 on Tax Compliance* y las recomendaciones de 1997 sobre *work compliance*, así como las referencias de 2008, en torno al papel *tax intermediaries*. Se entiende por tales a los particulares que pueden ser colaboradores activos en la aplicación de los tributos de acuerdo con reglas de buenas prácticas, por ejemplo, las instituciones financieras.

Con posterioridad, el estudio del *Forum de Administraciones Tributarias de la OCDE sobre Intermediarios Tributarios* (2008) recomienda una relación privilegiada entre las Administraciones tributarias y los grandes contribuyentes, en especial en cuestiones como las relativas a precios de transferencia[41]. Y ello, porque, desde el punto de vista de la eficiencia en la gestión tributaria, las relaciones de especial cooperación son especialmente apropiadas para los grandes contribuyentes debido a su número reducido, a las cuotas tributarias que se dilucidan y a su mayor capacidad de cuestionar las decisiones de la Administración tributaria.

Durante los años 2009/2010, la OCDE fija su interés en el papel de los bancos como actores primordiales en la aplicación de protocolos de buenas prácticas. Muestra de ello son los documentos de 2009 *Building Transparent Tax Compliance by Banks* y 2010, *Declaration on propriety, integrity, and transparency OCDE*, firmado por un conjunto importante de entidades financieras.

Sería en el *Forum Tax Administration* de Estambul, de 15 y 16 septiembre 2010, donde la OCDE iba a proponer reforzar la cooperación en el terreno de las buenas prácticas y el compromiso en el desarrollo de Códigos de Buen Gobierno con ciertos operadores, especialmente entidades financieras[42].

---

40 Al modelo impulsado por el FMI se han adherido más de cien países, que han aceptado someterse a las exigencias de dicho Código. El mismo incluye los distintos *estándares* de calidad fiscal y ha experimentado varias reformas en los años 1999, 2001 y 2007.

41 *Vid.* la publicación de la OCDE sobre "Afrontando efectivamente los retos de los precios de transferencia" (2012). Este informe es el resultado de un trabajo encargado por el Forum de Administraciones Tributarias y realizado por un grupo de estudio dirigido por el Reino Unido.

42 En el mismo sentido, también resulta de interés el estudio del citado *Forum creando un cumplimiento fiscal transparente en bancos* (2009), así como el *Forum de la OCDE sobre el marco para un código de conducta voluntario para las administraciones tributarias y los bancos* (2010).

La propuesta de la OCDE se centró, principalmente, en la posición de los bancos que habían acumulado grandes pérdidas durante la crisis (se estima que 1,3 billones de dólares a enero de 2010). Ante el riesgo real de planificación fiscal con esas pérdidas (previendo que entre 3 a 8 años existirían beneficios para compensar las pérdidas) la OCDE sugirió que las Administraciones procurasen resolver de forma cierta y clara sobre la calificación de actividades de las entidades financieras y de productos que ofrezcan, a cambio de que tales entidades financieras renunciasen a estrategias agresivas en el futuro.

Este posicionamiento de la OCDE influyó de forma decisiva en el posterior informe *Study into de role of the tax intermediaries* de 2008, al que seguiría el Informe de la OCDE de febrero de 2011, *Tackling Aggressive Tax Planning through Improved Transparency and Disclosure*, donde, como dijimos, se hace mención a las distintas técnicas de comunicación de información a la Administración Tributaria, como las declaraciones previas obligatorias de construcciones elusivas, precedente inmediato de la Acción 12 de BEPS.

En efecto; la Acción 12 de BEPS se refiere a la necesidad de exigir a los contribuyentes que revelen sus mecanismos de planificación fiscal agresiva. Lo que ha hecho BEPS a través de esta Acción ha sido recuperar ciertas figuras de colaboración con la Administración y de comunicación de estrategias fiscales que sirven, al mismo tiempo, como mecanismos de control de posibles actuaciones de planificación agresiva y de instrumentos de seguridad jurídica[43].

Los precedentes más destacables de estas medidas se encuentran en el régimen DOTAS (*Disclosure of tax avoidance schemes*) del Reino Unido, existente desde 2004 y que ha experimentado una innovación, muy gravosa para los contribuyentes que no cumplan con el deber de comunicar esquemas. También los *tax shelters* (comunicación a la Administración de los negocios fiscales agresivos comercializados al por mayor por grandes firmas o entidades financieras), surgidos en Estados Unidos y que se contemplan en el artículo 6111,c) del *Internal Revenue Code*, dedicado a la obligación de información y registro y sirven para fijar la posición oficial del IRS. También se incluiría aquí la política de *tax rulings*, que ha adquirido en Europa una inusitada novedad con el *Transparency Tax Package* de la Comisión Europea y que BEPS liga a la Acción 5 relativa a los regímenes preferenciales[44].

En este *Package* se hace bandera del concepto de transparencia. El precedente más inmediato de esta política son las obligaciones de transparencia de las grandes empresas, plasmadas en la modificación operada en la Directiva 2013/34/UE, a través de la Directiva 2014/95, para obligar a las *grandes empresas* a incluir en el informe de gestión un estado no financiero con información necesaria para comprender la evolución de los negocios, los resultados, la situación de la empresa y el impacto de su actividad, relativa, como mínimo, a cuestiones medioambientales y sociales, así como relativas al personal, al respeto de los Derechos Humanos y a la lucha contra la corrupción y el soborno. En esta línea, se ha profundizado en la transparencia de las grandes corporaciones, aunque no se ha llegado al extremo de imponer a las mismas la inclusión de datos fiscales en sus estados financieros, aunque es una posibilidad que la Comisión está barajando. En la actualidad la transparencia

---

43 Como señala el propio Informe BEPS, con esta acción se busca, entre otras cosas, "desarrollar mecanismos de intercambio de información sobre esta materia entre administraciones tributarias", por lo que será imprescindible coordinar las medidas de desarrollo de esta Acción 12 con el incipiente régimen de intercambio automático de información, "a fin de no crear nuevas obligaciones formales allí donde las exigencias de transparencia ya se deriven de otras obligaciones y documentación que deban elaborar las empresas" CALDERON CARRERO, J.M.-MARTIN JIMENEZ, A., "El plan de acción de la OCDE para eliminar la erosión de bases imponibles y el traslado de beneficios a otras jurisdicciones (BEPS): ¿el final, el principio del final o el final del principio? ",*Quincena Fiscal*, nº 1-2, 2014, p. 91.

44 CALDERON J.M.,-PUYOL, A., "El Paquete UE de Transparencia Fiscal 2015: nuevas medidas del Plan "EU-BEPS" en el horizonte", Nota Técnica, E&Y, marzo, 2015, p. 6.

se traduce en una mejora de la gestión de riesgos fiscales, para lo cual se considera especialmente útil la información fiscal de las multinacionales, segmentada país por país (*country by country reporting*) a lo que hacen referencias las Acciones 12 y 13 del Plan BEPS.

Y singularmente, actuaciones que obligan a planificar atendiendo a la existencia de sustancia económica en las estructuras elegidas, así como la exigencia de comunicación previa a las administraciones fiscales de las estrategias fiscales de las empresas, a partir de la Directiva 2018/822 de 25 de mayo de 2018 (DAC 6 o Directiva de intermediarios), en vigor desde el 25 de junio de 2018. La Directiva debe ser ejecutada por España durante el año 2019, sin que sepamos todavía si la transposición española se va a limitar a esquemas transfronterizos o se optará por una solución de máximos que incluya también la obligación de abogados y asesores de comunicar operaciones y estructuras domésticas, dotadas de ciertas *señas distintivas*[45]. Con un horizonte temporal más lejano, no hay que olvidar la propuesta de Directiva de abril de 2018 de protección de los *whistleblowers* o denunciantes que, más pronto que tarde, España deberá también transponer.

Más recientemente, es de reseñar el Informe de la OCDE de 2013, *Cooperative Compliance. A Framework. From Enhanced Relationship to Cooperative Compliance*, donde la OCDE asume, de modo definitivo, el concepto de *cumplimiento cooperativo*. Este concepto pretende sintetizar las nuevas formas de relación con los contribuyentes que tienen por finalidad favorecer el cumplimiento de las normas y la gestión de riesgos fiscales por parte de las empresas. Este informe es el precedente en España del Foro de Grandes Empresas.

Esta tendencia de las organizaciones internacionales hacia un nuevo modelo cooperativo se pone de manifiesto claramente en las más recientes aportaciones de la OCDE. La organización internacional ha patrocinado durante los últimos años programas como el llamado ICAP (*International Compliance Assurance Program*) en el que España se ha implicado directamente. El programa ICAP, sintetizado en el *Working Document* de 2019, aprobado en el *Forum on Tax Administration* de la OCDE, se refiere, fundamentalmente, a grupos empresariales con presencia internacional y pretende escalonar los controles coordinados de los mismos en una relación permanente basada en una evaluación inicial del riesgo fiscal del grupo[46].

VI. EL BUEN GOBIERNO Y LA LUCHA CONTRA LA PLANIFICACIÓN FISCAL AGRESIVA.

Finalmente, los Códigos de Buen Gobierno apuntan también una utilidad adicional; pueden constituir instrumentos que coadyuven a la lucha contra la planificación fiscal agresiva mediante la renuncia por parte de los administradores de las empresas a implementar esquemas de planificación o mediante el compromiso de adoptar una actitud vigilante con relación a los responsables fiscales de las compañías.

---

45 La directiva prevé señas distintivas ligadas al criterio del beneficio principal. Generales o específicas. Sólo debe declararse el beneficio cuando se atengan al *"criterio de beneficio principal"*, o sea, cuando los *"mecanismos"*, teniendo en cuenta todos los factores y circunstancias concurrentes, persiguen la obtención de un beneficio fiscal contrario al Derecho tributario nacional aplicable, como uno de sus objetivos principales. Y señas distintivas ligadas a operaciones u obligaciones preexistentes. Siempre que sean específicas (operaciones concretas), el mecanismo debe declararse.

46 ES UN PROGRAMA VOLUNTARIO PARA UN PROCESO DE EVALUACIÓN Y GARANTÍA DE RIESGO COOPERATIVO MULTILATERAL. ESTÁ DISEÑADO PARA SER UN ENFOQUE EFICIENTE, EFICAZ Y COORDINADO PARA BRINDAR A LOS GRUPOS MULTINACIONALES MAYOR SEGURIDAD JURÍDICA. VÉASE, SOBRE ESTAS CUESTIONES CALDERÓN CARRERO, J.M.-QUINTÁS SEARA, A., *CUMPLIMIENTO TRIBUTARIO COOPERATIVO Y BUENA GOBERNANZA FISCAL EN LA ERA BEPS*, EY Abogados-Civitas-Thomson Reuters, Cizur Menor, 2015, pp. 109 y ss.

Los Códigos de Conducta relativos a la fiscalidad incluyen una concepción claramente novedosa del papel de los administradores ante el cumplimiento de las leyes fiscales y ante las prácticas de *planificación fiscal agresiva*. Tradicionalmente, las leyes establecían la obligación implícita de los administradores de maximizar el beneficio de las compañías. Incluso, los accionistas podían exigir responsabilidad a los administradores que incurrían en gastos injustificados, por una conducta no diligente, y entre esos gastos se incluían los tributos satisfechos *de más*, por no haber adoptado las medidas fiscales oportunas para optimizar la tributación[47]. No sólo se insistía en la licitud de la planificación tributaria, sino en la circunstancia de que dicha planificación vendría a ser un deber de cualquier agente económico que actúe de manera racional. Si el ordenamiento jurídico concede al contribuyente diversas formas de tributación (economía de opción) para que las empresas organicen y adecúen sus operaciones y actividades generadoras de renta a fin de racionalizar su carga fiscal, las reglas de buen gobierno corporativo deberían amparar que los administradores de las empresas opten por aquéllas que permitan un ahorro legítimo de impuestos. En suma, si los impuestos son un coste más de las empresas no hay razón para no defender que los administradores deben ahorrar legítimamente impuestos.

Sin embargo, en los últimos tiempos, y a la par que se va diluyendo la diferencia entre elusión y planificación fiscal (a lo que coadyuvan conceptos como la *planificación fiscal agresiva*), la responsabilidad social corporativa se va ligando a comportamientos éticos en materia fiscal[48]. Así, en el marco de lo que la OCDE viene denominando "relación mejorada" (*Enhanced Relationship*) de los grandes contribuyentes con las Administraciones fiscales, el tributo deja de ser un coste que los administradores de las compañías pueden minimizar, para ser una derivación del deber de contribuir que integra los deberes inherentes a la responsabilidad social de las empresas[49]. Muestra de ello en Europa es la Comunicación de la Comisión a las Comunidades Europeas sobre "Fomento de la Buena Gobernanza en el ámbito fiscal" –COM (2009)[50].

Esta idea de comprometer el buen gobierno como elemento de lucha contra la planificación fiscal agresiva ha sido proclamado por la propia Comisión Europea en el Plan de Acción de la Comisión contra la evasión fiscal de 6 de diciembre de 2012. Conviene señalar que el contenido del importantísimo Plan de Acción de la Comisión incluye dos muy importantes recomendaciones a los Estados miembros; una sobre planificación fiscal agresiva y la segunda relativa a las medidas encaminadas a fomentar la aplicación, por parte de terceros países, de normas mínimas de buena gobernanza en el ámbito fiscal – C(2012) 8805 final -. En la misma se prevé a creación de una plataforma de impuestos de buen gobierno (*Platform for Tax Good Governance*).

Esta Plataforma estaría integrada por 45 miembros y en ella participarían representantes tanto de las grandes empresas como de organizaciones no gubernamentales. La misma vigilará la ejecución de un Plan de Acción que incluye dos recomendaciones: una contra los paraísos fiscales y otra contra la planificación fiscal agresiva, abarcando la necesidad de reforzar las disposiciones contra las prácticas abusivas en los tratados fiscales bilaterales, la

---

47 En la actualidad, la acción de responsabilidad contemplada en el artículo 236 de la Ley de Sociedades de Capital se ve atenuada por la protección de la discrecionalidad, contenida en el artículo 226.

48 CARMONA BORJAS, J.C:, "LA TRIBUTACIÓN EN EL CONTEXTO DE LA RESPONSABILIDAD SOCIAL DEL SECTOR EMPRESARIAL", *EL TRIBUTO Y SU APLICACIÓN: PERSPECTIVAS PARA EL SIGLO XXI*, GARCÍA NOVOA-HOYOS JIMÉNEZ, T II, MARCIAL PONS, MADRID-BARCELONA-BUENOS AIRES-SAO PAULO, 2012, PAG. 1322. TAMBIÉN CALDERÓN CARRERO, J.M.-QUINTÁS SEARA, A., *CUMPLIMIENTO TRIBUTARIO COOPERATIVO Y BUENA GOBERNANZA FISCAL EN LA ERA BEPS, op. cit.,* p. 175.

49 HALLIVIS PELAYO, M., "Initiative on the Enhanced Relationship", *Puntos Finos*, n° 203, junio, 2012, p. 41.

50 201, Final, Bruselas, 28.4.2009.

legislación nacional y la legislación de sociedades en la Unión Europea[51]. En cualquier caso, la Plataforma de Buena Gobernanza, va más allá del sistema tradicional de listas negras de paraísos fiscales, a favor de un mecanismo coordinado de transparencia e intercambio de información frente a países no cooperativos.

La Plataforma alienta la constitución en los países de la Unión Europea de foros de participación de los sectores implicados en la aplicación del sistema tributario, que elaboren reglas de buenas prácticas en materia fiscal.

Por su parte, el mencionado Informe de la OCDE de 2013 erige el modelo de cumplimiento cooperativo en una de las claves para lograr una intensificación y mejora de la comunicación de información de las empresas con la Administración Tributaria. Se trata de una idea que ya se acuñó en el Informe de febrero de 2011 de la OCDE *Tackling Aggressive Tax Planning through Improved Transparency and Disclosure*, donde, como dijimos, se hace mención a las distintas técnicas de comunicación de información a la Administración Tributaria.

Esta concepción parte de la idea de que el deber de contribuir de las corporaciones *en su justa medida* es parte esencial del deber social que integra la responsabilidad de las empresas. De manera que la adopción de estrategias destinadas a no contribuir, contrarias a la recaudación (elusión) son también contrarias a la responsabilidad corporativa. Por eso no sorprende que en España los primeros instrumentos en los que se suscitó la necesidad de plantear prácticas de buen gobierno fuesen instrumentos anti-elusivos, como el Plan de Prevención del Fraude de 2005, creación de la *Delegación Central de Grandes Contribuyentes*, a partir de la cual se han empezado a proponer nuevas formas de relación de las empresas con los grandes contribuyentes, y que culmina con el acuerdo del Consejo de Ministros que crea el foro de grandes empresas de 14 de agosto de 2008. La idea que gravita aquí es la de que las grandes empresas pueden tener una relación cualificada o mejorada (*Enhanced*) con la Administración tributaria.

La decisión de crear este foro ha sido criticada desde la perspectiva del principio de igualdad pues supondría implementar una vía de tratamiento privilegiado a favor de unos sujetos determinados (las grandes empresas). No obstante, ha sido defendida desde la óptica de la necesidad de escudriñar vías alternativas para la resolución de los conflictos tributarios[52].

La adhesión de las grandes empresas al Código de Buenas Prácticas es voluntaria y se hará mediante acuerdo del consejo de administración que se debe comunicar a la Agencia

---

51 En cuanto a la referencia a los paraísos, la mención a los mismos se incluye en la Recomendación de diciembre de 2012 relativa a las medidas encaminadas a fomentar la aplicación, por parte de terceros países, de normas mínimas de buena gobernanza en el ámbito fiscal, y donde se hace referencia a Estados que prevén medidas que implican un nivel impositivo efectivo notablemente inferior, incluido el tipo cero. La Recomendación incluye una valoración del carácter pernicioso de la jurisdicción, debiendo estar a aspectos tales como que la ventaja se aplique sólo a no residentes, o si la ventaja está totalmente aislada del mercado nacional (*ring fencing*), o si se otorga cuando no existe ninguna actividad económica ni presencia real en el tercer país. La Comisión también se refiere a la elaboración de listas negras de países que no respetan las normas mínimas de buena gobernanza, en lo que es una formulación del concepto de paraíso, muy próxima al informe original de la OCDE (*Harmful Tax Competition*) de *competencia fiscal lesiva* de 1998. Véase FUSTER GOMEZ, M.-LEDERMAN A.S., "Las nuevas medidas fiscales internacionales adoptadas en España en relación con la evasión fiscal y la reducción del déficit público", *Quincena Fiscal*, nº 4, 2014, p. 46.

52 Véase ROMANI SANCHO, A., "La nueva relación Hacienda-contribuyente auspiciada por la OCDE. La relación cooperativa. El Foro de Grandes Empresas y el Código de Buenas Prácticas Tributarias", *Hacienda Pública Española*, Cuadernos de Formación, Vol 11, 2010, p. 276. El Foro está integrado por seis miembros, de los cuales tres pertenecen a la Administración y 3 a las grandes empresas. Se reúne con periodicidad semestral y en el seno del mismo se constituye una Comisión de Seguimiento, que presentará las cuestiones interpretativas a discutir y debatirá la inclusión de nuevas prácticas en el Código.

Tributaria[53]. Cuando las empresas se integran en el Foro y aceptan el Código de Conducta, su Informe anual de Gobierno Corporativo debe reflejar el grado de efectivo cumplimiento del mismo.

El Código incluye una definición expresa de buenas prácticas en materia fiscal, entendidas como *aquellas prácticas que conducen a la reducción de riesgos fiscales significativos y a prevenir aquellas conductas susceptibles de generarlos*. Y en cuanto a los objetivos concretos contenidos en el Código de Buenas Prácticas, entre los mismos se incluye la mejora de la aplicación del sistema tributario, el incremento de la seguridad jurídica y el fomento de la cooperación recíproca basada en la buena fe y confianza legítima entre la Agencia Tributaria y las empresas.

La filosofía que incorpora la pertenencia al Foro es la de que las grandes empresas deben comprometerse a ser agentes activos en la aplicación de políticas fiscales responsables, con el conocimiento del consejo de administración. La contrapartida (y eso ha sido uno de los aspectos más criticados del régimen del Foro de Grandes Empresas) es que las empresas obtendrían un trato preferente en orden a reforzar la información y la asistencia, concibiéndose su relación con la Administración en términos cooperativos y no de confrontación. Incluso se incluye una expresa legitimación de la transacción y convención. Ello supone recoger algo que la OCDE promueve y que tradicionalmente ha sido signo de distinción de la Administración Tributaria británica, como es la cultura del *settlement*[54].

La cultura del cumplimiento cooperativo que se traduce en figuras como el Foro de Grandes Empresas en España se apoya en el compromiso de las empresas, antes y durante la realización de los hechos imponibles. En este esquema *cuasi-sinalagmático*, las empresas se comprometen a evitar *estructuras opacas*, para lo cual se prevé que el responsable de asuntos fiscales de la sociedad informe al Consejo de Administración de las decisiones de carácter fiscal. La cuestión tiene una enorme trascendencia porque está directamente relacionada con la limitación de responsabilidad de los administradores. Y a este compromiso siguen dos ideas clave; seguridad jurídica antes de la aplicación del sistema tributario y capacidad de negociación durante la aplicación del mismo.

Así, en esta línea, y en el marco de las acciones del Foro de Empresas, hay que poner de manifiesto una serie de hábitos de la Administración orientados a fomentar la seguridad jurídica.

Así, por ejemplo, los Directores de Departamento de la Agencia Tributaria informarán al Comité permanente de dirección de los criterios interpretativos que pretenden aplicar en sus actuaciones. También, la Agencia hará pública los criterios que ha de aplicar en los procedimientos de control, lo que puede solaparse con la obligación de dar publicidad a las respuestas de consultas vinculantes.

Se invoca también la necesidad de reducir la litigiosidad y evitar los conflictos a través de medidas como la limitación del objeto de los requerimientos de la Administración o de la acotación efectiva de la duración de los procedimientos, e incluso, de propuestas novedosas como una supuesta *liquidación tributaria orientativa* que, no obstante, carece de regulación legal, puesto que la Ley General Tributaria sólo contempla liquidaciones provisionales y definitivas, además de autoliquidaciones[55].

---

53 ROMANI SANCHO, A., "La nueva relación Hacienda-contribuyente auspiciada por la OCDE. La relación cooperativa. El Foro de Grandes Empresas y el Código de Buenas Prácticas Tributarias", p. 281.

54 Muestra de esta relación cooperativa y esa cultura del tax *settlement* es el acuerdo a que llegó Google con el Fisco Británico, sobre el pago de 130 millones de libras. Véase http://www.bloomberg.com/news/arti-cles/2016-01-22/google-agrees-to-pay-185-million-in-u-k-tax-settlement.

55 BOLLO AROCENA, M.C., *Análisis jurídico de la liquidación provisional*, Ed. Revista de Derecho Financiero, 1983, Madrid, p. 220.

Ahora bien; la reducción de la litigiosidad no sólo tiene lugar a través de este tipo de medidas concretas a las que hace referencia el Código de Buen Gobierno (algunas con escaso apoyo legal) sino que forma parte de la esencia misma de la denominada *relación mejorada* (*enhanced relationship*) que propone la OCDE que, como se ha venido exponiendo, pretende potenciar la cooperación con los contribuyentes cumplidores y la relación privilegiada entre las administraciones tributarias y los grandes contribuyentes, en los términos del Forum de la OCDE de 2008. Y las técnicas de relación basadas en una actitud cooperativa por parte de la Administración y de los contribuyentes son la esencia de un cambio de paradigma en la forma de aplicar los tributos[56].

VII. DE LOS CÓDIGOS DE BUEN GOBIERNO EN MATERIA FISCAL A LOS PROGRAMAS DE *CORPORATE COMPLIANCE*.

La adopción de reglas de buen gobierno en materia fiscal se ha movido, tradicionalmente, en el ámbito del cumplimiento voluntario y de la no coactividad; en concreto, en el terreno de *cumplir o explicar* (*comply or explain*), propio de las disposiciones autorregulatorias. Sin embargo, en los últimos tiempos se ha logrado consolidar un punto de conexión entre el cumplimiento de ciertos protocolos internos de buen gobierno en el ámbito fiscal y la norma coactiva. Ese no es otro que el *corporate compliance*, esto es, sistemas de autorregulación de los que se dotan las empresas de modo voluntario para poner en acción sus valores éticos y que pueden servir para disipar la culpabilidad de los administradores en punto a la responsabilidad por delitos contra la Hacienda Pública.

La cuestión parte del hecho de que, en España, el Código Penal, aprobado por la Ley orgánica 5/2010, de 22 de junio supera la vieja regla *societas delinquere non potest*. Ello básicamente supone que las personas jurídicas podrán ser penalmente condenadas como autoras de un delito cuando alguno de sus administradores o representantes lo haya cometido por cuenta y en provecho de la persona jurídica o cuando el delito haya sido perpetrado por uno o varios de sus empleados. Y el 1 de julio de 2015 entró en vigor la Ley Orgánica 1/2015, que desarrolla los elementos de esta responsabilidad penal de las sociedades y especifica los requisitos de cumplimiento de los modelos de prevención y las condiciones que éstos deben reunir para exonerar a las personas jurídicas de responsabilidad penal.

En un sistema penal basado en la exigencia de culpabilidad y ante un delito contra la Hacienda Pública que se define como doloso (sólo se puede castigar si el incumplimiento tributario es consciente e intencionado) es fundamental determinar la voluntad de los sujetos y, en especial, de las empresas, de cumplir las normas tributarias. Así, los organismos internacionales como la OCDE están incrementando las exigencias sobre los órganos de dirección de las empresas en la gestión de los riesgos, incluyendo los de tipo fiscal[57]. Por lo que el Código Penal ha dado, en España, relevancia penal al *compliance*, lo que refuerza su importancia.

Por tanto, los protocolos de cumplimiento y gestión de riesgos fiscales adquieren una enorme importancia como medidas de vigilancia para prevenir delitos, especialmente delitos contra la Hacienda Pública. Falta, no obstante, una mayor claridad a la hora de perfilar las

---

56 *Una propuesta para la implementación de medidas alternativas de solución de conflictos (ADR) en el Sistema tributario español, con especial referencia al arbitraje,* cood. Por CHICO DE LA CAMARA, Pablo, Fundación Impuestos y Competitividad, 2015, p. 49.

57 En el caso español, el artículo 529 ter de la Ley de Sociedades de Capital, introducido por la Ley 31/2014, de 3 de diciembre, establece como una de las facultades indelegables de los órganos de administración *la determinación de la política de control y gestión de riesgos, incluidos los fiscales.* Por eso, el artículo 31,5 bis del Código Penal determina la concurrencia de una eximente cuando se verifique el establecimiento por el órgano de administración de un modelo de organización y gestión que incluya las medidas de control y prevención de delitos.

condiciones que pueden determinar esta exención de responsabilidad[58]. Y a falta de que se concreten todos los elementos que compondrán el sistema de *compliance* tributario, existe, a día de hoy, un consenso sobre algunos de los requisitos que facilitarán la demostración de la voluntad de cumplir de la empresa. Entre ellos destacan la habilitación de un canal de denuncias interno para trasladar incumplimientos o debilidades, la aprobación por parte de la dirección de una política tributaria que prohíba la comisión dolosa de infracciones y la creación y fomento en la empresa de una cultura de cumplimiento fiscal.

Además de en el ámbito penal, la implementación del *compliance* tiene importancia en otras esferas. Así, será relevante cuando se generalicen otras prácticas inherentes al cumplimiento cooperativo, como es el *profiling* fiscal o clasificación de los contribuyentes según el grado de cumplimiento que acrediten o según perfiles de riesgo.

Los programas integrales de *corporate compliance* son, por tanto, una necesidad actualmente en el mundo de la empresa. Lo que se pretende es activar un sistema interno de prevención de delitos, singularmente los de carácter fiscal. Estos programas serán un apoyo para evitar la responsabilidad tributaria *in vigilando* de los administradores en aquellos casos en que el *corporate compliance* hubiese impuesto al organigrama dependiente del consejo una especial diligencia y cuidado en el cumplimiento de las obligaciones y deberes tributarios.

VIII. LAS REGLAS DE NORMALIZACIÓN Y LOS PROTOCOLOS DE PREVISIÓN DE RIESGOS FISCALES.

Si lo que se pretende es la suplantación progresiva de un modelo de relaciones con las Administraciones basado en un control *a posteriori* (*policía fiscal*) por un modelo de relación permanente, es necesario fundar esta relación permanente en una evaluación del riesgo fiscal, a través de la adopción de protocolos.

La adopción de reglas sobre protocolos de riesgos fiscales ha tenido lugar a través de la llamada *normalización*. La labor o actividad de normalización tiene su origen en la política industrial, ámbito en el que surge la necesidad de estandarización de procesos productivos a través de especificaciones técnicas aplicables de forma voluntaria por los agentes económicos en una determinada área de mercado. Por eso, la normalización puede abarcar distintos ámbitos, como calidades o tamaños de un producto determinado o las especificaciones técnicas en mercados de productos o servicios en los que resulta esencial la compatibilidad y la interoperabilidad con otros productos o sistemas. Se trata de actuaciones que mejoran la competitividad de las empresas si se llevan a cabo en coordinación con los organismos internacionales de normalización, en especial con la Organización Internacional de Normali-

---

58   También en el ámbito de la realidad española, la Fiscalía General del Estado a través de su Circular 1/2016, de 22 de enero, defendió la tesis la *responsabilidad vicarial* o *heteroesponsbailidad*. Según esta tesis, las personas jurídicas van a ser penalmente responsables porque lo son las personas físicas que actúan en su nombre y beneficio, las cuales les *transfieren* dicha responsabilidad penal. Esta *transferencia*, en la práctica, configura la responsabilidad de la persona jurídica de un modo cuasi-automático, lo que lleva a que sea la sociedad la que tenga que acreditar que se utilizó adecuadamente el *compliance*. Frente a esta fórmula no muy compatible con las exigencias básicas de presunción de inocencia, el Tribunal Supremo, en sentencia 154/2016 de 29 de febrero de 2016, defendió la *autorresponsabilidad*. Para el Alto Tribunal es diferente la culpabilidad de la persona física que en el ámbito de una sociedad comete un determinado delito, y la culpabilidad de la propia persona jurídica que pueda derivar de la ausencia de mecanismos eficaces tendentes a prevenir y a controlar la comisión de delitos. Por tanto, y como no podía ser de otra manera, es el Fiscal o la acusación particular quienes deben probar que la aplicación y desarrollo del *compliance* no fue suficiente para eximir de responsabilidad. Ello ha generado problemas en cuanto a la ausencia de peritos competentes que puedan acreditar dicho defecto organizativo a través de las pertinentes explicaciones técnicas precisas sobre grado de implementación de una ISO o UNE o cumplimiento de los requisitos del 31 bis 5 del Código Penal. En este sentido, la UNE 19601 ofrece a las empresas pautas para implantar un sistema de prevención de delitos o de *compliance* penal.

zación (ISO). Se trata de atribuir a estas reglas de normalización la legitimidad derivada del consenso de las distintas organizaciones presentes en el mercado. Organizaciones que, en muchos casos, tienen intereses claramente contrapuestos.

En el ámbito europeo, las reglas de normalización son adoptadas por las organizaciones europeas de normalización, a saber, el CEN, el Cenelec y el ETSI. De acuerdo con una regla básica de subsidiariedad, a nivel interno de los distintos Estados, las reglas de adoptan por organismos nacionales de normalización. Los distintos Estados miembros pueden decidir la fórmula para articular jurídicamente esos organismos nacionales. El Reglamento UE 1025/2012, de 25 de octubre, del Parlamento y del Consejo de la Unión Europea, es la norma esencial en materia de lo que se conoce como *normalización europea*. En el Reglamento se define la normalización como el conjunto de actuaciones que tienen por objetivo *la definición de especificaciones técnicas o cualitativas voluntarias con las que pueden ser conformes procesos de producción, servicios o productos actuales o futuros*. Y parte esencial de la normalización es la elaboración de normas técnicas o estándares.

Por su parte, España optó por una fórmula basada en la iniciativa y la actuación de entidades de naturaleza privada. En función de ello, la Orden del Ministerio de Industria y Energía de 26 de febrero de 1986, de acuerdo con el Real Decreto 1614/1985, de 1 de agosto, designó como entidad normalizadora a la Asociación Española de Normalización y Certificación (AENOR)[59]. En concreto, las actuaciones normalizadoras de AENOR se desarrollaban a través de los Comités Técnicos de Normalización (CTN). Estos Comités se designan mediante la referencia AEN/CTN, numerándose en orden correlativo de creación. Se formalizaron más de 200 CTN, teniendo cada uno de ellos un campo de actividad asignado que define sus competencias. En relación con la fiscalidad, existe el Subcomité Técnico CTN 307 SC2 *Compliance Tributario*[60].

Las normas UNE son, por lo general, de cumplimiento voluntario, aunque pasan a tener carácter obligatorio si vienen impuestas por la Ley o disposición de rango inferior, si se contienen en un pliego o si vienen impuestas por los propios particulares en el marco de proyectos privados.

En esta línea, España aprobó la Norma UNE 19602, que completará el Código de Buenas Prácticas Tributarias aprobado por la Agencia Tributaria española en el Foro de Grandes Empresas[61]. Esta Norma constituye la primera regulación de *compliance* fiscal, a través de una enunciación que pretende dar pautas de implantación de sistemas de cumplimiento, facilitar el diseño de mecanismos de detección y corrección de incumplimientos y atribuir relevancia probatoria a las certificaciones que acreditan que la actuación de las empresas es

---

59 AENOR era una asociación privada sin ánimo de lucro, reconocida como *organismo nacional de normalización* por la Disposición Adicional Primera del Real Decreto 2200/1995, de 28 de diciembre, que aprobó el Reglamento de la Infraestructura para la Calidad y la Seguridad Industrial. La misma llevaba a cabo dos tipos de actividades, las de certificación y las de normalización.

60 En España, el Real Decreto 1072/2015, de 27 de noviembre, modificó el Real Decreto 2200/1995, disponiendo la separación jurídica, funcional y contable de las actividades de normalización de las de acreditación y certificación. Desde el 1 de enero de 2017, la Asociación Española de Normalización (UNE) pasa a ser el organismo de normalización, en el que se integran los CTN, incluido el CTN 307 SC2. A la Asociación Española de Normalización le corresponde la elaboración de las normas españolas UNE (*Una Norma Española*), además de participar en el diseño de las normas internacionales ISO (*Norma Internacional*) de la Organización Internacional de Normalización.

61 La Norma UNE 19602 se publicó el pasado 7 de diciembre en el Boletín Oficial del Estado, mediante resolución de 3 de diciembre de 2018, de la Dirección General de Industria y de la Pequeña y Mediana Empresa y ha sido redactada por el Subcomité Técnico CTN 307 SC2 *Compliance Tributario* y debe entrar en vigor a finales del primer semestre del año 2019.

acorde con los manuales de buenas prácticas, incluyendo además estructura de alto nivel de ISO[62].

IX. EL CAMBIO DE MODELO DE RELACIONES TRIBUTARIAS A QUE RESPONDE EL *COMPLIANCE* TRIBUTARIO.

Los protocolos de *compliance* tributario son el contrapunto de un nuevo modelo de relaciones que se está abriendo paso entre los obligados tributarios y la Administración. En especial, entre los contribuyentes personas jurídicas, que desarrollan una actividad empresarial o profesional.

Este cambio de paradigma en las relaciones entre el contribuyente y la Hacienda Pública es fruto del trabajo de los organismos internacionales, y en especial del Foro de la OCDE de Seúl de 2006. Varias fueron las consecuencias de esta reunión, celebrada en la capital de Corea del Sur. En primer lugar, como apuntamos, la acuñación del concepto de *planificación fiscal agresiva*, precedente del Plan BEPS (*Base Erosion and Profit Shifting*) de 2013. En segundo lugar, la Declaración de Seúl de 15 de septiembre de 2006, que hace hincapié en algunos de los retos a los que se enfrentan las administraciones tributarias en aras de asegurar que los contribuyentes cumplan con sus obligaciones conforme a lo establecido en las distintas normativas nacionales y de mitigar la planificación fiscal agresiva. Así, la OCDE inició sus estudios sobre el papel de los *intermediarios fiscales* (abogados y asesores fiscales). Y al tiempo insistió en la importancia de la *gestión de riesgos fiscales*.

Para el Foro de la OCDE los intermediarios fiscales pueden ofrecer a sus clientes opciones de planificación fiscal agresiva, pero es el contribuyente quien establece su propia estrategia de gestión del riesgo tributario y quien determina el grado de riesgo tributario al que se quiere exponer. Por eso la gestión de riesgos constituye un instrumento esencial para las administraciones tributarias. Si las administraciones tributarias aceptan la posibilidad de que los obligados tributarios acrediten que los procesos de gestión de riesgos que ponen en práctica son eficaces, será más probable que los grandes contribuyentes corporativos establezcan relaciones con las administraciones basadas en la cooperación y la confianza. Son el tipo de vínculo con la Administración Tributaria que el Foro de Seúl subsume en el concepto de *relación cooperativa*. Para la OCDE, la relación cooperativa beneficia tanto a la administración tributaria como al contribuyente. El informe de Seúl apunta que los contribuyentes que se comportan de manera transparente podrán esperar un mayor grado de garantía tributaria y una más pronta resolución de problemas fiscales junto con un control tributario menos invasivo.

El cumplimiento cooperativo ha tenido una primera expresión que aprovecha la consolidada tendencia a implantar en todas las empresas políticas de responsabilidad corporativa y de códigos de buenas prácticas. Se trata de que la responsabilidad social incluya las buenas prácticas en materia tributaria, con expresa renuncia de las grandes empresas a la planificación fiscal agresiva. A cambio, las Administraciones Tributarias se comprometerían a instaurar un modelo de relaciones tributarias que supere los esquemas basados en la confrontación y los suplante por mecanismos cooperativos. Así se desprende del documento de la OCDE de 2009 *Study on Monitoring and Enforcement Practices in Corporate Governance*

---

62   En cuanto al contenido de los protocolos de *compliance* tributario, muy someramente, la UNE 19602 contiene entre otros los siguientes apartados. En primer lugar, lo atinente a los requisitos (apartado 3.30), las directrices para adoptar, implementar, mantener y mejorar (apartado 3.17) y la reglas para el establecimiento de políticas de *compliance* tributario alineadas (apartado 3.27). Además, la previsión de los demás elementos de un sistema de gestión de *compliance* tributario en las organizaciones (apartado 3.22 y 3.34). Al tiempo se hace referencia a la posibilidad de establecer una política de *compliance* tributario *independiente* (apartado 3.27). Dicha política puede fijarse de manera singularizada para el ámbito tributario o incorporarse a una política de *compliance* de mayor alcance, esto es, no limitada al riesgo fiscal (apartado 3.32).

in the Member States. Se trata, en suma, de renunciar voluntariamente a la planificación agresiva a cambio de la seguridad que comportan las fórmulas negociales y de sustituir la represión por la prevención, sobre la base de la transparencia de ambas partes de la obligación tributaria.

En España, la reforma de la Ley General Tributaria, por Ley 34/2015, de 21 de septiembre, incorporó el principio de cumplimiento cooperativo en materia tributaria en su artículo 92.2, al reconocer que los contribuyentes pueden colaborar con la Administración Tributaria "con el objeto de facilitar el desarrollo de su labor en aras de potenciar el cumplimiento cooperativo de las obligaciones tributarias". De lo que se trata, en suma, es de sustituir, para los obligados tributarios que accedan a la relación cooperativa, el vínculo con el Fisco que concibe a un contribuyente obligado a autoliquidar y pagar el tributo y a una Administración que *a posteriori*, comprueba, liquida y sanciona, por un modelo de relación permanente basado en un procedimiento preventivo y de discusión jurídica, acompañada de una monitorización de los contribuyentes atendiendo a su perfil de riesgo. De manera que un elemento esencial en la consolidación de un modelo de cumplimiento cooperativo es la transparencia por parte de los contribuyentes. Y esa transparencia requiere la implantación de sistemas de gestión del riesgo fiscal.

Y un requisito fundamental para que pueda articularse un sistema de cumplimiento cooperativo es que el contribuyente (y singularmente, la empresa) puedan ser catalogados como *cumplidores*, lo que exigirá que cumplan con unos estándares de prevención de riesgos tributarios.

La gestión de los riesgos fiscales puede llevarse a cabo por distintas vías. En primer lugar, a través de técnicas propias de autorregulación por parte de las empresas. Esa es la alternativa que encarna en España el Código de Buenas Prácticas Tributarias. Pero, dada la amplitud de contenidos del Código de Buenas Prácticas, las empresas que se adhieran al mismo deberán además elaborar un Manual de Buenas Prácticas Tributarias.

Un Manual de estas características debería contemplar, al menos, dos tipos de medidas.

Por un lado, pautas genéricas de gestión del riesgo fiscal, a las que se refiere la Agencia Tributaria española en el Anexo del Código de Buenas Prácticas, cuando menciona la posibilidad y conveniencia de que las empresas elaboren un catálogo de conductas. Ese catálogo incluiría la determinación de la estrategia fiscal por el consejo de administración u órgano equivalente, la aprobación por éste de las operaciones y las inversiones de especial riesgo fiscal y la política de cumplimiento, además de fórmulas para evitar las estructuras de carácter opaco.

En segundo lugar, el Manual debe contemplar pautas que disipen o minimicen el riesgo de contingencia en situaciones particulares. Estas situaciones pueden referirse a fases concretas de los procedimientos aplicativos de los tributos o con determinados tributos en especial. Esas pautas se reflejarán en el Manual de Buenas Prácticas de manera pormenorizada.

Así, y a grandes rasgos, un Manual de este tipo debería abarcar una definición de cumplimiento cooperativo en materia tributaria adecuado al tipo de actividad de la empresa y de los sujetos obligados al cumplimiento, entre los que se incluirían, como hemos dicho, el consejo de administración u órgano equivalente. Se detallarán las obligaciones tributarias básicas más importantes que debe cumplir la empresa para no incurrir en riesgos fiscales en cada uno de los tributos que le afectan. También se ha de hacer referencia a los cargos directivos y a los empleados.

El Manual debe referir también las buenas prácticas y señalar al órgano o sujeto responsable de las mismas, y las medidas correctivas que se proponen para su inobservancia. Al tiempo, ha de regularse el canal de denuncias para eventuales incumplimientos. Y ello, siguiendo la línea anglosajona de fomentar las denuncias de incumplimientos tributarios (los alertadores o *whistleblower*), calificado como la máxima expresión de transparencia fiscal en la empresa. Se debe regular las formas denuncia, las medidas de protección a los denunciantes, las obligaciones de la empresa de verificar y tramitar las denuncias y la relación del canal con la protección de datos.

En segundo lugar, estaría la asunción de estándares de gestión de riesgos fiscales, donde juegan un rol relevante, como hemos dicho, la aplicación de reglas de normalización (en España la Norma UNE 19602). La aplicación de estos estándares requiere reflejar, entre otras cosas, riesgos, planificación, apoyo, recursos, competencia y formación, toma de conciencia, información documentada, planificación y, sobre todo, establecimiento de controles y procedimientos, incluyendo procesos externalizados, además de los sistemas de auditoría interna, la revisión por la dirección, el seguimiento, medición, análisis y evaluación (incluyendo evaluación del desempeño) así como las líneas de mejora, y, en suma, las directrices para implementar, evaluar, conservar y mejorar el sistema de gestión de *compliance* eficaz y para que la empresa genere respuestas eficientes.

Por último, y como también se dijo, una parte fundamental de este nuevo modelo de relaciones con la Administración viene integrado por las políticas de *profiling taxpayers* o elaboración de perfiles de contribuyentes, siguiendo el modelo que ya existe en los aranceles de aduana y que la Unión Europea adoptará respecto al IVA.

En España, la calificación de un contribuyente como cumplidor requiere que tal condición sea certificada, lo que exigirá que alguna entidad verifique oficialmente el cumplimiento por los obligados tributarios y, en particular, las empresas, de los estándares de *compliance*. Aquí adquiere importancia el disponer de reglas normalizadas, como en España la Norma UNE 19602[63]. Sólo un sistema de certificación efectiva de los sistemas de gestión tributaria permitirá a las empresas incrementar su transparencia. Además, y teniendo en cuenta el régimen de libertad de prueba que rige la aplicación de los tributos tal certificación puede ser un elemento de adveración para acreditar, ante la Administración tributaria o los tribunales, la voluntad de la organización de cumplir con sus obligaciones.

La certificación como prueba tendrá una gran relevancia en materia penal, para excluir la culpabilidad. Por ello, disponer de sistemas de gestión de *compliance* tributario alineados será fundamental para acreditar la inexistencia de culpabilidad y excluir la concurrencia de una infracción tributaria o un delito fiscal. De esta manera, el certificado de cumplimiento de *compliance* puede ser un elemento de prueba para demostrar, ante la Agencia Tributaria o los tribunales, la voluntad de la organización de cumplir con sus obligaciones fiscales y enervar la eventual pretensión del Fisco de entender que ha existido voluntad de defraudar.

X. CONCLUSIÓN.

Como conclusión podemos señalar que el *compliance* mejora sustancialmente las condiciones de seguridad jurídica en el cumplimiento de las obligaciones tributarias. Por todo ello es importante la implementación de estándares que conduzcan a un modelo diferente de relaciones con el Fisco, más cooperativo y menos inquisitivo y represivo.

---

63 Los objetivos concretos de la UNE 19602 son:

a) Difundir una cultura de prevención y cumplimiento en la organización.

b) Establecer medidas de vigilancia y control idóneas para prevenir riesgos tributarios y reducir, de forma significativa, su posible comisión.

c) Dar una mayor garantía de seguridad y confianza ante la Administración tributaria, órganos de gobierno, accionistas e inversores.

De lo que se trata, en suma, es de tener un marco de referencia para disponer de sistemas de gestión de *compliance* tributario alineados con las exigencias de nuestro ordenamiento.

En suma, vivimos una época de incipientes cambios, que pivotan en torno a la normalización del *compliance* y del principio del fin de un modelo de relaciones de los contribuyentes con la Administración, que se verá suplantado por otro más cooperativo. Es la *revolución silenciosa* dentro de la gran revolución de la fiscalidad que estamos viviendo. También es la revolución más difícil de ejecutar porque afecta a estándares de cultura tributaria y, por qué no decirlo, a esquemas mentales, lo que siempre genera recelos y suspicacias. La *revolución del compliance* propende a una relación con el Fisco sobre la base de la prevención, el cumplimiento y el acuerdo. Ello requiere un cambio de cultura pero, al mismo tiempo, hace imprescindible contar con el asesoramiento de profesionales con un profundo conocimiento de esta materia.

Distintos países han apostado por esta vía de cambio. Por ejemplo, en Irlanda, las empresas que participan en el programa *The Cooperative Approach to Tax Compliance* desarrollan junto con la Administración Tributaria estándares de cumplimiento cooperativo. En el caso español, el modelo es todavía más embrionario, pero se han dado pasos importantes en la asunción de un modelo de relaciones cooperativas, que tiene su epicentro en el *compliance* tributario siguiendo las líneas marcadas por los organismos internacionales. Un modelo que, como dicen los anglosajones, *are here to stay*. Esto es, que ha venido para quedarse.

§ 49. LA LUCHA GLOBAL POR UNA FISCALIDAD MÁS JUSTA DE LA ECONOMÍA DIGITAL: PROPUESTAS EN EL ÁMBITO DE LA FISCALIDAD DIRECTA

Soraya Rodríguez Losada [*]

1. EL CONCEPTO DE ECONOMÍA DIGITAL: DELIMITACIÓN CON EL COMERCIO ELECTRÓNICO

La irrupción de las tecnologías de la información y comunicación (TIC) ha ocasionado un importante impacto en todos los ámbitos de la actividad humana. Las empresas han cambiado sus cadenas de oferta y demanda, así como su propia organización interna para acceder a los beneficios que ofrecen las TIC. En particular, un mejor aprovechamiento de los recursos, a un coste inferior, lo que acaba conduciendo a la obtención de mayores beneficios. Igualmente, las administraciones han redefinido el modo en el que prestan servicios o la manera de interactuar con los ciudadanos y las compañías, lo que ha supuesto una reducción en la duración de los procedimientos administrativos. Pero los cambios no solo han tenido lugar en estos ámbitos; a través de la utilización de las nuevas tecnologías, los ciudadanos han modificado sus hábitos de consumo y gasto. Por lo tanto, el empleo de las TIC en todos los sectores de la economía ha supuesto un aumento de la productividad, la ampliación del alcance de mercado y una reducción de los gastos de funcionamiento. Paralelamente, ha surgido la posibilidad de realizar negocios jurídicos a través de medios electrónicos y digitales, algo que, cuando menos, supone un choque frontal con la concepción doctrinal basada en los contratos tradicionales[1].

La evolución de los mercados ha originado la creación de nuevos términos para referirse a las nuevas realidades que han ido apareciendo, tales como economía del conocimiento *(knowledge economy)*, economía de la innovación *(innovation economy)*, economía en red *(network economy)*, economía digital *(digital economy)* o *e-conomy*[2]. La expresión «eco-

---

[*] Profesora de Derecho Financiero y Tributario de la Universidad de Vigo. Doctora en Derecho por la Universidad de Santiago de Compostela, con mención de Doctorado Europeo (2011), premio extraordinario de doctorado concedido por la Universidad de Santiago de Compostela y Premio a su tesis doctoral concedido por el Instituto de Estudios Fiscales. Especialista en Derecho Tributario y Contabilidad (Universidad de Santiago de Compostela, 2007) y Experta en Fiscalidad Internacional (Universidad de Santiago de Compostela, 2007). Es autora de tres monografías, más de treinta capítulos de libros, más de cincuenta artículos en revistas indexadas y ponente en más de setenta congresos nacionales e internacionales.

1 Arthur J. Cockfield, "The Law and Economics of digital taxation: challenges to traditional Tax Laws and Principles", *Bulletin for International Documentation,* vol. 56, nº 12, December (2002) 606; Analía Aspis, "Régimen contractual del comercio electrónico", en *Comercio electrónico: e-commerce. Régimen contractual. Aspectos tributarios. Nuevas bases para gravarlo,* ed. por Analía Aspis, Ileana Carla Pertusi y Hugo Gonzalo Nieva (Buenos Aires: Errepar, 2006), 33; Rubén Asorey y Cristian Billardi, "Los impuestos directos", en *Manual de Derecho Tributario Internacional,* ed. por Victor Uckmar, Giuseppe Corasaniti, Paolo de`Capitani di Vimercate, Rubén Asorey y Cristián Billardi (Buenos Aires: La Ley, 2011), 237.

2 Stephen S. Cohen, J. Bradford DeLong, John Zysman, "Tools for thought: what is new and important about the e-conomy?" *Berkeley Roundtable on the International Economy,* Working Paper 138. University of California at Berkeley (2000), 7.

nomía digital» fue popularizada por TAPSCOTT[3] y, unos años después, se realizó una de las primeras aproximaciones legales a su significado a través del informe del Departamento de Comercio de los EE.UU. *The Emerging Digital Economy* de 1998[4]. En este informe, la economía digital fue definida como un espacio inteligente integrado por la información, el acceso a la información y su procesamiento, y las capacidades de comunicación. Por otra parte, el Gobierno Australiano definió en 2009 la economía digital como una red global de actividades económicas y sociales disponible gracias a las tecnologías de la información y comunicación, tales como Internet, redes móviles y redes de sensores[5].

Por su parte, la OCDE indicó en el año 2012 que "la economía digital está compuesta por los mercados basados en el uso de las tecnologías digitales, que facilitan el comercio de bienes y servicios a través del comercio electrónico"[6]. Como puede apreciarse, se distingue entre dos conceptos, economía digital y comercio electrónico —que se analizará a continuación, presentándolos como realidades distintas —aunque con frecuencia, erróneamente, tratadas como sinónimos-, sin perjuicio de que el comercio electrónico es, sin duda, como veremos, el principal impulsor de la economía digital.

En esta línea, en 2014 el Grupo de Expertos de Alto Nivel en Fiscalidad de la Economía Digital de la Comisión Europea puso de manifiesto las dificultades para definir la economía digital, especialmente por las características propias de un mercado tecnológico en constante cambio[7]. Así, en lugar de ofrecer una definición que, a todas luces, se volvería obsoleta en un corto período de tiempo, el Grupo de Expertos decidió establecer las características básicas de la economía digital.

La primera de ellas es la *movilidad* de los intangibles, usuarios y funciones de mercado. La digitalización ha supuesto un aumento en la movilidad de los activos intangibles, posibilitando la reducción de los costes de las actividades principales de las compañías. Como consecuencia de ello, surgen dificultades a la hora de delimitar la jurisdicción en la que tiene lugar la actividad económica y una creación de valor. La segunda característica son los *efectos en red* derivados de la participación e interacción de los usuarios. La digitalización reduce el coste marginal de los productos, lo que redunda en una disminución de los precios de bienes y servicios; y paralelamente, se produce un aumento de la competencia en cuanto a la calidad y utilidad de los bienes y servicios ofertados. La tercera y última característica es la *importancia de los datos*. Las TIC reducen el coste de recogida, almacenamiento y análisis de la información proporcionada por los consumidores finales –en ocasiones, datos de naturaleza personal-; el conocimiento de las necesidades de los compradores lleva asociado un aumento de la competitividad de las empresas, al poder ofrecer productos adaptados a las exigencias de los consumidores a un coste más reducido.

Finalmente, el Informe Final de la Acción 1 *Addressing the tax challenges of the digital economy* del Plan BEPS publicado en 2015[8], tiene como objetivo abordar los desafíos fiscales de la economía digital. En él se especifica que la economía digital es "el resultado de un

---

3   Don Tapscott, *The digital economy. Promise and Peril in the age of networked intelligence*, (New York: McGraw-Hill, 1994), 7.

4   US Department of Commerce, *The emerging digital economy* (1998), http://www.ecommerce.gov/emerging.htm.

5   Australian Government, *Australia's digital economy: future directions.* Final report. Department of Broadband, Communications and the Digital Economy (2009), www.digecon.info/docs/0098.pdf.

6   OECD, *The digital economy,* (2012). (DAF/COMP(2012)22) www.oecd.org/daf/competition/The-Digital-Economy-2012.pdf.

7   OECD, *Addressing the Tax Challenges of the Digital Economy, OECD/G20 Base Erosion and Profit Shifting Project,* Action 1: 2014 Deliverable, (2014) OECD Publishing. http://dx.doi.org/10.1787/9789264218789-en

8   OECD, *Addressing the Tax Challenges of the Digital Economy, Action 1 - 2015 Final Report,* OECD/G20 Base Erosion and Profit Shifting Project, OECD Publishing, Paris. http://dx.doi.org/10.1787/9789264241046-en

1.2. Distintas alternativas enunciadas en el Informe Final de la Acción 1 del Plan BEPS encaminadas a restaurar el poder tributario en la jurisdicción de mercado

1.1.1. Cambios a las excepciones al concepto de establecimiento permanente para contrarrestar la obsolescencia del concepto

Por lo que hace a las recomendaciones relativas a los cambios en las excepciones al concepto de EP, el TFDE se remite a las conclusiones alcanzadas en el marco de la Acción 7 *Impedir la exclusión fraudulenta del estatus de establecimiento permanente*[26]. En este punto, como hemos avanzado, en lugar de diseñar nuevas reglas, la OCDE ha optado por adaptar las normas existentes sobre EP para dar solución a los problemas ocasionados con motivo de la economía digital. La decisión tomada por la OCDE obedece a las siguientes razones[27]: (1) las reglas tradicionales sobre EP son correctas desde un punto de vista conceptual, (2) hay poca evidencia de escenarios de elusión fiscal y pérdida de recaudación ocasionados directamente por la economía digital, por lo que no sería necesario diseñar nuevas normas fiscales en este ámbito; (3) las reglas sobre el EP son suficientemente flexibles para hacer frente a los retos planteados por la economía digital; (4) las normas sobre precios de transferencia, el articulado del MC OCDE y los resultados del trabajo de otras acciones del Plan BEPS pueden utilizarse para corregir las deficiencias de la normativa actual en el contexto de la economía digital.

Así pues, se proponen los siguientes cambios relacionados con el concepto de EP.

En primer lugar, se acuerda *cambiar la lista de actividades específicamente excluidas de la definición de EP*. El TFDE subraya la importancia de la propuesta de redacción de las excepciones a la definición general de EP (Artículo 5.4 MC OCDE) para asegurar que éstas solo sean aplicadas a actividades de naturaleza meramente preparatoria o auxiliar, así como la inclusión de una nueva norma anti-fragmentación para impedir la exclusión fraudulenta del concepto de EP a través de la fragmentación de actividades entre partes estrechamente relacionadas *(closely related parties)*. Y es que, en ocasiones, actividades que en un principio eran de naturaleza preparatoria o auxiliar y, por lo tanto, elegibles para la excepción, dejan de serlo un tiempo después, convirtiéndose en funciones esenciales de nuevos modelos de negocio. En este contexto, el MC OCDE ha sido revisado para excluir actividades previamente calificadas como preparatorias o auxiliares pero que han tenido un impacto significativo en los modelos de negocio digitales. Por ejemplo, el almacenamiento de productos es un componente principal para entidades no residentes que venden productos *online* y que tienen almacenes en otros países para suministrar los productos a sus clientes. En este sentido, la proximidad con el consumidor y la necesidad de realizar una entrega rápida al cliente son dos factores que llevarían a concluir que el almacén local constituye un EP para el vendedor. Esta modificación supondrá un importante cambio en el gravamen de multinacionales como Amazon o Ebay, que tienen importantes centros de distribución en diferentes países y que, hasta el momento, no constituían un EP.

Aun así, lo cierto es que los cambios propuestos en las excepciones al concepto de EP plantean algunos problemas relacionados con la economía digital. Los ejemplos mencionados en el Informe Final no incluyen directrices suficientes que ayuden a establecer cuándo una actividad encaja dentro de la excepción para actividades auxiliares o preparatorias; y esto es una cuestión crucial porque la excepción solo se aplica a actividades preparatorias o

---

26 OECD, *Designing Effective Controlled Foreign Company Rules, Action 3 - 2015 Final Report*, OECD/G20 Base Erosion and Profit Shifting Project, OECD Publishing, Paris (2015), http://dx.doi.org/10.1787/-9789264241152-en.

27 Gary D. Sprague y Rachel Hersey, "Permanent establishments and Internet-enabled enterprises: the physical presence and contract concluding dependent agent tests", *Georgia Law Review*, Vol. 38, Nº 1 (2003), 299.

auxiliares y no a la actividad principal de una compañía[28]. Por otro lado, la aplicación de esta regla requiere presencia física en el Estado de la fuente. En este sentido, los cambios afectarán a modelos de negocio en los que se requiera algún tipo de presencia física para apoyar las actividades principales de la entidad en el Estado de la fuente, de modo que los nuevos Comentarios al Artículo 5.4 MC OCDE no resuelven el problema ocasionado por el hecho de que una compañía digital no residente pueda obtener renta en un país determinado sin presencia física en el mismo o, teniéndola, pero que esta presencia sea muy reducida[29]. Adicionalmente, estos cambios no constituyen una solución adecuada para los casos en los que las actividades principales de la entidad solo se realicen a través de medios digitales. A este respecto, BLUM entiende que el efecto de los cambios en las excepciones es limitado porque, al menos por el momento, el concepto de EP aún se apoya sobre un nexo físico de la compañía con ese Estado[30]. De este modo, propone que la lista de excepciones para activi-dades preparatorias y auxiliares se interprete de acuerdo con su propósito, esto es, que solo actividades genuinamente preparatorias o auxiliares sean excluidas del concepto de EP.

Por otro lado, el Informe Final de la Acción 7 propone un cambio en la definición de EP para luchar contra estrategias que pretenden eludir el alcance de la definición de EP, a través de mecanismos en virtud de los que los contribuyentes sustituyen a las filiales que actuaban como distribuidoras por contratos de comisionista, conducentes al traslado de beneficios fuera del Estado en el que se efectúan las ventas sin que tenga lugar una modificación sus-tancial de las funciones desempeñadas en ese país. Así, cuando las actividades realizadas por un intermediario en un Estado tienen como finalidad la *celebración habitual de contra-tos que generarán obligaciones para una empresa extranjera,* se considerará que esta em-presa tiene un nexo suficiente que justifica su tributación en ese país, a menos que el inter-mediario realice esas actividades en el marco de una actividad independiente.

Pero lo cierto es que, a pesar de los cambios realizados en el MC OCDE relativos a las excepciones al estatuto de EP y el agente dependiente, mientras que el concepto de EP siga requiriendo una presencia física, la atribución del poder tributario entre el Estado de resi-dencia y el Estado de la fuente nunca será justa (*fair*). Algunos autores han manifestado que estos cambios tendrán un efecto muy reducido en lo que se refiere al aumento de la recauda-ción del Estado en el que se origina la renta *(market jurisdiction),* concluyendo que las re-comendaciones formuladas por la OCDE en este ámbito son insuficientes[31]. Así pues, al menos en lo que se refiere a la economía digital, las modificaciones propuestas por la OCDE ni ayudarán de manera significativa a la lucha contra la erosión de bases y el traslado de beneficios, ni contribuirán para alcanzar una distribución justa del poder tributario entre el Estado de residencia de la entidad y el Estado en el que la entidad tiene su mercado[32]. Mien-tras tanto, algunos Estados han decidido realizar una interpretación expansiva del Artículo 5 MC OCDE –como, por ejemplo, España, como se ha podido observar través del caso Dell-, y otros –como Reino Unido, Australia, India o Italia- han optado por introducir medidas

---

28   Jacques Sasseville y Arvid Skaar, "General Report: Is there a permanent establishment?", *Cahiers de Droit Fiscal International by the International Fiscal Association.* 63er Congress of the International Fiscal Association, vol. 94ª (2009).

29   Peter Hongler y Pasquale Pistone, "Blueprints for a new PE nexus to tax business income in the era of the digital economy", *Working Papers IBFD.* 20 January 2015, 2.

30   Daniel W. Blum, "Permanent establishment and Action 1 on the Digital Economy of the OECD Base Ero-sion and Profit Shifting Initiative – the nexus criterion redefined?", *Bulletin for International Taxation*, vol. 69, issues 6/7, (2015), 318.

31   Marcel Olbert y Christoph Spengel, "International taxation in the digital economy: challenge accepted?", *World Tax Journal*, vol. 9, n° 1 (2017), 31.

32   Hongler y Pistone, "Blueprints for a new PE nexus to tax business income in the era of the digital economy", 2.

defensivas unilaterales para combatir algunas de las estructuras que el Plan BEPS trata de eliminar.

1.1.2 El diseño de un nuevo nexo basado en el concepto de presencia económica significativa

1.1.1.1. Introducción

El Informe Final de la Acción 1 dedica su Capítulo 7 al nexo y la capacidad de una empresa para tener una presencia económica significativa en la jurisdicción de mercado sin estar sujeta a tributación. Este nuevo nexo, basado en una presencia económica significativa, va más allá del concepto de EP. De hecho, con el nuevo nexo no se pretende reforzar el poder tributario en la fuente, sino más bien restablecer la tributación en la jurisdicción de mercado cuando las actividades están asociadas a ese lugar. De esta manera, lo que se busca es que los rendimientos sean gravados en el lugar en el que tiene lugar la creación de valor, ya se trate de una empresa con presencia física o virtual en ese territorio.

Debemos precisar que no estamos ante un concepto totalmente nuevo. Anteriormente, AVI-YONAH[33] sugirió la reformulación del concepto de EP para dar cabida a las transacciones digitales, recomendando la inclusión de un umbral de ventas en una determinada jurisdicción local[34] –que sería de $1.000.000 en cada período fiscal, tal y como se detalla en un análisis presentado posteriormente por AVI-YONAH y HALABI[35]–. Para facilitar la gestión, AVI-YONAH recomendó aplicar una retención en la fuente equivalente al tipo impositivo del Impuesto sobre Sociedades en las jurisdicciones de mercado en las que se excediera el mencionado umbral. De esa manera, la jurisdicción de mercado sería compensada por los costes derivados de la utilización de las infraestructuras por parte de la entidad no residente que realiza ventas en este territorio. Por su parte, HINNEKENS también propuso la adopción de un nuevo EP virtual[36]. Bajo este nuevo nexo, solo las actividades principales estarían sujetas a gravamen en la jurisdicción de mercado, mientras que las actividades auxiliares o complementarias no lo estarían. Por lo tanto, a través de la noción de EP virtual se pretende someter a gravamen a entidades no residentes en la jurisdicción de mercado, a pesar de que éstas no cuenten con un lugar fijo de negocios en ese territorio. Sin embargo, esta alternativa presenta algunas dificultades prácticas a la hora de atribuir beneficios al EP virtual, especialmente en el contexto de la economía digital. Igualmente, no debe olvidarse que el Informe de la OCDE titulado *'Are the current treaty rules for taxing business profits appropriate for e-commerce?'*[37], también sugirió la introducción de un EP virtual como nexo alternativo aplicable a las transacciones digitales.

Pues bien, el Informe Final de la Acción 1 del año 2015 retoma la idea de la adopción de un nuevo nexo, basado en una presencia económica significativa, que se determinará sobre la base de factores que revelen una interacción permanente con la economía de un país a través de herramientas tecnológicas o automatizadas. Estos factores se combinarán con el nivel de renta procedente de las operaciones a distancia realizadas en ese país, para asegurar

---

33 Reuven Avi-Yonah, "International taxation of electronic commerce", *Tax Law Review,* Vol. 52, (1997) 507.

34 Reuven Avi-Yonah, "Virtual PE: International taxation and the Fairness Act", *Public Law and Legal Theory Research Paper Series*, Paper Nº 328. April (2013) 3.

35 Reuven Avi-Yonah y Oz Halabi, "A Model Treaty for the Age of BEPS", *Law & Economics Working Papers.* Paper Nº 103 (2014) 18.

36 Luc Hinnekens, "Looking for an appropriate jurisdictional framework for source-state taxation of international electronic commerce in the twenty-first century", *Intertax,* Vol. 26, Issues 6-7, (1998) 195.

37 OECD, *Are the current treaty rules for taxing business profits appropriate for e-commerce?* Final Report (2005). http://www.oecd.org/tax/treaties/35869032.pdf

que la norma se aplica solo a supuestos en los que exista una presencia económica significativa o relevante.

El *test de la presencia económica significativa* toma en consideración los siguientes factores: el nivel de renta, factores digitales y las relaciones con los usuarios o clientes. Las ventas, la frecuencia de las transacciones digitales y el número de usuarios localizados en la jurisdicción de mercado son, por lo tanto, los factores que se tendrán en cuenta para establecer un nexo basado en el concepto de presencia económica significativa. Sin embargo, el Grupo de Trabajo sobre aspectos fiscales de la economía digital de la OCDE (TFDE) no facilita un umbral específico de presencia digital. A este respecto, la introducción de un nuevo nexo sin que se establezca una cantidad mínima de ingresos podría conducir a una fragmentación excesiva de la renta mundial gravable, ocasionando una considerable carga de cumplimiento para los contribuyentes y las administraciones tributarias. Una breve mención sobre cómo ha de determinarse ese umbral, tal y como hace el Informe Final de la Acción 1, no es suficiente para alcanzar los objetivos propuestos.

1.1.1.2. El test de presencia económica significativa

Comenzando con el primero de los parámetros que han de tomarse en consideración, los **rendimientos originado**s en un Estado constituyen un importante indicador de la concurrencia de un nexo en forma de presencia económica significativa. Ahora bien, el volumen de ingresos procedente de los clientes localizados en un territorio determinado no puede considerarse de manera aislada para establecer el nexo; sin embargo, resulta apropiado utilizarlo de manera combinada con los demás factores para establecer un nexo en forma de presencia económica significativa en la jurisdicción de mercado. En todo caso, la selección de factores que complementarían el nivel de renta para determinar la presencia económica significativa de una empresa extranjera en la jurisdicción de mercado deberá hacerse teniendo en cuenta las características del mercado concreto.

El TFDE facilita en el Informe Final de la Acción 1 cierta información relativa a la determinación de la presencia económica significativa. En primer lugar, se precisa que sería aconsejable computar la totalidad de los rendimientos generados por operaciones concluidas de forma remota (*online*, en relación con bienes intangibles y servicios, y *offline,* respecto de bienes tangibles) por una empresa no residente con clientes de un país. El umbral mínimo o nivel suficiente de renta se determinará sobre la renta bruta obtenida, en términos absolutos y en divisa local. Adicionalmente, con el objeto de minimizar los costes para la Administración y los contribuyentes, sería aconsejable fijar un nivel suficientemente alto, atendiendo a circunstancias como la dimensión del mercado del país en el que se realizan las ventas. Además, en el caso de grupos empresariales, habría que atender a las rentas del conjunto de entidades que forman el grupo en lugar de a las rentas de cada sociedad individualmente considerada, para prevenir cualquier riesgo de fragmentación artificial de las actividades de venta a distancia con clientes de un mismo Estado entre varias entidades extranjeras vinculadas. Esta regla de cómputo agregado funcionaría como una presunción *iuris tantum*, de modo que el contribuyente podría probar que no existe fragmentación artificial de las actividades comerciales a distancia. Finalmente, el Informe sugiere la creación de un sistema de registro obligatorio de las empresas, con información suficiente sobre los elementos determinantes de la concurrencia de una presencia económica significativa.

El segundo factor empleado sería la **utilización de elementos digitales**. Así, un nombre de dominio local, una *web* u otra plataforma digital local, o la existencia de mecanismos de pago propios de ese país, son distintos factores digitales que pueden utilizarse para determinar que una entidad no residente interactúa de manera permanente con los usuarios y consumidores de ese territorio.

Por último, debido a la importancia de los efectos en red en la economía digital, las **relaciones con los usuarios y clientes** son el tercer factor propuesto para valorar la presencia de una empresa no residente en la economía de un país. El TFDE sugiere diferentes alternativas: la utilización del número de usuarios mensualmente activos en la plataforma digital *(monthly active users,* MAU), la celebración habitual de contratos de forma electrónica y sin la intervención de un agente dependiente, y el volumen de datos obtenido a través de una plataforma digital de clientes y usuarios con residencia habitual en ese territorio.

Pues bien, una vez establecido el nuevo nexo, la determinación de la renta atribuible a la presencia económica significativa se vuelve un aspecto esencial. Los principios y reglas existentes para distribuir los beneficios –actualmente basados en un análisis de las funciones, activos y riesgos asumidos por las entidades en cuestión- no resultan válidos, siendo necesaria su reformulación en el contexto de la economía digital. En otras palabras, aunque la definición actual de EP haya sido modificada, e incluso aunque se introduzca un nuevo nexo basado en el concepto de presencia económica significativa, si las reglas de reparto siguen fundamentándose en la presencia física de la entidad en un determinado país y las reglas de atribución de beneficio no sufren un cambio significativo, no existirá ninguna redistribución de la renta en el contexto de la economía digital[38]. En este punto, el Informe Final del TFDE analiza la utilización alternativa de métodos basados en un *fractional apportionment* y modificaciones en los métodos de beneficios presuntos.

Por otro lado, poco después de la publicación del Informe Final de la Acción 1, algunos autores presentaron diversas **propuestas** relacionadas con la introducción de un nuevo nexo.

De una parte, HONGLER y PISTONE presentaron un planteamiento innovador apoyando la introducción de un nuevo Artículo 5.8 del MC OCDE, insistiendo en que el objeto de esta nueva previsión normativa no sería reforzar el poder tributario del Estado de la fuente o reemplazar las normas actuales sobre distribución del poder tributario, sino más bien facilitar que la jurisdicción de mercado preserve su soberanía para gravar los rendimientos empresariales que deriven de actividades que guardan un estrecho vínculo con ese territorio[39]. En otras palabras, se trata de adaptar el concepto de EP a la nueva era de economía digital, tomando en consideración la evolución del concepto hacia un nuevo nexo de EP basado en la presencia digital, respetando la esencia de los principios que actualmente inspiran el Derecho tributario internacional.

Este nuevo concepto de EP, concebido como un nexo para el ejercicio del poder tributario en relación con los beneficios empresariales en el contexto de la economía digital, está fundamentado en la teoría de la fuente[40] y la teoría del beneficio[41]. De este modo, para HON-

---

38 Hongler y Pistone, "Blueprints for a new PE nexus to tax business income in the era of the digital economy", 32.

39 Hongler y Pistone, "Blueprints for a new PE nexus to tax business income in the era of the digital economy", 22.

40 Como afirman estos autores, una dimensión moderna de la teoría de la fuente *(sourcing theory)* en la era de la economía digital debería considerar como fuente todas las jurisdicciones en las que tiene lugar una creación de valor respecto de los beneficios empresariales, tanto desde el lado de la oferta como el de la demanda. Esta última referencia toma en consideración la teoría del gravamen de las rentas en el país de origen desarrollada por KEMMEREN, que consideraba que la creación de valor solo tenía lugar en el lado del suministro (Eric Kemmeren, "Legal and economic principles support an origin and import neutrality-based over a residence and export neutrality-based tax treaty policy", en *Tax treaties: building bridges between law and economics,* ed. por Michael Lang, Pasquale Pistone, Josef Schuch, Claus Staringer, Alfred Storck, Martin Zagler, Amsterdam: IBFD, 2010, 241); pero HONGLER y PISTONE dan un paso más allá y afirman que resulta más apropiado considerar también nuevos factores que surgen en la jurisdicción de mercado y que tienen un efecto en la actividad comercial y la creación de valor en ese contexto. De hecho, el rol de los consumidores y usuarios es importante porque cuando toman decisiones sobre mercados de productos, validan el valor de esos bienes (Richard L. Priem, "A consumer perspective on value creation", *Academy of Management Review,* Vol. 32. N° 1, 2007, 222). Así que tanto el lado de la oferta o suministro

GLER y PISTONE el nuevo nexo presentaría cuatro elementos principales[42]: (1) servicios digitales; (2) un umbral de usuarios; (3) un umbral de tiempo determinado y (4) un umbral mínimo de renta. Así pues, el párrafo propuesto para ser añadido al Artículo 5 MC OCDE tendría la siguiente redacción: *"si una empresa residente en un Estado Contratante permite el acceso a (u ofrece) una aplicación electrónica, base de datos, mercado en línea o almacenamiento en línea, u ofrece servicios de publicidad en una web o en una aplicación electrónica utilizada por más de 1.000 usuarios individuales al mes domiciliados en el otro Estado Contratante, se considerará que dicha empresa tiene un establecimiento permanente en el otro Estado contratante si el importe total de los ingresos obtenidos por la empresa relacionados con los servicios mencionados en el otro Estado Contratante supera los XXX (EUR, USD, GBP, CNY, CHF, etc) anuales".*

Como se puede observar, estos autores consideran que este nuevo umbral debería determinarse basándose en los siguientes elementos: un umbral de usuarios (en lugar de un umbral basado en los clientes), un umbral temporal determinado y un umbral mínimo de renta. Sin embargo, HONGLER y PISTONE asumen que su propuesta requeriría aclaraciones adicionales, especialmente en lo que hace al significado de los términos "base de datos", "mercado en línea", "almacenamiento en línea", "servicios de publicidad", "sitio web" o "domiciliados"[43]. Estas aclaraciones deberían incluirse en los correspondientes Comentarios al Artículo 5 del MC OCDE. Adicionalmente, la localización del cliente es un elemento clave a la hora de determinar dónde tiene lugar la creación de valor. En este punto, las normas de la EU sobre IVA podrían utilizarse como modelo para una definición legal adecuada de EP en la jurisdicción del cliente.

De otra parte, AVI-YONAH y HALABI han presentado dos alternativas para afrontar los retos de la economía digital.

---

como el de la demanda contribuyen a la creación de valor, y ambos deberían tenerse en cuenta a la hora de efectuar la atribución de rentas.

41 Tomando como referencia la teoría del beneficio *(benefit theory)*, una nueva definición de EP debería tener en cuenta los servicios o bienes obtenidos por el contribuyente en la jurisdicción de mercado a la hora de atribuir rentas a ese territorio. Como afirma SKAAR (1991), los contribuyentes deberían pagar impuestos en función de los beneficios a los que acceden, o de los gastos que ocasionan, a través del uso de la infraestructura de un país y, en particular, el uso de bienes públicos (*vid.* Arvid Aage Skaar, *Permanent establishment: erosion of a tax treaty principle.* Series of International Taxation. Deventer-Boston: Kluwer Law and Taxation Publishers, 1991). En efecto, incluso sin presencia física en ese territorio, las actividades digitales reciben beneficios del Estado de residencia del cliente o usuario. Esos beneficios se traducen en la existencia de un sistema jurídico que posibilita a las entidades ofertar y vender sus productos *online* y obliga a los clientes a pagar por los productos obtenidos o el servicio recibido, la protección de los derechos de Propiedad Intelectual e Industrial, el mantenimiento de infraestructura técnica e infraestructura en general que permite a las empresas vender sus productos, el abastecimiento de energía, o el reciclaje de residuos para el empaquetado, de modo que la jurisdicción de mercado debería tener la posibilidad de gravar el rendimiento empresarial obtenido para compensar el coste de los servicios públicos a loso que accede la entidad no residente (Dale Pinto, "The need to reconceptualise the permanent establishment threshold", *Bulletin for International Taxation,* vol. 60, issue 7, 2006). La provisión de estos beneficios respalda un gravamen en la fuente con fundamento en la teoría del beneficio. Esta postura también ha sido defendida por COCKFIELD indicando que el uso de la localización del consumo para atribuir rentas a países importadores puede justificarse atendiendo a diversas teorías, incluyendo el hecho de que estos territorios han creado un mercado de oportunidades que posibilita la percepción de rendimientos a través de transacciones transfronterizas (por ejemplo, infraestructura que permite a los vehículos encargados de la entrega de productos circular en el territorio) *Vid.,* Cockfield, "The Law and Economics of digital taxation: challenges to traditional Tax Laws and Principles", 611.

42 Hongler y Pistone, "Blueprints for a new PE nexus to tax business income in the era of the digital economy", 24-25.

43 Hongler y Pistone, "Blueprints for a new PE nexus to tax business income in the era of the digital economy", 26.

La primera consistiría en añadir un nuevo Artículo 5.3 al MC OCDE, con la siguiente redacción[44]: *"Sin perjuicio de las anteriores previsiones, un vendedor a distancia constituye un establecimiento permanente en un Estado Contratante si obtiene una renta anual bruta derivada de las ventas a distancia en un Estado Contratante superior a $1.000.000 durante el año natural precedente, con independencia de que el mencionado vendedor a distancia satisfaga o no cualquier otra definición contenida en el Artículo 5".*

La segunda alternativa sugerida por AVI-YONAH y HALABI consistiría en introducir una modificación al Artículo 7 del MC OCDE en los siguientes términos[45]:

"(1) Los rendimientos obtenidos por una empresa de un Estado Contratante tributarán exclusivamente en ese Estado, a no ser que la empresa realice operaciones económicas en el otro Estado Contratante a través de un establecimiento permanente situado en este territorio, o salvo que la renta corresponda a ventas remotas, en la calidad que fuere, y que la entidad obtenga una renta anual bruta derivada de las ventas remotas en los otros Estados Contratantes superior a $1.000.000 durante el año natural precedente. Si la empresa realiza operaciones económicas de esta manera, los rendimientos atribuidos al establecimiento permanente de acuerdo con las previsiones del párrafo 2, o bien los rendimientos obtenidos por el vendedor a distancia, serán gravados en el otro Estado Contratante.

(2) Para el propósito de este Artículo y el Artículo 23A [método de exención] – 23B [método de imputación], los rendimientos que se atribuyen en cada Estado Contratante al establecimiento permanente al que se refiere el párrafo 1 son los rendimientos que éste obtendría, en particular en sus relaciones con otras partes de la empresa, si se tratase de una empresa separada e independiente que ejerce actividades económicas idénticas o similares bajo las mismas o similares condiciones, teniendo en cuenta las funciones realizadas, los activos y los riesgos asumidos por la empresa a través del establecimiento permanente y a través de las otras partes de la empresa".

Como se ha indicado anteriormente, con el objeto de evitar dificultades prácticas a la hora de atribuir los beneficios a un EP virtual, AVI-YONAH y HALABI sugieren aplicar una retención en la fuente equivalente al tipo impositivo en el Impuesto sobre Sociedades sobre la renta obtenida en las jurisdicciones de mercado que exceda el mencionado umbral.

Una vez que está establecido el nuevo nexo, HONGLER y PISTONE proponen la aplicación de un método de distribución del resultado modificado, combinado con una atribución anticipada parcial del rendimiento (un tercio) a las jurisdicciones de mercado que satisfagan los requisitos del nuevo nexo. Los otros dos tercios se atribuirían de acuerdo con las normas de precios de transferencia, que probablemente conllevarán a la atribución del rendimiento restante al Estado de residencia. En este punto, los autores sugieren que solo una o varias jurisdicciones se encarguen de recaudar la deuda tributaria en nombre de los demás, si bien son conscientes de que esto requeriría un elevado grado de consenso entre los países afectados. Adicionalmente, plantean que pueden surgir dudas respecto del tratamiento fiscal de entidades que tienen presencia física y digital, o relacionadas con la interacción entre el nuevo nexo digital con las normas de EP aplicables a empresas tradicionales y con las normas de atribución.

En cualquier caso, el nuevo nexo no es incompatible con otras opciones presentadas en el Informe Final de la Acción 1, como puede ser el uso de retenciones en la fuente. La retención en la fuente podría emplearse de manera combinada con el nuevo nexo, pero también podría utilizarse de manera independiente, de modo similar a lo que sucede respecto de las retenciones en la fuente sobre las rentas obtenidas por una entidad no residente que sean calificadas como dividendos, intereses o *royalties*. Pero, de acuerdo con HONGLER y PISTONE, la introducción del nuevo nexo basado en una presencia económica significativa sería

---

44   Avi-Yonah y Halabi, "A Model Treaty for the Age of BEPS", 15.

45   Avi-Yonah y Halabi, "A Model Treaty for the Age of BEPS", 18.

una opción preferible a la aplicación independiente de una retención en la fuente final sobre los rendimientos brutos derivados de transacciones digitales obtenidos por entidades no residentes.

1.1.1.3. *Alternativas al nuevo nexo basado en una presencia económica significativa: el establecimiento permanente de servicios y el nuevo Artículo 12A para servicios técnicos del MC ONU*

1.1.1.1.1. *La cláusula de establecimiento permanente de servicios*

El Modelo ONU incluye la denominada cláusula de EP de servicios *(services PE),* como reacción de los países en vías de desarrollo frente a la obtención de rentas en su territorio por parte de empresas extranjeras que prestan servicios de naturaleza técnica sin contar con presencia física en esa jurisdicción. Sin embargo, la cláusula de EP de servicios es aplicable a cualquier prestación de servicios en general, independientemente de su naturaleza. En este contexto, el Articulo 5.3.b MC ONU incluye la mencionada cláusula con la siguiente redacción: *"la expresión 'establecimiento permanente' comprenderá asimismo [...] (b) la prestación de servicios por una empresa, incluidos los servicios de consultores, por intermedio de sus empleados o de otro personal contratado por la empresa para ese fin, pero solo en el caso de que las actividades de esa naturaleza prosigan (en relación con el mismo proyecto o con un proyecto conexo) en un Estado contratante durante un período o períodos que sumen o excedan en total más de 183 días en cualquier período de doce meses que empiece o termine durante el año fiscal considerado".* Como puede apreciarse, la cláusula de EP de servicios, en su redacción actual, requiere la existencia de factores físicos en el Estado de la fuente –o bien un lugar fijo de negocios o bien la existencia de personal-; de modo que, si los servicios se prestan a través de medios digitales sin que se cumpla el requisito mencionado relativo a la inexistencia de personal en ese territorio o si se incumple la exigencia relativa al umbral temporal predefinido, no podrá concluirse que existe un EP de servicios en ese lugar. En consecuencia, el Estado de la fuente no podrá gravar la renta obtenida en su jurisdicción.

A pesar de que el concepto de EP de servicios tiene su origen en el MC ONU, con posterioridad el MC OCDE incluyó una referencia al mismo en sus Comentarios. A este respecto, la OCDE sugiere la posibilidad de que los Estados incluyan en sus convenios una cláusula que contribuya a determinar la existencia de un EP de servicios. En particular, se alude a la posible aplicación en determinados casos de un test sobre los ingresos obtenidos, en virtud del cual se entendería que existe un EP de servicios si más del 50% de las actividades comerciales de la entidad no residente se ejercen en una determinada jurisdicción a través de una persona física. Australia, Nueva Zelanda o Noruega han incorporado la cláusula opcional de EP de servicios contenida en los Comentarios al MC OCDE[46].

En cualquier caso, algunos autores consideran que el desarrollo de una cláusula de EP de servicios digitales sería una interesante alternativa tendente a restaurar el poder tributario en la jurisdicción de mercado que, además, supondría una mayor atribución de renta al Estado de la fuente que la aplicación de nuevo nexo basado en una presencia económica significativa[47].

---

46 Pinakin Desai y Shefali Goradia, "General Report", *Cahiers de Droit Fiscal International, Volume 99a: Cross-border outsourcing –issues, strategies and solutions*, 68th Congress of the International Fiscal Association. (Rotterdam: Sdu Uitgevers, 2014) 56.

47 Blum, "Permanent establishment and Action 1 on the Digital Economy of the OECD Base Erosion and Profit Shifting Initiative – the nexus criterion redefined?", 322.

1.1.1.1.2. El nuevo artículo 12A del MC ONU sobre servicios de naturaleza técnica

La introducción de un nuevo artículo en el MC OCDE que incluya reglas de tributación relativas a los servicios podría ser una alternativa a tener en cuenta para reforzar el poder tributario del Estado de la fuente. De hecho, esta es precisamente la intención de la ONU con la inclusión de un nuevo Artículo 12A para servicios de naturaleza técnica en su MC. Este nuevo precepto permite al Estado de la fuente gravar los pagos relativos a prestaciones de servicios en su territorio, a través de una retención sobre las cantidades brutas abonadas a la entidad no residente, y sin que se requiera presencia física o personal en esta jurisdicción. Como expresa el Comité de las Naciones Unidas en su informe de 2017 *"The taxation of fees for technical, managerial and consultancy services in the digital economy with respect to Art. 12A of the 2017 UN Model"*[48], la prestación de servicios en otro Estado contratante a través de medios digitales podría considerarse, por sí misma, suficiente, constituyendo un nexo que permitiría gravar la renta en ese territorio.

De otra parte, tal y como se explica en el informe *"Revised Commentary on Article 12A – fees for technical services"* del Comité de las Naciones Unidas[49], con esta previsión se pretende combatir la erosión de bases y traslado de beneficios que se produce en el Estado de la fuente a través de la deducción de las cantidades pagadas a empresas no residentes que prestan servicios en una determinada jurisdicción. Como se sabe, los países en vías de desarrollo son importadores de servicios de naturaleza técnica, de gestión y de consultoría. Hasta el momento, los pagos por este tipo de servicios podían utilizarse para trasladar beneficios desde una empresa integrante del grupo localizada en el Estado del pagador de las rentas hacia otra entidad integrante del grupo situada en una jurisdicción de baja tributación. El pagador podía deducir el pago en el Estado de la fuente, reduciendo de este modo su base imponible. Y la entidad receptora del pago incrementaba sus beneficios, que estarían sujetos a baja o nula tributación. El nuevo Artículo 12A contribuirá a combatir este problema, permitiendo que el Estado de la fuente opere una retención sobre los pagos por servicios a los que se refiere el precepto, esto es, servicios que requieran la aplicación de un conocimiento especializado, habilidad o destreza por parte del proveedor, excluyendo por tanto tareas de servicio rutinarias o servicios estandarizados.

Con todo, el Artículo 12A MC ONU no está pensado para abordar de manera específica los problemas de erosión de la base y traslado de beneficios en el contexto de la economía digital, pero lo cierto es que puede llegar a jugar un papel importante a la hora de combatir determinados casos de elusión fiscal en el Estado de la fuente a través de la utilización de medios digitales. Debe tenerse en cuenta que el nuevo precepto del MC ONU sobre servicios técnicos presenta importantes ventajas frente a la cláusula de EP de servicios incluida en el mismo Modelo[50].

En primer lugar, mientras que la cláusula de EP de servicios requiere que la renta obtenida alcance un umbral mínimo, el nuevo artículo sobre servicios técnicos no incluye ningún umbral. Sin embargo, en algunos casos esta ventaja se convierte en un inconveniente, encontrándose las Administraciones tributarias con problemas para su puesta en práctica.

---

48 UN Committee, "The taxation of fees for technical, managerial and consultancy services in the digital economy with respect to Art. 12A of the 2017 UN Model", *Fifteenth session, Agenda item 5(c)(ix): Tax consequences of the digitalized economy.* (Committee of Experts E/C.18/2017/CRP.23 - 10 October 2017).

49 UN Committee, "Revised Commentary on Article 12A – fees for technical services", Fourteenth session, Agenda item 3(a): Issues related to the updating of the United Nations Model Double Taxation Convention between Developed and Developing Countries. (Committee of Experts E/C 18/2017/CRP.1 March 2017).

50 Andrés Báez Moreno, "The taxation of technical services under the United Nations Model Double Taxation Convention: a rushed –yet appropriate- proposal for (developing) countries?", *World Tax Journal*, vol. 7, N° 3 (2015).

En segundo lugar, la existencia de un umbral temporal en la cláusula de EP de servicios puede conllevar a una elusión artificial del EP de servicios. Por el contrario, la inexistencia de umbrales de cualquier naturaleza en el nuevo artículo sobre servicios técnicos elimina este tipo de inconvenientes.

Y, en tercer lugar, existen numerosos problemas a la hora de atribuir beneficios al EP de servicios; por el contrario, el nuevo precepto sobre servicios técnicos reconoce un derecho de gravamen a favor del Estado de la fuente que se materializa a través de una simple retención en la fuente final sobre la renta bruta satisfecha a la entidad no residente que presta el servicio, sin que se permita la deducción de gasto alguno. En aras a la simplicidad y con el objeto de ofrecer mayor seguridad jurídica, puede defenderse que una retención en la fuente final sobre los pagos por servicios de naturaleza técnica, de gestión y de consultoría prestados utilizando medios digitales es una opción más adecuada que la opción de una retención en la fuente no final sobre los pagos realizados por este tipo de servicios. Los Estados en vías de desarrollo no suelen tener suficiente capacidad administrativa para gestionar una retención en la fuente no final. Para simplificar los trámites, el precepto analizado propone una retención en la fuente final que esté entre el 10 y el 15%, considerando que de ese modo se alcanza una atribución equilibrada entre el Estado de la fuente y el de residencia.

En definitiva, en los supuestos en los que se presten servicios de naturaleza técnica, de gestión o consultoría por parte de una entidad no residente, el nuevo artículo del MC ONU permite una retención final en el Estado de la fuente, teniendo en cuenta que el Estado de residencia concederá un crédito tributario o una exención por la cantidad abonada en la fuente.

En todo caso, para evitar problemas de calificación de las rentas, especialmente los relacionados con otros preceptos como los relativos al gravamen de *royalties*, beneficios empresariales o la cláusula de EP de servicios, y con el objeto de salvaguardar el principio de neutralidad, sería aconsejable que el nuevo artículo 12A MC ONU eliminase la referencia a servicios de naturaleza "técnica, de gestión o consultoría", de manera que el nuevo precepto pudiera aplicarse a cualquier tipo de servicios prestados.

Por otro lado, parece que la inclusión de un artículo sobre servicios de naturaleza técnica (o servicios en general) es más apropiada que la cláusula de EP de servicios, porque la ausencia de umbrales mínimos y la inexistencia de inconvenientes para atribuir la renta al Estado de la fuente, facilita considerablemente su puesta en práctica.

1.1.3. El establecimiento de una retención en la fuente aplicable a ciertas transacciones digitales

El uso de retenciones en la fuente es perfectamente compatible con la introducción de un nuevo nexo basado en la presencia económica significativa. Pero la retención en la fuente puede también utilizarse de manera independiente, de manera similar a lo que sucede respecto de las retenciones en la fuente sobre las rentas obtenidas por una entidad no residente que sean calificadas como dividendos, intereses o *royalties*[51]. Dicho de otro modo, la solución basada en el establecimiento de una retención en la fuente *(withholding tax,* WHT) puede plantearse como una respuesta principal a los desafíos planteados por la economía digital, o puede configurarse de manera combinada con el diseño de un nuevo nexo basado en una presencial económica/digital significativa.

---

[51] En realidad, esta no es la primera vez que la OCDE considera la posibilidad de adoptar reglas similares a las establecidas para la tributación de las rentas pasivas con la finalidad de permitir la tributación en origen de los pagos derivados de algunas formas de comercio electrónico. Así, el informe de la OCDE *'Are the current treaty rules for taxing business profits appropriate for e-commerce?'* de 2005 alude a esta opción, si bien en aquel momento el Comité de Asuntos Fiscales rechazó su implantación.

El sometimiento de determinadas transacciones digitales a una retención en la fuente final sobre el importe bruto abonado a una entidad no residente eliminaría muchos de los problemas que surgen al plantearse la introducción de un nuevo nexo basado en la presencia económica significativa. Y, en la medida en que no se permite la deducción de gastos, el tipo impositivo aplicable debería ser reducido y, en todo caso, menor que el tipo impositivo general en el Impuesto sobre Sociedades.

El TFDE incluye esta opción en su Informe Final, si bien no recomienda expresamente su implementación. En cualquier caso, aunque la introducción de una retención en la fuente sobre determinadas transacciones digitales no es una solución perfecta, lo cierto es que es una respuesta simple a los desafios de la economía digital en tanto en cuanto los Estados no lleguen a un acuerdo sobre el nuevo nexo basado en una presencia económicamente significativa[52]. Facilita la recaudación por parte del Estado de la fuente, y también supone una ventaja para la entidad no residente, que no estará obligada a presentar una autoliquidación en la jurisdicción de mercado.

En definitiva, las cuestiones más importantes respecto de esta opción y en las que se requieren estudios adicionales serían las siguientes: por un lado, la necesidad de adoptar una definición clara sobre las transacciones digitales a las que se aplicaría la retención; y, por otro lado, habría que determinar quién realizaría la retención, esto es, quiénes serían los denominados *collecting agents*.

Por lo que hace a la primera cuestión, en un intento por evitar controversias sobre el carácter de las transacciones, la OCDE opta por una definición general de las transacciones que encajan en la norma en lugar de enumerar tipos específicos de operaciones. Esta definición amplia podría referirse a las transacciones de ventas digitales (transacciones de bienes o servicios pedidos en línea), o a todas las transacciones de ventas realizadas de forma remota con entidades no residentes, siendo esta última posibilidad más alineada con la neutralidad fiscal entre formas similares de hacer negocios. Además, si la retención se utiliza como un instrumento para facilitar la introducción de un nuevo nexo basado que grave rentas netas, una definición amplia de las transacciones cubiertas por la norma es más congruente con el umbral de ventas establecido para la existencia de una presencia económica significativa.

Por otro lado, la retención la podría realizar el cliente o un tercero involucrado en el proceso de pago. Si se determina que la persona obligada a efectuar la retención ha de ser el cliente o consumidor, posiblemente no habría grandes inconvenientes en el caso de transacciones B2B, puesto que las empresas están suficientemente familiarizadas con estas prácticas; pero, en los supuestos de transacciones B2C, habría que tener presentes las dificultades que podría suponer para el consumidor final tener que cumplir con esta obligación. Por ello, resultaría aconsejable requerir la colaboración de los intermediarios en el procedimiento de pago, esto es, instituciones financieras implicadas en los pagos derivados de transacciones digitales, incluyendo a las compañías de tarjetas de crédito. En este último caso, el intermediario podría tener acceso a información adecuada sobre la transacción para determinar si procede aplicar la retención o no. Y, una vez que se efectúa la retención, la cantidad se transferiría a las Administraciones tributarias afectadas. Es evidente que, en este caso, los agentes de la retención *(withholding agents)* estarían obligados a efectuar la retención sobre un gran número de pagos –incluso teniendo que aplicar tipos impositivos diferentes- y transferir las cantidades retenidas a un número significativo de países. Por ello, su tarea se llevaría a cabo más fácilmente si se introduce un sistema de registro obligatorio para que las empresas no residentes faciliten la identificación de las ventas remotas que encajan en el supuesto de hecho de la norma de la siguiente manera: la entidad no residente designaría, en

---

52 Andrés Báez Moreno y Yariv Brauner, "Withholding taxes in the service of BEPS Action 1: Address the tax challenges of the digital economy", *Working Papers IBFD*. 2 February (2015) 2.

primer lugar, una cuenta bancaria para todos los pagos recibidos de sus clientes locales y, más adelante, el agente recaudador efectuaría la retención correspondiente sobre los pagos realizados en esa cuenta bancaria.

Precisamente para sortear las dificultades que plantea la aplicación de una retención en los supuestos de transacciones B2C, BÁEZ y BRAUNER sugieren que ésta solo sea aplicable respecto de operaciones B2B, argumentando que la gran mayoría de las operaciones relacionadas con la economía digital son de tipo B2B[53]. Además, partiendo de que el objetivo principal del Plan BEPS es evitar que las multinacionales erosionen la base del Impuesto sobre Sociedades, las transacciones B2C deberían estar exentas, ya que no conllevan una erosión de la base del Impuesto sobre Sociedades. Y, aunque la exención de las operaciones B2C implicaría una pérdida de ingresos para la jurisdicción de mercado, estas transacciones suponen una pequeña parte de la economía digital en su conjunto y, en cualquier caso, tal pérdida se compensaría con los ingresos derivados de las transacciones digitales sometidas a retención, que hasta ahora no se venían sometiendo a gravamen. En todo caso, aún en el supuesto de que se introdujese una retención sobre determinadas transacciones digitales que fuera aplicable tanto a operaciones B2B como B2C, deberá preverse algún tipo de incentivo para promover la implicación de los agentes de retención

Dicho esto, el establecimiento de una retención sobre las rentas brutas derivadas de transacciones digitales (o derivadas de cualquier operación de compra realizada a proveedores no residentes) podría contravenir normas de derecho mercantil internacional y el Derecho de la UE. Por un lado, para dar cumplimiento a las obligaciones comerciales, los proveedores extranjeros de bienes o servicios sean gravados con impuestos no menos favorables que los proveedores nacionales. Por otro lado, en el contexto de la UE, la aplicación de una retención final sobre la renta bruta a los proveedores no residentes podría constituir una vulneración del principio de no discriminación. Es por ello que el TFDE se muestra más favorable por la introducción de la retención sobre determinadas transacciones digitales como un mecanismo complementario que facilite la implementación de un nuevo nexo basado en una presencia económica significativa en la que se graven la renta neta obtenida por los no residentes. En este último caso, la retención operada no sería un impuesto final; los contribuyentes (es decir, las entidades no residentes) tendrían la opción de registrarse, presentar su declaración-autoliquidación de impuestos y realizar el pago sobre sus ingresos netos. Si la cantidad adeudada fuera mayor que el monto retenido, el contribuyente debería satisfacer la cantidad restante; y, en caso contrario, podría solicitar la devolución correspondiente. Sin embargo, el hecho es que, incluso si el sistema de retención se diseña como un mecanismo de respaldo para facilitar la gestión y recaudación del nuevo nexo, aún existen dudas sobre la posibilidad de que los contribuyentes finalmente presenten una declaración-autoliquidación en los casos en los que su obligación fiscal neta fuera superior a la cantidad retenida.

Por último, respecto de la determinación del tipo aplicable, éste debería ser un tipo impositivo suficientemente alto para contrarrestar la pérdida de recaudación en la fuente, pero, al mismo tiempo, suficientemente bajo para evitar la evasión fiscal. En definitiva, el tipo impositivo debería estar entre un 5 y un 15%, con la posibilidad de establecer incluso un tipo superior para el caso si los pagos son realizados a entidades no residentes que no estén registradas o que tengan su residencia en jurisdicciones de baja o nula tributación.

En pocas palabras, la solución basada en el establecimiento de una retención sobre determinadas transacciones digitales es una opción rápida y fácil, a corto plazo, que no implica cambios importantes en las normas sobre las que se asienta la tributación de las sociedades,

---

53 Báez Moreno y Brauner, "Withholding taxes in the service of BEPS Action 1: Address the tax challenges of the digital economy", 12.

ya que, en términos generales, no debería llevar a un aumento de la carga fiscal general. Pero, ciertamente, desempeña un papel importante en la asignación adecuada del poder tributario sobre los beneficios empresariales y podría contribuir a alcanzar una tributación justa donde se generen los beneficios. Además, esta opción parece estar en sintonía con la propuesta contenida en el nuevo artículo 12A del MC ONU para servicios técnicos. Las dos propuestas presentan similitudes. Por ejemplo, ninguna de las opciones requiere presencia física de la entidad no residente en la jurisdicción de mercado; y ninguna de ellas incluye umbrales mínimos para su aplicación, lo que simplifica su aplicación, aunque también puede entrañar problemas de exigibilidad. Pero también existen importantes diferencias. Así, el ámbito de aplicación del Artículo 12A del MC ONU es, como hemos visto, más limitado. Por otro lado, el Artículo 12A del MC ONU no excluye de su ámbito de aplicación las transacciones B2C; sin embargo, en el caso de la retención sobre ciertas transacciones digitales, aunque algunos autores proponen la exención de las transacciones B2C, lo cierto es que el Informe Final de la Acción 1 no ofrece una postura clara al respecto. En cualquier caso, el establecimiento de una retención en la fuente es una opción preferible a la nueva regla sobre servicios del MC OCDE, ya que el ámbito de aplicación del primero es mayor y, por lo tanto, serviría de mejor manera al propósito de restablecer una distribución justa y equitativa de los derechos de gravamen en el contexto de la economía digital.

1.1.4. El gravamen de ecualización (equalization levy) y otras medidas defensivas unilaterales adoptadas por los Estados

1.1.1.1. Las recomendaciones del TFDE incluidas en el Informe Final de la Acción 1

La cuarta opción mencionada por el TFDE para abordar los desafíos de la economía digital en el ámbito de la fiscalidad directa es la introducción de un gravamen de ecualización, si bien no se recomienda expresamente su implementación, permitiendo que los Estados puedan incorporar unilateralmente una solución de este tipo en sus ordenamientos internos. El gravamen de ecualización tiene como objetivo principal alcanzar la neutralidad fiscal entre los proveedores y prestadores de servicios nacionales y extranjeros. En este contexto, la *equalization levy* se utiliza como una herramienta que permite gravar a entidades no residentes que obtienen rendimientos significativos en una jurisdicción, en los supuestos en los que éstos no puedan ser sometidos a gravamen en este territorio atendiendo a las normas fiscales tradicionales. En la práctica, se trataría de un instrumento que permitiría someter a gravamen las rentas obtenidas por entidades digitales no residentes, que no cuentan con presencia física ni con un agente dependiente en la jurisdicción del mercado –esto es, que no obtienen rentas a través de un EP localizado en ese territorio–. En todo caso, el TFDE indica en el Informe Final de la Acción 1 que lo más conveniente sería que el gravamen de ecualización se aplicase solo en el caso de una entidad no residente con presencia económica significativa en la jurisdicción de mercado, excluyendo su aplicación a las pequeñas y medianas empresas.

Esta solución se plantea como una medida provisional y a corto plazo, mientras no se llegue a un consenso internacional respecto de las demás opciones –esto es, el nexo basado en una presencia económica significativa o la retención en la fuente sobre ciertas transacciones digitales–, que representan soluciones con un impacto a largo plazo. Adicionalmente, si comparamos las diversas soluciones enumeradas en el Informe Final de la Acción 1, tanto la introducción de un nuevo nexo basado en una presencia económicamente significativa como la creación de una retención en la fuente sobre transacciones digitales requieren de las correspondientes modificaciones en los convenios para evitar la doble imposición (CDIs), algo que no sería preciso en el caso de la introducción de un gravamen de ecualización, ya que en este último supuesto estaríamos ante la creación de un nuevo impuesto[54].

1.1.1.2. *Algunas medidas defensivas unilaterales adoptadas por ciertos Estados: especial referencial al equalization tax de la India*

En la práctica, India ha sido el primer país en introducir en su ordenamiento, a través de la *Finance Act 2016* (Chapter VIII), una *equalization levy* del 6% sobre los pagos efectuados por servicios de publicidad digitales[55] cuando el pago supere los IRN 100,000 (aproximadamente 1400 euros). Por el momento, el nuevo impuesto es aplicable a los pagos realizados por anunciantes residentes en la Indica o EPs localizados en la India, a entidades no residentes –que no tengan EP en la india– que presten dichos servicios de publicidad, aunque en la actualidad se está considerando la ampliación de los servicios digitales a los que se aplica la misma.

La decisión de introducir un gravamen de ecualización en su ordenamiento interno se tomó poco tiempo después de conocerse el resultado del caso *Right Florists,* una entidad residente en la India que anunciaba su actividad en las páginas web de Google (Irlanda) y Yahoo (EE.UU.). La Administración tributaria de este país pretendía someter a gravamen los pagos por servicios publicitarios realizados por la residente a Google y Yahoo, pero el Income-Tax Appellate Tribunal (ITAT) de Calcuta manifestó en abril de 2013 que esas cantidades, calificadas como rendimientos empresariales, no podían someterse a gravamen en la India porque las entidades no residentes no contaban con un EP en esa jurisdicción. Las páginas *web* no podían considerarse un EP localizado en la India y los servidores en los que se alojaban las páginas *web* estaban localizados en otros países; además, en la medida en que la publicidad a través de *banners* en las páginas *web* de Google y Yahoo no comprendía el uso o el derecho de uso de derechos protegidos por Propiedad Industrial, Intelectual o *know-how*, la renta no podía reconducirse al artículo 12 de los CDIs y calificarse como *royalty* –siendo imposible, por lo tanto, una retención en la fuente en virtud de ello-. Tampoco podían considerarse pagos derivados de una prestación de servicios de asistencia técnica – que normalmente contemplan una retención en la fuente en los convenios suscritos por este país-, puesto que el servicio prestado por Google a través de sus motores de búsqueda no exigía un conocimiento especializado, habilidad o destreza, ya que todo el proceso se llevaba a cabo de manera automatizada sin necesidad de intervención humana[56]. Por lo tanto, la renta fue calificada como rendimientos empresariales que deberían someterse a gravamen en el territorio en el que se localizaban los servidores de las entidades no residentes.

En cuanto a sus características básicas, se trata de un impuesto que solo se aplica a operaciones *business to business*, declarándose exentas las operaciones *business to consumer*,

---

54 Reuven Avi-Yonah, "Three steps forward, one step back? Reflections on "google taxes" and the destination-based corporate tax", *Nordic Tax Journal,* Vol. 2016, issue 2. Available at: https://doi.org/10.1515/ntaxj-2016-0007 (2016) 71.

55 La Ley de Presupuestos aclara que los servicios a los que se aplica este gravamen son los servicios de publicidad y cualquier otro servicio que pueda llegar a especificar el gobierno, como pueden ser servicios relacionados con el *marketing* y la publicidad en línea, *cloud computing,* diseño de páginas web, *web-hosting* y mantenimiento de páginas web, suministro de espacio digital, plataformas digitales, publicidad en radio o TV, servicios relacionados con ventas de bienes y servicios en línea, y utilización en línea o descarga de *software* y aplicaciones. Sobre la base de la definición dada de «servicios específicos», se introdujo la *equalization tax* para gravar exclusivamente servicios de publicidad en línea, aunque la normativa permite ampliar el ámbito de aplicación del gravamen de ecualización a cualquiera de los demás servicios indicados en el listado. Si finalmente se produjese una eventual ampliación de los servicios gravados, el gobierno de la India ya manifestó que esto posiblemente traería consigo una reducción del tipo de gravamen aplicable.

56 Ashok K. Lahiri, Gautam Ray, D.P. Segupta, "Equalisation Levy". *Brookings India Working Paper,* N° 1. (2017).

para evitar en este último caso que los costes administrativos superen las cantidades recaudadas. Además, adopta la forma de una retención final sobre la renta bruta pagada por los receptores de servicios de publicidad *online* localizados en la India, siempre y cuando el pago supere el umbral establecido en la norma. Por lo tanto, el sujeto pasivo es la entidad no residente, aunque la entidad receptora del servicio está obligada a efectuar la retención e ingresar el importe retenido en la Agencia tributaria. En cuanto al procedimiento a seguir para efectuar la retención, la entidad receptora del servicio debe solicitar a la entidad prestadora no residente una declaración formal en la que indique que opera en la India sin EP. La retención final se realiza en el momento en el que la entidad receptora satisface el pago de los servicios, deduciendo esa cantidad del importe bruto. A continuación, la entidad receptora del servicio tiene que elaborar una declaración anual en la que se especifican los servicios recibidos. El incumplimiento de estas obligaciones por parte de la entidad receptora del servicio conlleva importantes sanciones. A modo de ejemplo, si no se efectuó la retención y/o no se depositaron las cantidades en la Agencia tributaria, se prevén multas de INR 1,000 al día, con el límite el importe de la *equalization tax*.

Por otro lado, la *equalization tax* se presenta como un impuesto distinto y separado de los impuestos sobre la renta. De acuerdo con la legislación de la India, no es un impuesto sobre la renta, sino un impuesto sobre el volumen de negocios *(turnover tax)*, esto es, un gravamen basado en las transacciones realizadas que se aplica sobre las cantidades satisfechas a una entidad no residente. Además, el ámbito de aplicación territorial de los impuestos sobre la renta y el de la *equalization tax* es distinto; mientras que los impuestos sobre la renta se aplican en todo el territorio nacional, la Ley de Presupuestos declara la exención de la *equalization tax* en Jammu y Cachemira[57]. En este punto, en el Informe del *Indian Committee on Taxation of E-Commerce* se añade que la *equalization tax* no es un tributo comprendido en los tratados para evitar la doble imposición –al contrario que el Impuesto sobre Sociedades–, con el riesgo de doble imposición que esto implica, ya que será el Estado de residencia el que decida si concede o no un crédito fiscal a la entidad no residente a la que se le aplicó la retención en la India. Por el contrario, otros autores manifiestan que, aunque la *equalization tax* no se diseñó como un impuesto comprendido en el ámbito de aplicación de los CDIs, en realidad es un impuesto sobre la renta y no un impuesto sobre el volumen de negocios, por lo que encaja en el artículo 2 del MC OCDE[58].

La *equalization levy* diseñada por el Comité de Expertos en Fiscalidad del Comercio Electrónico de este país fue presentada precisamente como una medida provisional, en tanto en cuanto la comunidad internacional no alcance un consenso sobre la aplicación de los principios de Derecho tributario internacional a la economía digital. Ahora bien, la *equalization levy* de la India no coincide exactamente con la *equalization levy* propuesta por el TFDE en el Informe Final de la Acción 1. La primera se presenta como una alternativa al nuevo nexo basado en una presencia económica significativa. Por su parte, en la Acción 1 se sugiere implementar el gravamen de ecualización únicamente cuando una entidad no residente tenga una presencia económica significativa en la jurisdicción de mercado. Esta presencia económica significativa podría determinarse utilizando umbrales de renta (suficientemente altos para minimizar la carga administrativa a las autoridades fiscales y, asimismo, facilitar el cumplimiento de las obligaciones fiscales por parte de las pequeñas y medianas empresas) o umbrales relacionados con el número de usuarios (número de usuarios mensualmente activos o el volumen de datos recogidos de usuarios de ese Estado). Por el contrario, el gravamen de ecualización de la India no se basa en los datos generados o en los con-

---

57 Manoj Kumar Singh, "Taxation of digital economy: an Indian perspective", *Intertax*, vol. 45, issue 6&7 (2017) 472.

58 Roland Ismer y Christoph Jescheck, "The substantive scope of tax treaties in a post-BEPS world: article 2 OECD MC (taxes covered) and the rise of new taxes", *Intertax*, Vol. 45, issue 5 (2017) 386.

tratos suscritos por medios electrónicos por los usuarios de las páginas *web* para determinar la existencia de un nexo, sino que se fundamenta en la publicidad, en la medida en que la renta por servicios publicitarios parece ser una manera más efectiva para establecer el nexo digital que los datos relacionados con los usuarios[59].

Por último, hay que tener presente que algunos Estados han incorporado de manera unilateral medidas defensivas en sus ordenamientos internos para dar solución a los problemas originados por la economía digital. Así, cabe mencionar el *Diverted Profits Tax* (DPT) de Reino Unido y posteriormente también implementado en Australia, la *Tax Integrity Multinational Anti-avoidance Law* (MAAL) australiana o las iniciativas italianas, esto es, el *Voluntary Disclosure Procedure* y *web tax,* o el anunciado Impuesto sobre Determinados Servicios Digitales español. Estas iniciativas ponen de manifiesto las carencias del Informe Final de la Acción 1, que los Estados tratan de paliar de manera independiente.

Paralelamente, la posibilidad de introducir un impuesto de sociedades sobre la base del destino de las ventas *(destination-based corporation tax)* empieza a ganar fuerza –especialmente después de las últimas iniciativas presentadas en EE.UU.– como alternativa a los problemas originados por el actual sistema tributario internacional, construido sobre los principios de la residencia y de la fuente. En todo caso, esta última opción no estaría exenta de polémica también en lo relativo a la manera de hacerla efectiva, puesto que las propuestas planteadas hasta el momento[60] aluden a una necesaria colaboración directa entre la administración tributaria del Estado de destino de la venta (A) –el Estado en el que reside el comprador– y la Administración tributaria del Estado de residencia de la entidad (B), de modo que este último (B) recaudaría el tributo por cuenta del otro Estado (A), aplicando el tipo impositivo del Estado A. Ambos Estados colaborarían en la recaudación de los tributos del otro, y en un determinado momento se efectuaría la correspondiente compensación y, en su caso, se transferirían las cantidades pertinentes a la otra jurisdicción.

Ahora bien, muchas de estas medidas plantean problemas relacionados con la compatibilidad con las normas de la OMC y los CDIs, pudiendo ocasionar situaciones de doble imposición. Por ello, resulta oportuno un análisis exhaustivo de las posibles opciones y un compromiso de la comunidad internacional para enfrentar los problemas actuales que plantea la economía digital. De lo contrario, las medidas unilaterales proliferarán, y la coordinación fiscal internacional que tanto esfuerzo ha supuesto alcanzar corre el riesgo de desaparecer.

1.3. La estrategia de la Unión Europea para afrontar los retos fiscales que presenta la economía digital en el ámbito de la fiscalidad directa

1.1.1. Introducción

La Comisión Europea ha puesto de manifiesto en su Comunicación de 21 de septiembre de 2017 *"Un sistema fiscal justo y eficaz en la Unión Europea para el mercado único digital"* que *"la UE necesita un marco fiscal moderno para aprovechar las oportunidades del*

---

59 Samira Varanasi y Meyyappan Nagappan, "Financial Budget for 2016-2017: has India put its BEPS foot forward?", *Intertax*, vol. 44, issue 6&7 (2016) 553.

60 Michael Devereux y Rita de la Feria, "Designing and implementing a destination-based corporate tax", *Oxford University Centre for Business Taxation Working Paper Series,* WP 14/17 (2014); Michael Devereux y John Vella, "Implications of digitalization for international corporate tax reform", *Oxford University Centre for Business Taxation Working Paper Series,* WP 17/07 (2017); o Alan Auerbach, Michael Devereux, Michael Keen y John Vella, "International tax planning under the destination-based cash flow tax", *Oxford Legal Studies* Research Paper Nº 14/2017; Saïd Business School WP 2017-09; Oxford University Centre for Business Taxation WP 17/01 (2017), disponible en: https://ssrn.com/abstract=2908158 or http://dx.doi.org/10.2139/ssrn.2908158 .

sector digital, garantizando al mismo tiempo una fiscalidad justa"[61]. De esta manera, deja en claro que el sistema tributario internacional actual no es apropiado para gravar las operaciones realizadas en el marco de la economía digital.

En este texto, la Comisión se refiere a los principales desafíos que deben abordarse. Por un lado, estaría la cuestión de "dónde gravar a las empresas digitales" *(nexo),* es decir, cómo crear y proteger los derechos impositivos en un país donde las empresas pueden prestar servicios en forma digital con poca o ninguna presencia física a pesar de tener una presencia comercial. Por otro lado, nos encontramos con la cuestión de "qué gravar" (creación de valor), es decir, cómo atribuir el beneficio en los nuevos modelos de negocio digitales basados en activos, datos y conocimientos intangibles. Pues bien, para abordar estos problemas, la Comisión se apoya en el trabajo de la OCDE en el marco de la Acción 1 del Plan BEPS, importando sus principales conclusiones. Al mismo tiempo, la Comisión precisa que, en el ámbito de la UE, la propuesta de Base Imponible Común Consolidada del Impuesto sobre Sociedades (BICCIS/CCCTB) ofrece una base para abordar estos desafíos clave. No obstante, mientras no se alcance un acuerdo formal sobre esta última estrategia a largo plazo, la Comisión enumera algunas soluciones alternativas a corto plazo, que incluyen las siguientes: (1) "un impuesto de igualación o compensatorio sobre el volumen de negocios de las sociedades digitales, un impuesto sobre todos los ingresos no gravados o insuficientemente gravados generados por todas las actividades empresariales realizadas por Internet, incluyendo las actividades entre empresas (B2B) o entre empresas y consumidores (B2C), que podría asignarse al Impuesto sobre Sociedades o cobrarse como un impuesto independiente"; (2) una "retención a cuenta sobre las transacciones digitales, esto es, una retención final sobre la base bruta sobre determinados pagos efectuados a proveedores de bienes y prestadores de servicios no residentes pedidos en línea"; o (3) un gravamen sobre los ingresos generados por la prestación de servicios digitales o la actividad publicitaria, precisando, además, que se podría aplicar un gravamen por separado a todas las transacciones concluidas remotamente con clientes en el país donde una entidad no residente tenga una presencia económica significativa. De esta forma, la Comisión expuso los principales problemas y objetivos relacionados con la fiscalidad de la economía digital.

Por lo tanto, después de la publicación de esta Comunicación, quedó claro que la Comisión Europea considera un impuesto de igualación sobre la economía digital como un impuesto aplicado sobre el volumen de negocios de las empresas que operan en este sector, con el objetivo de permitir que la jurisdicción de mercado (aquélla en la que tiene lugar una creación de valor) pueda ejercer su poder impositivo sobre las empresas digitales, igualando la carga impositiva de éstas últimas a la que resulta aplicable a las empresas tradicionales con presencia física dentro de ese país. Ya en ese momento, la Comisión era consciente de la necesidad de seguir trabajando en este ámbito, puesto que surgirían preguntas sobre la compatibilidad de tales enfoques con los CDIs, las normas sobre ayudas estatales, las libertades fundamentales y los compromisos internacionales adoptados en virtud de los acuerdos de libre comercio y las normas de la OMC. En ese momento, se indicó que sería necesario reexaminar la legislación actual para abordar el problema, haciendo hincapié en que el nivel de acción apropiado para ello sería la UE.

Lo cierto es que las conclusiones del Consejo ECOFIN presentadas el 5 de diciembre de 2017 bajo el título *"Responder a los desafíos de la imposición de los beneficios de la economía digital - Conclusiones del Consejo"* invitan a la Comisión a adoptar propuestas para responder a los desafíos de gravar los beneficios en la economía digital, "tomando nota del interés manifestado por varios Estados miembros por las medidas temporales, como por

---

[61] EUROPEAN COMMISSION (2017) Communication from the Commission to the European Parliament and the Council: *A fair and efficient tax system in the European Union for the digital single market,* COM (2017) 547 final (2017).

ejemplo, una exacción compensatoria sobre los ingresos procedentes de las actividades digitales en la UE que se mantuviera fuera del ámbito de aplicación de los convenios sobre doble imposición celebrados por los Estados miembros".

De manera similar, la reciente respuesta de la UE a los desafíos fiscales planteados por la economía digital en el ámbito de la fiscalidad directa pone de manifiesto que las normas tributarias internacionales sobre gravamen de las sociedades no resultan apropiadas en la actualidad para capturar los nuevos modelos de negocio que obtienen rendimientos de las transacciones digitales en una jurisdicción sin tener presencia física en ese territorio. En este sentido y a la luz de la Comunicación de la Comisión Europea de 21 de marzo de 2018 *"Es el momento de instaurar un marco fiscal moderno, justo y eficaz para la economía digital"*, se proponen nuevas reglas para garantizar que las empresas digitales sean gravadas de manera equitativa, justa y favorable al crecimiento de la UE[62].

Específicamente, este paquete de medidas contiene dos propuestas: una solución a largo plazo; y, mientras que no se alcance un consenso sobre la solución a largo plazo, una opción provisional.

La primera propuesta se refiere a una reforma de las reglas del Impuesto sobre Sociedades en la UE para que las entidades digitales paguen sus impuestos allá donde tengan una interacción significativa con los usuarios a través de canales digitales (un nuevo nexo basado en el concepto de presencia digital significativa, esto es, la introducción de un establecimiento permanente virtual). Para lograr este objetivo, la Comisión propone una Directiva por la que se establecen normas relativas a la fiscalidad de las empresas con una propuesta digital significativa, así como recomendaciones a los EEMM para que modifiquen sus CDIs con Estados miembros. Mientras no se alcanza el consenso necesario para conseguir este objetivo, se plantea una solución provisional a través de una propuesta de directiva relativa al sistema común del Impuesto sobre los Servicios Digitales que grava los ingresos procedentes de la prestación de determinados servicios digitales (la opción del gravamen de ecualización).

En la medida de lo posible, y como no podía ser de otro modo, la OCDE y la UE están remando en la misma dirección, si bien parece que la Comisión Europea ha dado un paso decisivo hacia la imposición justa de la economía digital. Veamos, a continuación, el contenido de las propuestas de Directiva.

1.1.2. La propuesta de la Comisión sobre la introducción de un nuevo nexo basado en una presencia digital significativa: el EP digital

La propuesta a largo plazo contenida en la Comunicación *"Es el momento de instaurar un marco fiscal moderno, justo y eficaz para la economía digital"*, de 21 de marzo de 2018 , sería una solución global a nivel internacional. En este caso, la Comisión incide sobre la necesidad de realizar una reforma fundamental del marco internacional del Impuesto sobre Sociedades aplicable a la economía digital que garantice la coherencia de las normas fiscales a escala mundial, la estabilidad y seguridad jurídica para las entidades; se refiere, a fin de cuentas, al diseño de un concepto de establecimiento permanente digital basado en una presencia económica significativa. De esta manera, se establece un nexo que permitiría el gravamen de las empresas digitales que tienen actividad económica fuera de su Estado de residencia sin necesidad de contar con presencia comercial física en la jurisdicción de mercado. Una vez que se determina la presencia digital significativa (esto es, una vez que se entiende que existe un EP virtual o digital), la propuesta establece principios para atribuir beneficios

---

62 European Commission, Communication from the Commission to the European Parliament and the Council: *Time to establish a modern, fair and efficient taxation standard for the digital economy* COM (2018) 146 final (2018).

a la entidad digital. Además, la Comisión se muestra favorable a integrar las disposiciones de esta solución global en las propuestas relativas a una Base Imponible Común Consolidada del Impuesto sobre Sociedades (BICCIS), de manera que la nueva Directiva sobre la presencia digital se combine con las modificaciones de la BICCIS para así conseguir que la normativa sobre el Impuesto sobre Sociedades de los EEMM y la propuesta de BICCIS de los EEMM incluyan normas que resuelvan las dificultades que plantea la fiscalidad de la economía digital. De otra parte, es evidente, que el objetivo de esta iniciativa es proteger la integridad y el funcionamiento adecuado del Mercado único, asegurando que la digitalización no erosione las bases del Impuesto sobre Sociedades. Por lo tanto, la propuesta también fue diseñada para asegurar que los presupuestos de los EEMM sean sostenibles. Finalmente, la iniciativa contribuirá a preservar la equidad social y la igualdad de condiciones entre todas las empresas que intervienen en el mercado.

Es importante tener en cuenta que la propuesta afecta a los contribuyentes (sociedades) establecidos en la UE, pero también a entidades establecidas en una jurisdicción fuera de la UE con la que no exista un CDI aplicable entre ese Estado y el EEMM donde haya una presencia digital significativa (artículo 2). Es decir, para evitar el incumplimiento de las obligaciones asumidas por los EEMM a través de sus redes de CDIs, la propuesta de directiva no afecta a las empresas establecidas en un Estado no perteneciente la UE, si entre ese Estado y el EEMM en el que se determina que existe una presencia digital significativa existe un CDI vigente. No obstante, se prevé una excepción a esta regla en los supuestos en los que el CDI aplicable con una jurisdicción no perteneciente a la UE incluya una disposición similar sobre una presencia digital significativa que cree derechos y obligaciones semejantes en relación con dicha jurisdicción.

El concepto de presencia digital significativa se desarrolla para establecer un nexo imponible en una jurisdicción, ampliando el concepto existente de EP. Los tres factores basados los usuarios propuestos para establecer un nexo imponible de una empresa digital en un Estado miembro son los siguientes: los ingresos obtenidos por la prestación de servicios digitales, el número de usuarios de servicios digitales y el número de contratos para un servicio digital (artículo 4). Es indiscutible y evidente la influencia de las conclusiones del Informe Final de la Acción 1 del Plan BEPS sobre la propuesta de la Comisión relativa a la presencia digital significativa, ya que los criterios para determinar la huella digital de una empresa en una jurisdicción se basan en los mismos indicadores de actividad económica, lo que revela que tanto la OCDE como la UE han desarrollado sus propuestas y recomendaciones en perfecta sintonía.

En todo caso, la propuesta de la Comisión incluye umbrales diferentes respecto de cada uno de los tres criterios basados en los usuarios. Así, se considerará que una plataforma digital tiene una presencia digital imponible (o un EP virtual/digital) en un Estado miembro si cumple uno de los siguientes criterios: (1) si los ingresos procedentes de la prestación de servicios digitales a los usuarios en una jurisdicción superan el umbral de los 7 millones de euros anuales en un Estado Miembro; (2) si el número de usuarios de un servicio digital en un Estado Miembro es superior a 100,000; o (3) si el número de contratos entre empresas para servicios digitales es superior a 3,000. Como argumentamos anteriormente, los umbrales deben ser lo suficientemente altos como para excluir los casos donde las ganancias atribuibles a una presencia digital no cubrirían el coste del cumplimiento tributario para un EP.

Además, la propuesta establece reglas para atribuir beneficios a una presencia digital significativa (artículo 5). En esta línea, se aprecia una inclinación a favor del "principio según el cual a una presencia digital significativa deben atribuirse los beneficios que habría obtenido a través de determinadas actividades económicas importantes realizadas a través de una interfaz digital, en particular en sus tratos con otras partes de la empresa, si hubiera sido una empresa separada e independiente que ejerciera actividades idénticas o similares, en condiciones idénticas o similares, teniendo en cuenta los activos utilizados, las funciones desempeñadas y los riesgos asumidos". Por lo tanto, las reglas propuestas para atribuir ganancias a una empresa digital se basan en los principios aplicables a los precios de transferencia, dejando claro que la atribución de ganancias a una empresa digital debe reflejar las formas particulares en las que las actividades digitales conducen a la creación de valor, a través del uso de criterios que tomen como referencia los datos obtenidos y los usuarios.

Las nuevas reglas eliminarían las distorsiones en la competencia, por lo que las empresas se beneficiarían de la existencia de unas reglas de juego equitativas (el denominado *level playing field).* Por otro lado, la implementación de esta opción conduciría a un incremento de los costes de cumplimiento de los contribuyentes y, al mismo tiempo, las administraciones tributarias también incurrirían en costes derivados de la implementación del nuevo nexo fiscal. No obstante, esta solución contribuiría a la sostenibilidad a largo plazo del sistema tributario que, al fin y al cabo, garantice una fiscalidad justa y eficaz de las empresas digitales.

1.1.3. La propuesta de la Comisión sobre la introducción de un impuesto sobre Servicios Digitales (el gravamen de ecualización)

Habiendo comprobado que algunos EEMM habían comenzado a implementar medidas unilaterales para garantizar el *level playing field,* la Comisión tomó conciencia de los riesgos que implican estas iniciativas descoordinadas para alcanzar el mercado único digital y evitar distorsiones de la competencia. Por ello, en el paquete de medidas de marzo de 2018 se plantea la introducción de una medida provisional, esto es, el diseño de un Impuesto sobre Servicios Digitales *(digital services tax)* que gravaría los ingresos derivados de determinados servicios digitales prestados a distancia. Esta medida provisional se aplicaría hasta que se llegue a un consenso en relación con una solución global a nivel internacional.

El impuesto sobre servicios digitales sería un *equalization tax* del 3% sobre los ingresos anuales brutos obtenidos en la UE procedentes de determinados servicios digitales, que debería satisfacerse en el Estado o en los EEMM en los que estén localizados los usuarios implicados en las transacciones, esto es, donde, a juicio de la Comisión, está teniendo lugar la creación de valor.

Las rentas procedentes de servicios que dependen en gran medida de la participación de los usuarios o de los datos obtenidos de los usuarios para generar ingresos son, de hecho, aquéllas en las que resulta más difícil su sometimiento a gravamen en la jurisdicción de mercado, puesto que normalmente son servicios que se prestan a distancia, en los que el prestador no suele tener presencia física en el Estado en el que están los usuarios. Concretamente, la propuesta de la Comisión incluye los siguientes servicios en el ámbito de aplicación del nuevo impuesto: (1) servicios que impliquen la inclusión en una interfaz digital de publicidad dirigida a los usuarios de dicha interfaz, esto es, la venta de espacios publicitarios *online*; (2) la puesta a disposición de los usuarios de una interfaz digital multifacética que les permita localizar a otros usuarios e interactuar con ellos, y que pueda facilitar asimismo las entregas de bienes o las prestaciones de servicios subyacentes directamente entre los usuarios, esto es, actividades de intermediarios digitales; y (3) la transmisión de los datos recopilados acerca de los usuarios que hayan sido generados por actividades desarrolladas por estos últimos en las interfaces digitales. En definitiva, la propuesta de la Comisión implica someter a gravamen las rentas obtenidas de la monetización de las contribuciones de los usuarios, y no de la participación de los usuarios en sí misma.

La propuesta de directiva incluye, en su artículo 5[63], reglas para determinar el lugar de imposición de los ingresos sujetos a este impuesto, y la renta imponible serían los ingresos brutos de una empresa derivados de la prestación de los servicios comprendidos en el ámbito de aplicación del impuesto, una vez deducido el IVA.

Con el objetivo de mitigar los riesgos de doble imposición respecto de las rentas sujetas a gravamen en el Impuesto sobre Servicios Digitales y el Impuesto sobre Sociedades, los Estados Miembros deberían autorizar a las empresas a deducir el Impuesto sobre Servicios Digitales satisfecho como gasto en su base imponible del Impuesto sobre Sociedades en su Estado de residencia, independientemente de que ambos impuestos se paguen en el mismo o en diferentes Estados Miembros.

Los servicios prestados por proveedores de servicios de financiación participativa regulados *(regulated crowdfunding service providers)*, centros de negociación o internalizadores sistemáticos no entran en el ámbito de aplicación del nuevo impuesto. Tampoco los servicios consistentes en facilitar la concesión de préstamos por parte de proveedores regulados de servicios de financiación participativa (artículos 3.4 y 3.5). Pero los servicios prestados por plataformas de financiación participativa distintos de la inversión y el crédito que constituyan una intermediación, como la financiación participativa de donación y de recompensa, o los servicios prestados por esas plataformas que consistan en la inclusión de publicidad, encajan en el ámbito de aplicación del impuesto.

Por otro lado, para asegurar que esta propuesta provisional no tenga un impacto negativo sobre las pequeñas y medianas empresas o sobre las empresas emergentes, y que su aplicación esté limitada a casos en los que exista una huella digital significativa en la UE, se establecen dos umbrales (artículo 4). Solo las grandes empresas estarán sujetas a este impuesto, es decir, aquéllas que tenga un importe total de ingresos mundiales que supere los 750 millones de euros y respecto de las que el importe total de los ingresos imponibles obtenidos dentro de la UE durante ese ejercicio supere los 50 millones de euros, independientemente de que tengan su residencia a efectos del Impuesto sobre Sociedades en un Estado miembro o no.

Adicionalmente, el impuesto se recaudará por el Estado en el que se encuentren los usuarios; en este punto, se pone a disposición de los sujetos pasivos un mecanismo de simplificación de ventanilla única *(one-stop-shop*, OSS), de tal modo que un sujeto pasivo obligado al pago del impuesto en uno o varios EEMM pueda cumplir con todas sus obligaciones (identificación, envío de la declaración del impuesto y pago) en el mismo lugar –el punto de contacto único-. Con el sistema de ventanilla única, un Estado miembro (el Estado miembro de identificación) recogerá y compartirá la información con los demás EEMM en los que el contribuyente tenga obligación de satisfacer el impuesto, transfiriendo la proporción adeudada a cada uno de ellos.

Es importante señalar que el Impuesto sobre Servicios Digitales ha sido diseñado por la Comisión siguiendo las directrices contenidas en el informe de la OCDE '*Tax Challenges*

---

63 En el supuesto de servicios que impliquen la inclusión en una interfaz digital de publicidad dirigida a los usuarios de esa interfaz, habría que tener en cuenta el número de veces que haya aparecido un anuncio publicitario en los dispositivos de un usuario en un momento en el que el dispositivo se está utilizando en un Estado Miembro. En el caso de servicios que impliquen la intervención de intermediarios digitales, es necesario distinguir entre supuestos en los que la interfaz digital multifacética facilita las entregas de bienes o las prestaciones de servicios subyacentes directamente en los usuarios y aquéllos en los que no lo hace. En el primer caso, el factor que habría que tener en cuenta es el número de usuarios que hayan concluido operaciones subyacentes en la interfaz digital mientras utilizaban un dispositivo en un Estado Miembro. En el segundo caso, el factor a tener en cuenta sería el número de usuarios que dispongan de una cuenta que se haya abierto utilizando un dispositivo en ese Estado Miembro. Por último, respecto de los servicios que impliquen la transmisión de los datos recopilados acerca de los usuarios que hayan sido generados por actividades desarrolladas por estos últimos en las interfaces digitales, el factor a tomar en consideración es el número de usuarios que hayan generado datos transmitidos en ese período impositivo a raíz de la utilización por los mismos de un dispositivo para acceder a una interfaz digital.

Arising from Digitalisation –Interim Report 2018[64], y también tomando en consideración las prácticas unilaterales llevadas a cabo por algunos EEMM. De hecho, la Comisión Europea y la OCDE están trabajando conjuntamente en el desarrollo de una solución global a nivel internacional para gravar la economía digital. Pero, consciente de las dificultades de adoptar un acuerdo de esta entidad, en tanto en cuanto esto no se consiga, la Comisión ha decidido avanzar con una propuesta armonizadora provisional que mitigue los efectos adversos de la proliferación de nuevos impuestos sobre servicios digitales con diferente regulación en cada una de los EEMM.

No obstante, el pasado 4 de diciembre de 2018 tuvo lugar una reunión del Consejo de Asuntos Económicos y Financieros de la UE (ECOFIN) en la que se produjo un debate sobre la propuesta europea relativa a la creación del Impuesto sobre Servicios Digitales y en la que los EEMM no consiguieron llegar a un consenso sobre la propuesta planteada por la Comisión. En consecuencia, aunque se elaboró un texto transaccional que incluía los elementos que cuentan con mayor respaldo de los EEMM, la propuesta no obtuvo el apoyo necesario para continuar con su tramitación. De hecho, existe una declaración conjunta de Francia y Alemania en la que se sugiere limitar el ámbito de aplicación del impuesto a las rentas derivadas de la prestación de servicios de publicidad *online*. Por lo tanto, lo que parecía ser una solución a corto plazo de fácil y rápida implantación, puede que acabe prolongándose mucho más de lo esperado.

Ante esta nueva situación, Estados Miembros de la UE como España, Italia o Hungría han optado por seguir adelante con la creación de Impuestos sobre Servicios Digitales.

Concretamente en el caso de España, el día 23 de octubre de 2018 se publicó en la página del Ministerio el Anteproyecto de Ley del Impuesto sobre determinados Servicios Digitales, que sigue la línea de la propuesta de directiva de la Comisión. El hecho imponible de este impuesto estaría constituido por: (1) la prestación de servicios de publicidad *online*; (2) la prestación de servicios de intermediación *online*; y (3) la venta de datos recopilados a partir de información proporcionada por los usuarios. Por su parte, los sujetos pasivos sería las empresas con una facturación mundial superior a los 750 millones de euros y que generen ingresos superiores a 3 millones de euros en España.

Se presenta como un impuesto *indirecto* que grava las prestaciones de determinados servicios digitales en los que haya intervención de usuarios localizados en territorio español y que pretende modernizar el sistema fiscal y adaptarlo a las áreas de negocio del siglo XXI, para que las empresas tributen allá donde se generen sus beneficios. Se introduce, por lo tanto, como un impuesto indirecto, compatible con el IVA, por lo que, en principio, no quedaría comprendido en el ámbito de los CDIs. No obstante, su clasificación como impuesto indirecto plantea ciertas dudas, ya que el Impuesto español sobre determinados Servicios Digitales grava directamente la capacidad económica de las empresas al aplicarse el tipo impositivo del 3% sobre la renta obtenida, y no incluye un mecanismo que permita trasladar la carga del impuesto al consumidor final, característica propia de los impuestos indirectos. Puede ser, sin embargo, que la configuración del impuesto como indirecto tenga como objetivo únicamente evitar que se considere un impuesto comprendido en los CDIs. Por el contrario, si se entiende que verdaderamente nos encontramos ante un impuesto directo, cabría plantearse, además, si el nuevo impuesto grava la misma manifestación de capacidad económica que el Impuesto sobre Sociedades o el Impuesto sobre Actividades Económicas, una cuestión que debería responder el Tribunal Constitucional (TC) español.

---

64 OECD, *Tax Challenges Arising from Digitalisation –Interim Report 2018: Inclusive Framework on BEPS*, OECD/G20 Base Erosion and Profit Shifting Project, OECD Publishing, Paris (2018) http://dx.doi.org/10.1787/-9789264293083-en

Pues bien, el Impuesto español sobre determinados Servicios Digitales está incluido en la Ley de Presupuestos del año 2019, pendiente aún de aprobación. Sin embargo, en el supuesto de que no sea posible sacar adelante la Ley de Presupuestos en un corto espacio de tiempo, el gobierno ha manifestado su intención de aprobar el tributo a través de la figura del decreto-ley. En este punto, convendría tener presentes los límites a los que se encuentra sometido el uso del decreto-ley en el ámbito tributario, atendiendo a lo dispuesto en el artículo 86 de la CE: que se trate de una situación de extraordinaria y urgente necesidad, y que el decreto-ley no afecte a los derechos, deberes y libertades regulados en el Título I de la CE. Respecto de este último límite, el TC ha precisado en su sentencia 182/1997, de 28 de octubre, que el decreto-ley puede incluir normas tributarias, siempre que no alteren sustancialmente la posición del contribuyente en el conjunto del sistema tributario. Y, lo que resulta más interesante, no puede dejarse de lado el hecho de que el decreto-ley no puede establecer, crear o implantar un tributo nuevo o regular los elementos esenciales del mismo[65].

Finalmente, habrá que prestar atención al desarrollo de la propuesta europea sobre el Impuesto sobre Servicios Digitales y, en particular, a la eventual reducción de los servicios gravados por este impuesto, ya que ésta aconsejaría la revisión del hecho imponible de la propuesta española, en caso de que finalmente consiga ser aprobada.

---

65 Ramón Falcón y Tella, "El Decreto-ley en materia tributaria", *Revista Española de Derecho Constitucional,* año nº 4, nº 10, (1984) 197.

§ 50. TRIBUTACIÓN DE LOS SERVICIOS DIGITALES: CHILE; UNION EUROPEA; ORGANIZACIÓN PARA LA COORPERACION Y EL DESARROLLO ECONÓMICO (OCDE)

Patricio Masbernat [*]
Gloria Ramos [**]

1. INTRODUCCIÓN

La tributación de las actividades económicas o comerciales que se efectúan en el espacio virtual o electrónico, o en el escenario de las redes digitales, ha sido un tema de preocupación desde hace varios años. Su progresivo desarrollo ha generado el término de "economía digital". No se trata de un asunto totalmente nuevo sino que, como todas las actividades económicas, presenta una continua evolución, nuevas facetas, nuevas clases de negocios o productos.

LI (p. 489) define "economía digital" como *"the global network of economic and social activities that are enabled by platforms such as the Internet, mobile and sensor networks"* [1], siendo sus características clave, la conectividad remota, la desmaterialización y los múltiples roles del consumidor en la creación de valor. Asimismo, describe el e-commerce como un elemento de la economía digital, bajo el concepto de *"the sale or purchase of goods or services, conducted over computer networks by methods specifically designed for the purpose of receiving or placing of orders"*. [2]

La economía digital ha dado lugar a una serie de nuevos modelos de negocios, productos y servicios innovadores, como comercio electrónico (venta de productos físicos o servicios a través de la red mediante plataformas específicas; B2B, B2C o C2C); tiendas de descarga de aplicaciones en línea y productos digitales; publicidad en línea: computación en la nube (*cloud computing*); servicios o plataformas de pagos; comercio de alta frecuencia; y, plataformas de red participativas (redes sociales). [3]

Ahora bien, muchos negocios sustentados en nuevas tecnologías o del mundo virtual son susceptibles de someterse a los esquemas tributarios usados para negocios llevados a cabo de manera presencial o física. Pero también existen otros negocios virtuales más difíciles de capturar. Como comenta PATON, en algunos casos se presenta la deslocalización de los participantes (productor, intermediario vendedor, bodegas, proveedores, servidores, compradores, consumidores, etc.), lo que conduce a la "banalización de las residencias que prestan los servicios, la facilitación del acceso a bienes y servicios para los consumidores que

---

* PhD, abogado. Académico de la *Academia Brasileira* de Direito Tributário ABDT. Profesor de la Universidad Autónoma de Chile.

** PhD, abogado, Universidad Autónoma de Chile. Ministerio de Relaciones Exteriores de Chile.

1 Li, Jinyan, "Chapter VIII, Protecting the tax base in digital economy", en AAVV, *United Nations Handbook on Selected Issues in Protecting the Tax Base of Developing Countries*, Edited by Alexander Trepelkov, Harry Tonino and Dominika Halka, United Nations (New York, ONU, 2017, 2ª edition), p. 489.

2 Li, Jinyan, *op. cit.,* p. 490.

3 Li, Jinyan, *op. cit.,* p. 494.

no necesitan desplazarse para proveerse" de ellos.[4] Estas condiciones son aún más llamativas en las relaciones jurídicas que se generan en el contexto de las plataformas colaborativas de la economía digital, donde puede presentarse el fenómeno de las "actividades digitales totalmente desmaterializadas". SÁNCHEZ-ARCHIDONA menciona como características de estas últimas las siguientes:

"1. *La actividad principal de la empresa se basa enteramente o en su mayor parte en bienes y/o servicios digitales.*

2. *No entran en juego actividad o elemento físico alguno en la creación de los bienes y servicios o en su entrega y prestación, respectivamente, aparte de la existencia, uso o mantenimiento de servidores y sitios web u otras herramientas informáticas, así como la recopilación, procesamiento y comercialización de datos geolocalizados.*

3. *Los contratos se celebran generalmente a distancia, a través de Internet o por teléfono.*

4. *Los pagos se efectúan exclusivamente mediante tarjetas de crédito u otros medios de pago electrónicos gracias a formularios en línea en los sitios web correspondientes o a plataformas vinculadas o integradas en los mismos.*

5. *Los sitios web representan el único medio utilizado para relacionarse con la empresa; no intervienen ninguna tienda o agencia física en las actividades principales, a excepción de las oficinas situadas en los países en que se encuentren la matriz o la compañía explotadora.*

6. *Todos o la mayor parte de los beneficios son imputables a la entrega de bienes o prestación de servicios digitales.*

7. *El cliente no tiene en cuenta el domicilio legal o residencia fiscal y la ubicación física del vendedor, que no influyen en sus elecciones. 8. El uso efectivo del bien digital o la prestación del servicio digital no precisan de una presencia física o de la utilización de un producto material distinto de un ordenador, dispositivos móviles u otras herramientas informáticas."*[5]

Por ello, Li sostiene que los modelos de negocios y características de la economía digital plantean preguntas importantes sobre dónde y cuánto se obtiene la ganancia con fines fiscales. Las características de desmaterialización y movilidad de la economía digital no están alineados con el proceso de elaboración de las políticas fiscales existentes y los principios fiscales que se desarrollaron para la economía tradicional, lo que hace que las reglas legales impositivas actuales sean inaplicables. En una economía digital, el conocimiento y la información (datos) se consideran un factor de producción principal, fuera de los tres factores de producción tradicionales (trabajo, capital y tierra). La digitalización de las actividades económicas centrales, como la producción, distribución y consumo de bienes y servicios, convierten a los tangibles en intangibles, las cosas físicas en bits y bytes digitales.[6]

La dificultad de ubicar las actividades totalmente desmaterializadas en alguna jurisdicción se intenta resolver con el "test de presencia digital significativa" en un determinado país ("*test of significant economic presence*"), el cual se determina con factores como los siguientes:

---

4   Patón García, Gemma, "Capítulo XVII. Fiscalidad y economía digital en América Latina", en *Tendencias y desafíos fiscales de la economía digital*, Saturnina Moreno González (dir.), José Ángel Gómez Requena (ed.), (Aranzadi, Pamplona, 2017), p. 517.

5   Sánchez-Archidona, Guillermo, "Economía colaborativa y presencia digital. Conflictos derivados de la sujeción a tributación de la actividad online", en *Fiscalidad de la economía colaborativa: especial mención a los sectores de alojamiento y transporte,* Manuel Lucas Durán y Cristina García-Herrera Blanco (Dirs.), Documentos de Trabajo del Instituto de Estudios Fiscales 15/2017 (IEF, Madrid, 2017), p. 14. Edición PDF.

6   Li, Jinyan, *op. cit.,* p. 500.

"1. *Se firme a distancia un número significativo de contratos de suministro de bienes o servicios digitales totalmente desmaterializados entre la empresa y un cliente residente en ese país a efectos fiscales.*

2. *Los bienes o servicios digitales de la empresa se utilicen o consuman, en gran medida, en dicho país.*

3. *Los clientes situados en ese país efectúen pagos sustanciales en favor de la empresa como contraprestación por las obligaciones contractuales derivadas del suministro de bienes o servicios digitales en cuanto parte de la actividad principal de la empresa en cuestión.*

4. *Una sucursal de la empresa ubicada en dicho país desarrolle actividades secundarias, como es el caso de funciones de asesoramiento y comercialización dirigidas a los clientes residentes del país en cuestión estrechamente vinculadas a la actividad principal de la empresa.*"[7]

Si se analiza de manera concreta, todos los servicios o productos pagados por tarjetas de crédito o transferencias bancarias pueden ser rastreados y fiscalizados, en la medida en que se vinculan a un banco autorizado en algún país y normalmente ingresan a cuentas de bancos del mismo país o de otro país. El adecuado procesamiento de la información bancaria y el intercambio de información entre administraciones tributarias podrán resolver gran parte de los asuntos tributarios o de las obligaciones tributarias generadas por negocios u operaciones efectuadas en el mundo virtual.

Por otro lado, las transacciones con criptomonedas u otros medios no registrados por algún Estado, son más difíciles de fiscalizar, aunque no son totalmente imposibles de controlar, si se obliga a los vendedores a solicitar información de los adquirentes y compartirla con el Estado de residencia del consumidor.

De todos los asuntos posibles de analizar en este campo, en este artículo nos queremos centrar en la tributación de los *servicios digitales*, dado que ellos presentan características particulares, tales como su deslocalización.

Respecto de los mismos, es crucial la determinación de la jurisdicción en la cual deben tributar, es decir, el problema del reparto de potestades tributarias entre las jurisdicciones.

En adelante efectuaremos una breve exposición del asunto de acuerdo a la Organización para la Cooperación y el Desarrollo Económico (OCDE), la Unión Europea, y Chile.

Obviamente, las iniciativas de la OCDE consideran básicamente los intereses de las economías desarrolladas, no de los países subdesarrollados.[8] Incluso la iniciativa BEPS ha sido cuestionada. En efecto, en el seno de la Organización de las Naciones Unidas (ONU o NU), Alexander TREPELKOV, ha sostenido que "*[i]t is evident that BEPS negatively affects domestic resource mobilization in developing countries, resulting in forgone tax revenue and a higher cost of tax collection*".[9]

La ONU considera importantes los trabajos de la OECD, y que si bien consideró la perspectiva de los países subdesarrollados, se debe destacar que dichos países principalmente se encuentran preocupados por la reducción de los impuestos basados en la fuente, en lugar del desplazamiento del ingreso nacional de las empresas de propiedad local a jurisdicciones con impuestos bajos o sin impuestos. Por otro lado, se encuentran preocupados por recoger ingresos fiscales a través del impuesto de sociedades sobre las inversiones extranjeras que

7   Sánchez-Archidona, Guillermo, 2017, *op. cit.,* p. 15.

8   Báez, Andrés, *"El Plan BEPS y Los Países en Vías de Desarrollo (BEPS and Developing Countries)"* (SSRN, EEUU, 2017) Edición PDF. [Disponible en SSRN: https://ssrn.com/abstract=2956284 or http://dx.doi.org/10.2139/ssrn.2956284]. Acceso 28/03/2019.

9   Trepelkov, Alexander, "Prologo", en AAVV, *United Nations Handbook on Selected Issues in Protecting the Tax Base of Developing Countries*, Edited by Alexander Trepelkov, Harry Tonino and Dominika Halka, (United Nations, New York, 2015, 1ª ed.), p. iv.

ingresan al país. Finalmente, sus capacidades técnicas y administrativas limitan el control de las acciones que apuntan a la erosión de la base y al desplazamiento de los beneficios. Estos países se encuentran interesados en proteger las bases impositivas nacionales, y a ello apunta el desarrollo de sus capacidades administrativas.[10]

Dicha organización internacional ha examinado estas cuestiones al interior del "*United Nations Committee of Experts on International Cooperation in Tax Matters*", el cual estableció el "*Subcommittee on Base Erosion and Profit Shifting Issues for Developing Countries*", que debe interactuar con las administraciones tributarias de los países subdesarrollados. Además, la Oficina de Financiamiento para el Desarrollo del Departamento de Asuntos Económicos y Sociales de las Naciones Unidas (*Financing for Development Office of the United Nations Department of Economic and Social Affairs*) emprendió un proyecto para complementar este trabajo desde una perspectiva de desarrollo de capacidades (*FfDO Project*).[11]

El *FfDO Project* se centró en algunos tópicos, orientados a complementar la actividad de la OCDE, esta vez desde la perspectiva de los países subdesarrollados, entre ellos: (a) Neutralizar los efectos de los arreglos de desajustes híbridos; (b) Limitar la deducción de intereses y otros gastos financieros; (c) Prevenir la evitación del estatus de establecimiento permanente; (d) Proteger la base imponible en la economía digital; (e) Avanzar en la transparencia y revelación de información; (f) Prevenir el abuso de los tratados fiscales; (g) Preservar la tributación de las ganancias de capital por los países de origen; (h) Mejorar la fiscalidad de los servicios; (i) Analizar los problemas de los incentivos fiscales.[12]

Para los países en desarrollo, uno de los aspectos que cruza su preocupación es la posibilidad de recolectar de manera efectiva los tributos, y ello se relaciona con el problema de elusión o evasión tributaria.

Para Li, existen cuatro desafíos en la economía digital en estos asuntos:

(a) La erosión de la base imponible y el desplazamiento de los beneficios y la "*base cyberization*" afectan predominantemente a las jurisdicciones del mercado ("*market jurisdictions*"). La base imponible de las ganancias empresariales (*Company Income Tax*, CIT) de estas jurisdicciones se erosiona o se pierde principalmente porque las reglas que definen los derechos tributarios basados en el origen de un país son obsoletas e ineficaces para la economía digital. Por su parte, la base del IVA se ha erosionado debido a las dificultades para imponer y recaudar impuestos. Debido a que los países en desarrollo son predominantemente jurisdicciones de mercado, el impacto de la erosión de la base imponible y el desplazamiento de los beneficios y la "*base cyberization*" es presumible-mente más grave en ellos.

(b) Para proteger sus bases imponibles, los países en desarrollo necesitan implementar algunas nuevas herramientas fiscales para la economía digital, idealmente a través de esfuerzos multilaterales. Un enfoque evolutivo es preferible ("*evolutionary approach*"), ya que es improbable que un régimen fiscal radicalmente diferente para la economía digital reciba apoyo internacional y viole uno o más objetivos políticos clave, como la neutralidad y la eficiencia. El Convenio Modelo de la ONU sobre doble tributación entre países desarrollados y en desarrollo ofrece más información sobre los impuestos de origen que el Convenio

---

10 Ault, Hugh & Arnold, Brian, "Chapter I, Protecting the tax base of developing countries: an overview", en AAVV, *United Nations Handbook on Selected Issues in Protecting the Tax Base of Developing Countries*, Ed. by Alexander Trepelkov, Harry Tonino and Dominika Halka, (United Nations New York, 2015, 1ª ed.), p. 6.

11 Ault, Hugh J. & Arnold, Brian J., "Chapter I...", *op. cit.*, p. 7.

12 Ault & Arnold explican que: "*This project does not deal with the base erosion and profit shifting aspects of transfer pricing as those matters are being considered by the Subcommittee on Article 9 (Associated Enterprises): Transfer Pricing, as part of its work on the revision of the United Nations Practical Manual on Transfer Pricing for Developing Countries.*" Ault, H. & Arnold, B., "Chapter I...", *op. cit.*, p. 7.

Modelo de la OCDE sobre la renta y el capital. Los ejemplos son el umbral más bajo para presencia física o establecimiento permanente y retención de impuestos sobre regalías. La extensión de la justificación política de estas reglas tributarias de fuente más amplia al contexto de la economía digital parece ser coherente con la justificación política más amplia de prevenir el BEPS y la dirección correcta para formular medidas fiscales para la era digital. En lo que respecta al Impuesto sobre el Valor Añadido (IVA), existen algunas prácticas recomendadas que los países en desarrollo deben tener en cuenta, como exigir que los proveedores extranjeros en línea se registren para el IVA si las ventas en un país superan un umbral específico.

(c) No obstante los méritos del "*evolutionary approach*", la naturaleza global e intangible de la economía digital también requiere un pensamiento original sobre dónde se crea el valor para fines fiscales y cómo los Estados pueden compartir la nueva base impositiva de manera justa. Se necesitan nuevas reglas de nexo o nuevas formas de aplicación de los principios existentes para asegurar un reparto justo de la base imponible entre los países, especialmente entre los países desarrollados y en desarrollo.

(d) Lo más apropiado para el interés de los países en desarrollo es participar en los esfuerzos multilaterales para hacer frente a los desafíos fiscales de la economía digital. Las economías de los países en desarrollo están cada vez más ligadas a la economía mundial, al igual que su base tributaria. La naturaleza global de la nueva economía desafía cualquier política fiscal o medidas de cumplimiento unilaterales centradas en una jurisdicción.[13]

2. LA ESTRATEGIA DE LA OCDE.

El *Plan de acción contra la erosión de la base imponible y el traslado de beneficios* acción 1, BEPS 1, es descrito del siguiente modo:

> "*Abordando los Desafíos Tributarios de la Economía Digital.*
>
> *La Acción 1 aborda los desafíos fiscales de la economía digital e identifica las principales dificultades que plantea la economía digital para la aplicación de las normas tributarias internacionales existentes. El Informe describe las opciones para abordar estas dificultades, adoptando un enfoque holístico y considerando los impuestos directos e indirectos.*"[14]

Los BEPS no sólo comprometen a los países de la OCDE, dado que ella estableció el Marco Inclusivo (junio de 2016), con el objeto de integrar a otros países no miembros para el desarrollo de estándares relacionados con BEPS y el seguimiento de su uniforme implementación.[15]

Para algunos, el mayor problema fiscal vinculado a la economía digital se encuentra en el fraude fiscal, fundamentalmente bajo la forma de erosión de la base imponible y el desplazamiento de los beneficios hacía territorios de menor tributación

Se ha sostenido que "[l]a acción 1 sobre la economía digital viene a ser una especie de introducción a los problemas a los que BEPS trata de dar solución, muchos de los cuales se

---

13 Li, Jinyan, *op. cit.*, p. 483-485.

14 "*ACTION 1. Addressing the Tax Challenges of the Digital Economy. Action 1 addresses the tax challenges of the digital economy and identifies the main difficulties that the digital economy poses for the application of existing international tax rules. The Report outlines options to address these difficulties, taking a holistic approach and considering both direct and indirect taxation.*", Sitio web OCDE [http://www.oecd.org/tax/beps/beps-actions.htm]. Acceso 28/03/2019.

15 Específicamente, respecto de las consecuencias de la digitalización de la economía: ver Sitio web OCDE [http://www.oecd.org/tax/desafios-fiscales-derivados-de-la-digitalizacion-mas-de-110-paises-deciden-trabajar-hacia-una-solucion-consensuada.htm]. Acceso 28/03/2019.

han presentado o detectado con especial virulencia en el mundo de la economía digital."[16]

El Informe de 2015 sobre la Acción 1 del *Proyecto BEPS*[17] destacaba que la economía digital se caracteriza especialmente por: (a) basarse en activos o bienes intangibles; (b) por el uso masivo de datos (en forma de bits); (c) por sus modelos económicos, respecto de los que la OCDE sostiene que "tres rasgos distintivos se observan con frecuencia en ciertos modelos económicos altamente digitalizados: lo que se ha dado en llamar 'magnitud sin multitud'; la fuerte dependencia de los activos intangibles; y, el papel de los datos y de la participación de los usuarios, incluidos los efectos de red"[18]; (d) por el nivel de internacionalización de las empresas.

Palacín destaca los desafíos esenciales que plantea la estructura de la cadena de valor de las empresas digitales:

(a) Una obtención de ingresos en la jurisdicción de la fuente (*market jurisdiction*) con un nivel de funciones extremadamente bajo.

(b) La posibilidad de que las actividades realizadas en la jurisdicción de la fuente escapen de la definición de establecimiento permanente.

(c) La atribución de beneficios a los activos intangibles inherentes al modelo de negocio, sean comerciales o tecnológicos, los cuales incluso pueden encontrarse en una jurisdicción intermedia entre la *market jurisdiction* y la de producción de los activos intangibles, lo que puede poner en cuestión la titularidad sobre los ingresos derivados del intangible.

(d) La atribución de riesgos específicos de la cadena de valor (que tienen menor movilidad que los activos intangibles), en especial el propiamente tecnológico, y su papel en la atribución de beneficios.[19]

Al respecto, la OCDE persigue la armonización de los "criterios de sujeción" y de las reglas de "atribución de beneficios".[20]

La OCDE, está de acuerdo en que los países apliquen lo antes posible y como medida provisional, un impuesto especial a la prestación de ciertos servicios digitales efectuada bajo su jurisdicción que se aplicaría al importe bruto satisfecho en contraprestación a dichos servicios digitales.

Otro aspecto que se persigue es el de poner límites a las prácticas de elusión tributaria y a las posibilidades de no doble imposición. Esto se encuentra alineado con las "Directrices Internacionales sobre IVA/IBS"[21], también de la OCDE, que incluye un estándar internacional para el cobro de IVA en ventas transfronterizas y recomienda que los vendedores cobren

---

16 AAVV, "Introducción", en AAVV, *Plan de Acción BEPS: Una Reflexión Obligada*, J & A Garrigues, (Fundación Impuestos y Competitividad, Madrid, 2017), p. 16.

17 OCDE (2015): *Abordar los des   1 – Informe final 2015*, (Edicio-
                , 2017) Edición PDF. [disponible en http://dx.doi.org/10.1787/9789264241046-en]. Acceso 28/03/2019.

18 OCDE,   *: informe provisional 2018* (Paris, OCDE, 2018), p. 2. Edición PDF. Sitio Web OCDE [https://www.oecd.org/tax/beps/resumen-desafios-fiscales-derivados-de-la-digitalizacion-informe-provisional-2018.pdf]. Acceso 28/03/2019.

19 Palacín Sotillos, Ramón "Capítulo I. Acción 1: Los desafíos de la economía digital para la tributación de las empresas multinacionales", en AAVV, *Plan de Acción BEPS: Una Reflexión Obligada*, J & A Garrigues, (Fundación Impuestos y Competitividad, Madrid, 2017), pp. 24-25.

20 Vinculado al problema de la determinación del nexo del negocio con una jurisdicción, o como dice el In-

derivados de la digitaliza   : informe provisional 2018" p. 3.

21 OECD, International VAT/GST Guidelines (OECD Publishing, Paris, 2017). Edición PDF. [https://doi.org/10.1787/9789264271401-en]. Acceso 28/03/2019.

y registren el IVA de las transacciones transfronterizas y lo remitan a las jurisdicciones de residencia de los consumidores finales (principio del destino).[22] Estas medidas persiguen armonizar las normativas nacionales de aplicación del IVA, facilitar las reglas a los Estados y contribuyentes, y combatir más eficazmente el fraude.

La OCDE plantea que "otro de los efectos que se esperan de la aplicación generalizada del paquete de medidas BEPS, junto con las directivas recientemente adoptadas por la UE y algunos aspectos de la reforma fiscal estadounidense [reforma fiscal denominada GILTI], es la neutralización de los tipos de gravamen efectivos excesivamente bajos a los que resultan sometidas algunas empresas".[23]

Otro aspecto que se destaca por la OCDE, es el esfuerzo por lograr mayores niveles de colaboración y mayores flujos de intercambio de información entre Administraciones Tributarias. Al respecto el *Informe provisional* identifica nuevas líneas de trabajo necesarias de desarrollar urgentemente:

"Dada la disponibilidad y la posibilidad de acceso a 'datos masivos' o macrodatos, es necesario intensificar la cooperación internacional entre administraciones tributarias, principalmente en lo concerniente a la información sobre los usuarios de plataformas en línea en su condición de parte integrante de iniciativas como la *economía colaborativa* (*sharing economy*) y *economía por encargo* (*gig economy*), con el fin de garantizar el pago de los impuestos devengados por lo

repercusiones fiscales de las nuevas tecnologías (tales como las criptomonedas y la tecnología de contabilidad distribuida o *blockchain*)."[24]

---

22 GIL explica extensamente cómo opera el principio del destino: "*Aunque el propósito fundamental del principio de destino es asegurarse de que todos los ingresos se devengan en la jurisdicción donde se produce el suministro al consumidor final, el principio no se limita a los suministros entre empresa y consumidor. También, se aplica a las entregas de empresa a empresa, a pesar de que los suministros entre ellas no implican consumo final. / Debido a que los suministros de empresa a empresa objeto de comercio internacional están sujetos al proceso de imposición por etapas de recaudación del IVA, el principio de destino -en el que las exportaciones están exentas de IVA y las importaciones se gravan sobre la misma base que los suministros internos- tiene un papel crucial para facilitar el gravamen ulterior de los servicios y bienes intangibles comercializados internacionalmente, de acuerdo con las reglas de la competencia de consumo en la directriz sobre el principio de destino. / En el contexto de empresa a empresa, el principio de destino se realiza generalmente mediante la asignación de los derechos de imposición sobre los suministros objeto de comercio internacional de la jurisdicción donde se considera que se produce el negocio que se produzca, ya que esto facilita el objetivo último de garantizar que el impuesto se paga y los ingresos se devengan a la jurisdicción donde se produce el suministro al consumidor final. / De esta forma, garantiza que los servicios y los intangibles suministrados a través de las fronteras se gravan de acuerdo a las reglas de competencia del cliente, independientemente de la jurisdicción desde donde se suministran. También garantiza la igualdad de condiciones para los proveedores para que las empresas que adquieran tales servicios lo hagan impulsados por los acontecimientos económicos, en lugar de las consideraciones fiscales. / Para los suministros de empresa a empresa, la jurisdicción en la que se encuentra el cliente tiene los derechos de imposición sobre servicios o intangibles objeto de comercio internacional. Por lo general, cuando una empresa compra en servicios o intangibles de otra jurisdicción, lo hace a los efectos de sus operaciones comerciales. / Como tal, la jurisdicción de la ubicación del cliente puede presentarse como el lugar apropiado para la competencia de uso del negocio, ya que logra el objetivo de la neutralidad aplicando el principio de destino. Esta es la jurisdicción en la que el cliente ha localizado su presencia comercial permanente.*" Gil Pecharroman, Xavier, 29/05/2015, https://www.eleconomista.es, [Disponible en: https://www.eleconomista.es/legislacion/noticias/5818411/05/14/La-Ocde-debate-sus-directrices-sobre-el-IVA.html]. Acceso 28/03/2019.

23   : informe provisional 2018", *op. cit.*,
p .2.

24 OCDE,   : informe provisional 2018", *op. cit.*,
p. 2.

Para la OCDE, las políticas sobre fiscalidad de la economía digital deben esencialmente considerar la aplicación los principios básicos de tributación de neutralidad, eficiencia, suficiencia, efectividad y flexibilidad.

2.1. Fiscalidad Directa en el Informe.

Respeto de la fiscalidad directa, el principal objetivo es evitar tanto las situaciones de doble imposición, como las posibilidades de evasión de las obligaciones tributarias

El impuesto principal a tener en cuenta es el Impuesto sobre Sociedades, el cual necesita ser adaptado a la nueva realidad económica, dada la realidad de carácter global de la economía y las nuevas tecnologías de la información y la comunicación (TIC). Para esto hay que tener presente las dos posibilidades de hacer tributar a las rentas obtenidas por las empresas, en función de su vinculación al territorio o atendiendo a la vinculación personal de las mismas o la nacionalidad.

Para dicho organismo internacional, uno de los principales problemas a los que tienen que hacer frente las autoridades internacionales y nacionales, en el marco de la fiscalidad directa, es determinar el concepto de establecimiento permanente, así como aclarar dónde han de tributar las rentas obtenidas a través del mismo. Este punto debe vincularse con el intercambio de información fiscal entre las distintas jurisdicciones, como herramienta fundamental para la elaboración de un nuevo marco tributario internacional, jugando un rol esencial los convenios de colaboración entre los Estados.

En definitiva, para la OCDE, lo fundamental, para lograr medidas eficientes y eficaces, es alcanzar un alto grado de consenso y colaboración entre los distintos Estados.

Como síntesis de los aspectos más esenciales, puede indicarse que la OCDE insiste en que respecto de la fiscalidad directa, en el marco de la economía digital lo importante es determinar un nexo de unión entre las empresas, o los establecimientos permanentes de las mismas, y las rentas obtenidas, de forma que las mismas tributen en aquellos territorios donde realmente han sido obtenidas.

2.2. Fiscalidad indirecta en el Informe.

Respecto de la fiscalidad indirecta, hay enfocarse en las implicaciones del IVA, distinguiendo entre entregas de bienes y prestaciones de servicios, así como la existencia de distintos tipos impositivos entre las distintas jurisdicciones.

De acuerdo a la OCDE, una de las formas más adecuadas para lograr la aplicación del principio de neutralidad y que a su vez para que no se produzcan pérdidas de recaudación importantes por la deslocalización de las transacciones comerciales electrónicas, es que todas las transacciones comerciales tengan una tributación en destino.

En el marco de la economía digital, la OCDE enfatiza la dificultad de implantar el IVA en los casos de bienes intangibles, los que califica como servicios. En este caso es más difícil determinar la localización de la empresa o del consumidor final, es decir, tanto del sujeto que actúa como intermediario con la Administración Tributaria competente como del sujeto pasivo del impuesto.

Para evitar estas situaciones no deseadas, la OCDE recomienda que se establezca un registro de las empresas que operan en cada una de las distintas jurisdicciones con el fin de conocer su localización concreta, y así reducir lo más posible las pérdidas de recaudación.

Otros aspectos, en determinadas estructuras fiscales, son el uso de los precios de transferencia y el diseño de una planificación fiscal agresiva.

Como síntesis, en el marco de la fiscalidad indirecta es necesario establecer un nuevo sistema de IVA, en el que las operaciones comerciales con intangibles queden sujetas a imposición, independientemente del número de jurisdicciones que intervengan en la misma, siendo necesario conocer la ubicación de las empresas implicadas.

3. LA ESTRATEGIA DE LA UNIÓN EUROPEA.[25]

3.1. Informe de la "Commission Expert Group on Taxation of the Digital Economy"

Ante la importancia que ha ido adquiriendo la economía digital, tanto a nivel europeo como a nivel mundial, la Unión Europea (UE) decidió establecer un grupo de expertos en materia de fiscalidad de la economía digital, con fin de que identificaran los principales problemas tributarios y proponer soluciones. En 2015, presentaron un Informe de la *"Commission Expert Group on Taxation of the Digital Economy"*, en el cual se sostiene que los principios tradicionales básicos de tributación son aplicables a este campo (especialmente los de eficiencia, equidad y neutralidad), y se destaca la importancia de la coordinación internacional entre los Estados. Además, se remite de manera permanente al Proyecto BEPS de la OCDE. El informe pone de relieve dos impuestos, el Impuesto sobre Sociedades y el IVA, y las medidas que sobre ellos debiera optarse a nivel internacional y nacional

3.1.1. Fiscalidad Directa en el Informe

Respecto del impuesto societario en el marco de la economía digital, el informe señala que actualmente no existe un régimen fiscal específico para las empresas digitales, a las que le son aplicables las mismas normas tributarias que a las empresas que operan de forma tradicional, lo que puede conducir al incumplimiento tributario. Por ello, siguiendo el Proyecto BEPS, la UE considera que se debe trabajar en tres áreas concretas, vinculadas de algún modo con las 15 acciones formuladas por la OCDE.

(a) Combatir las prácticas de competencia fiscal, proponiendo que las empresas a elaborar un Código de Conducta empresarial, en el marco de la fiscalidad;

(b) Revisar las reglas de cálculo de los precios de transferencias;

(c) Establecer un nexo de unión de las actividades gravables.

A su vez, cada una de estas tres acciones se pueden dividir en líneas de acción más específicas encaminadas a combatir las prácticas fiscales ilegales así como evitar la erosión de la base imponible del Impuesto sobre Sociedades.

Además, la Comisión encarga a los distintos Estados que analicen y estudien, de forma prioritaria, sobre tres áreas de la fiscalidad internacional:

(a) Mecanismos híbridos, usados para lograr una menor o nula tributación;

(b) Aplicar de manera efectiva las normas de "Corporaciones Foráneas Controladas" (CFC);

(c) Prevenir la erosión de las bases imponibles a través de deducciones vía intereses o cánones (los que dependen de la política tributaria elegida en cada jurisdicción), así como buscando aquellos convenios internacionales más ventajosos. Respecto de este último punto, son relevantes los precios de transferencia (dada la dificultad de avaluar los activos intangi-

---

25 Para este capítulo, en general, se ha usado la siguiente fuente: Álamo Cerrillo, Raquel, *La economía digital y el comercio electrónico: su incidencia en el sistema tributario*, (Editorial Dykinson, Madrid, 2016), pp. 133-171.

bles, especialmente propiedad intelectual, recomendándose el principio de la principio de plena competencia), en relación a los que hay que identificar cinco elementos básicos: determinar el lugar de asignación de los beneficios producidos a través de los intangibles; determinar la asignación de beneficios obtenidos por el riesgo del negocio; caracterizar las transacciones; la erosión de las bases imponibles en los pagos; analizar las cadenas de valor global y las divisiones de grupo.

Finalmente, el informe se ocupa de otro de los principales problemas que plantea la economía digital, cual es la necesidad de establecer un nexo de unión con una jurisdicción determinada, todo ello, para hacer tributar a las empresas que operan en la misma, sin necesidad de disponer de un establecimiento físico. Actualmente no existe un nexo, o es muy difícil de identificar, que obligue a gravar a las empresas de la economía digital a vincular las rentas obtenidas a un determinado territorio. Por tanto, se considera necesaria la revisión del concepto de *establecimiento permanente* implantado actualmente, ya que en la economía digital la presencia física y la permanencia no son siempre necesarias para llevar a cabo una actividad económica, ya sea de carácter nacional o internacional.

Para ello, sugiere que la definición debería basarse en dos aspectos:

(a) La contratación a distancia, y la distinción entre agente dependiente (con autoridad para concluir contratos en nombre de la empresa) y comisionista (que actúa en su propio nombre, pero por cuenta de la empresa extranjera). Hoy, las empresas logran operar a través de filiales locales que actúan como agentes comisionista para disminuir sus beneficios en Estados con una mayor carga tributaria

(b) La definición de la "exención de actividades auxiliares". Se debe tener presente que en la economía digital la rápida entrega a los clientes y la proximidad con ellos son parte esencial del negocio, sin necesidad de un desplazamiento físico, por lo que se necesita de un almacén para guardar las mercancías, por tanto, se estima que este podría ser considerado como un establecimiento permanente. Con ello, lo que antes eran actividades auxiliares con la economía digital se han convertido en actividades principales.

Por otro lado, la UE está trabajando para establecer una Base Imponible Consolidada Común –Proyectos BICCIS–, sobre el Impuesto de Sociedades, para hacerlo más equitativo y eficiente, para garantizar la imposición de los beneficios allí donde los mismos son generados. Este mecanismo también permite luchar contra una planificación fiscal agresiva. La falta de un impuesto societario único en el ámbito de la Unión Europea facilita que aquellas empresas que así lo consideren puedan buscar emplazamientos que les proporcionen una fiscalidad más ventajosa, como consecuencia de que cada una de las jurisdicciones tiene una forma distinta en materia impositiva.

3.1.2. Fiscalidad indirecta en el Informe

La Unión Europea dedica una parte importante de sus esfuerzos al análisis y estudio de las consecuencias de la economía digital en el IVA, ya que el territorio de aplicación del impuesto es el europeo, buscando que este sea eficaz. Es por ello, que ante el incremento del número de transacciones comerciales de carácter electrónico internacional, la UE ha tratado de realizar los cambios legislativos necesarios en materia de imposición indirecta para evitar situaciones que discriminen, positiva o negativamente, las transacciones comerciales electrónicas de las transacciones comerciales tradicionales.

Por ello, en el año 2008, la Directiva 2008/8/CE modifica la Sexta Directiva de IVA y establece un nuevo régimen especial a partir del año 2015. Se trata de los "Regímenes especiales para los empresarios o profesionales no establecidos que presten servicios de telecomunicaciones, radiodifusión o televisión o electrónicos a destinatarios que no sean empresarios o profesionales actuando como tales", recogido en el Capítulo 6 del Título XII.

En la aplicación del nuevo régimen especial las transacciones comerciales electrónicas donde el comprador sea un consumidor final –B2C–, independientemente de que se trate de entregas de bienes o prestaciones de servicios, éstas tienen que tributar donde el consumidor final tenga su residencia, es decir, *tributación en destino*.

Para ello, fue necesario que los empresarios o profesionales que deseaban acogerse al nuevo régimen se registraran a través de la Mini Ventanilla Única –*Mini One Stop Shop, MOSS*–, estando obligados a ello aquellos empresarios o profesionales que no establecidos en la Unión Europea, o aquellos que sean residentes, pero que operen en distintos Estados miembros, siempre y cuando quieran aplicar el régimen mencionado.[26]

El empresario o profesional, no residente o que opere en distintos Estados, debe facilitar los datos personales[27] que correspondan en uno de los Estados en los que opere, no siendo necesario registrarse en cada uno de ellos, dada la interconexión de los sistemas informáticos entre los países de la UE.

Las empresas que operan en el marco de la UE y llevan a cabo transacciones comerciales electrónicas pueden registrarse de forma voluntaria en el MOSS, para indicar su lugar de residencia, así como el de sus compradores. Las mismas, podrán abandonar la plataforma de forma voluntaria en cualquier momento.

Con esta normativa las transacciones comerciales electrónicas que tienen como destino un consumidor final deben aplicar el IVA del Estado de residencia del consumidor. Con ésta medida se pretende evitar que las empresas dedicadas a la distribución de bienes intangibles busquen una localización basada en motivos fiscales, con el objetivo último de incrementar sus beneficios y poder ofrecer unos precios más atractivos a los consumidores. En el caso, de que el consumidor final no tenga su residencia en un Estado miembro de la Unión Europea, la empresa no tendrá que repercutir el IVA en el producto final.

A juicio del informe de la "*Commission Expert Group on Taxation of the Digital Economy*", la adaptación del IVA a la nueva realidad económica debería centrarse principalmente en tres aspectos:

(a) Determinar los tipos de servicios que constituyen servicios electrónicos;

(b) Analizar la oferta, y compra, de servicios a través de Internet que no son estrictamente servicios electrónicos;

(c) La compra de bienes en línea.

Al análisis los tres aspectos anteriores, Álamo añade que la problemática del IVA es distinta según quien sea el sujeto que adquiere el bien o servicios finales, ya que este puede ser un consumidor final o un empresario o profesional. Cuando se trata de una operación comercial entre dos empresarios o profesionales, los bienes o servicios prestados, bajo la actual normativa comunitaria de IVA, son gravados en destino, si bien, esta forma de tributación puede llevar a determinadas empresas a buscar ubicaciones de baja o nula tributación, con el fin de reducir su carga impositiva –principalmente si se comercializan bienes y servicios intangibles–. A pesar de ello, la UE considera que es mucho más efectivo, para evitar una erosión de la base imponible del impuesto, el principio de tributación en destino que el principio de tributación en origen, dado que éste último daba lugar a una no aplicación del principio de neutralidad, entre empresarios o profesionales establecidos dentro y fuera del territorio co-

---

26 UE, OFFICIAL WEBSITE OF THE EUROPEAN UNION [HTTPS://EUROPA.EU/YOUREUROPE/-BUSINESS/TAXATION/VAT/VAT-DIGITAL-SERVICES-MOSS-SCHEME/INDEXEN.HTM] VAT ON DIGITAL SERVICES (MOSS SCHEME).

27 Los datos usualmente solicitados son los siguientes: nombre, dirección de correos, dirección electrónica, incluidos sitios web, número de identificación fiscal nacional y una declaración en la que se afirme que se carece de identificación en la Comunidad Europea a efectos de aplicar el régimen especial.

munitario –favoreciendo a los no residentes–, e incluso a los residentes establecidos en distintos Estados miembros, como consecuencia de la existencia de distintos tipos impositivos. El criterio de destino, también es aplicado cuando el comprador es un consumidor final.

El informe, por otra parte, baraja la posibilidad de establecer un tipo impositivo único que reduzca la complejidad de aplicación del IVA, y promueva un mercado único dónde se garantice la eficiencia y la equidad.

Posteriormente, la Unión Europea presentó en el año 2016, el Informe denominado *"Action Plan on VAT"*, en el que marca las directrices a seguir por la UE, para adaptar el impuesto indirecto a las características de la economía digital, así como a las necesidades de las pequeñas y medianas empresas –PYMEs–. Este informe reconoce que el actual sistema de IVA europeo para el comercio electrónico es costoso y complejo, tanto para los Estados miembros como para las empresas. Por ello, propone la creación de un Mercado Único Digital –*Digital Single Market*–, con el fin de modernizar y simplificar el IVA transfronterizo de las operaciones comerciales electrónicas, especialmente cuando éstas son realizadas por Pymes, ya que éstas tienen, proporcionalmente, unos costes mayores de cumplimiento debido a la complejidad y fragmentación del IVA entre las distintas jurisdicciones europeas. La implementación de un mercado único requiere ampliar el concepto de Mini Ventanilla Única, tanto para los Estados miembros de la UE como para territorios terceros, siempre que realicen ventas de bienes tangibles a consumidores finales, reducir las trabas administrativas en materia de IVA, para facilitar la creación de nuevas empresas, permitir al país de origen de la transacción realizar una auditoría a las empresas transnacionales y eliminar la exención del IVA para la importación de pequeños envíos de proveedores no residentes en la UE.

Otro aspecto, es el de la colaboración internacional, para llevar a cabo un intercambio de información más efectivo y la realización de auditorías conjuntas, para dificultar las prácticas fraudulentas. Por ello, desde la UE se propone la creación de una Oficina Europea contra el Fraude –*European Public Prosecutor's Office*–.

También se aborda el problema de la recaudación del IVA, que necesita ser adecuado a la nueva forma de realizar transacciones comerciales, por lo que la UE considera que se puede implementar de forma más activa el e-gobierno.

Para el logro de los citados objetivos, se promueve el desarrollo de una agenda común en la que se establezcan normas mínimas de calidad en cuanto a las funciones de control y evaluación que llevarían a cabo las distintas administraciones tributarias, así como la creación de plataformas que permitan el intercambio de información fiscal de forma sencilla. A través de las distintas medidas, y la eficiencia de las mismas, se intentará buscar un incremento de la recaudación fiscal en materia de IVA.

En la puesta en marcha de un mercado digital único también se consideraría la existencia de distintos tipos impositivos en cada uno de los Estados miembros, como lo recoge la Directiva de IVA, la cual permite la existencia de tipos impositivos distintos entre cada una de las jurisdicciones –con un porcentaje mínimo del 15%–, así como que cada territorio pueda establecer hasta tres tipos impositivos distintos –normal, reducido y superreducido–. Esta configuración del IVA estaba pensada para garantizar la neutralidad del impuesto. Sin embargo, ello puede dar lugar a distorsiones en la localización de los proveedores de algunos bienes tangibles lo que se traduciría en una erosión de las bases imponibles. Para evitar esta situación no deseada, y con repercusiones negativas para el conjunto de la economía, la UE propone dos alternativas: extensión y revisión periódica de aquellos bienes y servicios a los que pueden ser aplicados los tipos reducidos y superreducidos; abolir los bienes y servicios a los que pueden ser aplicados los tipos reducidos y superreducidos.

3.2. Propuesta de Directiva relativa al sistema común del impuesto sobre los servicios digitales

En marzo de 2018, en el desarrollo de la Acción 1 de la Iniciativa BEPS de la OCDE, la Comisión Europea presentó dos propuestas para gravar la actividad de la economía digital, una primera que es provisional, y que durará hasta el establecimiento de la segunda, la cual será la reforma definitiva.[28]

Las propuestas en materia de Impuesto sobre Sociedades, permitirá a los Estados gravar los beneficios que se generen en su territorio, aunque una empresa no tenga presencia física en dicho país. Establece que una plataforma digital tendrá una presencia digital gravable o un establecimiento permanente virtual en un Estado miembro si cumple uno de los siguientes criterios: supera el umbral de C7 millones de ingresos anuales en un Estado miembro; si tiene más de 100.000 usuarios en un Estado miembro durante un ejercicio fiscal; en un ejercicio fiscal se generan más de 3.000 contratos de servicios digitales entre la sociedad y los usuarios.

Asimismo, establece reglas respecto de la manera en que se asignan los beneficios a los Estados miembros; normas para evitar la doble imposición.

El artículo 1 menciona el objeto de la Directiva, cual es, establecer el sistema común del impuesto sobre los servicios digitales que grava los ingresos procedentes de la prestación de determinados servicios digitales.

El artículo 2 incorpora algunas definiciones de los términos usados en la propuesta e directiva, entre los que es posible destacar: grupo consolidado a efectos de contabilidad financiera ("todas las entidades que estén plenamente incluidas en los estados financieros consolidados elaborados de conformidad con las Normas Internacionales de Información Financiera o con un sistema de información financiera nacional"); interfaz digital ("cualquier tipo de programa informático, incluidos los sitios web o parte de los mismos y las aplicaciones, incluidas las aplicaciones móviles, accesibles a los usuarios"); contenidos digitales ("los datos suministrados en formato digital, como programas de ordenador, aplicaciones, música, vídeos, textos, juegos y cualquier otro programa informático, distintos de los datos representados por una interfaz digital").

El artículo 3.1 define como ingresos imponibles ("servicios imponibles"), aquellos procedentes de una entidad por la prestación de cada uno de los siguientes servicios: (a) la inclusión en una interfaz digital de publicidad dirigida a los usuarios de dicha interfaz; (b) la puesta a disposición de los usuarios de una interfaz digital multifacética que les permita localizar a otros usuarios e interactuar con ellos, y que pueda facilitar asimismo las entregas de bienes o las prestaciones de servicios subyacentes directamente entre los usuarios; (c) la transmisión de los datos recopilados acerca de los usuarios que hayan sido generados por actividades desarrolladas por estos últimos en las interfaces digitales.

De acuerdo al artículo 3.2, dichos ingresos imponibles incluirán los ingresos brutos totales, una vez deducido el IVA y otros gravámenes similares.

El artículo 3.3, excluye una serie de negocios de esta propuesta de directiva, y las incluye en regímenes diferentes, especialmente referidos a plataformas de participación de mercados de instrumentos financieros o de financiación participativa, y las actividades reguladas en la Directiva 2014/65/UE, relativa a los mercados de instrumentos financieros.

---

28 UE, Bruselas, 21.3.2018 COM (2018) 148 final 2018/0073 (CNS) Propuesta de Directiva del Consejo relativa al sistema común del impuesto sobre los servicios digitales que grava los ingresos procedentes de la prestación de determinados servicios digitales {SWD (2018) 81} - {SWD(2018) 82}. Official website of the European Union [https://eur-lex.europa.eu/LexUriServ/LexUriServ.do?uri=COM:2018:0148:FIN:ES:PDF]. Acceso 28/03/2019.

La tipo impositivo del impuesto por servicios digitales (ISD) que se propone es de 3% (artículo 8°).

Respecto de   4° dispone que el impuesto sólo se aplicará a las empresas con un mínimo anual de ingresos de €750 millones a nivel mundial y de €50 millones en la UE (artículo 4.1). De acuerdo al artículo 9.1, el pago del ISD y el cumplimiento de las obligaciones formales contempladas en el capítulo 3° de la propuesta de Directiva corresponderá al sujeto pasivo que preste los servicios imponibles.

Para explicar el problema del lugar de la imposición, resulta necesario mostrar el artículo 3 de la propuesta de Directiva:

> *"Artículo 3. Ingresos imponibles*
>
> 1. *A los efectos de la presente Directiva, se considerarán «ingresos imponibles» los procedentes de la prestación por una entidad de cada uno de los siguientes servicios:*
>
>   (a) *la inclusión en una interfaz digital de publicidad dirigida a los usuarios de dicha interfaz;*
>
>   (b) *la puesta a disposición de los usuarios de una interfaz digital multifacética que les permita localizar a otros usuarios e interactuar con ellos, y que pueda facilitar asimismo las entregas de bienes o las prestaciones de servicios subyacentes directamente entre los usuarios;*
>
>   (c) *la transmisión de los datos recopilados acerca de los usuarios que hayan sido generados por actividades desarrolladas por estos últimos en las interfaces digitales.*
>
> 2. *La referencia a los ingresos en el apartado 1 abarcará los ingresos brutos totales, una vez deducido el impuesto sobre el valor añadido y otros gravámenes similares.*
>
> 3. *El apartado 1, letra a), se aplicará independientemente de que la interfaz digital sea o no propiedad de la entidad responsable de incluir en ella la publicidad. Cuando la entidad que incluya la publicidad no sea propietaria de la interfaz digital, se considerará a dicha entidad, y no al propietario de la interfaz, proveedora del servicio contemplado letra a).*
>
> 4. *El apartado 1, letra b), no incluirá:*
>
>   (a) *la puesta a disposición de una interfaz digital cuando la única o principal finalidad de la entidad que la lleve a cabo sea suministrar contenidos digitales a los usuarios o prestarles servicios de comunicación o servicios de pago;*
>
>   (b) *la prestación por un centro de negociación o un internalizador sistemático de cualquiera de los servicios contemplados en el anexo I, sección A, puntos 1) a 9), de la Directiva 2014/65/UE;*
>
>   (c) *la prestación por un proveedor de un servicio de financiación participativa regulado de cualquiera de los servicios contemplados en el anexo I, sección A, puntos 1) a 9), de la Directiva 2014/65/UE, o de un servicio consistente en facilitar la concesión de préstamos.*
>
> 5. *El apartado 1, letra c), no incluirá la transmisión de datos por un centro de negociación, un internalizador sistemático o un proveedor de un servicio de financiación participativa regulado.*
>
> 6. *En los apartados 4 y 5:*
>
>   (a) *los términos «centro de negociación» e 'internalizador sistemático' tendrán el significado que se les atribuye, respectivamente, en los puntos 24 y 20 del artículo 4, apartado 1, de la Directiva 2014/65/UE;*
>
>   (b) *por 'proveedor de un servicio de financiación participativa regulado' se entenderá un proveedor de servicios de financiación participativa que esté sujeto a autorización y supervisión en virtud de cualquier medida de armonización que se adopte de conformidad con el artículo 114 del Tratado con vistas a la regulación de los servicios de financiación participativa.*

7. *Los ingresos procedentes de la prestación de un servicio contemplado en el apartado 1 por una entidad perteneciente a un grupo consolidado a efectos de contabilidad financiera a otra entidad de ese mismo grupo no se considerarán ingresos imponibles a efectos de la presente Directiva.*

8. *En caso de que una entidad perteneciente a un grupo consolidado a efectos de contabilidad financiera preste un servicio contemplado en el apartado 1 y los ingresos procedentes de la prestación de dicho servicio sean obtenidos por otra entidad del grupo, a efectos de la presente Directiva, tales ingresos se considerarán obtenidos por la entidad que presta el servicio.*

9. *Los servicios contemplados en el apartado 1 se mencionan en los capítulos 2 y 3 como 'servicios imponibles'."*

En cuanto al lugar de imposición (artículo 5), se incluyen las siguientes reglas:

A. Los ingresos imponibles obtenidos por una entidad durante un período impositivo se considerarán obtenidos en un Estado miembro en ese período impositivo si los usuarios del servicio imponible están situados en ese Estado miembro durante ese período impositivo.

B. Por lo que respecta a un servicio imponible, un usuario se considerará situado en un Estado miembro durante un período impositivo:

(a) En el caso de un servicio comprendido en el artículo 3.1.a), si la publicidad en cuestión aparece en el dispositivo del usuario en un momento en el que el dispositivo se está utilizando en dicho Estado miembro durante ese período impositivo para acceder a una interfaz digital;

(b) En el caso de un servicio comprendido en el artículo 3.1.b):

(b.i) Si el servicio implica una interfaz digital multifacética que facilita las entregas de bienes o las prestaciones de servicios subyacentes directamente entre los usuarios, el usuario utiliza un dispositivo en ese Estado miembro durante ese período impositivo para acceder a la interfaz digital y concluye una operación subyacente en esa interfaz durante ese período impositivo;

(b.ii) Si el servicio implica una interfaz digital multifacética de un tipo no cubierto por la norma anterior, el usuario dispone de una cuenta para la totalidad o una parte de ese período impositivo que le permite acceder a la interfaz digital y esa cuenta se ha abierto utilizando un dispositivo en ese Estado miembro;

(c) En el caso de un servicio comprendido en el artículo 3.1.c), si los datos generados por el usuario que haya utilizado un dispositivo en ese Estado miembro para acceder a una interfaz digital, durante dicho período impositivo u otro anterior, se transmiten en ese período impositivo.

C. Para cada período impositivo, la proporción del total de los ingresos imponibles de una entidad que, en virtud del artículo 5.1, se consideran obtenidos en un Estado miembro, se determinará de la forma siguiente:

(a) Los ingresos imponibles procedentes de la prestación de los servicios comprendidos en el artículo 3.1.a), proporcionalmente al número de veces que haya aparecido un anuncio publicitario en los dispositivos del usuario durante ese período impositivo;

(b) Los ingresos imponibles procedentes de la prestación de los servicios comprendidos en el artículo 3.1.b):

(b.i) Si el servicio implica una interfaz digital multifacética que facilita la entregas de bienes o las prestaciones de servicios subyacentes directamente entre los usuarios, proporcionalmente al número de usuarios que hayan concluido operaciones subyacentes en la interfaz digital durante ese período impositivo;

(b.ii) Si el servicio implica una interfaz digital multifacética de un tipo no incluido en el caso anterior, proporcionalmente al número de usuarios que dispongan de una cuenta que cubra la totalidad o una parte de ese período impositivo que les permita acceder a la interfaz digital;

(c) Por lo que se refiere a los ingresos imponibles procedentes de la prestación de los servicios comprendidos en el artículo 3.1.c), proporcionalmente al número de usuarios que hayan generado los datos transmitidos en ese período impositivo, a raíz de la utilización por los mismos de un dispositivo para acceder a una interfaz digital, durante ese período impositivo u otro anterior.

D. A efectos de la determinación del lugar de imposición de los ingresos imponibles sujetos al ISD, no se tendrán en cuenta los elementos siguientes:

(a) Si existe una entrega de bienes o una prestación de servicios subyacente directamente entre los usuarios de la interfaz digital multifacética contemplada en el artículo 3.1.b), el lugar donde dicha entrega o prestación subyacente se lleve a cabo;

(b) El lugar a partir del cual se realice cualquier pago por el servicio imponible.

E. El Estado miembro en que se utiliza el dispositivo de un usuario se determinará por referencia a la dirección de Protocolo Internet del dispositivo o a cualquier otro método de geolocalización, en caso de que sea más exacto.

F. Los datos que pueden recopilarse de los usuarios a efectos de la aplicación de la presente Directiva quedarán limitados a los que indican el Estado miembro en el que están situados dichos usuarios, sin permitir la identificación de esos usuarios.

Otras normas sobre el reparto de competencias tributarias se encuentra en los artículos 6 y 7.

Las obligaciones del contribuyente frente a las administraciones tributarias, se encuentran detalladas en el Capítulo 3 de la propuesta de Directiva, detallándose las obligaciones de registro de identificación y baja, que determinan una vinculación con un Estado miembro de la Unión Europea (artículos 10, 11, 12); declaración del ISD (artículos 13, 14, 17); modalidades de pago (artículos 16); contabilidad, registros, medidas de lucha contra el fraude y medidas de ejecución y control (artículos 18).

El Capítulo 4 se refiere a la cooperación administrativa entre administraciones tributarias, especialmente en materia de intercambio de información (artículos 20 a 23).

4. CHILE. ANÁLISIS DEL PROYECTO DE LEY DE 2018-2019 PARA EL IMPUESTO A LOS SERVICIOS DIGITALES PRESTADOS POR PERSONAS O ENTIDADES DOMICILIADAS O RESIDENTES EN EL EXTRANJERO.[29]

s desafíos y particularidades que en materia tributaria implican los avances tecnológicos, tales como la economía digital y colaborativa, que en general han dejado obsoletos los sistemas tributarios tradicionales.[30]

Se consideró, además de los documentos emitidos por la OCDE y la Unión Europea, la normativa de otros países, además de la realidad de los negocios en entorno digital en Chile.

---

29 Este impuesto   15 del proyecto de ley presentado con fecha 23 de agosto de 2018, Mensaje N° 25, Boletín 12043-05 de la Cámara de Diputados. Durante 2019, se encuentra en discusión.

30   emas tributarios mundiales: The Economist, 9 de agosto de 2018, "Overhaul tax for the 21st century" [https://www.economist.com/leaders/2018/08/09/overhaul-tax-for-the-21st-century]. Acceso 28/03/2019.

En este grupo de empresas que pagarán el tributo especifico no se considerará a aplicaciones (programas) de transporte como Uber y Cabify, ya que esto se regulará en una legislación particular que se tramita en el Congreso[31] (que básicamente regula a los prestadores de servicio de transportes de acuerdo a la Ley de Impuesto a la Renta, y les exige tener residencia en Chile y registrarse como contribuyentes ante la Administración Tributaria de tributos internos o nacionales, denominada en Chile "Servicio de Impuestos Internos", en adelante, SII); ni tampoco aquellas ligadas al comercio digital o comercio electrónico, pues esa fiscalización corresponde al Servicio Nacional de Aduanas (Administración Tributaria de tributos externos o aranceles aduaneros).

Detalles de la estructura del ISD propuesto en el proyecto de ley.

4.1. Hecho gravado.

El proyecto de ley establece un impuesto especifico, indirecto y sustitutivo de cualquier otro impuesto, a la prestación de servicios digitales prestados por personas o entidades domiciliadas o residentes en el extranjero, independiente del lugar en que se encuentre el servidor o la plataforma tecnológica que los soporten, y en la medida que dichos servicios sean utilizados en Chile por usuarios que sean personas naturales.

c-
nológico utilizado para conectarse a Internet o a cualquier adaptación o aplicación de protocolos, plataformas o de la tecnología utilizada por Internet u otra red.

personas naturales en Chile cuando los emisores de los medios de pago electrónicos utilizados, sean personas o entidades con domicilio o residencia en Chile, o agencias en Chile de dichas entidades.

El ISD establecido en esta reforma legal no afecta la tributación de los servicios digitales que no queden afectos al mismo, los cuales tributarán con los impuestos que correspondan conforme a las reglas generales.

Para los efectos de este ISD, de acuerdo al proyecto, se entenderán por servicios digitales, cualquiera sea la denominación que le atribuyan las partes, los siguientes:

(a) Los servicios remunerados de intermediación digital entre prestadores de cualquier clase de servicios y usuarios de los mismos que permitan concluir las respectivas transacciones por medios electrónicos, sea que la prestación de los servicios, objeto de la intermediación digital se lleve a cabo por medios tradicionales o electrónicos.

(b) Los servicios remunerados de entretenimiento de contenido digital, como imágenes, películas, series, videos, música, juegos y cualquier otro servicio de entretenimiento digital, a través de descarga, streaming u otra tecnología.

(c) Los servicios remunerados de publicidad en el exterior y de uso y suscripción de plataformas de servicios tecnológicos de internet.

(d) Los servicios remunerados de almacenamiento de datos cualquiera sea su opción de operación tecnológica, tales como servicios de nube o software como servicios.

perjuicio de los demás impuestos que resulten aplicable a los contribuyentes cuyos servicios sean intermediados.

---

31 Boletín 11934-15, Cámara de Diputados de Chile. Mensaje N° 077-366 de 20 de julio de 2018. Edición PDF. Sitio Web Oficial [https://www.camara.cl/]. Acceso 28/03/2019.

4.2 Tasa y base imponible.

La alícuota de este ISD, en el Proyecto Ley, es de 10% aplicada sobre el valor pagado por los usuarios, sin deducción alguna, a las personas o entidades domiciliadas o residentes en el extranjero que presten los servicios digitales definidos por la ley. En el caso de las plataformas colaborativas, el impuesto se aplicará sólo sobre la comisión del intermediario, no sobre el precio completo del servicio.

Debe considerarse que fruto del debate parlamentario llevado a cabo en el año 2019, en concordancia con el Poder Ejecutivo, se ha resuelto subir la alícuota a 19%, es decir, la misma que la tasa general de IVA en Chile.

4.3. Contribuyentes (de Derecho): prestadores de servicios digitales y su registro.

Se incorporan disposiciones sobre los prestadores de servicios digitales.

Define a los prestadores de servicios como las personas o entidades domiciliadas o residentes en el extranjero que presten los servicios digitales determinados por la ley.

Dichos prestadores deberán estar registradores en una nómina. El SII
nómina de los prestadores de servicios digitales gravados con el ISD y respecto de los cuales los agentes retenedores estarán obligados a retener, declarar y enterar en arcas fiscales este impuesto. Los prestadores de servicios digitales

. La nómina
será publicada en el sitio web d   . Esta nómina deberá
ser comunicada a los agentes retenedores dentro del plazo de cinco días contado desde la fecha de la publicación o actualización de la misma. Los prestadores de servicios digitales podrán proveer de información al SII, en la forma que este determine mediante resolución, para efectos que este pueda incluir información adicional en su nómina o registro, de manera de identificar los pagos que deban ser objeto de retención de aquellos que no correspondan a servicios digitales, en su caso.

4.4. Obligaciones de declaración y pago del ISD, en caso de pago en efectivo.

En caso que los servicios digitales prestados por personas o entidades domiciliadas o residentes en el extranjero sean pagados, total o parcialmente, con dinero en efectivo por los usuarios de los mismos, los contribuyentes de este impuesto deberán informar de estas operaciones al SII, y declarar y pagar el impuesto que corresponda a los pagos recibidos en dinero en efectivo, en la forma y plazo que el SII establezca mediante resolución. El SII les girar y exigir el pago de este ISD a dichos contribuyentes.

4.5. Agentes retenedores del impuesto en caso de pago de servicios digitales por medios de pago electrónicos. Deberes y Registro.

Serán agentes retenedores del ISD los emisores de los medios de pago electrónicos utilizados por los usuarios de los servicios digitales, quienes deberán retener en su totalidad el impuesto respecto de las cantidades pagadas por los usuarios.

tenga la
información de los agentes retenedores obligados a retener, declarar y enterar en arcas fiscales el ISD.
se incorpore información de un nuevo agente retenedor a la misma. Los agentes retenedores

que no fueren incluidos en la referida nómina, debiendo serlo, deberán comunicar dicha situación al SII, para efectos de su inclusión, en la forma y plazo que este establezca mediante resolución de carácter general. El hecho de no informar o hacerlo con retardo no los de la obligación de retener, declarar y pagar el presente impuesto. La referida reso-

con tal calidad, para efectos de su exclusión de la nómina mencionada.

En caso
, declarado y enterado por los agentes retenedores.

Los agentes retenedores de este ISD deberán retener en su totalidad el impuesto respecto de las cantidades pagadas por los usuarios.

La obligación de retención nacerá en la fecha que el usuario pague los servicios digitales a través del respectivo medio de pago electrónico.

gentes retenedores
dentro de los doce primeros días del mes siguiente a aquel en que deban retenerse los impuestos.

La responsabilidad por el pago del impuesto sujeto a retención en conformidad a las reglas anteriores recaerá únicamente sobre las personas o entidades obligadas a efectuar la retención, siempre que el contribuyente a quien se le haya debido retener el impuesto acredite que dicha retención se efectuó.

Si no se efectúa la retención, la responsabilidad por el pago de este impuesto recaerá igualmente sobre los agentes retenedores, sin perjuicio que el SII pueda girar el impuesto al contribuyente del ISD.

n-
currir a los agentes retenedores en los reajustes, i

100% de los intereses y multas.

Se incorpora, asimismo, unos deberes de información de los retenedores. Los agentes retenedores deberán cumplir, además, en la forma y plazo que el SII establezca mediante resolución (norma administrativa de carácter general), con los siguientes deberes de información:

(a) Comunicar al SII los antecedentes que posean respecto a la identificación de los prestadores de servicios digitales gravados con el ISD;

(b) Comunicar al SII los antecedentes que posean respecto a las cantidades que los contribuyentes de este impuesto, o quienes les presten o administren servicios de pagos o remesas, paguen o pongan a disposición de las personas que prestan en Chile los servicios intermediados.

5. CONCLUSIONES

Existe una cierta uniformidad acerca de la época en que la OCDE, la UE y Chile ha buscado establecer el ISD, como asimismo existe en lo esencial una cierta uniformidad de contenidos. Las diferencias obedecen a decisiones políticas, y a diferencias de los sistemas jurídicos y de la profundidad de las regulaciones perseguidas, pero no a concepciones de fondo.

Respecto de la estructura del tributo propuesto, aborda los asuntos que podría hacerlo, pero obviamente quedan pendientes algunos aspectos, dada la evolución de la tecnología o de las transacciones mercantiles (como el pago por criptomonedas).

No obstante la complejidad jurídica, técnica (informática) y mercantil presente en el campo de la economía digital, estimamos que la reacción de los países para encarar esta realidad desde la perspectiva tributaria ha sido tardía y tímida. Pero ya está comenzando, como una ola en todo el mundo, que implicará un nuevo ámbito para la práctica profesional y para el desarrollo de una especialidad dentro del Derecho Tributario, no cabe duda de ello.

REFERENCIAS

AAVV, "Introducción", en AAVV, *Plan de Acción BEPS: Una Reflexión Obligada,* J & A Garrigues, (Fundación Impuestos y Competitividad, Madrid, 2017), p. 16.

Álamo Cerrillo, Raquel, *La economía digital y el comercio electrónico: su incidencia en el sistema tributario*, (Editorial Dykinson, Madrid, 2016), pp. 133-171.

Ault, Hugh & Arnold, Brian, "Chapter I, Protecting the tax base of developing countries: an overview", en AAVV, *United Nations Handbook on Selected Issues in Protecting the Tax Base of Developing Countries*, Ed. by Alexander Trepelkov, Harry Tonino and Dominika Halka, (United Nations New York, 2015, 1ª ed.), pp. 1-59

Báez, Andrés, "*El Plan BEPS y Los Países en Vías de Desarrollo (BEPS and Developing Countries)"* (SSRN, EEUU, 2017) Edición PDF. [Disponible en SSRN: https://ssrn.com/-abstract=2956284 or http://dx.doi.org/10.2139/ssrn.2956284]. Acceso 28/03/2019.

Cámara de Diputados de Chile, Boletín 11934-15, Mensaje del Presidente de la República de Chile N° 077-366 de 20 de julio de 2018. Boletín 11934-15, Cámara de Diputados de Chile. Mensaje N° 077-366 de 20 de julio de 2018. Edición PDF. Sitio Web Oficial [https://www.camara.cl/].

Consejo de la Unión Europea, Bruselas, 21.3.2018 COM (2018) 148 final 2018/0073 (CNS) Propuesta de Directiva del Consejo relativa al sistema común del impuesto sobre los servicios digitales que grava los ingresos procedentes de la prestación de determinados servicios digitales {SWD (2018) 81} - {SWD (2018) 82}

Gil Pecharroman, Xavier, 29/05/2015, https://www.eleconomista.es, [Disponible en: https://www.eleconomista.es/legislacion/noticias/5818411/05/14/La-Ocde-debate-sus-directrices-sobre-el-IVA.html]. Acceso 28/03/2019.

Li, Jinyan, "Chapter VIII, Protecting the tax base in digital economy", en AAVV, *United Nations Handbook on Selected Issues in Protecting the Tax Base of Developing Countries*, Edited by Alexander Trepelkov, Harry Tonino and Dominika Halka, United Nations (New York, ONU, 2017, 2ª edition), p. 479-522.

OCDE (2015):   *1 – Informe final 2015*   , 2017) Edición PDF. [disponible en http://dx.doi.org/-10.1787/9789264241046-en]. Acceso 28/03/2019.

OECD, International VAT/GST Guidelines (OECD Publishing, Paris, 2017). Edición PDF. [https://doi.org/10.1787/9789264271401-en]. Acceso 28/03/2019.

OCDE,   *: informe provisional 2018* (Paris, OCDE, 2018), Edición PDF. Sitio Web OCDE [https://www.oecd.org/tax/-beps/resumen-desafios-fiscales-derivados-de-la-digitalizacion-informe-provisional-2018.pdf]. Acceso 28/03/2019.

OCDE, Sitio web OCDE [http://www.oecd.org/tax/beps/beps-actions.htm]. Acceso 28/03/2019.

OCDE, Sitio web OCDE [http://www.oecd.org/tax/desafios-fiscales-derivados-de-la-digitalizacion-mas-de-110-paises-deciden-trabajar-hacia-una-solucion-consensuada.htm]. Acceso 28/03/2019.

Palacín Sotillos, Ramón "Capítulo I. Acción 1: Los desafíos de la economía digital para la tributación de las empresas multinacionales", en AAVV, *Plan de Acción BEPS: Una Re-*

flexión Obligada, J & A Garrigues, (Fundación Impuestos y Competitividad, Madrid, 2017), pp. 19-40.

Patón García, Gemma, "Capítulo XVII. Fiscalidad y economía digital en América Latina", en *Tendencias y desafíos fiscales de la economía digital,* Saturnina Moreno González (dir.), José Ángel Gómez (ed.), (Aranzadi, Pamplona, 2017), págs. 517-559.

Ramos Herrera, Antonio José y Calvo Vérgez, Juan, "La aplicación del impuesto sobre el valor añadido en la economía colaborativa. Una aproximación a sus aspectos conflictivos", en *Fiscalidad de la economía colaborativa: especial mención a los sectores de alojamiento y transportes.* Documentos - Instituto de Estudios Fiscales, Madrid, 2017.

Sánchez-Archidona, Guillermo, "Economía colaborativa y presencia digital. Conflictos derivados de la sujeción a tributación de la actividad online", en *Fiscalidad de la economía colaborativa: especial mención a los sectores de alojamiento y transporte,* Manuel Lucas Durán y Cristina García-Herrera Blanco (Dirs.), Documentos de Trabajo del Instituto de Estudios Fiscales 15/2017 (IEF, Madrid, 2017). Edición PDF.

The Economist, 9 de agosto de 2018, "Overhaul tax for the 21st century" [https://www.economist.com/leaders/2018/08/09/overhaul-tax-for-the-21st-century]. Acceso 28/03/2019.

Trepelkov, Alexander, "Prologo", en AAVV, *United Nations Handbook on Selected Issues in Protecting the Tax Base of Developing Countries*, Edited by Alexander Trepelkov, Harry Tonino and Dominika Halka, (United Nations, New York, 2015, 1ª ed.)

Unión Europea, Official website of the European Union [https://europa.eu/youreurope/-business/taxation/vat/vat-digital-services-moss-scheme/indexen.htm] VAT on digital services (MOSS scheme).

Unión Europea, Bruselas, 21.3.2018 COM (2018) 148 final 2018/0073 (CNS) Propuesta de Directiva del Consejo relativa al sistema común del impuesto sobre los servicios digitales que grava los ingresos procedentes de la prestación de determinados servicios digitales {SWD(2018) 81} - {SWD(2018) 82}. Official website of the European Union [https://eur-lex.europa.eu/LexUriServ/LexUriServ.do?uri=COM:2018:0148:FIN:ES:PDF]. Acceso 28/03/2019.

§ 51. APLICACIÓN DE LA CONVENCIÓN MULTILATERAL BEPS: EL CASO VENEZOLANO

Elvira Dupouy Mendoza *

I.   INTRODUCCIÓN

El libre movimiento de capitales y trabajo, así como la eliminación de barreras a las actividades transfronterizas de diversa índole y el creciente desarrollo de la economía digital, han generado otro tipo de problemas distintos a los hasta ahora existentes en el ámbito de la tributación internacional. La globalización ha hecho insuficiente la red de Tratados o Convenios Bilaterales para evitar los fenómenos de doble imposición o de no imposición internacional (mal llamada doble no imposición). Es así como surge esta iniciativa de los Ministerios de Hacienda de los países del G20 a los fines de que la Organización para la Cooperación y el Desarrollo Económico (OCDE), desarrollara un Plan de Acción que identificara las acciones a tomar, los plazos para aplicarlas, así como los recursos y metodología para ello. Como producto de esta iniciativa, el 19 de julio de 2013 la OCDE, en su sede en París, presentó el denominado "Plan de Acción para Evitar la Erosión de la Base Imponible y el Traslado de Beneficios" (*Base Erosion and Profits Shifting*, BEPS por sus siglas en inglés), en el que se plantearon los aspectos de derecho tributario internacional que debían ser modificados para lograr el objetivo propuesto por el G20/OCDE.

Se trata de quince (15) Acciones, con las que se pretende combatir todas aquellas prácticas que disminuyen la base imponible del impuesto y trasladan beneficios a jurisdicciones con un tratamiento fiscal más favorable: Acción 1: Abordar los desafíos fiscales de la economía digital para la imposición; Acción 2: Neutralizar los efectos de los mecanismos híbridos; Acción 3: Refuerzo de las normas relacionadas con la transparencia fiscal internacional (*controlled foreign corporations*, CFC por sus siglas en inglés); Acción 4: Limitar la erosión de la base imponible por vía de deducciones en el interés y otros pagos financieros; Acción 5: Combatir las prácticas tributarias perniciosas teniendo en cuenta la transparencia y la sustancia; Acción 6: Impedir la utilización abusiva de los convenios; Acción 7: Impedir la elusión artificiosa del estatuto de establecimiento permanente; Acciones 8, 9 y 10: Asegurar que los resultados de los precios de transferencia están en línea con la creación de valor (acción 8: intangibles, acción 9: riesgos y capital, acción 10: otras transacciones de alto riesgo); Acción 11: Establecer metodologías para la recopilación y el análisis de datos sobre la erosión de la base imponible y el traslado de beneficios y sobre las acciones para enfrentarse a ella; Acción 12: Exigir a los contribuyentes que revelen sus mecanismos de planificación fiscal agresiva; Acción 13: Reexaminar la documentación sobre precios de transferencia; Acción 14: Hacer más efectivos los mecanismos de resolución de controversias; y Acción 15: Desarrollar un instrumento multilateral.

---

*   Abogado egresada de la Universidad Católica Andrés Bello (UCAB) con Especialización en Derecho Tributario de la Facultad de Ciencias Jurídicas y Políticas de la Universidad Central de Venezuela. Profesora de Pregrado en la Facultad de Derecho de la Universidad Católica Andrés Bello y de Postgrado en la Especialización en Derecho Tributario de la Facultad de Ciencias Jurídicas y Políticas de la Universidad Central de Venezuela (UCV). Ex Presidente y Miembro Honorario de la Asociación Venezolana de Derecho Tributario (AVDT). Ex Miembro del Directorio del Instituto Latinoamericano de Derecho Tributario (ILADT). Socio de la firma de abogados Rodríguez & Mendoza.

Afirma ALVARADO que "*el plan de Acción BEPS constituye un proyecto de fiscalidad internacional que ha recibido el visto bueno del G20 y el reconocimiento de algunos de los principales países emergentes, que pretende eliminar la erosión de las bases imponibles y el traslado de beneficios empresariales a otras jurisdicciones fiscales, vertebrando, sin duda, un cambio de modelo o paradigma de los actuales principios de fiscalidad internacional*".[1] En el marco del plan, la OCDE pretendió con la Acción 15, analizar las cuestiones de derecho internacional y tributario para el desarrollo de un instrumento multilateral que permitiera a las jurisdicciones interesadas, desarrollar los trabajos y el contenido de las acciones anteriores para combatir la erosión de la base imponible y el traslado de beneficios, enmendando los Convenios Bilaterales para Evitar la Doble Imposición celebrados, a fin de adaptarlos de una manera rápida y efectiva a las nuevas realidades de la fiscalidad internacional. El problema planteado ha sido la determinación de la mejor manera de cumplir este objetivo, "*La opción final, por ser la más razonable ha sido la de buscar la convivencia del Convenio Multilateral BEPS con los convenios bilaterales de doble imposición, dejando al criterio de cada país la modificación de su red de convenios de doble imposición a través de la multilateralidad, evitando la renegociación de los 3.000 convenios bilaterales existentes y sin crear nuevas obligaciones entre países no convenidos... se opta por un convenio multilateral selectivo, que se ocupe de alguna cláusulas con impacto en la fiscalidad internacional, limitándose a determinados aspectos y que vaya siendo paulatinamente aprobado por los Estados*".[2]

No obstante la aplicación que en algunos países ya es un hecho del Plan de Acción BEPS, incluyendo la adhesión a la Convención Multilateral, mantienen su vigencia las críticas que se le han hecho sobre la ausencia de mecanismos de protección de los derechos y garantías de los contribuyentes, tal y como fue denunciado en el marco de las XXVIII Jornadas Latinoamericanas de Derecho Tributario celebradas en México en el año 2015, por lo que corresponde a cada uno de los países en la adopción del Plan de Acción, tomar las medidas pertinentes en este sentido.[3] En el mismo orden de ideas, las Resoluciones adoptadas en las XV Jornadas Venezolanas de Derecho Tributario del año 2016 con respecto al Tema II "Nuevos Retos de la Fiscalidad Internacional", al señalar que: "*Las acciones del plan BEPS promovidas por la OCDE para reformar el sistema tributario internacional no parecieran estar realmente orientadas a diseñar un nuevo régimen de fiscalidad internacional más justo y equitativo, que responda a las exigencias de una economía global y digitalizada y que garantice los derechos de los contribuyentes, sino a establecer nuevas reglas y mecanismos de control sobre los flujos de capital de las empresas y ciudadanos de los países*

---

1   ALVARADO ESQUIVEL, Miguel de Jesús, «Relatoría General del Tema I Medidas nacionales para evitar la erosión de la base tributaria ¿influencia de Beps en Latinoamérica?» en *Memorias de las XXVIII Jornadas Latinoamericanas de Derecho Tributario ILADT, México 2015*, Academia Mexicana de Derecho Fiscal A.C, México, 2015, p. 16.

2   GARCÍA NOVOA, César, *El derecho tributario actual, innovaciones y desafíos,* Segunda Edición, Serie Monografías Tributarias, ICDT Instituto Colombiano de Derecho Tributario, Bogotá, 2018, p. 497.

3   En las referidas XVIII Jornadas de Derecho Tributario, México 2015, se destacó la situación de los contribuyentes frente a las Acciones BEPS, y entre otras, se adoptaron las siguientes Resoluciones: "*QUINTO: El grado de adopción del Plan BEPS por los países cualquiera que este sea, requiere fijar normas claras de cumplimiento, facultades y procedimientos que otorguen un mínimo grado de seguridad jurídica para los contribuyentes, en respeto del principio de legalidad, evitando así espacios de subjetividad y discrecionalidad de las Administraciones Tributarias, de modo que las medidas adoptadas no se conviertan en mero instrumento recaudatorio, afectando la sana relación fisco/contribuyente que es indispensable para llevar a buen puerto los propósitos de su establecimiento". SEXTO: Para la defensa de los derechos fundamentales de los contribuyentes se recomienda que las disposiciones normativas incorporadas en las legislaciones nacionales sobre la base de las medidas contenidas en el Plan BEPS, sean sometidas al test del principio de proporcionalidad por parte de los tribunales nacionales encargados del conocimiento de casos en concreto, es decir, que la medida a utilizar sea idónea, necesaria y proporcionada en sentido estricto al fin que se pretende*", consultado en www.iladt.org.

industrializados, con el fin de frenar la erosión de las bases imponibles e incrementar sus niveles de recaudación, así como eliminar o reducir la competencia que para los Estados representan otras jurisdicciones o territorios que en ejercicio de su soberanía han adoptado regímenes fiscales más favorables".[4]

II. ACCIÓN 15 DEL PLAN BEPS: DESARROLLAR UN INSTRUMENTO MULTILATERAL

En virtud del cronograma establecido para el cumplimiento de las diversas acciones, se creo un grupo *ad-hoc* para desarrollar el señalado instrumento multilateral previsto en la Acción 15 del Plan BEPS, abierto a la participación de los países interesados para su conclusión en el año 2015 y firma a más tardar el 31 de diciembre de 2016.[5] Este instrumento se elaboró y culminó en el año 2015, siendo firmado en París el 24 de noviembre de 2016, entrando en vigencia el 1° de julio de 2018 (primer día del mes siguiente a la conclusión del plazo de tres meses desde el depósito del quinto instrumento de ratificación, aceptación o aprobación).[6]

Para llegar al acuerdo que se concretó en la Convención Multilateral, las partes reconocen *"la cuantiosa pérdida de recaudación en el impuesto sobre sociedades que sufren las Administraciones debido a la planificación fiscal agresiva que resulta en el traslado artificial de los beneficios hacia emplazamientos en los que están sujetos a una tributación reducida o nula...reconociendo la importancia de garantizar que los beneficios tributen allí donde se lleven a cabo las actividades económicas sustanciales que generen los beneficios y donde se cree valor...observando la necesidad de garantizar que los convenios existentes para evitar la doble imposición en materia de impuestos sobre la renta se interpreten en el sentido de eliminar la doble imposición en relación con los impuestos comprendidos en esos convenios, sin generar oportunidades de no imposición o de imposición reducida a través de la elusión y la evasión fiscales (comprendida la práctica de la búsqueda del convenio mas favorable, con la intención de conseguir las desgravaciones previstas en los convenios para el beneficio de residentes de terceras jurisdicciones)".*[7]

---

4   ABACHE CARVAJAL, Serviliano y ATENCIO VALLADARES, Gilberto, *Los nuevos retos de la fiscalidad internacional*, Asociación Venezolana de Derecho Tributario, Academia Mexicana de Derecho Fiscal A.C, México 2018, p. 202.

5   Luego de haber llegado a la conclusión de la viabilidad del instrumento multilateral, *"el Comité de Asuntos Fiscales (CAF) de la OCDE aprobó la decisión, avalada a su vez por los Ministros de Finanzas y Gobernadores de Bancos Centrales del G-20, de constituir un grupo especial (en los sucesivo «el Grupo») para desarrollar un instrumento multilateral sobre medidas fiscales antielusivas... El Grupo está abierto a la participación en igualdad de condiciones de todos los países interesados y cuenta con la asistencia de la Secretaría de la OCDE. El Grupo comenzó su trabajo en mayo de 2015 con el firme propósito de llevar a término la tarea que le fue encomendada y abrir el instrumento multilateral a la firma no más tarde del 31 de diciembre de 2016. La participación en la elaboración de dicho instrumento tiene carácter voluntario y no entraña compromiso u obligación alguna de firmarlo una vez finalizado".* «Proyecto OCDE/G20 sobre la erosión de la base imponible y el traslado de beneficios. Informes Finales 2015. Resúmenes», en GUTIÉRREZ Myriam Stella y QUIÑONES Natalia (Directoras) *Resultados del Plan Beps y su aplicación en Colombia,* Serie Monografías Tributarias, ICDT Instituto Colombiano de Derecho Tributario/IFA International Fiscal Association, Bogotá, 2016, p. 389.

6   Los primeros cinco depositantes de la Convención Multilateral BEPS en fecha 22 de marzo de 2018 fueron: Austria, Isla de Man, Jersey, Polonia y Eslovenia, consultado en: http://www.oecd.org/tax/treaties/beps-mli-position-austria-instrument-deposit.pdf (Austria); http://www.oecd.org/tax/treaties/beps-mli-position-isle-of-man-instrument-deposit.pdf (Isla de Man); http://www.oecd.org/tax/treaties/beps-mli-position-jersey-instrument-deposit.pdf (Jersey); http://www.oecd.org/tax/treaties/beps-mli-position-poland-instrument-deposit.pdf (Polonia); y http://www.oecd.org/tax/treaties/beps-mli-position-eslovenia-instrument-deposit.pdf (Eslovenia).

7   En este sentido ver Convención Multilateral para aplicar las medidas relacionadas con los tratados fiscales para prevenir la erosión de las bases imponibles y el traslado de beneficios (versión original en inglés), en

El proceso de suscripción y firma de la Convención Multilateral BEPS se inició desde el 7 de junio de 2017 y se han adherido ochenta y siete (87) países, comenzando los trámites conforme al derecho interno respectivo, para su ratificación, aprobación e incorporación como norma aplicable, en cada una de las jurisdicciones en cuestión. Las suscripciones se han producido mayoritariamente por países que son miembros de la OCDE, sin embargo algunos otros, sin ser miembros, lo han suscrito, tal es el caso por ejemplo de Perú. Así mismo se presentan casos como el de Brasil que no ha suscrito la convención, pero que incorporará algunas de las acciones mediante la renegociación bilateral de sus convenios o la negociación de nuevos convenios siguiendo el Paquete BEPS. Aún cuando con reservas, han suscrito la Convención Multilateral: Austria, Canadá, Francia, India, Eslovenia, Países Bajos, Reino Unido, Emiratos Árabes, México, Japón, Polonia, Rusia, Suecia, Suiza, Turquía, Vietnam, Argentina, Chile, Colombia, Costa Rica, España, Italia, Panamá, Perú, Portugal y Uruguay [8], entre otros, algunos de los cuales tienen suscritos Convenios Bilaterales de Doble Imposición con Venezuela. Por su parte, no lo han suscrito: Bolivia, Brasil, Ecuador, Guatemala, Nicaragua, Paraguay, República Dominicana y Venezuela, en el caso de ésta última, observamos que BEPS no es una prioridad para la Administración Tributaria venezolana, por lo que tampoco lo sería la posibilidad de adherirse al instrumento multilateral previsto en la referida Acción 15, al menos por ahora.

Se fijó su entrada en vigor tres o seis meses después del depósito por las primeras cinco jurisdicciones depositantes que fueron: Austria, Isla de Man, Jersey, Polonia y Eslovenia. También han efectuado el depósito Australia, Israel, Reino Unido, Francia, Japón, Lituania, Nueva Zelanda, Serbia, Países Bajos, Polonia y Suecia, entre otros, por lo que la convención entró ya en vigencia para algunos de ellos desde el pasado año 2018 y para otros este año 2019.

El desarrollo de la Convención Multilateral BEPS se presenta en el marco de la existencia de una serie de convenios internacionales, tales como la Convención de Asistencia Administrativa Mutua en Materia Fiscal, el Estándar para el Intercambio Automático de Información de Cuentas Financieras, el Foreign Account Tax Compliance (FATCA), el Estándar Común de Reporte (CRS), de lo cual se evidencia una tendencia hacia el multilateralismo de la cual está fuera Venezuela, pues no ha suscrito ninguno de los acuerdos anteriores. La tendencia internacional apunta hacia acoger el denominado Paquete BEPS del G20/OCDE que, como se indica en la Convención Multilateral, tiene como objeto abordar el uso de mecanismos híbridos, el uso abusivo de los tratados, el uso artificioso de la figura del establecimiento permanente y mejorar la resolución de controversias, mediante el uso del arbitraje como cláusula optativa y la introducción de algunos cambios en el procedimiento amistoso establecido en la mayoría de los tratados que siguen el Modelo OCDE.

La Convención Multilateral ha sido concebida como un instrumento flexible, permitiendo a los Estados, en ejercicio de su soberanía tributaria, efectuar reservas a sus disposiciones. El objetivo, como se expresó anteriormente, es que dicha Convención Multilateral modifique en las disposiciones pertinentes, los Convenios para Evitar la Doble Imposición ya suscritos, sin necesidad de que los Estados los renegocien en forma bilateral uno a uno para adaptarlos a estos nuevos parámetros, que esta modificación sea vinculante y automática para los Estados que se adhieran, así como la aplicación de los denominados estándares mínimos, cláusulas optativas y reservas.

---

https://www.oecd.org/tax/treaties/multilateral-convention-to-implement-tax-treaty-related-measures-to-prevent-BEPS.pdf.

8   Para mayor información sobre los países signatarios de la Convención Multilateral y el *status* al 9 de abril de 2019 consultar en https://www.oecd.org/tax/treaties/beps-mli-signatories-and-parties.pdf.

Una de las características resaltantes de la Convención Multilateral, es la pretensión del cumplimiento de los referidos estándares mínimos:

i) En primer lugar tenemos el replanteamiento de la finalidad que deben tener los convenios, proponiendo la modificación del título y del preámbulo de los Convenios Bilaterales conforme a la redacción que se indica en la convención (esta sería una cláusula optativa). La convención está dirigida al cambio de los paradigmas hasta ahora existentes, siendo su objetivo evitar no solo la evasión sino la elusión fiscal. Esto último puede generar problemas en legislaciones como la venezolana, para la cual la elusión fiscal se diferencia de la evasión, siendo ésta última la que implica el incumplimiento de la obligación tributaria mediante una conducta ilícita por parte del contribuyente. Para ROHATGI *"implica que el contribuyente ha organizado sus negocios de tal manera que su carga impositiva es menor que la que de otra manera habría sido, o que no se debe impuesto alguno como consecuencia de tal acuerdo. Se refiere a la reducción de la obligación fiscal por medios legales..."*[9]. En el mismo orden de ideas WEFFE ha señalado, que *"la elusión tributaria consiste en evitar, total o parcialmente, la realización del hecho generador de la obligación tributaria con base en formas jurídicas que no configuran el hecho imponible y son legítimas desde la perspectiva de la autonomía negocial",*[10] en este sentido, la elusión limitaría con la planificación fiscal efectuada por medios legales, que pareciera igualmente proscrita por la Acción 12 del Plan BEPS, que exige a los contribuyentes revelar sus mecanismos de "planificación fiscal agresiva" mediante el desarrollo de normas que establezcan la declaración obligatoria de transacciones, concepto peligrosamente indeterminado en el ámbito tributario y que puede llevar a la indeseable discrecionalidad de los funcionarios de la Administración Tributaria, al establecer qué debe entenderse por una planificación fiscal agresiva.

ii) La inclusión de una Cláusula General Antiabuso (GAARs), incorporando en la Convención Multilateral el Test del Propósito Principal (PPT), para evitar el uso abusivo de los convenios y que los beneficios de un Convenio Fiscal Comprendido no se otorguen, con respecto a un elemento de renta o de patrimonio, cuando sea razonable concluir que el acuerdo u operación de que se trate, tiene entre sus objetivos principales, la obtención del beneficio fiscal. Lo difícil será el establecimiento en cada caso, de cuáles serán esos objetivos principales que determinarán que estemos o no, frente a un uso abusivo de los convenios. Adicionalmente se plantea la inclusión de una Cláusula de Limitación de Beneficios (LOB) simplificada o detallada, conforme a la cual los beneficios del convenio solo aplicarían a personas residentes calificadas en los términos allí previstos, todo ello en línea con la Acción 6 del Plan BEPS.

iii) La mejora de los mecanismos para la resolución de controversias, estableciendo modificaciones al Procedimiento Amistoso e introduciendo el Arbitraje (vinculante y obligatorio en caso de adoptarlo), conforme a las previsiones de la Acción 14 del Plan BEPS. Se incorpora la posibilidad de solicitar el inicio del procedimiento en cualquiera de las jurisdicciones involucradas y el objetivo sería la optimización de dichos mecanismos, a fin de lograr la resolución de las controversias derivadas de la aplicación e interpretación de los convenios en un lapso de tiempo razonable.

---

9   ROHATGI, Roy, *Principios básicos de tributación internacional,* Primera edición es español, Traducción de Juan Manuel Idrovo, Legis Editores S.A, Bogotá, 2008, p. 552.

10   WEFFE, Carlos, «La Elusión Tributaria» en *Memorias de las XXIV Jornadas Latinoamericanas de Derecho Tributario, Isla Margarita 2008,* Instituto Latinoamericano de Derecho Tributario-Asociación Venezolana de Derecho Tributario, Caracas, 2008, p. 697. Sobre este tema también ver FERMÍN, Juan Carlos, «La Elusión en el Derecho Tributario» en *Memorias de las XXIV Jornadas Latinoamericanas de Derecho Tributario, Isla Margarita 2008,* Instituto Latinoamericano de Derecho Tributario-Asociación Venezolana de Derecho Tributario, Caracas, 2008.

Cuando se planteó la Acción 15 del Plan BEPS, fueron propuestas diversas modalidades para la modificación de los Convenios Bilaterales suscritos, imponiéndose finalmente la opción de elaborar un instrumento multilateral que coexistiera con ellos, incorporando, en ausencia o en sustitución de disposiciones en dichos convenios, las directrices del Plan BEPS, de manera rápida y efectiva. Con ello se lograría una de las finalidades de la Convención Multilateral, relativa a que los Estados no tuvieran que renegociar todos y cada uno de los Convenios Bilaterales para Evitar la Doble Imposición suscritos (aproximadamente la red de 4.000 convenios actualmente), a fin de adaptarlos a las nuevas realidades del Derecho Internacional Tributario. Es importante destacar que la eficacia de la Convención Multilateral está sujeta a que los Estados contratantes de un Convenio Bilateral Comprendido lo ratifiquen y aprueben; en otras palabras, ambas partes contratantes deben hacerlo pues, de lo contrario, el Convenio Bilateral suscrito mantiene su plena vigencia sin modificaciones, no bastando la aprobación de una sola de las partes. Ello debe ser así, partiendo del hecho de que el Convenio Bilateral es el que contiene la negociación llevada a cabo por las partes contratantes conforme a sus intereses y también, de acuerdo con las disposiciones de la Convención de Viena sobre el Derecho de los Tratados, que aún cuando no ha sido ratificada por Venezuela en virtud de razones históricas, es aplicada por costumbre internacional.

Habiendo sido aprobada por ambos Estados, la Convención Multilateral se aplicará en ausencia o sustitución de previsiones en los denominados Convenios Fiscales Comprendidos, (Convenios Bilaterales o Multilaterales que serán voluntariamente modificados por los Estados mediante la aplicación del instrumento multilateral). La estructura de la Convención Multilateral comprende varias partes, con diverso contenido y un alto nivel de detalle propio de su naturaleza y complejidad, que resumimos a continuación:

I Parte.- Ámbito e interpretación de términos: artículo 1: la Convención modifica todos los **Convenios Fiscales Comprendidos**, los cuales define el artículo 2 como: *"un convenio para evitar la doble imposición en materia de impuestos sobre la renta (con independencia de que incluya o no otros impuestos): i) en vigor entre dos o más: A) Partes; o B) jurisdicciones o territorios que sean parte de uno de los convenios antes descritos y de cuyas relaciones internacionales sea responsable una Parte; y ii) respecto del que cada una de dichas Partes haya notificado al Depositario su inclusión, así como la de los instrumentos que lo modifiquen o complementen"*[11], como convenio que desea quede comprendido en dicha Convención Multilateral. En otros términos, son aquellos Convenios de Doble Imposición en materia de Impuesto sobre la Renta, que se encuentren en vigor entre las partes, jurisdicciones o territorios, respecto de los cuales cada una de dichas partes, reiteramos, no podría ser una sola de ellas, haya notificado al Depositario su inclusión como Convenio Fiscal Comprendido en la Convención Multilateral.

II Parte.- Mecanismos híbridos: con lo que se pretenden establecer las cláusulas pertinentes para evitar la utilización de aquellos mecanismos y entidades que, mediante el aprovechamiento de las discordancias existentes entre el régimen tributario aplicable en las distintas jurisdicciones, tienden a producir situaciones de "no imposición internacional". Artículo 3: **entidades transparentes**; artículo 4: **entidades con doble residencia**; artículo 5: **aplicación de los métodos para evitar la doble imposición**, teniendo la posibilidad de elegir entre tres opciones distintas o no aplicar ninguna de estas opciones.

III Parte.- Utilización abusiva de los tratados: artículo 6: modificación de los **Convenios Fiscales Comprendidos para incluir el siguiente preámbulo como finalidad de estos**: *"Con la intención de eliminar la doble imposición en relación con los impuestos comprendidos en este convenio sin generar oportunidades para la no imposición o para una*

---

11 Convención Multilateral BEPS (traducción al español) en https://www.oecd.org/tax/treaties/beps-multilateral-instrument-text-translation-spanish.pdf, p.2

imposición reducida mediante evasión o elusión fiscales (incluida la práctica de la búsqueda del convenio más favorable que persigue la obtención de los beneficios previstos en este Convenio para el beneficio indirecto de residentes de terceras jurisdicciones"[12]. Este preámbulo se aplicaría obligatoriamente en sustitución o en ausencia de un preámbulo en los respectivos Convenios Fiscales Comprendidos, que exprese su intención de eliminar la doble imposición sin generar oportunidades para la no imposición o una imposición reducida.

Se establece también la posibilidad de un preámbulo optativo para los Convenios Fiscales Comprendidos que no contengan un preámbulo relativo al deseo de establecer relaciones económicas o mejorar la cooperación en materia fiscal, con el siguiente contenido: *"Con el deseo de seguir desarrollando sus relaciones económicas y de reforzar su cooperación en materia tributaria*"[13]. En todo caso, las Partes tienen el derecho de hacer reserva y no aplicar el preámbulo previsto en el artículo 6.1, en el caso de aquellos Convenios Comprendidos que ya recojan en sus preámbulos la intención que allí se pretende de eliminar la doble imposición sin generar oportunidades para la no imposición o una imposición reducida.

Igualmente el artículo 7 establece disposiciones para **impedir la utilización abusiva de los Convenios, mediante la aplicación del Test del Propósito Principal (PPT)**. En este sentido, los beneficios concedidos en virtud de un Convenio Fiscal Comprendido *"no se otorgarán respecto de un elemento de renta o de patrimonio cuando sea razonable concluir, teniendo en cuenta todos los hechos y circunstancias pertinentes, que el acuerdo u operación que directa o indirectamente genera el derecho a percibir ese beneficio tiene entre sus objetivos la obtención del mismo.*"[14] Podría considerarse que el Test del Propósito Principal es una propuesta similar al Guiding Principle, previsto en algunos de los Convenios para Evitar la Doble Imposición suscritos por Venezuela, con relación a las rentas pasivas por concepto de dividendos e intereses, pero planteado quizás en unos términos más amplios, con relación a un elemento de renta o de patrimonio, como mecanismo para impedir el uso abusivo en general de los convenios.[15] Igualmente se refiere la norma a la adopción de una cláusula sobre Limitación de Beneficios (LOB), para que, como mencionamos anteriormente, los beneficios de un convenio solo se apliquen a personas o residentes calificados, cláusula que también está prevista en algunos convenios suscritos por Venezuela.[16]

El artículo 8 regula lo relativo a las **operaciones con Dividendos**, estableciendo que las disposiciones de un Convenio Fiscal Comprendido que eximan de imposición los dividen-

---

12 Convención Multilateral BEPS (traducción al español) en https://www.oecd.org/tax/treaties/beps-multilateral-instrument-text-translation-spanish.pdf p.7

13 Convención Multilateral BEPS (traducción al español) en https://www.oecd.org/tax/treaties/beps-multilateral-instrument-text-translation-spanish.pdf p.8

14 Convención Multilateral BEPS (traducción al español) en https://www.oecd.org/tax/treaties/beps-multilateral-instrument-text-translation-spanish.pdf p.8

15 En algunos Convenios Bilaterales de Doble Imposición suscritos por Venezuela podemos ver plasmado el Guiding Principle en materia de rentas pasivas como dividendos e intereses, con la finalidad de que la exención o imposición reducida allí establecidas, según el caso, no sean aplicables cuando el objeto principal o uno de los objetos principales de alguna persona involucrada en la creación o cesión de las acciones, participaciones o derechos en el caso de los dividendos, o de la creación o cesión de los créditos generadores de los intereses, sea beneficiarse del artículo. En este sentido es una figura similar al Test del Propósito Principal aunque limitada a las rentas pasivas antes señaladas. Tal es el caso por ejemplo de los Convenios suscritos con el Reino Unido de Gran Bretaña e Irlanda del Norte, Ley Aprobatoria (*Gaceta Oficial* N° 5.218 *Extraordinario* de fecha 6 de marzo de 1998); Dinamarca, Ley Aprobatoria (*Gaceta Oficial* N° 37.219 de fecha 14 de junio de 2001); Reino de España, Ley Aprobatoria (*Gaceta Oficial* N° 37.913 de fecha 5 de abril de 2004); y Brasil, Ley Aprobatoria (*Gaceta Oficial* N°38.344 de fecha 27 de diciembre de 2005).

16 Tal es el caso de los Convenios Bilaterales suscritos por Venezuela con los Estados Unidos de América en el artículo 17 (*Gaceta Oficial* N° 5.427 *Extraordinario* de fecha 5 de enero de 2000) y Barbados en su artículo 27 (*Gaceta Oficial* N° 5.507 *Extraordinario* de fecha 13 de diciembre de 2000).

dos o que limiten el tipo impositivo aplicable, siempre que el beneficiario efectivo o perceptor sea una sociedad residente de la otra jurisdicción que posea o controle un determinado
volumen del capital, acciones, derecho de voto o participación similar en la sociedad pagadora del dividendo, *"se aplicarán únicamente si las condiciones de propiedad descritas en
dichas disposiciones se cumplen durante un período de 365 días que comprenda el día del
pago de los dividendos"*[17]; en otras palabras, debe existir un período mínimo de posesión de
las acciones o participación en la sociedad pagadora del dividendo. Se excluyen a tales efectos los cambios en la propiedad derivados de una reorganización empresarial, fusión o escisión de la propietaria de las acciones o de la que paga los dividendos exentos o sujetos a
imposición reducida.

En sentido similar las disposiciones del artículo 9 relativas a las **Ganancias de capital
procedentes de la enajenación de acciones o derechos asimilables en entidades cuyo
valor proceda principalmente de bienes inmuebles**. En estos casos, las ganancias pueden
someterse a imposición en la otra jurisdicción contratante, *"cuando el valor de dichas acciones o derechos proceda, por encima de un cierto umbral, de bienes inmuebles situados
en esa otra jurisdicción contratante (o cuando, por encima de un cierto umbral, la propiedad de la entidad consista en dichos bienes inmuebles."*[18] Esto aplicaría si en cualquier
momento durante los 365 días previos a la enajenación se alcanza dicho umbral y asimismo
aplica a las acciones o derechos asimilables a ellas, tal y como es el caso de las sociedades
de personas *(partnership)* o fideicomisos *(trust)*. Igualmente este plazo aplicaría en sustitución o en ausencia de plazo de tiempo a los fines de la determinación del momento en el
cual se alcanza el umbral en cuestión. El valor de dichas acciones o derechos asimilables
debe proceder en más de un cincuenta por ciento (50%), directa o indirectamente, de bienes
inmuebles situados en la otra jurisdicción contratante.

El artículo 10 establece la **Norma antiabuso para establecimientos permanentes situados en terceras jurisdicciones**, en determinadas circunstancias: i) cuando una empresa de
una jurisdicción contratante de un Convenio Fiscal Comprendido, *"obtenga rentas procedentes de la otra Jurisdicción contratante y la primera Jurisdicción considere dichas rentas
como atribuibles a un establecimiento permanente de la empresa situada en una tercera
jurisdicción; y ii) cuando los beneficios atribuibles a dicho establecimiento permanente
estén exentos de imposición en la Jurisdicción contratante mencionada en primer lugar,"*[19]
agregando que los beneficios del Convenio Fiscal Comprendido, no se aplicarán a ningún
elemento de renta sobre el que el impuesto en la tercera jurisdicción antes mencionada, sea
inferior al sesenta por ciento (60%) del impuesto que se hubiera aplicado en la jurisdicción
contratante indicada primero bajo i).

Es importante destacar que esta disposición no aplica, si la renta procedente de la otra jurisdicción contratante a la que se refiere el número i) es incidental, con respecto a la que
constituye la actividad económica del contribuyente realizada a través de un establecimiento
permanente o relacionada con ella (que no sea la inversión, gestión o tenencia de inversiones por cuenta de la empresa, a menos que se trate de la actividad de banca, seguros o valores realizada por bancos, compañías de seguros o agentes de valores).

Por su parte el artículo 11 establece la **Aplicación de los Convenios fiscales para restringir el derecho de una Parte a someter a imposición a sus propios residentes**. En este
sentido, un Convenio Fiscal Comprendido no afectará cómo una jurisdicción contratante

17 Convención Multilateral BEPS (traducción al español) en https://www.oecd.org/tax/treaties/beps-multilateral-instrument-text-translation-spanish.pdf p.14

18 Convención Multilateral BEPS (traducción al español) en https://www.oecd.org/tax/treaties/beps-multilateral-instrument-text-translation-spanish.pdf p.15.

19 Convención Multilateral BEPS (traducción al español) en https://www.oecd.org/tax/treaties/beps-multilateral-instrument-text-translation-spanish.pdf p.16-17.

somete a imposición a sus propios residentes, excepto con relación a los beneficios que se deriven de las propias disposiciones del Convenio Fiscal Comprendido, y los cuales se detallan de los literales a) al j) de esta norma, tales como los concernientes a efectuar ajustes correlativos, tras un ajuste inicial efectuado por la otra jurisdicción contratante; de rentas derivadas de las prestaciones de servicios por una persona física; de las obtenidas por personas físicas que sean estudiantes, aprendices, profesores, catedráticos, investigadores, etc; las disposiciones que protejan a los residentes de una jurisdicción contratante de prácticas fiscales discriminatorias; las que permitan a los residentes de una jurisdicción contratante solicitar a la autoridad competente la consideración de los casos de imposición no conforme; las que puedan afectar la imposición de las personas físicas integrantes de misiones diplomáticas, consulares o representaciones gubernamentales; las que establezcan que el gravamen de pensiones u otros pagos de la seguridad social serán gravables exclusivamente en la otra jurisdicción contratante, entre otras.

Como en casos anteriores, el apartado 1 del artículo 11 se aplicará en sustitución o en ausencia de disposiciones contenidas en el Convenio Fiscal Comprendido, en las que se establezca que dicho convenio no afecta la imposición por una jurisdicción contratante de sus propios residentes. En todo caso las partes pueden hacer reserva y no aplicar nada de lo dispuesto en este artículo a sus Convenios Fiscales Comprendidos del apartado 2 o a no aplicar nada a sus Convenios Fiscales Comprendidos que ya contengan tales disposiciones.

IV Parte.- **Elusión del estatus de establecimiento permanente:** Este es uno de los destacados temas BEPS, estableciendo el artículo 12 las regulaciones relativas a la **Elusión artificiosa del estatus de establecimiento permanente a través de acuerdos de comisión y estrategias similares**, partiendo del planteamiento inicial de revisar el concepto tradicional de establecimiento permanente que, conforme al Plan de Acción BEPS, se ha hecho insuficiente en la actualidad, por la diversidad y complejidad de las operaciones de las empresas multinacionales en virtud de la globalización.

Así las cosas, no obstante la definición que de Establecimiento Permanente contengan los Convenios Fiscales Comprendidos, visto el agotamiento de esta figura: *"se considerará, cuando una persona opere en una Jurisdicción contratante de un Convenio fiscal comprendido por cuenta de una empresa y, como tal, concluya habitualmente contratos, o desempeñe habitualmente el papel principal en la conclusión de contratos rutinariamente celebrados, sin modificación sustancial por la empresa, y dichos contratos se celebren: a) en nombre de la empresa; o b) para la transmisión de la propiedad, o del derecho de uso, de un bien que posea la empresa o cuyo derecho de uso tenga; o c) para la prestación de servicios por esa empresa; que dicha empresa tiene un establecimiento permanente en esa Jurisdicción contratante, respecto de las actividades que esa persona realice para la empresa,"*[20] excepto que las actividades realizadas por la empresa a través de un lugar fijo de negocios en esa jurisdicción contratante, no hubiera implicado que éste lugar fijo se considere un establecimiento permanente.

No será aplicable el contenido de esta disposición, cuando una persona realice actividades en condición de agente independiente, salvo que intervenga exclusiva o casi exclusivamente por cuenta de una o más empresas a las que esté "estrechamente vinculada", caso en el cual pierde esta condición de agente independiente.

También relacionado con este tema, el artículo 13 establece la **Elusión artificiosa del estatus de establecimiento permanente a través de exenciones de actividades concretas**, caso en el cual se establecen opciones a las partes, apartado 2 (Opción A) y apartado 3 (Opción B), que estipulan disposiciones con relación a la definición del establecimiento perma-

---

20 Convención Multilateral BEPS (traducción al español) en https://www.oecd.org/tax/treaties/beps-multilateral-instrument-text-translation-spanish.pdf p.19

nente y el desarrollo de actividades de carácter auxiliar o preparatorio, que no dan lugar a la constitución de aquél. Igualmente se establecen regulaciones en el caso de un lugar fijo de negocios que una empresa utilice o mantenga, si dicha empresa u otra estrechamente vinculada a ella, desarrolla actividades en ese mismo lugar o en otro ubicado en la misma jurisdicción y éstos *"constituyen un establecimiento permanente de la empresa o la empresa estrechamente vinculada conforme a lo dispuesto en el Convenio Fiscal Comprendido en que se defina el establecimiento permanente o el conjunto de la actividad resultante de combinación de actividades desarrolladas por las dos empresas en el mismo lugar, o por la misma empresa o la empresa estrechamente vinculada en los dos emplazamientos, no tienen carácter permanente o auxiliar"*[21], siendo condición que las actividades desarrolladas por las empresas en el mismo lugar, por la misma empresa o por la empresa estrechamente vinculada en dos lugares distintos sean complementarias, constituyendo lo que el convenio denomina *"una operación económica cohesionada"*.

En el mismo orden de ideas el artículo 14 se refiere a la **Fragmentación de contratos**, otra práctica común en la actualidad, estableciendo plazos en el desarrollo de ciertas actividades, como es el caso de la realización de una obra, proyecto de construcción, instalación u otro, así como actividades de supervisión o consultoría, para la constitución de un establecimiento permanente. Con relación a un Convenio Fiscal Comprendido que contemple la realización de dichas actividades, la Convención Multilateral establece que estas se realicen durante uno o mas plazos de tiempo que en conjunto excedan de 30 días sin superar el plazo o plazos que estén previstos en la disposición pertinente del Convenio Fiscal Comprendido; igualmente, *"cuando una o mas empresas estrechamente vinculadas a la empresa mencionada en primer lugar realicen actividades conexas en esa otra jurisdicción contratante en la misma obra, proyecto de construcción o instalación u otro emplazamiento... durante distintos períodos de tiempo, cada uno de ellos superior a 30 días, estos plazos se sumarán al plazo acumulado durante el que la empresa mencionada en primer lugar ha realizado actividades en dicha obra, proyecto de construcción o de instalación u otro emplazamiento.*[22]*"*

En este supuesto las partes pueden reservarse el derecho de no aplicar nada sobre este particular a los Convenios Fiscales Comprendidos o a no aplicar nada respecto de las actividades relativas a la exploración o explotación de recursos naturales, tal y como sería el caso de las actividades petrolera y minera. Así mismo y como complemento de las disposiciones anteriores, el artículo 15 contiene la **Definición de Persona Estrechamente Vinculada**, estableciéndose que *"una persona está estrechamente vinculada a una empresa si, a la vista de todos los hechos y circunstancias pertinentes, una tiene el control sobre la otra o ambas están bajo el control de las mismas personas o empresas."*[23] Esta participación, directa o indirecta, debe ser de más del cincuenta por ciento (50%) en la otra empresa (del derecho de voto, del valor de las acciones o de la participación en el patrimonio).

V Parte.- Mejora de los mecanismos de resolución de controversias: La Convención Multilateral pretende el mejoramiento de estos mecanismos, en primer término, respecto del clásicamente establecido en los Convenios para Evitar la Doble Imposición suscritos por Venezuela y que se establece en el artículo 16 de la Convención Multilateral, nos referimos al **Procedimiento Amistoso**. La norma establece la posibilidad de someter a la autoridad competente de cualquiera de las jurisdicciones contratantes su caso, dentro de los tres (3) años siguientes a la notificación de la medida que implique una imposición no conforme con

---

21 Convención Multilateral BEPS (traducción al español) en https://www.oecd.org/tax/treaties/beps-multilateral-instrument-text-translation-spanish.pdf p.21-22

22 Convención Multilateral BEPS (traducción al español) en https://www.oecd.org/tax/treaties/beps-multilateral-instrument-text-translation-spanish.pdf p.23

23 Convención Multilateral BEPS (traducción al español) en https://www.oecd.org/tax/treaties/beps-multilateral-instrument-text-translation-spanish.pdf p.24.

las disposiciones del Convenio Fiscal Comprendido, con independencia de lo recursos establecidos en el derecho interno. Si la reclamación parece fundada y la autoridad competente no la puede resolver satisfactoriamente, hará lo posible por resolver la cuestión de mutuo acuerdo con la autoridad competente de la otra Jurisdicción contratante. Estas autoridades competentes harán lo posible por resolver de mutuo acuerdo las dificultades o las dudas que puedan plantearse con la interpretación o aplicación del Convenio Fiscal Comprendido, así como consultarse para eliminar la doble imposición en los casos que no estén previstos en el Convenio Fiscal Comprendido.

El artículo 17 se refiere a los **Ajustes correlativos**, aplicables cuando una Jurisdicción haya incluido y en consecuencia grave los beneficios de una empresa de la otra Jurisdicción contratante, ya sometidos a imposición o gravados en esa otra jurisdicción, siendo estos beneficios los que hubiese obtenido si las condiciones convenidas entre las dos empresas hubiesen sido las que hubieren acordado dos operadores independientes. En ese caso, *"esa otra Jurisdicción contratante practicará el ajuste que proceda a la cuantía del impuesto que ha gravado esos beneficios"*.[24]

VI Parte.- Arbitraje. Otro de los aspectos resaltantes de la Convención Multilateral es el establecimiento del Arbitraje como mecanismo para la resolución de conflictos. El artículo 18 se refiere a la **Opción respecto de la aplicación de la parte VI**, permitiendo a las partes optar por aplicar este mecanismo a sus Convenios Fiscales Comprendidos. Aplicará a dos jurisdicciones contratantes respecto de un mismo Convenio Fiscal Comprendido y *"únicamente cuando ambas Jurisdicciones contratantes hayan remitido la notificación correspondiente."*[25] El artículo 19 establece una de las particularidades más resaltantes de esta parte y es el Arbitraje obligatorio y vinculante una vez que se ha optado por él y efectuado la notificación correspondiente, para la resolución de los conflictos derivados de la inconformidad con las medidas adoptadas por una o ambas Jurisdicciones, que impliquen la existencia de una imposición no conforme con las disposiciones del Convenio Fiscal Comprendido o cuando las autoridades competentes no puedan ponerse de acuerdo en la resolución de un caso, a solicitud por escrito del interesado, todo ello de conformidad con las normas o procedimientos acordados por las autoridades competentes de las Jurisdicciones contratantes y las regulaciones ampliamente detalladas en la Convención Multilateral.

Esto también implica un cambio de paradigmas, pues no todos los sistemas constitucionales admiten el Arbitraje en materia tributaria. Este tema fue ampliamente discutido en las XXII Jornadas Latinoamericanas de Derecho Tributario celebradas en Ecuador el año 2004. Venezuela destacaba por tener una norma constitucional que incentiva el uso de los medios alternativos para la resolución de conflictos, entre ellos el Arbitraje, desarrollado posteriormente en el Código Orgánico Tributario de 2001 y que se mantiene igualmente en el código de 2014, sin perjuicio de las dificultades para su aplicación práctica, derivadas de la errada concepción del Laudo Arbitral y sus efectos, lo cual ha hecho esta institución inoperante. Ya para ese momento TROYA JARAMILLO, en las Conclusiones y Recomendaciones de su Relatoría General sobre el Arbitraje en Materia Tributaria, en las referidas XXII Jornadas Latinoamericanas de Derecho Tributario, señalaba que el Arbitraje debía estar previsto de modo expreso en convenios o acuerdos internacionales, considerando además deseable que en los Convenios para Evitar la Doble Imposición se estableciese, además del Procedimien-

24 Convención Multilateral BEPS (traducción al español) en https://www.oecd.org/tax/treaties/beps-multilateral-instrument-text-translation-spanish.pdf p.28

25 Convención Multilateral BEPS (traducción al español) en https://www.oecd.org/tax/treaties/beps-multilateral-instrument-text-translation-spanish.pdf p.29

to Amistoso.[26] Creemos también que este es un mecanismo conveniente y efectivo para la resolución de las controversias, que podría ser muy útil en los conflictos tributarios internacionales, sin embargo, ello en definitiva dependerá del régimen constitucional de los Estados, pues en materia tributaria existen elementos adicionales a considerar, en virtud de la naturaleza de la obligación tributaria.

El artículo 20 establece la **Designación de los árbitros**, quienes deben ser tres personas "físicas" con conocimientos o experiencia en temas de fiscalidad internacional, conforme a las normas que allí se detallan sobre la designación y funcionamiento de la denominada "comisión arbitral". El artículo 21 prevé la **Confidencialidad del procedimiento arbitral**, específicamente en lo que respecta al intercambio de información, confidencialidad y asistencia administrativa. En este orden de ideas, se considera que los miembros de la comisión arbitral y tres personas por miembro, son personas a las que puede comunicarse la información confidencial obtenida. De allí que *"La información recibida por la comisión arbitral o por los candidatos a árbitros y la que reciban las autoridades competentes de la comisión arbitral se considerará información intercambiada al amparo de lo dispuesto en el Convenio fiscal comprendido en materia de intercambio de información y asistencia administrativa."*[27] La Convención Multilateral establece en el artículo 22 la posibilidad de **Resolución de un caso antes de la finalización del arbitraje**, luego de la solicitud correspondiente de este mecanismo y antes de que se haya emitido la decisión de la comisión arbitral en dos supuestos: i) cuando las autoridades competentes lleguen a un acuerdo mutuo; o ii) el retiro de la solicitud de arbitraje o del procedimiento amistoso por su solicitante.

Por su parte el artículo 23 regula detalladamente el **Tipo de procedimiento arbitral**, disposición ésta en la cual se establecen las normas aplicables en los procedimientos arbitrales y las reservas correspondientes, salvo que las autoridades competentes de las Jurisdicciones contratantes acuerden normas distintas. Por su parte el artículo 24 establece el **Acuerdo sobre una resolución distinta**, en efecto las partes (y solo si ambas lo han notificado al Depositario), pueden optar por la aplicación del apartado 2, conforme al cual *"una decisión arbitral adoptada conforme a esta Parte no será vinculante para las Jurisdicciones contratantes de un Convenio fiscal comprendido y no se aplicará si las autoridades competentes de las Jurisdicciones contratantes acuerdan una solución diferente para toda cuestión que permanezca sin resolver en el plazo de tres meses desde la fecha en que se les entregó la decisión arbitral."*[28]

El artículo 25 establece las regulaciones sobre el <u>**Coste del procedimiento arbitral**</u>, siendo las Jurisdicciones contratantes las que deben sufragar los honorarios y gastos de las comisiones arbitrales y los costes en los que tales jurisdicciones incurran, todo ello de común acuerdo entre las autoridades competentes. De no haber acuerdo, cada Jurisdicción contratante sufragará sus gastos y aquellos en los que incurra el miembro designado en la comisión arbitral. También se prevén otros gastos que sufragarán dichas Jurisdicciones por partes iguales.

Por último, en lo que respecta a las disposiciones medulares de la Convención Multilateral, el artículo 26 establece la **Compatibilidad**, previendo que con sujeción a lo establecido en el artículo 18, que permite la aplicación opcional de la parte VI de la Convención, *"las disposiciones de esta Parte serán aplicables en sustitución o en ausencia de disposiciones*

---

26 TROYA JARAMILLO, José Vicente, «Relatoría General del Tema II Arbitraje en Materia Tributaria», en *Memorias de las XII Jornadas Latinoamericanas de Derecho Tributario Ecuador 2004,* Instituto Ecuatoriano de Derecho Tributario, Quito, 2004, p. 23.

27 Convención Multilateral BEPS (traducción al español) en https://www.oecd.org/tax/treaties/beps-multilateral-instrument-text-translation-spanish.pdf p.33.

28 Convención Multilateral BEPS (traducción al español) en https://www.oecd.org/tax/treaties/beps-multilateral-instrument-text-translation-spanish.pdf p.36

de un Convenio fiscal comprendido que prevean el arbitraje para las cuestiones no resuel-tas tras un procedimiento amistoso..."[29]

La posibilidad de optar por el Arbitraje como mecanismo para la resolución de controversias, constituye un aspecto positivo de la Convención Multilateral, sin embargo observamos que, igual que ocurre con el Procedimiento Amistoso, el gran ausente sigue siendo el contribuyente que en definitiva es el afectado.

VII. Parte. <u>Disposiciones finales</u>. Sin entrar en mayores detalles el artículo 27 establece la firma de la Convención Multilateral y su ratificación, aceptación o aprobación, como mecanismo para su incorporación al derecho interno de cada uno de los países que lo suscriban. El artículo 28 establece que no se admiten sino las **Reservas** expresamente allí previstas, por lo que nos remitimos al contenido de dicha disposición. Cabe agregar que las reservas deben efectuarse en el momento de la firma de la Convención Multilateral o cuando se depositen los instrumentos de ratificación, aceptación o aprobación. Igualmente conforme al artículo 29 las **Notificaciones** previstas en las normas que allí se indican, deben ser efectuadas en el momento de la firma o cuando se depositen los instrumentos de ratificación, aceptación o aprobación. El artículo 30 prevé las **Modificaciones a los Convenios Fiscales Comprendidos**, ya que las disposiciones de la Convención Multilateral *"se entenderán sin perjuicio de las modificaciones posteriores que puedan acordar las jurisdicciones contratantes de un Convenio fiscal comprendido en relación con el mismo."*[30] Por su parte el artículo 31 establece la antes mencionada **Conferencia de Partes**, que puede ser convocada por las Partes contratantes para la adopción de decisiones o ejercer funciones relativas a la convención. De acuerdo con el artículo 32, las dudas que puedan surgir en cuanto a la **Interpretación o implementación de un Convenio fiscal comprendido así como de la misma Convención Multilateral**, *"se resolverán conforme a lo dispuesto en el Convenio fiscal comprendido para la resolución de las dudas en la interpretación o aplicación de dicho convenio mediante acuerdo mutuo;"*[31]; adicionalmente las dudas que puedan surgir con respecto a la Convención Multilateral podrán resolverse también mediante la utilización de la Conferencia de Partes prevista en el aparte 3 del artículo 31.

Toda parte puede proponer una **Modificación de la Convención** remitiendo la propuesta correspondiente al Depositario (artículo 33), pudiendo incluso convocarse a una Conferencia de Partes para abordar una propuesta de modificación determinada. En cuanto a su entrada en vigencia, ya hemos indicado que es *"1. el primer día del mes siguiente a la conclusión de un plazo de tres meses contados a partir de la fecha del depósito del quinto instrumento de ratificación, aceptación o aprobación. 2. Para cada signatario que ratifique, acepte o apruebe el presente Convenio tras el depósito del quinto instrumento de ratificación, aceptación o aprobación, el Convenio entrará en vigor el primer día del mes siguiente a la conclusión de un plazo de tres meses contados a partir de la fecha del depósito del quinto instrumento de ratificación, aceptación o aprobación."*[32] de acuerdo a las previsiones del artículo 34.

En cuanto a la fecha a partir de la cual comienza a surtir sus efectos la Convención Multilateral y de acuerdo con las previsiones del mismo artículo 34, con respecto a los **Impuestos retenidos en la fuente**: genera efectos para el hecho imponible que ocurre a partir del 1° de

---

29 Convención Multilateral BEPS (traducción al español) en https://www.oecd.org/tax/treaties/beps-multilateral-instrument-text-translation-spanish.pdf p.36

30 Convención Multilateral BEPS (traducción al español) en https://www.oecd.org/tax/treaties/beps-multilateral-instrument-text-translation-spanish.pdf p.43

31 Convención Multilateral BEPS (traducción al español) en https://www.oecd.org/tax/treaties/beps-multilateral-instrument-text-translation-spanish.pdf p.44

32 Convención Multilateral BEPS (traducción al español) en https://www.oecd.org/tax/treaties/beps-multilateral-instrument-text-translation-spanish.pdf p.44.

enero del año civil que comience a partir de la última fecha en que la Convención Multilateral entró en vigencia en cada una de las Jurisdicciones contratantes. En el caso de **Otros impuestos**: en el ejercicio fiscal o período impositivo que comience a partir de la conclusión de un lapso de 6 meses (o más breve si las partes lo acuerdan y notifican al Depositario), siguientes a que el convenio entre en vigor para cada una de las jurisdicciones contratantes del Convenio Fiscal Comprendido. Sobre la fecha en que produce sus efectos de la VI Parte relativa al Arbitraje vinculante y obligatorio una vez optado por este mecanismo, el artículo 36 establece las regulaciones correspondientes. El artículo 37 establece la posibilidad de toda Parte de **Desistir del Convenio** mediante notificación por escrito dirigida al Depositario, siendo efectivo a partir de su fecha de recepción, con las especificaciones allí contenidas. Así mismo, la Convención puede complementarse de acuerdo con lo dispuesto en el artículo 38, mediante la utilización de uno o más **Protocolos**, siendo el Depositario de la Convención el Secretario de la OCDE, conforme a lo previsto en el artículo 39 de la misma, quien entre otras funciones conservará a disposición pública listados de: i) los Convenios fiscales comprendidos, ii) las reservas formuladas por las Partes y iii) las notificaciones efectuadas por las partes.

Si bien se han hecho grandes esfuerzos para la implementación de la Convención en la lucha contra la erosión de las bases imponibles y el traslado de beneficios, lográndose sortear las limitaciones que hubiesen implicado para la aplicación del Plan BEPS la renegociación bilateral de cada uno de los Tratados celebrados, la realidad es que no obstante haberse suscrito la Convención Multilateral, en la mayoría de los casos se ha hecho con reservas. Según NOGUEIRA PINTO,[33] las reservas efectuadas por los países han sido fundamentalmente sobre los siguientes tópicos:

- Entidades transparentes (artículo 3.5): la mayoría de los países opta por no aplicar; algunos no aplican a los Convenios que tengan una cláusula similar.
- Doble residencia (artículo 2.3): la mayoría de los países opta por no aplicar; algunos no aplican a los Convenios que tengan una cláusula similar.
- Eliminación de la doble imposición (artículo 5): la mayoría de los países opta por no aplicar; algunos aplican la Opción C.
- Preámbulo (artículo 6): los países parte de la OCDE optan por aplicar el preámbulo pero reservan si los Convenios celebrados adoptan un lenguaje similar; por su parte los que están fuera de la OCDE optan por no aplicar.
- Abuso (PPT/LOB) (artículo 7): Ningún país aplica la Cláusula sobre Limitación de Beneficios completa; algunos aplican la Cláusula Simplificada. Existe la tendencia a no aplicarla a los Convenios con disposición similar.
- Dividendos (artículo 8.3): Algunos países han efectuado reserva total y otros la aplican con limitaciones.
- Ganancias de capital (artículo 9.6): la mayoría de los países no aplican a los Convenios que tengan una cláusula similar.
- EP de un tercer Estado (artículo 10.3): la mayoría de los países opta por no aplicar; algunos no aplican a los Convenios que tengan una cláusula similar.
- Saving clause (artículo 11.3): la mayoría de los países opta por no aplicar; algunos no aplican a los Convenios que tengan una cláusula similar.

---

33 NOGUEIRA PINTO, Joao Félix, «Presentación y Conferencia» *Seminario Aplicación del Instrumento Multilateral*, en XXX Jornadas Latinoamericanas de Derecho Tributario, Montevideo, 2018, consultada en original.

- EP (artículos 12-15): con respecto a las Actividades Preparatorias se opta por la Cláusula Simplificada; y en lo que se refiere a la Fragmentación de Contratos, la mayoría de los países opta por no aplicar.

- Mutuo acuerdo (artículo 16.5): la mayoría de los países solo acepta reclamo en el Estado de residencia.

- Ajustes correlativos (artículo 17.3): la mayoría de los países no aplican a los Convenios que tengan una cláusula similar.

- Arbitraje (artículos 18, 19, 23, 24, 26, 28): solo los países europeos los aplican.

Observamos que la realidad evidencia una larga lista de reservas y una tendencia a reservar cuando existen cláusulas similares en los Convenios Bilaterales Comprendidos que mantendría de cierta manera el *status quo*, por lo que pareciera que la inminencia de la aplicación de la Convención Multilateral no es tal en la práctica.

III. APLICACIÓN DE LA CONVENCIÓN MULTILATERAL BEPS EN EL MARCO LEGAL TRIBUTARIO VIGENTE EN VENEZUELA

En el caso de Venezuela el Plan BEPS en principio no es aplicable, ya que en primer término el país no es miembro de la OCDE ni tiene interés en serlo, al menos por ahora, y tampoco ha manifestado su interés, como otros países no integrantes de dicha organización, de incorporar el Plan BEPS a su legislación interna, sin perjuicio de las razones de índole constitucional y legal que pudieran constituir un impedimento para su implementación. En efecto, como punto de partida debemos señalar que la Constitución vigente no establece claramente alguna jerarquía de los tratados frente a la legislación interna. No obstante ello, sí otorga tal supremacía a los tratados relacionados con los derechos humanos.[34] En el mismo orden de ideas se establece tal supremacía en el artículo 153 constitucional en el caso de los acuerdos de integración, especialmente latinoamericana y caribeña, privilegiando las relaciones con iberoamérica.[35]

Ahora bien, en el caso de tratados distintos a los relacionados con los derechos humanos, la doctrina nacional ha interpretado que esta aplicación directa y preferente sobre el derecho interno no se desprende claramente del texto constitucional, por lo que serían aplicables los principios de *"ley posterior deroga ley anterior"* y de *"ley especial deroga ley general"*. Al respecto, BENSHIMOL afirma que los tratados pasan a integrar el ordenamiento jurídico interno luego de los trámites de ratificación establecidos en la Constitución, agregando que en tal sentido *"los CDIs son tratados internacionales vinculantes para Venezuela y aplicables a los contribuyentes, una vez cumplidos los requisitos establecidos en la Constitución*

---

34 El artículo 23 de la Constitución de la República Bolivariana de Venezuela de 1999 (enmendada en *Gaceta Oficial* N° 5.908, extraordinario, de fecha 19 de febrero de 2009), establece que: *"Los tratados, pactos y convenciones relativos a los derechos humanos, suscritos y ratificados por Venezuela, tienen jerarquía constitucional y prevalecen en el orden interno, en la medida en que contengan normas sobre su goce y ejercicio más favorables a las establecidas por esta Constitución y la ley de la República, y son de aplicación inmediata y directa por los tribunales y demás órganos del poder Público".*

35 En efecto, dicho artículo 153 de la misma Constitución establece que: *"... Las normas que se adopten en el marco de los acuerdos de integración serán considerados como parte integrante del ordenamiento legal vigente y de aplicación directa y preferente a la legislación interna".* Esta norma constituyó el fundamento constitucional de la Decisión 578 de la CAN que estableció el Régimen para Evitar la Doble Tributación y Prevenir la Evasión Fiscal entre los Países de la Comunidad Andina, denunciado por Venezuela el 22 de abril de 2006 y del ingreso al Mercado Común del Sur (MERCOSUR) del cual Venezuela se encuentra suspendida agosto de 2017, pero que evidencian experiencias previas en la participación de Venezuela en convenciones multilaterales contentivas de previsiones en materia tributaria.

para su integración al derecho venezolano",[36] teniendo éstos un rango superior por así establecerlo el artículo 2 del Código Orgánico Tributario, el cual reconoce como fuente del derecho tributario, luego de la Constitución y con preferencia sobre las leyes ordinarias y los actos con fuerza de ley: *"Los tratados, convenios o acuerdos internacionales celebrados por la República."*[37] Ello ha sido así desde el primer código promulgado en Venezuela en el año 1982; sin embargo, aún antes de su vigencia, la República ha celebrado Convenios para Evitar la Doble Imposición y Prevenir la Evasión Fiscal en Materia de Impuesto sobre la Renta y sobre el Patrimonio, habiendo suscrito hasta la fecha treinta y tres (33) convenios, los cuales mayoritariamente siguen el Modelo de Convenio Tributario sobre la Renta y sobre el Patrimonio de la OCDE (Modelo OCDE), que en algunos casos contienen disposiciones propias del Modelo de Convenio de las Naciones Unidas (Modelo ONU).

En el caso de Venezuela el Plan BEPS como hemos señalado anteriormente, en principio no es aplicable, ya que el país no es miembro de la OCDE ni tiene interés en serlo, al menos por ahora [38] y en las circunstancias actuales, aún cuando sin ser integrante de dicho organismo podría hacerlo, no creemos posible la aplicación de dicho plan, por no parecer prioritario, ni existir una política fiscal seria y coherente del Estado, como consecuencia de la debilidad institucional imperante.[39] No obstante ello, quizás esa falta de interés pudiera estar compensada por el hecho de que nuestra legislación interna en materia de Impuesto sobre la Renta, contiene una serie de normas antielusivas que cumplen al menos algunos de los objetivos pretendidos con la aplicación del Plan BEPS, esto es, evitar la erosión de la base imponible y el traslado de beneficios a jurisdicciones fiscalmente más favorables, tal y como es el caso de las normas sobre Precios de Transferencia, Subcapitalización y Transparencia Fiscal Internacional establecidas desde la Ley de Impuesto sobre la Renta de 1999 y 2007 con motivo de la incorporación de Venezuela al régimen de gravamen sobre la renta mundial, disposiciones estas que se han mantenido hasta el vigente Decreto con Rango, Valor y Fuerza de Ley de Impuesto sobre la Renta de 2015.[40]

En el mismo orden de ideas, la Cláusula General Antielusiva contenida en el artículo 16 del Código Orgánico Tributario, la cual estaría en sintonía con la Acción 6; igualmente el Arbitraje, permitido por la Constitución Nacional en su artículo 258 y desarrollado en el derecho interno en los artículos 319 y siguientes del Código Orgánico Tributario, cuya aplicación se establece conforme a la Acción 14 del Plan BEPS, siendo como expresamos anteriormente, desarrollada en la Convención Multilateral como mecanismo optativo pero una

---

36 BENSHIMOL, Alberto, «Relatoría General Tema II Convenios para Evitar la Doble Imposición», en *Memorias XIV Jornadas Venezolanas de Derecho Tributario 2015,* Asociación Venezolana de Derecho Tributario, Caracas, 2015, p.15.

37 Código Orgánico Tributario (*Gaceta Oficial* N° 6.152, extraordinario, de fecha 18 de noviembre de 2014).

38 Aún cuando Venezuela no es miembro de la Organización para la Cooperación y el Desarrollo Económico (OCDE), cabe señalar que la normativa sobre Precios de Transferencia establecida en la legislación interna en materia de Impuesto sobre la Renta, establece que en todo lo no previsto serán aplicables las Guías sobre Precios de Transferencia para las Empresas Multinacionales y las Administraciones Fiscales aprobadas por la OCDE en el año 1995 o aquellas que las sustituyan, en la medida que sean congruentes con las disposiciones legales aplicables, concretamente, el artículo 113 del Decreto con Rango Valor y Fuerza de Ley de Impuesto sobre la Renta (*Gaceta Oficial* N° 6.210 *Extraordinario* de fecha 30 de diciembre de 2015).

39 Creemos que a mediano o largo plazo, una política fiscal que organice y armonice el régimen tributario, deberá considerar la posibilidad de incorporarse a las nuevas realidades de la tributación internacional, evidentemente considerando los intereses de la República y los principios constitucionales rectores del sistema tributario venezolano.

40 La remisión del artículo 113 del Decreto con Rango Valor y Fuerza de Ley de Impuesto sobre la Renta remite a la aplicación de las Guías sobre Precios de Transferencia de la OCDE de 1995 y de aquellas que las sustituyan, ha sido interpretada por algunos en el sentido de que todas aquellas Acciones del Plan BEPS en esta materia son aplicables, para asegurar que los resultados de los Precios de Transferencia estén en línea con la creación de valor y con la debida documentación soporte de las operaciones efectuadas entre partes vinculadas.

vez elegido, obligatorio y vinculante, para la resolución de conflictos en materia internacional tributaria.[41]

En el ámbito internacional se perfila un relajamiento de las consideraciones de legalidad, seguridad jurídica y derechos de los contribuyentes, pues la realidad es que la tendencia internacional se ha impuesto, hasta el punto de que un gran número de países, miembros o no de la OCDE, ya han incorporado a sus legislaciones internas las Acciones del Plan BEPS. Esto, como afirman ABACHE y ATENCIO puede ser peligroso, ya que *"al ya bastante amplio poder de los Estados y, dentro de éstos, de sus respectivas Administraciones Tributarias, debe sumársele la acción cooperativa multinacional, la cual, si no es arbitrada al amparo serio y garantista del expediente de los derechos humanos de los contribuyentes, pudiera materializarse en una -para nada deseable- «emboscada internacional»"*.[42]

No obstante que el Modelo de Convenio de la OCDE ha tenido una influencia fundamental en los tratados suscritos por la República, es importante destacar, ya que ello tiene relevancia en el presente análisis, que Venezuela no es parte de la OCDE. Por otra parte, estamos frente a un tema relacionado con la soberanía tributaria de los Estados y su potestad de suscribir los Tratados internacionales que considere convenientes a sus intereses. Siendo la Convención Multilateral la implementación de las Acciones del Plan BEPS que la preceden y no siendo éstas normas jurídicas, la única forma de que las regulaciones del Plan BEPS y de la misma convención puedan ser aplicadas, sería mediante su incorporación al derecho interno por los canales constitucionales establecidos en Venezuela, incluyendo la necesaria participación a través de la consulta ciudadana. Solo así podría darse cumplimiento al principio de Legalidad Tributaria consagrado en el artículo 317 de la Constitución Nacional (desarrollado en el artículo 3 del Código Orgánico Tributario), de acuerdo con el cual no podrán cobrarse impuestos, tasas ni contribuciones que no estén establecidas en la ley, así como tampoco establecer rebajas o beneficios fiscales de cualquier índole, de no ser así, como afirma FRAGA, no somos ciudadanos sino súbditos del Estado. Nos atrevemos a señalar que más grave aún, si las disposiciones tributarias que se pretenden imponer, emanan de un ente que no detenta la soberanía tributaria, como ocurre con las regulaciones del denominado *soft law* o derecho blando.[43]

La misma situación se presenta con el principio de Seguridad Jurídica, que constituye uno de los fines del Derecho, fundamental para la estabilidad de las relaciones jurídicas y del orden social. Esta implica la certeza de lo que podemos esperar y que nos viene dada por el ordenamiento jurídico. Para HALLIVIS *"Es así como el derecho provee la seguridad jurídica, haciendo que sus normas sean obedecidas, si es necesario mediante prever el uso de*

---

41   En el referido Decreto-Ley de ISLR tenemos disposiciones sobre: i) Transparencia Fiscal Internacional (CFC por sus siglas en inglés) contenidas en los artículos 98 y siguientes, a las que se refiere la Acción 3; ii) Limitación de pago de intereses (subcapitalización o *thin capitalization*) contenida en el artículo 116, a las que se refiere la Acción 4; iii) Precios de Transferencia, contenidas de los artículos 109 al 168 (particularmente el señalado artículo 113), a las que se refiere la Acción 13 del Plan de Acción BEPS.

42   ABACHE CARVAJAL, Serviliano y ATENCIO VALLADARES, Gilberto, ob.cit, p. 58.

43   FRAFA PITTALUGA, Luis, *Principios Constitucionales de la Tributación. Jurisprudencia.* Fraga, Sánchez & Asociados, Editorial Torino, Caracas, 2006, p. 29. La importancia fundamental del principio de Legalidad la destaca este autor para quien: *"Determinar si en un ordenamiento jurídico dado el principio de legalidad y en especial el de reserva de ley, tienen vigencia y aplicación efectiva, equivale tanto como establecer si los individuos a los cuales se aplica ese ordenamiento jurídico son simples súbditos oprimidos por el poder omnímodo del Estado o ciudadanos verdaderamente libres que viven en democracia. La íntima conexión entre las libertades individuales y el principio de la legalidad se revela claramente cuando se tienen en cuenta las materias en las cuales este principio tiene mayor importancia: la definición de los delitos y las penas y la creación de los tributos, ambas relacionadas con dos de los derechos fundamentales de mayor relevancia, la libertad y la propiedad".*

la coerción,"[44], esto incluye la norma tributaria que imponga tributos y sanciones, así como aquella que establezca los derechos y garantías del contribuyente. Estos últimos, al margen no solo en los Convenios Bilaterales para Evitar la Doble Tributación sino también en la Convención Multilateral, enfocados en las relaciones e intereses entre los Estados, como si el contribuyente no fuese una parte fundamental y en definitiva, el sujeto sobre el cual recaerán los efectos de la aplicación del tratado. Es fundamental tomar en consideración, además de las obvias diferencias entre los países (especialmente entre los que integran el G20 con respecto al resto) y particularmente las circunstancias de los países en desarrollo, así como la situación de los contribuyentes, sus derechos y garantías frente a un instrumento multilateral que lo afectaría de ser aplicado.

Es la seguridad jurídica, siguiendo a GARCÍA NOVOA, a partir de la constitucionalización del tributo, un componente fundamental de la posición del ciudadano frente al poder del Estado.[45] No obstante, el contribuyente sigue siendo un sujeto que pareciera ajeno a los efectos de la convención, no tiene participación, salvo en la posibilidad de someter su caso a la autoridad competente de cualquiera de las jurisdicciones según la Convención Multilateral, para iniciar el Procedimiento Amistoso o de solicitar el Arbitraje, cuando las medidas adoptadas por los Estados puedan implicar para ella una imposición no conforme. Sin embargo, el contribuyente llega solo hasta allí, a efectuar la solicitud, sin ninguna participación en un procedimiento con las garantías legales que le permitan abogar por su causa, para la resolución de una controversia internacional tributaria que le afecte y en un lapso de tiempo razonable.

De allí la necesidad de que existan normas que establezcan los Derechos y Garantías de los Contribuyentes: en este sentido, la Carta de Derechos del Contribuyente para los Países Miembros del Instituto Latinoamericano de Derecho Tributario (ILADT, ha incluido un capítulo relativo a los "Derechos y Garantías en el Ámbito Internacional", donde en materia de Procedimiento Amistoso y Arbitraje, se establecen todos aquellos derechos relacionados con la participación efectiva del contribuyente afectado en estos procedimientos. En efecto, con relación al Procedimiento Amistoso se establecen el derecho: i) a la iniciación del procedimiento y a que la negativa de tal iniciación por parte del Estado del reclamante, sea motivada y sujeta a control jurisdiccional; ii) a la tramitación en un plazo razonable fijado por la legislación interna; iii) a la ejecución de la resolución y a la revocación de actos firmes y consentidos que la contradigan; iv) al acceso a la documentación; v) a la notificación de la finalización del procedimiento; vi) a la ejecución de la resolución del procedimiento, independiente de los plazos previstos en el derecho interno de los Estados contratantes; vii) a que, en los términos que se determinen en la legislación interna, se habiliten medios alternativos para la resolución de conflictos, en especial el arbitraje en derecho. Así mismo, en caso de que se admita el arbitraje entre Estados parte de un Convenio de Doble Imposición, debe asegurarse la posibilidad de que el contribuyente pueda tener capacidad para impulsar el inicio del procedimiento.

Mucho se ha discutido en la doctrina sobre las Acciones del Plan BEPS y su calificación como *soft law* o derecho blando y la legalidad de éste frente a la soberanía de los Estados. Es en ejercicio de su soberanía que los Estados suscriben, de acuerdo con sus intereses, los

---

44 HALLIVIS PELAYO, Manuel, *Interpretación de Tratados Internacionales Tributarios,* Primera Edición, Editorial Porrúa, México 2014, p. 210.

45 GARCÍA NOVOA, César, *Seguridad Jurídica y Tributación,* Vergara & Asociados/Plural Editores, La Paz, Bolivia, 2013, p. 76. Agregando el autor "*No porque frente a la actividad tributaria deba predicarse una seguridad especial, como contrapunto de un pretendido status subiectionis del contribuyente –como sería el caso de una seguridad jurídica proclamada en un supuesto estatuto del contribuyente- sino porque la seguridad es componente esencial de la posición del ciudadano en todas sus relaciones con el Estado y también, obviamente, en sus relaciones tributarias...* "

Convenios Bilaterales para Evitar la Doble Tributación, por ello es necesario ver con cuidado la suscripción de la Convención Multilateral y más aún sus futuras modificaciones. Así lo destaca MAZZ, al señalar que *"Si bien la suscripción de un tratado es ejercicio de la soberanía de cada país, esto no debe ser puramente formal, sino que debe ser un ejercicio sustancial de la soberanía. Esto requiere un análisis y aceptación explícita de los términos del tratado. En el caso de un tratado multilateral cuyas normas modifican normas internas de los países y, además, los tratados bilaterales ya suscritos, se requiere que el análisis de los diversos temas sea explícito y expreso, de otra manera será solamente ejercicio de la soberanía formal, sin contenido."*[46] Agrega la autora que por cuanto el documento BEPS prevé actualizaciones que le dan un carácter dinámico, ello aumenta el riesgo de que su aceptación no sea ejercicio de la soberanía sustancial sino formal. En el mismo orden de ideas, GARCÍA NOVOA se refiere a esta "legislación" como *"instrumentos que contienen reglas de conducta que no resultan jurídicamente obligatorias para sus destinatarios pero que están concebidos para desplegar efectos jurídicos tales como influir en la conducta de los Estados"*,[47] ejemplo de ello tenemos en el caso de las señaladas Guías sobre Precios de Transferencia y las interpretaciones de los Convenios para Evitar la Doble Imposición emanadas de la OCDE.

La creación de toda norma tributaria implica indudablemente un problema de soberanía fiscal de los Estados, por lo que siendo el hecho que las Acciones del Plan BEPS emanan de un organismo internacional como es el Comité de Asuntos Fiscales de la OCDE, a la cual como hemos indicado Venezuela ni siquiera pertenece, las Acciones del Plan BEPS solo podrían tener el valor de *soft law* o derecho blando en el derecho interno, pues lo que sí está claro es que éstas no son normas jurídicas.[48] En el mismo sentido CASTILLO, al afirmar con referencia al *soft law "Podemos anticipar que dicha influencia crecerá en los próximos años, a lo que algunos comentaristas han denominado un policentrismo normativo. Sin menoscabo de este creciente proceso de uniformidad en el Derecho Internacional, el soft law no puede tener una naturaleza de Derecho positivo, lo contrario resultaría en una claudicación del Estado de Derecho.*[49]

En efecto, el Plan de Acción BEPS contraría principios constitucionales vigentes en Venezuela como es el señalado principio de Legalidad Tributaria, ya que no estando incorporadas a la legislación interna como ha ocurrido en otros países, se trataría de regulaciones de *soft law* y por tanto, de disposiciones que no han cumplido con las normas y requisitos establecidos en la Constitución para la formación y validez de la leyes. Como hemos venido señalando, ello también atenta contra el principio de Seguridad Jurídica, en un contexto en que no regirían las normas jurídicas, sino los dictados de organismos internacionales carentes de soberanía tributaria. Reiteramos también que las nuevas regulaciones que se están imponiendo en materia de fiscalidad internacional obvian derechos fundamentales de los contribuyentes, quienes ante las acciones propuestas quedan en indefensión, por lo que los Estados deben ponderar y, en caso de incorporar las acciones a sus sistemas tributarios y

---

46 MAZZ, Addy *Plan de Acción BEPS. Estado Actual. Revista Tributaria* N° 253, Tomo XLIII, julio-agosto 2016, *Revista bimestral del Instituto Uruguayo de Estudios Tributarios*, Montevideo, Uruguay, p. 565.

47 GARCÍA NOVOA, César, *ob. Cit.*, p. 282.

48 El denominado derecho blando o *soft law* como podría calificarse la norma en comentario, sin la menor duda no podría tener aplicación preferente sobre las normas emanadas de los órganos legislativos competentes de cada jurisdicción, en nuestro caso, la Asamblea Nacional y dictadas siguiendo los procedimientos para la formación de las leyes conforme a las normas constitucionales y legales aplicables. La única forma en nuestro criterio de aplicar el Plan de Acción BEPS en Venezuela, sería mediante su incorporación al derecho interno conforme a tales procedimientos.

49 CASTILLO CARVAJAL, Juan Carlos, «El ablandamiento del Derecho Tributario o el conflicto entre el Principio de Legalidad Tributario y el soft law», en *Memorias de las XV Jornadas Venezolanas de Derecho Tributario*, Edición en PDF, Asociación Venezolana de Derecho Tributario, Caracas, 2016, p. 393.

suscribir la Convención Multilateral, velar porque los contribuyentes cuenten con las garantías que corresponda, frente a una realidad que pareciera ver en todo contribuyente a un
eventual "evasor" fiscal.[50]

Ante una futura implementación, las Acciones del Plan BEPS tendrían que ser armoniza-
das con los principios de rango constitucional que constituyen las bases del sistema tributario venezolano, de lo cual no escaparía la suscripción de la Convención Multilateral prevista
en la Acción 15 para la modificación de los Convenios Bilaterales para Evitar la Doble Tributación suscritos y que ya es un hecho para muchos países. Compartimos el criterio de
ATENCIO, quien considera difícil esta aplicación del Plan BEPS *"y, especialmente, que el
Estado venezolano coopere con este Plan cuando no ha formado parte del proceso de discusión de objetivos, así como del diseño del Plan, con lo cual podría interpretarse por parte
del Estado, como una imposición que vulnera la soberanía del país. No queda sino esperar
las fases de cumplimiento del Plan BEPS y la progresiva aplicación en cada uno de los países. Los argumentos de la soberanía fiscal que reside en cada uno de los países y la ausencia de un poder tributario global, serán unos de los principales en los que probablemente se
excusen países como Venezuela, para no asumir plenamente este plan dentro de sus ordenamientos jurídicos"*,[51] al menos por ahora.

En el caso concreto de Venezuela, ya hemos señalado que no es miembro de la OCDE y
en todo caso, la eventual aplicación y eficacia de la Convención Multilateral frente a los
Convenios Bilaterales estaría sujeta a que ambos Estados contratantes lo ratifiquen o aprueben, de lo contrario, los Convenios Bilaterales suscritos mantienen su vigencia sin modificaciones, no bastando la aprobación de dicha Convención Multilateral por una sola de las partes. Tal sería el caso de los convenios suscritos por Venezuela con países que ya se han adherido a la Convención Multilateral, como por ejemplo España, Austria, Francia, Italia, Canadá, China, Reino Unido, Rusia, Suiza y Portugal, entre otros. En efecto, habiendo sido
aprobada por ambos Estados, la Convención Multilateral se aplicará en ausencia o en sustitución de norma, respecto de las previsiones de los Convenios Fiscales Comprendidos. Como ha expresado GARCÍA NOVOA, si ambos Estados forman parte de la Convención Multilateral, éste se aplicaría con preferencia al Convenio Bilateral Comprendido, en aquello en
lo que existan contradicciones, *"Pero también puede ocurrir que, de las dos partes de un
Convenio de Doble Imposición Bilateral solo una se adhiera al multilateral. En ese caso, y
de acuerdo con las reglas de la Convención de Viena, el tratado multilateral no tendrá el
efecto de prevalecer frente al bilateral. Así se desprende del artículo 30.4 de la Convención
de Viena, según la cual en las relaciones entre un Estado que sea parte en ambos tratados y*

---

50   En este sentido ver la Carta de Derechos del Contribuyente de los Países Miembros del ILADT, producto
del trabajo realizado por la comisión designada por el Instituto Latinoamericano de Derecho Tributario (ILADT) en
Santiago de Compostela el año 2012, ampliada en México 2015 y Bolivia 2016. A tales efectos, tomando en cuenta
los textos constitucionales de diversos países miembros, el Modelo de Código Orgánico Tributario para América
Latina OEA/BID, las Resoluciones de las Jornadas Latinoamericanas de Derecho Tributario de 1956 hasta el presente, las Cartas de Derechos Humanos y Derechos Fundamentales, la Jurisprudencia de la Corte Interamericana de
Derechos Humanos y del Tribunal Europeo de Derechos Humanos, las experiencias de Derecho Supranacional de
la Unión Europea, las normas de derecho doméstico de diversos países, Informes emanados de la OCDE, entre
otros, el trabajo de dicha comisión concluyó en la redacción de una Carta de Derechos en la cual se ha incluido un
capítulo relativo a los Derechos y Garantías en el Ámbito Internacional, relacionados: con el Procedimiento Amistoso y el Arbitraje (dentro de éstos los relativos a la Asistencia Mutua en materia de Recaudación y el Intercambio
de Información); así como los Derechos relacionados con la No Discriminación en Derecho Tributario. Folleto
publicado por el Instituto Latinoamericano de Derecho Tributario (ILADT) en las XXX Jornadas Latinoamericanas
de Derecho Tributario, celebradas en Montevideo, 2018, consultado en original.

51   ATENCIO VALLADARES, Gilberto, *El Plan Beps y su posibilidad de incorporación en el ordenamiento
jurídico venezolano, Revista de Derecho Tributario* N° 149, Órgano Divulgativo de la Asociación Venezolana de
Derecho Tributario, Enero, Febrero, Marzo 2016, LEGIS, Caracas, 2016, p. 71.

un Estado que solo lo sea en uno de ellos, los derechos y obligaciones recíprocos se regirán por el tratado en que los dos Estados sean parte... ["52]

Como hemos expresado anteriormente, algunos de los Estándares Mínimos que se introducen en la Convención Multilateral podrían estar presentes en la legislación interna venezolana. Tal es el caso de la inclusión de una Cláusula General Antielusiva (GAAR) en el artículo 16 del Código Orgánico Tributario; la utilización del Guiding Principle (GP), figura que como hemos expresado sería similar al Test del Propósito Principal (PPT) y la Cláusula de Limitación de Beneficios (LOB) establecidas en algunos de los Convenios Bilaterales suscritos por Venezuela.

En lo que respecta a la introducción del Arbitraje vinculante y obligatorio para la mejora de los mecanismos para la resolución de controversias, si bien la Constitución Nacional en el artículo 258 establece que: *"(...) la ley promoverá el arbitraje,...y cualesquiera otros medios alternativos para la solución de conflictos"*[53], y que el Código Orgánico Tributario desarrolla la norma constitucional en los artículos 319 y siguientes, para la resolución de controversias tributarias en el orden interno, aunque sin eficacia práctica por las condiciones de su formulación legal, vemos poco probable que aún en el supuesto de Venezuela suscribir la Convención Multilateral y adoptar el Arbitraje como mecanismo para la resolución de controversias derivadas de la interpretación de dicha convención y de los eventuales Convenios Fiscales Comprendidos, el Arbitraje tenga una efectiva aplicación. En efecto, la jurisprudencia imperante en materia de Arbitrajes internacionales, nos lleva a concluir que difícilmente, en razón de una mal entendida "soberanía", que ha sido invocada en diversas decisiones de la Sala Constitucional del Tribunal Supremo de Justicia, aún optando por la aplicación del Arbitraje para la resolución de controversias, se ejecutaría una decisión arbitral en materia tributaria internacional al menos en la situación actual.[54]

Las afirmaciones anteriores no dejan de ser más que una especulación ya que, como hemos indicado, en Venezuela no está prevista por los momentos la adopción del Plan de Acción BEPS, incluyendo su Acción 15 relativa al instrumento multilateral. En todo caso, ante una eventual suscripción de la Convención Multilateral, posiblemente se reservarían algunas de sus disposiciones como ha ocurrido con muchos países y particularmente de Latinoamérica por sus similitudes, lo que posiblemente represente una ventaja que permitirá aprovechar la experiencia previa de otros países. Resulta interesante la propuesta de ANDRADE, para quien el Modelo de Convenio Multilateral para Evitar la Doble Imposición del Instituto Latinoamericano de Derecho Tributario (ILADT), es un instrumento que puede facilitar la implementación de los estándares BEPS en Latinoamérica, señalando que *"some specific provisions of the ILADT Model may help to address, organize and systematize spe-*

---

52 GARCÍA NOVOA, César, Relatoria Tema II, «Sobre la posibilidad de un Tratado Bilateral en el Marco de la Acción 15 de Bep´s», en *Memorias de las XXVIII Jornadas Latinoamericanas de Derecho Tributario Iladt México 2015*, Asociación Mexicana de Derecho Fiscal A.C, Ciudad de México, 2015, p.1.029.

53 Artículo 258 de la Constitución de la República Bolivariana de Venezuela (*Gaceta Oficial* N° 5.908, extraordinario, de fecha 19 de febrero de 2009).

54 La Sala Constitucional del Tribunal Supremo de Justicia ha rechazado la ejecución de decisiones en materia de arbitraje internacional en disputas frente a organismos internacionales como el CIADI o la OEA, argumentando que la cláusula de arbitraje no vincula *ipso iure* la resolución de controversias siendo requerida la manifestación escrita e inequívoca de voluntad del Estado de someterse al arbitraje. En este sentido ver sentencia del Tribunal Supremo de Justicia en Sala Constitucional N° 1541 de fecha 17 de octubre de 2008 *caso Recurso de Interpretación del artículo 258 de la Constitución Nacional interpuesto por la Procuraduría General de la República* consultada en: http://historico.tsj.gob.ve/decisiones/scon/octubre/1541-171008-08-0763.HTM y sentencia de la misma Sala N° 1652 de fecha 20 de noviembre de 2013 *caso Guillermo Cadenas en Recurso de Interpretación con relación a cuál es el debido proceso conforme a la Constitución Nacional en consonancia con la Convención Americana de Derechos Humanos*, consultada en http://historico.tsj.gob.ve/decisiones/scon/noviembre/158910-1652-201113-2013-12-0975.HTML..

cific proposals to face Latin American countries needs in the drafting or the Multilateral Instrument. Consequently, the ILADT Model will not replace the Beps Actions, but it may contribute to their adaptation to the reality of developing countries, especially Latin American jurisdictions. However, the ILADT Model is not separate and alternative instrument different from the BEPS Actions; rather, it is a specific proposal that may facilitate the implementation of the BEPS standards by the region. "[55]

IV. CONCLUSIONES

Venezuela va a contracorriente de las tendencias de la fiscalidad internacional y al menos por ahora, el Plan de Acción BEPS y la suscripción de la Convención Multilateral prevista en la Acción 15, no parecen ser prioridad para la Administración Tributaria venezolana por ahora. Por otra parte, la inexistencia de una economía de mercado, el control de cambios, el control de precios y en general las distorsiones que afectan el normal desenvolvimiento de los operadores económicos en el país, constituyen elementos que no hacen viable la implementación de dicho plan. En todo caso BEPS y su Convención Multilateral, se vislumbran en el futuro, cuando se produzca el necesario giro hacia el desarrollo económico, lo que deberá venir acompañado de una política fiscal seria y coherente para el fortalecimiento de las finanzas públicas, pero con respeto a los derechos y garantías de los contribuyentes.

No obstante, nos atrevemos a afirmar que, en el supuesto de una eventual adhesión a la Convención Multilateral BEPS, lo más probable es que Venezuela reserve algunas de sus cláusulas, como ha ocurrido con otros países que ya han suscrito la convención, lo que corresponderá evaluar en su momento.

---

55 ANDRADE RODRÍGUEZ, Betty, *Implementation vs adaptation BEPS in Latin America through the lens of the ILADT Model,* World Tax Journal, August 2017, p. 351. Analiza la autora profundamente el tema, concluyendo que como indica en su artículo: *"the ILADT Model simplifies the frameworks of tradicional tax models, including definitions of the terms used in conventions –aimed to unity their interpretation- and looks to group different tipes of profits to be treated equally from a tax perspective. This contributes to reducing the room form aggressive tax planning. It also provides tax neutrality and simplifies the distribution of taxation powers between the states envolved in cross-border transactions. In addition, various provisions consider taxpayers rights, which is a mayor concern for entities conducting activities in these jurisdictions".*

§ 52. MEDIDAS ANTI-BEPS Y COLONIALISMO FISCAL

Luis Fraga-Pittaluga [*]

INTRODUCCIÓN

La comunidad internacional y en especial la Organización para la Cooperación y el Desarrollo Económico (OCDE), el G-20 y la UE, han venido trabajando sobre diversas políticas y medidas para combatir la evasión fiscal y la elusión ilícita.

En el 2013, y como consecuencia de la publicación de un informe intitulado *"Lucha contra la erosión de la base imponible y el traslado de beneficios"*, los países integrantes de la OCDE y el G20 impulsaron y adoptaron un Plan de Acción (el Plan) conformado por quince líneas de actuación o *"acciones"* para dar respuesta a los problemas que comporta el fenómeno BEPS *(base erosion and profit shifting)*.

El Plan y las quince medidas que lo integran, se fundamentan en tres pilares principales: *(i)* dotar de coherencia las normas de derecho interno que afectan a las actividades transfronterizas; *(ii)* reforzar el criterio de actividad sustancial contemplado por las normas internacionales en vigor; y, *(iii)* mejorar la transparencia y la seguridad jurídica.[1]

Muchos países han implementado las medidas propuestas, otros están en proceso de hacerlo y algunos aún no colaboran. Las economías industrializadas podrían comenzar a incluir en listas negras y a imponer sanciones a aquellas jurisdicciones no cooperativas.

En algunas jurisdicciones del Caribe, donde existen numerosos regímenes fiscales atractivos, existe profunda preocupación por la potencial inclusión de varios de estos países en listas negras, debido al tratamiento tributario diferenciado que aplican a las sociedades locales en contraposición a las sociedades de negocios internacionales *(Ring Fenced Regimes)*, pues existe la percepción de que este tratamiento diferenciado alienta a las empresas multinacionales a establecerse en las jurisdicciones de baja imposición fiscal para evadir impuestos o pagar impuestos muy bajos, mediante la erosión de las bases imponibles en sus países de origen y el desplazamiento de beneficios hacia refugios fiscales.

Algunas jurisdicciones caribeñas se enfrentan al dilema de eliminar sus sistemas fiscales atractivos y en especial sus regímenes diferenciados de imposición, para evitar las sanciones, pero sacrificando una parte sustancial de la actividad económica que se realiza en sus territorios, en los cuales la baja presión fiscal es una parte esencial de su oferta para la inversión extranjera.

La amenaza de las economías industrializadas de incluir a las pequeñas economías caribeñas en listas negras, estigmatizándolas injustamente, con el propósito encubierto de ponerlas al servicio de los entes recaudatorios del primer mundo, no sólo revela un acendrado maniqueísmo, sino además una gran hipocresía y una reprochable doble moral.

La *evasión fiscal* y la *elusión tributaria ilegítima*, son conductas ilegales y complejas que no tienen su origen en la existencia de las jurisdicciones de baja imposición fiscal. Cada país

---

[*] Socio Director del Departamento de Impuestos del DESPACHO DE ABOGADOS MIEMBROS DE DENTONS Caracas

1   **OECD** (2016), *Impedir la utilización abusiva de convenios fiscales, Acción 6 – Informe final 2015*, Proyecto de la OCDE y del G-20 sobre la Erosión de la Base Imponible y el Traslado de Beneficios, OECD Publishing, Paris, https://doi.org/10.1787/9789264257085-es.

es autónomo y soberano para definir la política fiscal que desea aplicar a las personas y a las empresas que se establecen en su territorio y ello depende de su propia realidad política, social y económica.

Las notables y evidentes asimetrías entre los países desarrollados y las jurisdicciones del Caribe, hacen completamente irracional, abusiva y discriminatoria cualquier pretensión de uniformar el régimen fiscal de estos territorios con el de los países industrializados. Una cosa es coordinar esfuerzos en el contexto internacional para combatir conductas ilegítimas que no deben ser toleradas ni amparadas por ningún país, y otra muy distinta es que los daños colaterales que provoca esa justificada lucha, sólo sean sufridos por las economías menos favorecidas.

La evasión y la elusión ilegítima sólo podrán ser efectivamente combatidas cuando los países con una fiscalidad desproporcionada la moderen a niveles razonables, y cuando sus administraciones tributarias realicen controles efectivos para evitar que los contribuyentes incurran en conductas que violan la ley o los principios fundamentales que vertebran sus sistemas tributarios.

La pretensión de eliminar los regímenes fiscales atractivos es una quimera, y en el supuesto negado de pudiera ejecutarse algún día, no acabará con la evasión fiscal, la elusión ilegítima, o con el fenómeno BEPS. Los planificadores fiscales agresivos siempre encontrarán las vías adecuadas para huir de la fiscalidad opresiva. Las verdaderas claves en la lucha contra el fenómeno BEPS, son la *transparencia*, el *intercambio de información* y la *colaboración* entre las administraciones tributarias.

Veremos en este trabajo que, en realidad, los esfuerzos de la OCDE y la UE en el combate del fenómeno BEPS, no pretenden uniformar las tarifas de imposición en todo el mundo, porque como es obvio ello es imposible, ni se busca tampoco la eliminación per se de las zonas de baja imposición fiscal, porque ningún país puede imponer a otro cuál es el régimen tributario que debe aplicar, y porque el fenómeno BEPS no se produce como consecuencia de que una empresa se establezca y opere en una zona de baja imposición fiscal, sino porque una empresa que opera en un país determinado, crea un establecimiento permanente en una zona de baja imposición fiscal pero sin operar realmente en la misma, pues su único propósito es *trasladar artificialmente* parte de sus beneficios a ese establecimiento permanente, para excluir estos beneficios de la imposición a la que normal y legítimamente estarían sometidos en el otro Estado.

Ninguna de las reglas propuestas por la OCDE o la UE pueden apuntar a regular o imponer normas a los sistemas fiscales de otros países. Tampoco puede haber reglas específicas que afecten las regulaciones de las zonas de baja imposición fiscal y mucho menos el tratamiento tributario diferenciado entre compañías *onshore* y entidades *offshore*.

Los países caribeños tienen el soberano y legítimo derecho de mantener un régimen tributario fiscalmente atractivo para aquellas sociedades con negocios internacionales que quieran establecerse en sus territorios para operar *desde* ellos; y que no han sido establecidas como parte de un esquema de planificación fiscal ilegítimo.

Todos los países deben unir esfuerzos para combatir la evasión y la elusión ilegítima, pero sin que ello suponga enajenar su soberanía ni mucho menos desconocer las manifiestas asimetrías económicas que existen en el contexto internacional. El legítimo derecho de los estados de rescatar las bases imponibles que han huido artificialmente de los sistemas tributarios donde deben ser gravadas, no puede hacerse mediante la abrogación de las ventajas fiscales que legítimamente pueden ofrecer los países que requieren inversión extranjera para impulsar sus economías. Analizaremos en este trabajo, los mecanismos que parecieran conciliar ambas posiciones, sin sacrificar los legítimos derechos de cada país.

CAPÍTULO I

EVASIÓN Y ELUSIÓN FISCAL. SUS CAUSAS Y SU COMBATE

Aunque evasión y elusión son dos conceptos fundamentales en la dogmática general del Derecho Tributario, no existen definiciones más o menos uniformes en torno a los mismos, sino una larga lista de aproximaciones que se pierden en matices y muchas veces en inútiles discusiones semánticas. Son loables todos los enormes esfuerzos realizados por la doctrina para encontrar las definiciones correctas, pero desafortunadamente no hay consenso. En un magnífico estudio del profesor CARLOS WEFFE, cuya lectura es obligada, queda magistralmente plasmada la complejidad de estos conceptos.[2]

Enseña WEFFE que la elusión tributaria es la forma general en la que se manifiesta la ilicitud atípica en el Derecho Tributario y sostiene que los ilícitos atípicos son los que suponen: (i) una falta de previsión regulativa, o una laguna axiológica, que permite (ii) un conflicto entre la regla, permisiva de una determinada acción, y el (o los) principio(s), cuya ponderación en el caso concreto lleva aparejada la injusticia del permiso concedido por la regla, en virtud del daño irracional, o injustificado, que la realización de la conducta originalmente permitida supone para los principios relevantes al caso, de lo que se deriva como necesario remedio (iii) una nueva regla que declare prohibida la acción dada en las circunstancias descritas. Sobre esta base, explica, la elusión tributaria consiste en evitar, total o parcialmente, la realización del hecho generador de la obligación tributaria, con base en formas jurídicas que no configuran hecho imponible y son legítimas desde la perspectiva de la autonomía negocial, pero no son justificadas racionalmente frente a los principios de capacidad contributiva, igualdad y generalidad de la imposición.[3]

En cuanto a la evasión, WEFFE la califica como ilicitud típica, y engloba en ella tanto a la contravención como a la defraudación; en todos los casos, según se aprecia de su análisis, el sujeto realiza el hecho imponible pero o bien omite pura y simplemente el cumplimiento de la obligación tributaria en forma intencional, o bien altera maliciosamente los elementos del tributo, de modo que parezca que el hecho generador no ha ocurrido, o que lo ha sido en una cuantía menor a la real o que el sujeto tiene derecho a un beneficio fiscal que realmente no le corresponde; o bien el sujeto aparenta intencionalmente realizar una acción no subsumible en la caracterización legal del hecho generador, o bien subsumible en el hecho imponible en una forma menor, o bien que incide en el dimensionamiento de la prestación tributaria, reduciéndola, cuando en verdad no ha realizado acción alguna, o bien ha ejecutado una acción distinta que resulta gravable en una forma mayor que la aparentada.[4]

Demostrado pues que el asunto no es nada simple y sin pretender ofrecer definiciones definitivas de ambas nociones, asumiremos, con una finalidad meramente práctica, que la *evasión fiscal* supone acciones intencionales –fraudulentas o no– dirigidas a ocultar, encubrir o deformar el hecho imponible que genera la obligación de pagar el impuesto; mientras que la *elusión tributaria ilegítima*, se desenvuelve mediante acciones abusivas, atípicas o sin explicación económica plausible, intencionales también, tendentes a evitar que el hecho imponible ocurra, cuando lo normal –si no hubieran mediado las maniobras mencionadas– es que éste se produjese. Pero lo que realmente nos interesa destacar es que estas conductas complejas, no tienen su origen en la existencia de las jurisdicciones de baja imposición fiscal u *offshore*, sino en la intención del sujeto de escapar del impuesto que legalmente le corres-

---

2   **WEFFE, C.** "La Elusión Tributaria". *Memorias de la XXIV Jornadas Latinoamericanas de Derecho Tributario. Isla Margarita – Venezuela 2008.* AVDT, Caracas, 2008, Tema I, pp. 663 y ss.

3   *Ib. Id.*, p. 697.

4   *Ib. Id.* pp. 682-687.

ponde pagar; en un caso, ocultando –con o sin fraude– el hecho imponible, y en el otro, evitando mediante artificios ilegítimos que éste se produzca.

Se compartan o no estas definiciones, hay algo en lo que sí debería haber consenso: Los regímenes tributarios diferenciados y las zonas de baja o nula imposición, pueden ser algunos de los instrumentos usados por los evasores y por los que eluden ilegítimamente los tributos, para alcanzar sus aviesos propósitos, pero definitivamente no son la causa eficiente y ni siquiera remota de estos fenómenos.

Compartimos plenamente la opinión conforme a la cual, son varias las causas por las cuales las empresas internacionalizan su actividad, teniendo como razón última el aumento de su rentabilidad y de sus beneficios, pues la localización, desde un punto de vista empresarial, está guiada por criterios económicos que se concretan, o bien en conseguir la mayor dimensión, aumentado la capacidad de ventas, abriendo nuevos mercados, o bien la obtención de mayores beneficios estructurando la producción de tal manera que se disminuyan los costes, entre los cuales se incluyen los impuestos.[5]

La fiscalidad excesiva que impera en muchos países y que merma de manera desproporcionada el ingreso de las personas y las empresas, aunada a la deficiencia de los controles que deben aplicar las administraciones tributarias de estos sistemas impositivos aniquiladores de la riqueza privada, impulsa a las personas y a las empresas a buscar alternativas para aliviar el peso de los impuestos. Algunas de estas opciones son totalmente legítimas y se basan en las ventajas que ofrecen las propias legislaciones impositivas, pues como ha reconocido el Consejo de Estado francés, nadie tiene la obligación de organizar sus negocios de manera que pague más impuestos. Se ha dicho que: *"El contribuyente no ha estado jamás obligado a realizar sus negocios de la manera que obtenga el máximo beneficio que las circunstancias le hubieren permitido realizar."*[6]

Al comentar esta conocida decisión, la doctrina señala que al lado de la posibilidad de crear o no la materia imponible, la libertad de gestión comporta también el derecho de optar por la solución menos gravada y el derecho de elegir libremente el gasto que el contribuyente pretende realizar.[7]

Otras opciones son en cambio ilegítimas porque o bien se basan en violaciones directas y abiertas de las leyes tributarias aplicables al caso concreto o bien se construyen a partir de la manipulación ilegítima de algunas normas del sistema jurídico de que se trate o incluso de convenios internacionales (*treaty shoping* y *treaty abuse*[8]).

Como hemos dicho, la existencia de zonas de baja o nula imposición fiscal o los regímenes tributarios diferenciados, no son la causa de estas conductas, y ni siquiera son factores decisivos para propiciar la evasión y la elusión. Ni las empresas ni las personas de un país evaden o eluden impuestos porque existan otros países con una fiscalidad más favorable; lo hacen porque los impuestos en sus respectivos países son excesivos o desproporcionados y existe la sensación generalizada de que absorben una parte sustancial del beneficio empresarial o del producto del trabajo individual, para sufragar un gasto público excesivo e indisciplinado o déficits fiscales crónicos. Obviamente, dentro de este grupo existen sujetos que

---

5   **PEÑA ALVAREZ, F**. "Principios de la Imposición en una Economía Abierta". *Manual de Fiscalidad Internacional*. Instituto de Estudios Fiscales, Madrid, 2007.

6   CE, 7 juillet, 1958, Req. 35 977. Ver igualmente: CE Plén. 30 avril 1980, 16 253 y CE 17 octobre 1990, 83 301, Loiseau. **DAVID, C., FOUQUET, O. PLAGNET, B., RACINE, P.F.** *Les grands arrêts de la jurisprudence fiscale.* Dalloz, 2003, pp. 546-549.

7   **SERLOOTEN, P.** *Introduction au droit fiscal.* Dalloz, Paris, 2000, p. 21.

8   http://www.oecd.org/tax/treaties/multilateral-convention-to-implement-tax-treaty-related-measures-to-prevent-BEPS.pdf

simple y llanamente no aceptan su deber de contribuir al sostenimiento de los gastos públicos y prefieren delinquir.

Nadie paga impuestos con beneplácito y por eso es que los mismos vienen "impuestos" por ley y se castiga severamente su falta de pago. Pero si a la proverbial antipatía de los tributos, se añade el estrangulamiento de las expectativas de progreso económico por una fiscalidad excesiva, haya o no paraísos fiscales y regímenes tributarios diferenciados, los contribuyentes buscarán y encontrarán la vía de escape. No debe olvidarse que toda norma que desconoce la naturaleza humana está destinada a un estrepitoso fracaso.

Es preciso agregar que estas conductas ilegítimas son propiciadas cuando las autoridades tributarias de los países industrializados no aplican controles efectivos y eficientes sobre sus contribuyentes. No pareciera justo el expediente de volcar todas las consecuencias desfavorables del problema sobre las zonas de baja imposición fiscal o sobre los países que tienen regímenes tributarios diferenciados, cuando la realidad es que los centros de decisión de las grandes corporaciones, donde los artilugios evasivos o elusivos ilegales se diseñan, planean y ejecutan, están en los países a los que pertenecen las grandes empresas multinacionales.

Si inmensas transnacionales norteamericanas como GOOGLE, APPLE, FACEBOOK, AMAZON y MICROSOFT supuestamente han dejado de pagar ingentes impuestos al Tesoro de los Estados Unidos y en Europa[9], mediante el uso de esquemas extremadamente agresivos de planificación fiscal, como el famoso *double Irish with a Dutch sandwich*[10], no es necesariamente gracias a la existencia de paraísos fiscales, sino en virtud de normas imperfectas de derecho interno que impiden al ordenamiento jurídico donde se crea el valor, someter a imposición las ganancias allí obtenidas, incluso utilizando técnicas presuntivas de determinación tributaria.

La evasión y la elusión ilícita sólo podrán ser efectivamente combatidas –tal vez jamás suprimidas- cuando los países con una fiscalidad desproporcionada la moderen a niveles razonables, y cuando sus administraciones tributarias realicen controles efectivos para evitar que los contribuyentes incurran en conductas que violan o que defraudan la ley.

CAPÍTULO II

EL COLONIALISMO FISCAL

La contribución de las economías menos favorecidas o en desarrollo, en el justificado combate de la evasión y la elusión fiscal ilícita que aqueja a los países con alta presión fiscal, no puede consistir en la supresión radical de los regímenes fiscales atractivos que estos países ofrecen. Proceder de esta forma mermaría buena parte de la poca actividad económica privada con que cuentan estas jurisdicciones y ahuyentaría la inversión extranjera que tanto requieren.

En primer lugar, es crucial entender que cada país es autónomo y soberano para definir la política fiscal que desea aplicar a las personas y a las empresas que se establecen en su territorio. Esa elección depende de múltiples factores, pero en un gran esfuerzo de síntesis puede

---

9 En un trabajo suscrito por Jesús Sérvulo González publicado el 24 de marzo de 2019, en EL PAÍS de España, se reseña que: "Las grandes tecnológicas mundiales, Google, Apple, Facebook, Amazon y Microsoft –conocidas bajo el acrónimo de GAFAM- pagaron menos por el impuesto de sociedades en España pese a ganar más, según figura en las últimas cuentas registradas del ejercicio fiscal terminado en 2017 (...) Conseguir que las grandes corporaciones tecnológicas paguen impuestos allí donde hace negocio es tan difícil como atrapar agua en un colador."

10 Se estima que, a través de este esquema, las grandes corporaciones norteamericanas han dejado de pagar impuestos al Tesoro Norteamericano por un monto aproximado de un trillón de dólares entre 2004 y 2018. Una completa explicación sobre este agresivo esquema de planificación fiscal que incluso hoy en día sigue siendo utilizado, puede verse en: **KLEINBARD, E.** "Stateless Income". *Florida Tax Review*. 2011, Vol. 11, N° 9, pp. 706 y ss.

sostenerse que los países eligen una fiscalidad baja o amigable cuando requieren estimular las actividades económicas productivas y en especial la inversión extranjera, para aumentar el empleo, la oferta de bienes y servicios y el desarrollo económico del país. La OCDE ha señalado que *"No hay ninguna razón particular por la que dos países cualquiera deban tener el mismo nivel y estructura de imposición"*.[11]

Por el contrario, otros países eligen una fiscalidad más alta o incluso excesiva, porque o bien ya cuentan con una economía fuerte y desarrollada que puede soportar el peso de los impuestos o bien, sin tener lo anterior, necesitan el ingreso proveniente de la recaudación de impuestos para sufragar un gasto público excesivo como consecuencia de un Estado paternalista o sobredimensionado, o ambas cosas. Cada país tiene su propia realidad económica y social y la política fiscal debe adaptarse y estar a tono con esa realidad particular.

Las notables y evidentes asimetrías de todo tipo entre los países desarrollados del G20 y la UE, y las jurisdicciones de baja imposición fiscal como las del Caribe, hacen completamente irracional, abusiva y discriminatoria cualquier pretensión de uniformar el régimen fiscal de esos territorios. No debe olvidarse que ofrecer un trato *igual* a los *desiguales* es discriminación. Proponer reglas simétricas en realidades económicas asimétricas, es una discriminación con disfraz de legitimidad, y una forma de dominación que no dudamos en calificar como *colonialismo fiscal*, donde la defensa de los ingresos públicos de los países industrializados y poderosos, se alimentaria de la destrucción de las economías débiles o poco de-sarrolladas.

Sirva sólo un ejemplo que describe muy bien este tipo de acciones: Nos referimos a la singular regulación FATCA (*Foreign Account Tax Compliance Act*), que ha convertido a todos los bancos del mundo, sin contraprestación ni beneficio alguno, y con importantes costos asociados, en agencias de control fiscal al servicio de los Estados Unidos de América y a cualquier *non US resident* en sujeto obligado a llenar declaraciones y formularios para demostrar que no es contribuyente de este país, por el simple hecho de poseer una cuenta bancaria desde la cual eventualmente pudieran hacerse transacciones en dólares norteamericanos.

Las potencias industrializadas pretenden la eliminación de los regímenes fiscales diferenciados e imponen cargas y sanciones morales (inclusión en listas) a los países que los mantienen, pero no ofrecen alternativas para compensar los efectos que la supresión de estos regímenes produciría en estas débiles economías y su población.

Las autoridades tributarias de estas economías industrializadas hacen un lobby intenso para satanizar la existencia de países con baja o provechosa fiscalidad, postulando que esta es la causa o al menos uno de los factores determinantes de la evasión y la elusión tributaria ilícita. Pero esto constituye sin la menor duda un sofisma que debe ser denunciado. No se toma en cuenta que las pequeñas economías tienen el legítimo derecho para crear estímulos y un ambiente favorable para los negocios, siendo un régimen fiscal ventajoso piedra angular a este respecto.

Una falacia de accidente inverso muy extendida, consiste en considerar que todos los regímenes impositivos favorables o atractivos, pueden ser considerados como paraísos o refugios fiscales. En realidad, para que exista un verdadero paraíso fiscal es preciso que, en adición a una fiscalidad baja o nula, se cumplan otras condiciones, como veremos más adelante en detalle.

Pero es que, aun aceptando este rótulo casi infamante, ningún país, ni ningún club de países poderosos, tiene derecho de imponerle a otro cuál debe ser su régimen tributario, incluso si ello pretende hacerse al amparo de normas no vinculantes, endulzadas con el atractivo nombre de *soft law*. Estas regulaciones, que de *leyes suaves* no tienen nada, desplazan la solución del problema hacia los sujetos equivocados pues, insistimos, si las grandes corporaciones interna-

---

11 **OCDE**. *Harmful Tax Copetition: An Emerging Global Issue*. Paris, OCDE, 1998, p. 15.

cionales no pagan impuestos en sus países de origen, son las administraciones tributarias de esos países las que deben revisar sus regulaciones internas y sus procedimientos de fiscalización y determinación de las obligaciones tributarias. Creemos injusto que las economías industrializadas pretendan perseguir a sus evasores, delegando el poder de policía fiscal en las pequeñas economías del mundo que ofrecen regímenes tributarios atractivos.

Como se dijo al principio, los agentes económicos buscarán siempre y en todo caso maximizar sus beneficios reduciendo sus costos de operación, y dentro de esos costos tienen papel preponderante los tributos. Haya o no zonas de tributación favorable, siempre existirá el interés incontenible de reducir las cargas fiscales. Los agentes económicos actúan impulsados por decisiones racionales que intentan maximizar los beneficios y por eso la actividad económica se desplazará a dónde el costo de operación –incluyendo el costo impositivo- sea menor. Pero además de lo anterior, cuando el contribuyente percibe que la fiscalidad es excesiva y en algunos casos incluso confiscatoria, intentará por todos los medios de mitigar los efectos de la misma. Sin pretender enumerar todas las situaciones posibles, cualquier sistema tributario que incida sobre manifestaciones irreales de capacidad contributiva, que absorba más de un tercio de la renta bruta del contribuyente, que afecte el mínimo vital de las personas y la capacidad de estas de progresar económicamente, o que asfixie la actividad de las empresas mermando considerablemente sus ganancias, está condenado a experimentar altos índices de evasión, elusión y, en cualquier caso, migración fiscal.

Los evasores no provienen de las zonas de baja imposición fiscal, sino que van hacia ellas, como también van otras personas y empresas que no evaden ni eluden impuestos. Los evasores y quienes eluden ilegítimamente los impuestos, provienen justamente de los países que pretenden imponer reglas sobre tributación a las pequeñas economías del mundo. Responsabilizar a las zonas de baja imposición fiscal de la evasión y la elusión tributaria ilícita que sufren los países fiscalmente agresivos con sus nacionales, es una falacia de pertinencia que pretende esquivar las verdaderas razones del problema.

Una utópica uniformidad de todos los regímenes tributarios del mundo, no acabará ni con la evasión ni con la elusión tributaria ilícita. En el supuesto hipotético de que los países caribeños que tienen regímenes tributarios preferenciales o diferenciados, elevasen los tipos impositivos a los mismos o similares niveles que aplican los países industrializados, y que, además, suprimiesen las ventajas fiscales que se conceden a las corporaciones internacionales establecidas en sus territorios, resulta que los emigrados fiscales de Francia, Alemania, Italia, España, entre otros, seguirán existiendo, y aquellos que no emigren o que no deslocalicen sus empresas, continuarán buscando formas de evitar el impacto que sobre su patrimonio tienen los impuestos exorbitantes de sus países de origen.

Las jurisdicciones con baja, favorable o diferenciada imposición fiscal –sin desaparecer- pueden colaborar efectivamente en el combate de la evasión y la elusión fiscal abusiva, pero no creando nuevos impuestos o aumentando las tarifas de los que ya existen, ni tampoco eliminado sus regímenes diferenciados de imposición; sino: *(i)* moderando el secreto bancario y reforzando el intercambio de información, *(ii)* dictando normas internas sobre transparencia fiscal internacional; *(iii)* suprimiendo la posibilidad de constituir sociedades opacas y *(iv)* prestando colaboración efectiva a las administraciones tributarias de los países de origen de las personas y empresas que tienen establecimiento permanente en estas jurisdicciones.

CAPÍTULO III

LAS MEDIDAS INTERNACIONALES CONTRA EL FENÓMENO BEPS

El proyecto de la OCDE y el G20 contra el fenómeno BEPS, busca compensar las diferencias entre las regulaciones fiscales de los diferentes países que son utilizadas por las *em-*

presas multinacionales para transferir legalmente, pero de manera artificial, beneficios hacia países de fiscalidad baja o nula.

Este esfuerzo se dirige a que las *empresas multinacionales* declaren sus beneficios gravables, en la jurisdicción donde realmente se han producido y no en las zonas de baja imposición fiscal en las cuales han constituido establecimientos permanentes que no realizan ninguna actividad real allí.

Como antes hemos indicado, se han definido quince (15) *acciones* que se refieren fundamentalmente a: *(i)* los desafíos fiscales creados por la economía digital o el comercio electrónico y las dificultades que plantea la determinación del país titular de la potestad de imposición en estos casos; *(ii)* la neutralización de los dispositivos híbridos, es decir, de las entidades jurídicas o los actos que reciben tratamiento legal diferente en las distintas jurisdicciones, provocando distorsiones y su uso abusivo con fines exclusivamente fiscales; *(iii)* las reglas dirigidas a las sociedades extranjeras controladas, para evitar el traslado artificial de beneficios a otras jurisdicciones con el fin de aprovechar ventajas fiscales; *(iv)* el establecimiento de límites a la erosión de la base de imposición que se produce mediante la deducción de intereses y otros cargos financieros por préstamos intercompañías (*V.gr. thin capitalization*); *(v)* la lucha contra las prácticas fiscales dañosas, preponderando la sustancia de los negocios sobre su forma jurídica y reforzando la transparencia y el intercambio de información; *(vi)* el combate del uso abusivo de los beneficios fiscales derivados de los convenios tributarios (*treaty shopping*); *(vii)* la definición más acabada del *establecimiento permanente*, como elemento definidor del Estado titular del poder de imposición en el caso de las empresas transnacionales que operan en distintas jurisdicciones, para evitar la localización artificial de los beneficios en los Estados con regímenes tributarios más favorables; y *(viii-x)* el reforzamiento de los regímenes de precios de transferencia y la efectiva aplicación del principio de libre competencia (*arms length*) en las transacciones intragrupos en especial en el ámbito de los bienes intangibles, asegurando que los resultados de los precios de transferencia están en línea con la creación de valor; *(xi)* evaluación y seguimiento de BEPS; *(xii)* exigir a los contribuyentes que revelen sus mecanismos de planificación fiscal agresiva; *(xiii)* reexaminar la documentación sobre precios de transferencia; *(xiv)* hacer más efectivos los mecanismos de resolución de controversias; y *(xv)* desarrollar un instrumento multilateral que modifique los convenios bilaterales.[12]

Las medidas propuestas por la UE a través del *Anti Tax Avoidance Package*, se basan en tres aspectos claves:[13]

a. La tributación efectiva, que significa que las compañías deben pagar impuestos donde obtienen efectivamente sus ingresos.

b. La transparencia tributaria, que supone que los Estados miembros tengan la información necesaria para asegurar una tributación justa.

c. Enfrentar el riesgo de la doble tributación, para que las empresas que pagan los impuestos que le corresponden no sean penalizadas por operar dentro de la UE.

En línea con las recomendaciones de la OCDE y el G20, la UE propone una serie de reglas:[14]

---

12 **OCDE** (2015). *Proyecto OCDE/G20 Sobre la Erosión de la Base Imponible y el Traslado de Beneficios. Resúmenes Informes Finales 2015*: https://www.oecd.org/ctp/beps-resumenes-informes-finales-2015.pdf.

13 http://UEropa.UE/rapid/press-release_MEMO-16-160_en.htm.

14 **UE**. Directive (UE) 2016/1164 du Conseil du 12 juillet 2016: *établissant des règles pour lutter contre les pratiques d'évasion fiscale qui ont une incidence directe sur le fonctionnement du marché intérieur*: https://eur-lex.europa.eu/legal-content/FR/TXT/PDF/?uri=CELEX:32016L1164&from=EN.

a) La regla de la compañía controlada (*controled foreign company rule - règle relative aux sociétés étrangères contrôlées*). Permite a los Estados miembros donde la compañía madre se encuentra localizada, gravar cualquier beneficio que la compañía haya localizado en una zona de baja o nula imposición, y se aplica cuando la tasa efectiva de impuesto en el tercer país es menos del 40% de la aplicable por el Estado miembro de la UE.

b) La regla de intercambio (*switchover rule - calcul des revenus des sociétés étrangères contrôlées*). Los dividendos, las ganancias de capital y los beneficios de un establecimiento permanente, que entran en la UE desde un tercer país, son regularmente exceptuados de tributación para evitar la doble tributación. Algunas compañías explotan esta exención para disfrutar de una *doble no imposición* de estos ingresos, es decir, para no pagar impuestos en ningún lugar. La regla permite al Estado miembro determinar si la compañía ha pagado impuestos por el dividendo, la ganancia de capital o el beneficio obtenido en algún país mediante una declaración formal que la compañía debe presentar. El estado miembro puede denegar la exención si en el caso concreto no ha habido pago de impuesto o se ha pagado un impuesto muy bajo.

c) La regla del impuesto de salida (*exit taxation rule - imposition à la sortie*). Algunas compañías trasladan sus activos intangibles fuera de la UE hacia zonas de baja o nula imposición, para disminuir sus pasivos fiscales a la hora de vender dichos activos. La regla propone un impuesto de salida aplicable a las compañías que trasladan activos intangibles fuera de la UE.

d) La regla de limitación de intereses (*interest limitation rule - règle de limitation des intérêts*). Esta regla trata de impedir que las compañías matrices creen deudas artificiales con sus compañías filiales ubicadas fuera de la UE, para disminuir la base de imposición y trasladar beneficios de manera artificial que luego no serán gravados o lo serán con una tarifa baja. La regla propone limitar los intereses deducibles con base en la aplicación de una ratio de ganancias prefijado.

e) La regla de los híbridos (*hybrids rule - dispositifs hybrides*). Algunas compañías explotan las diferencias de tratamiento fiscal aplicable a ciertos ingresos o entidades. La regla propone que el tratamiento fiscal aplicable en ambas jurisdicciones, sea el que corresponde al Estado donde se ha originado el ingreso gravable.

f) La cláusula GAAR o regla general anti abuso (*general anti-abuse rule - clause anti-abus générale*). Cuando no hay una regla especial antielusión aplicable al caso, esta regla general permite a los Estados miembros desconocer los acuerdos artificiales celebrados por las compañías, cuyo único propósito es no pagar impuestos o pagar una tarifa reducida.

Como puede observarse, ninguna de las reglas propuestas por la UE apunta a regular o imponer normas a los sistemas fiscales de países ajenos a la UE. Tampoco hay reglas específicas que afecten las regulaciones de las zonas de baja imposición fiscal y mucho menos el tratamiento tributario diferenciado entre compañías onshore y entidades offshore.

De hecho, la UE ha dicho textualmente que: *"No hay un intento de interferir con el derecho soberano de los países de decidir sobre las tarifas del impuesto aplicable a las corporaciones."*[15]

Asimismo, se ha sostenido que el trabajo de la OCDE en el área específica de las prácticas fiscales lesivas es asegurar la integridad de los sistemas fiscales, abordando los problemas que surgen de los regímenes que se aplican a las actividades móviles y que indebidamente erosionan las bases imponibles de otros países, distorsionando potencialmente la localización de los capitales y los servicios.[16]

---

15 http://UEropa.UE/rapid/press-release_MEMO-16-160_en.htm.

16 **OCDE** (2016), *Combatir las prácticas fiscales perniciosas, teniendo en cuenta la transparencia y la sustancia, Acción 5 – Informe final 2015*, Proyecto de la OCDE y del G-20 sobre la Erosión de la Base Imponible y el Traslado de Beneficios, OCDE Publishing, Paris, p. 13. https://doi.org/10.1787/9789264267107-es.

Se ha señalado asimismo, que el trabajo sobre las prácticas fiscales perniciosas no pretende promover la armonización de los impuestos sobre la renta o de los sistemas tributarios
dentro o fuera de la OCDE, ni tampoco establecer cuál es el nivel apropiado de los tipos de
gravamen de un determinado país y que más bien el trabajo se dirige a reducir la influencia
distorsionadora de la fiscalidad en la localización de las actividades financieras y de servicios de carácter móvil, y de ese modo fomentar la creación de un entorno que permita una
competencia fiscal libre y justa.[17] Pero es preciso entender que sólo puede haber competencia fiscal libre y justa, cuando los competidores están en igualdad de circunstancias, no
cuando existen profundas y notables diferencias de todo tipo –y en especial económicas–
entre los mismos. No es posible comparar a los que no son siquiera parecidos.

En definitiva, lo que persiguen regulaciones y directrices de la OCDE y la UE es dotar a
los estados miembros de herramientas para proteger sus bases de tributación contra las planificaciones fiscales agresivas y la competencia tributaria desleal.

Por esa razón las generalizaciones apresuradas son muy peligrosas en este ámbito, pues si
bien es relevante y digno de protección el interés de las naciones que integran los países
industrializados en defender sus ingresos públicos producto de la tributación, también lo es
el interés de las pequeñas economías del mundo de arbitrar mecanismos legítimos para favorecer y estimular la inversión extranjera y la actividad económica privada en sus territorios,
a los fines de impulsar su desarrollo. No se concilian ambos intereses cuando las reglas provienen de una sola de las partes y se aplican mediante la coerción y la amenaza de incluir al
país que "no colabora" en una lista negra.

Un examen cuidadoso de los informes producidos por la OCDE permite arribar a las siguientes conclusiones:

a)   Las medidas contra el fenómeno BEPS se refieren única y exclusivamente a las *empresas
     multinacionales o transnacionales*, es decir, a aquellas que tienen presencia en dos o más ju-
     risdicciones fiscales y están en capacidad de aprovechar las ventajas que ofrecen las regula-
     ciones tributarias de otro país o la existencia de un convenio tributario.

b)   Las empresas que sólo operan en una jurisdicción, incluso cuando ésta es una zona de baja
     imposición fiscal, no son afectadas por las medidas contra el fenómeno BEPS, simplemente
     porque no están en capacidad de llevar a cabo ninguna de las conductas tributarias dañosas
     que supone el BEPS (*profit shifting, thin capitalization, treaty shopping, transfer pricing
     abuse, permanent establishment abuse*, etc.).

c)   El combate del fenómeno BEPS no pretende uniformar las tarifas de imposición en todo el
     mundo, porque como es obvio ello es imposible. Cada sistema fiscal es autónomo y soberano
     y responde a la realidad política, social y económica del país respectivo.

d)   Todas las acciones que postula la OCDE para combatir el fenómeno BEPS, se concentran en
     el intercambio de información, la transparencia, el incremento del control sobre las actividá-
     des de las empresas transnacionales o multinacionales, la eliminación de las prácticas tributa-
     rias dañosas o abusivas, el privilegio de la sustancia económica de los actos sobre la forma
     jurídica de los mismos y la eliminación de las estructuras jurídicas opacas o encubiertas por
     el anonimato.

3.1. Medidas anti BEPS y jurisdicciones de baja imposición fiscal

Afirma ROCHE que existen tantos conceptos o definiciones de paraísos fiscales como paraísos fiscales existen, dado que su precisión semántica o terminológica dependerá de los

---

17   *Ibid.*, pp. 13-14.

criterios que se empleen para beneficiar o no a quienes los utilicen. [18] La misma expresión paraíso fiscal es equívoca porque resulta de una errónea traducción de la expresión *tax haven*, que debe ser traducida como *refugio fiscal*. Se ha dicho con acierto que, si bien el término *tax haven* ha sido usado ampliamente desde 1950, no existe consenso en cuanto a qué es lo que significa exactamente. El informe GORDON del Departamento del Tesoro de los Estados Unidos de América, indica que no hay un test simple, claro y objetivo que permita la identificación de un país como refugio fiscal. [19]

Por lo tanto, la definición de refugio o paraíso fiscal es muy subjetiva. Sólo con propósito ilustrativo podríamos decir con la doctrina más autorizada que los refugios o paraísos fiscales son jurisdicciones que de manera deliberada crean una legislación para facilitar las transacciones llevadas a cabo por personas que no son residentes en sus territorios, con el propósito de evitar los impuestos y/o las regulaciones que normalmente les serían aplicables, lo cual se logra otorgando un velo de secreto legalmente fundamentado, para ocultar a los verdaderos beneficiarios de estas transacciones. [20]

Sin embargo, indica ROCHE que existen ciertas características comunes en las jurisdicciones consideradas como paraísos fiscales, tales como: *(i)* tasas de imposición especiales, reducidas o nulas; *(ii)* secreto comercial y bancario; *(iii)* un mínimo de estabilidad política y económica; *(iv)* ausencia de controles de cambio; *(v)* una infraestructura desarrollada; *(vi)* autopromoción o mercadeo de las ventajas fiscales de la jurisdicción. [21] A esta enumeración puede agregarse otra característica que es típica de los paraísos fiscales, que es la facilidad de incorporación de diversos tipos de sociedades comerciales, fundaciones y otras formas asociativas.

Ahora bien, como hemos afirmado anteriormente, no todos los regímenes tributarios preferenciales pueden ser calificados como refugios fiscales en los términos antes expuestos, pues no han sido creados necesariamente para promover y/o proteger la evasión y la elusión fiscal abusiva. Su existencia deriva de una decisión soberana de política económica y fiscal, que se fundamenta en el interés del país respectivo de estimular la inversión extranjera y potenciar las actividades económicas privadas generadoras de empleo, riqueza y bienestar social.

Podría sorprender a algunos el hecho de que el origen de los refugios o paraísos fiscales *contemporáneos*, no está en una pequeña isla caribeña. En 1.869 el Príncipe Carlos III de Mónaco autorizó el establecimiento del famoso casino del principado. El ingreso generado por el casino, permitió al Príncipe abolir todas las formas de imposición a la renta en Mónaco, creando –tal vez sin intención- el primer genuino refugio fiscal moderno. [22]

Los Estados Unidos de Norteamérica también tuvo un papel de primer orden en la creación de las zonas de baja imposición fiscal entre finales del siglo XIX y comienzos del siglo XX y aún conserva regímenes tributarios diferenciados y de baja fiscalidad. Estas zonas de tributación especial se originaron en los estados de Delaware y New Jersey, que fueron pioneros en la implementación de la denominada política de "*incorporación fácil*", consistente en la existencia de empresas "*prefabricadas*" con importantes beneficios tributarios, lo cual creó condiciones altamente favorables para los inversionistas que buscaban altas tasas de rentabilidad y escasas limitaciones regulatorias, generando el marco propicio para el desarrollo de los primeros espacios offshore.

---

18 **ROCHE, E.** "Transparencia Fiscal Internacional". *60 años de imposición a la renta en Venezuela. Evolución histórica y estudios de la legislación actual.* AVDT, Caracas, 2003, pp. 666.

19 **PALAN, R.- MURPHY, R.-CHAVAGNEUX, C.** *Tax Havens. How Globalization Really Works.* Cornell University Press, New York, 2010, p. 17.

20 **PALAN, R.- MURPHY, R.-CHAVAGNEUX, C.** *Tax Havens... Cit.* p. 45.

21 **ROCHE, E.** "Transparencia Fiscal...", *Cit.* pp. 667-668.

22 **PALAN, R.- MURPHY, R.-CHAVAGNEUX, C.** *Tax Havens... Cit.* p.

Luego vinieron regulaciones similares en los estados de Vermont, Rhode Island y Nevada. Cuando el desarrollo del capitalismo alcanzó las costas europeas, también lo hizo el fenómeno de los refugios fiscales. Siendo Suiza el país que más se asemejaba en su estructura federal a los Estados Unidos, rápidamente se convirtió en el jugador clave del mundo *offshore*.[23]

Otro de los grandes impulsores históricos de los paraísos fiscales, ha sido sin la menor duda el Reino Unido. Llama la atención que este impulso tenga su origen, probablemente de manera inadvertida, en la jurisprudencia inglesa de finales del siglo XIX. Las cortes inglesas son responsables de haber creado el concepto de *residencia virtual* sentando así las bases para las llamadas *Compañías de Negocios Internacionales*, que son hoy en día el núcleo del mundo *offshore*. En una decisión líder que data de 1876, cuando los tribunales ingleses confrontaron el caso de dos compañías: *Calcuta Jute Mills* y *Cesena Sulphur Mines*, ambas registradas en Inglaterra pero cuyas actividades de producción estaban localizadas, respectivamente, en India e Italia, se aplicó el concepto de residencia, señalándose que: *"Un principio fundamental de la ley Inglesa en relación con la tributación es que la tributación sólo debe recaer sobre las personas y las cosas que realmente están dentro del país."* Los jueces arguyeron que desde que el control y la gerencia de las dos compañías no era en efecto ejecutado desde Inglaterra, ambas compañías no eran residentes en este país para los fines impositivos y por lo tanto no debían ser objeto de imposición allí. El lugar de registro no se consideró necesario para probar la residencia, sino más bien el lugar donde se realizaba el control efectivo de la sociedad.[24]

Pero además del aporte pretoriano en la construcción de los regímenes tributarios diferenciados, el Reino Unido ha tenido un papel preponderante en la creación misma de territorios de baja o nula imposición fiscal y de centros *offshore*. El Reino Unido mantiene bajo su tutela catorce territorios de ultramar, once de ellos permanentemente poblados; de éstos, siete son considerados refugios fiscales, a saber: Bermuda, Caymans Islands, British Virgin Islands, Gibraltar, Turks and Caicos, Anguilla y Montserrat. El Reino Unido también tiene soberanía sobre varias dependencias de la Corona: Jersey, Guernsey y la Isle of Man, que están entre los refugios fiscales más connotados. Una ex colonia británica, Hong Kong, es uno de los mayores centros financieros del mundo, también con un régimen fiscal especial.

Europa en general sigue teniendo regímenes fiscales preferenciales en su propio seno, tales como los de los de Países Bajos, Luxemburgo, Mónaco, Andorra, San Marino, Irlanda y Liechtenstein, que desde hace muchos años aplican tratamientos fiscales asimétricos a sus nacionales y a las empresas extranjeras que establecen bases en ellos, sin contar con la opacidad de sus sistemas financieros y el menguado intercambio de información que han tenido históricamente.

Las medidas contra el BEPS no buscan la eliminación per se de las zonas de baja imposición fiscal, en primer lugar porque, como hemos dicho, ningún país puede imponer a otro cuál es el régimen tributario que debe aplicar a sus residentes, ya que la política fiscal es

---

23 Existe una buena explicación de por qué este fenómeno se desarrolló particularmente en Suiza y no en otro país europeo. Este país es una Confederación de cantones autónomos. Cuando la Suiza moderna se estableció en 1948, la imposición directa fue puesta en manos de los cantones, mientras que la indirecta se dejó en manos de la Confederación Helvética. Cada cantón desarrolló su propio sistema de imposición directa, con diferentes métodos y reglas de determinación tributaria. Esto resultó, según GUEX, en una especie de "orgía fiscal de evasión y disimulación". El primer paraíso fiscal europeo se constituyó así en el pequeño y económicamente deprimido cantón de Zoug para competir con el vecino y rico cantón de Zurich. Zoug no sólo ofrecía una tasa de imposición a la renta muy inferior a la del resto de los cantones de la Confederación, sino que además su legislación impositiva estaba plagada de vacíos (*loopholes*) que favorecían toda case de planificaciones fiscales agresivas. Consúltese: **GUEX, S.** *L'argent de l'etat: Parcours des finances publiques au xxe siécle.* Éditions Réalités Sociales, Lausanne, 1998, pp. 101-11.

24 *Cf. Calcuta Jute Mills, Limited vs. Nicholson (Surveyor of Taxes)* y *Cesena Sulphur Company, Limited vs. Nicholson (Surveyor of Taxes)*. 1876, I TC 83, 88 (HL) at p. 101. A este respecto, consúltese por todos: **PALAN, R.- MURPHY, R.-CHAVAGNEUX, C.** *Tax Havens...Cit.* pp. 112-113.

parte inherente de la soberanía de los Estados; y en segundo lugar, porque el fenómeno BEPS no se produce porque una empresa se establezca y opere en una zona de baja imposición fiscal, sino porque una empresa que opera en un país determinado, crea un establecimiento permanente en una zona de baja imposición fiscal pero sin operar realmente en la misma, pues su único propósito es *trasladar artificialmente* parte de sus beneficios a ese establecimiento permanente, para excluir estos beneficios de la imposición a la que normal y legítimamente estarían sometidos en el otro Estado.

La colaboración y el intercambio de información entre los Estados, así como el privilegio de la sustancia sobre la forma, son *claves* para desmontar las planificaciones fiscales agresivas de las empresas multinacionales o de los individuos que hacen un uso abusivo de las zonas de baja imposición fiscal.

Cuando una empresa multinacional traslada de manera artificial una parte de sus beneficios a una zona de baja imposición fiscal en la cual realmente no realiza ninguna explotación económica que haya generado esos beneficios, las autoridades del Estado con tributación favorable pueden suministrar al país de origen de la multinacional, la información relevante para demostrar la inexistencia de la actividad económica en su territorio y por vía de consecuencia, el propósito fiscal exclusivo de la estructura creada.

Esta simple solución concilia el interés del país de origen de repatriar las bases de imposición ilegítima y artificialmente sustraídas de su poder de imposición, con el interés de las pequeñas economías de crear un entorno propicio y atractivo desde el punto de vista fiscal para la inversión extranjera directa.

3.2. El fenómeno BEPS y la banca offshore

La banca offshore no es ilegal ni existe específicamente para fomentar y proteger la evasión fiscal y la elusión tributaria abusiva. La tenencia de una cuenta bancaria en una entidad offshore, no significa que el titular de la cuenta no debe pagar impuestos en su país de origen por los rendimientos obtenidos, si ese país somete a tributación la renta mundial obtenida por el contribuyente, como hoy en día lo hacen muchos países; y si aplica normas sobre transparencia fiscal internacional (como es el caso venezolano, en los artículos 98 y siguientes de la Ley de Impuesto sobre la Renta[25]). Si el contribuyente no declara la existencia de la cuenta y los rendimientos obtenidos, ello no es responsabilidad de la entidad financiera, sino de quien tiene la obligación legal de pagar el impuesto.

Ahora bien, las entidades financieras offshore que se niegan a suministrar información a las autoridades tributarias de los países de origen de sus clientes, sí fomentan la evasión fiscal y la elusión tributaria abusiva, pues impiden el control fiscal y se convierten en refugio para los infractores de las leyes tributarias. De nuevo, el *quid* del asunto es la transparencia, el intercambio de información y la colaboración con las autoridades tributarias.

Los individuos y las empresas multinacionales podrán utilizar la banca offshore para erosionar la base de imposición y trasladar artificialmente beneficios desde sus países de origen, en la medida en que estas actividades se hagan al amparo del secreto bancario y la ausencia de información por falta de colaboración de las entidades financieras.

Una prueba fehaciente de lo anterior es que hoy en día los bancos offshore que tienen clientes norteamericanos, están obligados a compartir información con el INTERNAL REVENUE SERVICE (IRS) de los Estados Unidos de América en aplicación de las normas FATCA, pues de lo contrario, si el banco respectivo no cumple con dichas normas, todas las transferencias bancarias hechas hacia el mismo desde los Estados Unidos, estarían sujetas a una

---

25 *Gaceta Oficial* N° 6.210 *Extraordinario* del 30 de diciembre de 2015.

retención del 30%, sin importar si el receptor de la transferencia es un contribuyente norteamericano. Además, el banco reticente puede ser sancionado y sufrir el cierre de cuentas de corresponsalía en bancos norteamericanos.

Por lo tanto, la banca offshore puede colaborar perfectamente en el combate internacional contra el fenómeno BEPS mediante el suministro de información y la transparencia de sus operaciones, sin alterar su naturaleza y su régimen jurídico particular. La realidad actual es que la banca offshore podría ser tan transparente como la banca local, pues FATCA y los múltiples controles anti legitimación de capitales y contra el financiamiento del terrorismo, han acabado casi por completo con el secreto bancario.

3.3.- Algunas consideraciones sobre los regímenes tributarios diferenciados o preferenciales (ring-fencing)

Algunos países aplican en la actualidad un sistema de imposición conocido como "*Ring Fencing*", que en suma implica un tratamiento tributario desigual para las rentas de fuente nacional con respecto a las rentas de fuente extranjera de compañías internacionales. También se les califica como *regímenes tributarios preferenciales* y se les define como aquellos a los que sólo pueden tener acceso personas o entidades consideradas como no residentes de la jurisdicción en la que opera el régimen tributario preferencial correspondiente

Esto no sólo ocurre en países como los del Caribe, sino también en la UE, como es el caso de Irlanda, entre otros. La normativa del impuesto sobre sociedades en algunos países permite que se fijen tipos diferenciados de impuesto y en general alícuotas bajas, así como otros beneficios fiscales muy atractivos para empresas internacionales que establezcan sucursal financiera, empresa mixta o su casa matriz en el país respectivo.

Pero la calificación de un régimen *ring fencing* o preferencial, no puede hacerse a la ligera. Se ha dicho con razón que: "*Al hablar de competencia fiscal perjudicial hemos de tener claro que la existencia de diferencias en la tributación entre dos países no supone necesariamente la existencia de competencia perjudicial. Es un principio generalmente aceptado el que cada país es soberano para diseñar su régimen fiscal y establecer el nivel de imposición efectiva que sea necesario para el sostenimiento de sus finanzas públicas. La competencia fiscal perjudicial aparece cuando ventajas fiscales exorbitantes o injustificadas son el motivo fundamental de la localización de una actividad o una renta.*"[26]

No es igual ni debe recibir el mismo tratamiento fiscal, una compañía internacional que opera *desde* el país que aplica el régimen diferenciado, pero que no forma parte de una empresa multinacional, de aquella compañía internacional que no opera ni *en* ni *desde* dicho país y que sólo ha sido creada por la casa matriz de un grupo multinacional, para trasladar beneficios gravables de manera artificial hacia la zona de baja imposición fiscal.

Cuando esas corporaciones internacionales son sucursales, subsidiarias o entidades controladas por una compañía matriz establecida en la UE, la situación podría ser distinta y aunque aún en este caso el país que aplica que aplica el régimen diferenciado conserva el soberano derecho poseer dicho régimen fiscal más favorable, puede no obstante ello cumplir a cabalidad con las directrices y reglas de la OCDE, estableciendo mecanismos de transparencia fiscal, intercambio de información y colaboración con las autoridades tributarias de los países de origen de las multinacionales. Porque no debe perderse de vista que el problema no es que estas corporaciones no paguen o paguen bajos impuestos en el país que aplica el régimen preferencial, sino que dejen de pagarlos en los países en o desde donde realmente realizan sus actividades económicas.

---

26 **VALLEJO CHAMORRO, J.M.** "La competencia fiscal perniciosa en el seno de la OCDE y la Unión Europea". *Nuevas tendencias de economía y fiscalidad internacional.* ICE, septiembre-octubre 2005, N° 825, p. 148.

Se ha dicho que los sistemas diferenciados de tributación son una violación de los criterios 1 y 2 del Código de Conducta sobre la fiscalidad de las empresas de la UE. A este respecto es importante advertir que los criterios del Grupo PRIMAROLO o Grupo del CÓDIGO DE CONDUCTA, son vinculantes única y exclusivamente para los países integrantes de la UE. Para el resto de los países, este Código tiene el carácter de *soft law* y no es vinculante. Pero en todo caso, reconociendo su carácter de cuerpo de principios jurídicos relevantes, el Código de Conducta no puede ser interpretado en forma gramatical.[27]

La doctrina más autorizada reconoce que es necesario "analizar si el establecimiento de la medida obedece a la necesidad de impulsar el desarrollo económico de territorios especialmente deprimidos, como las regiones ultraperiféricas o las islas de poca superficie."[28]

La propia OCDE en su informe de 1998[29], ha establecido con meridiana claridad todos los extremos que deben ser satisfechos para arribar a esta calificación. No todo régimen preferencial es potencialmente danoso y menos aún pernicioso; por lo tanto, no todo régimen tributario preferencial puede ser tratado como competencia fiscal *perjudicial*.

La evaluación conjunta de varios elementos permitirá determinar: *(i)* si el régimen efectivamente es preferencial, *(ii)* si entra dentro de los supuestos considerados por la OCDE como parte de la competencia fiscal perjudicial, *(iii)* si el régimen en sí mismo es potencialmente dañoso y *(iv)* si efectivamente puede calificarse como pernicioso. Así lo ha establecido la OCDE desde hace mucho tiempo; en particular, en su informe de 1998, en el cual se establecen las etapas que deben ser satisfechas para llegar a esa determinación, a saber:

➢ Análisis del régimen para determinar si recae dentro del ámbito del trabajo del *Foro sobre Prácticas Fiscales Perniciosas* (FPFP) y si es preferencial;

➢ Análisis de los cuatro factores claves y de los otros ocho elementos establecidos en el Informe de 1998, para determinar si un régimen preferencial es potencialmente lesivo;

➢ Análisis de los factores económicos de un régimen para determinar si un régimen potencialmente lesivo es realmente pernicioso.

   a)   Análisis del régimen para determinar si recae dentro del ámbito
        del trabajo del FPFP y si es preferencial

(i) Ámbito del trabajo del FPFP

De acuerdo con el Informe de 2015 de la OCDE sobre la Acción N° 5[30], para estar incluido en el ámbito del informe de 1998, el régimen debe aplicarse a la *renta* de actividades geográficamente móviles, como por ejemplo la prestación servicios, la cesión de intangibles y las actividades financieras. Las inversiones en inmuebles, fábricas y equipos están excluidas, así como los regímenes impositivos al consumo.

---

27 Sobre el origen, objeto y alcance jurídico del Código de Conducta, consúltese por todos: **GIJON, F.F.** "El Código de Conducta sobre la Fiscalidad de las Empresas y su Relación con el Régimen Comunitario de Control de las Ayudas Estatales". *Crónica Tributaria*. Ministerio de Hacienda-Instituto de Estudios Fiscales, Madrid, 2003, N° 109, pp. 101-118.

28 **SERRANO PALACIOS, C – GARCÍA VILLANOVA RUIZ, I.** *Competencia fiscal perniciosa. Estado actual de la normativa española y el caso holandés.* Ministerio de Hacienda-IEF, Madrid, 2008, Cuadernos de Formación. Colaboración 34/08, Volumen 6, p. 335.

29 **OCDE.** *Informe sobre Competencia Fiscal Perjudicial: Una cuestión global emergente.* 1998.

30 **OCDE** (2016), *Combatir las prácticas fiscales perniciosas... Cit.* pp. 21-22.

(ii) Régimen preferencial

Un régimen será preferencial en la medida en que ofrezca alguna forma de ventaja fiscal en comparación con las regulaciones generales de tributación de un determinado país. Puede tratarse de una tarifa de impuesto reducida o nula, o exclusiones de la base imponible o condiciones especiales para el reintegro o reembolso de tributos. El aspecto fundamental, según el Informe, es que el régimen debe ser preferencial en comparación con los principios generales de la tributación aplicables en un país determinado, y no por la comparación con los principios aplicados en otros países.[31]

b)   Análisis de los cuatro factores claves y de los otros ocho elementos establecidos en el informe de 1998, para determinar si un régimen preferencial es potencialmente lesivo

(i) Los cuatro factores claves

1. El régimen establece una tarifa efectiva nula o reducida para la renta que procede de actividades geográficamente móviles, como la prestación de servicios y las actividades financieras. Este es el punto de partida de la evaluación, pues si no hay una tarifa impositiva nula o reducida, es muy difícil hablar de un régimen tributario preferencial, desde que dicha tarifa es el elemento esencial de medición de la carga fiscal y ésta a su vez determina cuan atractivo puede ser el régimen. Sin embargo, pueden existir regímenes en los cuales existe una tarifa "razonable" de imposición, es decir, que no es cero ni particularmente baja, pero donde el beneficio especial aparece definido por la base sobre la cual se aplica la tarifa. En este caso, numerosas exclusiones o deducciones de la base imponible, resultan en un impuesto a la renta marcadamente bajo. Pueden existir regímenes donde exista una combinación de ambos elementos, es decir, tarifa reducida y base imponible exigua.

2. El régimen es un *anillo cercado* (*ring fenced*), en el sentido de que está aislado o separado de la economía nacional de que se trate. La regulación preferencial es parcial o totalmente ajena al resto del sistema tributario. Pareciera en principio que, si un país tiene la necesidad de alojar y aislar en un compartimiento estanco el tratamiento fiscal otorgado en ciertos casos, dicho régimen podría conducir a resultados dañosos. Pero, de nuevo, es muy importante no incurrir en un sofisma *secumdun quid*, porque no todo régimen preferencial exclusivo para empresas extranjeras, es dañoso y constituye una práctica tributaria perniciosa. Estos regímenes tienen normalmente dos modalidades: *(i)* prohíben totalmente a los nacionales el acceso al mismo; o, *(ii)* proscriben a las sociedades extranjeras que se benefician del régimen preferencial, operar en el mercado interno del país respectivo.

3. El régimen es *opaco*, no hay transparencia en la normativa que regula el régimen, ni tampoco en las actividades supervisoras sobre el mismo. La falta de transparencia es un concepto bastante amplio, por lo que es deseable tratar de hacerlo lo más objetivo posible. Se estima, por ejemplo, que hay falta de transparencia cuando no hay reglas claras; cuando no hay interpretaciones uniformes, coherentes y estables de las reglas aplicables; cuando es posible *negociar* la aplicación de las reglas; o cuando las prácticas administrativas no están regladas, sino que son discrecionales y cambian con facilidad. Como puede advertirse, este requisito es muy complejo, pues existen algunos regímenes tributarios tan enrevesados y cambiantes, que fácilmente podrían considerarse como poco transparentes. Creemos que el *quid* de este requisito está en que el régimen ofrezca la posibilidad de negociar tratamientos individualizados que contrarían el principio de generalidad de los tributos.

---

31 *Ibid.*, pp. 21-22.

4. No hay intercambio de información efectivo. Este es un concepto bastante más objetivo que el anterior, al cual le dedicamos un apartado especial más adelante.

(ii) Los otros ocho elementos

En el Informe de la OCDE de 1998, se enumeran ocho supuestos cuya presencia en la evaluación del régimen preferencial, facilita la determinación de los cuatro elementos claves ya analizados. A diferencia de lo que ocurre con los cuatro elementos clave, que siempre deben estar presentes para poder calificar el régimen como potencialmente dañoso, los *otros* ocho elementos no tienen que concurrir en su totalidad.

Los *otros* ocho elementos son:

1. Definición artificial de la base imponible.
2. Incumplimiento de los principios internacionales en materia de precios de transferencia.
3. Exención fiscal en el país de residencia para las rentas de fuente extranjera.
4. Base imponible o tipo de gravamen negociables.
5. Existencia de cláusulas de confidencialidad o secreto.
6. Acceso a una red extensa de Convenios Fiscales.
7. Promoción del régimen como vehículo de minimización fiscal.
8. El régimen fomenta operaciones y acuerdos que tienen como motivo el meramente fiscal y no implican actividades sustanciales.

Para entender hasta qué punto las generalizaciones apresuradas son peligrosas en este ámbito, y por qué es siempre recomendable proceder con la mayor prudencia y objetividad, es preciso señalar que aun cumpliéndose la totalidad de los factores anteriores y siendo concluyente la evaluación del régimen examinado como *preferencial* y *potencialmente dañoso*, podría resultar que dicho régimen no pueda en cambio ser calificado como *pernicioso*.

De acuerdo con el INFORME FINAL DE 2015 de la OCDE sobre la Acción N° 5[32], para que el régimen pueda ser calificado como *pernicioso*, debe haber creado efectos económicos lesivos y para ello es preciso una evaluación adicional que supone responder a tres preguntas fundamentales:

1. ¿Tiene el régimen preferencial como efecto el traslado de actividades hacia el país que lo aplica, antes que crear un volumen sustancial de nuevas actividades?
2. ¿Es la presencia y nivel de actividades en el país receptor acorde con el nivel de la inversión o de la renta?
3. ¿Es el régimen preferencial la razón fundamental para la localización de una actividad?

Como puede advertirse con facilidad, las respuestas a estas preguntas no son sencillas y requieren un estudio minucioso de la situación concreta y la recolección, sistematización y análisis de una importante cantidad de datos e informaciones de diversas índole (contables, financieras, tributarias, etc.); todo lo cual pone de manifiesto la ligereza con que en algunas ocasiones se califica a algunos regímenes tributarios preferenciales como perniciosos, cuando en muchos casos no existe siquiera claridad sobre el cumplimiento de al menos alguno de los extremos que, con estricto apego a las propias directrices de la OCDE y la UE, hemos analizado en este Capítulo.

---

32 **OECD** (2016), *Combatir las prácticas fiscales perniciosas... Cit.*, p.25,

3.4.- Actividad sustancial y transparencia (intercambio de información)

Dos criterios han terminado por imponerse como esenciales para la determinación de la competencia fiscal dañosa: la existencia de una actividad sustancial y la transparencia o intercambio de información.

a) Actividad sustancial

Desde el Informe de 1998, la OCDE ha venido señalando que muchos regímenes preferenciales dañosos, han sido diseñados de tal forma que los contribuyentes derivan beneficios de los mismos aun cuando sus operaciones están motivadas por fines exclusivamente fiscales y no envuelven la realización de ninguna actividad sustancial real en el país que concede el régimen preferencial.

El criterio de la sustancia se propone impedir que los beneficios gravables sigan siendo artificial y fraudulentamente trasladados fuera de los países donde realmente se crea el valor. La Acción 5 da una importancia mayor a este criterio y desarrolla en detalle el enunciado del Informe de 1998, estableciendo dos vías de acción: (i) el criterio de la actividad sustancial en el marco de los regímenes de propiedad intelectual; y, (ii) el criterio de la sustancia en los regímenes no asociados a la propiedad intelectual, a saber: a) regímenes sobre sedes sociales o *headquarters regimes*; b) regímenes de centros de distribución y centros de servicios; c) regímenes para compañías financieras o de leasing; d) regímenes para entidades gestoras de fondos; e) regímenes para entidades bancarias y de seguros; f) regímenes para compañías navieras; y, g) regímenes para entidades tenedoras de valores.[33]

b) Transparencia (intercambio de información)

La transparencia y el intercambio de información, han sido uno de los pilares más importantes en el combate de la competencia fiscal desleal y de los regímenes tributarios preferenciales perniciosos. Con sus incontables dificultades y tropiezos, esta es sin duda la piedra angular en la lucha contra el fenómeno BEPS, que permite conciliar el interés de las economías receptoras de capitales extranjeros por incrementar su producto interno bruto, los índices de empleo y el bienestar de sus pueblos, con el de las economías exportadoras de capitales y generadoras de valor, de no ver injustamente mermados los ingresos fiscales a los que tienen derecho.

Se ha dicho con razón que *"...en el momento actual es posible afirmar que la necesidad de información tributaria que tienen las Administraciones Tributarias, ha experimentado una evolución paralela a la que, en intensidad y frecuencia, han tenido las propias relaciones económicas internacionales, y también, de alguna manera, el fraude fiscal que en torno a ellas puede generarse, ya que las actuaciones y comportamientos fraudulentos con frecuencia se apoyan precisamente en las dificultades de obtención de información y en las facilidades que algunas jurisdicciones siguen ofreciendo para la ocultación de la verdadera y última titularidad de bienes y rendimientos situados u obtenidos en las mismas."*[34]

Ahora bien, como acertadamente afirman ABACHE CARVAJAL y ATENCIO VALLADARES: "(...) nos encontramos en un momento histórico a nivel internacional, donde el intercambio de información por medio de los CDIs [Convenios sobre Doble Imposición Internacional] o los AIIFs [Acuerdos para el Intercambio de Información Fiscal], no es suficiente para lograr los fines últimos que supone el intercambio de información entre los distintos países. Por ello, la tendencia en la actualidad y [el] más importante reto actual de la fiscalidad interna-

---

33 Para un detallado análisis de las reglas aplicables en cada uno de los casos mencionados, consúltese: **OECD** (2016), *Combatir las prácticas fiscales perniciosas... Cit.*, pp. 26-44.

34 **BUSTAMANTE ESQUIVIAS, M.D.** "Intercambio de información internacional". *Manual de fiscalidad internacional.* Instituto de Estudios Fiscales, Madrid, 2007, T. II, p. 1211.

cional en esta área es, precisamente, el *intercambio automático de información*, en tanto complemento sustancial –y herramienta de concreción- del principio de renta mundial".[35]

Los autores destacan además dos aspectos que suelen dejarse de lado al tratar el intercambio de información, que son los derechos y garantías de los contribuyentes (*e.g.* privacidad de las comunicaciones, derecho a no autoinculparse, derecho al honor y la reputación, privilegio cliente-abogado, entre otros) y la protección de los datos personales.[36] Huelga decir que el legítimo interés de las administraciones tributarias de combatir la evasión, la elusión ilícita y el fenómeno BEPS, no puede en ningún caso superponerse a los derechos y garantías fundamentales de los contribuyentes, pues la obtención de información relevante a los fines tributarios, puede lograrse perfectamente dentro de los causes formales legalmente previstos (debido proceso) y con pleno respeto a tales garantías y derechos.

El intercambio de información es tan crucial para combatir la evasión, la elusión ilícita y en particular el fenómeno BEPS, que se han creado entes multilaterales para asegurar su efectiva aplicación a nivel internacional. Es obvio que el intercambio de información relevante a los fines tributarios, requiere la voluntad conjunta y concurrente de los países y un compromiso multilateral, pues de lo contrario es imposible. Con este propósito ha sido creado el FORO GLOBAL SOBRE TRANSPARENCIA E INTERCAMBIO DE INFORMACIÓN CON FINES FISCALES (en adelante, el "Foro Global") que "…constituye el mayor organismo tributario del mundo encargado de la supervisión de la transparencia fiscal. Fue enteramente reestructurado en 2009 en respuesta al llamamiento de los líderes del G20 para garantizar la rápida implementación de la norma de intercambio de información previa petición (en adelante la norma IIPP) a través de la implantación de un estricto y exhaustivo proceso de revisión interpares. El Foro Global consolidó rápidamente un mecanismo de revisión interpares que incorporaba una serie de Disposiciones, una Metodología y un Calendario de evaluación para llevar a cabo dicha tarea. Se han registrado avances notables desde 2009 gracias a la realización de revisiones interpares por jurisdicciones homólogas que han sometido a examen el grado de cumplimiento y/o conformidad de 126 países y territorios con la norma internacional IIPP y a los programas de capacitación y asistencia técnica. Los líderes del G20 no han dejado de alentar la rápida aplicación de la norma IIPP, llegando a aprobar, en 2014, una nueva norma de intercambio automático de información (en adelante la norma IAI), cuya evaluación se llevará a cabo con arreglo a sus propias Disposiciones, Metodolo-gía y Calendario de evaluación."[37]

El Foro Global es competente para llevar a cabo "…el proceso de seguimiento exhaustivo y revisión interpares sobre la implementación de las normas sobre transparencia e intercambio de información con fines tributarios y, más específicamente, de la norma IIPP y de la norma sobre intercambio automático de información (en adelante, la norma "IAI"). Las disposiciones de la norma IIPP se recogen, principalmente, en el Modelo de Acuerdo sobre Intercambio de Información en materia tributaria de 2002 de la OCDE (…) y los Comentarios a su articulado, así como en el artículo 26 del Modelo de Convenio Tributario sobre la Renta y sobre el Patrimonio (…) y sus Comentarios, conforme a la actualización de 2012. Asimismo, el Foro Global tiene encomendada, por una parte, la tarea de supervisar y examinar las particularidades y el grado de aplicación de la norma IAI de la OCDE y, por otra, de ayudar a los países en desarrollo a determinar sus necesidades en materia de asistencia técnica y desarrollo de competencias para poder adherirse a la norma y beneficiarse de su puesta en aplicación."[38]

---

35 **ABACHE CARVAJAL, S.-ATENCIO VALLADARES, G.** *Los nuevos retos de la fiscalidad internacional.* AVDT-AMDF, México, 2018, p. 162.

36 **ABACHE CARVAJAL, S.-ATENCIO VALLADARES, G.** *Los nuevos...Cit.,* p.163.

37 **OCDE.** *Intercambio de Información Previa Petición: Manual sobre Revisiones Interpares 2016-2020.* OCDE-Banco Mundial, Tercera Edición, p. 21.

38 **OCDE.** *Intercambio de Información Previa... Cit.* P. 9.

Así, el régimen jurídico sugerido para el intercambio de información con fines tributarios, está recogido principalmente en el MODELO DE ACUERDO SOBRE INTERCAMBIO DE INFORMACIÓN EN MATERIA TRIBUTARIA DE 2002 DE LA OCDE (en adelante el Modelo AIIT)[39], a través del cual se proponen dos modelos de acuerdos bilaterales redactados a la luz de los compromisos adquiridos por la OCDE y por las jurisdicciones comprometidas con esta organización.

De conformidad con el artículo 1 del Modelo AIIT, las autoridades competentes de las partes contratantes deben prestarse asistencia mediante el intercambio de la información que previsiblemente pueda resultar de interés para la administración y la aplicación de su Derecho interno relativa a los impuestos a que se refiere el Modelo AIIT. Dicha información comprende aquélla que previsiblemente pueda resultar de interés para la determinación, liquidación y recaudación de dichos impuestos, el cobro y ejecución de reclamaciones tributarias, o la investigación o enjuiciamiento de casos en materia tributaria. La información debe intercambiarse de conformidad con las disposiciones del Modelo AIIT y se tratarse de manera confidencial según lo dispuesto en el artículo 8. Los derechos y garantías reconocidos a las personas por la legislación o la práctica administrativa de la parte requerida siguen siendo aplicables siempre que no impidan o retrasen indebidamente el intercambio efectivo de información.

En cuanto al procedimiento de intercambio de información, el artículo 5 del Modelo AIIT, establece que la autoridad competente de la parte requerida debe proporcionar, previo requerimiento, información para los fines previstos en el artículo 1 y que dicha información debe intercambiarse independientemente de que la conducta objeto de investigación pudiera constituir un delito penal según las leyes de la parte requerida si dicha conducta se hubiera producido en esa parte requerida.

Se establece asimismo que, si la información en posesión de la autoridad competente de la parte requerida no fuera suficiente para poder dar cumplimiento al requerimiento de información, esa parte recurrirá a todas las medidas pertinentes para recabar de información con el fin de proporcionar a la parte requirente la información solicitada, con independencia de que la parte requerida pueda no necesitar dicha información para sus propios fines tributarios. Incluso, y si así lo solicita expresamente la autoridad competente de una parte requirente, la autoridad competente de la parte requerida puede proporcionar información, en la medida permitida por su Derecho interno, en forma de declaraciones de testigos y de copias autenticadas de documentos originales.

Adicionalmente, cada parte contratante debe garantizar que sus autoridades competentes están facultadas para obtener y proporcionar, previo requerimiento:

a) Información que obre en poder de bancos, otras instituciones financieras, y de cualquier persona que actúe en calidad representativa o fiduciaria, incluidos los agentes designados y fiduciarios;

b) Información relativa a la propiedad de sociedades, sociedades personalistas, fideicomisos, fundaciones, "Anstalten" y otras personas, incluida, con las limitaciones establecidas en el artículo 2 del Modelo AIIT, la información sobre propiedad respecto de todas las personas que componen una cadena de propiedad; en el caso de fideicomisos, información sobre los fideicomitentes, fiduciarios y beneficiarios; y en el caso de fundaciones, información sobre los fundadores, los miembros del consejo de la fundación y los beneficiarios. El Modelo AIIT no impone a las partes contratantes la obligación de obtener o proporcionar información sobre la propiedad con respecto a sociedades cotizadas en Bolsa o fondos o planes de inversión colectiva públicos, a menos que dicha información pueda obtenerse sin ocasionar dificultades desproporcionadas.

---

39 *Vid.* http://www.oecd.org/ctp/exchange-of-tax-information/37975122.pdf

El artículo 5 del Modelo AIIT dispone que al formular un requerimiento de información, la autoridad competente de la parte requirente debe proporcionar la siguiente información a la autoridad competente de la parte requerida con el fin de demostrar el interés previsible de la información solicitada:

a) La identidad de la persona sometida a inspección o investigación;

b) Una declaración sobre la información solicitada en la que conste su naturaleza y la forma en que la parte requirente desee recibir la información de la parte requerida.

c) La finalidad fiscal para la que se solicita la información.

d) Los motivos que abonen la creencia de que la información solicitada se encuentra en la parte requerida u obra en poder o bajo el control de una persona que se encuentre en la jurisdicción de la parte requerida.

e) En la medida en que se conozcan, el nombre y dirección de toda persona en cuyo poder se crea que obra la información solicitada.

f) Una declaración en el sentido de que el requerimiento es conforme con el derecho y las prácticas administrativas de la parte requirente; de que si la información solicitada se encontrase en la jurisdicción de la parte requirente la autoridad competente de esta última estaría en condiciones de obtener la información según el derecho de la parte requirente o en el curso normal de la práctica administrativa; y de que es conforme con el Modelo AIIT.

g) Una declaración en el sentido de que la parte requirente ha utilizado todos los medios disponibles en su propio territorio para obtener la información, salvo aquellos que dieran lugar a dificultades desproporcionadas.

La autoridad competente de la parte requerida debe enviar la información solicitada tan pronto como sea posible a la parte requirente.

Las regulaciones contenidas en el Modelo AIIT son complementadas por el artículo 26 del MODELO DE CONVENIO TRIBUTARIO SOBRE LA RENTA Y SOBRE EL PATRIMONIO DE LA OCDE DE 2010[40] (el "Modelo CT") y sus Comentarios, el cual establece con bastante claridad los principios que deben seguirse para que el intercambio de información sea efectivo y se haga con pleno respeto a los derechos y garantías de los contribuyentes.

En primer lugar, el Modelo CT señala que los Estados contratantes intercambiarán la información previsiblemente pertinente para la aplicación del Modelo CT o para administrar y exigir lo dispuesto en la legislación nacional de los Estados contratantes, relativa a los impuestos de toda clase y naturaleza percibidos por los mismos, sus subdivisiones políticas o entidades locales, en la medida en que la información prevista no sea contraria al Modelo. El Modelo CT confirma algo que hemos venido sosteniendo desde hace muchos años, y es que si bien las facultades de fiscalización e investigación de las que disfrutan las Administraciones tributarias, deben ser amplias; la información requerida en ejercicio de estas potestades administrativas sólo debe ser aquella que es *pertinente* a los fines tributarios.[41]

El segundo aspecto importante, es que la facultad de requerimiento de información no está limitada por los artículos 1 y 2 del Modelo CT, lo que significa que no sólo puede requerirse información a personas residentes en los Estados contratantes, sino también a personas no residentes en dichos Estados que puedan tener información relevante para a aplicación del

---

40 **OCDE.** *Modèle de Covention Fiscale concernant le Revenu et la Fortune.* Paris, 22 juillet, 2010, article 26.

41 **FRAGA PITTALUGA, L.** *La defensa del contribuyente frente a la Administración Tributaria.* FUNEDA, Caracas, 1998, p. 19. / *Ib.* "Las garantías formales de los contribuyentes en la Constitución de 1999". *La tributación en la Constitución de 1999.* Academia de Ciencias Políticas y Sociales, Academia de Ciencias Económicas, AVDT, ASOVEDFI, BCV, Caracas, 2001, p. 61.

convenio tributario (artículo 1). Por otra parte, que la información requerida no necesariamente estará vinculada con el impuesto sobre la renta o el impuesto al patrimonio, sino que podría abarcar información relevante relativa a otros tributos (artículo 2).

Otra garantía reconocida por el Modelo CT a los contribuyentes en el ámbito del intercambio de la información, es que ésta debe ser mantenida *secreta* de la misma forma que la información obtenida en virtud del derecho interno del Estado contratante, y sólo ser develada a las personas o autoridades encargadas de la liquidación y recaudación de los impuestos (incluyendo tribunales y órganos administrativos).

Por otra parte, el intercambio de información no puede dar lugar, conforme indica el Modelo CT, a que el Estado contratante: (i) adopte medidas administrativas contrarias a su legislación o práctica administrativa o contrarias a las del otro Estado contratante; (ii) suministre información que no se pueda obtener en base a su propia legislación o en el ejercicio de su práctica administrativa normal, o las del otro Estado contratante; (iii) suministre información que revele secretos comerciales, gerenciales, industriales o profesionales, procedimientos comerciales o informaciones cuya comunicación sea contraria al orden público.

Finalmente, el Modelo CT remarca que el hecho de que la información requerida por el Estado contratante al otro Estado contratante, obre en poder de bancos u otras instituciones financieras, no es obstáculo legítimo para no recabar y entregar la información solicitada.

En adición a lo anterior, deben también tenerse en cuentas las regulaciones contenidas en el Texto actualizado con las disposiciones del Protocolo que modifica la CONVENCIÓN SOBRE ASISTENCIA ADMINISTRATIVA MUTUA EN MATERIA FISCAL[42], que entró en vigor el primero de junio 2011, y que es producto del trabajo conjunto de la OCDE y el Consejo de Europa, el cual dedica la Sección I de su Capítulo III, al intercambio de información relevante en materia tributaria. Este Protocolo es amplia y detalladamente explicado en el INFORME EXPLICATIVO REVISADO DE LA CONVENCIÓN SOBRE ASISTENCIA ADMINISTRATIVA MUTUA EN MATERIA FISCAL ENMENDADA POR PROTOCOLO.[43]

Finalmente, la regulación más importante en materia de intercambio de información, en especial por su efectividad, es la instauración del Estándar para Intercambio de Información Financiera de Cuentas en Materia Tributaria (*Standard for Automatic Exchange of Financial Account Information in Tax Matters*, en adelante el Estándar). En el 2014, la OCDE conjuntamente con el G20 y en estrecha colaboración con la Unión Europea, desarrollaron el Estándar, el cual que fue aprobado por el Consejo de la OCDE el 15 de julio de ese año.

El Estándar pretende dotar a las administraciones tributarias de una herramienta efectiva para combatir la evasión tributaria, mediante un mayor acceso a la información sobre la riqueza que los residentes de un país mantienen en cuentas fuera del mismo. La gran diferencia de este mecanismo con respecto a los regímenes precedentes de intercambio de información, es su carácter automático y estandarizado, que no requiere peticiones especiales por parte de los Estados, ni trámites procedimentales engorrosos.[44]

Más de 100 jurisdicciones que representan los más grandes e importantes centros financieros del mundo, se comprometieron a participar en el intercambio automático de información entre 2017 y 2018, y así ha venido ocurriendo. El proceso de compromiso de las distin-

---

42 https://www.oecd.org/ctp/exchange-of-tax-information/48094024.pdf.

43 https://www.oecd.org/ctp/TEXTO_DEL_INFORME_EXPLICATIVO_REVISADO_DE_LA_CONVEN-CION-MULTILATERAL.pdf.

44 Un análisis completo, detallado y muy ilustrativo sobre este tema puede verse en: **OECD** (2018). *Standard for Automatic Exchange of Financial Information in Tax Matters - Implementation Handbook*. Second Edition, OECD, Paris. http://www.oecd.org/tax/exchange-of-tax-information/implementation-handbook-standard-for-automatic-exchange-offinancial-account-information-in-tax-matters.htm, pp. 6 ss.

tas jurisdicciones con el Estándar es monitoreado por el Foro Global, mientras que la OCDE continúa trabajando en su perfeccionamiento.

En términos generales, el Estándar se nutre de la información que ya poseen las instituciones financieras sobre sus clientes y la experiencia que han obtenido en la implementación de FATCA. Muy resumidamente podemos decir que las instituciones financieras reportan información a las autoridades tributarias en las jurisdicciones donde se encuentra localizadas. Esta información consiste en detalles de los activos financieros que mantienen en nombre de contribuyentes no residentes y los ingresos que derivan de los mismos. Luego las administraciones tributarias intercambian esta información con las distintas jurisdicciones de residencia de los respectivos contribuyentes.[45]

El Estándar se sustenta en cuatro pilares fundamentales: a) El Estándar de Información Común ("CRS") que contiene las reglas de diligencia debida que deben seguir las instituciones financieras para recopilar y transmitir la información para el intercambio automático de información financiera; b) El Modelo de Acuerdo de Autoridad Competente ("CAA") que especifica la información financiera que se intercambiará y vincula el CRS a la base legal para el intercambio; c) Los Comentarios que ilustran e interpretan el CRS y el CAA; y, d) Orientación sobre soluciones técnicas, incluido un esquema XML que se utilizará para intercambiar la información y las normas en relación con la protección y confidencialidad de los datos, la transmisión y el cifrado.[46]

La médula del Estándar es sin duda el CRS, el cual contiene en detalle las reglas y los procedimientos que las instituciones financieras deben seguir, para asegurar que la información relevante es recabada y comunicada. Son estas reglas las que deben ser incorporadas a la legislación interna para garantizar que la diligencia debida y el reporte son ejecutados correctamente. El CRS puede descomponerse en los diferentes pasos que hay que seguir para generar el reporte. Las instituciones financieras obligadas a emitir el CRS, deben revisar las cuentas financieras abiertas en la institución, para identificar cuáles de éstas son reportables. Sobre estas cuentas deben aplicarse los procedimientos de debida diligencia, para luego emitir la información relevante a los fines tributarios que será remitida a las autoridades tributarias competentes y a su vez por estas últimas a las autoridades tributarias de los respectivos países de residencia de los contribuyentes.[47]

Para garantizar que las instituciones financieras cumplan con la diligencia debida y las reglas de presentación del CRS, las jurisdicciones deben aprobar una nueva legislación interna, más o menos detallada; así como las reglamentaciones y subrogados legales que faciliten la aplicación de la legislación respectiva.

---

45 **OECD** (2018). *Standard for Automatic Exchange ... Cit.* pp. 7-8.

46 *Ib. Idem*, p. 9.

47 *Ib. Idem*, pp. 58 y ss.

§ 53. EL PRINCIPIO DE SOBERANÍA FISCAL Y LA DENOMINADA COMPETENCIA FISCAL INTERNACIONAL PERJUDICIAL

Juan Carlos Fermín Fernández [*]

I. INTRODUCCIÓN

Hasta finales de la década de 1990, la existencia de diferentes niveles de imposición entre los Estados, o el uso por parte de estos de determinados incentivos, beneficios o ventajas de naturaleza fiscal, con el fin de atraer mayores flujos de capitales o inversiones hacia sus territorios, fue una práctica ampliamente aceptada (o, al menos, tolerada) por la comunidad internacional. Hasta ese momento muy pocos se atrevían a cuestionar el derecho soberano de cada Estado, de establecer el régimen fiscal que considerase más adecuado a su realidad política, social y económica, no sólo con la finalidad de obtener los ingresos necesarios para el financiamiento de las cargas públicas, sino, también, como una herramienta fundamental de política económica, a objeto de promover la estabilidad económica y el desarrollo social. Sin embargo, esta situación comenzó a cambiar a medida que comenzaron a ser expuestas ante la opinión pública, algunas prácticas o estrategias corporativas para reducir la carga fiscal a nivel global, basadas en los diferentes niveles tributación existentes entre los países, en una época en que muchas naciones desarrolladas se vieron afectadas por graves crisis económicas y problemas sociales.

Ciertamente, a medida que avanzaba el llamado proceso de *"globalización económica"* y, con él, la apertura de nuevos mercados y la expansión de las grandes empresas o corporaciones a escala mundial (principalmente estadounidenses y europeas), éstas aprovecharon las ventajas que les ofrecía la existencia de diferentes países con distintos niveles de imposición -incluyendo territorios con baja o nula imposición o con regímenes fiscales que otorgaban un tratamiento más favorable para los "no residentes"-, así como la existencia de una extensa red de tratados internacionales para evitar la doble imposición, con el fin de evitar o reducir los elevados niveles de imposición a que se encontraban sometidas en sus respectivos países de origen.

Sin embargo, como lo reconoció la propia organización para la Cooperación y el Desarrollo Económico (OCDE), las diferentes estrategias jurídicas y financieras adoptadas por las empresas multinacionales para reducir la carga fiscal a nivel global, no podían considerarse, en su mayoría, ilícitas o fraudulentas, sino que eran el resultado de *"lagunas e inconsistencias presentes… en las normas de fiscalidad internacional"*[1], las cuales no estaban adaptadas para operar en la economía globalizada del siglo XXI. Según la OCDE,

> "La globalización ha causado que de hecho hayan evolucionado los productos y modelos económicos al crear las condiciones necesarias para que puedan implantarse estrategias mundiales

---

[*] Abogado-UCAB. Especialización en Derecho Tributario-UCV. Profesor en el Postgrado de Derecho Financiero de la UCAB. Ex-profesor en la Maestría de Gerencia Tributaria de la Empresa-UNIMET. Ex-Jefe de la División Jurídica Tributaria de la Gerencia de Contribuyentes Especiales de la Región Capital del SENIAT. Exmiembro del Consejo Directivo y Miembro de Número de la Asociación Venezolana de Derecho Tributario. Abogado Asociado del Escritorio Rodríguez & Mendoza.

[1] **OCDE**. *Proyecto OCDE/G20 sobre Erosión de la Base Imponible y el Traslado de Beneficios. Informes Finales 2015. Resúmenes*, en https://www.oecd.org/ctp/beps-resumenes-informes-finales-2015.pdf.

con el objetivo de aumentar al máximo los beneficios y reducir al mínimo los gastos y los costos, y entre ellos los gastos tributarios. Al mismo tiempo, las reglas sobre la imposición de los beneficios derivados de las actividades transfronterizas se han mantenido prácticamente invariables, y las legislaciones tributarias nacionales e internacionales continúan aplicando los principios elaborados en tiempos pretéritos [...] En otras palabras, la transformación de las prácticas empresariales que ha traído consigo la globalización y la digitalización de la economía han incitado a los gobiernos a preguntarse si las normas nacionales e internacionales relativas a la tributación de los beneficios transfronterizos se han ido adaptando a dicha transformación. Al margen de las prácticas ilegales y abusivas, que son la excepción y no la regla, las empresas multinacionales que practican la erosión de la base imponible y el traslado de beneficios respetan las obligaciones jurídicas vigentes en los países correspondientes. Los gobiernos son conscientes de esto y saben también que sólo cabe modificar este marco jurídico mediante la cooperación internacional. (Subrayado nuestro) [2]

Ahora bien, entre finales de la década de 1980 y principios de la de 1990, los principales países de Europa occidental no sólo se encontraban inmersos en el complejo proceso de creación de un mercado único, con una moneda común, sino que, también, tuvieron que hacer frente a la grave crisis económica desatada luego del colapso del bloque comunista y la reunificación alemana, caracterizada por un bajo o nulo crecimiento económico y altas tasas de desempleo[3]. En un escenario como éste, con países enfrentados a graves problemas económicos y sociales y esforzándose por crear una Europa unida, no podía ser bien visto que las grandes corporaciones o empresas multinacionales obtuviesen importantes ahorros fiscales o escaparan de la tributación, mediante el uso de simples estrategias financieras y de planificación fiscal, ni podía admitirse tampoco que dentro de la propia Unión Europea, existiesen países o territorios que favoreciesen estas prácticas, que se consideraban contrarias al objetivo de un mercado común, con normas y reglas iguales para todos, y en el que cada Estado miembro debía renunciar o ceder parte de su soberanía, en favor de los organismos o instituciones supranacionales encargadas de dirigir la política económica de la Unión Europea.

Así, lo que comenzó siendo un problema que afectaba principalmente a los países de la Unión Europea, y el proceso de creación de un mercado único en el que estos se encontraban inmersos, se convirtió al cabo de pocos años, en especial luego de la crisis financiera mundial iniciada a finales de 2007, en un problema global, que no se ha limitado a combatir el problema de la erosión de las bases imponibles, sino que ha ido mucho más allá, hasta el cuestionamiento de los principios o fundamentos mismos del sistema tributario internacional y, en especial, del concepto de la llamada "soberanía fiscal" [4] de los Estados, al punto de que se ha llegado a afirmar que "...*la fiscalidad, algo que era expresión genuina de la soberanía del Estado, ha dejado de ser una manifestación del poder unilateral de los distintos países, para convertirse en un fenómeno que no se entiende si no es en un contexto global.*"[5]

---

2   **OCDE** (2013) Informe Lucha contra la erosión de la base imponible y el traslado de beneficios, Éditions OCDE, p. 34. http://dx.doi.org/10.1787/9789264201224-es.

3   **Daniel Yergin** y **Joseph Stanislaw**, *Pioneros y líderes de la globalización*, Buenos Aires, Ediciones B Argentina, S.A., 1999, pp. 468-478.

4   Aunque muchos autores cuestionan el uso hoy del término *"soberanía fiscal"* como sinónimo o equivalente de los términos "poder de imposición" o "poder tributario", por considerar que éstos no son expresión o manifestación directa de la soberanía, o que el poder tributario, como todos los demás poderes del Estado tiene su fuente en la constitución, a los efectos del presente artículo haremos uso del término *soberanía fiscal* en el sentido dado tradicionalmente a este término, como expresión del poder de tributario de un Estado en su relación con los otros Estados y, particularmente, del derecho que tiene todo Estado de establecer libremente su propio sistema impositivo, sin interferencias o limitaciones por parte de otros Estados.

5   César García Novoa, *Hacia un derecho tributario global*, La paz, Vergara &Asociados/Plural editores, 2016, p. 17.

No podemos negar el efecto que ha tenido y seguirá produciendo la globalización en la sociedad mundial, no sólo en el ámbito económico sino incluso en los campos político y social, y el hecho de que la tributación no puede quedar al margen de esta realidad. Sin embargo, desde nuestro punto de vista (*siempre limitado*), los cambios o reformas que se han pretendido introducir en las normas de fiscalidad internacional, principalmente desde la OCDE, se han enfocado excesivamente desde el principio, en el problema de la pérdida de recaudación (o erosión de bases imponibles y traslados de beneficios), que han experimentado muchos de los países miembros, en especial los más desarrollados, y que se atribuye, casi exclusivamente, a la existencia de paraísos fiscales y régimen fiscales preferentes incluso dentro del seno de la propia Unión Europea, que son utilizados por las grandes corporaciones para disminuir su carga fiscal.

Este enfoque parcial que responsabiliza a la competencia fiscal del colapso del sistema tributario internacional, ha dejado de lado el análisis o definición de otros importantes aspectos, que también tienen relación con la disminución de ingresos fiscales que han sufrido los países de la OCDE como, por ejemplo, *¿cuál es el nivel adecuado de tributación que debe existir en el seno de la Unión Europea?, o bien, ¿cuál es el nivel mínimo de imposición que puede establecer un Estado, para no ser acusado de competencia fiscal perjudicial?* También cabe preguntarse si los elevados niveles de imposición en algunos países de la OCDE, *¿han influido en la relocalización de sus empresas en otros territorios o países de menor presión fiscal, algunos de ellos pertenecientes a la propia Unión Europea, como los casos de Irlanda y Luxemburgo?,* o también, *¿bajo qué condiciones sería admisible que los países, miembros o no de la OCDE, puedan rebajar sus niveles de imposición como una herramienta de política económica para promover su desarrollo económico y social?,* o si *¿es realmente posible unificar la política tributaria de Estados con diferentes niveles de desarrollo político, económico y social?,* o bien, si *¿las acciones de la OCDE van dirigidas al establecimiento de un régimen de consolidación fiscal internacional, que obligará a las empresas multinacionales a tributar en su países de origen, con base en el principio de residencia o nacionalidad?* y, por último, si *¿los Estados han perdido realmente su soberanía fiscal y deben subordinar el ejercicio de su poder tributario a las normas, directrices o recomendaciones de organizaciones no estatales como la OCDE?*

Es imposible en un trabajo de estas características dar respuesta o abordar extensamente todas las cuestiones planteadas en las preguntas que hemos hecho en el párrafo anterior. Pero, al menos, queremos llamar la atención con este trabajo sobre un fenómeno que ha venido imponiéndose de manera lenta pero progresiva en nuestros países desde hace algunos años, cual es, la subordinación del poder tributario del Estado a directrices, normas, reglas o recomendaciones emanadas de organizaciones no estatales como la OCDE, cuyas acciones -lo cual no es de por sí reprochable- responden más a las necesidades e intereses de los países más ricos e industrializados que la conforman, que a los intereses y necesidades de las demás naciones que no integran esta organización, o que no poseen iguales grados de desarrollo económico y social, o no dependen en igual medida de los recursos fiscales como principal fuente de financiación del gasto público.

II. LA LUCHA CONTRA LA COMPETENCIA FISCAL PERJUDICIAL

II.1 ANTECEDENTES

En abril de 1998, con ocasión de la reunión informal de los Ministros de Economía y Finanzas de la Unión Europea (Consejo ECOFIN), en la ciudad de Verona, se dio a conocer un documento sobre *"La fiscalidad en la Unión Europea"*, en el que se reconoce la existencia una *"competencia fiscal perniciosa"* o *"perjudicial"* por parte de algunos países miembros y se exhortaba a estos a tomar medidas para suprimir esta práctica. En particular, se cuestionaba en ese documento la adopción por algunos Estados de la propia Unión Europea, de ciertas medidas o regímenes fiscales especiales, principalmente en favor de los no residentes, que otorgaban a estos un tratamiento fiscal más favorable que el aplicable con carácter general en dicho Estado, con el objeto de atraer la ubicación o radicación de capitales o actividades económicas a su territorio.

El 1° de diciembre de 1997, el Consejo de la Unión Europea, conjuntamente con los representantes de los Estados miembros, adoptó el *"Código de conducta sobre fiscalidad de las empresas",* con el propósito de combatir la competencia fiscal perniciosa. Con ello se pretendía lograr, *"...la reducción de las distorsiones que todavía existen en el mercado único, evitar pérdidas demasiado importantes de ingresos fiscales u orientar las estructuras fiscales de modo que favorezcan el empleo."*[6]

En este instrumento, de carácter no vinculante, los Estados miembros se comprometieron a. (i) Revisar, modificar y derogar las medidas fiscales que constituyeran competencia fiscal perniciosa (desmantelamiento); y (ii) Abstenerse de promulgar nuevas medidas de este tipo en el futuro (mantenimiento del statu quo).

Según el Código de Conducta (letra B), las medidas fiscales que deben considerarse como potencialmente perniciosas, son aquéllas que implican un nivel impositivo efectivo considerablemente inferior, incluido el tipo cero, al aplicado habitualmente en el Estado miembro de que se trate, ya sea que derive del tipo impositivo nominal, de la base imponible o de cualquier otro factor. De igual forma, al evaluar el carácter pernicioso de una medida, deberán tomarse en cuenta, entre otros aspectos:

"1) si las ventajas se otorgan sólo a no residentes, o sólo con respecto a las operaciones realizadas con no residentes, o

2) si las ventajas están totalmente aisladas de la economía nacional, de manera que no afectan a la base fiscal nacional, o

3) si las ventajas se otorgan aun cuando no exista ninguna actividad económica real ni presencia económica sustancial dentro del Estado miembro que ofrezca dichas ventajas fiscales, o

4) si las normas para determinar los beneficios derivados de las actividades internas de los grupos de empresas multinacionales no se ajustan a los principios internacionalmente reconocidos, concretamente a las normas acordadas por la OCDE, o

5) si las medidas fiscales carecen de transparencia y, en particular, si las disposiciones legales se aplican a nivel administrativo con menos rigor y sin transparencia."[7]

Por otra parte, los Estados miembros de la Unión Europea (UE) asumieron el compromiso de "promover" la adopción de estos principios por los terceros países y territorios no sometidos a los tratados y normas de la UE. En tal sentido, se señala en el Código de Conducta (letra C) que:

"El Consejo considera muy conveniente que los principios destinados a eliminar las medidas fiscales perniciosas se adopten en un marco geográfico lo más amplio posible. Con tal fin, los Estados miembros se comprometen a promover su adopción en los terceros países; asimismo, se comprometen a promoverla en los territorios a los que no se aplica el Tratado.

---

6   "Resolución del Consejo y de los representantes de los gobiernos de los estados miembros, reunidos en el seno del Consejo de 01 de diciembre de 1997, relativa a un Código de conducta sobre la fiscalidad de las empresas" (en adelante ***Código de conducta***), Diario Oficial de las Comunidades Europeas 6.1.98, en https://eur-lex.europa.eu/legal- content/EN/TXT/?uri=CELEX%3A31998Y0106%2801%29. Ver también: **Ascensión Maldonado García-Verdugo**, *Ejercicios sobre competencia fiscal perjudicial en el seno de la Unión Europea y de la OCDE: Semejanzas y diferencias*, en *Revista Crónica Tributaria*, N° 97 (Madrid, IEF, 2001), pp. 3-5.

7   Código de Conducta, letra B, C 2/3.

En particular, los Estados miembros que tienen territorios dependientes o asociados, o que tienen responsabilidades especiales o prerrogativas fiscales en otros territorios se comprometen, en el marco de sus disposiciones constitucionales, a velar por la aplicación de dichos principios en esos territorios. En este contexto, dichos Estados miembros darán parte de la situación, mediante informes, al Grupo a que se refiere la letra H, el cual valorará dichos informes en el marco del procedimiento de evaluación anteriormente descrito."

Por su parte, el Comité de Asuntos Fiscales de la OCDE, a petición del G7, publicó en enero de 1998, el *"Informe sobre Competencia Fiscal Perjudicial: un problema mundial emergente"* (*Harmful Tax Competition, An emerging Global Issue*),[8] aprobado, bajo la forma de recomendación, por el Consejo de la OCDE el 09 de abril de 1998, con la abstención de Suiza y Luxemburgo. En este informe se hace una fuerte crítica a aquellos países o territorios (denominados *paraísos fiscales* y *jurisdicciones con regímenes fiscales perjudiciales*), que otorgaban ventajas fiscales consideradas injustas, con el único fin de atraer o captar rentas o bases imponibles (en especial las provenientes de actividades de alta movilidad, como las financieras, servicios y el suministro de intangibles), en perjuicio de los Estados que no adoptaban dichas prácticas.

Para combatir estas prácticas fiscales consideradas nocivas, la OCDE estableció unos criterios de aplicación general que permitirían identificar a los denominados paraísos fiscales y regímenes fiscales perjudiciales (término este último referido a países o territorios que forman parte de la propia Unión Europea). De igual forma, se incluyeron en el mencionado Informe una serie de Recomendaciones para luchar contra la competencia fiscal perjudicial, de carácter unilateral (legislación interna), bilateral (convenios para evitar la doble imposición y multilateral [9], y se procedió a la creación de un equipo de trabajo (conocido como el Foro de Competencia Fiscal Perjudicial), con el fin de evaluar a un grupo jurisdicciones fiscales, para determinar si calificaban o no como paraísos fiscales, de acuerdo con los criterios establecidos por el Comité de Asuntos Fiscales de la OCDE. [10]

---

8 Ver OCDE. http://www.oecd.org/tax/abordando-la-erosion-de-la-base-imponible-y-la-deslocalizacion-de-beneficios-9789264201224-es.htm

9 Dentro de las medidas de carácter unilateral, se insta a los Estados a negar exenciones o beneficios fiscales a rentas provenientes de paraísos fiscales, a establecer normas sobre precios de transferencia y transparencia fiscal internacional. En el ámbito bilateral, se recomienda incluir en los convenios para evitar la doble imposición, normas sobre intercambio de información y de asistencia mutua entre administraciones tributarias, entre otras. Ver, **Jorge Martín López**, *Competencia fiscal perjudicial, paraísos fiscales e intercambio de información*, p.348 https://core.ac.uk/download/pdf/32326755.pdf

10 "Los criterios materiales inicialmente establecidos por la OCDE en 1998 para identificar a un país o territorio (no miembro de la OCDE) como paraíso fiscal eran los siguientes: — Inexistencia de impuestos sobre la renta o de establecimiento de impuestos de carácter nominal. — Falta de intercambio efectivo de información con los Estados cuyos contribuyentes se benefician de la baja o nula tributación existente en determinado país o territorio. — Falta de transparencia en relación con la legislación y la práctica administrativa del país. — No exigencia de condiciones de actividad económica sustantiva para permitir que los sujetos se beneficien del régimen fiscal articulado. Asimismo, resulta interesante destacar por qué para la OCDE un Estado miembro de dicha organización no podía ser, por definición, un paraíso fiscal. La OCDE considera que los países miembros al financiar su gasto público con ingresos provenientes, principalmente, de los tributos, no pueden prescindir por completo de estos ingresos tributarios. Todo lo más, puede establecer unos regímenes fiscales preferenciales que, bajo determinadas circunstancias, otorguen un nivel de imposición inferior al general del país. (...) Por otra parte el citado Informe de la OCDE estableció otros criterios diferentes a los utilizados para calificar a un paraíso fiscal para determinar si un régimen fiscal existente en un Estado miembro de esta organización internacional podía o no ser considerado perjudicial. El Informe de la OCDE ha considerado cuatro criterios clave para determinar la existencia de competencia fiscal perjudicial: — Existencia de un tipo efectivo de imposición cero o bajo, tanto por los tipos nominales como consecuencia del procedimiento para la determinación de la base imponible (condición necesaria aunque no suficiente). — Estanqueidad o aislamiento del régimen, vía exclusión de sus ventajas a los residentes (lo que se conoce como principio de estanqueidad subjetiva) o limitación de su aplicabilidad para operaciones con no residentes (principio de estanqueidad objetiva) o incluso con la restricción de tener que operar necesariamente con divisas

En junio de 2000 se publicó el informe sobre *"el Progreso realizado en la identificación y eliminación de las Prácticas Fiscales Perjudiciales"*, en el que se incluye una lista de los países que cumplen con los criterios establecidos por la OCDE para calificar como paraísos fiscales (lista negra), y otra de los regímenes fiscales preferentes en los países miembros de la organización, que se consideran igualmente perjudiciales.

A partir de 2001, la acciones de la OCDE contra los paraísos fiscales se enfocaron, fundamentalmente, en la exigencia a estos países o territorios de una mayor transparencia e intercambio de información, so pena de ser incluidos en una lista de *jurisdicciones no cooperativas*, y de aplicarles las sanciones o medidas de defensa o anti-paraíso adoptadas por los Estados miembros de la OCDE. Como señala **Martín López**, ese año

"….se produce un giro trascendental en materia de paraísos fiscales, al establecerse en adelante, como únicos factores determinantes de tal condición, además de una imposición nula o puramente nominal, la falta de transparencia y, sobre todo, la ausencia de un efectivo intercambio de información tributaria. De esta forma, se concluyó que los territorios incluidos inicialmente en la <<lista negra>> de paraísos fiscales (…) dejarían de figurar en la misma previo compromiso público de garantizar, tanto la transparencia de sus sistemas impositivos, como el acceso e intercambio de información en materia tributaria; y, como correlato lógico, estas <<jurisdicciones cooperativas>> estarían excluidas también del ámbito de aplicación de las medidas defensivas recomendadas en el informe de 1998. (…)

Expresado en otros términos, ya no se trata tanto de compeler a estas jurisdicciones para que instauren unos niveles de imposición que respondan a los estándares internacionales, cuanto de garantizar que los restantes Estados puedan conocer las rentas o patrimonios localizados en dichos territorios, al objeto último de luchar contra el fraude fiscal, el blanqueo de capitales e, incluso la financiación del terrorismo."[11]

Sobre este cambio de postura de la OCDE ha señalado, igualmente, **García Novoa** que,

---

extranjeras. — Falta de transparencia, a nivel legal, reglamentario o de funcionamiento administrativo, incluyendo la posibilidad de aplicar favorablemente ciertas disposiciones, *taxrulings*, etc. — Ausencia de intercambio efectivo de información respecto de los sujetos pasivos que se benefician de tal régimen. Se consideraba que para la identificación de este tipo de regímenes era suficiente con que se cumpliera el primero de los criterios mencionados junto con uno o más de los criterios restantes, en un proceso de evaluación global de cada uno de ellos. Asimismo, el Informe de abril de 1998 consideraba que podían ser relevantes otros factores tales como: — Definiciones artificiales de la base imponible a través de disposiciones que resultan excesivas para los fines que pretenden (combatir los efectos de la inflación, evitar la doble imposición internacional, regímenes antiabuso) o que no se aplican igual en función del contribuyente o que reducen claramente la base imponible (deducciones por gastos presuntos). — No aplicación de los principios sobre precios de transferencia adoptados por la OCDE en 1995. — Exención de las rentas de fuente extranjera. — Posibilidad de que el contribuyente negocie con las autoridades fiscales las condiciones de tributación. — Ausencia de información bien por existencia de secreto bancario, de títulos de deuda al portador, etc. — Acceso a una amplia red de Convenios de doble imposición, que faciliten el mercado de conveniencia (treaty shopping). — Existencia de una acción de promoción publicitaria del régimen fiscal como medio para minimizar cargas tributarias. — El régimen fiscal favorece operaciones con motivos exclusivamente fiscales, es decir, operaciones de conducto fiscal o de derivación de los beneficios. Los criterios antes analizados permitían identificar un régimen fiscal preferencial como de naturaleza perjudicial. Sin embargo, como indicaba el citado Informe de abril de 1998, debían analizarse también otras cuestiones, en concreto, los efectos económicos del régimen fiscal. Así, habría de evaluarse el grado de captación de bases tributarias de otros Estados, la relación entre el grado de inversiones en un país con el de actividad nueva provocada por la existencia del régimen preferencial que se ha juzgado como perjudicial, el grado de influencia del régimen preferencial para motivar la nueva radicación de una actividad, etc." (**Juan Carpizo Bergareche y Manuel Santaella Vallejo**, *"De los paraísos fiscales y la competencia fiscal perjudicial al Global Level Playing Field. La evolución de los trabajaos de la OCDE"*, en Cuadernos de Formación. Colaboración 02/07. Volumen 3/2007 (Madrid, IEF, 2007), 29-30. Tomado de: www.ief.es/documentos/recursos/publicaciones/revistas/cuadernos…/03…/02_07.pdf). Ver, **Martín López**, *Competencia fiscal…*, 347-348

11   **Martín López**, *Competencia fiscal perjudicial…*, 349.

"A partir del Informe *Projet in Harmful Tax Practices, Progress Report* 2001, la OCDE define una política de lucha contra estos territorios a partir de su consideración como *jurisdicción no cooperante*. Este *Progress Report* de 2001 marca un punto de inflexión. Como se ha dicho ya, la OCDE, paulatinamente ha ido prescindiendo de la categoría *paraíso fiscal,* a favor del de *jurisdicción no cooperante (uncooperative tax havens)*, al tiempo que insta a retirar el calificativo de paraíso fiscal a los Estados que decidan cooperar mediante la adopción de *commitments* o acuerdos de intercambio de información… La OCDE pasaría a fijar la nota distintiva de los paraísos fiscales en la ausencia de intercambio de información, de modo que el compromiso para dar información sería suficiente para que un Estado dejase de tener la consideración de paraíso."[12]

La reorientación de las acciones de la OCDE hacia el intercambio efectivo de información entre los países y una mayor transparencia de los sistemas fiscales, se atribuye a la fuerte oposición que encontró este organismo por parte del Departamento del Tesoro de los Estados Unidos de América, bajo la administración de George W. Bush (2001-2009), el cual consideraba que las acciones de la OCDE atentaban contra el derecho soberano de los Estados de elegir el sistema fiscal de su preferencia, y los niveles de imposición que considerase más adecuados. En criterio del Departamento del Tesoro, lo único que la OCDE o cualquier otro Estado pudiera exigir de esas jurisdicciones, era su cooperación en materia de intercambio de información, a fin de que cada país pudiese aplicar su propia legislación interna.[13]

En 2002 se dio a conocer una lista de *jurisdicciones no cooperativas*, y se publicó un *"Modelo de Acuerdo de Intercambio de Información en materia fiscal"*,[14] que ha venido siendo usado como referencia para la celebración de acuerdos o convenios, con aquellos paraísos fiscales que han manifestado su intención de colaborar con la OCDE (*paraísos fiscales cooperativos*).

A partir de 2007, la OCDE ha intensificado sus actuaciones en materia de transparencia e intercambio de información entre los países, y en contra del uso de los paraísos fiscales por parte de las grandes corporaciones o empresas multinacionales, mediante la adopción de las diversas líneas de acción reflejadas en el Plan BEPS (o *Base Erosion and Profit Shifting,* por sus siglas en inglés), publicado en 2013.[15] Este Plan fue una respuesta a la enorme pre-

---

12 **García Novoa,** *Hacia un derecho…*, p. 60.

13 "..la posición oficial de la Administración estadounidense a este respecto fue claramente expresada por el entonces Secretario del Tesoro, P. O'NEILL, quien, en un comunicado de prensa fechado el 10 de mayo de 2001, condicionaba la futura colaboración de los Estados Unidos en los trabajos de la OCDE sobre competencia fiscal perjudicial, a una modificación de la política seguida hasta entonces en relación con los paraísos fiscales, de tal modo que a estas jurisdicciones únicamente se les requiriese, para soslayar tal calificación, la transparencia de sus sistemas tributarios y el acceso y suministro de información." **Martín López,** *Competencia fiscal…* , 345, nota al pie 25. Ver también,: **Carpizo Bergareche** y **Santaella Vallejo**: *"De los paraísos fiscales…,* pp 29-30); **Alvaro Vargas-Llosa,** *"Panamá versus la OCDE:¿es el istmo un paraíso fiscal?",* en La Ilustración Liberal, *Revista española y americana,* N° 63. Tomado de: www.ilustracionliberal.com/.../panama-versus-la-ocde-es-el-istmo-un-paraiso-fiscal-al.).

14 Ver: **Ascensión Maldonado García-Verdugo,** *"Nueva posición de la OCDE en materia de paraísos fiscales", DOC N° 1/02 IEF, Madrid; y* **Juan Carlos Fermín Fernández,** *Reflexiones sobre la idea de justicia en el sistema de tributación internacional, desde la perspectiva de los tratados para evitar la doble imposición y las inversiones en jurisdicciones de baja imposición fiscal,* en Nuevos retos de la fiscalidad, Memorias de las XV Jornadas Venezolanas de Derecho Tributario (Caracas, AVDT, 2016), 439-441. http://avdt.msinfo.info/bases/biblo/texto/JORNADAS%202016%20TEMA%20II.pdf.

15 El Proyecto *Base Erosion and Profit Shifting* (o Proyecto BEPS/G-20, por sus siglas en inglés), establece una serie de recomendaciones y medidas para combatir la *"erosión de la base imponible y la transferencia de beneficios"* por parte de estas empresas a jurisdicciones de baja o nula imposición. Dentro de estas medidas encontramos: la obligación por parte de las empresas multinacionales de informar a las autoridades fiscales el monto de sus ingresos, beneficios, impuestos y activos en cada uno de los países donde operen; la revisión de las regulaciones sobre establecimientos permanentes (EP) y de las directrices sobre precios de transferencia; el énfasis en el sustrato o sustancia económica de la operación en lugar de la forma legal adoptada; la revelación obligatoria de las políticas de planificación fiscal potencialmente agresivas o abusivas por parte de los contribuyentes; el establecimiento de

sión social ejercida sobre los gobiernos y la clase política de los principales países industrializados, tras el estallido de la crisis económica mundial de finales de 2007, y de los escándalos públicos suscitados luego de las revelaciones -en 2014- de los acuerdos fiscales (o *tax
ruling*) celebrados por Luxemburgo y otros países de la Unión Europea, con grandes corporaciones de los Estados Unidos de América y Europa.

Por lo que respecta a la competencia fiscal perniciosa, el Plan BEPS (Acción 5) advierte
acerca de la existencia de una *"carrera de igualación a la baja"* entre los distintos países,
que implicaría, en última instancia *"que los tipos impositivos aplicables a determinadas
rentas móviles se igualarían a cero..., fuera este o no el objetivo de política tributaria que
un país determinado tratase de alcanzar"*. Por tal motivo, se requiere desarrollar *"soluciones que combatan más eficazmente los regímenes perniciosos, teniendo en cuenta factores
tales como la transparencia y la sustancia"* En este orden de ideas, en los Informes Finales
2015, del Proyecto OCDE/G20 sobre Erosión de la Base Imponible y el Traslado de Benefi
cios, se señala que:

> "Los países analizaron sus propias normas para garantizar que éstas no promovían o facilita-
> ban BEPS. Alcanzaron un acuerdo en torno al denominado mecanismo del nexo, conducente a
> evaluar si los regímenes preferenciales constituyen o no prácticas perniciosas. Todos los países de
> la OCDE y del G20 han avalado dicho mecanismo, que exige un nexo, un vínculo concreto, entre
> la localización de las actividades generadoras de la renta objeto del régimen preferencial (...) La
> lucha contra BEPS también tiene como factor clave la transparencia entre los gobiernos, en espe-
> cial en materia de *tax ruling* (decisiones administrativas en relación a contribuyentes específicos)
> que pudieran tener un impacto en la base imponible de otros países. Por esta razón se ha puesto en
> marcha un sistema de intercambio de información obligatorio y espontáneo sobre ciertas categor-
> ías de *tax ruling*."

II.2 LA COMPETENCIA FISCAL PERJUDICIAL.

La competencia fiscal perjudicial sería un producto del fenómeno de la globalización, caracterizado por la integración de las economías a nivel mundial, la liberación y desregulari-
zación de sectores económicos, el surgimiento de nuevas tecnologías y la libre circulación
de capitales y trabajo, entre otros factores. De acuerdo con **García Novoa**,

> "...el contexto de libre circulación de capitales y de libertad de establecimiento unido a la
> fácil *deslocalización* de las inversiones mobiliarias, conlleva que el factor fiscal resulte determi-
> nante a la hora de escoger el destino del ahorro. El resultado no es otro que una tendencia de los
> distintos Estados a la desfiscalización competitiva del ahorro y de la inversión mobiliaria. De esta
> manera, la libertad de circulación de capitales puede acabar convirtiéndose en libertad para orien-
> tar inversiones más por criterios de orden fiscal que de orden estrictamente económico.

> Y ello propicia, por supuesto, que los Estados incurran en competencia fiscal mundial (*World
> Tax Competition*), generando una política de atracción de capitales que se mueven en un contexto
> de libre circulación de los mismos. Al mismo tiempo, esa libertad de circulación de capitales y de
> establecimiento referida a todos aquellos factores productivos que pueden denominarse móviles,
> tanto los capitales volátiles como los factores productivos fácilmente deslocalizables conlleva una
> "carrera de sucesivas reducciones fiscales" (*race to the bottom*). Lo que supone que los sistemas
> fiscales mundiales se armonizan a golpe de competencia fiscal, por medio de una especie de Ley
> de Gresham, conforme a la cual el *mal sistema* expulsa al bueno: Los Estados deben abandonar

---

normas destinadas a evitar el abuso de los convenios fiscales (*"treaty shopping"*) y la promoción de un mayor
intercambio de información entre las administraciones tributarias de los distintos Estados. Con todo esto se pretende, según la OCDE, garantizar que los beneficios se graven en el lugar donde se realizan las actividades económicas que los generan y donde se crea valor. Ver, **Fermín Fernández**, *Reflexiones sobre...*, 430.

Ahora bien, a simple vista pareciera sencillo determinar cuando una tasa llega a ser considerada baja o especial, pues si bien el término "nulo" es una expresión absoluta, sucede lo contrario con el término "baja" que es una expresión relativa, porque para determinar una baja fiscalidad de una jurisdicción con otra, dependerá directamente de cual tasa o cual otra jurisdicción se está comparando, es decir, una tasa de imposición de 20% resultaría baja respecto a una tasa 35%, pero si la comparamos con una tasa de 10% resultaría ser una tasa más alta.

También puede aplicarse esta característica cuando ciertas jurisdicciones aplican tasas o tarifas especiales a determinadas rentas, en especial a rentas pasivas, o en aquellos casos en que en un mismo sistema tributario se aplican tasas que beneficien considerablemente a determinado sector económico o actividad económica, o a ciertos contribuyentes, en comparación con otras jurisdicciones o inclusive dentro de un mismo sistema fiscal. Es importante precisar al respecto, que no siempre en estos casos nos encontramos ante una jurisdicción de baja imposición fiscal, por cuanto lo que ocurre en esos casos en oportunidades, entre otras razones, es que cuando aplican tasas o tarifas especiales o determinadas condiciones particulares que benefician sectores económicos, pueden tratarse de incentivos a la inversión o promoción de determinado sector económico, lo cual no puede caracterizarse o asimilarse en esos casos a un paraíso fiscal.

Ahora bien, a los fines de efectuar comparaciones de tasas o tarifas, es recomendable, por una parte, cotejarlas y verificar las que se aplican a las sociedades o personas en los diferentes sistemas fiscales, y por otra, verificar si las mismas cambian según la condición del contribuyente; así mismo también es importante verificar la base imponible y su determinación, es decir, hacer una comparación con mayor alcance, pues a mi manera de ver, no es simplemente comparar tasas o tarifas.

No obstante todo lo anterior, la expresión de nula fiscalidad, puede convertirse en relativa cuando el paraíso fiscal grava con impuestos las rentas que se produzcan dentro de su territorio, pero no grava aquellas rentas que se generen fuera de éste, tal como es el caso de Panamá o como lo era en Venezuela hasta la reforma de la Ley de Impuesto sobre la Renta del año 1999, por lo cual, definir una jurisdicción como un paraíso fiscal por la consideración de un sólo elemento determinativo resulta, en nuestra apreciación, meramente complejo, y es necesario hacer un análisis minucioso de cada uno de estos elementos.

Según lo expresado por Ricardo Enrique RIVEIRO[11] (2006), tenemos que es común clasificar a los paraísos fiscales en categorías generales, pero al desdoblar a aquellos que tributan con una tasa reducida y los que no sujetan los ingresos con impuesto alguno, permite ampliar, aunque sea didácticamente y con mejor sustento, cuatro clases de jurisdicciones:

- Jurisdicciones con ausencia de tributación.
- Países o localidades que únicamente gravan los actos y actividades dentro de su territorio, y no los ingresos extraterritoriales.
- Jurisdicciones que gravan los actos y actividades en su territorio y los ingresos extraterritoriales a muy baja tasa, cuentan, además, con tratados para evitar la doble tributación.
- Jurisdicciones que privilegian fiscalmente ciertos tipos de operaciones y sociedades.

Adicionalmente a la categorización de una jurisdicción como paraíso fiscal, en virtud de la tasa o alícuota impositiva aplicable, requiere ser complementado por otros elementos determinativos, a los cuales haremos referencia de seguida.

---

11 RIVEIRO, Ricardo Enrique, *op. cit.*, p. 189.

2.2.2. Ausencia de retención de impuesto en la fuente

El régimen de retención en la fuente es un mecanismo que permite a las administraciones tributarias agilizar, anticipar, controlar y garantizar la recaudación de impuestos. En tal sentido, resulta lógico que una de las características de las jurisdicciones de baja imposición fiscal o paraísos fiscales, es que excluyan de su legislación normas que regulen cualquier tipo de retención en la fuente, pues permite utilizarla para triangular operaciones que por una parte escapan de la carga fiscal y por otra no se les puede controlar.

Los territorios considerados como paraísos fiscales aseguran a los sujetos, ya sean personas naturales o jurídicas, que bajo su sistema fiscal no estarán sujetos a retenciones que quizás, de forma indirecta, se transformen en una carga impositiva mayor a la que debería estar sujetos originalmente; el caso más común donde pudiese suceder es con el pago de dividendos a los accionistas de las sociedades o corporaciones allí constituidas. En virtud de ello, estas jurisdicciones optan por no incluir dentro de su sistema fiscal el mecanismo de retención en la fuente.

2.2.3. Ausencia de controles de cambio

Generalmente en los paraísos fiscales se distinguen dos tipos de controles cambiarios, uno aplicado a los residentes y otro para los no-residentes, así como un régimen especial aplicado a las divisas extranjeras con diferencia de la moneda nacional, caracterizado por una fácil convertibilidad de la moneda.

Desde el punto de vista financiero la ausencia de controles de cambio de divisas extranjeras, procura garantizar a los inversores una fácil movilidad de su dinero, ya que generalmente las sociedades son constituidas en estas jurisdicciones con la finalidad de manejar desde allí, las operaciones de sus negocios en otros países, para lo cual requiere la posibilidad de convertir fácilmente las divisas a otro tipo de moneda requerida, así como también efectuar transferencias de fondos en diversas monedas sin mayores restricciones que dilaten innecesariamente el proceso.

2.2.1.1. Sistema legal, leyes societarias flexibles y con pocos controles

Otra característica fundamental de un paraíso fiscal es tener un sistema legal flexible, mediante el cual existen muy pocos controles que regulen y permitan la incorporación de las nuevas tendencias y figuras jurídicas que sean requeridas para operar dentro del mundo global de los negocios, en tal razón al no tener controles o los mismos sean escasos facilita realizar operaciones que permiten la elusión y evasión fiscal.

Es de destacar que la mayoría de los centros operativos de negocios, constantemente se ven en la obligación de crear normas o enmendar las ya existentes, que le permitan adaptarse a los requerimientos y necesidades jurídicas de los inversores, pero con normas que regulen y controlen su operatividad, no así en los paraísos fiscales, que por el contrario flexibilizan estas regulaciones y controles precisamente para atraer inversiones que escapan de esos controles, siendo una situación que afecta a otros Estados al servir de refugios fiscales o de lavado de capitales.

En varias jurisdicciones de baja imposición fiscal se permiten las acciones de sociedades al portador u otras figuras que permiten tener en el anonimato a los socios, lo que a su vez dificultad cualquier actividad de control fiscal o intercambio efectivo de información entre las administraciones tributarias, impidiendo la fiscalidad sobre las operaciones realizadas por esas entidades, constituyendo un verdadero problema de orden internacional.

2.3. Métodos para considerar los paraísos fiscales

Tal como lo hemos venido señalando, la determinación de una jurisdicción como un paraíso fiscal, depende de varios elementos que en nuestra opinión no deberían ser identificados a priori, y no son de fácil identificación, aunado al hecho de que aún no existe una lista, suscrita por todas las naciones en la cual se califiquen jurisdicciones como paraísos fiscales o de normas internacionales que las definan.

La OCDE, fue la primera organización mundial en publicar un listado basado en el informe de la *Financial Action Task Force on Money Laundering* (FATF). Este listado fue emitido no precisamente con fines tributarios, por cuanto sólo estaba referido a los países y territorios que no cooperan en la lucha contra el lavado o legitimación de capitales. Posteriormente el Comité de Asuntos Fiscales de la OCDE, emitió un informe mediante el cual se pronuncia sobre las jurisdicciones y prácticas tributarias reconocidas como perniciosas, identificando inicialmente a cuarenta y siete (47) jurisdicciones de baja imposición fiscal; en los años esta lista se ha modificado con aquellas jurisdicciones que se han comprometido y vienen cumpliendo en mejorar su sistema de transparencia fiscal e intercambio de información.

El Fondo Monetario Internacional (FMI) y OCDE han mantenido posiciones diferentes sobre las regulaciones especiales en estos países; a partir de la crisis financiera de 2009, algunos de estos paraísos, como Suiza, han cedido a las presiones multilaterales, o Panamá que viene realizando los cambios a su legislación para salir de la lista de estas jurisdicciones, aunque otras naciones como Andorra o Mónaco se muestran contrarios a cambiar su legislación.

La OCDE reconoce que cada jurisdicción tiene derecho a determinar su propio sistema tributario, por tal razón uno de los mecanismos para determinar si una jurisdicción es un paraíso fiscal es realizar el análisis comparativo de las características principales de este tipo de jurisdicciones, tales como falta de transparencia, leyes o prácticas administrativas que no permiten el intercambio de información para propósitos fiscales con otros países en relación a contribuyentes que se benefician de los bajos impuestos, si se permite o no a los no residentes beneficiarse de rebajas impositivas, aun cuando no desarrollen efectivamente una actividad en el país, entre otras, los controles y regulaciones legales, así como si gravan o no las rentas obtenidas fuera de su territorio.

La Unión Europea (UE) redujo su lista de paraísos fiscales, "*black list*", quedando en nueve (9) jurisdicciones; la decisión tomada es totalmente genérica y no cita cuáles han sido los cambios que han motivado el informe de los expertos que ha permitido tomar una decisión extraordinaria, aunque la lista se revisa con periodicidad anual.

Para la UE la "lista negra" o *black list* de *paraísos fiscales excluyó* a los siguientes países: Panamá, Corea del Sur, Emiratos Árabes Unidos, Barbados, Granada, Macao, Mongolia y Túnez. En la actualidad, sólo nueve territorios están en ella: Samoa Americana, Bahréin, Guam, Islas Marshall, Namibia, Palau, Samoa, Santa Lucía, y Trinidad y Tobago. Como se puede apreciar, no están incluidos ninguno de los territorios en los que últimamente han aparecido escándalos referidos a paraísos fiscales, como Irlanda o Luxemburgo.

Una decisión tomada sin exteriorizar los compromisos que dicen que han obtenido de los países afectados; sin señalarse, por tanto, qué ha ocurrido en los últimos meses para que cambie su situación en relación con la fiscalidad y con el intercambio automático de información. Recordemos que el problema esencial de los paraísos fiscales no es tanto el de la fiscalidad anormalmente baja sino el de la opacidad en las operaciones que se localizan en dichos territorios.

El grave problema que está acumulando la UE en relación con los paraísos fiscales es su falta de credibilidad. No sólo no adopta ninguna medida para luchar contra los paraísos fiscales que posee en su interior[12], no establece ninguna medida que permita articular una política fiscal común en materia de sociedades que impida los acuerdos de deslocalización de beneficios empresariales ni adopta una política consistente y constante de lucha contra estas prácticas.

La cuestión aquí, a mi juicio, es una doble moral de la UE; por un lado, está el problema de los países que adoptan un determinado comportamiento en uso de su soberanía, y por el otro tenemos algo más cercano sin lo cual los paraísos fiscales no existirían: las empresas que deslocalizan beneficios están radicadas en la UE y USA, ya sean sus filiales o las entidades matrices. Una situación para la que habría que acordar medidas cualitativamente importantes: desde el conocimiento sobre los territorios en los que tienen filiales, los beneficios en función del número de trabajadores, activos y riesgos, y el lugar de procedencia de los mismos.

Es evidente la presión continua sobre los paraísos fiscales, por parte de la OCDE, con el Plan BEPS y en específico el intercambio automático de información, así como acciones individuales de los Estados como Cumplimiento Fiscal de Cuentas del Extranjero *"FATCA"* en USA. Pero, es evidente que estas medidas no son suficientes, ante la gran fuerza que, dentro del mundo global de los negocios, han tomado los paraísos fiscales, y falta mucho para afirmar que estamos ante el fin de las llamadas jurisdicciones *offshore* y las de baja imposición fiscal, que representan competencia fiscal lesiva frente a otras que gravan las rentas o patrimonio con alícuotas y controles fiscales similares al resto de las jurisdicciones[13].

En este sentido, lo que puede estarse causando, es un cambio de tendencia de las operaciones financieras, porque se buscará desplazarlas a nuevos países menos estigmatizados, o bien, a localizaciones más discretas que ofrecen beneficios fiscales similares.

Se estima que, durante los próximos años, con las referidas acciones del Plan BEPS, se mantengan las medidas de presión sobre estas jurisdicciones, y continuemos escuchando sobre recortes al secreto bancario, especialmente en los paraísos fiscales vistos como más tradicionales, así como también los ubicados en Europa.

En conclusión, el fin de los paraísos fiscales no está ni cerca de ocurrir, lo cierto es que hoy en día existen fuertes intereses políticos y económicos que se superponen sobre el objetivo de disminuir el blanqueo de capitales. Es un hecho que este fenómeno seguirá dando de que hablar. Algunos de los paraísos fiscales y bancarios que hoy conocemos cambiarán de cara y otros desaparecerán, pero, en este caso, otros nuevos estarán listos para emerger y tomar su lugar.

2.4. Sistemas para determinar los Paraísos Fiscales en las legislaciones internas (Sistemas de Listas)

El sistema de listas implementado en legislaciones internas, como la venezolana, para establecer las jurisdicciones de baja imposición, y por ende aplicar normas de Transparencia Fiscal Internacional, se basa en un sistema de lista mixto, uno cerrado y otro abierto, las cuales cada una tiene sus ventajas y desventajas, y también se caracterizan por no ser objetivos.

Este sistema puede manejarse bajo dos modalidades, por una parte, con la publicación de listas cerradas donde se enuncian una serie de territorios considerado por la Administración Tributaria como Paraísos Fiscales, y una de sus características es que el sistema de listas cerradas es taxativo; es decir, si una jurisdicción es incluida dentro de esta lista, se considera entonces como tal una jurisdicción de baja imposición, sin interpretación alguna. Por otra parte, en caso

---

12 (Holanda, Irlanda, Malta, Luxemburgo o Chipre).

13 Al respecto véase ABACHE CARVAJAL, Serviliano y ATENCIO VALLADARES, Gilberto, *Los nuevos retos de la fiscalidad internacional*, Asociación Venezolana de Derecho Tributario-Academia Mexicana de Derecho Fiscal, Ciudad de México, 2018.

de ausencia de listas cerradas, lo que aplica es la incorporación de normas que contienen parámetros y criterios objetivos que sirvan para calificar a un territorio como un Paraíso Fiscal.

Comúnmente a estas listas se les conoce como "listas negras" o *black lists*, y ser incluido en este tipo de listas, no es políticamente atractivo, porque puede originar dificultades en las relaciones diplomáticas y comerciales entre las jurisdicciones listadas y el resto de los países, con mayor incidencia en aquellos que conformen organizaciones de carácter supranacional, tales como la Unión Europea (UE), anteriormente explicado, o MERCOSUR, donde por ejemplo Uruguay que califica como paraíso fiscal en Venezuela que forma parte del bloque, aunque actualmente está suspendida por la cláusula democrática.

Por otra parte, la elaboración de estas listas incluye la subjetividad del país quien las elabora, y carece del dinamismo que requiere la práctica fiscal internacional, en el sentido de que no son actualizadas en tiempo y forma, con la misma rapidez con la cual evoluciona la práctica fiscal internacional.

Existen las denominadas "listas blancas" o *white lists*, diplomáticamente más atractivas, y en la cuales se incluyen aquellas jurisdicciones sobre las cuales ciertas transacciones son permitidas sin limitación alguna, es decir, con un régimen fiscal especial para determinado tipo de rentas o actividades.

Adicionalmente, podemos conseguir "listas grises" o *grey lists*, donde se incluyen aquellas jurisdicciones no consideradas paraísos fiscales y no sujetas a restricciones tributarias, salvo que se realicen prácticas fiscales con cierto tipo de entidades jurídicas que detenten privilegios fiscales, por ejemplo, las SAFI en Uruguay, y las *International Financial Services Centre* en Irlanda.

Las diversas categorías de listas antes referidas pueden ser calificadas por cada Estado, pero también organismos supranacionales, tal como la OCDE, que contempla la publicación de una lista identificando aquellos países o territorios considerados como paraísos fiscales.

2.5. Uso de los paraísos fiscales

Cuando hacemos mención de los Paraísos Fiscales, la primera idea que viene a nuestra mente es un territorio que posee un sistema tributario con baja, especial o nula tributación, generalmente con relación a los impuestos directos, y que, por tal razón, éstos facilitan la elusión fiscal a contribuyentes de otras jurisdicciones.

Así, los Paraísos Fiscales se han convertido en uno de los elementos fundamentales en la planificación fiscal internacional, a pesar de que no toda planificación fiscal deba incluir un paraíso fiscal. Tampoco debe afirmarse que las prácticas que incluyan estas jurisdicciones representen una actividad ilegítima, por cuanto su utilización es legítimamente válida, lo cierto es, que estos territorios han venido siendo utilizados de forma abusiva para actividades disímiles a su naturaleza, incluyendo el blanqueo de capitales, entre otras actividades que no engloban fines netamente fiscales, como podría ser la de utilizar estas jurisdicciones como puente para el financiamiento a grupos terroristas.

En todo caso, lo esencial es que la utilización de los paraísos fiscales sea esta correcta o no, legítima o ilegítima, representa un factor determinante sobre el sistema financiero y la competencia leal entre los Estados y los mercados de productos y servicios, así como en los beneficios económicos o rendimiento que puedan obtener las personas bien sean naturales o jurídicas.

Ahora bien, de seguida analizaremos brevemente algunas de las razones que pueden incidir en que el uso irracional de ciertas prácticas desvirtúe la naturaleza de los paraísos fiscales, tales como:

2.5.1. Criterios de Sujeción: domicilio, nacionalidad y territorialidad:

Actualmente, una gran parte de los sistemas tributarios, se fundamentan en diversos criterios para determinar la sujeción o no a determinados tributos, tales como: la nacionalidad[14], la residencia o la territorialidad, considerando la normativa legal que regule cada tributo en específico.

En ocasión a esto, es común que un sujeto considerado residente fiscal de un territorio, con una obligación personal de pagar tributos, cambie su residencia a un paraíso fiscal, con el fin de modificar su régimen fiscal, y cambiar su obligación personal por una obligación real en su territorio de origen. Esta práctica, conocida como deslocalización de domicilio, puede presentarte tanto en personas naturales como en personas jurídicas, pero en éstas últimas, la deslocalización posee unos criterios distintos en cada legislación, por cuanto resulta difícil deslocalizar la sede de un negocio.

En virtud de que estos criterios de sujeción varían de una legislación a otra, e incluso en los convenios para evitar la doble imposición (CDI), los estados han tomado una serie de medidas para prevenir o evitar el cambio de domicilio o residencia, y consecuentemente, lo que han hecho las personas jurídicas en su mayoría, es operar por medio de la constitución de nuevas compañías, transferencia de intangibles u otras medidas de planificación. Las personas jurídicas, planifican y usan los territorios de baja imposición fiscal, es decir, que las cargas impositivas sean bajas o nulas, o en territorios cuyos sistemas tributarios estén soportados en el principio de la territorialidad, con el fin de que únicamente se graven rentas producidas dentro de ese territorio y queden excluidas aquellas rentas producidas en el extranjero.

Ahora bien, en los países miembros de la OCDE y aquellos que no siendo miembros siguen sus directrices, estas prácticas se ven limitadas por las acciones del Plan BEPS, que justamente buscan evitar las erosiones de las bases imponibles y traslados de beneficios empresariales de las grandes multinacionales a jurisdicciones fiscales más ventajosas, y parte importante son las normas de transparencia fiscal internacional, el intercambio de información y las normas de precios de transferencia.

2.5.2. Protección de Patrimonios

Otra práctica común, consiste en efectuar inversiones en sociedades que cotizan en la bolsa de valores, generalmente sociedades ubicadas en CFO. A la hora de tomar una inversión en un país no considerado del primer mundo, los inversores analizan la estabilidad económica y política, así como la seguridad jurídica que puedan ofrecerles ante crisis financieras, por ejemplo, tales requisitos los reúnen las bolsas de valores de Occidente.

Por otra parte, las grandes empresas buscan disminuir el riesgo sobre la posible pérdida de capitales, trasladando la base de sus operaciones y propiedad de sus bienes a jurisdicciones con *"ventajas fiscales"*, o a aquellas que ofrecen ciertos beneficios para la constitución de sociedades, tales como las sociedades *holding*.

La utilización de compañías holding se ha expandido, especialmente en Europa, como estrategia para atraer y trasladar capitales de un país a otro, y de cierta forma se ha convertido es un instrumento legal por excelencia para la protección de patrimonios.

El uso de los *trusts*, en combinación con sociedades constituidas en paraísos fiscales, es otro medio de planificación fiscal utilizado para proteger u ocultar patrimonios, así como designar beneficiarios en orden de sucesión o desposeer herederos legítimos mediante la constitución de fideicomisos a herederos forzosos.

---

14 Sólo los Estados Unidos de América mantiene el criterio de nacionalidad.

2.5.3. Facilidad para la constitución de sociedades y beneficios para las empresas

Los paraísos fiscales ofrecen facilidad para la constitución de sociedades, mediante trámites que pueden durar pocos días e incluso horas, y con el mínimo de requisitos exigibles, por tal motivo estas jurisdicciones son utilizadas mayoritariamente para la constitución de personas jurídicas, que forman parte de estructuras jurídico – tributarias, bien planificadas, que orientan a prácticas elusivas.

Lo más común, es la constitución de sociedades cuyo objetivo principal es diferir la obligación tributaria, mediante la acumulación de rentas y patrimonio provenientes de Estados donde la carga impositiva es elevada en comparación con un paraíso fiscal. En tal sentido, no se producirá imposición fiscal hasta tanto la sociedad base no distribuya o reparta los beneficios obtenidos. De allí justamente la importancia de las normas de transparencia fiscal, que principalmente tiene por objeto evitar el diferimiento de pago de impuesto que se produce con la interposición de entidades ubicadas en estas jurisdicciones.

2.5.4. Secreto de Identidad, Comercial y Bancario

Uno de los atractivos primordiales e indispensables de los paraísos fiscales, es la garantía a las personas físicas, sobre la protección de su identidad con relación a las sociedades en las cuales tengan participación, los centros de negocios allí establecidos, o las inversiones que mantengan en los CFO.

La confidencialidad de esta información es fundamental en las prácticas fiscales internacionales, y que debe ser resguardada por normas que prohíban el intercambio de datos con otros países u otras administraciones tributarias.

Ahora bien, en nuestros tiempos este uso de los paraísos fiscales está limitado, dada la presión internacional en la lucha contra el lavado de capitales y terrorismo, con lo cual la OCDE ha implementado la lista de jurisdicciones colaborativas con el intercambio de información con el compromiso de sacarla de la lista negra y pasarla a la lista gris, siempre que eliminen el secreto bancario, tal como ocurrió con Suiza, Luxemburgo, Panamá, entre otras.

Es por esta razón que el *"Global Tax Forum on Fiscal Transparency and Exchange of Information for Tax Puposes"* concluyó en su reunión celebrada en 2014 en Berlín, que se aplicaría el estándar OCDE de intercambio automático de información tributaria de cuentas financieras a partir del año 2017; además de esto tenemos vigente en muchas jurisdicciones la Ley para el Cumplimiento Fiscal de Cuentas del Extranjero *"FATCA"* aprobada por el Congreso de los Estados Unidos de América, que pretende contrarrestar la erosión de bases tributarias móviles donde se utilizan mecanismos de planificación fiscal calificadas de agresivas.

Al respecto también encontramos otros instrumentos de intercambio de información en la Directiva sobre los Ahorros de la Unión Europea del año 2003, la Directiva sobre la Cooperación Administrativa en el Ámbito de la Fiscalidad, entre otros instrumentos multilaterales y bilaterales, más reciente el de Panamá y los Estados Unidos de América de noviembre de 2016 de aplicación de intercambio automático de información.

Todas estas acciones pretenden que las distintas instituciones financieras entreguen en forma automática y sin seguimiento de procedimientos de fiscalización específico, y más grave aún en desconocimiento de los contribuyentes, el intercambio o suministro de información bancaria – financiera e inversiones sobre los contribuyentes.

Sabido es que la proliferación reciente de los acuerdos internacionales que prevén intercambio automático de información ha puesto en riesgo estas garantías de los contribuyentes, inclusive, está llevando a la modificación de reglas internas de los Estados que son abiertamente contrarias a los Derechos Humanos y garantías constitucionales de las empresas y sus accionistas, así como de las personas físicas.

Es oportuno destacar que, el origen del secreto bancario, ahora desarrollado como secreto financiero o de instrumento de inversiones, se remonta al surgimiento de la institución bancaria, en los inicios de la civilización moderna, en protección de los depositantes sobre todo por su seguridad.

Por ejemplo, en Venezuela, al igual que en la mayoría de las legislaciones, se prevé el secreto bancario en la Ley de Instituciones del Sector Bancario, así como en el Código Orgánico Tributario; en tal sentido, el artículo 88 de la Ley de Instituciones del Sector Bancario venezolana reconoce expresamente la existencia del *secreto bancario,* estableciendo una prohibición a las instituciones bancarias, sus trabajadores, así como a los entes públicos, de suministrar información sobre las operaciones de los usuarios de las instituciones financieras, a menos que medie autorización expresa de los usuarios o que se trate de las excepciones contempladas en el artículo 89 de la Ley. Por su parte, el artículo 89 exceptúa del secreto bancario a la información requerida para fines oficiales, entre otros, por los Ministerios de Interior y Justicias, Ministerio Público y Administración Tributaria Nacional, y los receptores o receptoras de la información a que se refiere dicha norma, deberán utilizarla sólo a los fines para los cuales fue solicitada, y responderán de conformidad con las leyes por el incumplimiento de lo aquí establecido.

En específico en materia tributaria en Venezuela, el Código Orgánico Tributario prevé que podrá la administración solicitar información bancaria a las instituciones financieras y no podrán ampararse en secreto bancario[15].

En este sentido, es lo suficientemente claro en la doctrina universal que el secreto bancario no es absoluto, siendo que no podrá escudarse ninguna institución financiera en éste para tolerar y encubrir la comisión de un ilícito, en nuestro caso el fraude o evasión fiscal, ni mucho menos ilícitos como lavado de capitales o terrorismo y sus fuentes de financiación. Como afirma ANDRADE (2015): *"Como sabemos, ningún derecho es ilimitado y ello debe implicar, por sí, que si bien el secreto se sustenta en una duplicidad de derechos: el de las instituciones financieras de captar los recursos del público y el de los particulares de mantener la reserva de la data concerniente a ellos, de forma tal que existirán supuestos en los cuales el interés colectivo deberá privar sobre estos derechos y permitir el acceso a la información puesta en custodia de los banqueros"*[16].

En este sentido, en materia fiscal, que es distinto a otros ilícitos, como el terrorismo, narcotráfico, lavado de capitales, el suministro o intercambio de información financiera entre administraciones tributarias debe siempre y en todo lugar realizarse en forma controlada, en el marco de procedimiento de fiscalización o investigación fiscal, de forma tal que cualquier pretensión de las administraciones tributarias, no se traduzca en la desaparición del carácter de reserva de la institución financiera que vulnere la intimidad del contribuyente, la cual siempre ha sido fundamental para el mantenimiento y fortalecimiento de la actividad bancaria.

Es por ello que, en virtud de los derechos y garantías de los contribuyentes, debe quedar entendido que las administraciones tributarias sólo deberían solicitar a los particulares el suministro de información en los términos en que así lo establezca la ley y dentro de los límites propios de las facultades atribuidas en materia de fiscalización, control o verificación de cumplimiento de obligaciones tributarias, caso contrario las administraciones tendrían

---

15 Artículo 134 Código Orgánico Tributario venezolano, publicada en *Gaceta Oficial de la República Bolivariana de Venezuela* 18 de noviembre de 2014.

16 ANDRADE Betty, BEPS, soft law y derechos humanos. Comunicación Técnica de Venezuela en XXVIII Jornadas Latinoamericanas de Derecho Tributario, Ciudad de México 2015, Libro de Memorias de las Jornadas.

amplísimas facultades discrecionales afectando severamente los derechos y garantías de los contribuyentes.

3. Régimen de Transparencia Fiscal Internacional en Venezuela

El régimen de transparencia fiscal internacional está conformado por un conjunto de medidas de control fiscal, conocidas también como clausulas generales o específicas antielusivas, y las anti-paraísos fiscales, que se han adoptado para regular el uso excesivo y abusivo de los paraísos fiscales o centros financieros *offshores,* así como para controlar las prácticas fiscales internacionales que se orienten a la elusión fiscal, a los fines de fortalecer la recaudación tributaria con base en el gravamen sobre la renta mundial de los contribuyentes.

Para BAZÓ (2013) "En esencia constituye una técnica tributaria utilizada por países fundamentalmente exportadores de capital y con altas tarifas tributarias como el caso de Venezuela, donde las tarifas tanto de personas naturales como jurídicas pueden alcanzar 34% e implican que se incluyan en la base imponible de los sujetos pasivos residentes en Venezuela, determinadas rentas denominadas pasivas, aún cuando no haya habido distribución de dividendos"[17].

Comparto plenamente también con lo sostenido por BAZÓ, en cuanto estas normas de control fiscal ayudan a: *i)* anticipar el impuesto a la renta, en la oportunidad que el contribuyente reciba ingresos provenientes de dichas jurisdicciones *ii)* prevenir el uso del mecanismo de diferimiento, y *iii)* evitar la elusión tributaria correspondiente a dichas jurisdicciones[18].

Tal como le hemos expuesto, en los últimos tiempos se ha experimentado un incremento en el uso y abuso de los paraísos fiscales y de los CFO, a veces considerado como desmesurado por parte de las Administraciones Tributarias de los demás países, cada vez son más las prácticas fiscales internacionales que incluyen operaciones en centros financieros *offshore,* así como la constitución de sociedades bajo diversas formas jurídicas, mediante las cuales se procuran beneficios fiscales que pudiesen afectar la recaudación fiscal.

En este sentido, el punto neurálgico de las normas de transparencia fiscal internacional reside en concretar las circunstancias que racionalmente denotan una desviación de la renta. En efecto, las normas sobre transparencia fiscal internacional, tienen su origen en dos teorías: *i)* La del levantamiento del velo corporativo, y *ii)* la llamada técnica anti-diferimiento.

La base teórica del levantamiento del velo corporativa sostiene que, cuando el contribuyente, valiéndose de una conducta solapada, crea una sociedad, domiciliada en una jurisdicción de baja imposición fiscal (paraíso fiscal o CFO), con fines exclusivos de disminuir su carga fiscal, desviando o encubriendo su renta real y por ende minimizando su real capacidad contributiva con el Estado de su residencia o domicilio, denota una elusión fiscal a través del traslado de beneficios, que tiene base de la teoría del levantamiento del velo corporativo contemplada en normas generales anti-elusivas que permita a la Administración Tributaria levantar el velo corporativo, a los fines de gravar en cabeza de la casa matriz o los socios la renta que se obtengan a través de esas sociedades, base teórica recogida en la norma de transparencia fiscal internacional, las cuales son propias del Derecho Tributario para transparentar la renta obtenida por sociedades ubicadas en este tipo de jurisdicciones.

En este sentido, en mi opinión, la transparencia fiscal internacional no puede ser entendida en modo alguno como caso de levantamiento de velo corporativo o desestimación de la personalidad jurídica, sino que se trata de una técnica tributaria distinta, que equivale a normas de prevención o anti-elusiva que se aplica a ciertos tipos de sociedades; es decir, entre la técnica de desestimar la personalidad jurídica de esas entidades y el mecanismo de transparencia fiscal, que viene auspiciada por la mayor sensibilidad de las normativas tributarias a

---

17 BAZÓ PISANI, Andrés, *op. cit.*, 211.

18 *Ídem.*

la realidad económica respecto a la mercantil, acudiendo por este motivo el Derecho Tributario a esta técnica de transparencia; por lo que, con la incorporación en las normativas tributarias de transparencia fiscal internacional, lo que se busca es evitar que determinadas rentas escapen de la tributación de sus titulares, pero no necesariamente bajo el amparo de una personalidad jurídica ficticia.

En tal razón la transparencia fiscal internacional, está dirigida a impedir el diferimiento de la tributación, pues estas normas específicas anti elusivas no tienen otra finalidad que la de gravar en la sede de residencia o domicilio, el dividendo o renta que la entidad no residente (ubicada en una jurisdicción de baja imposición fiscal) no hubiera distribuido a sus socios o casa matriz.

Es así, como el impulso de los regímenes legales de transparencia fiscal internacional, han surgido como herramienta para poder acceder a información tributaria relevante y así gravar operaciones comerciales internacionales diseñadas para la elusión fiscal.

De acuerdo con la doctrina de la Administración Tributaria venezolana (Servicio Nacional Integrado de Administración Aduanera y Tributaria –SENIAT-) *"El régimen de transparencia fiscal internacional consiste en gravar los enriquecimientos obtenidos, por inversionistas venezolanos o los contribuyentes domiciliados en el país, de las inversiones realizadas en sociedades o entidades residentes en jurisdicciones de baja imposición fiscal (paraísos fiscales). Para ello se considerará como ingreso propio del contribuyente, el obtenido de la sociedad residente en un paraíso fiscal."* [19]

Dentro de las principales características del régimen de transparencia fiscal internacional, podemos señalar las siguientes:

1. Constituyen normas de control fiscal, propios de sistemas de rentas que gravan renta mundial.

2. Se basa en la posibilidad de poder contar con medio de intercambio de información fiscal internacional, pues de lo contrario sería imposible su fiscalización.

3. Son normas específicas anti-elusivas, que representan medidas anti-paraísos fiscales.

4. Clasifica a las jurisdicciones de baja imposición fiscal mediante el uso de parámetros que permiten calificarlos como tal.

En el caso venezolano, la reforma de la Ley de Impuesto sobre la Renta de 1999, vigente a partir del 1° de enero de 2001, el régimen de transparencia fiscal se aplica a: *i)* personas naturales y jurídicas domiciliadas en Venezuela, *ii)* personas naturales o jurídicas no domiciliadas en el país que posean establecimiento permanente o base fija en Venezuela, siempre y cuando dichas rentas sean atribuibles al establecimiento permanente o base fija ubicada en Venezuela. No es aplicable a las personas naturales o jurídicas no domiciliadas en el país y sin establecimiento permanente, por cuanto sólo son sometidas a gravamen las rentas de carácter territorial.

En la última reforma de la Ley de Impuesto sobre la Renta venezolana, el Régimen de Transparencia Fiscal Internacional se encuentra regulado Capítulo II del del Título VII Del Control Fiscal, en los artículos 98 al 108, ambos inclusive. [20]

En este sentido, de acuerdo con el referido Capítulo, cuando una persona natural o jurídica efectúa aportes de capital a una empresa ubicada en una jurisdicción de baja imposición fiscal, o la adquisición, con ánimo de permanencia, de participaciones, acciones o cuotas en

---

19 "Régimen de Transparencia Fiscal Internacional". División de Educación Tributaria y asistencia al Contribuyente. SENIAT. 2002, p. 1.

20 Publicada en *Gaceta Oficial* N° 6.210 *Extraordinaria* de fecha 30 de diciembre de 2015.

el mercado de valores, se considera que está realizando una inversión directa, por tal razón, el contribuyente de que se trate, queda bajo la aplicación del régimen de transparencia fiscal internacional, a los efectos de la imputación del impuesto sobre la renta correspondiente.

Asimismo, considera la norma que si un sujeto residente o domiciliado en el país, efectúa operaciones, o ejecuta contratos que conlleven un aporte tangible o intangible a una sociedad ubicada en un paraíso fiscal, pero sin llegar a tener la participación accionaria en todo o en parte de ella, o bien autoriza a un tercero, administrador o apoderado para la realización de actividades financieras o comerciales en su nombre, y se generen rentas producidas por esta empresa, se está en presencia de una inversión indirecta o bajo interpuesta persona, y en consecuencia sujeta al régimen de transparencia fiscal.

Bajo este mismo contexto normativo, se afirma que para que una renta proveniente de inversiones ubicadas en jurisdicciones de baja imposición fiscal, sea gravada bajo el régimen de transparencia fiscal internacional, el sujeto que las recibe debe poseer capacidad para decidir sobre la administración y control de utilidades o dividendos, o por lo menos, debe tener la potestad de decidir cuándo se distribuyen las ganancias provenientes de dicha inversión, pues de lo contrario, el contribuyente no estará sujeto a este régimen.

Otra característica importante de este régimen es que está basado en una presunción *juris tantum*, es decir, se presume que el contribuyente ejerce control sobre las inversiones que tenga en jurisdicciones de baja imposición fiscal, salvo prueba en contrario; a tal efecto el artículo 204 del Reglamento a la Ley de Impuesto Sobre la Renta dispone que, a la fecha de la presentación de la declaración, se presentarán las pruebas y soportes de dicha situación.

También se presume como inversión de un contribuyente, aquella efectuada por terceras personas, tales como aquellas propiedades de su cónyuge o de quien viva en concubinato, sus ascendientes o descendientes en línea recta, o su apoderado, pues la Administración Tributaria pudiese considerar la utilización de estas personas como un medio para eludir la carga impositiva.

Adicionalmente, el artículo 102 la Ley de Impuesto sobre la Renta venezolana, contiene una presunción *juris tantum* sobre las transferencias ordenadas a cuentas bancarias, depósitos, inversiones, ahorros o cualquier otro similar, que se mantengan en jurisdicciones de baja imposición fiscal, pues se presume que son transferencias hechas a cuentas cuya titularidad pertenece al mismo contribuyente.

Con respecto a este punto, dispone el régimen de transparencia fiscal venezolano, que los bancos e instituciones financieras desde los cuales se ordenen estas transferencias, están en la obligación de informar mensualmente a la Administración Tributaria sobre los titulares residentes del país que posean cuentas ubicadas en jurisdicciones de baja imposición fiscal, así como la forma plazo y demás condiciones en que se realicen o dispongan estas transferencias hacia las entidades ubicadas en dichas jurisdicciones.

Por otra parte, la Ley de Impuesto Sobre la Renta, dispone cuales sujetos no estarán bajo la aplicación de este régimen, siempre y cuando cumplan con los requisitos allí señalados. En tal sentido, si un contribuyente posee un negocio o empresa en un paraíso fiscal, y los activos fijos invertidos representan por lo menos 50% del total invertido, no estará sujeto a las reglas de transparencia fiscal. Los activos fijos deben estar representados por bienes inmuebles, maquinarias, equipos, unidades de transporte, o bienes construidos o instalados con ese fin, como refinerías, plantas eléctricas y demás instalaciones similares, así como los valores pagados o asumidos que representen marcas, patentes de inversión y demás bienes intangibles semejantes que tengan el carácter de inversiones. No obstante, cuando se obtengan ingresos por conceptos de cesiones o goces temporales de bienes, dividendos, intereses, ganancias de la enajenación de bienes muebles o inmuebles que representen más del 20% de la totalidad de los ingresos obtenidos por las inversiones del contribuyente en tales jurisdicciones, no se aplicaría tal excepción a la norma de transparencia fiscal.

La legislación venezolana estipula ciertos parámetros para determinar si una inversión está ubicada en una jurisdicción de baja imposición fiscal, tales como:

- Se mantengan cuentas o inversiones de cualquier tipo en instituciones ubicadas en tales jurisdicciones.

- Cuando se posea un domicilio o apartado postal.

- La sede de dirección o administración efectiva o principal de un negocio se encuentre ubicada en estas jurisdicciones, o se cuente con un establecimiento permanente en dicha jurisdicción.

- Por la constitución de sociedades en dichas jurisdicciones.

- Cuando se tenga presencia física.

- Cuando se celebre, regule o perfecciones cualquier tipo de negocio jurídico de conformidad con la legislación de tal jurisdicción.

Estos supuestos no son excluyentes, es decir, basta que sólo uno de ellos se verifique para que las rentas provenientes de inversiones en estas jurisdicciones queden sujetas al presente régimen.

En Venezuela la Ley obliga a presentar una declaración informativa, así como mantener a disposición de la Administración Tributaria Nacional (SENIAT), toda la información contable referida a las inversiones en paraísos fiscales. Esta declaración debe ser presentada conjuntamente con la declaración definitiva de rentas de cada año ante las Oficinas de la Administración Tributaria correspondiente, y en esta oportunidad se deben presentar los soportes respectivos[21].

El Reglamento de la Ley venezolana dispone que también se deba informar sobre las cuentas que mantengan en instituciones financieras ubicadas en paraísos fiscales, aún cuando sean con terceras o interpuestas personas.

Es así como la Administración Tributaria detenta la facultad de requerir al contribuyente toda información que considere necesaria y que esté relacionada con las inversiones que se mantengan en territorios considerados paraísos fiscales, según ésta lo crea pertinente, con lo cual se busca combatir la utilización de estas jurisdicciones con fines exclusivamente fiscales.

La Ley también dispone un método para la acreditación del impuesto pagado en jurisdicciones de baja imposición fiscal, quedando sujeta a las limitaciones y requisitos establecidos. De esta forma la acreditación a la cual haya lugar se determinará con base en la relación porcentual que el impuesto pagado en aquellas jurisdicciones represente en consideración del impuesto que deba pagarse por concepto de enriquecimiento neto global en Venezuela, estableciendo el máximo de impuesto acreditable.

Otro aspecto importante, es la relación entre el régimen de transparencia fiscal y los convenios para evitar la doble imposición, pues tal como sucede en el caso venezolano, los convenios internacionales prevalecen sobre la ley interna, entonces desconocer en la ley interna una entidad ubicada en una jurisdicción con la cual se mantenga un convenio internacional no sería válido y al efecto la regulación venezolana, por ejemplo, excluye expresamente de ser considerado un paraíso fiscal a cualquier jurisdicción con la que el República tenga convenio de doble imposición suscrito.

---

21   Providencia Administrativa del SENIAT N° SNAT/2010/0023 de fecha 16 de abril de 2010, publicada en *Gaceta Oficial* N° 39.407 de fecha 21 de abril de 2010.

Del análisis de las disposiciones legales sobre transparencia fiscal internacional en la legislación venezolana, que son similares a las normas de otros países de la región, se puede apreciar que el objetivo principal del mismo es contrarrestar o minimizar las ventajas que ofrece para los contribuyentes la utilización de entidades interpuestas y CFO ubicados en jurisdicciones de baja imposición fiscal, con el fin único de evitar o diferir el pago de impuesto a la renta, ya sea por factores de conexión subjetivo (nacionalidad, domicilio o residencia) u objetivos (territorialidad o fuente).

Ahora bien, aún cuando la última reforma de la Ley de Impuesto sobre la Renta en Venezuela es de 2015, no se adoptaron medidas adicionales de las recomendaciones de las acciones del BEPS, recordando que no forma parte de la OCDE. A la fecha tampoco se ha adherido al Convenio Multilateral ni siquiera ha planteado modificar los CDI suscritos y vigentes para aplicar normas de intercambio de información automático, tampoco se ha modificado la norma anti-elusiva general establecida en el artículo 16 del Código Orgánico Tributario de 2001 reformado en 2014.

3.1. Norma general anti-elusiva en Venezuela

En Venezuela, además de las normas de control fiscal relativas a la transparencia fiscal internacional, también se cuenta con la cláusula general anti-elusiva contenida en el artículo 16 del Código Orgánico Tributario, que expresa lo siguiente:

"Cuando la norma relativa al hecho imponible se refiera a situaciones definidas por otras ramas jurídicas, sin remitirse o apartarse expresamente de ellas, el intérprete puede asignarle el significado que más se adapte a la realidad considerada por la ley al crear el tributo.

Al calificar los actos o situaciones que configuren los hechos imponibles, la Administración Tributaria, conforme al procedimiento de fiscalización y determinación previsto en este Código, podrá desconocer la constitución de sociedades, la celebración de contratos y, en general, la adopción de formas y procedimientos jurídicos, cuando éstos sean manifiestamente inapropiados a la realidad económica perseguida por los contribuyentes, y ello se traduzca en una disminución de la cuantía de las obligaciones tributarias.

Parágrafo Único: Las decisiones que la Administración Tributaria adopte conforme a esta disposición, sólo tendrán implicaciones tributarias y en nada afectarán las relaciones jurídico-positivas de las partes intervinientes o de terceros distintos del Fisco."[22]

Esta norma contenida en el artículo 16 del Código Orgánico Tributario venezolano desde 2001, consagra en la primera parte el principio de autonomía del Derecho Tributario dentro del principio general de la unidad del Derecho, al establecer que los hechos gravados por la ley tributaria deben ser apreciados independientemente del significado que le atribuyan otras ramas del derecho, ***es lo que nuestra doctrina jurídica ha definido como interpretación económica.***

La segunda parte, contiene la cláusula general anti-abuso, autorizando a la Administración Tributaria a desconocer la celebración de contratos, cuando estos sean manifiestamente inapropiados a la realidad económica perseguida por el contribuyente y ello se traduzca en una disminución ilegítima por abuso de la forma jurídica adoptada de la cuantía de la obligación tributaria.

En este sentido, cuando los contribuyentes pretendan eludir las cargas tributarias abusando de las formas o con denominaciones jurídicas inapropiadas, estructuras en CFO o en paraísos fiscales, la Administración Tributaria podría desconocerlas si tiene fundados indicios

---

22 Artículo 16 Código Orgánico Tributario de 2014, publicado en *Gaceta Oficial de la República Bolivariana de Venezuela* de fecha 18 de noviembre de 2014. Dicha norma fue incorporada inicialmente en el Código de 2001.

y probanzas suficientes que la forma utilizada tenía como único propósito reducir ilegítimamente la carga impositiva.

3.2 Régimen Sancionatorio por incumplimientos de normas de transparencia fiscal internacional

A los efectos del cumplimiento de las obligaciones de deberes formales inherentes a las
normas de control fiscal de transparencia fiscal internacional, específicamente a las declaraciones informativa de inversiones en jurisdicciones de baja imposición fiscal, el Código
Orgánico Tributario (COT) en Venezuela, establece sanciones pecuniarias severas (2000
Unidades Tributarias) y además de constituir una presunción de defraudación fiscal, sancionada con pena restrictiva de libertad para los contribuyentes que incumplan la obligación de
declarar e informar a la Administración Tributaria sus inversiones en estas jurisdicciones.

3.3.- Transparencia Fiscal Internacional y los Convenios de Doble Imposición suscrito por Venezuela.

En Venezuela desde 1993 se suscribió el primer Convenio para Evitar la Doble Imposición y la Evasión Fiscal (CDI), bajo el Modelo OCDE; hasta la fecha superamos más de 30
convenios suscritos, en los cuales ha sido constante incluir cláusula de "Intercambio de Información".

Estas Cláusulas de "Intercambio de Información" se encuentran presentes en los modelos
de Convenio tanto en el de la OCDE, como ONU y USA, y ahora profundizado en el Convenio Multilateral, desarrollado bajo el Plan de acción BEPS suscrito por los países miembros de la OCDE que lo prevé de forma automática, y lo que hará que esos países presionen
a los que no son miembros para modificar el intercambio de información en forma automática sin que medie fiscalización.

Como explicamos anteriormente, ya hace 20 años, en 1998, la OCDE emitió el Reporte
sobre Prácticas Fiscales Desleales enfocado en atacar las prácticas de las jurisdicciones de
baja imposición fiscal, mediante el cual analizan principalmente entre otros temas, los incentivos fiscales ofrecidos por estas jurisdicciones para atraer capitales extranjeros (tarifas
reducidas o nulas), también la transparencia mostrada con el intercambio de información.
Esto originó la publicación de la OCDE, que se ha actualizado en varias ocasiones, de la
llamada "lista negra" o *black list* de países considerados no cooperantes con la transparencia
fiscal, lo que impulsó que desde el año 2000 a la fecha, se hayan suscrito más de mil Tratados de Intercambio de Información (TIIF), los cuales permiten acceso a información de gobiernos extranjeros a otros Estados, que de otra forma sería más complejo obtener debido a
la confidencialidad bancaria y otras normas de protección de datos e inversiones en dicha
jurisdicciones. Venezuela no es signatario de ningún TIIF.

Estos TIIF buscan implementar los mecanismos de obtención de información fiscal mediante cláusulas similares a las contenidas en los CDI, pero en estos casos particulares, con
jurisdicciones consideradas inicialmente como "no cooperativas" de acuerdo con los estándares internacionales de transparencia fiscal, con lo cual esas jurisdicciones pasaron a ofrecer y dar ciertas garantías a la comunidad internacional, en especial a la OCDE, para prevenir y tratar de disminuir la elusión y evasión fiscal por parte de los contribuyentes, pasando
muchas de esas jurisdicciones de la lista negra a la lista gris o blanca de la OCDE.

Ahora bien, estas presiones no han cesado, por el contrario se intensificaron desde el
*"Global Tax Forum on Fiscal Transparency and Exchange of Information for Tax Pupo-
ses"* en su reunión celebrada en el año 2014 en Berlín, donde concluyó que se aplicaría el
estándar OCDE de intercambio automático de información tributaria de cuentas financieras

a partir del año 2017, previsto ahora en el Convenio Multilateral; además de esto están vigentes en muchas jurisdicciones la Ley para el Cumplimiento Fiscal de Cuentas del Extranjero (FATCA) aprobada por el Congreso de USA, que pretende contrarrestar la erosión de bases tributarias móviles donde se utilizan mecanismos de planificación fiscal calificadas de agresivas, como ya lo indicamos anteriormente.

Por otra parte, las acciones del Plan BEPS implicarán mayor transparencia fiscal, en especial la acción 3 referida a fortalecer las normas relacionadas con la transparencia fiscal internacional (CFC, por sus siglas en inglés), la cual varios países miembros o no de la OCDE vienen implementando, sumado a los reportes país por país en materia de precios de transferencia, hacen que las normas de transparencia tengan en nuestros días mayor cumplimiento.

Venezuela, en la actualidad, dada su situación política, no se incorpora a este contexto global[23], luego del avance en los años de la década de 1990 e inicio de este siglo XXI, de pasar de un sistema de renta territorial o de la fuente a un sistema de renta mundial, incorporar más de 30 CDI, incorporar normas de precios de transferencia bajo directrices OCDE y de transparencia fiscal internacional; pasamos por el contrario a que el Departamento del Tesoro de USA, como otros países de la UE y en la región, no intercambia información tributaria, nuestra administración tributaria en la actualidad se limita a fiscalizar rentas internas e impuesto al valor agregado, tenemos más de 15 años con controles de cambio y precio, caída de la economía y más del 60% de empresas que han cerrado, la inflación más alta del mundo que, entre tantas cosas, obstaculizan el desarrollo de la aplicación de estas normas de transparencia fiscal internacional.

---

23 Así lo ha explicado ABACHE CARVAJAL: "En tal sentido, debemos iniciar comentando que en Venezuela nada se comenta, por lo menos oficialmente y hasta donde tenemos conocimiento, sobre el plan BEPS de la OCDE. Pareciera que, sencillamente, no está en la agenda gubernamental, cuestión que se evidencia del hecho de que desde que se dictó el plan, nada ha ocurrido en Venezuela que permita pensar que el mismo se adoptará —inclusive, que se conoce—, y no nos estamos refiriendo a su adopción a corto, mediano o largo plazo, sino a que se adoptará en lo absoluto. Vivo ejemplo de ello es la reciente «reforma tributaria», por demás violadora de la Constitución en los términos comentados, en la cual, muy lejos de enfocarse en cuestiones de esta índole y relevancia, se basó —fundamentalmente— en restringir aún más los derechos de los contribuyentes. En efecto, no hubo un solo cambio sustancial del Código Orgánico Tributario ni de la LISLR, que tenga vinculación directa con el plan BEPS". ABACHE CARVAJAL, Serviliano. Venezuela y las medidas BEPS. Memorias XXVIII Jornadas Latinoamericanas de Derecho Tributario. Ciudad de México, 2015, ILADT-AMDF, p. 386.

§ 55. LOS PARAÍSOS FISCALES Y SUS USOS EN LA EXPERIENCIA DEL DERECHO TRIBUTARIO INTERNACIONAL [*]

Alberto Benshimol Bello [**]

El Nuevo Orden del Derecho Tributario Internacional y
La Civilización del Espectáculo

"...no existe forma más eficaz de entretener y divertir que alimentando las bajas pasiones del común de los mortales. Entre éstas ocupa un lugar epónimo la revelación de la intimidad del prójimo, sobre todo si es una figura pública, conocida y prestigiada. Éste es el deporte que el periodismo de nuestros días práctica sin escrúpulos, amparado en el derecho a la libertad de información..." [1]

En los años recientes, los llamados paraísos fiscales han ocupado importantes titulares en la prensa mundial. Las revelaciones de información obtenida ilegalmente en los casos bautizados como *Panama Papers,* del 3 de abril de 2016 y *Bahamas Papers,* del 21 de septiembre de 2016 impulsaron un debate en la opinión pública que ya había estado tomando fuerza un par de años atrás, con el caso de los *Luxembourg Leaks* de noviembre de 2014.

Quizás el caso más relevante de filtración de información ha sido el de los llamados *Panama Papers* donde se expusieron al público 11,5 millones de documentos que detallaban información financiera e información protegida por la confidencialidad entre abogado y cliente. Algunos documentos eran de la década de 1970. Los documentos fueron tomados ilegalmente de los servidores de la firma Mossak Fonseca y revelaron información personal de personas con patrimonios importantes que no habían cometido delito alguno y algunos casos de defraudación fiscal y evasión de sanciones internacionales. [2]

En 2016 el responsable anónimo de la fuga de información declaró que la razón que lo llevó a filtrar ilegalmente información confidencial de clientes de Mossak y Fonseca fue la "desigualdad social".

Ante el gran volumen de información divulgada en los tres incidentes antes mencionados el morbo sensacionalista no dejó escapar los nombres de políticos, personajes del *jet set* o empresarios de un ejercicio amarillista, banal y frívolo propio de la *Civilización del Espectáculo,* tal como lo titula Mario Vargas Llosa en su agudo ensayo donde expone el decli-

---

[*] Este artículo es una actualización de la contribución del autor al libro *Homenaje al Doctor Vicente Oscar Diaz,* Asociación Argentina de Estudios Fiscales, 2015

[**] Socio de D'Empaire Abogados desde 2005. Abogado egresado de la Universidad Católica Andrés Bello, mención *summa cum laude; magister* en derecho tributario internacional de *New York University*. Profesor de Derecho Financiero en programas de pre-grado y post-grado de la Universidad Católica Andrés. Ha sido profesor en la Universidad Metropolitana y de la Escuela Nacional de Administración y Hacienda Pública. Autor de múltiples artículos sobre temas fiscales y tributación internacional. Formó parte del grupo que representó a Venezuela en la ronda final de negociaciones del Convenio para Evitar la Doble Tributación entre los Estados Unidos y Venezuela. Miembro de la directiva del Consejo de Asesores del programa de postgrado en tributación internacional (*International Tax Program)* de la Universidad de Nueva York (NYU).

[1] VARGAS LLOSA, Mario. *La Civilización del Espectáculo*, Alfaguara, Madrid, 2012.

[2] https://www.icij.org/investigations/panama-papers/

ve de la cultura tradicional y su sustitución por una nueva cultura inmediatista, hedonista y sin profundidad intelectual. [3]

Hoy en día los paraísos fiscales dejaron de ser un tema de política tributaria internacional, casi reservado a los círculos de expertos en tributación internacional y prácticamente ignorado por los políticos. Ha sido muy común, tanto en países desarrollados como en países en vías de desarrollo, que los políticos aborden la tributación internacional como uno de los muchos temas técnicos que deben ocuparlos, pero sin ningún tipo de atractivo electoral. En la óptica de la *Civilización del Espectáculo*, hasta ahora la tributación internacional nunca había sido un tema *sexy* que generara titulares de prensa y moviera a los votantes o grupos de presión.

Particularmente, luego que la red de periodistas de investigación denominada Consorcio Internacional de Periodistas de Investigación (*International Consortium of Investigative Journalists, ICIJ*) hizo públicos 2,6 terabytes de información de clientes del despacho panameño Mossack Fonseca, la opinión pública no tardó en condenar de manera inmediata a dicho despacho, sus clientes, y por supuesto, a los paraísos fiscales mismos.

El público y la prensa han sido rápidos en concluir que los paraísos fiscales son instrumentos para actividades criminales. Los análisis simplistas, en muchos casos desarrollados en apenas los 140 caracteres permitidos en *twitter*, fácilmente explican las acusaciones de actos delictivos. Sin embargo, los mecanismos de funcionamiento del sistema financiero internacional son muchos más complejos y difíciles de comprender para el público en general.

Hoy en día los activos no declarados valen menos que los declarados, y cada día son menos los bancos que aceptan activos no declarados. Además, los bancos dedican esfuerzos importantes para recabar información sobre sus clientes[4].

Con la misma ligereza, el público y la prensa han desechado el derecho a la intimidad o confidencialidad de los inversores en paraísos fiscales, bajo una falsa presunción que la confidencialidad es un instrumento del delito y no un derecho que protege a dignidad del ser humano.

En el contexto de una opinión pública frívola y amarillista es importante recordar que la Declaración Universal de los Derechos Humanos, en su artículo 12, incluye el derecho a la vida privada entre los derechos humanos en los siguientes términos:

> *"Nadie será objeto de injerencias arbitrarias en su vida privada, ni su familia, ni cualquier entidad, ni de ataques a su honra o su reputación. Toda persona tiene derecho a la protección de la ley contra tales injerencias o ataques."*

Igualmente, el Pacto Internacional de Derechos Civiles y Políticos de las Naciones Unidas desarrolla el ámbito del derecho a la intimidad, incluyendo expresamente la protección del domicilio y la correspondencia:

> *"1.   Nadie será objeto de injerencias arbitrarias o ilegales en su vida privada, su familia, su domicilio o su correspondencia, ni de ataques ilegales a su honra y reputación;*
>
> *2.   Toda persona tiene derecho a la protección de la ley contra esas injerencias o esos ataques."*

En el ámbito regional, la Convención Americana sobre Derechos Humanos también reconoce en su artículo 11 el derecho a la intimidad, en los términos siguientes:

> *"1.   Toda persona tiene derecho al respeto de su honra y al reconocimiento de su dignidad;*
>
> *2.   Nadie puede ser objeto de injerencias arbitrarias o abusivas en su vida privada, en la de su familia, en su domicilio o en su correspondencia, ni de ataques ilegales a su honra o reputación;*
>
> *3.   Toda persona tiene derecho a la protección de la ley contra esas injerencias o esos ataques."*

---

3   https://es.wikipedia.org/wiki/Panama_Papers.

4   LITWAK, Martin. *Cómo protegen sus activos los más ricos y por qué deberíamos imitarlos.Planificación Patrimonial Internacional en la era de la Transparencia.* COOLTURA, Buenos Aires, 2018.

La particularización del derecho a la intimidad en el ámbito tributario se expresa en el régimen de reserva de la información de los contribuyentes, que igualmente permite generar confianza en los contribuyentes respecto al tratamiento de la información sensible y personal que comparte con la administración fiscal al presentar las declaraciones fiscales.[5]

De manera que la exposición al escarnio público de personalidades públicas directa o indirectamente vinculadas con los *Panama Papers* es un acto a todas luces contrario al derecho a la intimidad de dichas personas, cuya información financiera y personal fue hecha pública de manera flagrantemente ilegal.

Las víctimas de las violaciones a su intimidad producto de la revelación de información financiera confidencial, fueron juzgados en una suerte de tribunal popular mediático en el cual el derecho a la réplica o a la defensa no existe. La cacería de brujas desatada contra las personas que de una u otra forma tuvieron algún vínculo con los llamados paraísos fiscales de Panamá, anteriormente Luxemburgo y recientemente Bahamas, expuso al escarnio público sin distinción entre quienes podrían ser acusados de evadir impuestos, lavar dinero o estar involucrados en actos ilícitos; simplemente, el único malentendido "pecado" cometido fue mantener una inversión o cuenta bancaria en un paraíso fiscal.

La opinión pública no se molestó en informarse si las personas cuyos datos fueron publicados habían cumplido o no con sus deberes fiscales, poseían fondos de origen ilícito o si simplemente buscaban resguardar activos en una jurisdicción estable que garantizara la confidencialidad de la información del inversionista.

En el centro del escándalo se encuentra una opinión pública que fácilmente olvida la contribución de los paraísos fiscales al comercio internacional, la inversión transfronteriza y el crecimiento económico en un mundo globalizado.

Basta mencionar el crecimiento económico de China basado en el impulso de las inversiones y comercio internacional. El éxito de la economía China está íntimamente relacionado con centros financieros internacionales como Hong Kong y Singapur; y es un ejemplo del papel que pueden jugar los paraísos fiscales como centros financieros que facilitan el financiamiento de inversiones, así como el intercambio internacional de bienes y servicios. Irónicamente, cuando el Reino Unido entregó Hong Kong a China en 1997 hubo temor por la suerte del sistema financiero de Hong Kong bajo el gobierno chino; ahora casi 20 años después son evidentes los beneficios que dicho centro financiero ha traído para China.[6]

Es indudable que los centros financieros en cualquier parte del mundo deben estar sujetos a normas que garanticen el origen legítimo de los fondos manejados y eviten la legitimación de capitales provenientes de actividades ilícitas. Sin embargo, pareciera que el término paraíso fiscal tiene connotaciones ilícitas, cuando en realidad es un término relacionado con centros financieros sujetos a regímenes tributarios favorables y que en la gran mayoría de los casos ejercen un control serio y severo sobre el origen y destino de los fondos que administran.

De hecho, el origen del término es *tax haven*, cuya traducción literal es "refugio fiscal", haciendo referencia a jurisdicciones libres de impuestos, políticamente estables, con instituciones jurídicas desarrolladas y una infraestructura para la prestación de servicios requeridos por la industria financiera.[7]

---

5   CALDERÓN CARRERO, José Manuel. *El derecho de los contribuyentes al secreto tributario*, Netbiblo, La Coruña, España, 2009.

6   HAY, Richard. *Tax Evasion and Avoidance. Tamper with tax havens at your peril*, Financial Times, Londres, 12 de abril de 2016.

7   RODNER S., James - Otis. *La Inversión Internacional en países en Desarrollo*, Editorial Arte, Caracas, 1993.

El término paraíso fiscal podría ser aplicado a jurisdicciones con un sistema tributario sin impuesto a la renta, tales como las Islas Vírgenes Británicas, las islas Caimán o Mónaco.

Igualmente, han sido consideradas paraísos fiscales en algún momento jurisdicciones con un régimen territorial de impuesto a la renta como Costa Rica, Seychelles o Uruguay.

Asimismo, se pueden considerar paraísos fiscales países que establecen regímenes especiales para cierto tipo de sociedades como Singapur, Barbados, Curazao e incluso, los Estados de Delaware y Nevada en los Estados Unidos de América.

Ahora bien, junto la complejidad e imprecisión que conlleva el término "paraíso fiscal" debe agregarse una variedad de funciones que pueden cumplir los mismos en el sistema financiero internacional y en la inversión directa internacional.

Los centros financieros en paraísos fiscales ofrecen una neutralidad fiscal que permite a los inversionistas del mundo invertir y recibir el rendimiento de su inversión sin pagar impuestos adicionales a los que pagará cada inversionista en la jurisdicción de su residencia fiscal o los impuestos que paguen los rendimientos de una inversión en el país de la fuente de la renta antes de ser distribuidos dichos rendimientos a un paraíso fiscal.

Así, es una práctica bastante generalizada que los fondos mutuales o de capital abierto sean organizados en jurisdicciones que suelen ser calificadas como paraísos fiscales por su régimen tributario atractivo, además de gozar de una estabilidad política junto a un sistema judicial que genera la confianza suficiente para que un inversionista esté dispuesto a transferir fondos sustanciales a dicha jurisdicción.

Incluso emisiones de títulos de deuda de entes gubernamentales con regímenes tributarios que jamás calificarían como paraísos fiscales utilizan paraísos fiscales como un mecanismo para lograr una neutralidad fiscal atractiva para los inversionistas.

Como cualquier jurisdicción o cualquier institución financiera, los paraísos fiscales y sus centros financieros corren los riesgos de ser víctimas de legitimación de capitales obtenidos de actividades ilícitas o de ser instrumentos de movilización de fondos para actividades ilegales como el terrorismo.

Sin embargo, la solución a los problemas de legitimación de capitales o de movilización de fondos para actividades delictivas internacionales no es la eliminación de los centros financieros en paraísos fiscales o el ejercicio de una presión internacional para que los paraísos fiscales aumenten sus impuestos.

La solución a los problemas de legitimación de capitales o de movilización de fondos para actividades delictivas internacionales es el establecimiento de reglas de control en el origen de fondos aplicables tanto a los centros financieros en los paraísos fiscales como a los centros financieros de jurisdicciones de alta imposición fiscal. La solución no radica en imponer mayores cargas tributarias a las entidades ubicadas en los paraísos fiscales.

Hoy en día, muchos mitos y "verdades" sobre los paraísos fiscales se han echo "verdades" simplemente asumidas por el público en general que es rápido en afirmar, condenar y juzgar sobre bases simplemente mediáticas.

Definitivamente el tema de los paraísos fiscales debe analizarse en el contexto de un "nuevo orden mundial" del derecho tributario internacional donde la presión pública, tanto del ciudadano "común" como de la prensa, impacta las políticas tributarias internacionales.

El ataque a los paraísos fiscales no es más que una respuesta política a ese "nuevo orden mundial" del derecho tributario internacional, caracterizado por el recelo de las autoridades fiscales y del público en general ante el libre comercio internacional y la competencia fiscal internacional. Los resultados electorales en el Reino Unido y los Estados Unidos en 2016 son claras expresiones del recelo hacia la globalización y dicho recelo se expresa en una presión internacional por incrementar la recaudación de las empresas multinacionales, incluso bajo argumentos que exceden del análisis estrictamente jurídico.

Así, por ejemplo, miembros del parlamento del Reino Unido exigieron en 2014 a multinacionales como *Google, Amazon* y *Starbucks* el pago del monto "justo" de impuestos[8]. Evidentemente la noción del pago "justo" es una clara posición política que excede de los parámetros de la seguridad jurídica. Las raíces de este "nuevo orden mundial" están en la voracidad recaudadora de gobiernos de países desarrollados y su temor ante la denominada *Competencia Fiscal Perjudicial Internacional*, competencia que irónicamente proviene de pequeños países con economías significativamente más pequeñas y menos desarrolladas que las del Reino Unido y de los países miembros de la Organización para la Cooperación y el Desarrollo Económico (OCDE) que han liderado el "ataque" contra la competencia fiscal de los paraísos fiscales.

En 1998 la OCDE preparó un informe sobre *Competencia Fiscal Perjudicial: Un Nuevo Problema Mundial*[9], el cual ya había sido precedido una década atrás (1987) por los informes (i) *Tax Havens, Measures to Prevent Abuse by Taxpayers* y (ii) *Taxation and Abuse of Tax Secrecy.*

El informe sobre *Competencia Fiscal Perjudicial* resultó en un fracaso, ya que la OCDE se enfocó en la firma de compromisos de intercambio de información con los paraísos fiscales y bastaba un compromiso mínimo para que un paraíso fiscal fuese considerado una "jurisdicción cooperante" por la OCDE.

En realidad, la verdadera lucha contra la *Competencia Fiscal Perjudicial* se enfoca en evitar que países diseñen sistemas fiscales atractivos que atraigan inversiones en detrimento de la base fiscal de los países desarrollados. El problema de la erosión de la base fiscal de los países industrializados se ha hecho más agudo luego de la crisis financiera de 2008, la cual obligó a los países desarrollados a implementar medidas fiscales impopulares.

Así, la presión de los votantes luego de la crisis económica de 2008 resultó en un acuerdo político del Foro del Grupo de los 20 ("G20") en su reunión de Londres en abril de 2009 para establecer medidas de cooperación internacional contra la elusión y evasión fiscal. El acuerdo del G20 produjo un plan de acción preparado por la OCDE para luchar contra la erosión de la base imponible y el traslado de utilidades a jurisdicciones de baja o nula imposición por parte de las multinacionales del sector privado (BEPS, según sus siglas en inglés). Dicho plan de acción BEPS fue aprobado en 2013 por el G20 y consta de 15 puntos:

1. Abordar los retos fiscales en aras de la economía electrónica.
2. Neutralizar los efectos de acuerdos regulatorios híbridos.
3. Fortalecer las normas a compañías extranjeras controladas.
4. Limitar la erosión a la base fiscal por medio de intereses o gastos financieros.
5. Contrarrestar prácticas fiscales dañinas, tomando en cuenta la transparencia y la sustancia.
6. Prevenir el abuso de tratados.
7. Prevenir la evasión artificial del establecimiento permanente.
8. Asegurarse que los resultados de precios de transferencia estén en línea en lo referente a la creación de intangibles.

---

8   http://www.bbc.com/news/magazine-20560359.

9   *Harmful tax Competition: An Emerging Global Issue*, precedido por los informes de 1987 *Tax Havens: Measures to Prevent Abuse by Taxpayers* y *Taxation and Abused of Bank Secrecy,* entre otras medidas.

9. Asegurarse que los resultados de precios de transferencia estén en línea en lo referente a la creación de capital y su riesgo.

10. Asegurarse que los resultados de precios de transferencia estén en línea en lo referente a la creación de valor por medio de otras transacciones de alto riesgo.

11. Establecer metodologías para la recopilación y análisis de datos referentes a BEPS y acciones para abordarlos.

12. Requerir a los contribuyentes revelar sus planes fiscales agresivos.

13. Reexaminar la documentación comprobatoria en términos de precios de transferencia.

14. Crear mecanismos de resolución de disputas más efectivos.

15. Desarrollar un instrumento multilateral.

En 2014 el G20 Aprobó el Common Reporting Standard para intercambio de información fiscal y este año acordó la adopción de sanciones contra las jurisdicciones no cooperantes. La Unión Europea publicó su primera lista de jurisdicciones no cooperantes en 2017 y posteriormente el 12 de marzo de 2019 actualizó dicha lista. Previamente, en 2010 el Congreso de los Estados Unidos promulgó la *Foreign Account Tax Compliance Act* ("FATCA"), que entró en vigencia en 2013 y establece una serie de medidas unilaterales para el intercambio automático y eficiente de información fiscal.

Bajo el "nuevo orden mundial" del derecho tributario internacional, nos encontramos por ejemplo con FATCA, un acto legislativo unilateral de los Estados Unidos con efectos extraterritoriales. Asimismo, los acuerdos del G20 y las resoluciones de la OCDE son anunciados con una clara vocación de exigibilidad internacional aun cuando están muy lejos de poder ser consideradas leyes o actos normativos.

El G20 no es más que un foro donde se reúnen jefes de estados[10] que carecen de personalidad jurídica y sus recomendaciones tienen un valor político importante, pero no un valor vinculante.

Por otra parte, la OCDE es un organismo no electo en cuyo seno se toman decisiones consensuadas y cuyas resoluciones no tiene más valor que el de "derecho suave" (*soft law*). La definición más común de derecho suave en el contexto del derecho internacional privado es de un *instrumento escrito de carácter no vinculante que establece principios internacionales*[11]. Es posible que los comentarios al Modelo OCDE al ser calificados como derecho suave, puedan vincular a los Estados miembros de la OCDE "*pero sólo en la medida que eso no resulte en conflicto con otros principios y valores jurídicos existentes en el ordenamiento jurídico-tributario del Estado contratante. Dicha influencia es muy marginal respecto a la aplicación de las cláusulas por parte de un Estado contratante que no sea miembro de la organización internacional que las haya redactado*"[12].

De manera que los gobiernos de las grandes economías del mundo han iniciado una lucha desde el G20 y mediante medidas implementadas por la OCDE para atacar a los paraísos fiscales en dos grandes frentes: la transparencia de la información fiscal y la llamada competencia fiscal desleal.

---

10 https://www.g20.org/Webs/G20/EN/G20/History/history_node.html.

11 WARD, David; AVERY JONES, John F.; DE BROE; Luc; ELLIS, Maarte; KILLIUS, Juergen; GOLD-BERG, Sanford; LE GALL, Jean-Piere; MAISTO, Guglielmo; MIYATAKE, Toshio; TORRIONE, Henri, VAN RAAD, Kees y WIMAN, Bertil. *The Interpretation of Income Tax Treaties with Particular Reference to the Commentaries on the OECD Model*, International Fiscal Association e International Bureau of Fiscal Documentation. Ontario, Canadá y Amsterdam, Países Bajos, 2005, p. 38.

12 PISTONE, Pasquale. Tratados Fiscales Internacionales y *Soft Law*. en *El tributo y su Aplicación: Perspectivas para el Siglo XXI*. Tomo I Marcial Pons. Buenos Aires, 2008, p. 1202.

La transparencia fiscal es una necesidad impuesta por un mundo globalizado económicamente en el cual los actos delictivos, incluyendo particularmente el terrorismo internacional podrían movilizar recursos económicos con la misma facilidad que tendría cualquier persona dedicada a actividades económicas legítimas.

En cuanto a la lucha contra la llamada competencia fiscal desleal, se trata de medidas unilaterales de países cuyo con sistemas fiscales han resultado incapaces de recaudar fondos suficientes para sostener un gasto deficitario y se niegan a tomar medidas que serían políticamente costosas para reducir el gasto público.

Dichos países se enfrentan a un mundo cada vez más globalizado donde las empresas multinacionales pueden establecer operaciones en casi cualquier parte del mundo. Ante esta realidad y la gran carga fiscal doméstica, los países del G20 optan por presionar a las jurisdicciones con regímenes fiscales favorables para que incrementen su base fiscal y ante la negativa de las jurisdicciones a cooperar, aplauden o simplemente ignoran el uso indebido de información personal de ciudadanos que no han cometido delito alguno.

Los casos de *Luxembourg Leaks, Panama Papers* y *Bahamas Papers* no son más que patéticos ejemplos del uso de información obtenida ilegalmente para exponer al escarnio público a ciudadanos. El tribunal popular de la opinión pública acusó sin juicio previo de evasores y delincuentes a personas que legítimamente han utilizado centros financieros legítimos.

Evidentemente, es posible que en los centros financieros de los paraísos fiscales existan fondos ilegalmente habidos, como en los centros financieros de Estados Unidos o la Unión Europea pueden resguardarse fondos de actividades ilegales aún no identificadas. Ahora bien, llegar a la simplista conclusión que toda inversión en un centro financiero de un paraíso fiscal es una inversión ilegal es un acto maledicente y de una frivolidad propia de la *Civilización del Espectáculo* que hemos mencionado

Afortunadamente, existen respetadas opiniones que claman por una adecuada protección práctica de los derechos de los contribuyentes ante las múltiples medidas adoptadas para incrementar la recaudación por parte de los diferentes países y de entes no electos como la OCDE. Destaca particularmente el reporte sobre *The Practical Protection of Taxpayer's Fundamental Rights* presentado el año pasado por los altamente reconocidos juristas Philip Baker y Pascuales Pistone en el Congreso de la *International Fiscal Association,* celebrado entre el 30 de agosto y el 4 de septiembre de 2015 en la ciudad de Basilea[13]. En dicho reporte Baker y Pistone identifican las normas que las legislaciones tributarias deberían incluir y las prácticas que las administraciones tributarias deberían aplicar como garantías mínimas de los derechos fundamentales de los contribuyentes.

Definitivamente, el ataque a los paraísos fiscales por parte de las grandes economías es un tema que evoluciona pasmosamente. Esperamos que la lucha contra el financiamiento del terrorismo, el lavado de dinero y la delincuencia financiera resulte en medidas que efectivamente minimicen dichas actividades, las identifiquen y sometan a los responsables y cómplices a los procedimientos penales que sean aplicables bajo las garantías propias de los principios universales de los derechos humanos.

Igualmente, esperamos que la voracidad fiscal de las mismas grandes economías no obligue a los centros financieros a establecer regímenes fiscales poco atractivos para las inversiones foráneas legítimas, resultando en ineficiencias fiscales, reducción de inversiones y en el desmantelamiento de centros financieros que contribuyen a la adecuada captación y canalización de inversiones para lograr un crecimiento económico global.

---

13 BAKER; Philip y Pascuale Pistone. *The Practical Protection of Taxpayer's Fundamental Rights*, Cahiers de Droit Fiscal, Volume 100B, International Fiscal Association, Amsterdam 2015.

Finalmente, esperamos que la prensa, ese "cuarto poder" democratizado por las redes sociales y banalizado a extremos impensables no continúe el ataque simplista a los paraísos fiscales, exponiendo así al escarnio público a ciudadanos en su gran mayoría decentes y respetuosos de la ley a través del uso de información confidencial, íntima y sensible obtenida a través del ataque a bases de datos por parte de personas que han violado leyes y derechos fundamentales de las personas afectadas.

Es indudable que la prensa cumple un papel fundamental en el mundo civilizado, un papel que debe cumplir con responsabilidad, sin simplificaciones ligeras, y enfocada hacia la exigencia del respeto de la ley por parte de los ciudadanos y los gobiernos.

Los paraísos fiscales son claramente víctimas de ese periodismo ligero, frívolo e inmediatista. El papel de la prensa debe ser investigar los delitos que se comenten en los centros financieros de cualquier lugar del mundo, incluyendo por supuesto a los paraísos fiscales, y la prensa debe explicar las complejidades de los delitos que investigue sin acudir a los recursos fáciles de catalogar a justos y pecadores en la misma categoría, como presuntos delincuentes sin distinción alguna.

El tiempo dirá si el papel de la prensa contribuyó a una verdadera transparencia de los centros financieros o si simplemente fue un instrumento para que las grandes economías lograsen aplastar el legítimo derecho soberano de los paraísos fiscales a cobrar los impuestos que consideren adecuados.

§ 56. INTERCAMBIO DE INFORMACIÓN TRIBUTARIA Y PARAÍSOS FISCALES

Gilberto Atencio Valladares [1]

I. INTRODUCCIÓN

Una de las principales luchas que se han emprendido a nivel de la fiscalidad internacional en la actualidad es precisamente erradicar la evasión fiscal, mediante un intercambio de información fiscal efectivo entre las Administraciones tributarias de los diferentes países.

Como bien se sabe, la utilización con fines delictivos de las jurisdicciones offshore se ha incrementado en los últimos tiempos y por ese motivo, se intenta disminuir y eliminar el listado actual de paraísos fiscales. Tal como se ha mencionado en otra oportunidad, «no cabe la menor duda, como dan cuenta de ello los acontecimientos, que en los últimos años ha habido un progreso a una velocidad verdaderamente acelerada con relación al intercambio de información tributaria y las llamadas jurisdicciones offshore»[2].

Sin embargo, debemos decir que la utilización per se de este tipo de jurisdicciones no pueden convertirse automáticamente en una práctica ilegal o en una situación de reproche social e internacional. Siempre habrá que determinar de forma individual la finalidad de utilizar alguna jurisdicción de este tipo, para poder hacer el juicio de valoración correspondiente.

Nos proponemos en estas breves notas, analizar a la luz del Derecho venezolano, la situación actual de los paraísos fiscales, con especial énfasis en las nuevas tendencias de intercambio de información tributaria a nivel global, la legislación doméstica y el delito de legitimación de capitales.

II. CONTENIDO

1.- Intercambio de información fiscal y jurisdicciones *offshore*

1.1.- Situación actual

Podemos decir que el punto de inflexión que desencadenó toda una «revolución fiscal»[3] y que ha conllevado a una reestructuración de todo el panorama global ha sido la crisis económica financiera internacional.

---

1 Doctor en Derecho, Mención Europea, Universidad de Salamanca. Miembro de la Asociación Venezolana de Derecho Tributario (AVDT).

2 *Vid.* ABACHE CARVAJAL, Serviliano y ATENCIO VALLADARES, Gilberto: «Tema II: Nuevos retos de la fiscalidad internacional. Informe de la Relatoría General», en GARCÍA PACHECO, Ingrid (Coordinadora General), *Los nuevos retos de la fiscalidad internacional. Memorias de las XV Jornadas Venezolanas de Derecho Tributario,* t. III, Asociación Venezolana de Derecho Tributario, Caracas, 2016, pg. 93.

3 Tomamos como referencia la terminología que utilizaron los profesores Jacques Malherbe, Carol Trello y María Amparo Grau, para aludir a la «revolución» fiscal del 2014, con relación a FATCA *(Foreign Account Tax Compliance Act); BEPS (Base Erosion and Profit Shifting) y OVP (Offshore Voluntary Disclosure Program). Vid.*

En esta reestructuración, también se ha prestado especial énfasis en la evasión tributaria internacional y en la utilización de las jurisdicciones offshore o paraísos fiscales, con finalidades delictivas.

Por ello, la agenda de la Organización para la Cooperación y el Desarrollo Económico (OCDE) se centró en dos puntos claves. Por un lado, eliminar la evasión fiscal y, por otro, lograr el intercambio y la transparencia e intercambio de información.

Por este motivo, uno de los principales retos de la fiscalidad internacional en la actualidad es lograr erradicar la evasión y elusión fiscal internacional, por medio del intercambio de información tributaria a nivel global, entre otras herramientas que se han diseñado, especialmente, por parte de la OCDE. Tal como lo ha mencionado la doctrina, el «tema de los "paraísos fiscales" siempre ha sido objeto de discusión a nivel de la Administración tributaria de todos los países, de los especialistas y de instituciones internacionales involucradas en las políticas tributarias (creación o modificación de los impuestos y su inserción en la actividad financiero del Estado) y de administración tributaria (mejoramiento de la recaudación, es decir, articulación de políticas de reducción de los márgenes de evasión fiscal)»[4].

El ordenamiento jurídico venezolano –aunque con menor intensidad- no se escapa de esta situación. Sin embargo, denotamos un retraso importante en todo lo relacionado con el intercambio de información tributaria y los nuevos desafíos a nivel de la fiscalidad internacional, quedando este ordenamiento en un oscurantismo fiscal global.

Otro punto que nos parece interesante indicar en estas breves notas es la especie de «paranoia mundial» que existe en relación a las jurisdicciones offshore o paraísos fiscales. Durante el año 2016 especialmente, ha existido una especie de reproche social mundial, a raíz de la divulgación de los datos de los contribuyentes en el escándalo de los mal llamados *«Panama papers»*.

1.2.- Paraísos fiscales: Enfoque desde el Derecho venezolano

Los paraísos fiscales han existido, existen y probablemente seguirán existiendo, a pesar del intento de lograr un intercambio de información tributaria a nivel global.

Tal como lo ha mencionado la doctrina venezolana[5], el Decreto con Rango, Valor y Fuerza de Ley de Impuesto sobre la Renta en Venezuela[6], en su artículo 194, define a las jurisdicciones de baja imposición de la siguiente forma:

> *«Para efectos del presente Decreto con Rango, Valor y Fuerza de Ley, se consideran jurisdicciones de baja imposición fiscal, aquellas que sean calificadas como tales por las Administración Tributaria, mediante Providencia Administrativa».*

En este sentido, en la Providencia Administrativa (instrumento normativo de rango sublegal) SNAT 2004/0232, se establece un listado o black list de países que son considerados como paraísos fiscales o jurisdicciones offshore. De esta forma, según el artículo 1 de esta Providencia:

MALHERBE, Jacques, TRELLO, Carol y GRAU RUIZ, María Amparo: *La revolución fiscal del 2014. FATCA, BEPS, OVDP,* Instituto Colombiano de Derecho Tributario, Legis, Bogotá, 2015.

4   *Vid.* PALACIOS MÁRQUEZ, Leonardo: «La política de Administración Tributaria en la globalización», *Administración Tributaria. En conmemoración a los 20 años del Seniat. Memorias de las XIII Jornadas Venezolanas de Derecho Tributario,* tomo I, Asociación Venezolana de Derecho Tributario, Caracas, 2014, pg. 209.

5   *Vid.* ABACHE CARVAJAL, Serviliano: «Venezuela y las medidas BEPS», en *Memorias de las XXVIII Jornadas Latinoamericanas de Derecho Tributario,* Academia Mexicana de Derecho Fiscal, Instituto Latinoamericano de Derecho Tributario, Ciudad de México, 2015, pg. 355.

6   Publicado en la *Gaceta Oficial Extraordinaria* N° 6.210, de fecha 30 de diciembre de 2015.

«Se califican como jurisdicciones de baja imposición fiscal, aquellas donde la tributación que grave a la totalidad de la renta, la totalidad del patrimonio, o cualquier parte de los mismos, sea nula o hasta alícuota igual o inferior al 20%, por ese concepto.

Para tales efectos será considerada la legislación del referido país o territorio aplicable a las personas naturales o a las personas jurídicas, según la naturaleza de la entidad creada o constituida de acuerdo al derecho extranjero ubicada en dicha dirección, con o mediante la cual haya sido realizada la operación».

Posteriormente, en el artículo 2 se incluye un listado cerrado de jurisdicciones de baja imposición fiscal. Así, se incluyen las siguientes jurisdicciones: Anguila, Antigua y Barbuda, Archipiélago de Svalbard, Aruba, Ascensión, Belice, Bermudas, Brunei, Campione D´Italia, Commonwealth de Dominica, Commonwealth de las Bahamas, Emiratos Árabes Unidos, Estado de Bahrain, Estado de Kuwait, Estado de Qatar, Estado Independiente de Samoa Occidental, Estado Libre Asociado de Puerto Rico, Gibraltar, Gran Ducado de Luxemburgo, Granada, Groenlandia, Guam, Hong Kong, Islas Caimán, Islas de Christmas, Isla Norfolk, Isla de San Pedro y Miguelón, Isla del Hombre, Isla Queshm, Isla Cook, Islas de Cocos y Kelling, Islas del Canal (Islas de Guernesey, Jersey, Aldemey, Great Sart, Herm, Little Sark, Brechou, Jethou y Lihou), Islas Malvinas, Islas Pacífico, Islas Salomón, Islas Turcas y Caicos, Islas Vírgenes Británicas, Islas Vírgenes de Estados Unidos de América, Kiribati, Labuán, Macao, Malta, Montserrat, Niue, Palau, Pitcairn, Polinesia Francesa, Principado de Andorra, Principado de Liechtenstein, Principado de Mónaco, Reinado de Swazilandia, Reino Hachemita de Jordania, República Dominicana, República Gabonesa, República Libanesa, República de Albania, República de Angola, República de Cabo Verde, República de Chipre, República de Djibouti, República de Guayana, República de Honduras, República de Liberia, República de Mauricio, República de Nauru, República de Panamá, República de Seychelles, República de Túnez, República de Vanuatu, República de Yemen, República Oriental del Uruguay, República Socialista Democrática de Sri Lanka, Samoa Americana, San Vicente y las Granadinas, Santa Elena, Serenísima República de San Marino, Sultanato de Omán, Tokelau, Tristán de Cunha, Tuvalu, Zona Especial Canaria y Zona Libre Ostrava.

En este mismo orden de ideas, en el artículo 3 de esta Providencia, se establece que los países o jurisdicciones con los cuales se haya suscrito un convenio para evitar la doble tributación y se encuentren vigentes según las normas jurídicas internas de Venezuela, no serán consideradas como jurisdicciones de baja imposición fiscal. Sin embargo, según el artículo 4 de esta Providencia, aquellos países o territorios que no proporcionen información que le sea solicitada con base en la cláusula de intercambio de información del respectivo convenio, serán considerados jurisdicciones de baja imposición fiscal, a los fines de la Ley de Impuesto sobre la Renta venezolana.

Por otro lado, se establece en el artículo 103.7 del Decreto con Rango, Valor y Fuerza de Ley de Código Orgánico Tributario venezolano[7], que la falta de presentación de la declaración de inversiones en jurisdicciones de baja imposición fiscal, con clausura de establecimientos de diez días continuos y multa de dos mil unidades tributarias[8]. En el caso que se presente con retardo esta declaración informativa, la sanción será mil unidades tributarias (1.000 U.T.).

2. Legislación en materia de legitimación de capitales

Tal como se ha comentado, una de las principales finalidades por las cuales se utilizan los paraísos fiscales –aunque no siempre es así-, es precisamente para legitimar capitales, evadir

---

7   Publicado en la *Gaceta Oficial Extraordinaria* núm. 6.152, de fecha 18 de noviembre de 2014.

8   La Unidad Tributaria es un valor de unidad aritmética que se actualiza anualmente para intentar actualizar el pago de tributos y sanciones con la economía inflacionaria típica venezolana.

impuestos o bien, financiar actividades ilícitas y vinculadas al terrorismo. Por ello, observamos una vinculación clara entre estas jurisdicciones y el delito de legitimación de capitales, para lo cual indicamos algunas disposiciones en el ordenamiento jurídico venezolano, que pueden resultar de interés en esta materia.

En el caso del ordenamiento jurídico venezolano, a nivel constitucional se consagra en el artículo 116 lo siguiente:

> «*No se decretarán ni ejecutarán confiscaciones de bienes sino en los casos permitidos por esta Constitución. Por vía de excepción podrán ser objeto de confiscación, mediante sentencia firma, los bienes de personas naturales o jurídicas, nacionales o extranjeras, responsables de delitos cometidos contra el patrimonio público, los bienes de quienes se hayan enriquecido ilícitamente al amparo del Poder Público y los bienes provenientes de las actividades comerciales, financieras o cualesquiera otras vinculadas al tráfico ilícito de sustancias psicotrópicas y estupefacientes*».

Ahora bien, en el caso venezolano, existe una ley especial relacionada a la prevención de la legitimación de capitales. Así, la Ley Orgánica contra la Delincuencia Organizada y Financiamiento al Terrorismo[9], tiene por objeto prevenir, investigar, perseguir, tipificar y sancionar los delitos relacionados con la delincuencia organizada y el financiamiento del terrorismo.

De esta manera, se establece en el artículo 9 de esta ley, los sujetos obligados en los términos siguientes:

> «*Se consideran sujetos obligados de conformidad con esta Ley, los siguientes:*
>
> 1. *Las personas naturales y jurídicas, cuya actividad se encuentra regulada por la ley que rige el sector bancario.*
>
> 2. *Las personas naturales y jurídicas, cuya actividad se encuentra regulada por la ley que rige el sector asegurador.*
>
> 3. *Las personas naturales y jurídicas, cuya actividad se encuentra regulada por la ley que rige el sector valores.*
>
> 4. *Las personas naturales y jurídicas, cuya actividad se encuentra regulada por la ley que rige al sector de bingos y casinos.*
>
> 5. *Los hoteles, empresas y centros de turismo autorizados a realizar operaciones de cambios de divisas.*
>
> 6. *Las fundaciones, asociaciones civiles y demás organizaciones sin fines de lucro.*
>
> 7. *Las organizaciones con fines políticos, los grupos de electores, agrupaciones de ciudadanos y ciudadanas y de las personas que se postulen por iniciativa propia para cargos de elección popular.*
>
> 8: *Oficinas Subalternas de Registros Públicos y Notarías Públicas.*
>
> 9. *Los Abogados, administradores, economistas, y contadores en el libre ejercicio de la profesión, cuando éstos lleven a cabo, transacciones para un cliente con respecto a las siguientes actividades:*
>
>> a. *compraventa de bienes inmuebles;*
>>
>> b. *administración del dinero, valores y otros activos del cliente;*
>>
>> c. *administración de cuentas bancarias, de ahorro o valores;*
>>
>> d. *organización de aportes para la creación, operación o administración de compañías;*
>>
>> e. *creación, operación o administración de personas jurídicas o estructuras jurídicas, y compra y venta de entidades comerciales.*

---

9   Publicada en la *Gaceta Oficial* N° 39.212, de fecha 30 de abril de 2012.

10. *Las personas naturales y jurídicas, cuya actividad económica sea:*

    a. Compra venta de bienes raíces.

    b. Construcción de edificaciones (centros comerciales, viviendas, oficinas, entre otros).

    c. Comercio de metales y piedras preciosas.

    d. Comercio de objetos de arte o arqueología.

    e. Marina mercante.

    f. Servicios de arrendamiento y custodia de cajas de seguridad, transporte de valores y de transferencia o envío de fondos.

    g. Servicio de asesoramiento en materia de inversiones, colocaciones y otros negocios financieros a clientes, cualesquiera sea su residencia o nacionalidad.

    h. Las empresas de compraventa de naves, aeronaves y vehículos automotores terrestres.

    i. Los establecimientos destinados a la compraventa de repuestos y vehículos usados».

Nos parece importante alertar sobre esta disposición, la obligación que tienen los abogados, administradores, economistas y contadores en el libre ejercicio de la profesión, cuando realicen actividades relacionadas con la compraventa de bienes inmuebles, administración del dinero, valores y otros activos del cliente; administración de cuentas bancarias, de ahorro o valores; organización de aportes para la creación, operación o administración de compañías; creación, operación o administración de personas jurídicas o estructuras jurídicas, y compra y venta de entidades comerciales. En estos supuestos, los profesionales mencionados deberán cumplir con todas las obligaciones en materia de prevención de legitimación de capitales señaladas en la ley comentada.

3. Divulgación de datos en paraísos fiscales y consecuencias para los contribuyentes

Hemos sido testigos en años recientes de cómo se ha originado una verdadera revolución fiscal en materia de paraísos fiscales.

Como bien se sabe, los mal denominados *«Panama papers»* han generado un escándalo y repercusiones mediáticas. Se trata de una divulgación indebida de datos personales de los contribuyentes, sin ningún tipo de autorización por parte de éstos y vulnerando derechos y garantías de los contribuyentes.

En este sentido, sin fijar una posición de defensa o ataque hacia el listado de contribuyentes que aparecen en estas famosas y polémicas listas de los mal denominados *«Panama papers»*, podemos decir desde el punto de vista objetivo y técnico, que existe una clara violación a los derechos y garantías de los contribuyentes. Las consecuencias a nivel mediático, sin que haya un pronunciamiento a nivel oficial, han sido devastadoras. No es posible que por medio de una divulgación de datos, en donde han hecho eco los medios de comunicación, ya exista un reproche social hacia esos contribuyentes, sin que exista la posibilidad de alegar defensa alguna.

En este polémico caso, los *«grandes olvidados»* han sido precisamente los derechos y garantías de los contribuyentes que aparecen en estos listados. Ya el tema es polémico a nivel del intercambio de información tributaria entre las Administraciones Tributarias e instituciones desde el punto de vista formal. Por ello, la doctrina[10] ha planteado que «cuando hay

---

10 *Vid.* GARCÍA NOVOA, César: *Hacia un derecho tributario global,* Vergara & Asociados, Plural editores, 2016, pg. 155.

intercambio de información, hay una doble quiebra del derecho de la intimidad del contribuyente afectado. Primero, se vulnera la intimidad cuando se obtiene la información, una vulneración aceptada por el ordenamiento en función de una ponderación de intereses. Y hay una segunda, cuando se cede la información a otro país que va a hacer un uso de la misma, y sería bueno poder controlar la dimensión de ese uso». Sin embargo, en el supuesto de los mal denominados *«Panama papers»*, la vulneración ha sido grotesca, porque se ha extraído la información de una base de datos de forma ilegal y se ha hecho pública a nivel internacional en listados de reproche a nivel social. Este tipo de actuaciones no pueden ocurrir en pleno siglo XXI, cuando hay una consolidación a nivel internacional, de los derechos fundamentales de los contribuyentes.

Bajo la óptica del Derecho venezolano, podemos decir que en el artículo 49 de la Constitución, se consagra el debido proceso. De esta manera, se estipula claramente en esta disposición lo siguiente:

> *«El debido proceso se aplicará a todas las actuaciones judiciales y administrativas y, en consecuencia:*

1. La defensa y la asistencia jurídica son derechos inviolables en todo estado y grado de la investigación y del proceso. Toda persona tiene derecho a ser notificada de los cargos por los cuales se le investiga, de acceder a las pruebas y de disponer del tiempo y de los medios adecuados para ejercer su defensa. Serán nulas las pruebas obtenidas mediante violación del debido proceso. Toda persona declarada culpable tiene derecho a recurrir del fallo, con las excepciones establecidas en esta Constitución y la ley.

2. Toda persona se presume inocente mientras no se pruebe lo contrario.

3. Toda persona tiene derecho a ser oída en cualquier clase de proceso, con las debidas garantías y dentro del plazo razonable determinado legalmente, por un tribunal competente, independiente e imparcial establecido con anterioridad. Quien no hable castellano o no pueda comunicarse de manera verbal, tiene derecho a un intérprete.

4. Toda persona tiene derecho a ser juzgada por sus jueces naturales en las jurisdicciones ordinarias, o especiales, con las garantías establecidas en esta Constitución y en la ley. Ninguna persona podrá ser sometida a juicio sin conocer la identidad de quien la juzga, ni podrá ser procesada por tribunales de excepción o por comisiones creadas para tal efecto.

5. Ninguna persona podrá ser obligada a confesarse culpable o declarar contra sí misma, su cónyuge, concubino o concubina, o pariente dentro del cuarto grado de consanguinidad y segundo de afinidad.

6. La confesión solamente será válida si fuere hecha sin coacción de ninguna naturaleza.

7. Ninguna persona podrá ser sancionada por actos u omisiones que no fueren previstos como delitos, faltas o infracciones en leyes preexistentes.

8. Ninguna persona podrá ser sometida a juicio por los mismos hechos en virtud de los cuales hubiese sido juzgada anteriormente.

9. Toda persona podrá solicitar del Estado el restablecimiento o reparación de la situación jurídica lesionada por error judicial, retardo u omisión injustificados. Queda a salvo el derecho del o de la particular de exigir la responsabilidad personal del magistrado o magistrada, juez o jueza y del Estado, y de actuar contra *éstos o éstas»*.

De igual forma, en el artículo 28 de la Constitución venezolana, se establece el derecho a la protección de los datos personales. Así, se indica lo siguiente:

> *«Toda persona tiene derecho a acceder a la información y a los datos que sobre sí misma o sobre sus bienes consten en registros oficiales o privados, con las excepciones que establezca la ley, así como de conocer el uso que se haga de los mismos y su finalidad, y a solicitar ante el tribunal competente la actualización, la rectificación o la destrucción de aquellos, si fuesen erróne-*

os o afectasen ilegítimamente sus derechos. Igualmente, podrá acceder a documentos de cualquier naturaleza que contengan información cuyo conocimiento sea de interés para comunidades o grupos de personas. Queda a salvo el secreto de las fuentes de información periodística y de otras profesiones que determine la ley».

Con lo cual, si bien no es nuestro interés defender a ultranza la utilización de este tipo de jurisdicciones, ni entrar en debates en otro contexto, no podemos dejar de mencionar la clara vulneración a los derechos fundamentales de los contribuyentes con la divulgación de datos personales, sin el consentimiento de éstos, especialmente, del derecho al debido proceso, derecho a la defensa, prueba y la protección de los datos personales.

III.- CONCLUSIONES

(i) Las jurisdicciones *offshore* o paraísos fiscales se encuentran en pleno auge en la comunidad internacional y la agenda actual a nivel global se centra en la eliminación de estas jurisdicciones.

(ii) Las jurisdicciones *offshore* o paraísos fiscales constituyen jurisdicciones que no intercambian información tributaria y, en muchas ocasiones –aunque no todas-, se utilizan con la finalidad de evadir tributos y legitimar capitales.

(iii) En el ordenamiento jurídico venezolano, existe una lista negra o *black list* de jurisdicciones que son consideradas de baja imposición fiscal.

(iv) En el Derecho venezolano, existe una regulación específica en materia de prevención del delito de legitimación de capitales, contemplada en la Ley Orgánica contra la Delincuencia Organizada y el Financiamiento del Terrorismo. Existe una clara vinculación entre las jurisdicciones offshore y la legitimación de capitales.

(v) La utilización de las jurisdicciones *offshore* no es per se una práctica ilegal. Es importante revisar la parte material del instrumento utilizado en la jurisdicción offshore para determinar su grado de reprochabilidad o no.

(vi) La divulgación masiva de datos de los contribuyentes, sin el consentimiento de éstos y con el reproche de los medios de comunicación social, constituyen una vulneración a los derechos fundamentales de los contribuyentes, especialmente, al derecho al debido proceso, derecho a la defensa, prueba y protección de los datos personales.

IV.- BIBLIOGRAFÍA

- ABACHE CARVAJAL, Serviliano: «Venezuela y las medidas BEPS», en *Memorias de las XXVIII Jornadas Latinoamericanas de Derecho Tributario,* Academia Mexicana de Derecho Fiscal, Instituto Latinoamericano de Derecho Tributario, Ciudad de México, 2015.

- ABACHE CARVAJAL, Serviliano y ATENCIO VALLADARES, Gilberto: «Tema II: Nuevos retos de la fiscalidad internacional. Informe de la Relatoría General», en GARCÍA PACHECO, Ingrid (Coordinadora General), *Los nuevos retos de la fiscalidad internacional. Memorias de las XV Jornadas Venezolanas de Derecho Tributario,* t. III, Asociación Venezolana de Derecho Tributario, Caracas, 2016.

- GARCÍA NOVOA, César: *Hacia un derecho tributario global,* Vergara & Asociados, Plural editores, 2016.

- MALHERBE, Jacques, TRELLO, Carol y GRAU RUIZ, María Amparo: *La revolución fiscal del 2014. FATCA, BEPS, OVDP,* Instituto Colombiano de Derecho Tributario, Legis, Bogotá, 2015.

- PALACIOS MÁRQUEZ, Leonardo: «La política de Administración Tributaria en la globalización», *Administración Tributaria. En conmemoración a los 20 años del Seniat. Memorias de las XIII Jornadas Venezolanas de Derecho Tributario*, tomo I, Asociación Venezolana de Derecho Tributario, Caracas, 2014.

§ 57. EMPRENDIMIENTO, TRIBUTACIÓN Y ECONOMÍA DIGITAL. RETOS DE LOS NUEVOS NEGOCIOS ANTE LAS NUEVAS POLÍTICAS TRIBUTARIAS

Ysabel Natividad Figueira Goitia *

"Emprender no es una ciencia ni un arte, es una práctica"
Peter Drucker

I. INTRODUCCIÓN

En los últimos años hemos visto un crecimiento importante en el movimiento emprendedor en Venezuela. Este movimiento viene influenciado principalmente por la crisis empresarial en nuestro país, dado que muchas empresas han optado por cerrar sus puertas ante las arremetidas jurídicas cometidas por el Gobierno de turno, lo que ha traído como consecuencia que las personas que se han quedado sin su puesto de empleo hayan optado por buscar una alternativa para generar otro tipo de ingresos.

Ahora bien, de acuerdo a estadísticas mundiales, un porcentaje elevado de estos denominados "emprendimientos" no llegan a los 5 años de vida. Las causas pueden ser múltiples: falta de organización, fallas en las fuentes de financiamiento, poca o nula preparación de las personas en el negocio, entre otras. Pero una de las causas que puede impactar de manera importante los negocios es precisamente, el aspecto tributario.

¿Por qué el aspecto tributario? Muchos emprendedores desconocen las normativas esenciales en cuanto a las obligaciones tributarias, desde la obtención y vigencia del Registro de Información Fiscal, ya sea personal o jurídico hasta la cantidad de impuestos que puede generar el negocio que están desarrollando. Muy pocos, antes de iniciar actividades, se acercan a especialistas para asesorarse en cuanto a áreas elementales de sus negocios, y mucho menos se asesoran en cuanto a este aspecto. Esta situación los expone a riesgos futuros que, en muchas ocasiones, los lleva a desistir de continuar desarrollando y expandiendo su emprendimiento, por lo que no llegan a convertirse en empresarios.

Adicionalmente, aprovechando todo el despliegue y ámbito tecnológico que existe en la actualidad y la facilidad de aprendizaje que existe en la red, muchos emprendimientos están basados en la creación de soluciones tecnológicas, comúnmente conocidas como APP, es decir, aplicaciones tecnológicas que tienen características especiales y que pueden ser adquiridas en cualquier lugar del mundo. Esto implica nuevos modelos de negocios con aspectos tributarios también novedosos que deben ser entendidos y aplicados por parte de las Administraciones Tributarias a nivel mundial.

Así las cosas, la OCDE ha establecido una nueva serie de políticas, denominadas BEPS que buscan *"...establecer unas reglas de juego uniformes para los negocios y ofrecer a los gobiernos nuevas herramientas para asegurar la eficacia de sus políticas fiscales nacionales"*.

* Licenciada en Administración de Empresas egresada de la Universidad Católica Andrés Bello. Especialista en Derecho Financiero de la Universidad Católica Andrés Bello. Abogada egresada de la Universidad Central de Venezuela. Ex Funcionaria del Servicio Nacional Integrado de Administración Aduanera y Tributaria – SENIAT. Abogado del Departamento Tributario de la Firma Benson, Perez Matos, Antakly & Watts.

Estas reglas pueden tener un impacto en el desarrollo de nuevas ideas de negocios, no solamente en esta área digital, sino también en el manejo de nuevas formas de comercio que se están desarrollando (tiendas virtuales, comercio electrónico, servicios en red), que si no son conocidas por las personas que desarrollan estos conceptos, el nivel de abandono de emprendimientos pudiera aumentar aún más.

Es por ello que se hace necesario realizar un análisis de aquellas normas que pudieran tener influencia, especialmente aquellas que afectan de manera directa el desarrollo inicial de cualquier modelo de negocio y establecer una estrategia que permita a los emprendedores iniciar con buen pie su trabajo, tratando en lo posible de minimizar riesgos inherentes al aspecto tributario.

También merece especial consideración el debate que se ha realizado en otros países sobre la promulgación de leyes especiales para los nuevos negocios y la aplicación de normas especiales tributarias para los mismos. Como sabemos, muchos emprendedores arriesgan capital propio a los fines de iniciar en un mercado que puede ser altamente competitivo, o como en el caso venezolano, bastante riesgoso. El estudio de ciertos tipos de incentivos tributarios para estos pequeños empresarios pudiera servir de base para que ellos inicien sus negocios y aprendan, a la vez, la importancia que tienen los tributos en cada fase de su desarrollo. Es importante empezar una campaña de Educación Tributaria a nivel de Emprendimientos porque pocas veces se les indica que cualquier negocio que pretendan iniciar, va a tener como contrapartida un aspecto tributario y por ello deben estar preparados.

Es por ello que el objetivo final de este trabajo se centra en la necesidad de establecer espacios de estudio, análisis y discusión sobre los aspectos tributarios en los emprendimientos contando con la Asociación Venezolana de Derecho Tributario como organismo que busca el estudio y la divulgación del Derecho Tributario, cumpliendo una misión de crear Cultura Tributaria en el país.

II. LAS POLÍTICAS TRIBUTARIAS ACTUALES EN EL MARCO DE LA OCDE Y DE OTROS PAÍSES DE AMERICA LATINA

Si vamos a analizar los aspectos tributarios de los llamados "emprendimientos" debemos entonces empezar por aclarar el concepto. De acuerdo a la definición que establece el Diccionario de la Real Academia Española, el emprendimiento es la acción y efecto de "emprender". Y emprender, de acuerdo a la misma fuente, es acometer y comenzar una obra, un negocio, un empeño, especialmente si encierra dificultad o peligro.

Esta definición, desde mi punto de vista, no refleja de manera clara el concepto de "emprender" como el desarrollo de un negocio, por lo que revisando en otros portales, conseguimos algunas otras definiciones sobre lo que significa emprendimiento:

a)   Iniciativa de un individuo que asume un riesgo económico o que invierte recursos con el objetivo de aprovechar una oportunidad que brinda el mercado[1]

b)   Emprendimiento proviene del francés "entrepreneur" que significa pionero, y se refiere etimológicamente a la capacidad de una persona de realizar un esfuerzo adicional para alcanzar una meta.[2]

De acuerdo al análisis que podemos hacer de los conceptos transcritos observamos que existen ciertas coincidencias en cuanto a lo que debe entenderse por "emprendimiento". En primer lugar, se trata de algo que está iniciando, un comienzo de algo. En segundo lugar,

---

1   https://definicion.de/emprendimiento/, acceso realizado el 25 de febrero de 2019.

2   https://concepto.de/emprendimiento/#ixzz5hDvHasVm, acceso realizado el día 22 de febrero de 2019.

hay una inversión de recursos, un esfuerzo que realiza una persona en función de su capacidad. Y en tercer lugar, existe un objetivo a alcanzar.

Ahora bien, para que ese "inicio" pueda convertirse en algo más y pueda incidir de manera importante en una sociedad, es decir, que pueda desarrollar bases sólidas que le permitan superar esta etapa inicial y pueda llegar a convertirse en una "empresa", debe pasar por un proceso de desarrollo y crecimiento por parte de quienes se hacen llamar "emprendedores", proceso que muy pocos entienden porque implica conocer las muchas áreas que implica el mantener una empresa sustentable en el tiempo, tales como las áreas laboral, legal o mercantil, y esa área administrativa y contable, en la que existe mucho desorden por parte de los emprendedores porque no manejan de manera correcta, el flujo de dinero de su negocio, y menos, manejan los aspectos tributarios de los mismos.

Otro concepto con el que nos topamos muchas veces en este mundo de emprendimiento, es el de "modelo de negocio", definido por la autora Rico Carrillo como *"una arquitectura para el intercambio de información, servicios y productos"* [3]. Los avances tecnológicos de los últimos años ha permitido el desarrollo y crecimiento de nuevos modelos de negocios: tiendas virtuales, portales, centros comerciales electrónicos, entre otros. Todo este tipo de negocios pueden verse afectados por las nuevas políticas tributarias que se encuentran aprobadas, por lo que es importante analizar y determinar los efectos de las mismas en el surgimiento y desarrollo de los emprendimientos.

Desde la Conferencia de Ottawa se ha establecido que los principios que rigen al comercio convencional deberían aplicarse de manera similar al comercio electrónico. Estos mismos principios deben también regir cualquier modelo de negocio que se esté realizando hoy en día, producto de la globalización de los mercados. ¿Cuáles son esos principios? De acuerdo al Documento denominado "Tributación Fiscal y comercio electrónico. Implantación del marco tributario de la Conferencia de Ottawa"[4] de la OCDE, los principios que deben aplicar las administraciones tributarias son:

a. Neutralidad: las formas de tributación del comercio electrónico deben ser neutrales y equitativas, evitando la doble imposición o la no tributación involuntaria.

b. Eficiencia: los costos de cumplimiento tributario deben ser reducidos, no sólo para las empresas sino también para las mismas administraciones tributarias.

c. Certeza y simplicidad: cuando una norma es de difícil aplicación y entendimiento, suben los índices de evasión y/o elusión, por lo que las reglas deben ser fáciles de entender.

d. Efectividad y justicia: los impuestos deben ser recaudados en el momento adecuado y en la proporción correcta.

e. Flexibilidad: dada la cantidad de cambios existentes en las formas de hacer negocios, es importante que los sistemas tributarios sean capaces de evolucionar en función de los avances tecnológicos y comerciales del mercado.

II.1. ¿Qué son las medidas BEPS?

Recordemos que en noviembre de 2015, la OCDE publicó un documento con 15 acciones que "... *tienen como objetivos fundamentales, asegurar uniformidad en las leyes fiscales internacionales que afectan los bienes y servicios, establecer efectivamente cuanto es el impuesto que una compañía paga en una determinada jurisdicción donde la actividad*

---

3   Rico Carrillo, Mariliana. Comercio Electrónico Internet y Derecho. Caracas. Legis, 2003.

4   OCDE. Tributación Fiscal y Comercio Electrónico Implantación del marco tributario de la Conferencia de Ottawa.

económica se desarrolla e incrementar la transparencia en la información disponible para las administraciones tributarias."[5]

Sabemos que existe un proceso de globalización que permite el desarrollo de las economías de distintos países, un proceso que se ha acelerado con el desarrollo de la tecnología, el internet, las telecomunicaciones, lo que ha impulsado *"...la innovación, la creación de puestos de trabajo y las inversiones transnacionales. La globalización o internacionalización es un fenómeno a todas luces positivo, aunque pueda generar algunas zonas de sombra."*[6]

Este es el ambiente en el cual se desarrollan estas políticas, que buscan principalmente evitar esas planificaciones fiscales agresivas a través de las cuales las empresas multinacionales tienen una baja o nula tributación.

Las acciones que contempla este plan son las siguientes:

- Acción 1: Abordar los retos de la economía digital para la imposición.

- Acción 2: Neutralizar los efectos de los mecanismos híbridos.

- Acción 3: Refuerzo de la normativa sobre CFC.

- Acción 4: Limitar la erosión de la base imponible por vía de deducciones en el interés y otros pagos financieros.

- Acción 5: Combatir las practicas fiscales perniciosas, teniendo en cuenta la transparencia y la sustancia.

- Acción 6: Impedir la utilización abusiva de convenios fiscales.

- Acción 7, Impedir la elusión artificiosa del estatuto de establecimiento permanente (EP).

- Acciones 8 – 10: Asegurar que los resultados de los precios de transferencia están el línea con la creación de valor.

- Acción 11: Evaluación y seguimiento de BEPS.

- Acción 12: Exigir a los contribuyentes que revelen sus mecanismos de planificación fiscal agresiva.

- Acción 13: Reexaminar la documentación sobre precios de transferencia.

- Acción 14: Hacer más efectivos los mecanismos de resolución de controversias.

- Acción 15: Desarrollar un instrumento multilateral que modifique los convenios fiscales bilaterales.

II.2. ¿Cuáles medidas pueden influenciar el avance de los emprendimientos?

Dentro de todas las medidas BEPS, probablemente las que pueden afectar de una manera más directa el desarrollo de nuevos emprendimientos, serían las siguientes:

1. **Acción 1:** Esta acción busca abordar los retos de la economía digital a los fines de la tributación. A través de esta acción, se busca garantizar la igualdad de condiciones entre proveedores internos y extranjeros y facilitar una recaudación eficiente del IVA devengado en dichas transacciones. Existen normas y opciones técnicas que se han implementado para poder establecer un régimen fiscal de actividades transfronterizas.

---

5   Figueira Goitia, Ysabel Natividad. Las implicaciones de la aplicación de las prácticas BEPS para los servicios financieros y préstamos intercompañías. (Conferencia AVDT, Noviembre 2016).

6   Fundación Impuestos y Competitividad. Plan de Acción Beps, una reflexión obligada. Junio 2017.

2. **Acción 2:** Se desarrolla una metodología que facilitará la convergencia de las prácticas nacionales a través de normas internas y convencionales dirigidas a neutralizar efectos de mecanismos híbridos, que contribuirá a prevenir la doble no imposición y poner fin a las deducciones múltiples por un único pago.

3. **Acción 4:** A través de esta acción se busca mitigar el efecto de las deducciones excesivas de intereses entre grupos multinacionales.

4. **Acción 5:** Esta acción permite evaluar si existe alguna actividad que se considere sustancial, bajo un régimen preferencial, especialmente en los regímenes de propiedad intelectual.

5. **Acción 7:** La noción de establecimiento permanente resulta de suma importancia a la hora de establecer si una entidad no residente debe tributar en un determinado Estado.

Todas las acciones BEPS podrán tener algún impacto en el desarrollo de nuevos negocios, pero las acciones antes indicadas, por el tipo de situación que buscan regular, serán las que tendrán un impacto más directo en los mismos, especialmente aquellas relacionadas con el comercio electrónico, eje central de muchos emprendimientos digitales; el régimen preferencial de propiedad intelectual y, no podemos dejar de lado, la posible nueva noción de Establecimiento Permanente y como debería tributar.

Es importante señalar que los países miembros de la OCDE, acorde a los desafíos nuevos que se presentan en la actualidad con negocios multinacionales, sin la existencia de establecimientos físicos en los cuales se pueda ubicar una sede de ingresos, con nuevas modalidades de pago fuera del ordenado "sistema financiero mundial", tales como los denominados criptoactivos, busca con la publicación de las Acciones BEPS, establecer políticas comunes que eviten la doble no imposición o la doble imposición en esos modelos de negocios. No obstante, es importante destacar, tal como se señala en el Documento de Trabajo de la Corporación Andina de Fomento, que *"la puesta en marcha de una empresa se puede ver facilitada o inhibida por el funcionamiento de mercado de factores tales como el financiamiento o los recursos humanos, así como también por las diferentes normas y regulaciones que afectan directa o indirectamente a la actividad emprendedora."*[7]

Ahora bien, recordemos en este punto que Venezuela no forma parte de la OCDE, pero muchos emprendimientos que se han desarrollado o se encuentran surgiendo en nuestro país, buscan expandirse a otras latitudes, por lo que los efectos de estas acciones incidirán en la posibilidad o no de su crecimiento y desarrollo.

III. EFECTOS DE ESTAS POLÍTICAS EN LOS EMPRENDIMIENTOS Y POSIBILIDADES DE LOS EMPRENDEDORES ANTE ESTA TENDENCIA

Cuando estamos analizando el tema de los emprendimientos, es importante destacar que existe una gama muy diversa en cuanto al desarrollo de nuevos modelos de negocios. Muchos pueden consistir en la realización de actividades económicas tradicionales, como la compra/venta de bienes o prestación de servicios a un cliente de forma directa. No obstante, cuando consideramos el efecto de estas nuevas políticas en el tema de emprendimiento, es porque entendemos que existen dos aspectos fundamentales que debemos tener claros:

a) Que las actividades económicas tradicionales se han transformado.

b) La existencia de nuevos ámbitos de actividad

---

7   Kantis, H.; Federico, J. y Menendez, C., *Políticas de Fomento al emprendimiento dinámico en América Latina Tendencias y desafíos.* (Documentos CAF Agosto 2012).

Cuando señalamos que las actividades económicas tradicionales se han transformado, es porque entendemos que existen modificaciones en la naturaleza de la compra/venta de bienes y servicios, la modificación de los canales de transmisión, la financiación de las actividades, los análisis de mercado, la publicidad, entre otras.

En cuanto a los nuevos ámbitos de actividad, encontramos que existen servicios gratuitos (redes sociales, buscadores, almacenamiento de información), análisis de demandas, publicidad y mercadeo; plataformas de intercambio de servicios entre particulares como alquileres, servicios de transporte, actividades laborales y profesionales.[8]

De por sí, se señala que *"La convergencia de las tecnologías de la información y la comunicación, están generando oportunidades para la creación de nuevos servicios que utilizan la información como recurso"*[9] y esta situación implica una problemática jurídica que es de doble naturaleza, por un lado nuevas figuras jurídicas desconocidas por las legislaciones vigentes y por otro, la carencia de legislación uniforme en el ámbito internacional.

En este sentido, desde el punto de vista tributario, debemos entender que para que los impuestos puedan ser efectivos, es necesario que las administraciones dispongan de la siguiente información:

a)   Cuales son los agentes que intervienen en la operación y que tipo de actividades económicas desarrollan;

b)   Cual es la capacidad legislativa para determinar sus obligaciones; y

c)   Cual es la capacidad administrativa para la aplicación eficiente de esa legislación[10].

En esta área, se plantean muchos retos a las Administraciones Tributarias, siendo los más difíciles la localización exacta de la realización del hecho imponible y la noción de establecimiento permanente

Por otra parte, desde el punto de vista del emprendedor, también sabemos que tienen ciertas obligaciones de carácter tributario, que contemplan, entre otros, los siguientes deberes, al menos en el caso venezolano:

a)   Impuesto al Valor Agregado: En la mayoría de los países se aplica un impuesto a las ventas, al consumo o al valor agregado, situación que muchos emprendedores no conocen o no manejan, ni para sus compras ni para sus ventas. Además de ello, algo que siempre tenemos que estar aclarando a los nuevos emprendedores que empiezan a facturar es que el IVA es un impuesto y, por lo tanto, no les pertenece. Para muchos especialistas es algo elemental pero en el caso de los emprendedores, debemos siempre aclarar que este impuesto no forma parte de sus ingresos o gastos.

b)   Renta o Enriquecimiento Neto: se determina una vez al año, pero como indica un autor, se piensa en ello todo el año.[11] En Venezuela, el impuesto sobre la renta se declara y paga dentro de los tres meses posteriores al cierre del ejercicio anual en caso de las personas jurídicas. En caso de emprendimientos que sean manejados por personas naturales, el ejercicio anual siempre será igual al ejercicio civil. Muchos emprendedores no entienden la importancia de esta obligación, tanto como

---

8   Díaz de Sarralde, S. Tributación, digitalización de la Economía y Economía Digital. (Documentos CIAT, Octubre 2018).

9   Rico Carrillo, M...

10   Díaz de Sarralde, S...

11   Noriega, J. Las 21 obligaciones que debe cumplir un emprendedor. Finanzas Personales, s/f. Acceso realizado el 15 de enero de 2019 https://www.finanzaspersonales.co/columnistas/articulo/negocio-cuales-son-las-obligaciones-legales-de-un-negocio/74598.

personas naturales como personas jurídicas. Incluso muchos constituyeron empresas por el simple hecho de manejar un emprendimiento con una figura jurídica, las cuales mantienen inactivas.

c) Retenciones: En muchos países existe el tema de las retenciones en materia de ingresos brutos. En nuestro país, no sólo se ha establecido un sistema de retenciones en materia de impuesto sobre la renta, sino que también se ha creado un sistema de retenciones de impuesto al valor agregado que no sólo ha afectado la neutralidad de este impuesto, sino que muchos emprendedores desconocen las consecuencias del mismo, tomando en cuenta que muchos venden o prestan servicios a sujetos pasivos especiales, quienes han sido nombrados agentes de retención en esta materia.

d) Impuestos Municipales: En nuestro país existen más de 300 municipios, lo cual implica una cantidad importante de Ordenanzas Municipales que establecen distinto tipo de obligaciones tributarias, desde la obtención de la Licencia para la realización de Actividades Económicas dentro del territorio del Municipio, hasta el pago de derechos por la colocación de avisos publicitarios. Si los emprendedores desconocen parcialmente lo relacionado a los aspectos de tributos nacionales, en muchos casos, el desconocimiento en este aspecto es total.

e) Tributos Parafiscales: Como muchos especialistas sabemos, en nuestro país existen una cantidad de obligaciones denominadas "parafiscales", que han sido clasificadas de distinta forma. Algunas son laborales, como los pagos al Seguro Social y al Inces, y otras competen a otro tipo de áreas, como el Pago al Fondo Nacional de Ciencia y Tecnología. En esta área es poco el conocimiento que tienen los emprendedores, a menos que tengan algunos empleados y manejen con cierta cautela el pago de las contribuciones laborales.

III.1. ¿Qué puede hacer el emprendedor?

El problema fundamental que debemos tener en cuenta radica en que el emprendedor no posee las mismas características de una empresa multinacional, que ya tiene un segmento de mercado bien definido y se encuentra alrededor del mundo llevando a cabo de manera exitosa su modelo de negocios, contando para ello con un equipo multidisciplinario en todas las áreas de conocimiento que le permiten ser exitosos en esos mercados e, incluso, desarrollar nuevas áreas de negocio que le permitan incursionar en otras latitudes. A este tipo de negocios es que, en principio, van dirigida las nuevas reglas en materia de tributación internacional.

El emprendedor, como lo mencionamos al principio del presente trabajo, se encuentra iniciando algo, por lo que no posee equipos multidisciplinarios, y tampoco busca asesoría en ninguna área. Y en nuestro país, a pesar de estas circunstancias, las reglas tributarias son aplicables de manera indistinta tanto a emprendedores como a empresas multinacionales, sin tomar en cuenta las diferencias y el impacto que puedan tener la aplicación de esas reglas para un grupo de personas que está iniciando un negocio. Además de ello, si este emprendedor decide buscar extender sus negocios más allá de las fronteras de nuestro país, podría enfrentarse a reglas distintas tales como las mencionadas en el plan de Acción BEPS, hecho que podría ponerlo en situación de riesgo en materia tributaria internacional.

Sabemos que cualquier política tomada por un Gobierno puede generar tendencias positivas o negativas para la instalación de nuevos negocios dentro de un determinado territorio, dependiendo de las regulaciones que establezcan para los mismos. Y en este punto es importante analizar también como *"distintos tipos de instituciones afectan a diferentes formas de actividad emprendedora. Desde esta perspectiva se entiende que la estructura de incentivos creada a través de las políticas gubernamentales, no sólo determinan la elección de un em-*

prendedor de crear un nuevo negocio, sino que también determina el tipo de emprendimiento escogido".[12]

Como bien lo dice García Novoa, *"... la red propicia el comercio sin presencia física de las partes. Pero también permite unas relaciones económicas sin estructura comercial, sin traslado material de bienes..."*[13], lo cual genera una cantidad de análisis jurídicos adicionales no sólo en el ámbito tributario sino en cualquier otra área del Derecho. Como bien lo señala Rico Carrillo, el Derecho *"debe adecuarse a la realidad social imperante en una época y en un momento determinado".*[14]

Es por ello que el enfoque jurídico al sistema emprendedor debe considerar no sólo políticas de apoyo para el momento del desarrollo inicial del modelo sino también para *"facilitar la transición de proyectos empresariales a nuevas empresas"*[15] y por ello los emprendedores deben dedicarse no sólo a comprobar que su producto sea viable en un determinado mercado, sino a estudiar cuales son las normas que afectan la comercialización de ese producto, además de todas las normativas tributarias que van a afectar la viabilidad y eficacia de su modelo de negocio, de modo que sea perdurable en el tiempo, y que contribuya de manera positiva a la economía de un determinado territorio.

IV. ¿REGLAS DISTINTAS PARA NUEVOS NEGOCIOS Y EMPRENDIMIENTOS?

Una de las alternativas que se han generado en distintas latitudes es la generación de medidas que permitan incentivar la creación de nuevas empresas, surgiendo de esta forma las denominadas "Leyes de Emprendimiento".

Se entiende que muchos emprendimientos tardan años en ser rentables, hecho que es aplicable incluso para cualquier negocio de los que hemos llamado tradicional. Las Leyes dirigidas a los emprendimientos buscan fomentar la actividad emprendedora facilitando, entre otros, los siguientes aspectos:

a) Creación y formalización de empresas.

b) Financiamiento con condiciones asequibles para los emprendedores.

c) Creación de plataformas que propicien la actividad emprendedora.

d) Régimen especial para seguridad social, incentivos fiscales y manejo de algunos impuestos indirectos.

No obstante, tomando en cuenta lo que García Novoa[16] nos señala respecto a la relativización del tamaño de los operadores económicos, así como la oportunidad que representa la red para los pequeños y medianos empresarios, que implica una reducción de costos y mejores condiciones de competitividad para estos últimos, las leyes dirigidas a los emprendimientos basadas en una única receta pueden estar *"...dirigiendo los esfuerzos...hacia diversas actividades no todas igualmente productivas e, incluso, con externalidades económicas negativas".*[17]

Como bien sabemos, el grupo que comprende el sistema emprendedor de cualquier país es bastante diverso, y comprende un número complejo de actividades que pueden incluir desde

---

12 Ruiz N, J.; Cabello, C. y Medina, R. La Ley de Emprendedores y la creación de empresas una visión desde el Observatorio GEM. *Revista Globalización, Competitividad y Gobernabilidad*, Volumen 8, N° 3 (2014).

13 García Novoa, C. *El nuevo modelo de TAX International Regime a partir de las políticas globales contra la elusión tributaria.* (Conferencia AVDT, Noviembre 2016).

14 Rico Carrillo, M...

15 Kantis, H.; Federico, J. y Menendez, Políticas de fomento...

16 García Novoa, C...

17 Ruiz N., J.; Cabello, C. y Medina, R. La Ley de...

formas tradicionales de compra/venta de bienes y servicios hasta las más novedosas en el campo tecnológico, como creaciones de aplicaciones para distintos servicios.

Las reglas únicas pueden ser una camisa de fuerza para el sistema emprendedor dado que pudieran servir sólo para establecer un marco jurídico que permita promover su productividad, la competencia y su inclusión en la economía formal. De la lectura realizada a varias leyes de emprendimiento que han sido promulgadas y de artículos relacionados con las mismas, se pueden encontrar aspectos positivos entre los cuales podemos resaltar los siguientes:

a) Existe una reducción de costos iniciales a los emprendedores.

b) Se establece la agilización de procesos de creación y tramitación de empresas.

c) Contienen normas que permiten la remoción de ciertas trabas burocráticas.

d) Se incluyen mayores facilidades para las contrataciones de personal, no sólo a nivel territorial sino de personal extranjero necesario para el desarrollo e investigación.

e) Se introducen incentivos fiscales no sólo para los emprendedores sino también para quienes inviertan en nuevos negocios, tales como la reinversión de beneficios, rebajas de impuesto por inversión en investigación y desarrollo, modificaciones en la determinación y pago del impuesto al valor agregado.

No obstante, y como cualquier ley nueva, hay que analizar algunos de los aspectos negativos que se han encontrado tales como los que podemos mencionar a continuación:

a) Es complejo establecer una ley que impulse y simplifique la actividad emprendedora.

b) Existe la posibilidad de poner poca atención al problema financiero de los emprendedores, hecho que también incide en el nivel de sustentabilidad de los mismos.

c) Estas normas pudieran establecer limitaciones al emprendimiento de alto potencial y a las responsabilidades de los empresarios.

A pesar de los aspectos negativos señalados, una ley para el emprendimiento puede permitir el desarrollo y fomento de nuevas empresas, especialmente si se dirigen las acciones a facilitar el financiamiento a través de sistemas innovadores como el denominado crowfunding, estableciendo incentivos fiscales y mejorando sistemas fiscales en materia de tributación indirecta.

IV.1. ¿Cuáles áreas debe cuidar un Estado en materia tributaria?

Uno de los principales aspectos que debe cuidar un Estado en materia tributaria tiene que ver con la determinación de los sujetos pasivos de los tributos, para lo cual es importante determinar con exactitud el nexo con el Estado Tomando en cuenta los cambios existentes en los últimos años en el cual *es ya casi un lugar común afirmar que la globalización económica ha supuesto un cambio radical en la producción del Derecho Tributario, provocando incluso un proceso acentuado de desnaturalización del tributo*,[18] la determinación mediante la residencia o la existencia de un establecimiento permanente puede ser una actividad de difícil precisión dada la cantidad de operaciones que se realizan de forma digital.

Por traer algún ejemplo, podemos encontrar que en materia de imposición indirecta, existe un desafío importante para las Administraciones Tributarias, tomando en cuenta que son dos los principios rectores o reglas de atribución de la potestad tributaria: a) el principio de destino, que establece que la tributación del IVA debe ejercerse en el lugar en el que se produce efectivamente el consumo de los bienes o servicios y, b) la regla de origen, que señala que la

---

18 García Novoa, C...

imposición con IVA debe ejercerla el Estado en el cual se producen los bienes o desde el que se suministran los servicios.[19]

Así las cosas, algunos de estos problemas han sido trabajados en el marco de las Acciones BEPS, pero la *"facilidad de los negocios digitales para operar a distancia desde distintas jurisdicciones sin presencia física en los mercados (...) ha multiplicado los riesgos y complejidades para su control tributario."*[20]

Otro punto importante que deben analizar los Estados, tiene que ver con la determinación de la base imponible de las obligaciones tributarias, hechos que también han sido estudiados por la OCDE y se han propuesto algunas alternativas en cuanto a precios de transferencia, gastos financieros e intangibles, entre otros. Pero las nuevas modalidades de negocio que han surgido como consecuencia del uso de internet, hacen crecer las dificultades para la determinación exacta de las mismas y el adecuado control fiscal, otro de los aspectos fundamentales que deben tener en cuenta las administraciones tributarias, es decir, control y administración de obligaciones tributarias que pudieran surgir en economías digitales, las cuales pueden basarse en la confiabilidad de la información que puedan dar los mismos contribuyentes, o los intermediarios de las transacciones económicas.

IV.2. ¿Cuáles serían los principales incentivos en aspectos tributarios?

Haciendo un estudio sobre varias leyes de emprendimiento aprobadas en algunos países, podemos extraer algunos de los principales incentivos fiscales que han aplicado a los emprendedores:

a) Rebajas del Impuesto por reinversión de los beneficios: Los porcentajes de rebaja del impuesto pueden variar entre un 10% y un 15% de la cuota de impuesto a pagar por la reinversión de los beneficios en nuevos activos destinados para incrementar la productividad del negocio.

b) Modificación de la temporalidad del Impuesto al Valor Agregado exclusivamente para emprendedores (se denomina Criterio de IVA de caja): este beneficio permite postergar la declaración del ingreso hasta el momento del cobro efectivo de la factura, evitando de alguna forma que los emprendedores permitan el financiamiento de los grandes empresarios y facilitar el manejo de flujo de caja de los emprendedores en el desarrollo inicial de sus negocios.

c) Incentivos fiscales de "Business Angels": este beneficio está destinado a inversionistas que respalden proyectos nuevos, permitiendo una deducción sobre el monto del impuesto a pagar, y una exención sobre los beneficios que obtengan siempre y cuando los reinviertan en otro proyecto emprendedor.

Estos son los principales beneficios fiscales que se otorgan en estas novedosas leyes de emprendimiento. Tenemos conocimiento que existen proyectos de leyes que se están estudiando a nivel municipal, e incluso algunas han llegado a proponerse para su discusión a nivel nacional, por lo que sería importante abrir un debate para determinar si este tiipo de incentivos pueden ser aplicados a los emprendimientos en nuestro país, para fomentar el desarrollo y la sustentabilidad del sistema emprendedor.

---

19 Cano Gonzalez, Maria C. *El comercio electrónico y el Impuesto al Valor Agregado, un nuevo desafío para la Tributación Internacional.* (Conferencia AVDT, Noviembre 2016).

20 Díaz de Sarralde, S...

V. NECESIDAD DE EDUCACIÓN TRIBUTARIA A NIVEL DE NUEVOS NEGOCIOS Y EMPRENDIMIENTOS.

"Es necesario que usted conozca la ley, y la forma en que trabaja el sistema."[21] Esta frase se extrae del libro cabecera de muchos emprendedores a nivel mundial, sin embargo son pocos los que entienden la importancia no sólo de conocer la ley, sino de la importancia de educarse en los aspectos tributarios.

En un artículo publicado por Rieznik en El Diario.es, se indica que la *"educación fiscal y tributaria compromete a la población en el valor de los impuestos, el gasto público, la igualdad, la solidaridad."*[22]

Kiyosaki[23] describe que la inteligencia financiera está compuesta por el conocimiento en cuatro áreas fundamentales:

1) Contabilidad, que él denomina especialización en finanzas, siendo la habilidad de leer y entender estados de cuenta.

2) Inversiones, que él llama ciencia del dinero ganando dinero.

3) Comprensión de los mercados, entendiendo la ciencia de la oferta y la demanda.

4) La Ley que permite conocer por una parte, las ventajas impositivas y por otra, la protección contra litigios.

Para que un emprendedor pueda dar realmente valor a una sociedad debe atenerse a las leyes, y entre ellas, a las normas en materia tributaria. En la mayoría de los países latinoamericanos existe poca o nula cultura tributaria, entendiéndola como aquel conocimiento que tienen los habitantes de un país sobre los aspectos legales relacionada con los tributos existentes en el mismo, pero que abarca también la conducta que se asume ante las obligaciones establecidas para el cumplimiento de los mismos.

De acuerdo a la OCDE, el cumplimiento de las obligaciones tributarias se ve afectado por una serie de factores entre los cuales podemos encontrar:

a) Escaso temor a la imposición de penas y sanciones;

b) limitado cumplimiento o respeto por las normas;

c) desconocimiento y desconfianza de la recaudación justa y eficaz por parte del Estado;

d) afectación de dichos ingresos para el beneficio de la mayoría de los ciudadanos;

e) la corrupción.[24]

No obstante lo anterior, es importante incentivar dentro de los ciudadanos el cumplimiento voluntario de las obligaciones tributarias, a través del acercamiento de las administraciones tributarias hacia los contribuyentes, introduciendo nuevos modelos de comunicación que permitan entender la importancia del pago de los tributos y convirtiéndose en aliados de los mismos, más que en perseguidores y castigadores de los contribuyentes.

Para poder tener éxito en este ámbito de la Educación Tributaria a nivel del Sistema Emprendedor, podemos extraer algunas ideas de un Documento publicado por la OCDE[25], en esta materia:

---

21 Kiyosaki, Robert. *Padre Rico Padre Pobre.* Argentina, Grafinor, 2001.

22 Rieznik, Rodolfo. *Educación Financiera o Educación Fiscal y Tributaria.* El diario.es, 9 de junio de 2017, acceso el 28 de febrero de 2019. https://www.eldiario.es/zonacritica/Educacion-financiera-educacion-fiscal-tributaria_6_652744755.html.

23 Kiyosaki, Robert...

24 OCDE. Fomentando la cultura tributaria, el cumplimiento fiscal y la ciudadanía, consultado en: http://www.oecd.org/ctp/fomentando-la-cultura-tributaria-el-cumplimiento-fiscal-y-la-ciudadania-9789264222786-es.htm.

a)   Intercambio de conocimientos y buenas prácticas.

b)   Expansión de la Cooperación.

c)   Focalización en programas de ayuda y cooperación al desarrollo.

Aunque el documento se enfoca en los temas internacionales a través de los países miembros de organismos internacionales, estas ideas pudieran aplicarse para el intercambio de conocimientos entre emprendedores nacionales, para incentivar el desarrollo de una cultura tributaria dentro de nuestro país.

V.1. ¿Qué debe conocer el emprendedor en materia tributaria?

Lo primero que debe entender el emprendedor es el tipo de modelo de negocio que maneja para poder determinar sus efectos tributarios. A modo ilustrativo, vamos a enumerar algunos tipos de emprendimientos en materia de economía digital que pudieran realizarse en estos momentos:

a)   Bienes y servicios adquiridos digitalmente a una empresa no residente y enviados directa e individualmente al consumidor, caso por ejemplo de páginas web de venta de productos que se exportan como bienes de bajo valor, suministro de contenido audiovisual a través de internet, descargas de bienes digitales o juegos on-line.

b)   Bienes adquiridos digitalmente a una empresa no residente, pero con elementos esenciales para su éxito radicados en el país de mercado, casos en los cuales son necesarios las actividades de un personal para concretar las ventas, o labores de almacenaje y logística indispensables para satisfacer las demandas de los clientes.

c)   Provisión de nuevos servicios digitales, tales como almacenamiento en la nube, adquisición de licencias de impresión en 3D.

d)   Rentabilización indirecta de los datos de usuarios de servicios gratuitos para publicidad y mercadeo.

e)   Economía colaborativa.

f)   Criptomonedas, siendo uno de los principales problemas que enfrentamos actualmente, la correcta caracterización de las mismas desde el punto de vista contable.

Adicionalmente, es importante que un emprendedor tenga claro que parte de su desarrollo incluye el analizar correctamente todos los aspectos relacionados con el levantamiento correcto de sus estados financieros por lo cual, se ha recomendado que tengan presente las siguientes actividades:

a)   Verificación de todas las transacciones de la empresa, así como su soporte documental.

b)   Levantamiento de los libros legales y contables obligatorios para cualquier tipo de empresa.

c)   Control adecuado de todas las comunicaciones con cualquier organismo público, soportado en documentación acorde al tipo de actuación que se genere.

d)   Control de prescripción de los ejercicios.

e)   Obligación de informar sobre bienes en el extranjero.

f)   En materia de Impuesto sobre la renta, se debe controlar los tipos de ingresos que se generan y los gastos deducibles cumpliendo con los principios de disponibilidad de la renta; los rendimientos provenientes de intereses, dividendos u otro tipo

---

25 OCDE. Fomentando...

de operaciones; se deben establecer lineamientos para la aplicación del ajuste por inflación y mecanismos de control sobre pérdidas de inventario. Hay que tener cuidado en el cumplimiento de las obligaciones en materia de retenciones en los pagos a proveedores, así como la emisión del comprobante respectivo y el enteramiento de las mismas. Es importante verificar el plazo de pago de cada una de las obligaciones principales declaración definitiva y estimada, así como el cumplimiento en calidad de agente de retención.

g) En materia de Impuesto al Valor Agregado, las principales obligaciones que debe controlar el emprendedor tiene que ver con la emisión de las facturas cumpliendo con los requisitos establecidos en la Providencia Administrativa 071, el llenado de los libros de compras y de ventas, así como su conservación; deben mantener un control sobre los comprobantes de retención de IVA, tanto emitidos como recibidos. En caso de ser agente de retención del IVA, tener cuidado al momento del pago para realizar la correspondiente retención, emitir el comprobante y posteriormente proceder a su enteramiento de acuerdo a las normativas emitidas en este punto particular. En caso de tener ventas de productos o prestación de servicios no sujetos o exentos, debe tener particular cuidado sobre la aplicación correcta de los créditos fiscales completamente deducibles. Verificar el tratamiento de los productos o servicios que provienen del exterior (importación) y de aquellos que están destinados a ser consumidos también en el exterior (exportación). Control sobre el inventario y los efectos tributarios de operaciones con este tipo de bienes. Comprobar las operaciones que puedan incidir en la modificación de la base imponible, tales como devoluciones, descuentos y bonificaciones.

h) En materia de impuestos municipales, determinar la aplicación de los distintos tipos de impuestos a los que puede estar sujeto: actividades económicas, inmobiliario urbano, sobre vehículos, publicidad y propaganda, espectáculos públicos, entre otros.

V.2. ¿Cómo puede ayudar la AVDT en este campo de la Educación Tributaria?

Tomando en cuenta que uno de los principales objetivos de esta Asociación es la divulgación, desarrollo y perfeccionamiento del Derecho Tributario, en alianza con administraciones tributarias nacionales, estadales y/o municipales; organizaciones promotoras del emprendimiento y gremios profesionales, se pueden desarrollar distintos tipos de estrategias que permitan llevar la Educación Tributaria a los emprendedores, ya sea a través de la realización de talleres y foros, o incluso a través de la realización de cursos especiales para aquellos que incentiven el sistema emprendedor de manera tal que podamos convertirlos en principales aliados de esta iniciativa educativa. También, siendo una Asociación que busca la reforma de leyes en esta materia, se puede participar activamente en el debate y discusión de aquellas leyes especiales dirigidas a los emprendimientos, y determinar aquellos incentivos fiscales que pudieran ser de utilidad para el fomento de la actividad emprendedora acordes a nuestro país y nuestra cultura tributaria.

V. CONCLUSIONES.

El movimiento emprendedor venezolano tiene varios años de desarrollo de manera exitosa, e incluso estamos viendo algunos casos que han expandido sus alas a niveles internacionales, luego de haber iniciado su idea de negocio dentro de las fronteras de nuestro país. La globalización de la economía es una realidad que afecta también el desarrollo de nuevos negocios. No existen fronteras a la hora de comercializar un producto o prestar un servicio si contamos con el desarrollo tecnológico que nos permite internet y el comercio electrónico y las nuevas modalidades de pago a distancia. Muchos emprendedores tienen claro este tipo de conceptos y se arriesgan a desarrollar modelos de negocios que se trabajan desde una computadora.

Por su parte, las Administraciones Tributarias también están al tanto de este desarrollo tecnológico que permite el comercio entre distintos ciudadanos ubicados en puntos geográficos distantes, con distintas normativas que rigen no sólo la parte tributaria, sino los aspectos legales que tienen que ver con la operación que se está realizando. En la búsqueda de las mejores opciones para captar de manera eficaz los impuestos que generan estas operaciones, se han ido desarrollando distintas estrategias, siendo las últimas las denominadas Acciones BEPS.

Estas acciones pueden incidir de manera importante en el desarrollo de los negocios a través del comercio electrónico, y pueden afectar de manera positiva o negativa la sustentabilidad de los mismos.

El proceso emprendedor, desde su concepción inicial hasta su desarrollo como empresa viable en un país como el nuestro, debe ir de la mano de estudios y análisis de los aspectos tributarios que aplican al modelo de negocio que se está desarrollando, tanto dentro como fuera de nuestras fronteras. Un emprendedor que no conoce estos aspectos, está sujeto a riesgos inherentes al mismo, lo cual puede incidir en el completo desarrollo del modelo de negocio que se está generando.

Es por ello que debemos enfocarnos en dar a conocer de manera amplia, los aspectos más básicos de la tributación para los emprendedores, porque es necesario hacerles entender que cualquier modelo de negocio que pretendan desarrollar, siempre tendrá un aspecto tributario que deberán analizar, incluso cuando se trate de emprendimientos con un interés social. Recordemos esta máxima de Benjamin Franklin: *"En este mundo nada es seguro, excepto la muerte y los impuestos"*.

Así las cosas, se deben establecer políticas que no sólo incentiven la actividad emprendedora sino que faciliten su desarrollo y crecimiento a través de cada una de las etapas que comprende esta actividad. Es por ello que surgen en otros países la idea de crear una ley especial dirigida exclusivamente a los pequeños y medianos empresarios, que pueda permitir facilidades, eliminación de trabas e, incluso, ciertos incentivos fiscales para el mejor manejo de sus flujos de ingresos. Pero para la creación y puesta en marcha de este tipo de leyes, debemos tener claro no sólo el ambiente en el cual se desarrolla el emprendimiento, sino también la confluencia de una cantidad de factores que puede afectar de manera significativa su progreso, tales como los tipos de emprendedores existentes, las fuentes de financiamiento, las organizaciones que convergen en el desarrollo de los emprendimientos, los aspectos legales que rodean al sistema emprendedor, incluyendo la existencia o no de un sistema tributario acorde a la realidad del mismo, y los posibles efectos de normas internacionales que pueda afectar aquellos emprendimientos que buscan expandirse a otras regiones.

La idea de educar en la materia tributaria no es una idea nueva, se ha manejado incluso a nivel de organismos multilaterales. El problema radica en la realidad de la cultura tributaria venezolana, la cual consideramos inexistente. Porque no se trata nada más de conocer la existencia de una Ley de Impuesto al Valor Agregado o de Impuesto sobre la Renta, sino del sentimiento del sujeto pasivo ante el cumplimiento de cada una de estas obligaciones.

Como señalamos anteriormente, la cultura tributaria implica también la actitud ante las obligaciones tributarias y el respeto a las instituciones que se encargan de su control, recaudación y fiscalización. Es por ello que debemos iniciar el rescate de la cultura tributaria a través de un proceso de formación y quienes mejor para iniciar esta fase, que aquellos que se encuentran inmersos en un sistema global de emprendimiento, siendo la Asociación Venezolana de Derecho Tributario un organismo a través del cual se puede dotar a las personas no sólo de material importante y de fácil acceso, sino también para la preparación de orientadores en cada una de las áreas más importantes que comprende el Derecho Tributario.

El objetivo final del presente trabajo es expandir nuestra mente hacia esa Educación Tributaria que se requiere trabajar en nuestro país, la Asociación Venezolana de Derecho Tributario es una de las pocas organizaciones con capacidad y talento para lograr este objetivo, tomando en cuenta su importancia y alcance. Incursionar en el sistema emprendedor venezolano y desarrollar una estrategia que nos permita llevar Educación Tributaria a los distintos sectores venezolanos, construyendo aliados en este proceso de transformación, nos va a permitir construir el cambio que Venezuela necesita y podremos conformar un mejor equipo para la creación de un Sistema Tributario armonizado, considerando la existencia de esas nuevas políticas tributarias que se están desarrollando a nivel mundial que permitirá la recaudación eficiente y justa de los impuestos que se generen en los modelos de negocios globalizados.

§ 58. REFLEXIONES SOBRE LOS CRITERIOS DE TRIBUTACIÓN EFECTIVA PARA NEGOCIOS DE ECONOMÍA DIGITALIZADA EN VENEZUELA

María Carolina Cano González *

INTRODUCCIÓN

El presente trabajo tiene como objeto resumir y describir, de la forma más esquemática posible, cuál es la situación de la legislación venezolana, con respecto a la economía digital, tomando en cuenta el entorno político, económico y legal que atraviesa actualmente nuestro país.

Por ello, y como quiera que los fenómenos económicos y jurídicos que apareja a nivel mundial la adaptación a la era de la digitalización no pueden analizarse sino en el contexto de la realidad jurídica, económica y política de cada país latinoamericano, forzoso es entender que al momento de la elaboración de los presentes comentarios Venezuela está enfrentando la época de mayor conflictividad e incertidumbre política y de mayor inestabilidad económica jamás experimentada en su historia reciente.

La situación resultante de una crisis que prácticamente ha destruido el sector productivo privado de la economía, y acabado con la producción petrolera, principal fuente de ingresos de la economía venezolana desde los años 40. Una crisis que ha conducido a un incremento significativo de los niveles de desempleo, desabastecimiento, miseria, atraso y corrupción, y que también, y como complemento económico inevitable, ha sumido al país en un proceso hiperinflacionario nunca antes experimentado en Latinoamérica.

Esa situación de crisis ha marcado la agenda legislativa que en materia tributaria ha sido dictada hasta la fecha. Mantenemos en la actualidad legislaciones de control de precios, de control de cambios, y hemos asistido en los últimos años a la promulgación de medidas fiscales incompletas y poco estructuradas y, por qué no decirlo, a la promulgación de leyes y medidas de carácter fiscal francamente inconstitucionales. Por otra parte, la devaluación indetenible del signo monetario venezolano, obligó al gobierno a poner en práctica un proceso de reconversión que eliminó cinco dígitos al signo monetario nacional y que, al resultar insuficiente, está conduciendo al país a un procedimiento de dolarización informal de la economía. En lo social, la población se enfrenta a una situación de hambruna y desabastecimiento que se traduce en un aumento exponencial de la cifra de migrantes venezolanos, proporcionando a la crisis venezolana dimensiones internacionales con importantes repercusiones geopolíticas.

En lo externo asistimos a un escenario de presión internacional, caracterizado por la aplicación de medidas de carácter económico, por parte de la mayoría de los países occidenta-

* Abogada egresada de la Universidad Católica Andrés Bello, (UCAB). Especialización en Derecho Tributario Universidad Central de Venezuela (UCV). Caracas, Venezuela. – Miembro de la Asociación Venezolana de Derecho Tributario. Ex Presidenta y colaboradora del Comité de Impuestos de la Cámara Venezolana Americana (VENAMCHAM). Miembro del Colegio de Abogados del Distrito Federal y del Estado Miranda. Conferencista y colaboradora en Seminarios de la International Bar Association (IBA) sobre Planificación Fiscal en Latinoamérica. Socia del Escritorio ARAQUEREYNA. Directora de la Cámara Venezolano Colombiana (CAVECOL.

les, que en definitiva impiden al gobierno nacional acceder al refinanciamiento de su deuda, aumentar el volumen de sus reservas internacionales y mucho menos apuntar en dirección a una estabilización de su economía.

En síntesis, Venezuela atraviesa una situación que desestimula la inversión internacional y no ofrece mayores garantías de estabilidad jurídica, lo que afecta el normal desenvolvimiento de la economía y dificulta el ejercicio de las actividades de cualquier sector productivo.

Es en ese contexto caótico de crisis, en el que analizaremos las normas existentes en el ordenamiento jurídico venezolano, mediante las cuales se debiera regular el fenómeno de la digitalización de la economía.

LA ERA DIGITAL Y SU REGULACIÓN IMPOSITIVA A NIVEL INTERNACIONAL Y NACIONAL

No hay ninguna duda del rol cada vez más importante que dentro de la economía mundial protagoniza el comercio electrónico. Por ello, uno de los problemas identificados y que ha sido desarrollado por la Organización para la Cooperación y el Desarrollo Económico (OCDE) dentro del Plan de acciones conocido como Plan anti BEPS ("Base Erosion and Profit Shift", por sus siglas in inglés), atañe directamente con la forma de evitar mecanismos de erosión de base imponible y de traslado de ganancias en forma artificial dentro del ámbito de las operaciones de comercio electrónico.

Para entender estos comentarios, es necesario considerar, además, que Venezuela no forma parte de la OCDE, y que, a pesar de poseer una importante red de tratados internacionales en materia tributaria, el interés del legislador venezolano en los últimos años se ha enfocado mas bien en arbitrar el marco legal que garantice la transición a un modelo económico socialista, que, por definición, mucho deja que desear en materia de seguridad jurídica o en materia de adaptación a las tendencias internacionales de una economía de mercado.

En síntesis, la normativa que existe en Venezuela para la regulación del fenómeno de la globalización, la encontraremos en las leyes fiscales vigentes, en las cuales los modelos específicos o estructuras a través de las cuales los negocios propios de la era digital se diseñan y ejecutan, no ha sido desarrollada en forma particular. No ha sido, ni creemos vaya a ser el interés de Venezuela, en un futuro cercano, formar parte de la OCDE ni adoptar el plan BEPS.

Ello no significa, empero, que Venezuela pueda considerarse ajena a los avances y retos que impone la era digital. De hecho, las últimas Jornadas Venezolanas de Derecho Tributario, celebradas en el mes de noviembre de 2018, desarrollaron el tema de la economía digital, en un intento académico loable y muy provechoso, de mantenernos al día en el estudio de este fenómeno propio del desarrollo de la tecnología y que ha revolucionado la forma de hacer negocios a nivel mundial.

La premisa general con la que podemos entonces describir desde el punto de vista de Venezuela el tema que nos ocupa, es que la regulación de esta materia la encontraremos en las reglas tradicionales existentes en las distintas legislaciones tributarias, principalmente las que regulan el impuesto sobre la renta (ISLR) y el impuesto al valor agregado (IVA), de cuyo análisis pormenorizado podremos extraer como conclusión que las mismas no son suficientes ni adecuadas para cubrir todo el espectro de las transacciones de comercio electrónico.

A los problemas más importantes que ya se identifican en relación con la tributación con impuestos directos de las transacciones de comercio electrónico, como con el impuesto a la renta, se añaden hoy en día numerosos problemas en relación con la gravabilidad con impuestos indirectos, y más específicamente, con el impuesto al valor agregado, de este tipo de transacciones.[1]

Desde el punto de vista internacional, se pretende resolver estos problemas bien sea acudiendo a los principios rectores de cada forma de imposición (directa o indirecta); bien sea favoreciendo y urgiendo la promulgación de una normativa específica, basados en apoyar la tesis según la cual tales principios rectores, criterios de vinculación y regulaciones tradicionales no son suficientes para regular el espectro de las transacciones que se desarrollan en el contexto de la economía digital.

En todo caso, lo que se persigue es garantizar la consecución de mecanismos para ejercer un efectivo control sobre las actividades propias del comercio electrónico - hoy en día bastante desreguladas, incluso a nivel internacional - y que demuestran una marcada tendencia de ser susceptibles de manipulación, con los consecuentes riesgos y perjuicios que ello acarrea, principalmente aquellos derivados del fraude y la evasión fiscal, e incluso de fraudes informáticos y bancarios.

No hay duda que, más allá del contexto descrito, las empresas altamente digitalizadas cuya representación más significativa a nivel mundial la ejercen las llamadas GAFAs (Google, Apple, Facebook y Amazon), ejercen negocios en Venezuela, y que nuestro país y las personas naturales y jurídicas fiscalmente residenciadas en Venezuela interactuamos con tales empresas.

En algunos casos, la interacción se efectúa a través de los llamados "resellers" autorizados, como serían los casos en los que un usuario venezolano adquiere una "suite" de Google y los servicios completos de acceso a su nube, o contrata con Microsoft, a través de un "reseller", y accede a toda la infraestructura tecnológica necesaria para manejar y ejecutar sus negocios tanto en Venezuela como a nivel internacional. En otros, la interacción puede realizarla directamente el usuario, y es la empresa altamente digitalizada la que percibe la remuneración.

---

1   Sin ánimo de agotar y ni siquiera de abarcar en toda su extensión la problemática de la tributación directa de las operaciones de comercio electrónico, nos parece útil, sin embargo, acotar que tal como lo afirma el autor Francisco José Nocete Correa, en su obra intitulada "**La Fiscalidad Internacional del Comercio Electrónico**", los problemas de la tributación directa sobre el comercio internacional deberían resolverse tomando como referencia los principios básicos de la fiscalidad internacional. En efecto, afirma el referido autor, lo siguiente: "....Como podemos observar, las propuestas realizadas hasta el momento en materia de tributación del comercio electrónico parecen admitir como única solución posible la renuncia de los Estados al ejercicio de su soberanía tributaria, renuncia aún más acentuada en materia de imposición directa y que se intenta justificar por la existencia de dificultades de carácter técnico que impiden un control efectivo de las operaciones de comercio electrónico..."

"...En nuestra opinión, las dificultades técnicas o de control derivadas de la realización de operaciones de comercio electrónico no pueden justificar, en ningún caso, dicha renuncia, razón por la que consideramos que las propuestas examinadas son insuficientes y ponen de manifiesto la necesidad de basar en principios sólidos, de clara inspiración jurídico tributaria, las actuaciones que se deban realizar en materia de fiscalidad directa del comercio electrónico..."

"...Tanto los EEUU como la UE han puesto de manifiesto la importancia de los principios clásicos de la fiscalidad internacional a la hora de determinar el régimen fiscal aplicable al comercio electrónico, llegando a formular, en la Declaración Conjunta de 5 de diciembre de 1997, la necesidad de que la tributación del comercio electrónico sea clara, consistente, neutral y no discriminatoria. En esta misma línea, ha sido el Comité de Asuntos Fiscales de la OCDE el que, en la Conferencia de Ottawa, ha afirmado rotundamente la necesidad de extrapolar al ámbito del comercio electrónico los principios fiscales sobre los que se sustenta la tributación del comercio internacional y que gozan de la aceptación y reconocimiento de la comunidad internacional. En definitiva, se afirma que sólo a través del respeto a los principios de neutralidad, eficiencia, equidad, flexibilidad, certeza y simplicidad se podrá adoptar un modelo de tributación del comercio electrónico no discriminatorio que sea capaz de preservar la soberanía fiscal de los Estados así como de asegurar un reparto equitativo de la base imponible entre los mismos y evitar situaciones de doble imposición......". (La Fiscalidad Internacional en el Comercio Electrónico. Francisco José Nocete Correa. Becario de Investigación (FPU) Universidad de Granada. CRONICA TRIBUTARIA NUM. 120/2006 (111-135). pp. 117, 118.

Por otro lado, tenemos operaciones y negocios tradicionales que son facilitados por la digitalización. En este tipo de operaciones se siguen prestando servicios físicos y proveyendo un bien tangible, pero la comunicación entre las partes se realiza a través de medios digitales.

Y también encontraremos operaciones y negocios que se celebran y ejecutan completamente a través de medios electrónicos. Aquí no hay soporte físico, sino virtual, de los bienes provistos o servicios prestados. Este grupo de operaciones está compuesto de negocios tradicionales que encontraron la manera de realizarse enteramente vía medios electrónicos (*e.g.* venta física de álbumes de música vs. venta digital de álbumes de música) y aquellos negocios, nuevos e innovadores, que surgen por el mismo advenimiento de la tecnología (*e.g.* suscripción al servicio de Google Drive).

Pero es, sin duda, mediante el análisis de lo que se conoce como operaciones transfronterizas, como mejor se demuestran los problemas que se han identificado en relación con las transacciones propias de la era digital, y de los que Venezuela no escapa, como es natural.

MODELOS DE NEGOCIOS DIGITALIZADOS QUE EXISTEN EN VENEZUELA PARA EL DESARROLLO DEL COMERCIO ELECTRÓNICO.

La prácticamente inexistente regulación que existe en Venezuela, respecto de la economía digital permite la realización de actividades comerciales de todo tipo, tanto locales como transfronterizas, por parte de contribuyentes residenciados en Venezuela o cuyos consumidores sean personas naturales o jurídicas residentes en nuestro país. Mas que un problema jurídico desde el punto de vista comercial y fiscal (este último que si existe y que se genera por la falta absoluta de capacidad para ejercer control de tales actividades), lo que puede, en determinado momento y den forma hasta paradójica, desestimular o impulsar el desarrollo de formas de negocios basados en la digitalización, se encuentran en las regulaciones de control de precios y de control de cambios.

Esto incluye la proliferación de esquemas propios de la economía colaborativa que se facilita un negocio mediante el uso de una plataforma que sirve para comunicar a los usuarios de la misma y que, entre ellos, exista una relación comercial, mediante la cual se satisfaga una necesidad de los usuarios. Es innegable que esta forma de hacer negocios, no solo es bien recibida, sino que se ha convertido, en una economía marcada por escasez y los controles, en una excelente manera de desarrollarse comercialmente. En un negocio típico de economía colaborativa distinguiremos una relación entre la compañía de la plataforma y cada usuario, y entre los usuarios suscritos a la plataforma. Usualmente, existe un sistema de evaluación entre los usuarios que permite aumentar los niveles de reputación y confiabilidad.

Siguiendo esa descripción, podemos afirmar que en Venezuela existen ejemplos – además exitosos – de negocios de *sharing economy*. Mercadolibre es uno de los ejemplos que podemos mencionar, y que consiste en una plataforma que permite la comunicación entre vendedores y compradores de bienes o servicios a través de medios digitales. A través de la plataforma de Mercadolibre, y sus variantes (tuinmueble.com; tulancha.com; tucarro.com), una persona que desee vender un bien o prestar un servicio, sube una publicación de dicho producto en el portal de Mercadolibre, y otra persona, si así lo desea, lo adquiere. La transacción se ejecuta directamente entre los particular y MercadoLibre percibe una comisión por su "intermediación".

Otro ejemplo de economía colaborativa es Venezuela es Nekso, una plataforma similar a Uber, mediante la cual, una persona, que presta un servicio de transporte, se comunica a través de Nekso, la plataforma digital, con otra persona que adquiere el servicio de transporte. El pago por el servicio se realiza a través de dicha plataforma, que, además, permite la evaluación recíproca de sus usuarios.

Si bien, hoy en día, el número de negocios de la economía colaborativa son limitados, los que existen han perdurado por la buena recepción de los usuarios, tanto por parte de los proveedores de bienes y servicios como de los adquirentes de los mismos.

LA TRIBUTACIÓN DE LOS INGRESOS PERCIBIDOS COMO CONSECUENCIA DE LA REALIZACIÓN DE NEGOCIOS DE COMERCIO ELECTRÓNICO.

Desde el punto de vista de la regulación fiscal a la renta, y no existiendo ninguna normativa específica que permita establecer un trato especial, los ingresos que se generen en cabeza de cualquiera de los sujetos intervinientes en los esquemas de negocios propios de la era digital, incluidos aquellos propios del concepto de economía colaborativa, son gravables en Venezuela.

Esto es, toda renta neta global generada que exceda 1.000 unidades tributarias, deberá reportarse a la Administración Tributaria y liquidar impuesto, de ser el caso.

Desde el punto de vista de la tributación indirecta, sucede algo similar. El importe por el monto de los servicios que factura y cobra el titular de la plataforma, son considerados remuneraciones gravables con el IVA. En puridad, también la venta que se concreta, en este caso, entre los vendedores y compradores de bienes o servicios, serían eventos gravables con este impuesto. No obstante, este modelo no escapa a los problemas que se han identificado en materia de control fiscal, en negocios propios de la economía digital, cuando se trata de operaciones con consumidores finales.

En definitiva, y hasta tanto no se sancione una reforma de ley o acoja alguna regulación internacional sobre la materia, que eventualmente defina un régimen especial, la legislación vigente deberá ser aplicada.

¿EN LA ACTUALIDAD, CÓMO TRIBUTAN, DIRECTA E INDIRECTAMENTE, LOS DIFERENTES MODELOS DE NEGOCIOS DIGITALIZADOS?

En Venezuela no existen tributos creados especialmente para gravar, directa o indirectamente, negocios digitalizados.

Desde el punto de vista teórico, el régimen de Impuesto al Valor Agregado (IVA) es suficiente para abarcar las operaciones de comercio electrónico realizadas en el país. Haciendo una interpretación de la Ley que establece este impuesto, este tipo de operaciones pueden ser consideradas prestaciones de servicios y, como tal, son gravables en el país de destino. En los casos en los que sea una operación transfronteriza, como la mayoría de estas son, se designa un responsable – el adquirente del servicio – para que entere el IVA generado por la operación. Sin embargo, la mayoría de los consumidores en estas operaciones son personas naturales, quienes no tienen incentivos suficientes para enterar el IVA generando, en consecuencia, problemas graves en el proceso recaudatorio del impuesto.

Desde el punto de vista de Impuesto sobre la Renta (ISLR), ocurre algo similar. Desde el punto de vista teórico existen normas que permitirían gravar con este impuesto, los ingresos obtenidos por estas operaciones cuando ellas se realicen o aprovechen en Venezuela. Sin embargo, existen problemas serios de control fiscal que obstaculizan la recaudación efectiva del impuesto.

Para mayor abundamiento, y desde el ángulo de la imposición indirecta, consideramos oportuno, puntualizar que la Ley del IVA venezolana establece en su Artículo 3 los hechos generadores del impuesto; a saber: (1) la venta de bienes muebles corporales; (2) la importación definitiva de bienes muebles; (3) la prestación a título oneroso de servicios independientes ejecutados o aprovechados en el país, incluyendo aquellos que provengan del exterior[2]; (4) la venta de exportación de bienes muebles corporales; (5) la exportación de servicios.

Adicionalmente, tanto la legislación venezolana como la normativa comunitaria andina que regía en nuestro país, y cuyos postulados, principios rectores y normas son prácticamente idénticos a los consagrados en la legislación interna venezolana en materia de IVA, ya han incluido reglas perfectamente aplicables para determinar la gravabilidad de las operaciones propias del comercio electrónico. Nos referimos a la Decisión 599, contentiva de las reglas de Armonización de Aspectos Sustanciales y Procedimentales de los Impuestos Tipo Valor Agregado y a la Decisión 600 contentiva de las reglas de Armonización de los Impuestos Tipo Selectivo al Consumo aprobadas por la Comunidad Andina de Naciones[3]. En sus textos se consagra de manera indubitable, vigente y vinculante para todos los países suscriptores del Pacto Andino, el llamado principio de destino en materia de IVA[4].

Dichas normas, si bien ya no son vinculantes para nuestro país, definitivamente inspiraron y marcaron la pauta de nuestra regulación interna en materia de IVA, y constituyen un excelente ejemplo de una normativa comunitaria de vanguardia que bien podría servir para implementar un sistema de armonización que siga las pautas de la evolución legislativa internacional que sobre este tema terminen adoptándose a nivel internacional, respetando, claro está, las normales diferencias que deberán tomarse en cuenta para la regulación aplicable en los países industrializados y las economías latinoamericanas, en vías de desarrollo. Dichas normativas internacionales o comunitarias lo que persiguen, en definitiva, es unificar los principios rectores de gravabilidad en materia de impuestos al valor agregado y al consumo, persiguiendo evitar las distorsiones en la recaudación de dicho impuesto, entre los países suscriptores de dichas normas comunitarias internacionales.

Así las cosas, no es de extrañar que, al adentrarnos en el análisis de la regulación del comercio electrónico en materia de IVA en nuestro país, y aún distinguiendo las dos principales categorías de operaciones que pueden suscitarse dentro del ámbito del comercio electrónico, podamos concluir con meridiana claridad que, mas allá de una armonización aplicable en los casos de transacciones transfronterizas efectuadas con consumidores finales que no ostenten la categoría de contribuyentes de este impuesto, las reglas existentes en la legislación interna, inspiradas, y acordes con los lineamientos de la normativa comunitaria andina en materia de armonización tributaria, son suficientes e idóneas para regular y asegurar la gravabilidad con IVA de las operaciones de comercio electrónico que sean efectuadas en Venezuela o que se utilicen o consuman en nuestro país.

No obstante ello, es útil distinguir entre (i) aquellas operaciones tradicionales del comercio, cuyo objeto es la venta de un bien corporal o el suministro de un servicio, que se materializa físicamente, en las cuales la plataforma del internet simplemente se utiliza como un medio (reservación de hoteles, compra de bienes en línea, entre otros), e incluso suponen o utilizan también la plataforma tecnológica para facturar y recibir efectivamente los pagos

2   Se consideran servicios, entre otros, "….los arrendamientos o cesiones para el uso de bienes incorporales tales como marcas, patentes, derechos de autor, obras artísticas e intelectuales, proyectos científicos y técnicos, estudios, instructivos, programas de informática y demás bienes comprendidos y regulados en la legislación sobre propiedad industrial, comercial o intelectual o de transferencia tecnológica. (Artículo 4, numeral 4 de la LIVA publicada en *Gaceta Oficial de la República Bolivariana de Venezuela* N° 6.152 *Extraordinaria*, de fecha 18 de noviembre de 2014).

3   Publicadas en la *Gacerta Oficial del Acuerdo de Cartagena*, en Lima Peru, bajo el N° 1093, el 16 de julio de 2004.

4   En este sentido, el Artículo 24 de la Decisión 599 reza: "Principio de Imposición de Servicios. En todos los países andinos regirá el principio de "imposición en el país de destino", salvo lo dispuesto en el artículo 13. Por consiguiente: a) habrá lugar al impuesto, en relación con los servicios a que se refiere el numeral 2° del artículo 12 de esta Decisión. b) estarán sujetos al régimen de tasa cero los servicios exportados a que se refiere el artículo 13 de esta Decisión.

asociados a dichas transacciones, normalmente mediante el uso de tarjetas de crédito u otros medios de pago similares o análogos, de (ii) aquellas otras operaciones, que serían las que efectivamente podrían considerarse como pertenecientes a la modalidad de "comercio electrónico" propiamente dicho (en tanto que son consecuencia directa del surgimiento del internet) y que involucran bienes intangibles, a los que se tiene acceso sin un soporte físico, sino virtual, tal como serían las transacciones en virtud de las cuales se adquiere y descarga digitalmente un libro, o una aplicación, se accede a plataformas de juegos o a archivos de música (por mencionar tan sólo algunos ejemplos) y que nuestra Ley categoriza como "servicios" permitiendo así ejercer su gravabilidad con dicho impuesto.

Es fundamentalmente en relación con estas últimas transacciones, con las que surgen los problemas de control fiscal y evasión del IVA, problemas que pueden agudizarse, dependiendo la modalidad de operación de comercio electrónico que se analice.

Es líneas generales, los problemas asociados con las operaciones de comercio electrónico son más frecuentes y difíciles de resolver, dependiendo de si estamos frente a una operación B2B, B2C, C2C, etc.

Normalmente cualquier operación B2B o B2C, transfronteriza o no, estaría gravada. No obstante, en el caso de las operaciones transfronterizas B2C, dependerá del tipo de consumidor de que se trate (si es un consumidor contribuyente de IVA o no) la menor o mayor posibilidad de controlar o exigirle el cumplimiento de sus obligaciones como responsable del IVA causado en la operación trasfronteriza en la cual éste funja como importador. En efecto, en una operación transnacional B2C de importación de servicios, en la cual el que los suministra es una empresa no domiciliada, y sin un establecimiento en el país, es fácil distinguir problemas de control y fiscalización, esencialmente por dos razones: en primer lugar, el consumidor adquirente de un bien o servicio incorporal – música, libros, etc. – que es quien, en teoría, debe pagar el impuesto según el principio de destino, al no ser un contribuyente ordinario de dicho impuesto (cualidad que no ostenta de acuerdo a la normativa del IVA en Venezuela sino aquel que realiza **habitualmente** operaciones de importación, los comerciantes, los industriales, los prestadores **habituales** de servicios, y en general toda persona natural o jurídica que como parte de su giro, objeto u ocupación realice las actividades, negocios u operaciones que constituyen hechos imponibles)[5] puede fácilmente evadir el cumplimiento de sus obligaciones como responsable. Nótese que ese importador tampoco califica como un contribuyente "ocasional" (quienes importen bienes muebles corporales de manera "no habitual").[6] De manera que el adquirente de un servicio proveniente del exterior, es decir el consumidor no contribuyente del IVA, involucrado en una operación transfronteriza B2C, aún a pesar de estar designado por ley como "responsable" del pago del impuesto causado en la prestación del servicio proveniente del exterior,[7] podría no verse compelido conforme a la normativa interna a cumplir y fungir como tal sujeto contribuyente, en calidad de "responsable" del pago del IVA que causa la operación electrónica de descargar un libro, aplicación o de acceder y usar cualquier otro bien inmaterial.

En segundo lugar, la inexistencia de normas tributarias efectivas y adecuadas de control y fiscalización, favorecerían, en este supuesto, la pérdida de ingresos para el Fisco Nacional. Por otro lado, asumiendo que existieren reglas que obligaren al vendedor o prestador del servicio, a pagar el IVA de esa operación a favor del Fisco Nacional del país en donde se encuentra el consumidor – en virtud del principio de destino – existen igualmente importantes problemas asociados con las reglas de control fiscal que imposibilitarían, por lo menos, conforme a la normativa actualmente vigente, lograr efectiva o adecuadamente dicha tributación.

---

5   Artículo 5 de la LIVA.

6   Artículo 6 de la LIVA.

7   Artículo 9, numeral 1 de la LIVA.

En esa misma línea de argumentación, si se realiza una operación transnacional entre dos particulares de importación de servicios, en la medida en que el consumidor de la operación sea o no un contribuyente del IVA en Venezuela, se estaría en presencia de una operación no gravable con el impuesto, tal como sucede en relación con operaciones de ventas de bienes muebles o de suministros de servicios locales, efectuadas entre dos sujetos no contribuyentes del IVA. Nótese que, aún si teóricamente pudiere vislumbrarse una operación gravable, nuevamente la complicación se haría evidente a la hora de ejercer control y coacción sobre ese adquirente (no contribuyente del IVA).

En virtud de estas distorsiones, producto de una normativa que, aún apegada a los principios tradicionales de imposición, debe adaptarse a los retos que impone el avance tecnológico, puesto que lo contrario generará mas y mas deficiencias en las labores de control fiscal por parte del Fisco Nacional, a la vez que propiciará situaciones de evasión del impuesto, es que se hace necesaria la revisión de los principios tradicionales de la imposición indirecta, y la instauración de reglas específicas en materia de IVA para las operaciones transfronterizas de comercio electrónico distintas a las existentes en materia de operaciones a través de medios tradicionales.

Por su parte, en materia de imposición a la renta, sin ánimo de resultar exhaustivos, podríamos simplemente insistir en el hecho que el régimen actual deberá ser aplicado a fin de determinar la gravabilidad de cualquier operación propia de la economía digital que se efectúe entre las personas sometidas al pago de ese impuesto, en virtud de nuestra ley vigente de ISLR.

Venezuela acoge, en materia de ISLR el principio de renta mundial, conforme al cual tanto las personas físicas como jurídicas domiciliadas en el país deben tributar sobre los enriquecimientos obtenidos, de fuente territorial o extraterritorial. Pero también son gravables los enriquecimientos obtenidos por personas naturales o jurídicas no domiciliadas en el país, cuya "fuente" sea o deba reputarse territorial, así como las personas extrajeras, que mantengan un establecimiento permanente o base fija sobre la base de los ingresos que fueren atribuibles a dicha sede efectiva o establecimiento permanente. Como puede suponerse entonces, el catálogo de situaciones que pueden suscitarse frente a una operación propia del comercio electrónico es muy variado y extenso.

En todo caso, producto del análisis de este tema en las recientes Jornadas Venezolanas de Derecho Tributario, se erige como recomendación acoger, en una futura y necesaria reforma de nuestra ley con miras a adaptarla a los retos de la economía digital, la postura de asignar la potestad tributaria a la jurisdicción en la cual se encuentren los consumidores.

En efecto, el vigente Decreto 1808[8] en materia de retenciones de ISLR, en su artículo 16, Parágrafo Primero, define, para sus efectos, a *"los servicios como cualquier actividad independiente en las que sean principales las obligaciones de hacer (...)"*. En este sentido, en la actualidad, los servicios digitales prestados por un proveedor sin domicilio en Venezuela podrían quedar sujetos a gravamen a la renta en Venezuela a través de un anticipo de impuesto vía retención.

No podemos olvidar que en Venezuela no hay rubros que sean incluidos específicamente como negocios digitalizados porque no existen reglas de economía digital en Venezuela. Al no existir normativa especial que regule la economía digital en Venezuela, nos debemos conformar, tal como hemos explicado precedentemente, con la labor de asimilación de conceptos que hemos descrito.

En la Legislación venezolana actual, no hay definición para el término "Comercio Electrónico, pesar de que hacia el año 2014, la Asamblea Nacional había aprobado un Pro-

---

8   Decreto N° 1808 mediante el cual se dicta el Reglamento Parcial de la Ley de Impuesto sobre la Renta en materia de Retenciones, publicada en *Gaceta Oficial* N° 36.203 de fecha 12 de mayo de 1997.

yecto de Ley de Comercio Electrónico en primera discusión, que contiene una definición para el término según la cual se define el comercio electrónico o comercio online como cualquier forma de negocio, transacción comercial o intercambio de información estructurada a partir de la utilización de uno o más documentos digitales o mensajes de datos o de cualquier otro medio similar sea o no contractual, con fines comerciales, bancarios, seguros o cualquier otra relacionada, que sea ejecutada a través de medios tales como Internet, redes informáticas, Intercambio electrónico de datos, la World Wide Web o del uso de otras tecnologías de información y comunicación de cualquier naturaleza[9].

Dicho proyecto de Ley, cuya discusión y aprobación habían sido previstas en 2015, no nunca fue finalizado. No obstante, en su texto expresamente se señala que uno de sus objetivos es el de evitar que las operaciones de comercio electrónico sean excluidas de la tributación.

De hecho, se reconoce que aunque existen regulaciones del IVA que permiten gravar dichas operaciones, la falta de regulaciones específicas y la ausencia de mecanismos de control contribuyen a generar o aumentar situaciones de evasión.

Así mismo, el mencionado Proyecto de Ley incluía varias regulaciones sobre la facturación electrónica que contribuirían a minimizar las situaciones en las cuales las operaciones de comercio electrónico pudieran evadir obligaciones referentes al IVA.

Finalmente, se debe destacar que, aún cuando el comercio electrónico en Venezuela nunca ha sido regulado específicamente, lo cual impide adelantar cualquier conclusión acerca de si la regulación actual promueve o no dicha forma de efectuar transacciones comerciales, lo cierto es que el desarrollo tecnológico, aunado a una situación de crisis que impone acudir a fórmulas creativas y novedosas de hacer negocios, como mecanismo para lograr la supervivencia en mercados altamente castigados y en un entorno de políticas de controles cambiarios y de precios que sofocan al aparato productivo privado, ha determinado que las transacciones de comercio electrónico sean cada vez más comunes en Venezuela, sin importar el hecho de que los controles cambiarios impuestos desde 2003 hayan restringido y limitado dichas transacciones.

Es innegable que cada vez hay más casos de negocios que se ejecutan aprovechando las ventajas de la era digital. Verdaderas tiendas *on-line*, que se publicitan a través de páginas de redes sociales como Instagram, y que permiten efectuar compras *on-line* y obtener ingresos que, en la mayoría de los casos, engrosan las filas de la economía informal, y con ello potencian los problemas de control fiscal y de caída de recaudación.

LA INFLUENCIA INTERNACIONAL ESPECIALMENTE DE LA OCDE

Tal como fue descrito en la parte introductoria de los presentes comentarios, Venezuela no forma parte de la OCDE, y el valor jurídico que tienen sus directrices, guías y recomendaciones es el de *soft law*. Es decir, tales instrumentos no ostentan carácter vinculante. Al no emanar de los órganos legislativos de cada Estado, carecen de eficacia jurídica y, por tanto, no son de obligatorio cumplimiento, como sí lo son para los Estados miembros de la OCDE. En ese sentido, si alguna autoridad del Estado exige el cumplimiento alguna obligación contenida en las guías, recomendaciones o directrices emanadas de la OCDE, sin ellas haber sido ratificadas en el ordenamiento jurídico interno por el órgano legislativo, se violaría el principio de legalidad y demás principios constitucionales que rigen el sistema tributario nacional.

Esto, sin embargo, no obsta a que estas directivas y recomendaciones, y, sobre todo, los conceptos allí establecidos, sean utilizados como referencia y como fuentes de estudio de la materia. Por el contrario, ellas pueden ser utilizadas como mecanismo de interpretación y

---

9   Proyecto de Ley del Comercio Electrónico, disponible en: https://www.estamosenlinea.com.ve/wp-content/uploads/2014/11/PROYECTO-DE-LEY-DE-COMERCIO-ELECTRONICO.pdf.

para esclarecer conceptos indeterminados, pero, jamás, como fuente de normas de obligatorio cumplimiento, hasta tanto no se ratifiquen en el ordenamiento jurídico interno.

RAZONES DE LA INCORPORACIÓN DE UNA NORMATIVA PARA LA TRIBUTACIÓN DE LA ECONOMÍA DIGITALIZADA COMO PARTE DE LA POLÍTICA FISCAL.

La crisis venezolana ha hecho que la digitalización se manifieste a través del comercio de diferentes maneras; ya sea "digitalizando" un negocio tradicional o creando negocios totalmente nuevos. La evolución, progreso y proliferación de estos negocios podrán hacer que sus ingresos, eventualmente, lleguen a niveles lo suficientemente altos como para ameritar su gravamen y actualizar, crear o adaptar mecanismos de control fiscal y recaudación para que el Estado obtenga lo que le corresponde según la Ley.

La adopción de medidas fiscales, no solo en el aspecto de la economía digital, sino en un marco estructural, son parte fundamental de la recuperación económica del país y así ha sido reconocido por los autores y estudiosos de la materia y los intelectuales que participan activamente en la elaboración de directrices para lograr la recuperación de nuestro país.

Existe un gigante déficit fiscal, y una de las maneras para superarlo, podría encontrarse en lograr una adecuada tributación del comercio electrónico que, al final, representa una parte importante de la totalidad de la economía.

Adicionalmente, la eventual apertura tecnológica propiciada por una eventual mejor economía, requerirá normativa específica que cubra, en la medida de lo posible, las novísimas manifestaciones de la tecnología en nuestro país y de las tendencias comerciales globalizadas.

Es necesario admitir, en todo caso, que la eventual adopción de una normativa específica de tributación en el comercio electrónico por Venezuela obedecería, mas a razones de necesidad fiscal que a la presión o interés en acatar los lineamientos BEPS. Como mencionamos, Venezuela, por una parte, no es miembro de la OCDE, y por la otra, atraviesa una crisis fiscal importante y el aspecto tributario representa un aspecto muy trascendental en un escenario de cambios políticos y de recuperación.

Es decir, las decisiones fiscales y tributarias se tomarán a los fines de recuperar la economía del país, independientemente de si dichas decisiones están o no en línea con la OCDE y las BEPS. Es decir, ellas deberán adecuarse a las necesidades fiscales, desde el punto de vista de ingreso y gasto, que Venezuela requiera satisfacer en su momento.

Ello no impide, sin embargo que, con propósito académico analice la congruencia o incongruencia entre la acción 1 BEPS y las medidas tributarias existentes en la legislación fiscal venezolana.

A estos efectos, se identifica que la Acción 1 BEPS tiene tres aspectos fundamentales; brevemente:

-    Modificar la lista de excepciones de la definición de EP, para que ellas siempre tengan carácter auxiliar o preparatorio.

-    Modificar la definición de EP que cubra las manifestaciones de la digitalización en las operaciones y negocios.

-    Modificar las normas de imputación de los ingresos a las distintas jurisdicciones.

Por ahora, el ordenamiento jurídico-tributario venezolano no contempla ninguna de estas medidas. En cambio, está edificado sobre los conceptos tradicionales de la tributación tradicional. A modo ilustrativo, nuestro concepto de establecimiento permanente es el concepto tradicional que requiere una presencia física. Por ende, y por lo menos por ahora, no hay congruencia entre el ordenamiento jurídico venezolano y la Acción 1 BEPS en materia de economía digital. Y en opinión de quien suscribe, tampoco hay intenciones políticas de iniciar un proceso de implementación de la Acción BEPS.

En cuanto a las posiciones doctrinales, oportuno es destacar las recomendaciones que formuladas por la Asociación Venezolana de Derecho Tributario en las Jornadas Venezolanas de Derecho Tributario, celebradas en Caracas, el pasado mes de noviembre de 2018. Entre ellas debemos mencionar:

-   La reforma legislativa en materia de comercio electrónico debe contemplar normas claras, alineadas con las tendencias internacionales para evitar la erosión de la base imponible mediante el escape de fuentes de ingreso.

-   Se debería analizar la conveniencia de incluir en la legislación venezolana un impuesto digital que grave las operaciones de comercio electrónico y las actividades digitales que se desarrollen en Venezuela.

-   En materia de tributación directa internacional, debe promulgarse un gravamen sobre estas rentas, siguiendo las tendencias internacionales, y que apareje mecanismos de control fiscal y recaudación efectivos.

-   En materia de IVA, el gravamen debería fundamentarse en el país de destino, y ser regido por una regulación específica, que garantice una mejor recaudación.

El objetivo sería no tener que acudir a asimilaciones de conceptos, sino que la digitalización – y todo lo que ella supone – estén regulados por conceptos propios y especiales, como un eventual concepto de presencia digital distintos al concepto de establecimiento permanente.

§ 59. FISCALIDAD DEL ARRENDAMIENTO INMOBILIARIO E INCÓGNITAS DEL ARRENDAMIENTO VACACIONAL. CASO AIRBNB

Andreina Lusinchi Martínez [*]

I. INTRODUCCIÓN

Cada día el comercio electrónico o E-commerce tiene un rol más importante dentro de la economía mundial; a través de este modelo de negocios, cualquier persona puede adquirir bienes o servicios en cualquier parte del mundo y en el momento que desee.

Las transacciones de comercio electrónico pueden involucrar diferentes personas, estas pueden ser entre empresas (B2B), empresas-consumidor (B2C), consumidores (C2C), gobiernos y otras organizaciones públicas o privadas. Por otro lado, encontramos los servicios de pago e intermediación financiera que actúan como intermediarios de las transacciones en línea entre compradores y vendedores.

Actualmente la mayoría de las transacciones convencionales pueden realizarse a través de plataformas electrónicas, y la economía ha venido evolucionando, cada vez con más fuerza, hacia un entorno global y digital. La rapidez, comodidad y facilidad de las transacciones electrónicas ha generado que la mayoría de las empresas a nivel mundial preste servicios online, a través de estos medios se puede realizar desde la compra de bienes y servicios, hacer mercado, contratar servicios de taxi o reservar alojamientos.

Con la creciente evolución del comercio electrónico es un hecho que la legislación existente en Venezuela y a nivel mundial no es suficiente para regular todas las transacciones realizadas a través del mismo. Sin embargo, algunos países incluyendo los miembros de la Unión Europea han tratado de abarcar diversas transacciones de comercio electrónico para regularlas fiscalmente.

Los tributos que gravan el comercio electrónico son aquéllos que recaen sobre el comercio general. Sin embargo, entre los principales problemas tributarios que destacan, en relación con la contratación electrónica, son los siguientes[1]:

1- Los problemas de calificación de rentas obtenidas y de las operaciones que se llevan a cabo en el e-commerce.

2- Las dificultades en la localización de las actividades comerciales en un entorno telemático o en el Internet.

3- Las dificultades que tienen las Administraciones Tributarias para identificar las transacciones comerciales vía telemática, y

4- Lo relativo a los medios de pago electrónicos y su identificación.

---

[*] Abogada egresada de la Universidad Católica Andrés Bello, (UCAB) Caracas, Venezuela. Magister en Asesoría Fiscal de Empresas en el Instituto de Empresa (IE). Madrid, España. Miembro de la Asociación Venezolana de Derecho Tributario (AVDT). Miembro del International Fiscal Association (IFA). Miembro del Colegio de Abogados del Distrito Capital y Estado Miranda. Asociada Senior del Escritorio Travieso Evans Arria Rengel & Paz.

[1] ALVARADO WEFFER, Antonio, *"El Desarrollo de los Tributos en el Comercio Electrónico"*, 50 años de la Revista de Derecho Tributario, Compilación de los Estudios Publicados en las *Revistas Nº 51 a la Nº 100*, Asociación Venezolana de Derecho Tributario. Caracas 2014, p. 455.

A partir de lo expuesto, el objeto del presente trabajo es analizar el arrendamiento inmobiliario y sus implicaciones tributarias, especialmente el arrendamiento vacacional como una transacción convencional, y como una operación propia del e-commerce, a través de la plataforma digital de alojamiento turístico Airbnb.

Airbnb es la plataforma en línea de alojamiento turístico por excelencia, la cual sin ser propietaria de los inmuebles ofrece más alojamientos que las mejores cinco cadenas hoteleras del mundo, en promedio 2.000.000 de personas se hospedan diariamente en alojamientos de Airbnb en 81.000 ciudades alrededor de todo el mundo y estima para el 2028 proporcionar alojamiento a 1.000.000.000 de personas al año. Vista la magnitud de ingresos que se pueden generar a través de las transacciones en la plataforma online de Airbnb, en el presente trabajo analizaremos la gravabilidad de los ingresos percibidos por dichos alojamientos, desde el punto de vista de Airbnb y del propietario del inmueble.

II. DEL ARRENDAMIENTO INMOBILIARIO Y ARRENDAMIENTO VACACIONAL EN VENEZUELA

A. Del Régimen jurídico del arrendamiento

De acuerdo al Código Civil Venezolano, el arrendamiento es un contrato por el cual una de las partes se obliga a hacer gozar a la otra de una cosa mueble o inmueble, por cierto tiempo y mediante un precio determinado que ésta se obliga a pagar a aquélla.[2] Igualmente, se entiende por subarrendamiento el arrendamiento celebrado por el arrendatario del bien con un tercero (el subarrendatario).

Los elementos esenciales de este tipo contractual son: 1° la obligación de hacer gozar una cosa mueble o inmueble; 2° un cierto tiempo respecto del cual se asume esa obligación, lo que no implica que haya de ser por un término determinado, pero sí excluye que sea perpetuo; y 3° un precio, que puede fijarse en dinero o en especie.[3]

El Código Civil Venezolano no diferencia entre arrendamiento inmobiliario para uso comercial, de vivienda o vacacionales. Inicialmente el arrendamiento y subarrendamiento de bienes inmuebles destinados a vivienda, y/o uso comercial se encontraban regulados por el Decreto Ley de Arrendamientos Inmobiliarios[4] (LAI).

Sin embargo, la normativa nacional en materia de arrendamiento fue segmentada en diferentes textos jurídicos, lo cual podría implicar que no exista uniformidad en la regulación de una misma actividad como sería *el arrendamiento*. Actualmente se encuentra regulado por las siguientes normas: i) Para arrendamiento de vivienda la Ley para la Regulación y Control de Arrendamiento de Vivienda (LAV)[5]; ii) para arrendamientos comerciales el Decreto Ley de Regulación del Arrendamiento Inmobiliario para uso Comercial (LAIC); y iii) para arrendamientos de oficinas no comerciales, industrias, profesionales, de enseñanza y otras actividades que no sean vivienda y comercio se mantiene vigente la LAI.

La LAIC define como *"inmuebles destinados a uso comercial"*, aquéllos en los cuales se desempeñen actividades comerciales o de prestación de servicios como parte del giro ordi-

---

2   Art. 1.579 del Código Civil Venezolano (*Gaceta Oficial* N° 2.990, *Extraordinaria*, del 26 de julio de 1982).

3   AGUILAR GORRONDONA, José Luis, *"Contratos y Garantías"* Derecho Civil IV, Universidad Católica Andrés Bello, Caracas, 2005, p. 355-356.

4   Decreto Ley de Arrendamientos Inmobiliarios (*Gaceta Oficial* N° 36.845, Ordinaria, del 07 de diciembre de 1999).

5   Ley para la Regulación y Control de Arrendamiento de Vivienda (*Gaceta Oficial* N°6.053, *Extraordinaria*, del 12 de noviembre de 2011).

nario del establecimiento que allí funciona, independientemente de que constituya una unidad inmobiliaria, forme parte de un inmueble de mayor magnitud, o se encuentre anexado a éste e independientemente de que con tal actividad los arrendatarios generen lucro o no.[6]

Por su parte, el *arrendamiento de vivienda* es aquella relación contractual mediante la cual se le permite al arrendatario el uso de un inmueble para que sea usado como vivienda habitual por un tiempo determinado a cambio de una remuneración.

Si bien la LAV excluye de su aplicación los arrendamientos vacacionales y no existe norma expresa que lo regule, podemos definirlos como el arrendamiento de un bien inmueble, junto con los bienes muebles destinados a su uso y disfrute inmediato por un período corto de tiempo a cambio de una remuneración al arrendador o subarrendador.

Es importante considerar que la Ley Orgánica del Turismo establece que se consideran servicios turísticos los *alojamientos con fines turísticos, viviendas vacacionales y de Opera doras o administradoras inmuebles con fines turísticos o vacacionales*. Esta calificación implica que los arrendamientos de corta duración o arrendamientos vacacionales deben cumplir con las obligaciones establecidas en la Ley de Turismo, especialmente, inscribirse en el Registro Turístico Nacional, obtener la Licencia de Turismo, pago de las tasas y contribuciones especiales por la prestación del servicio turístico, e incluso los cánones de arrendamiento de las viviendas vacacionales podrían estar sometidos a regulación de las tarifas.[7]

En este sentido, consideramos que el Régimen Jurídico al cual se encuentra sometido el arrendamiento vacacional es una combinación entre el arrendamiento convencional previsto en el Código Civil Venezolano y la Ley Orgánica de Turismo.

B. Régimen fiscal del arrendamiento convencional

A los fines de determinar el régimen fiscal aplicable, es indispensable la correcta calificación de las actividades realizadas ya que los impuestos y contribuciones aplicables dependen de la calificación jurídica del hecho imponible. Es importante aclarar que en el caso objeto de estudio, se pueden diferenciar dos actividades y dos regímenes fiscales aplicables: i) la actividad económica de Airbnb, la cual consiste en ser una plataforma electrónica cuya prestación de servicios es anunciar inmuebles para que dos sujetos puedan contratar entre sí, un servicio de alojamiento; y por otra parte, ii) el arrendamiento de bienes inmuebles brindado por el propietario del inmueble.

El arrendamiento de bienes inmuebles, en general, es considerado como una prestación de servicios[8], por lo tanto los ingresos obtenidos del arrendamiento inmobiliario se encuentran sometidos a la tributación directa e indirecta relacionada a la prestación de servicios como hecho imponible.

Sin embargo, las normativas específicas de cada tributo establecen criterios especiales de localización y exigibilidad derivada de los servicios directamente relacionados con los bienes inmuebles. Al respecto, en materia de Impuesto Sobre la Renta (ISLR) se sigue el mis-

---

6   Artículo 6 del Decreto Ley de Regulación del Arrendamiento Inmobiliario para uso Comercial (*Gaceta Oficial* N°40.418, del 23 de mayo de 2014).

7   Decreto con Rango, Valor y Fuerza de Ley Orgánica de Turismo (*Gaceta Oficial* N° 6.152 *Extraordinario* del 18 de noviembre de 2014).

8   Ley de Impuesto al Valor Agregado (*Gaceta Oficial* N° 6.152, *Extraordinaria*, de fecha 18 de noviembre de 2014) Artículo 4: *A los efectos de este Decreto con Rango, Valor y Fuerza de Ley, se entenderá por: 4. Servicios: cualquier actividad independiente en la que sean principales las obligaciones de hacer. También se consideran servicios (...) los arrendamientos de bienes muebles, arrendamientos de bienes inmuebles con fines distintos al residencial y cualesquiera otra cesión de uso, a título oneroso, de tales bienes o derechos, los arrendamientos o cesiones de bienes muebles destinados a fondo de comercio situados en el país. (...).*

mo criterio establecido para las entregas de los mismos: lugar donde radiquen los inmuebles a que se refieren los servicios; considerándose directamente relacionados con los inmuebles, entre otros, los servicios de arrendamiento; los servicios vinculados con las construcciones; incluyendo los prestados por arquitectos o ingenieros, etc. El criterio del lugar de realización del servicio se aplica a los de carácter cultural, artístico, deportivo, científico, docente, recreativo o similares; los de hostelería, los accesorios de transporte de mercancía, etc.[9]

En materia de imposición directa, de acuerdo al artículo 6 de la Ley de Impuesto Sobre la Renta (ISLR) un enriquecimiento proviene de actividades realizadas en Venezuela *"cuando alguna de las causas que lo origina ocurra dentro del territorio nacional."* De tal manera, los ingresos provenientes del arrendamiento de un inmueble localizado en el país es gravable en Venezuela, independientemente donde resida la persona receptora de los beneficios, salvo que exista disposición en contrario en los Convenios para evitar la doble tributación celebrados por Venezuela.

Adicionalmente, en materia ISLR con la reforma de la Ley del año 2015 se considera que los ingresos provenientes del arrendamiento inmobiliario se consideran disponibles en base a lo devengado, es decir, no dependen del momento en que se efectúe el pago. Por cuanto se estaría gravando la expectativa del arrendador de percibir el pago del canon, teniendo éste el deber de declarar y pagar el ISLR aun cuando no ha incrementado efectivamente su patrimonio, debido a la falta de pago del arrendamiento y/o los comunes retrasos en el pago.[10] Lo cual afecta la capacidad contributiva al gravar unos ingresos que no han sido efectivamente percibidos.

En materia de Impuesto al Valor Agregado (IVA), la Ley del IVA en su artículo 4 enumera los actos que se consideran prestación de servicios, en la que señala cualquier actividad independiente en la que sean principales las obligaciones de hacer. Igualmente establece que se consideran servicios los arrendamientos de bienes muebles, arrendamientos de bienes inmuebles con fines distintos al residencial y cualquier otra cesión de uso, a título oneroso, de tales bienes o derechos, los arrendamientos o cesiones de bienes muebles destinados a fondo de comercio situados en el país. En el caso de adquisición de bienes y servicios de un proveedor en el extranjero, el IVA causado corresponde pagarlo al receptor del bien o servicio.[11]

De acuerdo a lo expuesto, el arrendamiento de bienes inmuebles, independientemente sea de inmuebles destinados al comercio o de uso vacacional se encuentra sujeto al ISLR e IVA y dependiendo del caso particular podría estar sujeto al pago de Impuesto de Actividades Económicas Industria y Comercio (IAEIC), y contribuciones turísticas.

---

9   PAREDES, Carlos Enrique, *"Definición y Territorialidad de los Servicios en el Impuesto al Valor Agregado Venezolano"* 50 años de la Revista de Derecho Tributario, Compilación de los Estudios Publicados en las *Revistas Nº 51 a la Nº 100*, Asociación Venezolana de Derecho Tributario, Caracas 2014, 769.

10   QUINTERO MENDOZA, Ritza, *"Reglas de Disponibilidad de la Renta en la Reforma de Ley de 2015. Caso de cánones de arrendamiento inmobiliario"*, en SÁNCHEZ, Salvador y ABACHE CARVAJAL, Serviliano (Coords.), Impuesto Sobre la Renta. Aspectos de una necesaria reforma. *XVI Jornadas Venezolanas de Derecho Tributario 2017*, p. 212.

11   Ley de Impuesto al Valor Agregado (*Gaceta Oficial* Nº 6.152, *Extraordinaria*, de fecha 18 de noviembre de 2014) *Artículo 9: Son responsables del pago del impuesto, las siguientes personas: 1. El adquiriente de bienes muebles y el receptor de servicios cuando el vendedor o el prestador del servicio no tenga domicilio en el país. (...)*

II. ÁNALISIS DE AIRBNB

A. CONDICIONES GENERALES DEL CONTRATO DE AIRBNB

Debemos definir *"Airbnb"* como una plataforma digital que conecta personas que tienen alojamientos disponibles para anunciar y reservar con huéspedes que buscan reservar dichos alojamientos.[12]

Antes de iniciar el análisis de los servicios prestados por Airbnb y las condiciones generales del Contrato, es importante aclarar cómo se organiza el grupo societario.[13]

- Si el usuario es residente en los Estados Unidos (EEUU) el contrato suscrito por la prestación de servicios será con Airbnb Inc (sociedad residente de los EEUU)

- Si el usuario es residente en la Comunidad Europea, estará suscribiendo un contrato con Airbnb Ireland UC (en adelante también denominada **"Airbnb Ireland"**), sociedad residente en Irlanda.

- Si el usuario es residente en China, estará suscribiendo un contrato con Airbnb Internet (Beijing) Co., Ltd. excepto cuando reserve un Servicio de Anfitrión o cuando cree un Anuncio ubicado fuera de China, en cuyo caso estará suscribiendo un contrato con Airbnb Ireland para esa transacción.

- Si el usuario es residente en Japón estará suscribiendo un contrato con Airbnb Global Services Limited (sociedad residente en Irlanda), excepto cuando reserve un Servicio de Anfitrión o cuando cree un Anuncio ubicado fuera de Japón, en cuyo caso estará suscribiendo un contrato con Airbnb Ireland para esa transacción.

- Si el usuario no es residente en EEUU, Comunidad Europea, China o Japón, estará suscribiendo un contrato con Airbnb Ireland. **Este sería el caso aplicable a los usuarios residentes en Venezuela.**

- Adicionalmente, todos los servicios relacionados con el procesamiento de pagos a través de la plataforma Airbnb para personas no residentes en EEUU, Comunidad Europea, China o Japón, le serán proporcionado por Airbnb Payments UK (en adelante también denominada "Airbnb Payments"), sociedad domiciliada en Reino Unido.

De conformidad con lo expuesto, a continuación analizaremos las relaciones contractuales con Airbnb Ireland y Airbnb Payments.

La actividad económica de Airbnb consiste en ser una plataforma electrónica cuya prestación de servicios es anunciar inmuebles para que dos sujetos puedan contratar entre sí, un servicio de alojamiento. En ningún caso Airbnb constituye un agente inmobiliario, agencia de viajes o de seguros. De este modo Airbnb como prestador de servicios ofrece el almace-

---

12 *"1.1 La Plataforma de Airbnb es un mercado en línea que permite que los usuarios registrados ("**Miembros**") y ciertos terceros que ofrecen servicios (los Miembros y terceros que ofrecen servicios son "**Anfitriones**" y los servicios que ofrecen son "**Servicios de Anfitrión**") publiquen dichos Servicios de Anfitrión en la Plataforma de Airbnb ("**Anuncios**") y comuniquen y gestionen directamente con los Miembros que desean reservar dichos Servicios de Anfitrión (los Miembros que utilizan los Servicios de Anfitrión son "**Huéspedes**"). Los Servicios de Anfitrión pueden incluir la oferta de propiedades desocupadas o de otro tipo para su uso ("**Alojamientos**"), actividades de uno o varios días en diversas categorías ("**Experiencias**"), acceso a eventos y lugares únicos ("**Eventos**"), así como toda una gama de demás servicios relacionados o no con el viaje."* Airbnb Corporation, Condiciones Generales de Contratación. Acceso el 16 de febrero de 2019, https://www.airbnb.co.ve/terms.

13 Todas las referencias a las condiciones generales de contratación con Airbnb pueden encontrarse Airbnb Corporation, Condiciones Generales de Contratación. Acceso el 16 de febrero de 2019, https://www.airbnb.co.ve/terms.

namiento de información, búsqueda de ofertas, servicios de pago y determinados servicios adicionales como verificación de fotografías entre otros, lo cual se podría definir como servicios de intermediación.

Por la prestación de servicios Airbnb cobra dos tarifas: "tarifa de anfitrión" y "tarifas de huésped". En este sentido, Airbnb Payments deducirá cualesquiera Tarifas de Anfitrión de la Tarifa total por Anuncio antes de remitir el pago al Anfitrión. Todas las Tarifas de Huésped están incluidas en las Tarifas Totales cobradas por Airbnb Payments.

Ahora bien, de acuerdo a los términos generales de Airbnb cuando los miembros (anfitrión y huésped) realizan o aceptan una reserva, suscriben un contrato directamente entre ellos.

Por lo tanto, en una transacción de reserva del alojamiento en la plataforma electrónica de Airbnb nos encontramos ante dos hechos imponibles dependiendo del sujeto pasivo. Por una parte, Airbnb presta un servicio por vía electrónica por los anuncios de alojamientos, plataformas de pago e incluso servicios de intermediación, mientras que entre los miembros (anfitrión y huésped) se perfecciona el arrendamiento inmobiliario como hecho imponible.

El esquema aplicable a Venezuela sería el siguiente:

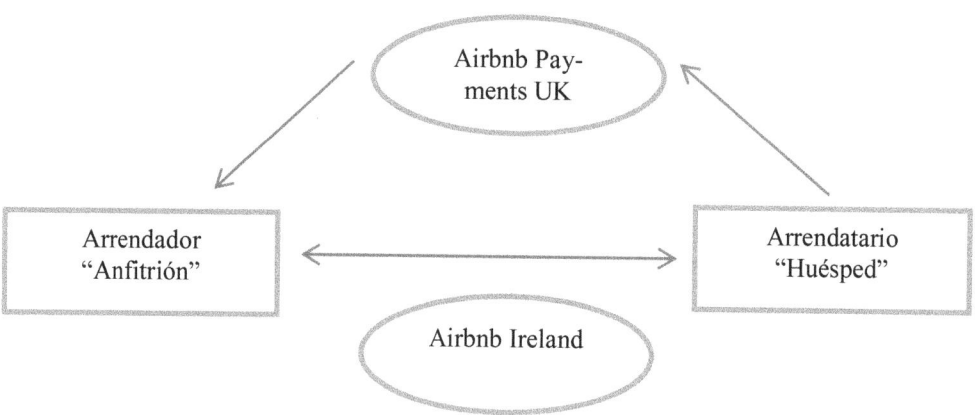

B. Del hecho imponible y su tributación de acuerdo al sujeto pasivo

B.1. Ingresos provenientes de los servicios prestados por AIRBNB

B.1.1- Impuesto sobre la Renta (ISLR)

Desde la óptica de Airbnb nos encontramos ante una prestación de servicios de almacenamiento, publicación o intermediación en el arrendamiento de bienes inmuebles, e intermediación en el pago por parte de Airbnb Ireland o Airbnb Payments UK, respectivamente. Estas entidades no son residentes en Venezuela y no tienen establecimiento permanente en el país[14].

---

14 Decreto con Rango, Valor y Fuerza de Ley del Impuesto Sobre la Renta (*Gaceta Oficial* N° 6.210, *Extraordinaria*, de fecha 30 de diciembre de 2015) "*Artículo 7 Parágrafo Tercero: A los fines de este Decreto con Rango,*

De acuerdo a la Ley de ISLR las personas naturales o jurídicas no residentes en Venezuela estarán sujetas al pago de ISLR, siempre que la fuente de los enriquecimientos esté ubicada en Venezuela.[15]

Por su parte, el artículo 6 de la Ley de ISLR establece que se entienden como rentas causadas en Venezuela, las contraprestaciones recibidas por toda clase de servicios realizados o aprovechados en el país y todos aquellos que se obtengan por servicios tecnológicos utilizados en el país.

A los fines de este trabajo se debe analizar si los servicios prestados por Airbnb Ireland o Airbnb Payments UK vinculados a un inmueble situado en Venezuela se consideran prestados en Venezuela a los fines de determinar su gravabilidad.

El servicio prestado por Airbnb no es un servicio de arrendamiento o administración de bienes inmuebles y, por lo tanto, no se encuentra directamente vinculado al inmueble situado en Venezuela, por el contrario es considerado un servicio de almacenamiento, publicación o intermediación en el arrendamiento de bienes inmuebles o procesamiento de pagos; dicho servicio es prestado a través de una plataforma tecnológica por una empresa domiciliada en el extranjero que no se considera que tiene establecimiento permanente en el país.

De acuerdo al análisis expuesto, los servicios prestados por Airbnb Ireland o Airbnb Payments UK, a pesar de fungir como vínculo entre "el Anfitrión" y "el Huesped" para que entre particulares se concrete el arrendamiento de un bien inmueble y se procese el pago, respectivamente, no se consideran servicios vinculados directamente al bien inmueble, y por lo tanto no se consideran servicios realizados en el país.

Sin embargo, en caso que el usuario de dichos servicios sea un residente en Venezuela, los servicios tecnológicos o de intermediación prestados por Airbnb Ireland o Airbnb Payments podrían considerarse aprovechados en Venezuela. En dicho caso, existe un Convenio para Evitar la Doble Tributación entre Venezuela y el Reino Unido de Gran Bretaña e Irlanda del

---

Valor y Fuerza de Ley se entenderá que un sujeto pasivo realiza operaciones en la República Bolivariana de Venezuela por medio de establecimiento permanente, cuando directamente o por medio de apoderado, empleado o representante, posea en el territorio venezolano cualquier local o lugar fijo de negocios, o cualquier centro de actividad en donde se desarrolle, total o parcialmente, su actividad o cuando posea en la República Bolivariana de Venezuela una sede de dirección, sucursal, oficinas, fábricas, talleres, instalaciones, almacenes, tiendas u otros establecimientos; obras de construcción, instalación o montaje, cuando su duración sea superior a seis meses, agencias o representaciones autorizadas para contratar en nombre o por cuenta del sujeto pasivo, o cuando realicen en el país actividades referentes a minas o hidrocarburos, explotaciones agrarias, agrícolas, forestales, pecuarias o cualquier otro lugar de extracción de recursos naturales o realice actividades profesionales, artísticas o posea otros lugares de trabajo donde realice toda o parte de su actividad, bien sea por sí o por medio de sus empleados, apoderados, representantes o de otro personal contratado para ese fin. Queda excluido de esta definición aquel mandatario que actúe de manera independiente, salvo que tenga el poder de concluir contratos en nombre del mandante. También se considera establecimiento permanente a las Instalaciones explotadas con carácter de permanencia por un empresario o profesional, a los centros de compras de bienes o de adquisición de servicios y a los bienes inmuebles explotados en arrendamiento o por cualquier título.

Tendrán el tratamiento de establecimiento permanente las bases fijas en el país de personas naturales residentes en el extranjero a través de las cuales se presten servicios personales independientes. Constituye base fija cualquier lugar en el que se presten servicios personales independientes de carácter científico, literario, artístico, educativo o pedagógico, entre otros, y las profesiones independientes."

15   *"Desde el punto de vista objetivo, el criterio de vinculación por excelencia es la fuente o causa del enriquecimiento. En general, la gran mayoría de los Estados consideran la fuente del enriquecimiento o renta como criterio de vinculación básico. Según el criterio de la fuente, si un enriquecimiento proviene de una fuente o causa ubicada en el territorio de un Estado, dicho Estado podrá gravar dicha renta. La justificación del criterio de la fuente es que el Estado que ejerce soberanía sobre el territorio donde se causó el enriquecimiento también tiene poder tributario sobre la renta producida en el contexto socio-económico de dicho territorio."* BENSHIMOL, Alberto, *"Criterios de Vinculación"*, Manual Venezolano de Derecho Tributario, Asociación Venezolana de Derecho Tributario. Caracas 2013, p. 879.

Norte[16], por lo tanto, los ingresos obtenidos en Venezuela derivados del cobro de comisiones a arrendadores y arrendatarios se califican como beneficios empresariales y de acuerdo al artículo 7 del Convenio serán gravables en Irlanda o Reino Unido según corresponda a los servicios sean prestados por Airbnb Ireland o Airbnb Payments, respectivamente.

Ha surgido una polémica mundial en cuanto a la tributación de las plataformas digitales, tipo Airbnb, ya que la mayoría de estas multinacionales han elegido Irlanda para tributar por su actividad económica en el mercado europeo y latinoamericano. La razón, es que Irlanda tiene un Impuesto sobre Sociedades (equivalente al ISLR venezolano) del 12,5% sobre los beneficios (hasta 34% en Venezuela).

Para muchas administraciones tributarias, Airbnb y otras plataformas tecnológicas similares han optado por lo que algunos denominan "planificación fiscal agresiva" lo cual afecta la capacidad de recaudación de varios países en virtud que los ingresos obtenidos en los diferentes países por las actividades económicas digitales no pueden vincularse y por lo tanto gravarse en cada uno de ellos. A tal efecto, algunos países miembros de la Unión Europea se encuentran analizando la posibilidad de establecer un impuesto del provisional 3% sobre la renta de fuente mundial y renta de fuente europea a los servicios de publicidad online, servicios de intermediación y venta de datos generados a partir de la información proporcionada por el usuario de las compañías digitales,[17] lo cual se ha llamado *"Google Tax"*.[18]

La creación de este nuevo tributo busca gravar aquellas empresas que devenguen 750 millones de euros de renta mundial y 50 millones de euros de renta europea, y cuya prestación de servicios digitales involucre a los usuarios para la creación de datos que generen plusvalía, es decir, dicha contribución se encuentra principalmente enfocada a la gravabilidad de los servicios de publicidad dirigida que brindan las plataformas digitales como "Google" o "Facebook".

El objetivo de crear este nuevo tributo es ajustar temporalmente la normativa mundial existente a la evolución de la economía digital, y de alguna manera compensar los impuestos que estas grandes compañías no pagan por encontrarse fuera de la legislación fiscal.

En nuestro criterio las normativas tributarias de cada país deben adaptarse para regular las transacciones que se realizan a través de plataformas electrónicas y establecer detalladamente vínculos de conexión entre el país en el cual se genere la renta y su gravabilidad. *B.1.2 Impuesto al Valor Agregado (IVA)*

La Ley de IVA venezolana no define como hecho imponible la prestación de servicios electrónicos o intermediación, sin embargo, puede considerarse que los servicios prestados por Airbnb se clasifican como hecho imponible de acuerdo con el artículo 17 del Reglamento de IVA.[19]

---

16 Ley Aprobatoria del Convenio Para Evitar la Doble Tributación y Prevenir la Evasión Fiscal en materia de Impuesto sobre la Renta y sobre las ganancias de Capital entre el Gobierno de la República de Venezuela y el Gobierno del Reino Unido de Gran Bretaña e Irlanda del Norte. (*Gaceta Oficial* Nº 5.218, *Extraordinaria*, de fecha 06 de marzo de 1998).

17 Propuesta para una Directiva de la Comisión Europea de fecha 21 de marzo 2018.

18 Por su parte la Comisión Europea al no lograr el consenso de todos sus miembros para la armonización de este tributo, ha decidido esperar al año 2020 que la Organización para la Cooperación y el Desarrollo Económicos discuta el asunto y se dicten pautas a seguir en materia fiscal.

19 Reglamento de la Ley de Impuesto al Valor Agregado (*Gaceta Oficial* Nº 5.363, *Extraordinaria*, de fecha 12 de julio de 1999) *"**Artículo 17:** Para los efectos del impuesto se entiende por servicios, cualesquiera actividades independientes consistentes en ejecutar ciertos hechos, actos, contratos u obras remunerados a favor de un tercero receptor de dichos servicios. Para tal efecto, deben incluirse entre otras, las siguientes prestaciones onerosas de servicios: 1.- El diseño, programación e implantación de un sistema de computación para un determinado receptor del servicio, así como los servicios prestados de procesamiento automático de datos. (...) 4.- Servicios de los comisionistas, corredores de comercio, de administración de propiedades, de intermediación de bolsa de pro-*

En la intermediación de arrendamientos con fines turísticos a través de plataformas digitales se distinguen dos tipos de operaciones a efectos de tributación en IVA: a) La plataforma digital factura una comisión al propietario del inmueble (arrendador) o en algunos casos subarrendatarios, ambos denominados "Anfitrión": Sería un negocio turístico entre empresas (B2B); y b) La plataforma digital factura una comisión al cliente arrendatario del inmueble (Huésped): entre empresa y consumidor (B2C). El servicio se localiza donde sea realizado o aprovechado el servicio.

La prestación de servicios será gravada en Venezuela cuando se ejecuten o aprovechen en el país[20]. Como se mencionó previamente el servicio prestado por Airbnb es considerado un servicio de almacenamiento, publicación o intermediación en el arrendamiento de bienes inmuebles o procesamiento de pagos; el cual es prestado a través de una plataforma tecnológica por una empresa domiciliada en el extranjero, por lo tanto no se consideran servicios realizados o aprovechados en el país.

En caso que el beneficiario del servicio se encuentre domiciliado en Venezuela, y estos servicios sean aprovechados en el país y por lo tanto sujeto al pago del IVA en Venezuela; el responsable del pago del impuesto será el receptor del servicio, quien tiene la obligación de retener y enterar el pago del impuesto cuando el prestador del servicio no tenga domicilio en Venezuela. De acuerdo a las políticas de Airbnb, el responsable del pago de impuestos será el Anfitrión. Esto abarca ciertos problemas prácticos en la efectiva recaudación y pago de los impuestos correspondientes.

De acuerdo a sus políticas de contratación, Airbnb únicamente tiene la obligación de aplicar IVA sobre las comisiones por servicio en aquellos países que gravan la prestación de servicios electrónicos. Actualmente, están incluidos todos los países de la UE, Suiza, Noruega, Islandia, Sudáfrica, Bielorrusia, Arabia Saudita, Taiwán, Las Bahamas, Emiratos Arabes Unidos, Japón, Rusia, China, Serbia y Albania.[21]

---

ductos o valores, consignatarios, martilleros, concesionarios y, en general, de quienes compren o vendan, exporten o importen o presten servicios por cuenta de terceros. (...)13.- Servicios gravados de espectáculos públicos; de hoteles, moteles, hospedajes, pensiones, restaurantes, bares, confiterías y similares."

20 Artículo 15 de la Ley de IVA y Artículo 3 del Reglamento. En términos generales, según el principio de destino, la potestad tributaria la tendrá el Estado en cuyo territorio "se produce efectivamente el consumo de bienes y/o servicios cuya venta o suministro hacen nacer la obligación tributaria" (Cano González, 2016, pa. 123); es decir, el IVA se gravará en el Estado en que se encuentre el consumidor final (Estado de consumo), poniendo en un plano de igualdad a los negocios proveedores. En cambio, según la regla de origen, la potestad tributaria la tendrá el Estado en cuyo territorio "se generó el valor agregado que será objeto de tributación" (Escalante Elguezabal, 2013, pag. 374); es decir, la operación se gravará en el "país en el que se desarrolla el proceso productivo, con independencia de su destino del mercado consumidor al cual está destinado" (Steinweg Venezuela, C.A. 2003 (Estado de origen), poniendo en un plano de igualdad a los consumidores.

Según las características que mencionamos del IVA, es lógico concluir que el principio que mejor lo representa es el principio de destino. Esta es la tendencia desde el punto de vista teórico y práctico puesto que permite alcanzar "neutralidad en el comercio internacional, debido a que no existe ventaja alguna de comprar una JBIF, y tampoco hay múltiples y/o altas tarifas de IVA que distorcionen el nivel o composición de las exportaciones de un país" (OCDE 2015, pag. 29). Esta neutralidad se alcanza porque las exportaciones están exentas de IVA y las importaciones se gravan utilizando los mismos parámetros para gravar el comercio interno." ANDRADE, Ignacio, "En miras del Futuro: ¿El Derecho Tributario Venezolano a la Altura de la Era Digital?" La Tributación en la Era de la Economía Digital, XVII Jornadas de Derecho Tributario, Asociación Venezolana de Derecho Tributario. Caracas 2018. 153.

21 Airbnb Corporation, Condiciones Generales de Contratación. Acceso el 16 de febrero de 2019, https://www.airbnb.co.ve/terms.

Airbnb Corporation, Condiciones Generales de Contratación. Acceso el 16 de febrero de 2019, https://www.airbnb.co.ve/terms. "Airbnb aplica el IVA a las comisiones por servicio para anfitriones y huéspedes que residen en Albania, Bielorrusia, Islandia, Noruega, Rusia, Arabia Saudita, Serbia, Sudáfrica, Suiza, Taiwán, las Bahamas, la Unión Europea y los Emiratos Árabes Unidos, mientras que el JCT se aplica a los huéspedes y anfitriones de

B.2. Ingresos provenientes del srrendamiento inmobiliario. Anfitrión- huésped.

El arrendamiento de bienes inmuebles entre el anfitrión y el huésped a través de la plataforma de Airbnb es considerado un arrendamiento convencional y una prestación de servicios como hecho imponible, por lo tanto, en caso que el inmueble se encuentre ubicado en Venezuela, considerando el inmueble arrendado como vinculación directa al país, el hecho imponible se considera realizado y por lo tanto gravable en Venezuela, independientemente donde resida la persona receptora de los beneficios.

B.2.1. Impuesto Sobre la Renta (ISLR)

De conformidad con el artículo 6 de la LISLR los ingresos provenientes del arrendamiento de bienes inmuebles situado en Venezuela se encuentran sujetos a ISLR en Venezuela. Se entiende como rendimientos inmobiliario los ingresos brutos recibidos de la actividad de arrendar una propiedad[22], por su parte, en el caso de los subarrendadores se considera ingreso la diferencia favorable entre la cantidad que reciba y la que pague por concepto del bien dado en arrendamiento.[23]

A los efectos de determinar los ingresos netos gravables, de acuerdo al artículo 27 de la LISLR el Anfitrión podrá deducir los siguientes gastos:

- Intereses de los capitales tomados en préstamos e invertidos en la producción de la renta, en este caso, sería los intereses pagados por préstamos para la adquisición o mejora de la propiedad dada en arrendamiento.

- Los tributos pagados por razón de actividades económicas o bienes productores de renta. Estos gastos incluyen la deducción de tasas o contribuciones especiales relacionadas con el inmueble por ejemplo: tasa de basura, impuesto municipal sobre inmuebles urbanos o en algunos países como España el Impuesto a los Bienes Inmuebles.

- Indemnizaciones correspondientes a los trabajadores con ocasión del trabajo. Cuando implique la contratación de personal de limpieza u otro tipo.

- La cantidad correspondiente a la depreciación y/o amortización de la propiedad. No pueden ser deducibles por el subarrendador.

- Los gastos de administración y conservación del inmueble dado en arrendamiento. Dichos gastos no pueden exceder del 10% de los ingresos brutos percibidos por el arrendamiento.[24]

Japón y el GST, a los huéspedes y anfitriones de Australia y Nueva Zelanda. En Taiwán, el IVA se aplica al precio del alojamiento más todas las comisiones por otros servicios (como la limpieza, los huéspedes adicionales y las comisiones por servicio del huésped). Airbnb también está obligada a aplicar IVA sobre las comisiones por servicio de todos los usuarios que contraten a través de Airbnb China.”

22   Artículo 23 del Reglamento de la Ley de Impuesto sobre la Renta (*Gaceta Oficial* N° 5.662, *Extraordinaria*, del 24 de septiembre de 2003).

23   Artículo 28 del Reglamento de la Ley de Impuesto sobre la Renta (*Gaceta Oficial* N° 5.662, *Extraordinaria*, del 24 de septiembre de 2003).

24   Artículo 69 Reglamento de la Ley de Impuesto sobre la Renta (*Gaceta Oficial* N°5.662, *Extraordinaria*, del 24 de septiembre de 2003): “*La deducción por concepto de gastos de administración de inmuebles dados en arrendamiento comprenderá los siguientes egresos pagados dentro del ejercicio gravable: a.- Sueldos, salarios y demás remuneraciones similares. b.- Gastos de traslado de nuevos empleados, determinados de acuerdo con lo previsto en el artículo 66 de este Reglamento. c.- Remuneraciones a empresas o agencias de administración. d.- Honorarios por servicios jurídicos o contables y los gastos de propaganda; y, e.- Cualquier otro gasto normal y necesario de administración. Los egresos a que se refiere este artículo deberán corresponder a inmuebles cedidos en arrenda-*

- Los cánones o cuotas correspondientes al arrendamiento de bienes destinados a la producción de la renta. Aplicable en los casos que el Anfitrión sea el subarrendador.
- Gastos de reparaciones ordinarias del inmueble sujeto a arrendamiento.
- Primas de seguro que cubran los riesgos del inmueble y personas distintas al contribuyente.
- Pérdidas por deudas incobrables.[25]
- Cualquier otro gasto normal y necesario producido en el país y soportado por el arrendador con el objeto de producir la renta. En este punto se incluye las comisiones pagadas a Airbnb, ya que sin sus servicios no es posible contactar entre Huésped y Anfitrión para concretar el arrendamiento.

Es importante aclarar que para que sea procedente la deducibilidad de los gastos mencionados previamente estos deben de haber sido asumidos en su totalidad por el arrendador y estar debidamente respaldados por las facturas o soporte de los gastos correspondientes.

En caso que un inmueble sea arrendado por períodos cortos, sólo serán deducibles los gastos relacionados con la parte proporcional al período de tiempo arrendado. Es decir, cuando un gasto sea pagado de forma anual, se debe prorratear y será deducible el gasto correspondiente al período arrendado. En caso de varios alquileres a través de la plataforma de Airbnb se deben sumar todos los días del año en que el inmueble fue arrendado y prorratear los gastos correspondientes para su deducción.

Lo mismo ocurre en el supuesto que sólo una parte de la propiedad sea arrendada, muy común en Airbnb con el arrendamiento de habitaciones; en estos casos se debe prorratear los gastos correspondientes al espacio que está siendo arrendado en relación con el total del inmueble para determinar su deducibilidad.

Ahora bien, en el ámbito para determinar la gravabilidad del ISLR a las personas no residentes en nuestro país y que perciban rendimientos de arrendamiento de inmuebles situados en Venezuela, con independencia de que sean personas naturales o jurídicas, tributarán en el país de conformidad con la LISLR y el artículo 6 del modelo de Convenio para Evitar la Doble Tributación de la Organización para la Cooperación y Desarrollo Económico (OECD), permitiendo al Estado de la fuente el gravamen de tales rentas inmobiliarias. En cuyo caso, para el cálculo del ingreso bruto gravable se aplica las mismas normas de gastos deducibles antes expuestas.

B.2.2. Impuesto al Valor Agregado (IVA)

En materia de IVA los artículos 3º y 4º de la Ley de IVA establecen como hecho imponible del impuesto la prestación a título oneroso de servicios que sean aprovechados en el país; dentro de los cuales específica el arrendamiento de bienes inmuebles distintos al residencial, aun cuando el prestador del servicio no se encuentre domiciliado en Venezuela.

El arrendamiento de inmueble destinado exclusivamente a vivienda, incluidos los garajes y anexos accesorios, y los muebles arrendados conjuntamente con aquél, no se encuentran sujetos al IVA en Venezuela.

En vista que la operación entre Anfitrión y Huésped es un arrendamiento convencional, en materia de tributación indirecta no tiene mayores variaciones, por lo tanto, el arrendamiento

---

miento por el contribuyente y en ningún caso el total deducible podrá ser superior al diez por ciento (10%) del monto de los ingresos brutos percibidos en el ejercicio gravable por tales arrendamientos."

25 Siempre que cumpla con los requisitos que establece el artículo 27 numeral 8 de la Ley de Impuesto sobre la Renta.

de un bien inmueble situado en Venezuela se encuentra sujeto a IVA con la alícuota del 16% en Venezuela, pudiendo generar un crédito fiscal deducible.

B.2.3. *Impuestos sobre Turismo*

De acuerdo a las políticas de Airbnb cualquier autoridad tributaria competente del lugar donde se ubique el inmueble sujeto a arrendamiento podrá exigir el cobro de impuestos especiales por turismo u ocupación a Huéspedes o Anfitriones sobre las Tarifas por Anuncio, y que sean remitidos a la Autoridad Fiscal correspondiente.

De acuerdo a las normativas de ciertos países para que el arrendamiento se considere con fines turísticos, es necesario que se incluyan determinados servicios complementarios propios del sector hotelero (como por ejemplo: limpieza periódica, cambio de ropa de cama, desayuno, etc.)

En la normativa venezolana la Ley Orgánica del Turismo establece que se consideran servicios turísticos los *alojamientos con fines turísticos, viviendas vacacionales y de Operadoras o administradoras inmuebles con fines turísticos o vacacionales.*

En este sentido, se establece una contribución especial aplicable al ejercicio de actividades de prestación de servicios turísticos en Venezuela equivalente al 1% de los ingresos brutos obtenidos mensualmente por los prestadores de servicios, en este caso en particular, el sujeto pasivo sería el "Anfitrión". La declaración y pago de esta contribución debe efectuarse dentro de los primeros quince días continuos siguientes al término de cada período impositivo. Sin embargo, el ejecutivo nacional y los municipios pueden conceder beneficios fiscales con el objeto de incentivar el turismo.

IV. AIRBNB: ¿ECONOMÍA COLABORATIVA?

Luego del análisis jurídico y fiscal de la actividad económica ejercida por Airbnb como plataforma digital, así como de los sujetos que se involucran en la operación de arrendamiento; procedemos a analizar si efectivamente dicha actividad puede ser calificada como "alojamiento colaborativo". La economía colaborativa se puede definir como una transacción entre dos sujetos, considerados iguales (productor y consumidor), especialmente a través de plataformas digitales, en la cual estos pueden compartir, comercializar o intercambiar bienes o servicios. La economía colaborativa facilita el intercambio de bienes o servicios en un mercado cuyos intervinientes suelen ser sujetos que no tienen la condición de empresarios o profesionales, aprovechando normalmente el uso de plataformas tecnológicas que conectan a las partes intervinientes en la operación.

El surgimiento de la economía colaborativa, ha generado grandes beneficios pues, entre otros, (i) ha permitido aprovechar recursos subutilizados, (ii) que particulares obtengan ingresos extraordinarios –sin ser comerciantes o empresarios-, y (iii) que las partes intervinientes en estas operaciones se vean beneficiadas de forma rápida, sencilla y sin estar sometidas a la rigurosidad de las formas tradicionales de hacer negocios.[26]

En relación a la plataforma tecnológica Airbnb, consideramos que se inspira en los principios y beneficios de la economía colaborativa, como son (i) transacción de igual a igual (anfitrión y huésped), que les permite obtener ingresos sin ser empresarios, (ii) provecho de recursos subutilizados, y (iii) operaciones sencillas, sin estar sometidas a restricciones legales o de comercio de las transacciones convencionales.

---

26 CABALLERO P., Rosa, *"Aproximaciones a la fiscalidad de la sociedad digital y la Economía Colaborativa. Una Reflexión para Venezuela"*, La Tributación en la Era de la Economía Digital, XVII Jornadas de Derecho Tributario, Asociación Venezolana de Derecho Tributario. Caracas 2018, p. 181 y 182.

Sin embargo, como mencionamos previamente, los servicios prestados por la plataforma electrónica de Airbnb consisten en anunciar inmuebles para que dos sujetos puedan contratar entre sí, un servicio de alojamiento y por la prestación de tales servicios Airbnb cobra dos tarifas: "tarifa de anfitrión" y "tarifas de huésped".

Si bien la actividad pareciera ser un alojamiento colaborativo, consideramos que Airbnb al cobrar por los servicios prestados por la plataforma, deja de ser una transacción entre iguales y pasa a ser una transacción convencional a través de un intermediario; alejándose de tal manera del concepto de economía colaborativa. Convirtiendo a Airbnb, en una plataforma electrónica que opera como intermediario entre arrendadores y arrendatarios a cambio de una contraprestación por sus servicios.

De tal manera, coincidimos con GARCIA NOVOA al afirmar que deben excluirse de este ámbito "aquellas plataformas digitales que presten servicio de mediación pero respecto a sujetos que actúen como empresarios o profesionales, no como particulares", y es que, para adecuarse al concepto que manejamos, se requiere que el particular que comercialice el bien o preste el servicio ofertado a través de la plataforma tecnológica, no forme parte de una estructura empresarial.[27]

V. CONCLUSIONES Y RECOMENDACIONES

- En la actualidad el comercio electrónico abarca la mayoría de las transacciones convencionales, y la legislación tributaria a nivel mundial no es suficiente para regular y gravar los ingresos percibidos en dichas operaciones.

En este sentido recomendamos realizar una necesaria reforma integral de la normativa fiscal venezolana, en la cual se incluyan normas claras y alineadas con el sistema internacional para regular el e-commerce o economía colaborativa, para gravar los ingresos provenientes de fuente extranjera o consumidos por residentes extranjeros en el país. Dicha reforma principalmente debe prever la calificación de las rentas obtenidas y las operaciones realizadas a través del e-commerce y la localización de éstas a los efectos de su tributación.

Igualmente, considero oportuno crear incentivos fiscales para impulsar el desarrollo de la economía digital.

- De acuerdo al análisis expuesto, el servicio prestado por Airbnb no es un servicio de arrendamiento y, por lo tanto no se encuentra directamente vinculado al inmueble situado en Venezuela, por el contrario es considerado un servicio de almacenamiento, publicación o intermediación en el arrendamiento de bienes inmuebles o procesamiento de pagos; dicho servicio es prestado a través de una plataforma tecnológica por una empresa domiciliada en el extranjero que no se considera que tiene establecimiento permanente en el país.

Por su parte, los ingresos percibidos por los arrendadores a través de las plataformas de Airbnb serán gravables en Venezuela siempre que el inmueble dado en arrendamiento se encuentre ubicado en el territorio nacional. Para la determinación de la renta neta gravable podrán deducirse todos los gastos relacionados con el arrendamiento.

---

27 CABALLERO P., Rosa, *"Aproximaciones a la fiscalidad de la sociedad digital y la Economía Colaborativa. Una Reflexión para Venezuela"*, La Tributación en la Era de la Economía Digital, XVII Jornadas de Derecho Tributario, Asociación Venezolana de Derecho Tributario. Caracas 2018, p. 182.

SÉPTIMA PARTE

TRIBUTACIÓN Y FINANZAS PÚBLICAS

§ 60. BREVE RESEÑA DEL RÉGIMEN DE CONVERSIÓN DE DEUDA EN INVERSIÓN[1], SUS MECANISMOS Y TRIBUTACIÓN. ¿UNA EXPERIENCIA FACTIBLE A FUTURO?

Alberto J. Rosales R. [2]

Xabier Escalante Elguezabal [3]

I. INTRODUCCIÓN

Dadas las extraordinariamente graves circunstancias en las que transcurre la economía de Venezuela en la actualidad, en particular bajo la incertidumbre de una deuda externa producto del descalabro de las finanzas públicas, aunado al desconocimiento sobre datos, cifras e información oficial de parte de los organismos competentes para ello, la realidad de que existe una deuda externa de proporciones jamás vistas en nuestra región que representa un desafío histórico para quienes asuman la recuperación institucional y la reconstrucción económica del país. En la actualidad, la deuda pública externa en Venezuela comprende un amasijo de instrumentos disímiles y acreedores diversos, sin que haya existido ninguna política coherente para incurrir en financiamiento público orientado a la inversión y desarrollo, lo cual ha conducido a la catástrofe económica sin precedentes que sufre Venezuela hoy en día. Una idea gráfica la podemos obtener de un estudio publicado ya hace más de un año por el portal Prodavinci, que recoge el análisis del reconocido economista patrio Miguel Angel Santos, fundamentado en los diversos datos que se pueden recopilar del fracturado régimen presupuestario de Venezuela.

---

1   También llamados *"Programas de Canje de Deuda por Inversión"*.

2   Abogado egresado de la Universidad Católica Andrés Bello (1992); Maestría en Derecho Bancario Internacional de Boston University (1995); International Tax Program (ITP) de Harvard University (1996); Maestría en Finanzas Corporativas del Instituto de Estudios Superiores de Administración (IESA) (2003); Especialista en Derecho Tributario de la Universidad Central de Venezuela (2006).

3   Abogado egresado de la Universidad Católica Andrés Bello (1992); Maestría en Derecho Común de Georgetown University (1996); International Tax Program (ITP) de Harvard University (1998); Especialista en Derecho Financiero (UCAB) (2003); Especialista en Derecho Tributario de la Universidad Central de Venezuela (2004).

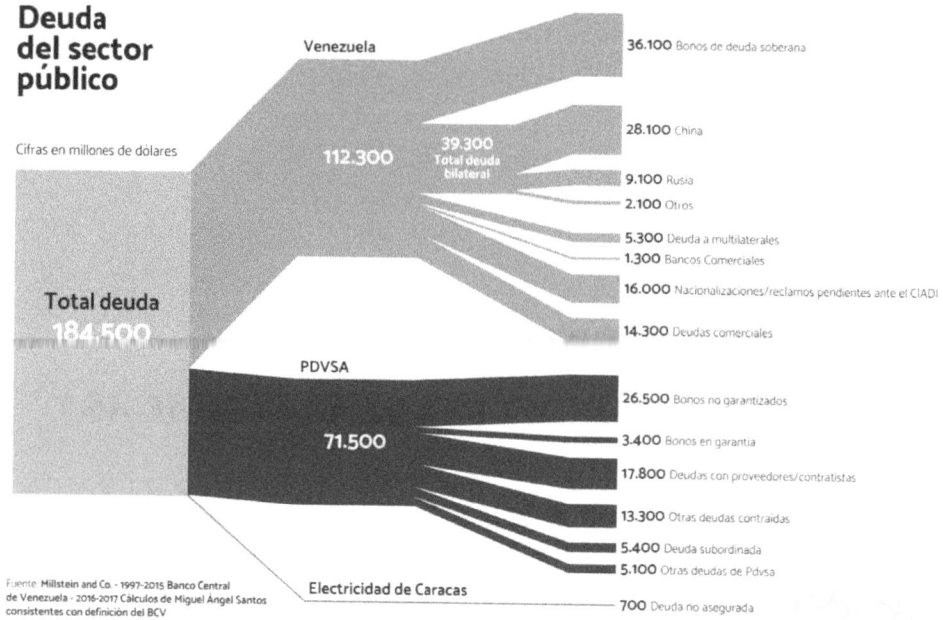

http://especiales.prodavinci.com/deudaexterna/

Esta debacle financiera tuvo un antecedente, en dimensiones económicas más reducidas y en un marco internacional —con énfasis en la región latinoamericana—, en la crisis de la deuda externa de principio de la década de los ochenta, que conllevó a la introducción de diferentes mecanismos para reducir la deuda externa de muchos países en vías de desarrollo que se encontraron altamente endeudados para la época, siendo uno de ellos Venezuela.

Para efectos de nuestros comentarios, nos centraremos en uno de dichos mecanismos como fue la implementación de Programas de Conversión de Deuda en Inversión, que permitió a muchos países, con distintos grados de éxito, poder reducir materialmente su deuda, si bien no considerablemente en términos porcentuales, al menos reorientando el gasto a la implementación de ciertos programas de desarrollo de sectores considerados como de particular interés social por los gobiernos de turno.

Dicho mecanismo alcanzó su mayor actividad en los noventa debido a los programas de privatización alcanzando la cifra de Treinta Mil Millones de Dólares Estadounidenses (US$ 38.000.000.000,00)[4].

---

4 "*El mercado secundario para los títulos de deuda con descuento comenzó a crecer de forma acelerada cuando estalló la crisis en América Latina en 1982, a causa de la decisión del Gobierno de México de entrar en cesación de pagos. Chile fue el primer país en implementar e institucionalizar un esquema de conversión de deuda en capital en 1985. En este tipo de esquemas, títulos de deuda externa (generalmente bancaria) del gobierno deudor, comprada por un inversionista a un precio más bajo en el mercado secundario, se revenden a ese gobierno deudor (también a un precio rebajado, pero con un margen de ganancia). Esa ganancia luego se utiliza para realizar una inversión de capital o en acciones de empresas del país deudor. El razonamiento subyacente es que al poner en práctica estos canjes, el país deudor goza de un alivio en el servicio de la deuda, mientras que el inversionista extranjero adquiere una parte de las empresas locales a un precio preferencial, lo que magnifica su poder adquisitivo. Las conversiones de deuda por patrimonio estuvieron muy vinculadas a los programas de privatización -el canje de deuda por activos públicos- en países como Argentina, México y Filipinas durante los años ochenta y noventa. En su apogeo, entre 1985 y 1996, las operaciones de canje por patrimonio alcanzaron los 38.000 millones de dólares. Debido principalmente a la impopularidad de las privatizaciones desde mediados de*

En la doctrina existen numerosas consideraciones en torno al significado y alcance de los mecanismos de conversión de deuda, para la economista M. Moye, en ese entonces del departamento *Debt Relief International (DRI)* del *Development Finance International (DFI) Group* [5]- y hoy en día asesora del Departamento del Tesoro de los Estados Unidos, debemos entender que una conversión de deuda significa:[6]

> *"Una conversión de deuda envuelve el intercambio voluntario de un acreedor con su deudor de deuda por dinero en efectivo u otro activo u obligación nueva con términos de repago diferentes. La razón económica para la conversión de deuda en inversión está basada en la disposición de un acreedor de aceptar menos del valor facial de su acreencia y del deudor de hacer un pago a un mayor valor, pero usualmente menor al 100% del valor facial de la deuda original, (...),"*

Aunque la conversión de deuda en inversión o en capital, no es una técnica nueva y su concepto básico ha sido aplicado en el pasado en la reestructuración y reorganización de empresas insolventes mediante la capitalización de acreencias, dicho mecanismo difiere de la capitalización de acreencias en que el proceso implica que un tercero adquiera en el mercado deuda pública de un país determinado y mediante un proceso de subasta previamente establecido, convierta dicha deuda en un inversión específica en ese país. En otras palabras, un inversionista adquiere deuda pública externa de un país, usualmente denominada en una moneda distinta a la del país deudor, que es convertida en moneda nacional e invertido el producto de dicha conversión en una inversión dentro de ese país.

Es nuestro objetivo comentar sobre esta figura en términos generales, con la finalidad de retomar un tema que posiblemente pueda convertirse en una herramienta útil para la tan ansiada y necesaria reconstrucción económica de Venezuela, cuyo emprendimiento deberá inevitablemente conllevar medidas de gran alcance que correspondan a la magnitud de la crisis de enfrentamos.

II. MECANISMO DE CONVERSIÓN DE DEUDA EN INVERSIÓN

El proceso de conversión de deuda en inversión puede ser resumido mediante un sencillo ejemplo de la siguiente manera[7]:

1. Un inversionista decide invertir en un proyecto en un país en desarrollo que posee un programa conversión de deuda pública en inversión. Como ejemplo podemos imaginar que el inversionista compra bonos de deuda por una valor facial de Cien Millones de Dólares Estadounidenses (US$ 100.000.000,00), en el mercado secundario con un descuento del cuarenta por ciento (40%), es decir, la compañía adquiere los instrumentos de deuda que se hayan emitido al efecto por parte del país de que se trate (bonos, letras, pagares etc...) y paga la cantidad de Sesenta Millones de Dólares Estadounidenses (US$ 60.000.000,00) por dicha deuda, que corresponde obviamente a un monto inferior a su valor facial, dependiendo del nivel de confianza que genere el repago de dicha deuda y del plazo de pago final que corresponda.

---

los años noventa y a las crecientes críticas sobre la naturaleza inflacionaria de estas intervenciones, que por lo general fueron a gran escala, las conversiones de deuda por capital perdieron su atractivo en los años posteriores". Cassimon, Danny; Essers, Dennis y Renard, Robrecht *"¿Cuál es el potencial del mecanismo de Canje de Deuda por Educación para el financiamiento de la Educación Para Todos? ¿Qué posibilidades existen de que la Educación para Todos se financie con los canjes de deuda?"* Institute of Development Policy and Management (IOB), Universidad de Amberes.

5   http://www.development-finance.org/en/about-us.html.

6   Moye, Melissa, *Op. Cit.*, p. 1.

7   *Vid.* Alan C., *"Multinational Financial Management, Sixth Edition"*, John Wiley & Sons, Inc., Nueva York, Estados Unidos, 1999, p. 580.

2. Posteriormente, el inversionista que posee ahora los bonos en su propiedad, decide participar en el Programa de Conversión de Deuda que se haya establecido en el país, y ofrece la deuda adquirida a la autoridad encargada de la conversión, para ser pagada en moneda local a un precio superior al descuento con que la obtuvo; por ejemplo, al ochenta por ciento (80%) de su valor nominal o facial, es decir, a Ochenta Millones de Dólares Estadounidenses (US$ 80.000.000,00).

3. Siguiendo las pautas previstas en el programa de conversión, el inversionista recibe el pago de la venta de la deuda bajo condición obligatoria de invertir dicha cantidad en un proyecto previamente aprobado en el país deudor, siendo que, para asegurarse de ello, la autoridad encargada podrá valerse de varios esquemas que aseguren el destino previsto para dichos fondos.

Dicha transacción puede ser graficada de la siguiente manera:

Cuadro 1
Esquema simplificado de una conversión de deuda en inversión

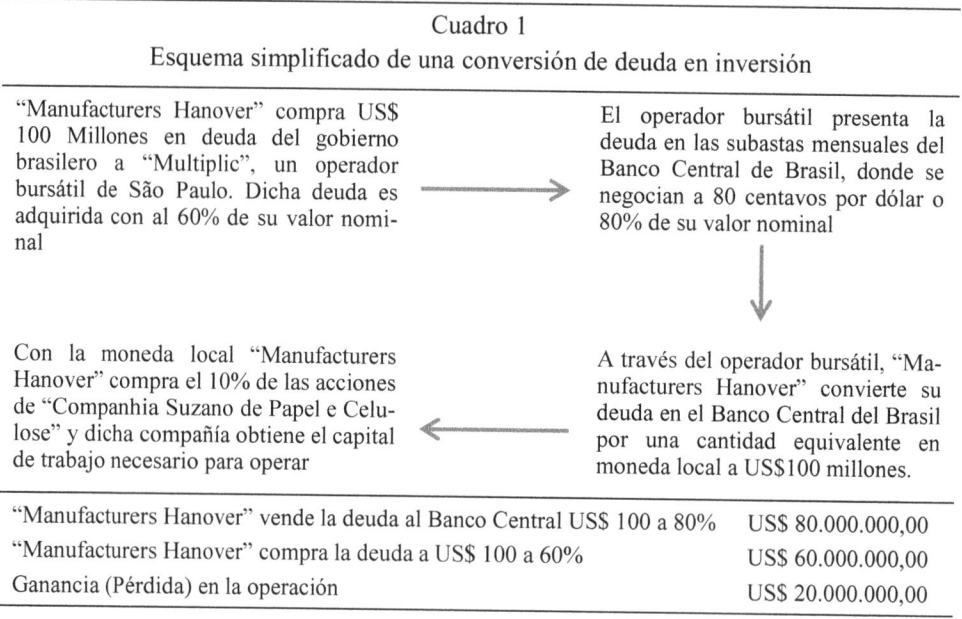

"Manufacturers Hanover" compra US$ 100 Millones en deuda del gobierno brasilero a "Multiplic", un operador bursátil de São Paulo. Dicha deuda es adquirida con al 60% de su valor nominal

El operador bursátil presenta la deuda en las subastas mensuales del Banco Central de Brasil, donde se negocian a 80 centavos por dólar o 80% de su valor nominal

Con la moneda local "Manufacturers Hanover" compra el 10% de las acciones de "Companhia Suzano de Papel e Celulose" y dicha compañía obtiene el capital de trabajo necesario para operar

A través del operador bursátil, "Manufacturers Hanover" convierte su deuda en el Banco Central del Brasil por una cantidad equivalente en moneda local a US$100 millones.

"Manufacturers Hanover" vende la deuda al Banco Central US$ 100 a 80%	US$ 80.000.000,00
"Manufacturers Hanover" compra la deuda a US$ 100 a 60%	US$ 60.000.000,00
Ganancia (Pérdida) en la operación	US$ 20.000.000,00

Basado en esquema de Shapiro, Alan C.[8]

Otros aspectos importantes que son muy relevantes para los efectos económicos positivos que normalmente buscan los inversionistas interesados en participar en un Programa de Conversión de Deuda en Inversión, son la tasa de cambio ofrecida para la conversión a moneda local y el efecto tributario que la operación de conversión genere para el inversionista al momento de vender su deuda por un monto mayor al monto de adquisición.

Tal y como lo comentaremos a lo largo de este trabajo, el esquema de conversión debe permitir al inversionista obtener la moneda local necesaria para realizar la inversión en el país, a una tasa oficial de cambio en condiciones semejantes o mejores a la tasa de cambio que pudiera existir en el mercado libre, para de esta manera poder maximizar los recursos locales con los que se emprende la inversión. De igual manera el programa de conversión debe asegurar que los efectos fiscales de la transacción bajo la regulación tributaria local no

---

8   Shapiro, Alan C., *Op. Cit.*, p. 580.

impliquen una carga que distorsione el objetivo de fomentar la inversión en determinadas áreas consideradas de interés para el desarrollo del país.

III. TIPO DE CONVERSIÓN DE DEUDA[9]

Los principales tipos de conversión de deuda son:

Cuadro 2
Tipos de conversión de deuda

Tipo de Conversión	Objeto
Deuda en Inversión:	El producto de la conversión, denominado en moneda local, es utilizado en inversiones en el sector privado de la economía, sea mediante la adquisición de compañías, la constitución de nuevas compañías o aportes de capital a compañías existentes.
Deuda en Desarrollo:	Financiamiento de programas de alto contenido social, educativo, ambiental o cultural. Usado especialmente para la preservación de ecosistemas en peligro[10].
Deuda por Exportaciones:	Adquisición de productos elaborados en el país deudor.
Deuda por Compensación:	Usado para pagar o compensar deudas del país deudor con terceros, usado especialmente en el caso de deudas por concepto de impuestos o tributos aduanales[11].
Recompra de Deuda:	Adquisición de la deuda existente mediante el pago de la misma en dinero efectivo, o permuta por otro tipo de obligaciones
Deuda por Deuda:	Conversión de deuda externa o denominada en moneda extranjera por deuda interna o denominada en moneda local.

Fuente: Moye, Melissa[12]

Según Spieles[13], el interés en los programas de conversión de deuda en inversión depende de variados factores, aunque dicho autor destaca principalmente los siguientes:

> *"Un estimado de la demanda de programas de conversión de deuda en inversión es difícil. La demanda depende básicamente del precio en el mercado secundario de la deuda y de las aplicaciones permitidas en el país deudor. Mientras más alto es el descuento y más amplio el número de aplicaciones, tales como repago de deuda interna, participación accionaria o financiamiento de proyectos de inversión, y más amplio el grupo de usuarios, mayor será la demanda de los títulos de dicha deuda."*

---

9   A los fines del presente artículo sólo interesan los programas de deuda en inversión.

10   Un ejemplo es el establecimiento de la Reserva de Biosfera de Beni en Bolivia en el año 1987 por parte de Conservation International. *Vid*. Moye, Melissa, *Op. Cit.*, p. 16. También: Danny Cassimon, Dennis Essers y Robrecht Renard *Op.Cit.*, p. 3.

11   Esto concuerda con lo previsto en la Ley Orgánica de la Administración Financiera del Sector Público que prevé que los títulos de la deuda pública emitidos por la República, dependiendo de la ley de emisión, sean utilizados a su vencimiento para el pago de cualquier impuesto o contribución nacional.

12   Moye, Melissa, *Op. Cit.*, p. 6.

13   Spieles, Wolfgang," *Debt-Equity Swaps and the Heavily Indebted Countries*", Intereconomics, Hamburgo, Alemania, Mayo/Junio 1987

IV. VENTAJAS Y DESVENTAJAS

Los Programas de Conversión de Deuda en Inversión pueden incluir numerosos aspectos que representen ventajas tanto para el país deudor que desea implementar este tipo de programa con un objetivo claro de fomentar la inversión local y de este modo orientar estos recursos al desarrollo económico del país, como también para el inversionista que puede obtener facilidades y beneficios para invertir en un proyecto, que no estuviesen a su alcance si no existiese dicho programa.

En este sentido, podemos resumir las principales ventajas y desventajas de los programas de conversión de deuda en inversión para el caso del país deudor:

Cuadro 3
País Deudor

Ventajas:	Desventajas:
• Reducción de deuda externa, produciendo un ahorro de los pagos en moneda extranjera	• Se destinan recursos en moneda nacional a la conversión, es decir, aumenta la masa monetaria y la deuda pública interna[15].
• Promoción de inversiones[14], lo cual incrementa el parque industrial del país, así como aumenta el número de contribuyentes.	• La asignación de recursos puede ser ineficiente, al otorgar ventajas a proyectos que pueden que no sean rentables de otra manera.
• Retorno de capitales fugados, si se permite la participación de inversionistas nacionales	• Puede fomentar la corrupción, así como los trámites burocráticos, hay que establecer mecanismos rápidos y transparentes.
• Aumento de la inversión en sectores prioritarios	
• Apoyo de los programas de privatización	• El costo de convertir la deuda puede afectar las finanzas públicas.
• Ahorro de moneda extranjera produciendo un impacto positivo en la balanza de pagos	• El producto de la conversión puede crear presiones inflacionarias.
• Apoyo de programas de desarrollo e incentivo a la producción de bienes nacionales que pueden ser adquiridos con el producto de la conversión.	• Puede crear resentimientos en la población que puede considerar que se está favoreciendo a los extranjeros sobre los nacionales.

Fuente: Alexander, Lewis S.[16]

En el caso del inversionista que se acoge a un programa de conversión de deuda pública en inversión, las principales ventajas y desventajas de participar en dicho esquema son las siguientes:

---

14 Con respecto a la promoción de inversiones, especialmente en el sector turístico, recomendamos la lectura de Pulido Fernández, Juan Ignacio y otros, *"Los swaps deuda-turismo sostenible como instrumento de financiación del desarrollo económico a través del turismo en países desfavorecidos"*, IX Reunión de Economía Mundial Madrid, España, abril de 2007.

15 En el caso venezolano, el Banco Central de Venezuela implementó en su momento una permuta la deuda adquirida por deuda pública emitida por el entonces Ministerio de Hacienda, hoy Ministerio del Poder Popular de Planificación y Finanzas.

16 Alexander, Lewis S., *"Debt Conversion: Economic Issues for Heavily Indebted Developing Countries"*, International Finance Discussion Paper, Nº 315, noviembre 1987.

Cuadro 4

Inversionista

Ventajas:	Desventajas:
• Adquisición de moneda local a tasas más ventajosas • Participación en proyectos prioritarios para el país. • Subsidio a proyectos que de otra manera tendría escasa o nula rentabilidad. • Condiciones fiscales generalmente más beneficiosas para el inversionista.	• La asignación de recursos puede ser ineficiente, al otorgar ventajas a proyectos que pueden que no sean rentables de otra manera • Trámites burocráticos • Limitaciones en cuanto a: o Remisión de utilidades o Remisión de capital o Sectores de invertir • Obligaciones adicionales de: o Realizar aportes adicionales o Cumplir con los cronogramas aprobados. o Presentar garantías,

Fuente: Alexander, Lewis S. [17]

V. DE LOS PROGRAMAS DE CONVERSIÓN EN DIVERSOS PAÍSES[18] Y EN VENEZUELA[19]

Como lo indicáramos anteriormente, debido a la situación de endeudamiento elevado que presentaban distintos países a mediados de la década de los ochenta, se implementaron numerosos Programas de Conversión de Deuda en Inversión, teniendo su pico de actividad en principios de la década de los noventa cuando se realizaron en combinación con distintos programas de privatización de empresas públicas en los países donde se implementaron. Como ejemplo de uno de los casos que inició Programas de Conversión de Deuda en Inversión con resultados exitosos en la región latinoamericana, se suele apuntar a Chile[20].

Los Programas de Conversión de Deuda en Inversión fueron implementados en Venezuela a partir de 1987, aunque no tuvieron mucho éxito hasta 1989, con la introducción del llamado sistema de subasta, lo que permitió alcanzar en 1989 la cantidad de Quinientos Cuarenta y Cuatro Millones de Dólares (US$ 544.000.000,00) y de Setecientos Dieciséis Millones de Dólares (US$ 716.000.000,00) en 1990[21]. El programa de conversión de deuda en inversión sufrió cuatro distintas modificaciones, lo que fue haciendo perder su atractivo a los posibles inversionistas ya que se restringió cada vez más el ámbito de sectores en los que podía ser aplicable, considerando solamente aquellos que representaban mayor interés social a criterio del gobierno.

---

17 Alexander, Lewis S., *Op. Cit.*

18 Para más información sobre los distintos países recomendamos leer De Faria, Eduardo C. G., Stott, J. Andrew y Buchanan, Nigel J. C., "*PW/Euromoney, Debt/Equity Swap Guide*", Euromoney Públications PLC, Londres, Inglaterra, 1988.

19 Para el caso de Venezuela recomendamos Rodner S., James – Otis, "*La Inversión Internacional en Países en Desarrollo*", Editorial Arte, Caracas, Venezuela, 1993.

20 Danny Cassimon, Dennis Essers y Robrecht Renard *Op. Cit.*, p. 2.

21 *Vid* Rodner, *Op. Cit.*, p. 489.

Lo más resaltante de dichos programas fue la utilización de un sistema de subasta, donde el producto de la conversión era depositado en un fideicomiso para sus posteriores desembolsos según el cronograma aprobado para el proyecto. En dicha subasta, el precio ofertado para conversión más bajo era el que obtenía la aprobación correspondiente; posteriormente, el inversionista ganador entregaba el(los) instrumento(s) que evidenciaban la deuda pública externa adquirida al Banco Central, quien hacia el correspondiente depósito del contravalor en bolívares en el fideicomiso previamente constituido. Es importante destacar que el inversionista estaba sometido a las limitaciones y obligaciones mencionadas en el Cuadro 4 *supra*.

Una vez concluida la operación entre el inversionista y el Banco Central de Venezuela, a su vez dicha institución realizaba un canje por títulos de deuda pública denominada en bolívares por los títulos representativos de la deuda externa con el entonces Ministerio de Hacienda, hoy Ministerio del Poder Popular de Planificación y Finanzas,

Es pertinente insistir en que, para el caso venezolano, los procesos de conversión de deuda en inversión sufrieron distintas modificaciones regulatorias, lo cual aunado con la falta de confiabilidad de los proceso y trámites administrativos conllevó a una escasa verificación de conversiones efectivamente realizadas, a diferencia por ejemplo del caso mexicano[22], donde se afirma que el proceso si tuvo un éxito resaltante para las finanzas públicas de dicho país.

VI. ¿QUÉ SE PUEDE CONVERTIR?

En los procesos de conversión de deuda en inversión, se utiliza básicamente deuda pública denominada en moneda extranjera emitida por el país receptor de la inversión. Este es el caso específico de Venezuela.

Ahora bien, el importante problema que se presenta es qué es lo debe ser considerado como *"deuda pública"* a los efectos de la aplicación de este tipo de programa. La mayoría de los países del mundo usan la emisión de deuda pública como un mecanismo para obtener los recursos que consideran necesarios para cumplir con sus presupuestos destinados a satisfacer las necesidades públicas, ello es sin duda una actividad de derecho público, por ende, las emisiones deben obedecer a lo previsto en los distintos instrumentos legales que conforman el marco regulatorio de las finanzas públicas. En Venezuela, dicho marco normativo está integrado principalmente por la propia Constitución Nacional[23], la Ley Orgánica de la Administración Financiera del Sector Público[24], la Ley Orgánica de Régimen Presupuestario[25], la Ley Especial de Endeudamiento Anual[26] que se publica para cada ejercicio en específico y el Reglamento N° 2 de la Ley Orgánica de la Administración Financiera del Sector Público sobre el Sistema de Crédito Público[27].

Para definir legislativamente lo que se debe entender por deuda pública, lo suyo sería recurrir a la Ley Orgánica de la Administración Financiera del Sector Público, que efectivamente dentro de las definiciones que incluye en su artículo 6, se encuentra el numeral 4 que define de forma lacónica a la deuda pública, como *"el endeudamiento que resulte de las operaciones de crédito público"*; ahora bien es importante en este contexto considerar que

---

22   *Vid.* The Tax Lawyer, Note: *"Debt-Equity Swap Treated as Section 118 Capital Contribution: G.M. Trading Corp. V. Commisssioner"*, Tomo 51, N° 3, primavera 1998, p. 668. (sobre este especio).

23   Publicada en la *Gaceta Oficial* N° 5.908 *Extraordinario* del 19 de febrero de 2009.

24   Cuya última versión de una extremadamente larga serie de modificaciones fue publicada en la *Gaceta Oficial* N° 6210 *Extraordinario* del 30 de diciembre de 2015.

25   Publicada en *Gaceta Oficial* N° 36.916 del 22 de marzo de 2000.

26   Que se publica para cada periodo anual y cuya última versión fue aprobada por la denominada "asamblea nacional constituyente" y publicada en la *Gaceta Oficial* N° 6.348 *Extraordinario* del 15 de diciembre de 2017.

27   Publicada en la *Gaceta Oficial* N° 38.117 del 28 de enero de 2005.

esta ley, pieza angular de la política financiera del estado venezolano ha sido objeto de reformas continuas, creando una situación de inestabilidad grave y de ausencia clara de seguridad jurídica para el régimen presupuestario del país.

A los fines del presente escrito, por deuda pública entendemos aquella emitida por el estado venezolano según lo previsto en la Ley Orgánica de Administración Financiera del Sector Público y evidenciada en títulos valores emitidos en moneda nacional, para el caso de la deuda pública nacional, o en moneda extranjera para el caso de deuda pública externa.

VII. EFECTOS TRIBUTARIOS DE LA CONVERSIÓN.

Para poder determinar de forma integral los efectos tributarios de los Programas de Conversión de Deuda en Inversión, debemos enfocarnos en dos puntos de vista; por una parte se deben considerar los efectos generales en la política económica hacendista del país, mediante la implementación de una medida que incide directamente en el régimen presupuestario del estado a través de los ingresos públicos, que si bien directamente no se trata de ingresos de naturaleza tributaria, si puede afirmarse que dicha política afecta la capacidad del Estado para afrontar las necesidades de recursos públicos incrementando un menor o mayor grado la presión tributaria sobre los contribuyentes.

Por otra parte se debe tomar en cuenta el efecto tributario especifico que generan las transacciones económicas que se realizar al ejecutarse los Programas de Conversión de Deuda en Inversión, en cuanto un inversionista adquiere títulos de deuda pública externa en el mercado de capitales internacional, y procede a canjearlos con la autoridad pública encargada de llevar a cabo el Programa de Conversión, que en Venezuela fue el Banco Central en su momento; esta operación tiene consecuencias económicas tanto para el inversionista, como también para otros agentes que pueden intervenir en dicha operación, o en transacciones posteriores como podrían ser los intermediarios o corredores bursátiles que pudieran igualmente obtener resultados económicos cuya gravabilidad dependerá de las condiciones que el marco jurídico establezca al efecto.

a. Desde el punto de vista macroeconómico, procurar un "Espacio Fiscal"

Siguiendo con las posiciones doctrinarias consultadas a lo largo de estos comentarios[28], en cuanto a las ventajas que se consideran emanan de la implementación de un Programa de Conversión de Deuda por Inversión, una de ella es el incremento de las transferencias financieras netas para los países receptores de dicha inversión. Se entiende entonces que existe un alivio de la carga de la deuda del sector público, implementado mediante transacciones de canje u otras modalidades, que en principio permitiría al gobierno deudor redirigir recursos que hubieran sido destinados al servicio de la deuda, hacia el gasto en áreas donde se estaría propiciando el desarrollo, como sería la salud, el medio ambiente o la educación, o hacia una reducción del déficit presupuestario.

En otras palabras, la condonación o conversión de deuda crearía un espacio adicional o "espacio fiscal" en el presupuesto del país receptor, que puede ser utilizado sin comprometer la sostenibilidad fiscal o macroeconómica. En su sentido más amplio, este "espacio fiscal" puede definirse como la disponibilidad de la capacidad presupuestaria que permite a un gobierno proporcionar recursos para un propósito deseado sin perjuicio de la sostenibilidad de la posición financiera de un gobierno.[29]

---

28 *Vid*. Danny Cassimon, Dennis Essers y Robrecht Renard, *Op. Cit.,* p. 6.

29 Heller, Peter S. *"Understanding Fiscal Space"* IMF Policy Discussion Paper, Fiscal Affairs Department. Fondo Monetario Internacional, Marzo 2005.

La teoría va por la vía de considerar que siendo posible destinar estos recursos provenientes de inversión extranjera a planes de desarrollo que de otra manera deberían ser costeados por recursos internos comúnmente de naturaleza tributaria, esto supondría cierta holgura presupuestaria al gobierno que implemente el Programa de Conversión de Deuda. Sin embargo, se trata de una interpretación muy simplista de los mecanismos de alivio de la carga de la deuda -especialmente los canjes de deuda- y deben tomarse en cuenta varias condiciones importantes, tales como la *"incongruencia en los tiempos"* de ejecución del programa[30]; la efectividad del *"reembolso de la deuda·*[31]; la *"adicionalidad"* de estos recursos a los recursos locales que se hubiesen destinado al proyecto en cuestión[32] y finalmente todos una serie de *"efectos económicos indirectos"* que pueden resultar de la implementación de estos programas[33].

h   *Desde el punto de vista de las obligaciones tributarias de quienes participan en las transacciones: Exenciones y extraterritorialidad.*

La participación de inversionistas en un Programa de Conversión de Deuda por Inversión implica como es obvio, transacciones de negocios con activos que generan de una u otra forma efectos económicos en el patrimonio tanto del participante directo en la operación; como en el de los agentes o intermediarios que indirectamente podrían participar también es este proceso. De esta manera, es evidente que las posibles obligaciones tributarias que se derivan de estas transacciones dependen del régimen fiscal particular que aplique las normas tributarias sobre las operaciones que se realicen teniendo como objeto los bonos de la deuda pública para el caso concreto de su canje ante el ente emisor, con el objeto de realizar una inversión en un proyecto seleccionado según la política presupuestaria que desea aplicar el gobierno.

Desde el punto de vista de la tributación aplicable en Venezuela como estado que implemente el Programa de Canje de Deuda por Inversión, es relevante tomar en cuenta que una característica importante de toda deuda pública desde el punto de vista hacendístico, es que en teoría, dicha deuda pública, sobre todo en el caso de que sea emitida en la propia moneda

---

30 *"...hay un problema de incongruencia en los tiempos entre cuándo llegan las ganancias presupuestarias derivadas del alivio de la carga de la deuda y cuándo deben movilizarse los recursos locales de contrapartida en un acuerdo de canje (...) La incongruencia en los tiempos muchas veces no fue resuelta. Si bien el calendario original de servicio de la deuda se mantuvo para los reembolsos en el caso del canje de España con Honduras, no se siguió el mismo procedimiento en el canje de España con El Salvador, en el que los reembolsos debieron hacerse por adelantado. La combinación de falta de descuento en la suma convertida y el pago por adelantado de los fondos de contrapartida hizo que en el caso de El Salvador el espacio fiscal fuese destruido en lugar de creado a causa del acuerdo de deuda por educación."* Vid. Danny Cassimon, Dennis Essers y Robrecht Renard, *Op. Cit* p. 8.

31 *"Debe tenerse en cuenta la probabilidad de una cesación de pagos, ya que solamente la parte del servicio de la deuda que hubiera sido reembolsada al acreedor en ausencia del plan de alivio es la que crea un verdadero espacio fiscal. Las operaciones de alivio de la carga de la deuda, que a primera vista aparecen como generosas, sólo derivan en ganancias presupuestarias menores."* Vid. Danny C. et al *Op. Cit.*, p. 9.

32 *"A menudo se presume que los canjes de deuda, sean en el sector de la educación u otro, son considerados como la forma de apoyo de los donantes más valorada, y que hacen incrementar las transferencias netas para los países receptores. Esta presunción es especialmente recurrente cuando los países en cuestión no son considerados como PPME, y se cree que en los canjes se incluyen títulos de deuda "adicionales" a las iniciativas de alivio de deuda de gran escala. Sin embargo, cada vez más se reconoce que los acuerdos de canje de deuda podrían tener el efecto de excluir otras operaciones de asistencia -potencialmente más eficaces- como el apoyo presupuestario, y la reasignación de recursos presupuestarios locales."* Vid Danny C. Et al *Op. Cit.*, p. 10.

33 *"Las intervenciones de alivio de la carga de la deuda, independientemente de los efectos macroeconómicos Krugman (1988), antes mencionados, podrían romper con el sobreendeudamiento y relanzar la economía del país receptor en el sendero del crecimiento y el desarrollo. El gasto en educación y en otros sectores sociales se podría incrementar si existe una situación de finanzas públicas más holgada, provocada por una recuperación económica. Vid* Danny C. et al *Op. Cit.*, p. 10.

del estado emisor, parte de la premisa de que está libre de riesgo; es decir, no existe en principio la posibilidad de incumplimiento o falta de pago de la forma en que puede existir en el caso de una deuda privada.

Estas circunstancias, entre otros muchos efectos económicos de importancia en política fiscal, implican que los títulos emitidos de naturaleza pública en moneda nacional rinden una tasa más baja de interés, que otros tipos de títulos que se transan en mercados de capitales cuyo origen es el sector privado. Dado que la tasa de interés que pagan los títulos de deuda pública es entonces en principio más baja que los intereses pagados por inversiones en títulos de deuda de naturaleza privada, resulta razonable que este tipo de títulos gocen de un régimen fiscal privilegiado que tienda a buscar la neutralidad en las opciones disponibles a los inversionistas. En Venezuela, este principio hacendístico se ve confirmado claramente en las leyes de emisión que crean los mencionados títulos, así como el régimen ordinario que prevé la Ley de Impuesto Sobre la Renta, todo ello con mira a una exención del pago de impuestos nacionales. Desde el punto de vista doctrinal lo comentado anteriormente encuentra apoyo en los clásicos hacendistas como Giuliani Fonrouge[34], Casado Hidalgo[35] y Fariñas[36], tal y como lo explica Villegas[37]:

> "(...), los Estados necesitados conceden una serie de ventajas que hagan más conveniente la inversión. Entre ellos destacan las exenciones totales o parciales con relación a los ingresos que pueden derivar de los títulos, tanto en lo que respecta a su interés como a su negociación o transmisión por cualquier concepto. [Esto se hace a los fines de hacerlos más competitivos en comparación con los títulos de deuda privados, los cuales pagan una tasa de interés más alta]. Por ejemplo, en nuestro país los beneficios de los títulos de la deuda Pública están generalmente eximidos del impuesto a las ganancias."

Con respecto a este régimen particular, se puede apreciar en el marco normativo fiscal de Venezuela, que la exención de los tributos nacionales en relación con los títulos de deuda pública nacional se encuentra prevista primeramente en la ley de endeudamiento respectiva, así como puede estar establecida en cualquier ley que cree un tributo que por su carácter pertenezca al Poder Público Nacional.

En el caso de deuda pública emitida en moneda extranjera, el ente emisor, en este caso el estado venezolano, tiene a presentar una prima de riesgo por incumplimiento, ya que está emitiendo en una moneda distinta a la suya. En este este escenario, los beneficios fiscales, especialmente la exención de impuestos, hacen atractiva este tipo de inversión.

En la coyuntura temporal actual existe la norma denominada "Ley Especial de Endeudamiento Anual para el Ejercicio Económico Financiero 2018", publicada según Decreto N° 3.200 de fecha 15 de diciembre de 2017[38], establece en su Artículo 1, con tenor similar al existente en leyes anteriores, lo siguiente: "*Artículo 11. El capital, los intereses y demás costos asociados a las operaciones de crédito público autorizadas en este instrumento nor-*

---

34 "545. *Alicientes Económicos y Jurídicos* – En ciertos casos los emisores ofrecen alicientes para estimular el interés de los suscriptores, ya porque el crédito del Estado no es muy sólido o su moneda es propensa a fluctuaciones, todo lo cual induce al otorgamiento de *garantías*; ya porque la situación del mercado de colocación de los títulos impone la concesión de ciertas *ventajas* especiales de índole económica-fiscal y jurídica." Giuliani Fonrouge, Carlos M., "*Derecho Financiero*", Volumen II, Quinta Edición, Ediciones Depalma, Buenos Aires, Argentina 1993.

35 Casado Hidalgo, Luis R., "*Temas de Hacienda Pública*", Ediciones de la Contraloría, Caracas, Venezuela, 1978. p. 336.

36 Fariñas, Guillermo, "*Temas de Finanzas Públicas, Derecho Tributario e Impuesto sobre la Renta (Ley de 1978)*" Edime, Caracas, Venezuela, 1978. p. 257.

37 Villegas, Héctor, Villegas, "*Curso de Finanzas Públicas, Derecho Financiero y Tributario*", Editorial Astrea de Alfredo y Ricardo Depalma, Buenos Aires, Argentina, 2005. p. 122.

38 *Vid.* Nota 25.

mativo con tratamiento de *Ley Especial, estarán exentos de tributos nacionales, inclusive los establecidos en el Decreto con Rango, Valor y Fuerza de Ley que Reforma Parcialmente la Ley de Timbre Fiscal.*"

No obstante, esta fórmula de exención fiscal general no precisamente fue la que se utilizó en tiempos de la aplicación del Programa de Conversión de Deuda por Inversión en Venezuela durante la década de los noventa. En efecto, la "Ley Especial de Carácter Orgánico que Autoriza al Ejecutivo Nacional para realizar Operaciones de Crédito Público destinadas a Refinanciar Deuda Pública Externa"[39], comúnmente conocida desde este entonces como la "Ley de Refinanciamiento", estableció en su Artículo 12 que: "*El capital, los intereses y las demás remuneraciones que reciban los acreedores por las operaciones autorizadas en esta Ley, y por las que realice el Banco Central de Venezuela en relación con las mismas, quedan exentos de tributos nacionales, inclusive de los establecidos en la Ley de Timbre Fiscal.*". (Subrayado nuestro). Como puede apreciarse, existen diferencias notables entre ambos textos, siendo que el antiguo régimen de exención comprendía un aspecto subjetivo en cuanto a que su aplicación iba dirigida solamente a "*los acreedores*" que participaban en las operaciones previstas y autorizadas por dicha ley, tales como el Programa de Conversión de Deuda Pública por Inversión.

Estas circunstancias en las que se circunscribían los requisitos para aplicar la exención general de impuestos de esta operaciones, suscitó una intensa polémica fiscal tanto administrativa y judicial, centrándose la discusión básicamente en la aplicación o no de la exención del impuesto sobre la renta sobre operaciones que se derivaron de la aplicación del Programa de Conversión de Deuda por Inversión, específicamente en las transaccione posteriores a la operación específica de canje, que se dieron el en marco de la titularización de dicha deuda canjeada bajo el famoso programa denominado "*Plan Brady*"[40].

El centro de la discusión se enfocó en ese entonces en los enriquecimientos que habían obtenidos agentes económicos que fungieron como intermediarios, tales como bancos y corredores de títulos valores, en las negociaciones del mercado secundario que se realizaron con los bonos de deuda pública, incluidos aquellos que surgieron de la aplicación de los Programas de Conversión de Deuda por Inversión. La posición de la Administración Tributaria de dicho entonces se resume claramente en la doctrina publicada por la Contraloría General de la República que fue la que apoyaron posteriormente tanto los Tribunales Superiores Contenciosos Tributarios como el Tribunal Supremo de Justicia:

"*Del examen de la exención tributaria contenida en el artículo 12 de la llamada "Ley de Refinanciamiento", con exclusiva referencia a la operación de crédito público consistente en la emisión y colocación de los denominados bonos Brady, se interpreta que las eventuales ganancias de capital que reciba un tenedor de bonos Brady por operaciones distintas a las autorizadas por dicha Ley no está amparada por la exención tributaria allí consagrada. Por consiguiente, un cambio de valor del patrimonio durante un período determinado, que viene comprendido por el mayor valor -diferencia positiva- que el bono experimente con motivo de las operaciones de compra-venta que se realizan en el mercado abierto o mercado secundario, con personas o entes distintos a la República o al Banco Central de Venezuela, no estaría exenta de tributación de conformidad con la "Ley de Refinanciamiento", ya que tanto el nuevo inversionista o adquirente del bono como esas posteriores operaciones de mercado abierto resultan totalmente ajenas a la*

---

39   Publicada en la Gaceta Oficial Nº 34.559 de fecha 21 de septiembre de 1990.

40   "***Plan Brady*** *- Serie de operaciones que comenzó en los años noventa (denominada así por el nombre del entonces Secretario del Tesoro de Estados Unidos, Nicholas Brady). Los (bancos) acreedores comerciales acordaron con varios países de ingreso medio (principalmente de América Latina) canjear la deuda privada por bonos con un valor nominal o tasas de interés más bajos, de manera de proporcionar un alivio en la carga de la deuda. Los países receptores tenían que demostrar su voluntad de implementar políticas económicas sólidas -tanto fiscales como monetarias- para calificar*". Vid Cassimon, Danny *Et al. Op. Cit.* p. 22.

operación de crédito público originaria o a las permitidas por la Ley de Refinanciamiento. Por último, un eventual enriquecimiento de los tenedores de bonos Brady con ocasión de operaciones de compraventa de los mismos en el mercado bursátil venezolano, en las que los compradores no sean la República o el Banco Central de Venezuela, si puede resultar gravable de acuerdo con la Ley de Impuesto sobre la Renta vigente para 1995 (G.O. N° 4.727 Ext. del 27-05-1994). Ello, en atención a los principios de la territorialidad y de la llamada "equivalencia de las causas o condiciones" contemplados en dicha Ley (artículos 1° y 4°), conforme a los cuales se requiere que al menos una de las causas del enriquecimiento ocurra en Venezuela para que el mismo se repute como territorial y, por ende, gravable con ese impuesto"[41].

Esta posición fue aplicada tajantemente por el Tribunal Supremo de Justicia, tal y como se aprecia de la emblemática sentencia del caso *Inverworld Sociedad de Corretaje, C.A:*

"Para la Sala esta afirmación del Organismo Contralor es suficiente para afirmar que las operaciones realizadas por la contribuyente en la Bolsa de Valores, no se encuentran exentas del impuesto sobre la renta, ya que se trata de comisiones recibidas por intermediación en las operaciones autorizadas en la Ley de Refinanciamiento, siendo que el artículo 12 eiusdem permite la exención del capital, los intereses y las demás remuneraciones que reciban los acreedores por las operaciones autorizadas en esta Ley, y las que realice el Banco Central de Venezuela, no concediéndose la dispensa del pago del tributo en los casos de intermediación en las mencionadas operaciones, tal como lo hizo la contribuyente. Tampoco la contribuyente demostró que era acreedora de los mencionados bonos, que le hubiese permitido gozar de la exención, por cuanto su labor se limitó a realizar las operaciones con los Bonos Brady (...)[42]*".*

De todo lo anterior podemos afirmar que si bien existía una exención de impuestos vigente en Venezuela al momento de la aplicación del Programa de Conversión de Deuda en Inversión se encontraba claramente limitada al participante inversionista directo que se convertía en *"acreedor"* tan pronto adquiría los bonos de deuda pública externa que posteriormente utilizaba en el canje, mas no se extendió dicha exención a las numerosas transacciones que se dieron con ocasión de los programas de refinanciamiento y canje, y que dieron lugar a los litigios tributarios que comentáramos anteriormente.

En la actualidad, por una parte, tenemos la exención *"general"* que aparece en las normas sobre endeudamiento público para el ejercicio 2018 que citáramos arriba, y que intenta abarcar no solamente a todos los tributos nacionales, sino que también se aplica sobre el capital, los intereses y *"demás costos asociados"* a las operaciones de crédito público. Esta expresión indeterminada puede comprender una amplia gama de transacciones que generan costos que están, de una forma u otra, asociados con la transacción financiera considerada dentro del ámbito del crédito público. A este generalización de la exención tributaria a todo lo relacionado con el crédito publico, se debe añadir la exención específica de la Ley de Impuesto Sobre la Renta señalada en el numeral 12 del artículo 14 sobre *"Los enriquecimientos provenientes de los bonos de deuda pública nacional y cualquier otra modalidad de título valor emitido por la República;"* Queda claro entonces que la exención tributaria de estas operaciones, y en particular la exención de la obligación del Impuesto Sobre la Renta, se expresa en términos bastantes amplios y genéricos con la indudable intención de eliminar la carga fiscal que pudiera existir sobre las transacciones que se realicen dentro del marco de la operaciones de crédito publico.

---

41 Contraloría General de La República *"Gravabilidad o no con el impuesto sobre la renta, de las ganancias obtenidas como resultado de las operaciones de compraventa de Bonos Brady en el mercado secundario nacional, específicamente bajo el imperio de la Ley del año 1995. Alcance de la exención tributaria consagrada en la denominada "Ley de Refinanciamiento".* Memorándum N° 04-02-161 del 3 de julio de 2001. Dictámenes Años 2001-2002 – N° XVII 188, Caracas, Venezuela.

42 Sentencia Tribunal Supremo de Justicia, Sala Político-Administrativa caso *Inverworld Sociedad de Corretaje, C.A., vs. Contraloría General de la República* de fecha 10 enero 2008 con Ponencia de Emiro García Rosa. Exp. N° 2007-0042.

Si esta modalidad de refinanciamiento de la deuda pública, resurge como una alternativa viable para contribuir con la reconstrucción de la economía de Venezuela, consideramos que si bien existen ya fundamentos sólidos sobre el régimen de exención tributaria aplicable a este tipo de operaciones, se debe concretar en la normativa legal y legítima que otorgue, un régimen de exención que detalle el alcance preciso de la normativa en particular con las diferentes operaciones financieras que pueden acontecer y que guardan relación con el Programa de Conversión de Deuda Externa por Inversión.

Estas operaciones pueden tener como sujetos a diversos agentes distintos del inversionista directo, muy en particular si el Programa de Conversión incluye así mismo la emisión de títulos de deuda interna, que a su vez generan los fondos en moneda local que el inversionista recibe para acometer el proyecto de desarrollo nacional en particular. Es necesario entonces que la normativa precise de forma técnicamente adecuada cuales son las operaciones que gozarán del dispendio del tributo en aras del beneficio público que se persigue con la destinación de recursos al desarrollo de proyectos que se consideren de importancia para el país.

Otro aspecto que consideramos de relevancia en nuestros comentarios es el relacionado con el efecto específico que pueda tener para el inversionista extranjero que participe en el Programa de Conversión de Deuda Externa por Inversión, en cuanto al trato fiscal aplicable en su jurisdicción de origen. Tal y como hemos constatado anteriormente, a efectos de las obligaciones tributarias en Venezuela, está claro que los inversionistas estarán exentos de pago de impuesto sobre la renta sobre las posibles ganancias que directamente puede generar la operación de canje de bonos, al recibir un monto (en moneda local) en principio superior al equivalente en divisas que entregó para adquirir los bonos de deuda pública externa. En nuestra opinión esta exención, bajo la actual normativa, debe también extenderse a los ingresos que obtienen los diferentes actores económicos que participan en dicha operación tales como intermediarios, bancos custodios etc., y que están directamente relacionados con los títulos de deuda pública en cuestión.

Ahora bien, en cuanto a los efectos extraterritoriales de las transacciones que se efectúan en el marco de una Programas de Conversión de Deuda Externa por Inversión, podemos suponer de forma razonable, que cuando el tenedor original de los bonos de deuda externa vende dichos títulos al inversionista que va a realizar la conversión, dicha persona, dependiendo del valor que tenga esta deuda, puede presentar en su país de residencia fiscal las siguientes consecuencias económicas que servirán de fundamento a los hechos imponibles que sean aplicables en su jurisdicción tributaria: (i) Si es valor en libros de la deuda a ser convertida es mayor al valor a la cual se vende al inversionista que va a hacer la conversión, el vendedor tendría una pérdida; (ii) Si es valor en libros de la deuda, dada cualquier provisión hecha debido a su riego, es menor que el valor a la cual se vende, el vendedor tendría una ganancia en su país de residencia; o (iii) Si ambas tienen igual valor, no hay ganancia ni pérdida para el vendedor en su país de residencia.

Por supuesto que los efectos fiscales dependerán de la normativa tributaria aplicable en el país de residencia fiscal del inversionista y que se encuentre vigente durante el ejercicio fiscal dentro del cual se llevó a cabo la operación. No obstante, si quisiéramos considerar como ejemplo así sea de forma concisa, el caso en el que el inversionista que participe en el Programa de Conversión de Deuda externa por Inversión se encuentre residenciado a efectos fiscales en los Estados Unidos de América.

Para este caso en específico, los inversionistas contribuyentes en los Estados Unidos de América deberán aplicar la normativa vigente bajo los preceptos establecidos en la jurisprudencia más relevante en cuanto a los procesos de conversión de deuda en inversión. Este caso se trata de la sentencia *G.M. Trading Corp. V. Commissioneer*. En dicho caso, la controversia que se planteó ante sede administrativa, (*Revenue Ruling 87-124*), y luego ante la Corte de Impuesto (*130 T.C. 59 1994*), trataba de que el banco que poseía originalmente los bonos que vendió a descuento tendría que realizar una pérdida y a su vez el inversionista que realizó la conversión de deuda en inversión tendría que reportar una ganancia, si el valor de conversión pagado era mayor del costo de la deuda convertida. No obstante, esta posición inicial fue posteriormente descartada por la Corte Federal del Quinto Circuito, (*121 F.3 at 984*), bajo los argumentos que resume la nota publicada en la prestigiosa revista Tax Lawyer, que ha señalado lo siguiente:

> *"(...) esta transacción fue un intercambio de igual valor. G.M. cambio 1.2 Millones de Dólares de deuda mexicana, por la cual había pagado 600.000 Dólares, por 1.7 Mil Millones de pesos mexicanos sometidos a restricciones que hacen que su valor nominal sea menor. Los pesos mexicanos y las acciones que México (producto de la conversión) que México ofreció a G.M. no son fácilmente convertible y ellas están sujetas a una larga lista de restricciones y limitaciones. (...).*

> *En Estados Unidos v. Davis, la cual es citada por el Quinto Circuito en G.M. Trading, la Corte Suprema de los Estados Unidos reconoce la doctrina "presunta equivalencia en valor", la cual dice que "los valores de dos propiedades intercambiadas en una transacción entre partes independientes son igual en la realidad o se presumen que son iguales. (...) Como se aplicó en G.M. Trading, la doctrina "presunta equivalencia en valor" presume que los 1.7 Mil Millones de pesos (la dificultad de evaluar un lado del intercambio) es igual a los 600.000 Dólares que G.M. invirtió en deuda mexicana. (...)[43]".*

Según el antecedente establecido por la jurisprudencia citada, cualquier contribuyente que se encuentre en la misma posición del inversionista en cuestión (*G.M. Trading Corp.*) al realizar una conversión de deuda externa en inversión, no tendría entonces una ganancia gravable. En efecto, la doctrina dictada por la Corte Federal del Quinto Circuito permite a los contribuyentes tratar las conversiones de deuda en inversión como transacciones de igual valor. La decisión hace que la política tributaria sea consistente con la realidad económica de las transacciones de conversión de deuda en inversión. En síntesis, la conversión de deuda en inversión es tratada en efectos fiscales como un "*swap*" (permuta) de iguales beneficios para dos partes que han negociado de manera independiente.

VIII. CONCLUSIONES.

Nuestras principales conclusiones en relación con los Programas de Conversión de Deuda en Inversión serían las siguientes:

1) Los Programas de Conversión de Deuda en Inversión permitieron, a países altamente endeudados reducir los montos de sus deudas externas y atraer inversiones a los países, esto pese a su complejidad y la necesidad de un marco legal específico que lo regulase. Esto es especialmente válido, cuando un país se encuentra altamente endeudado, sin capacidad de pago y cuyos títulos de deuda pública en moneda extranjera cotizan a gran descuento.

2) Dichos Programas de Conversión de Deuda en Inversión se pueden ajustar a las necesidades de cada país, como pudimos apreciar existen distintas modalidades de conversión o canje de deuda en inversión.

3) En el caso venezolano, los Programas de Conversión de Deuda en Inversión no fueron exitosos debido al reducido ámbito de los posibles proyectos en los que podían invertir los inversionistas, a diferencia de otros países donde los inversionistas podían realizar inversiones en una gran amplitud de sectores.

4) Los Programas de Conversión de Deuda en Inversión están basados fundamentalmente en deuda pública del país receptor de la inversión. Dado que estamos hablando del concepto técnico de deuda pública, y que existe una situación de grave descontrol en las posibles de-

---

43 The Tax Lawyer, Note: *Debt-Equity Swaps Treated as Section 118 Capital Contribution*, Vol. 51, N° 3, Spring 1998, pp. 667 a 677.

udas incurridas por el gobierno, se hace necesario un marco legal claro y predecible median-te la promulgación de instrumentos legales que regulen de manera precisa dichos Programas de Conversión de Deuda en Inversión.

5) Si bien bajo el marco normativo actual los instrumentos de deuda pública disfrutan de una serie de beneficios fiscales, incluyendo la exención de impuesto sobre la renta, conside-rados que a los fines de hacer el canje de deuda pública más atractivo a los inversionistas, bien sea deuda pública emitida en moneda nacional o no, sería conveniente que esta exen-ción de impuestos, en el caso de implementarse un Programa de Conversión de Deuda en Inversión, sea definida claramente, es decir, que se establezca los efectos fiscales para todos los agentes involucrados en dicho Programa de Conversión de Deuda en Inversión.

Por último, es importante destacar que, para el caso de inversionistas residentes fiscales en los Estados Unidos de América, los efectos tributarios de sobre las ganancia obtenida por el inversionista participante en un Programa de Conversión de Deuda en Inversión, deben se-guir los principios establecidos en el caso *G.M. Trading Corp*, según el cual el canje se debe considerar una permuta mediante la cual el inversionistas recibe del país que emitió la deu-da, un valor equivalente al precio que el inversionistas pagó por los bonos que adquirió, lo cual no genera una ganancia gravable.

§ 3. LA TRIBUTACIÓN A LA LUZ DE LAS IDEAS REPUBLICANAS DE FRANCISCO JAVIER YANES Y DEL ESTADO SOCIAL DE DERECHO Y DE JUSTICIA IMPLEMENTADO EN LA VENEZUELA DEL SIGLO XXI

JUAN CRISTÓBAL CARMONA BORJAS

SEGUNDA PARTE
DERECHO CONSTITUCIONAL TRIBUTARIO

§ 4. El AVANCE DEL ESTADO SOBRE LOS DERECHOS DE LOS CONTRIBUYENTES Y LA CARTA DE LOS DERECHOS DEL CONTRIBUYENTE DEL ILADT

JOSÉ LUIS SHAW

§ 5. DERECHOS HUMANOS Y RESTRICCIONES PRESUPUESTARIAS

CRISTIÁN BILLARDI

§ 9. APUNTES PARA LA SEPARACIÓN DEL INTERÉS GENERAL Y EL INTERÉS RECAUDATORIO

MIGUEL PEZZUTTI

§ 10. DERECHOS DE LOS CONTRIBUYENTES. ANÁLISIS COMPARATIVO DE LA CARTA ILADT Y DE LOS ESTADOS UNIDOS DE AMÉRICA

ANDRES E. BAZÓ PISANI

§ 11. SANTI ROMANO EN LA REINSTITUCIONALIZACIÓN DE VENEZUELA

JOSÉ RAFAEL BERMÚDEZ

§ 12. DEMOCRACIA, LIBERTAD, PROPIEDAD Y TRIBUTACION

Leonardo Palacios Márquez

§ 13. TRIBUTACIÓN Y LIBERTAD: A PROPÓSITO DEL DECRETO CONSTITUYENTE DE ANTICIPO DE IMPUESTOS

Eduardo Meier García

§ 17. CONSIDERACIONES RESPECTO A LA INTERPRETACIÓN DEL PRINCIPIO DE CAPACIDAD CONTRIBUTIVA PREVISTO EN LA CONSTITUCIÓN VENEZOLANA

TAORMINA CAPPELLO PAREDES

§ 18. CARGAS FISCALES Y CONFLICTIVIDAD SOCIAL

FREDDY J. ORLANDO S.

§ 19 EL SISTEMA TRIBUTARIO VENEZOLANO ANTE UN ESTADO FALLIDO

José Amando Mejía Betancourt

§ 20. ESTADO FALLIDO Y RECAUDACIÓN TRIBUTARIA EN VENEZUELA

José Ignacio Hernández G.

TERCERA PARTE

DERECHO TRIBUTARIO SUSTANTIVO

§ 21. LA ANALOGÍA EN EL DERECHO TRIBUTARIO LATINOAMERICANO

Rubén Asorey

§ 22. LA TRIBUTACIÓN MEDIOAMBIENTAL

ALBERTO TARSITANO

§ 23. LA TRIBUTACIÓN DE LOS PROYECTOS DE INFRAESTRUCTURA A PARTIR DE LA REFORMA TRIBUTARIA COLOMBIANA DE 2016 (LEY 1819)

JUAN PABLO GODOY FAJARDO

§ 24. EFECTOS TRIBUTARIOS DE LA EXPROPIACIÓN. CASO MEXICANO

ARTURO PUEBLITA FERNÁNDEZ

§ 25. INTERPRETACIÓN JURÍDICA. UNA REFLEXIÓN SOBRE SU APLICACIÓN EN MATERIA TRIBUTARIA EN MÉXICO

JUVENAL LOBATO DÍAZ

§ 28. INVOLUCIÓN DE LA FIGURA DEL CONTRIBUYENTE ESPECIAL EN VENEZUELA: DIAGNÓSTICO Y RECOMENDACIONES PARA RECUPERAR SU VERDADERA ESENCIA Y SENTIDO EN EL SISTEMA TRIBUTARIO VENEZOLANO.

JORGE A. JRAIGE R.

§ 29. EL NECESARIO RECONOCIMIENTO DE LA INFLACIÓN EN LA DETERMINACIÓN DEL ENRIQUECIMIENTO NETO GRAVABLE DEL ISLR. PROPUESTA DE REFORMA DE LA LISLR PARA LA REINCORPORACIÓN DE LOS CONTRIBUYENTES INCONSTITU-CIONALMENTE EXCLUIDOS DEL SISTEMA DE AJUSTE POR INFLACIÓN FISCAL.

LUIS R. AGUILERA

JUAN C. CASTILLO CARVAJAL

§ 30. LA JURIDIFICACIÓN (IRRUPCIÓN) DE LA CONTABILIDAD EN EL DERECHO TRIBUTARIO SUSTANTIVO. UNA PROPUESTA DE INTERPRETACIÓN EVOLUTIVA DEL ARTÍCULO 88 DE LA LEY DE IMPUESTO SOBRE LA RENTA

BURT HEVIA

§ 31. CANIBALIZACIÓN DE PRINCIPIOS CONTABLES VENEZOLANOS, VIS A VIS ALGUNOS ASPECTOS REFORMADOS DE NUESTRA LEY DE IMPUESTO SOBRE LA RENTA (CASO: *AJUSTE POR INFLACIÓN Y OTROS CUENTOS DE LA CRIPTA*)

ANTONIO DUGARTE LOBO

SÉPTIMA PARTE

TRIBUTACIÓN Y FINANZAS PÚBLICAS

Lightning Source UK Ltd.
Milton Keynes UK
UKHW030950241121
394517UK00007B/585